The Art of Computer Programming 3

: 정렬과 검색(개정 2판)

The Art of Computer Programming 3 : 정렬과 검색(개정 2판)

지은이 • 도널드 커누스(Donald E. Knuth)
옮긴이 • 류광
펴낸이 • 김태헌
펴낸곳 • 한빛미디어(주)
주소 • 서울시 서대문구 연희로2길 62 한빛미디어(주) IT출판2부
전화 • 02-325-5544
팩스 • 02-336-7124

기획 • 임성춘
편집 • 김철수
진행 • 안정민

등록 • 1999년 6월 24일 제25100-2017-000058호
초판 발행 • 2008년 1월 28일
4쇄 발행 • 2022년 10월 22일
정가 • 42,000원

Published by HANBIT Media, Inc.
Printed in Korea
ISBN 978-89-7914-549-6 93000

이 책의 최신 정보 및 관련 도서 인터넷 페이지
http://www-cs-faculty.stanford.edu/~knuth/taocp.html

The Art of Computer Programming

컴퓨터 프로그래밍의 예술

정렬과 검색 3

도널드 커누스 저 | 류광 역

DONALD E. KNUTH

ADDISON-WESLEY

한빛미디어
Hanbit Media, Inc.

지은이 **도널드 커누스(Donald E. Knuth)**

커누스Donald E. Knuth는 알고리즘 및 프로그래밍 기법에 대한 선구자적 성과로, 컴퓨터 조판을 위한 TEX 및 METAFONT 시스템의 고안으로, 그리고 영향력 큰 다작으로(책 19권, 논문 160편) 전 세계적으로 유명한 학자이다. Stanford University의 컴퓨터 프로그래밍의 예술 명예 교수(Emeritus of The Art of Computer Programming)인 그는, California Institute of Technology의 대학원생이었던 1962년에 시작한 전통적 전산학에 대한 독창적인 7권짜리 이 시리즈의 완성에 현재 그의 모든 시간을 투여하고 있다. 커누스 교수는 ACM Turing Award, 카터 전 미대통령이 수여한 Medal of Science, AMS Steele Prize 해설문 부문 등 수많은 상과 표창을 수상했다. 최근 1996년 11월에는 고등 기술에 대한 권위있는 Kyoto Prize를 받았다. 그는 아내 질Jill과 함께 Stanford 교정에서 살고 있다.

이 훌륭한 학자이자 저자에 대한 좀 더 자세한 정보는 Addison-Wesley 웹사이트의 다음 주소에서 볼 수 있다.

www.aw.com/cseng/authors/knuth

이 책과 시리즈의 다른 책들에 대한 좀 더 자세한 정보는 커누스 교수의 개인 홈페이지에서 볼 수 있다.

www-cs-faculty.stanford.edu/~knuth

옮긴이 **류광**

25년 이상의 번역 경력을 가진 전문 번역가로, 『The Art of Computer Programming』 시리즈와 『UNIX 고급 프로그래밍』, 『인공지능: 현대적 접근방식』 시리즈, 『Game Programming Gems』 시리즈를 비롯해 80권 이상의 다양한 IT 전문서를 번역했다.

개인 웹사이트 '류광의 번역 이야기'(https://occamsrazr.net)와 게임 개발 웹사이트 'GpgStudy'(https://gpgstudy.com)를 운영하고 있다.

수많은 유쾌한 저녁 시간들을 추억하며,
이 시리즈를
Case Institute of Technology에 한때 설치되었던
Type 650 컴퓨터에게
깊은 애정과 함께 헌정한다.

한국 독자에게

컴퓨터 프로그래밍을 사랑하는 한국의 모든 이에게 진심으로 인사드립니다!
전산학이 끊임없이 사람들을 맺어주는 전 세계적인 분야라는 점을 행복하게 생각합니다.
이 시리즈에 남아 있는 오류를 제거하는 데 수년간 많은 한국 독자들이 저를 도와주었습니다.
새 번역서가 더 많은 사람들을 신비에 싸인 이 분야에 발을 들여놓게 하는 데,
그리고 이 분야를 더욱 발전시키는 데
도움이 되길 희망합니다.

— 도널드 커누스Donald E. Knuth, 高德納

저자서문

요리는 하나의 예술,
하나의 고상한 과학이 된다.
요리사는 신사이다.

— 티투스 리비우스TITUS LIVIUS, *Ab Urbe Condita* XXXIX.vi
(버턴Robert Burton, *Anatomy of Melancholy* 1.2.2.2)

이 책은 다른 기본적인 구조적 착안들에 선형 순서 자료의 개념을 더하는 것이므로, 제1권 제2장의 정보 과학 내용과 관련해서, 그 자연스러운 속편에 해당한다.

"정렬과 검색"이라는 제목 때문에, 이 책을 범용 정렬 루틴이나 정보 조회를 위한 응용프로그램에 관계되는 시스템 프로그래머들만을 위한 책으로 오해할 수도 있겠다. 그러나 사실 정렬과 검색의 영역은 다음과 같은 다양한 종류의 주요 주제들에 대한 이상적인 틀을 제공한다:

- 좋은 알고리즘은 어떻게 발견되는가?
- 알고리즘과 프로그램을 개선하려면?
- 알고리즘의 효율을 수학적으로 분석하려면?
- 같은 과제를 위한 서로 다른 알고리즘들 중 적절한 것을 합리적으로 선택하려면?
- 어떤 의미 하에서 알고리즘이 "가능한 최고"임을 증명할 수 있는가?
- 컴퓨팅 이론이 현실의 고려사항들과 어떻게 연동되는가?
- 커다란 데이터베이스를 위해 테이프, 드럼, 디스크 같은 외부 기억장치들을 효율적으로 사용하려면?

실제로 나는 프로그래밍의 주요 측면들 거의 전부가 정렬과 검색의 맥락 어딘가에서 나온다고 믿고 있다!

이번 제3권은 전체 시리즈의 제5장과 제6장으로 구성된다. 제5장은 자료를 순서에 맞게 정렬하는 문제를 다룬다. 이 커다란 주제는 기본적으로 두 부분, 즉 내부 정렬과 외부 정렬로 나뉘어서 논의된다. 또한 이를 보충하는, 순열에 대한 보조 이론들을 전개하는 절(5.1절)과 정렬을 위한 최적의 기법들을 다루는 절(5.3절)도 제공한다. 제6장에서는 표나 파일에서 지정된 항목을 찾는 문제를 다루는데, 크게는 순차적으로 검색하는 방법들과 키 비교를 통해 검색하는 방법들, 그리고 숫자 성질들을 통해 검색하는 방법들과 해싱을 통해 검색하는 방법들로 나뉜다. 그런 다음에는 2차 키 조회라는 좀 더 어려운 문제를 고찰하게 된다. 두 장들 사이에는 놀랄 만큼 많은 상호작용이 존재하며, 주제들은 강한 비유들에 의해 연관된다. 제2장에서 고찰한 정보 구조들 외에 중요한 두 가지 변형들도 논의하는데, 바로 우선순위 대기열(5.2.3절)과 균형 트리로 표현된 선형 목록(6.2.3절)이다.

제1, 2권과 마찬가지로 이 책에는 다른 문헌들에는 나오지 않는 많은 내용이 포함되어 있다. 많은 사람들이 친절하게도 자신의 생각을 나에게 글로 또는 말로 알려주었는데, 그 생각들을 내 방식대로 서술하는 과정에서 어떠한 왜곡이 생기지는 않았길 바랄 뿐이다.

특허 문헌들을 체계적으로 검색할 시간은 없었다. 사실 나는 알고리즘에 대한 특허를 얻고자 하는 요즘의 경향을 공공연히 비난한다(5.4.5절 참고). 이 책에 현재 인용되어 있지 않은 어떤 관련 특허의 복사본을 보내준다면 이후의 판들에서는 그것을 충실하게 언급하겠다. 그러나 나는, 새로 발견한 알고리즘을 공공의 소유(public domain)로 둔다는 수백 년 된 수학의 전통을 계속 이어나가길 권한다. 전산학에 대한 누군가의 기여를 다른 사람들이 사용하지 못하게 해서 돈을 버는 것보다 더 나은 방법이 존재한다.

교수직에서 은퇴하기 전, 나는 이 책을 자료구조에 대한 두 번째 교육과정의 교재로 사용했다. 3학년에서 대학원 수준까지의 학생들을 위한 과정이었는데, 수학적 내용은 대부분 생략했다. 또한 이 책의 수학적 부분을 알고리즘 분석의 대학원 수준 강좌들의 기초로 사용하기도 했는데, 강좌에서 특히 역점을 둔 부분은 5.1, 5.2.2, 6.3, 6.4절이었다. 또, 구체 계산 복잡도(concrete computational complexity)에 대한 한 대학원 수준 과정에서는 5.3절과 5.4.4절, 그리고 제2권의 4.3.3, 4.6.3, 4.6.4절이 사용되었다.

이 책의 대부분은 자기완결적이다. 단, 종종 제1권에서 설명한 MIX 컴퓨터에 관련된 논의가 나오기는 한다. 부록 B에는 책에 쓰인 수학적 표기법들이 정리되어 있는데, 일부는 전통적인 수학 교재에서 쓰이는 것들과 조금 다르다.

제2판 저자 서문

이 새 판본은 제1, 2권의 제3판과 부합한다. 이 판본들은 TEX과 METAFONT로 만들었는데, 그 시스템들을 개발한 애초의 목적이 바로 이 책들을 만들기 위한 것이었다는 점에서 정말로 기쁜 일이다. 전자적 형식으로의 변환 과정에서 본문의 모든 단어와 모든 문장부호를 점검할 기회를 가지게 되었다. 그 과정에서 나는 원래 문장이 가지고 있던 젊은 날의 충만함을 유지하려 노력하면서도 좀 더 성숙한 판단을 종종 추가하기도 했다. 수십 개의 연습문제들이 새로 추가되었으며, 수십 개의 기존 연습문제들에 새롭고 개선된 해답이 주어지기도 했다. 거의 모든 부분에서 변화가 있었으나, 특히 크게 바뀐 부분은 5.1.4절(순열과 타블로 관련), 5.3절(최적 정렬 관련), 5.4.9절(디스크 정렬 관련), 6.2.2절(엔트로피 관련), 6.4절(보편 해싱 관련), 6.5절(다차원 트리 및 트라이 관련)이다.

그러나 *컴퓨터 프로그래밍의 예술*은 여전히 진행 중이다. 정렬과 검색에 관한 연구는 여전히 경이적인 속도로 발전하고 있다. 그래서 이 책의 몇몇 부분에는 해당 내용이 최신의 것이 아니라는 점에 대해 양해를 구하는 의미로 "공사중"이라는 아이콘을 붙여 두었다. 예를 들어 만일 내가 지금 학부생을 위한 자료구조 강좌를 진행한다면 트립(treap) 같은 무작위화된 구조들을 꽤 상세하게 가르치려 할 것이 틀림없다. 그러나 그와 같은 주제에 대해 현재 내가 할 수 있는 것은 그 주제에 대한 주요 논문들을 언급하고, 이후의 6.2.5절에 대한 계획(547쪽을 볼 것)을 밝히는 것이 전부이다. 내 파일들에는 제3권의 최종적이며 영광스러운 세 번째 판에 포함될 예정인 중요한 내용들이 가득 차 있다. 그러나 제3판은 아마도 지금으로부터 17년 후에나 나오게 될 것이고, 그 전에 먼저 제4권과 제5권을 완성해야 한다. 그리고 그 출판들을 절대적으로 필요한 기간 이상으로 지연시키고 싶지는 않다.

지난 35년 간 이 내용들을 수집하고 정련하는 데 도움을 준 수백 명의 사람들에게 진심으로 감사한다. 새 판을 준비하면서 가장 어려운 부분을 해낸 사람은 전자 텍스트를 전문적으로 입력, 편집한 윙클러Phyllis Winkler와 레비Silvio Levy, 그리고 원래의 도표들 거의 대부분을 METAPOST 형식으로 변환한 올덤Jeffrey Oldham이다. Addison-Wesley의 제작 직원들도 예나 지금이나 매우 도움이 되었다.

나는 빈틈없는 독자들이 제2판에서 발견한 모든 오류들(그리고 안타깝게도 누구도 눈치 채지 못한 몇 가지 실수들)을 수정했다. 또한 새 원고에 새로운 오류가 끼어들지 않도록 하는 데에도 노력을 기울였다. 그러나 아마도 몇몇 결함들은 여전히 남아 있을 텐데, 그것들을 최대한 빨리 바로잡고 싶은 마음이다. 그래서 각각의 기술상의, 조판 상의, 또는 역사적인 오류를 최초로 발견하는 분에게 기꺼이 2.56달러를 지불하고자 한다. 2쪽에 언급되어 있는 웹 페이지에는 나에게 보고된 모든 교정 사항들의 최신 목록이 들어 있다.

Stanford, California D. E. K.
1998년

작가에게는 특정한 공통의 권리들이 부여된다.
그 이점에 대해서는, 바라건대 의심할 이유가 없다.
특히, 내가 이해하지 못하는 부분에서는,
뭔가 아주 유용하고도 심오한 것이 깔려 있다고 결론지어야 할 것이다.

— 스위프트JONATHAN SWIFT, *Tale of a Tub*, Preface (1704)

역자서문

드디어 *컴퓨터 프로그래밍의 예술* 시리즈 전3권의 번역이 끝났습니다! 원서 시리즈가 무려 7권까지 계획되어 있긴 하지만 현재 정식으로 출판된 것은 제3권까지입니다. 참고로 저자 커누스 교수는 2007년 말 현재 제4권을 집필하고 있으며, 제4권의 일부가 '분책(fascicle)' 또는 '미리보기' 형태로 출판 또는 공개되었습니다.†

위에서 번역이 '끝났다'라고 말했지만, 솔직한 심정으로는 이것이 또 다른 시작이길 바라고 있습니다. 이후의 제4, 5, 6, 7권도 번역서가 나왔으면 좋겠고, 또한 제3권까지의 번역서들의 개정판이 계속 나올 수 있으면 좋겠습니다. 그러려면 무엇보다도 원서 자체가 21세기에도 살아남을만한 내용을 담고 있어야 할 텐데, 과연 그럴까요? 당연히 그렇다고 생각하는 사람이 저만은 아닐 것입니다. 이 시리즈는 컴퓨터의 구조가(그리고 기반 수학이) 지금과 전혀 다르게 바뀌지 않는 한 언제까지나 유효한 주제들을 다루고 있습니다. 특히 이번 제3권이 다루는 정렬과 검색은 너무나도 중요해서, 저자는 저자 서문에서 "실제로 나는 프로그래밍의 주요 측면들 거의 전부가 정렬과 검색의 맥락 어딘가에서 나온다고 믿고 있다!"라고까지 말할 정도입니다.

사실 프로그래밍에서 정렬과 검색이 중요하지 않다고 생각하는 사람은 별로 없을 것입니다. 오히려 더 중요한 질문은 "정렬과 검색 알고리즘들을 어느 선까지 파헤치고 분석해야 만족할 수 있을 것인가"일 것입니다. 이 책의 접근방식이 과도하게 집요하고 장황하다고 생각할 수도 있겠지만, 그런 의문에 대해서는 이 책의 저자 서문의 둘째 문단과 그 다음의 불릿 목록이 답이 될 것이며, 또한 제2권 역자 서문의 둘째, 셋째 문단도 나름의 답이 될 것입니다. 그리고 *Beautiful Code : 38인의 코딩 명장들이 말하는 내 생애 가장 아름다운 코드*(찰스 페촐드 외 37인 지음, 류광 옮김, 한빛미디어, 2007)의 제4장과 제7장에 나오는 Java 라이브러리 이진 검색 루틴의 버그 이야기도 많은 것을 말해 줍니다. 이 책 어딘가에 나오듯이 이진 검색은 개념이 제안된 지 12년이 지난 후에야 "버그 없는" 알고리즘이 등장했다고 하는데, 그 후 수십 년이 지났어도 여전히 점검할 것이 남아 있었던 것입니다!

버그 이야기가 나왔으니 번역의 버그에 대해 언급하지 않을 수 없겠습니다. 많은 분들이 도와주시긴 했지만 워낙 어려운 책이다 보니 오역이 많이 있을 것이고, 사소한 오타도 많이 있을 것입니다. 역자의 역량을 상회하는 책을 아주 넉넉하지는 않은 일정으로 번역하다 보니 생긴 일이라고 양해해 주세요. 오역, 오타들을 적극적으로 보고해 주신다면 앞에서 말한 바람대로 개정판이 계속 나온다고

---

† http://www-cs-faculty.stanford.edu/~knuth/taocp.html#vol4

할 때 점점 더 좋은 책을 후대에 물려줄 수 있을 것입니다. 그리고 몇몇 번역 용어와 인명, 어법이 바뀌기도 했습니다. 한 시리즈의 책들에서 용어와 어법이 일관되지 못하다는 것은 확실한 흠이지만, 역자가 계속 '발전'하고 있다고 여겨주시면 고맙겠습니다.

참고로 이 번역서는 Addison-Wesley에서 나온 The Art of Computer Programming 제3권 2판의 2005년 10월자 제20쇄를 기준으로 하되 저자의 홈페이지(2쪽 참고)에 있는 정오표와, 원서를 만드는 데 쓰인 최신 TEX 소스를 반영한 것입니다. 정오표를 마지막으로 참고한 것은 2007년 12월 말이었습니다.

이번에도 번역서의 탄생에 도움을 주신 분들에게 감사의 뜻을 표하고자 합니다. 이 시리즈를 기획하고 제반사항을 관리한 한빛미디어의 유해룡 이사님과 임성춘 팀장님께 고마움을 전합니다. 1권과 2권에 이어 이토록 복잡한 책을 훌륭하게 조판한 김철수 편집자께도 감사의 뜻과 함께 찬사를 보냅니다. 또한 웹상의 TaocpHelp 위키(http://occam.n4gate.com/taocp.php/)를 통해서 도움을 주신 김민식, 권영수, 노희준, 박부성, 이문희, 장석현, 전외솔, carole 님께 진심으로 감사드립니다. 용어 선택과 내용 확인에 여러모로 도움이 된 한국어 위키백과(http://ko.wikipedia.org/)의 기여자 여러분들도 무척 고맙습니다(일일이 이름을 나열하지 못한 점 죄송합니다). 끝으로, 일반 독자의 입장에서 중요한 오타와 오역, 어색한 문장을 무수히 잡아낸 아내 오현숙에게 사랑과 감사의 마음을 보냅니다.

마지막으로, 제1, 2권 독자라면 익숙할 몇 가지 당부입니다. 본문을 읽기 전에 다음 쪽에 나오는 일러두기를 꼭 읽어 주시기 바랍니다. 번역서에 쓰인 용어나 어법에 관련된 몇 가지 사항을 적어 두었습니다. 책을 읽으면서 발견한 오타 및 오역은 제 홈페이지 occam's Razor(http://occam.com.ne.kr/ 또는 http://occam.n4gate.com/)의 자유 게시판에 보고해 주세요. 홈페이지의 '번역서 정보' 페이지에서 도달할 수 있는 이 책의 정보 페이지에 정오표를 마련해서 부지런히 갱신하겠습니다. 단순한 오타, 오역 보고 외에 책에 대한 좀 더 깊은 논의는 앞에서 언급한 TaocpHelp 위키를 활용해 주셨으면 좋겠습니다. 제가 내용에 대한 질문에 권위 있는 답을 할 만한 능력은 되지 않음을 이해해 주시고, 함께 공부하는 독자의 입장에서 많은 이야기를 나누었으면 합니다.

재미있게, 그리고 치열하게 읽으시길!

— 류광

일러두기

다음은 번역서를 읽을 때 염두에 두어야 할 사항들이다.

글꼴

중요한 용어나 개념, 주목해야 할 문장 성분은 이런 글꼴로 표시한다. 책 제목이나 문맥 안에서 두드러진 의미를 가지는 문구 또는 문단은 *이런 글꼴*로 표시한다. 참고로 이들은 각각 원서의 *italic*과 *slanted*에 해당한다. 프로그램 코드나 컴퓨터 명령어는 `CODE`처럼 표시한다.

용어 및 인명 표기에 대해

대부분의 주요 용어에는 영문을 병기하되, 매번 병기하는 것은 글 읽기의 흐름을 깨뜨릴 수 있으므로 해당 용어가 처음 나온 곳에서만 영문을 병기했다. 책 끝의 '찾아보기 및 용어집'의 한글 항목에도 영문을 병기해 두었으므로 언제라도 쉽게 찾아볼 수 있을 것이다. 찾아보기에 관련된 세부적인 사항은 '찾아보기 및 용어집' 시작 부분에 따로 일러두었다.

수학 용어들은 주로 대한 수학회의 수학 학술 용어집(http://mathnet.kaist.ac.kr/mathnet/math_list.php)을 기준으로 했으며 부족한 부분은 한국어 위키백과(http://ko.wikipedia.org/)를 참고했다.

전산, 프로그래밍 관련 용어들은 널리 통용되는 것들을 따르되 역자의 기존 번역서들에서 주로 썼던 용어들과 다르면 역자의 것을 우선시했다.

인명의 한글 표기는 성(性)에만 적용했으며, 모든 인명에 일일이 한글 표기를 붙이는 것은 글의 흐름을 깨뜨릴 수 있으므로 필요하다고 판단되는 경우에만 적용했다. 대신 찾아보기에는 거의 모든 인명의 성을 한글로 표기해 두었다.

한글 표기 방법은 국어연구원(http://www.korean.go.kr/)의 어문규정:외래어 표기법을 기준으로 하되 기존 관례와 심하게 충돌하는 경우에는 기존 관례를 따르기도 했다. 주로 인물의 국적을 가지고 표기법을 적용했을 뿐 해당 인명의 실제로 통용되는(본인이 활동하는 국가에서 실제로 불리는) 발음을 일일이 확인하지는 못했으며, 역자의 실수로 해당 인물의 국적을 잘못 알았거나 외래어 표기법의 조항들을 잘못 적용했을 수도 있음을 밝혀둔다.

문장 성분으로서의 수식

원서에서 거의 모든 수식은 그 수식을 둘러싼 문장에 완전히 포함되어 있다(줄바꿈이 되어 있다고 해도). 즉, 수식을 입으로 소리내어 읽었을 때 수식을 둘러싼 문장 전체와 문법적으로 잘 통합된다. 예를 들어 '(...) where integer $n > 0$.'은 '(...)where integer n is greater than zero.'가 되어서 where 앞의 문구와 통합되는 것을 의도한 것이다. (굳이 이 점을 언급하는 것은, 수식을 문장과 분리해서 표기하는 저자들도 있기 때문이다.)

번역서에서도 최대한 그러한 방식을 따랐다. 독자는 수학 연산자를 적절한 서술어로 대체해서 읽는 습관을 들여야 할 것이다. 예를 들어 '여기서 정수 $n > 0$이다.'는 '여기서 정수 n은 0보다 크다' 또는 '여기서 n은 정수이며 0보다 크다.'로 해석해야 한다.

필요충분조건의 표현

"오직 P일 때에만"과 같은 표현은 if and only if P 형태의 문구를 번역한 것으로, "만일 P이면, 그리고 오직 그럴 때에만"을 줄인 것이다. "Q if and only if P" 또는 "if and only if Q, P"는 P와 Q가 서로의 필요충분조건임을 뜻한다. 이러한 표현은 단순히 P가 참이면 Q가 참("if P, Q" 또는 "Q if P")이라는 뜻을 넘어서, Q가 참이기 위해서는 반드시 P가 참이어야 하며, 거꾸로 Q가 참이면 P도 참이라는 좀 더 강력한 관계를 나타낸다(간단히 말해서 둘은 동치이다). 기호로는 $P \Leftrightarrow Q$로 표기한다. 좀 더 최근의 책들에서는 if and only if를 iif라는 약자로 표기하기도 한다.

본문에서 P와 Q는 매우 길고 복잡한 문장 그리고/또는 수식인 경우가 많다. 복잡한 수식과 문장 성분들 때문에 어디까지가 P이고 어디까지가 Q인지 명확하지 않을 때에는 영문 그대로 "만일 P이면, 그리고 오직 그럴 때에만"으로 표현하거나 또는 "P일 필요충분조건은 Q이다"로 표현하기도 한다.

함의관계의 표현

"A가 B를 함의한다"라는 표현은 "A가 참이면 B도 참이다", 또는 "A가 성립하면 B도 성립한다"는 뜻이다. 기호 ⟹를 이용해서 A⟹B로 표기하는 경우도 있다.

"설정하다"의 해석

"A를 B로 설정한다"는 A가 B의 값을 가지게 된다는 뜻으로 해석할 수도 있고 B가 A의 값을 가지게 된다는 뜻으로 해석할 수도 있는데, 이 번역서에서는 항상 전자, 즉 A←B를 뜻한다. 변하는 것은 '~를'이 붙은 쪽이다. 치환하다, 대체하다 등 연산자 좌변의 피연산자가 변하는 이항 연산을 뜻하는 다른 동사들도 마찬가지이다.

modulo와 mod에 대해

이 시리즈에서, $a \equiv 1\ (\text{modulo}\ m)$처럼 수식(특히 합동식) 바로 다음의 괄호 안에 modulo가 나오는 경우에는 번역 대상이 아닌 수학적 표기법의 일부로 간주해서 굳이 번역하지 않았다. 물론 일반 문장 안에서 쓰이는 경우에는 '~를 법으로 하여'나 그와 비슷한 표현으로 옮겼다. 이러한 방식이 완전히 고정된 것은 아니며, 이후의 개정판에서는 달라질 수 있다(아마도 둘 다 한글로 표현하는 쪽으로).

mod는 수식 안에서 나머지 연산자로 쓰일 뿐만 아니라(이를테면 $a \bmod 2 = 1$ 등) 앞에서 말한 'modulo'의 약자로도 쓰인다. 예를 들어 '빼기 mod m'은 m을 법으로 한 뺄셈, 다시 말해서 뺄셈의 결과를 m으로 나눈 나머지를 취하는 연산을 의미한다. '정수 mod m'이나 '수열 mod m' 같은 표현도 마찬가지 방식으로 해석하면 된다.

연습문제 참고사항

이 시리즈의 연습문제들은 강의용뿐만 아니라 독학용으로도 고안된 것이다. 어떤 분야를 단지 그에 관한 책을 읽는 것만으로 배우기란 불가능하지는 않다고 해도 어려운 일이다. 제대로 배우려면 책에서 읽은 것을 특정 문제에 적용해보고, 그럼으로써 읽은 것에 대해 생각해 보는 기회를 가질 필요가 있다. 더 나아가서, 학습은 학습자가 스스로 뭔가를 발견할 때 가장 효과적이다. 그런 이유로, 연습문제들은 이 책의 주된 부분을 형성한다. 최대한 교육적인 의미를 지니는 연습문제들이 될 수 있도록 많은 노력을 기울였으며, 교육적일뿐만 아니라 재미도 있는 문제들을 택하는 데에도 많은 신경을 썼다.

쉬운 연습문제들과 대단히 어려운 연습문제들이 무작위하게 섞여 있는 책들이 많이 있다. 그런 연습문제 구성은 종종 바람직하지 않은데, 왜냐하면 주어진 연습문제를 푸는 데 어느 정도의 시간이 걸리게 될 것인지를 알 수 없다면 독자는 그냥 모든 문제들을 풀지 않고 넘어가 버릴 수도 있기 때문이다. 그런 전형적인 사례가 중요하고도 선구적인 저작인 벨먼Richard Bellman의 *Dynamic Programming*이다. 그 책의 일부 장들 끝에는 "Exercises and Research Problems"라는 제목 하에 일단의 문제들이 제시되어 있는데, 거기에서는 아직 풀리지 않은 문제들 사이에 극도로 자명한 질문들이 섞여 있다. 누군가 벨먼 박사에게 그 문제들에서 연습문제와 연구 문제를 어떻게 구분하느냐고 묻자, 박사는 "풀 수 있으면 연습문제이고 그렇지 않으면 연구 문제"라고 대답했다는 풍문이 있을 정도이다.

이런 종류의 책에 연구 문제들과 매우 쉬운 연습문제들이 함께 포함되어 있다고 해서 그 자체를 나쁘다고 볼 수는 없을 것이다. 그래서 나는 어떤 것이 연습문제이고 어떤 것이 연구 문제인지를 독자가 쉽게 판단할 수 있도록 각 연습문제의 난이도를 등급 수치로 표시해두었다. 여러 등급 수치들은 일반적으로 다음과 같은 의미를 가진다.

등급	의미
00	본문의 내용을 이해했다면 즉시 답을 할 수 있는 아주 쉬운 연습문제. 대부분 "머릿속에서" 바로 답을 구할 수 있다.
10	방금 읽은 내용을 좀 생각해 봐야 하나 그렇다고 어려운 것은 아닌 간단한 문제. 기껏해야 1분 안에 풀 수 있어야 한다. 종이와 연필을 동원하는 게 도움이 될 수도 있다.
20	본문 내용의 기본적인 이해를 시험하는 평균적인 문제. 완전한 답을 얻기 위해서는 15분에서 20분 정도가 소요될 것이다.

30 적당한 난이도 그리고/또는 복잡도를 가진 문제. 만족스럽게 풀기 위해서는 두 시간 정도 노력해야 할 것이다. TV를 켜 두었다면 더 걸릴 수도 있다.

40 꽤 어려운 또는 시간이 걸리는 문제로, 강좌 상황이라면 학기말 과제(term project)에 적합할 수 있다. 비합리적이지 않은 시간 안에 문제를 풀 수 있을 것이나, 그 해답이 간단하지는 않다.

50 이 글을 쓰는 현재 필자가 알기로, 많은 사람들이 시도하긴 했지만 아직 만족스럽게 풀리지 않은 연구 문제이다. 만일 이런 문제의 답을 구했다면 출판용 논문을 써야 할 것이다. 또한 필자에게도 최대한 빨리 알려주었으면 좋겠다(물론 정확한 답이라고 할 때).

10 단위의 등급들만 이야기했는데, 다른 수치들의 의미는 위에 나온 것들을 "로그" 축척으로 보간한 것에 해당한다. 예를 들어 등급이 *17*인 연습문제는 평균보다 약간 더 간단한 연습문제이다. *50*짜리 문제 하나를 독자가 풀었다고 할 때, 이후 판들에서는, 그리고 웹의 정오표(2쪽 참고)에서는 그 문제가 *45*가 될 수도 있다.

등급 수치를 5로 나눈 나머지는 문제를 푸는 데 필요한 시간을 가리킨다. 예를 들어 등급 *24* 문제는 등급 *25* 문제보다 쉽게 풀 수 있겠지만, 시간은 더 걸린다.

필자는 정확한 등급 수치들을 배정하는 데 많은 노력을 기울였지만, 문제를 만드는 사람의 입장에서 다른 사람이 그 문제를 얼마나 쉽게 풀 수 있을지 파악하기란 쉬운 일이 아니다. 그리고 사람마다 특정 종류의 문제에 익숙한 정도가 다르기 마련이다. 이 등급 수치들이 문제의 난이도를 적절히 추정해 낸 것이길 바랄 뿐이며, 이들을 일반적인 지침으로만 받아 들여야지 어떤 절대적인 지표로 간주해서는 안 될 것이다.

이 책은 다양한 수학적 숙련도와 교양을 가진 사람들을 위해 만들어진 것이다. 그래서 수학에 좀 더 익숙한 독자들만을 염두에 둔 연습문제들도 포함되어 있다. 등급 앞에 "*M*"자가 붙어 있는 연습문제들의 경우에는 주로 알고리즘의 프로그래밍 자체에만 흥미를 느끼는 사람들에게 필요한 것 이상의 수학적 개념들 또는 동기부여가 요구된다. 그리고 "*HM*"이 붙은 연습문제들은 이 책에서 직접 설명하지는 않는 미적분이나 기타 고급 수학 지식이 있어야 풀 수 있는 것들이다. 단, "*HM*"이 붙은 문제가 그렇지 않은 같은 등급의 문제보다 반드시 더 어려운 것은 아니다.

일부 연습문제들에는 쐐기꼴 "▸" 기호가 붙어 있다. 이것은 특히 교육적이고 추천할만한 문제를 가리킨다. 독자나 학생이 반드시 모든 문제들을 풀어야 하는 것은 물론 아니므로, 풀어볼만한 가치가 크다고 할 수 있는 문제들을 따로 뽑아둔 것이다. (그렇다고 이 표시가 없는 문제들을 풀지 않아도 된다는 뜻은 아니다!) 독자는 적어도 등급이 *10* 이하인 문제들은 모두 풀려고 시도해야 한다. 그 이상의 문제들도 풀고자 한다면, 그것들을 어떤 순서로 풀 것인지를 결정하는 데 이 쐐기꼴 표시가 좋은 힌트가 될 것이다.

대부분의 연습문제들의 해답은 책 후반부의 해당 해답 절에 나온다. 그 해답들을 현명하게 사용할 것. 스스로 문제를 진지하게 풀어본 후에만, 또는 특정 문제를 푸는 데 절대적으로 시간이 모자라는 경우에만 해답을 보아야 한다. 독자가 스스로 문제를 푼 후에야, 또는 적어도 일정 수준 이상으로 시도를 한 후에야 해답 절에 있는 해답이 독자에게 도움이 되고 거기서 뭔가를 배울 수 있을 것이다. 해답 절의 해답은 종종 상당히 짧으며, 독자가 문제를 스스로 열심히 풀려고 했다는 가정 하에서 세부사항을 개략적으로만 서술한다. 어떤 해답은 문제가 요구한 것보다 더 적은 정보를 제공하고, 또 어떤 것들은 요구된 것보다 더 많은 정보를 제공한다. 그리고 독자가 얻은 답이 책에 나온 해답보다 더 나은 경우도 얼마든지 가능하다. 그런 경우라면 자세한 내용을 필자에게 알려주기 바란다. 적당한 경우라면 이 책의 이후 판들에 개선된 해답을 그것을 제출한 사람의 이름과 함께 싣겠다.

일반적으로, 특별히 그러지 말라고 명시되어 있지 않은 한, 한 연습문제를 풀 때 그 이전 연습문제들의 답들을 사용해도 된다. 등급 수치들은 이 점을 염두에 두고 배정된 것이다. 따라서 연습문제 $n+1$이 연습문제 n의 한 특별한 경우에 해당하는 결과를 포함한다고 해도, 연습문제 $n+1$의 등급이 연습문제 n의 등급보다 더 낮을 수 있다.

등급 부호 요약:			
		00	즉시 풀 수 있음
		10	간단(1분)
		20	중간(15분)
▸	추천	*30*	비교적 어려움
M	수학 지향적	*40*	학기말 과제
HM	"고급 수학" 필요	*50*	연구 문제

연습문제

▸ **1.** [*00*] 등급 "*M20*"의 의미는?

2. [*10*] 교재에 수록된 연습문제들이 독자에게 어떤 가치를 지닐까?

3. [*HM45*] n이 정수이고 $n > 2$일 때, 방정식 $x^n + y^n = z^n$를 만족하는 양의 정수 x, y, z가 존재하지 않음을 증명하라.†

말(馬)을 자신의 작업에 적합하게 훈련시키려면
매일 두 시간씩의 연습으로 충분할 것이다.
— 메이흔M. H. MAHON, *The Handy Horse Book* (1865)

† [옮긴이 주] 제2권의 연습문제 4와 옮긴이 주도 볼 것.

차 례

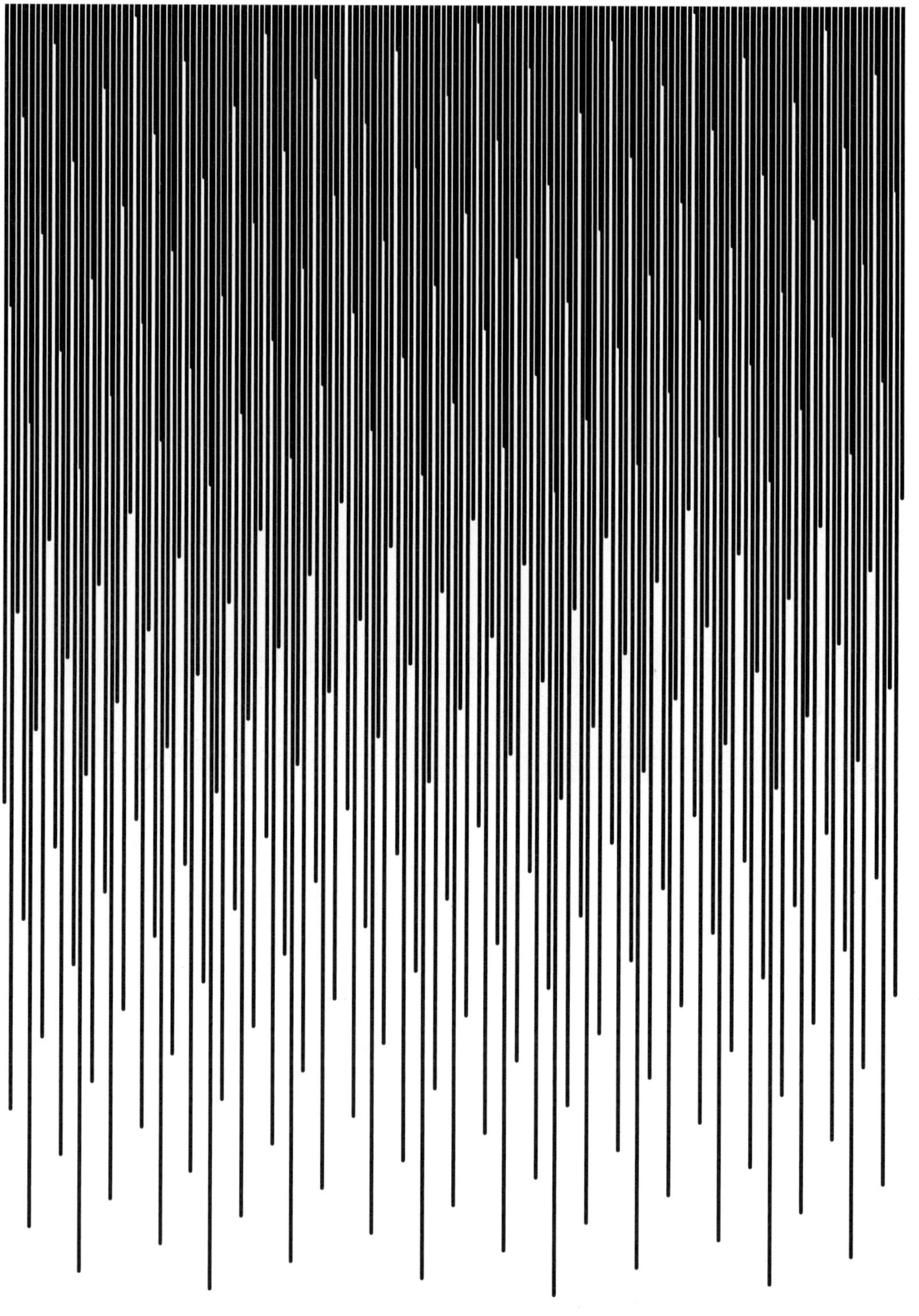

CHAPTER 5

정렬

새로운 질서를 확립하는 것보다
처리하기 어렵고 집행하기 위험하고 그 성공이 불확실한 것은 없다.

— 마키아벨리NICCOLÒ MACHIAVELLI, *The Prince* (1513)

"그러나 그 번호판들 모두를 조회할 시간이 없지 않습니까"라고
드레이크가 항의했다.
"그럴 필요 없소, 폴.
그냥 목록을 배열하고 중복된 것들을 찾기만 하면 됩니다."

— 페리 메이슨PERRY MASON, *The Case of the Angry Mourner*에서 (1951)

"나무정렬(Treesort)" 컴퓨터 — 자연 연구에 대한 이 새로운 "컴퓨터 접근방식"을 이용하면
여러분은 미합중국, 알라스카, 캐나다의 260종의 나무들을 빠르게 식별할 수 있습니다.
심지어 야자수, 사막 나무, 기타 희귀종들까지도!
그냥 바늘을 삽입하기만 하면 정렬이 됩니다.

— EDMUND SCIENTIFIC COMPANY, *Catalog* (1964)

이번 장에서는 프로그래밍에서 자주 나타나는 주제인 정렬(sorting), 즉 항목들을 오름차순 또는 내림차순으로 재배치하는 것을 공부하겠다. 단어들이 알파벳순으로 되어 있지 않다면 사전을 사용하기가 얼마나 어려울지 상상해보라! 차차 보게 되겠지만, 사전과 마찬가지로 컴퓨터 프로그램에서도 항목들이 컴퓨터 메모리에 저장된 순서는 그 항목들을 조작하는 알고리즘의 빠르기와 단순함에 심대한 영향을 미친다.

영어 사전에서는 "sorting"이라는 단어를 항목들을 부류 또는 종류에 따라 분리 또는 배치하는 공정이라고 정의하고 있으나, 전통적으로 컴퓨터 프로그래머들은 항목들을 오름차순 또는 내림차순으로 재배치한다는 훨씬 더 특별한 의미로 그 단어를 사용한다. 따라서 그러한 공정을 sorting 대신

"ordering(차례 짓기)"라고 불러야 할지도 모르겠다. 그러나 그런 공정을 "ordering"이라고 부른다면, order에 부여된 다른 여러 의미 때문에 혼란이 생길 수밖에 없다. 예를 들어 다음과 같은 문장을 생각해보자: "Since only two of our tape drives were in working order, I was ordered to order more tape units in short order, in order to order the data several orders of magnitude faster."† 수학의 어법에서는 order가 더 많은 의미를 가진다(the order of a group, the order of a permutation, the order of a branch point, relations of order, 등등).†† 결론적으로 "order"라는 단어는 혼돈을 불러올 뿐이다.†††

순서에 따른 정렬 공정에 대한 최적의 이름으로 "sequencing(차례로 나열하기)"을 제시한 사람들도 있다. 그러나 이 단어가 정렬 공정이 가진 의미를 온전하게 전달하지는 않는 것 같다. 특히 상등인 요소들이 존재할 때 더욱 그렇다. 또한 다른 용어법들과도 종종 충돌한다. "sorting" 자체도 남용되는 용어라는 지적은 확실히 맞는 말이지만("I was sort of out of sorts after sorting that sort of data"††††), 이미 컴퓨팅 어법에서 확고하게 자리를 잡은 상태이다. 따라서 이 책에서는 더 이상의 해명 없이, 기본적으로 항목을 순서에 맞게 배치한다는 구체적인 의미로서 "sorting"을 사용하기로 한다.†††††

정렬의 가장 중요한 응용들을 몇 가지 들자면 다음과 같다:

a) "통일성(togetherness)" 문제 풀기. 같은 신원을 가진 모든 항목을 한 데 모으는 문제를 말한다. 예를 들어 10000개의 항목들이 임의의 순서로 존재하며 그 중 값이 같은 것들이 많이 있다고 할

---

† [옮긴이 주] 영어에서 order의 다양한 의미를 보여주기 위한 문장이므로 굳이 번역하지 않았다. 참고로 문장에 나온 각 order의 의미를 순서대로 나열하자면: in working order는 잘 작동한다; be ordered to는 명령(을 받았다); to order (more tape units)는 주문하다; in short order는 빠른 시일 안에; to order (the data)는 정렬하다; orders (of magnitude)는 규모, 차수.

†† [옮긴이 주] 이 예들의 경우는 위수, 차수, 순서 등으로 번역할 수 있다. 수학에서의 order는 '순서'로 번역하는 게 명백히 마땅한 경우가 아닐 때 대체로 '차수'라는 용어를 사용하나, 차수가 여러 order들의 미묘한 의미상의 차이를 제대로 반영하고 있는지는 좀 더 검토할 필요가 있을 것이다.

††† [옮긴이 주] 이 문장의 order는 혼돈의 반대말인 '질서'를 함의한다.

†††† [옮긴이 주] order의 예에서와 마찬가지로 굳이 번역하지 않았다. 각 sort의 의미를 나열하자면: be sort of는 어느 정도, 다소간; out of sorts는 불편하다, 기운이 없다; sorting은 정렬; sort of data는 (그러한)종류의 자료.

††††† [옮긴이 주] sorting의 여러 가지 의미에 대한 이상의 논의는 이 책에서 sorting의 번역어로 사용하는 '정렬'과는 큰 관련이 없다. 따라서 이후 영어 단어 sorting의 의미에 대한 언급이 있을 때에는 정렬 대신 'sorting'이라고 표기하겠다. 한편, sorting의 번역어로서의 '정렬'에 아무런 문제가 없는 것은 아니다. 整列이라는 한자어 자체는 사실 분류나 순서 바꾸기의 의미가 약하다. 오히려 alignment의 번역어로 더 적합하다. 그러나 sorting과 마찬가지로 이미 컴퓨팅 어법에서 확고히 자리를 잡은 용어라는 점에서 그냥 정렬을 사용하기로 한다. alignment와의 충돌은 큰 문제가 되지 않을 것이다(문맥으로 얼마든지 구분이 가능하므로). 게다가 다행히 이 책에는 align, alignment라는 용어가 나오지 않는다.

때, 값이 같은 모든 항목이 인접한 위치들에 나타나도록 자료를 재배치하는 문제이다. 이는 본질적으로 좀 더 고전적인 의미의 정렬, 즉 분류로서의 정렬이나, 현대적인 의미의 정렬을 이용해서, 즉 값들을 오름차순으로 재배치함으로써($v_1 \le v_2 \le \cdots \le v_{10000}$) 쉽게 풀 수 있다. 이러한 절차로 얻을 수 있는 효율성은 "sorting"의 원래 의미가 변한 이유를 설명해준다.

b) 둘 이상의 파일들에 있는 항목들의 부합. 여러 파일들이 동일한 순서로 정렬되어 있다면, 백업 과정 없이 한 번의 순차적인 탐색을 통해서 서로 일치하는 항목들을 모두 찾아낼 수 있다. 이는 페리 메이슨Perry Mason이 살인 사건을 해결하는 데 동원하곤 하는 원리이다(이번 장 시작 부분의 인용구 참고). 어떠한 정보의 목록을 처리할 때, 목록 전체가 고속 임의접근 메모리 안에 들어갈 정도로 목록이 작지 않은 한, 목록을 무작위로 건너뛰면서 탐색하는 것보다는 처음부터 끝까지 순차적으로 운행하면서 처리하는 게 가장 빠른 경우가 대부분이다. 정렬을 이용하면 커다란 파일들에 대해서도 순차 접근(직접적인 접근에 대한 적당한 대안으로서의)이 가능해진다.

c) 키 값으로 정보 검색. 6장에서 이야기하겠지만 정렬은 검색도 돕는다. 따라서 정렬은 컴퓨터의 출력을 사람이 소비하기에 좀 더 적합한 형태로 만드는 데 도움이 된다. 실제로, 알파벳순으로 정렬된 목록은 설령 관련된 수치적 정보가 부정확하게 계산되어 있다고 하더라도 상당히 믿을 만하게 보인다.

전통적으로 정렬은 대부분의 경우 업무용 자료 처리에 쓰여 왔지만, 실제로는 모든 프로그래머가 더 광범위한 상황들에서 사용할 것을 염두에 두고 있어야 할 기본적인 수단이다. 이 시리즈에서는 연습문제 2.3.2-17에서 대수 공식의 단순화에 대해 정렬의 활용을 논의한 바 있다. 이번 절의 연습문제들은 다양한 전형적인 응용들을 잘 보여준다.

대규모 소프트웨어 시스템들 중 정렬의 다재다능함을 처음으로 보여준 것들의 하나로, 1960년에 Computer Sciences Corporation에서 어드윈J. Erdwinn과 퍼거슨D. E. Ferguson 및 그 동료들이 개발한 LARC Scientific Compiler가 있다. 확장 FORTRAN 언어를 위한 이 최적화 컴파일러는 원본 프로그램의 여러 관련 부분들에 다양한 컴파일 알고리즘들을 편리한 순서로 제공할 수 있도록 하기 위해서 정렬을 적극적으로 사용했다. 이 컴파일러의 첫 번째 패스는 FORTRAN 원본 코드를 개별 토큰들로 분할하는 어휘 스캔이다. 각 토큰은 식별자나 상수, 연산자 등을 나타낸다. 각 토큰에는 여러 개의 일련번호가 붙는다. 토큰들을 이름과 적절한 일련번호를 기준으로 정렬하면 주어진 식별자의 모든 용례들이 한데 모이게 된다(통일성 문제에 해당). 사용자가 특정 식별자가 함수 이름이나 매개변수, 차원 변수임을 나타내는 데 사용하는 "정의 항목"들에는 낮은 일련번호가 붙으므로, 그런 것들은 주어진 식별자를 가진 토큰들 중에서 처음 부분에 나타나게 된다. 덕분에 충돌하는 용례들을 점검하는 작업이나 EQUIVALENCE 선언에 근거해서 저장소를 할당하는 작업이 쉬워진다. 그런 식으로 취합한 각 식별자에 대한 정보는 각 토큰에 배정된다. 이러면 식별자들의 "기호표(symbol table)"를 고속 메모리 안에 유지할 필요가 없다. 이후 갱신된 토큰들은 또 다른 일련번호로 정렬되며, 그러면 본질적으로 원본 프로그램은 다시 원래의 순서로 되돌아가게 된다. 단, 교묘한 번호 배정 방식 덕분에 산술 표현식들은 좀 더 편리한 "폴란드식 접두 표기(Polish prefix)" 형태로 바뀐다.

이 컴파일러는 또한 컴파일의 이후 과정에서 루프 최적화라던가 오류 메시지를 코드 목록에 통합하는 등의 용도로도 정렬을 사용한다. 간단히 말하면, 이 컴파일러는 거의 모든 처리를 보조 드럼 메모리에 저장된 파일들로부터 순차적으로 수행할 수 있도록 설계되었다. 이 모든 것은 자료를 여러 편리한 배치 형태로 정렬할 수 있도록 자료에 적절한 일련번호를 부착한 덕분이다.

1960년대의 컴퓨터 제조사들은 그들의 모든 고객을 고려할 때 컴퓨터의 전체 실행 시간 중 25퍼센트 이상이 정렬에 쓰인다고 추정했다. 사실 컴퓨팅 시간의 절반 이상이 정렬 작업에 쓰이는 컴퓨터 설치본들도 많이 있었다. 이러한 통계치로부터 우리는 (i) 정렬에 중요한 용도가 많이 있다는 결론을 내릴 수도 있고, (ii) 사람들이 꼭 필요하지 않을 때에도 정렬을 사용했다는 결론을 내릴 수도 있으며, 또는 (iii) 비효율적인 정렬 알고리즘이 널리 쓰였다는 결론을 내릴 수도 있다. 아마 진실은 세 경우 모두에 관련되어 있을 것이나, 어쨌거나 실용적인 목적에서 정렬이 진지하게 연구해 볼만한 주제임은 틀림이 없을 것이다.

설사 정렬이 거의 쓸모없는 것이라고 해도 정렬을 연구함으로써 얻을 수 있는 것은 많다! 지금까지 발견된 독창적인 알고리즘들을 보면 정렬이 그 자체로 탐구할만한 매우 흥미로운 주제임을 알 수 있다. 이 분야에는 이미 해결된 매혹적인 문제들도 많이 있지만, 아직 풀리지 않은 매혹적인 문제들도 많이 남아 있다.

좀 더 넓은 관점에서는 정렬 알고리즘을 컴퓨터 프로그래밍 문제 일반에 대한 공략법을 잘 보여주는 가치 있는 "사례 연구"로 볼 수 있다. 이번 장에서는 자료구조 조작의 수많은 주요 원리들이 설명된다. 우리는 여러 정렬 기법들의 진화 과정을 조사하면서 해당 개념들이 애초에 어떻게 발견되었는지를 살펴볼 것이다. 이러한 사례 연구를 더 넓은 범위로 연장한다면 다른 컴퓨터 문제를 위한 좋은 알고리즘의 설계에 도움이 될 수많은 전략들을 배울 수 있다.

정렬 기법은 또한 알고리즘 분석에 관련된 일반적인 개념들, 즉 알고리즘의 성능 특성을 파악하는 데 쓰이는 개념들을 잘 보여준다. 그런 개념들은 경쟁적인 방법들 중 적합한 것을 현명하게 선택하는 데 도움이 된다. 수학에 재능이 있는 독자라면 컴퓨터 알고리즘의 빠르기를 추정할 때 유익한 기법들과 복잡한 점화식을 풀 때 유익한 기법들을 이번 장에서 많이 발견할 수 있을 것이다. 그렇긴 하지만, 이번 장은 수학적 지식이 없는 독자가 그런 계산들을 건너뛴다고 해도 내용을 이해하는 데에는 무리가 없도록 배치되어 있다.

논의를 본격적으로 시작하기 전에, 앞으로 다루고자 할 문제를 좀 더 명확히 정의하고 몇 가지 용어들도 정의하기로 하자. 우리가 하고자 하는 일은 N개의 항목

$$R_1, R_2, \ldots, R_N$$

들을 정렬하는 것이다. 이 항목들을 레코드(record)들이라고 부르겠다. 그리고 N개의 항목들의 모음은 파일(file)이라고 부르기로 하자. 각 레코드 R_j는 정렬 공정을 관장하는 하나의 키(key) K_j를 가진다. 또한 레코드는 추가적인 자료도 가지는 것이 보통이다. 이 추가적인 "부수 정보"는 정렬에 의해 레코드가 옮겨질 때 레코드와 함께 이동되어야 한다는 점만 빼고는 정렬 공정에 아무런 영향도 미치지 않는다.

키들에는 하나의 순서 관계(ordering relation) "$<$"가 부여된다. 이 순서 관계에 의해, 임의의 키 값 a, b, c에 대해 다음과 같은 조건들이 만족된다.

i) $a < b$, $a = b$, $b < a$ 중 딱 하나만 참이다. (이를 삼분법[trichotomy law]이라고 부른다.)

ii) 만일 $a < b$이고 $b < c$이면 $a < c$이다. (익히 알고 있는 추이법칙[transitive law]이다.)

성질 (i)와 (ii)는 선형순서(linear ordering) 또는 완전순서(total ordering)라고 부르는 수학적 개념을 특징짓는다. 이번 장에서 언급하는 정렬 방법들 대부분은 이 두 성질들을 만족하는 임의의 관계 "$<$"를 가진 키들을 정렬할 수 있으나, 오직 통상적인 순서 관계만을 가진 수치 키 또는 알파벳 키에 대해서만 작동하는 정렬 기법들도 있다.

정렬의 목표는 키들을 비감소 순서

$$K_{p(1)} \le K_{p(2)} \le \cdots \le K_{p(N)} \tag{1}$$

로 재배치하는, 색인 $\{1, 2, \ldots, N\}$의 한 순열 $p(1)p(2)\ldots p(N)$을 결정하는 것이다. 같은 키를 가진 레코드들이 정렬 후에도 원래의 상대 순서를 유지하는 경우 그러한 정렬을 안정적(stable)이라고 부른다. 다른 말로 하면, 안정적 정렬은 다음과 같은 성질을 가진다.

$$K_{p(i)} = K_{p(j)}\text{이고} \qquad i < j\text{이면} \qquad \text{항상 } p(i) < p(j). \tag{2}$$

키들이 순서대로 나열되도록 레코드들을 저장소 안에서 실제로 재배치해야 하는 경우도 있고, 그냥 레코드들에 키 순서대로 접근할 수 있도록 어떤 방식으로든 순열을 지정하는 보조 표를 만들기만 하면 충분한 경우도 있다.

이번 장의 여러 정렬 방법들은 값 "∞"와 "$-\infty$" 중 하나 또는 둘 다 존재한다는 가정을 깔고 있다. 이 값들은 모든 키보다 각각 크거나 작도록 정의된다. 즉,

$$1 \le j \le N\text{에 대해} \qquad -\infty < K_j < \infty \tag{3}$$

이다. 이러한 극한값들은 종종 인위적인 키들 또는 경계 지시용 값들로 쓰인다. (3)에는 상등의 경우가 배제되어 있음을 주목하자. 상등이 발생하는 경우에도 알고리즘이 제대로 작동하도록 알고리즘을 수정하는 것도 가능하지만, 그러면 우아함이나 효율성이 훼손되기 십상이다.

정렬은 크게 두 가지로 나뉜다. 하나는 레코드들 전부가 컴퓨터의 고속 임의접근 메모리 안에 있는 경우에 쓰이는 내부 정렬(internal sorting)이고 또 하나는 한 번에 메모리에 담을 수 있는 개수 이상의 레코드들이 존재하는 경우에 쓰이는 외부 정렬(external sorting)이다. 내부 정렬은 자료의 구조화 및 접근을 유연하게 할 수 있다는 장점이 있으며, 외부 정렬은 자료 접근에 가혹한 제약이 가해지는 상황을 극복할 수 있는 해법을 제공한다.

버젓한 범용 정렬 알고리즘을 이용해서 N개의 레코드를 정렬하는 데 필요한 시간은 대략 $N \log N$에 비례한다. 즉, 자료를 $\log N$번 "훑어야(pass)" 하는 것이다. 5.3.1절에서 보게 되겠지만, 레코드들이 무작위 순서로 되어 있으며 정렬이 키들을 쌍으로 비교하면서 수행되는 경우 이것이

최소의 시간이다. 따라서 다른 조건들이 모두 동일하다고 할 때 레코드 개수가 두 배가 되면 정렬 시간은 두 배를 조금 넘기게 된다. (실제로는, 키들이 서로 다르다고 할 때 좀 더 정확한 정렬 시간은 N이 무한대에 접근함에 따라 $N(\log N)^2$이다. 왜냐하면 키들의 크기가 적어도 $\log N$만큼이나 빠르게 증가할 것이기 때문이다. 그러나 실용적인 목적에서 N이 실제로 무한대에 접근하는 경우는 없다.)

한편, 이후에 밝혀지겠지만, 만일 키들이 어떤 연속 수치 분포에 따라 무작위하게 분포되어 있음을 알고 있는 경우에는 평균 $O(N)$회의 단계들로 정렬을 수행하는 것도 가능하다.

연습문제 제1부

1. [*M20*] 정렬이 안정적이라고 가정할 때 순열 $p(1)\ p(2) \ldots p(N)$이 유일하게 결정됨을 삼분법과 추이법칙에 근거해서 증명하라.

2. [*21*] 어떤 파일의 각 레코드 R_j가 두 개의 키를 가진다고 가정하자. 한 키는 "주키(major key)" K_j이고 또 하나는 "부키(minor key)" k_j이다. 주키들과 부키들 모두 선형순서 $<$가 정의되어 있다. 그러면 키쌍 (K, k)들 사이의 사전식 순서(lexicographic order)를 다음과 같은 통상적인 방식으로 정의할 수 있다:

$$\text{만일 } K_i < K_j\text{이면} \quad \text{또는 만일 } K_i = K_j\text{이고} \quad k_i < k_j\text{이면} \quad (K_i, k_i) < (K_j, k_j).$$

앨리스는 이 파일을 우선 주키들로 정렬해서, 주키가 같은 레코드들의 그룹 n개를 얻었다:

$$K_{p(1)} = \cdots = K_{p(i_1)} < K_{p(i_1+1)} = \cdots = K_{p(i_2)} < \cdots < K_{p(i_{n-1}+1)} = \cdots = K_{p(i_n)}.$$

여기서 $i_n = N$이다. 그런 다음에는 n개의 그룹 $R_{p(i_{j-1}+1)}, \ldots, R_{p(i_j)}$ 각각을 부키로 정렬했다.

빌은 같은 파일을 우선 부키로 정렬하고 그런 다음 그것을 주키로 다시 정렬했다.

크리스는 같은 파일을 주키와 부키의 쌍 (K_j, k_j)에 대한 사전식 순서를 이용해서 한 번의 공정으로 정렬했다.

세 사람의 결과가 모두 같을까?

3. [*M25*] $<$가 $K_1, \ldots, K_N$에 대해 삼분법은 만족하나 추이법칙은 만족하지 않는 어떤 관계라고 하자. 추이법칙이 없다고 해도 레코드들을 (1)과 (2)를 만족하도록 안정적으로 정렬할 수 있음을 증명하라. 사실, 그 조건들을 만족하는 배치들은 적어도 세 개가 존재한다!

▶ **4.** [*21*] 사전 편찬자들이 사전에서 엄격한 사전식 순서를 실제로 사용하는 것은 아니다. 대문자와 소문자들이 섞여서 나열되어야 하기 때문이다. 즉, 사전 편찬자들에게는 다음과 같은 순서 관계가 필요하다:

$$\text{a} < \text{A} < \text{aa} < \text{AA} < \text{AAA} < \text{Aachen} < \text{aah} < \cdots < \text{zzz} < \text{ZZZ}.$$

이런 사전 순서(dictionary order)를 구현하는 방법을 설명하라.

▶ **5.** [*M28*] 모든 음이 아닌 정수에 대한 다음과 같은 성질을 가진 이진 부호를 설계하라: 수 n을 문자열 $\rho(n)$으로 부호화한다고 할 때, 오직 $\rho(m)$이 사전식 순서로 $\rho(n)$보다 작을 때에만 $m < n$이

다. 또한 임의의 $m \neq n$에 대해 $\rho(m)$이 $\rho(n)$ 앞에 붙어서는 안 된다. 가능하다면 $\rho(n)$의 길이는 모든 큰 n에 대해 최대 $\lg n + O(\log \log n)$을 넘지 않아야 한다. (이런 부호는 이를테면 단어들과 숫자들이 섞여 있는 텍스트를 정렬한다거나 임의의 큰(구성 문자들이 많은) 알파벳들을 이진 기호열들로 사상하려고 할 때 유용하다.)

6. [*15*] 둔감 씨†(MIX 프로그래머)는 메모리 장소 A에 저장된 수가 장소 B에 저장된 수보다 큰지, 작은지, 같은지를 알고 싶어 했다. 그래서 "LDA A; SUB B"를 수행한 후 레지스터 A가 양인지, 음인지, 0인지를 판정하는 코드를 작성하게 된다. 그는 어떤 심각한 실수를 저지른 것일까? 그리고 제대로 하려면 어떻게 해야 할까?

7. [*17*] 다음과 같은 명세를 가진, 다중정밀도 키 비교를 위한 MIX 서브루틴을 작성하라.

호출 명령열: JMP COMPARE

들어갈 때 조건: rI1 $= n$; $1 \le k \le n$에 대해 CONTENTS(A+ k) $= a_k$이고 CONTENTS(B+ k) $=$ b_k; $n \ge 1$라고 가정.

나갈 때 조건: CI = GREATER, 만일 $(a_n, \ldots, a_1) > (b_n, \ldots, b_1)$이면;
CI = EQUALS, 만일 $(a_n, \ldots, a_1) = (b_n, \ldots, b_1)$이면;
CI = LESS, 만일 $(a_n, \ldots, a_1) < (b_n, \ldots, b_1)$이면;
rX와 rI1은 변할 수 있음.

여기서 관계 $(a_n, \ldots, a_1) < (b_n, \ldots, b_1)$는 왼쪽에서 오른쪽으로의 사전식 순서를 의미한다. 즉, $n \ge k > j$에 대해 $a_k = b_k$이지만 $a_j < b_j$인 색인 j가 존재한다.

▶ **8.** [*30*] 장소 A와 B에 각각 수 a와 b가 들어 있다. $\min(a, b)$를 계산하고 그것을 장소 C에 저장하는 MIX 프로그램을 그 어떤 점프 연산자도 사용하지 않고 작성하는 것이 가능함을 보여라. (주의: 산술 위넘침이 발생했는지의 여부는 알 수 없으므로, a와 b의 값과는 무관하게 위넘침이 불가능하도록 만드는 게 현명한 일일 것이다.)

9. [*M27*] 0과 1사이의 독립 균등분포 확률변수들 N개가 비감소 순서로 저장되어 있다고 할 때, 그 수들 중 r번째로 작은 수가 $\le x$일 확률은 얼마인가?

연습문제 제2부

다음 연습문제들은 모두, 컴퓨터의 임의접근 메모리 용량이 그리 크지 않았던 시절에 컴퓨터 프로그래머가 해결해야 했던 문제를 제공한다. 그러한 문제를 해결하는 "좋은" 방법을 제시하되, 사용할 수 있는 내부 메모리가 단 몇 천 워드밖에 되지 않으며, 대여섯 개의 테이프 장치들(정렬을 위해 충분한)이 달려 있다고 가정할 것. 그런 제약 하에서 잘 작동하는 알고리즘들은 현대적인 컴퓨터들에서도 효율적

† [옮긴이 주] 원문은 Mr. B. C. Dull로, 가상의 인물이다. 전체 이름은 Brutus Cyclops Dull로, 단순하고 둔감하다는 뉘앙스를 주고 있다.

임이 판명된다.

10. 〔*15*〕 백만 개의 단어들로 된 자료를 담은 테이프가 주어졌다고 하자. 테이프에 서로 다른 단어들이 몇 개나 있는지 알아내려면 어떻게 해야 할까?

11. 〔*18*〕 독자가 국세청에서 일한다고 하자. 기업들이 직원들에게 지불한 임금을 명시한 "정보" 양식들이 백만 건, 개인들이 자신이 받은 임금을 명시한 "소득세" 양식들이 백만 건 제출되었다. 자신의 소득 전부를 보고하지 않은 개인을 집어내려면 어떻게 해야 할까?

12. 〔*M25*〕 (행렬의 전치.) 백만 워드를 담은 자기 테이프 하나가 주어졌다. 워드들은 행순으로 저장된 1000×1000 행렬의 성분들을 의미한다. 즉 테이프에는 $a_{1,1}\, a_{1,2} \cdots a_{1,1000}\, a_{2,1} \cdots a_{2,1000} \cdots a_{1000,1000}$이 저장되어 있다. 성분들이 열 순으로, 즉 $a_{1,1}\, a_{2,1} \cdots a_{1000,1}\, a_{1,2} \cdots a_{1000,2} \cdots a_{1000,1000}$으로 저장된 테이프를 만들려면 어떻게 해야 할까? (자료를 훑는 패스 횟수가 십 여 회를 넘지 않도록 해 볼 것.)

13. 〔*M26*〕 N개의 단어들을 담은 큰 파일을 무작위한 배치가 되도록 "뒤섞으려면(shuffle)" 어떻게 해야 할까?

14. 〔*20*〕 영수문자(영문자 및 숫자)의 순서 관계를 정의하는 "취합 서열(collating sequence)"의 관례가 다른 두 컴퓨터 시스템을 다룬다고 하자. 한 컴퓨터에서 영수문자 파일들을 다른 컴퓨터에 쓰이는 순서로 정렬하려면 어떻게 해야 할까?

15. 〔*18*〕 U.S.A.에서 태어난 상당히 많은 사람들의 이름과 출생 주(州) 이름이 담긴 목록이 있다고 하자. 같은 주에서 태어난 사람들의 수를 세려면 어떻게 해야 할까? (각 사람은 목록에서 한 번씩만 나타난다고 가정할 것.)

16. 〔*20*〕 커다란 FORTRAN 프로그램을 쉽게 수정하기 위해서 "상호참조(cross-reference)" 루틴을 설계하고자 한다. 그런 루틴은 FORTRAN 프로그램을 입력받고, 프로그램의 각 식별자(즉 각 이름)의 각각의 용도를 보여주는 하나의 색인과 함께 프로그램을 출력한다. 그런 루틴을 어떻게 설계해야 할까?

▸ **17.** 〔*33*〕 (도서관 카드 정렬.) 컴퓨터화된 데이터베이스가 나타나기 전, 모든 도서관은 이용자가 책을 쉽게 찾을 수 있도록 카드들의 카탈로그를 만들고 관리했다. 그러나 도서관이 커짐에 따라, 카탈로그 카드를 사람이 사용하기에 편한 순서로 배치하는 작업이 상당히 복잡해지게 되었다. 다음의 "알파벳순" 목록은 *American Library Association Rules for Filing Catalog Cards* (Chicago: 1942)에서 권장하는 여러 절차들을 나타낸 것이다:

카드의 텍스트	설명
R. Accademia nazionale dei Lincei, Rome	외국 왕실 관련 호칭은 무시(영국은 예외)
1812; ein historischer Roman.	Achtzehnhundertzwölf †

† 〔옮긴이 주〕 1812에 해당하는 독일어 표현.

카드의 텍스트	설명
Bibliothèque d'histoire révolutionnaire.	프랑스어에서 아포스트로피는 빈칸으로 처리
Bibliothèque des curiosités.	글자의 악상트는 무시
Brown, Mrs. J. Crosby	호칭 등은 무시
Brown, John	생몰년도가 붙은 인명보다 그렇지 않은 인명을 앞에
Brown, John, mathematician	... 그리고 후자들은 설명 단어들을
Brown, John, of Boston	기준으로 재배치
Brown, John, 1715-1766	동일한 이름은 생몰년도 순으로 배치
BROWN, JOHN, 1715-1766	인물에 "대한" 책을 인물이 "쓴" 책보다 앞에 둔다
Brown, John, d. 1811	종종 생몰 년도를 추정해야 할 때도 있음
Brown, Dr. John, 1810-1882	호칭 등은 무시
Brown-Williams, Reginald Makepeace	하이픈은 빈칸으로 취급
Brown America.	책 제목 다음에 복합명사가 온다
Brown & Dallison's Nevada directory	영어에서 &는 "and"가 된다
Brownjohn, Alan	
Den', Vladimir Éduardovich, 1867-	인명 안의 아포스트로피를 무시
The den.	최초의 관사는 무시
Den lieben langen Tag.	... 주격 관사라는 전제 하에서
Dix, Morgan, 1827-1908	이름을 단어들보다 우선시한다
1812 ouverture.	Dix-huit cent douze†
Le XIXe siècle français.	Dix-neuvième††
The 1847 issue of U.S. stamps.	Eighteen forty-seven
1812 overture.	Eighteen twelve
I am a mathematician.	(Norbert Wiener의 책)
IBM journal of research and development.	두문자들은 한 글자짜리 단어로 취급
ha-I ha-ehad	최초의 관사는 무시
Ia; a love story.	제목 안의 문장부호는 무시
International Business Machines Corporation	
al-Khuwārizmī, Muḥammad ibn Mūsā, fl. 813-846	아랍 인명에서 최초의 "al-"은 무시
Labour. A magazine for all workers.	"Labor"로 취급
Labor research association	
Labour, see Labor	상호참조 카드

† 〔옮긴이 주〕 1812에 해당하는 프랑스어 표현.

†† 〔옮긴이 주〕 "19번째"에 해당하는 프랑스어 표현.

카드의 텍스트	설명
McCall's cookbook	영문의 아포스트로피는 무시
McCarthy, John, 1927-	Mc = Mac
Machine-independent computer programming.	하이픈은 빈칸으로 취급
MacMahon, Maj. Percy Alexander, 1854-1929	호칭은 무시
Mrs. Dalloway.	"Mrs." = "Mistress"
Mistress of mistresses.	
Royal society of London	영국 왕실 관련 호칭은 무시하지 말 것
St. Petersburger Zeitung.	"St." = "Saint", 독일어에서도 마찬가지
Saint-Saëns, Camille, 1835-1921	하이픈은 빈칸으로 취급
Ste-Marie, Gaston P	Sainte
Seminumerical algorithms.	(Donald Ervin Knuth의 책)
Uncle Tom's cabin.	(Harriet Beecher Stowe의 책)
U.S. bureau of the census.	"U.S." = "United States"
Vandermonde, Alexandre Théophile, 1735-1796	
Van Valkenburg, Mac Elwyn, 1921-	성의 접두어 다음의 빈칸은 무시
Von Neumann, John, 1903-1957	
The whole art of legerdemain.	최초의 관사는 무시
Who's afraid of Virginia Woolf?	영문의 아포스트로피는 무시
Wijngaarden, Adriaan van, 1916-	성은 대문자로 시작한다

(이 규칙들 대부분에는 예외들도 존재하며, 여기에 나오지 않는 규칙들도 많이 있다.)

많은 수의 카탈로그 카드들을 컴퓨터로 정렬한다고 하자. 그리고 궁극적으로는 그런 카드들을 담은 아주 큰 파일을 관리해야 한다고 하자. 또한, 오랫동안 관례적으로 쓰여 온 위와 같은 규칙들을 변경할 수는 없다고 하자. 그렇다면, 정렬 및 병합 작업에 도움이 되는 방식으로 자료를 배치하려면 어떻게 해야 할까?

18. [*M25*] (파커E. T. Parker.) 오일러Leonhard Euler는 u, v, w, x, y, z가 양의 정수들이라고 할 때 방정식

$$u^6 + v^6 + w^6 + x^6 + y^6 = z^6$$

의 해가 존재하지 않는다고 추측한 적이 있다 [*Nova Acta Acad. Sci. Petropolitanæ* 13 (1795), 45-63, §3; written in 1778]. 또한 그는 모든 $n \geq 3$에 대해 방정식

$$x_1^n + \cdots + x_{n-1}^n = x_n^n$$

이 양의 정수해를 가지지 않는다고도 추측했다. 그러나 이러한 좀 더 일반적인 추측은 컴퓨터가 발견한 등식 $27^5 + 84^5 + 110^5 + 133^5 = 144^5$에 의해 반증되었다. L. J. Lander, T. R. Parkin, J. L. Selfridge, *Math. Comp.* 21 (1967), 446–459를 볼 것. $n = 4$일 때에는 무한히 많은 반례들이 존재함을 엘키스Noam Elkies가 발견했다 〔*Math. Comp.* 51 (1988), 825–835〕. 오일러의 추측에 대한 $n = 6$일 때의 반례들을 찾는 데 정렬을 활용하는 방법을 고안해 보라.

▸ **19.** 〔*24*〕 백만 여 개의 30비트 이진 워드 $x_1, \ldots, x_N$를 담은 파일이 주어졌다고 하자. 존재하는 보수(complementary) 쌍 $\{x_i, x_j\}$들을 모두 찾는 좋은 방법을 고안하라. (두 워드의 대응되는 비트들이 항상 하나가 1이면 다른 하나는 0, 하나가 0이면 다른 하나는 1인 경우 두 워드는 보수 관계이다. 즉, 두 워드를 이진수로 취급해서 합한 결과가 $(11\ldots1)_2$이면 두 워드는 보수쌍이며, 그 역도 마찬가지이다.)

▸ **20.** 〔*25*〕 1000개의 30비트 워드 $x_1, \ldots, x_{1000}$을 담은 파일이 주어졌다고 할 때, 비트들이 최대 두 개까지 다를 수 있다는 예외 조건 하에서 $x_i = x_j$를 만족하는 쌍 (x_i, x_j)들 전체의 목록을 만들려면 어떻게 해야 할까?

21. 〔*22*〕 CARET, CARTE, CATER, CRATE, REACT, RECTA, TRACE; CRUEL, LUCRE, ULCER; DOWRY, ROWDY, WORDY 같은 다섯 글자 애너그램(anagram)†들을 손쉽게 찾는 방법을 생각해 보라. 〔다음과 같은 주목할 만한 집합 이외에도 열 개 이상의 다섯 글자짜리 영어 애너그램들의 집합이 존재할까? 한 번 찾아보시길.

APERS, ASPER, PARES, PARSE, PEARS, PRASE, PRESA, RAPES, REAPS, SPAER, SPARE, SPEAR.

여기에 프랑스어 단어 APRÈS를 추가할 수도 있을 것이다.〕

22. 〔*M28*〕 상당히 많은 수의 유향그래프들의 명세가 주어졌을 때, 동형(isomorphic)인 것들을 함께 묶는 데 유용한 접근방식은 어떤 것일까? (두 유향그래프들의 정점들 사이에 일대일 대응관계가 성립하고 그 호들 사이에도 일대일 대응관계가 성립한다면 그 두 유향그래프들은 동형이다. 여기서 대응관계는 정점들과 호들 사이의 결합성〔incidence〕을 유지한다.)

23. 〔*30*〕 4096명으로 구성된 집단에서, 모든 사람은 100명의 다른 사람들과 친분이 있으며, 서로 친분 있는 사람들의 쌍들 전체를 담은 목록이 준비되어 있다고 하자. (친분 관계는 대칭적이다. 즉, x가 y를 알고 있다면 y도 x를 알고 있는 것이다. 따라서 그 파일은 대략 200,000개의 항목들로 구성된다.) k가 주어졌을 때 이 집단에서 k명 단위 파벌(clique)들 모두를 나열하는 알고리즘을 설계하라. (파벌은 상호 친분 관계들의 한 인스턴스이다: 한 파벌의 각 사람은 다른 모두와 친분이 있다.) 크기가 25인 파벌은 존재하지 않는다고 가정할 것(그래야 파벌들의 전체 개수가 엄청나게 커지는 일을 피할 수 있다).

▸ **24.** 〔*30*〕 이름이 다른 삼백 만 명의 사람들을 뉴욕과 캘리포니아가 이어지도록 머리끝과 발끝이

---

† 〔옮긴이 주〕 예들을 보고 짐작했겠지만 같은 글자들을 가지고 순서만 바꿔서 만든 단어들을 말한다.

닿게 눕혀 놓았다. 각 참가자마다 종이쪽지가 주어졌으며, 참가자들은 자기 이름과 대열에서 자신의 서쪽에 있는 사람의 이름을 그 종이쪽지에 적었다. 그런데 서쪽 끝에 있는 사람은 그 종이쪽지로 뭘 해야 할지 몰라서 그냥 던져 버렸다. 나머지 2,999,999개의 종이쪽지들을 거대한 바구니 안에 집어넣고 워싱턴 D.C.의 미국국립기록보관소(National Archives)로 가져왔다. 거기서 바구니 안의 쪽지들을 완전히 뒤섞고는 자기 테이프들로 옮겼다.

그 시점에서 어떤 한 정보과학자가, 그 테이프들에 있는 정보만으로도 사람들의 대열을 원래 순서대로 재구축하는 데 충분하다고 주장했다. 그리고 한 전산학자가, 자료 테이프를 훑어서 대열을 재구축하되 테이프 파일들을 오직 순차적으로만 접근하고 적은 양의 임의접근 메모리만 사용하며 테이프를 훑는 패스 횟수가 1000회 미만인 방법을 발견했다. 어떤 방법일까?

〔다른 말로 하면, $1 \le i < N$에 대해 쌍 (x_i, x_{i+1})들이 무작위 순으로 주어졌으며 x_i들이 서로 다르다고 할 때 수열 $x_1 x_2 \ldots x_N$을 얻는 방법을 찾아보라는 것이다. 물론 모든 연산은 자기 테이프들에 사용하기에 적합한 직렬 기법들로만 제한되어야 한다. 이는 주어진 두 키의 상대적인 순서 관계를 쉽게 판정하는 방법이 없는 상황에서 항목들을 순서대로 정렬하는 문제이다. 이 문제는 연습문제 2.2.3-25의 일부로 이미 제기된 바 있다.〕

25. 〔*M21*〕 (이산 로그.) p가 (비교적 큰)소수이며 a가 p를 법으로 하는 한 원시근이라고 하자. 그러면 범위 $1 \le b < p$ 안의 모든 b에 대해, $a^n \bmod p = b$, $1 \le n < p$를 만족하는 유일한 하나의 n이 존재한다. (이 n을 a에 대한, p를 법으로 한 b의 지표〔index〕라고 부른다.) b가 주어졌을 때 $\Omega(n)$개의 단계들을 필요로 하지 않고도 n을 구하는 방법을 설명하라. 〔힌트: $m = \lceil \sqrt{p} \rceil$으로 두고 $0 \le n_1, n_2 < m$에 대해 $a^{mn_1} \equiv ba^{-n_2}$ (modulo p)를 풀어 볼 것.〕

*5.1. 순열의 조합 성질

어떤 한 유한집합의 한 순열(順列, permutation)은 그 집합의 원소들을 한 줄로 나열한 하나의 배치이다. 순열은 정렬되지 않은 입력 자료를 대표한다는 점에서 정렬 알고리즘의 연구에서 특히나 중요하다. 서로 다른 정렬 방법들의 효율을 연구하기 위해서는 한 정렬 절차의 특정한 단계가 특정한 횟수로 수행되게 만드는 순열들의 개수를 셀 필요가 있다.

순열은 이전 장들에서도 여러 번 나왔다. 예를 들어 1.2.5절에서는 n개의 물체들로부터 $n!$개의 순열들을 만드는 기본적인 이론적 방법 두 가지를 논의했고, 1.3.3절에서는 순환 구조를 다루는 몇 가지 알고리즘들과 순열의 곱셈 성질들을 분석했다. 그리고 3.3.2절에서는 순열의 "오름 연속열(run up)"과 "내림 연속열(run down)"들을 공부했다. 이번 절의 목적은 그 외의 순열의 성질들 몇 가지를 살펴보고, 순열에 서로 같은 원소들이 나타나도 되는 일반적 경우를 고찰하는 것이다. 그 과정에서 조합 수학(combinatorial mathematics)에 대해서도 많은 것을 배우게 될 것이다.

순열의 성질들은 그 자체로도 충분히 흥미로워서, 그에 대한 내용을 이번 장 여기저기에 흩어 놓는 것보다는 한 곳에서 체계적으로 전개해두는 편이 보다 적당할 것이다. 그러나 수학에 재능이 없는 독자라면, 또는 정렬 기법들로 직접 뛰어들고 싶은 독자라면 즉시 5.2절로 넘어가길 권한다. 사실 이번 절의 내용은 정렬과 직접적인 연관이 거의 없기 때문이다.

*5.1.1. 반전

$a_1 a_2 \ldots a_n$이 집합 $\{1, 2, \ldots, n\}$의 한 순열이라고 하자. $i < j$이고 $a_i > a_j$인 두 원소의 쌍 (a_i, a_j)를 그 순열의 한 반전(反轉, inversion. 또는 역전)이라고 부른다. 예를 들어 순열 3 1 4 2에는 $(3, 1)$, $(3, 2)$, $(4, 2)$라는 세 개의 반전들이 있다. 각 반전은 순서에 맞지 않는 원소들의 쌍이며, 따라서 반전이 전혀 없는 순열은 정렬되어 있는 순열 $1\ 2 \ldots n$뿐이다. 정렬과의 이러한 연관 관계는 우리가 반전에 관심을 가지는 주된 이유가 된다. 사실 이 반전이라는 개념은 동적 저장소 할당 알고리즘을 분석할 때 이미 사용한 적이 있다(연습문제 2.2.2-9 참고).

반전이라는 개념은 크레이머G. Cramer가 일차연립방정식을 푸는 그의 유명한 법칙과 관련해서 1750년에 소개한 것이다 [*Intr. à l'Analyse des Lignes Courbes Algébriques* (Geneva: 1750), 657-659; Thomas Muir, *Theory of Determinants* 1 (1906), 11-14 참고]. 본질적으로 크레이머는 $n \times n$ 행렬의 행렬식을 다음과 같은 방식으로 정의했다:

$$\det\begin{pmatrix} x_{11} & x_{12} & \ldots & x_{1n} \\ \vdots & \vdots & & \vdots \\ x_{n1} & x_{n2} & \ldots & x_{nn} \end{pmatrix} = \sum (-1)^{\operatorname{inv}(a_1 a_2 \ldots a_n)} x_{1a_1} x_{2a_2} \ldots x_{na_n}.$$

여기서 합의 구간은 $\{1, 2, \ldots, n\}$의 모든 순열 $a_1 a_2 \ldots a_n$이며, $\operatorname{inv}(a_1 a_2 \ldots a_n)$은 순열의 반전 개수이다.

순열 $a_1 a_2 \ldots a_n$의 반전표(inversion table) $b_1 b_2 \ldots b_n$은 j의 왼쪽에 있는 원소들 중 j보다 큰

원소들의 개수를 b_j로 두어서 얻는다. 다른 말로 하면, b_j는 두 번째 성분이 j인 반전들의 개수이다. 예를 들어 순열

$$5\ 9\ 1\ 8\ 2\ 6\ 4\ 7\ 3 \tag{1}$$

의 반전표는

$$2\ 3\ 6\ 4\ 0\ 2\ 2\ 1\ 0 \tag{2}$$

이다. 1의 왼쪽에는 5와 9가 있고, 2의 왼쪽에는 5, 9, 8이 있고, 등등으로 세어서 얻은 것이다. 이 순열의 반전들은 총 20개이다. 정의에 의해, 수 b_j들은 항상 다음을 만족한다.

$$0 \le b_1 \le n-1,\quad 0 \le b_2 \le n-2,\quad \ldots,\quad 0 \le b_{n-1} \le 1,\quad b_n = 0. \tag{3}$$

아마도 반전에 대해 가장 중요한 사실은, *반전표는 해당 순열을 유일하게 결정한다*는 간단한 관찰일 것이다. (3)을 만족하는 임의의 반전표 $b_1 b_2 \ldots b_n$으로부터 그 반전표를 만들어 내었던 원래의 유일한 순열을 복원할 수 있다. 원소 $n, n-1, \ldots, 1$들을 이 순서대로 하나씩 살펴보면서 그 상대적 위치를 반전표에 의거해서 결정해 나가면 된다. 예를 들어 (2)에 해당하는 순열은 다음과 같이 구축할 수 있다: 9를 적는다. $b_8 = 1$이므로 8을 9 다음에 넣는다. 마찬가지로, $b_7 = 2$이므로 7을 8과 9 다음에 놓는다. $b_6 = 2$이므로 6은 이미 적어 둔 두 수 다음에 와야 한다. 여기까지의 중간 결과는

$$9\ 8\ 6\ 7$$

이다. $b_5 = 0$이므로 5는 제일 왼쪽에 넣는다. 4는 네 개의 수 다음에, 3은 여섯 개의 수 다음에(즉, 제일 오른쪽에) 놓는다. 그러면

$$5\ 9\ 8\ 6\ 4\ 7\ 3$$

이 된다. 이제 2와 1을 마찬가지 방식으로 배치하면 (1)이 나온다.

이러한 대응관계는 순열의 관점에서 명시된 문제를 그와 동치이되 반전표의 관점에서 명시된 문제로 변환할 수 있으며 후자의 문제가 더 풀기 쉬운 경우가 많다는 점에서 중요하다. 예를 들어 가장 간단한 문제라 할 수 있는 다음의 경우를 생각해 보자: $\{1, 2, \ldots, n\}$의 순열들은 몇 개나 가능할까? 이 질문의 답은 가능한 반전표들의 개수와 동일해야 하는데, 가능한 반전표들을 나열하는 것은 쉬운 일이다. b_1로 선택할 수 있는 수들은 n가지이며, 그와 독립적으로 b_2의 선택 가짓수는 $n-1$, …, b_n의 가짓수는 1이다. 따라서 전체적으로 선택 가짓수는 $n(n-1)\ldots 1 = n!$이 된다. 반전들을 세기가 쉬운 것은 b들이 서로 완전히 독립적이기 때문이다. 반면 a들은 반드시 서로 달라야 한다.

1.2.10절에서는 하나의 순열을 오른쪽에서 왼쪽으로 읽어나갈 때 나타나는 극대값(local maximum)들의 개수를 분석했다. 다른 말로 하면 우리는 그 후행자들 중 임의의 것보다 더 큰 원소들이 몇 개나 되는지를 세어 보았다. (예를 들어 (1)의 우에서 좌로 최대값들은 3, 7, 8, 9이다.) 이는 b_j가 자신의 최대값 $n-j$를 가지게 되는 j들의 개수이다. b_1이 $n-1$과 같을 확률은 $1/n$이며 (그와 독립적으로) b_2가 $n-2$와 같을 확률은 $1/(n-1)$ 등등이므로, 반전을 고려하면 우에서 좌로 최대값들의 평균 개수가

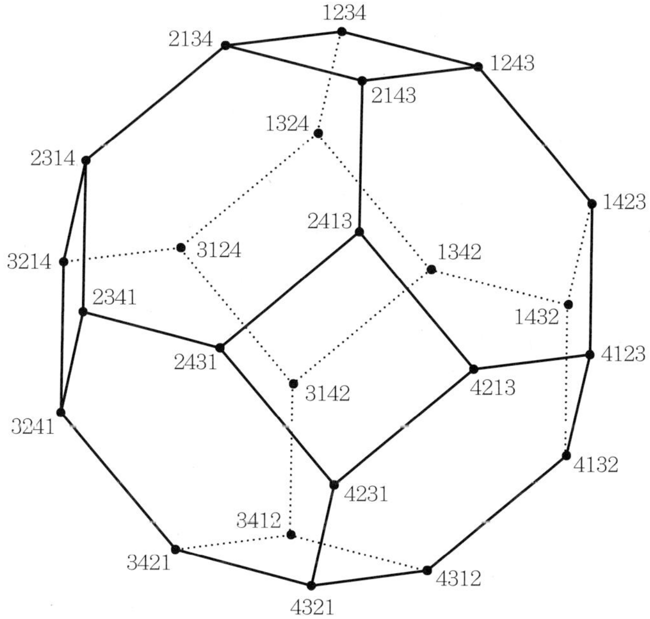

그림 1. 잘려진 정팔면체. 순열의 인접한 원소들을 맞바꾸었을 때 반전들의 변화를 보여준다.

$$\frac{1}{n} + \frac{1}{n-1} + \cdots + \frac{1}{1} = H_n$$

임이 명백하다. 해당 생성 함수 역시 비슷한 방식으로 쉽게 유도할 수 있다.

한 순열의 인접한 두 원소를 맞바꾸면 반전들의 전체 개수가 단위원(單位圓, unity)[†]만큼 감소하거나 증가한다는 점을 쉽게 파악할 수 있다. 그림 1은 $\{1, 2, 3, 4\}$의 순열 24개를 나타낸 것으로, 각 선은 인접한 원소들을 한 번 맞바꾼 만큼만 다른 두 순열을 연결하고 있다. 임의의 선을 따라 내려가면 정확히 하나의 새로운 쌍이 반전된다. 따라서 그림 1에서 순열 π의 반전들의 개수는 1234에서 π로의 하향 경로의 길이이다. 그리고 그런 경로들은 모두 길이가 같다.

첨언하자면, 그림 1을 하나의 3차원 입체, 구체적으로 말하면 8개의 육각형 면들과 6개의 사각형 면들로 이루어진 "잘려진 팔면체"로 볼 수 있다. 이는 아르키메데스Archimedes로부터 기인한 고전적인 균등다면체(uniform polyhedra)의 하나이다(연습문제 10).

순열의 반전을 순열의 역(易, inverse)과 혼동하면 안 된다. 하나의 순열을 다음과 같은 두 줄짜리 형태로 표현할 수 있음을 기억할 것이다:

$$\begin{pmatrix} 1 & 2 & 3 & \ldots & n \\ a_1 & a_2 & a_3 & \ldots & a_n \end{pmatrix}; \tag{4}$$

† 〔옮긴이 주〕 곱셈의 항등원인 수 또는 수학적 개체(이를테면 다항식 등)를 말한다. 지금 맥락에서 반전들의 개수는 정수이므로 단위원은 1이다.

이 순열의 역 $a_1' \, a_2' \, a_3' \ldots a_n'$은 두 줄을 맞바꾸고 새 윗줄의 열들을 기준으로 열들을 정렬해서 얻은 것이다:

$$\begin{pmatrix} a_1 & a_2 & a_3 & \ldots & a_n \\ 1 & 2 & 3 & \ldots & n \end{pmatrix} = \begin{pmatrix} 1 & 2 & 3 & \ldots & n \\ a_1' & a_2' & a_3' & \ldots & a_n' \end{pmatrix}. \tag{5}$$

예를 들어 순열 5 9 1 8 2 6 4 7 3의 역은 3 5 9 7 1 6 8 4 2이다:

$$\begin{pmatrix} 5\,9\,1\,8\,2\,6\,4\,7\,3 \\ 1\,2\,3\,4\,5\,6\,7\,8\,9 \end{pmatrix} = \begin{pmatrix} 1\,2\,3\,4\,5\,6\,7\,8\,9 \\ 3\,5\,9\,7\,1\,6\,8\,4\,2 \end{pmatrix}.$$

순열의 역은 오직 $a_k = j$일 때에만 $a_j' = k$라는 규칙으로도 정의할 수 있다.

순열의 역은 로테H. A. Rothe가 처음 정의했다 [*Sammlung combinatorisch-analytischer Abhandlungen*, C. F. Hindenburg 엮음, 2 (Leipzig: 1800), 263-305에서]. 그는 역과 반전 사이의 다음과 같은 흥미로운 연관 관계에 주목했다: *순열의 역의 반전들의 개수는 순열 자체의 반전들의 개수와 정확히 같다.* 이 사실에 대한 로테의 증명이 아주 간단한 것은 아니지만, 그래도 교육적이며 상당히 깔끔하다. $n \times n$ 크기의 체스 판이 있는데 $a_i = j$이면 항상 체스 판의 행 i, 열 j에 점이 찍혀 있다고 하자. 이제 같은 열의 아래 칸과 같은 행의 오른쪽 칸에 점이 찍힌 칸들에 ×표를 적는다. 예를 들어 5 9 1 8 2 6 4 7 3에 대한 체스 판은 다음과 같은 모습이 된다.

<table>
<tr><td>×</td><td>×</td><td>×</td><td>×</td><td>●</td><td></td><td></td><td></td><td></td></tr>
<tr><td>×</td><td>×</td><td>×</td><td>×</td><td></td><td>×</td><td>×</td><td>×</td><td>●</td></tr>
<tr><td>●</td><td></td><td></td><td></td><td></td><td></td><td></td><td></td><td></td></tr>
<tr><td></td><td>×</td><td>×</td><td>×</td><td></td><td>×</td><td>×</td><td>●</td><td></td></tr>
<tr><td></td><td>●</td><td></td><td></td><td></td><td></td><td></td><td></td><td></td></tr>
<tr><td></td><td></td><td>×</td><td>×</td><td></td><td>●</td><td></td><td></td><td></td></tr>
<tr><td></td><td></td><td>×</td><td>●</td><td></td><td></td><td></td><td></td><td></td></tr>
<tr><td></td><td></td><td>×</td><td></td><td></td><td></td><td>●</td><td></td><td></td></tr>
<tr><td></td><td></td><td>●</td><td></td><td></td><td></td><td></td><td></td><td></td></tr>
</table>

×들의 개수는 바로 반전들의 개수이다. 쉽게 알 수 있듯이, b_j는 열 j의 ×들의 개수이기 때문이다. 만일 체스 판 그림을 전치한다면, 즉 행들과 열들을 맞바꾸면, 그것은 원래의 순열의 역이 된다. 따라서 ×들의 개수(반전 개수)는 두 경우 모두 동일하다. 로테는 이 사실을 이용해서 한 행렬을 전치해도 행렬식은 변하지 않음을 증명했다.

정렬 알고리즘들을 분석할 때에는 n개의 원소들의 순열들 중 반전들이 정확히 k개인 것들의 개수를 알아야 하는 경우가 많다. 그 개수를 $I_n(k)$라고 표기하기로 하자. 표 1은 이 함수의 처음 몇 개의 값들을 나타낸 것이다.

반전표 $b_1 b_2 \ldots b_n$을 고려한다면, $I_n(0) = 1$이고 $I_n(1) = n - 1$이며 다음과 같은 대칭 성질이 존재함이 명백하다.

표 1

반전이 k개인 순열들의 개수

n	$I_n(0)$	$I_n(1)$	$I_n(2)$	$I_n(3)$	$I_n(4)$	$I_n(5)$	$I_n(6)$	$I_n(7)$	$I_n(8)$	$I_n(9)$	$I_n(10)$	$I_n(11)$
1	1	0	0	0	0	0	0	0	0	0	0	0
2	1	1	0	0	0	0	0	0	0	0	0	0
3	1	2	2	1	0	0	0	0	0	0	0	0
4	1	3	5	6	5	3	1	0	0	0	0	0
5	1	4	9	15	20	22	20	15	9	4	1	0
6	1	5	14	29	49	71	90	101	101	90	71	49

$$I_n\left(\binom{n}{2}-k\right)=I_n(k). \tag{6}$$

더 나아가서, b들 각각은 다른 것들과는 독립적으로 선택될 수 있으므로, 생성함수

$$G_n(z)=I_n(0)+I_n(1)z+I_n(2)z^2+\cdots \tag{7}$$

이 $G_n(z)=(1+z+\cdots+z^{n-1})G_{n-1}(z)$를 만족함을 쉽게 확인할 수 있다. 따라서 생성함수는 로드리게스O. Rodrigues가 주목한 〔*J. de Math.* 4 (1839), 236-240〕 비교적 간단한 형식

$$(1+z+\cdots+z^{n-1})\ldots(1+z)(1)=(1-z^n)\ldots(1-z^2)(1-z)/(1-z)^n. \tag{8}$$

를 가진다. 이 생성함수를 가지고 표 1을 쉽게 확장할 수 있으며, 표에서 지그재그 선 아래의 수들이

$$k<n\text{에 대해}\qquad I_n(k)=I_n(k-1)+I_{n-1}(k) \tag{9}$$

를 만족함도 증명할 수 있다. (이 관계는 지그재그 선 위의 수들에 대해서는 성립하지 않는다.) 사실, 좀 더 복잡한 한 논증(연습문제 14)에 의하면 다음과 같은 공식들이 성립한다.

$$\begin{aligned}
I_n(2)&=\binom{n}{2}-1, && n\ge 2;\\
I_n(3)&=\binom{n+1}{3}-\binom{n}{1}, && n\ge 3;\\
I_n(4)&=\binom{n+2}{4}-\binom{n+1}{2}, && n\ge 4;\\
I_n(5)&=\binom{n+3}{5}-\binom{n+2}{3}+1, && n\ge 5.
\end{aligned}$$

일반적으로 $I_n(k)$에 대한 공식은 약 $1.6\sqrt{k}$개의 항들을 가진다:

$$\begin{aligned}
I_n(k)=\binom{n+k-2}{k}-\binom{n+k-3}{k-2}+\binom{n+k-6}{k-5}+\binom{n+k-8}{k-7}-\cdots\\
+(-1)^j\left(\binom{n+k-u_j-1}{k-u_j}+\binom{n+k-u_j-j-1}{k-u_j-j}\right)+\cdots,\quad n\ge k,
\end{aligned} \tag{10}$$

여기서 $u_j = (3j^2 - j)/2$는 소위 "오각수(pentagonal number)"라고 하는 것이다.

$G_n(z)$을 $n!$로 나누면 n개의 원소들의 한 무작위 순열의 반전 개수의 확률분포에 대한 생성함수 $g_n(z)$이 나온다. 이는 곱

$$g_n(z) = h_1(z)h_2(z)\ldots h_n(z) \tag{11}$$

로, 여기서 $h_k(z) = (1 + z + \cdots + z^{k-1})/k$은 k보다 작은 음이 아닌 무작위 정수의 균등분포에 대한 생성함수이다. 이로부터

$$\begin{aligned} \text{mean}(g_n) &= \text{mean}(h_1) + \text{mean}(h_2) + \cdots + \text{mean}(h_n) \\ &= 0 + \frac{1}{2} + \cdots + \frac{n-1}{2} = \frac{n(n-1)}{4}; \end{aligned} \tag{12}$$

$$\begin{aligned} \text{var}(g_n) &= \text{var}(h_1) + \text{var}(h_2) + \cdots + var(h_n) \\ &= 0 + \frac{1}{4} + \cdots + \frac{n^2-1}{12} = \frac{n(2n+5)(n-1)}{72} \end{aligned} \tag{13}$$

이 비롯된다. 따라서 반전들의 평균 개수는 상당히 크다. 약 $\frac{1}{4}n^2$ 정도이다. 표준편차 역시 상당히 큰 $\frac{1}{6}n^{3/2}$ 정도이다.

매크매온MacMahon은 반전들의 분포에 대한 주목할 만한 사실을 발견했다 [*Amer. J. Math.* 35 (1913), 281-322]. 순열 $a_1 a_2 \ldots a_n$의 지표(index)를 $a_j > a_{j+1}$, $1 \le j < n$인 모든 첨자 j들의 합이라고 정의하자. 예를 들어 5 9 1 8 2 6 4 7 3의 지표는 $2+4+6+8=20$이다. 공교롭게도 이 경우 지표는 반전 개수와 같다. 만일 $\{1, 2, 3, 4\}$의 순열 24개를 나열해 보면,

순열	지표	반전 개수	순열	지표	반전 개수
1 2 3 4	0	0	3|1 2 4	1	2
1 2 4|3	3	1	3|1 4|2	4	3
1 3|2 4	2	1	3|2|1 4	3	3
1 3 4|2	3	2	3|2 4|1	4	4
1 4|2 3	2	2	3 4|1 2	2	4
1 4|3|2	5	3	3 4|2|1	5	5
2|1 3 4	1	1	4|1 2 3	1	3
2|1 4|3	4	2	4|1 3|2	4	4
2 3|1 4	2	2	4|2|1 3	3	4
2 3 4|1	3	3	4|2 3|1	4	5
2 4|1 3	2	3	4|3|1 2	3	5
2 4|3|1	5	4	4|3|2|1	6	6

*주어진 지표 k를 가진 순열들의 개수는 반전들이 k개인 순열들의 개수와 같다*는 점을 알 수 있다.

처음에는 이 사실이 아주 당연한 것처럼 보이겠지만, 좀 더 음미해 보면 아주 신비로운 사실임을 알 수 있다. 매크매온은 다음과 같은 독창적인 간접증명을 제시했다: $\mathrm{ind}(a_1 a_2 \ldots a_n)$이 순열 $a_1 a_2 \ldots a_n$의 지표라고 하자. 그리고

$$H_n(z) = \sum z^{\mathrm{ind}(a_1 a_2 \ldots a_n)} \tag{14}$$

이 그에 대응하는 생성함수라고 하자. (14)의 합의 구간은 $\{1, 2, \ldots, n\}$의 모든 순열이다. $H_n(z) = G_n(z)$임을 보이고자 한다. 이를 위해 한 편으로는 음이 아닌 정수들의 임의의 n짝 $(q_1, q_2, \ldots, q_n)$과, 또 한 편으로는 n짝들의 순서쌍

$$((a_1, a_2, \ldots, a_n), (p_1, p_2, \ldots, p_n))$$

사이의 일대일 대응관계를 정의하기로 하자. 여기서 $a_1 a_2 \ldots a_n$은 지표들 $\{1, 2, \ldots, n\}$의 한 순열이고 $p_1 \geq p_2 \geq \cdots \geq p_n \geq 0$이다. 이 대응관계는 다음과 같은 조건을 만족한다.

$$q_1 + q_2 + \cdots + q_n = \mathrm{ind}(a_1 a_2 \ldots a_n) + (p_1 + p_2 + \cdots + p_n). \tag{15}$$

음이 아닌 정수들 $(q_1, q_2, \ldots, q_n)$의 n짝들 전체를 합의 구간으로 하는 생성함수 $\sum z^{q_1 + q_2 + \cdots + q_n}$은 $Q_n(z) = 1/(1-z)^n$이다. 그리고 $p_1 \geq p_2 \geq \cdots \geq p_n \geq 0$인 정수들 $(p_1, p_2, \ldots, p_n)$의 n짝들 전체를 합의 구간으로 하는 생성함수 $\sum z^{p_1 + p_2 + \cdots + p_n}$은, 연습문제 15에서 보이듯이

$$P_n(z) = 1/(1-z)(1-z^2)\ldots(1-z^n) \tag{16}$$

이다. (15)의 관점에서, 지금 우리가 정의하고자 하는 이 일대일 대응관계는 $Q_n(z) = H_n(z)P_n(z)$임을, 즉

$$H_n(z) = Q_n(z)/P_n(z) \tag{17}$$

임을 증명한다. 그러나 (8)에 의해 $Q_n(z)/P_n(z)$는 $G_n(z)$이다.

이 일대일 대응관계는 다음과 같은 간단한 정렬 절차에 의해 정의된다: $a_1 a_2 \ldots a_n$이 만일 $q_{a_j} = q_{a_{j+1}}$이면 $a_j < a_{j+1}$이라는 조건을 만족하는 하나의 순열이라고 할 때, 임의의 n짝 $(q_1, q_2, \ldots, q_n)$을 안정적인 방식으로, 비증가 순서 $q_{a_1} \geq q_{a_2} \geq \cdots \geq q_{a_n}$로 재배치할 수 있다. 우선 $(p_1, p_2, \ldots, p_n) = (q_{a_1}, q_{a_2}, \ldots, q_{a_n})$으로 설정하고, 그런 다음에는 $1 \leq j < n$에 대해서, $a_j > a_{j+1}$를 만족하는 각 j에 대해 $p_1, \ldots, p_j$에서 각각 1씩 뺀다. $a_j > a_{j+1}$이면 항상 p_j는 임격하게 p_{j+1}보다 크기 때문에, 1씩 빼도 여전히 $p_1 \geq p_2 \geq \cdots \geq p_n$이다. 이렇게 얻은 쌍 $((a_1, a_2, \ldots, a_n), (p_1, p_2, \ldots, p_n))$은 (15)를 만족한다. p들의 총 감소량이 $\mathrm{ind}(a_1 a_2 \ldots a_n)$이기 때문이다. 예를 들어 $n = 9$이고 $(q_1, \ldots, q_9) = (3, 1, 4, 1, 5, 9, 2, 6, 5)$라고 하면 $a_1 \ldots a_9 = 6\ 8\ 5\ 9\ 3\ 1\ 7\ 2\ 4$이고 $(p_1, \ldots, p_9) = (5, 2, 2, 2, 2, 2, 1, 1, 1)$이다.

반대로, $a_1 a_2 \ldots a_n$과 $(p_1, p_2, \ldots, p_n)$이 주어진다면 다시 $(q_1, q_2, \ldots, q_n)$으로 돌아갈 수 있다. (연습문제 17을 볼 것.) 이렇게 해서 요구된 대응관계가 확립되었으며, 매크매온의 지표 정리가 증명되었다.

매크매온의 원 논문이 나온 지 약 65년 후, 포아타D. Foata와 쉬첸베르거M. P. Schützenberger는 매크매온 정리의 놀라운 확장을 하나 발견하게 된다. *n개의 원소들의 순열들 중 반전이 k개이고 지표가 l인 순열들의 개수는 반전이 l개이고 지표가 k인 것들의 개수와 같다*는 것이다. 사실 포아타와 쉬첸베르거는 첫 번째 종류의 순열들과 두 번째 종류의 순열들 사이의 간단한 일대일 대응관계를 발견한 것이다(연습문제 25 참고).

연습문제

1. [*10*] 순열 2 7 1 8 4 5 9 3 6의 반전표는 무엇인가? 반전표가 5 0 1 2 1 2 0 0인 순열은 무엇인가?

2. [*M20*] 요세푸스의 고전적인 문제(연습문제 1.3.2-22)는 이런 것이다. n명의 사형수가 원형으로 배치되어 있다. m번째 사형수가 처형되고, 원이 닫히고, 다시 m번째 사형수가 처형되는 과정이 모두가 처형될 때까지 반복된다. 모두가 처형되고 난 후의 처형 순서는 $\{1, 2, \ldots, n\}$의 한 순열이다. 예를 들어 $n = 8$이고 $m = 4$일 때 순서는 5 4 6 1 3 8 7 2이다(1번 사형수는 다섯 번째로 처형되고, 2번 사형수는 네 번째로 처형되고 등등). 이 순열에 대응하는 반전표는 3 6 3 1 0 0 1 0이다. 사형수가 n명이고 매 m번째 사형수가 처형되는 일반적 요세푸스 문제에서 그 반전표의 원소들 $b_1 b_2 \ldots b_n$에 대한 간단한 점화식을 제시하라.

3. [*18*] 순열 $a_1 a_2 \ldots a_n$에 대응하는 반전표가 $b_1 b_2 \ldots b_n$이라고 할 때, 반전표

$$(n-1-b_1)(n-2-b_2)\ldots(0-b_n)$$

에 대응하는 순열 $\bar{a}_1 \bar{a}_2 \ldots \bar{a}_n$은 무엇인가?

▶ **4.** [*20*] (3)을 만족하는 반전표 $b_1 b_2 \ldots b_n$이 주어졌을 때 그에 대응하는 순열 $a_1 a_2 \ldots a_n$을 구축하는, 컴퓨터로 구현하기에 적합한 알고리즘을 설계하라. [힌트: 연결된 메모리 기법을 고려할 것.]

5. [*35*] 연습문제 4의 알고리즘의 수행 시간은 전형적인 컴퓨터들에서 $n + b_1 + \cdots + b_n$에 대충 비례하며, 그 값은 평균 $\Theta(n^2)$이다. 최악의 경우의 수행 시간이 n^2 규모보다 훨씬 나은 알고리즘이 존재할까?

▶ **6.** [*26*] $\{1, 2, \ldots, n\}$의 순열 $a_1 a_2 \ldots a_n$이 주어졌을 때 그에 대응하는 반전표 $b_1 b_2 \ldots b_n$을 계산하는 알고리즘을 설계하라. 수행 시간은 전형적인 컴퓨터에서 본질적으로 $n \log n$에 비례하여야 한다.

7. [*20*] $\{1, 2, \ldots, n\}$의 한 순열 $a_1 a_2 \ldots a_n$이 주어졌을 때, 본문에 나온 특정한 표 $b_1 b_2 \ldots b_n$ 말고도 다른 종류의 반전표들이 여럿 가능하다. 이 연습문제에서는 응용에서 만나게 되는 다른 세 종류의 반전표들을 살펴본다.

c_j가 첫 성분이 j인 반전들의 개수, 즉 j의 오른쪽에 있으며 j보다 작은 원소들의 개수라고 하자. [순열 (1)에 대한 이러한 반전표는 0 0 0 1 4 2 1 5 7이다. $0 \le c_j < j$임은 명백하다.] $B_j = b_{a_j}$이고 $C_j = c_{a_j}$라고 하자.

$1 \le j \le n$에 대해 $0 \le B_j < j$이고 $0 \le C_j \le n-j$임을 보여라. 더 나아가서, $c_1 c_2 \ldots c_n$이나 $B_1 B_2 \ldots B_n$, $C_1 C_2 \ldots C_n$ 중 하나가 주어졌을 때 순열 $a_1 a_2 \ldots a_n$을 유일하게 결정할 수 있음을 보여라.

8. [*M24*] 연습문제 7의 표기법 하에서, $a'_1 a'_2 \ldots a'_n$이 순열 $a_1 a_2 \ldots a_n$의 역이며, 해당 반전표들이 $b'_1 b'_2 \ldots b'_n$, $c'_1 c'_2 \ldots c'_n$, $B'_1 B'_2 \ldots B'_n$, $C'_1 C'_2 \ldots C'_n$이라고 하자. 수 a_j, b_j, c_j, B_j, C_j, a'_j, b'_j, c'_j, B'_j, C'_j 사이의 흥미로운 관계들을 최대한 많이 찾아보라.

▸ **9.** [*M21*] 연습문제 7의 표기법에서, 순열 $a_1 a_2 \ldots a_n$이 오직 $1 \le j \le n$에 대해 $b_j = C_j$일 때에만 대합(involution, 자신의 역과 같은 순열)임을 증명하라.

10. [*HM20*] 그림 1을 3차원 공간 안의 한 다면체라고 생각해보자. 이 잘려진 팔면체의 모든 변들이 단위 길이라고 할 때, 지름(꼭지점 1234와 꼭지점 4321의 거리)은 얼마인가?

11. [*M25*] $\pi = a_1 a_2 \ldots a_n$이 $\{1, 2, \ldots, n\}$의 한 순열이며

$$E(\pi) = \{(a_i, a_j) \mid i < j,\ a_i > a_j\}$$

가 그 반전들의 집합이라고 하자. 그리고

$$\overline{E}(\pi) = \{(a_i, a_j) \mid i > j,\ a_i > a_j\}$$

는 비반전(반전이 아닌 쌍)들의 집합이라고 하자.

a) $E(\pi)$와 $\overline{E}(\pi)$가 추이적임을 증명하라. ((a,b)와 (b,c) 모두 S의 원소이면 항상 (a,c)가 S의 원소임을 만족하는 순서쌍들의 집합 S를 가리켜 추이적(transitive)이라고 말한다.)

b) 반대로, E가 $T = \{(x,y) \mid 1 \le y < x \le n\}$의 임의의 추이적 부분집합이며 그 여집합 $\overline{E} = T \setminus E$ 역시 추이적이라고 하자. $E(\pi) = E$를 만족하는 한 순열 π가 존재함을 증명하라.

12. [*M28*] 이전 연습문제의 표기법을 계속 이어나가서, π_1과 π_2가 순열들이고 E가 $E(\pi_1) \cup E(\pi_2)$를 포함하는 가장 작은 추이적 집합이라고 할 때 $\overline{E}$가 추이적임을 증명하라. [따라서, 만일 $E(\pi_1) \subseteq E(\pi_2)$이면 항상 π_1이 π_2보다 "위(above)"에 있다고 간주한다면, 순열들의 한 격자(lattice)가 형성된다. 주어진 두 순열 "위"에는 하나의 유일한 "최저" 순열이 존재한다. 그림 1은 $n=4$일 때의 격자에 해당한다.]

13. [*M23*] 한 행렬식의 전개에서 항들의 절반은 부호가 양이고 절반은 부호가 음이라는 사실은 잘 알려져 있다. 바꾸어 말하면, $n \ge 2$일 때 반전들의 개수가 짝수인 순열들의 개수는 반전들의 개수가 홀수인 것들의 개수와 같다. 일반화해서, 반전 개수가 m을 법으로 하여 t와 합동인 순열들의 개수가 $n \ge m$이면 항상 정수 t와는 무관하게 $n!/m$임을 증명하라.

14. [*M24*] (프랭클린F. Franklin.) n을 k개의 서로 다른 부분들로 분할한 것을 $n = p_1 + p_2 + \cdots + p_k$라고 쓸 수 있다. 여기서 $p_1 > p_2 > \cdots > p_k > 0$이다. 예를 들어 7을 서로 다른 부분들로 분할한다고 할 때 가능한 분할들로는 7, 6+1, 5+2, 4+3, 4+2+1이 있다. n을 k개의 서로

다른 부분들로 분할한다고 할 때 가능한 분할들의 개수를 $f_k(n)$이라고 하자. j가 음이 아닌 정수라고 할 때, n이 $(3j^2 \pm j)/2$의 형태가 아닌 한 $\sum_k (-1)^k f_k(n) = 0$임을 증명하라. n이 $(3j^2 \pm j)/2$의 형태일 경우에는 그 합은 $(-1)^j$이다. 예를 들어 $n = 7$일 때 합은 $-1+3-1=1$이고 $7 = (3 \cdot 2^2 + 2)/2$이다. [힌트: 하나의 분할을, $1 \le i \le k$에 대해 p_i개의 점들을 i번째 행에 놓은 형태의 배열로 표현한다. $p_{j+1} < p_j - 1$인 가장 작은 j를 찾고, 처음 j개의 행들의 제일 오른쪽 점들에 동그라미를 친다. 만일 $j < p_k$이면 그 j개의 점들을 수평이 되도록 45° 기울이고 새로운 $(k+1)$번째 행에 놓는다. 반면 $j \ge p_k$인 경우에는 k번째 행의 점들을 비스듬하게 45°로 기울여서 동그라미가 쳐진 점들의 오른쪽에 놓는다. (그림 2 참고). 이러한 공정은 대부분의 경우 홀수개의 행들을 가진 분할들과 짝수개의 행들을 가진 분할들을 짝을 지으므로, 합에서는 짝을 짓지 않은 분할들만 고려하면 된다.]

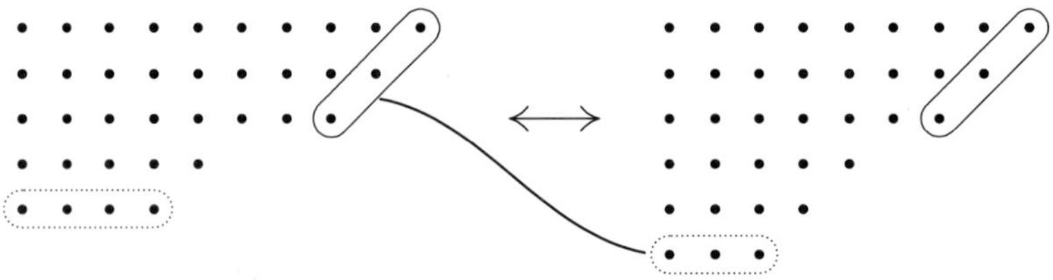

그림 2. 서로 다른 부분들을 가진 분할들 사이의 프랭클린 대응관계.

참고: 이러한 대응의 한 결과로, 다음과 같은 오일러의 공식이 나온다.

$$(1-z)(1-z^2)(1-z^3)\ldots = 1 - z - z^2 + z^5 + z^7 - z^{12} - z^{15} + \cdots$$
$$= \sum_{-\infty < j < \infty} (-1)^j z^{(3j^2+j)/2}.$$

보통의 분할들(각 부분이 반드시 서로 달라야 하는 것은 아닌 분할들)에 대한 생성함수는 $\sum p(n) z^n = 1/(1-z)(1-z^2)(1-z^3)\ldots$이다. 따라서 분할 개수에 대한 다음과 같은 그리 자명하지 않은 점화식을 얻게 된다.

$$p(n) = p(n-1) + p(n-2) - p(n-5) - p(n-7) + p(n-12) + p(n-15) - \cdots.$$

15. [*M23*] (16)이 최대 n개의 부분들로의 분할들에 대한 생성함수임을 증명하라. 즉, $1/(1-z)(1-z^2)\ldots(1-z^n)$의 z^m의 계수가 정수 m을 $p_1 \ge p_2 \ge \cdots \ge p_n \ge 0$을 만족하는 $m = p_1 + p_2 + \cdots + p_n$ 형태로 표기하는 방법들의 개수임을 증명하라. [힌트: 연습문제 14에서처럼 점들을 그리고, $p_1 \ge p_2 \ge \cdots \ge p_n \ge 0$인 n짝 $(p_1, p_2, \ldots, p_n)$들과 $n \ge P_1 \ge P_2 \ge P_3 \ge \cdots \ge 0$인 수열 $(P_1, P_2, P_3, \ldots)$들 사이에 $p_1 + p_2 + \cdots + p_n = P_1 + P_2 + P_3 + \cdots$이라는 성질을 만족하는 일대일 대응관계가 존재함을 보일 것. 다른 말로 하면, 최대 n개의 부분들로의 분할들은 n을 넘지 않는 부분들로의 분할들과 대응된다.]

16. [*M25*] (오일러L. Euler.) 다음 항등식을 증명하라. 등호 양변을 분할들로 해석할 것.

$$\prod_{k\ge 0}\frac{1}{(1-q^kz)} = \frac{1}{(1-z)(1-qz)(1-q^2z)\dots}$$

$$= 1+\frac{z}{1-q}+\frac{z^2}{(1-q)(1-q^2)}+\cdots = \sum_{n\ge 0} z^n \Big/ \prod_{k=1}^{n}(1-q^k).$$

$$\prod_{k\ge 0}(1+q^kz) = (1+z)(1+qz)(1+q^2z)\dots$$

$$= 1+\frac{z}{1-q}+\frac{z^2q}{(1-q)(1-q^2)}+\cdots = \sum_{n\ge 0} z^n q^{n(n-1)/2} \Big/ \prod_{k=1}^{n}(1-q^k).$$

17. [*20*] 이번 절 끝에서 정의한 매크매온의 대응관계에서, $(p_1, p_2, p_3, p_4) = (0, 0, 0, 0)$을 만족하는 24개의 4짝 (q_1, q_2, q_3, q_4)들을 구하라.

18. [*M30*] (히버드T. Hibbard, *CACM* 6 (1963), 210.) $n > 0$이라고 하자. 그리고 2^n n비트 정수들의 수열 $X_0, \dots, X_{2^n-1}$이 무작위하게 생성되었다고 하자. 이 수열의 각 수의 비트들은 서로 독립적이며 확률 p로 1과 같다. $\oplus$가 이진 표현들에 대한 "배타적 논리합(exclusive or)"이라고 할 때, $X_0 \oplus 0$, $X_1 \oplus 1$, ..., $X_{2^n-1} \oplus (2^n-1)$이라는 수열을 생각해 보자. 만일 $p=0$이면 수열은 $0, 1, \dots, 2^n-1$이고 $p=1$이면 $2^n-1, \dots, 1, 0$이다. 그리고 $p=\frac{1}{2}$일 때에 수열의 각 요소는 0과 2^n-1 사이의 무작위 정수이다. 일반적인 p에 대해 이는 편향된 개수의 반전들이 있는 무작위 정수들의 수열을 만들어내는 유용한 방법이다. 그러나 수열의 요소들의 전반적인 분포는, 각 n비트 정수들이 동일한 분포를 가진다는 면에서 균등분포라고 할 수 있다. 그러한 수열의 반전들의 평균 개수를 확률 p의 함수 형태로 구하라.

19. [*M28*] (마이어C. Meyer.) m이 n과 서로 소일 때 수열 $(m \bmod n)(2m \bmod n)\dots((n-1)m \bmod n)$은 $\{1, 2, \dots, n-1\}$의 한 순열이다. 이 순열의 반전들의 개수를 데데킨트 합(3.3.3절 참고)들로 표현할 수 있음을 보여라.

20. [*M43*] 야코비 [*Fundamenta Nova Theoriæ Functionum Ellipticarum* (1829), §64]에서 기인한 다음의 유명한 항등식은 타원함수들에 관련된 수많은 주목할 만한 관계들의 기초이다.

$$\prod_{k\ge 1}(1-u^kv^{k-1})(1-u^{k-1}v^k)(1-u^kv^k)$$

$$= (1-u)(1-v)(1-uv)(1-u^2v)(1-uv^2)(1-u^2v^2)\dots$$

$$= 1-(u+v)+(u^3v+uv^3)-(u^6v^3+u^3v^6)+\cdots$$

$$= \sum_{-\infty<j<+\infty}(-1)^j u^{\binom{j}{2}} v^{\binom{j+1}{2}}.$$

예를 들어 $u=z$, $v=z^2$으로 두면 연습문제 14의 오일러 공식이 나온다. $z=\sqrt{u/v}$, $q=\sqrt{uv}$로 두면

$$\prod_{k \geq 1}(1-q^{2k-1}z)(1-q^{2k-1}z^{-1})(1-q^{2k}) = \sum_{-\infty < n < \infty}(-1)^n z^n q^{n^2}$$

이 된다.

야코비의 항등식에 대한, 연습문제 14의 특별한 경우에 대한 프랭클린의 증명과 비견할 수 있는 조합적 증명이 존재할까? (즉, 이는 $p_j + q_j i$가 서로 다른 0이 아닌 복소수들이고 p_j와 q_j가 $|p_j - q_j| \leq 1$를 만족하는 음이 아닌 정수들이라 할 때 "복소수 분할"

$$m + ni = (p_1 + q_1 i) + (p_2 + q_2 i) + \cdots + (p_k + q_k i)$$

를 고려하자는 것이다. 야코비의 항등식은 m과 n이 일련의 삼각수들이 아닌 한, k가 짝수일 때의 이러한 분할들의 개수가 k가 홀수일 때의 분할들의 개수와 같음을 말해준다.) 복소수 분할이 가진 다른 주목할 만한 성질들은 어떤 것인가?

▸ **21.** [*M25*] (노트G. D. Knott.) 연습문제 7의 표기법 하에서 오직 $1 \leq j < n$에 대해 $C_j \leq C_{j+1} + 1$일 때에만 순열 $a_1 \ldots a_n$을 하나의 스택으로(연습문제 2.2.1-5나 2.3.1-6에서처럼) 얻을 수 있음을 보여라.

22. [*M26*] $\{1, 2, \ldots, n\}$의 한 순열 $a_1 a_2 \ldots a_n$이 주어졌을 때, $a_i \in \{a_j + 1, a_j + 2, \ldots, a_{j+1}\}$을 만족하는 색인 $i < j$들의 개수를 h_j라고 하자. (만일 $a_{j+1} < a_j$이면 이 집합의 원소들은 n에서 1로 "순환"된다. $j = n$일 때에는 집합 $\{a_n + 1, a_n + 2, \ldots, n\}$을 사용한다.) 예를 들어 순열 5 9 1 8 2 6 4 7 3의 경우 $h_1 \ldots h_9 = 0\ 0\ 1\ 2\ 1\ 4\ 2\ 4\ 6$이다.

a) $a_1 a_2 \ldots a_n$을 수 $h_1 h_2 \ldots h_n$들로부터 재구축할 수 있음을 증명하라.

b) $h_1 + h_2 + \cdots + h_n$이 $a_1 a_2 \ldots a_n$의 지표임을 증명하라.

▸ **23.** [*M27*] (러시안 룰렛.) 수론보다 확률이론을 더 선호하는 n명의 사형수들이 원형으로 둘러 앉아 있다. 이들은 요세푸스의 방법(연습문제 2)을 다음과 같이 수정한 방법을 이용해서 자살 순서를 택하려고 한다: 첫 번째 사형수가 총을 들고 자신의 머리를 쏜다. 그가 죽어서 원에서 제거될 확률은 p이다. 그런 다음 두 번째 사형수에 대해서도 같은 식으로 진행한다. 이러한 과정은 모두가 죽을 때까지 원형으로 진행된다. 확률 $p > 0$는 항상 동일하다.

사형수 k가 j번째로 죽는다는 것을 $a_j = k$로 나타내기로 하자. 특정한 자살 순서 $a_1 a_2 \ldots a_n$이 발생할 확률이 오직 n, p, 그리고 이중순열 $(n+1-a_n) \ldots (n+1-a_2)(n+1-a_1)$의 지표만을 변수로 하는 함수임을 증명하라. 가장 적은 확률을 가진 자살 순서는 무엇인가?

24. [*M26*] $t(j) \geq j$인 정수 $t(1)t(2) \ldots t(n)$들이 주어졌을 때, 순열 $a_1 a_2 \ldots a_n$에서 $a_j > t(a_{j+1})$를 만족하는 모든 첨자 j들의 합에 $i < j$이고 $t(a_j) \geq a_i > a_j$인 반전들 전체의 개수를 더한 것을 그 순열의 일반화된 지표(generalized index)라고 부른다. 모든 j에 대해 $t(j) = j$일 때에는 일반화된 지표가 원래의 지표와 같다. 그러나 모든 j에 대해 $t(j) \geq n$일 때에는 일반화된 지표는 반전들의 개수이다. 일반화된 지표가 k인 순열들의 개수가 반전들이 k개인 순열들의 개수와 같음을 증명하라. [힌트: $\{1, \ldots, n-1\}$의 임의의 순열 $a_1 \ldots a_{n-1}$을 취하고 모든 가능한 자리들에 수 n을 삽입한다면 일반화된 지표가 $\{0, 1, \ldots, n-1\}$의 한 순열의 수들만큼 증가함을 보일 것.]

▶ **25.** [*M30*] (포아타Foata, 쉬첸베르거Schützenberger.) $\alpha = a_1 \ldots a_n$이 하나의 순열이고 $\text{ind}(\alpha)$가 그 지표라고 하자. 그리고 순열의 반전 개수는 $\text{inv}(\alpha)$라고 하자.

a) $\{1, \ldots, n\}$의 각 순열 α를 다음 두 성질을 만족하는 각 순열 $f(\alpha)$에 대응시키는 일대일 대응관계를 정의하라: (i) $\text{ind}(f(\alpha)) = \text{inv}(\alpha)$; (ii) $1 \le j < n$에 대해, 오직 α에서 수 j가 $j+1$의 왼쪽에 나타날 때에만 $f(\alpha)$에서 수 j가 $j+1$의 왼쪽에 나타남. 독자의 구축법에서, $\alpha =$ 1 9 8 2 6 3 7 4 5라고 할 때 $f(\alpha)$에 해당하는 순열은 무엇인가? $f(\alpha) =$ 1 9 8 2 6 3 7 4 5인 순열 α는 무엇인가? [힌트: 만일 $n > 1$이면 $\alpha = x_1 \alpha_1 x_2 \alpha_2 \ldots x_k \alpha_k a_n$이라고 적는다. 여기서, 만일 $a_1 < a_n$이면 $x_1, \ldots, x_k$는 $< a_n$인 모든 원소이고, 그렇지 않으면 $x_1, \ldots, x_k$는 $> a_n$인 모든 원소이다. 나머지 원소들은 기호열(빈 열일 수도 있다) $\alpha_1, \ldots, \alpha_k$에 나타난다. $h(\alpha) = \alpha_1 x_1 \alpha_2 x_2 \ldots \alpha_k x_k$의 반전 개수를 $\text{inv}(\alpha)$와 비교할 것. 이러한 구축법에서 수 a_n은 $h(\alpha)$ 안에 나타나지 않는다.]

b) f를 이용해서, 다음 두 성질을 만족하는 또 다른 일대일 대응 g를 정의하라: (i) $\text{ind}(g(\alpha)) = \text{inv}(\alpha)$; (ii) $\text{inv}(g(\alpha)) = \text{ind}(\alpha)$. [힌트: 역 순열들을 고려할 것.]

26. [*M25*] 반전들의 개수와 무작위 순열의 지표 사이의 통계적 상관계수는 무엇인가? (연습문제 3.3.2-(24) 참고.)

27. [*M37*] (15)와 더불어, $\text{inv}(a_1 a_2 \ldots a_n)$과 n짝 $(q_1, q_2, \ldots, q_n)$ 사이에 간단한 관계가 존재함을 증명하라. 이 사실을 이용해서 (17)의 유도를 일반화하고, 그럼으로써 이변량 생성함수

$$H_n(w, z) = \sum w^{\text{inv}(a_1 a_2 \ldots a_n)} z^{\text{ind}(a_1 a_2 \ldots a_n)}$$

의 대수적 특성을 구하라. 여기서 합의 구간은 $a_1 a_2 \ldots a_n$의 모든 순열 $n!$개이다.

▶ **28.** [*25*] $a_1 a_2 \ldots a_n$이 $\{1, 2, \ldots, n\}$의 한 순열이라고 할 때, 그 전변위(total displacement) $\text{td}(a_1 a_2 \ldots a_n)$은 $\sum_{j=1}^{n} |a_j - j|$로 정의된다. 전변위의 상, 하계를 빈진 개수를 이용해서 표현하라.

29. [*28*] $\{1, 2, \ldots, n\}$의 두 순열 $\pi = a_1 a_2 \ldots a_n$과 $\pi' = a'_1 a'_2 \ldots a'_n$의 곱 $\pi\pi'$는 $a'_{a_1} a'_{a_2} \ldots a'_{a_n}$이다. 연습문제 25에서처럼 반전 개수를 $\text{inv}(\pi)$로 표기하자. $\text{inv}(\pi\pi') \le \text{inv}(\pi) + \text{inv}(\pi')$이며, 등호는 오직 $\pi\pi'$가 π'의 "아래"(연습문제 12의 의미에서)에 있을 때에만 성립함을 보여라.

*5.1.2. 중복집합의 순열

지금까지는 원소들의 집합의 순열들을 살펴보았다. 집합의 순열은 중복집합(multiset)† 의 순열이라는 개념의 특별한 경우이다. (중복집합은 집합과 비슷하지만, 동일한 원소들이 중복될 수 있다는 점에서 차이를 보인다. 중복집합의 일부 기본 성질들은 연습문제 4.6.3-19에서 논의했다.)

---

† [옮긴이 주] 1권까지는 '다중 집합' 또는 '다중집합'이라고 했었으나, '중복된 원소들'이라던가 '중복도' 등 관련 어법에 비추어볼 때 '중복집합'이 더 적합한 단어인 것 같다. 위키백과에도 '중복집합'이라는 표제어가 쓰인다 (http://ko.wikipedia.org/wiki/%EC%A4%91%EB%B3%B5%EC%A7%91%ED%95%A9).

예를 들어 중복집합

$$M = \{a, a, a, b, b, c, d, d, d, d\} \tag{1}$$

에는 a가 세 개, b가 두 개, c 하나, d 네 개가 있다. 원소들의 중복도를 다음과 같이 나타낼 수도 있다.

$$M = \{3 \cdot a, 2 \cdot b, c, 4 \cdot d\}.$$

중복집합 M의 한 순열*은 그 원소들을 하나의 행으로 배치한 것이다. 예를 들면 다음과 같다.

$$c\ a\ b\ d\ d\ a\ b\ d\ a\ d.$$

어떤 관점에서는, 이를 a 세 개, b 두 개, c 한 개, d 네 개를 담은 하나의 문자열이라고 부를 수도 있을 것이다.

M의 순열들은 몇 개나 될까? M의 원소들이 서로 다르다고 가정한다면, 즉 같은 원소들에 첨자를 붙여서 a_1, a_2, a_3, b_1, b_2, c_1, d_1, d_2, d_3, d_4로 표기한다면, $10! = 3{,}628{,}800$개의 순열들이 나온다. 그러나 그 순열들 중에는 첨자를 제거하면 실제로는 서로 같아지는 것들이 많다. 사실, M의 각 순열은 정확히 $3!\,2!\,1!\,4! = 288$번 나타난다. M의 임의의 순열로 시작해서 a들에 첨자를 붙이는 방법은 $3!$가지이고 (그와 독립적으로) b들에 첨자들을 붙이는 방법은 $2!$가지, c는 한 가지, d는 $4!$가지이기 때문이다. 따라서 M의 진짜 순열 개수는

$$\frac{10!}{3!\,2!\,1!\,4!} = 12{,}600$$

이다. 일반화하자면, 임의의 중복집합의 순열 개수가 다항계수

$$\binom{n}{n_1, n_2, \ldots} = \frac{n!}{n_1!\,n_2!\ldots} \tag{3}$$

(여기서 n_1은 한 종류의 원소들의 개수, n_2는 또 다른 종류의 원소들의 개수 등등이고 $n = n_1 + n_2 + \cdots$은 원소 전체 개수)임을 같은 방식의 논증을 통해서 입증할 수 있다.

집합의 순열 개수는 1500년 전부터 알려져 있었다. 유대 신비주의철학 최초의 문학적 산물인, 히브리어로 쓰인 *Book of Creation*(A. D. 400)에는 처음 일곱 계승들의 정확한 값이 나오며, 그 뒤에 "계속 나아가면 입에 담을 수 없고 귀로 들을 수 없는 것을 계산할 수 있다"라고 쓰여 있다. 〔*Sefer Yetzirah*, 4장 끝부분. 또한 Solomon Gandz, *Studies in Hebrew Astronomy and Mathematics* (New York: Ktav, 1970), 494-496; Aryeh Kaplan, *Sefer Yetzirah* (York Beach, Maine: Samuel Weiser, 1993)도 볼 것.〕 이는 역사 상 알려진 최초의 순열 나열 두 가지 중 하나이다. 다른 하나는 인도의 고전 *Anuyogadvārasūtra* (500년 경), 규칙 97에 나오는데, 거기서는 여섯 원소들의 순열들 중 오름차순도 아니고 내림차순도 아닌 순열들의 개수의 공식

$$6 \times 5 \times 4 \times 3 \times 2 \times 1 - 2$$

를 제시한다. 〔G. Chakravarti, *Bull. Calcutta Math. Soc.* 24 (1932), 79-88 참고. *Anuyogadvārasūtra*

---

* 〔주〕 중복집합의 순열(permutation)을 "퍼메이튜션(permatution)"이라고 부르기도 한다.

는 인도에서 번창하는 종교 분파인 자이나교(-教, Jainism)의 경전들 중 하나이다.〕

중복집합 순열들에 대한 해당 공식은 바스카라Bhāskara의 *Līlāvatī*, 270-271절에서 최초로 나타난 것으로 보인다. 바스카라는 해당 규칙을 상당히 간단하게만 밝히면서, $\{2, 2, 1, 1\}$와 $\{4, 8, 5, 5, 5\}$라는 간단한 예 두 가지만을 제시해 놓았다. 그래서인지 그 책의 영문 번역판들은 모두 그 규칙을 정확히 설명하지 못한다. 혹시라도 바스카라 자신이 해당 규칙을 제대로 이해하지 못하고 있었을 가능성은 거의 없다. 그는 20개의 수들 $48555 + 45855 + \cdots$의 합에 대한 다음과 같은 흥미로운 공식을 제시하기까지 했다.

$$\frac{(4+8+5+5+5) \times 120 \times 11111}{5 \times 6}.$$

유럽의 경우 요소들이 반복되는 순열들을 세는 정확한 규칙은 17세기 메르센Marin Mersenne이 밝히기 전까지는 알려지지 않았음이 명백하다. 메르센은 그 규칙을 선율 원리(melodic principles)에 대한 그의 한 노작의 명제 10에서 증명 없이 언급했다 〔*Harmonie Universelle* 2, 다른 제목으로는 *Traitez de la Voix et des Chants* (1636), 129-130〕. 메르센은 주어진 일단의 음들로 만들어 낼 수 있는 곡조들의 개수에 관심을 가지고 있었다. 예를 들어 그는 뵈세Boesset†의 한 주제

를 정확히 $15!/(4!\,3!\,3!\,2!) = 756{,}756{,}000$가지 방법으로 재배열할 수 있음을 언급했다.

일반 규칙 (3)은 서구세계에서 쓰인, 조합 수학에 대한 아주 초창기 해설서 중 하나인 프레스테Jean Prestet의 *Élémens des Mathématiques* (Paris: 1675), 351-352에도 나왔다. 프레스테는 일반적인 중복집합에 대해 그 규칙을 정확히 서술했으나, $\{a, a, b, b, c, c\}$라는 단순한 경우만을 예로 들었다. 몇 년 후 월리스John Wallis의 *Discourse of Combinations* (Oxford: 1685), 제2장 (그의 *Treatise of Algebra*와 함께 출판됨)에서 그 규칙이 좀 더 명확하고 다소 상세하게 논의되었다.

1965에 포아타Dominique Foata는 "삽입곱(intercalation product)"이라는 독창적인 개념을 소개했다. 삽입곱을 이용하면 보통의 순열들에 대해 알려진 많은 결과들을 중복집합 순열이라는 일반적인 경우로 확장하는 것이 가능하다. 〔*Publ. Inst. Statistique*, Univ. Paris, 14 (1965), 81-241 참고; *Lecture Notes in Math.* 85 (Springer, 1969)도 볼 것.〕 한 중복집합의 원소들이 어떤 방식으로든 선형적인 순서로 나열되어 있다고 할 때, 다음과 같은 두 줄 표기법을 생각해 볼 수 있다.

$$\begin{pmatrix} a & a & a & b & b & c & d & d & d & d \\ c & a & b & d & d & a & b & d & a & d \end{pmatrix}. \tag{4}$$

여기서 윗줄은 비감소 순서로 정렬된 M의 원소들이고, 아랫줄은 순열 자체이다. 두 중복집합 순열 α와 β의 삽입곱 $\alpha \top \beta$는 (a) α와 β를 두 줄 표기법으로 나타내고, (b) 그 두 줄 표기들을 나란히

† 〔옮긴이 주〕 16~17세기 프랑스 작곡가.

놓고, (c) 열들을 윗줄의 비감소 순서로 정렬해서 얻은 것이다. 그 정렬은 안정적(윗줄의 해당 열이 같은 아랫줄의 원소들의 왼쪽에서 오른쪽으로의 순서가 유지된다는 의미에서)이라고 간주된다. 예를 들어 $c\,a\,d\,a\,b \top b\,d\,d\,a\,d = c\,a\,b\,d\,d\,a\,b\,d\,a\,d$이다. 왜냐하면

$$\begin{pmatrix} a & a & b & c & d \\ c & a & d & a & b \end{pmatrix} \top \begin{pmatrix} a & b & d & d & d \\ b & d & d & a & d \end{pmatrix} = \begin{pmatrix} a & a & a & b & b & c & d & d & d & d \\ c & a & b & d & d & a & b & d & a & d \end{pmatrix} \tag{5}$$

이기 때문이다.

삽입곱에 다음과 같은 결합법칙이 성립함은 쉽게 알 수 있다.

$$(\alpha \top \beta) \top \gamma = \alpha \top (\beta \top \gamma). \tag{6}$$

삽입곱은 또한 다음 두 소거법칙도 만족한다.

$$\begin{aligned} \pi \top \alpha = \pi \top \beta \text{는} \quad & \alpha = \beta \text{를 함의함,} \\ \alpha \top \pi = \beta \top \pi \text{는} \quad & \alpha = \beta \text{를 함의함.} \end{aligned} \tag{7}$$

삽입곱에는 하나의 항등원이 존재한다.

$$\alpha \top \epsilon = \epsilon \top \alpha = \alpha. \tag{8}$$

이 ϵ은 공순열(null permutation), 즉 공집합의 한 "배치"이다. 일반적으로는 교환법칙이 유효하지 않으나(연습문제 2 참고), 다음과 같은 제한적인 교환법칙은 성립한다.

$$\text{만일 } \alpha \text{와 } \beta \text{에 공통의 글자들이 존재하지 않으면} \qquad \alpha \top \beta = \beta \top \alpha. \tag{9}$$

비슷한 방식으로, 집합의 순열에서의 순환마디(cycle)라는 개념을 원소들이 중복될 수 있는 중복집합 순열의 경우로 확장할 수 있다. 우선

$$(x_1 \quad x_2 \quad \ldots \quad x_n) \tag{10}$$

이

$$\begin{pmatrix} x_1 & x_2 & \ldots & x_n \\ x_2 & x_3 & \ldots & x_1 \end{pmatrix} \tag{11}$$

의 열들을 그 상위 원소를 기준으로 해서 안정적인 방식으로 정렬해 얻은 두 줄 표기의 순열을 나타낸다고 하자. 예를 들면

$$(d\;b\;d\;d\;a\;c\;a\;a\;b\;d) = \begin{pmatrix} d & b & d & d & a & c & a & a & b & d \\ b & d & d & a & c & a & a & b & d & d \end{pmatrix} = \begin{pmatrix} a & a & a & b & b & c & d & d & d & d \\ c & a & b & d & d & a & b & d & a & d \end{pmatrix}$$

이며, 따라서 순열 (4)는 실제로 하나의 순환마디이다. 이 순환마디를 일상 언어로 표현한다면 "d는 b로 가고 그것은 d로 가고 그것은 d로 가고 그것은 ... d로 가고 그것은 다시 돌아간다"라고 표현할 수 있다. 이 일반적 순환마디가 통상적인 순환마디의 모든 성질을 만족하는 것은 아님을 주의할 것: $(x_1 x_2 \ldots x_n)$이 항상 $(x_2 \ldots x_n x_1)$과 같은 것은 아니다.

1.3.3절에서는 한 집합의 각 순열이 서로 다른 순환마디들의 한 곱 형태의 유일한(순서까지) 표현을 가짐을 보았다. 여기서 순열들의 "곱"은 하나의 합성법칙에 의해 정의된다. *서로 다른 순환마디들의 곱이 그들의 삽입곱과 정확히 동일하다*는 점은 쉽게 파악할 수 있다. 이 사실은 이전 결과들을 일반화해서, 중복집합의 임의의 순열들에 대한, 순환마디들의 곱 형태의 유일한 표현(어떤 의미로는)을 얻을 수 있음을 암시한다. 실제로 그런 표현을 얻는 자연스러운 방법이 적어도 두 가지는 있으며, 둘 다 중요한 응용들을 가진다.

등식 (5)는 $c\ a\ b\ d\ d\ a\ b\ d\ a\ d$를 더 짧은 순열들의 삽입곱 형태로 인수분해하는 한 가지 방법을 보여준다. 주어진 한 순열 π의 모든 인수분해 $\pi = \alpha \top \beta$들을 구하는 일반적인 문제를 생각해보자. 인수분해 문제를 조사하려는 것이므로, 다음과 같은 특정한 순열을 고려하는 것이 도움이 될 것이다.

$$\pi = \begin{pmatrix} a\ a\ b\ b\ b\ b\ b\ c\ c\ c\ d\ d\ d\ d\ d \\ d\ b\ c\ b\ c\ a\ c\ d\ a\ d\ d\ b\ b\ b\ d \end{pmatrix}. \tag{12}$$

α가 글자 a를 적어도 한 번은 담는다고 할 때 이 순열 π를 $\alpha \top \beta$ 형태로 적을 수 있다면, α에 대한 두 줄 표기의 윗줄에서 제일 왼쪽에 있는 a는 반드시 글자 d 위에 나타나야 한다. 따라서 α에서도 글자 d가 적어도 한 번은 나타난다. 마찬가지로 α의 윗줄에서 제일 왼쪽에 있는 글자 d 아래에는 글자 d가 있을 것이며, 따라서 α에는 d가 적어도 두 개 존재한다. 두 번째 d를 고려한다면 α에 b가 적어도 하나 존재함을 알 수 있다. 이로부터, α가 글자 a를 담은 π의 왼쪽 인수라는 유일한 가정 하에서 다음과 같은 부분적인 결과를 유도할 수 있다.

$$\alpha = \begin{pmatrix} a & & b & & d & d & \\ & \ldots & & \ldots & & & \ldots \\ d & & & & d & b & \end{pmatrix}. \tag{13}$$

같은 방식으로 진행하면, (13)의 윗줄의 b 아래에는 반드시 c가 나와야 한다는 등의 사실들을 수집할 수 있다. 이런 과정을 반복하다보면 언젠가는 다시 글자 a에 도달하게 되고, 원한다면 이 a가 첫 번째 a임도 알아낼 수 있다. 지금까지의 논증은 (12)의, 글자 a를 가진 임의의 왼쪽 인수 α가 $(d\ d\ b\ c\ d\ b\ b\ c\ a) \top \alpha'$의 형태임을 만족하는 어떤 순열 α'가 존재함을 증명한다. (a를 순환마디 처음이 아니라 마지막에 쓰는 것이 편하다. 이러한 배치는 a가 단 하나만 존재하기 때문에 허용된다.) 비슷하게, 만일 α에 글자 b가 존재한다고 가정했다면, 어떤 α''에 대해 $\alpha = (c\ d\ d\ b) \top \alpha''$임이 증명되 있을 것이다.

일반화하자면, 이러한 논증은 *만일 α가 주어진 글자 y를 담고 있으며 임의의 인수분해 $\alpha \top \beta = \pi$가 존재한다면, 형태가*

$$(x_1\ \ldots\ x_n\ y), \quad n \geq 0, \quad x_1, \ldots, x_n \neq y, \tag{14}$$

*인 정확히 하나의 순환마디가 α의 왼쪽 인수*임을 보여준다. π와 y가 주어졌다면 이러한 순환마디를 쉽게 구할 수 있다. 이 순환마디는 글자 y를 담은, π의 가장 짧은 왼쪽 인수이다. 이 사실의 결과들 중 하나로 다음과 같은 정리가 있다:

정리 A. *중복집합 M의 원소들이 관계 "$<$"에 의해 선형 순서로 나열되어 있다고 하자. M의 모든 순열 π는 삽입곱*

$$\pi = (x_{11} \dots x_{1n_1} y_1) \top (x_{21} \dots x_{2n_2} y_2) \top \cdots \top (x_{t1} \dots x_{tn_t} y_t), \quad t \geq 0 \tag{15}$$

형태의 유일한 표현을 가진다. 그리고 이 삽입곱은 다음 두 조건을 만족한다:

$$1 \leq j \leq n_i, 1 \leq i \leq t\text{에 대해} \quad y_1 \leq y_2 \leq \cdots \leq y_t \quad \text{그리고} \quad y_i < x_{ij}. \tag{16}$$

(바꾸어 말하면, 각 순환마다의 마지막 원소는 다른 모든 원소보다 작으며, 마지막 원소의 수열은 비감소 순서이다.)

증명. 만일 $\pi = \epsilon$이라면 $t = 0$으로 두어서 그러한 인수분해를 얻을 수 있다. 그렇지 않은 경우에는, 순열치환될 가장 작은 원소를 y_1이라고 두고, 위의 예와 같은 방식으로 $(x_{11} \dots x_{1n_1} y_1)$을, 즉 y_1을 담고 있는 π의 가장 짧은 왼쪽 인수를 구한다. 이제 $\pi = (x_{11} \dots x_{1n_1} y_1) \top \rho$를 만족하는 어떤 순열 ρ가 존재한다. 길이에 대한 귀납법을 통해서

$$\rho = (x_{21} \dots x_{2n_2} y_2) \top \cdots \top (x_{t1} \dots x_{tn_t} y_t), \quad t \geq 1$$

라고 쓸 수 있다. 이는 (16)을 만족한다. 이로써 그러한 인수분해의 존재가 증명된다.

반대로, (16)을 만족하는 표현 (15)가 유일함을 증명해 보자. 오직 π가 공순열 ϵ일 때에만 $t = 0$임은 명백하다. $t > 0$일 때 (16)은 y_1이 순열치환될 가장 작은 원소이며 $(x_{11} \dots x_{1n_1} y_1)$이 y_1을 담은 가장 짧은 왼쪽 인수임을 의미한다. 따라서 $(x_{11} \dots x_{1n_1} y_1)$은 유일하게 결정된다. 소거법칙 (7)과 귀납법을 적용하면 그 표현이 유일함이 증명된다. ∎

예를 들어 주어진 조건들을 만족하는 (12)의 "표준(canonical)" 인수분해는, $a < b < c < d$라고 할 때

$$(d\ d\ b\ c\ d\ b\ b\ c\ a) \top (b\ a) \top (c\ d\ b) \top (d) \tag{17}$$

이다.

이 표현에서 괄호와 $\top$를 생략해도 애매함이 생기지 않는다는 점에 주목할 필요가 있다. 각 순환마디는 남은 원소들 중 가장 작은 원소가 나온 직후에 끝난다. 따라서 이러한 구축법은 순열

$$\pi' = d\ d\ b\ c\ d\ b\ b\ c\ a\ b\ a\ c\ d\ b\ d$$

를 원래의 순열

$$\pi = d\ b\ c\ b\ c\ a\ c\ d\ a\ d\ d\ b\ b\ b\ d$$

에 연관시킨다. π의 두 줄 표기에 $\substack{y \\ x}$ 형태(여기서 $x < y$)의 열이 존재할 때에는 항상, 연관된 순열 π'가 그에 대응하는 인접 원소들의 쌍 $\dots y\ x \dots$을 가진다. 지금의 예의 경우 순열 π에는 $\substack{d \\ b}$ 형태의 열이 세 개 있으며 π'에는 쌍 $d\ b$가 세 번 나온다. 일반적으로 이 구축법은 다음과 같은 주목할 만한 정리를 입증한다:

정리 B. *M이 중복집합이라고 하자. M의 순열들 사이에는, 만일 π가 π'에 대응된다고 할 때, 다음 조건들을 만족하는 일대일 대응관계가 존재한다:*

a) *π'의 제일 왼쪽 원소는 π의 제일 왼쪽 원소와 같다.*

b) *$x < y$를 만족하는 순열 원소 쌍 (x, y) 모두에 대해, π의 두 줄 표기에서 열 $\genfrac{}{}{0pt}{}{y}{x}$가 나타나는 횟수는 π'에서 y 바로 뒤에 x가 나오는 횟수와 같다.* ▮

M이 집합이라면 이는 1.3.3절 끝 부근에서 논의한 "색다른 대응관계"와 본질적으로 같다(그리 중요하지 않은 변경들만 가하면 같아진다). 특별한 종류의 순열들을 나열할 때에는 정리 B의 좀 더 일반적인 결과가 상당히 유용하다. 두 줄 제약에 기반을 둔 문제를 푸는 것이 인접쌍 제약에 기반을 둔 동등한 문제를 푸는 것보다 더 쉬운 경우가 자주 있기 때문이다.

매크매온P. A. MacMahon은 이런 종류의 문제들을 그의 뛰어난 저서 *Combinatory Analysis* 1 (Cambridge Univ. Press, 1915), 168-186에서 고찰했다. 그는 M에 담긴 서로 다른 원소들의 종류가 오직 두 가지(이를테면 a와 b)인 특별한 경우에 대한 정리 B의 구축적 증명을 제시했다. 이 경우에 대한 그의 구축법은 위에 나온 것과 본질적으로 같지만, 표현 방식은 상당히 다르다. 매크매온은 종류가 a, b, c 세 가지인 경우에 대해서는 복잡한 비구축적 증명을 제시했다. 일반적 경우에 대한 구축적 증명을 처음으로 제시한 사람은 포아타이다 [*Comptes Rendus Acad. Sci.* 258 (Paris, 1964), 1672-1675].

정리 B에 대한 단순하지 않은 예로, 글자 a, b, c로 이루어진 문자열들 중에서

$$\begin{array}{ll}
\text{글자 } a\text{가} & A\text{번},\\
\text{글자 } b\text{가} & B\text{번},\\
\text{글자 } c\text{가} & C\text{번},\\
\text{인접 글자쌍 } ca\text{가} & k\text{번},\\
\text{인접 글자쌍 } cb\text{가} & l\text{번},\\
\text{인접 글자쌍 } ba\text{가} & m\text{번}
\end{array} \tag{18}$$

나오는 문자열들의 개수를 구해보자. 앞의 정리에 의하면, 이 개수는 다음과 같은 형태의 두 줄 배열들의 개수와 같다:

$$\left(\begin{array}{c}\overbrace{a\ \cdots\ a}^{A}\quad \overbrace{b\ \cdots\ b}^{B}\quad \overbrace{c\ \cdots\ c}^{C}\\ \underbrace{\underbrace{\underbrace{\sqcup\ \cdots\ \sqcup}_{a\text{가 } A-k-m\text{개}}\ \underbrace{\sqcup\ \cdots\ \sqcup}_{a\text{가 } m\text{개}}}_{b\text{가 } B-l\text{개}}\quad \underbrace{\underbrace{\sqcup\ \cdots\ \sqcup}_{a\text{가 } k\text{개}}}_{b\text{가 } l\text{개}}}_{c\text{가 } C\text{개}}\end{array}\right) \tag{19}$$

두 번째 줄에 a들을 배치하는 방법은

$$\binom{A}{A-k-m}\binom{B}{m}\binom{C}{k} \text{ 가지}$$

이며, 나머지 위치들에 b들을 배치하는 방법은

$$\binom{B+k}{B-l}\binom{C-k}{l} \text{ 가지}$$

이다. 여전히 빈자리들은 c들로 채운다. 따라서 원하는 개수는

$$\binom{A}{A-k-m}\binom{B}{m}\binom{C}{k}\binom{B+k}{B-l}\binom{C-k}{l} \tag{20}$$

이다.

그럼 주어진 한 순열의 모든 인수분해를 찾는 문제로 돌아가자. 순열에 대해서도 "소수(prime)" 순열이라고 할 만한 것, 즉 자신과 ϵ 외에는 삽입곱 인수가 없는 순열이 존재할까? 앞의 정리 A의 논의로부터, *한 순열은 오직 그것이 반복된 원소가 없는 순환마디일 때에만* 소수라는 결론이 즉시 도출된다. 만일 순열이 그러한 순환마디라면, 앞의 논증에 의해 ϵ과 그 순환마디 자신 이외의 왼쪽 인수가 존재하지 않기 때문이다. 그리고 만일 순열에 반복되는 원소 y가 존재한다면, 그 순열은 y가 단 한 번만 나타나는 자명하지 않은 순환 왼쪽 인수를 가진다.

비소수 순열을 계속 더 작은 조각들로 인수분해하다 보면 결국은 소수들의 곱 형태가 된다. 더 나아가, 교환되는 인수들의 순서를 무시한다는 가정 하에서 그러한 인수분해가 유일하다는 것도 보일 수 있다:

정리 C. *한 중복집합의 모든 순열은 곱*

$$\sigma_1 \top \sigma_2 \top \cdots \top \sigma_t, \qquad t \geq 0 \tag{21}$$

형태로 표현할 수 있다. 여기서 각 σ_j는 반복되는 원소가 없는 순환마디이다. 이러한 표현은 같은 순열의 이러한 임의의 두 표현을, 인접한 서로 다른 순환마디들의 쌍들을 계속해서 교환함으로써 상대방으로 변환할 수 있다는 점에서 유일하다.

"서로 다른 순환마디들"(또는 서로 소인 순환마디들)은 공통의 원소가 없는 순환마디들을 말한다. 이 정리의 한 예로, 순열

$$\begin{pmatrix} a & a & b & b & c & c & d \\ b & a & a & c & d & b & c \end{pmatrix}$$

가 정확히 다섯 가지 소인수분해들, 구체적으로 말하면

$$\begin{aligned}(ab)\top(a)\top(cd)\top(bc) &= (ab)\top(cd)\top(a)\top(bc) \\ &= (ab)\top(cd)\top(bc)\top(a)\end{aligned}$$

$$
\begin{aligned}
&= (cd) \top (ab) \top (bc) \top (a) \\
&= (cd) \top (ab) \top (a) \top (bc) \qquad (22)
\end{aligned}
$$

를 가짐을 확인할 수 있다.

증명. 명시된 유일성 성질이 성립함을 보여야 한다. 순열 길이에 대한 귀납법에 의해, 만일 ρ와 σ가 반복된 원소들이 없으며 서로 같지 않은 순환마디들이면, 그리고

$$\rho \top \alpha = \sigma \top \beta$$

이면 ρ와 σ가 서로 소이며, 어떤 순열 θ에 대해

$$\alpha = \sigma \top \theta, \qquad \beta = \rho \top \theta$$

라는 것만 증명하면 충분하다.

y가 순환마디 ρ의 임의의 원소라고 할 때, $\sigma \top \beta$의 왼쪽 인수들 중 원소 y를 담은 임의의 인수의 왼쪽 인수는 반드시 ρ이다. 따라서 만일 ρ와 σ에 공통의 원소가 존재한다면 σ는 ρ의 배수이다. 그러므로 $\sigma = \rho$인데(둘 다 소수이므로), 이는 원래의 가정과 모순된다. 따라서 y를 담은, 그리고 σ와 공통의 원소가 없는 순환마디는 반드시 β의 왼쪽 인수이다. 이제 소거법칙 (7)을 적용하면 증명이 완성된다. ▮

정리 C의 한 예로, A개의 a들과 B개의 b들, 그리고 C개의 c들로 이루어진 중복집합 $M = \{A \cdot a, B \cdot b, C \cdot c\}$의 순열들을 생각해보자. M의 순열들 중 해당 두 줄 표기에 ${a \atop a}, {b \atop b}, {c \atop c}$ 형태의 열이 존재하지 않으며 ${a \atop b}$ 형태의 열들인 정확히 m개인 순열들의 개수를 $N(A, B, C, m)$이라고 하자. 그러면 ${a \atop c}$ 형태의 열은 정확히 $A - m$개, ${c \atop b}$ 형태는 $B - m$개, ${c \atop a}$ 형태는 $C - B + m$개, ${b \atop c}$ 형태는 $C - A + m$개, ${b \atop a}$ 형태는 $A + B - C - m$개이다. 따라서

$$N(A, B, C, m) = \binom{A}{m}\binom{B}{C - A + m}\binom{C}{B - m} \qquad (23)$$

이다.

정리 C에 의하면, 이러한 순열들의 개수를 다음과 같은 방식으로도 셀 수 있다: ${a \atop a}, {b \atop b}, {c \atop c}$ 형태의 열들이 배제되었으므로, 순열의 유일하게 가능한 소인수들은

$$(a\,b), \qquad (a\,c), \qquad (b\,c), \qquad (a\,b\,c), \qquad (a\,c\,b) \qquad (24)$$

이다. 이 순환마디들의 쌍 각각은 적어도 하나의 공통 글자를 가지므로, 소인수분해는 완전히 유일하다. 만일 인수분해에 순환마디 $(a\,b\,c)$가 k번 나온다면, 이전의 가정들은 $(a\,b)$가 $m - k$번, $(b\,c)$가 $C - A + m - k$번, $(a\,c)$가 $C - B + m - k$번, $(a\,c\,b)$가 $A + B - C - 2m + k$번 나타남을 함의한다. 따라서 $N(A, B, C, m)$은 k를 색인으로 하여 합한, 이 순환마디들의 순열 개수(하나의 다항계수이다)이다:

$$N(A,B,C,m)$$
$$= \sum_k \frac{(C+m-k)!}{(m-k)!\,(C-A+m-k)!\,(C-B+m-k)!\,k!\,(A+B-C-2m+k)!}$$
$$= \sum_k \binom{m}{k}\binom{A}{m}\binom{A-m}{C-B+m-k}\binom{C+m-k}{A}. \tag{25}$$

이를 (23)과 비교해보면 다음과 같은 항등식이 반드시 성립함을 알 수 있다.

$$\sum_k \binom{m}{k}\binom{A-m}{C-B+m-k}\binom{C+m-k}{A} = \binom{B}{C-A+m}\binom{C}{B-m}. \tag{26}$$

이는 사실 연습문제 1.2.6-31에서 보았던 항등식, 즉

$$\sum_j \binom{M-R+S}{j}\binom{N+R-S}{N-j}\binom{R+j}{M+N} = \binom{R}{M}\binom{S}{N} \tag{27}$$

과 같은 것이다. $M=A+B-C-m$, $N=C-B+m$, $R=B$, $S=C$, $j=C-B+m-k$로 두면 된다.

마찬가지로, $\{A\cdot a,\ B\cdot b,\ C\cdot c,\ D\cdot d\}$의 순열들 중 열들의 종류와 그 빈도가 다음과 같은 순열들의 개수도 셀 수 있다:

열 종류:	$\substack{a\\d}$	$\substack{a\\b}$	$\substack{b\\a}$	$\substack{b\\c}$	$\substack{c\\b}$	$\substack{c\\d}$	$\substack{d\\a}$	$\substack{d\\c}$	(28)
빈도:	r	$A-r$	q	$B-q$	$B-A+r$	$D-r$	$A-q$	$D-A+q$	

(여기서 $A+C=B+D$이다.) 이러한 순열들의 소인수분해에 나타날 수 있는 순환마디들은 어떠한 s에 대해

순환마디:	$(a\,b)$	$(b\,c)$	$(c\,d)$	$(d\,a)$	$(a\,b\,c\,d)$	$(d\,c\,b\,a)$	(29)
빈도:	$A-r-s$	$B-q-s$	$D-r-s$	$A-q-s$	s	$q-A+r+s$	

이다(연습문제 12 참고). 이 경우 순환마디 $(a\,b)$와 $(c\,d)$는 서로 교환되며, $(b\,c)$와 $(d\,a)$도 교환된다. 따라서 우리는 서로 다른 소인수분해들의 개수를 중복 없이 세어야 한다. 연습문제 10에서 밝혀지겠지만, $(c\,d)$ 바로 다음에 $(a\,b)$가 오는 일이 없고 $(d\,a)$ 바로 다음에 $(b\,c)$가 오는 일이 없는 유일한 인수분해가 항상 존재한다. 따라서 연습문제 13의 결과에 의해

$$\sum_{s,t}\binom{B}{t}\binom{A-q-s}{A-r-s-t}\binom{B+D-r-s-t}{B-q-s}$$
$$\times \frac{D!}{(D-r-s)!\,(A-q-s)!\,s!\,(q-A+r+s)!}$$
$$= \binom{A}{r}\binom{B+D-A}{D-r}\binom{B}{q}\binom{D}{A-q}$$

가 성립한다. 양변에서 인수 $\binom{D}{A-q}$를 빼내고 계승들을 조금 단순화하면 다음과 같이 좀 복잡해 보이는 매개변수 다섯 개짜리 항등식이 성립한다.

$$\sum_{s,t}\binom{B}{t}\binom{A-r-t}{s}\binom{B+D-r-s-t}{D+q-r-t}\binom{D-A+q}{D-r-s}\binom{A-q}{r+t-q}$$
$$=\binom{A}{r}\binom{B+D-A}{D-r}\binom{B}{q}. \qquad (30)$$

s에 대한 합은 (27)을 이용해서 구할 수 있으며, 그 결과로 나오는 t에 대한 합은 쉽게 평가할 수 있다. 안타깝게도, 이 모든 작업에도 불구하고, 우리는 그 유도 방법을 우리가 아직 모르는 그 어떤 항등식도 발견하지 못했다. 그러나 우리는 적어도 특정한 종류의 순열 개수를 세는 방법 두 가지를 배울 수 있었으며, 이 집계 기법들은 앞으로 나올 문제들을 위한 좋은 기반이 된다.

연습문제

1. [*M05*] 참 또는 거짓을 밝혀라: M_1과 M_2가 중복집합이라고 하자. 만일 α가 M_1의 한 순열이고 β가 M_2의 한 순열이면 $\alpha \top \beta$는 $M_1 \cup M_2$의 한 순열이다.

2. [*10*] $c\,a\,d\,a\,b$와 $b\,d\,d\,a\,d$의 삽입곱은 (5)로 계산된다. 인수들을 맞바꾸었을 때 나오는 삽입곱 $b\,d\,d\,a\,d \top c\,a\,d\,a\,b$를 구하라.

3. [*M13*] (9)의 역도 성립하는가? 바꾸어 말해서, 만일 $\alpha \top \beta = \beta \top \alpha$이면 반드시 α와 β에 공통의 글자가 존재하지 않는가?

4. [*M11*] $a < b < c < d$라고 할 때, (12)의 표준적인(정리 A의 의미에서) 인수분해는 (17)로 주어진다. $d < c < b < a$일 때의 그에 대응하는 표준 인수분해를 구하라.

5. [*M23*] 정리 B의 조건 (b)의 필요조건은 $x < y$이다. 만일 그 조건을 좀 더 약한 $x \le y$로 바꾼다면 어떤 일이 일어날까?

6. [*M15*] a가 정확히 m개, b가 n개, 그리고 다른 글자들은 없으며 b 바로 다음에 a가 정확히 k개 나오는 문자열들은 몇 개나 가능할까?

7. [*M21*] 글자 a, b, c들로 구성된, (18)의 조건들을 만족하며 글자 a로 시작하는 문자열들은 몇 개나 있을까? b로 시작하는 문자열들은? c로 시작하는 문자열들은?

▶ **8.** [*20*] (12)를 두 개의 인수들로 분해하는 인수분해들, 즉 $\alpha \top \beta$ 형태의 인수분해들을 모두 구하라.

9. [*33*] 주어진 한 중복집합 순열을 정리 A와 C에 언급된 형태들로 인수분해하는 컴퓨터 프로그램을 작성하라.

▶ **10.** [*M30*] 참 또는 거짓을 밝혀라: 정리 C에 따르면 중복집합 순열의 소인수분해가 아주 유일한 것은 아니지만, 다음과 같은 방식으로 그 유일성을 보장하는 것이 가능하다: “$1 \le i < n$에 대해 σ_{i+1}이라

할 때 σ_i이면 항상 $\sigma_i \preceq \sigma_{i+1}$이라는 조건 하에서 한 중복집합의 모든 순열이 유일한 소인수분해 $\sigma_1 \top \sigma_2 \top \cdots \top \sigma_n$을 가지게 하는 소수들의 집합의 선형순서 $<$가 존재한다."

▶ **11.** [*M26*] $\sigma_1, \sigma_2, \ldots, \sigma_t$가 반복되는 원소가 없는 순환마디들이라고 하자. t개의 원소 $\{x_1, \ldots, x_t\}$에 대해, 만일 $i < j$이고 σ_i와 σ_j가 적어도 하나의 글자를 공유한다면 $x_i < x_j$라는 의미의 부분순서 $<$를 정의하자. 정리 C와 "위상정렬"(2.2.3절)이라는 개념 사이에 다음과 같은 관계가 존재함을 증명하라: *$\sigma_1 \top \sigma_2 \top \cdots \top \sigma_t$의 서로 다른 소인수분해들의 개수는 주어진 부분순서를 위상정렬하는 방법의 수와 같다.* (예를 들어 (22)의 경우 순서 $x_1 < x_2$, $x_3 < x_4$, $x_1 < x_4$를 위상적으로 정렬하는 방법은 다섯 가지이다.) 반대로, t개의 원소들에 대한 임의의 부분순서가 주어졌을 때, 그것을 앞에서 언급된 방식으로 정의하는 순환마디들의 집합 $\{\sigma_1, \sigma_2, \ldots, \sigma_t\}$가 존재한다.

12. [*M16*] (29)가 (28)의 가정들에서 비롯된 결과임을 보여라.

13. [*M21*] 인접 글자쌍 ca와 db를 전혀 담지 않은 중복집합

$$\{A \cdot a,\ B \cdot b,\ C \cdot c,\ D \cdot d,\ E \cdot e,\ F \cdot f\}$$

의 순열들의 개수가

$$\sum_t \binom{D}{A-t} \binom{A+B+E+F}{t} \binom{A+B+C+E+F-t}{B} \binom{C+D+E+F}{C,\ D,\ E,\ F}$$

임을 증명하라.

14. [*M30*] 이번 절의 다른 정의들을 고려할 때, 일반적 순열 π의 역 π^-를 정의하는 한 가지 방법은 π의 두 줄 표기의 줄들을 맞바꾸고 그 열들을 윗줄이 비감소 순서로 정렬되도록 안정적으로 정렬하는 것이다. 예를 들어 만일 $a < b < c < d$라고 하면, 이 정의에 의해 $c\,a\,b\,d\,d\,a\,b\,d\,a\,d$의 역은 $a\,c\,d\,a\,d\,a\,b\,b\,d\,d$이다.

이러한 역 연산의 성질들을 탐구하라. 이를테면, 이 역과 삽입곱 사이에 어떤 단순한 관계가 존재할까? $\pi = \pi^-$를 만족하는 순열들의 개수를 셀 수 있을까?

▶ **15.** [*M25*] $x_1 < x_2 < \cdots < x_m$이고 $n_1 + n_2 + \cdots + n_m = n$인 중복집합

$$\{n_1 \cdot x_1,\ n_2 \cdot x_2,\ \ldots,\ n_m \cdot x_m\}$$

의 한 순열 $a_1 \ldots a_n$이, 오직 정점 $\{x_1, x_2, \ldots, x_m\}$과 x_j에서 $a_{n_1 + \cdots + n_j}$로 가는 호들로 된 유향그래프에 정확히 하나의 유향순환마디만 존재할 때에만 하나의 순환마디임 증명하라. 예를 들어 순열

$$\begin{pmatrix} a & a & a & b & b & c & c & c & d & d \\ d & c & b & a & c & a & a & b & d & c \end{pmatrix}$$

에 대응하는 유향그래프는

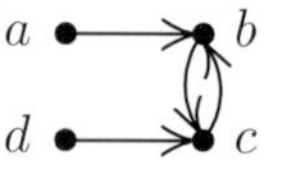

이며, 이 순열을 순환마디로 표현하는 두 가지 방법은 $(b\ a\ d\ d\ c\ a\ c\ a\ b\ c)$와 $(c\ a\ d\ d\ c\ a\ c\ b\ a\ b)$이다.

16. [*M35*] 순열의 반전에 대한 생성함수는 이전 절의 식 5.1.1-(8)에서 구했는데, 이는 순열의 대상이 집합이라는 특수한 경우였다. 이를 일반화해서, 중복집합을 순열치환하는 경우 $\{n_1 \cdot x_1, n_2 \cdot x_2, \ldots\}$의 반전에 대한 생성함수가 다음과 같은 "$z$-다항계수($z$-multinomial coefficient)"임을 보여라.

$$\binom{n}{n_1, n_2, \ldots}_z = \frac{n!_z}{n_1!_z\, n_2!_z \ldots}, \qquad \text{여기서 } m!_z = \prod_{k=1}^{m} (1 + z + \cdots + z^{k-1})$$

[이를 (3)과, 그리고 식 1.2.6-(40)에 나온 z항계수(z-nomial coefficient)의 정의와 비교해 볼 것.]

17. [*M24*] 주어진 중복집합의 한 무작위 순열의 반전 개수의 평균과 표준편차를, 연습문제 16에 나온 생성함수를 이용해서 구하라.

18. [*M30*] (매크매온P. A. MacMahon.) 순열 $a_1 a_2 \ldots a_n$의 지표는 이전 절에서 정의했다. 그리고 지표가 k인 주어진 집합의 순열 개수가 반전들이 k개인 순열들의 개수와 같음도 증명했다. 주어진 중복집합의 순열들에 대해서도 같은 결과가 성립하는가?

19. [*HM28*] 순열 π의 뫼비우스 함수(Möbius function) $\mu(\pi)$를, 만일 순열 π에 반복된 원소들이 있다면 0으로, 그렇지 않고 만일 π가 k개의 소수들의 곱이면 $(-1)^k$으로 정의한다. (이 정의를 연습문제 4.5.2-10에 나오는 보통의 뫼비우스 함수와 비교해 볼 것.)

a) 만일 $\pi \neq \epsilon$이면

$$\sum \mu(\lambda) = 0$$

임을 증명하라. 합의 구간은 π의 왼쪽 인수가 될 수 있는 순열 λ들 전부(즉, 어떤 ρ에 대해 $\pi = \lambda \top \rho$인 모든 λ)이다.

b) $1 \leq k \leq n$에 대해 $1 \leq i_k \leq m$인 $x_1 < x_2 < \cdots < x_m$와 $\pi = x_{i_1} x_{i_2} \ldots x_{i_n}$이 주어졌을 때 다음이 성립함을 증명하라:

$$\mu(\pi) = (-1)^n \epsilon(i_1 i_2 \ldots i_n), \qquad \text{여기서 } \epsilon(i_1 i_2 \ldots i_n) = \operatorname{sign} \prod_{1 \leq j < k \leq n} (i_k - i_j).$$

▸ **20.** [*HM33*] (푸아타D. Foata.) (a_{ij})가 임의의 실수 행렬이라고 하자. 연습문제 19(b)의 표기법 하에서 $\nu(\pi) = a_{i_1 j_1} \ldots a_{i_n j_n}$을 정의하라. 여기서 π의 두 줄 표기는

$$\begin{pmatrix} x_{i_1} & x_{i_2} & \cdots & x_{i_n} \\ x_{j_1} & x_{j_2} & \cdots & x_{j_n} \end{pmatrix}$$

이다. 함수 $\nu(\pi)$는 중복집합의 순열들에 대한 생성함수를 계산할 때 유용하다. 중복집합

$$\{n_1 \cdot x_1, \ldots, n_m \cdot x_m\}$$

의 순열 π들 전부에 대한 합 $\sum\nu(\pi)$가 특정한 제약들을 만족하는 순열들의 개수에 대한 생성함수가 되기 때문이다. 예를 들어 $i=j$에 대해 $a_{ij}=z$로, $i\neq j$에 대해서는 $a_{ij}=1$로 둔다면 $\sum\nu(\pi)$는 "고정점(fixed point)", 즉 윗줄의 성분과 아랫줄의 성분이 같은 열들의 개수에 대한 생성함수이다. 모든 중복집합에 대한 $\sum\nu(\pi)$를 동시에 연구하기 위해 다음과 같은 함수를 고려한다.

$$G=\sum\pi\nu(\pi).$$

합의 구간은 원소 $x_1, \ldots, x_m$에 관련된 중복집합들의 모든 순열의 집합 $\{x_1, \ldots, x_m\}^*$의 모든 π들이다. 이 G의 $x_1^{n_1}\ldots x_m^{n_m}$의 계수를 살펴보자.

이 G의 공식에서, π를 x들의 곱으로 취급하기로 한다. 예를 들어 $m=2$일 때

$$\begin{aligned}G&=1+x_1\nu(x_1)+x_2\nu(x_2)+x_1x_1\nu(x_1x_1)+x_1x_2\nu(x_1x_2)+x_2x_1\nu(x_2x_1)+x_2x_2\nu(x_2x_2)+\cdots\\&=1+x_1a_{11}+x_2a_{22}+x_1^2a_{11}^2+x_1x_2a_{11}a_{22}+x_1x_2a_{21}a_{12}+x_2^2a_{22}^2+\cdots\end{aligned}$$

이다. 따라서 G의 $x_1^{n_1}\ldots x_m^{n_m}$의 계수는 $\{n_1x_1, \ldots, n_m\cdot x_m\}$의 순열 π들 전부를 구간으로 하는 합 $\sum\nu(\pi)$이다. 이 계수가 수식

$$(a_{11}x_1+\cdots+a_{1m}x_m)^{n_1}(a_{21}x_1+\cdots+a_{2m}x_m)^{n_2}\ldots(a_{m1}x_1+\cdots+a_{mm}x_m)^{n_m}$$

의 $x_1^{n_1}\ldots x_m^{n_m}$의 계수이기도 하다는 점은 어렵지 않게 파악할 수 있다.

이 연습문제의 목적은 매크매온P. A. MacMahon이 그의 *Combinatory Analysis* 1 (1915), Section 3에서 "주 정리(Master Theorem)"라고 부른 것, 구체적으로 말하면 다음과 같은 공식을 증명하는 것이다.

$$G=1/D,\qquad \text{여기서 } D=\det\begin{pmatrix}1-a_{11}x_1 & -a_{12}x_2 & \cdots & -a_{1m}x_m\\ -a_{21}x_1 & 1-a_{22}x_2 & & -a_{2m}x_m\\ \vdots & & & \vdots\\ -a_{m1}x_1 & -a_{m2}x_2 & \cdots & 1-a_{mm}x_m\end{pmatrix}.$$

예를 들어 만일 모든 i와 j에 대해 $a_{ij}=1$이면, 이 공식은

$$G=1/(1-(x_1+x_2+\cdots+x_m))$$

이 되며 $x_1^{n_1}\ldots x_m^{n_m}$의 계수는 마땅히 $(n_1+\cdots+n_m)!/n_1!\ldots n_m!$이 된다. 이 정리를 증명하기 위해, 다음 세 명제를 증명하라.

a) $\nu(\pi\top\rho)=\nu(\pi)\nu(\rho)$;

b) 연습문제 19의 표기법 하에서 $D=\sum\pi\mu(\pi)\nu(\pi)$, 합의 구간은 $\{x_1, \ldots, x_m\}^*$의 모든 π;

c) 따라서 $D\cdot G=1$.

21. [*M21*] $n_1, \ldots, n_m$과 $d\geq 0$가 주어졌을 때, 중복집합 $\{n_1\cdot 1, \ldots, n_m\cdot m\}$의 순열 $a_1a_2\ldots a_n$들 중 $1\leq j<n=n_1+\cdots+n_m$에 대해 $a_{j+1}\geq a_j-d$를 만족하는 순열들은 몇 개인가?

22. [*M30*] 중복집합 $\{n_1 \cdot x_1, \ldots, n_m \cdot x_m\}$의 모든 가능한 순열의 집합을 $P(x_1^{n_1} \ldots x_m^{n_m})$이라고 표기하자. 그리고 $P(x_0^{n_0} x_1^{n_1} \ldots x_m^{n_m})$ 중 처음 n_0개의 원소들이 $\neq x_0$인 부분집합을 $P_0(x_0^{n_0} x_1^{n_1} \ldots x_m^{n_m})$이라고 하자.

a) $1 \leq t < m$인 수 t가 주어졌을 때, $P(1^{n_1} \ldots m^{n_m})$과 어떤 $k \geq 0$에 대해 각각 $P_0(0^k 1^{n_1} \ldots t^{n_t})$ 및 $P_0(0^k (t+1)^{n_{t+1}} \ldots m^{n_m})$에 속하는 모든 순열 순서쌍 사이의 일대일 대응관계를 구하라. [힌트: 각 $\pi = a_1 \ldots a_n \in P(1^{n_1} \ldots m^{n_m})$에 대해, $t+1, \ldots, m$을 0으로 대체하고 마지막 $n_{t+1} + \cdots + n_m$개의 자리들에 있는 모든 0을 제거해서 얻은 순열을 $l(\pi)$라고 둘 것. 비슷하게, $1, \ldots, t$를 0으로 대체하고 처음 $n_1 + \cdots + n_t$개의 자리들에 있는 모든 0을 제거해서 얻은 순열을 $r(\pi)$로 두어 볼 것.]

b) $P_0(0^{n_0} 1^{n_1} \ldots m^{n_m})$의 순열들 중 두 줄 표기에 p_j개의 $\begin{smallmatrix} 0 \\ j \end{smallmatrix}$ 열들이 있고 q_j개의 $\begin{smallmatrix} j \\ 0 \end{smallmatrix}$들이 있는 순열들의 개수가

$$\frac{|P(x_1^{p_1} \ldots x_m^{p_m} y_1^{n_1 - p_1} \ldots y_m^{n_m - p_m})| \, |P(x_1^{q_1} \ldots x_m^{q_m} y_1^{n_1 - q_1} \ldots y_m^{n_m - q_m})|}{|P_0(0^{n_0} 1^{n_1} \ldots m^{n_m})|}$$

임을 증명하라.

c) $w_1, \ldots, w_m, z_1, \ldots, z_m$이 단위 원(圓) 상의 복소수들이라고 하자. 순열 $\pi \in P(1^{n_1} \ldots m^{n_m})$의 가중치 $w(\pi)$를, 해당 두 줄 표기의 열들의 가중치들의 곱으로 정의한다. 여기서 열 $\begin{smallmatrix} j \\ k \end{smallmatrix}$의 가중치는 만일 j와 k 둘 다 $\leq t$이거나 둘 다 $> t$이면 w_j / w_k, 그렇지 않으면 z_j / z_k이다. 모든 $\pi \in P(1^{n_1} \ldots m^{n_m})$에 대한 $w(\pi)$들의 합이

$$\sum_{k \geq 0} \frac{k!^2 (n_{\leq t} - k)! \, (n_{>t} - k)!}{n_1! \ldots n_m!} \left| \sum \binom{n_1}{p_1} \cdots \binom{n_m}{p_m} \left(\frac{w_1}{z_1}\right)^{p_1} \cdots \left(\frac{w_m}{z_m}\right)^{p_m} \right|^2$$

임을 증명하라. 여기서 $n_{\leq t}$는 $n_1 + \cdots + n_t$, $n_{>t}$는 $n_{t+1} + \cdots + n_m$, 그리고 내부 합이 구간은 $p_{\leq t} - p_{>t} - k$를 만족하는 모든 $(p_1, \ldots, p_m)$이다.

23. [*M23*] 하나의 DNA 가닥(strand)을 네 글자 알파벳의 글사들로 구성된 하나의 단어라고 생각할 수 있다. DNA 가닥 하나를 복제해서 한 글자 염기(鹽基, base) 단위로 완전히 분해한 후 그 염기들을 무작위로 재합성한다고 하자. 그렇게 얻은 가닥을 원래의 가닥 다음에 놓았을 때, 염기가 서로 다른 자리들의 수가 홀수일 가능성보다 짝수일 가능성이 더 큼을 증명하라. [힌트: 이전 연습문제를 적용해 볼 것.]

24. [27] 정렬되지 않은 글자쌍 두 개 사이에 성립하는 임의의 관계 R을 고찰한다. 만일 $\{w, x\} R \{y, z\}$이면 $\{w, x\}$가 $\{y, z\}$를 보존한다(preserve)라고 말하고, 그렇지 않으면 $\{w, x\}$가 $\{y, z\}$를 이동한다(move)라고 말한다.

$\begin{smallmatrix} w & x \\ y & z \end{smallmatrix}$를 R에 의거해서 전치(transposing)하는 연산은 $w \neq x$이고 $y \neq z$라는 가정 하에서 $\{w, x\}$가 쌍 $\{y, z\}$를 보존하느냐 이동하느냐에 따라 $\begin{smallmatrix} w & x \\ y & z \end{smallmatrix}$를 $\begin{smallmatrix} x & w \\ y & z \end{smallmatrix}$ 또는 $\begin{smallmatrix} x & w \\ z & y \end{smallmatrix}$로 대체한다. 그리고

만일 $w = x$ 또는 $y = z$이면 전치의 결과는 항상 $\begin{smallmatrix} x & w \\ z & y \end{smallmatrix}$이다.

두 줄 배열 $\begin{pmatrix} x_1 & \cdots & x_n \\ y_1 & \cdots & y_n \end{pmatrix}$을 관계 R에 의거해서 정렬하는 연산(이하 수식에서 sort로 표기)은 $x_j > x_{j+1}$인 가장 큰 j를 찾고 열 j와 $j+1$를 전치하는 과정을 $x_1 \le \cdots \le x_n$가 될 때까지 반복하는 것이다. ($y_1 \ldots y_n$이 반드시 $x_1 \ldots x_n$의 한 순열이어야 하는 것은 아니다.)

a) $\begin{pmatrix} x_1 & \cdots & x_n \\ y_1 & \cdots & y_n \end{pmatrix}$이 주어졌을 때, 모든 $x \in \{x_1, \ldots, x_n\}$에 대해 다음 조건을 만족하는 유일한 $y \in \{y_1, \ldots, y_n\}$이 존재함을 증명하라: 어떤 $x'_2, y'_2, \ldots, x'_n, y'_n$에 대해 $\mathrm{sort}\begin{pmatrix} x_1 & \cdots & x_n \\ y_1 & \cdots & y_n \end{pmatrix} = \mathrm{sort}\begin{pmatrix} x\,x'_2 & \cdots & x'_n \\ y\,y'_2 & \cdots & y'_n \end{pmatrix}$.

b) $\begin{pmatrix} w_1 & \cdots & w_k & x_1 & \cdots & x_l \\ y_1 & \cdots & y_k & z_1 & \cdots & z_l \end{pmatrix}$을 R에 의거해 정렬한 결과를 $\begin{pmatrix} w_1 & \cdots & w_k \\ y_1 & \cdots & y_k \end{pmatrix} Ⓡ \begin{pmatrix} x_1 & \cdots & x_l \\ z_1 & \cdots & z_l \end{pmatrix}$이라고 표기하기로 하자. 예를 들어 만일 R이 항상 참이면 Ⓡ은 $\{w_1, \ldots, w_k, x_1, \ldots, x_l\}$을 정렬하나, 그것은 그냥 $y_1 \ldots y_k$를 $z_1 \ldots z_l$로 병렬배치(juxtaposition, 나란히 놓기)할 뿐이다. 만일 R이 항상 거짓이면 Ⓡ은 삽입곱 $_\top$이다. 다음 명제를 증명해서 정리 A를 일반화하라: 만일 두 줄 배열 (11)이 $(x_1 x_2 \ldots x_n)$이 아니라 $(x_2 \ldots x_n x_1)$에 해당하도록 순환마다 표기법을 재정의한다면, 중복집합 M의 모든 순열 π는 (16)을 만족하는

$$\pi = (x_{11} \ldots x_{1n_1} y_1) Ⓡ ((x_{21} \ldots x_{2n_2} y_2) Ⓡ (\cdots Ⓡ (x_{t1} \ldots x_{tn_t} y_t) \cdots))$$

형태의 유일한 표현을 가진다. 예를 들어 $\{w, x\} R \{y, z\}$라는 것이 w, x, y, z가 서로 다르다는 뜻이라고 가정한다면, (17)에 비견되는 (12)의 인수분해는

$$(d\ d\ b\ c\ a) Ⓡ ((c\ b\ b\ a) Ⓡ ((c\ d\ b) Ⓡ ((d\ b) Ⓡ (d))))$$

이다. (연산 Ⓡ이 항상 결합법칙을 만족하지는 않는다. 일반화된 인수분해 안의 괄호들은 반드시 오른쪽에서 왼쪽으로 내포되어야 한다.)

*5.1.3. 연속열

3장에서는 수열의 무작위성을 검정하는 한 방법으로, 순열 안의 오름 연속열(upward run)들의 길이를 분석했었다. 순열 $a_1 a_2 \ldots a_n$의 양 끝에 수직선을 놓고, 또한 인접한 원소 a_j와 a_{j+1}이 $a_j > a_{j+1}$를 만족할 때마다 둘 사이에 수직선을 놓는다면, 연속열(run)은 두 수직선의 쌍 사이의 구간에 해당한다. 예를 들어 수열

$$|\,3\ 5\ 7\,|\,1\ 6\ 8\ 9\,|\,4\,|\,2\,|$$

에는 네 개의 연속열이 있다. $\{1, 2, \ldots, n\}$의 한 무작위 순열 안의 길이가 k인 연속열들의 평균 개수는 3.3.2G절에서 전개한 이론으로 구할 수 있다. 길이가 j, k인 연속열 개수들의 공분산 역시 그 이론으로 결정된다. 연속열은 자료에서 정렬이 이루어져 있는 구간을 나타낸다는 점에서 정렬 연구에서 중요하다. 따라서 이제부터 연속열의 주제들을 다시 한 번 살펴보겠다.

우선 표기

$$\left\langle \begin{matrix} n \\ k \end{matrix} \right\rangle \tag{1}$$

가 $\{1, 2, \ldots, n\}$의 순열들 중 "내림(descent)" $a_j > a_{j+1}$들이 정확히 k개인, 다시 말하면 정확히 $k+1$개의 오름 연속열들을 가진 순열들의 개수를 나타낸다고 하자. 이 수 $\left\langle {n \atop k} \right\rangle$들은 여러 맥락에서 나타나며, 이들을 흔히 오일러의 수(Eulerian numbers)라고 부른다. 이는 오일러Euler가 이들을 한 전문 논문에서 소개하고[*Comment. Acad. Sci. Imp. Petrop.* 8 (1736), 147-158, §13] 몇 년 후 그의 유명한 책 *Institutiones Calculi Differentialis* (St. Petersburg: 1755), 485-487에서 논의했기 때문이다. 이들을 연습문제 5.1.4-23에서 논의하는 오일러 수(Euler numbers) E_n과 혼동하면 안 된다. $\left\langle {n \atop k} \right\rangle$를 감싸는 꺾쇠괄호는 하강의 정의에 나오는 ">" 기호를 연상시킨다. 물론 $\left\langle {n \atop k} \right\rangle$는 k개의 "오름(ascent)" $a_j < a_{j+1}$들을 가진 순열들의 개수이기도 하다.

$\{1, \ldots, n-1\}$의 임의의 순열이 주어졌을 때 그것으로 n개의 새로운 순열들을 형성할 수 있다. 원소 n을 모든 가능한 자리에 삽입하면 된다. 만일 원래의 순열에 k개의 내림들이 있었다면, 새 순열들 중 내림이 k개인 것은 정확히 $k+1$개이다. 나머지 $n-1-k$개의 순열들은 내림이 $k+1$이다. 원소 n을 기존 연속열의 끝에 놓는 것이 아닌 한 내림 개수는 증가하기 때문이다. 예를 들어 순열 3 1 2 4 5로부터는 다음과 같은 여섯 개의 순열들을 만들 수 있다.

$$6\,3\,1\,2\,4\,5, \qquad 3\,6\,1\,2\,4\,5, \qquad 3\,1\,6\,2\,4\,5,$$
$$3\,1\,2\,6\,4\,5, \qquad 3\,1\,2\,4\,6\,5, \qquad 3\,1\,2\,4\,5\,6.$$

이들 중 두 번째와 마지막 것을 제외한 모두는 내림이 하나가 아니라 두 개이다. 따라서 다음과 같은 점화식이 성립한다.

$$\left\langle {n \atop k} \right\rangle = (k+1)\left\langle {n-1 \atop k} \right\rangle + (n-k)\left\langle {n-1 \atop k-1} \right\rangle, \qquad \text{정수 } n > 0, \qquad \text{정수 } k. \tag{2}$$

관례적으로

$$\left\langle {0 \atop k} \right\rangle = \delta_{k0} \tag{3}$$

이라고 둔다. 이는 공순열에는 내림이 없다는 뜻이다. (2)를 식 1.2.6-(46)에 나오는 스털링 수에 대한 점화식들과 비교해 보아도 재미있을 것이다. 작은 n들에 대한 오일러의 수들이 표 1에 나와 있다.

표 1에서 여러 패턴들을 관찰할 수 있다. 정의에 의해 다음과 같은 관계들이 성립한다.

$$\left\langle {n \atop 0} \right\rangle + \left\langle {n \atop 1} \right\rangle + \cdots + \left\langle {n \atop n} \right\rangle = n!; \tag{4}$$

$$\left\langle {n \atop 0} \right\rangle = 1; \tag{5}$$

$$\left\langle {n \atop n-1} \right\rangle = 1, \qquad \left\langle {n \atop n} \right\rangle = 0, \qquad n \geq 1\text{에 대해.} \tag{6}$$

식 (6)은 (5)에서 비롯된 것이다. 왜냐하면 일반 대칭 법칙에 의해

표 1

오일러의 수들

n	$\left\langle {n \atop 0} \right\rangle$	$\left\langle {n \atop 1} \right\rangle$	$\left\langle {n \atop 2} \right\rangle$	$\left\langle {n \atop 3} \right\rangle$	$\left\langle {n \atop 4} \right\rangle$	$\left\langle {n \atop 5} \right\rangle$	$\left\langle {n \atop 6} \right\rangle$	$\left\langle {n \atop 7} \right\rangle$	$\left\langle {n \atop 8} \right\rangle$
0	1	0	0	0	0	0	0	0	0
1	1	0	0	0	0	0	0	0	0
2	1	1	0	0	0	0	0	0	0
3	1	4	1	0	0	0	0	0	0
4	1	11	11	1	0	0	0	0	0
5	1	26	66	26	1	0	0	0	0
6	1	57	302	302	57	1	0	0	0
7	1	120	1191	2416	1191	120	1	0	0
8	1	247	4293	15619	15619	4293	247	1	0
9	1	502	14608	88234	156190	88234	14608	502	1

$$n \geq 1\text{에 대해} \qquad \left\langle {n \atop k} \right\rangle = \left\langle {n \atop n-1-k} \right\rangle \tag{7}$$

이 성립하기 때문이다. 이는 공순열이 아닌, 내림이 k개인 순열 $a_1 a_2 \ldots a_n$ 각각이 $n-1-k$개의 오름들을 가지고 있다는 사실에서 비롯된다.

오일러의 수의 또 다른 중요한 성질은 공식

$$\sum_k \left\langle {n \atop k} \right\rangle \binom{m+k}{n} = m^n, \qquad n \geq 0 \tag{8}$$

이다. 이것은 중국 수학자 리Li Shan-Lan가 발견해서 1867년에 발표한 것이다. 〔J. C. Martzloff, *A History of Chinese Mathematics* (Berlin: Springer, 1997), 346-348 참고; $n \leq 5$에 대한 특별한 경우들은 일본의 마쓰나가Yoshisuke Matsunaga(1744년 사망)가 이미 알고 있었다.〕 리의 항등식은 정렬의 다음과 같은 성질들을 따른다: $1 \leq a_i \leq m$인 m^n개의 수열 $a_1 a_2 \ldots a_n$들을 생각해 보자. 이러한 임의의 수열을 안정적인 방식으로 비감소 순으로 정렬함으로써

$$a_{i_1} \leq a_{i_2} \leq \cdots \leq a_{i_n} \tag{9}$$

을 얻을 수 있다. 여기서 $i_1 i_2 \ldots i_n$은 $\{1, 2, \ldots, n\}$의 순열들 중 $a_{i_j} = a_{i_{j+1}}$이 $i_j < i_{j+1}$를 함의한다는 조건을 만족하는 고유하게 결정되는 순열이다. 다른 말로 하면 $i_j > i_{j+1}$는 $a_{i_j} < a_{i_{j+1}}$임을 함의한다. 만일 순열 $i_1 i_2 \ldots i_n$에 k개의 연속열들이 있다면, 그에 대응하는 수열 $a_1 a_2 \ldots a_n$들의 개수는 $\binom{m+n-k}{n}$이다. 이를 증명할 수 있다면, $n-k$개의 연속열들을 가진 순열들의 개수는 $\left\langle {n \atop k} \right\rangle$개이므로, (8)에서 k를 $n-k$로 대체하고 (7)을 적용함으로써 (8)을 증명할 수 있다. 그럼 이를 증명해 보자.

예를 들어 $n = 9$이고 $i_1 i_2 \ldots i_n = 3\,5\,7\,1\,6\,8\,9\,4\,2$라고 할 때, 다음을 만족하는 수열 $a_1 a_2 \ldots a_n$들의 개수를 세어야 한다.

$$1 \le a_3 \le a_5 \le a_7 < a_1 \le a_6 \le a_8 \le a_9 < a_4 < a_2 \le m. \qquad (10)$$

$b_1 = a_3$, $b_2 = a_5 + 1$, $b_3 = a_7 + 2$, $b_4 = a_1 + 2$, $b_5 = a_6 + 3$ 등으로 둘 수 있으므로, (10)은 다음을 만족하는 수열 $b_1 b_2 \ldots b_9$들의 개수이다.

$$1 \le b_1 < b_2 < b_3 < b_4 < b_5 < b_6 < b_7 < b_8 < b_9 \le m + 5.$$

b들을 선택하는 가짓수는 그냥 $m+5$개에서 9개를 선택하는 방법의 수, 즉 $\binom{m+5}{9}$이다. 일반적인 n과 k에 대해서, 그리고 연속열이 k인 임의의 순열 $i_1 i_2 \ldots i_n$에 대해서도 비슷한 증명이 가능하다.

(8)의 양변은 m의 다항식들이므로 m을 임의의 실수 x로 대체할 수 있으며, 그러면 연속적인 이항계수들로 거듭제곱을 나타내는 흥미로운 표현을 얻게 된다.

$$x^n = \left\langle {n \atop 0} \right\rangle \binom{x}{n} + \left\langle {n \atop 1} \right\rangle \binom{x+1}{n} + \cdots + \left\langle {n \atop n-1} \right\rangle \binom{x+n-1}{n}, \qquad n \ge 1. \qquad (11)$$

예를 들어

$$x^3 = \binom{x}{3} + 4\binom{x+1}{3} + \binom{x+2}{3}$$

이다. 이것이 이산 수학에서 오일러의 수를 유용하게 만드는 오일러의 수의 성질이다.

(11)에서 $x = 1$로 두면 $\left\langle {n \atop n-1} \right\rangle = 1$임이 증명된다. 마지막 것을 제외한 모든 이항계수들이 소거되기 때문이다. $x = 2$로 두면

$$\left\langle {n \atop n-2} \right\rangle = \left\langle {n \atop 1} \right\rangle = 2^n - n - 1, \qquad n \ge 1 \qquad (12)$$

이 나온나. $x = 3, 4, \ldots$ 등으로 두어 보면 곧게 (11)이 수 $\left\langle {n \atop k} \right\rangle$들을 완전하게 정의함이 밝혀지며, 이로부터 오일러가 원래 제시한 공식

$$\begin{aligned} \left\langle {n \atop k} \right\rangle &= (k+1)^n - k^n \binom{n+1}{1} + (k-1)^n \binom{n+1}{2} - \cdots + (-1)^k 1^n \binom{n+1}{k} \\ &= \sum_{j=0}^{k} (-1)^j \binom{n+1}{j} (k+1-j)^n, \qquad n \ge 0,\ k \ge 0 \end{aligned} \qquad (13)$$

을 얻을 수 있다.

이제 연속열들에 대한 생성함수를 연구해보자. 만일

$$g_n(z) = \sum_k \left\langle {n \atop k-1} \right\rangle \frac{z^k}{n!} \qquad (14)$$

으로 둔다면, z^k의 계수는 $\{1, 2, ..., n\}$의 한 무작위 순열의 연속열 개수가 k일 확률이다. 순열이 k개의 연속열들을 가질 확률은 $n+1-k$개의 연속열들을 가질 확률과 같으므로, 연속열들의 평균 개수는 반드시 $\frac{1}{2}(n+1)$이며, 따라서 $g_n'(1) = \frac{1}{2}(n+1)$이다. 연습문제 2(b)는 점 $z=1$에서의 $g_n(z)$의 모든 미분에 대한 다음과 같은 간단한 공식이 존재함을 보여준다.

$$g_n^{(m)}(1) = \left\{ {n+1 \atop n+1-m} \right\} \Big/ \binom{n}{m}, \qquad n \ge m. \tag{15}$$

따라서 특히 분산 $g_n''(1) + g_n'(1) - g_n'(1)^2$은 $n \ge 2$에 대해 $(n+1)/12$이 되는데, 이는 분포가 평균에 대해 다소 안정적임을 가리킨다. (식 3.3.2-(18)에서도 이와 동일한 수량을 구한 바 있다. 거기서는 이를 $\mathrm{covar}(R_1', R_1')$이라고 불렀다.) $g_n(z)$는 하나의 다항식이므로 공식 (15)를 이용해서 테일러급수 전개

$$g_n(z) = \frac{1}{n!} \sum_{k=0}^{n} (z-1)^{n-k} k! \left\{ {n+1 \atop k+1} \right\} = \frac{1}{n!} \sum_{k=0}^{n} z^{k+1} (1-z)^{n-k} k! \left\{ {n+1 \atop k+1} \right\} \tag{16}$$

을 이끌어낼 수 있다. 이 등식들 중 두 번째 것은 첫 번째 것에서 비롯된다. 왜냐하면 대칭 조건 (7)에 의해

$$g_n(z) = z^{n+1} g_n(1/z), \qquad n \ge 1 \tag{17}$$

이기 때문이다. 스털링 수 점화식

$$\left\{ {n+1 \atop k+1} \right\} = (k+1) \left\{ {n \atop k+1} \right\} + \left\{ {n \atop k} \right\}$$

로부터도 약간 더 간단한 두 표현

$$g_n(z) = \frac{1}{n!} \sum_{k=0}^{n} z(z-1)^{n-k} k! \left\{ {n \atop k} \right\} = \frac{1}{n!} \sum_{k=0}^{n} z^k (1-z)^{n-k} k! \left\{ {n \atop k} \right\} \tag{18}$$

이 나온다(여기서 $n \ge 1$). 따라서 초생성함수(super generating function)

$$g(z, x) = \sum_{n \ge 0} \frac{g_n(z) x^n}{z} = \sum_{k, n \ge 0} \left\langle {n \atop k} \right\rangle \frac{z^k x^n}{n!} \tag{19}$$

는 다음과 상등이다.

$$\sum_{k,n \ge 0} \frac{((z-1)x)^n}{(z-1)^k} \left\{ {n \atop k} \right\} \frac{k!}{n!} = \sum_{k \ge 0} \left(\frac{e^{(z-1)x} - 1}{z-1} \right)^k = \frac{(1-z)}{e^{(z-1)x} - z}. \tag{20}$$

이는 오일러가 논의한 또 다른 관계식이다.

오일러의 수의 추가적인 성질들은 칼리츠L. Carlitz의 개괄 논문 〔*Math. Magazine* 32 (1959), 247-260〕에서 볼 수 있다. 또한 J. Riordan, *Introduction to Combinatorial Analysis* (New York:

Wiley, 1958), 38-39, 214-219, 234-237; D. Foata and M. P. Schützenberger, *Lecture Notes in Math.* 138 (Berlin: Springer, 1970)도 보라.

이번에는 연속열 길이를 고찰해보자. 하나의 연속열은 평균적으로 얼마나 길까? 주어진 길이를 가진 연속열들의 평균 개수에 대해서는 3.3.2절에서 이미 살펴보았다. 연속열 평균 길이는 약 2로, 이는 길이가 n인 한 무작위 순열에 나타나는 연속열들의 개수가 약 $\frac{1}{2}(n+1)$이라는 점과 일치한다. 정렬 알고리즘에서의 응용을 위해서는 약간 다른 관점이 유용하다. 여기서는 한 순열의 연속열들 중 왼쪽에서 오른쪽으로 k번째 연속열의 길이를 고려하겠다($k = 1, 2, \ldots$).

예를 들어 한 무작위 순열 $a_1 a_2 \ldots a_n$의 첫 번째(제일 왼쪽) 연속열은 얼마나 길까? 그 길이는 항상 ≥ 1이며, 정확히 절반의 경우(구체적으로 말하면 $a_1 < a_2$일 때)에서 ≥ 2이다. ≥ 3인 경우는 정확히 6분의 1이다($a_1 < a_2 < a_3$일 때). 일반화하자면, $1 \leq m \leq n$에 대해 첫 번째 연속열의 길이가 $\geq m$일 확률은 $q_m = 1/m!$이다. 따라서 연속열 길이가 정확히 m과 같을 확률은

$$\begin{aligned} &1 \leq m < n \text{에 대해} \qquad p_m = q_m - q_{m+1} = 1/m! - 1/(m+1)!;\\ &p_n = 1/n! \end{aligned} \tag{21}$$

이다. 그러므로 첫 번째 연속열의 평균 길이는 다음과 같다.

$$\begin{aligned} p_1 + 2p_2 + \cdots + np_n &= (q_1 - q_2) + 2(q_2 - q_3) + \cdots + (n-1)(q_{n-1} - q_n) + nq_n \\ &= q_1 + q_2 + \cdots + q_n = \frac{1}{1!} + \frac{1}{2!} + \cdots + \frac{1}{n!}. \end{aligned} \tag{22}$$

$n \to \infty$로 접근한다고 할 때 극한값은 $e - 1 = 1.71828\ldots$이며, 유한한 n에 대해서는 $e - 1 - \delta_n$이다. 여기서 δ_n은 상당히 작은 값이다:

$$\delta_n = \frac{1}{(n+1)!}\left(1 + \frac{1}{n+2} + \frac{1}{(n+2)(n+3)} + \cdots\right) \leq \frac{e-1}{(n+1)!}.$$

실용적인 목적에서는 서로 다른 수들의 무작위 무한 수열

$$a_1, a_2, a_3, \ldots$$

안의 연속열들을 연구하는 것이 편리하다. 여기서 "무작위"라는 것은, 수열의 처음 n개의 원소들에 대해 가능한 $n!$가지의 상대순서들이 모두 동일 확률이라는 뜻이다. 무작위 무한 수열의 첫 번째 연속열의 평균 길이는 정확히 $e-1$이다.

첫 연속열에 대한 우리의 분석을 조금 다듬는다면 무작위 수열의 k번째 연속열의 평균 길이도 알아낼 수 있다. q_{km}이 처음 k개의 연속열들의 총 길이가 $\geq m$일 확률이라고 하자. 그러면 q_{km}은 $1/m!$에 $\{1, 2, \ldots, m\}$의 순열들 중 연속열 개수가 $\leq k$인 순열들의 개수를 곱한 것이다. 즉

$$q_{km} = \left(\left\langle {m \atop 0} \right\rangle + \cdots + \left\langle {m \atop k-1} \right\rangle\right) \Big/ m! \tag{23}$$

이다.

처음 k개의 연속열들의 전체 길이가 m일 확률은 $q_{km} - q_{k(m+1)}$이다. 따라서 만일 k번째 연속열의 평균 길이를 L_k로 표기한다면,

$$\begin{aligned} L_1 + \cdots + L_k &= \text{처음 } k\text{개의 연속열들의 평균 전체 길이} \\ &= (q_{k1} - q_{k2}) + 2(q_{k2} - q_{k3}) + 3(q_{k3} - q_{k4}) + \cdots \\ &= q_{k1} + q_{k2} + q_{k3} + \cdots \end{aligned}$$

임을 알 수 있다. 여기서 $L_1 + \cdots + L_{k-1}$을 빼고 (23)의 q_{km} 값을 대입하면 원했던 공식

$$L_k = \frac{1}{1!}\left\langle {1 \atop k-1} \right\rangle + \frac{1}{2!}\left\langle {2 \atop k-1} \right\rangle + \frac{1}{3!}\left\langle {3 \atop k-1} \right\rangle + \cdots = \sum_{m \ge 1} \left\langle {m \atop k-1} \right\rangle \frac{1}{m!} \qquad (24)$$

이 나온다. $k=1$인 경우를 제외할 때 $\left\langle {0 \atop k-1} \right\rangle = 0$이므로, L_k는 생성함수 $g(z,1)-1$의 z^{k-1}의 계수임을 알 수 있다(식 (13) 참고). 따라서 다음이 성립한다.

$$L(z) = \sum_{k \ge 0} L_k z^k = \frac{z(1-z)}{e^{z-1} - z} - z. \qquad (25)$$

오일러의 공식 (13)으로부터, L_k를 e의 다항식으로 표현할 수 있다:

$$\begin{aligned} L_k &= \sum_{m \ge 0} \sum_{j=0}^{k} (-1)^{k-j} \binom{m+1}{k-j} \frac{j^m}{m!} \\ &= \sum_{j=0}^{k} (-1)^{k-j} \sum_{m \ge 0} \binom{m}{k-j} \frac{j^m}{m!} + \sum_{j=0}^{k-1} (-1)^{k-j} \sum_{m \ge 0} \binom{m}{k-j-1} \frac{j^m}{m!} \\ &= \sum_{j=0}^{k} \frac{(-1)^{k-j} j^{k-j}}{(k-j)!} \sum_{n \ge 0} \frac{j^n}{n!} + \sum_{j=0}^{k-1} \frac{(-1)^{k-j} j^{k-j-1}}{(k-j-1)!} \sum_{n \ge 0} \frac{j^n}{n!} \\ &= k \sum_{j=0}^{k} \frac{(-1)^{k-j} j^{k-j-1}}{(k-j)!} e^j. \end{aligned} \qquad (26)$$

L_k에 대한 이 공식을 처음으로 구한 사람은 개스너B. J. Gassner이다 [*CACM* 10 (1967), 89–93 참고]. 특히

$$\begin{aligned} L_1 &= e - 1 && \approx 1.71828\ldots; \\ L_2 &= e^2 - 2e && \approx 1.95249\ldots; \\ L_3 &= e^3 - 3e^2 + \tfrac{3}{2}e && \approx 1.99579\ldots \end{aligned}$$

이다. 이에 따르면 평균적으로 두 번째 연속열은 첫 번째 것보다 길 가능성이 크고, 세 번째 것은 그보다 더 길 가능성이 크다. 언뜻 생각하기에는 이러한 사실이 조금 이상하게 여겨질 수도 있겠지만, 잠깐만 되새겨 본다면 두 번째 연속열의 첫 원소가 작아지는 경향이 있고(그 원소는 첫 번째 연속열을 끝내게 만드는 것이므로), 따라서 두 번째 연속열이 더 길어질 가능성이 커짐을 알 수 있다. 마찬가지로 세 번째 연속열의 첫 원소는 두 번째 연속열의 것보다 더 작은 경향이 있다.

표 2

k번째 연속열의 평균 길이

k	L_k	k	L_k
1	1.71828 18284 59045+	10	2.00000 00012 05997+
2	1.95249 24420 12560−	11	2.00000 00001 93672+
3	1.99579 13690 84285−	12	1.99999 99999 99909+
4	2.00003 88504 76806−	13	1.99999 99999 97022−
5	2.00005 75785 89716+	14	1.99999 99999 99719+
6	2.00000 50727 55710−	15	2.00000 00000 00019+
7	1.99999 96401 44022+	16	2.00000 00000 00006+
8	1.99999 98889 04744+	17	2.00000 00000 00000+
9	1.99999 99948 43434−	18	2.00000 00000 00000−

수 L_k들은 치환-선택 정렬의 이론(5.4.1절)에서 중요하다. 따라서 이 수들의 가치를 상세히 연구해 보는 것도 흥미로울 것이다. 표 2는 처음 18개의 L_k 값들을 소수점 이하 15자리까지 나타낸 것이다. 이전 문단의 설명에 의하면 $L_{k+1} > L_k$일 것 같지만, 실제로는 값들이 뒤에서 앞으로 진동한다. L_k가 극한값 2에 빠르게 접근함을 주목할 것. 초월수 e에 대한 이러한 모닉다항식들이 2라는 유리수에 그렇게 빠르게 수렴한다는 것은 상당히 놀라운 일이다! 수치해석의 관점에서 볼 때 (26)의 다항식들도 어느 정도 흥미롭다. 거의 같은 수들을 뺄 때 유효숫자들이 소실되는 훌륭한 예에 해당하기 때문이다. 개스너는 19자리 부동소수점 산술을 이용해서 $L_{12} > 2$라는 잘못된 결론을 내렸으며, 렌치 John W. Wrench, Jr는 42자리 부동소수점 산술을 적용하는 경우 L_{28}은 오직 유효숫자 29자리까지만 정확함을 밝혔다.

L_k의 점근적 습성은 복소변수 이론의 간단한 원리들을 이용해서 파악할 수 있다. (25)의 분모는 $e^{z-1} = z$일 때에만, 다른 말로 하면 $z = x + iy$라고 두었을 때

$$e^{x-1}\cos y = x \qquad \text{그리고} \qquad e^{x-1}\sin y = y \tag{27}$$

일 때에만 0이 된다. 그림 3은 이 두 방정식들의 그래프를 겹쳐 놓은 것이다. 두 그래프는 점 $z = z_0, z_1, \bar{z}_1, z_2, \bar{z}_2, \ldots$들에서 교차하는데, 여기서 $z_0 = 1$이고

$$z_1 = (3.08884\ 30156\ 13044-) + (7.46148\ 92856\ 54255-)i \tag{28}$$

이다. 그리고 허수부 $\Im(z_{k+1})$은 큰 k에 대해 $\Im(z_k) + 2\pi$와 대략 같다. 극한은

$$k > 0\text{에 대해} \qquad \lim_{z \to z_k}\left(\frac{1-z}{e^{z-1}-z}\right)(z - z_k) = -1$$

이고 $k = 0$에 대해서는 -2이므로, 복소평면 안에서 함수

$$R_m(z)=L(z)+\frac{2z}{z-z_0}+\frac{z}{z-z_1}+\frac{z}{z-\bar{z}_1}+\frac{z}{z-z_2}+\frac{z}{z-\bar{z}_2}+\cdots+\frac{z}{z-z_m}+\frac{z}{z-\bar{z}_m}$$

는 $|z|<|z_{m+1}|$에 대해 특이점들을 가지지 않는다. 따라서 $R_m(z)$는 $|z|<|z_{m+1}|$일 때 절대수렴하는 멱급수 전개 $\sum_k \rho_k z^k$을 가진다. 이로부터 $k\to\infty$에 따라 $\rho_k M^k\to 0$임이 나온다. 여기서 $M=|z_{m+1}|-\epsilon$이다. $L(z)$의 계수들은

$$\frac{2z}{1-z}+\frac{z/z_1}{1-z/z_1}+\frac{z/\bar{z}_1}{1-z/\bar{z}_1}+\cdots+\frac{z/z_m}{1-z/z_m}+\frac{z/\bar{z}_m}{1-z/\bar{z}_m}+R_m(z)$$

의 계수들이다. 즉

$$L_n=2+2r_1^{-n}\cos n\theta_1+2r_2^{-n}\cos n\theta_2+\cdots+2r_m^{-n}\cos n\theta_m+O(r_{m+1}^{-n}) \tag{29}$$

의 계수들인데, 이 수식은

$$z_k=r_k e^{i\theta_k} \tag{30}$$

로 두어서 얻은 것이다. 이로부터 L_n의 다음과 같은 점근적 습성들이 나온다.

$$\begin{aligned}
r_1 &= 8.07556\ 64528\ 89526-, &\qquad \theta_1 &= 1.17830\ 39784\ 74668+;\\
r_2 &= 14.35456\ 68997\ 62106-, &\qquad \theta_2 &= 1.31268\ 53883\ 87636+;\\
r_3 &= 20.62073\ 15381\ 80628-, &\qquad \theta_3 &= 1.37427\ 90757\ 91688-;\\
r_4 &= 26.88795\ 29424\ 54546-, &\qquad \theta_4 &= 1.41049\ 72786\ 51865-.
\end{aligned} \tag{31}$$

즉, L_n-2에 대한 주된 기여는 r_1과 θ_1에서 기인하며, (29)는 상당히 빠르게 수렴한다. 추가적인 분석에 의하면 〔W. W. Hooker, *CACM* 12 (1969), 411-413〕 $m\to\infty$에 따라 어떤 상수 c에 대해 $R_m(z)\to cz$가 된다. 따라서 $n>1$일 때 급수 $2\sum_{k\ge 0} r_k^{-n}\cos n\theta_k$는 실제로 L_n으로 수렴한다. (연습문제 28도 볼 것.)

확률들을 좀 더 세심하게 조사해 보면 k번째 연속열의 길이와 처음 k개의 연속열들의 총 길이에 대한 완전한 확률분포를 구할 수 있다(연습문제 9, 10, 11). 합 $L_1+\cdots+L_k$는 점근적으로 $2k-\frac{1}{3}+O(8^{-k})$임이 판명된다.

그럼 이번 절의 마지막 주제로, 순열에 동일한 원소들이 나타날 수 있다고 허용할 때의 연속열들의 성질을 살펴보자. 19세기 미국의 유명한 천문학자 뉴컴Simon Newcomb은 이 질문에 관련된 한 솔리테어 게임을 즐겼다. 그 게임은 이런 것이다. 플레이어는 한 벌의 카드를 하나의 더미에 계속 쌓는다. 단, 카드 액면가(카드 앞면에 나타난 수치)들이 비감소 순서이어야 한다. 만일 새로 놓을 액면가가 이전 카드보다 낮으면 새 더미를 시작한다. 뉴컴은 이런 식으로 카드 한 벌을 놓았을 때 만들어지는 더미 개수의 분포를 알고 싶어 했다.

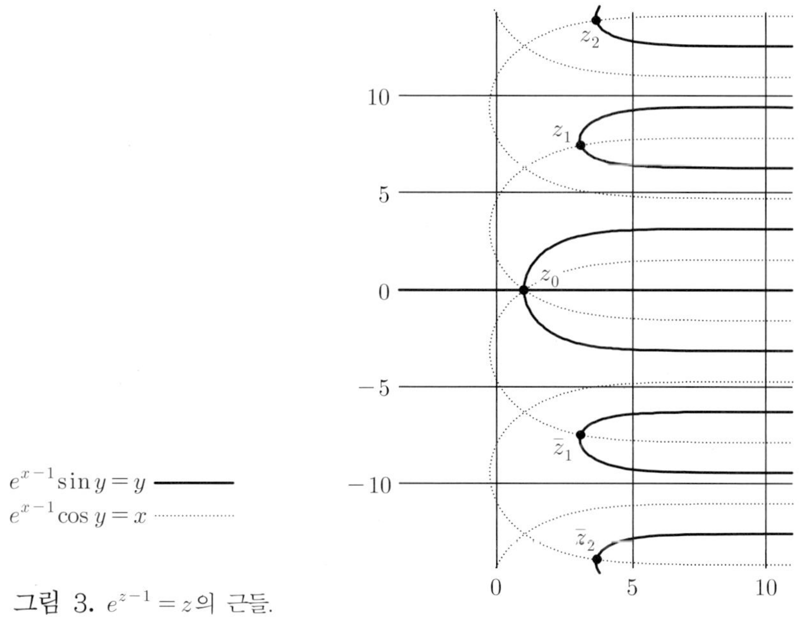

그림 3. $e^{z-1} = z$의 근들.

즉, 뉴컴의 문제는 한 중복집합의 한 무작위 수열에 있는 연속열들의 확률분포를 찾는 것으로 구성된다. 일반적인 해는 다소 복잡하나(연습문제 12 참고), 카드들이 모두 서로 다른 액면가를 가지고 있는 특별한 경우에 대한 해법은 이미 알고 있다. 여기서는 게임에서 나타나는 파일들의 평균 개수를 구하는 것으로 만족하기로 하자.

우선 서로 다른 카드 종류가 총 m가지라고 하고, 각 종류는 정확히 p번 나타난다고 하자. 예를 들어 통상의 브리지 카드 벌에서 카드 슈트를 무시한다면 $m = 13$이고 $p = 4$이다. 이 경우에 적용되는, 다음과 같은 주목할 만한 대칭성을 매크매온P. A. MacMahon이 발견했다 〔*Combinatory Analysis* 1 (Cambridge, 1915), 212-213〕: 연속열이 $k+1$개인 순열들의 개수는 연속열이 $mp-p-k+1$개인 순열들의 개수와 같다. $p = 1$일 때 이 관계는 식 (7)이나, $p > 1$의 경우 이 대칭성은 상당히 놀랍다.

이러한 대칭성은 연속열이 $k+1$개인 순열들 각각이 $mp-p-k+1$개인 순열들 각각과 대응되는 방식의, 순열들 사이의 일대일 대응관계를 설정함으로써 증명할 수 있다. 아래 내용을 읽기 전에 독자가 직접 그런 대응관계를 발견해 보기 바란다.

명백하게 간단한 대응관계는 없다. 매크매온의 증명은 조합적 구축 내신 생성함수들에 기반을 둔 것이었다. 그러나 포아타Foata의 대응관계(정리 5.1.2B)를 이용하면 증명을 좀 더 간단하게 만들 수 있다. 그 대응관계는 연속열이 $k+1$개인 중복집합 순열들과 두 줄 표기에서 $x < y$인 $\substack{y\\x}$ 열들이 정확히 k개인 순열들 사이에 일대일 대응관계가 존재함을 알려주기 때문이다.

주어진 중복집합이 $\{p\cdot 1, p\cdot 2, \ldots, p\cdot m\}$이라고 할 때, 두 줄 표기가

$$\begin{pmatrix} 1 & \ldots & 1 & 2 & \ldots & 2 & \ldots & m & \ldots & m \\ x_{11} & \ldots & x_{1p} & x_{21} & \ldots & x_{2p} & \ldots & x_{m1} & \ldots & x_{mp} \end{pmatrix} \tag{32}$$

인 순열을 생각해보자. 이 순열을 또 다른 순열

$$\begin{pmatrix} 1 & \ldots & 1 & 2 & \ldots & 2 & \ldots & m & \ldots & m \\ x'_{11} & \ldots & x'_{1p} & x'_{m1} & \ldots & x'_{mp} & \ldots & x'_{21} & \ldots & x'_{2p} \end{pmatrix} \tag{33}$$

와 연관시킬 수 있다. 여기서 $x' = m+1-x$이다. 만일 (32)에 $x < y$인 $\frac{y}{x}$ 형태의 열들이 k개 존재한다면, (33)에는 그런 열들이 $(m-1)p-k$개 존재한다. $y > 1$인 경우만 고려하면 되고, 또 $x < y$는 $x' \geq m+2-y$와 동치이기 때문이다. 이제 (32)는 연속열이 $k+1$개인 한 순열에 대응되며, (33)은 연속열이 $mp-p-k+1$개인 한 순열에 대응된다. 그리고 (32)를 (33)으로 만드는 변환은 가역적이다. 즉, (33)을 다시 (32)로 변환하는 것이 가능하다. 이로써 매크매온의 대칭 조건이 증명되었다. 이러한 구축법의 예가 연습문제 14에 나온다.

이러한 대칭성에 의해, 한 무작위 순열의 연속열 평균 개수는 반드시 $\frac{1}{2}((k+1)+(mp-p-k+1)) = 1+\frac{1}{2}p(m-1)$이다. 예를 들어 표준적인 카드 한 벌로 뉴컴의 솔리테어 게임을 수행했을 때 만들어지는 카드 더미들의 평균 개수는 25가 된다(따라서 그리 재미있는 솔리테어 게임은 아니라고 할 수 있다).

일반적인 상황에서의, 즉 임의의 중복집합 $\{n_1 \cdot x_1, n_2 \cdot x_2, \ldots, n_m \cdot x_m\}$이 주어졌으며 x들이 서로 다른 상황에서의 연속열 평균 개수를 구하는 것도 가능하다. $n = n_1 + n_2 + \cdots + n_m$이라고 하자. 그리고 이 중복집합의 순열 $a_1 a_2 \ldots a_n$들 모두를 나열해 두었다고 하자. 이제 $1 \leq i < n$인 i의 고정된 값 각각에 대해 a_{i+1}보다 큰 a_i가 얼마나 많이 나오는지를 세고자 한다. $a_i > a_{i+1}$인 경우의 수는 $a_i \neq a_{i+1}$인 경우의 수의 절반이다. 그리고 $a_i = a_{i+1} = x_j$인 경우는 순열 전체 개수가 N이라 할 때 정확히 $Nn_j(n_j-1)/n(n-1)$번임을 확인하는 것도 어렵지 않다. 따라서 $a_i = a_{i+1}$인 경우는 정확히

$$\frac{N}{n(n-1)}(n_1(n_1-1)+\cdots+n_m(n_m-1)) = \frac{N}{n(n-1)}(n_1^2+\cdots+n_m^2-n)$$

번이며, $a_i > a_{i+1}$인 경우는 정확히

$$\frac{N}{2n(n-1)}(n^2-(n_1^2+\cdots+n_m^2))$$

번이다. 이들을 i에 대해 합하고 N을 더하면(각 순열마다 a_n으로 끝나는 연속열이 하나 존재하므로) N개의 순열 전부에서의 연속열들 전체 개수를 얻을 수 있다:

$$N\left(\frac{n}{2}-\frac{1}{2n}(n_1^2+\cdots+n_m^2)+1\right). \tag{34}$$

이를 N으로 나누면 평균 연속열 개수가 된다.

연속열은 "순서 통계(order statistics)"의 연구에 중요하기 때문에, 이들을(그리고 여기서는 고려하지 않는 다른 여러 종류의 연속열들을 포함해서) 다룬 문헌들은 상당히 많다. 추가적인 정보는

데이비드F. N. David 및 바턴D. E. Barton의 책 *Combinatorial Chance* (London: Griffin, 1962), 제10장에서 볼 것. 또한 바턴D. E. Barton과 맬로스C. L. Mallows의 개괄 논문 *Annals of Math. Statistics* 36 (1965), 236-260도 보라.

연습문제

1. [*M26*] 오일러의 공식 (13)을 유도하라.

▶ **2.** [*M22*] (a) 본문에서 (8)을 증명하는 데 쓰인 착안을 확장해서

$$\sum_k \left\langle {n \atop k} \right\rangle \binom{k}{n-q} = \left\{ {n \atop q} \right\} q!, \qquad \text{정수 } q \geq 0$$

을 증명하라. 정확히 q개의 서로 다른 원소들을 담은 수열 $u_1 u_2 \dots u_n$들을 고려할 것.

(b) 이 항등식으로 다음을 증명하라.

$$\sum_k \left\langle {n \atop k} \right\rangle \binom{k+1}{m} = \left\{ {n+1 \atop n+1-m} \right\} (n-m)!, \qquad n \geq m\text{에 대해.}$$

3. [*HM25*] 합 $\sum_k \left\langle {n \atop k} \right\rangle (-1)^k$을 평가하라.

4. [*M21*] $\sum_k (-1)^k \left\{ {n \atop k} \right\} k! \binom{n-k}{m}$의 값은 무엇인가?

5. [*M20*] p가 소수라 할 때 $\left\langle {p \atop k} \right\rangle \bmod p$의 값을 유도하라.

▶ **6.** [*M21*] 둔감씨는 식 (4)와 (13)에 의해 다음이 성립함에 주목했다.

$$n! = \sum_{k \geq 0} \left\langle {n \atop k} \right\rangle = \sum_{k \geq 0} \sum_{j \geq 0} (-1)^{k-j} \binom{n+1}{k-j} (j+1)^n.$$

그는 k에 대한 합을 먼저 수행해서, 모든 $j \geq 0$에 대해 $\sum_{k \geq 0} (-1)^{k-j} \binom{n+1}{k-j} = 0$이며, 따라서 모든 $n \geq 0$에 대해 $n! = 0$이라는 놀라운 사실을 발견했다. 무엇이 실수였을까?

7. [*HM40*] (14)로 주어진 연속열들의 확률분포가 점근적으로 정규분포인가? (연습문제 1.2.10-13 참고.)

8. [*M24*] (매크매온P. A. MacMahon.) 충분히 긴 순열의 첫 연속열의 길이가 l_1이고 두 번째 것의 길이가 $l_2, \dots, k$번째 것의 길이가 $\geq l_k$일 확률이

$$\det \begin{pmatrix} 1/l_1! & 1/(l_1+l_2)! & 1/(l_1+l_2+l_3)! & \dots & 1/(l_1+l_2+l_3+\dots+l_k)! \\ 1 & 1/l_2! & 1/(l_2+l_3)! & \dots & 1/(l_2+l_3+\dots+l_k)! \\ 0 & 1 & 1/l_3! & \dots & 1/(l_3+\dots+l_k)! \\ \vdots & & & & \vdots \\ 0 & 0 & \dots & 1 & 1/l_k! \end{pmatrix}$$

임을 보여라.

9. [*M30*] $h_k(z) = \sum p_{km} z^m$ 이라고 하자. 여기서 p_{km} 은 한 무작위 (무한)수열의 처음 k개의 연속열들의 전체 길이가 m일 확률이다. $h_1(z)$와 $h_2(z)$, 그리고 초생성함수 $h(z, x) = \sum_k h_k(z) x^k$ 에 대한 "간단한" 수식들을 구하라.

10. [*HM30*] 큰 k에 대한, 이전 연습문제의 분포 $h_k(z)$들의 평균과 분산의 점근적 습성을 구하라.

11. [*M40*] $H_k(z) = \sum P_{km} z^m$ 이라고 하자. 여기서 P_{km} 은 한 무작위 (무한)수열의 k번째 연속열의 길이가 m일 확률이다. $H_1(z)$와 $H_2(z)$, 그리고 초생성함수 $H(z, x) = \sum_k H_k(z) x^k$을 익숙한 함수들을 이용해서 표현하라.

12. [*M33*] (매크매온P. A. MacMahon.) $\{n_1 \cdot 1, n_2 \cdot 2, \ldots, n_m \cdot m\}$의 순열들 중 연속열이 정확히 k개인 것들의 개수가

$$\sum_{j=0}^{k} (-1)^j \binom{n+1}{j} \binom{n_1 - 1 + k - j}{n_1} \binom{n_2 - 1 + k - j}{n_2} \cdots \binom{n_m - 1 + k - j}{n_m}$$

(여기서 $n = n_1 + n_2 + \cdots + n_m$)임을 증명하고, 이를 통해서 식 (13)을 중복집합의 순열들로 일반화하라.

13. [*05*] 표준 브리지 카드 벌을 사용하되 액면가는 무시하고 클럽(클로버) < 다이아몬드 < 하트 < 스페이드라고 간주해서 뉴컴Simon Newcomb의 솔리테어 게임을 수행한다고 할 때 더미들의 평균 개수는 얼마인가?

14. [*M18*] 순열 3 1 1 1 2 3 1 4 2 3 3 4 2 2 4 4에는 연속열이 다섯 개 있다. 본문에 나온 매크매온의 대칭 조건에 대한 구축법에 따라, 이에 대응되는, 그리고 연속열이 아홉 개인 순열을 찾아라.

▸ **15.** [*M21*] (교대 연속열.) 이번 절과는 달리 조합해석에 관한 고전적인 19세기 문헌들은 순열의 연속열이라는 주제를 다루지 않았으나, 몇몇 저자들은 원소들이 번갈아 커지고 작아지는 교대 "연속열"들에 대해서 연구했다. 예를 들어 순열 5 3 2 4 7 6 1 8에는 그런 교대 연속열들이 네 개 있다. 즉, 5 3 2, 2 4 7, 7 6 1, 1 8이다. (첫 번째 연속열은 $a_1 < a_2$이냐 $a_1 > a_2$이냐에 따라 오름 또는 내림이다. 즉 $a_1 a_2 \ldots a_n$과 $a_n \ldots a_2 a_1$, 그리고 $(n+1-a_1)(n+1-a_2)\ldots(n+1-a_n)$은 모두 같은 개수의 교대 연속열들을 가진다.) n개의 원소들에 대한 순열들을 고려한다고 할 때, 이런 종류의 연속열들의 최대 개수는 $n-1$이다.

집합 $\{1, 2, \ldots, n\}$의 한 무작위 순열의 교대 연속열들의 평균 개수를 구하라. [힌트: (34)의 증명을 고려할 것.]

16. [*M30*] 연습문제 15를 계속 이어나가서, $\left\langle\!\left\langle {n \atop k} \right\rangle\!\right\rangle$가 $\{1, 2, \ldots, n\}$의 순열들 중 교대 연속열 개수가 정확히 k인 순열들의 개수를 나타내는 것이라고 하자. $\left\langle\!\left\langle {n \atop k} \right\rangle\!\right\rangle$의 표를 계산하는 데 사용할 수 있는 점화식을 구하라. 그리고 생성함수 $G_n(z) = \sum_k \left\langle\!\left\langle {n \atop k} \right\rangle\!\right\rangle z^k / n!$을 위한 대응 점화식을 구하라. 후자의 점화식을 이용해서, $\{1, 2, \ldots, n\}$의 한 순열에 있는 교대 연속열 개수의 분산에 대한 간단한 공식을 찾아볼 것.

17. [*M25*] 각 a_j가 0 또는 1인 수열 $a_1 a_2 \ldots a_n$들 전체(총 2^n개) 중에서 연속열이 정확히 k개인(즉, $a_j > a_{j+1}$가 $k-1$번 나타나는) 수열은 몇 개나 되는가?

18. [*M28*] 각 b_j가 범위 $0 \le b_j \le n-j$ 안의 한 정수인 수열 $b_1 b_2 \ldots b_n$들 전체(총 $n!$개) 중에서 (a) 내림들이 정확히 k개인(즉, $b_j > b_{j+1}$가 k번 나타나는) 것들은 몇 개인가? (b) 서로 다른 원소들이 정확히 k개인 것들은 몇 개인가?

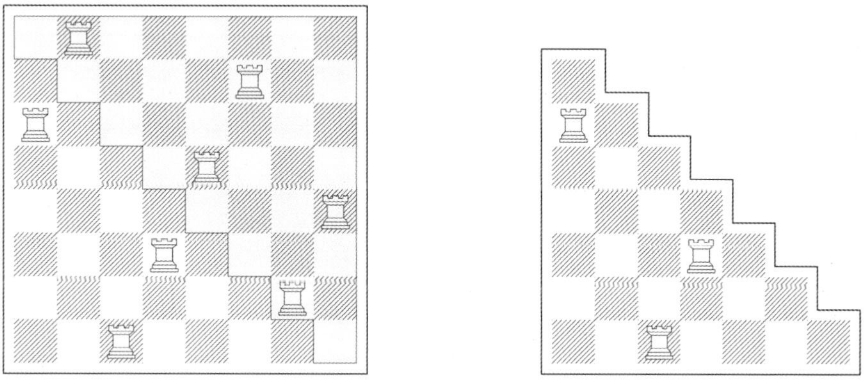

그림 4. 체스 판 상의 공격하지 않는 루크들. 주대각선 아래에 $k=3$개의 루크들이 있다.

▸ **19.** [*M26*] (카플란스키I. Kaplansky, 리어던J. Riordan, 1946.) (a) n개의 비공격 루크(rook)들, 즉 같은 행이나 열에 있지 않은 루크들을 $n \times n$ 체스 판에 배치하되 주대각선 아래에 정확히 k개의 루크들이 놓이도록 하는 방법은 몇 가지나 될까? (b) $n \times n$ 체스 판의 주대각선 아래에 k개의 비공격 루크들을 놓는 방법은 몇 가지나 될까?

예를 들어 그림 4의 왼쪽은 여덟 개의 비공격 루크들을 표준 체스 판에 배치하되 주대각선 아래의 음영이 지지 않은 부분에 정확히 세 개의 루크들만 배치하는 총 15619가지 방법 중 하나이고 오른쪽은 삼각형 체스판 위에 세 개의 비공격 루크들을 놓는 1050가지 방법 중 하나이다.

▸ **20.** [*M21*] 한 순열의 원소들을 왼쪽에서 오른쪽으로, 비감소 순서로 읽어 나가되, 읽는 족족 원소를 뽑아낸다고 하자. 모든 원소를 뽑는 데 필요한 읽기 횟수가 k번일 때, 그 순열을 가리켜 k회의 읽기가 필요하다고 말한다. 예를 들어 순열 4 9 1 8 2 5 3 6 7은 네 번의 읽기가 필요하다. 첫 번째 읽기에서는 1, 2, 3을, 두 번째 읽기에서는 4, 5, 6, 7을, 세 번째에서는 8을, 마지막으로 9를 얻게 된다. 연속열 개수와 읽기 횟수 사이의 연관관계를 찾아라.

21. [*M22*] 만일 $\{1, 2, \ldots, n\}$의 순열 $a_1 a_2 \ldots a_n$에 k개의 연속열들이 있으며 연습문제 20의 설정 하에서 읽기가 j번 필요하다고 하자. 순열 $a_n \ldots a_2 a_1$의 연속열 개수와 읽기 횟수를 n, k, j로 표현하라.

22. [*M26*] (칼리츠L. Carlitz, 로셀D. P. Roselle, 스코빌R. A. Scoville.) $rs < n$라고 할 때, $\{1, 2, \ldots, n\}$의 순열들 중에서 연속열 개수가 $n+1-r$이고 필요 읽기 횟수가 s인 순열은 없음을 보여라. 그러나 만일 $n \ge n+1-r \ge s \ge 1$이고 $rs \ge n$이면 그러한 순열들이 존재함도 보여라.

23. [*HM42*] (웨이스블럼 Walter Weissblum.) 순열 $a_1 a_2 \dots a_n$의 "긴 연속열"은 단조 증가 또는 감소가 실패하는 구간 바로 앞에 수직선을 놓아서 얻는다. 긴 연속열들은 처음 두 원소의 순서에 따라 증가 또는 감소하므로, 모든 긴 연속열(단, 마지막 것은 예외일 수 있다)의 길이는 ≥ 2이다. 예를 들어 $7\ 5 \mid 6\ 2 \mid 3\ 8\ 9 \mid 1\ 4$에는 네 개의 긴 연속열들이 존재한다. 무한 순열의 처음 두 긴 연속열의 평균 길이를 구하고, 긴 연속열의 극한 길이가

$$(1 + \cot \tfrac{1}{2}) / (3 - \cot \tfrac{1}{2}) \approx 2.4202$$

임을 증명하라.

24. [*M30*] 연습문제 5.1.1-18에서처럼 생성한 수열의 연속열들의 평균 길이를 p의 함수로 표현하라.

25. [*M25*] $U_1, \dots, U_n$이 $[0..1)$ 범위의 독립 균등 난수들이라고 하자. $\lfloor U_1 + \cdots + U_n \rfloor = k$일 확률은 얼마인가?

26. [*M20*] ϑ가 어떤 생성함수의 z^n의 계수에 n을 곱하는 연산인 $z \frac{d}{dz}$라고 하자. ϑ를 $1/(1-z)$에 반복해서 m번 적용한 결과를 오일러의 수들로 표현할 수 있음을 보여라.

▸ **27.** [*M21*] 증가 숲(increasing forest)은 부모의 번호가 자식의 번호보다 더 작음을 만족하도록 번호 $\{1, 2, \dots, n\}$들이 노드들에 부여되어 있는 유향숲을 말한다. $\left\langle {n \atop k} \right\rangle$가 노드 n개, 잎 $k+1$개로 구성된 증가 숲들의 개수임을 보여라.

28. [*HM35*] 그림 3의 수 z_m들의 $m \to \infty$에 따른 점근값을 구하라. 그리고 $\sum_{m=1}^{\infty} (z_m^{-1} + \bar{z}_m^{-1}) = e - 5/2$임을 증명하라.

▸ **29.** [*M30*] 만일 $1 < j < n$이고 $a_{j-1} < a_j > a_{j+1}$이면, 순열 $a_1 \dots a_n$은 a_j에서 "마루(peak, 최고점)"이 된다. s_{nk}가 정확히 k개의 마루들을 가진 순열들의 개수라고 하자. 그리고 t_{nk}가 k의 마루들 그리고 k개의 내림들을 가진 순열들의 개수라고 하자. 다음 세 관계를 증명하라: (a) $s_{nk} = \frac{1}{2} \left\langle\!\left\langle {n \atop 2k} \right\rangle\!\right\rangle + \left\langle\!\left\langle {n \atop 2k+1} \right\rangle\!\right\rangle + \frac{1}{2} \left\langle\!\left\langle {n \atop 2k+2} \right\rangle\!\right\rangle$ (연습문제 16 참고); (b) $s_{nk} = 2^{n-1-2k} t_{nk}$; (c) $\sum_k \left\langle {n \atop k} \right\rangle x^k = \sum_k t_{nk} x^k (1+x)^{n-1-2k}$.

*5.1.4. 타블로와 대합

순열의 조합적 성질의 개괄을 마무리하는 의미로, 이번에는 순열을 타블로(tableau)라고 부르는 정수 배열과 연관시키는 몇 가지 주목할 만한 관계들에 대해서 논의해 보겠다. $n_1 + n_2 + \cdots + n_m$개의 서로 다른 정수들(단, $n_1 \geq n_2 \geq \cdots \geq n_m > 0$)을 왼쪽으로 열을 맞춘 행들로 배치하되, 각 행 i에는 n_i개의 원소들이 왼쪽에서 오른쪽으로 증가 순으로 나타나고 각 열에서는 원소들이 위에서 아래로 증가 순으로 나타나도록 배치한 것을 가리켜 모양(shape)이 $(n_1, n_2, \dots, n_m)$인 영 타블로(Young tableau)라고 부른다. 예를 들어 다음은 모양이 $(6, 4, 4, 1)$인 영 타블로들 중 하나이다.

$$\begin{array}{cccccc} 1 & 2 & 5 & 9 & 10 & 15 \\ 3 & 6 & 7 & 13 \\ 4 & 8 & 12 & 14 \\ 11 \end{array} \tag{1}$$

이러한 배치는 영Alfred Young이 순열의 행렬 표현 연구를 돕기 위해 도입한 것이다 〔*Proc. London Math. Soc. (2)* 28 (1928), 255–292; Bruce E. Sagan, *The Symmetric Group* (Pacific Grove, Calif.: Wadsworth & Brooks/Cole, 1991) 참고〕. 간편함을 위해, 이제부터는 "영 타블로" 대신 그냥 "타블로"라고 부르도록 하겠다.

대합(對合, involution)은 그 역이 자기 자신과 같은 순열이다. 예를 들어 $\{1, 2, 3, 4\}$에는 다음과 같은 열 개의 대합들이 있다.

$$\begin{matrix} \begin{pmatrix} 1&2&3&4 \\ 1&2&3&4 \end{pmatrix} & \begin{pmatrix} 1&2&3&4 \\ 2&1&3&4 \end{pmatrix} & \begin{pmatrix} 1&2&3&4 \\ 3&2&1&4 \end{pmatrix} & \begin{pmatrix} 1&2&3&4 \\ 4&2&3&1 \end{pmatrix} & \begin{pmatrix} 1&2&3&4 \\ 1&3&2&4 \end{pmatrix} \\ \begin{pmatrix} 1&2&3&4 \\ 1&4&3&2 \end{pmatrix} & \begin{pmatrix} 1&2&3&4 \\ 1&2&4&3 \end{pmatrix} & \begin{pmatrix} 1&2&3&4 \\ 2&1&4&3 \end{pmatrix} & \begin{pmatrix} 1&2&3&4 \\ 3&4&1&2 \end{pmatrix} & \begin{pmatrix} 1&2&3&4 \\ 4&3&2&1 \end{pmatrix} \end{matrix} \tag{2}$$

"대합"이라는 용어는 고전적인 기하학 문제들에서 유래한다. 여기서 고려하는 일반적인 의미에서의 대합들을 처음으로 연구한 이는 로테H. A. Rothe인데, 그의 연구는 역의 개념(5.1.1절 참고)을 도입하는 과정에서 이루어졌다.

타블로와 대합을 함께 논의한다는 게 이상해 보이겠지만, 전혀 무관해 보이는 이 두 개념 사이에는 한 가지 놀라운 연관 관계가 존재한다: *$\{1, 2, \ldots, n\}$의 대합들의 개수는 원소 $\{1, 2, \ldots, n\}$들로부터 만들어낼 수 있는 타블로들의 개수와 같다.* 예를 들어 $\{1, 2, 3, 4\}$로부터 다음과 같은 정확히 열 개의 타블로들을 형성할 수 있다.

$$\begin{matrix} \begin{array}{cccc} 1&2&3&4 \end{array} & \begin{array}{ccc} 1&3&4 \\ 2 \end{array} & \begin{array}{cc} 1&4 \\ 2 \\ 3 \end{array} & \begin{array}{cc} 1&3 \\ 2 \\ 4 \end{array} & \begin{array}{ccc} 1&2&4 \\ 3 \end{array} \\ \begin{array}{cc} 1&2 \\ 3 \\ 4 \end{array} & \begin{array}{ccc} 1&2&3 \\ 4 \end{array} & \begin{array}{cc} 1&3 \\ 2&4 \end{array} & \begin{array}{cc} 1&2 \\ 3&4 \end{array} & \begin{array}{c} 1 \\ 2 \\ 3 \\ 4 \end{array} \end{matrix} \tag{3}$$

이들은 각각 (2)에 나온 열 개의 대합들과 대응된다.

대합과 타블로 사이의 이러한 연관관계가 명백한 것은 절대 아니며, 또한 이 연관관계를 증명하는 아주 간단한 방법이란 아마도 없을 것 같다. 이제부터 살펴볼 증명에는 다른 여러 놀라운 성질들을 가진 흥미로운 타블로 구축 알고리즘 하나가 끼어든다. 이 알고리즘은 하나의 타블로에 새 원소들을 삽입하는 특별한 절차를 기반으로 하고 있다.

예를 들어, 원소 8을 타블로

1	3	5	9	12	16
2	6	10	15		
4	13	14			
11					
17					

(4)

에 삽입한다고 하자. 우리가 사용할 방법은 이렇다. 우선 8을 행 1에서 9가 차지하고 있는 곳에 넣는다. 9를 택한 이유는 그 행에서 8보다 큰 가장 최소의 원소가 9라는 데 있다. 원소 9는 행 2로 "밀려 내려가며", 그래서 10의 자리를 차지한다. 10은 행 3의 원소 13의 자리로 가고, 마찬가지 방식으로 13은 한 줄 아래로 내려가서 행 4의 제일 4의 오른쪽에 놓인다. 이로써 하나의 삽입 절차가 끝나게 되는데, 결과적으로 타블로는 다음과 같은 모습이 된다.

1	3	5	8	12	16
2	6	9	15		
4	10	14			
11	13				
17					

(5)

이러한 공정의 엄밀한 서술이 알고리즘 I에 나온다. 알고리즘 I에는 또한 이러한 공정이 타블로의 속성들을 항상 유지한다는 점에 대한 증명도 나온다.

알고리즘 I (타블로에 삽입.) $P=(P_{ij})$가 양의 정수들의 한 타블로라고 하자. 그리고 x가 P에는 없는 어떤 양의 정수라고 하자. 이 알고리즘은 P를 원래 원소들뿐만 아니라 x도 가지고 있는 또 다른 타블로로 변환한다. 새 타블로는 원래 것과 같은 모양이되 행 s, 열 t에 새로운 위치가 추가되었다는 점에서는 차이를 보인다. 이 수량 s와 t는 알고리즘이 결정한다.

(이 알고리즘에서 괄호 안의 해설은 알고리즘의 유효성을 증명하기 위한 것이다. 따로 증명을 제시하지는 않는 이유는, 해당 해설이 유효하다는 점과 공정 전반에서 배열 P가 항상 하나의 유효한 타블로를 유지한다는 점은 귀납적으로 쉽게 입증할 수 있기 때문이다. 편의를 위해 타블로의 제일 위와 왼쪽에는 0들로, 오른쪽과 아래에는 ∞들로 경계가 쳐져 있다고 가정한다. 즉 P_{ij}는 모든 $i,j\ge 0$에 대해 정의된다. 만일

$$\text{오직 } a<b \text{ 또는 } a=b=0 \text{ 또는 } a=b=\infty \text{일 때에만} \qquad a \lesssim b \tag{6}$$

라는 관계를 정의한다면, 타블로 부등식들을 다음과 같은 간편한 형태로 표현할 수 있다.

$$\begin{aligned} &\text{오직 } i=0 \text{ 또는 } j=0\text{일 때에만} \qquad P_{ij}=0;\\ &\text{모든 } i,j\ge 0\text{에 대해} \qquad P_{ij}\lesssim P_{i(j+1)} \text{ 그리고 } P_{ij}\lesssim P_{(i+1)j}. \end{aligned} \tag{7}$$

"$x\notin P$"라는 명제는 모든 $i,j\ge 0$에 대해 $x=\infty$ 또는 $x\ne P_{ij}$라는 뜻이다.)

I1. 〔x를 입력.〕 $i\leftarrow 1$로 설정하고, $x_1\leftarrow x$로 설정하고, j를 $P_{1j}=\infty$를 만족하는 가장 작은 값으로 설정한다.

I2. 〔x_{i+1}을 찾는다.〕 (이 시점에서 $P_{(i-1)j} < x_i < P_{ij}$이고 $x_i \notin P$이다.) 만일 $x_i < P_{i(j-1)}$이면 j를 1 감소하고 이 단계를 반복한다. 그렇지 않으면 $x_{i+1} \leftarrow P_{ij}$로 설정하고 $r_i \leftarrow j$로 설정한다.

I3. 〔x_i로 대체.〕 (이제 $P_{i(j-1)} < x_i < x_{i+1} = P_{ij} \lesssim P_{i(j+1)}$, $P_{(i-1)j} < x_i < x_{i+1} = P_{ij} \lesssim P_{(i+1)j}$, $r_i = j$이다.) $P_{ij} \leftarrow x_i$로 설정한다.

I4. 〔$x_{i+1} = \infty$인가?〕 (이제 $P_{i(j-1)} < P_{ij} = x_i < x_{i+1} \lesssim P_{i(j+1)}$, $P_{(i-1)j} < P_{ij} = x_i < x_{i+1} \lesssim P_{(i+1)j}$, $r_i = j$, $x_{i+1} \notin P$이다.) 만일 $x_{i+1} \neq \infty$이면 i를 1 증가하고 단계 I2로 돌아간다.

I5. 〔s와 t를 결정.〕 $s \leftarrow i$, $t \leftarrow j$로 설정하고 알고리즘을 끝낸다. (이 시점에서 조건

$$P_{st} \neq \infty \qquad \text{그리고} \qquad P_{(s+1)t} = P_{s(t+1)} = \infty \tag{8}$$

가 만족된다.) ▮

알고리즘 I는 하나의 "밀어내기열(bumping sequence)"

$$x = x_1 < x_2 < \cdots < x_s < x_{s+1} = \infty, \tag{9}$$

를 정의하며, 또한 열 색인들의 보조 수열

$$r_1 \geq r_2 \geq \cdots \geq r_s = t \tag{10}$$

도 정의한다. 이 알고리즘에 의해, $1 \leq i \leq s$에 대해 원소 P_{ir_i}가 x_{i+1}에서 x_i로 바뀌었다. 예를 들어 (4)에 8을 삽입한다고 할 때 밀어내기열은 8, 9, 10, 13, ∞이며 보조 수열은 4, 3, 2, 2이다. 이 알고리즘을 훨씬 더 적은 임시 저장소를 사용하도록, 즉 오직 j와 x_i, x_{i+1}의 현재 값만을 기억해도 되도록 재구성하는 것 역시 가능하다. 그러나 (9)와 (10)을 굳이 도입한 이유는 이 알고리즘에 대한 흥미로운 사실들을 증명할 수 있도록 하기 위한 데 있다.

알고리즘 I에 대해 우리가 사용할 핵심적인 사실은 이 알고리즘을 거꾸로 실행하는 것이 가능하다는 점이다. 즉, 단계 I5에서 s와 t의 값이 결정되었다고 할 때, 삽입된 x를 결정하고 제거함으로써 P를 원래의 형태로 되돌릴 수 있다. 예를 들어 (5)를 보자. 그리고 원소 13이 있는 곳이 원래는 빈칸이었음을 알고 있다고 하자. 그러면 13은 10에 의해 행 3으로부터 밀려 내려왔을 것이다. 그 행에서 13보다 작은 가장 큰 원소가 10이기 때문이다. 마찬가지로 10은 행 2에서 9에 의해 밀려 내려온 것이며, 9는 행 1에서 8에게 밀렸을 것이다. 이러한 절차에 의해 (5)에서 (4)로 되돌아갈 수 있다. 다음 알고리즘은 이상의 절차를 엄밀하게 서술한 것이다.

알고리즘 D (타블로에서 삭제). 타블로 P와 (8)을 만족하는 양의 정수 s와 t가 주어졌을 때, 이 알고리즘은 P를 그와 거의 같은 모양이되 행 s의 열 t에 ∞가 삽입된 또 다른 타블로로 변환한다. 알고리즘이 결정한 원소 x는 P에서 삭제된다.

(알고리즘 I에서와 마찬가지로, 괄호로 싸인 단언문들은 P가 공정 전체에서 하나의 타블로임을

유지한다는 점에 대한 증명을 돕기 위한 것이다.)

D1. [s와 t를 입력.] $j \leftarrow t$, $i \leftarrow s$, $x_{s+1} \leftarrow \infty$로 설정한다.

D2. [x_i를 찾는다.] (이 시점에서 $P_{ij} < x_{i+1} \lesssim P_{(i+1)j}$이고 $x_{i+1} \notin P$이다.) 만일 $P_{i(j+1)} < x_{i+1}$이면 j를 1 증가하고 이 단계를 반복한다. 그렇지 않으면 $x_i \leftarrow P_{ij}$, $r_i \leftarrow j$로 설정한다.

D3. [x_{i+1}로 대체.] (이제 $P_{i(j-1)} < P_{ij} = x_i < x_{i+1} \lesssim P_{i(j+1)}$, $P_{(i-1)j} < P_{ij} = x_i < x_{i+1} \lesssim P_{(i+1)j}$, $r_i = j$이다.) $P_{ij} \leftarrow x_{i+1}$로 설정한다.

D4. [$i = 1$인가?] (이제 $P_{i(j-1)} < x_i < x_{i+1} = P_{ij} \lesssim P_{i(j+1)}$, $P_{(i-1)j} < x_i < x_{i+1} = P_{ij} \lesssim P_{(i+1)j}$, $r_i = j$이다.) 만일 $i > 1$이면 i를 1 감소하고 단계 D2로 돌아간다.

D5. [x를 결정.] $x \leftarrow x_1$로 설정하고 알고리즘을 끝낸다. (이제 $0 < x < \infty$이다.) ▮

알고리즘 I와 D에 나온 괄호 안 단언들은 알고리즘이 타블로 구조를 유지함을 증명하는 유용한 방법일 뿐만 아니라, *알고리즘 I와 D가 서로의 완전한 역*이라는 점을 입증하는 역할도 한다. 어떤 타블로 P와 어떤 양의 정수 $x \notin P$에 대해 먼저 알고리즘 I를 수행하면 알고리즘 I는 x를 삽입하고 (8)을 만족하는 양의 정수 s와 t를 결정한다. 그 결과들에 알고리즘 D를 적용하면 x가 다시 계산되며, P도 원래의 타블로로 돌아간다. 반대로, 어떤 타블로 P와 (8)을 만족하는 양의 정수 s, t에 대해 알고리즘 D를 먼저 수행하면 알고리즘은 어떤 양의 정수 x를 삭제해서 P를 변환하며, 거기에 알고리즘 I를 적용하면 s와 t가 다시 계산되고 P가 원래의 것으로 돌아간다. 그 이유는, 단계 I3과 D4의 괄호 안 단언들이 서로 동일하고 단계 I4와 D3의 것들도 동일하며, 이 단언들은 j의 값을 유일하게 특징짓기 때문이다. 따라서 보조 수열 (9)와 (10)은 두 경우 모두에서 같다.

이제 타블로의 다음과 같은 기본적인 성질을 증명해 보자.

정리 A. *$\{1, 2, \ldots, n\}$의 모든 순열들의 집합과 $\{1, 2, \ldots, n\}$으로부터 형성된 같은 모양을 가진 타블로 P와 Q의 쌍 (P, Q)들의 집합 사이에는 일대일 대응관계가 존재한다.*

(이 정리의 한 예가 다음 증명 안에 나온다.)

증명. 좀 더 일반적인 결과를 증명하는 것이 편하다. 임의의 두 줄 배열

$$\begin{pmatrix} q_1 & q_2 & \ldots & q_n \\ p_1 & p_2 & \ldots & p_n \end{pmatrix}, \qquad \begin{matrix} q_1 < q_2 < \cdots < q_n, \\ p_1, p_2, \ldots, p_n \text{은 서로 다름} \end{matrix} \tag{11}$$

이 주어졌다고 할 때, 이에 대응하는 두 타블로 P와 Q를 구축하고자 한다. 여기서 P의 원소들은 $\{p_1, \ldots, p_n\}$이고 Q의 원소들은 $\{q_1, \ldots, q_n\}$이며 P의 모양은 Q의 모양과 같다.

P와 Q가 처음에는 비어 있다고 하자. $i = 1, 2, \ldots, n$에 대해(이 순서대로) 다음 연산을 수행한다: p_i를 알고리즘 I를 이용해서 타블로 P에 삽입한다. 그런 다음 $Q_{st} \leftarrow q_i$로 설정한다. 여기서 s와 t는 P에 새로 채워진 위치를 나타낸다.

예를 들어 주어진 순열이 $\binom{1\,3\,5\,6\,8}{7\,2\,9\,5\,3}$일 때의 과정은 다음과 같다.

	P	Q
7을 삽입	$\begin{array}{\|c\|}\hline 7\\\hline\end{array}$	$\begin{array}{\|c\|}\hline 1\\\hline\end{array}$
2를 삽입	$\begin{array}{\|c\|}\hline 2\\\hline 7\\\hline\end{array}$	$\begin{array}{\|c\|}\hline 1\\\hline 3\\\hline\end{array}$
9를 삽입	$\begin{array}{\|c\|c\|}\hline 2 & 9\\\hline 7\\\cline{1-1}\end{array}$	$\begin{array}{\|c\|c\|}\hline 1 & 5\\\hline 3\\\cline{1-1}\end{array}$
5를 삽입	$\begin{array}{\|c\|c\|}\hline 2 & 5\\\hline 7 & 9\\\hline\end{array}$	$\begin{array}{\|c\|c\|}\hline 1 & 5\\\hline 3 & 6\\\hline\end{array}$
3을 삽입	$\begin{array}{\|c\|c\|}\hline 2 & 3\\\hline 5 & 9\\\hline 7\\\cline{1-1}\end{array}$	$\begin{array}{\|c\|c\|}\hline 1 & 5\\\hline 3 & 6\\\hline 8\\\cline{1-1}\end{array}$

(12)

따라서 $\binom{1\,3\,5\,6\,8}{7\,2\,9\,5\,3}$에 대응하는 타블로 $(P,\ Q)$는

$$P = \begin{array}{|c|c|}\hline 2 & 3\\\hline 5 & 9\\\hline 7\\\cline{1-1}\end{array}\,, \qquad Q = \begin{array}{|c|c|}\hline 1 & 5\\\hline 3 & 6\\\hline 8\\\cline{1-1}\end{array} \tag{13}$$

이다.

이러한 구축법에서 P와 Q가 항상 같은 모양을 가짐은 명백하다. 더 나아가서, 원소들을 항상 Q의 가장자리에 증가 순으로 추가하는 것이므로, Q는 타블로이다.

반대로, 같은 모양의 두 타블로 P와 Q가 주어졌을 때 그에 해당하는 두 줄 배열 (11)을 다음과 같이 구할 수 있다. 우선 Q의 원소들이

$$q_1 < q_2 < \cdots < q_n$$

라고 하자. $i = n, \ldots, 2, 1$에 대해(이 순서대로) $Q_{st} = q_i$를 만족하는 값 s와 t를 이용해서 P에 알고리즘 D를 적용하고, 그렇게 해서 제거된 원소 x를 p_i로 둔다.

예를 들어 이 구축법을 (13)으로부터 시작해서 반복해 적용하면 (12)의 과정을 거꾸로 짚어나가게 되며, 결국 P는 비게 된다. 그렇게 해서 얻은 p_i들은 $\binom{1\,3\,5\,6\,8}{7\,2\,9\,5\,3}$이다.

알고리즘 I와 D는 서로의 역이므로 방금 살펴본 두 구축법들도 서로의 역이다. 이로써 하나의 일대일 대응관계가 확립되었다. ▮

정리 A의 증명에서 정의된 대응관계에는 놀라운 성질들이 많다. 그럼 그 중 몇 가지를 유도해 보자. 아래의 내용을 읽기 전에 먼저 연습문제 1을 풀어서 정리 A의 구축법에 익숙해지길 강력히 권한다.

한 원소가 행 1에서 행 2로 일단 밀려 내려갔다면, 그 원소는 행 1에 더 이상 영향을 주지 않는다. 게다가 일련의 밀려난 원소들의 순차열로부터 행 2, 3, ... 이 만들어지는 방식은 행 1, 2, ... 이 원래의

순열로부터 만들어지는 방식과 동일하다. 이러한 사실들은 정리 A의 구축법을 다른 각도에서 볼 수 있음을, 구체적으로 말하면 P와 Q의 첫 행들에만 집중해서 바라볼 수 있음을 제시한다.

예를 들어 순열 $\binom{1\,3\,5\,6\,8}{7\,2\,9\,5\,3}$으로 시작한다면, (12)에 따라 행 1에는 다음과 같은 일이 일어난다:

$$\begin{array}{ll} 1: & 7\text{을 삽입, } Q_{11} \leftarrow 1\text{로 설정.} \\ 3: & 2\text{를 삽입, } 7\text{을 아래로.} \\ 5: & 9\text{를 삽입, } Q_{12} \leftarrow 5\text{로 설정.} \\ 6: & 5\text{를 삽입, } 9\text{를 밀어 내림.} \\ 8: & 3\text{을 삽입, } 5\text{를 밀어 내림.} \end{array} \tag{14}$$

따라서 P의 첫 행은 2 3이고 Q의 첫 행은 1 5이다. 더 나아가서, P와 Q의 나머지 행들은 "밀려난" 두 줄 배열

$$\begin{pmatrix} 3 & 6 & 8 \\ 7 & 9 & 5 \end{pmatrix} \tag{15}$$

에 대응하는 타블로이다.

행 1에 대한 구축의 습성은 그 행의 한 주어진 열로 들어간 원소들을 고찰함으로써 연구할 수 있다. 만일 알고리즘 I를 빈 타블로 P에서 시작해서 $p_1, p_2, \ldots, p_i$에 잇달아 적용한 후에 $p_i = P_{1t}$가 성립한다면, (q_i, p_i)가 다음과 같은 두 줄 배열에 의거해서 부류(class) t에 속한다고 말하기로 하자.

$$\begin{pmatrix} q_1 & q_2 & \ldots & q_n \\ p_1 & p_2 & \ldots & p_n \end{pmatrix}, \qquad \begin{array}{l} q_1 < q_2 < \cdots < q_n\,, \\ p_1, p_2, \ldots, p_n \text{은 서로 다름.} \end{array} \tag{16}$$

(알고리즘 I는 주어진 원소를 항상 행 1에 삽입하는 것으로 시작한다는 점을 기억할 것.)

(q_i, p_i)가 부류 1에 속하기 위한 필요충분조건이 p_i에 $i-1$개의 반전들이 있다는 것, 즉 $p_i = \min\{p_1, p_2, \ldots, p_i\}$가 "좌에서 우로 극소값"이라는 것임은 쉽게 확인할 수 있다. 만일 (16)에서 부류 1에 속하는 열들을 지운다면, (q, p)가 오직 (16)에 의거해서 부류 $t+1$에 속할 때에만 (17)에 의거해서 부류 t에 속하게 되는 또 다른 두 줄 배열

$$\begin{pmatrix} q'_1 & q'_2 & \ldots & q'_m \\ p'_1 & p'_2 & \ldots & p'_m \end{pmatrix} \tag{17}$$

이 나온다. (16)에서 (17)로 가는 연산은 행 1의 제일 왼쪽 자리를 제거하는 것을 나타낸다. 이로부터 부류들을 결정하는 한 가지 체계적인 방식을 이끌어낼 수 있다. 예를 들어 $\binom{1\,3\,5\,6\,8}{7\,2\,9\,5\,3}$ 중 좌에서 우로 극소값인 원소들은 7과 2이며, 따라서 부류 1은 $\{(1,7), (3,2)\}$이다. 나머지 배열 $\binom{5\,6\,8}{9\,5\,3}$에서는 모든 원소가 극소값이므로, 부류 2는 $\{(5,9), (6,5), (8,3)\}$이다. "밀려난" 배열 (15)에서 부류 1은 $\{(3,7), (8,5)\}$, 부류 2는 $\{(6,9)\}$이다.

임의의 고정된 t 값에 대해, 부류 t의 원소들은

$$\begin{array}{l} q_{i_1} < q_{i_2} < \cdots < q_{i_k}, \\ p_{i_1} > p_{i_2} > \cdots > p_{i_k} \end{array} \tag{18}$$

를 만족하는

$$(q_{i_1}, p_{i_1}), \ldots, (q_{i_k}, p_{i_k})$$

라고 둘 수 있다. 왜냐하면 삽입 알고리즘이 진행됨에 따라 타블로 위치 P_{1t}는 감소하는 값들의 수열 $p_{i_1}, \ldots, p_{i_k}$를 취하기 때문이다. 구축이 끝나고 나면

$$P_{1t} = p_{i_k}, \qquad Q_{1t} = q_{i_1} \tag{19}$$

이 성립하며, P와 Q의 행 $2, 3, \ldots$을 정의하는 "밀려난" 두 줄 배열은 열들

$$\begin{pmatrix} q_{i_2} & q_{i_3} & \ldots & q_{i_k} \\ p_{i_1} & p_{i_2} & \ldots & p_{i_{k-1}} \end{pmatrix} \tag{20}$$

과 다른 부류들로부터 비슷한 방식으로 만들어진 다른 열들을 담게 된다.

이러한 관찰로부터 P와 Q를 손으로 계산하는 간단한 방법을 이끌어낼 수 있다(연습문제 3 참고). 또한, 이와 같은 관찰들은 다음과 같은 다소 예기치 못한 결과를 증명하는 수단도 제공한다.

정리 B. *만일 순열*

$$\begin{pmatrix} 1 & 2 & \ldots & n \\ a_1 & a_2 & \ldots & a_n \end{pmatrix}$$

이 정리 A의 구축법의 타블로 (P, Q)에 대응된다면, 그 역 순열은 (Q, P)에 대응된다.

이 사실은 P와 Q가 정리 A의 완전히 다른 방법들로 구축된다는 점에서, 그리고 두 줄 배열의 열들을 다소 변덕스러운 방식으로 뒤섞음으로써 순열의 역을 얻을 수 있다는 점에서 상당히 놀랍다.

증명. 두 줄 배열 (16)이 주어졌다고 가정하자. 이 배열의 열들은 본질적으로 서로 독립이므로 필요에 따라 열들을 재배열할 수 있다. 두 줄을 맞바꾸고 새 윗줄의 값들이 증가하는 순서가 되도록 열들을 정렬하고 나면 다음과 같은 "역" 배열이 된다.

$$\begin{aligned} \begin{pmatrix} q_1 & q_2 & \ldots & q_n \\ p_1 & p_2 & \ldots & p_n \end{pmatrix}^{-} &= \begin{pmatrix} p_1 & p_2 & \ldots & p_n \\ q_1 & q_2 & \ldots & q_n \end{pmatrix} \\ &= \begin{pmatrix} p'_1 & p'_2 & \ldots & p'_n \\ q'_1 & q'_2 & \ldots & q'_n \end{pmatrix}, \qquad \begin{matrix} p'_1 < p'_2 < \cdots < p'_n; \\ q'_1, q'_2, \ldots, q'_n \text{은 서로 다름.} \end{matrix} \end{aligned} \tag{21}$$

이러한 연산이 정리 A의 구축법에서 P와 Q를 맞바꾸는 것에 해당함을 보이겠다.

우선, 앞에서 이야기한 부류 결정 방식을 (q_i, p_i)의 부류가 $q_1, q_2, \ldots, q_n$이 오름차순이라는 사실에 의존하지 않도록 바꾸는 것이 가능하다(연습문제 2). 그렇게 해서 나온 조건은 q들과 p들에서 대칭적이므로, 연산 (21)은 부류의 구조를 깨뜨리지 않는다. 만일 (q, p)가 (16)에 의거해서 클래스 t에 속한다면 (p, q)는 (21)에 대해 클래스 t에 속한다. 따라서 만일 후자의 클래스 t의 원소들을

(18)과 비슷한 형태인

$$\begin{aligned} p_{i_k} < \cdots < p_{i_2} < p_{i_1}, \\ q_{i_k} > \cdots > q_{i_2} > q_{i_1} \end{aligned} \tag{22}$$

로 배치한다면, (19)에서처럼

$$P_{1t} = q_{i_1}, \qquad Q_{1t} = p_{i_k} \tag{23}$$

가 성립하며, 열

$$\begin{pmatrix} p_{i_{k-1}} & \dots & p_{i_2} & p_{i_1} \\ q_{i_k} & \dots & q_{i_3} & q_{i_2} \end{pmatrix} \tag{24}$$

는 (20)에서처럼 "밀려난" 배열로 들어간다. 즉, P와 Q의 첫 행들이 서로 교환된 것이다. 더 나아가서, (21)에 대한 "밀려난" 두 줄 배열은 (16)에 대한 "밀려난" 두 줄 배열의 역이다. 이제 타블로의 행들의 개수에 대한 귀납법을 적용하면 증명이 완성된다. ▮

따름정리. *$\{1, 2, \dots, n\}$ 으로부터 만들 수 있는 타블로 개수는 $\{1, 2, \dots, n\}$ 에 대한 대합들의 개수이다.*

증명. 만일 π가 (P, Q)에 대응하는 한 대합이면 $\pi = \pi^{-}$은 (Q, P)에 대응된다. 따라서 $P = Q$이다. 반대로, 만일 π가 (P, P)에 대응하는 임의의 순열이면 π^{-} 역시 (P, P)에 대응된다. 따라서 $\pi = \pi^{-}$이다. 그러므로 대합 π들과 타블로 P들 사이에는 일대일 대응관계가 존재한다. ▮

한 타블로의 왼쪽 위 모서리 원소가 그 타블로의 가장 작은 원소임은 명백하다. 이 사실은 수들의 집합을 정렬하는 한 가지 그럴듯한 방법을 제시한다: 우선, 알고리즘 I를 반복 적용해서 수들을 하나의 타블로로 집어넣는다. 그러면 왼쪽 위 모서리에 제일 작은 원소가 들어가게 된다. 그런 다음에는 그 최소 원소를 제거하고, 나머지 원소들로 또 다른 타블로를 만든다. 그렇게 해서 새로운 최소 원소를 삭제하고, 같은 과정을 반복한다.

그럼 타블로

1	3	5	7	11	15
2	6	8	14		
4	9	13			
10	12				
16					

(25)

에서 왼쪽 상단 모서리의 원소를 제거할 때 어떤 일이 생기는지 살펴보자. 1을 제거하면 2가 그 자리에 가게 된다. 2를 제거하면 4가 그 자리로 간다. 그런데 4를 제거했을 때에도 그 아래의 10이 왼쪽 상단으로 올라갈 수는 없다. 대신 9가 거기로 가야하며, 9가 있던 자리에는 12가 들어간다. 이상을 일반화하면 다음과 같은 절차가 된다.

알고리즘 S (모서리 원소의 삭제). 타블로 P가 주어졌을 때 이 알고리즘은 P의 왼쪽 상단 모서리 원소를 삭제하고 나머지 원소들을 타블로 성질들을 만족하는 형태로 적절히 이동한다. 이 알고리즘은 알고리즘 I와 D의 표기 관례들을 따른다.

S1. 〔초기화.〕 $r \leftarrow 1$, $s \leftarrow 1$로 설정한다.

S2. 〔끝인가?〕 만일 $P_{rs} = \infty$이면 공정이 완료된 것이다.

S3. 〔비교.〕 만일 $P_{(r+1)s} \leq P_{r(s+1)}$이면 단계 S5로 간다. (여기서부터 하는 일은, 빈 칸의 바로 아래와 오른쪽 원소들을 조사해서 그 둘 중 더 작은 것을 옮기는 것이다.)

S4. 〔왼쪽으로 이동.〕 $P_{rs} \leftarrow P_{r(s+1)}$, $s \leftarrow s+1$로 설정하고 S3으로 돌아간다.

S5. 〔위로 이동.〕 $P_{rs} \leftarrow P_{(r+1)s}$, $r \leftarrow r+1$로 설정하고 S2로 돌아간다. ▮

알고리즘 S가 P의 모서리 원소를 삭제한 후에도 P는 여전히 하나의 타블로라는 점은 쉽게 증명할 수 있다(연습문제 10). 따라서 P가 빌 때까지 알고리즘 S를 반복한다면 P의 원소들을 증가순으로 읽을 수 있다. 그러나 안타깝게도 이런 방법은 다른 정렬 방법들만큼 효율적이지 못하다. 최소 실행 시간은 $n^{1.5}$에 비례하나, 타블로 구조 대신 트리를 사용하는 비슷한 다른 정렬 알고리즘들의 실행 시간의 규모는 $n \log n$이다.

알고리즘 S가 효율적인 정렬 알고리즘의 기반이 되지는 못하지만, 그래도 몇 가지 아주 흥미로운 성질들을 가지고 있다.

정리 C (쉬첸베르거M. P. Schützenberger). *만일 P가 순열 $a_1 a_2 \ldots a_n$을 가지고 정리 A의 구축법으로 만들어낸 타블로이면, 그리고 만일*

$$a_i = \min\{a_1, a_2, \ldots, a_n\}$$

이면, 알고리즘 S는 P를 $a_1 \ldots a_{i-1} a_{i+1} \ldots a_n$에 대응하는 타블로로 변환한다.

증명. 연습문제 13을 보라. ▮

알고리즘 S를 한 타블로에 적용한 후에, 삭제된 원소를 비워진 자리 P_{rs}에 집어넣되, 그것이 타블로의 원래 원소가 아니라 삭제된 원소임을 나타내기 위해서 *이탤릭 글꼴*로 표시한다고 하자. 예를 들어 타블로 (25)에 이러한 절차를 적용하고 나면 다음이 된다.

2	3	5	7	11	15
4	6	8	14		
9	12	13			
10	*1*				
16					

두 번 더 적용하면:

4	5	7	11	15	*2*
6	8	13	14		
9	12	*3*			
10	*1*				
16					

모든 원소들이 제거될 때까지 반복 적용하고 나면 다음과 같은 결과가 된다.

$$\begin{array}{|c|c|c|c|c|c|} \hline \mathit{16} & \mathit{14} & \mathit{13} & \mathit{12} & \mathit{10} & \mathit{2} \\ \hline \mathit{15} & \mathit{9} & \mathit{6} & \mathit{4} \\ \cline{1-4} \mathit{11} & \mathit{5} & \mathit{3} \\ \cline{1-3} \mathit{8} & \mathit{1} \\ \cline{1-2} \mathit{7} \\ \cline{1-1} \end{array} \qquad (26)$$

그런데 이것은 원래의 타블로 (25)와 같은 모양이다. 이러한 구성을 쌍대 타블로라고 불러도 좋을 것이다. 왜냐하면 "쌍대순서(dual order)"가 쓰였다는 점($<$ 와 $>$의 역할이 뒤집혔음)만 제외하면 하나의 타블로와 비슷하기 때문이다. 이런 식으로 P로부터 만들어낸 쌍대 타블로를 P^S으로 표기하기로 하자.

P^S으로부터 P를 유일하게 결정할 수 있다. 사실 P^S으로부터 원래의 타블로 P를 얻는 것이 가능하다. 정확히 같은 알고리즘을, 순서를 뒤집고 이탤릭 글꼴과 정규 글꼴의 의미를 맞바꾸어서 적용하면 된다. 예를 들어 (26)에 알고리즘을 두 번 적용하고 나면 다음이 나온다.

$$\begin{array}{|c|c|c|c|c|c|} \hline \mathit{14} & \mathit{13} & \mathit{12} & \mathit{10} & \mathit{2} & 15 \\ \hline \mathit{11} & \mathit{9} & \mathit{6} & \mathit{4} \\ \cline{1-4} \mathit{8} & \mathit{5} & \mathit{3} \\ \cline{1-3} \mathit{7} & \mathit{1} \\ \cline{1-2} 16 \\ \cline{1-1} \end{array}$$

같은 식으로 반복하면 결국에는 (25)가 다시 나타난다! 이러한 놀라운 사실은 다음 정리의 결과들 중 하나이다.

정리 D (셴스테드C. Schensted, 쉬첸베르거M. P. Schützenberger). *타블로 (P, Q)에 대응하는 두 줄 배열이*

$$\begin{pmatrix} q_1 & q_2 & \ldots & q_n \\ p_1 & p_2 & \ldots & p_n \end{pmatrix} \qquad (27)$$

이라고 하자.

a) *p들에는 보통의 순서를 사용하되 q들에는 쌍대순서(뒤집힌 순서)를 사용한다면 두 줄 배열*

$$\begin{pmatrix} q_n & \ldots & q_2 & q_1 \\ p_n & \ldots & p_2 & p_1 \end{pmatrix} \qquad (28)$$

은 $(P^T, (Q^S)^T)$에 대응된다.

여느 때와 같이 "T"는 행들과 열들의 전치 연산을 뜻한다. P^T는 하나의 타블로이나, q들의 순서가 뒤집혔으므로 $(Q^S)^T$는 하나의 쌍대 타블로이다.

b) *q들에는 보통의 순서를 사용하되 p들에는 쌍대순서를 사용한다면, 두 줄 배열 (27)은 $((P^S)^T, Q^T)$에 대응된다.*

c) *p들과 q들 모두에 쌍대순서를 사용한다면 두 줄 배열 (28)은 (P^S, Q^S)에 대응된다.*

증명. 이 정리의 간단한 증명은 알려진 바가 없다. 경우 (a)가 어떤 쌍대 타블로 X에 대한 (P^T, X)에 대응된다는 사실은 연습문제 5에서 증명한다. 따라서 정리 B에 의해, 경우 (b)는 어떤 쌍대 타블로 Y에 대해 (Y, Q^T)에 대응되며, Y의 모양은 반드시 P^T의 모양과 같다.

$p_i = \min\{p_1, \ldots, p_n\}$이라고 하자. p_i는 쌍대순서로 "최대" 원소이므로 Y의 가장자리에 놓이며, 정리 A의 구축법에서 그 어떤 원소에게도 밀려 내려가지 않는다. 따라서 만일 쌍대순서를 이용해서 $p_1, \ldots, p_{i-1}, p_{i+1}, \ldots, p_n$을 연달아 삽입한다면 $Y - \{p_i\}$, 즉 Y에서 p_i를 제거한 결과가 나온다. 정리 C에 의해, 만일 보통의 순서를 이용해서 $p_1, \ldots, p_{i-1}, p_{i+1}, \ldots, p_n$을 연달아 삽입한다면 알고리즘 S를 P에 적용해서 얻은 것과 같은 타블로 $d(P)$가 나오게 된다. n에 대한 귀납법에 의해서 $Y - \{p_i\} = (d(P)^S)^T$이다. 그러나 연산 S의 정의에 의해

$$(P^S)^T - \{p_i\} = (d(P)^S)^T \tag{29}$$

이므로, 그리고 Y는 $(P^S)^T$와 모양이 같으므로, 반드시 $Y = (P^S)^T$이어야 한다.

이는 경우 (b)를 증명하며, 정리 B를 적용하면 (a)도 증명된다. (a)와 (b)를 잇달아 적용해 보면 경우 (c)가 $(((P^T)^S)^T, ((Q^S)^T)^T)$에 대응됨이 밝혀진다. 그리고 이는 (P^S, Q^S)이다. 연산 S의 행-열 대칭성에 의해 $(P^S)^T = (P^T)^S$이기 때문이다. ▮

이 정리는 특히 타블로 삽입 알고리즘에 대한 다음과 같은 두 가지 놀라운 사실들을 입증한다: 서로 다른 원소 $p_1, \ldots, p_n$들을 하나의 빈 타블로에 연달아 삽입하면 타블로 P가 나오며, 원소들을 그 반대의 순서로 삽입하면, 즉 $p_n, \ldots, p_1$을 삽입하면 전치된 타블로 P^T가 나온다. 그리고 p들을 이 $p_n, \ldots, p_1$의 순서로 삽입할 뿐만 아니라 $<$ 와 $>$ 의(그리고 0과 ∞ 의) 역할까지 반대로 적용한다면 쌍대 타블로 P^S가 나온다. 독자도 간단한 예들에 대해 이러한 절차들을 직접 수행해 보시길. 이러한 우연의 일치들의 기이한 본성 때문에, 마치 어떤 마녀가 숨어서 마법을 부리고 있는 것은 아닐까 의심이 들지도 모르겠다. 이와 같은 현상에 대한 간단한 해명은 아직 알려지지 않았다. 경우 (c)가 P, Q와 같은 모양을 가진 타블로에 대응된다는 사실조차도 명백한 증명 방법이 없어 보인다. 그러나 연습문제 2의 부류 특성화에서 하나의 이미 있는 단서를 얻을 수는 있을 것이다.

정리 A의 대응관계는 로빈슨G. de B. Robinson이 군론의 꽤나 어려운 한 가지 문제에 대한 그의 해답의 일부에서 다소 애매한, 그리고 여기 나온 것과는 다른 형태로 제시했던 것이다 [*American J. Math.* 60 (1938), 745-760, §5]. 로빈슨은 정리 B를 증명 없이 제시했다. 수 년 후 이와는 독립적으로 셴스테드C. Schensted가 이 대응관계를 재발견했는데, 그는 이 대응관계를 우리가 알고리즘 I에서 했던 것과 같은 "밀려 내려가기"의 관점에서 서술했다. 셴스테드는 또한 정리 D(a)의 "P" 부분도 증명했다 [*Canadian J. Math.* 13 (1961), 179-191 참고]. 쉬첸베르거M. P. Schützenberger는 정리 C와 정리 D(a)의 "Q" 부분을 증명했다 [*Math. Scand.* 12 (1963), 117-128]. 이들로부터 (b)와 (c)가 증명된다. 이 대응관계를 중복집합의 순열들의 대응관계로 확장하는 것도 가능하다. $p_1, \ldots, p_n$이 서로 다를 필요가 없는 경우는 셴스테드가 고찰했고, p들과 q들 모두 반복된 원소들을

가질 수 있는 경우로의 "궁극의" 일반화는 커누스Knuth가 연구했다 〔*Pacific J. Math.* 34 (1970), 709-727〕.

그럼 다음과 같은 관련 문제 하나를 살펴보자: $\{1, 2, \ldots, n\}$으로 만들 수 있는 *타블로들 중 $n_1 + n_2 + \cdots + n_m = n$을 만족하는 $(n_1, n_2, \ldots, n_m)$ 모양의 타블로는 몇 개일까?* 이 개수를 $f(n_1, n_2, \ldots, n_m)$이라고 표기한다면, 그리고 매개변수 n_j가 임의의 정수라고 한다면, 함수 f는 다음과 같은 관계들을 반드시 만족해야 한다.

$$f(n_1, n_2, \ldots, n_m) = 0, \qquad n_1 \geq n_2 \geq \cdots \geq n_m \geq 0\text{이 아닌 한;} \tag{30}$$

$$f(n_1, n_2, \ldots, n_m, 0) = f(n_1, n_2, \ldots, n_m); \tag{31}$$

$$\begin{aligned} f(n_1, n_2, \ldots, n_m) = f(n_1 - 1, n_2, \ldots, n_m) + f(n_1, n_2 - 1, \ldots, n_m) \\ + \cdots + f(n_1, n_2, \ldots, n_m - 1), \\ \text{만일 } n_1 \geq n_2 \geq \cdots \geq n_m \geq 1\text{이면.} \end{aligned} \tag{32}$$

점화식 (32)는 한 타블로에서 가장 큰 원소를 제거한 것도 항상 또 다른 타블로라는 사실에서 비롯된다. 예를 들어 모양이 $(6, 4, 4, 1)$인 타블로 개수는 $f(5, 4, 4, 1) + f(6, 3, 4, 1) + f(6, 4, 3, 1) + f(6, 4, 4, 0) = f(5, 4, 4, 1) + f(6, 4, 3, 1) + f(6, 4, 4)$이다. $\{1, 2, \ldots, 15\}$에 대한 $(6, 4, 4, 1)$ 모양의 모든 타블로는 모양이 $(5, 4, 4, 1)$ 또는 $(6, 4, 3, 1)$, $(6, 4, 4)$인 타블로의 적절한 자리에 원소 15를 삽입해서 만들 수 있기 때문이다. 도식으로 표현하면 다음과 같다.

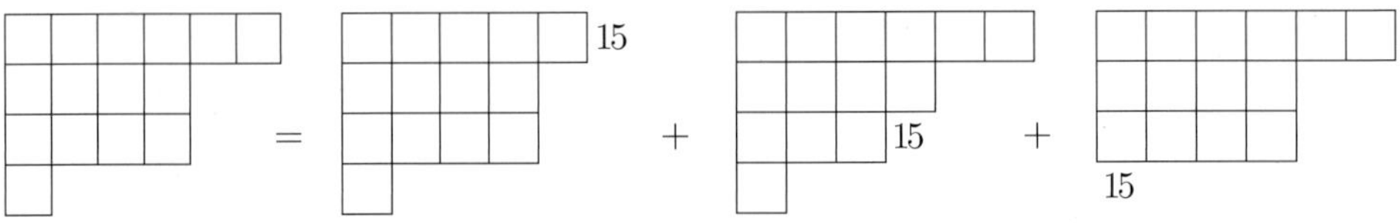

(33)

이러한 관계들을 만족하는 함수 $f(n_1, n_2, \ldots, n_m)$의 형태는 다음과 같이 상당히 단순하다.

$$f(n_1, n_2, \ldots, n_m) = \frac{\Delta(n_1 + m - 1,\ n_2 + m - 2,\ \ldots,\ n_m)\, n!}{(n_1 + m - 1)!\,(n_2 + m - 2)! \ldots n_m!}. \tag{34}$$

단, 이는 함수가 다음과 같은 비교적 온건한 조건들을 만족한다고 할 때의 이야기이다.

$$n_1 + m - 1 \geq n_2 + m - 2 \geq \cdots \geq n_m.$$

여기서 Δ는 "판별식의 제곱근" 함수

$$\Delta(x_1, x_2, \ldots, x_m) = \det \begin{pmatrix} x_1^{m-1} & x_2^{m-1} & \ldots & x_m^{m-1} \\ \vdots & \vdots & & \vdots \\ x_1^2 & x_2^2 & & x_m^2 \\ x_1 & x_2 & & x_m \\ 1 & 1 & \ldots & 1 \end{pmatrix} = \prod_{1 \leq i < j \leq m} (x_i - x_j) \tag{35}$$

를 나타낸다. 공식 (34)는 프로베니우스G. Frobenius가 군론의 이와 동치인 한 문제와 연계해서, 다소 심오한 군론적 논증을 통해 유도한 것이다 〔*Sitzungsberichte preuß. Akad. der Wissenschaften* (1900), 516-534, §3〕. 조합적 증명은 이와 독립적으로 매크매온에 의해서 제시되었다 〔*Philosophical Trans.* A209 (1909), 153-175〕. 이 공식은 귀납법으로 증명이 가능하다. (30)과 (31)은 쉽게 증명할 수 있으며, 연습문제 17의 항등식에서 $y = -1$로 두면 (32)도 증명되기 때문이다.

정리 A는 이 공식과 연관된, 타블로 개수에 대한 주목할 만한 항등식을 제시한다. 모든 모양들을 합한다면 다음이 나온다.

$$n! = \sum_{\substack{k_1 \geq k_2 \geq \cdots \geq k_n \geq 0 \\ k_1 + k_2 + \cdots + k_n = n}} f(k_1, k_2 \ldots, k_n)^2$$

$$= n!^2 \sum_{\substack{k_1 \geq k_2 \geq \cdots \geq k_n \geq 0 \\ k_1 + k_2 + \cdots + k_n = n}} \frac{\Delta(k_1 + n - 1, k_2 + n - 2, \ldots, k_n)^2}{(k_1 + n - 1)!^2 (k_2 + n - 2)!^2 \ldots k_n!^2}$$

$$= n!^2 \sum_{\substack{q_1 > q_2 > \cdots > q_n \geq 0 \\ q_1 + q_2 + \cdots + q_n = (n+1)n/2}} \frac{\Delta(q_1, q_2, \ldots, q_n)^2}{q_1!^2 q_2!^2 \ldots q_n!^2}.$$

따라서

$$\sum_{\substack{q_1 + q_2 + \cdots + q_n = (n+1)n/2 \\ q_1, q_2, \ldots, q_n \geq 0}} \frac{\Delta(q_1, q_2, \ldots, q_n)^2}{q_1!^2 q_2!^2 \ldots q_n!^2} = 1 \tag{36}$$

이다. 후자의 합에서는 부등식 $q_1 > q_2 > \cdots > q_n$가 제거되었는데, 피합산 함수가 $q_i = q_j$일 때 소거되는 q들의 대칭 함수이기 때문이다. 연습문제 24에 이와 비슷한 항등식이 나온다.

타블로 개수에 대한 공식을 "갈고리(hook)"라는 개념에 기반을 둔 훨씬 더 흥미로운 방식으로 표현하는 것도 가능하다. 갈고리는 타블로의 한 칸 자신과, 그 칸 아래와 오른쪽에 있는 칸들을 한데 묶은 것을 말한다. 예를 들어 그림 5의 그림자 진 영역은 행 2, 열 3에 있는 칸 (2, 3)에 해당하는 갈고리이다. 그림 5의 각 칸의 수치는 그 칸의 갈고리의 길이이다.

12	11	8	7	5	4	1
10	9	6	5	3	2	•
9	8	5	4	2	1	•
6	5	2	1	•		
3	2	•				
2	1	•				

그림 5. 갈고리와 갈고리 길이.

타블로의 모양이 $(n_1, n_2, \ldots, n_m)$이라고 할 때, 가장 긴 갈고리의 길이는 $n_1 + m - 1$이다. 갈고리 길이를 좀 더 조사해 보면 행 1이 가지는 갈고리 길이들은 모든 길이 $n_1 + m - 1$, $n_1 + m - 2$, ...,

1에서 $(n_1+m-1)-(n_m)$, $(n_1+m-1)-(n_{m-1}+1)$, ..., $(n_1+m-1)-(n_2+m-2)$를 제외한 나머지 것들임을 알 수 있다. 예를 들어 그림 5의 경우 행 1의 갈고리 길이들은 12, 11, 10, ..., 1에서 10, 9, 6, 3, 2를 제외한 것들이다. 제외된 것들은 칸 $(1,7)$까지의 존재하지 않는 칸 $(6,3)$, $(5,3)$, $(4,5)$, $(3,7)$, $(2,7)$에 해당하는 다섯 개의 존재하지 않는 갈고리들이다. 비슷하게 행 j는 n_j+m-j, ..., 1에서 $(n_j+m-j)-(n_m)$, ..., $(n_j+m-j)-(n_{j+1}+m-j-1)$을 제외한 길이들을 가진다. 이로부터 모든 갈고리 길이의 곱이

$$\frac{(n_1+m-1)!\,(n_2+m-2)!\,\ldots\,n_m!}{\Delta(n_1+m-1,\,n_2+m-2,\,\ldots,\,n_m)}$$

임을 알 수 있다. 이는 식 (34)에 나온 것과 같으며, 따라서 우리는 프레임J. S. Frame, 로빈슨G. de B. Robinson, 스롤R. M. Thrall에서 기인한 다음과 같은 유명한 결과를 유도한 셈이 된다 〔*Canadian J. Math.* 6 (1954), 316-318〕:

정리 H. *$\{1,2,\ldots,n\}$에 대한 타블로들 중 지정된 하나의 모양을 가진 타블로들의 개수는 $n!$을 그 갈고리 길이들의 곱으로 나눈 것이다.* ▮

간단한 정리인 만큼 그 증명도 간단해야 할 것이다. 한 가지 발견법적 논증은 다음과 같다: 타블로의 각 원소는 그 갈고리에서 가장 작은 원소이다. 만일 타블로 모양을 무작위로 채운다면, 칸 (i,j)에 해당 갈고리의 가장 작은 원소가 들어갈 확률은 갈고리 길이의 역수이다. i와 j에 대해 이 확률들을 곱하면 정리 H가 나온다. 그러나 불행하게도 이 논증에는 오류가 있다. 확률들이 전혀 독립적이지 않기 때문이다! 갈고리들의 조합적 성질들을 제대로 사용한, 정리 H에 대한 직접적인 증명은 1992년에 와서야 나타났다(연습문제 39 참고). 그러나 연구자들에 의해서 몇 가지 유익한 간접 증명들이 발견되기는 했다(연습문제 35, 36, 38).

정리 H는 제2장에서 고찰한 트리 열거와 흥미로운 연관 관계를 가진다. 거기서 우리는 노드가 n개인 이진트리들이 하나의 스택으로 얻을 수 있는 순열들에 대응된다는 점과, 그런 순열들이 n개의 S들과 n개의 X들로 된, 왼쪽에서 오른쪽으로 읽어 나갈 때 S의 개수가 X의 개수보다 결코 작지 않은 순차열 $a_1a_2\ldots a_{2n}$들에 대응된다는 점을 배웠다. (연습문제 2.2.1-3과 2.3.1-6 참고.) 후자의 순차열들은 한 가지 자연스러운 방식으로 모양 (n,n)의 타블로들과 대응된다. 행 1에 $a_i=\mathrm{S}$를 만족하는 색인 i들을 놓고, 행 2에는 $a_i=\mathrm{X}$를 만족하는 색인들을 놓는다고 하자. 예를 들어 순차열

S S S X X S S X X S X X

는 타블로

1	2	3	6	7	10
4	5	8	9	11	12

(37)

에 대응된다. 이 타블로의 열 제약조건은, 오직 순차열을 왼쪽에서 오른쪽으로 읽어나갈 때 X들의 개수가 S들의 개수를 결코 넘지 않는 경우에만 만족된다. 정리 H에 의해, 모양 (n,n)의 타블로

개수는

$$\frac{(2n)!}{(n+1)!\,n!}$$

이다. 이는 이진트리들의 개수, 즉 식 2.3.4.4-(14)와 일치한다. 더 나아가서, 만일 $n \ge m$인 모양 (n, m)의 타블로들을 사용한다고 하면, 이러한 논증은 연습문제 2.2.1-4의 해답에서 고찰했던 좀 더 일반적인 "제비뽑기 문제"를 해결한다. 따라서 정리 H는 다소 복잡한 열거 문제들을 간단한 특수 경우들로써 포함한다.

원소 $\{1, 2, \ldots, 2n\}$들에 대한 모양 (n, n)의 임의의 타블로 A는 같은 모양의 두 타블로 (P, Q)에 다음과 같은 방식으로 대응된다. 이는 매크매온이 제안한 것이다 [*Combinatory Analysis* 1 (1915), 130-131]: A의 원소 $\{1, \ldots, n\}$을 그 형태 그대로 두어서 타블로 P를 만든다. 그런 다음, 나머지 원소들의 구성을 180° 회전하고, 원소 $n+1$, $n+2$, ..., $2n$을 각각 n, $n-1$, ..., 1로 치환해서 Q를 만든다. 예를 들어 (37)은

$$\begin{array}{|c|c|c|c|}\hline 1 & 2 & 3 & 6 \\ \hline 4 & 5 \\ \cline{1-2}\end{array} \qquad \text{와} \qquad \begin{array}{cccc} \cline{3-4} & & \multicolumn{1}{|c|}{7} & 10 \\ \hline \multicolumn{1}{|c|}{8} & \multicolumn{1}{c|}{9} & 11 & \multicolumn{1}{c|}{12} \\ \hline \end{array}$$

로 나뉘며, 두 번째 것을 회전하고 원소들을 치환하면

$$P = \begin{array}{|c|c|c|c|}\hline 1 & 2 & 3 & 6 \\ \hline 4 & 5 \\ \cline{1-2}\end{array}\,, \qquad Q = \begin{array}{|c|c|c|c|}\hline 1 & 2 & 4 & 5 \\ \hline 3 & 6 \\ \cline{1-2}\end{array} \tag{38}$$

이 된다. 반대로, 행이 최대 두 개이고 각각 n개의 칸들로 된 같은 모양의 임의의 타블로 쌍은 마찬가지 방식으로 모양 (n, n)의 한 타블로에 대응된다. 따라서 연습문제 7에 의해, *$\{1, 2, \ldots, n\}$의 순열 $a_1 a_2 \ldots a_n$들 중 $i < j < k$에 대한 감소하는 부분순열 $a_i > a_j > a_k$가 하나도 없는 순열들의 개수는 노드가 n개인 이진트리 개수와 같다.* 그러한 순열들과 이진트리들 사이의 한 가지 흥미로운, 그리고 방금 사용한 알고리즘 I를 통한 간접적 방법보다 좀 더 직접적인 방식의, 일대일 대응관계가 로템D. Rotem에 의해서 발견되었다 [*Inf. Proc. Letters* 4 (1975), 58-61]. 비슷하게, 이진트리들과 $i < j < k$에 대해 $a_i > a_k > a_j$인 부분순열들이 전혀 없는 순열들 사이의 꽤 직접적인 대응관계도 존재한다(연습문제 2.2.1-5 참고).

모양 $(6, 4, 4, 1)$의 타블로를 채우는 방법의 수가 유향그래프

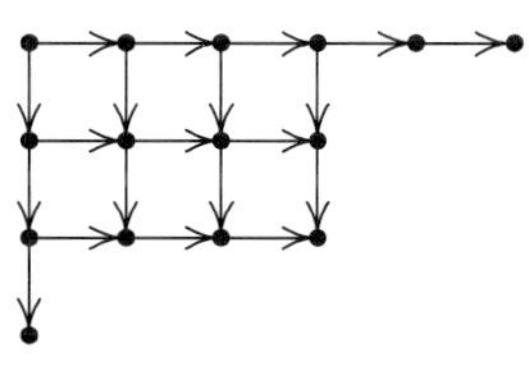

(39)

의 정점들에 번호 $\{1, 2, \ldots, 15\}$를 붙이되 $u \to v$이면 항상 정점 u의 번호가 정점 v의 번호보다 작게 되도록 하는 방법의 수와 같음은 명백하다. 다른 말로 하면, 그 방법의 수는 부분순서 (39)를

위상정렬(2.2.3절의 의미에서)하는 방법의 수와 같다.

일반화하자면, 유향 순환마디가 없는 임의의 유향그래프에 대해서도 같은 질문을 던질 수 있다. 정리 H를 임의의 유향그래프의 경우로 일반화하는 간단한 공식이 존재한다면 좋았을 것이다. 그러나 타블로에 대응하는 그래프들이 가진 그런 만족스러운 성질이 모든 그래프들에 다 해당되는 것은 아니다. 이번 절 끝의 연습문제들에서는 번호 붙이기 문제에 대해 간단한 해법을 가지고 있는 다른 부류의 유향그래프들 몇 가지를 논의한다. 다른 연습문제들은 어떤 유향그래프들의 경우 정리 H에 해당하는 간단한 공식이 존재하지 않음을 보여준다. 예를 들어 번호 붙이기 방법의 수가 항상 $n!$의 약수인 것은 아니다.

타블로 개수에 대한 논의를 마무리하는 의미로, n개의 서로 다른 원소들로부터 만들 수 있는 타블로들 전체의 개수를 세어 보도록 하자. 이 전체 개수를 t_n이라고 표기하겠다. 정리 B의 따름정리에 의해, t_n은 $\{1, 2, \ldots, n\}$의 대합들의 개수이다. 한 순열이 자신의 역이기 위한 필요충분조건은 그 순환마디 형태가 전적으로 1순환마디(고정점)와 2순환마디(전치)들로만 구성된다는 것이다. t_n개의 대합들 중 (n)을 1순환마디로 하는 것들은 t_{n-1}개이고 고정된 $j < n$에 대해 $(j\ n)$을 2순환마디로 하는 것들은 t_{n-2}라는 점으로부터 다음과 같은 공식을 얻을 수 있다.

$$t_n = t_{n-1} + (n-1)t_{n-2}. \tag{40}$$

이것은 1800년에 로테가 작은 n에 대한 t_n값들의 표를 만들면서 이끌어낸 것이다. $n \geq 0$에 대한 값들은 1, 1, 2, 4, 10, 26, 76, 232, 764, 2620, 9496, ...이다.

다른 방식으로도 셀 수 있다. 2순환마디가 k개, 1순환마디가 $(n-2k)$개라고 하자. 고정점들을 선택하는 방법의 수는 $\binom{n}{2k}$이며, 다항계수 $(2k)!/(2!)^k$은 나머지 원소들을 k개의 서로 구별되는 전치들로 배치하는 방법의 수이다. 이를 $k!$로 나누면 구별되지 않는 전치들의 개수가 된다. 이로부터

$$t_n = \sum_{k=0}^{\lfloor n/2 \rfloor} t_n(k), \qquad t_n(k) = \frac{n!}{(n-2k)!\, 2^k k!} \tag{41}$$

을 얻을 수 있다. 안타깝게도 이 합에 대한 간단한 닫힌 형식은 없다(에르미트Hermite 다항식 $i^n 2^{-n/2} H_n(-i/\sqrt{2})$을 간단하다고 간주하지 않는 한). 따라서 t_n을 더 잘 이해하기 위해서는 다음과 같은 두 가지 간접적인 접근방식에 의존해야 한다:

a) 생성함수

$$\sum_n t_n z^n/n! = e^{z+z^2/2} \tag{42}$$

을 구할 수 있다. 연습문제 25를 볼 것.

b) t_n의 점근적 습성을 파악할 수 있다. 이는 다른 측면에서 유용한 몇 가지 일반적 기법들에 관련된다는 점에서 교육적인 문제이다. 그런 만큼 t_n의 점근적 습성을 분석하는 것으로 이번 절을 마무리하겠다.

(41)의 점근 습성을 분석하는 첫 번째 단계는 합의 주된 기여를 찾는 것이다. 우선

$$\frac{t_n(k+1)}{t_n(k)} = \frac{(n-2k)(n-2k-1)}{2(k+1)} \tag{43}$$

이므로, $k=0$으로부터 k가 약 $\frac{1}{2}(n-\sqrt{n})$이 될 때(즉, $t_n(k+1) \approx t_n(k)$가 될 때)까지는 항들이 점차 증가함을 알 수 있다. k가 $\frac{1}{2}n$을 넘으면 항들은 점차 0으로 감소한다. 따라서 주된 기여는 $k=\frac{1}{2}(n-\sqrt{n})$ 부근에서 비롯됨이 명백하다. 주된 기여를 값 0의 지점에 두는 것이 편리한 경우가 많으므로,

$$k = \frac{1}{2}(n-\sqrt{n}) + x \tag{44}$$

로 두고 $t_n(k)$의 크기를 x의 함수로 취급해서 조사해 보자.

$t_n(k)$의 계승들을 제거하는 한 가지 유용한 방법은 스털링 근사, 즉 식 1.2.11.2-(18)을 사용하는 것이다. 이 문제의 경우에는 x를 범위

$$-n^{\epsilon+1/4} \le x \le n^{\epsilon+1/4} \tag{45}$$

로 제한하는 것이 편하다(이유는 잠시 후에 나온다). 여기서 ϵ은 이를테면 0.001 같은 작은 값이다. 따라서 오류 항들이 포함될 수 있다. 다소 고된 계산을 거치고 나면(필자의 경우 60년대에 이를 직접 수행했지만, 지금은 컴퓨터 대수학의 도움으로 쉽게 끝낼 수 있다) 다음과 같은 공식을 얻게 된다.

$$\begin{aligned} t_n(k) = \exp\Big(&\frac{1}{2}n\ln n - \frac{1}{2}n + \sqrt{n} - \frac{1}{4}\ln n - 2x^2/\sqrt{n} - \frac{1}{4} - \frac{1}{2}\ln \pi \\ &- \frac{4}{3}x^3/n + 2x/\sqrt{n} + \frac{1}{3}/\sqrt{n} - \frac{4}{3}x^4/n\sqrt{n} + O(n^{5\epsilon-3/4})\Big). \end{aligned} \tag{46}$$

x를 (45)의 범위로 제한하는 것이 유용한 이유를 보자. $x=\pm n^{\epsilon+1/4}$으로 둠으로써 모든 소거된 항들에 대한 상계, 즉

$$e^{-2n^{2\epsilon}}\exp\Big(\frac{1}{2}n\ln n - \frac{1}{2}n + \sqrt{n} - \frac{1}{4}\ln n - \frac{1}{4} - \frac{1}{2}\ln \pi + O(n^{3\epsilon-1/4})\Big) \tag{47}$$

을 얻을 수 있다. 그리고 여기에 n을 곱함으로써 제외된 항들의 합에 대한 상계를 얻을 수 있다. 임의의 n의 다항식보다 훨씬 작은 인수 $\exp(-2n^{2\epsilon})$ 때문에, 상계의 규모는 제한된 범위 (45)의 x에 대해 계산할 항들의 규모보다 작다.

합에서 인수

$$\exp\Big(\frac{1}{2}n\ln n - \frac{1}{2}n + \sqrt{n} - \frac{1}{4}\ln n - \frac{1}{4} - \frac{1}{2}\ln \pi + \frac{1}{3}/\sqrt{n}\Big) \tag{48}$$

을 제거할 수 있음은 명백하다. 그러면

$$\exp(-2x^2/\sqrt{n}-\frac{4}{3}x^3/n+2x/\sqrt{n}-\frac{4}{3}x^4/n\sqrt{n}+O(n^{5\epsilon-3/4}))$$
$$=\exp\left(\frac{-2x^2}{\sqrt{n}}\right)\left(1-\frac{4}{3}\frac{x^3}{n}+\frac{8}{9}\frac{x^6}{n^2}\right)\left(1+2\frac{x}{\sqrt{n}}+2\frac{x^2}{n}\right)$$
$$\times\left(1-\frac{4}{3}\frac{x^4}{n\sqrt{n}}\right)(1+O(n^{9\epsilon-3/4})) \qquad (49)$$

을 구간 $x=\alpha, \alpha+1, \ldots, \beta-2, \beta-1$에 대해 합산하기만 하면 된다. 여기서 $-\alpha$와 β는 근사적으로 $n^{\epsilon+1/4}$과 같다(그리고 반드시 정수이어야 하는 것은 아니다.) 오일러의 합 공식, 즉 식 1.2.11.2-(10)의 합 구간을 적절히 이동시켜서 다음과 같은 공식을 만들 수 있다.

$$\sum_{\alpha\le x<\beta}f(x)=\int_\alpha^\beta f(x)\,dx-\frac{1}{2}f(x)\Big|_\alpha^\beta$$
$$+\frac{1}{2}B_2\frac{f'(x)}{1!}\Big|_\alpha^\beta+\cdots+\frac{1}{m+1}B_{m+1}\frac{f^{(m)}(x)}{m!}\Big|_\alpha^\beta+R_{m+1} \qquad (50)$$

여기서 $|R_m|\le(4/(2\pi)^m)\int_\alpha^\beta|f^{(m)}(x)|\,dx$이다. t가 고정된 음이 아닌 정수라 할 때 $f(x)=x^t\exp(-2x^2/\sqrt{n})$로 둔다면 오일러의 합 공식은 $\sum f(x)$의 $n\to\infty$에 따른 점근 급수가 된다. 이는

$$f^{(m)}(x)=n^{(t-m)/4}g^{(m)}(n^{-1/4}x), \qquad g(y)=y^te^{-2y^2} \qquad (51)$$

이며 $g(y)$가 n과는 독립적인, 좋은 습성을 가진 함수이기 때문이다. 도함수 $g^{(m)}(y)$는 e^{-2y^2} 곱하기 y의 한 다항식이며, 따라서 $R_m=O(n^{(t+1-m)/4})\int_{-\infty}^{+\infty}|g^{(m)}(y)|\,dy=O(n^{(t+1-m)/4})$이다. 더 나아가서, 만일 (50)의 우변에서 α와 β를 $-\infty$와 $+\infty$로 치환한다면, 각 항의 오차는 최대 $O(\exp(-2n^{2\epsilon}))$이 된다. 즉,

$$\sum_{\alpha\le x<\beta}f(x)=\int_{-\infty}^{\infty}f(x)\,dx+O(n^{-m}), \qquad \text{모든 } m\ge 0\text{에 대해} \qquad (52)$$

이다. 이 특정한 $f(x)$에 한한다면 여기서 의미가 있는 것은 적분뿐이다. 적분을 평가하는 것은 어렵지 않으므로(연습문제 26 참고), 공식 (49)를 통분하고 더해서 $\sqrt{\pi/2}\,(n^{1/4}-\frac{1}{24}n^{-1/4}+O(n^{-1/2}))$을 얻을 수 있다. 그러면

$$t_n=\frac{1}{\sqrt{2}}n^{n/2}e^{-n/2+\sqrt{n}-1/4}(1+\frac{7}{24}n^{-1/2}+O(n^{-3/4})) \qquad (53)$$

이다. 여기서 실제로는 O 항들의 지수가 추가적인 9ϵ을 가져야 하나, 우리의 조작 방식으로 볼 때 중간 계산들에서 더 높은 정확도로 계산을 수행했다면 이 9ϵ이 사라졌을 것임이 명백하다. 원칙적으로는 우리가 사용한 방법을 임의의 k에 대해 $O(n^{-3/4})$이 아니라 $O(n^{-k})$이 나오도록 확장할 수도 있었다. t_n에 대한 이러한 점근 급수는 모세르Moser와 와이먼Wyman이 *Canadian J. Math.*

7 (1955), 159–168에서 처음으로(다른 방법을 이용해서) 구했다.

(53)을 유도하는 데 사용한 방법은 점근 분석에 대단히 유용한 기법으로, 라플라스P. S. Laplace가 소개한 것이다 〔*Mémoires Acad. Sci.* (Paris, 1782), 1–88〕. *CMath*, §9.4는 이 기법을 "trading tails(꼬리 맞바꾸기)"라는 이름 하에서 논의한다. 꼬리 맞바꾸기의 추가적인 예들과 확장들에 대해서는 5.2.2절의 결론부를 보라.

연습문제

1. 〔*16*〕 정리 A의 구축법 하에서, 두 줄 배열

$$\begin{pmatrix} 1 & 2 & 3 & 4 & 5 & 6 & 7 & 8 & 9 \\ 6 & 4 & 9 & 5 & 7 & 1 & 2 & 8 & 3 \end{pmatrix},$$

에 대응하는 타블로쌍 (P, Q)는 무엇인가? 두 타블로

$$P = \begin{array}{|c|c|c|} \hline 1 & 4 & 7 \\ \hline 2 & 8 \\ \cline{1-2} 5 & 9 \\ \cline{1-2} \end{array}\,, \qquad Q = \begin{array}{|c|c|c|} \hline 1 & 3 & 7 \\ \hline 4 & 5 \\ \cline{1-2} 8 & 9 \\ \cline{1-2} \end{array}$$

에 대응하는 두 줄 배열은 무엇인가?

2. 〔*M21*〕 오직 t가 색인들 $i_1, \ldots, i_t$ 중

$$p_{i_1} < p_{i_2} < \cdots < p_{i_t} = p, \qquad q_{i_1} < q_{i_2} < \cdots < q_{i_t} = q$$

를 만족하는 가장 큰 수일 때에만 (q, p)가 (16)에 의거해서 부류 t에 속함을 증명하라.

▶ **3.** 〔*M24*〕 정리 A의 증명에서 정의한 대응관계를, 다음과 같은 표를 구축해서도 만들어낼 수 있음을 보여라:

줄 0	1	3	5	6	8
줄 1	7	2	9	5	3
줄 2	∞	7	∞	9	5
줄 3		∞		∞	7
줄 4					∞

여기서 줄 0과 1은 주어진 두 줄 배열로 구성된 것이다. 그리고 $k \geq 1$에 내해, 줄 $k+1$은 줄 k로부터 다음과 같은 절차로 만들어진다.

a) $p \leftarrow \infty$로 설정한다.

b) 줄 k에서는 정수 $< p$를 담고 있으나 줄 $k+1$에서는 비어 있는 제일 왼쪽의 열을 j라고 하자. 만일 그런 열이 존재하지 않으며 $p = \infty$라면, 줄 $k+1$은 완성된 것이다. 그런 열들이 존재하지 않으며 $p < \infty$이면 (a)로 돌아간다.

c) 줄 $k+1$의 열 j에 p를 넣는다. 그런 다음 p를 줄 k의 열 j의 성분과 같게 설정하고 (b)로 돌아간다.

이런 방식으로 표를 만들고 나면, P의 행 k는 표의 줄 k에만 있고 줄 $(k+1)$에는 없는 정수들로 구성된다. Q의 행 k는 줄 $k+1$에서 ∞를 담은 열들에 해당하는 줄 k의 정수들로 구성된다.

▶ **4.** [*M30*] $a_1 \ldots a_{j-1} a_j \ldots a_n$이 서로 다른 원소들의 한 순열이라고 하자. 그리고 $1 < j \le n$라고 가정하자. 원소 a_{j-1}과 a_j를 맞바꾸어 얻은 순열 $a_1 \ldots a_{j-2}\, a_j\, a_{j-1}\, a_{j+1} \ldots a_n$이 두 조건

i) $j \ge 3$이고 a_{j-2}가 a_{j-1}과 a_j 사이에 놓임, 또는

ii) $j < n$이고 a_{j+1}이 a_{j-1}과 a_j 사이에 놓임

중 하나를 만족할 때, 그러한 맞바꿈을 가리켜 "허용가능(admissible)"이라고 부르기로 하자. 예를 들어 순열 1 5 4 6 8 3 7에 허용가능한 맞바꿈들은 정확히 세 가지이다. $1 < 4 < 5$이므로 1과 5를 맞바꿀 수 있으며, $3 < 6 < 8$이므로(또는 $3 < 7 < 8$이므로) 8과 3을 맞바꿀 수 있다. 그러나 5와 4를 맞바꾸거나 3과 7을 맞바꿀 수는 없다.

a) 허용가능 맞바꿈을 적용한다고 해도, 빈 타블로에 순열의 원소 $a_1, a_2, \ldots, a_n$을 연달아 삽입해서 만든 타블로 P는 변하지 않음을 증명하라.

b) 반대로, 동일한 타블로 P를 가지는 임의의 두 순열들에 하나 이상의 허용가능 맞바꿈들을 적용함으로서 각각 상대방으로 변환할 수 있음을 증명하라. [힌트: P의 모양이 $(n_1, n_2, \ldots, n_m)$이라고 할 때, P에 대응하는 임의의 순열에 일련의 허용가능 맞바꿈들을 적용함으로써 그것을 "표준 순열" $P_{m1} \ldots P_{mn_m} \ldots P_{21} \ldots P_{2n_2} P_{11} \ldots P_{1n_1}$로 변환할 수 있음을 보일 것.]

▶ **5.** [*M22*] P가 순열 $a_1 a_2 \ldots a_n$에 대응하는 타블로라고 하자. 연습문제 4를 이용하여, P^T가 $a_n \ldots a_2 a_1$에 대응하는 타블로임을 증명하라.

6. [*M26*] (쉬첸베르거M. P. Schützenberger.) π가 k개의 고정점을 가진 한 대합이라고 하자. 정리 B의 보조정리의 증명에 나온 방식으로 π에 대응하는 타블로에서 길이가 홀수인 열들이 정확히 k개임을 증명하라.

7. [*M20*] (셴스테드C. Schensted.) P가 순열 $a_1 a_2 \ldots a_n$에 대응하는 타블로라고 하자. P의 열들의 개수가, $i_1 < i_2 < \cdots < i_c$를 만족하는 증가 부분수열 $a_{i_1} < a_{i_2} < \cdots < a_{i_c}$들 중 가장 긴 것의 길이 c임을 증명하라. P의 행들의 개수가, $j_1 < j_2 < \cdots < j_r$를 만족하는 감소 부분수열 $a_{j_1} > a_{j_2} > \cdots > a_{j_r}$들 중 가장 긴 것의 길이 r임을 증명하라.

8. [*M18*] (에르되시P. Erdős, 세케레시G. Szekeres.) n^2개를 넘는 원소들을 담은 임의의 순열이 길이가 n보다 큰 단조 부분수열 하나를 가짐을, 그러나 길이가 n보다 큰 단조 부분수열이 전혀 없는 원소 n^2개의 순열들이 존재함을 증명하라. [힌트: 연습문제 7을 참고할 것.]

9. [*M24*] 연습문제 8을 계속 이어서, $\{1, 2, \ldots, n^2\}$의 순열들 중 길이가 n보다 큰 단조 부분수열이 전혀 없는 것들의 정확한 개수에 대한 "간단한" 공식을 구하라.

10. [*M20*] P가 원래 타블로였다고 할 때, 알고리즘 S가 종료된 후에도 P가 타블로임을 증명하라.

11. 〔*20*〕 알고리즘 S가 종료된 후 r과 s의 값들만 주어졌다고 할 때, P를 원래 상태로 되돌리는 것이 가능할까?

12. 〔*M24*〕 모양이 $(n_1, n_2, \dots, n_m)$인 타블로 P의 모든 원소가 삭제될 때까지 알고리즘 S를 반복 적용했다고 할 때 단계 S3의 수행 횟수는 몇인가? $n_1 + n_2 + \cdots + n_m = n$인 모든 모양에 대한 이 횟수의 최소값은 무엇인가?

13. 〔*M28*〕 정리 C를 증명하라.

14. 〔*M43*〕 정리 D의 (c)에 대한 좀 더 직접적인 증명을 찾아라.

15. 〔*M20*〕 중복집합 $\{l \cdot a, m \cdot b, n \cdot c\}$의 순열들 중, 순열을 왼쪽에서 오른쪽으로 읽어 나갈 때 c들의 개수가 b들의 개수를 결코 넘지 않으며 b들의 개수가 a들의 개수를 결코 넘지 않는다는 성질을 만족하는 순열들은 몇 개일까? (예를 들어 $a\,a\,b\,c\,a\,b\,b\,c\,a\,c\,a$가 그러한 순열이다.)

16. 〔*M08*〕 (39)에 해당하는 부분순서를 위상정렬하는 방법은 몇 가지인가?

17. 〔*HM25*〕

$$g(x_1, x_2, \dots, x_n; y) = x_1 \Delta(x_1 + y, x_2, \dots, x_n) + x_2 \Delta(x_1, x_2 + y, \dots, x_n) + \cdots + x_n \Delta(x_1, x_2, \dots, x_n + y)$$

라고 하자. 다음을 증명하라.

$$g(x_1, x_2, \dots, x_n; y) = \left(x_1 + x_2 + \cdots + x_n + \binom{n}{2} y\right) \Delta(x_1, x_2, \dots, x_n).$$

〔힌트: 다항식 g는 동차(모든 항이 같은 총 차수를 가짐)이다. 그리고 g는 x들에서 비대칭이다(x_i와 x_j를 맞바꾸면 g의 부호가 변한다).〕

18. 〔*HM30*〕 연습문제 17을 일반화해서, $m \geq 0$일 때의 합

$$x_1^m \Delta(x_1 + y, x_2, \dots, x_n) + x_2^m \Delta(x_1, x_2 + y, \dots, x_n) + \cdots + x_n^m \Delta(x_1, x_2, \dots, x_n + y)$$

를 평가하라.

19. 〔*M40*〕 타블로와 비슷하나 행 1의 왼쪽에서 상자 두 개가 제거된 형태의 배열을 채우는 방법의 수에 대한 공식을 구하라. 다음은 그러한 배열 모양의 예이다:

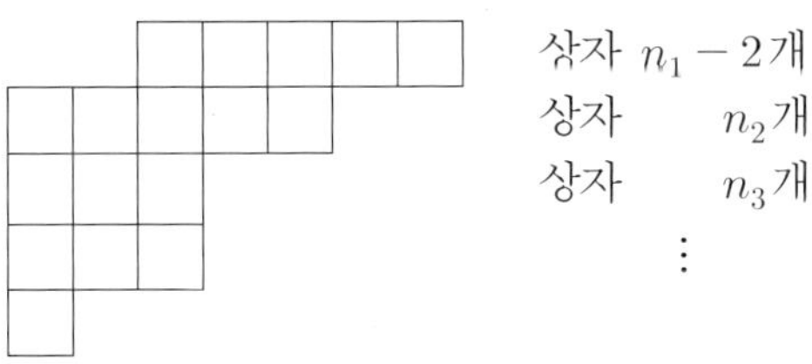

(행들과 열들은 보통의 타블로처럼 증가 순으로 되어 있다.)

다른 말로 하면, 원소 $\{1, 2, \dots, n_1 + \cdots + n_m\}$에 대한 모양 $(n_1, n_2, \dots, n_m)$의 타블로들 중 첫 행에 원소 1과 2가 모두 있는 것은 몇 개인가?

▸ **20.** [*M24*] 원소 $\{1, 2, \ldots, n\}$으로 된 주어진 트리의 노드들에 번호를 붙이되 각 노드의 번호가 그 후손들의 번호보다 더 작도록 번호를 붙이는 방법의 수가 $n!$을 그 하위트리 크기(하위트리의 노드 개수)들의 곱으로 나눈 것임을 증명하라. 예를 들어 트리

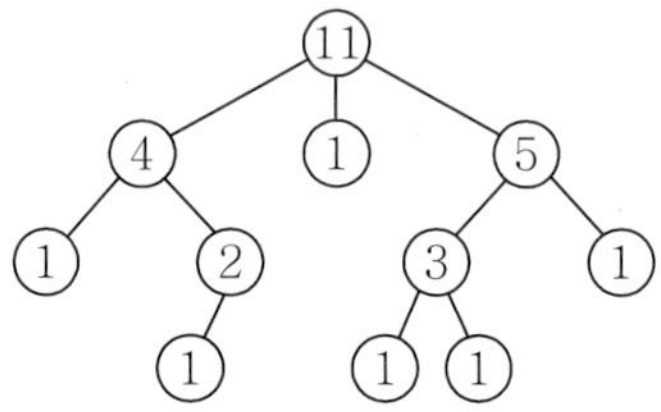

의 노드들에 그런 식으로 번호를 붙이는 방법은 $11!/11\cdot4\cdot1\cdot5\cdot1\cdot2\cdot3\cdot1\cdot1\cdot1\cdot1=10\cdot9\cdot8\cdot7\cdot6$가지이다. (이를 정리 H와 비교해 볼 것.)

21. [*HM31*] (스롤R. M. Thrall.) $n_1 > n_2 > \cdots > n_m$이 "자리이동된 타블로(shifted tableau)", 즉 행 $i+1$이 행 i보다 한 자리 오른쪽에서 시작하는 타블로를 지정한다고 하자. 예를 들어 모양 $(7, 5, 4, 1)$의 자리이동된 타블로는 다음과 같은 형태이다.

12	11	8	7	5	4	1
	9	6	5	3	2	
		5	4	2	1	
			1			

정수 $1, 2, \ldots, n = n_1 + n_2 + \cdots + n_m$을 모양 $(n_1, n_2, \ldots, n_m)$의 자리이동된 타블로에 집어넣되, 행들과 열들이 증가하는 순서가 되도록 하는 방법의 수가 $n!$을 "일반화된 갈고리 길이"들의 곱으로 나눈 것임을 증명하라. 위의 그림에서 그림자가 진 부분은 1행 2열의 칸에 해당하는 길이가 11인 일반화된 갈고리이다. (배열 제일 왼쪽의 "뒤집힌 계단" 부분의 갈고리들은 L자 형태가 아니라 U자가 90°로 회전된 형태이다.) 따라서 행들과 열들을 증가하는 순서로 모양에 채우는 방법은

$$17!/(12\cdot11\cdot8\cdot7\cdot5\cdot4\cdot1\cdot9\cdot6\cdot5\cdot3\cdot2\cdot5\cdot4\cdot2\cdot1\cdot1)$$

가지이다.

22. [*M39*] 모양 $(n_1, n_2, \ldots, n_m)$의 배열에 집합 $\{1, 2, \ldots, N\}$의 원소들을 중복을 허용해서 채워 넣되, 행들은 비감소 순서, 열들은 순증가 순서로 채워 넣는 방법은 몇 가지인가? 예를 들어 단순한 m행 모양 $(1, 1, \ldots, 1)$은 $\binom{N}{m}$가지 방법으로 채워 넣을 수 있고, 한 행짜리 모양 (m)을 채우는 방법은 $\binom{m+N-1}{m}$가지, 작은 정방형 모양 $(2, 2)$는 $\frac{1}{3}\binom{N+1}{2}\binom{N}{2}$가지이다.

▸ **23.** [*HM30*] (앙드레D. André.) 수 $\{1, 2, \ldots, n\}$을 n개의 칸들의 배열

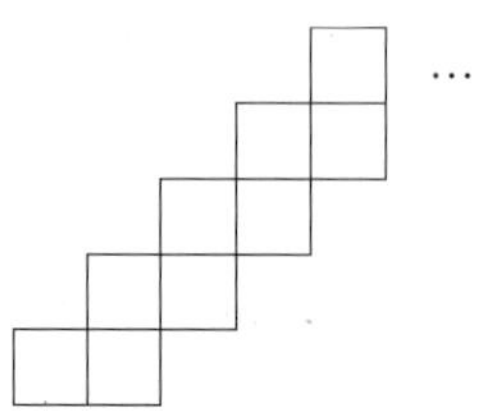

에 채워 넣되 행들과 열들이 증가하는 순서로 채워 넣는 방법의 수는 몇 가지인가? 그리고 그 수를 E_n이라고 할 때 생성함수 $g(z) = \sum E_n z^n / n!$을 구하라.

24. [*M28*] 다음을 증명하라.

$$\sum_{\substack{q_1 + \cdots + q_n = t \\ 0 \le q_1, \ldots, q_n \le m}} \binom{m}{q_1} \cdots \binom{m}{q_n} \Delta(q_1, \ldots, q_n)^2$$

$$= n! \binom{nm - (n^2 - n)}{t - \frac{1}{2}(n^2 - n)} \binom{m}{n-1} \binom{m}{n-2} \cdots \binom{m}{0} \Delta(n-1, \ldots, 0)^2.$$

[힌트: $\Delta(k_1 + n - 1, \ldots, k_n) = \Delta(m - k_n + n - 1, \ldots, m - k_1)$임을 증명하라. $n \times (m - n + 1)$ 타블로를 (38)과 비슷한 방식으로 분해하고, 그 합을 (36)의 유도에서처럼 조작해 볼 것.]

25. [*M20*] (42)가 대합들의 생성함수인 이유는 무엇일까?

26. [*HM21*] t가 음이 아닌 정수일 때 $\int_{-\infty}^{\infty} x^t \exp(-2x^2/\sqrt{n})\, dx$를 평가하라.

27. [*M24*] Q가 $\{1, 2, \ldots, n\}$에 대한 영 타블로라고 하자. 그리고 원소 i가 행 r_i, 열 c_i에 있다고 하자. 또 $r_i < r_j$일 때 i가 j "위(above)"라고 칭하기로 하자.

a) $1 \le i < n$에 대해, 오직 $c_i \ge c_{i+1}$일 때에만 i가 $i+1$의 위임을 증명하라.

b) (P, Q)가 순열

$$\begin{pmatrix} 1 & 2 & \ldots & n \\ a_1 & a_2 & \ldots & a_n \end{pmatrix}$$

에 대응함을 만족하는 Q가 주어졌을 때, 오직 $a_i > a_{i+1}$일 때에만 i가 $i+1$의 위임을 증명하라. (따라서 Q만 알아도 순열의 연속열들의 개수를 결정할 수 있다. 이 결과는 쉬첸베르거M. P. Schützenberger에서 기인한 것이다.)

c) $1 \le i < n$에 대해, 오직 Q^S에서 $i+1$이 i의 위일 때에만 Q에서 i가 $i+1$의 위임을 증명하라.

28. [*M43*] $\{1, 2, \ldots, n\}$의 한 무작위 순열의 가장 긴 증가 부분수열의 평균 길이가 점근적으로 $2\sqrt{n}$임을 증명하라. (이 평균 길이는 정리 A의 대응관계에서 행 1의 평균 길이이다.)

29. [*HM25*] 원소가 n개인 한 무작위 순열에 길이가 $\ge l$인 증가 부분수열 하나가 존재할 확률이 $\le \binom{n}{l} / l!$임을 증명하라. 이 확률은 $l = e\sqrt{n} + O(1)$일 때에는 $O(1/\sqrt{n})$이고 $l = 3\sqrt{n}$, $c = 6\ln 3 - 6$일 때에는 $O(\exp(-c\sqrt{n}))$이다.

30. [*M41*] (쉬첸베르거M. P. Schützenberger.) P에서 P^S로 가는 연산이 단지 타블로뿐만이 아니라 임의의 유한 부분순서 집합과 연관해서 적용할 수 있는 다음과 같은 연산의 한 특별한 경우임을 보여라: 부분순서를 가진 집합의 원소들에 정수 $\{1, 2, \ldots, n\}$을 번호로 부여하되, 번호들 역시 부분순서와 일치하도록 부여한다. 알고리즘 S와 비슷한 방식으로 번호 1, 2, ...을 계속 지워 나가면서 다른 번호들은 적절히 이동하고 빈자리에는 *1*, *2*, ...를 채워서, (26)에 비견할 수 있는 쌍대 번호 구성을 구한다. 이러한 연산을 쌍대 번호 구성에 번호들의 역순으로 반복했을 때 원래의 번호 구성이 나오게 됨을

보여라. 그리고 이 연산의 다른 성질들도 탐구하라.

31. 〔*HM30*〕 x_n이 n개의 서로 공격하지 않는 루크들을 $n \times n$ 체스 판에 배치하는 방법의 수라고 하자. 이 때 각 배치는 두 대각선 모두에 대해 반사시켜도 변하지 않아야 한다. 따라서 $x_4 = 6$이다. (대합들은 오직 하나의 대각선에만 대칭이면 된다. 연습문제 5.1.3-19는 이와 관련된 문제를 고찰한다.) x_n의 점근적 습성을 구하라.

32. 〔*HM21*〕 X가 평균이 1이고 분산이 1인 정규편이라고 할 때, 대합 개수 t_n이 X^n의 기댓값임을 증명하라.

33. 〔*M25*〕 (미첼O. H. Mitchell, 1881.) 참 또는 거짓을 밝혀라: $\Delta(a_1, a_2, \ldots, a_m) / \Delta(1, 2, \ldots, m)$은 $a_1, a_2, \ldots, a_m$이 정수들일 때 정수이다.

34. 〔*25*〕 (나카야마T. Nakayama, 1940.) 어떤 한 타블로 모양에 길이가 ab인 갈고리가 하나 있다면, 길이가 a인 갈고리도 존재함을 증명하라.

▸ **35.** 〔*30*〕 (힐먼A. P. Hillman, 그래슬R. M. Grassl, 1976.) $\sum p_{ij} = m$이고

$$1 \le i \le n_1',\ 1 \le j \le n_1 \text{에 대해} \qquad p_{i1} \ge \cdots \ge p_{in_i}, \qquad p_{1j} \ge \cdots \ge p_{n_j'j}$$

인 음이 아닌 정수 p_{ij}들을 하나의 타블로 모양에 채워 넣되 타블로의 행 i에 n_i'개의 칸들이 있고 열 j에 n_j'개의 칸들이 있도록 채워 넣는 것을 가리켜 m의 평면 분할(plane partition)이라고 부른다. 그리고

$$1 \le i \le n_1',\ 1 \le j \le n_1 \text{에 대해} \qquad p_{i1} \le \cdots \le p_{in_i}, \qquad p_{1j} \le \cdots \le p_{n_j'j}$$

를 만족하는 음이 아닌 정수 p_{ij}들을 채워 넣는 것은 역 평면 분할(reverse plane partition)이라고 부른다. 다음은 주어진 모양의 역 평면 분할로부터 같은 모양을 가진 또 다른 수 q_{ij}들의 배열을 구축하는 알고리즘이다.

G1. 〔초기화.〕 $1 \le j \le n_{i,}$ $1 \le i \le n_1'$에 대해 $q_{ij} \leftarrow 0$으로 설정한다. 그런 다음 $j \leftarrow 1$로 설정한다.

G2. 〔0이 아닌 칸을 찾는다.〕 만일 $p_{n_j'j} > 0$이면 $i \leftarrow n_j'$, $k \leftarrow j$로 설정하고 단계 G3으로 간다. 그렇지 않고 만일 $j < n_1$이면 j를 1 증가하고 이 단계를 반복한다. 그렇지 않으면 멈춘다(p 배열은 이제 0이다).

G3. 〔p를 감소.〕 p_{ik}를 1 감소한다.

G4. 〔위 또는 오른쪽으로 이동.〕 만일 $i > 1$이고 $p_{(i-1)k} > p_{ik}$이면 i를 1 감소하고 단계 G3으로 돌아간다. 그렇지 않고 $k < n_i$이면 k를 1 증가하고 G3으로 돌아간다.

G5. 〔q를 증가.〕 q_{ij}를 1 증가하고 G2로 돌아간다. ▌

이러한 구축법이 m의 역 평면 분할들과 다음 방정식

$$m = \sum h_{ij} q_{ij}$$

(여기서 수 h_{ij}들은 해당 모양의 갈고리 길이들이다)의 해들 사이에 일대일 대응관계를 정의함을, q들로부터 p들을 다시 계산하는 알고리즘을 설계함으로써 증명하라.

36. [*HM27*] (스탠리R. P. Stanley, 1971.) (a) 주어진 모양에서의 m의 역 평면 분할들의 개수가 $[z^m]\,1/\prod(1-z^{h_{ij}})$임을 증명하라. 여기서 수 h_{ij}들은 그 모양의 갈고리 길이들이다. (b) 이 결과로부터 정리 H를 유도하라. [힌트: $m\to\infty$에 따른 점근적인 분할 개수는 무엇인가?]

37. [*M20*] (매크매온P. A. MacMahon, 1912.) 모든 평면 분할에 대한 생성함수는 무엇인가? (타블로 모양에 한계가 없을 때, z^m의 계수는 m의 분할 평면들 전부의 개수이어야 한다.)

▶ **38.** [*M30*] (그린Greene, 네이엔하위스Nijenhuis, 윌프Wilf, 1979.) 임의의 주어진 타블로 모양의 각 칸 T마다, 칸에서 그 칸의 갈고리의 다른 칸들로 이어지는 호들을 추가함으로써 유향 비순환 그래프를 구축할 수 있다. 그러면 칸 (i,j)의 외차수는 $d_{ij}=h_{ij}-1$이 된다. 여기서 h_{ij}는 갈고리 길이이다. 이 유향그래프에서, 무작위로 출발 칸 (i,j)를 선택하고, 거기서 무작위로 호를 하나 택하고, 그 호에 연결된 칸에서 다시 호를 무작위로 선택하는 식으로 나아가다가 나가는 호가 없는 모서리 칸에 도착하면 멈춘다. 그러면 하나의 무작위 경로가 만들어진다. 각각의 무작위 선택은 균등하게 이루어진다고 가정한다.

a) (a,b)가 T의 한 모서리 칸이라고 하자. 그리고 $I=\{i_0,\ldots,i_k\}$와 $J=\{j_0,\ldots,j_l\}$이 $i_0<\cdots<i_k=a$이고 $j_0<\cdots<j_l=b$인 행들과 열들의 집합이라고 하자. 유향그래프는 행 집합과 열 집합이 각각 I와 J인 경로 $\binom{k+l}{k}$개를 가진다. 앞에서 말한 무작위 경로가 그 경로들 중 하나일 확률이 $P(I,J)$라고 하자. $n=|T|$라 할 때 $P(I,J)=1/(n\,d_{i_0b}\cdots d_{i_{k-1}b}\,d_{aj_0}\cdots d_{aj_{l-1}})$임을 증명하라.

b) $f(T)=n!/\prod h_{ij}$라고 하자. 무작위 경로가 모서리 (a,b)에서 끝날 확률이 $f(T\setminus\{(a,b)\})/f(T)$임을 증명하라.

c) (b)의 결과가 정리 H를 증명하며, 또한 모양 T의 한 무작위($f(T)$개의 타블로들 모두가 동일 확률이라 할 때) 타블로를 생성하는 방법도 제시함을 증명하라.

39. [*M38*] (파크I. M. Pak, 스토야노프스키A. V. Stoyanovskii, 1992.) P가 정수 $\{1,\ldots,n\}$의 임의의 순열로 채워진, 모양 $(n_1,\ldots,n_m)$의 배열이라고 하자. 여기서 $n=n_1+\cdots+n_m$이다. 다음은 5.2.3절의 "뽑아올리기" 알고리즘에 비견될 수 있는, P를 하나의 타블로로 변환하는 데 사용할 수 있는 절차이다. 이 절차는 또한 같은 모양의 배열 Q도 정의하며, 그 배열은 정리 H의 조합적 증명을 제공하는 데 사용할 수 있다.

P1. [(i,j)에 대해 반복.] 단계 P2와 P3을 배열의 모든 칸 (i,j)에 대해 역 사전식 순서로(즉, 아래에서 위로, 각 행에서는 오른쪽에서 왼쪽으로) 수행한다. 그런 다음에는 절차를 끝낸다.

P2. [P를 (i,j)에 고정.] $K\leftarrow P_{ij}$로 설정하고 알고리즘 S′(아래에 나온다)를 수행한다.

P3. [Q를 조정.] $j\le k<s$에 대해 $Q_{ik}\leftarrow Q_{i(k+1)}+1$로 설정하고, $Q_{is}\leftarrow i-r$로 설정한다. ▌

다음이 알고리즘 S′인데, 단계 S1과 S2가 약간 일반화되었다는 점만 제외하면 쉬첸베르거의 알고리즘 S와 같다.

단계 S1′. [초기화.] $r \leftarrow i,\ s \leftarrow j$로 설정한다.

단계 S2′. [끝인가?] 만일 $K \lesssim P_{(r+1)s}$이고 $K \lesssim P_{r(s+1)}$이면 $P_{rs} \leftarrow K$로 설정하고 끝낸다.

(본질적으로 알고리즘 S는 $i=1,\ j=1,\ K=\infty$인 특별한 경우이다.)

예를 들어, 알고리즘 P는 모양 $(3,3,2)$의 한 특정한 배열을 다음과 같은 방식으로 정돈한다. 이들은 단계 P2의 시작에서의 배열 P와 Q의 내용들이다. 굵은 글씨는 P_{ij}를 나타낸다.

$$P = \begin{array}{|c|c|c|}\hline 7&8&5\\\hline 1&6&4\\\hline 3&\mathbf{2}\\\cline{1-2}\end{array}\quad \begin{array}{|c|c|c|}\hline 7&8&5\\\hline 1&6&4\\\hline \mathbf{3}&2\\\cline{1-2}\end{array}\quad \begin{array}{|c|c|c|}\hline 7&8&5\\\hline 1&6&\mathbf{4}\\\hline 2&3\\\cline{1-2}\end{array}\quad \begin{array}{|c|c|c|}\hline 7&8&5\\\hline 1&\mathbf{6}&4\\\hline 2&3\\\cline{1-2}\end{array}\quad \begin{array}{|c|c|c|}\hline 7&8&5\\\hline \mathbf{1}&3&4\\\hline 2&6\\\cline{1-2}\end{array}\quad \begin{array}{|c|c|c|}\hline 7&8&\mathbf{5}\\\hline 1&3&4\\\hline 2&6\\\cline{1-2}\end{array}\quad \begin{array}{|c|c|c|}\hline 7&\mathbf{8}&4\\\hline 1&3&5\\\hline 2&6\\\cline{1-2}\end{array}\quad \begin{array}{|c|c|c|}\hline \mathbf{7}&3&4\\\hline 1&5&8\\\hline 2&6\\\cline{1-2}\end{array}$$

$$Q = \begin{array}{|c|c|c|}\hline \ &\ &\ \\\hline \ &\ &\ \\\hline \ &\ \\\cline{1-2}\end{array}\quad \begin{array}{|c|c|c|}\hline \ &\ &\ \\\hline \ &\ &\ \\\hline \ &0\\\cline{1-2}\end{array}\quad \begin{array}{|c|c|c|}\hline \ &\ &\ \\\hline \ &\ &\ \\\hline 1&0\\\cline{1-2}\end{array}\quad \begin{array}{|c|c|c|}\hline \ &\ &\ \\\hline \ &\ &0\\\hline 1&0\\\cline{1-2}\end{array}\quad \begin{array}{|c|c|c|}\hline \ &\ &\ \\\hline \ &-1&0\\\hline 1&0\\\cline{1-2}\end{array}\quad \begin{array}{|c|c|c|}\hline \ &\ &\ \\\hline 0&-1&0\\\hline 1&0\\\cline{1-2}\end{array}\quad \begin{array}{|c|c|c|}\hline \ &\ &-1\\\hline 0&-1&0\\\hline 1&0\\\cline{1-2}\end{array}\quad \begin{array}{|c|c|c|}\hline \ &0&-1\\\hline 0&-1&0\\\hline 1&0\\\cline{1-2}\end{array}$$

최종 결과는 다음과 같다.

$$P = \begin{array}{|c|c|c|}\hline 1&3&4\\\hline 2&5&8\\\hline 6&7\\\cline{1-2}\end{array}\,, \qquad Q = \begin{array}{|c|c|c|}\hline 1&-2&-1\\\hline 0&-1&0\\\hline 1&0\\\cline{1-2}\end{array}$$

a) 만일 P가 그냥 하나의 $1\times n$ 배열이면, 알고리즘 P는 그것을 $\begin{array}{|c|c|c|}\hline 1&\cdots&n\\\hline\end{array}$으로 정렬한다. 그런 경우 배열 Q는 어떤 내용을 담는지 설명하라.

b) 위와 같되 P가 $1\times n$이 아니라 $n\times 1$인 경우에 대해 답하라.

c) 일반화해서, b_{ij}가 (i,j) 아래의 칸들의 개수이고 r_{ij}가 오른쪽의 칸들의 개수라고 할 때

$$-b_{ij} \le Q_{ij} \le r_{ij}$$

임을 증명하라. 즉 Q_{ij}로 가능한 값들의 개수는 정확히 h_{ij}, 즉 (i,j)번째 갈고리의 길이이다.

d) 알고리즘 P가 원래의 모양을 채우는 $n!$가지 방법들과 출력 배열 쌍 (P,Q)들(여기서 P는 하나의 타블로이고 Q의 원소들은 (c)의 조건을 만족한다) 사이에 일대일 대응관계를 정의함을 보일 수 있다면 정리 H를 구축적으로 증명하는 것이 가능해진다. 따라서 알고리즘 P의 역을 찾을 필요가 있다. 알고리즘 P가 2×2 배열 $Q=\begin{pmatrix}0&-1\\0&0\end{pmatrix}$을 만들어 낸다고 할 때 애초에 알고리즘 P에 주어진 초기의 순열들은 무엇일까?

e) 알고리즘 P를 적용했을 때 배열

$$P = \begin{array}{|c|c|c|c|c|c|}\hline 1&3&5&7&11&15\\\hline 2&6&8&14\\\cline{1-4} 4&9&13\\\cline{1-3} 10&12\\\cline{1-2} 16\\\cline{1-1}\end{array}\,, \qquad Q = \begin{array}{|c|c|c|c|c|c|}\hline -2&-3&-1&-1&1&0\\\hline 3&-2&-1&0\\\cline{1-4} 0&-1&0\\\cline{1-3} -1&0\\\cline{1-2} 0\\\cline{1-1}\end{array}$$

로 변환되는 초기 순열은 어떤 것인가?

f) P가 하나의 타블로이고 Q가 (c)를 만족하는 배열인 임의의 배열 쌍 (P, Q)가 주어졌을 때 알고리즘 P가 하는 일의 반대의 일을 하는 알고리즘을 설계하라. [힌트: 정점들이 칸 (i, j)들이고 호들이

$$\text{만일 } P_{i(j-1)} > P_{(i-1)j}\text{이면 } (i, j) \to (i, j-1),$$
$$\text{만일 } P_{i(j-1)} < P_{(i-1)j}\text{이면 } (i, j) \to (i-1, j)$$

인 유향 트리를 구축할 것. 부문제 (e)의 배열들이라면 다음과 같은 트리가 된다.

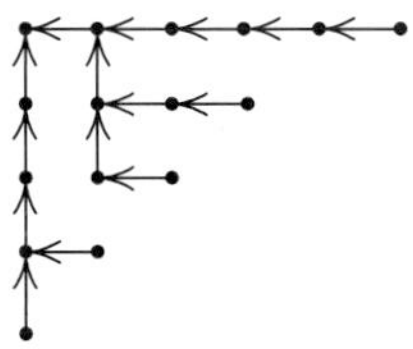

알고리즘 P를 뒤집는 문제의 열쇠는 이 트리의 경로들에 있다.]

40. [*HM43*] 수 $1, 2, \ldots, n$을, 새 수가 배치될 확률이 여러 확률들 중 하나로 선택되는 방식으로(이때 각 확률이 선택될 확률은 모두 동일) 연달아 배치해서 하나의 무작위 영 타블로를 만들었다고 하자. 예를 들어 타블로 (1)은 확률들이 $\frac{1}{1}\cdot\frac{1}{2}\cdot\frac{1}{2}\cdot\frac{1}{3}\cdot\frac{1}{3}\cdot\frac{1}{3}\cdot\frac{1}{4}\cdot\frac{1}{3}\cdot\frac{1}{3}\cdot\frac{1}{4}\cdot\frac{1}{4}\cdot\frac{1}{5}\cdot\frac{1}{4}\cdot\frac{1}{5}\cdot\frac{1}{4}$일 때 만들어 질 수 있다.

이렇게 만든 타블로의 모양이 $(n_1, n_2, \ldots, n_m)$이라 할 때 $m \approx \sqrt{6n}$이고 $0 \le k \le m$에 대해 $\sqrt{k} + \sqrt{n_{k+1}} \approx \sqrt{m}$일 확률이 높음을 증명하라.

41. [*25*] (도서관의 무질서.) 우연히 또는 가끔 도서관에 들리는 이용자들은 책을 잘못된 서가에 꽂곤 한다. 한 라이브러리에 존재하는 무질서의 정도를 측정하는 한 가지 방법은, 모든 책이 올바른 순서로 되돌아가도록, 잘못된 장소에 있는 책을 뽑아서 다른 곳에 끼우는 작업의 최소 횟수를 세는 것이다.

$\pi = a_1 a_2 \ldots a_n$이 $\{1, 2, \ldots, n\}$의 한 순열이라고 하자. "삭제 · 삽입 연산"은 어떤 i와 j에 대해 π를

$$a_1 \ldots a_{i-1}\, a_{i+1} \ldots a_j\, a_i\, a_{j+1} \ldots a_n \qquad \text{또는} \qquad a_1 \ldots a_j\, a_i\, a_{j+1} \ldots a_{i-1}\, a_{i+1} \ldots a_n$$

으로 변경한다. $\operatorname{dis}(\pi)$가 π를 제 순서로 정렬하는 데 필요한 최소의 삽입 · 삭제 연산 횟수라고 하자. $\operatorname{dis}(\pi)$를 π의 좀 더 단순한 특성들로 표현할 수 있을까?

▸ **42.** [*30*] (유전자의 무질서.) 로벨리아 페르벤스(Lobelia fervens)†의 DNA에는 $g_7^R g_1 g_2 g_4 g_5 g_3 g_6^R$의 순서로 유전자들이 배열되어 있다. 여기서 g_7^R은 g_7을 좌우로 뒤집은 것이다. 담배(식물)에서도 같은 유전자들이 나타나나, 순서는 $g_1 g_2 g_3 g_4 g_5 g_6 g_7$이다. $g_1 g_2 g_3 g_4 g_5 g_6 g_7$에서 $g_7^R g_1 g_2 g_4 g_5 g_3 g_6^R$로 가는 데 다섯 번의 부분열 "뒤집기" 연산이 필요함을 보여라. (한 번의 뒤집기는 $\alpha\beta\gamma$를 $\alpha\beta^R\gamma$로 바꾸는 것이다. 여기서 α, β, γ는 기호열들이다.)

---

† [옮긴이 주] 아프리카가 원산지인 화초이다.

43. [35] 연습문제 42를 계속 이어서, $g_1 g_2 \cdots g_n$의 임의의 재배치를 정렬하는 데 최대 $n+1$번의 뒤집기가 필요함을 보여라. 모든 $n > 3$에 대해 실제로 $n+1$회의 뒤집기들이 필요한 예들을 구축하라.

44. [*M37*] 모든 $2^n n!$개의 유전체(genome) 재배치들이 모두 동일 확률이라고 할 때, n개의 유전자들의 한 무작위 재배치를 정렬하는 데 필요한 뒤집기 연산의 평균 횟수가 $n - H_n$보다 큼을 보여라.

5.2. 내부 정렬

그럼 작은 실험 하나로 좋은 "정렬가 정신†"에 대한 논의를 시작해보자. 독자는 다음과 같은 프로그래밍 문제를 어떻게 풀겠는가?

> "메모리 장소 R+1, R+2, R+3, R+4, R+5에 다섯 개의 값들이 들어 있다. 이 수들을 오름차순이 되도록 적절히 재배치하는 컴퓨터 프로그램을 작성하라."

(정렬 방법들에 이미 익숙한 독자라면 잠시 그것들을 모두 잊도록 노력하기 바란다. 어떻게 진행할 것인지에 대한 사전 지식 없이 이 문제를 처음 접한다고 가정할 것.)

더 읽기 전에, 이 문제에 대한 해답을 반드시 만들어 볼 것.

. . . .

이 문제를 해결하는 데 시간을 투자할수록, 이번 장을 계속 읽어 나가기가 더 쉬워질 것이다. 독자의 해답은 아마 다음 종류들 중 하나일 가능성이 크다.

A. 삽입 정렬(insertion sort). 항목들을 한 번에 하나씩 살펴보면서, 각각의 새 항목을 그 때까지 정렬된 항목들에 상대적인 적절한 위치에 삽입한다. (이는 수많은 브릿지 플레이어들이 자신의 손패를 카드 한 장씩 뽑아서 정렬할 때 사용하는 방법이다.)

B. 교환 정렬(exchange sort). 순서가 맞지 않는 두 항목을 발견하면 그들을 맞바꾼다. 더 이상의 교환이 필요 없어질 때까지 이러한 과정을 반복한다.

C. 선택 정렬(selection sort). 우선 가장 작은(또는 가장 큰) 항목을 찾고 그것을 어떤 방식으로든 나머지와 분리시킨다. 그런 다음에는 그 다음으로 작은(또는 큰) 항목을 선택한다. 그런 과정을 반복한다.

D. 열거 정렬(enumeration sort). 각 항목을 다른 모두와 비교한다. 한 항목의 최종 위치는 그 항목의 키보다 작은 키들의 개수에 의해 결정된다.

E. 특수목적 정렬(special-purpose sort). 문제에 언급된 다섯 원소들의 정렬에는 좋지만 더 많은 개수의 항목들로는 쉽게 일반화할 수 없는 어떤 특별한 정렬 방법을 말한다.

F. 게으른 태도. 필자의 제안을 무시하고 문제를 전혀 풀지 않은 독자도 있을 것이다. 안 된 일이지만, 그런 독자는 너무 빨리 나아간 탓에 기회를 놓친 것이다.

G. 새롭고 엄청난 정렬 기법, 즉 알려진 방법들보다 확실히 개선된 어떤 방법. (즉시 필자에게 알려주시길.)

이 문제가 단 다섯 개가 아닌, 이를테면 1000개의 항목들을 정렬하는 것이었다면, 아마도 독자는 이후에 이야기할 좀 더 정교한 기법들 중 어떤 것을 발견했을 수도 있겠다. 어쨌든 새로운 문제를 공략할 때에는 문제를 풀 수 있는 다소 명백한 방법을 찾고 그것을 개선해 보는 것이 현명한 방법일 수 있다. 위의 A, B, C는 거기에 언급된 간단한 착상의 개선에 해당하는 중요한 부류의 정렬 기법들로

---

† [옮긴이 주] 원문은 sortmanship인데, 오다가 아니라면(현재 정오표에는 없음) sportsmanship을 빗댄 것이 아닌가 한다.

이어진다.

정렬을 위해 고안된 기법들은 다종다양한데, 이 책에서는 그들 중 약 25개를 살펴볼 것이다. 25개라고 하면 꽤 많아 보이겠지만, 사실은 지금까지 고안된 정렬 알고리즘들의 일부일 뿐이다. 시대에 뒤떨어진 여러 기법들은 논의하지 않거나 간단하게만 언급하겠다. 그런데 정렬 방법이 그토록 많은 이유는 무엇일까? 컴퓨터 프로그래밍에서 이는 "x의 방법들이 그토록 많은 이유는 무엇일까?"라는 질문의 한 경우일 뿐이다. 여기서 x는 문제들의 집합의 한 원소로, 그 문제에 대한 각 답은 나름의 장, 단점을 가진다. 따라서 자료와 하드웨어의 구성에 따라서는 다른 것보다 나을 수도 있고 못할 수도 있다. 안타깝게도, "최상"이라고 알려진 하나의 정렬 방법은 없다. 어떤 컴퓨터에서 어떤 목적으로 무엇을 정렬할 것인가에 따라 다양한 최상의 방법이 존재할 뿐이다. 키플링Rudyard Kipling의 말을 빌자면, "구전 민요를 분류하는 방법은 육십하고도 아홉 가지가 있으며, 그들 각각은 모두 옳다."

각 정렬 방법의 특성을 배운다면 구체적인 응용에 적합한 방법을 현명하게 선택할 수 있을 것이다. 다행히 25가지나 되는 방법들을 모두 배우는 것이 아주 어려운 일은 아니다. 서로 흥미로운 방식으로 연관되어 있기 때문이다.

이번 장 시작에서 정렬을 연구하는 데 사용할 기본적인 용어와 표기법을 정의했는데, 다시 기억을 되살려 보자. 우리가 하고자 하는 일은 레코드

$$R_1, R_2, \ldots, R_N \qquad (1)$$

을 그 키 $K_1, K_2, \ldots, K_N$에 따라 비감소 순서로 정렬하는 것이며, 이는 본질적으로 다음을 만족하는 하나의 순열 $p(1)p(2)\ldots p(N)$을 찾는 것이다.

$$K_{p(1)} \le K_{p(2)} \le \cdots \le K_{p(N)}. \qquad (2)$$

이번 절에서 살펴볼 것은 정렬할 레코드들이 정렬 공정 전체를 컴퓨터의 고속 메모리 안에서 수행할 수 있을 정도로 적은 경우에 사용하는 내부 정렬이다.

경우에 따라서는 레코드들을 그 키 순서에 따라 메모리 안에 물리적으로 재배치해야 할 때도 있고, 해당 순열을 지정하는 일종의 보조 표를 만드는 것으로 충분할 때도 있다. 만일 레코드들 그리고/또는 키들이 컴퓨터 메모리의 워드들을 상당히 많이 차지한다면, 레코드들을 가리키는 링크 주소들을 담은 새로운 테이블을 만들고, 레코드 자체를 이동시키기보다는 그 링크 주소들을 다루는 것이 더 나은 경우가 많다. 이런 방법을 주소표 정렬(address table sorting)이라고 부른다(그림 6). 키는 짧지만 레코드의 부수 정보는 길다면 키를 링크 주소에 포함시켜서 정렬 속도를 높일 수 있다. 이를 키 정렬(keysorting)이라고 부른다. 또 다른 정렬 방식으로는 보조적인 링크 필드를 각 레코드에 포함시키는 것이 있다. 정렬 공정은 이 링크들을, 최종 결과에서 각 링크가 그 다음 레코드를 가리킴으로써 레코드들이 하나의 직선형 목록을 형성하도록 하는 식으로 조작한다. 이런 방식을 목록 정렬(list sorting)이라고 부른다(그림 7).

주소표나 목록 방법으로 정렬을 수행한 후에는, 필요하다면 레코드들을 증가 순서로 재배치할 수 있다. 연습문제 10과 12는 이를 수행하기 위한 한 방법을 논의하는데, 하나의 레코드를 담는

데 충분한 메모리 공간만 요구한다는 점에서 흥미롭다. 또는 그냥 모든 레코드를 담기에 충분한 새로운 메모리 장소에 레코드들을 옮기는 방법도 있다. 후자의 방법은 보통 전자의 방법보다 두 배 빠르나 메모리 공간은 거의 두 배를 요구한다. 물론 레코드들을 옮길 필요가 아예 없는 응용들도 많다. 정렬된 레코드들에 대한 이후의 모든 처리가 링크 필드들만으로도 가능한 경우가 많기 때문이다.

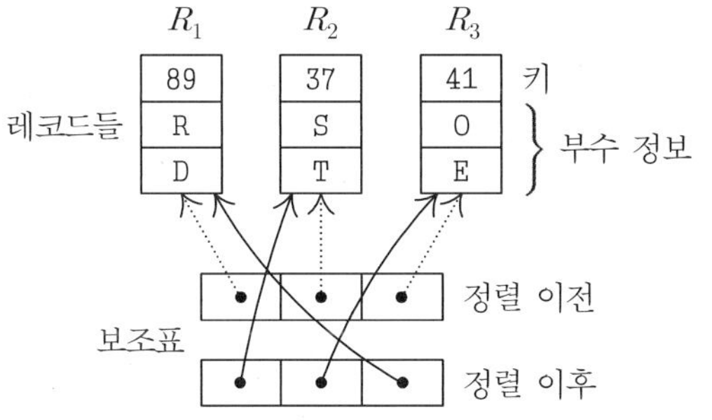

그림 6. 주소표 정렬.

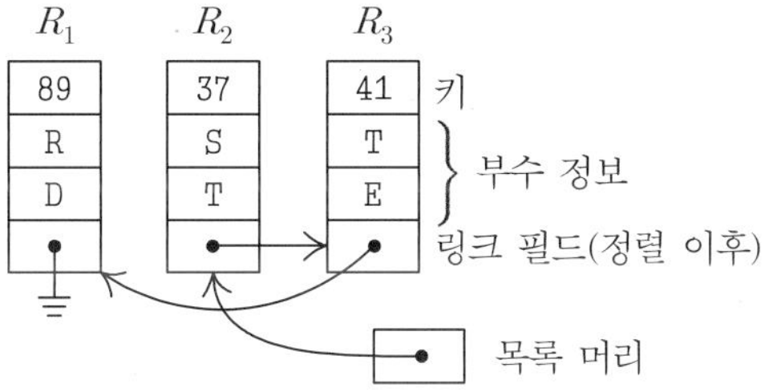

그림 7. 목록 정렬.

이제부터 주요 정렬 방법을 각각 다음 네 가지 수단을 가지고 자세히 설명하겠다.

a) 일상 언어로 서술된 알고리즘.

b) 순서도.

c) MIX 프로그램.

d) 16개의 수들로 된 특정한 집합에 해당 정렬 방법을 적용하는 예제.

편의를 위해, 보통의 경우 MIX 프로그램은 키가 수치이며 하나의 워드에 맞는 크기라고 가정한다. 키가 한 워드의 일부분만 차지한다는 제약을 가하는 경우도 있다. 순서 관계 < 는 통상적인 산술 대소 관계이다. 레코드는 부수 정보 없이 키만으로 구성된다고 가정한다. 이러한 가정들은 프로그램을 짧게, 그리고 이해하기 좋게 만든다. 그리고 해보면 알겠지만 그 어떤 프로그램이든 그것을 보조표 정렬이나 목록 정렬을 이용해서 일반적인 경우에 맞게 적응시키는 것은 상당히 쉬운 일이다. 각 정렬 알고리즘의 실행 시간 분석은 해당 MIX 프로그램을 기준으로 주어진다.

집계 정렬(counting sorting). 내부 정렬 방법의 연구에 사용할 한 가지 간단한 예로, 이번 절 시작에서 언급한 "집계(counting, 개수 또는 횟수 세기)" 착상 †을 생각해 보자. 이 간단한 방법은 최종적으로 정렬된 수열의 j번째 키가 정확히 $j-1$개의 다른 키들보다 더 크다는 착상에 기반을 둔다. 다른 식으로 말하면, 어떤 키가 정확히 27개의 다른 키들보다 크다면, 그리고 서로 같은 키들이 존재하지 않는다면, 그 키에 해당하는 레코드는 최종 정렬 결과의 위치 28에 놓여야 한다는 것이다. 따라서 이 방법에서는 모든 키 쌍들을 비교해서 특정 키보다 작은 키들이 몇 개인지를 세어야 한다.

그러한 비교를 수행하는 명백한 방법은

$$1 \le i \le N\text{에 대해 } (1 \le j \le N\text{에 대해 } (K_j\text{를 } K_i\text{와 비교}))$$

하는 것이다. 그러나 한 키를 자기 자신과 비교할 필요는 없으며, 또 K_a와 K_b를 비교했다면 나중에 다시 K_b와 K_a를 비교할 필요가 없으므로, 전체 비교 중 절반 이상은 중복일 뿐이다. 따라서

$$1 < i \le N\text{에 대해 } (1 \le j < i\text{에 대해 } (K_j\text{를 } K_i\text{와 비교}))$$

하기만 하면 된다. 이를 알고리즘으로 정리하면 다음과 같다.

알고리즘 C (비교 집계). 이 알고리즘은 키 $K_1, \ldots, K_N$을 기준으로 하여 $R_1, \ldots, R_N$을 정렬한다. 주어진 키보다 작은 키들의 개수를 세기 위해 보조표 COUNT[1], …, COUNT[N]을 유지한다. 알고리즘이 끝난 후 COUNT[j]$+1$은 레코드 R_j의 최종 위치를 나타낸다.

C1. 〔COUNT들을 비운다.〕 COUNT[1]에서 COUNT[N]까지를 0으로 설정한다.

C2. 〔i에 대한 반복.〕 단계 C3을 $i = N, N-1, \ldots, 2$에 대해 수행한다. 그런 다음 알고리즘을 끝낸다.

C3. 〔j에 대한 반복.〕 단계 C4를 $j = i-1, i-2, \ldots, 1$에 대해 반복한다.

C4. 〔$K_i : K_j$ 비교.〕 만일 $K_i < K_j$이면 COUNT[j]를 1 증가한다. 그렇지 않으면 COUNT[i]를 1 증가한다. ▌

이 알고리즘은 레코드들을 전혀 이동하지 않음을 주목할 것. COUNT 표가 레코드들의 최종 배치를 지정한다는 점에서 주소표 정렬과 비슷하다. 그러나 COUNT[j]가 R_j의 자리로 이동할 레코드를 가리키는 것이 아니라 R_j를 이동할 위치를 가리킨다는 점은 다르다. (즉, COUNT 테이블은 순열 $p(1) \ldots p(N)$의 역에 해당한다. 순열의 역에 대해서는 5.1.1절을 볼 것.)

표 1은 비교 집계 방법의 전형적인 동작을 나타낸 것으로, 저자가 1963년 3월 19일에 무작위로 선택한 16개의 수들에 이 방법을 적용한 결과이다. 이후 논의할 거의 모든 방법들 역시 이 16개의 수들을 예로 사용한다.

이 알고리즘을 이야기하기 전에, 우리는 레코드 키들 중에 서로 같은 두 키가 존재하지 않는다는 속편한 가정을 전제로 했다. 그런데 이는 잠재적으로 위험한 가정이다. 같은 키들이 같은 COUNT 칸들에 대응된다면 레코드들의 최종 재배치가 상당히 복잡해지기 때문이다. 그러나 다행히도 알고리

† 〔옮긴이 주〕 항목 D의 열거 정렬을 가리킨다.

즘 C는 같은 키들이 몇 개나 존재하는지에 무관하게 정확한 결과를 낸다. 이에 대해서는 연습문제 2를 볼 것.

프로그램 C (비교 집계). 다음 프로그램은 알고리즘 C를 MIX로 구현한 것으로, $1 \le j \le N$에 대해 R_j가 장소 INPUT $+ j$에, COUNT[j]가 장소 COUNT $+ j$에 저장되어 있다고 가정한다. $\text{rI1} \equiv i$; $\text{rI2} \equiv j$; $\text{rA} \equiv K_i \equiv R_i$; $\text{rX} \equiv$ COUNT[i].

```
START ENT1 N          1      C1. COUNT들을 비운다.
      STZ  COUNT,1    N      COUNT[i] ← 0.
      DEC1 1          N
      J1P  *-2        N      N ≥ i > 0.
      ENT1 N          1      C2. i에 대한 반복.
      JMP  1F         1
2H    LDA  INPUT,1    N−1
      LDX  COUNT,1    N−1
3H    CMPA INPUT,2    A      C4. K_i : K_j 비교.
      JGE  4F         A      만일 K_i ≥ K_j이면 점프.
      LD3  COUNT,2    B      COUNT[j]
      INC3 1          B        +1
      ST3  COUNT,2    B          → COUNT[j].
      JMP  5F         B
4H    INCX 1          A−B    COUNT[i] ← COUNT[i] + 1.
5H    DEC2 1          A      C3. j에 대한 반복.
      J2P  3B         A
      STX  COUNT,1    N−1
      DEC1 1          N−1
1H    ENT2 -1,1       N      N ≥ i > j > 0.
      J2P  2B         N      ▮
```

이 프로그램의 실행 시간은 $13N + 6A + 5B - 4$ 단위로, 여기서 N은 레코드 개수이고 A는 N개의 객체들의 집합에서 두 개를 선택하는 방법의 수, 즉 $\binom{N}{2} = (N^2 - N)/2$이다. 그리고 B는 $j < i$이고 $K_j > K_i$인 색인 쌍들의 개수이다. 즉, B는 순열 $K_1 \ldots K_N$의 반전들의 개수이다. 이 수량에 대해서는 5.1.1절에서 상세히 분석했다. 식 5.1.1-(12)와 5.1.1-(13)에서, 무작위 순서로 된 서로 같지 않은 키들에 대해

$$B = (\min 0,\quad \text{ave}\ (N^2 - N)/4,\quad \max\ (N^2 - N)/2,\quad \text{dev}\ \sqrt{N(N-1)(N+2.5)}/6)$$

임을 밝힌 바 있다. 따라서 프로그램 C의 실행 시간은 $3N^2 + 10N - 4$단위와 $5.5N^2 + 7.5N - 4$ 단위 사이이며 평균 실행시간은 그 두 극단들 사이의 중간에 해당한다. 예를 들어 표 1의 경우 $N = 16$, $A = 120$, $B = 41$이므로 프로그램 C의 정렬 시간은 $1129u$이다. 연습문제 5에서는 이와는 약간 다른 시간 특성들을 가지도록 프로그램 C를 수정하는 방법을 논의한다.

표 1

집계 정렬(알고리즘 C)

KEYS:	503	087	512	061	908	170	897	275	653	426	154	509	612	677	765	703
COUNT (초기.):	0	0	0	0	0	0	0	0	0	0	0	0	0	0	0	0
COUNT ($i=N$):	0	0	0	0	1	0	1	0	0	0	0	0	0	0	1	12
COUNT ($i=N-1$):	0	0	0	0	2	0	2	0	0	0	0	0	0	0	13	12
COUNT ($i=N-2$):	0	0	0	0	3	0	3	0	0	0	0	0	0	11	13	12
COUNT ($i=N-3$):	0	0	0	0	4	0	4	0	1	0	0	0	9	11	13	12
COUNT ($i=N-4$):	0	0	1	0	5	0	5	0	2	0	0	7	9	11	13	12
COUNT ($i=N-5$):	1	0	2	0	6	1	6	1	3	1	2	7	9	11	13	12
. . .	. . .	. . .	. . .	. . .	. . .	. . .	. . .	. . .	. . .	. . .	. . .	. . .	. . .	. . .	. . .	. . .
COUNT ($i=2$):	6	1	8	0	15	3	14	4	10	5	2	7	9	11	13	12

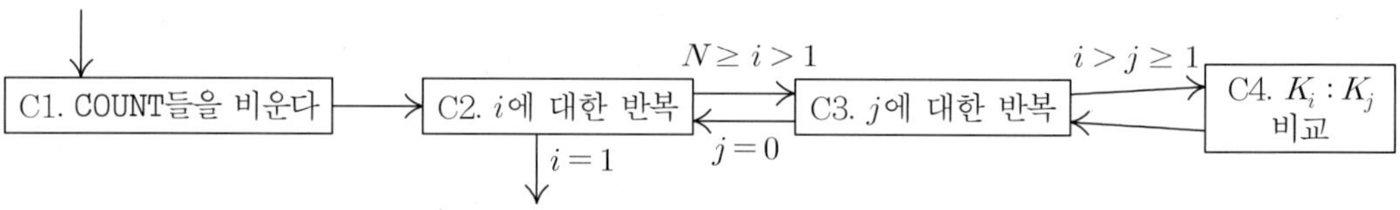

그림 8. 알고리즘 C: 비교 집계.

이 실행 시간에서 지배적인 것은 N^2이다. 이는 N이 클 때 알고리즘 C가 효율적인 정렬 방법이 아님을 뜻한다. 레코드 개수가 두 배가 되면 실행 시간은 네 배로 늘어난다. 이 정렬 방법은 서로 다른 키 쌍 (K_i, K_j)들 모두를 비교해야 하므로, N^2에 대한 의존을 제거하는 명백한 방법은 없다. 다만, 이번 장 끝에서는 최악의 경우의 정렬 실행 시간을 $N \log N$의 규모로 줄일 수 있는 다른 기법들을 소개한다. 알고리즘 C의 주된 매력은 속력이 아니라 단순함에 있다. 여기서 알고리즘 C의 역할은 좀 더 복잡한(그리고 더 효율적인) 방법들을 설명할 때 사용할 서술 양식의 한 예를 제공하는 것이라고 보면 된다.

효율의 관점에서 실제로 상당히 중요한 또 다른 집계 정렬 방법이 존재한다. 기본적으로 그 방법은 서로 같은 키들이 많이 존재하며 또한 모든 키가 범위 $u \le K_j \le v$에 속하되 $(v-u)$가 작은 경우에 적합하다. 이러한 가정들이 상당히 제한적인 것처럼 보이겠지만, 실제로는 이런 착안을 응용할 수 있는 경우가 상당히 많이 있음을 알게 될 것이다. 예를 들어 이 방법을 키 전체 대신 키의 선행 숫자들에 적용한다면 파일이 부분적으로 정렬될 것이며, 그러면 정렬을 완수하기가 비교적 쉬워진다.

이에 관련된 원리들을 쉽게 이해할 수 있도록, 모든 키가 1에서 100 사이의 값이라고 가정하자. 이 방법의 핵심은, 우선 파일을 한 번 훑으면서 키 $1, 2, \ldots, 100$이 각각 몇 개인지 세고, 두 번째 패스에서는 레코드들을 출력 영역의 적절한 장소로 옮긴다는 것이다. 자세한 사항은 다음 알고리즘으로 파악할 수 있을 것이다.

알고리즘 D (분포 집계). 이 알고리즘은 모든 키가 $1 \le j \le N$에 대한 범위 $u \le K_j \le v$의 정수라고 가정하고, 레코드 $R_1, \ldots, R_N$을 보조표 COUNT[u], …, COUNT[v]를 활용해서 정렬한다. 알고리즘이 종료되면 레코드들은 출력 영역 $S_1, \ldots, S_N$에 적절한 순서로 옮겨진 상태가 된다.

D1. [COUNT들을 비운다.] COUNT[u]에서 COUNT[v]까지를 모두 0으로 설정한다.

D2. [j에 대한 반복.] 단계 D3을 $1 \le j \le N$에 대해 수행한다. 그런 다음 단계 D4로 간다.

D3. [COUNT[K_j]를 증가.] COUNT[K_j]의 값을 1 증가한다.

D4. [누적.] (이 시점에서 COUNT[i]는 i와 같은 키들의 개수이다.) $i = u+1, u+2, \ldots, v$에 대해 COUNT[i] ← COUNT[i] + COUNT[$i-1$]로 설정한다.

D5. [j에 대한 반복.] (이 시점에서 COUNT[i]는 i보다 작거나 같은 키들의 개수이다. 특히 COUNT[v] $= N$이다.) 단계 D6을 $j = N, N-1, \ldots, 1$에 대해 반복한다. 그런 다음 알고리즘을 끝낸다.

D6. [R_j를 출력.] $i \leftarrow$ COUNT[K_j], $S_i \leftarrow R_j$, COUNT[K_j] $\leftarrow i-1$로 설정한다. ▮

연습문제 6에서는 이 알고리즘을 실제로 적용해 본다. MIX 프로그램은 연습문제 9에 나온다. 범위 $v-u$가 작을 때 이 정렬 절차는 아주 빠르다.

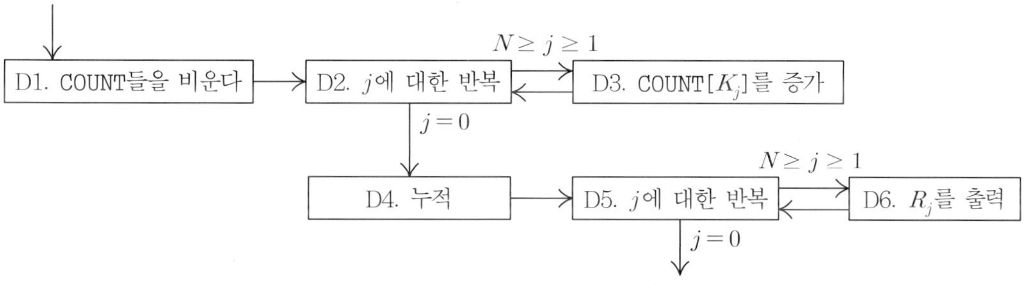

그림 9. 알고리즘 D: 분포 집계.

알고리즘 C와 같은 비교 집계를 통한 정렬은 프렌드E. H. Friend의 출판물에서 처음으로 언급되었다 [*JACM* 3 (1956), 152]. 그러나 그는 이 방법을 자신이 창안한 것이라고 주장하지는 않았다. 알고리즘 D와 같은 분포 정렬은 시워드H. Seward가 나중에 설명할 기수 정렬 기법들(5.2.5절)과 함께 쓸 목적으로 1954년에 개발한 것이다. 이 방법은 또한 W. Feurzeig, *CACM* 3 (1960), 601에서 "수학정렬(Mathsort)"이라는 이름으로 발표된 바 있다.

연습문제

1. [*15*] 만일 단계 C2에서 i가 N에서 2로 감소하는 것이 아니라 2에서 N으로 증가한다고 해도 알고리즘 C가 여전히 작동할까? 단계 C3에서 j가 1에서 $i-1$로 증가하는 경우는 어떨까?

2. [*21*] 같은 키들이 존재한다고 해도 알고리즘 C가 제대로 작동함을 보여라. 만일 $K_j = K_i$이고 $j < i$이면, 최종 순서에서 R_j는 R_i의 앞에 놓일까 아니면 뒤에 놓일까?

▸ **3.** [*21*] 단계 C4의 판정을 "$K_i < K_j$"에서 "$K_i \le K_j$"로 바꾸어도 알고리즘 C가 여전히 제대로 작동할까?

4. [*16*] 프로그램 C로 시작된 정렬을 "완성"하는 MIX 프로그램을 작성하라. 프로그램은 키들이 OUTPUT+1에서 OUTPUT+N까지의 장소들에 오름차순으로 저장되도록 키들을 옮겨야 한다. 프로그램의 필수 실행 시간은 얼마인가?

5. [*22*] 프로그램 C를 다음과 같이 변경하면 프로그램 C가 개선될까?

새 줄 08a: INCX 0,2
줄 10 변경: JGE 5F
줄 14 변경: DECX 1
줄 15 삭제.

6. [*18*] 16개의 레코드 5T, 0C, 5U, 0O, 9., 1N, 8S, 2R, 6A, 4A, 1G, 5L, 6T, 6I, 7O, 7N에 대해 알고리즘 D를 손으로 수행하라. 이 레코드들에서 숫자는 키이고 알파벳 문자는 레코드에 담긴 정보이다(레코드를 이동할 때 함께 이동해야 한다).

7. [*13*] 알고리즘 D가 안정적인(stable) 정렬 방법인가?

8. [*15*] 단계 D5에서 j가 N에서 1로 감소하는 것이 아니라 1에서 N으로 증가한다고 해도 알고리즘 D가 여전히 잘 작동할까?

9. [*23*] 프로그램 C 및 연습문제 4에 비견할 수 있는, 알고리즘 D에 대한 MIX 프로그램을 작성하라. 그리고 프로그램의 실행 시간을 N과 $(v-u)$의 함수로 표현하라.

10. [*25*] $R_1, \ldots, R_N$의 값들과 $\{1, \ldots, N\}$의 순열 $p(1) \ldots p(N)$이 주어졌을 때, N개의 수량 $(R_1, \ldots, R_N)$을 각각 $(R_{p(1)}, \ldots, R_{p(N)})$으로 치환하는 효율적인 알고리즘을 설계하라. 메모리 공간을 너무 많이 사용하지 않도록 할 것. (이 문제는 주소표 정렬 이후에, $2N$개의 레코드들을 모두 담을 메모리 공간이 없는 상황에서 메모리 안에 있는 레코드들을 재배치하고자 할 때 발생한다.)

11. [*M27*] 연습문제 10의 알고리즘을 위한 MIX 프로그램을 작성하고 그 효율성을 분석하라.

▸ **12.** [*25*] 목록 정렬(그림 7)이 완료된 후의 레코드 $R_1, \ldots, R_N$을 정렬된 순서로 재배치하는 데 적합한 효율적인 알고리즘을 설계하라. 과도한 메모리 공간 사용은 피하도록 할 것.

▸ **13.** [*27*] 알고리즘 D는 $2N$개의 레코드 $R_1, \ldots, R_N$과 $S_1, \ldots, S_N$에 대한 메모리 공간을 요구한다. 만일 단계 D5와 D6을 새로운 역섞기(unshuffling) 절차로 대체한다면 단 N개의 레코드 $R_1, \ldots, R_N$에 대한 메모리만으로 정렬을 수행할 수 있음을 보여라. (즉, 이 문제는 단계 D4 이후에 COUNT[u], ..., COUNT[v]의 값들을 근거로 해서 레코드 $R_1, \ldots, R_N$을 그 자리에서, 추가적인 메모리 공간을 요구하지 않고 재배치하는 것이다. 이는 본질적으로 연습문제 10에서 고려한 문제의 한 일반화라 할 수 있다.)

5.2.1. 삽입을 이용한 정렬

중요한 정렬 기법 부류들 중 하나는 5.2절 시작 부근에서 언급한 "브리지 플레이어" 방법에 기초한 삽입 정렬(insertion sorting)이다. 이 부류의 방법들에서는 레코드 R_j를 조사하기 전에 그 이전의 레코드 $R_1, \ldots, R_{j-1}$이 이미 정렬되어 있다고 가정하고, 정렬된 레코드들 중 적절한 위치에 R_j를 삽입한다. 이러한 기초적인 발상에 대한 여러 가지 흥미로운 변형들이 가능하다.

직접 삽입(straight insertion). 가장 단순한 삽입 정렬은 누구나 머리에 떠올릴 수 있는 명백한 방식의 정렬이다. $1 < j \le N$이고 레코드 $R_1, \ldots, R_{j-1}$이

$$K_1 \le K_2 \le \cdots \le K_{j-1}$$

을 만족하는 형태로 정렬되어 있다고 가정한다. (이번 장 전반에서 K_j는 레코드 R_j의 키 부분을 나타낸다는 점을 기억할 것.) 새 키 K_j를 $K_{j-1}, K_{j-2}, \ldots$와 비교하면서 새 레코드 R_j를 사이에 끼워 넣을 R_i와 R_{i+1}을 찾는다. 그런 다음에는 $R_{i+1}, \ldots, R_{j-1}$을 한 칸 위로 이동하고 새 레코드를 $i+1$ 위치에 넣는다. 이 때 비교와 이동 연산을 결합해서, 아래의 알고리즘에 나온 것처럼 두 연산을 섞어 진행하는 것이 편하다. R_j는 "자신의 적절한 수준에 안착"하기 때문에, 이런 정렬 방법을 흔히 체로 내리기(sifting) 또는 가라앉히기(sinking) 기법이라고 부른다.

알고리즘 S (직접 삽입 정렬). 레코드 $R_1, \ldots, R_N$을 그 자리에서 재배치한다. 이 알고리즘을 수행하고 나면 레코드 키들은 정렬된 순서 $K_1 \le \cdots \le K_N$이 된다.

S1. 〔j에 대한 반복.〕 $j = 2, 3, \ldots, N$에 대해 단계 S2에서 S5까지를 수행한다. 그런 다음 알고리즘을 끝낸다.

S2. 〔i, K, R을 설정.〕 $i \leftarrow j-1$, $K \leftarrow K_j$, $R \leftarrow R_j$로 설정한다. (다음 단계들에서는 감소하는 i 값들에 대해 K와 K_i를 비교해서 R을 올바른 위치에 삽입한다.)

S3. 〔$K : K_i$ 비교.〕 만일 $K \ge K_i$이면 단계 S5로 간다. (레코드 R의 올바른 위치를 찾은 것이다.)

S4. 〔R_i를 이동, i를 감소.〕 $R_{i+1} \leftarrow R_i$로 설정하고, 그런 다음 $i \leftarrow i-1$로 설정한다. 만일 $i > 0$이면 단계 S3으로 돌아간다. (만일 $i = 0$이면 K는 지금까지 찾은 것들 중 가장 작은 키이다. 따라서 레코드 R은 위치 1에 들어가야 한다.)

S5. 〔R을 R_{i+1}에 넣기.〕 $R_{i+1} \leftarrow R$로 설정한다. ▮

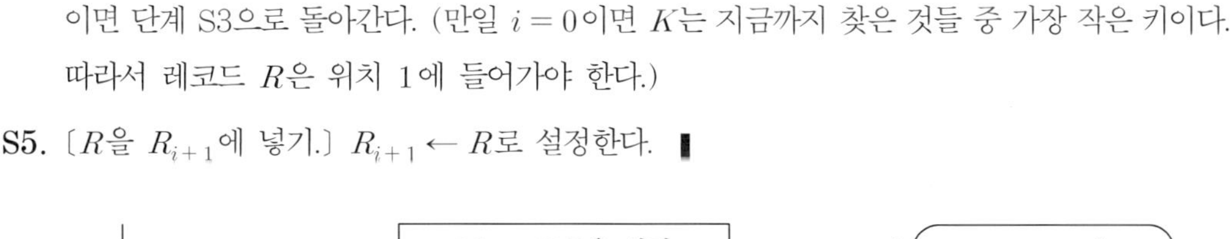

그림 10. 알고리즘 S: 직접 삽입.

표 1은 이전에 나왔던 16개의 수들을 알고리즘 S로 정렬하는 과정을 나타낸 것이다. 이 방법은 컴퓨터에서 구현하기가 아주 쉽다. 실제로 다음의 MIX 프로그램은 이 책에 나오는 유효한 정렬 루틴들 중 가장 짧은 것이다.

표 1

직접 삽입의 예

```
 503 : 087
^
 087  503 : 512
         ^
 087  503  512 : 061
^
 061  087  503  512 : 908
                   ^
 061  087  503  512  908 : 170
          ^
 061  087  170  503  512  908 : 897
                        ^
 . . . . . . . . . . . . . . . . . . . . . . . . . . . . . . . . . . . . . . .
 061  087  154  170  275  426  503  509  512  612  653  677  765  897  908 : 703
                                                            ^
 061  087  154  170  275  426  503  509  512  612  653  677  703  765  897  908
```

프로그램 S (직접 삽입 정렬). 정렬할 레코드들은 INPUT+1에서 INPUT+N의 장소들에 저장되어 있다. 그 레코드들은 워드 전체 키를 기준으로 하여 같은 영역 안에서 정렬된다. rI1 $\equiv j-N$; rI2 $\equiv i$; rA $\equiv R \equiv K$; $N \geq 2$라고 가정.

START	ENT1	2-N	1	*S1. j에 대한 반복.* $j \leftarrow 2$.
2H	LDA	INPUT+N,1	$N-1$	*S2. i, K, R을 설정.*
	ENT2	N-1,1	$N-1$	$i \leftarrow j-1$.
3H	CMPA	INPUT,2	$B+N-1-A$	*S3. $K : K_i$ 비교.*
	JGE	5F	$B+N-1-A$	만일 $K \geq K_i$이면 S5로.
4H	LDX	INPUT,2	B	*S4. R_i를 이동, i를 감소.*
	STX	INPUT+1,2	B	$R_{i+1} \leftarrow R_i$.
	DEC2	1	B	$i \leftarrow i-1$.
	J2P	3B	B	만일 $i > 0$이면 S3으로.
5H	STA	INPUT+1,2	$N-1$	*S5. R을 R_{i+1}에 넣는다.*
	INC1	1	$N-1$	
	J1NP	2B	$N-1$	$2 \leq j \leq N$. ▮

이 프로그램의 실행 시간은 $9B+10N-3A-9$단위로, 여기서 N은 정렬되는 레코드들의 개수이고 A는 단계 S4에서 i가 0으로 감소하는 횟수, B는 이동 횟수이다. A가 $1 < j \leq N$에 대해 $K_j < \min(K_1, \ldots, K_{j-1})$인 횟수임은 명백하다. 이 횟수는 좌에서 우로 극소값들의 개수보다 하나 작으므로, A는 1.2.10절에서 상세히 분석한 수량과 동치이다. 그 때의 분석을 떠올려보면, B 역시 눈에 익은 수량임을 알 수 있다. 고정된 j에 대한 이동 횟수는 K_j의 반전들의 개수이므로, B는 순열 $K_1 K_2 \ldots K_N$의 반전들 전체 개수이다. 따라서 식 1.2.10-(16), 5.1.1-(12), 5.1.1-(13)에 의해

$$A = (\min 0,\ \text{ave } H_N - 1,\ \max N-1,\ \text{dev } \sqrt{H_N - H_N^{(2)}}\ );$$
$$B = (\min 0,\ \text{ave } (N^2 - N)/4,\ \max (N^2 - N)/2,\ \text{dev } \sqrt{N(N-1)(N+2.5)}/6)$$

이 성립하며, 입력 키들이 서로 다르고 무작위 순서라는 가정 하에서 프로그램 S의 평균 실행 시간은 $(2.25N^2 + 7.75N - 3H_N - 6)u$이다. 연습문제 33은 이를 약간 개선하는 방법을 설명한다.

표 1의 예제 자료는 16개의 항목들로 되어 있다. 좌에서 우로 극소값들에 대한 변경은 두 개, 즉 087과 061이다. 그리고 반전 개수는 이전 절에서 보았던 것과 일치하는 41이다. 따라서 $N = 16$, $A = 2$, $B = 41$이며 총 정렬 시간은 $514u$이다.

이진 삽입과 양방향 삽입. 직접 삽입 정렬에서는 j번째 레코드를 처리할 때 평균적으로 그 키를 이미 정렬된 약 $j/2$개의 키들과 비교한다. 따라서 전체 비교 횟수는 대략 $(1+2+\cdots+N)/2 \approx N^2/4$이며, 이는 N이 조금만 커져도 아주 커진다. 6.2.1절에서는 "이진 검색" 기법을 공부하게 되는데, 그를 통해서 j번째 항목의 삽입 위치를 약 $\lg j$회의 잘 선택된 비교의 수행만으로 찾을 수 있음을 알게 된다. 예를 들어 64번째 레코드를 삽입한다고 하면 우선 K_{64}를 K_{32}와 비교한다. 만일 전자가 더 작다면 그것을 K_{16}과 비교하고, 만일 그것이 더 크다면 이번에는 K_{48}과 비교한다. 그러다 보면 약 여섯 번의 비교 후에 R_{64}를 삽입할 적절한 장소를 찾을 수 있다. N개의 항목들 모두를 삽입하는 데 필요한 비교 횟수는 대략 $N \lg N$으로, 이는 $\frac{1}{4}N^2$에 비해 커다란 진보이다. 또한 6.2.1절에서는 해당 프로그램이 직접 삽입을 위한 프로그램보다 아주 복잡할 필요도 없음을 보여준다. 이런 방법을 이진 삽입(binary insertion)이라고 부른다. 이 방법은 벌써 1946년에 모클리John Mauchly가 컴퓨터 정렬에 대해 논의한 최초의 출판물에서 언급한 것이다.

그런데 안타깝게도 이진 삽입에는 한 가지 어려운 난제가 따른다. 다름 아닌, 이진 삽입이 전체 정렬 문제의 절반만을 해결한다는 것이다. 레코드 R_j를 삽입할 위치를 찾았다고 해도 R_j가 들어갈 자리를 마련하기 위해서는 이전에 정렬된 레코드들 중 약 $\frac{1}{2}j$개를 이동해야 하며, 따라서 총 실행 시간은 여전히 본질적으로 N^2에 비례한다. IBM 705 같은 초창기 컴퓨터들 중에는 그런 이동 연산들을 빠른 속력으로 수행하는 "텀블(tumble)" 명령을 내장한 것들이 있었다. 그리고 현대적인 컴퓨터들은 특별한 하드웨어 부가장치를 통해서 그런 이동들을 더욱 빠르게 수행할 수 있다. 그러나 N이 증가함에 따라, 결국은 N^2에 대한 의존이 실행 시간 전체를 지배하게 된다. 예를 들어 네이글러H. Nagler의 분석 [*CACM* 3 (1960), 618-620]에 따르면 IBM 705에서 80자 길이의 레코드들이 약 $N = 128$개 이상인 경우에는 이진 삽입 정렬을 권장할 수 없다. 다른 컴퓨터들에도 비슷한 분석이 적용된다.

물론 현명한 프로그래머라면 필요한 이동 횟수를 줄이는 여러 가지 방법을 생각해 낼 수 있을 것이다. 그런 방법들 중 첫 번째 것(1950년대 초반에 제안된 것이다)이 표 2에 나와 있다. 이 방법에서는 첫 항목을 출력 영역의 중앙에 놓고, 이후의 항목들을 위한 공간은 항목들을 왼쪽, 오른쪽 중 더 편한 쪽으로 옮겨서 만들어 낸다. 이러면 보통의 이진 삽입에 비해 실행 시간이 반 정도 절약된다. 이 방법을 N개의 레코드들에 필요한 공간보다 더 많은 공간을 소비하지 않고 사용하는 것도 가능하다

(연습문제 6). 그러나 훨씬 더 흥미로운 기법들이 개발되었으므로, 이런 "양방향" 삽입 방법에 대해서는 더 이상 이야기하지 않겠다.

표 2

양방향 삽입

```
                    503
                  ^
               087  503
                       ^
               087  503  512
             ^
          061  087  503  512
                            ^
          061  087  503  512  908
                  ^
     061  087  170  503  512  908
                            ^
     061  087  170  503  512  897  908
                  ^
061  087  170  275  503  512  897  908
```

셸의 방법. 삽입 정렬 알고리즘이 항목들을 한 번에 한 자리씩만 이동한다면 평균 시간은 잘 해야 N^2에 비례할 것이다. 정렬 공정 도중에 각 레코드가 평균적으로 약 $\frac{1}{3}N$개의 위치들을 옮겨 다녀야 하기 때문이다(연습문제 7). 따라서, 직접 삽입을 크게 개선하기 위해서는 짧은 간격이 아니라 긴 간격으로 레코드들을 이동하는 어떤 메커니즘이 필요하다.

그런 방법 하나가 셸Donald L. Shell에 의해서 1959년에 제안되었는데 〔*CACM* 2, (July 1959), 30-32〕, 제안자의 이름을 따서 셸 정렬(shellsort)이라고 부르게 되었다. 표 3은 이 방법에 깔린 전반적인 착안을 보여준다: 우선 16개의 레코드들을 두 개씩 여덟 개의 그룹으로, 구체적으로는 $(R_1, R_9), (R_2, R_{10}), \ldots, (R_8, R_{16})$으로 나누고, 각 레코드 그룹을 개별적으로 정렬한다. 여기까지가 "첫 번째 패스"로, 표 3의 두 번째 줄이 이 첫 번째 패스의 결과이다. 154가 512와 자리를 바꾸었으며 908과 897은 모두 오른쪽으로 이동했음을 주목할 것. 다음으로, 레코드들을 각각 네 개씩 네 개의 그룹으로, 즉 $(R_1, R_5, R_9, R_{13}), \ldots, (R_4, R_8, R_{12}, R_{16})$으로 분할하고 각각을 정렬한다. 이 "두 번째 패스"의 결과가 줄 3이다. 세 번째 패스에서는 여덟 레코드들의 그룹 두 개를 정렬하고, 네 번째 패스에서는 레코드 16개를 모두 정렬해서 정렬을 마친다. 중간 정렬 공정들 각각은 비교적 작은 파일 또는 비교적 잘 정렬된 파일을 다루므로, 각 정렬 연산에 대해 직접 삽입 방법을 사용할 수 있다. 이런 방식에서는 레코드들이 자신의 최종 목적지로 빠르게 접근하는 경향이 있다.

셸 정렬을 "점감하는 증분 정렬(diminishing increment sort)"이라고 부르기도 하는데, 이는 각 패스가 h단위만큼 떨어진 레코드들을 정렬하며, 패스들이 진행됨에 따라 그러한 증분 h가 점차 감소하기 때문이다. 8, 4, 2, 1이라는 증분값들의 수열이 유일한 선택은 아니다. 사실 마지막 증분 h_0이 1이기만 하다면 그 어떤 수열 $h_{t-1}, h_{t-2}, \ldots, h_0$도 정렬 공정의 제어에 사용할 수 있다. 예를 들어 표 4는 같은 자료를 증분 7, 5, 3, 1로 정렬한 것이다. 증분 수열에 따라 정렬 효율이 달라질 수 있다. 바람직한 증분들을 선택하는 문제는 나중에 다시 이야기하겠다.

표 3

증분을 8, 4, 2, 1로 둔 셸 정렬

503 087 512 061 908 170 897 275 653 426 154 509 612 677 765 703

8정렬:

503 087 154 061 612 170 765 275 653 426 512 509 908 677 897 703

4정렬:

503 087 154 061 612 170 512 275 653 426 765 509 908 677 897 703

2정렬:

154 061 503 087 512 170 612 275 653 426 765 509 897 677 908 703

1정렬:

061 087 154 170 275 426 503 509 512 612 653 677 703 765 897 908

알고리즘 D (셸 정렬). 레코드 $R_1, \ldots, R_N$이 주어졌을 때, 이 알고리즘을 수행하고 나면 레코드 키들은 정렬된 순서 $K_1 \le \cdots \le K_N$이 된다. 정렬 공정을 제어하기 위해 보조적인 증분 수열 $h_{t-1}, h_{t-2}, \ldots, h_0$을 사용한다. 여기서 $h_0 = 1$이다. 이 증분들을 적절히 선택하면 정렬 시간이 크게 줄어든다. $t = 1$일 때 이 알고리즘은 알고리즘 S와 동치이다.

D1. [s에 대한 반복.] $s = t-1, t-2, \ldots, 0$에 대해 단계 D2를 수행한다. 그런 다음 알고리즘을 끝낸다.

D2. [j에 대한 반복.] $h \leftarrow h_s$로 설정하고, $h < j \le N$에 대해 단계 D3에서 D6까지를 수행한다. (h자리 떨어져 있는 원소들을 정렬하는 데에는 직접 삽입 방법을 사용한다. 따라서 $1 \le i \le N-h$에 대해 $K_i \le K_{i+h}$이다. 단계 D3에서 D6까지는 본질적으로 알고리즘 S의 S2에서 S5까지와 각각 같다.)

D3. [i, K, R을 설정.] $i \leftarrow j-h$, $K \leftarrow K_j$, $R \leftarrow R_j$로 설정한다.

D4. [$K : K_i$ 비교.] 만일 $K \ge K_i$이면 단계 D6으로 간다.

D5. [R_i를 이동, i를 감소.] $R_{i+h} \leftarrow R_i$로 설정하고 그런 다음 $i \leftarrow i-h$로 설정한다. 만일 $i > 0$이면 단계 D4로 돌아간다.

D6. [R을 R_{i+h}로.] $R_{i+h} \leftarrow R$로 설정한다. ▮

이에 해당하는 MIX 프로그램이 직접 삽입의 프로그램보다 아주 긴 것은 아니다. 아래의 코드에서 줄 08–19는 프로그램 S를 좀 더 일반적인 알고리즘 D의 틀에 맞게 직접적으로 번역한 것이라 할 수 있다.

프로그램 D (셸 정렬). 증분들이, 증분 h_s가 장소 H+s에 있는 하나의 보조표에 저장되어 있다고 가정한다. 모든 증분들은 N보다 작다. 레지스터 배정: rI1 $\equiv j-N$; rI2 $\equiv i$; rA $\equiv R \equiv K$; rI3 $\equiv$

표 4

증분을 7, 5, 3, 1로 둔 셸 정렬

```
       503 087 512 061 908 170 897 275 653 426 154 509 612 677 765 703
1정렬:
       275 087 426 061 509 170 677 503 653 512 154 908 612 897 765 703
5정렬:
       154 087 426 061 509 170 677 503 653 512 275 908 612 897 765 703
3정렬:
       061 087 170 154 275 426 512 503 653 612 509 765 677 897 908 703
1정렬:
       061 087 154 170 275 426 503 509 512 612 653 677 703 765 897 908
```

s; rI4 $\equiv h$. 이 프로그램은 내부 루프의 수행 효율을 높이기 위해 자기 자신을 수정함을 주의할 것.

```
START ENT3  T-1           1              D1. s에 대한 루프. s ← t−1.
1H    LD4   H,3           T              D2. j에 대한 루프. h ← h_s.
      ENT1  INPUT,4       T              메인 루프의 세 명령들의
      ST1   5F(0:2)       T                 주소를 수정한다.
      ST1   6F(0:2)       T
      ENN1  -N,4          T              rI1 ← N−h.
      ST1   3F(0:2)       T
      ENT1  1-N,4         T              j ← h+1.
2H    LDA   INPUT+N,1     NT−S           D3. i, K, R을 설정.
3H    ENT2  N-H,1         NT−S           i ← j−h.           [명령 수정됨]
4H    CMPA  INPUT,2       B+NT−S−A       D4. K : K_i 비교.
      JGE   6F            B+NT−S−A       만일 K ≥ K_i이면 D6으로.
      LDX   INPUT,2       B              D5. R_i를 이동, i를 감소.
5H    STX   INPUT+H,2     B              R_{i+h} ← R_i.      [명령 수정됨]
      DEC2  0,4           B              i ← i−h.
      J2P   4B            B              만일 i > 0이면 D4로.
6H    STA   INPUT+H,2     NT−S           D6. R을 R_{i+h}로. [명령 수정됨]
7H    INC1  1             NT−S           j ← j+1.
      J1NP  2B            NT−S           만일 j ≤ N이면 D3으로.
      DEC3  1             T
      J3NN  1B            T              t > s ≥ 0. ▮
```

***셸 정렬의 분석.** 알고리즘 D에 사용할 증분 $h_{t-1}, \ldots, h_0$을 제대로 선택하기 위해서는 실행 시간을 그 증분들의 함수로 분석할 필요가 있다. 이러한 분석은 아직 완전히 해결되지 않은 몇 가지 매력적인 수학 문제들로 이어진다. 큰 N 값에 대한 최적의 증분 수열을 결정하는 방법은 아직 누구도 밝혀내지

못했다. 그렇긴 하지만 셸 정렬의 습성에 대한 흥미로운 사실들은 많이 알려져 있다. 여기서는 그것들을 요약할 것이다. 세부적인 내용은 연습문제들에 나온다. [수학에 흥미가 없는 독자라면 다음 몇 페이지를 건너 뛰어서 (12) 다음의 목록 삽입에 대한 논의로 바로 넘어가는 것이 좋겠다.]

프로그램 D에 나온 빈도수들을 살펴보면 수행 시간을 결정하는 요인이 다섯 가지, 즉 파일의 크기 N, 패스 횟수(즉, 증분 개수) $T=t$, 증분들의 합

$$S = h_0 + \cdots + h_{t-1},$$

비교 횟수 $B+NT-S-A$, 이동 횟수 B임을 알 수 있다. 프로그램 S의 분석에서처럼, A는 본질적으로 중간 정렬 연산들에서 나타나는 좌에서 우로 극소값들의 개수이다. 그리고 B는 부분 파일들 안의 반전 개수이다. 실행 시간을 지배하는 요인은 B이며, 따라서 이 B를 주로 분석해야 한다. 분석의 편의를 위해, 키들이 서로 다르고 초기에는 무작위 순서로 배치되어 있다고 가정하겠다.

단계 D2의 연산을 "h정렬"이라고 부르도록 하자. 셸 정렬 공정은 h_{t-1}정렬로 시작해서 연이어 h_{t-2}정렬, ..., h_0정렬로 끝난다. $1 \le i \le N-h$에 대해 $K_i \le K_{i+h}$인 파일을 "h순서로 정렬되었음" 또는 줄여서 "h순서"라고 칭하기로 하자.

우선 직접 정렬의 가장 간단한 일반화라 할 수 있는, 증분이 $h_1 = 2$와 $h_0 = 1$ 두 개뿐인 경우부터 살펴보겠다. 이 경우 두 번째 패스는 2순서로 정렬된 키들의 수열 $K_1 K_2 \ldots K_N$으로 시작한다. $1 \le i \le n-2$에 대해 $a_i \le a_{i+2}$인 집합 $\{1, 2, ..., n\}$의 순열 $a_1 a_2 \ldots a_n$들의 개수는

$$\binom{n}{\lfloor n/2 \rfloor}$$

이다. 이는 $\lfloor n/2 \rfloor$개의 원소들을 짝수 번호 위치 $a_2 a_4 \ldots$에 넣고 나머지 $\lceil n/2 \rceil$개의 원소들은 홀수 번호 위치를 차지하게 하는 각각의 선택마다 정확히 하나의 2순서 순열이 만들어진다는 점을 생각하면 쉽게 확인할 수 있다. 무작위 파일에 2정렬 패스를 수행한 후에 각 2순서 순열이 만들어질 확률은 모두 동일하다. 그런 모든 순열 중 반전들의 평균 개수는 얼마일까?

$\{1, 2, ..., n\}$의 모든 2순서 순열 중 반전들의 전체 개수를 A_n으로 표기하자. $A_1 = 0$, $A_2 = 1$, $A_3 = 2$임은 명백하며, 다음과 같은 여섯 경우들을 고려하면 $A_4 = 1+0+1+1+2+3 = 8$임을 알 수 있다.

$$1\,3\,2\,4 \qquad 1\,2\,3\,4 \qquad 1\,2\,4\,3 \qquad 2\,1\,3\,4 \qquad 2\,1\,4\,3 \qquad 3\,1\,4\,2.$$

일반적인 A_n을 조사하는 한 가지 방법은 그림 11과 같은 "격자도(lattice diagram)"를 고려하는 것이다. 그림 11은 $n=15$에 대한 격자도이다. $\{1, 2, ..., n\}$의 한 2순서 순열은 왼쪽 상단 모서리의 점 $(0, 0)$에서 오른쪽 하단 모서리의 점 $(\lceil n/2 \rceil, \lfloor n/2 \rfloor)$로의 경로로 나타낼 수 있다. 여기서 경로의 k번째 단계는 k가 순열의 홀수 자리에 나타나느냐 짝수 자리에 나타나느냐에 따라 각각 아래쪽 또는 오른쪽으로 진행한다. 이러한 규칙은 2순서 순열들과 격자도의 한 모서리에서 다른 모서리로의 n단계 경로들 사이의 일대일 대응관계를 정의한다. 예를 들어 그림 11에서 두꺼운 실선으로 나타나 있는 경로는 순열

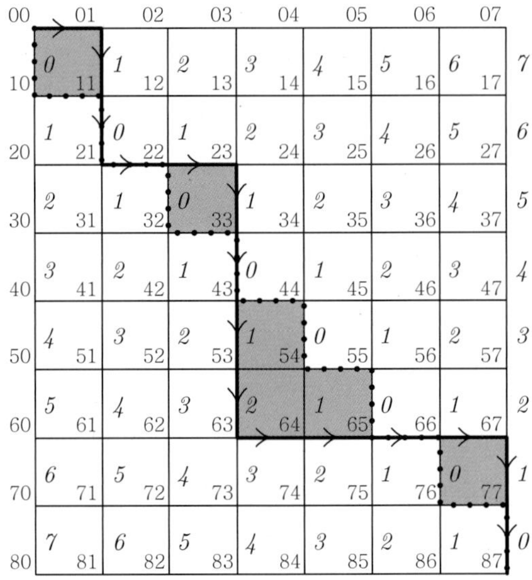

그림 11. 2순서 순열들과 격자의 경로들 사이의 대응관계. 이탤릭체로 된 수들은 가중치들로, 이들의 합은 해당 2순서 순열의 반전 개수이다.

$$2\ 1\ 3\ 4\ 6\ 5\ 7\ 10\ 8\ 11\ 9\ 12\ 14\ 13\ 15 \qquad (1)$$

에 대응한다. 더 나아가서, 그림 11에도 나와 있듯이 경로의 수직선분에 "가중치"를 부여할 수 있다. (i,j)에서 $(i+1,j)$로의 선에는 가중치 $|i-j|$를 부여한다. 이를 조금만 연구해 보면 각 경로의 가중치들의 합이 해당 순열의 반전들의 개수와 같음을 확인할 수 있을 것이다. 이 합은 또한 주어진 경로와 계단식 경로(그림의 점선) 사이의 그늘진 사각형들의 개수와도 같다. (연습문제 12 참고.) 따라서, 예를 들어 (1)의 반전 개수는 $1+0+1+0+1+2+1+0=6$이다.

$a \le a'$이고 $b \le b'$일 때, (a,b)에서 (a',b')로의 유효한 경로들의 개수는 수직선분 $a'-a$들과 수평선분 $b'-b$들을 섞는 방법의 수, 즉

$$\binom{a'-a+b'-b}{a'-a}$$

이다. 따라서 대응되는 경로가 (i,j)에서 $(i+1,j)$로의 수직선분을 거쳐 가는 순열들의 개수는

$$\binom{i+j}{i}\binom{n-i-j-1}{\lfloor n/2\rfloor-j}$$

이다. 부여된 가중치들을 여기에 곱하고 모든 선분들에 대해 합하면 다음이 나온다.

$$A_{2n} = \sum_{\substack{0\le i\le n\\ 0\le j\le n}} |i-j|\binom{i+j}{i}\binom{2n-i-j-1}{n-j};$$

$$A_{2n+1} = \sum_{\substack{0\le i\le n\\ 0\le j\le n}} |i-j|\binom{i+j}{i}\binom{2n-i-j}{n-j}. \qquad (2)$$

절대값 기호 때문에 계산이 다소 까다롭겠지만, 연습문제 14에 따르면 A_n은 놀라우리만치 간단한 형태인 $\lfloor n/2 \rfloor 2^{n-2}$이다. 따라서 하나의 무작위 2순서 순열의 반전들의 평균 개수는

$$\lfloor n/2 \rfloor 2^{n-2} \Big/ \binom{n}{\lfloor n/2 \rfloor}$$

이다. 스털링의 근사에 의해, 이는 점근적으로 $\sqrt{\pi/128}\, n^{3/2} \approx 0.15 n^{3/2}$이다. 최대 반전 개수가

$$\binom{\lfloor n/2 \rfloor + 1}{2} \approx \frac{1}{8} n^2$$

임은 쉽게 확인할 수 있다.

반전 개수의 분포를 좀 더 세심하게 살펴보면 도움이 될 것이다. 이를 위해 생성함수

$$\begin{aligned} h_1(z) &= 1, \\ h_2(z) &= 1 + z, \\ h_3(z) &= 1 + 2z, \\ h_4(z) &= 1 + 3z + z^2 + z^3, \qquad \ldots \end{aligned} \tag{3}$$

을 고찰하는데, 자세한 사항은 연습문제 15를 보기 바란다. 결론적으로, 이 고찰을 통해서 표준편차 역시 $n^{3/2}$에 비례함을 알 수 있으며, 따라서 분포가 평균에 대해 아주 안정적이지는 않다.

이제 증분이 h와 1일 때의, 알고리즘 D의 일반적인 2패스 경우를 살펴보자:

정리 H. *$\{1, 2, \ldots, n\}$의 한 h순서 순열의 평균 반전 개수는*

$$f(n, h) = \frac{2^{2q-1} q!\, q!}{(2q+1)!} \left(\binom{h}{2} q(q+1) + \binom{r}{2}(q+1) - \frac{1}{2}\binom{h-r}{2} q \right) \tag{4}$$

이다. 여기서 $q = \lfloor n/h \rfloor$이고 $r = n \bmod h$이다.

이 정리는 헌드Douglas H. Hunt에서 기인한다 [학사학위 논문, Princeton University (1967년 4월)]. $h \ge n$일 때 이 공식이 $f(n, h) = \frac{1}{2}\binom{n}{2}$라는 정확한 결과를 낸다는 점에 주목할 것.

증명. 하나의 h순서 순열은 길이가 $q+1$인 정렬된 부분수열 r개와 길이가 q인 정렬된 부분수열 $h-r$개를 담는다. 각 반전은 서로 다른 부분수열들의 쌍으로부터 비롯되며, 무작위 h순서 순열 안의 주어진 하나의 서로 다른 부분수열 쌍은 하나의 무작위 2순서 순열을 정의한다. 따라서 반전들의 평균 개수는 서로 다른 부분수열 쌍들 사이의 반전들의 평균 개수의 합이다. 즉

$$\binom{r}{2} \frac{A_{2q+2}}{\binom{2q+2}{q+1}} + r(h-r) \frac{A_{2q+1}}{\binom{2q+1}{q}} + \binom{h-r}{2} \frac{A_{2q}}{\binom{2q}{q}} = f(n, h)$$

이다. ▮

따름정리. *증분들의 수열 $h_{t-1}, \ldots, h_1, h_0$이*

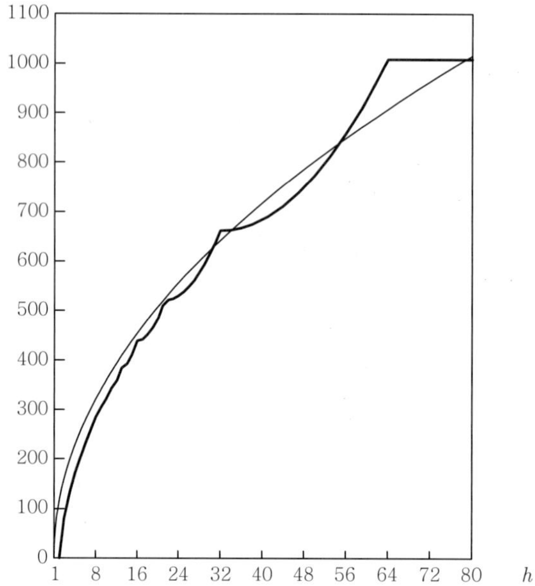

그림 12. n개의 원소들로 된 h순서 파일의 반전들의 평균 개수 $f(n, h)$, $n = 64$인 경우.

$$t-1 > s \geq 0\text{에 대해} \qquad h_{s+1} \bmod h_s = 0 \tag{5}$$

이라는 조건을 만족한다면, 알고리즘 D의 이동 연산의 평균 횟수는

$$\sum_{t > s \geq 0} (r_s f(q_s + 1, h_{s+1}/h_s) + (h_s - r_s) f(q_s, h_{s+1}/h_s)) \tag{6}$$

이다. 여기서 $r_s = N \bmod h_s$, $q_s = \lfloor N/h_s \rfloor$, $h_t = N h_{t-1}$이고 f는 (4)의 정의를 따른다.

증명. h_s정렬 공정은 길이가 $q_s + 1$인 (h_{s+1}/h_s)순서 부분파일 r_s개에 대한 한 번의 직접 삽입 정렬과 길이가 q_s인 그러한 부분파일 $(h_s - r_s)$개에 대한 한 번의 직접 삽입 정렬로 이루어진다. 가약성 조건은 이 부분파일들 각각이 하나의 무작위 (h_{s+1}/h_s)순서 순열임을 함의한다. 여기서 무작위라는 것은 각각의 (h_{s+1}/h_s)순서 순열이 동일 확률이라는 의미로, 이는 원래의 입력이 서로 다른 원소들에 대한 하나의 무작위 순열이라는 가정에서 비롯된 것이다. ▮

증분이 h와 1인 2패스 셸 정렬은 이 따름정리의 조건 (5)를 항상 만족한다. 만일 $q = \lfloor N/h \rfloor$이고 $r = N \bmod h$이면 프로그램 D의 수량 B의 평균은

$$rf(q+1, N) + (h-r)f(q, N) + f(N, h) = \frac{r}{2}\binom{q+1}{2} + \frac{h-r}{2}\binom{q}{2} + f(N, h)$$

가 된다. 최초의 근사에서 함수 $f(n, h)$는 $(\sqrt{\pi}/8)n^{3/2}h^{1/2}$과 같아진다. 그림 12에는 $n = 64$일 때의 이 함수의 곡선과 매끄러운 곡선이 비교되어 있다. 이 그림으로 볼 때 2패스 프로그램 D의 실행 시간은 근사적으로

$$2N^2/h + \sqrt{\pi N^3 h}$$

에 비례한다. 따라서 h의 최상의 선택은 약 $\sqrt[3]{16N/\pi} \approx 1.72\sqrt[3]{N}$이다. 그리고 h를 이렇게 선택했을 때 평균 실행 시간은 $N^{5/3}$에 비례한다.

그러므로, 직접 삽입 대신 증분이 두 개인 셸 정렬만 사용해도 $O(N^2)$에서 $O(N^{1.667})$로의 큰 개선을 이룰 수 있다. 더 많은 증분들을 사용하면 더 나은 결과를 얻을 수 있음은 물론이다. 연습문제 18은 t가 고정되어 있으며 h들이 가약 조건을 따른다고 할 때 최적의 $h_{t-1}, \ldots, h_0$을 선택하는 문제를 논의한다. 그런 최적의 선택에서 실행 시간은, 큰 N에 대해 $\epsilon = 1/(2^t - 1)$이라고 할 때 $O(N^{1.5+\epsilon/2})$으로 줄어든다. 위의 공식들로 $N^{1.5}$의 장벽을 깰 수는 없는데, 왜냐하면 마지막 패스가 항상

$$f(N, h_1) \approx (\sqrt{\pi}/8)N^{3/2}h_1^{1/2}$$

개의 반전들을 합에 기여하기 때문이다.

그러나 직관적으로 보면 증분 $h_{t-1}, \ldots, h_0$이 가약성 조건 (5)를 만족하지 않을 때 더 나은 결과를 얻을 수 있음을 알 수 있다. 예를 들어 8정렬 다음에 4정렬 다음에 2정렬을 수행하는 경우 짝수 위치 키들과 홀수 위치 키들 사이에는 어떠한 상호작용도 일어나지 않는다. 따라서 마지막 1정렬 패스는 평균 $\Theta(N^{3/2})$개의 반전들에 마주칠 수밖에 없다. 반면 7정렬 다음에 5정렬 다음에 3정렬을 수행하면 최종 1정렬 패스가 마주치는 반전들의 개수가 $2N$개를 넘지 않는다! (연습문제 26 참고.) 실제로 다음과 같은 놀라운 현상이 일어난다.

정리 K. *k순서 파일에 h정렬을 수행해도 그 파일은 여전히 k순서이다.*

따라서 7정렬 다음에 5정렬을 적용한 파일은 7순서이자 5순서이다. 그것을 다시 3정렬하면 그 결과는 7들, 5들, 3들로 정렬된 것이다. 이 놀라운 성질의 예들을 표 4에서 볼 수 있다.

증명. 연습문제 20은 정리 K가 다음과 같은 사실에서 비롯된 것임을 보여준다:

보조정리 L. *m, n, r이 음이 아닌 정수들이고 $(x_1, \ldots, x_{m+r})$과 $(y_1, \ldots, y_{n+r})$이 다음을 만족하는 임의의 수열들이라고 하자.*

$$y_1 \le x_{m+1}, \qquad y_2 \le x_{m+2}, \qquad \ldots, \qquad y_r \le x_{m+r}. \tag{7}$$

만일 x들과 y들을 독립적으로 정렬해서 $x_1 \le \cdots \le x_{m+r}$, $y_1 \le \cdots \le y_{n+r}$가 되게 한다면, 관계식 (7)은 여전히 유효하다.

증명. 서로 다른 x들이 서로 다른 y들보다 우세할(즉, 크거나 같을) 때, x들 중 m개를 제외한 모든 수가 우세한 어떤 y가 존재한다고 알려져 있다. $1 \le j \le r$라고 하자. 정렬 이후 x_{m+j}는 x들 중 $m+j$개보다 우세하므로, x_{m+j}는 y들 중 적어도 j개보다 우세하다. 따라서 그것은 y들 중 최소의 j개보다 우세하다. 그러므로 정렬 이후 $x_{m+j} \ge y_j$이다. ▮ ▮

정리 K는 증분들이 서로 소가 되도록 하는 게 바람직함을 제시한다. 그러나 알고리즘 D의 이동

횟수에 대한 정확한 추정치가 정리 K로부터 바로 나오지는 않는다. 게다가 $\{1, 2, \ldots, n\}$의 순열들 중 h순서이자 k순서인 것들의 개수가 항상 $n!$의 약수는 아니므로, 정리 K만으로 우리가 원하는 모든 결과를 얻을 수는 없다. k정렬 및 h정렬을 수행한 후에 일부 k순서, h순서 파일들이 다른 것들보다 더 많이 나올 수 있다. 이런 이유로, 지금까지 일반적인 증분 $h_{t-1}, \ldots, h_0$에 대한 알고리즘 D의 평균 경우를 분석하려고 시도한 사람들은 모두 $t > 3$인 경우에서 무릎을 꿇었다. 심지어는 N과 $(h_{t-1}, \ldots, h_0)$이 주어졌을 때의 최악의 경우를 찾는 방법도 딱히 명확한 것이 없다. 그러나 증분들이 특정한 형태를 가지는 경우의 최대 실행 시간 근사치에 대해서는 여러 가지 사실들을 이끌어낼 수 있다:

정리 P. $0 \le s < t = \lfloor \lg N \rfloor$*에 대해* $h_s = 2^{s+1} - 1$ *일 때, 알고리즘 D의 실행 시간은* $O(N^{3/2})$ *이다.*

증명. 패스 s에서의 이동 횟수 B_s의 한계를 $B_{t-1} + \cdots + B_0 = O(N^{3/2})$ 형태로 두는 것으로 충분하다. $t > s \ge t/2$인 처음 $t/2$회의 패스들에서는 명백한 한계 $B_s = O(h_s(N/h_s)^2)$을 사용할 수 있을 것이다. 그리고 이후의 패스들에서는 연습문제 23의 결과인 $B_s = O(Nh_{s+2}h_{s+1}/h_s)$를 사용할 수 있다. 따라서 $B_{t-1} + \cdots + B_0 = O(N(2 + 2^2 + \cdots + 2^{t/2} + 2^{t/2} + \cdots + 2)) = O(N^{3/2})$이다. ▮

이 정리는 파페르노프A. A. Papernov와 스타세비치G. V. Stasevich의 *Problemy Peredachi Informatsii* 1, 3 (1965), 81-98에서 기인한 것이다. 이 정리는 알고리즘의 평균 실행 시간에 대한 한계는 물론 최악의 경우 실행 시간에 대한 상계까지도 제공한다. 이 결과가 자명한 것은 아닌데, 왜냐하면 h가 가약성 조건 (5)를 만족할 때의 최대 실행 시간이 N^2의 규모이기 때문이다. 그리고 연습문제 24는 지수 $3/2$를 더 낮출 수 없음을 보여준다.

정리 P의 한 흥미로운 개선을 프랫Vaughan Pratt이 1969년에 발견했다: *만일 증분들을 N보다 작은 $2^p 3^q$ 형태의 모든 수의 집합으로 선택한다면, 알고리즘 D의 실행 시간의 규모는 $N(\log N)^2$이다.* 이 경우에는 알고리즘을 여러 중요한 방식으로 단순화할 수 있다. 연습문제 30, 31을 볼 것. 그런데, 그렇게 단순화한다고 해도 프랫의 방법은 상당한 추가부담을 필요로 한다. 자료에 대해 꽤 많은 횟수의 패스들을 적용해야 하기 때문이다. 따라서 N이 천문학적으로 큰 수가 아닌 한, 실제 응용에서 그의 증분들이 정리 P의 것들보다 실제로 정렬을 더 빠르게 만들지는 않는다. 현실적인 N에 대한 최상의 증분 수열은 $h_s \approx \rho^s$을 만족하는 증분들의 수열인 것 같다. 여기서 비율 $\rho \approx h_{s+1}/h_s$는 s에는 대체로 독립적이나 N에는 의존할 수 있다.

앞에서, 각 증분이 그 이전 것들 모두의 약수가 되는 방식으로 증분들을 선택하는 것은 그리 현명하지 않은 일임을 밝혀냈었다. 그러나 그렇다고 각 증분이 그 이전 것들 모두와 서로 소가 되도록 증분들을 선택하는 것이 최선이라는 결론을 내려서는 안 된다. 실제로는, $h \perp k$라 할 때 gh정렬 및 gk정렬된 파일을 g정렬하는 경우 파일의 모든 원소에는 많아야 $\frac{1}{2}(h-1)(k-1)$개의 반전들이 존재한다. (연습문제 21 참고) 이 사실에 의해 프랫의 수열 $\{2^p 3^q\}$이 $N \to \infty$에 따라 우월해지겠지만, 실제 응용에서 N은 너무 느리게 증가한다.

인세르피Janet Incerpi와 세지윅Robert Sedgewick은 두 접근방식 모두의 장점을 취하는 한 가지 방법을 발견했다 〔*J. Comp. Syst. Sci.* 31 (1985), 210-224; 또한 *Lecture Notes in Comp. Sci.* 1136 (1996), 1-11도 볼 것〕. 그들은 $h_s \approx \rho^s$이나 그래도 각 증분이 그 이전 두 증분의 gcd임을 만족하는 증분들의 수열을 구축하는 방법을 보였다. 그들의 방법은 이렇다: 임의의 수 $\rho > 1$가 주어졌다고 할 때, 우선 기반 수열 $a_1, a_2, \ldots$을 정의하는 것으로 시작한다. 여기서 a_k는 $1 \le j < k$에 대해 $a_j \perp a_k$를 만족하는 가장 작은 정수 $\ge \rho^k$이다. 예를 들어 만일 $\rho = 2.5$이면 기반 수열은

$$a_1,\ a_2,\ a_3,\ \ldots = 3,\ 7,\ 16,\ 41,\ 101,\ 247,\ 613,\ 1529,\ 3821,\ 9539,\ \ldots$$

이다. 그런 다음에는 $h_0 = 1$로, 그리고

$$\binom{r}{2} < s \le \binom{r+1}{2} \text{에 대해} \qquad h_s = h_{s-r}\,a_r \tag{8}$$

로 설정해서 증분들을 설정한다. 따라서 증분들의 수열은

$$1;\ a_1;\ a_2,\ a_1a_2;\ a_1a_3,\ a_2a_3,\ a_1a_2a_3;\ \ldots$$

과 같은 형태이다. 예를 들어 $\rho = 2.5$일 때 증분 수열은

$$1,\ 3,\ 7,\ 21,\ 48,\ 112,\ 336,\ 861,\ 1968,\ 4592,\ 13776,\ 33936,\ 86961,\ 198768,\ \ldots$$

이다. 이 방법의 핵심은 점화식 (8)을 다음과 같이 변형할 수 있다는 것이다:

$$\binom{r-1}{2} \le s < \binom{r}{2} \text{에 대해} \qquad h_s = h_{r+s}/a_r = h_{\binom{r}{2}}/a_{\binom{r}{2}-s}. \tag{9}$$

따라서, 이전 문단의 논증에 의해, h_0정렬, h_1정렬, ...을 수행할 때 원소 당 최대 반전 개수들은

$$b(a_2, a_1);\, b(a_3, a_2),\, b(a_3, a_1);\, b(a_4, a_0),\, b(a_1, a_2),\, b(a_4, a_1);\, \ldots \tag{10}$$

이다($b(h, k) = \frac{1}{2}(h-1)(k-1)$이라고 둔 것이다). 만일 $\rho^{t-1} \le N < \rho^t$이면 전체 이동 횟수 B는 최대 N 곱하기 이 수열의 처음 t개의 원소들의 합이다. 그러므로(연습문제 41 참고) 최악의 경우의 실행 시간이 규모 $N^{1.5}$보다 훨씬 나음을 증명할 수 있다.

정리 I. *증분 h_s들을 (8)과 같이 정의했을 때 알고리즘 D의 실행 시간은 $O(Ne^{c\sqrt{\ln N}})$이다. 여기서 $c = \sqrt{8 \ln \rho}$이며 O가 함의하는 상수는 ρ에 의존한다.* ▮

$N \to \infty$로 가면, 이러한 점근적 상계가 특별히 중요하지는 않게 된다. 프랫의 수열이 더 낫기 때문이다. 정리 I의 요점은, 임의의 값 $\rho > 1$가 주어졌을 때, 현실적인 증가율 $h_s \approx \rho^s$을 가진 증분들의 수열을 사용하면 임의의 작은 $\epsilon > 0$에 대해 $O(N^{1+\epsilon})$의 실행 시간이 보장될 수 있다는 것이다.

그럼 현실적인 크기의 N을 프로그램 D의 총 실행 시간, 즉 $(9B + 10NT + 13T - 10S - 3A + 1)u$를 통해서 좀 더 자세히 고찰해보자. 표 5는 $N = 8$일 때의 여러 증분 수열들에 대한 평균

표 5

$N=8$일 때의 알고리즘 D의 분석

증분들	A_{ave}	B_{ave}	S	T	MIX 시간
1	1.718	14.000	1	1	$204.85u$
2 1	2.667	9.657	3	2	$235.91u$
3 1	2.917	9.100	4	2	$220.15u$
4 1	3.083	10.000	5	2	$217.75u$
5 1	2.601	10.000	6	2	$209.20u$
6 1	2.135	10.667	7	2	$206.60u$
7 1	1.718	12.000	8	2	$209.85u$
4 2 1	3.500	8.324	7	3	$274.42u$
5 3 1	3.301	8.167	9	3	$253.60u$
3 2 1	3.320	7.829	6	3	$280.50u$

실행 시간을 정리한 것이다. N이 이처럼 작은 값인 경우에는 정리(bookkeeping) 연산들이 비용의 대부분을 차지하며, 최선의 결과는 $t=1$일 때 얻어진다. 따라서 $N=8$에 대해서는 단순한 직접 삽입을 사용하는 것이 낫다. ($N=8$일 때의 프로그램 S의 평균 실행 시간은 $191.85u$밖에 되지 않는다.) 이상하게도, 최상의 2패스 알고리즘은 $h_1=6$일 때 나온다. 이 경우에는 S가 크다는 것이 B가 작다는 것보다 더 중요하기 때문이다. 비슷하게, 평균 이동 횟수는 증분들이 3 2 1일 때 가장 작으나, 그렇다고 이것이 최상의 3패스 증분 수열인 것은 아니다. 여기서 이동 횟수가 최대가 되는 "최악의 경우" 순열들을 몇 가지 나열해 보아도 재미있을 것이다(그런 순열들을 만드는 일반적인 방법이 아직도 알려지지 않았다는 점에서):

$$h_2=5,\quad h_1=3,\quad h_0=1:\qquad 8\ 5\ 2\ 6\ 3\ 7\ 4\ 1\qquad (\text{이동 19회})$$

$$h_2=3,\quad h_1=2,\quad h_0=1:\qquad 8\ 3\ 5\ 7\ 2\ 4\ 6\ 1\qquad (\text{이동 17회})$$

N이 커짐에 따라 상황이 조금 달라진다. 표 6은 $N=1000$일 때의 여러 증분 수열들에 대한 추정 이동 횟수들을 나열한 것이다. 처음 몇 항목들은 가약성 조건 (5)를 만족하며, 따라서 공식 (6)과 연습문제 19를 적용할 수 있다. 나머지 경우들에 대해서는 원소가 1000개인 무작위 파일들을 천 개 생성하고 각각을 각 증분 수열로 정렬하는 실험적 검정을 통해서 근사 평균값들을 얻었다. 좌에서 우로 극소 개수 A의 표준편차는 대체로 약 15이고, 이동 횟수 B의 표준편차는 대체로 약 300이었다.

이 자료에는 두드러진 패턴들이 몇 가지 존재하나, 알고리즘 D의 습성은 여전히 아주 모호한 상태이다. 셸은 원래 증분 $\lfloor N/2\rfloor$, $\lfloor N/4\rfloor$, $\lfloor N/8\rfloor$, ...을 사용할 것을 제안했으나, N의 이진 표현에 긴 0들의 열이 존재하는 경우에는 바람직하지 않다. 래저러스Lazarus와 프랭크Frank는 본질적

표 6

$N=1000$일 때의 알고리즘 D의 근사적 습성

증분들													A_{ave}	B_{ave}	T
												1	6	249750	1
											17	1	65	41667	2
										60	6	1	158	26361	3
									140	20	4	1	262	21913	4
								256	64	16	4	1	362	20459	5
							576	192	48	16	4	1	419	20088	6
						729	243	81	27	9	3	1	378	18533	7
			512	256	128	64	32	16	8	4	2	1	493	16435	10
				500	250	125	62	31	15	7	3	1	516	7655	9
				501	251	125	63	31	15	7	3	1	558	7370	9
				511	255	127	63	31	15	7	3	1	559	7200	9
					255	127	63	31	15	7	3	1	436	7445	8
						127	63	31	15	7	3	1	299	8170	7
							63	31	15	7	3	1	190	9860	6
								31	15	7	3	1	114	13615	5
			513	257	129	65	33	17	9	5	3	1	561	6745	10
				257	129	65	33	17	9	5	3	1	440	6995	9
					129	65	33	17	9	5	3	1	304	7700	8
						65	33	17	9	5	3	1	197	9300	7
							33	17	9	5	3	1	122	12695	6
			683	341	171	85	43	21	11	5	3	1	511	7365	10
				341	171	85	43	21	11	5	3	1	490	7490	9
							255	63	15	7	3	1	373	8620	6
							257	65	17	5	3	1	375	8990	6
							341	85	21	5	3	1	410	9345	6
377	233	144	89	55	34	21	13	8	5	3	2	1	518	7400	3
	233	144	89	55	34	21	13	8	5	3	2	1	432	7610	12
						377	144	55	21	8	3	1	456	8795	7
						365	122	41	14	5	2	1	440	8085	7
							364	121	40	13	4	1	437	8900	6
								121	40	13	4	1	268	9790	5
						336	112	48	21	7	3	1	432	7840	7
				306	170	90	45	18	10	5	2	1	465	6755	9
							169	91	49	13	7	1	349	8698	6
					275	125	121	55	25	11	5	1	446	6788	8
						190	84	37	16	7	3	1	359	7201	7
					929	505	209	109	41	19	5	1	512	7725	8
						505	209	109	41	19	5	1	519	7790	7
							209	109	41	19	5	1	382	8165	6

으로 같은 수열이되 모든 증분이 홀수가 되도록 적절히 1을 더한 수열의 사용을 제안했다 〔*CACM* 3 (1960), 20-22〕. 히버드Hibbard는 2^k-1 형태의 증분들을 제안했으며 〔*CACM* 6 (1963), 206-213〕, 파페르노프Papernov와 스타세비치Stasevich는 2^k+1 형태를 제안했다. 표 6에 나온 다른 자연스러운 수열들은 수 $(2^k-(-1)^k)/3$들과 $(3^k-1)/2$들, 그리고 피보나치 수와 $\rho=2.5$ 및 $\rho=2$에 대한 인세르피-세지윅Incerpi-Sedgewick 수열 (8)에 관련된 것들이다. 프랫의 수열과 비슷한 $\{5^p11^q\}$과 $\{7^p13^q\}$도 있는데, 이는 그런 수들이 점근적 습성 $O(N(\log N)^2)$을 유지하되 작은 N에 대해서는 더 낮은 추가부담 비용을 가지기 때문이다. 표 6의 마지막 예들은 세지윅이 약간 다른 발견법에 기초하여 고안한, 다음과 같은 또 다른 수열에서 온 것이다 〔*J. Algorithms* 7 (1986), 159-173〕:

$$h_s=\begin{cases}9\cdot2^s-9\cdot2^{s/2}+1, & \text{만일 } s\text{가 짝수이면;}\\ 8\cdot2^s-6\cdot2^{(s+1)/2}+1, & \text{만일 } s\text{가 홀수이면.}\end{cases}\tag{11}$$

세지윅은 이 $(h_0,h_1,h_2,\ldots)=(1,5,19,41,109,209,\ldots)$ 증분들을 사용할 때 최악의 경우 실행 시간이 $O(N^{4/3})$임을 증명했다.

최소 이동 횟수는 약 6750으로, 이는 2^k+1 형태의 증분들에서 나타나고 $\rho=2$에 대한 인세르피-세지윅 수열에서도 나타난다. 그런데 이동 횟수가 유일한 고려사항은 아니라는 점을 깨닫는 것이 중요하다. 심지어는 이동 횟수가 점근적 실행 시간을 지배하는 경우에도 유일한 고려사항은 아니다. 프로그램 D의 실행 시간은 $9B+10(NT-S)+\cdots$ 단위이므로, 패스 하나를 줄이는 것은 이동을 $\frac{10}{9}N$번 줄이는 것과 맞먹는다고 할 수 있다. $N=1000$일 때에는 패스를 하나 줄일 수 있다면 이동을 1111번 더 하더라도 이득인 것이다. (그러나 만일 h_{t-1}이 N에 가깝다면 첫 번째 패스는 아주 빠르다. $NT-S=(N-h_{t-1})+\cdots+(N-h_0)$이기 때문이다.)

웨이스M. S. Weiss가 수행한 실험들 〔*Comp. J.* 34 (1991), 88-91〕은 증분들을 $2^k-1,\ldots,15,7,3,1$로 두고 알고리즘 D를 수행할 때의 평균 이동 횟수가 근사적으로 $N^{5/4}$에 비례함을 강하게 시사한다. 좀 더 정확히 말하면, 웨이스는 그런 증분들을 사용했을 때 $100\le N\le12000000$에 대해 $B_{\text{ave}}\approx1.55N^{5/4}-4.48N+O(N^{3/4})$임을 발견했다. 실험적 표준편차는 약 $.065N^{5/4}$이었다. 반면, 치우라Marcin Ciura의 이후 실험들은 세지윅의 수열 (11)이 명백히 $B_{\text{ave}}=O(N(\log N)^2)$ 또는 그보다 나은 결과를 냄을 보여준다. 수열 (11)에 대한 표준편차는 $N\le10^6$에 대해 놀랄 만치 작으나, N이 10^7을 넘기면 이상하게도 "폭발"하기 시작한다.

표 7은 2^k-1, 2^k+1, (11) 형태의 증분들을 사용한 세 무작위 실험들에서 얻은 전형적인 패스당 이동 횟수들이다. 각 경우에 대해 같은 수의 파일들을 사용했다. 세 경우에서 총 이동 횟수 $\sum_sB_s$는 각각 346152, 329532, 248788이므로, 이 예의 경우 명백히 (11)이 우월하다.

알고리즘 D의 습성이 차차 밝혀지고는 있지만, 30년 이상의 연구에서도 어떤 증분 수열이 가장 잘 작동하는지에 대해 강한 단언을 내리는 데 필요한 기반은 발견하지 못했다. N이 1000보다 작은 경우에는

표 7

패스 당 이동 횟수: $N=20000$으로 둔 실험들

h_s	B_s	h_s	B_s	h_s	B_s
4095	19458	4097	19459	3905	20714
2047	15201	2049	14852	2161	13428
1023	16363	1025	15966	929	18206
511	18867	513	18434	505	16444
255	23232	257	22746	209	21405
127	28034	129	27595	109	19605
63	33606	65	34528	41	26604
31	40350	33	45497	19	23441
15	66037	17	48717	5	38941
7	43915	9	38560	1	50000
3	24191	5	20271		
1	16898	3	9448		
		1	13459		

$$h_0 = 1,\ h_{s+1} = 3h_s + 1\text{로 두고, } h_{t+1} > N\text{이 되는 } h_{t-1}\text{까지만 사용한다} \qquad (12)$$

같은 간단한 규칙이 다른 것들만큼이나 좋은 것으로 보인다. N이 더 큰 값인 경우에는 세지윅의 수열 (11)을 권장할 수 있을 것이다. 그 보다 나은, 규모가 $N \log N$ 정도도 될 수 있는 결과를 토쿠다 N. Tokuda가 보고한 바 있다. 그는 (12)에서 $3h_s$ 대신 $\lfloor 2.25h_s \rfloor$라는 수량을 사용했다. 이에 대해서는 *Information Processing 92* 1 (1992), 449–457을 볼 것.

목록 정렬. 셸 정렬은 이 정도로 하고, 직접 삽입에 대한 또 다른 종류의 개선안들을 살펴보자. 주어진 한 알고리즘을 개선하는 가장 중요한 일반적 방법들 중 하나는, 알고리즘이 사용하는 자료구조들을 세심히 살펴보는 것이다. 자료구조들을 재조직화해보면 불필요한 연산들을 제거할 수 있으며, 그러면 상당한 시간의 절약이 가능한 경우가 자주 있기 때문이다. 이러한 일반적 착상에 대해서는 2.4절에서 자세히 논의했는데, 그 때 다룬 알고리즘은 다소 복잡한 것이었다. 이번에는 직접 삽입 같은 아주 간단한 알고리즘에 그런 착상을 적용하는 방법을 살펴보겠다. 알고리즘 S에서 가장 두드러진 자료구조는 무엇일까?

직접 삽입은 다음과 같은 두 가지 기본적인 연산들을 사용한다:

i) 순서 있는 파일을 훑으면서 주어진 키보다 작거나 같은 가장 큰 키를 찾는다.
ii) 순서 있는 파일의 특정 부분에 새 레코드를 삽입한다.

여기서 말하는 파일이 하나의 선형 목록임은 명백하며, 알고리즘 S는 이 목록을 순차 할당(2.2.2절)을 이용해서 다룬다. 따라서 각 삽입 연산을 수행하기 위해서는 정렬된 레코드들 중 대략 절반을 이동해야

표 8

목록 삽입의 예

j:	0	1	2	3	4	5	6	7	8	9	10	11	12	13	14	15	16
K_j:	–	503	087	512	061	908	170	897	275	653	426	154	509	612	677	765	703
L_j:	16	–	–	–	–	–	–	–	–	–	–	–	–	–	–	–	0
L_j:	16	–	–	–	–	–	–	–	–	–	–	–	–	–	–	0	15
L_j:	14	–	–	–	–	–	–	–	–	–	–	–	–	–	16	0	15
. . .																	

한다. 한편, 우리는 삽입에 연결된 할당(2.2.3절)이 이상적임을 이미 알고 있다. 삽입을 위해 링크 몇 개만을 수정하면 되기 때문이다. 그리고 또 다른 연산, 즉 순차적인 훑기가 순차 할당만큼이나 쉽다. 목록은 항상 같은 방향으로만 훑게 되므로, 목록에는 단방향 연결만으로 충분하다. 따라서 삽입 정렬에 적합한 자료구조는 단방향 연결된 선형 목록이라는 결론을 내릴 수 있다. 그럼 그러한 자료구조를 사용하도록 알고리즘 S를 개선해 보자. 자료구조의 변화에 따른 수정과 함께, 목록을 증가 순서로 훑도록 변경하는 것도 일을 편하게 만든다.

알고리즘 L (목록 삽입). 레코드 $R_1, \ldots, R_N$에 키 $K_1, \ldots, K_N$과 함께 링크 필드 $L_1, \ldots, L_N$도 들어 있다고 가정한다. 링크 필드는 0에서 N까지의 수들을 담을 수 있다. 또한 파일 시작 부분에는 인위적 레코드 R_0이 있으며, 거기에는 추가적인 링크 필드 L_0이 있다. 이 알고리즘은 레코드들이 오름차순으로 연결되도록 링크 필드들을 설정한다. 즉, 만일 $p(1) \ldots p(N)$이 $K_{p(1)} \le \cdots \le K_{p(N)}$가 되게 하는 안정적 순열이라면, 이 알고리즘은 다음과 같은 결과를 낸다.

$$L_0 = p(1); \qquad 1 \le i < N\text{에 대해} \quad L_{p(i)} = p(i+1); \qquad L_{p(N)} = 0. \tag{13}$$

L1. 〔j에 대한 반복.〕 $L_0 \leftarrow N$, $L_N \leftarrow 0$으로 설정한다. (링크 L_0은 목록의 "머리" 역할을 하며, 0은 공링크 역할을 한다. 따라서 이 목록은 본질적으로 순환목록이다.) $j = N-1, N-2, \ldots, 1$에 대해 단계 L2에서 L5까지를 수행한다. 그런 다음 알고리즘을 끝낸다.

L2. 〔p, q, K를 설정.〕 $p \leftarrow L_0$, $q \leftarrow 0$, $K \leftarrow K_j$로 설정한다. (다음 단계들에서는 K를 오름차순으로 되어 있는 이전 키들과 비교해서 R_j를 연결 목록의 적절한 장소에 삽입한다. 변수 p와 q는 목록의 현재 위치를 가리키는 포인터 역할을 하는데, $p = L_q$로 두어서 q가 p보다 한 단계 이전을 가리키게 한다.)

L3. 〔$K : K_p$ 비교.〕 만일 $K \le K_p$이면 단계 L5로 간다. (레코드 R의, 목록의 R_q와 R_p 사이의 적절한 장소를 찾은 것이다.)

L4. 〔p, q를 밀어낸다.〕 $q \leftarrow p$, $p \leftarrow L_q$로 설정한다. 만일 $p > 0$이면 단계 L3으로 돌아간다. (만일 $p = 0$이면 K는 지금까지 발견된 가장 큰 키이다. 따라서 레코드 R은 R_q와 R_0 사이의, 목록의 끝에 속한다.)

L5. 〔목록에 삽입.〕 $L_q \leftarrow j$, $L_j \leftarrow p$로 설정한다. ▮

이 알고리즘은 간단한 정렬 방법이라는 점에서도 중요하지만, 다른 목록 처리 알고리즘들의 일부로 자주 나타난다는 점에서도 중요하다. 표 8은 지금까지 사용했던 열여섯 개의 예제 수들을 정렬할 때의 처음 몇 단계들이다. 최종적인 링크 설정은 연습문제 32에 나온다.

프로그램 L (목록 삽입). K_j들이 INPUT+ $j(0:3)$에, L_j들이 INPUT+ $j(4:5)$에 저장되어 있다고 가정한다. $\mathrm{rI1} \equiv j$; $\mathrm{rI2} \equiv p$; $\mathrm{rI3} \equiv q$; $\mathrm{rA}(0:3) \equiv K$.

```
KEY    EQU   0:3
LINK   EQU   4:5
START  ENT1  N                 1          L1. j에 대한 반복. j ← N.
       ST1   INPUT(LINK)       1          L0 ← N.
       STZ   INPUT+N(LINK)     1          LN ← 0.
       JMP   6F                1          j를 감소하는 곳으로 점프.
2H     LD2   INPUT(LINK)       N−1        L2. p, q, K를 설정. p ← L0.
       ENT3  0                 N−1        q ← 0.
       LDA   INPUT,1           N−1        K ← Kj.
3H     CMPA  INPUT,2(KEY)      B+N−1−A    L3. K : Kp 비교.
       JLE   5F                B+N−1−A    만일 K ≤ Kp이면 L5로.
4H     ENT3  0,2               B          L4. p, q를 밀어낸다. q ← p.
       LD2   INPUT,3(LINK)     B          p ← Lq.
       J2P   3B                B          만일 p > 0이면 L3으로.
5H     ST1   INPUT,3(LINK)     N−1        L5. 목록에 삽입. Lq ← j.
       ST2   INPUT,1(LINK)     N−1        Lj ← p.
6H     DEC1  1                 N
       J1P   2B                N          N > j ≥ 1. ▮
```

이 프로그램의 실행 시간은 $7B+14N-3A-6$단위로, 여기서 N은 파일의 길이이고 $A+1$은 우에서 좌로 극대값들의 개수, B는 원래 순열의 반전 개수이다. (프로그램 S의 분석을 볼 것. 프로그램 L이 메모리 안의 레코드들을 재배치하지는 않음을 주목하라. 그런 방식은 연습문제 5.2-12에 나오는데, 실행 시간은 약 $20N$단위 정도 늘어난다.) 프로그램 S의 실행 시간은 $(9B+10N-3A-9)u$이고 B는 약 $\frac{1}{4}N^2$이므로, 링크 필드들을 저장하는 데 추가적인 메모리 공간이 쓰이긴 했지만 실행 시간은 약 22퍼센트 줄었다. 프로그램을 세심하게 작성한다면(연습문제 33) 22퍼센트를 더 줄일 수 있으나, 그래도 실행 시간은 N^2에 비례한다.

지금까지 한 일을 정리하자면: 우리는 약 $\frac{1}{4}N^2$회의 비교와 $\frac{1}{4}N^2$회의 이동을 수행하는 간단하고도 당연한 정렬 알고리즘 S로 출발했다. 그리고 그에 대한 개선을 고민했는데, 한 방향으로는 $N \lg N$회의 비교와 $\frac{1}{4}N^2$회의 이동을 수행하는 이진 삽입을 고찰했다. "양방향 삽입"을 통해서 자료구조를 조금 변경함으로써 이동 횟수를 약 $\frac{1}{8}N^2$으로 줄일 수 있었다. 그리고 셸 정렬을 통해서 비교 및 이동 횟수를 현실적인 크기의 N에 대해 약 $N^{7/6}$으로 줄였다. $N \to \infty$에 따라 이 수는 $N(\log N)^2$의

규모로 줄어들 수 있다. 알고리즘 S를 개선하는 또 다른 방향은 연결된 자료구조의 사용을 고려해서 목록 삽입 방법을 만드는 데 있었다. 이 방법은 비교 $\frac{1}{4}N^2$회, 이동 0회, 그리고 링크 변경 $2N$회를 수행한다.

이러한 방법들의 최고의 특징들만 조합함으로써 비교 회수를 이진 삽입에서처럼 $N \log N$의 규모로 줄이고 이동 횟수는 목록 삽입에서처럼 줄이는 것이 가능할까? 답은 "예"이다. 트리 구조의 배치를 사용하면 된다. 이러한 가능성은 1957년에 휠러D. J. Wheeler가 처음으로 탐구했다. 그가 제안한 방법은, 자료를 이동해야 할 때가 되기까지는 양방향 삽입을 사용하되, 그 후부터는 자료를 이동하는 대신 다른 메모리 영역을 가리키는 한 포인터를 삽입하고, 그 새 메모리 영역에 삽입될 모든 항목에 대해서 같은 기법을 적용하는 형태였다. 휠러의 원래의 방법 [A. S. Douglas, *Comp. J.* 2 (1959), 5 참고]은 다양한 크기의 노드들을 가진 순차 및 연결 메모리의 복잡한 조합이다. 우리의 열여섯 예제 수들에 대해서는 그림 13과 같은 트리가 만들어진다. 이와 비슷하나 좀 더 간단한, 이진트리를 이용한 트리 삽입 방안(scheme)을 버너스-리C. M. Berners-Lee가 1958년경에 고안했다 [*Comp. J.* 3 (1960), 174, 184 참고]. 이진트리 방법과 그에 대한 개선들은 정렬뿐만 아니라 검색에서도 상당히 중요하므로, 이후 6.2.2절에서 자세히 논의할 것이다.

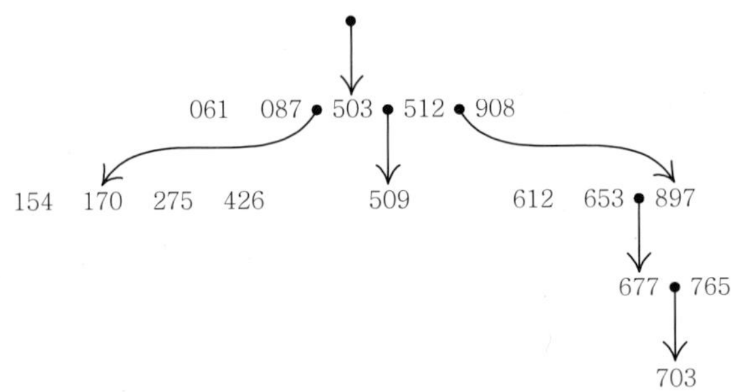

그림 13. 휠러의 트리 삽입 방안의 예.

삽입 정렬의 또 다른 개선안이 존재한다. 핵심은 한 번에 여러 개의 항목들을 삽입한다는 것이다. 예를 들어 파일에 1000개의 항목들이 있는데 그 중 998개가 이미 정렬되었다고 하면, 알고리즘 S는 파일을 두 번 더 훑게 된다(한 패스는 R_{999}를 삽입하고, 그 다음 패스는 R_{1000}을 삽입한다). 만일 K_{999}를 K_{1000}과 비교해서 어느 것이 더 큰지 결정하고 그 둘 모두를 한 번에 파일에 삽입한다면 시간을 줄일 수 있음이 명백하다. 이런 종류의 결합된 연산은 각각 비교, 이동 $\frac{1}{2}N$회의 두 패스 대신에 약 $\frac{2}{3}N$회의 비교와 이동을 수행한다(연습문제 3.4.2-5).

다른 말로 하면, 일반적으로 긴 검색이 필요한 연산들을 한 데 "묶어서(batch)" 여러 연산들이 함께 수행되도록 하는 것이 좋다. 이런 착상을 자연스러운 방식으로 전개하다 보면 병합에 의한 정렬 방법을 다시 발견하게 된다. 이것은 아주 중요한 방법이므로, 5.2.4절에서 따로 논의하겠다.

주소 계산 정렬. 직접 삽입이라는 단순한 방법을 개선하는 방법들을 모두 살펴본 게 아닌가 하는 생각이 들지도 모르겠는데, 그렇지 않다! 무작위 순서로 주어진 수 십 권의 책들을 독자의 책장에 저자 이름 순서로 배치한다고 하자. 독자는 각 책을 놓을 때 그 책의 최종 위치를 추정함으로써 비교와 이동 횟수를 최소화하려고 노력할 것이다. 또한 책장의 공간이 꼭 필요한 것보다 조금 더 큰 경우에도 전체 공정의 효율이 다소 증가한다. 컴퓨터 정렬에 이런 방법이 처음으로 제안된 것은 Isaac, Singleton, *JACM* 3 (1956), 169–174에서이며, 이후 Tarter, Kronmal, *Proc. ACM National Conference* 21 (1966), 331-337에 의해서 좀 더 전개되었다.

일반적으로 주소 계산 정렬(address calculation sorting)은 N에 비례하는 추가적인 저장 공간을 요구한다. 그러한 추가 공간은 과도한 이동을 피할 수 있을 정도의 충분한 공간을 남겨두기 위해 쓰이거나 키들의 분포에 존재하는 비정규성을 처리하기 위한 보조표들을 담는 데 쓰인다. (후자에 관련해서는 "분포 집계" 정렬, 알고리즘 5.2D를 볼 것. 그것도 주소 계산 정렬의 한 형태이다.) 이 추가적인 메모리 공간을 가장 잘 활용하는 방법은 아마도 목록 삽입 방법에서처럼 링크 필드들에 사용하는 형태일 것이다. 그렇게 하면 입력과 출력에 대해 개별적인 영역들을 둘 필요도 없어진다. 모든 것을 같은 메모리 영역 안에서 수행할 수 있는 것이다.

이러한 고려사항들로부터, 목록 삽입을 단 하나의 목록이 아니라 여러 개의 목록들을 두는 것으로 일반화할 수 있다. 각 목록은 특정 범위의 키들에 사용한다. 이 때 키들이 불규칙하게 "뭉쳐" 있는 것이 아니라 상당히 균등하게 분포되어 있다는 중요한 가정이 필요하다. 즉, 키들의 모든 가능한 값들의 집합을 M개의 부분집합들로 분할하고, 주어진 한 키가 주어진 한 부분에 속할 확률이 $1/M$이라고 가정하는 것이다. 그런 가정 하에서 M개의 목록 머리들을 위한 추가적인 저장소를 두고, 각 목록을 단순한 목록 삽입 방법에서처럼 관리한다.

여기서 알고리즘을 세세하게 서술할 필요는 없을 것이다. 간단히 설명하면 이렇다. 우선 모든 목록 머리들을 Λ로 설정해 둔다. 새 항목이 들어올 때마다 먼저 그 항목의 키가 M개의 부분들 중 어디에 속하는지를 결정하고, 그것을 해당 목록에 알고리즘 L에서처럼 삽입한다.

이 접근방식을 예를 통해서 살펴보자. 앞에서 나왔던 16개의 키들이 $M = 4$개의 범위 0-249, 250-499, 500-749, 750-999로 분할된다고 하자. 키 $K_1, K_2, \ldots, K_{16}$이 연달아 삽입된다고 할 때 다음과 같은 구성들이 만들어진다.

	4항목 이후:	8항목 이후:	12항목 이후:	최종 상태:
목록 1:	061, 087	061, 087, 170	061, 087, 154, 170	061, 087, 154, 170
목록 2:		275	275, 420	275, 420
목록 3:	503, 512	503, 512	503, 509, 512, 653	503, 509, 512, 612, 653, 677, 703
목록 4:		897, 908	897, 908	765, 897, 908

(아래의 프로그램 M은 실제로는 키들을 반대 순서로, 즉 $K_{16}, \ldots, K_2, K_1$ 순으로 삽입한다. 그러나 최종 결과는 같다.) 연결된 메모리를 사용하는 것이므로 목록들의 길이가 서로 다르다고 해서 저장소 할당 문제가 생기지는 않는다. 필요하다면 정렬 이후 모든 목록을 하나의 목록으로 합칠 수 있다(연습문제 35 참고).

프로그램 M (다중 목록 삽입). 이 프로그램은 프로그램 L과 동일한 가정들을 둔다. 단, 키들이 반드시 음이 아니어야 한다는 추가적인 가정이 있다. 즉,

$$0 \le K_j < (\text{BYTESIZE})^3$$

이다. 프로그램은 각 키에 적합한 상수를 곱함으로써 이 범위를 M개의 동일한 부분들로 분할한다. 목록 머리들은 장소 HEAD+1에서 HEAD+M까지에 저장된다.

```
01  KEY    EQU   1:3
02  LINK   EQU   4:5
03  START  ENT2  M                    1
04         STZ   HEAD,2               M        HEAD[p] ← Λ.
05         DEC2  1                    M
06         J2P   *-2                  M        M ≥ p ≥ 1.
07         ENT1  N                    1        j ← N.
08  2H     LDA   INPUT,1(KEY)         N
09         MUL   =M(1:3)=             N        rA ← ⌊M·K_j/BYTESIZE^3⌋.
10         STA   *+1(1:2)             N
11         ENT4  0                    N        rI4 ← rA.
12         ENT3  HEAD+1-INPUT,4       N        q ← LOC(HEAD[rA]).
13         LDA   INPUT,1              N        K ← K_j.
14         JMP   4F                   N        p를 설정하는 곳으로 점프.
15  3H     CMPA  INPUT,2(KEY)     B+N-A
16         JLE   5F               B+N-A        만일 K ≤ K_p이면 삽입 부분으로 점프.
17         ENT3  0,2                  B        q ← p.
18  4H     LD2   INPUT,3(LINK)      B+N        p ← LINK(q).
19         J2P   3B                 B+N        목록의 끝이 아니면 점프.
20  5H     ST1   INPUT,3(LINK)        N        LINK(q) ← LOC(R_j).
21         ST2   INPUT,1(LINK)        N        LINK{LOC(R_j)) ← p.
22  6H     DEC1  1                    N
23         J1P   2B                   N        N ≥ j ≥ 1.  ▮
```

이 프로그램은 일반적인 M에 대해 작성된 것이나, M을 어떤 편한 값으로 고정시키는 것이 더 나을 수도 있다. 예를 들어 M = BYTESIZE로 둔다면 목록 머리들을 하나의 MOVE 명령으로 비울 수 있으며, 줄 08–11의 곱셈 절차를 하나의 명령 LD3 INPUT,1(1:1)로 대체할 수 있다. 프로그램 L과 프로그램 M의 가장 주목할만한 차이는, 프로그램 M은 어떠한 비교도 하지 않을 빈 목록의 경우를 고려해야 한다는 것이다.

M개의 목록들로 얻을 수 있는 시간 절약은 어느 정도일까? 프로그램 M의 총 실행 시간은 $7B + 31N - 3A + 4M + 2$단위이다. 여기서 M은 목록 개수이고 N은 저장된 레코드 개수이다. A와 B는 각각 각 목록에 속한 키들 사이에 존재하는 우에서 좌로 극대값들의 개수와 반전들의 개수이다. (이번 절의 다른 시간 분석들과 달리, 이 경우는 A의 개수에는 비지 않은 순열의 제일

오른쪽 원소도 포함된다.) $M=1$일 때의 A와 B는 이미 살펴보았다. 그 평균값들은 각각 H_N와 $\frac{1}{2}\binom{N}{2}$이다. 키들의 분포에 대한 가정에 의해, 정렬이 끝난 후에 주어진 한 목록에 정확히 n개의 항목들이 들어 있을 확률은 "이항(binomial)" 확률

$$\binom{N}{n}\left(\frac{1}{M}\right)^{n}\left(1-\frac{1}{M}\right)^{N-n} \tag{14}$$

이다. 따라서 일반적인 경우에서 A와 B의 평균값들은 다음과 같다.

$$A_{\text{ave}} = M\sum_{n}\binom{N}{n}\left(\frac{1}{M}\right)^{n}\left(1-\frac{1}{M}\right)^{N-n}H_n; \tag{15}$$

$$B_{\text{ave}} = M\sum_{n}\binom{N}{n}\left(\frac{1}{M}\right)^{n}\left(1-\frac{1}{M}\right)^{N-n}\binom{n}{2}\Big/2. \tag{16}$$

식 1.2.6-(20)의 한 특별한 경우인 항등식

$$\binom{N}{n}\binom{n}{2}=\binom{N}{2}\binom{N-2}{n-2}$$

를 이용하면 (16)의 합을 쉽게 평가할 수 있다:

$$B_{\text{ave}} = \frac{1}{2M}\binom{N}{2}. \tag{17}$$

B의 표준편차는 연습문제 37에서 구한다. 그런데 (15)의 합은 좀 더 어렵다. 정리 1.2.7A에 의해

$$\sum_{n}\binom{N}{n}(M-1)^{-n}H_n = \left(1-\frac{1}{M}\right)^{-N}(H_N-\ln M)+\epsilon,$$

$$0<\epsilon=\sum_{n>N}\frac{1}{n}\left(1-\frac{1}{M}\right)^{n-N}<\frac{M-1}{N+1}$$

가 성립하며, 따라서

$$A_{\text{ave}} = M(H_N-\ln M)+\delta, \qquad 0<\delta<\frac{M^2}{N+1}\left(1-\frac{1}{M}\right)^{N+1} \tag{18}$$

이다. (이 공식은 $M\approx N$일 때에는 사실상 쓸모가 없다. 연습문제 40은 $M=N/\alpha$일 때의 A_{ave}의 점근적 습성을 좀 더 자세히 분석한다.)

(17)과 (18)을 결합하면 고정된 M에 대한, $N\to\infty$에 따른 프로그램 M의 총 실행 시간을 구할 수 있다:

$$\begin{aligned}&\text{최소} && 31N+M+2,\\ &\text{평균} && 1.75N^2/M+31N-3MH_N+3M\ln M+4M-3\delta-1.75N/M+2,\\ &\text{최대} && 3.50N^2+24.5N+4M+2.\end{aligned} \tag{19}$$

M이 아주 크지 않을 때에는 *평균 속도가 M배 높아진다*는 점을 주목할 것. $M = 10$일 때의 정렬은 $M = 1$일 때의 정렬보다 약 10배 빠르다. 그러나 최대 시간은 평균 시간보다 훨씬 크다. 이는 키들이 상당히 균등하게 분포되어 있다는 가정과 일치한다. 최악의 경우는 모든 레코드가 같은 목록에 몰려 있을 때 발생하기 때문이다.

$M = N$으로 둔다면 프로그램 M의 평균 실행 시간 근사값은 $34.36N$단위가 된다. $M = \frac{1}{2}N$일 때에는 그보다 조금 긴 약 $34.52N$이다. 그리고 $M = \frac{1}{10}N$일 때에는 근사적으로 $48.04N$이다. M개의 목록 모두를 하나로 연결하는 연습문제 35의 보충 프로그램까지 적용한다면, 이 시간들은 각각 $44.99N$, $41.95N$, $52.74N$으로 증가한다. (이 MIX 시간 단위들 중 $10N$을 곱셈 명령 혼자 소비한다는 점에 주목할 것!) *이렇게 해서 우리는 N 규모의 정렬 방법을 달성했다. 물론 이는 키들이 그 범위들에 대해 적절히 잘 분포되어 있다는 가정 하에서이다.*

다중 목록 삽입의 개선 방법들은 5.2.5절에서 논의한다.

연습문제

1. [*10*] 알고리즘 S는 안정적인 정렬 알고리즘인가?

2. [*11*] 만일 단계 S3에서 관계 "$K \geq K_i$"를 "$K > K_i$"로 대체해도 알고리즘 S가 여전히 수들을 제대로 정렬할까?

▶ **3.** [*30*] 프로그램 S가 MIX에서 작성할 수 있는 가장 짧은 정렬 프로그램일까? 즉, 같은 결과를 내는 더 짧은 프로그램이 존재하는가?

▶ **4.** [*M20*] 프로그램 S의 최소, 최대 실행 시간을 N의 함수로 표현하라.

▶ **5.** [*M27*] 프로그램 S의 총 실행 시간에 대한 생성함수 $g_N(z) = \sum_{k \geq 0} p_{Nk} z^k$을 구하라. 여기서 p_{Nk}는 무작위 순열 $\{1, 2, \ldots, N\}$이 입력으로 주어졌을 때 프로그램 S의 실행 시간이 정확히 k단위일 확률이다. 또한, N이 주어졌을 때의 실행 시간의 표준편차도 계산하라.

6. [*23*] 표 2에 나온 양방향 삽입 방법은 N개의 레코드들을 담은 입력 영역뿐만 아니라 최대 $2N+1$개까지의 레코드들을 담을 수 있는 출력 영역이 존재함을 함의하는 듯하다. 입력과 출력 모두 포함해서 $N+1$개의 레코드들을 담을 수 있는 메모리 공간만으로도 양방향 삽입을 수행할 수 있음을 보여라.

7. [*M20*] $a_1 a_2 \ldots a_n$이 $\{1, 2, \ldots, n\}$의 한 무작위 순열이라고 할 때, $|a_1 - 1| + |a_2 - 2| + \cdots + |a_n - n|$의 평균값은 얼마인가? (이는 정렬 공정 동안 하나의 레코드가 이동한 총 거리의 평균에 n을 곱한 것이다.)

8. [*10*] 알고리즘 D는 안정적인 정렬 알고리즘인가?

9. [*20*] 표 3과 4에 해당하는 알고리즘 D의 수량 A와 B, 총 실행 시간은 얼마인가? 이 경우에서의 셸 정렬과 직접 삽입의 상대적 이점들을 논의하라.

▶ **10.** [*22*] 단계 D3의 시작에서 만일 $K_j \geq K_{j-h}$이면 알고리즘 D는 아무런 성과 없이 많은 일을

수행하게 된다. 그런 불필요한 계산을 피할 수 있도록 프로그램 D를 수정하는 방법을 보이고, 그러한 수정의 장점들을 논하라.

11. 〔*M10*〕 그림 11에 나온 것 같은 격자에서 순열 1 2 5 3 7 4 8 6 9 11 10 12에 대응하는 경로는 무엇인가?

12. 〔*M20*〕 하나의 격자 경로와 계산 경로(그림 11에 나온 것 같은) 사이의 영역의 넓이가 2순서 순열에 대응하는 반전들의 개수와 같음을 증명하라.

▶ **13.** 〔*M16*〕 격자의 수평 선분들에(수직 성분들이 아니라) 가중치들을 부여하되 한 격자 경로의 수평 가중치들의 합이 그에 대응하는 2순서 순열의 반전 개수와 같아지도록 부여하는 방법을 설명하라.

14. 〔*M28*〕 (a) 식 (2)에 정의된 합들에서 $A_{2n+1} = 2A_{2n}$이 성립함을 보여라. (b) 만일 $r = s$, $t = -2$로 둔다면 연습문제 1.2.6-26의 일반 항등식은

$$\sum_k \binom{2k+s}{k} z^k - \frac{1}{\sqrt{1-4z}} \left(\frac{1-\sqrt{1-4z}}{2z} \right)^s$$

으로 단순화된다. 합 $\sum_n A_{2n} z^n$을 고찰해서

$$A_{2n} = n \cdot 4^{n-1}$$

을 보여라.

▶ **15.** 〔*HM33*〕 $g_n(z)$, $\hat{g}_n(z)$, $h_n(z)$, $\hat{h}_n(z)$가 $(0,0)$에서 (n,n)으로의 길이가 $2n$인 격자 경로들 전부를 구간으로 하는 합 $\sum z^{\text{경로의 총 가중치}}$이라고 하자. 여기서 가중치는 그림 11에서처럼 정의된다. 각 함수들의 차이는, 각각 경로들의 수직 선분들에 대한 서로 다른 제약들에 의존한다는 것이다: $h_n(z)$에는 아무런 제약이 없으나, $g_n(z)$의 경우에는 경로에 $i > j$인 모든 정점 (i, j)들이 포함되어서는 안 된다. $\hat{h}_n(z)$와 $\hat{g}_n(z)$는 그 둘과 마찬가지 정의를 따르되, 추가적으로 경로에 $0 < i < n$에 대한 모든 정점 (i, i)가 포함되면 안 된다는 제약이 있다. 즉,

$$g_0(z) = 1, \qquad g_1(z) = z, \qquad g_2(z) = z^3 + z^2; \qquad \hat{g}_1(z) = z, \qquad \hat{g}_2(z) = z^3;$$
$$h_0(z) = 1, \qquad h_1(z) = z + 1, \qquad h_2(z) = z^3 + z^2 + 3z + 1;$$
$$\hat{h}_1(z) = z + 1, \qquad \hat{h}_2(z) = z^3 + z$$

이다. 이 함수들을 정의하는 점화식들을 구하고, 그 식들을 이용해서

$$h_n''(1) + h_n'(1) = \frac{7n^3 + 4n^2 + 4n}{30} \binom{2n}{n}$$

을 증명하라. (이로부터 $\{1, 2, \ldots, 2n\}$의 한 무작위 2순서 순열의 반전 개수의 분산에 대한 정확한 공식을 구할 수 있다. 그 분산은 점근적으로 $(\frac{7}{30} - \frac{\pi}{16})n^3$이다.)

16. 〔*M24*〕 $\{1, 2, \ldots, n\}$의 한 h순서 순열의 최대 반전 개수에 대한 공식을 구하라. 증분들이 가약성 조건 (5)를 만족한다고 할 때 알고리즘 D의 최대 이동 횟수는 얼마인가?

17. [*M21*] $t > s \geq 0$에 대해 $N = 2^t$이고 $h_s = 2^s$일 때, 알고리즘이 수행하는 이동 횟수를 최대화하는 $\{1, 2, ..., N\}$의 한 순열이 유일하게 존재한다. 그 순열을 서술하는 간단한 방법을 구하라.

18. [*HM24*] 큰 N에 대해 합 (6)을 다음과 같이 평가할 수 있다.

$$\frac{1}{4}\frac{N^2}{h_{t-1}} + \frac{\sqrt{\pi}}{8}\left(\frac{N^{3/2}h_{t-1}^{1/2}}{h_{t-2}} + \cdots + \frac{N^{3/2}h_1^{1/2}}{h_0}\right).$$

N과 t가 고정되었으며 $h_0 = 1$일 때, 이 식을 최소화하는 $h_{t-1}, ..., h_0$의 실수 값들은 무엇인가?

▸ **19.** [*M25*] 증분들이 가약성 조건 (5)를 만족한다고 할 때, 프로그램 D의 시간 분석에 나오는 수량 A의 평균값은 얼마인가?

20. [*M22*] 정리 K가 보조정리 L로부터 유도됨을 보여라.

21. [*M25*] h와 k가 서로 소인 양의 정수들이라고 하자. 그리고 음이 아닌 어떤 정수 x와 y에 대해 $xh + yk$와 같은 어떤 정수를 가리켜 생성가능이라고 부르기로 하자. n은 오직 $hk - h - k - n$이 생성가능이 아닐 때에만 생성가능임을 보여라. (0은 가장 작은 생성가능 정수이므로, 가장 큰 생성불가능 정수는 반드시 $hk - h - k$이어야 한다. 이로부터, h순서이자 k순서인 임의의 파일에서 $j - i \geq (h-1)(k-1)$이면 항상 $K_i \leq K_j$라는 결과가 나온다.)

22. [*M30*] a_j들이 음이 아닌 정수들이라고 할 때 $\geq 2^s(2^s - 1)$인 모든 정수를

$$a_0(2^s - 1) + a_1(2^{s+1} - 1) + a_2(2^{s+2} - 1) + \cdots$$

형태로 표현할 수 있으나 $2^s(2^s - 1) - 1$은 그렇게 표현할 수 없음을 증명하라. 더 나아가서, 이런 형태로 표현할 수 없는 양의 정수들이 정확히 $2^{s-1}(2^s + s - 3)$개임을 보여라.

표현들에서 수량 $2^k - 1$을 $2^k + 1$로 대체했을 때의 해당 공식들도 구하라.

▸ **23.** [*M22*] h_{s+2}와 h_{s+1}이 서로 소라고 할 때, 증분 h_s를 사용해서 알고리즘 D를 수행하는 동안 이루어지는 이동 횟수가 $O(Nh_{s+2}h_{s+1}/h_s)$임을 증명하라. 힌트: 연습문제 21을 참고할 것.

24. [*M42*] 정리 P가 지수 3/2를 더 낮출 수 없다는 의미에서 최상의 결과임을 증명하라.

▸ **25.** [*M22*] $\{1, 2, ..., N\}$의 순열들 중 3순서이자 2순서인 것들은 몇 개인가? 그런 한 순열의 최대 반전 개수는 얼마인가? 그런 모든 순열의 총 반전 개수는 얼마인가?

26. [*M35*] N개의 원소들로 이루어진 하나의 파일이 3, 5, 7순서라고 할 때 그 파일의 반전 개수가 N보다 클 수 있을까? N이 클 때의 최대 반전 개수를 추정하라.

27. [*M41*] (푸넌Bjorn Poonen.) (a) 증분 h_s들 중 m개가 $N/2$보다 작을 때 알고리즘 D의 최악의 상황의 실행 시간이 $\Omega(N^{1+c/\sqrt{m}})$이 되는 상수 c가 존재함을 증명하라. (b) 따라서 모든 증분 수열에 대해 최악의 경우의 실행 시간이 $\Omega(N(\log N/\log\log N)^2)$임을 증명하라.

28. [*15*] 표 6에 나온 증분 수열들 중, 총 실행 시간의 평균을 고려할 때 프로그램 D의 관점에서 최상의 것은 무엇인가?

29. [*40*] $N = 1000$과 여러 t 값들에 대해, 평균 이동 횟수 B_{ave}를 최소화하는 $h_{t-1}, \ldots, h_1, h_0$의 실험적 값들을 구하라.

30. [*M23*] (프랫V. Pratt.) 셸 정렬에서 증분들의 집합이 $\{2^p 3^q \mid 2^p 3^q < N\}$라고 할 때, 패스 횟수가 근사적으로 $\frac{1}{2}(\log_2 N)(\log_3 N)$이고 패스 당 이동 횟수가 최대 $N/2$임을 보여라. 실제로, 만일 임의의 패스에 대해 $K_{j-h} > K_j$이면 항상 $K_{j-3h}, K_{j-2h} \le K_j < K_{j-h} \le K_{j+h}, K_{j+2h}$가 성립한다. 따라서 그냥 K_{j-h}와 K_j를 교환하고 j를 $2h$만큼 증가함으로써 알고리즘 D의 비교 횟수를 2만큼 줄일 수 있다. 힌트: 연습문제 25를 볼 것.

▶ **31.** [*25*] 프랫의 정렬 알고리즘(연습문제 30)을 위한 MIX 프로그램을 작성하라. 그 실행 시간을 알고리즘 D에서처럼 수량 A, B, S, T, N으로 표현하라.

32. [*10*] 표 8의 목록 삽입 정렬을 끝까지 수행했다면, 최종적으로 $L_0 L_1 \ldots L_{16}$에는 어떤 내용이 들어 있을까?

▶ **33.** [*25*] 실행 시간에서 지배적인 요인이 $7B$가 아니라 $5B$가 되도록 프로그램 L을 개선하는 방법을 찾아라. B는 반전 개수이다. 프로그램 S에 대한 해당 개선 방법도 논하라.

34. [*M10*] 공식 (14)를 증명하라.

35. [*21*] 프로그램 M 다음에 수행할, 모든 목록을 하나의 목록으로 합치는 MIX 프로그램을 작성하라. 프로그램은 LINK 필드들을 프로그램 L이 설정하는 방식과 정확히 동일한 방식으로 설정해야 한다.

36. [*18*] MIX의 바이트 크기가 100이라고 하자. 그리고 표 8의 열여섯 예제 키들이 실제로는 503000, 087000, 512000, ..., 703000이라고 하자. $M = 4$일 때의 이 자료에 대한 프로그램 L과 M의 실행 시간을 구하라.

37. [*M25*] 식 5.1.1-(11)에서처럼, $g_n(z)$가 n개의 객체들의 한 무작위 순열의 반전 개수에 대한 확률 생성함수라고 하자. 그리고 $g_{NM}(z)$가 프로그램 M의 수량 B에 대한 해당 생성함수라고 하자.

$$\sum_{N \ge 0} g_{NM}(z) \frac{M^N w^N}{N!} = \left(\sum_{n \ge 0} g_n(z) \frac{w^n}{n!} \right)^M$$

임을 보이고, 이 공식을 이용해서 B의 분산을 유도하라.

38. [*HM23*] (카프R. M. Karp.) $F(x)$가 어떤 확률분포에 대한 분포함수이고 $F(0) = 0$, $F(1) = 1$이라고 하자. 그리고 키 $K_1, K_2, \ldots, K_N$들이 이 분포에 따라 독립적으로 무작위 선택되었으며 $M = cN$이라고 하자. 여기서 c는 상수이고 $N \to \infty$이다. F가 충분히 매끄러울 때 프로그램 M의 평균 실행 시간이 $O(N)$임을 증명하라. (키 K는 $\lfloor MK \rfloor = j - 1$일 때 목록 j에 삽입된다. 이런 삽입이 일어날 확률은 $F(j/M) - F((j-1)/M)$이다. 본문에서는 $F(x) = x$, $0 \le x \le 1$인 경우만 다루었다.)

39. [*HM16*] 어떤 프로그램의 실행 시간이 대략 $A/M + B$단위이고 프로그램이 사용하는 메모리 장소가 $C + M$개라고 할 때, 시간×공간이 최소가 되는 M은 무엇인가?

▶ **40.** [*HM24*] $N \to \infty$에 따라 고정된 α에 대해 $M = N/\alpha$이라고 할 때, 다중 목록 삽입에서 나타나는 우에서 좌로 극대값들의 평균 개수, 즉 식 (15)의 점근값을 구하라. 그 값을 절대오차 $O(N^{-1})$까지 전개해서, 답을 지수적분 함수 $E_1(z) = \int_z^\infty e^{-t}\,dt/t$를 이용해서 표현하라.

41. [*HM26*] (a) (10)의 원소들 중 처음 $\binom{k}{2}$개의 원소들의 합이 $O(\rho^{2k})$임을 증명하라. (b) 그에 기초해서 정리 I를 증명하라.

42. [*HM43*] $t = 3$개의 증분 $h, g, 1$이 주어졌으며 $h \perp g$라는 가정 하에서 셸 정렬의 평균 습성을 분석하라. 첫 번째 패스, 즉 h정렬이 총 $\frac{1}{4}N^2/h + O(N)$회의 이동을 수행함은 명백하다.

a) 두 번째 패스, 즉 g정렬이 $\frac{\sqrt{\pi}}{8}(\sqrt{h} - 1/\sqrt{h})N^{3/2}/g + O(hN)$회의 이동을 수행함을 증명하라.

b) 세 번째 패스, 즉 1정렬이 $\psi(h, g)N + O(g^3h^2)$회의 이동을 수행함을 증명하라. 여기서

$$\psi(h,g) = \frac{1}{2}\sum_{d=1}^{g-1}\sum_j \binom{h-1}{j}\left(\frac{d}{g}\right)^j\left(1-\frac{d}{g}\right)^{h-1-j}\left|j - \left\lfloor\frac{hd}{g}\right\rfloor\right|$$

이다.

▶ **43.** [*25*] 연습문제 33은 하나의 경계값(sentinel)을 사용해서 단계 S4의 판정 "$i > 0$"를 피함으로써 알고리즘 S의 속도를 높인다. 이 요령이 알고리즘 D에는 통하지 않는다. 그렇긴 하지만 단계 D5에서 "$i > 0$" 판정을 피하는(그럼으로써 셸 정렬의 내부 루프의 속도를 높일 수 있는) 한 가지 간단한 방법이 있음을 보여라.

44. [*M25*] $\pi = a_1 \ldots a_n$과 $\pi' = a'_1 \ldots a'_n$이 $\{1, \ldots, n\}$의 순열들이라고 할 때, $1 \le i \le j \le n$에 대해 만일 $\{a_1, \ldots, a_j\}$의 i번째로 큰 원소가 $\{a'_1, \ldots, a'_j\}$의 i번째로 큰 원소보다 작거나 같으면 $\pi \le \pi'$라고 말하기로 하자. (다른 말로 하면, 만일, 모든 j에 대해 처음 j개의 원소들이 삽입된 후에, π의 직접 삽입 정렬 결과가 π'의 직접 삽입 정렬 결과보다 성분별로 더 작거나 같으면 $\pi \le \pi'$이다.)

a) 만일 π가 π'보다 위에(연습문제 5.1.1-12의 의미에서) 있다면 $\pi \le \pi'$이 되는가?

b) 만일 $\pi \le \pi'$이면 $\pi^R \ge \pi'^R$이 되는가?

c) 만일 $\pi \le \pi'$이면 π가 π'의 위가 되는가?

5.2.2. 교환에 의한 정렬

이제 5.2절 시작에서 언급한 정렬 알고리즘들의 두 번째 부류, 즉 "교환(exchange)" 또는 "전치(轉置, transposition)" 방법들을 살펴보자. 기본적으로 이 방법들은 순서에 맞지 않는 원소쌍이 더 이상 존재하지 않을 때까지 그런 쌍들을 체계적으로 맞바꾸는 것이다.

알고리즘 5.2.1S와 같은 직접 삽입 공정도 하나의 교환 방법으로 볼 수 있다. 즉, 그 방법은 본질적으로 각각의 새 레코드 R_j를 취하고 그것을 그 왼쪽의 인접 레코드들과 교환함으로써 적절한 장소에 삽입하는 것이라고 할 수 있다. 따라서 정렬 방법들을 "삽입", "교환", "선택" 등과 같은 여러

	패스 1	패스 2	패스 3	패스 4	패스 5	패스 6	패스 7	패스 8	패스 9
703	908	908	908	908	908	908	908	908	908
765	703	897	897	897	897	897	897	897	897
677	765	703	765	765	765	765	765	765	765
612	677	765	703	703	703	703	703	703	703
509	612	677	677	677	677	677	677	677	677
154	509	612	653	653	653	653	653	653	653
426	154	509	612	612	612	612	612	612	612
653	426	154	509	512	512	512	512	512	512
275	653	426	154	509	509	509	509	509	509
897	275	653	426	154	503	503	503	503	503
170	897	275	512	426	154	426	426	426	426
908	170	512	275	503	426	154	275	275	275
061	512	170	503	275	275	275	154	170	170
512	061	503	170	170	170	170	170	154	154
087	503	061	087	087	087	087	087	087	087
503	087	087	061	061	061	061	061	061	061

그림 14. 거품 정렬의 실행 예.

부류들로 나누는 것이 항상 명확한 분류 방식인 것은 아니다. 이번 절에서는 교환 선택("거품 정렬"), 병합 교환(배처Batcher의 병렬 정렬), 분할 교환(호어Hoare의 "빠른정렬"), 기수 정렬이라는, 교환이 주된 특징인 네 종류의 정렬 방법들을 살펴보겠다.

거품 정렬. 아마도 교환에 의한 정렬 방법 중 가장 명백한 방식은 이런 것일 것이다: K_1을 K_2와 비교해서 순서가 맞지 않으면 R_1과 R_2를 교환한다. 레코드 R_2와 R_3, R_3와 R_4 등에도 같은 일을 수행한다. 이런 일련의 연산들에서 큰 키들을 가진 레코드들은 오른쪽으로 이동하는 경향이 있으며, 실제로 가장 큰 키를 가진 레코드는 결국 R_N으로까지 이동하게 된다. 이런 공정을 반복하면 적절한 레코드들이 위치 R_{N-1}, R_{N-2} 등에 도달하며, 결국 모든 레코드가 순서에 맞게 정렬된다.

그림 14는 이런 정렬 방법을 열여섯 개의 키 503 087 512 ... 703에 적용하는 모습을 보여준다. 편의상, 수들의 파일을 수평 대신 수직으로, R_N이 제일 위가 되고 R_1이 제일 아래가 되도록 표시했다. 큰 원소들이 마치 거품이 떠오르듯 위로 올라간다고 해서 이런 방법을 "거품 정렬(bubble sorting)"이라고 부른다. 원소들이 적절한 수준으로 가라앉는 것처럼 보인다고 해서 붙은 "가라앉히기 정렬"(sinking sort, 즉 직접 삽입 정렬)과 대비되는 이름이다. 거품 정렬은 또한 "교환 선택(exchange selection)" 또는 "전파(傳播, propagation)" 같은 좀 더 무미건조한 이름으로도 알려져 있다.

파일을 훑는 한 번의 패스가 수행된 후에는 교환될 마지막 레코드와 그 위의 모든 레코드가 해당 최종 위치에 놓인 상태이며, 따라서 이후의 패스들에서는 그것들을 더 이상 조사할 필요가 없음은 쉽게 이해할 수 있을 것이다. 그림 14의 수평선들은 정렬의 진행상황을 그러한 관점에서 나타낸 것이다. 예를 들어 패스 4에 의해 추가로 다섯 개의 원소들이 최종 위치에 정착하게 되며, 마지막 패스에서는 교환이 전혀 일어나지 않음을 알 수 있다. 이제 이상의 관찰들을 가지고 알고리즘을 공식화해보자.

알고리즘 B (거품 정렬). 레코드 $R_1, \ldots, R_N$이 주어졌을 때, 이 알고리즘을 수행하고 나면 레코드 키들은 정렬된 순서 $K_1 \le \cdots \le K_N$가 된다.

B1. 〔BOUND를 초기화.〕 BOUND ← N으로 설정한다. (BOUND는 최종 위치에 정착했는지가 알려지지 않은 레코드들을 가리키는 색인들 중 가장 높은 색인이다. 따라서 이 시점에서는 아무 것도 알려져 있지 않은 것이다.)

B2. 〔j에 대한 반복.〕 $t \leftarrow 0$으로 설정한다. $j = 1, 2, \ldots,$ BOUND $- 1$에 대해 단계 B3을 수행하고 단계 B4로 간다. (만일 BOUND $= 1$이면 그냥 바로 B4로 가게 된다.)

B3. 〔$R_j : R_{j+1}$ 비교, 교환.〕 만일 $K_j > K_{j+1}$이면 $R_j \leftrightarrow R_{j+1}$로 교환하고 $t \leftarrow j$로 설정한다.

B4. 〔교환이 더 필요한가?〕 만일 $t = 0$이면 알고리즘을 끝낸다. 그렇지 않으면 BOUND ← t로 설정하고 단계 B2로 돌아간다. ▌

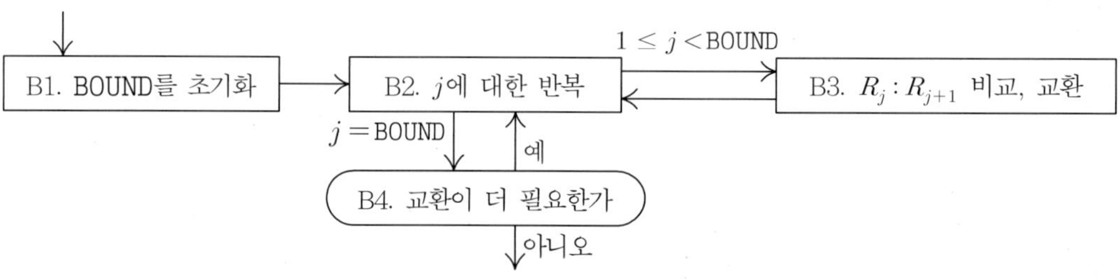

그림 15. 버블 정렬 순서도.

프로그램 B (버블 정렬). 이번 장의 이전 MIX 프로그램들과 마찬가지로, 정렬할 항목들이 INPUT+1에서 INPUT+N까지의 장소들에 들어 있다고 가정한다. rI1 ≡ t; rI2 ≡ j.

```
START ENT1 N            1   B1. BOUND를 초기화. t ← N.
1H    ST1  BOUND(1:2)   A   BOUND ← t.
      ENT2 1            A   B2. j에 대한 반복. j ← 1.
      ENT1 0            A   t ← 0.
      JMP  BOUND        A   만일 j ≥ BOUND이면 나간다.
3H    LDA  INPUT,2      C   B3. Rj : Rj+1 비교, 교환.
      CMPA INPUT+1,2    C
      JLE  2F           C   만일 Kj ≤ Kj+1이면 교환은 없다,
```

```
                LDX   INPUT+1,2      B      R_{j+1}
                STX   INPUT,2        B        → R_j.
                STA   INPUT+1,2      B      (이전 R_j) → R_{j+1}.
                ENT1  0,2            B      t ← j.
        2H      INC2  1              C      j ← j+1
        BOUND   ENTX  -*,2         A+C      rX ← BOUND. [명령 수정됨]
                JXN   3B           A+C      1 ≤ j < BOUND에 대해 단계 B3을 수행.
        4H      J1P   1B             A      B4. 교환할 것이 있는가? 만일 t > 0이면 B2로. ▮
```

버블 정렬의 분석. 알고리즘 B의 실행 시간 분석에서 상당히 많은 것을 배울 수 있다. 실행 시간에는 세 가지 수량, 즉 패스 횟수 A와 교환 횟수 B, 그리고 비교 횟수 C가 관여한다. 입력 키들이 서로 다르고 무작위 순서라면 그 키들이 $\{1, 2, ..., n\}$의 한 무작위 순열을 이룬다고 가정할 수 있다. 반전표라는 개념(5.1.1절)을 이용하면 버블 정렬의 각 패스의 결과를 손쉽게 서술할 수 있다.

정리 I. *$a_1 a_2 \ldots a_n$이 $\{1, 2, ..., n\}$의 한 순열이고 $b_1 b_2 \ldots b_n$이 그에 대응하는 반전표라고 하자. 만일 버블 정렬(알고리즘 B)의 한 패스가 $a_1 a_2 \ldots a_n$을 순열 $a_1' a_2' \ldots a_n'$으로 변경한다면, 그에 대응하는 반전표 $b_1' b_2' \ldots b_n'$은 $b_1 b_2 \ldots b_n$에서 0이 아닌 각 항목을 1 줄여서 얻는다.*

증명. a_i 앞에 그보다 더 큰 원소가 있다면 가장 큰 선행 원소가 a_i와 교환되므로 b_{a_i}는 1 감소한다. 그러나 a_i 앞에 그보다 더 큰 원소가 없다면 a_i가 더 큰 원소와 교환되는 일은 없으므로 b_{a_i}는 그대로 0을 유지한다. ▮

따라서, 패스들이 수행됨에 따라 반전표들의 수열이 어떻게 변하는지를 연구함으로써 거품 정렬의 실행 시간을 분석할 수 있다. 예를 들어 그림 14에 대응하는 일련의 반전표들은

$$\begin{array}{ll} & 3\ 1\ 8\ 3\ 4\ 5\ 0\ 4\ 0\ 3\ 2\ 2\ 3\ 2\ 1\ 0 \\ \text{패스 1} & \\ & 2\ 0\ 7\ 2\ 3\ 4\ 0\ 3\ 0\ 2\ 1\ 1\ 2\ 1\ 0\ 0 \\ \text{패스 2} & \\ & 1\ 0\ 6\ 1\ 2\ 3\ 0\ 2\ 0\ 1\ 0\ 0\ 1\ 0\ 0\ 0 \\ \text{패스 3} & \\ & 0\ 0\ 5\ 0\ 1\ 2\ 0\ 1\ 0\ 0\ 0\ 0\ 0\ 0\ 0\ 0 \end{array} \tag{1}$$

등이다. 그러므로 입력 순열의 반전표가 $b_1 b_2 \ldots b_n$이라고 할 때 반드시

$$A = 1 + \max(b_1, b_2, ..., b_n), \tag{2}$$

$$B = b_1 + b_2 + \cdots + b_n, \tag{3}$$

$$C = c_1 + c_2 + \cdots + c_A \tag{4}$$

가 성립한다. 여기서 c_j는 패스 j의 시작에서의 BOUND $-$ 1의 값이다. 반전표의 관점에서 보면

$$c_j = \max\{b_i + i \mid b_i \ge j-1\} - j \tag{5}$$

이다(연습문제 5 참고). 따라서 예제 (1)의 경우 $A = 9$, $B = 41$, $C = 15 + 14 + 13 + 12 + 7 +$

$5+4+3+2=75$이다. 그림 14에 대한 MIX 프로그램의 총 실행 시간은 $960u$이다.

이제 B(한 무작위 순열의 전체 반전 개수)의 분포는 확실하게 파악이 되었다. 남은 것은 A와 C이다.

$1 \le k \le n$일 때 $A \le k$일 확률은 $1/n!$에 $\ge k$인 성분이 없는 반전표들의 개수를 곱한 것, 즉 $k^{n-k}k!$이다. 따라서 정확히 k번의 패스가 필요할 확률은

$$A_k = \frac{1}{n!}\left(k^{n-k}k! - (k-1)^{n-k+1}(k-1)!\right) \tag{6}$$

이다. 이제 평균값 $\sum kA_k$를 계산할 수 있다. 부분합을 적용해서 구해보면 이 평균값은

$$A_{\text{ave}} = n+1-\sum_{k=0}^{n}\frac{k^{n-k}k!}{n!} = n+1-P(n) \tag{7}$$

이다. 여기서 $P(n)$은 식 1.2.11.3-(24)에서 그 점근값이 $\sqrt{\pi n/2} - \frac{2}{3} + O(1/\sqrt{n})$임을 보았던 함수이다. 식 (7)은 프렌드E. H. Friend가 *JACM* 3 (1956), 150에서 증명 없이 언급한 바 있다. 증명은 디머스Howard B. Demuth가 제시했다 〔Ph.D. 학위논문 (Stanford University, 1956년 10월), 64-68〕. A의 표준편차는 연습문제 7에서 구한다.

총 비교 횟수 C는 다루기가 좀 더 힘들다. 여기에서는 C_{ave}만 고려하기로 한다. 고정된 n에 대해, $1 \le i \le n$에 대해 $b_i < j-1$ 또는 $b_i + i - j \le k$를 만족하는 반전표 $b_1 \ldots b_n$들의 개수를 $f_j(k)$라고 하자. 그러면

$$0 \le k \le n-j\text{에 대해} \qquad f_j(k) = (j+k)!\,(j-1)^{n-j-k} \tag{8}$$

이다(연습문제 8 참고). (5)의 c_j의 평균값은 $\left(\sum k(f_j(k) - f_j(k-1))\right)/n!$이다. 이를 부분별로 합하고 그런 다음 j에 관해 합하면 다음과 같은 공식이 나온다.

$$C_{\text{ave}} = \binom{n+1}{2} - \frac{1}{n!}\sum_{\substack{1 \le j \le n \\ 0 \le k \le n-j}} f_j(k) = \binom{n+1}{2} - \frac{1}{n!}\sum_{0 \le r < s \le n} s!\,r^{n-s}. \tag{9}$$

이 점근값은 구하기가 쉽지 않은데, 이번 절 끝에서 다시 살펴보겠다.

정렬 검색에 대한 분석을 정리하자면, 이상의 공식들과 이후의 공식들을 다음과 같이 쓸 수 있다.

$$A = (\min 1,\ \text{ave } N - \sqrt{\pi N/2} + O(1),\ \max N); \tag{10}$$

$$B = (\min 0,\ \text{ave } \tfrac{1}{4}(N^2 - N),\ \max \tfrac{1}{2}(N^2 - N)); \tag{11}$$

$$C = (\min N-1,\ \text{ave } \tfrac{1}{2}(N^2 - N\ln N - (\gamma + \ln 2 - 1)N) + O(\sqrt{N}),\ \max \tfrac{1}{2}(N^2 - N)). \tag{12}$$

각 경우에서 최소값은 입력이 이미 순서대로 정렬되어 있는 경우에 발생하며, 최대값은 입력이 정렬된

703	908	908	908	908	908	908	908
765	703	765	897	897	897	897	897
677	765	703	765	765	765	765	765
612	677	677	703	703	703	703	703
509	612	612	677	677	677	677	677
154	509	509	612	612	653	653	653
426	154	426	509	509	612	612	612
653	426	653	426	653	509	512	512
275	653	275	653	426	512	509	509
897	275	897	275	512	426	503	503
170	897	170	512	275	503	426	426
908	170	512	170	503	275	275	275
061	512	154	503	170	170	170	170
512	061	503	154	154	154	154	154
087	503	087	087	087	087	087	087
503	087	061	061	061	061	061	061

그림 16. 칵테일 셰이커 정렬.

순서의 반대 순서로 되어 있는 경우에 발생한다. 따라서 MIX 실행 시간은 $8A+7B+8C+1=(\min 8N+1,\ \text{ave } 5.75N^2+O(N\log N),\ \max 7.5N^2+0.5N+1)$이다.

거품 정렬의 개선. 거품 정렬을 분석하는 데 상당한 노력이 필요했다. 그리고 계산에 쓰인 기법들이 교육적이긴 하지만, 그 결과는 좀 실망스럽다. 결국 거품 정렬이 아주 좋은 정렬 방법은 아니라는 뜻이기 때문이다. 직접 삽입(알고리즘 5.2.1S)과 비교해 볼 때, 거품 정렬은 더 복잡한 프로그램이 필요할 뿐만 아니라 시간도 두 배 이상 걸린다.

거품 정렬의 단점들 중 일부는 쉽게 발견할 수 있다. 예를 들어 그림 14에서 패스 4의 첫 번째 비교는 중복이다. 패스 5의 처음 두 비교와 패스 6, 7의 처음 세 비교들도 마찬가지이다. 또한 하나의 패스에서 원소들이 왼쪽으로 한 단계 이상 이동하는 일이 절고 없다는 점도 주목하자. 따라서 정렬을 시작하기 전에 가장 작은 항목이 제일 오른쪽에 놓여 있었다면 비교 횟수는 최대가 될 수밖에 없다. 이런 문제를 해결하는 한 방법이 패스마다 훑는 방향을 뒤집는 "칵테일 셰이커 정렬(cocktail-shaker sort)"이다(그림 16). 이 방법을 이용하면 평균 비교 횟수가 약간 줄어든다. 아이버슨K. E. Iverson은 이 문제에 대해 다음과 같은 흥미로운 결과를 밝혔다 [*A Programming Language* (Wiley, 1962), 218-219]: 만일 두 패스들에서 R_j와 R_{j+1}이 서로 교환되지 않는다면 R_j와 R_{j+1}은 반드시 최종 위치에 정착해 있는 것이며, 따라서 이후의 비교들에서는 이들을 고려할 필요가 없다. 예를 들어 4 3 2 1 8 6 9 7 5를 왼쪽에서 오른쪽으로 운행하고 나면 3 2 1 4 6 8 7 5 9가 된다. R_4와 R_5 사이에는 교환이 일어나지 않는다. 후자의 순열을 오른쪽에서 왼쪽으로 운행할 때에도 R_4는 여전히 (새로운) R_5보다 작으므로 교환이 일어나지 않는다. 따라서 이후의 비교들에서는 R_4와 R_5를 비교할 필요가 없다는 결론을 즉시 내릴 수 있다.

그런데 이러한 개선들 중 그 어떤 것도 직접 삽입보다 더 나은 알고리즘을 만들어 주지는 않는다. 그리고 직접 삽입이 큰 N에 적합한 정렬 방법이 아님은 이미 알고 있다. 또 다른 착상은, 교환들을 대부분 제거하는 것이다. 사실 대부분의 원소들은 한 번의 교환에서 그냥 왼쪽으로 한 단계 이동될 뿐이므로, 배열을 다른 각도에서 바라보아서 색인 번호의 원점을 이동함으로써 같은 효과를 얻을 수 있다. 그러나 그렇게 개선한다고 해도, 나중에 살펴볼 직접 선택 정렬(알고리즘 5.2.3S)보다 나아지지는 않는다.

정리하자면, 거품 정렬은 이름이 멋지고 몇 가지 흥미로운 이론적 문제들로 이어진다는 점만 빼고는 별로 권장할 만한 장점이 없다.

배처의 병렬법. 실행 시간이 규모 N^2보다 빠른 교환 알고리즘을 위해서는 인접하지 않은 키들의 쌍 (K_i, K_j)를 선택해서 비교할 필요가 있다. 그렇게 하지 않는다면 원래의 순열에 있는 반전 개수만큼 교환을 수행해야 하는데, 반전들의 평균 개수는 $\frac{1}{4}(N^2 - N)$이다. 잠재적인 교환들을 내다보면서 비교들의 순차열을 계획하는 독창적인 방법을 1964년에 배처K. E. Batcher가 고안했다 [*Proc. AFIPS Spring Joint Computer Conference* 32 (1968), 307-314]. 그의 방법을 이해하기란 전혀 쉽지가 않다. 사실, 비교 횟수가 비교적 적기 때문에, 그의 방법이 유효한지를 보이는 데만 해도 상당히 난해한 증명이 필요하다. 이 책에서는 두 가지 증명을 논의할 것인데, 이번 절에서 하나를 살펴보고 나머지 하나는 5.3.4절에서 살펴본다.

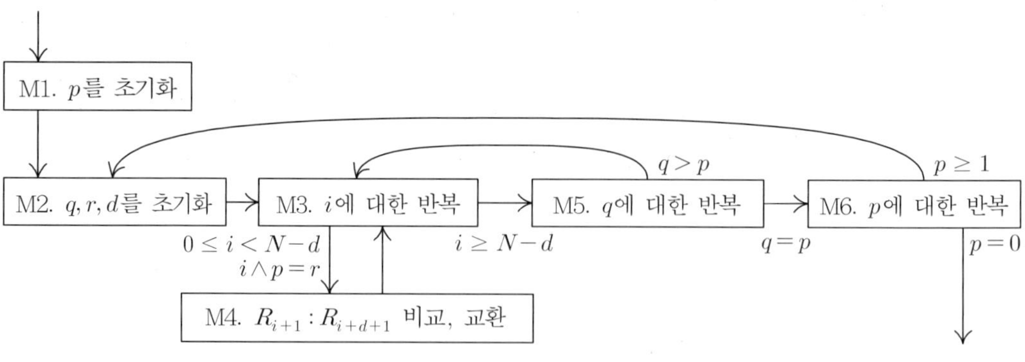

그림 17. 알고리즘 M.

배처의 정렬 방법은 셸 정렬과 비슷하나, 교환들이 전파될 필요가 없는 현명한 방식으로 비교를 수행한다. 예를 들어 표 1을 표 5.2.1-3과 비교해보자. 배처의 방법은 8정렬, 4정렬, 2정렬, 1정렬과 같은 결과를 내지만 비교들이 겹치지 않는다. 배처의 알고리즘은 본질적으로 정렬된 부분수열들의 쌍들을 합치는 것이기 때문에 "병합 교환 정렬"이라고 불러도 무방하다.

표 1

병합 교환 정렬(배처의 방법)

$p\ q\ r\ d$																
	503	087	512	061	908	170	897	275	653	426	154	509	612	677	765	703
8 8 0 8																
	503	087	154	061	612	170	765	275	653	426	512	509	908	677	897	703
4 8 0 4																
	503	087	154	061	612	170	765	275	653	426	512	509	908	677	897	703
4 4 4 4																
	503	087	154	061	612	170	512	275	653	426	765	509	908	677	897	703
2 8 0 2																
	154	061	503	087	512	170	612	275	653	426	765	509	897	677	908	703
2 4 2 6																
	154	061	503	087	512	170	612	275	653	426	765	509	897	677	908	703
2 2 2 2																
	154	061	503	087	512	170	612	275	653	426	765	509	897	677	908	703
1 8 0 1																
	061	154	087	503	170	512	275	612	426	653	509	765	677	897	703	908
1 4 1 7																
	061	154	087	503	170	512	275	612	426	653	509	765	677	897	703	908
1 2 1 3																
	061	154	087	275	170	426	503	509	512	653	612	703	677	897	765	908
1 1 1 1																
	061	087	154	170	275	426	503	509	512	612	653	677	703	765	897	908

알고리즘 M (병합 교환). 레코드 $R_1, \ldots, R_N$이 주어졌을 때, 이 알고리즘을 수행하고 나면 레코드 키들은 성립된 순서 $K_1 \le \cdots \le K_N$가 된다. $N \ge 2$라고 가정한다.

M1. [p를 초기화.] $p \leftarrow 2^{t-1}$으로 설정한다. 여기서 $t = \lceil \lg N \rceil$은 $2^t \ge N$을 만족하는 가장 작은 정수이다. (단계 M2에서 M5까지는 $p = 2^{t-1}, 2^{t-2}, \ldots, 1$에 대해 수행된다.)

M2. [q, r, d를 초기화.] $q \leftarrow 2^{t-1}$, $r \leftarrow 0$, $d \leftarrow p$로 설정한다.

M3. [i에 대한 반복.] $0 \le i < N-d$이고 $i \,\&\, p = r$인 모든 i에 대해 단계 M4를 수행한다. 그런 다음 M5로 간다. (여기서 $i \,\&\, p$는 i와 p의 이진 표현들의 "비트단위 논리곱(bitwise and)"을 뜻한다. 결과의 각 비트는 i와 p의 해당 비트들이 모두 1이면 1, 그 외의 경우에는 0이다. 예를 들어 $13 \,\&\, 21 = (1101)_2 \,\&\, (10101)_2 = (00101)_2 = 5$이다. 이 시점에서 d는 p의 홀수배

이고 p는 2의 거듭제곱이다. 따라서 $i \,\&\, p \neq (i+d) \,\&\, p$이다. 이 덕분에 단계 M4의 동작들은 모든 해당 i에 대해 임의의 순서로, 심지어는 동시적으로 수행될 수 있다.)

M4. 〔$R_{i+1} : R_{i+d+1}$ 비교, 교환.〕 만일 $K_{i+1} > K_{i+d+1}$이면 $R_{i+1} \leftrightarrow R_{i+d+1}$로 레코드들을 교환한다.

M5. 〔q에 대한 반복.〕 만일 $q \neq p$이면 $d \leftarrow q - p$, $q \leftarrow q/2$, $r \leftarrow p$로 설정하고 단계 M3으로 돌아간다.

M6. 〔p에 대한 반복.〕 (이 시점에서 순열 $K_1 K_2 \ldots K_N$은 p순서이다.) $p \leftarrow \lfloor p/2 \rfloor$으로 설정한다. 만일 $p > 0$이면 M2로 돌아간다. ▮

표 1은 $N = 16$에 대해 이 알고리즘을 적용한 것이다. 이 알고리즘이 본질적으로 $R_1, R_3, R_5, \ldots$과 $R_2, R_4, R_6, \ldots$을 독립적으로 정렬하고, 그런 다음 $p = 1$에 대해 단계 M2에서 M5까지를 수행해서 정렬된 두 부분수열을 합침으로써 N개의 원소들을 정렬한다는 점에 주목하자.

알고리즘 M에 명시된 불가사의한 비교/교환 절차들이 모든 가능한 입력 파일 $R_1 R_2 \ldots R_N$을 실제로 정렬한다는 것을 증명하기 위해서는 $p = 1$일 때 단계 M2에서 M5까지가 모든 2순서 파일 $R_1 R_2 \ldots R_N$들을 병합한다는 점만 보이면 된다. 이를 위해 5.2.1절의 격자 경로 방법(116쪽의 그림 11 참고)을 사용할 수 있다. $\{1, 2, \ldots, N\}$의 각 2순서 순열은 격자도의 $(0, 0)$에서 $(\lceil N/2 \rceil, \lfloor N/2 \rfloor)$로의 한 경로에 유일하게 대응한다. 그림 18(a)는 $N = 16$에 대한, 순열 1 3 2 4 10 5 11 6 13 7 14 8 15 9 16 12에 대응하는 예이다. $p = 1, q = 2^{t-1}, r = 0, d = 1$인 상황에서 단계 M3이 수행될 때 그 결과는 $R_1 : R_2$, $R_3 : R_4$ 등을 비교(그리고 그에 따라 교환)하는 것이 된다. 이 연산은 격자 경로가 대각선의 위로 가는 일이 없도록 필요에 따라 격자 경로를 대각선을 기준으로 "접는(fold)" 간단한 변환에 대응한다. (그림 18(b)와 연습문제 10의 증명을 볼 것.) 단계 M3의 그 다음 반복에서는 $p = r = 1, d = 2^{t-1} - 1, 2^{t-2} - 1, \ldots, 1$이 된다. 이 반복은 $R_2 : R_{2+d}$, $R_4 : R_{4+d}$ 등을 비교, 교환하는 효과를 내며, 역시 간단한 격자 경로 변환, 즉 대각선으로부터 $\frac{1}{2}(d+1)$단위 아래에 있는 사선을 기준으로 경로를 "접는" 것에 대응한다. 그림 18(c)와 (d)가 이에 해당한다. 결국 경로는 그림 18(e)와 같은 모습이 되는데, 이는 완전히 정렬된 순열에 대응한다. 이로써 배처의 알고리즘의 유효성에 대한 "기하학 증명"이 완료되었다. 배처의 방법을 접기에 의한 정렬이라고 부를 수도 있겠다!

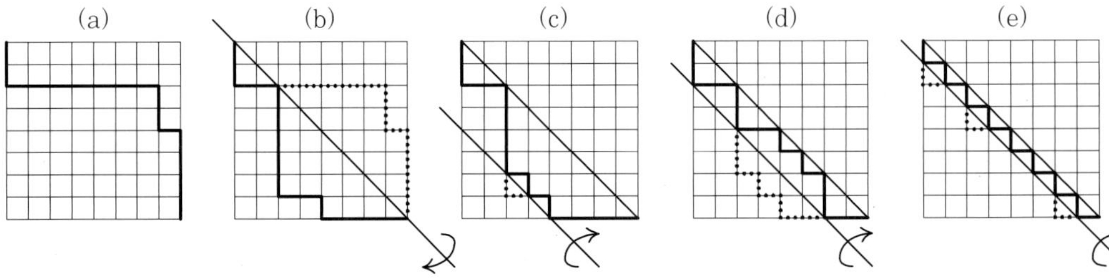

그림 18. 배처의 방법의 기하학적 해석. $N = 16$인 경우이다.

알고리즘 M을 위한 MIX 프로그램은 연습문제 12에 나온다. 안타깝게도 비교들의 차례를 제어하는 데 필요한 관리 작업의 양이 꽤 크기 때문에, 이 프로그램은 지금까지 살펴본 다른 방법들의 프로그램에 비해 덜 효율적이다. 그러나 그런 결점을 벌충하는 한 가지 중요한 특징이 있다: 단계 M3의 한 주어진 반복이 지시하는 모든 비교・교환을 병렬 계산이 가능한 컴퓨터 또는 네트워크상에서 동시에 수행할 수 있다는 것이다. 그런 병렬 연산들이 가능하다면 정렬은 $\frac{1}{2}\lceil \lg N \rceil (\lceil \lg N \rceil + 1)$단계 이내로 수행되는데, 이는 알려진 모든 일반적 방법만큼이나 빠른 것이다. 예를 들어 *배처의 방법으로는 1024개의 원소들을 단 55개의 병렬 단계들로 정렬할 수 있다.* 이 수준에 가장 가까운 경쟁자는 프랫의 방법(연습문제 5.2.1-30)으로, 그 방법은 단계 수를 어떻게 세느냐에 따라 40단계 또는 73단계를 사용한다. 만일 겹치지 않는 교환들뿐만 아니라 겹치는 비교들까지도 필요하다고 허용한다면 프랫의 방법은 1024개의 원소들을 정렬하는 데 단 40회의 비교・교환 주기만을 사용한다고 할 수 있다. 이에 대한 추가적인 논평은 5.3.4절에 나온다.

빠른정렬.† 배처의 방법의 비교 절차는 미리 결정된다. 우리가 이전 비교들로부터 파일에 대해 어떤 사실을 알게 되었는지와는 무관하게, 항상 같은 키쌍들을 비교하게 되는 것이다. 거품 정렬도 대체로 그렇다(비록 알고리즘 B가 파일의 오른쪽 끝에서의 작업을 줄이기 위해 이전의 지식을 조금 사용하긴 하지만). 그럼 이와는 상당히 다른, 각 비교의 결과를 이용해서 다음번에 비교할 키들을 결정하는 전략을 살펴보자. 그와 같은 전략은 병렬 계산에는 부적합하지만, 직렬로 작동하는 컴퓨터에서는 상당히 이득이 된다.

여기서 말하는 방법의 기본적인 발상은 이런 것이다. 한 레코드(이를테면 R_1)를 취하고, 그것을 정렬된 파일에서 차지해야 할 최종 위치(이를테면 s)로 이동한다. 이 최종 위치를 결정하는 도중에, 위치 s의 왼쪽에 현재 레코드의 키보다 더 큰 키들이 존재하지 않도록, 그리고 그 오른쪽에는 그보다 더 작은 키들이 존재하지 않도록 다른 레코드들도 적절히 재배치한다. 결국 파일은 원래의 정렬 문제가 두 개의 보다 간단한 문제들, 즉 $R_1 \ldots R_{s-1}$과 $R_{s+1} \ldots R_N$을 각각 독립적으로 정렬하는 문제들이 되는 방식으로 분할된다. 각 부분파일들에도 마찬가지 기법을 적용한다. 그러다 보면 결국은 파일 전체가 제대로 정렬된다.

파일을 왼쪽, 오른쪽 부분파일들로 분할하는 방법은 여러 가지가 있는데, 세지윅R. Sedgewick에서 기인한 다음과 같은 방법이 알고리즘을 분석하기에 좀 더 깔끔하다는 점에서 최선인 것 같다. 방법은 이런 것이다: 두 개의 포인터 i와 j를 둔다. 초기에는 $i = 2$, $j = N$이다. 만일 R_i가 분할 이후에 왼쪽 부분파일에 놓이게 된다면(이는 K_i를 K_1과 비교해서 알 수 있다) i를 1 증가한다. 그런 과정을 오른쪽 부분파일에 속할 레코드 R_i에 도달할 때까지 반복한다. 비슷하게, j는 왼쪽 부분파일에 속할 레코드 R_j를 만날 때까지 계속 감소한다. 만일 $i < j$이면 R_i를 R_j와 교환한다. 그런 다음에는 다음 레코드에 대해 같은 공정을 수행한다. 이상을 "초의 양쪽 모두를 태우면서" $i \geq j$가 될 때까지 반복한

---

† [옮긴이 주] 원문에서의 이름은 quicksort. 원래 이름과 마찬가지 맥락에서, 단순히 정렬에 '빠른'이라는 수식어가 붙은 일반적인 문구가 아니라 하나의 고유한 이름임을 나타내기 위해 '빠른'과 '정렬'을 띄어 쓰지 않았다. 물론 본문에서 언급하듯이 실제로도 빠르다.

다. R_j와 R_1을 교환하면 분할 공정이 끝난 것이다. 예를 들어 다음은 예제 열여섯 수들의 파일에 이 분할을 적용한 것이다.

	i ↓ (087), j ↓ (703)
초기 파일:	[503 **087** 512 061 908 170 897 275 653 426 154 509 612 677 765 **703**]
첫 번째 교환:	503 087 **512** 061 908 170 897 275 653 426 **154** 509 612 677 765 703
두 번째 교환:	503 087 154 061 **908** 170 897 275 653 **426** 512 509 612 677 765 703
세 번째 교환:	503 087 154 061 426 170 **897** **275** 653 908 512 509 612 677 765 703
포인터들이 교차됨:	503 087 154 061 426 170 **275** **897** 653 908 512 509 612 677 765 703
분할된 파일:	[275 087 154 061 426 170]**503**[**897** 653 908 512 509 612 677 765 703]
	↑ j (503), ↑ i (897)

(i와 j의 위치를 나타내기 위해 키 K_i와 K_j를 굵게 표시했다.)

표 2는 이 접근방식을 이용해서 총 11회의 시기(時期, stage)로 예제 파일을 완전히 정렬하는 모습을 보여준다. 대괄호는 정렬이 필요한 부분파일을 나타낸다. 이중대괄호는 현재 관심의 대상인 부분파일이다. 컴퓨터 안에서 현재 부분파일은 경계값들의 쌍 (l, r)로 표현할 수 있으며, 다른 부분파일들은 추가적인 쌍 (l_k, r_k)들의 스택으로 표현할 수 있다. 하나의 파일을 분할할 때에는 분할된 두 부분파일들 중 더 긴 것을 스택에 쌓아두고 짧은 것에 대해 작업을 진행한다. 그런 과정을 즉시 정렬할 수 있는 짧은 파일을 만날 때까지 반복한다. 이러한 전략은 스택에 $\lg N$개보다 많은 항목들이 쌓이지 않음을 보장한다(연습문제 20 참고).

표 2

빠른정렬

	(l, r)	스택
⟦503 087 512 061 908 170 897 275 653 426 154 509 612 677 765 703⟧	(1,16)	−
⟦275 087 154 061 426 170⟧503[897 653 908 512 509 612 677 765 703]	(1,6)	(8,16)
⟦170 087 154 061⟧275 426 503[897 653 908 512 509 612 677 765 703]	(1,4)	(8,16)
⟦061 087 154⟧170 275 426 503[897 653 908 512 509 612 677 765 703]	(1,3)	(8,16)
061⟦087 154⟧170 275 426 503[897 653 908 512 509 612 677 765 703]	(2,3)	(8,16)
061 087 154 170 275 426 503⟦897 653 908 512 509 612 677 765 703⟧	(8,16)	−
061 087 154 170 275 426 503⟦765 653 703 512 509 612 677⟧897 908	(8,14)	−
061 087 154 170 275 426 503⟦677 653 703 512 509 612⟧765 897 908	(8,13)	−
061 087 154 170 275 426 503⟦509 653 612 512⟧677 703 765 897 908	(8,11)	−
061 087 154 170 275 426 503 509⟦653 612 512⟧677 703 765 897 908	(9,11)	−
061 087 154 170 275 426 503 509⟦512 612⟧653 677 703 765 897 908	(9,10)	−
061 087 154 170 275 426 503 509 512 612 653 677 703 765 897 908	−	−

앞에서 설명한 정렬 절차를 분할 교환 정렬이라고 불러도 좋을 것이다. 이 방법은 호어C. A. R. Hoare에서 기인한 것으로, 그의 흥미로운 논문 [*Comp. J.* 5 (1962), 10-15]은 지금까지 출판된 것들 중 하나의 정렬 방법에 대해 가장 상세한 설명을 담은 논문에 속한다고 할 수 있다. 호어는 그의 방법을 "빠른정렬(quicksort)"이라고 불렀는데, 그 이름은 과장이 아니다. 계산의 내부 루프들이 대부분의 컴퓨터에서 극도로 빠르기 때문이다. 한 주어진 시기에서 일어나는 모든 비교는 같은 키에 대한 것이므로, 이 키를 하나의 레지스터 안에 담아 둘 수 있다. 비교들 사이에서는 색인 하나만 바꾸면 된다. 게다가 자료 이동 횟수도 상당히 적당하다. 예를 들어 표 2의 경우 교환 횟수는 단 17이다.

i와 j, 그리고 스택을 제어하는 데 필요한 관리 작업이 어려운 것은 아니나, 그래도 그 작업 부담 때문에 빠른정렬의 분할 절차는 N이 상당히 클 때 가장 적합하다. 그래서 다음 알고리즘은 부분파일들이 짧아지고 나면 다른 전략을 사용한다.

알고리즘 Q (빠른정렬). 레코드 $R_1, \ldots, R_N$이 주어졌을 때, 이 알고리즘을 수행하고 나면 레코드 키들은 정렬된 순서 $K_1 \le \cdots \le K_N$이 된다. 임시 저장소 용으로 최대 $\lfloor \lg N \rfloor$개의 항목들을 담을 보조 스택이 쓰인다. 이 알고리즘은 앞에서 설명한 빠른정렬 분할 절차를 따르되, 추가적인 효율성을 위해 그것을 다음과 같이 약간 수정한다.

a) 다음을 만족하는 인위적인 키 $K_0 = -\infty$와 $K_{N+1} = +\infty$가 존재한다고 가정한다.

$$1 \le i \le N\text{에 대해} \qquad K_0 \le K_i \le K_{N+1}. \tag{13}$$

(상등이 허용됨.)

b) 원소가 M개 이하인 부분파일들은 절차의 막바지가 될 때까지 정렬하지 않고 남겨 둔다. 절차의 끝에서는 직접 삽입을 한 패스 수행해서 최종 순서를 결정한다. 여기서 $M \ge 1$은 아래 본문에서 설명하는 대로 선택해야 할 하나의 매개변수이다. (세지윅에서 기인한 이러한 착안은 각각의 작은 부분파일에 직접 삽입을 직접 적용할 때 생길 수밖에 없는(참조 국소성이 현저하지 않은 한) 추가부담 일부를 제거한다.)

c) 굳이 교환할 필요가 없는 키가 같은 레코드들도 교환한다. (싱글턴R. C. Singleton에서 기인한 이 착안은 내부 루프의 속도를 빠르게 유지하며, 같은 원소들이 존재할 때 부분파일들을 거의 절반으로 분할하는 데 도움이 된다. 연습문제 18 참고.)

Q1. [초기화.] 만일 $N \le M$이면 단계 Q9로 간다. 그렇지 않으면 스택을 비우고 $l \leftarrow 1$, $r \leftarrow N$으로 설정한다.

Q2. [새 시기를 시작.] (이제부터 부분파일 $R_l \ldots R_r$을 정렬한다. 알고리즘의 본성상, $r \ge l + M$이며 $l \le i \le r$에 대해 $K_{l-1} \le K_i \le K_{r+1}$이다.) $i \leftarrow l$, $j \leftarrow r + 1$로 설정한다. 그리고 $K \leftarrow K_l$로 설정한다. (아래의 본문에서는 더 나을 수도 있는 또 다른 K 선택 방법을 논의한다.)

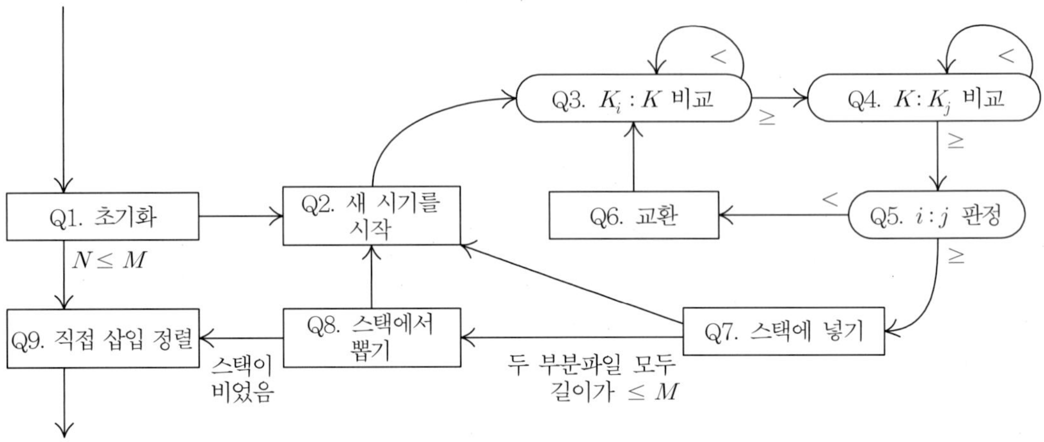

그림 19. 분할 교환 정렬(빠른정렬).

Q3. 〔$K_i : K$ 비교.〕 (이 시점에서 파일은

$$l-1 \le k \le i\text{에 대해} \quad K_k \le K, \qquad j \le k \le r+1\text{에 대해} \quad K \le K_k \tag{14}$$

이고 $l \le i < j$를 만족하는 형태로 재배치되어 있다.) i를 1 증가한다. 그런 다음 만일 $K_i < K$이면 이 단계를 반복한다. ($K_j \ge K$라서 반복이 끝났을 때에는 반드시 $i \le j$이다.)

Q4. 〔$K : K_j$ 비교.〕 j를 1 감소한다. 그런 다음 만일 $K < K_j$이면 이 단계를 반복한다. ($K \ge K_{i-1}$라서 반복이 끝났을 때에는 반드시 $j \ge i-1$이다.)

Q5. 〔$i : j$ 판정.〕 (이 시점에서 (14)는 $k = i$이고 $k = j$인 경우를 제외할 때 성립한다. 또한 $K_i \ge K \ge K_j$이고 $r \ge j \ge i-1 \ge l$이다.) 만일 $j \le i$이면 $R_l \leftrightarrow R_j$로 교환하고 단계 Q7로 간다.

Q6. 〔교환.〕 $R_i \leftrightarrow R_j$로 교환하고 단계 Q3으로 돌아간다.

Q7. 〔스택에 넣기.〕 (이제 부분파일 $R_l \dots R_j \dots R_r$이 $l-1 \le k \le j$에 대해 $K_k \le K_j$, $j \le k \le r+1$에 대해 $K_j \le K_k$를 만족하는 형태로 분할되었다.) 만일 $r-j \ge j-l > M$이면 $(j+1, r)$을 스택 최상위에 넣고 $r \leftarrow j-1$로 설정하고 단계 Q2로 간다. 만일 $j-l > r-j > M$이면 $(l, j-1)$을 스택 최상위에 넣고 $l \leftarrow j+1$로 설정하고 Q2로 간다. (스택에 있는 각 항목 (a, b)는 나중에 부분파일 $R_a \dots R_b$를 정렬하라는 요청에 해당한다.) 그렇지 않고 만일 $r-j > M \ge j-l$이면 $l \leftarrow j+1$로 설정하고 Q2로 간다. 그렇지 않고 만일 $j-l > M \ge r-j$이면 $r \leftarrow j-1$로 설정하고 Q2로 간다.

Q8. 〔스택에서 뽑기.〕 만일 스택이 비어 있지 않다면 그 최상위 항목 (l', r')를 제거하고, $l \leftarrow l'$, $r \leftarrow r'$로 설정하고 단계 Q2로 돌아간다.

Q9. 〔직접 삽입 정렬.〕 $j = 2, 3, \dots, N$에 대해, 만일 $K_{j-1} > K_j$이면 다음 연산들을 수행한다: $K \leftarrow K_j$, $R \leftarrow R_j$, $i \leftarrow j-1$로 설정한다. 그런 다음 $R_{i+1} \leftarrow R_i$, $i \leftarrow i-1$ 설정을 $K_i \le K$

가 될 때까지 1회 이상 수행한다. 그런 다음 $R_{i+1} \leftarrow R$로 설정한다. (이는 알고리즘 5.2.1S를 연습문제 5.2.1-10과 해답 5.2.1-33에 제시된 대로 수정한 것이다. 만일 $M = 1$이라면 단계 Q9를 생략할 수 있다. 주의: 최종적인 직접 삽입 때문에 단계 Q1-Q8의 버그가 가려질 수도 있다. 단지 정확한 답이 나왔다고 해서 구현을 믿어서는 안 된다!) ▮

이에 해당하는 MIX 프로그램은 상당히 길지만 복잡하지는 않다. 사실 코드의 상당 부분은 단계 Q7을 위한 것이며, 그 부분은 그냥 변수들을 아주 직관적인 방식으로 다루는 것일 뿐이다.

프로그램 Q (빠른정렬). 정렬할 레코드들은 INPUT+1에서 INPUT+N까지의 장소들에 들어 있다. 그리고 INPUT과 INPUT+N+1에는 각각 MIX가 표현할 수 있는 가장 작은 수와 가장 큰 수가 들어 있다고 가정한다. 스택은 장소 STACK+1, STACK+2, ...을 사용한다. 스택에 필요한 장소들의 정확한 개수에 대해서는 연습문제 20을 볼 것. $\mathrm{rI2} \equiv l$, $\mathrm{rI3} \equiv r$, $\mathrm{rI4} \equiv i$, $\mathrm{rI5} \equiv j$, $\mathrm{rI6} \equiv$ 스택 크기, $\mathrm{rA} \equiv K \equiv R$. $N > M$라고 가정한다.

```
A      EQU   2:3                    스택 항목의 첫 번째 성분.
B      EQU   4:5                    스택 항목의 두 번째 성분.
START  ENT6  0         1            Q1. 초기화. 스택을 비운다.
       ENT2  1         1            l ← 1.
       ENT3  N         1            r ← N.
2H     ENT5  1,3       A            Q2. 새 시기를 시작. j ← r+1.
       LDA   INPUT,2   A            K ← K_l.
       ENT4  1,2       A            i ← l+1.
       JMP   0F        A            Q3으로 가되 "i ← i+1"은 건너뛴다.
6H     LDX   INPUT,4   B            Q6. 교환.
       ENT1  INPUT,4   B
       MOVE  INPUT,5   B
       STX   INPUT,5   B            R_i ↔ R_j.
3H     INC4  1         C'−A         Q3. K_i : K 비교. i ← i+1.
0H     CMPA  INPUT,4   C'
       JG    3B        C'           만일 K > K_i이면 반복.
4H     DEC5  1         C−C'         Q4. K : K_j 비교. j ← j−1.
       CMPA  INPUT,5   C−C'
       JL    4B        C−C'         만일 K < K_j이면 반복
5H     ENTX  0,5       B+A          Q5. i : j 판정.
       DECX  0,4       B+A
       JXP   6B        B+A          만일 j > i이면 Q6으로 간다.
       LDX   INPUT,5   A
       STX   INPUT,2   A            R_l ← R_j.
       STA   INPUT,5   A            R_j ← R.
7H     ENT4  0,3       A            Q7. 스택에 넣기.
       DEC4  M,5       A            rI4 ← r−j−M.
```

```
        ENT1  0,5              A
        DEC1  M,2              A             rI1 ← j − l − M.
        ENTA  0,4              A
        DECA  0,1              A
        JANN  1F               A             만일 r − j ≥ j − l이면 점프.
        J1NP  8F               A′            만일 M ≥ j − l > r − j이면 Q8로 간다.
        J4NP  3F               S′ + A″       만일 j − l > M ≥ r − j이면 점프.
        INC6  1                S′            (이제 j − l > r − j > M이다.)
        ST2   STACK,6(A)       S′
        ENTA  -1,5             S′
        STA   STACK,6(B)       S′            (l, j − 1) ⇒ 스택.
4H      ENT2  1,5              S′ + A‴       l ← j + 1.
        JMP   2B               S′ + A‴       Q2로 간다.
1H      J4NP  8F               A − A′        만일 M ≥ r − j ≥ j − l이면 Q8로 간다.
        J1NP  4B               S − S′ + A‴   만일 r − j > M ≥ j − l이면 점프.
        INC6  1                S − S′        (이제 r − j ≥ j − l > M이다.)
        ST3   STACK,6(B)       S − S′
        ENTA  1,5              S − S′
        STA   STACK,6(A)       S − S′        (j + 1, r) ⇒ 스택.
3H      ENT3  -1,5             S − S′ + A″   r ← j − 1.
        JMP   2B               S − S′ + A″   Q2로 간다.
8H      LD2   STACK,6(A)       S + 1         Q8. 스택에서 뽑기.
        LD3   STACK,6(B)       S + 1
        DEC6  1                S + 1         (l, r) ⇐ 스택.
        J6NN  2B               S + 1         만일 스택이 비지 않았으면 Q2로 간다.
9H      ENT5  2-N              1             Q9. 직접 삽입 정렬. j ← 2.
2H      LDA   INPUT+N,5        N − 1         K ← K_j, R ← R_j.
        CMPA  INPUT+N-1,5      N − 1         (이 루프에서 rI5 ≡ j − N이다.)
        JGE   6F               N − 1         만일 K ≥ K_{j−1}이면 점프.
3H      ENT4  N-1,5            D             i ← j − 1.
4H      LDX   INPUT,4          E
        STX   INPUT+1,4        E             R_{i+1} ← R_i.
        DEC4  1                E             i ← i − 1.
        CMPA  INPUT,4          E
        JL    4B               E             만일 K < K_i이면 반복.
5H      STA   INPUT+1,4        D             R_{i+1} ← R.
6H      INC5  1                N − 1
        J5NP  2B               N − 1         2 ≤ j ≤ N. ▮
```

빠른정렬의 분석. 키르히호프Kirchoff의 보존 법칙(1.3.3절)과 스택에 들어가는 모든 것이 언젠가는 다시 제거된다는 사실을 이용하면 프로그램 Q에 나온 시간 정보를 어렵지 않게 유도할 수 있을 것이다.

또한, Q2에 키르히호프의 법칙을 적용해 보면

$$A = 1 + (S' + A''') + (S - S' + A'') + S = 2S + 1 + A'' + A''' \qquad (15)$$

임도 알 수 있다. 따라서 총 실행 시간은

$$24A + 11B + 4C + 3D + 8E + 7N + 9S \text{ 단위}$$

가 된다. 여기서

A = 분할 시기 개수;
B = 단계 Q6에서의 교환 횟수;
C = 분할 도중의 비교 횟수;
D = 직접 삽입(단계 Q9) 도중에 $K_{j-1} > K_j$인 경우들의 수;
E = 직접 삽입에 의해 제거되는 반전들의 개수;
S = 하나의 항목이 스택에 쌓이는 횟수 (16)

이다. 이 여섯 수량들을 분석한다면 직접 삽입과 분할 사이의 "문턱"을 규정하는 매개변수 M을 적절히 선택할 수 있게 된다. 이러한 분석은 이 알고리즘이 다소 복잡하다는 점에서 특히나 교육적이다. 이 복잡성을 해명함으로써 중요한 기법들을 좀 더 잘 이해할 수 있게 되기 때문이다. 그러나 수학에 흥미가 없는 독자라면 식 (25)로 넘어가는 게 좋을 것이다.

이번 장의 다른 대부분의 분석들에서처럼, 정렬할 키들이 서로 다르다고 가정할 필요가 있다. 연습문제 18은 키들의 상등이 알고리즘 Q의 효율성을 크게 해치지는 않으며, 실제로는 오히려 도움이 되는 것으로 보임을 지적한다. 이 방법은 키들의 상대 순서에만 의존하므로, 키들이 $\{1, 2, ..., N\}$의 어떤 한 순열에 해당한다고도 가정할 수 있다.

이 분석 문제는 Q7이 처음으로 수행되게 만드는 최초의 분할 시기의 습성을 고찰하는 것으로 공략할 수 있다. 그 분할이 완료된 후에, *만일 원래의 파일이 무작위 순서였다면 부분파일* $R_1 \ldots R_{j-1}$ *과* $R_{j+1} \ldots R_N$*도 모두 무작위 순서이다.* 왜냐하면 이 부분파일들의 원소들의 상대순서는 분할 알고리즘에 아무런 영향도 미치지 않기 때문이다. 따라서 이후의 분할들의 기여를 N에 대한 귀납법으로 구할 수 있다. (이는 이러한 성질을 위반하는 다른 일부 내안 알고리즘들이 이보다 훨씬 더 느리다는 점에서 중요한 지적이다. *Computing Surveys* **6** (1974), 287 289를 볼 것.)

첫 번째 키 K_1의 값이 s라고 하자. 그리고 처음 s개의 키 $\{K_1, ..., K_s\}$ 중에서 값이 s보다 큰 키들이 정확히 t개라고 하자. (정렬할 키들은 정수 $\{1, 2, ..., N\}$임을 기억할 것.) 만일 $s = 1$이면 분할의 최초 시기에서 어떤 일이 일어나는지를 쉽게 파악할 수 있다: 단계 Q3이 한 번, Q4가 N번 수행되며 그런 다음 단계 Q5를 거쳐서 Q7로 가게 된다. 따라서 이 경우 첫 시기의 기여는 $A = 1$, $B = 0$, $C = N + 1$이다. $s > 1$인 경우에 대해서도 좀 더 복잡하긴 하지만 비슷한 논리를 적용해 보면(연습문제 21), 첫 시기의 총 실행시간이 일반적으로

$$1 \le s \le N\text{에 대해} \qquad A = 1,\ B = t,\ C = N + 1 \qquad (17)$$

임을 알 수 있다. 이에 대해서는 반드시 이후 시기들(원소 $s-1$개의 부분파일과 $N-s$개의 부분파일을 정렬하는)의 기여들을 더해야 한다.

원래의 파일이 무작위 순서였다고 가정한다면 $A, B, \ldots, S$의 확률분포들에 대한 공식들을 만드는 것이 가능하다(연습문제 22 참고). 그러나 단순함을 위해서, 여기서는 그 수량들의 평균값, 즉 $A_N, B_N, \ldots, S_N$을 N의 함수로 표현하는 것에만 초점을 두도록 하겠다. 예를 들어 분할 공정 도중 일어나는 비교들의 평균 횟수 C_N을 생각해 보자. $N \le M$일 때 $C_N = 0$이다. 그 외의 경우에서는, s의 임의의 주어진 값이 나타날 확률이 $1/N$이므로

$$C_N = \frac{1}{N}\sum_{s=1}^{N}(N+1+C_{s-1}+C_{N-s})$$

$$= N+1+\frac{2}{N}\sum_{0\le k<N} C_k, \qquad N > M\text{에 대해} \tag{18}$$

이다. 다른 수량 A_N, B_N, D_N, E_N, S_N에 대해서도 비슷한 공식이 성립한다(연습문제 23).

이 값들을 평가하기 위해서는 다음과 같은 형태의 점화식을 풀어야 한다.

$$x_n = f_n + \frac{2}{n}\sum_{0\le k<n} x_k, \qquad n \ge m\text{에 대해.} \tag{19}$$

이런 점화식을 푸는 간단한 방법이 있다. 첫 번째 단계는 합 기호를 제거하는 것이다. 우선

$$(n+1)x_{n+1} = (n+1)f_{n+1} + 2\sum_{0\le k\le n} x_k,$$

$$nx_n = nf_n + 2\sum_{0\le k<n} x_k$$

이며, 위에서 아래를 빼면 다음이 나온다.

$$(n+1)x_{n+1} - nx_n = g_n + 2x_n, \qquad \text{여기서 } g_n = (n+1)f_{n+1} - nf_n.$$

이제 점화식은 다음과 같은 좀 더 단순한 형태가 된다.

$$(n+1)x_{n+1} = (n+2)x_n + g_n, \qquad n \ge m\text{에 대해.} \tag{20}$$

일반적인 형태

$$a_n x_{n+1} = b_n x_n + g_n \tag{21}$$

으로 된 임의의 점화식을 하나의 합으로 축약하는 것이 가능하다: 점화식 양변에 "합산 인수(summation factor)" $a_0 a_1 \ldots a_{n-1}/b_0 b_1 \ldots b_n$을 곱하면 다음이 나온다.

$$y_{n+1} = y_n + c_n, \qquad \text{여기서} \quad y_n = \frac{a_0 \ldots a_{n-1}}{b_0 \ldots b_{n-1}} x_n, \quad c_n = \frac{a_0 \ldots a_{n-1}}{b_0 b_1 \ldots b_n} g_n. \tag{22}$$

(20)의 경우 합산 인수는 그냥 $n!/(n+2)! = 1/(n+1)(n+2)$이며, 이를 양변에 곱하고 정리하면

다음과 같은 간단한 수식을 얻을 수 있다.

$$\frac{x_{n+1}}{n+2} = \frac{x_n}{n+1} + \frac{(n+1)f_{n+1} - nf_n}{(n+1)(n+2)}, \qquad n \ge m\text{에 대해.} \tag{23}$$

이는 (19)의 한 결과이다.

예를 들어 만일 $f_n = 1/n$로 둔다면 모든 $n \ge m$에 대해 $x_n/(n+1) = x_m/(m+1)$이라는 예기치 못한 결과가 나온다. $f_n = n+1$로 둔다면 모든 $n \ge m$에 대해

$$\begin{aligned} x_n/(n+1) &= 2/(n+1) + 2/n + \cdots + 2/(m+2) + x_m/(m+1) \\ &= 2(H_{n+1} - H_{m+1}) + x_m/(m+1) \end{aligned}$$

이 된다. 따라서 $m = M+1$로, 그리고 $n \le M$에 대해 $x_n = 0$으로 두어서 (18)의 해를 구할 수 있다. 이제 원했던 공식은

$$\begin{aligned} C_N &= (N+1)(2H_{N+1} - 2H_{M+2} + 1) \\ &\approx 2(N+1)\ln\left(\frac{N+1}{M+2}\right), \qquad N > M\text{에 대해.} \end{aligned} \tag{24}$$

이다. 연습문제 6.2.2-8에서는 $M = 1$일 때 C_N의 표준편차가 점근적으로 $\sqrt{(21-2\pi^2)/3}\,N$임을 증명한다. 이는 (24)에 비하면 비교적 작은 값이다.

나머지 수량들도 비슷한 방식으로 구하면 된다(연습문제 23). $N > M$일 때에는

$$\begin{aligned} A_N &= 2(N+1)/(M+2) - 1, \\ B_N &= \frac{1}{6}(N+1)(2H_{N+1} - 2H_{M+2} + 1 - 6/(M+2)) + \frac{1}{2}, \\ D_N &= (N+1)(1 - 2H_{M+1}/(M+2)), \\ E_N &= \frac{1}{6}(N+1)M(M-1)/(M+2); \\ S_N &= (N+1)/(2M+3) - 1, \qquad N > 2M+1\text{에 대해} \end{aligned} \tag{25}$$

이다.

지금까지의 논의는, 이전에는 더 간단한 프로그램들에만 적용했던 기법들을 이용해서 상당히 복잡한 프로그램의 평균 실행 시간을 정확하게 분석하는 것이 가능한 일임을 보여준다.

공식 (24)와 (25)는 특정한 컴퓨터에서의 최적의 M 값을 결정하는 데 사용할 수 있다. MIX의 경우 프로그램 Q의 평균 실행 시간은 $N > 2M+1$에 대해 $(35/3)(N+1)H_{N+1} + \frac{1}{6}(N+1)f(M) - 34.5$단위이다. 여기서

$$f(M) = 8M - 70H_{M+2} + 71 - 36\frac{H_{M+1}}{M+2} + \frac{270}{M+2} + \frac{54}{2M+3} \tag{26}$$

이다. $f(M)$이 최소가 되는 M을 선택해야 하는데, 간단히 계산해 보면 $M = 9$가 최선임을 알 수

있다. $M=9$일 때 프로그램 Q의 평균 실행 시간은 큰 N에 대해 $11.667(N+1)\ln N - 1.74N - 18.74$단위이다.

따라서 프로그램 Q는 아주 작은 메모리 공간을 요구한다는 점을 고려할 때 평균적으로 상당히 빠르다. 프로그램 Q의 속력은 주로는 내부 루프들(단계 Q3과 Q4)이 극도로 짧다는 점에서 기인한다. 각 내부 루프는 단 세 개의 MIX 명령들로 되어 있다(줄 12-14와 줄 15-17). 단계 Q6에서의 교환 횟수는 단계 Q3과 Q4의 비교 회수의 약 1/6밖에 되지 않는다. 내부 루프들에서 i와 j를 비교하지 않음으로써 상당한 양의 시간을 절약하게 되는 것이다.

그런데 알고리즘 Q의 최악의 경우는 무엇일까? 알고리즘 Q가 효율적으로 처리하지 못하는 입력들이 존재할까? 이 질문에 대한 답은 상당히 당혹스럽다: 만일 원래의 파일이 이미 정렬된 순서라면, 즉 $K_1 < K_2 < \cdots < K_N$로 되어 있다면, 각 "분할" 연산은 거의 무의미하다. 부분파일의 크기를 단 하나의 원소로 줄이기 때문이다. 따라서 이런 상황(사실 정렬하기 가장 쉬운 상황이다)에서 빠른정렬은 전혀 빠르지 않다. 정렬 시간은 $N \lg N$이 아니라 N^2에 비례하게 된다. (연습문제 25 참고.) 지금까지 살펴본 다른 정렬 방법들과 달리, 알고리즘 Q는 무질서한 파일을 좋아한다.

호어는 분할을 관장하는 판정용 키 K를 좀 더 현명하게 선택해서 이런 상황을 해결하는 두 가지 방법을 그의 원래의 논문에다 제안해 놓았다. 하나는 단계 Q2의 마지막 부분에서 l과 r 사이의 무작위 정수 q를 선택하는 것이다. 이 제안을 적용하고 싶다면 그 단계의 명령 "$K \leftarrow K_l$"을

$$K \leftarrow K_q, \qquad R \leftarrow R_q, \qquad R_q \leftarrow R_l, \qquad R_l \leftarrow R \tag{27}$$

로 바꾸면 된다. (마지막 배정문 "$R_l \leftarrow R$"은 꼭 필요하다. 이것이 없다면 단계 Q4는 K가 분할되는 부분파일의 가장 작은 키일 때 $j = l-1$인 상태에서 끝난다.) 식 (25)에 따르면 이러한 무작위 정수들은 평균적으로 $2(N+1)/(M+2)-1$번만 계산하면 된다. 따라서 추가되는 실행 시간이 그리 크지 않다. 그리고 이러한 무작위 선택은 최악의 상황이 발생하게 되는 것을 잘 방지한다. q를 적당히만 무작위하게 선택한다고 해도 최악의 상황에 대해 안전하다. 연습문제 42는 진정으로 무작위하게 q를 선택하는 경우 비교 횟수가 $20N \ln N$보다 클 확률이 10^{-8}보다 작음을 증명한다.

호어의 두 번째 제안은 파일에서 작은 표본을 살펴보고 그 표본의 중앙값을 선택하라는 것이다. 이 접근방식을 채용한 싱글턴R. C. Singleton은 K_q를 다음 세 값의 중앙값(median)으로 둘 것을 제안했다 〔*CACM* 12 (1969), 185-187〕.

$$K_l, \qquad K_{\lfloor (l+r)/2 \rfloor}, \qquad K_r. \tag{28}$$

싱글턴의 절차는 비교 횟수를 $2N \ln N$에서 약 $\frac{12}{7}N \ln N$으로 줄인다(연습문제 29 참고). 이 경우 B_N이 점근적으로 $C_N/6$이 아니라 $C_N/5$임은 쉽게 확인할 수 있으며, 따라서 중앙값 방법에서는 자료를 이동하는 데 필요한 시간이 조금 늘어난다. 결론적으로 총 실행 시간은 약 8퍼센트 줄어든다. (상세한 분석은 연습문제 56에 나온다.) 최악의 경우는 여전히 N^2의 규모이지만, 그런 느린 습성이 실제로 발생할 가능성은 거의 없다.

프레이저W. D. Frazer와 매켈러A. C. McKellar는 2^k-1개의 레코드들로 된 훨씬 더 큰 표본을 취하는 방법을 제시했다 [*JACM* 17 (1970), 496–507]. k는 $2^k \approx N/\ln N$을 만족하도록 선택된다. 그런 표본을 통상의 빠른정렬 방법으로 정렬하고, 그 결과를 파일에 대한 k회의 패스를 통해서(파일을 표본의 원소들을 경계로 하여 2^k개의 부분파일들로 분할함으로써) 나머지 레코드들 사이에 적절히 삽입한다. 이러한 "표본 정렬(samplesort)"의 평균 비교 횟수는 N이 현실적인 범위일 때 싱글턴의 중앙값 방법과 거의 같지만, $N\to\infty$에 따른 점근값은 $N\lg N$으로 줄어든다.

빠른정렬을 다른 방식들과 결합한다면 빠른 평균 실행 시간뿐만 아니라 최악의 경우에서의 $O(N\log N)$ 규모의 정렬 시간을 절대적으로 보장할 수 있다. 예를 들어 머서D. R. Musser는 빠른정렬의 스택의 각 항목에 "분할 깊이"를 추가하는 방법을 제안했다 [*Software Practice & Exper.* 27 (1997), 983–993]. 임의의 부분파일이 특정 횟수, 이를테면 $2\lg N$보다 많이 분할되었다면 알고리즘 Q를 포기하고 알고리즘 5.2.3H로 전환한다. 이런 방법에서 내부 루프에 필요한 시간은 변하지 않으며, 따라서 평균적인 전체 실행 시간은 이전과 거의 같은 수준으로 유지된다.

세지윅Robert Sedgewick은 빠른정렬의 여러 최적화 변형들을 *Acta Informatica* 7 (1977), 327–356과 *CACM* 21 (1978), 847–857, 22 (1979), 368에서 분석했다. 또한 15년간의 경험에 기초하여 UNIX® 소프트웨어 라이브러리에 맞게 조율한 빠른정렬의 한 버전이 J. L. Bentley, M. D. McIlroy, *Software Practice & Exper.* 23 (1993), 1249–1265에 나온다.

기수 교환. 이번에는 지금까지의 정렬 방식들 모두와 상당히 다른 한 가지 방법을 살펴보겠다. 이 방법은 키의 이진 표현을 사용하므로 오직 이진 컴퓨터에만 적용할 수 있다. 이 방법은 두 키를 서로 비교하는 대신 키의 개별 비트가 0인지 1인지를 조사한다. 한편 이 방법은 교환 정렬의 특성들을 가지고 있으며, 사실 빠른정렬과 상당히 비슷하다. 이 방법은 기수(radix) 2 표현에 의존하기 때문에 "기수 교환 정렬"이라고 불린다. 이 알고리즘을 간략하게 설명하자면 다음과 같다.

i) 수열의 원소들을 그 이진 최상위 비트를 기준으로 정렬한다. 즉, 선행 비트가 0인 모든 키가 선행 비트가 1인 모든 키보다 앞에 놓이게 된다. 이러한 정렬은 선행 비트가 1인 제일 왼쪽 키 K_i와 선행 비트가 0인 제일 오른쪽 키 K_j를 찾고, R_i와 R_j를 교환하고, 그런 공정을 $i>j$가 될 때까지 반복해서 수행한다.

ii) 선행 비트가 0인 원소들을 F_0이라고 하고 나머지 원소들을 F_1이라고 하자. F_0이 완전히 정렬될 때까지 기수 교환 정렬 방법을 적용(이 경우에는 최상위 비트가 아니라 그 다음의 비트, 즉 제일 왼쪽에서 두 번째 비트에서 시작)한다. F_1에 대해서도 마찬가지 정렬을 수행한다.

예를 들어 표 3은 16개의 예제 난수들(8진법으로 표기되었다)에 기수 정렬을 적용했을 때 어떤 일이 일어나는지를 보여준다. 표의 시기 1은 초기 입력이고, 시기 2는 첫 번째 비트에 대한 기수 교환을 수행한 결과이다. 시기 2는 비트 2의 첫 그룹을 정렬하고, 시기 3은 비트 3에 대해 작동한다. (독자는 표의 8진수들을 머리 속에서 10비트 이진수로 변환해야 한다. 예를 들어 *0232*는

$(0\,010\,011\,010)_2$에 해당한다.) 시기 4에서 비트 4에 대한 정렬이 끝나서 시기 5에 도달하면 각 그룹은 원소가 하나씩만 남은 상태가 되므로 파일을 더 조사할 필요가 없다. "^{4}[*0232 0252*]"라는 표기는 부분파일 *0232 0252*를 비트 4에 대해 왼쪽으로부터 정렬해야 한다는 뜻이다. 이 예의 경우에는 비트 4에 대해 정렬한다고 해도 진전은 없다. 항목들을 분리하기 전에 비트 5에 대한 시기로 넘어가야 한다.

표 3에 나온 완전한 정렬 공정은 총 22시기로 구성되는데, 빠른정렬(표 2)의 비교 횟수보다는 조금 많다. 비슷하게, 비트 조사 횟수 82도 다소 많은 편이다. 그러나 키들이 균등하게 분포되어 있다고 할 때 큰 N에 대한 비트 조사 횟수가 실제로는 빠른정렬의 비교 횟수보다 더 작음을 알게 될 것이다. 표 3의 총 교환 횟수는 17로, 이는 상당히 적절하다. 이 예의 경우 10비트 수들을 정렬하긴 하지만 비트 조사가 결코 비트 7을 넘어가지는 않음에 주목하자.

정렬을 기다리는 부분파일들을 위한 "경계선 정보"를 유지하기 위해서는 빠른정렬에서처럼 스택을 사용하면 된다. 이 기수 교환 방법에서는 가장 작은 부분파일을 먼저 정렬하는 대신 그냥 왼쪽에서 오른쪽으로 부분파일들을 정렬해 나가는 것이 편리하다. 이 방법의 경우에는 스택 크기가 정렬할 키들의 비트 수를 결코 넘지 않기 때문이다. 다음 알고리즘에서 스택 항목 (r, b)는 비트 b에 대해 정렬해야 할 부분파일의 오른쪽 경계를 나타낸다. 왼쪽 경계는 굳이 스택에 기록해 둘 필요가 없다. 왼쪽 경계는 절차의 "좌에서 우로" 성질 덕분에 암묵적으로 유도할 수 있기 때문이다.

알고리즘 R (기수 교환 정렬). 레코드 $R_1, \ldots, R_N$이 주어졌을 때, 이 알고리즘을 수행하고 나면 레코드 키들은 정렬된 순서 $K_1 \le \cdots \le K_N$가 된다. 각 키는 음이 아닌 m비트 이진수 $(a_1 a_2 \ldots a_m)_2$라고 가정한다. 상위 i번째 비트 a_i를 키의 "비트 i"라고 칭한다. 임시 저장소 용도로 최대 $m-1$개의 항목들을 담는 보조 스택 하나를 사용한다. 이 알고리즘은 본질적으로 위의 본문에서 설명한 기수 교환 분할 절차를 따른다. 효율을 개선하는 방법이 몇 가지 있는데, 이에 대해서는 아래의 본문과 연습문제들에서 언급하겠다.

R1. [초기화.] 스택을 비우고, $l \leftarrow 1$, $r \leftarrow N$, $b \leftarrow 1$로 설정한다.

R2. [새 시기를 시작.] (이제 부분파일 $R_l \ldots R_r$을 비트 b에 대해 정렬하고자 한다. 알고리즘의 본성에 의해 $l \le r$이다.) 만일 $l = r$이면 단계 R10으로 간다(이미 정렬된 1워드 파일이므로). 그렇지 않으면 $i \leftarrow l$, $j \leftarrow r$로 설정한다.

R3. [K_i를 1에 대해 조사.] K_i의 비트 b를 조사한다. 만일 그것이 1이면 단계 R6으로 간다.

R4. [i를 증가.] i를 1 증가한다. 만일 $i \le j$이면 단계 R3으로 돌아간다. 그렇지 않으면 R8로 간다.

R5. [K_{j+1}을 0에 대해 조사.] K_{j+1}의 비트 b를 조사한다. 만일 그것이 0이면 단계 R7로 간다.

R6. [j를 감소.] j를 1 감소한다. 만일 $i \le j$이면 단계 R5로 간다. 그렇지 않으면 단계 R8로 간다.

표 3

기수 교환 정렬

단계																	l	r	b	스택
1	^{1}⟦0767	0127	1000	0075	1614	0252	1601	0423	1215	0652	0232	0775	1144	1245	1375	1277⟧	1	16	1	—
2	^{2}⟦0767	0127	0775	0075	0232	0252	0652	0423⟧	^{2}[1215	1601	1614	1000	1144	1245	1375	1277]	1	8	2	(1,2)(1,2)(16,2)
3	^{3}⟦0252	0127	0232	0075⟧	^{3}[0775	0767	0652	0423]	^{2}[1215	1601	1614	1000	1144	1245	1375	1277]	1	4	3	(8,3)(16,2)
4	^{4}⟦0075	0127⟧	^{4}[0232	0252]	^{3}[0775	0767	0652	0423]	^{2}[1215	1601	1614	1000	1144	1245	1375	1277]	1	2	4	(4,4)(8,3)(16,2)
5	0075	0127	^{4}⟦0232	0252⟧	^{3}[0775	0767	0652	0423]	^{2}[1215	1601	1614	1000	1144	1245	1375	1277]	3	4	4	(8,3)(16,2)
6	0075	0127	^{5}⟦0232	0252⟧	^{3}[0775	0767	0652	0423]	^{2}[1215	1601	1614	1000	1144	1245	1375	1277]	3	4	5	(8,3)(16,2)
7	0075	0127	0232	0252	^{3}⟦0775	0767	0652	0423⟧	^{2}[1215	1601	1614	1000	1144	1245	1375	1277]	5	8	3	(16,2)
8	0075	0127	0232	0252	0423	^{4}⟦0767	0652	0775⟧	^{2}[1215	1601	1614	1000	1144	1245	1375	1277]	6	8	4	(16,2)
9	0075	0127	0232	0252	0423	0652	^{5}⟦0767	0775⟧	^{2}[1215	1601	1614	1000	1144	1245	1375	1277]	7	8	5	(16,2)
10	0075	0127	0232	0252	0423	0652	^{6}⟦0767	0775⟧	^{2}[1215	1601	1614	1000	1144	1245	1375	1277]	7	8	6	(16,2)
11	0075	0127	0232	0252	0423	0652	^{7}[0767	0775⟧	^{2}[1215	1601	1614	1000	1144	1245	1375	1277]	7	8	7	(16,2)
12	0075	0127	0232	0252	0423	0652	0767	0775	^{2}⟦1215	1601	1614	1000	1144	1245	1375	1277⟧	9	16	2	—
13	0075	0127	0232	0252	0423	0652	0767	0775	^{3}⟦1215	1277	1375	1000	1144	1245⟧	^{3}[1614	1601]	9	14	3	(16,3)
14	0075	0127	0232	0252	0423	0652	0767	0775	^{4}⟦1144	1000⟧	^{4}[1375	1277	1215	1245]	^{3}[1614	1601]	9	10	4	(14,4)(16,3)
15	0075	0127	0232	0252	0423	0652	0767	0775	1000	1144	^{4}⟦1375	1277	1215	1245⟧	^{3}[1614	1601]	11	14	4	(16,3)
16	0075	0127	0232	0252	0423	0652	0767	0775	1000	1144	^{5}⟦1245	1277	1215⟧	^{5}[1375]	^{3}[1614	1601]	11	13	5	(14,5)(16,3)
17	0075	0127	0232	0252	0423	0652	0767	0775	1000	1144	1215	^{6}⟦1277	1245⟧	^{5}[1375]	^{3}[1614	1601]	12	13	6	(14,5)(16,3)
18	0075	0127	0232	0252	0423	0652	0767	0775	1000	1144	1215	1245	1277	1375	^{3}⟦1614	1601⟧	15	16	3	—
19	0075	0127	0232	0252	0423	0652	0767	0775	1000	1144	1215	1245	1277	1375	^{4}⟦1614	1601⟧	15	16	4	—
20	0075	0127	0232	0252	0423	0652	0767	0775	1000	1144	1215	1245	1277	1375	^{5}⟦1614	1601⟧	15	16	5	—
21	0075	0127	0232	0252	0423	0652	0767	0775	1000	1144	1215	1245	1277	1375	^{6}⟦1614	1601⟧	15	16	6	—
22	0075	0127	0232	0252	0423	0652	0767	0775	1000	1144	1215	1245	1277	1375	^{7}⟦1614	1601⟧	15	16	7	—
23	0075	0127	0232	0252	0423	0652	0767	0775	1000	1144	1215	1245	1277	1375	1601	1614	17	—	—	—

기수 교환 방법은 키들의 최종 순서를 결정하는 데 필요한 각 비트를 정확히 한 번씩만 조사한다.

R7. 〔R_i와 R_{j+1}을 교환.〕 레코드 $R_i \leftrightarrow R_{j+1}$로 교환한다. 그런 다음 단계 R4로 간다.

R8. 〔특별한 경우들을 판정.〕 (이제 하나의 분할 시기가 완성된 것이다. $i = j+1$이고 키 $K_l, \ldots, K_j$의 비트 b들은 0, 키 $K_i, \ldots, K_r$의 비트 b들은 1이다.) b를 1 증가한다. 키의 총 비트 개수를 m이라 할 때 만일 $b > m$이면 단계 R10으로 간다. (그런 경우는 부분파일 $R_l \ldots R_r$이 정렬된 것이다. 만일 파일에 같은 키들이 존재하는 일이 결코 없다면 이런 판정은 생략할 수 있다.) 그렇지 않고 만일 $j < l$이거나 $j = r$이면 단계 R2로 돌아간다(이 경우는 모든 비트의 1 또는 0 여부를 조사한 것이다). 그렇지 않고 만일 $j = l$이면 l을 1 증가하고 단계 R2로 간다(0인 비트가 단 하나인 경우이다.)

R9. 〔스택에 넣기.〕 항목 (r, b)를 스택 최상위에 삽입한다. 그런 다음 $r \leftarrow j$로 설정하고 단계 R2로 간다.

R10. 〔스택에서 뽑기.〕 만일 스택이 비었다면 정렬이 끝난 것이다. 그렇지 않다면 $l \leftarrow r+1$로 설정하고, 스택 최상위 항목 (r', b')를 제거하고, $r \leftarrow r'$, $b \leftarrow b'$로 설정한 후 단계 R2로 돌아간다. ▮

프로그램 R (기수 교환 정렬). 다음 MIX 코드는 프로그램 Q에서와 본질적으로 동일한 관례들을 사용한다. rI1 $\equiv l - r$, rI2 $\equiv r$, rI3 $\equiv i$, rI4 $\equiv j$, rI5 $\equiv m - b$, rI6 $\equiv$ 스택 크기. 단, 편의상 특정 명령들에 대해서는 rI3 $= i - j$ 또는 rI4 $= j - i$로 둔다(해당 부분에 명시해 두었음). 기수 교환의 이진 성질 때문에 이 프로그램은 4.5.2절에서 정의한 연산 SRB(AX를 이진으로 오른쪽 자리이동), JAE(A가 짝수이면 점프), JAO(A가 홀수이면 점프)를 사용한다. $N \geq 2$라고 가정한다.

```
START ENT6 0            1        R1. 초기화. 스택을 비운다.
      ENT1 1-N          1        l ← 1.
      ENT2 N            1        r ← N.
      ENT5 M-1          1        b ← 1.
      JMP  1F           1        R2로 간다(l = r 판정은 건너뜀).
9H    INC6 1            S        R9. 스택에 넣기.           [rI4 = j − l]
      ST2  STACK,6(A)   S
      ST5  STACK,6(B)   S        (r, b) ⇒ 스택.
      ENN1 0,4          S        rI1 ← l − j.
      ENT2 -1,3         S        r ← j.
1H    ENT3 0,1          A        R2. 새 시기를 시작.        [rI3 = i − j]
      ENT4 0,2          A        i ← l, j ← r.              [rI3 = i − j]
3H    INC3 0,4          C'       R3. K_i를 1에 대해 조사.
      LDA  INPUT,3      C'
      SRB  0,5          C'       rA의 일의 자리 비트 ← K_i의 비트 b.
      JAE  4F           C'       만일 그 비트가 0이면 R4로 간다.
6H    DEC4 1,3          C''+X    R6. j를 감소. j ← j − 1.   [rI4 = j − i]
      J4N  8F           C''+X    만일 j < i이면 R8로 간다.  [rI4 = j − i]
```

```
5H   INC4  0,3            C''          R5. K_{j+1}을 0에 대해 조사.
     LDA   INPUT+1,4      C''
     SRB   0,5            C''          rA의 일의 자리 비트 ← K_{j+1}의 비트 b.
     JAO   6B             C''          만일 그 비트가 1이면 R6으로 간다.
7H   LDA   INPUT+1,4      B            R7. R_i와 R_{j+1}을 교환.
     LDX   INPUT,3        B
     STX   INPUT+1,4      B
     STA   INPUT,3        B
4H   DEC3  -1,4           C'-X         R4. i를 증가. i ← i+1.  [rI3 = i-j]
     J3NP  3B             C'-X         만일 i ≤ j이면 R3으로 간다. [rI3 = i-j]
     INC3  0,4            A-X          rI3 ← i.
8H   J5Z   0F             A            R8 특별한 경우들을 판정. [rI4는 알 수 없음]
     DEC5  1              A-G          만일 b = m이면 R10으로 가고 그렇지 않으면
                                         b ← b+1.
     ENT4  -1,3           A-G          rI4 ← j.
     DEC4  0,2            A-G          rI4 ← j-r.
     J4Z   1B             A-G          만일 j = r이면 R2로 간다.
     DEC4  0,1            A-G-R        rI4 ← j-l.
     J4N   1B             A-G-R        만일 j < l이면 R2로 간다.
     J4NZ  9B             A-G-L-R      만일 j ≠ l이면 R9로 간다.
     INC1  1              K            l ← l+1.
2H   J1NZ  1B             K+S          만일 l ≠ r이면 점프.
0H   ENT1  1,2            S+1          R10. 스택에서 빼기.
     LD2   STACK,6(A)     S+1
     DEC1  0,2            S+1
     LD5   STACK,6(B)     S+1          스택 ⇒ (r, b).
     DEC6  1              S+1
     J6NN  2B             S+1          만일 스택이 비지 않았으면 R2로 간다. ▮
```

이 기수 교환 프로그램의 실행 시간은 다음 수량들에 의존한다.

$$
\begin{aligned}
A &= l < r\text{인 시기들의 개수;}\\
B &= \text{교환 횟수;}\\
C &= C' + C'' = \text{비트 조사 횟수;}\\
G &= \text{단계 R8에서 } b > m\text{인 경우의 수;}\\
K &= \text{단계 R8에서 } b \le m,\ j = l\text{인 경우의 수;}\\
L &= \text{단계 R8에서 } b \le m,\ j < l\text{인 경우의 수;}\\
R &= \text{단계 R8에서 } b \le m,\ j = r\text{인 경우의 수;}\\
S &= \text{스택에 들어간 항목들의 개수;}\\
X &= \text{단계 R6에서 } j < i\text{인 경우의 수.}
\end{aligned}
\qquad (29)
$$

키르히호프의 법칙에 의해 $S = A - G - K - L - R$이다. 따라서 총 실행 시간은 $27A + 8B + 8C - 23G - 14K - 17L - 19R - X + 13$단위가 된다. 프로그램을 좀 복잡하게 만든다면 비트 조사 루프를 조금 더 빠르게 할 수 있다(연습문제 34). 또한 $r - l$이 충분히 작을 때에는 항상 알고리즘 Q에서 했던 것처럼 직접 삽입을 사용함으로써 기수 교환의 속도를 높이는 것도 가능하다. 그러나 이런 개선들을 여기서 자세히 이야기하지는 않겠다.

기수 교환의 실행 시간을 분석하는 데에는 다음 두 종류의 입력 자료가 유용할 것이다.

i) $N = 2^m$이고 정렬할 키들이 그냥 정수 $0, 1, 2, \ldots, 2^m - 1$이 무작위로 배열된 것이라고 가정한 경우, 또는

ii) $m = \infty$ (정밀도가 무제한)이고 정렬할 키들이 $[0..1)$ 범위에서 독립적으로 균등하게 분포된다고 가정한 경우.

경우 (i)의 분석은 비교적 쉬우므로 독자의 숙제로 남기겠다(연습문제 35). 경우 (ii)는 비교적 어렵기 때문에 역시 숙제로 남기겠다(연습문제 38). 다음 표는 이 분석들의 결과에 대한 투박한 근사치에 해당한다:

수량	경우 (i)	경우 (ii)
A	N	αN
B	$\frac{1}{4}N \lg N$	$\frac{1}{4}N \lg N$
C	$N \lg N$	$N \lg N$
G	$\frac{1}{2}N$	0
K	0	$\frac{1}{2}N$
L	0	$\frac{1}{2}(\alpha - 1)N$
R	0	$\frac{1}{2}(\alpha - 1)N$
S	$\frac{1}{2}N$	$\frac{1}{2}N$
X	$\frac{1}{2}N$	$\frac{1}{2}N$

(30)

여기서 $\alpha = 1/\ln 2 \approx 1.4427$이다. 경우 (ii)의 시기 횟수가 44퍼센트 더 많긴 하지만, 교환, 비트 조사, 스택 접근의 평균 횟수들은 두 경우에서 본질적으로 같음에 주목하자. 해당 MIX 프로그램은 경우 (ii)의 N개의 항목들을 정렬하는 데 근사적으로 평균 $14.4\,N \ln N$단위의 시간을 소비하며, 만일 연습문제 34의 제안을 적용한다면 이를 약 $11.5\,N \ln N$으로 줄일 수 있다. 프로그램 Q의 해당 수치는 $11.7\,N \ln N$이고 싱글턴의 삼중앙법 제안을 적용한다면 약 $10.6\,N \ln N$으로 줄일 수 있다.

따라서 균등하게 분포된 자료를 정렬하는 경우 기수 교환 정렬은 평균적으로 빠른정렬만큼의 시간을 소비한다. 컴퓨터에 따라서는 빠른정렬보다 조금 더 빠를 수도 있겠다. 연습문제 53은 자료가 균등분포가 아닐 때 정렬 공정이 어느 정도나 느려지는지 고찰한다. 지금까지의 분석 전체는 키들이 서로 다르다는 가정을 깐 것임을 주목할 것. *같은 키들이 존재하는 경우에는 기수 교환이 아주 효율적이지는 않다.* 왜냐하면 b가 $> m$이 되기 전까지 여러 시기들에서 같은 키들의 집합을

분리하느라 시간을 낭비하기 때문이다. 이 결점을 극복하는 한 가지 그럴듯한 방법이 연습문제 40의 해답에 나온다.

기수 교환과 빠른정렬 모두, 본질적으로는 분할이라는 착상을 기반으로 한다. 레코드들은 파일이 두 개의 부분, 즉 어떠한 K에 대해 모든 키가 $\leq K$인 왼쪽 부분파일과 모든 키가 $\geq K$인 오른쪽 부분파일로 나뉘어진다. 빠른정렬은 파일에 실제로 존재하는 키를 그러한 K로 두는 반면, 기수 교환은 본질적으로 이진 표현에 근거한 어떤 가상의 키를 K로 둔다. 역사적인 관점에서 보면, 기수 교환은 빠른정렬이 나오기 약 1년 전에 힐데브란트P. Hildebrandt, 이스비츠H. Isbitz, 라이징H. Rising, 슈워츠J. Schwartz에 의해서 발견되었다 [*JACM* 6 (1959), 156-163]. 이 둘 외에도 여러 가지 분할 방식들이 있다. 예를 들어 매카시John McCarthy는 모든 키가 u와 v 사이에 있음을 알고 있는 경우 $K \approx \frac{1}{2}(u+v)$로 둘 것을 제안했다. 왕Yihsiao Wang은 (28)과 같은 키 값들을 분할을 위한 문턱값으로 사용할 것을 제안했으며, 그러면 균등분포 무작위 자료를 정렬하는 데 필요한 비교 횟수가 점근적으로 $1.082N \lg N$이 됨을 증명했다.

이들과는 또 다른 분할 전략을 엠던M. H. van Emden이 제안했다 [*CACM* 13 (1970), 563-567]: K를 미리 선택하는 대신, 분할이 진행됨에 따라 $K' = \max(K_l, \ldots, K_i)$와 $K'' = \min(K_j, \ldots, K_r)$을 갱신함으로써 어떤 값이 좋은 K 값인지를 "학습하는" 방식이다. K'보다 큰 키를 만날 때까지 i를 증가하고, 그런 다음 K''보다 작은 키를 만날 때까지 j를 감소하고, 그런 다음에는 K'와 K''를 교환 또는 조정하거나 교환하고 조정한다. 이러한 "구간 교환 정렬(interval- exchange sort)" 방법에 대한 실험 결과를 보면 이것이 빠른정렬보다는 약간 느림을 알 수 있다. 이 방법의 실행 시간을 분석하기란 적절한 이론적 설명이 결코 나타나지 않을 것으로 보일 만큼 어려운 일이다. 이는 특히 분할 이후의 부분파일들이 더 이상 무작위 순서가 아니기 때문이다.

기수 교환을 2보다 큰 기수들로 일반화하는 것에 대해서는 5.2.5절에서 논의한다.

***점근법.** 교환 정렬 알고리즘들의 분석은 우리가 함수의 점근적 습성을 구하는 방법에 대해 더 많은 것을 배울 수 있는, 특히나 교육적인 수학 문제 몇 가지로 이어진다. 예를 들어 기수 정렬의 분석 도중 (9)에서 우리는

$$W_n = \frac{1}{n!} \sum_{0 \leq r < s \leq n} s!\, r^{n-s} \tag{31}$$

이라는 함수를 만났다. 이 함수의 점근값은 무엇일까?

이 문제는 대합 개수, 즉 식 5.1.4-(41)을 구할 때처럼 진행하면 된다. 아래의 내용을 읽기 전에 5.1.4절 끝부분의 논의를 다시 한 번 훑어보면 도움이 될 것이다.

(31)을 살펴보면 $s = n$에 대한 기여가 $s = n-1$에 대한 기여보다 크고, $s = n-1$에 대한 기여가 $s = n-2$에 대한 기여보다 크고 등등으로 이어진다. 이로부터 s를 $n-s$로 바꾸어 보자는 착안이 나온다. 실제로, $t = n-s+1$, $m = n+1$로 치환해서 (31)을

$$\frac{1}{m} W_{m-1} = \frac{1}{m!} \sum_{1 \leq t < m} (m-t)! \sum_{0 \leq r < m-t} r^{t-1}. \tag{32}$$

으로 만드는 것이 편리함을 알 수 있다. 안쪽 합은 오일러의 합 공식으로부터 얻은 잘 알려진 점근급수, 즉

$$\sum_{0\le r<N} r^{t-1} = \frac{N^t}{t} - \frac{1}{2}(N^{t-1}-\delta_{t1}) + \frac{B_2}{2!}(t-1)(N^{t-2}-\delta_{t2}) + \cdots$$
$$= \frac{1}{t}\sum_{j=0}^{k}\binom{t}{j}B_j(N^{t-j}-\delta_{tj}) + O(N^{t-k}) \tag{33}$$

(연습문제 1.2.11.2-4 참고)의 형태이다. 따라서 이제 문제는 다음과 같은 형태의 합을 연구하는 것으로 간소화된다.

$$\frac{1}{m!}\sum_{1\le t<m}(m-t)!(m-t)^t t^k, \qquad k\ge -1. \tag{34}$$

5.1.4절에서처럼, t가 $m^{1/2+\epsilon}$보다 클 때에는 항상 이 합의 대상 함수가 무시할 수 있을 정도인 $O(\exp(-n^{\delta}))$임을 증명하는 것이 가능하다. 따라서 $t=O(m^{1/2+\epsilon})$으로 두고 계승을 스털링 근사

$$\frac{(m-t)!(m-t)^t}{m!}$$
$$= \sqrt{1-\frac{t}{m}}\exp\left(\frac{t}{12m^2} - \left(\frac{t^2}{2m} + \frac{t^3}{3m^2} + \frac{t^4}{4m^3} + \frac{t^5}{5m^4}\right) + O(m^{-2+6\epsilon})\right)$$

으로 대체할 수 있다. 결국 문제는

$$r_k(m) = \sum_{1\le t<m} e^{-t^2/2m}t^k, \qquad k\ge -1 \tag{35}$$

의 점근값을 구하는 것이 된다. $1\le t<\infty$에 대한 값들은 무시할 수 있을 정도이므로, 합을 전체 범위 $t>m^{1/2+\epsilon}$로 확장한다고 해도 그 점근값은 변하지 않는다.

$g_k(x)=x^k e^{-x^2}$이고 $f_k(x)=g_k(x/\sqrt{2m}\,)$이라고 하자. $k\ge 0$일 때에는 오일러의 합 공식에 의해

$$\sum_{0\le t<m} f_k(t) = \int_0^m f_k(x)dx + \sum_{j=1}^{p}\frac{B_j}{j!}\left(f_k^{(j-1)}(m)-f_k^{(j-1)}(0)\right) + R_p,$$
$$R_p = \frac{(-1)^{p+1}}{p!}\int_0^m B_p(\{x\})f_k^{(p)}(x)dx$$
$$= \left(\frac{1}{\sqrt{2m}}\right)^p O\left(\int_0^\infty |g_k^{(p)}(y)|\,dy\right) = O(m^{-p/2}) \tag{36}$$

이다. 따라서 $k\ge 0$일 때에는 항상 이전에 사용했던 것과 본질적으로 같은 착안들로 $r_k(m)$의 점근급수를 구할 수 있다. 그러나 $k=-1$일 때에는 $f_{-1}(0)$이 정의되지 않으므로 이전의 방법들이 통하지 않는다. 그냥 1에서 m까지 합산할 수는 없다. 하한이 1일 때에는 나머지들이 점점 더 작은 m의

거듭제곱들을 만들어내지 않기 때문이다. (이것이 이 문제에서 제일 어려운 부분으로, 독자는 더 나아가기 전에 문제를 좀 더 음미해 볼 필요가 있다.)

이 난제를 해결하기 위해 $g_{-1}(x) = (e^{-x^2} - 1)/x$, $f_{-1}(x) = g_{-1}(x/\sqrt{2m}\,)$로 둘 수 있다. 그러면 $f_{-1}(0) = 0$이며, $r_{-1}(m)$은 $\sum_{0 \le t < m} f_{-1}(t)$로부터 간단한 방식으로 구할 수 있다. 이제 등식 (36)은 $k = -1$에 대해 성립하며, 남은 적분은 연습문제 43에 의해

$$\begin{aligned}\frac{2}{\sqrt{2m}} \int_0^m f_{-1}(x)\ dx &= 2\int_0^m \frac{e^{-x^2/2m} - 1}{x}\,dx = \int_0^{m/2} \frac{e^{-y} - 1}{y}\,dy \\ &= \int_0^1 \frac{e^{-y} - 1}{y}\,dy + \int_1^{m/2} \frac{e^{-y}}{y}\,dy - \ln\frac{m}{2} \\ &= -\gamma - \ln m + \ln 2 + O(e^{-m/2})\end{aligned}$$

으로 확실하게 풀린다.

이제 답을 만들어내기에 충분한 사실들과 공식들이 모였다. 연습문제 44에 의해 답은

$$W_n = \frac{1}{2} m \ln m + \frac{1}{2}(\gamma + \ln 2)m - \frac{2}{3}\sqrt{2\pi m} + \frac{49}{36} + O(n^{-1/2}), \qquad m = n + 1 \tag{37}$$

이다. 이렇게 해서 거품 정렬에 대한 분석이 완료되었다.

기수 교환 정렬의 분석에 대해서는 유한합

$$U_n = \sum_{k \ge 2} \binom{n}{k} (-1)^k \frac{1}{2^{k-1} - 1} \tag{38}$$

의 $n \to \infty$에 따른 점근값을 알아내야 한다. 이 문제는 지금까지 접했던 모든 점근 문제보다 어렵다. 멱급수 전개의 기본 방법들과 오일러의 합 공식 등은 도움이 되지 않는다. 다음은 더브라윈N. G. de Bruijn이 제안한 유도이다

(38)에 있는 큰 인수 $\binom{n}{k}(-1)^k$에 의한 소거 효과를 제거하기 위해, 합을 다음과 같은 무한급수로 다시 작성하는 것으로 시작한다.

$$U_n = \sum_{k \ge 2} \binom{n}{k} (-1)^k \sum_{j \ge 1} \left(\frac{1}{2^{k-1}}\right)^j = \sum_{j \ge 1} \left(2^j (1 - 2^{-j})^n - 2^j + n\right). \tag{39}$$

만일 $x = n/2^j$으로 둔다면, 합의 대상은

$$2^j (1 - 2^{-j})^n - 2^j + n = \frac{n}{x}\left(\left(1 - \frac{x}{n}\right)^n - 1 + x\right)$$

가 된다. $x \le n^\epsilon$일 때

$$\left(1 - \frac{x}{n}\right)^n = \exp\left(n \ln\left(1 - \frac{x}{n}\right)\right) = \exp(-x + x^2\, O(n^{-1})) \tag{40}$$

이 성립한다. 따라서 (39)를

$$T_n = \sum_{j \geq 1} (2^j e^{-n/2^j} - 2^j + n) \tag{41}$$

으로 근사해 볼 수 있다. 이러한 근사의 근거는 $U_n - T_n = X_n + Y_n$이라는 것이다. 여기서

$$\begin{aligned} X_n &= \sum_{\substack{j \geq 1 \\ 2^j < n^{1-\epsilon}}} (2^j(1-2^{-j})^n - 2^j e^{-n/2^j}) && [x > n^\epsilon \text{인 항들}] \\ &= \sum_{\substack{j \geq 1 \\ 2^j < n^{1-\epsilon}}} O(ne^{-n/2^j}) && [0 < 1-2^{-j} < e^{-2^{-j}} \text{이므로}] \\ &= O(n \log n e^{-n^\epsilon}) && [\text{항들이 } O(\log n) \text{개이므로}] \end{aligned}$$

이고

$$\begin{aligned} Y_n &= \sum_{\substack{j \geq 1 \\ 2^j \geq n^{1-\epsilon}}} (2^j(1-2^{-j})^n - 2^j e^{-n/2^j}) && [x \leq n^\epsilon \text{인 항들}] \\ &= \sum_{\substack{j \geq 1 \\ 2^j \geq n^{1-\epsilon}}} \left(e^{-n/2^j} \frac{n}{2^j} O(1)\right) && [(40)\text{에 의해}] \end{aligned}$$

이다. 아래의 논의는 후자의 합이 $O(1)$임을 보여준다. 따라서 $U_n - T_n = O(1)$이다. (연습문제 47을 볼 것.)

지금까지는 이전의 것과 본질적으로 동일한 기법들만이 사용되었다. 그러나 T_n을 연구하려면 복소변수론의 간단한 원리들에 기초한 다음과 같은 새로운 착안이 필요하다: x가 임의의 양수일 때

$$e^{-x} = \frac{1}{2\pi i} \int_{1/2-i\infty}^{1/2+i\infty} \Gamma(z) x^{-z} \, dz = \frac{1}{2\pi} \int_{-\infty}^{\infty} \Gamma\left(\frac{1}{2}+it\right) x^{-(1/2+it)} \, dt \tag{42}$$

가 성립한다. 이 항등식을 증명하기 위해, 그림 20(a)에 나온 적분 경로를 살펴보자(N과 N', M이 크다고 가정한 것이다). 이 경로에 대한 적분의 값은 그 안쪽 잉여(residue)들의 합, 즉

$$\sum_{0 \leq k < M} x^{-(-k)} \lim_{z \to -k} (z+k)\Gamma(z) = \sum_{0 \leq k < M} x^k \frac{(-1)^k}{k!}$$

이다. 윗줄의 적분은 $O\left(\int_{-\infty}^{1/2} |\Gamma(t+iN)| x^{-t} \, dt\right)$이며, 이에 대해서는 잘 알려진 다음과 같은 상계가 존재한다.

$$N \to \infty \text{에 따라 } \Gamma(t+iN) = O(|t+iN|^{t-1/2} e^{-t-\pi N/2}).$$

[감마함수의 성질들에 대해서는 이를테면 Erdélyi, Magnus, Oberhettinger, Tricomi, *Higher Transcendental Functions* 1 (New York: McGraw-Hill, 1953), 제1장을 볼 것.] 그러므로 윗줄의 적분은 사실상 무시할 수 있는 $O\left(e^{-\pi N/2} \int_{-\infty}^{1/2} (N/xe)^t \, dt\right)$이다. 제일 아랫줄의 적분도 그와

비슷한 무해한 습성을 가진다. 왼쪽 줄에 따른 적분에 대해서는 다음과 같은 사실을 사용한다.

$$\Gamma\left(\frac{1}{2}+it-M\right)=\Gamma\left(\frac{1}{2}+it\right)/\left(-M+\frac{1}{2}+it\right)\ldots\left(-1+\frac{1}{2}+it\right)$$
$$=\Gamma\left(\frac{1}{2}+it\right)O(1/(M-1)!).$$

따라서 왼쪽 적분은 $O(x^{M-1/2}/(M-1)!)\int_{-\infty}^{\infty}|\Gamma(\frac{1}{2}+it)|\,dt$이다. 그러므로 M, N, $N'\to\infty$에 따라 오직 오른쪽 적분만 살아남는다. 이는 (42)를 증명한다. 실제로, (42)는 $\frac{1}{2}$을 임의의 양수로 대체해도 여전히 유효하다.

이와 같은 논증을 통해서 감마함수에 관련된 다른 여러 유용한 관계들을 유도할 수 있다. x^{-z}을 z의 다른 함수로 대체할 수도 있고, 상수 $\frac{1}{2}$을 다른 수량으로 대체하는 것도 가능하다. 예를 들어

$$\frac{1}{2\pi i}\int_{-3/2-i\infty}^{-3/2+i\infty}\Gamma(z)x^{-z}\,dz=e^{-x}-1+x \tag{43}$$

이며, 이는 T_n에 대한 우리의 공식 (41)에서 핵심적인 수량이다:

$$T_n=n\sum_{j\ge 1}\frac{1}{2\pi i}\int_{-3/2-i\infty}^{-3/2+i\infty}\Gamma(z)(n/2^j)^{-1-z}\,dz. \tag{44}$$

합이 어떤 경우에서도 순조롭게 수렴하므로, 합을 적분 내부에 둘 수도 있다. $|2^w|=2^{\Re(w)}>1$이므로

$$\Re(w)>0\text{일 때}\qquad \sum_{j\ge 1}(n/2^j)^w=n^w\sum_{j\ge 1}(1/2^w)^j=n^w/(2^w-1)$$

이다. 그러므로

$$T_n=\frac{n}{2\pi i}\int_{-3/2-i\infty}^{-3/2+i\infty}\frac{\Gamma(z)n^{-1-z}}{2^{-1-z}-1}\,dz \tag{45}$$

이다. 이제 후자의 적분만 평가하면 된다.

이번에는 그림 20(b)에 나온 것처럼 오른쪽까지 확장된 경로를 따라 적분을 한다. 윗줄의 적분은 만일 $2^{iN}\ne 1$이면 $O\big(n^{1/2}e^{-\pi N/2}\int_{-3/2}^{M}|M+iN|^t\,dt\big)$이다. 그리고 N과 N'가 M보다 훨씬 크다

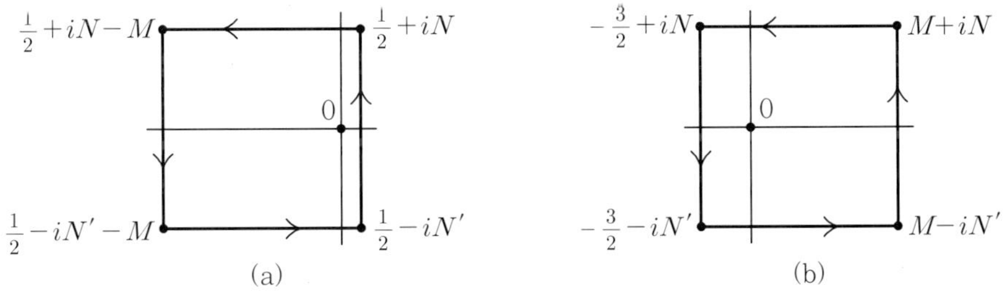

그림 20. 감마함수 항등식들에 대한 적분 경로들.

면 아랫줄의 적분도 윗줄과 마찬가지로 무시할 수 있다. 오른쪽 선의 적분은 $O\left(n^{-1-M}\int_{-\infty}^{\infty}|\Gamma(M+it)|\,dt\right)$이다. M을 고정시키고 $N, N' \to \infty$로 두면 $-T_n/n$이 $O(n^{-1-M})$에다 $-3/2 < \Re(z) < M$ 영역에 있는 잉여들의 합을 더한 것임을 알 수 있다. 인수 $\Gamma(z)$는 $z=-1$과 $z=0$에서 단순극(單純極, simple pole)들을 가지는 반면 n^{-1-z}에는 극이 없으며, $1/(2^{-1-z}-1)$은 $z=-1+2\pi ik/\ln 2$일 때 단순극들을 가진다.

$z=-1$에서의 이중극은 다루기가 가장 어렵다. 다음과 같은 잘 알려진 관계

$$\Gamma(z+1)=\exp(-\gamma z+\zeta(2)z^2/2-\zeta(3)z^3/3+\zeta(4)z^4/4-\cdots).$$

(여기서 $\zeta(s)=1^{-s}+2^{-s}+3^{-s}+\cdots=H_\infty^{(s)}$를 사용해서, $w=z+1$이 작을 때의 다음과 같은 전개를 유도할 수 있다.

$$\Gamma(z)=\frac{\Gamma(w+1)}{w(w-1)}=-w^{-1}+(\gamma-1)+O(w),$$

$$n^{-1-z}=1-w\ln n+O(w^2),$$

$$1/(2^{-1-z}-1)=-w^{-1}/\ln 2-\frac{1}{2}+O(w).$$

$z=-1$에서의 잉여는 이 세 공식들의 곱의 w^{-1}의 계수, 즉 $\frac{1}{2}-(\ln n+\gamma-1)/\ln 2$이다. 다른 잉여들을 더하면 임의의 큰 M에 대한 공식

$$\frac{T_n}{n}=\frac{\ln n+\gamma-1}{\ln 2}-\frac{1}{2}+\delta(n)+\frac{2}{n}+O(n^{-M}) \tag{46}$$

이 나온다. 여기서 $\delta(n)$은 다소 생소한 함수로,

$$\delta(n)=\frac{2}{\ln 2}\sum_{k\ge 1}\Re(\Gamma(-1-2\pi ik/\ln 2)\exp(2\pi ik\lg n)) \tag{47}$$

이다. $\delta(n)=\delta(2n)$임을 주목할 것. $\delta(n)$의 평균값은 0이다. 각 항의 평균값이 0이기 때문이다. (4.2.4절의 부동소수점 수에 대한 결과들에 비추어 볼 때, $(\lg n) \bmod 1$이 균등분포라고 가정할 수 있다.) 게다가 $|\Gamma(-1+it)|=|\pi/(t(1+t^2)\sinh \pi t)|^{1/2}$이므로 다음이 성립함을 보이는 것도 어렵지 않다.

$$|\delta(n)|<0.000000173. \tag{48}$$

따라서 실용적인 목적에서는 $\delta(n)$을 무시해도 안전하다. 그러나 이론적인 목적에서는 그 항 없이는 U_n의 유효한 점근 전개를 얻을 수가 없다. U_n이 비교적 분석하기 어려운 함수인 이유가 바로 거기에 있다.

(41)의 T_n의 정의로부터 다음이 성립함을 쉽게 알 수 있다.

$$\frac{T_{2n}}{2n}=\frac{T_n}{n}+1-\frac{1}{n}+\frac{e^{-n}}{n}. \tag{49}$$

그러므로 (46)의 오차항 $O(n^{-M})$은 필수적이다. 그냥 0으로 대체할 수는 없다. 그러나 연습문제 54는 다소 기이한 수렴 급수를 유도함으로써 그런 오차항들을 피하는 또 다른 분석 접근방식을 제시한다.

요약하자면, 우리는 어려운 합 (38)의 습성

$$U_n = n \lg n + n\left(\frac{\gamma - 1}{\ln 2} - \frac{1}{2} + \delta(n)\right) + O(1) \tag{50}$$

을 유도했다. 이 결과를 얻는 데 사용한 감마함수 방법은 멜린 변환(Mellin transforms)이라고 하는 일반적 기법의 한 특별한 경우이다. 멜렌 변환은 기수 지향적 점화식의 연구에 특히나 유용하다. 이런 접근방식의 또 다른 예가 연습문제 51-53과 6.3절에 나온다. 멜린 변환과 그것을 알고리즘 분석에 응용하는 것에 대한 훌륭한 소개로는 플라졸레P. Flajolet, 구르동Gourdon, 뒤마P. Dumas의 *Theoretical Computer Science* 144 (1995), 3-58이 있다.

연습문제

1. [*M20*] $a_1 \ldots a_n$이 $\{1, \ldots, n\}$의 한 순열이고, i와 j가 $i < j$이고 $a_i > a_j$인 색인들이라고 하자. $a'_1 \ldots a'_n$이 $a_1 \ldots a_n$에서 a_i와 a_j를 맞바꾸어 얻은 순열이라고 하자. $a'_1 \ldots a'_n$에 $a_1 \ldots a_n$보다 많은 반전들이 존재할 수 있을까?

▶ **2.** [*M25*] (a) 순열 3 7 6 9 8 1 4 5 2를 정렬하는 데 필요한 최소 교환 횟수는 얼마인가? (b) 일반화하자면, $\{1, \ldots, n\}$의 임의의 순열 $\pi = a_1 \ldots a_n$이 주어졌을 때 π들을 증가 순서로 정렬하는 데 필요한 최소 교환 횟수를 $\mathrm{xch}(\pi)$라고 하자. $\mathrm{xch}(\pi)$를 π의 "더 간단한" 특성들로 표현하라. (순열의 무질서도를 측정하는 또 다른 방법으로는 연습문제 5.1.4-41을 볼 것.)

3. [*10*] 거품 정렬 알고리즘 B가 안정적인 정렬 알고리즘인가?

4. [*M23*] 단계 B4에서 만일 $t = 1$이면 그 즉시 알고리즘 B를 끝낼 수 있다. 이후의 단계 B2는 아무런 유용한 일도 하지 않기 때문이다. 하나의 무작위 순열을 정렬할 때 단계 B4에서 $t = 1$이 될 확률은 얼마인가?

5. [*M25*] $b_1 b_2 \ldots b_n$이 순열 $a_1 a_2 \ldots a_n$의 반전표라고 하자. 거품 정렬을 r 패스 수행한 후의 BOUND의 값이 $0 \le r \le \max(b_1, \ldots, b_n)$에 대해 $\max\{b_i + i \mid b_i \ge r\} - r$임을 보여라.

6. [*M22*] $a_1 \ldots a_n$이 $\{1, \ldots, n\}$의 한 순열이고 $a'_1 \ldots a'_n$이 그것의 역이라고 하자. $a_1 \ldots a_n$을 정렬하는 데 필요한 패스 개수가 $1 + \max(a'_1 - 1, a'_2 - 2, \ldots, a'_n - n)$임을 보여라.

7. [*M28*] 거품 정렬의 패스 개수의 표준편차를 계산하고 그것을 n과 함수 $P(n)$으로 표현하라. [식 (6)과 (7)을 참고할 것.]

8. [*M24*] 식 (8)을 유도하라.

9. [*M48*] 칵테일 셰이커 정렬 알고리즘의 패스 개수와 비교 횟수를 분석하라. 참고: 연습문제 5.4.8-9에 부분적인 정보가 있다.

10. 〔*M26*〕 $a_1 a_2 \ldots a_n$이 $\{1, 2, \ldots, n\}$의 한 2순서 순열이라고 하자.

a) 해당 격자 경로의 a_i번째 단계의 끝점들의 좌표는 무엇인가? (116쪽 그림 11 참고.)

b) $a_1 : a_2$, $a_3 : a_4$, …의 비교 · 교환이 그림 18(b)에서처럼 경로를 대각선에 대해 접는 것에 대응함을 증명하라.

c) $d = 2m - 1$일 때 $a_2 : a_{2+d}$, $a_4 : a_{4+d}$, …의 비교 · 교환이 그림 18(c), (d), (e)에서처럼 경로를 대각선에서 m단위 아래의 선에 대해 접는 것에 대응함을 증명하라.

▸ **11.** 〔*M25*〕 $\{1, 2, \ldots, 16\}$의 순열들 중 배처Batcher의 알고리즘의 교환 횟수를 최대화하는 순열은 어떤 것인가?

12. 〔*24*〕 MIX가 연산 AND와 SRB를 가진 이진 컴퓨터라는 가정 하에서 알고리즘 M을 위한 MIX 프로그램을 작성하라. 프로그램이 표 1의 열여섯 레코드를 정렬하는 데 걸리는 시간은 얼마인가?

13. 〔*10*〕 배처의 방법이 안정적인 정렬 알고리즘인가?

14. 〔*M21*〕 $c(N)$이 N개의 원소들을 배처의 방법으로 정렬하는 데 쓰이는 키 비교 횟수라고 하자. 이는 단계 M4가 수행되는 횟수이다.

a) $t \geq 1$에 대해 $c(2^t) = 2c(2^{t-1}) + (t-1)2^{t-1} + 1$을 보여라.

b) $c(2^t)$에 대한 t의 함수 형태의 간단한 수식을 구하라. 힌트: 수열 $x_t = c(2^t)/2^t$을 고려할 것.

15. 〔*M38*〕 이 연습문제의 목적은 연습문제 14의 함수 $c(N)$을 분석하는 것, 그리고 $N = 2^{e_1} + 2^{e_2} + \cdots + 2^{e_r}$, $e_1 > e_2 > \cdots > e_r \geq 0$일 때 $c(N)$에 대한 공식을 구하는 것이다.

a) $a(N) = c(N+1) - c(N)$이라고 하자. $a(2n) = a(n) + \lfloor \lg(2n) \rfloor$이고 $a(2n+1) = a(n) + 1$임을, 즉

$$a(N) = \binom{e_1+1}{2} - r(e_1 - 1) + (e_1 + e_2 + \cdots + e_r)$$

을 증명하라.

b) $x(n) = a(n) - a(\lfloor n/2 \rfloor)$이라고 하자. 즉, $a(n) = x(n) + x(\lfloor n/2 \rfloor) + x(\lfloor n/4 \rfloor) + \cdots$이다. $y(n) = x(1) + x(2) + \cdots + x(n)$이며 $z(2n) = y(2n) - a(n)$, $z(2n+1) = y(2n+1)$이라고 하자. $c(N+1) = z(N) + 2z(\lfloor N/2 \rfloor) + 4z(\lfloor N/4 \rfloor) + \cdots$을 증명하라.

c) $y(N) = N + (\lfloor N/2 \rfloor + 1)(e_1 - 1) - 2^{e_1} + 2$를 증명하라.

d) 이제 모든 것을 통합해서, r이 고정되었다고 할 때 $c(N)$에 대한, 지수 e_j들로 표현된 공식을 구하라.

16.〔*HM42*〕 N이 2의 거듭제곱이라고 가정하고, 배처의 방법을 N개의 서로 다른 원소들의 한 무작위 순열에 적용할 때 발생하는 비교들의 평균 횟수의 점근값을 구하라.

▸ **17.** 〔*20*〕 알고리즘 Q에서, K_0과 K_{N+1}이 (13)에서 가정한 값들을 가진다는 사실이 쓰이는 곳은 어디인가?

▸ **18.** [*20*] 입력 키들이 전부 같을 때 알고리즘 Q의 계산들이 어떻게 진행되는지를 설명하라. 만일 단계 Q3과 Q4의 기호 "$<$"을 "$\leq$"로 바꾼다면 어떤 일이 생길까?

19. [*15*] 스택(후입선출) 대신 대기열(선입선출)을 사용해도 알고리즘 Q가 잘 작동할까?

20. [*M20*] 알고리즘 Q의 스택에 한 번에 들어갈 수 있는 원소들의 최대 개수는 무엇인가? 그 개수를 M과 N의 함수로 표현하라.

21. [*20*] 키들이 서로 다르다고 할 때 알고리즘 Q의 최초의 분할 시기의 비교 및 교환 횟수가 (17)에 명시된 것과 같은 이유를 설명하라.

22. [*M25*] 알고리즘 Q를 $\{1, 2, \ldots, N\}$의 한 무작위 순열에 적용할 때 (16)의 수량 A가 k와 같을 확률을 p_{kN}이라고 하자. 그리고 그에 해당하는 생성함수를 $A_N(z) = \sum_k p_{kN} z^k$이라고 하자. $N \leq M$에 대해 $A_N(z) = 1$, $N > M$에 대해서는 $A_N(z) = z(\sum_{1 \leq s \leq N} A_{s-1}(z) A_{N-s}(z))/N$을 증명하라. 그 밖의 확률분포 $B_N(z)$, $C_N(z)$, $D_N(z)$, $E_N(z)$, $S_N(z)$을 정의하는 비슷한 점화식들도 구하라.

23. [*M23*] $\{1, 2, \ldots, N\}$의 한 무작위 순열을 정렬할 때 (16)의 수량들의 평균값들을 각각 A_N, B_N, D_N, E_N, S_N이라고 표기하자. 이 평균값들에 대한, (18)과 비슷한 점화식들을 구하라. 그리고 그 점화식들을 풀어서 (25)를 유도하라.

24. [*M21*] 알고리즘 Q가 비교를 꼭 필요한 것보다 몇 번 더 수행한다는 것은 명백하다. 단계 Q3에서 $i = j$가 될 수 있고, 심지어 Q4에서 $i > j$가 될 수도 있기 때문이다. 만일 $i \geq j$일 때 모든 비교를 피할 수 있다면 평균 비교 횟수 C_N은 얼마가 될까?

25. [*M20*] 입력 키들이 순서대로 수 $1\ 2 \ldots N$이라고 할 때, 프로그램 Q의 실행 시간에 관련된 수량 A, B, C, D, E, S의 정확한 값을 구하라. ($N > M$라고 가정할 것.)

▸ **26.** [*M24*] 프로그램 Q가 연습문제 25보다도 더 느리게 수행되게 하는 입력 파일을 구축하라 (정말로 나쁜 상황을 찾아 볼 것.)

27. [*M28*] (세지윅R. Sedgewick.) 알고리즘 Q의 최선의 경우를 고찰하는 문제이다. $N = 23$이고 $M = 3$일 때 $\{1, 2, \ldots, 23\}$의 순열들 중 정렬 시간이 최소인 순열을 찾아라.

28. [*M26*] 알고리즘 Q를 싱글턴의 제안($s = K_1$로 두는 대신 s를 $\{K_1, K_{\lfloor (N+1)/2 \rfloor}, K_N\}$의 중앙값으로 두는 것)대로 수정한 알고리즘의 평균 비교 횟수에 대한, (20)과 비슷한 점화식을 구하라. 중앙값 s를 계산하는 데 필요한 비교들은 무시할 것.

29. [*HM40*] 연습문제 28을 계속 이어서, 싱글턴의 "삼중앙" 방법의 비교 횟수의 점근값을 구하라.

▸ **30.** [*25*] (섀클턴P. Shackleton.) 다중워드(multiword) 키들을 정렬한다고 하자. 그런 경우 많은 정렬 방법들은 파일이 최종 순서에 가까와짐에 따라 점점 느려진다. 서로 같거나 거의 같은 키들의 경우 적절한 사전식 순서를 결정하기 위해서는 여러 개의 워드들을 조사해야 하기 때문이다. (연습문제 5-5를 볼 것.) 현실에서 쓰이는 파일들 중에는 그런 키들을 가진 것들이 자주 있으므로, 이런

현상은 정렬 시간에 현재한 영향을 미칠 수 있다.

이런 문제를 피할 수 있도록 알고리즘 Q를 확장하는 방법을 설명하라. k개의 선행 워드들이 모든 키에 대해 상수 값들을 가짐이 알려져 있는 부분파일 안에서는 오직 키들의 $(k+1)$번째 워드들만 조사해야 한다.

▶ **31.** [*20*] (호어C. A. R. Hoare.) 파일 전체를 정렬하는 대신, 주어진 n개의 원소들의 집합에서 m번째로 작은 원소만 알면 된다고 하자. 빠른정렬을 이런 목적에 맞게, 완전한 정렬을 수행하는 데 필요한 많은 계산을 피하도록 수정할 수 있음을 보여라.

32. [*M40*] 연습문제 31의 "빠른찾기" 방법으로 n개의 원소들 중 m번째로 작은 것을 선택하는 데 필요한 평균 키 비교 횟수 C_{nm}에 대한 간단한 닫힌 형식의 수식을 구하라. (단순함을 위해 $M=1$로 두라. 즉, 짧은 부분파일을 위해 특별한 기법을 사용한다고 가정하지는 말 것.) 호어의 방법으로 $2m-1$개의 원소들의 중앙값을 찾는 데 필요한 평균 비교 횟수 $C_{(2m-1)m}$의 점근 습성은 무엇인가?

▶ **33.** [*15*] 주어진 한 표 안의 모든 수를, 음의 값들이 음이 아닌 모든 값보다 먼저 나타나도록 재배치하는 알고리즘을 설계하라. (항목들을 완전히 정렬할 필요는 없다. 음수들과 음이 아닌 수들을 분리하기만 하면 된다.) 교환 횟수를 최소로 할 것.

34. [*20*] 기수 교환의 비트 조사 루프들(단계 R3에서 R6까지)의 속도를 높이는 방법을 제시하라.

35. [*M23*] "경우 (i) 입력"을 사용한 기수 교환 정렬에서 발생하는 빈도 $A, B, C, G, K, L, R, S, X$의 값을 분석하라.

36. [*M27*] 수열 $\langle a_n \rangle = a_0, a_1, a_2, \ldots$이 주어졌을 때, 그것의 이항 변환(binomial transform) $\langle \hat{a}_n \rangle = \hat{a}_0, \hat{a}_1, \hat{a}_2, \ldots$을 다음과 같은 규칙으로 정의한다.

$$\hat{a}_n = \sum_k \binom{n}{k}(-1)^k a_k.$$

a) $\langle \hat{\hat{a}}_n \rangle = \langle a_n \rangle$을 증명하라.

b) 다음 수열들의 이항 변환을 각각 구하라: (i) 고정된 m에 대한 수열 $\langle 1 \rangle$, $\langle n \rangle$, $\left\langle \binom{n}{m} \right\rangle$; (ii) 고정된 a에 대한 수열 $\langle a^n \rangle$; (iii) 고정된 a와 m에 대한 수열 $\left\langle \binom{n}{m} a^n \right\rangle$.

c) 수열 $\langle x_n \rangle$이 다음 관계를 만족한다고 가정하자.

$$n \ge 2\text{에 대해} \qquad x_n = a_n + 2^{1-n} \textstyle\sum_{k \ge 2} \binom{n}{k} x_k; \qquad x_0 = x_1 = a_0 = a_1 = 0.$$

이 점화식의 해가

$$x_n = \sum_{k \ge 2} \binom{n}{k} (-1)^k \frac{2^{k-1} \hat{a}_k}{2^{k-1}-1} = a_n + \sum_{k \ge 2} \binom{n}{k} (-1)^k \frac{\hat{a}_k}{2^{k-1}-1}$$

임을 증명하라.

37. [*M28*] 연습문제 36의 설정 하에서 $\langle \hat{a}_n \rangle = \langle a_n \rangle$인 모든 수열 $\langle a_n \rangle$을 결정하라.

▶ **38.** [*M30*] 기수 교환을 "경우 (ii) 입력"에 적용했을 때의 (29)의 평균값 $A_N, B_N, C_N, G_N, K_N, L_N, R_N, X_N$을 구하라. 답을 N과 수량

$$U_n = \sum_{k \geq 2} \binom{n}{k} \frac{(-1)^k}{2^{k-1}-1} \qquad V_n = \sum_{k \geq 2} \binom{n}{k} \frac{(-1)^k k}{2^{k-1}-1} = n(U_n - U_{n-1})$$

로 표현할 것. [힌트: 연습문제 36을 보라.]

39. [*20*] (30)에 나온 결과들은 기수 교환 정렬을 무작위 입력에 적용했을 때 분할 시기들이 약 $1.44N$개가 됨을 말해준다. 빠른정렬의 시기 횟수가 결코 N을 넘지 않음을 증명하고, 기수 교환의 시기 횟수가 종종 N을 넘기는 이유를 설명하라.

40. [*21*] 알고리즘 R을, 같은 키들이 여럿 들어 있는 파일들을 정렬할 때에도 적당히 효율적으로 작동하도록 수정하는 방법을 설명하라.

▶ **41.** [*30*] 레코드 $R_l \ldots R_r$을 (i) $l \leq k < i$에 대해 $K_k < K$, (ii) $i \leq k \leq j$에 대해 $K_k = K$, (iii) $j < k \leq r$에 대해 $K_k > K$인 세 개의 블록들로 분할하는 좋은 방법을 고안하라. 최종 배치는 그림으로 표현한다면 다음과 같은 형태가 되어야 한다.

$< K$	$= K$	$> K$

$l \qquad i \qquad j \qquad r$.

42. [*HM32*] 임의의 실수 $c > 0$에 대해, 알고리즘 Q로 무작위 자료를 정렬할 때 비교 횟수가 $(c+1)(N+1)H_N$보다 많을 확률이 e^{-c}보다 작음을 증명하라. (이 상계는 c가 이를테면 N^ϵ일 때 특히나 흥미롭다.)

43. [*HM21*] $\int_0^1 y^{-1}(e^{-y}-1)\,dy + \int_1^\infty y^{-1}e^{-y}\,dy = -\gamma$를 증명하라. [힌트: $\lim_{a \to 0+} y^{a-1}$을 고려할 것.]

44. [*HM24*] (37)을 본문에서 제안한 것처럼 유도하라

45. [*HM20*] $a > 0$일 때 (43)이 참인 이유를 설명하라.

46. [*HM20*] s가 양의 정수이고 $0 < a < s$라고 할 때 $(1/2\pi i)\int_{a-i\infty}^{a+i\infty} \Gamma(z)n^{s-z}dz/(2^{s-z}-1)$의 값은 얼마인가?

47. [*HM21*] 합 $\sum_{j \geq 1}(n/2^j)e^{-n/2^j}$이 n의 유계함수임을 증명하라.

48. [*HM24*] 연습문제 38에서 정의한 수량 V_n의 점근값을 본문 중 U_n의 연구에서 사용한 것과 비슷한 방법을 이용해 구하라. $O(1)$까지의 항들을 구할 것.

49. [*HM24*] (47)의 U_n에 대한 점근공식을 $O(n^{-1})$까지 전개하라.

50. [*HM24*] 함수

$$U_{mn} = \sum_{k \geq 2} \binom{n}{k} (-1)^k \frac{1}{m^{k-1}-1}$$

의 점근값을 구하라. m은 1보다 큰 임의의 고정된 수이다. (m이 2보다 큰 정수일 때 이 수량은 기수 교환의 일반화에 대한 연구에서 나타나며, 6.3절의 트라이(trie) 메모리 검색 알고리즘의 연구에도 나타난다.)

▸ **51.** [*HM28*] (35)의 수량 $r_k(m)$을 연구하는 데 오일러의 합 공식 대신 점근 문제들에 대한 감마함수 접근방식을 사용할 수 있음을 보여라. (이는 모든 k에 대한 $r_k(m)$을, 본문에서의 $g_{-1}(x) = (e^{-x^2}-1)/x$을 도입하는 요령 같은 것에 의존하지 않고도 연구할 수 있는 하나의 통일된 방법을 제공한다.)

52. [*HM35*] (더브라윈N. G. de Bruijn.) 합

$$S_n = \sum_{t \ge 1} \binom{2n}{n+t} d(t)$$

의 점근 습성은 무엇인가? 여기서 $d(t)$는 t의 약수들의 개수이다. (즉 $d(1)=1$, $d(2)=d(3)=2$, $d(4)=3$, $d(5)=2$ 등이다. 이 질문은 연습문제 2.3.1-11의 트리 운행 알고리즘의 분석과 관련해서 제기된다.) $S_n \Big/ \binom{2n}{n}$의 값을 $O(n^{-1})$의 항까지 구하라.

53. [*HM42*] 입력 자료가 $[0..1)$ 범위의 무한 정밀도 이진수들로 구성되며 각 이진수의 각 비트들은 독립적으로 동일확률 p로 1이라고 할 때, 기수 교환이 수행하는 비트 조사 및 교환 횟수의 평균값을 분석하라. (본문에서는 $p=\frac{1}{2}$인 경우만 논의했다. 본문에서 사용한 방법들을 임의의 p로 일반화할 수 있다.) 특히 $p = 1/\phi = .61803\ldots$인 경우를 고찰하라.

54. [*HM24*] (라이스S. O. Rice.) U_n을

$$U_n = (-1)^n \frac{n!}{2\pi i} \oint_C \frac{dz}{z(z-1)\ldots(z-n)} \frac{1}{2^{z-1}-1}$$

로 표기할 수 있음을 보여라. 여기서 C는 점 $2, 3, \ldots, n$을 감싸는 홀쭉한 폐곡선이다. C를 원점을 중심으로 하는 임의의 큰 원으로 바꾸고, 수렴급수

$$U_n = \frac{(H_{n-1}-1)n}{\ln 2} - \frac{n}{2} + 2 + \frac{2}{\ln 2} \sum_{m \ge 1} \Re(B(n+1, -1+ibm))$$

을 유도하라. 여기서 $b = 2\pi/\ln 2$이고 $B(n+1, -1+ibm) = \Gamma(n+1)\Gamma(-1+ibm)/\Gamma(n+ibm) = n! \Big/ \prod_{k=0}^{n} (k-1+ibm)$이다.

▸ **55.** [*22*] 프로그램 Q를 (28)의 세 키들의 중앙값을 분할 원소로 사용하도록 수정하라. $M > 1$이라고 가정할 것.

56. [*M43*] 연습문제 55에서처럼 세 원소의 중앙값을 취하도록 프로그램 Q를 수정했다고 할 때, 알고리즘 Q의 실행 시간에 나타나는 수량들의 평균 습성을 분석하라. (연습문제 29 참고.)

5.2.3. 선택에 의한 정렬

반복된 선택(selection)이라는 착안에 근거를 둔 또 다른 중요한 정렬 기법들이 있다. 아마도 가장 간단한 선택 정렬 방법은 다음일 것이다:

i) 가장 작은 키를 찾는다. 해당 레코드를 출력 영역으로 보낸다. 그런 다음 그 키를 값 ∞ (모든 실제 키보다 큰 어떤 값으로 가정)로 대체한다.

ii) 단계 (i)를 반복하되, 가장 작은 키는 이미 ∞ 로 대체되었으므로 두 번째로 작은 키를 선택한다.

iii) 단계 (i)를 N개의 레코드들이 선택될 때까지 반복한다.

선택 방법에서는 정렬을 시작하기 전에 모든 입력 항목이 메모리에 들어 있어야 한다. 선택 방법은 정렬이 진행됨에 따라 한 번에 하나씩 최종 결과를 출력한다. 이는 본질적으로 삽입 방법의 반대이다. 삽입 방법에서는 입력을 순차적으로 받으며, 정렬이 완료되기 전까지는 최종 출력을 전혀 알 수 없다.

단계 (i)는 새 레코드를 선택할 때마다 $N-1$회의 비교를 수행한다. 또한 메모리에 개별적인 출력 영역을 두어야 한다. 그러나 이런 단점은 극복하는 것이 가능하다: 선택된 레코드를 적절한 최종 위치로 옮긴다(현재 그 위치를 차지하고 있는 레코드와 교환해서). 그러면 이후의 선택들에서는 그 위치를 더 이상 고려할 필요가 없으며, 무한대 키들을 다룰 필요도 없다. 다음은 이러한 개선안까지 고려한 선택 정렬 알고리즘이다.

알고리즘 S (직접 선택 알고리즘). 레코드 $R_1, \ldots, R_N$이 주어졌을 때, 이 알고리즘을 수행하고 나면 레코드 키들은 정렬된 순서 $K_1 \le \cdots \le K_N$가 된다. 정렬은 앞에서 말한 방식에 기초해서 이루어지나, 편의상 선택 순서를 반대로 한다. 즉, 가장 큰 원소를 먼저 선택하고 그 다음에 두 번째로 큰 것을 선택하는 등이다.

S1. [j에 대한 반복.] $j = N, N-1, \ldots, 2$에 대해 단계 S2와 S3을 수행한다.

S2. [$\max(K_1, \ldots, K_j)$를 찾는다.] 키 $K_j, K_{j-1}, \ldots, K_1$에서 가장 큰 것을 찾는다. 그것을 K_i라고 하자. i는 그런 키들의 색인들 중 가장 큰 색인이다.

S3. [R_j와 교환.] $R_i \leftrightarrow R_j$로 교환한다. (이제 레코드 $R_j, \ldots, R_N$은 해당 최종 위치에 놓인 상태이다.) ▮

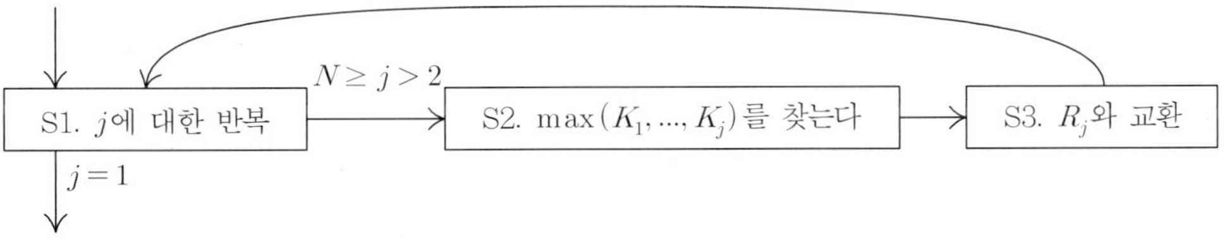

그림 21. 직접 선택 정렬.

표 1은 이 알고리즘을 우리의 열여섯 예제 키들에 적용한 예이다. 굵게 표시된 원소들은 단계 S2에서 오른쪽에서 왼쪽으로 검색하는 도중 가장 큰 레코드의 후보가 되는 원소들이다.

표 1

직접 선택 정렬

503 087 512 061 **908** 170 **897** 275 653 426 154 509 612 677 **765** **703** |

503 087 512 061 703 170 **897** 275 653 426 154 509 612 677 **765** | 908

503 087 512 061 703 170 **765** 275 653 426 154 509 612 **677** | 897 908

503 087 512 061 **703** 170 **677** 275 **653** 426 154 509 **612** | 765 897 908

503 087 512 061 612 170 **677** 275 **653** 426 154 **509** | 703 765 897 908

503 087 512 061 612 170 509 275 **653** **426** **154** | 677 703 765 897 908

...

061 | 087 154 170 275 426 503 509 512 612 653 677 703 765 897 908

이에 해당하는 MIX 프로그램은 상당히 간단하다:

프로그램 S (직접 선택 정렬). 이번 장의 이전 프로그램들과 마찬가지로, 이 프로그램은 INPUT+1에서 INPUT+N까지의 장소들에 있는 레코드들을 전체워드 하나짜리 키를 기준으로 해서 그 장소들 안에서 정렬한다. $rA \equiv$ 현재 최대값, $rI1 \equiv j-1$, $rI2 \equiv k$ (현재 검색 위치), $rI3 \equiv i$. $N \geq 2$라고 가정한다.

START	ENT1	N-1	1	<u>*S1. j에 대한 반복.*</u> $j \leftarrow N$.
2H	ENT2	0,1	$N-1$	<u>*S2.* $\max(K_1, \ldots, K_j)$*를 찾는다.*</u> $k \leftarrow j-1$.
	ENT3	1,1	$N-1$	$i \leftarrow j$.
	LDA	INPUT,3	$N-1$	$rA \leftarrow K_i$.
8H	CMPA	INPUT,2	A	
	JGE	*+3	A	만일 $K_i \geq K_k$이면 점프.
	ENT3	0,2	B	그렇지 않으면 $i \leftarrow k$로 설정.
	LDA	INPUT,3	B	$rA \leftarrow K_i$.
	DEC2	1	A	$k \leftarrow k-1$.
	J2P	8B	A	만일 $k > 0$이면 반복.
	LDX	INPUT+1,1	$N-1$	<u>*S3.* R_j*와 교환.*</u>
	STX	INPUT,3	$N-1$	$R_i \leftarrow R_j$.
	STA	INPUT+1,1	$N-1$	$R_j \leftarrow rA$.
	DEC1	1	$N-1$	
	J1P	2B	$N-1$	$N \geq j \geq 2$. ▮

이 프로그램의 실행 시간은 항목 개수 N, 비교 횟수 A, 그리고 우에서 좌로 극대값이 변한 횟수 B에 의존한다. 입력 키들의 값과는 무관하게 항상

$$A = \binom{N}{2} = \frac{1}{2}N(N-1), \tag{1}$$

임은 쉽게 알 수 있다. 여기서 변수는 B 뿐이다. 직접 선택의 단순함에도, 이 수량 B를 정밀하게 분석하는 것은 쉬운 일이 아니다. 연습문제 3에서 6은

$$B = (\min 0,\ \text{ave } (N+1)H_N - 2N,\ \max \lfloor N^2/4 \rfloor) \tag{2}$$

임을 보여준다. 이 경우 최대값이 특히 흥미롭다. B의 표준편차는 $N^{3/4}$의 규모이다. 연습문제 7을 볼 것.

따라서 프로그램 S의 평균 실행 시간은 $2.5N^2 + 3(N+1)H_N + 3.5N - 11$ 단위이다. 이는 직접 삽입(프로그램 5.2.1S)보다 아주 약간 느린 것이다. 알고리즘 S를 거품 정렬(알고리즘 5.2.2B)과 비교해 보면 재미있다. 거품 정렬을 종종 한 번에 둘 이상의 항목들을 선택하는 선택 정렬 알고리즘으로 간주할 수 있기 때문이다. 여러 개의 항목들을 선택할 수 있기 때문에 거품 정렬의 비교 횟수가 직접 선택의 것보다 더 적은 경우가 많다. 이 때문에 직접 선택보다는 거품 정렬이 더 낫다고 생각할 수 있지만, 실제로는 프로그램 5.2.2B가 프로그램 S보다 두 배 이상 느리다! 직접 정렬은 자료 이동이 아주 적은 반면, 거품 정렬은 교환을 아주 많이 수행하기 때문이다.

직접 선택의 개선안들. 알고리즘 S에 쓰인 선택 방법을 개선하는 방법이 없을까? 예를 들어 단계 S2의 최대값 찾기를 생각해 보자. 최대값을 훨씬 더 빠르게 찾아내는 방법은 없을까? 후자의 질문에 대한 답은 없다이다!

보조정리 M. *원소쌍의 비교에 기초하여 n개의 원소들 중 최대값을 찾는 모든 알고리즘은 반드시 적어도 $n-1$번의 비교를 수행해야 한다.*

증명. 만일 $n-1$번 미만의 비교를 수행했다면 다른 어떤 것보다도 작다는 점이 판명된 적이 없는 원소가 적어도 두 개는 존재하게 된다. 따라서 그 둘 중 어느 것이 더 큰지를 알 수가 없으며, 그러므로 최대값을 결정할 수 없다. ▮

즉, 가장 큰 원소를 찾는 모든 선택 공정은 적어도 $n-1$번의 비교를 수행해야 한다. 이 때문에 n번의 반복된 선택들에 근거한 모든 정렬 방법은 어쩔 수 없이 $\Omega(n^2)$회의 연산들을 필요로 한다고 생각할 수도 있다. 그러나 다행히도 보조정리 M은 첫 번째 선택 단계에만 적용된다. 이후의 선택들에서는 이전에 얻은 정보를 활용할 수 있다. 예를 들어 연습문제 8과 9는 알고리즘을 비교적 조금만 변경해도 평균 비교 횟수를 절반으로 줄일 수 있음을 보여준다.

표 1의 열여섯 수들을 생각해 보자. 반복된 선택에 걸리는 시간을 절약하는 한 가지 방법은 그 수들을 네 개짜리 묶음 네 개로 간주하는 것이다. 우선 각 그룹에서 가장 큰 원소를 찾는다. 지금 예의 경우 각 그룹의 가장 큰 수들은

$$512,\ 908,\ 653,\ 765$$

이다. 이 수들 중 최대 원소는 908이며, 이는 곧 파일 전체에서 가장 큰 원소이다. 파일에서 두 번째로 큰 수를 찾기 위해서는 512, 653, 765와 908을 담고 있는 그룹의 나머지 세 원소만 살펴보면 된다. $\{170, 897, 275\}$의 최대값은 897이며,

$$512,\ 897,\ 653,\ 765$$

중 최대값은 897이다. 비슷하게, 세 번째로 큰 원소는 $\{170, 275\}$의 최대 원소를 포함한

$$512,\ 275,\ 653,\ 765$$

에서 가장 큰 원소이다. 첫 번째 선택 이후의 각 선택은 최대 다섯 번의 추가적인 비교를 요구한다. 일반화하자면, N이 완전제곱수라고 할 때 파일을 각각 $\sqrt{N}$개의 원소들로 된 $\sqrt{N}$개의 그룹들로 분할할 수 있으며, 첫 번째 선택 이후의 각 선택은 이전에 선택된 항목의 그룹에서의 최대 $\sqrt{N}-2$회의 비교와 "그룹 최대값들"에 대한 최대 $\sqrt{N}-1$회의 비교를 수행한다. 이러한 발상을 2차 선택(quadratic selection)이라고 부른다. 총 수행 시간은 규모 N^2보다 훨씬 나은 $O(N\sqrt{N})$이다.

2차 선택은 프렌드E. H. Friend가 처음으로 발표했다 〔*JACM* 3 (1956), 152-154〕. 그는 같은 착안을 3차, 4차, 그리고 그 이상의 차수의 선택으로 일반화할 수 있음을 지적했다. 예를 들어 3차 선택은 파일을 $\sqrt[3]{N}$개의 그룹들로 나눈다. 그 그룹들은 각각 $\sqrt[3]{N}$개의 작은 그룹들을 포함하며, 각 작은 그룹은 $\sqrt[3]{N}$개의 레코드들로 이루어진다. 수행 시간은 $N\sqrt[3]{N}$에 비례한다. 이를 계속 일반화하면 결국은 프렌드가 이진트리 구조에 기반을 둔 "n차 선택"이라고 부른 최종적인 결론에 도달하게 된다. 이 방법의 수행 시간은 $N \log N$에 비례한다. 이 방법을 트리 선택이라고 부르기로 하자.

트리 선택. 트리 선택 정렬의 원리들은 전형적인 "탈락식 토너먼트" 시합의 비유를 통해서 쉽게 이해할 수 있다. 예를 들어 그림 22에 나온 탁구 시합의 결과를 보자. 최하위 수준에서 킴이 샌디를, 크리스가 루를 이겼고, 두 번째 라운드에서는 크리스가 킴을 이겼고 등등이다.

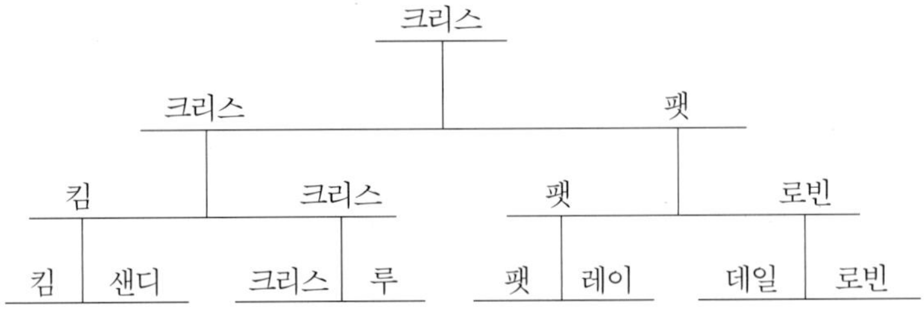

그림 22. 탁구 토너먼트.

그림 22는 여덟 선수들 중 우승자가 크리스이며, 우승자를 가리기 위해서는 $8-1=7$회의 시합(비교)이 필요함을 보여준다. 팻이 반드시 두 번째로 훌륭한 선수라는 뜻은 아니다. 크리스에게 진 선수

중 누구라도(1라운드에서 진 루도 포함해서) 두 번째로 훌륭한 선수일 수 있다. 2순위 선수를 가리기 위해서는 루와 킴이 시합을 하고, 그 승자가 팻과 시합을 해봐야 한다. 2순위를 가리는 데에는 단 두 번의 추가 시합만 필요함을 주목하자. 구조 자체가 이전 시합의 결과를 기억하고 있기 때문이다. 일반화하자면, 선수를 트리의 루트에 "출력"한 후, 마치 그 선수가 아파서 좋은 시합을 할 수 없었다는 듯이 토너먼트를 다시 시행한다. 그러면 원래의 2순위 선수는 루트로 올라간다. 그리고 트리의 상위 수준들에서의 승자들을 재계산하기 위해서는 경로 하나만 변경하면 된다. 이로부터, 2순위 선수를 선택하는 데에는 $\lceil \lg N \rceil$회의 비교만 더 수행하면 된다는 점을 알 수 있다. 3순위 선수의 선택 역시 동일한 절차를 수행하면 된다. 따라서 이러한 선택 정렬의 총 수행 시간은 앞에서 주장했듯이 대략 $N \log N$에 비례하게 된다.

그림 23은 우리의 열여섯 예제 수들에 대한 트리 선택 정렬을 수행한 모습이다. 다음번 "$-\infty$"를 삽입할 위치를 알기 위해서는 루트의 키가 어디에서 온 것인지를 알아야 한다는 점에 주목할 것. 따라서 트리의 각 가지 노드에는 해당 키 자체가 아니라 그 키의 위치를 가리키는 포인터 또는 색인을 저장해야 한다. 따라서 이 정렬에는 N개의 입력 레코드들과 $N-1$개의 포인터들, 그리고 N개의 출력 레코드들 또는 그 레코드들을 가리키는 포인터들을 담을 메모리 공간이 필요하다. (물론, 결과를 테이프나 디스크에 기록한다면 출력 레코드들을 고속 메모리에 담아둘 필요가 없다.)

이 시점에서 독자는 본문 읽기를 멈추고 연습문제 10을 먼저 풀어보기 바란다. 이제부터 논의할 주목할만한 개선안들을 제대로 음미하기 위해서는 트리 선택의 기본 원리들을 잘 이해할 필요가 있기 때문이다.

본질적으로는 아이버슨K. E. Iverson이 소개한 [*A Programming Language* (Wiley, 1962), 223-227], 트리 선택을 수정하는 한 가지 방법은 다음과 같은 방식으로 "미리 내다봄"으로써 포인터들을 사용하지 않아도 되게 하는 것이다: 트리 최하위 수준의 한 시합의 승자가 위로 올라갈 때, 최하위 수준의 해당 승자의 값을 즉시 $-\infty$로 대체한다. 그리고 한 승자가 한 가지에서 다른 가지로 올라갈 때마다, 해당 값을 결국은 그 빈 자리로 올라가게 될 값(즉, 아래의 두 키들 중 더 큰 것)으로 대체한다. 이러한 연산을 최대한 자주 수행하면 그림 23(a)가 그림 24로 변환된다.

트리를 이런 식으로 설정한 후에는 그림 23의 "상향식(bottom-up)" 방법이 아니라 "하향식(top-down)" 방법으로 정렬을 진행할 수 있다. 즉, 루트를 출력하고, 그 후손들 중 가장 큰 것을 위로 올리고, 후자의 가장 큰 후손을 위로 올리는 등으로 진행하면 된다. 이러한 공정은 탁구 토너먼트라기보다는 기업의 승진 시스템에 더 가깝다고 할 수 있다.

이러한 하향식 방법이 $-\infty$를 $-\infty$와 비교하는 불필요한 비교들을 피할 수 있다는 장점을 가짐은 쉽게 알 수 있을 것이다. (상향식 방법의 경우에는 정렬의 후반부 시기들에서 수많은 $-\infty$들을 만나게 되나, 하향식은 각 시기에서 $-\infty$가 정렬되자마자 트리 수정을 중단할 수 있다.)

그림 23과 24는 16개의 말단 노드들을 가진 완전 이진트리(complete binary tree, 2.3.4.5절 참고)이다. 이런 트리들은 그림 25에 나온 것 같은 일련의 장소들로 간편하게 표현할 수 있다. 노드 번호 k의 부모가 노드 $\lfloor k/2 \rfloor$이고 그 자식들은 노드 $2k$와 $2k+1$임을 주목할 것. 이는 하향식 접근방

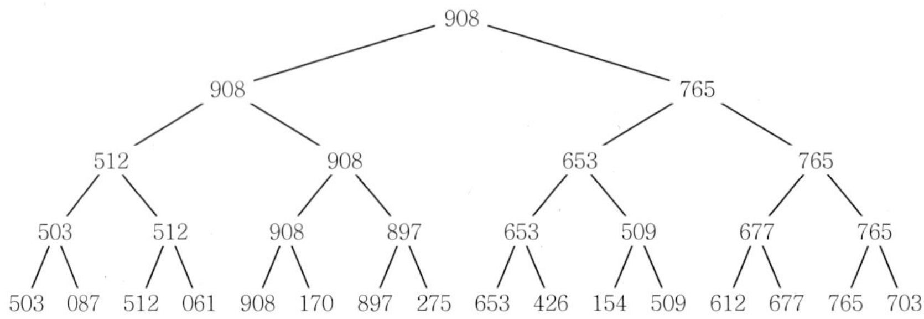

(a) 초기 구성.

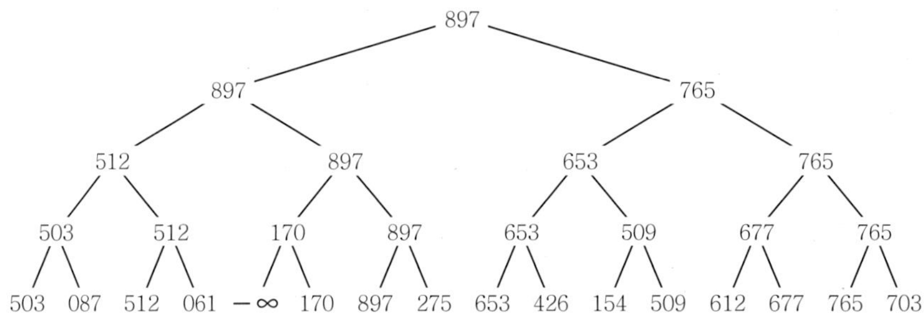

(b) 키 908이 $-\infty$로 대체되었으며, 두 번째로 큰 원소가 루트로 올라갔다.

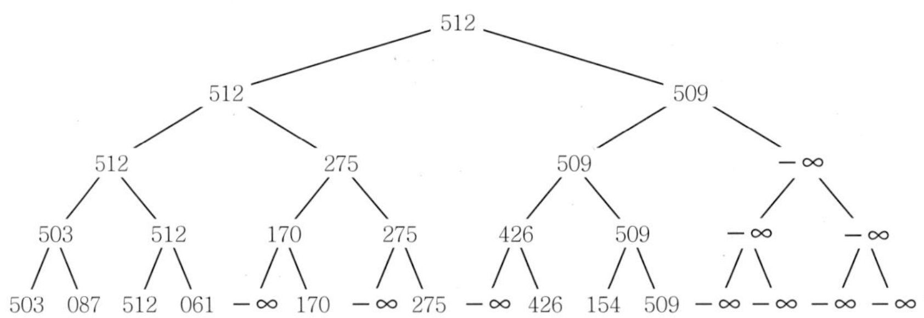

(c) 908, 897, 765, 703, 677, 653, 612가 출력된 후의 구성.

그림 23. 트리 선택 정렬의 예.

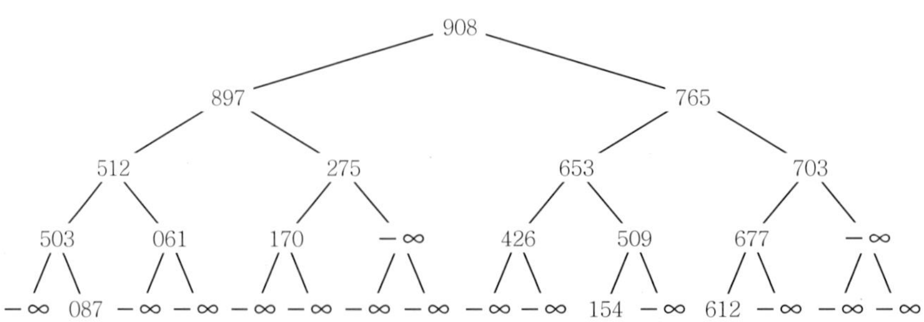

그림 24. 피터 원리(Peter principle)를 정렬에 적용한 모습. 계통구조에서 모두는 자신의 탈락 수준으로 올라가게 된다.

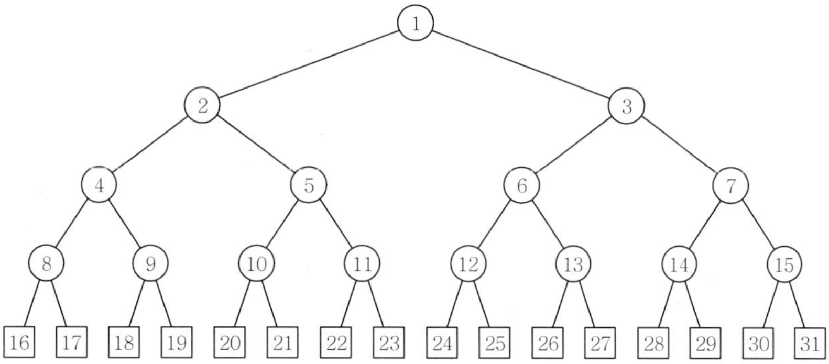

그림 25. 완전이진트리를 위한 순차 저장소 할당.

식의 또 다른 장점이 된다. 노드 k에서 노드 $k\oplus 1$과 노드 $\lfloor k/2 \rfloor$으로 올라가는 것보다 노드 k에서 노드 $2k$와 $2k+1$로 내려가는 것이 훨씬 더 간단한 경우가 많기 때문이다. (여기서 $k\oplus 1$는 k가 짝수이냐 홀수이냐에 따라 $k+1$ 또는 $k-1$를 의미한다.)

지금까지의 트리 선택 예제들은 N이 2의 거듭제곱이라는 가정을 어느 정도 깔고 있다. 그러나 임의의 N에 대해 N개의 말단 노드들을 가진 완전이진트리를 쉽게 구축할 수 있으므로, 트리 선택 정렬은 임의의 N에 대해서도 마찬가지로 작동한다.

이제 다음과 같은 핵심적인 질문에 도달하게 되었다: 하향식 방법을 $-\infty$를 전혀 사용하지 않고 수행할 수는 없을까? 만일 그림 24의 중요한 정보 전부를 완전이진트리의 1에서 16가지의 장소들에, $-\infty$를 담은 쓸모없는 "구멍"들 없이 담아둔다면 좋지 않을까? 잠시 고민해 보면 그러한 목표를 달성하는 것이 실제로 가능함을 알 수 있다. $-\infty$를 제거할 뿐만 아니라 보조적인 출력 영역의 필요성까지도 제거할 수 있다. 이런 식으로 생각하다보면 창안자인 윌리엄스J. W. J. Williams가 "힙 정렬(heapsort)"이라고 이름붙인 〔*CACM* 7 (1964), 347-348〕 중요한 정렬 알고리즘에 도달한다.

힙 정렬. 키 $K_1, K_2, \ldots, K_N$을 담은 파일이 다음을 만족할 때, 그러한 파일을 "힙(heap)"이라고 부르기로 하자.

$$1 \le \lfloor j/2 \rfloor < j \le N\text{에 대해} \qquad K_{\lfloor j/2 \rfloor} \ge K_j. \tag{3}$$

즉, $K_1 \ge K_2$, $K_1 \ge K_3$, $K_2 \ge K_4$ 등이다. 이는 그림 24에서 성립하는 조건과 정확히 동일하며, 특히 가장 큰 키

$$K_1 = \max(K_1, K_2, \ldots, K_N) \tag{4}$$

가 "힙의 최상위에" 나타남을 함의한다. 만일 임의의 입력 파일을 어떤 방법으로든 하나의 힙으로 변환할 수 있다면, 위에서 설명한 하향식 선택 절차를 통해서 그 원소들을 정렬할 수 있다.

한 가지 효율적인 힙 구축 접근방식이 플로이드R. W. Floyd에 의해서 제안된 바 있다 〔*CACM* 7 (1964), 701〕. 파일을 다음과 같은 조건을 만족하는 형태로 배치할 수 있다고 가정하자.

$$l < \lfloor j/2 \rfloor < j \le N\text{에 대해} \qquad K_{\lfloor j/2 \rfloor} \ge K_j. \tag{5}$$

여기서 l은 ≥ 1인 어떤 수이다. (원래의 파일에서 이 조건은 $l = \lfloor N/2 \rfloor$인 경우에 성립하지만, 무의미하다. 왜냐하면 어떠한 첨자 j도 $\lfloor N/2 \rfloor < \lfloor j/2 \rfloor < j \le N$를 만족하지 않기 때문이다.) (5)의 부등식들을 $l = \lfloor j/2 \rfloor$인 경우로 확장하도록 파일을 변환하는 방법을 고안하는 게 그리 어려운 일은 아니다. 전적으로 루트가 노드 l인 하위트리 안에서만 변환을 진행하고, 그런 다음에는 l을 1 감소해서 진행하고, 그런 공정을 최종적으로 조건 (3)이 만족될 때까지 반복하면 된다. 윌리엄스와 플로이드의 이러한 착안들은 다음과 같은, 세심하게 연구해볼만한 가치가 있는 우아한 알고리즘으로 이어진다.

알고리즘 H (힙 정렬). 레코드 $R_1, \ldots, R_N$이 주어졌을 때, 이 알고리즘을 수행하고 나면 레코드 키들은 정렬된 순서 $K_1 \le \cdots \le K_N$가 된다. 우선 파일을 힙 형태로 재배치하고, 그런 다음에는 힙의 최상위 원소를 뽑아서 적절한 최종 위치로 이동하는 과정을 반복한다. $N \ge 2$라고 가정한다.

H1. 〔초기화.〕 $l \leftarrow \lfloor N/2 \rfloor + 1$, $r \leftarrow N$으로 설정한다.

H2. 〔l 또는 r을 감소.〕 만일 $l > 1$이면 $l \leftarrow l - 1$, $R \leftarrow R_l$, $K \leftarrow K_l$로 설정한다. (만일 $l > 1$이면 입력 파일을 힙으로 변환하는 도중인 것이다. 그렇지 않고 만일 $l = 1$이면 키 $K_1 K_2 \ldots K_r$이 하나의 힙을 형성한 상태이다.) 그렇지 않으면 $R \leftarrow R_r$, $K \leftarrow K_r$, $R_r \leftarrow R_1$, $r \leftarrow r - 1$로 설정한다. 만일 이에 의해 $r = 1$이 된다면 $R_1 \leftarrow R$로 설정하고 알고리즘을 끝낸다.

H3. 〔뽑아올리기 준비.〕 $j \leftarrow l$로 설정한다. (이 시점에서

$$l < \lfloor k/2 \rfloor < k \le r\text{에 대해} \qquad K_{\lfloor k/2 \rfloor} \ge K_k \tag{6}$$

이며 $r < k \le N$에 대해 레코드 R_k는 자신의 최종 위치에 놓여 있다. 단계 H3-H8을 뽑아올리기 알고리즘(siftup algorithm)이라고 부른다. 이 단계들의 효과는 $R_l \leftarrow R$로 설정하고 $R_l, \ldots, R_r$을 $l = \lfloor k/2 \rfloor$에 대해서도 조건 (6)을 만족하도록 재배치하는 것과 동치이다.)

H4. 〔아래로 진행.〕 $i \leftarrow j$, $j \leftarrow 2j$로 설정한다. (다음 단계들에서 $i = \lfloor j/2 \rfloor$이다.) 만일 $j < r$이면 그대로 단계 H5로 간다. 만일 $j = r$이면 단계 H6으로 간다. 만일 $j > r$이면 H8로 간다.

H5. 〔더 큰 자식 노드를 찾는다.〕 만일 $K_j < K_{j+1}$이면 $j \leftarrow j + 1$로 설정한다.

H6. 〔K보다 큰가?〕 만일 $K \ge K_j$이면 단계 H8로 간다.

H7. 〔위로 이동.〕 $R_i \leftarrow R_j$로 설정하고 단계 H4로 돌아간다.

H8. 〔R을 저장.〕 $R_i \leftarrow R$로 설정한다. (이에 의해 단계 H3에서 시작된 뽑아올리기 알고리즘이 끝난다.) 단계 H2로 돌아간다. ▮

힙 정렬을 종종 ⫽ 알고리즘으로 표기하기도 하는데, 이는 l과 r의 움직임 때문이다. 위쪽 삼각형은 $r = N$이고 l이 1로 감소하는 힙 생성 단계를 나타내며, 아래쪽 삼각형은 $l = 1$이고 r이 1로 감소하는 선택 단계를 나타낸다. 표 2는 우리의 열여섯 예제 수들에 대한 힙 정렬의 진행 과정을 정리한 것이다. (표의 각 줄은 단계 H2의 시작에서의 상태를 나타낸다. 대괄호는 l과 r의 위치를 가리킨다.)

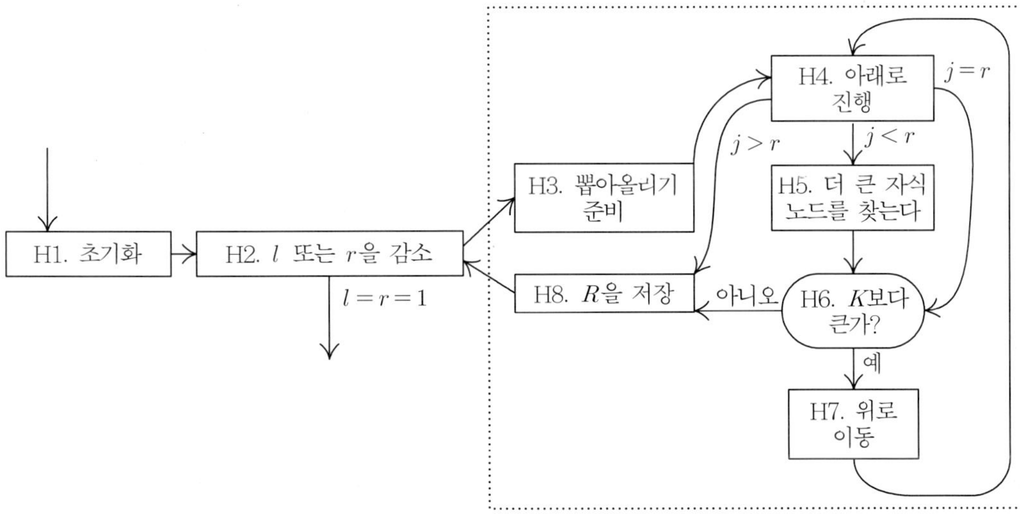

그림 26. 힙 정렬. 점선 안의 부분은 뽑아올리기 알고리즘이다.

프로그램 H (힙 정렬). 장소 INPUT+1에서 INPUT+N까지의 장소들에 있는 레코드들을 알고리즘 H로 정렬한다. 레지스터 배정들은: rI1 $\equiv l-1$, rI2 $\equiv r-1$, rI3 $\equiv i$, rI4 $\equiv j$, rI5 $\equiv r-j$, rA $\equiv K \equiv R$, rX $\equiv R_j$.

START	ENT1	N/2	1	<u>H1. 초기화.</u> $l \leftarrow \lfloor N/2 \rfloor + 1$.
	ENT2	N-1	1	$r \leftarrow N$.
1H	DEC1	1	$\lfloor N/2 \rfloor$	$l \leftarrow l-1$.
	LDA	INPUT+1,1	$\lfloor N/2 \rfloor$	$R \leftarrow R_l$, $K \leftarrow K_l$.
3H	ENT4	1,1	P	<u>H3. 뽑아올리기 준비.</u> $j \leftarrow l$.
	ENT5	0,2	P	
	DEC5	0,1	P	rI5 $\leftarrow r-j$
	JMP	4F	P	H4로 간다.
5H	LDX	INPUT,4	$B+A-D$	<u>H5. 더 큰 자식 노드를 찾는다.</u>
	CMPX	INPUT+1,4	$B+A-D$	
	JGE	6F	$B+A-D$	만일 $K_j \geq K_{j+1}$이면 점프.
	INC4	1	C	그렇지 않으면 $j \leftarrow j+1$로 설정.
	DEC5	1	C	
9H	LDX	INPUT,4	$C+D$	rX $\leftarrow R_j$.
6H	CMPA	INPUT,4	$B+A$	<u>H6. K보다 큰가?</u>
	JGE	8F	$B+A$	만일 $K \geq K_j$이면 H8로 간다.
7H	STX	INPUT,3	B	<u>H7. 위로 이동.</u> $R_i \leftarrow R_j$.
4H	ENT3	0,4	$B+P$	<u>H4. 아래로 진행.</u> $i \leftarrow j$.
	DEC5	0,4	$B+P$	rI5 $\leftarrow$ rI5 $-j$.
	INC4	0,4	$B+P$	$j \leftarrow j+j$.
	J5P	5B	$B+P$	만일 $j<r$이면 H5로 간다.

표 2

힙 정렬의 예

K_1	K_2	K_3	K_4	K_5	K_6	K_7	K_8	K_9	K_{10}	K_{11}	K_{12}	K_{13}	K_{14}	K_{15}	K_{16}	l	r
503	087	512	061	908	170	897	275	[653	426	154	509	612	677	765	703]	9	16
503	087	512	061	908	170	897	[703	653	426	154	509	612	677	765	275]	8	16
503	087	512	061	908	170	[897	703	653	426	154	509	612	677	765	275]	7	16
503	087	512	061	908	[612	897	703	653	426	154	509	170	677	765	275]	6	16
503	087	512	061	[908	612	897	703	653	426	154	509	170	677	765	275]	5	16
503	087	512	[703	908	612	897	275	653	426	154	509	170	677	765	061]	4	16
503	087	[897	703	908	612	765	275	653	426	154	509	170	677	512	061]	3	16
503	[908	897	703	426	612	765	275	653	087	154	509	170	677	512	061]	2	16
[908	703	897	653	426	612	765	275	503	087	154	509	170	677	512	061]	1	16
[897	703	765	653	426	612	677	275	503	087	154	509	170	061	512]	908	1	15
[765	703	677	653	426	612	512	275	503	087	154	509	170	061]	897	908	1	14
[703	653	677	503	426	612	512	275	061	087	154	509	170]	765	897	908	1	13
[677	653	612	503	426	509	512	275	061	087	154	170]	703	765	897	908	1	12
[653	503	612	275	426	509	512	170	061	087	154]	677	703	765	897	908	1	11
[612	503	512	275	426	509	154	170	061	087]	653	677	703	765	897	908	1	10
[512	503	509	275	426	087	154	170	061]	612	653	677	703	765	897	908	1	9
[509	503	154	275	426	087	061	170]	512	612	653	677	703	765	897	908	1	8
[503	426	154	275	170	087	061]	509	512	612	653	677	703	765	897	908	1	7
[426	275	154	061	170	087]	503	509	512	612	653	677	703	765	897	908	1	6
[275	170	154	061	087]	426	503	509	512	612	653	677	703	765	897	908	1	5
[170	087	154	061]	275	426	503	509	512	612	653	677	703	765	897	908	1	4
[154	087	061]	170	275	426	503	509	512	612	653	677	703	765	897	908	1	3
[087	061]	154	170	275	426	503	509	512	612	653	677	703	765	897	908	1	2

	J5Z	9B	$P-A+D$	만일 $j=r$이면 H6으로 간다.
8H	STA	INPUT,3	P	*H8. R을 저장.* $R_i \leftarrow R$.
2H	J1P	1B	P	*H2. l 또는 r을 감소.*
	LDA	INPUT+1,2	$N-1$	만일 $l=1$이면 $R \leftarrow R_r$, $K \leftarrow K_r$로 설정.
	LDX	INPUT+1	$N-1$	
	STX	INPUT+1,2	$N-1$	$R_r \leftarrow R_1$.
	DEC2	1	$N-1$	$r \leftarrow r-1$.
	J2P	3B	$N-1$	만일 $r>1$이면 H3으로 간다.
	STA	INPUT+1	1	$R_1 \leftarrow R$. ▮

이 프로그램이 프로그램 S보다 길기는 하지만 대략 두 배 정도일 뿐이며, N이 클 때에는 프로그램 S보다 훨씬 더 효율적이다. 실행 시간은 다음 수량들에 의존한다.

$P = N + \lfloor N/2 \rfloor - 2$, 뽑아올리기 패스들의 횟수;

A 키 K가 최종적으로 힙의 한 내부 노드에 정착하게 되는 뽑아올리기 패스들의 횟수;

B 뽑아올리기 도중에 위로 올라간 키들의 전체 개수;

C 단계 H5에서 $j \leftarrow j+1$의 수행 횟수;

D 단계 H4에서 $j = r$인 횟수.

이 수량들의 분석 결과를 보자. 실제 응용에서 이들은 해당 평균값

$$A \approx 0.349N, \qquad B \approx N \lg N - 1.87N,$$
$$C \approx \tfrac{1}{2} N \lg N - 0.94N, \qquad D \approx \lg N \tag{7}$$

에 비해 조금만 변할 뿐이다. 예를 들어 $N = 1000$일 때 무작위 입력에 대한 네 번의 실험 결과는 각각 $A = 371, 351, 341, 340$; $B = 8055, 8072, 8094, 8108$; $C = 4056, 4087, 4017, 4083$; $D = 12, 14, 8, 13$이다. 따라서 총 실행 시간은

$$7A + 14B + 4C + 20N - 2D + 15\lfloor N/2 \rfloor - 28$$

이며, 이는 평균적으로 약 $16N \lg N + 0.01N$단위이다.

표 2만 봐서는 힙 정렬이 아주 효율적인 것 같지는 않다. 큰 키들은 우리가 오른쪽에 간수해 두기 전에 왼쪽으로 이동한다! 사실 N이 작을 때에의 이 방법은 이상한 정렬 방법이라 할 수 있다. 표 2의 16개의 키들에 대한 정렬 시간은 $1068u$인데, 간단한 직접 삽입 방법(프로그램 5.2.1S)에서는 단 $514u$밖에 걸리지 않는다. 직접 선택(프로그램 S)은 $853u$를 소비한다.

그러나 더 큰 N에 대해서는 프로그램 H가 더 효율적이다 이번에는 프로그램 H처럼 키들의 비교를 통해 정렬을 수행하며 보조 저장소를 조금만 사용하거나 거의 사용하지 않는다는 공통점을 가진 셸 정렬(프로그램 5.2.1D) 및 빠른정렬(프로그램 5.2.2Q)과 비교해 보자. $N = 1000$일 때 MIX 상에서의 근사 평균 실행 시간들은 다음과 같다.

힙 정렬	$160000u$,
셸 정렬	$130000u$,
빠른정렬	$80000u$.

(MIX는 하나의 전형적인 컴퓨터이며, 특정한 컴퓨터들에서는 물론 다소 다른 상대적 값들이 나오게 될 것이다.) N이 더 커짐에 따라 힙 정렬이 셸 정렬보다 우월하게 되나, 힙 정렬의 점근 시행 시간 $16N \lg N \approx 23.08N \ln N$이 빠른정렬의 $11.67N \ln N$보다 더 나아질 수는 없다. 연습문제 18에 나온 것처럼 힙 정렬을 수정한다면 비교 횟수를 크게 줄일 수 있으므로 정렬 공정도 더 빨라지겠지만, 그렇다고 해도 빠른정렬보다는 못하다.

한편, 빠른정렬은 오직 평균 경우에서만 효율적이며, 해당 최악의 경우는 N^2의 규모이다. 힙 정렬은 최악의 경우가 평균 경우에 비해 아주 떨어지지는 않는다는 흥미로운 성질을 가지고 있다. 프로그램 H에서는 항상

$$A \le 1.5N, \qquad B \le N\lfloor \lg N \rfloor, \qquad C \le N\lfloor \lg N \rfloor \tag{8}$$

가 성립하며, 따라서 입력 자료의 분포와는 무관하게 $18N\lfloor \lg N \rfloor + 38N$단위 이상의 시간을 소비하는 경우는 없다. 지금까지 나온 정렬 방법들 중 정렬 시간이 $N \log N$의 규모임을 보장하는 것은 힙 정렬뿐이다. 5.2.4절에서 설명하는 병합 정렬도 이러한 성질을 가지고 있지만, 메모리 공간을 더 많이 소비한다.

최대입선출. 제2장에서는 목록을 키우거나 줄이는 삽입, 삭제 연산의 특성을 통해서 선형 목록들을 분류하는 게 유용한 경우가 있음을 보았다. 스택은 모든 삭제가 목록의 가장 젊은 항목, 즉 현재 존재하는 항목들 중 가장 최근에 삽입된 항목을 제거한다는 의미의 후입선출(last-in-first-out) 행동을 보인다. 단순 대기열은 모든 삭제가 가장 오래된 항목을 삭제한다는 의미의 선입선출(first-in-first-out) 행동을 보인다. 2.2.5절의 승강기 시뮬레이션 같은 좀 더 복잡한 상황에서는 매 삭제마다 키가 가장 작은 항목이 제거되는 최소입선출(smallest-in-first-out) 목록이 필요하다. 각 항목의 키가 목록에서 제거될 순서를 반영한다는 점에서, 그런 목록을 우선순위 대기열이라고 불러도 좋을 것이다. 선택 정렬은 우선순위 목록에 대해 N회의 삽입 이후 N회의 삭제를 수행하는 특별한 경우라고 할 수 있다.

우선순위 대기열은 다양한 종류의 응용들에서 나타난다. 예를 들어 몇몇 수치반복 기법들은 어떤 판정 기준에 따른 최대(또는 최소)의 값을 가진 항목을 선택하고, 선택된 항목의 매개변수들을 변경하고, 항목을 새 매개변수 값들에 기반해서 새로운 판정 값과 함께 목록에 다시 삽입하는 작업을 반복하는 방식으로 진행된다. 운영체제도 작업 일정을 제어하는 데 우선순위 대기열을 사용하곤 한다. 연습문제 15, 29, 36에 우선순위 대기열의 다른 전형적인 응용들이 언급되며, 이후의 장들에서도 다른 응용 예들이 많이 나온다.

우선순위 대기열을 어떻게 구현해야 할까? 한 가지 명백한 방법은 항목들이 그 키 순서로 들어 있는 정렬된 목록을 유지하는 것이다. 그렇게 했을 때 우선순위 대기열에 새 항목을 삽입하는 것은 5.2.1절에서 삽입 정렬을 연구하면서 다루었던 것과 본질적으로 같은 문제가 된다. 우선순위 대기열을 다루는 더욱 명백한 방법은 목록을 정렬하지 않고 원소들을 임의의 순서로 그냥 두되, 삭제를 수행할 때 가장 큰(또는 작은) 키를 찾아서 그 키에 해당하는 원소를 제거하는 것이다. 이 두 가지 명백한 방법의 문제는 목록의 원소 개수가 N이라 할 때 삽입 또는 삭제에 $\Omega(N)$단계가 필요하다는 것이다. 따라서 N이 클 때에는 시간을 많이 낭비하게 된다.

힙 정렬에 대한 원래의 논문에서 윌리엄스Williams는 커다란 우선순위 대기열 응용들에 힙이 이상적임을 지적했다. 이유는 힙에 원소를 삽입하거나 힙에서 삭제하는 데 $O(\log N)$단계밖에 걸리지 않으며, 게다가 힙의 모든 원소는 연속적인 메모리 장소들에 한데 모여 있다는 것이다. 알고리즘

H의 선택 페이즈는 최대입선출(largest-in-first-out) 공정의 일련의 삭제 단계들이다: 가장 큰 원소 K_1을 삭제할 때에는 그것을 제거하고 K_N을 $N-1$개의 원소들로 된 새로운 힙으로 뽑아올린다(siftup). (만일 승강기 시뮬레이션에서처럼 최소입선출 알고리즘이 필요하다면 힙의 정의에서 (3)의 "$\geq$"를 "$\leq$"로 바꾸면 된다. 편의상 여기서는 최대입선출의 경우만 고려하기로 한다.) 일반화해서, 최대 항목을 삭제하고 새 원소 x를 삽입하려면

$$l = 1, \qquad r = N, \qquad \text{그리고} \qquad K = x$$

로 두고 뽑아올리기 절차를 수행하면 된다. 삭제 없이 새 원소 x를 삽입하는 경우에는 연습문제 16의 상향식 절차를 사용하면 된다.

우선순위 대기열의 연결된 표현. 우선순위 대기열을 연결된 이진트리 형태로 표현하는 한 가지 효율적인 방법을 1971년에 크레인Clark A. Crane이 고안했다 [Technical Report STAN-CS-72-259 (Computer Science Department, Stanford University, 1972)]. 그의 방법은, 모든 레코드에 두 개의 링크 필드와 작은 개수(count) 필드 하나를 두어야 한다는 요구조건이 따르긴 하지만, 힙에 비해 다음과 같은 장점을 가지고 있다.

i) 우선순위 대기열을 하나의 스택으로 다룰 때, 삽입 및 삭제 연산은 대기열 크기와 무관하게 고정된 시간을 소비한다.

ii) 레코드들은 결코 이동하지 않으며, 포인터들만 변한다.

iii) 총 N개의 원소들을 가진 서로 다른 두 우선순위 대기열을 단 $O(\log N)$회의 단계 만에 하나의 우선순위 대기열로 쉽게 합칠 수 있다.

그림 27은 크레인의 원래의 방법을 약간 수정해서 만든 특별한 종류의 이진트리 구조이다. 각 노드는 KEY 필드, DIST 필드, 그리고 LEFT 링크 필드와 RIGHT 링크 필드로 구성된다. DIST 필드는 항상 해당 노드에서 공링크 Λ로의 최소 길이 경로로 설정된다. 다른 말로 하면 DIST 필드는 해당 노드에서 가장 가까운 빈 하위트리까지의 거리(distance)이다. 만일 DIST(Λ) = 0, KEY(Λ) = $-\infty$로 정의한다면, 트리의 KEY 필드들과 DIST 필드들은 다음 조건들을 만족한다.

$$\text{KEY(P)} \geq \text{KEY(LEFT(P))}, \qquad \text{KEY(P)} \geq \text{KEY(RIGHT(P))}; \tag{9}$$

$$\text{DIST(P)} = 1 + \min(\text{DIST(LEFT(P))}, \text{DIST(RIGHT(P))}); \tag{10}$$

$$\text{DIST(LEFT(P))} \geq \text{DIST(RIGHT(P))}. \tag{11}$$

관계식 (9)는 힙 조건 (3)에 비견할 수 있다. (9)는 트리의 루트가 가장 큰 키를 가짐을 보장한다. 식 (10)은 그냥 앞에서 말한 DIST 필드의 정의이다. 식 (11)은 흥미로운 혁신이다. 이것은 오른쪽으로 이동한다면 항상 Λ로의 최단 경로가 될 수 있음을 함의한다. 이러한 성질을 가진 트리를, 왼쪽으로 크게 치우치는 경향이 있다는 점에서 왼손잡이 트리(leftist tree)라고 부르자.

이러한 정의들로부터, DIST(P) = n이면 P 아래에 적어도 2^n개의 빈 하위트리들이 존재함을 알 수 있다. 만일 그렇지 않다면 P에서 Λ로의 더 짧은 경로가 존재할 것이기 때문이다. 즉, 만일 왼

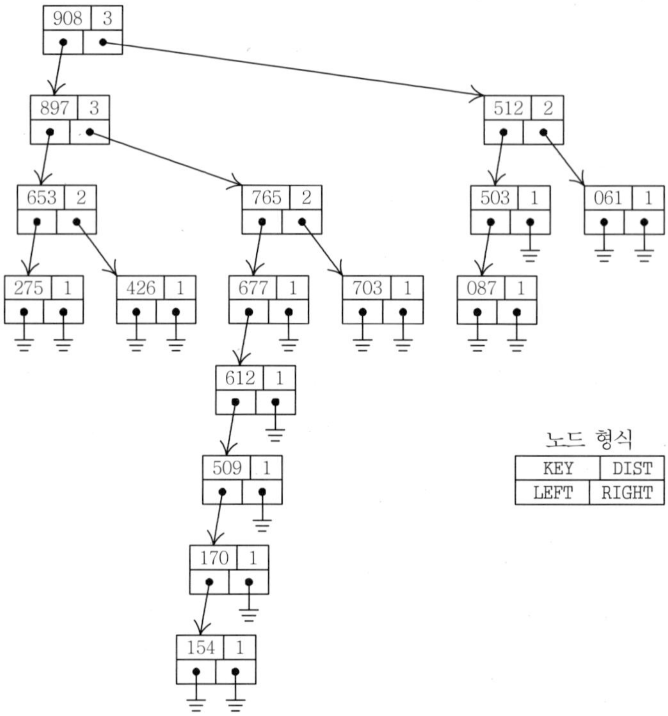

그림 27. 왼손잡이 트리로 표현된 우선순위 대기열.

손잡이 트리에 N개의 노드들이 있다면, 루트에서 오른쪽으로 내려가는 경로는 적어도 $\lfloor \lg (N+1) \rfloor$개의 노드들을 담게 된다. 이 경로를 운행함으로써 우선순위 대기열에 새로운 노드를 삽입하는 것이 가능하다(연습문제 33). 따라서 최악의 경우라도 오직 $O(\log N)$단계만 필요하다. 최상의 경우는 트리가 선형(모든 RIGHT 링크가 Λ)일 때 발생하고, 최악의 경우는 트리가 완전 균형 트리일 때 발생한다.

루트에 있는 노드를 삭제하려면 그냥 루트의 두 하위트리들을 병합하면 된다. 각각 P와 Q가 가리키는 서로 다른 두 왼손잡이 트리를 합치는 연산은 개념적으로 간단하다: 만일 KEY(P) $\geq$ KEY(Q)이면 P를 루트로 해서 Q와 P의 오른쪽 하위트리를 합친다. 그런 다음 DIST(P)를 갱신하고, 필요하다면 LEFT(P)와 RIGHT(P)를 맞바꾼다. 이 공정의 상세한 명세를 유도하는 것은 어렵지 않다(연습문제 33).

우선순위 대기열 기법들의 비교. 노드 개수 N이 작을 때에는 직접적인 선형 목록 방법들 중 하나로 우선순위 대기열을 관리하는 것이 최선일 것이다. 그러나 N이 크다면 힙이나 왼손잡이 트리를 이용한 $\log N$ 방법이 확실히 훨씬 더 빠르다. 6.2.3절에서는 선형 목록들을 균형 트리로 표현하는 방법을 논의하는데, 그런 표현으로부터 우선순위 대기열의 구현에 적합한 세 번째 $\log N$ 방법이 나온다. 그럼 이 세 기법들을 비교해 보자.

왼손잡이 트리 연산들이 힙 연산들보다 약간 더 빠른 경향이 있음은 살펴보았다. 그러나 힙은 링크 필드들이 없으므로 메모리 공간을 덜 소비한다. 균형 트리는 왼손잡이 트리와 거의 같은(어쩌면 조금 더 적은) 양의 공간을 차지한다. 균형 트리의 연산들은 힙 연산들보다는 느리며 프로그래밍도 좀 더 복잡하다. 그러나 균형 트리 구조는 여러 면에서 상당히 더 유연하다. 힙이나 왼손잡이 트리를 사용하는 경우에는 키가 같은 두 항목들에 대해 어떤 일이 생길지를 예측하는 것이 아주 쉽지는 않다. 키에 "삽입 일련번호" 필드를 추가하지 않는 한(그런 필드를 추가하는 것은 결국 키가 같은 항목이 존재하지 않게 만드는 것이다), 키가 같은 항목들이 선입선출 방식으로 처리될지 후입선출 방식으로 처리될지를 보장하는 것이 불가능하다. 반면 균형 트리에서는 같은 키에 대한 일관적인 관례를 규정할 수 있으며, 또한 "x를 y 바로 앞에(또는 뒤에) 삽입한다" 같은 일도 가능하다. 균형 트리는 대칭적이므로 언제라도 최대 또는 최소 원소를 삭제할 수 있으나 힙과 왼손잡이 트리는 항상 둘 중 한 방향만을 가리킨다. (그러나 연습문제 31은 대칭 힙을 구축하는 방법을 보여준다.) 균형 트리는 정렬뿐만 아니라 검색에도 사용할 수 있으며, 인접한 원소들의 블록들을 빠르게 제거할 수 있다. 그러나 일반적으로 두 균형 트리를 병합하는 데에는 $\Omega(N)$단계가 필요하나, 왼손잡이 트리는 단 $O(\log N)$단계 만에 병합할 수 있다.

요약하자면, 힙은 최소의 메모리를 사용한다. 왼손잡이 트리는 서로 다른 우선순위 대기열들을 병합하기에 좋다. 적당한 비용으로 유연성을 원한다면 균형 트리가 적합하다.

위에서 언급한 윌리엄스와 크레인의 선구적인 성과 이후에, 우선순위 대기열을 표현하는 새로운 방법들이 많이 발견되었다. 이제는 프로그래머가 단순 목록과 힙, 왼손잡이 트리, 균형 트리 이외에도 다음을 포함한 다양한 방법들 중 적합한 것을 선택할 수 있게 되었다:

- 층화 트리(層化-, stratified tree): 모든 키가 주어진 범위 $0 \le K < M$ 안에 있다고 할 때, 대칭적 우선순위 대기열 연산들을 단 $O(\log\log M)$단계로 제공한다 [P. van Emde Boas, R. Kaas, E. Zijlstra, *Math. Systems Theory* 10 (1977), 99–127].
- 이항 대기열(binomial queue) [J. Vuillemin, *CACM* 21 (1978), 309–315; M. R. Brown, *SICOMP* 7 (1978), 298–319].
- 탑(pagoda) [J. Françon, G. Viennot, J. Vuillemin, *FOCS* 19 (1978), 1–7].
- 짝 힙(pairing heap) [M. L. Fredman, R. Sedgewick, D. D. Sleator, R. E. Tarjan, *Algorithmica* 1 (1986), 111–129; J. T. Stasko, J. S. Vitter, *CACM* 30 (1987), 234–249; M. L. Fredman, *JACM* 46 (1999), 473–501].
- 비스듬한 힙(skew heap) [D. D. Sleator, R. E. Tarjan, *SICOMP* 15 (1986), 52–59].
- 피보나치 힙 [M. L. Fredman, R. E. Tarjan, *JACM* 34 (1987), 596–615]과 좀 더 일반적인 AF 힙 [M. L. Fredman, D. E. Willard, *J. Computer and System Sci.* 48 (1994), 533–551].
- 달력 대기열(calendar queue) [R. Brown, *CACM* 31 (1988), 1220–1227; G. A. Davison, *CACM* 32 (1989), 1241–1243].

- 느슨한 힙(relaxed heap) 〔J. R. Driscoll, H. N. Gabow, R. Shrairman, R. E. Tarjan, *CACM* 31 (1988), 1343-1354〕.
- 작살(fishspear) 〔M. J. Fischer, M. S. Paterson, *JACM* 41 (1994), 3-30〕.
- 뜨거운 대기열(hot queue) 〔B. V. Cherkassky, A. V. Goldberg, C. Silverstein, *SICOMP* 28 (1999), 1326-1346〕

이 방법들 모두가 오랫동안 살아남지는 않을 것이다. 사실 왼손잡이 트리는 후입선출 행동으로의 뚜렷한 경향을 가진 응용들을 제외할 때 이미 쓸모가 없어졌다. 이항 대기열과 피보나치 힙의 자세한 구현 및 해설이 D. E. Knuth, *The Stanford GraphBase* (New York: ACM Press, 1994), 475-489에 나온다.

***힙 정렬의 분석.** 알고리즘 H는 꽤 복잡하기 때문에 완전한 수학적 분석의 대상이 결코 될 수 없을지도 모르겠다. 그러나 몇몇 성질들은 큰 어려움 없이 이끌어낼 수 있다. 그런 만큼, 힙을 어느 정도 상세히 분석하는 것으로 이번 절을 마무리 짓기로 하자.

그림 28은 26개의 원소들로 된 힙의 형태를 보여준다. 각 노드에는 노드 색인 값의 이진 표기가 번호로 붙어 있다. 1에서 N으로의 경로에 놓여 있는 특수 노드들은 별표로 표시해 두었다.

힙의 가장 중요한 속성 중 하나는 힙의 하위트리 크기들의 모음이다. 예를 들어 그림 28에서 $1, 2, \ldots, 26$을 루트로 하는 하위트리들의 크기들은 각각

$$26^*, 15, 10^*, 7, 7, 6^*, 3, 3, 3, 3, 3, 3, 2^*, 1, 1, 1, 1, 1, 1, 1, 1, 1, 1, 1, 1, 1^* \qquad (12)$$

이다. 별표는 특수 노드를 루트로 하는 특수 하위트리를 뜻한다. 연습문제 20은 N의 이진표기가

$$N = (b_n b_{n-1} \ldots b_1 b_0)_2, \qquad n = \lfloor \lg N \rfloor \qquad (13)$$

이라고 할 때 특수 하위트리 크기들이 항상

$$(1b_{n-1} \ldots b_1 b_0)_2, (1b_{n-2} \ldots b_1 b_0)_2, \ldots, (1b_1 b_0)_2, (1b_0)_2, (1)_2 \qquad (14)$$

임을 보여준다.

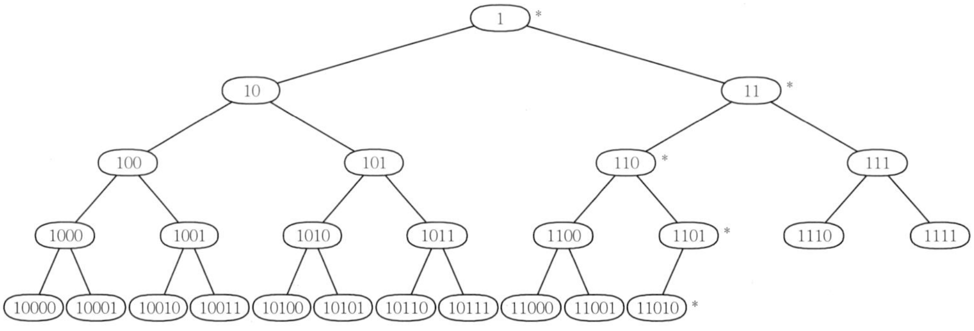

그림 28. $26 = (11010)_2$개의 원소들로 된 힙의 모습.

비특수 하위트리들은 항상 완전 균형 트리이므로, 그 크기는 항상 2^k-1의 형태이다. 연습문제 21에서는 비특수 하위트리 크기들이 정확히

$$\left\lfloor\frac{N-1}{2}\right\rfloor\text{개의 1들, }\left\lfloor\frac{N-2}{4}\right\rfloor\text{개의 3들, }\left\lfloor\frac{N-4}{8}\right\rfloor\text{개의 7들, …,}$$

$$\left\lfloor\frac{N-2^{n-1}}{2^n}\right\rfloor\text{개의 }(2^n-1)\text{들} \qquad (15)$$

로 구성됨을 보여준다. 예를 들어 그림 28에는 크기가 1인 비특수 하위트리들이 열두 개, 3인 것이 여섯 개, 7인 것이 두 개, 15인 것이 한 개 있다.

루트가 l인 하위트리의 크기를 s_l이라고 하자. 그리고 그런 모든 크기들의 중복집합 $\{s_1, s_2, \ldots, s_N\}$을 M_N으로 표기하자. 임의의 N이 주어졌을 때 (14)와 (15)를 이용해서 M_N을 쉽게 계산할 수 있다. 연습문제 5.1.4-20에 의하면 정수 $\{1, 2, \ldots, N\}$을 하나의 힙으로 배치하는 방법은

$$N!/s_1s_2\ldots s_N = N!/\prod\{s \mid s\in M_N\} \qquad (16)$$

가지이다. 예를 들어 26개의 글자 $\{A, B, C, \ldots, Z\}$를 수직선들이 알파벳 순서를 유지하도록 그림 28에 배치하는 방법은

$$26!/(26\cdot 10\cdot 6\cdot 2\cdot 1\cdot 1^{12}\cdot 3^6\cdot 7^2\cdot 15^1)$$

가지이다.

이제 알고리즘 H의 힙 생성 페이즈, 즉 단계 H2에서 처음으로 조건 $l=1$이 성립하기 전에 일어나는 계산들을 분석해 보자. 다행히 우리는 힙 생성의 연구를 독립적인 뽑아올리기 연산들의 연구로 간소화할 수 있는데, 이는 다음과 같은 정리 덕분이다.

정리 H. *만일 알고리즘 H를 $\{1, 2, \ldots, N\}$의 한 무작위 순열에 적용한다면, 힙 생성 페이즈에 의해 모든 가능한 $N!/\prod\{s \mid s\in M_N\}$개의 힙들 각각이 동일한 확률로 나타나게 된다. 더 나아가서, 이 페이즈에서 수행되는 $\lfloor N/2\rfloor$회의 뽑아올리기 연산들 각각은 단계 H8에 도달했을 때 i의 가능한 s_l개의 값들 각각이 동일한 확률로 나타난다는 의미에서 균등하다.*

증명. 수치 해석가들이 "후방 분석(backward analysis)"이라고 부를만한 것을 적용해 볼 수 있다. l을 루트로 하는 뽑아올리기 연산에 나올 수 있는 결과들 중 하나인 $K_1\ldots K_N$이 주어졌을 때, 파일에는 그 결과로 뽑아올려질 이전 구성 $K_1'\ldots K_N'$들이 s_l개 존재함을 알 수 있다. 이 이전 구성들 각각은 K_l'의 값이 다르다. 따라서 뒤로 되짚어간다면, 위치 l에서의 뽑아올리기가 완료된 후에 구성 $K_1\ldots K_N$을 만들어내는 $\{1, 2, \ldots, N\}$의 입력 순열들은 정확히 $s_l\,s_{l+1}\ldots s_N$개임을 알 수 있다.

$l=1$인 경우는 전형적이다: $K_1\ldots K_N$이 하나의 힙이고, $K_1'\ldots K_N'$이 $l=1$, $K=K_1'$일 때 뽑아올리기에 의해 $K_1\ldots K_N$으로 변환될 파일이라고 하자. 만일 $K=K_i$이면 반드시 $K_i'=K_{\lfloor i/2\rfloor}$, $K'_{\lfloor i/2\rfloor}$

$= K_{\lfloor i/4 \rfloor}$ 등이 성립한다. 한편 1에서 i로의 경로에 있지 않은 모든 j에 대해 $K'_j = K_j$이다. 반대로, 각각 i에 대해 이 구축법은 (a) 뽑아올리기에 의해 $K'_1 \ldots K'_N$이 $K_1 \ldots K_N$으로 변환되며 (b) $2 \le \lfloor j/2 \rfloor < j \le N$에 대해 $K_{\lfloor j/2 \rfloor} \ge K_j$임을 만족하는 하나의 파일 $K'_1 \ldots K'_N$을 만들어낸다. 따라서 정확히 N개의 그런 $K'_1 \ldots K'_N$ 파일들이 가능하며, 뽑아올리기 연산은 균등하다. (이 정리의 증명의 한 예가 연습문제 22에 나온다.) ▮

프로그램 H의 분석에 나타나는 수량 A, B, C, D를 다시 생각해본다면, 크기가 s인 한 하위트리에 대한 균등 뽑아올리기 연산이 A의 평균값에 $\lfloor s/2 \rfloor / s$를 기여함을 알 수 있다. B의 평균값에 대한 기여는

$$\frac{1}{s}(0+1+1+2+\cdots+\lfloor \lg s \rfloor) = \frac{1}{s}\sum_{k=1}^{s}\lfloor \lg k \rfloor = \frac{1}{s}((s+1)\lfloor \lg s \rfloor - 2^{\lfloor \lg s \rfloor + 1} + 2)$$

이다(연습문제 1.2.4-42 참고). 그리고 D의 평균값에는 s가 짝수냐 홀수냐에 따라 $2/s$ 또는 0을 기여한다. C에 대한 기여는 구하기가 좀 더 어려우므로 독자의 숙제로 남기겠다(연습문제 26). 이러한 모든 뽑아올리기들을 취합하면, 힙 생성 도중의 A의 평균값이

$$A'_N = \sum \{\lfloor s/2 \rfloor / s \mid s \in M_N\} \tag{17}$$

임을 알 수 있다. B, C, D에 대해서도 비슷한 공식들이 성립한다. 그러므로 큰 어려움 없이 이 평균값들을 정확히 계산하는 것이 가능하다. 다음은 전형적인 결과들이다:

N	A'_N	B'_N	C'_N	D'_N
99	19.18	68.35	42.95	0.00
100	19.93	69.39	42.71	1.84
999	196.16	734.66	464.53	0.00
1000	196.94	735.80	464.16	1.92
9999	1966.02	7428.18	4695.54	0.00
10000	1966.82	7429.39	4695.06	1.97
10001	1966.45	7430.07	4695.84	0.00
10002	1967.15	7430.97	4695.95	1.73

점근적인 분석의 경우에는 M_N에서 특수 하위트리 크기들을 무시할 수 있으며, 그러면 예를 들어

$$A'_N = \frac{N}{2}\cdot\frac{0}{1} + \frac{N}{4}\cdot\frac{1}{3} + \frac{N}{8}\cdot\frac{3}{7} + \cdots + O(\log N) = (1 - \frac{1}{2}\alpha)N + O(\log N) \tag{18}$$

이라는 공식을 얻을 수 있다. 여기서

$$\alpha = \sum_{k \ge 1}\frac{1}{2^k - 1} = 1.60669\ 51524\ 15291\ 76378\ 33015\ 23190\ 92458\ 04806- \tag{19}$$

이다. (최초로 이 값을 높은 정밀도로 계산한 이는 렌치J. W. Wrench, Jr이다. 그는 연습문제 27에

나오는 급수 변환을 사용했다. 에르되시Paul Erdős는 α가 무리수임을 증명했으며 [*J. Indian Math. Soc.* 12 (1948), 63-66], 보웨인Peter Borwein은 그와 비슷한 여러 상수들의 무리수성을 예시했다 [*Proc. Camb. Phil. Soc.* 112 (1992), 141-146].) 큰 N에 대해서는 다음과 같은 근사 공식들을 사용할 수 있다.

$$\begin{aligned} A'_N &\approx 0.1967N + (-1)^N 0.3; \\ B'_N &\approx 0.74403N - 1.3\ln N; \\ C'_N &\approx 0.47034N - 0.8\ln N; \\ D'_N &\approx (1.8 \pm 0.2)[N\text{이 짝수}]. \end{aligned} \tag{20}$$

최대, 최소값들도 쉽게 구할 수 있다. 힙을 생성하는 데에는 단 $O(N)$단계만 필요하다(연습문제 23).

이러한 이론은 알고리즘 H의 힙 생성 페이즈를 훌륭하게 설명해 준다. 그러나 선택 페이즈는 이야기가 다르다. 그럼 선택 페이즈를 분석해보자. N개의 원소들을 힙 정렬할 때 선택 페이즈 도중의 A, B, C, D의 평균값들을 $A''_N, B''_N, C''_N, D''_N$이라고 하자. 무작위 입력에 대한 알고리즘 H의 습성은 실험적으로 구한 평균값

$$\begin{aligned} A''_N &\approx 0.152N; \\ B''_N &\approx N\lg N - 2.61N; \\ C''_N &\approx \tfrac{1}{2}N\lg N - 1.41N; \\ D''_N &\approx \lg N \pm 2 \end{aligned} \tag{21}$$

에 관한 비교적 적은 변동들에 의존한다. 그러나 D''_N의 습성에 대한, 그리고 추측된 상수 0.152, 2.61, 1.41에 대한 적절한 이론적 설명은 아직 발견되지 않았다. 그렇지만 B''_N과 C''_N의 선행 항들은 셰이퍼R. Schaffer와 세지윅R. Sedgewick이 우아한 방식으로 입증한 바 있다. 연습문제 30을 볼 것. 셰이퍼는 또한 C''_N의 가능한 최소, 최대값들이 각각 $\frac{1}{4}N\lg N$과 $\frac{3}{4}N\lg N$에 접근한다는 것도 증명했다.

연습문제

1. [*10*] 직접 선택(알고리즘 S) 방법은 안정적인 정렬 방법인가?

2. [*15*] 알고리즘 S에서 가장 작은 키를 선택하고 그 다음에 두 번째로 작은 키를 선택하는 등으로 나아가는 것보다 가장 큰 키를 선택하고 두 번째로 큰 키를 선택하는 등으로 나아가는 것이 더 편리한 이유는 무엇인가?

3. [*M21*] (a) 알고리즘 S에 주어진 입력이 $\{1, 2, \ldots, N\}$의 한 무작위 순열이라고 할 때, 단계 S2와 S3의 최초의 반복이 $\{1, 2, \ldots, N-1\}$의 한 무작위 순열 다음에 N이 오는 결과를 만들어냄을 증명하라. (다른 말로 하면, $K_1 \ldots K_{N-1}$ 안에서 $\{1, 2, \ldots, N-1\}$의 각 순열이 동일한 확률로 출현함을 증명하라.) (b) 따라서 만일 프로그램 S를 무작위 순서 입력에 대해 수행할 때의 수량 B의 평균값을

B_N으로 표기한다고 하면, $B_N = H_N - 1 + B_{N-1}$이 성립한다. 이를 증명하라. 〔힌트: 식 1.2.10-(16)을 볼 것.〕

▶ **4.** 〔*M25*〕 알고리즘 S의 단계 S3은 $i = j$일 때에는 무의미하다. 단계 S3을 수행하기 전에 $i = j$인지의 여부를 판정하는 것이 좋은 생각일까? 무작위 입력에 대해 단계 S3에서 조건 $i = j$가 성립하는 평균 횟수는 얼마인가?

5. 〔*20*〕 입력이 $N \ldots 3\ 2\ 1$이라고 할 때 프로그램 S의 분석에 나오는 수량 B의 값은 얼마인가?

6. 〔*M29*〕 (a) $a_1 a_2 \ldots a_N$이 $\{1, 2, \ldots, N\}$의 한 순열이되 순환마디가 C개, 반전이 I개이고 프로그램 S로 정렬했을 때 우에서 좌로 극대값들이 B번 변한다고 하자. $2B \le I + N - C$를 증명하라. 〔힌트: 연습문제 5.2.2-1을 볼 것.〕 (b) $I + N - C \le \lfloor N^2/2 \rfloor$을, 즉 B가 $\lfloor N^2/4 \rfloor$을 결코 넘지 못함을 보여라.

7. 〔*M41*〕 무작위 입력이 주어졌다고 할 때 프로그램 S의 수량 B의 분산을 N의 함수로 표현하라.

▶ **8.** 〔*24*〕 프로그램 S의 단계 S2에서 $\max(K_1, \ldots, K_j)$를 검색할 때 오른쪽에서 왼쪽으로 키들을 조사하는 대신 왼쪽에서 오른쪽으로, 즉 $K_1, K_2, \ldots, K_j$ 순으로 조사한다면 단계 S2의 다음 번 반복에서 필요한 비교 횟수를 줄일 수 있는 경우가 많음을 보여라. 이러한 관측에 근거를 둔 MIX 프로그램을 작성하라.

9. 〔*M25*〕 무작위 입력에 대해 연습문제 8의 알고리즘이 수행하는 비교의 평균 횟수는 얼마인가?

10. 〔*12*〕 그림 23에 나온 트리에서, 원래의 16개의 항목들 중 14개가 출력된 후의 트리는 어떤 모습인가?

11. 〔*10*〕 그림 23에 나온 트리에서, 원소 908이 출력된 후의 트리는 어떤 모습인가?

12. 〔*M20*〕 그림 23의 상향식 방법을 2^n개의 원소들로 된 파일을 순서대로 정렬하는 데 사용할 때 $-\infty$가 $-\infty$와 비교되는 횟수는 얼마인가?

13. 〔*20*〕 (윌리엄스J. W. J. Williams.) 알고리즘 H의 단계 H4는 $j < r$, $j = r$, $j > r$라는 세 경우에 따라 분기된다. 만일 $K \ge K_{r+1}$이면 단계 H4를 단 두 경우로만 분기하도록 단순화할 수 있음을 보여라. 조건 $K \ge K_{r+1}$이 힙 정렬 공정 전체에서 보장되도록 단계 H2를 수정하는 방법을 제시하라.

14. 〔*10*〕 보통의 단순한 대기열이 우선순위 대기열의 특별한 경우임을 보여라. (최대입선출 절차가 선입선출 절차와 동치가 되도록 키들을 원소들에 배정하는 방법을 설명할 것.) 스택 역시 우선순위 대기열의 한 특별한 경우일까?

▶ **15.** 〔*M22*〕 (초트리스B. A. Chartres.) N 이하의 소수들의 표를, 우선순위 대기열을 이용해서 나누기 연산을 피함으로써 빠르게 구축하는 알고리즘을 설계하라. 〔힌트: 우선순위 대기열의 가장 작은 키가 소수의 후보로 간주되는 마지막 홀수보다 큰 최소의 홀수 비소수라고 두고, 대기열의 원소 개수를 최소화해 볼 것.〕

16. 〔20〕 n개의 원소들로 된 주어진 힙에 새 키를 삽입해서 $n+1$개의 원소들로 된 힙을 만드는 효율적인 알고리즘을 설계하라.

17. 〔20〕 알고리즘 H에 쓰인 "l을 1까지 감소" 방법 대신 연습문제 16의 알고리즘을 힙 생성에 사용할 수 있다. 같은 입력 파일이 주어졌을 때 두 방법 모두 동일한 힙을 만들어 내는가?

▸ **18.** 〔21〕 (플로이드R. W. Floyd.) 힙 정렬의 선택 페이즈 도중에 키 K는 상당히 작아지는 경향이 있다. 그래서 단계 H6의 거의 모든 비교는 $K < K_j$라는 결과를 얻게 된다. 계산의 주 루프에서 K를 K_j와 비교하지 않도록 함으로써 평균 비교 횟수를 절반 정도로 줄일 수 있도록 알고리즘을 수정하는 방법을 보여라.

19. 〔21〕 길이가 N인 힙의 한 주어진 원소를 삭제해서 길이가 $N-1$인 힙을 생성하는 알고리즘을 설계하라.

20. 〔M20〕 (14)가 힙의 특수 하위트리 크기들임을 증명하라.

21. 〔M24〕 (15)가 힙의 비특수 하위트리 크기들임을 증명하라.

▸ **22.** 〔20〕 $\{1, 2, 3, 4, 5\}$의 순열들 중 알고리즘 H의 힙 생성 페이즈에 의해 5 3 4 1 2로 변환되는 것들은 무엇인가?

23. 〔M28〕 (a) 뽑아올리기 알고리즘에서 탐색의 길이 B가 $\lfloor \lg(r/l) \rfloor$을 결코 넘지 않음을 증명하라. (b) (8)에 의하면 알고리즘 H를 그 어떤 순열에 적용하더라도 B는 $N\lfloor \lg N \rfloor$을 결코 넘지 않는다. 모든 가능한 입력 파일들에 대한 B의 최대값을 N의 함수로 표현하라. (B가 그러한 최대값을 취하게 되는 입력 파일이 실제로 존재함을 증명해야 한다.)

24. 〔M24〕 B'_N(알고리즘 H의 힙 생성 페이즈 도중의 총 탐색 길이)의 표준편차에 대한 정확한 공식을 유도하라.

25. 〔M20〕 $l = 1$이고 $r = N$일 때 만일 $N = 2^{n+1} - 1$이라고 하면, 뽑아올리기 패스 도중 C에 가해지는 기여의 평균값은 얼마인가?

26. 〔M30〕 연습문제 25를 (a) $N = 26$에 대해, (b) 일반적인 N에 대해 풀어라.

27. 〔M25〕 (클라우센T. Clausen, 1828.) 다음을 증명하라:

$$\sum_{n \geq 1} \frac{x^n}{1-x^n} = \sum_{n \geq 1} \frac{1+x^n}{1-x^n} x^{n^2}.$$

($x = \frac{1}{2}$로 두면 (19)의 값이 되는, 아주 빠르게 수렴하는 급수가 나온다.)

28. 〔35〕 이진트리 대신 완전 3진트리에 기반을 둔 3진 힙(ternary heap)이라는 개념을 탐구하라. 3진 힙이 이진 힙보다 더 빠르게 정렬될까?

29. 〔26〕 (브라운W. S. Brown.) 다항식 또는 멱급수 곱셈 $(a_1x^{i_1} + a_2x^{i_2} + \cdots)(b_1x^{j_1} + b_2x^{j_2} + \cdots)$을 위한 알고리즘을 설계하라. 단, 알고리즘은 답 $c_1x^{i_1+j_1} + \cdots$의 계수들을 곱해지는 입력 계수들과

같은 순서로 생성해야 한다. [힌트: 적절한 우선순위 대기열을 사용할 것.]

▶ **30.** [*HM35*] (셰이퍼R. Schaffer, 세지윅R. Sedgewick.) h_{nm}이 원소 $\{1, 2, ..., n\}$에 대한 힙들 중 힙 정렬의 선택 페이즈에서 정확히 m회의 승격(promotion)†이 일어나게 되는 힙들의 개수라고 하자. $h_{nm} \le 2^m \prod_{k=2}^{n} \lg k$임을 증명하고, 이 관계식을 이용해서 알고리즘 H가 수행하는 승격들의 평균 횟수가 $N \lg N + O(N \log\log N)$임을 보여라.

31. [*37*] (윌리엄스J. W. J. Williams.) 만일 두 힙을 적절한 방식으로 "끝과 끝을 이어서" 배치한다면, 최대 원소 또는 최소 원소를 언제라도 $O(\log n)$단계 이내로 삭제할 수 있음을 보여라. (그런 구조를 우선순위 데크(priority deque)라고 부를 수 있을 것이다.)

32. [*M28*] 만일 정렬되는 키들이 서로 다르다면 힙 정렬 승격 횟수 B가 항상 $\frac{1}{2}N \lg N + O(N)$보다 작음을 증명하라. 힌트: 가장 큰 $\lceil N/2 \rceil$개의 키들의 이동을 고려할 것.

33. [*21*] 왼손잡이 트리들로 표현된 서로 다른 두 우선순위 대기열들을 하나의 우선순위 대기열로 병합하는 알고리즘을 설계하라. (특히, 주어진 대기열들 중 하나가 단 하나의 원소로 되어 있다면 알고리즘은 그것을 다른 대기열에 삽입해야 한다.)

34. [*M41*] KEY 값들을 무시할 때, N개의 노드들로 된 왼손잡이 트리들은 몇 개나 가능할까? 수열이 1, 1, 2, 4, 8, 17, 38, 87, 203, 482, 1160, ...으로 이어진다고 하자. 그 개수가 점근적으로 $ab^N N^{-3/2}$이 되는 적절한 상수 a와 b가 존재함을 연습문제 2.3.4.4-4에서와 비슷한 기법들을 이용해서 보여라.

35. [*26*] 만일 왼손잡이 트리에 UP 링크들을 추가한다면(6.2.3절의 3중 연결 트리에 대한 논의를 참고할 것), 우선순위 대기열 안에서 임의의 노드 P를 다음과 같은 방법으로 삭제할 수 있다: P를 LEFT(P)와 RIGHT(P)를 병합한 결과로 대체한다. 그런 다음 루트에 도달할 때까지 또는 자신의 DIST 필드가 변경되지 않은 한 노드에 도달할 때까지 P의 조상들의 DIST 필드들을 조정한다(이에 의해 좌, 우 하위트리들을 교환해야 할 수도 있다).

트리 노드 개수가 N이라 할 때, 트리에 아주 긴 상향 경로들이 존재한다고 해도, 이러한 공정이 변경하는 DIST 필드의 개수가 $O(\log N)$을 넘지 않음을 증명하라.

36. [*18*] (최근최소사용 페이지 교체.) 많은 운영체제들은 노드들의 모음에 (i) 노드를 "사용"하는 연산과 (ii) 최근에 가장 덜 쓰인 노드를 새 노드로 대체하는 연산을 적용한다. 그러한 최근최소사용(least-recently-used) 노드를 판정하기 쉬운 자료구조는 어떤 것일까?

37. [*HM32*] N개의 원소들로 된 무작위 힙에서, 루트에서 k번째로 큰 원소까지의 트리식 거리(treewise distance)의 기대값을 $e_N(k)$라고 하자. 그리고 $e(k) = \lim_{N\to\infty} e_N(k)$라고 하자. 즉 $e(1) = 0$, $e(2) = 1$, $e(3) = 1.5$, $e(4) = 1.875$이다. $e(k)$의 점근값을 $O(k^{-1})$까지 구하라.

---

† [옮긴이 주] 뽑아올리기를 말한다. 본문의 탁구 토너먼트의 예에서는 기업 시스템의 "승진"에 비유했었다.

38. [*M21*] 내부 노드가 N개인 힙 또는 완전 이진트리의 하위트리 크기들로 된 중복집합 M_N에 대한 간단한 점화식을 구하라.

5.2.4. 병합에 의한 정렬

병합(merging) 또는 취합(collating)은 둘 이상의 순서 있는 파일들을 하나의 순서 있는 파일로 합치는 것을 말한다. 예를 들어 파일 503 703 765와 파일 087 512 677을 병합하면 087 503 512 677 703 765가 된다. 이를 수행하는 한 가지 간단한 방식은 두 파일에서 가장 작은 두 원소를 찾고 그 중 더 작은 것을 출력하는 과정을 반복하는 것이다. 두 파일

$$\begin{cases} 503 \;\; 703 \;\; 765 \\ 087 \;\; 512 \;\; 677 \end{cases}$$

로 시작하면 우선

$$087 \quad \begin{cases} 503 \;\; 703 \;\; 765 \\ 512 \;\; 677 \end{cases}$$

이 되고, 그런 다음

$$087 \;\; 503 \quad \begin{cases} 703 \;\; 765 \\ 512 \;\; 677 \end{cases}$$

이 되고, 그런 다음

$$087 \;\; 503 \;\; 512 \quad \begin{cases} 703 \;\; 765 \\ 677 \end{cases}$$

이 되는 식으로 진행된다. 이 과정에서 두 파일 중 하나의 원소가 다 소비되는 경우를 제대로 처리할 필요가 있다. 다음은 이러한 절차를 상세히 서술한 알고리즘이다.

알고리즘 M (2중 병합) 이 알고리즘은 비지 않은 순서 파일 $x_1 \le x_2 \le \cdots \le x_m$와 $y_1 \le y_2 \le \cdots \le y_n$를 하나의 파일 $z_1 \le z_2 \le \cdots \le z_{m+n}$로 병합한다.

M1. [초기화.] $i \leftarrow 1$, $j \leftarrow 1$, $k \leftarrow 1$로 설정한다.

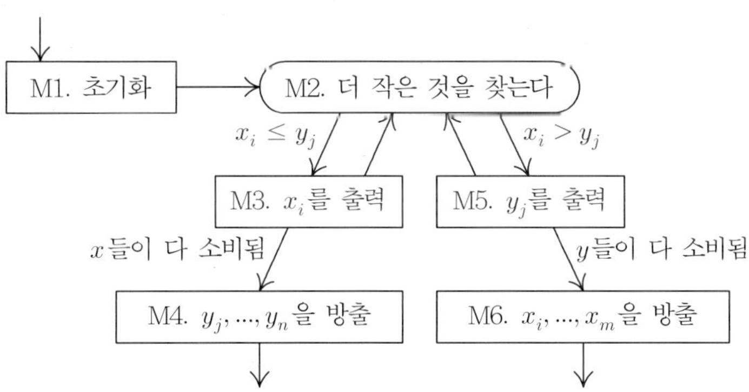

그림 29. $x_1 \le \cdots \le x_m$와 $y_1 \le \cdots \le y_n$를 병합.

M2. 〔더 작은 것을 찾는다.〕 만일 $x_i \leq y_j$이면 단계 M3으로 가고, 그렇지 않으면 M5로 간다.

M3. 〔x_i를 출력.〕 $z_k \leftarrow x_i$, $k \leftarrow k+1$, $i \leftarrow i+1$로 설정한다. 만일 $i \leq m$이면 M2로 돌아간다.

M4. 〔$y_j, \ldots, y_n$을 방출.〕 $(z_k, \ldots, z_{m+n}) \leftarrow (y_j, \ldots, y_n)$으로 설정하고 알고리즘을 끝낸다.

M5. 〔y_j를 출력.〕 $z_k \leftarrow y_j$, $k \leftarrow k+1$, $j \leftarrow j+1$로 설정한다. 만일 $j \leq n$이면 M2로 돌아간다.

M6. 〔$x_i, \ldots, x_m$을 방출.〕 $(z_k, \ldots, z_{m+n}) \leftarrow (x_i, \ldots, x_m)$으로 설정하고 알고리즘을 끝낸다. ▮

5.3.2절에서는 이 직접적인 절차가 $m \approx n$일 때 일반적인 컴퓨터에서 본질적으로 최상의 병합 방법임을 알게 될 것이다. (한편, 만일 m이 n보다 훨씬 작을 때에는 좀 더 효율적인 병합 알고리즘을 고안하는 것이 가능하다. 다만, 그런 알고리즘들은 일반적으로 상당히 복잡하다.) 입력 파일들의 끝에 경계값 원소 $x_{m+1} = y_{n+1} = \infty$를 두고 ∞를 출력하기 직전에 알고리즘을 끝내게 만든다면 효율성을 그리 많이 잃지 않고도 알고리즘 M을 조금 더 간단하게 만들 수 있다. 알고리즘 M의 분석에 대해서는 연습문제 2를 볼 것.

알고리즘 M의 총 작업량은 본질적으로 $m+n$에 비례한다. 따라서 병합이 정렬보다 간단한 문제임은 명백하다. 게다가 정렬 문제를 병합 문제로 간소화하는 것이 가능하다. 모든 것이 정렬될 때까지 점차 더 긴 부분파일들을 병합해 나가면 된다. 이를 삽입 정렬 착상의 한 확장으로 간주할 수 있다: 정렬된 파일에 새 원소를 삽입하는 것은 $n = 1$인 특별한 경우의 병합이라고 할 수 있다. 만일 삽입 공정의 속도를 높이고 싶다면 한 번에 여러 개의 항목들을 "일괄적으로" 삽입하는 방법이 있다. 그리고 이는 자연스럽게 병합 정렬이라는 일반적인 착안으로 이어진다. 역사적인 관점에서 볼 때, 병합 정렬은 컴퓨터 정렬을 위해 제안된 최초의 방법들 중 하나였다. 병합 정렬은 이미 1945년에 노이만John von Neumann에 의해서 제안되었다(5.5절 참고).

5.4절에서는 병합을 외부 정렬 알고리즘들의 관점에서 상당히 자세하게 연구하게 될 것이다. 이번 절에서는 고속 임의접근 메모리 안에서의 병합 정렬이라는 다소 간단한 문제에 초점을 두도록 하겠다.

표 1은 빠른정렬과 기수 교환에서 사용했던 탐색 절차와 비슷한 방식의, "양초를 양쪽 끝에서 태우는" 병합 정렬을 보여준다. 즉, 입력을 왼쪽 끝과 오른쪽 끝에서부터 중앙 쪽으로 나아가면서 조사하는 것이다. 표의 제일 윗줄은 잠시 무시하고, 줄 2에서 줄 3으로의 변환을 살펴보자. 왼쪽에는 오름 연속열 503 703 765가 있다. 오른쪽에는 연속열 087 512 677(왼쪽으로 읽은 것임)이 있다. 이 두 수열을 합치면 087 503 512 677 703 765가 된다. 이를 줄 3의 왼쪽에 놓는다. 그런 다음 줄 2의 키 061 612 908을 170 509 897과 합치고, 그 결과(061 170 509 612 897 908)를 줄 3의 오른쪽 끝에 놓는다. 마지막으로, 154 275 426 653을 653과 병합하고(이때 중첩된 653을 감지해서 적절히 처리한다) 그 결과를 왼쪽에, 이전 연속열 다음에 놓는다. 표의 줄 2도 줄 1의 원래의 입력으로부터 같은 방식으로 만들어진 것이다.

표 1의 수직선은 연속열들 사이의 경계를 나타낸다. 이들은 소위 단계감소(stepdown)라는 것으로, 이런 수직선에서는 더 작은 원소가 더 큰 원소 다음(수들을 읽는 방향에서)에 나타나게 된다.

표 1

자연스러운 2중 병합 정렬

503	087	512	061	908	170	897	275	653	426	154	509	612	677	765	703
503	703	765	061	612	908	154	275	426	653	897	509	170	677	512	087
087	503	512	677	703	765	154	275	426	653	908	897	612	509	170	061
061	087	170	503	509	512	612	677	703	765	897	908	653	426	275	154
061	087	154	170	275	426	503	509	512	612	653	677	703	765	897	908

파일의 중간 부분에서는 같은 키를 양방향 모두로부터 읽을 때 애매한 상황이 벌어진다. 그러나 아래의 알고리즘에서처럼 조금만 세심하게 처리하면 문제가 되지 않는다. 이러한 방법을 "자연스러운(natural)" 병합이라고 부르는데, 입력에 자연스럽게 나타나는 연속열들을 활용하기 때문이다.

알고리즘 N (자연스러운 2중 병합 정렬). 레코드 $R_1, \ldots, R_N$을 두 메모리 영역들을 이용해서 정렬한다. 각 메모리 영역은 N개의 레코드들을 담을 수 있다. 편의상 두 번째 영역의 레코드들을 $R_{N+1}, \ldots, R_{2N}$이라고 부르기로 한다. 그러나 R_{N+1}이 반드시 R_N에 실제로 인접해야 하는 것은 아니다. $R_{N+1}, \ldots, R_{2N}$의 초기 내용들은 중요하지 않다. 정렬이 끝나면 키들은 $K_1 \le \cdots \le K_N$ 순서가 된다.

N1. [초기화.] $s \leftarrow 0$으로 설정한다. ($s = 0$일 때에는 레코드들을 $(R_1, \ldots, R_N)$ 영역에서 $(R_{N+1}, \ldots, R_{2N})$ 영역으로 전송한다. $s = 1$일 때에는 그 반대 방향으로 전송한다.)

N2. [패스 준비.] 만일 $s = 0$이면 $i \leftarrow 1$, $j \leftarrow N$, $k \leftarrow N+1$, $l \leftarrow 2N$으로 설정한다. 만일, $s = 1$이면 $i \leftarrow N+1$, $j \leftarrow 2N$, $k \leftarrow 1$, $l \leftarrow N$으로 설정한다. (변수 i, j, k, l은 읽어 들이는 "원본 파일들"과 출력되는 "대상 파일들"의 현재 위치들을 가리킨다) $d \leftarrow 1$, $f \leftarrow 1$로 설정한다. (변수 d는 현재의 출력 방향을 의미한다. f는 추가적인 패스들이 필요한 경우 0으로 설정된다.)

N3. [$K_i : K_j$ 비교.] 만일 $K_i > K_j$이면 단계 N8로 간다. 만일 $i = j$이면 $R_k \leftarrow R_i$로 설정하고 N13으로 간다.

N4. [R_i를 방출.] (단계 N4-N7은 알고리즘 M의 단계 M3-M4와 비슷하다.) $R_k \leftarrow R_i$, $k \leftarrow k+d$로 설정한다.

N5. [단계감소?] i를 1 증가한다. 그런 다음 만일 $K_{i-1} \le K_i$이면 단계 N3으로 돌아간다.

N6. [R_j를 방출.] $R_k \leftarrow R_j$, $k \leftarrow k+d$로 설정한다.

N7. [단계감소?] j를 1 감소한다. 그런 다음 만일 $K_{j+1} \le K_j$이면 단계 N6으로 돌아간다. 그렇지 않으면 N12로 간다.

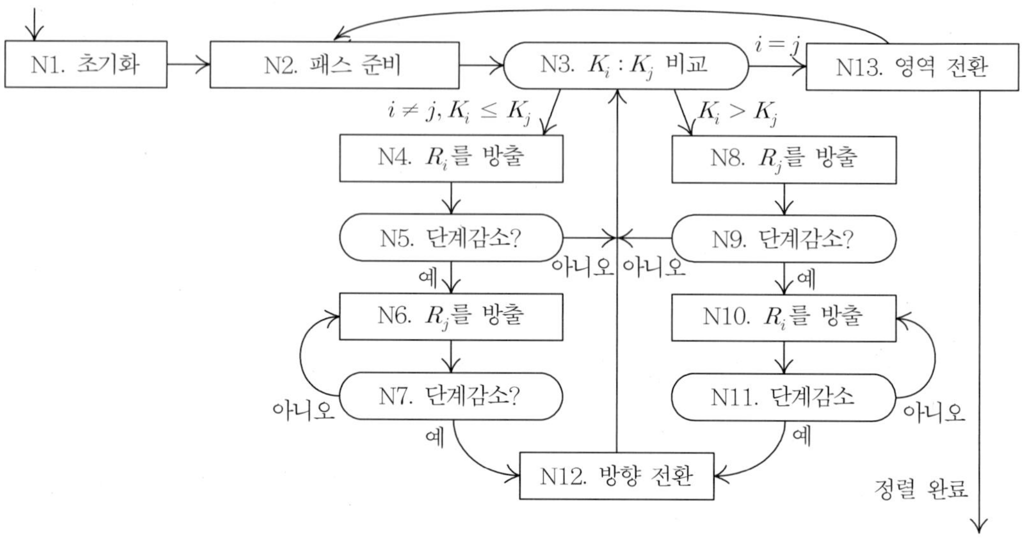

그림 30. 병합 정렬.

N8. 〔R_j를 방출.〕 (단계 N8-N11은 N4-N7과 짝을 이룬다.) $R_k \leftarrow R_j$, $k \leftarrow k+d$로 설정한다.

N9. 〔단계감소?〕 j를 1 감소한다. 그런 다음 만일 $K_{j+1} \leq K_j$이면 단계 N3으로 돌아간다.

N10. 〔R_i를 방출.〕 $R_k \leftarrow R_i$, $k \leftarrow k+d$로 설정한다.

N11. 〔단계감소?〕 i를 1 증가한다. 그런 다음 만일 $K_{i-1} \leq K_i$이면 단계 N10으로 돌아간다.

N12. 〔방향 전환.〕 $f \leftarrow 0$, $d \leftarrow -d$로 설정하고 $k \leftrightarrow l$로 교환한다. 단계 N3으로 돌아간다.

N13. 〔영역 전환.〕 만일 $f = 0$이면 $s \leftarrow 1 - s$로 설정하고 N2로 돌아간다. 그렇지 않으면 정렬이 완료된 것이다. 만일 $s = 0$이면 $(R_1, \ldots, R_N) \leftarrow (R_{N+1}, \ldots, R_{2N})$으로 설정한다. (만일 약 절반의 경우에서 $(R_{N+1}, \ldots, R_{2N})$에 출력이 일어나도 괜찮다면 이 마지막 복사 연산은 불필요하다.) ▮

이 알고리즘은 한 가지 까다로운 특징을 가지고 있는데, 그것에 대해서는 연습문제 5에서 설명한다.

알고리즘 N에 대한 `MIX` 프로그램을 작성하는 것이 어렵지는 않으나, 프로그램 전체를 구축하지 않고도 프로그램의 본질적인 사실들을 이끌어내는 것이 가능하다. 무작위 조건 하에서 입력 파일 안의 오름 연속열 개수는 약 $\frac{1}{2}N$이다. $K_i > K_{i+1}$일 확률이 $\frac{1}{2}$이기 때문이다. 5.1.3절에서는 약간 다른 가정들 하에서의 연속열 개수에 관한 상세한 정보를 유도한 바 있다. 각 패스는 연속열 개수를 절반으로 줄인다(연습문제 6의 상황과 같은 흔치 않은 경우들을 제외할 때). 따라서 패스 횟수는 보통 약 $\lg \frac{1}{2}N = \lg N - 1$이 된다. 각 패스에서는 N개의 레코드들 각각을 방출해야 하며, 연습문제 2에 의해 대부분의 시간은 단계 N3, N4, N5, N8, N9에서 소비된다. 같은 키들이 존재할 확률이 낮다고 가정할 때, 내부 루프의 시간은 다음과 같이 개괄할 수 있다:

	단계	연산	시간
	N3	CMPA, JG, JE	$3.5u$
이 단계들	N4	STA, INC	$3u$
	N5	NC, LDA, CMPA, JGE	$6u$
또는 이 단계들	N8	STX, INC	$3u$
	N9	DEC, LDX, CMPX, JGE	$6u$

따라서 각 패스의 각 레코드에 대해 약 $12.5u$의 시간이 소비되며, 총 실행 시간은 평균 경우와 최악의 경우 모두 점근적으로 $12.5N \lg N$이다. 이는 빠른정렬의 평균 시간보다 느리며, 병합 정렬이 힙 정렬보다 두 배의 메모리 공간을 사용한다는 점을 고려한다면 힙 정렬보다 충분히 낫다고도 할 수 없다(프로그램 5.2.3H의 점근 실행 시간은 $18N \lg N$을 결코 넘지 않는다).

알고리즘 N에서 연속열들 사이의 경계신들은 전적으로 단계감소들에 의해 결정된다. 이 덕분에 대체로 승가 순서 또는 감소 순서로 되어 있는 입력 파일들이 아주 빠르게 처리될 가능성이 있다. 그러나 계산의 주 루프의 속도는 느려진다. 단계감소를 판정하는 대신 연속열 길이를 인위적으로 결정하는 방법도 있다. 즉, 처음에는 입력 파일의 모든 연속열의 길이가 1이라고 두고, 첫 번째 패스 후에는 모든 연속열이(마지막 것은 예외일 수도 있다) 길이 2, ..., k번째 패스 후에는 모든 연속열이(마지막 것은 예외일 수도 있다) 길이 2^k이라고 두는 것이다. 이런 방법을 알고리즘 N의 "자연스러운" 병합과 대비시켜 직접(straight) 2중 병합이라고 부른다.

직접 2중 병합은 알고리즘 N과 매우 비슷하며, 흐름도는 본질적으로 같다. 그러나 다른 점들도 충분히 많으므로 알고리즘 전체를 명확히 서술해 보겠다.

알고리즘 S (직접 2중 병합 정렬). 레코드 $R_1, \ldots, R_N$을 알고리즘 N에서처럼 두 개의 메모리 영역들을 사용해서 정렬한다.

S1. [초기화.] $s \leftarrow 0$, $p \leftarrow 1$로 설정한다. (변수 s, i, j, k, l, d이 이미는 알고리즘 N에서와 같다. p는 현재 패스에서 병합할 오름 연속열들의 크기를 나타낸다. 추가적인 변수 q와 r은 한 연속열 안에서 병합되지 않은 항목들의 개수를 유지한다.)

S2. [패스 준비.] 만일 $s = 0$이면 $i \leftarrow 1$, $j \leftarrow N$, $k \leftarrow N$, $l \leftarrow 2N+1$로 설정한다. 만일 $s = 1$이면 $i \leftarrow N+1$, $j \leftarrow 2N$, $k \leftarrow 0$, $l \leftarrow N+1$로 설정한다. 그런 다음 $d \leftarrow 1$, $q \leftarrow p$, $r \leftarrow p$로 설정한다.

S3. [$K_i : K_j$ 비교.] 만일 $K_i > K_j$이면 단계 S8로 간다.

S4. [R_i를 방출.] $k \leftarrow k+d$, $R_k \leftarrow R_i$로 설정한다.

S5. [연속열의 끝?] $i \leftarrow i+1$, $q \leftarrow q-1$로 설정한다. 만일 $q > 0$이면 단계 S3으로 돌아간다.

S6. [R_j를 방출.] $k \leftarrow k+d$로 설정한다. 그런 다음 만일 $k = l$이면 단계 S13으로 간다. 그렇지 않으면 $R_k \leftarrow R_j$로 설정한다.

표 2

직접 2중 병합 정렬

503 | 087 | 512 | 061 | 908 | 170 | 897 | 275 ‖ 653 | 426 | 154 | 509 | 612 | 677 | 765 | 703

503 703 | 512 677 | 509 908 | 426 897 ‖ 653 275 | 170 154 | 612 061 | 765 087

087 503 703 765 | 154 170 509 908 ‖ 897 653 426 275 | 677 612 512 061

061 087 503 512 612 677 703 765 ‖ 908 897 653 509 426 275 170 154

061 087 154 170 275 426 503 509 512 612 653 677 703 765 897 908

S7. 〔연속열의 끝?〕 $j \leftarrow j-1$, $r \leftarrow r-1$로 설정한다. 만일 $r > 0$이면 단계 S6으로 돌아간다. 그렇지 않으면 S12로 간다.

S8. 〔R_j를 방출.〕 $k \leftarrow k+d$, $R_k \leftarrow R_j$로 설정한다.

S9. 〔연속열의 끝?〕 $j \leftarrow j-1$, $r \leftarrow r-1$로 설정한다. 만일 $r > 0$이면 단계 S3으로 돌아간다.

S10. 〔R_i를 방출.〕 $k \leftarrow k+d$로 설정한다. 그런 다음 만일 $k = l$이면 단계 S13으로 간다. 그렇지 않으면 $R_k \leftarrow R_i$로 설정한다.

S11. 〔연속열의 끝?〕 $i \leftarrow i+1$, $q \leftarrow q-1$로 설정한다. 만일 $q > 0$이면 단계 S10으로 돌아간다.

S12. 〔방향 전환.〕 $q \leftarrow p$, $r \leftarrow p$, $d \leftarrow -d$로 설정하고 $k \leftrightarrow l$로 교환한다. 만일 $j - i < p$이면 단계 S10으로 돌아간다. 그렇지 않으면 S3으로 돌아간다.

S13. 〔영역 전환.〕 $p \leftarrow p+p$로 설정한다. 만일 $p < N$이면 $s \leftarrow 1-s$로 설정하고 단계 S2로 돌아간다. 그렇지 않으면 정렬이 완료된 것이다. 만일 $s = 0$이면

$$(R_1, \ldots, R_N) \leftarrow (R_{N+1}, \ldots, R_{2N})$$

으로 설정한다. (후자의 복사 연산은 입력의 분포와 무관하게, 오직 $\lceil \lg N \rceil$이 홀수일 때에만, 또는 자명한 경우인 $N = 1$일 때에만 수행된다. 따라서 정렬된 출력의 장소를 미리 예측할 수 있으며, 복사는 보통 불필요하게 된다.) ▮

이 알고리즘의 한 예가 표 2에 나와 있다. N이 2의 거듭제곱이 아닐 때에도 이 방법이 제대로 작동한다는 점은 다소 놀랍다. 병합되는 연속열들이 모두 길이가 2^k인 것은 아니나, 그런 예외들에 대해 어떤 명백한 장치를 마련해 주지 않았음에도 제대로 작동하는 것이다! (연습문제 8 참고.) 이전의 단계감소 판정들은 q나 r을 감소하고 그 결과가 0인지를 판정하는 것으로 대체되었다. 덕분에 점근적 MIX 실행 시간이 $11N \lg N$단위로 줄어들며, 이는 알고리즘 N으로 달성할 수 있었던 것보다 약간 더 빠르다.

실제 응용에서는 알고리즘 S를 직접 삽입과 결합하는 것도 좋을 것이다. 그러면 알고리즘 S의 처음 네 패스 대신에 직접 삽입을 이용해서 16개의 항목들로 된 그룹들을 정렬할 수 있으며, 그럼으로써 짧은 병합들에 관련된 비교적 소모적인 관리 연산들을 피할 수 있다. 빠른정렬에서 보았듯이, 방법들의 그러한 결합이 점근적 실행 시간에는 영향을 미치지 않으나, 그래도 상당한 개선을 이룰

수 있다.

그럼 알고리즘 N과 S를 자료구조의 관점에서 연구해 보자. N이 아니라 $2N$개의 레코드 장소들이 필요한 이유는 무엇일까? 이유는 비교적 간단하다: 크기가 가변적인 네 개의 목록들(각 패스 당 원본 목록 두 개, 대상 목록 두 개)을 다루기 때문이며, 순차적으로 할당된 목록 쌍들 각각에 대해 2.2.2절에서 논의한 표준적인 "함께 늘리기" 방식을 사용하기 때문이다. 그러나 메모리의 절반은 언제나 쓰이지 않는다는 문제점이 있다. 이에 대해서 조금만 생각해보면 네 목록들에 대해 연결된 할당을 실제로 사용할 수 있음을 알 수 있다. N개의 레코드들 각각에 하나씩 링크 필드를 추가하고 알고리즘들을 적절히 합친다면, 요구되는 모든 것을 레코드들을 전혀 이동하지 않고 간단한 링크 조작을 통해서 수행할 수 있다! N개의 링크 필드들을 추가하는 것은 추가적인 N개의 레코드들을 위해서 공간을 더 사용하는 것에 비해 일반적으로 더 나은 일이다. 게다가, 컴퓨터 메모리가 순차적인 읽기, 쓰기에 특별히 최적화된 것이 아닌 이상, 레코드 이동이 줄면 수행 시간도 줄어든다. 그러므로 다음과 같은 병합 알고리즘도 고려해 볼 필요가 있다.

알고리즘 L (목록 병합 정렬). 레코드 $R_1, \ldots, R_N$이 키 $K_1, \ldots, K_N$을 담고 있으며, 또한 $-(N+1)$에서 $(N+1)$까지의 수들을 담을 수 있는 링크 필드 $L_1, \ldots, L_N$도 담고 있다고 가정한다. 파일의 시작과 끝에 있는 인위적인 레코드 R_0과 R_{N+1}에는 보조 링크 필드 L_0과 L_{N+1}이 있다. 이 알고리즘은 레코드들을 오름차순으로 함께 연결하도록 링크 필드들을 설정하는 "목록 정렬" 알고리즘이다. 정렬이 완료되면 L_0은 가장 작은 키를 가진 레코드의 색인이 되며, $1 \le k \le N$에 대해 L_k는 R_k 다음에 오는 레코드의 색인이 된다. 만일 R_k가 가장 큰 키를 가진 레코드라면 $L_k = 0$이다. (식 5.2.1-(13) 참고.)

이 알고리즘이 수행되는 동안 R_0과 R_{N+1}은 하위목록들이 병합되는 두 선형 목록들의 목록 머리 역할을 한다. 음의 링크는 순서대로 되어 있다고 알려진 하위목록의 끝을 의미한다. 0인 링크는 진체 목록의 끝을 의미한다. $N \ge 2$라고 가정한다.

"$|L_s| \leftarrow p$"라는 표기는 "L_s를 L_s의 원래 부호가 유지되도록 p 또는 $-p$로 설정한다"라는 뜻이다. 이 연산은 MIX에는 잘 맞지만 안타깝게도 대부분의 컴퓨터들에는 적합하지가 않다. MIX를 제외한 대부분의 컴퓨터에도 동등하게 효율적일 수 있도록 알고리즘을 수정하는 것도 어려운 일은 아니다.

L1. [두 목록을 준비.] $L_0 \leftarrow 1$, $L_{N+1} \leftarrow 2$로 설정하고 $1 \le i \le N-2$에 대해 $L_i \leftarrow -(i+2)$로 설정한다. $L_{N-1} \leftarrow L_N \leftarrow 0$로 설정한다. (각각 $R_1, R_3, R_5, \ldots$와 $R_2, R_4, R_6, \ldots$을 담은 두 목록을 만든 것이다. 음의 링크들은 정렬된 각 하위목록이 단 하나의 원소만으로 되어 있음을 가리킨다. 이 단계를 초기 자료에 존재할 수 있는 순서 관계를 활용하는 방식으로 수행하는 또 다른 방법이 연습문제 12에 나온다.)

L2. [새 패스를 시작.] $s \leftarrow 0$, $t \leftarrow N+1$, $p \leftarrow L_s$, $q \leftarrow L_t$로 설정한다. 만일 $q = 0$이면 알고리즘을 끝낸다. (각 패스에서 p와 q는 병합되는 목록들을 운행한다. s는 보통 현재 하위목록에서 가장 최근에 처리된 레코드를 가리키며, t는 이전 출력 하위목록의 끝을 가리킨다.)

표 3

목록 병합 정렬

j	0	1	2	3	4	5	6	7	8	9	10	11	12	13	14	15	16	17
K_j	–	503	087	512	061	908	170	897	275	653	426	154	509	612	677	765	703	–
L_j	1	−3	−4	−5	−6	−7	−8	−9	−10	−11	−12	−13	−14	−15	−16	0	0	2
L_j	2	−6	1	−8	3	−10	5	−11	7	−13	9	12	−16	14	0	0	15	4
L_j	4	3	1	−11	2	−13	8	5	7	0	12	10	9	14	16	0	15	6
L_j	4	3	6	7	2	0	8	5	1	14	12	10	13	9	16	0	15	11
L_j	4	12	11	13	2	0	8	5	10	14	1	6	3	9	16	7	15	0

L3. 〔$K_p : K_q$ 비교.〕 만일 $K_p > K_q$이면 L6으로 간다.

L4. 〔p를 전진.〕 $|L_s| \leftarrow p$, $s \leftarrow p$, $p \leftarrow L_p$로 설정한다. 만일 $p > 0$이면 L3으로 돌아간다.

L5. 〔하위목록을 완성한다.〕 $L_s \leftarrow q$, $s \leftarrow t$로 설정한다. 그런 다음 $q \le 0$가 될 때까지 $t \leftarrow q$와 $q \leftarrow L_q$를 한 번 이상 수행한다. 최종적으로 L8로 간다.

L6. 〔q를 전진.〕 (단계 L6과 L7은 L4, L5와 짝을 이룬다.) $|L_s| \leftarrow q$, $s \leftarrow q$, $q \leftarrow L_q$를 설정한다. 만일 $q > 0$이면 L3으로 돌아간다.

L7. 〔하위목록을 완성한다.〕 $L_s \leftarrow p$, $s \leftarrow t$로 설정한다. 그런 다음 $p \le 0$가 될 때까지 $t \leftarrow p$와 $p \leftarrow L_p$를 한 번 이상 수행한다.

L8. 〔패스의 끝?〕 (이 시점에서 $p \le 0$이고 $q \le 0$이다. 두 포인터가 해당 하위목록의 끝으로 이동했기 때문이다.) $p \leftarrow -p$, $q \leftarrow -q$로 설정한다. 만일 $q = 0$이면 $|L_s| \leftarrow p$, $|L_t| \leftarrow 0$로 설정하고 L2로 돌아간다. 그렇지 않으면 L3으로 돌아간다. ▮

표 3은 이 알고리즘의 실행 예로, 단계 L2의 각 반복에서의 링크 설정들을 보여준다. 이 알고리즘의 끝에서 레코드 $R_1, \ldots, R_N$을 키 순서대로 재배치하는 것도 가능하다. 연습문제 5.2-12를 볼 것. 목록 정렬과 희소다항식들의 덧셈(알고리즘 2.2.4A 참고) 사이에는 흥미로운 유사성이 존재한다.

그럼 알고리즘 L을 위한 MIX 프로그램을 만들고, 목록 조작 방법이 속도와 공간의 관점에서 이전 방법보다 더 우월한지 살펴보자.

프로그램 L (목록 병합 정렬). 편의 상, 레코드는 워드 하나 길이라고 가정한다. 링크 L_j는 메모리 장소 INPUT $+ j$의 $(0:2)$ 필드에, 키 K_j는 그 장소의 $(3:5)$ 필드에 저장된다고 하자. $\mathrm{rI1} \equiv p$, $\mathrm{rI2} \equiv q$, $\mathrm{rI3} \equiv s$, $\mathrm{rI4} \equiv t$, $\mathrm{rA} \equiv K_q$; $N \ge 2$.

```
L     EQU  0:2                    필드 이름 정의
ABSL  EQU  1:2
KEY   EQU  3:5
START ENT1 N-2          1         L1. 두 목록을 준비.
```

```
      ENNA 2,1                N-2
      STA  INPUT,1(L)         N-2        L_i ← -(i+2).
      DEC1 1                  N-2
      J1P  *-3                N-2        N-2 ≥ i > 0.
      ENTA 1                   1
      STA  INPUT(L)            1         L_0 ← 1.
      ENTA 2                   1
      STA  INPUT+N+1(L)        1         L_{N+1} ← 2.
      STZ  INPUT+N-1(L)        1         L_{N-1} ← 0.
      STZ  INPUT+N(L)          1         L_N ← 0.
      JMP  L2                  1         L2로.
L3Q   LDA  INPUT,2          C''+B'       L3. K_p : K_q 비교.
L3P   CMPA INPUT,1(KEY)        C
      JL   L6                  C         만일 K_q < K_p이면 L6으로 간다.
L4    ST1  INPUT,3(ABSL)       C'        L4. p를 전진. |L_s| ← p.
      ENT3 0,1                 C'        s ← p.
      LD1  INPUT,1(L)          C'        p ← L_p.
      J1P  L3P                 C'        만일 p > 0이면 L3으로 간다.
L5    ST2  INPUT,3(L)          B'        L5. 하위목록을 완성한다. L_s ← q.
      ENT3 0,4                 B'        s ← t.
      ENT4 0,2                 D'        t ← q.
      LD2  INPUT,2(L)          D'        q ← L_q.
      J2P  *-2                 D'        만일 q > 0이면 반복.
      JMP  L8                  B'        L8로 간다.
L6    ST2  INPUT,3(ABSL)       C''       L6. q를 전진. |L_s| ← q.
      ENT3 0,2                 C''       s ← q.
      LD2  INPUT,2(L)          C''       q ← L_q.
      J2P  L3Q                 C''       만일 q > 0이면 L3으로 간다.
L7    ST1  INPUT,3(L)          B''       L7. 하위목록을 완성한다. L_s ← p.
      ENT3 0,4                 B''       s ← t.
      ENT4 0,1                 D''       t ← p.
      LD1  INPUT,1(L)          D''       p ← L_p.
      J1P  *-2                 D''       만일 p > 0이면 반복.
L8    ENN1 0,1                 B         L8. 패스의 끝? p ← -p.
      ENN2 0,2                 B         q ← -q.
      J2NZ L3Q                 B         만일 q ≠ 0이면 L3으로 간다.
      ST1  INPUT,3(ABSL)       A         |L_s| ← p.
      STZ  INPUT,4(ABSL)       A         |L_t| ← 0.
L2    ENT3 0                  A+1        L2. 새 패스를 시작. s ← 0.
      ENT4 N+1                A+1        t ← N+1.
      LD1  INPUT(L)           A+1        p ← L_s.
```

```
      LD2   INPUT+N+1(L)     A+1     q ← L_t.
      J2NZ  L3Q              A+1     만일 q ≠ 0이면 L3으로 간다. ▮
```

이 프로그램의 실행 시간은 이전에도 여러 번 나왔던 기법들로 유도할 수 있다(연습문제 13, 14 참고). 평균 실행 시간은 근사적으로 $(10N \lg N + 4.92N)u$이며, 표준편차는 $\sqrt{N}$ 규모로 작다. 연습문제 15는 프로그램을 상당히 길게 만드는 대신 실행 시간을 $(8N \lg N)u$ 정도로 줄이는 것이 가능함을 보여준다.

결론적으로, 내부 병합을 수행하는 경우에는 연결된 메모리 기법이 순차 할당보다 확실히 우월하다. 메모리 공간도 덜 소비하며, 프로그램 실행도 10에서 20퍼센트 정도 빠르다. 비슷한 알고리즘들을 우드럼L. J. Woodrum 〔*IBM Systems J.* 8 (1969), 189-203〕과 우돌A. D. Woodall 〔*Comp. J.* 13 (1970), 110-111〕이 발표한 바 있다.

연습문제

1. 〔*21*〕 알고리즘 M을, $i = 1, 2, \ldots, k$에 대한 입력 파일 $x_{i1} \le \cdots \le x_{im_i}$의 k중 병합으로 일반화하라.

2. 〔*M24*〕 n개의 y들 중 m개의 x들을 배치하는 모든 가능한 $\binom{m+n}{m}$가지 배치 각각에 대해, 알고리즘 M에서 단계 M2가 수행되는 횟수의 평균과 표준편차를 구하라. 이 수량의 최대, 최소값은 얼마인가?

▸ **3.** 〔*20*〕 (갱신.) 레코드 $R_1, \ldots, R_M$과 $R'_1, \ldots, R'_N$의 키들이 서로 다르고 순서대로 되어 있다고 할 때, 즉 $K_1 < \cdots < K_M$이고 $K'_1 < \cdots < K'_N$라고 할 때, 첫 파일의 레코드 R_i의 키가 두 번째 파일에도 존재한다면 레코드 R_i를 폐기하는 방식으로 두 파일을 병합하도록 알고리즘 M을 수정하라.

4. 〔*21*〕 본문에서는 병합 정렬을 삽입 정렬의 한 일반화로 가정할 수 있다고 했다. 병합 정렬이 그림 23에 나온 트리 선택 정렬과도 밀접히 연관됨을 보여라.

▸ **5.** 〔*21*〕 단계 N6이나 N10에서 i가 결코 j와 같을 수 없음을 증명하라. (따라서 그 단계들에서 N13으로의 점프 판정은 불필요하다.)

6. 〔*22*〕 $\{1, 2, \ldots, 16\}$의 순열 $K_1 K_2 \ldots K_{16}$들 중

$$K_2 > K_3, \quad K_4 > K_5, \quad K_6 > K_7, \quad K_8 > K_9, \quad K_{10} < K_{11}, \quad K_{12} < K_{13}, \quad K_{14} < K_{15}$$

를 만족하나, 알고리즘 N이 파일을 단 두 패스 만에 정렬하게 되는 한 순열을 구하라. (연속열이 여덟 개 이상이므로, 첫 번째 패스 이후에는 적어도 네 개의 연속열들이, 두 번째 패스 이후에는 두 개의 연속열이 존재할 것이고, 따라서 정렬은 적어도 세 번의 패스를 거쳐야 완료되리라고 추측할 수 있다. 정렬이 어떻게 단 두 패스만으로 완료될 수 있을까?)

7. 〔*16*〕 알고리즘 S의 정확한 필요 패스 횟수에 대한 공식을 N의 함수로 표현하라.

8. 〔*22*〕 알고리즘 S 도중에 변수 q와 r은 현재 처리 중인 연속열들에서 병합되지 않은 원소들의 길이를 나타내는 것으로 간주된다. q와 r 둘 다 처음에는 p와 같은 값으로 시작하나, 연속열들이 항상 그 정도로 긴 것은 아니다. 그래도 알고리즘 S가 잘 작동하는 이유는 무엇일까?

9. 〔*24*〕 알고리즘 S를 위한 `MIX` 프로그램을 작성하라. 명령들의 수행 빈도를 프로그램 L의 A, B', B'', C', ... 와 비슷한 수량들로 명시하라.

10. 〔*25*〕 (벨D. A. Bell.) 순차적으로 할당된 직접 2중 병합에 필요한 최대 메모리 장소를 알고리즘 S의 $2N$에서 $\frac{3}{2}N$으로 줄일 수 있음을 보여라.

11. 〔*21*〕 알고리즘 L은 안정적인 정렬 방법인가?

▶ **12.** 〔*22*〕 알고리즘 L의 단계 L1을 양방향 병합이 "자연스럽게" 이루어지도록, 즉 입력 파일에 이미 존재하는 오름 연속열들을 활용할 수 있도록 수정하라. (특히, 입력이 이미 정렬되어 있다면 단계 L1을 수행한 후 L2에서 알고리즘이 즉시 종료되어야 한다.)

▶ **13.** 〔*M34*〕 프로그램 L의 수행 시간을 이번 장의 다른 분석들과 같은 방식으로 분석하라: 수량 A, B, B', ... 를 해석하고 그들의 정확한 평균값들을 계산하는 방법을 설명할 것. 프로그램 L이 표 3의 열여섯 수들을 정렬하는 데 걸리는 시간은 얼마인가?

14. 〔*M24*〕 N의 이진 표현이 $2^{e_1} + 2^{e_2} + \cdots + 2^{e_t}$이라고 하자. 여기서 $e_1 > e_2 > \cdots > e_t \geq 0$, $t \geq 1$이다. 알고리즘 L이 수행하는 키 비교의 최대 횟수가 $1 - 2^{e_t} + \sum_{k=1}^{t}(e_k + k - 1)2^{e_k}$임을 증명하라.

15. 〔*20*〕 알고리즘 L을 손으로 직접 수행해 보면 연산들이 자주 중복됨을 알 수 있다. 단계 L4와 L6의 배정 $|L_s| \leftarrow p$와 $|L_s| \leftarrow q$는 약 절반의 경우에서 불필요하다. 단계 L4(또는 L6)에서 단계 L3으로 돌아갈 때마다 $L_s = p$(또는 q)이기 때문이다. 이러한 중복이 제거되도록 프로그램 L을 개선하는 방법을 설명하라.

16. 〔*28*〕 알고리즘 L과 비슷하되 3중 병합에 기초를 둔 목록 병합 알고리즘을 설계하라.

17. 〔*20*〕 (매카시J. McCarthy.) N의 이진 표현이 연습문제 14에서와 같다고 하자. 그리고 N개의 레코드들이 크기가 각각 $2^{e_1}, 2^{e_2}, \ldots, 2^{e_t}$인 t개의 정렬된 부분파일들에 들어 있다고 하자. 새로운 $(N+1)$번째 레코드가 파일에 추가되어서 $N \leftarrow N+1$이 되어도 그러한 상황을 유지하게 하는 방법을 보여라. (이로부터 얻은 알고리즘을 온라인 병합 정렬이라고 부를 수 있을 것이다.)

18. 〔*40*〕 (크론로트M. A. Kronrod.) N개의 레코드들로 된 파일에 다음 두 개의 연속열만 존재한다고 하자.

$$K_1 \leq \cdots \leq K_M \text{와} \qquad K_{M+1} \leq \cdots \leq K_N.$$

이 파일을 임의접근 메모리 안에서, M과 N의 크기에 무관하게 아주 작은 고정된 양의 추가적인 메모리 공간만 사용해서 $O(N)$회의 연산으로 정렬하는 것이 가능할까? (이번 절에서 설명한 모든 병합 알고리즘은 N에 비례하는 추가적인 메모리 공간을 사용한다.)

19. [26] n개의 "스택"들이 있는 철로 전환망을 생각해 보자. 그림 31은 $n = 5$인 경우이다. 1스택 교환망은 연습문제 2.2.1-2에서 2.2.1-5까지에서 살펴보았다. 거기에서는 1스택의 경우 만일 N개의 철도 차량들이 오른쪽에서 진입한다면 그 차량들의 순열 $N!$개 중 비교적 적은 개수의 순열들만 왼쪽에 나타나게 됨을 밝혔다.

n스택 전환망에서 오른쪽으로부터 2^n개의 차량들이 진입한다고 하자. 적절한 순서로 연산들을 적용한다면 그 차량들의 가능한 순열 $2^n!$개 각각이 왼쪽에 나타날 수 있음을 증명하라. (각 스택은 그림에 나와 있는 것보다는 훨씬 크다. 필요하다면 모든 차량들을 담을 수 있을 정도로 크다.)

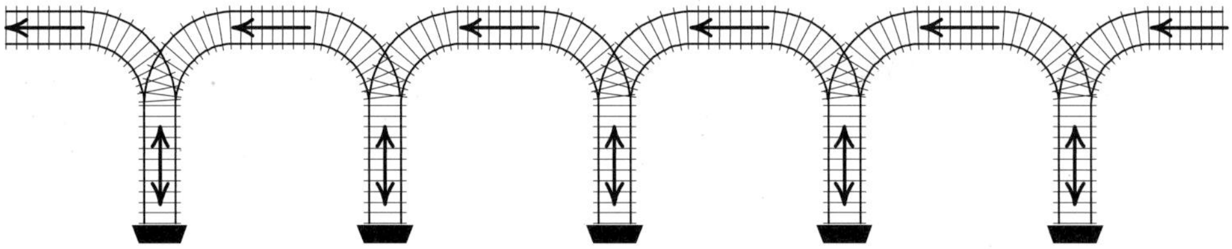

그림 31. 다섯 개의 "스택"들이 있는 철로망.

20. [47] 연습문제 2.2.1-4의 표기법 하에서, n스택 철로 전환망으로는 N개의 원소들의 모든 순열 중 최대 a_N^n개를 만들어낼 수 있다. 따라서 $N!$개의 순열 모두를 얻기 위해서는 적어도 $\log N!/\log a_N \approx \log_4 N$개의 스택이 필요하다. 연습문제 19는 최대 $\lceil \lg N \rceil$개의 스택이 필요함을 보여준다. $N \to \infty$에 따른 필요 스택 개수의 진정한 성장 차수는 얼마인가?

21. [23] (스미스A. J. Smith.) 알고리즘 L을 입력 순열을 정렬할 뿐만 아니라 입력 순열에 존재하는 반전 개수까지 계산하도록 확장하는 방법을 설명하라.

22. [28] (바넷J. K. R. Barnett.) 다중워드 키들에 대한 병합 정렬 속도를 높이는 방법을 고안하라. (연습문제 5.2.2-30은 빠른정렬에 대한 이와 같은 문제를 고찰한다.)

23. [M30] 연습문제 13과 14는 병합 정렬의 "상향식" 또는 반복 버전을 분석한다. 그 버전으로 N개의 항목들을 정렬하는 비용이 $c(N)$이라 할 때, $c(N)$은 점화식

$$2^k < N \le 2^{k+1}\text{에 대해}\qquad c(N) = c(2^k) + c(N-2^k) + f(2^k, N-2^k)$$

을 만족한다. 여기서 $f(m,n)$은 m개의 항목을 n개의 항목들과 병합하는 비용이다. 병합 정렬을 재귀적으로 프로그램했을 때에 해당하는 "하향식" 또는 분할정복 버전의 점화식

$$N > 1\text{에 대해}\qquad c(N) = c(\lceil N/2 \rceil) + c(\lfloor N/2 \rfloor) + f(\lceil N/2 \rceil,\ \lfloor N/2 \rfloor)$$

을 연구하라.

5.2.5. 배분에 의한 정렬

이제부터는, 5.4.7절에서 논의할 관점으로 볼 때, 본질적으로 병합과 정확히 반대라고 할 수 있는 흥미로운 정렬 방법들을 살펴보도록 하자. 이 방법들은 전자 컴퓨터가 나오기 훨씬 전, 천공 카드들을

정렬하는 데 오랫동안 쓰여 왔다. 그와 같은 접근방식을 컴퓨터 프로그래밍에 적용하는 것도 가능하다. 이런 방법들은 키의 숫자들에 기반을 두기 때문에 "버킷 정렬", "기수 정렬", "숫자 정렬" 등으로 알려져 있다.

52장짜리 놀이용 카드 한 벌을 정렬한다고 하자. 카드 액면가의 순서는 다음과 같이 정의한다.

$$A < 2 < 3 < 4 < 5 < 6 < 7 < 8 < 9 < 10 < J < Q < K.$$

그리고 카드 종류(suit)의 순서는 다음과 같이 정의한다.

$$\clubsuit < \diamondsuit < \heartsuit < \spadesuit.$$

한 카드는 (i) 그 종류가 다른 카드의 종류보다 낮거나 (ii) 종류가 같다면 액면가가 작을 때 다른 카드보다 앞선다. (이는 객체들의 순서쌍들 사이의 사전식 순서 관계의 한 특별한 경우이다. 연습문제 5-2를 볼 것.) 즉

$$A\clubsuit < 2\clubsuit < \cdots < K\clubsuit < A\diamondsuit < \cdots < Q\spadesuit < K\spadesuit$$

이다.

이러한 카드들은 앞에서 논의한 어떤 방법으로도 정렬할 수 있다. 카드 플레이어들은 기수 교환에 깔린 착상과 다소 비슷한 기법을 자주 사용한다. 즉, 우선 카드들을 종류에 따라 네 개의 더미(pile)로 나누고, 각 더미를 모든 것이 제 순서가 될 때까지 정렬한다.

그러나 그보다 더 빠른 방법이 존재한다! 우선 카드 앞면을 펼쳐서 13개(액면가마다 하나씩)의 더미로 나눈다. 그런 다음 더미들을 카드들이 위를 향하게 유지하면서 에이스 더미를 제일 아래에 놓고 그 위에 2들, 그 위에 3들, ..., 마지막으로 킹들을 쌓는다. 카드들을 뒤집고, 이번에는 종류별로 네 더미가 되도록 나눈다. (역시 카드 앞면이 펼쳐지도록 나누어야 한다.) 그 네 더미를 클럽이 제일 아래에, 그 위에 다이아몬드, 그 위에 하트, 그 위에 스페이드가 놓이도록 합치면 카드 벌 전체가 제 순서대로 정렬된다.

같은 착상을 수와 알파벳 자료의 정렬에 적용할 수 있다. 왜 정렬이 되는 것일까? (놀이용 카드의 예에서) 만일 두 카드가 마지막 나누기에서 서로 다른 더미로 갈라진다면 그 두 카드는 종류가 다른 것이며, 따라서 더 낮은 종류에 속하는 카드가 더 낮은 순위이다. 두 카드의 종류가 같다면(그래서 같은 더미에 놓인다면) 이미 이전의 정렬에 의해서 그 둘 사이에 적절한 순서가 정해진 것이다. 다른 말로 하면, 두 번째 패스에서 카드들을 나눔에 따라, 네 개의 더미 각각에서 카드들은 액면가가 증가하는 순서로 배치된다. 이러한 증명을 추상화한다면 임의의 사전식 순서를 이런 방식으로 정렬할 수 있음도 증명할 수 있다. 자세한 내용은 이번 장 시작 부분의 연습문제 5-2의 답을 볼 것.

방금 설명한 정렬 방법이 한 번 듣고 이해될 만큼 명백한 것은 아니며, 이 방법이 딱 알맞게 작동한다는 사실을 처음으로 발견한 사람이 누구인지도 명확하지 않다. 1923년에 IBM의 한 자회사인 Tabulating Machines Company에서 출판한 "The Inventory Simplified"라는 제목의 19쪽짜리 팜플릿에는 그들의 Electric Sorting Machine에서 곱들의 합을 만들기 위한, Digit Plan이라는 흥미로운 방법이 소개되어 있다. 그 방법은 이런 것이다: 예를 들어 수많은 카드들에서 열 1–10에

천공되어 있는 수와 열 23-25에 천공되어 있는 수를 곱하고, 그 곱들의 합을 구한다고 하자. 우선 열 25를 기준으로 카드들을 정렬한다. 그런 다음, 열 25에 k가 있는 모든 카드의 열 1-10을 모두 더한 값을 a_k라고 할 때, Tabulating Machine을 이용해서 그러한 수량 $a_1, a_2, \ldots, a_9$를 구한다. 그런 다음에는 열 24를 기준으로 정렬하고, 해당 합 $b_1, b_2, \ldots, b_9$를 구한다. 열 23에 대해서도 마찬가지로 $c_1, c_2, \ldots, c_9$를 구한다. 그러면 원했던 곱들의 합이

$$a_1 + 2a_2 + \cdots + 9a_9 + 10b_1 + 20b_2 + \cdots + 90b_9 + 100c_1 + 200c_2 + \cdots + 900c_9$$

가 됨을 쉽게 확인할 수 있다. 이러한 천공 카드 일람 방법에서 자연스럽게 최하위숫자 우선(least-significant-digit-first) 기수 정렬 방법이 나오게 된다. 따라서 아마도 그 기계의 운영자들은 최하위숫자 우선 기수 정렬 방법을 알고 있었을 것이다. 정렬에 대해 이러한 원리를 최초로 언급한 출판물은 코므리L. J. Comrie의 천공 카드 장치에 대한 초기 논의, *Transactions of the Office Machinery Users' Assoc., Ltd.* (1929), 25-37, 특히 28쪽인 것으로 보인다.

컴퓨터 안에서 기수 정렬을 처리하기 위해서는 더미들을 어떻게 다룰 것인지를 결정해야 한다. M개의 더미들이 있다고 하자. M개의 메모리 영역들을 두고 각 레코드를 입력 영역에서 해당 더미 영역으로 옮기는 방법이 가능하다. 그러나 이 방법은 각 영역이 N개의 항목들을 담을 정도로 커야 하며 $(M+1)N$개의 레코드 공간이 필요할 것이라는 점에서 그리 만족스럽지 않다. 이 때문에 대부분의 사람들은 컴퓨터 안에서 기수 정렬을 수행한다는 생각을 무시했다. 그러나 단 $2N$개의 레코드 영역들과 M개의 개수(count) 필드들만으로도 같은 결과를 얻을 수 있음을 시워드H. H. Seward가 지적함으로써 〔석사 논문, M.I.T. Digital Computer Laboratory Report R-232 (1954), 25-28〕 상황이 달라졌다. 자료를 미리 한 번 훑어서, M개의 파일들 각각에 몇 개의 원소들이 들어갈 것인지를 세기만 하면 된다. 그러면 각 파일에 대해 정확히 얼마만큼의 메모리를 할당하면 되는지 알 수 있다. 이런 착안을 이미 "분포 집계 정렬", 알고리즘 5.2D에서 사용한 바 있다.

정리하자면, 기수 정렬을 다음과 같이 수행하면 된다: 키의 최하위숫자(기수 M 표기법 하의)에 기반해서 배분 정렬을 한 번 수행해서 레코드들을 입력 영역에서 하나의 보조 영역으로 옮긴다. 그런 다음 그 다음 최하위숫자에 기반해서 다시 배분 정렬을 수행하되, 이번에는 레코드들을 원래의 입력 영역으로 이동한다. 이런 과정을 모든 레코드가 원했던 순서로 배치되는 마지막 패스(최상위숫자에 대한)까지 반복한다.

십진 컴퓨터에서 키들이 열 두 자리이며 N이 상당히 크다면 $M = 1000$으로 두면 될 것이다(세 개의 십진 숫자들을 하나의 기수 1000 숫자로 간주해서). 그러면 정렬은 N의 크기와는 무관하게 네 번의 패스로 완료된다. 비슷하게, 이진 컴퓨터에서 키들이 40비트라면 $M = 1024 = 2^{10}$로 두어서 정렬을 네 번의 패스로 완료할 수 있다. 각 패스는 세 부분(집계, 할당, 이동)으로 구성된다. 프렌드E. H. Friend는 메모리 장소 M개를 더 쓰는 대신 세 부분 중 두 부분을 합치는 방법을 제안했다 〔*JACM* 3 (1956), 151〕. 패스 k에서 레코드들을 이동시키면서 패스 $k+1$에 대한 개수들을 누적함으로써 집계와 이동을 하나로 합칠 수 있다.

표 1

기수 정렬

입력 영역의 내용:	503	087	512	061	908	170	897	275	653	426	154	509	612	677	765	703
일의 자리 배분 개수:					1	1	2	3	1	2	1	3	1	1		
이 개수들에 기반한 저장소 할당:					1	2	4	7	8	10	11	14	15	16		
보조 영역의 내용:	170	061	512	612	503	653	703	154	275	765	426	087	897	677	908	509
십의 자리 배분 개수:					4	2	1	0	0	2	2	3	1	1		
이 개수들에 기반한 저장소 할당:					4	6	7	7	7	9	11	14	15	16		
입력 영역의 내용:	503	703	908	509	512	612	426	653	154	061	765	170	275	677	087	897
백의 자리 배분 개수:					2	2	1	0	1	3	3	2	1	1		
이 개수들에 기반한 저장소 할당:					2	4	5	5	6	9	12	14	15	16		
보조 영역의 내용:	061	087	154	170	275	426	503	509	512	612	653	677	703	765	897	908

표 1은 우리의 열여섯 예제 수들에 대해 기수 정렬을 수행한 예로, $M = 10$으로 둔 것이다. 일반적으로 기수 정렬은 그런 작은 N에 대해서는 적합하지 않다. 이 예는 기수 정렬의 효율성을 보여주려는 것이 아니라 기수 정렬의 작동 방식을 보여주려는 것일 뿐이다.

"현대"의 독자들이 주의할 점이 하나 있다. 저장소 할당을 위해 숫자를 센다는 발상 전체는 순차적 자료 표현에 관련된 구식 착안들과 밀접히 연관되어 있다. 연결된 할당이 애초에 가변 크기의 표들의 집합을 처리하는 목적으로 고안된 것인 만큼, 기수 정렬을 위해 연결된 자료구조를 선택하는 것은 당연한 일이다. 이중 연결이냐 단일 연결이냐의 문제를 보면, 우리는 각 더미를 직렬로 운행하므로 한 항목에서 그 후행자로의 단일 링크만을 두면 된다. 게다가, 레코드들은 이동할 필요가 없다. 단지 목록을 따라 내려가면서 링크들을 조절하기만 하면 된다. 필요한 메모리양은 ϵ이 하나의 링크 필드가 차지하는 공간의 양이라고 할 때 레코드 $(1 + \epsilon)N + 2\epsilon M$개이다. 다음은 이러한 절차를 상세히 서술한 공식적인 알고리즘으로, 순차 할당과 연결된 할당을 결합한 전형적인 자료구조 조작의 훌륭한 예를 보여준다는 점에서 흥미롭다.

알고리즘 R (기수 목록 정렬). 레코드 $R_1, \ldots, R_N$ 각각에 하나의 LINK 필드가 들어 있다고 가정한다. 레코드 키는

$$(a_1, a_2, \ldots, a_p), \qquad 0 \le a_i < M, \tag{1}$$

형태의 p짝으로, 키들의 순서는 사전식 순서를 따른다. 즉,

$$(a_1, a_2, \ldots, a_p) < (b_1, b_2, \ldots, b_p) \tag{2}$$

일 필요충분조건은

$$a_j < b_j\text{가 아닌} \qquad \text{모든 } i < j\text{에 대해} \qquad a_i = b_i \tag{3}$$

인 어떤 j, $1 \le j \le p$가 존재한다는 것이다. 특히, 키들은 다음과 같이 기수 M 표기법으로 표현된 수라고 간주할 수 있다.

$$a_1 M^{p-1} + a_2 M^{p-2} \cdots + a_{p-1} M + a_p. \tag{4}$$

이렇게 간주한다면 사전식 순서는 음이 아닌 수들의 통상의 순서에 해당한다. 키들을 알파벳 글자열 등 다른 식으로 해석하는 것도 가능하다.

정렬은 카드 정렬 기계의 작동과 정확히 대응되는 방식으로 레코드들의 "더미" M개를 조작함으로써 수행된다. 알고리즘은 선입선출 방식으로 더미를 운행할 수 있는 형태로 레코드 링크들을 설정하기 때문에, 더미는 사실상 제2장에서 다룬 것과 같은 대기열이라고 할 수 있다. 알고리즘은 각 파일에 대해 두 포인터 변수 TOP[i]와 BOTM[i]를 사용한다($0 \le i < M$). 그리고 제2장에서처럼

$$\texttt{LINK(LOC(BOTM}[i]\texttt{))} \equiv \texttt{BOTM}[i] \tag{5}$$

라고 가정한다.

R1. 〔k에 대한 반복.〕 시작에서는 P를 LOC(R_N), 즉 마지막 레코드를 가리키는 포인터로 설정한다. 그런 다음 $k = 1, 2, \ldots, p$에 대해 단계 R2에서 R6까지 수행한다. (단계 R2에서 R6까지가 하나의 "패스"를 구성한다.) 그런 다음 알고리즘을 끝낸다. 이 시점에서 P는 가장 작은 키를 가진 레코드를 가리키며, LINK(P)는 그 다음으로 작은 키를 가진 레코드, LINK(LINK(P))는 그 다음으로 작은 키를 가진 레코드를 가리키는 등등으로 이어진다. 마지막 레코드의 LINK 필드는 Λ가 된다.

R2. 〔더미들을 비운다.〕 $0 \le i < M$에 대해 TOP[i] ← LOC(BOTM[i]), BOTM[i] ← Λ로 설정한다.

R3. 〔키의 k번째 숫자를 추출.〕 P가 가리키는 레코드의 키 KEY(P)가 $(a_1, a_2, \ldots, a_p)$라고 할 때, i를 a_{p+1-k}, 즉 그 키의 k번째 하위 숫자로 설정한다.

R4. 〔링크들을 조정.〕 LINK(TOP[i]) ← P로 설정한 다음 TOP[i] ← P로 설정한다.

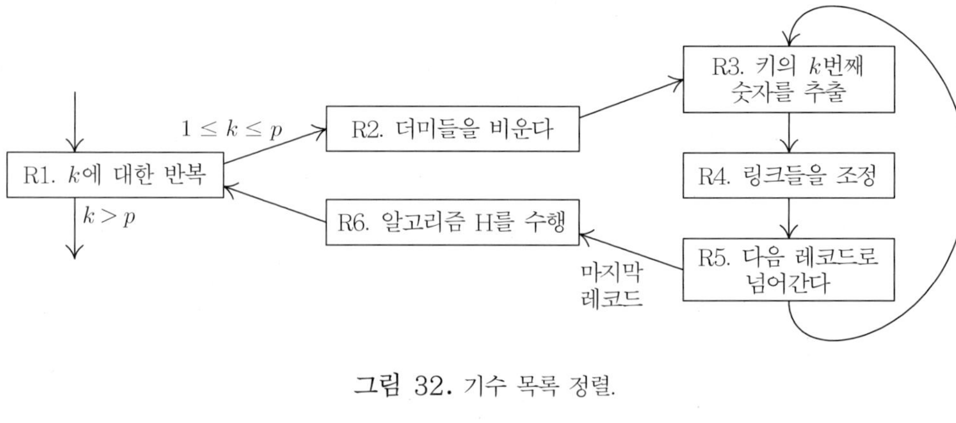

그림 32. 기수 목록 정렬.

R5. 〔다음 레코드로 넘어간다.〕 만일 어떤 $j \neq 1$에 대해 $k = 1$이고(첫 번째 패스) P = LOC(R_j)이면 P ← LOC(R_{j-1})로 설정하고 R3으로 돌아간다. 만일 $k > 1$이면(이후 패스들), P ← LINK(P)로 설정하고, 만일 P ≠ Λ이면 단계 R3으로 돌아간다.

R6. 〔알고리즘 H를 수행.〕 (이제 모든 원소를 해당 더미에 배분했다.) 다음 패스를 위해, 아래의 알고리즘 H를 수행해서 개별 더미들을 하나의 목록으로 "함께 엮는다." 그런 다음에는 P를 BOTM[0], 즉 엮인 목록의 첫 원소를 가리키는 포인터로 설정한다. (연습문제 3 참고.) ▮

알고리즘 H (대기열들을 함께 엮기). 알고리즘 R의 관례에 따라 연결된 대기열들이 M개 주어졌을 때, 이 알고리즘은 최대 M개의 링크들을 수정해서, BOTM[0]이 첫 요소를 가리키며 더미 0이 더미 1보다 앞서고... 더미 $M-1$보다 앞서는 하나의 대기열을 생성한다.

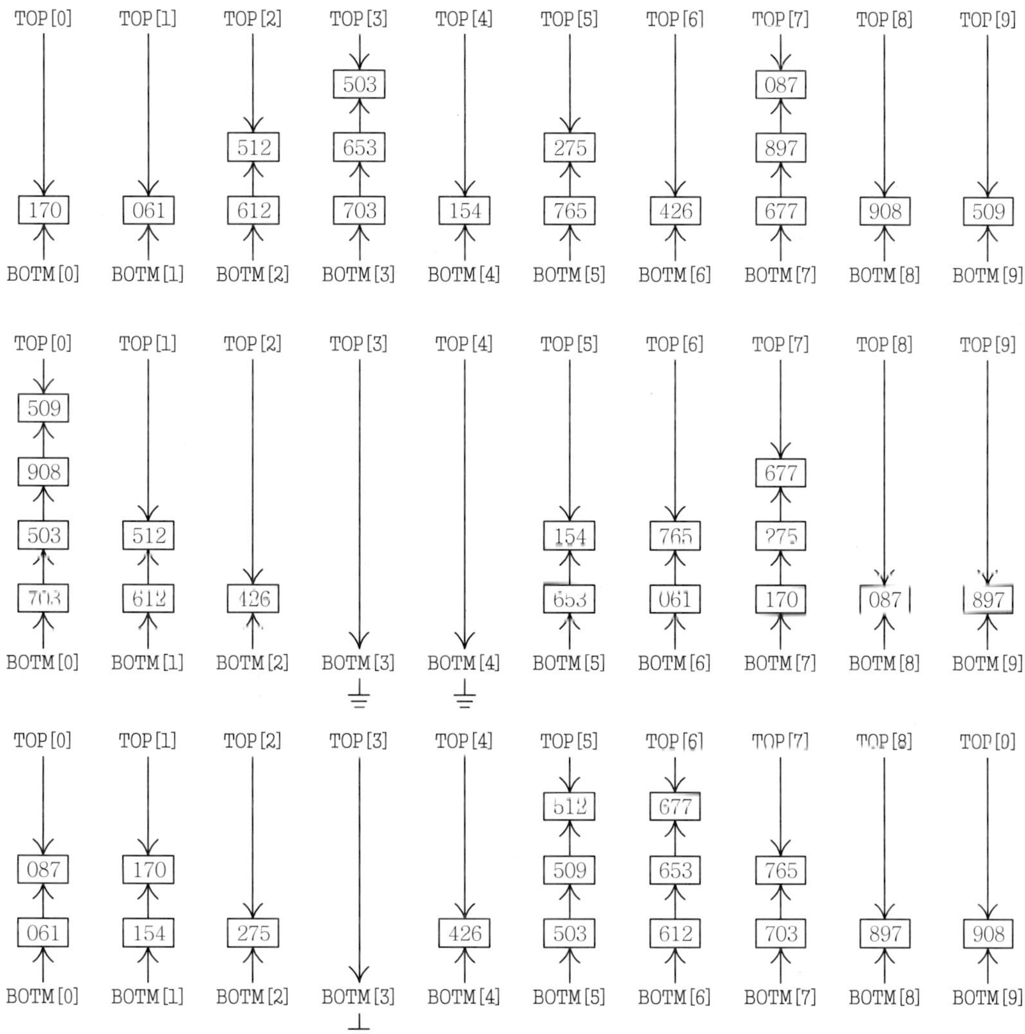

그림 33. 연결된 할당을 이용한 기수 정렬: 각 패스 이후의 열 더미의 내용들.

H1. 〔초기화.〕 $i \leftarrow 0$로 설정한다.

H2. 〔더미 최상위를 가리킨다.〕 P ← TOP[i]로 설정한다.

H3. 〔다음 더미.〕 i를 1 증가한다. 만일 $i = M$이면 LINK(P) ← Λ로 설정하고 알고리즘을 끝낸다.

H4. 〔더미가 비었는가?〕 만일 BOTM[i] = Λ 이면 H3으로 돌아간다.

H5. 〔파일들을 한데 묶는다.〕 LINK(P) ← BOTM[i]로 설정한다. 단계 H2로 돌아간다. ▮

그림 33은 $M = 10$으로 두고 우리의 열여섯 예제 수들에 알고리즘 R을 수행했을 때의, 세 패스 각각 이후의 더미 내용을 표시한 것이다. 단계 R3과 R5의 패스별 변형을 다루는 적당한 방법을 찾기만 한다면, 알고리즘 R을 MIX에서 프로그래밍하는 것은 아주 쉬운 일이다. 다음 프로그램은 명령들 중 두 개를 겹침으로써 내부 루프의 속도를 전혀 희생하지 않고도 그러한 처리를 수행한다. TOP[i]와 BOTM[i]를 같은 워드 안에 꾸려 넣을 수 있음을 주목할 것.

프로그램 R (기수 목록 정렬). 레코드들은 INPUT+1에서 INPUT+N까지의 장소들에 들어 있다. 각 레코드는 $p = 3$개의 성분 (a_1, a_2, a_3)을 각각 필드 $(1:1), (2:2), (3:3)$에 담고 있다고 가정한다. (따라서 M은 MIX의 바이트 크기보다 작거나 같다고 가정한다.) 각 레코드의 $(4:5)$ 필드는 레코드의 LINK 필드이다. $0 \le i < M$에 대해 TOP[i] ≡ PILES + $i(1:2)$이고 BOTM[i] ≡ PILES + $i(4:5)$라고 가정한다. 편의상, LOC(BOTM[i]) = PILES + i − INPUT이 되도록 링크들이 장소 INPUT에 상대적인 값들을 가지게 한다. 그러면, 음의 링크들을 피하기 위해서는 PILES 표가 INPUT 표보다 상위 장소들에 들어 있어야 한다. 색인 레지스터들은 다음과 같이 배정된다: rI1 ≡ P, rI2 ≡ i, rI3 ≡ $3 - k$, rI4 ≡ TOP[i]; 알고리즘 H가 수행되는 도중에는 rI2 ≡ $i - M$.

```
LINK  EQU  4:5
TOP   EQU  1:2
START ENT1 N                    1    R1. k에 대한 반복. P = LOC(R_N).
      ENT3 2                    1    k ← 1.
2H    ENT2 M-1                  3    R2. 더미들을 비운다.
      ENTA PILES-INPUT,2        3M   LOC(BOTM[i])
      STA  PILES,2(TOP)         3M       → TOP[i].
      STZ  PILES,2(LINK)        3M   BOTM[i] ← Λ.
      DEC2 1                    3M
      J2NN *-4                  3M   M > i ≥ 0.
      LDA  R3SW,3               3
      STA  3F                   3    패스 k를 위해 명령들을 수정한다.
      LDA  R5SW,3               3
      STA  5F                   3
3H    [LD2 INPUT,1(3:3)]             R3. 키의 k번째 숫자를 추출.
4H    LD4  PILES,2(TOP)         3N   R4. 링크들을 조정.
      ST1  INPUT,4(LINK)        3N   LINK(TOP[i]) ← P.
```

```
            ST1   PILES,2(TOP)         3N        TOP[i] ← P.
      5H    [DEC1 1]                             R5. 다음 레코드로 넘어간다.
            J1NZ  3B                   3N        만일 패스의 끝이면 R3로 간다.
      6H    ENN2  M                    3         R6. 알고리즘 H를 수행.
            JMP   7F                   3         i ← 0로 설정한 상태에서 H2로 간다.
      R3SW  LD2   INPUT,1(1:1)         N         k = 3일 때의 R3을 위한 명령.
            LD2   INPUT,1(2:2)         N         k = 2일 때의 R3을 위한 명령.
            LD2   INPUT,1(3:3)         N         k = 1일 때의 R3을 위한 명령.
      R5SW  LD1   INPUT,1(LINK)        N         k = 3일 때의 R5를 위한 명령.
            LD1   INPUT,1(LINK)        N         k = 2일 때의 R5를 위한 명령.
            DEC1  1                    N         k = 1일 때의 R5를 위한 명령.
      9H    LDA   PILES+M,2(LINK)      3M{-}3    H4. 더미가 비었는가?
            JAZ   8F                   3M{-}3    만일 BOTM[i] = Λ 이면 H3으로 간다.
            STA   INPUT,1(LINK)        3M-3-E    H5. 더미들을 한데 묶는다.
      7H    LD1   PILES+M,2(TOP)       3M-E      H2. 더미 최상위를 가리킨다.
      8H    INC2  1                    3M        H3. 다음 더미. i ← i+1.
            J2NZ  9B                   3M        만일 i ≠ M이면 H4로 간다.
            STZ   INPUT,1(LINK)        3         LINK(P) ← Λ.
            LD1   PILES(LINK)          3         P ← BOTM[0].
            DEC3  1                    3
            J3NN  2B                   3         1 ≤ k ≤ 3에 대해 반복. ▌
```

프로그램 R의 실행 시간은 $32N+48M+38-4E$로, 여기서 N은 입력 레코드 개수이고 M은 기수(더미 개수), E는 빈 더미의 출현 횟수이다. 이 정도의 실행시간이면 비슷한 가정들에 근거를 두고 구축했던 다른 프로그램들(프로그램 5.2.1M, 5.2.4L)과 비교할 때 상당히 좋은 수치이다. 프로그램의 p패스 버전은 $(11p-1)N+O(pM)$단위시간을 소비할 것이다. 실행 시간에서 핵심적인 요인은 내부 루프로, 내부 루프에서는 메모리를 다섯 번 참조하고 한 번 분기한다. 전형적인 컴퓨터들에서는 t가 키의 기수 b 숫자들의 개수라고 할 때 $M=b^r$, $p=\lceil t/r\rceil$이 될 것이다. r을 증가하면 p가 감소하므로, 이 공식들을 이용해서 최적의 r 값을 구하는 것이 가능하다.

실행 시간에서 유일한 변수는 단계 H4에서 발생하는 빈 더미들의 개수 E이다. 기수 M 숫자들의 수열 M^N개 각각이 동일 확률이라고 간주한다면, 3.3.2D절의 "포커 검정"의 연구에 비추어볼 때, 각 패스에서 빈 더미가 $M-r$개일 확률은

$$\frac{M(M-1)\ldots(M-r+1)}{M^N}\left\{ {N \atop r} \right\} \tag{6}$$

이다. 여기서 $\left\{ {N \atop r} \right\}$은 제2종 스털링 수이다. 연습문제 6에 의해

$$E = \left(\min\ \max(M-N,0)p,\ \ \text{ave}\ M\left(1-\frac{1}{M}\right)^N p,\ \ \max\ (M-1)p\right) \tag{7}$$

이다.

최근에는 "파이프라인" 또는 "수치-크런칭(number-crunching)†" 컴퓨터들이 점점 더 많이 나오고 있다. 그런 컴퓨터들은 여러 개의 산술 유닛들과 예측(look-ahead) 회로들을 가지고 있어서 메모리 참조 및 계산이 크게 중첩된다. 그러나 프로그램에 조건 분기 명령들이 존재한다면, 분기가 항상 같은 가지로만 가는 것이 아닌 이상, 그런 컴퓨터들의 성능이 크게 저하된다. 기수 정렬의 내부 루프는 그런 컴퓨터에 아주 잘 맞는다. 내부 루프는 전형적인 수치 크런칭 형태의 직접적인 반복 계산을 수행하기 때문이다. 따라서, N이 아주 작지 않으며 키들이 아주 길지 않다고 할 때 일반적으로 그런 컴퓨터에서의 내부 정렬에는 기수 정렬이 알려진 다른 어떤 방법보다 효율적이다.

물론 키들이 극도로 긴 경우에는 기수 정렬이 그리 효율적이지 않다. 예를 들어 60자리 십진수들을 $M = 10^3$으로 두고 20회의 기수 정렬 패스들로 정렬한다고 하자. 키의 선행 아홉 자리가 같은 수들의 쌍은 아주 적을 것이며, 따라서 처음 17 패스는 하는 일이 거의 없다. 기수 교환 정렬의 분석에서, 키들을 오른쪽이 아니라 왼쪽에서부터 조사하는 경우 키의 많은 비트들을 불필요하게 조사하게 됨을 보았다. 그런 만큼, 최하위숫자(least significant digit, LSD)가 아니라 최상위숫자(most significant digit, MSD)에서 시작하는 기수 정렬이라는 개념을 고려할 필요가 있다.

MSD 우선 기수 정렬 방법을 떠올리는 것이 어려운 일이 아님은 이미 언급했었다. 우체국에서 편지를 정렬할 때 그런 방법을 사용하는 것도 사실 당연한 일이다. 우체국에서는 많은 수의 편지들을 서로 다른 지역에 대한 개별적인 가방에 분류해 넣는다. 각 가방의 편지들은 더 세밀한 지리적 구획들에 해당하는 가방들로 또 다시 분류된다. (실제로는 편지 가방들을 미리 정렬한 후에 수신지에 가까운 지국으로 보낼 수도 있고, 지국으로 보낸 후에 거기서 더 분류할 수도 있다.) 이러한 "분할정복" 원리는 상당히 매력적인데, 이런 원리가 천공 카드들의 정렬과 아주 잘 맞지는 않았던 유일한 이유는 아주 작은 더미들을 다루는 데 너무나 많은 시간이 소비된다는 점에 있었다. 알고리즘 R은 LSD 우선 방식으로 작동한다고 해도 비교적 효율적이다. 더미 개수가 M을 넘지 않으며 더미들을 오직 p번만 함께 엮으면 되기 때문이다. 한편, 알고리즘 5.2.4L에서처럼 음의 링크들을 더미들 사이의 경계로 사용하는, 연결된 메모리를 이용한 MSD 우선 기수 방법을 설계하는 것도 어렵지 않다. (연습문제 10 참고.) MSD 우선 방법의 주된 단점은 빈 더미들이 많이 생겨서 그것들을 처리하는 데 상당한 시간이 소요되는 경향에 있다.

아마도 최상의 절충은 매클래런M. D. MacLaren이 제안한 방법일 것이다 〔*JACM* 13 (1966), 404-411〕. 그는 알고리즘 R에서처럼 LSD 우선 정렬을 사용하되, 그것을 오직 최상위숫자들에만 적용하라고 제안했다. 그렇게 함으로써 파일은 완전히는 아니더라도 반전들이 아주 조금만 남을 정도로 거의 정렬되는 것이 보통이다. 따라서 직접 삽입으로 마무리를 지으면 된다. 프로그램 5.2.1M에 대한 분석이 이 상황에도 적용된다. 즉, 키들이 균등하게 분포되어 있다고 할 때 파일을 키의 선행 p자리들에 대해 정렬하고 나면 평균 $\frac{1}{4}N(N-1)M^{-p}$개의 반전들이 남게 된다. (식 5.2.1-(17)과 연습문제 5.2.1-38 참고.) 매클래런은 정렬되는 항목 당 평균 메모리 참조 횟수를 계산했는데, 그 계산에 따르면 M과 p의 최적의 선택이 다음과 같은 표로 주어진다.

† 〔옮긴이 주〕 아주 많은 양의 수치 자료를 빠르게 처리할 수 있다는 의미이다.

$N =$	100	1000	10000	100000	1000000	10^7	10^8	10^9
최고의 $M =$	32	128	512	1024	8192	2^{15}	2^{17}	2^{19}
최고의 $p =$	2	2	2	2	2	2	2	2
$\beta(N) =$	19.3	18.5	18.2	18.1	18.0	18.0	18.0	18.0

여기서 $\beta(N)$은 정렬되는 항목 당 평균 메모리 참조 횟수이다:

$$\beta(N) = 5p + 8 + \frac{2pM}{N} + \frac{N-1}{2M^p} - \frac{H_N}{N}. \tag{8}$$

이 수량은 만일 $p = 2$, $M > \sqrt{N}$로 둔다면 $N \to \infty$에 따라 유계이다. 따라서 평균 정렬 시간은 실제로 $N \log N$의 규모가 아니라 $O(N)$이다. 이 방법은 본질적으로 $p = 1$인 경우에 해당하는 다중 목록 삽입(프로그램 5.2.1M)의 한 개선이다. 연습문제 12는 부분적으로 정렬된(목록 정렬 방식으로) 파일을 마지막으로 재배치하는 매클래런의 흥미로운 절차를 제시한다.

알고리즘 5.2D와 연습문제 5.2-13의 방법들을 이용하면 링크 필드의 사용을 피하는 것도 가능하다. 그러면 레코드 자체를 담는 데 필요한 공간 외에 단 $O(\sqrt{N})$의 메모리 장소들이 필요하게 된다. 평균 정렬 시간은 입력 레코드들이 균등분포라고 할 때 N에 비례한다.

도보시에비치W. Dobosiewicz는 처음 $M/2$개의 더미들이 반드시 25%에서 75% 사이의 레코드들을 받도록 배분 공정을 제한한 MSD 우선 배분 정렬을 부분파일들이 짧아질 때까지 적용해서 좋은 결과를 얻었다 [*Inf. Proc. Letters* 7 (1978), 1-6; 8 (1979), 170-172 참고]. 그렇게 하면 균등 키들을 정렬하는 시간이 평균 $O(N)$, 최악의 경우는 $O(N \log N)$이 된다. 그의 논문들에서 영감을 얻은 여러 연구자들이 새로운 주소 계산 알고리즘들을 고안했는데, 그 중 가장 교육적인 것으로는 아마도 타미넨Markku Tmminen에서 기인한 [*J. Algorithms* 6 (1985), 138-144] 다음과 같은 2수준 방식일 것이다: 모든 키가 구간 $[0..1)$ 안의 분수들이라고 가정한다. 우선 N개의 레코드들을, 키 K를 통(bin) $\lfloor KN/8 \rfloor$에 대응시킴으로써 $\lfloor N/8 \rfloor$개의 통들에 배분한다. 통 k에 들어간 레코드 개수를 N_k라고 할 때, 만일 $N_k \le 16$이면 그 통을 직접 삽입 방법으로 정렬하고, 그렇지 않으면 매클래런이 제안한 것과 비슷한 배분 및 삽입 정렬을 이용해서 M^2개의 통들로 분류한다. 여기서 $M^2 \approx 10N_k$이다. 타미넨은 다음과 같은 주목할만한 결과를 증명했다:

정리 T. *만일 키들이 독립적인 난수들이고 그 밀도함수 $f(x)$가 유계이자 $0 \le x \le 1$에 대해 리만적분가능 함수이면, 방금 설명한 정렬 방법이 평균적으로 최대 TN회의 연산을 수행함을 만족하는 상수 T가 존재한다.* (상수 T는 f에 의존하지 않는다.)

증명. 연습문제 18을 볼 것. 직관적으로, $N/8$개의 더미들로의 최초의 배분은 f가 근사적으로 상수인 구간들을 찾게 된다. 두 번째 배분은 통 크기의 기대값을 근사적으로 상수로 만든다. ▮

알파벳 문자열들의 커다란 배열의 정렬에 맞게 잘 조율된 기수 정렬의 여러 버전들이 매킬로이P. M. McIlroy, 보스틱K. Bostic, 매킬로이M. D. McIlroy가 쓴 교육적인 논설, *Computing Systems* 6 (1993), 5-27에 설명되어 있다.

연습문제

▶ **1.** [*20*] 연습문제 5.2-13의 알고리즘은 $2N$개의 레코드 영역들이 아니라 단 N개의 레코드 영역들(그리고 M개의 개수 필드들)로 배분 정렬을 수행하는 방법을 보여준다. 이로부터 표 1에 나온 기수 정렬 알고리즘에 대한 하나의 개선을 이끌어낼 수 있을까?

2. [*13*] 알고리즘 R은 안정적인 정렬 방법인가?

3. [*15*] 더미 0이 비어 있을 수 있는데도 알고리즘 H에서 BOTM[0]이 "함께 엮인" 대기열의 첫 레코드를 가리키게 되는 이유를 설명하라.

▶ **4.** [*23*] 알고리즘 R은 M개의 더미들을 대기열(선입선출)로써 함께 연결한다. 더미들을 대기열이 아니라 스택 형태로 연결한다는 착상을 탐구하라. (그런 경우 그림 33의 화살표들은 위가 아니라 아래로 가게 될 것이며, BOTM 표는 불필요하게 될 것이다.) 만일 더미들을 적절한 순서로 "함께 엮는다면" 하나의 유효한 정렬 방법을 만들어낼 수 있음을 보여라. 이러한 시도가 더 간단한 또는 더 빠른 알고리즘으로 이어질까?

5. [*20*] 프로그램 R이 3바이트 키들 대신 8바이트 키들을 정렬하도록 수정하려면 어떻게 해야 할까? K_i의 최상위 바이트들이 장소 KEY $+\ i(1:5)$에 저장되어 있으며 세 최하위 바이트들이 장소 INPUT $+\ i(1:3)$에 저장되어 있다고 가정할 것. 그러한 수정들을 가한 이후의 프로그램의 실행 시간은 얼마인가?

6. [*M24*] p_{MNk}가 N개의 원소들을 M개의 더미들로 배분하는 한 무작위 기수 정렬 패스 이후에 정확히 k개의 빈 더미들이 존재할 확률이라고 할 때 $g_{MN}(z) = \sum p_{MNk} z^k$이라고 하자.

a) $g_{M(N+1)}(z) = g_{MN}(z) + ((1-z)/M)g'_{MN}(z)$를 보여라.

b) 이 관계식을 이용해서 이 확률분포의 평균과 분산에 대한, M과 N의 함수로 표현된 간단한 수식을 구하라.

7. [*20*] 알고리즘 R과 기수 교환 정렬(알고리즘 5.2.2R)의 비슷한 점 및 다른 점을 논하라.

▶ **8.** [*20*] 본문에서 논의한 기수 정렬 알고리즘들은 정렬되는 모든 키가 음이 아니라고 가정한다. 만일 키들이 2의 보수 또는 1들의 보수 표기법으로 표현된 수들이면 알고리즘들을 어떻게 변경해야 할까?

9. [*20*] 연습문제 8을 계속 이어서, 만일 키들이 부호 있는 크기 표기법으로 표현된 수들이면 알고리즘들을 어떻게 변경해야 할까?

10. [*30*] 연결된 메모리를 사용하는 효율적인 최상위숫자 우선 기수 정렬 알고리즘을 설계하라. (부분파일들의 크기가 감소함에 따라 M를 감소하고, 아주 짧은 부분파일에 대해서는 비기수 방법을 사용하는 것이 현명한 방식이다.)

11. [*16*] 표 1의 열여섯 입력 수치들은 처음에는 41개의 반전들을 가지고 있다. 정렬이 끝나면 물론 반전들은 전혀 남아있지 않게 된다. 패스 1을 생략하고 오직 십의 자리와 백의 자리에 대해서만

기수 정렬을 수행한다면 파일에는 몇 개의 반전들이 남게 될까? 패스 1과 패스 2를 모두 생략한다면 반전들은 몇 개가 남을까?

12. [24] (매클래런M. D. MacLaren.) 알고리즘 R을 실제 키들의 p개의 선행 숫자들에만 적용했다고 하자. 그러면 파일을 링크들의 순서에 따라 읽을 때에는 파일이 거의 정렬된 상태이지만, 처음 p개의 숫자들이 같은 키들은 제 순서가 아닐 수 있다. 그러한 키들이 순서대로 $K_1 \le K_2 \le \cdots \le K_N$이 되도록 레코드들을 재배치하는 알고리즘을 설계하라. [힌트: 파일이 이미 완전히 정렬되어 있는 특별한 경우는 연습문제 5.2-12의 답에 나온다. 이런 방법을 효율성을 잃지 않고도 직접 삽입과 결합하는 것이 가능하다(파일에 반전들이 별로 남아 있지 않으므로).]

13. [40] 이번 절 끝 부분에 제시한 내부 정렬 방법을 구현해서, 무작위 자료를 단 $O(\sqrt{N})$개의 추가적인 장소들만으로도 $O(N)$단위 시간 안에 정렬하는 서브루틴을 작성하라.

14. [22] 다음과 같은 카드열을 위에서 아래로 증가 순서 A 2 ... J Q K가 되도록 정렬한다고 하자.

이를 두 패스 만에, 중간 저장소 용도로 단 두 개의 더미만을 사용해서 정렬하는 것이 가능하다: 카드들을 펼쳐서 두 더미로 배분하되 각각 아래에서 위로 각각 A 2 9 3 10과 4 J 5 6 Q K 7 8이 되도록 한다. 그런 다음 두 번째 더미를 첫 번째 더미 위에 놓고 전체를 앞면이 위로 오도록 뒤집는다. 그런 다음 그것을 두 더미 A 2 3 4 5 6 7 8과 9 10 J Q K로 배분한다. 두 더미를 합치고 앞면이 위에 오도록 뒤집으면 정렬이 끝난다.

이러한 카드열을, 중간 저장소용으로 더미를 세 개까지 사용할 수 있다고 해도 두 패스 만에 위에서 아래로 감소 순서 K Q J ... 2 A가 되도록 정렬할 수는 없음을 증명하라. (카드 나누기는 항상 카드 뭉치의 최상위에서 시작해야 하며 카드를 나눌 때에는 항상 카드를 엎어서, 즉 앞면이 밑으로 가게 해야 한다. 위에서 아래의 순서는 그림의 오른쪽에서 왼쪽 순서이다.)

15. [M25] 연습문제 14를 계속 이어서, 카드를 나눌 때 덮는 것이 아니라 펼쳐서 나눈다고 하자. 즉, 하나의 카드 나누기 패스는 증가 순서를 감소 순서로 바꾸는 효과를 낸다. 그런 경우에는 몇 개의 패스가 필요할까?

▸ **16.** [25] m 글자 알파벳 체계의 글자들로 이루어진 문자열 $\alpha_1, \ldots, \alpha_n$을 사전식 순서로 정렬하는 알고리즘을 설계하라. 알고리즘의 총 실행 시간은 $O(m+n+N)$이어야 한다. 여기서 $N = |\alpha_1| +$

$\cdots + |\alpha_n|$은 모든 문자열의 전체 길이이다.

17. [*15*] 타미넨Tamminen이 제안한 2수준 배분 정렬에서(정리 T 참고), 배분의 두 번째 수준에서는 매클래런식 방법이 쓰이지만 첫 번째 수준에서는 쓰이지 않는 이유는 무엇일까?

18. [*HM26*] 정리 T를 증명하라. 힌트: 우선, 매클래런의 배분 및 삽입 알고리즘을 $0 \le x \le 1$에 대해 확률밀도함수가 $f(x) \le B$를 만족하는 독립적인 무작위 키들에 적용한다고 할 때 그 알고리즘이 평균적으로 $O(BN)$회의 연산을 수행함을 보일 것.

어근들과 단어들을 정렬하기 위해서
우리는 1100개의 철제사탕상자들을 활용했으며,
어형들에 대해서는 서류 정리함들을 사용했다.

— 위그램GEORGE V. WIGRAM (1843)

5.3. 최적 정렬

지금까지 아주 많은 내부 정렬 방법들을 분석해 왔으니, 이제 좀 더 넓은 범위의 질문 하나를 던져보겠다: 가능한 최고의 정렬 방법은 무엇인가? 프로그래머가 아무리 현명하다고 해도, 달성 가능한 최고의 정렬 속도에는 상한이 있는 것이 아닐까?

물론 가능한 최고의 정렬 방법이란 없다. 먼저 "최고"가 무엇을 뜻하는지 정확하게 정의해야 하는데, "최고"를 최고로 정확하게 정의하는 방법은 없기 때문이다. 4.3.3, 4.6.3, 4.6.4절에서 고정밀도 곱셈과 다항식 평가를 고찰할 때에도 알고리즘의 이론적 최적성에 대해 비슷한 질문을 논한 바 있다. 그때 우리는 각 경우마다 "가능한 최고"라는 것의 다소 단순한 정의를 만들 필요가 있었다. 그리고 각 경우마다 아직도 완전히 해결되지 않았을 정도로 어려운 흥미로운 문제들에 마주쳤다. 정렬에서도 같은 상황이 성립한다. 아주 흥미로운 사실들이 어느 정도 발견되긴 했지만, 아직도 수많은 매혹적인 질문들이 답을 모르는 채 남아 있는 것이다.

대체로, 정렬의 본질적인 복잡성에 대한 연구는 n개의 항목들을 정렬할 때 또는 m개의 항목들을 n개의 다른 항목들과 병합할 때, 또는 정렬되지 않은 n개의 항목들의 집합에서 t번째로 큰 항목을 선택할 때 필요한 키 비교 횟수를 최소화하는 방향으로 진행되었다. 5.3.1, 5.3.2, 5.3.3절에서는 이런 질문들을 일반적으로 살펴보며, 5.3.4절에서는 본질적으로 비교들의 패턴이 미리 고정되어 있다는 흥미로운 제한 하에서 비슷한 문제들을 다룬다. 최적의 정렬에 관련된 다른 종류의 흥미로운 이론적 질문들 몇 가지가 5.3.4절의 연습 문제들과 외부 정렬의 논의(5.4.4, 5.4.8, 5.4.9절)에 나온다.

> 일단 해석기관이 존재하게 된다면,
> 그것은 즉시 과학의 향후 경로를 안내하게 될 것이다.
> 임의의 결과를 해석기관의 도움을 받아 탐구하게 되면
> 그 때는 이런 의문을 떠올리게 될 것이다 –
> 기계를 통해서 최단 시간 안에
> 이런 결과들에 도달할 수 있는 계산 경로는 무엇인가?
>
> —— 배비지CHARLES BABBAGE (1864)

5.3.1. 최소비교 정렬

n개의 원소들을 정렬하는 데 필요한 최소 키 비교 횟수는 명백히 0이다. 앞에서 보았듯이, 비교를 전혀 수행하지 않는 기수 방법들이 있기 때문이다. 사실 조건부 점프 명령을 전혀 사용하지 않고 정렬을 수행하는 MIX 프로그램을 작성하는 것이 가능하다! (이번 장 시작 부분의 연습문제 5-8을 볼 것.) 또한 본질적으로는 키들의 비교에 기반을 두되 실제 응용에서 실행 시간이 자료 이동이나 부수적인 관리 연산 등의 다른 고려사항들에 지배되는 여러 정렬 방법들도 살펴본 바 있다.

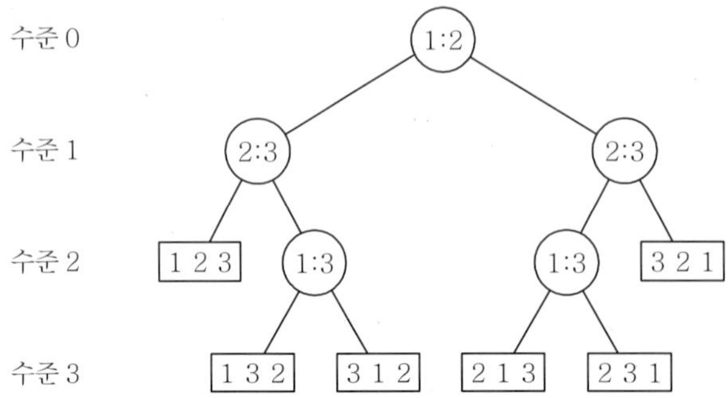

그림 34. 원소 세 개의 정렬에 대한 비교 트리.

따라서 비교 횟수를 세는 것이 한 정렬 방법의 효능을 측정하는 유일한 방법인 것은 아니다. 그렇긴 해도 비교 횟수를 자세히 조사해 보는 것은 흥미로운 일이다. 왜냐하면, 이러한 주제를 이론적으로 연구함으로써 정렬 공정의 본성에 대한 유용한 통찰을 많이 얻을 수 있으며, 다른 경우들에서 우리가 마주치게 되는 좀 더 현실적인 문제들을 더 잘 이해하는 데에도 도움이 되기 때문이다.

비교를 전혀 수행하지 않는 기수 정렬 방법들을 제외시키기 위해, 여기서는 키들 사이의 추상적 선형 순서 관계 "$<$"(이번 장 처음에서 논의했다)에만 기초를 둔 정렬 기법들만을 논의하기로 한다. 또한, 단순함을 위해서 키들이 서로 다른 경우로만 논의를 한정한다. 그러면 K_i 대 K_j 비교의 결과로는 $K_i < K_j$ 또는 $K_i > K_j$라는 두 가지만 가능하다. (이후의 내용을 같은 키가 허용되는 일반적인 경우들로 확장하는 것에 대해서는 연습문제 3에서 12까지를 보라. 그리고 비교 기반 정렬에만 한정한다는 제약이 없는, 정수들을 정렬하는 데 필요한 최악의 경우 실행 시간의 한계들에 대해서는 Fredman, Willard, *J. Computer and Syst. Sci.* 47 (1993), 424–436; Ben-Amram, Galil, *J. Comp. Syst. Sci.* 54 (1997), 345–370; Thorup, *SODA* 9 (1998), 550–555를 보라.)

비교에 의한 정렬의 최소 비교 횟수 문제를 그와 동등한 다른 방식으로 표현하는 것도 가능하다. n개의 서로 다른 무게추들과 천칭 저울들의 집합이 주어졌을 때 천칭 저울의 한 팔에 오직 하나의 무게추만을 놓을 수 있다는 제약 하에서 무게추들의 경중 관계를 완전히 결정하는 데 필요한 최소 저울 사용 횟수를 결정한다거나, 선수들의 경기력을 무승부 없는 선형 순서로 나열할 수 있다고 가정할 때 n명의 선수들이 참여하는 토너먼트에서 모든 참가자의 순위를 완전히 결정하는 데 필요한 최소 시합 횟수를 구하는 문제로도 볼 수 있는 것이다.

앞서 이야기한 제약들을 만족하는 모든 n원소 정렬 방법을 그림 34에 나온 것 같은 확장된 이진트리 구조로 표현할 수 있다. 각 내부 노드(원)는 두 개의 색인 "$i:j$"을 담는다. 이 색인들은 K_i 대 K_j 비교를 의미한다. 내부 노드의 왼쪽 하위트리는 $K_i < K_j$인 경우의 이후 비교들을 나타내며, 오른쪽 하위트리는 $K_i > K_j$인 경우의 이후 비교들을 나타낸다. 트리의 각 외부 노드(사각형 상자)는 $\{1, 2, \ldots, n\}$의 한 순열 $a_1 a_2 \ldots a_n$을 담는데, 이는

$$K_{a_1} < K_{a_2} < \cdots < K_{a_n}$$

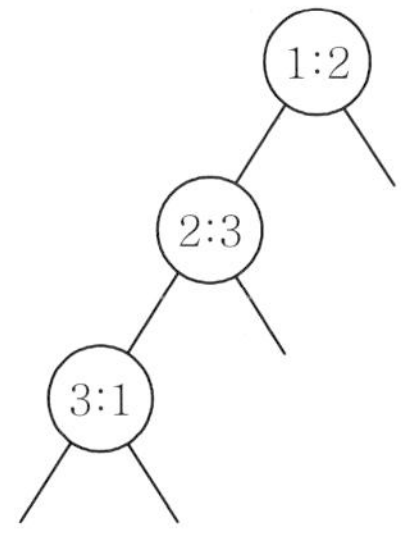

그림 35. 중복 비교의 예.

라는 순서 관계가 확립되었음을 의미한다. (루트에서 외부 노드로의 경로를 살펴보면, $1 \le i < n$에 대한 $n-1$개의 관계 $K_{a_i} < K_{a_{i+1}}$들이 그 경로 상의 어떤 비교 $a_i : a_{i+1}$ 또는 $a_{i+1} : a_i$의 결과임을 알 수 있다.)

즉, 그림 34는 우선 K_1과 K_2를 비교하고, 만일 $K_1 > K_2$이면 (오른쪽 하위트리를 따라) K_2와 K_3을 비교하고, 거기서 만일 $K_2 < K_3$이면 K_1와 K_3을 비교하고, 마지막으로 $K_1 > K_3$이면 $K_2 < K_3 < K_1$임을 알게 되는 하나의 정렬 방법을 나타낸다고 할 수 있다. 실제 정렬 알고리즘은 비교뿐만 아니라 파일 안에서 키들을 이동하는 작업도 수행하겠지만, 지금은 비교가 주된 관심사이므로 자료 이동은 전부 무시하기로 한다. 이 트리에서 K_i 대 K_j 비교는 항상 원래의 키 K_i와 K_j를 비교하는 것이지, 레코드들이 이동된 이후 파일의 i번째와 j번째에 놓인 키들을 비교하는 것이 아니다.

중복된 비교들이 일어나는 것도 가능하다. 예를 들어 그림 35의 경우 3 : 1 비교는 무의미하다. $K_1 < K_2$와 $K_2 < K_3$는 $K_1 < K_3$을 함의하기 때문이다. 그림 35에서 노드 3 : 1의 왼쪽 하위트리에 대응되는 순열은 존재할 수 없다. 따라서 알고리즘의 그 부분은 결코 수행되지 않는다! 우리는 비교 횟수의 최소화에 초점을 두고 있으므로, 중복된 비교는 일어나지 않는다고 가정하기로 하자. 그런 가정 하에서, 확장된 이진트리 구조의 모든 외부 노드는 하나의 유효한 순열에 대응한다. 입력 키들의 모든 순열이 가능하며, 모든 순열은 루트에서 한 외부 노드로의 한 고유한 경로를 결정한다. 이로부터, n개의 원소들을 중복된 비교 없이 정렬하는 하나의 비교 트리의 외부 노드 개수는 정확히 $n!$개라는 점을 이끌어낼 수 있다.

최상의 최악의 경우. 자연스럽게 떠오르는 첫 번째 문제는 최대 비교 횟수를 최소화하는 비교 트리를 찾는 것이다. (평균 비교 횟수는 나중에 이야기하겠다.)

n개의 원소들을 정렬하는 데 충분한 최소 비교 횟수를 $S(n)$이라고 하자. 만일 한 비교 트리의 모든 내부 노드의 수준이 $< k$이면 트리에 존재할 수 있는 외부 노드 개수는 최대 2^k임이 명백하다. 따라서 $k = S(n)$으로 둔다면

$$n! \le 2^{S(n)}$$

가 된다. $S(n)$은 하나의 정수이므로 이를 다음과 같이 다시 쓸 수 있다.

$$S(n) \ge \lceil \lg n! \rceil. \tag{1}$$

이것은 $S(n)$의 하계에 대한 공식이다. 스털링의 근사에 의해

$$\lceil \lg n! \rceil = n \lg n - n/\ln 2 + \frac{1}{2}\lg n + O(1) \tag{2}$$

이며, 따라서 대략 $n \lg n$회의 비교가 필요하다.

관계식 (1)을 종종 정보이론적 하계(information-theoretic lower bound)라고 부른다. 정보이론 전문가라면 (1)을 풀어서 이야기할 때 하나의 정렬 공정 도중에 $\lg n!$개의 "정보 비트"를 얻는다고 표현할 것이기 때문이다. 각 비교는 최대 1 정보 비트를 만들어낸다. 또한 그림 34같은 트리들을 "질문표(questionnaire)"라고도 한다. 질문표의 수학적 성질들에 대한 체계적인 연구를 처음으로 다룬 것은 피카르Claude Picard의 책 *Théorie des Questionnaires* (Paris: Gauthier-Villars, 1965)이다.

지금까지 살펴본 모든 정렬 방법 중 비교 횟수가 가장 작은 것은 이진 삽입(5.2.1절), 트리 선택(5.2.3절), 직접 2중 병합(알고리즘 5.2.4L)이다. 이진 삽입의 최대 비교 횟수는

$$B(n) = \sum_{k=1}^{n} \lceil \lg k \rceil = n\lceil \lg n \rceil - 2^{\lceil \lg n \rceil} + 1 \tag{3}$$

이다. 이는 연습문제 1.2.4-42로 쉽게 확인할 수 있다. 그리고 2중 병합의 최대 비교 횟수는 연습문제 5.2.4-14에 나온다. 5.3.3절에서는 트리 선택의 비교 횟수의 한계가, 트리를 어떻게 설정했느냐에 따라 이진 삽입 또는 2중 병합의 것과 같음을 알게 될 것이다. 세 경우 모두에서 $n \lg n$이라는 점근값을 얻게 된다. $S(n)$에 대한 이러한 상, 하계들을 결합하면

$$\lim_{n\to\infty} \frac{S(n)}{n \lg n} = 1 \tag{4}$$

이 증명된다. 이렇게 해서 $S(n)$에 대한 근사 공식을 구했다. 그러나 좀 더 정밀한 정보를 얻을 수 있다면 더 좋을 것이다. 다음 표는 위에서 논의한 하계, 상계의 작은 n에 대한 구체적인 값들이다.

$n =$	1	2	3	4	5	6	7	8	9	10	11	12	13	14	15	16	17
$\lceil \lg n! \rceil =$	0	1	3	5	7	10	13	16	19	22	26	29	33	37	41	45	49
$B(n) =$	0	1	3	5	8	11	14	17	21	25	29	33	37	41	45	49	54
$L(n) =$	0	1	3	5	9	11	14	17	25	27	30	33	38	41	45	49	65

여기서 $B(n)$과 $L(n)$은 각각 이진 삽입과 2중 목록 병합을 가리킨다. 모든 n에 대해 $B(n) \le L(n)$임을 보이는 것이 가능하다(연습문제 2).

위의 표를 보면 $S(4) = 5$이지만, $S(5)$는 7일 수도 있고 8일 수도 있다. 결국 5.2절 시작에서 말한 문제, 즉 다섯 원소를 정렬하는 최고의 방법을 찾는 문제로 돌아가게 된다. 원소 다섯 개를 단 일곱 번의 비교로 정렬할 수 있을까?

답은 "예"이나, 일곱 단계 절차를 발견해 내는 것이 아주 쉽지는 않다. 우선, 마치 원소 네 개를

병합으로 정렬하는 것처럼 시작하자. 즉, 먼저 $K_1 : K_2$를 비교하고, 그런 다음 $K_3 : K_4$를 비교하고, 그 쌍들 중 가장 큰 원소를 찾는다. 이러한 절차를 다음과 같은 그림으로 나타낼 수 있다.

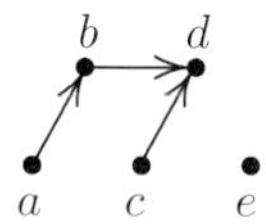

(5)

이는 $a < b < d$이고 $c < d$라는 뜻이다. (원소들 사이의 알려진 순서 관계를 이런 유향그래프로 표현해 놓으면 편리하다. 이런 그래프는 오직 x에서 y로의 경로가 존재할 때에만 x가 y보다 작다는 점을 드러낸다. 이제 다섯 째 원소 $K_5 = e$를 $\{a, b, d\}$ 사이의 적절한 자리에 삽입한다. 비교는 두 번만 필요하다. b와 먼저 비교하고 그 결과에 따라 a 또는 d와 비교하면 된다. 그러면 가능한 상황은 다음 네 가지이다.

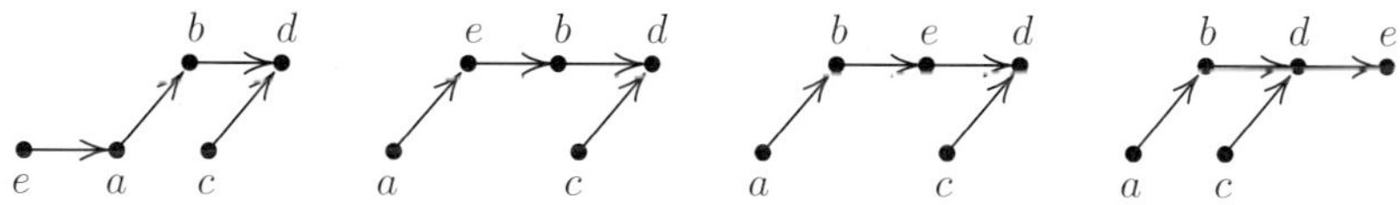

(6)

각 경우에서, c를 d보다 작은 원소들 사이의 적절한 장소에 삽입하는 데에는 두 번의 비교가 필요하다. 다섯 원소를 정렬하는 이러한 방법은 디머스H. B. Demuth [박사학위 논문, Stanford University (1956), 41-43]에 의해서 처음으로 발견되었다.

병합 삽입. 위에서 말한 방법의 훌륭한 일반화 하나를 포드Lester Ford, Jr와 존슨Selmer Johnson이 발견했는데, 병합의 측면과 삽입의 측면을 모두 가진 방법이므로 병합 삽입이라고 부르기로 하자. 21개의 원소들을 정렬하는 문제를 예로 들겠다. 우선 열 개의 쌍 $K_1 : K_2$, $K_3 : K_4$, ..., $K_{19} : K_{20}$을 비교하는 것으로 시작해서, 거기서 얻은 더 큰 원소 10개를 병합 삽입을 이용해 정렬한다. 그러면 결과적으로 (5)와 비슷한 다음과 같은 구성이 나온다.

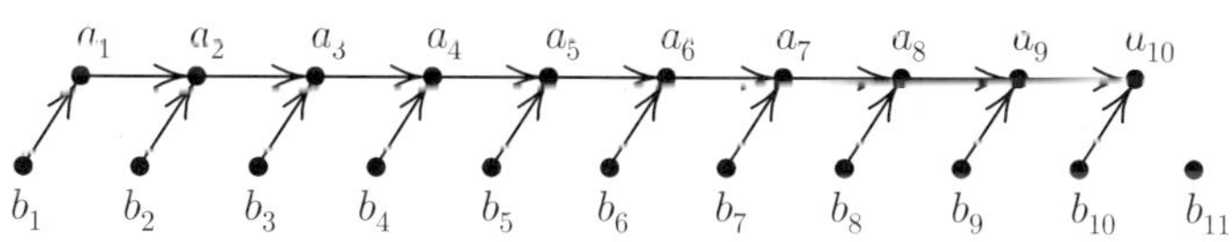

(7)

다음으로는 b_3을 $\{b_1, a_1, a_2\}$에 삽입하고, b_2를 a_2보다 작은 나머지 원소들에 삽입한다. 그러면 다음과 같은 구성이 된다.

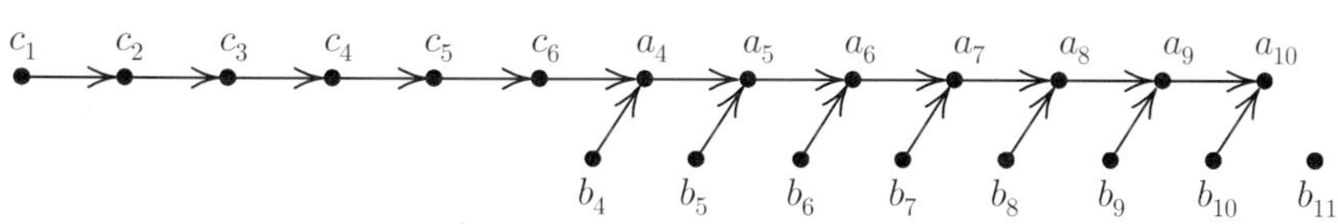

(8)

윗줄의 원소들을 주 사슬이라고 부르기로 하자. b_5는 주 사슬의 적절한 자리에 세 번의 비교로 삽입할 수 있다(처음은 c_4와 비교하고, 그런 다음 c_2 또는 c_6과 비교하고, 등등). 그런 다음 b_4를 주 사슬에 추가적인 세 번의 단계로 삽입한다. 그러면 다음과 같은 구성이 된다.

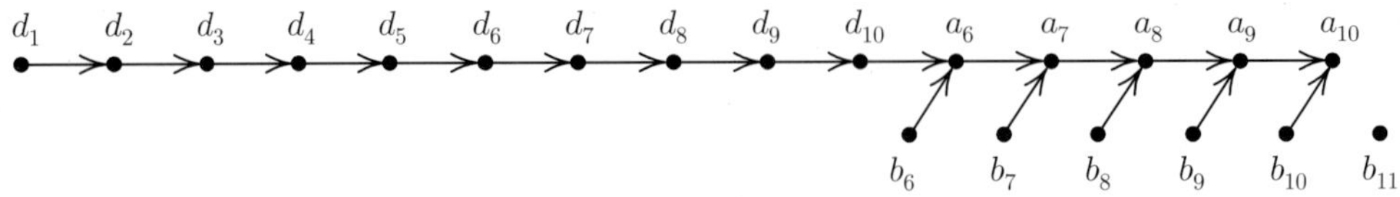

(9)

이 다음 단계가 핵심이다. 이제 어떻게 해야 할지가 명확히 떠오르는지? 다음 단계는 b_{11} (b_7이 아니라)을 단 4회의 비교만으로 주 사슬에 삽입하는 것이다. 그런 후에는 b_{10}, b_9, b_8, b_7, b_6도(이 순서대로) 주 사슬의 적절한 자리에 각각 최대 4회의 비교를 통해서 삽입할 수 있다.

지금까지의 비교 횟수를 세심하게 세어 보면 21개의 원소들을 최대 $10+S(10)+2+2+3+3+4+4+4+4+4+4=66$단계로 삽입할 수 있다는 결론이 나온다. 그리고

$$2^{65} < 21! < 2^{66}$$

이므로, 어떤 경우에도 66보다 적은 단계로는 가능하지 않음도 알 수 있다. 따라서

$$S(21) = 66 \tag{10}$$

이다. (이진 삽입이라면 74회의 비교가 필요했을 것이다.)

일반화하자면, n개의 원소들에 대한 병합 삽입은 다음과 같이 진행된다:

i) $\lfloor n/2 \rfloor$개의 서로 다른 원소쌍들을 각 쌍별로 비교한다. (만일 n이 홀수이면 마지막 원소는 남겨둔다.)

ii) 단계 (i)에서 판정한 더 큰 원소들 $\lfloor n/2 \rfloor$개를 병합 삽입으로 정렬한다.

iii) 원소 $a_1, a_2, \ldots, a_{\lfloor n/2 \rfloor}$과 $b_1, b_2, \ldots, b_{\lceil n/2 \rceil}$에 (7)에서처럼 이름을 붙인다. 여기서 $a_1 \le a_2 \le \cdots \le a_{\lfloor n/2 \rfloor}$이고 $1 \le i \le \lfloor n/2 \rfloor$에 대해 $b_i \le a_i$이다. b_1과 a들을 "주 사슬(main chain)"이라고 부른다. 나머지 b들 중 $j > \lceil n/2 \rceil$에 대한 b_j들을 제외한 것들을 이진 삽입법을 이용해서 다음과 같은 순서로 주 사슬에 삽입한다.

$$b_3, b_2;\ \ b_5, b_4;\ \ b_{11}, b_{10}, \ldots, b_6;\ \ \ldots;\ \ b_{t_k}, b_{t_k - 1}, \ldots, b_{t_{k-1}+1};\ \ \ldots. \tag{11}$$

(11)에 나오는 수열 $(t_1, t_2, t_3, t_4, \ldots) = (1, 3, 5, 11, \ldots)$을 $b_{t_k}, b_{t_k - 1}, \ldots, b_{t_{k-1}+1}$ 각각이 최대 k회의 비교로 주 사슬에 삽입될 수 있도록 하는 방식으로 정의해야 한다. (7), (8), (9)를 일반화하면 다음과 같은 그림이 나온다.

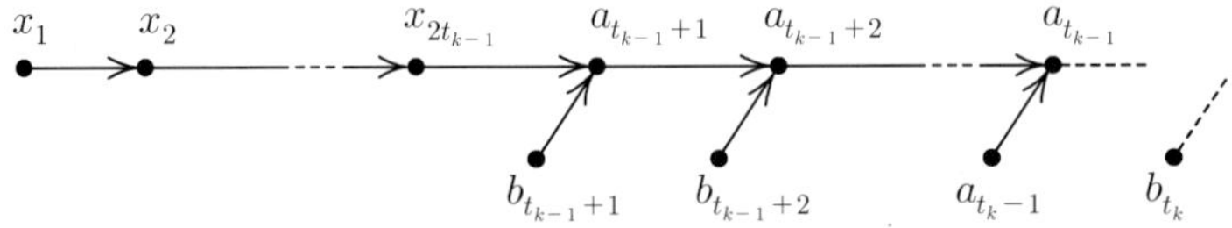

여기서 $a_{t_k - 1}$까지의 주 사슬($a_{t_k - 1}$도 포함)은 $2t_{k-1} + (t_k - t_{k-1} - 1)$개의 원소들로 이루어진다. 이 개수는 반드시 2^k보다 작다. 일단, 주 사슬 원소 개수를 $2^k - 1$로 두어서

$$t_{k-1}+t_k=2^k \tag{12}$$

이 되게 한다. $t_1=1$이므로 편의를 위해 $t_0=1$로 둘 수 있으며, 그러면 기하급수의 합에 의해

$$t_k=2^k-t_{k-1}=2^k-2^{k-1}+t_{k-2}=\cdots=2^k-2^{k-1}+\cdots+(-1)^k2^0$$
$$=(2^{k+1}+(-1)^k)/3 \tag{13}$$

임을 알 수 있다. (흥미롭게도, 두 정수의 최대공약수를 계산하는 알고리즘을 연구할 때에도 이와 동일한 수열이 나타났었다. 연습문제 4.5.2-36을 볼 것.)

n개의 원소들을 병합 삽입으로 정렬하는 데 필요한 비교 횟수를 $F(n)$이라고 하자. 그러면, 단계 (iii)에 필요한 작업의 양을 G라고 할 때

$$F(n)=\lfloor n/2\rfloor+F(\lfloor n/2\rfloor)+G(\lceil n/2\rceil) \tag{14}$$

임이 확실하다. 만일 $t_{k-1}\le m\le t_k$이면 부분합에 의해

$$G(m)=\sum_{j=1}^{k-1}j(t_j-t_{j-1})+k(m-t_{k-1})=km-(t_0+t_1+\cdots+t_{k-1}) \tag{15}$$

이 나온다. 이제 $(w_0,w_1,w_2,w_3,w_4,\ldots)=(0,1,2,5,10,21,\ldots)$이 되도록

$$w_k=t_0+t_1+\cdots+t_{k-1}=\lfloor 2^{k+1}/3\rfloor \tag{16}$$

으로 두자. 연습문제 13에 의해

$$F(n)-F(n-1)=k, \qquad \text{오직 } dw_k<n\le w_{k+1}\text{일 때에만} \tag{17}$$

이며, 후자의 조건은

$$\frac{2^{k+1}}{3}<n\le\frac{2^{k+2}}{3},$$

즉 $k+1<\lg 3n<k+2$와 동치이다. 따라서

$$F(n)-F(n-1)=\lceil \lg \tfrac{3}{4}n\rceil \tag{18}$$

이다. (이 공식은 하디안A. Hadian [박사학위 논문, Univ. of Minnesota (1969), 38–42]에서 기인한다.) 이로부터 $F(n)$에 대한 다음과 같이 놀랄 만큼 간단한 수식을 이끌어낼 수 있다.

$$F(n)=\sum_{k=1}^{n}\lceil \lg \tfrac{3}{4}k\rceil. \tag{19}$$

이는 이진 삽입의 해당 공식 (3)과 상당히 비슷하다. 이 합의 닫힌 형식이 연습문제 14에 나온다. 식 (19)를 이용하면 $F(n)$ 값들의 표를 쉽게 구축할 수 있다. 다음이 그러한 표이다.

$n =$	1	2	3	4	5	6	7	8	9	10	11	12	13	14	15	16	17
$\lceil \lg n! \rceil =$	0	1	3	5	7	10	13	16	19	22	26	29	33	37	41	45	49
$F(n) =$	0	1	3	5	7	10	13	16	19	22	26	30	34	38	42	46	50

$n =$	18	19	20	21	22	23	24	25	26	27	28	29	30	31	32	33
$\lceil \lg n! \rceil =$	53	57	62	66	70	75	80	84	89	94	98	103	108	113	118	123
$F(n) =$	54	58	62	66	71	76	81	86	91	96	101	106	111	116	121	126

$1 \le n \le 11$와 $20 \le n \le 21$에 대해 $F(n) = \lceil \lg n! \rceil$임을 주목할 것. 따라서 병합 정렬은 그러한 n들에 최적이다:

$$n = 1, \ldots, 11, 20, 21 \text{에 대해} \qquad S(n) = \lceil \lg n! \rceil = F(n). \tag{20}$$

슈타인하우스Hugo Steinhaus는 그의 고전적 저작 Mathematical Snapshots 제2판 (Oxford University Press, 1950), 38-39에 $S(n)$을 구하는 문제를 제시해 놓았다. 그는 이진 삽입 방법을 설명했는데,

표 1

이진 표기법으로 표현된 여러 계승 값들

$$\begin{aligned}
(1)_2 &= 1! \\
(10)_2 &= 2! \\
(110)_2 &= 3! \\
(11000)_2 &= 4! \\
(1111000)_2 &= 5! \\
(1011010000)_2 &= 6! \\
(1001110110000)_2 &= 7! \\
(1001110110000000)_2 &= 8! \\
(1011000100110000000)_2 &= 9! \\
(1101110101111100000000)_2 &= 10! \\
(1001100001000101010000000)_2 &= 11! \\
(1110010001100111111000000000)_2 &= 12! \\
(1011100110010100011001100000000000)_2 &= 13! \\
(10100010011000011101100101000000000000)_2 &= 14! \\
(1001100000111011101110111010110000000000)_2 &= 15! \\
(100110000011101110111011101011000000000000000)_2 &= 16! \\
(101000011011111101110111011001101100000000000000)_2 &= 17! \\
(10110101111101110110011001010011100110000000000000000)_2 &= 18! \\
(110110000001010111001001100000110100010010000000000000000)_2 &= 19! \\
(100001110000110110011101111100100000101011010000000000000000000)_2 &= 20!
\end{aligned}$$

그것은 n개의 객체들 중 $n-1$개를 먼저 정렬한 후에 n번째 객체를 고려하는 식으로 n개의 객체를 정렬하는 가능한 최고의 방법이다. 그는 이진 삽입이 일반적으로도 최적일 것이라고 추측했다. 몇 년 후 〔*Calcutta Math. Soc. Golden Jubilee Commemoration* 2 (1959), 323-327〕 슈타인하우스는 그의 두 동료 트리부와S. Trybuła와 첸P. Czen이 "최근에" 그의 추측을 반증했으며 $n \le 11$에 대한 $S(n)$을 구했다고 보고했다. 아마도 트리부와와 첸이 병합 삽입 방법을 독립적으로 발견했을 수도 있다. 병합 삽입 방법은 얼마 후 포드Ford와 존슨Johnson에 의해서 발표되었다 〔*AMM* 66 (1959), 387-389〕.

병합 삽입이 발견된 후, 최초의 알려지지 않은 $S(n)$ 값은 $S(12)$였다. 표 1은 $12!$이 2^{29}과 상당히 가까움을 보여준다. 따라서 12개의 원소에 대한 29단계 정렬 절차가 존재할 가능성은 별로 없어 보인다. 이후 웰스Mark Wells는 상세한(Maniac II 컴퓨터에서 60시간이 걸린) 검색을 수행해서 $S(12)=30$임을 밝혀냈다 〔*Proc. IFIP Congress 65* 2 (1965), 497-498; *Elements of Combinatorial Computing* (Pergamon, 1971), 213-215〕. 결국 병합 삽입 절차는 $n=12$에 대해서도 최적임이 판명된 것이다.

약간 더 상세한 분석. $S(n)$을 좀 더 자세히 연구하기 위해, (5)와 같은 부분순서 도표들을 좀 더 면밀하게 살펴보자. 여러 번의 비교를 수행한 후에는 그 때까지 얻은 지식을 유향그래프 형태로 표현할 수 있다. $<$ 관계의 추이성 덕분에, 이러한 유향그래프에는 순환마디가 없다. 따라서 모든 호가 왼쪽에서 오른쪽으로 가는 형태로 그래프를 그릴 수 있다. 그러므로 편의상 도표에서 화살표 머리는 생략하기로 한다. 그러면 (5)는 다음과 같은 모습이 된다.

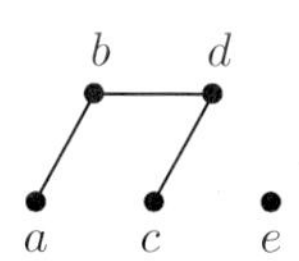

(21)

그러한 하나의 유향그래프를 G라고 하자. 그리고 $T(G)$가 G와 일치하는 순열들의 개수, 다시 말하면 G 안에서 $x \to y$이면 항상 정점 x의 번호가 정점 y의 번호보다 작음을 만족하도록 정수 $\{1, 2, \ldots, n\}$을 G의 정점들에 부여하는 방법의 개수라고 하자. 예를 들어 $a=1, b=4, c=2, d=5, e=3$인 순열은 (21)과 일치한다. 여러 G에 대한 $T(G)$를 5.1.4절에서 연구한 바 있다. 거기에서 우리는 $T(G)$가 G를 위상정렬하는 방법의 수임을 밝혔다.

G가 n개의 원소들에 대한, k회의 비교 후에 얻을 수 있는 그래프라고 할 때, G의 효율(efficiency) $E(G)$를 다음과 같이 정의한다.

$$E(G) = \frac{n!}{2^k T(G)}. \tag{22}$$

(이 착안은 황Frank Hwang과 린Shen Lin에서 기인한 것이다.) 엄밀히 말해서 이 효율은 그래프 G만의 함수가 아니다. 이 효율은 정렬 공정에서 우리가 G에 어떻게 도달했느냐에 의존한다. 그러나 편의상 그런 미묘한 부분은 무시하기로 한다. 이 상태에서 또 다른 비교, 이를테면 i와 j의 비교를 수행한

후에는 $K_i < K_j$인 경우와 $K_i > K_j$인 경우에 대한 그래프 G_1과 G_2를 얻게 된다. 이 때

$$T(G) = T(G_1) + T(G_2)$$

임은 명백하다. 만일 $T(G_1) \geq T(G_2)$이면

$$T(G) \leq 2\,T(G_1),$$

$$E(G_1) = \frac{n!}{2^{k+1}T(G_1)} = \frac{E(G)\,T(G)}{2\,T(G_1)} \leq E(G) \tag{23}$$

가 성립한다. 따라서 각 비교는 효율이 작거나 같은 그래프를 적어도 하나 만들어 낸다. 비교를 더 수행한다고 해서 효율을 더 개선할 수는 없다.

G에 호가 하나도 없다면 $k = 0$이고 $T(G) = n!$이다. 따라서 초기 효율은 1이다. 그 반대쪽 극단의 경우, 즉 G가 정렬의 최종 결과를 나타내는 그래프인 경우 G는 하나의 직선 형태이며 $T(G) = 1$이다. 따라서 예를 들어 다섯 개의 원소들을 많아야 일곱 단계로 정렬하는 정렬 절차를 찾고자 한다면, 효율이 $5!/(2^7 \times 1) = 120/128 = 15/16$인 하나의 선형 그래프  를 얻어야 한다. 이로부터, 정렬 절차에서 나타나는 모든 그래프의 효율이 반드시 $\geq \frac{15}{16}$임을 이끌어낼 수 있다. 만일 그보다 덜 효율적인 그래프가 나타났다면, 그 그래프의 후손들 중 적어도 하나는 역시 그보다 덜 효율적일 것이며, 그러면 결국 효율이 $< \frac{15}{16}$인 선형 그래프에 도달하게 될 것이다. 일반화하자면, 이러한 논증은 n개의 원소들에 대한 한 정렬 절차의 트리 노드들에 대응하는 모든 그래프의 효율이 반드시 $\geq n!/2^l$임을 증명한다. 여기서 l은 트리의 수준 개수(외부 노드들은 세지 않은)이다. 이는 $S(n) \geq \lceil \lg n! \rceil$을 증명하는 또 다른 방법이나, 그 논증이 이전에 말했던 것과 아주 다른 것은 아니다.

그래프 (21)의 효율은 1이다. $T(G) = 15$이고 G가 세 번의 비교로 얻은 것이기 때문이다. 다음번에 비교할 정점들을 결정하기 위해서는 다음과 같은 비교 행렬을 만들 수 있다.

$$C(G) = \begin{array}{c} \\ a \\ b \\ c \\ d \\ e \end{array} \begin{array}{c} \begin{array}{ccccc} a & b & c & d & e \end{array} \\ \begin{pmatrix} 0 & 15 & 10 & 15 & 11 \\ 0 & 0 & 5 & 15 & 7 \\ 5 & 10 & 0 & 15 & 9 \\ 0 & 0 & 0 & 0 & 3 \\ 4 & 8 & 6 & 12 & 0 \end{pmatrix} \end{array}. \tag{24}$$

여기서 C_{ij}는 G에 호 $i \to j$를 추가해서 얻은 그래프 G_1에 대한 $T(G_1)$이다. 예를 들어 K_c와 K_e를 비교한다면, G와 일치하는 15개의 순열들은 $K_e < K_c$를 만족하는 $C_{ec} = 6$개의 순열들과 $K_c < K_e$를 만족하는 $C_{ce} = 9$개의 순열들로 나뉘어진다. 후자의 그래프의 효율은 $15/(2 \times 9) = \frac{5}{6} < \frac{15}{16}$일 것이므로, 그렇게 해서는 일곱 단계 정렬 절차에 도달할 수 없다. 효율을 $\geq \frac{15}{16}$로 유지하려면 다음 비교는 반드시 $K_b : K_e$이어야 한다.

효율이라는 개념은 그래프의 연결된 구성요소들을 고려할 때 특히나 유용하다. 예를 들어 그래프

$G =$ 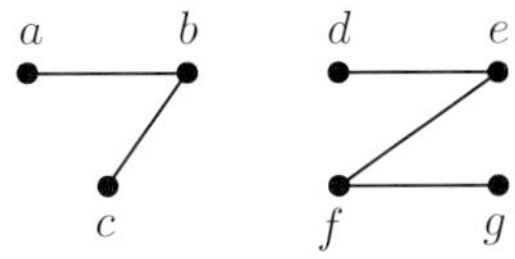

를 생각해 보자. 이 그래프는 구성요소

$G' =$ 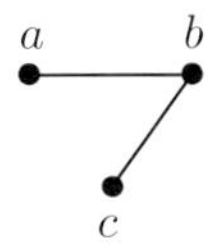 와 $G'' =$ 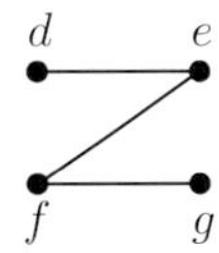

로 구성되며, G' 와 G'' 를 연견하는 호는 없다. 따라서 이 그래프 전체는 전적으로 G' 안에서의 비교들 일부와 전적으로 G'' 안에서의 비교들 일부에 의해 만들어진 것이다. 일반화하자면, 그래프 $G = G' \oplus G''$ 에서 G' 와 G'' 사이에 호가 없으며 G' 과 G'' 이 각각 n' 개와 n'' 개의 정점들로 이루어졌다고 할 때,

$$T(G) = \binom{n' + n''}{n'} T(G')T(G'') \tag{25}$$

이다. 이는 G의 각 일치 순열이 n' 개의 원소들을 택해서 G' 에 배정함으로써 만들어지며, G' 과 G'' 의 일치 순열들은 독립적으로 각자의 안에서 만들어진다는 점을 생각하면 쉽게 확인할 수 있다. 만일 G' 안에서 비교가 k' 회 수행되고 G'' 안에서 k'' 회 수행되었다면, 다음과 같은 기본적인 결과가 성립한다.

$$E(G) = \frac{(n' + n'')!}{2^{k' + k''} T(G)} = \frac{n'!}{2^{k'} T(G')} \frac{n''!}{2^{k''} T(G'')} = E(G')E(G''). \tag{26}$$

이는 그래프의 효율이 그 구성요소들의 효율과 간단한 방식으로 연관됨을 보여준다. 그러므로 지금 논의에서는 구성요소가 하나뿐인 그래프들만을 고려해도 무방하다.

이제 G' 과 G'' 이 1구성요소 그래프들이며, G' 의 정점 x 와 G'' 이 정점 y 를 비교함으로써 둘을 하데 엮고자 한다고 하자. 목표는 그렇게 해서 나온 그래프의 효율이 어느 정도인지를 구하는 것이다. 이를 위해서는 그래프

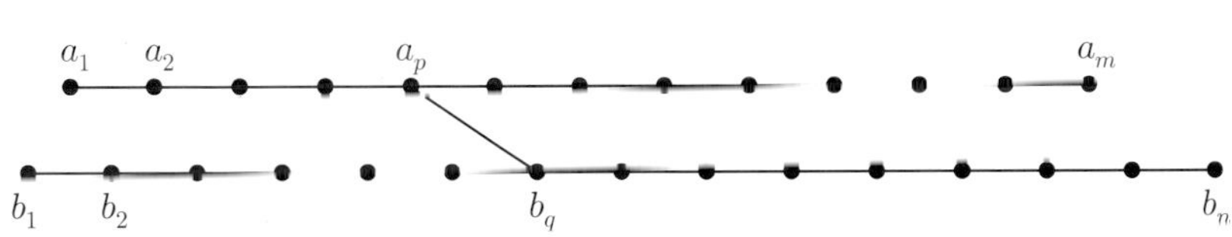

$$\tag{28}$$

와 일치하는 순열들의 개수를 나타내는,

$$\binom{p < q}{m \quad n}, \tag{27}$$

와 같이 표기할 수 있는 하나의 함수를 정의해야 한다.† 즉, $\binom{p < q}{m \quad n}$ 은 $\binom{m+n}{m}$ 에다 m 개의 숫자들로

† 〔옮긴이 주〕 영어와 한국어의 어순 차이 때문에 수식 번호에 반전이 생겼음을 밝혀둔다. 따라서 이번 절의 수식 번호들은 완전한 오름차순이 아니다.

된 집합에서 p번째로 작은 원소가 그와 독립적으로 선택된 n개의 수들의 집합에서 q번째로 작은 원소보다 작을 확률을 곱한 것이다. 연습문제 17은 이항계수들을 이용해서 $\binom{p}{m} < \binom{q}{n}$를 다음 두 가지 방식으로 표현할 수 있음을 보여준다.

$$\left(\begin{matrix} p \\ m \end{matrix} < \begin{matrix} q \\ n \end{matrix}\right) = \sum_{0 \le k < q} \binom{m-p+n-k}{m-p}\binom{p-1+k}{p-1}$$
$$= \sum_{p \le j \le m} \binom{n-q+m-j}{n-q}\binom{q-1+j}{q-1}. \tag{29}$$

(첨언하자면, 이항계수들의 곱들의 이러한 두 합이 반드시 같다는 점에 대한 대수학적 근거는 결코 명백하지 않다.) 또한 다음과 같은 공식들도 성립한다.

$$\left(\begin{matrix} p \\ m \end{matrix} < \begin{matrix} q \\ n \end{matrix}\right) + \left(\begin{matrix} q \\ n \end{matrix} < \begin{matrix} p \\ m \end{matrix}\right) = \binom{m+n}{m}; \tag{30}$$

$$\left(\begin{matrix} q \\ n \end{matrix} < \begin{matrix} p \\ m \end{matrix}\right) = \left(\begin{matrix} m+1-p \\ m \end{matrix} < \begin{matrix} n+1-q \\ n \end{matrix}\right); \tag{31}$$

$$\left(\begin{matrix} p \\ m \end{matrix} < \begin{matrix} q \\ n \end{matrix}\right) = \left(\begin{matrix} p \\ m-1 \end{matrix} < \begin{matrix} q \\ n \end{matrix}\right) + \left(\begin{matrix} p \\ m \end{matrix} < \begin{matrix} q \\ n-1 \end{matrix}\right) + [p \le m][q = n]\binom{m+n-1}{m}. \tag{32}$$

이해를 돕기 위해 다음 두 그래프를 살펴보자.

$G' =$ 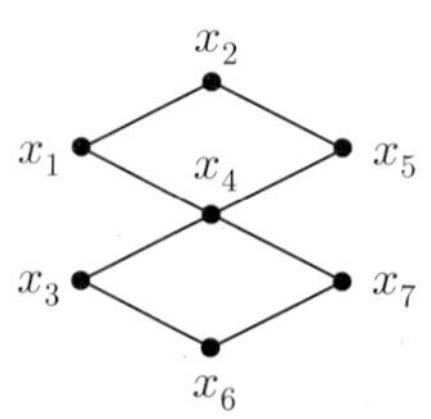

, $G'' =$ 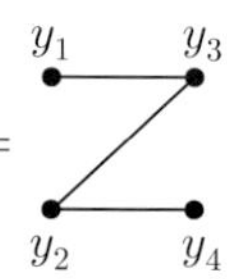

(33)

일일이 직접 나열해 보면 $T(G') = 42$이고 $T(G'') = 5$임을 어렵지 않게 보일 수 있다. 따라서 만일 G가 G'과 G''을 구성요소로 하는 정점 11개짜리 그래프라고 한다면, 식 (25)에 의해 $T(G) = \binom{11}{4} \cdot 42 \cdot 5 = 69300$이다. 각 i와 j에 대해 $x_i < y_j$인 순열들의 개수를 알아내기 위해서 이렇게 많은 순열들을 조사한다는 것은 다소 부담스러운 일이 아닐 수 없다. 그러나 다음과 같은 방법을 이용한다면 한 시간 이내의 필산으로 원하는 결과를 얻을 수 있다. G' (또는 G'')과 일치하는 순열들 중 x_i(또는 y_i)가 k와 같은 순열들의 개수를 성분 A_{ik}로 하는 행렬 $A(G')$과 $A(G'')$을 만든다. 즉, G의 순열들 중 x_i가 y_j보다 작은 순열들의 개수는 $A(G')$의 (i, p) 성분 곱하기 $\left(\begin{smallmatrix} p \\ 7 \end{smallmatrix} < \begin{smallmatrix} q \\ 4 \end{smallmatrix}\right)$ 곱하기 $A(G'')$의 (j, q) 성분을 구간 $1 \le p \le 7$와 $1 \le q \le 4$에 대해 합한 것이다. 다른 말로 하면, $L_{pq} = \left(\begin{smallmatrix} p \\ 7 \end{smallmatrix} < \begin{smallmatrix} q \\ 4 \end{smallmatrix}\right)$인 행렬 곱 $A(G') \cdot L \cdot A(G'')^T$을 구해야 한다. 결과는

$$\begin{pmatrix} 21 & 16 & 5 & 0 & 0 & 0 & 0 \\ 0 & 5 & 10 & 12 & 10 & 5 & 0 \\ 21 & 16 & 5 & 0 & 0 & 0 & 0 \\ 0 & 0 & 12 & 18 & 12 & 0 & 0 \\ 0 & 0 & 0 & 0 & 5 & 16 & 21 \\ 0 & 5 & 10 & 12 & 10 & 5 & 0 \\ 0 & 0 & 0 & 0 & 5 & 16 & 21 \end{pmatrix} \begin{pmatrix} 210 & 294 & 322 & 329 \\ 126 & 238 & 301 & 325 \\ 70 & 175 & 265 & 315 \\ 35 & 115 & 215 & 295 \\ 15 & 65 & 155 & 260 \\ 5 & 29 & 92 & 204 \\ 1 & 8 & 36 & 120 \end{pmatrix} \begin{pmatrix} 2 & 3 & 0 & 0 \\ 2 & 2 & 0 & 1 \\ 1 & 0 & 2 & 2 \\ 0 & 0 & 3 & 2 \end{pmatrix} = \begin{pmatrix} 48169 & 42042 & 66858 & 64031 \\ 22825 & 16005 & 53295 & 46475 \\ 48169 & 42042 & 66858 & 64031 \\ 22110 & 14850 & 54450 & 47190 \\ 5269 & 2442 & 27258 & 21131 \\ 22825 & 16005 & 53295 & 46475 \\ 5269 & 2442 & 27258 & 21131 \end{pmatrix}$$

이다. 따라서 G'과 G''을 연결하는 "최고의" 방법은 x_1과 y_2를 비교하는 것이다. 그러면 $x_1 < y_2$인 경우는 42042가지, $x_1 > y_2$인 경우는 $69300 - 42042 = 27258$가지이다. (대칭성에 의해 x_3과 y_2, x_5와 y_3, x_7과 y_3을 비교해도 본질적으로 같은 결과가 나온다.) 그렇게 얻은 $x_1 < y_2$에 대한 그래프의 효율은

$$\frac{69300}{84084} E(G')E(G'')$$

인데, 이는 결코 좋은 값이 아니다. 따라서 그 어떤 정렬 방법으로든 G'과 G''을 연결하는 것은 바람직하지 않은 방식일 것이다. 이 예의 요점은 과도한 계산 없이도 이러한 결정을 내릴 수 있다는 것이다.

$S(12) = 30$에 대한 웰스Mark Wells의 증명을 독립적으로 확인하는 데 이러한 착안들을 사용할 수 있다. 우선 정점 하나를 담은 그래프로 시작해서 그래프 G들 중 하나 또는 $G' \oplus G''$(그래프 구성요소 G'과 G''의 쌍)에 비교를 추가하되 결과로 나온 두 그래프의 정점이 12개 이하이며 효율이 $\geq 12!/2^{29} \approx 0.89221$가 되도록 계속해서 비교를 추가해 나간다. 그러한 추가가 가능할 때마다 두 그래프 중 중 효율이 낮은 것을 택해서 우리의 집합에 추가한다. 단, 둘 중 하나가 이미 추가된 어떤 그래프와 동형일 경우에는 추가하지 않는다. 두 그래프의 효율이 같다면 임의로 하나를 택한다. 한 그래프와 그것의 쌍대(dual) 그래프(원래의 그래프의 순서를 뒤집은 것)는 동일한 것으로 간주할 수 있다. 단, 그렇게 하는 경우에는 비교들을 $G' \oplus G''$뿐만 아니라 $G' \oplus \mathrm{dual}(G'')$에도 추가해야 한다. 이러한 추가를 반복해서 얻은 그래프들 중 가장 작은 몇 개가 그림 36에 나와 있다. 그래프 옆의 수치는 그래프의 효율이다.

이러한 공정을 컴퓨터로 수행해보니 정확히 1649개의 그래프가 만들어진 후에 공정이 끝났다. 그래프 는 나오지 않았으므로 $S(12) > 29$라는 결론을 내릴 수 있다. $22!/2^{70} \approx 0.952$는 70단계 이내의 정렬에 대해 극도로 높은 효율을 요구하므로, 비슷한 실험을 통해서 비교적 적당한 시간 안에 $S(22) > 70$임을 이끌어낼 수 있을 가능성이 크다. (12개 이하의 정점들에 대해 구한 1649개의 그래프들 중 그 정도로 높은 효율을 가진 것은 단 91개였다.)

페차르스키Marcin Peczarski는 웰스의 방법을 확장했으며 $S(13) = 34$, $S(14) = 38$, $S(22) = 71$을 증명했다 [*Algorithmica* 40 (2004), 133-145; *Information Proc. Letters* 101 (2007), 126-128 참고]. 따라서 그런 경우들에서도 병합 삽입이 최적이다. 직관적으로 볼 때, 언젠가는 $S(16)$이 $F(16)$보다 작아질 것이다. 왜냐하면 $F(16)$에 필요한 단계 수는 $S(10)$회의 비교를 수행한 후 다른 여섯 수들을 한 번에 하나씩 이진 삽입으로 삽입하는 정렬 방법의 단계 수보다 작지 않기 때문이다. 이를 개선하는 방법은 반드시 있을 것이다! 그러나 현재로서는 $F(n)$이 최적이 아님이 확실한

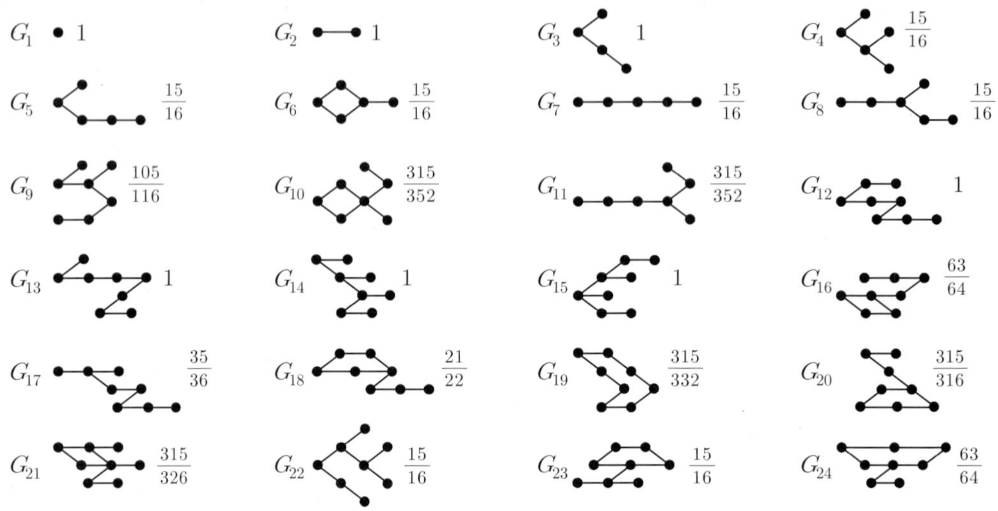

그림 36. $S(12) > 29$의 긴 증명의 시작 부분에서 얻은 그래프들 일부와 그 효율들.

가장 작은 경우는 $n = 47$이다: 원소 5개와 42개를 $F(5) + F(42) = 178$회의 비교로 수행한 후 그 결과들을 슐테 뮌팅J. Schulte Mönting, *Theoretical Comp. Sci.* 14 (1981), 19–37에서 기인한 방법을 이용해서 22회의 추가적인 비교로 병합한다. 이 전략은 $F(47) = 201$을 능가한다. (이보다 앞서 매너처Glenn K. Manacher는 $S(n) < F(n)$인 n들이 $n = 189$로부터 시작해서 무한히 많음을 증명했다 〔*JACM* 26 (1979), 441–456〕.)

평균 비교 횟수. 지금까지는 최악의 경우가 그리 나쁘지 않다는 측면에서 가능한 최고의 정렬 절차들을 살펴보았다. 다른 말로 하면 지금까지 우리는 최대 비교 횟수를 최소화하는 "최소최대(minimax)" 절차들을 찾아본 것이다. 이번에는 각 순열이 동일 확률로 출현하는 무작위 입력이 주어졌을 때의 "최소평균" 절차, 즉 평균 비교 횟수를 최소화하는 절차들을 살펴보겠다.

이번에도 그림 34에 나온 것 같은 정렬 절차의 트리 표현을 고려한다. 그림 34의 트리의 평균 비교 횟수는 모든 순열에 대해 평균을 낸

$$\frac{2+3+3+3+3+2}{6} = 2\,\frac{2}{3}$$

이다. 일반화하자면, 한 정렬 방법의 평균 횟수는 트리의 외부 경로 길이를 $n!$로 나눈 것이다. (외부 경로 길이는 루트에서 각 외부 노드로의 거리들의 합임을 기억할 것. 2.3.4.5절에 나온다.) 2.3.4.5절의 내용에 근거할 때, 외부 노드가 N개인 이진트리의 외부 경로 길이가 최소가 되는 경우는 $q = \lceil \lg N \rceil$이라고 할 때 수준 $q-1$에 있는 외부 노드가 $2^q - N$개, 수준 q에 있는 외부 노드가 $2N - 2^q$개인 경우이다. (루트의 수준은 0이다.) 따라서 최소 외부 경로 길이는

$$(q-1)(2^q - N) + q(2N - 2^q) = (q+1)N - 2^q \tag{34}$$

이다. 최소 경로 길이를 다음과 같은 흥미로운 방식으로도 특징지을 수 있다: *주어진 개수의 외부*

노드들을 가진 한 확장 이진트리는 오직 모든 외부노드가 수준 l과 $l+1$에서 나타남을 만족하는 수 l이 존재할 때에만 최소 외부 경로 길이를 가진다. (연습문제 20 참고.)

만일 $0 \le \theta < 1$라고 할 때 때 $q = \lg N + \theta$로 둔다면, 최소 외부 경로 길이의 공식은

$$N(\lg N + 1 + \theta - 2^{\theta}) \tag{35}$$

이 된다. 함수 $1 + \theta - 2^{\theta}$이 그림 37에 나와 있다. $0 < \theta < 1$에 대해 이 함수는 양이긴 하나, 결코

$$1 - (1 + \ln\ln 2)/\ln 2 = 0.08607\ 13320\ 55934+ \tag{36}$$

를 넘지 않는 아주 작은 값이다. 따라서 (35)를 N으로 나누어 얻은 최소 평균 비교 횟수는 결코 $\lg N$보다 작지 않으며 결코 $\lg N + 0.0861$보다 크지 않다. [이 결과는 1956년에 글리슨A. Gleason이 IBM의 한 내부 메모에서 처음으로 얻은 것이다.]

이제 만일 $N = n!$로 둔다면 임의의 정렬 방식에서의 평균 비교 횟수의 하계가 나온다. 점근적으로 표현할 때 이 하계는

$$\lg n! + O(1) = n \lg n - n/\ln 2 + O(\log n) \tag{37}$$

이다.

병합 삽입 알고리즘이 수행하는 평균 비교 횟수를 $\overline{F}(n)$이라고 하자. 그러면 다음이 성립한다.

$n =$	1	2	3	4	5	6	7	8
하계 (34) $=$	0	2	16	112	832	6896	62368	619904
$n!\,\overline{F}(n) =$	0	2	16	112	832	6912	62784	623232

즉, 병합 삽입은 $n \le 5$에 대해 두 경우 모두에서 최적인 것이다. 그러나 $n = 6$의 경우 평균 비교 횟수는 $6912/720 = 9.6$으로, 이는 평균 비교 횟수의 하계 $6896/720 = 9.577777\ldots$보다 크다. 잠깐만 생각하면 이런 결과가 틀린 것이 아님을 알 수 있다: 여섯 원소들의 순열들 중 일부 "운 좋은" 순열들이 병합 삽입에서 오직 8회의 비교만에 정렬되었기 때문에 비교 트리는 두 수준들이 아니라 세 수준들에서 외부 노드들을 가지게 되었고, 이 때문에 전반적인 경로 길이가 커진 것이다. 연습문제 24는 각 경우에서 9 또는 10회의 비교를 요구하는 6원소 정렬 절차를 구축하는 것이 가능함을 보여준다. 그러한 결과는 이 방법이 평균적으로 병합 삽입보다 우월하며, 최악의 경우에도 병합 삽입보다 나쁘지 않음을 뜻한다.

세자리Y. Césari는 $n = 7$일 때 외부 경로 길이에 대한 하계 62368에 도달할 수 있는 정렬 방법은 없음을 보였다 [학위논문 (Univ. of Paris, 1968), 37쪽]. (연습문제 22의 결과를 이용하면 이

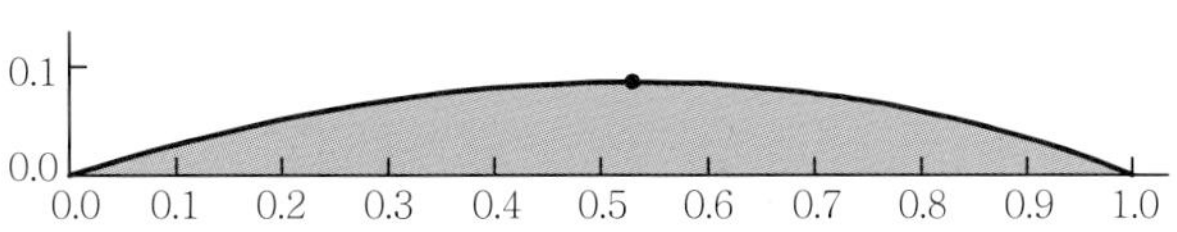

그림 37. 함수 $1+\theta-2^{\theta}$.

사실을 컴퓨터 없이도 증명할 수 있다.) 한편 그는 $n = 9$ 또는 10일 때 하계 (34)를 달성하는 절차들을 구축해 냈다. 일반적으로 평균 비교 횟수를 최소화하는 문제는 $S(n)$을 구하는 문제보다 훨씬 더 어려운 것으로 판명된다. 심지어는, 어떤 n에 대해서는 평균 비교 횟수를 최소화하는 모든 방법이 그 최악의 경우에서의 $S(n)$보다 더 많은 횟수의 비교를 요구한다는 것도 참이다.

연습문제

1. [*20*] 원소 네 개를 (a) 이진 삽입과 (b) 직접 2중 병합으로 정렬할 때의 비교 트리들을 그려라. 이 트리들의 외부 경로 길이는 얼마인가?

2. [*M24*] $B(n) \le L(n)$를 증명하고, 등식이 성립하는 모든 n을 구하라.

3. [*M22*] 키들이 같을 수도 있다는 조건 하에서 세 원소를 정렬할 때 나올 수 있는 상황은 다음 열 세 가지이다.

$$K_1 = K_2 = K_3, \qquad K_1 = K_2 < K_3, \qquad K_1 = K_3 < K_2,$$
$$K_2 = K_3 < K_1, \qquad K_1 < K_2 = K_3, \qquad K_2 < K_1 = K_3,$$
$$K_3 < K_1 = K_2, \qquad K_1 < K_2 < K_3, \qquad K_1 < K_3 < K_2,$$
$$K_2 < K_1 < K_3, \qquad K_2 < K_3 < K_1, \qquad K_3 < K_1 < K_2, \qquad K_3 < K_2 < K_1.$$

키들이 같을 수도 있다는 조건 하에서 n개의 원소들을 정렬할 때 나올 수 있는 경우들의 개수를 P_n이라고 하자. 즉, $(P_0, P_1, P_2, P_3, P_4, P_5, \ldots) = (1, 1, 3, 13, 75, 541, \ldots)$이다. 생성함수 $P(z) = \sum_{n \ge 0} P_n z^n/n!$이 $1/(2 - e^z)$과 같음을 증명하다. 힌트: 다음을 보일 것.

$$n > 0\text{일 때} \qquad P_n = \sum_{k > 0} \binom{n}{k} P_{n-k}.$$

4. [*HM27*] (그로스O. A. Gross.) 연습문제 3의 수 P_n의 $n \to \infty$에 따른 점근값을 구하라. [힌트가 될 수도 있음: $\cot z$의 부분분수 전개를 고려할 것.]

5. [*16*] 키들이 같을 수 있다고 할 때, 각 비교의 결과는 두 가지가 아니라 세 가지, 즉 $K_i < K_j$ 또는 $K_i = K_j$ 또는 $K_i > K_j$이다. 이런 일반적인 상황에 대한 정렬 알고리즘들을 확장된 3진 트리로 표현할 수 있다. 그러한 트리에서 각 내부 노드 $i : j$는 세 개의 하위트리, 즉 비교의 세 결과에 각각 대응하는 왼쪽, 중간, 오른쪽 하위트리를 가진다.

키들이 같을 수 있다고 할 때 $n = 3$에 대한 정렬 알고리즘을 정의하는 확장 3진 트리를 그려라. 그 트리에는 연습문제 3에 나열된 열세 가지 가능한 결과들에 대응하는 13개의 외부 노드들이 있어야 한다.

▶ **6.** [*M22*] $S'(n)$이 n개의 원소들을 정렬하고 키들 사이의 모든 상등 관계를 판정하는 데 필요한 최소 비교 횟수라라고 하자. 각 비교의 결과는 연습문제 5에 나온 것처럼 세 가지이다. 본문에 나온 정보이론적 논증을 일반화한다면 $S'(n) \ge \lceil \log_3 P_n \rceil$라는 결론을 얻을 수 있다. 여기서 P_n은 연습문제 3과 4에서 살펴본 함수이다. 그러나 실제로는 $S'(n) = S(n)$임을 증명하라.

7. [*20*] 모든 키가 0 아니면 1인 상황(따라서 만일 $K_1 < K_2$이고 $K_3 < K_4$이면 $K_1 = K_3$이고 $K_2 = K_4$임을 알 수 있다)에서 네 원소들을 정렬한다고 할 때, 그런 정렬에 대한 연습문제 5에서와 같은 확장 3진 트리를 그려라. 2^4개의 모든 가능한 입력이 동일 확률이라고 가정하고 평균 비교 횟수를 최소화할 것. 존재하는 모든 상등성을 판정해야 한다. 예를 들어 $K_1 \le K_2 \le K_3 \le K_4$만 밝혀진 상태에서 정렬을 종료하면 안 된다.

8. [*26*] 이번에는 모든 키가 -1 또는 0 또는 $+1$인 상황에서 네 원소들을 정렬한다고 할 때 그 정렬에 대한 연습문제 7에서와 같은 확장 3진 트리를 그려라. 3^4개의 모든 가능한 입력이 동일 확률이라고 가정하고 평균 비교 횟수를 최소화할 것.

9. [*M20*] 연습문제 7에서처럼 모든 키가 0 또는 1인 상황에서 n개의 원소들을 정렬한다고 할 때, 최악의 경우의 최소 비교 횟수는 얼마인가?

▸ **10.** [*M25*] 연습문제 7에서처럼 모든 키가 0 또는 1인 상황에서 n개의 원소들을 정렬한다고 할 때, 최소 평균 비교 횟수를 n의 함수 형태로 표현하라.

11. [*HM27*] 모든 키가 집합 $\{1, 2, \ldots, m\}$의 원소인 상황에서 n개의 원소들을 연습문제 5에서처럼 정렬한다고 할 때, 최악의 경우에서 필요한 최소 비교 횟수를 $S_m(n)$이라고 하자. [따라서 연습문제 6에 의해 $S_n(n) = S(n)$이다.] 고정된 m에 대해 $S_m(n)$이 $n \to \infty$에 따라 점근적으로 $n \lg m + O(1)$임을 증명하라.

▸ **12.** [*M25*] (부리셔스W. G. Bouricius, 1954년 경.) 같은 키들이 존재할 수 있다는 가정 하에서 원소 $\{K_1, K_2, \ldots, K_n\}$을 정렬하되 단지 $K_{a_1} \le K_{a_2} \le \cdots \le K_{a_n}$을 만족하는 순열 $a_1 a_2 \ldots a_n$을 얻기만 하면 된다고 하자. K_{a_i}와 $K_{a_{i+1}}$ 사이에 상등이 성립하는지는 알 필요가 없다.

하나의 비교 트리가, $K_i = K_j$인 노드 $i:j$들 아래에서 어떤 가지로 분기되든 무관하게 수열을 위와 같은 방식으로 정렬한다고 할 때, 그러한 비교 트리가 키들의 수열을 강하게 정렬한다고 말하기로 하자. (이 때 비교 트리는 3진 트리가 아니라 이진트리이다.)

a) 중복된 비교가 없는 비교 트리는, 오직 그것이 서로 다른 키들의 수열 모두를 정렬할 때에만 키들의 수열 모두를 강하게 정렬함을 증명하라.

b) 비교 트리는 오직 그것이 0들과 1들의 모든 수열을 강하게 정렬할 때에만 키들의 수열 모두를 강하게 정렬함을 증명하라.

13. [*M28*] (17)을 증명하라.

14. [*M24*] 합 (9)의 닫힌 형식을 구하라.

15. [*M21*] $B(n)$과 $F(n)$의 점근 습성을 $O(\log n)$까지 구하라. [힌트: 두 경우 모두에서 n의 계수에 그림 37에 나온 함수가 관여함을 보일 것.]

16. [*HM26*] (황F. Hwang, 린S. Lin.) $n \ge 22$에 대해 $F(n) > \lceil \lg n! \rceil$을 증명하라.

17. 〔*M20*〕 (29)를 증명하라.

18. 〔*20*〕 초기 단계들이 그림 36과 같은 절차로 효율이 $12!/2^{29}$인 선형 그래프

을 만들었다고 하자. 이것이 $S(12) = 29$를 증명하는가?

19. 〔*40*〕 비교 트리를 설계할 때 다음번에 비교할 원소쌍을 결정하기 위한 다음과 같은 발견법적 규칙을 시험해 볼 것: $\{K_1, \ldots, K_n\}$을 정렬하는 각 시기에서, $1 \le i \le n$에 대해, 지금까지의 비교 결과에 의해 $\le K_i$임이 알려진 키들의 개수를 u_i, $\ge K_i$임이 알려진 키들의 개수를 v_i라고 하자. 증가하는 u_i/v_i들, 즉 $u_1/v_1 \le u_2/v_2 \le \cdots \le u_n/v_n$에 따라 키들의 번호를 다시 매긴다. 이제 $|u_i v_{i+1} - u_{i+1} v_i|$을 최소화하는 어떤 i에 대해 $K_i : K_{i+1}$를 비교한다. (이 방법은 (24)와 같은 완전한 비교 행렬에 비해 훨씬 적은 정보에 근거하긴 하지만, 많은 경우 최적의 결과를 내는 것으로 보인다.)

▸ **20.** 〔*M26*〕 하나의 확장 이진트리의 외부 경로 길이는 오직 모든 외부 노드가 수준 l과 $l+1$에 나타날 때에만(또는 모두 하나의 수준 l에 나타날 수도 있다) 최소가 됨을 증명하라.

21. 〔*M21*〕 확장 이진트리의 높이는 그 외부 노드들의 최대 수준 번호이다. x가 확장 이진트리의 한 내부 노드라고 할 때, x 아래에 있는 외부 노드 개수를 $t(x)$로 표기하고 x의 왼쪽 하위트리의 루트를 $l(x)$로 표기하자. 만일 x가 외부 노드이면 $t(x) = 1$라고 하자. 만일 어떤 확장 이진트리의 모든 내부 노드 x에 대해

$$|t(x) - 2t(l(x))| \le 2^{\lceil \lg t(x) \rceil} - t(x)$$

이면 그 확장 이진트리는 같은 개수의 노드들로 된 다른 모든 트리보다도 낮은 높이를 가짐을 증명하라.

22. 〔*M24*〕 연습문제 21을 계속 이어나가서, 이진트리의 모든 내부노드 x에 대해 오직

$$|t(x) - 2t(l(x))| \le 2^{\lceil \lg t(x) \rceil} - t(x) \qquad \text{그리고} \qquad |t(x) - 2t(l(x))| \le t(x) - 2^{\lfloor \lg t(x) \rfloor}$$

일 때에만 그 이진트리의 높이가 같은 개수의 노드들로 된 다른 모든 이진트리보다 낮음을 증명하라. 〔따라서 예를 들어 만일 $t(x) = 67$이면 반드시 $t(l(x)) = 32$ 또는 33, 34, 35이다. 이진트리가 아니라 그냥 트리의 높이만 최소화하고 싶었다면, 이전 연습문제에 의해 $3 \le t(l(x)) \le 64$로 두면 되었을 것이다.〕

23. 〔*10*〕 본문에서는 n개의 원소들에 대한 임의의 정렬 방법이 수행하는 비교의 평균 횟수가 적어도 $\lceil \lg n! \rceil \approx n \lg n$임을 증명한다. 그런데 다중 목록 삽입(프로그램 5.2.1M)은 평균적으로 단 $O(n)$단위 시간만 소비한다. 이런 일이 어떻게 가능할까?

24. 〔*27*〕 (피카르C. Picard.) 여섯 원소에 대한, 모든 외부 노드가 수준 10과 11에 있는 정렬 트리를 구하라.

25. [*11*] 일곱 원소들에 대한 정렬 절차들 중 식 (34)로 예측한 최소 평균 비교 횟수를 달성하는 절차가 하나 있다고 할 때, 수준 13에 있는 외부 노드는 몇 개일까?

26. [*M42*] 평균 비교 횟수를 최소화하는 일곱 원소 정렬 절차를 찾아라.

▶ **27.** [*20*] 구성 $K_1 < K_2 < K_3$, $K_1 < K_3 < K_2$, $K_2 < K_1 < K_3$, $K_2 < K_3 < K_1$, $K_3 < K_1 < K_2$, $K_3 < K_2 < K_1$이 각각 확률 .01, .25, .01, .24, .25, .24로 발생함을 알고 있다고 하자. 이러한 세 원소들을 최소 평균 비교 횟수로 정렬하는 비교 트리를 구하라.

28. [*40*] 다섯 개의 1워드 키들을 가능한 최소의 비교 횟수로 정렬한 후 멈추는 MIX 프로그램을 작성하라. (기반 규칙들에 대해서는 5.2절의 시작 부분을 볼 것.)

29. [*M25*] (체이스S. M. Chase.) $a_1 a_2 \ldots a_n$이 $\{1, 2, \ldots, n\}$의 한 순열이라고 하자. 이 순열이 짝인지 홀인지(즉, 반전 개수가 짝수인지 홀수인지)를 전적으로 a들 사이의 비교에만 근거해서 결정하는 임의의 알고리즘은, 비록 알고리즘이 낼 수 있는 결과가 두 종류뿐이라고 해도, 적어도 $n \lg n$회의 비교를 수행해야 함을 증명하라.

30. [*M23*] (최적 교환 정렬.) 5.2.2절에 정의된 모든 교환 정렬 알고리즘은 하나의 비교·교환 트리로 표현할 수 있다. 구체적으로 말해서 그러한 비교·교환 트리는 $i < j$에 대해 $i : j$ 형태의 내부 노드를 가지며, 내부 노드는 다음과 같은 연산으로 해석된다: "만일 $K_i \le K_j$이면 트리의 왼쪽 가지를 취해서 진행한다. 만일 $K_i > K_j$이면 i와 j를 맞바꾸고 오른쪽 가지를 취한다." 외부 노드를 만났다면 반드시 $K_1 \le K_2 \le \cdots \le K_n$가 참이다. 즉, 비교·교환 트리는 비교 연산뿐만 아니라 자료 이동까지 지정한다는 점에서 보통의 비교 트리와 다르다.

n개의 원소들을 비교·교환 트리를 이용해서 정렬할 때 최악의 경우에서 필요한 최소의 비교·교환 횟수를 $S_e(n)$으로 표기한다고 하자. $S_e(n) \le S(n) + n - 1$를 증명하라.

31. [*M38*] 연습문제 30을 계속 이어나가서, $S_e(5) = 8$을 증명하라.

32. [*M42*] 연습문제 31을 계속 이어나가서, $n > 5$의 작은 값들에 대해 $S_e(n)$을 조사하라.

33. [*M30*] (히버드T. N. Hibbard.) 모든 노드가 음이 아닌 실수값을 가지되 (i) 각 외부 노드의 값은 $\le \delta$이고 (ii) 각 내부 노드의 값은 그 두 자식 노드의 합을 넘지 않으며 (iii) 루트의 값은 x인 확장 이진트리를 차수가 x이고 분해도(resolution)가 δ인 실수값 검색 트리(real-valued search tree)라고 부른다. 그러한 트리의 가중 경로 길이는 노드 수준 곱하기 노드가 담은 값을 모든 외부 노드에 대해 합한 것으로 정의된다.

차수가 x이고 분해도가 1인 모든 실수값 검색 트리 중 한 실수값 검색 트리의 가중 경로 길이가 최소가 될 필요충분조건이, (ii)에서 등호가 성립하며 동기 노드들에 담긴 값 x_0과 x_1의 쌍 모두에 대해 다음과 같은 추가적인 조건들을 만족한다는 것임을 증명하라. 추가적인 조건들은: (iv) $x_0 < 2^k < x_1$ 또는 $x_1 < 2^k < x_0$를 만족하는 정수 $k \ge 0$가 존재하지 않는다. (v) $\lceil x_0 \rceil - x_0 + \lceil x_1 \rceil - x_1 < 1$. (특히, 만일 x가 정수이면 조건 (v)는 트리의 모든 값이 정수임을 함의하며, 조건 (iv)는 연습문제 22의 결과와 동치이다.)

또한 해당 최소 가중 경로 길이가 $x\lceil \lg x \rceil + \lceil x \rceil - 2^{\lceil \lg x \rceil}$ 임을 증명하라.

34. [*M50*] 무한히 많은 n들에 대한 $S(n)$의 정확한 값을 구하라.

35. [*49*] $S(14)$의 정확한 값을 구하라.

36. [*M50*] (키슬리친S. S. Kislitsyn, 1968.) 증명 또는 반증하라: $T(G) > 1$인 임의의 유향 비순환 그래프 G는, G에 호 $u \leftarrow v$와 $u \rightarrow v$를 더해서 얻은 유향그래프 G_1과 G_2가 비순환이며 $1 \le T(G_1)/T(G_2) \le 2$를 만족하게 되는 두 정점 u와 v를 가진다. (즉, $T(G_1)/T(G)$가 항상 $\frac{1}{3}$와 $\frac{2}{3}$ 사이에 놓이게 되는 어떠한 u와 v가 존재한다.)

*5.3.2. 최소비교 병합

이번에는 앞 절의 내용과 관련된 질문 하나를 생각해보자: m개의 원소들로 된 순서 집합을 n개의 원소들로 된 순서 집합과 병합하는 최고의 방법은 무엇인가? 병합할 원소들을

$$A_1 < A_2 < \cdots < A_m \text{과} \qquad B_1 < B_2 < \cdots < B_n \tag{1}$$

로 표기한다고 할 때, 5.3.1절에서처럼 $m+n$개의 원소들이 서로 다르다고 가정하기로 하자. A들이 B들 사이에 나타나는 방식의 가짓수는 $\binom{m+n}{m}$이므로, 해당 정렬 문제에 사용했던 논증들을 적용해 보면 적어도

$$\left\lceil \lg \binom{m+n}{m} \right\rceil \tag{2}$$

회의 비교가 필요함을 즉시 알 수 있다. 만일 $m = \alpha n$으로 두고 $n \to \infty$이되 α는 고정되었다고 하면, 스털링의 근사에 의해

$$\lg \binom{\alpha n + n}{\alpha n} = n((1+\alpha)\lg(1+\alpha) - \alpha \lg \alpha) - \frac{1}{2}\lg n + O(1) \tag{3}$$

이다. 보통의 병합 절차(알고리즘 5.2.4M)는 최악의 경우에서 $m+n-1$회의 비교를 필요로 한다.

$M(m,n)$이 $S(n)$과 비슷한 함수, 즉 m개의 것들을 n개의 것들과 병합하는 데 항상 충분한 최소의 비교 횟수라고 하자. 방금 전의 관찰들에 의해,

$$\text{모든 } m,n \ge 1\text{에 대해} \qquad \left\lceil \lg \binom{m+n}{m} \right\rceil \le M(m,n) \le m+n-1 \tag{4}$$

이다. 공식 (3)은 이 하계와 상계가 얼마나 멀리 떨어져 있는지를 보여준다. $\alpha = 1$일 때(즉, $m = n$일 때) 하계는 $2n - \frac{1}{2}\lg n + O(1)$이므로 두 한계 모두 적절한 규모를 가지나, 둘 사이의 차이는 얼마든지 커질 수 있다. $\alpha = 0.5$일 때(즉, $m = \frac{1}{2}n$일 때) 하계는

$$\frac{3}{2}n(\lg 3 - \frac{2}{3}) + O(\log n)$$

이다. 이는 약 $\lg 3 - \frac{2}{3} \approx 0.918$에 상계를 곱한 것이다. 그리고 α가 감소함에 따라 한계들 사이의 차이가 점점 더 커진다. 표준적인 병합 알고리즘은 기본적으로 $m \approx n$인 파일들을 위해 설계된 것이기 때문이다.

$m = n$일 때 이 병합 문제는 상당히 간단한 해를 가진다. 그런 경우 (4)의 하계(상계가 아니라)가 틀린 것으로 판명된다. 다음 정리는 1968년경에 그레이엄R. L. Graham과 카프R. M. Karp가 각자 독립적으로 발견한 것이다.

정리 M. $m \ge 1$에 대해 $M(m, m) = 2m - 1$이다.

증명. $A_1 < \cdots < A_m$을 $B_1 < \cdots < B_m$과 병합하는 임의의 알고리즘을 고찰한다. $A_i : B_j$를 비교할 때 알고리즘은 만일 $i < j$이면 가지 $A_i < B_j$를, 만일 $i \ge j$이면 가지 $A_i > B_j$를 취한다. 궁극적으로 병합은 다음과 같은 구성과 함께 끝나게 된다.

$$B_1 < A_1 < B_2 < A_2 < \cdots < B_m < A_m. \tag{5}$$

이는 취해진 모든 가지와 일치하기 때문이다. 그리고 $2m - 1$개의 비교

$$B_1 : A_1, \quad A_1 : B_2, \quad B_2 : A_2, \quad \ldots, \quad B_m : A_m$$

각각은 반드시 명시적으로 판명된 것이어야 한다. 그렇지 않다면 알려진 사실들과 일치하는 구성이 적어도 두 개 존재할 것이기 때문이다. 예를 들어 만일 A_1을 B_2와 비교하지 않았다면 구성

$$B_1 < B_2 < A_1 < A_2 < \cdots < B_m < A_m$$

을 (5)와 구분하는 것은 불가능하다. ▮

이 증명을 약간 수정하면 다음과 같은 동반 공식이 나온다.

$$m \ge 0\text{에 대해} \qquad M(m, m+1) = 2m. \tag{6}$$

하계 구축. 정리 M은 "정보이론적" 하계 (2)가 실제의 하계와 얼마든지 다를 수 있음을 보여준다. 따라서 정리 M을 증명하는 데 사용한 기법은 하계들을 밝히기 위한 또 다른 방법이 된다. 그러한 증명 기법은 종종 방해자(adversary)를 생성하는 것으로 간주되곤 한다. 여기서 방해자라는 것은 알고리즘의 실행을 느리게 만들려고 하는 유해한 존재를 말한다. 병합을 위한 어떤 한 알고리즘이 $A_i : B_j$ 비교를 수행하기로 했을 때, 방해자는 알고리즘이 더 어려운 경로를 취하게 만드는 방식으로 그 비교의 운명을 결정한다. 만일 정리 M의 증명에서처럼 적절한 방해자를 고안할 수 있다면, 모든 유효한 알고리즘이 상당히 많은 비교들을 수행하게 됨을 보장할 수 있다.

제약 있는 방해자(constrained adversary), 즉 특정한 비교의 결과에 관해 제한된 능력을 가진 방해자를 활용하기로 하자. 어떤 제약 있는 방해자의 영향 하에 있는 병합 방법은 그 제약들에 대해 알지 못한다. 따라서 필수적인 비교들의 결과를 미리 알 수 있는 경우라고 해도 그 비교들을 모두 수행해야 한다. 예를 들어 정리 M의 증명에서는 모든 비교 결과들이 조건 (5)를 만족한다는 제약을

두었다. 그렇다고 해도 병합 알고리즘은 불필요한 비교를 피하는 데 그러한 사실을 활용할 수 없었다. 다음의 논의에서 사용할 제약들은 파일의 왼쪽 끝과 오른쪽 끝에 적용된다. 왼쪽 제약들을 다음과 같은 기호들로 표기하기로 한다.

. (왼쪽 제약이 없음),
\ (모든 비교 결과가 $A_1 < B_1$와 일치해야 함),
/ (모든 비교 결과가 $A_1 > B_1$와 일치해야 함).

비슷하게, 오른쪽 제약들은 다음과 같은 기호들로 표기하기로 한다.

. (오른쪽 제약이 없음),
\ (모든 비교 결과가 $A_m < B_n$와 일치해야 함),
/ (모든 비교 결과가 $A_m > B_n$와 일치해야 함).

왼쪽, 오른쪽 각각 세 종류의 제약이 존재하므로 전체적으로는 아홉 가지의 방해자들이 존재한다. 임의의 방해자를 $\lambda M \rho$로 표기하자. 여기서 λ는 하나의 왼쪽 제약이고 ρ는 하나의 오른쪽 제약이다. 예를 들어 $\backslash M \backslash$는 $A_1 < B_j$이고 $A_i < B_n$임을 뜻한다. M은 제약이 없는 방해자이다. 작은 m, n 값들에 대해 특정 종류의 방해자들은 존재할 수 없다. 예를 들어 $m = 1$일 때 $\backslash M /$ 방해자가 불가능함은 명백하다.

그럼 다소 복잡한, 그러나 아주 가공할만한 병합 방해자를 만들어 보자. 이 방해자가 항상 최적의 결과를 만들어 내지는 않지만, 그래도 수많은 흥미로운 경우들을 포괄하는 하계들을 제공한다. m과 n, 그리고 왼쪽, 오른쪽 제약 λ와 ρ가 주어졌을 때, A_i와 B_j 중 어느 것이 더 큰지를 방해자에게 묻는다고 하자. 이 문제를 더 작은 $m+n$의 경우들로 줄일 수 있는데, 그렇게 하기 위한 전략들은 다음 여섯 가지이다.

$i \le k \le m$와 $1 \le l \le j$에 대한 전략 $\mathrm{A}(k, l)$. $A_i < B_j$라고 하고, 이후의 연산들이 $\{A_1, \ldots, A_k\}$와 $\{B_1, \ldots, B_{l-1}\}$를, 그리고 $\{A_{k+1}, \ldots, A_m\}$과 $\{B_l, \ldots, B_n\}$을 병합하도록 한다. 즉, 이후의 $A_p : B_q$ 비교는 만일 $p \le k$이고 $q \ge l$이면 $A_p < B_q$라는 결과를 내며, 만일 $p > k$이고 $q < l$이면 $A_p > B_q$는 결과를 낸다. 만일 $p \le k$이고 $q < l$이면 이들은 하나의 $(k, l-1, \lambda, .)$ 방해자로 처리할 수 있으며, 만일 $p > k$이고 $q \ge l$이면 $(m-k, n+1-l, ., \rho)$ 방해자로 처리할 수 있다.

$i \le k \le m$와 $1 \le l < j$에 대한 전략 $\mathrm{B}(k, l)$. $A_i < B_j$라고 하고, 이후의 연산들이 $A_k < B_l < A_{k+1}$라는 조건 하에서 $\{A_1, \ldots, A_k\}$와 $\{B_1, \ldots, B_l\}$을, $\{A_{k+1}, \ldots, A_m\}$과 $\{B_l, \ldots, B_n\}$을 병합하도록 한다. (B_l이 병합되는 두 목록 모두에 나타남을 주목할 것. 조건 $A_k < B_l < A_{k+1}$는 한 그룹의 병합이 다른 그룹의 병합에 도움이 되는 어떠한 정보도 제공하지 않도록 한다.) 즉, 이후의 $A_p : B_q$ 비교는 만일 $p \le k$이고 $q \ge l$이면 $A_p < B_q$라는 결과를, 만일 $p > k$이고 $q \le l$이면 $A_p > B_q$라는 결과를 낸다. 만일 $p \le k$이고 $q \le l$이면 이들은 하나의 $(k, l, \lambda, \backslash)$ 방해자로 처리할

수 있으며, 만일 $p > k$이고 $q \geq l$이면 $(m-k, n+1-l, /, \rho)$ 방해자로 처리할 수 있다.

$i < k \leq m$와 $1 \leq l \leq j$에 대한 전략 $\mathrm{C}(k, l)$. $A_i < B_j$라고 하고, 이후의 연산들이 $B_{l-1} < A_k < B_l$이라는 조건 하에서 $\{A_1, ..., A_k\}$와 $\{B_1, ..., B_{l-1}\}$을, 그리고 $\{A_k, ..., A_m\}$과 $\{B_l, ..., B_n\}$을 병합하도록 한다. (전략 B와 비슷하지만 A와 B의 역할이 맞바뀐 것이다.)

$1 \leq k \leq i$와 $j \leq l \leq n$에 대한 전략 $\mathrm{A}'(k, l)$. $A_i > B_j$라고 하고, 이후의 연산들이 $\{A_1, ..., A_{k-1}\}$과 $\{B_1, ..., B_l\}$을, $\{A_k, ..., A_m\}$과 $\{B_{l+1}, ..., B_n\}$을 병합하게 한다. (전략 A에 대응된다.)

$1 \leq k \leq i$와 $j < l \leq n$에 대한 전략 $\mathrm{B}'(k, l)$. $A_i > B_j$라 하고, 이후의 연산들이 $A_{k-1} < B_l < A_k$라는 조건 하에서 $\{A_1, ..., A_{k-1}\}$와 $\{B_1, ..., B_l\}$을, $\{A_k, ..., A_m\}$과 $\{B_l, ..., B_n\}$을 병합하게 한다. (전략 B에 대응된다.)

$1 \leq k < i$와 $j \leq l \leq n$에 대한 전략 $\mathrm{C}'(k, l)$. $A_i > B_j$라고 하고, 이후의 연산들이 $B_l < A_k < B_{l+1}$라는 조건 하에서 $\{A_1, ..., A_k\}$와 $\{B_1, ..., B_l\}$을, $\{A_k, ..., A_m\}$과 $\{B_{l+1}, ..., B_n\}$을 병합하게 한다. (전략 C에 대응된다.)

위의 전략들은 특정 제약에 대해서는 사용할 수 없다. 정리하자면 다음과 같다.

전략	다음 경우에는 적용할 수 없음
$\mathrm{A}(k,1)$, $\mathrm{B}(k,1)$, $\mathrm{C}(k,1)$	$\lambda = /$
$\mathrm{A}'(1,l)$, $\mathrm{B}'(1,l)$, $\mathrm{C}'(1,l)$	$\lambda = \backslash$
$\mathrm{A}(m,l)$, $\mathrm{B}(m,l)$, $\mathrm{C}(m,l)$	$\rho = \backslash$
$\mathrm{A}'(k,n)$, $\mathrm{B}'(k,n)$, $\mathrm{C}'(k,n)$	$\rho = \backslash$

앞에서 말한 방해자들 중 하나로 인은 병합에 대한 최대 하계를 $\lambda M\rho(m, n)$으로 표기하자. 여섯 전략들 각각은 (적용 가능한 경우) 첫 번째 비교가 $A_i : B_j$일 때 그러한 아홉 함수들을 연관시키는 하나의 부등식을 제공한다. 구체적으로 말하면 다음과 같은 여섯 개의 부등식들이 만들어질 수 있다.

$$
\begin{aligned}
&\mathrm{A}(k,l): && \lambda M\rho(m,n) \geq 1 + \lambda M.(k, l-1) + .M\rho(m-k, n+1-l);\\
&\mathrm{B}(k,l): && \lambda M\rho(m,n) \geq 1 + \lambda M\backslash(k, l) + /M\rho(m-k, n+1-l);\\
&\mathrm{C}(k,l): && \lambda M\rho(m,n) \geq 1 + \lambda M/(k, l-1) + \backslash M\rho(m+1-k, n+1-l);\\
&\mathrm{A}'(k,l): && \lambda M\rho(m,n) \geq 1 + \lambda M.(k-1, l) + .M\rho(m+1-k, n-l);\\
&\mathrm{B}'(k,l): && \lambda M\rho(m,n) \geq 1 + \lambda M\backslash(k-1, l) + /M\rho(m+1-k, n+1-l);\\
&\mathrm{C}'(k,l): && \lambda M\rho(m,n) \geq 1 + \lambda M/(k, l) + \backslash M\rho(m+1-k, n-l).
\end{aligned}
$$

고정된 i와 j에 대해, 방해자는 k와 l이 i와 j가 허용하는 범위들 안에 있을 때의 가능한 우변들 모두에 의해서 결정되는 하계를 최소화하는 하나의 전략을 채용한다. $1 \leq i \leq m$와 $1 \leq j \leq n$

에 대한 그러한 하계들 중 최소의 것을 $\lambda M\rho(m,n)$으로 표기한다고 하자. m이나 n이 0이면 $\lambda M\rho(m,n)$은 0이다.

예를 들어 $m=2$이고 $n=3$이며 방해자에 제약이 없다고 가정하자. 만일 첫 비교가 $A_1 : B_1$이면 방해자는 전략 A$'(1,1)$을 채용하며, 그러면 이후 $.M.(0,1) + .M.(2,2) = 3$회의 비교가 일어난다. 첫 비교가 $A_1 : B_3$이면 방해자는 이후 $.M\backslash(1,2) + /M.(1,2) = 4$회의 비교를 요구하는 전략 B$(1,2)$를 채용할 것이다. 처음에 이루어지는 비교 $A_i : B_j$가 그 어떤 것이든, 방해자는 적어도 3회의 추가 비교가 필요하게 됨을 보장한다. 따라서 $.M.(2,3) = 4$이다.

이러한 계산들을 손으로 직접 수행하는 것은 쉽지 않지만, 컴퓨터로는 $\lambda M\rho$ 함수들의 표를 꽤나 빠르게 만들어 낼 수 있다. 그러한 함수들 사이에는

$$/M.(m,n) = .M\backslash(m,n) = \backslash M.(n,m) = .M/(n,m) \tag{7}$$

같은 명백한 대칭성이 존재하며, 이를 통해서 아홉 함수들을 다음과 같은 단 네 개의 함수들로 줄일 수 있다.

$$.M.(m,n), \qquad /M.(m,n), \qquad /M\backslash(m,n), \qquad /M/(m,n).$$

표 1은 모든 $m,n \le 10$ 값에 대한 함수값들을 정리한 것이다. 병합 방해자는

$$\text{모든 } m,n \ge 0\text{에 대해} \qquad .M.(m,n) \le M(m,n) \tag{8}$$

을 만족하는 형태로 정의된 것이다. 이 관계식은 정리 M을 하나의 특별한 경우로 포함한다. 왜냐하면 우리의 방해자는 $|m-n| \le 1$일 때 그 정리의 간단한 전략을 사용할 것이기 때문이다.

이제 M 함수들이 만족하는 다음과 같은 몇 가지 간단한 관계들을 살펴보자.

$$M(m,n) = M(n,m); \tag{9}$$

$$M(m,n) \le M(m,n+1); \tag{10}$$

$$M(k+m,n) \le M(k,n) + M(m,n); \tag{11}$$

$$M(m,n) \le \max(M(m,n-1)+1,\ M(m-1,n)+1), \quad m \ge 1, n \ge 1\text{에 대해}; \tag{12}$$

$$M(m,n) \le \max(M(m,n-2)+1,\ M(m-1,n)+2), \quad m \ge 1, n \ge 2\text{에 대해}\}. \tag{13}$$

관계 (12)는 통상의 병합 절차에서 첫 비교가 $A_1 : B_1$인 경우로부터 비롯된 것이다. 관계 (13)도 그와 비슷하되, 첫 비교가 $A_1 : B_2$인 경우이다. 만일 $A_1 > B_2$이면 $M(m,n-2)$회의 비교가 더 필요하나, 만일 $A_1 < B_2$이면 A_1을 적절한 제자리에 삽입하고 $\{A_2, \ldots, A_m\}$을 $\{B_1, \ldots, B_n\}$과 비교하면 된다. 일반화하자면, 만일 $m \ge 1$이고 $n \ge k$이면, 첫 번째로 $A_1 : B_k$를 비교하고 만일 $A_1 < B_k$이면 이진 검색을 사용함으로써

$$M(m,n) \le \max(M(m,n-k)+1,\ M(m-1,n)+1+\lceil \lg k \rceil) \tag{14}$$

가 성립하게 됨을 알 수 있다.

결론적으로, 모든 $m,n \le 10$에 대해 $M(m,n) = .M.(m,n)$이다. 따라서 표 1은 실제로 병합

표 1

"방해자"로부터 얻은 병합의 하계들

	$.M.(m,n)$											$/M.(m,n)$									
	1	2	3	4	5	6	7	8	9	10	n	1	2	3	4	5	6	7	8	9	10
1	1	2	2	3	3	3	3	4	4	4		1	2	2	3	3	3	3	4	4	4	1
2	2	3	4	5	5	6	6	6	7	7		1	3	4	4	5	5	6	6	7	7	2
3	2	4	5	6	7	7	8	8	9	9		1	3	5	6	7	7	8	8	9	9	3
4	3	5	6	7	8	9	10	10	11	11		1	4	5	7	8	9	9	10	10	11	4
5	3	5	7	8	9	10	11	12	12	13		1	4	6	8	9	10	11	12	12	13	5
6	3	6	7	9	10	11	12	13	14	15		1	4	6	8	10	11	12	13	14	14	6
7	3	6	8	10	11	12	13	14	15	16		1	4	7	9	10	12	13	14	15	16	7
8	4	6	8	10	12	13	14	15	16	17		1	5	7	9	11	13	14	15	16	17	8
9	4	7	9	11	12	14	15	16	17	18		1	5	8	10	11	13	15	16	17	18	9
10	4	7	9	11	13	15	16	17	18	19		1	5	8	10	12	14	15	17	18	19	10
m																						m
	$/M\backslash(m,n)$											$/M/(m,n)$									
1	$-\infty$	2	2	3	3	3	3	4	4	4		1	1	1	1	1	1	1	1	1	1	1
2	$-\infty$	2	4	4	5	5	6	6	7	7		1	3	3	4	4	4	4	5	5	5	2
3	$-\infty$	2	4	6	6	7	8	8	8	9		1	3	5	5	6	6	7	7	8	8	3
4	$-\infty$	2	5	6	8	8	9	10	10	11		1	4	5	7	7	8	9	9	9	10	4
5	$-\infty$	2	5	7	8	10	10	11	12	13		1	4	6	7	9	9	1	11	11	12	5
6	$-\infty$	2	5	7	9	10	12	13	14	14		1	4	6	8	9	11	11	12	13	14	6
7	$-\infty$	2	5	8	10	11	12	14	15	16		1	4	7	9	10	11	13	14	15	15	7
8	$-\infty$	2	6	8	10	12	13	15	16	17		1	5	7	9	11	12	14	15	16	17	8
9	$-\infty$	2	6	9	10	12	14	16	17	18		1	5	8	9	11	13	15	16	17	18	9
10	$-\infty$	2	6	9	11	13	15	16	18	19		1	5	8	10	12	14	15	17	18	19	10
	1	2	3	4	5	6	7	8	9	10	n	1	2	3	4	5	6	7	8	9	10

에 대한 최적의 값들이다. 이는 연습문제 8, 9, 10에 주어진 $(m,n)=(2,8)$, $(3,6)$, $(5,9)$에 대한 특별한 구성들과 함께 (9)-(14)를 사용해서 증명할 수 있다.

한편, 우리의 방해자가 항상 최적의 하계들을 제공하는 것은 아니다. 그러한 가장 간단한 예는 $.M.(3,11)=9$이나 $M(3,11)=10$일 때의 $m=3$, $n=11$이다. 이 경우 방해자가 어디에서 "실패"하는지를 파악하기 위해서는 방해자가 내린 결정에 깔린 이유를 연구해 보아야 한다. 이 부분을 좀 더 자세히 살펴보면, 만일 $(i,j)\neq(2,6)$이면 방해자는 10회의 비교들이 필요한 하나의 전략을 찾을 수 있으나, $(i,j)=(2,6)$일 때에는 전략 $\mathrm{A}(2,4)$보다 우월한 전략이 존재하지 않으며, 결국 $1+.M.(2,3)+.M.(1,8)=9$라는 하계가 나오게 됨을 알 수 있다. $\{A_1, A_2\}$와 $\{B_1, B_2, B_3\}$을 병합하고 $\{A_3\}$과 $\{B_4, ..., B_{11}\}$을 병합함으로써 정렬을 끝내는 것은 필요하나 충분하지는 않다. 따라서 이 경우 하계는 최적이 되지 못한다.

마찬가지로, $M(2,38) = 11$인 반면 $.M.(2,38) = 10$임도 밝힐 수 있다. 결국 우리의 방해자는 $m = 2$인 경우를 해결할 정도로 좋지는 않은 것이다. 그러나 방해자가 우월하게 되는 무한히 많은 값들의 부류가 존재한다.

정리 K. $M(m, m+2) = 2m+1$, $m \geq 2$에 대해;
$M(m, m+3) = 2m+2$, $m \geq 4$에 대해;
$M(m, m+4) = 2m+3$, $m \geq 6$에 대해.

증명. M을 $.M.$으로 대체해서 이 결과를 증명하는 것이 가능하다. 작은 m에 대해서는 컴퓨터로 이 결과를 증명한 바 있으므로, m이 충분히 크다고 가정해도 무방하다. 또한 첫 비교가 $A_i : B_j$라고 가정할 수 있다. 여기서 $i \leq \lceil m/2 \rceil$이다. 만일 $j \leq i$이면 전략 $\mathrm{A}'(i,i)$를 사용해서, $d \leq 4$에 대한 귀납법으로 다음을 얻을 수 있다.

$$.M.(m, m+d) \geq 1 + .M.(i-1, i) + .M.(m+1-i, m+d-i) = 2m+d-1.$$

만일 $j > i$이면 전략 $\mathrm{A}(i, i+1)$을 사용해서, m에 대한 귀납법으로 다음을 얻을 수 있다.

$$.M.(m, m+d) \geq 1 + .M.(i,i) + .M.(m-i, m+d-i) = 2m+d-1. \blacksquare$$

정리 K의 처음 두 관계는 황F. Hwang과 린S. Lin이 1969년에 얻은 것이다. 몇 년 후 스톡마이어 Paul Stockmeyer와 야오Frances Yao는 이 세 공식들에서 명백히 드러나는 패턴이 일반적인 경우에도 성립함을, 즉 앞에서 말한 방해자 전략으로부터 유도한 하계들이 $m \geq 2d-2$에 대한 $M(m, m+d) = 2m+d-1$ 값들을 입증하기에 충분함을 보였다.

상계. 이번에는 $M(m,n)$에 대한 상계들을 살펴보자. 상계가 좋다는 것은 해당 병합 알고리즘이 효율적이라는 뜻이다.

$m = 1$일 때 병합 문제는 삽입 문제와 동치이며, A_1을 $B_1, ..., B_n$ 사이에 끼워 넣을 수 있는 자리는 $n+1$개이다. 이 경우 외부 노드가 $n+1$개인 임의의 확장 이진트리가 어떠한 병합 방법에 대한 트리임을 밝히는 것은 쉬운 일이다! (연습문제 2 참고.) 따라서 하나의 최적 이진트리를 선택함으로써 정보이론적 하계

$$1 + \lfloor \lg n \rfloor = M(1,n) = \lceil \lg(n+1) \rceil \tag{15}$$

을 실현할 수 있다. 이 값을 얻는 한 가지 간단한 방법은 물론 이진 검색(6.2.1절)이다.

$m = 2$인 경우가 특히나 흥미롭지만, 훨씬 더 어렵다. 이 경우는 그레이엄R. L. Graham, 황F. K. Hwang, 린S. Lin이 완전히 해결했다(연습문제 11, 12, 13 참고). 그들은 다음과 같은 일반 공식을 증명했다.

$$M(2,n) = \left\lceil \lg \tfrac{7}{12}(n+1) \right\rceil + \left\lceil \lg \tfrac{14}{17}(n+1) \right\rceil. \tag{16}$$

앞에서, 통상의 병합 절차가 $m = n$일 때 최적이지만 그와 상당히 다른 이진 검색 절차는 $m = 1$일 때 최적임을 밝힌 바 있다. 우리에게 필요한 것은 통상의 병합 알고리즘과 이진 검색의 최고의 장점들이 유지되도록 그 두 방법을 결합하는 어떤 절충 방법이다. 공식 (14)로부터 다음과 같은 알고리즘을 생각해 낼 수 있을 것이다. 이 알고리즘은 황F. K. Hwang과 린S. Lin에서 기인한다 〔*SICOMP* 1 (1972), 31-39〕:

알고리즘 H (이진 병합).

H1. 만일 m이나 n이 0이면 알고리즘을 끝낸다. 그렇지 않고 만일 $m > n$이면 $t \leftarrow \lfloor \lg(m/n) \rfloor$으로 설정하고 단계 H4로 간다. 그렇지 않으면 $t \leftarrow \lfloor \lg(n/m) \rfloor$으로 설정한다.

H2. $A_m : B_{n+1-2^t}$을 비교한다. 만일 A_m이 더 작으면 $n \leftarrow n - 2^t$으로 설정하고 단계 H1로 돌아간다.

H3. 이진 검색을 이용해서(정확히 t회의 추가적인 비교가 필요하다) A_m을 $\{B_{n+1-2^t}, \ldots, B_n\}$ 중 적절한 제자리에 삽입한다. 만일 k가 $B_k < A_m$을 만족하는 최대의 값이면 $m \leftarrow m-1$, $n \leftarrow k$로 설정한다. 단계 H1로 돌아간다.

H4. (단계 H4와 H5는 H2 및 H3과 비슷하나 m과 n, A와 B의 역할이 맞바뀐 것이다.) 만일 $B_n < A_{m+1-2^t}$이면 $m \leftarrow m - 2^t$으로 설정하고 단계 H1로 돌아간다.

H5. B_n을 A들 중 적절한 제자리에 삽입한다. 만일 k가 $A_k < B_n$을 만족하는 최대의 값이면 $m \leftarrow k$, $n \leftarrow n-1$로 설정한다. H1로 돌아간다. ▮

이 알고리즘의 한 예로, 표 2는 세 키 {087, 503, 512}를 {061, 154, ..., 908}과 병합하는 과정을 보여준다. 각 단계에서 비교되는 원소들은 굵은 글씨로 표시했다.

$H(m, n)$이 황과 린의 알고리즘에 필요한 최대 비교 횟수라고 하자. $H(m, n)$을 계산하기 위해,

표 2

이진 병합의 예

A	B	출력
087 503 512	061 154 170 275 426 509 612 653 677 703 765 897 908	
087 503 512	061 154 170 275 426 509 612 653 677	703 765 897 908
087 503 512	061 154 170 275 426 509 612	653 677 703 765 897 908
087 503 512	061 154 170 275 426 509 612	653 677 703 765 897 908
087 503	061 154 170 275 426 509	512 612 653 677 703 765 897 908
087 503	061 154 170 275 426 509	512 612 653 677 703 765 897 908
087	061 154 170 275 426	503 509 512 612 653 677 703 765 897 908
087	061	154 170 275 426 503 509 12 612 653 677 703 765 897 908
	061	087 154 170 275 426 503 509 512 612 653 677 703 765 897 908

단계 H3에서는 $k = n$이고 단계 H5에서는 $k = m$이라고 가정할 수 있다. 어차피 모든 $n \geq m-1$에 대해 $H(m-1, n) \leq H(m-1, n+1)$임을 귀납법으로 증명할 것이기 때문이다. 따라서 $m \leq n$일 때 $2^t m \leq n < 2^{t+1} m$에 대해

$$H(m, n) = \max\left(H(m, n-2^t) + 1,\ H(m-1, n) + t + 1\right) \tag{17}$$

이 성립한다. $\epsilon = 0$ 또는 1이라고 두고 n을 $2n+\epsilon$으로 대체하면, $2^t m \leq n < 2^{t+1} m$에 대해

$$H(m, 2n+\epsilon) = \max\left(H(m, 2n+\epsilon-2^{t+1}) + 1,\ H(m-1, 2n+\epsilon) + t + 2\right)$$

가 된다. 이로부터, n에 대한 귀납법으로 다음을 얻을 수 있다.

$$H(m, 2n+\epsilon) = H(m, n) + m, \qquad m \leq n \text{ 및 } \epsilon = 0 \text{ 또는 } 1\text{에 대해.} \tag{18}$$

또한 $m \leq n < 2m$일 때 $H(m, n) = m + n - 1$임도 쉽게 알 수 있다. 따라서 (18)을 반복해서 적용하면 다음과 같은 일반적인 공식이 나온다.

$$m \leq n, \qquad t = \lfloor \lg(n/m) \rfloor\text{에 대해} \qquad H(m, n) = m + \lfloor n/2^t \rfloor - 1 + tm. \tag{19}$$

이는 모든 $n \geq m$에 대해 $H(m, n) \leq H(m, n+1)$임을 함의하며, 따라서 단계 H3에 대한 우리의 귀납적 가설이 확인되었다.

이제 $m = \alpha n$, $\theta = \lg(n/m) - t$로 두면 $n \to \infty$에 따라

$$H(\alpha n, n) = \alpha n(1 + 2^\theta - \theta - \lg \alpha) + O(1) \tag{20}$$

이다. 식 5.3.1-(36)에 의해 $1.9139 < 1 + 2^\theta - \theta \leq 2$임을 알고 있으며, 따라서 (20)을 정보이론적 하계 (3)과 비교해 볼 수 있다. 황과 린은 다음을 증명했다(연습문제 17 참고).

$$H(m, n) < \left\lceil \lg \binom{m+n}{m} \right\rceil + \min(m, n). \tag{21}$$

황-린 이진 병합 알고리즘이 항상 최적의 결과를 내는 것은 아니지만, 그래도 프로그래밍하기가 상당히 쉽다는 훌륭한 미덕을 가지고 있다. $m = 1$일 때 이 알고리즘은 "중심 없는(uncentered) 이진 검색"으로 간소화되며, $m \approx n$일 때에는 통상의 병합 절차로 간소화된다. 따라서 이 알고리즘은 그 두 방법의 훌륭한 절충을 나타낸다. 게다가 이 알고리즘은 많은 경우에서 실제로 최적이다(연습문제 16). 이를 개선한 알고리즘들로는 F. K. Hwang, D. N. Deutsh, *JACM* 20 (1973), 148-159; G. K. Manacher, *JACM* 26 (1979), 434-440 등이 있으며, 특히 C. Christen, *FOCS* 19 (1978), 259-266이 주목할만하다. 크리스탕Christen의 병합 절차를 전방 판정 후방 삽입(forward-testing-backward-insertion)이라고 부르는데, $n/m \to \infty$일 때에는 알고리즘 H에 비해 약 $m/3$회의 비교가 절약된다. 게다가 크리스탕의 절차는 $5m - 3 \leq n \leq 7m + 2[m\text{이 짝수}]$일 때 하계 $.M.(m, n) = \lfloor (11m + n - 3)/4 \rfloor$을 달성한다. 따라서 그런 경우들에서는 크리스탕의 절차가 최적이다(그리고 놀랍게도 우리의 방해자 하계들 역시 최적이다).

공식 (18)은 M 함수 자체가

$$M(m,n) \le M(m, \lfloor n/2 \rfloor) + m \tag{22}$$

을 만족할 것임을 암시하는데, 실제로 그렇다(연습문제 19). $M(m,n)$의 표들을 보면 다른 여러 그럴법한 관계들도 추측할 수 있다. 예를 들면

$$M(m+1,n) \ge 1 + M(m,n) \ge M(m,n+1), \qquad m \le n\text{에 대해;} \tag{23}$$

$$M(m+1,n+1) \ge 2 + M(m,n) \tag{24}$$

등. 그러나 이 부등식들에 대한 증명은 알려진 바가 없다.

연습문제

1. [*15*] $M(m,n)$과 5.3.1절에 정의된 함수 S 사이의 흥미로운 관계를 찾아라. [힌트: $S(m+n)$을 고려할 것.]

▶ **2.** [*22*] $m=1$일 때, 중복 비교가 없는 모든 병합 알고리즘은 $\binom{m+n}{m} = n+1$개의 외부 노드들을 가진 하나의 확장 이진트리를 정의한다. 그 역도 참임을, 즉 $n+1$개의 외부 노드들을 가진 모든 확장 이진트리가 $m=1$인 어떤 병합 알고리즘과 대응됨을 증명하라.

3. [*M24*] 모든 n에 대해 $.M.(1,n) = M(1,n)$을 증명하라.

4. [*M42*] 모든 m과 n에 대해 $.M.(m,n) \ge \lceil \lg \binom{m+n}{m} \rceil$인가?

5. [*M30*] $.M.(m,n) \le .M \backslash (m,n+1)$를 증명하라.

6. [*M26*] 본문에 나온 정리 K의 증명은 많은 경우들을 컴퓨터로 확인할 것을 요구한다. 그런 경우들의 개수를 크게 줄일 수 있는 방법은 무엇인가?

7. [*21*] (11)을 증명하라

▶ **8.** [*24*] $M(2,8) \le 6$을, 최대 여섯 번의 비교로 두 원소를 다른 여덟 원소들과 병합하는 알고리즘을 구함으로써 증명하라.

9. [*27*] 원소 세 개를 최대 일곱 단계 만에 여섯 원소들과 병합할 수 있음을 증명하라

10. [*33*] 다섯 원소를 최대 12단계 만에 아홉 원소들과 병합할 수 있음을 증명하라 [힌트: 처음에 $A_1 : B_2$를 비교해서 만일 $A_1 < B_2$이면 $A_5 : B_8$의 비교를 시도한다는 전략을 제시하는 방해자를 시험해 볼 것.]

11. [*M40*] (황F. Hwang, 린S. Lin.) $k \ge 0$에 대해 $g_{2k} = \lfloor 2^k \frac{17}{14} \rfloor$이고 $g_{2k+1} = \lfloor 2^k \frac{12}{7} \rfloor$라고 하자. 즉, $(g_0, g_1, g_2, \ldots) = (1,1,2,3,4,6,9,13,19,27,38,54,77,\ldots)$이다. 두 원소를 g_t개의 원소들과 병합할 때 최악의 경우에서 비교를 t번보다 많이 수행해야 하나, 두 원소를 $g_t - 1$개의 원소들과 병합할 때에는 최대 t 단계가 필요함을 증명하라. [힌트: 만일 $n = g_t$ 또는 $n = g_t - 1$이고 $\{A_1, A_2\}$

와 $\{B_1, B_2, \ldots, B_n\}$을 t회 이내의 비교로 병합한다고 할 때 첫 단계에서 $A_2 : B_{g_{t-1}}$을 비교하는 것이 최선의 방법임을 보일 것.〕

12. 〔*M21*〕 서로 다른 객체 $\{\alpha, \beta, X_1, \ldots, X_n\}$이 관계

$$\alpha < \beta, \qquad X_1 < X_2 < \cdots < X_n, \qquad \alpha < X_{i+1}, \qquad \beta > X_{n-j}$$

를 만족한다고 할 때, 이들을 정렬하는 데 필요한 최소 비교 횟수를 $R_n(i, j)$라고 하자. ($\alpha < X_{i+1}$ 또는 $\beta > X_{n-j}$라는 조건은 $i \ge n$ 또는 $j \ge n$일 때에는 무의미하다. 따라서 $R_n(n, n) = M(2, n)$이다.)

$R_n(0, 0) = 0$임은 명백하다. $0 \le i \le n$, $0 \le j \le n$, $i + j > 0$에 대해

$$R_n(i, j) = 1 + \min\Bigl(\min_{1 \le k \le i} \max(R_n(k-1, j),\ R_{n-k}(i-k, j)),$$
$$\min_{1 \le k \le i} \max(R_n(i, k-1),\ R_{n-k}(i, j-k))\Bigr)$$

를 증명하라.

13. 〔*M42*〕 (그레이엄R. L. Graham.) 연습문제 12의 점화식의 해를 다음과 같이 표현할 수 있음을 증명하라: $0 < x < \infty$에 대해 함수 $G(x)$를 다음과 같은 규칙들로 정의한다. (그림 38 참고.)

$$G(x) = \begin{cases} 1, & \text{만일 } 0 < x \le \frac{5}{7}\text{이면;} \\ \frac{1}{2} + \frac{1}{8}G(8x-5), & \text{만일 } \frac{5}{7} < x \le \frac{3}{4}\text{이면;} \\ \frac{1}{2}G(2x-1), & \text{만일 } \frac{3}{4} < x \le 1\text{이면;} \\ 0, & \text{만일 } 1 < x < \infty\text{이면.} \end{cases}$$

$R_n(i, j) = R_n(j, i)$이고 $R_n(0, j) = M(1, j)$이므로 $1 \le i \le j \le n$라고 가정할 수 있다. $p = \lfloor \lg i \rfloor$, $q = \lfloor \lg j \rfloor$, $r = \lfloor \lg n \rfloor$이라고 하자. 그리고 $t = n - 2^r + 1$이라고 하자. 그러면

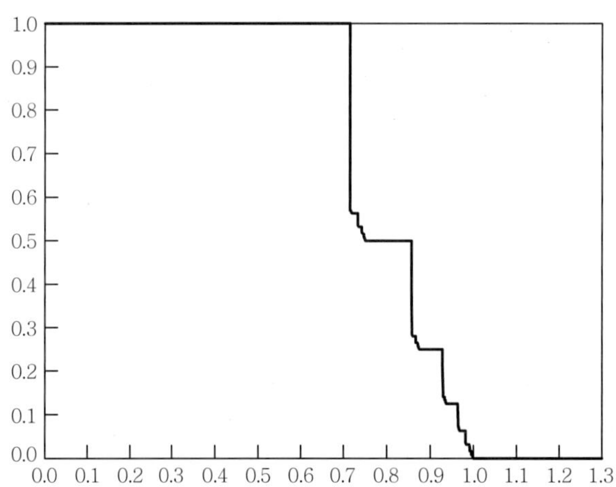

그림 38. 그레이엄의 함수(연습문제 13).

$$R_n(i,j) = p + q + S_n(i,j) + T_n(i,j)$$

이다. 여기서 S_n과 T_n은 다음 조건에 따라 0 또는 1인 함수들이다: $u = 2^p G(t/2^p)$이고 $v = 2^{r-2} G(t/2^{r-2})$라고 할 때,

오직 $q < r$ 또는 $(i - 2^p \geq u$ 그리고 $j - 2^r \geq u)$일 때에만 $S_n(i,j) = 1$,

오직 $p < r$ 또는 $(t > \frac{6}{7}2^{r-2}$ 그리고 $i - 2^r \geq v)$일 때에만 $T_n(i,j) = 1$.

(아마도 이것은 언젠가는 풀릴 가장 만만찮은 점화식일 것이다.)

14. [*41*] (황F. K. Hwang.) $k \geq 3$에 대해 $h_{3k} = \lfloor \frac{43}{28} 2^k \rfloor - 1$, $h_{3k+1} = h_{3k} + 3 \cdot 2^{k-3}$, $h_{3k+2} = \lfloor \frac{17}{7} 2^k - \frac{6}{7} \rfloor$이라고 하자. 그리고 그 초기값들이 다음과 같이 정의된다고 하자.

$$(h_0, h_1, h_2, \ldots) = (1, 1, 2, 2, 3, 4, 5, 7, 9, 11, 14, 18, 23, 29, 38, 48, 60, 76, \ldots).$$

모든 t에 대해 $M(3, h_t) > t$이고 $M(3, h_t - 1) \leq t$임을, 따라서 모든 n에 대해 $M(3, n)$의 정확한 값들이 확정됨을 증명하라.

15. [*12*] 이진 병합 알고리즘의 단계 H1에서, $n \geq m$에 대해 수식 $\lfloor \lg(n/m) \rfloor$을 계산해야 할 수도 있다. 이를 나눗셈 또는 로그 계산 없이 쉽게 계산하는 방법을 설명하라.

16. [*18*] $1 \leq m \leq n \leq 10$에 대해, 황과 린의 이진 병합 알고리즘이 최적이 되는 m과 n은 무엇인가?

17. [*M25*] (21)을 증명하라. [힌트: 그 부등식이 아주 엄격한 것은 아니다.]

18. [*M40*] 이진 병합에 쓰이는 비교들의 평균 횟수를 연구하라.

▶ **19.** [*23*] M 함수가 (22)를 만족함을 증명하라.

20. [*20*] 만일 모든 $m \leq n$에 대해 $M(m, n+1) \leq M(m+1, n)$이면 모든 $m \leq n$에 대해 $M(m, n+1) \leq 1 + M(m, n)$임을 증명하라.

21. [*M47*] (23)과 (24)를 증명 또는 반증하라.

22. [*M43*] m개의 원소들을 n개의 원소들과 병합하는 데 필요한 최소 평균 비교 횟수를 연구하라.

23. [*M31*] (라인골드E. Reingold.) 각각 n개의 원소들을 담은 집합 $\{A_1, \ldots, A_n\}$과 $\{B_1, \ldots, B_n\}$이 있다. 이 두 집합의 상등을 오직 원소들 사이의 상등 비교에만 의존해서 판정하려 하는 알고리즘을 생각해 보자. 즉, 그 알고리즘은 특정한 i와 j에 대해 "$A_i = B_j$인가"라는 형태의 질문을 던지고 그 답에 따라 분기한다.

그러한 임의의 알고리즘이 최악의 경우에서 적어도 $\frac{1}{2}n(n+1)$회의 비교를 수행해야 함을 적절한 방해자를 정의해서 증명하라.

24. [22] (롤러E. L. Lawler.) m개의 원소들을 $n \geq m$개의 원소들과 병합하는 다음과 같은 알고리즘에 필요한 최대 비교 횟수는 얼마인가? "$t \leftarrow \lfloor \lg(n/m) \rfloor$으로 설정하고 알고리즘 5.2.4M을 이용해서 $A_1, A_2, \ldots, A_m$과 $B_{2^t}, B_{2\cdot 2^t}, \ldots, B_{q\cdot 2^t}$을 병합한다. 여기서 $q = \lfloor n/2^t \rfloor$이다. 그런 다음에는 각 A_j를 B_k들 사이의 적절한 제자리에 삽입한다."

▸ **25.** [25] (x_{ij})가 감소하지 않는 행들과 열들로 된 $m \times n$ 행렬이라고 하자. 즉, $1 \leq i < m$에 대해 $x_{ij} \leq x_{(i+1)j}$이고 $1 \leq j < n$에 대해 $x_{ij} \leq x_{i(j+1)}$이다. $M(m, n)$이 주어진 수 x가 그 행렬에 존재하는지를 판정하는 데 필요한 비교 횟수의 최소값임을 보여라. 수행되는 모든 비교는 x와 어떤 행렬 성분 사이의 비교라고 가정한다.

*5.3.3. 최소비교 선택

n개의 원소들 중에서 t번째로 큰 것을 선택하는 가능한 최고의 절차를 찾을 때에도 앞에서 살펴본 것과 비슷한 부류의 문제들이 제기된다.

이 질문의 역사는 *St. James's Gazette* 1883년 8월 1일자 5-6쪽에 실린, 테니스 토너먼트에 관한 도지슨C. L. Dodgson 신부(물론 루이스 캐럴Lewis Carroll이라는 필명으로 더 유명하다)의 재미있는(그러나 진지한) 소논문으로까지 거슬러 올라간다. 그 소논문은 테니스 토너먼트에서 우승자가 불공평한 방법으로 선정되는 것을 논하고 있다. 예를 들어 그림 39는 *01*, *02*, ..., *32*의 번호가 붙은 서른 두 명의 선수들이 참여한 전형적인 "탈락식 토너먼트"를 나타낸 것이다. 결승전에서 선수 *01*이 선수 *05*를 이겼다. 따라서 선수 *01*이 우승자이고 1위 상을 받는 것은 당연하다. 문제는 2위 선수의 선정에 있다. 대부분의 토너먼트에서는 결승전의 패자(즉, 그림 39의 경우 선수 *05*)를 2위로 간주하지만, 다른 누군가가 선수 *05*를 이길 수도 있다. 심지어는 전체 선수들 중 절반의 선수들보다 못한 선수가 2위가 될 수도 있는 것이다! 실제로, 도지슨이 지적했듯이, 두 번째로 잘하는 선수가 2위를 차지할 필요충분조건은 우승자와 두 번째로 잘하는 선수가 초기에 토너먼트의 서로 다른 절반에 속해야 한다는 것이다. 참가자들이 2^n명이라 할 때, 그러한 조건이 만족될 확률은 $2^{n-1}/(2^n - 1)$이다. 따라서 거의 절반의 경우에서 잘못된 선수가 2위 상을 수상하게 된다. 만일 준결승의 패자들(그림 39의 경우 선수 *25*와 *17*)을 시합시켜서 3위를 결정한다면, 세 번째로 잘하는 선수가 3위 상을 수상할 가능성은 매우 낮다.

그래서 도지슨은 진정한 2인자, 3인자를 가리기 위한, 추이적 순위(transitive ranking)를 가정하는 토너먼트 방식을 설계하기로 마음먹었다. (추이적 순위를 가정한다는 것은, 만일 선수 A가 선수 B를 이기고 선수 B가 선수 C를 이겼다면 선수 A는 선수 C를 이길 것이라고 가정한다는 뜻이다.) 그는 각 패자가 다른 세 선수보다 열등함이 확실해질 때까지는 시합을 더 뛸 수 있는 방식의 절차를 고안했다. 도지슨 방식의 한 예가 그림 40에 나온다. 그림 40은 그림 39의 토너먼트와 연동해서 수행되는 보조 토너먼트를 나타낸 것이다. 도지슨은 이전 회의 결과가 동등한 선수들끼리 짝을 짓게 하려고 했다. 이 특정한 예의 경우, 1회전에서 *16*은 *11*에게 지고 *13*은 *12*에게 진다. 2회전에서

*13*이 *16*을 물리쳤으므로, *16*은 *11*, *12*, *13*보다 열등함이 확실하다. 따라서 안심하고 *16*을 탈락시킬 수 있다. 3회전에서 도지슨은 *19*와 *21*의 시합을 허용하지 않았는데, 이유는 둘 다 *18*에게 졌기 때문에 *19* 대 *21*의 패자를 자동적으로 탈락시킬 수는 없다는 데 있었다.

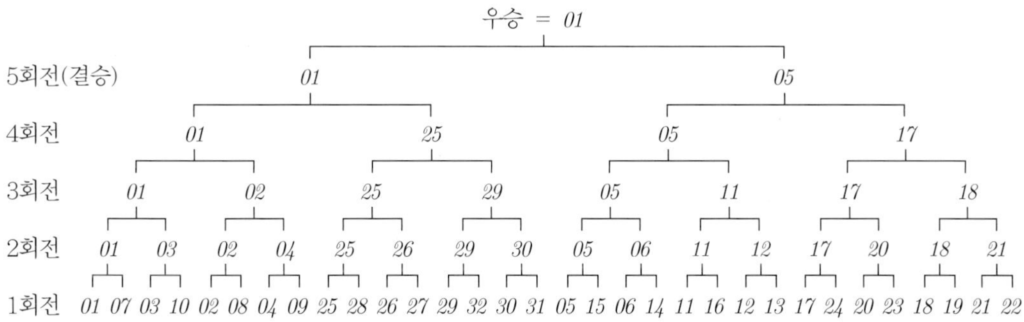

그림 39. 32명의 선수가 참여하는 탈락식 토너먼트

루이스 캐럴의 토너먼트가 최적의 방식임이 판명되었다면 좋았겠지만, 안타깝게도 그렇지는 못했다. 1883년 6월 23일자 일기에서 그는, 대략 여섯 시간을 들여서 소논문을 작성했으며 "테니스 시즌 일정에 이미 많이 뒤쳐졌기 때문에, 이 논문을 더 잘 쓰는 데 시간을 들이는 것보다는 바로 발표하는 게 나을 것 같다"라고 쓰고 있다. 그의 절차는 필요 이상으로 많은 비교를 수행하며, 하나의 알고리즘이 되기에 충분할 정도로 공식화되지도 않았다. 한편으로, 그의 절차는 병렬 계산의 관점에서 볼 때 다소 흥미로운 측면들을 가지고 있다. 또한, 몇 가지 극적인 효과들을 집어넣었다는 점에서, 테니스 토너먼트를 위한 계획으로는 훌륭한 것으로 보인다. 예를 들어 그는 두 결승전 진출자가 5회전에 참가하지 말고 6, 7회전의 연장 경기들을 치러야 한다고 명시하고 있다. 그러나 토너먼트 진행자들은 그의 제안이 너무 논리적이라고 생각했었던 것 같다. 그래서 캐럴의 시스템은 한 번도 시도되지 못했다. 현실에서는 이런 방법 대신 상위권 선수들을 트리의 서로 다른 부분들에 배치하는 "시드 배정" 방법이 쓰인다.

1929-1930년에 열린 한 수학 세미나에서 슈타인하우스Hugo Steinhaus는 총 $n \geq 2$명의 선수가 참가하는 한 테니스 토너먼트에서 최고의 선수와 두 번째 선수를 결정하는 데 필요한 최소 시합 횟수를 찾는 문제를 꺼냈다. 슈라이어J. Schreier는 최대 $n-2+\lceil \lg n \rceil$회의 시합을 요구하는 한 절차를 제시했는데, 그의 절차는 우리가 트리 선택 정렬이라고 부른 것(5.2.3절 그림 23 참고)의 처음 두 시기와 본질적으로 동일한 방법을 사용하되 $-\infty$가 관여하는 중복된 비교들을 피한다 〔*Mathesis Polska* 7 (1932), 154-160〕. 슈라이어는 또한 $n-2+\lceil \lg n \rceil$이 가능한 최소 횟수라고 주장했으나 그의 증명은 정확하지 않았고, 스우페츠키J. Słupecki의 증명 〔*Colloquium Mathematicum* 2 (1951), 286-290〕 역시 옳지 않았다. 32년이 지난 후에야 다소 복잡하긴 해도 옳은 최초의 증명이 키슬리친S. S. Kislitsyn에 의해서 발표되었다 〔*Sibirskĭ Mat. Zhurnal* 5 (1964), 557-564〕.

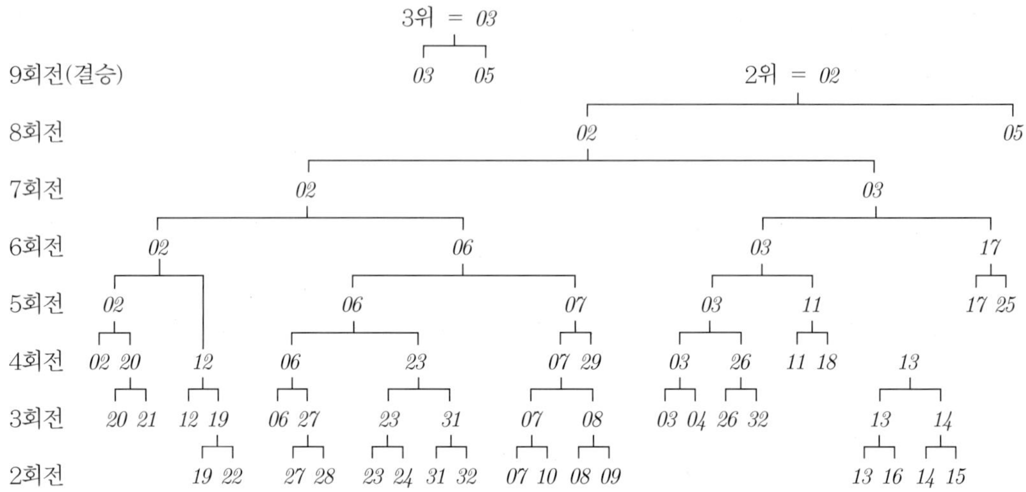

그림 40. 루이스 캐럴의 테니스 토너먼트(그림 39와 연동해서 수행된다).

$1 \le t \le n$에 대해, n개의 원소들 중 t번째로 큰 원소를 결정하는 데 필요한 최소 비교 횟수를 $V_t(n)$으로 표기하기로 하자. 그리고 $W_t(n)$은 가장 큰, 두 번째로 큰, ..., t번째로 큰 원소들을 총체적으로 결정하는 데 필요한 최소 비교 횟수라고 하자. 대칭성에 의해

$$V_t(n) = V_{n+1-t}(n) \tag{1}$$

이 성립하며, 명백히

$$V_1(n) = W_1(n), \tag{2}$$

$$V_t(n) \le W_t(n), \tag{3}$$

$$W_n(n) = W_{n-1}(n) = S(n) \tag{4}$$

이다.

보조정리 5.2.3M에 의해,

$$V_1(n) = n - 1 \tag{5}$$

이다. 이 사실에 대한 놀랄 만큼 간단한 증명이 실제로 존재하는데, 한 토너먼트에서 우승자를 제외한 모든 선수는 적어도 한 시합에서 지게 된다는 점을 생각한다면 이해가 가능하다. 이 착안을 확장하고 5.3.2절의 "방해자"를 이용하면 다음과 같은 슈라이어-키슬리친 정리를 그리 어렵지 않게 증명할 수 있다.

정리 S. $n \ge 2$에 대해 $V_2(n) = W_2(n) = n - 2 + \lceil \lg n \rceil$.

증명. 한 토너먼트에 n명의 선수들이 참가해서 어떤 주어진 절차에 의해 두 번째로 잘하는 선수가 결정되었다고 하자. 그리고 j회 이상 진 선수들의 수를 a_j라고 하자. 그러면 진행된 시합의 수는 총 $a_1 + a_2 + a_3 + \cdots$ 이다. 두 번째로 잘하는 선수를 결정하기 위해서는 우승자도 결정해야 하므로

(연습문제 2), 위의 논증은 $a_1 = n-1$의 증명이기도 하다. 증명을 완성하기 위해, $a_2 \geq \lceil \lg n \rceil - 1$이 되는 시합 결과들의 순차열이 항상 존재함을 보이고자 한다.

토너먼트의 끝에서 우승자가 총 p명의 선수와 시합을 했다고(그리고 이겼다고) 하자. 그 선수들 중 하나가 제2인자이고, 나머지 선수들은 적어도 한 번씩은 더 졌어야 한다. 따라서 $a_2 \geq p-1$이다. 그러므로, 우승자가 적어도 $\lceil \lg n \rceil$명의 다른 선수들과 반드시 시합을 하게 되는 방식으로 시합 결과들을 결정하는 하나의 방해자를 구축함으로써 증명을 완성할 수 있다.

만일 선수 A가 이전에 진 적이 없으며 B는 적어도 한 번은 진 적이 있다면, 또는 둘 다 진 적이 없으며 B가 A보다 더 적은 시합을 치뤘다면, 방해자는 A가 B보다 더 낫다고 선언한다고 하자. 그 외의 경우에서, 방해자는 어떤 부분순서와 일치하는 임의의 결정을 내린다고 하자.

그럼 모든 시합 결과가 그러한 방해자에 의해서 결정되는 하나의 완전한 토너먼트의 결과를 고찰해 보겠다. "A가 B보다 우월하다(supersede)"라는 관계를 이렇게 정의하자: 오직 $A = B$ 또는 A가 처음에 B를 이긴 선수보다 우월할 때에만 A는 B보다 우월하다 (이 관계에서는 선수의 첫 패배만 의미가 있다. 패자의 이후 시합들은 무시된다. 방해자의 메커니즘에 의해, 다른 선수를 최초로 물리친 임의의 선수는 이전에 진 적이 없어야 한다.) 이로부터, 처음 p회의 경기를 이긴 선수는 그 p회의 시합들을 기반으로 한 최대 2^p명의 선수들보다 우월하다. (이는 $p=0$인 경우에는 명백하며, $p>0$의 경우 p번째 경기는 이전에 졌던 선수 또는 최대 2^{p-1}명의 선수들보다 우월한 누군가와의 시합이다.) 따라서 모든 선수보다 우월한 토너먼트 우승자는 적어도 $\lceil \lg n \rceil$회의 시합을 치뤘어야 한다. ▮

정리 S는 두 번째로 잘하는 선수를 찾는 문제를 최소최대의 관점에서 완전하게 해결한다. 연습문제 6은 원소들에 대한 임의의 부분순서가 미리 알려져 있는 어떤 집합에서 두 번째로 큰 원소를 찾는 데 필요한 비교 횟수의 최소값에 대한 간단한 공식을 만드는 것이 실제로 가능함을 보여준다.

$t>2$라면 어떨까? 앞에서 언급한 논문에서 키슬리친은 더 큰 t 값들까지 고려해서 다음을 증명했다.

$$n \geq t\text{에 대해} \qquad W_t(n) \leq n - t + \sum_{n+1-t<j\leq n} \lceil \lg j \rceil. \tag{6}$$

$t=1$와 $t=2$에 대해 실제로 이 공식의 등호가 성립함은 이미 살펴보았다. $t=3$의 경우에는 공식을 약간 더 개선하는 것이 가능하다(연습문제 21 참고).

트리 선택의 처음 t 시기들이 $-\infty$에 관련된 모든 비교들을 무시할 때 최대

$$n - t + \textstyle\sum_{n+1-t<j\leq n} \lceil \lg j \rceil$$

회의 비교를 요구함을 보임으로써 키슬리친의 정리를 증명해보자. 식 5.3.1-(3)에 의해, (6)의 우변이 $t=n$일 때 $B(n)$과 같으며, $t=n-1$일 때에도 $B(n)$와 같음을 주목할 필요가 있다. 따라서 트리 선택과 이진 삽입은 서로 상당히 다른 방법임에도 불구하고 정렬 문제에 대해 동일한 상계를 제공한다.

α가 n개의 외부 노드들을 가진 한 확장 이진트리이고 π가 $\{1, 2, \ldots, n\}$의 한 순열이라고 하자.

π의 원소들을 왼쪽에서 오른쪽으로 대칭 순서로 α의 외부 노드들에 놓는다. 그리고 내부 노드들은 트리 선택에서처럼 탈락식 토너먼트의 규칙에 따라 채운다. 그렇게 해서 생긴 트리에 반복 선택 연산들을 적용하면 하나의 순열 $c_{n-1}\,c_{n-2}\cdots c_1$을 정의하게 된다. 여기서 c_j는 원소 $j+1$이 $-\infty$와 대체되었을 때 원소 j를 트리의 루트로 올리는 데 필요한 비교 횟수이다. 예를 들어 α가 트리

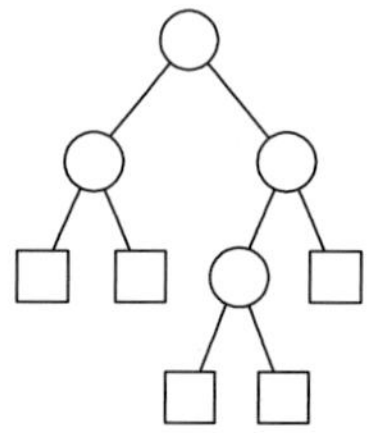

(7)

이고 $\pi = 5\;3\;1\;4\;2$라고 하면 다음과 같은 트리들을 얻게 된다.

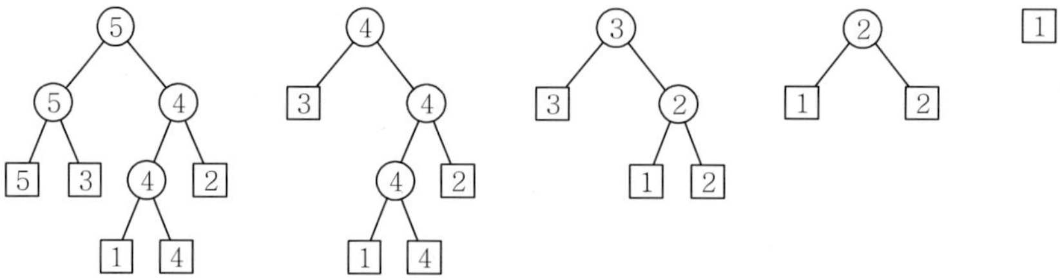

$c_4 = 1$ $\quad c_3 = 2$ $\quad c_2 = 0$ $\quad c_1 = 0$

만일 π가 3 1 5 4 2였다면 수열 $c_4\,c_3\,c_2\,c_1$은 2 1 1 0이 되었을 것이다. c_1이 항상 0임을 증명하는 것은 어렵지 않다.

$\mu(\alpha,\pi)$가 α와 π에 의해 결정되는 중복집합 $\{c_{n-1}, c_{n-2}, \ldots, c_1\}$이라고 하자. 만일

$\alpha =$ 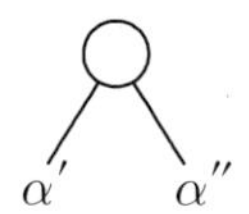

이고 원소 1과 2 모두 α'에 또는 α''에 나타나지 않는다면, 적절한 순열 π'와 π''에 대해 다음이 성립함을 쉽게 확인할 수 있다.

$$\mu(\alpha,\pi) = (\mu(\alpha',\pi')+1) \uplus (\mu(\alpha'',\pi'')+1) \uplus \{0\}. \tag{8}$$

여기서 $\mu+1$은 μ의 각 원소에 1을 더해서 얻은 중복집합을 뜻한다. (연습문제 7 참고.) 반면, 원소 1과 2 모두 α'에 나타난다면 다음이 성립한다.

$$\mu(\alpha,\pi) = (\mu(\alpha',\pi')+\epsilon) \uplus (\mu(\alpha'',\pi'')+1) \uplus \{0\}.$$

여기서 $\mu+\epsilon$은 μ의 어떤 원소들에는 1을, 다른 원소들에는 0을 더해서 얻은 중복집합을 의미한다. 1과 2 모두 α''에 나타날 때에도 비슷한 공식이 성립한다. 만일 중복집합 μ_1과 μ_2 모두 같은 개수의

원소들을 담고 있으며 모든 k에 대해 μ_1의 k번째로 큰 원소가 μ_2의 k번째로 큰 원소보다 크거나 같으면, μ_1이 μ_2보다 우세하다(dominate)라고 말하기로 하자. 만일 모든 π에 대해 $\mu(\alpha)$가 $\mu(\alpha, \pi)$보다 우세하며 어떤 π들에 대해 $\mu(\alpha) = \mu(\alpha, \pi)$이면, 그러한 $\mu(\alpha)$를 $\mu(\alpha, \pi)$의 우세(dominant)라고 정의하자. 위의 공식들에 의해

$\mu(\square) = \emptyset,$ $\mu($ 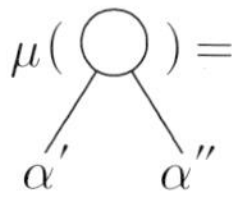 $) = (\mu(\alpha') + 1) \uplus (\mu(\alpha'') + 1) \uplus \{0\}$ (9)

이다. 따라서 $\mu(\alpha)$는 α의 루트에서 내부 노드로의 모든 거리의 중복집합이다.

이러한 사고의 흐름을 잘 따라온 독자라면, 이제 키슬리친의 정리 (6)을 증명할 준비가 되었음을 알 수 있을 것이다. 실제로 $W_t(n)$은 $n-1$에 $\mu(\alpha)$의 $t-1$번째로 큰 원소를 더한 것보다 작거나 같다. 여기서 α는 트리 선택 정렬에 쓰이는 임의의 트리이다. α를 n개의 외부 노드들을 가진 완전 이진트리(2.3.4.5절 참고)로 둘 수 있는데, 그런 경우

$$\begin{aligned} \mu(\alpha) &= \{\lfloor \lg 1 \rfloor, \lfloor \lg 2 \rfloor, \ldots, \lfloor \lg (n-1) \rfloor\} \\ &= \{\lceil \lg 2 \rceil - 1, \lceil \lg 3 \rceil - 1, \ldots, \lceil \lg n \rceil - 1\} \end{aligned} \tag{10}$$

이다. 이 중복집합의 $t-1$번째로 큰 원소들을 고찰하면 공식 (6)을 이끌어 낼 수 있다.

키슬리친의 정리는 $W_t(n)$에 대한 좋은 상계를 제공한다. 그는 $V_3(5) = 6 < W_3(5) = 7$이라고 주장했으나, $W_t(n)$에 대한 한계보다 더 나은 $V_t(n)$의 한계를 찾지는 못했다. 하디안A. Hadian과 소블M. Sobel은 트리 선택 대신 치환 선택을 이용해서 이를 수행하는 한 가지 방법을 발견했다. 그들의 공식 〔Univ. of Minnesota, Dept. of Statistics Report 121 (1969)〕

$$V_t(n) \le n - t + (t-1)\lceil \lg (n+2-t) \rceil, \qquad n \ge t \tag{11}$$

은 (6)에 나온 $W_t(n)$에 대한 키슬리친의 상계와 비슷하나, 합의 각 항이 가장 작은 항으로 치환되었다는 점에서는 차이를 보인다.

하디안과 소블의 정리 (11)은 다음과 같은 구축법을 통해서 증명할 수 있다: 우선 $n-t+2$개의 항목들에 대한 탈락식 토너먼트를 위한 이진트리를 설정한다. (이를 위해서는 $n-t+1$회의 비교가 필요하다.) 가장 큰 항목은 다른 $n-t+1$개의 항목보다 크므로, 가장 큰 항목이 t번째로 큰 항목일 수는 없다. 트리의 한 외부 노드에 나타난 그 항목을 예비 장소에 들어 있는 $t-2$개의 원소들 중 하나로 내제하고, 그 결과인 $n-t+2$개의 원소들 중 가장 큰 원소를 찾는다. 이를 위해서는 최대 $\lceil \lg(n+2-t) \rceil$회의 비교가 필요한데, 왜냐하면 트리에서 오직 하나의 경로만 재계산하면 되기 때문이다. 이러한 연산을 예비 장소에 있는 각 원소에 대해 반복한다. 반복 횟수는 총 $t-2$회이다. 마지막으로, 현재의 최대 원소를 $-\infty$로 치환하고 나머지 $n+1-t$개의 원소들 중 최대 원소를 결정한다. 여기에는 최대 $\lceil \lg(n+2-t) \rceil - 1$회의 비교가 걸린다. 이제 원래의 집합에서 t번째로 큰 원소는 트리의 루트로 올라온 상태이다. 이상의 비교 횟수들을 다 합하면 (11)이 나온다.

관계 (11)에서, $n+1-t$가 더 나은 값을 낼 때마다($n=6$이고 $t=3$인 경우 등) 우변의 t를

$n+1-t$로 치환해야 함은 물론이다. 이상하게도 이 공식에 의하면 $V_7(13)$에 대한 한계가 $V_6(13)$에 대한 한계보다 작게 나온다. (11)의 상계는 $n \le 6$에 대해서는 정확하나, n과 t가 커짐에 따라 훨씬 더 나은 $V_t(n)$의 근사치를 얻는 것이 가능하다.

예를 들어 $V_4(8) \le 12$를 보이기 위해 다음의 우아한 방법(도런David G. Doren에서 기인함)을 사용할 수 있다. 원소들이 $X_1, \ldots, X_8$이라고 하자. 우선 $X_1 : X_2$와 $X_3 : X_4$를 비교하고 두 비교의 승자들을 비교한다. 그리고 $X_5 : X_6$과 $X_7 : X_8$을 비교하고 두 비교의 승자들을 비교한다. $X_1 < X_2 < X_4 > X_3$, $X_5 < X_6 < X_8 > X_7$가 되도록 원소들에 번호를 다시 붙이고, $X_2 : X_6$을 비교한다. 대칭성에 의해 $X_2 < X_6$라고 가정한다면, 다음과 같은 구성이 나온다.

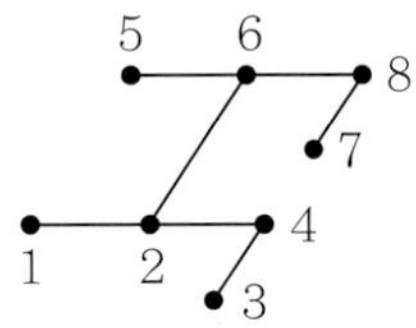

이제 X_1과 X_8이 경쟁에서 탈락했으니, $\{X_2, \ldots, X_7\}$에서 세 번째로 큰 원소를 찾아야 한다. $X_2 : X_7$을 비교해서 더 작은 것을 폐기한다. 최악의 경우 $X_2 < X_7$인데, 그러면

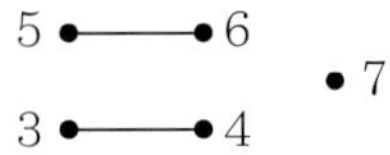

에서 세 번째로 큰 것을 찾아야 한다. 이 검색은 $V_3(5)-2=4$회의 추가적인 단계로 수행할 수 있다. $V_3(5)=6$을 달성하는 (11)의 절차는 서로 다른 두 원소 쌍을 비교하는 것으로 시작하기 때문이다.

표 1

작은 n들에 대한 $V_t(n)$ 값들

n	$V_1(n)$	$V_2(n)$	$V_3(n)$	$V_4(n)$	$V_5(n)$	$V_6(n)$	$V_7(n)$	$V_8(n)$	$V_9(n)$	$V_{10}(n)$
1	0									
2	1	1								
3	2	3	2							
4	3	4	4	3						
5	4	6	6	6	4					
6	5	7	8	8	7	5				
7	6	8	10	10*	10	8	6			
8	7	9	11	12	12	11	9	7		
9	8	11	12	14	14*	14	12	11	8	
10	9	12	14*	15	16**	16**	15	14*	12	9

* 연습문제 10-12는 이 경우들에서 식 (11)을 개선하는 구축법들을 제시한다.

** K. Noshita, *Trans. of the IECE of Japan* E59, 12 (1976년 12월), 17-18 참고.

표 1에 나온 결과는 이런 종류의 또 다른 요령을 이용해서 만들어 낸 것이다. 일반화된 방법에 대해서는 아직 명백하게 알려진 바가 없다. 표에서 $V_4(9) = V_6(9)$와 $V_5(10) = V_6(10)$에 대한 값들이 최적임은 개서치W. Gasarch, 켈리W. Kelly, 퓨W. Pugh가 1996에 컴퓨터 검색을 이용해서 증명했다 〔*SIGACT News* 27, (June 1996), 88–96〕.

t가 작을 때의 선택 문제에 대한 상당히 좋은 하계를 커크패트릭David G. Kirkpatrick이 구한 바 있다〔*JACM* 28 (1981), 150–165〕: 만일 $2 \le t \le (n+1)/2$이면

$$V_t(n) \ge n + t - 3 + \sum_{j=0}^{t-2} \left\lceil \lg \frac{n-t+2}{t+j} \right\rceil \tag{12}$$

가 성립한다. 커크패트릭은 그의 박사학위논문 〔U. of Toronto, 1974〕에서 다음도 증명했다.

$$V_3(n) \le n + 1 + \left\lceil \lg \frac{n-1}{4} \right\rceil + \left\lceil \lg \frac{n-1}{5} \right\rceil. \tag{13}$$

이 상계는 모든 정수 n의 $\lg \frac{5}{3} \approx 74\%$ 에 대한 하계 (12)와 일치한다. 그리고 (12)보다 최대 1만큼 크다. 커크패트릭의 분석에 의해, 사람들은 자연스럽게 모든 n에 대해 (13)의 등호가 성립할 것이라고 추측했으나, $V_3(22) = 28$이라는 놀라운 반례가 오이스터브로크Jutta Eusterbrock에 의해서 발견되었다 〔*Discrete Applied Math.* 41 (1993), 131–137〕. 더 큰 t 값들에 대한 개선된 하계들은 벤트S. W. Bent와 존J. W. John이 발견했다(연습문제 27 참고):

$$V_t(n) \ge n + m - 2\lceil \sqrt{m}\, \rceil, \qquad m = 2 + \left\lceil \lg \left(\binom{n}{t} \Big/ (n+1-t) \right) \right\rceil. \tag{14}$$

이 공식은 특히

$$V_{\alpha n}(n) \ge \left(1 + \alpha \lg \frac{1}{\alpha} + (1-\alpha) \lg \frac{1}{1-\alpha} \right) n + O(\sqrt{n}\,) \tag{15}$$

을 증명한다.

선형 방법 하나. n이 홀수이고 $t = \lceil n/2 \rceil$일 때 t번째로 큰(그리고 t번째로 작은) 원소를 중앙값(median)이라고 부른다. (11)에 의해, n개의 원소들의 중앙값을 찾는 데에는 $\approx \frac{1}{2} n \lg n$회의 비교가 필요하다. 중앙값 찾기는 정렬에 비해 훨씬 적은 정보를 요구하는 일인 데에도 그 속도가 정렬보다 약 두 배 밖에 빠르지 않다. 몇몇 연구자들은 수 년 동안 t와 n이 클 때의 (11)에 대한 개선 방법을 찾기 위해서 공동으로 노력해 왔는데, 결국 1971년에 이르러 블룸Manuel Blum이 단 $O(n \log \log n)$ 단계만을 필요로 하는 방법 하나를 찾아냈다. 이 문제에 대한 블룸의 접근방식은 새로운 부류의 기법들을 시사했으며, 그 기법들은 리베스트R. Rivest와 타잔R. Tarjan에서 기인한 아래의 구축법으로 이어졌다 〔*J. Comp. and Sys. Sci.* 7 (1973), 448–461〕:

정리 L. 만일 $n > 32$이고 $1 \le t \le n$이면 $V_t(n) \le 15n - 163$이다.

증명. $32 < n \le 2^{10}$에 대해 $V_t(n) \le S(n) \le 10n \le 15n - 163$이므로, n이 작을 때에는 정리가

자명하다. 최대 13개의 가상의 $-\infty$ 원소들을 추가한다면 어떤 정수 $q \geq 73$에 대해 $n = 7(2q+1)$이라고 가정할 수 있다. 이제 t번째로 큰 원소를 선택하기 위해 다음과 같은 방법을 사용할 수 있다.

단계 1. 원소들을 각각 일곱 개씩 $2q+1$개의 그룹으로 나누고 각 그룹을 정렬한다. 이 단계는 최대 $13(2q+1)$회의 비교를 수행한다.

단계 2. 단계 1에서 얻은 $2q+1$개의 중앙값 원소들의 중앙값을 구한다. 그것을 x라고 부르자. q에 대한 귀납에 의해서, 이 단계는 최대 $V_{q+1}(2q+1) \leq 30q - 148$회의 비교를 수행한다.

단계 3. 이제 x를 제외한 $n-1$개의 원소들은 다음 세 집합으로 분할된 상태이다(그림 41 참고):

x보다 크다는 점이 알려진 $4q+3$개의 원소들(영역 B);
x보다 작다는 점이 알려진 $4q+3$개의 원소들(영역 C);
x와의 관계가 알려지지 않은 $6q$개의 원소들(영역 A와 D).

$4q$회의 추가 비교를 수행하면 영역 A와 D의 원소들 중 x보다 작은 것들을 정확히 판정할 수 있다. (이때, x와 각 3짝의 중간 원소를 제일 먼저 비교한다.)

단계 4. 이제, 어떠한 r에 대해 x보다 큰 r개의 원소들과 x보다 작은 $n-1-r$개의 원소들을 찾은 상태이다. 만일 $t = r+1$이면 x가 답이다. 만일 $t < r+1$이면 r개의 큰 원소들 중 t번째로 큰 것을 찾아야 한다. 만일 $t > r+1$이면 $n-1-r$개의 작은 원소들 중 $(t-1-r)$번째로 큰 것을 찾아야 한다. 이 때 핵심은 r과 $n-1-r$ 모두 $10q+3$(영역 A와 D의 크기 더하기 B 또는 C의 크기)보다 작거나 같다는 것이다. 따라서, q에 대한 귀납에 의해, 이 단계가 최대 $15(10q+3) - 163$회의 비교를 필요로 함을 알 수 있다.

결국, 최대 비교 횟수는

$$13(2q+1) + 30q - 148 + 4q + 15(10q+3) - 163 = 15(14q-6) - 163$$

이다. 적어도 $14q-6$개의 원소들로 시작했던 것이었으므로, 이제 증명이 완성되었다. ▮

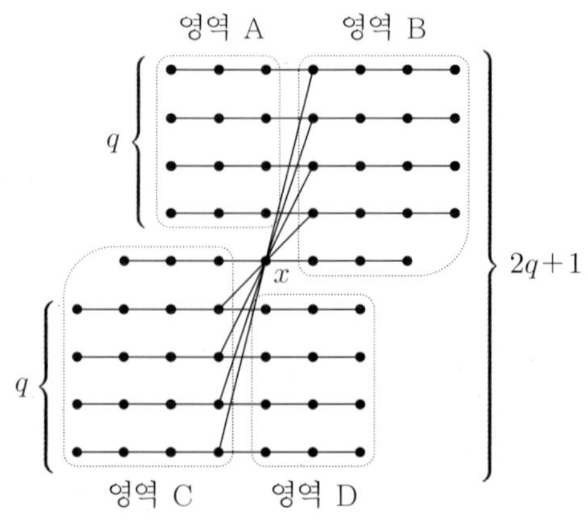

그림 41. 리베스트와 타잔의 선택 알고리즘(($q=4$).

정리 L은 선택을 항상 선형 시간으로 수행할 수 있음을, 즉 $V_t(n) = O(n)$임을 보여준다. 물론 이 증명에 쓰인 방법은 다소 거칠다. 단계 4에서 좋은 정보를 폐기해 버리기 때문이다. 문제를 좀 더 깊게 연구해 보면 훨씬 더 엄격한 한계들을 얻을 수 있다. 예를 들어 쇤하게A. Schönhage, 패터슨M. Paterson, 피펭거N. Pippenger는 중앙값을 찾는 데 필요한 최대 비교 횟수가 많아야 $3n + O(n \log n)^{3/4}$임을 증명했다 [*J. Comp. Sys. Sci.* 13 (1976), 184-199]. 하계에 대해서는, 그리고 좀 더 최근 결과들의 참고자료에 대해서는 연습문제 23을 볼 것.

평균 비교 횟수. 최대 비교 횟수를 최소화하는 것이 아니라, 원소들이 무작위 순서라는 가정 하에서 평균 비교 횟수를 최소화하는 알고리즘이 필요할 수도 있다. 다른 경우와 마찬가지로 최소평균 문제는 최소최대 문제보다 상당히 더 어렵다. 실제로 최소평균 문제는 심지어 $t = 2$인 경우에 대해서도 아직 풀리지 않았다. 이 문제는 피카르Claude Picard의 책 *Théorie des Questionnaires* (1965)에서 언급되었고 소블Milton Sobel에 의해서 상세히 탐구되었다 [Univ. of Minnesota, Dept. of Statistics Reports 113, 114 (1968년 11월); *Revue Française d'Automatique, Informatique et Recherche Opérationnelle* 6, R-3 (1972년 12월), 23-68].

소블은 그림 42의 절차를 구축했는데, 이 절차는 여섯 원소들 중 두 번째로 큰 것을 평균적으로 단 $6\frac{1}{2}$회의 비교 만에 찾아낸다. 최악의 경우에는 8회의 비교가 필요하며, 이는 $V_2(6) = 7$보다 나쁘다. 실제로, 비교 횟수를 최대 7회로 제한한다고 할 때 이 문제에 대한 최선의 절차는 평균 $6\frac{26}{45}$회의 비교를 수행한다는 사실이 호이D. Hoey가 수행한 상세한 컴퓨터 검색에 의해서 밝혀졌다. 따라서 여섯 원소들 중 두 번째로 큰 원소를 최소최대와 최소평균 모두의 관점에서 최적으로 찾아내는 절차는 존재하지 않는다.

$\overline{V}_t(n)$이 n개의 원소들 중 t번째로 큰 원소를 찾는 데 필요한 최소의 평균 비교 횟수라고 하자. 표 2에 작은 n들에 대한 정확한 값들이 나와 있다. 이들은 호이가 계산한 것이다.

1970년에 플로이드R. W. Floyd는 n개의 원소들의 중앙값을 평균적으로 단 $\frac{3}{2}n + O(n^{2/3} \log n)$회의 비교 만에 찾아낼 수 있음을 발견했다. 몇 년 후 그와 리베스트는 이 방법을 더욱 개선했으며, 다음을 증명하는 우아한 알고리즘을 구축했다.

$$\overline{V}_t(n) \le n + \min(t, n-t) + O(\sqrt{n \log n}). \tag{16}$$

(연습문제 13과 24를 볼 것.)

마툴러David W. Matula는 $t = 2$에 대한 소블의 구축법들 중 하나의 일반화에 기반한 또 다른 접근방식을 이용해서

$$\overline{V}_t(n) \le n + t\lceil \lg t \rceil (11 + \ln \ln n) \tag{17}$$

을 보였다 [Washington Univ. Tech. Report AMCS-73-9 (1973)]. 즉, 고정된 t에 대해 평균 작업량을 $n + O(\log \log n)$회의 비교들로 줄일 수 있는 것이다. $\overline{V}_t(n)$에 대한 정연한 하계 하나가 연습문제 25에 나온다.

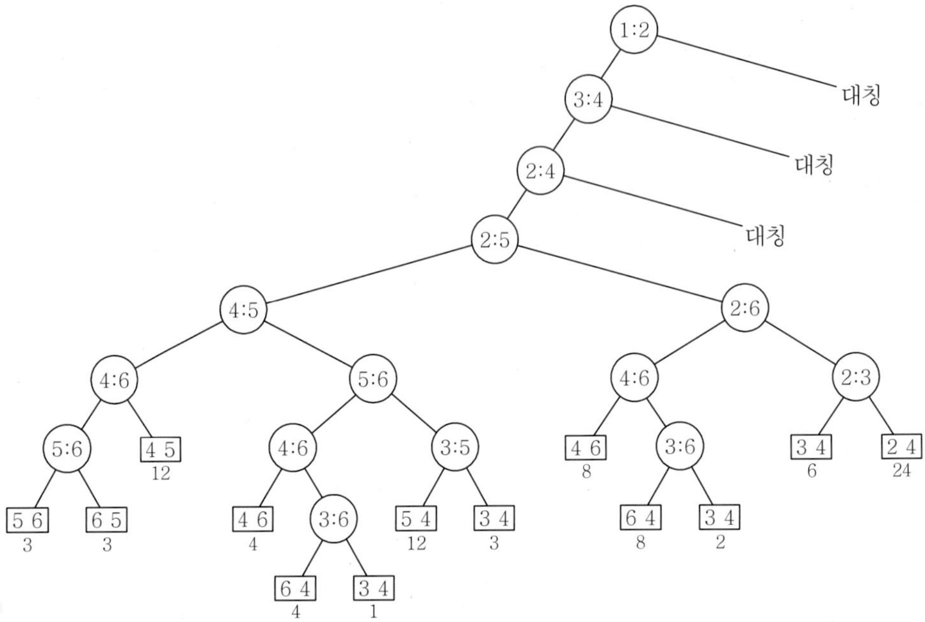

그림 42. $\{X_1, X_2, X_3, X_4, X_5, X_6\}$에서 두 번째로 큰 원소를 평균 $6\frac{1}{2}$회의 비교로 찾는 절차. 각 "대칭" 가지 노드는 그 동기 노드들과 동일하다. 동기 노드들은 어떤 적절한 방식으로 순열치환된 이름표들을 가진다. 외부 노드에 붙은 이름표 "$j\ k$"는, 그 노드에 대해서는 X_j가 두 번째로 큰 원소이고 X_k가 제일 큰 원소라고 알려져 있다는 뜻이다. 노드 아래에 붙은 수치는 그 노드로 이어지는 순열들의 개수를 뜻한다.

정렬과 선택 문제들은 주어진 n개의 원소들의 순열들 중 주어진 한 부분순서에 일치하는 순열을 찾는 훨씬 더 일반적인 문제의 특별한 경우들이다. 야오A. C. Yao는 만일 그 부분순서가 n개의 정점들로 된, k개의 연결된 구성요소들을 가진 한 비순환 유향그래프 G로 정의된다면, 그러한 문제들을 푸는 데 필요한 최소 비교 횟수는 최악의 경우와 평균 경우 모두에서 항상 $\Theta(\lg(n!/T(G))+n-k)$임을 보였다 〔*SICOMP* 18 (1989), 679–689〕. 여기서 $T(G)$는 그 부분순서와 일치하는 순열들의 전체 개수(G에 대한 위상정렬 개수)이다.

표 2

선택을 위한 최소 평균 비교 횟수들

n	$\overline{V}_1(n)$	$\overline{V}_2(n)$	$\overline{V}_3(n)$	$\overline{V}_4(n)$	$\overline{V}_5(n)$	$\overline{V}_6(n)$	$\overline{V}_7(n)$
1	0						
2	1	1					
3	2	$2\frac{2}{3}$	2				
4	3	4	4	3			
5	4	$5\frac{4}{15}$	$5\frac{13}{15}$	$5\frac{4}{15}$	4		
6	5	$6\frac{1}{2}$	$7\frac{7}{18}$	$7\frac{7}{18}$	$6\frac{1}{2}$	5	
7	6	$7\frac{149}{210}$	$8\frac{509}{630}$	$9\frac{32}{105}$	$8\frac{509}{630}$	$7\frac{149}{210}$	6

연습문제

1. [*15*] 루이스 캐럴의 토너먼트(그림 39와 40)에서 선수 *13*이 3회전에서 이겼음에도 토너먼트에서 탈락한 이유는 무엇일까?

▶ **2.** [*M25*] n개의 원소들 중 t번째로 큰 원소를 일련의 비교들을 통해서 찾은 후에는 그 원소보다 큰 $t-1$개의 원소들과 그보다 작은 $n-t$개의 원소들도 알게 됨을 증명하라.

3. [*20*] $1 \le t < n$에 대해 $V_t(n) > V_t(n-1)$이고 $W_t(n) > W_t(n-1)$임을 증명하라.

▶ **4.** [*M25*] (푸제네거F. Fussenegger, 가보프H. N. Gabow.) $W_t(n) \ge n - t + \lceil \lg n^{\underline{t-1}} \rceil$을 증명하라.

5. [*10*] $W_3(n) \le V_3(n) + 1$을 증명하라.

▶ **6.** [*M26*] (플로이드R. W. Floyd.) n개의 서로 다른 원소 $\{X_1, \ldots, X_n\}$과 특정한 쌍 (i, j)에 대한 관계 $X_i < X_j$들의 한 집합이 주어졌을 때 그 중 두 번째로 큰 원소를 찾고자 한다. 만일 $j \ne k$에 대해 $X_i < X_j$이고 $X_i < X_k$임을 안다면 X_i가 두 번째로 큰 원소일 수는 없으므로 제거해야 한다. 그렇게 하고 나면 다음과 같은 형태의 관계들이 생긴다.

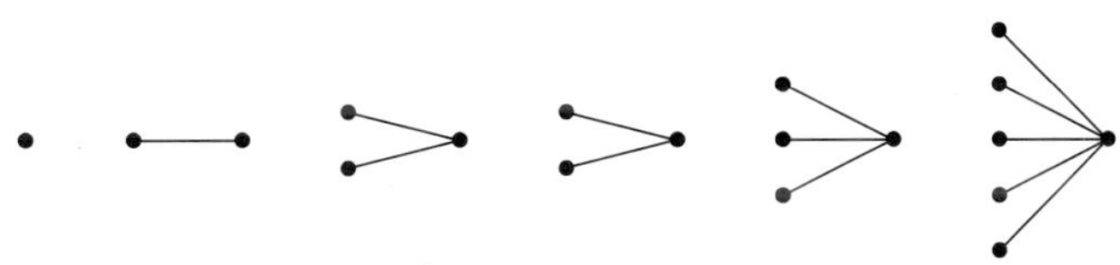

즉, 원소들의 그룹 m개를 하나의 중복집합 $\{l_1, l_2, \ldots, l_m\}$으로 표현할 수 있는 것이다. j번째 그룹은 $l_j + 1$개의 원소들로 구성되며, 그 원소들 중 하나는 다른 원소들보다 크다는 것이 알려져 있다. 예를 들어 위의 구성은 중복집합 $\{0, 1, 2, 2, 3, 5\}$로 표현할 수 있다. 어떠한 관계도 알려져 있지 않은 경우에는 n개의 0들로 된 중복집합이 된다.

그러한 부분순서 집합에서 두 번째로 큰 원소를 찾는 데 필요한 최소 비교 횟수를 $f(l_1, l_2, \ldots, l_m)$이라고 할 때, 다음을 증명하라.

$$f(l_1, l_2, \ldots, l_m) = m - 2 + \lceil \lg (2^{l_1} + 2^{l_2} + \cdots + 2^{l_m}) \rceil.$$

[힌트: 최선의 전략은 m이 단위원으로 줄어들 때까지 항상 가장 작은 두 그룹의 가장 큰 원소들을 비교해 가는 것임을 $l_1 + l_2 + \cdots + l_m + 2m$에 대한 귀납법을 사용해서 보일 것.]

7. [*M20*] (8)을 증명하라.

8. [*M21*] 키슬리친의 공식 (6)은 n개의 외부 노드들을 가진 완전 이진트리를 이용한 트리 선택 정렬에 기반을 둔 것이다. 임의의 t와 n에 대해, 그와는 다른 어떤 트리에 기반을 둔 트리 선택 방법을 이용해서 더 나은 한계를 얻는 것이 가능할까?

▶ **9.** [*20*] 하디안과 소블의 치환 선택 방법[(11) 참고]을 이용해서 다섯 원소들의 중앙값을 최대 여섯 단계 이내로 찾는 비교 트리를 그려라.

10. [*35*] 일곱 원소들의 중앙값을 최대 10단계로 찾을 수 있음을 보여라.

11. [*38*] (노시타K. Noshita.) 아홉 원소들의 중앙값을, 처음 일곱 단계가 도런의 방법과 동일한 최대 14개의 단계들로 찾을 수 있음을 보여라.

12. [*21*] (하디안, 소블.) $V_3(n) \le V_3(n-1)+2$를 증명하라. [힌트: $\{X_1, X_2, X_3, X_4\}$ 중 가장 작은 것을 폐기하는 것으로 시작할 것.]

▸ **13.** [*HM28*] (플로이드R. W. Floyd.) $\{X_1, \ldots, X_n\}$의 중앙값 원소를 찾고자 한다. 먼저 $\{X_1, \ldots, X_{n^{2/3}}\}$의 중앙값을 찾는 식으로 재귀적인 방식을 적용한다면 평균 $\frac{3}{2}n + O(n^{2/3}\log n)$회의 비교로 $\{X_1, \ldots, X_n\}$의 중앙값을 찾을 수 있음을 보여라.

▸ **14.** [*20*] (소블M. Sobel.) n개의 원소들의 상대 순서를 알지 못할 있다고 하자. 그런 상황에서 그 중 t번째로 큰 것을 찾는 데 필요한 최소 비교 횟수를 $U_t(n)$이라고 할 때, $U_2(5) \le 5$임을 보여라.

15. [*22*] (폴I. Pohl.) 시간이 아니라 공간을 최소화하는 것이 목적이라고 하자. 하나의 원소가 하나의 워드를 차지하며 원소들이 한 번에 하나씩 단일한 레지스터에 입력된다고 할 때, n개의 원소들 중 t번째로 큰 것을 계산하는 데 필요한 메모리 워드들의 최소 개수는 얼마인가?

▸ **16.** [*25*] (폴I. Pohl.) n개의 원소들 중 최대, 최소 모두를 많아야 $\lceil \frac{3}{2}n \rceil - 2$회의 비교로 찾을 수 있음을 보여라. 그리고 그 비교 횟수를 더 낮출 수는 없음을 보여라. [힌트: 결코 비교된 적이 없는 원소들이 a개, 진적은 없고 이긴 적만 있는 원소들이 b개, 이긴 적은 없고 진적만 있는 원소들이 c개, 이기기도 하고 지기도 한 원소들이 d개라고 할 때, 문제가 함의하는 알고리즘의 임의의 시기를 하나의 4짝 (a, b, c, d)로 표현할 수 있다. 적절한 방해자를 구축해 볼 것.]

17. [*20*] (플로이드R. W. Floyd.) n개의 원소들의 집합에서 가장 큰 쪽 원소 k개와 가장 작은 쪽 원소 l개 모두를 순서대로 선택하는 데 필요한 최대 비교 횟수가

$$\left\lceil \frac{3}{2}n \right\rceil - k - l + \sum_{n+1-k<j\le n} \lceil \lg j \rceil + \sum_{n+1-l<j\le n} \lceil \lg j \rceil$$

임을 보여라.

18. [*M20*] 정리 L의 증명에서 크기가 7이 아니라 5인 그룹들을 사용했다면 어떤 정리가 나올까?

19. [*M42*] 표 2를 $n=8$로 확장하라.

20. [*M47*] $n \to \infty$에 따른 $\overline{V}_2(n) - n$의 점근값을 구하라.

21. [*32*] (라마난P. V. Ramanan, 야필L. Hyafil.) $k \ge t \ge 2$일 때 $W_t(2^k + 2^{k+1-t}) \le 2^k + 2^{k+1-t} + (t-1)(k-1)$을 증명하라. 또한, 연습문제 4 때문에 무한히 많은 k와 t에 대해 등호가 성립함을 보여라. [힌트: 두 탈락 트리를 진행하고 그 결과들을 현명하게 병합해 볼 것.]

22. [*24*] (커크패트릭David G. Kirkpatrick.) $4 \cdot 2^k < n-1 \le 5 \cdot 2^k$일 때 $V_3(n)$에 대한 상계 (11)을 다음과 같은 방법을 통해서 1로 줄일 수 있음을 보여라: (i) 크기가 2^k인 탈락 트리를 네 개 만든다. (ii) 네 최대값들 중 가장 작은 것을 찾고 그 값이 있는 트리의 2^k개의 원소 전부를 버린다.

(iii) 알려진 정보를 이용해서 크기가 $n-1-2^k$인 하나의 탈락 트리를 만든다. (iv) (11)의 증명에서처럼 진행한다.

23. [*M49*] $n \to \infty$에 따른 $V_{\lceil n/2 \rceil}(n)$의 점근값을 구하라.

24. [*HM40*] $t \le \lceil n/2 \rceil$에 대해 $\overline{V}_t(n) \le n+t+O(\sqrt{n \log n})$을 증명하라. 힌트: 사실 이 정도로 많은 비교를 수행한다면 t번째 원소를 쉽게 찾게 된 후에 $\lfloor t-\sqrt{t \ln n} \rfloor$번째와 $\lceil t+\sqrt{t \ln n} \rceil$번째 원소 모두를 찾을 수 있음을 보일 것.

▶ **25.** [*M35*] (쿤토W. Cunto, 먼로J. I. Munro.) $t \le \lceil n/2 \rceil$일 때 $\overline{V}_t(n) \ge n+t-2$를 증명하라.

26. [*M32*] (쇤하게A. Schönhage, 1974.) (a) 연습문제 14의 표기법 하에서, $n \ge 3$에 대해 $U_t(n) \ge \min(2+U_t(n-1), 2+U_{t-1}(n-1))$을 증명하라. [힌트: 현재의 부분순서가 •이나 •—• 형태들만으로는 형성될 수 없게 되는 즉시 n을 $n-1$로 줄임으로써 하나의 방해자를 구축할 것.] (b) 비슷하게, $n \ge 5$에 대해

$$U_t(n) \ge \min(2+U_t(n-1), 3+U_{t-1}(n-1), 3+U_t(n-2))$$

를 구성요소 •, •—•,  를 다루는 방해자를 구축해서 증명하라. (c) 따라서 $1 \le t \le n/2$에 대해 $U_t(n) \ge n+t+\min(\lfloor (n-t)/2 \rfloor, t)-3$이 성립함을 증명하라. [(a)와 (b)의 부등호들은 V나 W를 U로 대체할 때에도 성립하며, 따라서 표 1의 여러 항목들의 최적성이 확인된다.]

▶ **27.** [*M34*] 무작위화된 방해자(randomized adversary)는 동전을 던져서 결정을 내리는 것이 허용되는 방해자 알고리즘이다.

a) A가 하나의 무작위화된 방해자이고 $\Pr(l)$이 A가 주어진 비교 트리의 말단 노드 l에 도달할 확률이라고 하자. 만일 모든 l에 대해 $\Pr(l) \le p$이면 그 비교 트리의 높이는 $\ge \lg(1/p)$임을 보여라.

b) n개의 원소들에서 t번째로 큰 원소를 선택하는 문제에 대한 다음과 같은 방해자를 고려한다. 정수 매개변수 q는 미리 주어진 값이고 r은 나중에 선택된다.

A1. t개의 원소들로 된 집합 T를 무작위로 선택한다. $\binom{n}{t}$가지의 모든 가능성은 동일 확률이다. (이후 가장 큰 쪽 $t-1$개의 원소들이 항상 T에 속하게 만든다.) 나머지 원소들은 $S=\{1,\ldots,n\}\setminus T$라고 하자. $S_0 \leftarrow S$, $T_0 \leftarrow T$로 설정한다. S_0과 T_0은 t번째로 큰 원소일 수 있는 원소들을 대표한다.

A2. $|T_0| > r$인 동안 모든 $x:y$ 비교를 다음과 같이 결정한다: 만일 $x \in S$이고 $y \in T$이면 $x < y$라고 판정한다. 만일 $x \in S$이고 $y \in S$이면 동전을 던져서 대소를 판정하고, 작은 것이 S_0의 원소이면 S_0에서 제거한다. 만일 $x \in T$이고 $y \in T$이면 동전을 던져서 대소를 판정하고, 큰 것이 T_0의 원소이면 T_0에서 제거한다.

A3. $|T_0| = r$이 되는 즉시 원소들을 다음과 같이 세 부류 P, Q, R로 분할한다: 만일 $|S_0| < q$이면 $P = S$, $Q = T_0$, $R = T \setminus T_0$으로 둔다. 그렇지 않으면 각 $y \in T_0$에 대해, S의 원소들 중 이미 y와 비교했던 것들을 $C(y)$라고 할 때, $|C(y_0)|$이 최소인 y_0을 선택한다. $P = (S \setminus S_0) \cup C(y_0)$, $Q = (S_0 \setminus C(y_0)) \cup \{y_0\}$, $R = T \setminus \{y_0\}$으로 둔다. 이후의 모든 $x : y$ 비교에 대해 P의 원소는 Q의 원소보다 작고 Q의 원소는 R의 원소보다 작다는 규칙으로 판정한다. x와 y가 같은 비교일 때에는 동전을 던져서 판정한다. ▮

만일 $1 \le r \le t$이고 단계 A3의 시작에서 $|C(y_0)| \le q - r$이면 각 말단에 도달할 확률이 $\le (n+1-t)\big/\left(2^{n-q}\binom{n}{t}\right)$임을 증명하라. 힌트: 동전을 적어도 $n-q$번 던지게 됨을 보일 것.

c) (b)를 계속 이어서, 모든 정수 q와 r에 대해

$$V_t(n) \ge \min\left(n - 1 + (r-1)(q+1-r),\, n - q + \lg\left(\binom{n}{t}\Big/(n+1-t)\right)\right)$$

가 성립함을 보여라.

d) q와 r을 적절히 선택해서 (14)를 입증하라.

*5.3.4. 정렬을 위한 회로망

이번 절에서는 한 가지 제약이 존재하는 또 다른 종류의 정렬 문제들을 살펴보겠다. 이런 종류의 정렬은 그 응용과 풍부한 바탕 이론 덕분에 특히나 흥미롭다. 새로이 가해지는 제약은, 정렬이 항상 망각적인(oblivious) 비교들만을 수행한다는 것이다. 여기서 망각적이라 함은 K_i와 K_j를 비교할 때마다 이후의 $K_i < K_j$인 경우에 대한 비교들이 i와 j가 맞바뀌었다는 점만 빼고는 $K_i > K_j$인 경우와 정확히 동일하다는 의미이다.

그림 43(a)는 이러한 동질성 조건을 만족하는 비교 트리이다. 모든 수준의 비교 횟수가 동일함을 주목할 것. 그렇기 때문에 m번의 비교를 수행한 후의 결과는 2^m가지이다. 그런데 $n!$은 2의 거듭제곱이 아니다. 따라서 비교들 중 일부는 그 하위트리들 중 하나가 실제로는 결코 발생하지 않는다는 의미에서 중복이다. 바꾸어 말하면, 트리의 일부 가지들은 트리의 모든 해당 가지들이 제대로 정렬됨을 보장하기 위해 필요 이상의 비교를 수행한다.

그러한 트리의 최상위에서 최하위로의 각 경로는 트리 전체를 결정하므로, 그러한 정렬 방안을 가장 쉽게 표현할 수 있는 수단은 그림 43(b)와 같은 하나의 회로망(network)이다. 그러한 회로망에서 상자는 "비교자 모듈(comparator module)"을 나타낸다. 하나의 비교자 모듈은 두 개의 입력(위에서 모듈로 들어오는 두 선)과 두 개의 출력(모듈 아래로 나가는 두 선)을 가진다. 왼쪽 출력은 두 입력 중 작은 것이고 오른쪽 출력은 큰 것이다. 회로망의 아래 끝에서 K_1'은 $\{K_1, K_2, K_3, K_4\}$ 중 가장 작은 원소이고 K_2'는 두 번째로 작은 원소, 등등이다. 임의의 정렬 연결망이 앞에서 말한 방식으로 망각적 비교 트리에 대응하며 임의의 망각적 비교 트리가 비교자 모듈들의 회로망에 대응함을 증명하는 것은 어렵지 않다.

첨언하자면, 공학적인 관점에서 볼 때 이러한 비교자 모듈들을 제조하는 것이 상당히 쉽다는

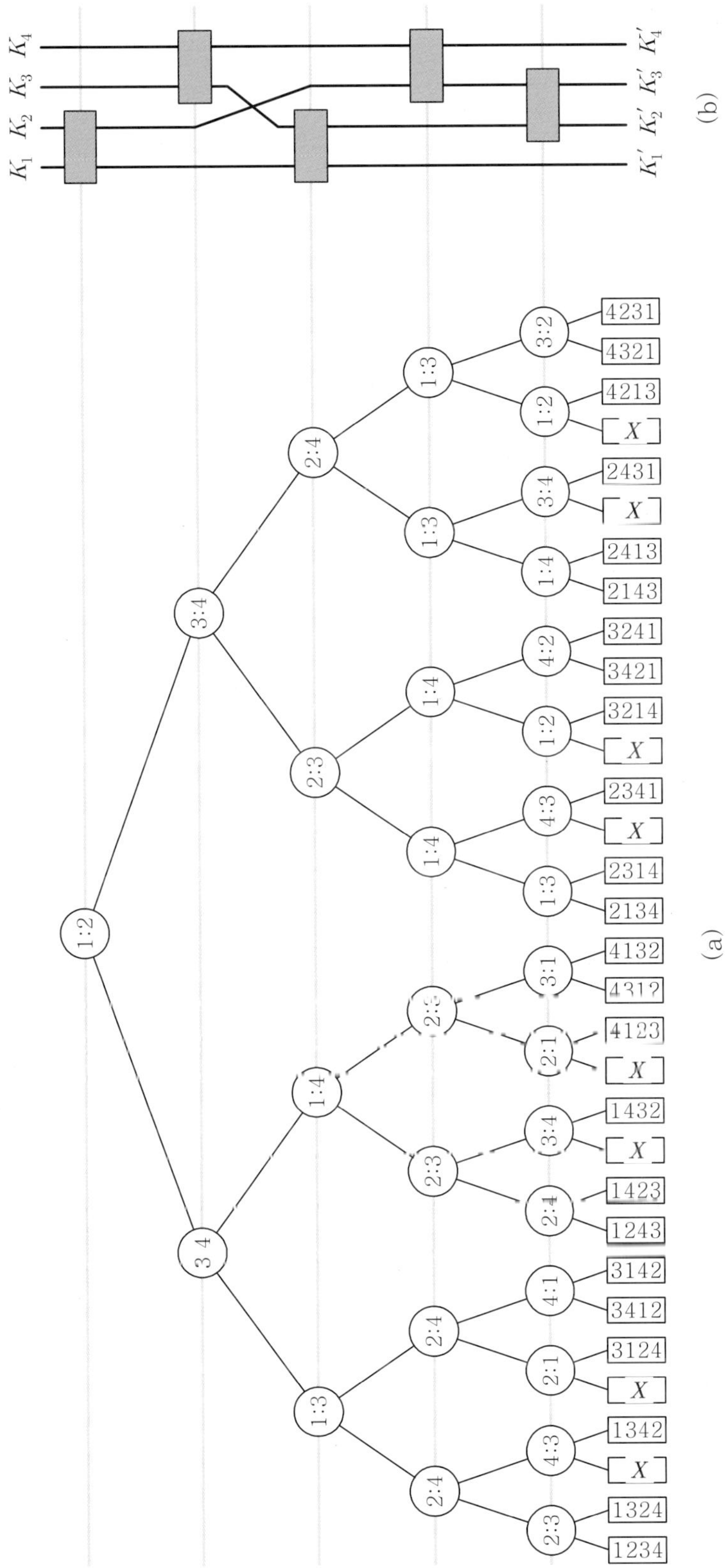

그림 43. (a) 망각적 비교 트리. (b) 그에 대응하는 회로망.

점을 주목해야 할 것이다. 예를 들어 연결선들이 이진수를 담으며, 각 모듈에 비트들이 단위 시간당 1비트씩 최상위 비트부터 들어온다고 가정하자. 각 비교자 모듈은 세 개의 상태를 가지며, 다음과 같이 행동한다:

시간 t		시간 $(t+1)$	
상태	입력	상태	출력
0	0 0	0	0 0
0	0 1	1	0 1
0	1 0	2	0 1
0	1 1	0	1 1
1	x y	1	x y
2	x y	2	y x

초기에는 모든 모듈이 상태 0에 있고 0 0을 출력한다. 서로 다른 입력들이 들어오면 모듈은 즉시 상태 1 또는 2로 진입한다. 시간 t에서 그림 43(b)의 최상위로부터 전송되기 시작한 수치들은 K_1'과 K_4' 선들에 적절한 지연 요소들이 부착되어 있다고 할 때 시간 $t+3$에서 정렬된 순서로 최하위에서 출력되기 시작한다.

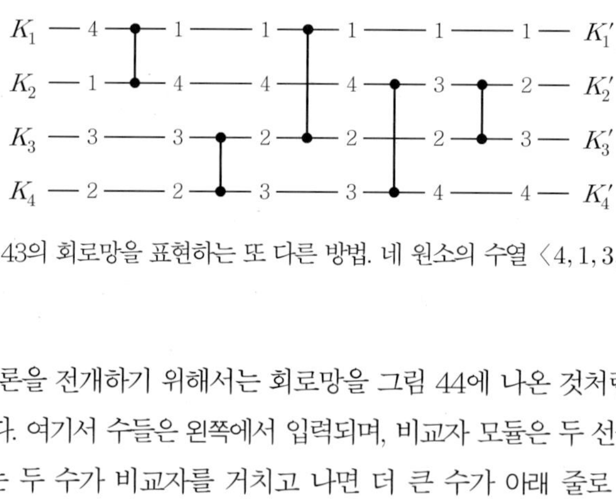

그림 44. 그림 43의 회로망을 표현하는 또 다른 방법. 네 원소의 수열 $\langle 4,1,3,2\rangle$를 정렬하는 회로망이다.

정렬 회로망의 이론을 전개하기 위해서는 회로망을 그림 44에 나온 것처럼 약간 다른 방식으로 표현하는 것이 편리하다. 여기서 수들은 왼쪽에서 입력되며, 비교자 모듈은 두 선들 사이의 수직 연결로 표현된다. 각 비교자는 두 수가 비교자를 거치고 나면 더 큰 수가 아래 줄로 내려가도록 입력들을 적절히 맞바꾼다. 그림의 오른쪽 끝에서 모든 수는 위에서 아래로 정렬된 순서가 된다.

앞선 최적 정렬의 연구에서는 비교 횟수의 최소화에 집중하게 됨에 따라 바탕에 깔린 자료 이동이나 필요한 의사결정 구조의 복잡성에 대해서는 관심을 거의 두지 못했는데, 그런 부분에 대해서는 이 정렬 회로망이 확실한 장점을 가진다. 회로망에서는 자료를 n개의 장소들로 유지할 수 있으며 의사결정 구조가 "직선"이기 때문이다. 계획이 미리 확고하게 고정되기 때문에 이전 비교의 결과들을 기억해 둘 필요가 없는 것이다. 정렬 회로망의 또 다른 중요한 장점은, 보통의 경우 연산들의 상당 부분을 겹칠 수 있으며 따라서 그것들을 동시에 수행할 수 있다는 것이다(적절한 컴퓨터에서). 예를 들어 그림 43과 44에서 동시적인 비중첩 비교들이 허용된다면 처음 둘과 두 번째 둘을 결합할 수 있으므로 결국 다섯 단계를 세 단계로 축약할 수 있다. 따라서 정렬 회로망은 아주 유용할 수 있다. 다만, 큰 n에 대해 효율적인 n원소 정렬 회로망을 구축하는 것이 가능한지가 완전히 명백하지는 않다. 의사결정 구조를 망각적으로 유지하는 데에는 수많은 추가적인 비교들이 필요할 수 있다.

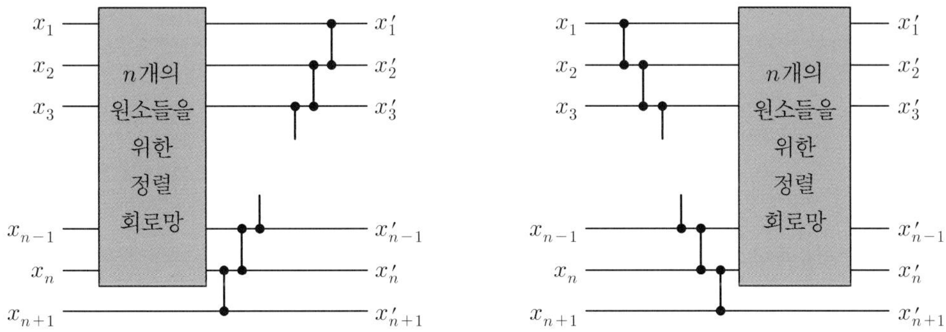

(a) (b)

그림 45. n정렬기로부터 $(n+1)$정렬기 만들기: (a) 삽입, (b) 선택.

n개의 원소들을 정렬하는 회로망이 주어졌을 때 그로부터 $n+1$원소 정렬 회로망을 만드는 간단한 방법은 두 가지이다. 하나는 삽입의 원리를 사용하는 것이고 또 하나는 선택의 원리를 사용하는 것이다. 그림 45(a)는 처음 n개의 원소들이 정렬되어 있는 상태에서 $(n+1)$번째 원소를 적절한 제자리에 삽입하는 방법을 보여준다. 그리고 (b)는 가장 큰 원소를, 나머지 원소들의 정렬을 진행하기 전에 선택하는 방법을 보여준다. 그림 45(a)를 반복해서 적용하면 직접 삽입 정렬(알고리즘 5.2.1S)에 상응하는 회로망이 나오게 되고, 그림 45(b)를 반복해서 적용하면 거품 정렬(알고리즘 5.2.2B)에 상응하는 회로망이 나온다. 그림 46은 그러한 6원소 회로망들이다.

(a) (b)

그림 46. 그림 45의 구축법들을 반복 적용해서 얻은, 기본적인 내부 정렬 방법들에 상응하는 회로망들. (a) 직접 삽입, (b) 거품 정렬.

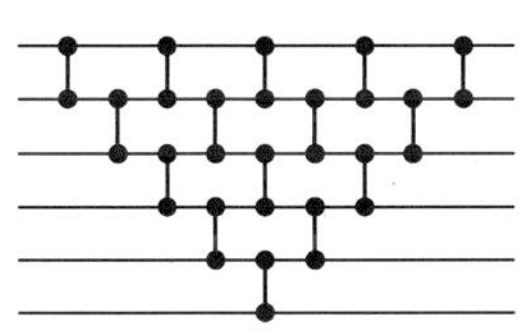

그림 47. 병렬성이 지원되는 경우 직접 삽입 = 거품 정렬이다!

동시적인 연산들을 허용하기 위해서 회로망을 축약해보면 둘 다 동일한 "삼각형" $(2n-3)$시기 (stage) 절차(그림 47)로 줄어들게 됨을 주목하자.

그림 43과 44의 회로망이 임의의 네 수 집합을 순서대로 정렬함은 쉽게 증명할 수 있다. 처음 네 비교자들은 최소 원소와 최대 원소를 정확한 자리들로 보내고, 마지막 비교자들은 나머지 두 원소들을 제자리로 보내기 때문이다. 그러나 주어진 한 회로망이 모든 가능한 입력 수열을 정렬할 것인지의 여부를 항상 쉽게 판단할 수 있는 것은 아니다. 예를 들어

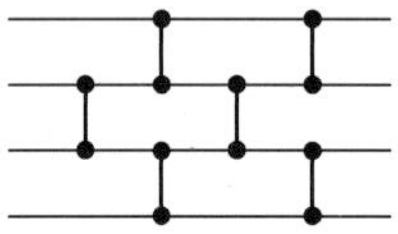
와
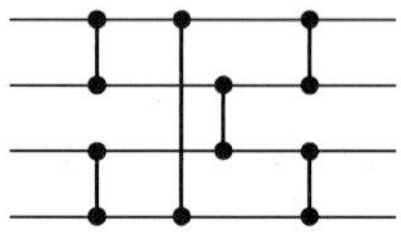

는 둘 다 유효한 4원소 정렬 회로망이나, 이들이 유효한지를 증명하는 문제는 사소하지가 않다. 충분한 증명을 위해서는 n개의 서로 다른 수들의 순열들 $n!$개 전부에 대해 각 n원소 회로망을 판정해봐야 할 것 같지만, 실제로는 그보다 훨씬 더 적은 판정으로도 가능하다.

정리 Z (0–1 원리). *만일 n개의 입력선들을 가진 한 회로망이 0들과 1들의 순열들 2^n개를 모두 비감소 순서로 정렬한다면, 그러한 회로망은 n개의 수들의 임의의 수열을 비감소 순서로 정렬한다.*

증명. (이는 부리셔스Bouricius의 정리, 연습문제 5.3.1-12의 한 특수한 경우이다.) 만일 $f(x)$가 $x \le y$이면 항상 $f(x) \le f(y)$가 되는 임의의 단조함수이고 주어진 회로망이 $\langle x_1, \ldots, x_n \rangle$을 $\langle y_1, \ldots, y_n \rangle$으로 변환한다고 하면, 그 회로망이 $\langle f(x_1), \ldots, f(x_n) \rangle$을 $\langle f(y_1), \ldots, f(y_n) \rangle$으로 변환할 것임은 쉽게 확인할 수 있다. 만일 어떤 i에 대해 $y_i > y_{i+1}$이면 모든 수 $< y_i$를 0으로, 그리고 모든 수 $\ge y_i$를 1로 사상하는 단조 함수 f를 고려한다. 이러한 함수는 회로망에 의해 정렬되지 않는 0들과 1들의 한 수열 $\langle f(x_1), \ldots, f(x_n) \rangle$을 정의한다. 따라서 만일 모든 0–1 수열이 정렬된다면 $1 \le i < n$에 대해 $y_i \le y_{i+1}$가 성립한다. ▮

0–1 원리는 정렬 회로망의 구축에 상당히 유용하다. 자명하지 않은 한 예로, 배처Batcher의 "병합 교환" 정렬(알고리즘 5.2.2M)의 일반화된 버전을 유도해 보자. 핵심은 $m+n$개의 원소들을 (i) 처음 m개와 마지막 n개를 독립적으로 정렬하고, (ii) 그 결과에 (m, n) 병합 회로망(merging network)을 적용한다는 것이다. (m, n) 병합 회로망은 다음과 같이 귀납적으로 구축할 수 있다.

a) 만일 $m = 0$ 또는 $n = 0$이면 회로망은 빈 것이다. 만일 $m = n = 1$이면 회로망은 단 하나의 비교자 모듈이다.

b) 만일 $mn > 1$이면, 병합할 수열들이 $\langle x_1, \ldots, x_m \rangle$과 $\langle y_1, \ldots, y_n \rangle$이라고 하자. "홀수 수열" $\langle x_1, x_3, \ldots, x_{2\lceil m/2 \rceil - 1} \rangle$과 $\langle y_1, y_3, \ldots, y_{2\lceil n/2 \rceil - 1} \rangle$을 병합해서 정렬된 결과 $\langle v_1, v_2, \ldots, v_{\lceil m/2 \rceil + \lceil n/2 \rceil} \rangle$을 얻는다. 또한 "짝수 수열" $\langle x_2, x_4, \ldots, x_{2\lfloor m/2 \rfloor} \rangle$과 $\langle y_2, y_4, \ldots, y_{2\lfloor n/2 \rfloor} \rangle$을 병합해서 정렬된 결과 $\langle w_1, w_2, \ldots, w_{\lfloor m/2 \rfloor + \lfloor n/2 \rfloor} \rangle$을 얻는다. 마지막으로, 비교-교환 연산

$$w_1 : v_2, \quad w_2 : v_3, \quad w_3 : v_4, \quad \ldots, \quad w_{\lfloor m/2 \rfloor + \lfloor n/2 \rfloor} : v^* \tag{1}$$

을 수열

$$\langle v_1, w_1, v_2, w_2, v_3, w_3, \ldots, v_{\lfloor m/2\rfloor+\lfloor n/2\rfloor}, w_{\lfloor m/2\rfloor+\lfloor n/2\rfloor}, v^*, v^{**}\rangle \tag{2}$$

에 적용한다. 이렇게 하면 완전히 정렬된(!) 결과가 나온다. 여기서 $v^* = v_{\lfloor m/2\rfloor+\lfloor n/2\rfloor+1}$은 만일 m과 n 모두 짝수이면 존재하지 않으며, $v^{**} = v_{\lfloor m/2\rfloor+\lfloor n/2\rfloor+2}$는 m과 n 모두 홀수인 경우를 제외하고는 존재하지 않는다. (1)이 가리키는 비교자 모듈들의 전체 개수는 $\lfloor (m+n-1)/2\rfloor$이다.

배처의 (m, n) 병합 회로망을 홀짝 병합(odd-even merge)이라고 부른다. 이러한 원리들에 따라 구축한 $(4, 7)$ 병합이 그림 48에 나와 있다.

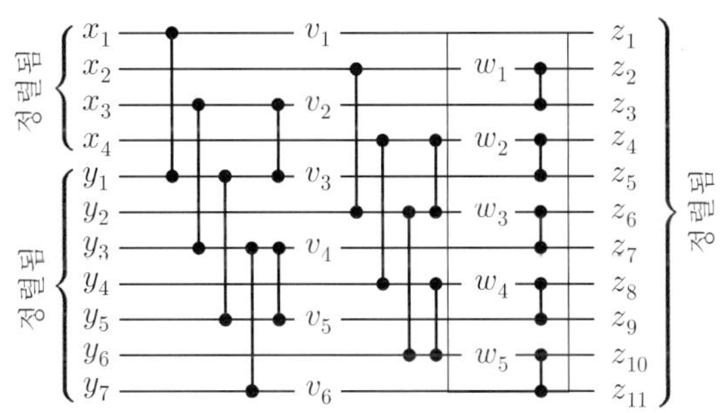

그림 48. 홀짝 병합, $m=4$이고 $n=7$인 경우.

이와 같은 다소 이상한 병합 절차가 $mn > 1$일 때 실제로 작동함을 증명하기 위해, 0들과 1들의 모든 순열을 0-1 원리로 판정해 보겠다. 초기 m정렬과 n정렬 이후, 수열 $\langle x_1, \ldots, x_m\rangle$은 어떤 k에 대해 0들이 k개 나오고 그 다음에 1들이 $m-k$개가 나오는 수열이 된다. 그리고 수열 $\langle y_1, \ldots, y_n\rangle$은 어떤 l에 대해 0들이 l개 나오고 그 다음에 1들이 $n-l$개 나오는 수열이 된다. 따라서 수열 $\langle v_1, v_2, \ldots\rangle$은 정확히 $\lceil k/2\rceil + \lceil l/2\rceil$개의 0들 다음에 1들이 나오는 수열이고, 수열 $\langle w_1, w_2, \ldots\rangle$은 정확히 $\lfloor k/2\rfloor + \lfloor l/2\rfloor$개의 0들 다음에 1들이 나오는 수열이다. 이로부터 다음과 같은 핵심적인 공식을 이끌어낼 수 있다.

$$(\lceil k/2\rceil + \lceil l/2\rceil) - (\lfloor k/2\rfloor + \lfloor l/2\rfloor) = 0, \text{ 또는 } 1,\ 2. \tag{3}$$

만일 이 차이가 0이나 1이면 수열 (2)는 이미 제 순서대로 정렬된 것이고, 만일 차이가 2이면 (1)의 비교·교환들 중 하나에 의해서 수열 (2)가 완전히 정렬된다. 이로써 증명이 끝났다. (0-1 원리가 병합 문제를, $\binom{m+n}{m}$가지 경우들을 고려하는 문제에서 두 매개변수 k와 l로 표현되는 단 $(m+1)(n+1)$가지 경우들을 고려하는 것으로 줄여 준다는 점에 주목할 것.)

m과 n에 대한 홀짝 병합에 쓰이는 비교자 모듈들의 개수(단, 초기 m정렬과 n정렬은 세지 않는다)를 $C(m, n)$이라고 하자. 그러면 다음이 성립한다.

$$C(m,n) = \begin{cases} mn, & \text{만일 } mn \le 1\text{이면;} \\ C(\lceil m/2\rceil,\ \lceil n/2\rceil) + C(\lfloor m/2\rfloor,\ \lfloor n/2\rfloor) + \lfloor (m+n-1)/2\rfloor, & \text{만일 } mn > 1\text{이면.} \end{cases} \tag{4}$$

일반적으로 이것이 m과 n의 아주 간단한 함수는 아니나, $C(1,n)=n$이고

$$\text{만일 } mn \ge 1\text{이면} \qquad C(m+1,n+1)-C(m,n) = 1+C(\lfloor m/2\rfloor+1,\ \lfloor n/2\rfloor+1)-C(\lfloor m/2\rfloor,\ \lfloor n/2\rfloor)$$

이라는 점으로부터 다음과 같은 관계를 이끌어낼 수 있다.

$$C(m+1,n+1)-C(m,n)=\lfloor \lg m\rfloor+2+\lfloor n/2^{\lfloor \lg m\rfloor+1}\rfloor, \qquad \text{만일 } n\ge m\ge 1\text{이면}. \tag{5}$$

따라서

$$m\ge 0\text{와 } r\ge 0\text{에 대해} \qquad C(m,m+r)=B(m)+m+R_m(r) \tag{6}$$

이다. 여기서 $B(m)$은 식 5.3.1-(3)의 "이진 삽입" 함수 $\sum_{k=1}^{m}\lceil \lg k\rceil$이고 $R_m(r)$은 다음 급수의 처음 m개의 항들의 합이다.

$$\left\lfloor\frac{r+0}{1}\right\rfloor+\left\lfloor\frac{r+1}{2}\right\rfloor+\left\lfloor\frac{r+2}{4}\right\rfloor+\left\lfloor\frac{r+3}{4}\right\rfloor+\left\lfloor\frac{r+4}{8}\right\rfloor+\cdots+\left\lfloor\frac{r+j}{2^{\lfloor \lg j\rfloor+1}}\right\rfloor+\cdots. \tag{7}$$

특히, $r=0$일 때 다음과 같은 중요한 특수 경우가 성립한다.

$$C(m,m)=B(m)+m. \tag{8}$$

더 나아가서, 만일 $t=\lceil \lg m\rceil$이면

$$\begin{aligned} R_m(r+2^t) &= R_m(r)+1\cdot 2^{t-1}+2\cdot 2^{t-2}+\cdots+2^{t-1}\cdot 2^0+m \\ &= R_m(r)+m+t\cdot 2^{t-1} \end{aligned}$$

이다. 따라서 $C(m,n+2^t)-C(m,n)$은 하나의 단순 형식을 가지며,

$$\text{고정된 } m,\ n\to\infty,\ t=\lceil \lg m\rceil\text{에 대해} \qquad C(m,n)=\left(\frac{t}{2}+\frac{m}{2^t}\right)n+O(1) \tag{9}$$

이다. $O(1)$ 항은 궁극적으로 n의 주기함수이며, 그 주기 길이는 2^t이다. $n\to\infty$에 따라 식 (8)과 연습문제 5.3.1-15에 의해서 $C(n,n)=n\lg n+O(n)$이 된다.

최소비교 회로망. n개의 원소들을 정렬하는 회로망에 필요한 비교자들의 최소 개수를 $\hat{S}(n)$이라고 하자. 반드시 망각적인 것은 아닌 어떤 정렬 절차에 필요한 최소 비교 횟수(5.3.1절 참고)를 $S(n)$이라고 할 때 $\hat{S}(n)\ge S(n)$임은 명백하다. $\hat{S}(4)=5=S(4)$이므로, $n=4$일 때에는 새로운 제약이 가해져도 효율이 전혀 손실되지 않는다. 그러나 $n=5$일 때에는 이미 $S(5)=7$인 반면 $\hat{S}(5)=9$임을 알 수 있다. $\hat{S}(n)$을 구하는 문제는 $S(n)$을 구하는 문제보다 훨씬 어려운 것 같다. $\hat{S}(n)$의 점근적 습성조차도 아주 대략적으로만 알려져 있을 뿐이다.

이 문제의 역사를 되짚어보는 것도 흥미로울 것이다. 한 걸음 한 걸음마다 다소간의 어려움을 극복해 온 역사이기 때문이다. 정렬 회로망은 1954년경에 암스트롱P. N. Armstrong, 넬슨R. J. Nelson,

오코너D. J. O'Connor에 의해서 처음으로 탐구되었다 〔*U.S. Patent 3029413* 참고〕; 그들의 변리사들의 말에 의하면, "기술을 사용함으로써, 줄어든 개수의 2선 정렬 스위치들을 이용하는 경제적인 n선 정렬 스위치들을 설계하는 것이 가능해진다." 그들은 $\hat{S}(n+1) \le \hat{S}(n) + n$임을 밝힌 후 $4 \le n \le 8$에 대한, 각각 5, 9, 12, 18, 19개의 비교자들을 이용하는 특별한 구성들을 제시했다. 이후 넬슨은 보세R. C. Bose와 함께 모든 n에 대해 $\hat{S}(2^n) \le 3^n - 2^n$을 보였다. 따라서 $\hat{S}(n) = O(n^{\lg 3}) = O(n^{1.585})$이다. 보세와 넬슨은 그들의 흥미로운 방법을 *JACM* 9 (1962), 282-296에 발표했는데, 거기서 두 사람은 그들의 방법이 가능한 최고의 방법일 것으로 추측했다. 히버드T. N. Hibbard 〔*JACM* 10 (1963), 142-150〕는 같은 횟수의 비교들을 사용하는, 그들의 것과 비슷하나 약간 간단한 구성을 발견함으로써 그들의 추측에 힘을 실었다.

1964년에는 플로이드R. W. Floyd와 커누스D. E. Knuth가 $\hat{S}(n) = O(n^{1+c/\sqrt{\log n}})$ 형태의 점근적 한계들로 이어지는, 문제에 대한 새로운 접근방식을 발견했다. 그와는 독립적으로, 앞에서 개괄한 일반적 병합 전략이 배처K. E. Batcher에 의해서 발견되었다. 그는 점화식

$$c(1) = 0, \quad n \ge 2\text{에 대해} \quad c(n) = c(\lceil n/2 \rceil) + c(\lfloor n/2 \rfloor) + C(\lceil n/2 \rceil,\ \lfloor n/2 \rfloor) \qquad (10)$$

으로 정의되는 비교자들의 개수를 이용해서 다음을 증명했다(연습문제 5.2.2-14 참고).

$$c(2^t) = (t^2 - t + 4)2^{t-2} - 1,$$

따라서 $\hat{S}(n) = O(n(\log n)^2)$이다. 플로이드와 커누스, 배처 모두, 자신들의 구성을 시간이 좀 지나고 나서야 발표했다 〔*Notices of the Amer. Math. Soc.* 14 (1967), 283; *Proc. AFIPS Spring Joint Computer Conf.* 32 (1968), 307-314〕.

배처의 병합·교환 구성에 쓰이는 비교자 개수를 줄이는 방법은 여러 사람들에 의해서 발견되었다. 다음 표는 $\hat{S}(n)$에 대해 현재 알려진 최상의 상계들이다.

$n =$	1	2	3	4	5	6	7	8	9	10	11	12	13	14	15	16	
$c(n) =$	0	1	3	5	9	12	16	19	26	31	37	41	48	53	59	63	(11)
$\hat{S}(n) \le$	0	1	3	5	9	12	16	19	25	29	35	39	45	51	56	60	

$8 < n < 16$에 대해 $\hat{S}(n) < c(n)$이므로, 병합 교환은 모든 $n > 8$에 대해 최적이 아니다. $n \le 8$인 경우 병합 교환은 보세와 넬슨의 구성에서와 같은 개수의 비교자들을 사용한다. 1964-1966년에 플로이드와 커누스는 위에 나열된 $\hat{S}(n)$ 값들이 $n \le 8$일 때 정확한 값들임을 증명했다 〔*A Survey of Combinatorial Theory* (North-Holland, 1973), 163-172 참고〕. $n > 8$에 대한 $\hat{S}(n)$의 값들은 아직도 밝혀지지 않았다.

(11)의 값들의 근거가 된 구성들이 그림 49에 나와 있다. 흥미로운 3방향 병합에 기초를 둔, $n = 9$에 대한 회로망은 1964년에 플로이드R. W. Floyd가 발견한 것이다. 이 회로망이 유효하다는 것은 연습문제 27에서 설명하는 일반 원리들을 이용해서 입증할 수 있다. $n = 10$에 대한 회로망은

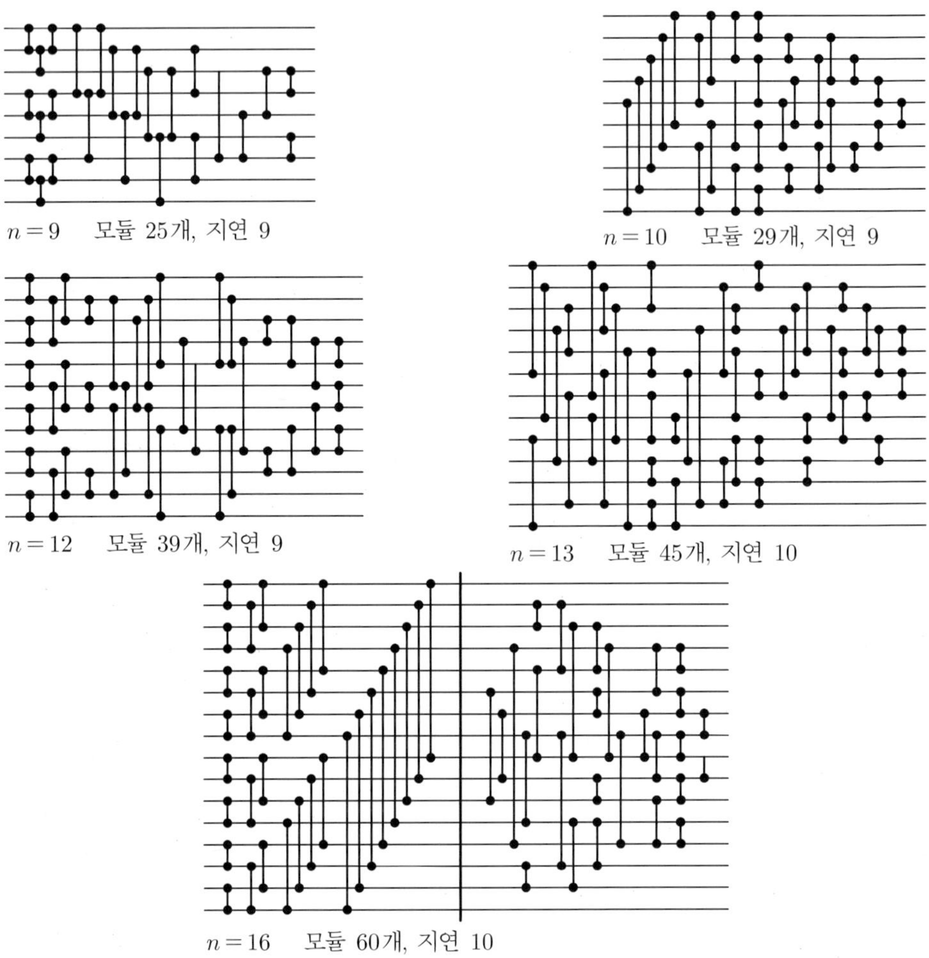

그림 49. 효율적인 정렬 회로망들.

1969년에 웍스먼A. Waksman이 발견했는데, 입력들을 $\{1, 2, \ldots, 10\}$의 순열들로 간주하고 약간의 대칭성을 유지하면서도 주어진 한 시기에서 각 선에 나타나는 값들의 개수를 최대한 줄이려고 시도해서 얻은 것이다.

$n = 13$에 대한 회로망은 상당히 다른 계보를 가지고 있다: 쥘레Hugues Juillé는 컴퓨터 프로그램으로 유전 번식의 진화 공정을 시뮬레이션해서 이러한 구성을 구축했다 [*Lecture Notes in Comp. Sci.* 929 (1995), 246–260]. 회로망이 명백한 도리를 드러내는 것은 아니지만, 어쨌든 잘 작동한다. 그리고 지금까지 인간의 추론에 의해 고안된 그 어떤 구성보다도 짧다.

16개의 원소들에 대한 비교자 62개짜리 정렬 회로망은 샤피로G. Shapiro가 1969년에 고안한 것인데, n이 2의 거듭제곱일 때에는 배처의 방법(비교 63회)이 최적인 것처럼 보인다는 점에서 상당히 놀라운 결과였다. 그린M. W. Green은 샤피로의 성과를 듣고 나서 얼마 되지 않아 그림 49에 나온 60비교 정렬기를 발견함으로써 세 배의 놀라움을 선사했다. 그린의 구성의 처음 부분은 이해하기가 상당히 쉽다. 점선 왼쪽에서 32회의 비교·교환을 수행한 후에는 선들에 $\{a, b, c, d\}$의 열여섯 부분집합들을, s가 t의 부분집합이면 항상 s가 부여된 선에 담긴 수가 t가 부여된 선에 담긴 수보다 작거나 같음을 만족하는 방식으로 부여할 수 있다. 이 시점에서의 정렬의 상태는 연습문제 32에서 좀 더 논의한다. 그러나 그린의 회로망의 이후 수준들에서 일어나는 비교들은 점점 더 불가사의해진다. 그리고 더 큰 n값들에 대해 상응되는 수준의 효율을 가진 회로망들을 얻을 수 있도록 구성을 일반화하는 방법은 아직 누구도 밝혀내지 못했다.

샤피로와 그린은 $n = 12$에 대한 회로망도 발견했다. $n = 11$ 또는 14, 15일 때에는 $n+1$에 대한 회로망의 제일 아래 선과 그 선에 닿은 비교자들을 모두 제거해 보면 좋은 회로망을 찾아낼 수 있다.

밴 부어히스D. Van Voorhis에서 기인한, 256개의 원소들에 대한 현재 알려진 최고의 정렬 회로망은 $\hat{S}(256) \le 3651$임을 보여준다 [R. L. Drysdale, F. H. Young, *SICOMP* 4 (1975), 264-270 참고.] 이는 배처의 방법의 3839와 비교할 만하다. $n \to \infty$에 따라 실제로 $\hat{S}(n) = O(n \log n)$임이 판명된다. 이러한 놀라운 상계는 아즈타이Ajtai, 콤로시Komlós, 세메레디Szemerédi가 *Combinatorica* 3 (1983), 1-19에서 증명한 것인데, 그들이 구축한 회로망들이 실용적인 측면에서 흥미로운 것은 아니다. 수많은 비교자들을 도입해도 비교 횟수의 절감이 단지 $\log n$에 비례할 뿐이기 때문이다. n이 지구상의 모든 컴퓨터의 메모리 용량 전체를 넘지 않는 한(!) 배처의 방법이 훨씬 더 낫다. 그러나 아즈타이, 콤로시, 세메레디의 정리는 한 상수 인수까지의 $\hat{S}(n)$의 진정한 점근적 증가율을 실제로 확립한다.

최소시간 회로망. 정렬 회로망의 물리적 구현이나 병렬 컴퓨터들에서는 비중첩 비교·교환 연산들을 동시에 수행하는 것이 가능하다. 따라서 지연 시간을 최소화하려는 시도는 당연한 것이다. 잠깐만 생각해 보면 정렬 회로망의 지연 시간이 회로망 전체를 관통하는 임의의 "경로"와 닿은 비교자들의 최대 개수와 같음을 알 수 있다(그러한 경로가 비교자들에서 선들을 전환할 수도 있는 임의의 좌에서 우로의 통로들로 이루어진다고 정의할 때). 각 비교자마다, 그것이 가장 일찍 수행되는 시간을 나타내는 일련번호를 부여한다고 하자. 비교자의 일련번호는 그 비교자의 입력선들이 이전에 거쳤던 비교자들의 일련번호들 중 최대 번호보다 하나 크다 (그림 50(a) 참고. 그림의 (b)는 같은 회로망을 각 비교가 최대한 일찍 수행되도록 다시 그린 것이다.)

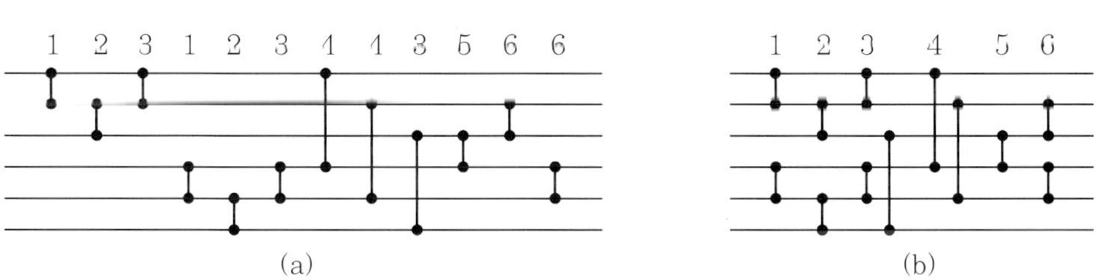

그림 50. 각 비교를 최대한 일찍 수행한다.

앞에서 설명한 배처의 홀짝 병합 회로망은 $T_B(m, n)$단위시간을 소비한다. 여기서 $T_B(m, 0) = T_B(0, n) = 0$, $T_B(1, 1) = 1$이고

$$mn \ge 2\text{에 대해} \qquad T_B(m,n) = 1 + \max\bigl(T_B(\lfloor m/2 \rfloor, \lfloor n/2 \rfloor),\ T_B(\lceil m/2 \rceil, \lceil n/2 \rceil)\bigr)$$

이다. 이 관계식들을 이용하면 $T_B(m, n+1) \ge T_B(m,n)$을 귀납법으로 증명할 수 있다. 따라서 $mn \ge 2$에 대해 $T_B(m,n) = 1 + T_B(\lceil m/2 \rceil, \lceil n/2 \rceil)$이며, 이로부터 다음이 나온다.

$$mn \ge 1\text{에 대해} \qquad T_B(m,n) = 1 + \lceil \lg \max(m,n) \rceil. \tag{12}$$

따라서, 연습문제 5에 의해 배처의 정렬 방법의 지연 시간은

$$\binom{1 + \lceil \lg n \rceil}{2} \tag{13}$$

이다.

$\hat{T}(n)$이 n개의 원소들에 대한 임의의 정렬 회로망에서 달성 가능한 최소의 지연 시간이라고 하자. 앞에서 설명한 회로망들 중 일부는 비교자들을 더 사용하는 일 없이 지연 시간이 보다 줄어들도록 개선할 수 있다. 그림 51에 $n = 6$, $n = 9$, $n = 11$에 대한 그러한 개선이 나와 있으며 연습문제

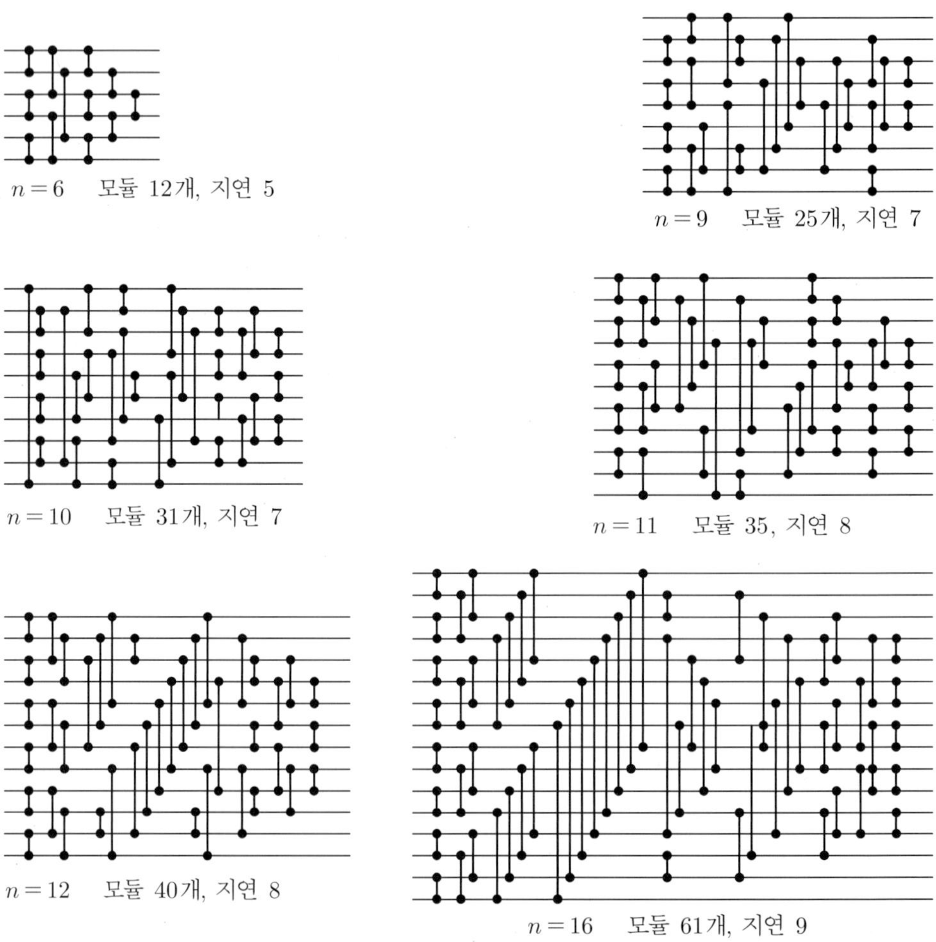

그림 51. 비교들이 병렬로 일어날 때의, 가장 빠르다고 알려진 정렬 회로망들.

7에는 $n = 10$에 대한 개선 방법이 나온다. 비교자들을 한 두 개 더 추가한다면 보다 짧은 지연 시간을 얻을 수 있다. 그림 51의 $n = 10, 12, 16$에 대한 주목할만한 회로망들이 그러한 예이다. 이러한 구성들로부터, 작은 n에 대한 $\hat{T}(n)$의 다음과 같은 상계를 이끌어낼 수 있다.

$$\begin{array}{lcccccccccccccccc} n & =1 & 2 & 3 & 4 & 5 & 6 & 7 & 8 & 9 & 10 & 11 & 12 & 13 & 14 & 15 & 16 \\ \hat{T}(n) & \leq 0 & 1 & 3 & 3 & 5 & 5 & 6 & 6 & 7 & 7 & 8 & 8 & 9 & 9 & 9 & 9 \end{array} \qquad (14)$$

$n \leq 10$에 대해서는 위에 나온 값들이 정확하다고 알려져 있다(연습문제 4 참고). 그림 51의 회로망들이 항상 정렬을 수행할 것임을 한 눈에 알아보기는 힘들다. 그런 만큼 세심하게 연구해 보면 얻는 것이 많을 것이다. 이 회로망들 중 $n = 6, 12$에 대한 것들은 1969-1971년에 샤피로G. Shapiro가 발견했고 $n = 10, 16$에 대한 것들은 밴 부어히스D. Van Voorhis가 발견했다. 나머지 것들($n = 9, 11$)은 2001년에 슈위버트Loren Schwiebert가 유전 기법들을 이용해서 발견한 것이다.

병합 회로망. m개의 원소 $x_1 \leq \cdots \leq x_m$를 n개의 원소 $y_1 \leq \cdots \leq y_n$와 합쳐서 정렬된 수열 $z_1 \leq \cdots \leq z_{m+n}$을 만들어 내는 데 필요한 비교자 모듈들의 최소 개수를 $\hat{M}(m, n)$으로 표기하자. 아직까지는 앞에서 말한 홀짝 병합보다 더 나은 병합 회로망이 발견되지 않았다. 따라서 (6)의 함수 $C(m, n)$은 $\hat{M}(m,n)$에 대해 알려진 최선의 상계를 나타낸다.

플로이드R. W. Floyd는 이 병합 문제의 하계를 찾기 위한 흥미로운 방법 하나를 고안해냈다.

정리 F. *모든 $n \geq 1$에 대해 $\hat{M}(2n, 2n) \geq 2\hat{M}(n, n) + n$이 성립한다.*

증명. $z_1 \leq z_3 \leq \cdots \leq z_{4n-1}$이고 $z_2 \leq z_4 \leq \cdots \leq z_{4n}$를 만족하는 모든 입력 수열 $\langle z_1, \ldots, z_{4n} \rangle$을 정렬할 수 있는, $\hat{M}(2n, 2n)$개의 비교자 모듈들로 된 회로망을 고려한다. 각 모듈은 어떤 $i < j$에 대해 (z_i, z_j)를 $(\min(z_i, z_j), \max(z_i, z_j))$로 치환한다고 가정할 수 있다(연습문제 16). 따라서 그 비교자들을 다음 세 부류로 나눌 수 있다:

a) $i \leq 2n$이고 $j \leq 2n$.
b) $i > 2n$이고 $j > 2n$.
c) $i \leq 2n$이고 $j > 2n$.

부류 (a)는 적어도 $\hat{M}(n, n)$개의 비교자들을 포함해야 한다. 왜냐하면 병합이 시작되었을 때 이미 $z_{2n+1}, z_{2n+2}, \ldots, z_{4n}$은 제자리에 있기 때문이다. 비슷하게, 부류 (b)에는 적어도 $\hat{M}(n, n)$개의 비교자들이 포함된다. 게다가 입력 수열 $\langle 0, 1, 0, 1, \ldots, 0, 1 \rangle$은 부류 (c)가 적어도 n개의 비교자들을 포함함을 말해준다. 왜냐하면 반드시 n개의 0들이 $\{z_{2n+1}, \ldots, z_{4n}\}$에서 $\{z_1, \ldots, z_{2n}\}$으로 이동하기 때문이다. ∎

정리 F를 반복해서 사용하면 $\hat{M}(2^m, 2^m) \geq \frac{1}{2}(m+2)2^m$이 증명된다. 따라서 $\hat{M}(n, n) \geq \frac{1}{2}n \lg n + O(n)$이다. 정리 5.3.2M에 의해, 회로망 제약이 없는 병합은 단 $M(n, n) = 2n - 1$회의 비교만을 요구한다. 이는 회로망이 있는 병합이 일반적인 병합보다 본질적으로 더 어렵다는 것을 증명한다.

홀짝 병합은

$$\hat{M}(m,n) \le C(m,n) = \frac{1}{2}(m+n)\lg\min(m,n) + O(m+n)$$

을 보여준다. 밀테르센P. B. Miltersen, 패터슨M. Paterson, 다루이J. Tarui는 다음과 같은 하계를 입증함으로써〔*JACM* 43 (1996), 147-165〕 정리 F를 개선했다.

$$1 \le m \le n\text{에 대해} \qquad \hat{M}(m,n) \ge \frac{1}{2}((m+n)\lg(m+1) - m/\ln 2).$$

따라서 $\hat{M}(m,n) = \frac{1}{2}(m+n)\lg\min(m,n) + O(m+n)$이다.

정확한 공식 $\hat{M}(2,n) = C(2,n) = \lceil \frac{3}{2}n \rceil$은 A. C. 야오Yao와 F. F. 야오Yao가 증명했다〔*JACM* 23 (1976), 566-571〕. $m = n \le 5$에 대해서는 $\hat{M}(m,n)$의 값이 $C(m,n)$과 같다는 점도 알려져 있다. 연습문제 9를 볼 것.

이조 정렬. 동시 비교가 허용되는 경우, $1 \le m \le n$일 때 홀짝 병합의 지연이 $\lceil \lg(2n) \rceil$단위시간임을 식 (12)에서 보았다. 배처는 이조 정렬기(二調-, bitonic sorter)라는 또 다른 종류의 병합 회로망을 고안해냈다. 이조 정렬기는 지연 시간을 $\lceil \lg(m+n) \rceil$으로 낮추나, 비교자 모듈은 더 많이 필요하다. 〔*U.S. Patent 3428946* (1969) 참고.〕

p개의 수들의 한 수열 $\langle z_1, \ldots, z_p \rangle$가 만일 어떠한 k, $1 \le k \le p$에 대해 $z_1 \ge \cdots \ge z_k \le \cdots \le z_p$이면 그 수열을 가리켜 이조라고 부르기로 하자. (이를 "단조(單調)" 수열의 통상적인 정의와 비교해 볼 것.) p차 이조 정렬기는 길이가 p인 임의의 이조 수열을 비감소 순서로 정렬할 수 있는 비교자 회로망이다. $x_1 \le \cdots \le x_m$를 $y_1 \le \cdots \le y_n$와 병합하는 문제는 이러한 이조 정렬 문제의 한 특수한 경우다. 왜냐하면 $m+n$차 이조 정렬기를 수열 $\langle x_m, \ldots, x_1, y_1, \ldots, y_n \rangle$에 적용함으로써 병합을 수행할 수 있기 때문이다.

수열 $\langle z_1, \ldots, z_p \rangle$가 이조이면 그 부분수열들도 이조임을 주목할 것. 배처는 홀짝 병합 회로망을 발견하고 얼마 후에 p차 이조 정렬기를 그와 비슷한 방식으로 구축할 수 있음을 알아냈다. 즉, 우선 이조 부분수열 $\langle z_1, z_3, z_5, \ldots \rangle$와 $\langle z_2, z_4, z_6, \ldots \rangle$을 독립적으로 정렬하고, $z_1 : z_2, z_3 : z_4, \ldots$을 비교, 교환하는 것이다. (이에 대한 증명은 연습문제 10에서 볼 것.) 만일 $C'(p)$가 해당 비교자 모듈 개수라고 하면

$$p \ge 2\text{에 대해} \qquad C'(p) = C'(\lceil p/2 \rceil) + C'(\lfloor p/2 \rfloor) + \lfloor p/2 \rfloor \tag{15}$$

가 성립한다. 그리고 지연 시간은 명백히 $\lceil \lg p \rceil$이다. 그림 52는 이런 식으로 만들어진 7차 이조 정렬기이다. 이것은 (3, 4) 병합 회로망으로 사용할 수도 있고 (2, 5) 병합 회로망으로 사용할 수도 있다. 지연 시간은 3단위이다. $m = 2$와 $n = 5$에 대한 홀짝 병합은 이보다 비교자가 하나 적으나 지연 수준은 하나 더 높다.

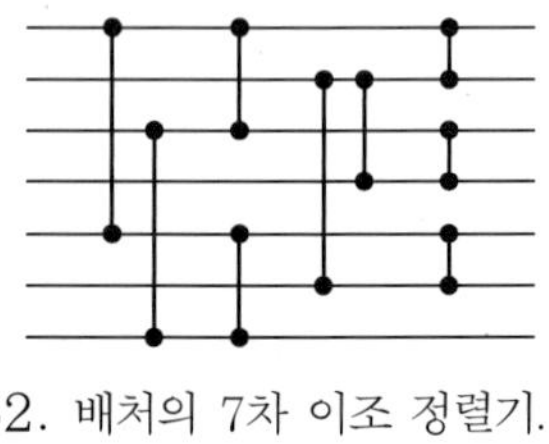

그림 52. 배처의 7차 이조 정렬기.

배처의 2^t차 이조 정렬기는 특히나 흥미롭다. 이 정렬기는 각각 2^{t-1}개의 비교자들로 된 수준 t개로 구성된다. 입력선들에 $z_0, z_1, \ldots, z_{2^t-1}$이라는 번호를 붙인다고 할 때, i와 j가 오직 그 이진 표현들의 l번째 상위 유효 비트에서 다를 때에만 수준 l에서 z_i가 z_j와 비교된다. 이런 간단한 구조 덕분에 병합 교환(알고리즘 5.2.2M)만큼이나 빠른, 그러나 그보다 구현하기가 훨씬 쉬운 병렬 정렬 회로망을 얻을 수 있다. (연습문제 11, 13 참고.)

이조 병합은 서로 다른 비교들의 동시 수행에 근거한 그 어떤 병렬 병합 방법도(망각적이든 아니든) $\lceil \lg(m+n) \rceil$회 미만의 시기로 정렬을 수행할 수 없다는 점에서 최적이다. (연습문제 46 참고.) 연습문제 57에는 이러한 최적 시간을 달성하는, 비교는 더 적지만 제어 로직이 약간 더 복잡한 또 다른 방법이 나온다.

$1 < m < n$일 때, (m, n) 병합 회로망의 출력 중 n번째로 작은 출력은 입력들 중 $2m + [m < n]$개에 의존한다(연습문제 29). 만일 그 출력을 l개의 지연 수준들을 가진 비교자들로 계산할 수 있다면, 그러한 계산에는 입력들 중 최대 2^l개가 관여한다. 따라서 $2^l \geq 2m + [m < n]$이고 $l \geq \lceil \lg(2m + [m < n]) \rceil$이다. 배처는 회로망에서 "다중 팬아웃"이 허용된다면 이러한 최소 지연 시간을 달성할 수 있음을 보였다 〔Report GER-14122 (Akron, Ohio: Goodyear Aerospace Corporation, 1968)〕. 여기서 다중 팬아웃(fanout, 부채꼴 전개)이란 한 번에 여러 개의 모듈들에 같은 개수의 선들이 들어갈 수 있도록 선들을 분리하는 것을 말한다. 예를 들어 오직 두 수준의 지연 이후에 하나의 항목을 n개의 다른 항목들과 합칠 수 있는 그의 회로망들 중 하나($n = 6$인 경우)가 그림 53에 나와 있다. 물론 다중 팬아웃이 있는 회로망들은 우리의 관례를 준수하지 않으며, 다중 팬아웃이 없는 임의의 $(1, n)$ 병합 회로망의 지연 시간은 반드시 $\lg(n+1)$ 이상임은 상당히 쉽게 확인할 수 있다. (연습문제 45 참고.)

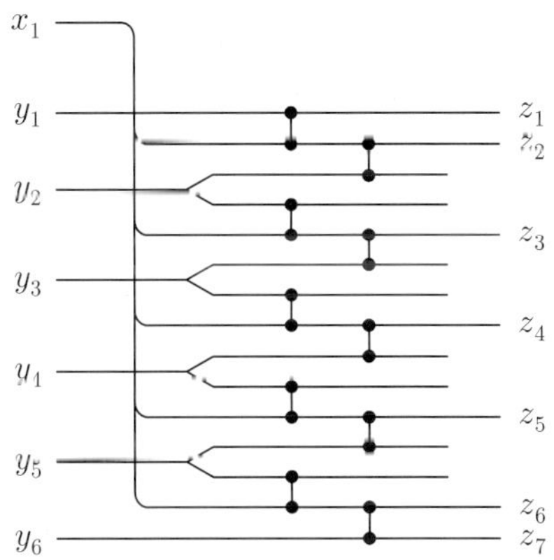

그림 53. 한 항목을 여섯 개의 다른 항목들로 병합하는 회로망. 가능한 최소의 지연 시간을 달성하기 위해 다중 팬아웃을 사용한다.

선택 회로망. 5.3.3절의 문제에도 회로망으로 접근할 수 있다. n개의 서로 다른 입력들 중 t번째로 큰 것을 t개의 지정된 출력선들로 이동하는 한 회로망에 필요한 비교자들의 최소 개수를 $\hat{U}_t(n)$으로 표기하자. 입력 수들이 이 출력선들에 나타나는 순서에는 제약이 없다. $\hat{V}_t(n)$이 n개의 서로 다른 입력들 중 t번째로 큰 것을 하나의 지정된 출력선으로 이동하는 데 필요한 최소 비교자 개수를 나타낸다고 하자. 그리고 $\hat{W}_t(n)$은 n개의 서로 다른 입력들 중 t번째로 큰 것을 t개의 지정된 출력선들에 비감소 순서로 이동하는 데 필요한 비교자들의 최소 개수라고 하자. 이러한 설정에서 다음을 유도하는 것은 어렵지 않다(연습문제 17).

$$\hat{U}_t(n) \le \hat{V}_t(n) \le \hat{W}_t(n). \tag{16}$$

우선 $2t$개의 원소 $\langle x_1, \ldots, x_{2t} \rangle$가 있으며, 거기서 가장 큰 t개의 원소들을 선택한다고 하자. 알렉셰프V. E. Alekseev는 먼저 $\langle x_1, \ldots, x_t \rangle$와 $\langle x_{t+1}, \ldots, x_{2t} \rangle$를 정렬하고, 그런 다음

$$x_1 : x_{2t}, \qquad x_2 : x_{2t-1}, \qquad \ldots, \qquad x_t : x_{t+1} \tag{17}$$

을 비교·교환함으로써 그러한 선택을 수행할 수 있음을 밝혔다 〔*Kibernetika* 5, 5 (1969), 99-103〕. 이 쌍들 모두, 가장 큰 t개의 원소들 중 하나보다 큰 것을 담을 수는 없으므로(왜일까?), 알렉셰프의 절차는 반드시 가장 큰 t개의 원소들을 선택하게 된다.

nt개의 원소들 중 가장 큰 t개를 선택하는 경우에는 알렉셰프의 절차를 $n-1$번 수행하되 매번 t개의 원소들을 제거하면 된다. 따라서

$$\hat{U}_t(nt) \le (n-1)(2\hat{S}(t)+t) \tag{18}$$

이다.

알렉셰프는 또한 선택 문제에 대한 흥미로운 하계도 유도했다.

정리 A. $\hat{U}_t(n) \ge (n-t)\lceil \lg(t+1) \rceil$.

증명. 이를 증명할 때에는 이 문제와 동치인 가장 작은 t개의 원소들을 선택하는 문제를 고려하는 것이 가장 편하다. 비교자 회로망의 각 선에 그림 54에서처럼 번호쌍 (l, u)를 부여할 수 있다. 여기서 l과 u는, 입력이 $\{1, 2, \ldots, n\}$의 한 순열이라 할 때 해당 위치에 나타날 수 있는 최소, 최대값을 각각 의미한다. l_i와 l_j가 $x_i : x_j$의 비교 이전의 선 i와 j에 대한 하계들이라고 하자. 그리고 l_i'과

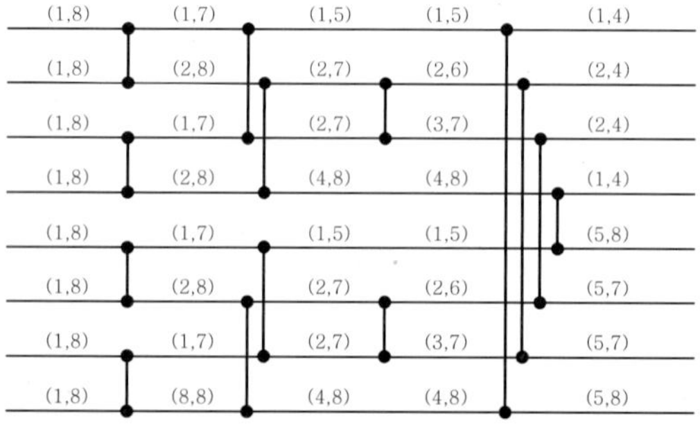

그림 54. 가장 큰 네 원소를 가장 작은 네 원소와 분리. (이 선들에 붙은 수치들은 정리 A의 증명에 쓰인다.)

l'_j은 비교 후의 해당 하계들이라고 하자. $l'_i = \min(l_i, l_j)$임은 명백하다. 연습문제 24는 다음과 같은 (자명하지 않은) 관계를 증명한다.

$$l'_j \le l_i + l_j \,. \tag{19}$$

그럼 이 회로망 연산들을 다음과 같은 방식으로 재해석해 보자(그림 55): 모든 입력선이 0을 담고 있다고 가정한다. 그리고 각 "비교자"는 입력들 중 작은 것을 윗선에 보내고 큰 것은 1을 더해서 아래 선으로 보낸다. 그 결과로 생긴 수 $\langle m_1, m_2, \ldots, m_n \rangle$은 회로망 전체에서 다음과 같은 성질을 만족한다.

$$2^{m_i} \ge l_i . \tag{20}$$

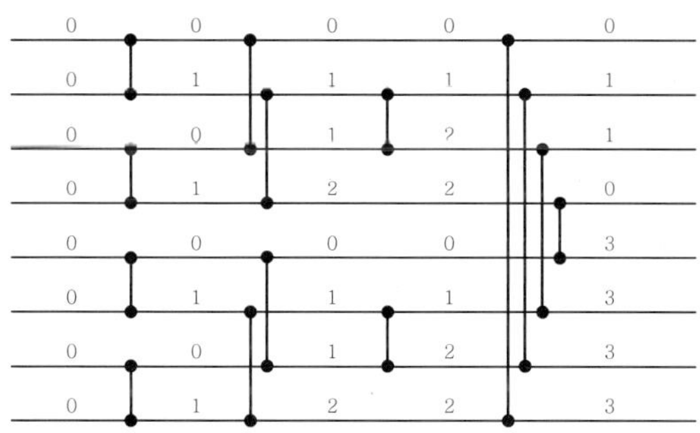

그림 55. 그림 54의 회로망의 또 다른 해석.

이는 초기에 이 조건이 성립하고, 또 (19) 때문에 각 비교에서도 이 조건이 유지되기 때문이다. 더 나아가서,

$$m_1 + m_2 + \cdots + m_n$$

이 최종 값은 회로망에 있는 비교자들 전체 개수이다. 각 비교는 이 합에 단위원(1)을 더하기 때문이다.

만일 회로망이 가장 작은 t개의 수들을 선택한다면, l_i 중 $\ge t+1$인 것은 $n-t$개다. 따라서 m_i 중 $n-t$개는 반드시 $\ge \lceil \lg(t+1) \rceil$이다. ▮

표 1

선택 회로망에 필요한 비교 횟수들 $(\hat{U}_t(n), \hat{V}_t(n), \hat{W}_t(n))$

	$t=1$	$t=2$	$t=3$	$t=4$	$t=5$	$t=6$
$n=1$	$(0,0,0)$					
$n=2$	$(1,1,1)$	$(0,1,1)$				
$n=3$	$(2,2,2)$	$(2,3,3)$	$(0,2,3)$			
$n=4$	$(3,3,3)$	$(4,5,5)$	$(3,5,5)$	$(0,3,5)$		
$n=5$	$(4,4,4)$	$(6,7,7)$	$(6,7,8)$	$(4,7,9)$	$(0,4,9)$	
$n=6$	$(5,5,5)$	$(8,9,9)$	$(8,10,10)$	$(8,10,12)$	$(5,9,12)$	$(0,5,12)$

정리 A의 하계는 $t=1$일 때와 $t=2$일 때에는 정확한 값이다(연습문제 19). 표 1은 작은 t와 n에 대한 $\hat{U}_t(n)$, $\hat{V}_t(n)$, $\hat{W}_t(n)$의 값들 몇 가지를 정리한 것이다. 야오Andrew Yao는 고정된 t에 대한 $\hat{U}_t(n)$의 점근 습성을 구했다 〔박사학위 논문, U. of Illinois (1975)〕. 그는 $\hat{U}_3(n)=2n+\lg n+O(1)$이고 $n\to\infty$에 따라 $\hat{U}_t(n)=n\lceil\lg(t+1)\rceil+O((\log n)^{\lfloor\lg t\rfloor})$임을 밝혔다. 최소 지연 시간은 $\lg n+\lfloor\lg t\rfloor\lg\lg n+O(\log\log\log n)$이다. 피펭거는 임의의 $\epsilon>0$에 대해, n이 충분히 크다고 할 때(ϵ에 의존함) $\hat{U}_{\lceil n/2\rceil}(n)\le(2+\epsilon)n\lg n$인 선택 회로망들이 존재함을 비구축적 방법을 통해서 증명했다.

연습문제 – 제1부

다음 연습문제들 중에는 정렬 회로망 이론을 상세히 전개하는 것들이 많이 있다. 따라서 몇 가지 표기법들을 도입하면 편할 것이다. $[i:j]$는 비교·교환 모듈을 나타낸다. 입력이 n개, 비교자 모듈이 r개인 한 회로망은 $[i_1:j_1][i_2:j_2]\ldots[i_r:j_r]$로 표기한다. 여기서 i들과 j들은 모두 $\le n$이다. 이를 줄여서 n회로망이라고 부르기로 한다. $1\le q\le r$에 대해 $i_q<j_q$인 회로망을 가리켜 표준 회로망이라고 부르기로 하자. 예를 들어 그림 44는 표준 4회로망이며, 비교자 순차열 표기법으로 표현하면 $[1:2][3:4][1:3][2:4][2:3]$이다.

회로망 도표에 대한 본문의 관례는 오직 표준 회로망만을 대표한다. 모든 비교자 $[i:j]$는 i에서 j로의 한 선으로 표현된다. 이 때 $i<j$이다. 비표준 회로망을 그려야 할 때에는 i에서 j로의 화살표를 사용한다. 그런 화살표는 큰 수가 화살표가 가리키는 곳으로 간다는 뜻이다. 예를 들어 그림 56은 원소가 16개이고 비교자들이 $[1:2][4:3][5:6][8:7]\ldots$인 한 비표준 회로망이다. 연습문제 11은 그림 56이 하나의 정렬 회로망임을 증명한다.

$x=\langle x_1,\ldots,x_n\rangle$이 하나의 n벡터이고 α가 하나의 n회로망이라고 할 때, 회로망이 산출하는 수들로 된 벡터 $\langle(x\alpha)_1,\ldots,(x\alpha)_n\rangle$을 $x\alpha$로 표기하자. 간결함을 위해 $a\vee b=\max(a,b)$, $a\wedge b=\min(a,b)$, $\bar{a}=1-a$로도 정의해 둔다. 따라서 $i\ne k\ne j$일 때 $(x[i:j])_i=x_i\wedge x_j$, $(x[i:j])_j=x_i\vee x_j$, $(x[i:j])_k=x_k$이다. 만일 모든 x와 $1\le i<n$에 대해 $(x\alpha)_i\le(x\alpha)_{i+1}$이면 그러한 회로망 α를 가리켜 정렬 회로망이라고 부른다.

기호 $e^{(i)}$는 위치 i에만 1이 있고 나머지는 모두 0인 하나의 벡터를 나타낸다. 따라서 $(e^{(i)})_j=\delta_{ij}$이다. 기호 D_n은 0들과 1들로 된 2^n개의 n자리 벡터들 모두를 대표한다. 그리고 P_n은 $\{1,2,\ldots,n\}$의 순열들인 $n!$개의 벡터들 모두를 대표한다. $\langle x_1\wedge y_1,\ldots,x_n\wedge y_n\rangle$인 벡터들과 $\langle x_1\vee y_1,\ldots,x_n\vee y_n\rangle$인 벡터들을 $x\wedge y$와 $x\vee y$로 표기하며, 만일 모든 i에 대해 $x_i\le y_i$이면 $x\subseteq y$라고 표기한다. 따라서 $x\subseteq y$와 $x\vee y=y$와 $x\wedge y=x$는 모두 서로 동치(필요충분조건)이다. x와 y가 D_n의 원소들이라고 할 때 만일 어떤 i에 대해 $x=(y\vee e^{(i)})\ne y$이면 x가 y를 덮는다(cover, 또는 포괄한다)라고 칭한다. 마지막으로, D_n의 모든 x에 대해 $\nu(x)$는 x에 있는 1들의 개수, $\zeta(x)$는 0들의 개수를 뜻한다. 따라서 $\nu(x)+\zeta(x)=n$이다.

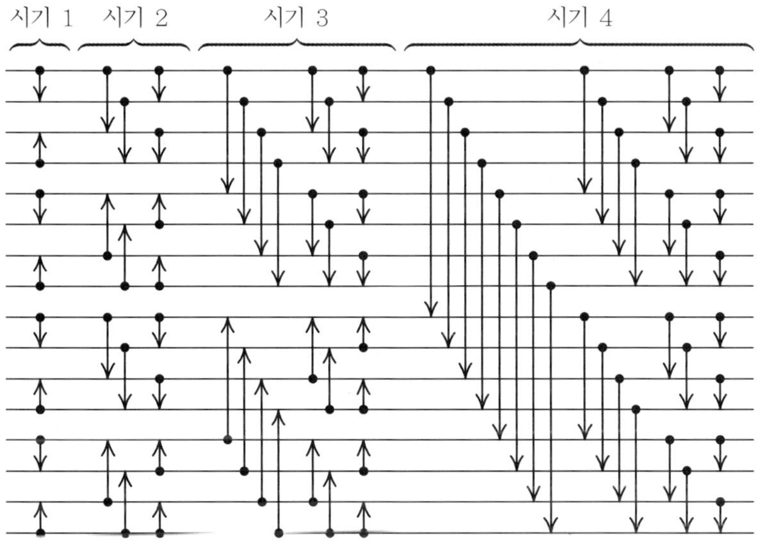

그림 56. 이조 정렬에 기반을 둔 비표준 정렬 회로망.

1. [20] $m = 3$이고 $n = 5$일 때의 홀짝 병합에 대한 회로망을 그려라.

2. [22] 프랫의 정렬 알고리즘(연습문제 5.2.1-30)이, 지연 수준이 근사적으로 $(\log_2 n)(\log_3 n)$인 n원소 정렬 회로망으로 이어짐을 보여라. 그에 해당하는 $n = 12$에 대한 회로망을 그려라.

3. [*M20*] (배처K. E. Batcher.) $C(m, m-1)$과 $C(m, m)$ 사이의 간단한 관계식을 구하라.

▸ **4.** [*M23*] $\hat{T}(6) = 5$를 증명하라.

5. [*M16*] (13)이 (10)에서 개괄한 정렬 회로망에 연관된 지연 시간임을 증명하라.

6. [28] $T(n)$이 서로 다른 비교들을 동시에 수행해서(반드시 회로망 제약을 따를 필요는 없다) n개의 서로 다른 수들을 정렬하는 데 필요한 시기들의 최소 횟수라고 하자. 그러한 비교들 각각은 서로 다른 $i_1, j_1, i_2, j_2, \ldots, i_r, j_r$의 쌍들의 집합 $\{i_1 : j_1, i_2 : j_2, \ldots, i_r : j_r\}$을 담으며 각각

$$\langle K_{i_1} < K_{j_1}, K_{i_2} < K_{j_2}, \ldots, K_{i_r} < K_{j_r} \rangle,$$
$$\langle K_{i_1} > K_{j_1}, K_{i_2} < K_{j_2}, \ldots, K_{i_r} < K_{j_r} \rangle, \text{ 등등}$$

의 경우들에 대한 총 2^r개의 가지들이 뻗어나가는 하나의 노드로 표현될 수 있다. 이 때 $T(5) = T(6) = 5$를 증명하라.

7. [25] 그림 49의 $n = 10$에 대한 회로망에서, 만일 마지막 세 비교자들을 그보다 더 "약한" 비교자 $[5:6][4:5][6:7]$로 대체한다고 해도 회로망이 여전히 정렬을 수행할 것임을 보여라.

8. [*M20*] $m_1, m_2, n_1, n_2 \geq 0$에 대해 $\hat{M}(m_1 + m_2, n_1 + n_2) \geq \hat{M}(m_1, n_1) + \hat{M}(m_2, n_2) + \min(m_1, n_2)$를 증명하라.

9. [*M25*] (플로이드R. W. Floyd.) $\hat{M}(3,3) = 6$, $\hat{M}(4,4) = 9$, $\hat{M}(5,5) = 13$을 증명하라.

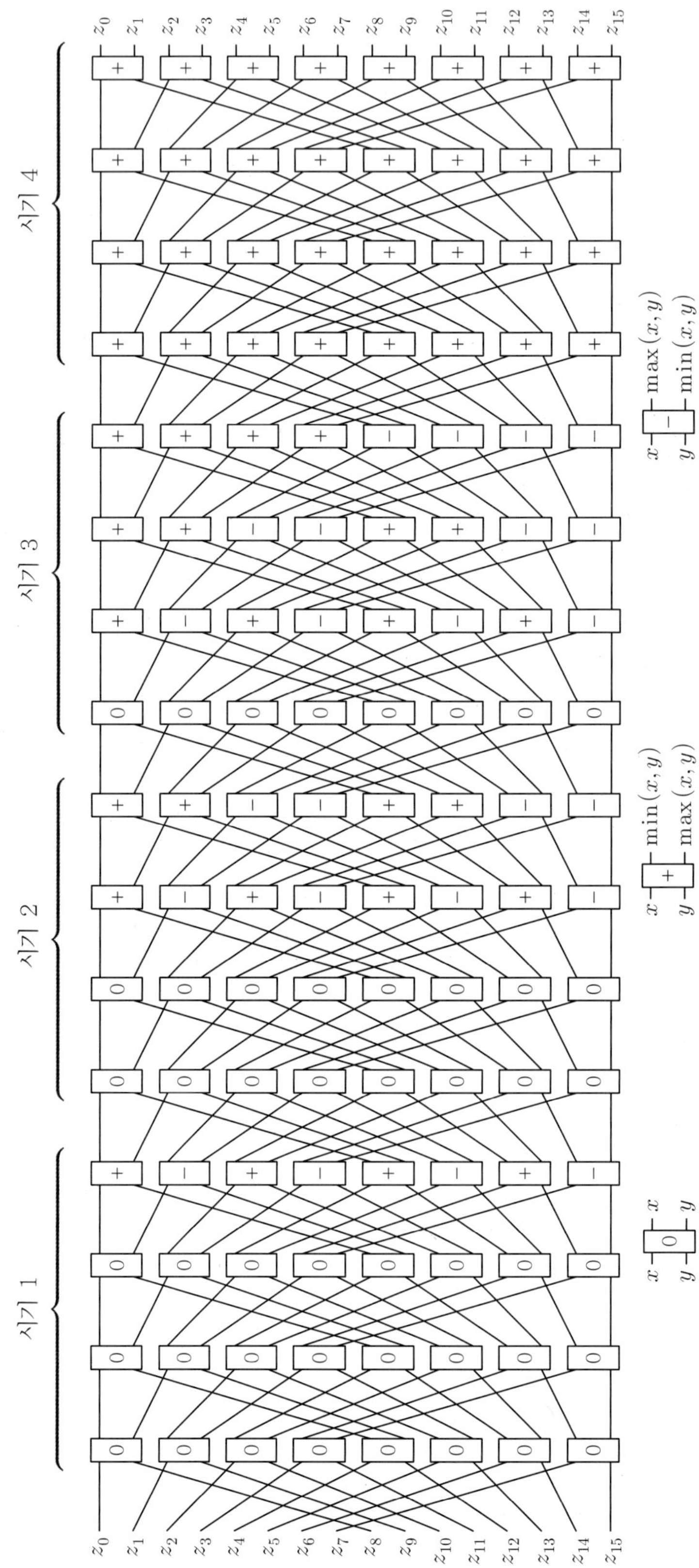

그림 57. 완전 뒤섞기를 통한 16 원소의 정렬.

10. [*M22*] (15) 앞의 설명에서 정의한 배처의 이조 정렬기가 유효함을 증명하라. [힌트: k개의 1들 다음에 l개의 0들 다음에 $n-k-l$개의 1들이 나오는 모든 수열이 정렬된다는 것만 증명하면 된다.]

11. [*M23*] 배처의 2^t차 이조 정렬기가 $z_0 \geq \cdots \geq z_k \leq \cdots \leq z_{2^t-1}$인 수열 $\langle z_0, z_1, \ldots, z_{2^t-1}\rangle$들만 정렬하는 것이 아니라 $z_0 \leq \cdots \leq z_k \geq \cdots \geq z_{2^t-1}$인 임의의 수열도 정렬함을 증명하라. [따라서 그림 56의 연결망은 16개의 원소들을 정렬한다. 각 시기는 이조 정렬기 또는 반대 방향으로 정렬되어 있는 수열들에 적용되는 순서가 뒤집힌 이조 정렬기로 구성되기 때문이다.]

12. [*M20*] 증명 또는 반증하라: 만일 x와 y가 같은 길이의 이조 수열들이라면 $x \vee y$와 $x \wedge y$도 같은 길이의 이조 수열들이다.

▸ **13.** [*24*] (스톤H. S. Stone.) 2^t개의 원소들에 대한 한 정렬 회로망을 그림 57에 나온 $t=4$에 대한 패턴을 따라 구축할 수 있음을 보여라. 이 방안에서 t^2개의 단계들 각각은 처음 2^{t-1}개의 원소들과 마지막 2^{t-1}개를 "완전 뒤섞기(perfect shuffle)"로 섞은 후 2^{t-1}개의 인접 원소쌍들에 대해 동시적인 연산을 수행하는 것으로 구성된다. 후자의 연산은 "0"(무연산) 또는 "+" (표준 비교자 모듈) 또는 "−"(역 비교자 모듈) 중 하나이다. 정렬은 각각 t개의 단계들로 된 t개의 시기들로 진행된다. 마지막 시기에서는 모든 연산이 "+"이다. $s<t$인 시기 s에서는 모든 연산이 "0"인 $t-s$개의 단계들을 수행하고 그 다음에 s개의 단계들을 수행하는데, 그 s개의 단계들의 연산들은 이렇다: $q=1, 2, \ldots, s$에 대한 단계 q의 연산들은 2^{q-1}개의 "+"들 다음에 2^{q-1}개의 "−"들이 번갈아 나오는 것이다.

[이 정렬 방안을, 하나의 "뒤섞기와 연산" 단계를 수행하고 출력선들을 입력으로 되먹이는 회로소자들로 된 하나의 상당히 간단한 기기로 수행할 수 있음을 주목할 것. 그림 57의 처음 세 단계는 물론 제거할 수 있다. 그 세 단계는 단지 패턴을 좀 더 뚜렷이 하기 위해 남겨둔 것일 뿐이다. 스톤은 동일한 "뒤섞기·연산" 패턴들이 빠른 푸리에 변환(4.6.4-(40) 참고) 같은 다른 여러 알고리즘들에도 나타남을 지적했다.]

▸ **14.** [*M27*] (알렉세프V. E. Alekseev.) $\alpha = [i_1:j_1]\ldots[i_r:j_r]$이 하나의 n회로망이라고 하자. $1 \leq s \leq r$에 대해 $\alpha^s = [i'_1:j'_1]\ldots[i'_{s-1}:j'_{s-1}][i_s:j_s]\ldots[i_r:j_r]$로 정의한다. 여기서 i'_k와 j'_k는 i_k와 j_k로부터 얻은 것으로, 비교열에 나타난 모든 i_s와 j_s를 그 자리에서 각각 j_s와 i_s로 변경한 것이다. 예를 들어 $\alpha=[1:2][3:4][1:3][2:4][2:3]$이라면 $\alpha^4=[1:4][3:2][1:3][2:4][2:3]$이다.

a) $D_n\alpha = D_n(\alpha^s)$를 증명하라.

b) $(\alpha^s)^t = (\alpha^t)^s$를 증명하라.

c) α의 켤레(conjugate)는 $(\ldots((\alpha^{s_1})^{s_2})\ldots)^{s_k}$ 형태의 임의의 회로망이다. α에 최대 2^{r-1}개의 켤레들이 있음을 증명하라.

d) $g_\alpha(x) = [x \in D_n\alpha]$이고 $f_\alpha(x) = (\bar{x}_{i_1} \vee x_{j_1}) \wedge \cdots \wedge (\bar{x}_{i_r} \vee x_{j_r})$이라고 하자. $g_\alpha(x) = \bigvee\{f_{\alpha'}(x) \mid \alpha'\text{는 } \alpha\text{의 켤레}\}$를 증명하라.

e) G_α가 $\{1, ..., n\}$을 정점으로 하며 $1 \le s \le r$에 대해 $i_s \to j_s$로 가는 호들을 가진 유향 그래프라고 하자. $1 \le i < n$에 대해, 그리고 α의 모든 켤레 α'에 대해, 오직 $G_{\alpha'}$가 i에서 $i+1$로의 유향 경로일 때에만 α가 하나의 정렬 회로망임을 증명하라. [G_α가 α의 비교자들의 차수에 의존하지 않는다는 점에서, 이 조건은 다소 놀랍다.]

15. [*20*] 네 원소를 정렬하는, 단 다섯 개의 비교자 모듈들로 된 비표준 정렬 회로망을 구하라.

16. [*M22*] 다음 알고리즘이 임의의 정렬 회로망 $[i_1 : j_1]...[i_r : j_r]$을 같은 길이의 표준 정렬 회로망으로 변환함을 증명하라:

T1. q가 $i_q > j_q$를 만족하는 가장 작은 색인이라고 하자. 그런 색인이 존재하지 않으면 알고리즘을 끝낸다.

T2. $q \le s \le r$에 대한 모든 비교자 $[i_s : j_s]$에 있는 모든 i_q를 j_q로 바꾸고, 모든 j_q를 i_q로 바꾼다. 단계 T1로 돌아간다. ▮

예를 들어 $[4:1][3:2][1:3][2:4][1:2][3:4]$는 우선 $[1:4][3:2][4:3][2:1][4:2][3:1]$로 변환되고, 그런 다음 $[1:4][2:3][4:2][3:1][4:3][2:1]$로, 그런 다음 $[1:4][2:3][2:4][3:1][2:3]$ $[4:1]$로 변환된다. 결국은 표준 회로망 $[1:4][2:3][2:4][1:3][1:2][3:4]$가 나온다.

17. [*M25*] 1이 정확히 t개인 1들과 0들의 수열 $\langle x_1, ..., x_n \rangle$은 모두 $\binom{n}{t}$개이다. 그러한 모든 수열의 집합을 D_{tn}이라고 하자. $\hat{U}_t(n)$이 D_{tn}의 모든 원소를 정렬하는 한 회로망에 필요한 비교자들의 최소 개수임을, $\hat{V}_t(n)$은 $D_{tn} \cup D_{(t-1)n}$을 정렬하는 데 필요한 비교자들의 최소 개수임을, 그리고 $\hat{W}_t(n)$은 $\bigcup_{0 \le k \le t} D_{kn}$을 정렬하는 데 필요한 최소 개수임을 보여라.

▸ **18.** [*M20*] $2t-1$개의 원소들의 중앙값을 찾는 회로망이 적어도 $(t-1)\lceil \lg(t+1) \rceil + \lceil \lg t \rceil$개의 비교자 모듈들을 필요로 함을 증명하라. [힌트: 정리 A의 증명을 볼 것.]

19. [*M22*] $n \ge 2$에 대해 $\hat{U}_2(n) = 2n-4$이고 $\hat{V}_2(n) = 2n-3$임을 증명하라.

20. [*28*] (a) $\hat{V}_3(5) = 7$을 증명하라. (b) $n \ge 6$에 대해 $\hat{U}_4(n) \le 3n-10$을 증명하라.

21. [*21*] 참 또는 거짓을 밝혀라: 임의의 표준 정렬 회로망에 새 표준 비교자를 하나 삽입하면 또 다른 표준 정렬 회로망이 된다.

22. [*M17*] α가 임의의 n회로망이고 x와 y가 n벡터라고 하자.

a) $x \subseteq y$가 $x\alpha \subseteq y\alpha$를 함의함을 증명하라.

b) $x \cdot y$가 내적 $x_1y_1 + \cdots + x_ny_n$을 뜻한다고 할 때, $x \cdot y \le (x\alpha) \cdot (y\alpha)$를 증명하라.

23. [*M18*] α가 하나의 n회로망이라고 하자. $(p\alpha)_i = j$를 만족하는 순열 $p \in P_n$이 존재하기 위한 필요충분조건은 x가 y를 덮으며 $(x\alpha)_i = 1$, $(y\alpha)_i = 0$, $\zeta(y) = j$를 만족하는 벡터 x와 y가 D_n에 존재한다는 것임을 증명하라.

▸ **24.** [*M21*] (알렉세프V. E. Alekseev.) α가 n회로망이고, $1 \le k \le n$에 대해

$$l_k = \min\{(p\alpha)_k \mid p \in P_n\}, \qquad u_k = \max\{(p\alpha)_k \mid p \in P_n\}$$

가 출력선 k에 나타날 수 있는 값들의 범위에 대한 하계, 상계를 뜻한다고 하자. l'_k와 u'_k는 회로망 $\alpha' = \alpha[i:j]$에 대한 해당 하계, 상계라고 하자. 다음을 증명하라.

$$l'_i = l_i \wedge l_j, \qquad l'_j \le l_{i+l_j}, \qquad u'_i \ge u_{i+u_{j-(n+1)}}, \qquad u'_j = u_i \vee u_j.$$

〔힌트: D_n에 속하며 $(x\alpha)_i = (y\alpha)_j = 0$, $\zeta(x) = l_i$, $\zeta(y) = l_j$를 만족하는 벡터 x와 y가 주어졌을 때, $(z\alpha')_j = 0$, $\zeta(z) \le l_i + l_j$인 D_n의 벡터 z를 구할 것.〕

25. 〔*M30*〕 l_k와 u_k가 연습문제 24와 동일하게 정의된다고 하자. l_k에서 u_k까지의 모든 정수가 집합 $\{(p\alpha)_k \mid p$는 P_n의 원소$\}$에 속함을 증명하라.

26. 〔*M24*〕 (플로이드R. W. Floyd.) α가 n회로망이라고 하자. 집합 $P_n\alpha = \{p\alpha \mid p$는 P_n의 원소$\}$로부터 집합 $D_n\alpha = \{x\alpha \mid x$는 D_n의 원소$\}$를 결정할 수 있음을 증명하라. 반대로, $D_n\alpha$로부터 $P_n\alpha$를 결정할 수 있음을 증명하라.

▶ **27.** 〔*M20*〕 x와 y가 벡터이고 $x\alpha$와 $y\alpha$가 정렬되어 있다고 하자. 다음 두 조건이 서로 동치임을 증명하라: (i) $(x\alpha)_i \le (y\alpha)_j$; (ii) y에서 j개의 원소들을 선택하는 모든 선택에 대해, x로부터 i개의 원소들을 선택하되 그런 원소 모두가 선택된 y의 어떤 원소에 대해 $\le$이 되도록 선택할 수 있다. 이 원리를 이용해서, *만일 임의의 행렬의 행들을 정렬하고 그런 다음 열들을 정렬하면, 행들은 정렬된 순서를 유지한다*는 것을 증명하라.

▶ **28.** 〔*M20*〕 다음 도표는 한 정렬 회로망의 모든 선의 내용들에 대한, 그 입력들을 항들로 하는 공식들을 체계적으로 적어 나갈 수 있다는 사실을 보여준다.

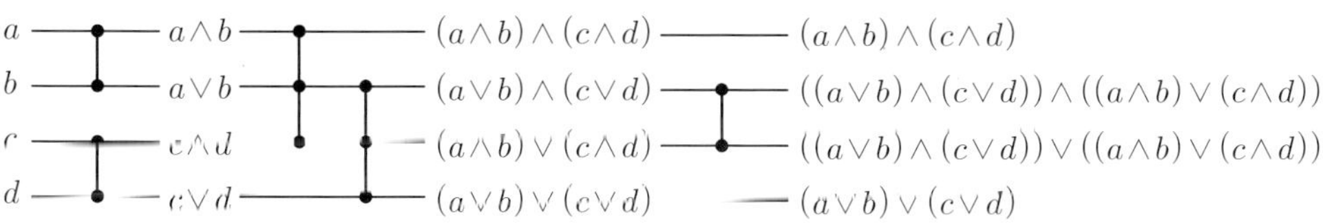

교환법칙 $x \wedge y = y \wedge x$, $x \vee y = y \vee x$와 결합법치 $x \wedge (y \wedge z) = (x \wedge y) \wedge z$, $x \vee (y \vee z) = (x \vee y) \vee z$, 배분법칙 $x \wedge (y \vee z) = (x \wedge y) \vee (x \wedge z)$, $x \vee (y \wedge z) = (x \vee y) \wedge (x \vee z)$, 흡수법칙 $x \wedge (x \vee y) = x \vee (x \wedge y) = x$, 멱등법칙 $x \wedge x = x \vee x = x$를 이용하면 이 회로망이 오른쪽에 있는 공식들을 각각 $(a \wedge b \wedge c \wedge d)$, $(a \wedge b \wedge c) \vee (a \wedge b \wedge d) \vee (a \wedge c \wedge d) \vee (b \wedge c \wedge d)$, $(a \wedge b) \vee (a \wedge c) \vee (a \wedge d) \vee (b \wedge c) \vee (b \wedge d) \vee (c \wedge d)$, $a \vee b \vee c \vee d$로 줄일 수 있다.

일반화해서, $\{x_1, \ldots, x_n\}$의 t번째로 큰 원소가 "기본대칭함수"

$$\sigma_t(x_1, \ldots, x_n) = \bigvee \{x_{i_1} \wedge x_{i_2} \wedge \cdots \wedge x_{i_t} \mid 1 \le i_1 < i_2 < \cdots < i_t \le n\}$$

으로 주어짐을 증명하라. 〔$\vee$로 합쳐지는 항들은 $\binom{n}{t}$개이다. 따라서 최소비용 정렬 회로망을 찾는 문제는 모든 시기에서 두 수량 ϕ와 ψ를 $\phi \wedge \psi$와 $\phi \vee \psi$로 치환해야 하는, "논리합/곱" 회로의 개수가 최소인 기본대칭함수들을 계산하는 문제와 동치이다.〕

29. [*M20*] $x_1 \le x_2 \le x_3$이고 $y_1 \le y_2 \le y_3 \le y_4 \le y_5$이며, x들을 y들과 병합한 결과가 $z_1 \le z_2 \le \cdots \le z_8$라고 하자. 각 z를 연산자 $\wedge$ 와 $\vee$ 를 이용해서 x들과 y들로 표현하는 공식들을 구하라.

30. [*HM24*] $\wedge$ 와 $\vee$, 그리고 독립 변수 $\{x_1, \ldots, x_n\}$들이 관여하는 임의의 공식을 연습문제 28의 항등식들을 이용해서 "표준(canonical)" 형식 $\tau_1 \vee \tau_2 \vee \cdots \vee \tau_k$로 줄일 수 있음을 증명하라. 여기서 $k \ge 1$이며 각 τ_i는 $\bigwedge\{x_j \mid j$는 S_i 의 원소$\}$ 형태이다. S_i는 $\{1, 2, \ldots, n\}$의 한 부분집합이며 $i \ne j$에 대해 S_j의 부분집합인 S_i는 존재하지 않는다. 또한, 그러한 두 표준 형식이 모든 $x_1, \ldots, x_n$에 대해, 오직 그것들이 항상 같을 때에만(순서까지) 상등임을 증명하라.

31. [*M24*] (데데킨트R. Dedekind, 1897.) δ_n이 $x_1, \ldots, x_n$에 대한 서로 다른 표준 형식(연습문제 30을 따르는)들의 개수라고 하자. 즉 $\delta_1 = 1$, $\delta_2 = 4$, $\delta_3 = 18$이다. δ_4는 얼마인가?

32. [*M28*] (그린M. W. Green.) $G_1 = \{00, 01, 11\}$이라고 하자. 그리고 G_{t+1}은 θ, ϕ, ψ, ω가 길이 2^{t-1} 문자열들이며 $\theta\phi$, $\psi\omega$, $\theta\psi$, $\phi\omega$가 G_t의 원소임을 만족하는 $\theta\phi\psi\omega$ 형태의 모든 문자열의 집합이라고 하자. α는 그림 49에 나온 16정렬기의 처음 네 수준들로 구성된 회로망이라고 하자. $D_{16}\alpha = G_4$를 보이고, G_4의 원소 개수가 정확히 $\delta_4 + 2$임을 증명하라. (연습문제 31 참고.)

▶ **33.** [*M22*] 연습문제 31에 나온 $\langle x_1, \ldots, x_n \rangle$의 함수 δ_n개 모두가 비교자 회로망들에 나타날 수 있는 것은 아니다. 실제로, 함수 $(x_1 \wedge x_2) \vee (x_2 \wedge x_3) \vee (x_3 \wedge x_4)$는 $\langle x_1, \ldots, x_n \rangle$에 대한 그 어떤 비교자 회로망에서도 하나의 출력으로 나타날 수 없음을 증명하라.

34. [*23*] 다음은 정렬 회로망인가?

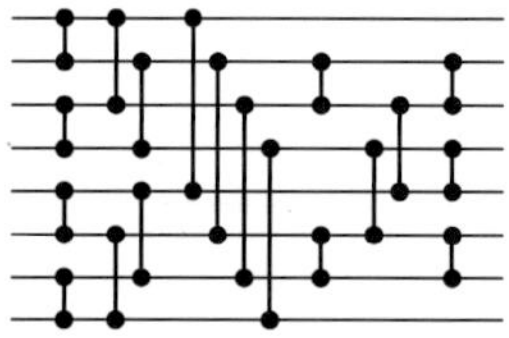

35. [*20*] 임의의 표준 정렬 회로망은 $1 \le i < n$에 대해 인접 비교자 $[i : i+1]$들 각각을 반드시 적어도 한 번씩은 포함해야 함을 증명하라.

▶ **36.** [*22*] 그림 47의 회로망은 오직 인접 비교자 $[i : i+1]$들만으로 되어 있다. 이런 회로망을 원시(primitive) 회로망이라고 부르기로 하자.

a) n개의 원소들에 대한 하나의 원시 정렬 회로망은 반드시 적어도 $\binom{n}{2}$개의 비교자들을 가져야 함을 증명하라. [힌트: 순열의 반전들을 고찰할 것.]

b) (플로이드R. W. Floyd, 1964.) α가 n개의 원소들에 대한 한 원시 정렬 회로망이고 x가 어떤 $i < j$에 대해 $(x\alpha)_i > (x\alpha)_j$인 벡터라고 하자. y가 벡터 $\langle n, n-1, \ldots, 1 \rangle$이라고 할 때 $(y\alpha)_i > (y\alpha)_j$를 증명하라.

c) (b)의 한 결과로, 원시 회로망은 오직 그것이 하나의 벡터 $\langle n, n-1, \ldots, 1 \rangle$을 정렬할 때에만 하나의 정렬 회로망이다.

37. [*M22*] $n \geq 3$인 n개의 수들에 대한 홀짝 전치 정렬(odd-even transposition sort)은 $\frac{1}{2}n(n-1)$개의 비교자들이 그림 58에 나온 벽돌쌓기 모양으로 배치된 n수준 회로망이다. (n이 짝수일 때에는 두 가지 형태가 가능하다.) 이런 정렬 회로망은 하드웨어에서 구현하기가 특히나 쉽다. 단 두 종류의 작용들만 번갈아 수행되기 때문이다. 이런 회로망이 실제로 하나의 유효한 정렬 회로망임을 증명하라. [힌트: 연습문제 36 참고.]

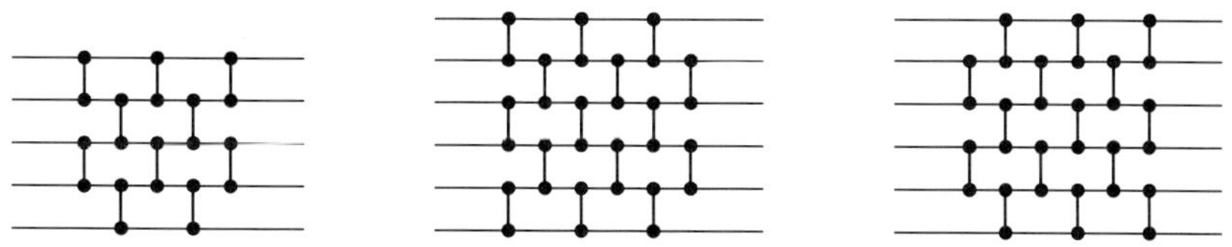

$n = 5$ $n = 6$ $n = 6$

그림 58. 홀짝 전치 정렬.

▸ **38.** [*43*] $N = \binom{n}{2}$라고 하자. 모양 $(n-1, n-2, \ldots, 1)$의 영 타블로와 원시 정렬 회로망 $[i_1 : i_1+1] \ldots [i_N : i_N+1]$ 사이의 일대일 대응관계를 찾아라. [이 대응관계와 정리 5.1.4H에 의해, 그러한 정렬 회로망의 개수는 정확히

$$\frac{N!}{1^{n-1}\,3^{n-2}\,5^{n-3}\ldots(2n-3)^1}$$

이다.] 힌트: 연습문제 36(c)는 중복된 비교자들이 없는 원시 회로망들이 5.1.1절의 그림 1 같은 다면체의 $1\,2 \ldots n$에서 $n \ldots 2\,1$로의 경로들에 대응됨을 보여준다.

39. [*25*] n개의 선들에 대한 어떤 원시 비교자 회로망이 하나의 입력 $1\,0\,1\,0 \ldots 1\,0$을 올바르게 정렬함을 알고 있다고 하자. (연습문제 36 참고. n은 짝수라고 가정한다.) 그 회로망의 "3등분 가운데 부분", 즉 $\lceil n/3 \rceil$에서 $\lceil 2n/3 \rceil$까지의 선들에만 관여하는 모든 비교자들로 이루어진 부분이 모든 입력을 정렬함을 보여라.

40. [*HM44*] 비교자 $[i_1 : i_1+1][i_2 : i_2+1] \ldots [i_r : i_r+1]$을 무작위로 선택한다. 이 때 각 $i_k \in \{1, 2, \ldots, n-1\}$ 값은 동일 확률이다. 그러한 무작위 선택을, 그림 47에 나온 것 같은 거품 정렬 구성이 하나의 부분 회로망으로 포함될 때까지 반복한다. $O(n^{-1000})$의 확률로 생기는 예외를 제외할 때 $r \leq 4n^2 + O(n^{3/2}\log n)$임을 증명하라.

41. [*M47*] $[i_1 : j_1][i_2 : j_2] \ldots [i_r : j_r]$을 무작위로 선택한다. 이 때 각 중복없는(irredundant) 선택 $1 \leq i_k < j_k \leq n$은 동일 확률이다. 그러한 무작위 선택을 하나의 정렬 회로망이 만들어질 때까지 반복한다. r의 기대값을 추정하라. 그 값이 모든 $\epsilon > 0$에 대해 $O(n^{1+\epsilon})$인가?

▸ **42.** [*25*] (밴 부어히스D. Van Voorhis.) $\hat{S}(n) \geq \hat{S}(n-1) + \lceil \lg n \rceil$을 증명하라.

43. [*48*] 비교자 개수가 $C(m,n)$보다 작은 (m,n) 병합 회로망을 구하라. 또는 그런 회로망이 존재하지 않음을 증명하라.

44. [*50*] 어떤 $n > 8$에 대한 $\hat{S}(n)$의 정확한 값을 구하라.

45. [*M20*] 다중 팬아웃이 없는 임의의 $(1, n)$ 병합 회로망의 지연 수준이 적어도 $\lceil \lg(n+1) \rceil$이어야 함을 증명하라.

▸ **46.** [*30*] (에이너M. Aigner.) 연습문제 6에서처럼 서로 다른 비교들을 동시에 수행할 수 있는 임의의 알고리즘을 이용해서 m개의 원소들을 n개의 원소들과 합치는 데 필요한 최소 시기 횟수가 적어도 $\lceil \lg(m+n) \rceil$임을 보여라. 따라서 이조 병합 회로망은 최적의 지연을 가진다.

47. [*47*] 연습문제 6의 함수 $T(n)$이 어떤 n에 대해 $\hat{T}(n)$보다 엄밀하게 작은가?

▸ **48.** [*26*] 정렬 회로망을, 각 선이 하나의 수가 아니라 m개의 수들의 한 중복집합을 전송하는 것이라고 해석할 수도 있다. 이러한 해석 하에서 연산 $[i:j]$는 x_i와 x_j를 각각 $x_i \wedge\!\!\wedge x_j$와 $x_i \vee\!\!\vee x_j$로, 즉 $2m$개의 수 $x_i \uplus x_j$중 가장 작은 m개와 가장 큰 m개로 대체한다. (예를 들어 다음은 $m=2$일 때의 이러한 해석을 보여주는 그림이다.

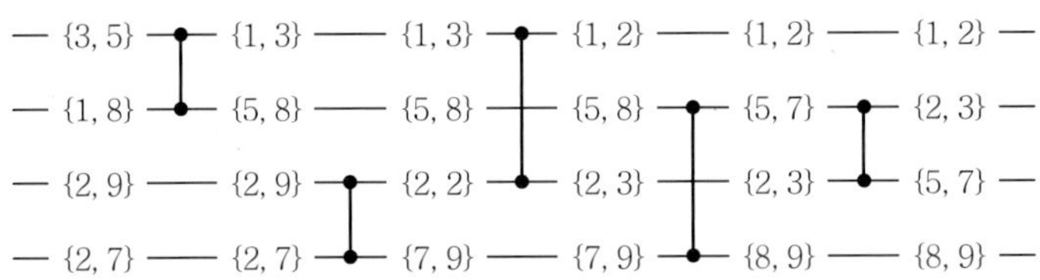

각 비교자는 입력들을 합치고 낮은 절반과 높은 절반을 분리한다.)

a와 b가 각각 m개의 수들로 된 중복집합들이라고 할 때, 오직 $a \wedge\!\!\wedge b = a$일 때에만(이는 $a \vee\!\!\vee b = b$와 동치이다. a의 가장 큰 원소는 b의 가장 작은 원소보다 작거나 같다) $a \ll b$라고 하자. 즉 $a \wedge\!\!\wedge b \ll a \vee\!\!\vee b$이다.

α가 하나의 n 회로망이고 $x = \langle x_1, \ldots, x_n \rangle$은 각 x_i가 m개의 원소들로 된 중복집합인 하나의 벡터라고 하자. 만일 $(x\alpha)_i$가 위의 해석 하에서 $\ll (x\alpha)_j$가 아니면 D_n에는 $(y\alpha)_i = 1$이고 $(y\alpha)_j = 0$인 벡터 y가 존재함을 증명하라. [이에 의해, n개의 원소들에 대한 정렬 회로망에서 각 비교를 $\hat{M}(m, m)$개의 모듈들로 된 하나의 병합 회로망으로 치환한다면 그 정렬 회로망은 mn개의 원소들에 대한 정렬 회로망이 된다. 그림 59는 이러한 관찰을 이용해서 4원소 정렬기로부터 생성한 8원소 정렬기이다.]

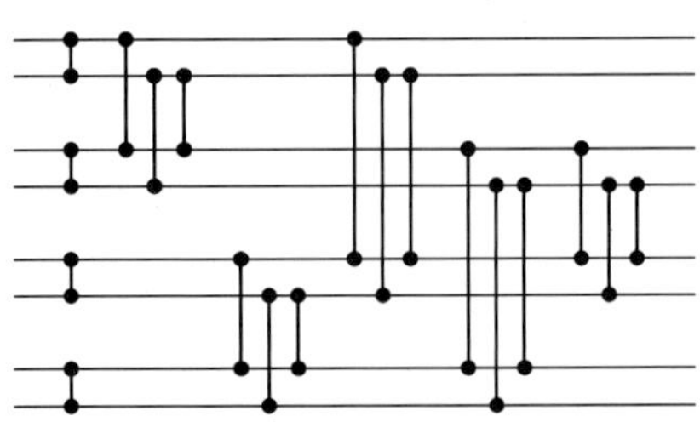

그림 59. 병합 해석을 이용해서 4원소 정렬기로부터 구축한 8원소 정렬기.

49. [*M23*] 연습문제 48의 표기법 하에서 $(x \wedge\!\!\wedge y) \wedge\!\!\wedge z = x \wedge\!\!\wedge (y \wedge\!\!\wedge z)$이고 $(x \vee\!\!\vee y) \vee\!\!\vee z = x \vee\!\!\vee (y \vee\!\!\vee z)$이지만, $(x \vee\!\!\vee y) \wedge\!\!\wedge z$가 항상 $(x \wedge\!\!\wedge z) \vee\!\!\vee (y \wedge\!\!\wedge z)$와 같지는 않으며 $(x \wedge\!\!\wedge y) \vee\!\!\vee (x \wedge\!\!\wedge z) \vee\!\!\vee (y \wedge\!\!\wedge z)$가 항상 $x \uplus y \uplus z$

의 중간 m개의 원소들과 같지는 않음을 보여라. 그러한 중간 원소들에 대한 정확한 공식을 x, y, z와 연산 $\curlywedge$, $\curlyvee$로 표현하라.

50. [*HM46*] 연습문제 48에서 정의한 $\curlywedge$ 연산과 $\curlyvee$ 연산의 성질들을 탐구하라. 이 대수 체계의 모든 항등식을 어떤 깔끔한 방식으로 특징짓는 것이 가능할까? 또는 유한한 개수의 항등식들의 집합으로부터 모든 항등식을 유도하는 것이 가능할까? 이 문제에 관해서는, 오직 $m \le 2$에만 성립하는 $x \curlywedge x \curlywedge x = x \curlywedge x$나 $x \curlywedge (x \curlyvee (x \curlywedge (x \curlyvee y))) = x \curlywedge (x \curlyvee y)$ 같은 항등식들은 별 의미가 없다. 모든 m에 대해 성립하는 항등식들만 고려할 것.

▶ **51.** [*M25*] (그레이엄R. L. Graham.) 회로망 $\alpha_1[i:j]\alpha_2$의 한 비교자 $[i:j]$는, 만일 모든 벡터 x에 대해 $(x\alpha_1)_i \le (x\alpha_1)_j$이거나 모든 벡터 x에 대해 $(x\alpha_1)_i \ge (x\alpha_1)_j$이면 중복(redundant)이다. 만일 α가 r개의 비중복 비교자들을 가진 회로망이면, 모든 벡터 x에 대해 $(x\alpha)_i \le (x\alpha)_j$인 서로 다른 색인들의 서로 다른 순서쌍 (i, j)들이 적어도 r개 존재함을 증명하라. (이에 의해, 중복된 비교자들이 없는 회로망은 많아야 $\binom{n}{2}$개의 모듈을 담는다.)

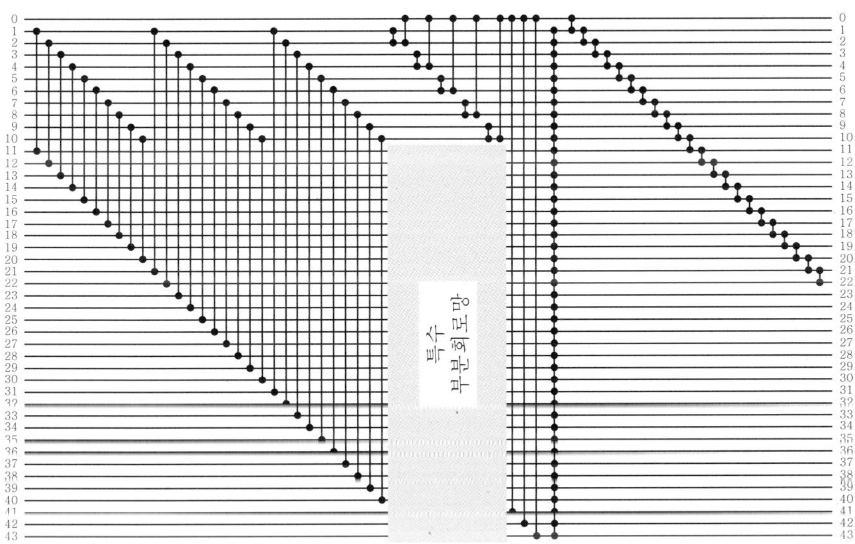

그림 60. 정렬 능력을 확인하기가 어려운 회로망들. $m = 3$, $n = 5$인 경우이다. (연습문제 52 참고.)

▶ **52.** [*32*] (라빈M. O. Rabin, 1980.) 일반적으로, 비교자들의 한 순차열이 정렬 회로망인지의 여부를 결정하는 것이 본질적으로 어려운 일임을 그림 60에 나온 형태의 회로망들을 고찰해서 증명하라. 편의상, 회로망의 입력들에 x_0에서 x_N까지의 번호를 매기기로 하자. 여기서 $N = 2mn + m + 2n$이며 양의 정수 m과 n은 매개변수들이다. 그림이 나타내는 형태의 회로망에서 처음 비교자들은 $1 \le j \le 2n$와 $1 \le k \le m$에 대한 $[j : j + 2nk]$들이다. 그 다음에는 $1 \le j \le n$에 대한 비교자 $[2j-1 : 2j][0 : 2j]$들과 오직 $> 2n$인 색인들만을 사용하는 특별한 부분회로망이 병렬적으로 배치된다. 그 다음에는 $1 \le j \le m$에 대한 $[0 : 2mn + 2n + j]$ 비교자들이 온다. 마지막으로는 $\langle x_1, \ldots, x_N \rangle$에 대한 완전한 정렬 회로망 다음에 $[0:1][1:2]\ldots[N-t-1 : N-t]$가 오는 형태이다. 여기서

$t = mn + n + 1$이다.

a) 그러한 회로망으로 정렬되지 않는 모든 입력 $\langle x_0, x_1, ..., x_N \rangle$을 특수 부분회로망의 습성의 관점에서 서술하라.

b) $(y_1 \vee y_2 \vee \bar{y_3}) \wedge (\bar{y_2} \vee y_3 \vee \bar{y_4}) \wedge ...$ 같은 일단의 단서(clause)들이 주어졌을 때, 오직 그러한 단서들이 만족되지 않을 때에만 모든 입력을 정렬하는 특수 부분회로망(그림 60에 나온 것 같은)을 구축하는 방법을 설명하라. 〔따라서 어떤 한 비교자 순차열이 정렬 회로망을 형성하는지의 여부를 결정하는 문제는 7.9절의 의미에서 co-NP 완전 문제†이다.〕

53. 〔*30*〕 (주기적 정렬 회로망.) 다음의 16원소 회로망은 $n = 2^t$개의 원소들에 대한 t수준 회로망의 일반 재귀적 구축법을 보여주는 것으로, $t = 4$인 경우에 해당한다.

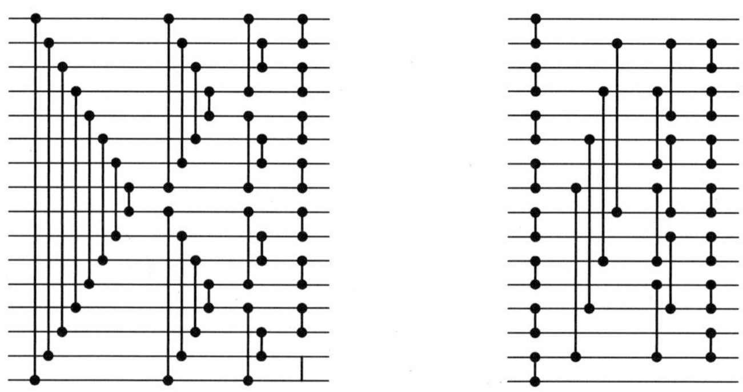

(a) (b)

입력선들에 0에서 $2^t - 1$까지의 번호를 붙인다고 할 때, (a)의 경우 l번째 수준은 $i \bmod 2^{t+1-l} < 2^{t-l}$이고 $j = i \oplus (2^{t+1-l} - 1)$인 비교자 $[i:j]$들로 구성된다. 비교자 전체 개수는 이조 병합에서처럼 $t2^{t-1}$개이다. (b)의 경우 제1수준 비교자들은 $0 \le j < 2^{t-1}$에 대한 $[2j : 2j+1]$들이고 $2 \le l \le t$에 대한 l번째 수준 비교자들은 $0 \le j < 2^{t-1} - 2^{t-l}$에 대한 $[2j+1 : 2j + 2^{t+1-l}]$들이다. 비교자 전체 개수는 홀짝 병합에서처럼 $(t-1)2^{t-1} + 1$개다.

입력된 수들이 어떤 $k \ge 1$에 대해 정리 5.2.1H의 의미에서 2^k순서로 되어 있다고 할 때, 두 회로망 모두 2^{k-1}순서인 출력들을 산출함을 증명하라. 따라서 2^t개의 수들을 두 회로망 중 어떤 것이든 t번 거치게 함으로써 정렬할 수 있다. 〔t가 클 때 이 정렬 회로망의 비교 횟수는 알고리즘 5.2.2M의 비교 횟수의 약 2배이다. 그러나 전체 지연 시간은 그림 57에서와 같으며, 같은 회로망을 반복해서 사용하는 것이므로 구현은 더 간단하다.〕

† 〔옮긴이 주〕 co-NP에서 co는 complement를 뜻한다. co-NP 문제란 그것의 상보 문제(complement problem)가 NP에 속하는 문제라는 뜻이다. 그리고 co-NP 완전 문제라는 것은 그 문제가 co-NP 문제들 중 가장 어려운 문제들의 부류인 co-NP 완전에 속함을 의미한다. 상보 문제는 간단히 말하면 원래의 문제에서 '예'와 '아니오'를 바꾼 것으로, 예를 들어 주어진 정수가 소수인지를 밝히는 문제의 상보 문제는 주어진 정수가 소수가 아닌지(즉 합성수인지)를 밝히는 문제이다.

54. 〔*42*〕 2원소 정렬기 모듈들 대신 m원소 정렬기 모듈들로 만든 정렬 회로망의 성질을 연구하라. (예를 들어 샤피로G. Shapiro는 16개의 원소들을 열 네 개의 4원소 정렬기들로 정렬하는 다음과 같은 회로망을 구성한 바 있다.

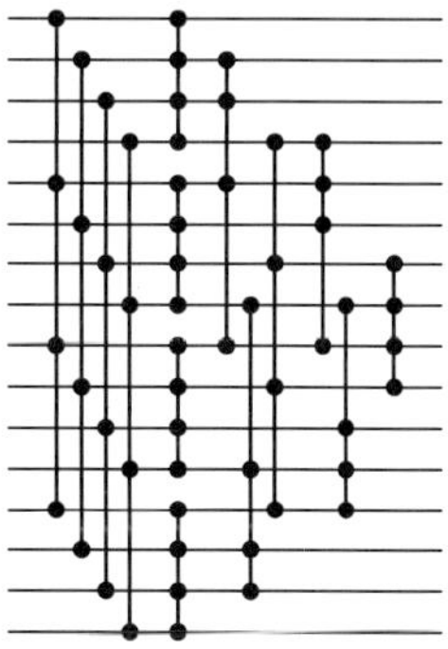

이것이 가능한 최선의 구성일까? m이 충분히 크다고 할 때 m^2개의 원소들을 많아야 16 수준의 m원소 정렬기들로 정렬할 수 있음을 증명해 볼 것.)

55. 〔*23*〕 치환 회로망은 모듈 $[i_1 : j_1] \ldots [i_r : j_r]$들의 순차열로, 각 모듈 $[i : j]$가 자신의 입력 x_i와 x_j를 교환할 것인지 아니면 그냥 변경 없이 통과시킬 것인지는 외부에서 설정할 수 있다(x_i와 x_j의 값과는 무관하게). 그리고 입력의 각 치환은 모듈의 어떤 설정에 따라 출력선들에서 일어난다. 모든 정렬 회로망은 명백히 하나의 치환 회로망이나 그 역이 참은 아니다: 다섯 원소에 대한, 단 여덟 개의 모듈들로 된 치환 회로망을 찾아라.

▶ **56.** 〔*25*〕 비트 벡터 $x \in D_n$가 정렬되어 있지 않다고 가정하자. D_n의 다른 모든 원소는 정렬하지만 x는 정렬하지 못하는 표준 n회로망 α_x가 존재함을 보여라.

57. 〔*M35*〕 짝홀 병합(even-odd merge)은 배처의 홀짝 병합과 비슷하나, $mn > 2$일 때에는 수열 $\langle x_{m \bmod 2+1}, \ldots, x_{m-3}, x_{m-1} \rangle$을 $\langle y_1, y_3, \ldots, y_{2\lceil n/2 \rceil -1} \rangle$과, 그리고 $\langle x_{(m+1) \bmod 2+1}, \ldots, x_{m-2}, x_m \rangle$을 $\langle y_2, y_4, \ldots, y_{2\lfloor n/2 \rfloor} \rangle$과 재귀적으로 병합한 후에 (1)과 비슷한 $\lceil m/2 \rceil + \lceil n/2 \rceil - 1$회의 비교·교환 연산들을 수행한다는 점이 다르다. 짝홀 병합이 비교를 이조 병합보다 더 많이 수행하지 않고 이조 병합의 최적 지연 시간 $\lceil \lg(m+n) \rceil$을 달성함을 보여라. 실제로 짝홀 병합의 비교 횟수 $A(m,n)$이 $C(m,n) \le A(m,n) < \frac{1}{2}(m+n)\lg\min(m,n) + m + \frac{3}{2}n$을 만족함을 증명하라.

연습문제-제2부

다음 연습문제들은 정렬에 관련된 다양한 종류의 최적성 질문들을 다룬다. 처음 몇 문제들은 거품 정렬에 대한 흥미로운 "다중헤드" 일반화에 기초를 둔 것으로, 그 일반화는 벌써 1954년에 암스트롱 P. N. Armstrong과 넬슨R. J. Nelson이 연구한 바 있다. 〔*U.S. Patents 3029413, 3034102* 참고.〕 $1 = h_1 < h_2 < \cdots < h_m = n$이 정수 증가 수열이라고 하자. 이를 길이 m, 펼침(span. 또는 신장伸長, 지름) n의 "헤드열(head sequence)"이라고 부르기로 한다. 그리고 이를 이용해서 특별한 종류의 정렬 방법을 정의하고자 한다. 레코드 $R_1 \ldots R_N$의 정렬은 여러 패스들로 진행되며, 각 패스는 $N+n-1$개의 단계들로 구성된다. $j = 1-n, 2-n, \ldots, N-1$에 대한 단계 j에서는 레코드 $R_{j+h[1]}, R_{j+h[2]}, \ldots, R_{j+h[m]}$을 조사해서 키 순서에 맞게 적절히 재배치한다. (레코드 $R_{j+h[1]}, \ldots, R_{j+h[m]}$을 "읽기-쓰기 헤드 하에 있다"라고 칭한다. $j+h[k]$가 < 1 또는 $> N$일 때 레코드 $R_{j+h[k]}$

는 고려 대상에서 제외된다. 결과적으로 키 $K_0, K_{-1}, K_{-2}, \ldots$는 $-\infty$로 간주되며 키 $K_{N+1}, K_{N+2}, \ldots$은 $+\infty$로 간주된다. 따라서 단계 j는 $j \le -h[m-1]$ 또는 $j > N-h[2]$일 때 실제로 자명하다.)

예를 들어 다음 표는 $m=3, N=9, h_1=1, h_2=2, h_3=4$인 한 정렬의 한 패스를 보여준다.

	K_{-2}	K_{-1}	K_0	K_1	K_2	K_3	K_4	K_5	K_6	K_7	K_8	K_9	K_{10}	K_{11}	K_{12}
$j=-3$	—	—		3	1	4	5	9	2	6	8	7			
$j=-2$		—	—	3	1	4	5	9	2	6	8	7			
$j=-1$			—	3	1	4	5	9	2	6	8	7			
$j=0$				1	3	4	5	9	2	6	8	7			
$j=1$				1	3	4	5	9	2	6	8	7			
$j=2$				1	3	2	4	9	5	6	8	7			
$j=3$				1	3	2	4	6	5	9	8	7			
$j=4$				1	3	2	4	5	6	9	8	7			
$j=5$				1	3	2	4	5	6	7	8	9			
$j=6$				1	3	2	4	5	6	7	8	9	—		
$j=7$				1	3	2	4	5	6	7	8	9		—	
$j=8$				1	3	2	4	5	6	7	8	9	—		—

$m=2, h_1=1, h_2=2$일 때 이 다중헤드 방법은 거품 정렬(알고리즘 5.2.2B)로 간소화된다.

58. [*21*] (듀건지James Dugundji.) 만일 어떤 k, $1 \le k < m$에 대해 $h[k+1] = h[k]+1$이면 앞에서 정의한 다중헤드 정렬기가 결국은 임의의 입력 파일을 유한한 횟수의 패스들로 정렬할 것이나, 만일 $1 \le k < m$에 대해 $h[k+1] \ge h[k]+2$이면 입력이 결코 정렬되지 않을 수도 있음을 증명하라.

▶ **59.** [*30*] (암스트롱Armstrong, 넬슨Nelson.) $1 \le k < m$에 대해 $h[k+1] \le h[k]+k$이고 $N \ge n-1$라고 할 때, 가장 큰 $n-1$개의 원소들이 항상 첫 번째 패스에서 자신의 최종 위치로 이동함을 증명하라. [힌트: 0-1 원리를 사용할 것. 1들이 n개 미만인 0들과 1들을 정렬할 때, 0들이 전부 헤드들의 왼쪽에 있는 것이 아닌 한 모든 헤드가 1을 감지하게 만드는 것은 불가능함을 증명하라.]

헤드들이 주어진 조건들을 만족할 때 정렬이 많아야 $\lceil (N-1)/(n-1) \rceil$회의 패스들로 완료됨을 증명하라. 그렇게 많은 패스들을 요구하는 입력 파일이 존재할까?

60. [*26*] 만일 $n=N$이면, 오직 $1 \le k < m$에 대해 $h[k+1] \le 2h[k]$일 때에만 첫 패스에서 가장 작은 키가 위치 R_1에 놓이게 됨을 보장할 수 있음을 증명하라.

61. [*34*] (홉크로프트J. Hopcroft.) N개의 원소들을 항상 하나의 패스로 완전히 정렬하는, $N=n$인 다중헤드 정렬기를 N원소 "완전 정렬기"라고 부른다. 연습문제 59는 수열 $\langle h_1, h_2, h_3, h_4, \ldots,$

$h_m\rangle = \left\langle 1, 2, 4, 7, \ldots, 1+\binom{m}{2}\right\rangle$가 $m = (\sqrt{8N-7}+1)/2$개의 헤드들을 이용하는, $N = \binom{m}{2}+1$개의 원소들에 대한 완전 정렬기에 해당함을 증명한다. 예를 들어 헤드열 $\langle 1, 2, 4, 7, 11, 16, 22\rangle$는 22원소 완전정렬기이다.

실제로 헤드열 $\langle 1, 2, 4, 7, 11, 16, 23\rangle$이 23개의 원소들에 대한 완전 정렬기임을 증명하라.

62. [*49*] m이 주어졌을 때, m헤드 완전 정렬기들이 존재하는 가장 큰 N을 연구하라. $N = O(m^2)$인가?

63. [*23*] (프랫V. Pratt.) $1 \le k \le m$에 대해 각 헤드 h_k가 위치 2^{k-1}에 있을 때, 오직 j가 2의 거듭제곱일 때에만 $z_j = 0$인 0들과 1들의 수열 $z_1 z_2 \ldots z_{2^{m-1}}$을 정렬하는 데 필요한 패스 횟수는 몇인가?

64. [*24*] (균등 정렬.) 5.3.1절의 그림 34에 나온 트리는 수준 1의 두 가지 노드 모두에서 비교 2 : 3을 수행하며, 수준 2에서는 1 : 3을 비교한다(그 비교가 중복되지 않는 한). 일반화해서, 비교들이 그런 방식으로 균등하게 일어나는 모든 정렬 알고리즘의 부류를 고찰해 보기로 한다. $M = \binom{N}{2}$개의 쌍 $\{(a, b) \mid 1 \le a < b \le N\}$들이 하나의 수열

$$(a_1, b_1), (a_2, b_2), \ldots, (a_M, b_M)$$

으로 배치되어 있다고 가정할 때, 그 결과가 아직 알려져 있지 않은 비교 $K_{a_1} : K_{b_1}$, $K_{a_2} : K_{b_2}$, ...들 각각을 연이어 수행할 수 있다. (a, b)쌍들의 가능한 배치는 모두 $M!$개이며, 그 배치들 각각은 하나의 균등 정렬(uniform sorting) 알고리즘을 정의한다. 균등 정렬이라는 개념은 베우스H. L. Beus에서 기인한다 [*JACM* 17 (1970), 482-495]. 다음 연습문제들 몇 개는 그의 성과에서 착안한 것이다.

균등 정렬은 그래프 이론을 이용해서 공식적으로 정의하는 것이 편리하다. G가 정점 $\{1, 2, \ldots, N\}$으로 이루어진 호가 없는 유향 그래프라고 하자. $i = 1, 2, \ldots, M$에 대해, G에 호들을 다음과 같은 방식으로 추가한다:

경우 *1*. G에 a_i에서 b_i로의 경로가 있을 때. 호 $a_i \to b_i$를 G에 추가한다.

경우 *2*. G에 b_i에서 a_i로의 경로가 있을 때. 호 $b_i \to a_i$를 G에 추가한다.

경우 *3*. G에 a_i에서 b_i로의 경로나 b_i에서 a_i로의 경로가 없을 때. $K_{a_i} : K_{b_i}$를 비교하고, 만일 $K_{a_i} \le K_{b_i}$이면 호 $a_i \to b_i$를 G에 추가한다. 만일 $K_{a_i} > K_{b_i}$이면 호 $b_i \to a_i$를 추가한다.

여기서 우리의 주된 관심사는 중복된 비교들을 실제로 피하는 메커니즘이 아니라 균등 정렬 알고리즘이 수행하는 키 비교 횟수에 있다. 따라서 그래프 G를 반드시 명시적으로 구축할 필요는 없다. 그래프는 단지 균등 정렬 개념의 정의를 돕기 위한 것일 뿐이다.

또한 여기서는 위의 경우 1, 2, 3에서 길이가 2인 경로들만 센다는 조건이 걸린 제한된 균등 정렬(restricted uniform sorting)만을 고려하기로 한다. (제한된 균등 정렬 알고리즘은 일부 중복된 비교들을 수행할 수도 있으나, 연습문제 65에 나오듯이, 제한된 경우의 분석이 좀 더 쉽다.)

원소쌍들의 수열을 사전식 순서

$$(1,2)(1,3)(1,4)\ldots(1,N)(2,3)(2,4)\ldots(2,N)\ldots(N-1,N).$$

으로 취하는 경우에는 제한된 균등 정렬 알고리즘이 균등 정렬 알고리즘과 동일함을 증명하라. 그리고, 키들이 서로 다르며 빠른정렬(알고리즘 5.2.2Q)의 중복 비교들을 연습문제 5.2.2-24에서처럼 피하는 경우에는 두 알고리즘 모두 실제로 빠른정렬과 동치임을 보여라. (빠른정렬에서 비교들을 실제로 수행하는 순서는 무시할 것. 어떤 키쌍들이 비교되는지만 고려하라.)

65. [*M38*] 원소쌍들의 수열 $(a_1,b_1)\ldots(a_M,b_M)$이 연습문제 64에서처럼 주어졌다고 할 때, $j<k<i$이며 $(a_i,b_i),(a_j,b_j),(a_k,b_k)$가 하나의 삼각형을 형성하는 쌍 (j,k)들의 개수를 c_i라고 하자.

a) 제한된 균등 정렬이 수행하는 평균 비교 횟수가 $\sum_{i=1}^{M}2/(c_i+2)$임을 증명하라.

b) (a)와 연습문제 64의 결과들을 이용해서, 빠른정렬이 수행하는 중복 없는 비교들의 평균 횟수를 구하라.

c) 다음의 쌍 수열은 병합 정렬에서 비롯된 것이다(그러나 병합 정렬과 동치인 것은 아니다).

$$(1,2)(3,4)(5,6)\ldots(1,3)(1,4)(2,3)(2,4)(5,7)\ldots(1,5)(1,6)(1,7)(1,8)(2,5)\ldots$$

이 수열에 기초한 균등 방법의 평균 비교 횟수가 빠른정렬의 평균 비교 횟수보다 더 큰가 아니면 더 작은가?

66. [*M29*] 최악의 경우에서 빠른정렬은 $\binom{N}{2}$회의 비교를 수행한다. 모든 제한된 균등 정렬 알고리즘(연습문제 64에서 정의한 의미에서의)의 최악의 경우 비교 횟수가 $\binom{N}{2}$인가?

67. [*M48*] (베우스H. L. Beus.) 모든 (제한된)균등 정렬 알고리즘 중 평균 비교 횟수가 최소인 것이 빠른정렬인가?

68. [*25*] 계산 복잡도의 문제를 조금이라도 상세하게 다룬 최초의 출판물은 아마도 디머스Howard B. Demuth의 박사 학위논문 "Electronic Data Sorting" (Stanford University, 1956년 10월)일 것이다. 디머스는 정렬 장치를 위한 여러 추상 모형들을 고찰했으며, 각 모형에서 달성할 수 있는 평균 및 최대 수행 시간들의 상, 하계를 확립했다. 그의 모형들 중 가장 단순한 모형인 "순환 비가역 메모리(circular nonreversible memory)"(그림 61)가 이번 연습문제의 대상이다.

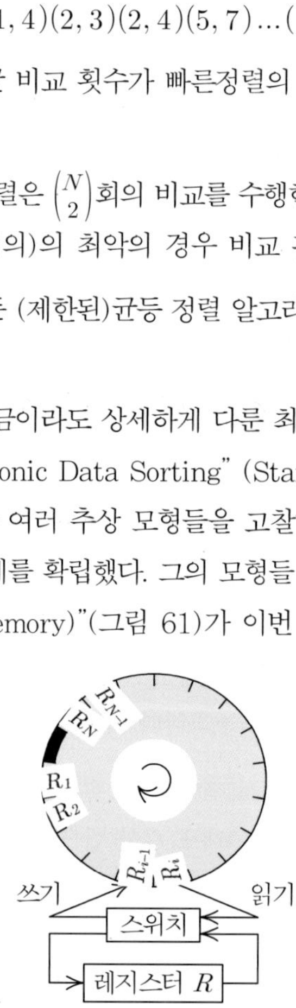

그림 61. 거품 정렬 전략이 최적인 장치.

어떤 기계가 $R_1 R_2 \ldots R_N$을 일정한 횟수의 패스로 정렬하며, 각 패스는 다음과 같은 $N+1$개의 단계들로 구성된다고 하자.

단계 *1.* $R \leftarrow R_1$로 설정한다. (R은 내부 기계 레지스터이다.)

단계 i(단, $1 < i \le N$). (i) $R_{i-1} \leftarrow R$, $R \leftarrow R_i$로 설정하거나 (ii) $R_{i-1} \leftarrow R_i$로 설정하고 R은 변경하지 않는다.

단계 $N+1$. $R_N \leftarrow R$로 설정한다.

독자가 할 일은 정렬에 필요한 패스 횟수가 최소가 되도록 단계 i에서 대안 (i)와 (ii) 중 하나를 선택하는 방법을 찾는 것이다.

이 모형에 대해 "거품 정렬" 기법이 최적임을 증명하라. 다른 말로 하면, $R \le R_i$일 때에는 항상 대안 (i)를 선택하고 $R > R_i$일 때에는 항상 (ii)를 선택하는 전략을 사용할 때 패스 개수가 최소가 됨을 보여라.

그물을 짜는 자들이 치욕을 당할 것이라.†

— 이사야Isaiah서 19:9

† 〔옮긴이 주〕 *한글 킹제임스 스코필드 주석성경*(말씀보존학회, 1994)에서 인용했음.

5.4. 외부 정렬

이번 절에서는 정렬할 레코드들의 개수가 컴퓨터의 고속 내부 메모리에 담을 수 있는 한계보다 더 클 때 발생하는 흥미로운 문제들을 탐구해 보겠다. 외부 정렬(external sorting)은 내부 정렬과는 상당히 다르다. 두 정렬 모두 주어진 파일을 비감소 순서로 정렬한다는 점에서는 동일하지만, 외부 정렬의 경우에는 외부 파일들에 대한 효율적인 저장소 접근이 상당히 제한적이다. 외부 정렬에서는 비교적 느린 보조 기억장치(테이프, 디스크, 드럼 등등)로도 정렬 알고리즘의 요구사항을 빠르게 만족할 수 있도록 자료구조를 관리할 필요가 있으며, 그래서 외부 정렬에 대해서는 지금까지 공부한 내부 정렬 기법들 대부분이 거의 쓸모가 없다. 문제 전체를 완전히 다시 고려해야 하는 것이다.

예를 들어 5백만 개의 레코드 $R_1\, R_2 \ldots R_{5000000}$으로 된 파일을 정렬해야 하며 각 레코드 R_i의 길이는 20워드라고 하자(단, 키 K_i까지 그렇게 길 필요는 없다). 만일 컴퓨터의 내부 메모리가 그 레코드들 중 한 번에 백 만 개만 담을 수 있다면 어떻게 해야 할까?

한 가지 명백한 해법은 다섯 개의 부분파일 $R_1 \ldots R_{1000000}$, $R_{1000001} \ldots R_{2000000}$, …, $R_{4000001} \ldots R_{5000000}$을 독립적으로 정렬하고 그 결과들을 함께 병합하는 것이다. 다행히 병합 공정은 아주 단순한 자료구조들, 구체적으로 말하면 스택이나 대기열처럼 순차적인 방식으로 운행되는 선형 목록들을 사용한다. 따라서 병합은 가장 싼 외부 기억장치들에서도 어려움 없이 수행할 수 있다.

방금 설명한 절차, 즉 내부 정렬 후 외부 병합을 수행하는 방식은 대단히 흔히 쓰이며, 그런 만큼 외부 정렬에 대한 이후의 논의는 주로 이 주제의 여러 변형들에 초점을 두게 된다.

정렬에 관한 출판물에서는 초기의 내부 정렬 페이즈에서 생성된 레코드들의 오름차순 순차열을 가리켜 string(스트링)이라고 부르는 경우가 종종 있다. 이러한 어법은 상당히 널리 퍼져 있으나, 전산학의 다른 가지들에서 더욱 널리 퍼져 있는 어법과 충돌한다는 문제를 가지고 있다. 더욱 널리 퍼져 있는 어법에서의 "string"은 임의의 기호들의 순차열을 가리킨다.† 사실 파일 중 정렬된 구간에 대한 적당한 이름은 이미 순열들을 다룰 때 제시했었다. 바로 ascending run(오름 연속열) 또는 그냥 run(연속열)이다. 그런 만큼, 파일에서 이미 정렬된 부분을 가리킬 때에는 "연속열"이라는 단어 를 일관되게 사용할 것이다. 이런 어법에서는 "strings of runs(연속열들의 기호열들)"과 "runs of strings(기호열들의 연속열들)"을 애매함 없이 구분할 수 있다. (물론 "runs of a program" ††과 비교하면 애매해질 수도 있다. 그러나 어차피 모두를 만족시킬 수는 없는 노릇이다.)

자기 테이프를 보조 저장소로 사용하는 외부 정렬 공정을 먼저 살펴보기로 하자. 테이프를 이용한 병합 방법들 중 가장 간단하고도 흥미로운 방법은 아마도 알고리즘 5.2.4N, S, L에서 사용된 핵심 착안을 따르는 균형 이중 병합(balanced two-way merge)일 것이다. 이 공정에서는 네 개의 "작업용

---

† 〔옮긴이 주〕 이 책의 경우 이런 의미의 string은 일반적으로 "기호열"이라고 번역했으며, 기호들이 통상적인 문자들인 특수한 경우에는 "문자열"이라고 번역했다. 이 문단의 내용은 한국어와는 크게 상관이 없다고 보아도 무방하며, 그런 이유로 통상적인 관례와는 달리 영문을 먼저 쓰고 한글을 괄호 안에 표기했다.

†† 〔옮긴이 주〕 이 때의 run은 '실행'을 의미한다.

테이프(working tape)"들을 사용한다. 첫 페이즈에서는 내부 정렬을 이용해서 오름 연속열들을 생성하고 그것들을 테이프 1, 2에 번갈아 넣는 작업을 입력들이 소진될 때까지 진행한다. 그런 후에는 테이프 1, 2를 시작 위치로 되감고, 테이프들에 있는 연속열들을 병합해서 원래의 것들보다 길이가 두 배인 새로운 연속열들을 얻는다. 그 새 연속열들을 만들어 나가면서 테이프 3과 4에 번갈아 기록한다. (만일 테이프 1의 연속열들이 테이프 2의 것보다 하나 많은 경우라면 테이프 2에는 길이가 0인 "모조(dummy)" 연속열이 하나 존재한다고 가정한다.) 그런 다음에는 모든 테이프를 되감고 테이프 3과 4의 내용을 원래의 것보다 길이가 4배인 연속열들로 합치서 테이프 1과 2에 번갈아 기록한다. 이를 반복하면 매 반복에서 연속열의 길이는 두 배가 된다. 오직 하나의 연속열(즉, 완전히 정렬된 파일)만 남게 되면 반복을 끝낸다. 만일 내부 정렬 페이즈에서 S개의 연속열들이 만들어 졌으며 만일 $2^{k-1} < S \le 2^k$라면, 이 균형 이중 병합 절차가 수행하는 자료 전체에 대한 패스 횟수는 정확히 $k = \lceil \lg S \rceil$회이다.

앞에서 말한 예, 즉 5000000개의 레코드를 1000000 용량의 내부 메모리로 정렬하는 경우에는 $S = 5$이다. 정렬 공정의 초기 배분 페이즈에서 다섯 연속열들은 테이프들에 다음과 같이 배치된다.

테이프 1	$R_1 \ldots R_{1000000}$; $R_{2000001} \ldots R_{3000000}$; $R_{4000001} \ldots R_{5000000}$.	
테이프 2	$R_{1000001} \ldots R_{2000000}$; $R_{3000001} \ldots R_{4000000}$.	(1)
테이프 3	(비었음)	
테이프 4	(비었음)	

병합의 첫 패스는 테이프 1과 2에서 연속열들을 읽고 그보다 더 긴 연속열들을 테이프 3과 4에 기록한다:

테이프 3	$R_1 \ldots R_{2000000}$; $R_{4000001} \ldots R_{5000000}$.	(2)
테이프 4	$R_{2000001} \ldots R_{4000000}$.	

(테이프 2의 끝에는 하나의 모조 연속열이 암묵적으로 추가되었으며, 그래서 테이프 1이 마지막 연속열 $R_{4000001} \ldots R_{5000000}$은 그냥 그대로 테이프 3에 복사된다.) 모든 테이프를 되감은 후 자료를 다시 병합하면 다음이 된다.

테이프 1	$R_1 \ldots R_{4000000}$.	(3)
테이프 2	$R_{4000001} \ldots R_{5000000}$.	

(이번에도 연속열 $R_{4000001} \ldots R_{5000000}$은 그냥 그대로 복사되었다. 만일 8000000개의 레코드들로 시작했다면 이 시점에서 테이프 2에는 $R_{4000001} \ldots R_{8000000}$이 담겨 있을 것이다.) 마지막으로, 테이프들을 또 다시 되감고 병합하면 테이프 3에는 $R_1 \ldots R_{5000000}$이 기록되며, 이로써 정렬이 완료된다.

이러한 균형 병합 공정을 테이프 개수가 임의의 $T \ge 3$인 경우로 일반화하는 것은 쉬운 일이다. $1 \le P < T$인 임의의 수 P를 선택하고, T개의 테이프들을 두 "뱅크(bank)"들로 나눈다. 이 때

왼쪽 뱅크에는 P개의 테이프들을, 오른쪽 뱅크에는 $T-P$개의 테이프들을 둔다. 초기 연속열들을 왼쪽 뱅크에 있는 P개의 테이프들에 최대한 균등하게 배분하고, 왼쪽에서 오른쪽으로 P중 병합을 수행하고, 그런 다음 오른쪽에서 왼쪽으로 $(T-P)$중 병합을 수행하고, 그런 과정을 정렬이 완료될 때까지 반복한다. P의 값으로 최적인 것은 $\lceil T/2 \rceil$인 것으로 판명된다(연습문제 3, 4 참고).

균형 이중 병합은 $T=4$, $P=2$인 특별한 경우이다. 그럼 방금 말한 좀 더 많은 테이프들을 사용하는 일반화된 방법의 한 예로 $T=6$, $P=3$의 경우를 생각해 보자. 초기 배분 페이즈의 결과는 다음과 같다.

$$\begin{array}{ll} \text{테이프 1} & R_1 \ldots R_{1000000};\ R_{3000001} \ldots R_{4000000}. \\ \text{테이프 2} & R_{1000001} \ldots R_{2000000};\ R_{4000001} \ldots R_{5000000}. \\ \text{테이프 3} & R_{2000001} \ldots R_{3000000}. \end{array} \tag{4}$$

이제 첫 병합 패스에 의해

$$\begin{array}{ll} \text{테이프 4} & R_1 \ldots R_{3000000}. \\ \text{테이프 5} & R_{3000001} \ldots R_{5000000}. \\ \text{테이프 6} & \text{(비었음)} \end{array} \tag{5}$$

이 된다. (테이프 3에 모조 연속열이 있었다고 가정했음.) 두 번째 병합에 의해 테이프 1에 $R_1 \ldots R_{5000000}$이 기록되면서 정렬이 끝난다. $T=6$인 이 특수 경우는 본질적으로 $T=5$인 경우와 같다. 여섯 번째 테이프는 $S \geq 7$인 경우에만 쓰이기 때문이다.

3중 병합의 컴퓨터 처리량이 이중 병합 때보다 조금 크다. 그러나 이 부담은 테이프들을 읽고, 쓰고, 되감는 비용에 비하면 일반적으로 무시할 수 있는 정도이다. 테이프 작동량만 고려해도 실행 시간을 상당히 잘 추정할 수 있다. (4)와 (5)의 예는 자료를 단 두 번만 훑으면 된다. $T=4$인 경우에 세 패스가 필요했으므로, $T=6$일 때의 병합 시간은 약 3분의 2 정도이다.

균형 병합은 상당히 간단하다. 그러나 좀 더 자세히 들여다보면 위의 예에 나온 특정한 경우들을 처리하는 최고의 방법은 아님을 즉시 알 수 있다. (1)에서 (2)로 간 후에 모든 테이프를 되감을 필요가 없다. 첫 번째 패스에 의해 테이프 3과 4에 각각 $R_1 \ldots R_{2000000}$과 $R_{2000001} \ldots R_{4000000}$이 기록되었을 때 테이프 1은 $R_{4000001} \ldots R_{5000000}$을 읽어 들일 준비가 된 상태이므로, 테이프 2, 3, 4만 되감고 테이프 2에 대해 3중 병합을 수행해서 정렬을 완료할 수 있다. 이런 새로운 절차의 경우 테이프에서 읽어 들인 레코드들은 총 $4000000 + 5000000 = 9000000$개 밖에 되지 않는다. 원래의 균형 병합의 $5000000 + 5000000 + 5000000 = 15000000$보다 훨씬 적은 수이다. 똑똑한 컴퓨터는 이를 파악할 수 있어야 한다.

연속열이 다섯 개이고 테이프가 네 개인 경우 연속열들을 다음과 같이 배분하면 더욱 나은 결과를 얻을 수 있다:

$$\begin{array}{ll} \text{테이프 1} & R_1 \ldots R_{1000000};\ R_{3000001} \ldots R_{4000000}. \\ \text{테이프 2} & R_{1000001} \ldots R_{2000000};\ R_{4000001} \ldots R_{5000000}. \end{array}$$

테이프 3 $R_{2000001} \cdots R_{3000000}$.
테이프 4 (비었음)

이제 테이프 4로 3중 병합을 수행하고, 그런 다음 테이프 3과 4를 되감고, 테이프 3으로 3중 병합을 수행한다. 그러면 단 $3000000 + 5000000 = 8000000$회의 레코드 읽기로 정렬이 완성된다.

그리고 테이프가 여섯 개라면 초기 연속열들을 테이프 1에서 5까지에 넣고 테이프 6으로의 5중 병합 한 번으로 정렬을 완료할 수 있음은 물론이다. 이상의 고찰로 미루어 볼 때 단순한 균형 병합이 최선은 아님이 명백해진다. 좀 더 개선된 병합 패턴들을 살펴보는 게 좋을 것 같다.

이번 장의 이후 부분은 외부 정렬을 좀 더 깊게 연구한다. 5.4.1절에서는 초기 연속열들을 만들어 내는 내부 정렬 페이즈를 고찰한다. 특히 대부분의 자료에 존재하는 순서를 활용해서 내부 메모리 용량을 실제로 상당히 초과하는 긴 초기 연속열들을 만들어 내는 "치환 선택" 기법에 중점을 둔다. 5.4.1절은 또한 다중 병합에 적합한 자료구조들도 논의한다.

주요 병합 패턴들은 5.4.2~5절에서 논의한다. 이 패턴들의 특성을 공부할 때에는, 실제 테이프 장치들과 정렬할 실제 자료의 가혹한 현실과 만나기 전에 먼저 다소 소박한 테이프 정렬 개념을 확립하는 것이 편리하다. 예를 들어 초기 배분 페이즈에서 원래의 입력 레코드들이 저절로 나타난다고 속편하게 가정해도 무방하다(앞의 예에서도 그렇게 했다). 실제로는 이 입력 레코드들이 테이프들 중 하나를 거의 다 차지하고 있을 수도 있고, 심지어는 여러 개의 테이프들을 채우고 있을 수도 있다(테이프라고 길이가 무한한 것은 아니므로)! 그런 현실적인 고려사항들은 고전적 병합 패턴들을 이론적으로 이해할 때까지 무시하는 것이 최선이다. 패턴의 선택에 강한 영향을 미치는 현실적인 제약들에 대해서는 5.4.6절에서 논의한다. 5.4.6절은 5.4.2~5절에서 논의한 기본 병합 패턴들을 실제 응용에서 나타나는 다양한 가정들을 이용해서 비교한다.

5.4.7절과 5.4.8절에서는 병합에 기반을 두지 않은 또 다른 외부 정렬 접근방식들 몇 가지를 살펴본다. 마지막으로 5.4.9절에서는 디스크와 드럼 같은 대용량 메모리 상에서의 정렬이라는 중요한 문제를 논의함으로써 외부 정렬에 대한 탐구를 마무리한다.

이 책을 처음 쓰던 당시에는 자기 테이프들은 널려 있는 반면 디스크 드라이브들은 값이 비쌌다. 그러나 1980년대를 거치면서 디스크들의 품질이 대단히 좋아졌고, 1990년 후반에는 전 세계 대부분의 컴퓨터 시스템들에서 자기 테이프 장치들이 거의 완전히 디스크 드라이브들로 대체되었다. 따라서 한 때 중대한 주제로 여겨지던 테이프 병합을 위한 패턴이 지금의 요구에 대해서 지니는 관련성은 제한적이라고 할 수 있다.

그렇긴 하지만, 많은 패턴들은 상당히 아름다울 뿐만 아니라 관련된 알고리즘들이 전산학 초창기에 이루어진 몇몇 최고의 연구를 반영하고 있기도 하다. 그 기법들은 무자비하게 역사의 뒤안길로 보내버리기에는 너무나 훌륭하다. 사실 이 방법들이 이론과 실제를 혼합하는 방식은 특히나 교육적이다. 그런 이유로, 이후의 절들에서는 병합 패턴들을 상세하고도 완전하게 논의한다. 그들이 최후의 커튼콜을 받기 전에 마지막으로 한 번 멋지게 뽐낼 기회를 주는 것으로 생각할 수도 있을 것이다.

지금까지 알려진 바로 보았을 때,
이 기법들은 다시 한 번 중요해 질 것이다.

— 커티스PAVEL CURTIS (1997)

연습문제

1. [*15*] 본문에서는 내부 정렬을 먼저 수행하고 외부 병합을 수행하라고 권했다. 내부 정렬 페이즈를 생략하고 그냥 처음부터 레코드들을 점점 더 긴 연속열들로 합쳐나가면 안 되는 이유는 무엇일까?

2. [*10*] 예제 레코드 $R_1 R_2 \ldots R_{5000000}$을 $P = 2$인 3테이프 균형 방법을 이용해서 정렬했을 때의 테이프 내용들의 순차열((1)에서 (3)까지에 해당하는)은 어떤 것인가? 이를 4테이프 병합과 비교하라. 초기 연속열 배분 이후의 자료 전체에 대한 패스 횟수는 몇인가?

3. [*20*] 균형 $(P, T-P)$중 병합을 S개의 초기 연속열들에 적용하는 경우 자료 패스 횟수가 $P^k(T-P)^{k-1} < S \le P^k(T-P)^k$일 때 $2k$, $P^k(T-P)^k < S \le P^{k+1}(T-P)^k$일 때 $2k+1$임을 보여라.

(a) $T = 2P$일 때의 정확한 패스 횟수를 S의 함수로 표현하는 간단한 공식을 제시하라. (b) 일반적인 P와 T에 대한, $S \to \infty$에 따른 패스 횟수의 근사값에 대한 간단한 공식을 제시하라.

4. [*HM15*] $1 \le P < T$라 할 때 $P(T-P)$가 최대가 되는 P의 값은 무엇인가?

5.4.1. 다중 병합과 치환 선택

5.2.4절에서는 이중 병합에 기초를 둔 내부 정렬 방법들을 살펴보았다. 이중 병합은 순서 있는 수열 두 개를 하나의 단일한 순서 있는 수열로 병합하는 공정이다. 이를 P개의 입력 연속열들을 하나의 출력 연속열로 결합하는 P중 병합(P-way merging)으로 확장하는 것은 어렵지 않다.

P개의 오름 연속열(키들이 비감소 순서인 레코드들의 순차열)들이 주어졌다고 하자. 이들을 병합하는 명백한 방법은, 각 연속열의 첫 레코드들 중 키가 제일 작은 것을 선택하고는 출력으로 보내고 입력에서는 제거하는 과정을 반복하는 것이다. 임의의 주어진 시점에서 단 P개의 키들(각 입력 연속열에서 하나씩)만을 조사해서 가장 작은 것을 선택하면 된다. 가장 작은 키가 둘 이상이면 아무 것이나 선택한다.

P가 아주 크지 않다면 그냥 $P-1$회의 비교를 통해서 현재 키들 중 가장 작은 것을 선택하면 된다. 그러나 P가 이를테면 8 이상이라면 5.2.3절에서 설명한 선택 트리를 이용해서 작업량을 줄일 수 있다. 일단 트리를 설정하고 나면, 매 번 단 $\lg P$회의 비교만을 수행하면 된다.

예를 들어 2수준 선택 트리를 이용한 4중 병합의 경우를 살펴보자:

단계 1.

$$087 \begin{cases} 087 \begin{cases} 087\ 503\ \infty \\ 170\ 908\ \infty \end{cases} \\ 154 \begin{cases} 154\ 426\ 653\ \infty \\ 612\ \infty \end{cases} \end{cases}$$

단계 2.

$$087\ 154 \begin{cases} 170 \begin{cases} 503\ \infty \\ 170\ 908\ \infty \end{cases} \\ 154 \begin{cases} 154\ 426\ 653\ \infty \\ 612\ \infty \end{cases} \end{cases}$$

단계 3.

$$087\ 154\ 170 \begin{cases} 170 \begin{cases} 503\ \infty \\ 170\ 908\ \infty \end{cases} \\ 426 \begin{cases} 426\ 653\ \infty \\ 612\ \infty \end{cases} \end{cases}$$

⋮

단계 9.

$$087\ 154\ 170\ 426\ 503\ 612\ 653\ 908\ \infty \begin{cases} \infty \begin{cases} \infty \\ \infty \end{cases} \\ \infty \begin{cases} \infty \\ \infty \end{cases} \end{cases}$$

이 예에서 각 연속열의 끝에는 추가적인 키 "∞"를 두었는데, 이는 병합이 매끄럽게 종료되도록 하기 위한 것이다. 일반적으로 외부 정렬은 아주 긴 연속열을 다루므로, ∞ 키를 가진 레코드들을 더한다고 해도 자료의 길이나 병합에 관련된 작업량이 크게 늘지는 않는다. 그리고 그런 경계 레코드들은 한 파일의 연속열들을 구분하는 유용한 방법으로 자주 쓰인다.

이 공정의 첫 단계 이후의 각 단계는 가장 작은 원소를 그 원소가 있는 연속열의 그 다음 원소로 대체하고 선택 트리에서 해당 경로를 변경하는 작업을 수행한다. 즉, 단계 2에서는 단계 1에서 087을 담은 트리의 세 위치들이 변경되고, 단계 3에서는 단계 2에서 154를 담은 세 위치들이 변경되는 식이다. 선택 트리에서 한 키를 다른 키로 대체하는 공정을 치환 선택(replacement selection)이라고 부른다.

이러한 4중 병합은 다양한 방식으로 해석할 수 있다. 어떤 관점에서는, 2중 병합들이 코루틴들로서 병렬적으로 수행되는 것과 동치이다. 선택 트리의 각 노드는 병렬 병합 공정들에 관여하는 수열들 중 하나를 나타낸다. 또한 선택 트리는 본질적으로 최소입선출 원리를 따르는 하나의 우선순위 대기열로 작동한다.

5.2.3절에서처럼, 우선순위 대기열을 선택 트리 대신 힙을 이용해서 구현할 수도 있다. (물론 힙은 최대 원소가 아니라 최소 원소가 트리의 최상위에 나타나도록, 즉 식 5.2.3-(3)의 순서와는 반대가 되도록 배치되어야 한다.) 힙은 고정된 크기를 가지지 않으므로 ∞ 키들은 사용하지 않아도 된다. 병합은 힙이 비면 끝난다. 한편, 외부 정렬 응용프로그램들은 보통 비교적 긴 레코드들과 키들을

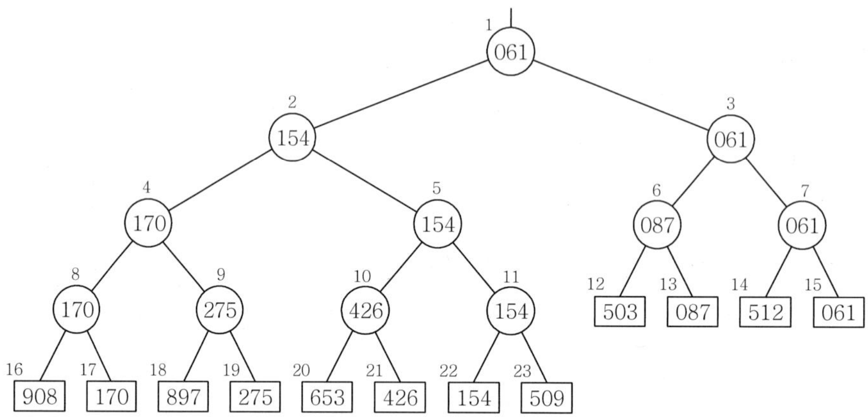

그림 62. 노드들에 1에서 23까지의 번호가 붙어 있는 완전 이진트리를 이용해서 최소 키를 선택하는 토너먼트

다루므로, 힙을 키 자체가 아니라 키를 가리키는 포인터들로 구성할 수도 있다. 이런 상황의 경우 그런 편리한 방식으로 포인터들로 표현된 선택 트리가 힙보다 더 나을 수 있음을 나중에 보게 될 것이다.

패자들의 트리. 그림 62는 12개의 외부 노드(사각형)들과 11개의 내부 노드(동그라미)들로 이루어진 완전 이진트리이다. 외부 노드들에는 키가 부여되어 있으며, 내부 노드들은 트리를 최소 키를 선택하기 위한 하나의 토너먼트로 간주했을 때의 "승자"들로 채워진다. 각 노드 위에 작게 표시된 수치는 완전 이진트리를 연속적인 저장소에 할당하는 전통적인 방식을 보여준다.

그림 62의 선택 트리에서 가장 작은 키 061을 다른 키로 치환한다고 하자. 선택 트리의 새로운 상태를 결정하기 위해 살펴보아야 할 키는 512, 087, 154뿐이다. 다른 기존 키들은 볼 필요가 없다. 이 트리를 하나의 토너먼트로 간주할 때, 그 세 키들은 061과의 시합에서 진 패자들이다. 이는 트리의 각 내부 노드에 시합의 승자가 아니라 패자를 저장해야 함을 암시한다. 그렇게 하면 트리를 갱신하는 데 필요한 정보를 쉽게 유지할 수 있다.

그림 63은 그림 62와 같은 트리이되 승자들이 아니라 패자들을 나타낸 것이다. 트리 꼭대기에는 토너먼트의 우승자를 나타내는 추가 노드 번호 0이 부여되었다. 우승자의 키를 제외한 각 키는 정확히 한 번 진 패자이다(5.3.3절 참고). 따라서 각 키는 한 외부 노드에서 한 번만, 그리고 한 내부 노드에서 한 번만 나타난다.

실제 구현에서 그림 63 최하위의 외부 노드들은 컴퓨터 메모리 안에 저장된 상당히 긴 레코드들을 나타내며, 내부 노드들은 그 레코드들을 가리키는 포인터들에 해당한다. P중 병합에는 정확히 P개의 외부 노드들과 P개의 내부 노드들이 필요하며 그 노드들은 모두 메모리 안에서 인접한 장소들에 저장된다는 점에 주목하자. 이런 사실로부터 몇 가지 효율적인 저장소 할당 방법들을 떠올릴 수 있다. 패자 지향적 트리를 치환 선택에 사용하는 방법은 어렵지 않게 파악할 수 있을 것이다. 자세한 내용은 나중에 논의하겠다.

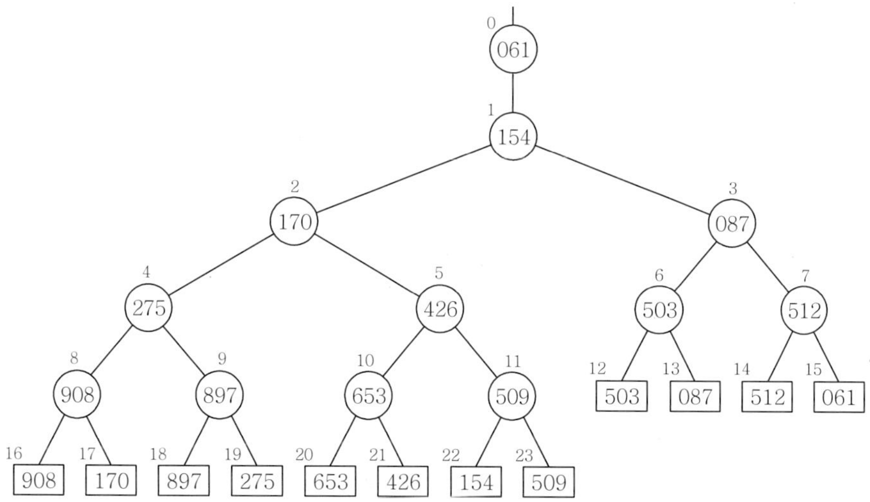

그림 63. 그림 62와 같은 토너먼트이나, 승자들이 아니라 패자들을 보여준다. 트리 꼭대기에 있는 것이 우승자이다.

치환 선택에 의한 초기 연속열들. 만일 우리가 본질적으로 입력 자료를 그 자신과(!) P중 병합으로 합친다면, 치환 선택 기법을 외부 정렬의 첫 페이즈에서 사용하는 것도 가능하다. 이 경우에는 내부 메모리가 완전히 채워질 정도로 P를 크게 잡는다. 레코드 하나를 출력할 때에는 그 레코드를 입력의 다음 레코드로 대체한다. 새 레코드의 키가 방금 출력한 레코드의 키보다 작다면 새 레코드를 현재 연속열에 포함시킬 수 없다. 그러나 작지 않다면 그것을 통상적인 방식으로 선택 트리에 삽입한다. 그러면 그 레코드는 현재 생성하는 연속열의 일부를 형성하게 된다. 따라서 선택 트리에 한 번에 P개 보다 많은 레코드들을 담을 수는 없다고 해도, 각 연속열 자체에는 P개보다 많은 레코드들을 담을 수 있다. 표 1은 $P = 4$에 대한 이러한 공정을 나타낸 것이다. 괄호 안의 수치는 이후의 연속열에 포함되길 기다리는 값이다.

조기 연속열들의 형성을 위한 이러한 중요한 방법은 시워드Harold H. Seward가 처음으로 서술한 것으로 〔석사학위 논문, Digital Computer Laboratory Report R-232 (Mass. Inst. of Technology, 1954), 29-30〕, 그는 이 방법을 무작위 자료에 적용했을 때 연속열들이 $1.5P$개를 넘는 레코드들을 담을 것이라고 믿기에 충분한 근거를 제시했다. 듀메이A. I. Dumey 역시 1950년경에 Engineering Research Associates가 계획한 특별한 정렬 장치와 연관해서 이러한 착상을 제안했으나, 그것을 출판하지는 않았다. "치환 정렬"이라는 이름은 프렌드E. H. Friend가 고안한 것으로 〔*JACM* 3 (1956), 154〕, 그는 "생성된 수열들의 기대 길이를 공식화하기는 어렵지만, 경험에 의하면 $2P$가 합당한 기대치일 것이다."라고 말했다.

$2P$가 실제로 기대 길이임을 보여주는 한 가지 현명한 방법을 무어E. F. Moore가 발견했는데, 그는 이 문제를 원형 트랙을 도는 제설차(snowplow)와 비교했다 〔*U.S. Patent 2983904* (1961), 컬럼 3-4〕. 그림 64에 나온 상황을 생각해 보자. 눈송이가 원형 도로에 균등하게 떨어진다. 그리고

표 1

4중 치환 선택의 예

메모리 내용				출력
503	087	512	061	061
503	087	512	908	087
503	170	512	908	170
503	897	512	908	503
(275)	897	512	908	512
(275)	897	653	908	653
(275)	897	(426)	908	897
(275)	(154)	(426)	908	908
(275)	(154)	(426)	(509)	(연속열의 끝)
275	154	426	509	154
275	612	426	509	275
기타 등등.				

제설차 한 대가 쉬지 않고 눈을 치운다. 눈이 도로 밖으로 밀려나면 그 즉시 시스템에서 사라진다. 도로 상의 지점들은 실수 x, $0 \le x < 1$로 표현할 수 있다. 그리고 위치 x에 떨어지는 눈송이 하나는 키가 x인 입력 레코드 하나에 해당한다. 제설차는 치환 선택의 출력을 나타낸다. 제설차의 주행 속력은 밀어내는 눈의 높이에 반비례한다. 전체 상황은 도로에 쌓인 눈의 총량이 항상 정확히 P라는 의미에서 완전한 균형을 이룬다. 새로운 연속열은 제설차가 지점 0을 지나칠 때마다 생성된다.

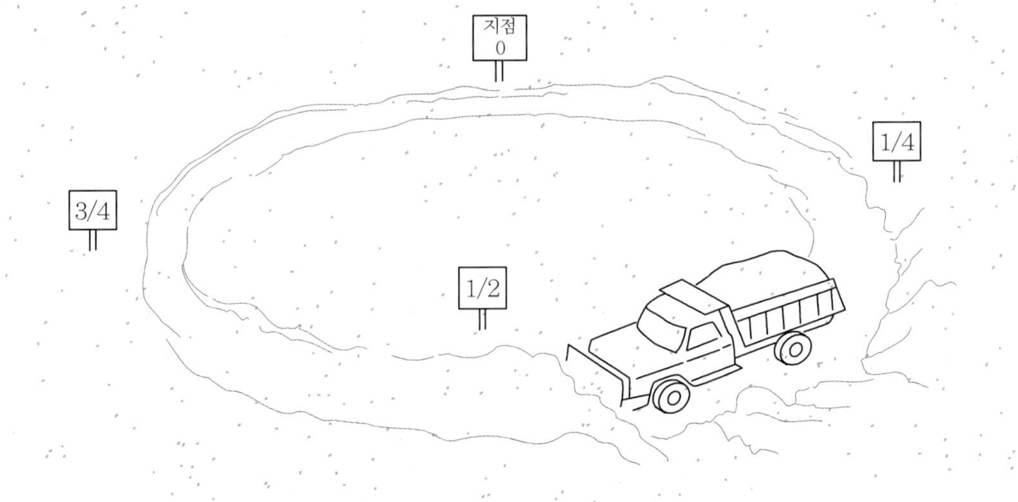

그림 64. 끊임없이 순환하는 영구 제설차.

이 시스템을 잠시 가동한 후에는 제설차가 상수 속력으로 주행하는 안정적인 상황에 도달할 것임이 명백하다(궤도의 원형 대칭성 때문에). 이는 눈이 제설차와 상수 높이에서 맞닿게 되며 그 높이는 제설차의 앞면에서 선형으로 줄어든다는 뜻이다(그림 65). 이로부터, 한 번의 회전에서 제거되는 눈의 양(즉, 연속열의 길이)이 임의의 한 시점에서 존재하는 눈의 양(즉 P)의 두 배임을 알 수 있다.

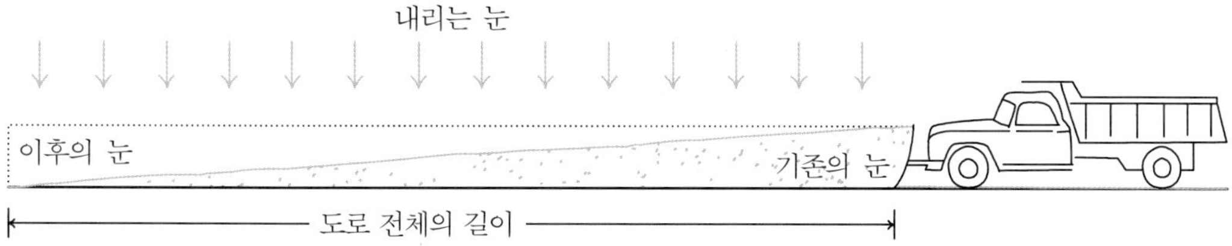

그림 65. 도로의 단면. 시스템이 안정적 상태에 도달한 상황에서 제설차 앞면에 닿는 눈의 높이 변화를 보여준다.

많은 상용 응용프로그램들의 경우, 입력 자료가 완전히 무작위하지는 않다. 이미 어느 정도의 순서는 가지고 있는 것이다. 따라서 치환 선택이 만들어 내는 연속열들은 $2P$개보다 많은 레코드들을 담는 경향이 있다. 이후에 보게 되겠지만, 외부 병합 정렬에 필요한 시간은 초기 배분 페이즈에서 만들어진 연속열들의 개수에 크게 좌우된다. 이 점 때문에 치환 선택이 대단히 바람직해진다. 다른 종류의 내부 정렬은 메모리 크기의 제약 때문에 약 두 배 정도 많은 초기 연속열들을 만들어 낸다.

그럼 치환 선택으로 초기 연속열들을 생성하는 공정을 자세히 살펴보자. 다음 알고리즘은 월터스 John R. Walters, 페인터 James Painter, 저크 Martin Zalk에서 기인한 것으로, 그들은 1958년에 Philco 2000을 위한 병합 정렬 프로그램에서 이 알고리즘을 사용했다. 이 알고리즘은 비교적 간단하고 균일한 논리를 사용한 상당히 멋진 방식으로 선택 트리의 초기화와 서로 다른 연속열들에 속한 레코드들의 식별, 그리고 마지막 연속열의 출력을 처리한다. (치환 선택이 만들어 낸 마지막 출력을 제대로 처리하는 것은 꽤나 까다로울 뿐만 아니라 프로그래머에게 상당한 난제가 되는 경향이 있었다.) 기본적인 착안은 각 키를 하나의 쌍 (S, K)로 간주하는 것이다. 여기서 K는 원래의 키이고 S는 해당 레코드가 속한 연속열의 번호이다. 그런 확장된 키들을 S를 주 키, K를 보조 키로 해서 사전식 순서로 정렬하면 치환 선택이 생성해 낸 출력열을 얻게 된다.

아래의 알고리즘은 선택 트리를 P개의 노드들을 담은 하나의 자료구조로 표현한다. $0 \le j < P$에 대해, j번째 노드 $X[j]$는 $\text{LOC}(X[j]) = L_0 + cj$에서부터 c개의 워드들을 담는다고 가정한다. 그 노드는 그림 63의 j번 내부 노드와 $P + j$번 외부 노드를 모두 나타낸다. 각 노드는 다음과 같은 여러 필드들로 구성된다.

KEY = 이 외부 노드에 담긴 키.
RECORD = 이 외부 노드에 담긴 레코드(KEY를 부분필드로 포함함).
LOSER = 이 내부 노드에 담긴 "패자"를 가리키는 포인터.
RN = LOSER가 가리키는 레코드의 연속열 번호.

PE = 트리에서 이 외부 노드 위에 있는 내부 노드로의 포인터.

PI = 트리에서 이 내부 노드 위에 있는 내부 노드로의 포인터.

예를 들어 $P = 12$일 때 그림 63의 5번 내부 노드와 17번 외부 노드는 모두 $X[5]$로 표현된다. 필드들은 KEY = 170, LOSER = $L_0 + 9c$(21번 외부 노드의 주소), PE = $L_0 + 8c$, PI = $L_0 + 2c$이다.

PE 필드와 PI 필드의 값은 상수이므로 메모리에 명시적으로 담아 둘 필요가 없다. 그러나 외부 정렬의 초기 페이즈가 I/O 장치들을 제대로 따라잡지 못하는 경우가 종종 생기므로, 그런 중복된 값들을 매 번 재계산하기 보다는 그냥 자료와 함께 저장해 두는 게 더 나을 수 있다.

알고리즘 R (치환 선택). 이 알고리즘은 입력 파일로부터 레코드들을 순차적으로 읽고 그것들을 출력 파일에 순차적으로 기록해서, 길이가 P 이상인(최종 연속열은 제외) RMAX개의 연속열들을 생성한다. 노드 $X[0], \ldots, X[P-1]$의 개수는 $P \geq 2$이며, 그 필드들은 위에서 설명한 바와 같다.

R1. 〔초기화.〕 RMAX ← 0, RC ← 0, LASTKEY ← ∞, Q ← LOC($X[0]$), RQ ← 0으로 설정한다. (RC는 현재 연속열의 번호이고 LASTKEY는 마지막 레코드 출력의 키이다. LASTKEY의 초기 설정은 모든 가능한 키보다 커야 한다. 연습문제 8을 볼 것.) J = LOC($X[j]$)라고 할 때, $0 \leq j < P$에 대해 $X[j]$의 초기 내용을 다음과 같이 설정한다:

$$\text{LOSER(J)} \leftarrow \text{J}; \qquad \text{RN(J)} \leftarrow 0;$$

$$\text{PE(J)} \leftarrow \text{LOC}(X[\lfloor (P+j)/2 \rfloor]); \qquad \text{PI(J)} \leftarrow \text{LOC}(X[\lfloor j/2 \rfloor]).$$

(LOSER(J)와 RN(J)는 결코 출력되지 않는 가상의 0번 연속열을 고려해서 트리가 초기화되게 하기 위해서 작위적인 방식으로 설정한 것이다. 이 부분은 좀 까다로운데, 연습문제 10을 볼 것.)

R2. 〔연속열의 끝?〕 만일 RQ = RC이면 단계 R3으로 간다. (그렇지 않으면 RQ = RC + 1이며, RC번 연속열을 완성한 것이다. 이 시점에서, 정렬의 이후 패스들을 위해 병합 패턴이 요구하는 특별한 행동을 수행할 수 있다.) 만일 RQ > RMAX이면 멈춘다. 그렇지 않으면 RC ← RQ로 설정한다.

R3. 〔트리 최상위를 출력.〕 (이제 Q는 "우승자"를 가리키며 RQ는 그것의 연속열 번호이다.) 만일 RQ ≠ 0이면 RECORD(Q)를 출력하고 LASTKEY ← KEY(Q)로 설정한다.

R4. 〔새 레코드를 입력.〕 입력 파일이 다 소비되었다면 RQ ← RMAX + 1로 설정하고 단계 R5로 간다. 그렇지 않으면 RECORD(Q)를 입력 파일의 다음 레코드로 설정한다. 만일 KEY(Q) < LASTKEY면(즉, 이 새 레코드가 현재 연속열에 속하지 않으면) RQ ← RQ+ 1로 설정하고, 그런 다음 만일 RQ > RMAX이면 RMAX ← RQ로 설정한다.

R5. 〔갱신 준비.〕 (이제 Q는 새 레코드를 가리키며 RQ는 그것의 연속열 번호이다.) T ← PE(Q)로 설정한다. (T는 트리를 따라 위로 올라갈 포인터 변수이다.)

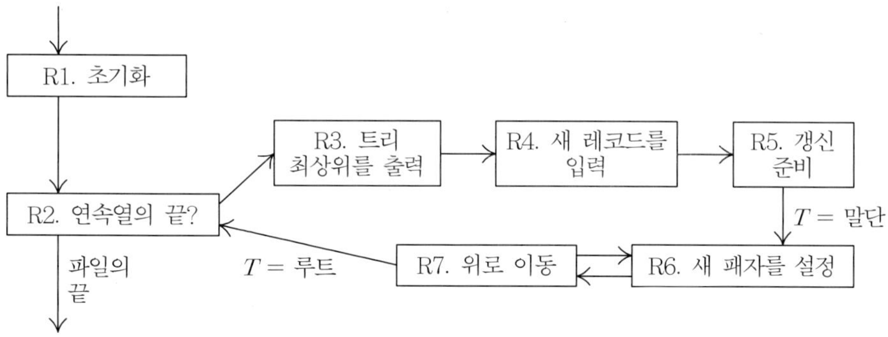

그림 66. 치환 선택으로 초기 연속열들을 생성.

R6. 〔새 패자를 설정.〕 만일 RN(T) < RQ이거나 만일 RN(T) = RQ 그리고 KEY(LOSER(T)) < KEY(Q)이면 LOSER(T) ↔ Q, RN(T) ↔ RQ로 교환한다. (변수 Q와 RQ는 현재 승자와 그 연속열 번호이다.)

R7. 〔위로 이동.〕 만일 T = LOC($X[1]$)이면 단계 R2로 돌아간다. 그렇지 않으면 T ← PI(T)로 설정하고 R6으로 돌아간다. ▮

알고리즘 R은 레코드들을 한 번에 하나씩 입력, 출력하지만, 실제 응용에서는 비교적 큰 블록 단위로 레코드들을 읽고 쓰는 것이 가장 바람직하다. 따라서 내부적으로 메모리에 어떤 입출력 버퍼를 실제로 두는 방식을 사용하게 되는데, 그러면 P의 크기를 줄이는 효과가 난다. 이에 대해서는 5.4.6에서 이야기하겠다.

***지연된 연속열 재구성.** 이 책의 어법이라면 자유도(degrees of freedom)라고 불러야 마땅한 어떤 개념을 이용해서 치환 선택을 개선하는 한 가지 아주 흥미로운 방법을 딘스모어R. J. Dinsmore가 제안한 바 있다 〔*CACM* 8 (1965), 48〕. 앞에서 보았듯이, 한 연속열에 속하는 테이프상의 레코드들의 블록은 비감소 순서이다. 즉, 연속열의 첫 원소는 가장 작은 원소이고 마지막 원소는 가장 큰 원소이다. 통상적인 치환 선택 공정에서는 한 연속열 안의 각 블록의 최소 원소가 그 연속열의 그 앞 블록의 최대 원소보다 결코 작지 않다. 이는 "자유도 1"에 해당한다. 딘스모어는 이런 조건을 "자유도 m"으로 완화할 것을 제안했는데, 자유도 m이라는 것은 각 블록의 최소 원소가 같은 연속열의 m개의 서로 다른 이전 블록들의 최대 원소들보다 작지 않기만 하다면 그 이전 블록의 최대 원소보다 작을 수도 있다는 것이다. 개별 블록의 레코드들은 이전과 마찬가지로 정렬된 순서이나, 인접한 블록들의 순서는 그렇지 않을 수 있다.

예를 들어 블록 당 레코드가 단 두 개라고 하자. 다음의 블록들의 수열은 자유도가 3인 연속열이다:

$$| \ 08 \ 50 \ | \ 06 \ 90 \ | \ 17 \ 27 \ | \ 42 \ 67 \ | \ 51 \ 89 \ | \qquad (1)$$

같은 연속열의 일부인 이후 블록은 반드시 $\{50, 90, 27, 67, 89\}$의 세 번째로 큰 원소, 즉 67보다 작지 않은 원소로 시작해야 한다. 만일 자유도가 2였다면 수열 (1)은 연속열이 될 수 없다. 17은

50과 90 모두보다 작기 때문이다.

자유도가 m인 연속열은 정렬의 다음 페이즈에서 레코드들을 읽어 들이는 과정에서 "재구성(reconstitute)"하는 것이 가능하다. 따라서 실용적인 목적에서 자유도 m 연속열은 통상적인 의미에서의 연속열과 동일하다. 우선 처음 m개의 블록들을 m개의 버퍼들에 읽어 들이고 그것들에 m중 병합을 수행한다. 한 버퍼가 다 소진되면 그것을 $(m+1)$번째 블록으로 대체하고 같은 방식으로 진행한다. 이렇게 하면 그 연속열을 하나의 단일한 수열로 복원할 수 있다. 블록을 새로 읽을 때마다, 새로 읽은 블록의 첫 워드는 항상 방금 소진한 블록의 마지막 워드보다 크거나 같을 것이기 때문이다(그렇지 않다면 그 첫 워드가 그 이전의 m개의 서로 다른 블록들의 최대 원소보다 작다는 뜻이 된다). 이러한 연속열 재구성 방법은 모든 입력 블록에 대해 하나의 단일한 테이프 장치를 사용하는 m중 병합과 본질적으로 비슷하다! 재구성 절차는 연속열의 레코드를 한 번에 하나씩 전달하기 위해 호출되는 하나의 코루틴으로 작용한다. 서로 다른 테이프 장치들로부터 서로 다른 자유도를 가진 서로 다른 연속열들을 재구성하고, 그런 연속열들을 모두 동시에 병합하는 것도 가능하다(이번 절 시작에서 이야기한 4중 병합을 여러 개의 2중 병합들을 한 번에 수행하는 것으로 간주할 수 있다는 것과 본질적으로 같은 방식이다).

이러한 독창적인 착상을 정밀하게 분석하는 것은 어려운 일이다. 그러나 에스펠리드T. O. Espelid는 제설차의 비유를 확장해서 해당 습성에 대한 근사 공식을 얻는 방법을 보여 주었다 [*BIT* 16 (1976), 133-142]. 실험적 검정들과 잘 일치하는 그의 근사에 따르면, b는 블록 크기이고 $m \geq 2$라고 할 때 연속열 길이는 약

$$2P + (m-1.5)\left(\frac{2P+(m-2)b}{2P+(2m-3)b}\right)b$$

이다. 이러한 길이 증가가 추가적인 복잡함을 상쇄할 정도로 크지는 않을 수도 있다. 반면, 정렬의 두 번째 페이즈 도중 꽤 많은 수의 버퍼들을 사용할 수 있는 공간이 충분하다면 이득이 될 수도 있다.

***자연 선택.** 치환 선택이 생성하는 연속열 길이들을 증가시키는 또 다른 방법을 프레이저W. D. Frazer와 웡C. K. Wong이 탐구한 바 있다 [*CACM* 15 (1972), 910-913]. 그들의 방법에서는 알고리즘 R처럼 진행하되 새 레코드의 키가 LASTKEY보다 작으면 그 레코드를 트리에 넣는 대신 외부의 보관소(reservoir)로 출력하고 또 다른 새 레코드를 읽어 들인다. 이러한 공정을 보관소가 특정한 개수(P')의 레코드들로 채워질 때까지 반복한다. 그런 후에는 현재 연속열의 나머지 부분을 트리로부터 출력하고, 보관소에 있는 항목들을 다음 연속열의 입력으로 사용한다.

이 방법의 경우, 보관소를 사용하는 덕분에 치환 선택의 경우보다 더 긴 연속열들이 만들어지는 경향이 생기는데, 이는 이후의 연속열에 속하는 "죽은" 레코드들이 트리를 어지럽히게 하는 대신 그것들을 다른 곳에 치워두기 때문이다. 그러나 보관소 입, 출력을 위한 시간이 낭비된다는 단점이 있다. $P' > P$일 때에는 일부 레코드들이 보관소에 두 번 들어갈 수도 있다. 그러나 $P' \leq P$일 때에는 그런 일이 결코 발생하지 않는다.

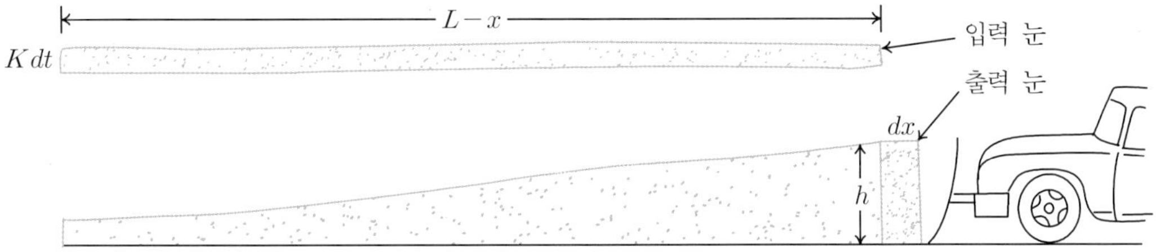

그림 67. 같은 양의 눈이 입력, 출력된다. 제설차는 시간 dt동안 dx만큼 이동한다.

프레이저와 윙은 그들의 방법에 대해 상세한 실험적 검정을 수행해서, 그 결과 P가 상당히 크고(이를테면 $P \geq 32$) $P' = P$일 때 무작위 자료에 대한 평균 연속열 길이가 eP로 주어짐을 발견했다. 여기서 $e \approx 2.718$은 자연로그의 밑이다. 이러한 현상과, 두 사람의 방법이 단순한 치환 선택에 대한 진화적인 개선이라는 사실로부터, 그들의 방법을 자연 선택(natural selection)이라고 부르게 되었다.

연속열 길이에 대한 "자연" 법칙은 그림 64의 제설차를 다시 고찰하고 기초적인 미적분을 적용해서 증명할 수 있다. L이 궤도의 길이라고 하자. 그리고 $0 \leq t \leq T$에 대해 $x(t)$가 시간 t에서의 제설차 위치라고 하자. 제설차가 시작 위치로 돌아오기까지(나머지 경로에 있는 P 단위의 눈을 치우면서) 눈이 잠시 멈추는 시간 T에서 보관소가 꽉 차 있다고 가정한다. 상황은 이전과 동일하되, "균형 조건"에서 차이를 보인다. 이번에는 도로에 항상 P단위의 눈이 쌓여 있는 것이 아니라, 제설차의 앞쪽에 P단위의 눈이 있고 보관소(제설차 뒤쪽)에 $P' = P$단위까지의 눈이 쌓인다. 출력된 레코드들의 개수가 $h(x,t)\,dx$개라고 할 때, 간격 dt동안 제설차는 dx만큼 나아간다. 여기서 $h(x,t)$는 시간 t와 위치 $x = x(t)$에서의 눈의 높이를 적당한 단위로 측정한 값이다. 따라서 모든 x에 대해 $h(x,t) = h(x,0) + Kt$인데, K는 눈이 내리는 비율이다. 메모리 안에 있는 레코드 개수는 일정하므로 $h(x,t)\,dx$는 제설차 앞에서 입력되는 레코드 개수, 즉 $K\,dt(L-x)$이다(그림 67). 결국

$$\frac{dx}{dt} = \frac{K(L-x)}{h(x,t)} \tag{2}$$

이다. 다행히, $x = x(t)$이고 $0 \leq t \leq T$이면 항상 $h(x,t)$는 상수 KT임이 판명된다. 왜냐하면 위치 $x(t)$에서 눈은 제설차가 그 지점을 지나친 후 $T-t$단위의 시간동안, 그리고 다시 돌아오기까지 t단위의 시간동안 일정하게 내리기 때문이다. 다른 말로 하면, 제설차의 모든 순환이 동일해지는 안정 상태에 도달했다고 할 때 제설차는 순환 내내 항상 같은 높이의 눈을 보게 되는 것이다. 따라서 치워진 눈의 전체 양(연속열 길이)은 LKT이다. 그리고 메모리에 있는 눈의 양은 시간 T 이후에 치워진 눈의 양, 즉 $KT(L - x(T))$이다. $x(0) = 0$이 되는 (2)의 해는

$$x(t) = L(1 - e^{-t/T}) \tag{3}$$

이며, 따라서 $P = LKTe^{-1} =$ (연속열 길이)$/e$이다. 이는 우리가 증명하고자 했던 것이다.

연습문제 21에서 23까지는 이러한 분석을 일반적인 P'의 경우로 확장할 수 있음을 보여준다. 예를 들어 $P' = 2P$일 때 평균 연속열 길이는 $e^{\theta}(e-\theta)P$가 된다. 여기서 $\theta = (e - \sqrt{e^2 - 4})/2$이다. 이러한 결과는 되는 대로 추측해 낼 수 있을만한 것이 아니다! 표 2는 연속열 길이의 보관소 크기에 대한 의존성을 보여준다. 이 표를 참조한다면 주어진 한 컴퓨터 환경에서의 자연 선택의 유용성을 추정할 수 있을 것이다. 보관소 크기가 $< P$인 항목들은 연습문제 27에서 논의하는 개선된 기법들을 사용할 때의 결과이다.

팅T. C. Ting과 왕Y. W. Wang이 *Comp. J.* 20 (1977), 298-301에서 논의했듯이, 지연된 연속열 재구성과 자연 선택의 착상들을 결합하는 것도 가능하다.

표 2

자연 선택에 의한 연속열 길이들

보관소 크기	연속열 길이	$k+\theta$	보관소 크기	연속열 길이	$k+\theta$
$0.10000P$	$2.15780P$	0.32071	$0.00000P$	$2.00000P$	0.00000
$0.50000P$	$2.54658P$	0.69952	$0.43428P$	$2.50000P$	0.65348
$1.00000P$	$2.71828P$	1.00000	$1.30432P$	$3.00000P$	1.15881
$2.00000P$	$3.53487P$	1.43867	$1.95014P$	$3.50000P$	1.42106
$3.00000P$	$4.16220P$	1.74773	$2.72294P$	$4.00000P$	1.66862
$4.00000P$	$4.69446P$	2.01212	$4.63853P$	$5.00000P$	2.16714
$5.00000P$	$5.16369P$	2.24938	$21.72222P$	$10.00000P$	4.66667
$10.00000P$	$7.00877P$	3.17122	$5.29143P$	$5.29143P$	2.31329

수량 $k+\theta$는 연습문제 22 또는 연습문제 27($k=0$일 때)에서 정의한다.

***치환 선택의 분석.** 보조적인 보관소가 없는 통상의 치환 선택의 경우로 다시 돌아가자. 제설차의 비유로부터, 치환 선택으로 얻는 연속열들의 평균 길이를 안정 상태의 한계 안에서 상당히 잘 추측할 수 있다. 그러나 5.1.3절에서 공부한, 순열들 안의 연속열들에 대한 사실들을 적용한다면 알고리즘 R에 관한 훨씬 더 정밀한 정보를 얻는 것이 가능하다. 이를 위해서는 입력 파일이 0에서 1 사이의 독립적인 실수 난수들로 된 임의의 긴 수열이라고 가정하는 것이 편하다.

그러한 파일에 P중 치환 선택을 적용해서 얻은 연속열 길이들에 대한 생성함수를

$$g_P(z_1, z_2, \ldots, z_k) = \sum_{l_1, l_2, \ldots, l_k \geq 0} a_P(l_1, l_2, \ldots, l_k) z_1^{l_1} z_2^{l_2} \ldots z_k^{l_k}$$

로 두자. 여기서 $a_P(l_1, l_2, \ldots, l_k)$는 첫 연속열의 길이가 l_1, 두 번째 연속열의 길이가 l_2, ..., k번째 연속열의 길이가 l_k일 확률이다. 다음의 "독립성 정리"는 이 분석을 $P=1$인 경우로 축약한 점에서 기본적인 정리이다.

정리 K. $g_P(z_1, z_2, \ldots, z_k) = g_1(z_1, z_2, \ldots, z_k)^P$.

증명. 입력 키들이 $X_1, X_2, X_3, \ldots$이라고 하자. 알고리즘 R은 이 키들을, 키가 트리 안에서 어떤 외부 노드 위치를 차지하느냐에 따라 P개의 부분수열들로 분할한다. X_n을 담은 부분수열은 $X_1, \ldots, X_{n-1}$의 값들로 결정할 수 있다. 따라서 이 부분수열들 각각은 0과 1 사이의 독립 난수들의 한 독립적인 수열이다. 더 나아가서, 치환 선택의 출력은 이 부분수열들을 P중 병합으로 합쳤을 때 나오는 것과 정확히 동일하다. 한 원소는 오직 그것이 치환 선택이 생성한 j번째 연속열에 속할 때에만 부분수열의 j번째 연속열에 속한다(LASTKEY와 KEY(Q)가 단계 R4에서 같은 부분수열에 속하므로).

다른 말로 하면, 알고리즘 R이 P개의 독립적인 무작위 입력 파일들에 적용되며 단계 R4가 외부 노드 Q에 해당하는 파일로부터 다음 레코드를 읽어 들이는 것이라고도 가정할 수 있다. 이런 의미에서 알고리즘 R은 "단계감소(stepdown)"로 연속열의 끝을 표시하는 방식의 P중 병합과 동치이다.

따라서 출력의 연속열 길이들이 $(l_1, \ldots, l_k)$이기 위한 필요충분조건은 부분수열들의 해당 연속열 길이들이 $(l_{11}, \ldots, l_{1k}), \ldots, (l_{P1}, \ldots, l_{Pk})$라는 것이다. 여기서 l_{ij}는 $1 \le j \le k$에 대해 $\sum_{1 \le i \le P} l_{ij} = l_j$를 만족하는 어떤 음이 아닌 정수들이다. 이로부터

$$a_P(l_1, \ldots, l_k) = \sum_{\substack{l_{11} + \cdots + l_{P1} = l_1 \\ \vdots \\ l_{1k} + \cdots + l_{Pk} = l_k}} a_1(l_{11}, \ldots, l_{1k}) \ldots a_1(l_{P1}, \ldots, l_{Pk})$$

가 도출되며, 이는 증명하고자 했던 결과와 동치이다. ▮

5.1.3절에서는 $P = 1$일 때의 k번째 연속열의 평균 길이 L_k를 논의하고 그 값들을 표 5.1.3-2에 정리했다. 정리 K는 일반적인 P에 대한 k번째 연속열의 평균 길이가 $P = 1$일 때의 평균 길이의 P배, 구체적으로 말하면 $L_k P$이며 분산 역시 P배임을 함의한다. 따라서 연속열 길이의 표준편차는 $\sqrt{P}$에 비례한다. 이러한 결과들은 개스너B. J. Gassner가 1958년경에 처음으로 유도했다.

따라서 알고리즘 R이 생성하는 첫 연속열의 레코드 개수는 약 $(e-1)P \approx 1.718P$개, 두 번째 연속열은 $(e^2 - 2e)P \approx 1.952P$개, 세 번째는 약 $1.996P$개, 그리고 그 이후 연속열들은 마지막 두 연속열에 도달할 때까지 $2P$개에 아주 근접한다(연습문제 14). 이 연속열 길이들 대부분의 표준편차는 근사적으로 $\sqrt{(4e-10)P} \approx 0.934\sqrt{P}$이다 [*CACM* **6** (1963), 685-688]. 더 나아가서, 연습문제 5.1.3-10에 의하면 처음 k개의 연속열들의 전체 길이는 $\left(2k - \frac{1}{3}\right)P$에 상당히 가까우며 그 표준편차는 $\left(\left(\frac{2}{3}k + \frac{2}{9}\right)P\right)^{1/2}$이다. 생성함수 $g_1(z, z, \ldots, z)$와 $g_1(1, \ldots, 1, z)$는 연습문제 5.1.3-9와 11에서 유도한다.

이상의 분석은 입력 파일이 무한히 길다는 가정을 깐 것이나, 정리 K의 증명은 적어도 $l_1 + \cdots + l_k + P$개의 원소들을 담은 임의의 무작위 입력 수열에 대해서도 동일한 확률 $a_p(l_1, \ldots, l_k)$가 나올 것임을 보여준다. 따라서 위의 결과들은, 작은 표준편차를 고려할 때 이를테면 크기가 $N > (2k+1)P$

인 파일들에도 적용된다.

이후에 일부 연속열은 오름차순이고 일부 연속열은 내림차순임을 요구하는 병합 패턴을 사용하는 응용들을 보게 될 것이다. 오름 연속열의 끝에서 메모리에 누적된 나머지에는 무작위 자료보다 평균적으로 다소 작은 수들이 담기는 경향이 있기 때문에, 차순 방향이 바뀌면 연속열 평균 길이가 감소하게 된다. 예를 들어 제설차가 직선 도로의 끝에 도달하면 항상 U턴을 한다고 하자. 그러면 그 제설차는 방금 눈을 치운 도로를 아주 빠른 속도로 주행하게 될 것이다. 방향이 바뀌었을 때의 연속열 길이는 무작위 자료의 경우 $1.5P$와 $2P$ 사이에서 변하게 된다(연습문제 24).

연습문제

1. 〔*10*〕 이번 절 시작의 4중 병합의 예에서 단계 4를 구체적으로 작성하라.

2. 〔*12*〕 그림 63의 트리에서 키 061을 612로 치환한다면 트리는 어떻게 변할까?

3. 〔*16*〕 (무어E. F. Moore.) 4중 치환 선택을 다음과 같은 문장의 연속적인 단어들에 적용한다면 어떤 출력이 나올까?

```
fourscore and seven years ago our fathers brought forth
on this continent a new nation conceived in liberty and
dedicated to the proposition that all men are created equal.
```

(각 단어를 하나의 키로 취급해서 통상적인 알파벳 순서를 적용할 것.)

4. 〔*16*〕 4중 자연 선택을 연습문제 3에 적용하라. 보관소는 단어 4개를 담을 수 있는 용량이라고 가정할 것.

5. 〔*00*〕 참 또는 거짓을 밝혀라: 트리를 사용하는 치환 선택은 P가 2의 거듭제곱이거나 두 2의 거듭제곱의 합일 때에만 작동한다.

6. 〔*15*〕 알고리즘 R은 P가 반드시 ≥ 2이어야 한다는 단서를 달고 있다. 비교적 작은 변경을 가해서 모든 $P \geq 1$에 대해 그 알고리즘이 작동하도록 만들어 보라.

7. 〔*17*〕 입력이 전혀 없을 때 알고리즘 R은 어떤 일을 할까?

8. 〔*20*〕 알고리즘 R은 인위적인 키 "∞"를 사용하는데, 그 키는 모든 가능한 키보다 커야 한다. 만일 어떤 실제 키가 ∞와 같다면 알고리즘이 실패할 수 있음을 보이고, 진정한 ∞를 구현하기가 마땅치 않은 경우를 위해 알고리즘을 수정하는 방법을 설명하라.

▸ **9.** 〔*23*〕 특정한(RC에 따라) 연속열들은 오름차순으로 출력되고 다른 연속열들은 내림차순으로 출력되도록 알고리즘 R을 수정하려면?

10. 〔*26*〕 단계 1에서 LOSER 포인터들의 초기 설정이 실제의 토너먼트와는 잘 맞지 않는 것이 보통이다. 왜냐하면 외부 노드 $P+j$가 내부 노드 j 아래의 하위트리에 놓여 있지 않을 수도 있기 때문이다. 그런데도 알고리즘 R이 제대로 작동하는 이유를 설명하라. 〔힌트: 만일 단계 R1에서

{LOSER(LOC($X[0]$)), ..., LOSER(LOC($X[P-1]$))}이 {LOC($X[0]$), ..., LOC($X[P-1]$)}의 한 임의의 순열로 설정되어도 알고리즘이 작동할까?]

11. [*M25*] 참 또는 거짓을 밝혀라: 입력이 무작위라고 할 때, 단계 R4에서 KEY(Q) < LASTKEY일 확률은 약 $\frac{1}{2}$이다.

12. [*M46*] 알고리즘 R의 각 부분이 실행되는 횟수를 상세히 분석하라. 예를 들어 단계 R6에서 교환들은 몇 회나 수행될까?

13. [*13*] 치환 선택으로 생성된 두 번째 연속열이 대체로 첫 번째 연속열보다 긴 이유는?

▶ **14.** [*HM25*] 제설차의 비유를 이용해서, 입력 자료의 한 긴 수열에 대해 치환 선택이 생성한 마지막 두 연속열의 평균 길이를 추정하라.

15. [*20*] 참 또는 거짓을 밝혀라: 치환 선택이 생성한 마지막 연속열의 레코드 개수는 결코 P를 넘지 못한다. 독자의 답을 논하라.

16. [*M26*] 파일 $R_1 R_2 \ldots R_N$이 P중 치환 선택으로 한 패스에 완전히 정렬되기 위한 "간단한" 필요충분조건을 찾아라. 입력이 $\{1, 2, \ldots, N\}$의 한 무작위 순열일 때 그런 조건이 만족될 확률을 P와 N의 함수로 표현하라.

17. [*20*] 입력 키들이 감소 순서 $K_1 \geq K_2 \geq \cdots \geq K_N$일 때 알고리즘 R의 출력은 무엇인가?

▶ **18.** [*22*] 알고리즘 R이 만들어 낸 출력 파일에 다시 알고리즘 R을 적용하면 어떤 일이 생길까?

19. [*HM 22*] 제설차의 비유를 이용해서, 치환 선택이 만들어 낸 첫 연속열의 길이(레코드 개수)가 근사적으로 $(e-1)P$임을 증명하라.

20. [*HM24*] $P = P'$일 때 자연 선택이 생성한 첫 번째 연속열의 근사 길이는 얼마인가?

▶ **21.** [*HM23*] $P' < P$일 때 자연 선택이 생성한 연속열들의 근사 길이를 구하라.

22. [*HM40*] 이 연습문제의 목적은 $P' > P$일 때 자연 선택으로 얻은 연속열들의 평균 길이를 구하는 것이다. $\kappa = k + \theta$가 ≥ 1인 한 실수이고 $k = \lfloor \kappa \rfloor$, $\theta = \kappa \bmod 1$이라고 할 때 함수 $F(\kappa) = F_k(\theta)$를 고찰하자. 여기서 $F_k(\theta)$는 생성함수

$$\sum_{k \geq 0} F_k(\theta) z^k = e^{-\theta z} / (1 - z e^{1-z})$$

으로 결정되는 다항식이다. 즉 $F_0(\theta) = 1$, $F_1(\theta) = e - \theta$, $F_2(\theta) = e^2 - e - e\theta + \frac{1}{2}\theta^2$, 등등이다.

제설차가 시간 0에서 자연 선택 공정을 시뮬레이션하기 시작한다고 가정한다. 그리고 T단위의 시간이 흐른 후에 정확히 P개의 눈송이들이 제설차 뒤에 내렸다고 가정한다. 이 시점에서 두 번째 제설차가 동일한 운행을 시작한다. 시간 $t + T$에 두 번째 제설차는 첫 제설차가 시간 t에 있었던 위치에 놓인다. 그리고 시간 κT에서 첫 번째 제설차 뒤에는 P'개의 눈송이들이 쌓여 있다. 첫 번째 제설차는 도로의 나머지 부분을 순간적으로 치우고 사라진다.

자연선택 공정을 표현하는 이러한 모형을 이용해서, 다음 조건이 만족될 때 하나의 연속열 길이가 $e^{\theta}F(\kappa)P$와 같음을 보여라.

$$P'/P = k + 1 + e^{\theta}\left(\kappa F(\kappa) - \sum_{j=0}^{k} F(\kappa - j)\right).$$

23. [*HM35*] 연습문제 22는 보관소의 레코드들을 애초에 기록되었던 순서와 동일한 순서로, 즉 선입선출 방식으로 읽을 때의 자연 선택을 분석하는 것이다. 이전 실행의 보관소 내용을 현재 실행에서 완전히 무작위한 순서로 읽어 들인다면, 즉 보관소의 레코드들이 실행들 사이에서 완전히 뒤섞인다고 하면 연속열의 근사 길이는 얼마가 될까?

24. [*HM39*] 이번 연습문제의 목적은 치환 선택에서 연속열들의 방향을 아무렇게나 바꾸었을 때 생기는 결과를 분석하는 것이다.

a) 생성함수 $g_P(z_1, z_2, \ldots, z_k)$를 정리 K에서처럼 정의하되, k개의 연속열 각각의 순서(오름차순/내림차순)를 임의로 지정할 수 있다고 하자. 예를 들어 홀수 번째 연속열들은 모두 오름차순이고 짝수 번째 연속열들은 모두 내림차순이라고 정할 수도 있다. 이런 종류의 총 2^k개의 생성함수들 전부에 대해 정리 K가 유효함을 보여라.

b) (a)의 한 결과로, $P = 1$이라고 가정할 수 있다. 또한 입력이 0과 1 사이의 독립 난수들의 균등 분포 수열이라고 가정할 수 있다. 우선 이렇게 정의하자.

$$a(x,y) = \begin{cases} e^{1-x} - e^{y-x}, & \text{만일 } x \le y\text{이면;} \\ e^{1-x}, & \text{만일 } x > y\text{이면.} \end{cases}$$

어떤 한 오름 연속열이 x로 시작할 확률을 $f(x)\,dx$라고 할 때, 그 다음 연속열이 y로 시작할 확률이 $\left(\int_0^1 a(x,y)f(x)\,dx\right)dy$임을 증명하라. [힌트: 각 $n \ge 0$에 대해, x와 y가 주어졌을 때 $x \le X_1 \le \cdots \le X_n > y$일 확률을 고찰할 것.]

c) 연속열들의 방향이 p의 확률로 바뀐다고 하자. 즉, 첫 연속열 이후의 각 연속열의 방향은 $q = (1-p)$의 경우에는 그 이전 연속열과 같고 p의 경우에는 그 이전 연속열의 반대 방향이다. (따라서 $p = 0$일 때에는 모든 연속열이 방향이 같다. $p = 1$일 때에는 오름차순, 내림차순이 번갈아 나타나며, $p = \frac{1}{2}$일 때에는 방향이 독립 무작위이다.) 이제

$$f_1(x) = 1, \qquad f_{n+1}(y) = p\int_0^1 a(x,y)f_n(1-x)\,dx + q\int_0^1 a(x,y)f_n(x)\,dx$$

라고 하자. n번째 연속열이 x로 시작할 확률이 $(n-1)$번째 연속열이 오름차순이면 $f_n(x)\,dx$이고 내림차순이면 $f_n(1-x)\,dx$임을 보여라.

d) 안정 상태 방정식

$$f(y) = p\int_0^1 a(x,y)f(1-x)\,dx + q\int_0^1 a(x,y)f(x)\,dx, \qquad \int_0^1 f(x)\,dx = 1$$

의 해 f를 구하라. [힌트: $f''(x)$가 x와 독립적임을 보일 것.]

e) 부문제 (c)의 수열 $f_n(x)$가 부문제 (d)의 함수 $f(x)$로 상당히 빠르게 수렴함을 보여라.

f) x로 시작하는 한 오름차순 연속열의 평균 길이가 e^{1-x}임을 보여라.

g) 마지막으로, 이상의 모든 결과들을 조합해서 다음 정리를 증명하라: *치환 선택에서 만일 연속된 연속열들의 방향들이 p의 확률로 독립적으로 뒤집힌다면 평균 연속열 길이는 $(6/(3+p))P$에 접근한다.* ▮

(이 정리의 $p=1$인 경우는 커누스가 처음으로 유도했다 [*CACM* 6 (1963), 685-688]. $p=\frac{1}{2}$인 경우는 1970년에 콘하임A. G. Konheim이 처음으로 증명했다.)

25. [*HM40*] 다음과 같은 절차를 생각해 보자.

N1. 하나의 레코드를 1워드 "보관소"로 읽어 들인다. 그런 다음 또 다른 레코드 R을 읽는다. 그 레코드의 키로 K를 설정한다.

N2. 보관소를 출력하고, LASTKEY를 그 키로 설정하고, 보관소를 비운다.

N3. 만일 K < LASTKEY이면 R을 출력하고 LASTKEY ← K로 설정한 후 N5로 간다.

N4. 만일 보관소가 비지 않았다면 N2로 돌아간다. 그렇지 않다면 R을 보관소에 넣는다.

N5. 새 레코드 R을 읽고 K를 그 키로 설정한다. N3으로 간다. ▮

이 절차는 내림 연속열들을 생성한다는 점과 결코 멈추지 않는다는 점만 빼고는(이러한 두 가지 차이는 이 연습문제의 목적에서 볼 때 편리하고도 해가 없는 가정이다) $P=1$이고 $P'=1$ 또는 2(보관소가 딱 채워졌을 때 비우느냐 아니면 채워진 후 넘치려 할 때 비우느냐에 따라)인 자연 선택과 동치이다.

연습문제 24에서처럼 진행해서, 단계 N2가 n번째로 수행된 직후 LASTKEY와 K의 값이 각각 x와 y일 확률을 $f_n(x,y)\,dy\,dx$라고 하자. $x<y$일 때에는 $f_n(x,y)=g_n(x)$이고 $x>y$일 때에는 $f_n(x,y)=g_n(x)-e^{-y}(g_n(x)-g_n(y))$인 단일 변수 함수 $g_n(x)$가 존재함을 증명하라. 이 함수 $g_n(x)$는 관계식 $g_1(x)=1$과

$$g_{n+1}(x)=\int_0^x e^u g_n(u)\,du+\int_0^x dv\,(v+1)\int_v^1 du\,((e^v-1)g_n(u)+g_n(v))$$
$$+x\int_x^1 dv\int_v^1 du\,((e^v-1)g_n(u)+g_n(v))$$

에 의해 정의된다. 더 나아가서, n번째 연속열의 기대 길이가

$$\int_0^1 dx\int_0^x dy\,(g_n(x)(e^y-1)+g_n(y))(2-\frac{1}{2}y^2)+\int_0^1 dx\,(1-x)g_n(x)e^x$$

임을 보여라. [참고: 이 방정식들의 안정 상태 해는 아주 복잡한 형태이다. 매케너J. McKenna는 이

해를 수치적으로 구했는데, 그는 연속열 길이가 극한값 ≈ 2.61307209에 접근함을 보였다. 정리 K는 자연 선택에는 적용되지 않으므로, $P=1$인 경우가 다른 P들로까지 확장되지는 않는다.〕

26. 〔*M33*〕 연습문제 25의 알고리즘을 $P'=1$일 때의 자연 선택의 한 정의로 간주해서, 임의의 $r \geq 0$에 대해 $P'=r$일 때의 첫 번째 연속열의 기대 길이를 다음과 같은 방법으로 구하라.

a) 첫 번째 연속열의 길이가 n일 확률이

$$(n+r)\left[{n+r \atop n}\right]\Big/(n+r+1)!$$

임을 보여라.

b) "연관 스털링 수(associated Stirling numbers)" $\left[\left[{n \atop m}\right]\right]$을 다음과 같은 규칙들로 정의한다.

$$\left[\left[{0 \atop m}\right]\right]=\delta_{m0}, \qquad n>0\text{에 대해}\quad \left[\left[{n \atop m}\right]\right]=(n+m-1)\left(\left[\left[{n-1 \atop m}\right]\right]+\left[\left[{n-1 \atop m-1}\right]\right]\right).$$

이 때

$$\left[{n+r \atop n}\right]=\sum_{k=0}^{r}\binom{n+r}{k+r}\left[\left[{r \atop k}\right]\right]$$

를 증명하라.

c) 따라서 첫 연속열의 평균 길이가 $c_r e-r-1$임을 증명하라. 여기서

$$c_r=\sum_{k=0}^{r}\left[\left[{r \atop k}\right]\right]\frac{r+k+1}{(r+k)!}$$

이다.

▶ **27.** 〔*HM30*〕 (도보시에비치 W. Dobosiewicz.) $P'<P$로 두고 자연 선택을 사용하는 경우, 보관소가 꽉 찼다고 해서 연속열의 형성을 멈출 필요는 없다. 현재 연속열에 P'개의 레코드들만 남을 때까지는 현재 연속열에 속하지 않는 레코드들을 치환 선택에서처럼 주 우선순위 대기열에 저장해 두고, 그런 후에는 그것들을 출력으로 내보내고 보관소에 있는 레코드들로 대체하면 된다.

이 방법이 연습문제 21에서 분석한 단순한 접근방식에 비해 얼마나 더 나을까?

28. 〔*25*〕 본문에서는 정렬할 레코드들이 모두 고정된 크기인 경우만 고찰했다. 가변 길이 레코드들에 대해서도 치환 선택이 비교적 잘 작동하게 하려면 어떻게 해야 할까?

29. 〔*22*〕 오른쪽 스레드식으로 구성된 하나의 완전 이진트리의 2^k개의 노드들을 고찰한다. 다음은 $k=3$인 경우이다.

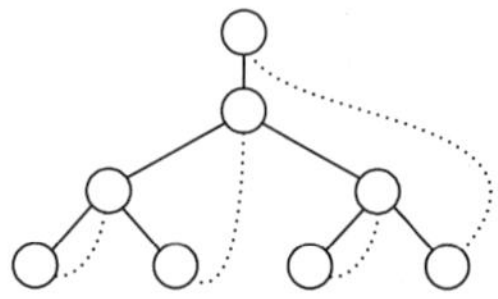

(이를 2.3.1-(10)과 비교해 볼 것. 최상위 노드는 목록 머리이고 점선은 스레드 링크이다. 이 연습문제의 관심사는 정렬에 있는 것이 아니라 그림 63의 "패자 트리"에서처럼 목록 머리 비슷한 노드 0이 노드 1 위에 추가될 때의 완전 이진트리의 구조에 있다.)

커다란 패자 트리의 2^{n+k}개의 내부 노드들을 이 2^k개의 호스트 노드들에 다음과 같이 배정하는 방식을 보여라: (i) 모든 호스트 노드는 정확히 2^n개의 큰 트리 노드들을 담는다. (ii) 큰 트리의 인접한 노드들은 같은 호스트 노드 또는 인접한(연결된) 호스트 노드들에 배정된다. (iii) 큰 트리의 인접한 두 노드 쌍이 호스트 트리의 같은 링크에 의해 분리되는 일은 없어야한다. 〔따라서, 큰 이진트리 회로망 안의 다중 가상 프로세서들을 통신 링크들이 심하게 엉키게 하지 않고도 실제 프로세서들에 대응시킬 수 있다.〕

30. 〔*M29*〕 만일 $n \ge k \ge 1$이면 이전 연습문제의 구성이 최적임을 증명하라. 여기서 최적이라는 것은 (i), (ii), (iii)을 만족하는 임의의 2^k노드 호스트 그래프가 노드들 사이에서 적어도 $2^k + 2^{k-1} - 1$개의 간선(링크)들을 가진다는 뜻이다.

*5.4.2. 다중페이즈 병합

지금까지 초기 연속열들을 생성하는 방법에 대해서 살펴보았다. 이제 그 연속열들을 테이프들에 배분하고 오직 하나의 연속열만 남을 때까지 그것들을 병합하는 데 사용할 수 있는 여러 가지 패턴들을 살펴보자.

우선 사용할 수 있는 테이프 장치가 세 개(T1, T2, T3)라고 가정한다. 5.4절 시작 부근에서 설명한 "균형 병합" 기법은 $P = 2$, $T = 3$으로 두고 다음과 같은 형태로 적용할 수 있다.

B1. 초기 연속열들을 번갈아 테이프 T1과 T2에 배분한다.

B2. T1과 T2의 연속열들을 T3으로 합친다. 만일 T3이 오직 하나의 연속열만을 담게 되면 멈춘다.

B3. T3의 연속열들을 번갈아 T1과 T2에 배분하고 단계 B2로 돌아간다. ▮

초기 배분 패스에서 S개의 연속열들이 만들어졌다고 할 때, 첫 병합 패스는 T3에 $\lceil S/2 \rceil$개의 연속열들을 만들고 두 번째 패스에서는 $\lceil S/4 \rceil$개를 만드는 식으로 병합이 진행된다. 따라서 예를 들어 $17 \le S \le 32$라고 하면 한 번의 배분 패스와 다섯 번의 병합 패스, 네 번의 복사 패스가 진행된다. 일반화해서, 만일 $S > 1$이면 자료 전체를 훑는 패스 횟수는 $2\lceil \lg S \rceil$이다.

이 절차에서 복사 패스들은 연속열 개수를 줄이지 않는다는 점에서 그리 바람직하지 않다. 만일 다음과 같은 2중 페이즈 절차를 사용한다면 복사 작업의 절반을 줄일 수 있다.

A1. 초기 연속열들을 테이프 T1과 T2에 번갈아 배분한다.

A2. T1과 T2의 연속열들을 T3으로 합친다. 만일 T3이 오직 하나의 연속열만을 담게 되면 멈춘다.

A3. T3에 있는 연속열들의 절반을 T1에 복사한다.

A4. T1과 T3의 연속열들을 T2로 병합한다. 만일 T2가 오직 하나의 연속열만을 담게 되면 멈춘다.

A5. T2에 있는 연속열들의 절반을 T1에 복사한다. A2로 돌아간다. ▮

단계 A3과 A5가 "패스의 절반"만을 수행하기 때문에, 자료를 훑는 패스 횟수는 $\frac{3}{2}\lceil \lg S \rceil + \frac{1}{2}$로 줄었다. 약 25퍼센트의 시간이 절감된 것이다.

만일 T1에 연속열 F_n개, T2에 연속열 F_{n-1}개로 시작한다면 복사를 실제로 완전히 제거하는 것도 가능하다. 여기서 F_n과 F_{n-1}은 인접한 피보나치 수들이다. 다음은 $n=7$, $S=F_n+F_{n-1}=13+8=21$인 경우이다:

페이즈	T1의 내용	T2의 내용	T3의 내용	비고
1	1,1,1,1,1,1,1,1,1,1,1,1,1	1,1,1,1,1,1,1,1		초기 배분
2	1,1,1,1,1	—	2,2,2,2,2,2,2,2	연속열 8개를 T3으로 병합
3	—	3,3,3,3,3	2,2,2	연속열 5개를 T2로 병합
4	5,5,5	3,3	—	연속열 3개를 T1로 병합
5	5	—	8,8	연속열 2개를 T3으로 병합
6	—	13	8	연속열 1개를 T2로 병합
7	21	—	—	연속열 1개를 T1로 병합

여기서, 예를 들어 "2,2,2,2,2,2,2,2"는 상대 길이가 2인 여덟 개의 연속열들을 나타낸다. 상대 길이란 각각의 초기 연속열의 길이를 1이라고 두었을 때의 상대적인 길이이다. 이 표는 온통 피보나치 수들로 덮여 있다!

자료 전체를 훑는 페이즈는 1과 7 뿐이다. 페이즈 2는 초기 연속열들의 16/21만 처리하고, 페이즈 3은 15/21만, 등등이다. 따라서 초기 연속열들이 근사적으로 동일한 길이라고 간주한다면 전체 "패스" 횟수는 $(21+16+15+15+16+13+21)/21=5\frac{4}{7}$이다. 비교하자면, 위의 2페이즈 절차는 이 21개의 초기 연속열들을 8회의 패스로 정렬하게 된다. 일반적으로 이 "피보나치" 패턴이 약 $1.04\lg S+0.99$회의 패스를 요구함을 알게 될 텐데, 이 정도면 4테이프 균형 병합과 비견할만하다. 게다가 테이프는 단 세 개만 사용한다.

같은 착상을 임의의 $T\geq 3$에 대해 T개의 테이프들로 $(T-1)$중 병합을 수행하는 것으로 일반화할 수 있다. 예를 들어 4테이프의 경우 자료를 약 $.703\lg S+0.96$번만 훑으면 된다. 일반화된 패턴에는 일반화된 피보나치 수가 관여한다. 다음의 6테이프 예를 보자:

페이즈	T1	T2	T3	T4	T5	T6	처리된 초기 연속열 개수
1	1^{31}	1^{30}	1^{28}	1^{24}	1^{16}	—	$31+30+28+24+16=129$
2	1^{15}	1^{14}	1^{12}	1^{8}	—	5^{16}	$16\times5=\ 80$
3	1^{7}	1^{6}	1^{4}	—	9^{8}	5^{8}	$8\times9=\ 72$
4	1^{3}	1^{2}	—	17^{4}	9^{4}	5^{4}	$4\times17=\ 68$
5	1^{1}	—	33^{2}	17^{2}	9^{2}	5^{2}	$2\times33=\ 66$
6	—	65^{1}	33^{1}	17^{1}	9^{1}	5^{1}	$1\times65=\ 65$
7	129^{1}	—	—	—	—	—	$1\times129=129$

여기서, 예를 들어 1^{31}은 상대 길이가 1인 연속열 31개를 의미한다. 전반적으로 5중 병합들이 쓰였다. 이 일반 패턴은 길스타R. L. Gilstad가 개발한 것인데 〔*Proc. Eastern Joint Computer Conf.* 18 (1960), 143-148〕, 그는 이 패턴을 다중페이즈 병합(polyphase merge, 다상 병합)이라고 불

렀다. 테이프가 세 개인 경우는 그보다 앞서서 베츠B. K. Betz가 발견했다 〔미출판 메모, Minneapolis-Honeywell Regulator Co. (1956)〕.

다중페이즈 병합이 위의 예에서처럼 작동할 수 있으려면 각 페이즈 이후에 테이프 상의 연속열들이 "완전 피보나치 배분"을 이루도록 해야 한다. 위의 표를 아래에서 위로 읽는다고 할 때, $T=6$일 때의 처음 일곱 개의 완전 피보나치 배분들은 $\{1,0,0,0,0\}$, $\{1,1,1,1,1\}$, $\{2,2,2,2,1\}$, $\{4,4,4,3,2\}$, $\{8,8,7,6,4\}$, $\{16,15,14,12,8\}$, $\{31,30,28,24,16\}$이다. 이제 해결해야 할 중요한 질문들은 다음과 같다.

1. 이 완전 피보나치 배분에 깔린 규칙은 무엇인가?
2. 만일 S가 완전 피보나치 배분에 부합하지 않는다면 어떻게 해야 할까?
3. 테이프들에 바람직한 구성을 만들어 내도록 초기 배분 패스를 설계하려면?
4. T테이프 다중페이즈 병합에 필요한 자료 훑기 "패스" 횟수를 S(초기 연속열 개수)의 함수로 표현한다면?

이 네 질문을, "쉬운 답들"을 먼저 제시하고 좀 더 상세한 분석을 수행하는 형태로 차례대로 살펴보자.

완전 피보나치 배분들은 패턴을 반대 방향으로 수행하면서 테이프 내용을 순환시켜서 얻을 수 있다. 예를 들어 $T=6$일 때 다음과 같은 연속열 구성이 만들어진다.

수준	T1	T2	T3	T4	T5	총합	최종 출력이 기록될 테이프	
0	1	0	0	0	0	1	T1	
1	1	1	1	1	1	5	T6	
2	2	2	2	2	1	9	T5	
3	4	4	4	3	2	17	T4	
4	8	8	7	6	4	33	T3	
5	16	15	14	12	8	65	T2	
6	31	30	28	24	16	129	T1	
7	61	59	55	47	31	253	T6	
8	120	116	108	92	61	497	T5	
. . .	. . .	. . .	. . .	. . .	. . .	. . .	. . .	
n	a_n	b_n	c_n	d_n	e_n	t_n	$\mathrm{T}(k)$	
$n+1$	a_n+b_n	a_n+c_n	a_n+d_n	a_n+e_n	a_n	t_n+4a_n	$\mathrm{T}(k-1)$	(1)
. . .	. . .	. . .	. . .	. . .	. . .	. . .	. . .	

(초기 배분 이후 테이프 T6은 항상 비어 있게 된다.)

수준 n에서 $n+1$로 가는 규칙은 조건

$$a_n \ge b_n \ge c_n \ge d_n \ge e_n \tag{2}$$

이 모든 수준에서 성립할 것임을 보여준다. 실제로, $a_0 = 1$이고 $n = -1, -2, -3, -4$에 대해 $a_n = 0$이라고 할 때

$$\begin{aligned} e_n &= a_{n-1}, \\ d_n &= a_{n-1} + e_{n-1} = a_{n-1} + a_{n-2}, \\ c_n &= a_{n-1} + d_{n-1} = a_{n-1} + a_{n-2} + a_{n-3}, \\ b_n &= a_{n-1} + c_{n-1} = a_{n-1} + a_{n-2} + a_{n-3} + a_{n-4}, \\ a_n &= a_{n-1} + b_{n-1} = a_{n-1} + a_{n-2} + a_{n-3} + a_{n-4} + a_{n-5} \end{aligned} \tag{3}$$

임을 (1)로부터 쉽게 확인할 수 있다.

p차 피보나치 수 $F_n^{(p)}$들은 다음과 같은 규칙으로 정의된다.

$$\begin{aligned} &n \ge p\text{에 대해} \quad F_n^{(p)} = F_{n-1}^{(p)} + F_{n-2}^{(p)} + \cdots + F_{n-p}^{(p)}; \\ &0 \le n \le p-2\text{에 대해} \quad F_n^{(p)} = 0; \qquad F_{p-1}^{(p)} = 1. \end{aligned} \tag{4}$$

다른 말로 하면, $p-1$개의 0들 다음에 1이 오고 그 다음에는 그 이전 p개의 값들의 합인 수들이 오는 것이다. $p = 2$일 때에는 통상적인 피보나치 수열이다. $p = 3$인 경우는 트리보나치(Tribonacci) 수열이라고 부른다. $p > 2$에 대한 이러한 수열들은 1356년에 판디타Nārāyaṇa Paṇḍita가 처음으로 연구했음이 명백하다 [P. Singh, *Historia Mathematica* 12 (1985), 229-244 참고]. 그리고 수백 년 후 슐레겔V. Schlegel이 *El Progreso Matemático* 4 (1894), 173-174에서 연구했다. 슐레겔은 다음과 같은 생성함수를 유도했다.

$$\sum_{n \ge 0} F_n^{(p)} z^n = \frac{z^{p-1}}{1 - z - z^2 - \cdots - z^p} = \frac{z^{p-1} - z^p}{1 - 2z + z^{p+1}}. \tag{5}$$

(3)의 마지막 등호는 6테이프 다중페이즈 병합 도중 T1에 있는 연속열들의 개수가 5차 피보나치 수임을 보여준다: $a_n = F_{n+4}^{(5)}$.

일반화하자면, 만일 $P = T - 1$로 둔다면 T개의 테이프들에 대한 다중페이즈 병합 분포들은 동일한 방식으로 P차 피보나치 수들에 대응한다. 완전한 n차 수준 배분에서 $1 \le k \le P$에 대해 k번째 테이프가 받는 초기 연속열들의 개수는

$$F_{n+P-2}^{(P)} + F_{n+P-3}^{(P)} + \cdots + F_{n+k-2}^{(P)}$$

이다. 따라서 모든 테이프의 초기 연속열 전체 개수는

$$t_n = PF_{n+P-2}^{(P)} + (P-1)F_{n+P-3}^{(P)} + \cdots + F_{n-1}^{(P)} \tag{6}$$

이다.

이렇게 해서 "완전 피보나치 배분"의 문제가 해결이 되었다. 그런데 임의의 n에 대해 만일 S가 t_n과 정확히 같지 않다면 어떻게 해야 할까? 그리고 애초에 연속열들을 테이프에 어떻게 배분해야 할까?

S가 완전하지 않을 때에는(그리고 완전한 값들은 많지 않다), 균형 P중 병합에서 했던 것처럼 인위적인 "모조 연속열"들을 추가함으로써 S가 완전한 것처럼 보이게 하는 식으로 진행할 수 있다. 그런 모조 연속열들을 추가하는 방법은 여러 가지인데, 그 중 어떤 것이 "최고의" 방법인지는 아직 분석할 준비가 되어 있지 않다. 일단은 엄밀하게 최적인 것은 아닌 연속열 배분 및 모조 연속열 배정 방법을 하나 살펴보기로 하자. 이제 살펴볼 방법은 최적은 아니어도 단순하다는 미덕을 갖추고 있을 뿐만 아니라 같은 수준의 다른 단순한 방법들에 비해서는 더 나은 것으로 보인다.

알고리즘 D ("수평" 배분을 이용한 다중페이즈 병합 정렬). 이 알고리즘은 초기 연속열들의 공급이 다 소진될 때까지 초기 연속열들을 한 번에 하나씩 테이프들에 배분한다. 그런 다음에는 $T = P + 1 \geq 3$개의 가용 테이프 장치들이 존재한다는 가정 하에서 P중 병합을 이용해 테이프들의 병합 방식을 지정한다. 테이프 T는 어떠한 초기 연속열도 받지 않으므로 입력을 담아 두는 데 사용할 수 있다. 알고리즘은 다음과 같은 표들을 사용한다.

A[j], $1 \leq j \leq T$: 얻고자 하는 완전 피보나치 배분.

D[j], $1 \leq j \leq T$: 논리 테이프 장치 번호 j의 시작에 존재한다고 가정된 모조 연속열들의 개수.

TAPE[j], $1 \leq j \leq T$: 논리 테이프 장치 번호 j에 해당하는 물리적 테이프 장치의 번호.

(편의를 위해, 알고리즘이 진행됨에 따라 다른 물리적 테이프 장치들이 배정되는 "논리적 테이프 장치 번호"를 사용한다.)

D1. [초기화.] $1 \leq j < T$에 대해 A[j] ← D[j] ← 1, TAPE[j] ← j로 설정한다. A[T] ← D[T] ← 0, TAPE[T] ← T로 설정한다. 그런 다음 $l \leftarrow 1$, $j \leftarrow 1$로 설정한다.

D2. [테이프 j로 입력.] 연속열 하나를 j번 테이프에 기록하고 D[j]를 1 감소한다. 만일 입력이 소진되었으면 모든 테이프를 되감고 단계 D5로 간다.

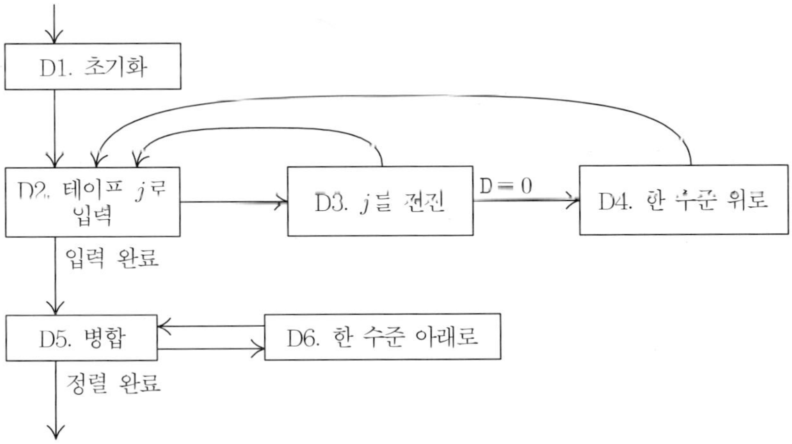

그림 68. 다중페이즈 병합 정렬.

D3. 〔j를 전진.〕 만일 D[j] < D[$j+1$]이면 j를 1 증가하고 D2로 돌아간다. 그렇지 않고 만일 D[j] = 0이면 D4로 간다. 그렇지 않으면 $j \leftarrow 1$로 설정하고 D2로 돌아간다.

D4. 〔한 수준 위로〕 $l \leftarrow l+1$, $a \leftarrow$ A[1]로 설정하고, 그런 다음 $j = 1, 2, \ldots, P$에 대해(이 순서대로) D[j] $\leftarrow a+$ A[$j+1$] − A[j], A[j] $\leftarrow a+$ A[$j+1$]로 설정한다. ((1)을 볼 것. 그리고 A[$P+1$]이 항상 0임을 주목하라. 이 시점에서 D[1] $\geq$ D[2] $\geq \cdots \geq$ D[T]이다.) 이제 $j \leftarrow 1$로 설정하고 D2로 돌아간다.

D5. 〔병합.〕 만일 $l = 0$이면 정렬이 완료된 것이며 출력은 TAPE[1]에 있다. 그렇지 않다면 TAPE[P]가 비고 D[P] = 0이 될 때까지 TAPE[1], ..., TAPE[P]의 연속열들을 TAPE[T]로 병합한다. 병합 공정은 병합할 각 연속열에 대해 다음을 수행해야 한다: 만일 모든 j, $1 \leq j \leq P$에 대해 D[j] > 0이면 D[T]를 1 증가하고 $1 \leq j \leq P$에 대해 각 D[j]를 1 감소한다. 그렇지 않으면 D[j] = 0인 각 TAPE[j]에서 연속열 하나씩을 병합하고, 그 외의 각 j에 대해 D[j]를 감소한다. (즉, 모조 연속열들이 테이프의 끝이 아니라 시작에 존재하는 것으로 간주한다.)

D6. 〔한 수준 아래로〕 $l \leftarrow l-1$로 설정한다. TAPE[P]와 TAPE[T]를 되감는다. (실제로는 TAPE[P]의 되감기를 단계 D5 도중 해당 마지막 블록이 입력된 직후에 시작할 수도 있다.) 그런 후 (TAPE[1], TAPE[2], ..., TAPE[T]) ← (TAPE[T], TAPE[1], ..., TAPE[$T-1$]), (D[1], D[2], ..., D[T]) ← (D[T], D[1], ..., D[$T-1$])로 설정하고 단계 D5로 돌아간다. ▌

알고리즘의 단계 D3에서 아주 간단하게만 언급한 연속열 배분 법칙은 각 테이프의 모조 연속열 개수를 최대한 균등하게 만들기 위한 것이다. 그림 69는 6테이프 정렬에서 수준 4(연속열 33개)로부터 수준 5(연속열 65개)로 갈 때의 배분 순서를 보여준다. 만일 초기 연속열이 예를 들어 53개뿐이었다면 54번 이후의 모든 연속열은 모조 연속열들로 간주되었을 것이다. (그 연속열들은 실제로는 테이프의 끝에 기록되지만, 여기서는 모조 연속열들이 테이프의 시작에 있다고 가정한다. 따라서 그 연속열들이 테이프의 시작에 기록된다고 상상하는 것이 제일 낫다.)

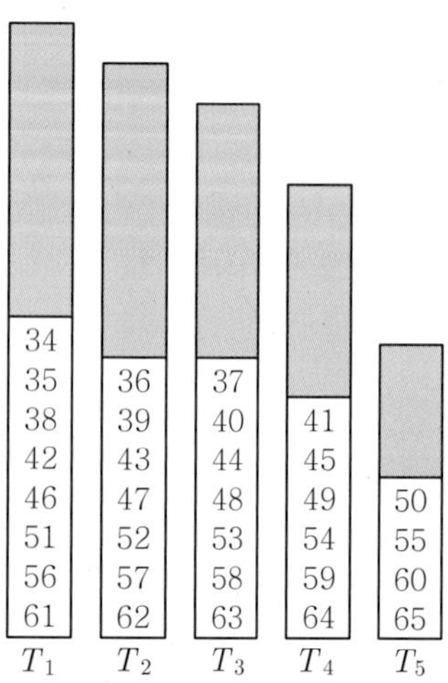

그림 69. 수준 4에서 5로 나아갈 때 34에서 65까지의 연속열들이 테이프들에 배분되는 순서. (식 (1)의 완전 배분표를 볼 것.) 회색 영역은 수준 4에 도달했을 때 배분되어 있던 처음 33개의 연속열들을 나타낸다. 제일 아래 행은 각 테이프의 시작에 해당한다.

이렇게 해서 앞서 나열한 질문들 중 처음 세 개를 살펴보았다. 이제 남은 것은 자료에 대한 "패스"들의 수를 살펴보는 일뿐이다. 앞의 6테이프 예제를 표 (1)과 비교해보면, $S = t_6$인 경우 초기 배분 패스를 제외할 때 처리되는 초기 연속열 전체 개수는 $a_5t_1 + a_4t_2 + a_3t_3 + a_2t_4 + a_1t_5 + a_0t_6$임을 알 수 있다. 연습문제 4에서는 다음과 같은 생성함수들을 유도한다.

$$\begin{aligned} a(z) &= \sum_{n \ge 0} a_n z^n = \frac{1}{1 - z - z^2 - z^3 - z^4 - z^5}, \\ t(z) &= \sum_{n \ge 1} t_n z^n = \frac{5z + 4z^2 + 3z^3 + 2z^4 + z^5}{1 - z - z^2 - z^3 - z^4 - z^5}. \end{aligned} \tag{7}$$

이로부터, 일반적으로 $S = t_n$일 때 처리되는 초기 연속열 전체 개수는 정확히 $a(z)t(z)$의 z^n의 계수 더하기 t_n(초기 배분 패스에 해당)임을 알 수 있다. 이제 다중페이즈의 점근적 습성을 계산하는 것이 가능해졌다. 연습문제 5, 6, 7의 계산에 의해 다음과 같은 결과가 나온다:

표 1

다중페이즈 병합 정렬의 근사적 습성

테이프 수	페이즈 수	패스 수	패스/페이즈	증가율
3	$2.078 \ln S + 0.672$	$1.504 \ln S + 0.992$	72%	1.6180340
4	$1.641 \ln S + 0.364$	$1.015 \ln S + 0.965$	62%	1.8392868
5	$1.524 \ln S + 0.078$	$0.863 \ln S + 0.921$	57%	1.9275620
6	$1.479 \ln S - 0.185$	$0.795 \ln S + 0.864$	54%	1.9659482
7	$1.460 \ln S - 0.424$	$0.762 \ln S + 0.797$	52%	1.9835828
8	$1.451 \ln S - 0.642$	$0.744 \ln S + 0.723$	51%	1.9919642
9	$1.447 \ln S - 0.838$	$0.734 \ln S + 0.646$	51%	1.9960312
10	$1.445 \ln S - 1.017$	$0.728 \ln S + 0.568$	50%	1.9980295
20	$1.443 \ln S - 2.170$	$0.721 \ln S - 0.030$	50%	1.9999981

표 1에서 "증가율"은 $\lim_{n\to\infty} t_{n+1}/t_n$이다. 이는 각 수준에서의 연속열 개수의 증가에 대한 근사적인 비율이다. "패스" 횟수는 각 레코드의 평균 처리 횟수로, 구체적으로 말하면 배분 및 병합 페이즈들에서 초기 연속열들이 처리되는 횟수 전체에 $1/S$을 곱한 것이다. 표에 나온 각 경우의 패스 횟수 및 페이즈 횟수는 $S \to \infty$에 따른 완전 배분에 대해, 어떤 $\epsilon > 0$에 대한 $O(S^{-\epsilon})$까지 정확하다.

그림 70은 각 레코드가 병합되는 평균 횟수를 S의 함수 형태로 나타낸 것으로, 불완전 수들은 알고리즘 D로 처리했다. 테이프가 세 개인 경우 완전 배분 직후에 발생하는 상대적 비효율성을 나타내는 "마루(peak)"들이 존재함을 주목하자. 그러나 이런 현상은 테이프가 4개 이상이 되면 대부분 사라진다. 8개 이상의 테이프들을 사용하는 것은 6 또는 7개의 테이프들을 사용할 때에 비해 이득이 거의 없다.

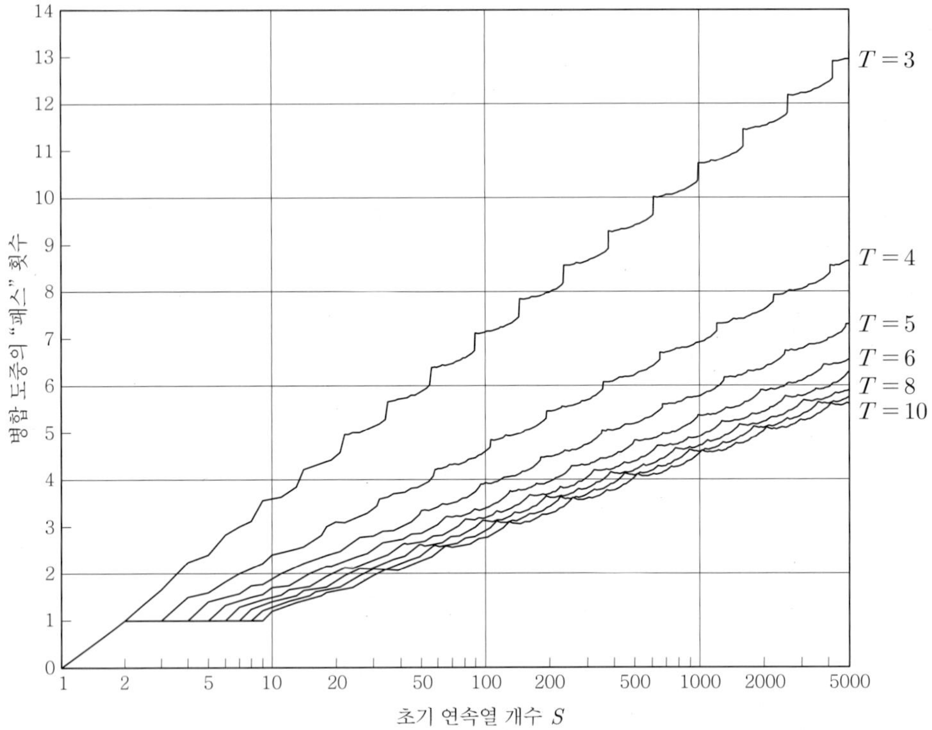

그림 70. 알고리즘 D를 이용하는 다중페이즈 병합의 효율성.

좀 더 자세한 고찰. k회의 패스를 요구하는 균형 병합의 경우, 정렬의 전 과정에서 모든 레코드는 정확히 k번 처리된다. 그러나 다중페이즈 절차에서는 이처럼 균등한 처리가 일어나지 않는다. 다른 레코드들보다 더 많이 처리되는 레코드들이 존재하며, 따라서 만일 모조 연속열들을 자주 처리되는 위치들에 배치한다면 속도를 높일 수 있다.

그런 차원에서 다중페이즈 분포를 좀 더 자세히 공부해 보자. (1)에서처럼 그냥 각 테이프의 연속열 개수만을 살펴보는 대신, 이번에는 각 연속열마다 그것의 병합 횟수, 즉 연속열이 완전한 다중페이즈 정렬 과정 동안 처리되는 횟수를 살펴보기로 한다. 다음은 (1)을 대체하는 좀 더 자세한 표이다.

수준	T1	T2	T3	T4	T5	
0	0	—	—	—	—	
1	1	1	1	1	1	
2	21	21	21	21	2	
3	3221	3221	3221	322	32	
4	43323221	43323221	4332322	433232	4332	
5	5443433243323221	544343324332322	54434332433232	544343324332	54434332	
⋯	⋯	⋯	⋯	⋯	⋯	
n	A_n	B_n	C_n	D_n	E_n	
$n+1$	$(A_n+1)B_n$	$(A_n+1)C_n$	$(A_n+1)D_n$	$(A_n+1)E_n$	A_n+1	(8)
⋯	⋯	⋯	⋯	⋯	⋯	

여기서 A_n은 수준 n 분포에서 시작한다고 할 때의 T1의 각 연속열의 병합 횟수를 나타내는 a_n개의 값들의 기호열이고 B_n은 T2에 대한 해당 기호열, 등등이다. "$(A_n+1)B_n$"이라는 표기는 "모든 값들이 1 증가된 A_n 다음에 B_n이 오는 기호열"을 뜻한다.

그림 71(a)는 A_5, B_5, C_5, D_5, E_5를 세로로 세운 것으로, 각 연속열의 병합 횟수들이 테이프에 어떻게 나타나는지를 보여준다. 예를 들어 각 테이프의 시작에 있는 연속열은 다섯 번 처리되는 반면 T1의 끝에 있는 연속열은 단 한 번만 처리됨을 주목할 것. 다중페이즈 병합의 이러한 차별적인 습성 때문에, 모조 연속열을 테이프의 끝보다는 시작에 두는 것이 훨씬 낫다. 그림 71(b)는 5수준 다중페이즈 병합을 위해 연속열들을 배분하는 최적의 순서를 보여주는 것으로, 각각의 새 연속열을 가능한 가장 작은 병합 횟수에 해당하는 위치에 넣을 때 최적의 순서가 된다. 알고리즘 D가 이만큼 좋지는 않다(그림 69 참고). 왜냐하면 알고리즘 D는 "3" 위치들을 다 사용하기 전에도 일부 "4" 위치들을 채우기 때문이다.

1				
2	2			
2	2	2		
3	3	3		
2	2	2	2	
3	3	3	3	
3	3	3	3	
4	4	4	4	
2	2	2	2	2
3	3	3	3	3
3	3	3	3	3
4	4	4	4	4
3	3	3	3	3
4	4	4	4	4
4	4	4	4	4
5	5	5	5	5

(a)

테이프의 시작

1				
2	3			
4	5	6		
16	17	18		
7	8	9	10	
19	20	21	22	
23	24	25	26	
42	43	44	45	
11	12	13	14	15
27	28	29	30	31
32	33	34	35	36
46	47	48	49	50
37	38	39	40	41
51	52	53	54	55
56	57	58	59	60
61	62	63	64	65

(b)

그림 71. 여섯 테이프를 위한 5차 수준 다중페이즈 배분의 분석. (a) 병합 횟수, (b) 최적 배분 순서.

(8)의 점화식들은 B_n, C_n, D_n, E_n 모두 A_n의 조기 부분기호열들임을 보여준다. 실제로, 이 기호열들의 길이만을 다루는 식 (3)을 일반화하는 다음과 같은 공식들을 (8)을 이용해서 유도할 수 있다.

$$\begin{aligned} E_n &= (A_{n-1})+1, \\ D_n &= (A_{n-1}A_{n-2})+1, \\ C_n &= (A_{n-1}A_{n-2}A_{n-3})+1, \\ B_n &= (A_{n-1}A_{n-2}A_{n-3}A_{n-4})+1, \\ A_n &= (A_{n-1}A_{n-2}A_{n-3}A_{n-4}A_{n-5})+1. \end{aligned} \tag{9}$$

더 나아가서, A들을 정의하는 규칙은 모든 수준의 시작에서 본질적으로 동일한 구조가 존재함을 함의한다. 이제

$$A_n = n - Q_n \tag{10}$$

이 성립한다. 여기서 Q_n은 다음과 같은 규칙으로 정의되는 a_n 값들의 한 기호열이다.

$$n \geq 1\text{에 대해}\quad Q_n = Q_{n-1}(Q_{n-2}+1)(Q_{n-3}+2)(Q_{n-4}+3)(Q_{n-5}+4);$$
$$Q_0 = 0; \qquad n < 0\text{에 대해}\quad Q_n = \epsilon \quad (\text{빈 기호열}). \tag{11}$$

Q_n은 Q_{n-1}로 시작하므로, 무한 기호열 Q_∞를 생각해 볼 수 있다. 이 무한 기호열의 처음 a_n개의 원소들은 Q_n과 상등이다. 본질적으로 이 Q_∞는 다중페이즈 배분의 모든 병합 횟수들을 특징짓는다. 테이프가 6개인 경우에는

$$Q_\infty = 011212231223233412232334233434412232334233434452334344534454512232\cdots \tag{12}$$

이다. 연습문제 11에는 이 기호열에 대한 한 가지 흥미로운 해석이 나온다.

A_n이 기호열 $m_1 m_2 \ldots m_{a_n}$이라고 할 때, 각 병합 횟수의 출현 횟수를 세는 해당 생성함수를

$$A_n(x) = x^{m_1} + x^{m_2} + \cdots + x^{m_{a_n}}$$

이라고 하자. 그리고 $B_n(x)$, $C_n(x)$, $D_n(x)$, $E_n(x)$도 비슷하게 정의하자. 예를 들어 $A_4(x) = x^4 + x^3 + x^3 + x^2 + x^3 + x^2 + x^2 + x = x^4 + 3x^3 + 3x^2 + x$이다. (9)의 관계식들로부터 $n \geq 1$에 대해

$$\begin{aligned}
E_n(x) &= x(A_{n-1}(x)),\\
D_n(x) &= x(A_{n-1}(x) + A_{n-2}(x)),\\
C_n(x) &= x(A_{n-1}(x) + A_{n-2}(x) + A_{n-3}(x)),\\
B_n(x) &= x(A_{n-1}(x) + A_{n-2}(x) + A_{n-3}(x) + A_{n-4}(x)),\\
A_n(x) &= x(A_{n-1}(x) + A_{n-2}(x) + A_{n-3}(x) + A_{n-4}(x) + A_{n-5}(x))
\end{aligned} \tag{13}$$

임을 알 수 있다. 여기서 $A_0(x) = 1$이고 $n = -1, -2, -3, -4$에 대해서는 $A_n(x) = 0$이다. 따라서

$$\sum_{n \geq 0} A_n(x) z^n = \frac{1}{1 - x(z + z^2 + z^3 + z^4 + z^5)} = \sum_{k \geq 0} x^k (z + z^2 + z^3 + z^4 + z^5)^k \tag{14}$$

이다.

모든 테이프의 연속열들을 고찰한다고 할 때,

$$T_n(x) = A_n(x) + B_n(x) + C_n(x) + D_n(x) + E_n(x), \qquad n \geq 1 \tag{15}$$

로 두자. 이제 (13)으로부터

$$T_n(x) = 5A_{n-1}(x) + 4A_{n-2}(x) + 3A_{n-3}(x) + 2A_{n-4}(x) + A_{n-5}(x)$$

가 즉시 도출되며, 따라서

$$\sum_{n \geq 1} T_n(x) z^n = \frac{x(5z + 4z^2 + 3z^3 + 2z^4 + z^5)}{1 - x(z + z^2 + z^3 + z^4 + z^5)} \tag{16}$$

이다.

(16)의 형태 덕분에 $T_n(x)$의 계수들을 쉽게 계산할 수 있다:

	z	z^2	z^3	z^4	z^5	z^6	z^7	z^8	z^9	z^{10}	z^{11}	z^{12}	z^{13}	z^{14}
x	5	4	3	2	1	0	0	0	0	0	0	0	0	0
x^2	0	5	9	12	14	15	10	6	3	1	0	0	0	0
x^3	0	0	5	14	26	40	55	60	57	48	35	20	10	4
x^4	0	0	0	5	19	45	85	140	195	238	260	255	220	170
x^5	0	0	0	0	5	24	69	154	294	484	703	918	1088	1168

(17)

이 표의 열들로부터 $T_n(x)$를 구하면 된다. 예를 들어 $T_4(x) = 2x + 12x^2 + 14x^3 + 5x^4$이다. 첫 행 이후의 각 항목은 그 전 행에서 그 항목 바로 위의 왼쪽에 있는 다섯 항목들의 합이다.

"완전" n차 수준 배분의 연속열 개수는 $T_n(1)$이며, 그 연속열들의 병합에 필요한 총 처리량은 그것의 미분인 $T_n'(1)$이다. 이제

$$\sum_{n \geq 1} T_n'(x) z^n = \frac{5z + 4z^2 + 3z^3 + 2z^4 + z^5}{(1 - x(z + z^2 + z^3 + z^4 + z^5))^2} \tag{18}$$

이다. (16)과 (18)에서 $x = 1$로 두면 완전 n차 수준 배분에 대한 병합 처리가 $a(z)t(z)$의 z^n의 계수라는 이전의 관측과 일치하는 결과가 나온다. (7)을 볼 것.

함수 $T_n(x)$를 이용해서 모조 연속열들을 최적의 방식으로 추가했을 때의 작업량을 구할 수 있다. n차 수준 배분에서의 가장 작은 m개의 병합 횟수들의 합을 $\Sigma_n(m)$이라고 하자. 이 값들은 (17)의 열들로부터 쉽게 계산할 수 있으며, 그러면 $\Sigma_n(m)$들이 다음과 같이 주어짐을 알 수 있다.

$m =$	1	2	3	4	5	6	7	8	9	10	11	12	13	14	15	16	17	18	19	20	21
$n = 1$	1	2	3	4	5	∞	∞	∞	∞	∞	∞	∞	∞	∞	∞	∞	∞	∞	∞	∞	∞
$n = 2$	1	2	3	4	6	8	10	12	14	∞	∞	∞	∞	∞	∞	∞	∞	∞	∞	∞	∞
$n = 3$	1	2	3	5	7	9	11	13	15	17	19	21	24	27	30	33	36	∞	∞	∞	∞
$n = 4$	1	2	4	6	8	10	12	14	16	18	20	22	24	26	29	32	35	38	41	44	47
$n = 5$	1	3	5	7	9	11	13	15	17	19	21	23	25	27	29	32	35	38	41	44	47
$n = 6$	2	4	6	8	10	12	14	16	18	20	22	24	26	28	30	33	36	39	42	45	48
$n = 7$	2	4	6	8	10	12	14	16	18	20	23	26	29	32	35	38	41	44	47	50	53

(19)

예를 들어 17개의 연속열들을 수준3 배분으로 정렬하고자 한다면, 총 처리량은 $\Sigma_3(17) = 36$이다. 그러나 수준4 또는 수준5 배분을 사용하고 연속열들을 최적의 방식으로 배치한다면 병합 페이즈들에서의 총 처리량은 단 $\Sigma_4(17) = \Sigma_5(17) = 35$밖에 되지 않는다. 실제로, S가 커짐에 따라 최적의 수준 개수는 알고리즘 D에 쓰이는 것보다 훨씬 많음을 알게 된다.

표 2

주어진 수준이 최적인 연속열들의 개수

수준	$T=3$	$T=4$	$T=5$	$T=6$	$T=7$	$T=8$	$T=9$	$T=10$	
1	2	2	2	2	2	2	2	2	M_1
2	3	4	5	6	7	8	9	10	M_2
3	4	6	8	10	12	14	16	18	M_3
4	6	10	14	14	17	20	23	26	M_4
5	9	18	23	29	20	24	28	32	M_5
6	14	32	35	43	53	27	32	37	M_6
7	22	55	76	61	73	88	35	41	M_7
8	35	96	109	154	98	115	136	44	M_8
9	56	173	244	216	283	148	171	199	M_9
10	90	280	359	269	386	168	213	243	M_{10}
11	145	535	456	779	481	640	240	295	M_{11}
12	234	820	1197	1034	555	792	1002	330	M_{12}
13	378	1635	1563	1249	1996	922	1228	1499	M_{13}
14	611	2401	4034	3910	2486	1017	1432	1818	M_{14}
15	988	4959	5379	4970	2901	4397	1598	2116	M_{15}
16	1598	7029	6456	5841	10578	5251	1713	2374	M_{16}
17	2574	14953	18561	19409	13097	5979	8683	2576	M_{17}
18	3955	20583	22876	23918	15336	6499	10069	2709	M_{18}
19	6528	44899	64189	27557	17029	30164	11259	15787	M_{19}

연습문제 14는 수준 n이 $M_n \le S < M_{n+1}$에 대해 최적임을 만족하는 수 M_n들의 비감소 수열이 존재하나, $S \ge M_{n+1}$에 대해서는 존재하지 않음을 증명한다. 여섯 테이프의 경우 방금 계산한 $\Sigma_n(m)$들의 표들로부터

$$M_0 = 0, \qquad M_1 = 2, \qquad M_2 = 6, \qquad M_3 = 10, \qquad M_4 = 14$$

임을 알 수 있다.

이상의 논의에서는 여섯 테이프의 경우만을 다루었지만, 임의의 $T \ge 3$에 대한 T개의 테이프들을 사용하는 다중페이즈 병합에도 같은 논의가 적용됨은 명백하다. 그냥 적절한 장소들에서 5를 모두 $P = T-1$로 대체하기만 하면 된다. 표 2는 여러 T 값들에 대해 얻은 수열 M_n들을 표시한 것이다. 표 3과 그림 72는 모조 연속열들을 최적의 방식으로 배분한 후에 처리되는 초기 연속열들의 전체 개수를 보여준다. (표 3의 제일 아래에 나오는 공식들은 조금 에누리해서 받아들여야 한다. 왜냐하면 그 공식들은 범위 $1 \le S \le 5000$에 대해($T=3$의 경우에는 $1 \le S \le 10000$에 대해) 최소제곱 적합법으로 적응시킨 것이기 때문이다. 주어진 범위의 S 값들이 모든 T에 대해 균등하게 일치하는 것은 아니기 때문에 다소 불규칙적인 습성이 생기게 된다. $S \to \infty$에 따라, 최적의 다중페이

스 배분 이후에 처리되는 초기 연속열들의 개수는 점근적으로 $S \log_P S$가 되나, 이 점근 극한은 극도로 느리게 수렴한다.)

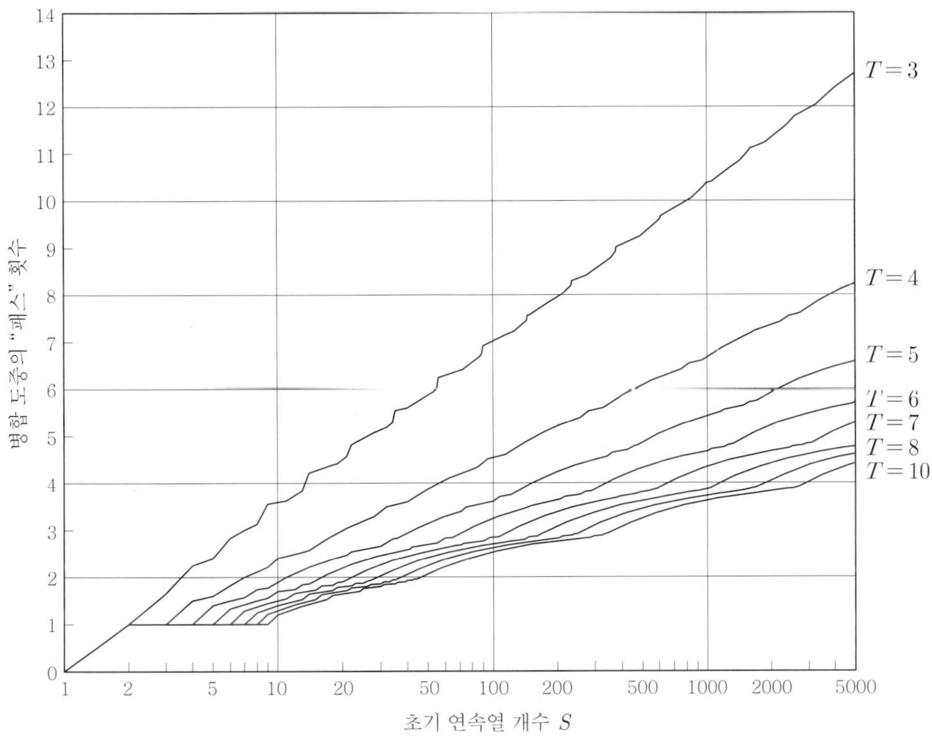

그림 72. 최적의 초기 배분 이후의 다중페이즈 병합의 효율성. 그림 70과 동일한 가정을 둔 것이다.

표 3

최적 다중페이즈 병합 도중 처리되는 초기 연속열 개수

S	$T=3$	$T=4$	$T=5$	$T=6$	$T=7$	$T=8$	$T=9$	$T=10$
10	36	24	19	17	15	14	13	12
20	90	60	49	44	38	36	34	33
50	294	194	158	135	128	121	113	104
100	702	454	362	325	285	271	263	254
500	4641	3041	2430	2163	1904	1816	1734	1632
1000	10371	6680	5430	4672	4347	3872	3739	3632
5000	63578	41286	32905	28620	26426	23880	23114	22073
S {	(1.51	0.951	0.761	0.656	0.589	0.548	0.539	0.488)$\times S \ln S+$
	(−.11	+.14	+.160	+.19	+.21	+.20	+.02	+.18)$\times S$

표 4는 알고리즘 D의 배분 방법의 결과인데, 표 3에 나온 최적 배분의 결과와 비교해 보기 바란다. S와 T가 커졌을 때 알고리즘 D가 최적에 아주 가깝지는 않음이 명백하다. 그러나 그런 경우들에서 상당한 복잡한 처리 없이도 알고리즘 D보다 더 나은 결과를 내는 방법은 명백하지 않다. 특히 S를 미리 알지 못하는 경우에는 더욱 그렇다. 다행히 큰 S를 걱정해야 하는 경우는 거의 없다(5.4.6절 참고). 따라서 실용적인 목적으로 볼 때 알고리즘 D가 아주 나쁜 것은 아니며, 사실은은 상당히 좋다.

표 4

표준 다중페이즈 병합 도중 처리되는 초기 연속열 개수

S	$T=3$	$T=4$	$T=5$	$T=6$	$T=7$	$T=8$	$T=9$	$T=10$
10	36	24	19	17	15	14	13	12
20	90	62	49	44	41	37	34	33
50	294	194	167	143	134	131	120	114
100	714	459	393	339	319	312	292	277
500	4708	3114	2599	2416	2191	2100	2047	2025
1000	10730	6920	5774	5370	4913	4716	4597	4552
5000	64740	43210	36497	32781	31442	29533	28817	28080

다중페이즈 정렬을 수학적으로 분석한 최초의 인물은 카터W. C. Carter이다 [*Proc. IFIP Congress* (1962), 62–66]. 앞서 최적의 모조 연속열 배치에 관해 언급한 많은 결과들은 원래 색먼B. Sackman과 싱어T. Singer에서 기인한 것이다 ["A vector model for merge sort analysis," ACM Sort Symposium에서 발표된 미출판 논문 (1962년 11월), 총21쪽]. 후에 색먼은 알고리즘 D에 쓰인 수평 배분법을 제시했다. 셸Donald Shell 역시 독립적으로 그 이론을 개발했고, 관계식 (10)을 언급했으며, 여러 배분 알고리즘들을 상세히 연구했다 [*CACM* 14 (1971), 713–719; 15 (1972), 28]. 제이브Derek A. Zave는 이론을 더욱 유익하게 전개하고 개선했다 [*SICOMP* 6 (1977), 1–39]. 제이브의 결과들 중 일부를 연습문제 15, 16, 17에서 논의한다. 생성함수 (16)은 버지W. Burge가 처음으로 조사했다 [*Proc. IFIP Congress* (1971), 1, 454–459].

되감기 시간은 어떠한가? 지금까지는 "처리된 연속열 개수"를 테이프 병합 전략들의 효율성 비교의 유일한 기준으로 삼았다. 그러나 이번 절 처음 부분의 예제들에서, 2에서 6까지의 각 페이즈 이후 컴퓨터는 두 테이프가 되감아질 때까지 기다려야 한다. 다음 페이즈를 처리하려면 그 이전의 출력 테이프와 현재의 출력 테이프를 반드시 시작 위치로 되돌려야 하기 때문이다. 일반적으로 이전 출력 테이프는 정렬할 레코드들 중 상당 부분을 담고 있기 때문에(표 1의 "패스/페이즈" 열 참고), 이러한 되감기 작업은 상당한 지연을 야기한다. 그러한 모든 되감기 작업이 진행되는 동안 컴퓨터가 아무 일도 없이 빈둥거리게 만드는 것은 전혀 바람직하지 않다. 다른 병합 패턴들을 사용한다면 되감기 작업 동안 다른 테이프들에서 뭔가 유용한 일을 수행할 수 있다.

다중페이즈 절차를 조금만 수정하면 이러한 문제를 극복할 수 있다. 다만, 테이프를 적어도 다섯 개는 사용해야 한다 [Y. Cesari, 학위논문, U. of Paris (1968), 25-27을 볼 것. 거기서는 해당 착상의 기원을 카롱J. Caron에게 돌리고 있다]. 카롱의 방식에서, 각 페이즈에서는 두 테이프를 되감는 동안 $T-3$개의 테이프들에 있는 연속열들을 다른 테이프에 병합한다.

예를 들어 테이프가 여섯 개이고 초기 연속열이 49개인 경우를 생각해보자. 다음 표에서 R은 페이즈 도중의 되감기를 나타낸다. 초기 입력은 T5에 들어 있다고 가정한다.

페이즈	T1	T2	T3	T4	T5	T6	기록 시간	되감기 시간
1	1^{11}	1^{17}	1^{13}	1^{8}	—	(R)	49	17
2	(R)	1^{9}	1^{5}	—	R	3^{8}	$8\times3=24$	$49-17=32$
3	1^{6}	1^{4}	—	R	3^{5}	R	$5\times3=15$	$\max(8,24)$
4	1^{2}	—	R	5^{4}	R	3^{4}	$4\times5=20$	$\max(13,15)$
5	—	R	7^{2}	R	3^{3}	3^{2}	$2\times7=14$	$\max(17,20)$
6	R	11^{2}	R	5^{2}	3^{1}	—	$2\times11=22$	$\max(11,14)$
7	15^{1}	R	7^{1}	5^{1}	—	R	$1\times15=15$	$\max(22,24)$
8	R	11^{1}	7^{0}	—	R	23^{1}	$1\times23=23$	$\max(15,15)$
9	15^{1}	11^{1}	—	R	33^{0}	R	$0\times33=0$	$\max(20,23)$
10	(15^{0})	—	R	49^{1}	(R)	(23^{0})	$1\times49=49$	14

여기서, 페이즈 9(최종 병합을 준비하는 "모조 페이즈")의 되감기와 초기 배분 페이즈 이후(모든 테이프들이 되감길 때)를 제외한 모든 되감기 시간은 본질적으로 겹쳐진다. 한 초기 연속열에서 여러 개의 레코드들을 병합하는 데 걸리는 시간을 t라고 하고 한 초기 연속열을 되감는 데 걸리는 시간을 r이라고 할 때, 이 공정이 소비하는 시간은 약 $182t+40r$ 더하기 초기 배분 및 최종 되감기에 걸리는 시간이다. 알고리즘 D를 사용한 표준 다중페이즈 방법에서의 해당 수치는 $140t+104r$로, 이는 $r=\frac{3}{4}t$일 때에는 약간 더 나쁘고 $r=\frac{1}{2}t$일 때에는 약간 더 낫다.

앞에서 표준 다중페이즈에 관해 언급한 모든 것을 카롱의 다중페이즈에 적용할 수 있다. 예를 들어 수열 a_n은 이제 (3) 대신 다음 점화식을 만족한다.

$$a_n = a_{n-2} + a_{n-3} + a_{n-4} \tag{20}$$

이 방법을 표준 다중페이즈를 분석할 때와 동일한 방식으로 분석해 보면 많은 것을 얻을 수 있다. 그를 통해서 두 방법 모두의 이해를 높일 수 있기 때문이다. (이를테면 연습문제 19와 20을 볼 것.)

표 5는 표 1에 나온 통상의 다중페이즈에 대한 통계치들과 비견할 수 있는, 카롱의 다중페이즈에 관한 통계치들이다. 카롱의 방법은 $(T-1)$중 병합이 아니라 $(T-3)$중 병합을 사용하지만, 그래도 테이프가 여덟 개 이상이면 처리된 연속열 개수뿐만 아니라 되감기 시간의 측면에서도 보통의 방법보다 더 우월해짐을 주목할 것.

표 5

카롱의 다중페이즈 병합 정렬의 근사적 습성

테이프 수	페이즈 수	패스 수	패스/페이즈	증가율
5	$3.556 \ln S + 0.158$	$1.463 \ln S + 1.016$	41%	1.3247180
6	$2.616 \ln S - 0.166$	$0.951 \ln S + 1.014$	36%	1.4655712
7	$2.337 \ln S - 0.472$	$0.781 \ln S + 1.001$	33%	1.5341577
8	$2.216 \ln S - 0.762$	$0.699 \ln S + 0.980$	32%	1.5701473
9	$2.156 \ln S - 1.034$	$0.654 \ln S + 0.954$	30%	1.5900054
10	$2.124 \ln S - 1.290$	$0.626 \ln S + 0.922$	29%	1.6013473
20	$2.078 \ln S - 3.093$	$0.575 \ln S + 0.524$	28%	1.6179086

이런 특징이 다소 모순되게 느껴질 수도 있겠지만, *고차 병합이 반드시 효율적인 정렬을 의미하는 것은 아님*을 깨닫는다면 수긍할 수 있는 부분이다. 극단적인 예로, 연속열 하나를 T1에 넣고 n개의 연속열들을 T2, T3, T4, T5에 넣는다고 하자. 만일 T2, T3, T4, T5가 빌 때까지 T6과 T1로 번갈아 5중 병합을 수행한다면 처리 시간은 $(2n^2 + 3n)$개의 초기 연속열 길이들이며, 전체적으로 5중 병합을 사용했음에도 이는 본질적으로 $S \log S$가 아니라 S^2에 비례한다.

테이프 분할. 되감기 시간의 효율적인 중첩은 정렬뿐만 아니라 다른 여러 응용에서도 발생하는 문제인데, 이에 대해 자주 사용할 수 있는 한 가지 일반적인 접근방식이 존재한다. 테이프 두 개를 다음과 같은 방식으로 사용하는 반복적 공정을 생각해 보자:

	T1	T2
페이즈 1	1을 출력	—
	되감기	—
페이즈 2	1을 입력	2를 출력
	되감기	되감기
페이즈 3	3을 출력	2를 입력
	되감기	되감기
페이즈 4	3을 입력	4를 출력
	되감기	되감기

등등. 여기서 "k를 출력"은 k번째 출력 파일을 기록한다는 뜻이며 "k를 입력"은 그것을 읽어 들인다는 뜻이다. 테이프 세 개를 사용한다면, 웨이서트C. Weisert가 제안한 [*CACM* 5 (1962), 102] 다음과 같은 방식으로 되감기 시간을 제거할 수 있다:

	T1	T2	T3
페이즈 1	1.1을 출력	—	—
	1.2를 출력	—	—

	되감기	1.3을 출력	—
페이즈 2	1.1을 입력	2.1을 출력	—
	1.2를 입력	되감기	2.2를 출력
	되감기	1.3을 입력	2.3을 출력
페이즈 3	3.1을 출력	2.1을 입력	되감기
	3.2를 출력	되감기	2.2를 입력
	되감기	3.3을 출력	2.3을 입력
페이즈 4	3.1을 입력	4.1을 출력	되감기
	3.2를 입력	되감기	4.2를 출력
	되감기	3.3을 입력	4.3을 출력

등등. 여기서 "$k.j$를 출력"은 k번째 출력 파일의 3등분 중 j번째 부분을 기록한다는 뜻이고, "$k.j$"는 그 부분을 읽어 들인다는 뜻이다. 만일 되감기 속력이 읽기/쓰기 속력의 적어도 두 배이기만 하다면, 이론적으로 모든 되감기 시간이 제거된다. 각 페이즈의 출력이 테이프들로 분산되는 이러한 절차를 "테이프 분할(tape splitting)"이라고 부른다.

매캘리스터R. L. McAllester는 테이프 분할이 다중페이즈 병합에서 되감기 시간을 중첩시키는 하나의 효율적인 방식이 될 수 있음을 보였다 〔*CACM* 7 (1964), 158-159〕. 그의 방법은 넷 이상의 테이프들에 사용할 수 있으며, $(T-2)$중 병합을 수행한다.

이번에도 테이프가 여섯 개라고 가정하고, 각 수준에서 출력을 분리하는 다음과 같은 병합 패턴을 설계해 보자. 여기서 "I", "O", "R"은 각각 입력, 출력, 되감기를 의미한다:

수준	T1	T2	T3	T4	T5	T6	출력 연속열 개수
7	I	I	I	I	R	O	u_7
	I	I	I	I	O	R	v_7
6	I	I	I	R	O	I	u_6
	I	I	I	O	R	I	v_0
5	I	I	R	O	I	I	u_5
	I	I	O	R	I	I	v_5
4	I	R	O	I	I	I	u_4
	I	O	R	I	I	I	v_4
3	R	O	I	I	I	I	u_3
	O	R	I	I	I	I	v_3
2	O	I	I	I	I	R	u_2
	R	I	I	I	I	O	v_2
1	I	I	I	I	R	O	u_1
	I	I	I	I	O	R	v_1
0	I	I	I	R	O	I	u_0
	I	I	I	O	R	I	v_0

(21)

T4에 하나의 연속열이 남고 다른 모든 테이프는 비게 만들기 위해서는

$$\begin{aligned} v_0 &= 1, \\ u_0 + v_1 &= 0, \\ u_1 + v_2 &= u_0 + v_0, \\ u_2 + v_3 &= u_1 + v_1 + u_0 + v_0, \\ u_3 + v_4 &= u_2 + v_2 + u_1 + v_1 + u_0 + v_0, \\ u_4 + v_5 &= u_3 + v_3 + u_2 + v_2 + u_1 + v_1 + u_0 + v_0, \\ u_5 + v_6 &= u_4 + v_4 + u_3 + v_3 + u_2 + v_2 + u_1 + v_1 \end{aligned}$$

등이 성립해야 한다. 일반화하자면, 모든 $j < 0$에 대해 $u_j = v_j = 0$이라고 할 때 모든 $n \geq 0$에 대해

$$u_n + v_{n+1} = u_{n-1} + v_{n-1} + u_{n-2} + v_{n-2} + u_{n-3} + v_{n-3} + u_{n-4} + v_{n-4} \tag{22}$$

이어야 한다.

이 방정식들에 대한 유일한 해는 존재하지 않는다. 사실 모든 u를 0으로 둔다면 테이프 하나가 낭비되는 통상의 다중페이즈 병합이 된다! 그러나 $u_n \approx v_{n+1}$로 선택한다면 되감기 시간은 만족할 만큼 중첩된다.

매캘리스터는 다음을 제안했다.

$$\begin{aligned} u_n &= v_{n-1} + v_{n-2} + v_{n-3} + v_{n-4}, \\ v_{n+1} &= u_{n-1} + u_{n-2} + u_{n-3} + u_{n-4}. \end{aligned}$$

이러면 수열

$$\langle x_0, x_1, x_2, x_3, x_4, x_5, \ldots \rangle = \langle v_0, u_0, v_1, u_1, v_2, u_2, \ldots \rangle$$

은 균등 점화식 $x_n = x_{n-3} + x_{n-5} + x_{n-7} + x_{n-9}$를 만족하게 된다. 그러나 다음과 같이 두는 것이 더 낫다.

$$\begin{aligned} v_{n+1} &= u_{n-1} + v_{n-1} + u_{n-2} + v_{n-2}, \\ u_n &= u_{n-3} + v_{n-3} + u_{n-4} + v_{n-4}. \end{aligned} \tag{23}$$

이 수열을 사용하면 병합 시간이 조금 더 개선될 뿐만 아니라 그 병합 시간을 수학적으로 분석하는 게 가능하다는 이득도 얻을 수 있다. 반면 앞의 매캘리스터의 선택은 분석하기가 극도로 어렵다. 하나의 페이즈 도중에도 길이가 다른 연속열들이 생길 수 있기 때문이다. (23)의 경우에는 그런 연속열들이 생기지 않음을 증명하는 것이 가능하다.

각 수준에서의 각 테이프의 연속열 개수는 패턴 (21)을 거꾸로 되짚어서 유도할 수 있으며, 결과적으로 다음과 같은 정렬 방안을 얻게 된다.

수준	T1	T2	T3	T4	T5	T6	쓰기 시간	되감기 시간
	1^{23}	1^{21}	1^{17}	1^{10}	—	1^{11}	82	23
7	1^{19}	1^{17}	1^{13}	1^{6}	R	$1^{11}4^{4}$	$4\times4=16$	$82-23$
	1^{13}	1^{11}	1^{7}	—	4^{6}	R	$6\times4=24$	27
6	1^{10}	1^{8}	1^{4}	R	4^{9}	$1^{8}4^{4}$	$3\times4=12$	10
	1^{6}	1^{4}	—	4^{4}	R	$1^{4}4^{4}$	$4\times4=16$	36
5	1^{5}	1^{3}	R	$4^{4}7^{1}$	4^{8}	$1^{3}4^{4}$	$1\times7=7$	17
	1^{2}	—	7^{3}	R	4^{5}	4^{4}	$3\times7=21$	23
4	1^{1}	R	$7^{3}13^{1}$	$4^{3}7^{1}$	4^{4}	4^{3}	$1\times13=13$	21
	—	13^{1}	R	$4^{2}7^{1}$	4^{3}	4^{2}	$1\times13=13$	34
3	R	$13^{1}19^{1}$	$7^{2}13^{1}$	$4^{1}7^{1}$	4^{2}	4^{1}	$1\times19=19$	23
	19^{1}	R	$7^{1}13^{1}$	7^{1}	4^{1}	—	$1\times19=19$	32
2	$19^{1}31^{0}$	$13^{1}19^{1}$	$7^{1}13^{1}$	7^{1}	4^{1}	R	$0\times31=0$	27
	R	19^{1}	13^{1}	7^{0}	—	31^{1}	$1\times31=31$	19
1	$19^{1}31^{0}$	19^{1}	13^{1}	7^{0}	R	$31^{1}52^{0}$	$0\times52=0$	
	$19^{1}31^{0}$	19^{1}	13^{1}	—	52^{0}	R	$0\times52=0$	$\max(36,31,23)$
0	$19^{1}31^{0}$	19^{1}	13^{1}	R	$52^{0}82^{0}$	$31^{1}52^{0}$	$0\times82=0$	
	(31^{0})	(19^{0})	—	82^{1}	(R)	(52^{0})	$1\times82=82$	0

겹치지 않은 되감기는 세 곳에서, 즉 입력 테이프 T5를 되감을 때(82단위 시간)와 수준 2 페이즈의 처음 절반 도중(27단위 시간), 그리고 수준 1과 0의 최종 "모조 병합" 페이즈들 도중(36단위 시간)에 발생한다. 따라서 시간을 $273t+145r$로 추정할 수 있다. 이에 해당하는 알고리즘 D의 시간 $268t+208r$은 거의 항상 이보다 열등하다.

연습문제 23은 각 페이즈 도중 출력된 연속열 길이들이 차례로

$$4, 4, 7, 13, 19, 31, 52, 82, 133, \ldots \tag{24}$$

이며, 이것을 수열 $\langle t_1, t_2, t_3, \ldots \rangle$이라고 하면 $n \le 0$에 대해 $t_n = 1$로 두었을 때 수열이 규칙

$$t_n = t_{n-2} + 2t_{n-3} + t_{n-4} \tag{25}$$

를 만족함을 증명한다. 또한 식 (8)에서 표준 다중페이즈에 대해 그랬던 것처럼 병합 횟수들의 기호열들을 살펴본다면 모조 연속열들의 최적의 배치도 분석할 수 있다:

수준	T1	T2	T3	T4	T6	최종 출력이 기록되는 테이프	
1	1	1	1	1	—	T5	
2	1	1	1	—	1	T4	
3	21	21	2	2	1	T3	
4	2221	222	222	22	2	T2	
5	23222	23222	2322	23	222	T1	
6	333323222	33332322	333323	3333	2322	T6	
…	…	…	…	…	…	…	
n	A_n	B_n	C_n	D_n	E_n	$\mathrm{T}(k)$	
$n+1$	$(A_n''E_n+1)B_n$	$(A_n''E_n+1)C_n$	$(A_n''E_n+1)D_n$	$A_n''E_n+1$	A_n'	$\mathrm{T}(k-1)$	(26)
…	…	…	…	…	…	…	

여기서 $A_n = A'_n A''_n$ 이고 A''_n 은 A_n 들 중 마지막 u_n 개의 병합 횟수들로 구성된다. 수준 n 에서 $n+1$ 로 가는 위의 규칙은 (22)를 만족하는 임의의 방안에 대해 유효하다. u 들과 v 들을 (23)과 같이 정의한다면 기호열 $A_n, \ldots, E_n$ 을 다음과 같이 (9)와 비슷하게 간단한 방식으로 표현할 수 있다:

$$\begin{aligned} A_n &= (W_{n-1} W_{n-2} W_{n-3} W_{n-4}) + 1, \\ B_n &= (W_{n-1} W_{n-2} W_{n-3}) + 1, \\ C_n &= (W_{n-1} W_{n-2}) + 1, \\ D_n &= (W_{n-1}) + 1, \\ E_n &= (W_{n-2} W_{n-3}) + 1, \end{aligned} \tag{27}$$

여기서

$$\begin{aligned} &n > 0\text{에 대해} \qquad W_n = (W_{n-3} W_{n-4} W_{n-2} W_{n-3}) + 1, \\ &W_0 = 0, \qquad n < 0\text{에 대해} \qquad W_n = \epsilon. \end{aligned} \tag{28}$$

이러한 관계식들을 이용하면 여섯 테이프의 경우를 상세하게 분석하는 것이 쉬워진다.

일반화하자면, 테이프 개수가 $T \geq 5$ 개일 때에는 $P = T-2$ 로 두고 수열 $\langle u_n \rangle$ 과 $\langle v_n \rangle$ 을 다음과 같이 정의한다.

$$\begin{aligned} v_{n+1} &= u_{n-1} + v_{n-1} + \cdots + u_{n-r} + v_{n-r}, \\ u_n &= u_{n-r-1} + v_{n-r-1} + \cdots + u_{n-P} + v_{n-P}, \qquad n \geq 0\text{에 대해}. \end{aligned} \tag{29}$$

여기서 $r = \lfloor P/2 \rfloor$ 이고 $v_0 = 1$ 이며 $n < 0$ 에 대해 $u_n = v_n = 0$ 이다. 따라서 만일 $w_n = u_n + v_n$ 이면

$$n > 0\text{에 대해} \quad w_n = w_{n-2} + \cdots + w_{n-r} + 2w_{n-r-1} + w_{n-r-2} + \cdots + w_{n-P}; \tag{30}$$

$w_0 = 1$; $n < 0$ 에 대해 $w_n = 0$ 이다. 수준 $n+1$ 에 대한 이런 초기 테이프 배분에 의해서, $1 \leq k \leq P$ 에 대해 테이프 k 에는 $w_n + w_{n-1} + \cdots + w_{n-P+k}$ 개의 연속열들이, 테이프 T 에는 $w_{n-1} + \cdots + w_{n-r}$ 개가 배치된다. 그리고 테이프 $T-1$ 은 입력에 쓰인다. 이제 $T-1$ 을 되감는 동안 u_n 개의 연속열들을 T 로 병합하고, T 를 되감는 동안 v_n 을 $T-1$ 로 병합하고, $T-2$ 를 되감는 동안 u_{n-1} 을 $T-1$ 로 병합하는 등으로 진행한다.

표 6은 S 가 그리 작지 않을 때의 이러한 절차의 근사적 습성이다. "패스/페이즈" 열은 한 페이즈의 각 절반 동안 전체 파일이 근사적으로 얼마나 처리되는지, 그리고 각각의 페이즈 전체에서 파일의 레코드가 근사적으로 얼마나 처리되는지를 나타낸다. 테이프 분할 방법은 테이프가 여섯 개 이상일 때 표준 다중페이즈 방법보다 우월하며, 적어도 큰 S 에 대해서는 테이프가 다섯 개일 때에도 대체로 우월하다.

표 6

테이프 분할을 이용한 다중페이즈 병합의 근사적 습성

테이프 수	페이즈 수	패스 수	패스/페이즈	증가율
4	$2.885 \ln S + 0.000$	$1.443 \ln S + 1.000$	50%	1.4142136
5	$2.078 \ln S + 0.232$	$0.929 \ln S + 1.022$	45%	1.6180340
6	$2.078 \ln S - 0.170$	$0.752 \ln S + 1.024$	36%	1.6180340
7	$1.958 \ln S - 0.408$	$0.670 \ln S + 1.007$	34%	1.6663019
8	$2.008 \ln S - 0.762$	$0.624 \ln S + 0.994$	31%	1.6454116
9	$1.972 \ln S - 0.987$	$0.595 \ln S + 0.967$	30%	1.6604077
10	$2.013 \ln S - 1.300$	$0.580 \ln S + 0.941$	29%	1.6433803
20	$2.069 \ln S - 3.164$	$0.566 \ln S + 0.536$	27%	1.6214947

$T = 4$일 때 위의 절차는 되감기 시간이 겹쳐지지 않는 균형 2중 병합과 본질적으로 동치가 된다. 되감기 시간이 겹치지 않는 것은, w_{2n+1}이 모든 n에 대해 0일 것이기 때문이다. 그래서 표 6의 $T = 4$에 대한 항목들은 $v_2 = 0$, $u_1 = 1$, $v_1 = 0$, $u_0 = 0$, $v_0 = 1$로 두고 $n \geq 2$에 대해 $v_{n+1} = u_{n-1} + v_{n-1}$, $u_n = u_{n-2} + v_{n-2}$로 둔, 약간 수정된 방법으로 구했다. 이러한 수정은 아주 흥미로운 정렬 방안 하나로 이어진다(연습문제 25와 26 참고).

연습문제

1. [*16*] 그림 69는 알고리즘 D를 이용해서 34번에서 65번까지의 연속열들을 다섯 개의 테이프들에 배분하는 순서를 보여준다. 1에서 33까지의 연속열들은 어떤 순서로 배분되는가?

▶ **2.** [*21*] 참 또는 거짓을 밝혀라: 알고리즘 D에서 병합 페이즈가 두 번 수행된 후에는(즉, 단계 D6에 두 번째로 도달했을 때) 모든 모조 연속열들이 사라진 상태이다.

▶ **3.** [*22*] 단계 D4의 끝에서 조건 D[1] $\geq$ D[2] $\geq \cdots \geq$ D[T]가 만족됨을 증명하라. 이 조건이 왜 중요한지를 설명하라. 구체적으로는, 이 조건 없이는 단계 D2와 D3의 메커니즘이 제대로 작동하지 않는 이유를 밝혀라.

4. [*M20*] (7)의 생성함수들을 유도하라.

5. [*HM26*] (마일스E. P. Miles, Jr., 1960.) 모든 $p \geq 2$에 대해, 다항식 $f_p(z) = z^p - z^{p-1} - \cdots - z - 1$이 p개의 서로 다른 근들을 가지며 그 중 정확히 하나는 크기가 단위원보다 큼을 증명하라. [힌트: 다항식 $z^{p+1} - 2z^p + 1$을 고찰할 것.]

6. [*HM24*] 이 연습문제의 목적은 표 1, 5, 6을 만드는 방법을 고찰하는 데 있다. 어떤 병합 패턴이 있으며 그 패턴의 성질이 어떤 다항식 $p(z)$와 $q(z)$에 대해 다음 조건들을 만족한다고 하자: (i) n회의 병합 페이즈를 요구하는 "완전 배분"에 존재하는 초기 연속열 개수는 $[z^n]\,p(z)/q(z)$이다.

(ii) 이 n회의 병합 페이즈 도중 처리되는 초기 연속열 개수는 $[z^n]\,p(z)/q(z)^2$이다. (iii) $q(\alpha^{-1}) = 0$, $q'(\alpha^{-1}) \neq 0$, $p(\alpha^{-1}) \neq 0$이며 $q(\beta^{-1}) = 0$이 $\beta = \alpha$ 또는 $|\beta| < |\alpha|$를 함의함을 만족하는 $q(z^{-1})$의 "우세근(dominant root)" α가 존재한다.

n회의 병합 페이즈들을 요구하는 완전 배분의 연속열 개수가 S이고 그 페이즈들에서 처리되는 초기 연속열 개수가 ρS라고 하자.

$$a = (\ln\alpha)^{-1}, \qquad b = -a\ln\left(\frac{p(\alpha^{-1})}{-q'(\alpha^{-1})}\right) - 1, \qquad c = a\ \frac{\alpha}{-q'(\alpha^{-1})},$$

$$d = \frac{(b+1)\alpha - p'(\alpha^{-1})/p(\alpha^{-1}) + q''(\alpha^{-1})/q'(\alpha^{-1})}{-q'(\alpha^{-1})}$$

으로 두었을 때 $n = a\ln S + b + O(S^{-\epsilon})$이고 $\rho = c\ln S + d + O(S^{-\epsilon})$인 어떤 수 $\epsilon > 0$이 존재함을 증명하라.

7. [*HM22*] α_p가 연습문제 5의 다항식 $f_p(z)$의 우세근이라고 하자. $p \to \infty$에 따른 α_p의 점근 습성을 구하라.

8. [*M20*] (네토E. Netto, 1901.) $N_m^{(p)}$가 m을 정수 $\{1, 2, \ldots, p\}$의 한 순서합으로 표현하는 방법의 수라고 하자. 예를 들어 $p = 3$이고 $m = 5$일 때 그런 표현 방법은 13개, 구체적으로는 $1+1+1+1+1 = 1+1+1+2 = 1+1+2+1 = 1+1+3 = 1+2+1+1 = 1+2+2 = 1+3+1 = 2+1+1+1 = 2+1+2 = 2+2+1 = 2+3 = 3+1+1 = 3+2$이다. $N_m^{(p)}$가 일반화된 피보나치 수임을 보여라.

9. [*M20*] $K_m^{(p)}$가 m개의 0들과 1들로 된 수열들 중 1이 연달아 p개 나오는 경우가 없는 수열들의 개수라고 하자. 예를 들어 $p = 3$이고 $m = 5$일 때 그런 수열들의 개수는 24개이다: 00000, 00001, 00010, 00011, 00100, 00101, 00110, 01000, 01001, ..., 11011. $K_m^{(p)}$가 일반화된 피보나치 수임을 보여라.

10. [*M27*] (일반화된 피보나치 수체계.) 모든 음이 아닌 정수 n을, $j \geq p$인 서로 다른 p차 피보나치 수 $F_j^{(p)}$들의 합으로 유일하게 표현할 수 있음을 증명하라. 단, p개의 연속적인 피보나치 수들이 쓰이는 일은 없다고 가정한다.

11. [*M24*] (12)의 기호열 Q_∞의 n번째 원소가 $n-1$의 5차 피보나치 표현에 존재하는 서로 다른 피보나치 수들의 개수와 같음을 증명하라. [연습문제 10 참고.]

▶ **12.** [*M18*] 행렬 $\begin{pmatrix} 0 & 1 & 0 & 0 & 0 \\ 0 & 0 & 1 & 0 & 0 \\ 0 & 0 & 0 & 1 & 0 \\ 0 & 0 & 0 & 0 & 1 \\ 1 & 1 & 1 & 1 & 1 \end{pmatrix}$의 거듭제곱과 (1)의 완전 피보나치 배분 사이의 연관 관계를 찾아라.

▶ **13.** [*22*] 완전 피보나치 배분의 다음과 같은 다소 색다른 홀수 성질을 증명하라: 최종 출력을 T번 테이프에 기록할 때, 다른 테이프들 각각에 있는 연속열 개수는 홀수이다. 최종 출력을 T 이외의 어떤 테이프에 기록할 때, 그 테이프의 연속열 개수는 홀수가 되고, 다른 테이프들의 연속열 개수는 짝수가 된다. [(1) 참고.]

14. [*M35*] $T_n(x) = \sum_{k \ge 0} T_{nk} x^k$이라고 하자. 여기서 $T_n(x)$는 (16)에서 정의하는 다항식이다.

a) 각 k에 대해 $T_{1k} \le T_{2k} \le \cdots \le T_{n(k)k} > T_{(n(k)+1)k} \ge \cdots$를 만족하는 수 $n(k)$가 존재함을 보여라.

b) $T_{n'k'} < T_{nk'}$이고 $n' < n$라고 할 때, 모든 $k \ge k'$에 대해 $T_{n'k} \le T_{nk}$를 증명하라.

c) $M_n \le S < M_{n+1}$일 때에는 $\Sigma_n(S) = \min_{j \ge 1} \Sigma_j(S)$이나 $S \ge M_{n+1}$일 때에는 $\Sigma_n(S) > \min_{j \ge 1} \Sigma_j(S)$인 비감소 수열 $\langle M_n \rangle$이 존재함을 증명하라. [(19) 참고.]

15. [*M43*] 증명 또는 반증하라: $\Sigma_{n-1}(m) < \Sigma_n(m)$는 $\Sigma_n(m) \le \Sigma_{n+1}(m) < \Sigma_{n+2}(m) \le \cdots$를 함의한다. [이러한 결과는 표 2의 계산을 크게 단순화할 것이다.]

16. [*HM43*] 모조 연속열들이 최적으로 배분되는 다중페이즈 병합의 점근 습성을 구하라.

17. [*32*] 증명 또는 반증하라: S개의 초기 연속열들의 배분에 하나의 연속열을 추가(적당한 테이프에)함으로써 $S+1$개의 초기 연속열들의 배분이 형성되도록 하는 최적의 다중페이즈 연속열 배분 방법이 존재한다.

18. [*30*] 최적 다중페이즈 배분이 가능한 최고의 병합 패턴을 만들어 내는가? 여기서 최고의 병합 패턴이라는 것은, 초기 연속열들을 최대 $T-1$개의 테이프들에 배치한다고 할 때, 공정에 의해 처리되는 초기 연속열들 전체 개수가 최소화됨을 뜻한다.

19. [*21*] 여섯 테이프에 대한 카롱의 다중페이즈 정렬에 대한, (1)과 비슷한 표를 만들라.

20. [*M24*] 여섯 테이프용 카롱의 다중페이즈 정렬에 대한, (7)과 (16)에 대응하는 생성함수들은 무엇인가? 병합 횟수들의 기호열을 정의하는, (9)와 (27)에 비견할 수 있는 관계식들은 무엇인가?

21. [*11*] (26)의 수준 7에는 무엇이 나타나야 하는가?

22. [*M21*] 수열 (24)의 각 항은 그 이전 두 항의 합과 근사적으로 같다. 이러한 현상이 수열의 나머지 수들에도 성립하는가? $t_n - t_{n-1} - t_{n-2}$에 관한 이론을 세우고 증명하라.

▶ **23.** [*29*] 만일 (23)을 $v_{n+1} = u_{n-1} + v_{n-1} + u_{n-2}$, $u_n = v_{n-2} + u_{n-3} + v_{n-3} + u_{n-4} + v_{n-4}$로 바꾼다면 (25), (27), (28)은 어떻게 바꾸어야 할까?

24. [*HM41*] v_{n+1}을 다양한 $P = T-2$에 대해, 그리고 $0 \le q \le 2P$에 대해 $u_{n-1} + v_{n-1} + \cdots + u_{n-P} + v_{n-P}$의 처음 q개의 항들의 합으로 정의한다고 할 때 테이프 분할식 다중페이즈 절차의 점근 습성을 계산하라. (본문에서는 $q = 2\lfloor P/2 \rfloor$인 경우만 다루었다. 연습문제 23 참고.)

25. [*19*] 이번 절 끝에서 언급한 테이프 4개에 대한 테이프 분할식 다중페이즈 병합이 32개의 초기 연속열들을 정렬하는 방식을 설명하라. (본문의 연속열 82개, 테이프 여섯 개의 예에서처럼 페이즈별로 분석할 것.)

26. [*M21*] $S = 2^n$이고 $S = 2^n + 2^{n-1}$일 때의 테이프 네 개에 대한 테이프 분할식 다중페이즈 병합의 습성을 분석하라. (연습문제 25 참고.)

27. [*23*] 초기 연속열들이 일단 완전 배분 방식으로 테이프들에 배분되었다면, 다중페이즈 전략은 그냥 "빌 때까지 병합"하는 것일 뿐이다. 즉, 모든 비지 않은 입력 테이프의 연속열들을 그 중 하나가 완전히 소진될 때까지 병합하고, 그런 다음에는 그 테이프를 다음 출력 테이프로 사용하고, 이전 출력 테이프는 입력으로 사용한다.

초기 연속열들을 어떻게 배분하든, 적어도 두 개의 테이프들에 배분하기만 한다면(물론 그 중 하나는 첫 번째의 출력 테이프가 될 수 있도록 비어 있어야 한다) 이러한 빌 때까지 병합 전략이 항상 정렬을 수행한다는 것이 참일까?

28. [*M26*] 연습문제 27은 병합 패턴들의 상당히 큰 부류를 정의한다. 다중페이즈가 그것들 중 최고임을 보여라. 여기서 최고라 함은 다음과 같은 의미에서이다: 테이프가 여섯 개라고 하자. 그리고 빌 때까지 병합 전략으로 정렬을 수행하는 데 최대 n회의 페이즈들이 필요함을 만족하는 모든 초기 배분 (a, b, c, d, e)의 부류를 고려한다. 그러면 다중페이즈 정렬 (1)에 대한 해당 값을 t_n이라고 할 때 $a + b + c + d + e \le t_n$이다.

29. [*M47*] 연습문제 28은 다중페이즈 배분이 모든 "빌 때까지 병합(merge-until-empty)" 패턴들 중에서 페이즈 수가 최소라는 의미에서 최적임을 보여준다. 그렇다면 다중페이즈 배분이 패스 수가 최소라는 의미에서도 최적일까?

a가 b와 서로 소인 수이고 $a + b$가 피보나치 수 F_n이라고 가정하자. 카프R. M. Karp에서 기인한 다음과 같은 추측을 증명 또는 반증하라: 배분 (a, b)로 시작하는 빌 때까지 병합 패턴을 적용하는 동안 처리되는 초기 연속열 개수는 $((n-5)F_{n+1} + (2n+2)F_n)/5$보다 크거나 같다. (후자의 수치는 $a = F_{n-1}$, $b = F_{n-2}$일 때 달성된다.)

30. [*42*] 테이프 분할식 다중페이즈 병합에 대한, 표 2와 비슷한 표를 작성하라.

31. [M22] (켐프R. Kemp.) $K_d(n)$을 모든 말단이 루트로부터 거리 d에 있는 n노드 순서트리들의 개수라고 하자. 예를 들어 $K_3(8) = 7$이다:

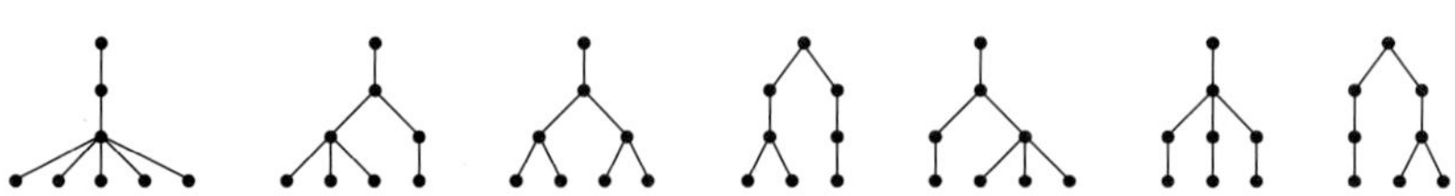

$K_d(n)$이 일반화된 피보나치 수임을 보이고, 그러한 트리들과 연습문제 8에서 고찰한 순서 있는 분할들 사이의 일대일 대응관계를 구하라.

*5.4.3. 중첩 병합

또 다른 기본 패턴으로 "중첩 병합(cascade merge)"이라는 것이 있는데, 사실 이것이 다중페이즈보다 먼저 발견되었다 〔B. K. Betz and W. C. Carter, *ACM National Meeting* 14 (1959), Paper 14〕. 다음 표는 테이프 여섯 개와 초기 연속열 190개에 대한 이 접근방식을 나타낸 것으로, 표기법은 5.4.2절의 관례를 따른다.

	T1	T2	T3	T4	T5	T6	처리된 초기 연속열 개수
패스 1	1^{55}	1^{50}	1^{41}	1^{29}	1^{15}	—	190
패스 2	—	$*1^{5}$	2^{9}	3^{12}	4^{14}	5^{15}	190
패스 3	15^{5}	14^{4}	12^{3}	9^{2}	$*5^{1}$	—	190
패스 4	—	$*15^{1}$	29^{1}	41^{1}	50^{1}	55^{1}	190
패스 5	190^{1}	—	—	—	—	—	190

다중페이즈 병합처럼 중첩 병합도 연속열들을 테이프들에 "완전 배분"하는 것으로 시작한다. 그러나 완전 배분 규칙은 5.4.2절의 것과 조금 다르다. 표의 각 줄은 자료 전부에 대한 전체적인 패스를 나타낸다. 예를 들어 패스 2는 T5가 빌 때까지 {T1, T2, T3, T4, T5}의 연속열들을 T6에 5중 병합하고(그러면 T6에 상대 길이가 5인 연속열 15개가 들어가게 된다), 그런 다음 {T1, T2, T3, T4}를 T5에 4중 병합하고, T4에 3중 병합, T3에 2중 병합, 마지막으로 T1에서 T2로 1중 병합(그냥 복사 연산)을 수행해서 얻는다. 패스 3도 같은 방식으로, 즉 한 테이프가 빌 때까지 5중 병합하고, 그런 다음 4중 병합을 수행하는 등으로 얻는다. (어쩌면 지금 이 절의 번호를 5.4.3이 아니라 5.4.3.2.1로 붙여야 했을 수도 있다!)

마지막 복사 연산이 불필요함은 명백하며, 따라서 생략할 수도 있다. 그러나 여섯 테이프의 경우 사실 이 복사 연산은 전체 시간의 작은 부분만 차지할 뿐이다. 위의 표에서 별표가 붙은 항목들은 단순히 복사되는 항목들이다. 950개의 연속열 들 중 단 25개만 그런 식으로 처리된다. 처리 시간의 대부분은 5중, 4중 병합에 소비된다.

표 1

중첩 병합 정렬의 근사적 습성

테이프 수	패스 수(복사 포함)	패스 수(복사 제외)	증가율
3	$2.078 \ln S + 0.672$	$1.504 \ln S + 0.992$	1.6180340
4	$1.235 \ln S + 0.754$	$1.102 \ln S + 0.820$	2.2469796
5	$0.946 \ln S + 0.796$	$0.897 \ln S + 0.800$	2.8793852
6	$0.796 \ln S + 0.821$	$0.773 \ln S + 0.808$	3.5133371
7	$0.703 \ln S + 0.839$	$0.691 \ln S + 0.822$	4.1481149
8	$0.639 \ln S + 0.852$	$0.632 \ln S + 0.834$	4.7833861
9	$0.592 \ln S + 0.861$	$0.587 \ln S + 0.845$	5.4189757
10	$0.555 \ln S + 0.869$	$0.552 \ln S + 0.854$	6.0547828
20	$0.397 \ln S + 0.905$	$0.397 \ln S + 0.901$	12.4174426

표준적인 다중페이즈는 전반적으로 $(T-1)$중 병합을 사용하나 중첩 병합은 $(T-1)$중, $(T-2)$중, $(T-3)$중 등을 사용하므로, 언뜻 보기에는 중첩 패턴이 다중페이즈에 비해 상당히 나쁜 선택 같다. 그러나 실제로는 여섯 테이프에 대해 중첩이 점근적으로 다중페이즈보다 더 낫다! 5.4.2절에서 보았듯이, 고차 병합이 항상 효율성을 보장하는 것은 아니다. 표 1은 중첩 병합의 성능 특성을 나열한다. 5.4.2절의 비슷한 표들과 비교해 볼 것.

중첩 병합을 위한 "완전 배분"은 최종 상태 $(1, 0, \ldots, 0)$으로부터 거꾸로 짚어 나가면 쉽게 이끌어 낼 수 있다. 여섯 테이프의 경우 완전 배분은 다음과 같다.

수준	T1	T2	T3	T4	T5	
0	1	0	0	0	0	
1	1	1	1	1	1	
2	5	4	3	2	1	
3	15	14	12	9	5	
4	55	50	41	29	15	
5	190	175	146	105	55	
⋯	⋯	⋯	⋯	⋯	⋯	
n	a_n	b_n	c_n	d_n	e_n	
$n+1$	$a_n+b_n+c_n+d_n+e_n$	$a_n+b_n+c_n+d_n$	$a_n+b_n+c_n$	a_n+b_n	a_n	(1)

흥미롭게도, 이 수치들의 상대적 크기들은 $(2T-1)$각형의 대각선들에도 나타난다. 예를 들어 그림 73의 정11각형에서 다섯 대각선의 상대 길이는 190, 175, 146, 105, 55와 아주 가깝다! 이번 절 뒷부분에서는 이런 놀라운 사실을 증명해 볼 것이다. 또한 $(T-1)$중 병합, $(T-2)$중 병합, ..., 1중 병합에 소비되는 상대적인 시간양이 이 대각선 길이들의 제곱들에 근사적으로 비례함도 보게 될 것이다.

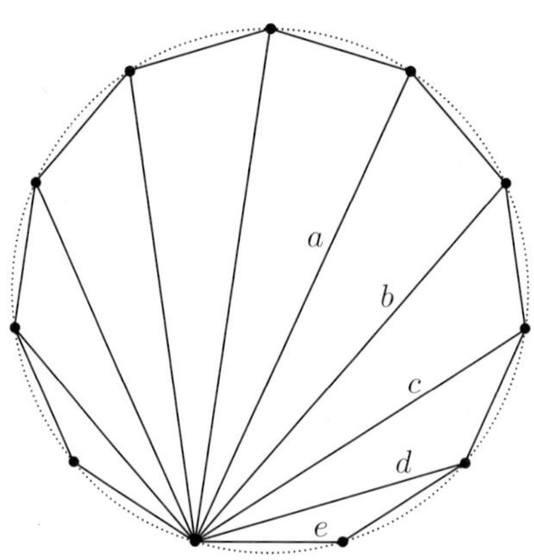

그림 73. 중첩 병합의 기하학적 해석.

초기 연속열 배분. 초기 연속열들의 실제 개수가 완전하지 않다면, 이전에도 그랬듯이 모조 연속열들을 추가할 수 있다. 이러한 상황을 조금만 분석해 보면 모조 연속열 배정 방법은 별로 중요하지 않음을

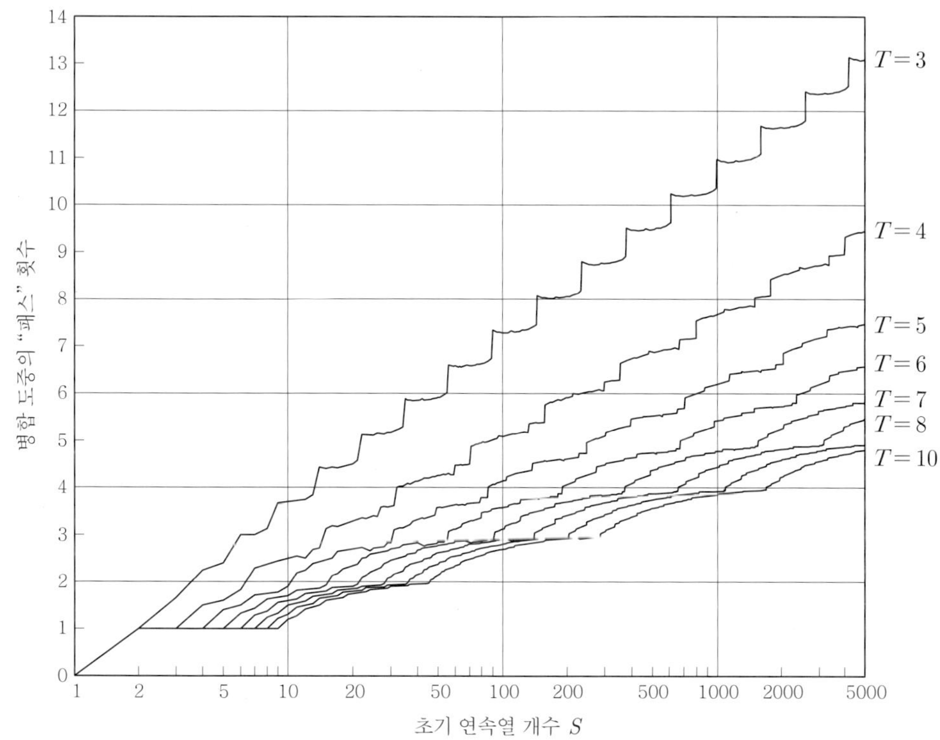

그림 74. 알고리즘 D의 배분을 사용하는 중첩 병합의 효율성.

알 수 있다. 왜냐하면 중첩 병합은 전체 패스들로 작동하기 때문이다. 예를 들어 초기 연속열이 190개라고 할 때 위의 예와 같은 배분을 적용한다면 각 레코드를 다섯 번 처리하게 된다. 그러나 191개라면 반드시 한 수준 위로 올라가야 하며, 따라서 각 레코드는 여섯 번 처리된다. 다행히 이러한 급격한 변화를 피하는 것이 가능하다. 퍼거슨David E. Ferguson은 첫 병합 패스 도중의 연산들 중 다수가 복사 연산(내용을 한 테이프로 복사하는 것)으로 간주되도록 초기 연속열들을 배분하는 방법을 찾아내었다. 그러한 복사 연산을 회피한다면(알고리즘 5.4.2D에서처럼 그냥 "물리적" 테이프 장치 번호에 상대적인 "논리" 테이프 장치 번호를 변경함으로써), 수준에서 수준으로의 전이가 그림 74에 나온 것처럼 비교적 매끄러워진다.

(a, b, c, d, e)가 완전 배분이고 $a \ge b \ge c \ge d \ge e$라고 하자. 논리 테이프 장치와 물리 테이프 장치 사이의 대응관계를 다시 정의한다면, 배분이 실제로는 T5에 연속열 a개, T4에 b 개 등등인 (e, d, c, b, a)라고 가정할 수 있다. 그 다음 완전 배분은 $(a+b+c+d+e,\ a+b+c+d,\ a+b+c,\ a+b,\ a)$이다. 그리고 만일 이 다음 수준에 도달하기 전에 입력이 소진된다면, 테이프들에 각각 $(D_1, D_2, D_3, D_4, D_5)$개의 모조 연속열들이 들어 있다고 가정한다. 여기서

$$D_1 \le a+b+c+d, \quad D_2 \le a+b+c, \quad D_3 \le a+b, \quad D_4 \le a, \quad D_5 = 0;$$
$$D_1 \ge D_2 \ge D_3 \ge D_4 \ge D_5 \tag{2}$$

이다. 모조 연속열들은 테이프 상의 임의의 편리한 위치에 나타난다고 가정해도 무방하다. 첫 번째 병합 패스는 5중 병합을 통해서 a개의 연속열들을 만들어 내고, 그런 다음 4중 병합으로 b개를 만들어 내는 등으로 이어질 것이다. 그리고 우리의 목표는 병합을 복사로 대체할 수 있도록 모조 연속열들을 배치하는 것이다. 첫 번째 병합 패스는 다음과 같이 수행하는 것이 편리하다.

1. 만일 $D_4 = a$이면 D_1, D_2, D_3, D_4 각각에서 a를 뺀다. 그리고 T5가 병합의 결과라고 간주한다. 만일 $D_4 < a$이면 테이프 T1에서 T5까지의 a개의 연속열들을 병합하되, T1에서 T5까지에서 D_1, D_2, D_3, D_4의 새 값들이 다음을 만족하는 가능한 최소 개수의 모조 연속열들을 사용한다.

$$D_1 \le b+c+d, \quad D_2 \le b+c, \quad D_3 \le b, \quad D_4 = 0;$$
$$D_1 \ge D_2 \ge D_3 \ge D_4. \tag{3}$$

즉, 만일 D_2가 원래 $\le b+c$였다면 이 단계에서는 그것들 중 어떠한 모조 연속열도 사용하지 않고, 반면 만일 $b+c < D_2 \le a+b+c$라면 그것들 중 정확히 D_2-b-c개를 사용하는 것이다.

2. (이 단계는 단계 1과 비슷하나 "자리이동"된 것이다.) 만일 $D_3 = b$이면 D_1, D_2, D_3 각각에서 b를 뺀다. 그리고 T4가 병합의 결과라고 간주한다. 만일 $D_3 < b$이면 테이프 T1~T4에서 b개의 연속열들을 병합하되 필요하다면 다음을 만족하도록 모조 연속열 개수를 줄인다.

$$D_1 \le b+c, \quad D_2 \le b, \quad D_3 = 0; \qquad D_1 \ge D_2 \ge D_3.$$

3. 나머지 과정도 비슷한 방식으로 진행한다.

표 2

중첩 배분 단계들의 예

	T1에 추가	T2에 추가	T3에 추가	T4에 추가	T5에 추가	"절약된 양"
단계 (1,1)	9	0	0	0	0	15+14+12+5
단계 (2,2)	3	12	0	0	0	15+14+9+5
단계 (2,1)	9	0	0	0	0	15+14+5
단계 (3,3)	2	2	14	0	0	15+12+5
단계 (3,2)	3	12	0	0	0	15+9+5
단계 (3,1)	9	0	0	0	0	15+5
단계 (4,4)	1	1	1	15	0	14+5
단계 (4,3)	2	2	14	0	0	12+5
단계 (4,2)	3	12	0	0	0	9+5
단계 (4,1)	9	0	0	0	0	5

퍼거슨의 연속열 배분 방법을 (1)의 수준 3에서 4로 가는 절차를 통해 설명해 보겠다. "논리" 테이프 (T1, ..., T5)에 각각 (5, 9, 12, 14, 15)개의 연속열들이 들어 있으며 이를 결국은 (55, 50, 41, 29, 15)로까지 올리고자 한다고 하자. 우선 아홉 개의 연속열들을 T1에 넣고, 그런 다음 T1과

T2에 (3, 12)를 넣는 등으로 진행한다. 만일 이를테면 단계 (3, 2)에서 입력이 소진되었다면 “절약된 양”은 15 + 9 + 5이다. 이는 모조 연속열 배정에 의해 연속열 15개의 5중 병합과 9개의 2중 병합, 5개의 1중 병합이 생략되었음을 뜻한다. 다른 말로 하면, 첫 병합 페이즈에서는 수준 3에 나오는 15 + 9 + 5개의 연속열들이 처리되지 않는 것이다.

다음은 전반적인 공정을 상세히 정의하는 알고리즘이다.

알고리즘 C (특별한 배분을 사용하는 중첩 병합 정렬.) 이 알고리즘은 초기 연속열들의 공급이 소진될 때까지 초기 연속열들을 취해서 한 번에 하나씩 테이프들에 배분한다. 그런 다음에는 $T \geq 3$개의 테이프 장치들이 존재한다는 가정 하에서 테이프들의 병합 방식을 지정하는데, 이 때 최대 $(T-1)$중 병합을 이용하며 불필요한 1중 병합은 피한다. 테이프 T는 어떠한 초기 연속열도 받지 않으므로 입력을 담아 두는 용도로 사용할 수 있다. 이 알고리즘은 다음 표들을 사용한다.

A[j], $1 \leq j \leq T$: 최근 도달한 완전 중첩 배분.
AA[j], $1 \leq j \leq T$: 얻고자 하는 완전 중첩 배분.
D[j], $1 \leq j \leq T$: j번 논리 테이프 장치에 존재한다고 가정되는 모조 연속열들의 개수.
M[j], $1 \leq j < T$: j번 논리 테이프 장치에 존재할 수 있는 모조 연속열 최대 개수.
TAPE[j], $1 \leq j \leq T$: j번 논리 테이프 장치에 해당하는 물리 테이프의 번호.

C1. [초기화.] $2 \leq k \leq T$에 대해 A[k] ← AA[k] ← D[k] ← 0으로 설정한다. 그리고 A[1] ← 0, AA[1] ← 1, D[1] ← 1로 설정한다. $1 \leq k \leq T$에 대해 TAPE[k] ← k로 설정한다. 마지막으로 $i \leftarrow T-2$, $j \leftarrow 1$, $k \leftarrow 1$, $l \leftarrow 0$, $m \leftarrow 1$로 설정하고 단계 C5로 간다. (이상의 조작은 제어 변수들을 적절히 설정해서 내부 루프로 직접 들어감으로써 모든 처리가 시작되도록 하는 한 가지 방법이다.)

C2. [새 수준을 시작.] (방금 하나의 완전 배분에 도달했으며, 입력이 더 남아 있으므로 다음 수준을 준비해야 한다.) l을 1 증가한다. $1 \leq k \leq T$에 대해 A[k] ← AA[k]로 설정한다. 그런 다음 $k = 1, 2, \ldots, T-1$에 대해 이 순서대로 AA[$T-k$] ← AA[$T-k+1$] + A[k]로 설정한다. (TAPE[1], ..., TAPE[$T-1$]) ← (TAPE[$T-1$], ..., TAPE[1])로 설정하고 $1 \leq k < T$에 대해 D[k] ← AA[$k+1$]로 설정한다. 마지막으로 $i \leftarrow 1$로 설정한다.

C3. [i번째 하위수준을 시작.] $j \leftarrow i$로 설정한다. (변수 i와 j는 표 2에 나온 예의 “단계 (i, j)”를 나타낸다.)

C4. [단계 (i, j)를 시작.] $k \leftarrow j$, $m \leftarrow$ A[$T-j-1$]로 설정한다. 만일 $m = 0$이고 $i = j$이면 $i \leftarrow T-2$로 설정하고 C3으로 돌아간다. 만일 $m = 0$이고 $i \neq j$이면 C2로 돌아간다. (변수 m은 TAPE[k]에 기록될 연속열들의 개수를 나타낸다. $m = 0$은 $l = 1$일 때에만 성립한다.)

C5. [TAPE[k]로 입력.] 연속열 하나를 테이프 번호 TAPE[k]에 기록하고 D[k]를 1 감소한다. 만일 입력이 소진되었으면 모든 테이프를 되감고 단계 C7로 간다.

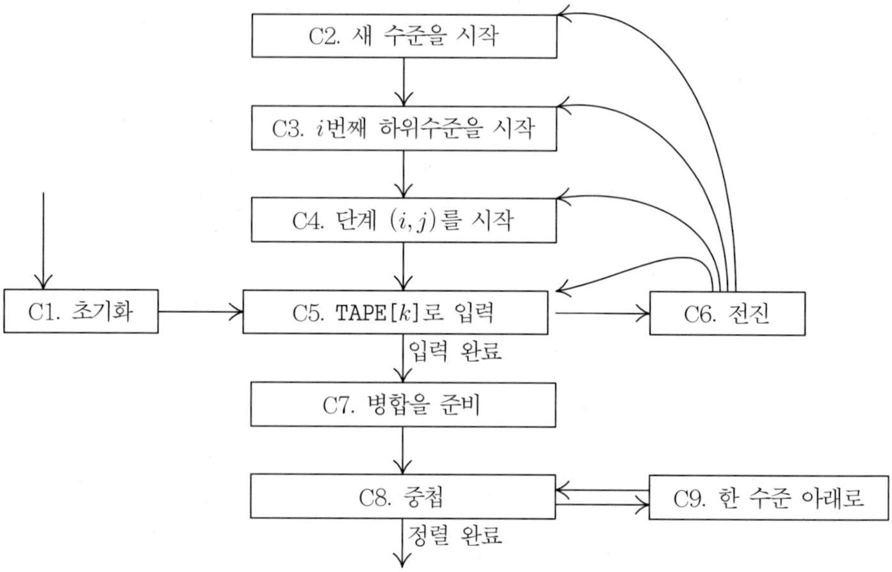

그림 75. 특별한 배분을 사용하는 중첩 병합.

C6. 〔전진.〕 m을 1 감소한다. 만일 $m > 0$이면 C5로 돌아간다. 그렇지 않으면 k를 1 감소한다. 만일 $k > 0$이면 $m \leftarrow$ A[$T-j-1$] − A[$T-j$]로 설정하고 만일 $m > 0$이면 C5로 간다. 그렇지 않으면 j를 1 감소한다. 만일 $j > 0$이면 C4로 간다. 그렇지 않으면 i를 1 증가한다. 만일 $i < T-1$이면 C3으로 돌아간다. 그렇지 않으면 C2로 간다.

C7. 〔병합을 준비.〕 (이제 초기 배분은 완성되었으며, 표 AA, D, TAPE는 테이프들의 현재 상태들을 나타낸다.) $1 \le k < T$에 대해 M[k] ← AA[$k+1$]로 설정하고 FIRST ← 1로 설정한다. (변수 FIRST는 첫 병합 패스에서만 0이 아니다.)

C8. 〔중첩.〕 만일 $l = 0$이면 알고리즘을 끝낸다. 정렬이 완료되었으며 출력은 TAPE[1]에 있는 것이다. 그렇지 않으면 $p = T-1, T-2, \ldots, 1$에 대해 이 순서대로 TAPE[1], ..., TAPE[p]로부터 TAPE[$p+1$]로의 p중 병합을 다음과 같이 수행한다:

만일 $p = 1$이면 그냥 TAPE[2]를 되감음으로써 1중 병합을 흉내내고, 그런 다음 TAPE[1] ↔ TAPE[2]로 교환한다.

그렇지 않고 만일 FIRST = 1이고 D[$p-1$] = M[$p-1$]이면 그냥 TAPE[p] ↔ TAPE[$p+1$]로 교환하고 TAPE[p]를 되감고 D[1], ..., D[$p-1$], M[1], ..., M[$p-1$] 각각에서 M[$p-1$]을 뺌으로써 p중 병합을 흉내낸다.

그렇지 않으면 M[1], ..., M[$p-1$] 각각에서 M[$p-1$]을 뺀다. 그런 다음 $1 \le j \le p$이고 D[j] ≤ M[j]인 각 TAPE[j]에서 하나의 연속열을 병합한다. $1 \le j \le p$이고 D[j] > M[j]인 각 D[j]에서 1을 뺀다. 그리고 출력 연속열을 TAPE[$p+1$]에 기록한다. 이를 TAPE[p]가 빌 때까지 반복한다. 그런 후에는 TAPE[p]와 TAPE[$p+1$]을 되감는다.

C9. [한 수준 아래로.] l을 1 감소하고, FIRST ← 0으로 설정하고, (TAPE[1], ..., TAPE[T]) ← (TAPE[T], ..., TAPE[1])로 설정한다. (이 시점에서 모든 D와 M은 0이며 이후에도 0을 유지한다.) C8로 돌아간다. ▮

이 알고리즘에서 단계 C1-C6은 배분을, C7-C9는 병합을 수행한다. 이 두 부분은 상당히 독립적이기 때문에, M[k]와 AA[$k+1$]을 같은 메모리 장소들에 저장하는 것도 가능하다.

중첩 병합의 분석. 중첩 병합의 분석은 다중페이즈에 비해 약간 더 어렵지만, 수많은 주목할만한 공식들이 존재한다는 점에서 특히나 흥미롭다. 이산 수학을 즐기는 독자라면 다음을 읽기 전에 중첩 배분을 직접 연구해보길 권한다. 수들의 의외의 성질을 발견하는 즐거움을 맛볼 수 있을 것이다. 여기에서는 중첩 병합의 분석에 대한 여러 가지 접근방식들 중 하나를 택해서, 분석 결과들을 이끌어 내는 방법에 중점을 두고 논의를 진행하게 된다.

편의상 테이프 수는 6으로 두고, 모든 T로 일반화되는 공식들을 찾아보자. (1)의 관계들로부터 다음과 같은 첫 번째 기본 패턴을 얻을 수 있다.

$$\begin{aligned}
a_n &= a_n && = \binom{0}{0}a_n,\\
b_n &= a_n - e_{n-1}\\
&= a_n - a_{n-2} && = \binom{1}{0}a_n - \binom{2}{2}a_{n-2},\\
c_n &= b_n - d_{n-1}\\
&= b_n - a_{n-2} - b_{n-2} && = \binom{2}{0}a_n - \binom{3}{2}a_{n-2} + \binom{4}{4}a_{n-4},\\
d_n &= c_n - c_{n-1}\\
&= c_n - a_{n-2} - b_{n-2} - c_{n-2} && = \binom{3}{0}a_n - \binom{4}{2}a_{n-2} + \binom{5}{4}a_{n-4} - \binom{6}{6}a_{n-6},\\
e_n &= d_n - b_{n-1}\\
&= d_n - a_{n-2} - b_{n-2} - c_{n-2} - d_{n-2} && = \binom{4}{0}a_n - \binom{5}{2}a_{n-2} + \binom{6}{4}a_{n-4} - \binom{7}{6}a_{n-6} + \binom{8}{8}a_{n-8}.
\end{aligned} \tag{4}$$

$A(z)=\sum_{n\ge 0}a_n z^n$, ..., $E(z)=\sum_{n\ge 0}e_n z^n$이라고 하자. 그리고 다음과 같은 다항식을 정의하자.

$$\begin{aligned}
q_m(z) &= \binom{m}{0} - \binom{m+1}{2}z^2 + \binom{m+2}{4}z^4 - \cdots\\
&= \sum_k \binom{m+k}{2k}(-1)^k z^{2k} = \sum_{k=0}^{m}\binom{2m-k}{k}(-1)^{m-k}z^{2m-2k}.
\end{aligned} \tag{5}$$

(4)의 결과를 요약하자면 이렇다: 생성함수 $B(z)-q_1(z)A(z)$, $C(z)-q_2(z)A(z)$, $D(z)-q_3(z)A(z)$, $E(z)-q_4(z)A(z)$는, (4)에서는 작은 n에 대해 나타나나 $A(z)$에는 나타나지 않는 $a_{-1}, a_{-2}, a_{-3}, \ldots$의 값들에 대응하는 유한한 합들로 축약된다. 적절한 경계 조건들을 제공하기 위해, 점화식을 음의 수준들로 되짚어보자(수준 -8까지):

n	a_n	b_n	c_n	d_n	e_n
0	1	0	0	0	0
−1	0	0	0	0	1
−2	1	−1	0	0	0
−3	0	0	0	−1	2
−4	2	−3	1	0	0
−5	0	0	1	−4	5
−6	5	−9	5	−1	0
−7	0	−1	6	−14	14
−8	14	−28	20	−7	1

(테이프가 일곱 개인 경우에는 이와 비슷하되 홀수 n에 대한 항목들이 오른쪽으로 하나의 열만큼 자리이동된 표가 나오게 될 것이다.) 수열 $a_0, a_{-2}, a_{-4}, \ldots = 1, 1, 2, 5, 14, \ldots$은 전산학자들에게 있어 명백한 증거라 할 수 있다. 이 수열은 수많은 재귀적 알고리즘들에 관련해서 나타나기 때문이다(예를 들어 연습문제 2.2.1-4와 식 2.3.4.4-(14)를 볼 것). 따라서 테이프가 T개인 경우에 대해 다음과 같이 추측할 수 있다.

$$\begin{aligned} a_{-2n} &= \binom{2n}{n}\frac{1}{n+1}, && 0 \le n \le T-2\text{에 대해};\\ a_{-2n-1} &= 0, && 0 \le n \le T-3\text{에 대해}. \end{aligned} \tag{6}$$

이 선택이 옳은지는 (6)과 (4)가 수준 0과 1에서 옳은 결과를 내는지 보이는 것만으로도 충분히 확인할 수 있다. 수준 1에서는 명백하며, 수준 0에 대해서는 $0 \le m \le T-2$에 대해 다음이 성립함을 입증해야 한다.

$$\begin{aligned} &\binom{m}{0}a_0 - \binom{m+1}{2}a_{-2} + \binom{m+2}{4}a_{-4} - \binom{m+3}{6}a_{-6} + \cdots \\ &\qquad = \sum_{k \ge 0}\binom{m+k}{2k}\binom{2k}{k}\frac{(-1)^k}{k+1} = \delta_{m0}. \end{aligned} \tag{7}$$

다행히 이 합은 표준적인 기법들로 평가할 수 있다. 사실 이것은 1.2.6절의 연습문제 2이다.

이제 $B(z) - q_1(z)A(z)$ 등의 계수들을 계산할 수 있다. 예를 들어 $D(z) - q_3(z)A(z)$의 z^{2m}의 계수를 생각해 보자. 1.2.6절의 연습문제 3의 결과에 의해 이 계수는

$$\begin{aligned} \sum_{k \ge 0}\binom{3+m+k}{2m+2k}(-1)^{m+k}a_{-2k} &= \sum_{k \ge 0}\binom{3+m+k}{2m+2k}\binom{2k}{k}\frac{(-1)^{m+k}}{k+1} \\ &= (-1)^m\left(\binom{2+m}{2m-1} - \binom{3+m}{2m}\right) \\ &= (-1)^{m+1}\binom{2+m}{2m} \end{aligned}$$

이다. 그러므로 우리는

$$
\begin{aligned}
A(z) &= q_0(z)A(z), \\
B(z) &= q_1(z)A(z) - q_0(z), \qquad & C(z) &= q_2(z)A(z) - q_1(z), \\
D(z) &= q_3(z)A(z) - q_2(z), \qquad & E(z) &= q_4(z)A(z) - q_3(z)
\end{aligned} \tag{8}
$$

를 유도한 것이다. 더 나아가서 $e_{n+1} = a_n$이다. 따라서 $zA(z) = E(z)$이고

$$A(z) = q_3(z)/(q_4(z) - z) \tag{9}$$

이다.

이제 생성함수들은 q 다항식들을 항으로 해서 유도되며, 따라서 q들을 좀 더 잘 이해할 필요가 있다. 이 부분에 대해서는 연습문제 1.2.9-15가 유용하다. 그 문제로부터, 다음과 같은 하나의 닫힌 형식을 얻을 수 있기 때문이다.

$$q_m(z) = \frac{((\sqrt{4-z^2}+iz)/2)^{2m+1} + ((\sqrt{4-z^2}-iz)/2)^{2m+1}}{\sqrt{4-z^2}}. \tag{10}$$

이제 $z = 2\sin\theta$로 두면 모든 것이 간단해진다.

$$q_m(2\sin\theta) = \frac{(\cos\theta + i\sin\theta)^{2m+1} + (\cos\theta - i\sin\theta)^{2m+1}}{2\cos\theta} = \frac{\cos(2m+1)\theta}{\cos\theta}. \tag{11}$$

(이러한 우연의 일치 때문에 다항식 $q_m(z)$가 수학에서 잘 알려져 있는 것이 아닐까하는 의심을 할만도 하다. 사실 해당 표들을 살펴보면 $q_m(z)$가 본질적으로 제2종 체비셰프Chebyshev 다항식, 즉 관례적인 표기법 하에서 $(-1)^m U_{2m}(z/2)$임을 알 수 있다.)

이제 (9)의 분모의 근들을 구할 수 있다: 방정식 $q_4(2\sin\theta) = 2\sin\theta$는 다음으로 줄어든다.

$$\cos 9\theta = 2\sin\theta\cos\theta = \sin 2\theta.$$

$\pm 9\theta = 2\theta + \left(2n - \frac{1}{2}\right)\pi$이면 항상 이 방정식의 해들을 구할 수 있으며, $\cos\theta \neq 0$라고 할 때 그러한 모든 θ는 (9)의 분모의 근들로 이어진다. ($\cos\theta = 0$일 때 $q_m(\pm 2) = (2m+1)$은 결코 ± 2와 같지 않다.) 이로부터 $q_4(z) - z = 0$에 대한 다음과 같은 여덟 개의 서로 다른 근들이 나온다.

$$2\sin\frac{-5}{14}\pi,\ 2\sin\frac{-1}{14}\pi,\ 2\sin\frac{3}{14}\pi,\ 2\sin\frac{-7}{22}\pi,\ 2\sin\frac{-3}{22}\pi,\ 2\sin\frac{1}{22}\pi,\ 2\sin\frac{5}{22}\pi,\ 2\sin\frac{9}{22}\pi.$$

$q_4(z)$는 8차 다항식이므로 이 근들이 전부이다. 이 값들 중 처음 셋의 경우에는 $q_3(z) = 0$이 되므로, $q_3(z)$와 $q_4(z) - z$는 하나의 3차 다항식을 공통의 인수로 가진다. 나머지 다섯 근들은, 만일 (9)를 부분분수로 전개한다면 $A(z)$의 계수들의 점근적 습성을 지배한다.

일반적인 테이프 T개의 경우를 보자. $\theta_k = (4k+1)\pi/(4T-2)$라고 하자. T테이프 중첩 배분 개수들에 대한 생성함수 $A(z)$는 다음과 같은 형태를 취한다.

$$\frac{4}{2T-1}\sum_{-T/2 < k < \lfloor T/2 \rfloor} \frac{\cos^2\theta_k}{1 - z/(2\sin\theta_k)} \tag{12}$$

(연습문제 8 참고). 따라서

$$a_n = \frac{4}{2T-1} \sum_{-T/2 < k < \lfloor T/2 \rfloor} \cos^2 \theta_k \left(\frac{1}{2 \sin \theta_k} \right)^n \tag{13}$$

이다. (8)의 등식들로부터 다음과 같은 비슷한 공식들을 얻을 수 있다:

$$\begin{aligned} b_n &= \frac{4}{2T-1} \sum_{-T/2 < k < \lfloor T/2 \rfloor} \cos \theta_k \cos 3\theta_k \left(\frac{1}{2 \sin \theta_k} \right)^n, \\ c_n &= \frac{4}{2T-1} \sum_{-T/2 < k < \lfloor T/2 \rfloor} \cos \theta_k \cos 5\theta_k \left(\frac{1}{2 \sin \theta_k} \right)^n, \\ d_n &= \frac{4}{2T-1} \sum_{-T/2 < k < \lfloor T/2 \rfloor} \cos \theta_k \cos 7\theta_k \left(\frac{1}{2 \sin \theta_k} \right)^n \end{aligned} \tag{14}$$

등등. 연습문제 9는 이 등식들이 큰 n뿐만 아니라 모든 $n \geq 0$에 대해 성립함을 보여준다. 각 합에서 $k=0$에 대한 항이 나머지 모든 항보다 우세하다. 특히 n이 적당히 클 때 더욱 그렇다. 따라서 "증가율"은

$$\frac{1}{2 \sin \theta_0} = \frac{2}{\pi} T - \frac{1}{\pi} + \frac{\pi}{48T} + O(T^{-2}) \tag{15}$$

이다.

중첩 정렬은 카터W. C. Carter 〔*Proc. IFIP Congress* (1962), 62-66〕와 퍼거슨David E. Ferguson 〔*CACM* 7 (1964), 297 참고〕이 처음으로 분석했다. 카터는 작은 T에 대한 수치적 결과들을 얻어냈으며 퍼거슨은 증가율의 점근 습성 (15)의 처음 두 항을 구했다. 그리고 1964년 여름에 플로이드R. W. Floyd는 정확한 공식들을 모든 T에 대해 사용할 수 있도록 하는, 증가율의 명시적 형태 $1/(2\sin\theta_0)$를 발견했다. 레이니G. N. Raney는 이들과는 독립적으로 중첩 횟수들을 상세히 분석했는데 〔*Canadian J. Math.* 18 (1966), 332-349〕, 그가 이 중첩 주제에 도달한 경로는 정렬과는 상관이 없는 사뭇 다른 것이었다. 레이니는 그림 73의 "대각선 비율" 원리를 고찰했으며, 그 수들의 다른 여러 흥미로운 성질들을 유도해냈다. 플로이드와 레이니는 그들의 증명에서 행렬 조작을 사용했다(연습문제 6 참고).

중첩 정렬의 수정. 만일 테이프를 하나 더 추가한다면 중첩 정렬 도중의 되감기 시간 거의 전부를 겹치는 것이 가능하다. 예를 들어 T1-T5를 T7로 병합하고, T1-T4를 T6으로 병합하고, 그런 후 T1-T3을 T5로(이 때 T5가 되감긴다), 그런 다음 T1-T2를 T4로 병합한다. T4에 있는 비교적 짧은 자료를 되감은 후에는 그 다음 패스를 시작할 수 있다. 이러한 공정의 효율은 중첩의 분석으로부터 예측할 수 있다. (좀 더 자세한 정보는 5.4.6절을 볼 것.)

커누스는 다중페이즈와 중첩 모두를 특수한 경우들로 포함하는 "절충 병합(compromise merge)" 방안을 *CACM* 6 (1963), 585-587에서 제안했다. 각 페이즈는 $(T-1)$중, $(T-2)$중, ..., P중 병합들로 구성된다. 여기서 P는 1과 $T-1$ 사이의 임의의 고정된 수이다. $P = T-1$일 때 이 스

킴은 다중페이즈 병합이고 $P=1$일 때에는 순수한 중첩 병합이다. $P=2$일 때에는 복사 페이즈가 없는 중첩 병합이다. 이 방안을 레이드키E. Radkek [*IBM Systems J.* 5 (1966), 226-247]와 버지W. H. Burge [*Proc. IFIP Congress* (1971), 1, 454-459]가 분석했다. 버지는 각 (P, T) 절충 병합에 대한, 식 5.4.2-(16)을 일반화하는 생성함수 $\sum T_n(x) z^n$을 발견했다. 그는 $S \to \infty$에 따른 S의 함수로서의 처리된 초기 연속열 개수(직접적인 배분 방식을 사용하고 되감기 시간은 무시할 때의)가 최소라는 관점에서 본 최고의 P 값들이 $T=(3,4,5,6,7,8,9,10,11)$에 대해 각각 $(2,3,3,4,4,4,3,3,4)$임을 보였다. 이 P 값들은 T가 증가함에 따라 다중페이즈보다는 중첩으로 좀 더 기울어진다. 그리고 절충 병합이 중첩 자체보다 훨씬 더 나은 것은 결코 아님이 판명된다. 한편, 수준들을 최적으로 선택하고 모조 연속열들을 5.4.2절에 설명한 것처럼 최적으로 배분하는 경우에는 순수한 다중페이즈가 모든 절충 병합 중에서 최고인 것으로 보인다. 안타깝게도, 최적의 배분은 구현하기가 비교적 어렵다.

욘센Th. L. Johnsen은 균형 병합과 다중페이즈 병합의 조합을 연구했나 [*BIT* 6 (1966), 129-143]. 그리고 괴츠M. A. Goetz는 균형 병합의 되감기 겹침 버전을 제안했다 [*Digital Computer User's Handbook*, M. Klerer 및 G. A. Korn 엮음 (New York: McGraw-Hill, 1967), 1.311-1.312]. 그 외에도 여러 가지 혼성 방안들을 상상해 볼 수 있다.

연습문제

1. [*10*] 중첩 병합과 5.4.2절에서 설명한 다중페이즈 테이프 분할 버전을 표 1을 이용해서 비교하라. 어느 것이 나은가? (되감기 시간은 무시할 것.)

▶ **2.** [*22*] 알고리즘 C를 이용한 3테이프 중첩 정렬을 알고리즘 5.4.2D를 이용한 3테이프 다중테이프 정렬과 비교하라. 비슷한 점과 다른 점을 찾아볼 것.

3. [*23*] 100개의 초기 연속열들을 알고리즘 C를 이용해서 테이프 여섯 개 상에서 정렬할 때 어떤 일이 생기는지를 보여주는 표를 작성하라.

4. [*M20*] (레이니G. N. Rancy.) "n차 수준 중첩 배분"은 다음과 같이 정의되는 하나의 중복집합이다(테이프 여섯 개의 경우임): $\{1,0,0,0,0\}$은 0차 수준 중첩 배분이며, 만일 $\{a,b,c,d,e\}$가 n차 수준 중첩 배분이면 $\{a+b+c+d+e,\ a+b+c+d,\ a+b+c,\ a+b,\ a\}$는 $(n+1)$차 수준 중첩 배분이다 (중복집합은 순서가 없으며, 따라서 하나의 n차 수준 배분으로부터 나오는 서로 다른 $(n+1)$차 수준 배분들의 개수는 최대 5!이다.)

a) 서로 소인 정수들의 임의의 중복집합 $\{a,b,c,d,e\}$가 어떤 n에 대해 n차 수준 중첩 배분임을 증명하라.

b) 중첩 정렬에 대해 정의된 배분이 다음과 같은 의미에서 최적임을 증명하라: 만일 $\{a,b,c,d,e\}$가 $a \ge b \ge c \ge d \ge e$인 임의의 n차 수준 배분이면, $a \le a_n$, $b \le b_n$, $c \le c_n$, $d \le d_n$, $e \le e_n$가 성립한다(여기서 $(a_n, b_n, c_n, d_n, e_n)$은 (1)에서 정의된 배분).

▶ **5.** [*20*] (1)에 정의된 중첩 횟수들이 다음 법칙을 만족함을 증명하라.

$$a_k a_{n-k} + b_k b_{n-k} + c_k c_{n-k} + d_k d_{n-k} + e_k e_{n-k} = a_n, \qquad 0 \le k \le n\text{에 대해.}$$

[힌트: 완전한 하나의 중첩 정렬의 k번째 패스 도중에 다양한 길이의 연속열들이 몇 개나 출력되는지의 관점에서 이 관계를 해석해 볼 것.]

6. [*M20*] Q^n의 첫 행이 모든 $n \ge 0$에 대해 6테이프 중첩 횟수 $a_n\,b_n\,c_n\,d_n\,e_n$을 담는 5×5 행렬 Q를 구하라.

7. [*M20*] 중첩 병합을 a_n개의 초기 연속열들의 완전 배분에 적용한다고 할 때, 1중 병합을 억제하는 경우 절약되는 처리량에 관한 공식을 구하라.

8. [*HM23*] (12)를 유도하라.

9. [*HM26*] (14)를 유도하라.

▶ **10.** [*M28*] 중첩 횟수들을 패턴 (4)를 이용해서 연구하는 대신 항등식

$$\begin{aligned} e_n &= a_{n-1} &&= \binom{1}{1} a_{n-1}, \\ d_n &= 2a_{n-1} - e_{n-2} &&= \binom{2}{1} a_{n-1} - \binom{3}{3} a_{n-3}, \\ c_n &= 3a_{n-1} - d_{n-2} - 2e_{n-2} &&= \binom{3}{1} a_{n-1} - \binom{4}{3} a_{n-3} - \binom{5}{5} a_{n-5} \end{aligned}$$

등을 이용해서 연구한다고 하자. 이 때

$$r_m(z) = \binom{m}{1} z - \binom{m+1}{3} z^3 + \binom{m+2}{5} z^5 - \cdots$$

으로 두고 $A(z), B(z)$ 등을 이 r 다항식들로 표현하라.

11. [*M38*] $f_m(z) = \sum_{k=0}^{m} \binom{\lfloor (m+k)/2 \rfloor}{k} (-1)^{\lceil k/2 \rceil} z^k$

이라고 하자. T테이프 중첩 횟수들에 대한 생성함수 $A(z)$이 $f_{T-3}(z)/f_{T-1}(z)$와 같음을 증명하라. 이 식에서 분모와 분자에 공통의 인수는 없다.

12. [*M40*] 퍼거슨의 배분 방안이 다음과 같은 의미에서 최적임을 증명하라: (2)를 만족하는 모조 연속열 배치 방법들 중, 첫 패스에 퍼거슨의 배분 방안보다 더 적은 초기 연속열들을 처리하게 만드는 것은 존재하지 않는다. 단, 첫 패스 도중 단계 C7-C9의 전략이 쓰인다고 가정한다.

13. [*40*] 본문에서는 추가적인 테이프들을 사용함으로써 되감기 시간의 대부분을 겹치는 착안을 제안하고 있다. 이 착안에 대해서 탐구하라. (예를 들어 분문의 방식에서는 T4가 되감기길 기다려야 한다. 다음 패스의 첫 병합 페이즈에서 T4를 제외시키는 것이 더 낫지 않을까?)

*5.4.4. 테이프 거꾸로 읽기

많은 자기 테이프 장치들은 테이프를 원래 기록되었던 방향과는 반대의 방향으로 읽을 수 있는 능력을

가지고 있다. 지금까지 살펴본 병합 패턴들은 항상 정보를 "전방(forward)"으로 기록하고, 그런 다음 테이프를 되감고, 테이프를 전방으로 읽고, 다시 되감는다. 따라서 테이프 파일들은 대기열처럼, 즉 선입선출 방식으로 작동한다. 테이프를 후방(backward)으로 읽을 수 있다면 그러한 두 되감기 연산 모두를 제거할 수 있다. 쓸 때에는 전방으로, 읽을 때에는 후방으로 테이프를 사용하면 된다. 이 경우 파일은 후입선출 방식의 스택처럼 작동한다.

균형, 다중페이즈, 중첩 병합 패턴들 모두 후방 읽기에 맞게 변형할 수 있다. 후방으로 읽고 전방으로 쓸 때의 주된 차이는, 병합에 의해 연속열들의 순서가 뒤집어진다는 것이다. 만일 두 연속열이 테이프에 오름차순으로 놓여 있다면 테이프를 거꾸로 읽으면서 그것들을 병합할 수 있지만, 그러면 연속열들은 내림차순이 된다. 그런 식으로 만들어진 내림차순 연속열들은 다음 패스에 의해 오름차순이 된다. 따라서 병합 알고리즘들은 연속열들을 반드시 양 방향 모두로 다룰 수 있어야 한다. 거꾸로 읽기를 처음 접하는 프로그래머들은 마치 물구나무서기를 하고 있는 듯한 느낌을 받곤 한다!

거꾸로 읽기의 한 예로, 네 테이프에서 균형 병합을 이용해서 8개의 초기 연속열들을 병합하는 공정을 생각해 보자. 그런 병합 공정을 요약하자면 다음과 같다:

	T1	T2	T3	T4	
패스 1	$A_1A_1A_1A_1$	$A_1A_1A_1A_1$	—	—	초기 배분
패스 2	—	—	D_2D_2	D_2D_2	T3과 T4로 병합
패스 3	A_4	A_4	—	—	T1과 T2로 병합
패스 4	—	—	D_8	—	마지막으로 T3으로 병합

여기서 A_r은 이전의 예들처럼 테이프를 전방으로 읽는다고 할 때 테이프 상에서 오름차순으로 나타나는, 상대 길이가 r인 한 연속열을 나타낸다. 비슷하게 D_r은 상대 길이가 r인 내림차순 연속열이다. 패스 2에 의해 오름차순 연속열들은 내림차순이 된다. T1과 T2를 거꾸로 읽기 때문에, 그 연속열들은 입력에서 내림차순으로 나타난다. 패스 3에서 연속열들은 다시 방향을 바꾼다.

위의 공정이 완료될 때 그 결과는 테이프 T3에 내림차순으로 존재함을 주목할 것. 이것이 바람직하지 않다면(출력을 후방으로 읽어 들어야 한다거나 이후 용도를 위해 테이프를 떼어내서 보관하는 등), 결과를 다른 테이프에 반대 방향으로 복사하면 된다. 더 빠른 방법은 패스 3 이후 T1과 T2를 되감고, 패스 4에서 A_8을 산출하는 것이다. 애초에 패스 1에서 여덟 개의 내림차순 연속열들로 시작한다면 그 보다 더 빠른 방법이 될 수 있을 것이다. 그러면 A들과 D들이 모두 맞바뀌기 때문이다. 그러나 16개의 초기 연속열들에 대한 균형 병합에서는 초기 연속열들이 오름차순이어야 한다. 또한, 일반적으로는 몇 개의 초기 연속열들이 만들어질 것인지를 미리 알 수가 없으므로, 하나의 일관된 방향을 선택할 필요가 있다. 따라서 패스 3 이후 테이프들을 되감는 방법이 아마도 최선일 것이다.

중첩 병합도 같은 방식으로 수행된다. 예를 들어 네 테이프에서 14개의 초기 연속열들을 정렬한다면:

	T1	T2	T3	T4
패스 1	$A_1A_1A_1A_1A_1A_1$	$A_1A_1A_1A_1A_1$	$A_1A_1A_1$	—
패스 2	—	D_1	D_2D_2	$D_3D_3D_3$
패스 3	A_6	A_5	A_3	—
패스 4	—	—	—	D_{14}

이 경우에도 마지막 패스 직전에 T1, T2, T3을 되감는다면 D_{14}가 아니라 A_{14}를 만들어 내게 된다. 위의 표는 "순수한" 중첩 병합에 해당한다. 여기서 순수하다는 말은 1중 병합들 전부가 명시적으로 수행됨을 의미한다. 만일 알고리즘 5.4.3C에서처럼 복사 연산들을 억제한다면 패스 2 이후에 다음과 같은 상황에 처하게 될 것이다.

A_1	—	D_2D_2	$D_3D_3D_3$

이러면 3중 병합으로 공정을 진행하는 것은 불가능하게 된다. 방향이 반대인 연속열들을 병합할 수는 없기 때문이다. 만일 T1을 되감고 다음 병합 페이즈에서 그것을 전방으로 읽어 들인다면(T3과 T4는 후방으로 읽어 들인다) T1을 T2로 복사하는 연산을 피할 수 있다. 그러나 그러면 병합 이후에 T1을 다시 되감아야 하므로, 결국 복사 한 번을 줄이기 위해 되감기를 두 번 수행하는 결과가 된다.

따라서 알고리즘 5.4.3C의 배분 방법의 경우 후방 읽기에 대해서는 전방 읽기만큼 효율적이지 못하다. 초기 연속열들의 개수가 "완전" 중첩 배분 개수를 넘을 때마다 필요 시간량은 상당히 급격하게 뛰어오른다. 또 다른 배분 기법을 사용한다면 완전 중첩 배분들 사이의 좀 더 매끄러운 전이가 가능해진다(연습문제 17).

후방 읽기 다중페이즈. 언뜻 생각하기에는(심지어 두세 번 곱씹어 보아도) 다중페이즈 병합 방안이 후방 읽기에는 전혀 맞지 않는 것 같다. 예를 들어 테이프가 세 개이고 초기 연속열이 13개일 때에는 다음과 같은 절차가 된다.

	T1	T2	T3
페이즈 1	$A_1A_1A_1A_1A_1$	$A_1A_1A_1A_1A_1A_1A_1A_1$	—
페이즈 2	—	$A_1A_1A_1$	$D_2D_2D_2D_2D_2$

여기서 막다른 골목에 다다른다. T2나 T3을 되감고 그것을 전방으로 읽으면서 다른 테이프들은 후방으로 읽을 수도 있겠지만, 그러면 연속열들이 뒤죽박죽되어서 후방 읽기로 얻을 수 이득이 상대적으로 낮아진다.

이러한 상황을 극복하는 한 가지 독창적인 발상은, 각 테이프마다 연속열들의 방향을 뒤집는 것이다. 그러면 병합을 완벽히 동기적으로 진행할 수 있다:

	T1	T2	T3
페이즈 1	$A_1D_1A_1D_1A_1$	$D_1A_1D_1A_1D_1A_1D_1A_1$	—
페이즈 2	—	$D_1A_1D_1$	$D_2A_2D_2A_2D_2$
페이즈 3	$A_3D_3A_3$	—	D_2A_2
페이즈 4	A_3	D_5A_5	—
페이즈 5	—	D_5	D_8
페이즈 6	A_{13}	—	—

길스타R. L. Gilstad는 다중페이즈 병합에 대한 그의 원래의 논문에서 이 원리를 간단히 언급한 후 *CACM* 6 (1963), 220-223에서 좀 더 완전하게 설명했다.

$ADA\ldots$ 기법은 임의의 개수의 테이프들에 대한 다중페이즈 병합에서 제대로 작동한다. 초기 배분 패스에 의해서 각 테이프에 A들과 D들이 번갈아 놓이며 각 테이프가 A로 끝난다는(또는 각 테이프가 D로 끝난다는) 가정 하에, A들과 D들이 각 페이즈에서 적절히 동기화됨을 증명하는 것이 가능하다: 한 페이즈에서 출력 파일에 기록된 마지막 연속열은 입력 파일들에서 마지막으로 쓰인 연속열들과는 반대 방향이므로, 그 다음 페이즈에서는 항상 적절한 방향으로 된 연속열들을 만나게 된다. 더 나아가서, 연습문제 5.4.2-13에서 보았듯이, 완전 피보나치 배분들 대부분에서는 하나의 테이프에 홀수 개의 연속열들이, 그 외의 테이프들에는 짝수 개의 연속열들이 있어야 한다. 따라서, 만일 최종 출력 테이프를 T1이라고 한다면, T1에 하나의 A 연속열을 두고 나머지 테이프들에는 D를 두어 시작함으로써 모든 테이프가 A 연속열로 끝나게 만들 수 있다. 알고리즘 5.4.2D와 비슷하되 각 수준에서의 배분들이 T1을 최종 출력 테이프로 사용하도록 수정한 배분 방법을 사용하면 될 것이다. (수준 1, $T+1$, $2T+1$, ...은 넘어가도 된다. 왜냐하면 그 수준들에서는 원래부터 빈 테이프가 최종 출력 테이프이기 때문이다.) 예를 들어 6테이프의 경우 5.4.2-(1) 대신 다음과 같은 배분 개수들을 사용할 수 있다.

수준	T1	T2	T3	T4	T5	전체	최종 출력 테이프
0	1	0	0	0	0	1	T1
2	1	2	2	2	2	9	T1
3	3	4	4	4	2	17	T1
4	7	8	8	6	4	33	T1
5	15	16	14	12	8	65	T1
6	31	30	28	24	16	129	T1
8	61	120	116	108	92	497	T1

(1)

즉, T1은 항상 홀수 개의 연속열들을 받으며, T2에서 T5까지는 짝수 개의 연속열들을 내림차순으로 (모조 연속열 배정의 유연성을 위해) 받게 된다. 이러한 배분 방법은 존재하는 초기 연속열 개수와는 무관하게 최종 출력 테이프를 미리 알 수 있다는 장점을 가진다. 연습문제 3에서 보겠지만, 이런 방안을 사용하면 T1의 출력은 항상 오름차순으로 나타난다.

후방 읽기 다중페이즈를 위한 또 다른 배분 방법을 굿윈D. T. Goodwin과 벤J. L. Venn이 제안한 바 있다 〔*CACM* 7 (1964), 315〕. 각 테이프에 하나의 D 연속열을 두는 것으로 시작해서, 알고리즘 5.4.2D와 거의 같은 방식으로 연속열들을 배분한다. 입력이 소진되면, 배분 개수들이 모두 홀수인 배분 패턴에 도달한 것이 아닌 한, 하나의 모조 A 연속열이 유일한 "홀수" 테이프의 시작에 존재한다고 가정한다. 다른 모조 연속열들은 테이프들의 끝에 있다고 가정하거나 쌍으로 중간에 모여 있다고 가정한다. 이러한 모조 연속열의 최적의 배치 문제는 연습문제 5에서 분석한다.

최적 병합 패턴. 지금까지 테이프 병합을 위한 다양한 패턴들을 논의했는데, 그 중 어떤 것이 "가능한 최고"의 방법인지는 언급하지 않았다. 최적의 패턴을 결정하기란 상당히 어려운 일인 것 같다. 특히, 되감기 시간과 병합 시간의 상호작용을 다루기가 어려운 전방 읽기의 경우에는 더욱 그렇다. 반면, 병합을 후방 읽기와 전방 쓰기로 처리하는 경우에는 모든 되감기가 본질적으로 제거되므로, 최적의 병합 방법을 어느 정도 정확하게 특성화하는 것이 가능하다. 카프Richard M. Karp는 이 문제에 대한 아주 흥미로운 접근방식 몇 가지를 소개했는데, 그가 전개한 이론을 논의하는 것으로 이번 절을 마무리하겠다.

지금까지는 병합 패턴을 서술하기 위해 다소 번잡한 테이프 내용 표를 사용했는데, 그보다는 조금 나은 서술 방법이 필요하다. 카프가 제안한 병합 패턴 표현 방식은 두 가지로, 하나는 벡터 표현이고 또 하나는 트리 표현이다. 두 표현 형태 모두 실제 응용에서 유용하므로, 둘 다 차례로 살펴보기로 하자.

병합 패턴의 벡터 표현은 "병합 벡터" $y^{(m)}\ldots y^{(1)}y^{(0)}$들의 순차열로 구성된다. 각 병합 패턴은 T개의 성분들로 이루어진다. 끝에서 i번째 병합 단계는 $y^{(i)}$로 나타내며, 그 구체적인 정의는 다음과 같다.

$$y_j^{(i)} = \begin{cases} +1, & \text{만일 } j\text{번 테이프가 병합의 입력으로 쓰이면;} \\ 0, & \text{만일 } j\text{번 테이프가 병합에 쓰이지 않으면;} \\ -1, & \text{만일 } j\text{번 테이프에 병합의 출력이 기록되면.} \end{cases} \tag{2}$$

따라서 $y^{(i)}$ 중 정확히 한 성분만 -1이고 나머지 성분들은 0 또는 1이다. 마지막 벡터 $y^{(0)}$은 특별하다. 이것은 최종적으로 정렬된 출력이 테이프 j에 나타난다고 할 때 성분 j만 1이고 나머지는 0인 단위 벡터이다. 이러한 정의들에 의해, 벡터 합

$$v^{(i)} = y^{(i)} + y^{(i-1)} + \cdots + y^{(0)} \tag{3}$$

은 끝에서 i번째 단계 직전의 연속열 배분을 나타낸다. 테이프 j에는 $v_j^{(i)}$개의 연속열들이 존재한다. 특히 $v^{(m)}$은 초기 배분 패스가 각 테이프에 몇 개의 연속열들을 배치하는지 알려준다.

$y^{(m)}$이 최초의 벡터이고 $y^{(0)}$이 마지막 벡터라는 식으로 벡터들의 번호를 역순으로 매기는 것이 조금 이상하겠지만, 이러한 기이한 관점이 실제로는 이론을 전개하는 데 도움이 된다. 최적의 패턴을 찾는 한 가지 좋은 방법은 정렬된 출력에서 시작해 그것을 재귀적으로 여러 테이프들에 "역병합

(unmerging)"해 나가면서, 일련의 배분 $v^{(0)}, v^{(1)}, v^{(2)}, \ldots$을 그것들이 정렬 공정에서 실제로 나타나는 것과는 반대의 방향으로 조사하는 것이다. 사실 이는 다중페이즈와 중첩 병합을 분석할 때 우리가 사용했던 것과 본질적으로 동일한 접근방식이다.

이번 절 앞에서 표 형태로 서술했던 세 병합 패턴들을 벡터 형식으로 표현하면 다음과 같다.

균형 ($T=4, S=8$)

$$
\begin{aligned}
v^{(7)} &= (\ \ 4,\ \ 4,\ \ 0,\ \ 0)\\
y^{(7)} &= (+1,+1,-1,\ \ 0)\\
y^{(6)} &= (+1,+1,\ \ 0,-1)\\
y^{(5)} &= (+1,+1,-1,\ \ 0)\\
y^{(4)} &= (+1,+1,\ \ 0,-1)\\
y^{(3)} &= (-1,\ \ 0,+1,+1)\\
y^{(2)} &= (\ \ 0,-1,+1,+1)\\
y^{(1)} &= (+1,+1,-1,\ \ 0)\\
y^{(0)} &= (\ \ 0,\ \ 0,\ \ 1,\ \ 0)
\end{aligned}
$$

중첩 ($T=4, S=14$)

$$
\begin{aligned}
v^{(10)} &= (\ \ 6,\ \ 5,\ \ 3,\ \ 0)\\
y^{(10)} &= (+1,+1,+1,-1)\\
y^{(9)} &= (+1,+1,+1,-1)\\
y^{(8)} &= (+1,+1,+1,-1)\\
y^{(7)} &= (+1,+1,-1,\ \ 0)\\
y^{(6)} &= (+1,+1,-1,\ \ 0)\\
y^{(5)} &= (+1,-1,\ \ 0,\ \ 0)\\
y^{(4)} &= (-1,+1,+1,+1)\\
y^{(3)} &= (\ \ 0,-1,+1,+1)\\
y^{(2)} &= (\ \ 0,\ \ 0,-1,+1)\\
y^{(1)} &= (+1,+1,+1,-1)\\
y^{(0)} &= (\ \ 0,\ \ 0,\ \ 0,\ \ 1)
\end{aligned}
$$

다중페이즈 ($T=3, S=13$)

$$
\begin{aligned}
v^{(12)} &= (\ \ 5,\ \ 8,\ \ 0)\\
y^{(12)} &= (+1,+1,-1)\\
y^{(11)} &= (+1,+1,-1)\\
y^{(10)} &= (+1,+1,-1)\\
y^{(9)} &= (+1,+1,-1)\\
y^{(8)} &= (+1,+1,-1)\\
y^{(7)} &= (-1,+1,+1)\\
y^{(6)} &= (-1,+1,+1)\\
y^{(5)} &= (-1,+1,+1)\\
y^{(4)} &= (+1,-1,+1)\\
y^{(3)} &= (+1,-1,+1)\\
y^{(2)} &= (+1,+1,-1)\\
y^{(1)} &= (-1,+1,+1)\\
y^{(0)} &= (\ \ 1,\ \ 0,\ \ 0)
\end{aligned}
$$

모든 병합 패턴이 각자 하나의 벡터 표현을 가짐은 명백하다. 반대로, 벡터들의 순차열 $y^{(m)} \ldots y^{(1)} y^{(0)}$은 오직 다음 세 조건을 만족할 때에만 실제의 병합 패턴에 대응한다.

i) $y^{(0)}$이 단위 벡터이다.

ii) $m \geq i \geq 1$에 대해, $y^{(i)}$의 성분들 중 -1과 같은 성분은 단 하나이고 나머지 모든 성분은 0 또는 $+1$이다.

iii) $m \geq i \geq 1$에 대해 $y^{(i)} + \cdots + y^{(1)} + y^{(0)}$의 모든 성분은 음이 아니다.

병합 패턴의 트리 표현은 같은 정보를 또 다른 방식으로 보여준다. 병합 패턴을 서술하는 트리는 초기 연속열 당 하나의 외부 말단 노드와 병합되는 연속열 당 하나의 내부 노드를 가진다. 각 내부 노드의 후손들은 그 내부 노드를 만들어내는 데 쓰인 연속열들이다. 각 내부 노드에는 해당 연속열이 만들어진 단계의 번호가 부여되는데, 단계 번호는 벡터 표현에서처럼 역순이다. 더 나아가서, 각 노드 바로 위의 선에는 해당 연속열이 나타나는 테이프의 이름이 붙는다. 예를 들어 위에 나온 세 병합 패턴들은 그림 76에 나온 트리들로 표현된다. 그림에서 A, B, C, D는 각각 T1, T2, T3, T4를 의미한다.

이러한 표현은 병합 패턴의 여러 관련 성질들을 편리한 형태로 보여준다. 예를 들어 트리의 수준

0(루트)의 연속열이 오름차순이라면 수준 1의 연속열들은 반드시 내림차순이고, 수준 2의 것들은 반드시 오름차순이다. 나머지 수준들 역시 마찬가지 관계를 가진다. 하나의 초기 연속열은 오직 해당 외부 노드가 짝수 수준에 있을 때에만 오름차순이다. 더 나아가서, 초기 배분을 제외한 병합 공정 도중 처리되는 초기 연속열 전체 개수는 트리의 외부 경로 길이와 정확히 같다. 수준 k의 각 초기 연속열이 정확히 k번 처리되기 때문이다.

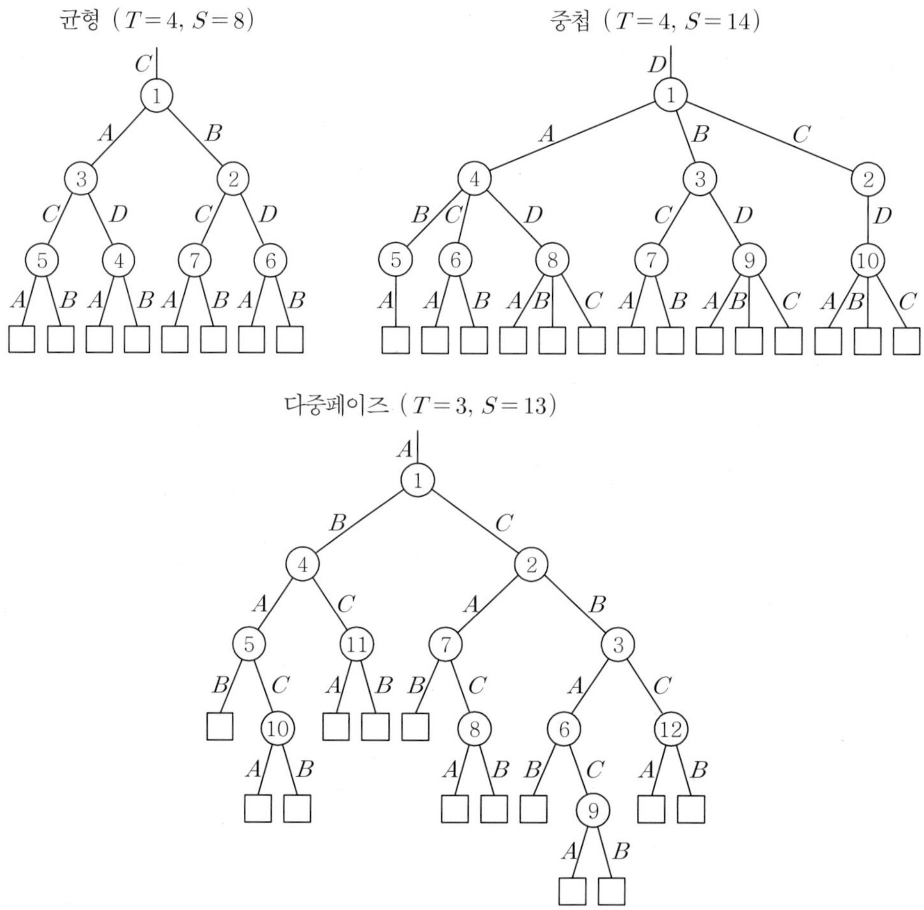

그림 76. 세 병합 패턴들의 트리 표현.

모든 병합 패턴이 각자 하나의 트리 표현을 가짐은 명백하다. 그러나 모든 트리가 하나의 병합 패턴을 정의하는 것은 아니다. 내부 노드에 1에서 m까지의 번호가 붙어 있으며 노드들 사이의 선에 테이프 이름이 붙어 있는 트리가 유효한 후방 읽기 병합 패턴을 나타내기 위해서는 다음과 같은 필요충분조건들을 만족해야 한다:

a) 같은 내부 노드에 연결된 두 선이 같은 테이프 이름을 가지는 일이 없어야 한다.

b) $i > j$이고 A가 테이프 이름이라고 할 때, 트리에 다음과 같은 구성이 존재해서는 안 된다.

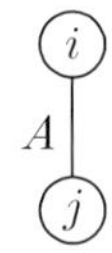

c) $i<j<k<l$이고 A가 테이프 이름이라고 할 때, 트리에 다음과 같은 구성이 존재해서는 안 된다.

(4)

조건 (a)는 자명하다. 하나의 병합에서 입력 테이프와 출력 테이프는 반드시 달라야 한다. 마찬가지로 (b)도 명백하다. "교차가 없어야 한다"는 조건 (c)는 테이프상의 후방 읽기 연산들이 가지는 후입선출 제약을 반영한 것이다: 단계 k에서 형성된 연속열은 같은 테이프 상에서 그 전에 형성된 임의의 연속열들보다 반드시 먼저 제거되어야 한다. 따라서 (4)의 구성들은 불가능하다. 조건 (a), (b), (c)를 만족하는 임의의 번호 붙은 트리가 실제로 하나의 후방 읽기 병합 패턴에 대응함을 입증하는 것은 어렵지 않다.

테이프 장치가 T개라고 할 때 조건 (a)는 각 내부 노드의 차수가 $T-1$ 이하임을 함의한다. 그런 모든 트리에 적절한 이름표들을 붙이는 것이 항상 가능한 것은 아니다. 예를 들어 $T=3$일 때 다음과 같은 트리 표현을 가지는 병합 패턴은 존재할 수 없다.

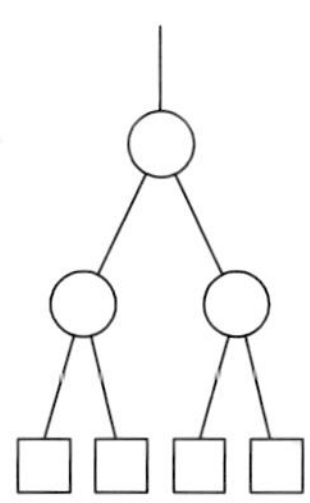

(5)

만일 이 트리에 단계 번호들과 테이프 이름들을 적절한 방식으로 붙일 수만 있다면, 이 트리에 해당하는 병합 패턴은 최적의 병합 패턴이 된다. 외부 노드가 네 개인 트리들 중 외부 경로 길이가 최소인 트리가 바로 이것이기 때문이다. 그러나 형태의 대칭성 때문에, 조건 (a)와 (b)를 만족하면서 이름표들을 붙이는 방법은 본질적으로 다음 구성 하나 뿐이다.

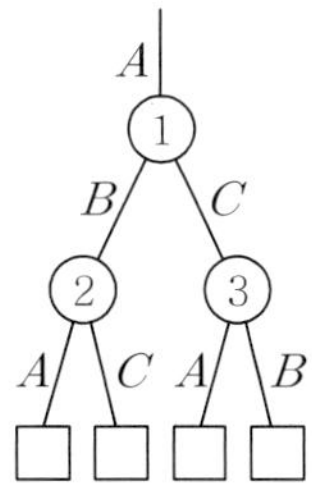

(6)

그런데 이것은 조건 (c)를 위반한다. 최대 T개의 테이프 이름들을 이용해서 위의 조건들에 따라 번호를 붙일 수 있는 형태의 트리를 가리켜 T후입선출(-lifo) 트리라고 부른다.

병합 패턴에 대응하는 모든 번호 붙은 트리는 그 트리들을 어떻게 "키우느냐"는 관점에서도 규정할 수 있다. 트리를 키우는 공정은 어떤 테이프 이름, 이를테면 A를 가진 다음과 같은 형태의 "씨앗"으로 시작한다.

트리 성장의 i번째 단계에서는 서로 다른 테이프 이름 $B, B_1, B_2, \ldots, B_k$를 택하고, B에 대응하는 가장 최근에 형성된 외부 노드를

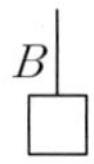

에서
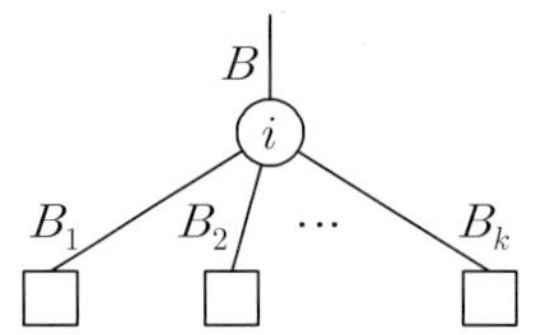

로 (7)

변경한다. 이러한 "마지막으로 형성된 것이 가장 먼저 자란다"라는 규칙을 이용하면 벡터 표현으로부터 직접적으로 트리 표현을 만들어낼 수 있다.

엄밀한 최적 T테이프 병합 패턴, 즉 주어진 개수의 외부 노드들에 대해 외부 경로 길이가 최소인 T후입선출 트리를 결정하는 문제는 상당히 어려운 것으로 보인다. 예를 들어 다음의 자명하지 않은 트리 표현은 알고 보면 테이프 네 개, 초기 연속열 일곱 개, 후방 읽기의 경우에서 최적의 병합 패턴에 해당한다.

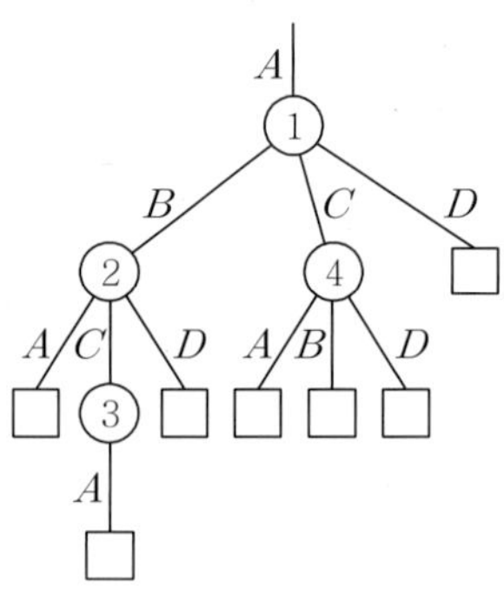

(8)

최적의 패턴을 달성하기 위해서는 1중 병합이 실제로 필요한 것이다! (연습문제 8 참고.) 한편, 임의의 고정된 T에 대해 점근적으로 최적인 구성을 만들어 내는 것은 그리 어렵지 않다.

n개의 외부 노드들을 가진 T후입선출 트리로 달성할 수 있는 최소 외부 경로 길이를 $K_T(n)$이라고 하자. 2.3.4.5절에서 전개한 이론으로부터 다음을 증명하는 것은 어렵지 않다.

$$K_T(n) \ge nq - \lfloor ((T-1)^q - n)/(T-2) \rfloor, \qquad q = \lceil \log_{T-1} n \rceil. \tag{9}$$

이는 외부 노드가 n개이고 모든 노드의 차수가 $< T$인 임의의 트리의 최소 외부 경로 길이이기 때문이다. 현재 정확히 알려진 $K_T(n)$ 값들은 그리 많지 않다. 다음은 어쩌면 정확할 수도 있는 몇 가지 상계들이다.

$n =$	1	2	3	4	5	6	7	8	9	10	11	12	13	14	15
$K_3(n) \le$	0	2	5	9	12	16	21	25	30	34	39	45	50	56	61
$K_4(n) \le$	0	2	3	6	8	11	14	17	20	24	27	31	33	37	40

(10)

카프Karp는 내부 노드들의 차수가 $< T$인 임의의 트리가 거의 T후입선출 트리임을 발견했다. 여기서 "거의"는 트리의 일부 외부 노드를 1중 병합으로 변경함으로써 트리를 T후입선출로 바꿀 수도 있다는 뜻이다. 사실 번호들을 적절히 붙이는 방법은 상당히 쉽다. A가 특정한 하나의 테이프 이름이라고 할 때, 다음과 같이 진행하면 된다.

단계 1. 테이프 이름들을 앞에서 말한 조건 (a)를 만족하는 임의의 방식으로 트리 도식의 선들에 부착하되, 특별한 이름인 A는 한 가지의 제일 왼쪽 선에만 사용한다.

단계 2. $B \neq A$이면 항상 외부노드

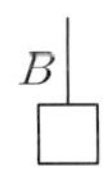

를

로 대체한다.

단계 3. 트리의 내부 노드들에 전위 순서로 번호를 붙인다. 그러면 (a), (b), (c)를 만족하는 형태로 번호가 부여된다.

예를 들어 테이프가 세 개이고 트리

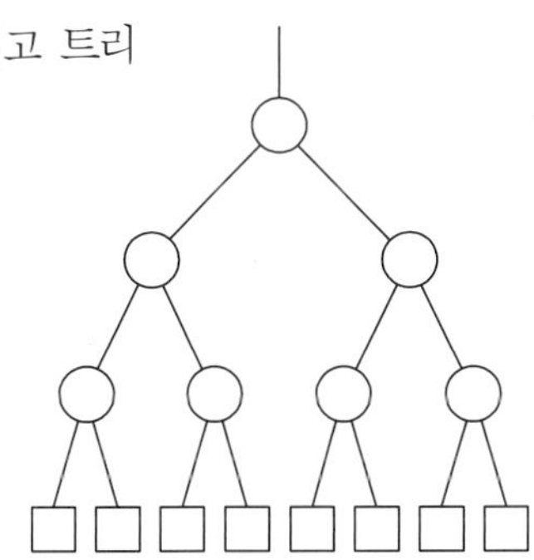

(11)

로 시작한다고 할 때, 위의 절차를 수행하고 나면 트리에는 다음과 같은 형태로 이름표들이 붙게 된다.

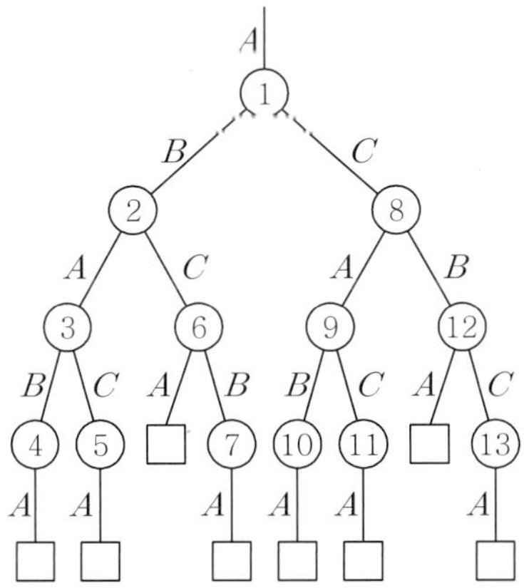

(12)

전위 순서의 성질에 주목한다면 카프의 구축법이 "마지막으로 형성된 것이 가장 먼저 자란다"라는 원리를 만족함을 어렵지 않게 입증할 수 있다(연습문제 12 참고).

이 구축법의 결과는 모든 초기 연속열이 테이프 A에 나타나는 하나의 병합 패턴이다. 이로부터 다음과 같은 배분 및 정렬 방안을 이끌어낼 수 있다. 이를 전위 병합(preorder merge)이라고 불러도 좋을 것이다.

P1. 입력이 소진될 때까지, 초기 연속열들을 테이프 A에 배분한다. 초기 연속열 전체 개수를 S로 둔다.

P2. 외부 노드가 S개인 최소 경로 길이 $(T-1)$진 트리에 대해 위에서 설명한 구축법을 수행해서, 외부 경로 길이가 (9)에 나온 하계의 S를 넘지 않는 T후입선출 트리를 얻는다.

P3. 연속열들을 이 패턴에 따라 병합한다. ▌

이 방안에서는 출력 테이프를 임의로 지정할 수 있다. 그런데 이 방안에는 한 가지 심각한 결함이 있다. 독자는 어디서 어떤 문제점이 발생할 것인지를 알아챘는지? 이 병합 패턴에서의 문제는, 초기에 테이프 A에 있는 연속열들이, 해당 내부 노드가 홀수 수준에 있느냐 짝수 수준에 있느냐에 따라 일부는 오름차순, 일부는 내림차순이어야 한다는 것이다. 이 문제는 S를 미리 알지 않고도 해결하는 것이 가능하다. 내림차순이어야 하는 연속열들을 그것들이 필요해지기 직전에 하나의 보조 테이프 또는 여러 보조 테이프들에 복사하면 된다. 그러면 초기 연속열 길이로 본 총 처리량은

$$S \log_{T-1} S + O(S) \tag{13}$$

가 된다.

결국, $S \to \infty$로 접근함에 따라 전위순서 병합은 다중병합이나 중첩보다 확실히 낫다. 실제로 전위순서 병합은 점근적으로 최적이다. (9)는 $S \log_{T-1} S + O(S)$가 T개의 테이프들에서 달성할 수 있는 최적의 처리량임을 함의하기 때문이다. 반면, 실제 응용에서는 대체로 S가 비교적 작은 값이며, 그런 경우 전위순서 병합은 다소 비효율적이다. S가 비교적 작을 때에는 다중페이즈나 중첩 방법이 더 간단하고 빠르다. 작은 S에 대해서는 다중페이즈와 중첩에 비견할 수 있고 큰 S에 대해서는 점근적으로 최적인 간단한 배분 및 병합 방안을 고안하는 것도 가능할 것이다.

아래의 연습문제 제2부에서는 카프가 전방 읽기 병합의 문제를 비슷한 방식으로 공식화한 방법이 나온다. 전방 읽기의 경우에는 이론이 상당히 복잡하지만, 아주 흥미로운 결과 몇 가지가 발견되긴 했다.

연습문제 – 제1부

1. [*17*] 전방 읽기 병합에서, 테이프상의 각 연속열의 끝을 키가 $+\infty$인 인위적인 경계 레코드로 표시하는 것이 편한 경우가 많다. 후방 읽기에 대해 이런 방식을 사용하려면 어떻게 해야 할까?

2. [*20*] (1)과 같은 배열의 열들이 항상 비감소 순서일까? 아니면, 한 수준에서 다음 수준으로 넘어갈 때 일부 테이프에서 연속열들을 "빼야" 하는 경우가 있을까?

▶ **3.** [*20*] (1)의 완전 배분을 이용해서 후방 읽기 다중페이즈 병합을 수행할 때, 만일 T1이 원래 $ADA\ldots$로 시작하며 T2-T5가 $DAD\ldots$로 시작한다면 정렬이 끝난 시점에서 테이프 T1에 항상 A 연속열 하나가 들어있게 됨을 증명하라.

4. [*M22*] 초기에 모든 D 위치들이 모조 연속열들로 채워져 있다고 간주하고 모든 연속열을 오름차순으로 배분한 후에 후방 읽기 다중페이즈 병합을 수행하는 것이 좋은 생각일까?

▶ **5.** [*23*] 후방 읽기 다중페이즈 병합을 사용한다고 할 때, 병합 횟수들의 기호열에 대한, 5.4.2절의 (1)을 대체하는 공식들을 구하라. 6테이프 상의 5차 수준 분포에 대한 병합 횟수들을 그림 71(a)와 같은 도식으로 표현하라.

6. [*07*] 트리 표현이 (8)인 병합 패턴의 벡터 표현은 무엇인가?

7. [*16*] 다음과 같은 일련의 벡터들로 정의되는 후방 읽기 병합 패턴에 대한 트리 표현을 그려라.

$$
\begin{array}{ll}
v^{(33)} = (\ 20,\ \ 9,\ \ 5) & y^{(16)} = (+1,+1,-1) \\
y^{(33)} = (+1,-1,+1) & y^{(15)} = (+1,+1,-1) \\
y^{(32)} = (+1,+1,-1) & y^{(14)} = (+1,-1,+1) \\
y^{(31)} = (+1,+1,-1) & y^{(13)} = (+1,-1,+1) \\
y^{(30)} = (+1,+1,-1) & y^{(12)} = (-1,+1,+1) \\
y^{(29)} = (+1,-1,+1) & y^{(11)} = (+1,+1,-1) \\
y^{(28)} = (-1,+1,+1) & y^{(10)} = (+1,+1,-1) \\
y^{(27)} = (+1,-1,+1) & y^{(9)} = (+1,-1,+1) \\
y^{(26)} = (+1,-1,+1) & y^{(8)} = (+1,+1,-1) \\
y^{(25)} = (+1,+1,-1) & y^{(7)} = (+1,+1,-1) \\
y^{(24)} = (+1,-1,+1) & y^{(6)} = (+1,+1,-1) \\
y^{(23)} = (+1,-1,+1) & y^{(5)} = (-1,+1,+1) \\
y^{(22)} = (+1,-1,+1) & y^{(4)} = (+1,-1,+1) \\
y^{(21)} = (-1,+1,+1) & y^{(3)} = (\ \ 1,+1,+1) \\
y^{(20)} = (+1,+1,-1) & y^{(2)} = (+1,-1,+1) \\
y^{(19)} = (-1,+1,+1) & y^{(1)} = (-1,+1,+1) \\
y^{(18)} = (+1,+1,-1) & y^{(0)} = (\ \ 1,\ \ 0,\ \ 0) \\
y^{(17)} = (+1,+1,-1) &
\end{array}
$$

8. [*23*] $S = 7$이고 $T = 4$일 때, (8)이 최적의 후방 읽기 병합이며 1중 병합을 피하는 모든 방법이 그보다 열등함을 증명하라.

9. [*M22*] 하계 (9)를 증명하라.

10. [*41*] 컴퓨터를 이용해서, $K_T(n)$의 정확한 값들의 표를 작성하라.

▶ **11.** [*20*] 참 또는 거짓을 밝혀라: $(T-1)$중 병합만을 사용하는 임의의 후방 읽기 병합 패턴의 경우 각 테이프의 연속열들은 $ADAD\ldots$ 형태, 즉 순서가 번갈아 바뀌는 형태이어야 한다. 만일 인접한 두 연속열이 같은 순서이면 병합은 제대로 작동하지 않는다.

12. [*22*] 카프의 전위순서 구성이 항상 조건 (a), (b), (c)를 만족하는 번호 붙은 트리를 만들어 냄을 증명하라.

13. [*16*] 1중 병합들을 최대한 많이 제거해서 (12)를 좀 더 효율적으로 만들라. 단, 전위순서 방법으로 내부 노드들에 부여된 이름표들은 여전히 유효해야 한다.

14. [*40*] 단계 P2와 P3에서 명시적으로 트리를 표현하지 않고 전위순서 병합을 수행하되 병합 패턴의 제어에 메모리 워드 $O(\log S)$개만을 사용하는 알고리즘을 고안하라.

15. [*M39*] 본문에서 말한 카프의 전위순서 구축법은 여러 개의 말단 노드들이 1중 병합에 해당하는 트리를 만들어 낸다. $T=3$일 때 트리 전반에서 2중 병합이 쓰이는 점근적으로 최적인 3후입선출 트리를 구축하는 것이 가능함을 증명하라.

바꾸어 말해서, n개의 외부 노드를 가지며 모든 내부 노드의 차수가 $T-1$ 모든 T후입선출 트리에 대한 최소의 외부 경로 길이를 $\hat{K}_T(n)$이라고 할 때, $\hat{K}_3(n) = n\lg n + O(n)$을 증명하라.

16. [*M46*] 연습문제 15의 표기법 하에서, $n \equiv 1$ (modulo $T-2$)일 때 모든 $T \ge 3$에 대해 $\hat{K}_T(n) = n\log_{T-1} n + O(n)$인가?

▶ **17.** [*28*] (프랫Richard D. Pratt.) 병합 패스 개수가 항상 짝수가 되도록 한다면 후방 읽기 중첩 병합에서 오름차순의 결과를 얻을 수 있다. 이러한 착안으로부터, 알고리즘 5.4.3C와는 다소 다른 초기 배분 기법을 이끌어낼 수 있다.

a) 5.4.3-(1)을, 짝수번의 병합 패스들을 요구하는 완전 배분들만 나타나도록 수정하라.

b) 이 완전 배분들을 보간하는 초기 배분 방안을 설계하라. (즉, 만일 초기 연속열 개수가 완전 배분 개수들 사이의 값이면, 연속열들 전부는 아닌 일부를 두 번 병합함으로써 완전 배분에 도달하게 할 것.)

▶ **18.** [*M38*] 테이프 장치 개수가 $T \ge 3$이고, T1에는 N개의 레코드들이 있으나 나머지 것들은 비어 있다고 하자. 후방 읽기를 사용하지 않고서도 $\Omega(N\log N)$보다 적은 단계 만에 T1의 레코드들의 순서를 뒤집는 것이 가능한가? (물론, 후방 읽기가 허용된다면 그러한 연산은 간단하다.) $N\log N$ 규모의 단계들로 그러한 일을 가능하게 하는 알고리즘 부류는 연습문제 5.2.5-14에 나온다.

연습문제 – 제2부

다음의 연습문제들은 전방 읽기 테이프들에 대한 테이프 병합 이론을 전개한다. 이 경우 각 테이프는 스택이 아니라 대기열처럼 작동한다. 이 경우에도 병합 패턴은 본문에 나온 것과 정확히 동일한 벡터 $y^{(m)}\ldots y^{(1)}y^{(0)}$들의 순차열로 표현할 수 있으나, 그러한 벡터 표현을 트리 표현으로 변환한다면 "마지막으로 형성된 것이 처음으로 자란다"가 아니라 "처음 형성된 것이 처음으로 자란다"가 된다. 따라서 (4)의 유효하지 않은 구성들은 다음으로 변한다:

(4′)

후방 읽기의 용어 "T후입선출"와 비슷하게, T테이프에 대한 전방 읽기 병합을 표현하도록 이름표를 붙일 수 있는 트리를 가리켜서 T선입선출(-fifo) 트리라고 부른다.

후방으로 읽을 수 있다면, 테이프들은 아주 좋은 스택이 된다. 그러나 그런 테이프가 아주 좋은 범용 대기열이 되지는 못한다. 만일 테이프에 무작위로 자료를 선입선출 방식으로 읽고 쓴다면, 테이프의 한 부분을 다른 부분으로 옮기는 데 많은 시간을 낭비할 것이기 때문이다. 더욱 나쁜 일은 순식간에 테이프의 끝에 도달하게 된다는 것이다! 이와 동일한 대기열 메모리 넘침 문제를 2.2.2-(4)와 (5)에서 본 적이 있다. 그러나 2.2.2-(6)과 (7)의 해결책은 테이프에 적용되지 않는다. 왜냐하면 테이프는 순환 루프가 아니기 때문이다. 그런 이유로, 테이프가 "쓰고, 되감고, 모두 읽고, 되감는다; 쓰고 되감고, 모두 읽고, 되감는다; 등등"의 특별한 대기열 원리를 따르게 하는 병합 패턴에 대응하도록 이름표를 붙일 수 있는 트리를 가리켜 강하게(strongly) T선입선출인 트리(줄여서 강한 T선입선출 트리)라고 부르기로 하자.

▸ **19.** [*22*] (R. M. Karp.) 3선입선출이 아닌 이진트리를 찾아라.

▸ **20.** [*22*] "강하게 T선입선출인"이라는 조건을, (4′)과 비슷한 유효하지 않은 테이프 이름표 구성들에 대한 비교적 간단한 규칙으로 공식화하라.

21. [*18*] 연습문제 7의 벡터들로 정의되는 전방 읽기 병합 패턴에 대한 트리 표현을 그려라. 그 트리가 강한 3선입선출인가?

22. [*28*] (카프R. M. Karp.) 완전 배분 다중페이즈 병합과 중첩 병합에 대한 트리 표현들이 내부 노드에 붙은 번호만 제외하고는 전방 읽기와 후방 읽기 모두에 대해 정확히 동일함을 보여라. 이것이 참인 병합 패턴들에 대한 벡터 표현들이 좀 더 큰 부류를 구하라.

23. [*24*] (카프R. M. Karp.) 한 출력 테이프가 연이어 입력 테이프로 쓰이지는 않는다고 할 때, 바꾸어 말해서 $q \ge i > k \ge r$, $y_j^{(i)} = -1$, $y_j^{(k)} = +1$인 i, j, k가 존재하지 않는다고 할 때, 병합 패턴의 한 부분 $y^{(q)} \ldots y^{(r)}$을 하나의 시기(stage)라고 부르기로 하자. 이 연습문제의 목적은, 테이프 개수와 초기 연속열 개수가 같은 모든 병합 패턴 중에서 시기의 개수가 최소인 것은 중첩 병합임을 증명하는 것이다.

편의를 위해서 몇 가지 표기법을 정해놓도록 하자. 우선, 만일 v와 w가 T벡터들이며 어떤 병합 패턴의 첫 시기에서 w가 v로 줄어든다면 $v \to w$로 표기한다. (따라서 $y^{(m)} \ldots y^{(l+1)}$이 하나의 시기이며 $w = y^{(m)} + \cdots + y^{(0)}$이고 $v = y^{(l)} + \cdots + y^{(0)}$인 어떤 병합 패턴 $y^{(m)} \ldots y^{(0)}$이 존재한다.) 그리고 v와 w가 T벡터들이며 $1 \le k \le T$에 대해 v의 가장 큰 k개의 원소들의 합이 w의 가장 큰 k개의 원소들의 합보다 작거나 같다면 $v \preceq w$로 표기한다. 예를 들어 $(2,1,2,2,2,1) \preceq (1,2,3,0,3,1)$이다. $2 \le 3$, $2+2 \le 3+3$, ..., $2+2+2+2+1+1 \le 3+3+2+1+1+0$

이기 때문이다. 마지막으로, 만일 $v=(v_1, \ldots, v_T)$이면 $C(v)=(s_T, s_{T-2}, s_{T-3}, \ldots, s_1, 0)$이라고 하자. 여기서 s_k는 v의 가장 큰 k개의 원소들의 합이다.

a) $v \rightarrow C(v)$를 증명하라.

b) $v \le w$가 $C(v) \le C(w)$를 함의함을 증명하라.

c) 연습문제 24의 결과를 가정할 때, 중첩 병합이 시기 개수를 최소화함을 증명하라.

24. [*M35*] 연습문제 23의 표기법 하에서 $v \rightarrow w$가 $w \le C(v)$를 함의함을 증명하라.

25. [*M36*] (카프R. M. Karp.) 어떠한 테이프도 입력과 출력 모두에 쓰이지는 않는다고 할 때, 다른 말로 하면 $q \ge i \ge r$, $q \ge k \ge r$, $y_j^{(i)}=+1$, $y_j^{(k)}=-1$인 i, j, k가 존재하지 않는다고 할 때, 병합 패턴의 한 부분 $y^{(q)} \ldots y^{(r)}$을 하나의 페이즈라고 부르기로 하자.

이 연습문제의 목적은 페이즈 수를 최소화하는 병합 패턴들을 조사하는 데 있다. 만일 하나의 페이즈에서 w를 v로 줄일 수 있다면 $v \Rightarrow w$라고 표기한다(연습문제 23에서도 비슷한 표기법들을 도입했었다). 그리고

$$D_k(v)=(s_k+t_{k+1},\ s_k+t_{k+2},\ \ldots,\ s_k+t_T,\ 0,\ \ldots,\ 0)$$

이라고 하자. 여기서 t_j는 v에서 j번째로 큰 원소이고 $s_k=t_1+\cdots+t_k$이다.

a) $1 \le k < T$에 대해 $v \Rightarrow D_k(v)$를 증명하라.

b) $v \le w$가 $1 \le k < T$에 대해 $D_k(v) \le D_k(w)$를 함의함을 증명하라.

c) $v \Rightarrow w$가 어떤 k, $1 \le k < T$에 대해 $w \le D_k(v)$를 함의함을 증명하라.

d) 따라서, T개의 테이프 상에서 q개의 페이즈로 최대 개수의 초기 연속열들을 정렬하는 병합 패턴을, 초기 배분이 $D_{k_q}(\ldots(D_{k_2}(D_{k_1}(u)))\ldots)$임을 만족하는 정수들의 수열 $k_1 k_2 \ldots k_q$로 표현할 수 있다. 여기서 $u=(1, 0, \ldots, 0)$이다. 이 최소 페이즈 전략은 강한 T선입선출 표현을 가지며, 또한 이 전략은 연습문제 22에서 말한 패턴들의 부류에 속한다. $T=3$일 때 이것은 다중페이즈 병합이며, $T=4, 5, 6, 7$에 대해서는 균형 병합의 변종이다.

26. [*M46*] (카프R. M. Karp.) 연습문제 25에서 언급한 최적 수열 $k_1 k_2 \ldots k_q$가 모든 $T \ge 4$ 및 충분히 큰 q에 대해 $1\lceil T/2\rceil\lfloor T/2\rfloor\lceil T/2\rceil\lfloor T/2\rfloor\ldots$과 같은가?

*5.4.5. 진동 정렬

지금까지와는 다소 다른 병합 정렬 접근방식을 소블Sheldon Sobel이 *JACM* 9 (1962), 372-375에서 소개했다. 그가 제안한 알고리즘은 하나의 배분 패스에서 모든 초기 연속열을 테이프들에 분산시키는 대신 배분과 병합 사이를 진동(oscillating, 즉 배분과 병합을 번갈아 수행)함으로써 입력들을 모두 조사하기 전에라도 정렬의 상당 부분이 진행되게 만든다.

예를 들어 테이프가 다섯 개라고 하자. 소블의 방법은 16개의 초기 연속열들을 다음과 같이 정렬한다.

	연산	T1	T2	T3	T4	T5	비용
페이즈 1	배분	A_1	A_1	A_1	A_1	—	4
페이즈 2	병합	—	—	—	—	D_4	4
페이즈 3	배분	—	A_1	A_1	A_1	D_4A_1	4
페이즈 4	병합	D_4	—	—	—	D_4	4
페이즈 5	배분	D_4A_1	—	A_1	A_1	D_4A_1	4
페이즈 6	병합	D_4	D_4	—	—	D_4	4
페이즈 7	배분	D_4A_1	D_4A_1	—	A_1	D_4A_1	4
페이즈 8	병합	D_4	D_4	D_4	—	D_4	4
페이즈 9	병합	—	—	—	A_{16}	—	16

5.4.4절에서처럼 A_r과 D_r은 각각 상대 길이가 r인 오름차순 연속열과 내림차순 연속열을 의미한다. 소블의 방법은 우선 네 테이프 각각에 초기 연속열을 하나씩 기록하고 그것들을 다섯 번째 테이프에 병합(후방으로 읽으면서)하는 것으로 시작한다. 그런 다음 다시 연속열들을, 이번에는 테이프들에 대해 오른쪽으로 한 자리 이동해서 배분한다. 그리고 두 번째 병합 절차로 또 다른 연속열 D_4를 만들어 낸다. 이런 식으로 네 D_4들을 만든 후에는 추가적인 병합으로 A_{16}을 만든다. 마찬가지 방식으로 A_{16}들을 세 개 더 만들어서 D_{64}로 병합한다. 이런 과정을 입력이 소진될 때까지 반복한다. 입력의 길이를 미리 알아야 할 필요는 없다.

초기 연속열 개수 S가 4^m일 때 이 방법이 각 레코드를 정확히 $m+1$번 처리한다는 것은 쉽게 확인할 수 있다. 배분 도중 한 번이고 병합 도중 m번이다. S가 4^{m-1}과 4^m 사이일 때에는 모조 연속열들을 상정해서 S를 4^m으로 끌어올리면 된다. 따라서 총 정렬 시간은 본질적으로 자료 전체에 대한 패스 $\lceil \log_4 S \rceil + 1$회이다. 이는 여덟 테이프에서 균형 정렬로 얻을 수 있는 효율과 정확히 동일하다. 일반적으로, T개의 작업 테이프를 사용하는 진동 정렬은 자료를

$$\lceil \log_{T-1} S \rceil + 1$$

번 훑으므로, 본질적으로 $2(T-1)$개의 테이프를 사용하는 균형 병합과 동치이다. S가 $T-1$의 거듭제곱인 경우에는 식 5.4.4-(9)의 하계에 도달하므로, 모든 T테이프 병합 방법들 중 최고이다. 반면 S가

$$(T-1)^{m-1}+1$$

보다 큰 경우, 즉 $T-1$의 어떤 거듭제곱보다 1 큰 경우에는 거의 완전한 패스 한 번을 낭비하게 된다.

연습문제 2는 비완전 거듭제곱 S에 대한 이러한 낭비의 일부를 특별한 종료 루틴을 이용해서 제거하는 방법을 보여준다. 좀 더 개선된 방법이 1966년에 벤처Dennis L. Bencher에 의해서 발견되었는데, 그는 자신의 방법을 "종횡 병합(criss-cross merge)"이라고 불렀다 [H. Wedekind, *Datenorganisation* (Berlin: W. de Gruyter, 1970), 164-166 참고; 또한 *U.S. Patent 3540000*

(1970)도 볼 것]. 그의 주된 착안은 S에 대한 좀 더 많은 지식을 얻을 때까지 병합을 미룬다는 것이다. 그럼 벤처의 원래 방식을 약간 변형한 형태를 살펴보자.

이 개선된 진동 정렬은 다음과 같이 진행된다:

	연산	T1	T2	T3	T4	T5	비용
페이즈 1	배분	—	A_1	A_1	A_1	A_1	4
페이즈 2	배분	—	A_1	A_1A_1	A_1A_1	A_1A_1	3
페이즈 3	병합	D_4	—	A_1	A_1	A_1	4
페이즈 4	배분	D_4A_1	—	A_1	A_1A_1	A_1A_1	3
페이즈 5	병합	D_4	D_4	—	A_1	A_1	4
페이즈 6	배분	D_4A_1	D_4A_1	—	A_1	A_1A_1	3
페이즈 7	병합	D_4	D_4	D_4	—	A_1	4
페이즈 8	배분	D_4A_1	D_4A_1	D_4A_1	—	A_1	3
페이즈 9	병합	D_4	D_4	D_4	D_4	—	4

이 시점에서 D_4들을 A_{16}으로 병합하지는 않는다(입력이 다 소진된 것이 아닌 한). 오직

페이즈 15	병합	D_4D_4	D_4D_4	D_4D_4	D_4	—	4

까지 만든 후에야

페이즈 16	병합	D_4	D_4	D_4	—	A_{16}	16

을 얻게 된다. 두 번째 A_{16}은

페이즈 22	병합	D_4D_4	D_4D_4	D_4	—	$A_{16}D_4$	4
페이즈 23	병합	D_4	D_4	—	A_{16}	A_{16}	16

등으로 D_4들을 세 개 더 만든 후에야 형성된다(페이즈 1–5와 비교해 볼 것). 벤처의 방안이 가지는 장점은 예를 들어 초기 연속열이 다섯 개밖에 없을 때 잘 드러난다: 연습문제 2에서처럼 수정된 진동 정렬은 하나의 4중 병합을 수행한(페이즈 2에서) 후 하나의 2중 병합을 수행하게 되며, 그 총 비용은 $4+4+1+5=14$이다. 반면 벤처의 방안은 2중 병합 한 번(페이즈 3에서) 다음에 4중 병합 한번을 수행하게 되고, 총 비용은 $4+1+2+5=12$이다. 두 방법 모두, 약간의 추가 비용, 즉 최종 병합 이전의 한 단위의 되감기가 수반된다.

아래의 알고리즘 B는 벤처의 방법을 정밀하게 서술한 것이다. 안타깝게도 이 절차는 코드보다 이해하기가 어려워서, 전산학자보다는 컴퓨터에게 설명해 주는 편이 훨씬 더 쉬울 정도이다! 이는 이 절차가 본질적으로 재귀적인 방법을 반복 형태로 표현한 후 다소 최적화한 것이라는 점과 일정 부분 관련되어 있다. 독자가 이 알고리즘을 제대로 이해하려면 알고리즘의 각 연산을 일일이 짚어 나가면서 충분히 음미해 볼 필요가 있다.

알고리즘 B ("종횡" 배분을 이용하는 진동 정렬). 이 알고리즘은 초기 연속열들을 취해서 테이프들에

배분하되, 가끔씩 배분 공정을 가로채서 테이프 내용 일부를 병합한다. $T = P + 1 \geq 3$개(입력 자료를 담아야 할 수도 있는 테이프는 세지 않음)의 테이프 장치들이 마련되어 있다고 할 때 이 알고리즘은 P중 병합을 사용한다. 테이프 장치들은 반드시 전방, 후방 읽기 모두를 지원해야 한다. 테이프 장치들에는 $0, 1, \ldots, P$의 번호들이 부여된다. 알고리즘은 다음과 같은 표들을 유지한다:

D[j], $0 \leq j \leq P$: 테이프 j의 끝에 존재한다고 가정되는 모조 연속열들의 개수.

A[l, j], $0 \leq l \leq L$, $0 \leq j \leq P$: 여기서 L은 입력되는 초기 연속열 최대 개수가 P^{L+1}임을 만족하는 수이다. A[l, j] $= k \geq 0$일 때 명목상의 길이가 P^k인 하나의 연속열이 테이프 j에 존재한다. 이 연속열은 알고리즘 연산의 "수준 l"에 대응하는 것으로, k가 짝수이면 이 연속열은 오름차순이고 k가 홀수이면 내림차순이다. A[l, j] < 0일 때 수준 l은 테이프 j를 사용하지 않는다.

알고리즘 서술에서 "초기 연속열 하나를 테이프 j에 기록한다"라는 문장은 다음과 같은 연산들을 의미한다:

A[l, j] $\leftarrow 0$으로 설정한다. 만일 입력이 소진되었다면 D[j]를 1 증가한다. 그렇지 않으면 하나의 초기 연속열을 (오름차순으로) 테이프 j에 기록한다.

"테이프 j로 병합한다"라는 문장은 다음과 같은 연산들을 의미한다:

만일 모든 $i \neq j$에 대해 D[i] > 0이면 모든 $i \neq j$에 대해 D[i]를 1 감소하고 D[j]를 1 증가한다. 그렇지 않으면 D[i] $= 0$인 모든 테이프 $i \neq j$로부터 하나의 연속열을 테이프 j에 병합하고, 나머지 모든 $i \neq j$에 대해 D[i]를 1 감소한다.

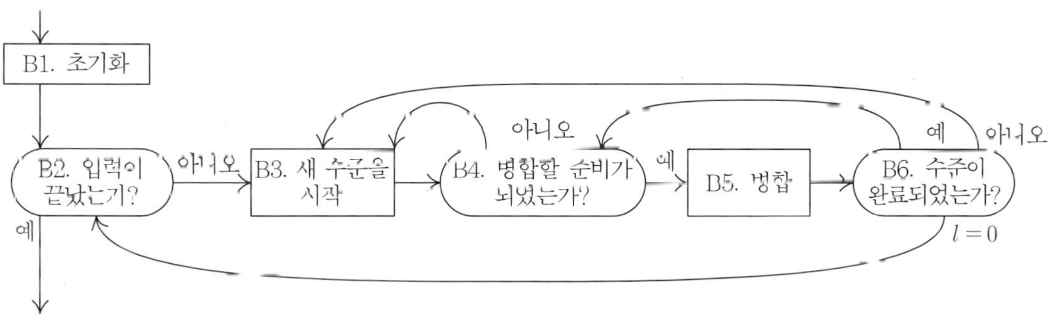

그림 77. "종횡" 배분을 이용하는 진동 정렬.

B1. [초기화.] $0 \leq j \leq P$에 대해 D[j] $\leftarrow 0$으로 설정한다. A[0, 0] $\leftarrow -1$, $l \leftarrow 0$, $q \leftarrow 0$으로 설정한다. 그런 다음 $1 \leq j \leq P$에 대해 초기 연속열 하나를 테이프 j에 기록한다.

B2. [입력이 끝났는가?] (이 시점에서 테이프 q는 비어 있고 나머지 테이프들은 각각 많아야 하나의 연속열을 담고 있다.) 만일 입력이 더 남아 있으면 단계 B3으로 간다. 만일 입력이 소진되었으면 A[0, j]가 짝수인 모든 테이프 $j \neq q$를 되감는다. 그런 다음 방금 되감은 테이프들은 전방으로, 그 외의 테이프들은 후방으로 읽으면서 테이프 q로 병합한다. 이러면 정렬이 완료되며, 출력은

테이프 q에 오름차순으로 존재한다.

B3. 〔새 수준을 시작.〕 $l \leftarrow l+1$, $r \leftarrow q$, $s \leftarrow 0$, $q \leftarrow (q+1) \bmod T$로 설정한다. $1 \le j \le T-2$에 대해 테이프 $(q+j) \bmod T$에 초기 연속열 하나를 기록한다. (따라서 테이프 q와 r을 제외한 각 테이프에 하나씩 초기 연속열이 기록된다.) $\mathtt{A}[l,q] \leftarrow -1$, $\mathtt{A}[l,r] \leftarrow -2$로 설정한다.

B4. 〔병합할 준비가 되었는가?〕 만일 $\mathtt{A}[l-1,q] \neq s$이면 단계 B3으로 돌아간다.

B5. 〔병합.〕 (이 시점에서 모든 $j \neq q$, $j \neq r$에 대해 $\mathtt{A}[l-1,q] = \mathtt{A}[l,j] = s$이다.) 테이프들을 거꾸로 읽으면서 테이프 r로 병합한다. (앞에 나온 이 연산의 정의를 볼 것.) 그런 다음 $s \leftarrow s+1$, $l \leftarrow l-1$, $\mathtt{A}[l,r] \leftarrow s$, $\mathtt{A}[l,q] \leftarrow -1$로 설정한다. $r \leftarrow (2q-r) \bmod T$로 설정한다. (일반화하자면, s가 짝수일 때에는 $r=(q-1) \bmod T$이고 s가 홀수일 때에는 $r=(q+1) \bmod T$이다.)

B6. 〔수준이 완료되었는가?〕 만일 $l=0$이면 B2로 간다. 그렇지 않고 만일 모든 $j \neq q$와 $j \neq r$에 대해 $\mathtt{A}[l,j] = s$이면 B4로 간다. 그렇지 않으면 B3으로 돌아간다. ▮

이 알고리즘의 유효성은 알고리즘 2.3.1T에 사용했던 것 같은 "재귀 귀납(recursion induction)" 스타일의 증명 방법으로 증명할 수 있다. 단계 B3의 시작에서 $l=l_0$, $q=q_0$, $s_+ = \mathtt{A}[l_0,(q_0+1) \bmod T]$이고 $s_- = \mathtt{A}[l_0,(q_0-1) \bmod T]$라고 하자. 그리고 $s_+=0$ 또는 $s_-=1$ 또는 $s_+=2$ 또는 $s_-=3$ 또는 $\cdots$ 이라고 하자. 알고리즘이 A의 행 0에서 l_0까지를 변경하지 않고도 언젠가는 단계 B5에 $l=l_0+1$, $q=q_0 \pm 1$, $r=q_0$, $s=s_+$ 또는 s_-인 상태로 도달하게 됨을 귀납법으로 입증하는 것이 가능하다. 이 때 s의 부호는 만일 $s_+=0$ 또는 ($s_+=2$ 그리고 $s_- \neq 1$) 또는 ($s_+=4$ 그리고 $s_- \neq 1, 3$) 또는 $\cdots$ 이면 $+$로 택하고 만일 ($s_-=1$ 그리고 $s_+ \neq 0$) 또는 ($s_-=3$ 그리고 $s_+ \neq 0, 2$) 또는 $\cdots$ 이면 $-$로 택한다. 이상의 간략한 증명이 아주 우아한 것은 아니나, 알고리즘 자체가 증명보다는 구현에 더 적합한 형태로 서술된 것이다.

그림 78은 초기 연속열 개수 S의 함수로 표현되는 각 레코드의 평균 병합 횟수의 관점에서 알고리즘 B의 효율성을 나타낸 것으로, 초기 연속열들의 길이가 근사적으로 같다는 가정을 깐 것이다. (다중페이즈와 중첩 정렬의 해당 그래프가 그림 70과 74에 나온다.) 이 도표는 연습문제 3에서 언급하는 약간 개선된 방법을 이용해서 만든 것이다.

카프R. M. Karp는 5.4.4절에서 논의한 전위순서 병합의 이론을 근거로 해서, 선회 정렬(gyrating sort)이라고 하는 이와 연관된 방법 하나를 개발했다. *Combinatorial Algorithms*, Randall Rustin 엮음 (Algorithmics Press, 1972), 21-29를 볼 것.

전방 읽기. 진동 정렬 패턴에서는 새로이 입력된 짧은 연속열들을 병합하는 도중에 긴 연속열들을 어딘가에 저장해 두어야 한다. 따라서 반드시 테이프 장치들이 후방 읽기 기능을 지원해야 할 것처럼 보인다. 그러나 괴츠M. A. Goetz는 오직 전방 읽기와 간단한 되감기만으로 진동 정렬을 수행하는 방법 하나를 발견했다 〔*Proc. AFIPS Spring Joint Com. Conf.* 25 (1964), 599–607〕. 그의 방법은 이번 장에서 살펴본 다른 방안들과는 다음 두 가지 면에서 상당히 다르다.

a) 테이프의 중간에 있는 기존 자료가 파괴되지 않음을 알고 있는 상황에서는 자료가 테이프의 앞쪽에 기록되기도 한다.

b) 모든 초기 연속열의 최대 길이가 미리 고정된다.

조건 (a)는 전방 읽기의 특성이라고 간주했던 선입선출 성질을 위반하나, 연속열들 사이에 충분한 양의 빈 테이프가 존재하며 적절한 시간들에서 기우성(parity, 홀짝관계) 오류가 무시된다면 조건 (a)를 안정적으로 구현하는 것이 가능하다. 조건 (b)는 치환 선택의 효율적인 사용과는 다소 맞지 않는 경향을 보인다.

괴츠의 전방 읽기 진동 정렬에는 다소 미심쩍은 특징이 있는데, 그것은 그 정렬 방법이 구체적인 정렬 장치가 아니라 하나의 알고리즘으로서 특허를 받은 최초의 알고리즘들 중 하나라는 점이다 〔*U.S. Patent 3380029* (1968)〕. 1968년에서 1988년까지의 기간 동안, U.S.A.의 그 누구도 특허권자의 허락 없이는 괴츠의 알고리즘을 프로그램에서 합법적으로 사용할 수가 없었다. 벤처의 후방 읽기 진동 정렬 기법에 관한 특허는 그 몇 년 후에 IBM이 획득했다. 〔안타깝게도 새 알고리즘을 발견하는 것만으로 충분히 만족할 수 있는 시대는 끝난 것이다! 다행히 진동 정렬이 특별히 훌륭한 것은 아니다. 최고의 알고리즘을 고안해 내는 공동체 지향적인 사람들이 계속해서 자신의 아이디어를 자유로이 사용하도록 공개하길 바랄 뿐이다. 물론 새 기법을 완전한 비밀로 감추어 두는 악행에 비하면 알고리즘들을 (제한된 시간동안 독점적인)특허의 보호 하에서라도 공개하는 게 훨씬 낫긴 하다.〕

괴츠의 방법의 중심적인 착안은, 각 테이프에 상대 길이 1인 하나의 연속열로 시작해서 그 다음에 상대 길이 P인 연속열, 그 뒤에 P^2인 것 등이 나타나게 만드는 것이다. 예를 들어 $T=5$일 때 정렬은

	연산	T1	T2	T3	T4	T5	비용	비고
페이즈 1	배분	$.A_1$	$.A_1$	$.A_1$	$.A_1$	$A_1.$	5	〔T5 되감기지 않음〕
페이즈 2	병합	$\not A_1.$	$\not A_1.$	$\not A_1$	$\not A_1.$	$A_1\ A_4.$	4	〔이제 모두 되감는다〕
페이즈 3	배분	$.A_1$	$.A_1$	$.A_1$	$A_1.$	$A_1\ A_4$	4	〔T4 되감기지 않음〕
페이즈 4	병합	$\not A_1.$	$\not A_1.$	$\not A_1.$	$A_1\ A_4.$	$\not A_1.A_4$	4	〔이제 모두 되감는다〕
페이즈 5	배분	$.A_1$	$.A_1$	$.A_1$	$.A_1\ A_4$	$.A_1\ A_4$	4	〔T3 되감기지 않음〕
페이즈 6	병합	$\not A_1.$	$\not A_1.$	$A_1\ A_4.$	$\not A_1.A_4$	$\not A_1.A_4$	4	〔이제 모두 되감는다〕
페이즈 7	배분	$.A_1$	$A_1.$	$.A_1\ A_4$	$.A_1\ A_4$	$.A_1\ A_4$	4	〔T2 되감기지 않음〕
페이즈 8	병합	$\not A_1$	$A_1\ A_4.$	$\not A_1.A_4$	$\not A_1.A_4$	$\not A_1.A_4$	4	〔이제 모두 되감는다〕
페이즈 9	배분	$A_1.$	$.A_1\ A_4$	$.A_1\ A_4$	$.A_1\ A_4$	$.A_1\ A_4$	4	〔T1 되감기지 않음〕
페이즈 10	병합	$A_1\ A_4.$	$\not A_1.A_4$	$\not A_1.A_4$	$\not A_1.A_4$	$\not A_1.A_4$	4	〔되감기 없음〕
페이즈 11	병합	$A_1A_4A_{16}.$	$\not A_1\ \not A_4.$	$\not A_1\ \not A_4.$	$\not A_1\ \not A_4.$	$\not A_1\ \not A_4.$	16	〔이제 모두 되감는다〕

등으로 진행된다("."는 각 테이프의 읽기 · 쓰기 헤드의 현재 위치를 나타낸다). 페이즈 1 도중, T1이 되감기는 동안 T2가 자신의 입력을 받으며, 그런 다음 T2가 되감기면서 T3이 자신의 입력을 받는 등으로 진행된다. 결국 입력이 소진되면 모조 연속열들이 나타나기 시작하며, 가끔은 그 모조 연속열들

이 테이프 상에 완전한 길이로, 명시적으로 기록되어 있다고 상상해야 할 필요가 생기기도 한다. 예를 들어 $S=18$이면, 페이즈 9 도중 T4와 T5의 A_1들은 모조 연속열들이 될 것이다. 그러면 페이즈 10에서는 T2와 T3의 연속열들을 T1로 병합하는 도중에 T4와 T5로 건너뛰어야 한다. 페이즈 11을 위해서는 T4와 T5에 A_4들이 들어가야 하기 때문이다. 반면, T1의 모조 연속열 A_1은 명시적으로 나타날 필요가 없다. 즉 "끝내기(endgame)"가 다소 까다로운 것이다.

이 방법의 또 다른 예가 다음 절에 나온다.

연습문제

1. [22] 분문에서는 $T=5$와 $S=16$에 대한 소블의 원래의 진동 정렬을 살펴보았다. 그 절차를 일반화해서, $S=P^L$개의 초기 연속열들을 $T=P+1\geq 3$개의 테이프들로 정렬하는 알고리즘을 정밀하게 서술하라. 될 수 있으면 단순하게 만들 것.

2. [24] 소블의 원래의 방법에서, 만일 $S=6$이라면 모조 연속열 10개를 상정해서 $S=16$이라고 가장할 수 있다. 그러면 본문에 나온 예의 페이즈 3에서는 T4와 T5에 모조 연속열 A_0을 기록할 것이며, 페이즈 4에서는 T2와 T3의 A_1들을 T1의 D_2로 병합할 것이다. 페이즈 5-8은 아무 일도 하지 않으며, 페이즈 9는 T4에서 A_6을 만들어 낼 것이다. 그렇다면, 페이즈 2 직후에 T2와 T3을 되감고, 그런 다음 즉시 T4에 3중 병합으로 A_6을 만드는 것이 더 나을 것이다.

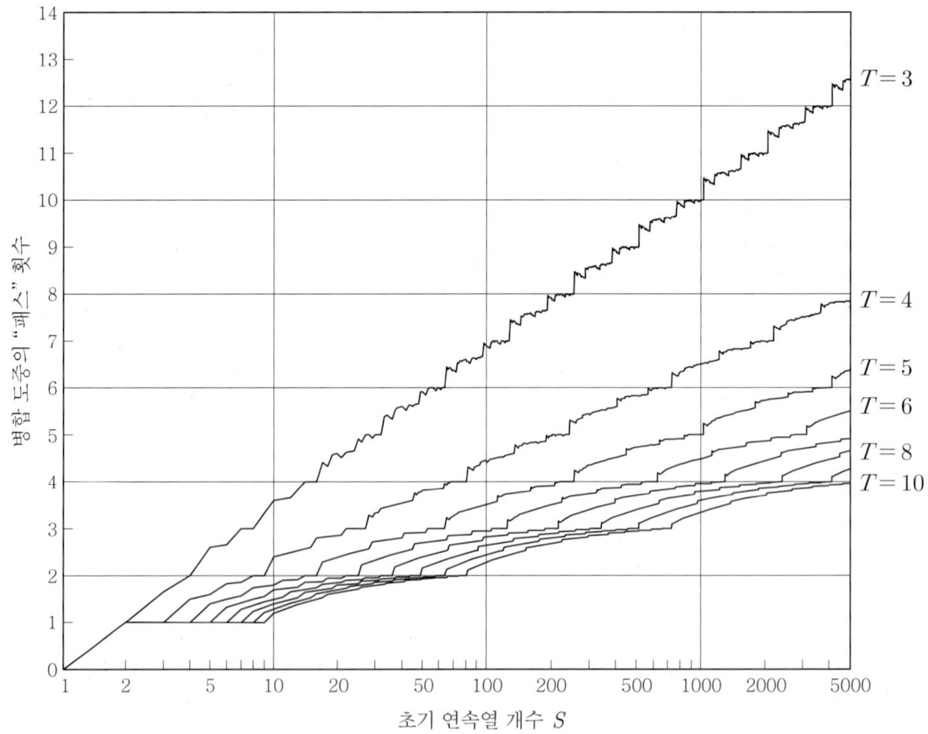

그림 78. 알고리즘 B와 연습문제 3의 기법을 사용하는 진동 정렬의 효율성.

연습문제 1의 알고리즘을, S가 P의 완전제곱수가 아닐 때 방금 말한 개선된 방식의 끝내기를 사용하도록 수정하는 방법을 보여라.

▸ **3.** [29] $T = 3$일 때의 알고리즘 B의 습성을 보여주는 도표를 작성하라. 초기 연속열은 아홉 개라고 가정할 것. 알고리즘 B가 한 장소에서 명백히 비효율적임을 보이고, 그러한 상황을 극복하도록 알고리즘 B를 수정하는 방법을 설명하라.

4. [21] 단계 B3은 A$[l, q]$와 A$[l, r]$을 음의 값들으로 설정한다. 이 두 연산 중 하나가 항상 불필요함(그 해당하는 A 표 항목이 결코 참조되지 않기 때문에)을 보여라.

5. [M25] S가 알고리즘 B의 입력에 존재하는 초기 연속열들의 개수라고 하자. 단계 B2에서 되감기를 전혀 요구하지 않는 S의 값들은 무엇인가?

*5.4.6. 테이프 병합에 대한 현실적인 고려사항들

이제 가장 중요한 이야기가 나온다: 지금까지 여러 종류의 병합 패턴들을 논의했는데, 이제부터는 그 패턴들이 현실의 컴퓨터 및 자기 테이프 구성들에 실제로 어떻게 적용되는지 살펴보고, 그것들을 의미 있는 방식으로 비교해 보겠다. 내부 정렬을 논의할 때, 한 정렬 방법이 수행하는 비교 횟수만으로는 그 방법의 효율을 적절히 판정할 수가 없음을 보았다. 마찬가지로 외부 정렬 방법 역시 자료 전체를 훑는 패스 횟수만으로는 적절히 평가할 수 없다.

이번 절에서는 전형적인 테이프 장치들의 특성과 그것이 초기 배분 및 병합에 영향을 미치는 방식에 대해서 논의해 보겠다. 특히 몇 가지 버퍼 할당 방안들을 조사하고 그것들이 실행 시간에 미치는 영향을 살펴보게 된다. 또한 정렬 생성기 프로그램의 구축에 대해서도 간략히 살펴보겠다.

테이프의 작동 방식. 테이프 장치의 특성은 제조사마다 상당히 다르다. 편의상, 여기에서는 이 책이 처음 쓰였을 당시에 제조되었던 장치들의 전형이라고 할 수 있는 가상의 MIXT 테이프 장치를 정의해 보겠다. MIXT는 테이프 1인치†당 800자의 문자를 읽고 쓴다. 속도는 초 당 75인치이다. 이는 테이프가 활성화된 상태에서 하나의 문자를 읽거나 쓰는 데 $\frac{1}{60}$ ms, 즉 $16\frac{2}{3}$마이크로초가 걸린다는 뜻이다. 1970년대에 쓰였던 실제 테이프 장치들의 테이프 밀도는 200에서 16000 문자/인치 범위였으며, 테이프 속도는 $37\frac{1}{2}$에서 MIXT인치/초 범위였다. 따라서 실제 장치들의 실질적인 속도는 이 가상의 장치의 1/8배에서 4배 정도이다.

물론, 5.4절 시작 부분에서 언급했듯이 자기 테이프는 거의 폐기된 상태이다. 그러나 테이프 정렬이 중요했던 수십 년 간 우리는 수많은 교훈을 얻을 수 있었으며, 그 교훈들은 아직도 가치가 있다. 따라서 이번 절에서의 주된 관심사는 특정한 답을 얻는 것이 아니라 이론과 실제를 합리적인 방식으로 결합하는 방법을 배우는 데 있다. 방법론은 현상학보다 훨씬 중요하다. 왜냐하면 기술이

† [옮긴이 주] 이번 절에서는 전반적으로 국내에서 익숙하지 않은 서구식 측정 단위인 인치와 피트가 쓰인다. 그런데 이 수치들을 일일이 미터법 단위로 고치게 되면 수치가 그리 예쁘지 않기 때문에, 특히 정수가 불필요하게 분수로 바뀌게 되므로, 굳이 변환하지 않았음을 밝힌다. 참고로 1피트는 약 30cm, 1인치는 약 2.5cm이다.

변해도 문제 해결의 원리는 여전히 유용함을 유지하기 때문이다. 독자가 다음의 내용에서 최대한 많은 것을 얻으려면 잠시 1970년대의 사고방식으로 머리 속을 채워야 할 것이다. 아직도 과거의 시절에 살고 있다고 가장하기로 하자.

당시의 관점을 채용하려 할 때 중요한 사항은, 개별 테이프의 용량이 엄격히 제한되어 있다는 사실을 염두에 두는 것이다. 각 릴(reel)의 테이프 길이는 약 2400피트이다. 따라서 하나의 MIXT 테이프 릴은 최대 약 23,000,000자를 담을 수 있으며, 그것들을 모두 읽는 데에는 약 $23000000/3600000 \approx 6.4$분이 걸린다. 만일 이 용량보다 더 큰 파일들을 정렬해야 한다면, 릴들을 한 번에 하나씩 모두 정렬한 후에 그 정렬된 릴들을 병합하는 것이 과도한 테이프 조작을 피하는 최선의 방법이다. 이는 앞에서 연구했던 병합 패턴들의 초기 연속열 개수 S가 실제로 아주 큰 값이 되는 경우는 결코 없다는 뜻이다. $S > 5000$인 경우는 결코 생기지 않는다. 심지어는 초기 연속열 길이가 단 5000자밖에 되지 않을 정도로 내부 메모리가 아주 적은 상황에서도 그렇다. 따라서 알고리즘들의 $S \to \infty$에 따른 점근적 효율에 대한 공식들은 기본적으로 학술적인 목적에서 의미가 있을 뿐이다.

테이프에서 자료는 블록 단위로 존재한다(그림 79). 그리고 각 읽기/쓰기 명령은 하나의 블록 단위로 수행된다. 테이프 블록을 “레코드”라고 부르기도 하지만, 이 책에서는 정렬의 대상인 파일의 구성 요소를 “레코드”라고 불러왔으므로 그런 어법은 사용하지 않기로 한다. 그런데 1950년대에 쓰여진 초기의 여러 정렬 프로그램들에서는 이런 구분이 별로 중요하지 않았다. 왜냐하면 실제로 하나의 레코드가 하나의 블록에 기록되었기 때문이다. 그러나 이후에 보게 되겠지만, 하나의 블록에 여러 개의 레코드들을 두는 것이 바람직한 경우가 많다.

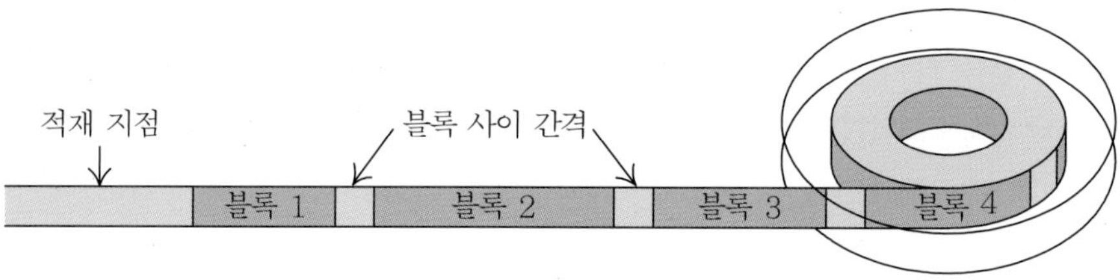

그림 79. 가변 크기 블록들이 있는 자기 테이프.

인접한 블록들 사이에는 480자 길이의 블록 사이 간격(interblock gap)이 존재한다. 이 간격은 개별 읽기·쓰기 명령 사이에서 테이프가 멈추고 시작할 수 있도록 하기 위한 것이다. 블록 사이 간격은 테이프 릴 당 문자 개수를 감소시키는 효과를 내는데, 구체적인 감소량은 블록 당 문자 수에 따라 다르다(그림 80 참고). 또한 초 당 전송되는 문자 개수의 평균도 마찬가지 방식으로 감소된다. 테이프가 비교적 일정한 빠르기로 이동하기 때문이다.

많은 구식 컴퓨터들에서는 블록 크기가 고정적이었으며, 크기도 상당히 작았다. 제1장에 정의된 MIX 컴퓨터가 항상 100워드 블록만을 읽고 쓰는 것은 그런 컴퓨터들의 설계를 반영한 것이다. MIX의 그러한 관례는 블록 당 500자, 간격 당 480자에 해당하며, 따라서 테이프의 약 절반은 낭비되는

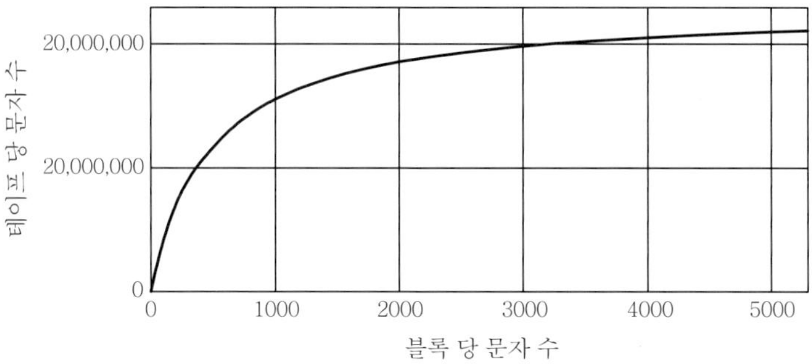

그림 80. 블록 크기의 함수로 표시된, MIXT 테이프 한 릴 당 문자 수.

셈이다! 이런 이유로, 1970년대의 대부분의 컴퓨터들은 블록 크기가 고정되지 않고 가변적이 되도록 했다. 그럼 적절한 블록 크기를 선택하는 문제에 대해서 살펴보자.

하나의 쓰기 또는 읽기 연산의 끝에서, 테이프 장치는 블록 간 간격의 처음 (약)66개의 문자들을 최대의 속도로 "횡단한다." 이 시점에서 같은 테이프에 대한 다음 연산이 시작된다면 테이프는 방해 없이 계속 움직이게 된다. 그러나 다음 연산이 충분히 일찍 시작되지 않는다면 테이프는 멈추어야 하며, 그러면 다음 번 연산에서 최대 속도로 가속되기 위해서는 약간의 시간이 소요된다. 결합된 중지/시작 시간 지연은 5 ms로, 중지에 2, 시작에 3이다(그림 81). 따라서 연속적인 최대 속도 읽기의 기회를 놓친다면, 본질적으로 블록 사이 간격이 480자가 아니라 780자인 것과 동일한 영향이 실행 시간에 미치게 된다.

이번에는 되감기 연산을 고찰해 보자. 불행히도 주어진 n개의 문자들만큼 테이프를 되감는 데 필요한 정확한 시간을 특징짓는 것은 쉬운 일이 아니다. n이 약 5백만 이상일 때에만 고속 되감기가 적용되고 그보다 작은 n에 대해서는 되감기가 보통의 읽기/쓰기 속도로 일어나는 컴퓨터도 있다. 반면 모든 되감기 연산을 특별한 하나의 모터로 제어하는 컴퓨터도 있다. 그런 장치는 테이프 릴을 특정한 분당 회전수에 도달할 때까지 가속하다가 중지할 시점이 되면 제동을 건다. 그리고 실제 테이프

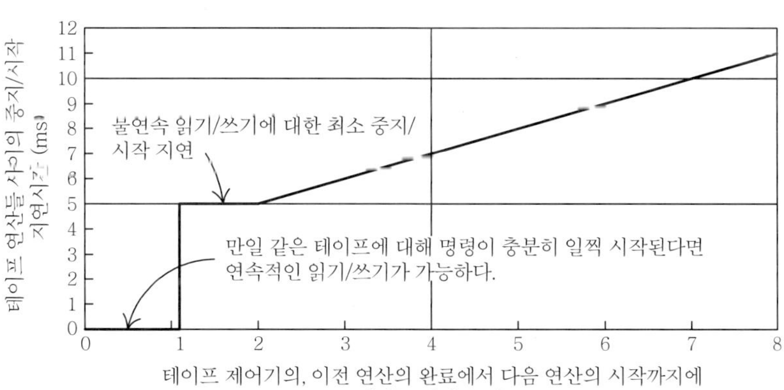

그림 81. 중지/시작 지연 시간을 계산하는 방법. (이 시간은 블록들과 간격들을 읽거나 쓰는 시간에 더해진다.)

속도는 릴이 어느 정도 찼느냐에 따라 달라진다. 단순함을 위해, MIXT의 경우에는 n문자 위치들(간격들도 포함)을 되감는 데 $\max(30, n/150)$ms가 걸린다고 하자. 이는 문자들을 기록하는 속도의 약 5분의 2 정도이다. 이러한 가정은 여러 실제 테이프 장치들의 습성을 비교적 잘 근사한 것으로, 실제 테이프 장치들에서 되감기 시간에 비한 읽기/쓰기 시간은 일반적으로 2에서 3 사이이다. 그러나 이러한 가정이 다른 여러 컴퓨터들에 쓰이는 저속 및 고속 되감기 조합의 효과를 적절히 반영하지는 못한다. (그림 82 참고.)

초기 적재나 되감기가 수행되면 테이프 헤드는 "적재 지점(load point)"에 놓이게 된다. 그리고 적재 지점에서 시작되는 모든 읽기 또는 쓰기 연산에는 추가적으로 110 ms의 시간이 소비된다. 테이프가 적재 지점에 있지 않은 경우에는 자료를 뒤로 읽을 수도 있다. 전방 연산 이후의 임의의 후방 연산 또는 후방 연산 이후의 임의의 전방 연산에는 추가적으로 32 ms의 시간이 더 소요된다.

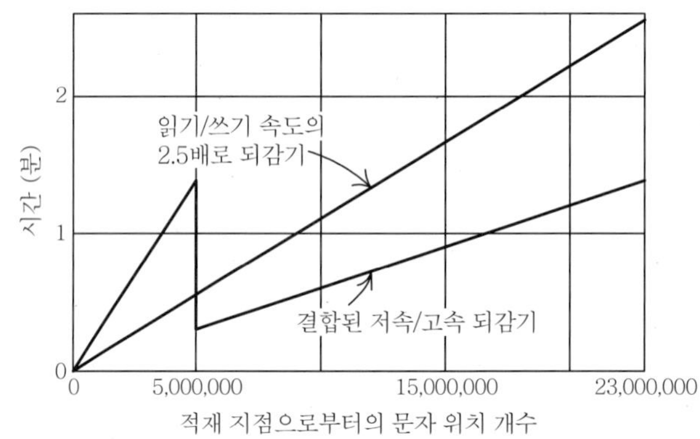

그림 82. 흔히 쓰이는 두 되감기 기법들의 근사적인 실행 시간.

병합 재고찰. P중 병합을 이번에는 입, 출력 활동에 중점을 두어서 다시 살펴보자. 입력 파일과 출력 파일에 $P+1$개의 테이프 장치들이 쓰인다고 가정한다. 목표는 입/출력 연산들을 서로, 그리고 프로그램의 계산과 최대한 많이 겹침으로써 전반적인 병합 시간을 최소화하는 것이다.

이를 위해 다음과 같이 가능한 동시성의 양에 심각한 제약이 존재하는 특별한 경우를 고찰해 본다면 많은 도움이 될 것이다. 제약은 이렇다:

a) 한 번에 많아야 하나의 테이프가 기록될 수 있다.

b) 한 번에 많아야 하나의 테이프에서 읽을 수 있다.

c) 읽기, 쓰기, 계산은 읽기 연산과 쓰기 연산이 동시에 시작된 경우에만 동시에 수행될 수 있다.

이러한 세 가지 제약이 가해진다고 해도, 컴퓨터가 아주 느리지만 않다면 테이프가 본질적으로 최대의 속도로 계속 움직이게 하는 데에는 $2P$개의 입력 버퍼들과 두 개의 출력 버퍼들을 가진 시스템으로도 충분하다. 조건 (a)가 실제로 제약인 것은 아님을 주목하자. 왜냐하면 어차피 출력 테이프는 하나이기 때문이다. 더 나아가서, 입력량은 출력량과 같으므로 임의의 주어진 시간에서 프로그램이 읽어 들이는 테이프는 평균적으로 하나뿐이다. 만일 (b)가 만족되지 않는다면 입력이 전혀 일어나지 않는 기간이 필히 존재할 것이다. 따라서 출력 테이프를 멈추지 않게만 한다면 병합 시간을 최소화할 수 있다.

그러한 최소화를 가능하게 하는 한 가지 중요한 기법이 예측(forecasting)이라고 부르는 기법이다. P중 병합을 수행할 때, 자료의 출처로 쓰이는 현재 입력 버퍼의 개수는 일반적으로 P개이다. 이 버퍼들이 어느 정도 채워지느냐는 이미 탐색된 자료의 양에 따라 달라진다. 만일 대략 비슷한 시점에서 이들 모두가 비게 된다면, 병합을 더 진행하기 전에 상당히 많은 자료를 읽어 들여야 한다. 단, 그러한 상황을 미리 예측할 수 있다면 대량의 읽기를 피할 수 있다. 다행히 어떤 버퍼가 가장 먼저 비게 될 것인지를 예측하는 것은 항상 가능하다. 그냥 각 버퍼의 마지막 레코드를 보면 된다. 다른 키들의 값과는 무관하게, 마지막 레코드의 키가 가장 작은 버퍼가 가장 먼저 비게 된다. 따라서 다음 입력 명령의 출처가 될 파일은 항상 미리 알 수 있다. 다음 알고리즘은 이러한 원리를 자세히 서술한 것이다.

알고리즘 F (유동 버퍼들을 이용하는 예측). 이 알고리즘은 긴 입력 파일들을 $P \ge 2$에 대한 P중 병합으로 병합하는 도중의 버퍼링을 제어한다. 입력 테이프들과 파일들에 $1, 2, \ldots, P$의 번호가 붙어 있다고 가정한다. 알고리즘은 $2P$개의 입력 버퍼 I[1], ..., I[$2P$]와 두 개의 출력 버퍼 O[0], O[1]을 사용하며, 다음과 같은 보조 표들도 사용한다:

A[j], $1 \le j \le 2P$: 만일 I[j]가 입력될 수 있으면 0, 그렇지 않으면 1.
B[i], $1 \le i \le P$: 파일 i에서 지금까지 읽은 마지막 블록을 담고 있는 버퍼의 색인.
C[i], $1 \le i \le P$: 현재 파일 i의 입력에 사용 중인 있는 버퍼의 색인.
L[i], $1 \le i \le P$: 파일 i에서 지금까지 읽은 마지막 키.
S[j], $1 \le j \le 2P$: I[j]가 비었을 때 사용하는 버퍼의 색인.

여기에서 서술하는 알고리즘은 종료되지 않는다. 적절한 종료 방법은 이후에 설명한다.

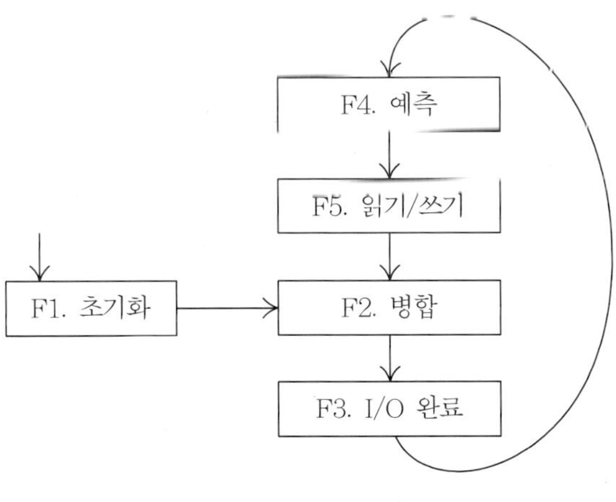

그림 83. 유동 버퍼들을 이용하는 예측.

F1. 〔초기화.〕 테이프 i의 첫 블록을 버퍼 $\mathtt{I}[i]$로 읽어 들이고, $1 \le i \le P$에 대해 $\mathtt{A}[i] \leftarrow 1$, $\mathtt{A}[P+i] \leftarrow 0$, $\mathtt{B}[i] \leftarrow i$, $\mathtt{C}[i] \leftarrow i$로 설정한다. 그리고 $\mathtt{L}[i]$를 버퍼 $\mathtt{I}[i]$의 마지막 레코드의 키로 설정한다. 그런 다음에는 $\mathtt{L}[m] = \min\{\mathtt{L}[1], \ldots, \mathtt{L}[P]\}$인 m을 찾고 $t \leftarrow 0$, $k \leftarrow P+1$로 설정한다. 테이프 m으로부터 버퍼 $\mathtt{I}[k]$로의 읽기를 시작한다.

F2. 〔병합.〕 버퍼 $\mathtt{I}[\mathtt{C}[1]], \ldots, \mathtt{I}[\mathtt{C}[P]]$의 레코드들을 $\mathtt{O}[t]$가 꽉 찰 때까지 $\mathtt{O}[t]$로 병합한다. 만일 이 공정 도중에 한 입력 버퍼, 이를테면 $\mathtt{I}[\mathtt{C}[i]]$가 비게 되었으나 $\mathtt{O}[t]$는 아직 다 차지 않았다면 $\mathtt{A}[\mathtt{C}[i]] \leftarrow 0$, $\mathtt{C}[i] \leftarrow \mathtt{S}[\mathtt{C}[i]]$로 설정하고 병합을 계속 진행한다.

F3. 〔I/O 완료.〕 이전의 읽기(또는 읽기/쓰기) 연산이 완료될 때까지 기다린다. 그런 다음에는 $\mathtt{A}[k] \leftarrow 1$, $\mathtt{S}[\mathtt{B}[m]] \leftarrow k$, $\mathtt{B}[m] \leftarrow k$로 설정하고 $\mathtt{L}[m]$을 $\mathtt{I}[k]$의 마지막 레코드의 키로 설정한다.

F4. 〔예측.〕 $\mathtt{L}[m] = \min\{\mathtt{L}[1], \ldots, \mathtt{L}[P]\}$인 m과 $\mathtt{A}[k] = 0$인 k를 찾는다.

F5. 〔읽기/쓰기.〕 테이프 m으로부터 버퍼 $\mathtt{I}[k]$로의 읽기 연산과 버퍼 $\mathtt{O}[t]$로부터 출력 테이프로의 쓰기 연산을 시작한다. 그런 다음 $t \leftarrow 1 - t$로 설정하고 F2로 돌아간다. ▮

그림 84의 예는 $P = 2$일 때 예측이 일어나는 방식을 보여주는데, 테이프의 각 블록이 단 두 개의 레코드로 구성된다고 가정한 것이다. 그림에 표시된 입력 버퍼의 내용은 단계 F2의 시작에 도달했을 때의 것이다. 알고리즘 F는 본질적으로 버퍼들의 대기열을 P개 형성한다. i번째 대기열의 앞단은 $\mathtt{C}[i]$가, 뒷단은 $\mathtt{B}[i]$가 가리키며, $\mathtt{S}[j]$는 버퍼 $\mathtt{I}[j]$의 다음 버퍼를 가리킨다. 그림 84에서 이 포인터들은 화살표로 표시되어 있다. 행 1은 초기화 이후의 상태이다. 이 시점에서 각 입력 파일마다 하나의 버퍼가 존재하며, 파일 1로부터 또 다른 블록이 읽혀지고 있다(03 < 05이므로). 행 2는 첫 블록이 병합된 후의 상태로, 여기서는 [01 02]를 담은 블록 하나를 출력하며 파일 2로부터

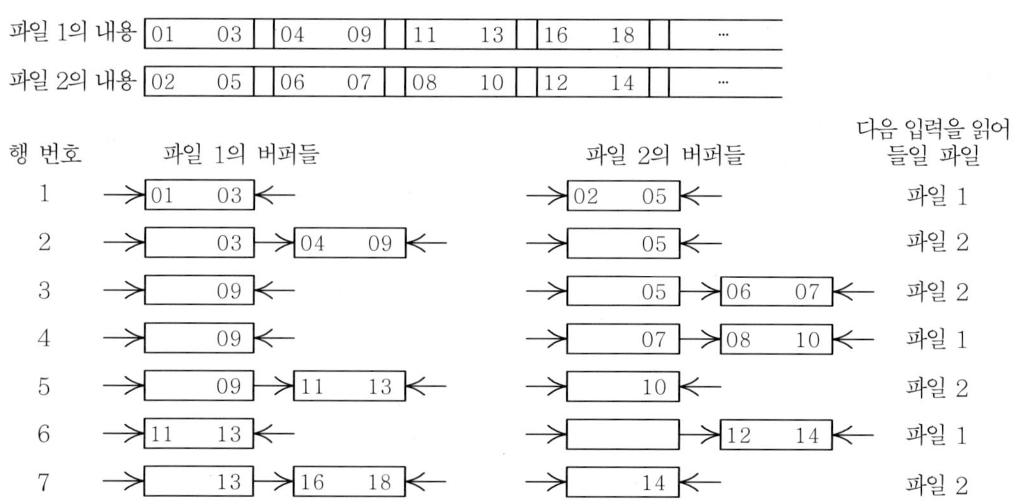

그림 84. 알고리즘 F에 따른 버퍼 대기열 적용.

다음 블록을 입력한다(05 < 09이므로). 행 3에서는 네 입력 버퍼들 중 세 개가 본질적으로 파일 2로 방출됨을 주목하자. 이는 입력이 그 파일로부터 이루어지고 있고 대기열에 이미 하나의 꽉 찬 버퍼와 부분적으로 찬 버퍼가 존재하기 때문이다. 이러한 유동적인(floating) 버퍼 배치는 알고리즘 F의 중요한 특징이다. 만일 행 3에서 입력을 위해 파일 2가 아니라 파일 1을 선택했다면 더 진행하는 것이 불가능했을 것이기 때문이다.

알고리즘 F가 유효하다는 것을 증명하기 위해서는 다음 두 가지를 입증해야한다.

i) 사용 가능한 입력 버퍼가 항상 존재한다(즉, 단계 F4에서 항상 k를 찾을 수 있다).

ii) 병합 도중 입력 버퍼가 소진되었다면, 그 후행 버퍼가 이미 메모리에 존재한다(즉, 단계 F2에서 S[C[i]]가 유효하다.)

(i)가 거짓이라고, 즉 단계 F4에 도달했을 때 어떤 지점에서 모든 버퍼가 사용할 수 없는 상태가 된다고 가정하자. 그 단계에 도달할 때마다, 모든 버퍼에서 처리되지 않은 자료의 전체 양은 정확히 P버퍼적재분(bufferload)이다. 자료의 입력 속도와 출력 속도가 같으므로, 그 정도면 자료들을 재배분한다고 할 때 P개의 버퍼들을 채우기에 충분한 양이다. 버퍼들 중 일부는 부분적으로만 차 있다. 그러나 각 파일에 대해 많아야 하나의 버퍼만이 부분적으로 채워진 상태이므로, 그러한 조건을 만족하는 버퍼 개수는 많아야 P개이다. 가정에 의해, $2P$개의 버퍼들 모두가 사용 불가능한 상태이며, 따라서 그 버퍼들 중 완전히 차 있는 것들은 적어도 P개이어야 한다. 이는 P개가 꽉 차고 P개가 비었을 때에만 가능한 일이다. 그렇지 않다면 자료가 너무 많은 것이다. 그러나 한 번에 많아야 하나의 버퍼만이 사용 불가능이자 비어 있을 수 있으므로, (i)는 거짓일 수 없다.

(ii)가 거짓이라고 가정하자. 즉 어떤 파일에 대해, 메모리에는 처리되지 않은 레코드가 전혀 없지만, 현재의 출력 버퍼가 아직 꽉 차지는 않았다고 하자. 예측의 원리에 의해, 다른 파일들 각각에는 자료 블록이 많아야 하나이어야 한다. 파일의 한 블록을 읽어 들인다는 것은 다른 모든 파일의 버퍼들이 모두 소진되었다는 뜻이기 때문이다. 따라서 처리되지 않은 레코드의 양은 많아야 $P-1$블록이다. 채워지지 않은 출력 버퍼를 더한다면 메모리에 존재하는 자료의 양은 P버퍼적재분 미만이어야 하는데, 이는 모순이다.

이상의 논증으로 알고리즘 F의 유효성이 증명되었다. 이 논증은 알고리즘이 재앙을 겨우 피할 수 있을 정도의 심각한 상황이 존재할 가능성도 암시한다. 상등인 키들이 존재할 수 있는 경우에 관련된 중요한 문제점 하나를 언급하지 않았는데, 그것에 대해서는 연습문제 5에서 논의한다. 또한 $P=1$인 경우를 고찰하는 연습문제 4도 볼 것.

알고리즘 F를 매끄럽게 종료하는 한 가지 방법은 단계 F3에서 만일 방금 읽은 블록이 한 연속열의 마지막일 경우 L[m]을 ∞로 설정하는 것이다. (한 연속열의 끝을 어떤 특별한 방식으로 표시하는 것은 하나의 관례이다.) 모든 파일의 모든 자료를 읽은 후에는, 궁극적으로 단계 F4에서 L들 모두가 ∞인 상태에 도달하게 된다. 그러면 마지막 $P+1$개의 블록들을 출력으로 하는 다음 번 병합 페이즈의 초기화를 시작함으로써 각 파일에서 다음 연속열의 처음 블록들을 읽기 시작하는 것이

가능하다.

따라서 한 번에 많아야 하나의 테이프만 읽으면서도 출력 테이프를 본질적으로 최대 속도로 유지하는 것이 가능하다. 그런데 단계 F1에서는 이 규칙의 한 가지 예외가 발생한다. 그 부분에서는 여러 개의 테이프들을 한꺼번에 읽어 들이는 것이 효율적인 초기화에 더 도움이 될 수 있다. 그러나 계산의 이전 부분과 겹치도록 단계 F1을 배치하는 것이 가능한 경우가 많다.

각 블록의 마지막 레코드를 보고 어떤 버퍼가 가장 먼저 비게 될 것인지를 예측한다는 착상은 1953년에 홀버턴F. E. Holberton이 처음으로 발견한 것이다. 이 기법을 처음으로 출판한 이는 프렌드 E. H. Friend이다[*JACM* 3 (1956), 144–145, 165]. 그의 다소 복잡한 알고리즘은 $3P$개의 입력 버퍼들을 사용했는데, 버퍼 세 개는 각 입력 파일이 전용으로 사용한다. 알고리즘 F는 유동 버퍼들을 사용함으로써, 임의의 한 파일이 한 번에 최대 $P+1$개의 입력 버퍼들을 확보할 수 있으나 전체적으로 $2P$개 이상 필요하게 되는 일은 없도록 상황을 개선한다. $2P$개 미만의 입력 버퍼들을 이용한 병합에 대해서는 이번 절의 끝 부근에서 논의하겠다. 5.4.9절에서는 알고리즘 F에 대한 몇 가지 흥미로운 개선안들을 논의한다.

병합 패턴들의 습성 비교. 이제 테이프 장치의 특성과 병합에 대한 지식들을 이용해서, 5.4.2절에서 5.4.5절에 걸쳐 연구한 다양한 병합 패턴들의 성능을 비교해 보자. 각 방법을 동일한 과제에 적용했을 때의 상세한 특성을 탐구한다면 많은 것을 배울 수 있을 것이다. 그런 차원에서 다음과 같은 상황에서의 정렬 문제를 고찰해 보자: 각 레코드는 100개의 문자들을 담으며, 메모리의 순수한 자료 저장 용량(프로그램과 그 보조 변수들에 필요한 공간이나 선택 트리의 링크들이 차지하는 공간을 제외한)은 100,000문자이다. (지금 우리는 메모리 용량이 적었던 시절에 살고 있다고 가정하는 중임을 기억할 것.) 테이프에서 입력은 무작위 순서로 일어나며, 각 블록은 5000자 길이이다. 출력도 같은 형태로 나타난다. 사용할 수 있는 작업용 테이프는 다섯 개이며, 입력 테이프를 담은 장치 하나가 따로 존재한다.

정렬할 레코드들은 총 100,000개이지만, 정렬 알고리즘이 이 정보를 미리 알지는 못한다.

접힌 속지로 포함된 도표 A의 도해는 이 자료에 여덟 개의 서로 다른 병합 방안들을 적용했을 때 발생하는 행동들을 요약한 것이다. 이 중요한 도해를 판독하는 가장 좋은 방법은 독자가 실제로 정렬이 일어나는 과정을 지켜보고 있다고 상상하는 것이다: 각 줄을 천천히 왼쪽에서 오른쪽으로 훑으면서, 여섯 개의 테이프들이 도표에 지정된 대로 읽히고, 쓰이고, 되감기고, 뒤로 읽히는 모습을 실제로 보고 있다고 상상하기 바란다. P중 병합 도중에 입력 테이프들의 이동 횟수는 출력 테이프 이동 횟수의 $1/P$이다. 도표 A는 원래의 입력 테이프가 완전히 읽힌 후에(그리고 "잠금과 함께" 되감긴 후에) 숙련된 컴퓨터 운영자가 단 30초 만에 그 테이프를 제거하고 빈 테이프로 대체한다고 가정한다. 예 2, 3, 4에서, 이는 운영자가 작업을 마칠 때까지 컴퓨터가 아무 일도 하지 않고 기다리게 되는 "임계 경로 시간(critical path time)"에 해당한다. 그러나 그 외의 예들에서는 이 테이프 제거-재장전 연산이 다른 처리들과 겹쳐진다.

예 1. 전방 균형 읽기 병합. 그럼 문제의 명세를 다시 한 번 요약해보자: 각 레코드의 길이는 문자 100개이고 내부 메모리는 한 번에 1000개의 레코드들을 담을 수 있다. 그리고 입력 테이프의 각 블록의 길이는 5000자(레코드 50개)이다. 전체적인 레코드 개수는 100,000개(= 10,000,000자 = 2000블록)이다.

중간 파일들의 블록 크기는 자유로이 정할 수 있다. 여섯 테이프 균형 병합은 3중 병합을 사용하므로, 알고리즘 F에 필요한 버퍼 개수는 8이다. 따라서 각각 $1000/8 = 125$ 레코드 (= 12500자)를 담는 블록들을 사용하면 된다.

초기 배분 패스에서는 치환 선택(알고리즘 5.4.1R)을 사용하면 될 것이고, 테이프들이 연이어 돌아가게 만들기 위해서는 각각 50레코드 길이의 입력 버퍼 두 개와 각각 125레코드 길이의 출력 버퍼 두 개를 사용하면 된다. 그러면 치환 선택 트리에 650개의 레코드들을 담을 수 있다. 따라서 초기 연속열들 대부분은 그 길이가 레코드 약 1300개(블록 10 또는 11개) 정도에 해당될 것이다. 도표 A의 경우 생성된 초기 연속열 개수는 78개로, 마지막 것은 상당히 짧다.

도표에 나온 첫 병합 패스는 아홉 개의 연속열들을 테이프 4, 5, 6를 번갈아 사용해서 병합하는 대신 테이프 4로 병합한다. 이 덕분에 컴퓨터 운영자가 빈 테이프를 6번 장치에 적재하는 동안에 프로그램이 유용한 작업을 수행할 수 있게 된다. 연속열 전체 개수 S는 초기 배분만 끝나면 알 수 있으므로, 알고리즘은 $\lceil S/9 \rceil$개의 연속열들을 테이프 4로 병합해야 하며 그런 다음 $\lceil (S-3)/9 \rceil$개를 테이프 5에, 그런 다음 $\lceil (S-6)/9 \rceil$개를 테이프 6에 병합해야 함을 알고 있다.

이 예에 대한 전체 정렬 절차를 5.4.2절에서 도입한 표기법을 사용해서 요약한다면 다음과 같다:

1^{26}	1^{26}	1^{26}	—	—	—
—	—	—	3^{9}	3^{9}	3^{8}
9^{3}	9^{3}	$9^{2}6^{1}$	—	—	—
—	—	—	27^{1}	27^{1}	24^{1}
78^{1}	—	—	—	—	—

예 2. 전방 읽기 다중페이즈 병합. 도표 A의 두 번째 예는 알고리즘 5.4.2D에 따라 다중페이즈 병합을 수행한다. 이 경우에는 5중 병합이 쓰이므로, 메모리는 각각 레코드 83개를 담은 버퍼 12개로 분할된다. 초기 치환 선택 도중에는 50레코드짜리 입력 버퍼 두 개와 83레코드짜리 출력 버퍼 두 개를 사용하며, 그러면 트리에는 734개의 레코드들을 담을 수 있다. 따라서 이 예에서 초기 연속열의 길이는 약 1468레코드(블록 17, 18개)이다. 도표에 나온 상황은 $S = 70$개의 초기 연속열들이 생성되었음을 보여주는데, 마지막 두 연속열은 각각 블록 단 네 개와 블록 하나이다. 병합 패턴을 요약한다면 다음과 같다:

$0^{13}1^{18}$	$0^{13}1^{17}$	$0^{13}1^{15}$	$0^{12}1^{12}$	$0^{8}1^{8}$	—
1^{15}	1^{14}	1^{12}	1^{8}	—	$0^{8}1^{4}2^{1}5^{3}$
1^{7}	1^{6}	1^{4}	—	4^{8}	$1^{4}2^{1}5^{3}$
1^{3}	1^{2}	—	8^{4}	4^{4}	$2^{1}5^{3}$
1^{1}	—	$16^{1}19^{1}$	8^{2}	4^{2}	5^{2}
—	34^{1}	19^{1}	8^{1}	4^{1}	5^{1}
70^{1}	—	—	—	—	—

이상하게도, 다중페이즈는 그보다 훨씬 덜 복잡한 균형 병합보다 약 25초 정도 더 긴 시간을 소비한다! 이유는 크게 두 가지이다:

1) 이 경우에 한해서 균형 병합이 특히나 운이 좋았다. $S = 78$은 3의 완전거듭제곱수보다 하나 작기 때문이다. 만일 초기 연속열이 82개가 만들어졌다면 균형 병합은 패스를 한 번 더 수행해야 했을 것이다.

2) 다중페이즈 병합은 입력 테이프를 바꾸는 동안 30초를 낭비했으며, 또 되감기 연산이 끝나기를 기다리느라 전체적으로 5분 이상을 소비해야 했다. 반면 균형 병합에는 비교적 적은 되감기 시간이 필요했다. 다중페이즈 병합의 두 번째 페이즈에서는 테이프 6이 되감기는 동안에도 그 테이프 상에 8개의 모조 연속열들이 존재한다고 가정할 수 있었기 때문에 13초가 절약되었다. 그러나 그 외의 되감기 중첩은 일어나지 않았다. 따라서 다중페이즈는 필요한 읽기/쓰기 시간이 훨씬 적었음에도 균형 병합보다 느리게 되었다.

예 3. 전방 읽기 중첩 병합. 이 경우는 예 2와 비슷하지만, 알고리즘 5.4.3C를 사용한다는 점에서 차이를 보인다. 병합 절차를 요약하자면:

1^{14}	1^{15}	1^{12}	1^{14}	1^{15}	—
1^{5}	1^{9}	—	1^{14}	1^{15}	$1^{3}2^{3}3^{6}$
$5^{1}6^{3}$	5^{3}	$5^{3}6^{2}$	—	1^{1}	2^{2}
—	12^{1}	6^{1}	18^{1}	18^{1}	16^{1}
70^{1}	—	—	—	—	—

(앞에서도 말했듯이, 접힌 속지의 도표 A를 짚어 가면서 이 예들이 어떻게 작동하는지를 반드시 추적해 보기 바란다.)

예 4. 테이프 분할 다중페이즈 병합. 이번에는 5.4.2절 끝에서 설명한 테이프 분할 기법을 사용해 되감기 시간의 대부분을 겹치게 만든다. 이 예는 4중 병합을 사용하므로 메모리를 100레코드 버퍼 10개로 나눈다. 선택 트리에는 레코드 700개를 담을 수 있다. 따라서 총 72개의 초기 연속열들이 만들어진다. 이번에도 마지막 연속열은 아주 짧다. 알고리즘 5.4.2D와 비슷한 배분 방안으로 초기 연속열들을 테이프들에 배분하되, 간단하지만 다소 임시방편적인 방법 하나를 이용해서 모조 연속열들을 배치했다:

1^{21}	1^{19}	1^{15}	1^{8}	—	$0^2 1^9$
$0^2 1^{17}$	$0^2 1^{15}$	$0^{2Z} 1^{11}$	$0^2 1^4$	—	$0^2 1^9 4^4$
1^{13}	1^{11}	1^7	—	$0^2 4^4$	$0^2 1^9 4^4$
1^{10}	1^8	1^4	—	$0^2 4^4 3^2 4^1$	$1^8 4^4$
1^6	1^4	—	4^4	$0^2 4^4 3^2 4^1$	$1^4 4^4$
1^5	1^3	—	$4^4 3^1$	$0^1 4^4 3^2 4^1$	$1^3 4^4$
1^2	—	$3^1 7^2$	$4^4 3^1$	$4^2 3^2 4^1$	4^4
1^1	—	$3^1 7^2 13^1$	$4^3 3^1$	$4^1 3^2 4^1$	4^3
—	13^1	$3^1 7^2 13^1$	$4^2 3^1$	$3^2 4^1$	4^2
—	$13^1 14^1$	$7^2 13^1$	$4^1 3^1$	$3^1 4^1$	4^1
18^1	$13^1 14^1$	$7^1 13^1$	3^1	4^1	—
18^1	14^1	13^1	—	—	27^1
—	—	—	72^1	—	—

도표 A에서 후방 읽기를 사용하지 않는 예들 중 이 예의 실행 시간이 최고이다. S가 아주 커지는 일은 없으므로, 모조 연속열들을 더욱 나은 방식으로 배치하는 좀 더 복잡한 알고리즘을 만드는 것도 가능할 것이다. 식 5.4.2-(26)을 볼 것.

예 5. 되감기 겹침을 이용하는 중첩 병합. 이 절차는 이전 예만큼이나 빠르게 실행되나, 알고리즘은 훨씬 더 간단하다. 초기 배분으로는 그냥 알고리즘 5.4.3C와 같되 $T = 6$이 아니라 $T = 5$로 둔 중첩 정렬 방법을 사용한다. 그런 다음에는, 보통의 경우에는 테이프가 다시 감길 기회가 생길 때까지 테이프에 기록을 하지 않도록 하는 방식으로 각 "중첩"의 각 페이즈가 테이프들을 엇갈리게 사용하도록 한다. 다음은 이러한 패턴을 아주 간략하게 나타낸 것이다:

1^{21}	1^{22}	1^{19}	1^{10}	—	—
1^4	1^7	—	—	$1^2 2^2 3^5$	4^{10}
7^2	—	8^3	$7^2 8^2$	—	4^1
—	26^1	—	8^1	22^1	16^1
72^1	—	—	—	—	—

예 6. 후방 읽기 균형 병합. 예 1과 비슷하나 모든 되감기가 제거된 것이다:

A_1^{26}	A_1^{26}	A_1^{26}	—	—	—
—	—	—	D_3^9	D_3^9	D_3^8
A_9^3	A_9^3	$A_9^2 A_6^1$	—	—	—
—	—	—	D_{24}^1	D_{27}^1	D_{27}^1
A_{78}^1	—	—	—	—	—

예 1의 경우에는 되감기가 상당히 적게 일어나기 때문에, 이 후방 읽기 균형 병합이 전방 읽기 버전(예 1)보다 아주 나은 것은 아니다. 사실 이 방식은 $S=78$이라는 운 좋은 값에도 불구하고 테이프 분할 다중페이즈보다 약간 느리다.

예 7. 후방 읽기 다중페이즈 병합. 이 예에서는 입력 테이프를 되감고 교체하는 시간을 제거하기 위해서 여섯 테이프 중 다섯 개만 사용한다. 즉, 병합은 4중으로만 일어나며, 버퍼 할당은 예 4, 5와 비슷하다. 배분은 알고리즘 5.4.2D와 비슷하되 연속열들의 방향이 번갈아 바뀌는 방식이다. 최종 출력 테이프는 테이프 1로 고정된다. 처음에는 테이프 1에 하나의 오름차순 연속열이 기록되고, 그 다음에 테이프 2, 3, 4에 내림차순 연속열들이, 그 다음에 2, 3, 4에 오름차순 연속열들이, 그 다음에 1, 2, 3에 내림차순들이 기록되는 식으로 진행된다. 방향이 바뀔 때마다 치환 선택이 더 짧은 연속열을 만들어내는 경우가 많으며, 그래서 77개의 초기 연속열들이 만들어진다. 예제 4, 5의 경우에는 72개였다.

이 절차에 의해 연속열들은 (22, 21, 19, 15)개로 배분되는데, 그 다음의 완전 배분은 (29, 56, 52, 44)이다. 연습문제 5.4.4-5는 모조 연속열들을 최적의 위치들에 배치하는 데 사용할 수 있는 병합 횟수들의 기호열을 생성하는 방법을 보여준다. 실제 응용에서는 테이프 릴의 적합도 때문에 S가 아주 커지는 일은 결코 없으므로, 그러한 절차가 유용하게 쓰일 여지가 크다. 도표 A의 해당 예도 그런 모조 연속열 배치 방법(연습문제 7 참고)을 이용해서 만든 것이다. 이 예 7은 도표에 나온 모든 예 중에서 가장 빠르다.

예 8. 후방 읽기 중첩 병합. 예 7에서처럼 테이프는 다섯 개만 사용한다. 이 절차는 알고리즘 5.4.3C를 따르며, 1중 병합을 피하기 위해 되감기 및 전방 읽기를 사용한다(MIXT 테이프 장치에서는 되감기가 읽기보다 두 배 빠르기 때문이다). 따라서 연속열 배분은 예 6에서와 같다. 패턴을 요약하자면 다음과 같다(↓는 되감기를 의미한다):

A_1^{21}	A_1^{22}	A_1^{19}	A_1^{10}	—
$A_1^4\downarrow$	$A_1^7\downarrow$	—	$D_1^2 D_2^2 D_3^5$	D_4^{10}
$A_8 A_7^2$	A_5^2	A_9^4	—	$D_4^1\downarrow$
—	D_{17}	$A_9\downarrow$	D_{25}	D_{21}
A_{72}	—	—	—	—

예 9. 후방 읽기 진동 정렬. $T=5$인 진동 정렬(알고리즘 5.4.5B)은 4중 병합을 사용하므로, 예 4, 5, 7, 8에서와 같은 버퍼 할당을 사용할 수 있다. 그러나 치환 선택은 같은 방식으로 작동하지 않는다. 왜냐하면 각 병합 페이즈로 진입하기 직전에, 내부 메모리를 비우기 위해 길이가 700인(1400 정도가 아니라) 연속열 하나를 출력해야 하기 때문이다. 따라서 이 예에서는 72개가 아니라 85개의 연속열들이 만들어진다. 다음은 이 정렬 공정의 몇 가지 핵심적인 단계들이다.

—	A_1	A_1A_1	A_1A_1	A_1A_1
D_4	—	A_1	A_1	A_1
. . .	. . .	. . .	. . .	. . .
D_4D_4	D_4D_4	D_4D_4	D_4	—
D_4	D_4	D_4	—	A_{16}
. . .	. . .	. . .	. . .	. . .
D_4	$A_{16}D_4D_4$	$A_{16}D_4$	$A_{16}D_4A_1$	A_{16}
D_4	$A_{16}D_4D_4$	$A_{16}D_4D_1$	$A_{16}D_4$	A_{16}
—	$A_{16}D_4$	$A_{16}D_4$	A_{16}	$A_{16}A_{13}$
—	$A_{16}D_4$	A_{16}	$A_{16}A_4$	$A_{16}A_{13}$
—	A_{16}	$A_{16}A_4$	$A_{16}A_4$	$A_{16}A_{13}$
D_{37}	—	$A_{16}\downarrow$	$A_{16}\downarrow$	$A_{16}\downarrow$
—	A_{85}	—	—	—

예 10. 전방 읽기 진동 정렬. 이 마지막 예에서는 치환 선택을 사용하지 않는다. 초기 연속열들이 모두 같은 길이이어야 하기 때문이다. 그래서 하나의 초기 연속열이 요구될 때마다 내부적으로 1000개의 레코드들로 된 내부 적재물들 전체가 정렬되며, 이 때문에 $S = 100$이 된다. 다음은 정렬 공정의 일부 핵심 단계들이다.

A_1	A_1	A_1	A_1	A_1
—	—	—	—	A_1A_4
. . .	. . .	. . .	. . .	. . .
A_1	A_1	A_1	A_1	A_1A_4
—	—	—	A_1A_4	$\cancel{A}_1A_4$
—	—	—	A_1A_4	A_1A_4
. . .	. . .	. . .	. . .	. . .
A_1	A_1A_4	A_1A_4	A_1A_4	A_1A_4
A_1A_4	$\cancel{A}_1A_4$	$\cancel{A}_1A_4$	$\cancel{A}_1A_4$	$\cancel{A}_1A_4$
$A_1A_4A_{16}$	—	—	—	—
. . .	. . .	. . .	. . .	. . .
—	A_1A_4	A_1A_4	A_1A_4	$A_1A_4A_{16}A_{64}$
A_4	$\cancel{A}_1A_4$	$\cancel{A}_1A_4$	$\cancel{A}_1A_4$	$\cancel{A}_1A_4A_{16}A_{64}$
A_4A_{16}	—	—	—	$\cancel{A}_1\cancel{A}_4A_{16}A_{64}$
$\cancel{A}_4A_{16}$	A_4	—	—	$\cancel{A}_1\cancel{A}_4A_{16}A_{64}$
—	—	—	A_{36}	$\cancel{A}_1\cancel{A}_4\cancel{A}_{16}A_{64}$
A_{100}	—	—	—	—

이 루틴이 열 가지 예들 중에서 가장 느리다. 부분적으로는 치환 선택을 사용하지 않은 탓도 있지만, 주된 이유는 끝 부분(2중 병합)이 상당히 지저분하기 때문이다.

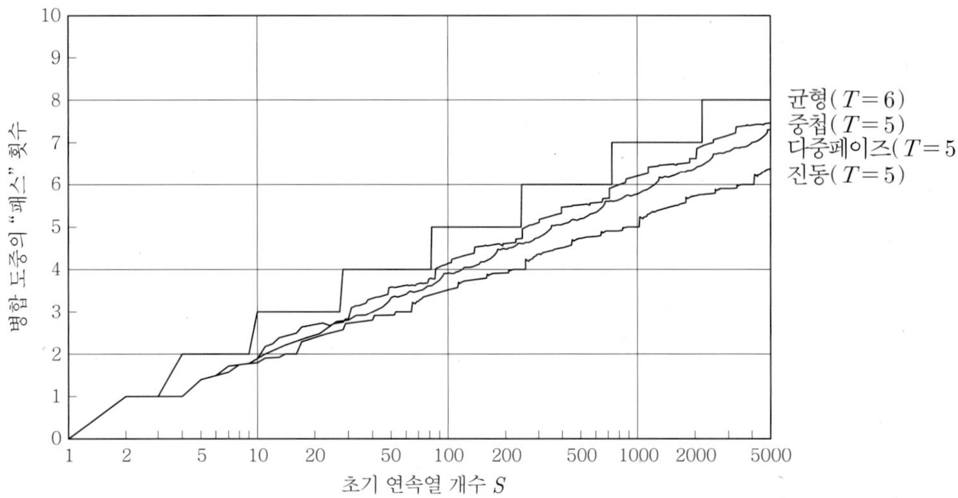

그림 85. 병합 패턴들을 비교하는 다소 오해하기 쉬운 방식.

실행 시간 추정. 그럼 MIXT 테이프들을 이용하는 정렬 방법의 근사적인 수행 시간을 추정해 보자. 도표 A에 나온 결과들을 상세한 시뮬레이션을 수행하지 않고도 예측하는 것이 가능할까?

서로 다른 병합 패턴들을 비교하는 데 쓰여 온 방법 하나는, 그림 70, 74, 78에서 본 것 같은 그래프들을 서로 겹쳐보는 것이다. 이 그래프들은 자료에 대한 유효 패스 횟수(초기 연속열 개수의 함수)를 보여준다. 초기 연속열들은 모두 근사적으로 같은 길이라고 가정한 것이다. (그림 85 참고.) 그런데 이것이 아주 현실적인 비교인 것은 아니다. 왜냐하면 앞에서 보았듯이 방법에 따라 초기연속열 개수가 다르게 나오기 때문이다. 게다가 블록 사이 간격들의 상대 빈도에 의한 추가 시간도 다르며, 되감기 시간 역시 중대한 영향을 미친다. 이 모든 기계 의존적 특징들 때문에, 여러 방법들을 기계 독립적 방식으로 의미 있게 비교하는 도표를 만드는 것은 불가능하다. 반면, 그림 85는 유효 패스 횟수를 $\alpha \ln S + \beta$ 형태의 매끄러운 곡선으로 비교적 잘 근사하는 것이 실제로 가능함(균형 병합만 빼고)을 보여준다. 따라서, 만일 실행 시간을 근사하는 공식들을 연구한다면 임의의 특정한 상황에서의 방법들을 상당히 효과적으로 비교하는 것이 가능하다. 물론 우리의 목표는 간단하면서도 충분히 현실적인 공식들을 찾는 데 있다.

그럼 그러한 공식들을 개발해 보자. 공식들은 다음과 같은 항들로 구성된다.

N = 정렬할 레코드 개수,

C = 레코드 당 문자 수,

M = 내부 메모리에 담을 수 있는 문자 위치 개수(C의 배수로 가정됨),

τ = 하나의 문자를 읽거나 쓰는 데 걸리는 시간(초),

$\rho\tau$ = 문자 하나만큼 되감는데 걸리는 시간(초),

$\sigma\tau$ = 중지/시작 지연 시간(초),

γ = 블록 사이 간격 당 문자 수,

δ = 입력 테이프를 빼내고 대체하는 데 걸리는 시간(초),

B_i = 정렬되지 않은 입력의 블록 당 문자 수,

B_o = 정렬된 출력의 블록 당 문자 수.

MIXT의 경우 $\tau = 1/60000$, $\rho = 2/5$, $\sigma = 300$, $\gamma = 480$이다. 앞에서 소개한 예들에서는 $N = 100000$, $C = 100$, $M = 100000$, $\delta = 30$, $B_i = B_o = 5000$이었다. 보통의 경우 정렬 시간에 가장 심대한 영향을 미치는 기계 및 자료 특성들이 바로 이 매개변수들이다(단, 되감기 시간은 ρ라는 간단한 비율보다는 훨씬 복잡한 식으로 주어지는 경우가 많다). 이러한 매개변수들과 하나의 병합 패턴이 주어졌다고 할 때, 우리는 다음과 같은 수량들을 계산해야 한다:

P = 패턴 안의 최대 병합 차수,

P' = 치환 선택 트리의 레코드 개수,

S = 초기 연속열 개수,

$\pi = \alpha \ln S + \beta$ = 초기 배분이나 최종 병합 페이즈는 제외한, 각 문자의 읽기 또는 쓰기 횟수의 근사 평균,

$\pi' = \alpha' \ln S + \beta'$ = 중간 병합 페이즈들 도중 각 문자에 대한 되감기 횟수의 근사 평균,

B = 중간 병합 페이즈들에서 블록 당 문자 수,

$\omega_i, \omega, \omega_o$ = "추가부담 비율(overhead ratio)", 즉 하나의 글자를 읽거나 쓰는 데 필요한 유효 시간(간격들과 중지/시작에 의한 것)을 하드웨어 시간 τ로 나눈 값.

도표 A의 예들은 블록 크기와 버퍼 크기를 다음과 같은 공식에 따라 선택한 것이다.

$$B = \left\lfloor \frac{M}{C(2P+2)} \right\rfloor C. \tag{1}$$

따라서 블록 크기는 알고리즘 F의 버퍼링 방안과 일치하는 한도 안에서 최대한 크게 잡을 수 있다. (최종 패스 도중 곤란한 일이 생기지 않도록 하기 위해서는, P를 (1)이 $B \geq B_o$가 되기에 충분히 작은 값으로 잡아야 한다.) 그러면 치환 선택 도중의 트리의 크기는

$$P' = (M - 2B_i - 2B)/C \tag{2}$$

가 된다. 자료가 무작위하다고 할 때, 5.4.1절의 결과를 이용해서 초기 연속열 개수 S를 다음과 같이 추정할 수 있다.

$$S \approx \left\lceil \frac{N}{2P'} + \frac{7}{6} \right\rceil. \tag{3}$$

$B_i < B$이며 배분 도중 입력 테이프가 최대의 속도로 돌아간다고(아래 설명 참고) 가정할 때, 초기 연속열들을 배분하는 데 걸리는 시간은 $NC\omega_i\tau$이다. 여기서

$$\omega_i = (B_i + \gamma)/B_i \tag{4}$$

이다. 버퍼링 방안 덕분에 병합 도중에 읽기, 쓰기, 계산을 동시에 수행하는 것이 가능하다. 그러나 입력 테이프를 자주 바꾸어야 하므로, 병합 시간에 반드시 중지/시작 지연 시간을 추가해야 할 필요가 있다. 따라서

$$\omega = (B + \gamma + \sigma)/B \tag{5}$$

로 설정해야 한다. 그러면 병합 시간은 근사적으로

$$(\pi + \rho\pi')NC\omega\tau \tag{6}$$

이다. ω에는 중지/시작 시간이 포함되므로, 이 공식은 되감기에 대해 약간의 추가 시간을 부여한다. 그러나 보통은 되감기 내부 잠금 및 적재 지점으로부터의 읽기에 대한 지연 시간 같은 다른 고려사항들이 이 점을 상쇄하게 된다. $B_o \le B$라고 가정할 때 마지막 병합 패스에 걸리는 시간은 추가부담 비율

$$\omega_o = (B_o + \gamma)/B_o \tag{7}$$

에 의해 제한된다. 최종 병합과 되감기의 실행 시간은 다음과 같이 추정할 수 있다.

$$NC(1+\rho)\omega_o\tau.$$

실제 응용에서는 블록 길이가 같지 않기 때문에(그러면 알고리즘 F에서처럼 입력과 출력이 동기화될 수 없다) 이보다는 더 긴 시간이 걸릴 수 있다. 그러나 실행 시간은 모든 병합 패턴에 대해 상당히 비슷하게 나올 것이다.

개별 패턴에 대한 좀 더 구체적인 공식들로 들어가기 전에, 앞에서 가정한 두 가지 사항의 근거를 밝혀보자.

a) 치환 선택이 입력 테이프와 동기화될 수 있는가? 도표 A의 예들에서는 가능하다. 왜냐하면 알고리즘 5.4.1R로 다음 레코드를 선택하는 데에는 내부 루프가 열 번 반복되어야 하며, 그러한 작업에 걸리는 시간은 $C\omega_i\tau > 1667$ 마이크로초이기 때문이다. 치환 선택 루프를 세심하게 프로그래밍한다면 대부분의 컴퓨터들에서(심지어는 1970년대의 컴퓨터들에서도) 이러한 속도를 달성할 수 있다. 병합 도중에는 이러한 상황이 조금은 덜 치명적임을 주목할 것: P가 아주 크지 않으므로, 레코드 당 계산 시간은 P중 병합 도중의 레코드 당 테이프 시간보다 거의 항상 작다.

b) 정말로 B를 (1)에서처럼 가능한 최대의 버퍼 크기로 잡아야 하는가? 버퍼가 크면 (5)의 추가부담 비율 ω가 감소한다. 그러나 P'가 감소하므로 초기 연속열 개수 S는 커진다. 어떤 요인이 더 중요한

지가 명확하지는 않다. 병합 시간을 $x = CP'$의 함수로 간주할 때, $\theta_3 > \theta_4$인 어떤 적절한 상수 $\theta_1, \theta_2, \theta_3, \theta_4$를 통해서 그것을 다음과 같은 근사 공식으로 표현할 수 있다.

$$\left(\theta_1 \ln\left(\frac{N}{x} + \frac{7}{6}\right) + \theta_2\right)\left(\frac{\theta_3 - x}{\theta_4 - x}\right). \tag{8}$$

이를 x에 대해 미분해 보면 모든 $N \geq N_0$에 대해 x를 증가해도 버퍼 크기가 줄지는 않는 어떤 N_0이 존재함을 알 수 있다. 도표 A의 정렬 응용에서 예를 들어 N_0은 대략 10000 정도가 된다. 즉, 10000개 이상의 레코드들을 정렬하는 경우에는 큰 버퍼 크기가 더 우월한 것이다.

그러나 균형 병합의 경우에는 S가 P의 거듭제곱을 지나칠 때 패스 횟수가 크게 도약함을 주목할 것. 만일 N의 근사값을 미리 알 수 있다면, 대부분의 경우 S가 P의 거듭제곱보다 약간 더 크게 되도록 버퍼 크기를 잡아야 한다. 예를 들어 도표 A의 첫 행의 버퍼 크기는 12500이었다. $S = 78$이므로 이는 아주 만족스럽지만, 만일 S가 82가 되었다면 버퍼 크기를 조금 줄이는 것이 훨씬 나았을 것이다.

열 가지 예들에 대한 공식들. 다시 도표 A로 돌아가서, 열 가지 방법 각각의 실행 시간을 근사하는 공식을 구해보자. 대부분의 경우에는, 일단 중간 병합 패스 횟수 $\pi = \alpha \ln S + \beta$와 중간 되감기 패스 횟수 $\pi' = \alpha' \ln S + \beta'$를 구했다면, 기본 공식

$$NC\omega_i\tau + (\pi + \rho\pi')NC\omega\tau + (1+\rho)NC\omega_o\tau \tag{9}$$

가 전반적인 정렬 시간에 대한 충분히 훌륭한 근사가 된다. (9)에 추가적인 보정항을 더해야 할 때도 있다. 다음은 각 방법에 대한 구체적인 사항이다.

예 1. 전방 읽기 균형 병합. $2P$개의 테이프들에 대한 P중 병합에 대해 공식

$$\pi = \lceil \ln S / \ln P \rceil - 1, \qquad \pi' = \lceil \ln S / \ln P \rceil / P$$

를 사용할 수 있다.

예 2. 전방 읽기 다중페이즈 병합. $\pi' \approx \pi$로 둘 수 있다. 일반적으로 모든 페이즈 다음에는 이전 병합과 거의 같은 길이의 되감기가 일어나기 때문이다. 여섯 테이프의 경우 표 5.4.2-1로부터 $\alpha \approx 0.795$, $\beta \approx 0.864 - 2$라는 값들을 얻을 수 있다. (2를 뺀 이유는, 표의 항목에는 중간 패스들뿐만 아니라 초기 패스와 최종 패스도 포함되어 있기 때문이다.) (9)에 초기 배분 이후 입력 테이프를 되감는 시간, 즉 $\rho NC\omega_i\tau + \delta$를 반드시 더해야 한다.

예 3. 전방 읽기 중첩 병합. 표 5.4.3-1로부터 $\alpha \approx 0.773$, $\beta \approx 0.808 - 2$를 얻을 수 있다. 되감기 시간은 추정하기가 비교적 어렵다. $\pi' \approx \pi$로 두어도 많이 틀리지는 않을 것이다. 예 2에서처럼 초기 되감기 시간을 (9)에 더해 주어야 한다.

예 4. 테이프 분할 다중페이즈 병합. 표 5.4.2-6으로부터 $\alpha \approx 0.752$, $\beta \approx 1.024 - 2$를 얻을 수

있다. 초기화 이후의 되감기 시간($\rho N C \omega_i \tau + \delta$)과 끝 부근의 두 페이즈의 되감기 시간($2\rho NC\omega\tau$ 곱하기 36퍼센트)을 제외한 나머지 되감기 시간들은 대부분 겹쳐진다. 처음 절반의 페이즈는 초기 되감기와 겹쳐지므로, β에서 0.18을 빼야 할 것이다.

예 5. 되감기 겹침을 이용하는 중첩 병합. 이 경우에는 표 5.4.3-1의 $T = 5$ 항목들로부터 $\alpha \approx 0.897$, $\beta \approx 0.800 - 2$를 얻는다. 겹쳐지지 않은 되감기들 거의 대부분은 초기 배분 직후와 각 2중 병합 직후에 발생한다. 완전 초기 배분이 끝난 후, 가장 긴 테이프는 자료의 약 $1/g$을 담게 된다. 여기서 g는 "증가율"이다. 6테이프의 경우 각 2중 병합 이후의 되감기 양은 $d_k d_{n-k}$이다(연습문제 5.4.3-5). 따라서 T테이프의 경우에서 2중 병합 이후의 되감기 양은 근사적으로 파일 전체에 비한

$$(2/(2T-1))(1-\cos(4\pi/(2T-1)))$$

이다. $T = 5$의 경우 이는 파일의 $\frac{2}{9}(1-\cos 80°) \approx 0.184$이며, 이런 되감기가 발생하는 횟수는 $0.946 \ln S + 0.796 - 2$이다.

예 6. 후방 읽기 균형 병합. 이는 예 1과 같되 되감기의 대부분이 제거된다는 점이 다르다. 전방에서 후방으로의 방향 변경 때문에 약간의 지연이 생기나, 그런 지연이 중요하지는 않다. 최종 패스 이전에 되감기가 필요할 확률은 50 대 50이므로, $\pi' = 1/(2P)$라고 둘 수 있다.

예 7. 후방 읽기 다중페이즈 병합. 이 경우의 치환 선택은 매 P번마다 방향이 바뀌는 연속열들을 만들어내므로, (3)을 S에 대한 다른 어떤 공식으로 대체해야 한다. 연습문제 5.4.1-24에서 제시하는 한 가지 좋은 근사 공식은 $S = \lceil N(3+1/P)/(6P') \rceil + 1$이다. 모든 되감기 시간은 제거되며, 표 5.4.2-1에 의해 $\alpha \approx 0.863$, $\beta \approx 0.921 - 2$이다.

예 8. 후방 읽기 중첩 병합. 표 5.4.3-1로부터 $\alpha \approx 0.897$, $\beta \approx 0.800 - 2$가 된다. 되감기 시간은 표의 "복사를 수행하는 패스" 항목에서 "복사를 수행하지 않는 패스" 항목을 뺀 것의 두 배에, 오름차순을 위해 최종 병합 직전에 되감기가 필요한 경우를 고려한 $1/(2P)$를 더한 값으로 근사할 수 있다.

예 9. 후방 읽기 진동 정렬. 이 경우는 치환 선택이 여러 번 시작, 중지되어야 한다. $P-1$에서 $2P-1$개의 연속열들이 단번에 배분되며, 그 평균 개수는 P이다. 따라서 연속열들의 평균 길이는 $P'(2P-4/3)/P$로 근사할 수 있다. 그리고 연속열 개수는 $S = \lceil N/((2-4/(3P))P') \rceil + 1$로 근사된다. 병합에서 배분으로, 배분에서 병합으로 전환할 때마다 약간의 시간이 소요된다. 이 지연은 입력 테이프로부터 P'개의 레코드들을 읽어 들이는 시간, 즉 $P' C \omega_i \tau$로 근사할 수 있으며, 약 S/P번 발생한다. 되감기 시간과 병합 시간은 예 6에서처럼 근사하면 될 것이다.

예 10. 전방 읽기 진동 정렬. 이 방법은 분석하기가 쉽지 않다. 입력이 소진된 이후 수행되는 최종 "마무리" 페이즈가 그 이전 페이즈만큼 효율적이지는 않기 때문이다. 이런 곤란한 측면을 무시해서 최종 마무리 페이즈를 그냥 하나의 추가적인 패스라고 간주한다면, 병합 시간은 $\alpha = 1/\ln P$, $\beta = 0$, $\pi' = \pi/P$로 두어서 근사할 수 있다. 이 경우에는 치환 선택이 쓰이지 않기 때문에 연속열들의 배분이

표 1

정렬 시간 추정치 요약

예	P	B	P'	S	ω	α	β	α'	β'	(9)	식 (9)에 추가할 값	추정 총합	실제 총합
1	3	12500	650	79	1.062	0.910	−1.000	0.303	0.000	1064		1064	1076
2	5	8300	734	70	1.094	0.795	−1.136	0.795	−1.136	1010	$\rho NC\omega_i\tau+\delta$	1113	1103
3	5	8300	734	70	1.094	0.773	−1.192	0.773	−1.192	972	$\rho NC\omega_i\tau+\delta$	1075	1127
4	4	10000	700	73	1.078	0.752	−0.994	0.000	0.720	844	$\rho NC\omega_i\tau+\delta$	947	966
5	4	10000	700	73	1.078	0.897	−1.200	0.173	0.129	972		972	992
6	3	12500	650	79	1.062	0.910	−1.000	0.000	0.167	981		981	980
7	4	10000	700	79	1.078	0.863	−1.079	0.000	0.000	922		922	907
8	4	10000	700	73	1.078	0.897	−1.200	0.098	0.117	952		952	949
9	4	10000	700	87	1.078	0.721	−1.000	0.000	0.125	846	$P'SC\omega_i\tau/P$	874	928
10	4	10000	—	100	1.078	0.721	0.000	0.180	0.000	1095	$2BNC\omega_i\tau/M$	1131	1158

다른 예들에서와는 다소 다르다. $P' = M/C$, $S = \lceil N/P' \rceil$으로 두어야 한다. 절차를 세심하게 구현한다면 약 $(M+2B)/M$의 추가부담과 함께 배분 도중의 계산, 읽기, 쓰기를 겹치는 것이 가능하다. 이 예의 경우에는 예 9에서 언급한 병합-배분 "모드 전환" 시간이 필요하지 않다. 그 시간이 되감기 시간과 겹치기 때문이다. 따라서 추정 정렬 시간은 (9)에 $2BNC\omega_i\tau/M$을 더한 것이 된다.

표 1은 이 예들에서 아주 나쁘지는 않은 추정치들을 보여준다. 그러나 약 50초 정도가 어긋나는 경우들도 몇몇 존재한다. 예 2와 3의 공식들에 의하면, 테이프가 여섯 개인 경우에는 다중페이즈 병합보다 중첩 병합을 사용해야 한다. 그러나 실제 응용에서는 다중페이즈가 더 나았다. 이유는, 그림 85와 같은 그래프들(다섯 테이프의 경우를 보여준다)이 다중페이즈 알고리즘의 그래프들보다 좀 더 직선에 가깝다는 것이다. 여섯 테이프의 경우 "완전" 중첩 횟수 15와 55에 가까운 $14 \le S \le 15$와 $43 \le S \le 55$에서 중첩이 다중페이즈보다 우월하다. 그러나 그 외의 모든 $S \le 100$에 대해서는 알고리즘 5.4.2D의 다중페이즈 배분이 같거나 더 낫다. $S \to \infty$로 감에 따라 중첩이 다중페이즈를 추월하게 되나, 현실적으로 S가 ∞에 접근하는 일은 없다. 예 9에서는 낮은 추정치가 나왔는데, 이 역시 비슷한 상황에서 기인한다. 점근 이론에 따르면 큰 S에 대해 진동이 다중페이즈보다 더 낫다는 결론이 나오지만, 실제로는 다중페이즈가 진동보다 더 우월했다.

몇 가지 논평들. 이제 테이프 병합에 대한 다소 무작위적인 관찰들을 언급해 보겠다.

• 앞에서 살펴본 공식들은 테이프 정렬의 비용이 본질적으로 N 곱하기 C의 함수임을(N과 C가 독립적인 매개변수인 함수가 아니라) 보여준다. 몇 가지 상대적으로 사소한 고려사항들(B를 C의 배수로 두었다는 사실 등)을 제외할 때, 앞의 공식들은 또한 10자 짜리 레코드 백만 개가 100자

짜리 레코드 십만 개의 경우보다 정렬하는 데 더 오랜 시간을 소비함을 말해준다. 공식들에는 나타나지 않지만, 치환 선택 도중 링크 필드들로 쓰이는 공간 때문에, 실제로는 차이가 존재할 수도 있다. 어떤 경우이든 키의 크기는 별로 영향을 미치지 않는다. 물론 내부 계산이 테이프 작동을 따라가지 못할 정도로 키가 길고 복잡하다면 상황이 달라질 수도 있다.

레코드들이 길고 키들이 짧은 경우에는 키들을 "떼어내서" 먼저 정렬하고, 그런 다음 어떤 형태로든 레코드들을 전체적으로 재배치하는 방법이 바람직해 보일 것이다. 그러나 실제로는 이런 방식이 통하지 않는다. 이 방식은 단지 고통을 뒤로 미루는 것일 뿐이다. 어차피 최종적인 재배치 절차는 통상의 병합 정렬에 걸리는 만큼의 시간을 소비할 것이기 때문이다.

• 반복해서 사용할 정렬 루틴을 작성할 때에는 그 실행 시간을 아주 정밀하게 추정하고 이론을 실제로 관측된 성능과 비교해 보는 것이 현명하다. 정렬 이론이 상당히 잘 개발되어 있기 때문에, 그러한 이론-실제 비교 절차에 의해 기존 시스템 상의 입력/출력 하드웨어나 소프트웨어의 버그들을 발견할 수 있음이 이미 알려져 있다. 서비스가 필요 이상으로 느렸지만, 정렬 루틴이 너무 느리게 실행됨을 발견하기 전까지는 서비스가 느리다는 사실을 누구도 알아채지 못했던 사건도 있었다!

• 앞에서는 "무작위" 파일들에 대한 치환 선택을 분석했는데, 현실에서는 이미 상당히 정렬된 상태의 파일들을 다루는 경우가 많다. (사실, 이미 정렬된 파일을 단지 확인을 위해서 다시 정렬하는 경우도 있다.) 그런 이유로, 경험에 의할 때 치환 선택은 다른 종류의 내부 정렬에 비해 공식들이 암시하는 것보다 훨씬 더 바람직하다. 후방 읽기 다중페이즈 정렬의 경우에는 이러한 장점이 조금 줄어드는데, 이유는 많은 수의 내림차순 연속열들이 만들어져야 한다는 데 있다. 사실 길스타R. L. Gilstad (다중페이즈 병합을 처음 발표했다)는 원래 그런 이유 때문에 후방 읽기 기법을 기각했지만, 이후에 그는 방향 바꾸기에 의해서 여전히 긴 오름차순 연속열들이 선택됨을 발견하게 되었다. 게다가, 표준적인 기법들 중 내림차순 입력을 오름차순 입력만큼이나 선호하는 것은 후방 읽기 다중페이즈 뿐이다.

• 치환 선택의 또 다른 장점은 동시적인 읽기, 쓰기, 계산을 허용한다는 것이다. 만일 내부 정렬을 그냥 명백한 방식으로, 즉 메모리를 채우고, 그것을 정렬하고, 다음 번 적재가 채워짐에 따라 그것을 출력하는 식으로 수행한다면, 배분 패스에 걸리는 시간이 두 배로 늘어날 것이다.

지금까지 논의한 다른 내부 정렬들 중 동시적인 읽기, 쓰기, 계산이 허용될 것으로 보이는 것은 힙정렬 뿐이다. 편의상 초기 메모리가 1000개의 레코드들을 담으며 테이프의 각 블록은 100개의 레코드들로 이루어진다고 하자. 도표 A의 예 10은 다음과 같은 전략으로 만들어진 것이다. $B_1 B_2 \ldots B_{10}$는 100레코드 블록 열 개로 나누어진 메모리 내용들을 나타낸다.

단계 *0.* 메모리를 채우고, $B_2 \ldots B_{10}$의 원소들이 힙을 위한 부등식들을 만족하게 만든다(최소의 원소는 루트에 둔다).

단계 *1.* $B_1 \ldots B_{10}$을 힙으로 변환하고, 가장 작은 레코드 100개를 택해서 B_{10}으로 옮긴다.

단계 *2.* B_{10}을 출력하고, 그러면서 $B_1 \ldots B_9$에서 가장 작은 레코드 100개를 택해 B_9로 옮긴다.

단계 *3.* B_{10}으로 읽어 들이고 B_9를 출력한다. 그러면서 $B_1 \ldots B_8$에서 가장 작은 레코드 100개를 택해서 B_8로 옮긴다.

⋮

단계 *9.* B_4로 읽어 들이고 B_3을 출력한다. 그러면서 $B_1 B_2$에서 가장 작은 레코드 100개를 택해 B_2로 옮기고, 그와 동시에 $B_5 \ldots B_{10}$에서 힙 부등식들이 성립하게 만든다.

단계 *10.* B_3으로 읽어 들이고 B_2를 출력한다. 그러면서 B_1을 정렬함과 동시에 $B_4 \ldots B_{10}$에서 힙 부등식들이 성립하게 만든다.

단계 *11.* B_2로 읽어 들이고 B_1를 출력한다. 그러면서 $B_3 \ldots B_{10}$에서 힙 부등식들이 성립하게 만든다.

단계 *12.* B_1로 읽어 들이면서 $B_2 \ldots B_{10}$에서 힙 부등식들이 성립하게 만든다. 단계 1로 돌아간다. ▮

• 앞에서는 정렬할 레코드 개수 N을 미리 알 수 없다고 가정했다. 그러나 실제로는 대부분의 컴퓨터 응용들에서 모든 파일의 레코드 개수를 파악하는 것이 언제나 가능하며, 따라서 컴퓨터 시스템으로부터 N의 값을 알아내는 것이 가능하다고 가정할 수 있다. 그러한 정보가 얼마나 도움이 될까? 안타깝게도 아주 많이 도움이 되지는 않는다! 앞에서 보았듯이 치환 선택이 여러 장점을 가지고 있지만 치환 선택에서는 초기 연속열 개수를 예측할 수가 없다. 균형 병합의 경우에는 S가 P의 거듭제곱보다 조금 작을 가능성이 큰 방식으로 버퍼 크기 B를 선택하는 데 N에 대한 정보를 이용할 수 있다. 그리고 모조 연속열들을 최적으로 배치하는 다중페이즈 배분의 경우에는 바람직한 수준을 결정(표 5.4.2-2 참고)하는 데 N에 대한 정보를 활용할 수 있다.

• 테이프 드라이브들은 컴퓨터에서 가장 믿을 수 없는 부품이 되는 경향이 있다. 따라서 정렬 전체가 만족스럽게 완료되었음을 확인하기 전에 원래의 입력 테이프를 파괴하면 절대 안 된다. 도표 A의 일부 예들에서 "운영자의 테이프 세거 시간"이 번거롭기는 하지만, 긴 정렬 도중에 뭔가가 잘못될 가능성을 생각한다면 입력 테이프를 덮어 쓰는 것은 너무나 위험한 일이다.

• 전방 쓰기에서 후방 쓰기로 전환할 때, 테이프의 마지막 버퍼적재분을 결코 기록하지 않음으로써 약간의 시간을 절약할 수 있다. 그 부분은 어차피 다시 입력되기 때문이다. 그러나 도표 A는 방향이 빈번하게 바뀌는 진동 정렬을 제외한 때, 이 요령으로 절약할 수 있는 시간이 비교적 작음을 보여준다.

• 대형 컴퓨터 시스템에는 수많은 테이프 장치들이 있겠지만, 그것들 모두를 사용하지는 않는 게 더 나을 수도 있다. P가 클 때에는 $\log_P S$와 $\log_{P+1} S$의 백분율 차이가 아주 크지는 않으며, 일반적으로 병합의 차수가 높을수록 블록 크기는 더 작다. (또한 그런 모든 작업용 테이프를 장착해야 하는 불쌍한 컴퓨터 운영자도 고려해야 한다.) 한편, 연습문제 12는 병합의 차수를 증가하지 않으면서 입력/출력 시간이 겹쳐지도록 테이프들을 그룹으로 묶는 방식으로 추가적인 테이프 장치들을 활용하는 한 가지 흥미로운 방법을 설명한다.

• 블록 크기가 다소 작은 값으로 고정되어 있는 MIX 같은 컴퓨터에서는 병합 도중 내부 메모리가 거의 필요하지 않다. 그런 경우에는 진동 정렬이 좀 더 바람직해진다. 왜냐하면 병합이 진행되는 도중에도 치환 선택 트리를 메모리 안에 유지할 수 있기 때문이다. 실제로, 이런 경우에는 작업용 테이프로부터 병합을 수행할 때마다 새로운 초기 연속열을 출력에 합침으로써 진동 정렬을 개선할 수 있다(1962년에 벨Colin J. Bell이 이런 착안을 제안했다).

• 과도한 테이프 조작을 피하기 위해서는 다중릴 파일들을 한 번에 한 릴씩 정렬해야 한다고 했다. 이를 종종 "릴타임(reel time)" 응용이라고 부른다. 실제로, 여섯 테이프에 대한 균형 병합의 경우, 프로그램을 세심하게 만들었다면 마지막 병합 이전에는 세 개의 완전한 릴들을 정렬할 수 있다.

개별적으로 정렬된 상당히 많은 릴들을 병합하는 데에는 최소 경로 길이 병합 트리(5.4.4절)가 가장 빠르다. 이러한 구성은 프렌드E. H. Friend가 처음으로 만들었다 〔*JACM* 3 (1956), 166-167〕. 이후 버지W. H. Burge는 주어진 길이들(서로 다를 수도 있음)의 연속열들을 병합하는 최적의(테이프 조작 시간을 무시한다고 할 때) 방법을, 연속열 길이를 가중치로 하는 가중 경로 길이가 최소인 트리(2.3.4.5절과 5.4.9절 참고)로부터 얻을 수 있음을 지적했다.

• 앞의 논의에서는 테이프 장치의 입/출력 명령들을 프로그램이 직접 제어할 수 있으며 복잡한 운영체제 때문에 테이프를 원하는 만큼 효율적으로 사용하지 못하는 일은 없다고 속편하게 가정했다. 이러한 이상적인 가정들은 테이프 병합 문제를 고찰하는 데 도움이 되며, 어쩌면 운영체제 인터페이스의 바람직한 설계에도 어떤 영감을 제공할 수 있다. 그러나 현실적으로는 다중프로그래밍 및 다중프로세싱 때문에 상황이 훨씬 더 복잡해질 수 있음을 깨달아야 한다.

• 이번 절에서 살펴본 논점들을 출판물을 통해서 최초로 논의한 이들은 프렌드E. H. Friend 〔*JACM* 3 (1956), 134-168〕, 초베르비어W. Zoberbier 〔*Elektronische Datenverarbeitung* 5 (1960), 28-44〕, 괴츠M. A. Goetz 〔*Digital Computer User's Handbook* (New York: McGraw-Hill, 1967), 1.292-1.320〕이다.

요약. 여러 테이프 정렬 접근방식의 상대적 효율성에 대해 지금까지 배운 것들을 다음과 같이 요약할 수 있을 것이다:

정리 A. *주어진 상황에서 어떤 병합 패턴이 최고인지는 결정하기가 어렵다.* ▮

도표 A에서 본 예들은 현실적인 가정 하에서 무작위순 100자 짜리 레코드 100,000개(또는 10짜리 레코드 백만 개)를 테이프 여섯 개로 정렬하는 과정을 보여준다. 이 정도로 많은 자료는 하나의 테이프를 약 절반 가량 채우게 되며, MIXT 테이프의 경우에는 정렬하는 데에 약 15분에서 19분이 걸린다. 그러나 사용 가능한 테이프 장치들은 그 특성이 상당히 다르며, 1970년대의 장치들에서 그런 정렬을 수행하는 시간은 짧게는 4분에서 길게는 두 시간 정도까지 걸릴 수 있다. 우리의 예들에서는 전체 시간 중 약 3분 정도가 연속열들의 초기 배분과 내부 정렬에 쓰였다. $4\frac{1}{2}$분은 최종 정렬과 출력 테이프의 되감기에, 그리고 약 $7\frac{1}{2}$에서 $11\frac{1}{2}$분은 병합의 중간 시기들에 소비된다.

여섯 테이프들을 후방으로 읽는 것이 불가능하다고 할 때, 주어진 가정들 하에서 최고의 정렬 방법은 "테이프 분할 다중페이즈 병합"(예 4)이었다. 그리고 후방 읽기가 가능한 경우에는 정교한 모조 연속열 배치를 동반하는 후방 읽기 다중페이즈(예 7)가 최고이고 진동 정렬(예 9)이 그 뒤를 바짝 쫓는 것으로 드러났다. 두 경우 모두에서, 아주 약간 느리긴 하지만 단순한 대안으로는 중첩 병합(예 5와 8)을 들 수 있다. 전방 읽기의 경우에서는 직접적인 균형 병합(예 1)이 놀랄 만큼 효과적이었다. 이 특정한 예에서는 운이 따르기도 했지만, 되감기에 비교적 적은 시간을 사용한다는 것도 부분적인 이유가 된다.

사용 가능한 테이프 수가 달랐다면 상황이 다소 변했을 것이다.

정렬 생성기. 자료마다, 장치마다 그 특성이 많이 다른 만큼, 다양한 응용들 모두에서 만족스러운 하나의 단일한 외부 정렬 프로그램을 작성하기란 거의 불가능한 일이다. 그리고 테이프들을 정말로 효율적으로 다루도록 프로그램을 준비하는 것도 상당히 어렵다. 그런 만큼 정렬 소프트웨어의 작성은 특히나 어려운 과제이다. 정렬 생성기(sort generator)란 자료의 형태와 하드웨어 구성을 서술하는 매개변수들에 근거해서 특정한 정렬 응용에 특별하게 조율된 기계어 코드를 생성하는 프로그램을 가리킨다. 그런 프로그램은 종종 COBOL이나 PL/I 같은 고수준 언어에 의존하는 경우가 많다.

정렬 생성기가 흔히 제공하는 기능 중 하나는 사용자 "자신의 코드"를 삽입할 수 있게 하는 능력이다. 사용자 자신의 코드(이하 줄여서 사용자 코드)는 구체적으로 말하면 정렬 루틴의 첫 패스와 마지막 패스에 수행될 특별한 명령열이다. 첫 패스의 사용자 코드는 대체로 입력 레코드들을 수정하는 데 쓰이는데, 정렬하기 쉽도록 레코드들을 축약하거나 확장하는 등의 일을 하는 경우가 많다. 예를 들어 입력 레코드들이 다음과 같은 월-일-년 형식의 문자 9개짜리 키를 기준으로 정렬된다고 하자.

```
JUL041776    OCT311517    NOV051605    JUL141789    NOV071917
```

첫 번째 패스에서 세 글자 월 코드를 테이블 참조를 통해 수치 코드로 변환하고, 또한 연-월-일 순서가 되도록 코드를 재배치하면 다음과 같은 모습이 된다

```
17760704    15171031    16051105    17890714    19171107
```

이러면 레코드 길이가 줄 뿐만 아니라 이후의 비교가 훨씬 간단해진다. (이보다 더 간결한 코드로 대체하는 것도 가능할 것이다.) 마지막 패스의 사용자 코드에서는 이를 원래의 형식으로 변환하거나 기타 원하는 방식으로 파일을 수정하거나 출력 레코드들에 대한 함수를 계산하는 등의 일을 할 수 있다. 지금까지 살펴본 병합 알고리즘들은 마지막 패스를 쉽게 구분할 수 있도록 만들어져 있다. 사용자 코드가 존재하는 경우에는 자료가 이미 제 순서대로 되어 있다고 해도 그것을 적어도 두 번은 훑어야 함을 주목할 것. 그리고 진동 정렬의 경우에는 사용자 코드가 레코드 크기를 바꾼다면

입력/출력 연산들 중 일부를 겹치는 게 어려워질 수 있다.

정렬 생성기는 테이프 명명 규약 등의 시스템 세부사항들도 고려하면서, 자료가 소실되거나 변조되는 일을 검출하기 위한 "해시 총합"이나 기타 체크섬 기능도 제공하는 경우가 많다. 또한 편리한 지점에서 정렬을 멈추었다가 나중에 다시 재개하는 수단을 제공하기도 한다. 아주 정교한 생성기들은 길이가 동적으로 변하는 레코드들도 지원한다 〔D. J. Waks, *CACM* 6 (1963), 267-272 참고〕.

***더 적은 버퍼들을 이용한 병합.** P중 병합 도중 테이프가 계속 빠르게 돌아가게 하는 데에는 $2P+2$개의 버퍼들로 충분함을 보았다. 그럼 $2P+2$개보다 적은 버퍼들이 존재하는 경우에서 병합을 수학적으로 분석하는 것으로 이번 절을 마무리 짓겠다.

출력 버퍼는 두 개가 바람직함이 명백하다. 한 버퍼를 출력하는 도중에 다른 버퍼에서 다음번에 출력할 블록을 만들 수 있기 때문이다. 따라서 출력 버퍼 개수는 해결이 된 것이라고 간주해도 무방하다. 여기서는 입력 버퍼 개수에만 집중하겠다.

입력 버퍼 개수가 $P+Q$, $1 \le Q \le P$라고 가정하자. 여기서는 우드럼L. J. Woodrum이 제안한 〔*IBM Systems J.* 9 (1970), 118-144〕 상황의 다음과 같은 근사적 모형을 사용하기로 한다 : 테이프의 한 블록을 읽는 데에는 1 단위시간이 걸린다. 이 시간 동안 어떤 입력 버퍼도 비워지지 않을 확률을 p_0, 하나가 비워질 확률을 p_1, 둘 이상이 비워질 확률을 $p_{\ge 2}$ 등으로 둔다. 하나의 테이프 읽기가 완료되었을 때에는 다음과 같은 $Q+1$가지 상태들 중 하나에 도달한다.

상태 *0.* Q개의 버퍼들이 비어 있다. 적절한 파일로부터 블록 하나를 그들 중 하나에 읽어 들이기 시작한다. 적절한 파일은 이번 절 앞에서 설명한 예측 기법을 사용해서 선택한다. 1단위시간 이후에는 p_0의 확률로 상태 1로 가거나, 아니면 상태 0에 남는다.

상태 *1.* $Q-1$개의 버퍼들이 비어 있다. 예측 기법으로 적절한 파일을 선택해서 빈 버퍼들 중 하나로 읽어 들인다. 1단위시간 이후 p_0의 확률로 상태 2로 가거나 p_1의 확률로 상태 1로 가거나 $p_{\ge 2}$의 확률로 상태 0으로 간다.

⋮

상태 $Q-1$. 버퍼 하나가 비어 있다. 적절한 파일을 예측해서 그 버퍼로 읽어 들이기 시작한다. 1단위시간 이후 p_0의 확률로 상태 Q로, p_1의 확률로 상태 $Q-1$로, ..., p_{Q-1}의 확률로 상태 1로, $p_{\ge Q}$의 확률로 상태 0으로 간다.

상태 Q. 모든 버퍼가 차 있다. 테이프 읽기가 평균 μ단위시간동안 멈춘 후 상태 $Q-1$로 간다.

처음에는 상태 0에서 시작한다. 이 상황 모형은 마르코프 공정(Markov process, 연습문제 2.3.4.2-26 참고)에 해당하는데, 이 공정을 생성함수들을 통해서 다음과 같은 흥미로운 방식으로 분석할 수 있다: z가 임의의 매개변수라고 하자. 그리고 테이프 읽기가 가능할 때마다, z의 확률로 테이프를 읽거나 $1-z$의 확률로 알고리즘을 멈춘다고 가정하자. 그러한 공정에서 상태 Q가 발생하는 평균 횟수를 $g_Q(z)=\sum_{n\ge 0} a_n^{(Q)} z^n (1-z)$라고 하면, 정확히 n개의 블록들을 읽은 후의 상태 Q의 평균 발생 횟수는 $a_n^{(Q)}$이다. 그러면 입력과 계산에 걸린 전체 시간의 평균은 $n+a_n^{(Q)}\mu$이다.

만일 $(2P+2)$버퍼 알고리즘에서처럼 완전한 겹침이 일어났다면 총 시간은 단 n단위밖에 되지 않을 것이며, 따라서 $a_n^{(Q)}\mu$는 "읽기 단절(hangup)" 시간을 나타낸다.

이 공정에서, $0 \le i,\ j \le Q+1$에 대해 상태 i에서 상태 j로 가게 될 확률을 A_{ij}라고 하자. 여기서 $Q+1$는 새로운 "중지됨" 상태이다. 예를 들어 A 행렬은 작은 Q들에 대해 다음과 같은 형태가 된다.

$$Q=1: \qquad \begin{pmatrix} p_{\ge 1}z & p_0z & 1-z \\ 1 & 0 & 0 \\ 0 & 0 & 0 \end{pmatrix},$$

$$Q=2: \qquad \begin{pmatrix} p_{\ge 1}z & p_0z & 0 & 1-z \\ p_{\ge 2}z & p_1z & p_0z & 1-z \\ 0 & 1 & 0 & 0 \\ 0 & 0 & 0 & 0 \end{pmatrix},$$

$$Q=3: \qquad \begin{pmatrix} p_{\ge 1}z & p_0z & 0 & 0 & 1-z \\ p_{\ge 2}z & p_1z & p_0z & 0 & 1-z \\ p_{\ge 3}z & p_2z & p_1z & p_0z & 1-z \\ 0 & 0 & 1 & 0 & 0 \\ 0 & 0 & 0 & 0 & 0 \end{pmatrix}.$$

연습문제 2.3.4.2-26(b)에 의해 $g_Q(z) = \mathrm{cofactor}_{Q0}(I-A)/\det(I-A)$이다. 예를 들어 $Q=1$일 때에는

$$g_1(z) = \det\begin{pmatrix} 0 & -p_0z & z-1 \\ 1 & 0 & 0 \\ 0 & 0 & 1 \end{pmatrix} \Bigg/ \det\begin{pmatrix} 1-p_{\ge 1}z & -p_0z & z-1 \\ -1 & 1 & 0 \\ 0 & 0 & 1 \end{pmatrix}$$

$$= \frac{p_0z}{1-p_1z-p_0z} = \frac{p_0z}{1-z} = \sum_{n\ge 0} np_0z^n(1-z)$$

가 성립하며, 따라서 $a_n^{(1)} = np_0$이다. 이는 물론 선험적으로 알 수 있는 명백한 사실이다. 왜냐하면 $Q=1$일 때에는 문제가 아주 단순하기 때문이다. $Q=2$일 때에는 비슷한 계산을 통해서(연습문제 14) 다음과 같은 덜 명백한 공식을 얻을 수 있다.

$$a_n^{(2)} = \frac{p_0^2n}{1-p_1} - \frac{p_0^2(1-p_1^n)}{(1-p_1)^2}. \tag{10}$$

일반화하자면, $a_n^{(Q)}$가 $n\to\infty$에 따라 $\alpha^{(Q)}n+O(1)$의 형태가 됨을 보이는 것이 가능하다. 여기서 상수 $\alpha^{(Q)}$를 계산하기가 아주 어려운 일인 것은 아니다. (연습문제 15 참고.) $\alpha^{(3)} = p_0^3/((1-p_1)^2-p_0p_2)$를 구할 수 있다.

병합의 성질 때문에, $\mu=1/P$이고 다음과 같은 이항 분포가 성립한다고 가정해도 충분히 합리적이다.

$$p_k = \binom{P}{k}\left(\frac{1}{P}\right)^k\left(\frac{P-1}{P}\right)^{P-k}.$$

예를 들어 $P=5$일 때 $p_0=.32768,\ p_1=.4096,\ p_2=.2048,\ p_3=.0512,\ p_4=.0064,\ p_5=$

.00032이다. 따라서 $\alpha^{(1)} \approx 0.328$, $\alpha^{(2)} \approx 0.182$, $\alpha^{(3)} \approx 0.125$이다. 바꾸어 말해서, 만일 입력 버퍼가 $5+5$개가 아니라 $5+3$개라면 약 $0.125/5 \approx 2.5$퍼센트의 추가적인 "읽기 단절" 시간이 생기리라고 예측할 수 있다.

물론 이 모형은 아주 대략적인 근사일 뿐이다. $Q=P$일 때에는 단절 시간이 없으나, 위의 모형에서는 단절 시간이 존재한다. 작은 Q에 대한 추가적인 읽기 단절 시간은 더 큰 블록들을 사용함으로써 생기는 추가부담 절약을 상쇄할 정도이므로, $Q=P$인 단순한 방안이 바람직한 것으로 보인다.

연습문제

1. [*13*] 테이프의 모든 블록이 n개의 문자들을 담고 있다고 할 때, 정확한 테이프 당 문자 수에 대한 공식을 제시하라. 블록 사이 간격이 없는 경우 테이프가 정확히 23000000자를 담을 수 있다고 가정할 것.

2. [*15*] 그림 84의 행 6에서 파일 2에 대한 첫 버퍼가 완전히 비어 있는 이유를 설명하라.

3. [*20*] 만일 입력 버퍼가 $2P$개가 아니라 $2P-1$개뿐인 경우에도 알고리즘 F가 제대로 작동할까? 작동한다면 그것을 증명하라. 아니라면 알고리즘이 실패하는 예를 제시하라.

4. [*20*] $P=1$일 때에도 작동하도록 알고리즘 F를 수정하는 방법을 설명하라.

▶ **5.** [*21*] 서로 다른 파일들에서 상등인 키들이 존재하는 경우에는 예측 공정을 아주 신중하게 수행할 필요가 있다. 왜 그런지 설명하고, 알고리즘 F의 병합 및 예측 연산들을 좀 더 정밀하게 정의함으로써 그러한 어려움을 피할 수 있는 방법을 설명하라.

6. [*22*] 알고리즘 5.4.3C를 $T+1$개의 테이프들을 이용한 되감기 겹침이 있는 중첩 병합 알고리즘으로 변환하기 위해서는 어떻게 해야 할까?

▶ **7.** [*26*] 도표 A의 예 7의 초기 배분은 테이프 1–4에 다음과 같은 연속열들을 만들어낸다.

$$(A_1D_1)^{11} \qquad D_1(A_1D_1)^{10} \qquad D_1(A_1D_1)^{9} \qquad D_1(A_1D_1)^{7}.$$

여기서 $(A_1D_1)^7$은 $A_1D_1A_1D_1A_1D_1A_1D_1A_1D_1A_1D_1A_1D_1$을 의미한다. 추가적인 A_0들과 D_0들을, 배분이

$$A(DA)^{14} \qquad (DA)^{28} \qquad (DA)^{26} \qquad (DA)^{22}$$

까지 개선되도록 "가능한 최고의"(병합 도중 초기 연속열들의 전체 개수를 최소화한다는 의미에서) 방식으로 삽입하는 방법을 보여라.

힌트: 기우성을 유지하기 위해서는 인접한 쌍들만큼의 A_0들과 D_0들을 삽입할 필요가 있다. 각 초기 열의 병합 횟수들은 연습문제 5.4.4–5에서처럼 계산하면 될 것이다. 인접한 연속열들은 항상 인접한 배분 개수들을 가지므로 어느 정도의 단순화가 가능하다.

8. [*20*] 도표 A는 연속열 초기 배분 방안들 대부분에서(중첩 병합의 초기 배분은 제외) 잇따른

연속열들을 서로 다른 테이프들에 집어넣는 경향이 보임을 나타낸다. 만일 잇따른 연속열들을 같은 테이프에 넣는다면 중지/시작 시간을 줄일 수 있을 것이다. 그렇다면 테이프들을 덜 전환하도록 배분 알고리즘을 고치는 것이 좋은 생각일까?

▶ **9.** [22] 도표 A의 후방 읽기 다중페이즈 알고리즘(예 7)은 정렬에 $T=5$개의 테이프만을 사용했다. 만일 $T=6$개의 테이프 전부를 정렬에 사용한다면 어느 정도의 시간이 걸리게 될지 추정하라. 그런 식으로 입력 테이프를 사용하지 않는 게 현명한 일이었는가?

10. [*M23*] 5.4.2절과 5.4.3절의 분석들을 이용해서, 표준 6테이프 다중페이즈 또는 중첩 병합 도중의 각 되감기 길이가 파일의 약 54퍼센트 이상일 경우는 거의 없음을 보여라(단, 파일 전체를 포괄하는 초기 되감기와 최종 되감기는 예외로 할 것).

11. [23] 표 1의 적절한 항목들을 수정해서, 저속/고속 되감기를 결합했을 때의 도표 A의 처음 아홉 예들의 실행 시간을 추정하라. 테이프 1이 약 4분의 1 미만으로 차 있을 때에는 $\rho=1$이고, 테이프가 그보다 더 많이 채워져 있는 경우 되감기 시간은 근사적으로 5초 더하기 $\rho=\frac{1}{5}$일 때의 시간이라고 가정할 것. 예 8을 복사를 수반하는 중첩 병합을 사용하도록 변경하라. 예 8의 경우에는 되감기와 전방 읽기가 복사보다 더 느리기 때문이다. [힌트: 연습문제 10의 결과를 활용할 것.]

12. [40] 여섯 테이프를 두 개씩 세 쌍으로 분할하되, 각 쌍이 $T=3$인 하나의 다중페이즈 병합에서 단일한 테이프의 역할을 수행한다고 하자. 각 쌍의 한 테이프는 블록 1, 3, 5, ... 을 담으며 다른 테이프는 2, 4, 6, ... 을 담는다. 이러면 병합 도중 두 입력 테이프와 두 출력 테이프가 병합 도중 내내 활성화되는 결과가 되어서 병합 속도가 두 배로 빨라진다.

a) 알고리즘 F를 이러한 상황으로 확장하는 적절한 방법을 찾아라. 필요한 버퍼는 몇 개인가?

b) 이 방법으로 100자 레코드 100,000개를 정렬할 때의 총 실행 시간을 추정하라. 전방 읽기의 경우와 후방 읽기의 경우를 모두 고찰할 것.

13. [20] 알고리즘 5.4.5B에 정의된 5테이프 진동 정렬은, 마지막 병합 시전까지 네 개의 꽉 찬 입력 자료 릴들을 정렬하는 데 사용할 수 있는가?

14. [*M19*] (10)을 유도하라.

15. [*HM29*] $g_Q(z)=h_Q(z)/(1-z)$를 증명하라. 여기서 $h_Q(z)$는 단위 원 안에서 특이점을 가지지 않는 z의 유리함수이며, 따라서 $n\to\infty$에 따라 $a_n^{(Q)}=h_Q(1)n+O(1)$이다. 특히

$$h_3(1)=\det\begin{pmatrix}0 & -p_0 & 0 & 0\\ 0 & 1-p_1 & -p_0 & 0\\ 0 & -p_2 & 1-p_1 & -p_0\\ 1 & 0 & 0 & 0\end{pmatrix}\Bigg/\det\begin{pmatrix}1 & -p_0 & 0 & 0\\ 1 & 1-p_1 & -p_0 & 0\\ 1 & -p_2 & 1-p_1 & -p_0\\ 0 & 0 & -1 & 1\end{pmatrix}$$

을 보여라.

16. [41] 테이프 3, 4, 5개의 경우에 대해 100자 레코드 100,000개의 정렬 문제를, 도표 A의 것들과 같은 도표를 그려서 상세히 연구하라.

*5.4.7. 외부 기수 정렬

이전 절들에서는 병합을 통한 테이프 정렬 공정들을 논의했다. 그런데 테이프를 이용한 또 다른 정렬 방법이 존재한다. 이 방법은 한 때 기계적인 카드 정렬기들에 쓰였던 기수 정렬 원리에 기초한 것으로 (5.2.5절 참고), 배분(distribution) 정렬, 열(column) 정렬, 포켓(pocket) 정렬, 숫자(digital) 정렬, 분리(separation) 정렬 등으로도 불린다. 이러한 방법은 본질적으로 병합의 반대이다!

예를 들어 테이프가 네 개이고 키 값으로는 0, 1, 2, 3, 4, 5, 6, 7이라는 여덟 가지 수들만 가능하다고 가정하자. 입력 자료가 테이프 T1에 있다고 할 때, 우선 모든 짝수 키를 T3으로, 홀수 키들을 모두 T4로 나누는 것으로 정렬을 시작할 수 있다:

	T1	T2	T3	T4
주어진 자료	$\{0,1,2,3,4,5,6,7\}$	—	—	—
패스 1	—	—	$\{0,2,4,6\}$	$\{1,3,5,7\}$

이제 테이프들을 되감고, T3과 T4를 차례로 읽어서 $\{0,1,4,5\}$를 T1에, $\{2,3,6,7\}$을 T2에 넣는다:

	T1	T2	T3	T4
패스 2	$\{0,4\}\{1,5\}$	$\{2,6\}\{3,7\}$	—	—

("$\{0,4\}\{1,5\}$"라는 표기는 키가 모두 0 또는 4인 일부 레코드들 다음에 키가 모두 1 또는 5인 레코드들이 들어 있는 파일을 나타낸다.) 다시 되감고 0, 1, 2, 3을 T3에, 4, 5, 6, 7을 T4에 배분하고 나면:

	T1	T2	T3	T4
패스 3			$\{0\}\{1\}\{2\}\{3\}$	$\{4\}\{5\}\{6\}\{7\}$

이제 T4를 T3의 끝에 복사하면 정렬이 끝난다. 일반화하자면, 키들이 0에서 2^k-1까지라고 할 때, 위와 같은 k번의 패스들을 수행한 후 한 테이프에 있는 자료의 절반을 다른 테이프의 끝에 복사하는 마지막 취합 페이즈를 수행해서 정렬을 마칠 수 있다. 테이프가 여섯 개인 경우에는 비슷한 방식으로 기수 3 표현을 사용해서, 0에서 3^k-1까지의 키들을 k패스로 정렬할 수 있다.

부분 패스(partial-pass) 방법도 사용할 수 있다. 예를 들어 가능한 키 값들이 열 개, 즉 $\{0,1,\ldots,9\}$라면, 아셴허스트R. L. Ashenhurst [*Theory of Switching*, Progress Report BL-7 (Harvard Univ. Comp. Laboratory: May 1954), I.1–I.76]에서 기인한 다음과 같은 절차를 생각해 볼 수 있다:

페이즈	T1	T2	T3	T4	패스 수
	$\{0,1,\ldots,9\}$	—	—	—	
1	—	$\{0,2,4,7\}$	$\{1,5,6\}$	$\{3,8,9\}$	1.0
2	$\{0\}$	—	$\{1,5,6\}\{2,7\}$	$\{3,8,9\}\{4\}$	0.4
3	$\{0\}\{1\}\{2\}$	$\{6\}\{7\}$	—	$\{3,8,9\}\{4\}\{5\}$	0.5

4	{0}{1}{2}{3}	{6}{7}{8}	{9}	{4}{5}	0.3
C	{0}{1}{2}{3}{4}...{9}				0.6
					2.8

여기서 C는 취합 페이즈를 나타낸다. 각 키 값의 발생 확률이 10분의 1이라면 이 절차는 열 개의 키들을 단 2.8회의 패스로 정렬한다. 반면 앞의 예에서는 단 여덟 개의 키들을 정렬하는 데 3.5패스가 필요하다. 따라서 병합 정렬뿐만 아니라 기수 정렬에서도 배분 패턴을 현명하게 선택한다면 상당한 이득을 얻을 수 있다.

위의 예들의 배분 배턴들은 다음과 같은 형태의 트리 구조로 간편하게 표현할 수 있다:

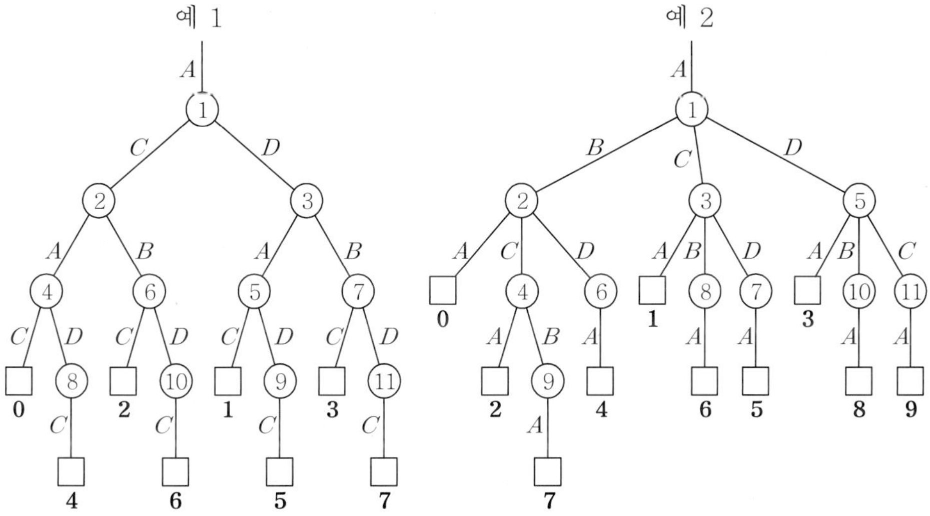

트리의 내부 노드(동그라미)들에는 1, 2, 3, ...의 번호가 붙는데, 이들은 공정의 단계 1, 2, 3, ...에 대응한다. 내부 노드 바로 위의 연결선들에는 테이프 이름 A, B, C, D(T1, T2, T3, T4가 아니라)가 붙는데, 이들은 해당 레코드들이 어떤 테이프로 들어가는지를 알려준다. 외부 노드(사각형)들은 파일에서 단 하나의 키만 담긴 부분들을 나타낸다. 사각형 아래의 굵은 수치가 그 키이다. 사각형 노드 바로 위의 선에 붙은 글자는 출력 테이프의 이름이다(첫 번째 예의 경우 C, 두 번째 예의 경우 A).

예를 들어, 예 1의 단계 3은 테이프 D에서 레코드들을 읽고 1들과 5들을 테이프 A에, 3들과 7들을 테이프 B에 기록하는 것으로 구성된다. 각 키가 모두 동일한 확률로 발생한다고 가정할 때, 수행된 패스 수가 트리의 외부 경로 길이를 외부 노드 개수로 나눈 것임은 어렵지 않게 입증할 수 있다.

테이프의 순차적 성질 때문에, 그리고 전방 읽기의 선입선출 원리 때문에, 그 어떤 번호 붙은 트리라도 배분 패턴의 기저로 사용할 수 있는 것은 아니다. 예 1의 트리에서, 단계 2와 3 도중에 자료가 테이프 A에 기록된다. 단계 3 도중에 기록된 자료를 사용하기 전에는 반드시 단계 2 도중에 기록된 자료를 사용해야 한다. 일반화하자면, $i < j$인 단계 i와 j 도중에 테이프에 자료를 기록할

때에는 반드시 단계 i 도중 기록된 자료를 먼저 사용해야 한다. 트리에 다음과 같은 형태의 두 가지가 들어 있다면,

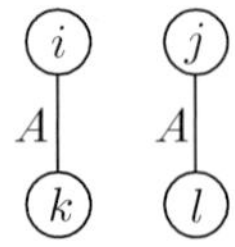

$$,\qquad i < j$$

반드시 $k < l$이어야 하는 것이다. 더 나아가서, 단계 k와 l 사이에서는 어떤 것도 테이프 A에 기록할 수 없다. 읽기와 쓰기 사이에 반드시 되감기를 수행해야 하기 때문이다.

5.4.4절의 연습문제들을 풀어본 독자라면 T테이프 전방 읽기 기수 정렬에 허용되는 트리가 T테이프 전방 읽기 병합 정렬을 특징짓는 강한 T선입선출 트리와 정확히 같음을 즉시 알아챘을 것이다. (연습문제 5.4.4-20 참고.) 유일한 차이라면, 이 경우에는 트리의 모든 외부 노드에 동일한 테이프 이름이 붙는다는 것이다. 이러한 제약은 모든 레코드를 출력 테이프로 옮기는 최종 취합 페이즈가 수행된다고 가정함으로써 제거할 수 있다. 반대로, 병합 정렬의 초기 배분이 해당 병합 트리에 명시적으로 표현된다는 가정을 둠으로써 그러한 제약을 T선입선출 트리에 대한 규칙에 추가할 수도 있다.

바꾸어 말하면, *모든 병합 패턴은 각각 하나의 배분 패턴에 대응하며, 모든 배분 패턴은 각각 하나의 병합 패턴에 대응한다.* 왜 그런지는 병합 정렬의 행동들을 고찰한다면, 그리고 시간이 거꾸로 흐를 수 있다고 상상한다면 금방 알 수 있다: 시간을 거꾸로 되돌리면 최종 출력은 부분파일들로 "해체(unmerge)"되며, 그 부분파일들이 또 다른 부분파일들로 해체되는 재귀적인 과정이 일어난다. 시간 0에 도달하면 출력은 S개의 연속열들로 해체된다. 테이프들을 사용하는 경우 그러한 패턴은 오직 S개의 키들에 대한 해당 기수 정렬 배분 패턴이 가능할 때에만 가능하다. 병합과 배분의 이러한 쌍대성은 거의 완벽하다. 이러한 쌍대성은 단 한 측면에서만, 즉 입력 테이프를 여러 시점들에서 저장해야 하는 경우에만 깨진다.

이번 절 시작 부분에서 살펴본 여덟 키 예는 4테이프 균형 병합에 대해 명백히 쌍대적이다. 부분 패스를 사용하는 10키 예는 다음과 같은 10연속열 병합 패턴에 대응한다(복사 페이즈들, 즉 트리의 단계 6-11을 제외한다면):

	T1	T2	T3	T4
초기 배분	1^4	1^3	1^1	1^2
트리 단계 5	1^3	1^2	—	$1^2 3^1$
트리 단계 4	1^2	1^1	2^1	$1^2 3^1$
트리 단계 3	1^1	—	$2^1 3^1$	$1^1 3^1$
트리 단계 2	—	4^1	3^1	3^1
트리 단계 1	10^1	—	—	—

이를 기수 정렬과 비교해 보면, 그 방법들이 본질적으로 구조는 같으나 시간이 뒤집혔으며 테이프 내용도 뒤에서 앞쪽으로 뒤집힌 것임을 알 수 있다: $1^2 3^1$ (길이가 1인 연속열 두 개 다음에 길이가

3인 연속열 하나)은 $\{3,8,9\}\{4\}\{5\}$ (세 개의 키를 담은 하나의 부분파일 다음에 각각 하나의 키를 담고 있는 두 개의 부분파일)에 대응한다.

다른 방향으로 간다면, 다중페이즈에 쌍대인 기수 정렬, 중첩 병합에 쌍대인 또 다른 기수 정렬 등등을 구축하는 것이 원칙적으로 가능하다. 예를 들어 5.4.2절 시작 부분에 나온 3 테이프 21 연속열 다중페이즈 병합은 다음과 같은 흥미로운 기수 정렬에 대응한다:

페이즈	T1	T2	T3
	$\{0,1,\ldots,20\}$	—	—
1	—	$\{0,2,4,5,7,9,10,12,13,15,17,18,20\}$	$\{1,3,6,8,11,14,16,19\}$
2	$\{0,5,10,13,18\}$	—	$\{1,3,6,8,11,14,16,19\}$ $\{2,4,7,9,12,15,17,20\}$
3	$\{0,5,10,13,18\}\{1,6,11,14,19\}$ $\{2,7,12,15,20\}$	$\{3,8,16\}\{4,9,17\}$	—
4	—	$\{3,8,16\}\{4,9,17\}\{5,10,18\}$ $\{6,11,19\}\{7,12,20\}$	$\{0,13\}\{1,14\}\{2,15\}$
5	$\{8\}\{9\}\{10\}\{11\}\{12\}$	—	$\{0,13\}\{1,14\}\{2,15\}$ $\{3,16\}\ldots\{7,20\}$
6	$\{8\}\{9\}\{10\}\{11\}\{12\}\{13\}\ldots\{20\}$	$\{0\}\{1\}\ldots\{7\}$	—

여기에 쓰인, 각 단계에서 어떤 키가 어떤 테이프로 가는지를 결정하는 배분 규칙이 마치 마법처럼 보이겠지만, 사실 이 규칙은 피보나치 수체계와 간단한 연관 관계를 가지고 있다. (연습문제 2 참고.)

후방 읽기. 기수 정렬과 병합 사이의 쌍대성은 테이프를 거꾸로 읽는 알고리즘들에도 적용된다. 5.4.4절에서 "T후입선출 트리"를 정의했었다. 그러한 트리들이 병합 정렬뿐만 아니라 기수 정렬에도 대응함은 쉽게 확인할 수 있다.

후방 읽기 기수 정렬은 1946년에 정렬에 관해 출판된 초기 논문들(5.5절 참고) 중 하나에서 모클리John Mauchly에 의해서 실제로 고려된 바 있다. 모클리가 제시한 구성은 본질적으로 다음과 같은 것이다:

페이즈	T1	T2	T3	T4
	—	$\{0,1,2,\ldots,9\}$	—	—
1	$\{4,5\}$	—	$\{2,3,6,7\}$	$\{0,1,8,9\}$
2	$\{4,5\}\{2,7\}$	$\{3,6\}$	—	$\{0,1,8,9\}$
3	$\{4,5\}\{2,7\}\{0,9\}$	$\{3,6\}\{1,8\}$	—	—
4	$\{4,5\}\{2,7\}$	$\{3,6\}\{1,8\}$	$\{9\}$	$\{0\}$
. . .	. . .	. . .	. . .	. . .
8	—	—	$\{9\}\{8\}\{7\}\{6\}\{5\}$	$\{0\}\{1\}\{2\}\{3\}\{4\}$
C	—	—	—	$\{0\}\{1\}\{2\}\{3\}\{4\}\{5\}\ldots\{9\}$

그의 방안이 가장 효율적인 것은 아니나, 병합에 대한 부분 패스 방법이 1960년대에 와서야 문헌에 나타나는 반면, 기수 정렬을 위한 부분 패스 방법은 이미 1946년에 고려되고 있음을 보여준다는 점에서 흥미롭다.

베이스A. Bayes는 후방 읽기 배분 패턴의 효율적인 구축법 하나를 제안했다 [*CACM* 11 (1968), 491-493]: $P+1$개의 테이프와 S개의 키들이 주어졌을 때, 그 키들을 각각 $\lfloor S/P \rfloor$개 또는 $\lceil S/P \rceil$개씩 나누어서 부분파일 P개로 분할한다. $S<2P$일 때에는 가장 작은 키 하나로만 구성된 부분파일 하나가 반드시 존재해야 하며, 그 키가 반드시 출력 파일에 기록되어야 한다. (5.4.4절 끝에 나오는 카프R. M. Karp의 일반적 전위순서 구성은 이 방법을 하나의 특별한 경우로 포함한다.)

후방 읽기의 경우에는 연속열들의 순서가 뒤집히기 때문에 병합이 조금 복잡해진다. 기수 정렬에도 그에 대응하는 효과가 존재한다: 정렬 결과는 트리의 어떤 수준에 도달했느냐에 따라 안정적이거나 "반안정적(anti-stable)"이다. 외부 노드들이 일부는 홀수 수준들에 있고 일부는 짝수 수준들에 있는 하나의 후방 읽기 기수 정렬을 수행하고 나면, 같은 키를 가진 서로 다른 레코드들의 상대 순서는, 일부 키들에 대해서는 원래의 순서와 동일하나 그 외의 키들에 대해서는 원래의 순서의 반대이다. (연습문제 6 참고.)

진동 병합 정렬에도 그것의 쌍대에 해당하는 기수 정렬 방법이 존재한다. 진동 기수 정렬이 바로 그것인데, 이 방법에서는 오직 하나의 키만을 가진 부분파일들 또는 내부적으로 정렬하기에 충분히 작은 크기의 부분파일들에 도달할 때까지 계속해서 키들을 분리한다. 그런 부분파일들을 정렬해서 출력 테이프에 기록한 후에는, 다시 분리 공정을 재개한다. 예를 들어 작업용 테이프가 세 개이고 출력 테이프가 하나라고 하자. 그리고 키들은 이진수들이라고 하자. $0x$ 형태의 키들은 테이프 T1에, $1x$ 형태의 키들은 T2에 넣는다. 만일 하나의 메모리 적재량보다 많은 키들이 T1에 들어간다면, 그 키들을 다시 훑으면서 $00x$ 형태의 키들을 T2에, $01x$ 형태의 키들을 T3에 넣는다. 이제 만일 $00x$ 부분파일이 내부적으로 정렬하기에 충분할 정도로 짧다면 그렇게 정렬한 후 그 결과를 출력하고, $01x$ 부분파일을 처리한다. 이러한 방법을 프렌드E. H. Friend는 "중첩 유사기수 정렬(cascading pseudo-radix sort)"이라고 불렀다 [*JACM* 3 (1956), 157-159]. 이후 네이글러H. Nagler는 이 방법을 더욱 개선하면서 [*JACM* 6 (1959), 459-468] "쌍두 정렬(amphisbaenic sort, 雙頭-)"이라는 재기 넘치는 이름을 붙이기도 했다. 고데트C. H. Gaudette 역시 이 방법을 개선시켰다 [*IBM Tech. Disclosure Bull.* 12 (1970년 4월), 1849-1853].

기수 정렬이 병합보다 우월한가? 쌍대 원리의 한 가지 중요한 결과는, 기수 정렬이 보통은 병합 정렬보다 열등하다는 것이다. 이는 치환 선택 기법이 병합 정렬에 결정적인 장점을 제공하기 때문이다. 한 번에 하나의 메모리 적재량보다 많은 레코드들을 내부 정렬로 정렬할 수 있도록 기수 정렬들을 배치하는 명백한 방법은 존재하지 않는다. 실제로 진동 기수 정렬은 하나의 메모리 적재량보다 다소 작은 부분파일들을 만들어 내는 경우가 많다. 이 때문에 해당 배분 패턴에 대응하는 트리는 병합과 치환 선택이 쓰였을 때의 트리보다 훨씬 더 많은 외부노드들을 가지게 되며, 그래서 트리의 외부 경로 길이(이는 곧 정렬 시간에 해당한다)가 늘어난다. (연습문제 5.3.1-33 참고.)

한편, 외부 기수 정렬이 바람직한 경우도 존재한다. 예를 들어 큰 기업의 직원 전체의 이름들이 알파벳 순서로 하나의 파일에 들어 있다고 하자. 그리고 그 파일을 분과별로 정렬하되 각 분과의 직원들의 알파벳 순서를 유지해야 한다고 하자. 만일 파일이 길다면 이 상황에는 안정적 기수 정렬이 안성맞춤이다. 왜냐하면 10개의 분과들 각각에 속하는 레코드 개수가 치환 선택으로 만들어지는 초기 연속열들의 레코드 개수보다 훨씬 클 가능성이 높기 때문이다. 일반화해서, 만일 같은 키를 가진 레코드들의 모음이 내부 메모리의 두 배를 채우게 될 정도로 키 값들의 범위가 작다면 기수 정렬 기법을 사용하는 것이 현명한 선택이다.

기수 정렬 알고리즘의 내부 루프가 복잡한 분기를 피하기 때문에, 일정한 고속 컴퓨터들에서는 내부 기수 정렬이 병합보다 우월함을 5.2.5절에서 보았었다. 만일 컴퓨터의 외부 메모리가 각별히 빠르다면, 그런 컴퓨터에서는 입/출력 장치와 보조를 맞추기에 충분할 정도로 빠르게 자료를 병합하는 것이 불가능할 수 있다. 따라서 그런 상황에서 기수 정렬이 병합보다 더 우월한 것으로 판명될 수 있다. 특히 키들이 균등분포를 따르는 경우에는 더욱 그렇다.

연습문제

1. [*20*] 5.4절의 끝부분에서는 P, $1 \le P < T$를 매개변수로 하는 일반적인 T테이프 균형 병합을 정의했다. 이 병합이 어떤 혼합기수 수 체계에 기초한 기수 정렬에 해당함을 보여라.

2. [*M28*] 본문에서는 21개의 키들에 대한 3테이프 다중페이즈 기수 정렬을 설명했다. 그것을 키가 F_n개인 경우로 일반화하라. 각 페이즈의 끝에서 어떤 테이프에 어떤 키들이 나타나는지 설명하라. [힌트: 연습문제 1.2.8-34의 피보나치 수체계를 고찰할 것.]

3. [*M35*] 연습문제 2의 결과들을 넷 이상의 테이프들에 대한 다중페이즈 기수 정렬로 확장하라. (연습문제 5.4.2-10 참고.)

4. [*M23*] 아센허스트Ashenhurst의 배분 패턴이 후방 읽기 없이 네 테이프로 10개의 키들을 정렬하는 최고의 방법임을 증명하라. 여기서 최고라는 것은 해당 트리가 다른 모든 강한 4선입선출 트리보다 짧은 외부 경로 길이를 가진다는 뜻이다(따라서 되감기 시간을 무시한다면 이것이 본질적으로 최고의 방법이다.).

5. [*15*] 10개의 키들에 대한 모클리Mauchly의 후방 읽기 기수 정렬에 대응하는 4후입선출 트리를 그려라.

▶ **6.** [*20*] 어떤 파일에 두 자리 키 00, 01, ..., 99가 들어 있다. 최하위숫자에 대해 모클리의 기수 정렬을 수행한 후, 테이프 T2와 T4의 역할을 바꾸어서 최상위숫자에 대해 같은 방식으로 정렬을 수행하는 식으로 공정을 반복한다고 하자. T2에 최종적으로 나타나는 키들의 순서는 무엇인가?

7. [*21*] 쌍대성 원리가 다중릴 파일들에도 적용될까?

*5.4.8. 2테이프 정렬

과도한 테이프 작동 없이 병합 공정을 수행하기 위해서는 테이프가 세 개 필요하다. 따라서 테이프 두 개만 사용해서 적당한 효율로 외부 정렬을 수행하는 방법을 살펴보는 것도 재미있을 것이다.

1956년에 디머스H. B. Demuth는 치환 선택과 거품 정렬을 결합한 한 가지 접근방식을 제안했다. 입력이 테이프 T1에 있으며 $P+1$개의 레코드들을 메모리에 읽어 들이는 것으로 공정을 시작한다고 가정하자. 그런 다음 키가 가장 작은 레코드를 테이프 T2에 출력하고 그것을 다음 입력 레코드로 대체한다. 메모리에 현재 들어 있는 레코드들 중 키가 가장 작은 레코드를 출력하는 과정을 반복하되, 그러면서 $P+1$개의 원소들로 된 선택 트리 또는 우선순위 대기열을 유지한다. 입력이 소진되었을 때 메모리에는 파일에서 가장 큰 P개의 키들이 남게 된다. 그것들을 오름차순으로 출력한다. 그런 다음 두 테이프를 되감고, T2에서 읽고 T1로 출력하는 공정을 반복한다. 그러한 각 패스는 적어도 P개의 레코드들을 적절한 해당 장소에 더 집어넣게 된다. 정렬의 완료는 파일 전체가 제 순서인지를 점검하는 간단한 루틴을 프로그램에 집어넣어서 판단하면 된다. 이런 방법에서는 많아야 $\lceil (N-1)/P \rceil$회의 패스가 필요하다.

잠시 생각해 보면, 이 절차의 각 패스가 본질적으로 거품 정렬(알고리즘 5.2.2B)의 연속적인 패스 P회와 동치임을 알 수 있다. 만일 하나의 원소의 반전 개수가 P 이상이면 그 원소가 입력되는 시점에서 그 원소는 트리의 다른 모든 것보다 작을 것이며, 따라서 즉시 출력된다. 그러면 P개의 반전들이 소실된다. 만일 한 원소에 반전들이 P개 미만이면 그 원소는 선택 트리로 들어가게 되고 그보다 더 큰 키들이 출력되기 전에 출력된다. 그러면 원소의 모든 반전들이 소실된다. $P=1$일 때, 정리 5.2.2I에 의해 이는 거품 정렬과 정확히 동일한 절차이다.

그러므로 전체 패스 횟수는 $\lceil I/P \rceil$이다. 여기서 I는 임의의 원소의 최대 반전 개수이다. 5.2.2절에서 전개한 이론에 의해, I의 평균값은 $N-\sqrt{\pi N/2}+2/3+O(1/\sqrt{N})$이다.

파일이 메모리 크기보다 아주 큰 것은 아니라면, 또는 이미 거의 제 순서대로 정렬되어 있다면, 이러한 P차(order-P) 거품 정렬이 상당히 빠를 것이다. 심지어는 추가적인 테이프 장치들을 사용할 수 있다고 해도 이 방법이 더 우월할 수 있다. 왜냐하면 작업용 테이프들을 반드시 운영자(사람)가 장착해야 하기 때문이다. 그러나 상당히 길면서 무작위한 순서인 파일의 경우에는 2테이프 거품 정렬이 꽤나 느리게 실행될 것이다(평균 실행 시간이 근사적으로 N^2에 비례하므로).

그럼 이 방법을 5.4.6절의 레코드 100,000개의 예에 맞게 구현하는 방법을 생각해 보자. 읽기, 쓰기, 계산을 동시에 수행하는 동안의 블록 사이 간격들의 효과를 상쇄하기 위해서는 P를 영리하게 선택해야 한다. 그 예에서는 각 레코드의 길이가 문자 100개이고 메모리는 한 번에 100,000자의 문자들을 담을 수 있다고 가정하므로, 길이가 B인 입력 버퍼 두 개와 출력 버퍼 두 개를 위한 공간을 마련하려면

$$100(P+1)+4B=100000 \qquad (1)$$

으로 두어야 한다. 5.4.6절의 표기법 하에서, 각 패스의 실행 시간은 약

$$NC\omega\tau(1+\rho), \qquad \omega=(B+\gamma)/B \qquad (2)$$

가 된다. 패스 횟수는 P에 반비례하므로, B를 수량 ω/P를 최소로 만드는 100의 배수로 선택할 필요가 있다. 초급 미적분을 적용해 보면 B가 근사적으로 $\sqrt{24975\gamma+\gamma^2}-\gamma$일 때 그 수량이 최소화되며, 따라서 $B=3000$, $P=879$로 잡으면 된다. 위의 공식들에서 $N=100000$을 대입해 보면 패스 횟수 $\lceil I/P \rceil$는 약 114가 된다. 그리고 총 추정 실행 시간은 약 8.57시간(hour)이다(편의상 초기 입력과 최종 출력에서도 $B=3000$이라고 가정할 때). 이는 완전한 릴 하나의 약 0.44분량인 자료에 해당하며, 완전한 릴 전체를 위해서는 약 5배의 시간이 걸리게 될 것이다. 알고리즘을 주기적으로 가로채서 가장 큰 키를 가진 레코드들을 탈착된 보조 테이프에 기록해 둔다면 시간을 좀 더 개선할 수 있을 것이다. 그런 레코드들은 일단 정렬된 순서가 된 후에는 그냥 복사만 될 뿐이기 때문이다.

빠른정렬 적용. 자료를 거의 순차적인 방식으로 운행하는 또 다른 내부 정렬 방법으로는 분할 교환 또는 빠른정렬(알고리즘 5.2.2Q)이 있다. 빠른정렬을 두 개의 테이프에 맞게 변형할 수 있을까? 〔N. B. Yoash, *CACM* 8 (1965), 649.〕

후방 읽기를 이용하면 2테이프 빠른 정렬을 어렵지 않게 구현할 수 있다. 두 테이프에 0과 1이라는 번호를 붙였다고 하자. 그리고 파일이 다음과 같이 구성된다고 하자.

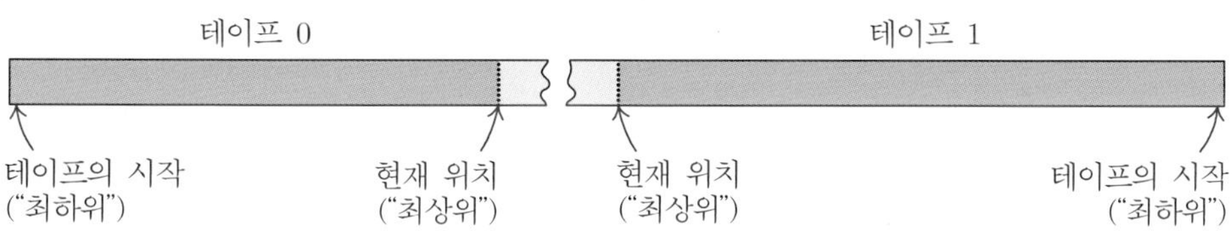

각 테이프는 스택처럼 작동한다. 이 둘을 위와 같은 방식으로 연결하면, 파일은 마치 한 스택에서 다른 스택으로 자료를 복사함으로써 현재 위치를 왼쪽이나 오른쪽으로 옮길 수 있는 하나의 선형 목록처럼 보이게 된다. 다음은 적절한 정렬 절차를 정의하는 재귀적인 서브루틴들이다.

• SORT00 〔테이프 0의 최상위 부분파일을 정렬하고 그것을 테이프 0으로 반환한다.〕
만일 그 부분파일이 내부 메모리에 들어갈 수 있다면, 부분파일을 내부에서 정렬하고 그 결과를 테이프에 기록한다. 그렇지 않다면 그 부분파일에서 한 레코드 R을 취한다. 그 레코드의 키를 K라고 하자. 테이프 0을 후방으로 읽으면서 키가 $>K$인 모든 레코드를 복사해서 테이프 1의 최상위에 새로운 부분파일을 만든다. 그런 다음 테이프 0을 전방으로 읽으면서 키가 $=K$인 모든 레코드를 테이프 1에 복사한다. 그런 다음 다시 후방으로 읽으면서 키가 $<K$인 모든 레코드를 테이프 1에 복사한다. $<K$인 키들에 대해 SORT10 수행하고, $=K$인 키들을 테이프 0에 복사하고, 마지막으로 $>K$인 키들에 대해 SORT10을 수행해서 정렬을 완료한다.

• SORT01 〔테이프 0의 최상위 부분파일을 정렬하고 그것을 테이프 1에 기록한다.〕
SORT00과 같되 마지막 단계에서 "SORT10" 대신 "SORT11"을 수행한 후 $\leq K$인 키들을 테이프 1에 복사한다.

• `SORT10` 〔테이프 1의 최상위 부분파일을 정렬하고 그것을 테이프 0에 기록한다.〕
`SORT01`과 같되 0과 1을, 그리고 $<$과 $>$를 맞바꾼 것이다.

• `SORT11` 〔테이프 1의 최상위 부분파일을 정렬하고 그것을 테이프 1에 기록한다.〕
`SORT00`과 같되 0과 1을, 그리고 $<$과 $>$를 맞바꾼 것이다.

이 서브루틴들의 재귀적인 성질은 테이프들에 적절한 제어 정보를 저장해서 어렵지 않게 처리할 수 있다.

이 알고리즘의 실행 시간을 추정해 보자. 입력 자료는 무작위 순이며, 같은 키들이 존재할 확률은 무시할 수 있을 정도로 낮다고 가정한다. 내부 메모리에 담을 수 있는 레코드 개수를 M이라고 하자. 그리고 $N>M$라고 할 때 N개의 레코드들로 된 한 부분파일에 `SORT00` 또는 `SORT11`을 적용하는 도중에 읽히는 레코드 개수의 평균을 X_N이라고 하고, `SORT01` 또는 `SORT10`에 대한 해당 평균을 Y_N이라고 하자. 그러면 다음이 성립한다.

$$X_N = \begin{cases} 0, & \text{만일 } N \le M\text{이면;} \\ 3N+1+\frac{1}{N}\sum_{0\le k<N}(Y_k+Y_{N-1-k}) & \text{만일 } N>M\text{이면;} \end{cases}$$
$$Y_N = \begin{cases} 0, & \text{만일 } N \le M\text{이면;} \\ 3N+2+\frac{1}{N}\sum_{0\le k<N}(Y_k+X_{N-1-k}+k), & \text{만일 } N>M\text{이면.} \end{cases} \qquad (3)$$

이 점화식들의 해(연습문제 2 참고)에 따르면, 외부 분할 페이즈들이 수행되는 동안의 테이프 읽기 총량은 $N\to\infty$에 따라 평균 $6\frac{2}{3}N\ln N+O(N)$이 된다. 또한 식 5.2.2-(25)에 의해, 내부 정렬 페이즈들의 평균 횟수는 $2(N+1)/(M+2)-1$이 된다.

만일 이러한 분석을 5.4.6절의 100,000 레코드 예제에 적용한다면, 25,000자 크기의 버퍼들을 사용하며 $n \le M=1000$개의 레코드들로 된 한 부분파일을 정렬하는 데 소요되는 시간이 $2nC\omega\tau$라고 가정할 때 평균 정렬 시간은 근사적으로 103분(도표 A에서처럼 최종 되감기 시간도 포함)이 된다. 따라서 빠른정렬은 평균적으로 그리 나쁘지 않다. 그러나 물론 빠른정렬의 최악의 경우는 앞에서 논의한 거품 정렬보다 훨씬 더 나쁘다. 무작위화를 적용하면 최악의 경우가 발생할 확률이 극도로 낮아진다.

기수 정렬. 기수 교환 방법(알고리즘 5.2.2R)은 빠른정렬과 상당히 비슷하기 때문에, 앞에서와 비슷한 방식으로 2테이프 정렬에 맞게 변환할 수 있다. 두 방법 모두, 그러한 변환의 핵심은 하나의 파일을 여러 번 읽는다는 것이다. 이전의 테이프 알고리즘들에서는 그런 일을 결코 하지 않았다.

통상적인 최하위숫자 우선 기수 정렬을 테이프 두 개로 수행하는 데에도 비슷한 요령을 사용할 수 있다. 입력 자료가 T1에 있다고 할 때, 키의 이진 표현이 0으로 끝나는 모든 레코드를 T2로 복사한다. 그런 다음에는 T1을 되감고 다시 읽으면서 키가 1로 끝나는 레코드들을 복사한다. 이제 두 테이프 모두 되감고 T1과 T2의 역할을 바꾸어서, 그리고 두 번째 하위 비트를 이용해서 같은 방식으로 두 패스를 수행한다. 그러고 나면 T1에는 키가 $(...00)_2$인 모든 레코드 다음에 $(...01)_2$인 모든 레코드, 그 다음에 $(...10)_2$인 것들, 그 다음에 $(...11)_2$인 것들이 들어 있게 된다. 만일 키의 길이가 b비트라면, 자료 전체에 대한 $2b$번의 패스만으로 정렬을 완료할 수 있다.

이러한 기수 정렬은 b를 적절히 선택했다고 할 때 키의 선행 b비트들에만 적용할 수 있다. 그러면 키들이 균일분포라고 할 때 반전 개수가 약 2^b에 비례한 양만큼 감소한다. 그런 후에는 P중 거품 정렬 패스 몇 번으로 정렬을 완료할 수 있다. 이러한 접근방식은 테이프를 오직 전방으로만 읽는다.

혁신적이긴 하지만 다소 복잡한 2테이프 배분 정렬 접근방식을 니키틴A. I. Nikitin과 숄모프L. I. Sholmov가 제안한 바 있다. 모든 가능한 선행 비트들의 구성 각각을 가진 키들의 개수를 세고, 그 개수들에 기초해서 인위적인 키 $\kappa_1, \kappa_2, \ldots, \kappa_M$을, 각 i에 대해 κ_i와 κ_{i+1} 사이의 실제 키들의 개수가 극한값 P_1과 P_2 사이에서 미리 결정될 수 있도록 하는 방식으로 만든다. 즉, M은 $\lceil N/P_2 \rceil$과 $\lceil N/P_1 \rceil$ 사이에 놓이게 된다. 만일 선행 비트 개수라는 정보만으로는 그러한 $\kappa_1, \kappa_2, \ldots, \kappa_M$를 결정하기에 충분하지 않다면 패스를 몇 번 더 수행해서 그보다 하위의 비트 패턴들의 빈도를 센다. 그렇게 해서 인위적 키 $\kappa_1, \kappa_2, \ldots, \kappa_M$의 표를 만들었다면, 정렬을 완료하는 데에는 $2\lceil \lg M \rceil$번의 추가적인 패스들로 충분하다. (이 방법은 N에 비례하는 양의 메모리 공간을 요구하므로, $N \to \infty$에 접근함에 따라 외부 정렬에는 적용할 수 없다. 실제 응용에서 이 기법을 다중릴 파일들에 사용하게 되지는 않을 것이므로, M은 비교적 작을 것이고 인위적 키들의 표도 충분히 메모리 안에 집어넣을 수 있다.)

더 많은 테이프들에 대한 시뮬레이션. 헤니F. C. Hennie와 스턴스R. E. Stearns는 두 개의 테이프로 k개의 테이프들을 흉내 내는 일반적 기법을 고안했다. 그 기법에서 테이프 이동량은 단 $O(\log L)$배로만 증가한다. 여기서 L은 임의의 한 테이프에서의 최대 이동 거리이다 [*JACM* 13 (1966), 533-546]. 정렬의 경우에는 그들의 구축법을 다음과 같이 약간 단순화할 수 있는데, 다음은 카프 R. M. Karp가 제안한 그러한 방법이다.

	구역 0	구역 1		구역 2				구역 3					
트랙 1	1	5	9	13	17	21	25	29	33	37	41	45	49
트랙 2	2	6	10	14	18	22	26	30	34	38	42	46	50
트랙 3	3	7	11	15	19	23	27	31	35	39	43	47	51
트랙 4	4	8	12	16	20	24	28	32	36	40	44	48	52

그림 86. 헤니-스턴스 구성의 테이프 T1의 배치. 회색 구역은 비지 않은 구역을 뜻한다.

통상의 4테이프 균형 병합을 두 테이프 T1, T2를 이용해서 모의 실행해 보겠다. 첫 테이프 T1은 모의 테이프 내용을 그림 86과 같은 방식으로 담는다. 그 자료가 네 개의 "트랙"들에 기록된다고 상상하자. 각 트랙은 흉내 낼 테이프 각각에 대응된다. (실제로 테이프에 그런 트랙들이 존재하지는 않는다. 블록 1, 5, 9, 13, ...이 트랙 1, 블록 2, 6, 10, 14, ...이 트랙 2, 등등으로 대응된다고 가정할 뿐이다.) 또 다른 테이프 T2는 T1에서의 자료 이동을 돕는 보조 저장소 용도로만 쓰인다.

각 트랙의 블록들은 여러 구역(zone)들로 나뉘는데, 각 구역 당 각각 $1, 2, 4, 8, \ldots, 2^k$개의 블록들이 들어간다. 각 트랙의 구역 k는 정확히 2^k개의 자료 블록들로 채워지거나 아니면 완전히 비게 된다. 예를 들어 그림 86의 트랙 1에서 채워진 구역은 1과 3이고 트랙 2는 0, 1, 2, 트랙 3은 0, 2, 트랙 4는 1이다. 그 외의 모든 구역은 빈 구역이다.

트랙 1과 2의 자료를 트랙 3으로 병합한다고 하자. 초기에 컴퓨터 메모리에는 2중 병합의 입력을 위한 두 개의 버퍼와 출력을 위한 버퍼 하나가 들어 있다. 트랙 1의 입력 버퍼가 비워지면 그 버퍼를 다음과 같이 다시 채운다: 트랙 1에서 비지 않은 첫 번째 구역을 찾는다. 그것을 구역 k라고 하자. 그 구역의 첫 블록을 입력 버퍼에 복사한다. 그런 다음 나머지 $2^k - 1$개의 블록들을 T2에 복사하고, 그것들을 트랙 1의 구역 $0, 1, \ldots, k-1$로 옮긴다. (이제 구역 $0, 1, \ldots, k-1$은 채워졌고 구역 k는 비어 있다.) 트랙 2의 입력 버퍼도 비게 되면 마찬가지 방식으로 다시 채운다. 출력 버퍼를 트랙 3에 기록할 준비가 되면 공정을 거꾸로 수행한다. 즉, T1을 훑으면서 트랙 3에서 최초의 빈 구역을 찾고(그것을 구역 k라고 하자), 그러면서 구역 $0, 1, \ldots, k-1$의 자료를 T2에 복사한다. 그런 다음에는 T2의 자료와 출력 버퍼의 내용으로 트랙 3의 구역 k를 채운다.

이러한 절차를 위해서는 테이프 T1의 이후 정보를 파괴하지 않으면서도 테이프 중간에 자료를 기록할 수 있어야 한다. 전방 읽기 진동 정렬(5.4.5절)의 경우에서처럼, 적절한 예방책을 강구한다면 이를 신뢰성있게 수행하는 것이 가능하다.

트랙 1의 블록 $2^l - 1$개를 메모리에 옮기는 데 필요한 테이프 이동량은 어떠한 상수 c에 대한 $\sum_{0 \le k < l} 2^{l-1-k} \cdot c \cdot 2^k = cl2^{l-1}$이다. 왜냐하면 구역 k의 검색은 2^k단계마다 한 번씩만 수행하기 때문이다. 따라서 각 병합 패스에는 $O(N \log N)$단계가 걸린다. 균형 병합의 패스 수는 $O(\log N)$이므로, 정렬에 필요한 전체 시간은 최악의 경우에서 $O(N(\log N)^2)$임이 보장된다. 이는 빠른정렬의 최악의 경우보다 점근적으로 훨씬 나은 수치이다.

그런데 5.4.6절의 100,000레코드 예에 이 방법을 적용할 때에는 그리 만족스럽지 않은 결과가 나온다. 이는 테이프 T1에 대해 지정된 정보가 테이프 릴 하나의 용량을 초과하기 때문이다. 이 사실을 무시한다고 해도, 그리고 읽기/쓰기/계산 겹침과 블록 사이 간격 길이 등을 낙관적으로 가정한다고 해도, 정렬을 완료하는 데에는 대략 37시간이 걸린다! 따라서 이 방법은 오직 학술적인 이유로만 흥미로울 뿐이다. N이 현실적인 범위일 때 $O(N(\log N)^2)$의 상수는 만족할만한 수치에 비해 너무 크다.

1테이프 정렬. 테이프 하나만 사용하는 것은 불가능할까? 앞에서 설명한 P차 거품 정렬을 1테이프 정렬로 변환할 수 있음은 어렵지 않게 입증할 수 있으나, 그러한 정렬의 성능은 아주 나쁘다.

디머스H. B. Demuth [Ph.D. 학위논문 (Stanford University, 1956), 85]는 컴퓨터의 메모리가 유한하고 테이프 상에서의 이동 거리가 유한하다면 줄일 수 있는 반전 개수도 유한함을 밝혔다. 따라서 모든 1테이프 정렬 알고리즘은 적어도 평균 $N^2 d$단위의 시간을 소비한다. 여기서 d는 컴퓨터 구성에 의존하는 어떤 양의 상수이다.

카프R. M. Karp는 이 주제를 아주 흥미로운 방식으로 탐구해서, 본질적으로 최적의 1테이프 정렬 방법을 발견했다. 카프의 알고리즘을 논의하는 데 도움이 되도록 문제를 다음과 같이 재구성하자: 하나의 승강기로 사람들을 여러 층들 사이로 이동시키는 가장 빠른 방법은 무엇인가? 〔*Combinatorial Algorithms*, Randall Rustin 엮음 (Algorithmics Press, 1972), 17-21 참고.〕

n 층짜리 건물의 각 층이 정확히 b명이 들어갈 수 있는 크기라고 하자. 건물에는 문이나 창문, 계단이 전혀 없다. 다만 모든 층에서 멈출 수 있는 승강기가 한 대가 있을 뿐이다. 건물에는 총 bn명의 사람이 있으며 그들 중 정확히 b명이 각자 특정한 층으로 가려고 한다. 승강기는 최대 m명을 실을 수 있고, i 층에서 $i+1$ 층으로 이동하는 데에는 1단위의 시간이 걸린다. 우리의 목표는 사람들을 적절한 층들로 옮기는 가장 빠른 방법을 찾는 것이다. 승강기는 1층에서 시작해서 최종적으로 1층에 도달한다고 가정한다.

이 승강기 문제와 1테이프 정렬의 연관 관계를 어렵지 않게 파악할 수 있을 것이다. 사람은 레코드이고 건물은 테이프이다. 또 건물의 층들은 테이프의 개별 블록들이고 승강기는 내부 컴퓨터 메모리이다. 물론 컴퓨터 프로그램은 승강기 운전자보다 훨씬 유연하다. 예를 들어 레코드를 복제하거나 둘로 갈라서 서로 다른 층에 넣는 등의 일이 가능하다. 그러나 이제 이야기할 해법은 그런 컴퓨터만의 장점을 취하지 않고도 생각할 수 있는 가장 빠른 시간으로 문제를 해결한다.

카프의 알고리즘은 다음과 같은 두 개의 보조 표들을 사용한다.

$$\begin{aligned} &u_k,\ 1 \le k \le n:\ \text{층} \le k\text{에 있는, 목적 층이} > k\text{인 사람들의 수.} \\ &d_k,\ 1 \le k \le n:\ \text{층} \ge k\text{에 있는, 목적 층이} < k\text{인 사람들의 수.} \end{aligned} \tag{4}$$

각 층에는 b명이 있으므로, 승강기가 비었을 때에는 $1 \le k < n$에 대해 항상 $u_k = d_{k+1}$이다. 층 $\{1, \ldots, k\}$에서 목적 층에 아직 도달하지 못한 사람들의 수는 층 $\{k+1, \ldots, n\}$의 해당 사람들의 수와 반드시 같다. 정의에 의해 $u_n = d_1 = 0$이다.

한 번에 승강기에 탈 수 있는 사람은 m명이므로, $1 \le k < n$에 대해 k 층에서 $k+1$ 층으로의 승강기 운행은 적어도 $\lceil u_k/m \rceil$번은 수행해야 모든 사람을 원하는 곳으로 옮길 수 있음은 명백하다. 비슷하게, k 층에서 $k-1$ 층으로의 운행은 적어도 $\lceil d_k/m \rceil$번 필요하다. 따라서 임의의 정확한 운행 일정에서 승강기는 적어도

$$\sum_{k=1}^{n} \left(\lceil u_k/m \rceil + \lceil d_k/m \rceil \right) \tag{5}$$

단위시간을 소비해야 한다. 카프는 $u_1, \ldots, u_{n-1}$이 0이 아닐 때 실제로 이 하계를 달성할 수 있음을 발견했다.

정리 K. *만일 $1 \le k < n$에 대해 $u_k > 0$이면, 최소 시간 (5)만에 모든 사람을 정확한 층으로 옮기는 승강기 일정이 존재한다.*

증명. 건물 안에 m명이 더 있다고 가정한다. 처음에는 사람들이 승강기 안에 위치하며 그들이 가고자 하는 층은 인위적으로 0으로 설정된다고 하자. 그리고 승강기를 다음과 같은 알고리즘에 따라 운행한

다고 하자. k(현재 층)는 1로 시작한다.

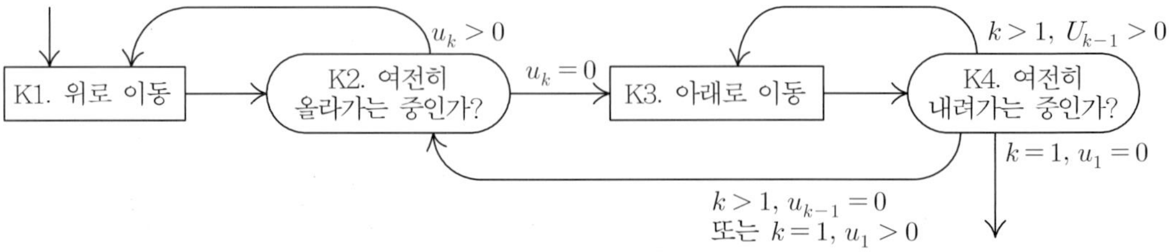

그림 87. 카프의 승강기 알고리즘.

K1. 〔위로 이동.〕 승강기나 k 층에 있는 $b+m$명의 사람들 중 목적 층이 가장 높은 m명이 승강기에 타고 나머지는 k 층에 남는다.

승강기에 탄 사람들 중 목적 층이 $> k$인 사람들은 u명, $\le k$인 사람들은 d명이라고 하자. (이 때 $u = \min(m, u_k)$이다. 따라서 만일 $u_k < m$이면 일부 사람들은 목적 층으로부터 멀어지게 된다. 이는 다수를 위해 소수가 희생하는 것에 해당한다.) u_k를 u만큼 감소하고 d_{k+1}를 d만큼 증가한다. 그런 다음 k를 1 증가한다.

K2. 〔여전히 올라가는 중인가?〕 만일 $u_k > 0$이면 단계 K1로 돌아간다.

K3. 〔아래로 이동.〕 현재 승강기나 k에 있는 $b+m$명 중 목적 층이 가장 낮은 m명이 승강기에 탄다. 나머지는 k 층에 남는다.

목적 층이 $\ge k$인 사람들이 u명, $< k$인 사람들이 d명이라고 하자. (이 때 항상 $u = 0$이고 $d = m$이나, 여기서는 좀 더 명확한 증명을 위해 일반적인 u와 d를 가지고 알고리즘을 서술한다.) d_k를 d만큼 감소하고 u_{k-1}를 u만큼 감소한다. 그런 다음 k를 1 감소한다.

K4. 〔여전히 내려가는 중인가?〕 만일 $k > 1$이고 $u_{k-1} > 0$이면 단계 K3으로 돌아간다. 만일 $k = 1$이고 $u_1 = 0$이면 알고리즘을 끝낸다(모두가 안전하게 목적 층에 도착했으며 m명의 "추가인원"들은 다시 승강기에 들어간 상태이다). 그렇지 않으면 단계 K2로 돌아간다.

그림 88은 건물이 9층이고 $b = 2$, $m = 3$인 경우에 대해 이 알고리즘을 수행한 예이다. 승강기가 최소의 거리를 움직이긴 하지만, 6들 중 하나는 일시적으로나마 7층으로 옮겨졌음을 주목할 것. 곧 보게 되겠지만, 단계 K4에서 u_{k-1}을 판정하는 부분이 이 알고리즘의 핵심이다.

이 알고리즘의 유효성을 검증하기 위해, 단계 K1과 K3이 항상 u들의 표와 d들의 표 (4)를 최신으로 갱신함에 주목하자(승강기에 있는 사람들이 "현재" k층에 있다고 간주할 때). 그러면 각 단계의 시작에서 다음과 같은 성질들이 성립함을 귀납법으로 증명하는 것이 가능하다.

$$u_l = d_{l+1}, \qquad k \le l < n\text{에 대해;} \tag{6}$$

$$u_l = d_{l+1} - m, \qquad 1 \le l < k\text{에 대해;} \tag{7}$$

$$u_{l+1} = 0, \qquad \text{만일 } u_l = 0\text{이고 } k \le l < n\text{이면.} \tag{8}$$

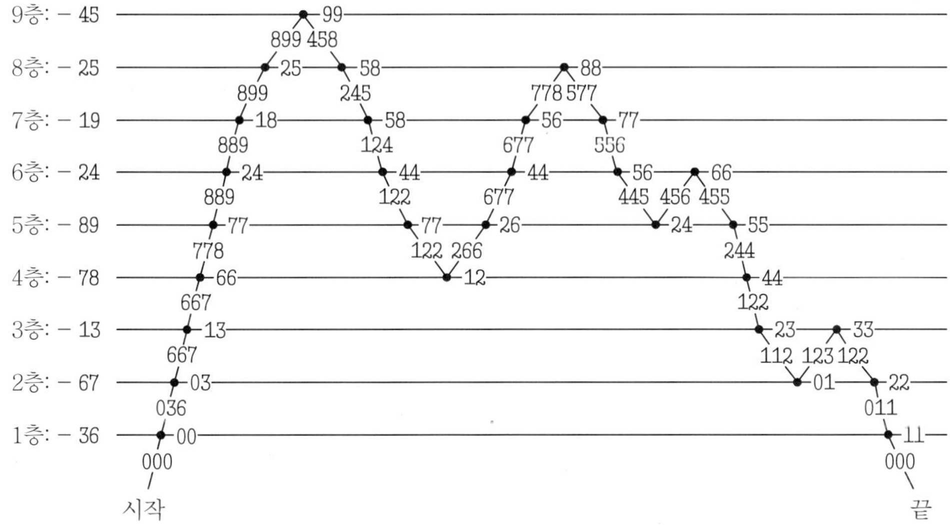

그림 88. 작고 느린 승강기를 이용해서 사람들을 재배치하는 최적의 방법. (사람들은 해당 목적 층 번호로 표시했다.)

더 나아가서, 단계 K1의 시작에서, 현재 층이 $\le k$이고 목적 층이 $> k$인 사람들 중 목적 층이 가장 높은 $\min(u_k, m)$명은 승강기 안 또는 k 층에 있다. 단계 K3의 시작에서, 현재 층이 $\ge k$이고 목적 층이 $< k$인 사람들 중 목적 층이 가장 낮은 $\min(d_k, m)$명의 사람들은 승강기 안 또는 k 층에 있다.

이러한 성질들로부터 단계 K1과 K3의 괄호 안에 있는 명제들이 입증된다. 따라서 단계 K1이 수행될 때마다 $\lceil u_k/m \rceil$가 1 감소하며 $\lceil d_{k+1}/m \rceil$는 변하지 않는다. K3의 각 수행에서는 $\lceil d_k/m \rceil$가 1 감소하며 $\lceil u_{k-1}/m \rceil$는 변하지 않는다. 그러므로 알고리즘은 유한한 횟수의 단계 만에 종료하게 되고, 그러면 (6)과 (8)에 의해서 모든 사람이 정확한 층에 존재하게 된다. ▮

$u_k = 0$이고 $u_{k+1} > 0$일 때에는 "불연속" 상황이 벌어진다. 승강기는 $\le k$ 층에서 $\ge k+1$ 층으로 가려는 사람이 전혀 없다고 해도 $k+1$ 층에 있는 사람들을 이동시키기 위해 $k+1$ 층까지 올라가야 한다. $u_{n-1} > 0$라고 가정해도 일반성이 훼손되지는 않는다. 그러면, 승강기가 1 층으로 돌아가야 한다는 요구사항 때문에, 유효한 승강기 일정은 반드시 적어도

$$2 \sum_{1 \le k < n} \max(1, \lceil u_k/m \rceil) \tag{9}$$

회의 이동을 포함해야 한다. 이 하계를 달성하는 일정은 어렵지 않게 구축할 수 있다(연습문제 4).

연습문제

1. [*20*] 본문에서 논의한 P차 거품 정렬은 오직 전방 읽기와 되감기만을 사용한다. 후방 읽기를 활용하도록 알고리즘을 수정할 수 있을까?

2. 〔*M26*〕 (3)에 정의된 수 X_N, Y_N에 대한 닫힌 형식 양함수 해를 구하라. 〔힌트: 식 5.2.2-(19)의 해를 고려할 것.〕

3. 〔*38*〕 N개의 레코드들을 정렬할 때 테이프 이동량이 최악의 경우에 $O(N \log N)$인, 키 비교에만(숫자들의 성질이 아니라) 근거한 2테이프 정렬 방법이 존재할까? 〔빠른정렬은 최악의 경우가 아니라 평균적인 경우에 이를 달성한다. 그리고 헤니-스턴스 방법(그림 86)은 $O(N(\log N)^2)$을 달성한다.〕

4. 〔*M23*〕 승강기 문제에서 $q \geq p+2$, $u_p > 0$, $u_q > 0$, $u_{p+1} = \cdots = u_{q-1} = 0$을 만족하는 색인 p와 q가 있다고 가정하자. 필요한 최대 시간이 (9)인 운행 일정을 구축하는 방법을 설명하라.

▸ **5.** 〔*M23*〕 참 또는 거짓을 밝혀라: 정리 K의 알고리즘의 단계 K1 이후, 승강기에 있는 사람들의 목적 층들은 $< k$인 층들에 있는 그 누구의 목적층보다 같거나 높다.

6. 〔*M30*〕 (카프R. M. Karp.) 승강기 문제(그림 88)를, $1 \leq j \leq n$라고 할 때 초기에 j 층에 b_j명이 있으며 j 층이 목적지인 사람은 b'_j명인 경우로 확장하라. j 층에 동시에 존재할 수 있는 승객의 수가 $\max(b_j, b'_j)$라고 할 때 $2\sum_{k=1}^{n-1}\max(1, \lceil u_k/m \rceil, \lceil d_{k+1}/m \rceil)$단위 시간을 소비하는 일정이 존재함을 보여라. 〔힌트: 필요하다면 모든 j에 대해 $b_j = b'_j$가 되도록 가상의 승객들을 도입할 것.〕

7. 〔*M40*〕 (카프R. M. Karp.) 연습문제 6의 문제를, 승강기의 직선 경로가 버스 운행 도로망으로 대체된 문제로 일반화하라. 이 때 그 도로망이 임의의 자유트리를 형성한다고 가정할 것. 버스의 용량은 유한하다. 목표는 승객들을 각 목적지까지 운송하기 위한 버스의 운행 거리를 최소화하는 것이다.

8. 〔*M32*〕 본문에서 설명한 승강기 문제에서 $b = 1$이라고 하자. n개의 층들에 있는 n명의 사람들의 순열들 중 (4)에서 $1 \leq k \leq n$에 대해 $u_k \leq 1$가 되는 순열들은 몇 개인가? 〔예를 들어 3 1 4 5 9 2 6 8 7이 그러한 순열 중 하나이다.〕

▸ **9.** 〔*M25*〕 5.2.2절 그림 16에서 설명한 "칵테일 셰이커 정렬"과 $b = 1$일 때의 (4)의 수 $u_1, u_2, \ldots, u_n$ 사이의 의미 있는 관계를 찾아라.

10. 〔*20*〕 하나의 다중릴 파일을 단 두 개의 테이프로 정렬하려면 어떻게 해야 할까?

*5.4.9. 디스크와 드럼

지금까지는 외부 정렬을 위한 장치로 테이프를 고려했지만, 그보다 더 유연한 대용량 저장 장치들도 널리 쓰이고 있다. 그런 "대량 메모리" 또는 "직접접근 저장소" 장치들은 여러 가지 형태로 존재하나, 크게는 다음과 같은 성질들로 특징지을 수 있다.

i) 저장된 정보의 임의의 특정 부분에 빠르게 접근할 수 있다.

ii) 내부와 외부 메모리 사이에서 연속된 워드들로 된 블록들을 빠르게 전송할 수 있다.

자기 테이프의 경우 (ii)는 만족하지만, 테이프 한 끝에서 다른 끝으로 도달하는 데 많은 시간이 걸리므로 (i)를 만족하지는 못한다.

외부 기억장치는 저마다 특이한 성질들을 가지기 때문에, 그런 장치들을 위한 본격적인 프로그램을 작성하기 전에 각각의 특이성을 세심하게 연구할 필요가 있다. 그러나 기술은 너무나 빠르게 변하고 있어서, 여기에서 다양한 하드웨어들 모두에 대해 완전히 논의한다는 것은 불가능한 일이다. 따라서 여기서는 정렬 문제에 대한 유용한 접근방식들을 설명하는 데 도움이 될만한 몇 가지 전형적인 기억장치들만을 고려하기로 한다.

(i)와 (ii)를 만족하는 가장 흔한 종류의 외부 기억장치는 디스크 장치이다(그림 89). 디스크 기억장치에서 자료는 자성 물질이 덮여 있는, 빠르게 회전하는 여러 개의 원형 디스크(원반)들에 저장된다. 자료를 저장하고 조회하는 데에는 각 디스크 표면마다 하나 이상의 "읽기/쓰기 헤드"들을 가진, 빗처럼 생긴 접근팔(access arm)이 쓰인다. 하나의 디스크 표면은 트랙이라고 부르는 동심원들로 분할되어 있으며, 읽기/쓰기 헤더는 디스크가 완전히 한 바퀴를 돌 때마다 트랙의 자료 전체를 한 번 훑게 된다. 접근팔은 안팎으로 움직일 수 있으며, 그럼으로써 접근팔의 읽기/쓰기 헤드는 트랙에서 트랙으로 이동하게 된다. 그런데 이러한 운동에는 시간이 소요된다. 접근팔의 위치를 바꾸지 않고도 읽고 쓸 수 있는 트랙들의 집합을 실린더(cylinder)라고 부른다. 예를 들어 그림 89는 디스크 표면당 하나의 읽기/쓰기 헤드를 가진 디스크 장치를 나타낸 것으로, 옅은 회색 원들은 그 읽기/쓰기 헤드들이 현재 주사하고 있는 모든 트랙으로 구성된 하나의 실린더에 해당한다.

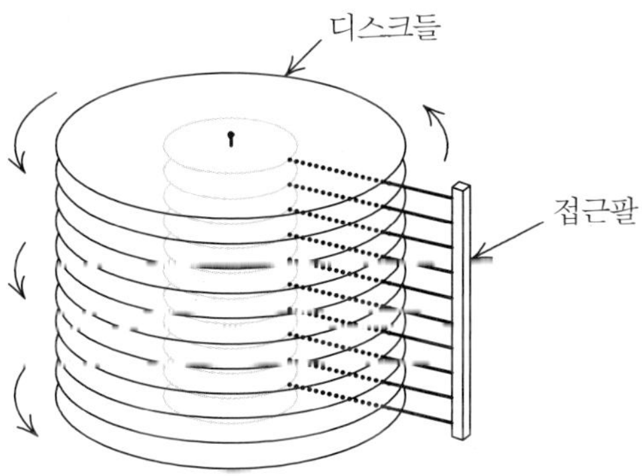

그림 89. 디스크 장치.

이상의 특징들을 반영하는 가상의 MIXTEC 디스크 장치를 생각해 보자. 이 장치는 다음과 같이 구성된다.

$$1\,\text{트랙} = \text{문자 } 5000\,\text{자}$$
$$1\,\text{실린더} = 20\,\text{트랙}$$
$$1\,\text{디스크 단위} = 200\,\text{실린더}$$

이러한 디스크 단위는 총 2천 만 개의 문자들을 담는다. 이는 하나의 MIXT 자기 테이프에 저장할 수 있는 자료보다 약간 작은 양이다. 어떤 장치에서는 중심에 가까운 트랙들이 가장자리 트랙들보다 더 적은 문자들을 담는 경우도 있는데, 그러면 프로그래밍이 훨씬 더 복잡해진다. 다행히 MIXTEC에는 그런 문제가 없다. (MIXT 테이프에 대해서는 5.4.6절을 볼 것. 그 절에서처럼, 여기서도 1970년대 초기에 일반적이었던 기계 특성들을 고려한 고전적인 기법들을 살펴볼 것이다. 현대의 디스크들은 그보다 훨씬 크고 빠르다.)

한 디스크 장치의 읽기 또는 쓰기에 걸리는 시간은 본질적으로 다음 세 수량의 합이다:

- 탐색 시간(seek time, 접근팔을 적절한 실린더로 움직이는 데 걸리는 시간).
- 잠복 시간(latency time, 읽기 · 쓰기 헤드가 적절한 지점에 도달할 때까지의 회전 지연 시간).
- 전송 시간(자료가 읽기 · 쓰기 헤드를 거쳐 가는 동안의 회전 지연 시간).

MIXTEC 장치의 경우 실린더 i에서 실린더 j로 가는 데 필요한 탐색 시간은 $25 + \frac{1}{2}|i-j|$밀리초이다. i와 j가 1에서 200 사이의 정수들에서 무작위로 선택된다고 할 때, $|i-j|$의 평균은 $2\binom{201}{3}/200^2 \approx 66.7$이다. 따라서 평균 탐색 시간은 약 60 ms이다. MIXTEC 디스크는 25초마다 한 번 회전하므로, 평균 잠복 시간은 약 12.5 ms이다. 문자 n개의 전송 시간은 $(n/5000) \times 25$ ms$= 5n\ \mu s$이다.(이는 5.4.6절의 예들에 쓰인 MIXT 테이프의 전송 시간의 약 $3\frac{1}{3}$배이다.)

MIXTEC 디스크와 MIXT 테이프의 주된 차이점을 요약하자면 다음과 같다.

a) 테이프는 순차적으로만 접근할 수 있다.
b) 개별 디스크 연산은 대체로 훨씬 더 많은 추가부담이 필요하다(중지/시작 시간에 비한 탐색 시간 + 잠복 시간).
c) 디스크의 전송 속도가 더 빠르다.

테이프의 경우 현명한 병합 패턴들을 사용해서 단점 (a)를 어느 정도 상쇄할 수 있었다. 이번 절에서 우리의 목표는 단점 (b)를 상쇄할 수 있는 현명한 디스크 정렬 알고리즘들을 고안하는 것이다.

잠복 시간의 극복. 그럼 먼저, 어떤 I/O 명령을 시작하고자 할 때 디스크들이 항상 적절한 위치에 있는 것은 아니라는 데서 발생하는 지연들을 최소화하는 문제를 살펴보자. 디스크를 더 빠르게 돌릴 수는 없지만, 잠복 시간을 줄이거나 심지어는 완전히 제거하는 요령들은 몇 가지 가능하다. 접근팔들을 더 추가하는 것이 도움이 될 것은 확실하나, 하드웨어를 수정하는 데에는 돈이 필요하다. 다음은 몇 가지 소프트웨어적인 착안들이다.

- 한 실린더의 여러 트랙들을 한 번에 읽거나 쓴다면 첫 트랙을 제외한 모든 트랙에 대한 잠복 시간(그리고 탐색 시간)을 제거할 수 있다. 일반적으로, 일련의 입력 · 출력 명령들을 잠복 지연 없이 수행할 수 있도록 계산 시간과 디스크 이동을 동기화하는 것이 가능한 경우가 자주 있다.

- 자료 한 트랙의 절반을 읽는 문제(그림 90)를 생각해보자. 만일 헤드들이 축 A에 있는 상황에서 읽기 명령을 시작한다면 잠복 지연은 생기지 않으며, 읽기에 걸리는 총 시간은 그냥 전송 시간, 즉 $\frac{1}{2} \times 25$ ms이다. 만일 헤드들이 B에 있을 때 읽기 명령이 시작된다면 잠복에 $\frac{1}{4}$회전, 전송에 $\frac{1}{2}$회전이 필요하고, 결국 총 읽기 시간은 $\frac{3}{4} \times 25$ ms가 된다. 가장 흥미로운 경우는 초기에 헤드들이

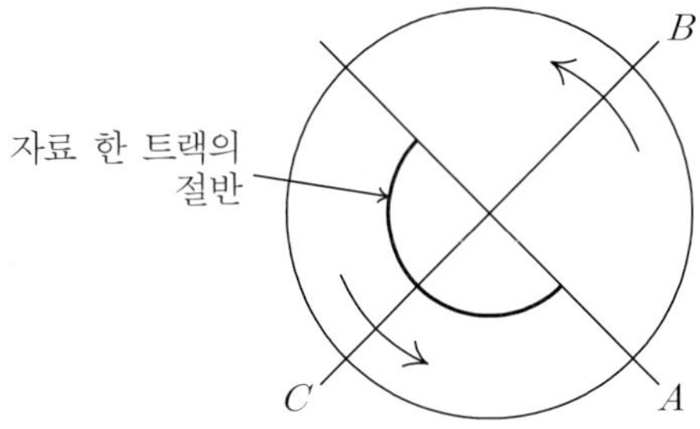

그림 90. 트랙의 절반을 읽을 때의 잠복 시간 분석.

C에 있을 때 발생한다: 적절한 하드웨어와 소프트웨어가 마련되어 있다면 잠복 지연에 대한 $\frac{3}{4}$회전을 낭비할 필요가 없다. 읽기를 즉시 시작해서 입력 버퍼에 자료의 나머지 절반을 읽어 들일 수 있는 것이다. 그런 다음에는 $\frac{1}{2}\times 25\,\mathrm{ms}$의 지연 이후에 버퍼의 처음 절반을 읽을 수 있다. 따라서 헤드들이 축 C에 다시 도달했을 때 읽기 명령은 완료가 된다. 비슷한 방식으로, 디스크의 초기 위치와는 무관하게 총 잠복 더하기 전송 시간이 1회전 시간을 결코 넘지 않음을 보장할 수 있다. 한 트랙을 주어진 비율 x (여기서 $0 < x \le 1$)만큼만 읽거나 쓴다고 할 때 이런 기법을 사용하면 평균 잠복 지연 시간이 반회전에서 $\frac{1}{2}(1-x^2)$회전으로 줄어든다. 트랙 전체를 읽거나 쓴다면($x = 1$) 이 기법으로 잠복 시간 전체를 제거할 수 있다.

드럼: 탐색이 없는 경우. 전통적으로 드럼(drum) 메모리라고 불리는 외부 기억장치들은 트랙마다 하나씩 읽기·쓰기 헤드를 둠으로써 탐색 시간을 제거한다. 언제나 한 번에 트랙 하나씩만 읽거나 쓴다고 할 때, 그림 90의 기법을 그런 장치에 적용한다면 탐색 시간과 잠복 시간 모두 0이 된다. 이는 전송 시간이 유일한 제한 요인이 되는 이상적인 상황이다.

5.4.6절의 예, 즉 100,000자 용량의 내부 메모리를 가진 컴퓨터에서 100자 짜리 레코드 100,000개를 정렬하는 문제에 대해 다시 생각해 보자. 정렬할 자료 전체는 하나의 MIXTEC 디스크의 절반을 채운다. 하나의 디스크 단위에서 읽기와 쓰기를 동시에 수행하는 것은 일반적으로 불가능하다. 읽기와 쓰기를 서로 겹칠 수 있도록, 디스크가 두 개라고 가정하자. 그리고 더 나아가서, 이 경우 그 디스크들이 실제로는 드럼이라고 가정하자. 각 드럼은 5000자 짜리 트랙 4000개로 구성되며, 탐색 시간은 0이다.

이런 상황에서는 어떤 정렬 알고리즘을 사용해야 할까? 꽤나 당연한 선택으로는 병합 방법을 들 수 있다. 내부 정렬 방법들은 5.2.5절의 기수 기법들을 제외할 때 디스크 구현에 그리 적합하지 않다. 5.4.7절의 고려사항들에 의하면, 범용적인 응용에 대해서는 기수 정렬이 병합보다 못하다. 그 절의 쌍대성 정리가 테이프뿐만 아니라 디스크에도 적용되기 때문이다. 그러나 키들이 균등분포이면서 많은 수의 디스크들을 병렬적으로 사용할 수 있다면 기수 정렬이 강력한 장점을 가지게 된다. 키들의 최상위숫자(최대유효숫자)에 의한 초기 배분을 통해서 작업을 개별적인, 서로 더 이상 소통할 필요가 없는 부분문제들로 분할할 수 있기 때문이다. (예를 들면 R. C. Agarwal, *SIGMOD Record*

25, (1996년 6월), 240-246을 볼 것.)

이하의 논의에서는 병합 정렬에 집중하겠다. 앞서의 문제에 대한 병합 정렬은 5000자 입력 버퍼 두 개와 5000자 출력 버퍼 두개를 두고 치환 선택을 수행하는 것으로 시작할 수 있다. 사실, 현재 입력 버퍼의 레코드들을 선택 트리에서 떼어낸 레코드들로 치환한다면 세 개의 5000자 버퍼들만 사용하는 것도 가능하다. 그러면 선택 트리에는 85,000자(레코드 850개)가 남게 되므로, 예제 자료에 대한 한 번의 패스 수행으로 약 60개의 초기 연속열들이 생겨난다(식 5.4.6-(3) 참고). 내부 처리 시간이 입·출력 속도를 따라잡을 수 있을 정도로 빠르다고 가정할 때, 그리고 하나의 레코드를 출력 버퍼로 옮기는 데 500ms가 걸린다고 할 때, 이 패스에는 약 50초 정도만이 소요된다. 만일 정렬할 입력이 드럼이 아니라 하나의 MIXT 테이프에 들어 있다면 이 패스의 속도가 더 느릴 것이다(테이프 속도 때문에).

드럼이 두 개이고 트랙 전체를 읽고 쓴다고 할 때, 만일 P를 최대한 크게 잡는다면 P중 병합의 전송 시간이 최소화됨을 어렵지 않게 입증할 수 있다. 그러나 모든 초기 연속열에 대해 그냥 60중 병합을 수행할 수는 없다. 버퍼 60개를 담을 수 있을 정도로 메모리가 크지는 않을 것이기 때문이다. (5000자 미만의 버퍼를 사용한다면 원치 않은 잠복 시간이 생기게 된다. 지금 우리는 아직도 1970년대에 살고 있다고 가정한 것임을 기억할 것. 당시의 내부 메모리 용량은 지금에 비해 훨씬 제한적이었다.) 읽기와 쓰기가 중첩되게 하는 방식으로 한 드럼의 모든 자료를 다른 드럼으로 전달하면서 P중 병합을 수행한다면, 병합 패스 횟수는 $\lceil \log_P 60 \rceil$이다. 따라서 만일 $8 \le P \le 59$이면 두 패스 만에 정렬을 완료할 수 있다. 그러한 가장 작은 P는 내부 계산량을 줄여주므로, $P = 8$로 두기로 하자. 만일 초기 배분에 의해 65개의 초기 연속열들이 생겼다면 $P = 9$로 두면 된다. 초기 연속열 개수가 82 이상이면 $P = 10$으로 둘 수 있으나, 내부 메모리에는 입력 버퍼 18개, 출력 버퍼 2개만을 둘 수 있기 때문에 병합 도중 단절(hangup)이 생길 수 있다(알고리즘 5.4.6F 참고). 그런 경우에는 자료의 작은 부분에 대한 두 번의 부분 패스를 수행해서 초기 연속열 개수를 81개 이하로 줄이는 것이 낫다.

이상의 가정 하에서, 두 병합 패스는 각각 약 50초를 소비한다. 따라서 이 이상적인 상황에서의 정렬 전체는 단 2.5분(더하기 관리, 초기화 등에 필요한 몇 초)만에 끝나게 된다. 이는 5.4.6절에서 고찰한 최고의 6테이프 정렬보다 여섯 배나 빠른 것이다. 이러한 속도 증가의 이유들로는 개선된 외부/내부 전송 속도(3.5배 빠르다), 더 높은 병합 차수(테이프가 9개 이상이 아닌 한 8중 테이프 병합을 수행할 수는 없다), 그리고 출력이 디스크에 남는다는 사실(최종 되감기 등이 필요 없다) 등을 들 수 있다. 만일 초기 입력과 정렬된 출력이 MIXT들에 존재해야 하며 드럼은 오직 병합에만 사용해야 한다면, 해당 정렬 시간은 약 8.2분이 된다.

두 개가 아니라 하나의 드럼만을 사용할 수 있다면 읽기와 쓰기를 따로 수행해야 하므로 입출력 시간이 두 배로 늘어난다. (초기 입력 자료를 덮어쓸 수도 있는 경우라면, 실제로는 입출력 연산 시간이 세 배가 될 수도 있다. 그런 경우에는 각 쓰기 다음에 "다시 읽기 점검(read-back-check)" 연산을 수행하는 것이 안전할 것이다. 그런 안전장치를 두지 않는다면, 하드웨어가 기록된 정보를 자동으로 점검하는 기능을 가지고 있지 않은 한 일부 입력 자료가 돌이킬 수 없게 소실될 수 있다.) 그러나 일부 자료 레코드를 다른 것들보다 더 자주 처리하는 부분 패스 방법을 이용한다면 이런 추가 소비 시간의 일부를 되찾는 것도 가능하다. 드럼이 두 개인 경우에서는 모든 자료가 반드시 짝수 번 또는 홀수 번 처리되어야 하나, 드럼이 하나인 경우에는 좀 더 일반적인 병합 패턴들을 사용할 수 있다.

5.4.4절에서 말했듯이 병합 패턴들을 트리로 표현할 수 있으며, 하나의 병합 패턴에 대응하는 전송 시간은 해당 트리의 외부 경로 길이에 비례한다. 오직 특정한 트리들(T후입선출 또는 강한 T선입선출)만이 효율적인 테이프 병합 패턴으로 사용될 수 있다. 병합이 진행됨에 따라 일부 연속열들이 테이프 중간에 묻히게 되기 때문이다. 그러나 트리의 내부 노드들의 차수들이 가용 내부 메모리 크기에 비해 아주 크지 않은 한, 디스크나 드럼의 경우에는 모든 트리가 가용 병합 패턴을 정의한다.

따라서 외부 경로 길이가 최소인 트리를 선택함으로써 전송 시간을 최소화할 수 있다. 이를테면 P를 최대한 크게 잡은 완전 P진 트리가 그 예이다. 식 5.4.4-(9)에 의해, 그러한 트리의 외부 경로는

$$qS-\lfloor (P^q-S)/(P-1)\rfloor, \qquad q=\lceil \log_P S\rceil \tag{1}$$

와 같다. 여기서 S는 외부 노드(말단)들의 개수이다.

완전 P진 트리 패턴에 따라 병합을 수행하는 알고리즘은 설계하기가 특히나 쉽다. 예를 들어 그림 91을 보자. 그림 91은 $P=3$, $S=6$인 경우이다. 먼저 필요하다면 모조 연속열들을 추가해서 $S\equiv 1$ (modulo $P-1$)이 되게 만든다. 그런 다음에는 선입선출 원리에 따라 연속열들을 결합하되, 각 시기에서 대기열 앞단에 있는 가장 오래된 P개의 연속열들을 뒷단에 놓인 하나의 연속열로 병합한다.

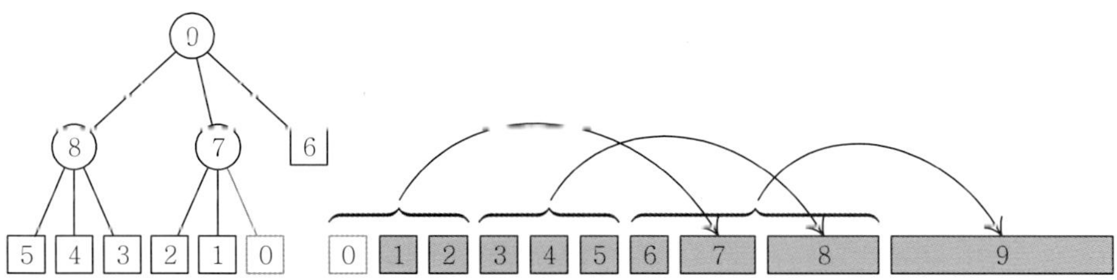

그림 91. 말단이 여섯 개인 완전 3진 트리와 그에 대응하는 병합 패턴.

완전 P진 트리는 초기 연속열들의 길이가 모두 같을 때 최적의 패턴을 제공하나, 일부 연속열들이 다른 것들보다 긴 경우에 더 나은 결과를 얻는 경우도 종종 있다. 이런 일반적 상황에 대한 최적의 패턴은 허프먼Huffman의 방법(연습문제 2.3.4.5-10)을 이용해서 쉽게 구축할 수 있다. 허프먼의 방법을 병합에 맞게 다시 표현한다면 다음과 같다: “우선 길이가 0인 모조 연속열 $(1-S) \bmod (P-1)$개를 추가한다. 그런 다음 기존의 가장 짧은 연속열 P개를 오직 하나의 연속열만 남게 될 때까지 반복해서 병합한다.” 모든 초기 연속열의 길이가 같은 경우, 이 방법은 위에서 말한 선입선출

원리와 같아진다.

레코드 100,000개의 예에서는 9중 병합을 사용할 수 있다. 내부 메모리에 18개의 입력 버퍼들과 두 개의 출력 버퍼를 둘 수 있으며 알고리즘 5.4.6F에 의해서 모든 계산 시간이 중첩될 것이기 때문이다. 초기 연속열들의 길이가 모두 같은 경우 외부 노드가 60개인 완전 9진 트리는 패스 수가 $1\frac{29}{30}$인 병합 패턴에 해당한다. 따라서, 드럼이 하나이고 쓰기 연산 때마다 다시 읽기 점검을 수행한다고 할 때 총 정렬 시간은 약 7.4분이 된다. P가 더 클 때에는 이 실행 시간이 조금 줄어들 수 있다. 그러나 그렇게 되면 꽉 찬 또는 빈 버퍼들이 너무 많아졌을 때 "읽기 단절"이 발생할 수 있으므로 상황이 복잡해진다.

탐색 시간의 영향. 이상의 논의에서 보듯이, 드럼들을 위한 최적의 병합 패턴은 비교적 쉽게 구축할 수 있다. 이는 드럼에는 탐색 시간과 잠복 시간이 본질적으로 존재하지 않기 때문이다. 그러나 작은 버퍼들과 함께 디스크들을 사용하는 경우에는 종종 자료를 읽는 것보다 찾는 데 더 많은 시간을 소비하기도 한다. 따라서 탐색 시간은 정렬 전략에 상당한 영향을 미치게 된다. 병합 차수 P를 줄인다면 더 큰 버퍼를 사용할 수 있게 되고, 따라서 필요한 탐색량도 줄어든다. 이러한 이득은 더 작은 P 때문에 생기는 추가적인 전송 시간을 상쇄하곤 한다.

탐색 시간은 접근팔의 이동 거리에 의존하므로, 이 거리를 최소화하도록 공정을 안배하는 데 노력을 기울일 필요가 있다. 예를 들면 실린더들 안에 있는 레코드들을 먼저 정렬하는 것도 현명한 방법일 것이다. 그러나 대규모 병합에서는 실린더들 사이의 전환이 상당히 많이 일어나게 된다(연습문제 2 참고). 게다가 현대적인 운영체제들은 다중프로세싱 지원 요구 때문에 사용자가 디스크 접근팔의 위치를 직접적으로 제어하는 것을 허용하지 않는 경우가 많다. 따라서 각 디스크 명령마다 "무작위한" 탐색이 관여하게 된다고 가정할 필요가 있다.

우리의 목표는 탐색 시간과 전송 시간의 균형이 최고를 이루는 병합 패턴을 찾는 데 있다. 이를 위해서는 특정 하드웨어 구성에 대한 임의의 특정한 트리의 적합도를 추정하는 어떤 방법이 필요하다. 예를 들어 그림 92의 트리를 생각해 보자. 이 트리에 해당하는 병합이 어느 정도의 시간을 필요로 하는지 추정할 수 있어야 이 트리를 다른 트리와 비교할 수 있다.

아래의 논의에서는 몇 가지 일반적인 개념들을 설명하게 될 텐데, 이를 위해서 디스크 병합에 대해 다음과 같이 가정한다: (i) n개의 문자들을 읽거나 쓰는 데에는 $72.5 + 0.005n$ 밀리초가 걸린다; (ii) 내부 메모리의 작업용 저장소는 문자 100,000자를 담을 수 있다; (iii) 문자 하나를 입력에서 출력으로 전송하는 데에는 평균 0.004 밀리초가 걸린다; (iv) 읽기, 쓰기, 계산은 전혀 겹치지 않는다; (v) 출력에 쓰이는 버퍼 크기가 이후의 패스에서 자료를 읽는 데 쓰이는 버퍼의 크기와 같을 필요는 없다. 이런 간단한 가정들 하에서 정렬 문제를 분석해 본다면 좀 더 복잡한 상황에서 유용하게 쓰일만한 몇 가지 착안들을 얻을 수 있을 것이다.

P중 병합을 수행한다면 내부 작업용 저장소를 $P+1$개의 버퍼 영역들로 나누면 될 것이다. 이 때 P개는 입력으로, 나머지 하나는 출력으로 사용한다. 그리고 버퍼 당 문자 수는 $B = 100000/(P+1)$로 둔다. 병합할 파일들이 총 L개의 문자들을 담고 있다고 하자. 그러면 약 L/B회의 출력

연산들과 같은 횟수의 입력 연산들을 수행하게 된다. 따라서 위의 가정들 하에서 총 병합 시간은 근사적으로

$$2\left(72.5\frac{L}{B}+0.005L\right)+0.004L=(0.00145P+0.01545)L \qquad (2)$$

밀리초가 된다.

바꾸어 말해서, 문자 L개의 P중 병합에는 $(\alpha P+\beta)L$단위시간이 걸린다. 여기서 α와 β는 탐색 시간, 잠복 시간, 계산 시간, 메모리 크기에 의존하는 어떤 상수이다. 좋은 디스크 병합 패턴을 구축하는 한 가지 흥미로운 방식을 이 공식으로부터 이끌어낼 수 있다. 예를 들어 그림 92를 생각해보자. 그리고 초기 연속열들(그림에서는 사각형 말단 노드들로 표시됨)의 길이가 모두 L_0이라고 가정하자. 그러면 노드 9와 10에서의 병합들은 각각 $(2\alpha+\beta)(2L_0)$단위시간을 소비하며, 노드 11에서의 병합은 $(3\alpha+\beta)(4L_0)$, 그리고 노드 12에서의 마지막 병합은 $(4\alpha+\beta)(8L_0)$을 소비한다. 따라서 총 병합 시간은 $(52\alpha+16\beta)L_0$단위가 된다. 계수 "16"은 이미 짐작했겠지만 트리의 외부 경로 길이이다. 그러나 α의 계수 "52"는 새로운 개념으로, 트리의 차수 경로 길이(degree path length)라고 부르면 적당할 것이다. 이 차수 경로 길이는 모든 말단 노드에 대해 취한, 말단에서 루트로의 경로에 있는 내부 노드 차수들의 합이다. 예를 들어 그림 92에서 차수 경로 길이는

$$(2+4)+(2+4)+(3+4)+(2+3+4)+(2+3+4)+(3+4)+(4)+(4)=52$$

이다. $\mathcal{T}$가 임의의 트리라고 할 때 그 차수 경로 길이와 외부 경로 길이를 각각 $D(\mathcal{T})$와 $E(\mathcal{T})$로 표기하자. 우리의 분석을 다음과 같은 정리로 요약할 수 있다:

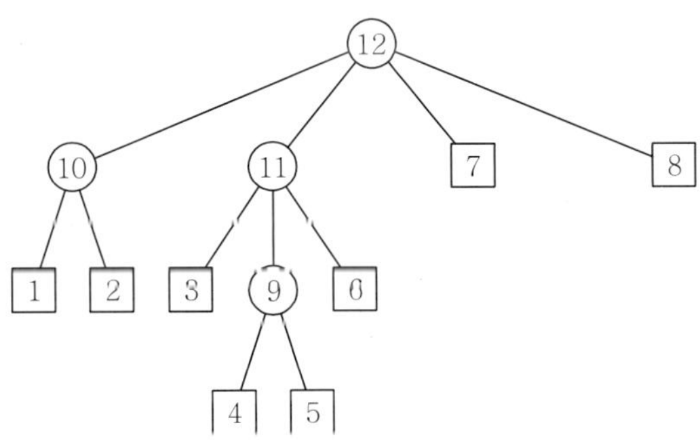

그림 92. 외부 경로 길이가 16이고 차수 경로 길이가 52인 트리.

정리 H. *만일 L개의 문자들에 대한 P중 병합을 수행하는 데 필요한 시간이 $(\alpha P+\beta)L$의 형태이면, 그리고 병합할 연속열들이 S개이고 모두 길이가 같으면, 최고의 병합 패턴은 $\alpha D(\mathcal{T})+\beta E(\mathcal{T})$가 최소인 트리 $\mathcal{T}$에 대응한다.* ▮

(허버드George U. Hubbard가 1963년도 ACM National Conference에서 발표한 한 미출판 논문에 이 정리가 암묵적으로 포함되어 있었다.)

α와 β가 고정된 상수들이라고 하자. 말단 노드 개수가 같은 모든 트리 중 $\alpha D(\mathcal{T})+\beta E(\mathcal{T})$의

값이 최소인 트리 $\mathcal{T}$를 가리켜 최적 트리라고 부르기로 하자. 한 최적 트리의 모든 하위트리는 최적임을 입증하는 것은 어렵지 않다. 따라서 말단 개수가 $< n$인 최적 트리들을 합쳐서 말단 개수가 n인 최적 트리를 구축할 수 있다.

정리 K. *수열 $A_m(n)$이 $1 \le m \le n$에 대해 다음과 같은 규칙으로 정의된다고 하자.*

$$A_1(1) \;= 0; \tag{3}$$

$$A_m(n) = \min_{1 \le k \le n/m} (A_1(k) + A_{m-1}(n-k)), \qquad 2 \le m \le n\text{에 대해;} \tag{4}$$

$$A_1(n) \;= \min_{2 \le m \le n} (\alpha mn + \beta n + A_m(n)), \qquad n \ge 2\text{에 대해.} \tag{5}$$

그러면 $A_1(n)$은 말단 노드가 n개인 모든 트리 $\mathcal{T}$에 대한 $\alpha D(\mathcal{T}) + \beta E(\mathcal{T})$의 최소값이다.

증명. 등식 (4)는 $A_m(n)$이 $n_1 + \cdots + n_m = n$을 만족하는 모든 양의 정수 $n_1, \ldots, n_m$에 대해 취한 $A_1(n_1) + \cdots + A_1(n_m)$의 최소값임을 함의한다. 이제 n에 대한 귀납법을 적용하면 정리의 결과가 증명된다. ▮

최적 트리 자체를 구축하는 데 점화식 (3), (4), (5)를 사용할 수 있다: $A_m(n)$의 정의에서 최소값이 나오게 하는 값을 $k_m(n)$이라고 하자. 그러면 루트에서 $m = k_1(n)$개의 하위트리들을 결합함으로써 말단이 n개인 최적 트리를 구축할 수 있다. 그 하위트리들은 말단 노드가 각각 $k_m(n)$, $k_{m-1}(n - k_m(n))$, $k_{m-2}(n - k_m(n) - k_{m-1}(n - k_m(n)))$, ...개인 최적 트리들이다.

예를 들어 표 1은 $\alpha = \beta = 1$일 때의 이러한 구성을 보여준다. 표의 오른쪽에는 해당 최적 트리의 간결한 명세들이 나온다. 예를 들어 $n = 22$일 때의 트리 명세 "4 : 9 : 9"는, $\mathcal{T}_4$, $\mathcal{T}_9$, $\mathcal{T}_9$를 결합함으로써 말단이 22개인 최적 트리 $\mathcal{T}_{22}$를 얻을 수 있음을 뜻한다(그림 93). 최적 트리들은 유일하지 않다. 예를 들어 5 : 8 : 9는 4 : 9 : 9만큼이나 최적이다.

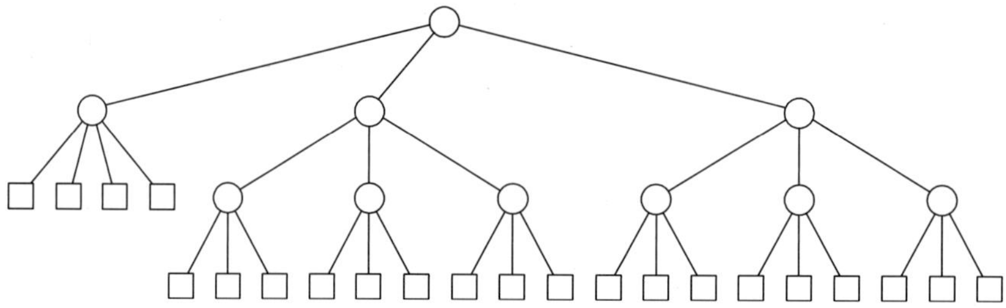

그림 93. 정리 H에서 $\alpha = \beta$일 때의, 같은 길이의 초기 연속열 22개를 병합하는 최적의 방법. 이 패턴은 본문의 식 (2)에 관련한 가정들 하에서 탐색 시간을 최소화한다.

(2)의 유도 과정은 사용되는 버퍼 영역들의 개수가 $P+1$이면 항상 관계 $\alpha \le \beta$가 성립함을 보여준다. 표 1과 그림 93에 나오는 극한 경우 $\alpha = \beta$는 탐색 시간 자체가 전송 시간과 상관없이 최소화될 때 발생한다.

표 1

$\alpha=\beta=1$일 때의 최적 트리 특성 $A_m(n)$과 $k_m(n)$

	m													
n	1	2	3	4	5	6	7	8	9	10	11	12	트리	n
1	0,0												—	1
2	6,2	0,1											1:1	2
3	12,3	6,1	0,1										1:1:1	3
4	20,4	12,1	6,1	0,1									1:1:1:1	4
5	30,5	18,2	12,1	6,1	0,1								1:1:1:1:1	5
6	42,2	24,3	18,1	12,1	6,1	0,1							3:3	6
7	52,3	32,3	24,1	18,1	12,1	6,1	0,1						1:3:3	7
8	62,3	40,4	30,2	24,1	18,1	12,1	6,1	0,1					2:3:3	8
9	72,3	50,4	36,3	30,1	24,1	18,1	12,1	6,1	0,1				3:3:3	9
10	84,3	60,5	44,3	36,1	30,1	24,1	18,1	12,1	6,1	0,1			3:3:4	10
11	96,3	72,4	52,3	42,2	36,1	30,1	24,1	18,1	12,1	6,1	0,1		3:4:4	11
12	108,3	82,4	60,4	48,3	42,1	36,1	30,1	24,1	18,1	12,1	6,1	0,1	4:4:4	12
13	121,4	92,4	70,4	56,3	48,1	42,1	36,1	30,1	24,1	18,1	12,1	6,1	3:3:3:4	13
14	134,4	102,5	80,4	64,3	54,2	48,1	42,1	36,1	30,1	24,1	18,1	12,1	3:3:4:4	14
15	147,4	114,5	90,4	72,3	60,3	54,1	48,1	42,1	36,1	30,1	24,1	18,1	3:4:4:4	15
16	160,4	124,7	102,4	80,4	68,3	60,1	54,1	48,1	42,1	36,1	30,1	24,1	4:4:4:4	16
17	175,4	134,8	112,4	90,4	76,3	66,2	60,1	54,1	48,1	42,1	36,1	30,1	4:4:4:5	17
18	190,4	144,9	122,4	100,4	84,3	72,3	66,1	60,1	54,1	48,1	42,1	36,1	4:4:5:5	18
19	205,4	156,9	132,5	110,4	92,3	80,3	72,1	66,1	60,1	54,1	48,1	42,1	4:5:5:5	19
20	220,4	168,9	144,4	120,5	100,4	88,3	78,2	72,1	66,1	60,1	54,1	48,1	5:5:5:5	20
21	236,5	180,9	154,4	132,4	110,4	96,3	84,3	78,1	72,1	66,1	60,1	54,1	4:4:4:4:5	21
22	252,3	192,10	164,4	142,4	120,4	104,3	92,3	84,1	78,1	72,1	66,1	60,1	4:9:9	22
23	266,3	204,11	174,5	152,4	130,4	112,3	100,3	90,2	84,1	78,1	72,1	66,1	5:9:9	23
24	282,3	216,12	186,5	162,5	140,4	120,4	108,3	96,3	90,1	84,1	78,1	72,1	5:9:10	24
25	296,3	229,12	196,7	174,4	150,5	130,4	116,3	104,3	96,1	90,1	84,1	78,1	7:9:9	25

다시 원래의 응용으로 돌아가자. 애초에 초기 연속열들을 어떻게 얻을 것인지에 대해서는 아직 고려한 바가 없다. 읽기/쓰기/계산이 전혀 겹치지 않는다면 치환 선택의 이득 중 일부가 사라진다. 어쩌면 내부 메모리 전체를 채우고, 정렬하고, 그 결과를 출력해야 할 수도 있다. 그런 입력, 출력 연산들 각각은 하나의 탐색으로 끝낼 수 있다. 또는, 메모리의 일부, 이를테면 20%를 입력/출력 조합 버퍼로 사용하고 치환 선택을 수행하는 게 더 나을 수도 있다. 그러면 탐색량은 다섯 배가 되나(약 60초가 더 걸린다!), 대신 초기 연속열 개수가 100개에서 64개로 줄어든다. 입력 파일이 이미 상당히 정렬되어 있었다면 더 큰 감소가 일어날 것이다.

치환 선택을 사용하지 않기로 했다면, $S = 100$, $\alpha = 0.00145$, $\beta = 0.01545$에 대한 최적 트리[(2)를 볼 것]는 상당히 단조로운 것이 된다: 그냥 자료 전체에 대한 패스 두 번으로 끝나는 하나의 10중 병합이다. 내부 정렬에 30초가 걸린다고 하면(이를테면 빠른정렬 100회), 초기 배분 패스가 약 2.5분, 병합 패스들 각각이 거의 5분을 소비해서 전체적으로는 12.4분이 된다. 치환 선택을 사용한다고 해도, $S = 64$에 대한 최적 트리는 앞의 트리와 마찬가지로 단조롭다(두 번의 8중 병합 패스). 초기 배분 패스에 3.5분, 병합 패스들 각각에는 4.5분이 걸려서 총 추정 시간은 12.6분이 된다. 이 두 방법 모두 더 큰 버퍼와 더 작은 탐색 시간을 위해 거의 모든 읽기/쓰기/계산 중첩을 포기함을 기억할 것. 다시 읽기 점검 연산에 필요한 시간은 이 추정 시간들에 포함되지 않았다.

실제 응용에서 최종 병합 패스는 다른 패스들과 상당히 다른 경향을 보인다. 예를 들어 출력이 확장되거나 테이프에 기록되는 경우가 많은데, 그런 경우라면 루트에서 서로 다른 최적성 조건을 사용해서 트리 패턴을 선택해야 한다.

***최적 트리를 좀 더 자세히 살펴보자.** 현실에서는 대체로 정리 H와 K의 매개변수들이 $0 \le \alpha \le \beta$인 상황들과 마주치겠지만, $\beta = 0$이라는 극단적인 경우를 조사해 보는 것도 흥미로울 수 있다. n개의 말단들을 가진 트리들 중 차수 경로 길이가 가장 짧은 것은 어떤 것일까? 이상하게도, 답은 3중 병합이 최선이라는 것이다.

정리 L. *n개의 말단들을 가진 트리의 차수 경로 길이는 다음 함수보다 결코 작지 않다:*

$$f(n) = \begin{cases} 3qn + 2(n - 3^q), & \text{만일 } 2\cdot 3q - 1 \le n \le 3^q\text{이면;} \\ 3qn + 4(n - 3^q), & \text{만일 } 3^q \le n \le 2\cdot 3^q\text{이면.} \end{cases} \qquad (6)$$

차수 경로 길이가 최소인 트리는 규칙

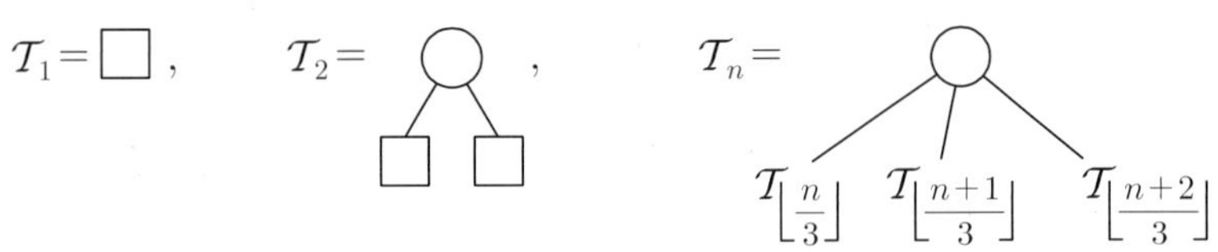

(7)

으로 정의되는 3진트리 $\mathcal{T}_n$이다.

증명. $f(n)$이 볼록함수라는 점을, 즉

$$\text{모든 } n \ge 2\text{에 대해} \qquad f(n+1) - f(n) \ge f(n) - f(n-1) \qquad (8)$$

임을 주목할 필요가 있다. 이러한 성질이 중요한 것은 연습문제 2.3.4.5–17의 결과와 쌍대인 다음과 같은 보조정리 때문이다.

보조정리 C. *양의 정수들에 관해 정의되는 함수 $g(n)$은 오직 그것이 볼록함수일 때에만*

$$\min_{1 \le k < n} (g(k) + g(n-k)) = g(\lfloor n/2 \rfloor) + g(\lceil n/2 \rceil), \qquad n \ge 2 \qquad (9)$$

를 만족한다.

증명. 만일 어떤 $n \geq 2$에 대해 $g(n+1) - g(n) < g(n) - g(n-1)$이라면 $g(n+1) + g(n-1) < g(n) + g(n)$이 되는데, 이는 (9)와 모순이다. 반대로, 만일 (8)이 g에 대해 성립하며 $1 \leq k < n-k$라면 볼록 성질에 의해 $g(k+1) + g(n-k-1) \leq g(k) + g(n-k)$가 성립한다. ▮

보조정리 C의 증명의 후반부를 임의의 $m \geq 2$로 확장한다면, g가 볼록함수일 때 항상

$$\min_{\substack{n_1 + \cdots + n_m = n \\ n_1, \ldots, n_m \geq 1}} (g(n_1) + \cdots + g(n_m)) = g(\lfloor n/m \rfloor) + g(\lfloor (n+1)/m \rfloor) + \cdots + g(\lfloor (n+m-1)/m \rfloor) \qquad (10)$$

임도 증명된다. 이제

$$f_m(n) = f(\lfloor n/m \rfloor) + f(\lfloor (n+1)/m \rfloor) + \cdots + f(\lfloor (n+m-1)/m \rfloor) \qquad (11)$$

로 두자. $f_3(n) + 3n = f(n)$이고 모든 $m \geq 2$에 대해 $f_m(n) + mn \geq f(n)$임을 증명하면(연습문제 11) 정리 L의 증명이 완료된다. ▮

최적 트리들을 항상 정리 L에서처럼 깔끔하게 특징지을 수 있다면 아주 좋았을 것이다. 그러나 표 1의 $\alpha = \beta$에 대한 결과들을 보면 $A_1(n)$이 항상 볼록함수인 것은 아니다. 사실 표 1은 최적 트리에 대한 대부분의 단순한 추측들을 반증하기에 충분하다. 그러나 정리 L의 일부는 일반적인 경우로 빼내는 것이 가능하다. 슐럼버저M. Schlumberger와 뷔유맹J. Vuillemin은 큰 차수의 병합을 피하는 것이 항상 가능함을 보였다:

정리 M. *α와 β가 정리 H에서처럼 주어졌을 때, 모든 노드의 차수가*

$$d(\alpha, \beta) = \left\lceil \min_{k \geq 1} \left(k + \left(1 + \frac{1}{k}\right)\left(1 + \frac{\beta}{\alpha}\right)\right) \right\rceil \qquad (12)$$

를 넘지 않는 최적 트리가 하나 존재한다.

증명. $n_1, \ldots, n_m$이 $n_1 + \cdots + n_m = n$, $A(n_1) + \cdots + A(n_m) = A_m(n)$이고 $n_1 \leq \cdots \leq n_m$인 양의 정수들이라고 하자. 그리고 $m \geq d(\alpha, \beta) + 1$이라고 가정하자. k가 (12)를 최소화하는 값이라고 하자. 이제

$$\alpha n(m-k) + \beta n + A_{m-k}(n) \leq \alpha nm + \beta n + A_m(n) \qquad (13)$$

을 보이고자 한다. 이를 입증하면 (4)의 최소값이 나오는 어떤 $m \leq d(\alpha, \beta)$이 항상 존재함도 입증된다.

$m \geq k+2$이므로, 정의에 의해 반드시

$$\begin{aligned} A_{m-k}(n) &\leq A_1(n_1 + \cdots + n_{k+1}) + A_1(n_{k+2}) + \cdots + A_1(n_m) \\ &\leq \alpha(n_1 + \cdots + n_{k+1})(k+1) + \beta(n_1 + \cdots + n_{k+1}) + A_1(n_1) + \cdots + A_1(n_m) \\ &= (\alpha(k+1) + \beta)(n_1 + \cdots + n_{k+1}) + A_m(n) \\ &\leq (\alpha(k+1) + \beta)(k+1)n/m + A_m(n) \end{aligned}$$

이 성립한다. 이로부터 (13)을 쉽게 증명할 수 있다. (이 증명을 자세히 조사해 보면 (12)가 가능한 최고의 값임을 알 수 있다. 여기서 최고라 함은 반드시 차수가 $d(\alpha, \beta)$인 노드들을 가지는 최적 트리들이 존재한다는 의미이다.) ▮

정리 K의 구축법으로 $1 \le m \le n \le N$에 대해 $A_m(n)$을 평가하기 위해서는 $O(N^2)$개의 메모리 칸들과 $O(N^2 \log N)$개의 단계들이 필요하다. 정리 M은 $O(N)$개의 칸들과 $O(N^2)$개의 단계 들로도 충분함을 보여준다. 슐럼버저와 뷔유맹은 최적 트리의 아주 흥미로운 성질 여러 개를 더 발견했다 〔*Acta Informatica* 3 (1973), 25-36〕. $A_1(n)$의 점근값을 구하는 것도 가능한데, 이에 대해서는 연습문제 9를 볼 것.

***또 다른 버퍼 할당 방식.** 퍼거슨David E. Ferguson은 모든 버퍼의 크기를 같게 두지 않는다면 탐색 시간을 줄일 수 있음을 지적했다 〔*CACM* 14 (1971), 476-478〕. 거의 같은 시기, 다른 여러 명의 사람들도 이러한 착안에 닿아 있었다 〔S. J. Waters, *Comp. J.* 14 (1971), 109-112; Ewing S. Walker, *Software Age* 4 (1970년 7-8월호), 16-17〕.

길이가 모두 L_0인 연속열들에 대해 4중 병합을 수행한다고 하자. 메모리에 M개의 문자들을 담을 수 있다고 가정한다. 만일 그 메모리를 크기가 모두 $B = M/5$인 버퍼들로 분할한다면 각 입력 파일의 필요 탐색 횟수는 L_0/B이고 출력의 탐색 횟수 $4L_0/B$이다. 전체 탐색은 $8L_0/B = 40L_0/M$이 된다. 그러나 만일 크기가 $M/6$인 입력 버퍼를 네 개 두고 크기가 $M/3$인 출력 버퍼를 하나 둔다면 탐색은 약 $4 \times (6L_0/M) + 4 \times (3L_0/M) = 36L_0/M$번만 필요하게 된다. 두 경우에서 전송 시간은 동일하므로, 후자로 변경해서 잃은 것은 없다.

일반화해서, 길이가 $L_1, \ldots, L_P$인 정렬된 파일들을 길이가

$$L_{P+1} = L_1 + \cdots + L_P$$

인 하나의 정렬된 파일로 병합한다고 하자. 그리고 k번째 파일에 대해서는 길이가 B_k인 버퍼를 사용한다고 하자. 즉,

$$B_1 + \cdots + B_P + B_{P+1} = M \tag{14}$$

이다. 여기서 M은 사용할 수 있는 내부 메모리 전체 크기이다. 그러면 탐색 횟수는 근사적으로

$$\frac{L_1}{B_1} + \cdots + \frac{L_P}{B_P} + \frac{L_{P+1}}{B_{P+1}} \tag{15}$$

이다. 조건 (14)를 유지하면서 이 수량을 최소화해보자. 편의상 B_k들이 반드시 정수일 필요는 없다고 가정한다. 만일 B_j를 δ만큼 증가하고 B_k를 같은 양만큼 감소한다면, 탐색 횟수는

$$\frac{L_j}{B_j+\delta} - \frac{L_j}{B_j} + \frac{L_k}{B_k-\delta} - \frac{L_k}{B_k} = \left(\frac{L_k}{B_k(B_k-\delta)} - \frac{L_j}{B_j(B_j+\delta)}\right)\delta$$

가 된다. 따라서 만일 $L_j/B_j^2 \ne L_k/B_k^2$이면 할당을 개선할 수 있다. 그러므로 탐색 횟수가 최소가

되려면

$$\frac{L_1}{B_1^2} = \cdots = \frac{L_P}{B_P^2} = \frac{L_{P+1}}{B_{P+1}^2} \tag{16}$$

이어야 한다. 그러한 최소값이 실제로 존재하므로, 그 최소값은 반드시

$$B_k = \sqrt{L_k}\, M \big/ \left(\sqrt{L_1} + \cdots + \sqrt{L_{P+1}}\right), \qquad 1 \le k \le P+1 \tag{17}$$

일 때 발생해야 한다. $B_1, \ldots, B_{P+1}$의 값들 중 (14)와 (16)을 모두 만족하는 것으로는 이들이 유일하다. (17)을 (15)에 대입하면 총 탐색 횟수에 대한 다음과 같이 상당히 간단한 공식이 나온다.

$$\left(\sqrt{L_1} + \cdots + \sqrt{L_{P+1}}\right)^2 / M. \tag{18}$$

모든 버퍼의 길이가 같은 경우의 총 탐색 횟수인 $(P+1)(L_1 + \cdots + L_{P+1})/M$과 비교해 볼 것. 연습문제 1.2.3-31에 의해, 개선량은

$$\sum_{1 \le j < k \le P+1} \left(\sqrt{L_j} - \sqrt{L_k}\right)^2 / M$$

이다. 안타깝게도 공식 (18) 자체로는 최적의 병합 패턴을 정리 K에서만큼 쉽게 결정할 수 없다(연습문제 14 참고).

연쇄의 활용. 괴츠M. A. Goetz는 개별 트랙들을 함께 연결함으로써 출력의 탐색 시간을 피하는 한 가지 흥미로운 방법을 제안했다. 그의 착안은 상당히 다채로운 디스크 저장소 관리 루틴들을 요구하나, 정렬 말고도 많은 문제들에 적용되기 때문에, 범용적인 용도로서 아주 가치 있는 기법이라고 할 수 있다.

개념은 간단하다: 트랙들을 디스크의 실린더들 안에 순차적으로 할당하는 대신, 그것들을 함께 연결하고 각 실린더마다 하나씩 가용 공간 목록을 유지한다는 것이다. 한 트랙의 정보를 출력할 때가 되면 그 정보를 현재 실린더(현재 접근팔이 닿아 있는 실린더)에 기록한다(단, 그 실린더가 꽉 차 있지 않은 한). 이렇게 하면 대체로 탐색 시간이 사라진다.

이 방법의 한 가지 난점은 다음 트랙으로의 링크를 트랙 자체에 저장해 둘 수가 없다는 점이다. 필요한 정보를 그 당시에는 알고 있지 못하기 때문이다. (적절한 경우에는 이전 트랙으로의 링크를 저장하고 다음 패스에서 파일을 후방으로 읽을 수도 있다.) 각 파일의 트랙들에 대한 링크 주소들의 표는 개별적으로 유지할 수 있다. 그런 표는 비교적 적은 공간만 요구하기 때문이다. 비트표(bit table)를 이용한다면 가용 공간 목록을 압축적으로 표현할 수 있다. 1000개의 트랙들의 가용/불가용 여부를 비트 1000개로 나타낼 수 있는 것이다.

예측 재고찰. 알고리즘 5.4.6F는 P중 병합에서 가장 먼저 비게 될 입력 버퍼를, 각 버퍼의 마지막 키를 조사함으로써 예측할 수 있음을 보여준다. 따라서 읽기와 계산을 동시에 수행할 수 있다. 그 알고리즘은 특정 파일에 고정된 입력 버퍼들이 아니라 유동적인 입력 버퍼들을 사용한다. 따라서

버퍼들은 반드시 크기가 같아야 한다. 그러나 균일 버퍼 크기라는 제약이 아주 큰 손실이 되는 것은 아니다. 요즘의 컴퓨터들은 예전에 비해 훨씬 큰 내부 메모리를 가지고 있기 때문이다. 요즘에는 합당한 버퍼 크기(이를테면 하나의 디스크 트랙 전체의 용량)를 별 고민 없이 선택할 수 있는 경우가 많다.

그런 점을 고려해서, 연속열 P개를 병합하되 각 연속열이 일련의 자료 블록들로 구성되며 모든 블록(마지막 것은 예외일 수 있다)은 각각 정확히 B개의 레코드들로 구성된다고 상상해 보자. 휘틀로 D. L. Whitlow와 새슨A. Sasson은 동기정렬(SyncSort)이라는 흥미로운 알고리즘 하나를 고안해냈다 〔*U.S. Patent 4210961* (1980)〕. 그 정렬 방법은 크기가 B인 버퍼 세 개, 그리고 PB개의 레코드들과 PB개의 포인터들을 담을 수 있는 메모리만을 사용한다는 점에서 알고리즘 5.4.6F에 비해 개선된 것이다. 알고리즘 5.4.6F의 경우에는 $2P$개의 입력 버퍼와 2개의 출력 버퍼를 요구하지만, 포인터들은 사용하지 않는다.

동기정렬은 우선 각 연속열의 첫 블록을 읽어서 PB개의 레코드들을 메모리 풀에 넣는 것으로 시작한다. 메모리 풀 안에서 각 레코드는 자신이 속한 연속열의 후행자(그 다음 레코드)와 연결된다. 단, 각 블록에서 마지막 레코드에는 아직 후행자가 없다. 그러한 마지막 레코드들의 키들은 가장 먼저 다시 채워야 할 연속열을 결정한다. 그 연속열을 결정한 후에는 그 연속열의 두 번째 블록을 첫 버퍼에 읽어 들이기 시작한다. 그 두 번째 레코드를 다 읽어 들이면 즉시 병합을 시작한다. 그 레코드의 마지막 키를 통해서 다음번의 해당 블록을 정확하게 예측할 수 있다. 이와 같은 방식으로 진행하면, 계속해서 다음번에 입력할 정확한 블록들을 그것들이 필요해지기 직전에 미리 가져올 수 있게 된다.

동기정렬의 세 버퍼들은 원형으로 배치된다. 병합이 진행됨에 따라, 컴퓨터는 현재 버퍼의 자료를 처리하면서 다음 버퍼로 입력 읽기와 세 번째 버퍼 내용의 출력을 수행한다. 병합 알고리즘은 현재 버퍼의 각 레코드와 출력의 다음 레코드(즉, 메모리 풀에서 키가 가장 작은 레코드)를 맞바꾼다. 그러한 교환을 수행하면서 선택 트리와 후행자 링크들도 적절히 갱신한다. 현재 버퍼의 끝에 도달하면 버퍼를 원형으로 순환시킨다. 즉, 읽기 버퍼가 현재 버퍼가 되고, 쓰기 버퍼는 읽기 버퍼가 되며, 원래의 현재 버퍼는 쓰기 버퍼가 된다.

이러한 기본적인 착상은 하드웨어의 능력에 따라 다양한 방식으로 확장될 수 있다. 예를 들어 두 개의 디스크를 하나는 읽기, 하나는 쓰기에 사용한다면 입력, 출력, 병합을 모두 동시에 수행하는 것이 가능하다. 또는 1.4.4절의 그림 26처럼 넷 이상의 버퍼들로 버퍼 고리를 확장하고 예측 입력 순서에서 벗어나게 함으로써 탐색 시간을 겹칠 수도 있다.

여러 개의 디스크들을 활용. 디스크 장치들이 엄청나게 크고 무거웠던 때도 있었지만, 1980년대 후반 동안 디스크 장치들은 현격하게 작아지고 가벼워지면서 값도 내린 반면 용량은 더욱 늘어났다. 그래서 사람들은 예전에는 상상할 수 없었던, 5개나 10개, 50개의 디스크 장치들로 이루어진 클러스터나 그보다 더 많은 디스크들로 된 디스크 팜(farm)을 염두에 두고 알고리즘들을 고안하기 시작했다.

추가적인 디스크들로 속도를 높이는 한 가지 쉬운 방법은 큰 파일들에 대해 디스크 띠분할(disk

striping) 기법을 사용하는 것이다. $0, 1, \ldots, D-1$의 번호가 붙은 D개의 디스크 단위들이 있다고 하자. 그리고 L개의 블록 $a_0 a_1 \ldots a_{L-1}$로 구성된 파일을 생각해보자. 이 파일을 D개의 디스크들에 띠분할다는 것은 블록 a_j를 $j \bmod D$번 디스크에 넣는다는 뜻이다. 즉, 0번 디스크에는 $a_0 a_D a_{2D} \ldots$, 1번 디스크에는 $a_1 a_{D+1} a_{2D+1} \ldots$, 등등으로 분할하는 것이다. 그러면 D개의 블록들로 된 그룹 $a_0 a_1 \ldots a_{D-1}$, $a_D a_{D+1} \ldots a_{2D-1}, \ldots$에 대해 D회의 읽기 또는 쓰기들을 동시에 수행할 수 있다. 그러한 블록 그룹을 초블록(superblock)이라고 부른다. 한 초블록의 개별 블록들은 서로 다른 디스크들의 해당 실린더들에 존재해야 한다. 그래야 각 단위에 대한 탐색 시간이 같아질 수 있다. 이는 마치 크기가 DB인 블록들과 버퍼들을 가진 하나의 디스크를 다루는 것과 본질적으로 같으나, 입력과 출력 연산들은 그것들이 전혀 겹치지 않고 수행되었을 때보다 D배 빠르다.

2중 병합을 수행하는 경우에는 초블록 띠분할을 우아한 방식으로 개선할 수 있다. 일반화하자면, 키 순으로 정렬된 두 파일에서 키가 같은 레코드들을 일치시키고자 할 때에는 항상 그런 개선이 가능하나. 한 파일의 블록 $a_0 a_1 a_2 \ldots$을 앞에서 말한 대로 D개의 디스크들에 띠분할하고, 다른 파일의 블록 $b_0 b_1 b_2 \ldots$은 그와는 반대 방향으로, 즉 블록 b_j가 디스크 $(D-1-j) \bmod D$에 들어가도록 띠분할했다고 하자. 예를 들어 $D=5$라면 블록 a_j들은 각각 디스크 $0, 1, 2, 3, 4, 0, 1, \ldots$에 나타나게 되며, 반면 $j \ge 0$에 대한 블록 b_j들은 $4, 3, 2, 1, 0, 4, 3, \ldots$에 나타나게 된다. 블록 a_j의 마지막 키를 α_j, 블록 b_j의 마지막 키를 β_j라고 하자. α들과 β들을 조사하면 바람직한 자료 블록 읽기 순서를 예측할 수 있다. 이 순서는 예를 들면

$$a_0 b_0 a_1 a_2 b_1 \quad a_3 a_4 b_2 a_5 a_6 \quad a_7 a_8 b_3 b_4 b_5 \quad b_6 b_7 b_8 b_9 b_{10} \quad \ldots$$

이 될 수 있다. $D=5$라고 할 때, 이 블록들은 각각 다음과 같은 디스크들에 존재한다.

$$0\,4\,1\,2\,3 \quad 3\,4\,2\,0\,1 \quad 2\,3\,1\,0\,4 \quad 3\,2\,1\,0\,4 \quad \ldots$$

그리고 이들을 한 번에 다섯 개씩 읽는다면 디스크 $\{0,4,1,2,3\}$, $\{3,4,2,0,1\}$, $\{2,3,1,0,4\}$, $\{3,2,1,0,4\}$, ...으로부터 순차적으로 블록들이 입력된다. 일반화해서, 디스크 개수가 D일 때 한 번에 충돌 없이 D개의 블록들을 읽을 수 있다. 어떤 k에 대해 첫 번째 그룹의 k개의 블록 $a_0 \ldots a_{k-1}$은 디스크 0에서 $k-1$까지, $D-k$개의 블록 $b_0 \ldots b_{D-k-1}$은 디스크 $D-1$에서 k까지 들어갈 것이기 때문이다. 이제 디스크 번호들을 순환적으로 k자리만큼 이동해서 같은 방식으로 계속 진행하면 된다.

이러한 요령은 카드 마술사들에게 잘 알려져 있다. 그들은 이 기법을 길브레스 원리(Gilbreath principle)라고 부르는데, 이는 해당 기법을 1960년대에 길브레스Norman Gilbreath가 고안했기 때문이다 〔Martin Gardner, *Mathematical Magic Show* (New York: Knopf, 1977), 제7장; N. Gilbreath, *Genii* 52 (1989), 743-744 참고〕. 다음번에 읽을 블록들을 결정하기 위해서는 α들과 β들을 알아야 하나, 그러한 정보는 a들과 b들에 필요한 공간의 아주 작은 부분만을 차지할 뿐이며, 개별적인 파일들에 둘 수도 있다. 따라서 더 적은 버퍼들로도 입력이 최대 속도로 진행되도록 만들 수 있는 것이다(연습문제 23 참고).

무작위 띠분할. D개의 디스크들로 P중 병합을 수행하려 하나 P와 D가 크다면, 버퍼들이 아주 많지 않은 한 D개의 디스크들로부터 동시에 정보를 계속 읽어 들이는 과정에서 충돌이 생길 수밖에 없다. $P>2$일 때에 대해 길브레스 원리에 해당하는 것은 존재하지 않기 때문이다. 한 파일의 블록들을 디스크들에 어떻게 할당하든, 블록들을 사용할 준비가 되기 전에 많은 블록들을 메모리에 읽어 들여야 하는 경우가 생기게 된다. 왜냐하면 정말로 필요한 블록들이 모두 같은 디스크에 들어 있을 수도 있기 때문이다.

예를 들어 다섯 개의 디스크들로 8중 병합을 수행하려 한다고 하자. 그리고 디스크 $j \bmod D$에는 a_j가, 디스크 $(j+1) \bmod D$에는 b_j가, ..., 디스크 $(j+7) \bmod D$에는 h_j가 할당되는 식으로 연속열 8개의 블록 $a_0a_1a_2\ldots$, $b_0b_1b_2\ldots$, $h_0h_1h_2\ldots$을 띠분할했다고 하자. 이 블록들에는

$$a_0b_0c_0d_0e_0 \quad f_0g_0h_0d_1e_1 \quad d_2e_2d_3a_1f_1 \quad b_1g_1a_2f_2e_3 \quad d_4c_1h_1b_2g_2 \quad a_3f_3e_4d_5d_6 \quad \ldots \tag{19}$$

의 순서로 접근해야 할 것이고, 그러면 이 블록들은 각각 디스크

$$0\,1\,2\,3\,4 \quad 0\,1\,2\,4\,0 \quad 0\,1\,1\,1\,1 \quad 2\,2\,2\,2\,2 \quad 2\,3\,3\,3\,3 \quad 3\,3\,3\,3\,4 \quad \ldots \tag{20}$$

에 나타난다. 따라서 최선의 방책은 이들을 다음과 같이 입력하는 것이다:

시간 1	시간 2	시간 3	시간 4	시간 5
$a_0b_0c_0d_0e_0$	$f_0g_0h_0c_1d_1$	$e_1e_2b_1h_1d_6$	$d_2d_3g_1b_2?$	$?a_1a_2g_2?$

시간 6	시간 7	시간 8	시간 9	
$?f_1f_2a_3?$	$??e_3f_3?$	$??d_4e_4?$	$???d_5?$	(21)

블록 d_5를 조사할 수 있는 때가 되면, 디스크 3의 과밀(congestion) 때문에 d_6 뿐만 아니라 이후 자료에서 "?"로 표시된 15개의 블록들도 읽어야 한다. 그리고 그 때가 되어도 나머지 블록 a_3, b_2, c_1, e_4, f_3, g_2, h_1을 담고 있는 일곱 버퍼들의 처리는 아직 끝나지 않은 상태이다. 따라서, 이 특정한 예의 경우, 적어도 $(16+8+5)B$개의 입력 레코드들을 위한 버퍼 공간이 필요하다.

디스크 띠분할에 대한 간단한 초블록 접근방식이라면 이렇게 하는 대신 시간 1에서 블록 $a_0a_1a_2a_3a_4$를, 시간 2에서 $b_0b_1b_2b_3b_4$를, ..., 시간 8에서 $h_0h_1h_2h_3h_4$를, 그런 다음 시간 9에서 $d_5d_6d_7d_8d_9$를($d_5d_6d_7d_8d_9$는 다음번에 필요한 초블록이므로) 읽어 들이는 식으로 진행될 것이다. 동기정렬 전략을 이용한다면 $(P+3)DB$개의 레코드들과 PDB개의 포인터들을 메모리에 담기 위한 버퍼들이 필요하다. 앞서 설명한 좀 더 융통성 있는 방법에서는 약 절반 정도의 버퍼 공간만이 필요함을 입증하는 것이 가능하다. 그러나 P와 D가 클 때의 메모리 요구량은 여전히 근사적으로 PDB에 비례한다(연습문제 24 참고).

바브R. D. Barve, 그로브E. F. Grove, 비터J. S. Vitter는 독립 블록 접근방식을 약간 수정함으로써, $\Omega(PD)$개가 아니라 단 $O(P+D\log D)$개의 버퍼 블록들만을 요구하면서도 디스크 입/출력을 거의 최대의 속도로 유지할 수 있는 알고리즘을 만들 수 있음을 보였다 [*Parallel Computing* 23 (1997), 601-631]. 그들의 무작위 띠분할 기법은 연속열 k의 블록 j를 디스크 $(x_k+j) \bmod D$에

넣는다. 여기서 x_k는 연속열 k를 처음으로 기록하기 직전에 선택한 정수 난수이다. 그리고 이들 세 사람은 D개의 블록들이 각 디스크로부터 하나씩 일정하게 입력되도록 하는 대신 특정 디스크들에서 미리 읽기를 유지하는 데 충분한 공간이 없는 경우 읽기를 보류하는 간단한 메커니즘을 도입했다. 그리고 자신들의 방법이 점근적으로 최적임을 증명했다.

무작위 띠분할로 D디스크 P중 병합을 수행할 때에는 $2D+P+Q-1$개의 유동 버퍼들을 사용할 수 있다. 각 버퍼는 B개의 레코드들로 된 하나의 블록을 담는다. 전형적인 상황에서는 그 버퍼들 중 D개로 입력을 읽어 들이는데, 이 때 입력을 읽어 들이는 버퍼들을 활성 읽기 버퍼라고 부른다. 버퍼들 중 다른 P개는 현재 병합 중인 레코드들의 선행 블록들을 담는다. 이 버퍼들은 활성 병합 버퍼라고 부른다. 나머지 $D+Q-1$개의 버퍼들은 작업용 버퍼로, 비어 있거나 이후 용도를 위해 미리 가져온 자료를 담는다. Q는 음이 아닌 매개변수로, 이를 증가하면 임의의 디스크에서 읽기가 보류될 확률이 낮아진다.

모든 연속열의 블록들을 (19)처럼 시간 순(chronological order)으로 배치할 수 있다: 처음에는 각 연속열의 블록 0들을 나열하고, 그런 다음에는 활성 병합 버퍼들이 비게 되는 순서대로 나머지를 나열한다. 위에서 설명했듯이, 이 순서는 각 블록의 최종 키에 의해 결정되므로, 어떤 블록을 처음으로 미리 가져올 것인지는 쉽게 예측할 수 있다.

그럼 (19)의 예를 $P=8, D=5, Q=4$로 두고 고찰해보자. 이전에는 최대 속도 읽기를 위해 29개의 입력 버퍼 블록들이 필요했지만, 이 경우에는 단 $2D+P+Q-1=21$개만이 필요하다. 연속열 $a, b, \ldots, h$에 대해 다음과 같은 오프셋들을 사용하자.

$$x_1=3,\ x_2=1,\ x_3=4,\ x_4=1,\ x_5=0,\ x_6=4,\ x_7=2,\ x_8=1 \tag{22}$$

(π의 자릿수들에서 따온 것이다.) 그러면 블록들은 다음과 같이 디스크들에 할당된다(블록들을 해당 시간 순으로 나열한 것이다).

디스크	블록들
0:	e_0 f_1 a_2 $d_4 c_1$ $\cdots$
1:	b_0 d_0 h_0 e_1 f_2 a_3 d_5 $\cdots$
2:	g_0 d_1 e_2 b_1 h_1 f_3 d_6 $\cdots$
3:	a_0 d_2 g_1 e_3 b_2 $\cdots$
4:	c_0 f_0 $d_3 a_1$ g_2 e_4 $\cdots$

(23)

(22)의 "무작위" 오프셋들과 각 연속열 안에서의 순차적인 띠분할에 의해, 임의의 특정한 시간 순 순차열의 과밀이 최소화되는 경향이 생긴다. 이제 실제 처리는 다음과 같이 진행된다.

	활성 읽기	활성 병합	작업용	대기
시간 1	$e_0 b_0 g_0 a_0 c_0$	$--------$	$(--------)$	a_0
시간 2	$f_1 d_0 d_1 d_2 f_0$	$a_0-------$	$b_0 c_0 (e_0 g_0 ----)$	d_0

시간 3	$a_2 h_0 e_2 g_1 d_3$	$a_0 b_0 c_0 d_0 ----$	$e_0 f_0 g_0 (d_1 d_2 f_1 \;--)$	h_0	
시간 4	$a_2 e_1 b_1 g_1 a_1$	$a_0 b_0 c_0 d_0 e_0 f_0 g_0 h_0$	$d_1 (d_2 e_2 d_3 f_1 g_1 a_2 \;-)$	e_1	(24)
시간 5	$d_4 f_2 h_1 e_3 g_2$	$a_0 b_0 c_0 d_1 e_1 f_0 g_0 h_0$	$d_2 e_2 d_3 a_1 f_1 b_1 g_1 a_2 (\;)$	f_2	
시간 6	$c_1 a_3 f_3 b_2 e_4$	$a_2 b_1 c_0 d_3 e_2 f_2 g_1 h_0$	$e_3 d_4 (h_1 g_2 \;----)$	c_1	
시간 7	$?\; d_5 d_6 \;?\;?$	$a_2 b_1 c_1 d_4 e_3 f_2 g_1 h_0$	$h_1 b_2 g_2 a_3 f_3 e_4 (--)$	d_5	

각 단위 시간에서는 아직 병합되지 않고 아직 작업용 버퍼에 들어가지 않은 블록들 중 시간 순으로 첫 번째 블록을 기다린다. 그 블록은 한 활성 읽기 버퍼에 현재 입력 중인 블록들 중 하나이다. 컴퓨터가 디스크보다 훨씬 더 빠르다고 가정하자. 즉, 우리가 기다리는 블록 이전의 모든 블록은 입력이 완료되기 전에 이미 병합 공정에 진입한다고 가정하는 것이다. 또한 출력을 넣을 장소가 부족해서 병합이 지연되는 일이 없을 정도로 충분히 많은 출력 버퍼들이 존재한다고 가정한다(연습문제 26 참고). 한 번의 입력 주기가 완료되면 우리가 기다리던 블록은 즉시 하나의 활성 병합 버퍼로 분류되며, 그 블록이 대체하는 빈 병합 버퍼가 다음 번 활성 읽기 버퍼로 쓰이게 된다. 이제 나머지 $D-1$개의 활성 읽기 버퍼들은 $D-1$개의 덜 중요한 작업용 버퍼들과 자리를 바꾼다. 작업용 버퍼의 중요도는 그 내용의 시간 순에 의해 결정된다. 그 다음 번 주기에서는 작업용 버퍼들에 존재하지 않으며 아직 병합되지 않은 블록들 중 첫 번째 블록을 기다린다. 시간 순으로 그 블록 이전의 임의의 작업용 버퍼들은 다음 번 입력 주기 이전에 활성 병합 버퍼의 일부가 되나, 그 외의 버퍼들(위의 도표에서 괄호 안에 있는 것들)은 그대로 작업용 버퍼에 남아서 다음 번 주기로 넘어가게 된다. 그런데 괄호 안 버퍼들 중 다음 주기로 이월될 수 있는 것은 최대 Q개이다. 왜냐하면, 입력이 준비되면 그 즉시 $D-1$개의 작업용 버퍼들을 활성 읽기 버퍼들로 변환해야 하기 때문이다. 임의의 추가적인 작업용 버퍼들은, 결과적으로는 마치 애초에 자료를 읽어 들인 적이 없는 것처럼 비워진다. (24)에서 이러한 비우기는 시간 4에서 일어난다: $Q=4$이므로, 여섯 블록 $d_2 e_2 d_3 f_1 g_1 a_2$ 모두를 시간 5에 넘겨줄

표 2

무작위 띠분할의 성능 보장

	$r(d,d)$	$r(d,2d)$	$r(d,3d)$	$r(d,4d)$	$r(d,5d)$	$r(d,6d)$	$r(d,7d)$	$r(d,8d)$	$r(d,9d)$	$r(d,10d)$
$d=2$	1.500	1.500	1.499	1.467	1.444	1.422	1.393	1.370	1.353	1.339
$d=4$	2.460	2.190	1.986	1.888	1.785	1.724	1.683	1.633	1.597	1.570
$d=8$	3.328	2.698	2.365	2.183	2.056	1.969	1.889	1.836	1.787	1.743
$d=16$	4.087	3.103	2.662	2.434	2.277	2.156	2.067	1.997	1.933	1.890
$d=32$	4.503	3.392	2.917	2.654	2.458	2.319	2.218	2.130	2.062	2.005
$d=64$	5.175	3.718	3.165	2.847	2.613	2.465	2.346	2.249	2.174	2.107
$d=128$	5.431	3.972	3.356	2.992	2.759	2.603	2.459	2.358	2.273	2.201
$d=256$	5.909	4.222	3.536	3.155	2.910	2.714	2.567	2.464	2.363	2.289
$d=512$	6.278	4.455	3.747	3.316	3.024	2.820	2.675	2.556	2.450	2.375
$d=1024$	6.567	4.689	3.879	3.434	3.142	2.937	2.780	2.639	2.536	2.452

수는 없다. 따라서 g_1과 a_2를 다시 읽게 된다. 그 부분을 제외할 때 이 예의 읽기 연산들은 최대 속도로 일어난다.

연습문제 29는 병합할 임의의 시간 순 연속열들이 주어졌을 때 무작위 띠분할 방법의 평균 디스크 읽기 횟수가 최소 디스크 읽기 횟수의 $r(D, Q+2)$배 이내임을 증명한다. 함수 r의 값들이 표 2에 나와 있다. 예를 들어 $D=4$이고 $Q=18$일 때 디스크 네 개, 입력 버퍼 $P+25$개를 이용해서 L개의 블록들을 P중 병합하는 데 걸리는 평균 시간은 한 디스크에서 $r(4,20)L/D \approx 1.785L/4$개의 블록들을 읽는 데 걸리는 시간을 넘지 않는다. 이 이론적인 상계는 상당히 보수적이다. 실제 응용에서는 그 보다 훨씬 나은, 최적 시간 $L/4$에 아주 가까운 성능을 얻을 수 있다.

키 정렬이 도움이 될까? 레코드들은 길고 키들은 짧다면, 그냥 키들과 그 키들의 원래 파일 위치들을 나타내는 일련번호들로 구성된 새 파일을 만들면 어떨까 하는 생각이 들 것이다. 그러한 키 파일을 정렬한 후에는 키들을 연속적인 번호 $1, 2, \ldots$로 대체하고, 새 파일을 원래의 파일 위치를 기준으로 정렬한다. 그 결과를 이용해서 레코드들을 최종적인 위치로 재배치하면 된다. 이러한 공정을 도식화한다면 다음과 같다.

i)	원래 파일	$(K_1, I_1)(K_2, I_2)\ldots(K_N, I_N)$	김
ii)	키 파일	$(K_1, 1)(K_2, 2)\ldots(K_N, N)$	짧음
iii)	정렬된 (ii)	$(K_{p_1}, p_1)(K_{p_2}, p_2)\ldots(K_{p_N}, p_N)$	짧음
iv)	수정된 (iii)	$(1, p_1)(2, p_2)\ldots(N, p_N)$	짧음
v)	정렬된 (iv)	$(q_1, 1)(q_2, 2)\ldots(q_N, N)$	짧음
vi)	수정된 (i)	$(q_1, I_1)(q_2, I_2)\ldots(q_N, I_N)$	김

여기서 $p_j = k$는 $q_k = j$와 동치이다. 레코드들이 그리 길지 않으므로, (iii)와 (v)의 두 정렬 공정들은 비교적 빠르다(어쩌면 내부 정렬들보다도 빠르다). 시기 (vi)에서는 키들이 그냥 수 $\{1, 2, \ldots, N\}$인 파일을 정렬하는 것으로 문제가 줄어든다. 이제 각 레코드는 자신이 배치될 자리를 정확히 가리킨다.

시기 (vi) 이후의 외부 재배치 문제는 언뜻 보면 자명한 것 같다. 그러나 실제로는 상당히 어려울 뿐만 아니라 정말로 좋은(정렬보다 훨씬 나은) 알고리즘도 아직 발견되지 않았다. 그러한 재배치를 한 번에 레코드 하나씩 이동하는 식으로 해서 N단계로 수행할 수 있음은 명백하다. 충분히 큰 N의 경우, 이는 정렬 방법의 $N \log N$보다 낫다. 그러나 N이 그 정도로 커지는 일은 결코 없다. 그래도 N은 탐색 횟수로서 고려하기 힘들 정도로는 충분히 크다.

(vi)의 수정된 레코드들의 키들은 완전 균등 분포이므로, 그 레코드들은 기수 정렬 방법을 사용해서 효율적으로 정렬할 수 있다. 요즘 컴퓨터들에서는 8중 배분의 처리가 8중 병합보다 훨씬 빠르다. 따라서 아마도 배분 정렬이 최상의 절차일 것이다. (5.4.7을 볼 것. 또한 연습문제 19도 보라.) 한편, 키들이 이미 정렬된 후에 전체적인 정렬을 수행하는 것은 낭비일 것이다. 외부 재배치 문제가 생각 외로 어려운 이유 중 하나를 플로이드R. W. Floyd가 밝혀냈는데, 그는 한 디스크 장치의 레코드들

을 재배치하는 데 필요한 탐색 횟수의 자명하지 않은 하계를 발견했다 〔*Complexity of Computer Computations* (New York: Plenum, 1972), 105-109〕.

플로이드의 결과는 5.4.8절의 승강기 문제를 이용해서 간편하게 서술할 수 있다. 이 경우에는 승강기 이동 거리가 아니라 승강기가 멈추는 횟수를 최소화하는 승강기 일정을 찾아야 한다. 정지 횟수를 최소화하는 것이 최소 탐색 재배치 알고리즘을 찾는 문제와 정확히 동치인 것은 아니다. 왜냐하면 한 번의 정지는 승강기로의 입력과 승강기로부터의 출력을 결합한 것이기 때문이다. 그러나 정지 최소화 조건은 기본적인 착상들을 제시하기에는 충분할 정도로 원래의 문제와 가깝다.

이 문제에 대해서는 다음과 같은 "이산 엔트로피(discrete entropy)" 함수가 유용하다.

$$F(n) = \sum_{1 < k \le n} (\lceil \lg k \rceil + 1) = B(n) + n - 1 = n\lceil \lg n \rceil - 2^{\lceil \lg n \rceil} + n. \tag{25}$$

$B(n)$은 이진 삽입 함수, 식 5.3.1-(3)이다. 식 5.3.1-(34)에 의해 $F(n)$은 말단이 n개인 이진트리의 최소 외부 경로 길이이며,

$$n \lg n \le F(n) \le n \lg n + 0.0861n \tag{26}$$

이다. $F(n)$은 볼록함수이고 $F(n) = n + F(\lfloor n/2 \rfloor) + F(\lceil n/2 \rceil)$을 만족하므로, 앞에 나온 보조정리 C에 의해서 다음이 성립한다.

$$0 \le k \le n\text{에 대해} \qquad F(n) \le F(k) + F(n-k) + n. \tag{27}$$

이 관계식은 F의 외부 경로 길이 특성화로 보았을 때에도 명백하다. 이 관계식은 이후의 논증에서 핵심적인 역할을 한다.

5.4.8절에서처럼, 각 층의 최대 수용 인원이 b명, 승강기 최대 수용 인원이 m명, 그리고 건물이 n 층이라고 가정한다. i 층에 있는 사람들 중 목적 층이 j 층인 사람들의 수를 s_{ij}라고 하자. 이 때 건물 안에 있는 사람들의 임의의 위치 구성의 통일성 등급(togetherness rating)을 합 $\sum_{1 \le i,j \le n} F(s_{ij})$로 정의한다.

예를 들어 $b = m = n = 6$이고 36명의 사람들이 여러 층들에 다음과 같이 흩어져 있다고 가정하자.

```
␣␣␣␣␣␣
123456   123456   123456   123456   123456   123456        (28)
```

승강기는 빈 채로 1층에 있다. "␣"는 빈 위치를 나타낸다. 각 층에는 각 목적 층마다 한 명씩의 사람들이 존재한다. 따라서 s_{ij}들은 전부 1이고 통일성 등급은 0이다. 만일 승강기가 여섯 명을 2층으로 옮긴다면 구성은 다음과 같이 변한다.

```
         123456
                                                            (29)
␣␣␣␣␣␣   123456   123456   123456   123456   123456
```

통일성 등급은 $6F(0) + 24F(1) + 6F(2) = 12$가 된다. 이제 승강기가 1, 1, 2, 3, 3, 4를 3층으로

옮긴다면 구성은 다음과 같이 변한다.

$$\begin{array}{cccccc} & & 112334 & & & \\ \sqcup\sqcup\sqcup\sqcup\sqcup\sqcup & 245566 & 123456 & 123456 & 123456 & 123456 \end{array} \qquad (30)$$

그리고 통일성 등급은 $4F(2)+2F(3)=18$로 뛰어 오른다. 모든 사람이 최종적으로 자신의 목적지에 도달하고 나면 통일성 등급은 $6F(6)=96$이 된다.

플로이드는 각 정지마다 통일성 등급이 $b+m$을 넘는 값으로 증가할 수는 없음을 관찰했다. 이는 목적 층이 같은 s명의 집합이 비슷한 s'명의 집합과 합해짐에 따라 등급이 $F(s+s')-F(s)-F(s')\le s+s'$로 개선되기 때문이다. 이로부터 다음의 정리가 나온다.

정리 F. *bn명의 사람들의 초기 구성의, 위의 정의를 따르는 통일성 등급이 t라고 하자. 그 사람들 모두를 각자의 목적 층으로 수송하려면 승강기는 적어도*

$$\lceil (F(b)n-t)/(b+m)\rceil$$

번 멈추어야 한다. ▮

이 결과를 디스크의 경우에 맞게 해석한다면 이렇다. 레코드 개수는 bn개이고 각 블록은 b개의 레코드들로 이루어진다. 그리고 내부 메모리는 한 번에 m개의 레코드들을 담을 수 있다. 모든 디스크 읽기는 하나의 블록을 메모리로 이동시키며, 모든 디스크 쓰기는 하나의 블록을 저장한다. 그리고 s_{ij}는 블록 i에 있으며 블록 j에 속하는 레코드들의 개수이다. 만일 $n\ge b$이면 모든 s_{ij}가 ≤ 1인 초기 구성이 존재한다. 따라서 $t=0$이고, 레코드들을 재배치하려면 적어도 $f(b)n/(b+m)\approx(bn\lg b)/m$회의 블록 읽기 연산들이 필요하다. (인수 $\lg b$ 때문에, b가 클 때에는 이 하계가 자명하지 않게 된다.) 연습문제 17에서는 m이 b보다 충분히 큰 통상의 경우에 대한 훨씬 더 강력한 하계를 유도한다.

연습문제

1. [*M22*] 본문에서는 한 트랙의 비율 x만큼의 부분을 읽는 데 필요한 평균 잠복 시간을 디스크 $\frac{1}{2}$회선에서 $\frac{1}{2}(1-x^2)$회선으로 줄이는 방법 하나를 설명했다. 접근팔이 하나인 경우에는 이것이 가능한 최소의 값이다. 만일 두 개의 접근팔이 180° 떨어져 있으며 한 번에 팔 하나만 자료를 전송할 수 있다면, 해당 최소 평균 잠복 시간은 얼마인가?

2. [*M30*] (콘하임A. G. Konheim.) 이 문제의 목적은 실린더들과 "수직으로" 할당되어 있는 파일들을 병합할 때 디스크의 접근팔이 이동하는 거리를 조사하는 것이다. 파일은 P개이며, 각 파일은 L개의 레코드 블록들을 담고 있다고 하자. 그리고 각 파일의 첫 블록은 실린더 1에, 두 번째 블록은 실린더 2에, 등등으로 배치되어 있다고 하자. 병합 도중 접근팔 이동은 각 블록 마지막 키들의 상대 순서에 의해 결정되므로, 이 상황을 다음과 같이 수학적으로 조작 가능한 방식으로 표현할 수 있다: PL개의 순서쌍

$$\begin{matrix} (a_{11},1) & (a_{21},1) & \ldots & (a_{P1},1) \\ (a_{12},2) & (a_{22},2) & \ldots & (a_{P2},2) \\ \vdots & \vdots & & \vdots \\ (a_{1L},L) & (a_{2L},L) & \ldots & (a_{PL},L) \end{matrix}$$

들의 집합이 있다. 여기서 집합 $\{a_{ij} \mid 1 \le i \le P,\ 1 \le j \le L\}$는 $\{1, 2, ..., PL\}$의 수들을 어떠한 순서로 포함하며, $1 \le j < L$에 대해 $a_{ij} < a_{i(j+1)}$이다. (행들은 실린더들을, 열들은 입력 파일들을 뜻한다.) 쌍들을 첫 번째 성분을 기준으로 정렬했을 때 나오는 수열이 $(1, j_1)(2, j_2)\ldots(PL, j_{PL})$이라고 하자. 만일 $(PL)!/L!^P$가지의 a_{ij} 선택들이 모두 동일확률이라고 할 때,

$$|j_2 - j_1| + |j_3 - j_2| + \cdots + |j_{PL} - j_{PL-1}|$$

의 평균값이

$$(L-1)\left(1 + (P-1)2^{2L-2}\Big/\binom{2L}{L}\right)$$

임을 보여라. [힌트: 연습문제 5.2.1-14 참고.] $L \to \infty$에 따라 이 값이 점근적으로

$$\frac{1}{4}(P-1)L\sqrt{\pi L} + O(PL)$$

과 같아짐을 주목할 것.

3. [*M15*] 내부 메모리가 부족해서 10중 병합이 불가능하다고 하자. 말단 노드가 n개이고 모든 내부 노드의 차수가 9 이하인 트리 $\mathcal{T}$들 전부에 대해 $A_1(n)$이 $\alpha D(\mathcal{T}) + \beta E(\mathcal{T})$의 최소값이 되도록 점화식 (3), (4), (5)를 수정하려면 어떻게 해야 할까?

▶ **4.** [*M21*] P개의 입력버퍼들은 길이가 전부 같고 출력 버퍼 크기는 탐색 시간이 최소가 되도록 선택되는, 수정된 제곱근 버퍼 할당 알고리즘을 생각해 보자.

a) L자 P중 병합의 수행 시간에 대한, (2)에 해당하는 공식을 유도하라.

b) 부문제 (a)의 공식에 따라 최적인 병합 패턴이 나오도록 정리 K의 구축법을 수정할 수 있음을 보여라.

5. [*M20*] 한 디스크에서 자료를 읽는 동안 다른 디스크에 자료를 쓰기 위해서 두 개의 디스크를 이용할 때에는 그림 93과 같은 병합 패턴을 사용할 수 없다. 일부 말단 노드들이 짝수 수준에 있고 다른 것들은 홀수 수준에 있기 때문이다. 말단들이 모두 짝수 수준들 또는 모두 홀수 수준들에 배치되어야 한다는 제약 하에서 최적인 트리를 만들어 내도록 정리 K의 구축법을 수정하는 방법을 보여라.

▶ **6.** [22] $n = 23$이고 $\alpha = \beta = 1$일 때 연습문제 5의 의미에서 최적인 트리를 구하라. (컴퓨터를 이용해도 된다.)

▶ **7.** [*M24*] 초기 연속열들의 길이가 모두 같지는 않다고 할 때, 최고의(정리 H의 의미에서) 병합 패턴은 $\alpha D(\mathcal{T}) + \beta E(\mathcal{T})$를 최소화한다. 이 때 $D(\mathcal{T})$와 $E(\mathcal{T})$는 가중 경로 길이들이다. 즉, 가중치

$w_1, \ldots, w_n$ (초기 연속열 개수들에 해당)을 트리의 각 말단에 부여하고, 차수 합들과 경로 길이들에 적절한 가중치를 곱해서 구한 것이다. 예를 들어 $\mathcal{T}$가 그림 92에 나온 트리라고 할 때, $D(\mathcal{T}) = 6w_1 + 6w_2 + 7w_3 + 9w_4 + 9w_5 + 7w_6 + 4w_7 + 4w_8$이고 $E(\mathcal{T}) = 2w_1 + 2w_2 + 2w_3 + 3w_4 + 3w_5 + 2w_6 + w_7 + w_8$이다.

어떤 k에 대해 가장 짧은 k개의 연속열들이 제일 먼저 병합되는 최적 패턴이 항상 존재함을 증명하라.

8. [49] α와 β, 그리고 연습문제 7의 가중치 $w_1, \ldots, w_n$이 주어졌을 때, 어떤 c에 대해 $O(n^c)$단계만으로 최적 트리를 구하는 알고리즘이 존재하는가?

9. [HM39] (야필L. Hyafil, 프러스커F. Prusker, 뷔유맹J. Vuillemin.) 고정된 α와 β에 대해, $n \to \infty$에 따라

$$A_1(n) = \left(\min_{m \geq 2} \frac{\alpha m + \beta}{\log m}\right) n \log n + O(n)$$

을 증명하라. 여기서 $O(n)$항은 ≥ 0이다.

10. [HM44] (야필, 프러스커, 뷔유맹.) α와 β가 고정되었을 때, 만일 m이 연습문제 9의 계수를 최소화한다면 충분히 큰 모든 n에 대해 $A_1(n) = \alpha mn + \beta n + A_m(n)$임을 증명하라.

11. [M29] (6)과 (11)의 표기법 하에서, 모든 $m \geq 2$과 모든 $n \geq 2$에 대해 $f_m(n) + mn \geq f(n)$을 증명하라. 그리고 등호가 성립하는 모든 m과 n을 구하라.

12. [25] 모든 $n > 0$에 대해 말단이 n개이고 모든 말단이 같은 수준에 있으며 차수 경로 길이 (6)이 최소인 하나의 트리가 존재함을 증명하라.

13. [M24] $d(\alpha, \beta)$가 (12)와 같이 정의된다고 할 때, $2 \leq n \leq d(\alpha, \beta)$에 대해, 정리 H의 의미에서 최고인 유일한 병합 패턴이 n중 병합임을 보여라.

14. [40] 버퍼 힐딩에 제곱근법을 사용한다면 그림 92의 병합 패턴의 탐색 시간은 $(\sqrt{2} + \sqrt{4} + \sqrt{1} + \sqrt{1} + \sqrt{8})^2 + (\sqrt{1} + \sqrt{1} + \sqrt{2})^2 + (\sqrt{1} + \sqrt{2} + \sqrt{1} + \sqrt{4})^2 + (\sqrt{1} + \sqrt{1} + \sqrt{2})^2$에 비례할 것이다. 이 수량은 모든 내부 노드에 대해 취한 $(\sqrt{n_1} + \cdots + \sqrt{n_m} + \sqrt{n_1 + \cdots + n_m})^2$들의 합으로, 여기서 각 내부 노드의 해당 하위트리는 $(n_1, \ldots, n_m)$개의 말단들을 가진다. 이 공식을 이용해서 말단이 $1, 2, 3, \ldots$개인 최소 탐색 시간 트리들을 생성하는 컴퓨터 프로그램을 작성하라.

15. [M22] 승강기가 초기에 비어 있으며 $F(b)n \neq t$라면 정리 F를 조금 더 개선할 수 있음을 보여라. 그러한 경우 승강기는 적어도 $\lceil (F(b)n + m - t)/(b + m) \rceil$번 멈추어야 한다.

16. [23] (플로이드R. W. Floyd.) (28)의 모든 사람을 많아야 12회의 정지로 각자 목적지에 보내는 승강기 일정을 구하라. (구성 (29)는 두 번이 아니라 한 번의 정지 후의 상황을 보여준다.)

▸ **17.** [HM25] (플로이드R. W. Floyd, 1980.) 정리 F의 하계를

$$\frac{n(b \ln n - \ln b - 1)}{\ln n + b(1 + \ln(1 + m/b))}$$

로 개선할 수 있음을 보여라. 이 하계는 일부 초기 구성들이 적어도 이 횟수만큼은 멈추어야 한다는 의미이다. 〔힌트: s번의 정지 이후 얻을 수 있는 구성들을 세어 볼 것.〕

18. 〔*HM26*〕 L이 연습문제 17의 하계라고 하자. 사람들을 bn개의 사무실에 대응시키는 $(bn)!$가지 순열들이 모두 동일확률이라 할 때, 모든 사람을 원하는 층으로 보내는 데 필요한 승강기 정지 횟수의 평균이 적어도 $L-1$임을 보여라.

▸ **19.** 〔25〕 (베닛B. T. Bennett, 매켈러A. C. McKellar.) 10개의 키들을 가진 예제 파일에 적용했을 때 다음과 같이 수행되는 어떤 키 정렬 접근방식을 생각해 보자.

i) 원래 파일: $(50, I_0)(08, I_1)(51, I_2)(06, I_3)(90, I_4)(17, I_5)(89, I_6)(27, I_7)(65, I_8)(42, I_9)$

ii) 키 파일: $(50,0)(08,1)(51,2)(06,3)(90,4)(17,5)(89,6)(27,7)(65,8)(42,9)$

iii) 정렬된 (ii): $(06,3)(08,1)(17,5)(27,7)(42,9)(50,0)(51,2)(65,8)(89,6)(90,4)$

iv) 통(bin) 배정(아래 참고): $(2,1)(2,3)(2,5)(2,7)(2,8)(2,9)(1,0)(1,2)(1,4)(1,6)$

v) 정렬된 (iv): $(1,0)(2,1)(1,2)(2,3)(1,4)(2,5)(1,6)(2,7)(2,8)(2,9)$

vi) (i)를 (v)를 이용해서 통들에 배분한 결과:

통 1: $(50, I_0)(51, I_2)(90, I_4)(89, I_6)$

통 2: $(08, I_1)(06, I_3)(17, I_5)(27, I_7)(65, I_8)(42, I_9)$

vii) 통 2를 먼저 읽고 그 다음에 통 1을 읽는 치환 선택의 결과:

$(06, I_3)(08, I_1)(17, I_5)(27, I_7)(42, I_9)(50, I_0)(51, I_2)(65, I_8)(89, I_6)(90, I_4)$

단계 (iv)에서는 (iii)에 대해 오른쪽에서 왼쪽으로, 두 번째 성분의 내림차순으로 치환 선택을 수행해서 통 번호들을 배정한다. 이 통 번호는 연속열 번호이다. 위의 예는 원소가 단 두 개뿐인 선택 트리로 치환 선택을 적용한다. (iv)와 (vii)에서도 같은 크기의 트리를 치환 선택에 사용해야 한다. 통 번호들이 반드시 정렬된 순서일 필요는 없음을 주목할 것!

이 방법이 정렬을 수행함을, 다시 말하면 (vii)의 치환 선택이 오직 하나의 연속열을 산출함을 증명하라. (이 기법은 통상의 배분에 의한 키 정렬에 필요한 통 개수를 줄여준다. 특히 입력이 이미 상당히 정렬되어 있는 경우에 더욱 그렇다.)

▸ **20.** 〔25〕 현대적인 하드웨어/소프트웨어 시스템들은 프로그래머에게 가상 메모리라는 것을 제공한다. 가상 메모리가 있는 경우, 프로그래머는 자료 전체를 담을 수 있는 아주 커다란 내부 메모리가 존재한다고 가정하고 프로그램을 작성한다. 이 가상 메모리는 페이지들로 분할되는데, 임의의 한 시점에서 그 페이지들 중 실제로 내부 메모리에 존재하는 것은 몇 되지 않는다. 그 외의 페이지들은 디스크나 드럼에 존재한다. 프로그래머는 그런 세부사항을 신경 쓸 필요가 없다. 관련된 모든 일을 시스템이 알아서 처리해주기 때문이다. 필요한 때가 되면 새 페이지가 자동적으로 메모리로 적재된다.

이러한 가상 메모리 기술이 도래함에 따라, 외부 정렬 방법은 더 이상 의미가 없어진 것일 수 있다. 그냥 내부 정렬을 위해 개발된 방법들을 사용해도 원하는 결과를 얻을 수 있기 때문이다. 이러한 상황을 논하라. 외부 정렬 방법이 내부 정렬 방법에 범용 페이징 기법을 적용하는 것보다 나으려면 프로그래머는 외부 정렬 방법을 어떤 식으로 조율해야 할까?

▸ **21.** [*M15*] L블록 파일을 D개의 디스크들로 띠분할할 때, 디스크 j로 가는 블록들은 몇 개인가?

22. [*22*] 길브레스 원리를 통해서 두 파일을 병합한다고 하자. 그리고 키 α_j들을 a개의 블록들에, β_j들을 b개의 블록들에 저장하려 한다고 하자. 필요할 때 바로 정보를 사용할 수 있도록 하려면 α_j를 어떤 블록에 집어넣어야 할까?

▸ **23.** [*20*] 2중 병합을 (a) 초블록 띠분할 또는 (b) 길브레스 원리를 이용해서 수행한다고 할 때, 입력이 끊기는 일 없이 계속 수행되는 데 필요한 입력 버퍼들의 공간은 각각 얼마인가?

24. [*M36*] 연속열 k의 블록 j가 디스크 $(x_k + j) \bmod D$에 나타나도록 P개의 연속열들을 D개의 디스크들에 띠분할했다고 하자. P중 병합은 그 블록들을 (19)와 같은 어떤 시간 순으로 읽게 된다. 만일 D개의 블록들로 된 그룹들을 연달아 입력한다면, (21)에서처럼 시간 t에서는 각 디스크에 시간 순으로 t번째로 저장되어 있는 블록을 읽게 될 것이다. 시간 순서와는 무관하게, 아직 병합되지 않은 입력 자료를 담는 데 필요한 메모리 안의 버퍼 레코드 최소 개수는 몇인가? 최악의 경우에서 최소의 버퍼들이 필요하도록 오프셋 $x_1, x_2, \ldots, x_P$를 선택하는 방법을 설명하라.

25. [*23*] 본문에 나온 무작위 띠분할의 예를 $Q = 4$가 아닌 $Q = 3$에 맞게 수정하고, (24)에 해당하는 버퍼 내용 도표를 작성하라.

26. [*26*] 무작위 띠분할을 적용해서 P중 병합을 수행한다고 할 때, 새로 병합된 출력을 저장할 내부 메모리가 부족해서 공정이 멈추는 일이 없도록 보장하기 위해서는 출력 버퍼가 몇 개나 필요할까? 하나의 블록을 쓰는 시간이 하나의 블록을 읽는 시간과 같다고 가정할 것.

27. [*HM27*] (순환 점유 문제.) n개의 빈 연속열들을 원형으로 배치하고 $0, 1, \ldots, n-1$이 번호를 배정했다고 하자. $k = 1, 2, \ldots, p$에 대해 m_k개의 공들을 $j = 0, 1, \ldots, m_k - 1$에 대한 항아리 $(X_k + j) \bmod n$에 던져 넣는다. 여기서 정수 X_k들은 무작위로 선택된다. $S_n(m_1, \ldots, m_p)$가 0번 항아리에 있는 공들의 개수라고 하자. 그리고 $E_n(m_1, \ldots, m_p)$는 꽉 찬 항아리에 있는 공들의 개수의 기대값이라고 하자.

a) $m = m_1 + \cdots + m_p$라고 할 때, $E_n(m_1, \ldots, m_p) \le \sum_{t=1}^{m} \min(1, n\Pr(S_n(m_1, \ldots, m_p) \ge t))$를 증명하라.

b) 식 1.2.10-(25)의 꼬리 부등식을 이용해서, 임의의 음이 아닌 실수 $\alpha_1, \alpha_2, \ldots, \alpha_m$에 대해

$$E_n(m_1, \ldots, m_p) \le \sum_{t=1}^{m} \min\left(1, \frac{n(1+\alpha_t/n)^m}{(1+\alpha_t)^t}\right)$$

을 증명하라. 최고의 상계를 내는 $\alpha_1, \ldots, \alpha_m$의 값들은 무엇인가?

28. [*HM47*] 연습문제 27을 계속 이어서, $E_n(m_1, \ldots, m_p) \ge E_n(m_1 + m_2, m_3, \ldots, m_p)$인가?

▸ **29.** [*M30*] 이 연습문제의 목적은 시간 순으로 된 블록들의 임의의 수열을 무작위 띠분할 절차를 통해서 입력하는 데 필요한 평균 시간의 상계를 찾는 것이다. 이 때 블록들은 P개의 연속열들과 D개의 디스크들을 대표한다. 알고리즘이 진행됨에 따라 각 시간 단계에서 알고리즘이 기다리는 블록을 "표시된(marked) 블록"이라고 표현하기로 하자. 그러면 총 입력 시간은 표시된 블록들의 개수에 비례한다. 표시는 오직 디스크 접근의 시간적 순서에만 의존한다((20) 참고).

a) 만일 시간 순으로 연속된 $Q+1$개의 블록들이 j번 디스크에 N_j개의 블록들을 차지한다면, 그 블록들 중 최대 $\max(N_0, N_1, \ldots, N_{D-1})$개가 표시됨을 증명하라.

b) (a)의 결과를 강화하라: 그것이 $Q+2$개의 연속적인 블록들에 대해서도 성립함을 보여라.

c) 이제 연습문제 27의 순환 점유 문제를 이용해서, 임의의 시간 순서가 주어졌을 때의 평균 실행 시간의 상계를 표 2에서처럼 $r(D, Q+2)$의 함수 형태로 구하라.

30. [*HM30*] 연습문제 29의 함수 $r(d,m)$이 고정된 d와 $s\to\infty$에 대해 $r(d, sd\log d) = 1 + O(1/\sqrt{s})$을 만족함을 증명하라.

31. [*HM48*] 무작위 띠분할을 분석해서, 단지 상계만이 아닌 정확한 평균 습성을 P, Q, D의 함수 형태로 구하라. (평균 $\Theta(L/\sqrt{D})$회의 읽기 주기를 요구하는 $Q=0$인 경우조차도 흥미롭다.)

5.5. 요약, 역사, 문헌정보

이 길고긴 장의 끝에 거의 도달했으니만큼, 지금까지 공부한 것들 중 가장 중요한 사실들을 "정렬"해 보는 것도 좋을 것 같다.

정렬 알고리즘이란 파일의 레코드들의 그 키들이 오름차순이 되도록 재배치하는 절차이다. 오름차순이라는 순서 배치는 키가 같은 레코드들을 한 데 모으고, 동일한 키에 대해 정렬된 여러 파일들의 효율적인 처리를 가능하게 하며, 효율적인 조회 알고리즘으로 이어지고, 컴퓨터의 출력을 덜 혼란스럽게 보이도록 만든다는 점에서 유용하다.

내부 정렬은 정렬할 레코드들 전부를 컴퓨터의 고속 내부 메모리에 담을 수 있는 경우에 사용한다. 이번 장에서는 20여개 이상의 내부 정렬 알고리즘들을 어떤 것들은 자세히, 어떤 것들은 간략하게만 조사했다. 같은 문제에 대해 그렇게나 많은 접근방식이 존재한다는 것은 불행한 일일 것이다! 그런 기법들을 일일이 배우는 것이 재미있긴 했지만, 이제는 주어진 상황에서 많은 방법들 중 어떤 것을 사용할 것인지를 실제로 결정하는 난제에 마주칠 수밖에 없게 되었기 때문이다.

만일 정렬을 수행할 응용 프로그램이나 컴퓨터와는 무관하게 다른 모든 알고리즘보다 우월한 알고리즘이 한 두 개 정도만 존재한다면 좋을 것이다. 그러나 실제로는 각 방법마다 나름의 장단점이 존재한다. 예를 들어, 거품 정렬(알고리즘 5.2.2B)에는 그 결점을 벌충하는 명백한 특징들이 존재하지 않는다. 거품 정렬이 하는 일을 더 잘할 수 있는 알고리즘이 항상 존재하기 때문이다. 그렇다고 해도, 적절히 일반화한다면 거품 정렬은 실제로 2테이프 정렬에 유용하다(5.4.8절 참고). 거의 모든 알고리즘마다 그것이 최고로 판명되는 어떤 용도가 존재하기 때문에, 우리는 결국 거의 모든 알고리즘을 기억해 두어야 한다.

다음은 내부 정렬에 쓰이는 주요 알고리즘들의 주된 특징을 간략히 요약한 것이다. 이전과 마찬가지로, N은 주어진 파일에 있는 레코드 개수를 뜻한다.

1. 분포 집계(알고리즘 5.2D)는 키들의 범위가 작을 때 아주 유용하다. 이 알고리즘은 안정적(키가 같은 레코드들의 순서는 변하지 않는다)이나, 카운터들을 담을 메모리 공간과 $2N$개의 레코드들을 담을 메모리 공간을 요구한다. 안정성을 포기하는 대신 N개의 레코드들에 해당하는 공간을 절약하는 수정안이 연습문제 5.2-13에 나온다.

2. 직접 삽입(알고리즘 5.2.1S)은 프로그램하기가 가장 간단한 방법으로, 추가적인 공간을 요구하지 않으며 작은 N(이를테면 $N \le 25$)에 대해 상당히 효율적이다. 큰 N에 대해서는, 입력이 거의 제 순서로 되어 있지 않은 한, 참을 수 없을 정도로 느리다.

3. 셸 정렬(알고리즘 5.2.1D) 역시 프로그램하기가 상당히 쉬우며, 최소의 메모리 공간을 사용한다. 그리고 적당히 큰 N(이를테면 $N \le 1000$)에 대해서도 꽤 효율적이다.

4. 목록 삽입(알고리즘 5.2.1L)은 사용하는 기본 착상이 직접 삽입에서와 동일하기 때문에 오직 작은 N에 대해서만 적합하다. 아래의 다른 목록 정렬 방법들과 비슷하게, 이 방법은 링크 조작을 통해서 긴 레코드들의 이동 비용을 절감한다. 이는 레코드들의 길이가 가변적이거나 레코드들이 다른

자료구조의 일부인 경우에 특히나 이득이 된다.

5. 주소 계산 기법들은 키들이 알려진 분포(보통은 균등분포)를 따를 때 효율적이다. 이 접근방식의 주된 변형들로는 다중목록 삽입(프로그램 5.2.1M)과 맥클라렌의 결합된 기수 삽입 방법(5.2.5절 끝 부분에 나온다)이 있다. 후자는 단 $O(\sqrt{N})$개의 추가적인 메모리 칸들만으로 수행할 수 있다. 정리 5.2.5T에서는 비균등 분포를 학습하는 2패스 방법을 논의한다.

6. 병합 교환(알고리즘 5.2.2M, 배처Batcher의 방법)과 그 사촌격인 이조 정렬(연습문제 5.3.4-10)은 수많은 비교들을 동시에 수행할 수 있을 때 유용하다.

7. 빠른정렬(알고리즘 5.2.2Q, 호어Hoare의 방법)은 아마도 가장 유용한 범용 내부 정렬 기법일 것이다. 요구되는 메모리 공간이 아주 적어서, 잘만 구현한다면 대부분의 컴퓨터에서 그 평균 실행 시간이 다른 경쟁자들보다 우월하기 때문이다. 그러나 최악의 경우에는 아주 느리게 실행될 수 있기 때문에, 자료들이 무작위하지 않을 가능성이 있을 경우에는 분할 기준이 되는 원소를 신중하게 선택해야 한다. 연습문제 5.2.2-55에서 제안한 것처럼 세 원소들의 중앙값을 분할 기준으로 선택한다면 최악의 경우가 생길 확률이 극도로 낮아지며, 또한 평균 실행 시간도 약간 개선된다.

8. 직접 선택(알고리즘 5.2.3S)은 한 목록의 최소 원소를 빠르게 찾을 수 있는 특별한 하드웨어가 존재하는 경우에 특히나 적합한 간단한 방법이다.

9. 힙 정렬(알고리즘 5.2.3H)은 최소의 메모리를 요구하며 상당히 빠른 실행을 보장한다. 평균 실행 시간과 최대 실행 시간 모두, 빠른정렬의 평균 실행 시간의 약 두 배이다.

10. 목록 병합(알고리즘 5.2.4L)은 힙 정렬처럼 목록 정렬의 일종으로, 최악의 경우에도 꽤 빠른 실행을 보장한다. 게다가 같은 키들에 대해 안정적이다.

11. 기수 정렬(알고리즘 5.2.5R)은 꽤 짧은 키들 또는 흔치 않은 사전식 취합 서열(collating sequence)을 가진 키들에 특히 적합한 목록 정렬이다. 항목들의 링킹에 분포 집계법(위의 1번 항목)을 사용할 수도 있다. 그런 절차는 $2N$개의 레코드들 더하기 카운터들의 표를 위한 공간을 요구하나, 내부 루프가 단순한 형태이기 때문에 제어 분기 예측 기능을 가진 극도로 빠른 "수치 크런칭" 컴퓨터들에 아주 적합하다. 주의: 작은 N에 대해 기수 정렬을 사용해서는 안 된다!

12. 병합 삽입(5.3.1절)은 "단선적으로 코딩된" 루틴에서 아주 작은 N에 특히나 적합하다. 예를 들어 이 방법은 5 또는 6 레코드 그룹들 여러 개를 정렬해야 하는 응용 프로그램에 적합할 수 있다.

13. 위의 기법들 중 몇 개를 결합한 혼성 방법들도 가능하다. 예를 들면 빠른정렬로 만든 짧은 부분파일들을 병합 삽입으로 정렬하는 등.

14. 마지막으로, 연습문제 5.2.1-3의 답에 나오는 이름 없는 방법이 있다. 이 방법의 특징은 구현 프로그램이 아마도 가장 짧다는 것이다. 그러나 실행 시간은 N^3에 비례한다. 이 책에 나오는 것들 중 가장 느리다!

표 1

MIX 컴퓨터에서의 내부 정렬 방법들의 비교

방법	참고	안정적?	MIX 코드 길이	공간	실행 시간 평균	최대	$N=16$	$N=1000$	비고
비교 집계	연. 5.2-5	예	22	$N(1+\epsilon)$	$4N^2+10N$	$5.5N^2$	1065	3992432	c
분포 집계	연. 5.2-9	예	26	$2N+1000\epsilon$	$22N+10010$	$22N$	10362	32010	a
직접 삽입	연. 5.2.1-33	예	10	N + 1	$1.5N^2+9.5N$	$3N^2$	412	1491928	
셸 정렬	프. 5.2.1D	아니오	21	$N+\epsilon \lg N$	$3.9N^{7/6}+10N\lg N+166N$	$cN^{4/3}$	567	128758	d, h
목록 삽입	연. 5.2.1-33	예	19	$N(1+\epsilon)$	$1.25N^2+13.25N$	$2.5N^2$	433	1248615	b, c
다중 목록 삽입	프. 5.2.1M	아니오	18	$N+\epsilon(N+100)$	$.0175N^2+18N$	$3.5N^2$	645	35246	b, c, f, i
병합 교환	연. 5.2.2-12	아니오	35	N	$2.875N(\lg N)^2$	$4N(\lg N)^2$	939	284366	
빠른정렬	프. 5.2.2Q	아니오	63	$N+2\epsilon\lg N$	$11.67N\ln N-1.74N$	$\geq 2N^2$	470	81486	
3중앙 빠른정렬	연. 5.2.2-55	아니오	100	$N+2\epsilon\lg N$	$10.63N\ln N+2.12N$	$\geq N^2$	487	74574	e
기수 교환	프. 5.2.2R	아니오	45	$N+68\epsilon$	$14.43N\ln N+23.9N$	$272N$	1135	137614	g, i, j
직접 삽입	프. 5.2.3S	아니오	15	N	$2.5N^2+3N\ln N$	$3.25N^2$	853	2525287	j
힙 정렬	프. 5.2.3H	아니오	30	N	$23.08N\ln N+0.01N$	$24.5N\ln N$	1068	159714	h, j
목록 병합	프. 5.2.4L	예	44	$N(1+\epsilon)$	$14.43N\ln N+4.92N$	$14.4N\ln N$	761	104716	b, c, j
기수 목록 정렬	프. 5.2.5R	예	33	$N+\epsilon(N+200)$	$32N+4838$	$32N$	4250	36838	b, c

(연. = 연습문제, 프. = 프로그램.)

a: 세 자리 키들만.

b: 여섯 자리(즉 3바이트) 키들만.

c: 출력이 재배치되지 않음. 최종 순서는 링크들 또는 카운터들에 의해 암묵적으로 지정됨.

d: 증분들은 5.2.1-(11)과 같이 선택됨. 약간 더 나은 수열이 연습문제 5.2.1-29에 나옴.

e: $M=9$, SRB 사용. DIV를 사용하는 버전의 경우에는 평균 실행 시간에 $1.60N$이 추가됨.

f: $M=100$ (바이트 크기).

g: $M=34$, 왜냐하면 $2^{34}>10^{10}>2^{33}$이므로.

h: 평균 시간은 실험적 추정치에 근거한 것임. 이론이 불완전하기 때문.

i: 평균 시간은 키들이 균등분포라는 가정에 근거한 것임.

j: 본문과 이 프로그램에 관련된 연습문제들에 언급된 추가적인 개선안들을 사용한다면 실행 시간이 더 줄어들 것이다.

표 1은 여러 방법들을 MIX에서 프로그래밍했을 때의 시간 및 공간 특성들을 요약한 것이다. 이 표의 수치들은 상대적인 정렬 시간을 대략적으로 보여주는 것일 뿐임을 명심해야 한다. 이들은 하나의 컴퓨터에만 적용되며, 입력 자료에 가해진 가정이 모든 프로그램에서 완전히 일관적인 것도 아니다. 많은 저자들이 이런 종류의 비교표를 제시해 왔으나, 두 저자가 같은 결론에 도달한 적은 한 번도 없었다. 그렇긴 하지만, MIX는 상당히 전형적인 컴퓨터이므로, 비교적 적은 수의 1워드 레코드들을 정렬할 때 각 알고리즘에서 기대할 수 있는 속도의 수준을 가늠하는 데에는 이 표의 시간 수치들이 어느 정도 유용할 것이다.

표 1의 "공간" 열은 각 프로그램이 사용하는 보조 메모리의 양에 대한 어느 정도의 정보를 제공한다. 그 열에 나온 수치들은 레코드 길이다. ϵ은 한 레코드에서 하나의 링크 필드가 차지하는 비율이다. 예를 들어 $N(1+\epsilon)$은 해당 프로그램이 레코드 N개를 위한 공간 더하기 링크 필드 N개를 위한 공간을 요구한다는 뜻이다.

표 1에 나오는 점근적인 평균 시간들과 최대 시간들은 입력이 무작위하는 가정 하에서, 큰 N에 대해 지배적인 선행 항들만 제시한 것이다. c는 명시되지 않은 상수를 나타낸다. 이 공식들은 오해하기 쉬우므로, 특정한 두 입력 자료 수열 예들에 대한 실제 총 실행 시간도 표에 포함시켰다. $N=16$ 열은 5.2절의 여러 예들에 나오는 열여섯 키들을 입력 자료로 했을 때의 결과이다. 그리고 $N=1000$ 열은 다음과 같이 정의되는 수열 $K_1, K_2, \ldots, K_{1000}$을 사용했을 때이다.

$$K_{1001}=0; \qquad K_{n-1}=(3141592621K_n+2113148651) \bmod 10^{10}.$$

표의 각 알고리즘을 표현하는 데에는 상당히 높은 품질의 MIX 프로그램이 사용되었으며, 종종 연습문제에 제안된 개선안들이 적용되기도 했다. 이 실행들에서 바이트 크기는 100이었다.

외부 정렬 기법들은 비교적 기초적인 자료구조들을 반드시 사용해야 한다는 점에서, 그리고 입력·출력 시간의 최소화가 크게 강조된다는 점에서 내부 정렬과 구별된다. 5.4.6절에서는 테이프 병합에 대해 개발된 흥미로운 방법들을 개괄했으며, 5.4.9절에서는 디스크와 드럼들을 사용하는 방법들을 논의했다.

물론 정렬이 이야기의 전부는 아니다. 앞에서 이 정렬 기법들을 공부하면서 우리는 자료구조를 다루는 방법, 외부 메모리를 다루는 방법, 알고리즘을 분석하는 방법에 대해 많은 것을 배웠다. 그리고 어쩌면 새로운 알고리즘을 발견하는 방법에 대해서도 약간은 배웠을 것이다.

초기 발전상. 오늘날의 정렬 기법들의 기원을 찾다 보면 최초의 정렬용 기계가 발명되었던 19세기까지 거슬러 올라가게 된다. 미합중국은 10년 마다 한 번씩 인구조사를 하는데, 1880년 인구조사에서는 방대한 인구조사 자료를 처리하는 문제가 첨예하게 대두되었다. 사실 그 해에는 충분한 정보가 모였음에도 전체 독신자 수가 집계되지 않았다. 당시 20세였던 인구조사국(Census Bureau) 직원 홀러리스 Herman Hollerith는 좀 더 나은 통계 수집의 요구를 만족하기 위해 독창적인 전기적 표 작성 기계를 고안했으며, 그의 기계 100대는 1890년의 인구조사 결과를 집계하는 데 성공적으로 쓰였다.

그림 94는 홀러리스가 고안한 원래의 장치이다(배터리로 작동했음). 우리의 주된 관심을 끄는

것은 오른쪽에 있는 "정렬 상자"로, 그림에 나온 것은 26개의 내부 부품들이 보이도록 열어 놓은 모습이다. 기계의 운전자는 "프레스"에 $6\frac{5}{8}'' \times 3\frac{1}{4}''$ 크기의 천공 카드를 집어넣고 핸들을 내린다. 그러면 판에 있는 용수철로 움직이는 핀들이 카드의 구멍을 통해서 하판의 수은 층에 닿는다. 그렇게 해서 회로가 연결되면 패널의 관련 다이얼이 한 단위 전진하게 된다. 더 나아가서, 정렬 상자의 26개의 뚜껑들 중 하나가 열린다. 이 시점에서 운전자는 프레스를 다시 열고, 카드를 열린 칸막이에 집어넣고, 뚜껑을 닫는다. 어떤 한 운전자가 이 기계로 19071개의 카드들을 단 $6\frac{1}{2}$시간 만에 처리했다는 보고가 있다. 평균적으로 분 당 약 49장의 카드를 처리한 것이다! (보통의 운전자라면 이 속도의 약 3분의 1로 일했을 것이다.)

그림 94. 홀러리스가 발명한 표 작성 및 정렬 기계. (IBM 문서보관서의 허락 하에 게재함.)

인구는 계속해서 증가했는데, 원래의 표작성-정렬기는 1900년도 인구조사를 처리하는 데 충분할 정도로 빠르지 못했다. 그래서 홀러리스는 또 다른 자료처리 위기를 모면하기 위한 새로운 기계를 고안해냈다. 그의 새 장치(1901년과 1904년에 특허 획득)는 자동적인 카드 공급 기능을 갖추고 있었으며, 실제로 현대적인 카드 정렬기와 다를 바 없는 모습이었다. 홀러리스의 초기 기계들에 대한 흥미로운 세부적인 이야기들이 Leon E. Truesdell, *The Development of Punch Card Tabulation* (Washington: U.S. Bureau of the Census, 1965)에 나온다. 또한 홀러리스와 동시대에 나온 *Columbia College School of Mines Quarterly* 10 (1889), 238–255; *J. Franklin Inst.* 129 (1890), 300–306; *The Electrical Engineer* 12 (November 11, 1891), 521–530; *J. Amer. Statistical Assn.* 2 (1891), 330–341, 4(1895), 365; *J. Royal Statistical Soc.* 55 (1892),

326-327; *Allgemeines statistisches Archiv* 2 (1892), 78-126; *J. Soc. Statistique de Paris* 33 (1892), 87-96; *U.S. Patents 395781* (1889), *685608* (1901), *777209* (1904)도 볼 것. 홀러리스와 또 다른 전 인구조사국 직원 파워스James Powers는 경쟁적인 회사들을 설립했으며, 이후 그 회사들은 각각 IBM과 Remington Rand사에 합병되었다.

물론, 홀러리스의 정렬 기계는 지금의 디지털 컴퓨터에 쓰이는 기수 정렬 방법들의 기초이다. 그의 특허에는 2열 수치 항목들이 "각 열마다 개별적으로" 정렬된다고 나와 있으나, 홀러리스는 1의 자리 열과 10의 자리 열 중 어떤 것을 더 먼저 고려해야 하는지를 말하지 않았다. 또 다른 초기 카드 정렬 기계를 설명하는, 1894년에 고어John K. Gore가 획득한 518240번 특허에서는 10의 자리 열부터 시작할 것을 제안한다. 1의 자리 열을 먼저 사용하는 자명하지 않은 요령은 아마도 어떤 익명의 기계 운전자에 의해서 발견된 후 다른 사람들에게 전해진 것으로 보인다(5.2.5절 참고). 현재까지 남아 있는 것으로는 가장 오래된 IBM 정렬기 매뉴얼(1936)에 이 요령이 나온다. 이 우에서 좌로 기법을 최초로 언급한 출판물은 Robert Feindler, *Das Hollerith-Lochkarten-Verfahren* (Berlin: Reimar Hobbing, 1929), 126-130이다. 또한 같은 시기 코므리Comrie의 글 *Transactions of the Office Machinery Users' Association* (London: 1929-1930), 25-37에도 언급되어 있다. 첨언하자면, 코므리는 표 작성 기계가 원래 통계 및 회계 응용을 위해서 설계된 것이긴 하지만 과학 계산에도 유용하게 사용할 수 있을 것이라는 중요한 주장을 펼친 최초의 인물이었다. 그의 글은 1930년에 영국에서 사용할 수 있었던 표 작성 장치들을 상세히 설명했다는 점에서 특히 흥미롭다. 당시의 정렬기계들은 분 당 360에서 400장의 카드를 처리했으며, 월 9달러로 빌릴 수 있었다.

병합 개념은 정렬 기계보다 훨씬 나중에(1936년) 발명된 또 다른 카드 처리 기계인 취합기(collator)로 거슬러 올라간다. 두 개의 카드 공급대를 갖춘 이 기계는 정렬된 두 벌의 카드들을 단 한 번의 패스 만에 한 벌의 카드로 병합할 수 있었다. 이를 가능하게 하는 기법이 최초의 IBM 취합기 매뉴얼(1939년 4월)에 명확하게 설명되었다. [Ralph E. Page, *U.S. Patent 2359670* (1944) 참고.]

이후 컴퓨터가 등장했다. 컴퓨터의 발전에는 정렬이 깊숙이 관여하게 된다. 실제로, 프로그램 저장식 컴퓨터를 위해 작성된 최초의 프로그램이 바로 정렬 루틴이라는 증거가 존재한다. EDVAC의 설계자들은 정렬이 컴퓨터의 비수치적 응용의 전형이라는 이유로 정렬에 특히나 관심이 많았다. 그들은 만족 순서 코드(satisfactory order code)가 미분 방정식 해법을 위한 프로그램들을 표현할 뿐만 아니라 알고리즘의 조합적 "의사결정" 측면들도 처리할 수 있을 정도로 유연해야 함을 깨달았다. 그래서 폰노이만John von Neumann은 1945년에 내부 병합 정렬을 위한 프로그램들을 작성해서 EDVAC 컴퓨터에 대해 그가 제안한 몇 가지 명령 코드들의 타당함을 검증하기도 했다. 그가 제안한 컴퓨터 구성의 장점을 평가하는 데에는 기존의 효율적인 특수 목적 정렬 기계들이 자연스러운 기준이 되었다. 이러한 흥미로운 발전상의 세부 사항들이 커누스의 *Computing Surveys* 2 (1970), 247-260에 나와 있다. 또한 폰노이만의 *Collected Works* 5 (New York: Macmillan, 1963), 196-214에는 그가 작성한 원래의 정렬 프로그램들을 다듬은 최종적인 결과가 수록되어 있다.

독일에서는 1945년에 추제K. Zuse에 의해서 독립적으로 직접 삽입 정렬 프로그램이 만들어졌는데, 그 프로그램은 그의 "Plankalkül" 언어의 선형목록 연산들의 가장 간단한 예들 중 하나였다. (이 선구적인 작업은 거의 30년 간 출판되지 않았다. *Berichte der Gesellschaft für Mathematik und Datenverarbeitung* 63 (Bonn: 1972), 4부, 84-85를 볼 것.)

초기 컴퓨터들에서는 내부 메모리 크기가 제한적이었기 때문에 내부 정렬뿐만 아니라 외부 정렬 방법들도 당연히 요구되었다. Moore School of Electrical Engineering의 에커트J. P. Eckert와 모클리J. W. Mauchly가 작성한 "Progress Report on the EDVAC" (1945년 9월 30일)에서, 두 사람은 자성선(magnetic wire) 또는 자기 테이프 장치들을 갖춘 컴퓨터로 카드 장치의 연산을 시뮬레이션함으로써 빠른 정렬 속도를 달성할 수 있음을 지적했다. 이 진척 보고서는 "적어도 초 당 5000개의 펄스들을" 읽거나 쓰는 네 개의 자성선 또는 자기 테이프 장치들을 이용한 균형 2중 기수 정렬과 균형 2중 병합("취합"이라고 불렀다)을 서술하고 있다.

모클리는 1946년도 Moore School에서 있었던 컴퓨팅에 대한 한 특별 과정에서 "Sorting and Collating(정렬과 취합)"을 주제로 하는 강연을 맡게 되었는데, 그의 강의록은 컴퓨터 정렬을 논의한 최초의 출판물로 간주된다 〔*Theory and Techniques for the Design of Electronic Digital Computers*, G. W. Patterson 엮음, 3 (1946), 22.1-22.20〕. 모클리는 "한 대의 컴퓨터에게 계산 능력과 정렬 능력의 결합을 요구하는 것은 하나의 장치에 깡통따개의 기능과 만년필의 기능을 모두 요구하는 것처럼 보인다."라는 흥미로운 논평으로 강연을 시작했다. 그런 다음에는, 정교한 수학적 절차들을 수행할 수 있는 컴퓨터는 자료를 정렬하고 분류하는 능력도 반드시 가지게 됨을 논하고 수치 계산과 연관될 때 정렬이 더욱 유용함을 보였다. 그리고 직접 삽입과 이진 삽입을 설명하면서 전자의 방법이 평균적으로 약 $N^2/4$회의 비교를 수행하는 반면 후자는 약 $N \lg N$회 이하의 비교를 요구함을 지적했다. 이진 삽입에는 다소 복잡한 자료구조가 필요함을 언급한 후, 그는 2중 병합이 목록들을 순차적으로만 접근하면서도 비교 횟수는 이진 삽입만큼이나 적음을 보였다. 강의의 나머지 부분에서는 테이프 네 개에 대한 숫자별 카드 정렬을 숫자 당 4회 미만의 패스들을 사용해서 흉내내는 부분 패스 기수 정렬 방법들(5.4.7절)을 주로 논의했다.

얼마 후 에커트와 모클리는 회사를 차려서 초창기 전자 컴퓨터들에 속하는 BINAC(군사용으로 쓰임)과 UNIVAC(상업용 계산에 쓰임)을 만들어냈다. 미합중국 인구조사국은 최초의 UNIVAC을 구입함으로써 이 발전 과정에서도 일익을 담당했다. 당시에는 컴퓨터가 경제적으로 이익이 될 것인지가 명확하지 않았다. 계산 기계들이 카드 장치들보다 빠르게 정렬을 수행하긴 했지만, 비용이 더 들었던 것이다. 그래서 스나이더Frances E. Snyder가 이끄는 UNIVAC 프로그래머들은 고속 외부 정렬 루틴들의 설계에 상당한 노력을 투여했는데, 그들의 예비 프로그램들은 하드웨어 설계에도 영향을 미쳤다. 그들의 추정에 따르면, UNIVAC으로 10워드 레코드 1억 개를 9000시간, 즉 375일 만에 정렬할 수 있었다.

공식적으로는 1951년 6월에 탄생한 UNIVAC I는 12자(72비트) 워드 1000개를 담을 수 있는 내부 메모리를 갖추고 있었고, 테이프 상의 60워드 블록들을 초 당 500워드의 속도로 읽거나 쓰도록 설계되었다. 읽기는 전방과 후방 모두 지원했으며, 동시적인 읽기, 쓰기, 계산이 가능했다. 1948년에 스나이더는 여섯 개의 입력 버퍼들을 이용해서 읽기, 쓰기, 계산을 완전히 겹칠 수 있는 흥미로운 2중 병합 방법을 고안해냈다: 각 입력 파일마다 "현재 버퍼" 하나와 "보조 버퍼" 두 개가 있다고 하자. 그러면 한 블록 출력이 시작될 때마다 두 현재 입력 버퍼가 전체적으로 정확히 한 블록 분량의 미처리 레코드들을 담도록 하는 방식으로 병합을 수행하는 것이 가능하다. 즉, 각 출력 블록이 만들어지는 동안 정확히 하나의 입력 버퍼가 비게 되며, 네 보조 버퍼들 중 세 개는 항상 차 있게 만들고 나머지 하나로 입력을 읽어 들이게 안배할 수 있다. 이 방법은 알고리즘 5.4.6F의 예측 방법보다 약간 빠르다. 한 입력의 결과를 그 다음 입력의 시작 전까지는 조사할 필요가 없기 때문이다. [*Collation Methods for the UNIVAC System* (Eckert-Mauchly Computer Corp., 1950), 총2권.]

이러한 작업으로 얻은 최고의 결과물은 하나의 정렬 생성기 프로그램으로, 그 프로그램은 프로그래밍 자동화를 위해 개발된 최초의 주요한 소프트웨어 루틴이었다. 사용자는 레코드 크기를 지정하고 각 레코드의 부분 필드들에 최대 다섯 개의 키들을 지정한다. 그리고 파일의 끝을 표시하는 경계 키들도 지정한다. 그러면 정렬 생성기는 1릴 파일들을 위한 저작권 있는 정렬 프로그램을 생성한다. 이 정렬 프로그램의 첫 패스는 비교 횟수 세기(알고리즘 5.2C)를 이용하는 60워드 블록들에 대한 내부 정렬을 수행한다. 그런 다음에는 앞에서 설명한 대로 후방 읽기와 테이프 상호 잠금 회피 기법을 사용하는 균형 병합 패스들을 여러 번 수행한다. ["Master Generating Routine for 2-way Sorting" (Eckert-Mauchly Division of Remington Rand, 1952)을 볼 것. 이 보고서의 최초 초안의 제목은 "Master Prefabrication Routine for 2-way Collation(이중 취합을 위한 마스터 사전 조립 루틴)"이었다. Frances E. [Snyder] Holberton, *Symposium on Automatic Programming* (Office of Naval Research, 1954), 34-39도 보라.]

1952년에 이르기까지, 프로그래머들 사이에서 잘 알려져 있었던 내부 정렬 접근방식들은 많이 있었지만 관련 이론은 거의 개발되지 않은 상태였다. 골든버그Daniel Goldenberg는 Whirlwind 컴퓨터를 위해 다섯 개의 서로 다른 방법들을 코딩하고 ["Time analyses of various methods of sorting data," Digital Computer Laboratory 메모 M-1680 (Mass. Inst. of Tech., 1952년 10월 17일)], 각 프로그램의 최상의 경우와 최악의 경우를 분석했다. 그리고 백 개의 15비트 워드들을 8비트 키들로 정렬했을 때 각 레코드를 자신의 키에 해당하는 고유한 위치에 저장한 256워드 표를 만들고 그 표를 압축하는 방법이 가장 빠르다는 결론을 얻었다. 그러나 이 기법에는 한 레코드 이후에 같은 키를 가진 레코드가 존재하면 원래의 레코드가 제거된다는 중요한 단점이 있었다. 그가 분석한 나머지 네 방법들의 우월 관계는 다음과 같다: 직접 2중 병합은 기수 2 정렬보다 우월하고, 그것은 직접 선택보다 우월하고, 그것은 거품 정렬보다 우월하다.

골든버그의 결과를 시워드Harold Seward가 그의 1954년 석사학위 논문 ["Information sorting in the application of electronic digital computers to business operations," Digital Computer Lab. report R-232 (Mass. Inst. of Tech., 1954년 5월 24일; 60쪽)]에서 확장했다. 시워드는

배분 개수 세기와 치환 선택 개념을 도입하고 한 무작위 순열의 첫 번째 연속열의 평균 길이가 $e-1$임을 보였다. 그는 또 테이프뿐만 아니라 다양한 종류의 대량 메모리들에 대해 내부 정렬은 물론 외부 정렬을 분석했다.

그보다도 주목할만한 학위논문(구체적으로는 Ph.D. 논문)으로는 1956년에 디머스Howard B. Demuth가 작성한 것이 있다 〔"Electronic Data Sorting" (Stanford University, 1956년 10월), 92쪽; *IEEE Trans.* C-34 (1985), 296-310〕. 이 논문은 계산 복잡도 이론의 기초를 쌓는 데 도움을 주었다. 논문에서 그는 순환, 선형, 임의접근 메모리들을 이용한 정렬 문제의 세 가지 추상 모형들을 고찰하고 각각에 대해 최적에 근접한 방법들을 개발했다. (연습문제 5.3.4-68 참고.) 디머스의 논문이 실제 응용 분야에 즉시 영향을 미친 것은 아니지만, 이론과 실제의 연결에 대한 중요한 착안들은 확립하게 된다.

이처럼, 정렬의 역사는 컴퓨팅 역사의 수많은 "최초"들과 밀접히 연관되어 있다. 최초의 자료처리 기계, 최초의 저장식 프로그램, 최초의 소프트웨어, 최초의 버퍼링 방법, 최초의 알고리즘적 분석과 계산 복잡도 논문 등등.

지금까지 언급한 컴퓨터 관련 문서들 중 실제로 "공개 문헌"의 형태로 나타난 것은 하나도 없다. 사실 초기 컴퓨팅 역사의 문헌들 대부분은 접근이 제한된 보고서 형태였는데, 이는 당시 컴퓨터에 관련된 사람들이 비교적 적었기 때문이다. 정렬에 관한 출판물은 1955-1956년에 최초로 나타났는데, 다음의 세 가지 주요 개괄 논문들이 그것이다.

첫 번째 논문은 호스켄J. C. Hosken이 작성한 것이다 〔*Proc. Eastern Joint Computer Conference* 8 (1955), 39-55〕. 그는 "사람들은 출력 단위 당 비용을 낮추기 위해 연산들의 크기를 증가하곤 한다. 그러나 이러한 조건 하에서 정렬의 단위 비용은 떨어지는 것이 아니라 올라간다"라는 빈틈없는 주장으로 논문을 시작했다. 호스켄은 컴퓨터를 이용한 정렬 방법들은 물론 당시 팔리던 모든 특수 목적 장치들도 개괄하고 있다. 54개의 문헌들이 거론되어 있는 그의 참고문헌 목록은 대부분 제조사의 소책자들에 근거한 것이었다.

프렌드E. H. Friend가 작성한 상세한 논문 "Sorting on Electronic Computer Systems" 〔*JACM* 3 (1956), 134-168〕은 정렬의 발전사에서 주된 이정표였다. 1956년부터 수많은 기법들이 개발되었지만, 여전히 이 논문은 여러 측면에서 놀랄 만큼 최신의 내용을 담고 있다. 프렌드는 상당히 많은 수의 내부, 외부 정렬 알고리즘들을 상세히 설명하면서 버퍼링 기법들과 자기 테이프 장치들의 특성에 특별한 주의를 기울였다. 또 새로운 방법들도 몇 가지 소개하고(이를테면 트리 선택, 쌍누 정렬, 예측 등), 기존 방법들의 일부 수학적 성질들도 전개했다.

이 시기에 나온 세 번째 정렬 개괄 논문은 데이비스D. W. Davies의 *Proc. Inst. Elect. Engineers* 103B, Supplement 1 (1956), 87-93이다. 그 후로 몇 년에 걸쳐 발표되었던 주목할만한 개괄 논문들로는 D. A. Bell 〔*Comp. J.* 1 (1958), 71-77〕; A. S. Douglas 〔*Comp. J.* 2 (1959), 1-9〕; D. D. McCracken, H. Weiss, T. Lee 〔*Programming Business Computers* (New York: Wiley, 1959), 제15장, 298-332쪽〕; I. Flores 〔*JACM* 8 (1961), 41-80〕; K. E. Iverson 〔*A*

Programming Language (New York: Wiley, 1962), 제6장, 176-245]; C. C. Gotlieb [*CACM* 6 (1963), 194-201]; T. N. Hibbard [*CACM* 6 (1963), 206-213]; M. A. Goetz [*Digital Computer User's Handbook*, M. Klerer 및 G. A. Korn 엮음 (New York: McGraw-Hill, 1967), 1.10장, 1.292-1.320쪽] 등이 있다. 1962년 11월에는 ACM이 후원한 정렬 심포지엄이 열렸는데, 거기서 발표된 논문들 대부분이 *CACM* 1963년 5월호에 실려 출판되었다. 이 논문들은 당시의 최신 현황을 잘 보여준다. 이들 중 특히 주목할만한 것으로는 당시의 정렬 생성기들을 개괄한 고트리브C. C. Gotlieb의 논문, 최소 저장소 내부 정렬을 개괄한 히버드T. N. Hibbard의 논문, 디스크 파일 정렬에 대한 초기 연구 성과를 담은 허버드G. U. Hubbard의 논문을 들 수 있다.

이 시기 전반에서 주소 계산 (1956), 병합 삽입 (1959), 기수 교환 (1959), 중첩 병합 (1959), 셸 정렬 (1959), 다중페이즈 병합 (1960), 트리 삽입 (1960), 진동 정렬 (1962), 호어Hoare의 빠른정렬 (1962), 윌리엄스Williams의 힙 정렬 (1964), 배처Batcher의 병합 교환 (1964) 등 새로운 정렬 방법들이 발견되었다. 이 알고리즘들 각각의 역사는 이번 장에서 해당 알고리즘을 설명할 때 언급한 바 있다. 1960년대 후반에는 해당 이론이 크게 발전했다.

이번 장을 처음 작성하는 과정에서 필자가 조사한 정렬에 대한 모든 논문의 완전한 문헌정보를 리베스트R. L. Rivest의 도움을 받아 취합한 결과가 *Computing Reviews* 13 (1972), 283-289에 나온다.

그 후의 발전상. 1970년대 이후로 수십 개의 정렬 알고리즘들이 고안되었으나, 그들 대부분은 이전 주제들의 변형들이다. 연습문제 5.2.2-30에서 설명한 다중키 빠른정렬이 그런 좀 더 최근 방법들의 좋은 예이다.

또 다른 경향으로 적응적(adaptive)인 정렬 방법들이 있는데, 당시까지는 주로 이론적인 관심의 차원에서 연구되었다. 적응적이라는 것은 입력이 다양한 기준들에 따라 이미 상당히 많이 정렬되어 있을 때 더 빠른 실행이 보장된다는 의미이다. 예를 들면 H. Mannila, *IEEE Transactions* C-34 (1985), 318-325; V. Estivill-Castro, D. Wood, *Computing Surveys* 24 (1992), 441-476; C. Levcopoulos, O. Petersson, *Journal of Algorithms* 14 (1993), 395-413; A. Moffat, G. Eddy, O. Petersson, *Software Practice & Experience* 26 (1996), 781-797 등을 볼 것.

컴퓨터 하드웨어의 변화에 의해, 비용 조건들이 달라질 때의 정렬 알고리즘들의 효율성에 관한 여러 흥미로운 연구들이 촉발되었다. 예를 들면 연습문제 5.4.9-20의 가상 메모리에 대한 논의를 볼 것. 내부 정렬에 대한 하드웨어 캐시(cache)의 영향이 A. LaMarca, R. E. Ladner, *J. Algorithms* 31 (1999), 66-104에 나온다. 그들의 결론 중 하나는 알고리즘 5.2.2Q의 단계 Q9가 현대적인 컴퓨터들에서는 바람직하지 않다는 것이다(`MIX` 같은 전통적인 컴퓨터들에서는 잘 작동하지만). 즉, 이제는 빠른정렬을 직접 삽입 정렬로 끝내는 대신 짧은 부분파일들을 더 일찍, 그러니까 그 키들이 아직 캐시에 남아 있을 때 정렬하는 것이 더 낫다.

그럼 대량의 자료에 대한 정렬의 최신 현황은 어떠한가? 한 유명한 정렬 프로그램 벤치마크가

1985년부터 진행되어 왔다. 벤치마크의 과제는 균등하게 분포된 10자 짜리 키들을 가진 100자 짜리 레코드 백만 개를 정렬하는 것으로, 입력과 출력은 디스크에서 일어난다. 목표는 프로그램을 띄우는 시간까지 포함한 총 수행 시간을 최소화하는 것이다. 아가왈R. C. Agarwal [*SIGMOD Record* 25, (1996년 6월), 240-246]은 탁상용 RISC 컴퓨터인 IBM RS/6000 모델 39H를 이용해서 8개의 디스크 단위들에 띠분할된 파일들을 다루는 기수 정렬을 구현했는데, 과제를 단 5.1초 만에 끝냈다. 주된 병목은 입・출력이었다. 프로세서가 실제 정렬을 제어하는 데에는 단 0.6초밖에 걸리지 않았다! 프로세서가 여러 개인 경우에는 그보다도 빠른 속도를 얻을 수 있었다: 각각 두 개의 내부 디스크들을 가진 32대의 UltraSPARC I 워크스테이션으로 된 네트웍에서 NOW-Sort라는 이름의 혼성 정렬 방법을 이용해서 백만 개의 레코드들을 2.41초 만에 정렬할 수 있다 [A. C. Arpaci-Dusseau, R. H. Arpaci-Dusseau, D. E. Culler, J. M. Hellerstein, D. A. Patterson, *SIGMOD Record* 26, (1997년 6월), 243-254].

이러한 발전들은 이제 백만 레코드 벤치마크가 주되게 측정하는 것이 사실은 프로그램 시동 및 종료 시간이 되었음을 의미한다. 좀 더 의미 있는 결과를 얻으려면 더 큰 자료집합이 필요하다. 예를 들어 테라바이트 정렬, 즉 100자 짜리 레코드 10^{10}개의 정렬에 대한 세계신기록은 2.5시간인데, 이 기록은 1997년에 프로세서 32개와 내부 메모리 8기가바이트, 그리고 4기가바이트 하드디스크 559개를 가진 Silicon Graphics Origin2000 시스템 한대로 달성한 것이다. 사용된 소프트웨어는 Nsort™라고 하는 상용(商用) 정렬 루틴으로, 나이버그C. Nyberg, 코스터C. Koester, 그레이J. Gray가 아직 출판되지 않은 방법들을 이용해서 개발한 것이다.

언젠가는 테라바이트 벤치마크도 너무 작다고 간주되는 날이 오게 것이다. 영원히 살아남을 벤치마크들을 생각해 본다면, 현재 가장 강력한 후보는 MinuteSort(분정렬) 벤치마크, 즉 60초 동안 100자 레코드들을 몇 개나 정렬할 수 있는지를 세는 것이다. 이 책의 인쇄가 준비 중에 있었을 때 이 과제의 기록 보유가는 NOW-Sort로, 1997년 3월 30일에 95대의 워크스테이션들로 9천 25만(90.25백만) 개의 레코드들을 단 59.21초 만에 정렬했다.† 그러나 현존하는 방법들 중 속도에 관해 지적으로 근본적인 한계에 도달한 것은 아직 없다.

정리하자면, 효율적인 정렬의 문제는 예나 지금이나 여전히 매혹적인 문제로 남아 있는 것이다.

연습문제

1. [*05*] 정리 5.4.6A를 일반화해서 이번 장 내용 전체를 한 문장으로 요약하라.

2. [*20*] MIX 컴퓨터에서 정렬을 수행한다고 가정한다. 표 1의 정보를 근거로 할 때, 여섯 자리 키들에 대한 최고의 목록 정렬 방법은 무엇인가?

† [옮긴이 주] 좀 더 최근 상황을 Sort Benchmark Home Page(http://research.microsoft.com/barc/SortBenchmark/)에서 확인할 수 있다. 테라바이트 벤치마크의 경우 2005년에 7분 대에 진입했으며, 분정렬 벤치마크에서는 100바이트 레코드 약 12억 5천개를 1분 안에 정렬하는 기록이 탄생했다(역시 2005년). 두 기록 모두 Jim Wiley(IBM Almaden Research)의 SCS(SAN Cluster Sort) 프로그램이 세웠다.

3. [37] (최소 저장소 안정적 정렬.) 정렬 알고리즘은 N개의 레코드들을 저장하는 메모리 공간 외에도 변수들을 저장할 메모리 공간을 요구한다. 변수들의 저장에 $O((\log N)^2)$비트의 메모리 공간만을 요구하는 정렬 알고리즘을 가리켜 최소 저장소를 요구하는 알고리즘이라고 부른다. 이 때 그 알고리즘은 반드시 일반적이어야 한다. 즉, 알고리즘이 실제로 정렬을 수행할 때 충분한 양의 임의접근 메모리가 마련된다는 가정 하에서, 특정한 하나의 N 값이 아니라 모든 N에 대해서 작동해야 하는 것이다.

이번 장에서 공부한 많은 정렬 방법들은 이 최소 저장소 요구사항을 위반한다. 특히 N개의 링크 필드들을 사용하는 방법들이 그렇다. 빠른정렬(알고리즘 5.2.2Q)은 최소 저장소 요구사항을 만족하나 최악의 경우의 실행 시간이 N^2에 비례한다. 최소 저장소 요구사항을 만족하는 것들 중 실행 시간이 $O(N \log N)$ 규모인 것은 힙 정렬(알고리즘 5.2.3H) 뿐이다. 그러나 연습문제 5.2.4-18의 착안을 이용하면 그런 또 다른 알고리즘을 만들 수 있다.

이번 장에 나온 것들 중에서 키들을 안정적인 방식으로 정렬하는 가장 빠른 일반적 알고리즘은 목록 병합 정렬(알고리즘 5.2.4L)이지만, 목록 병합 정렬은 최소 저장소를 사용하지 않는다. 지금까지 살펴본 것들 중 실제로 안정적인 최소 저장소 정렬 알고리즘들은 $\Omega(N^2)$ 방법들(직접 삽입과 거품 정렬, 그리고 직접 선택의 한 변형) 뿐이다.

최악의 경우에도 단 $O(N(\log N)^2)$단위 시간만을 필요로 하는 안정적 최소 저장소 정렬 알고리즘을 설계하라. [힌트: 안정적 최소 저장소 병합을 $O(N \log N)$단위 시간으로 수행하는 것이 가능하다.]

▶ **4.** [*28*] 오직 키 비교만으로 모든 의사결정을 수행하며, 한 비교의 결과를 이전 비교 결과들로부터 예측하는 일이 결코 없는 정렬 알고리즘을 가리켜 인색한(parsimonious) 정렬이라고 부른다. 표 1의 방법들 중 인색한 정렬 방법은 무엇인가?

5. [*46*] 키가 같은 레코드들이 많은 비무작위 자료를 정렬하는 것이 균등한 무작위 자료를 정렬하는 것보다 훨씬 어렵다. 다음과 같은 특성을 가진 정렬 벤치마크를 고안하라: (i) 벤치마크가 현재에도 흥미로우며 앞으로도 100년 동안은 흥미로울 것이고, (ii) 균등분포 무작위 키들을 요구하지 않으며, (iii) 시간에 따라 변하는 자료집합을 사용하지 않는다.

지난 몇 년 간 정렬에 관해 작성된 엄청난 양의 자료를,
내가 그 요점만이라도 분류하고 논리적인 순서대로 정렬했다면
나의 목적은 달성된 것이라고 해야 할 것이다.

— 호스켄J. C. HOSKEN (1955)

CHAPTER 6

검색

그럼 레코드를 찾아봅시다.

— 스미스AL SMITH (1928)

이번 장의 제목으로는 "정보의 저장과 조회(Storage and Retrieval of Information)"라는 좀 더 과장된 제목이 더 나았을 지도 모르겠다. 한편으로는 그냥 "표 조회(Table Look-Up)"라고 불러도 되었을 것이다. 우리가 관심을 가지고 있는 것은 정보를 컴퓨터의 메모리 안에 모아두되, 이후에 원하는 정보를 최대한 빨리 복원할 수 있는 방식으로 모아두는 것이다. 종종 우리는 정말로 사용할 수 있는 것보다 많은 자료에 직면하게 되는데, 그것들 대부분을 무시하고 파기하는 게 가장 현명할 때도 있겠지만, 그렇지 않다면 주어진 사실들을 빠른 조회가 가능한 방식으로 보존하고 조직화하는 게 중요하다.

이번 장의 대부분은 특정한 식별 정보와 함께 저장된 자료를 찾는다는 아주 간단한 검색 문제를 다룬다. 수치적인 응용이라면 함수 f의 값들이 저장된 표와 변수 x의 값이 주어졌을 때 $f(x)$의 값을 찾는 것이 그러한 문제의 한 예이고, 비수치 응용이라면 주어진 영어 단어에 해당하는 러시아어 단어를 찾는 것이 한 예이다.

일반화하자면, 우리가 해결하고자 하는 문제는 N개의 레코드들의 집합에서 특정한 레코드를 찾는 것이다. 정렬을 논의할 때와 마찬가지로, 이번에도 각 레코드에 키(key)라고 하는 특별한 필드가 포함되어 있다고 가정한다. 키라는 이름은 아주 적합하다. 왜냐하면 사람들은 실제로 매일 키(열쇠)를 찾느라 상당한 시간을 허비하곤 하기 때문이다. 일반적으로는 N개의 키들이 서로 달라야 한다. 그래야 각 키로 해당 레코드를 유일하게 식별할 수 있기 때문이다. 모든 레코드의 모음을 표(table) 또는 파일(file)이라고 부르는데, "표"는 주로 작은 파일을 가리키는 데 쓰이고, "파일"은 주로 큰 표를 가리키는 데 쓰인다. 큰 파일 또는 파일들의 그룹을 데이터베이스라고 부르는 경우가 많다.

검색을 위한 알고리즘에는 이른바 인수(因數, argument)라고 부르는 K가 주어진다. 검색 문제는 키가 K인 레코드를 찾는 것이다. 검색이 완료되었을 때의 결과는 두 가지이다. 하나는 K를 담은 유일한 레코드를 찾음으로써 검색에 성공하는 것이고, 또 하나는 K를 어디에서도 찾지 못해서 검색에 실패하는 것이다. 검색에 실패했을 때에는 K를 담은 레코드를 표에 추가하는 게 바람직한 경우도 있다. 그러한 일을 수행하는 방법을 검색 및 삽입 알고리즘이라고 부른다. 사람의 뇌가 기능하는 것과 비슷한 방식으로 정렬 문제를 자동으로 해결하는, 연관 메모리(associative memory)라고 하는 특수한 하드웨어 장치도 있다. 그러나 이번 장에서는 통상적인 범용 디지털 컴퓨터에서의 정렬 기법들을 다루고자 한다.

검색의 목표가 K에 연관된 레코드에 저장된 정보를 찾는 것이긴 하지만, 일반적으로 이번 장의 알고리즘들은 키 이외의 정보는 모두 무시한다. 실제 응용에서는, 일단 K를 찾았다면 그에 연관된 자료는 얼마든지 찾을 수 있다. 예를 들어 K가 장소 $\mathtt{TABLE} + i$에 존재한다면 그에 관련된 자료(또는 그것을 가리키는 포인터)는 $\mathtt{TABLE} + i + 1$나 $\mathtt{DATA} + i$ 등 그 키로부터 접근할 수 있는 어딘가에 들어 있을 것이다. 따라서 K를 성공적으로 찾은 후의 세부적인 처리에 대해서는 편의상 무시하기로 한다.

많은 프로그램들에서 시간을 가장 많이 소비하는 부분이 바로 검색이고, 따라서 나쁜 검색 방법을 좋은 검색 방법으로 대체해서 프로그램 수행 시간을 크게 개선할 수 있는 경우가 많다. 더 나아가서, 검색의 필요성이 완전히 제거되도록, 즉 원하는 정보의 위치를 항상 즉시 알 수 있도록 자료나 자료구조를 배치하는 것이 가능한 경우도 많다. 이를 달성하는 한 가지 흔한 수단은 연결된 메모리이다. 예를 들어 이중 연결 목록의 경우에는 주어진 한 항목의 선행자나 후행자를 검색할 필요가 없다. 키들을 자유로이 선택할 수 있는 경우에도 검색을 피하는 것이 가능하다. 번호 $\{1, 2, \ldots, N\}$을 키들로 선택한다면, 키 K를 가진 레코드는 항상 장소 $\mathtt{TABLE} + K$에 들어 있는 것이므로 검색은 필요가 없다. 2.2.3절에서 논의한 위상정렬 알고리즘에서 검색을 제거하는 데 이 두 방법이 모두 쓰였다. 그러나 위상정렬 알고리즘에서 만일 객체들에 수치가 아니라 기호적인 이름이 부여되었다면 검색이 필요했을 것이다. 실제 응용에서는 효율적인 검색 알고리즘들이 상당히 중요하다.

검색 방법들을 분류하는 방식은 다양하다. 5장에서 정렬 알고리즘들을 내부 정렬과 외부 정렬로 분류했던 것처럼, 검색 알고리즘들도 내부 검색과 외부 검색으로 분류할 수 있다. 또는 정적 검색과 동적 검색으로 나눌 수도 있는데, 여기서 "정적"은 표의 내용이 본질적으로 변하지 않는다는(따라서 표를 준비하는 데 필요한 시간과는 무관하게 검색 시간을 최소화하는 것이 중요하다) 뜻이고 "동적"은 표에 새로운 자료가 빈번하게 삽입되거나 표의 항목들이 삭제될 수도 있다는 뜻이다. 세 번째의 분류 기준은 검색이 키들 사이의 비교에 근거하느냐 아니면 키들의 자리수들의 특성에 근거하느냐이다. 이는 비교에 의한 정렬과 배분에 의한 정렬이라는 정렬 분류 방식에 비견할 수 있다. 마지막으로, 실제 키들을 사용하는 검색과 변환된 키들을 다루는 검색으로도 분류할 수 있다.

이번 장의 구성은 본질적으로 후자의 두 분류 방법을 결합한 것을 따른다. 6.1절은 "주먹구구식" 순차 검색 방법들을 고찰하며, 6.2절은 그런 방법들을 알파벳 순서 또는 수치적 순서에 따른 키 비교에 근거해서 개선하는 방법들을 논의한다. 6.3절은 숫자별 검색을 다루며, 6.4절은 실제 키의 수치적 변환에 기반을 둔 해싱 기법이라고 하는 중요한 부류의 방법들을 논의한다. 이 절들은 내부 검색과 외부 검색, 정적 검색과 동적 검색 모두를 다룬다. 또한 각 절은 여러 알고리즘들의 상대적인 장단점들도 지적한다.

검색과 정렬은 아주 밀접하게 관련되는 경우가 많다. 예를 들어 *두 수 집합* $A = \{a_1, a_2, \ldots, a_m\}$ *과* $B = \{b_1, b_2, \ldots, b_n\}$ *이 주어졌을 때* $A \subseteq B$*의 여부를 판정하라*는 문제를 생각해보자. 세 가지 해법이 머리에 떠오를 것이다.

1. 일치하는 것이 나올 때까지 각 a_i를 순차적으로 b_j들과 비교한다.
2. a들과 b들을 정렬하고, 두 파일을 순차적으로 한 번 훑으면서 적절한 조건을 판정한다.
3. b_j들을 표에 집어넣고 거기서 a_i들 각각을 검색한다.

이 해법들 중 어떤 것이 좋은지는 m과 n의 범위에 따라 달라진다. 해법 1은 어떤 상수 c_1에 대해 약 c_1mn단위의 시간을 소비한다. 해법 2는 어떤(좀 더 큰) 상수 c_2에 대해 약 $c_2(m \lg m + n \lg n)$ 단위를 소비한다. 적당한 해싱 방법을 갖춘다면, 해법 3은 어떤(더욱 큰) 상수 c_3과 c_4에 대해 대략 $c_3m + c_4n$단위의 시간을 소비한다. 따라서 아주 작은 m과 n에 대해서는 해법 1이 좋지만 m과 n이 커짐에 따라 해법 2가 더 나아지게 되며, 더 커지면 해법 3이 더 나아진다(단, n이 내부 메모리 크기를 넘지 않는 한). n이 메모리 크기를 넘었다면, n이 아주 커지지 않는 한 해법 2가 다시 우월하게 된다. 결국 어떤 경우에는 정렬 대신 검색을 사용하는 게 더 낫고, 또 어떤 경우에는 검색을 정렬로 대체하는 게 더 나은 것이다.

좀 더 복잡한 검색 문제들이 여기서 고려하는 간단한 검색 문제들로 줄어드는 경우도 많다. 예를 들어 키들이 단어들인데 사용자가 철자가 조금 잘못된 인수를 지정했다고 해도 정확한 레코드를 찾을 수 있어야 한다고 하자. 가능한 방법은 이런 것이다. 파일의 복사본을 두 개 만들되, 하나는 키들이 보통의 사전순서가 되게 하고 또 하나는 키들이 오른쪽에서 왼쪽 순서(마치 단어의 철자를 뒤집은 것처럼)가 되게 한다. 그런 상태에서 철자가 잘못된 인수로 두 파일을 검색하면, 두 파일 중 하나에서 인수의 절반 이상과 일치하는 키를 가진 레코드가 나올 것이다. 6.2절과 6.3절의 검색 방법들을 이러한 방식에 맞게 변형하는 것이 가능하다.

항공권 예약 시스템과 관련해서, 그리고 잘못된 받아쓰기나 음성 전달 때문에 이름의 철자가 잘못될 가능성이 있는 다른 분야에서도 이와 관련된 문제가 상당한 관심을 끈 적이 있다. 목표는 인수를 같은 이름의 모든 변형이 하나로 통일되는 경향을 가진 어떤 부호(code)로 변환하는 것이다. 사람 이름을 부호화하는 방법으로 자주 쓰여 온 기법에는 오델Margaret K. Odell과 러셀Robert C. Russell이 개발한 "사운덱스(Soundex)"라는 것이 있는데 [*U.S. Patents 1261167* (1918), *1435663* (1922) 참고], 다음은 현재 쓰이는† 사운덱스 알고리즘이다.

1. 이름의 첫 글자는 유지하고, 그 외의 위치에 있는 모든 a, e, h, i, o, u, w, y를 제거한다.
2. 첫 글자를 제외한 나머지 글자들에 다음과 같이 숫자를 부여한다.

† [옮긴이 주] 3번의 h, w 관련 사항은 미국 인구조사에서만 쓰인다고 한다. Wikipedia, "Soundex", http://en.wikipedia.org/wiki/Soundex (2007년 3월).

b, f, p, v → 1	l → 4
c, g, j, k, q, s, x, z → 2	m, n → 5
d, t → 3	r → 6

3. 만일 원래의(단계 1 이전의) 이름에 같은 부호를 가진 글자들이 둘 이상 인접해 있었다면, 또는 사이에 낀 임의의 h들과 w들 빼고 인접해 있다면, 첫 번째 것만 남기고 모두 제거한다.
4. 3까지의 결과에서 숫자가 세 개 미만이면 0들을 적절히 추가해서, 또는 숫자가 네 개 이상이면 제일 오른쪽 숫자들을 제거해서 "글자, 숫자, 숫자, 숫자" 형태로 만든다.

예를 들어 Euler, Gauss, Hilbert, Knuth, Lloyd, Łukasiewicz, Wachs는 각각 E460, G200, H416, K530, L300, L222, W200으로 부호화된다. 물론 이 시스템은 비슷한 이름들뿐만 아니라 다소 다른 이름들도 같은 부호로 변환한다. 예를 들어 Ellery, Ghosh, Heilbronn, Kant, Liddy, Lissajous, Waugh도 앞에 나온 부호들과 같은 부호들로 변환된다. 한편, 비슷하게 발음되는 Rogers와 Rodgers, Sinclair와 St. Clair, Tchebysheff와 Chebyshev는 각자 다른 부호가 된다. 그렇긴 해도 사운덱스 부호는 대체로 잘못된 철자로부터 정확한 이름을 찾을 확률을 크게 높여준다. 〔좀 더 자세한 정보는 C. P. Bourne, D. F. Ford, *JACM* 8 (1961), 538–552; Leon Davidson, *CACM* 5 (1962), 169–171; *Federal Population Censuses 1790–1890* (Washington, D.C.: National Archives, 1971), 90을 볼 것.〕

사운덱스 같은 방식을 사용한다고 해도 모든 키가 서로 다르다는 가정을 포기할 필요는 없다. 같은 부호를 가진 모든 레코드의 목록을 만들고 각 목록을 하나의 단위로 취급하면 된다.

큰 데이터베이스는 조회 공정을 복잡하게 만드는 경향이 있다. 사람들은 부분적인 정보들을 지정해서 원하는 항목을 찾을 수 있도록, 각 레코드의 서로 다른 여러 필드들을 잠재적인 키들로 간주하고 싶어 하는 경우가 많기 때문이다. 예를 들어, 연예인에 관한 커다란 파일이 있다고 할 때, 프로듀서는 나이가 25에서 30 사이이고 춤에 재능이 있으며 프랑스 억양을 가진 여배우를 찾고자 할 수도 있다. 또한 스포츠 기자는 야구 통계를 담은 커다란 파일에서 1964년 Chicago White Sox가 야간 경기 7회에 좌완투수에게 얻은 총 홈런 수를 알고자 할 수도 있다. 어떤 분야의 방대한 자료를 담은 커다란 파일이 주어졌을 때, 사람들이 알고 싶어 하는 내용은 얼마든지 복잡할 수 있다. 실제로 어떤 도서관 전체를 하나의 데이터베이스로 간주하고 정보 조회에 관해 출판된 모든 것을 찾아보려는 검색자도 상상할 수 있다. 그러한 2차 키(다중 특성) 정보 조회를 위한 기법들은 6.5절에서 소개한다.

구체적인 논의로 들어가기 전에, 역사적인 관점에서 검색 문제를 살펴보는 것도 도움이 될 것이다. 컴퓨터가 나오기 전에는 로그표, 삼각함수표 등의 책들이 많았는데, 그런 책들 덕분에 수학자들은 계산을 검색으로 대체할 수 있었다. 현대에 들어와서는 그 표들이 천공 카드들로 옮겨져서 취합기, 정렬기, 복제 천공 기계들과 함께 과학 문제의 해결에 사용되었다. 프로그램 저장식 컴퓨터가 도입되면서부터는 $\log x$나 $\cos x$를 표에서 찾을 때보다 매번 다시 계산할 때의 비용이 더 적어지게 되었다.

정렬 문제는 컴퓨터 초창기 시절부터 이미 상당한 관심을 받아 온 반면, 검색을 위한 알고리즘들에 주어진 관심은 이와 비교할 때 그리 높지 않은 편이었다. 당시에는 내부 메모리가 작고 큰 파일을 저장할 수 있는 수단이 테이프 같은 순차적 매체들뿐이었기 때문에 검색이 아주 쉽거나 거의 불가능했다.

그러나 1950년대에 이르러 임의 접근 메모리들이 점점 커지면서 검색이 그 자체로 흥미로운 문제라는 인식도 확산되었다. 그러자 초기 컴퓨터들의 제한된 저장 공간을 수년 간 불평해오던 프로그래머들은 효율적인 사용 방법을 알지 못하는 큰 용량의 메모리가 자신들에게 갑자기 주어진 상황과 직면하게 되었다.

검색 문제에 대한 초기 연구 문헌들로는 A. I. Dumey, *Computers & Automation* 5, 12 (December 1956), 6–9; W. W. Peterson, *IBM J. Research & Development* 1 (1957), 130–146; A. D. Booth, *Information and Control* 1 (1958), 159–164; A. S. Douglas, *Comp. J.* 2 (1959), 1–9가 있다. 이후 Kenneth E. Iverson, *A Programming Language* (New York: Wiley, 1962), 133–158과 Werner Buchholz, *IBM Systems J.* 2 (1963), 86–111 같은 좀 더 본격적인 성과가 출판되기도 했다.

1960년대 초반에는 트리 구조에 기반한 흥미로운 새 검색 절차들이 여럿 소개되었는데, 이에 대해서는 차차로 살펴볼 것이다. 검색에 대한 연구는 지금도 활발하게 진행되고 있다.

6.1. 순차 검색

"시작에서 시작해서 전진하다가 찾는 키가 발견되면 멈춘다." 이러한 순차적 절차는 누구나 생각할 수 있는 자명한 검색 방법으로, 좀 더 정교한 여러 알고리즘들도 이것을 기초로 한다는 점에서 검색에 대한 논의의 출발점으로 알맞다고 할 수 있다. 순차 검색은 단순하지만, 그래도 몇 가지 아주 흥미로운 착상들이 관여하고 있음을 보게 될 것이다.

다음은 순차 검색 알고리즘을 좀 더 정밀하게 서술한 것이다.

알고리즘 S (순차 검색.) 키들이 각각 $K_1, K_2, \ldots, K_N$인 레코드 $R_1, R_2, \ldots, R_N$의 표가 주어졌을 때, 이 알고리즘은 주어진 인수 K를 그 표에서 찾는다. $N \geq 1$라고 가정한다.

S1. [초기화.] $i \leftarrow 1$로 설정한다.

S2. [비교.] 만일 $K = K_i$이면 알고리즘을 끝낸다. 검색에 성공한 것이다.

S3. [전진.] i를 1 증가한다.

S4. [파일의 끝?] 만일 $i \leq N$이면 S2로 돌아간다. 그렇지 않으면 검색 실패를 결과로 해서 알고리즘을 끝낸다. ▮

이 알고리즘이 두 가지 방식으로, 즉 성공적으로(원하는 키를 찾았음) 또는 실패로(주어진 인수가 표에 존재하지 않음을 확인했음) 끝남을 주목할 것. 이번 장의 다른 대부분의 알고리즘들도 마찬가지이다.

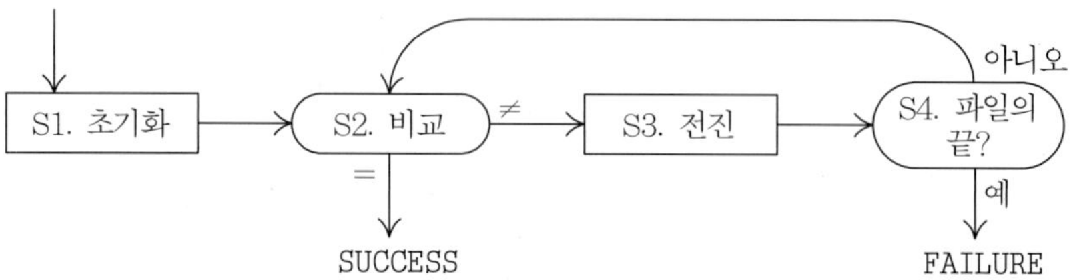

그림 1. 순차 검색 또는 "호별방문(house-to-house)" 검색.

이 알고리즘에 해당하는 MIX 프로그램은 순식간에 작성할 수 있을 것이다.

프로그램 S (순차 검색). K_i가 장소 KEY+ i에 나타난다고 가정하며, 레코드 R_i의 나머지 부분은 장소 INFO+ i에 나타난다고 가정한다. 다음 프로그램은 $\text{rA} \equiv K$, $\text{rI1} \equiv i - N$을 사용한다.

```
START    LDA   K           1       S1. 초기화.
         ENT1  1-N         1       i ← 1.
2H       CMPA  KEY+N,1     C       S2. 비교.
         JE    SUCCESS     C       만일 K = K_i이면 종료.
         INC1  1           C-S     S3. 전진.
         J1NP  2B          C-S     S4. 파일의 끝?
FAILURE  EQU   *           1-S     표에 없으면 종료.
```

장소 SUCCESS에서는 명령 "LDA INFO+N,1"로 원하는 정보를 rA 에 넣는다. ▮

이 프로그램의 분석은 간단하다. 알고리즘 S의 실행 시간은 다음 두 가지에 의존한다.

$$C = \text{키 비교 횟수;}$$
$$S = \text{검색이 성공이면 1, 실패이면 0.} \tag{1}$$

프로그램 S는 $5C - 2S + 3$단위시간을 소비한다. 검색이 $K = K_i$를 성공적으로 찾는다면 $C = i$, $S = 1$이다. 따라서 총 시간은 $(5i+1)u$이다. 그렇지 않고 만일 검색에 실패했다면 $C = N$, $S = 0$이고, 총 시간은 $(5N+3)u$이다. 만일 모든 키들이 동일확률로 발생한다면 성공한 검색의 C의 평균은

$$\frac{1+2+\cdots+N}{N} = \frac{N+1}{2} \tag{2}$$

이 된다. 물론 표준편차는 상당히 커서, 약 $0.289N$이 된다(연습문제 1 참고).

프로그래머라면 누구나 위의 알고리즘을 알고 있을 것이다. 그러나 이것이 항상 적절한 순차 검색 방법은 아님을 아는 사람은 별로 없다. 레코드들의 목록이 아주 짧은 것은 아닌 한, 다음과 같은 간단한 수정만 가해도 알고리즘이 더 빨라진다.

알고리즘 Q (빠른 순차 검색.) 이 알고리즘은 알고리즘 S와 같되, 파일 끝에 모조 레코드 R_{N+1}이 존재한다고 가정하는 점이 다르다.

Q1. 〔초기화.〕 $i \leftarrow 1$로 설정하고 $K_{N+1} \leftarrow K$로 설정한다.

Q2. 〔비교.〕 만일 $K = K_i$이면 Q4로 간다.

Q3. 〔전진.〕 i를 1 증가하고 Q2로 돌아간다.

Q4. 〔파일의 끝?〕 만일 $i \le N$이면 검색 성공을 결과로 해서 알고리즘을 끝낸다. 그렇지 않으면 검색 실패($i = N+1$)를 결과로 해서 알고리즘을 끝낸다. ▮

프로그램 Q (빠른 순차 검색). $rA \equiv K$, $rI1 \equiv i - N$.

```
START    LDA   K            1        Q1. 초기화.
         STA   KEY+N+1      1        K_N+1 ← K.
         ENT1  -N           1        i ← 0.
         INC1  1          C+1-S      Q3. 전진.
         CMPA  KEY+N,1    C+1-S      Q2. 비교.
         JNE   *-2        C+1-S      만일 K_i ≠ K이면 Q3으로.
         J1NP  SUCCESS      1        Q4. 파일의 끝?
FAILURE  EQU   *           1-S       표에 없으면 종료. ▮
```

프로그램 S의 분석에 나온 수량 C와 S로 실행 시간을 표현한다고 할 때, 이 프로그램의 실행 시간은 $(4C - 4S + 10)u$로 줄어든다. 따라서 성공적인 검색에서 $C \ge 6$이면, 그리고 실패한 검색에서는 $N \ge 8$이면 항상 이 프로그램이 프로그램 S보다 우월하다.

알고리즘 S에서 알고리즘 Q로의 개선에는 프로그램의 내부 루프가 둘 이상의 조건들을 판정한다면 그것을 단 하나의 조건 판정으로 줄여봐야 한다는 중요한 속도 개선 원리가 적용되었다.

프로그램 Q가 가장 빠른 순차 검색인 것은 아니다. 또 다른 기법을 이용해서 더 빠르게 만드는 것도 가능하다.

프로그램 Q′ (더 빠른 순차 검색). $rA \equiv K$, $rI1 \equiv i - N$.

```
START    LDA   K              1              Q1. 초기화.
         STA   KEY+N+1        1              K_N+1 ← K.
         ENT1  -1-N           1              i ← -1.
3H       INC1  2          ⌊(C-S+2)/2⌋        Q3. 전진. (두 번)
         CMPA  KEY+N,1    ⌊(C-S+2)/2⌋        Q2. 비교.
         JE    4F         ⌊(C-S+2)/2⌋        만일 K = K_i이면 Q4로.
         CMPA  KEY+N+1,1  ⌊(C-S+2)/2⌋        Q2. 비교. (다음)
         JNE   3B         ⌊(C-S+2)/2⌋        만일 K ≠ K_i+1이면 Q3으로.
         INC1  1          (C-S) mod 2        i를 전진.
4H       J1NP  SUCCESS        1              Q4. 파일의 끝?
FAILURE  EQU   *             1-S             표에 없으면 종료. ▮
```

내부 루프가 중복되었다. 이 덕분에 "$i \leftarrow i+1$" 명령들의 약 절반을 피할 수 있게 되었고, 그래서 실행 시간은

$$3.5C - 3.5S + 10 + \frac{(C-S) \bmod 2}{2}$$

단위로 감소했다. 큰 표들을 검색하는 경우, 프로그램 S에 비해 실행 시간이 30퍼센트 절감된다. 수많은 기존 프로그램들을 이런 식으로 개선하는 것이 가능하다. 고수준 언어의 프로그래밍에도 이런 기법을 적용할 수 있다. [이를테면 D. E. Knuth, *Computing Surveys* 6 (1974), 266-269를 볼 것.]

키들이 증가 순임을 알고 있는 경우라면 다음과 같이 약간 변형된 알고리즘이 바람직하다.

알고리즘 T (정렬된 표의 순차 검색). 키들이 증가 순서인, 즉 $K_1 < K_2 < \cdots < K_N$인 레코드 $R_1, R_2, \ldots, R_N$의 표가 주어졌을 때 이 알고리즘은 주어진 인수 K를 찾는다. 편의상, 그리고 속도를 위해, 이 알고리즘은 키 값이 $K_{N+1} = \infty > K$인 모조 레코드 R_{N+1}이 존재한다고 가정한다.

T1. [초기화.] $i \leftarrow 1$로 설정한다.

T2. [비교.] 만일 $K \le K_i$이면 T4로 간다.

T3. [전진.] i를 1 증가하고 T2로 돌아간다.

T4. [상등?] 만일 $K = K_i$이면 검색 성공을 결과로 해서 알고리즘을 끝낸다. 그렇지 않으면 검색 실패를 결과로 해서 알고리즘을 끝낸다. ▮

모든 키가 동일 확률이라면, 검색 성공의 경우 이 알고리즘의 평균 실행 시간은 알고리즘 Q와 같다. 그러나 검색 실패의 경우에는 알고리즘 Q보다 약 두 배 정도 빠르다. 이는 레코드의 부재를 좀 더 일찍 확인할 수 있기 때문이다.

이상의 알고리즘들은 모두 표 항목을 표기하는 데 아래첨자를 사용한다. 검색 방법들을 그 아래첨자들을 통해 표현한다면 편할 것이다. 그러나 자료가 순차적으로 운행되므로, 같은 검색 절차들을 연결된 표현을 가진 표들에 사용할 수도 있다. (연습문제 2, 3, 4 참고.)

접근 빈도. 지금까지는 모든 인수가 동일한 확률로 발생한다고 가정했다. 그런데 이것이 항상 현실적인 가정인 것은 아니다. 일반적인 상황에서는 확률들이 $p_1 + p_2 + \cdots + p_N = 1$이라고 할 때 K_j가 p_j의 확률로 발생한다고 할 수 있다. 성공적인 검색을 수행하는 데 필요한 시간은 본질적으로 비교 횟수 C에 비례하는데, 일반적인 상황에서 비교 횟수 C의 평균은 다음이 된다.

$$\overline{C}_N = p_1 + 2p_2 + \cdots + Np_N. \tag{3}$$

만일 레코드들을 표에 임의의 순서로 집어넣을 수 있다고 한다면, 이 수량 $\overline{C}_N$는

$$p_1 \ge p_2 \ge \cdots \ge p_N \tag{4}$$

일 때, 즉 가장 자주 쓰이는 레코드들이 시작 부근에 존재할 때 최소가 된다.

그럼 레코드들이 (4)로 지정된 최적의 방식으로 배치되어 있을 때 실행 시간을 어느 정도나 절감할 수 있는지 파악할 수 있도록 몇 가지 확률분포들을 살펴보도록 하자. $p_1 = p_2 = \cdots = p_N = 1/N$이라고 할 때 공식 (3)은 $\overline{C}_N = (N+1)/2$로 줄어든다. 이 공식은 이미 식 (2)에서 유도했다. 한편, 확률들이

$$p_1 = \frac{1}{2}, \qquad p_2 = \frac{1}{4}, \qquad \ldots, \qquad p_{N-1} = \frac{1}{2^{N-1}}, \qquad p_N = \frac{1}{2^{N-1}} \tag{5}$$

이라고 가정해보자. 그러면 연습문제 7에 의해 $\overline{C}_N = 2 - 2^{1-N}$이다. 이 분포의 경우 표 안에서 레코드들이 적절한 순서로 되어 있다면 평균 비교 횟수는 2 미만이 된다.

다음의 확률분포도 생각해 볼 수 있다.

$$p_1 = Nc, \qquad p_2 = (N-1)c, \qquad \ldots, \qquad p_N = c, \qquad \text{여기서 } c = \frac{2}{N(N+1)}. \tag{6}$$

이 쐐기꼴 분포가 (5)만큼이나 균등분포와 극적으로 동떨어진 것은 아니다. 이 경우에는

$$\overline{C}_N = c\sum_{k=1}^{N} k(N+1-k) = \frac{N+2}{3} \tag{7}$$

가 된다. 레코드들이 최적으로 배치되었을 때의 실행 시간은 레코드들이 무작위로 나타나 있을 때보다 약 3분의 1이 절감된다.

물론 (5)와 (6)의 확률분포들은 다소 작위적이어서, 현실을 제대로 반영하고 있는 것은 결코 아닐 것이다. 좀 더 전형적인 확률 수열로는 "지프의 법칙(Zipf's law)"이라고 부르는 다음과 같은 것이 있다.

$$p_1 = c/1, \qquad p_2 = c/2, \qquad \ldots, \qquad p_N = c/N, \qquad \text{여기서 } c = 1/H_N. \tag{8}$$

이 분포는 지프G. K. Zipf에 의해 유명해졌는데, 그는 자연언어 텍스트에서 n번째로 흔히 쓰이는 단어의 빈도가 $1/n$에 근사적으로 비례함을 지적했다. [*The Psycho-Biology of Language* (Boston, Mass.: Houghton Mifflin, 1935); *Human Behavior and the Principle of Least Effort* (Reading, Mass.: Addison-Wesley, 1949).] 그는 대도시권 내 지역 간의 인구 감소 순위를 보여주는 인구조사표들에서도 같은 현상을 관찰했다. 만일 표의 기들의 빈도가 지프의 법칙을 따른다면

$$\overline{C}_N = N/H_N \tag{9}$$

이 성립한다. 이러한 파일의 검색 속도는 같은 레코드들이 무작위순으로 배치된 파일을 검색할 때보다 약 $\frac{1}{2}\ln N$배 빠르다. [A. D. Booth, L. Brandwood, J. P. Cleave, *Mechanical Resolution of Linguistic Problems* (New York: Academic Press, 1958), 79 참고.]

현실적인 분포의 또 다른 근사로는, 상용 응용프로그램들에서 흔히 볼 수 있는 "80-20"이라는 경험적 법칙이 있다. [이를테면 W. P. Heising, *IBM Systems J.* 2 (1963), 114-115을 볼 것]. 이 규칙은 한 파일의 가장 활발한 20퍼센트가 처리량의 80퍼센트를 차지한다는 것이다. 같은 규칙이

최상위 20퍼센트에 비율적으로도 적용된다. 즉, 가장 활발한 4퍼센트가 처리량의 64퍼센트를 차지하는 등으로도 확장되는 것이다. 다른 말로 하면:

$$\frac{p_1+p_2+\cdots+p_{.20n}}{p_1+p_2+p_3+\cdots+p_n}\approx .80,\qquad \text{모든 } n\text{에 대해.} \tag{10}$$

다음 분포는 n이 5의 배수이면 항상 이 규칙을 정확히 만족한다.

$$p_1=c,\quad p_2=(2^\theta-1)c,\quad p_3=(3^\theta-2^\theta)c,\quad \ldots,\quad p_N=(N^\theta-(N-1)^\theta)c. \tag{11}$$

여기서

$$c=1/N^\theta,\qquad \theta=\frac{\log .80}{\log .20}\approx 0.1386 \tag{12}$$

이다. 이 경우 모든 n에 대해 $p_1+p_2+\cdots+p_n=cn^\theta$이기 때문이다. (11)의 확률들을 다루는 게 아주 쉽지는 않다. 그러나 $n^\theta-(n-1)^\theta=\theta n^{\theta-1}(1+O(1/n))$이 성립하므로, 80-20 규칙을 근사적으로 만족하는 좀 더 단순한 분포가 존재한다. 구체적으로는 다음과 같은 분포이다.

$$p_1=c/1^{1-\theta},\quad p_2=c/2^{1-\theta},\quad \ldots,\quad p_N=c/N^{1-\theta},\quad \text{여기서 } c=1/H_N^{(1-\theta)}. \tag{13}$$

이전처럼 $\theta=\log .80/\log .20$이며, $H_N^{(s)}$는 N번째 s차 조화수, 즉 $1^{-s}+2^{-s}+\cdots+N^{-s}$이다. 이 확률분포가 지프의 법칙 (8)과 아주 유사함을 주목할 것. θ가 1에서 0으로 변함에 따라, 확률들은 균등분포에서 지프 법칙 분포로 변하게 된다. (3)을 (13)에 적용하면 80-20 법칙의 평균 비교 횟수

$$\overline{C}_N=H_N^{(-\theta)}/H_N^{(1-\theta)}=\frac{\theta N}{\theta+1}+O(N^{1-\theta})\approx 0.122N \tag{14}$$

이 나온다(연습문제 8 참고).

슈워츠E. S. Schwartz가 수행한 단어 빈도수 연구에 따르면 〔*JACM* 10 (1963) 422쪽의 흥미로운 그래프를 볼 것〕, θ를 0 아래로 약간 내려간 값으로 두고 분포 (13)을 사용하는 경우 지프의 법칙 (8)보다 자료에 더 잘 부합한다고 한다. 이 경우 평균값

$$\overline{C}_N=H_N^{(-\theta)}/H_N^{(1-\theta)}=\frac{N^{1+\theta}}{(1+\theta)\zeta(1-\theta)}+O(N^{1+2\theta}) \tag{15}$$

은 $N\to\infty$에 따라 (9)보다 훨씬 작다.

(11), (13) 같은 분포들은 파레토Vilfredo Pareto가 개인의 수입과 부의 불균형에 연관시켜 처음으로 연구한 것이다 〔*Cours d'Économie Politique* 2 (Lausanne: Rouge, 1897), 304-312〕. 만일 p_k가 k번째로 부자인 사람의 부에 비례한다면, $x=p_k/p_N$라 할 때 그 사람의 부가 가장 가난한 사람의 부의 x배보다 같거나 클 확률은 k/N이다. 즉, $p_k=ck^{\theta-1}$이고 $x=(k/N)^{\theta-1}$이면 그러한 확률은 $x^{-1/(1-\theta)}$이다. 이를 요즘은 $1/(1-\theta)$를 매개변수로 하는 파레토 분포라고 부른다.

이상하게도 파레토는 자신의 분포를 이해하지 못했다. 그는 θ 값이 0 부근인 사회가 1 부근인 사회보다 더 평등하다고 믿었다! 그의 오류는 지니Corrado Gini가 바로잡았다 [*Atti della III Riunione della Società Italiana per il Progresso delle Scienze* (1910), 그의 *Memorie di Metodologia Statistica* 1 (Rome: 1955), 3-120에서 재인용]. 지니는 80-20 법칙 (10)과 같은 비율들의 의미를 처음으로 공식화하고 설명한 사람이다. 사람들은 아직도 그런 분포들을 오해하는 경향이 있다. 그런 사람들은 마치 $a+b=100$일 때에만 a-b 법칙이 의미를 지닌다고 착각하고는 "75-25 법칙"이니 "90-10 법칙"이니 떠들어 대곤 하는데, (12)에서 보듯이 이런 비율이 $80+20$이라는 합 자체와 크게 연관된 것은 아니다.

(11)과 (13)에 비견할 수 있는 이산적인 분포를 율G. Udny Yule이 소개한 바 있다. 당시 그는 여러 가지 진화 모형들 하에서 시간의 함수로서의 생물 종(種, species)의 증가량를 연구하면서 그와 같은 분포를 발견했다 [*Philos. Trans.* B213 (1924), 21-87]. 다음과 같은 율의 분포는 $\theta < 2$일 때 적용된다.

$$p_1 = c,\ p_2 = \frac{c}{2-\theta},\ p_3 = \frac{2c}{(3-\theta)(2-\theta)},\ \ldots,\ p_N = \frac{(N-1)!\ c}{(N-\theta)\ldots(2-\theta)} = \frac{c}{\binom{N-\theta}{N-1}};$$

$$c = \frac{\theta}{1-\theta}\,\frac{\binom{N-\theta}{N}}{1-\binom{N-\theta}{N}}. \tag{16}$$

$\theta=0$ 또는 $\theta=1$일 때에는 극한값 $c=1/H_N$ 또는 $c=1/N$이 쓰인다.

"자기조직화" 파일. 이러한 확률 계산들이 아주 그럴듯해 보이긴 하지만, 대부분의 경우에는 키들이 어떤 분포를 따르는지를 알지 못한다. 각 레코드가 접근되는 횟수를 세고 그 횟수들에 근거해서 레코드들을 재할당할 수는 있다. 위에서 유도한 공식들은 이러한 절차를 통해서 검색 시간을 상당히 줄일 수 있음을 말해준다. 그러나 횟수 필드들에 너무 많은 메모리 공간을 할당하는 것은 바람직하지 않을 것이다. 이번 장에서 나중에 설명할 비순차적 검색 기법들 중 하나로 그런 메모리 공간을 더 잘 활용할 수 있기 때문이다.

추가적인 횟수 필드들 없이도 레코드들을 상당히 좋은 순서로 유지하는 데 사용할 수 있는, 기원은 알려져 있지 않으나 수년 간 쓰여 온 간단한 방안(scheme) 하나가 있다: 한 레코드를 성공적으로 찾았을 때마다 그것을 표의 앞쪽으로 옮기는 것이다.

이 "자기조직화(self-organizing)" 기법에 깔린 착상은, 자주 쓰이는 항목들이 최대한 표의 상당히 앞쪽에 모이는 경향이 생기게 해서 그것들이 필요할 때 좀 더 빨리 찾을 수 있게 하자는 것이다. N개의 키들이 각각 확률 $\{p_1, p_2, \ldots, p_N\}$으로 나타나며 각각의 검색이 이전 검색들과는 완전히 독립적이라고 가정할 때, 그런 자기조직화 파일에서 하나의 항목을 찾는 데 필요한 비교 횟수의 평균이 극한값

$$\widetilde{C}_N = 1 + 2\sum_{1\le i<j\le N}\frac{p_ip_j}{p_i+p_j} = \frac{1}{2} + \sum_{i,j}\frac{p_ip_j}{p_i+p_j} \tag{17}$$

로 수렴함을 보이는 것이 가능하다(연습문제 11). 예를 들어 만일 $1 \le i \le N$에 대해 $p_i = 1/N$이면 자기조직화 표는 항상 완전히 무작위 순서이며, 공식 (17)은 앞에서 유도한 친숙한 수식 $(N+1)/2$로 줄어든다. 일반화하자면, 평균 비교 횟수 (17)은 언제나 최적값 (3)의 두 배보다 작다. 이는 $\widetilde{C}_N \le 1 + 2\sum_{j=1}^{N}(j-1)p_j = 2\overline{C}_N - 1$이기 때문이다. 실제로 $\widetilde{C}_N$은 항상 $\pi/2$ 곱하기 최적값 $\overline{C}_N$보다 작다 [Chung, Hajela, Seymour, *J. Comp. Syst. Sci.* 36 (1988), 148-157]. 일반적으로, p_j가 $1/j^2$에 비례할 때 이 비율에 도달한다는 점에서, 이 비율이 가능한 최고의 상수이다.

그럼 키 확률들이 지프의 법칙 (8)을 따를 때 자기조직화 절차가 어느 정도나 도움이 되는지 살펴보자. 그런 경우 식 1.2.7-(8)과 1.2.7-(3)에 의해

$$\begin{aligned}\widetilde{C}_N &= \frac{1}{2} + \sum_{1 \le i,j \le N} \frac{(c/i)(c/j)}{c/i + c/j} = \frac{1}{2} + c \sum_{1 \le i,j \le N} \frac{1}{i+j} \\ &= \frac{1}{2} + c\sum_{i=1}^{N}(H_{N+i} - H_i) = \frac{1}{2} + c\sum_{i=1}^{2N} H_i - 2c\sum_{i=1}^{N} H_i \\ &= \frac{1}{2} + c((2N+1)H_{2N} - 2N - 2(N+1)H_N + 2N) \\ &= \frac{1}{2} + c(N\ln 4 - \ln N + O(1)) \approx 2N/\lg N \qquad (18)\end{aligned}$$

이 성립한다. 이는 N이 상당히 클 경우 $\frac{1}{2}N$보다 훨씬 나으며, 최적의 배치로 얻을 수 있는 비교 횟수의 단 $\ln 4 \approx 1.386$배밖에 되지 않는다. (9)를 볼 것.

실제 컴파일러 기호표들에 관련된 계산 실험들에 의하면 자기조직화 방법은 위의 공식들이 예측하는 것보다도 훨씬 잘 작동한다고 한다. 그런 경우에는 연속적인 검색들이 독립적이지 않기(적은 수의 키들의 그룹들이 뭉쳐서 존재하는 경향이 있다) 때문이다.

이 자기조직화 방안을 처음으로 분석한 사람은 매케이브John McCabe이다 [*Operations Research* 13 (1965), 609-618]. 그는 (17)을 입증했다. 매케이브는 또 다른 흥미로운 방안도 소개했는데, 그 방안에서는 표의 시작에 있던 것이 아닌 키를 성공적으로 찾아낼 때마다 그 키를 표의 제일 앞쪽으로 옮기는 대신 그냥 그 이전 키와 교환한다. 그는 검색들이 독립적이라는 가정 하에서 이 방법의 극한 평균 검색 시간이 (17)을 결코 초과하지 않을 것이라고 추측했다. 실제로, 수 년 후 리베스트Ronald L. Rivest는 길게 보았을 때 이런 자리바꿈 방법의 비교 횟수가 "앞으로 이동" 방법의 횟수보다 엄밀하게 적음을 증명했다 [*CACM* 19 (1976), 63-67]. 물론 $N \le 2$인 경우나 0이 아닌 모든 확률이 같은 경우는 예외이다. 그러나 점근적 극한으로의 수렴이 앞으로 이동 발견법(heuristic)의 경우보다 훨씬 느리기 때문에, 공정이 길어지지 않은 한 앞으로 이동 방법이 더 낫다 [J. R. Bitner, *SICOMP* 8 (1979), 82-110]. 게다가, 자료에 대한 임의의 메모리 접근들의 순차열이 주어졌다고 할 때 앞으로 이동 방법의 총 메모리 접근 횟수가 선형 목록에 대한 임의의 알고리즘의 총 메모리 접근 횟수의 네 배를 넘는 일이 결코 없다(심지어는 알고리즘이 미래를 알고 있다고 해도). 이는 벤틀리J. L. Bentley, 맥지오치C. C. McGeoch, 슬리터D. D. Sleator, 타잔R. E. Tarjan이 증명했다. 빈도

세기 방법이나 자리바꿈 방법은 이런 성질을 가지지 않는다 〔*CACM* 28 (1985), 202-208, 404-411〕. *SODA* 8 (1997), 53-62에는 바크라크R. Bachrach와 엘야니브R. El-Yaniv가 수행한, 40개 이상의 자기 조직화 발견법들에 대한 흥미로운 실험적 연구의 결과가 나온다.

길이가 같지 않은 레코드들에 대한 테이프 검색. 이제 문제를 조금 더 꼬아보자: 검색하고자 하는 표가 테이프에 저장되어 있으며, 개별 레코드의 길이가 가변적이라고 가정하자. 구식 운영체제의 "시스템 라이브러리 테이프"가 한 가지 예인데, 그런 테이프에서는 컴파일러, 어셈블러, 적재 루틴, 보고서 생성기 같은 표준 시스템 프로그램들이 "레코드"들에 해당한다. 그리고 대부분의 사용자 작업은 적절한 루틴이 입력될 때까지 테이프를 검색하는 것으로 시작하게 된다. 이러한 설정에는 앞서 나온 알고리즘 S의 분석이 적용되지 않는다. 단계 S3의 수행 시간이 매번 달라지기 때문이다. 따라서 비교 횟수만 가지고는 검색 방법을 제대로 평가할 수 없다.

L_i가 레코드 R_i의 길이라고 하자. 그리고 그 레코드가 검색 대상이 될 확률을 p_i라고 하자. 이제 검색 방법의 평균 실행 시간은

$$p_1L_1 + p_2(L_1 + L_2) + \cdots + p_N(L_1 + L_2 + L_3 + \cdots + L_N) \tag{19}$$

에 근사적으로 비례하게 된다. $L_1 = L_2 = \cdots = L_N = 1$일 때 이는 (3)으로 줄어드는데, 이 경우는 이미 조사했다.

논리적으로는 가장 자주 요구되는 레코드들을 테이프 앞 쪽에 두는 게 바람직하겠지만, 실제로는 그렇지 않은 경우도 종종 있다! 예를 들어 테이프에 들어 있는 프로그램은 A와 B 두 개뿐이며, A가 B보다 두 배 많이 요구되나 길이는 B의 네 배라고 하자. 즉,

$$N = 2, \qquad p_A = \frac{2}{3}, \qquad L_A = 4, \qquad p_B = \frac{1}{3}, \qquad L_B = 1$$

이다. 만일 앞에서 언급한 "논리적인" 원리에 따라 A를 테이프 앞 쪽에 둔다면, 평균 실행 시간은 $\frac{2}{3}\cdot 4 + \frac{1}{3}\cdot 5 = \frac{13}{3}$이다. 그러나 "비논리적" 발상에 의거해서 B를 먼저 둔다면, 평균 실행 시간은 $\frac{1}{3}\cdot 1 + \frac{2}{3}\cdot 5 = \frac{11}{3}$로 줄어든다.

라이브러리 테이프 상의 최적의 프로그램 배치를 다음과 같이 결정할 수 있다.

정리 S. *L_i와 p_i가 위와 같이 정의된다고 하자. 표의 레코드들은 오직*

$$p_1/L_1 \ge p_2/L_2 \ge \cdots \ge p_N/L_N \tag{20}$$

일 때에만 테이프에 최적으로 배치된 것이다. 다른 말로 하면, $\{1, 2, \ldots, N\}$의 모든 순열 $a_1 a_2 \ldots a_N$에 대한

$$p_{a_1}L_{a_1} + p_{a_2}(L_{a_1} + L_{a_2}) + \cdots + p_{a_N}(L_{a_1} + \cdots + L_{a_N})$$

의 최소값은 오직 (20)이 성립할 때에만 (19)와 같다.

증명. 테이프에서 R_i와 R_{i+1}을 맞바꾼다고 하자. 그러면 비용 (19)는

$$\cdots + p_i(L_1 + \cdots + L_{i-1} + L_i) + p_{i+1}(L_1 + \cdots + L_{i+1}) + \cdots$$

에서

$$\cdots + p_{i+1}(L_1 + \cdots + L_{i-1} + L_{i+1}) + p_i(L_1 + \cdots + L_{i+1}) + \cdots$$

로 변한다. 총 변화량은 $p_i L_{i+1} - p_{i+1} L_i$이다. 따라서 만일 $p_i / L_i < p_{i+1} / L_{i+1}$이면 그러한 레코드 교환은 평균 실행 시간을 개선할 것이며, 그러므로 주어진 배치는 최적이 아니다. 이로부터 임의의 최적 배치에서 (20)이 성립한다는 결론이 나온다.

반대로, (20)이 성립한다고 가정하자. 정리를 증명하려면 해당 배치가 최적임을 증명해야 한다. 위의 논증은 그 배치가 인접한 레코드들을 교환한다고 해서 개선되지는 않는다는 의미에서 "국소 최적"임을 보여준다. 그러나 더 나은 "전역 최적"으로 이어지는 길고 복잡한 교환 순차열들이 존재할 수도 있다. 이제 두 가지 증명을 살펴볼 것인데, 하나는 전산학을 사용하고 또 하나는 수학적 요령을 사용한다.

첫째 증명. (20)이 성립한다고 가정하자. 레코드들의 임의의 순열을 일련의 인접 레코드 교환을 통해서 $R_1 R_2 \ldots R_N$의 순서로 정렬할 수 있다. 그러한 교환들 각각은 어떤 $i < j$에 대해 $\ldots R_j R_i \ldots$을 $\ldots R_i R_j \ldots$으로 대체하며, 따라서 검색 시간은 음이 아닌 $p_i L_j - p_j L_i$만큼 감소하게 된다. 그러므로 순서 $R_1 R_2 \ldots R_N$은 반드시 최소 검색 시간을 가져야 한다.

둘째 증명. 각 확률 p_i를

$$p_i(\epsilon) = p_i + \epsilon^i - (\epsilon^1 + \epsilon^2 + \cdots + \epsilon^N)/N \tag{21}$$

으로 대체한다. 여기서 ϵ은 극히 작은 양수이다. ϵ이 충분히 작다면 $x_1 = y_1, \ldots, x_N = y_N$이 아닌 한 $x_1 p_1(\epsilon) + \cdots + x_N p_N(\epsilon) = y_1 p_1(\epsilon) + \cdots + y_N p_N(\epsilon)$은 결코 성립하지 않는다. 특히, (20)의 등호가 성립하지 않는다. 이제 레코드들의 순열들 $N!$개를 생각해 보자. 그것들 중 적어도 하나는 최적이며, 그 순열은 (20)을 만족한다. 그런데 상등들이 존재하지 않으므로 (20)을 만족하는 순열은 단 하나이다. 따라서, ϵ이 충분히 작을 때에는 항상, (20)은 확률 $p_i(\epsilon)$들에 대한 표 안에서의 레코드 최적 배치를 유일하게 특징짓는다. 연속성에 의해, ϵ을 0과 같게 설정해도 그 배치는 여전히 최적이다. (조합적 최적화에 관련해서 이런 "동점 해소(tie-breaking)" 스타일의 증명이 유용할 때가 자주 있다.) ▌

정리 S는 W. E. Smith, *Naval Research Logistics Quarterly* 3 (1956), 59–66에서 유래한 것이다. 아래의 연습문제들에서 최적 파일 배치에 대한 추가적인 결과들을 볼 수 있다.

연습문제

1. 〔*M20*〕 모든 검색 키들이 동일확률일 때, N개의 레코드들을 담은 표에 대한 성공적인 순차 검색이 수행하는 비교 횟수의 표준편차는 얼마인가?

2. 〔*15*〕 알고리즘 S의 단계들을 아래첨자 표기법이 아니라 연결 메모리 표기법을 이용해서 다시

작성하라. (P가 표의 한 레코드를 가리킨다고 할 때, `KEY(P)`는 키, `INFO(P)`는 연관된 정보, 그리고 `LINK(P)`는 다음 레코드로의 포인터라고 가정할 것. 또한 `FIRST`는 첫 레코드를 가리키며 마지막 레코드는 Λ를 가리킨다고 가정하라.)

3. [*16*] 연습문제 2의 알고리즘을 위한 MIX 프로그램을 작성하라. 그 프로그램의 실행 시간을 (1)의 수량 C와 S로 표현하라.

▶ **4.** [*17*] 알고리즘 Q의 착안을 아래첨자 표기법 대신 연결 메모리 표기법에 적용할 수 있는가? (연습문제 2 참고.)

5. [*20*] C가 클 때 프로그램 Q'이 프로그램 Q보다 눈에 띄게 빠름은 물론이다. 그런데, 프로그램 Q'이 프로그램 Q보다 실제로 더 느려지게 되는 작은 C 값과 S 값이 존재할까?

▶ **6.** [*20*] 프로그램 Q'에 명령 세 개를 더 추가해서 실행 시간을 약 $(3.33C+\text{상수})u$로 줄여라.

7. [*M20*] 평균 비교 횟수 (3)을 "이진" 확률분포 (5)를 이용해서 평가하라.

8. [*HM22*] $x \neq 1$일 때의, $n \to \infty$에 따른 $H_n^{(x)}$의 점근급수를 구하라.

▶ **9.** [*HM28*] 본문에서는 $0 < \theta < 1$일 때 (11), (13), (16)의 확률분포들이 개략적으로 동치이며 (13)을 이용한 평균 비교 횟수가 $\frac{\theta}{\theta+1}N + O(N^{1-\theta})$라고 말했다.

a) (11)의 확률들을 사용할 때에도 평균 비교 횟수가 $\frac{\theta}{\theta+1}N + O(N^{1-\theta})$과 같을까?

b) (16)의 확률들을 사용한다면 어떨까?

c) $\theta < 0$일 때 (13)에 비해 (11)과 (16)은 어떠한가?

10. [*M20*] 순차적인 표에서의 최고의 레코드 배치는 (4)로 지정된다. 최악의 배치는 무엇일까? 최악의 배치에서의 평균 비교 횟수와 최고의 배치에서의 평균 비교 횟수 사이에 간단한 관계가 존재함을 보여라.

11. [*M30*] 이 연습문제의 목적은 앞으로 이동 발견법을 사용하는 자기조직화 파일의 극한 습성을 분석하는 것이다. 우선 몇 가지 표기법을 정의할 필요가 있다: $1 \le i_1, \ldots, i_k \le m$이며 $x_1, x_2, \ldots, x_m$ 각각이 모든 항에 나타남을 만족하는 서로 다른 순서곱 $x_{i_1} x_{i_2} \cdots x_{i_k}$들 전부의 합을 $f_m(x_1, x_2, \ldots, x_m)$이라고 표기하자. 예를 들어

$$f_2(x, y) = \sum_{j,k \ge 0} \left(x^{1+j} y (x+y)^k + y^{1+j} x (x+y)^k\right) = \frac{xy}{1-x-y}\left(\frac{1}{1-x} + \frac{1}{1-y}\right)$$

이다. X가 n개의 변수들의 집합 $\{x_1, \ldots, x_n\}$이라고 할 때

$$P_{nm} = \sum_{1 \le j_1 < \cdots < j_m \le n} f_m(x_{j_1}, \ldots, x_{j_m}); \qquad Q_{nm} = \sum_{1 \le j_1 < \cdots < j_m \le n} \frac{1}{1 - x_{j_1} - \cdots - x_{j_m}}$$

이라고 하자. 예를 들어 $P_{32} = f_2(x_1, x_2) + f_2(x_1, x_3) + f_2(x_2, x_3)$이고 $Q_{32} = 1/(1-x_1-x_2) + 1/(1-x_1-x_3) + 1/(1-x_2-x_3)$이다. 관례적으로 $P_{n0} = Q_{n0} = 1$로 둔다.

a) 본문의 자기조직화 파일을 이용해서 레코드 R_i를 p_i의 확률로 찾는다고 하자. 그러한 시스템을 오랫동안 실행했다면 레코드 R_i가 파일의 앞에서 m번째 항목일 극한 확률이 $p_iP_{(N-1)(m-1)}$이 됨을 보여라. 여기서 변수들의 집합 X는 $\{p_1, \ldots, p_{i-1}, p_{i+1}, \ldots, p_N\}$이다.

b) 부문제 (a)의 결과를 $m = 1, 2, \ldots$에 대해 합하면 다음과 같은 항등식이 나온다.

$$P_{nn} + P_{n(n-1)} + \cdots + P_{n0} = Q_{nn}.$$

이에 의해서

$$P_{nm} + \binom{n-m+1}{1} P_{n(m-1)} + \cdots + \binom{n-m+m}{m} P_{n0} = Q_{nm};$$

$$Q_{nm} - \binom{n-m+1}{1} Q_{n(m-1)} + \cdots + (-1)^m \binom{n-m+m}{m} Q_{n0} = P_{nm}$$

임을 증명하라.

c) 목록의 앞단에서 R_i까지의 극한 평균 거리 $d_i = \sum_{m \ge 1} m\, p_i P_{(N-1)(m-1)}$을 계산하고, 그런 다음 $\widetilde{C}_N = \sum_{i=1}^{N} p_i d_i$를 평가하라.

12. [M23] 검색 키들이 이진 확률분포 (5)를 따르는 자기조직화 파일을 검색하는 데 필요한 평균 비교 횟수를 (17)을 이용해서 평가하라.

13. [M27] (17)을 이용해서, 쐐기꼴 확률분포 (6)에 대한 $\widetilde{C}_N$을 평가하라.

14. [M21] 두 실수 수열 $\langle x_1, x_2, \ldots, x_n \rangle$과 $\langle y_1, y_2, \ldots, y_n \rangle$이 주어졌을 때, 아래첨자들의 순열 $a_1 a_2 \ldots a_n$들 중에서 $\sum_i x_i y_{a_i}$가 최대가 되게 하는 순열은 무엇인가?

▶ **15.** [M22] 본문에는 시스템 라이브러리 테이프에서 하나의 프로그램만을 검색하는 경우에 대해 프로그램들을 최적으로 배치하는 방법이 나와 있다. 그런데 하나의 사용자 프로그램이 여러 서브루틴들을 요청하게 되는 서브루틴 라이브러리 테이프라면 다른 종류의 가정들이 적합할 것이다.

이 경우에 대해, 서브루틴 j가 P_j의 확률로 요청된다고 하자. 그리고 각 서브루틴 요청은 다른 서브루틴들의 요청 여부와는 독립적이라고 하자. 그러면, 예를 들어 프로그램이 아무런 서브루틴도 요구하지 않을 확률은 $(1-P_1)(1-P_2)\ldots(1-P_N)$이다. 그리고 검색이 j번째 서브루틴을 적재한 직후에 끝날 확률은 $P_j(1-P_{j+1})\ldots(1-P_N)$이다. 따라서, 서브루틴 j의 길이가 L_j라고 할 때 평균 검색 시간은 본질적으로

$$L_1P_1(1-P_2)\ldots(1-P_N) + (L_1+L_2)P_2(1-P_3)\ldots(1-P_N) + \cdots + (L_1 + \cdots + L_N)P_N$$

에 비례한다. 이러한 가정들 하에서 테이프 상의 최적의 서브루틴 배치는 어떤 것인가?

16. [M22] (리젤H. Riesel.) 주어진 n개의 조건들이 모두 동시에 참인지를 판정해야 하는 경우가 종종 있다. (이를테면 $x > 0$이자 $y < z^2$인지를 판정하는 등. 이런 경우 어떤 것을 먼저 판정해야 하는지를 즉시 결정할 수는 없다.) 조건 j를 판정하는 데 드는 비용이 T_j단위시간이라고 하자. 그리고 그 조건이 참일 확률은 다른 조건들의 결과와는 독립적으로 p_j라고 하자. 조건들을 어떤 순

서로 판정해야 할까?

17. [*M23*] (잭슨J. R. Jackson.) n개의 작업을 수행해야 한다고 하자. j번째 작업은 T_j단위의 시간을 소비하며, 작업 마감 한도는 D_j이다. 바꾸어 말하면, j번째 작업을 최대 D_j단위의 시간이 지나가기 전에 마쳐야 한다. 최대 지각(-遲刻, maximum tardiness) 시간, 즉

$$\max(T_{a_1} - D_{a_1}, T_{a_1} + T_{a_2} - D_{a_2}, \ldots, T_{a_1} + T_{a_2} + \cdots + T_{a_n} - D_{a_n})$$

이 최소가 되도록 작업들을 처리하는 일정 $a_1 a_2 \ldots a_n$은 무엇인가?

18. [*M30*] (이어진 검색.) N개의 레코드들이 선형 배열 $R_1 \ldots R_N$에 들어 있다고 하자. 그리고 레코드 R_j가 검색 대상이 될 확률이 p_j라고 하자. 각 검색이 그 이전 검색의 종료 지점에서 시작하는 검색 공정을 가리켜 "이어진(catenated)" 검색이라고 부른다. 일련의 검색들이 독립적이라고 할 때, 이어진 검색에 필요한 평균 시간은 $\sum_{1 \le i,j \le N} p_i p_j d(i,j)$가 된다. 여기서 $d(i,j)$는 위치 i에서 시작해서 위치 j에서 끝나는 검색의 수행 시간을 나타낸다. 이 모형은 이를테면 디스크 파일 탐색 시간에 적용할 수 있다. 디스크 파일 탐색의 경우 $d(i,j)$는 실린더 i에서 실린더 j로 이동하는 데 필요한 시간에 해당한다.

이 연습문제의 목적은 $d(i,j)$가 $|i-j|$의 증가함수일 때, 다시 말해서 $d_1 < d_2 < \cdots < d_{N-1}$에 대해 $d(i,j) = d_{|i-j|}$가 성립할 때(d_0의 값은 무관) 이어진 검색들을 위한 최적의 레코드 배치를 결정하는 것이다. 이 경우, 최적의(레코드 배치의 $N!$가지 순열 전체에서) 레코드 배치라는 것이 확률들이 $p_1 \le p_N \le p_2 \le p_{N-1} \le \cdots \le p_{\lfloor N/2 \rfloor + 1}$ 또는 $p_N \le p_1 \le p_{N-1} \le p_2 \le \cdots \le p_{\lceil N/2 \rceil}$이라는 조건과 동치임을 증명하라. (즉, 그림 2에 나온 "오르간 파이프" 확률 배치가 최적이다.)

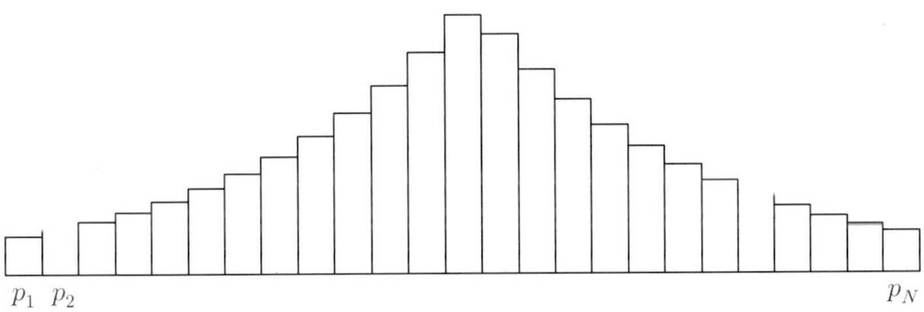

그림 2. "오르간 파이프" 모양으로 배치된 확률들은 이어진 검색의 평균 탐색 시간을 최소화한다.

힌트: 해당 확률들이 어떤 $m \ge 0$과 $k > 0$에 대해 $q_1 q_2 \ldots q_k s r_k \ldots r_2 r_1 t_1 \ldots t_m$이고 $N = 2k + m + 1$인 임의의 배치가 있다고 할 때, $q_i' = \min(q_i, r_i)$이고 $r_i' = \max(q_i, r_i)$인 재배치 $q_1' q_2' \ldots q_k' s r_k' \ldots r_2' r_1' t_1 \ldots t_m$가 원래의 배치보다 더 나음을(단, 모든 i에 대해 $q_i' = q_i$이고 $r_i' = r_i$이거나 모든 i와 j에 대해 $q_i' = r_i$이고 $r_i' = q_i$이며 $t_j = 0$인 경우는 예외) 보여라. s가 존재하지 않으며 $N = 2k + m$일 때에도 같은 명제가 성립한다.

19. [*M20*] 연습문제 18을 계속 이어서, 함수 $d(i,j)$가 모든 $i \ne j$에 대해 $d(i,j) + d(j,i) = c$를 만족할 때 이어진 검색을 위한 최적의 배치는 무엇인가? [이러한 상황은 예를 들면 뒤로 읽

기 기능이 없는 테이프들을 사용하며 적절한 검색 방향을 알지 못하는 경우에 발생한다. $i < j$에 대해 이를테면 $d(i,j) = a + b(L_{i+1} + \cdots + L_j)$이고 $d(j,i) = a + b(L_{j+1} + \cdots + L_N) + r + b(L_1 + \cdots + L_i)$이다. 여기서 r은 되감기 시간이다.〕

20. 〔*M28*〕 연습문제 18을 계속 이어서, 함수 $d(i,j)$가 $d_1 < d_2 < \cdots$에 대해 $\min(d_{|i-j|}, d_{n-|i-j|})$일 때의 이어진 검색을 위한 최적의 배치는 무엇인가? 〔이런 상황은 예를 들면 양방향 순환 목록 또는 양방향 시프트-레지스터 저장장치에서 발생한다.〕

21. 〔*M28*〕 정점들의 좌표가 $(d_1, \ldots, d_n)$인(여기서 $d_j = 0$ 또는 1) n차원 입방체를 생각해보자. 두 정점이 정확히 하나의 좌표 성분에서만 다를 때, 그 두 정점을 가리켜 인접한 정점들이라고 칭한다. 2^n개의 수 $x_0 \le x_1 \le \cdots \le x_{2^n-1}$의 집합을 $\sum_{i,j}|x_i - x_j|$가 최소화되는 방식으로 2^n개의 정점들에 배정한다고 하자. 이 때 합의 구간은 x_i와 x_j가 인접한 정점들에 배정된 모든 i와 j이다. 그 합이 최소가 되려면 모든 j에 대해 해당 좌표가 j의 이진 표현인 정점에 x_j가 배정되어야 함을 증명하라.

▸ **22.** 〔*20*〕 큰 파일을 검색하되, 주어진 키와 같은 레코드를 찾는 것이 아니라 주어진 키와 가장 가까운 레코드 1000개를 찾는다고 하자. 여기서 주어진 키와 가장 가까운 레코드 1000라는 것은 어떤 주어진 함수 d에 대해 $d(K_j, K)$의 값이 가장 작은 레코드 1000개를 의미한다. 그러한 순차 검색에 가장 적합한 자료구조는 무엇인가?

결코 의심하지 말고 끝까지 시도하라;
어려울 것은 없다, 찾으면 구할 것이니.

— 헤릭ROBERT HERRICK, *Seeke and finde* (1648)

6.2. 키 비교에 의한 검색

이번 절에서는 키들의 선형 순서(알파벳 순 또는 수치 순 등)에 기초한 검색 방법들을 논의하겠다. 그런 검색 방법은 검색 공정 도중 주어진 인수 K를 표의 키 K_i와 비교하고, $K < K_i$이냐 $K = K_i$이냐 아니면 $K > K_i$이냐에 따라 세 가지 행동 중 하나를 취하게 된다. 6.1절의 순차 검색 방법들은 두 가지 경우($K = K_i$ 대 $K \neq K_i$)만을 고려하나, 순차 접근의 그러한 제약에서 벗어난다면 주어진 순서 관계를 효과적으로 활용할 수 있게 된다.

6.2.1. 정렬된 표의 검색

커다란 전화번호부에서 전화번호가 795-6841인 사람의 이름을 찾는다고 하자. 이 문제의 해결에 6.1절의 순차적 방법보다 나은 것은 없다. (물론 그 번호로 전화를 걸어서 이름을 물어볼 수도 있다. 또는 이름이 아니라 번호 순으로 정렬된 특별한 전화번호부가 존재할 수도 있다.) 요점은, 전화번호부에 이름과 번호가 모두 들어있긴 하지만 번호가 아니라 사람 이름으로 항목을 찾는 게 훨씬 쉽다는 것이다. 커다란 파일을 검색하는 경우 주먹구구식의 순차 검색이 바람직한 경우는 거의 없다. 대신 파일에 존재하는 어떤 순서 관계를 활용한다면 일이 훨씬 쉬워진다.

선택할 수 있는 정렬 방법은 많이 있으므로(5장), 검색에 도움이 되도록 파일을 재배치하는 것은 어려운 문제가 아니다. 물론 표를 딱 한 번만 검색한다면 파일을 완전히 정렬하는 대신 그냥 순차 검색을 한 번 수행하는 게 더 빠를 수도 있다. 그러나 같은 파일을 여러 번 검색한다면 정렬해 두는 게 이득이 된다. 그런 이유로, 이번 절에서는 키들이

$$K_1 < K_2 < \cdots < K_N$$

임을 만족하는 표를 검색하는 데 적합한 방법들에 초점을 둔다. 임의의 주어진 위치에 있는 키들에 접근하는 것은 쉬운 일이라고 가정한다. 그런 표에서 K와 K_i를 비교해서 생기는 가능성은 다음 세 가지이다.

- $K < K_i$ [$R_i, R_{i+1}, \ldots, R_N$이 검색 대상에서 제외된다];

또는
- $K = K_i$ [검색이 끝났다];

또는
- $K > K_i$ [$R_1, R_2, \ldots, R_i$가 검색 대상에서 제외된다].

이 세 경우 모두, i가 표의 양 끝에 가깝지 않은 한 검색은 상당히 진전된 셈이다. 순서 관계가 효율적인 알고리즘으로 이어지는 이유도 바로 이것이다.

이진 검색. 정렬된 파일을 검색한다고 할 때 가장 먼저 떠오르는 방법은 다음과 같을 것이다. 우선 표의 중앙에 있는 키를 K와 비교한다. 그 탐검(probe) 결과를 보면 표의 두 절반 중 어느 쪽을 더 검색해야 할지 알 수 있다. 이제 그 절반의 중앙에 있는 키를 K와 비교한다. 그런 식으로 재귀적으로 나아가다 보면 많아야 $\lg N$회의 비교 후에 키를 발견하거나 아니면 표에 해당 키가 존재하지 않음을 확인하게 된다. 이런 절차를 "로그 검색(logarithmic search)"이나 "이분할법(bisection)"이라고 부르

기도 하지만, 가장 널리 통용되는 이름은 이진 검색(binary search)이다.

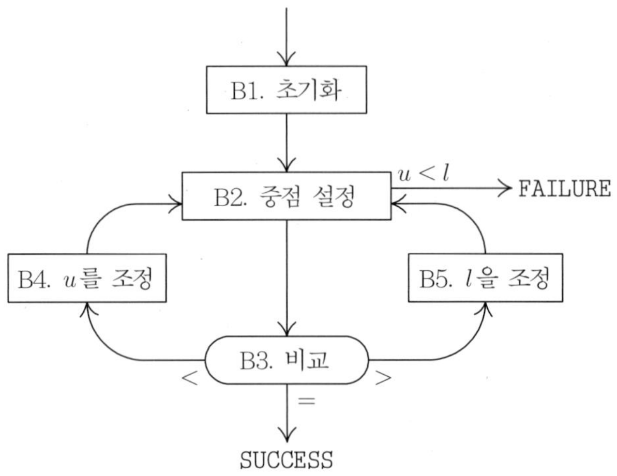

그림 3. 이진 검색.

이진 검색의 기본 착상은 비교적 간단하나, 세부적인 사항은 놀랄 만큼 까다롭다. 그리고 훌륭한 프로그래머들도 이진 검색을 처음 구현할 때에는 몇 번씩 실수를 하곤 한다. 이 알고리즘을 정확하게 구현한 형태들 중 유명한 것 하나는 검색의 현재 하한과 상한을 가리키는 두 개의 포인터 l과 u를 사용한다. 다음이 그러한 알고리즘이다.

알고리즘 B (이진 검색). 키들이 증가 순서 $K_1 < K_2 < \cdots < K_N$인 레코드 $R_1, R_2, \ldots, R_N$의 표가 주어졌을 때, 이 알고리즘은 주어진 인수 K를 찾는다.

B1. 〔초기화.〕 $l \leftarrow 1, u \leftarrow N$으로 설정한다.

B2. 〔중점 설정.〕 (이 시점에서, 만일 K가 표에 있다면 반드시 $K_l \le K \le K_u$를 만족한다. 이 상황에 대한 좀 더 엄밀한 서술이 연습문제 1에 나온다.) 만일 $u < l$이면 검색 실패를 결과로 해서 알고리즘을 끝낸다. 그렇지 않으면 i를 $\lfloor (l+u)/2 \rfloor$으로, 즉 표에서 키가 있을 부분의 중점으로 설정한다.

B3. 〔비교.〕 만일 $K < K_i$이면 B4로 간다. 만일 $K > K_i$이면 B5로 간다. 만일 $K = K_i$이면 검색 성공을 결과로 해서 알고리즘을 끝낸다.

B4. 〔u를 조정.〕 $u \leftarrow i - 1$로 설정하고 B2로 돌아간다.

B5. 〔l을 조정.〕 $l \leftarrow i + 1$로 설정하고 B2로 돌아간다. ▮

그림 4는 이 이진 검색 알고리즘의 두 경우를 보여주는 것이다. 첫 번째 것은 인수 653을 찾는데, 그 인수는 표에 존재한다. 두 번째 것은 표에 없는 400을 찾는다. 대괄호들은 l과 u를 나타내며, 밑줄 친 키는 K_i를 나타낸다. 두 예 모두, 네 번의 비교 후에 검색이 끝난다.

a) 653 찾기:

[061 087 154 170 275 426 503 509 512 612 653 677 703 765 897 908]
061 087 154 170 275 426 503 509 [512 612 653 677 703 765 897 908]
061 087 154 170 275 426 503 509 [512 612 653] 677 703 765 897 908
061 087 154 170 275 426 503 509 512 612 [653] 677 703 765 897 908

b) 400 찾기:

[061 087 154 170 275 426 503 509 512 612 653 677 703 765 897 908]
[061 087 154 170 275 426 503] 509 512 612 653 677 703 765 897 908
061 087 154 170 [275 426 503] 509 512 612 653 677 703 765 897 908
061 087 154 170 [275] 426 503 509 512 612 653 677 703 765 897 908
061 087 154 170 275][426 503 509 512 612 653 677 703 765 897 908

그림 4. 이진 검색의 예.

프로그램 B (이진 검색). 6.1절의 프로그램처럼, K_i가 장소 KEY$+\,i$에 나타나는 전체워드 키라고 가정한다. 다음 코드는 rI1 $\equiv l$, rI2 $\equiv u$, rI3 $\equiv i$를 사용한다.

01	START	ENT1	1	1	*B1. 초기화.* $l \leftarrow 1$.
02		ENT2	N	1	$u \leftarrow N$.
03		JMP	2F	1	B2로.
04	5H	JE	SUCCESS	$C1$	만일 $K = K_i$이면 점프.
05		ENT1	1,3	$C1-S$	*B5. l을 조정.* $l \leftarrow i+1$.
06	2H	ENTA	0,1	$C+1-S$	*B2. 중점 설정.*
07		INCA	0,2	$C+1-S$	$\mathrm{rA} \leftarrow l+u$.
08		SRB	1	$C+1-S$	$\mathrm{rA} \leftarrow \lfloor \mathrm{rA}/2 \rfloor$. (rX도 변함.)
09		STA	TEMP	$C+1-S$	
10		CMP1	TEMP	$C+1-S$	
11		JG	FAILURE	$C+1-S$	만일 $u < l$이면 점프.
12		LD3	TEMP	C	$i \leftarrow$ 중점.
13	3H	LDA	K	C	*B3. 비교.*
14		CMPA	KEY,3	C	
15		JGE	5B	C	만일 $K > K_i$이면 점프.
16		ENT2	-1,3	$C2$	*B4. u를 조정.* $u \leftarrow i-1$.
17		JMP	2B	$C2$	B2로. ▮

이 알고리즘이 지금까지 살펴본 알고리즘들만큼 매끄럽게 MIX와 섞이지는 않는다. 왜냐하면 MIX에서는 색인 레지스터들로 할 수 있는 산술 연산이 별로 많지 않기 때문이다. 실행 시간은 $C = C1 + C2$가 비교 횟수(단계 B3의 수행 횟수)이고 $S =$ [결과가 검색 성공임]이라고 할 때 $(18C - 10S + 12)u$이다. 이 프로그램에서 줄 8의 연산은 "이진 오른쪽 1 자리 이동"을 의미하는데, 해당 명령은 이진 MIX에서만 사용할 수 있다. 일반적인 바이트 크기의 경우에는 이 명령을 "MUL =1//2+1="로 대체해야 하며, 그러면 실행 시간은 $(26C - 18S + 20)u$로 늘어난다.

트리 표현. 알고리즘 B의 작동 방식을 제대로 이해하는 최선의 방법은 그 절차를 하나의 이진 의사결정 트리(binary decision tree)로 생각하는 것이다. 그림 5는 $N = 16$인 이진 의사결정 트리이다.

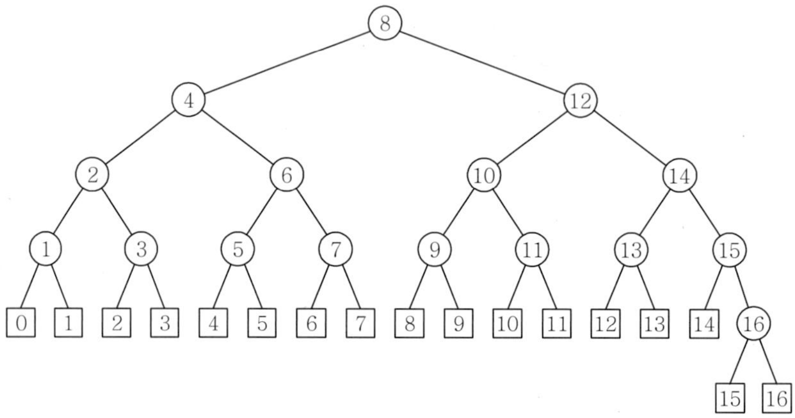

그림 5. $N = 16$일 때의 이진 검색에 해당하는 비교 트리.

N이 16일 때 알고리즘이 처음으로 수행하는 비교는 $K : K_8$이다. 이는 그림의 루트 노드 ⑧에 해당한다. 만일 $K < K_8$이면 알고리즘은 왼쪽 하위트리를 따라 내려가서 K와 K_4를 비교한다. 마찬가지로 만일 $K > K_8$이면 오른쪽 하위트리가 쓰인다. 검색이 실패하는 경우에는 [0]에서 [N]까지의 외부 노드(사각형 노드)들 중 하나에 도달하게 된다. 예를 들어 노드 [6]에는 오직 $K_6 < K < K_7$일 때에만 도달한다(그 역도 마찬가지).

N개의 레코드들에 대한 이진 검색에 대응하는 이진트리의 구축 방법은 이렇다: 만일 $N = 0$이면 트리는 그냥 [0]이다. 그렇지 않다면 루트 노드는

$$\left(\lceil N/2 \rceil\right)$$

이며, 그 왼쪽 하위트리는 $\lceil N/2 \rceil - 1$개의 노드들을 가진 해당 이진트리이고 오른쪽 하위트리는 $\lfloor N/2 \rfloor$개의 노드들을 가진 해당 이진트리이다. 이 트리들의 모든 노드 번호는 $\lceil N/2 \rceil$만큼 증가된 것이다.

비슷한 방식으로, 길이가 N인 정렬된 표를 비교를 통해서 검색하는 임의의 알고리즘을 노드들에 1에서 N까지의 번호가 붙은 N노드 이진트리로 표현할 수 있다(단, 알고리즘이 중복된 비교를 수행하지 않는다고 할 때). 반대로 임의의 이진트리는 정렬된 표를 검색하는 유효한 방법에 대응된다. 노드들에 번호

[0] ① [1] ② [2] … [$N-1$] (N) [N] (1)

을 대칭 순서로, 왼쪽에서 오른쪽으로 붙여 나가면 된다.

만일 알고리즘 B에 입력된 검색 인수가 K_{10}이라면 알고리즘은 $K > K_8$, $K < K_{12}$, $K = K_{10}$이라는 세 번의 비교를 수행한다. 이는 그림 5에서 루트로부터 ⑩으로 가는 경로에 대응한다. 마찬가지로, 다른 키에 대한 알고리즘 B의 행동도 루트에서 시작하는 어떤 경로에 대응한다. 따라서, 알고리즘

B에 대응하는 이진트리의 구축법을 이용하면 다음과 같은 결과를 N에 대한 귀납법으로 증명하는 것이 쉬워진다.

정리 B. *만일* $2^{k-1} \le N < 2^k$ *이면 알고리즘 B를 이용한 성공적인 검색에 필요한 비교 횟수는* $(\min 1, \max k)$ *이다. 만일* $N = 2^k - 1$ *이면 실패하는 검색의 필요 비교 횟수는* k *이다. 그리고 만일* $2^{k-1} \le N < 2^k - 1$ *이면 실패하는 검색의 필요 비교 횟수는* $k-1$ *또는* k *이다.* ▮

이진 검색의 추가적인 분석. (수학에 흥미가 없는 독자는 식 (4)로 넘어갈 것.) 트리 표현을 이용하면 평균 비교 횟수도 쉽게 계산할 수 있다. N개의 키들 모두 동일한 확률로 인수가 된다고 가정할 때, 성공하는 검색의 평균 비교 횟수를 C_N이라고 하자. 그리고 키들의 극한값들 사이와 바깥의 $N+1$개의 구간들이 모두 동일확률이라고 가정할 때, 실패한 검색의 평균 비교 횟수는 C'_N이라고 하자. 그러면 내부 경로 길이와 외부 경로 길이의 정의에 의해

$$C_N = 1 + \frac{\text{트리의 내부 경로 길이}}{N}, \qquad C'_N = \frac{\text{트리의 외부 경로 길이}}{N+1}$$

가 성립한다. 식 2.3.4.5-(3)에서 보았듯이 외부 경로 길이는 내부 경로 길이보다 항상 $2N$이 크다. 따라서 C_N과 C'_N 사이에는 다음과 같은 다소 예기치 못한 관계가 존재한다.

$$C_N = \left(1 + \frac{1}{N}\right) C'_N - 1. \tag{2}$$

히버드T. N. Hibbard [*JACM* 9 (1962), 16–17]에서 비롯된 이 공식은 이진트리에 대응하는 모든 검색 방법에 대해 성립한다. 다른 말로 하면, 이 공식은 중복 없는 비교들에 기반한 모든 방법에서 성립하는 것이다. 성공하는 검색의 비교들의 분산 역시 실패하는 검색의 해당 분산으로 표현할 수 있다(연습문제 25).

위의 공식들을 보면 비교에 의한 "최고의" 검색 방법은 N개의 내부 노드들을 가진 모든 트리 중에서 최소의 외부 경로 길이를 가진 트리에 대응하는 방법임을 알 수 있다. 다행히 모든 N에 대해 *알고리즘 B가 그러한 의미에서 최적임을* 증명하는 것이 가능하다. 이진트리는 오직 그 외부 노드들이 모두 많아야 두 개의 인접한 수준들에 나타날 때에만 최소의 경로 길이를 가진다(연습문제 5.3.1-20). 이로부터 알고리즘 B에 대응하는 트리의 외부 경로 길이가

$$(N+1)(\lfloor \lg N \rfloor + 2) - 2^{\lfloor \lg N \rfloor + 1} \tag{3}$$

임을 유도할 수 있다(식 5.3.1-(34) 참고.) 이 공식과 (2)로부터, 모든 검색 인수들이 동일확률이라는 가정 하의 정확한 평균 비교 횟수를 계산할 수 있다.

$N =$	1	2	3	4	5	6	7	8	9	10	11	12	13	14	15	16
$C_N =$	1	$1\frac{1}{2}$	$1\frac{2}{3}$	2	$2\frac{1}{5}$	$2\frac{2}{6}$	$2\frac{3}{7}$	$2\frac{5}{8}$	$2\frac{7}{9}$	$2\frac{9}{10}$	3	$3\frac{1}{12}$	$3\frac{2}{13}$	$3\frac{3}{14}$	$3\frac{4}{15}$	$3\frac{6}{16}$
$C'_N =$	1	$1\frac{2}{3}$	2	$2\frac{2}{5}$	$2\frac{4}{6}$	$2\frac{6}{7}$	3	$3\frac{2}{9}$	$3\frac{4}{10}$	$3\frac{6}{11}$	$3\frac{8}{12}$	$3\frac{10}{13}$	$3\frac{12}{14}$	$3\frac{14}{15}$	4	$4\frac{2}{17}$

일반화하자면, 만일 $k = \lfloor \lg N \rfloor$이면

$$\begin{aligned} C_N &= k+1-(2^{k+1}-k-2)/N &&= \lg N - 1 + \epsilon + (k+2)/N, \\ C'_N &= k+2-2^{k+1}/(N+1) &&= \lg(N+1) + \epsilon' \end{aligned} \qquad (4)$$

이 성립한다. 여기서 $0 \le \epsilon, \epsilon' < 0.0861$이다. 식 5.3.1-(35)를 볼 것.

요약하자면, 알고리즘 B의 비교 횟수는 $\lfloor \lg N \rfloor + 1$을 넘지 않으며, 성공적인 검색의 경우 평균 $\lg N - 1$회의 비교를 수행한다. 비교에 근거한 검색 방법들 중 이보다 나은 것은 없다. 검색의 모든 결과가 동일확률이라고 할 때 프로그램 B의 근사적인 평균 실행 시간은 다음과 같다.

$$\begin{aligned} &\text{성공하는 검색의 경우} \qquad (18 \lg N - 16)u, \\ &\text{실패하는 검색의 경우} \qquad (18 \lg N + 12)u. \end{aligned} \qquad (5)$$

한 가지 중요한 변형. 검색에서 세 포인터 l, i, u를 사용하는 대신 단 두 개만, 즉 현재 위치 i와 그 변화율 δ만을 사용하고 싶을 수도 있을 것이다. 그런 경우 비교 결과가 상등이 아닐 때마다 $i \leftarrow i \pm \delta$, $\delta \leftarrow \delta/2$로(근사적으로) 설정하면 된다. 이런 방식으로 검색을 수행하는 것이 가능하긴 하지만, 다음 알고리즘에서처럼 세부적인 사항에 아주 세심한 주의를 기울일 필요가 있다. 더 간단한 접근방식들은 실패할 수밖에 없다!

알고리즘 U (균등 이진 검색.) 키들이 증가 순서 $K_1 < K_2 < \cdots < K_N$인 레코드 $R_1, R_2, \ldots, R_N$의 표가 주어졌을 때 이 알고리즘은 주어진 인수 K를 찾는다. 만일 N이 짝수이면 이 알고리즘은 종종 모조(dummy) 키 K_0을 참조한다. 그 모조 키는 반드시 $-\infty$ (또는 K보다 작은 임의의 값)으로 설정되어야 한다. $N \ge 1$라고 가정한다.

U1. 〔초기화.〕 $i \leftarrow \lceil N/2 \rceil$, $m \leftarrow \lfloor N/2 \rfloor$으로 설정한다.

U2. 〔비교.〕 만일 $K < K_i$이면 U3으로 간다. 만일 $K > K_i$이면 U4로 간다. 만일 $K = K_i$이면 검색 성공을 결과로 해서 알고리즘을 끝낸다.

U3. 〔i를 감소.〕 (이제 m개 또는 $m-1$개의 레코드들을 담고 있는 한 구간으로 검색의 범위를 좁힌 상태이다. i는 이 구간의 바로 오른쪽을 가리킨다.) 만일 $m = 0$이면 검색 실패를 결과로 해서 알고리즘을 끝낸다. 그렇지 않으면 $i \leftarrow i - \lceil m/2 \rceil$으로 설정한다. 그런 다음 $m \leftarrow \lfloor m/2 \rfloor$으로 설정하고 U2로 돌아간다.

U4. 〔i를 증가.〕 이제 m개 또는 $m-1$개의 레코드들을 담고 있는 한 구간으로 검색의 범위를 좁힌 상태이다. i는 이 구간의 바로 왼쪽을 가리킨다.) 만일 $m = 0$이면 검색 실패를 결과로 해서 알고리즘을 끝낸다. 그렇지 않으면 $i \leftarrow i + \lceil m/2 \rceil$로 설정한다. 그런 다음 $m \leftarrow \lfloor m/2 \rfloor$으로 설정하고 U2로 돌아간다. ▮

그림 6은 $N = 10$일 때의 이러한 검색 방법에 대응하는 이진트리이다. 실패하는 검색에서는 알고리즘이 종료 직전에 중복된 비교를 수행할 수도 있다. 그림의 회색 노드들이 바로 그런 노드들이다. 수준

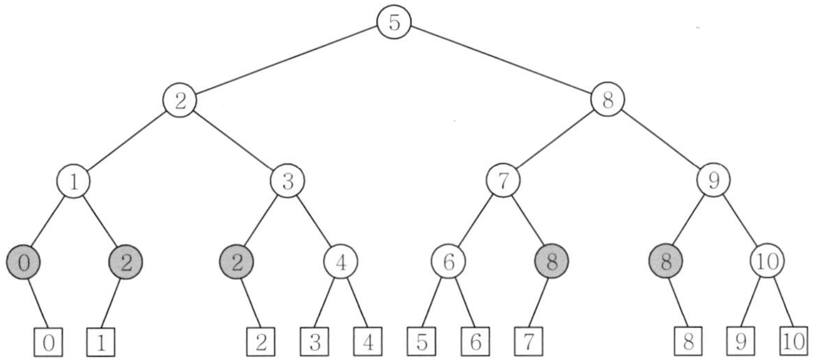

그림 6. $N=10$일 때의 "균등" 이진 검색에 대응하는 비교 트리.

l의 한 노드의 번호와 수준 $l-1$에 있는 그 노드의 조상 번호의 차이가 수준 l의 모든 노드에 대해 상수 δ로 동일할 때, 그러한 검색 공정을 가리켜 균등 검색이라고 부른다.

알고리즘 U에 깔린 이론은 다음과 같이 이해할 수 있을 것이다: 길이가 $n-1$인 구간을 검색한다고 하자. 그 중앙의 원소(n이 짝수일 때) 또는 두 중앙 원소들 중 하나(n이 홀수일 때)와 검색 인수를 비교하고 나면 두 개의 구간, 즉 길이가 $\lfloor n/2\rfloor-1$인 구간과 $\lceil n/2\rceil-1$인 구간이 생긴다. 이 절차를 k번 반복하면 2^k개의 구간들이 생기게 되며, 그것들 중 길이가 가장 짧은 것의 길이는 $\lfloor n/2^k\rfloor-1$이고 가장 긴 것은 $\lceil n/2^k\rceil-1$이다. 따라서 같은 수준에 있는 두 구간들의 길이의 차는 단위원을 넘지 않는다. 이러한 성질 덕분에, 정확한 구간 길이들을 기억하지 않고도 적절한 "중앙" 원소를 선택하는 것이 가능한 것이다.

알고리즘 U의 주된 장점은 m의 값을 유지할 필요가 전혀 없다는 것이다. 그냥 트리의 각 수준에서 사용할 여러 δ 값들로 만들어진 작은 표만을 참조하면 된다. 따라서 알고리즘 U를 다음과 같은 절차로 단순화하는 것이 가능하다. 이 알고리즘은 이진 컴퓨터와 십진 컴퓨터 모두에 동일하게 적합하다.

알고리즘 C (균등 이진 검색.) 이 알고리즘은 알고리즘 U와 같되 m을 일일이 계산하는 대신 보조 표를 참조한다. 그 표의 항목들은 다음과 같다.

$$1 \le j \le \lfloor \lg N\rfloor + 2\text{에 대해} \qquad \mathrm{DELTA}[j] = \left\lfloor \frac{N+2^{j-1}}{2^j} \right\rfloor. \tag{6}$$

C1. [초기화.] $i \leftarrow$ DELTA[1], $j \leftarrow 2$로 설정한다.

C2. [비교.] 만일 $K < K_i$이면 C3으로 간다. 만일 $K > K_i$이면 C4로 간다. 만일 $K = K_i$이면 검색 성공을 결과로 해서 알고리즘을 끝낸다.

C3. [i를 감소.] 만일 DELTA[j] $=0$이면 검색 실패를 결과로 해서 알고리즘을 끝낸다. 그렇지 않으면 $i \leftarrow i -$ DELTA[j], $j \leftarrow j+1$로 설정하고 C2로 간다.

C4. [i를 증가.] 만일 DELTA[j] $=0$이면 검색 실패를 결과로 해서 알고리즘을 끝낸다. 그렇지 않으면 $i \leftarrow i +$ DELTA[j], $j \leftarrow j+1$로 설정하고 C2로 간다. ▮

연습문제 8에서는 이 알고리즘이 N이 짝수일 때에만 인위적인 키 $K_0 = -\infty$를 참조함을 증명한다.

프로그램 C (균등 이진 검색). 이 프로그램은 프로그램 B와 같은 일을 하되 알고리즘 C를 따른다. $\text{rA} \equiv K$, $\text{rI1} \equiv i$, $\text{rI2} \equiv j$, $\text{rI3} \equiv$ DELTA[j]이다.

```
START   ENT1 N+1/2      1          C1. 초기화. i ← ⌊(N+1)/2⌋.
        ENT2 2          1          j ← 2.
        LDA  K          1
        JMP  2F         1
3H      JE   SUCCESS    C1         만일 K = K_i이면 점프.
        J3Z  FAILURE    C1-S       만일 DELTA[j] = 0이면 점프.
        DEC1 0,3        C1-S-A     C3. i를 감소.
5H      INC2 1          C-1        j ← j+1.
2H      LD3  DELTA,2    C          C2. 비교.
        CMPA KEY,1      C
        JLE  3B         C          만일 K ≤ K_i이면 점프.
        INC1 0,3        C2         C4. i를 증가.
        J3NZ 5B         C2         만일 DELTA[j] ≠ 0이면 점프.
FAILURE EQU  *          1-S        표에 없으면 종료. ▮
```

성공하는 검색에서 이 알고리즘은 알고리즘 B의 트리와 동일한 내부 경로 길이를 가진 이진트리에 대응한다. 따라서 평균 비교 횟수 C_N은 이전과 같다. 실패하는 검색에서 알고리즘 C는 항상 정확히 $\lfloor \lg N \rfloor + 1$번의 비교를 수행한다. 프로그램 C의 총 실행 시간은 왼쪽 가지들과 오른쪽 가지들에서 그리 대칭적이지 않다. $C1$에 붙는 가중치가 $C2$에 붙는 것보다 더 크기 때문이다. 그러나 연습문제 11은 $K < K_i$인 경우가 $K > K_i$인 경우와 거의 비슷하게 많음을 보여준다. 결론적으로, 프로그램 C의 실행시간은 근사적으로

$$\begin{aligned} &\text{성공하는 검색의 경우} \quad (8.5 \lg N - 6)u, \\ &\text{실패하는 검색의 경우} \quad (8.5 \lfloor \lg N \rfloor + 12)u \end{aligned} \tag{7}$$

이다. 이는 프로그램 B보다 두 배 이상 빠른 것이다. 게다가, 프로그램 B의 실행시간 (5)는 MIX가 “이진 오른쪽 자리이동” 명령을 가지고 있다고 가정한 것이나, 이 실행 시간은 이진 컴퓨터에 특화된 그런 특별한 성질을 요구하지도 않는다.

1971년에 샤L. E. Shar가 제안한 또 다른 이진 검색 수정안이 있는데, 이것은 첫 단계 이후에 균등하기 때문에 일부 컴퓨터에서는 앞의 방법보다 빠르며, 표를 요구하지도 않는다. 첫 번째 단계에서는 $i = 2^k$, $k = \lfloor \lg N \rfloor$인 K와 K_i를 비교한다. 만일 $K < K_i$이면 δ들을 $2^{k-1}, 2^{k-2}, \ldots, 1, 0$으로 두고 균등 검색을 적용한다. 그렇지 않고 $K > K_i$이면 i를 $i' = N + 1 - 2^l$으로 재설정하고(여기서 $l = \lceil \lg (N - 2^k + 1) \rceil$), 첫 번째 비교가 사실은 $K > K_{i'}$이었던 것처럼 가장해서는 δ들을 2^{l-1}, 2^{l-2}, $\ldots, 1, 0$으로 두고 균등 검색을 적용한다.

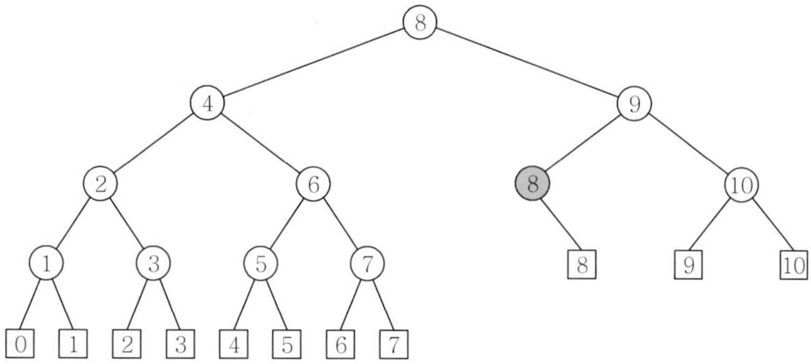

그림 7. 샤의 거의 균등한 검색을 위한 비교 트리. $N=10$인 경우.

그림 7은 $N=10$일 때의 샤의 방법을 나타낸 것이다. 이전 알고리즘들과 비슷하게, 이 방법의 비교 횟수는 $\lfloor \lg N \rfloor + 1$을 결코 넘지 않는다. 따라서 종종 연달아 여러 번의 중복된 단계들을 거치긴 하지만(연습문제 12를 볼 것), 그래도 이 방법은 가능한 최소의 평균 비교 횟수에 비해 많아야 한 번의 비교를 더 수행할 뿐이다.

연습문제 23에서는 N이 극도로 클 경우 앞에서 말한 모든 방법의 속도를 높여주는 또 다른 이진 검색 개선 방법 한 가지를 논의한다. 그리고 그보다도 빠른 방법이 연습문제 24에 나온다.

***피보나치식 검색.** 다중페이즈 병합을 이야기할 때, 피보나치 수들이 2의 거듭제곱들과 비슷한 역할을 할 수 있음을 보았다. 검색에서도 비슷한 현상이 존재한다. 즉, 피보나치 수들을 이용해서 이진 검색의 대안이 되는 검색 방법을 만들 수 있다. 그런 방법을 피보나치식 검색(Fibonaccian search)이라고 부르는데, 2로 나누기 대신 덧셈과 뺄셈만 사용한다는 점에서, 일부 컴퓨터에서는 다른 이진 검색보다 더 바람직할 수 있다. 그런데 지금 이야기할 절차는 "피보나치 검색(Fibonacci search)"이라고 부르는, 단봉함수(unimodal function)의 극대값을 찾는 데 쓰이는 한 중요한 수치적 절차 [*Fibonacci Quarterly* 4 (1966), 265-269]와는 다른 것이다. 간혹 이름이 비슷한 탓에 둘을 혼동하기도 한다.

피보나치식 검색 기법이 처음에는, 특히 그냥 프로그램 코드만 보고 무슨 일이 일어나는지를 파악하려 하는 경우에는 아주 신기하게 보일 수 있다. 뭔가 마법이 작용하는 것처럼 느껴질 것이다. 그러나 그에 대응하는 검색 트리를 그려 보면 비밀은 사라진다. 따라서 피보나치 트리를 보고 이해하는 방법으로부터 우리의 연구를 시작하기로 하자.

그림 8은 차수가 6인 피보나치 트리이다. 지금까지 살펴본 트리들에 비하면 현실의 작은 관목과 다소 비슷한 모습인데, 실제로도 수많은 자연 현상들이 피보나치 법칙을 따른다는 것이 이유일 수도 있겠다. 일반적으로, 차수가 k인 피보나치 트리는 $F_{k+1}-1$개의 내부 노드(동그라미)들과 F_{k+1}개의 외부 노드(사각형)들로 이루어지며, 다음과 같은 방식으로 구축된다.

만일 $k=0$ 또는 $k=1$이면 트리는 그냥 $\boxed{0}$이다.

만일 $k \geq 2$이면 루트는 F_k이다. 그 왼쪽 하위트리는 $k-1$차 피보나치 트리이고 오른쪽 하위트리는 $k-2$차 피보나치 트리이되, 노드 번호들이 모두 F_k만큼 증가된 것들이다.

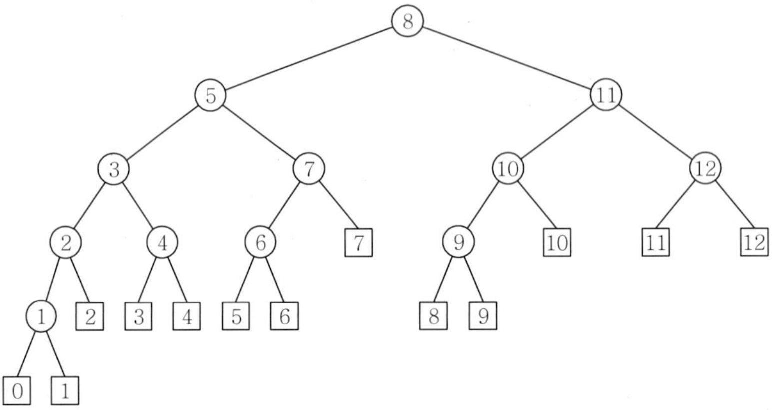

그림 8. 차수가 6인 피보나치 트리.

외부 노드들을 제외할 때, 각 내부 노드의 두 자식 노드 번호들과 그 부모 노드 번호의 차이(절대값)는 같다. 그리고 그 차이는 피보나치 수이다. 예를 들어 그림 8에서 $5 = 8 - F_4$이고 $11 = 8 + F_4$이다. 차이가 F_j라 할 때, 왼쪽의 그 다음 번 가지에서의 해당 피보나치 차이는 F_{j-1}인 반면 오른쪽에서는 그보다 한 단계 내려간 F_{j-2}이다. 예를 들어 $3 = 5 - F_3$인 반면 $10 = 11 - F_2$이다.

이러한 관찰들을 외부 노드들을 식별하는 적절한 메커니즘과 결합한다면 다음과 같은 방법을 얻게 된다:

알고리즘 F (피보나치식 검색). 키들이 증가 순서 $K_1 < K_2 < \cdots < K_N$인 레코드 $R_1, R_2, \ldots, R_N$의 표가 주어졌을 때, 이 알고리즘은 주어진 인수 K를 찾는다.

설명의 편의를 위해 $N+1$이 완전 피보나치 수 F_{k+1}이라고 가정한다. 적절한 초기화 과정을 둔다면 임의의 N에 대해서 이 방법이 작동하도록 만드는 것도 어렵지 않다(연습문제 14).

F1. 〔초기화.〕 $i \leftarrow F_k$, $p \leftarrow F_{k-1}$, $q \leftarrow F_{k-2}$로 설정한다. (알고리즘 전반에서 p와 q는 연속적인 피보나치 수들이다.)

F2. 〔비교.〕 만일 $K < K_i$이면 단계 F3으로 간다. 만일 $K > K_i$이면 F4로 간다. 만일 $K = K_i$이면 검색 성공을 결과로 해서 알고리즘을 끝낸다.

F3. 〔i를 감소.〕 만일 $q = 0$이면 검색 실패를 결과로 해서 알고리즘을 끝낸다. 그렇지 않으면 $i \leftarrow i - q$로 설정하고 $(p, q) \leftarrow (q, p - q)$로 설정한다. 그런 다음 F2로 간다.

F4. 〔i를 증가.〕 만일 $p = 1$이면 검색 실패를 결과로 해서 알고리즘을 끝낸다. 그렇지 않으면 $i \leftarrow i + q$, $p \leftarrow p - q$로 설정하고, 그런 다음 $q \leftarrow q - p$로 설정하고 F2로 간다. ▮

다음의 MIX 구현은 비슷한 내부 루프를 두 개 두어서 속도를 높인다. 하나는 p가 rI2에, q가 rI3에 있는 버전이고 또 하나는 레지스터들이 반대로 된 버전이다. 이 덕분에 단계 F3이 간단해졌다. 사실 프로그램은 레지스터들에 p와 q가 아니라 $p-1$과 $q-1$을 담는데, 이는 단계 F4의 "$p = 1$" 판정을 간단하게 만들기 위한 것이다.

프로그램 F (피보나치식 검색). 이전과 같은 관례들을 따른다. $rA \equiv K$, $rI1 \equiv i$, $(rI2$ 또는 $rI3) \equiv p-1$, $(rI3$ 또는 $rI2) \equiv q-1$이다.

```
01  START  LDA   K              1          F1. 초기화.
02         ENT1  F_k            1          i ← F_k.
03         ENT2  F_{k-1}-1      1          p ← F_{k-1}.
04         ENT3  F_{k-2}-1      1          q ← F_{k-2}.
05         JMP   F2A            1          F2로.
06  F4A    INC1  1,3            C2-S-A     F4. i를 증가. i ← i+q.
07         DEC2  1,3            C2-S-A     p ← p-q.
08         DEC3  1,2            C2-S-A     q ← q-p.
09  F2A    CMPA  KEY,1          C          F2. 비교.
10         JL    F3A            C          만일 K < K_i이면 F3으로.
11         JE    SUCCESS        C2         만일 K = K_i이면 종료.
12         J2NZ  F4A            C2-S       만일 p ≠ 1이면 F4로.
13         JMP   FAILURE        A          만일 표에 없으면 종료.
14  F3A    DEC1  1,3            C1         F3. i를 감소. i ← i-q.
15         DEC2  1,3            C1         p ← p-q.
16         J3NN  F2B            C1         만일 q > 0이면 레지스터들을 교환.
17         JMP   FAILURE        1-S-A      만일 표에 없으면 종료.
18  F4B    INC1  1,2                       (줄 18-29은 줄 06-17과 같다.)
19         DEC3  1,2
20         DEC2  1,3
21  F2B    CMPA  KEY,1
22         JL    F3B
23         JE    SUCCESS
24         J3NZ  F4B
25         JMP   FAILURE
26  F3B    DEC1  1,2
27         DEC3  1,2
28         J2NN  F2A
29         JMP   FAILURE                   ▮
```

이 프로그램의 실행 시간은 연습문제 18에서 분석한다. 그림 8을 보면 왼쪽 가지가 오른쪽 가지보다 더 자주 취해진다는 점을 알 수 있다(연습문제 18에서 이를 증명한다). C, $C1$, $(C2-S)$가 각각 단계 F2, F3, F4의 수행 횟수라고 하자. 그러면

$$\begin{aligned} C &= (\text{ave} \quad \phi k/\sqrt{5}+O(1), \quad \max k-1),\\ C1 &= (\text{ave} \quad k/\sqrt{5}+O(1), \quad \max k-1),\\ C2-S &= (\text{ave} \quad \phi^{-1}k/\sqrt{5}+O(1), \quad \max \lfloor k/2 \rfloor) \end{aligned} \tag{8}$$

이다. 즉, 왼쪽 가지가 선택되는 경우가 오른쪽 가지가 선택되는 경우보다 약 $\phi \approx 1.618$배 많은 것이다(각 탐검에 의해 나머지 검색 구간이 두 부분으로 분할되며 왼쪽 부분이 오른쪽 부분의 약 ϕ배라는 점으로부터 이를 미리 예측할 수도 있었다). 따라서 검색이 성공하는 경우의 프로그램 F의 총 실행 시간의 평균은 근사적으로

$$\frac{1}{5}((18+4\phi)k+31-26\phi)u \approx (7.050 \lg N + 1.08)u \tag{9}$$

이며, 실패하는 경우에는 여기에 $(9-3\phi)u \approx 4.15u$가 더해진다. 이는 프로그램 C보다 빠른 것이다. 그러나 최악의 경우의 실행 시간(약 $8.6 \lg N$)은 프로그램 C의 경우보다 조금 느리다.

보간 검색. 잠시 컴퓨터는 잊기로 하고, 사람들이 검색을 실제로 어떻게 수행하는지 생각해 보자. 일상생활에서 좋은 알고리즘의 단서를 얻을 수 있는 경우도 종종 있다.

영어 사전에서 단어를 찾는다고 하자. 이진 검색에서처럼 사전의 중간 페이지에서 시작해서 1/4이나 3/4에 해당하는 페이지로 넘어가는 방식을 사용하지는 않을 것이다. 피보나치식 검색을 사용하는 사람은 더욱 적을 것이다!

찾고자 하는 단어가 A로 시작한다면 당연히 사전의 앞부분에서부터 검색을 시작하게 될 것이다. 실제로, 특정 글자로 시작하는 단어들이 처음 나오는 부분 또는 그런 단어들이 있는 중간 부분이 움푹 패여 있는 사전들이 많이 있다. 그런 부분을 반달 색인(thumb-index)이라고 하는데, 컴퓨터에서도 이런 반달 색인 기법이 빠르게 적용되고 있으며, 실제로 검색 속도를 높이는 데 도움이 된다. 그런 알고리즘들은 6.3절에서 이야기한다.

검색의 초기 위치를 선택한 후에도 사람의 검색 방식은 앞에서 말했던 것들과는 상당히 다르다. 찾고자 하는 단어가 현재 보고 있는 단어보다 알파벳 순으로 훨씬 크다면 사람은 많은 페이지들을 한꺼번에 넘긴 후에 다시 단어를 찾아볼 것이다. 이런 방식은 "훨씬 크다"와 "약간 크다"를 구분하지 않는 앞의 알고리즘들과 상당히 다르다.

이러한 고찰로부터, 보간 검색(interpolation search)이라고 부를만한 다음과 같은 알고리즘을 떠올릴 수 있다: K가 K_l와 K_u 사이에 존재함을 안다고 할 때, 다음 번 탐검 지점을 l과 u 사이의 약 $(K-K_l)/(K_u-K_l)$에 해당하는 지점으로 잡는다. 단, 키들이 수치이며 구간 전반에서 비교적 일정하게 증가한다고 가정한다.

보간 검색은 점근적으로 이진 검색보다 우월하다. 표의 키들이 무작위로 분포되어 있다고 할 때, 이진 검색의 한 단계는 불확실성의 양을 n에서 $\frac{1}{2}n$으로 줄이는 반면, 보간 검색의 한 단계는 불확실성의 양을 $\sqrt{n}$으로 줄인다. 즉, 보간 검색은 약 $\lg \lg N$단계 만에 불확실성을 N에서 2로 줄인다. (연습문제 22 참고.)

그러나 컴퓨터 시뮬레이션 실험들에 의하면 보간 검색이 추가적인 컴퓨팅 시간을 상쇄하는 데 충분할 정도로 비교 횟수를 줄여주는 것은 아니다. 일반적으로 파일들이 충분히 무작위하지는 않으며, N이 아주 크지 않은 한(이를테면 $2^{16} = 65{,}536$을 넘지 않는 한) $\lg \lg N$과 $\lg N$의 차이도 그리 크지 않다. 보간 검색은 커다란, 그리고 외부 저장장치에 있을 수도 있는 파일을 검색하는 초기 시기들

에서 가장 성공적이다. 일단 검색 범위가 좁혀졌다면 이진 검색이 더 빠르게 원하는 키를 찾게 된다. (사람이 사전을 검색하는 행위는 본질적으로 내부 검색이 아니라 외부 검색임을 주목할 것. 외부 검색에 대해서는 나중에 논의하겠다.)

역사 및 문헌정보. 수많은 항목들로 이루어진 긴 목록들을 검색 편의를 위해 정렬한 예들 중 가장 초기의 것으로 알려진 것은 기원전 200년경의, 이나키비트-아누Inakibit-Anu의 놀라운 바빌로니아 역수표(逆數表)이다. 이 점토판은 100개가 넘는 수치쌍들을 담고 있는데, 그것들은 약 500개의 다중 정밀도 60진법 수들과 그 역수들을 사전 순으로 정렬한 것의 앞부분이라고 간주된다. 예를 들어 그 목록에는 다음과 같은 일련의 항목들이 있다.

01 13 09 34 29 08 08 53 20	49 12 27
01 13 14 31 52 30	49 09 07 12
01 13 43 40 48	48 49 41 15
01 13 48 40 30	48 46 22 59 25 25 55 33 20
01 14 04 26 40	48 36

당시의 기술을 생각할 때 이런 항목들 500개를 정렬한다는 것은 경이적인 수준의 과제라 할 수 있다. 〔좀 더 자세한 내용은 D. E. Knuth, *Selected Papers on Computer Science* (Cambridge Univ. Press, 1996), 제11장을 볼 것.〕

수치값들을 순서대로 정렬하는 것은 상당히 자연스러운 일이지만, 글자들 또는 단어들 사이의 순서 관계는 수치적 순서관계보다 덜 명백하다. 그렇긴 해도, 개별 글자들의 취합 서열은 가장 오래된 알파벳들에서 이미 존재했다. 예를 들어 기독교 구약 시편에 실려 있는 시들의 경우 첫 시가 알레프(aleph)로 시작하고 두 번째 것이 베트(beth)로 시작하는 등으로 알파벳 순서를 엄격히 유지하는데, 이는 기억을 돕기 위한 수단이었다. 이후 셈족과 그리스인들이 글자들의 표준적인 순서를 숫자들을 나타내는 데 사용하게 되었다. 예를 들어 α, β, γ는 각각 1, 2, 3을 대표했다.

단어 전체에 대해 알파벳 순서를 사용하게 된 것은 그보다 훨씬 뒤에 고안된 일로 보인다. 우리는 그런 방식을 당연하게 여기겠지만, 아이들은 배워야 알 수 있는 것이며, 역사의 한 시점에서는 성인들도 배워야 알 수 있는 것이었다. 에게 해 군도에서 발견된 B.C. 300년 경의 여러 목록들에는 특정 종교 분파에 속하는 사람들의 이름이 나온다. 그 이름들은 첫 글자만 알파벳 순으로 되어 있다. 즉, 좌에서 우로 기수 정렬의 첫 패스만 나타낸 것이라 할 수 있다. A.D. 134-135의 일부 그리스 파피루스들에서는 납세자 이름들이 처음 두 글자의 알파벳 순으로 나열된 부기대장 파편들을 볼 수 있다. 소피스타Apollonius Sophista는 호머Homer의 시들에 대한 그의 긴 용어색인(A.D. 1세기)에서 처음 두 글자에 대한 알파벳 순서를 사용했으며, 종종 그 이후 글자들에 대한 알파벳 순서를 사용하기도 했다. 갈렌Galen의 *Hippocratic Glosses* (200년 경) 등 좀 더 완전한 알파벳 순서의 문헌들도 몇 가지 알려져 있으나, 그 예가 매우 드물다. 이시도루스St. Isidorus의 *Etymologiarum*(630년 경, Book x)의 단어들은 첫 글자로만 정렬되었다. 그리고 *Corpus Glossary* (725년 경)는 각 단어의 처음 두 글자만 사용했다. 이 두 문헌들은 아마도 중세에 편찬된 자료들 중에서 가장 큰 비수치적 파일들일 것이다.

진정한 알파벳 순서에 대한 구체적인 서술로 최초라 할 만한 것은 제노아Giovanni di Genoa의 *Catholicon* (1286)이다. 서문에서 그는

*amo*가	*bibo*보다	앞이고
*abeo*가	*adeo*보다	앞이고
*amatus*가	*amor*보다	앞이고
*imprudens*가	*impudens*보다	앞이고
*iusticia*가	*iustus*보다	앞이고
*polisintheton*이	*polissenus*보다	앞이다

라고 설명하고는(이들은 단어들의 순서 관계가 각각 첫 번째, 두 번째, ..., 여섯 번째 글자에 의해 결정되는 예들이다) "다른 것들도 마찬가지이다"라고 적고 있다. 그는 이런 규칙들을 고안하는 데 엄청난 노력이 필요했다고 밝혔다. "그러므로, 훌륭한 독자들이여, 그대들은 나의 이 엄청난 노고와 이러한 순서가 쓸모없는 것이라고 비난하지 말지어다."

데일리Lloyd W. Daly는 인쇄가 발명되기까지의 알파벳 순서의 발전상을 상세히 연구했다 〔*Collection Latomus* 90 (1967), 100쪽 분량〕. 그는 단어들을 그 첫 글자로 정렬할 때 연습장으로 사용했음이 명백한 흥미로운 고문서들을 발견하기도 했다(그의 저작의 89-90쪽을 볼 것).

최초의 영어사전인 코드리Robert Cawdrey의 *Table Alphabeticall* (London, 1604)에는 다음과 같은 지시사항이 들어 있다.

> 만일 여러분이 찾고자 하는 단어가 (a)로 시작한다면 이 Table의 시작 부분에서 찾으시오. 만일 (v)로 시작한다면 끝 부분에서 찾으시오. 만일 단어가 (ca)로 시작한다면 (c)의 시작 부분에서 찾되, (cu)로 시작한다면 그 글자의 끝 부분에서 찾으시오. 다른 것들도 모두 마찬가지임. &c.

코드리는 사전을 만들면서 알파벳순 방법을 스스로 배워나갔던 것 같다. 처음 몇 쪽에는 잘못 배치된 단어들이 대단히 많으나, 후반부의 알파벳순은 그 보다 낫다.

이진 검색은 모클리John Mauchly가 처음으로 언급했는데, 비수치적 프로그래밍 방법에 대한 출판된 논의로는 아마도 그것이 최초일 것이다 〔*Theory and Techniques for the Design of Electronic Digital Computers*, G. W. Patterson 엮음, 1 (1946), 9.7–9.8; 3 (1946), 22.8–22.9〕. 그런데 그 방법이 프로그래머들 사이에서 널리 알려지긴 했지만, N이 2^n-1이라는 특별한 형태가 아닐 때 구체적으로 어떻게 적용되는지는 아무도 밝혀내지 못한 것으로 보인다 〔A. D. Booth, *Nature* 176 (1955), 565; A. I. Dumey, *Computers and Automation* 5 (1956년 12월), 7, 여기서는 이진 검색을 "Twenty Questions(스무고개)"라고 부름; Daniel D. McCracken, *Digital Computer Programming* (Wiley, 1957), 201–203; M. Halpern, *CACM* 1, (1958년 2월), 1–3을 볼 것.〕

모든 N에 대해 작동하는 이진 검색 알고리즘을 처음으로 출판한 이는 레머D. H. Lehmer [*Proc. Symp. Appl. Math.* 10 (1960), 180–181]임이 명백하다. 그 다음의 진보를 이룬 사람은 보텐부르흐H. Bottenbruch [*JACM* 9 (1962), 214]로, 그는 공정의 끝에 도달하기 전까지는 상등을 개별적으로 판정할 필요가 없는, 알고리즘 B의 흥미로운 변형을 제시했다. 그의 방법은 단계 B2에서 $i \leftarrow \lfloor (l+u)/2 \rfloor$ 대신

$$i \leftarrow \lceil (l+u)/2 \rceil$$

를 사용하며, $K \geq K_i$이면 항상 $l \leftarrow i$로 설정한다. 그런 다음 매 단계마다 $u-l$를 감소한다. 결국에는 $l = u$가 되고, 그러면 $K_l \leq K < K_{l+1}$가 된다. 그런 다음에는 한 번의 비교를 더 수행해서 검색이 성공인지 실패인지를 알아낼 수 있다. (그는 초기에 $K \geq K_1$라고 가정했다.) 이러한 착안은 많은 컴퓨터들에서 내부 루프의 속도를 조금 높여준다. 게다가, 같은 원리를 이번 절에서 논의한 모든 알고리즘에 적용할 수 있다. 그러나 (2) 때문에 성공하는 검색의 경우 반복이 평균적으로 한 번 더 필요하다. 내부 루프는 약 lg N번만 수행되므로, 추가적인 반복과 더 빠른 루프 사이의 이러한 절충은 n이 아주 클 때에나 이득이 된다. (연습문제 23 참고.) 한편 보텐부르흐의 알고리즘은 표에 중복들이 존재할 때 주어진 키에 해당하는 가장 오른쪽의 레코드를 찾아내는데, 이러한 성질이 중요할 때가 있다.

아이버슨K. E. Iverson은 알고리즘 B의 절차를 제시했으나 검색이 실패하는 경우는 고려하지 않았다 [*A Programming Language* (Wiley, 1962), 141]. 커누스D. E. Knuth는 자동화된 흐름도 작성 시스템에 쓰이는 한 예로 알고리즘 B를 설명했다. 균등 이진 검색(알고리즘 C는)은 1971년에 Stanford University의 찬드라A. K. Chandra가 필자에게 제안한 것이다.

피보나치식 검색은 퍼거슨David E. Ferguson이 고안했다 [*CACM* 3 (1960), 648]. 늦어도 1910년에, 피보나치 트리와 비슷한 이진트리들이 노르웨이 수학자 투에Axel Thue의 선구적인 저작에 나타난 바 있다(연습문제 28 참고). 번호들이 붙지 않은 피보나치 트리는 슈타인하우스Hugo Steinhaus의 유명한 책 *Mathematical Snapshots* (New York: Stechert, 1938)의 제1판 28쪽에 하나의 호기심거리로 제시되었다. 그는 그것을 진짜 나무처럼 보이도록 상하를 뒤집어서 그렸는데, 모든 말단들이 같은 수준에 나타나게 하기 위해 오른쪽 가지들을 왼쪽 가지들보다 두 배 길게 했다.

보간 검색은 피터슨W. W. Peterson [*IBM J. Res. & Devel.* 1 (1957), 131–132]이 제안했고, 보간 검색의 평균 습성에 대한 정확한 분석은 그 후 수년이 지나서야 발견되었다(연습문제 22).

연습문제

▸ **1.** [*21*] 이진 검색의 단계 B2에서 만일 $u < l$이면 $u = l - 1$이고 $K_u < K < K_l$이 됨을 증명하라. (관례상 $K_0 = -\infty$이고 $K_{N+1} = +\infty$라고 가정할 것. 이 인위적인 키들이 알고리즘에서 실제로 쓰이는 일은 결코 없으므로, 실제 표에 이 키들을 넣어 둘 필요는 없다.)

▸ **2.** [*22*] K가 표에 실제로 존재한다고 하자. 만일 (a) 단계 B5에서 "$l \leftarrow i+1$"을 "$l \leftarrow i$"로 바꾸어도 알고리즘 B가 제대로 작동할까? (b) 단계 B4에서 "$u \leftarrow i-1$"을 "$u \leftarrow i$"로 바꾼다면? (c) 둘 다 바꾼다면?

3. 〔*15*〕 다음 트리에 대응하는 검색 방법은 무엇인가?

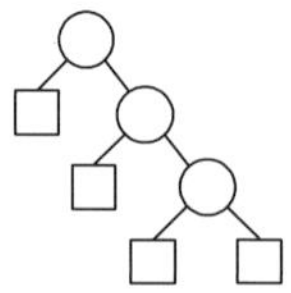

성공하는 검색의 평균 비교 횟수는 얼마인가? 실패하는 검색에서는?

4. 〔*20*〕 프로그램 6.1S(순차 검색)로 한 번의 검색을 수행하는 데 정확히 638단위시간이 걸렸다면, 프로그램 B(이진 검색)에는 얼마의 시간이 걸릴까?

5. 〔*M24*〕 검색이 성공한다고 할 때, 평균적으로 프로그램 B가 순차 검색(프로그램 6.1Q′)보다 실제로 느려지는 N의 값은 얼마인가?

6. 〔*28*〕 (아이버슨K. E. Iverson.) 연습문제 5는 남은 구간의 길이가 적절히 선택된 어떤 값보다 작을 때 이진 검색에서 순차 검색으로 전환하는 어떤 혼성 방법이 최고의 검색 방법이 될 수 있음을 암시한다. 그러한 검색을 수행하는 효율적인 MIX 프로그램을 작성하고, 최고의 전환 값을 구하라.

▶ **7.** 〔*M22*〕 알고리즘 U의 단계 U1을 각각 다음과 같이 변경해도 알고리즘이 제대로 작동할까?

a) i와 m 모두 $\lfloor N/2 \rfloor$으로 설정한다.

b) i와 m 모두 $\lceil N/2 \rceil$으로 설정한다.

〔힌트: 첫 단계가 "$i \leftarrow 0, m \leftarrow N$(또는 $N+1$)로 설정하고 U4로 간다."였다고 가정해 볼 것.〕

8. 〔*M20*〕 (6)에서 정의한 것처럼, 알고리즘 C에서 $\delta_j =$ `DELTA[j]`가 j번째 증분이라고 하자.

a) 합 $\sum_{j=0}^{\lfloor \lg N \rfloor + 2} \delta_j$는 얼마인가?

b) 단계 C2에서 i의 최소값과 최대값은 얼마인가?

9. 〔*20*〕 알고리즘 B와 C가 정확히 동치가 되는 임의의 $N > 1$ 값이 존재하는가? 여기서 두 알고리즘이 동치라는 것은 모든 검색 인수에 대해 동일한 비교들을 같은 순서로 수행한다는 뜻이다.

10. 〔*21*〕 알고리즘 C를 구현하는, 명령들이 근사적으로 $7 \lg N$개이고 실행 시간이 약 $4.5 \lg N$단위인 MIX 프로그램을 작성하는 방법을 설명하라.

11. 〔*M26*〕 프로그램 C의 빈도 분석에 나오는 수량 $C1$, $C2$, A의 평균값들에 대한, N과 S의 함수 형태로 된 정확한 공식들을 구하라.

12. 〔*20*〕 $N = 12$일 때의 샤Shar의 방법에 대응하는 이진트리를 그려라.

13. 〔*M24*〕 $1 \le N \le 16$에 대한, 샤의 방법의 평균 비교 횟수들의 표를 작성하라. 성공하는 검색과 실패하는 검색 모두를 고려할 것.

14. 〔*21*〕 모든 $N \ge 1$에 대해 적용할 수 있도록 알고리즘 F를 확장하는 방법을 설명하라.

15. [*M19*] k차 피보나치 트리가 최적의 검색 절차를 정의하도록 하는 k 값들은 무엇인가? 여기서 최적의 검색 절차란 평균적인 비교 횟수가 최소인 것을 말한다.

16. [*21*] 그림 9는 피보나치Fibonacci의 원래의 토끼 문제(1.2.8절)에서 토끼들의 번식을 나타낸 것이다. 이 도표와 본문에서 논의한 피보나치 트리 사이에 간단한 관계가 존재하는가?

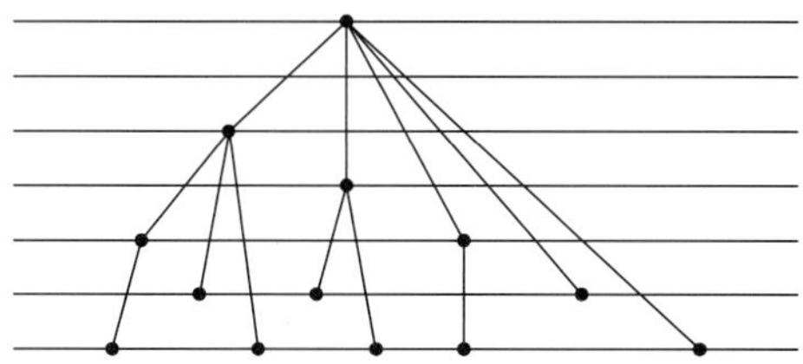

그림 9. 피보나치 규칙에 따른 토끼 쌍들의 번식.

17. [*M21*] 연습문제 1.2.8-34(또는 연습문제 5.4.2-10)에 의하면, 모든 양의 정수 n을 피보나치 수들의 합으로 유일하게 표현할 수 있다:

$$n = F_{a_1} + F_{a_2} + \cdots + F_{a_r}.$$

여기서 $1 \le j < r$에 대해 $r \ge 1$, $a_j \ge a_{j+1} + 2$이고 $a_r \ge 2$이다. k차 피보나치 트리에서 루트로부터 노드 ⓝ까지의 경로의 길이가 $k+1-r-a_r$임을 증명하라.

18. [*M30*] 프로그램 F의 빈도 분석에 나오는 수량 $C1$, $C2$, A의 평균값들에 대한, k, F_k, F_{k+1}, S의 함수 형태로 된 정확한 공식들을 구하라.

19. [*M42*] 연습문제 14에서 제시한 알고리즘의 평균 실행 시간을 상세히 분석하라.

20. [*M22*] 이진 검색에 필요한 비교 횟수는 근사적으로 $\log_2 N$이고, 피보나치식 검색의 경우에는 대략 $(\phi/\sqrt{5})\log_\phi N$이다. 이 연습문제의 목적은 그 공식들이 아래에서 말하는 좀 더 일반적인 결과의 특수한 경우들임을 보이는 것이다.

p와 q가 $p+q=1$를 만족하는 양수들이라고 하자. N개의 수들이 증가 순서로 되어 있는 한 표가 주어졌을 때, 인수를 (pN)번째 키와 비교하고, 그러한 절차를 좀 더 작은 블록들에 대해 반복하는 검색 알고리즘을 생각해보자. (이진 검색은 $p=q=1/2$인 경우에 해당한다. 피보나치식 검색은 $p=1/\phi$, $q=1/\phi^2$인 경우이다.)

크기가 N인 표를 검색하는 데 필요한 비교 횟수의 평균을 $C(N)$이라고 표기할 때, 이 평균은 근사적으로 다음과 같은 관계들을 만족한다.

$$C(1) = 0; \qquad N > 1\text{에 대해} \quad C(N) = 1 + pC(pN) + qC(qN).$$

이것이 성립하는 이유는, 첫 비교 이후 검색이 원소 pN개를 검색하는 것으로 줄어들 확률 p(대략)와 qN개의 원소들을 검색하는 것으로 줄어들 확률 q가 존재하기 때문이다. N이 클 때에는 pN과 qN이 정확히 정수는 아니라는 사실에서 비롯되는 작은 규모의 효과를 무시할 수 있다.

a) $C(N) = \log_b N$이 특정한 b 값에 대해 이 관계들을 정확하게 만족함을 보여라. 이진 검색과 피보나치식 검색의 경우 그러한 b 값은 이전에 유도한 공식들과도 부합한다.

b) 다음과 같은 주장을 고찰하라: "이 알고리즘이 탐색하는 구간의 크기가 $1/p$로 나뉠 확률은 p이고 $1/q$로 나뉠 확률은 q이다. 따라서 구간 크기는 평균적으로 $p \cdot (1/p) + q \cdot (1/q) = 2$로 나누어진다. 그러므로, p와 q와는 무관하게, 이 알고리즘은 정확히 이진 검색만큼 좋다." 이러한 추론에 뭔가 잘못된 부분이 있는가?

21. [20] $N = 10$일 때의 보간 검색에 대응하는 이진트리를 그려라.

22. [*M41*] (A. C. 야오Yao, F. F. 야오Yao.) 이미 정렬된 N개의 독립 균등 무작위 키들에 보간 검색을 적용한다고 할 때, 그러한 보간 검색의 적절한 구성에는 점근적으로 평균 $\lg \lg N$회의 비교가 필요함을 보여라. 더 나아가서, 그런 표들에 대한 모든 검색 알고리즘들은 점근적으로 평균 $\lg \lg N$회의 비교를 반드시 수행해야 함을 보여라.

▸ **23.** [25] 이번 절 끝 부분에서 언급한 보텐부르흐의 이진 검색 알고리즘은 검색의 막바지에 도달하기까지는 상등 비교를 수행하지 않는다. (알고리즘 수행 도중에는 항상 $K_l \le K < K_{u+1}$이 보장되며, $l = u$가 되기 전까지는 상등의 경우를 조사하지 않는다.) 그러한 기법을 프로그램 B에 적용해서, 내부 루프에서 "JE"를 제거한다면 큰 N에 대한 실행 속도가 조금 더 빨라질 것이다. (그러나 $\lg N$은 항상 꽤 작은 값이기 때문에 이런 착안이 정말로 실용적이지는 않다. (5)의 실행 시간 $(18 \lg N - 16)u$은 $(17.5 \lg N + 17)u$로 "감소"하므로, 성공적인 검색에 필요한 추가 작업을 상쇄하려면 $N > 2^{66}$이어야 한다!)

이진트리에 대응되는 모든 검색 알고리즘을, 트리의 내부 노드들에서 본문의 논의에 쓰인 3중 분기($<$, $=$, $>$)가 아니라 2중 분기(즉 $<$ 대 $\ge$)를 사용하는 검색 알고리즘으로 변환할 수 있음을 보여라. 특히 알고리즘 C를 그런 방식으로 수정하는 방법을 보여라.

▸ **24.** [23] 2.3.4.5절과 5.2.3절에서는 완전 이진트리를 이용함으로써 최소 경로 길이 트리를 연속된 장소들 안에서 간편하게 표현할 수 있음을 보았다. 이러한 표현을 기초로 한 효율적인 검색 방법을 고안하라. [힌트: 이진 검색에서 2로 나누기 대신 2로 곱하기를 사용하는 게 가능할까?]

▸ **25.** [*M25*] $k = 0, 1, \ldots$에 대해 수준 k의 내부 노드가 a_k개이고 외부 노드가 b_k개인 이진트리를 생각해 보자. (루트는 수준 0에 있다.) 즉, 그림 8에서 $(a_0, a_1, \ldots, a_5) = (1, 2, 4, 4, 1, 0)$이고 $(b_0, b_1, \ldots, b_5) = (0, 0, 0, 4, 7, 2)$이다.

a) 생성함수 $A(z) = \sum_k a_k z^k$과 $B(z) = \sum_k b_k z^k$ 사이에 간단한 대수적 관계가 성립함을 보여라.

b) 한 이진트리에서 성공적인 검색에 대한 확률분포의 생성함수는 $g(z) = zA(z)/N$이고 실패하는 검색에 대한 생성함수는 $h(z) = B(z)/(N+1)$이다. (즉, 본문의 표기법 하에서 $C_N = \operatorname{mean}(g)$, $C'_N = \operatorname{mean}(h)$가 성립하며, 식 (2)는 그 두 수량들 사이의 관계를 제공한다.) $\operatorname{var}(g)$와 $\operatorname{var}(h)$의 관계를 구하라.

26. [22] 피보나치 트리가 세 테이프에 대한 다중페이즈 병합 정렬과 연관됨을 보여라.

27. [M30] (스톤H. S. Stone, 린John Linn.) k개의 프로세서들을 동시에 사용하며 전적으로 키들의 비교에만 근거하는 검색 공정을 생각해보자. 검색의 각 단계에서 k개의 색인 $i_1, \ldots, i_k$가 지정되며, 그에 따라 k개의 비교들을 동시에 수행한다. 반일 어떤 j에 대해 $K = K_{i_j}$이면 검색은 성공이고, 그렇지 않으면 $1 \le j \le k$에 대해 $K < K_{i_j}$이냐 $K > K_{i_j}$이냐에 따른 2^k개의 가능한 결과들에 근거해서 다음 단계로 넘어간다.

표의 각 키가 인수가 될 확률은 모두 동일하다고 가정할 때, 그러한 검색 공정이 취하는 평균 단계수가 $N \to \infty$에 따라 근사적으로 적어도 $\log_{k+1} N$임을 증명하라. (따라서 1프로세서 이진 검색에 비한 잠재적인 속도 증가는 $\lg(k+1)$배밖에 되지 않는다. k배가 아닌 것이다. 이런 차원에서 본다면, 모든 프로세서를 하나의 검색에 투여하는 것보다는 각 프로세서를 서로 다른 독립적인 검색 문제들에 배정하는 것이 더 낫다.)

28. [M23] 투에 트리 T_n를 $T_0(x) = x*x$, $T_1(x) = x$, $T_{n+2}(x) = T_{n+1}(x)*T_n(x)$로 정의되는 이항연산자 $*$의 대수식(algebraic expression)들로 정의하라.

a) T_n의 말단 노드 개수는 $T_n(x)$를 완전히 전개했을 때 나타나는 x들의 개수이다. 이 수를 피보나치 수들로 표현하라.

b) 만일 이항연산자 $*$가 공리

$$((x*x)*x)*((x*x)*x) = x$$

를 만족한다면, 모든 $m \ge 0$과 $n \ge 1$에 대해 $T_m(T_n(x)) = T_{m+n-1}(x)$임을 증명하라.

▶ **29.** [22] (펠드먼Paul Feldman, 1985.) $K_1 < K_2 < \cdots < K_N$라고 가정하는 대신, 순열 $p(1)p(2)\ldots p(N)$이 하나의 대합(對合, involution)이고 j의 모든 짝수 값에 대해 $p(j) = j$라고 할 때 $K_{p(1)} < K_{p(2)} < \cdots < K_{p(N)}$라고만 가정하자. 임의의 주어진 키 K를 찾거나 그것이 존재하지 않음을 확인하는 데에는 많아야 $2\lfloor \lg N \rfloor + 1$회의 비교가 필요함을 보여라.

30. [27] (대합 부호화.) 연습문제 29의 착안을 이용해서, N개의 서로 다른 키들을 배치하되 그 키들의 상대 순서가 t비트 수들의 배열 $x_1, x_2, \ldots, x_m$(여기서 $m \le N/4 + 1 - 2^t$)을 암묵적으로 부호화하는 방식으로 배치하는 방법을 찾아라. 그러한 배치를 이용해서 임의의 주어진 j에 대해 x_j의 선행 비트 k개를 단 k회의 비교만으로 결정할 수 있어야 하며, 또한 임의의 키를 $\le 2\lfloor \lg N \rfloor + 1$회의 비교로 찾을 수 있어야 한다. (이 결과는 시간과 공간 모두에서 점근적으로 효율적인 자료구조들에 대한 이론적 연구에 쓰인다.)

6.2.2. 이진트리 검색

6.2.1절에서는 암묵적인 이진트리 구조를 통해서 이진 검색과 피보나치식 검색을 좀 더 쉽게 이해할 수 있음을 보았다. N의 주어진 임의의 값에 대해, 이진 검색에 대응하는 트리는 키 비교를 통해서 표를 검색하는 데 필요한 이론적인 최소 비교 횟수를 달성한다. 그러나 6.2.1절의 방법들은 주로

고정된 크기의 표들에 적합하다. 왜냐하면 순차적으로 레코드들이 할당된 구조에서는 삽입과 삭제가 꽤 비싸기 때문이다. 표들이 동적으로 변한다면 이진 검색으로 절감하는 시간보다 표를 관리하는 데 소비되는 시간이 더 클 수 있다.

명시적 이진트리 구조를 사용하면 표를 효율적으로 검색할 수 있을 뿐만 아니라 레코드들을 빠르게 삽입하거나 삭제하는 것도 가능하다. 따라서 검색과 정렬 모두에 효율적인 방법을 얻을 수 있게 된다. 이러한 유연성 증가를 얻으려면 표의 각 레코드에 두 개의 링크 필드들을 추가해야 한다.

성장하는 표들을 검색하는 기법들을 흔히 기호표 알고리즘(symbol table algorithm)이라고 부르는데, 이는 어셈블러나 컴파일러, 기타 시스템 루틴들이 사용자 정의 기호들을 관리하는 데 그런 기법들을 흔히 사용하기 때문이다. 예를 들어 FORTRAN이나 C 컴파일러라면 소스 코드의 어떤 변수를 가리키는 기호적 식별자가 레코드의 키로 사용되고 레코드의 나머지 부분은 해당 변수의 형식이나 저장소 할당 등에 대한 정보를 담게 될 것이다. MIXAL 프로그램이라면 프로그램의 기호가 키이고 레코드의 나머지 부분은 그 키와 동치인 값이 될 것이다. 이번 절에서 설명할 트리 검색 및 삽입 루틴들은 기호표 알고리즘에 사용하기에 상당히 효율적이며, 기호들의 목록을 알파벳 순으로 출력해야 하는 응용 프로그램들에 특히 적합하다. 다른 기호표 알고리즘들은 6.3절과 6.4절에서 설명한다.

그림 10은 황도 12궁의 별자리 열 한 개의 이름들을 담은 이진 검색 트리이다. 열두 번째 이름인 SAGITTARIUS를 찾는다고 하자. 우선 트리의 루트(꼭대기)에서 시작해서 거기에 있는 CAPRICORN과 비교한다. 찾고자 하는 이름이 그보다 크므로 오른쪽으로 내려간다. PISCES보다도 크므로 다시 오른쪽으로 내려간다. TAURUS보다는 작으므로 왼쪽으로 내려간다. 역시 SCORPIO보다 작으므로 왼쪽으로 내려가면 외부 노드 [8]에 도달한다. 즉, 검색은 실패한 것이다. 그러면 검색이 끝난 곳에 SAGITTARIUS를 삽입할 수 있다. 외부 노드 [8] 자리에 새 노드를 연결하면 된다. 그림 10의 트리는

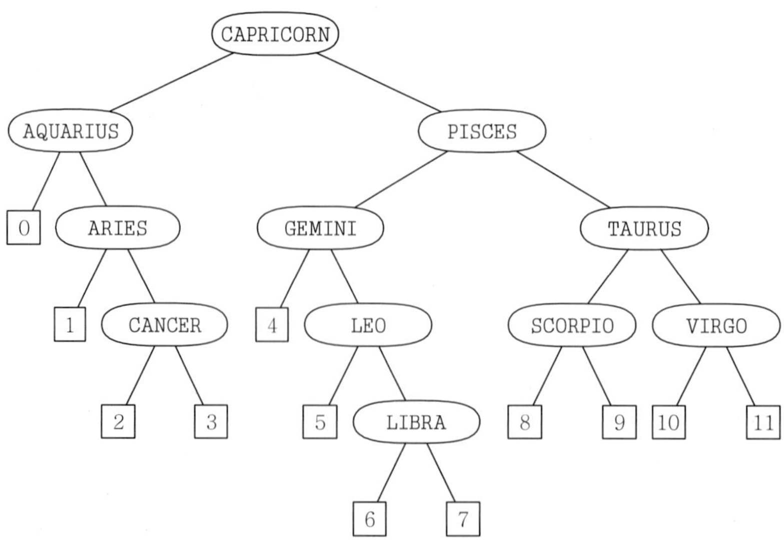

그림 10. 이진 검색 트리.

빈 트리로 시작해서 키 CAPRICORN, AQUARIUS, PISCES, ARIES, TAURUS, GEMINI, CANCER, LEO, VIRGO, LIBRA, SCORPIO†를 이 순서대로 차례로 삽입해서 만든 것이다.

그림 10에서 루트 왼쪽 하위트리의 모든 키는 알파벳 순으로 CAPRICORN보다 작으며, 오른쪽 하위트리의 모든 키는 알파벳 순으로 그보다 크다. 이러한 성질은 모든 노드의 왼쪽, 오른쪽 하위트리에 대해 성립한다. 따라서 노드의 왼쪽 하위트리를 운행하고, 그 노드를 방문하고, 그런 다음 오른쪽 하위트리를 운행하는 대칭 순서(2.3.1절)로 트리를 운행하면 다음과 같이 왼쪽에서 오른쪽으로 엄밀하게 알파벳 순인 키들을 얻을 수 있다.

AQUARIUS, ARIES, CANCER, CAPRICORN, GEMINI, LEO, ..., VIRGO

다음 알고리즘은 이러한 원리를 기초로 한 검색 및 삽입 절차를 상세히 서술한 것이다.

알고리즘 T (트리 검색 및 삽입). 위에 서술된 대로 이진트리를 형성하는 레코드들을 담은 표가 주어졌을 때, 이 알고리즘은 주어진 인수 K를 찾는다. 만일 표에 K가 없으면 K를 담은 새 노드를 트리의 적절한 자리에 삽입한다.

트리의 노드들이 적어도 다음과 같은 필드들로 구성된다고 가정한다.

KEY(P)} = NODE(P)에 저장된 키;
LLINK(P) = NODE(P)의 왼쪽 하위트리를 가리키는 포인터;
RLINK(P) = NODE(P)의 오른쪽 하위트리를 가리키는 포인터.

공(null) 하위트리(그림 10의 외부 노드)들은 공 포인터 Λ로 표현한다. 변수 ROOT는 트리의 루트를 가리킨다. 편의상 트리가 비어 있지 않다고(즉, ROOT $\neq \Lambda$) 가정한다. 필요하다면, ROOT $= \Lambda$인 경우를 처리하는 연산들도 쉽게 추가할 수 있다.

T1. [초기화.] P ← ROOT로 설정한다 (포인터 변수 P는 트리를 따라 아래로 내려간다.)

T2. [비교.] 만일 $K <$ KEY(P)이면 T3으로 간다. 만일 $K >$ KEY(P)이면 T4로 간다. 만일 $K =$ KEY(P)이면 검색 성공을 결과로 해서 알고리즘을 끝낸다.

T3. [왼쪽으로 이동.] 만일 LLINK(P) $\neq \Lambda$이면 P ← LLINK(P)로 설정하고 T2로 돌아간다. 그렇지 않으면 T5로 간다.

T4. [오른쪽으로 이동.] 만일 RLINK(P) $\neq \Lambda$이면 P ← RLINK(P)로 설정하고 T2로 돌아간다.

T5. [트리에 삽입.] (검색에 실패했다. 이제 K를 트리에 집어넣는다.) Q ⇐ AVAIL, 즉 새 노드의 주소로 설정한다. KEY(Q) ← K, LLINK(Q) ← RLINK(Q) ← Λ로 설정한다. (실제 응용에서는 새 노드의 다른 필드들도 적절히 초기화해야 한다.) 만일 K가 KEY(P)보다 작았다면 LLINK(P)

---

† [옮긴이 주] 참고로 별자리 이름들은 다음과 같다: Aquarius - 물병, Aries - 목양, Cancer - 게, Capricorn - 염소, Gemini - 쌍둥이, Leo - 사자, Libra - 천칭, Pisces - 물고기, Sagittarius - 궁수, Scorpio - 전갈, Taurus - 황소, Virgo - 처녀.

← Q로 설정하고, 그렇지 않으면 RLINK(P) ← Q로 설정한다. (이 시점에서 P ← Q로 설정하고 검색 성공을 결과로 해서 알고리즘을 끝낼 수도 있다.) ▮

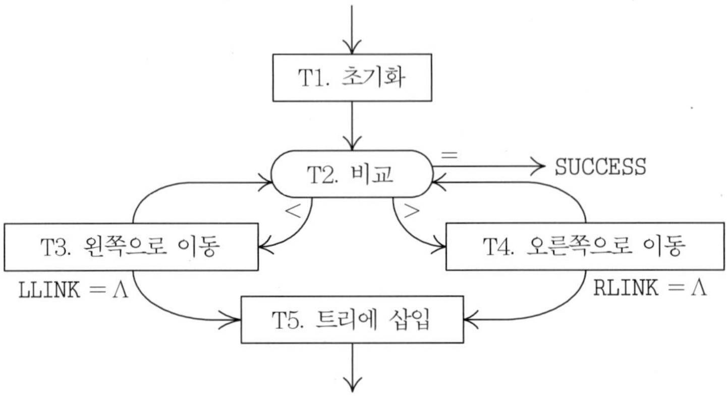

그림 11. 트리 검색 및 삽입.

이 알고리즘을 기계어로 구현하는 것은 아주 간단하다. 트리 노드들이 예를 들어

+	0	LLINK	RLINK
KEY			

(1)

의 형태라고 가정할 수 있으며, 필요하다면 INFO를 위한 워드들을 추가할 수도 있을 것이다. 다음은 이 알고리즘을 구현한 MIX 프로그램으로, 제2장에서처럼 AVAIL 목록을 자유 저장소 풀로 사용한다.

프로그램 T (트리 검색 및 삽입). $rA \equiv K, rI1 \equiv .P, rI2 \equiv .Q.$

```
LLINK EQU   2:3
RLINK EQU   4:5
START LDA   K              1        T1. 초기화.
      LD1   ROOT           1        P ← ROOT.
      JMP   2F             1
4H    LD2   0,1(RLINK)     C2       T4. 오른쪽으로 이동. Q ← RLINK(P).
      J2Z   5F             C2       만일 Q = Λ 이면 T5로.
1H    ENT1  0,2            C − 1    P ← Q.
2H    CMPA  1,1            C        T2. 비교.
      JG    4B             C        만일 K > KEY(P)이면 T4로.
      JE    SUCCESS        C1       만일 K = KEY(P)이면 종료.
      LD2   0,1(LLINK)     C1 − S   T3. 왼쪽으로 이동. Q ← LLINK(P).
      J2NZ  1B             C1 − S   만일 Q ≠ Λ 이면 T2로.
5H    LD2   AVAIL          1 − S    T5. 트리에 삽입.
      J2Z   OVERFLOW       1 − S
```

```
16          LDX   0,2(RLINK)        1 − S
17          STX   AVAIL             1 − S       Q ⇐ AVAIL.
18          STA   1,2               1 − S       KEY(Q) ← K.
19          STZ   0,2               1 − S       LLINK(Q) ← RLINK(Q) ← Λ.
20          JL    1F                1 − S       K < KEY(P)이었는가?
21          ST2   0,1(RLINK)          A         RLINK(P) ← Q.
22          JMP   *+2                 A
23    1H    ST2   0,1(LLINK)      1 − S − A     LLINK(P) ← Q.
24    DONE  EQU   *                 1 − S       삽입 후 종료. ▮
```

이 프로그램의 처음 13 줄들은 검색을 수행하며, 그 다음 11 줄들은 삽입을 수행한다. 검색 페이지의 실행 시간은 $(7C+C1-3S+4)u$로, 여기서

$$C = \text{수행한 비교 횟수};$$
$$C1 = K \le \texttt{KEY(P)}\text{인 횟수};$$
$$C2 = K > \texttt{KEY(P)}\text{인 횟수};$$
$$S = [\text{검색에 성공했음}].$$

평균적으로는 $C1 = \frac{1}{2}(C+S)$이다. $C1 + C2 = C$와 $C1 - S$가 $C2$와 동일한 확률분포를 가지기 때문이다. 따라서 실행 시간은 약 $(7.5C - 2.5S + 4)u$이다. 이는 암묵적 트리를 사용하는 이진 검색 알고리즘들(프로그램 6.2.1C 참고)에 비해 뒤지지 않는다. 프로그램 6.2.1F처럼 코드를 중복한다면 프로그램 T의 줄 08을 제거할 수 있을 것이며, 그러면 실행 시간은 $(6.5C - 2.5S + 5)u$로 줄어든다. 검색 실패의 경우 프로그램의 삽입 페이즈에 의해 추가적으로 $14u$ 또는 $15u$가 소비된다.

알고리즘 T를 가변 길이 키와 가변 길이 레코드에 적응시키는 것도 어렵지 않다. 예를 들어 가용 공간을 순차적으로, 후입선출 방식으로 할당한다면 가변 크기 노드들을 쉬사리 만들 수 있다. (1)의 첫 번째 워드에 크기를 담으면 될 것이다. 이런 효율적인 저장소 할당 덕분에, 트리에 기초한 기호표 알고리즘들은 컴파일러, 어셈블러, 로더에 사용하는 데 특히나 적합하다.

그러나 최악의 경우는 어떤가? 알고리즘 T를 처음 접하면서 다소 회의적인 반응을 보이는 프로그래머들도 종종 있다. 만일 그림 10의 키들이 애초에 달력 순 CAPRICORN, …, SCORPIO이 아니라 알파벳 순 AQUARIUS, …, VIRGO로 표에 입력되었다면 알고리즘은 본질적으로 하나의 순차 검색을 명시하는 퇴화된 트리를 만들어냈을 것이다. 그런 트리에서는 LLINK들 전부가 공링크이다. 비슷하게, 키들이 다음과 같은 보기 드문 순서로 입력되었다면,

AQUARIUS, VIRGO, ARIES, TAURUS, CANCER, SCORPIO,
CAPRICORN, PISCES, GEMINI, LIBRA, LEO

앞의 경우만큼이나 나쁜 "지그재그" 트리가 만들어진다. (직접 시험해 볼 것!)

반면, 그림 10의 트리는 성공하는 검색의 경우 평균 $3\frac{2}{11}$회의 비교만을 요구한다. 이는 가능한 최고의 이진트리에서 달성할 수 있는 최소 평균 비교 횟수인 3보다 약간 높을 뿐이다.

균형이 상당히 잘 잡힌 트리의 경우 검색 시간은 대략 $\log N$에 비례하나, 퇴화된 트리의 경우에는 대략 N에 비례한다. 연습문제 2.3.4.5–5는 각각의 N노드 이진트리들이 동일확률로 나타난다고 할 때 평균 검색 시간이 대략 $\sqrt{N}$에 비례함을 증명한다.

다행히, 키들이 무작위 순서로 트리에 입력되는 경우 트리 검색은 단 $2\ln N \approx 1.386 \lg N$회의 비교만을 요구한다. 균형이 좋은 트리들은 흔하고 퇴화된 트리들은 아주 드물다.

이러한 사실에 대한 놀랄 만큼 간단한 증명이 존재한다. 트리 구축을 위한 삽입 서열들로서의, N개의 키들을 배치하는 모든 가능한 $N!$개의 순서들이 모두 동일한 확률로 나타난다고 하자. 하나의 키를 찾는 데 필요한 비교 횟수는 그 키가 트리에 삽입될 때 필요한 비교 횟수보다 딱 하나가 더 많다. 따라서 성공하는 검색의 평균 비교 횟수를 C_N, 실패하는 검색의 평균 비교 횟수를 C'_N이라고 한다면 다음이 성립한다.

$$C_N = 1 + \frac{C'_0 + C'_1 + \cdots + C'_{N-1}}{N}. \tag{2}$$

그런데 내부 경로 길이와 외부 경로 길이의 관계에 의해

$$C_N = \left(1 + \frac{1}{N}\right) C'_N - 1 \tag{3}$$

이다. 이는 식 6.2.1-(2)이다. (3)과 (2)를 결합해서 정리하면

$$(N+1)C'_N = 2N + C'_0 + C'_1 + \cdots + C'_{N-1} \tag{4}$$

이 나온다. 이 점화식을 푸는 것은 쉽다. 여기에서 방정식

$$NC'_{N-1} = 2(N-1) + C'_0 + C'_1 + \cdots + C'_{N-2}$$

를 빼면

$$(N+1)C'_N - NC'_{N-1} = 2 + C'_{N-1}, \qquad \text{따라서 } C'_N = C'_{N-1} + 2/(N+1)$$

이 나온다. $C'_0 = 0$이므로 결국

$$C'_N = 2H_{N+1} - 2 \tag{5}$$

이다. (3)을 적용하고 정리하면 원했던 결과인

$$C_N = 2\left(1 + \frac{1}{N}\right) H_N - 3 \tag{6}$$

이 된다. 좀 더 자세한 정보가 연습문제 6, 7, 8에 나오니 참고할 것. C_N과 C'_N의 평균값들뿐만 아니라 정확한 확률분포를 계산하는 것도 가능하다.

트리 삽입 정렬. 알고리즘 T는 검색을 위해 고안된 것이지만 내부 정렬 알고리즘의 기초로 사용하는 것도 가능하다. 사실 알고리즘 T를 목록 삽입(알고리즘 5.2.1L)의 자연스러운 일반화로 볼 수도 있다. 알고리즘 T를 적절히 프로그래밍 한다면, 그 평균 실행 시간은 5장에서 논의한 최고의 알고리즘들 일부에 비해 아주 약간만 더 느린 정도일 것이다. 모든 키로 트리를 구축한 후에는 대칭 트리 운행(알고리즘 2.3.1T)을 적용해서 레코드들을 정렬된 순서로 방문할 수 있다.

그런데 몇 가지 조심해야 할 점이 있다. 검색이 아니라 정렬을 수행하는 것이므로, 만일 단계 T2에서 $K =$ KEY(P)이면 조금 다른 처리가 필요하다. 한 가지 해결책은 $K =$ KEY(P)를 마치 $K >$ KEY(P)인 것처럼 취급하는 것이다. 그러면 안정적인 정렬 방법이 된다. (트리에서는 같은 키들이 반드시 인접해 있을 필요가 없다. 그런 키들은 오직 대칭 순서에서만 인접하게 된다.) 그러나, 중복된 키들이 많이 존재하는 경우, 이 방법은 트리의 균형을 크게 해치게 되며, 따라서 정렬 속도가 느려진다. 또 다른 방법은 각 노드마다 같은 키를 가진 모든 레코드를 담은 목록을 두는 것이다. 이를 위해서는 또 다른 링크 필드를 필요로 하지만, 같은 키들이 많이 나오는 경우에는 정렬 속도를 높여준다.

따라서 검색이 아니라 정렬이 유일한 목적이라면 알고리즘 T가 최적은 아니게 된다. 그래도 나쁜 것은 아니어서, 검색을 정렬과 결합하는 응용프로그램이라면 이런 트리 방법을 적극 권장할 만 하다.

흥미롭게도, 겉보기에는 트리 삽입 정렬과 빠른정렬이 달라도, 그 분석들 사이에는 강한 연관관계가 존재한다. 원래 비어 있던 트리에 N개의 키들을 연달아 삽입할 때의 평균 비교 횟수는 사소한 예외들을 제외할 때 알고리즘 5.2.2Q가 수행하는 평균 비교 횟수와 같다. 예를 들어, 트리 삽입은 모든 키를 K_1과 비교하고, K_1보다 작은 모든 키를 K_1보다 작은 첫 번째 키와 비교하는 식으로 진행된다. 빠른정렬의 경우에는 모든 키를 첫 번째 분할 요소 K와 비교하고, K보다 작은 모든 키를 K보다 작은 특정 원소와 비교하는 식으로 진행된다. 두 경우 모두 필수 평균 비교 횟수는 $NC_N - N$이다. (그러나 사실 알고리즘 5.2.2Q는 내부 루프들의 속도를 높이기 위해서 좀 더 많은 횟수의 비교들을 수행한다.)

삭제. 종종 표 항목들 중 하나를 컴퓨터가 잊게 만들고 싶을 때가 있다. LLINK나 RLINK가 Λ인 노드를 삭제하는 것은 쉬운 일이다. 그러나 두 하위트리 모두 비지 않은 노드의 경우에는 한 번에 두 방향을 가리킬 수가 없기 때문에 뭔가 특별한 처리를 해 주어야 한다.

예를 들어 그림 10을 다시 생각해 보자. 루트 노드, 즉 CAPRICORN을 삭제하려면 어떻게 해야 할까? 한 가지 해결책은 알파벳순으로 그 다음 노드(이 노드의 LLINK는 항상 공링크이다)를 삭제하고, 그런 다음 정말로 삭제하고자 하는 곳에 그 노드를 다시 삽입하는 것이다. 예를 들어 그림 10의 경우라면 GEMINI를 삭제하고, CAPRICORN를 GEMINI로 대체하면 된다. 이러한 연산은 표 항목들의 필수적인 좌에서 우로 순서를 보존한다. 다음은 이러한 삭제 공정을 상세히 서술한 알고리즘이다.

알고리즘 D (트리 삭제). Q가 알고리즘 T에 나오는 것 같은 이진 검색 트리의 한 노드를 가리키는 변수라고 하자. 이 알고리즘은 그 노드가 삭제된 유효한 이진 검색 트리를 만든다. (실제로는 트리의 어떤 노드에서 Q ≡ ROOT 또는 Q ≡ LLINK(P) 또는 RLINK(P)가 된다. 이 알고리즘은 삭제를 반영하기 위해 메모리 안의 Q의 값을 재설정한다.)

D1. 〔RLINK가 공링크인가?〕 T ← Q로 설정한다. 만일 RLINK(T) = Λ 이면 Q ← LLINK(T)로 설정하고 D4로 간다. (예를 들어 만일 어떤 P에 대해 Q ≡ RLINK(P)이면 RLINK(P) ← LLINK(T)로 설정하게 된다.)

D2. 〔후행자를 찾는다.〕 R ← RLINK(T)로 설정한다. 만일 LLINK(R) = Λ 이면 LLINK(R) ← LLINK(T), Q ← R로 설정하고 D4로 간다.

D3. 〔공 LLINK를 찾는다.〕 S ← LLINK(R)로 설정한다. 만일 LLINK(S) ≠ Λ 이면 R ← S로 설정하고 LLINK(S) = Λ 가 될 때까지 이 단계를 반복한다. (이 시점에서 S는 Q의 대칭 후행자인 Q$와 같다.) 마지막으로 LLINK(S) ← LLINK(T), LLINK(R) ← RLINK(S), RLINK(S) ← RLINK(T), Q ← S로 설정한다.

D4. 〔노드 해제.〕 AVAIL ⇐ T로 설정해서, 삭제된 노드를 자유 저장소 풀에 돌려준다. ▌

그림 10의 AQUARIUS와 CANCER, CAPRICORN을 삭제해서 이 알고리즘을 시험해 볼 것. 각 경우는 약간씩 다르다. 세심한 독자라면 RLINK(T) ≠ Λ, LLINK(T) = Λ 인 경우를 특별하게 판정하지는 않음을 눈치 챘을 것이다. 이 경우에 대한 논의는 잠시 미루기로 한다. 현재 형태의 알고리즘 자체도 아주 흥미로운 성질들을 가지고 있기 때문이다.

알고리즘 D는 왼쪽과 오른쪽이 상당히 비대칭적이어서, 삭제를 연달아 수행함에 따라 트리의 균형이 점점 나빠질 것이라고 예측할 수 있다. 그렇다면 앞에서 추정한 효율성은 더 이상 유효하지 않을 것이다. 그러나 실제로는, 삭제들이 트리를 전혀 퇴화시키지 않는다!

정리 H (히버드T. N. Hibbard, 1962). *무작위한 트리에서 무작위한 원소를 알고리즘 D로 삭제한 후에도 그 트리는 여전히 무작위하다.*

〔수학에 흥미가 없는 독자라면 (10)으로 넘어가길 바란다.〕 이 정리의 명제는 사실 상당히 애매하다. 좀 더 정확히 표현한다면 다음과 같다: T가 n개의 원소들로 된 하나의 트리이고, 키들을 알고리즘 T를 이용해서 무작위 순으로 삽입했을 때 T가 나올 확률을 $P(T)$라고 하자. 트리들의 발생 확률이 모두 같지는 않다. 알고리즘 T로 $n+1$개의 원소들을 무작위로 삽입한 후 그 원소들 중 하나를 무작위로 택해서 알고리즘 D로 삭제했을 때 T가 나올 확률을 $Q(T)$라고 하자. $P(T)$를 계산할 때에는 키들의 순열 $n!$개가 모두 동일확률이라고 가정한다. $Q(T)$를 계산할 때에는 키들과 삭제할 키의 선택들의 순열 $(n+1)!\,(n+1)$개가 모두 동일확률이라고 가정한다. 위의 정리가 말하고 있는 바는, 모든 T에 대해 $P(T)=Q(T)$라는 것이다.

증명. 트리가 아니라 순열들이 동일확률이라는 사실이 주어졌으므로, 순열들을 무작위 객체들로 간주해서 결과를 증명하기로 한다. 한 순열에서 하나의 원소를 삭제하는 연산을 정의한 후에, "무작위 순열에서 무작위 원소 하나를 삭제해도 여전히 무작위 순열이 된다"라는 명제를 증명하겠다.

$a_1 a_2 \dots a_{n+1}$이 $\{1, 2, \dots, n+1\}$의 한 순열이라고 할 때, a_i를 삭제함으로써 $\{1, 2, \dots, n\}$의 한 순열 $b_1 b_2 \dots b_n$을 얻는 연산을 정의해보자. 이 연산은 알고리즘 T와 D에 대응해야 한다. 즉, $a_1, a_2, \dots, a_{n+1}$를 삽입해서 트리를 구축하고 a_i를 삭제한 후 키들에 1에서 n까지의 번호를 다시 부여하면 $b_1 b_2 \dots b_n$으로부터 구축한 것과 마찬가지의 트리가 나와야 한다.

그러한 삭제 연산을 정의하는 것은 어렵지 않다. 두 가지 경우로 나뉜다.

경우 *1*: $a_i = n+1$ 또는 어떤 $j < i$에 대해 $a_i + 1 = a_j$. (이는 본질적으로 조건 "RLINK(a_i) = Λ"에 해당한다.) 이 경우에는 수열에서 a_i를 제거하고 a_i보다 큰 각 원소에서 단위원을 뺀다.

경우 *2*: 어떤 $j > i$에 대해 $a_i + 1 = a_j$. a_i를 a_j로 대체하고, a_j를 그것의 원래의 자리에서 제거하고, a_i보다 큰 각 원소에서 단위원을 뺀다.

예를 들어 초기 순열이 4 6 1 3 5 2라고 하자. 삭제할 원소에 동그라미를 친다고 하면

$$\begin{array}{lll}
\textcircled{4}\ 6\ 1\ 3\ 5\ 2 = 4\ 5\ 1\ 3\ 2 & \quad & 4\ 6\ 1\ \textcircled{3}\ 5\ 2 = 3\ 5\ 1\ 4\ 2 \\
4\ \textcircled{6}\ 1\ 3\ 5\ 2 = 4\ 1\ 3\ 5\ 2 & & 4\ 6\ 1\ 3\ \textcircled{5}\ 2 = 4\ 5\ 1\ 3\ 2 \\
4\ 6\ \textcircled{1}\ 3\ 5\ 2 = 3\ 5\ 1\ 2\ 4 & & 4\ 6\ 1\ 3\ 5\ \textcircled{2} = 3\ 5\ 1\ 2\ 4
\end{array}$$

가 된다. 가능한 삭제 연산들은 총 $(n+1)!\,(n+1)$가지이므로, 만일 $\{1, 2, \dots, n\}$의 모든 순열이 정확히 $(n+1)^2$가지 삭제들의 결과임을 보인다면 정리가 입증된다.

$b_1 b_2 \dots b_n$이 $\{1, 2, \dots, n\}$의 한 순열이라고 하자. $1 \le i, j \le n+1$인 i와 j의 쌍들 각각에 대해 하나씩, 총 $(n+1)^2$개의 삭제들을 정의해야 한다.

만일 $i < j$이면 삭제는

$$b'_1 \dots b'_{i-1}\ \textcircled{b_i}\ b'_{i+1} \dots b'_{j-1}\ (b_i + 1)\ b'_j \dots b'_n \tag{7}$$

이다. 여기서, 그리고 아래에서도, b'_k는 그것이 동그라미 원소보다 작은지의 여부에 따라 b_k 또는 $b_k + 1$이다. 이 삭제는 경우 2에 해당한다.

만일 $i > j$이면 삭제는

$$b'_1\ \dots\ b'_{i-1}\ \textcircled{b_j}\ b'_i \dots b'_n \tag{8}$$

이다. 이 삭제는 경우 1의 정의와 일치한다.

마지막으로 만일 $i = j$이면 경우 1에 해당하는 또 다른 삭제가 된다. 즉,

$$b'_1 \dots b'_{i-1}\ \textcircled{n+1}\ b'_i \dots b'_n \tag{9}$$

이다.

한 예로, 다음은 $n=4$일 때의, 3 1 4 2에 대응하는 25개의 삭제들이다.

	$i=1$	$i=2$	$i=3$	$i=4$	$i=5$
$j=1$	⑤ 3 1 4 2	4 ③ 1 5 2	4 1 ③ 5 2	4 1 5 ③ 2	4 1 5 2 ③
$j=2$	③ 4 1 5 2	3 ⑤ 1 4 2	4 2 ① 5 3	4 2 5 ① 3	4 2 5 3 ①
$j=3$	③ 1 4 5 2	4 ① 2 5 3	3 1 ⑤ 4 2	3 1 5 ④ 2	3 1 5 2 ④
$j=4$	③ 1 5 4 2	4 ① 5 2 3	3 1 ④ 5 2	3 1 4 ⑤ 2	4 1 5 3 ②
$j=5$	③ 1 5 2 4	4 ① 5 3 2	3 1 ④ 2 5	4 1 5 ② 3	3 1 4 2 ⑤

동그라미 친 원소는 항상 위치 i에 있으며, 고정된 i에 대해 각 j마다 하나씩 총 $n+1$개의 서로 다른 삭제들을 만든 것이다. 따라서 $b_1 b_2 \ldots b_n$의 각 순열마다 $(n+1)^2$개의 서로 다른 삭제들을 만들 수 있다. 가능한 삭제들의 개수는 $(n+1)^2 n!$개이므로, 그 삭제들 모두를 반드시 찾을 수 있다. ▮

정리 H의 증명은 삭제들의 결과를 말해줄 뿐만 아니라, 하나의 평균적인 삭제의 실행 시간을 분석하는 데에도 도움이 된다. 연습문제 12에 따르면 무작위 표에서 무작위한 원소를 삭제할 때 단계 D2는 평균적으로 절반보다 약간 적은 경우에서 수행된다.

그럼 단계 D3의 루프가 얼마나 수행되는지를 살펴보자: 수준 l에서 한 노드를 삭제한다고 하자. 그리고 대칭 순서로 그 노드 바로 다음의 외부 노드가 수준 k에 있다고 하자. 예를 들어 그림 10에서 `CAPRICORN`을 삭제한다면, 노드 [4]가 수준 3에 있으므로 $l=0$이고 $k=3$이다. 만일 $k=l+1$이면 단계 D1에서 `RLINK(T)` $=\Lambda$가 성립한다. 그리고 만일 $k>l+1$이면 단계 D3에서 `S` $\leftarrow$ `LLINK(R)`을 정확히 $k-l-2$번 수행하게 된다. l의 평균값은 (내부 경로 길이)/N이다. k의 평균값은

$$(\text{외부 경로 길이} - \text{제일 왼쪽 외부 노드까지의 거리})/N$$

이다. 제일 왼쪽 외부 노드까지의 거리는 삽입열의 좌에서 우로 극소값들의 개수이다. 따라서 그 거리의 평균값은 1.2.10의 분석에 의해 H_N이다. 외부 경로 길이에서 내부 경로 길이를 뺀 것은 $2N$이므로, $k-l-2$의 평균은 $-H_N/N$이다. 이를 $k-l-2$가 -1인 평균 횟수에 더하면, 하나의 무작위 삭제에서 *단계 D3의 연산* `S` $\leftarrow$ `LLINK(R)`*이 평균적으로 단*

$$\frac{1}{2}+\left(\frac{1}{2}-H_N\right)/N \tag{10}$$

*번만 수행됨*을 알 수 있다. 최악의 경우가 상당히 느릴 수 있다는 점에서(연습문제 11), 이는 안심이 되는 결과이다.

정리 H가 엄밀하게 참이긴 하지만, 앞에서 서술한 형태 그대로는 일련의 삭제들 후에 삽입들이 뒤따르는 형태의 작업에 적용할 수 없다는 점을 아마 짐작했을 것이다. 트리의 형태는 삭제들 이후에 무작위하나, 주어진 트리 형태에서 값들의 상대적 분포가 변할 수 있으며, 또한 삭제 후의 첫 무작위 삽입이 그 형태들에 대한 무작위성을 실제로 파괴한다는 점도 알려져 있다. 1972년에 노트Gary Knott

가 처음 밝힌 이 놀라운 사실은 믿을 수 있는 것으로 보아야 한다(연습문제 15 참고). 더욱 놀라운 것은 에핑어J. L. Eppinger가 수집한 실험적 증거들이다 〔*CACM* 26 (1983), 663-669, 27 (1984), 235〕. 그의 발견에 의하면 몇 번의 무작위 삭제들과 삽입들을 수행한 후에는 경로 길이가 약간 감소하지만 그 후부터는 길이가 증가하다가 삭제/삽입 연산들의 횟수가 약 N^2회를 넘으면서 안정된 상태에 도달하게 된다. N이 약 150보다 클 때에는 이 안정 상태가 무작위 트리의 습성보다 더 나쁘다. 컬버슨Sulberson과 먼로Munro에 의한 추가적인 연구 〔*Comp. J.* 32 (1989), 68-75; *Algorithmica* 5 (1990), 295-311〕는 안정 상태의 평균 검색 시간이 점근적으로 $\sqrt{2N/9\pi}$ 라는 그럴듯한 추측으로까지 이어졌다. 그러나 에핑어는 알고리즘 D와 그 알고리즘을 좌우로 뒤집은 버전을 번갈아 사용하는 간단한 수정안도 고안해냈다. 그는 그러한 방법을 사용하면 무작위 트리들에 대해 경로 길이가 보통의 값의 약 88퍼센트로 줄어드는 훌륭한 안정 상태에 도달하게 됨을 발견했다. 이러한 습성에 대한 이론적인 설명은 여전히 부족하다.

앞에서도 언급했듯이, 알고리즘 D는 LLINK(T) = Λ 인 경우를 판정하지 않는다. 다행히 이는 삭제에 대한 쉬운 경우들 중 하나이다. D1과 D2에 새로운 단계, 이를테면 다음과 같은 단계를 추가하면 될 것이다.

D1$\frac{1}{2}$. 〔LLINK가 공링크인가?〕 만일 LLINK(T) = Λ 이면 Q ← RLINK(T)로 설정하고 D4로 간다.

연습문제 14는 이러한 단계가 추가된 알고리즘 D가 만들어내는 트리가 적어도 원래의 알고리즘 D가 만들어 내는 트리만큼은 좋을 뿐만 아니라(경로 길이의 관점에서) 또한 종종 더 나은 결과를 내기도 한다는 점을 보여준다. 이 착안을 에핑어의 대칭 삭제 전략과 결합하면, 반복된 무작위 삭제/삽입 연산들에서의 안정 상태 경로 길이는 삽입만 사용할 때의 해당 수치의 약 86%로 줄어든다.

접근 빈도. 지금까지는 각 키가 검색 인수가 될 확률이 모두 동일하다고 가정했다. 좀 더 일반적인 상황이라면 k번째로 삽입된 원소가 검색 인수가 될 확률이 p_k이며 $p_1 + \cdots + p_N = 1$이라고 둘 수 있다. 그러면, 트리의 형태가 무작위성을 유지하며 식 (5)가 성립한다는 무작위 순서에 대한 가정을 유지할 때, 식 (2)를 조금 수정함으로써 성공하는 검색의 평균 비교 횟수가

$$1 + \sum_{k=1}^{N} p_k(2H_k - 2) = 2\sum_{k=1}^{N} p_k H_k - 1 \tag{11}$$

이 됨을 알 수 있다.

예를 들어 확률들이 지프의 법칙, 즉 식 6.1-(8)을 만족한다고 하자. 그러면, 만일 키들을 중요도가 감소하는 순서로 삽입한다고 할 때 평균 비교 횟수는

$$H_N - 1 + H_N^{(2)}/H_N \tag{12}$$

로 줄어든다. (연습문제 18 참고.) 이는 동일 빈도 분석이 예측한 비교 횟수의 약 절반에 해당하며, 이진 검색의 경우보다 적다.

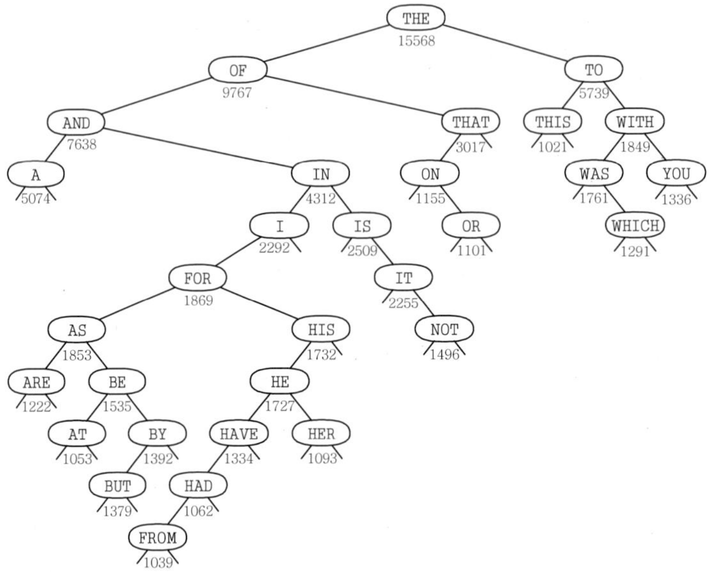

그림 12. 가장 자주 쓰이는 영어 단어 31개를 빈도 감소 순서로 삽입한 트리.

그림 12는 가장 자주 쓰이는 영어 단어 31개를 빈도가 감소하는 순서로 삽입한 결과에 해당하는 트리이다. 각 단어 아래의 수치는 그 단어의 빈도로, 이 수치들은 게인스H. F. Gaines의 *Cryptanalysis* (New York: Dover, 1956), 226에 나온 통계에서 가져온 것이다. 이 트리에서 성공적인 검색의 평균 비교 횟수는 4.042이다. 이에 해당하는 이진 검색(알고리즘 6.2.1B 또는 6.2.1C를 사용)에는 4.393회의 비교가 필요했을 것이다.

최적 이진 검색 트리. 이러한 고찰들로부터, 주어진 빈도들을 가진 키들의 표를 검색하는 가능한 최고의 트리는 무엇일까 하는 질문이 자연스럽게 떠오른다. 예를 들어 31개의 가장 자주 쓰이는 영어 단어들에 대한 최적의 트리는 그림 13의 트리이다. 성공하는 검색의 평균 비교 횟수는 약 3.437회밖에 되지 않는다.

그럼 최적 트리를 찾는 문제를 살펴보자. 예를 들어 $N=3$이고 키 $K_1 < K_2 < K_3$의 확률이 각각 p, q, r이라고 하자. 이러한 조건에서 가능한 트리들은 다음 다섯 가지이다.

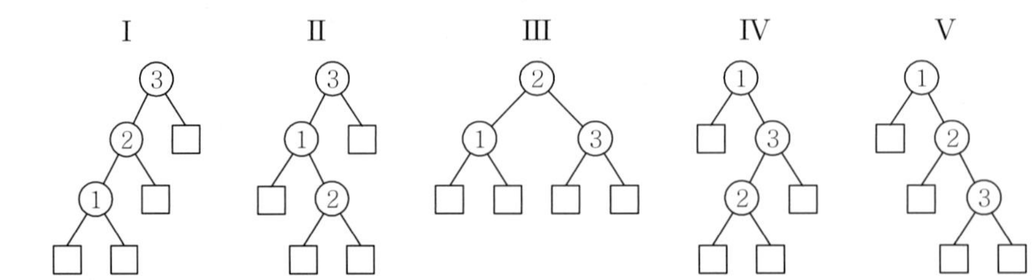

(13)

비용: $3p+2q+r$ $2p+3q+r$ $2p+q+2r$ $p+3q+2r$ $p+2q+3r$

그림 14에 각 트리가 최적이 되는 p, q, r의 범위들이 나와 있다. p, q, r을 무작위로 택할 때, 약 45퍼센트의 경우에서 균형 트리가 최적이다(연습문제 21).

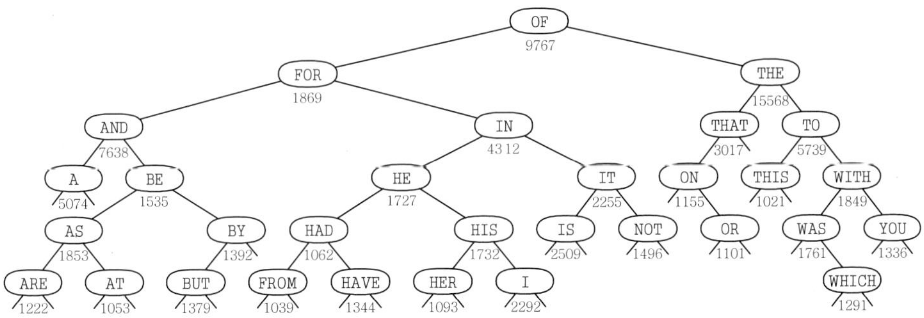

그림 13. 가장 자주 쓰이는 영어 단어 31개에 대한 최적의 검색 트리.

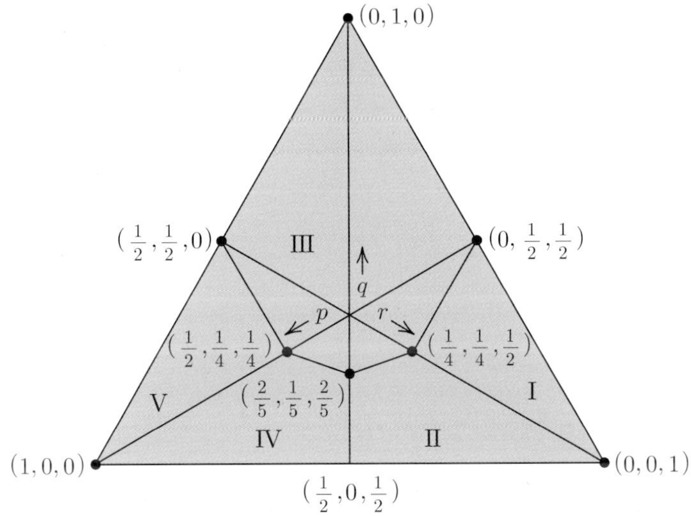

그림 14. (K_1, K_2, K_3)의 상대 빈도들이 (p, q, r)이라 할 때, 이 그래프는 (13)에 있는 다섯 트리들 중 어떤 것이 최고인지를 보여준다. 실제로는 좌표 성분이 세 개지만, $p+q+r=1$이라는 사실 덕분에 2차원 그래프로 나타낼 수 있었다.

안타깝게도, N이 클 때에는 이진트리 개수가

$$\binom{2N}{N}\Big/(N+1) \approx 4^N\Big/(\sqrt{\pi}\, N^{3/2})$$

이나 되므로, 그것들 모두를 시험해서 최고를 찾는 것은 불가능하다. 좀 더 나은 방법을 발견하기 위해서는 최적 이진 검색 트리들의 확률들을 좀 더 자세히 연구해 볼 필요가 있다.

지금까지는 성공하는 검색에 대한 확률들만 살펴보았는데, 실제 응용을 위해서는 성공적이지 못한 경우도 고려해야 하는 것이 일반적이다. 예를 들어 그림 13의 단어 31개는 전형적인 영어 텍스트에 쓰이는 단어들의 약 36퍼센트에 해당할 뿐이다. 나머지 64퍼센트가 최적 검색 트리의 구조에 영향을 미칠 것은 확실한 일이다.

그런 이유로, 문제를 다음과 같이 설정하기로 하자: $2n+1$개의 확률 $p_1, p_2, \ldots, p_n$과 $q_0, q_1, \ldots, q_n$이 주어졌다고 하자. 여기서

$$p_i = K_i \text{ 가 검색 인수일 확률;}$$
$$q_i = \text{ 검색 인수가 } K_i \text{와 } K_{i+1} \text{ 사이에 있을 확률}$$

이다. (관례에 의해, q_0은 검색 인수가 K_1보다 작을 확률, q_n은 검색 인수가 K_n보다 클 확률이다.) 따라서 $p_1+p_2+\cdots+p_n+q_0+q_1+\cdots+q_n=1$이다. 해결해야 할 문제는 검색의 기대 비교 횟수를 최소화하는 이진트리를 찾는 것이다. 기대 비교 횟수를 구체적으로 정의하자면

$$\sum_{j=1}^{n} p_j(\text{수준}(\textcircled{j})+1) + \sum_{k=0}^{n} q_k \text{수준}(\boxed{k}) \tag{14}$$

인데, 여기서 $\textcircled{j}$는 대칭 순서로 j번째 내부 노드이고 $\boxed{k}$는 $(k+1)$번째 외부 노드이며 루트의 수준은 0이다. 예를 들어 이진트리

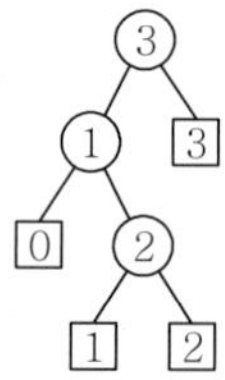

(15)

의 기대 비교 횟수는 $2q_0+2p_1+3q_1+3p_2+3q_2+p_3+q_3$이다. 이 횟수를 트리의 비용이라고 하자. 그리고 비용이 최소인 트리를 가리켜 최적이라고 부르기로 하자. 이러한 정의에서는 p들과 q들의 합이 단위원일 필요가 없다. 그냥 임의의 주어진 "가중치들"의 수열 $(p_1, \ldots, p_n;\ q_0, \ldots, q_n)$을 가진 최소 비용 트리를 찾으면 되는 것이다.

2.3.4.5절에서 최소 가중 경로 길이를 가진 트리를 구축하기 위한 허프먼Huffman의 절차를 배운 바 있다. 그런데 그 방법을 적용하려면 p들이 모두 0이어야 한다. 또한 그 방법이 만들어내는 트리는 보통 외부 노드 가중치 $(q_0, \ldots, q_n)$이 왼쪽에서 오른쪽으로의 적절한 대칭 순서로 되어 있지 않다.

다행히, 이 문제는 *한 최적 트리의 모든 하위트리는 최적*이라는 사실에 의해 해결된다. 예를 들어 (15)가 가중치 $(p_1, p_2, p_3;\ q_0, q_1, q_2, q_3)$에 대해 최적이면 루트의 왼쪽 하위트리는 $(p_1, p_2;\ q_0, q_1, q_2)$에 대해 반드시 최적이다. 임의의 한 하위트리의 개선이 전체 트리의 개선으로 이어지는 것이다.

이러한 국소성 원리로부터, 점점 더 큰 최적 하위트리들을 체계적으로 찾아나가는 계산 절차를 만들어낼 수 있다. 5.4.9절에서 최적 병합 패턴들을 구축할 때에도 이런 착안을 많이 사용한 바 있다. 이를 포함하는 일반적인 접근방식을 "동적 계획법(dynamic programming)"이라고 부르는데, 이에 대해서는 7.7절에서 좀 더 논의하겠다.

가중치가 $(p_{i+1}, \ldots, p_j;\ q_i, \ldots, q_j)$인 최적 하위트리의 비용을 $c(i, j)$라고 하자. 그리고 $w(i, j)$

$= p_{i+1} + \cdots + p_j + q_i + \cdots + q_j$가 그런 모든 가중치의 합이라고 하자. $c(i,j)$와 $w(i,j)$는 $0 \le i \le j \le n$에 대해 정의된다. 이로부터 다음과 같은 정의가 나온다.

$$c(i,i) = 0,$$
$$c(i,j) = w(i,j) + \min_{i<k\le j} (c(i,k-1) + c(k,j)), \qquad i<j\text{에 대해.} \tag{16}$$

루트가 Ⓚ인 트리의 가능한 최소 비용이 $w(i,j) + c(i,k-1) + c(k,j)$임을 생각한다면 쉽게 이해할 수 있을 것이다. $i<j$일 때, (16)이 최소가 되는 모든 k의 집합을 $R(i,j)$라고 하자. 이 집합은 최적 트리의 가능한 루트들을 결정한다.

식 (16)을 이용하면 $j-i = 1, 2, \ldots, n$에 대해 $c(i,j)$를 평가하는 것이 가능하다. 그런 값들은 약 $\frac{1}{2}n^2$개 존재하며, 최소화 연산은 약 $\frac{1}{6}n^3$개의 k 값들에 대해 수행된다. 이는 최적 트리를 $O(n^2)$개의 메모리 칸들을 이용해서 $O(n^3)$단위 시간 안에 결정할 수 있다는 뜻이다.

단조성(monotonicity)을 활용한다면 실제로 실행 시간을 n의 배수만큼 줄일 수 있다. $r(i,j)$가 $R(i,j)$의 한 원소라고 하자. 집합 $R(i,j)$ 전체를 계산할 필요는 없다. 하나의 대푯값만으로 충분하다. 일단 $r(i,j-1)$과 $r(i+1,j)$를 찾았다면, 가중치들이 음이 아닐 때 연습문제 27의 결과에 의해

$$r(i,j-1) \le r(i,j) \le r(i+1,j) \tag{17}$$

라고 가정할 수 있다. 이는 최소값의 검색을 제한한다. (16)에서 k의 값들을 $j-i$개가 아니라 $r(i+1,j) - r(i,j-1) + 1$개만 조사하면 되기 때문이다. $j-i=d$일 때의 총 작업량은 이제 다음과 같은 망원급수(望遠-, telescoping series)를 한계로 가진다.

$$\sum_{\substack{d\le j\le n\\ i=j-d}} (r(i+1,j) - r(i,j-1) + 1) = r(n-d+1,n) - r(0,d-1) + n - d + 1 < 2n.$$

따라서 총 실행 시간은 $O(n^2)$으로 줄어든다.

이상의 절차를 알고리즘으로 자세히 서술한다면 다음과 같다.

알고리즘 K (최적 이진 검색 트리 찾기). $2n+1$개의 음이 아닌 가중치 $(p_1, \ldots, p_n;\ q_0, \ldots, q_n)$이 주어졌을 때, 이 알고리즘은 가중치 $(p_{i+1}, \ldots, p_j;\ q_i, \ldots, q_j)$에 대해 최소 비용(앞에서 정의한 의미에서의)을 가진 이진트리 $t(i,j)$들을 구축한다. 알고리즘은 다음 세 배열을 계산한다.

$c[i,j]$,	$0 \le i \le j \le n$,	$t(i,j)$의 비용;
$r[i,j]$,	$0 \le i < j \le n$,	$t(i,j)$의 루트;
$w[i,j]$,	$0 \le i \le j \le n$,	$t(i,j)$의 총 가중치.

알고리즘의 결과는 r 배열로 지정된다: 만일 $i=j$이면 $t(i,j)$는 빈 트리(null)이다. 그렇지 않으면 왼쪽 하위트리가 $t(i, r[i,j]-1)$이고 오른쪽 하위 트리는 $t(r[i,j], j)$인 이진트리이다.

K1. 〔초기화.〕 $0 \le i \le n$에 대해 $c[i,i] \leftarrow 0$, $w[i,i] \leftarrow q_i$로 설정하고 $j = i+1, \ldots, n$에 대해 $w[i,j] \leftarrow w[i,j-1] + p_j + q_j$로 설정한다. 그런 다음 $1 \le j \le n$에 대해 $c[j-1,j] \leftarrow w[j-1,j]$, $r[j-1,j] \leftarrow j$로 설정한다. (이에 의해 모든 1노드 최적 트리가 결정된다.)

K2. 〔d에 대한 루프.〕 단계 K3을 $d = 2, 3, \ldots, n$에 대해 수행한 후 알고리즘을 종료한다.

K3. 〔j에 대한 루프.〕 (노드가 d개 미만인 최적 트리들은 이미 구했다. 이 단계는 모든 d노드 최적 트리를 결정한다.) 단계 K4를 $j = d, d+1, \ldots, n$에 대해 수행한다.

K4. 〔$c[i,j]$와 $r[i,j]$를 구한다.〕 $i \leftarrow j - d$로 설정한다. 그런 다음

$$c[i,j] \leftarrow w[i,j] + \min_{r[i,j-1] \le k \le r[i+1,j]}(c[i,k-1] + c[k,j])$$

로 설정하고, $r[i,j]$를 최소값이 발생하는 k의 값으로 설정한다. (연습문제 22는 $r[i,j-1] \le r[i+1,j]$를 증명한다.) ▮

알고리즘 K의 한 예로, 그림 15를 보자. 이 그림은 어떤 "문맥 안의 키워드(key-word-in-context, KWIC)" 색인화 응용에 기초를 둔 것이다. 그 응용에서는 *Journal of the ACM*의 처음 열권의 모든 기사 제목들을 정렬해서 모든 제목의 모든 단어마다 한 줄씩의 항목으로 구성된 용어 색인을 만들었다. 그런데 "THE"나 "EQUATION" 같은 단어들은 정보로서의 가치가 별로 없다고 판단해서 색인에서 제거했다. 그림 15의 내부 노드들은 그런 특별한 단어들과 그들의 출현 빈도들을 나타낸 것이다. "On the solution of an equation for a certain new problem(어떤 새로운 문제에 대한 어떤 방정식의 해들에 대해)" 같은 제목도 정보로서의 가치가 없으므로 색인에 아예 포함되지 말아야 함을 주목할 것! KWIC 색인화의 착안은 H. P. Luhn, *Amer. Documentation* 11 (1960), 288-295에서 기인한다. (KWIC 색인 전체는 W. W. Youden, *JACM* 10 (1963), 583-646에서 볼 수 있다.)

정렬을 위해 KWIC 색인 파일을 준비할 때, 특정 단어가 색인화되어야 하는지를 판단하기 위

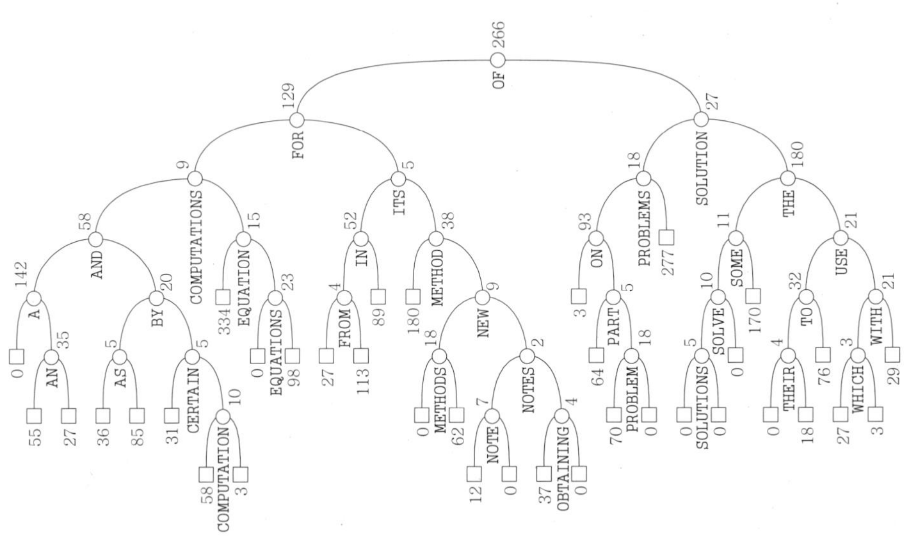

그림 15. 한 KWIC 색인화 응용을 위한 최적 이진 검색 트리.

해 이진 검색 트리를 사용할 수 있다. 색인화되는 단어들은 색인화되지 않는 두 단어 사이에 존재하는데, 그림 15에는 그런 단어들의 빈도가 외부 노드들에 나타나 있다. 예를 들어 1954-1963년 기간 동안 *JACM* 제목들에 나타난, 알파벳 순으로 PROBLEMS와 SOLUTION 사이에 있는 단어들은 정확히 277개이다.

그림 15는 $n = 35$로 두고 알고리즘 K로 얻은 최적 트리이다. $j = 1, 2, \ldots, 35$에 대해 계산된 $r[0, j]$의 값들은 $(1, 1, 2, 3, 3, 3, 3, 8, 8, 8, 8, 8, 8, 11, 11, \ldots, 11, 21, 21, 21, 21, 21, 21)$이다. $i = 0, 1, \ldots, 34$에 대한 $r[i, 35]$의 값들은 $(21, 21, \ldots, 21, 25, 25, 25, 25, 25, 25, 26, 26, 26, 30, 30, 30, 30, 30, 30, 30, 33, 33, 33, 35, 35)$이다.

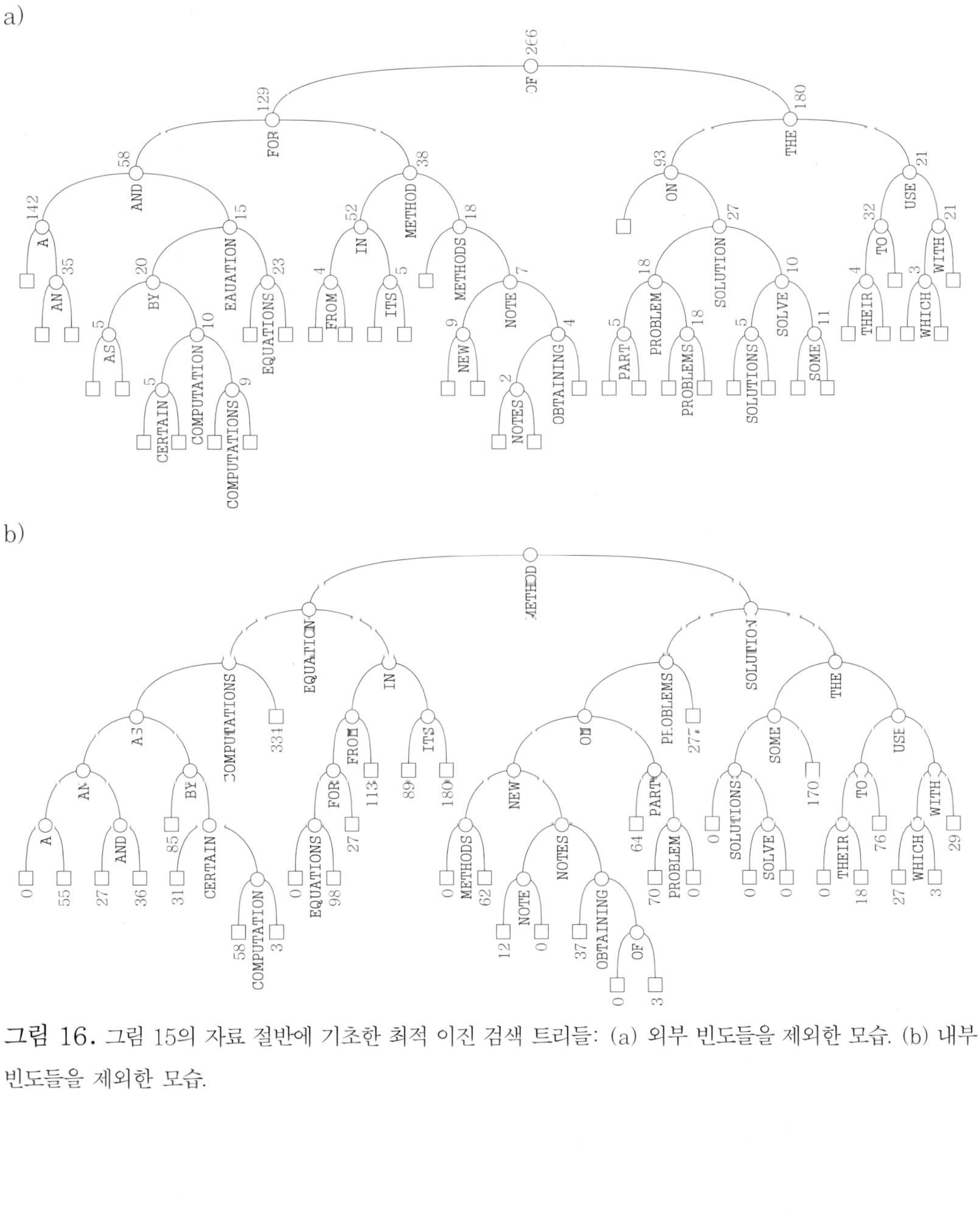

그림 16. 그림 15의 자료 절반에 기초한 최적 이진 검색 트리들: (a) 외부 빈도들을 제외한 모습. (b) 내부 빈도들을 제외한 모습.

외부 노드에 부여된 이 "사이 빈도(betweenness frequency)" q_j들은 최적 트리 구조에 눈에 띄는 영향을 미친다. 그림 16(a)는 q_j들을 모두 0으로 설정해서 얻은 최적 트리이다. 비슷하게, 내부 빈도 p_i들도 중요하다. 그림 16(b)는 p_i들을 모두 0으로 설정했을 때의 최적 트리이다. 빈도들의 완전한 집합을 고려할 때, 그림 15의 트리는 평균적으로 단 4.15회의 비교만을 요구하는 반면, 그림 16의 두 트리는 각각 4.69, 4.72회를 요구한다.

알고리즘 K의 시간과 공간 요구량은 n^2에 비례하므로, n이 아주 크다면 알고리즘 K는 실용적이지 않다. 물론 큰 n에 대해 실제로 이진 검색 트리를 사용할 일은 별로 없을 것이다. 이번 장에서 나중에 살펴볼 다른 검색 기법들도 있기 때문이다. 그러나, n이 클 때 최적의 또는 최적에 가까운 트리를 구하는 방법도 살펴보기로 하자.

키들을 빈도 감소 순으로 삽입하면 평균적으로 상당히 좋은 트리가 만들어지는 경향이 있음을 앞에서 살펴보았다. 그러나 아주 나쁜 트리가 만들어지기도 하는데(연습문제 20), 대체로 그렇게 해서 만들어지는 트리들은 최적에 아주 가까운 것이 못된다. 왜냐하면 q_j 가중치들을 전혀 사용하지 않기 때문이다. 또 다른 접근 방식은 최대 하위트리 가중치 $\max(w(0,k-1), w(k,n))$이 최소가 되게 하는 루트 k를 선택하는 것이다. 이 접근 방식 역시 아주 나쁜 결과를 낼 수 있다. 아주 작은 p_k를 가진 노드가 루트로 선택될 수 있기 때문이다. 그렇긴 하지만, 이후에 나오는 정리 M에 의하면 이런 접근방식으로 얻은 트리가 최적과 아주 동떨어진 것은 아니다.

워커W. A. Walker와 고트리브C. C. Gotlieb가 제안했듯이 [*Graph Theory and Computing* (Academic Press, 1972), 303-323], 이 두 방법들을 결합한다면 좀 더 만족스러운 절차를 얻을 수 있다: 왼쪽 가중치들과 오른쪽 가중치들이 같아지게 만들되, 루트를 왼쪽 또는 오른쪽으로 몇 단계 움직이면 비교적 큰 p_k을 가진 노드가 나올 수 있도록 한다. 그림 17은 이 방법이 왜 합당한지를 보여준다. 그림 15의 KWIC 자료에 대해 $c(0,k-1)+c(k,n)$을 k의 함수로 취급해서 그래프를 그려 보면, 그 결과가 p_k의 크기에 상당히 민감함을 알 수 있다.

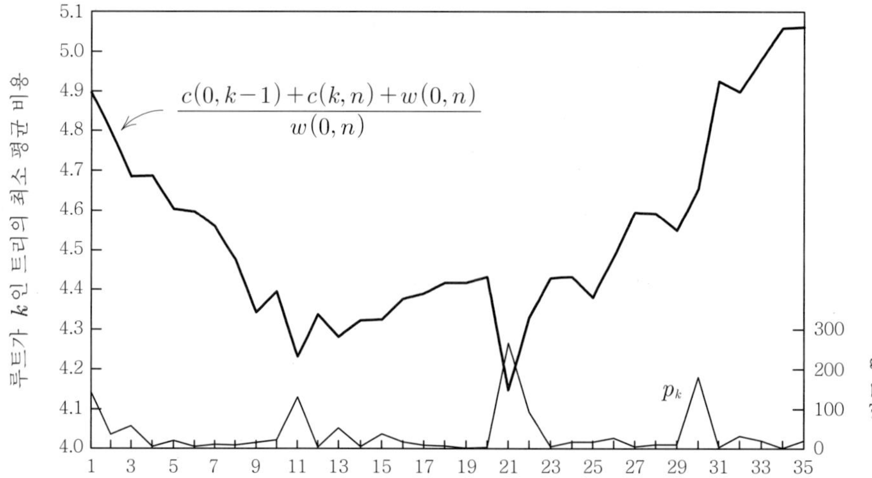

그림 17. 루트 k의 함수로서의 비용의 습성.

이런 종류의 하향식 방법을 큰 n에 대해 적용할 수 있다. 루트를 선택하고 왼쪽, 오른쪽 하위트리들로 나아가다가, 충분히 작은 하위트리를 만나면 알고리즘 K를 적용하면 된다. 그러면 상당히 좋은 트리들(최적의 2, 3퍼센트 이내라고 보고된 바 있다)이 나오는데, 필요한 공간은 단 $O(n)$단위, 시간은 $O(n \log n)$단위밖에 되지 않는다. 실제로 프레드먼M. Fredman은 적절한 자료구조를 사용한다고 할 때 $O(n)$단위의 시간으로 충분함을 보였다 [*STOC* 7 (1975), 240-244]. K. Mehlhorn, *Data Structures and Algorithms* 1 (Springer, 1984), 4.2절을 볼 것.

최적 트리와 엔트로피. 최소 비용은 엔트로피(entropy)라고 하는 수학적 개념과 밀접한 관련이 있다. 엔트로피는 섀넌Claude Shannon이 정보이론 분야를 창시한 그의 저작에서 도입한 것이다 [*Bell System Tech. J.* 27 (1948), 379-423, 623-656]. $p_1, p_2, \ldots, p_n$이 확률들이고 $p_1 + p_2 + \cdots + p_n = 1$이라고 할 때, 엔트로피 $H(p_1, p_2, \ldots, p_n)$은 다음과 같은 공식으로 정의된다.

$$H(p_1, p_2, \ldots, p_n) = \sum_{k=1}^{n} p_k \lg \frac{1}{p_k}. \tag{18}$$

직관적으로 설명하자면, n개의 사건들이 가능하며 k번째 사건이 일어날 확률이 p_k라고 할 때, k번째 사건이 발생할 때 얻을 수 있는 정보의 양은 $\lg(1/p_k)$비트이다. (예를 들어 확률이 $\frac{1}{32}$인 사건은 5비트의 정보를 제공한다.) 결국 엔트로피 $H(p_1, p_2, \ldots, p_n)$은 한 무작위 사건에서의 정보 비트수의 기대값이다. $p_k = 0$일 때에는 $p_k \lg(1/p_k) = 0$으로 정의한다. 왜냐하면

$$\lim_{\epsilon \to 0+} \epsilon \lg \frac{1}{\epsilon} = \lim_{m \to \infty} \frac{1}{m} \lg m = 0$$

이기 때문이다. 이러한 관계 덕분에 확률들 일부가 0일 때에도 (18)을 사용할 수 있다.

함수 $x \lg(1/x)$은 오목 함수이다. 즉, 그 2차 도함수 $-1/(x \ln 2)$가 음이다. 따라서 $H(p_1, p_2, \ldots, p_n)$의 최대값은 $p_1 = p_2 = \cdots = p_n = 1/n$일 때 발생한다. 구체적으로 최대값는

$$H\left(\frac{1}{n}, \frac{1}{n}, \ldots, \frac{1}{n}\right) = \lg n \tag{19}$$

이다. 일반화하자면, 만일 $p_1, \ldots, p_{n-k}$는 지정되었으나 나머지 확률 $p_{n-k+1}, \ldots, p_n$은 변할 수 있다면 다음이 성립한다.

$$\begin{aligned} H(p_1, \ldots, p_{n-k}, p_{n-k+1}, \ldots, p_n) &\le H\left(p_1, \ldots, p_{n-k}, \frac{q}{k}, \ldots, \frac{q}{k}\right) \\ &= H(p_1, \ldots, p_{n-k}, q) + q \lg k, \end{aligned} \tag{20}$$

$$\begin{aligned} H(p_1, \ldots, p_{n-k}, p_{n-k+1}, \ldots, p_n) &\ge H(p_1, \ldots, p_{n-k}, q, 0, \ldots, 0) \\ &= H(p_1, \ldots, p_{n-k}, q). \end{aligned} \tag{21}$$

여기서 $q = 1 - (p_1 + \cdots + p_{n-k})$이다.

확률들이 말단 노드들에 배정된, 반드시 이진트리인 것은 아닌 임의의 트리를 생각해 보자. 이를테면

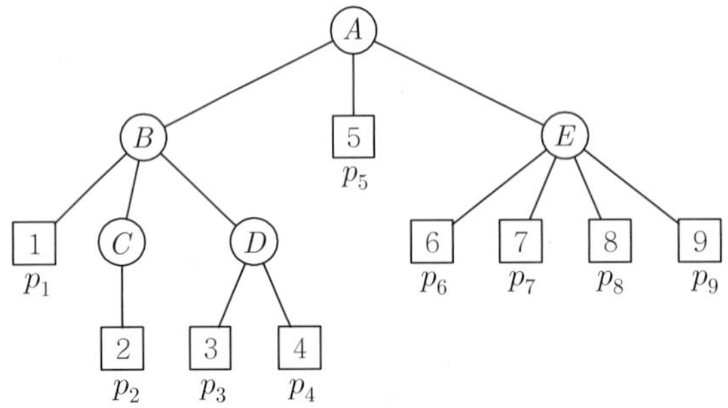

(22)

가 있다고 하자. 여기서 p_k는 하나의 검색 절차가 말단 $\boxed{k}$에서 끝날 확률이다. 그러면 각 내부 노드(비말단 노드)에서의 분기는 각 가지 아래의 말단 확률들의 합에 기초한 국소 확률분포에 대응한다. 예를 들어 노드 Ⓐ에서 첫째, 둘째, 셋째 가지는 각각 다음과 같은 확률을 취한다.

$$(p_1+p_2+p_3+p_4,\ p_5,\ p_6+p_7+p_8+p_9).$$

그리고 노드 Ⓑ에서의 확률들은

$$(p_1, p_2, p_3+p_4)\,/\,(p_1+p_2+p_3+p_4)$$

이다. 각 내부 노드의 엔트로피가 해당 국소 확률분포라고 하자. 그러면 (22)의 경우 엔트로피들은 다음과 같다.

$$H(A)=(p_1+p_2+p_3+p_4)\lg\frac{1}{p_1+p_2+p_3+p_4}$$
$$+\ p_5\lg\frac{1}{p_5}+\ (p_6+p_7+p_8+p_9)\lg\frac{1}{p_6+p_7+p_8+p_9},$$

$$H(B)=\frac{p_1}{p_1+p_2+p_3+p_4}\lg\frac{p_1+p_2+p_3+p_4}{p_1}+\frac{p_2}{p_1+p_2+p_3+p_4}\lg\frac{p_1+p_2+p_3+p_4}{p_2}$$
$$+\frac{p_3+p_4}{p_1+p_2+p_3+p_4}\lg\frac{p_1+p_2+p_3+p_4}{p_3+p_4},$$

$$H(C)=\frac{p_2}{p_2}\lg\frac{p_2}{p_2},$$

$$H(D)=\frac{p_3}{p_3+p_4}\lg\frac{p_3+p_4}{p_3}+\frac{p_4}{p_3+p_4}\lg\frac{p_3+p_4}{p_4},$$

$$H(E)=\frac{p_6}{p_6+p_7+p_8+p_9}\lg\frac{p_6+p_7+p_8+p_9}{p_6}+\frac{p_7}{p_6+p_7+p_8+p_9}\lg\frac{p_6+p_7+p_8+p_9}{p_7}$$
$$+\frac{p_8}{p_6+p_7+p_8+p_9}\lg\frac{p_6+p_7+p_8+p_9}{p_8}+\frac{p_9}{p_6+p_7+p_8+p_9}\lg\frac{p_6+p_7+p_8+p_9}{p_9}.$$

보조정리 E. *$p(\alpha)$가 노드 α에 도달할 확률이고 $H(\alpha)$가 α의 엔트로피라 할 때, 한 트리의 내부 노드 α들 모두에 대한 $p(\alpha)H(\alpha)$들의 합은 말단들의 확률분포의 엔트로피와 같다.*

증명. 아래에서 위로의 귀납법을 이용하면 이 항등식을 쉽게 입증할 수 있다. 예를 들어 앞에 나온 공식들에 의하면

$$H(A) + (p_1 + p_2 + p_3 + p_4)H(B) + p_2H(C) + (p_3 + p_4)H(D) + (p_6 + p_7 + p_8 + p_9)H(E)$$
$$= p_1 \lg \frac{1}{p_1} + p_2 \lg \frac{1}{p_2} + \cdots + p_9 \lg \frac{1}{p_9}$$

이 성립한다. $\lg(p_1 + p_2 + p_3 + p_4)$와 $\lg(p_3 + p_4)$, $\lg(p_6 + p_7 + p_8 + p_9)$가 관여하는 모든 항은 소거된다. ▮

보조정리 E의 한 결과로, 엔트로피를 이용해서 임의의 이진트리의 비용에 대한 편리한 하계를 확립할 수 있다.

정리 B. *알고리즘 K에서처럼 $(p_1, \ldots, p_n; q_0, \ldots, q_n)$이 음이 아닌 가중치들이되, $p_1 + \cdots + p_n + q_0 + \cdots + q_n = 1$을 만족하도록 정규화된 것이라고 하자. 그리고 검색이 성공할 확률이 $P = p_1 + \cdots + p_n$이라고 하자. 해당 확률분포의 엔트로피가*

$$H = H(p_1, \ldots, p_n, q_0, \ldots, q_n)$$

이고 최소 비용 (14)가 C라고 할 때, 만일 $H \geq 2P/e$이면

$$C \geq H - P \lg \frac{eH}{2P} \tag{23}$$

가 성립한다.

증명. 비용이 C인 한 이진트리의 말단들에 확률 q_k들을 배정한다. 또한 각 내부 노드마다, 확률이 p_k인 새 말단으로 이어지는 중간 가지 하나를 추가한다. 그러면 그렇게 해서 나온 3진트리의 내부 노드 α들을 합의 구간으로 해서 $C = \sum p(\alpha)$이며, 정리 E에 의해 $H = \sum p(\alpha)H(\alpha)$이다.

엔트로피 $H(\alpha)$는 α가 내부 노드 ⓙ일 때 확률들 중 하나가 $p_j/p(\alpha)$인 3중 분포에 대응한다. 연습문제 35는 $p + q + r = 1$이면 항상 모든 $x > 0$에 대해

$$H(p, q, r) \leq p \lg x + 1 + \lg\left(1 + \frac{1}{2x}\right) \tag{24}$$

를 증명한다. 따라서 모든 양의 x에 대해 항등식

$$H = \sum_{\alpha} p(\alpha)H(\alpha) \leq \sum_{j=1}^{n} p_j \lg x + \left(1 + \lg\left(1 + \frac{1}{2x}\right)\right)C$$

가 성립한다. 이제 $2x = H/P$로 두면 원하는 결과가 나온다. 이는 모든 $y > 0$에 대해 $\lg(1 + y) \leq y \lg e$라는 사실로부터

$$C \ge \frac{1}{1+\lg(1+P/H)}\left(H - P\lg\frac{H}{2P}\right)$$
$$= \frac{1}{1+\lg(1+P/H)}(H + P\lg e) - \frac{P}{1+\lg(1+P/H)}\lg\frac{eH}{2P}$$
$$\ge H - P\lg\frac{eH}{2P}$$

가 성립하기 때문이다. ▮

엔트로피가 극도로 낮을 때에는 식 (23)이 성립하지 않을 수도 있다. 이 문제는 $H \ge 2P/e$ 라는 제약을 두어서 해결할 수 있는데, 이런 제약이 비현실적인 것은 아니다. 왜냐하면 H의 값은 대체로 $\lg n$ 부근이기 때문이다. 연습문제 37을 볼 것. 위의 증명이 노드들을 실제로 왼쪽에서 오른쪽 순서로 사용하지는 않음을 주목할 것. (23)의 하계는 내부 노드들에 확률 p_j들이, 외부 노드들에 확률 q_k들이 임의의 순서로 부여된 임의의 이진 검색 트리에 대해 성립한다.

엔트로피 계산으로 상계를 얻는 것도 가능한데, 그 상계는 좌에서 우로의 순서를 고집한다고 하더라도 (23)에서 그리 멀지 않다.

정리 M. *정리 B와 같은 가정들 하에서*

$$C < H + 2 - P \tag{25}$$

도 성립한다.

증명. $s_0 = \frac{1}{2}q_0$, $s_1 = q_0 + p_1 + \frac{1}{2}q_1$, $s_2 = q_0 + p_1 + q_1 + p_2 + \frac{1}{2}q_2$, ..., $s_n = q_0 + p_1 + \cdots + q_{n-1} + p_n + \frac{1}{2}q_n$이라는 $n+1$개의 합들을 만든다. 이 때 $s_0 < s_1 < \cdots < s_n$이라고 가정할 수 있다(연습문제 38). 각 s_k를 이진 분수 형태로 표현하되, $s_n = 1$인 경우에는 $s_n = (.111\ldots)_2$로 표현한다. $j \ne k$에 대해 s_k와 s_j를 구분하기에 충분한 개수의 s_k의 선행 비트들을 기호열 σ_k라고 하자. 이를테면 $n = 3$일 때 다음과 같은 예가 가능하다.

$$\begin{aligned}
s_0 &= (.0000001)_2 & \sigma_0 &= 00000\\
s_1 &= (.0000101)_2 & \sigma_1 &= 00001\\
s_2 &= (.0001011)_2 & \sigma_2 &= 0001\\
s_3 &= (.1100000)_2 & \sigma_3 &= 1
\end{aligned}$$

$n+1$개의 말단들을 가진 이진트리를 구축하되, $0 \le k \le n$에 대해 σ_k의 '0'은 왼쪽 가지, '1'은 오른쪽 가지를 나타낸다는 규칙 하에서 σ_k가 루트에서 $\boxed{k}$로의 경로에 해당하는 형태가 되도록 한다. 또한, 어떤 $\alpha_k, \beta_k, \gamma_k$에 대해 σ_{k-1}이 $\alpha_k 0 \beta_k$의 형태이고 σ_k가 $\alpha_k 1 \gamma_k$의 형태라고 할 때, 내부 노드 (k)가 경로 α_k에 대응되도록 한다. 앞의 예의 경우에는 다음과 같은 이진트리가 된다.

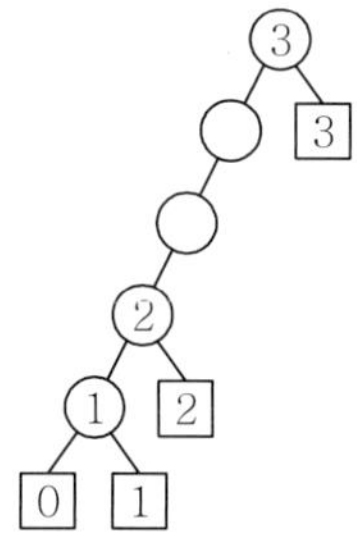

여전히 번호가 붙지 않은 내부 노드들이 존재할 수 있다. 그런 것들은 각각 자신의 유일한 자식 노드로 대체한다. 그렇게 해서 얻은 트리의 비용은 $\sum_{k=1}^{n} p_k(|\alpha_k|+1)+\sum_{k=0}^{n} q_k|\sigma_k|$를 넘지 않는다.

$s_k \le (.\alpha_k)_2 + 2^{-|\alpha_k|}$이고 $s_{k-1} \ge (.\alpha_k)_2$이므로

$$p_k \le \frac{1}{2}q_{k-1}+p_k+\frac{1}{2}q_k = s_k - s_{k-1} \le 2^{-|\alpha_k|} \tag{26}$$

가 성립한다. 더 나아가서, 만일 $q_k \ge 2^{-t}$이면 $s_k \ge s_{k-1}+2^{-t-1}$이고 $s_{k+1} \ge s_k + 2^{-t-1}$이다. 따라서 $|\sigma_k| \le t+1$이다. 이로부터 $q_k < 2^{-|\sigma_k|+2}$라는 결과가 나오고, 이렇게 해서 우리는 비용이

$$\begin{aligned} &\le \sum_{k=1}^{n} p_k(1+|\alpha_k|) + \sum_{k=0}^{n} q_k|\sigma_k| \le \sum_{k=1}^{n} p_k\left(1+\lg\frac{1}{p_k}\right)+\sum_{k=0}^{n} q_k\left(2+\lg\frac{1}{q_k}\right) \\ &= P+2(1-P)+H = H+2-P \end{aligned}$$

인 이진트리를 구축하게 된다. ▮

그림 15의 KWIC 색인화 응용의 경우 $P=1304/3288 \approx 0.39659$이고 $H(p_1, \ldots, p_{35}, q_0, \ldots, q_{35}) \approx 5.00635$.이다. 따라서 정리 B에 의해 $C \ge 3.3800$이고 정리 M에 의해 $C < 6.6098$이다.

***가르시아-웍스**Garsia-Wachs **알고리즘.** $p_1 = \cdots = p_n = 0$인 특별한 경우에서는 알고리즘을 놀랄 만큼 크게 개선할 수 있다. 오직 말단 확률들 $(q_0, q_1, \ldots, q_n)$만 관련되는 이런 경우는 여러 중요한 응용들에서 나타난다는 점에서 특히 중요하다. 이번 절의 나머지에서는 확률 p_j들이 0이라고 가정하겠다. 그러면 정리 B와 M은 다음과 같은 부등식으로 줄어든다.

$$H(q_0, q_1, \ldots, q_n) \le C(q_0, q_1, \ldots, q_n) < H(q_0, q_1, \ldots, q_n)+2. \tag{27}$$

그리고 비용 함수 (14)는

$$C=\sum_{k=0}^{n} q_k l_k, \qquad l_k = \boxed{k}\text{의 수준} \tag{28}$$

으로 간단해진다.

다음과 같은 보조정리에 의해 더 간단한 알고리즘을 가능하게 하는 핵심 성질을 발견할 수 있다.

보조정리 W. *만일* $q_{k-1} > q_{k+1}$ *이면 모든 최적 트리에서* $l_k \le l_{k+1}$ *이다. 만일* $q_{k-1} = q_{k+1}$ *이면 어떤 최적 트리에서* $l_k \le l_{k+1}$ *이다.*

증명. $q_{k-1} \ge q_{k+1}$이라는 가정 하에서, $l_k > l_{k+1}$인 트리를 생각해보자. 그런 트리에서 $\boxed{k}$는 반드시 오른쪽 자식이고, 그 왼쪽 동기(sibling) L은 가중치가 $w \ge q_{k-1}$인 하위트리이다. $\boxed{k}$의 부모를 L로 대체한다. $\boxed{k+1}$을 자식들이 $\boxed{k}$와 $\boxed{k+1}$인 노드로 대체한다. 트리를 이렇게 변경하는 데 드는 총 비용은 $-w - q_k(l_k - l_{k+1} - 1) + q_{k+1} \le q_{k+1} - q_{k-1}$이다. 따라서 주어진 트리는 만일 $q_{k-1} > q_{k+1}$이면 최적이 아니다. 만일 $q_{k-1} = q_{k+1}$이라면 이미 최적인 트리를 또 다른 최적 트리로 변환한 것이다. 후자의 경우 우리는 $l_k = l_{k+1}$인 하나의 최적 트리를 발견한 것이다. ▮

구조를 좀 더 깊게 분석해보면 상당히 많은 것들이 밝혀진다.

보조정리 X. j*와* k*가* $j < k$*인 색인들이라고 가정할 때 다음 성질들이 성립한다*

i) $1 \le i < k$*에 대해* $q_{i-1} > q_{i+1}$;

ii) $q_{k-1} \le q_{k+1}$;

iii) $j \le i < k-1$ *에 대해* $q_i < q_{k-1} + q_k$;

iv) $q_{j-1} \ge q_{k-1} + q_k$.

그러면 $l_{k-1} = l_k$*를 만족하며 다음 둘 중 하나를 만족하는 최적 트리가 존재한다.*

a) $l_j = l_k - 1$, 또는

b) $l_j = l_k$ *이며* $\boxed{j}$*가 왼쪽 자식.*

증명. 보조정리 W에서 왼쪽과 오른쪽을 뒤집어보면, (ii)가 $l_{k-1} \ge l_k$를 만족하는 최적 트리의 존재를 함의한다는 점을 알 수 있다. 그런데 보조정리 W와 (i)는 또한 $l_1 \le l_2 \le \cdots \le l_k$를 함의한다. 따라서 $l_{k-1} = l_k$이다.

$j \le s < k-1$인 어떤 s에 대해 $l_s < l_k - 1 \le l_{s+1}$이라고 가정하자. t가 $l_t = l_k$를 만족하며 $< k$인 가장 작은 색인이라고 하자 그러면 $s < i < t$에 대해 $l_i = l_k - 1$이고 $\boxed{s+1}$은 왼쪽 자식이다. $s+1 = t$일 수도 있다. 더 나아가서 $\boxed{t}$와 $\boxed{t+1}$은 동기들이다. 그들의 부모를 $\boxed{t+1}$로 대체하고, $s < i < t$에 대해 $\boxed{i}$를 $\boxed{i+1}$로 대체하고, 외부 노드 $\boxed{s}$를 자식들이 $\boxed{s}$와 $\boxed{s+1}$인 내부 노드로 대체해보자. 그러면 비용은 $\le q_s - q_t - q_{t+1} \le q_s - q_{k-1} - q_k$만큼 증가한다. 따라서 만일 $q_s < q_{k-1} + q_k$라면 이러한 변화는 개선에 해당된다. 그러므로 (iii)에 의해 $l_j \ge l_k - 1$이다.

가정 (iv)는 아직 사용하지 않았다. 만일 $l_j = l_k$이고 $\boxed{j}$가 왼쪽 자식이 아니라면 $\boxed{j}$는 반드시 $\boxed{j-1}$의 오른쪽 동기이어야 한다. 그들의 부모를 $\boxed{j-1}$로 대체하고, $j < i < k$에 대해 말단 $\boxed{i}$를 $\boxed{i-1}$로 대체하고, 외부 노드 $\boxed{k}$를 자식들이 $\boxed{k-1}$과 $\boxed{k}$인 내부 노드와 대체한다. 그러면 비용은 $-q_{j-1} + q_{k-1} + q_k \le 0$만큼 증가하므로, (a) 또는 (b)를 만족하는 최적 트리를 얻게 된다. ▮

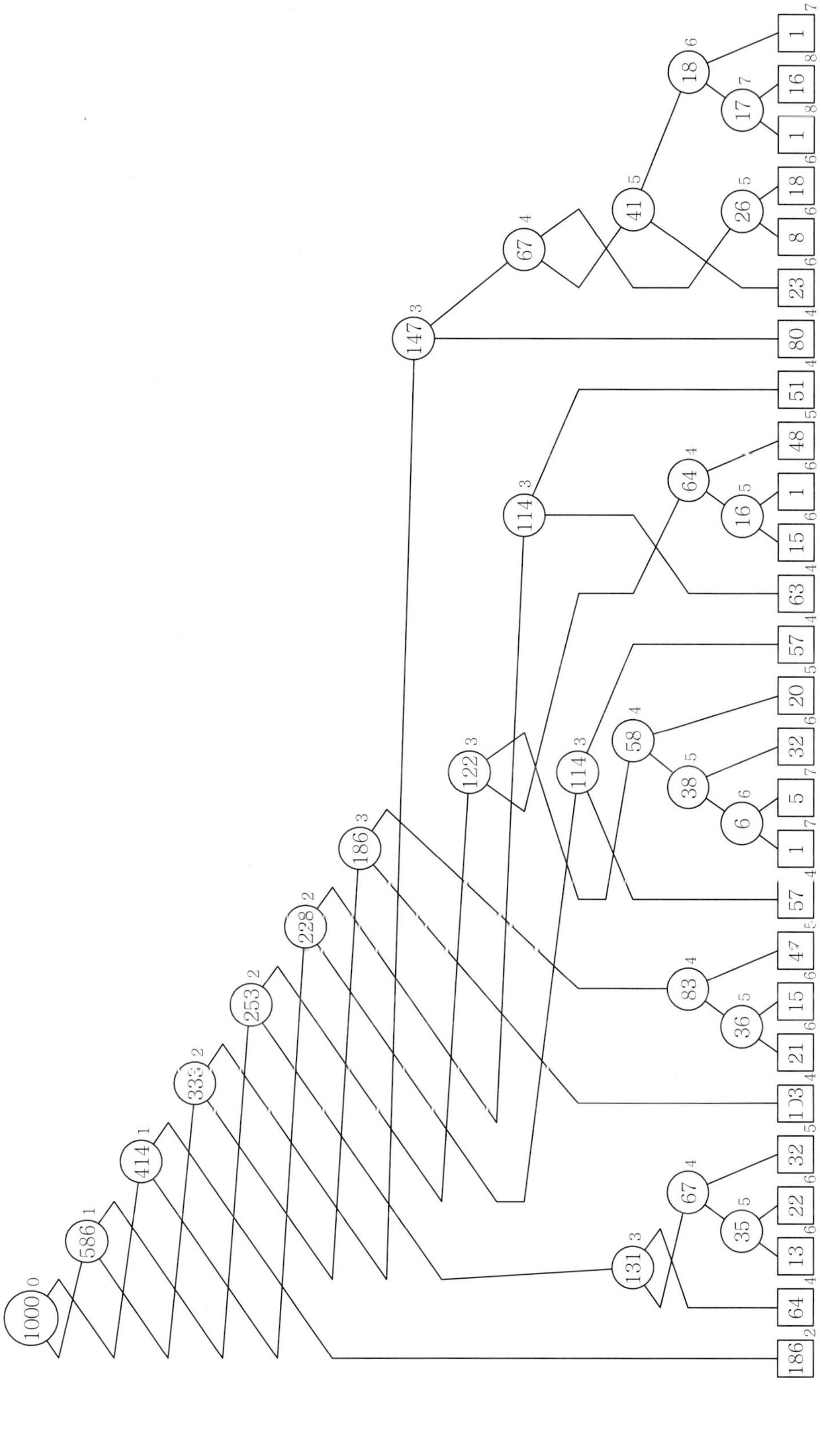

그림 18. 가르시아-웍스 알고리즘을 알파벳 빈도 자료에 적용한 결과: 페이즈 1과 2.

보조정리 Y. *j와 k는 보조정리 X에서와 같다고 하자. 그리고 확률들에서 q_{k-1}와 q_k를 제거하고 q_{j-1} 다음에 $q_{k-1}+q_k$를 삽입해서 $(q'_0, \ldots, q'_{n-1}) = (q_0, \ldots, q_{j-1}, q_{k-1}+q_k, q_j, \ldots, q_{k-2}, q_{k+1}, \ldots, q_n)$이 되었다고 하자. 그러면*

$$C(q'_0, \ldots, q'_{n-1}) \le C(q_0, \ldots, q_n) - (q_{k-1}+q_k) \tag{29}$$

이다.

증명. $(q_0, \ldots, q_n)$에 대한 임의의 최적 트리를 비용이 같고 $\boxed{k-1}$과 $\boxed{k}$가 동기들이며 말단들이 치환된 순서

$$\boxed{0}\quad \ldots \quad \boxed{j-1}\quad \boxed{k-1}\quad \boxed{k}\quad \boxed{j}\quad \ldots \quad \boxed{k-2}\quad \boxed{k+1}\quad \ldots \quad \boxed{n} \tag{30}$$

으로 나타나는 트리로 변환할 수 있다는 점을 증명하는 것으로 충분하다.

보조정리 X에서 구축한 트리로 시작한다. 만일 그 트리가 (b)에 해당하면 그냥 $\boxed{k-1}$과 $\boxed{k}$를 왼쪽으로 $k-1-j$자리 이동하는 식으로 말단들의 이름표들을 변경한다. 만일 (a) 종류이면 $l_{s-1} = l_k - 1$이고 $l_s = l_k$라고 가정하고 다음과 같이 진행한다: 우선 $\boxed{k-1}$과 $\boxed{k}$를 왼쪽으로 $k-1-s$자리 이동한다. 그런 다음 그들의 (새) 부모를 $\boxed{s-1}$로 대체한다. 마지막으로 $\boxed{j}$를 자식들이 $\boxed{k-1}$과 $\boxed{k}$인 노드로 대체하고, $j < i < s$에 대해 노드 $\boxed{i}$를 $\boxed{i-1}$로 대체하면 된다. ▮

보조정리 Z. *보조정리 Y의 가정들 하에서 (29)의 등호가 성립한다.*

증명. $(q'_0, \ldots, q'_{n-1})$에 대한 모든 트리는, (30)과 같은 말단들을 가지며 순서를 벗어난 두 말단 노드 $\boxed{k-1}$과 $\boxed{k}$가 동기들인 트리에 대응된다. 그 두 말단 노드의 부모가 $\textcircled{x}$라고 하자. 그러한 종류의 임의의 최적 트리를 비용이 같고 말단들이 정상 순서 $\boxed{0}$ … $\boxed{n}$으로 나타나는 트리로 변환할 수 있음을 보이고자 한다.

만일 $j = k-1$이면 증명할 것이 없다. $j = k-1$이 아니라면, $j \le i < k-1$에 대해 $q'_{i-1} > q'_{i+1}$가 성립한다($q_{j-1} \ge q_{k-1}+q_k > q_j$이므로). 따라서, $j \le i < k-1$에 대해 l_x가 $\textcircled{x}$의 수준이고 l_i가 $\boxed{i}$의 수준이라 할 때 보조정리 W에 의해 $l_x \le l_j \le \cdots \le l_{k-2}$가 성립한다. 만일 $l_x = l_{k-2}$이면 순차열 $\textcircled{x}$ $\boxed{j}$ … $\boxed{k-2}$를 $\boxed{j}$ … $\boxed{k-2}$ $\textcircled{x}$로 대체함으로써 노드 $\textcircled{x}$를 오른쪽으로 이동한다. 이러면 말단들이 원했던 대로 정리된다.

그렇지 않다면 $l_s = l_x$이고 $l_{s+1} > l_x$라고 가정한다. 우선 $\textcircled{x}$ $\boxed{j}$ … $\boxed{s}$를 $\boxed{j}$ … $\boxed{s}$ $\textcircled{x}$로 대체한다. 그러면 $l = l_x + 1$이 노드 $\boxed{k-1}$과 $\boxed{k}$의 공통 수준이라고 할 때 $l \le l_{s+1} \le \cdots \le l_{k-2}$가 성립한다. 마지막으로 노드

$$\boxed{k-1}\quad \boxed{k}\quad \boxed{s+1}\quad \ldots \quad \boxed{k-2}$$

를 순환 자리이동된 순차열

$$\boxed{s+1}\quad \ldots \quad \boxed{k-2}\quad \boxed{k-1}\quad \boxed{k}$$

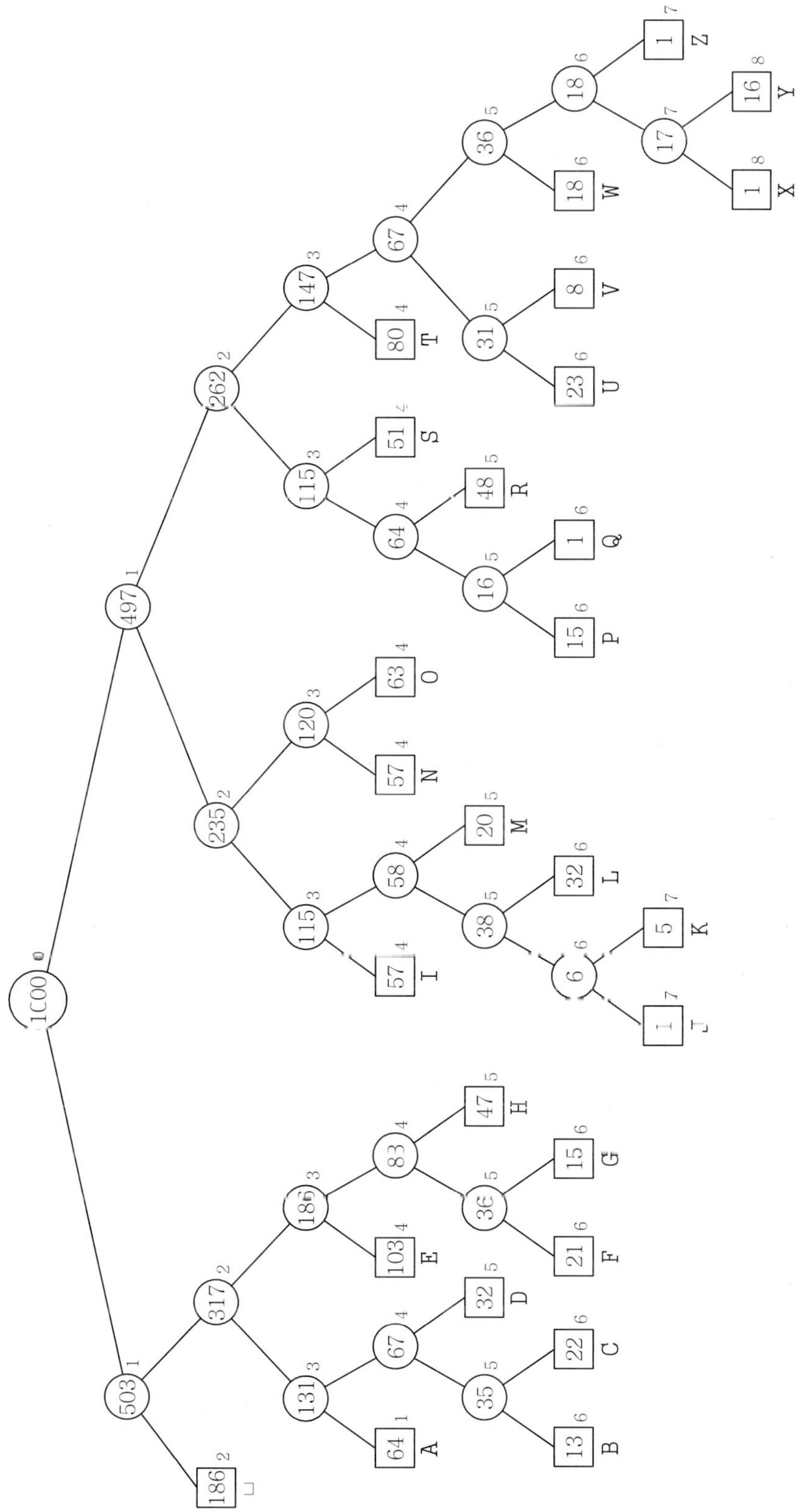

그림 19. 가르시아-웍스 알고리즘을 알파벳 빈도 자료에 적용한 결과: 페이즈 3.

로 대체한다. $l_{k-2}=l$이 아닌 한 이러한 변경들에 의해 비용이 감소한다(증명은 연습문제 40). 그런데 보조정리 Y때문에 비용이 감소할 수는 없다. 그러므로 $l_{k-2}=l$이며, 이로써 증명이 완성되었다. ▮

이 보조정리들은 $n+1$개의 가중치 $q_0, q_1, \ldots, q_n$에 대한 문제를 가중치 n개에 대한 문제로 줄일 수 있음을 보여준다: 우선 $q_{k-1} \le q_{k+1}$인 가장 작은 색인 k를 찾는다. 그런 다음 $q_{j-1} \ge q_{k-1}+q_k$인 가장 큰 $j<k$를 찾는다. 그런 다음에는 목록에서 q_{k-1}과 q_k를 제거하고, q_{j-1} 바로 다음에 합 $q_{k-1}+q_k$를 삽입한다. $j=0$ 또는 $k=n$인 특별한 경우, 증명들은 왼쪽과 오른쪽에 무한 가중치 q_{-1}과 q_{n+1}이 존재한다고 가정하고 절차를 진행해야 함을 보여준다. 또한, 새 가중치 $(q'_0, \ldots, q'_{n-1})$로부터 얻은 임의의 최적 트리 T'이 올바른 좌에서 우로 순서의 원래의 가중치 $(q_0, \ldots, q_n)$들을 가지는 트리 T로 변환될 수 있다는 점도 증명들을 통해서 알 수 있다. 더 나아가서, 각 가중치는 T와 T' 모두에서 같은 수준에 나타나게 된다.

예를 들어 그림 18은 가중치 q_k들이 영문 텍스트의 문자 ␣, A B, ..., Z의 상대 빈도들일 때의 구성이다. 처음 가중치들 몇 개를 나열하자면 다음과 같다.

$$186,\ 64,\ 13,\ 22,\ 32,\ 103,\ \ldots\ .$$

여기서 $186>13$, $64>22$, $13\le 32$이므로, "13, 22"를 35로 대체한다. 새 빈도열

$$186,\ 64,\ 35,\ 32,\ 103,\ \ldots$$

에서 "35, 32"를 67로 대체하고 67을 64의 왼쪽으로 이동한다. 그러면

$$186,\ 67,\ 64,\ 103,\ \ldots$$

이 된다. 이제 "67, 64"를 131로 대체하고, 103 다음의 가중치들을 조사하기 시작한다. 결국은 27개의 원래 가중치들을 하나의 가중치 1000으로 결합하게 될 것이다. 그러면, 이상의 일련의 결합들의 역사는 원래 문제의 해에 해당하는 가중 경로 길이를 가진 하나의 이진트리를 결정하게 된다.

그런데 그림 18의 말단들이 모두 제대로 된 순서인 것은 아니다. $q_{k-1}+q_k$를 왼쪽으로 밀어 이동시킬 때 순서가 엉키기 때문이다(연습문제 41). 그래도 보조정리 Z의 증명은 말단 노드들이 정확한 순서이고 엉킨 트리에서와 정확히 같은 수준들에 있는 트리가 존재함을 보장한다. 그러므로, 그런 엉키지 않은 트리(그림 19)가 최적이다. 그림 19의 트리는 가르시아-웍스 알고리즘이 출력한 이진트리이다.

알고리즘 G (최적 이진트리를 위한 가르시아-웍스 알고리즘). 음이 아닌 가중치들의 수열 $w_0, w_1, \ldots, w_n$이 주어졌을 때, 이 알고리즘은 $\sum_{k=0}^{n} w_k l_k$가 최소가 되는 n개의 내부 노드들을 가진 이진트리를 구축한다. 여기서 l_k는 루트와 외부 노드 $\boxed{k}$의 거리이다. 이 알고리즘은 주소가 $0 \le k \le 2n+1$에 대해 X_k인 $2n+2$개의 노드들의 배열을 사용한다. 각 노드에는 WT, LLINK, RLINK, LEVEL이

라는 네 개의 필드들이 있다. 구축된 트리의 말단들은 노드 $X_0 \ldots X_n$이 되고, 내부 노드들은 $X_{n+1} \ldots X_{2n}$이 된다. 루트는 X_{2n}이 된다. X_{2n+1}은 임시 경계 노드로 쓰인다. 알고리즘은 또한 작업용 포인터들의 배열 $P_0, P_1, \ldots, P_t$도 유지한다. 여기서 $t \le n+1$이다.

G1. [페이즈 1 시작.] $0 \le k \le n$에 대해 $\mathtt{WT}(X_k) \leftarrow w_k$, $\mathtt{LLINK}(X_k) \leftarrow \mathtt{RLINK}(X_k) \leftarrow \Lambda$로 설정한다. 또한 $P_0 \leftarrow X_{2n+1}$, $\mathtt{WT}(P_0) \leftarrow \infty$, $P_1 \leftarrow X_0$, $t \leftarrow 1$, $m \leftarrow n$으로 설정한다. 그런 다음 단계 G2를 $r = 1, 2, \ldots, n$에 대해 수행하고 G3으로 간다.

G2. [w_r을 흡수.] (이 시점에서 다음과 같은 기본 조건이 성립한다.

$$1 \le i < t\text{에 대해} \qquad \mathtt{WT}(P_{i-1}) > \mathtt{WT}(P_{i+1}). \tag{31}$$

바꾸어 말해서, 작업용 배열의 가중치들은 "2-내림차순"이다.) 만일 $\mathtt{WT}(P_{t-1}) \le w_r$이면 $k \leftarrow t$로 설정하고, 아래의 서브루틴 C를 수행하고, 단계 G2를 반복한다. 그렇지 않으면 $t \leftarrow t+1$, $P_t \leftarrow X_r$로 설정한다.

G3. [페이즈 1 완료.] $t > 1$가 참일 동안, $k \leftarrow t$로 설정하고 아래의 서브루틴 C를 수행한다.

G4. [페이즈 2 수행.] (이제 $P_1 = X_{2n}$는 이진트리의 루트이고 $\mathtt{WT}(P_1) = w_0 + \cdots + w_n$이다.) $0 \le k \le n$에 대해 l_k를 노드 P_1에서 노드 X_k까지의 거리로 설정한다. (연습문제 43을 볼 것. 그림 18에 예가 나와 있는데, 각 노드 옆의 수치는 수준 번호이다.)

G5. [페이즈 3 수행.] $X_{n+1}, \ldots, X_{2n}$의 링크들을 변경해서, 말단 노드들이 수준 번호들은 l_k로 같되 순서는 대칭 순서 $X_0, \ldots, X_n$인 새로운 이진트리를 구축한다. (연습문제 44 참고. 예는 그림 19에 나온다.) ▮

서브루틴 C (결합). 이 재귀적 서브루틴이 가르시아-웍스 알고리즘의 핵심이다. 이 루틴은 두 가중치를 결합하고 2-내림차순 (31)을 유지하면서 가중치들을 적절히 왼쪽으로 이동한다. 변수 j는 지역 변수이나, k, m, t는 전역 변수들이다.

C1. [새 노드 생성.] (이 시점에서 $k \ge 2$이다.) $m \leftarrow m+1$, $\mathtt{LLINK}(X_m) \leftarrow P_{k-1}$, $\mathtt{RLINK}(X_m) \leftarrow P_k$, $\mathtt{WT}(X_m) \leftarrow \mathtt{WT}(P_{k-1}) + \mathtt{WT}(P_k)$로 설정한다.

C2. [이후 노드들을 왼쪽으로 자리이동.] $t \leftarrow t-1$로 설정하고, $k \le j \le t$에 대해 $P_j \leftarrow P_{j+1}$로 설정한다.

C3. [이전 노드들을 오른쪽으로 자리이동. $j \leftarrow k-2$로 설정하고, $\mathtt{WT}(P_j) < \mathtt{WT}(X_m)$이 참일 동안 $P_{j+1} \leftarrow P_j$, $j \leftarrow j-1$로 설정한다.

C4. [새 노드 삽입.] $P_{j+1} \leftarrow X_m$으로 설정한다.

C5. [끝인가?] 만일 $j = 0$ 또는 $\mathtt{WT}(P_{j-1}) > \mathtt{WT}(X_m)$이면 서브루틴에서 나간다.

C6. [(31)을 복원.] $k \leftarrow j$, $j \leftarrow t-j$로 설정하고 서브루틴 C를 재귀적으로 호출한다. 그런 다음 $j \leftarrow t-j$로 재설정하고 단계 C5로 돌아간다. ▮

서브루틴 C는 연결 목록이 아니라 순차 메모리를 사용하기 때문에, 새 노드를 생성, 삽입하는 데 $\Omega(n)$회의 단계들을 필요로 하게 될 것이다. 따라서 알고리즘 G의 총 실행 시간은 $\Omega(n^2)$이 될 것이다. 그러나 자료구조에 좀 더 공을 들인다면 페이즈 1이 많아야 $O(n \log n)$단계만을 요구하게 만들 수 있다(연습문제 45). 페이즈 2와 3에서는 단 $O(n)$단계만 필요하다.

클라이트만Kleitman과 색스Saks는 최적 가중 경로 길이가 q들을 다음과 같은 "톱니 순서(sawtooth order)"로 재배치할 때 생기는 최적 가중 경로 길이의 값을 결코 넘지 않음을 증명했다 〔*SIAM J. Algeb. Discr. Methods* 2 (1981), 142-146〕.

$$q_0 \le q_2 \le q_4 \le \cdots \le q_{2\lfloor n/2\rfloor} \le q_{2\lceil n/2\rceil-1} \le \cdots \le q_3 \le q_1 . \qquad (32)$$

(이 순서는 연습문제 6.1-18에서 논의한 오르간 파이프 순서의 역이다.) 후자의 경우 가르시아-웍스 알고리즘은 본질적으로 가중치 q_0+q_1, q_2+q_3, ...에 대한 허프먼의 알고리즘으로 간소화된다. 이는 작업용 배열 안의 가중치들이 실제로 비감소 순서(단지 (31)에서처럼 "2-내림차순"인 것만이 아니라)가 되기 때문이다. 따라서 가중치들의 순서를 알지 못해도 정리 M의 상계를 개선할 수 있다.

그림 19의 최적 이진트리는 검색뿐만 아니라 부호화 이론에서도 중요하게 쓰인다: 0이 트리의 왼쪽 가지를 나타내고 1이 오른쪽 가지를 나타낸다고 할 때, 다음과 같은 가변 길이 부호단어(codeword)들을 얻을 수 있다.

␣	00	I	1000	R	11001
A	0100	J	1001000	S	1101
B	010100	K	1001001	T	1110
C	010101	L	100101	U	111100
D	01011	M	10011	V	111101
E	0110	N	1010	W	111110
F	011100	O	1011	X	11111100
G	011101	P	110000	Y	11111101
H	01111	Q	110001	Z	1111111

(33)

예를 들어 "RIGHT ON" 같은 메시지는 다음과 같은 문자열로 부호화된다.

1100110000111010111111100010111010.

이런 부호단어들은 길이가 가변적이지만, 그래도 왼쪽에서 오른쪽으로 해독하는 것이 어렵지 않다. 트리 구조 덕분에 하나의 부호단어가 어디에서 끝나고 어디에서 시작하는지를 알 수 있기 때문이다. 이러한 부호화 방법은 메시지의 알파벳 순서를 보존하며, 글자 당 평균 4.2비트 정도를 사용한다. 따라서 알파벳 정보의 사전순서를 파괴하지 않고 자료 파일을 압축하는 데 사용할 수 있다. (글자 당 4.2비트라는 수치는 모든 이진트리 부호들에서 최소이다. 그러나 알파벳 순 유지라는 제약을 무시한다면 글자 당 4.1비트까지 줄일 수도 있다. 그리고 글자 하나씩이 아니라 두 글자의 쌍을 부호화한다면 알파벳 순서를 유지하면서도 비트 수를 더 줄일 수 있다.)

역사 및 문헌정보. 이번 절의 트리 검색 방법들은 1950년대에 여러 사람들이 독립적으로 발견한 것들이다. 1952년 8월자의 한 출판되지 않은 메모에서, 듀메이A. I. Dumey는 원시적 형태의 트리 삽입을 다음과 같이 서술했다:

> 2^n개의 항목들을 담을 수 있는 하나의 드럼이 있다고 하자. 각 항목은 이진 주소를 가진다. 다음의 프로그램을 따르라:
>
> 1. 첫 항목을 읽어서 주소 2^{n-1}에, 즉 저장소의 중간 장소에 저장한다.
> 2. 다음 항목을 읽는다. 그것을 첫 항목과 비교한다.
> 3. 그 항목이 더 크다면 그것을 주소 $2^{n-1}+2^{n-2}$에 넣는다. 더 작다면 2^{n-2}에 넣는다.

휠러D. J. Wheeler 역시 트리 삽입의 또 다른 초기 형태를 소개한 사람이다. 사실 그의 방법은 6.2.4절에서 논의하게 될 것과 비슷한 다중 분기도 허용한다. 버너스-리C. M. Berners-Lee는 이진트리 삽입 기법을 고안해냈다 〔*Comp. J.* 2 (1959), 5 참고〕.

트리 삽입의 서술을 최초로 출판한 이들은 윈들리P. F. Windley, 〔*Comp. J.* 3 (1960), 84-88〕, 부스A. D. Booth 및 콜린A. J. T. Colin 〔*Information and Control* 3 (1960), 327-334〕, 히버드Thomas N. Hibbard 〔*JACM* 9 (1962), 13-28〕 등이다. 이들은 각자 독립적으로 트리 삽입을 개발한 것으로 보인다. 그들의 각 논문은 평균 비교 횟수 (6)을 각기 다른 방식으로 도출하고 있다. 각 저자들은 또한 알고리즘의 서로 다른 측면들을 다루었다: 윈들리는 트리 삽입 정렬을 상세히 논했으며, 부스와 콜린은 처음 2^n-1개의 원소들로 완전 균형 트리를 형성함으로써(연습문제 4) 전제조건들의 영향을 논했다. 히버드는 삭제 개념을 도입하고 트리 삽입의 분석과 빠른정렬의 분석 사이의 연관관계를 보였다.

최적 이진 검색 트리 개념은 원래 (33)과 같은 알파벳 이진 부호화의 맥락에서 $p_1=\cdots=p_n=0$인 특별한 경우에 대해 개발된 것이었다. 길버트E. N. Gilbert와 무어E. F. Moore의 아주 흥미로운 논문 〔*Bell System Tech. J.* 38 (1959), 933-968〕이 이 문제를, 그리고 다른 부호화 문제들과의 관계를 논의했다. 길버트와 무어는 $P=0$인 특별한 경우에서 정리 M을 증명했으며, 알고리즘 K와 비슷하되 단조성 관계 (17)을 활용하지 않은 방법을 이용해서 최적 트리를 $O(n^3)$단계로 구축할 수 있음을 밝혔다. 그와는 독립적으로, 아이버슨K. E. Iversion은 모든 q들이 0인 다른 경우를 고찰했다 〔*A Programming Language* (Wiley, 1962), 142-144〕. 아이버슨은 왼쪽 하위트리 확률들과 오른쪽 하위트리 확률들이 최대한 같아지도록 루트를 선택한다면 최적 트리를 얻게 된다는 의견을 제시했지만, 안타깝게도 앞서 보았듯이 그 착안은 유효하지 않다. 이후 커누스D. E. Knuth는 일반적인 p, q 가중치들의 경우를 고찰해서 알고리즘을 $O(n^2)$단계로 줄일 수 있음을 증명했다 〔*Acta Informatica* 1 (1971), 14-25, 270〕. 그는 또한 컴파일러 응용프로그램에서 가져온 한 예도 보여주었는데, 그 예에서는 트리의 키들이 ALGOL 비슷한 언어의 "예약어"들이었다. 후T. C. Hu는 수년

간 $p_j = 0$인 경우에 대한 자신만의 알고리즘을 연구했다. 문제의 복잡성 때문에 그 알고리즘의 유효성에 대한 엄밀한 증명을 찾기가 어려웠으나, 결국은 터커A. C. Tucker와 함께 증명을 달성했다 〔*SIAM J. Applied Math.* 21 (1971), 514-532〕. 몇 년 후에는 가르시아A. M. Garsia와 웍스M. L. Wachs가 알고리즘 G로의 단순화 방법을 발견하게 된다 〔*SICOMP* 6 (1977), 622-642〕. 다만, 그 증명은 여전히 다소 복잡했다. 앞에 나온 보조정리 W, X, Y, Z는 J. H. Kingston, *J. Algorithms* 9 (1988), 129-136에서 기인한다. 추가적인 성질들이 M. Karpinski, L. L. Larmore, W. Rytter, *Theoretical Comp. Sci.* 180 (1997), 309-324에서 밝혀졌다. 후-터커 알고리즘의 기본적인 증명과 다른 비용 함수들로의 몇 가지 일반화들에 대해서는 후, 클라이트만, 다마키Tamaki의 논문 *SIAM J. Applied Math.* 37 (1979), 246-256도 볼 것.

정리 B는 베이어Paul J. Bayer의 보고서 MIT/LCS/TM-69 (Mass. Inst. of Tech., 1975)에서 기인한 것으로, 그는 약간 더 약한 형태의 정리 M도 증명했다. 앞에 나온 강한 형태는 K. Mehlhorn, *SICOMP* 6 (1977), 235-239에서 기인한다.

연습문제

1. 〔*15*〕 알고리즘 T는 비지 않은 트리들만을 언급하고 있다. 그 알고리즘이 빈 트리에 대해서도 제대로 작동하려면 어떻게 고쳐야 할까?

2. 〔*20*〕 알고리즘 T를 오른쪽 스레드식 트리에 대해 작동하도록 수정하라. (오른쪽 스레드식 트리에 대해서는 2.3.1절을 볼 것. 그런 트리에서는 대칭 운행이 더 쉽다.)

▶ **3.** 〔*20*〕 6.1절에서는 순차 검색 알고리즘 6.1S를 조금만 수정해도 훨씬 더 빠른 알고리즘(알고리즘 6.1Q)이 만들어짐을 보았다. 비슷한 요령으로 알고리즘 T를 더 빠르게 만들 수 있을까?

4. 〔*M24*〕 (부스A. D. Booth, 콜린A. J. T. Colin.) N개의 키들이 무작위 순으로 주어졌을 때, 처음 $2^n - 1$개의 키들을 이용해서 완전 균형 트리를 구축한다고 하자. 즉, 우선 $0 \le k < n$에 대해 2^k개의 키들을 수준 k에 배치하고, 나머지 키들은 알고리즘 T를 이용해서 트리에 삽입한다. 그런 트리에 대한 성공적인 검색의 평균 비교 횟수는 얼마인가? 〔힌트: 식 (2)를 수정할 것.〕

▶ **5.** 〔*M25*〕 `CAPRICORN`, `AQUARIUS` 등의 이름들을 이진 검색 트리에 삽입한다고 할 때 나올 수 있는 서로 다른 순서들은 총 $11! = 39,916,800$개이다.

a) 그러한 배치들 중 그림 10을 만들어내는 것들은 몇 개인가?

b) 그러한 배치들 중 퇴화된 트리, 즉 각 노드의 `LLINK` 또는 `RLINK`가 Λ인 트리를 만들어내는 것들은 몇 개인가?

6. 〔*M26*〕 $\{1, 2, \ldots, n\}$의 순열 $a_1 a_2 \ldots a_n$들 중에서, 원래 비어 있던 트리에 알고리즘 T로 a_1, $a_2, \ldots, a_n$을 차례대로 삽입한다고 할 때 정확히 k번의 비교에 의해 a_n이 삽입됨을 만족하는 순열들의 개수를 P_{nk}라고 하자.(이 문제에서는 a_1, …, a_{n-1}이 삽입될 때의 비교들은 무시한다. 본문의 표기법 하에서 $C_{n-1} = (\sum_k k P_{nk})/n!$이다. 왜냐하면 이는 $n-1$개의 원소들을 담은 트리에서 실패하는

검색의 평균 비교 횟수이기 때문이다.)

a) $P_{(n+1)k} = 2P_{n(k-1)} + (n-1)P_{nk}$를 증명하라. [힌트: 트리에서 a_{n+1}가 a_n 아래에 놓이는지의 여부를 고찰할 것.]

b) 생성함수 $G_n(z) = \sum_k P_{nk} z^k$에 대한 간단한 공식을 구하고, 그 공식을 이용해서 P_{nk}를 스털링 수들로 표현하라.

c) 이 분포의 분산은 얼마인가?

7. [*M25*] (아로라S. R. Arora, 덴트W. T. Dent.) 원래는 비어 있던 트리에 n개의 원소들을 무작위 순서로 삽입했다고 하자. 그러한 트리에서 m번째로 큰 원소의 키가 주어졌을 때 그 원소를 알고리즘 T로 찾는 데 필요한 평균 비교 횟수는 얼마인가?

8. [*M38*] n개의 무작위순 키들에 알고리즘 T를 적용해서 구축한 트리의 총 내부 경로 길이가 k일 확률을 $p(n, k)$라고 하자. (내부 경로 길이는 트리가 구축되는 동안 트리 삽입 정렬이 수행한 비교 횟수이다.)

a) 해당 생성함수를 정의하는 점화식을 구하라.

b) 이 분포의 분산을 계산하다. [이 계산에는 1.2.7절의 여러 연습문제들이 도움이 된다.]

9. [*41*] 키들이 무작위 순으로 삽입될 때 트리 검색 및 삽입이 약 $2 \ln N$회의 비교만을 요구함을 증명한 바 있다. 그러나 실제 응용에서는 키들이 무작위 순이 아닐 수 있다. 컴파일러 또는/그리고 어셈블러 내부의 기호표들에 대해 트리 삽입이 실제로 어느 정도나 적합한지를 실험을 통해서 연구하라. 전형적인 대형 프로그램들에 쓰이는 식별자들로부터 균형이 충분히 잘 잡힌 이진 검색 트리들이 만들어지는가?

▶ **10.** [*22*] (플로이드R. W. Floyd.) 알고리즘 T의 정렬 성질에서 우리의 관심을 끌만한 부분으로는 입력이 비무작위 순서일 가능성이 그다는 점 정도를 들 수 있을 것이다. 입력을 무작위 순으로 "보이게" 만들어서 트리 검색의 효율을 유지하는 방법을 고안하라.

11. [*20*] 크기가 N인 트리에서 한 노드를 삭제할 때 단계 D3에서 S ← LLINK(R) 설정이 수행되는 횟수의 최대값을 얼마인가?

12. [M22]항목들의 수가 N개인 무작위 트리에서 무자위로 한 노드를 삭제할 때, 단계 D1에서 D4로 가는 평균 횟수는 얼마인가? (정리 H의 증명을 볼 것.)

▶ **13.** [*M23*] 무작위 트리의 루트를 알고리즘 D로 삭제해서 생긴 트리도 여전히 무작위한가?

▶ **14.** [*22*] 알고리즘 D에 단계 D1$\frac{1}{2}$을 추가한 알고리즘으로 만들어 낸 트리의 경로 길이가 그 단계를 추가하지 않은 알고리즘으로 만들어 낸 트리의 경로 길이보다 결코 크지 않음을 증명하라. D1$\frac{1}{2}$이 실제로 경로 길이를 줄여주는 경우를 찾아라.

15. [*23*] $a_1 a_2 a_3 a_4$가 $\{1, 2, 3, 4\}$의 한 순열이고 $j = 1, 2, 3$이라고 하자. 키 a_1로 된 1원소 트리에 알고리즘 T를 이용해서 a_2, a_3을 추가한다. 그런 다음 알고리즘 D를 이용해서 a_j를 삭제하고, 알고리

즘 T를 이용해서 a_4를 삽입한다고 하자. 그러한 $4! \times 3$가지 경우들 중에서, 트리가 (13)의 I, II, III, IV, V 형태가 되는 것들은 각각 몇 개씩인가?

▶ **16.** [25] 삭제 연산이 교환법칙을 따르는가? 즉, 알고리즘 D로 X를 삭제하고 그런 다음 Y를 삭제한 결과가 알고리즘 D로 Y를 삭제하고 그런 다음 X를 삭제한 결과와 같은가?

17. [25] 알고리즘 D에서 왼쪽과 오른쪽의 역할을 완전히 뒤바꾼다면, 오른쪽 스레드식 트리에서 필수 스레드들을 유지하면서 주어진 노드를 삭제하도록 그 알고리즘을 확장하기가 쉬워짐을 보여라. (연습문제 2 참고.)

18. [*M21*] 지프의 법칙에 의해 평균 비교 횟수가 (12)가 됨을 보여라.

19. [*M23*] 입력 확률들이 식 6.1-(11)에 정의된 80-20 법칙을 만족할 때 근사적 평균 비교 횟수 (11)은 얼마인가?

20. [*M20*] 키들을 빈도 감소 순서 $p_1 \ge p_2 \ge \cdots \ge p_n$으로 트리에 삽입했다고 하자. 그러한 트리가 최적 검색 트리보다 훨씬 나쁠까?

21. [*M20*] p, q, r이 $p+q+r=1$을 만족하면서 무작위로 선택된 확률들이라고 할 때, (13)의 트리 I, II, III, IV, V가 최적일 확률은 각각 얼마인가? (그림 14의 영역들의 상대 면적을 고려할 것.)

22. [*M20*] 알고리즘 K의 단계 K4가 수행될 때 $r[i, j-1]$이 결코 $r[i+1, j]$보다 크지 않음을 증명하라.

▶ **23.** [*M23*] $N=40$인 경우에 대한, 가중치들이 $p_1 = 9$, $p_2 = p_3 = \cdots = p_{40} = 1$, $q_0 = q_1 = \cdots = q_{40} = 0$인 최적 이진 검색 트리를 구하라. (컴퓨터는 사용하지 말 것.)

24. [*M25*] $p_n = q_n = 0$이고 그 외의 가중치들은 음이 아니라고 할 때, $(p_1, \ldots, p_{n-1}; q_0, \ldots, q_{n-1})$에 대한 임의의 최적 트리에서

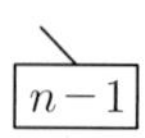 을 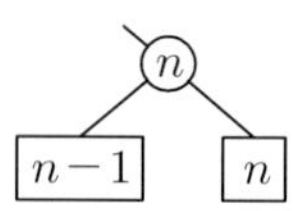

로 대체함으로써 $(p_1, \ldots, p_n; q_0, \ldots, q_n)$에 대한 최적 트리를 만들 수 있음을 증명하라.

25. [*M20*] A와 B가 공집합이 아닌 실수 집합들이라고 하자. 그리고 만일 다음 조건이 성립하면 $A \le B$라고 정의하자:

$$(a \in A,\ b \in B,\ \text{그리고 } b < a)\text{는 } (a \in B \text{ 그리고 } b \in A)\text{를 함의한다.}$$

a) 이 관계가 비지 않은 집합들에 대해 추이적임을 증명하라.

b) 증명 또는 반증하라: 오직 $A \le A \cup B \le B$일 때에만 $A \le B$이다.

26. [*M22*] $(p_1, \ldots, p_n; q_0, \ldots, q_n)$이 음이 아닌 가중치들이며 $p_n + q_n = x$라고 하자. $(p_1, \ldots, p_{n-1}; q_0, \ldots, q_{n-1})$은 변하지 않고 x가 0에서 ∞로 변한다고 할 때, 최적 이진 검색 트리의 비용 $c(0, n)$이 x의 오목, 연속, 조각별(piecewise) 선형 함수이고 그 기울기가 정수임을 증명하라. 다른 말로 하면,

$0 \le h \le m$에 대해, $x_h \le x \le x_{h+1}$일 때 $c(0, n) = y_h + l_h x$를 만족하는 양의 정수 $l_0 > l_1 > \cdots > l_m$과 실수 상수 $0 = x_0 < x_1 < \cdots < x_m < x_{m+1} = \infty$ 및 $y_0 < y_1 \cdots < y_m$이 존재함을 증명하라.

27. [*M33*] 이 연습문제의 목적은, 가중치 $(p_1, \ldots, p_n; q_0, \ldots, q_n)$이 음이 아니라고 할 때 최적 이진 검색 트리들의 루트 $R(i, j)$들의 집합들이 연습문제 25에서 정의한 관계 하에서 다음 부등식을 만족함을 증명하는 것이다.

$$j - i \ge 2\text{에 대해} \qquad R(i, j-1) \le R(i, j) \le R(i+1, j).$$

이를 위해서는 $n \ge 2$이고 위의 관계가 $j - i < n$에 대해 성립한다는 가정 하에서 $R(0, n-1) \le R(0, n)$임을 $j - i$에 대한 귀납법으로 증명해야 한다. [이것을 증명하면 좌우 대칭에 의해 $R(0, n) \le R(1, n)$도 증명된다.]

a) 만일 $p_n = q_n = 0$이면 $R(0, n-1) < R(0, n)$임을 증명하라. (연습문제 24 참고.)

b) $p_n + q_n = x$라고 하자. 연습문제 26의 표기법 하에서, $x_h < x < x_{h+1}$일 때의 최적 루트들의 집합 $R(0, n)$을 R_h라고 하자. 이 때

$$R'_0 \le R_0 \le R'_1 \le R_1 \le \cdots \le R'_m \le R_m$$

을 증명하라. 따라서 부문제 (a)와 연습문제 25에 의해, 모든 x에 대해 $R(0, n-1) \le R(0, n)$가 성립한다. [힌트: $x = x_h$인 경우를 고찰하되, 두 트리

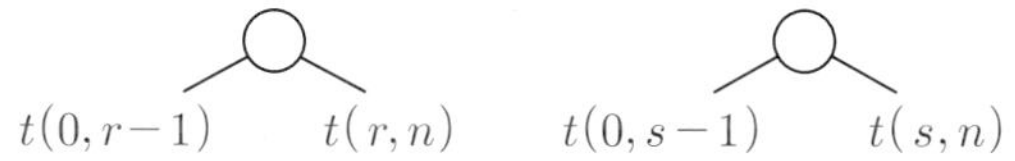

[n]은 수준 l에 있음 [n]은 수준 l'에 있음

모두 최적이며 $s < r$이고 $l \ge l'$이라고 가정할 것. [n]이 수준 l'에 있음을 만족하는 루트 (r)을 가진 최적 트리와 [n]이 수준 l에 있음을 만족하는 루트 (s)를 가진 최적 트리가 존재함을 귀납 가정을 이용해서 증명하라.]

28. [*24*] 어떤 매크로 언어를 이용해서, 최적 이진트리의 내포된 명세를 매개변수로 하는 "최적 이진 검색" 매크로를 정의하라.

29. [*10*] 그림 12의 빈도 자료를 이용해서, 가장 흔히 쓰이는 영어 단어 31개에 대한 최악의 이진 검색 트리를 구축하라.

30. [*M34*] 최적 이진 검색 트리들의 비용들이 $j \ge i + 2$일 때 "사각형 부등식(quadrangle inequality)" $c(i, j) - c(i, j-1) \ge c(i+1, j) - c(i+1, j-1)$을 만족함을 증명하라.

31. [*M35*] (탄K. C. Tan.) $p_1 + \cdots + p_n + q_0 + \cdots + q_n = 1$인 확률 $(p_1, \ldots, p_n; q_0, \ldots, q_n)$의 모든 가능한 집합들 중에서, 최소 비용이 가장 비싼 트리가 모든 i에 대해 $p_i = 0$이고 모든 짝수 j에 대해 $q_j = 0$, 모든 홀수 j에 대해 $q_j = 1/\lceil n/2 \rceil$일 때 나타남을 증명하라.

▸ **32.** [*M25*] $n+1=2^m+k$이고 $0 \le k \le 2^m$이라고 하자. 모든 외부 노드가 수준 m과 $m+1$에 나타나는 이진트리들은 정확히 $\binom{2^m}{k}$개이다. 그런 모든 트리 중 가중치 $(p_1, \ldots, p_n; q_0, \ldots, q_n)$에 대한 비용이 최소인 트리를, 충분히 큰 M에 대한 가중치 $(p_1, \ldots, p_n; M+q_0, \ldots, M+q_n)$에 알고리즘 K를 적용해서 얻을 수 있음을 보여라.

33. [*M41*] 프로그램 T의 실행 시간을 최소화하는 이진 검색 트리를 찾기 위해서는 그냥 비교 횟수 C를 최소화하는 것이 아니라 수량 $7C+C1$를 최소화해야 한다. 트리의 왼쪽 가지들과 오른쪽 가지들에 서로 다른 비용들이 부여되어 있을 때 최적 이진 검색 트리들을 찾는 알고리즘을 개발하라. (첨언하자면, 오른쪽 비용이 왼쪽 비용의 두 배이고 노드 빈도들이 모두 같다면 피보나치 트리가 최적이다. L. E. Stanfel, *JACM* 17 (1970), 508-517을 볼 것. 3중 비교를 한 번에 수행할 수 없는 컴퓨터에서 알고리즘 T를 구현한다면 단계 T2에서 두 번의 비교, 즉 상등 비교 하나와 미만 비교 하나를 수행해야 할 것이다. 셰일B. Sheil과 프랫V. R. Pratt은 그러한 비교들이 반드시 같은 키를 대상으로 한 것일 필요는 없으며, 내부 노드들이 상등 판정 또는 미만 판정을 지정하되 둘 다 지정하지는 않는 이진트리를 두는 것이 제일 좋을 수 있다고 지적했다. 언급된 문제 대신 그와 같은 상황을 탐구해 보는 것도 흥미로울 것이다.)

34. [*HM21*] 다중항 계수

$$\binom{N}{p_1N,\ p_2N,\ \ldots,\ p_nN}$$

의 $N \to \infty$에 따른 점근값이 엔트로피 $H(p_1, p_2, \ldots, p_n)$과 연관됨을 보여라.

35. [*HM22*] 부등식 (24)를 입증해서 정리 B의 증명을 완성하라.

▸ **36.** [*HM25*] (섀넌Claude Shannon.) X와 Y가 유한한 범위 $\{x_1, \ldots, x_m\}, \{y_1, \ldots, y_n\}$에 속하는 무작위 변수들이고 $p_i = \Pr(X=x_i)$, $q_j = \Pr(Y=y_j)$, $r_{ij} = \Pr(X=x_i$ 그리고 $Y=y_j)$라고 하자. $H(X) = H(p_1, \ldots, p_m)$과 $H(Y) = H(q_1, \ldots, q_n)$이 각각 해당 단일 변수의 엔트로피이고, $H(XY) = H(r_{11}, \ldots, r_{mn})$은 그들의 결합분포의 엔트로피라고 하자. 이 때

$$H(X) \le H(XY) \le H(X) + H(Y)$$

를 증명하라. [힌트: 만일 f가 임의의 오목 함수이면 $\mathrm{E}\, f(X) \le f(\mathrm{E}\, X)$가 성립한다.]

37. [*HM26*] (베이어P. J. Bayer, 1975.) $(P_1, \ldots, P_n)$이 한 무작위 확률분포라고 하자. 좀 더 구체적으로 말하면, $(P_1, \ldots, P_n)$이 $1 \le k \le n$에 대해 $P_1 + \cdots + P_n = 1$인 $P_k \ge 0$들로 정의되는 $(n-1)$차원 단체(單體, simplex) 안의 한 무작위 점이라고 하자. (연습문제 3.3.2-26의 관점에서 본다면 $(P_1, \ldots, P_n)$은 무작위 간격들의 집합이라고 할 수 있다.) 엔트로피 $H(P_1, \ldots, P_n)$의 기대값은 얼마인가?

38. [*M20*] 본문에서는 정리 M을 $s_0 < s_1 < s_2 < \cdots < s_n$인 경우에 대해서만 증명했는데, 그럼에도 정리 M이 일반적인 경우들에서까지 성립하는 이유를 설명하라.

▶ **39.** [*M25*] $w_1, \ldots, w_n$이 음이 아닌 가중치들이고 $w_1 + \cdots + w_n = 1$이라고 하자. 2.3.4.5절에서 구축한 허프먼 트리의 가중 경로 길이가 $H(w_1, \ldots, w_n) + 1$보다 작음을 증명하라. 힌트: 정리 M의 증명을 볼 것.

40. [*M26*] 보조정리 Z의 증명을 완성하라.

41. [*21*] 그림 18은 엉킨 이진트리의 구성을 보여준다. 그 이진트리의 말단 노드들을 왼쪽에서 오른쪽 순으로 나열하라.

42. [*23*] 서브루틴 C가 2-내림차순 조건 (31)을 유지하는 이유를 설명하라.

43. [*20*] 가르시아-웍스 알고리즘의 페이즈 2를 효율적으로 구현하는 방법을 설명하라.

▶ **44.** [*25*] 가르시아-웍스 알고리즘의 페이즈 3을 효율적으로 구현하는 방법을 설명하라: 대칭 순서로 된 말단들의 수준 $l_0, l_1, \ldots, l_n$이 주어졌을 때 그로부터 하나의 이진트리를 구축하라.

▶ **45.** [*30*] 가르시아-웍스 알고리즘의 총 실행 시간이 $O(n \log n)$을 넘지 않도록 서브루틴 C를 구현하는 방법을 설명하라.

46. [*M30*] (웡C. K. Wong, 장Shi-Kuo Chang.) 알고리즘 T로 이진 검색 트리를 구축하되, 노드 개수가 $2^n - 1$의 형태에 도달하면 트리를 $0 \le k < n$에 대해 수준 k에 2^k개의 노드들이 있는 완전 균형 균등 트리로 재조직화한다고 하자. 그런 식으로 트리를 구축하는 과정에서 수행하는 총 비교 횟수가 평균적으로 $N \lg N + O(N)$임을 증명하라. (재조직화에 걸리는 시간이 $O(N)$임은 어렵지 않게 입증할 수 있다.)

47. [*M40*] 정리 B와 M을 이진트리에서 t진 트리로 일반화하라. 가능하다면 연습문제 33에서처럼 분기 비용들이 균등하지 않은 경우도 허용할 것.

48. [*M47*] 무작위 삽입 및 삭제 하에서의 이진 검색 트리의 안정 상태를 엄밀하게 분석하라.

49. [*HM42*] 무작위 이진 검색 트리의 평균 높이를 분석하라.

6.2.3. 균형 트리

이전 절에서 살펴본 트리 삽입 알고리즘은 입력 자료가 무작위할 경우 좋은 검색 트리들을 만들어 내지만, 성가시게도 퇴화된 트리가 나올 가능성 역시 존재한다. 트리를 항상 최적으로 유지하는 알고리즘을 고안해 낼 수 있다면 좋겠지만, 안타깝게도 그것은 아주 어려운 일인 것 같다. 또 다른 해결책은 총 경로 길이를 갱신하다가 그것이 이를테면 $5N \lg N$을 넘게 되면 트리를 완전히 재조직화하는 것이다. 그러나 그런 접근방식에서는 트리를 만들면서 약 $\sqrt{N/2}$ 번의 재조직화를 수행하게 될 것이다.

좋은 검색 트리를 유지하는 문제에 대한 아주 멋진 해결책 하나를 1962년에 두 러시아 수학자 아델손-벨스키G. M. Adelson-Velsky와 란디스E. M. Landis가 발견해냈다 [*Doklady Akademii Nauk SSSR* 146 (1962), 263-266; 영어 번역본은 *Soviet Math.* 3, 1259-1263]. 그들의 방법은 노드 당 두 개의 추가적인 비트만을 요구할 뿐이며, 트리를 검색하거나 항목 하나를 삽입하는 데 필요한 연산 횟수가 $O(\log N)$을 넘지 않는다. 게다가, 이후 보게 되겠지만, 그들의 접근방식은 길이가 N인 임의의 선형 목록을 나타내는 데에도 좋은, 다음 연산들 각각을 단 $O(\log N)$단위의 시간 안에 수행할 수 있는 일반적인 기법으로 이어진다.

i) 주어진 키를 가진 항목을 찾는다.

ii) k가 주어졌을 때 k번째 항목을 찾는다.

iii) 한 항목을 지정된 장소에 삽입한다.

iv) 지정된 항목을 삭제한다.

선형 목록에 대해 순차 할당을 사용하는 경우 연산 (i)와 (ii)는 효율적이지만 (iii)와 (iv)는 N 규모의 단계들을 요구한다. 반면 연결 할당을 사용한다면 연산 (iii)와 (iv)는 효율적이나 (i)와 (ii)는 N 규모의 단계들을 요구한다. 선형 목록들을 트리로 표현한다면 네 연산 모두 $O(\log N)$ 단계로 수행할 수 있다. 그리고 다른 표준적인 연산들도 비교적 효율적으로 수행하는 것이 가능하다. 예를 들어 원소가 M개인 목록과 원소가 N개인 목록을 $O(\log(M+N))$단계로 연결할 수 있다.

이 모든 것을 가능하게 하는 방법에는 균형 트리라고 부르는 것이 관여한다(그런 트리를 AVL 트리라고 부르는 저자들이 많은데, AV는 Adelson-Velsky, L은 Landis에 해당한다.) 앞 문단은 마치 균형 트리가 다른 모든 자료 표현을 무색케 하는 만병통치약이라고 광고하는 듯하다. 그러나 균형 트리에 대해 균형 잡힌 시각을 가져야 함은 물론이다! 실제 응용에서 위의 연산 네 개가 모두 필요한 경우는 별로 없으며, 보통은 훨씬 적은 추가부담과 더 간단한 프로그래밍으로도 원하는 것을 얻을 수 있는 경우가 많다. 게다가 균형 트리의 이점은 N이 상당히 커야 비로소 드러난다. $64 \lg N$단위의 시간을 요구하는 효율적인 방법과 $2N$단위의 시간을 요구하는 비효율적인 방법이 있다고 할 때, N이 256보다 크지 않다면 비효율적인 방법이 오히려 더 효율적이다. 한편, 어차피 N이 그 정도로 커서는 안 될 것이다. 균형 트리는 주로 자료의 내부 저장에 적합하다. 외부 직접 접근 파일들에 더 나은 방법들은 6.2.4절에서 논의한다. 시간이 지나면서 컴퓨터의 내부 메모리도 점점 더 커지는 만큼, 균형 트리들 역시 점점 더 중요해지고 있다.

트리의 높이는 트리의 최대 수준, 즉 루트에서 한 외부 노드로의 최대 경로 길이로 정의된다. 한 이진트리의 모든 노드의 왼쪽 하위트리 높이와 그 오른쪽 하위트리의 높이의 차이가 ± 1을 넘지 않을 때, 그러한 이진트리를 가리켜 균형이 잡혔다(balanced)라고 말한다. 그림 20은 내부 노드가 17개이고 높이가 5인 균형 잡힌 트리(줄여서 균형 트리)이다. 각 노드 안의 기호는 균형 인수(balance factor)라는 것으로, 오른쪽 하위트리 높이 빼기 왼쪽 하위트리 높이가 $+1$이냐 0이냐 -1이냐에 따라 각각 $+$, $\cdot$, $-$이다. 그림 8(6.2.1절)의 피보나치 트리도 높이가 5인 균형 이진트리인데, 내부 노드는 12개뿐이다. 그 트리의 균형 인수들 대부분은 -1이다. 그림 10(6.2.2절)의 별자리 트리는 균형 트리가 아니다. `AQUARIUS` 노드와 `GEMINI` 노드에서 높이 차이가 균형 트리 조건을 위반하기 때문이다.

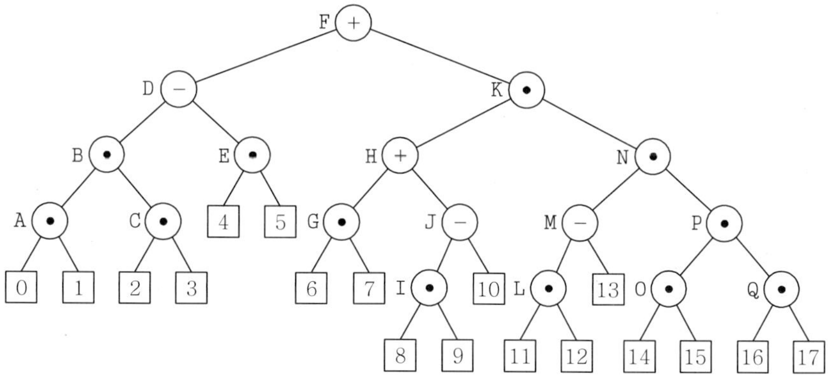

그림 20. 균형 이진트리.

이러한 균형의 정의는 최적 이진트리(모든 외부 노드가 인접한 두 수준들에 있어야 한다는 제약을 따름)와 임의의 이신트리(제약 없음) 사이의 절충을 나타낸다. 따라서 균형 트리가 어느 정도나 최적에 가까운지가 궁금할 것이다. 답은, 균형 트리의 검색 경로 길이가 최적 길이를 45퍼센트 이상 초과하는 일은 결코 없다는 것이다.

정리 A (아델손-벨스키 및 란디스). *내부 노드가 N개인 균형 트리의 높이는 항상* $\lg(N+1)$*과* $1.4405\lg(N+2)-0.3277$ *사이이다.*

증명. 높이가 h인 이진트리의 외부 노드 개수가 2^h보다 많을 수 없는 것은 당연하다. 따라서 임의의 이진트리에서 $N+1 \le 2^h$이다. 즉, $h \ge \lceil \lg(N+1) \rceil$이다.

h의 최대값을 구하기 위해, 문제를 높이가 h인 균형 트리에서 가능한 노드 개수의 최소값을 찾는 것으로 살짝 바꾸도록 하겠다. 높이가 h이고 노드 개수가 최소인 트리를 T_h라고 하자. 그 루트의 한 하위트리, 이를테면 왼쪽 하위트리의 높이는 $h-1$이고 다른 하위트리의 높이는 $h-1$ 또는 $h-2$이다. T_h는 가능한 최소의 노드들을 가지므로 루트의 왼쪽 하위트리가 T_{h-1}이고 오른쪽이 T_{h-2}라고 가정할 수 있다. 이로부터, 차수가 $h+1$인 피보나치 트리가 높이가 h인 모든 가능한 균형 트리들 중 노드 개수가 최소인 트리임을 알 수 있다. (6.2.1절의 피보나치 트리의 정의를 볼 것.) 따라서

$$N \ge F_{h+2} - 1 > \phi^{h+2}/\sqrt{5} - 2$$

이며, 정리에서 언급한 결과를 정리 4.5.3F의 따름정리에서처럼 입증할 수 있다. ▮

이 정리의 증명은 균형 트리의 노드들이 적어도 $F_{28}-1 = 317,810$개일 때에만 검색에 25회를 넘는 비교가 필요하게 됨을 보여준다.

트리 삽입 알고리즘(알고리즘 6.2.2T)을 이용해서 균형 트리에 새 노드를 삽입할 때 어떤 일이 벌어지는지 살펴보자. 그림 20의 경우 새 노드가 [4]나 [5], [6], [7], [10], [13]에 자리 잡는다면 트리는 여전히 균형 트리이다. 그러나 그 외의 곳에 들어가면 약간의 조정이 필요하다. 문제는 균형

인수가 $+1$이고 삽입 이후에 오른쪽 하위트리가 더 높아지는 노드가 있을 때, 또는 그와 쌍대인 경우, 즉 균형 인수가 -1이고 삽입 이후에 왼쪽 하위트리가 더 높아지는 노드가 있을 때 발생한다. 그런 문제가 다음 두 경우에서만 발생함은 쉽게 알 수 있다:

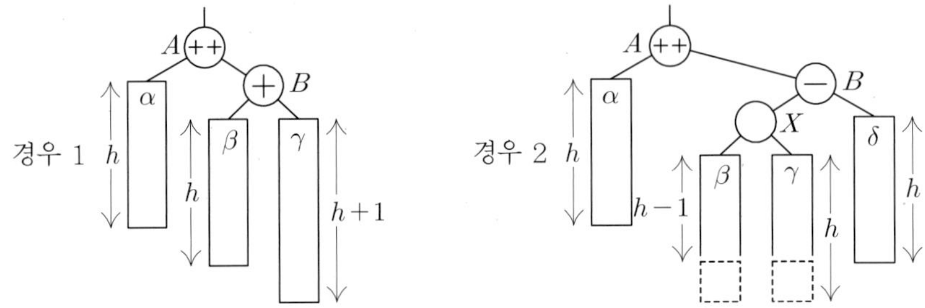

(1)

(이 그림들을 좌우로 뒤집으면 본질적으로 동일한 다른 두 경우들이 생기게 된다.) 이 그림들에서 큰 사각형 $\alpha, \beta, \gamma, \delta$는 하위트리들로, 그 옆에 표시된 것은 높이이다. 경우 1은 새 원소가 노드 B의 오른쪽 하위트리의 높이를 h에서 $h+1$로 증가시킬 때 발생한다. 경우 2는 새 원소가 B의 왼쪽 하위트리의 높이를 증가시킬 때 발생한다. 경우 2에서는 $h=0$이거나(X 자체가 새 노드였음), 그렇지 않다면 노드 X의 두 하위트리의 높이가 각각 $(h-1, h)$와 $(h, h-1)$이다.

두 경우 모두, 간단한 변환들을 적용하면 트리 노드들의 대칭 순서를 유지하면서도 균형을 회복할 수 있다:

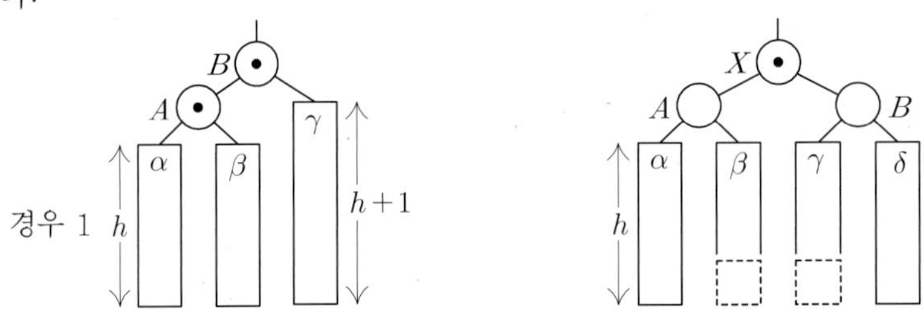

(2)

경우 1에서는 그냥 트리를 왼쪽으로 "회전"시켜서 β를 B가 아니라 A에 붙이면 된다. 이 변환은 대수 공식에 결합법칙을 적용하는 것과 비슷하다. 즉, $\alpha(\beta\gamma)$를 $(\alpha\beta)\gamma$로 대체하는 것이라 할 수 있다. 경우 2에서는 이중 회전을 적용하는데, 우선 (X, B)를 오른쪽으로 회전시키고 (A, X)를 왼쪽으로 회전시킨다. 두 경우 모두 트리의 링크들 몇 개만 수정하면 된다. 더 나아가서, 새 트리들의 높이는 $h+2$로, 이는 삽입 이전에 나타났던 높이와 정확히 같다. 따라서 트리에서 원래 노드 A보다 위쪽에 있던 부분은(그런 부분이 존재했다면) 항상 균형을 유지한다.

예를 들어 그림 20의 [17] 자리에 새 노드를 삽입한다면 한 번의 회전(경우 1) 이후에 그림 21에 나온 균형 트리를 얻게 된다. 여러 개의 균형 인수들이 바뀌었음을 주목할 것.

이러한 삽입 절차의 구체적인 설계 방식으로는 여러 가지가 있을 것이다. 언뜻 생각해보면, 어떤 노드들이 영향을 받게 될 것인지를 파악하기 위해서 보조적인 스택이 하나 필요할 것 같다. 그러나 다음 알고리즘은 (1)의 노드 B의 균형 인수가 삽입 이전에 0이었다는 사실을 이용해서 약간의 속도 향상을 꾀한다.

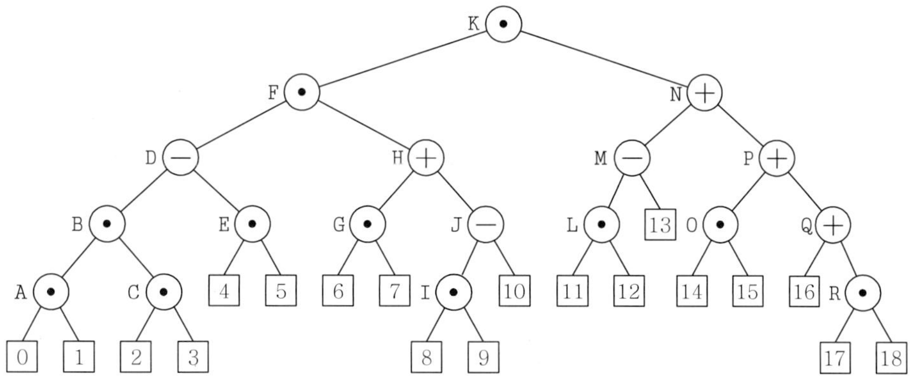

그림 21. 그림 20의 트리에 새 키 R을 삽입하고 다시 균형을 잡은 트리.

알고리즘 A (균형 트리 검색 및 삽입). 앞에서 서술한 대로 균형 이진트리를 형성하는 레코드들의 표가 주어졌을 때 이 알고리즘은 주어진 인수 K를 찾는다. 만일 표에 K가 없으면 K를 담은 새 노드를 트리의 적절한 장소에 삽입하고, 필요하다면 트리의 균형을 다시 맞춘다.

트리 노드들은 알고리즘 6.2.2T에서처럼 KEY, LLINK, RLINK라는 필드들로 구성된다고 가정한다. 또한 새로운 필드

$$\mathrm{B(P)} = \mathrm{NODE(P)}\text{의 균형 인수}$$

도 가지는데, 이것은 오른쪽 하위트리의 높이에서 왼쪽 하위트리의 높이를 뺀 것이다. 이 필드의 값은 항상 $+1$ 또는 0 또는 -1이다. 트리 제일 위, 즉 장소 HEAD에는 특별한 머리 노드가 존재한다. RLINK(HEAD)의 값은 트리의 루트를 가리키는 포인터이고 LLINK(HEAD)는 트리의 전반적인 높이를 담는다. (이 알고리즘에서 반드시 이 높이를 알아야 하는 것은 아니나, 이 높이는 이후 논의할 결합 절차에서 유용하게 쓰인다.) 초기에 트리가 비지 않았다고 가정한다. 즉 RLINK(HEAD) $\neq \Lambda$ 이다

서술의 편의를 위해, LINK(a,P)라는 표기는 만일 $a = -1$이면 LLINK(P)를, 만일 $a = +1$이면 RLINK(P)를 가리킨다고 정의한다.

A1. [초기화.] T ← HEAD, S ← P ← RLINK(HEAD)로 설정한다. (포인터 변수 P는 트리를 따라 내려간다. S는 균형을 다시 잡아야 할 곳을 가리키며, T는 항상 S의 부모를 가리킨다.)

A2. [비교.] 만일 $K <$ KEY(P)이면 A3으로 간다. 만일 $K >$ KEY(P)이면 A4로 간다. 만일 $K =$ KEY(P)이면 검색 성공을 결과로 해서 알고리즘을 끝낸다.

A3. [왼쪽으로 이동.] Q ← LLINK(P)로 설정한다. 만일 Q = Λ 이면 Q ⇐ AVAIL, LLINK(P) ← Q로 설정하고 단계 A5로 간다. 그렇지 않고 만일 B(Q) ≠ 0이면 T ← P, S ← Q로 설정한다. 마지막으로 P ← Q로 설정하고 단계 A2로 돌아간다.

A4. [오른쪽으로 이동.] Q ← RLINK(P)로 설정한다. 만일 Q = Λ 이면 Q ⇐ AVAIL, RLINK(P) ← Q로 설정하고 단계 A5로 간다. 그렇지 않고 만일 B(Q) ≠ 0이면 T ← P, S ← Q로 설정한다.

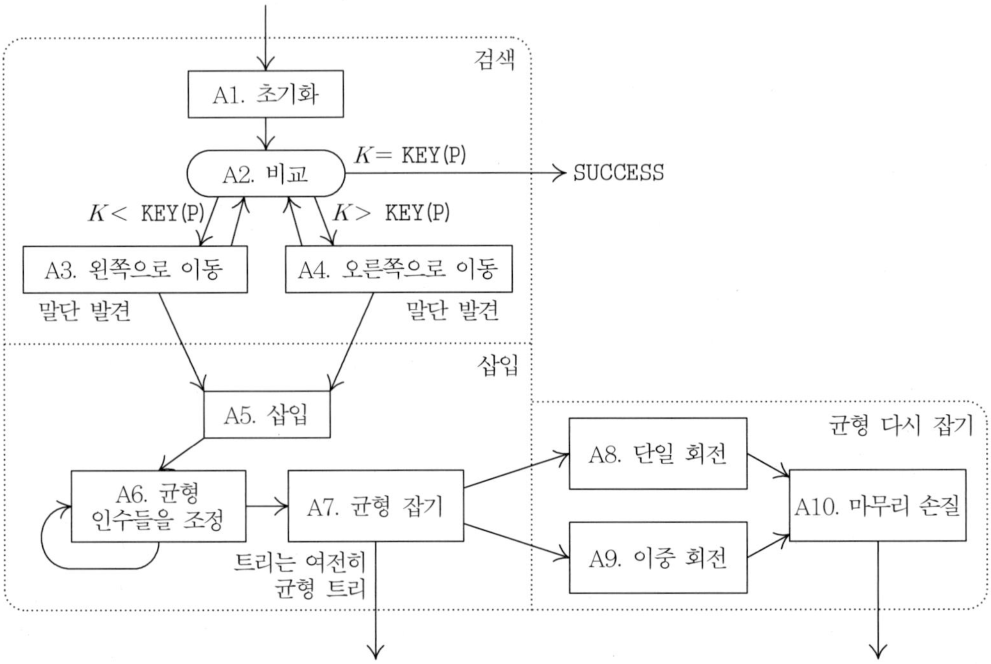

그림 22. 균형 트리 검색 및 삽입.

마지막으로 P ← Q로 설정하고 단계 A2로 돌아간다. (이 단계의 마지막 부분을 단계 A3의 마지막 부분과 합칠 수도 있다.)

A5. 〔삽입.〕 (방금 새 노드 NODE(Q)를 트리에 삽입했다. 노드 필드들을 초기화해야 한다.) KEY(Q) ← K, LLINK(Q) ← RLINK(Q) ←Λ, B(Q) ← 0으로 설정한다.

A6. 〔균형 인수들을 조정.〕 (이제 S와 Q 사이의 노드들의 균형 인수들을 0에서 ±1로 바꾸어야 한다.) 만일 $K <$ KEY(S)이면 $a \leftarrow -1$로 설정하고 그렇지 않으면 $a \leftarrow +1$로 설정한다. 그런 다음 R ← P ← LINK(a, S)로 설정하고, 다음 연산을 P = Q가 될 때까지 0회 이상 반복한다: 만일 $K <$ KEY(P)이면 B(P) ← −1, P ← LLINK(P)로 설정한다. 만일 $K >$ KEY(P)이면 B(P) ← +1, P ← RLINK(P)로 설정한다. (만일 $K =$ KEY(P)이면 P = Q이며 다음 단계로 나아가게 된다.)

A7. 〔균형 잡기.〕 여러 경우들이 발생할 수 있다:

i) 만일 B(S) = 0이면(트리가 더 높아진 것이다) B(S) ← a, LLINK(HEAD) ← LLINK(HEAD) + 1로 설정하고 알고리즘을 끝낸다.

ii) 만일 B(S) = $-a$이면(트리의 균형이 더 좋아졌다) B(S) ← 0으로 설정하고 알고리즘을 끝낸다.

iii) 만일 B(S) = a이면(트리의 균형이 깨졌다), B(R) = a이면 단계 A8로 가고 B(R) = $-a$이면 A9로 간다.

(경우 (iii)은 (1)에서 $a = +1$일 때의 상황에 해당한다. S와 R은 각각 노드 A와 B를 가리키며, LINK($-a$, S)는 α를 가리킨다, 등등.)

A8. 〔단일 회전.〕 P ← R, LINK(a, S) ← LINK($-a$, R), LINK($-a$, R) ← S, B(S) ← B(R) ← 0으로 설정한다. A10으로 간다.

A9. 〔이중 회전.〕 P ← LINK($-a$, R), LINK($-a$, R) ← LINK(a, P), LINK(a, P) ← R, LINK(a, S) ← LINK($-a$, P), LINK($-a$, P) ← S로 설정한다. 그런 다음

$$(\texttt{B(S)}, \texttt{B(R)}) \leftarrow \begin{cases} (-a, 0), & \text{만일 } \texttt{B(P)} = a\text{이면;} \\ (\ \ 0, 0), & \text{만일 } \texttt{B(P)} = 0\text{이면;} \\ (\ \ 0, a), & \text{만일 } \texttt{B(P)} = -a\text{이면;} \end{cases} \tag{3}$$

로 설정한 후 B(P) ← 0으로 설정한다.

A10. 〔마무리 손질.〕 (이제 (1)을 (2)로 바꾸는 균형 다시 잡기 변환들이 끝난 상태이다. P는 새 하위트리의 루트를 가리키며 T는 원래 하위트리 루트 S의 부모를 가리킨다.) 만일 S = RLINK(T)이면 RLINK(T) ← P로 설정하고, 그렇지 않으면 LLINK(T) ← P로 설정한다. ▮

이 알고리즘은 꽤 길지만, 간단한 세 부분으로 나뉘어져 있으므로 파악하기가 어렵지는 않을 것이다. 단계 A1-A4는 검색을 수행하며, 단계 A5-A7은 새 노드를 삽입한다. 그리고 단계 A8-A10은 필요하다면 트리의 균형을 다시 잡는다. 스레드식 트리(연습문제 6.2.2-2 참고)에도 본질적으로 같은 방법을 사용할 수 있다. 균형 잡기 부분 때문에 스레드 링크들의 변경이 어려워지지는 않는다.

이 알고리즘이 어떤 C에 대한 약 $C \log N$단위의 시간을 소비하게 됨은 알고 있다. 중요한 것은, 다른 방법들에 비해 복잡한 균형 트리 방법이 실제로 이득이 되려면 N이 얼마나 커야 하는지를 파악할 수 있도록 C의 근사값을 알아야 한다는 것이다. 이 질문에는 다음과 같은 MIX 구현이 어느 정도의 힌트를 제공할 수 있을 것이다.

프로그램 A (균형 트리 검색 및 삽입). 알고리즘 A를 구현하는 프로그램은 다음과 같은 형태의 트리 노드를 사용한다.

B	LLINK	RLINK
KEY		

(4)

rA ≡ K, rI1 ≡ P, rI2 ≡ Q, rI3 ≡ R, rI4 ≡ S, rI5 ≡ T이다. 단계 A7-A9에 대한 코드가 중복되어 있는데, 이는 프로그램 안에서 a의 값이 암묵적으로(명시적이 아니라) 나타날 수 있도록 하기 위한 것이다.

```
B      EQU  0:1
LLINK  EQU  2:3
RLINK  EQU  4:5
```

```
START LDA   K            1          A1. 초기화.
      ENT5  HEAD         1          T ← HEAD.
      LD2   0,5(RLINK)   1          Q ← RLINK(HEAD).
      JMP   2F           1          S ← P ← Q로 설정하고 A2로 진입.
4H    LD2   0,1(RLINK)   C2         A4. 오른쪽으로 이동. Q ← RLINK(P).
      J2Z   5F           C2         만일 Q = Λ 이면 A5로.
1H    LDX   0,2(B)       C−1        rX ← B(Q).
      JXZ   *+3          C−1        만일 B(Q) = 0면 점프.
      ENT5  0,1          D−1        T ← P.
2H    ENT4  0,2          D          S ← Q.
      ENT1  0,2          C          P ← Q.
      CMPA  1,1          C          A2. 비교.
      JG    4B           C          만일 K > KEY(P)이면 A4로.
      JE    SUCCESS      C1         만일 K = KEY(P)이면 종료.
      LD2   0,1(LLINK)   C1−S       A3. 왼쪽으로 이동. Q ← LLINK(P).
      J2NZ  1B           C1−S       만일 Q ≠ Λ 면 점프.
5H    LD2   AVAIL        1−S        A5. 삽입.
      J2Z   OVERFLOW     1−S
      LDX   0,2(RLINK)   1−S
      STX   AVAIL        1−S        Q ⇐ AVAIL.
      STA   1,2          1−S        KEY(Q) ← K.
      STZ   0,2          1−S        LLINK(Q) ← RLINK(Q) ← Λ.
      JL    1F           1−S        K < KEY(P)였나?
      ST2   0,1(RLINK)   A          RLINK(P) ← Q.
      JMP   *+2          A
1H    ST2   0,1(LLINK)   1−S−A      LLINK(P) ← Q.
6H    CMPA  1,4          1−S        A6. 균형 인수들을 조정.
      JL    *+3          1−S        만일 K < KEY(S)면 점프.
      LD3   0,4(RLINK)   E          R ← RLINK(S).
      JMP   *+2          E
      LD3   0,4(LLINK)   1−S−E      R ← LLINK(S).
      ENT1  0,3          1−S        P ← R.
      ENTX  -1           1−S        rX ← −1.
      JMP   1F           1−S        비교 루프로.
4H    JE    7F           F2+1−S     만일 K = KEY(P)면 A7로.
      STX   0,1(1:1)     F2         B(P) ← +1 (+0이었음).
      LD1   0,1(RLINK)   F2         P ← RLINK(P).
1H    CMPA  1,1          F+1−S
      JGE   4B           F+1−S      만일 K ≥ KEY(P)면 점프.
      STX   0,1(B)       F1         B(P) ← −1.
      LD1   0,1(LLINK)   F1         P ← LLINK(P).
```

```
         JMP   1B              F1        비교 루프로.
7H       LD2   0,4(B)          1 − S     A7. 균형 잡기. rI2 ← B(S).
         STZ   0,4(B)          1 − S     B(S) ← 0.
         CMPA  1,4             1 − S
         JG    A7R             1 − S     만일 K > KEY(S)면 a = +1 루틴으로.
A7L      J2P   DONE            U1        만일 rI2 = −a면 종료.
         J2Z   7F              G1 + J1   만일 B(S)가 0이었으면 점프.
         ENT1  0,3             G1        P ← R.
         LD2   0,3(B)          G1        rI2 ← B(R).
         J2N   A8L             G1        만일 rI2 = a면 A8로.
A9L      LD1   0,3(RLINK)      H1        A9. 이중 회전.
         LDX   0,1(LLINK)      H1        LINK(a, P ← LINK(−a, R))
         STX   0,3(RLINK)      H1           → LINK(−a, R).
         ST3   0,1(LLINK)      H1        LINK(a, P) ← R.
         LD2   0,1(B)          H1        rI2 ← B(P).
         LDX   T1,2            H1        −a 또는 0 또는 0
         STX   0,4(B)          H1           → B(S).
         LDX   T2,2            H1        0 또는 0 또는 a
         STX   0,3(B)          H1           → B(R).
A8L      LDX   0,1(RLINK)      G1        A8. 단일 회전.
         STX   0,4(LLINK)      G1        LINK(a, S) ← LINK(−a, P).
         ST4   0,1(RLINK)      G1        LINK(−a, P) ← S.
         JMP   8F              G1        다른 가지와 합친다.
A7R      J2N   DONE            U2        만일 rI2 = −a면 종료.
         J2Z   6F              G2 + J2   만일 B(S)가 0이었으면 점프.
         ENT1  0,3             G2        P ← R.
         LD2   0,3(B)          G2        rI2 ← B(R).
         J2P   A8R             G2        만일 rI2 = a면 A8로.
A9R      LD1   0,3(LLINK)      H2        A9. 이중 회전.
         LDX   0,1(RLINK)      H2        LINK(a, P ← LINK(−a, R))
         STX   0,3(LLINK)      H2           → LINK(−a, R).
         ST3   0,1(RLINK)      H2        LINK(a, P) ← R.
         LD2   0,1(B)          H2        rI2 ← B(P).
         LDX   T2,2            H2        −a 또는 0 또는 0
         STX   0,4(B)          H2           → B(S).
         LDX   T1,2            H2        0 또는 0 또는 a
         STX   0,3(B)          H2           → B(R).
A8R      LDX   0,1(LLINK)      G2        A8. 단일 회전.
         STX   0,4(RLINK)      G2        LINK(a, S) ← LINK(−a, P).
         ST4   0,1(LLINK)      G2        LINK(−a, P) ← S.
8H       STZ   0,1(B)          G         B(P) ← 0.
```

```
A10    CMP4 0,5(RLINK)      G        A10. 마지막 손질.
       JNE  *+3             G        만일 RLINK(T) ≠ S이면 점프.
       ST1  0,5(RLINK)      G3       RLINK(T) ← P.
       JMP  DONE            G3       종료.
       ST1  0,5(LLINK)      G4       LLINK(T) ← P.
       JMP  DONE            G4       종료.
       CON  +1
T1     CON  0                        (3)을 위한 표.
T2     CON  0
       CON  -1
6H     ENTX +1              J2       rX ← +1.
7H     STX  0,4(B)          J        B(S) ← a.
       LDX  HEAD(LLINK)     J        LLINK(HEAD)
       INCX 1               J          +1
       STX  HEAD(LLINK)     J            → LLINK(HEAD).
DONE   EQU  *               1-S      삽입 완료. ▮
```

균형 트리 삽입의 분석. 〔수학에 흥미가 없는 독자라면 (10)으로 넘어갈 것.〕 알고리즘 A의 실행 시간을 파악하기 위해서는 다음 질문들의 답을 알아야 한다.

- 검색 도중 비교가 몇 번이나 수행되는가?
- 노드 S와 Q는 얼마나 떨어져 있는가? (바꾸어 말하면, 단계 A6에서 얼마만큼의 조정이 필요한가?)
- 단일 회전 또는 이중 회전을 몇 번 수행해야 하는가?

최악의 경우의 실행 시간에 대한 상계들은 정리 A를 이용해서 어렵지 않게 유도할 수 있다. 그러나 실제 응용에서는 물론 평균 습성이 더 요긴하다. 평균 습성에 대한 이론적인 해법은 아직 성공적으로 완성된 것이 아니다. 알고리즘이 상당히 복잡해 보이기 때문이다. 그러나 흥미로운 이론적, 실험적 결과들은 여럿 얻어진 바 있다.

우선, 내부 노드가 n개이고 높이가 h인 균형 이진트리들의 개수 B_{nh}를 생각해보자. 작은 h에 대한 생성함수 $B_h(z)=\sum_{n\ge 0} B_{nh}z^n$을 계산하는 것은 어렵지 않다. 다음과 같은 관계식들을 이용하면 된다.

$$B_0(z)=1,\qquad B_1(z)=z,\qquad B_{h+1}(z)=zB_h(z)(B_h(z)+2B_{h-1}(z)).\tag{5}$$

(연습문제 6 참고.) $h=4$까지는

$$\begin{aligned}
B_2(z)&=2z^2+z^3,\\
B_3(z)&=\qquad 4z^4+6z^5+4z^6+z^7,\\
B_4(z)&=\qquad\qquad 16z^7+32z^8+44z^9+\cdots+8z^{14}+z^{15}
\end{aligned}$$

이며, 일반화하자면 $h \geq 3$에 대한 $B_h(z)$은 $L_k = F_{k+1} + F_{k-1}$이라 할 때 다음과 같은 형태이다.

$$2^{F_{h+1}-1}z^{F_{h+2}-1} + 2^{F_{h+1}-2}L_{h-1}z^{F_{h+2}} + \text{복잡한 항들} + 2^{h-1}z^{2^h-2} + z^{2^h-1}. \qquad (6)$$

(이 공식은 정리 A를 일반화한다.) 높이가 h인 균형 트리들 전체 개수는 $B_h = B_h(1)$로, 이는 점화식

$$B_0 = B_1 = 1, \qquad B_{h+1} = B_h^2 + 2B_hB_{h-1} \qquad (7)$$

을 만족한다. 즉 $B_2 = 3, B_3 = 3 \cdot 5, B_4 = 3^2 \cdot 5 \cdot 7, B_5 = 3^3 \cdot 5^2 \cdot 7 \cdot 23$ 등이다. 일반화하면

$$B_h = A_0^{F_h}A_1^{F_{h-1}} \ldots A_{h-1}^{F_1}A_h^{F_0} \qquad (8)$$

인데, 여기서 $A_0 = 1,\ A_1 = 3,\ A_2 = 5,\ A_3 = 7,\ A_4 = 23,\ A_5 = 347, \ldots, A_h = A_{h-1}B_{h-2} + 2$이다. 수열 B_h와 수열 A_h는 아주 빠르게 증가한다. 실제로 이들은 이중지수(doubly exponential)이다: 연습문제 7은

$$B_h = \lfloor\theta^{2^h}\rfloor - \lfloor\theta^{2^{h-1}}\rfloor + \lfloor\theta^{2^{h-2}}\rfloor - \cdots + (-1)^h\lfloor\theta^{2^0}\rfloor \qquad (9)$$

을 만족하는 실수 $\theta \approx 1.43687$이 존재함을 보여준다. 만일 B_h개의 트리들이 모두 동일확률이라고 하면, 높이가 h인 한 트리의 평균 노드 개수는

$$B_h'(1)/B_h(1) \approx (0.70118)2^h - 1 \qquad (10)$$

이다(연습문제 8). 이는 노드의 수가 N개인 균형 트리의 높이가 일반적으로 $\log_\phi N$보다는 $\log_2 N$에 훨씬 더 가까움을 의미한다.

안타깝게도 이러한 결과들이 알고리즘 A와 크게 연관이 되는 것은 아니다. 왜냐하면 그 알고리즘의 메커니즘은 다른 것들보다 훨씬 더 자주 나오는 일부 트리들을 활용하기 때문이다. 예를 들어 $N = 7$일 때에는 17개의 균형 트리들이 가능하다. 일곱 개의 키들을 삽입한다고 할 때, 가능한 삽입 순서는 총 $7! = 5040$가지이며, 그 중 균형이 완벽하게 잡힌 "완전" 트리(complete tree)

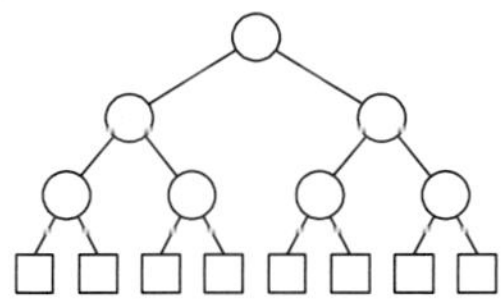

(11)

는 2160번 나타난다. 반면 피보나치 트리

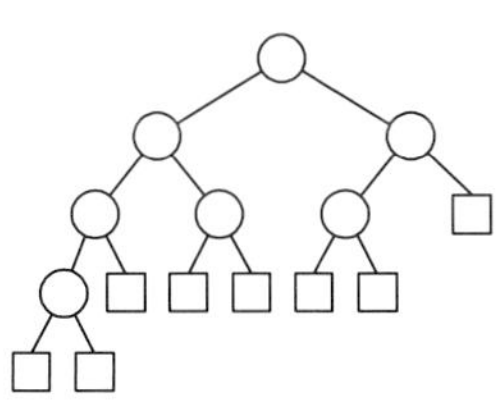

(12)

는 단 144번 발생한다. 그리고 그와 비슷한 트리

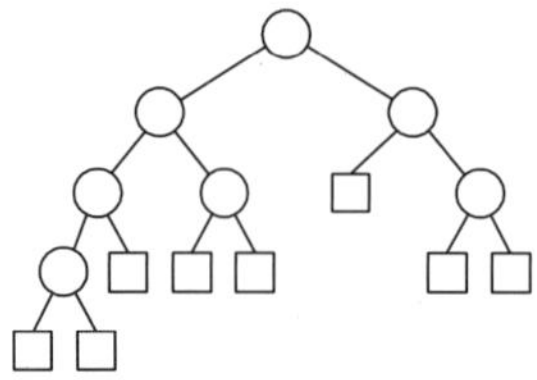

(13)

는 216번 나온다. (12)와 (13)의 왼쪽 하위트리들을 임의의 4노드 균형 트리들로 대체하고 좌우를 뒤집어서 16개의 서로 다른 트리들을 만들 수 있다. (12)로부터 얻은 여덟 트리들은 각각 144번 나타나며 (13)으로부터 얻은 여덟 트리들은 각각 216번 나타난다. 놀랍게도, (13)이 (12)보다 더 흔한 것이다.

완전 균형 트리들이 그렇게 높은 확률로 만들어진다는 사실과 동일 확률들의 경우에 해당하는 (10)을 고려하면, 균형 트리의 평균 검색 시간이 어떤 작은 상수 c에 대해 약 $\lg N + c$회의 비교들에 해당하는 시간일 것이라고 추측해도 크게 틀리지는 않을 것 같다. 그러나 플로이드R. W. Floyd는 $\lg N$의 계수가 정확히 1일 가능성은 낮다고 주장했다. 왜냐하면, 만일 정확히 1이라면 트리의 루트는 중앙값 부근이고 그 두 하위트리들의 루트들은 4분 1 지점 근처일 것이며, 그러면 단일 회전과 이중 회전을 적용했을 때 루트가 중앙값 부근을 유지하는 게 쉽지 않을 것이기 때문이다. 실험에 따르면 N번째 항목을 삽입하는 데 필요한 진정한 평균 비교 횟수는 근사적으로 $1.01 \lg N + 0.1$이다(N이 작지 않다고 할 때).

알고리즘의 삽입과 재균형화 페이즈의 습성을 연구하기 위해서는 그림 23에 나온 것처럼 균형 트리의 외부 노드들을 분류하는 게 도움이 된다. 한 외부 노드로의 경로를 +들과 -들로 명시할 수 있다(오른쪽 링크에 대해서는 +, 왼쪽 링크는 -). 균형 인수가 0이 아닌 첫 번째 노드에 도달할 때까지, 또는 그런 노드가 없다면 루트에 도달할 때까지 그러한 링크 명세를 적어 나간다. 그런 다음에는, 내부 노드를 주어진 장소에 삽입한 후의 새 트리가 균형 트리인지 아닌지에 따라 A 또는 B를

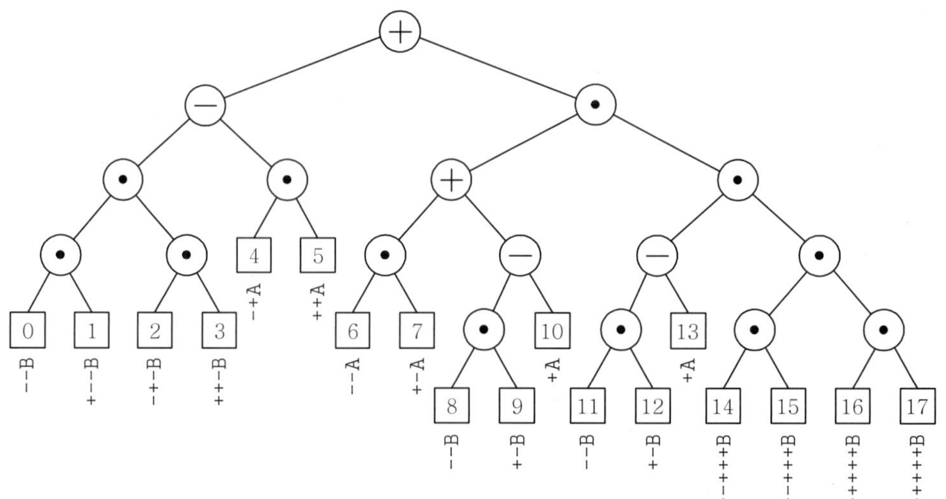

그림 23. 삽입 이후의 알고리즘 A의 습성을 명시하는 분류 부호들.

적는다. 예를 들어 [3] 으로의 경로는 ++-B로, 이는 "오른쪽 링크, 오른쪽 링크, 왼쪽 링크, 균형 아님"을 뜻한다. 명세가 A로 끝난다면 새 노드를 삽입한 후에 균형을 다시 잡을 필요가 없다. ++B나 --B로 끝난다면 단일 회전이 필요하며, +-B나 -+B로 끝난다면 이중 회전이 필요하다. 명세에 나온 링크들이 k개라고 할 때, 단계 A6에서는 균형 인수들을 정확히 $k-1$번 조정해야 한다. 따라서 이러한 명세들은 단계 A6에서 A10까지의 실행 시간을 지배하는 필수적인 사실들을 제공한다고 할 수 있다.

표 1

N번째 항목 삽입에 대한 근사 확률들

경로 길이 k	재균형화 없음	단일 회전	이중 회전
1	.143	.000	.000
2	.152	.143	.143
3	.092	.048	.048
4	.060	.024	.024
5	.036	.010	.010
>5	.051	.009	.008
평균 2.78	총 .534	.233	.232

표 1은 $100 \le N \le 2000$인 난수들로 수행한 실험들로 얻은, 여러 종류의 경로들에 대한 근사 확률들이다. $N \to \infty$에 따라, 이 확률들이 극한값들에 빠르게 접근함은 명백하다. 표 2는 $N = 10$일 때의 표 1에 해당하는 정확한 확률들로, 입력의 $10!$개의 순열들이 동일확률이라고 가정한 것이다. (표 1에서 .143으로 나온 확률들은, 실제로는 모든 $N \ge 7$에 대해 $1/7$과 같다. 연습문제 11을 볼 것. $N \le 15$일 때에는 단일 회전들과 이중 회전들이 동일확률이나, $N \ge 16$일 때에는 이중 회전들이 약간 덜 발생한다.)

표 2

10번째 항목 삽입에 대한 정확한 확률들

경로 길이 k	재균형화 없음	단일 회전	이중 회전
1	1/7	0	0
2	6/35	1/7	1/7
3	4/21	2/35	2/35
4	0	1/21	1/21
평균 247/105	53/105	26/105	26/105

표 1을 보면 k가 ≤ 2일 확률은 약 $.143 + .152 + .143 + .143 = .581$이다. 따라서 단계 A6은 약 60퍼센트의 경우에서 상당히 간단하다. 그 단계에서, 값이 0에서 ± 1로 바뀌는 균형 인수들의 평균 개수는 1.8이다. 단계 A7에서 A10까지에서 값이 ± 1에서 0으로 바뀌는 균형 인수들의 평균

개수는 근사적으로 $.534+2(.233+.232)\approx 1.5$이다. 즉, 새 노드 하나를 추가하면 평균적으로 약 $1.8-1.5=0.3$개의 균형이 깨진 노드들이 생긴다. 이는 알고리즘 A로 구축한 무작위 트리들에서 모든 노드의 약 68퍼센트가 균형을 이룬다는 사실과 부합한다.

알고리즘 A의 습성의 근사적 모형 하나를 포스터C. C. Foster가 제안한 바 있다 〔*Proc. ACM Nat. Conf.* 20 (1965), 192-205.〕 이 모형이 엄밀하게 정확한 것은 아니지만, 어느 정도의 통찰을 얻어낼 수 있을 만큼은 충분히 진실에 가깝다. 알고리즘 A로 만든 커다란 트리의 한 주어진 노드의 균형 인수가 0일 확률을 p라고 하자. 그러면 균형 인수가 $+1$일 확률은 $\frac{1}{2}(1-p)$이고 -1일 확률도 $\frac{1}{2}(1-p)$이다. 더 나아가서, 모든 노드의 균형 인수들이 독립적이라고 (일단 근거 없이) 가정해 보자. 그러면 단계 A6에서 정확히 $k-1$개의 균형 인수들을 0이 아닌 값으로 설정할 확률은 $p^{k-1}(1-p)$이다. 따라서 k의 평균값은 $1/(1-p)$이다. 트리의 일부를 회전시켜야 할 확률은 $q\approx\frac{1}{2}$이다. 새 노드를 삽입하면 트리 노드들의 개수는 평균적으로 p만큼 증가해야 한다. 실제로 이 개수는 단계 A5에서 1, 단계 A6에서 $-p/(1-p)$, 단계 A7에서 q, 단계 A8 또는 A9에서 $2q$만큼 증가하므로, 반드시

$$p=1-p/(1-p)+3q\approx 5/2-p/(1-p)$$

가 성립해야 한다. 이를 p에 대해 풀면 표 1에 상당히 부합하는 결과가 나온다:

$$p\approx\frac{9-\sqrt{41}}{4}\approx 0.649;\qquad 1/(1-p)\approx 2.851. \tag{14}$$

알고리즘 A의 검색 페이즈(줄 01-19)의 실행 시간은

$$10C+C1+2D+2-3S \tag{15}$$

로, 여기서 $C, C1, S$는 이번 장의 이전 알고리즘들에서와 같고 D는 검색 경로에서 마주치게 되는 불균형 노드들의 개수이다. 실험적 검정들에 따르면 $D\approx\frac{1}{3}C$, $C1\approx\frac{1}{2}(C+S)$, $C+S\approx 1.01\lg N+0.1$로 둘 수 있다. 그러면 평균 검색 시간은 근사적으로 $11.3\lg N+3-13.7S$단위이다. (물론, 만일 검색이 삽입보다 훨씬 많이 수행된다면 검색을 개별적인, 더 빠른 프로그램으로 수행하면 된다. 그러면 성공적인 검색에 대한 평균 실행 시간은 약 $(6.6\lg N-3.4)u$밖에 되지 않을 것이며, 최악의 경우의 실행 시간이 사실상 프로그램 6.2.2T의 평균 실행 시간보다 더 나아지게 될 것이다.)

프로그램 A의 삽입 페이즈(줄 20-45)의 실행 시간은 검색 실패의 경우 $8F+26+(0$ 또는 1 또는 $2)$단위이다. 표 1의 자료는 평균적으로 $F\approx 1.8$임을 가리킨다. 재균형화 페이즈(줄 46-101)는 전체 높이가 증가했느냐, 아니면 그냥 재균형화 없이 종료되었느냐, 아니면 단일 회전 또는 이중 회전을 수행했느냐에 따라 각각 16.5, 8, 27.5 또는 $45.5(\pm 0.5)$단위의 시간을 소비한다. 첫 번째 경우는 결코 발생하지 않으며, 나머지 경우들은 각각 .534, .233, .232의 근사적 확률로 발생한다. 따라서 프로그램 A의 삽입 부분과 재균형화 부분을 합친 부분의 평균 실행 시간은 약 $63u$이다.

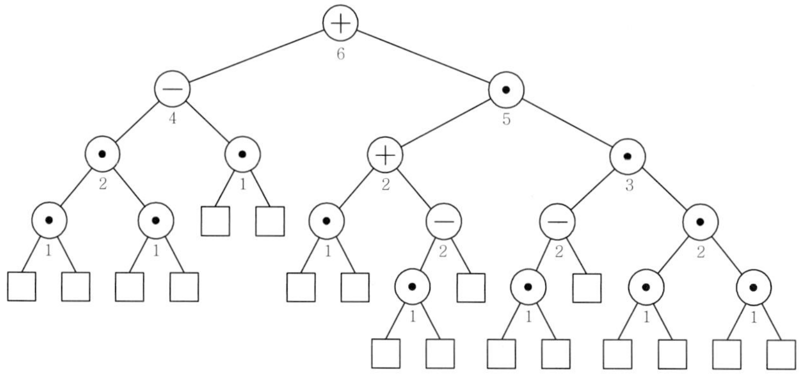

그림 24. 위치에 의한 검색에 쓰이는 RANK 필드들.

이러한 수치들은 메모리 안에서 균형 트리를 유지하는 것이 상당히 빠름을(프로그램이 꽤 길다고 해도) 의미한다. 만일 입력 자료가 무작위이면 6.2.2절의 단순한 트리 삽입 알고리즘이 삽입 당 대략 $50u$ 만큼 빠르다. 그러나 균형 트리 알고리즘은 입력 자료가 무작위가 아니라고 해도 항상 믿을만하다.

프로그램 A와 프로그램 6.2.2T를, 후자의 최악의 경우를 고찰해서 비교할 수도 있다. 만일 증가 순서로 된 N개의 키들을 원래 비어 있는 트리에 삽입하는 데 필요한 시간을 연구해 본다면, 프로그램 A가 $N \le 26$에 대해서는 더 느리고 $N \ge 27$에 대해서는 더 빠르다는 결과는 얻게 될 것이다.

선형 목록 표현. 그럼 이번 절 시작 부분에서의 주장, 즉 선형 목록을 균형 트리로 표현하되, 항목들을 빠르게 삽입하면서(순차 할당의 어려움을 극복) 목록 항목들에 임의로 접근하는 것도 가능한(연결 할당의 어려움을 극복) 방식으로 표현할 수 있다는 주장으로 되돌아가자.

핵심은 각 노드에 RANK 필드라는 새로운 필드를 추가하는 것이다. 이 필드는 해당 하위트리 안에서의 노드의 상대 위치를 가리키는 것으로, 구체적으로 말하면 자신의 왼쪽 하위트리의 노드 개수 더하기 1이다. 그림 24는 그림 23의 이진트리에 대한 RANK 값들을 표시한 것이다. 이 필드를 추가한다면 KEY 필드는 이제 제거할 수 있다. 물론 KEY와 RANK를 둘 다 둘 수도 있다. 그러면 목록에서 항목을 키로도, 상대 위치로도 조회할 수 있다.

그러한 RANK 필드를 사용한다고 할 때, 위치에 의한 조회를 수행하도록 지금까지 나온 검색 알고리즘들을 수정하는 것은 어렵지 않다.

알고리즘 B (위치에 의한 트리 검색). 이진트리로 표현된 선형 목록이 주어졌을 때, 이 알고리즘은 지정된 k를 가지고 목록의 k번째 항목(트리에서는 대칭 순서로 k번째 노드)을 찾는다. 이진트리 노드들은 알고리즘 A에서처럼 LLINK 필드와 RLINK 필드 및 하나의 헤더를 가지며, 또한 앞에서 설명한 RANK도 가진다고 가정한다.

B1. 〔초기화.〕 M ← k, P ← RLINK(HEAD)로 설정한다.

B2. 〔비교.〕 만일 P = Λ이면 검색 실패를 결과로 해서 알고리즘을 끝낸다. (이런 일은 k가 트리의 노드 개수보다 크거나 $k \leq 0$인 경우에만 발생한다.) 그렇지 않고 만일 M < RANK(P)이면 B3으로 간다. 만일 M > RANK(P)이면 B4로 간다. 만일 M = RANK(P)이면 검색 성공을 결과로 해서 알고리즘을 끝낸다. (이 때 P가 k번째 노드를 가리킨다.)

B3. 〔왼쪽으로 이동.〕 P ← LLINK(P)로 설정하고 B2로 돌아간다.

B4. 〔오른쪽으로 이동.〕 M ← M − RANK(P), P ← RLINK(P)로 설정하고 B2로 돌아간다. ▮

이 알고리즘에서 새로이 주목할만한 것은 단계 B4에서 M을 다루는 방식뿐이다. 트리 삽입 절차도 마찬가지 방식으로 수정할 수 있으나, 세부사항은 다소 더 까다롭다.

알고리즘 C (위치에 의한 균형 트리 삽입). 균형 이진트리로 표현된 선형 목록이 주어졌을 때, 이 알고리즘은 지정된 k와 새 노드를 가리키는 Q를 가지고 새 노드를 목록의 k번째 원소 바로 앞에 삽입한다. 만일 $k = N + 1$이면 새 노드를 목록 마지막 항목 바로 뒤에 삽입한다.

이진트리가 비지 않았으며 노드들이 LLINK 필드, RLINK 필드, 헤더, 그리고 앞에서 설명한 RANK 필드를 가진다고 가정한다. 이 알고리즘은 알고리즘 A를 거의 그대로 베낀 것일 뿐이다. 차이는 KEY 필드 대신 RANK 필드를 사용, 갱신한다는 점이다.

C1. 〔초기화.〕 T ← HEAD, S ← P ← RLINK(HEAD), U ← M ← k로 설정한다.

C2. 〔비교.〕 만일 M ≤ RANK(P)이면 C3으로 가고 그렇지 않으면 C4로 간다.

C3. 〔왼쪽으로 이동.〕 RANK(P) ← RANK(P) + 1로 설정한다. (이제부터 새 노드를 P의 왼쪽에 삽입한다.) R ← LLINK(P)로 설정한다. 만일 R = Λ이면 LLINK(P) ← Q로 설정하고 C5로 간다. 그렇지 않고 만일 B(R) ≠ 0이면 T ← P, S ← R, U ← M으로 설정한다. 마지막으로 P ← R로 설정하고 C2로 돌아간다.

C4. 〔오른쪽으로 이동.〕 M ← M − RANK(P), R ← RLINK(P)로 설정한다. 만일 R = Λ이면 RLINK(P) ← Q로 설정하고 C5로 간다. 그렇지 않고 만일 B(R) ≠ 0이면 T ← P, S ← R, U ← M으로 설정한다. 마지막으로 P ← R로 설정하고 C2로 돌아간다.

C5. 〔삽입.〕 RANK(Q) ← 1, LLINK(Q) ← RLINK(Q) ← Λ, B(Q) ← 0으로 설정한다.

C6. 〔균형 인수들을 조정.〕 M ← U로 설정한다. (이러면 P가 S였을 때의 M의 이전 값이 복원된다. 이제 모든 RANK 필드가 적절히 설정되었다.) 만일 M < RANK(S)이면 R ← P ← LLINK(S), a ← −1로 설정한다. 그렇지 않으면 R ← P ← RLINK(S), a ← +1, M ← M − RANK(S)로 설정한다. 그런 후에는 P = Q가 될 때까지 다음 연산들을 반복한다: 만일 M < RANK(P)이면 B(P) ← −1, P ← LLINK(P)로 설정한다. 만일 M > RANK(P)이면 B(P) ← +1, M ← M − RANK(P), P ← RLINK(P)로 설정한다. (만일 M = RANK(P)이면 P = Q이며 다음 단계로 넘어가게 된다.)

C7. 〔균형 잡기.〕 여러 경우들이 발생할 수 있다:

i) 만일 B(S) = 0이면 B(S) ← a, LLINK(HEAD) ← LLINK(HEAD) + 1로 설정하고 알고리즘을 끝낸다.

ii) 만일 B(S) = $-a$이면 B(S) ← 0으로 설정하고 알고리즘을 끝낸다.

iii) 만일 B(S) = a이면, B(R) = a이면 C8로 가고 B(R) = $-a$이면 C9로 간다.

C8. 〔단일 회전.〕 P ← R, LINK(a, S) ← LINK($-a$, R), LINK($-a$, R) ← S, B(S) ← B(R) ← 0으로 설정한다. 만일 $a = +1$이면 RANK(R) ← RANK(R) + RANK(S)로 설정한다. 만일 $a = -1$이면 RANK(S) ← RANK(S) − RANK(R)로 설정한다. C10으로 간다.

C9. 〔이중 회전.〕 단계 A9(알고리즘 A)의 모든 연산을 수행한다. 그런 다음, 만일 $a = +1$이면 RANK(R) ← RANK(R) − RANK(P), RANK(P) ← RANK(P) + RANK(S)로 설정한다. 만일 $a = -1$이면 RANK(P) ← RANK(P) + RANK(R)로 설정하고 RANK(S) ← RANK(S) − RANK(P)로 설정한다.

C10. 〔마무리 손질.〕 만일 S = RLINK(T)이면 RLINK(T) ← P로 설정하고 그렇지 않으면 LLINK(T) ← P로 설정한다. ▮

***삭제, 연결, 등등.** 검색과 삽입 이외의 다른 여러 가지 작업을 트리의 균형을 유지하면서 균형 트리에 적용하는 것이 가능하다. 그러나 그런 알고리즘들은 세부 사항이 이 책의 범위를 벗어날 정도로 복잡하기 때문에, 여기에서는 전반적인 개념들만 논의하기로 한다. 흥미가 있는 독자라면 큰 어려움 없이 세부사항을 채워 넣을 수 있을 것이다.

삭제 문제는 제대로만 접근한다면 $O(\log N)$단계로 해결할 수 있다. 〔C. C. Foster, "A Study of AVL Trees," Goodyear Aerospace Corp. 보고서 GER-12158 (1965년 4월)〕. 우선, 임의의 노드의 삭제 문제를 알고리즘 6.2.2D에서처럼 LLINK(P) 또는 RLINK(P)가 Λ인 노드 P를 삭제하는 간단한 문제로 줄일 수 있다. 단, 노드 P로의 경로를 지정하는 포인터들의 목록을 구축하도록 알고리즘을 수정해야 한다. 즉, 다음과 같은 목록을 구축해야 한다.

$$(P_0, a_0), \qquad (P_1, a_1), \qquad \ldots, \qquad (P_l, a_l), \tag{16}$$

여기서 P_0 = HEAD, $a_0 = +1$; $0 \le i < l$에 대해 LINK(a_i, P_i) = P_{i+1}; P_l = P; LINK(a_l, P_l) = Λ이다. 이 목록은 트리를 따라 검색하는 과정에서 하나의 보조 스택에 담아 두면 된다. 노드 P는 LINK(a_{l-1}, P_{l-1}) ← LINK($-a_l$, P_l)로 설정해서 삭제하는데, 이 때 반드시 노드 P_{l-1}에서의 균형 인수를 조정해야 한다. P_k 노드의 a_k 하위트리의 높이가 감소했기 때문에 그 노드에서 균형 인수를 조정해야 한다고 가정하자. 다음과 같은 조정 절차를 밟아야 한다: 만일 $k = 0$이면 LLINK(HEAD) ← LLINK(HEAD) − 1로 설정하고 알고리즘을 끝낸다(트리 전체의 높이가 줄어들었으므로). 그렇지 않으면 B(P_k)의 균형 인수를 본다. 이 때 다음 세 가지 경우가 가능하다:

i) $\mathtt{B}(P_k) = a_k$인 경우. $\mathtt{B}(P_k) \leftarrow 0$으로 설정하고, k를 1 감소하고, k의 새 값에 대해 조정 절차를 반복한다.

ii) $\mathtt{B}(P_k) = 0$인 경우. $\mathtt{B}(P_k)$를 $-a_k$로 설정하고 삭제 알고리즘을 끝낸다.

iii) $\mathtt{B}(P_k) = -a_k$인 경우. 재균형화가 필요하다!

균형을 다시 잡아야 하는 상황들은 삽입 알고리즘에서의 해당 상황들과 거의 같다. (1)을 다시 본다면, 삭제가 일어난 곳의 반대편 가지에서 A는 노드 P_k이고 B는 $\mathtt{LINK}(-a_k,\ P_k)$이다. 유일한 새로운 특징이라면 노드 B가 균형이 잡힐 수도 있다는 것이다. 이는 새로운 경우 3으로 이어지는데, 경우 3은 경우 1과 비슷하나 β의 높이가 $h+1$이라는 점에서는 차이를 보인다. 이전 경우들에서는 (2)와 같은 재균형화에 의해 높이가 감소하며, 따라서 $\mathtt{LINK}(a_{k-1},\ P_{k-1})$을 (2)의 루트로 설정하고, k를 1 감소하고, 이 새 k 값에 대해 조정 절차를 다시 밟는다. 경우 3에서는 단일 회전을 수행한다. 그러면 전체적인 높이가 변하지 않으면서도 A와 B 모두 0이 아닌 균형 인수들을 가지게 된다. 이제 $\mathtt{LINK}(a_{k-1},\ P_{k-1})$이 노드 B를 가리키도록 한 후에는 알고리즘을 끝내면 된다.

삽입과 삭제의 중요한 차이는, 삭제의 경우 최대 $\log N$회의 회전들이 필요할 수 있으나 삽입에서는 한 번만으로 충분하다는 것이다. 피보나치 트리(6.2.1절의 그림 8 참고)의 제일 오른쪽 노드를 삭제해 보면 그 이유가 명확해질 것이다. 그러나 실험들에 따르면, 한 번의 삭제에 실제로 필요한 회전 횟수는 평균 0.21회 정도이다.

선형 목록을 균형 트리로 표현한다고 할 때, 결합(concatenation, 또는 연결) 알고리즘은 어떻게 만들어야 하는지도 고민해 볼 수 있을 것이다. 이 때의 결합이 의미하는 바는 트리 L_2 전체를 트리 L_1의 오른쪽에 삽입하되 그러면서도 트리의 균형은 깨지 않는다는 것이다. 크레인Clark A. Crane이 처음으로 고안한, 목록 결합을 위한 우아한 알고리즘은 다음과 같다: $\mathrm{height}(L_1) \geq \mathrm{height}(L_2)$라고 가정한다. 그 외의 경우들도 비슷하다. L_2의 첫 노드를 삭제한다. 그 노드를 접합 노드(juncture node) J라고 부르기로 하자. 그리고 $L_2 \setminus \{J\}$로 얻은 새 트리를 L_2'이라고 하자. 이제 L_1의 오른쪽 링크들을 따라 내려가되,

$$\mathrm{height}(P) - \mathrm{height}(L_2') = 0 \text{ 또는 } 1$$

을 만족하는 노드 P를 만나면 멈춘다. 이러한 노드를 만나는 것은 항상 가능한 일이다. 한 수준 내려갈 때마다 높이가 1 또는 2만큼 변하기 때문이다. 이제 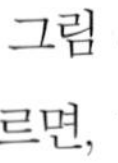 를

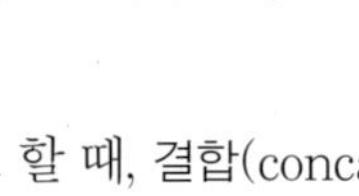

로 대체한다. 그런 다음, 마치 새 노드 J가 알고리즘 A에 의해서 방금 삽입된 것처럼 L_1을 조정한다.

크레인은 결합의 반대인 좀 더 어려운 문제, 즉 하나의 목록을 분리하되 분리된 두 부분을 결합하면 원래의 목록이 나오도록 하는 문제도 풀었다. 예를 들어 그림 20의 목록을 {A, ..., I}를 담은 한 부분과 {J, ..., Q}를 담은 한 부분으로 분리한다고 하자. 이를 위해서는 하위트리들을 크게 뜯어고쳐

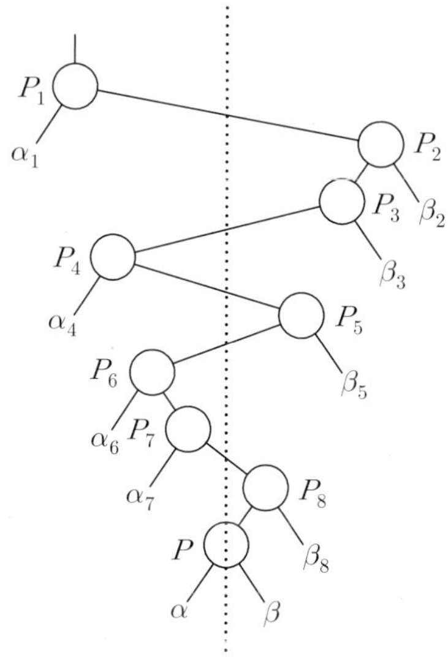

그림 25. 하나의 목록을 둘로 분리하는 문제.

야 할 것이다. 일반적으로, 어떤 주어진 노드 P에서 트리를 분리하는 경우 P로의 경로는 그림 25에서와 비슷한 것이 된다. $\alpha_1, P_1, \alpha_4, P_4, \alpha_6, P_6, \alpha_7, P_7, \alpha, P$의 노드들을 대칭 순서로 담는 왼쪽 트리와 $\beta, P_8, \beta_8, P_5, \beta_5, P_3, \beta_3, P_2, \beta_2$를 담는 오른쪽 트리를 구축해야 하는데, 이는 일련의 결합 연산들로 수행할 수 있다: 우선 P를 α의 오른쪽에 삽입하고, 그런 다음 P_8을 접합 노드로 해서 β와 β_8를 결합하고, P_7을 접합 노드로 해서 α_7과 αP를 결합하고, P_6으로 α_6과 $\alpha_7 P_7 \alpha P$를, P_5로 $\beta P_8 \beta_8$과 β_5를 결합하는 등으로 진행한다. 접합 노드들로는 P로의 경로에 있는 노드 $P_8, P_7, \ldots, P_1$이 쓰인다. 크레인은 원래의 트리의 노드 개수가 N개일 때 이러한 분리 알고리즘이 단 $O(\log N)$단위시간만을 소비함을 증명했다. 이러한 결과가 나오게 되는 본질적인 이유는, k가 결합할 트리들의 높이 차이라고 할 때, 주어진 하나의 접합 노드를 이용한 결합이 $O(k)$단계를 필요로 하며, 합할 k의 값들이 본질적으로는 알고리즘이 구축하는 왼쪽, 오른쪽 트리 모두에 대한 망원급수를 형성한다는 데 있다.

이 알고리즘들 모두는 노드가 KEY 필드 또는 RANK 필드 또는 둘 다 가지는 경우들에 대해 사용될 수 있으나, 결합의 경우 L_2의 키들이 모두 L_1의 키들보다 반드시 커야 한다. 일반적인 용도라면 LLINK와 RLINK뿐만 아니라 UP 링크도 가진, 그리고 주어진 노드가 부모의 왼쪽 자식인지 오른쪽 자식인지를 식별하는 추가적인 1비트 필드도 가진 3중 연결 트리를 사용하는 게 많은 경우에서 바람직하다. 3중 연결 트리 표현은 알고리즘을 조금 단순화하며, 트리의 노드를 그 노드로의 경로를 명시적으로 추적하지 않고도 지정할 수 있게 한다. P가 주어졌을 때 NODE(P)를 삭제하는 서브루틴을 작성할 수도 있고, 아니면 대칭 순서로 NODE(P) 다음에 있는 노드를 삭제할 수도 있다. 또는 NODE(P)를 담은 목록을 찾는 등 다양한 응용이 가능하다. 3중 연결 트리를 위한 삭제 알고리즘에서는 목록 (16)을 구축할 필요가 없다. 필요한 정보를 UP 링크들로 얻을 수 있기 때문이다. 물론 3중 연결 트리에서는 삽입, 삭제, 회전을 수행할 때 조금 더 많은 링크들을 수정해야 한다. 이중 연결 트리 대신 3중 연결 트리를 사용한다는 것은 단일 연결 대신 이중 연결을 사용하는 것과 비슷하다. 즉, 임의의 지점에서 시작해서 앞으로도, 뒤로도 갈 수 있는 것이다. 3중으로 연결된 균형 트리들에 기초한 목록 알고리즘들의 완전한 설명이 크레인Clark A. Crane의 박사학위 논문 (Stanford University, 1972)에 나온다.

AVL 트리의 대안들. 로그 규모 접근 시간이 보장되도록 트리를 조직화하는 다른 여러 방법들도 제안된 바 있다. 예를 들어 포스터C. C. Foster는 하위트리들의 높이 차를 최대 k까지 허용할 때 만들어지는 이진트리들을 고찰했다 [*CACM* 16 (1973), 513-517]. 그런 구조는 HB(k)("height-balanced", 높이가 균형을 이루는 트리라는 의미)라고 불려 왔다. 통상의 균형 트리는 HB(1)인 특별한 경우에 해당한다.

니버겔트J. Nievergelt, 라인골드E. Reingold, 웡C. K. Wong은 가중치 균형 트리(weight-balanced tree, 가중치가 균형을 이루는 트리)라는 흥미로운 개념을 연구했다. 그들은 트리들의 높이를 고찰하는 대신, 하위트리들의 모든 노드가 반드시 다음을 만족해야 한다고 규정했다.

$$\sqrt{2}-1 < \frac{\text{왼쪽 가중치}}{\text{오른쪽 가중치}} < \sqrt{2}+1. \tag{17}$$

여기서 왼쪽, 오른쪽 가중치들은 각각 왼쪽, 오른쪽 하위트리들의 외부 노드 개수에 해당한다. 삽입에서 가중치 균형을 알고리즘 A에서처럼 단일 회전과 이중 회전만 이용한 재균형화 절차로 유지할 수 있음을 보이는 것이 가능하다(연습문제 25). 그러나 한 번의 삽입동안 여러 번의 재균형화가 필요할 수 있다. (17)의 조건을 느슨하게 만든다면 검색 시간을 늘리는 대신 재균형화의 양을 줄이는 것도 가능하다.

처음 보기에는 가중치 균형 트리가 보통의 균형 트리보다 더 많은 메모리를 요구할 것 같지만, 실제로는 약간 적은 메모리를 요구할 때도 있다! 선형 목록 표현에서 각 노드에 이미 RANK 필드들이 존재한다면 그 필드가 바로 왼쪽 가중치에 해당하며, 해당 오른쪽 가중치는 트리를 따라 내려가면서 계산하는 것이 가능하다. 그러나 가중치 균형을 유지하기 위한 관리 작업 때문에 알고리즘 A보다 많은 시간이 소비되기 때문에, 노드 당 두 비트를 절약하는 게 그만큼 가치 있는 일은 아닐 것이다.

셋씩 짝(pair)지으면 안 되나요?†

— 요기 베라YOGI BERRA의 말로 알려짐

"2-3 트리"라고 부르는 또 다른 흥미로운 AVL 트리 대안은 홉크로프트John Hopcroft에 의해서 1970년에 소개되었다 [Aho, Hopcroft, Ullman, *The Design and Analysis of Computer Algorithms* (Reading, Mass.: Addison-Wesley, 1974), 제4장 참고]. 핵심은, 각 노드마다 2중

† [옮긴이 주] pair가(그리고 짝도) 둘(2)을 강하게 암시한다는 점에서 역설적인 표현이다. 요기 베라(1925~)는 "It's ain't over 'till it's over." 같은 독특한 화법으로 유명한, 미국의 전설적인 야구 선수이다.

또는 3중 분기를 두되 모든 외부 노드가 같은 수준에 존재해야 한다는 제약을 가하는 것이다. 모든 내부 노드는 그림 26에서처럼 하나 또는 두 개의 키를 담는다.

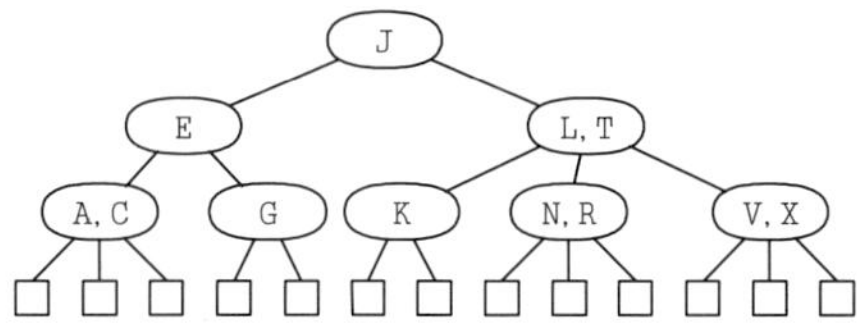

그림 26. A 2-3 트리.

2-3트리 삽입은 AVL 트리의 삽입에 비해서 설명하기가 약간 더 용이하다: 단 하나의 키만 담고 있는 노드에 새 키를 추가한다고 하면, 그냥 그것을 2차 키로 삽입하면 된다. 노드가 이미 두 개의 키를 담고 있다면 그 노드를 키 하나짜리 노드 두 개로 분리하고, 기존 두 키와 새로운 키 중 가운데 것을 부모 노드에 삽입한다. 부모 노드 역시 키가 두 개였다면 마찬가지 방식으로 분리한다. 그림 27은 그림 26의 2-3 트리에 새로운 키를 삽입하는 절차를 보여준다.

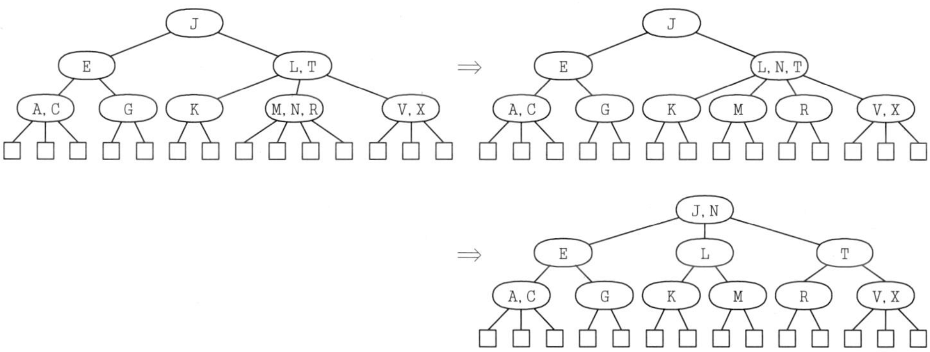

그림 27. 새 키 "M"을 그림 26의 2-3 트리에 삽입

홉크로프트는 2-3 트리에 대한 삭제, 결합, 분리 모두 AVL 트리의 해당 연산들과 비슷한 비교적 간단한 방식으로 수행할 수 있다고 말했다.

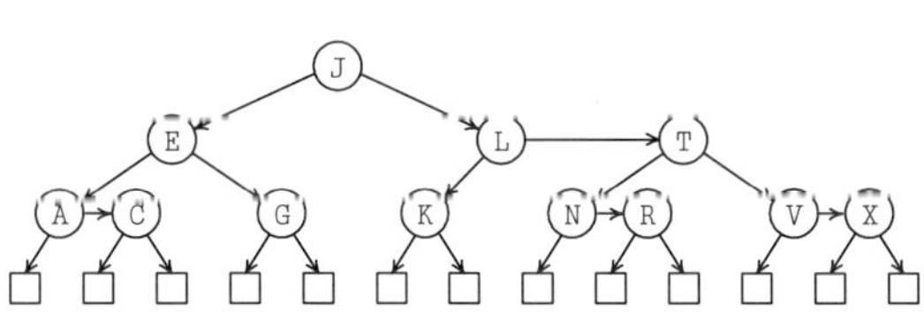

그림 28. 그림 26의 2-3 트리를 이진 검색 트리로 표현한 것.

바이에르R. Bayer는 2-3 트리에 대한 흥미로운 이진트리 표현을 하나 제안했다 [*Proc. ACM-SIGFIDET Workshop* (1971), 219-235]. 그림 28은 그림 26의 2-3 트리를 이진트리로 표현한 것이다. 각 노드에는 "수평" RLINK를 "수직" RLINK와 구분하는 1비트 필드가 있다. 트리의 키들이 임의의 이진 검색 트리에서처럼 왼쪽에서 오른쪽으로 대칭 순서를 따라 나타남을 주목할 것. 그림

27에서처럼 새 키를 삽입할 때 이러한 이진트리에 수행해야 하는 변환들은 AVL 트리에 새 키를 삽입할 때 쓰이는 단일, 이중 회전들과 정확히 동일하다. 단, 필요한 것은 각 회전의 버전 하나씩뿐이다. 알고리즘 A와 C에 필요했던 좌우가 뒤집힌 버전은 없어도 되는 것이다.

이러한 착안들이 더욱 전개되면서 다양한 균형 트리 변형들이 발견되었는데, 가장 주목할 만한 것은 대칭(symmetric) 이진 B트리 또는 절반 균형 트리(half-balanced tree)라고도 부르는 적흑 트리(red-black tree)이다 〔R. Bayer, *Acta Informatica* 1 (1972), 290-306; L. Guibas, R. Sedgewick, *FOCS* 19 (1978), 8-21; H. J. Olivié, *RAIRO Informatique Théorique* 16 (1982), 51-71; R. E. Tarjan, *Inf. Proc. Letters* 16 (1983), 253-257; T. H. Cormen, C. E. Leiserson, R. L. Rivest, *Introduction to Algorithms* (MIT Press, 1990), 제14장; R. Sedgewick, *Algorithms in C* (Addison-Wesley, 1997), §13.4〕. 또한 이와 밀접한 관련을 가진 트리들로 히스테리성(hysterical) B트리 또는 (a, b) 트리라고 하는 부류가 있는데, 그 중 $(2, 4)$ 트리가 주목할 만 하다 〔D. Maier, S. C. Salveter, *Inf. Proc. Letters* 12 (1981), 199-202; S. Huddleston, K. Mehlhorn, *Acta Informatica* 17 (1982), 157-184〕.

키들의 발생 확률이 서로 다른 경우에는, 6.2.2절의 최적 이진 검색 트리에서처럼 더 자주 나오는 키들을 루트에 더 가깝게 배치하는 것이 바람직할 것이다. 치우친 트리(biased tree)라고 하는, 가중치 균형을 최적의 상수배 내에서 유지하는 것을 가능하게 하는 동적 트리를 벤트S. W. Bent, 슬리터D. D. Sleator, 타잔R. E. Tarjan이 고안해냈다 〔*SICOMP* 14 (1985), 545-568; J. Feigenbaum, R. E. Tarjan, *Bell System Tech. J.* 62 (1983), 3139-3158〕. 그러나 그 알고리즘들은 상당히 난해하다.

이후 슬리터와 타잔은 6.1절에서 논의한 앞으로 이동 및 전치 발견법과 비슷한 착안들에 기초하여 펼친 트리(splay tree)라는 좀 더 단순한 자기 조정 자료구조를 개발하게 된다 〔*JACM* 32 (1985), 652-686〕. 그에 앞서 앨런B. Allen과 먼로I. Munro 〔*JACM* 25 (1978), 526-535〕, 그리고 비트너J. Bitner 〔*SICOMP* 8 (1979), 82-110〕도 비슷한 기법들을 연구한 바 있다. 앞에서 언급한 다른 종류의 균형 트리들처럼, 펼친 트리도 삽입, 삭제는 물론 결합과 분리 연산들을 지원하는데, 그 방식이 특히나 간단하다. 게다가 펼친 트리에서 자료에 접근하는 데 필요한 시간은, 임의의 일련의 연산들에 대해 상각(償却)된다고 할 때, 통계적인 최적 트리 접근 시간의 작은 상수배를 넘지 않는 것으로 알려져 있다. 사실 슬리터와 타잔은 펼친 트리의 총 접근 시간이 모든 가능한 이진트리 알고리즘의 자료 접근 및 동적 회전의 최적 시간의 상수배를 넘지 않을 것으로 추측했다.

무작위화를 적용한다면 펼친 트리보다도 간단하고 빠른 방법들을 얻을 수 있는 것으로 보인다. 뷔유맹Jean Vuillemin은 데카르트 트리(Cartesian tree)라는 것을 소개했다. 데카르트 트리의 모든 노드는 두 키의 쌍 (x, y)를 가진다. x 성분들은 이진 검색에서처럼 왼쪽에서 오른쪽 순서이고, y 성분들은 5.2.3절의 우선순위 대기열 트리에서처럼 위에서 아래로의 순서이다. 아라곤C. R. Aragon과 자이델R. G. Seidel은 이러한 자료구조가 트리(tree)와 힙(heap)의 개념을 깔끔하게 결합한 것이라는 점에서 treap(트립)이라는 좀 더 호화로운 이름을 제시하기도 했다. n개의 키 쌍 $(x_1, y_1), \ldots, (x_n, y_n)$

이 주어졌을 때, 만일 x들과 y들이 서로 다르다면 정확히 하나의 트립이 만들어진다. 알고리즘 6.2.2T를 이용해서 x들을 y들의 순서에 따라 삽입한다면 트립을 만들 수 있다. 그러나 임의의 트립에 새 키 쌍을 직접 삽입하는 간단한 알고리즘도 존재한다. 아라곤과 자이델은 만일 x들이 보통의 키들이고 y들이 무작위로 선택된다면, 그런 키들로부터 형성된 트립이 무작위 이진 검색 트리의 형태를 가진다고 확신할 수 있음을 주장했다 〔*FOCS* 30 (1989), 540–546〕. 특히, 무작위 y 값들을 가진 트립은 항상 균형이 상당히 좋은 트리이며, 그렇지 않을 확률은 지수적으로 작다(연습문제 5.2.2–42 참고). 또한 아라곤과 자이델은 트립들을, 상대 빈도가 f인 키 x가 $y = U^{1/f}$과(여기서 U는 0에서 0 사이의 난수) 쌍을 이루는 경우 키 x가 루트에 적당히 가까운 곳에 나타나는 치우친 트리로 쉽게 변환할 수 있음을 보였다. 커누스가 볼록 덮개(convex hulll) 계산과 관련해서 수행한 일부 실험의 결과에 따르면 트립이 펼쳐진 트리보다 일관되게 나은 성능을 보였다 〔*Lecture Notes in Comp. Sci.* 606 (1992), 53–55〕.

이 책의 다음 판에는 무작위화된 자료구조들을 집중해서 다루는 새로운 6.2.5절이 포함될 예정이다. 그 절에서는 트립뿐만 아니라 "도약 목록(skip list)" 〔W. Pugh, *CACM* 33 (1990), 668–676〕과 "무작위화된 이진 검색 트리" 〔S. Roura, C. Martínez, *JACM* 45 (1998), 288–323〕도 논의하게 될 것이다.

연습문제

1. 〔*01*〕 (1)의 경우 2에서, 그냥 A와 B의 왼쪽 하위트리들을 맞바꾸어서 균형을 되찾는다는 착안이 바람직하지 않은 이유는 무엇인가?

2. 〔*16*〕 B(S) $= 0$인 상태에서 단계 A7에 도달했을 때 트리가 한 수준 더 높아진 상태인 이유를 설명하라.

▶ **3.** 〔*M25*〕 내부 노드가 N개인 균형 트리의 내부 노드들 중 균형 인수가 0이 아닌 노드들의 개수가 결코 $(\phi - 1)N \approx 0.61803N$을 넘지 않음을 증명하라.

4. 〔*M22*〕 증명 또는 반증하라: 내부 노드가 $F_{h+1} - 1$개인 모든 균형 트리 중에서 내부 경로 길이가 가장 긴 것은 h차 피보나치 트리이다.

▶ **5.** 〔*M25*〕 증명 또는 반증하라: $K_1 < K_2 < \cdots < K_N$라고 하자. 초기에 단 하나의 키 K_1만 담고 있던 트리에 키 $K_2, \ldots, K_N$을 증가 순으로 연달아 삽입해서 만든 트리는 항상 최적이다(즉, 모든 N노드 이진트리 중 내부 경로 길이가 최소인 이진트리이다).

6. 〔*M21*〕 식 (5)가 높이가 h인 균형 트리들에 대한 생성함수를 정의함을 증명하라.

7. 〔*M27*〕 (아호A. V. Aho, 슬론N. J. A. Sloane.) 높이가 h인 균형 트리 개수에 대한 주목할만한 공식 (9)를 증명하라. 〔힌트: $C_n = B_n + B_{n-1}$이라고 두고, $\log(C_{n+1}/C_n^2)$이 큰 n에 대해 대단히 작다는 사실을 활용할 것.〕

8. 〔*M24*〕 (히즈데르L. A. Khizder.) $h \to \infty$에 따라 $B_h'(1)/B_h(1) = 2^h\beta - 1 + O(2^h/B_{h-1})$을 만족하는 상수 β가 존재함을 보여라.

9. 〔*HM44*〕 내부 노드가 n개인 균형 이진트리의 점근적 개수 $\sum_{h \ge 0} B_{nh}$를 구하라. 점근적 평균 높이 $\sum_{h \ge 0} hB_{nh} / \sum_{h \ge 0} B_{nh}$는 얼마인가?

▸ **10.** 〔*27*〕 (리처즈R. C. Richards.) 한 균형 트리의 형태를, 그 균형 인수들의 대칭 순서 목록 B(1), B(2), B(N)으로부터 유일하게 구축할 수 있음을 보여라.

11. 〔*M24*〕 (브라운Mark R. Brown.) $n \ge 6$일 때, 알고리즘 A로 구축한 내부 노드 N개짜리 무작위 균형 트리에서 종류가 각각 +A, -A, ++B, +-B, -+B, --B인 외부 노드들의 평균 개수가 정확히 $(n+1)/14$임을 증명하라.

▸ **12.** 〔*24*〕 여덟 번째 노드를 균형 트리에 삽입할 때의 프로그램 A의 가능한 최대 실행 시간은 얼마인가? 같은 삽입의 가능한 최소 실행 시간은 얼마인가?

13. 〔*05*〕 각 노드의 색인을 노드의 키에 저장(첫 노드는 "1", 둘째 노드는 "2" 등등)하는 대신 본문에 정의된 것처럼 RANK 필드들을 사용하는 게 더 나은 이유는 무엇인가?

14. 〔*11*〕 본문에서는 RANK 필드를 이용해서, 이번 절의 균형 트리 알고리즘들을 선형 목록에서 작동하도록 개조했다. 알고리즘 6.2.2T와 6.2.2D도 그런 식으로 개조할 수 있을까?

15. 〔*18*〕 (크레인C. A. Crane.) 순서 있는 선형 목록을 이진트리로 표현하되, 각 노드에 KEY 필드와 RANK 필드 모두를 둔다고 하자. 주어진 키 K로 그러한 트리를 검색하고, 목록에서 K의 위치를 결정하는 알고리즘을 고안하라. 즉, 알고리즘은 K가 m번째로 작은 키임을 만족하는 수 m을 구해야 한다.

▸ **16.** 〔*20*〕 본문에 제시된 삭제 알고리즘을 이용해서, 그림 20의 트리에서 노드 E와 루트 노드 F를 삭제한 후의 균형 트리를 그려라.

▸ **17.** 〔*21*〕 본문에 제시된 결합 알고리즘을 이용해서, 피보나치 트리 (12)를 그림 20의 트리의 (a) 오른쪽에, (b) 왼쪽에 결합한 균형 트리들을 그려라.

18. 〔*22*〕 본문에 제시된 분리 알고리즘을 이용해서 그림 20을 두 부분 {A, ..., I}와 {J, ..., Q}로 분할했을 때 나오는 균형 트리들을 그려라.

▸ **19.** 〔*26*〕 주어진 균형 트리를, 루트에서의 균형 인수가 -1이 아니도록 변환하는 방법을 찾아라. 그 변환 방법은 노드들의 대칭 순서를 유지해야 한다. 그리고 원래의 트리의 크기와 무관하게 $O(1)$단위시간 이내에 또 다른 균형 트리를 만들어내야 한다.

20. 〔*40*〕 노드들의 균형 인수들이 모두 0 또는 $+1$이라는 제약을 가진 균형 트리들의 활용을 탐구하라. (그런 트리들에서는 B 필드를 1비트로 줄일 수 있다.) 그런 트리들에 대해 충분히 효율적인 삽입 절차가 존재하는가?

▸ **21.** [30] (완전 균형.) 연습문제 5의 의미에서 최적인 N노드 이진트리들을 구축하는 알고리즘을 고안하라. 알고리즘은 $O(N)$단계를 사용해야 하며 반드시 "온라인"이어야 한다. 즉, N의 최종 값을 미리 알지 못하는 상황에서 노드들을 한 번에 하나씩 증가 순서로 입력하면서 부분적인 트리들을 구축해야 한다. (균형이 나쁜 트리를 재구축할 때 또는 두 트리의 키들을 하나의 트리로 병합할 때 그런 알고리즘이 유용할 것이다.)

22. [*M20*] 가중치 균형 트리에 대한, 정리 A에 비견할 수 있는 정리는 무엇인가?

23. [*M20*] (라인골드E. Reingold.) 이 연습문제의 목적은 높이 균형 트리와 가중치 균형 트리 사이에 간단한 관계가 존재하지 않음을 보이는 것이다.

a) 높이 균형 트리들에서 (17)에 나오는 비율 (왼쪽 가중치)/(오른쪽 가중치)가 얼마든지 작을 수 있음을 증명하라.

b) 가중치 균형 트리들에서 왼쪽 하위트리 높이와 오른쪽 하위트리 높이가 얼마든지 클 수 있음을 증명하라.

24. [*M22*] (라인골드E. Reingold.) 조건 (17)을

$$\frac{1}{2} < \frac{\text{왼쪽 가중치}}{\text{오른쪽 가중치}} < 2$$

로 강화한다고 할 때, 이 조건을 만족하는 이진트리들은 $2^n - 1$개의 내부노드들을 가진 완전 균형 트리들 뿐임을 증명하라.

25. [27] (니버겔트J. Nievergelt, 라인골드E. Reingold, 웡C. Wong.) 가중치 균형 트리에 대해 조건 (17)을 유지하며 삽입 당 최대 $O(\log N)$회의 회전을 수행하는 삽입 알고리즘을 설계하는 것이 가능함을 보여라.

26. [40] $t > 2$에 대한 균형 t진 트리들의 성질을 탐구하라.

▸ **27.** [*M23*] 내부 노드가 N개인 2-3 트리의 검색에 필요한 최대 비교 횟수를 추정하라.

28. [41] 2-3 트리 알고리즘들의 효율적인 구현들을 작성하라.

29. [*M47*] 무작위 삽입 하에서의 2-3 트리의 평균 습성을 분석하라.

30. [26] (매크라이트E. McCreight.) 2.5절에서는 최적적합(요청을 만족하는 가용 영역들 중 최대한 작은 것을 선택)과 최초적합(요청을 만족하는 가용 영역들 중 주소가 제일 낮은 것을 선택)을 비롯한 여러 가지 동적 저장소 할당 전략을 논의했다. 가용 공간이 하나의 균형 트리 형태로 적절히 연결되어 있다고 할 때, (a) 최적적합 할당과 (b) 최초적합 할당을 단 $O(\log n)$단위 시간 만에 수행하는 것이 가능함을 보여라. 여기서 n은 가용 영역들의 개수이다. (2.5절에 나온 해당 알고리즘들은 n 규모의 단계들을 요구한다.)

31. [34] (프레드먼M. L. Fredman, 1975.) m이 주어졌을 때 위치 $m-1$과 m 사이에 새 항목을 삽입하는 데 걸리는 시간이 $O(\log m)$단위시간인 선형 목록 표현을 고안하라.

32. 〔*M27*〕 n노드 이진트리 T와 T'이 주어졌을 때, 만일 T에 0개 이상의 일련의 오른쪽 회전들을 적용해서 T'을 얻을 수 있다면 $T \le T'$이라고 칭하기로 하자. r_k와 r'_k이 각각 T와 T'의 대칭 순서로 k번째 오른쪽 하위트리 크기라고 할 때, 오직 $1 \le k \le n$에 대해 $r_k \le r'_k$일 때에만 $T \le T'$임을 증명하라.

▶ **33.** 〔25〕 (북스바움A. L. Buchsbaum.) 트리에 접근할 때에는 추가적인 작업이 필요하게 되는 대신 노드 당 2비트를 절약할 수 있도록 AVL 트리의 균형 인수들을 암묵적으로 부호화하는 방법을 설명하라.

> 사무엘이 이스라엘 온 지파를 내세우고 제비를 뽑자
> 베냐민 지파가 뽑혔다.
> 다시 베냐민 지파를 갈래별로 내세우고 제비를 뽑자
> 마드리 갈래가 뽑혔다.
> 다시 마드리 갈래를 한 사람씩 내세우고 제비를 뽑자
> 키스의 아들 사울이 뽑혔다.
> 그래서 그를 찾아보았으나 보이지 않았다.†
>
> — 1 사무엘Samuel서 10:20–21

6.2.4. 다중 트리

지금까지 논의한 트리 검색 방법들은 기본적으로 내부 검색을 위해서, 즉 표 전체가 컴퓨터의 고속 내부 메모리에 완전히 들어가 있는 상황을 위해서 개발된 것이다. 이번에는 디스크나 드럼 같은 직접 접근 저장소에 들어 있는 아주 큰 파일들에서 정보를 조회하기 위한 외부 검색 문제를 고찰해 보자. (디스크와 드럼은 5.4.9절에서 소개했다.)

트리를 표현하는 적절한 방법을 택하면 트리 구조를 외부 검색에 요긴하게 사용할 수 있다. 그림 29에 나온 커다란 이진 검색 트리가 하나의 디스크 파일에 저장되어 있다고 상상해보자. (이제 트리의 LLINK들과 RLINK들은 내부 메모리 주소들이 아니라 디스크 주소들이다.) 만일 이 트리를 그냥 이전에 배웠던 내부 트리 검색용 알고리즘을 적용하는 고지식한 방식으로 검색한다면, 검색을 마치기까지 디스크에 접근해야 하는 횟수는 약 $\lg N$이 된다. N이 백만이라면, 이는 약 20회 정도의 탐색이 필요함을 의미한다. 그러나 표를 7노드짜리 "페이지" 단위(그림 29에서 점선으로 둘러싸인 부분)로 분할한다면 어떨까? 한 번에 한 페이지씩 접근한다면 탐색 횟수는 약 3분의 1로 줄어들게 되고, 따라서 검색이 약 세 배 정도 빨라진다.

노드들을 이렇게 페이지별로 묶으면 트리는 본질적으로 이진트리에서 8진트리(각 페이지 노드 당 8중 분기가 있는)로 변한다. 페이지를 더 크게 잡는다면, 이를테면 각 디스크 접근마다 128가지로

† 〔옮긴이 주〕 *공동번역 성서 개정판*(대한성서공회)에서 인용.

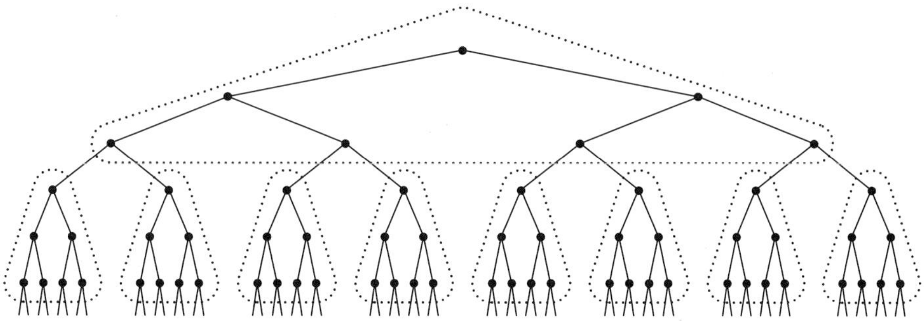

그림 29. 큰 이진 검색 트리를 여러 개의 "페이지"들로 분할할 수 있다.

분기하게 한다면, 디스크에는 단 두 번만 접근하면 된다. 게다가 내부 메모리에 한 번에 254개를 넘는 키들을 담아야 할 필요도 없다.

물론 페이지를 한정 없이 키울 수는 없다. 내부 메모리 크기에 제한이 존재하고, 또 큰 페이지를 읽는 데에는 많은 시간이 소요되기 때문이다. 예를 들어 m중 분기를 허용하는 페이지 하나를 읽는 데 $72.5 + 0.05m$ 밀리초가 걸린다고 가정하자. 페이지 당 내부 처리 시간은 약 $a + b \lg m$이 된다(여기서 a는 $72.5ms$에 비해 작은 값). 따라서 큰 표를 검색하는 데 필요한 총 시간량은 근사적으로 $\lg N$ 곱하기

$$(72.5 + 0.05m)/\lg m + b$$

에 비례한다. 이 수량은 $m \approx 307$일 때 최소가 된다. 실제로 그 최소값은 아주 "광범위하다". 200과 500 사이의 모든 m에 대해 거의 최적의 값이 나오는 것이다. 실제 응용에서도 특정한 외부 메모리 장치들의 특성들과 표의 레코드 길이에 근거한, 그와 비슷한 범위의 좋은 m 값들이 존재할 것이다.

란다우어W. I. Landauer는 수준 $l+1$에 임의의 노드를 두기 전에 수준 l을 거의 꽉 채워야 한다는 제한을 두어서 m진 트리를 구축할 것을 제안했다 〔*IEEE Trans.* EC-12 (1963), 863-871〕. 이러한 방식은 다소 복잡한 회전 방법을 요구한다. 단지 새 항목 하나를 삽입하기 위해서도 트리 전체를 크게 변경해야 할 수 있기 때문이다. 란다우어는 트리에서 항목들을 검색하는 경우가 트리에 항목을 삽입하거나 트리에서 항목을 삭제하는 경우보다 훨씬 많다고 가정했다.

파일이 디스크 상에 저장되어 있으며 파일에 항목을 삽입하거나 삭제하는 일이 비교적 적다고 할 때에는 첫 번째 수준의 분기에서 사용할 실린더를 선택하고 두 번째 수준에서는 그 실린더의 적절한 트랙을, 세 번째 수준에서는 레코드 자체를 선택하는 식의 3수준 트리가 적합하다. 이런 방법을 색인 순차(indexed-sequential) 파일 조직화라고 부른다. 〔*JACM* 16 (1969), 569-571 참고〕.

먼츠R. Muntz와 우즈갈리스R. Uzgalis는 노드들에 대한 모든 삽입들이 가능하면 항상 그 부모 노드와 같은 페이지로 가도록 트리 검색 및 삽입 방법(알고리즘 6.2.2T)을 수정하자고 제안했다 〔*Proc. Princeton Conf. on Inf. Sciences and Systems* 4 (1970), 345-349〕. 만일 페이지 개수가

무제한이라면, 그리고 자료가 무작위 순서로 삽입된다면, 평균 페이지 접근 횟수가 근사적으로 $H_N/(H_m - 1)$임을 보이는 것이 가능하다. 이는 가능한 최적의 m진 트리에서 얻을 수 있는 횟수보다 아주 약간만 큰 수준이다. (연습문제 8 참고.)

***B*트리.** 다중 트리 분기를 수단으로 하는 새로운 외부 검색 접근방식이 1970년에 바이에르R. Bayer와 매크라이트E. McCreight [*Acta Informatica* 1 (1972), 173-189]에 의해서, 그리고 그와 독립적으로 같은 시기에 코프먼M. Kaufman [미출판]에 의해서 발견되었다. 그들의 착안은 B트리라고 불리는 새로운 다목적 자료구조에 기초를 둔 것으로, 비교적 간단한 알고리즘들을 사용해서 큰 파일의 검색과 갱신 모두를 수행할 수 있으며 최악의 경우에도 일정한 효율성이 보장된다.

m차 B트리는 다음과 같은 성질들을 만족하는 트리이다.

i) 모든 노드는 최대 m개의 자식들을 가진다.

ii) 루트와 잎들을 제외한 모든 노드는 적어도 $m/2$개의 자식들을 가진다.

iii) 루트는 적어도 두 개의 자식들을 가진다(루트 자신이 잎이 아닌 한).

iv) 모든 잎은 같은 수준에 나타나며, 정보는 담지 않는다.

v) 잎이 아닌 한 노드의 자식들이 k개일 때, 그 노드는 $k-1$개의 키들을 담는다.

(다른 트리들에서처럼 "잎(leaf)"은 자식이 없는 말단 노드를 가리킨다. 잎들은 정보를 담지 않으므로, 그것들을 실제로는 트리에 존재하지 않는 외부 노드들로 간주할 수 있다. 따라서 Λ는 잎으로의 포인터이다.)

그림 30은 차수가 7인 B트리이다. 루트와 말단들을 제외한 모든 노드의 자식 개수는 $\lceil 7/2 \rceil$과 7 사이이며, 따라서 3 또는 4, 5, 6개의 키들을 담는다. 루트 노드는 1에서 6개의 키들을 담을 수 있다. 그림 30의 경우는 두 개이다. 모든 잎들은 수준 3에 있다. 주목할 것은 (a) 키들이 대칭 순서의 자연스러운 확장을 통해서 왼쪽에서 오른쪽으로 증가 순서로 되어 있으며 (b) 말단들의 개수가 키들의 개수보다 정확히 하나 더 크다는 점이다.

차수가 1이나 2인 B트리들은 지금의 논의에서 별 의미가 없으므로, $m \geq 3$인 경우만 고려하기로 하자. 6.2.3절 끝에서 정의한 2-3 트리는 차수가 3인 B트리와 동치이다. (바이에르와 매크라이트는 m이 홀수인 경우만을 고려했다. 일부 저자들은 우리가 여기서 $2m+1$차 B트리라고 부르는 것을 m차 B로 간주한다.)

j개의 키들과 $j+1$개의 포인터들을 가진 한 노드를 다음과 같이 표현할 수 있다.

$$\overset{\mathtt{P}\downarrow}{\left(\mathtt{P}_0,\ K_1,\ \mathtt{P}_1,\ K_2,\ \mathtt{P}_2,\ \ldots,\ \mathtt{P}_{j-1},\ K_j,\ \mathtt{P}_j\right)} \tag{1}$$

여기서 $K_1 < K_2 < \cdots < K_j$이며 $\mathtt{P}_i$는 키들이 K_i에서 K_{i+1} 사이인 하위트리를 가리키는 포인터이다. 이런 구조에서 B트리의 검색은 상당히 간단하다: 노드 (1)을 내부 메모리로 가져온 후, 키

$K_1, K_2, \ldots, K_j$ 중에서 주어진 인수를 찾는다. (j가 크다면 이진 검색을 사용할 수도 있겠지만, j가 좀 작은 듯 하다면 순차 검색이 제일 낫다.) 만일 검색에 성공했다면 원하는 키를 찾은 것이다. 그러나 인수가 K_i와 K_{i+1} 사이에 있어서 검색이 실패했다면 P_i가 가리키는 노드를 가져와서 검색을 진행한다. 인수가 K_1보다 작을 때에는 포인터 P_0을, K_j보다 크다면 P_j를 사용한다. 만일 $\mathrm{P}_i = \Lambda$이면 검색은 실패한 것이다.

B트리의 멋진 점은 삽입 역시 상당히 간단하다는 것이다. 예를 들어 그림 30을 보자. 모든 잎은 새로운 삽입이 일어날 수 있는 장소에 해당한다. 새 키 337을 삽입한다면, 그냥 해당 노드를

(2)

로 바꾸기만 하면 된다. 반면, 071이라는 새로운 키를 삽입하려 한다면, 수준 2에 있는 해당 노드가 이미 "꽉 차 있기" 때문에 공간이 없다. 이런 경우는 그 노드를 키 세 개씩 두 부분으로 분리하고 가운데 키를 수준 1로 올려서 처리한다. 즉,

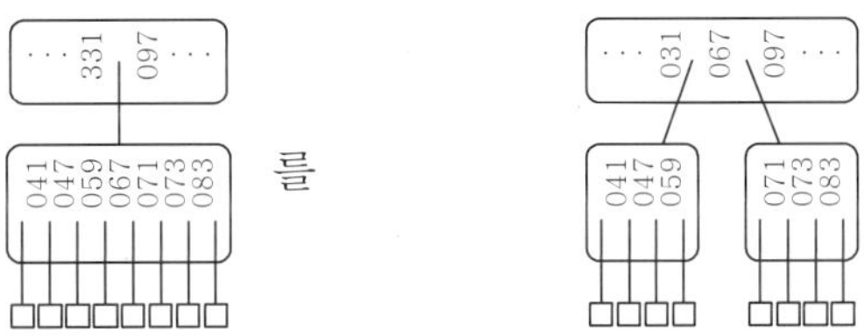

(3)

로 바꾼다.

일반화하자면, 모든 잎이 수준 l에 있는 m차 B트리에 새 항목을 삽입할 때에는 수준 $l-1$의 해당 노드에 새 키를 삽입한다. 만일 그 노드의 키 개수가 m이 되었다면, 즉 (1)의 형태에서 $j = m$이라면 그것을 다음 두 노드로 분리한다.

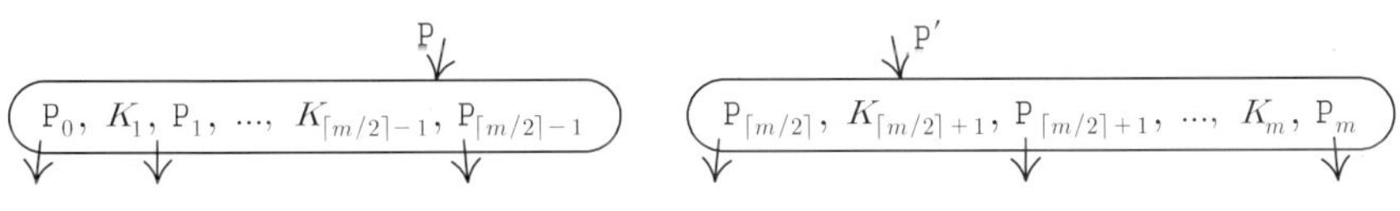

(4)

그런 다음 키 $K_{\lceil m/2\rceil}$을 원래 노드의 부모에 삽입한다. (즉, 부모 노드의 포인터 P를 포인터열 P, $K_{\lceil m/2\rceil}$, P′로 대체한다.) 이러한 삽입에 의해 부모 노드의 키도 m개가 될 수 있으며, 그렇다면 같은 방식으로 분리한다. (6.2.3절의 그림 27은 $m = 3$인 경우를 보여준다.) 그렇게 거슬러 올라가다 보면 부모가 없는 루트 노드를 분리해야 할 수도 있는데, 그런 경우에는 키 $K_{\lceil m/2\rceil}$ 하나를 가진 새 루트 노드를 만들면 된다. 이 경우 트리가 한 수준 더 커지는 결과가 된다.

이러한 삽입 절차는 B의 성질들 모두를 깔끔하게 유지한다. 이 방법의 아름다움을 속속들이 음미하기 위해서는 연습문제 1을 반드시 풀어봐야 한다. 트리는 본질적으로 최상위에서 위로(최하위에서 아래로가 아니라) 자란다. 루트가 분리될 때에만 높이가 1 증가하기 때문이다.

B트리에서 항목의 삭제는 삽입에 비해 아주 약간 더 복잡할 뿐이다(연습문제 6).

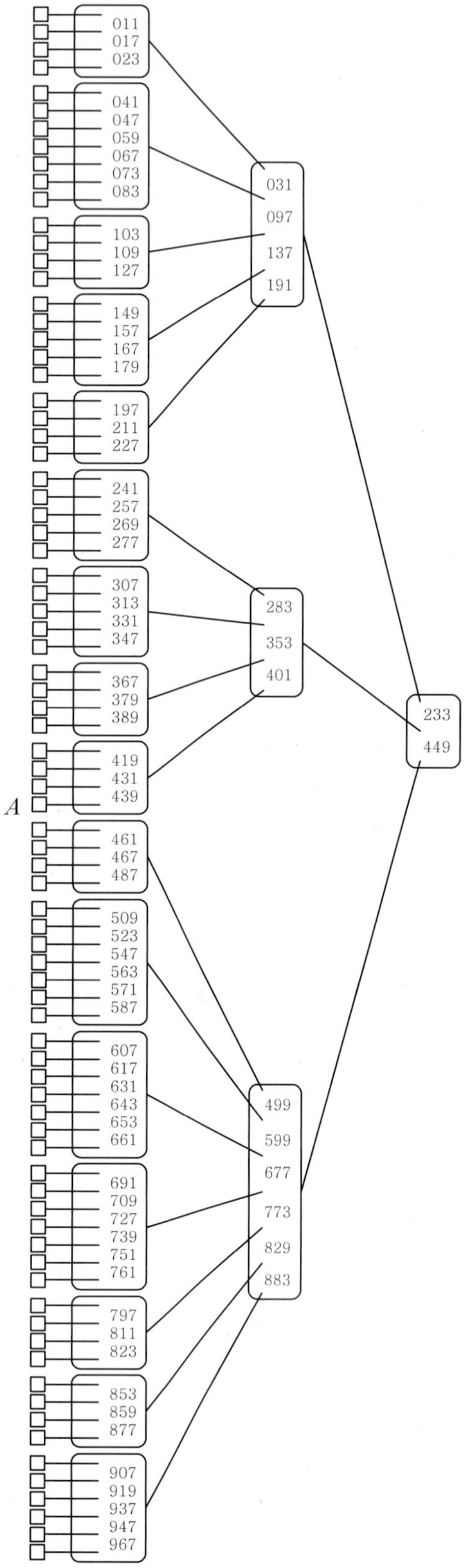

그림 30. 모든 말단들이 수준 3에 있는 7차 B트리. 모든 노드는 3, 4, 5, 6개의 키들을 담는다. 키 449보다 앞서는 말단을 A로 표시해 두었다. (8)을 볼 것.

실행 시간의 상계. 그럼 m차 B트리 검색의 최악의 경우에서 얼마나 많은 노드들이 접근되는지 살펴보자. 키들은 N개이고 수준 l에 $N+1$개의 잎들이 나타나 있다고 가정하자. 그러면 수준 1, 2, 3, ...의 노드 개수는 각각 적어도 $2, 2\lceil m/2\rceil, 2\lceil m/2\rceil^2, \ldots$이다. 따라서

$$N+1 \geq 2\lceil m/2\rceil^{l-1} \tag{5}$$

이다. 다른 말로 하면

$$l \leq 1+\log_{\lceil m/2\rceil}\left(\frac{N+1}{2}\right) \tag{6}$$

인데, 이는 예를 들어 $N=1,999,998$이고 $m=199$일 때 l이 3을 넘지 않는다는 뜻이다. 한 번의 검색에서 많아야 l개의 노드들에 접근해야 하므로, 이 공식은 실행 시간이 상당히 작음을 보장한다.

새 키를 삽입할 때 l개까지의 노드들이 분리될 수 있다. 그러나 실제로 분리되는 노드들의 평균 개수는 그보다 훨씬 적다. 왜냐하면 트리 전체가 구축되는 도중에 발생하는 분리들의 전체 횟수는 트리의 내부 노드 전체 개수 빼기 l이기 때문이다. 내부 노드가 p개라면, 키들은 적어도 $1+(\lceil m/2\rceil-1)(p-1)$개이다. 따라서

$$p \leq 1+\frac{N-1}{\lceil m/2\rceil-1} \tag{7}$$

이다. 이로부터, N개의 키들의 트리를 구축하는 과정에서 필요한 노드 분리 횟수의 평균은 삽입 당 분리 횟수 $1/(\lceil m/2\rceil-1)$보다 작다.

개선 및 변형. 위에서 정의한 B트리 구조를, 규칙들을 약간 깨뜨려서 개선하는 여러 가지 방법들이 존재한다.

첫 번째로, 수준 $l-1$에 있는 노드들의 포인터는 모두 Λ이고 그 외의 수준들에 있는 포인터들 중 Λ인 것은 전혀 없다는 사실에 주목하자. 이 때문에 종종 공간이 상당히 낭비된다. 따라서 모든 Λ를 제거하고 모두 "최하위" 노드에 대해 서로 다른 m 값들을 사용한다면 시간과 공간 모두를 절약할 수 있다. 실제로, 수준 $l-k$에 있는 루트가 아닌 모든 노드가 $m_k/2$에서 m_k 사이의 자식들을 가진다는 제약을 둠으로써 차수가 $m_1, m_2, m_3, \ldots$인 일반화된 B트리를 정의할 수도 있다. 그런 B트리는 수준마다 m 값이 다르지만, 그래도 삽입 알고리즘은 이전과 본질적으로 같은 방식으로 작동한다.

앞 문단의 착안을 더욱 전개한다면, 트리의 각 수준마다 노드 형식을 완전히 다르게 둘 수도 있고, 또한 말단들에 정보를 저장할 수도 있다. 파일의 레코드들에서 키가 아주 작은 부분만을 차지하는 경우들이 있는데, 그럴 때 레코드들 전부를 트리의 루트로부터 가까운 가지 노드들에 저장하는 것은 실수이다. 그렇게 한다면 효율적인 다중 분기에 적합하지 않을 정도로 m의 값이 작아질 수 있다.

이런 점들을 염두에 두고 그림 30을 다시 보자. 이번에는 파일의 모든 레코드가 잎들에 저장되어

있으며 가지 노드들에서는 키들 중 단 몇 개만이 중복된다고 가정한다. 이러한 가정 하에서 트리의 제일 왼쪽 말단은 키가 ≤ 011인 모든 레코드를 담으며, A로 표시된 잎은

$$439 < K \le 449 \tag{8}$$

를 만족하는 키를 가진 모든 레코드를 담는다. 나머지 말단들도 마찬가지 방식이다. 이러한 해석 하에서 말단 노드들은 가지 노드들과 마찬가지 방식으로 자라고 분리된다. 단, 레코드가 잎에서 그 다음 수준으로 올라가는 일은 없다. 따라서 잎들은 항상 그 용량의 적어도 절반이 채워진다. 잎이 분리되면 항상 새 키는 트리의 비말단 부분으로 진입한다. 만일 각 잎을 대칭 순서 선행자에 연결시킨다면 파일을 효율적이고 편리한 방식으로 순차적으로도, 그리고 임의적으로도 운행할 수 있게 된다. 이러한 변형은 B^+ 트리라고 부른다.

고시S. P. Ghosh와 센코M. E. Senko의 어떤 계산에 의하면 〔*JACM* 16 (1969), 569-579〕 잎들을 상당히 크게, 이를테면 약 10개까지의 일련의 페이지들을 차지할 정도로 크게 잡는 게 좋을 수 있다. 각 잎에 대해 알려진 키 범위를 선형 보간함으로써, 10개의 페이지들 중 주어진 검색 인수가 있는 페이지를 추측할 수 있다. 그 추측이 틀렸다면 시간이 낭비되겠지만, 이러한 손실이 트리의 크기를 감소함으로써 얻는 시간 이득보다 작음을 보여주는 실험 결과가 존재한다.

마틴T. H. Martin 〔미출판〕은 B트리에 깔린 착안을 가변길이 키들에도 사용할 수 있음을 지적했다. 이 경우 각 노드의 자식 개수를 $[m/2 \mathinner{..} m]$으로 제한할 필요가 없다. 대신 그냥 각 노드의 자료가 적어도 약 절반은 채워져야 한다고 규정하기만 하면 된다. 노드 당 정확한 키 개수는 키들이 긴지 짧은지에 따라 달라지지만, 그래도 삽입과 분리 메커니즘은 여전히 잘 작동한다. 그러나 키들이 아주 길어지는 것을 허용해선 안 된다. 그러면 일이 엉망이 될 수 있다. (연습문제 5 참고.)

기본 B트리 방안에 대한 또 다른 중요한 개선안으로, 바이에르와 매크라이트가 도입한 위넘침(overflow)이라는 개념이 있다. 이 착안의 핵심은, 노드들을 그렇게 자주 분리하려는 시도를 억제하고 노드 분리 대신 국소 회전을 사용함으로써 삽입 알고리즘을 개선한다는 것이다. 어떤 노드가 꽉 차서 키가 m개, 포인터는 $m+1$개가 되었다고 하자. 그 노드를 분리하는 대신, 우선 그 노드의 오른쪽 동기 노드를 본다. 그 노드의 키가 j개이고 포인터가 $j+1$개라고 하자. 부모 노드에는 두 동기들의 키들을 분리하는 하나의 키 $\overline{K}_f$가 존재한다. 도식화하자면 다음과 같다.

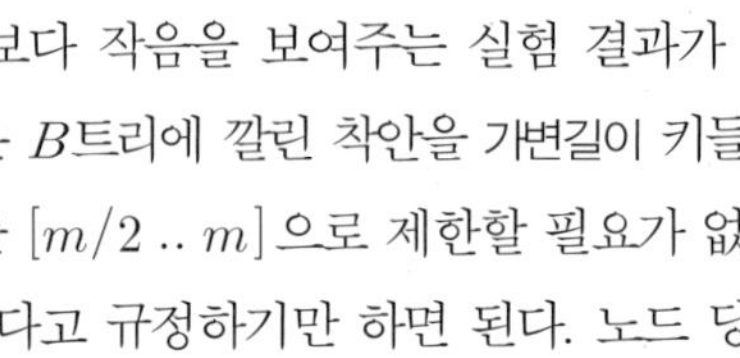

(9)

만일 $j < m-1$이면 간단한 재배치로 분리를 피할 수 있다: 왼쪽 노드에는 $\lfloor (m+j)/2 \rfloor$개의 키들을 남기고, $\overline{K}_f$를 부모 노드의 $K_{\lfloor (m+j)/2 \rfloor + 1}$로 대체한다. 그리고 나머지 $\lceil (m+j)/2 \rceil$개의 키들($\overline{K}_f$ 포함)과 해당 포인터들을 오른쪽 노드에 넣는다. 반면, 만일 동기 노드가 이미 차 있다면($j = m-1$)

두 노드 모두 분리해서 약 3분의 2가 찬 세 개의 노드들, 즉 각각 $\lfloor(2m-2)/3\rfloor$개, $\lfloor(2m-1)/3\rfloor$개, $\lfloor 2m/3\rfloor$개의 키들을 가진 세 개의 노드를 만든다:

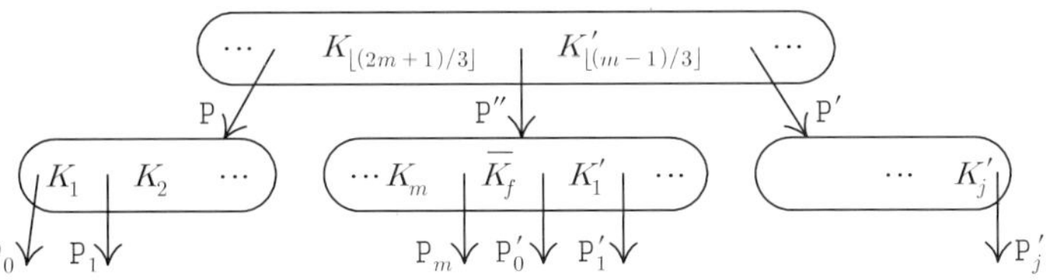

(10)

만일 원래의 노드에 오른쪽 동기가 없다면 왼쪽 동기에 대해 본질적으로 동일한 절차를 수행하면 된다. (원래의 노드에 왼쪽 동기와 오른쪽 동기 모두 존재한다면, 둘 다 꽉 차지 않은 이상, 새 노드를 분리시킬 필요를 아예 피하는 것도 가능하다.) 마지막으로, 분리할 원래 노드에 동기가 아예 없다면 그 노드는 반드시 루트이어야 한다. 루트가 $2\lfloor(2m-2)/3\rfloor$까지의 키들을 가질 수 있도록 B트리의 정의를 변경해서, 루트가 각각 $\lfloor(2m-2)/3\rfloor$개의 키들을 가진 두 노드로 분리되도록 만들 수도 있을 것이다.

이전 문단에서 설명한 모든 기법을 반영한 좀 더 나은 종류의 트리를 m차 B^*트리라고 불러도 좋을 것이다. 이러한 트리의 구체적인 정의는 다음과 같다.

i) 루트를 제외한 모든 노드는 많아야 m개의 자식들을 가진다.

ii) 루트와 잎들을 제외한 모든 노드는 적어도 $(2m-1)/3$개의 자식들을 가진다.

iii) 루트는 적어도 2개, 많아야 $2\lfloor(2m-2)/3\rfloor+1$개의 자식들을 가진다.

iv) 모든 잎은 같은 수준에 나타난다.

v) 잎이 아닌 한 노드의 자식들이 k개일 때 그 노드는 $k-1$개의 키들을 담는다.

중요한 변화는 조건 (ii)로, 이 조건은 모든 노드에서 가용 공간을 적어도 3분의 2는 활용하게 됨을 단언한다. 이러한 변화에 의해서 공간을 더 효율적으로 사용할 수 있게 될 뿐만 아니라 검색 공정도 더 빨라진다. (6)과 (7)에서 $\lceil m/2\rceil$을 $\lceil(2m-1)/3\rceil$으로 대체할 수 있기 때문이다. 그러나 삽입 공정은 느려진다. 노드들이 채워짐에 따라 더 많은 조사가 필요하게 되는 경향 때문인데, 이러한 절충에 대한 근사적인 분석을 B. Zhang, M. Hsu, *Acta Informatica* 26 (1989), 421–438에서 볼 수 있다.

반대 방향으로 생각을 해 본다면, 상당히 자주 바뀌는 트리에서는 노드들이 절반 이하로 채워지게 하는 게 더 나을 수 있다. 삽입이 삭제보다 더 많이 일어나는 경우에는 특히 그렇다. 이러한 상황이 T. Johnson, D. Shasha, *J. Comput. Syst. Sci.* 47 (1993), 45–76에 분석되어 있다.

루트의 차수가 2까지 내려갈 수 있다는 점 때문에 B트리에 회의적인 독자도 있을 것이다. 단지 2중의 의사결정 한 번을 위해 완전한 디스크 접근 한 번을 낭비할 필요가 있겠는가 하는 것이다. 그러나 이러한 반대를 극복하는 간단한 버퍼링 방안이 존재한다. 바로 최소최근사용 페이지 교체

(least-recently-used page replacement)라는 것으로, 내부 메모리에 여러 개의 정보 버퍼적재분들을 유지해 두고 거기에 존재하는 정보가 요청된 경우에는 디스크 접근을 생략하고 그것을 사용한다. 이러한 방식 하에서 검색이나 삽입 알고리즘은 "가상 읽기" 명령을 내린다. 그 명령은 해당 페이지가 메모리에 없을 때에만 실제의 입력 명령으로 변환된다. 알고리즘이 버퍼를 읽고 필요에 따라 수정한 후에는 "해제" 명령을 내린다. 실제의 읽기가 수행될 때, 가장 오래 전에 해제된 버퍼가 선택된다. 만일 그 버퍼를 읽은 이후 버퍼의 내용이 변했다면 버퍼를 디스크에 기록한다. 그런 다음에는 원하는 페이지를 선택된 버퍼로 읽어 들인다.

트리 수준 개수는 일반적으로 버퍼 개수보다 작으므로, 이러한 페이징 방안은 루트 페이지가 항상 메모리에 존재함을 보장한다. 만일 루트의 자식 수가 2나 3이면 수준 1 페이지들도 거의 항상 내부 메모리에 유지된다. 삽입 도중 어떤 페이지를 분할해야 하는 경우, 그 페이지는 이미 메모리 안에 존재한다. 그 직전 검색에서 그 페이지를 기억해 두었기 때문이다.

매크라이트가 수행한 실험에 의하면 이러한 방침은 상당히 성공적이다. 예를 들어 그는 버퍼가 열 개이고 $m = 121$인 경우 100,000개의 키들을 증가 순으로 삽입하는 데 실제 읽기 명령이 단 22회, 실제 쓰기 명령이 단 857회만 요구됨을 발견했다. 게다가 트리는 단 835개의 노드만을 담았다. 이는 가능한 최소값 $\lceil 100000/(m-1) \rceil = 834$보다 하나 큰 것일 뿐이다. 즉, 저장소 활용도가 거의 100퍼센트에 가까운 것이다. 메크라이트는 이 실험에서 위넘침 기법이 사용했으나, (10)에서처럼 3중 노드 분할을 사용한 것이 아니라 (4)에서처럼 2중 노드 분할을 사용했다. (연습문제 3을 볼 것).

버퍼 10개, $m = 121$, 위넘침 기법을 사용한 또 다른 실험에서 그는 초기에 비어 있던 트리에 5000개의 키들을 무작위 순으로 삽입해서 48개의 노드들로 된 2수준 트리를 만들었는데, 이 때에는 2762회의 실제 읽기와 2739회의 실제 쓰기가 필요했다. 그런 다음 무작위 검색을 1000회 수행했는데, 실제 읽기 명령이 786회 소요되었다. 같은 조건이되 위넘침 기능 없이 수행한 실험에서는 실제 읽기 2743회, 실제 쓰기 2800회였고, 일련의 무작위 검색 1000회에는 836회의 실제 쓰기가 요구되었다. 이러한 실험 결과는 페이징 방안이 효과적임을 보여줌과 동시에, 노드를 분할하기로 결정하기 전에 국소적으로 위넘침들을 처리하는 게 현명한 일이라는 점도 보여준다.

야오Andrew Yao는 위넘침 기능이 없는 무작위 삽입 이후의 평균 노드 개수가 큰 N과 m에 대해

$$N/(m \ln 2) + O(N/m^2)$$

임을 증명했다. 이 경우 저장소 활용도는 약 $\ln 2 = 69.3$퍼센트가 된다 [*Acta Informatica* 9 (1978), 159–170]. 좀 더 상세한 분석으로는 B. Eisenbarth, N. Ziviani, G. H. Gonnet, K. Mehlhorn, D. Wood, *Information and Control* 55 (1982), 125–174와 R. A. Baeza-Yates, *Acta Informatica* 26 (1989), 439–471을 볼 것.

*B*트리는 고안된 후 바로 유명해졌다. 예를 들어 *Computing Surveys* 11 (1979), 121–137, 412에 나온 커머Douglas Comer의 글은 *B*트리의 초기 발전상을 논하면서 IBM Corporation이 개발한

VSAM(Virtual Storage Access Method, 가상 저장소 접근법)이라는 널리 쓰이는 시스템을 설명한다. VSAM의 혁신들 중 하나는 잠복 시간을 최소화하기 위해 한 디스크 트랙의 블록들을 복제하는 것이었다.

기본적인 *B*트리 전략을 좀 더 발전시킨 것으로 주목할 만한 두 가지에는 안타깝게도 거의 동일한 이름이 붙어 있다. 하나는 "*SB*트리"이고 또 하나는 "SB 트리"이다. 오닐P. E. O'Neil의 *SB*트리 〔*Acta Inf.* 29 (1992), 241-265〕는 근접한 레코드들을 동일한 트랙 또는 실린더에 할당해서 디스크 I/O 시간을 최소화하기 위해 고안된 것으로, 수많은 인접한 레코드들에 동시에 접근해야 하는 응용들에서 효율성이 유지된다. 이 경우 "*SB*"를 이탤릭 글꼴로 표기하며, *S*는 "sequential(순차)"를 나타낸다. 페라지나P. Ferragina와 그로시R. Grossi의 SB 트리 〔*STOC* 27 (1995), 693-702; *SODA* 7 (1996), 373-382〕는 *B*트리 구조를 6.3절에서 고찰할 패트리샤 트리와 정연하게 결합한 것이다. 이 경우 "SB"를 보통 글꼴로 표시하며, S는 "string(문자열)"을 나타낸다. SB 트리는 대규모 텍스트 처리에서 쓸모가 많으며, 디스크 상의 가변 길이 문자열들의 효율적인 정렬의 기초를 제공한다 〔Arge, Ferragina, Grossi, Vitter, *STOC* 29 (1997), 540-548 참고〕.

연습문제

1. 〔*10*〕 그림 30에 키 613을 삽입하면 어떤 7차 *B*트리가 만들어지는가? (위넘침 기법은 사용하지 말 것.)

2. 〔*15*〕 연습문제 1과 같되, (10)에서처럼 3중 분할과 함께 위넘침 기법을 사용할 것.

▶ **3.** 〔*23*〕 초기에 비어 있는 101차 *B*트리에 증가 순서로 된 키 1, 2, 3, ...을 삽입한다고 하자. 다음 각 경우에 대해, 수준 3에 최초로 잎이 나타나게 하는 키는 무엇인가?

a) 위넘침을 사용하지 않을 때.

b) 위넘침과 (4)의 2중 분할만 사용할 때.

c) 101차 B^*트리를 사용하며 위넘침과 (10)의 3중 분할을 사용할 때.

4. 〔*21*〕 (바이에르Bayer, 매크라이트McCreight.) 루트와 잎들을 제외한 모든 노드가 적어도 $\frac{3}{4}m - \frac{1}{2}$개의 자식들을 가짐을 보장하는 식으로 일반화된 *B*트리로의 삽입을 처리하는 방법을 보여라.

▶ **5.** 〔*21*〕 하나의 노드가 외부 메모리의 1000개의 문자 위치들을 나타낸다고 하자. 만일 각 포인터가 다섯 글자 길이이고 키들의 길이는 5자에서 50자 사이로 가변적이되 항상 5의 배수라고 할 때, 삽입 도중 한 노드가 분리된 후 그 노드가 차지하는 문자 위치들의 최소 개수는 얼마인가? (고정 길이 키 *B*트리에 대해 본문에서 설명한 분리 절차와 비슷한, 위넘침 없는 간단한 분리 절차만 고려하라. 분리되고 남은 두 부분이 거의 비슷한 크기가 되게 하는 키를 위로 올려 보낼 것.)

6. 〔*23*〕 *B*트리를 위한 삭제 알고리즘을 설계하라.

7. 〔*28*〕 *B*트리를 위한 결합 알고리즘을 설계하라(6.2.3절 참고).

▸ **8.** 〔*HM37*〕 먼츠와 우즈갈리스가 제안한 트리 삽입의 일반화를 고찰한다. 각 페이지는 M개의 키들을 담을 수 있다. N개의 무작위 항목들을 그러한 트리에 삽입한 후에는 $N+1$개의 외부 노드들이 존재하게 된다. 이 때, 한 실패하는 검색에 k회의 페이지 접근이 필요하며 그 검색이 j개의 키들을 담은 페이지에 속한 부모 노드를 가진 한 외부 노드에서 끝날 확률이 $b_{Nk}^{(j)}$이라고 하자. 그 확률의 생성함수가 $B_N^{(j)}(z) = \sum b_{Nk}^{(j)} z^k$이라고 할 때, $B_1^{(j)}(z) = \delta_{j1} z$이고

$$B_N^{(j)}(z) = \frac{N-j-1}{N+1} B_{N-1}^{(j)}(z) + \frac{j+1}{N+1} B_{N-1}^{(j-1)}(z), \qquad 1 < j < M\text{에 대해;}$$

$$B_N^{(1)}(z) = \frac{N-2}{N+1} B_{N-1}^{(1)}(z) + \frac{2z}{N+1} B_{N-1}^{(M)}(z);$$

$$B_N^{(M)}(z) = \frac{N-1}{N+1} B_{N-1}^{(M)}(z) + \frac{M+1}{N+1} B_{N-1}^{(M-1)}(z)$$

임을 증명하라. 그리고 실패하는 검색 당 평균 페이지 접근 횟수 $C'_N = \sum_{j=1}^{M} B_N^{(j)\prime}(1)$의 점근 습성을 구하라. 〔힌트: 그 점화식을 행렬

$$W(z) = \begin{pmatrix} -3 & 0 & \ldots & 0 & 2z \\ 3 & -4 & \ldots & 0 & 0 \\ 0 & 4 & \ldots & 0 & 0 \\ \vdots & \vdots & & \vdots & \vdots \\ 0 & 0 & \ldots & -M-1 & 0 \\ 0 & 0 & \ldots & M+1 & -2 \end{pmatrix}$$

로 표현하고, C'_N을 $W(1)$의 N차 다항식과 연관시켜 볼 것.〕

9. 〔*22*〕 B트리 개념을 선형 목록에서 항목들을 키 값이 아니라 위치로 조회하는 데 사용할 수 있을까? (알고리즘 6.2.3B 참고.)

▸ **10.** 〔*35*〕 B트리 형태로 조직화된 큰 파일을 많은 수의 동시 사용자들이 병렬적으로 접근, 갱신하되 다른 페이지에 접근하는 사용자들이 서로 간섭하는 경우가 드물도록 하는 방법을 논의하라.

저장소 할당의 최적화, 필요한 연산 횟수 최소화
등(그런 사항들 빼고는 동치인 알고리즘들이라고 해도)에 대해서는
알려진 것이 거의 없다.
이 연구 분야에서 추가적인 진전이 이루어지려면
순수 수학과 응용 수학 모두의 가장 강력한 자원들이
투여되어야 할 것이다.

— 외팅거ANTHONY G. OETTINGER (1961)

6.3. 숫자별 검색

지금까지는 키의 비교에 근거한 검색 방법들을 살펴보았는데, 그 대신 키를 일련의 숫자들 또는 알파벳 문자들로 표현한 것에 기초해서 검색을 할 수도 있다. 예를 들어 큰 사전의 반달 색인을 생각해보자. 그런 사전에서는 주어진 단어의 첫 글자로 시작하는 모든 단어들을 담고 있는 페이지들에 즉시 접근할 수 있다.

이런 반달 색인 아이디어를 논리적으로 전개하다보면 표 1에 나온 것 같은 반복된 "첨자 조회"에 근거하는 검색 방법에 도달하게 된다. 어떤 주어진 검색 인수가 영어에서 가장 흔히 쓰이는 단어 31개 중 하나인지를 알고 싶다고 하자(6.2.2절의 그림 12, 13 참고). 표 1은 그런 자료를 트라이 구조(trie structure)로 나타낸 것이다. trie(발음은 "try"와 같다)라는 이름은 프레드킨E. Fredkin이 제안한 것으로 [*CACM* 3 (1960), 490–499], information retrieval(정보 조회)라는 용어에 쓰이는 단어 retrieval의 중간 네 글자를 뽑은 것이다. 본질적으로 트라이는 숫자(digit)들 또는 문자들을 성분으로 하는 M자리 벡터들을 담은 M진 트리이다. 수준 l의 모든 노드는 l개의 문자들로 된 문자열로 시작하는 모든 키의 집합을 나타낸다. 그리고 그런 시작 문자열을 접두어(prefix)라고 부른다. 수준 l의 한 노드는 $(l+1)$번째 문자에 의한 M중 가지를 지정한다.

예를 들어 표 1의 트라이에는 노드가 12개 있다. 노드 (1)이 루트이고, 거기에서 첫 글자를 참조한다. 만일 인수의 첫 글자가 N이라면, 그 표에서 N 항목을 본다. 인수가 NOT이면 검색이 성공한 것이고 그렇지 않다면 인수가 표에 존재하지 않는 것이다. 첫 글자가 W인 경우 노드 (1)은 노드 (9)를 알려준다. 노드 (9)로 가서 두 번째 글자를 같은 방식으로 참조한다. 노드 (9)는 두 번째 글자가 A나 H, I 중 하나여야 한다는 뜻이다. 노드 (10)의 접두어는 HA이다. 표의 빈 항목들은 공링크를 뜻한다.

표 1의 노드 벡터들은 MIX 문자 부호에 따라 배치된 것이다. 이는 키의 문자들을 첨자들로 사용해서 한 배열의 단어를 가져올 수 있다는 뜻이며, 따라서 트라이 검색을 상당히 빠르게 수행할 수 있다. 첨자를 이용해서 다중 의사결정을 빠르게 수행하는 기법들을 전통적으로 "table look-at(표 직접참조)"이라고 부른다 [P. M. Sherman, *CACM* 4 (1961), 172–173, 175 참고]. 이것은 "table look-up(표 조회)"과 대조되는 용어이다.

알고리즘 T (트라이 검색). M진 트라이를 형성하는 레코드들을 담은 표가 주어졌을 때, 이 알고리즘은 주어진 인수 K를 검색한다. 트라이의 노드들은 첨자들이 0에서 $M-1$까지인 벡터들이다. 이 벡터의 각 성분은 키 또는 링크(공링크일 수 있음)이다.

T1. [초기화.] 링크 변수 P를 트라이의 루트를 가리키도록 설정한다.

T2. [분기.] k를 입력 인수 K의 좌에서 우로 순서의 다음 문자로 설정한다. (만일 입력 인수의 마지막 문자를 넘겼다면 k를 "빈칸" 또는 단어의 끝을 나타내는 기호로 설정한다. 단어 끝 부호는 $0 \le k < M$ 범위 안의 수에 해당해야 한다.) X가 NODE(P)의 표 항목 번호 k라고 하자. 만일 X가 링크이면 T3으로 간다. 만일 X가 키이면 T4로 간다.

표 1

가장 자주 쓰이는 영어 단어 31개에 대한 트라이

	(1)	(2)	(3)	(4)	(5)	(6)	(7)	(8)	(9)	(10)	(11)	(12)
␣		A				I					HE	
A	(2)				(10)				WAS			THAT
B	(3)											
C												
D										HAD		
E			BE		(11)							THE
F	(4)						OF					
G												
H	(5)							(12)	WHICH			
I	(6)				HIS				WITH			THIS
Δ												
J												
K												
L												
M												
N	NOT	AND				IN	ON					
O	(7)			FOR				TO				
P												
Q												
R		ARE		FROM			OR				HER	
Σ												
Π												
S		AS				IS						
T	(8)	AT				IT						
U			BUT									
V										HAVE		
W	(9)											
X												
Y	YOU		BY									
Z												

T3. 〔전진.〕 만일 $X \neq \Lambda$ 이면 $\mathtt{P} \leftarrow X$로 설정하고 단계 T2로 간다. 그렇지 않으면 검색 실패를 결과로 해서 알고리즘을 끝낸다.

T4. 〔비교.〕 만일 $X = K$이면 검색 성공을 결과로 해서 알고리즘을 끝낸다. 그렇지 않으면 검색 실패를 결과로 해서 알고리즘을 끝낸다. ▮

검색이 실패할 경우, 가장 길게 부합한 항목을 발견한 것임에 주목하자. 실제 응용에서는 이런 성질이 유용한 경우가 있다.

이 알고리즘의 속도를 이번 장의 다른 알고리즘들의 속도와 비교하기 위해 짧은 MIX 프로그램을 작성해보자. 이 프로그램은 문자들이 바이트들이며 키들이 최대 다섯 바이트라고 가정한다.

프로그램 T (트라이 검색). 이 프로그램은 각 키가 하나의 MIX 워드로 표현되며, 키가 다섯 글자 미만인 경우 오른쪽에 빈칸들이 채워져 있다고 가정한다. 여기서는 MIX 문자 부호를 사용하므로,

검색 인수의 각 바이트는 30 미만의 수를 담는다고 가정한다. 링크들은 노드 워드의 0 : 2필드에서 음의 수치로 표현된다. rI1 ≡ P, rX ≡ K에서 탐색되지 않은 부분.

```
START   LDX   K           1   T1. 초기화.
        ENT1  ROOT        1   P ← 트라이의 루트로의 포인터.
2H      SLAX  1           C   T2. 분기.
        STA   *+1(2:2)    C   다음 문자 k를 추출.
        ENT2  0,1         C   Q ← P+k.
        LD1N  0,2(0:2)    C   P = LINK(Q).
        J1P   2B          C   T3. 전진. 만일 P가 링크 ≠ Λ이면 T2로.
        LDA   0,2         1   T4. 비교. rA ← KEY(Q).
        CMPA  K           1
        JE    SUCCESS     1   만일 rA=K이면 검색 성공, 종료.
FAILURE EQU   *               만일 트라이에 없으면 종료. ▮
```

이 프로그램의 실행 시간은 조사된 문자 개수가 C라고 할 때 $8C+8$단위이다. $C \le 5$이므로, 검색이 48단위시간을 초과하는 일은 없다.

이 프로그램의 효율(표 1의 트라이를 사용했을 때의)을 프로그램 6.2.2T의 효율(그림 13의 최적 이진 검색 트리를 사용했을 때의)과 비교해 보면 다음과 같은 사항들을 알 수 있다.

1. 트라이는 훨씬 많은 메모리 공간을 사용한다. 단 31개의 키들을 나타내는 데 360개의 단어들을 필요로 한다. 반면, 이진 검색은 메모리 62워드만을 사용한다. (그러나 연습문제 4는 약간의 조율을 거치면 표 1의 트라이를 단 49워드에 맞출 수 있음을 보여준다.)

2. 성공적인 검색의 경우 두 프로그램 모두 약 26단위시간을 소비한다. 그러나 실패하는 검색의 경우 트라이는 더 빨라지고 이진 검색 트리는 더 느려진다. 이 자료의 경우 검색이 성공하는 때보다 실패하는 때가 많으므로, 속도의 관점에서는 트라이가 더 바람직하다.

3. 자주 쓰이는 영어 단어 31개 대신 그림 15의 KWIC 색인화 응용을 고려한다면, 자료의 성질 때문에 트라이의 장점이 사라진다. 예를 들어 트라이로 COMPUTATION과 COMPUTATIONS를 구분하기 위해서는 12회의 반복이 필요하다. 이 경우에는 단어들을 좌에서 우로가 아니라 우에서 좌로 훑도록 트라이를 구축하는 게 나을 것이다.

투에Axel Thue는 인접한 반복된 부분문자열들을 담고 있지 않은 문자열들에 대한 한 논문〔*Skrifter udgivne af Videnskabs-Selskabet i Christiania*, Mathematisk-Naturvidenskabelig Klasse (1912), No. 1; 투에의 *Selected Mathematical Papers* (Oslo: Universitetsforlaget, 1977), 413-477으로 재발행됨〕에서, 문자열들의 한 모임(family)을 표현하는 트라이의 추상적 개념을 소개했다.

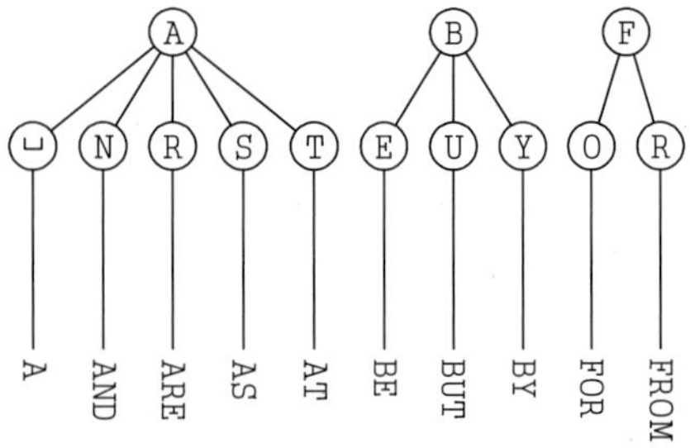

그림 31. 표 1의 트라이를 "숲"으로 변환한 것.

컴퓨터 검색에 트라이 메모리를 처음으로 추천한 이는 브리앙데René de la Briandais이다 [*Proc. Western Joint Computer Conf.* 15 (1959), 295-298]. 그의 지적에 따르면, 벡터의 성분들 대부분은 비어 있는 경향이 있으므로, 각 노드 벡터에 대해 연결 목록을 사용한다면 실행 시간을 희생하더라도 메모리 공간을 절약할 수 있다. 이 착안을 표 1의 트라이에 적용하면 결국은 그림 31과 같은 트리들의 숲이 된다. 이런 숲의 검색은 먼저 첫 글자와 부합하는 루트를 찾고, 그 루트의 자식 노드들 중 두 번째 글자와 부합하는 것을 찾는 식으로 진행하게 된다.

사실 브리앙데의 논문에서는 표 1이나 그림 31에 나온 것과 정확히 동일한 방식으로 트리 분기를 멈추지는 않았다. 대신 그의 논문은 단어 끝 기호에 도달할 때까지 문자별로 각 키를 계속해서 표현한다. 이는 결국 그림 31의 "H" 트리 대신 트리

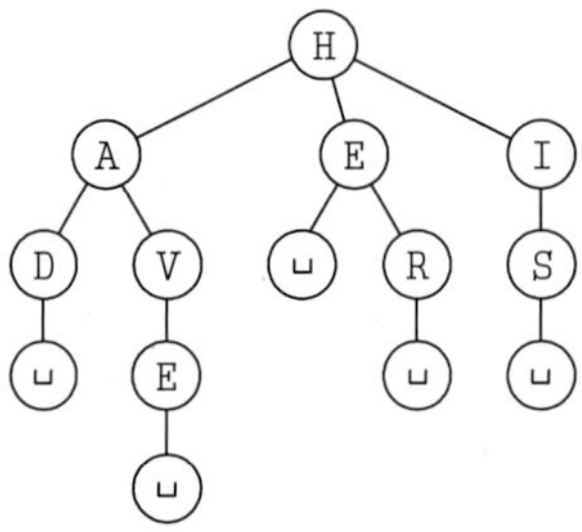

(1)

를 사용한 셈이다. 이러한 표현에는 더 많은 저장소가 필요하나, 대신 가변길이 자료를 특히나 쉽게 처리할 수 있다는 장점을 가지고 있다. 만일 문자 당 두 개의 링크 필드들을 사용한다면 동적인 삽입, 삭제를 간단한 방식으로 처리할 수 있다.

만일 트리들을 보통의 방식에 의거해 이진트리들로 나타낸다면 (1)은 이진트리

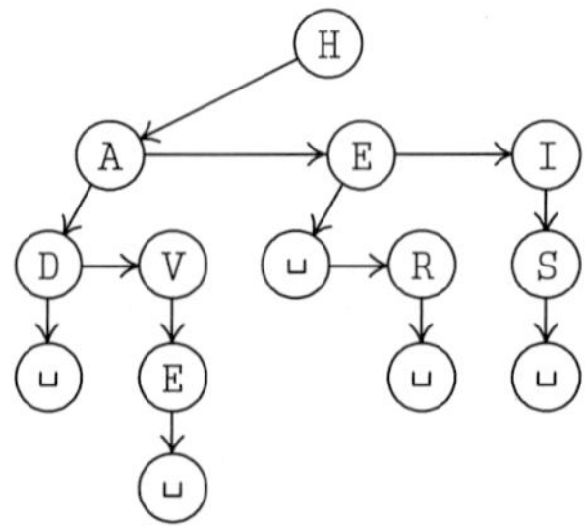

(2)

가 된다. (그림 31의 완전한 숲 표현이라면 H의 오른쪽에서 그 이웃 루트 I로 가는 포인터 하나를

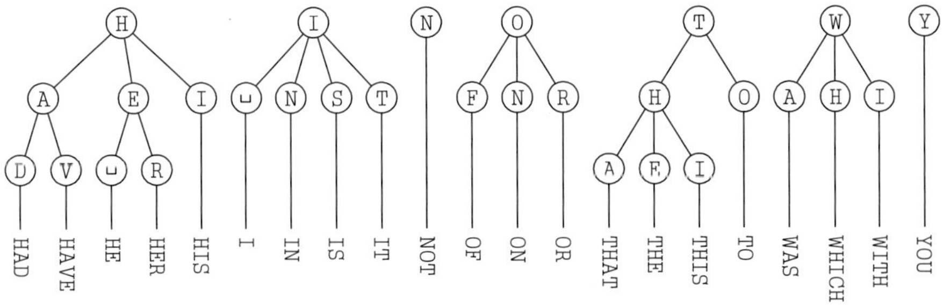

두어야 할 것이다.) 이러한 이진트리의 검색은 다음과 같이 진행하면 된다: 인수의 한 문자를 트리의 문자와 비교하고 RLINK 링크를 따라가는 절차를 부합하는 문자가 발견될 때까지 반복한다. 발견했다면 LLINK를 따라 가서 인수의 다음 문자를 같은 식으로 처리한다.

그런 이진트리에서 우리는 일종의 비교에 의한 검색을 수행한다고 할 수 있다. 단, 대소 비교에 의한 분기가 아니라 상등·부등에 의한 분기를 사용하게 된다. 6.2.1절의 기본적인 원리에 따르면, N개의 키들을 구분하기 위해서는 평균적으로 적어도 $\lg N$번의 비교가 필요하다. 그림 31과 같은 하나의 트리를 검색할 때 필요한 평균 판정 횟수는 6.2절의 기법들을 이용해서 이진 검색을 수행할 때의 평균 판정 횟수를 넘지 않는다.

한편, 표 1의 트라이는 M중 분기를 모두 단번에 수행할 수 있는 능력을 가지고 있다. 분석해 보면, 입력이 무작위할 때 큰 N에 대한 평균 검색 시간이 약

$$\log_M N = \lg N / \lg M$$

회의 비교뿐임을 알 수 있다. 또한 알고리즘 T에 나온 것 같은 "순수한" 트라이 방안으로 N개의 무작위 입력들을 구분하는 데에는 근사적으로 총 $N/\ln M$개의 노드들이 필요함도 알 수 있다. 따라서 필요한 총 공간은 $MN/\ln M$에 비례한다.

이러한 고찰들로 미루어 볼 때, 트라이 개념은 트리의 처음 몇 수준에서만 이득을 제공함이 명백하다. 트라이 전략과 트리 전략을 결합해서, 처음 몇 글자에 대해서는 트라이를 사용하고 그런 다음에 다른 어떤 기법으로 전환한다면 더 나은 성능을 얻을 수 있다. 예를 들어 주센구트E. H. Sussenguth, Jr.는 트리에서 파일에서 (이를테면)여섯 개 이하의 키들만 가능한 부분에 도달할 때까지는 문자 대 문자 방식을 사용하고, 그런 다음에는 나머지 키들의 짧은 목록을 순차적으로 훑는 방법을 제안했다 [*CACM* 6 (1963), 272-279]. 이후, 이러한 혼합 전략이 실행 시간을 크게 바꾸지 않고도 트라이 노드 개수를 대략 6분의 1로 줄여 줌을 보게 될 것이다.

큰, 그리고 성장하는 트라이를 외부 저장장치에 저장하는 한 가지 흥미로운 방식을 베르코비치S. Y. Berkovich가 *Doklady Akademii Nauk SSSR* 202 (1972), 298-299 [영문 번역판은 *Soviet Physics-Doklady* 17 (1972), 20-21]에서 제안한 바 있다.

투르바T. N. Turba는 가변길이 키들을 검색할 때 각각의 길이에 대해 하나씩의 검색 트리 또는 트라이를 두게 되면 종종 더 편리할 수 있다는 점을 지적했다 [*CACM* 25 (1982), 522-526].

이진의 경우. 이번에는 검색 인수를 한 번에 한 비트씩 조사하는, $M = 2$인 특수한 경우를 살펴보자. 이 경우에 특히 적합한 흥미로운 방법 두 가지가 개발되어 있다.

첫 번째 방법은 코프먼E. G. Coffman과 이브J. Eve에서 기인한 〔*CACM* 13 (1970), 427-432, 436〕 숫자별 트리 검색(digital tree search)이다. 이 방법의 핵심은 전체 키들을 노드들에 6.2.2절의 트리 검색 알고리즘에서처럼 저장하되, 각 단계에서 왼쪽 가지를 취하느냐 오른쪽 가지를 취하느냐를 키의 비트들을(비교 결과가 아니라) 사용해서 판정한다는 것이다. 그림 32는 이런 방법을 이용해서 31개의 가장 자주 쓰이는 영어 단어들을 빈도 감소 순서로 삽입해 구축한 이진트리이다. 이 트리의 구축에 쓰인 자료는 MIX 문자 부호로 표현된 단어들을 바이트 당 5비트의 이진수들로 변환한 것이다. 즉, 단어 WHICH는 이진수열 11010 01000 01001 00011 01000으로 표현된다.

WHICH라는 단어를 그림 32에서 검색한다고 하자. 우선 그 단어를 트리 루트의 THE와 비교하게 된다. 부합하는 것이 없으며 WHICH의 첫 비트가 1이므로, 오른쪽 가지로 가서 OF와 비교하고, 역시 부합하지 않으며 WHICH의 두 번째 비트가 1이므로, 또 다시 오른쪽으로 내려가서 WITH와 비교하는 등등으로 진행한다. 숫자별 검색 트리에서 키들의 알파벳 순서는 더 이상 노드들의 대칭 순서와 대응되지 않는다.

6.2.2절의 그림 12의 트리는 그림 32와 같은 방법이되 분기 결정에 키 비트 대신 비교를 사용해서 만든 것이라는 점에서, 그림 32의 트리와 비교해보는 것도 흥미로울 수 있다. 주어진 빈도들을 고려할 때, 그림 32의 숫자별 검색 트리는 성공하는 검색 한 번 당 평균 3.42회의 비교를 필요로 한다. 이는 그림 12의 4.04회보다 조금 나은 결과이나, 물론 비교 당 계산 시간은 다를 수 있다.

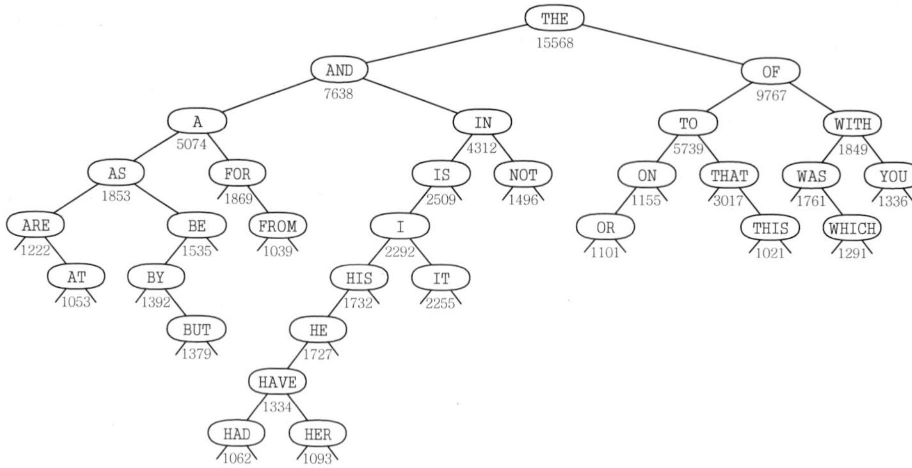

그림 32. 가장 자주 쓰이는 영어 단어 31개를 빈도 감소 순으로 삽입해서 만든 숫자별 검색 트리.

알고리즘 D (숫자별 트리 검색 및 삽입). 위에서 설명한 이진트리를 형성하는 레코드들의 표가 주어졌을 때, 이 알고리즘은 주어진 인수 K를 찾는다. 만일 K가 표에 없다면 K를 담은 새 노드를 트리의 적절한 자리에 삽입한다.

이 알고리즘은 트리가 비어 있지 않으며 노드들이 알고리즘 6.2.2T에서처럼 KEY, LLINK, RLINK 필드를 가진다고 가정한다. 사실, 비교해 보면 알겠지만, 두 알고리즘은 거의 동일하다.

D1. [초기화.] P ← ROOT, $K' \leftarrow K$로 설정한다.

D2. [비교.] 만일 $K =$ KEY(P)이면 검색 성공을 결과로 해서 알고리즘을 끝낸다. 그렇지 않으면 b를 K'의 선행 비트로 설정하고 K'을 왼쪽으로 한 자리 이동한다(따라서 그 선행 비트가 사라지며 오른쪽 끝에 0이 하나 들어온다). 만일 $b = 0$이면 D3으로 가고, 그렇지 않으면 D4로 간다.

D3. [왼쪽으로 이동.] 만일 LLINK(P) $\neq \Lambda$ 이면 P ← LLINK(P)로 설정하고 D2로 돌아간다. 그렇지 않으면 D5로 간다.

D4. [오른쪽으로 이동.] 만일 RLINK(P) $\neq \Lambda$ 이면 P ← RLINK(P)로 설정하고 D2로 돌아간다.

D5. [트리에 삽입.] Q ⇐ AVAIL, KEY(Q) ← K, LLINK(Q) ← RLINK(Q) ← Λ로 설정한다. 만일 $b = 0$이면 LLINK(P) ← Q로 설정하고, 그렇지 않으면 RLINK(P) ← Q로 설정한다. ▌

알고리즘 6.2.2T의 트리 검색은 천성적으로 이진이나, 거기에 나온 형태를 임의의 $M \geq 2$에 대한 M진 숫자별 검색으로 확장할 수 있음은 어렵지 않게 파악할 수 있다(연습문제 13).

모리슨Donald R. Morrison은 키들을 노드 안에 저장하지 않고서도 키들의 이진 표현에 기초한 N노드 검색 트리를 형성하는 아주 깔끔한 방법을 발견했다 [*JACM* 15 (1968), 514-534]. "패트리샤(Patricia)" (영수문자로 부호화된 정보를 조회하는 실용적인 알고리즘이라는 뜻의 Practical Algorithm To Retrieve Information Coded In Alphanumeric의 두문자어)라고 불리는 그의 방법은, 크고 구조화되지 않은 파일 안에 저장된 제목이나 문구들 같은 극도로 긴 가변길이 키들을 다룰 때 특히나 적합하다. 거의 같은 시기에 독일에서는 이와 밀접하게 관련된 알고리즘이 G. Gwehenberger, *Elektronische Rechenanlagen* 10 (1968), 223-226에 발표되었다.

패트리샤의 기본 착안은, 이진 트라이를 구축하되 각 노드에 다음 번 판정을 수행하기 전에 건너뛸 비트 개수를 포함시킴으로써 1중 분기를 피한다는 것이다. 이런 착안을 활용하는 방법은 여러 가지가 있는데, 아마도 설명하기가 가장 간단한 것으로는 그림 33에 나온 방법을 들 수 있을 것이다. 여기서 TEXT는 비트들의 배열인데, 보통 이 배열은 상당히 길다. 각 검색은 TEXT에 한 번만 접근하므로 이 배열을 외부 직접 접근 파일에 저장해도 된다. 표에 저장할 각 키는 텍스트의 한 시작 지점으로 지정되며, 이 시작 지점으로부터 텍스트의 끝까지 나아가게 된다고 상상할 수 있다. (패트리샤는 인수와 정확히 같은 키를 찾지는 않는다. 대신, 인수로 시작하는 키가 존재하는지의 여부를 결정한다.)

그림 33은 각 단어를 시작으로 하는 일곱 개의 키들, 즉 "THIS IS THE HOUSE THAT JACK BUILT?"와 "IS THE HOUSE THAT JACK BUILT?"와 ... 와 "BUILT?"에 대한 상황을 나타낸 것이다. 여기에는 어떤 키도 다른 키의 접두어일 수 없다라는 중요한 제약이 존재한다. 이 제약은 텍스트의 어디에도 나타나지 않는 고유한 텍스트 종료 부호(이 경우 "?")를 텍스트 끝에 붙여서 지킬 수 있다. 같은 제약이 알고리즘 T의 트라이 방안에도 암묵적으로 존재했다. 거기서는 "␣"가 종료 부호였다.

`T H I S ␣ I S ␣ T H E ␣ H O U S E ␣ T H A T ␣ J A C K ␣ B U I L T ?`

10111101000010110110000000100110110000001011101000001010000001000100001100010110001010000010111010000000110111000001011000010001101100000000000010110000100101101101111 1

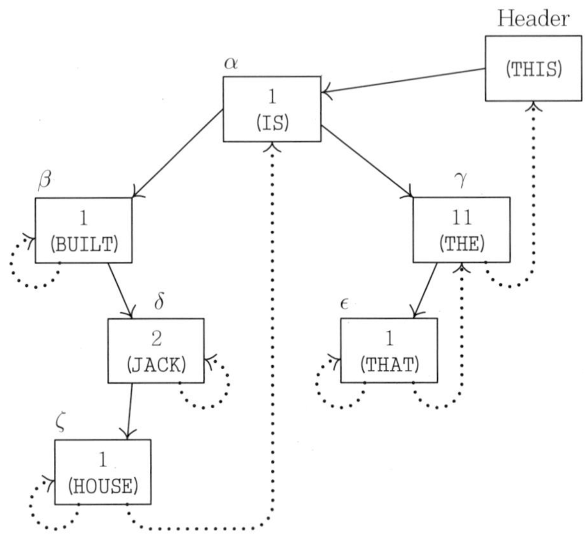

그림 33. 패트리샤 트리와 TEXT의 예.

패트리샤가 검색에 사용하는 트리는 반드시 임의 접근 메모리에 담아 두거나, 아니면 6.2.4절에서 제안하는 페이지들에 배치해야 한다. 이 트리는 하나의 헤더와 $N-1$개의 노드들로 구성되며, 각 노드는 다음과 같은 필드들을 담는다.

KEY, 텍스트로의 포인터. 텍스트가 C개의 문자들을 담는다고 할 때, 이 필드의 길이는 적어도 $\lg C$ 이상이어야 한다. 그림 33에서 각 노드 안에 표시된 단어는 실제로는 텍스트로의 포인터로 표현할 수 있다. 예를 들면 "(JACK)"이라는 단어 대신 24라는 수치(텍스트 문자열의 "JACK BUILT?"의 시작 위치를 가리킨다)를 담는 식이다.

LLINK와 RLINK, 트리 안의 포인터들. 이 필드들은 반드시 $\lg N$비트 이상이어야 한다.

LTAG와 RTAG, 각각 LLINK와 RLINK가 노드의 자식 또는 조상으로의 포인터인지를 알려주는 1비트 필드들. 그림 33의 점선들이 TAG 비트가 1인 포인터들에 해당한다.

SKIP, 아래에서 설명하는 것처럼 검색 시 건너 뛸 비트 개수를 말해주는 수치. 이 필드는 적어도 두 개의 서로 다른 키들의 접두어인 어떤 문자열 σ에 대해, 접두어가 σ이고 σ 다음의 k개의 비트들과 부합함을 만족하는 모든 키들의 개수의 최대값을 담을 수 있을 정도로 길어야 한다. 실제 응용에서는 k가 아주 크지는 않다고 가정할 수 있으며, 만일 SKIP 필드의 크기가 초과된다면 그에 해당하는 오류가 발생하게 할 수도 있다. 그림 33에서는 노드 안의 수치가 바로 SKIP 필드의 값이다.

헤더는 KEY, LLINK, LTAG 필드만 담는다.

패트리샤 트리의 검색은 다음과 같이 진행된다: THE라는 단어(비트 패턴은 10111 01000 00101)를 찾는다고 하자. 우선 루트 노드 α의 SKIP 필드를 본다. 그러면 인수의 비트 1을 조사해야 함을 알 수 있다. 그 비트의 값은 1이므로 오른쪽으로 이동한다. 그 노드 γ의 SKIP 필드는 11이므로 인수의 $1+11=12$번째 비트를 보아야 한다. 그 비트는 0이므로 왼쪽으로 간다. 그 노드 ϵ의 SKIP 필드는 인수의 $(12+1)$번째 비트를 알려주며, 그 비트는 1이다. 이제 RTAG = 1을 발견했으므로 다시 노드 γ로 돌아간다. 그 노드는 TEXT를 알려준다. 지금까지 취한 검색 경로는 비트 패턴이 1xxxx xxxxx x01...인 그 어떤 인수에서도 발생할 수 있으므로, 인수가 해당 패턴, 즉 THE로 시작하는 유일한 키와 부합하는지를 반드시 점검해야 한다.

이번에는 TH로 시작하는 임의의 키 또는 모든 키를 찾는다고 하자. 그러면 위에서와 동일하게 검색이 진행되되, 결국에는 10비트 인수의 (존재하지 않는)12번째 비트를 참조하게 된다. 이 시점에서 인수를 TEXT에서 현재 노드가 가리키는 부분(이 경우 노드 γ)과 비교한다. 만일 그것이 부합하지 않는다면 인수로 시작하는 키는 없는 것이다. 부합한다면, 인수는 노드 γ와 그 후손들의 점선 링크들이 나타내는 모든 키(즉 THIS, THAT, THE)의 접두어이다.

이상의 검색 경로를 좀 더 정밀하게 표현하자면 다음과 같다.

알고리즘 P (패트리샤). 앞에서 설명한 것처럼 KEY, LLINK, RLINK, LTAG, RTAG, SKIP 필드들을 가진 트리와 TEXT 배열이 주어졌을 때, 이 알고리즘은 지정된 인수 K로 시작하는 키가 TEXT 안에 존재하는지의 여부를 판정한다. (만일 $r \geq 1$에 대해 그러한 키들이 r개 존재한다면, 그 키들을 모두 $O(r)$단계로 찾을 수 있다. 연습문제 14를 볼 것.) 트리에는 적어도 하나의 키가 존재한다고 가정한다.

P1. [초기화.] P ← HEAD, $j \leftarrow 0$으로 설정한다. (변수 P는 트리를 따라 내려가는 포인터이고 j는 인수의 비트 위치를 가리키는 카운터이다.) $n \leftarrow K$의 비트수로 설정한다.

P2. [왼쪽으로 이동.] Q ← P, P ← LLINK(Q)로 설정한다. 만일 LTAG(Q) = 1이면 P6으로 간다.

P3. [비트들을 건너뛴다.] (이 시점에서 만일 K의 처음 j개의 비트들이 임의의 키와 부합한다면 그 비트들은 KEY(P)에서 시작하는 키와 부합한다.) $j \leftarrow j +$ SKIP(P)로 설정한다. 만일 $j > n$이면 P6으로 간다.

P4. [비트를 판정.] (이 시점에서 만일 K의 처음 $j-1$개의 비트들이 임의의 키와 부합한다면 그 비트들은 KEY(P)에서 시작하는 키와 부합한다.) 만일 K의 j번째 비트가 0이면 P2로 가고, 그렇지 않으면 P5로 간다.

P5. [오른쪽으로 이동.] Q ← P, P ← RLINK(Q)로 설정한다. 만일 RTAG(Q) = 0이면 P3으로 간다.

P6. [비교.] (이 시점에서 만일 K가 임의의 키와 부합한다면 K는 KEY(P)에서 시작하는 키와 부합한다.) K를 TEXT 배열의 KEY(P) 위치에서 시작하는 키와 비교한다. 그것들이 같다면(K의 길이인 n비트까지) 검색 성공을 결과로 해서 알고리즘을 끝낸다. 만일 같지 않다면 검색 실패를 결과로 해서 알고리즘을 끝낸다.

연습문제 15는 애초에 패트리샤의 트리를 구축하는 방법을 보여준다. 또한, 새 텍스트 자료가 항상 고유한 구분자(이를테면 텍스트 종료 기호 다음에 일련번호가 오는 형태)로 끝난다는 가정 하에서 텍스트에 새 자료를 추가하고 새 키들을 삽입할 수도 있다.

패트리샤는 다소 까다로워서, 모든 매력을 파악하려면 세심한 조사가 필요하다.

알고리즘들의 분석. 그럼 트라이, 숫자별 검색 트리, 패트리샤를 수학적으로 연구하는 것으로 이번 절을 마무리하기로 하자. 이 분석들의 주된 결과는 이번 절 끝에서 요약하겠다.

우선 이진 트라이, 즉 $M=2$인 트라이부터 살펴보자. 그림 34는 5장의 정렬 예제의 열여섯 키들을 10비트 이진수로 취급해서 만든 이진 트라이이다. (그림에서는 키들을 8진 표기법으로 나타내고 있다. 예를 들어 *1144*는 10비트 수 $612 = (1001100100)_2$에 해당한다.) 알고리즘 T에서처럼, 키가 최초로 유일하게 식별되는 지점까지는 키의 선행 비트들에 대한 정보를 트라이에 저장한다. 그 이후부터는 키 전체를 저장한다.

그림 34를 표 5.2.2-3과 비교해 보면 트라이 메모리와 기수 교환 정렬 사이의 놀라운 관계가 나타난다. (어쩌면 놀랍다기보다는 명백하다는 표현이 맞는 것일 수 있다.) 그림 34의 22개의 노드들은 표 5.2.2-3의 22개의 분할 시기들에 대응한다. 전위순서로 p번째 노드가 시기 p에 대응하는 것이다. 한 번의 분할 시기에서 비트들을 조사하는 횟수는 해당 노드와 그 하위트라이들의 키들의 개수와 같다. 이로부터 다음과 같은 정리를 만들 수 있다.

정리 T. *만일 N개의 서로 다른 이진수들을 앞에서 설명한대로 이진 트라이에 집어 넣는다면, (i) 트라이의 노드 개수는 그 이진수들을 기수 교환으로 정렬할 때 필요한 분할 시기들의 수와 같고, (ii) 알고리즘 T를 이용해서 하나의 키를 조회하는 데 필요한 평균 비트 조사 횟수는 $1/N$ 곱하기 기수 교환 정렬에 필요한 비트 조사 횟수가 된다.*

이 정리 덕분에, 5.2.2절에서 기수 교환을 위해 전개한 수학적 수단들 모두를 이 분석에도 사용

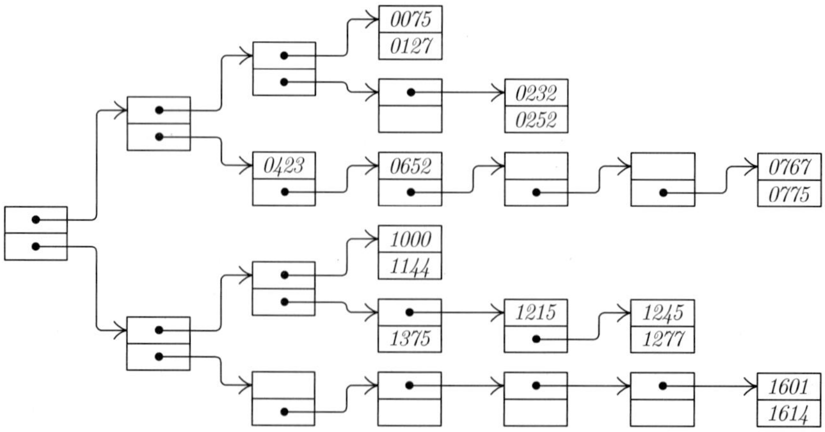

그림 34. 무작위 이진 트라이의 예.

할 수 있다. 예를 들어 키들이 0에서 1 사이의 무한 정밀도 균등분포 실수 난수들이라고 하면, 한 번의 조회에 필요한 비트 조사 횟수는 $\lg N + \gamma/\ln 2 + 1/2 + \delta(N) + O(N^{-1})$이 되고 트라이의 노드 개수는 $N/\ln 2 + N\bar{\delta}(N) + O(1)$이 된다. 여기서 $\delta(N)$과 $\bar{\delta}(N)$은 어떤 복잡한 함수들이지만, 그 절대값이 항상 10^{-6}보다 작기 때문에 무시할 수 있다. (연습문제 5.2.2-38과 5.2.2-48 참고.)

그런데 우리는 이진 트라이를 M진 트라이로 일반화해야 하므로, 완전한 분석을 위해서는 해야 할 일들이 더 있다. 여기에서는 조사의 시작 지점만 설명하고, 나머지 세부사항은 독자의 훈련을 위한 연습문제들로 남겨 두겠다.

N개의 키들을 가진 하나의 무작위 M진 검색 트라이의 내부 노드 평균 개수를 A_N이라고 하자. 그러면 $A_0 = A_1 = 0$이고 $N \ge 2$에 대해서는

$$A_N = 1 + \sum_{k_1 + \cdots + k_M = N} \left(\frac{N!}{k_1! \ldots k_M!} M^{-N} \right) (A_{k_1} + \cdots + A_{k_M}) \tag{3}$$

이다. $N!\,M^{-N}/k_1! \ldots k_M!$이 키들 중 k_1개가 첫 번째 하위트라이, ..., k_M개가 M번째 하위트라이에 있을 확률이기 때문이다. 이 등식에 대칭성을 적용하고 k_2, ..., k_M에 대해 합해서 정리하면 다음을 얻을 수 있다.

$$\begin{aligned} A_N &= 1 + M^{1-N} \sum_{k_1 + \cdots + k_M = N} \left(\frac{N!}{k_1! \ldots k_M!} \right) A_{k_1} \\ &= 1 + M^{1-N} \sum_k \binom{N}{k} (M-1)^{N-k} A_k, \qquad N \ge 2\text{에 대해.} \end{aligned} \tag{4}$$

비슷하게, 트라이에서 N개의 키들 모두를 찾는 데 필요한 숫자 조사 전체의 평균 횟수를 C_N이라고 한다면, $C_0 = C_1 = 0$이고

$$N \ge 2\text{에 대해} \qquad C_N = N + M^{1-N} \sum_k \binom{N}{k} (M-1)^{N-k} C_k \tag{5}$$

이다. 연습문제 17은 이런 종류의 일반적인 점화식들을 다루는 방법을 보여주며, 연습문제 18-25는 무작위 트라이들에 대한 해당 이론을 전개한다. [동등한 하드웨어 지향적 정렬 알고리즘과 관련하여 다른 관점으로 A_N의 분석에 접근한 최초의 논문으로는 L. R. Johnson, M. H. McAndrew, *IBM J. Res. and Devel.* 8 (1964), 189–193이 있다.]

이제 숫자별 검색 트리의 분석으로 넘어가자. 공식들이 비슷하긴 하지만, 점근적 습성을 유도하는 방법을 파악하는 게 쉽지 않을 정도로는 차이를 보이기도 한다. 예를 들어 M진 숫자별 검색 트리에서 N개의 키들 전부를 찾는 데 필요한 평균 숫자 조사 횟수를 $\overline{C}_N$으로 표기한다면, $\overline{C}_0 = \overline{C}_1 = 0$이고

$$N \ge 0\text{에 대해} \qquad \overline{C}_{N+1} = N + M^{1-N} \sum_k \binom{N}{k} (M-1)^{N-k}\, \overline{C}_k \tag{6}$$

임을 앞에서처럼 어렵지 않게 이끌어낼 수 있다. 이는 식 (5)와 거의 비슷하다. 그러나 좌변에 N이

아니라 $N+1$이 나온다. 이는 점화식의 전반적인 특성이 달라지기에 충분한 차이이다. 따라서 앞에서 (5)를 연구하는 데 사용했던 방법들을 그대로 적용할 수는 없다.

그럼 이진의 경우부터 생각해 보자. 그림 35는 그림 34의 열여섯 예제 키들에 대응하는 숫자별 검색 트리를 나타낸 것으로, 키들을 5장의 예들에서 사용했던 순서로 삽입한 것이다. 무작위 성공 검색에서의 평균 비트 조사 횟수는 간단히 구할 수 있다. 그 횟수는 그냥 트리의 내부 경로 길이를 N으로 나눈 것일 뿐이다. 수준 l의 한 노드를 찾는 데 필요한 비트 조사 횟수가 l이라는 점을 생각한다면 이해가 될 것이다. 그런데 무작위 실패 검색의 평균 비트 조사 횟수와 트리의 외부 경로 길이 사이에는 그런 간단한 관계가 존재하지 않음을 주의할 것. 실패하는 검색들은 루트 근처의 외부 노드들에서 더 자주 발생하기 때문이다. 예를 들어 그림 35의 노드 *0075*의 왼쪽 하위가지에 도달할 확률은 $\frac{1}{8}$이지만(키들이 무한한 정밀도를 가진다고 할 때), 노드 *0232*의 왼쪽 하위가지에 도달할 확률은 단 $\frac{1}{32}$밖에 되지 않는다. 이러한 이유로, 키들이 균등분포라고 할 때 숫자별 검색 트리들이 알고리즘 6.2.2T의 이진 검색 트리보다 균형을 더 잘 유지하는 경향이 나타난다.

숫자별 검색 트리의 적절한 특성들을 생성함수를 통해서 서술해 볼 수 있다. 수준 l에 있는 내부 노드 개수가 a_l이라고 할 때 생성함수 $a(z)=\sum_l a_l z^l$을 고찰해보자. 예를 들어 그림 35에 해당하는 생성함수는 $a(z)=1+2z+4z^2+5z^3+4z^4$이다. 만일 수준 l에 b_l개의 외부 노드들이 있다면, 그리고 $b(z)=\sum_l b_l z^l$이라면, 연습문제 6.2.1-25에 의해

$$b(z)=1+(2z-1)a(z) \tag{7}$$

가 성립한다. 예를 들어 $1+(2z-1)(1+2z+4z^2+5z^3+4z^4)=3z^3+6z^4+8z^5$이다. 한 무작위 성공 검색이 수행하는 평균 비트 조사 횟수는 $a'(1)/a(1)$이다. $a'(1)$이 트리의 내부 경로 길이이고 $a(1)$이 내부 노드 개수이기 때문이다. 무작위 실패 검색의 평균 비트 조사 횟수는 $\sum_l l b_l 2^{-l} = \frac{1}{2}b'\left(\frac{1}{2}\right)=a\left(\frac{1}{2}\right)$이다. 수준 l에 있는 주어진 외부 노드에 도달할 확률이 2^{-l}이기 때문이다. 비교 횟수는 실패하는 검색에서는 비트 조사 횟수와 같고 성공하는 검색의 경우에는 거기에 1을 더한

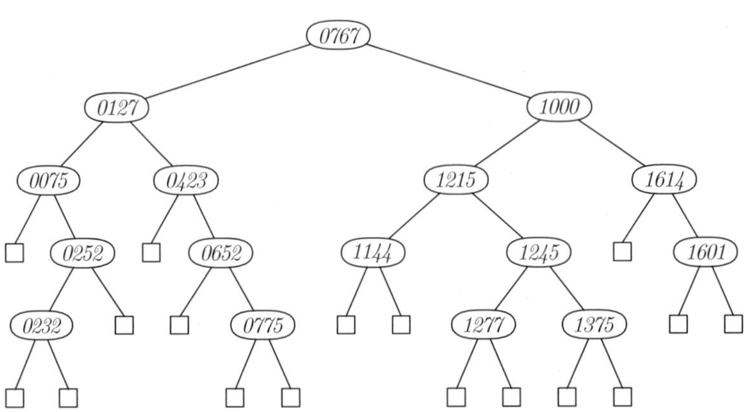

그림 35. 알고리즘 D로 구축한 무작위 숫자별 검색 트리.

것이다. 예를 들어 그림 35에서 성공하는 검색은 평균 $2\frac{9}{16}$회의 비트 조사와 $3\frac{9}{16}$회의 비교를 수행한다. 실패하는 검색은 각각 $3\frac{7}{8}$회이다.

이제 $g_N(z)$가 N개의 노드들을 가진 트리들의 "평균" $a(z)$라고 하자. 다른 말로 하면, $a_T(z)$가 T의 내부 노드들에 대한 생성 함수이고 p_T가 알고리즘 D를 이용해서 N개의 난수들을 삽입했을 때 T가 나올 확률이라고 할 때 $g_N(z)$은 N개의 내부 노드들을 가진 이진 숫자별 검색 트리 T들 전부를 구간으로 하는 합 $\sum p_T a_T(z)$이다. 그러면 평균 비트 조사 횟수는 성공하는 검색의 경우 $g_N'(1)/N$, 실패하는 검색의 경우 $g_N\left(\frac{1}{2}\right)$이다.

$g_N(z)$은 다음과 같이 트리 구축 공정을 흉내내서 계산할 수 있다. $a(z)$가 N개의 노드들을 가진 트리의 생성함수라고 하자. 그 트리에 대해 외부 노드 위치들 중 임의의 하나에 새 노드를 삽입함으로써 총 $N+1$개의 트리들을 만들 수 있다. 삽입이 수준 l에 있는 한 주어진 외부 노드로 갈 확률은 2^{-l}이다. 따라서 $N+1$개의 새 트리들에 대한 생성함수들에 출현 확률을 곱한 것들의 합은 $a(z)+b\left(\frac{1}{2}z\right)=a(z)+1+(z-1)a\left(\frac{1}{2}z\right)$이다. 이를 N개의 노드를 가진 모든 트리에 대해 평균하면

$$g_{N+1}(z)=g_N(z)+1+(z-1)g_N\left(\frac{1}{2}z\right); \qquad g_0(z)=0 \tag{8}$$

을 얻을 수 있다. 외부 노드들에 대한 해당 생성함수는

$$h_N(z)=1+(2z-1)g_N(z)$$

인데, 이는 다루기가 좀더 쉽다. 왜냐하면 (8)이 다음 공식과 동치이기 때문이다.

$$h_{N+1}(z)=h_N(z)+(2z-1)h_N\left(\frac{1}{2}z\right); \qquad h_0(z)=1. \tag{9}$$

이 규칙을 반복해서 적용하면

$$\begin{aligned}h_{N+1}(z)&=h_{N-1}(z)+2(2z-1)h_{N-1}\left(\frac{1}{2}z\right)+(2z-1)(z-1)h_{N-1}\left(\frac{1}{4}z\right)\\&=h_{N-2}(z)+3(2z-1)h_{N-2}\left(\frac{1}{2}z\right)+3(2z-1)(z-1)h_{N-2}\left(\frac{1}{4}z\right)\\&\quad+(2z-1)(z-1)\left(\frac{1}{2}z-1\right)h_{N-2}\left(\frac{1}{8}z\right)\end{aligned}$$

등을 얻을 수 있으며, 결국

$$h_N(z)=\sum_k\binom{N}{k}\prod_{j=0}^{k-1}(2^{1-j}z-1); \tag{10}$$

$$g_N(z)=\sum_{k\ge 0}\binom{N}{k+1}\prod_{j=0}^{k-1}(2^{-j}z-1) \tag{11}$$

임을 알 수 있다. 예를 들어

$$g_4(z)=4+6(z-1)+4(z-1)\left(\frac{1}{2}z-1\right)+(z-1)\left(\frac{1}{2}z-1\right)\left(\frac{1}{4}z-1\right)$$

이다. 이 공식들을 이용하면 우리가 구하고자 하는 수량들을 곱들의 합들로 표현할 수 있다:

$$\overline{C}_N = g_N'(1) = \sum_{k \ge 0} \binom{N}{k+2} \prod_{j=1}^{k} (2^{-j} - 1); \tag{12}$$

$$g_N\left(\frac{1}{2}\right) = \sum_{k \ge 0} \binom{N}{k+1} \prod_{j=1}^{k} (2^{-j} - 1) = \overline{C}_{N+1} - \overline{C}_N. \tag{13}$$

$\overline{C}_N$에 대한 이러한 공식이 (6)을 만족하는지는 전혀 명백하지 않다!

안타깝게도 이러한 수식들은 계산이나 점근 전개에 적합하지 못하다. $2^{-j}-1$이 음수라서 큰 항들이 생기고 소거도 많이 일어나기 때문이다. 연습문제 5.1.1-16의 분할 항등식들을 적용한다면 $\overline{C}_N$에 대한 다음과 같은 좀 더 유용한 공식을 얻을 수 있다.

$$\begin{aligned}
\overline{C}_N &= \Bigl(\prod_{j \ge 1} (1 - 2^{-j})\Bigr) \sum_{k \ge 0} \binom{N}{k+2} (-1)^k \prod_{l \ge 0} (1 - 2^{-l-k-1})^{-1} \\
&= \Bigl(\prod_{j \ge 1} (1 - 2^{-j})\Bigr) \sum_{k \ge 0} \binom{N}{k+2} (-1)^k \sum_{m \ge 0} (2^{-k-1})^m \prod_{r=1}^{m} (1 - 2^{-r})^{-1} \\
&= \sum_{m \ge 0} 2^m \Bigl(\sum_k \binom{N}{k} (-2^{-m})^k - 1 + 2^{-m} N\Bigr) \prod_{j \ge 0} (1 - 2^{-j-m-1}) \\
&= \sum_{m \ge 0} 2^m \bigl((1 - 2^{-m})^N - 1 + 2^{-m} N\bigr) \sum_{n \ge 0} (-2^{-m-1})^n \frac{2^{-n(n-1)/2}}{\prod_{r=1}^{n} (1 - 2^{-r})}.
\end{aligned} \tag{14}$$

언뜻 보기에는 이 식이 식 (12)보다 더 나은 것 같지 않지만, 이 식은 m에 대한 합이 각각의 고정된 n에 대해 빠르게 수렴한다는 큰 장점을 가지고 있다. 트라이의 경우에 대해 이와 정확하게 대응되는 상황이 식 5.2.2-(38)과 5.2.2-(39)에 나왔었다. 사실 $n=0$으로 두고 (14)의 항들만 고려한다면 정확히 $N-1$ 더하기 이진 트라이의 비트 조사 횟수가 된다. 점근값은 이전과 본질적으로 동일한 방법으로 얻을 수 있다. 연습문제 27을 볼 것. [위의 유도의 상당 부분은 A. J. Konheim, D. J. Newman, *Discrete Mathematics* 4 (1973), 57-63에 제시된 접근방식에 기초한 것이다.]

마지막으로, 패트리샤를 수학적으로 살펴보자. 이 경우 이진트리는 같은 키들에 대한 해당 이진 트라이와 비슷하나, 항상 정확히 $N-1$개의 내부 노드들과 N개의 외부 노드들이 존재하도록 압축된 모습이다(SKIP 필드들에 의해 1중 분기들이 제거되었기 때문). 그림 36은 그림 34의 트라이의 열여섯 키들에 해당하는 패트리샤 트리이다. 각 가지 노드에 있는 수는 SKIP의 양이다. 키들은 외부 노드들에 표시되어 있는데, 그 외부 노드들이 명시적으로 존재하는 것은 아니다(실제로는 각 외부 노드 자리에 TEXT를 참조하는 내부 노드로의 꼬리표 링크들이 존재할 뿐이다.)

패트리샤 트리의 성공적인 검색들은 외부 노드들에서 끝나므로, 하나의 무작위 성공 검색의 평균 비트 조사 횟수는 외부 경로 길이를 N으로 나눈 것이 된다. 외부 노드들에 대한 생성함수 $b(z)$을 앞에서와 같은 방식으로 만든다면 $b'(1)/b(1)$이 될 것이다. 패트리샤 트리에서 실패하는 검색 역시 외부 노드에서 끝나나, 수준 l의 외부 노드들에 대해 확률 2^{-l}이 가중치로 적용되므로, 평균 비트 조사 횟수는 $\frac{1}{2}b'\left(\frac{1}{2}\right)$이 된다. 예를 들어 그림 36의 경우 $b(z)=3z^3+8z^4+3z^5+2z^6$이다. 따라서 성공하는 검색 당 $4\frac{1}{4}$회의 비트 조사, 실패하는 검색 당 $3\frac{25}{32}$회의 비트 조사가 평균적으로 필요하다.

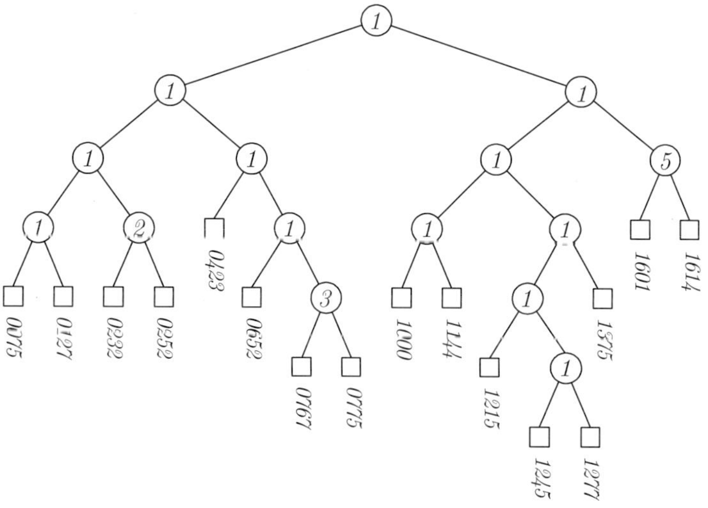

그림 36. 패트리샤는 그림 34 대신 이 트리를 구축한다.

$h_n(z)$가 균등분포 키들을 이용해서 n개의 외부 노드들로 구축한 한 패트리샤 트리에 대한 "평균" $b(z)$라고 하자. 점화식

$$h_n(z)=2^{1-n}\sum_k\binom{n}{k}h_k(z)(z+\delta_{kn}(1-z)),\qquad h_0(z)=0,\qquad h_1(z)=1 \tag{15}$$

에는 간단히 풀 수 없는 것으로 보인다. 그러나 다행히도 평균 외부 경로 길이 $h_n'(1)$에 대한 간단한 점화식은 존재한다:

$$\begin{aligned}h_n'(1)&=2^{1-n}\sum_k\binom{n}{k}h_k'(1)+2^{1-n}\sum_k\binom{n}{k}k(1-\delta_{kn})\\&=n-2^{1-n}n+2^{1-n}\sum_k\binom{n}{k}h_k'(1)\end{aligned} \tag{16}$$

이는 (6)의 형태이므로, 앞에서 $h_n'(1)$을 푸는 데 준비했던 방법들을 사용해도 된다. 그렇게 해서 풀어보면 무작위 이진 트라이의 해당 비트 조사 횟수보다 정확히 n 작은 값이 나온다. 즉, SKIP 필드들은 성공하는 검색 당 약 한 번의 비트 조사를 절감해주는 것이다. (연습문제 31 참고.) 전형적인 실제 자료에는 중복이 존재하므로, 절감량은 더욱 커질 것이다.

패트리샤 트리에서의 무작위 실패 검색에 대한 평균 비트 조사 횟수를 구하다 보면 다음과 같은 점화식을 만나게 된다.

$$a_n = 1 + \frac{1}{2^n - 2}\sum_{k<n}\binom{n}{k}a_k, \quad n \ge 2\text{에 대해}; \qquad a_0 = a_1 = 0. \tag{17}$$

여기서 $a_n = \frac{1}{2}h'_n\left(\frac{1}{2}\right)$이다. 이는 지금까지 살펴본 그 어떤 점화식과도 형태가 다르며, 그런 점화식들로 쉽게 변환할 수도 없다. 5.2.2절과 거기에서 언급한 참고자료들에 나오는 멜린Mellin 변환 이론은 숫자별 특성을 가지는 점화식을 다루는 고수준의 방법을 제공한다. 알고 보면 (17)의 해에는 베르누이 수들이 관여한다:

$$\frac{na_{n-1}}{2} - n + 2 = \sum_{k=2}^{n-1}\binom{n}{k}\frac{B_k}{2^{k-1}-1}, \qquad n \ge 2\text{에 대해}. \tag{18}$$

지금까지의 점근 공식들 중에서 아마도 이것이 공략하기가 가장 어려운 공식일 것이다. 지금까지 우리가 이루어 낸 많은 것들이 연습문제 34의 답에 개괄되어 있다(약간은 다른 형태로).

분석 요약. 이번 절의 이 모든 복잡다단한 수학을 요약해 보자. 가장 주목할만한 사실들을 들자면 다음과 같다.

a) M진 트라이에 N개의 무작위 키들을 저장하되 키들이 $\le s$개인 부분파일들에서 분기를 종료한다고 할 때 그러한 트라이에 필요한 노드 개수는 근사적으로 $N/(s \ln M)$이다. 이 근사값은 큰 N, 작은 s, 작은 M에 대해 유효하다. 하나의 트라이 노드는 M개의 링크 필드들을 가지므로, 만일 $s = M$으로 둔다면 필요한 링크 필드 개수는 약 $N/\ln M$개뿐이다.

b) 살펴본 모든 방법들에서, 한 번의 무작위 검색에서 조사되는 숫자 또는 문자 개수는 근사적으로 $\log_M N$이다. $M = 2$일 때에는 다양한 분석들을 통해서 다음과 같은 좀 더 정확한 비트 조사 횟수 근사값들을 얻을 수 있다.

	성공	실패
트라이 검색	$\lg N + 1.33275$	$\lg N - 0.10995$
숫자별 트리 검색	$\lg N - 1.71665$	$\lg N - 0.27395$
패트리샤	$\lg N + 0.33275$	$\lg N - 0.31875$

(이 근사값들은 모두 기본 수학 상수들로 표현된 것이다. 예를 들어 0.31875는 $(\ln \pi - \gamma)/\ln 2 - 1/2$에 해당한다.)

c) 여기서 "무작위" 자료는 균등분포를 따르는 M진 숫자들을 의미한다. 키들이 마치 M진 표기법으로 표현된 0에서 1사이의 실수들인 것처럼 생각하면 된다. 숫자별 검색 방법들은 키들이 파일에 들어가는 순서에 영향을 받지 않는다(단, 순서에 아주 약간의 영향을 받는 알고리즘 D는 예외이다). 그러나 숫자들의 분포에는 매우 민감하다. 예를 들어 0인 비트들이 1인 비트들보다 훨씬 자주 나온다면, 트리는 위의 분석들에서 고려한 무작위 자료의 경우보다 훨씬 더 기울어진다. 연습문제 5.2.2–53은 자료가 그런 식으로 편향되었을 때 벌어지는 상황의 한 예를 다룬다.

연습문제

1. [*00*] 트리의 잎(leaf)에 해당하는 트라이의 용어는 무엇일까?

2. [*20*] M진 트리에 새 키를 삽입하는 알고리즘을 설계하라. 알고리즘 T의 관례들을 사용할 것.

3. [*21*] M진 트리에서 하나의 키를 삭제하는 알고리즘을 설계하라. 알고리즘 T의 관례들을 사용할 것.

▸ **4.** [*21*] 표 1의 360개의 항목들 중 대부분은 비어 있다(공링크). 그런데 그 표를 단 49개의 항목들로 압축할 수 있다. 다음과 같은 방식으로 비지 않은 항목들과 빈 항목들을 겹치면 된다:

위치	1	2	3	4	5	6	7	8	9	10	11	12	13	14	15	16	17	18	19	20	21	22	23	24	25
항목		(10)		WAS	THAT	(11)	OF	BE	THE	HIS	WHICE	WITH	THIS		(12)	ON	I	HE	A	OR	(2)	(3)	TO	HAD	

위치	26	27	28	29	30	31	32	33	34	35	36	37	38	39	40	41	42	43	44	45	46	47	48	49
항목	(4)	BUT	(5)	(6)	FOR	BY	IN	FROM	AND	NOT	(7)	HER	ARE	IS	IT	AS	AT	(8)		HAVE	(9)		YOU	

(표 1의 노드 (1), (2), ..., (12)는 이 압축된 표에서 각각 위치 20, 19, 3, 14, 1, 17, 1, 7, 3, 20, 18, 4에서 시작한다.)

표 1을 이 압축된 표로 대체해도 프로그램 T가 여전히 작동하긴 하지만 원래만큼 빠르지는 않을 것임을 보여라.

▸ **5.** [*M26*] (팻Y. N. Patt.) 그림 31의 트리들에서, 글자들은 각 모임(family) 안에서 알파벳 순서로 배치되어 있다. 이 순서가 필수적인 것은 아니다. 만일 (2)와 같은 이진트리 표현을 만들기 전에 모임 안의 노드들의 순서를 재배치한다면 더 빠른 검색 결과를 얻을 수도 있다. 이러한 관점에서 최적이 되는 그림 31을 재배치한다면 어떤 모습이 될까? (그림 32의 빈도 가정들을 사용할 것. 그리고 이진트리로 표현했을 때 성공적인 검색의 시간이 최소화되는 숲을 찾아라.)

6. [*15*] 열다섯 개의 4비트 이진 키 0001, 0010, 0011, ..., 1111을 알고리즘 D를 이용해서 증가순서로 삽입하면 어떤 숫자별 검색 트리가 되는가? (루트에서 0001로 시작해서 나머지 열네 번의 삽입들을 수행할 것.)

▸ **7.** [*M26*] 연습문제 6의 열다섯 키들을 다른 순서로 삽입한다면 다른 트리가 나온다. 이 키들로부터 얻을 수 있는 15!가지 순열들 중, 내부 경로 길이가 가장 큰 트리를 만들어낸다는 의미에서 최악인 순열은 무엇인가?

8. [*20*] 알고리즘 D를 다음과 같이 수정해서 변수 K'을 제거한다고 하자: 단계 D2의 두 곳 모두에서 "K'"을 "K"로 바꾸고, 단계 D1에서 연산 "$K' \leftarrow K$"를 삭제한다. 이렇게 수정한 알고리즘이 여전히 검색과 삽입을 제대로 수행할까?

9. [*21*] 알고리즘 D를 위한 MIX 프로그램을 작성하고 그것을 프로그램 6.2.2T와 비교하라. SLB (AX를 이진으로 왼쪽 자리이동), JAE (A가 짝수이면 점프) 같은 이진 연산 명령들을 사용해도 좋으며, 연습문제 8의 착안도 도움이 된다면 사용할 수 있다.

10. [*23*] 모든 키가 n비트 이진수인 파일 하나와 검색 인수 $K = b_1 b_2 \ldots b_n$이 주어졌을 때, 파일에 비트 패턴 $b_1 b_2 \ldots b_k$로 시작하는 키가 존재함을 만족하는 가장 큰 k의 값을 찾고 싶다고 하자. 파일이

a) 이진 검색 트리(알고리즘 6.2.2T) 또는
b) 이진 트라이(알고리즘 T) 또는
c) 이진 숫자별 검색 트리(알고리즘 D)

로 표현된다고 할 때 그러한 k의 최대값을 효율적으로 찾는 방법을 각각 설명하라.

11. [*21*] 알고리즘 6.2.2D를 전혀 수정하지 않고 숫자별 검색 트리에서 하나의 노드를 삭제하는 데 사용할 수 있을까?

12. [*25*] 알고리즘 D로 구축한 무작위 숫자별 검색 트리에서 하나의 무작위 요소를 삭제한 후에도 그 트리가 여전히 무작위한가? (연습문제 11과 정리 6.2.2H 참고.)

13. [*20*] (M진 숫자별 검색.) 알고리즘 T와 D를 하나의 일반화된 알고리즘으로 합치되 $M = 2$일 때에는 그것이 알고리즘 D와 본질적으로 같은 알고리즘이 되도록 하는 방법을 설명하라. 만일 그 알고리즘을 $M = 30$에 대해 사용하려면 표 1을 어떻게 변경해야 할까?

▶ **14.** [*25*] 알고리즘 P가 성공적으로 끝난 직후에 TEXT에서 K가 나타나는 모든 장소를 찾아내는 효율적인 알고리즘을 설계하라.

15. [*28*] 패트리샤에 쓰이는 트리를 구축하는 데 사용할 수 있는, 또는 기존 트리에 새로운 TEXT 참조들을 삽입하는 데 쓸 수 있는 효율적인 알고리즘을 설계하라. 그 삽입 알고리즘은 TEXT를 많아야 두 번만 참조해야 한다.

16. [*22*] 패트리샤에서 어떠한 키도 다른 어떤 키의 접두어이어서는 안 된다는 제약이 바람직한 이유는 무엇인가?

17. [*M25*] 연습문제 5.2.2-36의 기법을 일반화하여, 점화식

$$x_0 = x_1 = 0, \qquad x_n = a_n + m^{1-n} \sum_k \binom{m}{k} (m-1)^{n-k} x_k, \qquad n \geq 2$$

의 해를 이항 변환들로 표현하는 방법을 찾아라.

18. [*M21*] 연습문제 17의 결과를 이용하여, (4)와 (5)의 해들을 연습문제 5.2.2-38에 정의된 함수들에 비견되는 함수 U_n과 V_n로 표현하라.

19. [*HM23*] 고정된 $s \geq 0$와 $m > 1$에 대해 함수

$$K(n,s,m)=\sum_{k\geq 2}\binom{n}{k}\binom{k}{s}\frac{(-1)^k}{m^{k-1}-1}$$

의 $n\to\infty$에 따른 점근값을 $O(1)$항까지 구하라. [$s=0$인 경우는 연습문제 5.2.2-50에서 이미 풀었고, $s=1, m=2$인 경우는 연습문제 5.2.2-48에서 풀었다.]

▶ **20.** [*M30*] M진 트라이 메모리에서 검색을 수행하되, 키가 s개 이하인 부분파일에 도달하면 순차 검색으로 전환한다고 하자. (알고리즘 T는 $s=1$인 특별한 경우이다.) 이전 연습문제들의 결과를 이용해서 다음 수량들을 분석하라.

a) 트라이의 평균 노드 개수,

b) 성공하는 검색의 평균 숫자 또는 문자 조사 횟수,

c) 성공하는 검색의 평균 비교 횟수.

답들을 고정된 M과 s에 대한, $N\to\infty$에 따른 점근 공식들로 표현할 것. (a)의 답은 $O(1)$ 이내로 정확해야 하며 (b)와 (c)의 답은 $O(N^{-1})$ 이내로 정확해야 한다. [$M=2$일 때, 이 분석은 크기가 $\leq s$인 부분파일들이 삽입에 의해 정렬되는 수정된 기수 교환 정렬에도 적용된다.]

21. [*M25*] N개의 키들을 담은 무작위 M진 트라이의 노드들 중 표 항목 0이 공 포인터인 노드들은 몇 개인가? (예를 들어 표 1의 열 두 노드들 중 "␣" 위치가 공 포인터인 것들은 아홉 개이다.) 이 연습문제에서 "무작위"는 이전과 마찬가지로 키의 숫자들이 0에서 $M-1$ 사이의 균등분포 난수임을 뜻한다.)

22. [*M25*] N개의 키들을 담은 무작위 M진 트라이에서, $l=0,1,2,\ldots$에 대해 수준 l에 있는 트라이 노드들은 각각 몇 개인가?

23. [*M26*] N개의 무작위 키들을 담은 M진 트라이에서 실패하는 검색 도중 수행되는 숫자 조사 횟수는 평균적으로 얼마인가?

24. [*M30*] M진 트라이를 하나의 숲으로 나타냈다고 하자(그림 31). 다음 수량들에 대한 정확한 공식과 점근 공식을 구하라.

a) 숲의 평균 노드 개수.

b) 한 번의 무작위 성공 검색에서 "P ← RLINK(P)"가 수행되는 횟수의 평균.

▶ **25.** [*M24*] 이번 절에 나온 점근값들에 대한 수학적 유도는 복소변수 이론까지 동원될 정도로 상당히 어려웠다. 어려운 내용을 굳이 이야기한 것은, 점근 습성의 선행 항만을 아는 것으로는 충분하지 않기 때문이다(그리고 두 번째 항은 원래 복잡하다). 이번 연습문제의 목적은 일부 결과들을 좀 더 약한 형태로 유도하는 데 충분한 기초적인 방법들을 배우는 것이다.

a) (4)의 해가 $A_N\leq M(N-1)/(M-1)$를 만족함을 귀납법으로 증명하라.

b) C_N이 (5)로 정의된다고 할 때 $D_N=C_N-NH_{N-1}/\ln M$이라고 하자. $D_N=O(N)$임을, 따라서 $C_N=N\log_M N+O(N)$임을 증명하라. [힌트: (a)와 정리 1.2.7A를 볼 것.]

26. 〔23〕 무한 곱

$$\left(1-\frac{1}{2}\right)\left(1-\frac{1}{4}\right)\left(1-\frac{1}{8}\right)\left(1-\frac{1}{16}\right)\cdots$$

을 소수점 이하 다섯 자리까지 정확하게 구하라. 손으로 계산할 것. 〔힌트: 연습문제 5.1.1-16을 보라.〕

27. 〔*HM31*〕 (14)에 주어진 $\overline{C}_N$의 $O(1)$ 이내의 점근값은 얼마인가?

28. 〔*HM26*〕 일반적인 $M \geq 2$에 대한, 무작위 M진 숫자별 검색 트리를 검색할 때의 숫자 조사 횟수의 점근 평균을 $O(N^{-1})$까지 구하라. 성공하는 검색과 실패하는 검색 모두를 고려할 것.

29. 〔*HM40*〕 M개의 링크들이 모두 공링크인 M진 숫자별 검색 트리의 점근적 평균 노드 개수는 얼마인가? (그런 노드들을 제거한다면 공간을 절약할 수 있다. 연습문제 13을 볼 것.)

30. 〔*M24*〕 (15)에 정의된 패트리샤의 생성함수 $h_n(z)$를 다음과 같이 다소 끔찍한 형태로 표현할 수 있음을 보여라.

$$n\sum_{m\geq 1} z^m \left(\sum_{\substack{a_1+\cdots+a_m=n-1\\ a_1,\ldots,a_m\geq 1}} \binom{n-1}{a_1,\ldots,a_m} \frac{1}{(2^{a_1}-1)(2^{a_1+a_2}-1)\ldots(2^{a_1+\cdots+a_m}-1)} \right).$$

〔만일 $h_n(z)$에 대한 간단한 공식이 존재한다면 이 다소 보기 흉한 수식을 단순화할 수 있을 것이다.〕

31. 〔*M21*〕 점화식 (16)을 풀어라.

32. 〔*M21*〕 $N-1$개의 내부 노드들을 가진 무작위 패트리샤 트리에 있는 SKIP 필드들 전부의 합의 평균값은 얼마인가?

33. 〔*M30*〕 (18)이 점화식 (17)의 한 해임을 증명하라. 〔힌트: 생성함수 $A(z)=\sum_{n\geq 0} a_n z^n/n!$을 고려할 것.〕

34. 〔*HM40*〕 이 연습문제의 목적은 (18)의 점근적 습성을 구하는 데 있다.

a) 만일 $n \geq 2$이면

$$\frac{1}{n}\sum_{2\leq k<n}\binom{n}{k}\frac{B_k}{2^{k-1}-1} = \sum_{j\geq 1}\left(\frac{1^{n-1}+2^{n-1}+\cdots+(2^j-1)^{n-1}}{2^{j(n-1)}} - \frac{2^j}{n} + \frac{1}{2}\right)$$

임을 증명하라.

b) (a)의 피가수(합산의 대상)가 근사적으로 $1/(e^x-1)-1/x+1/2$임을 보여라. 여기서 $x=n/2^j$이다. 피가수를 그렇게 두고 합한 결과는 원래의 합에 $O(n^{-1})$을 더한 것과 같다.

c) 다음을 보여라:

$$\frac{1}{e^x-1}-\frac{1}{x}+\frac{1}{2} = \frac{1}{2\pi i}\int_{-\frac{1}{2}-i\infty}^{-\frac{1}{2}+i\infty} \zeta(z)\Gamma(z)x^{-z}dz, \qquad \text{실수 } x>0\text{에 대해.}$$

d) 따라서 합은

$$\frac{1}{2\pi i}\int_{-\frac{1}{2}-i\infty}^{-\frac{1}{2}+i\infty}\frac{\zeta(z)\Gamma(z)n^{-z}}{2^{-z}-1}\,dz+O(n^{-1})$$

과 같다. 이 적분을 평가하라.

▶ **35.** [*M20*] 다섯 개의 키들에 대한 패트리샤 트리의 SKIP 필드 a, b, c, d가 아래와 같은 형태가 될 확률은 얼마인가?

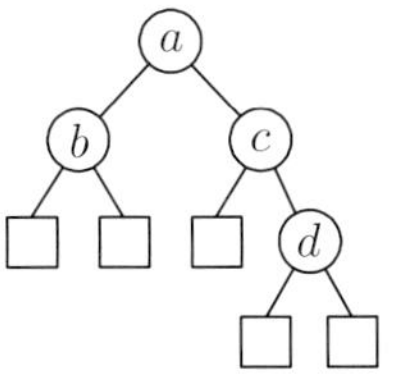

(키들이 독립 무작위 비트들이라고 가정하고, 답을 a, b, c, d의 함수 형태로 제시할 것.)

36. [*M25*] 내부 노드가 세 개인 이진트리가 다섯 개 있다. 여러 알고리즘들에서 무작위 자료에 대해 이 트리들 중 특정한 하나가 각각 몇 번이나 나오는지를 센다면 다음과 같은 여러 확률들을 얻을 수 있다.

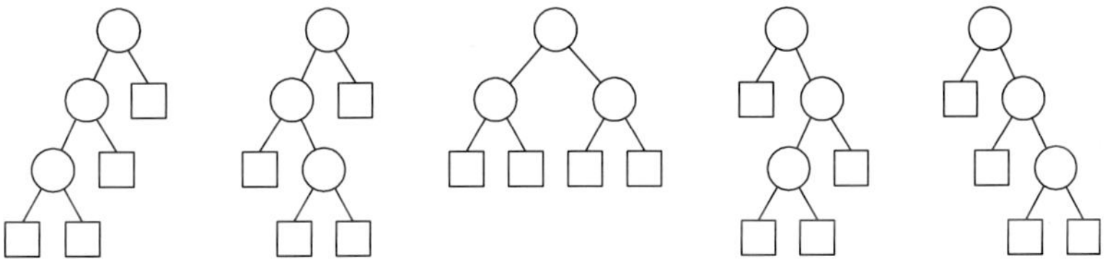

트리 검색 (알고리즘 6.2.2T)	$\frac{1}{6}$	$\frac{1}{6}$	$\frac{1}{3}$	$\frac{1}{6}$	$\frac{1}{6}$
숫자별 트리 검색 (알고리즘 D)	$\frac{1}{8}$	$\frac{1}{8}$	$\frac{1}{2}$	$\frac{1}{8}$	$\frac{1}{8}$
패트리샤 (알고리즘 P)	$\frac{1}{7}$	$\frac{1}{7}$	$\frac{3}{7}$	$\frac{1}{7}$	$\frac{1}{7}$

(숫자별 검색 트리는 다른 것들보다 좀 더 균형이 잡히는 경향이 있음을 주목할 것.) 연습문제 6.2.2-5에서는 트리 검색 알고리즘에서 한 트리가 발생할 확률이 $\prod(1/s(x))$임을 보았다. 여기서 곱의 구간은 모든 내부 노드 x이고, $s(x)$는 x를 루트로 하는 하위트리의 내부 노드 개수이다. (a) 알고리즘 D와 (b) 알고리즘 P에 대해, 한 트리의 확률에 대한 비슷한 공식들을 구하라.

▶ **37.** [*M22*] 수준 l에 b_l개의 외부 노드들이 있는 이진트리를 고찰한다. 본문에서는 숫자별 검색 트리들의 실패하는 검색의 실행 시간이 외부 경로 길이 $\sum lb_l$과 직접 연관되지는 않으며, 대신 수정된 외부 경로 길이 $\sum lb_l 2^{-l}$에 본질적으로는 비례한다고 말했다. 다음을 증명 또는 반증하라: 외부 노드가 N개인 모든 트리에 대해, 수정된 외부 경로 길이는 모든 외부 노드가 많아야 두 개의 인접한 수준들에 나타날 때 최소가 된다. (연습문제 5.3.1-20 참고.)

38. [*M40*] α와 β가 주어졌을 때, 연습문제 37의 설정 하에서 $\alpha\cdot$(내부 경로 길이) + $\beta\cdot$(수정된 외부 경로 길이)가 최소가 되는 n노드 트리를 찾는 알고리즘을 개발하라.

39. 〔*M43*〕 6.2.2절에서 고려한 최적 이진 검색 트리들에 비견할 수 있는 최적 숫자별 검색 트리를 찾는 알고리즘을 개발하라.

▸ **40.** 〔25〕 $a_0\, a_1 a_2 \ldots$이 모든 $k \geq 0$에 대해 $a_{N+k} = a_k$인 주기적 이진 수열이라고 하자. 이런 종류의 임의의 고정된 수열을 $O(N)$개의 메모리 장소들로 표현하는 방법이 존재함을 보여라. 그 표현은 다음과 같은 연산을 단 $O(N)$회의 단계 만에 수행할 수 있어야 한다: 임의의 이진 패턴 $b_0\, b_1 \ldots b_{n-1}$이 주어졌을 때 그 패턴이 주기 안에서 나타나는 횟수를(즉, $0 \leq p < N$이고 $0 \leq k < n$에 대해 $b_k = a_{p+k}$인 p 값들이 몇 개인지를) 센다. 패턴뿐만 아니라, 패턴의 길이 n도 변수이다. 각 메모리 장소는 0과 N 사이의 임의의 개수의 정수들을 담을 수 있다고 가정할 것. 〔힌트: 연습문제 14를 보라.〕

41. 〔*HM28*〕 이 연습문제는 군론(群論, group theory)의 응용이다. G가 글자 $\{a_1, \ldots, a_n\}$에 관한 자유군이라고 하자. 구체적으로 말하면 G는 각 b_i가 a_j 또는 a_j^-들 중 하나이고 인접한 쌍 $a_j a_j^-$ 또는 $a_j^- a_j$가 결코 발생하지 않음을 만족하는 모든 문자열 $\alpha = b_1 \ldots b_r$의 집합이다. α의 역은 $b_r^- \ldots b_1^-$이며, 그러한 두 문자열의 곱셈은 그것들을 연결하고 인접한 역 쌍들을 소거하는 것이다. H가 문자열 $\{\beta_1, \ldots, \beta_p\}$로부터 생성한 G의 하위군, 구체적으로 말하면 β들과 그 역들의 곱으로 표현할 수 있는 G의 원소들 전체의 집합이라고 하자. 닐센Jakob Nielsen의 잘 알려진 정리(Marshall Hall, *The Theory of Groups* (New York: Macmillan, 1959), 제7장 참고)에 의하면 "$j = i$이면서 $e = -1$인 경우가 아닌 한, θ_i의 가운데 글자는(또는, θ_i의 길이가 짝수라면 가운데 두 글자 중 적어도 하나는) 표현 $\theta_i \theta_j^e$ 또는 $\theta_j^e \theta_i$(여기서 $e = \pm 1$)에서 결코 소거되지 않는다"라는 성질을 만족하는 H의 생성기 $\theta_1, \ldots, \theta_m$(여기서 $m \leq p$)들을 항상 얻을 수 있다. 이 성질은 G의 임의의 원소가 H에 속하는지를 판정하는 간단한 알고리즘이 존재함을 함의한다. 다음이 그러한 알고리즘이다: $2m$개의 키 $\theta_1, \ldots, \theta_m, \theta_1^-, \ldots, \theta_m^-$을 $2n$개의 글자 $a_1, \ldots, a_n, a_1^-, \ldots, a_n^-$을 이용해서 문자 지향적 검색 트리에 저장한다. G의 한 원소 $\alpha = b_1 \ldots b_r$이 주어졌다고 하자. 만일 $r = 0$이면 α는 H의 원소임이 명백하다. 그렇지 않다면 α를 조회해서 한 키와 부합하는 가장 긴 접두어 $b_1 \ldots b_k$를 찾는다. 만일 $b_1 \ldots b_k$로 시작하는 키가 여러 개이면 α는 H에 속하지 않는다. 그렇지 않다면 그러한 유일한 키는 $b_1 \ldots b_k c_1 \ldots c_l = \theta_i^e$이다. 이 경우에는 α를 $\theta_i^{-e} \alpha = c_l^- \ldots c_1^- b_{k+1} \ldots b_r$로 대체한다. 새 α 값이 원래의 것보다 길다면(즉, $l > k$이면) α는 H에 속하지 않는 것이다. 그렇지 않다면 α의 새 값에 대해 같은 공정을 반복한다. 닐센 성질은 이 알고리즘이 항상 종료됨을 함의한다. 만일 α가 결국 하나의 공(null) 문자열로 줄어든다면 원래의 α를 θ들의 곱 형태로 재구축할 수 있다.

예를 들어 $\{\theta_1, \theta_2, \theta_3\} = \{bbb,\ b^- a^- b^-,\ ba^- b\}$이고 $\alpha = bbabaab$라고 하자. 숲

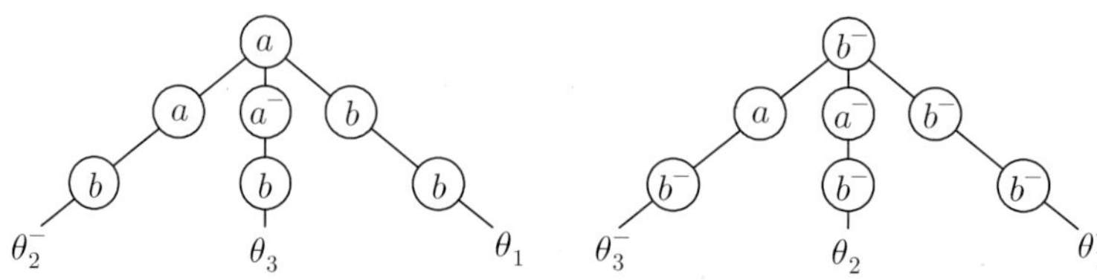

을 앞의 알고리즘과 함께 사용하면 α를 $\theta_1\theta_3^-\theta_1\theta_3^-\theta_2^-$으로 줄일 수 있다. 이러한 알고리즘을 구현하는, θ들을 입력으로 받는 프로그램을 작성하라.

42. 〔*23*〕 (앞, 뒤 압축.) 커다란 파일을 분할하기 위해 이진 키들의 집합을 색인으로 사용할 때에는 완전한 키들을 저장할 필요가 없다. 예를 들어 그림 34의 열여섯 키들을 사용한다고 하면, 각각을 고유하게 식별하는 데 충분한 숫자들만 남기고 오른쪽 부분을 잘라낼 수 있다. 즉 0000, 0001, 00100, 00101, 010, ..., 1110001로 줄일 수 있는 것이다. 이러한 잘려진 키들로 파일을 열일곱 개의 부분파일들로 분할할 수 있다. 예를 들어 열다섯 번째 부분은 0011이나 010으로 시작하는 모든 키로 구성되며, 마지막 부분은 111001이나 11101, 1111로 시작하는 모든 키를 담게 된다. 그리고 잘려진 키들을 이전 키와 공통인 선행 숫자들을 제거해서 더욱 압축할 수 있다. 즉 0000, ◇◇◇1, ◇◇100, ◇◇◇◇1, ◇10, ..., ◇◇◇◇◇◇1로 줄일 수 있는 것이다. 게다가 ◇ 나음의 비트는 항싱 1이므로 그 비트도 생략할 수 있다. 큰 파일은 수많은 ◇들을 가질 것이며, 결국 ◇의 개수와 그 다음 비트들의 값들만 저장하면 된다.

이런 식으로 압축된 파일의 총 비트 수(◇들과 그 다음 1 비트들은 제외한)가 그 키들에 대한 이진 트라이의 노드 개수와 항상 같음을 보여라.

(이 결과에 의해, 전체 색인의 그런 비트들의 전체 개수는 약 $N/\ln 2$, 즉 키 당 단 1.44비트이다. 이러한 압축 기법은 헬러A. Heller와 존슨R. L. Johnsen이 필자에게 제시한 것이다. 트라이 구조를 표현하기만 하면 되므로, 파일을 더욱 압축하는 것도 가능하다. 정리 2.3.1A를 볼 것.)

43. 〔*HM42*〕 키들이 N개이고 연습문제 20에서처럼 전환 매개변수가 s인 무작위 M진 트리의 높이를 분석하라. ($s = 1$일 때 이 높이는 M진 알파벳에서 길이가 N인 무작위 단어들의 가장 긴 공통 접두어의 길이이다.)

▸ **44.** 〔*30*〕 (벤틀리J. L. Bentley, 세지윅R. Sedgewick.) 트라이의 3진 표현(왼쪽, 오른쪽 링크들이 (2)의 수평 가지들에 대응하며, 가운데 링크는 아래쪽 가지에 대응)을 탐구하라.

▸ **45.** 〔*M25*〕 그림 33의 일곱 키들을 연습문제 15의 알고리즘을 이용해서 무작위 순서로 삽입할 때 그림 33에 나온 것과 같은 트리가 만들어질 확률은 얼마인가?

6.4. 해싱

지금까지는 주어진 인수 K를 표의 키들과 비교하거나 인수의 숫자들로 분기 공정을 결정하는 식으로 검색을 수행하는 방법들에 대해서 살펴보았다. K에 대한 어떤 산술 계산을 수행해서 그러한 모든 탐색 작업을 피하는 또 다른 기법이 있다. 바로, 표 안의 K 및 관련 자료의 위치를 함수값으로 하는 적절한 함수 $f(K)$를 사용하는 것이다.

예를 들어, 6.2.2절과 6.3절의 여러 검색 전략들에서 예로 사용했던 31개의 영어 단어들을 다시 고찰해보자. 표 1은 31개의 키들 각각을 -10에서 30 사이의 고유한 수 $f(K)$로 변환하는 짧은 MIX 프로그램이다. 이 프로그램을 이전의 다른 방법들(이진 검색, 최적 트리 검색, 트라이 메모리, 숫자별 트리 검색 등)의 MIX 프로그램들과 비교해보면 이 프로그램이 공간과 시간 모두에서 더 우월함을 알 수 있다(단, 이진 검색보다는 공간을 조금 더 많이 쓴다). 그림 12의 빈도 자료를 사용한다고 할 때, 표 1의 프로그램의 성공적인 검색에 대한 평균 실행 시간은 약 $17.8u$밖에 되지 않으며, 31개의 키들을 저장하는 데 필요한 테이블 장소는 단 41개이다.

안타깝게도 그런 함수 $f(K)$를 발견하는 게 아주 쉬운 일은 아니다. 원소 31개짜리 집합을 41개짜리 집합으로 변환할 수 있는 함수는 총 $41^{31} \approx 10^{50}$가지이며, 그 중 단 $41 \cdot 40 \cdot \ldots \cdot 11 = 41!/10! \approx 10^{43}$개만이 각 인수마다 서로 다른 값을 낸다. 즉, 적합한 함수는 10만 개 당 하나 정도이다.

중복된 값을 내지 않는 함수들은 놀랄 만큼 드물다. 상당히 큰 표에 대해서도 마찬가지이다. 예를 들어 유명한 "생일 패러독스"에 따르면, 한 방에 23명 이상의 사람들이 모여 있을 때 태어난 달과 날짜가 같은 두 사람이 방에 존재할 가능성은 생각 외로 크다. 다른 말로 하면, 23개의 키들을 365개의 항목들을 담은 표로 사상하는 함수들 중 하나를 무작위로 선택할 때, 그 어떤 두 키도 같은 장소로 사상되지 않을 확률은 단 0.4927이다(절반보다 작다). 이러한 결과를 의심하는 회의론자라면 다음 번 큰 파티에서 생일이 같은 사람들을 실제로 찾아보시길. [생일 패러독스는 1930년대에 수학자들에 의해서 비공식적으로 논의되었는데, 기원은 명확하지 않다. I. J. Good, *Probability and the Weighing of Evidence* (Griffin, 1950), 38을 볼 것. 또한 R. von Mises, *İstanbul Üniversitesi Fen Fakültesi Mecmuası* 4 (1939), 145-163과 W. Feller, *An Introduction to Probability Theory* (New York: Wiley, 1950), 2.3절도 보라.]

한편, 표 1에 쓰인 접근방식은 상당히 유연하다 [M. Greniewski and W. Turski, *CACM* 6 (1963), 322-323 참고]. 그리고 중간 크기 표에 대해서는 하루 정도 고생하는 것으로 적절한 함수를 찾을 수 있다. 사실 이런 퍼즐을 푸는 것은 상당히 즐거운 일이다. 많은 사람들이 이에 적합한 기법들을 논의했는데, 이를테면 R. Sprugnoli, *CACM* 20 (1977), 841-850, 22 (1979), 104, 553; R. J. Cichelli, *CACM* 23 (1980), 17-19; T. J. Sager, *CACM* 28 (1985), 523-532, 29 (1986), 557; B. S. Majewski, N. C. Wormald, G. Havas, Z. J. Czech, *Comp. J.* 39 (1996), 547-554; Czech, Havas, Majewski, *Theoretical Comp. Sci.* 182 (1997), 1-143 등이 있다. 또한 완벽한 해시 함수들에 대한 이론적 한계들에 관해서는 쾨르너J. Körner와 머르톤K. Marton의 논문 *Europ. J. Combinatorics* 9 (1988), 523-530을 볼 것.

물론 이 방법은 표의 내용을 미리 알아야 한다는 심각한 결함을 가지고 있다. 새로운 키 하나를 추가하면 모든 것이 망가져서 거의 처음부터 다시 시작해야 할 가능성이 있는 것이다. 유일성이라는 개념을 포기하고 서로 다른 키들이 동일한 $f(K)$ 값으로 사상될 수 있다고 허용한다면, 그리고 $f(K)$를 계산한 후에 애매함을 해소하는 특별한 방법을 사용한다면, 훨씬 더 범용적인 방법을 얻을 수 있다.

이러한 고찰들로부터, 해싱(hashing) 또는 산란 저장소(散亂-, scatter storage) 기법이라고 부르는 유명한 검색 방법들의 부류가 나온다. "hash"라는 동사는 무언가를 잘게 썰거나 뒤범벅으로 만든다는 뜻이다. 해싱의 핵심은 키의 어떤 측면들을 뒤섞어서 얻은 부분적 정보를 검색의 기초로 사용한다는 데 있다. 해싱에서는 해시 주소 $h(K)$를 계산하고 거기서부터 검색을 시작한다.

생일 패러독스는 서로 다른 두 키 $K_i \neq K_j$가 동일한 값 $h(K_i) = h(K_j)$로 해싱될 가능성이 있음을 알려준다. 그런 사건을 가리켜서 충돌(collision)이라고 부른다. 그리고 충돌 문제를 처리하기 위한 흥미로운 접근방식들이 여러 개 고안되어 있다. 해시 표(hash table)를 사용하려면 거의 독립적인 두 가지 사항을 결정해야 한다. 해시 함수 $h(K)$를 선택해야 하며, 충돌 해소 방법도 선택해야 하는 것이다. 그럼 그 두 측면을 차례로 살펴보자.

해시 함수. 좀 더 명확한 설명을 위해, 이번 절 전반에서는 해시 함수 h가 최대 M개의 서로 다른 값들을 받으며 그 값들이 모든 키 K에 대해

$$0 \leq h(K) < M \tag{1}$$

를 만족한다고 하겠다. 실제 응용에서는 파일의 키들이 훨씬 더 중복된다. 충돌 횟수를 줄이기 위해서는 파일을 거의 동일한 키들의 덩어리들로 분산시키는 해시 함수를 찾는 데 주의를 기울여야 한다.

실제 파일의 비무작위 자료로부터 진정으로 무작위한 자료를 만들어내는 해시 함수를 정의하기란 이론적으로 불가능하다. 그러나 실제 응용에서는 3장에서 논의한 간단한 산술을 통해서 무작위 자료와 상당히 흡사한 자료를 어렵지 않게 만들어낼 수 있다. 그리고 사실, 실제 자료의 비무작위 성질을 활용해서 진정으로 무작위한 키들의 경우에서보다 충돌이 적은 해시 함수를 찾아냄으로써 더 나은 결과를 얻는 것도 가능하다.

예를 들어 십진 컴퓨터에서 10자리 키들을 다룬다고 하자. 머리에 즉시 떠오르는 방법 하나는, 이를테면 $M = 1000$으로 두고, 20자리 곱 $K \times K$의 중간 부근 어딘가에서 숫자 세 개를 취하도록 $h(K)$를 정의하는 것이다. 그러면 상당히 잘 분산된, 따라서 충돌이 일어날 확률이 낮은 000에서 999까지의 값들을 얻을 수 있을 것이다. 실제 자료를 가지고 수행한 실험들에 따르면 키들에 선행 또는 후행 0들이 많지 않은 한 이러한 "중앙제곱(middle square)" 방법이 실제로도 나쁘지 않다. 그러나, 3장에서 중앙제곱법이 아주 좋은 난수 발생기는 못된다는 점을 밝혀냈던 것과 마찬가지로, 보다 안전하고 합리적인 접근방식들이 존재한다.

표 1

키들의 집합을 유일한 주소들로 변환

명령	A	AND	ARE	AS	AT	BE	BUT	BY	FOR	FROM	HAD	HAVE	HE	HER
LD1N K(1:1)	−1	−1	−1	−1	−1	−2	−2	−2	−6	−6	−8	−8	−8	−8
LD2 K(2:2)	−1	−1	−1	−1	−1	−2	−2	−2	−6	−6	−8	−8	−8	−8
INC1 -8,2	−9	6	10	13	14	−5	14	18	2	5	−15	−15	−11	−11
J1P *+2	−9	6	10	13	14	−5	14	18	2	5	−15	−15	−11	−11
INC1 16,2	7	.	.	.	.	16	.	.	.	.	2	2	10	10
LD2 K(3:3)	7	6	10	13	14	16	14	18	2	5	2	2	10	10
J2Z 9F	7	6	10	13	14	16	14	18	2	5	2	2	10	10
INC1 -28,2	.	−18	−13	.	.	.	9	.	−7	−7	−22	−1	.	1
J1P 9F	.	−18	−13	.	.	.	9	.	−7	−7	−22	−1	.	1
INC1 11,2	.	−3	3	.	.	.	.	.	23	20	−7	35	.	.
LDA K(4:4)	.	−3	3	.	.	.	.	.	23	20	−7	35	.	.
JAZ 9F	.	−3	3	.	.	.	.	.	23	20	−7	35	.	.
DEC1 -5,2	.	.	.	.	.	.	.	.	.	9	.	15	.	.
J1N 9F	.	.	.	.	.	.	.	.	.	9	.	15	.	.
INC1 10	.	.	.	.	.	.	.	.	.	19	.	25	.	.
9H LDA K	7	−3	3	13	14	16	9	18	23	19	−7	25	10	1
CMPA TABLE,1	7	−3	3	13	14	16	9	18	23	19	−7	25	10	1
JNE FAILURE	7	−3	3	13	14	16	9	18	23	19	−7	25	10	1

전형적인 파일들에 대한 상세한 검정들의 결과에 의하면, 크게 보아서 두 종류의 해시 함수들이 적합하다. 하나는 나눗셈에 기초한 것이고 또 하나는 곱셈에 기초한 것이다.

나눗셈 방법은 아주 쉽다. 그냥 M을 법으로 한 나머지를 취하는 것이다:

$$h(K) = K \bmod M. \tag{2}$$

이 경우는 M을 어떤 값으로 두느냐에 해싱 성능이 달라진다. 예를 들어 M을 짝수로 둔다면 K가 짝수일 때 $h(K)$는 짝수가 되고 K가 홀수일 때 $h(K)$는 홀수가 된다. 이러면 많은 파일들에서 상당한 편향이 생긴다. M을 컴퓨터의 기수의 거듭제곱으로 잡으면 상황은 더 나빠진다. $K \bmod M$는 그냥 K의 하위 숫자들이 되기 때문이다(다른 숫자들과는 독립적으로). 비슷하게, M을 3의 배수로 잡아도 안 될 것이다. 만일 키들이 알파벳으로 되어 있다면, 같은 글자들의 순열인 두 키의 수치상의 차이는 항상 3의 배수이다(이는 $2^{2n} \bmod 3 = 1$이고 $10^n \bmod 3 = 1$이기 때문이다). 일반적으로, k와 a가 작은 수이고 r이 알파벳 문자 집합의 기수(보통은 $r = 64$, 256, 100 등)일 때 $r^k \pm a$의

주어진 특정한 키 K에 대한, 명령 수행 이후의 rI1의 내용

HIS	I	IN	IS	IT	NOT	OF	ON	OR	THAT	THE	THIS	TO	WAS	WHICH	WITH	YOU
−8	−9	−9	−9	−9	−15	−16	−16	−16	−23	−23	−23	−23	−26	−26	−26	−28
−8	−9	−9	−9	−9	−15	−16	−16	−16	−23	−23	−23	−23	−26	−26	−26	−28
−7	−17	−2	5	6	−7	−18	−9	−5	−23	−23	−23	−15	−33	−26	−25	−20
−7	−17	−2	5	6	−7	−18	−9	−5	−23	−23	−23	−15	−33	−26	−25	−20
18	−1	29	.	.	25	4	22	30	1	1	1	17	−16	−2	0	12
18	−1	29	5	6	25	4	22	30	1	1	1	17	−16	−2	0	12
18	−1	29	5	6	25	4	22	30	1	1	1	17	−16	−2	0	12
12	.	.	.	.	20	.	.	.	−26	−22	−18	.	22	−21	−5	8
12	.	.	.	.	20	.	.	.	−26	−22	−18	.	−22	−21	−5	8
.	.	.	.	.	.	.	.	.	−14	−6	2	.	11	−1	29	.
.	.	.	.	.	.	.	.	.	−14	−6	2	.	11	−1	29	.
.	.	.	.	.	.	.	.	.	−14	−6	2	.	11	−1	29	.
.	.	.	.	.	.	.	.	.	−10	.	−2	.	.	−5	11	.
.	.	.	.	.	.	.	.	.	−10	.	−2	.	.	−5	11	.
.	.	.	.	.	.	.	.	.	.	.	.	.	.	.	21	.
12	−1	29	5	6	20	4	22	30	−10	−6	−2	17	11	−5	21	8
12	−1	29	5	6	20	4	22	30	−10	−6	−2	17	11	−5	21	8
12	−1	29	5	6	20	4	22	30	−10	−6	−2	17	11	−5	21	8

약수를 M의 값으로 두는 것은 피해야 한다. 그런 M 값을 법으로 한 나머지는 키 숫자들의 대체로 단순한 중첩(superposition)일 가능성이 크기 때문이다. 이상을 고려할 때, 작은 k와 a에 대해 $r^k \neq \pm a$ (modulo M)을 만족하는 소수를 M으로 선택하는 것이 바람직하다. 그러면 대부분의 경우에서 상당히 만족스러운 결과가 나옴이 발견된 바 있다.

예를 들어 MIX 컴퓨터에서는 $M = 1009$로 두고 $h(K)$를 다음과 같은 명령열로 계산할 수 있을 것이다.

```
LDX   K         rX ← K.
ENTA  0         rA ← 0.                    (3)
DIV   =1009=    rX ← K mod 1009.
```

곱셈을 이용한 해싱 방안 역시 마찬가지로 쉽게 수행할 수 있지만, 설명하기는 조금 어렵다. 왜냐하면 머릿속에서 정수가 아니라 분수를 다루어야 하기 때문이다. 컴퓨터 워드 크기가 w라고

하자. MIX의 경우 w는 보통 10^{10} 또는 2^{30}이다. 워드의 왼쪽에 소수점이 존재한다고 상상하면, 정수 A를 분수 A/w라고 간주할 수 있다. 곱셈 해싱 방법에서는 w와 서로 소인 어떤 정수 상수 A를 선택하고, 해싱 함수를

$$h(K) = \left\lfloor M\left(\left(\frac{A}{w}K\right) \bmod 1\right)\right\rfloor \tag{4}$$

으로 둔다. 이 경우 M은 이진 컴퓨터에서는 보통 2의 거듭제곱으로 설정한다. 그러면 $h(K)$는 곱 AK의 하위 절반의 선행 비트들로 구성된다.

$M = 2^m$이고 컴퓨터가 이진법을 사용한다고 할 때, 곱셈 해시 함수에 대한 MIX 코드는 다음과 같다.

```
LDA   K     rA ← K.
MUL   A     rAX ← AK.
ENTA  0     rAX ← AK mod w.                              (5)
SLB   m     rAX를 m비트만큼 왼쪽으로 자리이동.
```

이를 수행하면 $h(K)$의 값이 레지스터 A에 저장된다. MIX의 곱셈 및 자리이동 명령들이 상당히 느린 탓에, 이 명령열은 (3)의 계산만큼이나 느리다. 그러나 다른 여러 컴퓨터들에서는 곱셈이 나눗셈보다 훨씬 빠르다.

관점에 따라서는 이 방법을 (3)의 일반화로 간주할 수도 있다. 예를 들어 A를 $w/1009$의 근사값으로 잡을 수 있기 때문이다. 어떤 상수의 역수를 곱하는 것이 그 상수로 나누는 것보다 더 빠른 경우가 많다. (5)의 기법은 "중앙제곱법"과 거의 비슷하나 중요한 차이가 하나 있다: 이후에 알게 되겠지만, 적절한 상수가 곱해지면 몇 가지 유익한 특성들이 드러나게 된다.

곱셈 방법의 한 가지 멋진 특징은, (5)에서 A 레지스터를 비울 때 어떠한 정보도 소실되지 않는다는 것이다. (5)가 완료된 후에도 rAX의 내용만 있으면 K를 다시 구할 수 있다. 이유는, A와 w가 서로 소이므로 유클리드의 알고리즘을 이용해서 $AA' \bmod w = 1$인 상수 A'을 구할 수 있다는 것이다. 이는 $K = (A'(AK \bmod w)) \bmod w$를 함의한다. 다른 말로 하면, $f(K)$가 (5)에서 SLB 명령 직전의 레지스터 X의 내용을 나타낸다고 할 때,

$$K_1 \neq K_2\text{는} \qquad f(K_1) \neq f(K_2)\text{를 함의한다.} \tag{6}$$

물론 $f(K)$는 0에서 $w-1$ 범위의 값들을 취하므로 해시 함수로는 전혀 적합하지 않다. 그러나 섞기 함수(scrambling function), 즉 (6)을 만족하면서 키들을 무작위화하는 경향을 지닌 함수로는 아주 유용할 수 있다. 그런 함수는 키들의 순서가 중요하지 않다고 할 때 6.2.2절의 트리 검색 알고리즘들과 연계해서 아주 요긴하게 사용될 수 있다. 키들이 트리에 증가 순서로 삽입될 때 트리가 퇴화될 위험을 제거하기 때문이다. (연습문제 6.2.2-10 참고.) 섞기 함수는 또한 숫자별 트리 검색 알고리즘(6.3절)과 연계해서도 유용하다(실제 키들의 비트들이 편향되어 있다고 할 때).

곱셈 해시 방법은 많은 파일들에 존재하는 비무작위성을 잘 활용할 수 있다는 특징도 가지고

있다. 현실의 키 집합들에서는 등차수열을 자주 볼 수 있다. 즉, $\{K, K+d, K+2d, \ldots, K+td\}$ 전부가 파일에 나타나는 것이다. {PART1, PART2, PART3}이나 {TYPEA, TYPEB, TYPEC} 같은 알파벳 이름들이 그러한 예이다. 곱셈 해시 방법은 그러한 등차수열을 서로 다른 해시 값들의 근사 등차수열 $h(K), h(K+d), h(K+2d), \ldots$으로 변환함으로써 무작위 상황에서 기대할 수 있는 충돌들의 수를 줄인다. 나눗셈 방법 역시 이와 동일한 성질을 가진다.

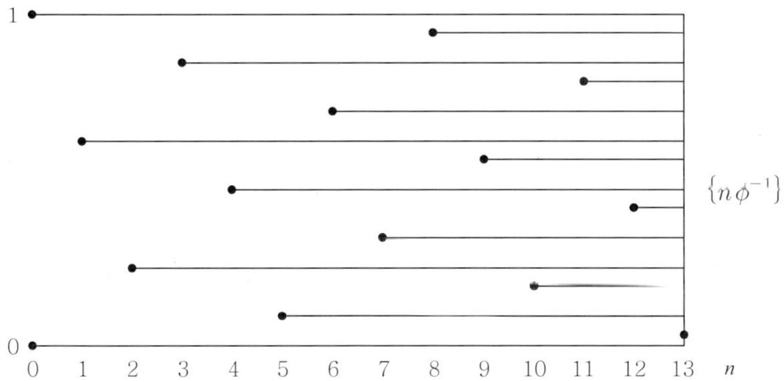

그림 37. 피보나치 해싱.

그림 37은 특히나 흥미로운 한 경우에서의 곱셈 해싱의 이러한 측면을 보여준다. A/w가 근사적으로 황금비 $\phi^{-1} = (\sqrt{5}-1)/2 \approx 0.6180339887$이라고 하자. 그러면 일련의 값 $h(K)$, $h(K+1)$, $h(K+2)$, ...은 일련의 해시 값 $h(0)$, $h(1)$, $h(2)$, ...과 본질적으로 동일한 습성을 지닌다. 이로부터 다음과 같은 실험을 자연스럽게 떠올릴 수 있다: 선분 $[0..1]$에서 시작해서 점 $\{\phi^{-1}\}$, $\{2\phi^{-1}\}$, $\{3\phi^{-1}\}$, ...을 차례로 표시한다. 여기서 $\{x\}$는 x의 분수부(즉, $x - \lfloor x \rfloor$ 또는 $x \bmod 1$)를 나타낸다. 그림 37에서 보듯이 이러한 점들은 서로 아주 잘 분리된다. 실제로, 새로 추가되는 각 점은 남아 있는 가장 큰 구간들 중 하나에 들어가며, 그 구간을 황금비로 분할한다! [이 현상을 오래 전에 식물학자 루이 브라베Louis Bravais와 오귀스트 브라베Auguste Bravais가 *Annales des Sciences Naturelles* 7 (1837), 42-110에서 언급한 바 있다. 그들은 그림 37과 동등한 도해를 제시해서 그것을 피보나치 수열과 연관시켰다. 또한 S. Świerczkowski, *Fundamenta Math.* 46 (1958), 187-189도 볼 것.]

사실 황금비의 이런 현저한 산란 성질은 슈타인하우스Hugo Steinhaus가 제일 먼저 추측하고 쇼시Vera Turán Sós [*Acta Math. Acad. Sci. Hung.* 8 (1957), 461—471; *Ann. Univ. Sci. Budapest. Eötvös Sect. Math.* 1 (1958), 127-134]가 처음으로 증명한, 다음과 같은 아주 일반적인 결과의 한 특수한 경우일 뿐이다:

정리 S. *θ가 임의의 무리수라고 하자. 점 $\{\theta\}, \{2\theta\}, \ldots, \{n\theta\}$를 선분 $[0..1]$에 놓아서 형성된 $n+1$번째 선분이 가질 수 있는 서로 다른 길이는 많아야 세 개이다. 그리고 그 다음 점 $\{(n+1)\theta\}$는 가장 큰 기존 선분들 중 하나에 놓이게 된다.* ▮

즉, 점 $\{\theta\}, \{2\theta\}, \ldots, \{n\theta\}$는 0과 1 사이에 아주 균등하게 분산된다. θ가 유리수인 경우에도, n이 θ의 분모보다 크거나 같을 때 발생하는 길이가 0인 선분에 대해 적절한 해석만 제공할 수 있다면 이 정리가 성립한다. 정리 S의 증명은 연습문제 8에 나온다. 또한 연습문제 8은 정리에 깔린 구조도 상세히 분석한다. 그 문제를 풀어보면 알겠지만, 주어진 한 길이의 선분들은 선입선출 방식으로 생성되고 파괴된다. 물론 어떤 θ들은 다른 것들보다 더 좋다. 예를 들어 0이나 1 근처에 있는 값은 작은 선분들 여러 개와 큰 선분 하나로 시작할 것이기 때문이다. 연습문제 9는 0과 1 사이의 모든 θ 값들 중에서 두 수 ϕ^{-1}와 $\phi^{-2} = 1 - \phi^{-1}$이 "가장 균등하게 분포된" 수열들을 만들어 냄을 보여준다.

위의 이론으로부터 피보나치 해싱이라는 것을 이끌어낼 수 있다. 피보나치 해싱에서는 w와 서로 소이면서 $\phi^{-1}w$와 가장 가까운 정수를 상수 A로 택한다. 예를 들어 MIX가 십진 컴퓨터라면

$$A = \boxed{+}\boxed{61}\boxed{80}\boxed{33}\boxed{98}\boxed{87} \tag{7}$$

로 두면 될 것이다. 이 곱수는 LIST1, LIST2, LIST3 같은 알파벳 키들을 아주 잘 분산시킨다. 그런데 SUM1␣, SUM2␣, SUM3␣처럼 키들의 네 번째 문자 위치에서 등차급수가 성립한다면 어떻게 될까? 그러면 정리 S를 $\theta = .6180339887 = A/w$가 아니라 $\theta = \{100A/w\} = .80339887$로 두고 사용한 것과 동일한 결과가 나온다. 이러한 θ 값이 ϕ^{-1}만큼 좋은 것은 아니지만, 그래도 결과는 여전히 괜찮은 습성을 가진다. 한편, A1␣␣␣, A2␣␣␣, A3␣␣␣처럼 두 번째 문자 위치에서 등차수열 관계가 성립한다면 유효 θ는 .9887인데, 이 값은 1에 너무 가깝다.
따라서 곱수를 (7)처럼 설정하는 대신

$$A = \boxed{+}\boxed{61}\boxed{61}\boxed{61}\boxed{61}\boxed{61}$$

로 두는 것이 더 나을 것이다. 이런 곱수는 임의의 문자 위치에서 차이가 나는 일련의 키들을 분산시킨다. 안타깝게도 이런 곱수에는 $r^k \pm 1$로 나누기의 어려움에 비견할 수 있는 또 다른 문제점이 존재한다: XY와 YX 같은 키들이 같은 위치로 해싱되는 경향이 생기는 것이다! 이러한 난점을 극복하기 위해서는 정리 S에 깔린 구조를 좀 더 자세히 살펴볼 필요가 있다. 키들의 짧은 수열의 경우 θ의 연분수 표현의 처음 부분몫 몇 개만이 의미를 가지며, 부분몫들이 작다는 것은 분산 성질이 좋다는 뜻이다. 따라서 최적의 θ 값들의 범위는

$$\frac{1}{4} < \theta < \frac{3}{10}, \qquad \frac{1}{3} < \theta < \frac{3}{7}, \qquad \frac{4}{7} < \theta < \frac{2}{3}, \qquad \frac{7}{10} < \theta < \frac{3}{4}$$

이다. 바이트들이 이런 좋은 범위 안에 있으며 바이트 또는 성분 값들이 서로 너무 가깝지 않음을 만족하는 A의 값을 구해 본다면, 예를 들어

$$A = \boxed{+}\boxed{61}\boxed{25}\boxed{42}\boxed{33}\boxed{71} \tag{8}$$

이다. 이런 곱수라면 권장할 만 하다. (곱셈 해싱에 관한 이러한 착안들은 주로 플로이드R. W. Floyd에서 기인한다.)

좋은 해시 함수는 다음 두 요구사항을 만족해야 한다:

a) 계산이 아주 빨라야 한다.

b) 충돌을 최소화해야 한다.

성질 (a)는 컴퓨터 의존적이고 (b)는 자료 의존적이다. 만일 키들이 진정으로 무작위하다면 그냥 키들에서 비트 몇 개를 추출하고 그 비트들을 해시 함수에 사용하면 되었을 것이다. 그러나 실제 응용의 경우, (b)를 만족하기 위해서는 키의 모든 비트에 의존하는 해시 함수가 거의 항상 필요하다.

지금까지는 1워드 키들을 해싱하는 방법에 대해서 살펴보았다. 다중워드 또는 가변길이 키들에 대해서는 앞의 방법을 다중정밀로도 확장한 방법을 사용해도 되겠지만, 일반적으로는 개별 워드들을 하나의 워드로 결합하고 그것에 대해 위에서처럼 한 번의 곱셈이나 나눗셈을 수행하는 게 속도를 높일 수 있는 적절한 방법이다. 그러한 결합은 w를 법으로 한 덧셈으로 수행할 수도 있으며, 이진 컴퓨터에서라면 배타적 논리합(XOR)을 사용할 수도 있을 것이다. 두 연산 모두 가역적이라는, 좀 더 구체적으로는 두 인수 모두의 모든 비트에 의존한다는 장점을 가지나, 경우에 따라서는 산술 위넘침을 피할 수 있는 배타적 논리합 연산이 더 바람직하다. 그러나 두 연산 모두 교환법칙을 만족하며, 따라서 (X, Y)와 (Y, X)가 같은 주소로 해싱된다. 노트G. D. Knott는 덧셈 또는 배타적 논리합을 적용하기 직전에 순환 자리이동을 수행함으로써 이러한 문제점을 피한다는 착안을 제시했다.

l자 또는 l워드 키 $K = x_1 x_2 \ldots x_l$을 해싱하는 더욱 나은 방법 하나는, 각각 독립적인 해시 함수 h_j들을 이용해서

$$h(K) = (h_1(x_1) + h_2(x_2) + \cdots + h_l(x_l)) \bmod M \qquad (9)$$

을 계산하는 것이다. 1977년에 카터J. L. Carter와 웨그먼M. N. Wegman이 소개한 이 착안은 각 x_j가 하나의 글자일 때 특히나 효율적이다. 그런 경우에는 각 h_j에 대해 미리 계산한 배열을 사용할 수 있기 때문이다. 그런 배열을 사용하면 곱셈이 필요없다. M이 2의 거듭제곱이라면 덧셈을 배타적 논리합(XOR)으로 대체함으로써 (9)의 나눗셈을 피할 수 있다(이런 변경을 가한다면 이전과는 다른, 그러나 이전만큼이나 좋은 해시 함수가 된다). 따라서 (9)는 확실히 성질 (a)를 만족한다. 더 나아가서, 카터와 웨그먼은 h_j들을 무작위로 선택할 때 성질 (b)가 입력 자료와는 무관하게 성립함을 증명했다. (연습문제 72 참고.)

이 외에도 많은 해싱 방법들이 제안되었으나, 앞에서 설명한 간단한 방법보다 더 우월하다고 증명된 것은 하나도 없다. 여러 접근방식들을 개괄하고 실제 파일에 적용했을 때의 성능들에 대한 상세한 통계를 제시하는 문헌으로는 V. Y. Lum, P. S. T. Yuen, M. Dodd, *CACM* 14 (1971), 228-239가 있다.

지금까지 시도된 다른 모든 해시 방법들 중 가장 흥미로운 것으로는 아마도 대수 부호화(algebraic coding) 이론에 기초한 한 기법을 들 수 있을 것이다. 그 기법은 위의 나눗셈 방법과 비슷하나, 정수로

나누는 것이 아니라 2를 법으로 하는 다항식으로 나눈다는 점에서 차이를 보인다. (연습문제 4.6에서 보았듯이, 보통의 나눗셈과 그러한 연산의 관계는 보통의 덧셈과 배타적 논리합의 관계와 비슷하다.) 이 방법의 경우 M은 반드시 2의 거듭제곱이어야 한다. $M = 2^m$이라고 할 때, m차 다항식 $P(x) = x^m + p_{m-1}x^{m-1} + \cdots + p_0$을 사용한다. n자리 이진 키 $K = (k_{n-1} \ldots k_1 k_0)_2$를 다항식 $K(x) = k_{n-1}x^{n-1} + \cdots + k_1 x + k_0$으로 간주하고, 2를 법으로 한 다항식 산술을 이용해서 나머지

$$K(x) \bmod P(x) = h_{m-1}x^{m-1} + \cdots + h_1 x + h_0$$

을 계산한다. 그러면 $h(K) = (h_{m-1} \ldots h_1 h_0)_2$이다. 만일 $P(x)$가 적절히 선택되었다면, 이 해시 함수는 거의 같은 키들 사이에서 충돌이 생기지 않음을 보장한다. 예를 들어 $n = 15$, $m = 10$으로 두고

$$P(x) = x^{10} + x^8 + x^5 + x^4 + x^2 + x + 1 \tag{10}$$

로 두었을 때, K_1과 K_2가 일곱 개 미만의 비트 위치들에서 다른 키들이면 항상 $h(K_1)$이 $h(K_2)$와 같지 않음을 보이는 것이 가능하다. (이 방안은 연습문제 7에서 좀 더 다루게 된다. 이 방안은 물론 소프트웨어보다 하드웨어나 마이크로컴퓨팅 구현에 더 적합하다.)

프로그램을 디버깅할 때에는 모든 키가 함께 저장되도록 만드는 상수 해시 함수 $h(K) = 0$을 사용하는 게 편할 때가 많다. 디버깅을 끝낸 후에는 효율적인 $h(K)$로 대체하면 된다.

"연쇄"를 통한 충돌 해소. 앞에서, 일부 해시 주소들은 자신이 감당할 수 있는 것보다 더 많은 키들을 받게 됨을 보았다. 이런 문제를 해결하는 한 가지 방법은 가능한 해시 코드마다 하나씩 총 M개의 연결 목록들을 두는 것이다. 각 레코드에는 LINK 필드가 있어야 하며, 총 M개의 목록 머리들이 필요하다. 목록 머리들에는 이를테면 1에서 M까지의 번호를 부여한다. 키를 해싱한 후에는 그냥 $h(K) + 1$번 목록에서 실제 키를 순차 검색한다. (연습문제 6.1-2 참고. 이 상황은 다중 목록 삽입 정렬, 프로그램 5.2.1M과 아주 비슷하다.)

그림 38에 이런 간단한 연쇄(chaining) 방안의 예가 나와 있다. 이 예에서 $M = 9$이고 키들은

$$K = \texttt{EN, TO, TRE, FIRE, FEM, SEKS, SYV} \tag{11}$$

이다(1에서 7까지의 노르웨이어 단어들임). 그리고 이들의 해시 코드는 다음과 같다.

$$h(K) + 1 = 3,\ 1,\ 4,\ 1,\ 5,\ 9,\ 2. \tag{12}$$

첫 목록은 두 개의 원소를 가지며, 목록들 중 셋은 비어 있다.

연쇄는 상당히 빠른데, 이는 목록들이 짧기 때문이다. 한 방에 365명의 사람들이 모여 있다고 할 때, 임의의 주어진 한 날짜를 생일로 하는 사람은 평균 단 한명임에도, 생일이 같은 쌍들이 여럿 존재할 수 있다! 일반화하자면, 키가 N개이고 목록이 M개라고 할 때 목록의 평균 크기는 N/M이다. 따라서 해싱은 순차 검색에 필요한 평균 작업량을 약 M분의 1만큼 줄여준다. (구체적인 공식은 연습문제 34에서 구한다.)

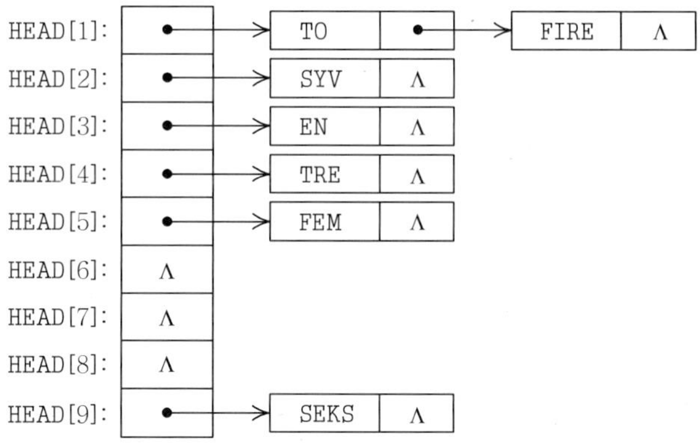

그림 38. 분리된 연쇄.

이 방법은 이전에 논의했던 여러 기법들을 간단하게 결합한 것이므로, 연쇄식 해시 표에 대한 상세한 알고리즘을 굳이 제시할 필요는 없을 것이다. 삽입과 실패하는 검색의 속도를 높이기 위해서는 개별 목록을 키 값 순서로 정렬하는 게 도움이 될 것이다. 그림 38에 그러한 기법을 적용한다면 노드 TO와 FIRE를 맞바꾸고 Λ 링크들은 모두 키가 ∞인 모조 레코드로의 포인터로 대체해야 한다. (알고리즘 6.1T 참고.) 또는 6.1절에서 논의한 "자기조직화" 개념을 활용할 수도 있다. 그런 경우에는 목록을 키 값 순서로 정렬하는 대신 키가 가장 최근 요청된 시간 순으로 정렬한다.

속도를 위해서는 M을 다소 크게 잡는 게 바람직할 것이다. 그러나 M이 크면 빈 목록들이 많이 생기며 M개의 목록 머리들을 위한 공간의 상당 부분이 낭비된다. 이로부터, 레코드들이 작을 때의 한 가지 접근방식을 생각해 낼 수 있다. 간략히 말하자면, 레코드 저장소를 목록 머리들과 겹침으로써 레코드 N개와 링크 $M+N$개를 담을 공간이 아닌 레코드 M개와 링크 M개를 담을 공간을 두는 것이다. 경우에 따라서는 어떤 목록 머리들을 사용할 것인지를 자료 전체에 대한 단 한 번의 패스로 알아낸 후에 또 한 번의 패스를 통해서 모든 "위넘침" 레코드를 빈 슬롯들에 삽입하는 게 가능할 수도 있다. 그러나 종종 이는 비실용적이거나 불가능하다. 차라리 각 레코드가 시스템에 처음으로 입력될 때 한 번만 처리되도록 하는 기법이 더 나을 것이다. 다음은 그러한 문제를 간편하게 해결하는 알고리즘으로, 윌리엄스F. A. Williams [*CACM* 2, 6 (June 1959), 21–24]에서 기인한 것이다.

알고리즘 C (연쇄식 해시 표 검색 및 삽입). 이 알고리즘은 M노드 표에서 주어진 키 K를 찾는다. 표에 K가 없고 표가 꽉 차 있지 않다면 K를 삽입한다.

표의 노드들은 $0 \le i \le M$에 대해 TABLE[i]로 표기한다. 노드들은 빈 노드와 점유된 노드로 나뉜다. 점유된 노드는 키 필드 KEY[i]와 링크 필드 LINK[i]를 담으며, 그 외의 다른 필드들도 담을 수 있다.

이 알고리즘은 해시 함수 $h(K)$를 사용한다. 또한 보조 변수 R을 빈 공간 찾기에 사용한다. 표가 비었을 때에는 $R=M+1$이다. 그리고 삽입들이 수행됨에 따라, $R \le j \le M$ 범위의 모든 j에 대한 TABLE[j]들이 항상 점유된 상태를 유지한다. 관례상 TABLE[0]은 항상 빈 노드로 둔다.

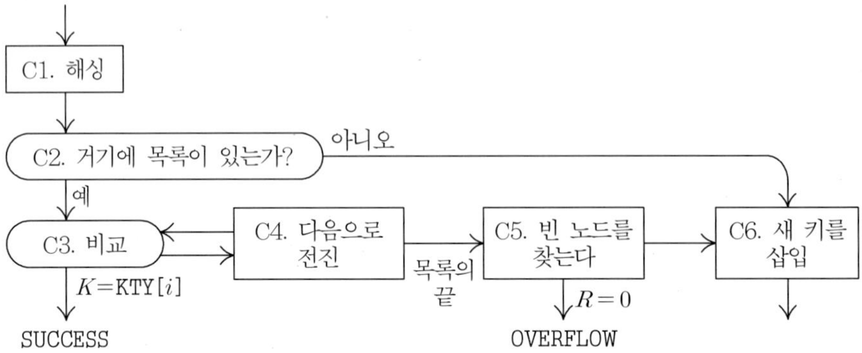

그림 39. 연쇄식 해시 표 검색 및 삽입.

C1. 〔해싱.〕 $i \leftarrow h(K)+1$로 설정한다. (이제 $1 \le i \le M$이다.)

C2. 〔거기에 목록이 있는가?〕 만일 TABLE[i]가 비었다면 C6으로 간다. (그렇지 않으면 TABLE[i]는 점유된 상태이다. 다음 단계부터는 거기서 시작하는 점유된 노드들을 검색한다.)

C3. 〔비교.〕 만일 $K=$ KEY[i]이면 검색 성공을 결과로 해서 알고리즘을 끝낸다.

C4. 〔다음으로 전진.〕 만일 LINK[i] $\neq 0$이면 $i \leftarrow$ LINK[i]로 설정하고 단계 C3으로 돌아간다.

C5. 〔빈 노드를 찾는다.〕 (검색에 실패했다. 이제 표에서 빈 위치를 찾아야 한다.) 빈 TABLE[R]을 발견할 때까지 R을 한 번 이상 감소한다. 만일 $R=0$이면 위넘침을 결과로 해서 알고리즘을 끝낸다(빈 노드가 남아 있지 않은 것이다). 그렇지 않으면 LINK[i] $\leftarrow R$, $i \leftarrow R$ 로 설정한다.

C6. 〔새 키를 삽입.〕 KEY[i] $\leftarrow K$, LINK[i] $\leftarrow 0$으로 설정해서 TABLE[i]를 점유된 노드로 만든다. ▮

이 알고리즘은 레코드들이 표에 삽입된 후에는 이동할 필요가 없도록 여러 목록들의 합체를 허용한다. 예를 들어 그림 40을 보자. SEKS는 TO와 FIRE를 담은 목록에 나타나는데, 이는 FIRE가 이미 위치 9에 삽입되어 있었기 때문이다.

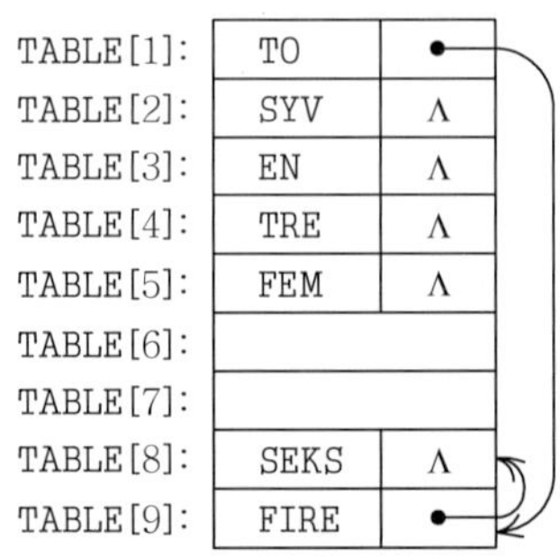

그림 40. 합체된 연쇄.

알고리즘 C를 이번 장의 다른 알고리즘들과 비교하기 위해 다음과 같은 MIX 프로그램을 작성해 보았다. 프로그램 다음에 나오는 분석을 따르면 점유된 칸들의 목록들이 짧은 경향이 있음을 알 수 있는데, 사실 프로그램은 그런 점을 염두에 두고 작성한 것이다.

프로그램 C (연쇄식 해시 표 검색 및 삽입.) 편의상 키들이 단 3바이트라고 가정한다. 그리고 노드들은 다음과 같이 표현된다.

빈 노드	−	1	0	0	0	0
점유된 노드	+	LINK		KEY		

(13)

표 크기 M은 소수라고 가정한다. TABLE[i]는 장소 TABLE+i에 저장된다. $\mathrm{rI1} \equiv i$, $\mathrm{rA} \equiv K$; $\mathrm{rI2} \equiv$ LINK[i] 그리고/또는 R.

```
KEY    EQU   3:5
LINK   EQU   0:2
START  LDX   K                     1          C1. 해싱.
       ENTA  0                     1
       DIV   =M=                   1
       STX   *+1(0:2)              1
       ENT1  *                     1          i ← h(K)
       INC1  1                     1                   + 1.
       LDA   K                     1
       LD2   TABLE,1(LINK)         1          C2. 거기에 목록이 있는가?
       J2N   6F                    1          만일 TABLE[i]가 빈 칸이면 C6으로.
       CMPA  TABLE,1(KEY)          A          C3. 비교.
       JE    SUCCESS               A          만일 K = KEY[i]이면 종료.
       J2Z   5F                    A − S1     만일 LINK[i] = 0이면 C5로.
4H     ENT1  0,2                   C − 1      C4. 다음으로 전진.
       CMPA  TABLE,1(KEY)          C − 1      C3 비교.
       JE    SUCCESS               C − 1      만일 K = KEY[i]이면 종료.
       LD2   TABLE,1(LINK)         C − 1 − S2
       J2NZ  4B                    C − 1 − S2 만일 LINK[i] ≠ 0이면 전진.
5H     LD2   R                     A − S      C5. 빈 노드를 찾는다.
       DEC2  1                     T          R ← R − 1.
       LDX   TABLE,2               T
       JXNN  *-2                   T          빈 TABLE[R]가 나올 때까지 반복.
       J2Z   OVERFLOW              A − S      만일 빈 노드가 더 이상 없으면 종료.
       ST2   TABLE,1(LINK)         A − S      LINK[i] ← R.
       ENT1  0,2                   A − S      i ← R.
       ST2   R                     A − S      메모리의 R을 갱신.
6H     STZ   TABLE,1(LINK)         1 − S      C6. 새 키를 삽입.  LINK[i] ← 0.
       STA   TABLE,1(KEY)          1 − S      KEY[i] ← K.  ▌
```

이 프로그램의 실행 시간은 다음 수량들에 의존한다.

C = 키를 검색하는 동안 탐검한 항목들의 개수.

A = 〔초기 탐검에서 빈 노드를 발견했음〕.

S = 〔검색에 성공했음〕.

T = 빈 공간을 찾는 동안 탐검한 표 항목 개수.

여기서 $S = S1 + S2$인데, 첫 번째 시도에서 검색에 성공했다면 $S1 = 1$이다. 프로그램 C의 검색 페이즈의 총 실행 시간은 $(7C + 4A + 17 - 3S + 2S1)u$이고, $S = 0$일 때 새 키를 삽입하는 데 $(8A + 4T + 4)u$가 더 걸린다.

이 프로그램의 시작에서 표에 N개의 키들이 있다고 하자. 그리고

$$\alpha = N/M = \text{표의 적재율} \tag{14}$$

이라고 하자. 그러면, 해시 함수가 무작위로 선택된다고 할 때 실패하는 검색에서 A의 평균값은 α임이 명백하다. 그리고 연습문제 39는 실패하는 검색에서 C의 평균값이

$$C'_N = 1 + \frac{1}{4}\left(\left(1 + \frac{2}{M}\right)^N - 1 - \frac{2N}{M}\right) \approx 1 + \frac{e^{2\alpha} - 1 - 2\alpha}{4} \tag{15}$$

임을 증명한다. 따라서 표가 반만큼 차 있을 때 실패하는 검색의 평균 탐검 횟수는 약 $\frac{1}{4}(e + 2) \approx 1.18$이다. 그리고 표가 완전히 차기 직전이라고 해도 마지막 항목을 삽입하기 바로 전의 평균 탐검 횟수는 단 $\frac{1}{4}(e^2 + 1) \approx 2.10$밖에 되지 않는다. 표준편차 역시 작다(연습문제 40). 이러한 통계치들은 해시 함수가 무작위일 때 *알고리즘이 목록들을 종종 합체하긴 하지만, 그래도 목록들은 짧은 길이를 유지한다*는 점을 증명한다. 물론, 해시 함수가 나쁘거나 검색이 번번이 실패한다면 C가 N만큼 클 수도 있다.

성공하는 검색에서는 항상 $A = 1$이다. 각 키가 동일확률이라고 가정한다면, 처음 N번의 실패 검색들에 대해 수량 $C + A$를 합산하고 그것을 N으로 나누어서 성공하는 검색 도중의 평균 탐검 횟수를 구할 수도 있다. 즉, 무작위 성공 검색의 평균 탐검 횟수를

$$\begin{aligned} C_N &= \frac{1}{N}\sum_{0 \le k < N}\left(C'_k + \frac{k}{M}\right) = 1 + \frac{1}{8}\frac{M}{N}\left(\left(1 + \frac{2}{M}\right)^N - 1 - \frac{2N}{M}\right) + \frac{1}{4}\frac{N-1}{M} \\ &\approx 1 + \frac{e^{2\alpha} - 1 - 2\alpha}{8\alpha} + \frac{\alpha}{4} \end{aligned} \tag{16}$$

로 둘 수 있는 것이다. 꽉 찬 표라고 해도 하나의 항목을 찾는 데 필요한 탐검 횟수는 평균적으로 약 1.80회이다! 비슷한 방식으로, $S1$의 평균은

$$S1_N = 1 - \frac{1}{2}((N-1)/M) \approx 1 - \frac{1}{2}\alpha \tag{17}$$

가 된다(연습문제 42 참고).

언뜻 보면 단계 C5는 빈 장소를 순차적으로 검색해야 하기 때문에 비효율적일 것 같다. 그러나 표를 구축하는 과정에서 C5가 표를 탐검하는 전체 횟수는 표의 항목 개수를 결코 넘지 않는다. 따라서 평균적으로 삽입 당 그 탐검들 중 많아야 하나를 수행할 뿐이다. 연습문제 41은 무작위 실패 검색에서 T가 근사적으로 αe^{α}임을 증명한다.

두 목록이 합쳐지는 일이 없도록 알고리즘 C를 수정하는 것도 가능하나, 그렇게 수정하면 삽입에 의해 레코드들이 이동해야 한다. 예를 들어 그림 40에서 위치 9에 SEKS를 삽입하려 한다면 FIRE를 이동해야 하며, 그러려면 어떤 노드가 FIRE를 가리키고 있는지 알아내야 한다. 이 문제를 양방향 연결 없이 해결하는 것도 가능하다. 퍼거슨D. E. Ferguson이 제안했듯이, 목록들이 짧으므로 그냥 FIRE를 해싱하고 해당 목록을 검색하면 된다. 연습문제 34에 따르면, 목록들이 합쳐지지 않을 때 평균 탐검 횟수는 다음으로 줄어든다.

$$C'_N = 1+\frac{N(N-1)}{2M^2} \approx 1+\frac{\alpha^2}{2} \quad (\text{실패하는 검색}), \tag{18}$$

$$C_N = 1+\frac{N-1}{2M} \approx 1+\frac{\alpha}{2} \quad (\text{성공하는 검색}). \tag{19}$$

(15), (16)과 비교하면, 알고리즘을 꼭 고쳐야 할 정도로 충분한 개선인 것은 아니다.

한편, 램슨Butler Lampson은 목록들의 합체를 허용하지 않을 경우 링크들이 차지하는 공간의 대부분을 연쇄 방법이 실제로 절약해 준다고 말했다. 연습문제 13에서는 이 점에서 착안한 한 가지 흥미로운 알고리즘을 논의한다. 램슨의 방법에서는 각 항목마다 꼬리표 비트를 두게 되는데, 그 덕분에 실패하는 검색에 필요한 평균 탐검 횟수가 (18)에서

$$\left(1-\frac{1}{M}\right)^N + \frac{N}{M} \approx e^{-\alpha}+\alpha \tag{18$'$}$$

로 조금 줄어든다.

그림 38과 같은 분리된 연쇄는 $N > M$일 때 사용할 수 있으며, 따라서 윗넘침이 심각한 문제는 아니다. 목록들이 그림 40과 알고리즘 C에서처럼 합체된다면 여분의 항목들을 보조 저장소 풀에 연결해 둘 수도 있다. 귀바스L. Guibas는 그런 경우에서 $(M+L+1)$번째 항목을 삽입하는 데 필요한 평균 탐검 횟수가 $(L/2M+\frac{1}{4})((1+2/M)^M-1)+\frac{1}{2}$임을 증명했다. 그러나 일반적으로는 최초로 충돌하는 원소들을 보조 저장 영역에 집어넣고 그 보조 영역이 꽉 찬 경우에만 목록들을 합체하는 방식이 더 바람직하다. 연습문제 43을 볼 것.

"열린 주소 지정"에 의한 충돌 해소. 링크를 전혀 사용하지 않고, 그냥 키 K를 찾을 때까지 또는 빈 장소를 발견할 때까지 표의 여러 항목들을 조사하는 식으로 충돌 문제를 해소하는 방법도 있다. 핵심은 각 키 K로 하나의 "탐검열(probe sequence)"를 정의하기 위한 어떤 규칙을 만드는 것이다. 여기서 탐검열은 K를 삽입하거나 검색할 때 조사할 표 위치들의 순차열을 뜻한다. K에 의해 결정된 탐검열을 이용해서 K를 검색하는 도중에 빈 위치를 발견했다면 K는 표에 없는 것이라고 결론지을

수 있다. 왜냐하면 K를 처리할 때마다 항상 동일한 탐검열이 쓰일 것이기 때문이다. 이러한 방법들을 뭉뚱그려서 열린 주소 지정(open addressing)이라고 부른다. 이 이름은 피터슨W. W. Peterson이 붙인 것이다 〔*IBM J. Research & Development* 1 (1957), 130-146〕.

선형 탐검(linear probing)이라고 하는 가장 간단한 열린 주소 지정 방식은 다음과 같은 순환 탐검열을 사용한다.

$$h(K),\ h(K)-1,\ \ldots,\ 0,\ M-1,\ M-2,\ \ldots,\ h(K)+1. \tag{20}$$

다음이 이에 대한 알고리즘이다.

알고리즘 L (선형 탐검 및 삽입). 이 알고리즘은 M노드 표에서 주어진 키 K를 찾는다. K가 표에 없으며 표가 꽉 차 있지 않다면 K를 삽입한다.

표의 노드들은 $0 \le i < M$에 대해 `TABLE[i]`로 표기한다. 노드들은 빈 노드와 점유된 노드로 나뉜다. 점유된 노드는 `KEY[i]`로 표기하는 하나의 키를 담으며, 다른 필드들을 담을 수도 있다. 점유된 노드들의 개수를 파악하기 위해 보조 변수 N을 사용한다. 이 변수는 표의 일부로 간주되며, 새 키가 삽입될 때마다 1 증가한다.

이 알고리즘은 해시 함수 $h(K)$를 사용하며, 표에 접근하기 위해 (20)의 선형 탐검열을 사용한다. 그 탐검열의 수정에 대해서는 잠시 후에 논의하겠다.

L1. 〔해싱.〕 $i \leftarrow h(K)$로 설정한다. (이제 $0 \le i < M$이다).

L2. 〔비교.〕 만일 `TABLE[i]`가 비었다면 단계 L4로 간다. 그렇지 않고 만일 `KEY[i]` $= K$이면 검색 성공을 결과로 해서 알고리즘을 끝낸다.

L3. 〔다음으로 전진.〕 $i \leftarrow i-1$로 설정한다. 이제 만일 $i < 0$이면 $i \leftarrow i+M$으로 설정한다. 단계 L2로 돌아간다.

L4. 〔삽입.〕 (검색에 실패했다.) 만일 $N = M-1$이면 위넘침을 결과로 해서 알고리즘을 끝낸다. (이 알고리즘은 $N = M$이 아니라 $N = M-1$일 때 표가 꽉 찼다고 판단한다. 연습문제 15를 볼 것.) 그렇지 않으면 $N \leftarrow N+1$로 설정하고, `TABLE[i]`를 점유된 것으로 표시하고, `KEY[i]` $\leftarrow K$로 설정한다. ▮

0	FEM
1	TRE
2	EN
3	
4	
5	SYV
6	SEKS
7	TO
8	FIRE

그림 41. 선형 열린 주소 지정.

그림 41은 (11)의 일곱 키들을 알고리즘 L로 삽입한 것인데, 키들의 해시 코드는 각각 2, 7, 1, 8, 2, 8, 1이다. 마지막 세 키 FEM, SEKS, SYV는 해당 초기 장소 $h(K)$와는 다른 곳에 저장되었다.

프로그램 L (선형 탐검 및 삽입). 이 프로그램은 전체 워드 키들을 다룬다. 그러나 값이 0인 키는 허용되지 않는다. 0은 표의 빈 위치를 나타내는 용도로 사용하기 때문이다. (아니면 빈 위치를 -1로 표시하고, 키 값이 음이 아니어야 한다는 제약을 둘 수도 있다.) 표 크기 M이 소수라고 가정한다. 그리고 TABLE[i]가 $0 \le i < M$에 대해 장소 TABLE $+\,i$에 저장된다고 가정한다. 내부 루프의 속도를 위해 장소 TABLE $-$ 1은 0을 담고 있다고 가정한다. 장소 VACANCIES는 값 $M-1-N$을 담는다고 가정한다. 그리고 $\mathrm{rA} \equiv K$, $\mathrm{rI1} \equiv i$이다.

프로그램의 내부 루프의 속도를 높이기 위해 루프에서 "$i < 0$" 판정을 제거하고 단계 L2와 L3의 본질적인 부분들만 남겨 두었다. 검색 페이즈의 총 실행 시간은 $(7C+9E+21-4S)u$이며, 실패한 검색 이후의 삽입에 $8u$가 더 추가된다.

```
START LDX   K              1          L1. 해싱.
      ENTA  0              1
      DIV   =M=            1
      STX   *+1(0:2)       1
      ENT1  *              1          i ← h(K).
      LDA   K              1
      JMP   2F             1
8H    INC1  M+1            E          L3. 다음으로 전진.
3H    DEC1  1              C+E−1      i ← i−1.
2H    CMPA  TABLE,1        C+E        L2. 비교.
      JE    SUCCESS        C+E        만일 K = KEY[i]이면 종료.
      LDX   TABLE,1        C+E−S
      JXNZ  3B             C+E−S      만일 TABLE[i]가 빈 노드가 아니면 L3으로.
      J1N   8B             E+1−S      만일 i = −1이면 i ← M으로 설정하고 L3으로.
4H    LDX   VACANCIES      1−S        L4. 삽입.
      JXZ   OVERFLOW       1−S        만일 N = M−1이면 위넘침을 결과로 해서 종료.
      DECX  1              1−S
      STX   VACANCIES      1−S        N을 1 증가.
      STA   TABLE,1        1−S        TABLE[i] ← K. ▮
```

프로그램 C에서처럼 변수 C는 탐검 횟수를, S는 검색 성공 여부를 뜻한다. 변수 E는 무시해도 되는데, 이 변수는 TABLE[-1]에 대한 불필요한 탐검이 일어났을 때에만 1이다(평균이 $(C-1)/M$이므로).

선형 탐검을 실험해 보면, 표가 거의 차기 시작하기 전까지는 알고리즘이 잘 작동하다가 그 이후부터는 길게 늘어진 검색들이 점차 빈번해지면서 느려지게 되는데, 다음과 같은 가상의 해시 표 ($M=19$, $N=9$)를 생각해 보면 이러한 습성이 생기는 이유를 이해할 수 있을 것이다:

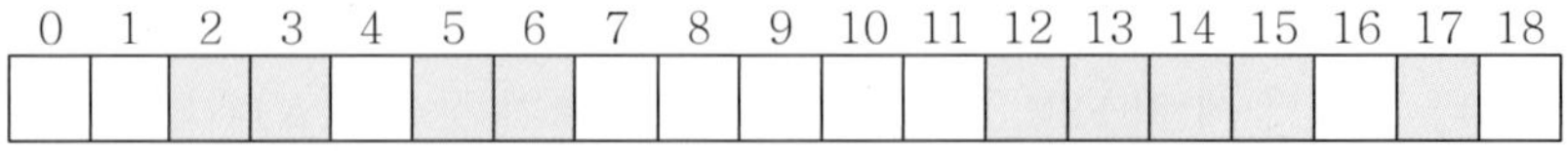

(21)

회색 사각형은 점유된 위치를 뜻한다. 표에 새로운 키가 삽입되면 그 키는 열 개의 빈 공간들 중 하나에 들어가게 되지만, 빈 공간의 선택 확률이 동일하지는 않다. 예를 들어 키 K는 만일 $11 \le h(K) \le 15$이면 위치 11에 삽입되지만, 위치 8에 삽입되는 것은 $h(K) = 8$일 때뿐이다. 즉, 위치 11이 선택될 확률이 위치 8의 다섯 배에 이르는 것이다. 따라서 긴 목록들이 더욱 길어지는 경향이 있다.

비슷한 현상이 알고리즘 C에서도 나타나므로(길이가 4인 목록이 더 길어질 확률이 길이가 1인 목록에 비해 네 배에 달한다) 이러한 현상만으로는 선형 탐검의 비교적 나쁜 습성을 충분히 설명할 수가 없다. 진짜 문제점은 (21)에서 4나 16 같은 칸이 점유될 때 생긴다. 그런 경우 개별적인 두 목록이 합쳐진다. 반면 알고리즘 C의 목록들은 한 번에 많아야 한 단계씩만 늘어날 뿐이다. 따라서 선형 탐검의 성능은 N이 M에 접근함에 따라 빠르게 감소한다.

이번 절에서 나중에 증명하겠지만, 알고리즘 L에 필요한 평균 탐검 횟수는 근사적으로

$$C'_N \approx \frac{1}{2}\left(1 + \left(\frac{1}{1-\alpha}\right)^2\right) \qquad \text{(실패하는 검색)}, \tag{22}$$

$$C_N \approx \frac{1}{2}\left(1 + \frac{1}{1-\alpha}\right) \qquad \text{(성공하는 검색)} \tag{23}$$

이다. 여기서 $\alpha = N/M$은 표의 적재율이다. 따라서, 표가 75퍼센트 미만으로 찬 경우 프로그램 L의 속도는 프로그램 C가 비현실적으로 짧은 키들을 다룬다는 사실에도 불구하고 프로그램 C의 속도와 거의 비슷하다. 반면 α가 1에 가까워지면, 프로그램 L은 좋게 봐야 느려도 확실히 작동은 한다 정도로 밖에 말하지 못한다. 실제로 $N = M - 1$일 때에는 표의 빈 자리가 단 하나 뿐이므로, 실패하는 검색의 평균 탐검 횟수는 $(M+1)/2$이다. 표가 꽉 찼을 때 성공하는 검색의 평균 탐검 횟수는 근사적으로 $\sqrt{\pi M/8}$ 인데, 이것도 나중에 증명하겠다.

거의 찬 표에서 선형 탐검을 느리게 만드는, 특정 목록에 키들이 몰리는 현상은 나눗셈 해싱에서 연속된 키 값 $\{K, K+1, K+2, \ldots\}$이 동일확률로 발생할 때 더욱 악화된다. 그런 경우에는 키들이 연속된 해시 코드들을 가지기 때문이다. 곱셈 해싱은 그런 덩어리들을 만족스럽게 흐트러뜨린다.

연속된 해시 코드 문제를 방지하는 또 다른 방법은 단계 L3에서 $i \leftarrow i - 1$ 대신 $i \leftarrow i - c$로 설정하는 것이다. c는 M과 서로 소인 양의 값이라면 어떤 것이든 좋다. 그런 값이라면 탐검열은 표의 모든 위치를 조사할 것이기 때문이다. 프로그램 L을 이런 식으로 수정하면 프로그램의 속도가 조금 느려진다($i < 0$의 판정 때문에). i를 1이 아니라 c만큼 감소한다고 해서 키들이 몰리는 현상이 변하는 것은 아니다. 어차피 c만큼 떨어진 레코드들의 그룹들이 형성될 것이기 때문이다. 식 (22)와 (23)은 여전히 적용된다. 그러나 이제는 연속된 키 $\{K, K+1, K+2, \ldots\}$의 존재가 방해가 되는 것이 아니라 오히려 도움이 된다.

고정된 c 값이 몰림 현상을 줄여주는 것은 아니지만, c가 K에 의존하게 한다면 상황을 훌륭하게 개선시킬 수 있다. 이 착안으로부터 발빈Guy de Balbine이 처음으로 소개한[Ph.D. 학위논문, Calif. Inst. of Technology (1968), 149–150], 알고리즘 L의 다음과 같은 수정판을 이끌어낼 수 있다.

알고리즘 D (이중 해싱을 사용하는 열린 주소 지정). 이 알고리즘은 알고리즘 L과 거의 동일하지만, 두 개의 해시 함수 $h_1(K)$와 $h_2(K)$를 이용해서 약간 다른 방식으로 표를 탐검한다는 점에서는 차이를 보인다. 이전과 마찬가지로 $h_1(K)$은 0 이상 $M-1$ 이하의 값을 내나, $h_2(K)$는 반드시 1과 $M-1$ 사이의, M과 서로 소인 값을 내야 한다. (예를 들어 M이 소수라면 $h_2(K)$로는 1과 $M-1$ 사이의(상, 하계 포함) 임의의 값이면 된다. 만일 $M=2^m$이라면, $h_2(K)$로는 1 이상 2^m-1 이하의 임의의 홀수 값이면 된다.)

D1. [첫 해싱.] $i \leftarrow h_1(K)$로 설정한다.

D2. [첫 탐검.] 만일 `TABLE[i]`가 비었으면 D6으로 간다. 그렇지 않고 만일 `KEY[i]` $= K$이면 검색 성공을 결과로 해서 알고리즘을 끝낸다.

D3. [두 번째 해싱.] $c \leftarrow h_2(K)$로 설정한다.

D4. [다음으로 전진.] $i \leftarrow i-c$로 설정한다. 이제 만일 $i<0$이면 $i \leftarrow i+M$으로 설정한다.

D5. [비교.] 만일 `TABLE[i]`가 비었으면 D6으로 간다. 그렇지 않고 만일 `KEY[i]` $= K$이면 검색 성공을 결과로 해서 알고리즘을 끝낸다. 그렇지 않으면 D4로 돌아간다.

D6. [삽입.] 만일 $N=M-1$이면 위넘침을 결과로 해서 알고리즘을 끝낸다. 그렇지 않으면 $N \leftarrow N+1$로 설정하고, `TABLE[i]`를 점유된 상태로 표시하고, `KEY[i]` $\leftarrow K$로 설정한다. ▮

$h_2(K)$의 계산에 대해 여러 가지 가능성들이 제안되었다. 만일 M이 소수이고 $h_1(K) = K \bmod M$이면 $h_2(K) = 1 + (K \bmod (M-1))$로 둘 수 있다. 그러나 $M-1$이 짝수이므로 $h_2(K) = 1 + (K \bmod (M-2))$로 두는 게 더 나을 것이다. 이런 점을 생각한다면 M과 $M-2$가 1021과 1019 같은 "쌍둥이 소수"가 되도록 M을 선택하는 게 좋을 것이다. 아니면 $h_2(K) = 1 + (\lfloor K/M \rfloor \bmod (M-2))$로 둘 수도 있는데, $h_1(K)$ 계산에 의해 몫 $\lfloor K/M \rfloor$이 레지스터에 남을 수도 있기 때문이다.

만일 $M=2^m$이고 곱셈 해싱을 사용한다면 그냥 $h_1(K)$의 결과를 왼쪽으로 m비트 더 이동하고 1과 "비트논리합"을 수행해서 $h_2(K)$를 계산할 수도 있다. 즉, (5)의 명령열 다음에 다음과 같은 명령들을 수행하면 되는 것이다.

```
ENTA  0      rA를 비운다.
SLB   m      rAX를 m비트 왼쪽으로 자리이동한다.        (24)
OR    =1=    rA ← rA | 1.
```

이는 나눗셈 방법보다 더 빠르다.

지금까지 제안한 기법들 모두에서 $h_1(K)$와 $h_2(K)$는 본질적으로 독립적(서로 다른 키들에 대해 h_1과 h_2 모두 같은 값이 나올 확률이 $1/M$이 아니라 $1/M^2$에 근사적으로 비례한다는 의미에서)이다. 실험적 검정들에 따르면 독립적인 해시 함수들을 사용하는 알고리즘 D의 습성은 키들이 표에 무작위로 삽입될 때의 탐검 횟수와 본질적으로 구분이 불가능하다. 알고리즘 L 같은 "몰림(pilling up)"이나 "뭉침(clustering)"은 실질적으로 발생하지 않는 것이다.

1968년에 노트Gary Knott가 제안했듯이, $h_2(K)$가 $h_1(K)$에 의존하게 만드는 것도 가능하다. 예를 들어 M이 소수라면 다음과 같이 둘 수도 있다.

$$h_2(K) = \begin{cases} 1, & \text{만일 } h_1(K) = 0 \text{이면;} \\ M - h_1(K), & \text{만일 } h_1(K) > 0 \text{이면.} \end{cases} \tag{25}$$

이러면 다른 나눗셈 방법에 비해 더 빠르긴 하나, 잠시 후에 보게 되겠지만 2차 뭉침(secondary clustering)이 발생할 수 있다. 그러면 둘 이상의 키들이 같은 경로를 따를 확률이 커져서 탐검이 조금 더 많이 필요해진다. 해싱 시간의 이득이 탐검 시간의 손실을 보상하는지의 여부는 프로그램 D 다음에서 유도하는 공식들로 판단할 수 있다.

알고리즘 L과 D는 매우 비슷하지만 다른 점도 많기 때문에 해당 MIX 프로그램들로 실행 시간을 비교해 본다면 공부에 도움이 될 것이다.

프로그램 D (이중 해싱을 사용하는 열린 주소 지정). 이 프로그램은 프로그램 L과 상당히 비슷하기 때문에 주석은 생략하겠다. $\text{rI2} \equiv c - 1$.

```
START LDX  K           1
      ENTA 0           1
      DIV  =M=         1
      STX  *+1(0:2)    1
      ENT1 *           1
      LDX  TABLE,1     1
      CMPX K           1
      JE   SUCCESS     1
      JXZ  4F          1−S1
      SRAX 5           A−S1
      DIV  =M-2=       A−S1
      STX  *+1(0:2)    A−S1
      ENT2 *           A−S1
      LDA  K           A−S1
3H    DEC1 1,2         C−1
      J1NN *+2         C−1
      INC1 M           B
      CMPA TABLE,1     C−1
      JE   SUCCESS     C−1
      LDX  TABLE,1     C−1−S2
      JXNZ 3B          C−1−S2
4H    LDX  VACANCIES   1−S
      JXZ  OVERFLOW    1−S
      DECX 1           1−S
      STX  VACANCIES   1−S
      LDA  K           1−S
      STA  TABLE,1     1−S  ▮
```

이 프로그램의 빈도 횟수 $A, C, S1, S2$의 의미는 앞의 프로그램 C의 것들과 비슷하다. 그 외의 변수 B는 평균 약 $(C-1)/2$이 된다. ($h_2(K)$의 치역을 이를테면 $1 \le h_2(K) \le M/2$로 제한한다면 B는 약 $(C-1)/4$밖에 되지 않는다. 아마도 이러한 속도 증가가 탐검 횟수의 현저한 증가에 의해 상쇄되지는 않을 것이다.) 표에 $N = \alpha M$개의 키들이 있을 때, 실패하는 검색에서 A의 평균값은 물론 α이다. 성공하는 검색에서는 $A = 1$이다. 알고리즘 C에서처럼, 성공하는 검색에서 $S1$의 평균값은 $1 - \frac{1}{2}((N-1)/M) \approx 1 - \frac{1}{2}\alpha$이다. 평균 탐검 횟수를 정확하게 구하는 것은 어렵지만, 실험들에 따르면 $h_1(K)$와 $h_2(K)$가 독립적일 때 그 횟수는 아래에서 "균등 탐검"에 대해 유도하는 공식들, 구체적으로 말하면

$$C'_N = \frac{M+1}{M+1-N} \approx (1-\alpha)^{-1} \quad \text{(실패하는 검색)}, \tag{26}$$

$$C_N = \frac{M+1}{N}(H_{M+1} - H_{M+1-N}) \approx -\alpha^{-1}\ln(1-\alpha) \quad \text{(성공하는 검색)} \tag{27}$$

와 상당히 일치한다. (25)에서처럼 $h_2(K)$가 $h_1(K)$에 의존할 때에는 2차 뭉침에 의해 (26)과 (27)이 다음으로 증가한다.

$$C'_N = \frac{M+1}{M+1-N} - \frac{N}{M+1} + H_{M+1} - H_{M+1-N} + O(M^{-1})$$
$$\approx (1-\alpha)^{-1} - \alpha - \ln(1-\alpha); \tag{28}$$

$$C_N = 1 + H_{M+1} - H_{M+1-N} - \frac{N}{2(M+1)} - (H_{M+1} - H_{M+1-N})/N + O(N^{-1})$$
$$\approx 1 - \ln(1-\alpha) - \tfrac{1}{2}\alpha. \tag{29}$$

(연습문제 44 참고.) 표가 꽉 차면 이 C_N 값들은 $N = M$일 때 각각 $H_{M+1} - 1$과 $H_{M+1} - \frac{1}{2}$에 접근한다. 이는 알고리즘 L에서 본 것에 비하면 훨씬 나으나, 연쇄 방법들만큼 좋지는 않다.

알고리즘 L에서는 각 탐검이 시간을 조금 덜 소비하므로, 이중 해싱은 표가 거의 찼을 때에만

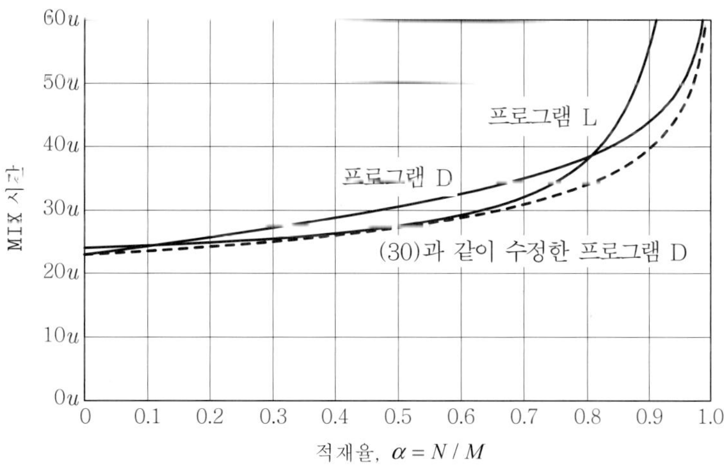

그림 42. 세 열린 주소지정 방식들의 성공적인 검색의 실행 시간.

이득이 된다. 그림 42는 프로그램 L과 프로그램 D, 그리고 수정된 프로그램 D의 평균 실행 시간을 비교한 것인데, 수정된 프로그램은 2차 뭉침과 관련하여 프로그램 D의 줄 10-13의 다소 느린 $h_2(K)$ 계산을 다음과 같은 세 명령들로 대체한 것이다.

```
ENN2 1-M,1      c ← M − i.
J1NZ *+2                                  (30)
ENT2 0          만일 i = 0이면 c ← 1.
```

프로그램 D는 총 $8C + 19A + B + 26 - 13S - 17S1$ 단위의 시간을 소비한다. (30)과 같이 수정된 버전은 성공적인 검색에서 프로그램 D의 총 실행 시간 중 약 $15(A - S1) \approx 7.5\alpha$를 절감한다. 이 경우 2차 뭉침이 독립적인 이중 해시보다 바람직하다.

이진 컴퓨터에서는 $h_2(K)$의 계산을 빠르게 만드는 또 다른 방법이 있다. M이 이를테면 512보다 큰 소수라고 할 때, 줄 10-13을 다음으로 대체하면 된다.

```
AND  =511=      rA ← rA mod 512.
STA  *+1(0:2)                             (31)
ENT2 *          c ← rA + 1.
```

이 착안(벨Bell과 케이먼Kaman *CACM* 13 (1970), 675-677에 의해 제시된 것으로, 이들 두 사람은 각각 독립적으로 알고리즘 D를 발견했다)은 나눗셈을 더 수행하지 않고도 2차 뭉침을 방지한다.

알고리즘 L의 개선안으로서의 다른 탐검열들도 여러 개 제안되었으나, 연습문제 20에서 설명하는 방법이 그런대로 가능성이 있을 뿐, 그 외에는 알고리즘 D보다 나아 보이지 않는다.

키들의 상대 순서를 이용하면 알고리즘 L이나 D의 실패하는 검색의 평균 실행 시간을 성공하는 검색의 평균 실행 시간으로 줄일 수 있다. 연습문제 66을 볼 것. 이런 기법은 실패하는 검색들이 흔한 응용에서 요긴할 수 있다. 예를 들어 TEX은 하이픈 연결(hyphenation) 규칙들의 예외들을 찾을 때 그런 알고리즘을 사용한다.

브렌트의 수정안. 브렌트Richard P. Brent는 표가 점점 차도 성공적인 검색의 평균 시간이 특정 한계를 넘지 않도록 알고리즘 D를 수정하는 방법을 발견했다. 그의 방법[*CACM* 16 (1973), 105-109]은 많은 응용들에서 성공적인 검색이 삽입보다 훨씬 흔하다는 사실에 기초하고 있다. 브렌트는 그러한 사실에 착안해서 항목을 삽입할 때 레코드들을 순서에 맞게 이동함으로써 삽입 시간을 희생하는 대신 평균 조회 시간을 줄이는 방법을 제안했다.

예를 들어 그림 43은 전형적인 PL/I 프로시저에서 각 식별자가 실제로 나타나는 횟수들을 보여준다. 이 자료가 보여주고 있는 바는, 해시 표를 사용해서 변수 이름들을 관리하는 PL/I 컴파일러에서 한 이름을 삽입하는 횟수는 한 번뿐이지만 그것을 조회하는 횟수는 5 이상인 경우가 많다는 것이다. 비슷하게, 벨과 케이먼은 어떤 COBOL 컴파일러가 한 프로그램을 컴파일할 때 기호표 알고리즘을 수행한 횟수는 10988번이지만 표로의 삽입은 단 735회였음도 발견했다. 이는 실

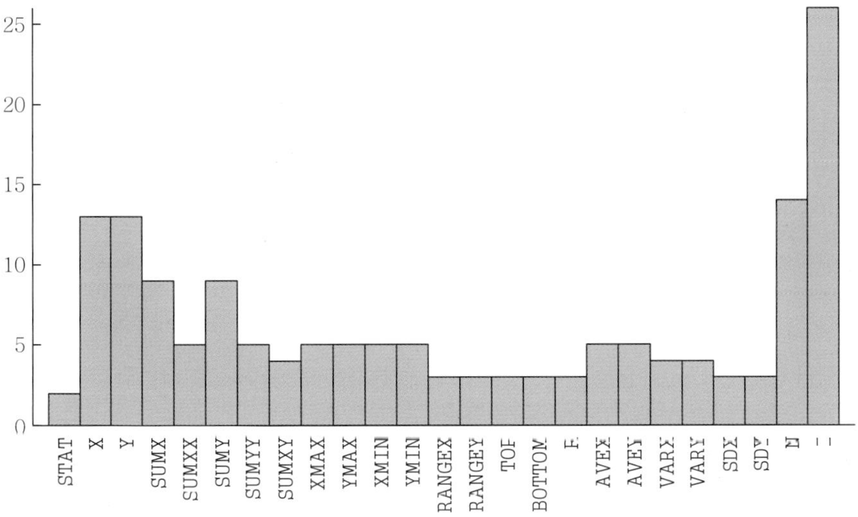

그림 43. 전형적인 컴파일러의 변수 이름 검색 횟수. 이름들은 왼쪽에서 오른쪽으로 그 첫 출현 순서대로 나열되었다.

패하는 검색 한 번 당 성공하는 검색의 횟수가 평균적으로 약 14회임을 뜻한다. 표를 단 한 번만 생성하고(이를테면 어셈블러의 기호 명령코드들의 표) 그 이후부터는 순전히 조회용으로만 표를 사용하는 경우도 있다.

브렌트는 알고리즘 D의 삽입 공정을 다음과 같이 변경했다. 한 실패 검색이 장소 p_0, p_1, …, p_{t-1}, p_t를 탐검했다고 하자. 여기서 $p_j = (h_1(K) - jh_2(K)) \bmod M$이고 TABLE[$p_t$]는 빈 노드이다. 만일 $t \le 1$이면 이전과 마찬가지로 K를 위치 p_t에 삽입한다. 그러나 만일 $t \ge 2$이면 $c_0 = h_2(K_0)$을 계산하고(여기서 $K_0 =$ KEY[p_0]), TABLE[$(p_0 - c_0) \bmod M$]이 비었는지 본다. 만일 비었다면 그것을 TABLE[p_0]으로 설정한 후 K를 위치 p_0에 삽입한다. 이러면 K_0에 대한 조회 시간이 한 단계 증가하는 반면 K에 대한 조회 시간은 $t \ge 2$단계 줄어든다. 따라서 전체적인 시간이 개선된다. 비슷하게, 만일 TABLE[$(p_0 - c_0) \bmod M$]이 점유되어 있으며 $t \ge 3$이면 TABLE[$(p_0 - 2c_0) \bmod M$]을 조사한다. 만일 그것도 점유되어 있으면 $c_1 = h_2($KEY[p_1]$)$을 계산하고 TABLE[$(p_1 - c_1) \bmod M$]을 시도하는 등으로 진행한다. 일반화하자면, 우선 $c_j = h_2($KEY[p_j]$)$, $p_{j,k} = (p_j - kc_j) \bmod M$으로 둔다. 만일 $j + k < r$인 모든 색인 j와 k에 대해 TABLE[$p_{j,k}$]가 점유되었으며 $t \ge r + 1$이면 TABLE[$p_{0,r}$], TABLE[$p_{1,r-1}$], …, TABLE[$p_{r-1,1}$]을 조사한다. 최초의 빈 공간의 위치가 $p_{j,r-j}$라고 할 때 TABLE[$p_{j,r-j}$] $\leftarrow$ TABLE[p_j]로 설정하고 K를 위치 p_j에 삽입한다.

브렌트의 분석에 따르면, 성공하는 검색 당 탐검 횟수의 평균은 619쪽 그림 44의 수준들로 떨어지게 되고, 최대값은 약 2.49이다.

브렌트의 수정안에서도 실패하는 검색의 탐검 횟수 $t+1$은 줄어들지 않는다. 여전히 식 (26)이 가리키는 수준을 유지하면서, 표가 참에 따라 $\frac{1}{2}(M+1)$에 접근한다. 그의 분석에 따르면 삽입

당 h_2 계산 횟수의 평균은 $\alpha^2 + \alpha^5 + \frac{1}{3}\alpha^6 + \cdots$ 이며, 언젠가는 $\Theta(\sqrt{M})$으로 수렴한다. 그리고 삽입을 어떻게 수행할 것인지 결정하는 도중에 탐검하는 추가적인 표 위치들의 개수는 약 $\alpha^2 + \alpha^4 + \frac{4}{3}\alpha^5 + \alpha^6 + \cdots$ 이다.

말라흐E. G. Mallach는 브렌트의 수정안을 개선한 알고리즘들을 실험했다 〔*Comp. J.* 20 (1977), 137-140〕. 고네Gaston H. Gonnet와 먼로J. Ian Munro 〔*SICOMP* 8 (1979), 463-478〕는 추가적인 결과들을 얻었다.

삭제. 많은 컴퓨터 프로그래머들은 알고리즘들에 커다란 신뢰를 가지고 있어서, 해시 표에서 레코드들을 삭제하는 명백한 방법이 작동하지 않는다는 사실에 놀라곤 한다. 예를 들어 그림 41에서 키 EN을 삭제한다고 하자. 그냥 표의 해당 위치에 비었다는 표시를 한다고 해서 문제가 해결되는 것은 아니다. 그러면 또 다른 키 FEM이 잊혀지기 때문이다. (EN과 FEM 모두 같은 위치로 해싱됨을 기억할 것. FEM를 찾으려고 하면 알고리즘은 빈 표 위치를 발견하게 되고, 그러면 검색 실패가 된다.) 알고리즘 C에서도 목록들의 합체 때문에 비슷한 문제가 발생한다. 그림 40에서 TO와 FIRE 모두를 삭제한다고 상상해 볼 것.

일반적으로는 해당 칸에 특별한 코드 값을 집어넣어서 삭제를 처리할 수 있다. 그러면 표 항목은 빈 항목, 점유된 항목, 그리고 삭제된 항목 세 가지로 나뉘게 된다. 키를 찾을 때에는 삭제된 칸들을 점유된 칸들로 간주해서 그냥 건너뛰게 된다. 만일 검색이 실패하면 그때까지 발견한 최초의 삭제된 칸 또는 빈 칸에 키를 삽입하면 된다.

그러나 이러한 착안은 삭제가 아주 드물 때에만 바람직하다. 일단 한 번 점유된 항목이 다시 비게 되는 일은 결코 없기 때문이다. 삽입과 삭제가 여러 번 반복되면 결국 모든 빈 칸이 사라지게 되며, 그러면 모든 실패 검색은 M회의 탐검을 수행하게 된다! 게다가 탐검 당 시간도 늘어난다. 단계 D4에서 i가 원래의 시작 값으로 되돌아왔는지를 점검해야 하기 때문이다. 그리고 성공하는 검색의 탐검 횟수도 C_N에서 C'_N으로 증가한다.

선형 탐검을 사용하는 경우(알고리즘 L)에는 삭제에 공을 좀 들인다면 앞 문단에서 언급한 문제를 피할 수 있다.

알고리즘 R (선형 탐검에서의 삭제). 알고리즘 L로 열린 해시 표를 구축했다고 할 때, 이 알고리즘은 주어진 위치 TABLE[i]에서 레코드를 삭제한다.

R1. 〔한 칸을 비운다.〕 TABLE[i]를 비었다고 표시하고 $j \leftarrow i$로 설정한다.

R2. 〔i를 감소.〕 $i \leftarrow i - 1$로 설정하고, 만일 i가 음수가 되었다면 $i \leftarrow i + M$으로 설정한다.

R3. 〔TABLE[i]를 조사.〕 만일 TABLE[i]가 비었으면 알고리즘을 끝낸다. 그렇지 않으면 r을 h(KEY[i])로, 즉 현재 위치 i에 저장되어 있는 키의 원래의 해시 주소로 설정한다. 만일 $i \le r < j$이거나 $r < j < i$이거나 $j < i \le r$이면(즉, r이 순환적으로 i와 j 사이에 있으면) R2로 돌아간다.

R4. 〔레코드를 이동.〕 TABLE[j] ← TABLE[i]로 설정하고 단계 R1로 돌아간다. ▮

연습문제 22는 이 알고리즘이 성능을 떨어뜨리지 않음을 보여준다. 다른 말로 하면, 식 (22)와 (23)에서 예측한 평균 탐검 횟수는 여전히 유효하다. (트리 삽입에 대한 좀 더 약한 결과를 정리 6.2.2H에서 증명했다.) 그러나 알고리즘 R의 유효성은 선형 탐검이 쓰인다는 사실에 크게 의존하며, 알고리즘 D에는 이에 해당하는 삭제 알고리즘이 없다. 알고리즘 R의 평균 실행 시간은 연습문제 64에서 분석한다.

물론 각각의 가능한 해시 값에 대해 분리된 목록들을 두어서 연쇄를 사용할 때에는 삭제가 아무런 문제도 일으키지 않는다. 그런 경우의 삭제는 그냥 연결된 선형 목록에서의 삭제이기 때문이다. 알고리즘 C에 관련된 삭제는 연습문제 23에서 논의한다.

알고리즘 R은 일부 표 항목들을 이동하게 되는데, 만일 그 항목들을 가리키는 포인터들이 존재한다면 문제가 될 수 있다. 쓰레기 수집(2.3.5절)에 쓰이는 착안들 일부를 삭제에 적용해 볼 수도 있다: 각 키마다 그 키가 몇 개의 다른 키들과 충돌하는지를 알려주는 참조 횟수를 유지한다. 점유되지 않은 칸의 참조 횟수가 0으로 떨어지면 그 칸을 빈 칸으로 만들 수 있다. 또는, 삭제된 항목들이 너무 많이 쌓이게 되면 표 전체를 훑으면서 모든 비점유 위치들을 비었음 상태로 변경하고, 나머지 모든 키를 조사해서 여전히 "삭제됨" 상태이어야 하는 비점유 위치들을 가려내는 방법도 있다. 재할당이 필요 없으며 그 어떤 해시 기법에도 적용할 수 있는 이러한 절차들은 원래 군지T. Gunji와 고토E. Goto가 제안한 것이다 〔*J. Information Proc.* 3 (1980), 1-12〕.

***알고리즘들의 분석.** 한 해싱 방법의 평균 습성을 아는 것은 아주 중요하다. 해싱을 수행할 때마다 우리는 확률 법칙들을 믿을 수밖에 없기 때문이다. 이 알고리즘들의 최악의 경우는 거의 터무니없을 정도로 나쁘므로, 이런 방법들은 평균 습성이 아주 좋다는 확신이 있을 때 사용하는 것이 바람직하다.

선형 탐검 등의 분석으로 들어가기 전에, 이 상황에 대한 근사적 모형 하나를 살펴보자. 살펴볼 모형은 피터슨W. W. Peterson 〔*IBM J. Research & Development* 1 (1957), 135-136〕이 제안한 균등 탐검(uniform probing)이라는 것이다. 이 모형에서는 각 키가 표의 완전히 무작위한 장소에 놓인다고 가정한다. 즉, N개의 점유된 칸들과 $M-N$개의 빈 칸들로 만들 수 있는 $\binom{M}{N}$가지의 구성들 모두가 동일확률인 것이다. 이 모형에서는 1차 또는 2차 뭉침의 효과를 완전히 무시한다. 각 칸의 점유 여부는 다른 모든 칸과 본질적으로 무관하다. 이러한 가정 하에서, $(N+1)$번째 항목을 삽입하는 데 표 장소들의 임의의 순열에 정확히 r회의 탐검이 필요할 확률은 $r-1$개의 주어진 칸들이 점유되고 나머지는 비어 있는 구성들의 개수를 $\binom{M}{N}$으로 나눈 값, 즉

$$P_r = \binom{M-r}{N-r+1} \bigg/ \binom{M}{N}$$

이다. 따라서 균등 탐검의 평균 탐검 횟수는 다음과 같다.

$$
\begin{aligned}
C'_N &= \sum_{r=1}^{M} rP_r = M+1-\sum_{r=1}^{M}(M+1-r)P_r \\
&= M+1-\sum_{r=1}^{M}(M+1-r)\binom{M-r}{M-N-1}\bigg/\binom{M}{N} \\
&= M+1-\sum_{r=1}^{M}(M-N)\binom{M+1-r}{M-N}\bigg/\binom{M}{N} \\
&= M+1-(M-N)\binom{M+1}{M-N+1}\bigg/\binom{M}{N} \\
&= M+1-(M-N)\frac{M+1}{M-N+1}=\frac{M+1}{M-N+1}, \quad 1 \le N < M\text{에 대해.}
\end{aligned} \tag{32}
$$

(이와 본질적으로 동일한 문제를 연습문제 3.4.2-5에서 무작위 표본화와 관련해 푼 적이 있다.) C'_N에 대한 이 정확한 공식을 $\alpha = N/M$으로 두어서 다음과 같은 급수로 근사할 수 있다.

$$\frac{1}{1-\alpha} = 1+\alpha+\alpha^2+\alpha^3+\cdots. \tag{33}$$

이 급수를 거칠게나마 해석한다면, 필요한 탐검 횟수가 1을 초과할 확률은 α, 2를 초과할 확률은 α^2, 등등이라는 뜻이다. 성공하는 검색에 대한 해당 평균 탐검 횟수는

$$
\begin{aligned}
C_N &= \frac{1}{N}\sum_{k=0}^{N-1} C'_k = \frac{M+1}{N}\left(\frac{1}{M+1}+\frac{1}{M}+\cdots+\frac{1}{M-N+2}\right) \\
&= \frac{M+1}{N}(H_{M+1}-H_{M-N+1}) \approx \frac{1}{\alpha}\ln\frac{1}{1-\alpha}
\end{aligned} \tag{34}
$$

이다. 앞에서 언급했듯이, 상세한 검정에 따르면 두 개의 독립적인 해시 함수들을 사용하는 알고리즘 D는 모든 실용적인 목적 하에서 본질적으로 균등 탐검과 비슷하게 행동한다. 실제로 이중 해싱은 $M \to \infty$에 따른 극한에서 점근적으로 균등 탐검과 동치이다(연습문제 70 참고).

이것으로 균등 탐검의 분석을 마치겠다. 선형 탐검이나 기타 다른 종류의 충돌 해소 방법들을 연구하기 위해서는 지금까지와는 다른, 좀 더 현실적인 방식으로 이론을 세울 필요가 있다. 이러한 목적으로 사용할 확률 모형은 M^N가지의 가능한 "해시열(hash sequence)"

$$a_1 a_2 \ldots a_N, \qquad 0 \le a_j < M \tag{35}$$

들이 모두 동일확률이라고 가정한다. 여기서 a_j는 표에 j번째로 삽입된 키의 초기 해시 주소를 나타낸다. 임의의 특정한 검색 알고리즘이 주어졌을 때, 성공적인 검색의 평균 탐검 횟수를 이전처럼 C_N으로 표기하기로 하자. 이 횟수는 k번째 키를 찾는 데 필요한 평균 탐검 횟수가 되는데, 이 때 그 평균은 각 키가 동일확률이라는 가정 하에서 $1 \le k \le N$에 대해, 그리고 (35)의 해시열들이 모두 동일확률이라는 가정 하에서 그 해시열들 전부에 대해 구한 것이다. 비슷하게, N째 키가 삽입될 때 필요한 평균 탐검 횟수(역시 (35)의 해시열들 모두가 동일확률이라는 가정 하에서)를 C'_{N-1}로 표기하자.

이 횟수는 $N-1$개의 원소들을 가진 표에 대한 실패 검색의 평균 탐검 횟수와 같다. 열린 주소 지정을 사용한다고 할 때

$$C_N = \frac{1}{N}\sum_{k=0}^{N-1} C'_k \tag{36}$$

이다. 따라서 (34)에서처럼 한 수량을 구하면 그것으로부터 다른 수량을 유도할 수 있다.

엄밀히 말하면, 이처럼 좀 더 정교한 모형에도 두 가지 결함이 존재한다. 첫째, 서로 다른 해시열들이 모두 동일확률인 것은 아니다. 키들 자체가 서로 다르기 때문이다. 이 때문에 $a_1 = a_2$일 확률이 $1/M$보다 약간 작아진다. 그러나, 일반적으로 모든 가능한 키들의 집합은 M에 비해 아주 크기 때문에, 대부분의 경우 이 차이는 무시할 수 있다. (연습문제 24 참고.) 게다가 좋은 해시 함수는 전형적인 자료의 비무작위성을 활용하며, 그러면 $a_1 = a_2$일 가능성이 더욱 작아진다. 그 때문에 탐검 횟수에 대한 우리의 추정치들은 비관적이 된다. 두 번째 결함은 그림 43에 드러나 있는데, 일찍 나타나는 키들이 나중에 나타나는 키들보다 조회될 확률이 더 크다는 것이다(일부 예외는 있지만). 따라서 C_N에 대한 우리의 추정은 이중으로 비관적이 되는데, 실제로 알고리즘들을 수행해 보면 우리의 분석이 예측하는 것보다 약간 나은 결과가 나오게 된다.

주의사항들은 이 정도로 하고, 그럼 선형 탐검의 "정확한" 분석을 시작해보자.* (35)의 해시열들 중에서 알고리즘 L로 키들을 삽입한 후에 표의 위치 0이 빈 칸이 되는 것들의 개수를 $f(M, N)$이라고 표기하자. 선형 탐검의 순환 대칭성에 의해 위치 0이 빌 확률은 다른 모든 위치의 해당 확률과 동일하므로, 그 확률은 $1 - N/M$이다. 다른 말로 하면

$$f(M, N) = \left(1 - \frac{N}{M}\right) M^N \tag{37}$$

이다. 관례상 $f(0, 0) = 1$로 둔다. (35)의 해시열들 중 알고리즘 수행 후 위치 0은 비고 위치 1에서 k까지는 점유되고 위치 $k+1$은 비게 되는 것들의 개수를 $g(M, N, k)$라고 하자. 그러면

$$g(M, N, k) = \binom{N}{k} f(k+1, k)\, f(M-k-1, N-k) \tag{38}$$

이다. 왜냐하면, 그런 모든 해시열은 위치 0은 비고 1에서 k까지는 점유되게 하는 (k개의 원소 $a_i \le k$들을 담은 수열)과 위치 $k+1$을 비게 하는 ($N-k$개의 원소 $a_j \ge k+1$들을 담은 수열)로 구성된다. 전자의 수열의 부분수열들은 $f(k+1, k)$개이고 후자는 $f(M-k-1, N-k)$개이다. 그리고 그런 두 부분수열들을 섞는 방법은 $\binom{N}{k}$가지이다. 마지막으로, $(N+1)$번째 키를 삽입하는데 정확히 $k+1$번의 탐검이 필요할 확률을 P_k라고 하자. 그러면

* [주] 이 부분에 대해 개인사적인 사항 하나를 밝히고 넘어가고자 한다: 나는 *컴퓨터 프로그래밍의 예술*의 저술을 시작한 지 얼마 지나지 않은 1962년에 아래의 유도를 공식화했다. 이것은 내가 만족스럽게 분석한 최초의 자명하지 않은 알고리즘이었기 때문에 이 시리즈의 구조에 커다란 영향을 미쳤다. 그 날 이후로 알고리즘의 분석은 내 인생의 주된 주제 중 하나가 되었다.

$$P_k = M^{-N}(g(M,N,k) + g(M,N,k+1) + \cdots + g(M,N,N)) \tag{39}$$

이다(연습문제 25 참고).

이제 $C'_N = \sum_{k=0}^{N}(k+1)P_k$이다. 이 등식을 (36)-(39)와 합치고 정리하면 다음과 같은 결과가 나온다.

정리 K. *(35)의 해시열들 M^N가지가 모두 동일확률이라고 가정할 때, 알고리즘 L에 필요한 평균 탐검 횟수는*

$$C_N = \frac{1}{2}(1 + Q_0(M, N-1)) \qquad (\text{성공하는 검색}), \tag{40}$$

$$C'_N = \frac{1}{2}(1 + Q_1(M, N)) \qquad (\text{실패하는 검색}) \tag{41}$$

이다. 여기서

$$\begin{aligned} Q_r(M,N) &= \binom{r}{0} + \binom{r+1}{1}\frac{N}{M} + \binom{r+2}{2}\frac{N(N-1)}{M^2} + \cdots \\ &= \sum_{k\ge 0}\binom{r+k}{k}\frac{N}{M}\frac{N-1}{M}\cdots\frac{N-k+1}{M} \end{aligned} \tag{42}$$

이다.

증명. 상세한 계산은 연습문제 27에 나온다. (분산에 대해서는 연습문제 28, 67, 68을 볼 것.) ▌

이 정리에 나오는 함수 $Q_r(M,N)$은 다소 생소한 모습이나, 사실 다루기는 어렵지 않다. 우선

$$N^k - \binom{k}{2}N^{k-1} \le N(N-1)\ldots(N-k+1) \le N^k$$

이 성립하며, 따라서 만일 $N/M = \alpha$이면

$$\sum_{k\ge 0}\binom{r+k}{k}\left(N^k - \binom{k}{2}N^{k-1}\right)\Big/M^k \le Q_r(M,N) \le \sum_{k\ge 0}\binom{r+k}{k}N^k/M^k,$$

$$\sum_{k\ge 0}\binom{r+k}{k}\alpha^k - \frac{\alpha}{M}\sum_{k\ge 0}\binom{r+k}{k}\binom{k}{2}\alpha^{k-2} \le Q_r(M,\alpha M) \le \sum_{k\ge 0}\binom{r+k}{k}\alpha^k$$

이다. 즉,

$$\frac{1}{(1-\alpha)^{r+1}} - \frac{1}{M}\binom{r+2}{2}\frac{\alpha}{(1-\alpha)^{r+3}} \le Q_r(M,\alpha M) \le \frac{1}{(1-\alpha)^{r+1}} \tag{43}$$

인 것이다. 이러한 관계식을 이용하면 M이 크고 α가 1에 그리 가깝지 않을 때의 $Q_r(M,N)$을 잘 근사할 수 있다. (하계가 상계보다 더 나은 근사이다.) α가 1에 접근하면 이 공식들은 쓸모가 없어지지만, 다행히 $Q_0(M, M-1)$은 그 점근 습성을 1.2.11.3에서 상세히 연구한 바 있는 함수 $Q(M)$이다. 그리고 $Q_1(M, M-1)$은 그냥 M과 같다(연습문제 50). 식 1.2.6-(39)에 나오는 초기하(超幾何, hypergeometric) 함수들의 표준 표기법으로 표현한다면 $Q_r(M,N) = F(r+1,$

$-N;;-1/M)=F\left({r+1,-N,1 \atop 1}\middle|-\frac{1}{M}\right)$이다.

초창기에는 샤이G. Schay와 스프루트W. G. Spruth가 이와는 다른 방식으로 선형 탐검의 분석에 접근했다[*CACM* 5 (1962), 459-462]. 그들의 방법은 정리 K에 나온 정확한 공식들의 근사치를 낼 뿐이지만, 그래도 알고리즘들을 보다 깊이 이해하는 데 도움이 될 것이므로 간략히 설명해 보겠다. 우선 피터슨W. W. Peterson이 1957년에 처음으로 지적한, 선형 탐검의 놀라운 성질 하나를 살펴보자.

정리 P. *알고리즘 L의 성공적인 검색의 평균 탐검 횟수는 키들이 삽입된 순서와는 독립적이다. 그 횟수는 오직 같은 주소로 해싱되는 키들의 개수에만 의존한다.*

다른 말로 하면, 해시열 $a_1 a_2 \ldots a_N$을 어떻게 배치하든 키들과 그 해시 주소들 사이의 평균 변위가 동일한 하나의 해시열이 나온다는 것이다. (이전에 언급했던 것처럼 표의 모든 키는 동일하게 중요하다고 가정한다. 만일 일부 키들이 다른 것들보다 더 자주 접근된다면, 정리 6.1S의 방법을 이용해서 키들을 빈도 감소 순으로 삽입했을 때 최적의 배치가 나옴을 보이는 것으로 증명을 확장할 수 있다.)

증명. 해시열 $a_1 a_2 \ldots a_N$에 대해 키들을 삽입하는 데 필요한 총 탐검 횟수가

$$a_1 \ldots a_{i-1}\, a_{i+1}\, a_i\, a_{i+2} \ldots a_N, \qquad 1 \le i < N$$

에 대해 필요한 총 탐검 횟수와 같음을 보이는 것으로 충분하다. 두 번째 해시열의 $(i+1)$번째 키가 첫 번째 해시열의 i번째 키에 의해 점유된 위치로 들어가지 않는 한, 두 횟수는 동일함이 명백하다. 그런데 그러면 i번째와 $(i+1)$번째는 단지 자리를 바꾸는 것일 뿐이므로, $(i+1)$번째에 대한 탐검 횟수의 감소량은 i번째에 대한 탐검 횟수의 증가량과 같다. ▮

정리 P는 해시열 $a_1 a_2 \ldots a_N$의 평균 검색 길이를, b_j가 j와 같은 a들의 개수라고 할 때 수열 $b_0 b_1 \ldots b_{M-1}$로부터 구할 수 있음을 의미한다. 이 수열로부터, c_j가 삽입 시 장소 j와 $j-1$을 모두 탐검하게 되는 키들의 개수라고 할 때의 "자리올림 수열(carry sequence)" $c_0 c_1 \ldots c_{M-1}$을 구할 수 있다. 이 자리올림 수열을 구하는 규칙은 다음과 같다.

$$c_j = \begin{cases} 0, & \text{만일 } b_j = c_{(j+1) \bmod M} = 0\text{이면;} \\ b_j + c_{(j+1) \bmod M} - 1, & \text{그렇지 않으면.} \end{cases} \tag{44}$$

예를 들어 $M=10$이고 $N=8$이며 $b_0 \ldots b_9 = 0\,3\,2\,0\,1\,0\,0\,0\,0\,2$라고 하자. 그러면 $c_0 \ldots c_9 = 2\,3\,1\,0\,0\,0\,0\,1\,2\,3$이다. 키 하나를 위치 2에서 위치 1로, 키 세 개를 위치 1에서 0으로, 그들 중 둘을 위치 0에서 9로, 등등으로 자리를 "올려야" 하기 때문이다. $b_0 + b_1 + \cdots + b_{M-1} = N$이 성립하며, N개의 키들을 조회하는 데 필요한 평균 탐검 횟수는

$$1 + (c_0 + c_1 + \cdots + c_{M-1})/N \tag{45}$$

이다. 규칙 (44)는 c들을 그 자신을 가지고 정의하는 순환정의로 보이나, 실제로는 $N < M$이면 언급된 방정식의 유일한 해가 항상 존재한다. (연습문제 32 참고.)

사이와 스프루트는 이 착안을 이용해서 $b_j = k$일 확률 p_k를 가지고 $c_j = k$일 확률 q_k를 구했다. (이 확률들은 j와 독립적이다.) 즉,

$$\begin{aligned} q_0 &= p_0 q_0 + p_1 q_0 + p_0 q_1, \\ q_1 &= p_2 q_0 + p_1 q_1 + p_0 q_2, \\ q_2 &= p_3 q_0 + p_2 q_1 + p_1 q_2 + p_0 q_3 \end{aligned} \tag{46}$$

등이다. 예를 들어 $c_j = 2$일 확률이 $b_j + c_{(j+1) \bmod M} = 3$일 확률임을 생각한다면 이해가 될 것이다. $B(z) = \sum p_k z^k$과 $C(z) = \sum q_k z^k$이 이 확률분포들에 대한 생성함수들이라고 하자. 그러면 (46)의 방정식들은 다음과 동치이다.

$$B(z)C(z) = p_0 q_0 + (q_0 - p_0 q_0)z + q_1 z^2 + \cdots = p_0 q_0 (1 - z) + zC(z).$$

$B(1) = 1$이므로 $B(z) = 1 + (z-1)D(z)$라고 둘 수 있다. 그러면 $C(1) = 1$이므로

$$C(z) = \frac{p_0 q_0}{1 - D(z)} = \frac{1 - D(1)}{1 - D(z)} \tag{47}$$

이 나온다. 따라서 조회에 필요한 평균 탐검 횟수는 (45)에 따라

$$1 + \frac{M}{N} C'(1) = 1 + \frac{M}{N} \frac{D'(1)}{1 - D(1)} = 1 + \frac{M}{2N} \frac{B''(1)}{1 - B'(1)} \tag{48}$$

이 된다. 각 해시열 $a_1 \ldots a_N$이 동일확률이라고 가정했으므로 다음이 성립한다.

$$\begin{aligned} p_k &= \Pr(\text{고정된 } j\text{에 대해, } a_i\text{들 중 } j\text{와 같은 것이 정확히 } k\text{개일 확률}) \\ &= \binom{N}{k} \left(\frac{1}{M}\right)^k \left(1 - \frac{1}{M}\right)^{N-k}. \end{aligned} \tag{49}$$

따라서

$$B(z) = \left(1 + \frac{z-1}{M}\right)^N, \qquad B'(1) = \frac{N}{M}, \qquad B''(1) = \frac{N(N-1)}{M^2} \tag{50}$$

이고 (48)에 따라 평균 탐검 횟수는

$$C_N = \frac{1}{2}\left(1 + \frac{M-1}{M-N}\right) \tag{51}$$

이 된다. 그런데 이 답은 정리 K의 정확한 결과와 다르다. 어디서 추론이 잘못되었는지 찾아보기 바란다. (연습문제 33 참고.)

***최적성 고려사항들.** 지금까지 열린 주소 지정을 위한 탐검열의 여러 예들을 살펴보았다. 이제 뭔가 의미있는 방식으로 최고의 탐검열이라고 할만한 것이 어떤 것인지 밝혀볼 때가 된 것 같다. 울먼 J. D. Ullman은 이 문제를 다음과 같은 흥미로운 방식으로 설정한 바 있다 [*JACM* 19 (1972), 569-575]: 해시 주소 $h(K)$를 계산하는 대신 각 키 K를 $\{0, 1, \ldots, M-1\}$의 한 순열 전체에 사상한다. 그 순열은 K에 사용할 탐검열을 나타낸다. $M!$개의 순열들마다 확률을 배정하고, 일반화된 해시 함수가 각 순열을 해당 확률로 선택한다고 하자. 이제 문제는 "해당 평균 탐검 횟수 C_N 또는 C_N'이 최소라는 의미에서 최고의 성능을 얻으려면 순열들에 확률들을 어떻게 배정해야 하는가?"이다.

예를 들어 각 순열에 확률 $1/M!$을 배정하면 (32)와 (34)에서 분석한 균등 탐검과 정확히 동일한 습성이 나타나게 된다. 그런데 울먼은 $M=4$이고 $N=2$일 때의 어떤 사례에서 C_N'이 균등 탐검으로 얻은 값 $\frac{5}{3}$보다 작아지는 경우를 발견했다. 그의 구성은 여섯 개의 순열들에 대해서는 다음과 같이 확률들을 배정하고, 그 외의 순열들에는 모두 0의 확률을 배정하는 것이었다.

순열	확률	순열	확률	
0 1 2 3	$(1+2\epsilon)/6$	1 0 3 2	$(1+2\epsilon)/6$	
2 0 1 3	$(1-\epsilon)/6$	2 1 0 3	$(1-\epsilon)/6$	(52)
3 0 1 2	$(1-\epsilon)/6$	3 1 0 2	$(1-\epsilon)/6$	

대충 말하자면, 첫 탐검은 2나 3인 경향이 있으나 두 번째 탐검은 항상 0 또는 1인 것이다. 셋째 항목을 삽입하는 데 필요한 평균 탐검 횟수 C_3'은 $\frac{5}{3}-\frac{1}{9}\epsilon+O(\epsilon^2)$이다. 따라서 ϵ을 양의 작은 값으로 잡는다면 균등 탐검을 개선할 수 있다.

그런데 이러한 확률들에 대한 C_1'의 값은 $\frac{23}{18}+O(\epsilon)$이다. 이는 균등 탐검의 $\frac{5}{4}$보다 크다. 울먼은 어떤 N에 대해 $C_N' < (M+1)/(M+1-N)$을 만족하는 임의의 확률 배정이 항상 어떤 $n < N$에 대해 $C_n' > (M+1)/(M+1-n)$을 함의함을 증명했다. 균등 탐검을 항상 능가할 수는 없는 것이다.

실제로는 성공적인 검색에 대한 탐검 횟수 C_N이 C_N'보다 더 나은 측정 수단이 된다. (52)의 순열들이 모든 N에 대해 더 나은 C_N 값을 제공하는 것은 아니며, 사실 울먼은 균등 값 $((M+1)/N)(H_{M+1}-H_{M+1-N})$보다 작은 C_N을 만들어낼 수 있는 확률 배정은 존재하지 않으리라고 추측했다. 야오Andrew Yao는 $N=\alpha M$이고 $M\to\infty$일 때의 극한 비용이 항상 $\geq \frac{1}{\alpha}\ln\frac{1}{1-\alpha}$임을 보임으로써 이 추측의 점근 형태를 증명했다 [*JACM* 32 (1985), 687-693].

울먼의 추측의 강한 형태는 증명하기가 아주 어려운 것으로 보인다. 특히 균등 탐검의 효과가 나오도록 확률들을 배정하는 방법이 여러 가지라는 점에서 그렇다고 할 수 있다. 모든 순열에 $1/M!$을 배정하는 것 말고도 여러 가지 방법이 있는 것이다. 예를 들어 다음은 $M=4$에 대해 균등 탐검과 동치인 확률 배정이다(나머지 열여섯 순열들에는 확률 0을 배정).

순열	확률	순열	확률
0 1 2 3	1/6	0 2 1 3	1/12
1 2 3 0	1/6	1 3 2 0	1/12
2 3 0 1	1/6	2 0 3 1	1/12
3 0 1 2	1/6	3 1 0 2	1/12

(53)

균등 탐검의 습성을 내는 모든 배정은 다음과 같은 정리를 따른다.

정리 U. *순열들에 대한 확률들의 한 배정은, 모든 N과 모든 N원소 집합들에 대해, 오직 처음 N개의 원소들이 주어진 N원소 집합의 구성원들인 모든 순열에 배정된 확률들의 합이 $1/\binom{M}{N}$일 때에만, $0<N<M$에 대한 N회의 삽입들 이후에 빈 칸들과 점유된 칸들의 $\binom{M}{N}$가지 구성들 모두의 발생 확률을 동일하게 만든다.*

예를 들어 수 $\{0,1,2\}$의 임의의 순열로 시작하는 $3!\,(M-3)!$가지 순열들 각각에 배정된 확률들의 합은 반드시 $1/\binom{M}{3}=3!\,(M-3)!\,/\,M!$이어야 한다. 이 정리의 조건이 (53)에서 성립함($1/6+1/12=1/4$이므로)을 주목할 것.

증명. $A\subseteq\{0,1,\ldots,M-1\}$이라고 하자. 그리고 처음 $|A|$개의 원소들이 A에 속하는 모든 순열의 집합을 $\Pi(A)$라고 하자. 또한 그런 순열들에 배정된 확률들의 합을 $S(A)$라고 하자. 또한, 열린 주소 지정 절차의 처음 $|A|$회의 삽입들에 의해 A가 가리키는 장소들이 점유되며 마지막 삽입에 정확히 k회의 탐검이 필요하게 될 확률을 $P_k(A)$라고 하자. 마지막으로 $P(A)=P_1(A)+P_2(A)+\cdots$이라고 하자. 이제 $|A|=n<N$인 모든 집합 A에 대해

$$P(A)=S(A)=1\Big/\binom{M}{n}$$

이라고 가정하고 $N\ge 1$에 대한 귀납법으로 정리를 증명해보자. 그러면

$$P_k(B)=\sum_{\substack{A\subseteq B\\|A|=k}}\ \sum_{\pi\in\Pi(A)}\Pr(\pi)P(B\setminus\{\pi_k\})$$

인데, 여기서 $\Pr(\pi)$는 순열 π에 배정된 확률이고 π_k는 그것의 k번째 원소이다. 귀납에 의해

$$P_k(B)=\sum_{\substack{A\subseteq B\\|A|=k}}\frac{1}{\binom{M}{N-1}}\sum_{\pi\in\Pi(A)}\Pr(\pi)$$

이며, 이는 다음과 같다.

$$\binom{N}{k}\Big/\binom{M}{N-1}\binom{M}{k},\qquad \text{만일 } k<N\text{이면.}$$

따라서

$$P(B) = \frac{1}{\binom{M}{N-1}} \left(S(B) + \sum_{k=1}^{N-1} \frac{\binom{N}{k}}{\binom{M}{k}} \right)$$

이며, 이는 오직 $S(B)$가 정확한 값을 가질 때에만 $1/\binom{M}{N}$과 같다. ▮

외부 검색. 해싱 기법은 디스크나 드럼 같은 직접 접근 저장소에서의 외부 검색에도 잘 맞는다. 6.2.4절에서 본 것 같은 그런 외부 검색들에서는 파일 접근 횟수를 최소화할 필요가 있는데, 이러한 요구를 감안한다면 알고리즘의 선택에서 다음 두 가지의 사항이 중요해진다.

1) 알고리즘이 해시 함수를 계산하는 데 더 많은 시간을 소비하는 게 합리적이다. 나쁜 해싱에 의한 피해가 세심한 작업에 필요한 추가 시간 비용보다 훨씬 더 크기 때문이다.

2) 외부 메모리로부터 한 번에 여러 개의 레코드들을 가져오기 위해 레코드들을 페이지 또는 통(bucket) 단위로 묶는 경우가 많다.

파일이 각각 b개의 레코드들을 담은 M개의 통들로 나뉜다고 하자. 그러면 해시 주소가 같은 키들이 b개 이하인 한 충돌은 문제가 되지 않는다. 아마도 최상의 충돌 해소 접근방식으로는 다음 세 가지를 들 수 있을 것이다.

A) 분리된 목록들을 이용한 연쇄. b개를 넘는 레코드들이 같은 통에 속하게 되면 넘친 레코드에 대한 링크를 첫째 통의 끝에 삽입한다. 이러한 넘친 레코드들은 특별한 위넘침 영역에 보관해 둔다. 위넘침은 비교적 적게 발생하므로 위넘침 영역에까지 통들을 둔다고 해서 이득이 되는 경우는 별로 없다. 그래서 보통은 여분의 레코드들을 그냥 한 목록의 $(b+k)$번째 레코드에 $1+k$회의 접근이 필요한 형태로 연결해 둔다. 접근들의 대부분은 같은 실린더를 대상으로 하므로, 일반적으로 한 디스크 파일의 각 실린더마다 넘친 레코드들을 위한 약간의 공간을 남겨두는 게 바람직하다.

이러한 위넘침 처리 방법이 비효율적으로 보일 수도 있겠지만, 통계적인 평균 위넘침 횟수는 아주 양호한 평균 검색 시간을 내기에 충분할 정도로 적다. 표 2와 3에 평균 접근 횟수들이 나와 있는데, 이 접근 횟수들은 고정된 α에 대한, $M, N \to \infty$에 따른 적재율

$$\alpha = N/Mb \tag{54}$$

의 함수들이다. 이상하게도 $\alpha = 1$일 때에는 b가 증가함에 따라 실패 검색에 대한 점근적 접근 횟수도 증가한다.

B) 목록 합체를 이용한 연쇄. 개별적인 위넘침 영역을 두는 대신 알고리즘 C를 외부 파일들에 적용하는 것도 가능하다. 아직 꽉 차지 않은 통들을 연결하는 가용 공간 이중 연결 목록을 각 실린더마다 두는 형태이다. 이러한 방식에서 모든 통은 빈 레코드 위치들의 개수를 담게 되며, 해당 개수가 0이 된 통만 이중 연결 목록에서 제거된다. 서로 다른 사슬들이 서로 다른 위넘침 통들을 사용하는 경향이 만들어지도록 위넘침들을 분산시키는 데에는 "유랑 포인터(roving pointer)"를 사용할 수 있을 것이다(연습문제 2.5-6 참고). 이 방법은 아직 분석된 바가 없으나, 아마도 상당히 유용한 결과를 얻을 수 있을 것이다.

표 2

분리 연쇄에 의한, 실패하는 검색의 평균 접근 횟수

통 크기 b	적재율 α 10%	20%	30%	40%	50%	60%	70%	80%	90%	95%
1	1.0048	1.0187	1.0408	1.0703	1.1065	1.1488	1.197	1.249	1.307	1.34
2	1.0012	1.0088	1.0269	1.0581	1.1036	1.1638	1.238	1.327	1.428	1.48
3	1.0003	1.0038	1.0162	1.0433	1.0898	1.1588	1.252	1.369	1.509	1.59
4	1.0001	1.0016	1.0095	1.0314	1.0751	1.1476	1.253	1.394	1.571	1.67
5	1.0000	1.0007	1.0056	1.0225	1.0619	1.1346	1.249	1.410	1.620	1.74
10	1.0000	1.0000	1.0004	1.0041	1.0222	1.0773	1.201	1.426	1.773	2.00
20	1.0000	1.0000	1.0000	1.0001	1.0028	1.0234	1.113	1.367	1.898	2.29
50	1.0000	1.0000	1.0000	1.0000	1.0000	1.0007	1.018	1.182	1.920	2.70

표 3

분리 연쇄에 의한, 성공하는 검색의 평균 접근 횟수

통 크기 b	적재율 α 10%	20%	30%	40%	50%	60%	70%	80%	90%	95%
1	1.0500	1.1000	1.1500	1.2000	1.2500	1.3000	1.350	1.400	1.450	1.48
2	1.0063	1.0242	1.0520	1.0883	1.1321	1.1823	1.238	1.299	1.364	1.40
3	1.0010	1.0071	1.0215	1.0458	1.0806	1.1259	1.181	1.246	1.319	1.36
4	1.0002	1.0023	1.0097	1.0257	1.0527	1.0922	1.145	1.211	1.290	1.33
5	1.0000	1.0008	1.0046	1.0151	1.0358	1.0699	1.119	1.186	1.268	1.32
10	1.0000	1.0000	1.0002	1.0015	1.0070	1.0226	1.056	1.115	1.206	1.27
20	1.0000	1.0000	1.0000	1.0000	1.0005	1.0038	1.018	1.059	1.150	1.22
50	1.0000	1.0000	1.0000	1.0000	1.0000	1.0000	1.001	1.015	1.083	1.16

표 4

선형 탐검에 의한, 성공하는 검색의 평균 접근 횟수

통 크기 b	적재율 α 10%	20%	30%	40%	50%	60%	70%	80%	90%	95%
1	1.0556	1.1250	1.2143	1.3333	1.5000	1.7500	2.167	3.000	5.500	10.50
2	1.0062	1.0242	1.0553	1.1033	1.1767	1.2930	1.494	1.903	3.147	5.64
3	1.0009	1.0066	1.0201	1.0450	1.0872	1.1584	1.286	1.554	2.378	4.04
4	1.0001	1.0021	1.0085	1.0227	1.0497	1.0984	1.190	1.386	2.000	3.24
5	1.0000	1.0007	1.0039	1.0124	1.0307	1.0661	1.136	1.289	1.777	2.77
10	1.0000	1.0000	1.0001	1.0011	1.0047	1.0154	1.042	1.110	1.345	1.84
20	1.0000	1.0000	1.0000	1.0000	1.0003	1.0020	1.010	1.036	1.144	1.39
50	1.0000	1.0000	1.0000	1.0000	1.0000	1.0000	1.001	1.005	1.040	1.13

C) 열린 주소 지정. “열린” 방법을 이용해서 링크를 아예 사용하지 않을 수도 있다. 외부 검색에서는 아마도 선형 탐검이 무작위 탐검보다 더 나을 것이다. 이는 일련의 접근들 사이의 잠복 지연이 최소화되도록 증분 c를 적절히 선택할 수 있는 경우가 많기 때문이다. 앞에서 살펴본 선형 탐검의 근사적인 이론 모형은 통들의 영향에 대한 것으로 일반화될 수 있으며, 그러면 표가 아주 많이 차지 않은 한 선형 탐검이 실제로 만족스러움을 알 수 있다. 예를 들어 표 4를 보자. 적재율이 90퍼센트이고 통 크기가 50일 때 성공적인 검색의 평균 탐검 횟수는 단 1.04이다. 이는 같은 크기의 통들을 사용한 연쇄 방법 (A)에 필요한 접근 횟수 1.08보다 실제로 더 나은 결과이다!

방법 (A)와 (C)의 분석에는 아주 흥미로운 수학이 일정정도 관여한다. 여기서는 그냥 결과만 요약한다. 세부적인 사항은 연습문제 49와 55에 나온다. 공식들에는 정리 K의 Q 함수들과 강하게 연관된 두 함수가 관여한다. 구체적으로 말하면

$$R(\alpha, n) = \frac{n}{n+1} + \frac{n^2\alpha}{(n+1)(n+2)} + \frac{n^3\alpha^2}{(n+1)(n+2)(n+3)} + \cdots \tag{55}$$

과

$$\begin{aligned} t_n(\alpha) &= e^{-n\alpha}\left(\frac{(\alpha n)^n}{(n+1)!} + 2\,\frac{(\alpha n)^{n+1}}{(n+2)!} + 3\,\frac{(\alpha n)^{n+2}}{(n+3)!} + \cdots\right) \\ &= \frac{e^{-n\alpha} n^n \alpha^n}{n!}(1-(1-\alpha)R(\alpha, n)) \end{aligned} \tag{56}$$

이다. 연쇄 방법 (A)에서 실패하는 검색에 필요한 평균 접근 횟수를 이 함수들로 표현한다면, M, $N \to \infty$에 따라

$$C'_N = 1 + \alpha b\, t_b(\alpha) + O\left(\frac{1}{M}\right) \tag{57}$$

이다. 그리고 성공하는 검색의 해당 수량은

$$C_N = 1 + \frac{e^{-b\alpha} b^b \alpha^b}{2b!}(2 + (\alpha-1)b + (\alpha^2 + (\alpha-1)^2(b-1))R(\alpha, b)) + O\left(\frac{1}{M}\right) \tag{58}$$

이다. 표 2와 3에 나온 수치들이 바로 이 공식들의 극한값들이다.

연쇄 방법 (A)는 개별적인 위넘침 영역을 요구하므로 위넘침이 얼마나 많이 일어날 것인지를 추정할 필요가 있다. 임의의 주어진 목록에서의 평균 위넘침 횟수가 $C'_N - 1$이므로 전체적인 평균 위넘침 횟수는 $M(C'_N - 1) = N t_b(\alpha)$이다. 따라서 필요한 위넘침 공간 크기를 표 2로부터 유도할 수 있다. 고정된 α에 대한 총 위넘침 횟수의 표준편차는 $M \to \infty$에 따라 대략 $\sqrt{M}$에 비례 례한다.

C'_N과 C_N의 점근값들은 연습문제 53에 나오는데, b가 작거나 α가 클 때에의 근사값들은 아주 좋은 것이 못된다. 다행히 $R(\alpha, n)$에 대한 급수는 α가 클 때에도 상당히 빠르게 수렴하므로, 그 공식들을 임의의 원하는 정밀도로 평가하는 것이 크게 어렵지는 않을 것이다. $\alpha = 1$에 대한 최대값들은 $b \to \infty$에 따라

$$\max C'_N = 1 + \frac{e^{-b} b^{b+1}}{b!} = \sqrt{\frac{b}{2\pi}} + 1 + O(b^{-1/2}), \qquad (59)$$

$$\max C_N = 1 + \frac{e^{-b} b^{b}}{2b!}(R(b)+1) = \frac{5}{4} + \frac{\sqrt{2}}{9\pi b} + O(b^{-1}) \qquad (60)$$

일 때 발생한다. 근거는 1.2.11.3절의 스털링의 근사 및 함수 $R(n) = R(1, n) - 1$의 분석이다.

선형 탐검을 사용할 때의 성공적인 외부 검색의 평균 접근 횟수는 놀랄 만큼 간단한 수식

$$C_N \approx 1 + t_b(\alpha) + t_{2b}(\alpha) + t_{3b}(\alpha) + \cdots \qquad (61)$$

으로 표현된다. 이는 다음과 같이 이해할 수 있다: N개의 키들 모두를 조회하는 데 필요한 평균 총 접근 횟수는 NC_N이고, 이는 필요 접근 횟수가 k를 초과하는 키들의 평균 개수를 T_k라고 할 때 $N + T_1 + T_2 + \cdots$ 이다. 정리 P에 의하면 키들을 그 어떤 순서로 삽입한다고 해도 C_N은 변하지 않으며, 이로부터 T_k가 만일 크기가 kb인 M/k개의 통들이 있었다면 연쇄 방법에서 발생했을 넘침 레코드들의 평균 개수, 즉 위에서 말한 $Nt_{kb}(\alpha)$임을 유도할 수 있다. 연습문제 55에는 (61)의 추가적인 근거가 나온다.

외부 해시 표의 설계에 관련된 실질적인 고려사항들을 다루는 훌륭한 초기 논의가 올슨Charles A. Olson의 *Proc. ACM Nat. Conf.* 24 (1969), 539–549에 나온다. 그는 여러 개의 가공된 예들을 제시하면서, 파일에 레코드들의 재배치 없는 삽입과 삭제가 빈번하게 일어나는 경우 넘침 레코드들의 개수가 크게 증가함을 지적했다. 그는 또한 페이스터J. A. de Peyster와의 공동 작업으로 얻은, 이러한 상황에 대한 분석도 제시했다.

방법들의 비교. 지금까지 여러 가지 검색 기법들을 살펴보았다. 그럼 주어진 한 응용 상황에 적절한 방법을 선택하려면 어떻게 해야 할까? 검색 방법의 선택과 관련된 절충들의 모든 유의미한 세부사항을 몇 마디 말로 요약하기는 힘들겠지만, 검색 속도 및 필수 저장 공간의 측면에서 일차적으로 중요한 것들을 나열할 수는 있을 것이다.

그림 44는 이번 절의 분석들을 요약한 것으로, 여러 충돌 해소 방법들의 서로 다른 탐검 횟수를 보여준다. 그런데 탐검 횟수만 가지고 판단하는 것은 성급한 행동이다. 탐검 당 시간이 방법마다 다를 수 있으며, 그러한 차이가 실행 시간에 현저한 효과를 줄 수 있기 때문이다(그림 42에서 보았듯이). 선형 탐검은 그림 44에 나온 다른 방법들보다 표에 더 자주 접근하지만, 알고리즘이 간단하다는 장점이 있다. 게다가 선형 탐검도 아주 나쁘지는 않다. 표가 90퍼센트 차 있을 때 알고리즘 L이 표의 무작위 항목 하나를 찾는 데 필요한 탐검 횟수는 평균 5.5회 미만이다. (그러나 표가 90퍼센트 차 있는 경우 알고리즘 L로 새 항목을 추가하려면 약 50.5회의 탐검이 필요하다.)

그림 44는 연쇄 방법들의 경우 탐검 횟수의 측면에서는 상당히 경제적이나 링크 필드들을 위해 여분의 메모리 공간을 필요로 하기 때문에, 작은 레코드들에 대해서는 열린 주소 지정이 더 매력적임을 보여준다. 예를 들어 용량이 500인 연쇄 해시 표와 용량이 1000인 열린 해시 표 중 하나를 선택해야 한다면 후자가 확실히 더 바람직하다. 왜냐하면 후자는 레코드가 500개일 때 효율적인 검색이 가능하

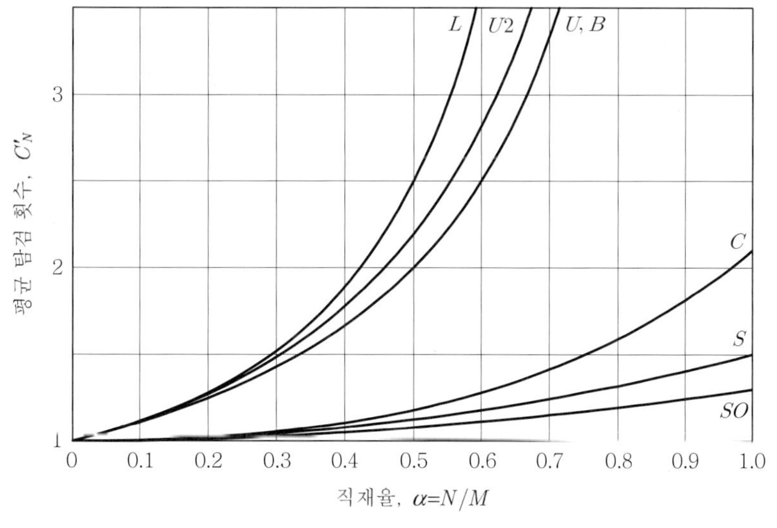

(a) 실패하는 검색

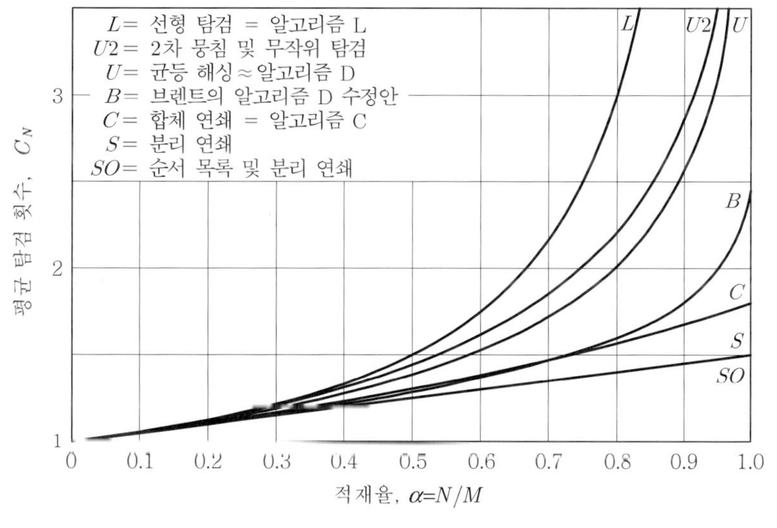

(b) 성공하는 검색

그림 44. 충돌 해소 방법들의 비교: 평균 탐검 횟수의 $M \to \infty$에 따른 극한값들.

며 그보다 두 배나 많은 자료를 흡수할 수 있기 때문이다. 한편, 레코드 크기와 형태에 따라서는 이론적으로 추가 비용을 전혀 들이지 않고도 링크 필드들을 위한 공간을 마련할 수 있다. (연습문제 65 참고.)

해시 방법들이 이번 장에서 공부한 다른 검색 전략들과 비교해 가지는 장단점들은 어떤 것일까? 속도의 관점에서 본다면 레코드들이 많을 때에는 해시 방법들이 더 낫다고 할 수 있다. 표가 완전히 차는 일은 없다는 가정 하에서, 해시 방법의 평균 검색 시간은 $N \to \infty$로 접근해도 특정 한계를 넘지 않기 때문이다. 예를 들어 표가 90퍼센트 찼을 때 프로그램 L의 성공적 검색은 단 55단위

시간만을 소비한다. N이 약 600 이상일 때 이는 우리가 살펴 본 가장 빠른 MIX 이진 검색(연습문제 6.2.1-24)보다도 빠르다. 저장 공간이 더 필요하긴 하지만 추가량은 단 11퍼센트뿐이다. 게다가, 이진 검색은 오직 고정된 표들에만 적용할 수 있는 반면 해시 표에서는 삽입도 효율적이다.

그렇다면 동적인 삽입을 허용하는 트리 지향적 검색 방법들에 대해서도 프로그램 L을 비교해 보아야 할 것이다. 표가 90% 찬 상태에서, 프로그램 L은 N이 약 90보다 클 때 프로그램 6.2.2T보다 빠르고 N이 약 75보다 클 때 프로그램 6.3D(연습문제 6.3-9)보다 빠르다.

이번 장에서 성공적인 검색에 대해 추가 저장소 부담을 거의 요구하지 않으면서도 검색을 효율적으로 수행할 수 있는 방법은 브렌트의 알고리즘 D 수정안뿐이다. 그의 방법으로는 $M = N + 1$ 크기의 표에 N개의 레코드들을 삽입할 수 있으며, 임의의 레코드를 평균 약 2.5회의 탐검으로 찾을 수 있다. 링크 필드나 꼬리표 비트를 위한 추가 공간은 전혀 요구되지 않는다. 그러나 실패하는 검색은 아주 느려서, 약 $N/2$회의 탐검이 필요하다.

이처럼 해싱은 여러 가지 장점들을 가진다. 그러한 해시 표 검색이 다른 방법들에 비해 열등한 측면들도 존재한다. 다음의 세 가지가 중요한 단점들이다.

a) 해시 표에서 검색이 실패할 경우 우리가 알게 되는 것은 원하는 키가 표에 존재하지 않는다는 것뿐이다. 비교에 근거한 검색 방법들은 더 많은 정보를 제공한다. 그런 방법들에서는 최대 키 $\le K$나 최소 키 $\ge K$를 찾을 수 있다. 이런 장점이 요긴해지는 응용들은 많이 있다. 예를 들어 그런 방법들에서는 함수값들이 저장된 표에서 검색이 실패할 경우 원하는 값을 보간하는 것이 가능하다. 또한 그런 알고리즘들에서는 주어진 두 값 K와 K' 사이에 있는 모든 키들을 찾는 것도 가능하다. 더 나아가서, 6.2절의 트리 검색 알고리즘들의 경우에는 표를 따로 정렬하지 않고도 손쉽게 표의 내용을 오름차순으로 운행할 수 있다.

b) 해시 표를 위한 저장소 할당이 다소 까다로운 경우가 있다. 해시 표로 사용할 메모리 영역을 따로 마련해야 하는데 공간을 얼마나 잡아야 할지가 명확하지 않을 수 있는 것이다. 만일 메모리를 너무 많이 준비한다면 다른 목록들이나 다른 컴퓨터 사용자들이 요긴하게 사용했을 저장 공간을 낭비하는 셈이 된다. 또 너무 조금 준비한다면 표가 넘치게 된다. 반면 트리 검색 및 삽입 알고리즘의 트리는 딱 필요한 만큼만 성장한다. 가상 메모리 환경에서는 트리 검색이나 숫자별 트리 검색을 사용하면 메모리 접근이 국소화된다. 반면 커다란 해시 표를 만드는 경우에는 키를 해싱할 때마다 운영체제가 거의 항상 새 페이지에 접근해야 한다.

c) 마지막으로, 해싱 방법들을 사용할 때에는 확률 이론에 크게 의존할 수밖에 없다. 해싱 방법들은 오직 평균적으로만 효율적이어서, 최악의 경우에는 그 성능이 아주 나빠지기 때문이다! 해싱 방법을 새로운 자료 집합에 적용할 때에는, 난수발생기의 경우에서처럼 해시 함수가 제대로 작동하리라고 완전히 확신할 수가 없다. 따라서 사람들의 목숨이 달려 있는 항공관제 시스템 같은 특정한 실시간 응용에는 해시 표가 부적합하다. 그런 경우에는 검색 시간에 대해 특정한 상계를 보장하는 균형 트리 알고리즘들(6.2.3절, 6.2.4절)이 훨씬 안전하다.

역사. 해싱 개념은 룬H. P. Luhn에서 비롯된 것으로 보인다. 그는 1953년 1월의 한 내부 IBM 메모에서 연쇄의 사용을 제안하고 있는데, 사실 그의 제안은 연결된 선형 목록의 최초의 응용들 중 하나였다. 룬은 외부 검색에 대해 원소 두 개 이상을 담은 통들을 사용하는 것이 바람직함을 지적했다. 그로부터 얼마 후 린A. D. Lin은 룬의 분석을 더욱 전개함으로써 "퇴화 주소(degenerative address)"들을 사용하는 위넘침 처리 기법을 하나 제안했다. 기법은 예를 들면 1차 통 10000개, 2차 통 1000개, 3차 통 100개 등이 있다고 할 때 1차 통 2748에서 넘친 항목들을 2차 통 274에 넣고, 그 통에서 넘친 것들을 3차 통 27에 넣는 식이다. 룬이 원래 제안한 해시 함수들은 본성 상 숫자적(digital)이었다. 예를 들면 그는 인접한 두 키 숫자들을 더하고 10으로 나눈 나머지를 취하는 해시 함수를 사용했다 (이를테면 31415926은 4548로 변환된다).

같은 시기에 IBM의 또 다른 연구자들도 독립적으로 해싱 개념을 고안해내게 된다. 암달Gene M. Amdahl, 봄 맥그로Elaine M. Boehme McGraw, 로체스터N. Rochester, 새뮤얼Arthur L. Samuel이 바로 그들인데, 당시 네 사람은 IBM 701을 위한 어셈블리 프로그램을 만들고 있었다. 암달은 충돌 문제를 해결하려는 목적에서 선형 탐검을 수반한 열린 주소 지정 방식을 고안하게 되었다 〔Derr, Luke, *JACM* 3 (1956), 303도 볼 것.〕

해시 부호화를 최초로 서술한 공개 문헌은 듀메이Arnold I. Dumey의 *Computers and Automation* 5, 12 (December 1956), 6-9이다. 그는 키를 소수로 나누고 그 나머지를 해시 주소로 사용한다는 착안을 처음으로 언급한 사람이다. 듀메이의 흥미로운 논문에서 연쇄는 언급되어 있지만 열린 주소 지정은 언급되어 있지 않다. 이들과는 독립적으로 러시아의 예르쇼프A. P. Ershov 역시 1957년에 선형 열린 주소 지정을 발견하게 된다 〔*Doklady Akad. Nauk SSSR* 118 (1958), 427-430〕; 그는 탐검 횟수에 관한 실험 결과들을 발표했으며, $N/M < 2/3$일 때 성공하는 검색 당 평균 탐검 횟수가 < 2일 것이라고 정확하게 추측했다.

대형 파일들의 검색 문제를 본격적으로 다룬 최초의 문헌은 피터슨W. W. Peterson의 고전적 논문 *IBM J. Research & Development* 1 (1957), 130-146이다. 피터슨은 열린 주소 지정을 일반적으로 정의하고, 균등 탐검의 성능을 분석하고, 여러 가지 통 크기들에서의 선형 열린 주소 지정의 습성에 관한 다양한 실험적 통계들을 제시했다. 그는 항목들이 삭제될 때 발생하는 성능 하락에 주목했다. 6년 후 이 주제에 대한 또 다른 상세한 개괄이 북홀츠Werner Buchholz에 의해서 발표되었다 〔*IBM Systems J.* 2 (1963), 86-111〕. 그는 특히 해시 함수들을 상세하게 논했다. 알고리즘 L의 정확한 분석으로는 A. G. Konheim, B. Weiss, *SIAM J. Appl. Math.* 14 (1966), 1266-1274; V. Podderjugin, *Wissenschaftliche Zeitschrift der Technischen Universität Dresden* 17 (1968), 1087-1089가 최초이다.

이 때까지의 문헌들에 나타난 열린 주소 지정 방식들로는 선형 탐검이 유일했으나, 독립적인 해시 함수들에 의한 무작위 탐검을 반복한다는 착안과 관련되어 또 다른 기법이 여러 사람들에 의해서 독립적으로 개발되었다(연습문제 48). 그 후 몇 년 동안 해싱이 매우 널리 쓰이게 되었으나 관련 논문은 거의 나오지 않았다. 그 후 모리스Robert Morris가 이 분야에 큰 영향을 미친 개괄 논문을 작성하게 되었다 〔*CACM* 11 (1968), 38-44〕. 논문에서 그는 2차 뭉침을 수반하는 무작위 탐검 개념을 소개하게 된다. 모리스의 논문으로 많은 활동들이 촉발되고 그 성과들이 쌓이면서 알고리즘 D와 그 개선안들이 나타나게 되었다.

흥미롭게도 1960년대 후반까지는 출판물들에서 지금 우리가 말하는 의미로서의 "해싱"이라는 단어가 거의 나타나지 않았다. 그러나 그 단어는 당시 이미 세상의 여러 부분에서 일상적인 전문 용어로 자리 잡은 상태였다. 해싱이 처음으로 나타난 출판물은 헬러만Hellerman의 책 *Digital Computer System Principles* (New York: McGraw-Hill, 1967), 152인 것 같다. 이번 절을 쓰면서 필자가 조사한 60여개의 관련 문헌들 중 그보다 더 먼저 해싱이라는 단어를 사용한 것으로는 1961년에 피터슨이 작성한 미출판 메모가 있을 뿐이다. 1960년대 중반 무렵, 동사 "해싱하다(to hash)"가 키 변환에 대한 표준적인 용어로서 갑작스레 자리를 잡게 되었으나, 1967년까지는 누구도 출판물에서 그런 품위 없는 단어를 경솔하게 사용하려고 들지 않았던 것이다!

이후의 발전상. 보통의 응용에서는 앞에서 논의한 기본적인 착안들이 여전히 유용하겠지만, 필자가 이번 장을 처음 작성한 1972년 이후로 해싱의 이론과 실제에서도 많은 진전이 있었다. 예를 들어 비터J. S. Vitter와 첸W. C. Chen의 책 *Design and Analysis of Coalesced Hashing* (New York: Oxford Univ. Press, 1987)은 알고리즘 C의 여러 교육적인 변형들을 논의하고 분석한다.

실용적인 관점에서 볼 때, 1970년대 후반 고안된 해시 기법들 중 가장 중요한 것으로는 아마도 리트빈Witold Litwin이 선형 해싱이라고 부른 방법을 들 수 있을 것이다 〔*Proc. 6th International Conf. on Very Large Databases* (1980), 212-223〕. 선형 해싱(고전적인 기법인 선형 탐검과는 아무런 연관도 없다)은 항목들이 삽입, 삭제됨에 따라 해시 주소들의 개수가 늘어나거나 줄어들도록 허용한다. 선형 해싱에 대해서는 다른 내부 검색 방법들과의 비교도 포함해서 라르손Per-Åke Larson이 *CACM* 31 (1988), 446-457에서 훌륭하게 논의했다. 많은 수의 큰 또는/그리고 작은 표들이 동시에 존재할 때의 개선들에 대해서는 W. G. Griswold, G. M. Townsend, *Software Practice & Exp.* 23 (1993), 351-367을 보라. 선형 해싱은 네트웍의 여러 사이트들에 분산되어 있는 거대한 데이터베이스에도 사용할 수 있다 〔Litwin, Neimat, Schneider, *ACM Trans. Database Syst.* 21 (1996), 480-525 참고〕. 임의의 레코드를 조회하는 데 많아야 두 개의 외부 페이지 참조만을 요구하는 성질을 가지고 있는, 확장성 해싱(extendible hashing)이라고 불리는 또 다른 방안을 거의 같은 시기에 페이긴R. Fagin, 니버겔트J. Nievergelt, 피펭거N. Pippenger, 스트롱H. R. Strong이 제안했다 〔*ACM Trans. Database Syst.* 4 (1979), 315-344〕. 키들의 순서가 중요하지 않을 때에는 선형 해싱과 확장성 해싱 모두 6.2.4절의 B트리들보다 바람직하다.

이론적 영역에서는 접근 당 최대 $O(1)$시간을 보장할 수 있으며 조사되는 키들과는 무관하게 삽입 및 삭제 당 평균 $O(1)$의 상각된 시간을 제공하는, 게다가 임의의 시점에서 총 저장소 크기가 상수 곱하기 현재 존재하는 항목들의 개수에 다른 가산적 상수가 더해진 한계를 넘지 않는 좀 더 복잡한 방법들이 고안되었다. 프레드먼Fredman, 콤로시Komlós, 세메레디Szemerédi 〔*JACM* 31

(1984), 538-544]의 착안들에 기반한 이러한 결과는 디츠펠빙어Dietzfelbinger, 칼린Karlin, 멜호른Mehlhorn, 하이데Meyer auf der Heide, 로너트Rohnert, 타잔Tarjan에 기인한 것이다 [*SICOMP* 23 (1994), 738-761].

연습문제

1. [*20*] K의 1, 2, 3이 각각 부호가 30보다 작은 알파벳 문자들을 담는다고 할 때, 표 1에서 명령 9H에 도달했을 때 rI1의 내용들은 얼마나 작고 얼마나 클까?

2. [*20*] 표 1에 없되 프로그램을 변경하지 않고도 표 1에 추가할 수 있는 상당히 흔한 영어 단어 하나를 찾아라.

3. [*23*] a가 임의의 상수라고 할 때, 다음 다섯 명령들로 시작하는 프로그램으로는 표 1의 좀 더 복잡한 프로그램을 대신할 수 없는 이유를 말하라(주어진 키들에 대해 유일한 주소를 만들 수 없다는 것 이상의 이유를 제시할 것).

```
LD1   K(1:1)      또는    LD1N   K(1:1)
LD2   K(2:2)      또는    LD2N   K(2:2)
INC1  a,2
LD2   K(3:3)
J2Z   9F
```

4. [*M30*] 생일이 같은 사람이 세 명 존재하려면 몇 명의 사람들을 파티에 초대해야 할까?

5. [*15*] 둔감씨Mr. B. C. Dull가 십진 MIX 컴퓨터를 이용해서 FORTRAN 컴파일러를 작성하고 있었다. 그는 컴파일되는 FORTRAN 프로그램에 있는 변수 이름들을 관리할 기호표가 필요했다. 그 이름들은 길이가 최대 10자이다. 둔감씨는 $M = 100$인 해시 표와 $h(K) = K$의 제일 왼쪽 바이트라는 해시 함수를 사용하기로 했다. 이게 좋은 생각일까?

6. [*15*] (3)의 처음 두 명령들을 LDA K; ENTX 0으로 바꾸는 게 현명한 일일까?

7. [*HM30*] (다항식 해싱.) 이 연습문제의 목적은 t개 미만의 비트들에서 차이가 나는 키들이 서로 다른 주소들로 해싱되도록 n비트 키를 m비트 주소로 변환하는, (10)과 같은 다항식 $P(x)$를 구축하는 문제를 고찰하는 것이다. n과 $t \le n$가 주어졌을 때, 그리고 n이 $2^k - 1$의 약수임을 만족하는 정수 k가 주어졌을 때, n, t, k의 함수인 m차 다항식을 구축하고자 한다. (일반적으로, n을 적절히 증가해서 k가 적당히 작은 값이 되게 만들 수 있다.)

S가 $\{1, 2, ..., t\} \subseteq S$이고 모든 $j \in S$에 대해 $(2j) \bmod n \in S$를 만족하는 정수들의 최소 집합이라고 하자. 예를 들어 $n = 15, k = 4, t = 6$일 때 $S = \{1, 2, 3, 4, 5, 6, 8, 10, 12, 9\}$이다. 이제 다항식 $P(x) = \prod_{j \in S}(x - \alpha^j)$을 정의한다. 여기서 α는 유한체 $\mathrm{GF}(2^k)$의 차수가 n인 한 원소이고, $P(x)$의 계수들은 이 체 안에서 계산된다. $P(x)$의 차수 m은 S의 원소 개수이다. α^j가 하나의 근이면 항상 α^{2j}는 $P(x)$의 근이므로, $P(x)$의 계수 p_i는 $p_i^2 = p_i$를 만족한다. 즉, 이 계수는 0 또는 1이다.

만일 $R(x) = r_{n-1}x^{n-1} + \cdots + r_1x + r_0$이 2를 법으로 하는 임의의 0이 아닌 다항식이고 그 계수들 중 0이 아닌 것들이 많아야 t개이면, $R(x)$는 2를 법으로 한 $P(x)$의 배수가 아님을 증명하라. [이로부터 해당 해시 함수가 예측된 대로 행동함이 입증된다.]

8. [*M34*] (3 거리 정리(three-distance theorem).) θ가 0에서 1 사이의 무리수이고 그 정규 연분수가 4.5.3절의 표기법 하에서 $\theta = /\!/ a_1, a_2, a_3, \ldots /\!/$이라고 하자. $q_0 = 0, p_0 = 1, q_1 = 1, p_1 = 0$이고 $k \geq 1$에 대해 $q_{k+1} = a_kq_k + q_{k-1}$, $p_{k+1} = a_kp_k + p_{k-1}$이라고 하자. $\{x\}$가 $x \bmod 1 = x - \lfloor x \rfloor$을, $\{x\}^+$이 $x - \lceil x \rceil + 1$을 나타낸다고 하자. 점 $\{\theta\}, \{2\theta\}, \{3\theta\}, \ldots$이 구간 $[0..1]$에 연달아 삽입됨에 따라 만들어지는 선분들에 번호를 붙이되 주어진 한 길이를 가진 첫째 선분은 번호가 0, 그 다음 선분은 1 등이 된다고 하자. 다음 명제들이 모두 참임을 증명하라: $t = rq_k + q_{k-1}$이고 $0 \leq r < a_k$이며 k는 짝수이고 $0 \leq s < q_k$라고 할 때, 길이가 $\{t\theta\}$인 s번 구간의 왼쪽 끝점은 $\{s\theta\}$이고 오른쪽 끝점은 $\{(s+t)\theta\}^+$이다. $t = rq_k + q_{k-1}$이고 $0 \leq r < a_k$이며 k가 홀수이고 $0 \leq s < q_k$라고 할 때, 길이가 $1 - \{t\theta\}$인 s번 구간의 왼쪽 끝점은 $\{(s+t)\theta\}$이고 오른쪽 끝점은 $\{s\theta\}^+$이다. 모든 양의 정수 n을 어떤 $k \geq 1$, $1 \leq r \leq a_k$, $0 \leq s < q_k$에 대해 $n = rq_k + q_{k-1} + s$로 유일하게 표현할 수 있다. 이러한 표현에서, 점 $\{n\theta\}$가 삽입된 곳 바로 앞에는 다음과 같은 n개의 구간들이 존재한다.

길이가 $\{(-1)^k(rq_k + q_{k-1})\theta\}$인 처음 s개의 구간들(번호는 $0, \ldots, s-1$);
길이가 $\{(-1)^{k+1}q_k\theta\}$인 처음 $n - q_k$개의 구간들(번호는 $0, \ldots, n - q_k - 1$);
길이가 $\{(-1)^k((r-1)q_k + q_{k-1})\theta\}^+$인 마지막 $q_k - s$개의 구간들(번호는 $s, \ldots, q_k - 1$).

$\{n\theta\}$를 삽입하면 셋째 종류의 s번 구간이 제거되며 그 구간은 첫째 종류의 s번, 둘째 종류의 $n - q_k$번 구간으로 변환된다.

9. [*M30*] 점 $\{\theta\}, \{2\theta\}, \ldots$을 구간 $[0..1]$에 연달아 삽입할 때, 정리 S에 따르면 각 새 점은 항상 가장 큰 남은 구간들 중 하나를 분할한다. 구간 $[a..c]$가 두 부분 $[a..b]$와 $[b..c]$로 분할될 때, 만일 두 부분 중 하나가 다른 것보다 두 배 넘게 길다면, 즉 $b - a > 2(c - b)$ 또는 $c - b > 2(b - a)$이면, 그러한 분할을 나쁜 분할이라고 부르기로 하자.

$\theta \bmod 1 = \phi^{-1}$ 또는 ϕ^{-2}이 아닌 한 어떤 $\{n\theta\}$에 대해 나쁜 분할이 발생함을, 그리고 θ가 앞에서 말한 값들인 경우에는 나쁜 분할이 결코 발생하지 않음을 증명하라.

10. [*M38*] (그레이엄R. L. Graham.) $\theta, \alpha_1, \ldots, \alpha_d$가 실수들이고 $\alpha_1 = 0$이며, $n_1, \ldots, n_d$가 양의 정수들이고, 점 $\{n\theta + \alpha_j\}$가 $0 \leq n < n_j$와 $1 \leq j \leq d$에 대해 구간 $[0..1]$에 삽입된다고 하자. 그렇게 해서 생긴 $n_1 + \cdots + n_d$개의 구간들(빈 구간들도 존재할 수 있음)의 서로 다른 길이들이 많아야 $3d$가지임을 증명하라.

11. [*16*] 성공적인 검색들이 실패하는 검색들보다 더 자주 발생하는 경우가 많다. 그렇다면 프로그램 C의 줄 12-13과 줄 10-11을 맞바꾸는 게 좋지 않을까?

▸ **12.** 〔*21*〕 내부 루프에 조건부 점프 명령을 딱 한 개만 사용하도록 프로그램 C를 수정할 수 있음을 보여라. 그리고 수정된 프로그램의 실행 시간을 원래의 것과 비교하라.

▸ **13.** 〔*24*〕 (축약된 키들.) $h(K)$가 하나의 해시 함수이고 $q(K)$는 $h(K)$와 $q(K)$만 주어지면 K를 구할 수 있음을 만족하는 K의 함수라고 하자. 예를 들어 나눗셈 해싱에서는 $h(K) = K \bmod M$, $q(K) = \lfloor K/M \rfloor$으로 둘 수 있다. 곱셈 해싱에서는 $h(K)$가 $(AK/w) \bmod 1$의 선행 비트들, $q(K)$가 그 나머지 비트들이라고 둘 수 있다.

목록들을 겹치지 않고 연쇄를 사용할 때 각 레코드에 K 대신 $q(K)$만 저장하면 됨을 보여라. (이러면 링크 필드들에 필요한 공간을 거의 다 절약할 수 있다.) 이러한 축약된 키들을 사용하기 위해, 넘친 레코드들에 대한 보조 저장소들을 전혀 사용하지 않으면서도 목록들의 겹침을 피하도록 알고리즘 C를 수정하라.

14. 〔*24*〕 (일콕E. W. Elcock.) 커다란 해시 표가 임의의 개수의 다른 연결 목록들과 메모리를 공유할 수 있게 하는 게 가능함을 보여라. 목록 영역의 모든 워드가 2비트 TAG 필드와 LINK, AUX라는 두 필드를 가진다고 하자. 각 필드의 의미는 다음과 같다:

TAG(P) = 0은 해당 워드가 가용 공간 목록 안에 있음을 뜻한다. 이 때 LINK(P)는 그 목록의 다음 항목을 가리키며, AUX(P)는 쓰이지 않는다.

TAG(P) = 1은 해당 워드가 쓰이고 있음을 뜻한다. 이 때 P는 해시 표에서 그 어떤 키의 해시 주소도 아니며, 장소 P에 있는 워드의 다른 필드들은 쓰이지 않는다(필요에 따라 다른 임의의 형태로 둘 수 있음).

TAG(P) = 2는 P가 적어로 하나의 키의 해시 주소임을 뜻한다. 이 때 AUX(P)는 그러한 모든 키들을 지정하는 한 연결 목록을 가리키며 LINK(P)는 그 목록의 다른 워드를 가리킨다. 임의의 목록을 처리하는 도중 TAG(P) = 2인 워드가 접근될 때마다, TAG(P) $\leq$ 1인 워드에 도달할 때까지 반복해서 P ← LINK(P)로 설정한다. (효율성을 위해서는 그런 후에 같은 항목들을 계속해서 건너뛸 필요가 없도록 이전 링크들을 적절히 조정할 수도 있을 것이다.)

이러한 해시 표에서 키를 삽입하고 조회하는 적절한 알고리즘을 정의하라.

15. 〔*16*〕 알고리즘 L과 D에서는 $N = M$이 아니라 $N = M - 1$일 때 위넘침을 보고한다. 그렇게 하는 게 좋은 이유는 무엇인가?

16. 〔*10*〕 프로그램 L에는 K가 0이면 안 된다는 조건이 달려 있다. 그러나 실제로는 K가 0일 때에도 제대로 작동하지 않을까?

17. 〔*15*〕 $h_1(K) \neq 0$일 때 (25)에서 그냥 $h_2(K) = h_1(K)$로 정의하면 안 되는 이유는 무엇인가?

▸ **18.** 〔*21*〕 프로그램 D의 줄 10–13을 (30) 또는 (31)로 대체한다고 할 때 어느 것이 더 나을까? A, $S1$, C의 평균값을 기준으로 답할 것.

19. 〔*40*〕 알고리즘 D에서 $h_2(K)$의 범위를 (a) $r = 1, 2, 3, \ldots, 10$에 대해 $1 \leq h_2(K) \leq r$로 제한

할 때와 (b) $\rho = \frac{1}{10}, \frac{2}{10}, \ldots, \frac{9}{10}$에 대해 $1 \le h_2(K) \le \rho M$로 제한할 때의 영향을 실험적으로 검정하라.

20. [*M25*] (크러타R. Krutar.) 해시 함수 $h_2(K)$를 제거하기 위해 알고리즘 D를 다음과 같이 변경한다고 하자: 단계 D3에서 $c \leftarrow 0$으로 설정한다. 단계 D4의 시작에서 $c \leftarrow c+1$로 설정한다. 이 때 만일 $M = 2^m$이면 해당 탐검열 $h_1(K)$, $(h_1(K)-1) \bmod M$, ..., $\left(h_1(K) - \binom{M}{2}\right) \bmod M$이 $\{0, 1, \ldots, M-1\}$의 한 순열이 됨을 증명하라. 이러한 "2차 탐검(quadratic probing)" 방식의 알고리즘이 2차 뭉침을 이용하는 무작위 탐검처럼 행동한다고 가정할 때, 이를 구현한 MIX 프로그램과 그림 42의 세 프로그램들과 비교하라.

▸ **21.** [*20*] 알고리즘 D로 구축한 표에서, 본문에서 제안한 것처럼 레코드에 "삭제됨"이라고 표시하는 방식으로 레코드 하나를 삭제한다고 하자. 그러면 알고리즘 D의 실행을 관장하는 변수 N도 감소해야 할까?

22. [*27*] 알고리즘 R이 종료되었을 때의 표가 애초에 `KEY[i]`가 삽입된 적이 없었던 상황의 표와 동일함을 증명하라.

▸ **23.** [*33*] 알고리즘 C로 구축한 연쇄 해시 표에서 항목들을 삭제하는, 알고리즘 R에 비견할 수 있는 알고리즘을 설계하라.

24. [*M20*] 발생 가능한 키들 전체의 집합이 MP개의 원소들을 가지며, 그 중 정확히 P개의 키들이 임의의 주어진 주소로 해싱된다고 하자. (실질적인 경우에서 P는 아주 크다. 예를 들어 키들이 임의의 열자리 수들이고 $M = 10^3$이면 $P = 10^7$이다.) $M \ge 7$이고 $N = 7$이라고 가정하자. 모든 가능한 키들의 집합에서 무작위로 일곱 개의 서로 다른 키들을 선택한다고 할 때, 해시열 1 2 6 2 1 6 1이 얻어질(즉 $h(K_1) = 1$, $h(K_2) = 2$, ..., $h(K_7) = 1$일) 정확한 확률을 M과 P의 함수로 표현하라.

25. [*M19*] 식 (39)가 참인 이유를 설명하라.

26. [*M20*] 선형 탐검을 사용할 때, 점유된 칸들이 (21)과 같은 패턴을 이루게 하는 해시열 $a_1 a_2 \ldots a_9$들은 몇 개인가?

27. [*M27*] 정리 K의 증명을 완성하라. [힌트:

$$s(n, x, y) = \sum_k \binom{n}{k} (x+k)^{k+1} (y-k)^{n-k-1} (y-n);$$

으로 두고 식 1.2.6-(16), 즉 아벨의 이항 정리를 이용해서 $s(n, x, y) = x(x+y)^n + ns(n-1, x+1, y-1)$을 증명할 것.]

28. [*M30*] 컴퓨터가 지금보다 훨씬 느렸던 시절에는 전구들이 깜박이는 것을 보고 알고리즘 L이 얼마나 빠르게 실행되는지를 파악할 수 있었다. 표가 차기 시작하면 일부 항목들은 아주 빠르게 처리되는 반면 다른 것들은 상당한 시간을 소비했다.

이러한 경험으로 볼 때, 선형 탐검에서 실패하는 검색의 탐검 횟수의 표준편차는 상당히 높을 것이다. 탐검 횟수의 분산을 정리 K에 정의된 Q_r 함수들로 표현하는 공식을 찾고, $N=\alpha M$일 때의 $M\to\infty$에 따른 분산을 추정하라.

29. [*M21*] (주차 문제.) 어떤 일방통행 도로에 m개의 주차 공간들이 일렬로 늘어서 있으며, 1부터 m까지의 번호가 붙어 있다고 하자. 한 남자가 꾸벅꾸벅 조는 부인을 태우고 차를 몰고 가던 중 부인이 갑자기 깨어서는 즉시 주차하라고 명령한다. 그는 충실하게 차를 첫째 빈 공간에 집어넣는다. 그런데 만일 차를 후진하지 않고도 주차할 수 있는 자리가 남아 있지 않다면(즉, 차가 k번 공간에 접근할 때 부인이 깨었는데 $k, k+1, \ldots, m$번 공간이 모두 꽉 차 있다면) 그는 주차를 포기하고 그냥 거리를 빠져 나간다.

이러한 일이 n대의 서로 다른 차들에 대해 발생하며 j번째 부인이 차를 공간 a_j에 주차하기에 알맞은 시간에 깨어난다고 하자. 도로가 원래 비어 있었으며 일단 주차한 차는 다시 빠져나가지 않는다고 할 때, 수열 $a_1\ldots a_n$들 중 모든 차가 안전하게 주차하게 되는 것들은 몇 개인가? 예를 들어 $m=n=9$이고 $a_1\ldots a_9=3\ 1\ 4\ 1\ 5\ 9\ 2\ 6\ 5$일 때 차들은 다음과 같이 주차한다.

[힌트: 선형 탐검의 분석을 활용할 것.]

30. [*M38*] 연습문제 29의 주차 문제에서 $n=m$일 때, 오직 $\{1,2,\ldots,n\}$의 순열들 중 모든 j에 대해 $a_j\le p_j$인 순열 $p_1p_2\ldots p_n$이 존재할 때에만 모든 차가 주차하게 됨을 보여라.

31. [*M40*] 연습문제 29의 주차 문제에서 $n=m$일 때, 해들의 수는 $(n+1)^{n-1}$이다. 그리고 연습문제 2.3.4.4-22에 의해, 이는 $n+1$개의 이름 붙은 정점들에 대한 자유트리들의 개수와 같다! 주차 순차열과 트리 사이의 흥미로운 연관 관계를 찾아라.

32. [*M27*] $b_0, b_1, \ldots, b_{M-1}$이 음이 아닌 정수들이고 그들의 합이 M보다 작으면 항상 (44)의 연립방정식이 하나의 유일한 해 $(c_0, c_1, \ldots, c_{M-1})$을 가짐을 증명하라. 그 해를 찾는 알고리즘을 설계하라.

▶ **33.** [*M23*] (51)이 알고리즘 L이 수행하는 탐검 횟수의 진정한 평균에 대한 유일한 근사인 이유를 설명하라. (51)의 유도 과정에서 엄밀하게 정확하지는 않은 부분을 찾는다면?

▶ **34.** [*M23*] 이 연습문제의 목적은 목록들을 그림 38처럼 분리해서 유지할 때의 연쇄 해시 표의 평균 탐검 횟수를 연구하는 것이다.

a) M^N개의 해시열 (35)들이 모두 동일확률이라고 할 때, 주어진 한 목록의 길이가 k일 확률 P_{Nk}는 얼마인가?

b) 생성함수 $P_n(z)=\sum_{k\ge0}P_{Nk}z^k$을 구하라.

c) 성공하는 검색의 평균 탐검 횟수를 이 생성함수로 표현하라.

d) 실패하는 검색의 평균 탐검 횟수를 다음과 같은 관례를 사용하는 여러 자료구조들에 대해 유도하라: (i) 항상 어떤 목록 머리로 해싱된다(그림 38). (ii) 항상 어떤 표 위치로 해싱되나(그림 40), 해당 목록의 첫 키를 제외한 모든 키는 개별적인 위넘침 영역에 저장된다. (iii) 항상 어떤 표 위치로 해싱되며 모든 항목은 그 해시 표 안에 나타난다.

35. [*M24*] 연습문제 34를 계속 이어서, 개별 목록들이 그 키 값들의 순서로 유지될 때 실패하는 검색의 평균 탐검 횟수는 얼마인가? 자료구조 (i), (ii), (iii)에 대해 답하라.

36. [*M23*] 연습문제 34(d)를 계속 이어서, 자료구조 (i)와 (ii)를 사용한다고 할 때 실패하는 검색에서의 탐검 횟수의 분산을 구하라.

▸ **37.** [*M29*] 식 (19)는 검색이 성공할 때의 분리 연쇄의 평균 탐검 횟수를 말해준다. 그 탐검 횟수의 분산은 얼마인가?

38. [*M32*] (트리 해싱.) 똑똑한 프로그래머라면 연쇄 방법에서 선형 목록 대신 이진 검색 트리를 사용함으로써 알고리즘 6.2.2T와 해싱을 결합해 보려 할 것이다. 이러한 합성 알고리즘에 필요한 평균 탐검 횟수를 성공하는 검색과 실패하는 검색 모두에 대해 분석하라. [힌트: 식 5.2.1-(15)를 볼 것.]

39. [*M28*] $c_N(k)$가 알고리즘 C를 모든 가능한 M^N개의 해시열 (35) 전부에 적용할 때 만들어지는 길이가 k인 목록들 전부의 개수라고 하자. 합

$$S_N = \sum_k \binom{k}{2} c_N(k)$$

에 대한 간단한 공식을 구할 수 있게 하는, 수 $c_N(k)$에 대한 점화식을 구하라. S_N과 알고리즘 C의 실패하는 검색의 탐검 횟수 사이에는 어떤 관계가 있는가?

40. [*M33*] 식 (15)는 검색이 실패할 때의 알고리즘 C의 평균 탐검 횟수이다. 그 탐검 횟수의 분산은 얼마인가?

41. [*M40*] 알고리즘 C가 $(N+1)$번째 항목을 삽입할 때 색인 R이 1 감소하는 횟수의 평균인 T_N을 분석하라.

▸ **42.** [*M20*] 알고리즘 C가 즉시 검색에 성공할 확률인 (17)을 유도하라.

43. [*HM44*] 크기가 $M' \geq M$인 표를 사용하도록 수정된 알고리즘 C를 분석하라. 수정된 알고리즘에서는 처음 M개의 장소들만 해싱에 쓰이며, 따라서 단계 C5에서 발견하는 처음 $M'-M$개의 빈 노드들은 표의 추가적인 위치들에 존재하는 것들이다. 고정된 M'에 대해, 최고의 성능을 내는 범위 $1 \leq M \leq M'$에서의 M의 값은 무엇인가?

44. [*M43*] (2차 뭉침을 수반한 무작위 탐검.) 이번 연습문제의 목적은 다음과 같은 탐검열을 사용하는 열린 주소 지정 방안에서의 평균 탐검 횟수를 구하는 것이다:

$$h(K),\quad (h(K)+p_1) \bmod M,\quad (h(K)+p_2) \bmod M,\quad \ldots,\quad (h(K)+p_{M-1}) \bmod M.$$

여기서 $p_1 p_2 \ldots p_{M-1}$은 $h(K)$에 의존하는, 무작위로 선택된 $\{1, 2, \ldots, M-1\}$의 한 순열이다. 다른

말로 하면 $h(K)$ 값이 같은 모든 키는 같은 탐검열을 따르며, 이러한 성질을 가진 M개의 탐검열들을 선택하는 $(M-1)!^M$가지 방법들은 모두 동일확률이다.

이 상황은 초기에 비어 있는 크기 m의 선형 배열에 대한 다음과 같은 실험적 절차를 통해서 정확하게 모형화할 수 있다. 다음 연산을 n번 수행한다: "p의 확률로 제일 왼쪽의 빈 위치를 점유한다. 그렇지 않으면(즉, $q=1-p$의 확률로) 표의 제일 왼쪽 위치를 제외한 임의의 위치를 선택한다. 이 때 그러한 $m-1$개의 위치들의 선택 확률은 모두 같다. 만일 선택된 위치가 비었으면 그것을 점유한다. 그렇지 않으면 임의의 빈 위치(제일 왼쪽도 포함해서)를 선택하고 그것을 점유한다. 이 경우에도 각 빈 위치의 선택 확률은 동일하다."

예를 들어 $m=5$이고 $n=3$일 때 그러한 실험에 의해 (점유, 점유, 빈, 점유, 빈)이라는 배열 구성이 나올 확률은

$$\frac{7}{192}qqq+\frac{1}{6}pqq+\frac{1}{6}qpq+\frac{11}{64}qqp+\frac{1}{3}ppq+\frac{1}{4}pqp+\frac{1}{4}qpp$$

이다. ($p=1/m$일 때 이 절차는 2차 뭉침을 수반한 무작위 탐검에 대응된다. 특정한 탐검열이 0, 1, 2, ...이고 나머지 모두는 무작위하도록 표 항목들의 번호를 재부여할 수 있기 때문이다.)

표의 왼쪽에서 점유된 위치들의 평균 개수(위의 예의 경우 2)에 대한 공식을 찾아라. 또한 $p=1/m$, $n=\alpha(m+1)$일 때 $m\to\infty$에 따른 이 수량의 점근값을 구하라.

45. [*M43*] 연습문제 44를 3차 뭉침에 대해, 즉 탐검열이 $h_1(K)$, $((h_1(K)+h_2(K)) \bmod M$으로 시작하며 이후의 탐검들이 오직 $h_1(K)$와 $h_2(K)$에만 의존해서 무작위하게 선택되는(이러한 성질을 가진 $M(M-1)$개의 탐검열들에 대한 $(M-2)!^{M(M-1)}$가지 선택들 모두가 동일확률이라고 간주해서) 경우에 대해 풀어라. 이 절차가 균등 탐검과 점근적으로 동치인가?

46. [*M42*] 탐검열

$$h(K),\ 0,\ 1,\ \ldots,\ h(K)-1,\ h(K)+1,\ \ldots,\ M-1$$

을 사용하는 열린 주소 지정방법에 대한 C_N'과 C_N을 구하라.

47. [*M25*] 탐검열이

$$h(K),\ h(K)-1,\ h(K)+1,\ h(K)-2,\ h(K)+2,\ \ldots$$

일 때의 열린 주소 지정의 평균 탐검 횟수를 구하라. M이 짝수일 때 인접한 탐검들 사이의 거리가 모두 서로 다르다는 점 때문에 한 때 이 탐검열이 권장되기도 했다. [힌트: 이 문제는 요령만 발견하면 쉽게 풀 수 있다.]

▶ **48.** [*M21*] 상호 독립적인 무작위 해시 함수 $\langle h_n(K)\rangle$들의 무한 수열이 주어졌을 때 장소 $h_1(K)$, $h_2(K)$, $h_3(K)$, ...을 탐검하는 열린 주소 지정 방법을 분석하라. 이러한 설정에서는 같은 장소를 두 번 탐검하는 것도 가능하다. 예를 들어 $h_1(K)=h_2(K)$인 경우 등. 그러나 그런 우연의 일치는 표가 거의 차기 전까지는 별로 발생하지 않는다.

49. [*HM24*] 연습문제 34를 통 당 b개의 레코드들이 있는 경우로 일반화해서, 실패하는 검색에서 k개의 원소들을 담은 한 목록에 $\max(1, k-b+1)$회의 탐검이 필요하다는 가정 하에서 분리 목록들을 가진 연쇄 방법에 대한 평균 탐검 횟수(외부 메모리 접근 횟수) C_N과 C'_N을 구하라. 연습문제 34에서처럼 정확한 확률 P_{Nk}를 사용하는 대신 그것의 푸아송 근사

$$\binom{N}{k}\left(\frac{1}{M}\right)^k\left(1-\frac{1}{M}\right)^{N-k} = \frac{N}{M}\frac{N-1}{M}\cdots\frac{N-k+1}{M}\left(1-\frac{1}{M}\right)^N\left(1-\frac{1}{M}\right)^{-k}\frac{1}{k!}$$
$$= \frac{e^{-\rho}\rho^k}{k!}(1+O(k^2/M))$$

을 사용할 것. 이 근사값은 $M\to\infty$에 따라 $N=\rho M$와 $k\le\sqrt{M}$에 대해 유효하다. 공식 (57)과 (58)을 유도하라.

50. [*M20*] (42)의 표기법 하에서 $Q_1(M, N) = M-(M-N-1)Q_0(M, N)$임을 보여라. [힌트: 우선 $Q_1(M, N) = (N+1)Q_0(M, N) - NQ_0(M, N-1)$을 증명할 것.]

51. [*HM17*] (55)에 정의된 함수 $R(\alpha, n)$을 (42)에 정의된 함수 Q_0으로 표현하라.

52. [*HM20*] $Q_0(M, N) = \int_0^\infty e^{-t}(1+t/M)^N dt$를 증명하라.

53. [*HM20*] 함수 $R(\alpha, n)$을 불완전 감마 함수로 표현할 수 있음을 증명하고, 연습문제 1.2.11.3-9의 결과를 이용해서 고정된 $\alpha<1$에 대한 $R(\alpha, n)$의 $n\to\infty$에 따른 점근값을 $O(n^{-2})$까지 구하라.

54. [*HM28*] $b=1$일 때 식 (61)이 식 (23)과 동치임을 보여라. 힌트:

$$t_n(\alpha) = \frac{(-1)^{n-1}}{n!\,\alpha}\sum_{m>n}\frac{(-n\alpha)^m}{m(m-1)(m-n-1)!}.$$

55. [*HM43*] 정리 P 다음에서 논의한 샤이-스프루트 모형을 크기가 b인 통 M개의 경우로 확장하라. $Q(z)$가 b차 다항식이고 $Q(1)=0$이라고 할 때 $C(z)$가 $Q(z)/(B(z)-z^b)$와 같음을 증명하라. 평균 탐검 횟수가

$$1+\frac{M}{N}C'(1) = 1+\frac{1}{b}\left(\frac{1}{1-q_1}+\cdots+\frac{1}{1-q_{b-1}}-\frac{1}{2}\frac{B''(1)-b(b-1)}{B'(1)-b}\right)$$

임을 보여라. 여기서 $q_1, \ldots, q_{b-1}$은 $Q(z)/(z-1)$의 근들이다. $\alpha=N/Mb$이라 할 때 이항 확률분포 $B(z)$을 푸아송 근사 $P(z)=e^{b\alpha(z-1)}$으로 대체하고 라그랑주 반전 공식(식 2.3.4.4-(21)과 연습문제 4.7-8)을 이용해서 독자의 답을 식 (61)과 같이 간소화하라.

56. [*HM43*] 정리 K를 일반화해서 크기가 b인 통들을 사용하는 선형 탐검을 정확하게 분석하라. 표가 꽉 찼을 때($N=Mb$) 성공하는 검색에서의 탐검 횟수의 점근값은 얼마인가?

57. [*M47*] 탐검열들에 확률을 균등하게 배정하면 C_N이 모든 열린 주소 지정 방법에서 최소인 값이 되는가?

58. [*M21*] (존슨S. C. Johnson.) $\{0, 1, 2, 3, 4\}$의 순열들 중 정리 U의 의미에서 균등 탐검과 동치인 순열 10개를 찾아라.

59. [*M25*] 만일 순열들에 대한 어떤 한 확률 배정이 정리 U의 의미에서 균등 탐검과 동치이면 0이 아닌 확률들을 가진 순열들의 개수는 M이 충분히 클 때 임의의 고정된 지수 a에 대한 M^a보다 큼을 증명하라.

60. [*M47*] $h(K)$ 값들이 모두 동일한 확률 $1/M$로 발생한다고 할 때, 그러한 값들 각각으로 시작하는 정확히 M개의 탐검열들을 사용하는 열린 주소 지정 방안을 가리켜서 단일 해싱 방식이라고 칭하기로 하자.

C_N이 최소라는 의미에서 최적인 단일 해싱 방안들이 (29)에 서술된 무작위 방식들보다 점근적으로 더 나은가? 좀 더 구체적으로는, $M \to \infty$에 따라 $C_{\alpha M} \geq 1 + \frac{1}{2}\alpha + \frac{1}{2}\alpha^2 + O(\alpha^3)$인가?

61. [*M46*] 연습문제 46에서 분석한 방법이 연습문제 60의 의미에서의 가능한 최악의 단일 해싱 방안인가?

62. [*M49*] 연습문제 44의 표기법 하에서 증분 $p_1 p_2 \ldots p_{M-1}$이 모든 K에 대해 고정되었다고 할 때, 그러한 단일 해싱 방안을 가리켜 순환 단일 해싱이라고 부른다. (선형 탐검과 연습문제 20, 47에서 살펴본 탐검열들이 그런 방법들의 예이다.) 그리고 최적 단일 해싱 방안은 주어진 한 M에 대한 $(M-1)!^M$가지의 모든 가능한 단일 해싱 방안 중 C_M이 최소인 것이다. $M \leq 5$일 때 최적의 단일 해싱 방안들은 순환 방안들이다. 이것이 모든 M에 대해서도 참일까?

63. [*M25*] 한 해시 표에 무작위 삽입과 삭제를 반복한다고 할 때, M개의 장소들이 모두 점유되기까지는 평균적으로 몇 번의 독립적인 삽입들이 필요한가? (이는 칸들을 그냥 "삭제됨"이라고 표시하는 삭제 방법이 실패하기까지의 평균 시간이다.)

64. [*M41*] 알고리즘 R(선형 탐검에서의 삭제)의 평균 습성을 분석하라. 단계 R4의 평균 수행 횟수는 얼마인가?

▶ **65.** [*20*] (가변 길이 키.) 해시 표의 응용들 중에는 문자 개수가 임의적인 키들을 다루는 것들이 많다. 그런 경우에는 이번 절의 프로그램들처럼 키를 그냥 표에 저장할 수가 없다. MIX 컴퓨터에서 표인의 가변 길이 키들을 다루는 좋은 방법은 어떤 것이 있을까?

▶ **66.** [*25*] (앰블Ole Amble, 1973.) 알고리즘 L이나 알고리즘 D에서 주어진 검색 인수보다 작은 키를 만나면 그 즉시 검색이 실패했음을 알 수 있게 하기 위해, 키들의 수치 순서 또는 알파벳 순서도 활용할 수 있는 방식으로 키들을 열린 해시 표에 삽입하는 것이 가능할까?

67. [*M41*] 알고리즘 L로 N개의 키들을 삽입할 때, 키들의 해당 해시 주소들이 $a_1 a_2 \ldots a_N$이고 j번째 키와 그 종착지(home) 주소 a_j 사이의 변위를 d_j라고 하자. 그러면 $C_N = 1 + (d_1 + d_2 + \cdots + d_N)/N$이다. 정리 P에 의하면 a들의 순열은 합 $d_1 + d_2 + \cdots + d_N$에 영향을 주지 않는다. 그러나 그런 순열이 합 $d_1^2 + d_2^2 + \cdots + d_N^2$을 크게 변화시킬 수는 있다. 예를 들어 해시열이

1 2 ... $N-1$ $N-1$인 경우 $d_1\,d_2\,\ldots\,d_{N-1}\,d_N = 0\;0\;\ldots\;0\;N-1$이 되고 $\sum d_j^2 = (N-1)^2$이 되나, 그것을 뒤집은 해시열 $N-1$ $N-1$ ... 2 1을 사용하는 경우에는 그 합이 $\sum d_j^2 = N-1$인, 훨씬 나은 변위들 0 1 ... 1 1이 나온다.

a) $a_1\,a_2\,\ldots\,a_N$의 순열들 중 $\sum d_j^2$를 최소화하는 것은 무엇인가?

b) 그 어떤 삽입 이후에도 분산이 가장 작은 변위들의 집합이 유지되도록 알고리즘 L을 수정하는 방법을 설명하라.

c) 그러한 수정을 가했을 때와 가하지 않았을 때의 $\sum d_j^2$의 평균값을 구하라.

68. [*M41*] 알고리즘 L의 성공적인 검색에서 평균 탐검 횟수의 분산은 얼마인가? 특히, 연습문제 67의 표기법 하에서 $(d_1 + d_2 + \cdots + d_N)^2$의 평균은 얼마인가?

69. [*M25*] (야오Andrew Yao.) 연습문제 62에서 말한 순환 단일 해싱 방안들 전부가 부등식 $C'_{\alpha M} \geq \frac{1}{2}(1+1/(1-\alpha))$를 만족함을 증명하라. [힌트: 실패하는 검색이 정확히 k회의 탐검을 수행할 확률이 $p_k \leq (M-N)/M$임을 보일 것.]

70. [*HM43*] 이중 해싱으로 $(\alpha M+1)$번째 항목을 삽입하는 데 필요한 평균 탐검 횟수가 균일 탐검으로 $(\alpha M+\sqrt{O(\log M)/M})$을 삽입하는 데 필요한 평균 탐검 횟수를 결코 넘지 않음을 증명하라.

71. [*40*] 알고리즘 C를 본문에 설명된 것처럼 외부 검색에 맞게 적응시켰을 때의 습성을 실험하라.

▸ **72.** [*M28*] (보편 해싱.) 모든 가능한 키 K 각각마다 하나의 열을 가지는 거대한 행렬 H를 상상해 보자. H의 성분들은 0에서 $M-1$ 사이의 수들이고, H의 행들은 해시 함수들을 나타낸다. 행들의 전체 개수가 R이라고 하자. 만일 H의 임의의 두 열이 최대 R/M개의 행들에서 일치할 때 그러한 H를 가리켜 해시 함수들의 한 보편 모임(universal family)을 정의한다고 말한다.

a) 만일 H가 이러한 의미에서 보편적이면, 그리고 만일 H의 한 행을 무작위로 선택함으로써 하나의 해시 함수 h를 선택한다면, 분리 연쇄(그림 38)에서 임의의 N개의 서로 다른 키들 K_1, K_2, ..., K_N을 삽입한 후에 임의의 키 K를 담은 목록의 평균 크기는 $\leq 1+N/M$이 됨을 증명하라.

b) (9)의 각 h_j가 문자들 전체 집합에서 집합 $\{0, 1, \ldots, M-1\}$로의 무작위로 선택된 사상이라고 하자. 이것이 해시 함수들의 보편 모임에 대응함을 보여라.

c) 모든 j에 대해 $h_j(0) = 0$이지만 $x \neq 0$에 대해서는 $h_j(x)$가 무작위라고 하자. 그래도 (b)의 결과가 여전히 참인가?

73. [*M26*] (카터Carter, 웨그먼Wegman.) h_j가 완전한 무작위 함수가 아니고 다음과 같은 두 특수한 형태 중 하나일 때에도 연습문제 71의 (b)가 성립함을 보여라: (i) x_j가 이진수 $(b_{j(n-1)} \ldots b_{j1}\,b_{j0})_2$라고 할 때, $h_j(x_j) = (a_{j(n-1)}b_{j(n-1)} + \cdots + a_{j1}b_{j1} + a_{j0}\,b_{j0}) \bmod M$이다. 여기서 각 a_{jk}는 M을 법으로 하여 무작위로 선택된다. (ii) M이 소수이고 $0 \leq x_j < M$이라고 가정할 때 $h_j(x_j) =$

$(a_j x_j + b_j) \bmod M$이다. 여기서 a_j와 b_j는 M을 법으로 하여 무작위로 선택된다.

74. [*M29*] H가 해시 함수들의 한 보편 모임을 정의한다고 하자. 다음을 증명 또는 반증하라: 임의의 N개의 서로 다른 열들이 주어졌으며 모든 행이 무작위로 선택된다고 할 때, 그러한 열들에서 0들의 평균 개수는 $O(1) + O(N/M)$이다. [이는 분리 연쇄 방법에서 모든 목록의 평균 길이이다.]

75. [*M26*] h_j들이 독립적인 무작위 함수들이라고 할 때, (9)의 해시 함수 h에 대한 다음 명제들을 증명 또는 반증하라.

a) $h(K) = m$일 확률은 모든 $0 \le m < M$에 대해 $1/M$이다.

b) 만일 $K \ne K'$이면 $h(K) = m$이고 $h(K') = m'$일 확률은 모든 $0 \le m, m' < M$에 대해 $1/M^2$이다.

c) 만일 K, K', K''이 서로 다를 때, $h(K) = m$이고 $h(K') = m'$이고 $h(K'') = m''$일 확률은 모두 $0 \le m, m', m'' < M$에 대해 $1/M^3$이다.

d) 만일 K, K', K'', K'''이 서로 다를 때, $h(K) = m$이고 $h(K') = m'$이고 $h(K'') = m''$이고 $h(K''') = m'''$일 확률은 모든 $0 \le m, m', m'', m''' < M$에 대해 $1/M^4$이다.

▶ **76.** [*M21*] (9)를 보편 해싱의 성질들을 유지하면서도 가변 길이 키들에 맞게 수정하는 방법을 제안하라.

77. [*M22*] H가 32비트 키에서 16비트 키로의 해시 함수들의 보편 모임을 정의한다고 하자. (즉, 연습문제 72의 설정 하에서 H는 2^{32}개의 열들을 가지며 $M = 2^{16}$이다.) 256비트 키는 여덟 개의 32비트 부분들을 연결한 것, 즉 $x_1x_2x_3x_4x_5x_6x_7x_8$로 간주할 수 있다. 이것을 다음과 같은 해시 함수를 이용해서 하나의 16비트 주소로 사상한다고 하자.

$$h_4(h_3(h_2(h_1(x_1)h_1(x_2))h_2(h_1(x_3)h_1(x_4)))h_3(h_2(h_1(x_5)h_1(x_6))h_2(h_1(x_7)h_1(x_8)))).$$

여기서 h_1, h_2, h_3, h_4는 무작위로, 독립적으로 선택된 H의 행들이다. (예를 들어 $h_1(x_1)h_1(x_2)$는 $h_1(x_1)$을 $h_1(x_2)$와 결합해서 얻은 32비트 수에 해당한다.) 서로 다른 두 키가 같은 주소로 해싱될 확률이 2^{-14} 미만임을 증명하라. [이 방안은 (9)보다 훨씬 적은 무작위 선택들을 요구한다.]

그녀는 고유명사들의 해시를 만들었음이 분명하다.

— 앨런GRANT ALLEN, *The Tents of Shem* (1889)

HASH, x. 이 단어의 정의는 없음.
누구도 hash가 무엇인지 모른다.

— 비어스AMBROSE BIERCE, *The Devil's Dictionary* (1906)

6.5. 2차키에 의한 조회

지금까지는 기본키(primary key) 검색, 즉 한 파일에서 하나의 레코드를 유일하게 식별하는 키를 이용한 검색에 대해서 연구했다. 그런데 기본키 말고 레코드의 다른 필드들에 기반해서 검색을 수행해야 하는 경우도 있다. 그런 다른 필드들을 종종 레코드의 2차키(secondary key) 또는 특성(attribute)이라고 부른다. 예를 들어 한 대학의 재학생들에 대한 정보를 담은 등록부에서 전공이 수학이나 통계학이 아니며 오하이오 출신인 2학년생 전부를 찾거나, 미혼이고 모국어가 프랑스어인 여자 대학원생을 모두 찾고 싶을 수도 있다.

일반화하자면, 각 레코드가 여러 개의 특성들을 가진다고 할 때 특정한 특성들이 특정한 값들인 모든 레코드를 찾는 것이 목표이다. 원하는 레코드들의 명세를 가리켜 질의(query, 또는 질의문)라고 부른다. 질의들은 크게 다음 세 종류로 나눌 수 있다.

a) 단순 질의는 특정한 하나의 특성에 특정한 하나의 값을 지정하는 것이다. 예를 들면 "MAJOR = MATHEMATICS" 또는 "RESIDENCE.STATE = OHIO" 등.

b) 범위 질의는 특정한 하나의 특성에 특정한 범위를 지정하는 것이다. 예를 들면 "COST < \$18.00"이나 "21 < AGE ≤ 23".

c) 부울 질의(Boolean query)는 앞의 두 질의들을 AND, OR, NOT 연산들로 결합한 것이다. 예를 들면

```
"(CLASS = SOPHOMORE) AND (RESIDENCE.STATE = OHIO)}
          AND NOT ((MAJOR = MATHEMATICS) OR (MAJOR = STATISTICS))"
```

이런 세 종류의 질의에 효율적인 검색 기법을 찾는 문제는 그 자체로 충분히 어렵기 때문에 이보다 더 복잡한 형태의 질의에 대해서는 고려하지 않는 것이 보통이다. 예를 들어 철도 회사라면 소유하고 있는 모든 화물차의 현재 상태를 담은 파일을 가지고 있을 텐데, "시애틀에서 600킬로미터 이내에 있는 모든 빈 냉동차량을 찾아라" 같은 질의는 "시애틀로부터의 거리"가 구체적인 하나의 특성으로 각 레코드에 저장되어 있는 것이 아니라면(즉, 복잡한 함수를 이용해서 다른 특성들로부터 유도해야 한다면) 명시적으로 허용되지 않을 것이다. 그리고 AND, OR, NOT 뿐만 아니라 어떤 논리적 한정사들까지도 지원하려 든다면, 질의 제시자가 얼마든지 복잡한 질의문을 만들 수 있을 것이므로 문제가 더욱 복잡해진다. 예를 들어 야구 통계를 담은 파일이 있다고 할 때 야간 경기에서 가장 긴 연속 안타 행진을 찾고 싶을 수도 있다. 이런 예들은 복잡하긴 해도 적절히 배치된 파일을 한 번 훑음으로서 처리하는 것이 가능하다. 더욱 어려운 질의들도 존재한다. 예를 들면 다섯 개 이상의 특성들에 대해서 값이 같은 모든 레코드 쌍을 찾되 어떤 특성들이 같아야 하는지는 구체적으로 지정하지 않는 등이다. 그런 질의들을 여기서 고찰하는 종류의 부분문제들로 분할할 수도 있겠지만, 그래도 그런 질의들은 이 논의의 범위를 넘어서는 일반적인 프로그래밍 과제로 간주해야 할 것이다.

2차키 조회에 대한 여러 기법들로 들어가기 전에 이 주제를 적절한 경제적 맥락으로 한정하는 게 중요할 것 같다. 위에서 개괄한 세 종류의 질의들로 일반적인 틀을 구성한다고 할 때 그에 맞는

응용들은 엄청나게 많겠지만 여기서 공부할 정교한 기법들에 정말로 적합한 것들은 그리 많지가 않고, 또한 그 중 일부는 컴퓨터가 아니라 사람이 직접 하는 게 더 나은 것일 수도 있다! 사람들은 단지 에베레스트 산이 "거기에 있기 때문에", 그리고 등정을 가능하게 하는 도구들이 개발되었기 때문에 에베레스트 산에 오른다. 비슷하게, 산처럼 거대한 자료를 마주했을 때 사람들은 자신이 생각해 낼 수 있는 가장 어려운 질의의 답을 찾아보기 위해서 컴퓨터를 사용하려고 하지만, 온라인 실시간 환경에서의 적절한 비용의 균형은 고려하지 않는 경우도 있다. 그런 계산들이 가능하긴 해도 모든 사람의 응용에 적합한 것은 아니다.

예를 들어, 여러 질의들을 하나의 단위로 묶은(batching) 후에 전체 파일을 한 번 순차적으로 검색해서 모든 관련 레코드를 모은다는 간단한 2차키 조회 접근방식을 생각해 보자. (여기서 "묶는다"는 말은 여러 질의들에 대해 실제로 무언가를 하기 전에 그것들을 일단 모아둔다는 의미이다.) 이 방법은 파일이 아주 크지 않고 질의들을 즉시 처리할 필요가 없다면 충분히 만족스러운 결과를 낸다. 이 방법은 심지어 테이프 파일들과 함께 사용할 수도 있으며, 질의 처리가 컴퓨터를 독점하는 일이 간헐적으로만 발생하므로 설비 비용의 면에서 아주 경제적이다. 게다가 앞에서 언급한 "시애틀과의 거리" 같은 계산적 질의들도 처리할 수 있다.

2차키 조회를 위한 또 다른 간단한 방법은 정보에 대한 색인들을 적절한 형태로 종이에 출력함으로써 사람이 작업의 일부를 수행하도록 하는 것이다. 이 방법은 종종 가장 합리적이고 경제적인 방법이 된다(물론 새 색인을 출력할 때 이면지를 활용한다는 가정 하에서). 특히 대량의 자료에 간편하게 접근할 수 있는 경우 사람들은 거기서 흥미로운 패턴들을 발견하는 경향이 있다는 점에서 더욱 그렇다.

파일이 아주 크고 질의에 대한 응답을 빨리 얻는 게 중요한 응용들이라면 위와 같은 간단한 방식으로는 만족스럽게 처리할 수 없을 때가 많다. 그런 상황은 예를 들어 많은 수의 동시 사용자들이 끊임없이 질의를 날린다거나 사람이 아닌 컴퓨터가 질의를 생성하는 경우에 발생한다. 이번 절의 목적은 파일 구조에 대한 다양한 가정들 하에서, 전형적인 컴퓨터상에서 2차키 조회를 제대로 수행하는 방법들을 살펴보는 것이다. 다행히 계산 비용은 계속해서 크게 떨어지고 있기 때문에, 여기서 논의할 방법들 역시 점점 더 실용적인 것이 되어가고 있다.

이 문제를 해결하기 위한 좋은 기법들은 상당히 많이 개발되었으나, (이전의 모든 주의사항들로부터 짐작했겠지만)그런 알고리즘들이 기본키 조회에 대한 것들만큼 좋은 것은 결코 아니다. 파일 구조도 대단히 다양하고 응용들도 대단히 다양하기 때문에 모든 가능성을 완전하게 논의할 수는 없으며, 전형적인 환경에서의 알고리즘들의 습성을 모두 분석할 수도 없다. 이번 절 나머지 부분에서는 제안된 기본적인 접근방식들을 제시하는 것으로 만족하겠다. 각각의 구체적인 경우에 대해 어떤 기법들의 조합이 가장 적합한지는 독자의 상상에 맡기기로 한다.

뒤집힌 파일. 2차키 조회 기법들 중 가장 중요한 부류는 뒤집힌 파일(inverted file)이라는 개념에 기반한 것들이다. 여기서 뒤집혔다는 것은 파일이 물구나무를 섰다는 뜻이 아니라 레코드와 특성의 역할이 맞바뀌었다는 뜻이다. 즉, 주어진 레코드의 특성들을 나열하는 대신 주어진 특성을 가진 레코드들을 나열하는 것이다.

뒤집힌 파일은 일상생활에서 자주 만나게 된다(물론 이름은 다르지만). 예를 들어 영한사전에 해당하는 뒤집힌 파일은 한영사전이다. 그리고 이 책에 해당하는 뒤집힌 파일은 이 책 끝의 찾아보기(색인)이다. 회계사들은 "복식 부기(複式簿記, double-entry bookkeeping)"를 사용하는데, 복식 부기에서는 현금 계정과 고객 계정 모두에 거래를 기록함으로써 현재의 현금 잔액과 현재의 고객 채무 모두를 쉽게 파악할 수 있게 한다.

일반적으로 뒤집힌 파일이 그 자체로 유용하지는 않다. 보통은 원래의 뒤집히지 않은 파일과 함께 쓰인다. 뒤집힌 파일은 중복된, 잉여의 정보를 제공함으로써 2차키 조회의 속도를 높이는 기법이라 할 수 있다. 뒤집힌 파일의 구성요소, 즉 어떤 주어진 값의 특성을 가진 모든 레코드들의 목록을 가리켜 뒤집힌 목록이라고 부른다.

다른 목록들과 마찬가지로 뒤집힌 목록을 컴퓨터 안에서 표현하는 방법은 다양하며, 서로 다른 시간들에서 적합한 표현 방식이 달라질 수도 있다. 단 두 개의 값만을 가지는 2차키 필드들도 있다(이를테면 "SEX"). 그런 경우 해당 뒤집힌 파일은 상당히 길다. 그러나 대체로 2차키 필드들은 중복이 거의 없는 아주 많은 수의 값들을 가진다(이를테면 "PHONENUMBER" 등).

전화번호부에 정보를 저장하되 모든 항목을 이름이나 전화번호, 주소로 조회할 수 있게 한다고 하자. 한 가지 해결책은 그냥 세 목록을 개별적으로 만들어서 각 키 종류에 대해 해당 목록을 사용하는 것이다. 물론 파일들을 결합하는 것도 가능하다. 예를 들면 연쇄 방법을 위한 목록 머리들로 사용할 세 개의 해시 표들을 만들 수도 있다. 그런 경우 파일의 각 레코드는 세 목록들의 한 원소가 될 것이고, 따라서 레코드는 세 개의 링크 필드들을 담게 된다. 이런 방법이 소위 다중목록 방법으로, 2.2.6절의 그림 13에 나와 있다. 이후에 이 방법에 대해서 좀 더 자세히 설명하게 될 것이다. 세 번째 방법은 세 파일들을 하나의 대표 파일로 결합하는 것이다. 이는 저자 카드, 제목 카드, 주제 카드들을 모두 함께 알파벳화한 도서관 카드 카탈로그와 비슷한 방식이다.

이 책의 찾아보기에 쓰인 형식을 고려해보면 또 다른 뒤집힌 파일 표현 방법을 떠올릴 수 있을 것이다. 특성 값 당 다섯 개 정도의 항목들(책 색인의 쪽 번호들에 해당)이 존재하는 2차키 필드들의 경우에는 그냥 레코드 장소들을 나열하고 다음에 키 값을 담는 짧은 순차 목록을 만들면 될 것이다. 만일 연관된 레코드들이 순차적으로 뭉치는 경향이 있다면 범위 지정(책 색인의 경우 559–582 같은 형태)이 유용하다. 파일의 레코드들이 자주 재배치된다면 뒤집힌 파일에서 레코드 장소들 대신 기본키들을 사용하는 게 더 나을 수 있다. 그러면 장소들이 변해도 레코드들을 갱신할 필요가 없다. 예를 들어 기독교 경전의 문구에 대한 참조들은 항상 장과 행 번호로 주어지며, 일부 책들은 색인에서 쪽 번호가 아니라 문단 번호를 사용한다.

이러한 착안들 중 "SEX" 같은 값 두 개짜리 특성들의 경우에 특히 적합한 것은 없다. 그런 경우에는 물론 단 하나의 뒤집힌 목록만 있으면 된다. 여성이 남성일 수는 없고 그 역도 마찬가지이기 때문이다. 만일 각 값이 파일의 약 절반의 항목들에 연관된다면 뒤집힌 목록은 대단히 길 것이나, 이진 컴퓨터에서는 비트열 표현을 통해서 이런 문제를 비교적 깔끔하게 해결할 수 있다. 각 비트로 특정 레코드의 해당 특성 값을 표현해서, 예를 들면 비트열 01001011101...이 파일의 첫 레코드는 남성, 두 번째는 여성, 그 다음 둘은 남성 등등을 뜻하게 하면 되는 것이다.

특정한 특성 값들에 대한 단순한 질의들은 이런 방법으로도 충분히 처리할 수 있다. 그리고 이런 방법들을 조금만 확장하면 범위 질의들도 처리하는 것이 가능하다. 단, 해싱이 아니라 비교 기반 검색 방안(6.2절)을 사용해야 한다.

"(MAJOR = MATHEMATICS) AND (RESIDENCE.STATE = OHIO)" 같은 부울 질의를 처리하려면 두 뒤집힌 파일의 교집합을 구해야 한다. 이를 수행하는 방법은 여러 가지인데, 예를 들어 두 목록 모두 정렬되어 있다면 각각을 한번씩 훑으면서 공통 성분들을 모두 뽑아내면 된다. 아니면 둘 중 더 짧은 목록의 레코드들을 차례로 훑으면서 다른 목록의 레코드들과 비교할 수도 있다. 그러나 이런 방법은 AND에만 통할 뿐 OR에는 통하지 않으며, 또한 질의를 만족하지 않는 많은 레코드들에 접근해야 하기 때문에 외부 파일들에는 적합하지가 않다.

앞에서 설명한 다중목록 조직화 역시 불필요한 접근이 많다는 점에서 외부 파일에 대한 부울 질의에 비효율적이다. 예를 들어 이 책의 색인을 다중목록 방식으로 조직화했다고 하자. 그러면 각 색인 항목은 해당 주제가 언급된 마지막 쪽만을 가리킬 것이며, 모든 쪽에는 그 쪽에 있는 각 주제에 대한 추가적인 참조들(그 주제가 이전에 나타난 쪽들)이 존재할 것이다. "〔알고리즘의 분석〕" 그리고 "〔(외부 정렬) 또는 (외부 검색)〕"에 관련된 모든 쪽을 찾으려면 책장을 수없이 넘겨야 한다. 반면 이 책이 제공하는 진짜 색인의 경우에는 단 두 쪽만 찾아보면 된다. 질의를 만족하는 쪽들의 작은 부분집합을 찾기 위해서는 뒤집힌 목록들에 대한 간단한 연산들만 수행하면 되는 것이다.

물론 뒤집힌 목록을 비트열로 표현한다면 단순 질의의 부울 조합을 쉽게 수행할 수 있다. 컴퓨터는 비트열들을 비교적 높은 속도로 처리할 수 있기 때문이다. 일부 특성들은 레코드 번호들의 순차 목록으로 표현되는 반면 다른 특성들은 비트열로 표현되는 혼합된 질의의 경우에도, 순차 목록들을 비트열들로 변환하는 것은 어렵지 않으므로, 그렇게 변환한 후 그 비트열들에 대해 부울 연산을 수행하면 된다.

이 시점에서 가상의 응용에 대한 수량적인 예가 도움이 될 수 있을 것이다. 40자 레코드 1,000,000개를 담은 파일이 5.4.9에서 설명한 것처럼 MIXTEC 디스크들에 저장되어 있다고 하자. 파일 자체는 두 디스크 유닛들을 채우며, 뒤집힌 목록들은 그보다 많은 여러 디스크들을 채울 것이다. 각 트랙은 5000자 = 30,000비트를 담으므로, 특정한 한 특성에 대한 하나의 뒤집힌 목록이 차지할 수 있는 최대 트랙 개수는 34이다. (이 최대 트랙 개수는 비트열 표현이 가능한 가장 짧은 비트열일 때 달성된다.) 10개의 뒤집힌 목록들의 부울 조합을 지칭하는 꽤나 복잡한 질의를 받았다고 하자. 최악의 경우에는 뒤집힌 파일들의 트랙 340개에서 정보를 읽어야 한다. 총 읽기 시간은 340×25ms $= 8.5$초이다. 평균 잠복 지연 시간은 읽기 시간의 약 절반이 되나, 프로그램을 정교하게 만든다면 잠복을 제거할 수도 있다. 각 비트열 목록의 첫 번째 트랙을 한 실린더에 저장하고 각 목록의 두 번째 트랙을 그 다음 실린더에 저장하는 등으로 트랙들을 저장한다면 대부분의 탐색 시간이 제거될 것이며, 그러면 총 탐색 시간은 약 34×26ms ≈ 0.9초(또는, 만일 두 개의 독립된 디스크 단위들을 사용하는 경우는 이것의 두 배)가 된다. 마지막으로, 만일 질의를 만족하는 레코드들이 rq개라고 하면, 이후의 처리에서 각 레코드 하나를 가져오는 데에는 $q\times$(60 ms (탐색) + 12.5 ms (잠복) + 0.2 ms (읽기))의 추가 시간이 필요하다. 따라서 이 상당히 복잡한 질의의 총 처리 시간의 낙관적인 추정치는 대략 $(10 + .073q)$초이다. 같은 가정 하에서 뒤집힌 목록들을 전혀 사용하지 않는 경우 최고의 속도로 전체 파일을 읽는 데 약 210초가 걸린다는 점을 생각하면 상당한 개선이라고 할 수 있다.

이 예는 디스크 메모리에서 공간 최적화가 시간 최적화와 밀접히 관련되어 있음을 보여준다. 뒤집힌 목록들을 처리하는 데 걸리는 시간은 그것들을 찾고 읽는 데 걸리는 시간과 거의 같다.

위의 논의는 질의를 수행함에 따라 파일이 커지거나 작아지지는 않는다는 가정을 어느 정도 깔고 있다. 그런데 파일을 자주 갱신해야 한다면 어떻게 할까? 많은 응용들에서는 여러 개의 갱신 요청들을 누적해 두고 질의들이 들어오지 않는 유휴 시간에 일괄적으로 처리하는 것으로 충분하다. 아니면, 만일 파일 갱신의 우선순위가 높다면 B트리 방법(6.2.4절)이 적합할 것이다. 뒤집힌 파일들 전체의 모음을 하나의 커다란 B트리에 넣어 두되 가지 노드들에는 키 값들을, 잎 노드들에는 키와 레코드 포인터들의 목록을 함께 넣어 둔다는 특별한 관례를 적용하면 될 것이다. 그 외의 파일 갱신 방법도 가능한데, 아래에서 이야기하겠다.

기하 자료. 대단히 많은 응용들이 2차원 또는 그 이상의 차원에서의 점, 선, 도형을 다룬다. 거리 지향적 질의에 대한 초기 접근방식들 중 하나로, 매크넛Bruce McNutt이 1972년에 제안한 "우체국 트리(post-office tree)"라는 것이 있다. 예를 들어 x의 값이 주어졌을 때 "지점 x에서 가장 가까운 도시는 무엇인가?" 같은 질의를 처리한다고 하자. 매크넛 트리의 각 노드는 도시 y와 "판정 반지름" r에 해당한다. 이 노드의 왼쪽 하위트리는 이후 트리의 이 부분에 들어온 도시 z들 중 y와 z 사이의 거리가 $\le r+\delta$인 것들에 해당하고, 오른쪽 트리는 거리가 $\ge r-\delta$인 것들에 해당한다. 여기서 δ는 주어진 허용 오차 한계이다. y로부터의 거리가 $r-\delta$와 $r+\delta$ 사이인 도시들은 반드시 두 하위트리 모두에

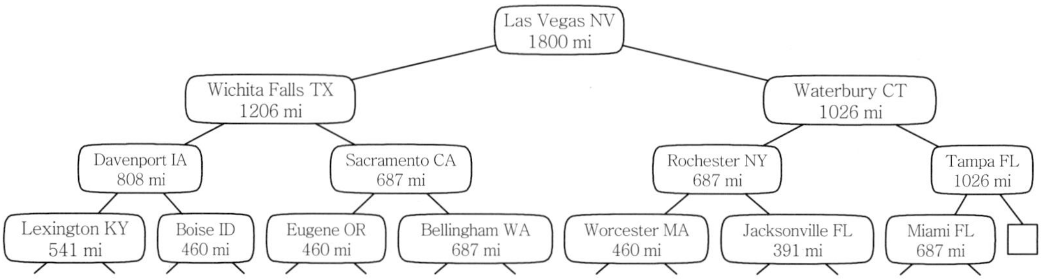

그림 45. 예제 "우체국 트리"의 최상위 수준들. 주어진 점 x 근처의 모든 도시를 찾을 때에는, 루트에서 시작해서, 만일 x가 Las Vegas로부터 1800마일 이내이면 왼쪽으로 가고 그렇지 않으면 오른쪽으로 간다. 그런 분기를 어떤 말단 노드에 도달할 때까지 반복한다. 이러한 트리 구축 방법은 x와 20마일 이내의 모든 도시를 이러한 검색으로 찾을 수 있음을 보장한다.

들어가야 한다. 이러한 트리를 검색한다면 주어진 지점과의 거리가 δ 이내인 모든 도시를 찾을 수 있다. (그림 45.)

매크닛과 프링Edward Pring은 미주대륙의 인구수 상위 231개의 도시들을 무작위순으로 둔 예제 데이터베이스를 이용해서, 이러한 착안에 근거한 여러 실험들을 수행했다. 그들은 판정 반지름이 규칙적인 방식으로 줄어들게 했는데, 구체적으로 말하자면 트리를 왼쪽으로 따라 내려갈 때에는 r을 $0.67r$로 대체하고 오른쪽으로 갈 때에는 $0.57r$로 대체하되 오른쪽 가지를 연달아 두 번 따르는 경우 두 번째에서는 r을 변경하지 않는 식이었다. 그 결과, $\delta = 20$마일에 대해 트리에 610개의 노드들이 필요하며 $\delta = 35$마일에 대해서는 1600개의 노드들이 필요함을 알게 되었다. 그림 45는 그들의 좀 더 작은 트리의 상위 수준들이다. (트리의 나머지 수준들에서는 Jacksonville과 Miami 모두 Orland FL보다 위였다. 일부 도시들은 상당히 자주 나타나서, 예를 들어 노드들 중 17개는 Brockton MA이었다!)

δ가 증가함에 따라 파일이 빠르게 커지므로 우체국 트리의 용도는 어느 정도 제한적일 수밖에 없다. 각 점의 좌표들을 특성 또는 2차키로 간주하고 그것들을 직접 다룬다면 더 나은 결과를 얻을 수 있다. 그렇게 한다면 키들의 범위에 기반한 부울 질의들도 처리할 수 있게 된다. 예를 들어 파일의 레코드들이 북미의 도시들을 지칭한다고 하자. 그리고 다음과 같은 조건을 만족하는 모든 도시를 찾는 질의를 처리한다고 하자.

$$(21.49° \le \texttt{LATITUDE} \le 37.41°) \quad \texttt{AND} \quad (70.34° \le \texttt{LONGITUDE} \le 75.72°).$$

지도를 찾아보면 이 LATITUDE 범위를 만족하는 도시도 많고 LONGITUDE 범위를 만족하는 도시도 많지만 그 두 범위 모두에 속하는 도시는 거의 없음을 알 수 있다. 이런 직교 범위 질의를 처리하는 한 가지 방법은, 모든 가능한 LATITUDE 값들과 LONGITUDE 값들의 집합을 다소 성기게, 즉 특성 당 단 몇 개의 부류들만 속하도록 나누고(이를테면 값을 그보다 작은 첫 번째 5°의 배수로 절단하는 등), 그런 다음에는 결합된 (LATITUDE, LONGITUDE) 부류 각각마다 하나의 뒤집힌 목록을 두는 것이다. 이는 각 지역마다 한 쪽(page)씩의 지도책을 만드는 것에 비유할 수 있다. 5° 단위 구간들을 사용한다고 할 때, 위의 질의는 여덟 개의 부분지도들, 즉 $(20°, 70°), (25°, 70°), \ldots, (35°, 75°)$를 참조하게 될 것이다. 이 부분지도들 각각에 대해 범위 질의를 처리해야 하는데, 각 처리에서는 해당 지도에 속하는 레코드 개수에 따라 그 지도를 더욱 분할하거나 레코드들 자체를 직접 참조하면 된다. 어떤 의미로는 이는 각 내부 노드에서 2차원적으로 분기되는 트리 구조라고 할 수 있다.

니버겔트J. Nievergelt, 힌터베르거H. hinterberger, 세브치크K. C. Sevcik는 이러한 접근방식을 더욱 전개해서 격자 파일(grid file)이라는 것을 개발했다 [*ACM Trans. Database Systems* 9 (1984), 38-71]. 각 점 x가 k개의 좌표들 $(x_1, \ldots, x_k)$를 가진다고 할 때, 세 사람은 i번째 좌표값을

$$-\infty = g_{i0} < g_{i1} < \cdots < g_{ir_i} = +\infty \tag{1}$$

의 범위들로 나누고,

$$1 \le i \le k\text{에 대해} \qquad 0 \le j_i < r_i, \qquad g_{ij_i} \le x_i < g_{i(j_i+1)} \tag{2}$$

를 만족하는 색인 $(j_1, \ldots, j_k)$를 구해서 x를 찾았다. 주어진 $(j_1, \ldots, j_k)$의 값을 가진 모든 점을 가리켜 칸(cell)이라고 부른다. 같은 칸에 속하는 점들의 레코드들은 외부 메모리의 같은 통에 저장된다. 각 통이 k차원 직사각 영역 또는 "초칸"(super-cell)에 대응한다고 할 때, 하나의 통에는 여러 인접 칸들에 있는 점들도 담을 수 있다. 그리드 경계값 g_{ij}들의 갱신과 통들의 분할 또는 병합에 대해서는 다양한 전략들이 가능하다. 예를 들면 K. Hinrichs, *BIT* 25 (1985), 569-592를 볼 것. 무작위 자료에 대한 격자 파일의 특성은 M. Regnier, *BIT* 25 (1985), 335-357; P. Flajolet and C. Puech, *JACM* 33 (1986), 371-407, §4.2에 분석되어 있다.

사분트리(四分-, quadtree)라는 구조를 사용해서 직교 범위 질의를 다루는 좀 더 간단한 방식은 벤틀리J. L. Bently와 핑컬R. A. Finkel이 소개했다 〔*Acta Informatica* 4 (1974), 1-9〕. 그들의 구성의 2차원 경우에서, 사분트리의 모든 노드는 하나의 직사각형을 대표하며, 또한 그 직사각형 안의 점들 중 하나를 담는다. 하나의 노드는 네 개의 하위트리들을 가지는데, 그 하위트리들은 주어진 점의 좌표에 상대적인, 원래 직사각형의 네 사분면들에 대응한다. 비슷하게, 3차원의 경우에는 한 노드가 여덟 개의 가지들로 갈라지는데, 그러한 트리를 종종 8분트리(octree)라고 부른다. k차원 사분트리는 2^k개의 가지들로 갈라진다.

무작위 사분트리의 수학적 분석은 상당히 어렵지만, 무작위 k차원 사분트리에 N번째 노드를 삽입할 때의 기대 시간이 1988년에 다음과 같은 점근 형식으로 밝혀졌다.

$$\frac{2}{k}\ln N + O(1), \tag{3}$$

이 결과는 두 그룹의 연구자들이 독립적으로 얻었다. L. Devroye, L. Laforest, *SICOMP* 19 (1990), 821-832와 P. Flajolet, G. Gonnet, C. Puech, J. M. Robson, *Algorithmica* 10 (1993), 473-500을 보라. $k = 1$일 때 이 결과가 이진 검색 트리의 삽입에 대한 잘 알려진 공식 6.2.2-(5)와 일치함을 주목하자. 이후 플라졸레P. Flajolet, 라벨G. Labelle, 라포레스트L. Laforest, 살비B. Salvy는 평균 내부 경로 길이를 다음과 같은 놀랄 만큼 우아한 형태로 표현할 수 있음을 보였으며,

$$\sum_{l\ge 2}\binom{N}{l}(-1)^l\prod_{j=3}^{l}\left(1-\frac{2^k}{j^k}\right), \tag{4}$$

이 덕분에 무작위 사분트리를 초기하 함수들을 통해서 좀 더 잘 분석할 수 있게 되었다 〔*Random Structures and Algorithms* 7 (1995), 117-144 참고〕.

벤틀리는 "k-d 트리†"를 도입함으로써 사분트리 표현을 더욱 단순화했는데, k-d 트리는 각 노드

---

† 〔옮긴이 주〕 k-d 트리의 'd'는 dimension, 즉 차원을 뜻한다. k-d 트리의 좀 더 긴 이름은 "다차원 이진 검색 트리(multidimensional binary search tree)"이다. k는 임의의 차원수를 나타내기 위한 기호일 뿐이며, 따라서 k 대신 다른 글자를 써도 무방하다. 실제로 이후의 논의에는 k-d 트리를 m-d 트리라고 부르는 경우도 나온다. 물론 의사소통의 혼란을 피하기 위해서는 k-d라는 관례를 지키는 게 좋을 것이다.

에서 단 두 개의 가지만을 가진다 〔*CACM* 18 (1975), 509-517; *IEEE Transactions* SE-5 (1979), 333-340〕. 1-d 트리는 6.2.2절에 나온 보통의 이진 검색 트리이고, 2-d 트리는 그와 비슷하되 분기 시 짝수 수준의 노드들은 x 좌표들을 비교하고 홀수 수준의 노드들은 y 좌표들을 비교한다는 점에서 차이를 보인다. 일반화하자면, k-d 트리의 노드들은 k개의 좌표 성분들을 가지며, 각 수준의 분기는 그 좌표들 중 하나만을 사용한다. 예를 들어 수준 l에서는 $(l \bmod k)+1$개의 좌표들에 근거해서 분기한다. 임의의 한 좌표 위치에 두 레코드가 부합하는 일을 방지하기 위해서는 레코드의 일련번호 또는 메모리 안에서의 장소에 근거한 어떤 무승부 해소 규칙을 사용하면 된다. 무작위로 성장시킨 k-d 트리의 평균 경로 길이와 형태 분포는 보통의 이진 검색 트리와 동일함이 밝혀졌는데, 이는 그러한 성장에 깔린 가정들이 1차원의 경우에서와 동일하기 때문이다(연습문제 6.2.2 6 참고).

파일이 동적으로 변하지 않는다면, 각 노드에서의 분기에서 중앙값을 선택함으로써 임의의 N노드 k-d 트리를 높이가 $\approx \lg N$이 되도록 균형을 맞출 수 있다. 그러면 여러 기본적인 종류의 질의들을 효율적으로 처리할 수 있음이 확실해진다. 예를 들어 벤틀리는 t개의 지정된 좌표들을 가진 모든 레코드를 $O(N^{1-t/k})$단계로 식별할 수 있음을 증명했다. 또한 주어진 한 직사각 영역 안에 있는 모든 레코드를, 좌표들 중 t개가 부분범위들로 제한되며 그러한 레코드들이 총 q개라고 할 때, 최대 $O(tN^{1-1/k}+q)$단계로 찾을 수 있다 〔D. T. Lee, C. K. Wong, *Acta Informatica* 23 (1977), 23-29〕. 실제로, 프리드먼Friedman, 벤틀리, 핑컬은 만일 주어진 영역이 거의 입방체 형태이고 q가 작다면, 그리고 각 노드에서의 분기에 대해 선택된 좌표의 특성 값들이 최대로 분산되어 있다면, 그러한 영역 질의에 대한 평균 시간이 단 $O(\log N+q)$로만 증가함을 보였다 〔*ACM Trans. Math. Software* 3 (1977), 209-226〕. 그러한 k차원 공간의 한 주어진 점에서 가장 가까운 이웃을 k-d 트리에서 검색하는 경우에도 같은 공식이 적용된다.

k-d 트리가 완전 균형이 아니라 무작위일 때에는 지정된 t개의 좌표들에 대한 부분 부합의 평균 시간이 $\Theta(N^{1-t/k+f(t/k)})$로 약간 증가한다 여기서 함수 f는

$$(f(x)+3-x)^x(f(x)+2-x)^{1-x}=2 \tag{5}$$

로 정의되는 음함수로, 값은 상당히 작다:

$$0 \le f(x) < 0.06329\ 33881\ 23738\ 85718\ 14011\ 27797\ 33590\ 58170- . \tag{6}$$

최대값은 x가 0.585 근방일 때 나온다. 〔P. Flajolet, C. Puech, *JACM* 33 (1986), 371-407, §3 참고.〕

기하 알고리즘의 미학적 매력과 커다란 중요성 때문에 더 높은 차원의 검색 문제 및 그와 관련된 다양한 질문들을 풀기 위한 기법들이 엄청나게 발전한 바 있다. 실제로 1970년대 이후로 계산기하학(Computational Geometry)이라고 불리는 수학과 전산학의 새로운 하위분야가 빠른 성장을 보여 왔다. 1997년 현재 이 분야의 현황에 대한 훌륭한 참고문헌으로는 굿먼J. E. Goodman과 오로크J. O'Rourke가 엮은 *Handbook of Discrete and Computational Geometry*가 있다.

중요한 특수 경우인 2차원, 3차원 대상들에 대한 자료구조 및 알고리즘들을 상세히 개괄한 자료로는 새밋Hanan Samea의 상호보완적인 두 책 *The Design and Analysis of Spatial Data Structures*와 *Applications of Spatial Data Structures* (Addison-Wesley, 1990)가 있다. 새밋은 벤틀리와 핑컬의 원래의 사분트리가 이제는 좀 더 적절한 이름인 "점 사분트리(point quadtree)"로 불리고 있음을 지적하고 있다. "사분트리"라는 이름 자체는 기하적 자료의 임의의 계통적(hierarchical) 분해를 가리키는 일반적 용어가 되었다.

복합 특성. 둘 이상의 특성들을 하나의 초특성(super-attribute)으로 결합하는 것도 가능하다. 예를 들어 대학 학생부 파일의 CLASS 특성과 MAJOR 특성을 합쳐서 "(CLASS, MAJOR) 특성"을 만들 수도 있다. 이렇게 하면 긴 파일들의 교집합을 취하는 대신 서로 다른 짧은 파일들의 합집합을 취함으로써 질의들을 수행하는 것이 가능한 경우가 종종 생긴다.

특성 조합의 개념은 린야오선V. Y. Lum이 더욱 발전시켰다 [*CACM* 13 (1970), 660–665]. 그는 복합 특성들의 뒤집힌 목록들을 왼쪽에서 오른쪽으로 사전순서로 정렬하고 개별 특성들을 어떤 교묘한 방법으로 순열치환해서 여러 개의 목록 복사본들을 만드는 방식을 제안했다. 예를 들어 A, B, C라는 세 특성들이 있다고 하자. 이로부터 다음과 같은 세 가지 복합 특성들을 만들 수 있다.

$$(\mathtt{A},\ \mathtt{B},\ \mathtt{C}),\qquad (\mathtt{B},\ \mathtt{C},\ \mathtt{A}),\qquad (\mathtt{C},\ \mathtt{A},\ \mathtt{B}) \tag{7}$$

그리고 이들 각각에 대해 순서 있는 뒤집힌 목록들을 구축한다. (이를테면 첫 번째 목록은 그 A 값 순서로 레코드들을 정렬하되 A 값이 같은 것들은 B 값 순으로, 그 다음에는 C 값 순으로 정렬해서 만든다.) 이런 식으로 조직화하면 세 특성들의 임의의 조합에 근거한 질의들을 만족할 수 있다. 예를 들어 특정한 A 값과 C 값을 가진 모든 레코드는 세 번째 목록에 연달아 나타난다.

비슷하게, 네 특성 A, B, C, D로부터는 다음과 같이 여섯 개의 복합 특성들을 만들 수 있다.

$$(\mathtt{A},\ \mathtt{B},\ \mathtt{C},\ \mathtt{D}),\ (\mathtt{B},\ \mathtt{C},\ \mathtt{D},\ \mathtt{A}),\ (\mathtt{B},\ \mathtt{D},\ \mathtt{A},\ \mathtt{C}),\ (\mathtt{C},\ \mathtt{A},\ \mathtt{D},\ \mathtt{B}),\ (\mathtt{C},\ \mathtt{D},\ \mathtt{A},\ \mathtt{B}),\ (\mathtt{D},\ \mathtt{A},\ \mathtt{B},\ \mathtt{C}). \tag{8}$$

특성 한 개, 두 개, 세 개, 네 개 조합들에 관련된 단순 질의들의 모든 조합을 처리하는 데에는 이들로 충분하다. $k \le \frac{1}{2}n$라고 할 때, n개의 특성들로부터 $\binom{n}{k}$가지 특성 조합들을 구축하되 최대 k개, 최소 $n-k$개의 특성 값들의 특정한 조합들을 가진 모든 레코드가 조합된 특성 목록들 중 하나에 연달아 나타나도록 하는 일반적인 절차가 존재한다(연습문제 1을 볼 것). 일부 특성들이 제한된 개수의 값들을 가진다면 더 적은 조합들로도 가능하다. 예를 들어 D가 두 값 짜리 특성이라면, (7)의 각 조합 처음에 D를 추가해서 얻은 세 조합

$$(\mathtt{D},\ \mathtt{A},\ \mathtt{B},\ \mathtt{C}),\ (\mathtt{D},\ \mathtt{B},\ \mathtt{C},\ \mathtt{A}),\ (\mathtt{D},\ \mathtt{C},\ \mathtt{A},\ \mathtt{B}) \tag{9}$$

는 (8)에 비해 중복은 절반밖에 되지 않지만 효과는 거의 (8)만큼이나 좋다. D에 의존하지 않는 질의들은 목록들 중 하나의 두 자리만 조사하면 되기 때문이다.

이진 특성. 모든 특성이 값이 두 개짜리인 특별한 경우를 살펴보면 얻는 것이 많을 것 같다. 어떤

표 1

이진 특성들을 가진 파일의 예

	올스파이스	아니스 씨	베이킹 파우더	베이킹 소다	버터	카다몬	초콜릿	계피	정향	코코넛	커피	옥수수녹말	대추야자	계란 흰자	계란 노른자	밀가루	생강	레몬즙	레몬 껍질	우유	당밀	육두구	견과류	오트밀	건포도	소금	갈색 설탕	과립설탕	가루설탕	바닐라 진액	특수 재료
아몬드 레이스 웨이퍼	0	0	0	0	1	0	0	0	0	0	0	0	0	0	0	1	0	0	0	1	0	0	1	0	0	0	0	1	0	0	—
사과 소스 스파이스 스퀘어	0	0	0	1	1	0	0	1	1	0	0	0	0	1	1	1	0	0	0	0	0	1	1	0	1	0	0	1	1	1	사과 소스
바나나 오트밀 쿠키	0	0	0	1	1	0	0	1	0	0	0	0	0	1	1	1	0	0	0	0	0	1	1	1	0	1	0	1	0	1	바나나
초콜릿 칩 쿠키	0	0	0	1	1	0	1	0	0	0	0	0	0	1	1	1	0	0	0	0	0	0	1	0	0	1	0	1	0	1	—
코코넛 마카룬	0	0	0	0	1	0	0	0	0	1	0	0	0	1	1	1	0	0	0	0	0	0	1	0	0	1	0	1	0	1	—
크림 치즈 쿠키	0	0	0	0	1	0	1	0	0	0	0	0	0	0	1	1	0	0	0	0	0	0	0	0	0	0	0	1	0	1	크림 치즈
맛있는 자두 막대과자	0	0	0	0	1	0	0	0	0	1	0	1	0	1	1	1	0	0	0	0	0	0	1	0	0	1	1	0	0	0	오렌지, 자두
더블초콜릿 드롭스	0	0	0	1	1	0	1	0	0	0	0	0	0	1	1	1	0	0	0	0	0	0	1	0	0	1	0	1	0	0	—
드림바	0	0	1	0	1	0	0	0	0	0	0	0	0	1	1	1	0	0	0	0	0	0	1	0	0	1	1	0	0	1	—
속 채운 턴오버	0	0	1	0	1	0	0	0	0	0	0	0	1	1	1	1	0	1	0	0	0	0	1	0	0	1	0	1	0	1	—
핀스카 카코르	0	0	0	0	1	0	0	0	0	0	0	0	0	1	1	1	1	0	0	0	0	0	1	0	0	1	0	1	0	0	아몬드 진액
윤기 낸 생강쿠키	0	0	1	1	1	0	0	1	1	0	0	0	0	1	1	1	0	0	0	1	1	0	0	0	0	0	1	0	1	0	식초
당밀쿠키	0	0	0	1	1	0	0	1	0	0	1	0	0	1	1	1	0	0	0	0	0	1	0	0	1	1	1	0	0	0	살구
보석 쿠키	0	0	0	0	1	0	0	0	0	0	0	0	0	1	1	1	0	0	0	0	0	0	1	0	0	0	1	0	0	1	건포도 젤리
점블	0	0	0	0	1	0	0	1	0	0	0	0	0	1	1	1	0	0	0	0	0	0	0	0	0	1	0	1	0	1	샐러드 오일
크리스 크링글	0	0	0	0	1	1	0	0	0	0	0	0	0	1	1	1	0	0	0	0	0	0	1	0	0	0	0	1	0	0	—
레브쿠헨 라운드	1	0	0	1	0	0	0	1	1	0	0	0	0	1	1	1	0	1	0	1	0	1	1	0	0	1	1	0	1	0	꿀
머랭	0	0	0	0	1	0	0	0	0	0	0	0	1	1	0	0	0	0	0	0	0	0	1	0	0	0	0	1	0	0	설탕절임 체리
모라비아 스파이스 쿠키	1	0	0	1	1	0	0	1	1	0	0	0	0	1	0	1	1	0	0	0	1	1	0	0	0	1	1	0	1	0	—
오트밀 대추야자 막대과자	0	0	0	1	1	0	0	0	0	0	0	0	1	0	0	1	0	1	0	0	0	0	1	1	0	1	1	1	0	0	—
옛날식 설탕 쿠키	0	0	1	1	1	0	0	0	0	0	0	0	0	1	1	1	0	0	0	0	0	1	0	0	0	1	0	1	0	1	사워 크림
땅콩 버터 핀휠	0	0	0	1	1	0	1	0	0	0	0	0	0	1	1	1	0	0	0	0	0	0	0	0	0	1	1	0	0	1	땅콩 버터
페티코트 꼬리	0	0	0	1	1	0	0	0	0	0	0	0	0	0	0	1	0	0	0	0	0	0	0	0	0	1	0	0	1	1	—
페퍼누스	1	1	1	0	0	1	0	1	0	0	1	0	0	1	1	1	0	0	0	0	0	1	1	0	0	1	1	0	1	0	시트론, 메이스, 후추
스카치 오트밀 쇼트브레드	0	0	0	0	1	0	0	0	0	0	0	0	0	0	0	1	0	0	0	0	0	0	0	1	0	1	0	1	0	1	—
쇼트브레드 스타	0	0	0	0	1	0	0	0	0	0	0	0	0	0	0	1	0	0	0	0	0	0	0	0	0	0	1	0	0	0	—
스프링걸	0	1	1	0	0	0	0	0	0	0	0	0	0	1	1	1	0	0	0	0	0	0	0	0	0	1	0	1	1	0	—
스프리츠 쿠키	0	0	0	0	1	0	0	0	0	0	0	0	0	0	1	1	0	0	0	0	0	0	0	0	0	1	0	1	0	1	—
스웨덴 크링글러	0	0	0	0	1	0	0	0	0	0	0	0	0	1	1	1	0	0	0	1	0	0	0	0	0	0	0	1	0	0	—
스위스 계피 크리스프	0	0	0	0	1	0	0	1	0	0	0	0	0	1	1	1	0	0	0	1	0	0	0	0	0	1	1	1	0	0	—
태피 막대과자	0	0	0	0	1	0	1	0	0	0	0	0	0	0	1	1	0	0	0	0	0	0	1	0	0	0	1	0	0	1	—
바닐라 견과 아이스박스 쿠키	0	0	1	0	1	0	0	0	0	0	0	0	0	1	1	1	0	0	0	0	0	0	1	0	0	1	0	1	0	1	—

참고: *McCall's Cook Book* (New York: Random House, 1963), 제9장.

의미에서 이는 특성 조합의 반대라고 할 수 있다. 임의의 값을 이진수로 표현할 수 있으며 그 수의 개별 비트들을 개별적인 특성들로 간주할 수 있기 때문이다. 표 1은 이러한 "예-아니오" 특성들에 관련된 전형적인 파일의 예이다. 이 경우 레코드들은 선택된 쿠키 조리법을 대표하며, 특성들은 쿠기에 어떤 재료가 쓰이는지를 지정한다. 예를 들어 아몬드 레이스 웨이퍼는 버터, 밀가루, 우유, 견과, 과립설탕으로 만든다. 표 1을 0들과 1들의 행렬로 생각한다면, 그 행렬의 전치행렬이 바로 비트열 표현에서의 뒤집힌 파일이다.

표 1의 오른쪽 열은 가끔씩만 쓰이는 특별한 재료들을 나타낸다. 이들을 각각 하나씩의 완전한 열로 표현하는 것보다 더 효율적인 방식으로 부호화할 수도 있다. 그리고 "옥수수녹말" 열도 비슷한 방식으로 취급할 수 있다. 그와 쌍대적으로, "밀가루" 열을 좀 더 효율적으로 부호화하는 것도 가능하다. 밀가루는 머랭을 제외한 모든 쿠키에 쓰이기 때문이다. 그러나 일단 지금은 그러한 고려사항들을 제쳐두고, "특수 재료" 열은 무시하기로 하자.

이러한 이진 특성 파일에서 특정 열들은 0이고 또 다른 특정 열들은 1, 그 나머지 열들은 임의의 값인 모든 레코드를 찾는 질의를 기본 질의(basic query)라고 부르기로 하자. 임의의 값을 "*"로 나타낸다고 할 때, 임의의 기본 질의를 0들, 1들, *들의 열로 표현할 수 있다. 예를 들어 독자가 코코넛이 들어간 과자를 먹고 싶은데 초콜릿에는 알러지가 있으며 아니스는 싫어하고 하필이면 바닐라 진액이 다 떨어졌다고 하자. 그러면 다음과 같은 질의를 수행하면 된다.

$$* \; 0 * * * * 0 * * 1 * 0 \qquad (10)$$

표 1은 독자에게 "맛있는 자두 막대과자"를 추천할 것이다.

기본 질의를 위해 파일을 조직화하는 일반적 문제를 고찰하기 전에, 질의에 0들은 전혀 지정되지 않고 1들과 *들만 지정된 특별한 경우부터 살펴보는 게 중요하다. 1이 특성의 존재를 의미하고 0이 특성의 부재를 의미한다고 할 때, 이런 질의는 특정한 특성들을 포함하는 모든 레코드를 요청하는 것이 된다. 따라서 이를 두고 포함 질의(inclusive query)라고 불러도 좋을 것이다. 예를 들어 베이킹 소다와 베이킹 파우더가 모두 들어가는 과자를 표 1에서 찾는다면 윤기 낸 생강쿠키와 옛날식 설탕 쿠키가 나온다.

응용에 따라서는 포함 질의를 특별한 경우로 제공해도 충분할 수 있다. 이는 예를 들어 "가장자리 절단 카드(edge-notched card)" 시스템이나 "특징 카드(feature card)" 시스템 등 카드를 손으로 집어넣는 수많은 시스템에서 발생한다. 표 1에 해당하는 가장자리 톱니 카드 시스템이라면 각 조리법 당 한 장의 카드를 두되 카드마다 해당 재료의 구멍을 잘라내는 형태가 될 것이다(그림 46). 포함 질의를 처리할 때에는, 카드 파일을 깔끔한 덱에 집어넣고, 포함될 특성에 해당하는 각 열 위치에 바늘들을 집어넣는다. 바늘을 들어올리면, 해당 특성들을 가진 카드들만 모두 떨어지게 된다.

특징 카드 시스템은 뒤집힌 파일에 대해 비슷한 방식으로 작동한다. 이 경우 특성마다 카드 한 장씩 존재하며 각 카드 표면에는 그 카드 특성을 가진 레코드들에 해당하는 특정한 위치들에 구멍이

뚫려 있다. 따라서 보통의 80열 카드로 주어진 특성을 가진 $12 \times 80 = 960$개의 레코드들을 나타낼 수 있다. 포함 질의를 수행할 때에는, 지정된 특성들을 가진 특징 카드들을 뽑아서 한 데 모은다. 그런 다음 빛을 쐬어서 그 빛이 통과된 위치들을 살펴보면 해당 특성들을 가진 모든 레코드를 알 수 있다. 이는 앞에서 설명한, 뒤집힌 비트열들의 교집합을 통해서 부울 질의를 처리하는 방식과 비슷하다.

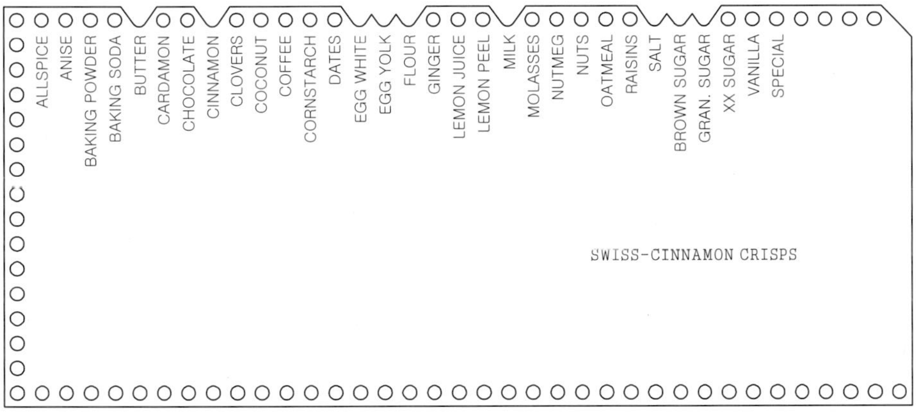

그림 46. 가장자리 절단 카드.

겹침 부호화. 이러한 수동 카드 시스템들은, 가장자리 절단 카드의 공간을 절약하기 위한 교묘한 방법들이 고안되었다는 점에서 아주 흥미롭다. 같은 원리들을 컴퓨터 파일의 표현에도 적용할 수 있다. 겹침 부호화(superimposed coding)는 해싱과 비슷한 기법으로, 실제로 해싱 자체가 발견되기 몇 년 전에 고안된 것이다. 이 방법의 핵심은 특성들을 n비트 체(field) 안의 무작위 k비트 부호들로 사상(寫像, mapping)하고 한 레코드에 존재하는 각 특성에 대한 부호들을 겹친다는 것이다. 어떤 특성들의 집합에 대한 포함 질의는 그에 대응하는 겹쳐진 비트 부호들에 대한 포함 질의로 변환할 수 있다. 이러한 질의를 만족하는, 그러나 원했던 것은 아닌 레코드들이 몇 개 더 나올 수도 있으나, 그런 "거짓 떨어짐(false drop)†" 레코드들의 개수는 통계적으로 제어가능한 수준이다. [Calvin N. Mooers, *Amer. Chem. Soc. Meeting* 112 (September 1947), 14E-15E; *American Documentation* 2 (1951), 20-32 참고.]

겹침 부호화의 한 예로, 표 1을 다시 고찰하되 베이킹 바우더, 쇼트닝, 계란, 밀가루 같은 기본 재료들은 제외하고 맛 재료들만 고려하기로 하자. 표 2는 10비트 체 안에서 무작위 2비트 부호들을 각 맛 특성들에 사상하고 그 부호들을 겹친 결과이다. 예를 들어 초콜릿, 견과, 바닐라의 부호들을 겹치면 초콜릿 칩 쿠키 항목이 나온다:

---

† [옮긴이 주] 여기서, 그리고 이후에도, '떨어진다'는 말은 앞서의 특징 카드 시스템에서 주어진 질의를 만족하는 카드가 바늘에 걸리지 않고 떨어지는 것을 빗댄 표현이다. 직관적인 느낌과는 달리 검색의 '성공'을 의미한다는 점에 주의할 것. 거짓 떨어짐은 원했던 항목은 아니지만 결과에는 포함됨을 의미하는 것으로, 가양성(false positive)이라는 표현도 있다.

$$0010001000 \mid 0000100100 \mid 0000001001 = 0010101101.$$

이러한 부호들의 겹침에 의해 원하지 않은 특성들도 몇 개 나오게 된다. 이 경우에는 올스파이스, 설탕절임 체리, 건포도 젤리, 땅콩 버터, 후추이다. 이들 때문에 특정한 질의에서는 가양성의 결과들이 나타난다(또한 이들을 이용해서 거짓 떨어짐 쿠키라는 새로운 디저트를 만들어 볼 수도 있을 것이다!)

표 2에서는 겹침 부호화가 아주 잘 작동하지는 않는다. 이는 특성들은 많은 반면 레코드들은 비교적 적기 때문이다. 사실 사과소스 스파이스 스퀘어의 겹침 부호는 열 개의 위치들 모두를 덮는 일곱 개의 부호들을 겹쳐서 얻은 것이기 때문에, 사과소스 스파이스 스퀘어는 모든 질의에서 떨어진다. 그리고 열 두 개의 부호들을 겹쳐서 얻은 페퍼누스는 더 나쁘다. 예를 들어 "바닐라 진액"을 질의하면 페퍼누스만 떨어지는데, 사실 그것은 거짓 떨어짐이다.

겹침 부호화로 좀 더 적합한 예를 들어 보겠다. 32비트 체에서 $\binom{32}{3} = 4960$개의 서로 다른 특성들이 있으며 각 레코드는 최대 여섯 개의 특성들을 가질 수 있다고 하자. 그리고 각 특성은 32비트 중 세 개의 비트들로 부호화된다고 하자. 이러한 상황에서 각 레코드가 여섯 개의 무작위로 선택된 특성을 가진다고 할 때, 한 포함 질의에서 하나의 거짓 떨어짐이 발생할 확률은

$$\begin{array}{ll} \text{특성 하나에 대해서는} & .07948358; \\ \text{특성 두 개에 대해서는} & .00708659; \\ \text{특성 세 개에 대해서는} & .00067094; \\ \text{특성 네 개에 대해서는} & .00006786; \\ \text{특성 다섯 개에 대해서는} & .00000728; \\ \text{특성 여섯 개에 대해서는} & .00000082 \end{array} \tag{11}$$

이다. 따라서 만일 2 특성 질의를 실제로 만족하지는 않는 레코드들이 M개 있다고 할 때 지정된 두 개의 특성들의 모든 부호 비트들과 거짓으로 부합하는 겹침 코드를 가지는 레코드들은 약 $.007M$개가 된다. (이 확률들은 연습문제 4에서 계산한다.) 뒤집힌 파일에 필요한 총 비트 수는 32 곱하기 레코드 수밖에 되지 않으며, 이는 원래의 파일에서 특성들 자체를 지정하는 데 필요한 비트 수의 절반보다 작다.

코츠W. H. Kautz와 싱글턴R. C. Singleton이 *IEEE Trans.* IT-10 (1964), 363-377에서 지적했듯이, 겹침 부호화에서 세심하게 선택된 비무작위 부호들을 사용한다면 거짓 떨어짐들을 완전히 피하는 것도 가능하다. 그들의 구성들 중 하나가 연습문제 16에 나온다.

해리슨Malcom C. Harrison은 겹침 부호화를 텍스트 검색의 속도를 높이는 데 사용할 수 있다고 말했다 [*CACM* 14 (1971), 777-779]. 긴 텍스트 본문에서 특정한 문자열의 모든 출현을 알고리즘 6.3P에서처럼 방대한 표를 구축하지 않고도 찾는다고 하자. 그리고 그 텍스트가 여러 개의 줄들로 나뉘어져 있으며, 각 줄은 49개의 쌍 c_1c_2, c_2c_3, …, $c_{49}c_{50}$으로 부호화되었다고 하자. 해리슨의 제안은 49쌍 각각을 이를테면 0에서 127 사이의 수들로 해싱하는 식으로 부호화하는 것이다. 텍스트

줄의 그러한 "서명" $c_1 c_2 \cdots c_{50}$은 128비트 $b_0 b_1 \ldots b_{127}$의 기호열로, 이 기호열에서 오직 어떤 j에 대해 $h(c_j c_{j+1}) = i$일 때에만 $b_i = 1$이다.

표 2

겹침 부호화의 예

개별 맛 재료의 부호들

아몬드 추출물	0100000001	대추야자	1000000100
올스파이스	0000100001	생강	0000110000
아니스 씨	0000011000	꿀	0000000011
사과소스	0010010000	레몬즙	1000100000
살구	1000010000	레몬 껍질	0011000000
바나나	0000100010	메이스	0000010100
설탕절임 체리	0000101000	당밀	1001000000
카다몬	1000000001	육두구	0000010010
초콜릿	0010001000	견과	0000100100
계피	1000000010	오렌지	0100000100
시트론	0100000010	땅콩 버터	0000000101
정향	0001100000	후추	0010000100
코코넛	0001010000	자두	0010000010
커피	0001000100	건포도	0101000000
건포도 젤리	0010000001	바닐라 진액	0000001001

겹쳐진 부호들

아몬드 레이스 웨이퍼	0000100100	레브쿠헨 라운드	1011110111
사과 소스 스파이스 스퀘어	1111111111	미겡	1000101100
바나나 오트밀 쿠키	1000111111	모라비아 스파이스 쿠키	1001110011
초콜릿 칩 쿠키	0010101101	오트밀 대추야자 막대과자	1000100100
코코넛 마카룬	0001111101	옛날식 설탕 쿠키	0000011011
크림 치즈 쿠키	0010001001	땅콩 버터 핀휠	0010001101
맛있는 자두 막대과자	0111110110	페티코트 꼬리	0000001001
더블초콜릿 드롭스	0010101100	페퍼누스	1111111111
드림바	0001111101	스카치 오트밀 쇼트브레드	0000001001
속 채운 턴오버	1011101101	쇼트브레드 스타	0000000000
핀스카 카코르	0100100101	스프링걸	0011011000
윤기 낸 생강쿠키	1001110010	스프리츠 쿠키	0000001001
당밀쿠키	1101010110	스웨덴 크링글러	0000000000
보석 쿠키	0010101101	스위스 계피 크리스프	1000000010
점블	1000001011	태피 막대과자	0010101101
크리스 크링글	1011100101	바닐라 견과 아이스박스 쿠키	0000101101

이제 HAYSTACK이라는 큰 텍스트 파일에서 NEEDLE이라는 단어의 모든 출현을 찾는다고 하자. 그러면 그냥 서명의 h(NE), h(EE), h(ED), h(DL), h(LE) 위치들이 비트 1인 줄들을 모두 찾으면 된다. 해시 함수가 무작위라고 할 때, 한 무작위 줄의 서명에 그러한 모든 비트들이 포함되어 있을 확률은 단 0.00341밖에 되지 않는다(연습문제 4). 따라서 다섯 개의 뒤집힌 목록 비트열들의 교집합을 취함으로써 NEEDLE을 담은 모든 줄을 빠르게 식별할 수 있다(거짓 떨어짐들 몇 개가 포함되긴 하지만).

그런데 이 예에서 무작위성에 대한 가정은 그리 정당한 것이 못된다. 전형적인 텍스트에는 중복이 상당히 많기 때문이다. 영어 단어에서 인접한 글자쌍의 분포는 크게 치우쳐있다. 예를 들어 빈칸은 다른 기호들보다 훨씬 더 자주 쓰이므로 빈칸 문자를 담은 $c_j\,c_{j+1}$ 쌍들을 모두 폐기한다면 아마도 크게 도움이 될 것이다.

검색 문제에 겹침 부호화를 응용하는 또 다른 흥미로운 방법을 블룸Burton H. Bloom이 제안한 바 있다 [*CACM* 13 (1970), 422-426]. 사실 그의 방법은 기본키 조회에 적용되는 것이나, 이번 절에서 논의하는 게 오히려 더 적합하다. 어떤 커다란 데이터베이스를 검색하되, 검색 실패의 경우 어떠한 계산도 필요하지 않은 응용 프로그램을 상상해 보자. 예를 들어 누군가의 신용 등급이나 여권 번호를 점검한다고 할 때, 파일에 그 사람의 레코드가 없다면 더 이상의 작업은 필요가 없다. 비슷하게, 컴퓨터화된 조판 시스템에서 대부분의 단어들에는 하이픈을 정확히 추가하되 약 50,000개의 예외적인 단어들에서는 실패하는 단순한 하이픈 넣기 알고리즘을 생각해 볼 수 있다. 그런 경우, 예외 단어 파일들을 만들어 두고, 거기에 없는 단어라면 안심하고 단순한 알고리즘을 사용하면 된다.

그런 상황에서는 내부 메모리에 비트표를 유지함으로써 파일에 없는 대부분의 키들을 외부 메모리를 전혀 참조하지 않고도 식별할 수 있다. 이렇게 하면 된다: 내부 비트표가 $b_0 b_1 \ldots b_{M-1}$이라고 하자. M은 상당히 큰 값이라고 가정한다. 파일의 각 키 K_j에 대해 k개의 독립적인 해시 함수 $h_1(K_j)$, ..., $h_k(K_j)$의 값들을 계산하고, 해당 k개의 b들을 1로 설정한다. (이 k개의 값들이 반드시 서로 달라야 하는 것은 아니다.) 즉, 오직 어떤 j와 l에 대해 $h_l(K_j) = i$일 때에만 $b_i = 1$이다. 외부 파일에 검색 인수 K가 존재하는지를 결정할 때에는, 우선 $1 \le l \le k$에 대해 $b_{h_l(K)} = 1$인지의 여부를 판정한다. 만일 아니라면 외부 메모리에 접근할 필요가 없다. 맞다면, k와 M을 적절히 선택했다고 할 때 통상적인 검색 방법으로 K를 찾을 수 있을 것이다. 파일의 레코드 개수가 N일 때 거짓 떨어짐이 발생할 확률은 근사적으로 $(1-e^{-kN/M})^k$이다. 어떤 의미로는, 블룸의 방법은 파일 전체를 하나의 레코드로 취급하는 것이라고 할 수 있다: 존재하는 특성들을 레코드의 기본키들로 두고 거대한 M비트 체에서 겹침 부호화를 사용하는 것이라고 생각하면 될 것이다.

겹침 부호화의 또 다른 변형은 거스터프슨Richard A. Gustafson이 개발했다 [Ph.D. 학위논문 (Univ. South Carolina, 1969)]. 레코드가 N개이고 각 레코드는 10,000가지 특성들의 집합에서 선택한 여섯 개의 특성들을 가진다고 하자. 이를테면 각 레코드는 기술 논문 정보를 담고 있으며 특성들은 그 논문을 서술하는 키워드들이라고 하겠다. h가 각 특성을 0에서 15 사이의 수로 사상하는 해시 함수라고 하자. 거스터프슨이 제안한 방법은 이런 것이다. 한 레코드가 특성 $a_1, a_2, \ldots, a_6$

을 가진다고 할 때, 그 레코드를 오직 어떤 j에 대해 $h(a_j)=i$일 때에만 $b_i=1$인 16비트 이진수 $b_0b_1\ldots b_{15}$로 사상한다. 더 나아가서, 그렇게 했을 때 만일 그 b들 중 오직 $k<6$개만 1이 된다면 다른 $6-k$개의 1들을 어떤 무작위한 방법(반드시 레코드 자체에 의존적일 필요는 없다)으로 설정해서 1인 비트들이 여섯 개가 되도록 한다. 1인 비트들이 정확히 여섯 개 존재하는 16비트 부호들은 총 $\binom{16}{6}=8008$개가 존재하며, 운이 따른다면 약 $N/8008$개의 레코드들이 각 값으로 사상된다. 적절한 공식을 이용해서 $b_0b_1\ldots b_{15}$에 대응하는 주소들을 직접 계산함으로써 8008개의 레코드 목록들을 만들고 유지할 수 있다. 실제로, 1인 위치들이 $0\le p_1<p_2<\cdots<p_6$라고 하면, 연습문제 1.2.6-56과 2.2.6-7에서 보았듯이 함수

$$\binom{p_1}{1}+\binom{p_2}{2}+\cdots+\binom{p_6}{6}$$

이 각 비트열 $b_0b_1\ldots b_{15}$를 0에서 8007 사이의 유일한 수로 변환한다.

이제 특정한 세 특성 A_1, A_2, A_3을 가진 모든 레코드를 찾는다고 하자. 그러면 $h(A_1), h(A_2), h(A_3)$를 계산한다. 이 값들이 서로 다르다고 가정하면, $\binom{13}{3}=286$개의 목록들에 담긴 레코드들만 조사해서 해당 세 위치에 1이 있는 비트 부호 $b_0b_1\ldots b_{15}$들을 찾으면 된다. 바꾸어 말해서 약 $286/8008\approx 3.5$퍼센트의 레코드들만 조사하면 되는 것이다.

겹침 부호화를 훌륭하게 설명해 놓은 문헌으로는 C. S. Roberts, *Proc. IEEE* 67 (1979), 1624-1642가 있다. 문헌에는 커다란 전화번호부 데이터베이스에 겹침 부호화를 응용하는 방법도 나온다. J. K. Mullin, D. J. Margoliash, *Software Practice & Exper.* 20 (1990), 625-630에는 맞춤법 검사 소프트웨어에 대한 응용이 나온다.

조합적 해싱. 방금 설명한 거스터프슨의 방법에 깔린 착안은 특정한 질의에 대해 비교적 적은 수의 메모리 장소들만 관련되도록 레코드들을 메모리 장소들에 사상하는 방법을 찾는다는 것이다. 그런데 그의 방법은 개별 레코드가 가지는 특성이 몇 개 안 될 때의 포함 질의에만 적용된다. (10)처럼 0들, 1들, *들로 이루어진 임의의 기본 질의를 처리하기 위한 또 다른 종류의 사상을 1971년에 리베스트 Ronald L. Rivest가 발견했다. [*SICOMP* 5 (1976), 19-50 참고.]

영어의 모든 여섯 글자 단어를 위한 십자말풀이 사전을 구축한다고 하자. 전형적인 질의에서는 이를테면 N**D*E 형태의 모든 단어를 요청해서 {NEEDLE, NIDDLE, NODDLE, NOODLE, NUDDLE}이라는 답을 얻게 된다. 이 문제는 2^{12}개의 목록들을 두고, 단어 NEEDLE을 번호가

$$h(\mathtt{N})\ h(\mathtt{E})\ h(\mathtt{E})\ h(\mathtt{D})\ h(\mathtt{L})\ h(\mathtt{E})$$

인 목록에 넣음으로써 깔끔하게 해결할 수 있다. 여기서 h는 각 글자를 2비트 값으로 사상하는 해시 함수이다. 여섯 글자에 대해 이런 함수로 얻은 여섯 개의 2비트쌍들은 하나의 12비트 목록 주소가 된다. 그러면 N**D*E라는 질의의 답은 4096개의 목록들 중 단 64개만을 조사해서 얻을 수 있다.

비슷하게, 각각 10개의 2차키들을 가진 레코드들이 1,000,000개이고 각 2차키는 대단히 많은 수의 값들을 가질 수 있다고 하자. 2차키들이 $(K_1, K_2, \ldots, K_{10})$인 레코드를 20비트 수

$$h(K_1)\,h(K_2)\,\ldots\,h(K_{10}) \tag{12}$$

으로 사상할 수 있다. 여기서 h는 각 2차키를 2비트 값으로 변환하는 함수이고 (12)는 그러한 비트쌍 10개를 연결한 주소이다. 이 방안은 1,000,000개의 레코드들을 $2^{20} = 1{,}048{,}576$가지 값들로 사상하는 것으로, 전체 사상을 $M = 2^{20}$인 하나의 해시 함수로 간주할 수 있다. 충돌은 연쇄를 이용해서 해소하면 된다. 임의의 다섯 2차키들이 특정한 값들을 가지고 있는 모든 레코드를 찾는다고 하면, (12)에서 지정되지 않은 다섯 비트쌍들에 대응하는 단 2^{10}개의 목록들만 조사하면 된다. 즉, 평균적으로 약 $1000 = \sqrt{N}$개의 레코드들만 보면 되는 것이다. (이와 비슷한 접근방식을 제안한 사람은 아리사와M. Arisawa 〔*J. Inf. Proc. Soc. Japan* 12 (1971), 163-167〕와 드와이어B. Dwyer (미출판)이다. 드와이어는 (12)보다 유연한 사상을 제시했는데, 구체적으로 말하면

$$(h_1(K_1) + h_2(K_2) + \cdots + h_{10}(K_{10})) \bmod M.$$

이다. 여기서 M은 임의의 편리한 수이다. 그리고 h_i는 임의의 해시 함수로, "무작위" w_i에 대한 $w_i K_i$의 형태일 수 있다.)

리베스트는 많은 경우들에서 다음과 같은 상황이 발생하도록 이러한 착안을 더욱 전개시켰다. 레코드들이 $N \approx 2^n$개이고 각 레코드가 m개의 2차키들을 가진다고 하자. 각 레코드를 n비트 해시 주소로 사상하되, k개의 키들의 값을 지정하지 않은 하나의 질의가 근사적으로 $N^{k/m}$개의 해시 주소들에 대응되도록 한다. 이번 절에서 논의한 다른 방법들 중 거스터프슨의 것을 제외한 모든 방법은 조회에 필요한 단계 수가 N 규모이다(비례 상수가 작긴 하지만). 리베스트의 방법은 충분히 큰 N에 대해 더 빠르며, 뒤집힌 파일들이 필요하지도 않다.

그러나 이 기법을 적용하려면 적절한 사상을 정의해야 한다. $m = 4$이고 $n = 3$이며 모든 2차키가 이진값을 가질 때의, 적은 수의 매개변수들을 가지는 한 예를 보자. 4비트 레코드들을 다음과 같이 여덟 주소들로 사상할 수 있다.

$$\begin{array}{llll} * & 0 & 0 & 1 \to 0 \\ 0 & * & 0 & 0 \to 1 \\ 1 & 0 & * & 0 \to 2 \\ 1 & 1 & 0 & * \to 3 \end{array} \qquad \begin{array}{llll} * & 1 & 1 & 0 \to 4 \\ 1 & * & 1 & 1 \to 5 \\ 0 & 1 & * & 1 \to 6 \\ 0 & 0 & 1 & * \to 7 \end{array} \tag{13}$$

이 표를 조사해 보면 질의 0 * * *에 해당하는 모든 레코드가 장소 0, 1, 4, 6, 7로 사상됨을 알 수 있다. 그리고 그와 비슷하게, 세 개의 *들을 가진 임의의 기본 질의는 정확히 다섯 장소들로 사상된다. *가 두 개인 기본질의는 각각 세 장소들에 대응되며, *가 하나인 기본 질의는 장소 하나 또는 둘로 대응된다. 평균적으로는 $(8 \times 1 + 24 \times 2)/32 = 1.75$개이다. 정리하자면 다음과 같다.

질의에 지정되지 않은 비트 개수	검색할 장소 개수
4	$8 = 8^{4/4}$
3	$5 \approx 8^{3/4}$
2	$3 \approx 8^{2/4}$
1	$1.75 \approx 8^{1/4}$
0	$1 = 8^{0/4}$

(14)

물론 이는 아주 작은 예이므로 그냥 주먹구구식으로 처리하는 게 더 쉬울 것이다. 그러나 이 방법은 사소하지 않은 응용들로도 확장할 수 있다. $m = 4r$이고 $n = 3r$일 때 $4r$비트 레코드들을 $2^{3r} \approx N$개의 장소들로 사상하고 2차키들을 각각 4비트씩 r개의 그룹들로 분할하고 각 그룹에 (13)을 적용함으로써 이 방법을 사용할 수 있는 것이다. 그렇게 얻은 사상은 *m개의 비트들 중 k개를 지정하지 않은 질의가 근사적으로 $N^{k/m}$개의 장소들에 대응한다*는 바람직한 성질을 가진다. (연습문제 6.)

브라우버르A. E. Brouwer [*SICOMP* 28 (1999), 1970–1971]는 8비트를 5비트로 압축하는, (13)의 사상과 비슷한 한 가지 매력적인 방법을 발견했다. 모든 8비트 바이트는 다음 32가지 부류들 중 정확히 하나에 속하게 된다:

0*000*0*	01*0**11	00*11**1	*11**101
1*000*0*	11*0**11	10*11**1	*11**010
0*010*0*	01*1**11	00*0*01*	*10*0*10
1*010*0*	11*1**11	10*0*01*	*10*1*01
0*10*1*0	0*1*000*	*01*01*1	*0*1001*
1*10*1*0	1*1*000*	*10*10*0	*0*0100*
0*11*1*0	0*0*11*0	*00*011*	*0*011*1
1*11*1*0	1*0*11*0	*11*100*	*0*110*0

(15)

이 설계에서 *들은 각 행에 세 개, 각 열에 12개가 나타나도록 배치된다. 연습문제 18에서는 이와 비슷하게, 이를테면 $m = 4^r$개의 비트들을 가진 레코드들을 $n = 3^r$비트 주소들로 압축하는 방안을 만드는 방법이 나온다. 실제 응용에서는 크기가 b인 통들을 사용하고 $N \approx 2^n b$로 잡으면 될 것이다. 앞의 논의에서는 설명의 편의를 고려해서 $b = 1$인 경우를 사용했다.

리베스트는 기본 질의를 처리하는 또 다른 간단한 방식도 제안했다. 각각 30비트인 레코드 $N \approx 2^{10}$개에 대해 비슷한 임의의 30비트 기본 질의를 처리한다고 하자. 그런 경우라면 그냥 30비트들을 세 개의 10비트 필드들로 분할하고 크기가 $M = 2^{10}$인 개별적인 해시표 세 개를 두면 될 것이다. 각 레코드는 세 필드들의 해당 비트 구성에 대응하는 세 목록들에 한 번씩 총 세 번 저장된다. 이와 같은 적절한 조건들에서 각 목록은 약 하나의 원소를 담는다. k개의 비트들을 지정하지 않은 질의가 요청되었을 때 그 필드들 중 적어도 하나에서 지정되지 않은 비트들의 개수는 $\lfloor k/3 \rfloor$ 이하이다. 따라서 질의의 모든 답을 구하기 위해서는 많아야 $2^{\lfloor k/3 \rfloor} \approx N^{k/30}$개의 목록들만 살펴보면 된다. 또는, 선택된 필드들에서 기본 질의를 처리하는 다른 임의의 기법을 사용할 수도 있다.

일반화된 트라이. 리베스트는 6.3절의 트라이와 비슷한 자료구조에 기초를 둔 또 다른 접근방식도 제안했다. 이 접근방식에서는 일반화된 이진 트라이의 각 내부 노드가 레코드의 특정 비트를 나타내게 한다. 예를 들어 표 1의 자료라고 하면 트라이의 루트가 바닐라 진액을 나타내게 할 수 있다. 그러면 그 왼쪽 하위트라이는 바닐라 진액이 들어가지 않는 16개의 쿠키 조리법들에 대응하고 오른쪽 하위트라이는 바닐라 진액이 들어가는 15개의 쿠키 조리법들에 대응한다. 이러한 16-15 분할은 파일을 깔끔하게 이분한다. 각 부분파일도 마찬가지로 처리하면 된다. 부분파일이 충분히 작아졌다면 그것을 하나의 말단 노드로 표현한다.

기본 질의를 처리할 때에는 이런 일반화된 트라이의 루트에서 시작한다. 루트가 나타내는 특성이 질의에서 0 또는 1이면 그에 따라 각각 왼쪽 또는 오른쪽 하위트라이로 내려간다. *이면 두 하위트라이를 모두 검색한다.

특성들이 이진값인 것은 아니지만 이진 표기법으로 표현되었다고 하자. 그러면 특성 1의 첫 비트를 먼저 보고, 그런 다음 특성 2의 첫 비트, ..., 특성 m의 첫 비트를 조사하고 그런 다음에는 특성 1의 두 번째 비트, 등등으로 조사해 나가면서 트라이를 구축하면 된다. 그렇게 만든 구조를 m-d 트리에 비유해서(m-d 트리의 경우에는 비트 조사가 아니라 키 비교에 의해서 분기된다) "m-d 트라이"라고 부른다. 플라졸레P. Flajolet와 퓌에슈C. Puech는 k/m개의 특성들이 지정되지 않은 부분 부합 질의를 N노드 무작위 m-d 트라이로 처리하는 데 걸리는 평균 시간이 $\Theta(N^{k/m})$임을 보였다 〔*JACM* 33 (1986), 371-407, §4.1〕. 분산은 샤힝거W. Schachinger가 계산했다 〔*Random Structures and Algorithms* 7 (1995), 81-95〕.

6.3절의 숫자별 검색 트리나 패트리샤 트리의 m차원 버전에 대해서도 비슷한 알고리즘을 개발할 수 있을 것이다. m-d 트라이보다 균형이 약간 더 좋은 경향을 보이는 이러한 구조들을 키르셴호퍼P. Kirschenhofer와 프로딩거H. Prodinger가 *Random Structures and Algorithms* 5 (1994), 123-134에서 분석했다.

***균형 파일링 방안들.** 균형 불완전 블록 설계(blanced incomplete block designs)에 기초한, 정보 조회에 대한 또 다른 조합적 접근방식에 대해서도 상당한 연구가 이루어졌다. 이 주제는 수학의 관점에서는 상당히 흥미로우나, 안타깝게도 앞서 설명한 여러 방법들보다 더 유용한지의 여부는 아직 증명된 바가 없다. 여기서는 그런 착안들을 실제로 활용할 수 있는 좋은 방법을 독자가 떠올릴 수도 있지 않을까 하는 바람에서, 해당 결과들의 맛을 보는 정도로만 간략히 소개해 보겠다.

슈타이너 세 짝 체계(Steiner triple system)는 v개의 객체들을 순서 없는 세 짝들로 배치하되 두 객체의 쌍들 모두가 정확히 하나의 세 짝에 나타나도록 배치한 것이다. 예를 들어 $v = 7$일 때에는 본질적으로 단 하나의 슈타이너 세 짝 체계가 존재한다. 구체적으로는 다음과 같다.

세 짝	포함된 쌍들
$\{1,2,4\}$	$\{1,2\}, \{1,4\}, \{2,4\}$
$\{2,3,5\}$	$\{2,3\}, \{2,5\}, \{3,5\}$

$$\begin{array}{ll}\{3,4,6\} & \{3,4\},\{3,6\},\{4,6\} \\ \{4,5,0\} & \{0,4\},\{0,5\},\{4,5\} \\ \{5,6,1\} & \{1,5\},\{1,6\},\{5,6\} \\ \{6,0,2\} & \{0,2\},\{0,6\},\{2,6\} \\ \{0,1,3\} & \{0,1\},\{0,3\},\{1,3\}\end{array} \qquad (16)$$

객체 쌍들은 $\frac{1}{2}v(v-1)$개이고 세 짝 하나 당 세 개의 쌍들이 존재하므로, 전체적으로는 $\frac{1}{6}v(v-1)$개의 세 짝들이 존재하게 된다. 그리고 각 객체는 반드시 $v-1$개의 다른 객체와 쌍을 이루므로, 반드시 정확히 $\frac{1}{2}(v-1)$개의 세 짝들에 나타나게 된다. 이러한 조건들 때문에 슈타이너 세 짝 체계는 $\frac{1}{6}v(v-1)$과 $\frac{1}{2}(v-1)$이 정수들이 아닐 때에만 존재할 수 있다. 이는 v가 홀수이고 3을 법으로 하여 2와 합동이 아니라는 것과 동치이다. 즉,

$$v \bmod 6 = 1 \ \text{ 또는 } 3 \qquad (17)$$

이어야 한다. 반대로, 커크먼T. P. Kirkman은 1847년에 (17)을 만족하는 모든 $v \geq 1$에 대해 슈타이너 세 짝 체계가 존재함을 증명하였다. 그의 흥미로운 구축법이 연습문제 10에 나온다.

슈타이너 세 짝 체계는 결합된 뒤집힌 파일 색인들의 중복성을 줄이는 데 사용할 수 있다. 예를 들어 표 1의 과자 조리법 파일을 다시 생각해 보자. 제일 오른쪽 열을 31번째 특성으로 변환하되, 만일 특수 재료가 필요하면 그 특성이 1, 아니면 0이라고 하자. 이제 "코코넛과 건포도를 둘 다 사용하는 조리법은 무엇인가?" 같은, 특성들의 쌍에 대한 모든 포함 질의들을 처리한다고 하자. $\binom{31}{2} = 465$가지의 모든 가능한 질의 각각에 대해 하나씩의 뒤집힌 목록을 만들 수도 있을 것이다. 그러나 그러려면 상당한 공간이 필요하다. 예를 들어 페퍼누스는 $\binom{17}{2} = 136$개의 목록들에 나타날 것이며, 31개의 특성들 모두를 가진 레코드는 모든 목록에 나타날 것이다! 슈타이너 세 짝 체계를 이용하면 이런 상황을 약간 개선할 수 있다. 155개의 세 짝들로 구성되며 각 객체쌍이 그 세 짝들 중 정확히 하나에 나타나는, 31개의 객체들에 대한 슈타이너 세 짝 시스템이 존재한다. 각 세 짝 $\{a, b, c\}$에 네 개의 목록들을 연관시킬 수 있다. 특성 $a, b, \bar{c}$를 가진(즉, a와 b를 가지나 c는 가지지 않은) 모든 레코드에 대한 목록 하나, $a, \bar{b}, c$에 대한 목록 하나, $\bar{a}, b, c$에 대한 목록 하나, 그리고 세 특성 a, b, c를 모두 가진 레코드들에 대한 목록 하나이다. 이러면 그 어떤 레코드도 155개를 넘는 뒤집힌 목록들에 포함되는 일이 없음이 보장되며, 한 레코드가 체계의 한 세 짝에 해당하는 세 특성들을 가질 때마다 공간이 절약된다.

세 짝 시스템은 셋 이상의 객체들의 블록들로 된 블록 설계들의 특별한 경우이다. 예를 들어 31개의 객체들을 여섯 짝(sextuple)들로 배치하되 모든 객체 쌍이 정확히 한 여섯 짝에 나타나게 배치하는 방법이 존재한다:

$$\{0,4,16,21,22,24\}, \quad \{1,5,17,22,23,25\}, \quad \ldots, \quad \{30,3,15,20,21,23\} \qquad (18)$$

(이 설계는 31을 법으로 한 덧셈을 이용해서 첫 블록으로부터 만들어낸 것이다. 이것이 위에 언급한 성질을 실제로 가지는지를 증명하고 싶다면, $(a_1, a_2, \ldots, a_6) = (0, 4, 16, 21, 22, 24)$에서 $i \neq j$에

대한 $(a_i - a_j) \bmod 31$의 값 30가지가 서로 다름을 주목할 것. 쌍 (x, y)를 담은 여섯 짝을 찾을 때에는, $a_i - a_j \equiv x - y \pmod{31}$을 만족하는 i와 j를 택한다. 이제 만일 $k = (x - a_i) \bmod 31$이면 $(a_i + k) \bmod 31 = x$이고 $(a_j + k) \bmod 31 = y$이다.)

위의 설계를 이용하면 어떠한 레코드도 출현 횟수가 31번을 넘지 않도록 하는 방식으로 뒤집힌 목록들을 저장할 수 있다. 각 여섯 짝 $\{a, b, c, d, e, f\}$는 특성 a, b, c, d, e, f 중 둘 이상을 가지는 여러 가지 구성의 레코드들, 즉 $(a, b, \bar{c}, \bar{d}, \bar{e}, \bar{f})$, $(a, \bar{b}, c, \bar{d}, \bar{e}, \bar{f})$, …, (a, b, c, d, e, f)에 대한 57개의 목록들과 연관된다. 그리고 각각의 2특성 포함 질의에 대한 답은 해당 여섯 짝의 16개의 해당 목록들의 배타적 합집합(disjoint union)이다. 이 설계에서 페퍼누스는 31개의 블록들 중 29개에 저장된다. 그 레코드의 여섯 특성들 중 두 개의 특성이 $\{19, 23, 4, 9, 10, 12\}$와 $\{13, 17, 29, 3, 4, 6\}$(열들에 0에서 30까지의 번호를 붙였다고 할 때)을 제외한 모든 블록에 존재하기 때문이다.

블록 설계와 관련 패턴들의 이론은 홀Marshall Hall, Jr의 책 *Combinatorial Theory* (Waltham, Mass.: Blaisdell, 1967)에 설명되어 있다. 이러한 조합적 구성들이 아주 아름답긴 하지만, 정보 조회에서 지금까지는 주로 복합적인 뒤집힌 목록들을 사용할 때 발생하는 중복을 줄이는 용도로 쓰였다. 그리고 초우David K. Chow는 조합적 설계를 사용하지 않고도 그런 종류의 중복성 감소가 가능함을 지적했다[*Information and Control* 15 (1969), 377-396].

짧은 역사 및 문헌정보. 2차키 조회에 대한 기법을 다루는 최초의 출판된 논문은 존슨L. R. Johnson의 *CACM* 4 (1961), 218-222이다. 거의 같은 시기에 프라이웨스Noah S. Prywes, 그레이H. J. Gray, 란다우어W. I. Landauer, 레프코비츠D. Lefkowitz, 리트빈S. Litwin도 독립적으로 다중목록 시스템을 개발했다. *IEEE Trans. on Communication and Electronics* 82 (1963), 488-492를 볼 것. 이후 연구에 영향을 준, 또 다른 상당히 초기의 출판물로는 D. R. Davis, A. D. Lin, *CACM* 8 (1965), 243-246이 있다.

이후 이 주제에 대해 많은 문헌들이 발표되었으나, 대부분은 이 책의 범위를 벗어나는 사용자 인터페이스나 프로그래밍 언어의 고려사항들과 함께 주제를 다룬다. 앞에서 언급한 논문들 외에, 1972년에 이번 절을 처음 작성할 때 필자에게 도움이 되었던 출판된 논문들로는 Jack Minker, Jerome Sable, *Ann. Rev. of Information Science and Technology* 2 (1967), 123-160; Robert E. Bleier, *Proc. ACM Nat. Conf.* 22 (1967), 41-49; Jerome A. Feldman, Paul D. Rovner, *CACM* 12 (1969), 439-449; Burton H. Bloom, *Proc. ACM Nat. Conf.* 24 (1969), 83-95; H. S. Heaps, L. H. Thiel, *Information Storage and Retrieval* 6 (1970), 137-153; Vincent Y. Lum, Huei Ling, *Proc. ACM Nat. Conf.* 26 (1971), 349-356이 있다. 수동 카드 파일링 시스템들은 C. P. Bourne, *Methods of Information Handling* (New York: Wiley, 1963), 제5장에 훌륭하게 개괄되어 있다. 균형 파일링 방안들은 원래 1965년에 에이브럼C. T. Abraham, 고시S. P. Ghosh, 레이 차우두리D. K. Ray-Chaudhuri가 개발한 것이다. 보세R. C. Bose와 코치Gary G. Koch의 글 *SIAM J. Appl. Math.* 17 (1969), 1203-1214를 볼 것.

다중 특성 자료에 대한, 실용적인 중요성을 가진 고전적 알고리즘들은 대부분 앞에서 다루었다. 그러나 이 책의 다음 판에서는 다음과 같은 몇 가지 주제들을 더 다룰 계획이다.

- 매크라이트E. M. McCreight는 우선순위 검색 트리를 소개했는데 〔*SICOMP* 14 (1985), 257-276〕, 이것은 동적으로 변하는 구간 모임들의 교집합을 나타내기 위해, 그리고 "$x_0 \le x \le x_1$이고 $y \le y_1$인 모든 레코드를 찾아라"와 같은 형태의 범위 질의들(y의 하계는 반드시 $-\infty$이지만 x는 상, 하 모두 유계일 수 있음을 주목할 것)을 처리하기 위해 특별히 고안된 것이다.
- 프레드먼M. L. Fredman은 여러 근본 하계들을 증명했으며, N개의 삽입, 삭제, k차원 범위 질의들을 혼합한 작업이 최악의 경우에서 사용하는 자료구조와는 무관하게 반드시 $\Omega(N(\log N)^k)$회의 연산을 수행함을 보였다. *JACM* 28 (1981), 696-705; *SICOMP* 10 (1981), 1-10; *J. Algorithms* 2 (1981), 77-87을 볼 것.

텍스트 문자열의 패턴 부합 및 근사 패턴 부합에 대한 기본적인 알고리즘들은 제9장에서 논의할 예정이다.

흥미롭게도, 2차키 조회에 대해서는 사람의 뇌가 컴퓨터보다 훨씬 낫다. 예를 들어 사람들은 단편적인 정보만으로도 얼굴이나 멜로디를 쉽게 식별할 수 있지만, 컴퓨터는 그런 일을 거의 하지 못한다. 따라서 2차키 조회 문제를 완전하게 해결할 수 있는, 이번 장의 내용 전부를 퇴물로 만들 만한 전혀 새로운 컴퓨터 설계 접근방식이 발견될 가능성은 별로 없어 보인다.

연습문제

▶ **1.** 〔*M27*〕 $0 \le k \le n/2$라고 하자. $t \le k$ 또는 $t \ge n-k$에 대해 $\{1, 2, ..., n\}$의 모든 t원소 부분집합이 적어도 한 순열의 처음 t개의 원소들에 나타남을 만족하는 $\{1, 2, ..., n\}$의 순열 $\binom{n}{k}$개를 다음 구축법이 만들어냄을 증명하라: 평면에서 $(0, 0)$에서 (n, r)으로의 한 경로를 고찰한다. 여기서 $r \ge n-2k$이고 경로의 i번째 단계는 $(i-1, j)$에서 $(i, j+1)$ 또는 $(i, j-1)$로의 부분경로이다. 후자의 경우, 즉 $(i, j-1)$로의 부분경로는 $j \ge 1$일 때에만 허용된다. 따라서 경로는 결코 x 축 아래로 내려가지 않는다. 이러한 경로는 정확히 $\binom{n}{k}$개 존재한다. 이런 종류의 각 경로에 대해, 초기에 빈 세 개의 목록들을 이용해서 다음과 같은 방식으로 하나의 순열을 구축한다: $i = 1, 2, ..., n$에 대해, 만일 경로의 i번째 단계가 위로 올라가는 단계이면 번호 i를 목록 B에 넣는다. 만일 아래로 내려가는 단계이면 i를 목록 A에 넣고 B에서 현재 가장 큰 원소를 목록 C로 옮긴다. 그렇게 해서 얻은 순열은 목록 A의 최종 내용 다음에 목록 B의 최종 내용 다음에 목록 C의 최종 내용이 배치된 것과 같다(각 목록은 증가 순서이다).

예를 들어 다음은 $n = 4$이고 $k = 2$일 때 이러한 절차로 정의되는 여섯 개의 경로들과 순열들이다.

|1 2 3 4| 2|3 4|1 2 4||1 3 3|1 4|2 3 4||1 2 4|1 2|3

(순열들에서 수직선 기호는 목록 A, B, C를 구분하는 것이다. 이 여섯 순열들은 (8)의 복합 특성들에 대응된다.)

힌트: t원소 부분집합 S들 각각을 $(0,0)$에서 $(n,n-2t)$로 가되 i번째 단계 $(i-1,j)$에서 만일 $i \notin S$이면 $(i,j+1)$로 가고 $i \in S$이면 $(i,j-1)$로 가는 경로로 표현하고, 그런 모든 경로를 위에서 말한 특별한 형태를 가진 적절한 경로로 변환해 보라.

2. 〔*M25*〕 (고시Sakti P. Ghosh.) 세 개의 이진 값 이차키들에 대한 포함 질의 **1, *1*, 1**, *11, 1*1, 11*, 111 중 임의의 것에 대한 모든 응답의 집합이 연속적인 장소 $r_i \dots r_j$들에 나타남을 만족하는 레코드 참조들의 목록 $r_1 r_2 \dots r_l$의 가능한 최소 길이 l을 구하라.

3. 〔*19*〕 표 2에 대한 포함 질의들 중, 거짓 떨어짐들에 (a) 옛날식 설탕 쿠키와 (b) 오트밀 대추야자 막대과자가 포함되게 하는 것들은 각각 무엇인가?

4. 〔*M30*〕 (11)의 확률들에 대한 정확한 공식을 구하라. 각 레코드가 r개의 서로 다른 특성들을 가지며, 그 특성 값들은 n비트 체의 $\binom{n}{k}$가지 k비트 부호들 중에서 무작위로 선택되며, 질의에는 서로 다르다는 점만 빼고는 무작위한 q개의 특성들이 관여한다고 가정할 것. (공식들이 단순화되지 않아도 너무 걱정할 필요는 없다.)

5. 〔*40*〕 해리슨의 부분문자열 검색 기법을 사용할 때 텍스트의 중복성을 피하기 위한 여러 방법들을 실험해 보라.

▶ **6.** 〔*M20*〕 t개의 비트들이 지정된 m비트 기본 질의의 전체 개수는 $s=\binom{m}{t}2^t$이다. (13)에 나온 것 같은 어떤 조합적 해싱 함수가 그 질의들을 각각 장소 $l_1, l_2, \dots, l_s$로 변환한다고 할 때, $L(t)=(l_1+l_2+\cdots+l_s)/s$는 질의 당 평균 장소 개수이다. 〔예를 들어 (13)의 경우에는 $L(3)=1.75$이다.〕

처음 m_1개의 비트들은 한 해시 함수로, 그 나머지 비트 m_2개는 또 다른 해시 함수로 사상함으로써 형성한, (m_1+m_2)비트 체에 관한 조합 해시 함수를 생각해보자. 원래의 두 함수의 질의 당 평균 장소 개수가 각각 $L_1(t)$와 $L_2(t)$라고 할 때, 합성함수에 대한 $L(t)$를 L_1과 L_2로 표현하는 공식을 찾아라.

7. 〔*M24*〕 (리베스트R. L. Rivest.) 연습문제 6에서 정의한 함수 $L(t)$를 다음의 조합적 해시 함수들에 대해 구하라:

(a) $m=3,\ n=2$

$$\begin{array}{l} 0\ 0\ *\ \to\ 0 \\ 1\ *\ 0\ \to\ 1 \\ *\ 1\ 1\ \to\ 2 \\ 1\ 0\ 1\ \to\ 3 \\ 0\ 1\ 0\ \to\ 3 \end{array}$$

(b) $m=4,\ n=2$

$$\begin{array}{l} 0\ 0\ *\ *\ \to\ 0 \\ *\ 1\ *\ 0\ \to\ 1 \\ *\ 1\ 1\ 1\ \to\ 2 \\ 1\ 0\ 1\ *\ \to\ 2 \\ *\ 1\ 0\ 1\ \to\ 3 \\ 1\ 0\ 0\ *\ \to\ 3 \end{array}$$

8. [*M32*] (리베스트.) (10)과 같은 형태의, t개의 비트들이 지정된 기본 m비트 질의들 $2^t\binom{m}{t}$개 전체의 집합 $Q_{t,m}$을 고찰한다. $Q_{t,m}$의 질의들 중, m비트 레코드들의 집합 S가 주어졌을 때 그 답에 S의 원소 하나를 포함하는 질의들의 개수를 $f_t(S)$라고 표기하기로 하자. 그리고 $0 \le s \le 2^m$에 대해, 원소가 s개인 그러한 집합 S들 전체에서 최소의 $f_t(S)$를 $f_t(s,m)$이라고 하자. 관례상 $f_t(0,0)=0$, $f_t(1,0)=\delta_{t0}$으로 둔다.

a) 모든 $t \ge 1$와 $m \ge 1$, $0 \le s \le 2^m$에 대해

$$f_t(s,m) = f_t(\lceil s/2 \rceil, m-1) + f_{t-1}(\lceil s/2 \rceil, m-1) + f_{t-1}(\lfloor s/2 \rfloor, m-1)$$

을 증명하라.

b) 가능한 2^m개의 레코드들을 2^n개의 목록들로 사상하되 각 목록이 2^{m-n}개의 레코드들에 대응함을 만족하는 임의의 조합적 해시 함수 h를 고찰한다. 만일 $Q_{t,m}$의 질의들 각각이 동일확률이면, 실의 당 조사해야 할 목록들의 평균 개수는 $1/2^t\binom{m}{t}$ 곱하기

$$\sum_{Q\in Q_{t,m}} (Q\text{에 대해 조사된 목록들}) = \sum_{\text{목록들 } S} (\text{S와 유관한 } Q_{t,m}\text{의 질의들}) \ge 2^n f_t(2^{m-n}, m)$$

이다. h가 목록들 각각이 "하위입방체(subcube)"일 때 이 하계가 달성된다는 의미에서 최적임을 보여라. 다른 말로 하면, 각 목록이 정확히 n개의 비트들이 지정된 어떤 기본 질의를 만족하는 레코드들의 집합에 대응하는 경우에 등호가 성립함을 보여라.

9. [*M20*] $v = 3^n$일 때,

$$\{(a_1\ldots a_{k-1}\,0\,b_1\ldots b_{n-k})_3,\ (a_1\ldots a_{k-1}\,1\,c_1\ldots c_{n-k})_3,\ (a_1\ldots a_{k-1}\,2\,d_1\ldots d_{n-k})_3\},$$

$1 \le k \le n$ 형태의 세 짝들 전체의 집합이 하나의 슈타이너 세 짝 체계를 형성함을 증명하라. 여기서 a들, b들, c들, d들은 $1 \le j \le n-k$에 대해 $b_j + c_j + d_j \equiv 0$ (modulo 3)인 0들, 1들, 2들의 모든 조합을 포괄한다.

10. [*M32*] (커크먼Thomas P. Kirkman, *Cambridge and Dublin Math. Journal* 2 (1847), 191-204.) $v+1$개의 객체 $\{x_0, x_1, \ldots, x_v\}$를 $i \ne j$에 대한 모든 쌍 $\{x_i, x_j\}$가 정확히 하나의 세 짝 안에 나타나되 $0 \le i < v$에 대해 v개의 쌍 $\{x_i, x_{(i+1) \bmod v}\}$는 결코 같은 세 짝에 나타나지 않도록 배치한 것을 v차 커크먼 세 짝 체계라고 부르기로 하자. 예를 들어

$$\{x_0, x_2, x_4\},\ \ \{x_1, x_3, x_4\}$$

는 4차 커크먼 세 짝 체계이다.

a) 커크먼 세 짝 체계는 $v \bmod 6 = 0$ 또는 4일 때에만 존재할 수 있음을 증명하라.

b) v개의 객체 $\{x_1, \ldots, x_v\}$에 대한 슈타이너 세 짝 체계 S가 주어졌을 대, 다음과 같은 구축법에 의해 $2v+1$객체들에 대한 또 다른 슈타이너 체계 S'와 $2v-2$차 커크먼 세 짝 체계 K'이 만들어짐을 증명하라: S'의 세 짝들은 S의 세 짝들에 다음과 같은 세 짝들을 추가한 것이다.

i) $\{x_i, y_j, y_k\}$, 여기서 $j+k \equiv i$ (modulo v), $j<k$, $1 \le i,j,k \le v$;

ii) $\{x_i, y_j, z\}$, 여기서 $2j \equiv i$ (modulo v), $1 \le i,j \le v$.

K'의 세 짝들은 S'의 세 짝들에서 y_1나 y_v 또는 둘 다 담은 것들을 모두 뺀 것이다.

c) $v=2u$인 $\{x_0, x_1, \ldots, x_v\}$에 대한 커크먼 세 짝 체계 K가 주어졌을 때, 다음과 같은 구축법에 의해 $2v+1$개의 객체들에 대한 슈타이너 세 짝 시스템 S'와 $2v-2$차 커크먼 세 짝 시스템 K'이 만들어짐을 증명하라: S'의 세 짝들은 K의 세 짝들에 다음과 같은 세 짝들을 추가한 것이다.

i) $\{x_i, x_{(i+1) \bmod v}, y_{i+1}\}$, $0 \le i < v$;

ii) $\{x_i, y_j, y_k\}$, $j+k \equiv 2i+1$ (modulo $v-1$), $1 \le j < k-1 \le v-2$, $1 \le i \le v-2$;

iii) $\{x_i, y_j, y_v\}$, $2j \equiv 2i+1$ (modulo $v-1$), $1 \le j \le v-1$, $1 \le i \le v-2$;

iv) $1 \le j < u$에 대해 $\{x_0, y_{2j}, y_{2j+1}\}$, $\{x_{v-1}, y_{2j-1}, y_{2j}\}$, $\{x_v, y_j, y_{v-j}\}$;

v) $\{x_v, y_u, y_v\}$.

K'의 세 짝들은 S'의 세 짝들에서 y_1 또는 y_{v-1} 또는 둘 다 담은 것들을 모두 뺀 것이다.

d) 이상의 결과들을 이용해서, v차 커크먼 세 짝 체계들이 $6k$ 또는 $6k+4$ 형태의 모든 $v \ge 0$에 대해 존재하며, v개의 객체들에 대한 슈타이너 세 짝 체계들이 $6k+1$ 또는 $6k+3$ 형태의 모든 $v \ge 1$에 대해 존재함을 증명하라.

11. [*M25*] 본문에서는 슈타이너 세 짝 체계를 포함 질의와 연계하여 사용하는 문제를 언급하고 있다. 이를 모든 기본 질의들로 확장하려 할 때에는 자연히 다음과 같은 개념을 정의하게 될 것이다: v차 보수 세 짝 체계(complemented triple system)는 $2v$개의 객체 $\{x_1, \ldots, x_v, \bar{x}_1, \ldots, \bar{x}_v\}$를 모든 객체쌍이 각각 정확히 하나의 세 짝에 함께 나타나되 보수쌍 $\{x_i, \bar{x}_i\}$는 결코 함께 나타나지 않도록 배치한 것이다. 예를 들어

$$\{x_1, x_2, x_3\}, \quad \{x_1, \bar{x}_2, \bar{x}_3\}, \quad \{\bar{x}_1, x_2, \bar{x}_3\}, \quad \{\bar{x}_1, \bar{x}_2, x_3\}$$

은 3차 보수 세 짝 체계이다.

v차 보수 세 짝 체계가 $3k+2$의 형태가 아닌 모든 $v \ge 0$에 대해 존재함을 증명하라.

12. [*M23*] 연습문제 11을 계속해서, 7차 보수 네 짝(quadruple) 체계를 구축하라.

13. [*M25*] 연습문제 9의 세 짝 체계에 비견할 수 있는, $v=4^n$개의 원소들에 대한 네짝 체계를 구축하라.

14. [*28*] 사분트리, k-d 트리, 그리고 그림 45와 같은 우체국 트리에서 노드를 삭제하는 문제를 논하라.

15. [*HM30*] (일라이어스P. Elias.) 수많은 m비트 레코드들의 집합이 주어졌을 때, 주어진 검색 인수에 가장 가까운 한 레코드를 찾는다고 하자. 여기서 가장 가깝다는 말은 일치하는 비트들이 제일

많다는 뜻이다. 2^n개의 원소들의 m비트 t오차 보정 부호(error-correcting code)가 주어졌으며 각 레코드가 2^n개의 목록들 중 가장 가까운 부호단어(codeword)에 해당하는 목록 하나로 해싱되었다는 가정 하에서 이 문제를 효율적으로 해결하는 알고리즘을 고안하라.

▸ **16.** [*25*] (코츠W. H. Kautz, 싱글턴R. C. Singleton.) v비트 부호단어 $v(v-1)/6$개를, 임의의 두 부호워드를 겹쳤을 때 거기에 그 어떤 부호단어도 포함되지 않도록 하는 방식으로 구축하는 데 v차 슈타이너 세 짝 체계를 사용할 수 있음을 보여라.

▸ **17.** [*M30*] $(2n+1)$비트 키 $a_{-n} \ldots a_0 \ldots a_n$을 $(n+1)$비트 통 주소 $b_0 \ldots b_n$으로 줄이기 위해 다음과 같은 방법을 사용한다고 하자.

$b_0 \leftarrow a_0$;

$1 \le k \le n$에 대해, 만일 $b_{k-1} = 0$이면 $b_k \leftarrow a_{-k}$, 그렇지 않으면 $b_k \leftarrow a_k$.

a) 통 $b_0 \ldots b_n$에 나타나는 키들을 서술하라

b) t개의 비트들이 지정된 기본 질의를 처리하기 위해서는 최대 몇 개의 통들을 조사해야 하는가?

▸ **18.** [*M35*] (연관 블록 설계.) (13)과 같은 m짝들의 집합들 중에서 2^n개의 행들 각각에 정확히 $m-n$개의 $*$들이 있고 모든 열이 같은 개수의 $*$들을 담으며 두 행들의 쌍 모두 어떤 열에 하나의 "불일치"(0 대 1)가 존재하는 m짝들을 $\mathrm{ABD}(m,n)$이라고 표기하기로 하자. 그러한 연관 블록 설계(associative block design)에서 각각의 m비트 이진수는 정확히 하나의 행에 해당한다. 예를 들어 (13)은 하나의 $\mathrm{ABD}(4,3)$이다.

a) $\mathrm{ABD}(m,n)$은 m이 $2^{n-1}n$의 약수이고 $n^2 \ge 2m(1-2^{-n})$일 때에만 가능함을 증명하라.

b) ABD의 한 행의 1들의 개수가 홀수일 때 그 행을 가리켜 홀수 기우성(odd parity)을 가진다고 칭한다. 한 $\mathrm{ABD}(m,n)$에서 $m-n$개의 열들을 선택하는 모든 경우에서, 열 조합 블록의 행들 중 $*$들을 가진 홀수 기우성 행들의 개수가 짝수 기우성 행들의 개수와 같음을 보여라. 특히 별표들의 각 패턴은 반드시 짝수 개의 행들에 나타난다.

c) (13)의 열들을 순열치환 그리고/또는 보수화하는 것으로는 얻을 수 없는 $\mathrm{ABD}(4,3)$을 찾아라.

d) 하나의 $\mathrm{ABD}(16,9)$를 구축하라.

e) 하나의 $\mathrm{ABD}(16,10)$을 구축하라. (15)의 $\mathrm{ADB}(8,5)$가 아니라 부문제 (d)의 $\mathrm{ABD}(16,9)$로 시작할 것.

19. [*M22*] (15)의 $\mathrm{ABD}(8,5)$를 (14)에서 (13)을 분석했던 것처럼 분석하라: 32개의 장소들 중, k개의 비트들이 지정되지 않은 평균 질의에 대해 반드시 검색해야 하는 장소들은 몇 개인가? 최악의 경우에는 몇 개의 장소들을 검색해야 하는가?

20. [*M47*] $n=5$ 또는 $n=6$일 때의 모든 $\mathrm{ABD}(m,n)$을 구하라.

이 책의 다음 판에는 "영속적 자료구조(persistent data structure)"를 중점적으로 다루는 새로운 6.6절이 추가될 예정이다. 영속적 자료구조는 변하는 정보를 과거의 이력을 효율적으로 재구축할 수 있는 형태로 표현하는 능력을 가지고 있다. 다른 말로 하면, 삽입과 삭제가 수없이 수행되었다고 해도, 과거의 정보를 마치 해당 시점 이후의 갱신들이 전혀 일어나지 않았던 것처럼 검색할 수 있다. 이 주제에 관련된 초기 참고문헌들로는 다음과 같은 논문들이 있다.

- J. K. Mullin, *Comp. J.* 24 (1981), 367-373;
- M. H. Overmars, *Lecture Notes in Comp. Sci.* 156 (1983), 제9장;
- E. W. Myers, *ACM Symp. Principles of Prog. Lang.* 11 (1984), 66-75;
- B. Chazelle, *Information and Control* 63 (1985), 77-99;
- D. Dobkin, J. I. Munro, *J. Algorithms* 6 (1985), 455-465;
- R. Cole, *J. Algorithms* 7 (1986), 202-220;
- D. Field, *Information Processing Letters* 24 (1987), 95-96;
- C. W. Fraser, E. W. Myers, *ACM Trans. Prog. Lang. and Systems* 9 (1987), 277-295;
- J. R. Driscoll, N. Sarnak, D. D. Sleator, R. E. Tarjan, *J. Comp. Syst. Sci.* 38 (1989), 86-124;
- R. B. Dannenberg, *Software Practice & Experience* 20 (1990), 109-132;
- J. R. Driscoll, D. D. K. Sleator, R. E. Tarjan, *JACM* 41 (1994), 943-959.

명령표[instruction table, 즉 프로그램]는
컴퓨팅 경험을 가진 수학자들이 만들어야 할 것이다.
어쩌면 특정한 퍼즐 해결 능력도 필요할 것이다.
아마도 이런 종류의 작업이 상당히 많이 요구될 것이다.
모든 알려진 절차를 언젠가는 명령표 형태로 변환해야 할 것이기 때문이다. ...
이러한 명령표 구축 절차는 대단히 매력적인 일임이 틀림없다.
상당히 기계적인 절차들은 모두 기계 자체에게 맡길 수 있을 것이므로,
이런 작업이 사람에게 고된 일이 될 위험은
거의 없다고 봐도 될 것이다.

— 튜링ALAN M. TURING (1945)

연습문제 해답

그 아버지가 말하기를, "세 번이나 대답해 줬으니, 이만 됐다.
버르장머리 없이 굴지 마라!
온종일 이런 짓거리에 장단 맞출 줄 아느냐?
썩 꺼져라, 층계 밑으로 뻥 차 버리기 전에!"†

—— 루이스 캐럴LEWIS CARROLL, *Alice's Adventures Under Ground* (1864)

연습문제에 대해

1. 수학에 익숙한 독자들에게 평균적인 문제.

3. W. J. LeVeque, *Topics in Number Theory* 2 (Reading, Mass.: Addison-Wesley, 1956), 제3장; P. Ribenboim, *13 Lectures on Fermat's Last Theorem* (New York: Springer-Verlag, 1979); A. Wiles, *Annals of Mathematics* 141 (1995), 443-551을 볼 것.

5장 도입절

1. $p(1)\ldots p(N)$과 $q(1)\ldots q(N)$이 그 조건들을 만족하는 서로 다른 순열들이고 i가 $p(i)\neq q(i)$인 최소의 색인이라고 하자. 그러면 어떤 $j>i$에 대해 $p(i)=q(j)$이며 어떤 $k>i$에 대해 $q(i)=p(k)$이다. $K_{p(i)} < K_{p(k)} = K_{q(i)} \le K_{q(j)} = K_{p(i)}$이므로 $K_{p(i)} = K_{q(i)}$가 성립한다. 따라서 안정성에 의해 $p(i)<p(k)=q(i)<q(j)=p(i)$인데, 이는 모순이다.

2. 정렬 연산들이 모두 안정적이라면 답은 "예"이다 (만일 안정적이 아니라면 답은 알 수 없다.) 앨리스와 크리스가 같은 결과를 얻을 것임은 확실하다. 그리고 빌 역시 마찬가지인데, 안정성 때문에 그의 결과에서 같은 주키들에 부키들이 비감소 순서로 따라붙기 때문이다.

공식화하자면, 빌이 부키들을 정렬한 후에 $R_{p(1)}\ldots R_{p(N)} = R'_1\ldots R'_N$을 얻었다고 할 때, 주키들을 정렬하고 나면 $R'_{q(1)}\ldots R'_{q(N)} = R_{p(q(1))}\ldots R_{p(q(N))}$이 된다. 이제 $1\le i<N$에 대해

$$(K_{p(q(i))}, k_{p(q(i))}) \le (K_{p(q(i+1))}, k_{p(q(i+1))})$$

† [옮긴이 주] *이상한 나라의 앨리스*(최순희 옮김, 베틀북, 2006)에서 인용.

이 성립함을 보여야 한다. 만일 $K_{p(q(i))} \neq K_{p(q(i+1))}$이면 $K_{p(q(i))} < K_{p(q(i+1))}$이다. 그리고 만일 $K_{p(q(i))} = K_{p(q(i+1))}$이면 $K'_{q(i)} = K'_{q(i+1)}$이므로 $q(i) < q(i+1)$이고, 따라서 $k'_{q(i)} \le k'_{q(i+1)}$이다. 즉 $k_{p(q(i))} \le k_{p(q(i+1))}$인 것이다.

3. 키가 같은 레코드들을 그 상대 순서를 유지하면서 모으고 그런 레코드들의 그룹을 이후 연산들을 위한 하나의 단위로 취급하는 것은 항상 가능한 일이다. 따라서 여기서는 키들이 모두 서로 다르다고 가정해도 무방하다. $a < b < c < a$라고 하자. 그러면 처음 세 키가 abc이나 bca, cab가 되도록 레코드들을 배치할 수 있다. 이제, 만일 $N-1$개의 서로 다른 키들을 세 가지 방식으로 정렬할 수 있다면 N개의 키들 역시 그렇게 할 수 있다. 만일 $K_1 < \cdots < K_{N-1} > K_N$이면 어떤 i에 대해 $K_{i-1} < K_N < K_i$이거나 아니면 $K_N < K_1$일 것이기 때문이다.

4. 우선 단어들을 대소문자 구별하지 않고 비교하고, 상등인 경우에는 대소문자 구분을 적용해서 판정한다. 좀 더 정밀하게 말하자면, 각 단어 α를 (α', α)쌍으로 대체한다. 여기서 α'는 α를 A → a, ..., Z → z로 사상해서 얻은 것이다. 그런 다음에는 그 쌍들을 사전순으로 정렬한다. 이러한 절차를 수행하면 예를 들어 tex < Tex < TeX < TEX < text 같은 결과가 나온다.

사전들은 악상트 기호나 접두어, 접미어가 붙은 글자들과 약자들도 다루어야 한다. 예를 들면

$$\text{a} < \text{A} < \text{Å} < \text{a-} < \text{a.} < \text{-a} < \text{A-} < \text{A.} < \text{aa} < \text{a.a.}$$
$$< \bar{\text{a}}\text{a} < \bar{\text{a}}\bar{\text{a}} < \text{AA} < \text{A.A.} < \text{AAA} < \cdots < \text{zz} < \text{Zz.} < \text{ZZ} < \text{zzz} < \text{ZZZ}$$

이다. 이러한 좀 더 일반적인 상황에서는 ā → a, Å → a 등으로 사상하되 하이픈이나 마침표 등은 제거해서 α'를 얻는다.

5. $\rho(0) = 0$이고 $\rho((1\alpha)_2) = 1\rho(|\alpha|)\alpha$라고 하자. 여기서 $(1\alpha)_2$는 양의 정수의 통상적인 이진 표현이고 $|\alpha|$는 문자열 α의 길이이다. 그러면 $\rho(1) = 10$, $\rho(2) = 1100$, $\rho(3) = 1101$, $\rho(4) = 1110000$, ..., $\rho(1009) = 111101001111110001$, ..., $\rho(65536) = 1^5 0^{24}$, ..., $\rho(2^{65536}) = 1^6 0^{65560}$ 등이 된다. $\rho(n)$의 길이는

$$|\rho(n)| = \lambda(n) + \lambda(\lambda(n)) + \lambda(\lambda(\lambda(n))) + \cdots + \lg^* n + 1$$

로, 여기서 $\lambda(0) = 0$이고 $n \ge 1$에 대해 $\lambda(n) = \lfloor \lg n \rfloor$이다. 그리고 $\lg^* n$은 $\lambda^{[m]}(n) = 0$을 만족하는 가장 작은 정수 $m \ge 0$이다. [이러한 구성은 V. I. Levenshtein, *Problemy Kibernetiki* 20 (1968), 173-179에서 기인한다. 또한 D. E. Knuth, *The Mathematical Gardner*, D. A. Klarner 엮음 (Belmont, California: Wadsworth International, 1981), 310-325도 볼 것.]

6. 위넘침이 생길 수 있으며, 그러면 가양성 상등 판정이 나올 수 있다. 둔감 씨는 "`LDA A; CMPA B`"를 수행하고 비교 지시자를 판정해야 했다. (빼기를 통해서 전체 워드 비교를 수행할 수 없는 것은 본질적으로 모든 컴퓨터에 존재하는 문제점이다. `MIX`의 명령어 집합에 `CMPA`, ..., `CMPX`를 포함시킨 주된 이유도 그러한 데서 찾을 수 있다.)

7.
```
COMPARE STJ   9F             DEC1  1
1H      LDX   A,1            J1P   1B
        CMPX  B,1        9H  JMP   * ▮
        JNE   9F
```

8. 해법 *1*, 항등식 $\min(a,b)=\frac{1}{2}(a+b-|a-b|)$에 기초한 것임:

```
SOL1 LDA  A                          SRAX 1
     SRAX 5                          ADD  AB1
     DIV  =2=                        ENTX 1
     STA  A1     a = 2a1 + a2        SLAX 5
     STX  A2     |a2| ≤ 1            MUL  AB2
     LDA  B                          STX  AB3      (a2 − b2)sign(a − b)
     SRAX 5                          LDA  A2
     DIV  =2=                        ADD  B2
     STA  B1     b = 2b1 + b2        SUB  AB3
     STX  B2     |b2| ≤ 1            SRAX 5
     LDA  A1                         DIV  =2=
     SUB  B1     위넘침은 불가능함    ADD  A1
     STA  AB1    a1 − b1             ADD  B1       위넘침은 불가능함
     LDA  A2                         SUB  AB1(1:5)
     SUB  B2                         STA  C ▮
     STA  AB2    a2 − b2
```

해법 *2*, 색인화에 의해 어떤 교묘한 방식으로 맞바꿈들이 발생할 수 있다는 사실에 기초한 것임:

```
SOL2 LDA  A
     STA  C
     STA  TA
     LDA  B
     STA  TB
```

이제 다음 코드를 k번 복제한다. 여기서 $2^k > 10^{10}$이다:

```
     LDA  TA
     SRAX 5
     DIV  =2=
     STX  TEMP
     LD1  TEMP
     STA  TA
     LDA  TB
     SRAX 5
     DIV  =2=
     STX  TEMP
```

```
        LD2   TEMP
        STA   TB
        INC1  0,2
        INC1  0,2
        INC1  0,2
        LD3   TMIN,1
        LDA   0,3
        STA   C
```

(이 코드는 a와 b의 이진 표현들을 오른쪽에서 왼쪽으로 훑되 그것들의 부호를 보존한다.) 프로그램의 끝에는 다음과 같은 표가 붙는다:

```
        HLT
        CON   C   -1  -1
        CON   B    0  -1
        CON   B   +1  -1
        CON   A   -1   0
TMIN    CON   C    0   0
        CON   B    1   0
        CON   A   -1   1
        CON   A    0   1
        CON   C    1   1 ▮
```

9. 그 확률은 포함 및 배제 원칙(연습문제 1.3.3-26)에 의해 $\sum_j \binom{r+j-1}{j}(-1)^j\binom{N}{r+j}x^{r+j}$이다. 이를 베타 분포 형태인 $r\binom{N}{r}\int_0^x t^{r-1}(1-t)^{N-r}\,dt$로 표현할 수도 있다.

10. 테이프 내용을 정렬하고 해당 단어들을 센다. (정렬 방법들 중에는 정렬이 진행되는 도중에 이미 나온 적이 있는 키를 가진 레코드들을 쉽게 제외시킬 수 있는 것들이 있다.)

11. 각 개인에 고유 번호를 부여한다. 그 고유 번호는 개인에 관련된 모든 양식들에 나타나야 한다. 이 고유 번호를 키로 사용해서 정보 양식들과 소득세 양식들을 개별적으로 정렬한다. 정렬된 소득세 양식들을 $R_1, \ldots, R_N$라고 하자. 키들은 $K_1 < \cdots < K_N$이라고 하자. (키가 같은 소득세 양식이 두 개 존재해서는 안 된다.) 키가 ∞인 새로운 $(N+1)$번째 레코드를 추가하고 $i \leftarrow 1$로 설정한다. 이제 정보 파일의 각 레코드에 대해, 그 레코드가 보고된 적이 있는지를 다음과 같이 판정한다: 처리 중인 정보 양식의 키를 K라고 하자.

a) 만일 $K > K_i$이면 i를 1 증가하고 이 단계를 반복한다.

b) 만일 $K < K_i$이면, 또는 $K = K_i$이고 현재 정보가 소득세 양식 R_i에 반영되어 있지 않다면 오류를 보고한다.

이 모든 처리를 납세자의 돈이 낭비되는 일 없이 수행하도록 노력할 것.

12. 한 가지 방식은 키 (j, i)를 항목 $a_{i,j}$에 부여하고 사전순서를 이용해서 정렬한 후 키들을 제거하는

것이다. (비슷한 방식으로 정보를 임의의 원하는 방식으로 재정렬할 수 있다. 단, 재정렬에 대한 간단한 공식을 제공할 수 있어야 한다.)

이 문제에서 고려하는 구체적인 경우에 대해서는 "균형 2중 병합 정렬" 방법을 이용해서, 어떠한 키도 명시적으로 테이프에 기록할 필요가 없는 간단한 방식으로 키들을 취급할 수 있다. $n \times n$ 행렬이 주어졌다고 할 때 다음과 같이 진행하면 된다: 우선 홀수번 행들을 테이프 1에, 짝수번 행들을 테이프 2에, 등등으로 출력해서 다음을 얻는다.

테이프 1: $a_{11}\,a_{12}\cdots a_{1n}\,a_{31}\,a_{32}\cdots a_{3n}\,a_{51}\,a_{52}\cdots a_{5n}\cdots$

테이프 2: $a_{21}\,a_{22}\cdots a_{2n}\,a_{41}\,a_{42}\cdots a_{4n}\,a_{61}\,a_{62}\cdots a_{6n}\cdots$

그런 다음 테이프들을 되감고 그것들을 동시에 처리해서 다음을 얻는다.

테이프 3: $a_{11}\,a_{21}\,a_{12}\,a_{22}\cdots a_{1n}\,a_{2n}\,a_{51}\,a_{61}\,a_{52}\,a_{62}\cdots a_{5n}\,a_{6n}\cdots$

테이프 4: $a_{31}\,a_{41}\,a_{32}\,a_{42}\cdots a_{3n}\,a_{4n}\,a_{71}\,a_{81}\,a_{72}\,a_{82}\cdots a_{7n}\,a_{8n}\cdots$

이 테이프들을 되감고 동시에 처리해서 다음을 얻는다.

테이프 1: $a_{11}\,a_{21}\,a_{31}\,a_{41}\,a_{12}\cdots a_{42}\cdots a_{4n}\,a_{9,1}\cdots$

테이프 2: $a_{51}\,a_{61}\,a_{71}\,a_{81}\,a_{52}\cdots a_{82}\cdots a_{8n}\,a_{13,1}\cdots$

이러한 과정을 반복하면 $\lceil \lg n \rceil + 1$회의 패스 후에 원하는 전치행렬이 나온다.

13. 한 가지 방법은 서로 다른 무작위 키 값들을 단어들에 부여하고, 그 키들에 대해 정렬하고, 키들을 버리는 것이다. (연습문제 12를 볼 것. 비슷한 방식으로 무작위 표본을 얻는 방법을 3.4.2절에서 논의했다.) 작업량은 비슷하나 난수 발생기의 정확도에 크게 의존하지는 않는 다른 기법이 있다. $0 \le K_i \le N-i$ 범위의 정수 난수를 R_i에 부여하고 연습문제 5.1.1-5의 기법을 이용해서 그것들을 재배치하는 것이다.

14. 하나의 문자 변환표를 둔다면 다른 컴퓨터에 쓰이는 순서를 흉내내는 사전순 비교 루틴을 설계할 수 있다. 아니면 실제 문자들과는 다르나 원하는 순서를 제공하는 어떤 인위적인 키들을 만들 수도 있다. 후자의 방법은 그런 키들을 단 한 번만 만들면 된다는 장점을 가지고 있다. 그러나 공간을 더 많이 차지하며 전체 키를 변환해야 한다는 부담이 있다. 전자의 방법에서는 키의 글자 한두 개만을 변환하면 비교 결과를 낼 수 있다. 그러나 정렬의 후반 시기들에서는 거의 동일한 키들을 비교해야 하므로, 전자의 방법의 경우 글자들을 변환하기 전에 글자들의 상등을 판정하는 게 이득이 될 수도 있다.

15. 이 문제의 경우에는 파일을 한 번 훑으면서 약 50개 정도의 주별 인명수들만 갱신하면 된다. 그러나 "주"가 아니라 "도시"에 대한 문제라면, 그리고 도시의 수가 상당히 많다면 도시 이름으로 파일을 정렬하는 게 나을 수 있다.

16. 연습문제 15에서처럼, 답은 문제의 크기에 따라 다를 수 있다. 만일 상호참조 항목들 전체를 고속 내부 메모리에 담을 수 있다면 각 식별자를 참조들의 연결 목록 머리에 연관시키고 기호표

알고리즘(6장)을 적용하는 것이 최선일 것이다. 항목들이 많은 경우에는 색인에 포함시킬 각 상호참조 인용 당 레코드 하나씩으로 된 파일을 만들고 그것을 정렬하면 될 것이다.

17. 보통의 간단한 방식으로 사전순으로 정렬되는 "그림자 키"를 각 카드마다 하나씩 둔다면 원하는 순서를 정의할 수 있다. 이 키는 도서관 직원이 만들어 두고, 특정 카탈로그 자료가 시스템에 처음 입력될 때 카탈로그 자료에 부여해야 한다. 보통의 사용자는 이러한 키를 볼 수 없다. 이러한 키들에는 다음과 같이 단어들을 서로 구분하기 위한 두 글자 부호를 사용할 수 있을 것이다:

␣0	키의 끝;
␣1	상호참조의 끝;
␣2	성(가족 이름)의 끝;
␣3	다중 성의 하이픈;
␣4	저자명의 끝;
␣5	장소 이름의 끝;
␣6	표제어의 끝;
␣7	책 제목의 끝;
␣8	단어들 사이의 공백.

이를 문제에 주어진 예제 자료에 적용한다면(처음 25문자만 표시했음):

```
ACCADEMIA␣8NAZIONALE␣8DEI
ACHTZEHNHUNDERTZWOLF␣8EIN
BIBLIOTHEQUE␣8D␣8HISTOIRE
BIBLIOTHEQUE␣8DES␣8CURIOS
BROWN␣2J␣8CROSBY␣4␣0
BROWN␣2JOHN␣4␣0
BROWN␣2JOHN␣4MATHEMATICIA
BROWN␣2JOHN␣4OF␣8BOSTON␣0
BROWN␣2JOHN␣41715␣0
BROWN␣2JOHN␣41715␣6␣0
BROWN␣2JOHN␣41761␣0
BROWN␣2JOHN␣41810␣0
BROWN␣3WILLIAMS␣2REGINALD
BROWN␣8AMERICA␣7␣0
BROWN␣8AND␣8DALLISONS␣8NE
BROWNJOHN␣2ALAN␣4␣0
DEN␣2VLADIMIR␣8EDUARDOVIC
DEN␣7␣0
DEN␣8LIEBEN␣8LANGEN␣8TAG␣
I␣8HA␣8EHAD␣7␣0
IA␣8A␣8LOVE␣8STORY␣7␣0
INTERNATIONAL␣8BUSINESS␣8
KHUWARIZMI␣2MUHAMMAD␣8IBN
LABOR␣7A␣8MAGAZINE␣8FOR␣8
LABOR␣8RESEARCH␣8ASSOCIAT
LABOUR␣1␣0
MACCALLS␣8COOKBOOK␣7␣0
MACCARTHY␣2JOHN␣41927␣0
MACHINE␣8INDEPENDENT␣8COM
MACMAHON␣2PERCY␣8ALEXANDE
MISTRESS␣8DALLOWAY␣7␣0
MISTRESS␣8OF␣8MISTRESSES␣
ROYAL␣8SOCIETY␣8OF␣8LONDO
SAINT␣8PETERSBURGER␣8ZEIT
SAINT␣8SAENS␣2CAMILLE␣418
SAINTE␣8MARIE␣2GASTON␣8P␣
SEMINUMERICAL␣8ALGORITHMS
UNCLE␣8TOMS␣8CABIN␣7␣0
```

```
DIX␣2MORGAN␣41827␣0
DIX␣8HUIT␣8CENT␣8DOUZE␣80
DIX␣8NEUVIEME␣8SIECLE␣8FR
EIGHTEEN␣8FORTY␣8SEVEN␣8I
EIGHTEEN␣8TWELVE␣8OVERTUR
I␣8AM␣8A␣8MATHEMATICIAN␣7
I␣8B␣8M␣8JOURNAL␣8OF␣8RES
UNITED␣8STATES␣8BUREAU␣80
VANDERMONDE␣2ALEXANDER␣8T
VANVALKENBURG␣2MAC␣8ELWYN
VONNEUMANN␣2JOHN␣41903␣0
WHOLE␣8ART␣8OF␣8LEGERDEMA
WHOS␣8AFRAID␣8OF␣8VIRGINI
WIJNGAARDEN␣2ADRIAAN␣8VAN
```

이 보조키 다음에는 카드 자료가 와야 한다. 그래야 같은 보조 키를 가진 같지 않은 카드들(이를테면 Sir John = John)을 제대로 구분할 수 있다. "Saint-Saëns"는 하이픈을 포함한 이름이지만 복합 이름은 아님을 주의할 것. al-Khuwārizmī의 출생년도에는 이를테면 선행 0이 있는 ␣40779를 부여해야 한다. (이러한 방식은 9999년까지만 작동한다. 그 후에는 세상이 커다란 소프트웨어 위기에 직면하게 될 것이다.)

이 예를 세심하게 공부해 보면 인간-컴퓨터 상호작용이 필요한 다른 종류의 여러 부자연스러운 순서들을 어떻게 다루어야 할 것인지 깨달을 수 있을 것이다.

18. 예를 들어 $u \le v \le w$, $x \le y \le z$에 대한 $(u^6+v^6+w^6) \bmod m$의 값들과 $(z^6-x^6-y^6) \bmod m$의 값들을 담은 두 파일을 만든다. 여기서 m은 컴퓨터의 워드 크기이다. 그 파일들을 정렬해서 중복된 값들을 찾고, 그 값들을 더 조사한다. (작은 소수를 법으로 한 일부 합동들도 u, v, w, x, y, z에 대한 추가적인 제약에 사용할 수 있을 것이다.)

19. 일반화하자면 c가 주어졌을 때 $x_i+x_j=c$인 쌍 $\{x_i, x_j\}$들 모두를 찾는 문제이다. 이렇게 풀면 된다: $x_1 < x_2 < \cdots < x_N$이 되도록 파일을 정렬한다. $i \leftarrow 1$, $j \leftarrow N$으로 설정하고 다음 연산을 $j \le i$가 될 때까지 반복한다:

만일 $x_i+x_j=c$이면 $\{x_i, x_j\}$를 출력하고, $i \leftarrow i+1$, $j \leftarrow j-1$로 설정,
만일 $x_i+x_j<c$이면 $i \leftarrow i+1$로 설정;
만일 $x_i+x_j>c$이면 $j \leftarrow j-1$로 설정.

마지막으로 만일 $j=i$이고 $2x_i=c$이면 $\{x_i, x_i\}$를 출력한다. 이 절차는 연습문제 18의 방법과 비슷하다: 본질적으로는 각각 $x_1, \ldots, x_N$과 $c-x_N, \ldots, c-x_1$을 담은 두 정렬된 파일을 만들고 중복들을 점검하는 것이다. 그런데 이 경우에는 두 번째 파일을 명시적으로 만들 필요가 없다. 또 다른 접근방식으로는 $(x > c/2 \Rightarrow x, x \le c/2 \Rightarrow c-x)$ 같은 키로 정렬을 수행하는 방법이 있다(장링 Jiang Ling이 제안했음).

비슷한 알고리즘으로 $\max\{x_i+x_j \mid x_i+x_j \le c\}$를 찾는 것도 가능하다. 또는, t와 두 정렬된 파일 $x_1 \le \cdots \le x_m$, $y_1 \le \cdots \le y_n$가 주어졌다고 할 때 이를테면 $\min\{x_i+y_j \mid x_i+y_j > t\}$를 찾을 수도 있다.

20. 몇 가지 해법들을 들자면: (a) $1 \le i < j \le 1000$인 499,500개의 i, j 쌍 각각에 대해 $y_1 \leftarrow x_i \oplus x_j$, $y_2 \leftarrow y_1 \,\&\, (y_1-1)$, $y_3 \leftarrow y_2 \,\&\, (y_2-1)$로 설정한다. 그런 다음 오직 $y_3=0$일 때에만

(x_i, x_j)를 출력한다. 여기서 ⊕는 "배타적 논리합(exclusive or)", &는 "비트단위 논리곱(bitwise and)"을 뜻한다. (b) 각각의 원래 단어 x_i마다, x_i 자체 및 x_i와 비트 하나가 다른 30개의 단어들로 구성된 31개의 항목들을 만든다. 그러한 총 31,000개의 항목들을 담은 파일을 정렬하고 중복들을 찾는다. (c) (a)와 비슷하되, 다음을 판정한다:

i) 처음 10비트가 일치하는 모든 단어쌍;

ii) 처음 10비트가 아니라 중앙의 10비트가 일치하는 모든 단어쌍;

iii) 처음, 중앙 10비트는 일치하지 않고 마지막 10비트가 일치하는 모든 단어쌍.

이러한 작업을 위해서는 각 경우마다 해당 10비트 키를 이용해서 자료를 총 세 번 정렬해야 한다. 원래의 단어들이 무작위로 분포되었다고 할 때 세 경우 각각에서 평균 단어 쌍 개수는 최대 $499500/2^{10}$으로, 이는 500보다 작다.

21. 우선 다섯 글자 영어단어 모두를 담은 파일을 만든다. (짧은 단어들에는 -ED, -ER, -ERS, -S 같은 접미어를 붙이는 것도 고려해야 한다.) 이제 각 다섯 글자 단어 α를 취하고 그 단어의 글자들을 오름차순으로 정렬해서 정렬된 다섯 글자 문자열 α'을 만든다. 마지막으로 모든 쌍 (α', α)를 정렬해서 모든 애너그램을 얻는다.

깁슨Kim D. Gibson이 1967년에 수행한 실험에 따르면 흔히 알려진 다섯 글자 애너그램 집합들 중 두 번째로 긴 것은 LEAST, SLATE, STALE, STEAL, TAELS, TALES, TEALS이다. 그러나 그가 더 큰 사전들을 사용할 수 있었다면 다음과 같은 단어들을 더 추가해서 이 집합을 첫 번째로 긴 집합으로 만들 수 있었을 것이다: ALETS (강철 어깨판), ASTEL (조각), ATLES (의도), LAETS (노예와 자유인 사이의 계급), LASET (담비), LATES (나일강의 한 어류), LEATS (수로), SALET (중세의 헬멧의 일종), SETAL (강모에 속함), SLEAT (자극하다), STELA (돌기둥), TESLA (자기속밀도의 단위). "settle"과 "teasel"의 예전 철자인 SATEL, TASEL, TASLE까지 포함한다면, 그 중 어떤 것도 대문자로 표기할 필요가 없는 22개의 상호 치환가능한 단어들을 얻게 된다. 그리고 좀 더 용기를 낸다면 고영어(Old English) tæsl, 독일어 altes, 그리고 Madame de Staël(마담 드 스탈)도 추가할 수 있을 것이다! 집합 {LAPSE, LEAPS, PALES, PEALS, PLEAS, SALEP, SEPAL} 역시, 충실한 사전을 뒤진다면 새로운 단어를 적어도 14개는 추가할 수 있다. [H. E. Dudeney, *Strand* 65 (1923), 208, 312와 그의 *300 Best Word Puzzles*, Martin Gardner 엮음(1968), 퍼즐 190 및 194; Ross Eckler, *Making the Alphabet Dance* (St. Martin's Griffin, 1997), 그림 46c를 볼 것.]

셋 이상의 다섯 글자 영어 애너그램들로 된 첫 번째 집합과 마지막 집합은 {ALBAS, BALAS, BALSA, BASAL}과 {STRUT, STURT, TRUST}이다. 이는 고유명사들을 허용하지 않을 때이고, 만일 고유명사를 허용한다면 Alban, Balan, Laban, Nabal을 포함하는 {ALBAN, BALAN, BANAL, LABAN, NABAL, NABLA}가 첫 번째 집합이 된다. 일상 영어에서 더 긴 애너그램 단어들 중 가장 인상적인 예는 아마도 수학과 놀랄 만큼 가까운 용어들인 {ALERTING, ALTERING, INTEGRAL,

RELATING, TRIANGLE}일 것이다.

앞에서 말한 것보다 더 빠른 방법도 가능하다. $a_1, \ldots, a_5$가 α의 개별 글자들의 수치 부호(dode)이고 $(h(1), h(2), \ldots)$이 무작위로 선택된 26개의 상수들이라고 할 때 $f(\alpha) = (h(a_1) + h(a_2) + \cdots + h(a_5)) \bmod m$을 계산한다. 여기서 m은, 이를테면 단어들이 N개라고 할 때 $2^{\lfloor 2\lg N \rfloor}$으로 두면 된다. 이제 파일 $(f(\alpha), \alpha)$를 알고리즘 5.2.5R의 두 패스로 정렬해서 애너그램들을 얻는다. 그런 후, $f(\alpha) = f(\beta)$일 때에는 $\alpha' = \beta'$를 판정해서 진짜 애너그램인지 확인해야 한다. $f(\alpha)$의 값은 α'보다 더 빠르게 계산할 수 있으며, 이 방법에서는 파일의 단어 α들 대부분에 대해 α'를 구할 필요가 없다.

참고: 다중워드 키 $(a_1, \ldots, a_n)$이 같은 레코드들 전체의 집합을 얻고자 할 때에도 이와 비슷한 기법을 사용할 수 있다. 키가 같은 레코드들이 한 데 모여 있어야 한다는 것만 빼고는 파일의 순서가 중요하지 않다고 하자. 그러면, x가 임의의 고정된 값이라고 할 때, 원래의 다중워드 키 대신 1워드 키 $(a_1 x^{n-1} + a_2 x^{n-2} + \cdots + a_n) \bmod m$에 대해 정렬을 하는 것이 더 빠르다.

22. 그래프의 동형 불변식(isomorphic invariant, 동형 유향그래프들에서 같은 값들을 취하는 함수)들을 찾고 그 불변식들을 정렬해서 "명백히 비동형인" 그래프들을 분리한다. 동형 불변식들의 예를 들자면: (a) 정점 v_i를 (a_i, b_i)로 표현하되, a_i는 그 정점의 내차수이고 b_i는 외차수이다. 그런 다음 차수쌍 (a_i, b_i)들을 사전순서로 정렬한다. 그렇게 해서 나온 파일은 동형 불변식이다. (b) v_i에서 v_j로의 호를 (a_i, b_i, a_j, b_j)로 표현하고, 이 네 짝들을 사전순서로 정렬한다. (c) 유향그래프를 연결된 성분들로 분해하고(알고리즘 2.3.3E 참고), 각 성분의 불변식을 구하고, 성분들을 어떤 방식으로든 그 불변식 순서로 정렬한다. 연습문제 21의 논의도 볼 것.

유향그래프들을 그 불변식들로 정렬한 후에도, 같은 불변식들을 가진 유향그래프들이 실제로로 동형인지를 판단하는 2차 판정은 여전히 필요하다. 그런 판정들에도 불변식들이 도움이 된다. 자유 트리의 경우에는 트리를 완전히게 특징짓는 "특성" 불변식 또는 "표준" 불변식들을 구하는 것이 가능하며, 따라서 2차 판정은 필요 없다 [J. Hopcroft, R. E. Tarjan, *Complexity of Computer Computations* (New York: Plenum, 1972), 140-142 참고].

23. 한 가지 방법은 모든 세 명 파벌을 담은 파일을 만들고, 그것을 모두 네 명 파벌을 담은 파일로 변환하고, 등등으로 진행하는 것이다. 만일 커다란 파벌이 없다면 이 방법은 상당히 만족스럽다. (반면 만일 크기가 n인 파벌이 존재하다면, 크기가 k인 파벌은 적어도 $\binom{n}{k}$개 존재한다. 따라서 이 방법은 n이 단 25정도만 되어도 비현실적이 된다.)

모든 $(k-1)$명 파벌을 $a_1 < \cdots < a_{k-1}$인 $(a_1, \ldots, a_{k-1})$의 형태로 나열하는 파일이 주어졌을 때, k명 파벌을 만드는 방법은: (i) $(k-1)$명 파벌들의, $b < c$인 $(a_1, \ldots, a_{k-2}, b)$, $(a_1, \ldots, a_{k-2}, c)$ 형태의 쌍들 각각에 대한 $(b, c, a_1, \ldots, a_{k-2})$ 형태의 항목들을 담은 새 파일을 만든다. (ii) 이 파일을 각 항목의 처음 두 성분들을 기준으로 정렬한다.(iii) 정렬된 새 파일의 항목 $(b, c, a_1, \ldots, a_{k-2})$들 중 원래 주어진 파일의 친분 관계 항목들의 쌍 (b, c)와 일치하는 항목들 각각에 대해 k명 파벌 $(a_1, \ldots, a_{k-2}, b, c)$를 출력한다.

24. (하디Norman Hardy의 답, 1967년 경.) 입력 파일의 복사본을 하나 더 만든다. 한 복사본은 첫 성분을 기준으로 정렬하고 다른 복사본은 두 번째 성분을 기준으로 정렬한다. 그 파일들을 순차적으로 훑어서 $1 \le i \le N-2$에 대한 (x_i, x_{i+2})쌍들 전부를 담은 파일을 만들고 (x_{N-1}, x_N)을 찾는다. 쌍 $(N-1, x_{N-1})$과 (N, x_N)은 여전히 다른 파일에 기록해야 한다.

이러한 과정을 귀납적으로 계속 이어간다. 파일 F에 $1 \le i \le N-t$에 대한 모든 (x_i, x_{i+t})쌍이 무작위 순서로 들어 있고 파일 G에 $N-t < i \le N$에 대한 모든 (i, x_i)쌍이 두 번째 성분의 순서로 들어 있다고 가정하자. H가 파일 F의 복사본이라 할 때, H를 첫 번째 성분을 기준으로 정렬하고 F를 두 번째 성분을 기준으로 정렬한다. 이제 F, G, H를 훑으면서 다음과 같은 방식으로 새로운 파일 F'와 G'를 만든다. 파일 F, G, H의 현재 레코드들이 각각 $(x, x'), (y, y'), (z, z')$이라고 할 때,

i) 만일 $x' = z$이면 (x, z')를 F'에 출력하고 파일 F와 H를 전진한다.
ii) 만일 $x' = y'$이면 $(y-t, x)$를 G'에 출력하고 파일 F와 G를 전진한다.
iii) 만일 $x' > y'$이면 파일 G를 전진한다.
iv) 만일 $x' > z$이면 파일 H를 전진한다.

파일 F가 소진되었으면 G'을 두 번째 성분을 기준으로 정렬하고 G와 병합한다. 그런 다음에는 t를 $2t$로, F를 F'으로, G를 G'으로 대체한다.

즉, t의 값은 2, 4, 8, ...로 변하게 된다. 그리고 고정된 t에 대해, 자료를 정렬하는 데에는 $O(\log N)$회의 패스가 요구된다. 따라서 총 패스 횟수는 $O((\log N)^2)$이다. 언젠가는 $t \ge N$가 되며, 따라서 F가 비게 된다. 그러면 G를 그냥 첫 번째 성분을 기준으로 정렬하면 된다.

25. (섕크스D. Shanks에서 기인한 착안임.) $0 \le n < m$에 대해 $a^{mn} \bmod p$들을 담은 파일과 $ba^{-n} \bmod p$들을 담은 파일을 준비한다. 두 파일을 정렬하고 공통의 항목을 찾는다.

참고: 이러면 최악의 경우의 실행 시간이 $\Theta(p)$에서 $\Theta(\sqrt{p}\log p)$로 줄어든다. 훨씬 더 개선하는 것도 종종 가능하다. 예를 들어 n이 짝수인지 홀수인지는 $b^{(p-1)/2} \bmod p$가 1인지 $(p-1)$인지를 판정함으로써 $\log p$단계 이내로 쉽게 결정할 수 있다. 일반적으로, f가 $p-1$의 임의의 약수이고 d가 $\gcd(f, n)$의 임의의 약수라고 할 때 길이가 f/d인 표에서 $b^{(p-1)/f}$의 값을 조회함으로써 비슷한 방식으로 $(n/d) \bmod f$를 알아낼 수 있다. 따라서, 만일 $p-1$의 소인수들이 $q_1 \le q_2 \le \cdots \le q_t$이고 q_t가 작다면, 기수들이 $q_1, \ldots, q_t$인 n의 혼합 기수 표현의 숫자들을 오른쪽에서 왼쪽으로 구함으로써 n을 빠르게 계산할 수 있는 것이다. (이러한 착안은 1964년의 실버R. L. Silver에서 기인한 것이다. 또한 S. C. Pohlig, M. Hellman, *IEEE Transactions* IT-24 (1978), 106-110도 보라.)

폴러드John M. Pollard는 이산 로그 값을 무작위 사상 이론에 근거하여 약 $O(\sqrt{p})$회의 p를 법으로 한 연산들로 계산하되 메모리를 거의 요구하지 않는 우아한 방법을 발견했다. 그의 *Math. Comp.* 32 (1978), 918-924를 볼 것. 거기서 그는 오직 작은 소인수들만 가진 수 $n_j = r^j \bmod p$들에 근거한 또 다른 방법도 제시했다.

연습문제 4.5.4-46에서는 점근적으로 더 빠른 방법들을 논의한다.

5.1.1절

1. 2 0 5 2 2 3 0 0 0; 2 7 3 5 4 1 8 6.

2. $b_1 = (m-1) \bmod n$; $b_{j+1} = (b_j + m - 1) \bmod (n-j)$.

3. $\bar{a}_j = a_{n+1-j}$ ("반전된" 순열). 테르켐O. Terquem은 한 무작위 순열의 평균 반전 개수가 $\frac{1}{2}\binom{n}{2}$임을 증명하는 데 이 착안을 사용했다 [*Journ. de Math.* 3 (1838), 559-560].

4. C1. $x_0 \leftarrow 0$으로 설정한다. (아래의 과정에서는 $1 \le j \le n$에 대해 x_j가 b_j와 메모리를 공유하게 만드는 것도 가능하다.)

C2. $k = n, n-1, \ldots, 1$에 대해(이 순서대로) 다음을 수행한다: $j \leftarrow 0$으로 설정한다. 그런 다음 $j \leftarrow x_j$ 설정을 정확히 b_k번 반복한다. 그런 다음 $x_k \leftarrow x_j$, $x_j \leftarrow k$로 설정한다.

C3. $j \leftarrow 0$으로 설정한다.

C4. $k = 1, 2, \ldots, n$에 대해(이 순서대로) 다음을 수행한다: $a_k \leftarrow x_j$로 설정한다. 그런 다음 $j \leftarrow x_j$로 설정한다. ▮

메모리 공간 절약에 대해서는 연습문제 5.2-12를 볼 것.

5. α가 음이 아닌 정수들의 순서쌍들로 된 기호열 $[m_1, n_1] \ldots [m_k, n_k]$라고 하자. α의 길이를 $|\alpha| = k$로 표기하되 빈(길이가 0인) 기호열은 ϵ으로 표기하기로 하자. 그러한 기호열 쌍들에 대한 이항 연산 $\circ$를 다음과 같이 재귀적으로 정의한다:

$$\epsilon \circ \alpha = \alpha \circ \epsilon = \alpha;$$

$$([m,n]\alpha) \circ ([m',n']\beta) = \begin{cases} [m,n](\alpha \circ ([m'-m, n']\beta)), & \text{만일 } m \le m' \text{이면,} \\ [m',n']((([m-m'-1, n]\alpha) \circ \beta), & \text{만일 } m > m' \text{이면.} \end{cases}$$

이러한 정의 하에서, $\alpha \circ \beta$를 평가하는 데 필요한 계산 시간은 $|\alpha \circ \beta| = |\alpha| + |\beta|$에 비례한다. 더 나아가서, $\circ$가 결합법칙을 만족하며 $[b_1, 1] \circ [b_2, 2] \circ \cdots \circ [b_n, n] = [0, a_1][0, a_2] \ldots [0, a_n]$임을 증명할 수 있다. 좌변의 식은 각 패스가 기호열 쌍을 결합하는 $\lceil \lg n \rceil$번의 패스들로 평가할 수 있다. 평가에는 총 $O(n \log n)$단계가 걸린다.

예: (2)로 시작해서 $[2,1] \circ [3,2] \circ [6,3] \circ [4,4] \circ [0,5] \circ [2,6] \circ [2,7] \circ [1,8] \circ [0,9]$를 평가한다고 하자. 첫 패스는 이를 $[2,1][1,2] \circ [4,4][1,3] \circ [0,5][2,6] \circ [1,8][0,7] \circ [0,9]$로 줄인다. 두 번째 패스는 $[2,1][1,2][1,4][1,3] \circ [0,5][1,8][0,6][0,7] \circ [0,9]$로 줄인다. 세 번째 패스는 $[0,5][1,1][0,8][0,2][0,6][0,4][0,7][0,3] \circ [0,9]$로 줄이고, 네 번째 패스에서 (1)이 나온다.

동기: $[4,4][1,3]$ 같은 기호열은 "␣␣␣␣4␣3␣$^\infty$"를 나타내는데, 여기서 ␣는 빈칸이다. 연산 $\alpha \circ \beta$는 β의 빈칸들과 빈칸 아닌 기호들을 α의 빈칸들에 삽입한다. 이를 연습문제 2와 연동한다면 연습문제 1.3.2-22에서 제기된 질문을 부분적으로 답하는, 요세푸스 문제에 대한 알고리즘을 얻게 되며, 그 알고리즘은 $O(mn)$이 아니라 $O(n \log n)$임을 주목할 것.

이 문제의, 임의 접근 메모리를 사용하는 또 다른 $O(n \log n)$ 해법을 균형 트리의 직접적인 사용으로부터 이끌어낼 수 있다.

6. $b_1 = b_2 = \cdots = b_n = 0$으로 시작한다. $k = \lfloor \lg n \rfloor$, $\lfloor \lg n \rfloor - 1$, ..., 0에 대해 다음을 수행한다: $0 \le s \le n/2^{k+1}$에 대해 $x_s \leftarrow 0$으로 설정한다. 그런 다음 $j = 1, 2, \ldots, n$에 대해 다음을 수행한다: $r \leftarrow \lfloor a_j/2^k \rfloor \bmod 2$, $s \leftarrow \lfloor a_j/2^{k+1} \rfloor$으로 설정한다(이들은 본질적으로 비트 추출 연산들이다). 만일 $r = 0$이면 $b_{a_j} \leftarrow b_{a_j} + x_s$로 설정하고, 만일 $r = 1$이면 $x_s \leftarrow x_s + 1$로 설정한다.

또 다른 해법이 연습문제 5.2.4-21에 나온다.

7. $B_j < j$이고 $C_j \le n - j$이다. a_j의 왼쪽에 $j-1$개의 원소들이 있고 오른쪽에 $n-j$개의 원소들이 있기 때문이다. $B_1 B_2 \ldots B_n$으로부터 $a_1 a_2 \ldots a_n$을 재구축하는 방법은 이렇다. 원소 1로 시작한다. $k = 2, \ldots, n$에 대해 $\ge k - B_k$인 각 원소에 1을 더하고 그 오른쪽에 $k - B_k$를 붙인다. (1.2.5절의 방법 2를 볼 것.) C들에 대해서도 비슷한 절차가 유효하다. 아니면 다음 연습문제의 결과를 사용할 수도 있다. 〔c 반전표는 Rodrigues, *J. de Math.* 4 (1839), 236-240에 논의되어 있다. C 반전표는 1800년에 로테Rothe가 사용했다. 네토Netto의 *Lehrbuch der Combinatorik* (1901), §5도 볼 것.〕

8. $a_1 \ldots a_n$의 각 반전 (a_i, a_j)가 $a'_1 \ldots a'_n$의 각 반전 (j, i)에 대응하므로 $b' = C$, $c' = B$, $B' = c$, $C' = b$이다. 몇 가지 추가적인 관계들을 들자면: (a) 오직 (모든 $i < j$에 대해 $b_i > b_j$)일 때에만 $c_j = j - 1$; (b) 오직 (모든 $i > j$에 대해 $c_i > c_j$)일 때에만 $b_j = n - j$; (c) 오직 (모든 $i > j$에 대해 $c_i - i < c_j - j$)일 때에만 $b_j = 0$; (d) 오직 (모든 $i < j$에 대해 $b_i + i < b_j + j$)일 때에만 $c_j = 0$; (e) $b_i \le b_{i+1}$과 $a'_i < a'_{i+1}$과 $c_i \ge c_{i+1}$은 모두 동치 관계; (f) $a_j = j + C_j - B_j$; $a'_j = j + b_j - c_j$.

9. $b = C = b'$은 $a = a'$와 동치 관계이다.

10. $\sqrt{10}$. (잘려진 팔면체를 좌표화하는 한 가지 방법은 벡터 $(1,0,0)$, $(0,1,0)$, $\frac{1}{2}(1,1,\sqrt{2})$, $\frac{1}{2}(1,-1,\sqrt{2})$, $\frac{1}{2}(-1,1,\sqrt{2})$, $\frac{1}{2}(-1,-1,\sqrt{2})$가 각각 해당 쌍 21, 43, 41, 31, 42, 32의 인접한 교환들을 나타내게 하는 것이다. 이 벡터들의 합이 바로 정점 4321과 1234의 차이인 $(1,1,2\sqrt{2})$이다.)

좀 더 대칭적인 해는 4차원 정점 π를

$$\sum\{\mathbf{e}_u - \mathbf{e}_v \mid (u,v)\text{는 } \pi\text{의 반전}\}$$

로 나타내는 것이다. 여기서 $\mathbf{e}_1 = (1,0,0,0)$, $\mathbf{e}_2 = (0,1,0,0)$, $\mathbf{e}_3 = (0,0,1,0)$, $\mathbf{e}_4 = (0,0,0,1)$이다. 즉 $1\,2\,3\,4 \leftrightarrow (0,0,0,0)$; $1\,2\,4\,3 \leftrightarrow (0,0,-1,1)$; ...; $4\,3\,2\,1 \leftrightarrow (-3,-1,1,3)$이다. 모든 점은 3차원 부분공간 $\{(w,x,y,z) \mid w+x+y+z=0\}$에 놓인다. 인접한 정점들 사이의 거리는 $\sqrt{2}$이다. 또는 $\pi = a_1 a_2 a_3 a_4$를 벡터 (a'_1, a'_2, a'_3, a'_4)로(여기서 $a'_1 a'_2 a'_3 a'_4$는 역순열들) 표현하는 것도 이와 동치이다(해답 8(f) 참고). (힌턴C. Howard Hinton은 이렇게 순열들을 좌표들로 해서 잘린 8면체를 4차원으로 표현하는 방법을 그것의 n차원 일반화와 함께 *The Fourth Dimension*

(London, 1904), 제10장에서 논의했다. 수년 후 기보Guilbaud와 로젠스틸Rosenstiehl이 추가적인 성질들을 발견했는데, 그들은 그림 1을 "permutahedron"†이라고 불렀다. 연습문제 12를 볼 것.)

잘려진 8면체의 복제본들은 가장 간단하다고 간주되었던 방식 〔H. Steinhaus, *Mathematical Snapshots* (Oxford, 1960), 200-203; C. S. Smith, *Scientific American* 190, (1954년 1월), 58-64 참고〕으로 3차원 공간을 채우게 된다. 파푸스Papus의 *Collection* (A.D. 300년 경)의 제5권(Book V)은 아르키메데스Archimedes가 연구한 13개의 특별한 입체들 중 하나로 잘려진 8면체를 언급한다. 아르키메데스 입체(임의의 꼭지점을 다른 임의의 꼭지점으로 취하는 대칭성을 가지며, 면들이 정다각형이되 모두 동일하지는 않은, 프리즘 형태가 아닌 다면체)들이 그려져 있는 책들로는 W. W. Rouse Ball, *Mathematical Recreations and Essays*, H. S. M. Coxeter 고침 (Macmillan, 1939), 제5장; H. Martyn Cundy and A. P. Rollett, *Mathematical Models* (Oxford, 1952), 94-109 등이 있다.

11. (a) 자명하다. (b) 정점들이 $\{1, 2, \ldots, n\}$이고 호들이 만일 $x > y$이고 $(x, y) \in E$ 또는 $x < y$이고 $(y, x) \in \bar{E}$이면 $x \to y$인 유향그래프를 구축한다. 유향 순환마디가 하나도 없다면 이 유향그래프를 위상적으로 정렬할 수 있으며, 그렇게 해서 얻은 선형 순서가 원했던 순열이다. 만일 유향 순환마디가 존재한다면 가장 짧은 것의 길이는 3이다. 길이가 1이나 2인 것은 없고 길이가 3을 넘는 순환마디 $a_1 \to a_2 \to a_3 \to a_4 \to \cdots \to a_1$은 더 줄일 수 있기 때문이다($a_1 \to a_3$ 또는 $a_3 \to a_1$로). 그런데 길이가 3인 유향 순환마디는 E 또는 $\bar{E}$의 두 호들을 포함하며, 이는 E나 $\bar{E}$가 전혀 추이적이지 않음을 증명한다.

12. 〔기보G. T. Guilbaud, 로젠스틸P. Rosenstiehl, *Math. et Sciences Humaines* 4 (1963), 9-33.〕 $(a, b) \in \bar{E}$, $(b, c) \in \bar{E}$, $(a, c) \notin \bar{E}$라고 가정하자. 그러면 $0 \le i < k$에 대해 $(x_i, x_{i+1}) \in E(\pi_1) \cup E(\pi_2)$라고 할 때 어떤 $k \ge 1$에 대해 $a = x_0 > x_1 > \cdots > x_k = c$가 성립한다. k가 최소일 때의 이런 종류의 반례를 고찰해 보자. $(a, b) \notin E(\pi_1)$이고 $(b, c) \notin E(\pi_1)$이므로 $(a, c) \notin E(\pi_1)$이며, 비슷하게 $(a, c) \notin E(\pi_2)$이다. 따라서 $k > 1$이다. 그러나 만일 $x_1 > b$이면 $(x_1, b) \subset \bar{E}$는 k가 최소라는 가정과 모순이며, 한편 $(x_1, b) \in E$는 $(a, b) \in E$를 함의한다. 비슷하게 만일 $x_1 < b$이면 $(b, x_1) \in \bar{E}$와 $(b, x_1) \in E$ 모두 불가능하다.

13. 반전표에서 $b_1, \ldots, b_{n-m}, b_{n-m+2}, \ldots, b_n$의 임의의 고정된 선택에 대해, b_{n-m+1}이 그것의 가능한 값 $0, 1, \ldots, m-1$을 차례로 취할 때 총합 $\sum_i b_i$은 m을 법으로 한 나머지들 각각으로 정확히 한 번씩 평가된다.

14. 힌트에 나온 구축법은 각자 상대방으로 분할되는 서로 다른 부분들로 짝 지워진 분할 쌍들을 취한다. 단, $j = k = p_k$와 $j = k = p_k - 1$인 두 경우는 예외이다. 그 두 예외들에서 n은 각각 $(2j-1) + \cdots + j = (3j^2 - j)/2$와 $(2j) + \cdots + (j+1) = (3j^2 + j)/2$이다. 그리고 j개의 부분들을 가진, 쌍을 이루지 않은 하나의 분할이 고유하게 존재한다. 〔*Comptes Rendus Acad. Sci.*

---

† 〔옮긴이 주〕 permutation과 -hedron을 합친 단어이다. "순열면체"라고 번역할 수도 있을 것이다.

92 (Paris, 1881), 448–450. *Novi Comment. Acad. Sci. Pet.* 5 (1754), 75–83에 나온 오일러의 원래의 증명도 아주 흥미로웠다. 그는 $n \ge 1$에 대해 s_n을 멱급수 $1 - z^{2n-1} - z^{3n-1}s_{n+1}$로 정의한다고 할 때 그 무한곱이 s_1임을 간단한 조작들을 통해서 보였다. 오일러의 무한합의 유한 버전들을 커누스Knuth와 패터슨Paterson이 *Fibonacci Quarterly* 16 (1978), 198–212에서 논의했다.]

15. 점 그림을 p들에서 P들로 가도록 전치한다. P들에 대한 생성함수는 쉽게 구할 수 있다. 임의의 개수의 1들(생성함수 $1/(1-z)$)을 선택하고, 그런 다음 그와 독립적으로 임의의 개수의 2들(생성함수 $1/(1-z^2)$))을 선택하고, ..., 마지막으로 임의의 개수의 n들을 선택하면 된다.

16. 첫 항등식에서 $z^n q^m$의 계수는 m을 최대 n개의 부분들로 분할하는 수이다. 두 번째 항등식의 경우에는 m을 n개의 서로 다른 음이 아닌 부분들로의 분할들의 개수, 즉 $p_1 > p_2 > \cdots > p_n \ge 0$라고 할 때 $m = p_1 + p_2 + \cdots + p_n$ 형태의 합들의 개수이다. 이는 $q_i = p_i - n + i$라는 대응관계 하에서 $q_1 \ge q_2 \ge \cdots \ge q_n \ge 0$라고 할 때 $m - \binom{n}{2} = q_1 + q_2 + \cdots + q_n$과 같다. [*Commentarii Academiæ Scientiarum Petropolitanæ* 13 (1741), 64–93.]

참고: 두 번째 항등식은 연습문제 1.2.6–58에 나온 q항 정리의 $n \to \infty$에 따른 극한값이다. 비슷하게, 첫 번째 항등식은 그 연습문제의 답에서 증명한, 그 정리의 쌍대 형식의 $r \to \infty$에 따른 극한값이다.

$n!_q = \prod_{k=1}^{n}(1 + q + \cdots + q^{k-1})$이고 $\exp_q(z) = \sum_{n=0}^{\infty} z^n/n!_q$이라고 하자. 첫 항등식에 의해 $\exp_q(z)$는 $|q| < 1$일 때 $1/\prod_{k=0}^{\infty}(1 - q^k z(1-q))$와 같다. 그리고 두 번째 항등식에 의해 그것은 $|q| > 1$일 때 $\prod_{k=0}^{\infty}(1 + q^{-k} z(1 - q^{-1}))$과 같다. 결과로 나온 형식 멱급수 항등식 $\exp_q(z)\exp_{q^{-1}}(-z) = 1$은 공식

$$\sum_{k=0}^{n} \frac{(-1)^k q^{k(k-1)/2}}{(1-q)\dots(1-q^k)(1-q)\dots(1-q^{n-k})} = \delta_{n0}, \qquad \text{정수 } n \ge 0$$

과 동치이며, 이는 $x = -1$일 때의 q항 정리의 한 결과이다.

17.

0 0 0 0	0 1 0 0	0 0 1 0	0 0 0 1
1 1 0 1	1 2 0 1	1 0 2 1	1 0 1 2
1 0 1 0	0 1 1 0	0 1 2 0	0 1 0 2
1 0 1 1	0 1 1 1	0 1 2 1	0 1 1 2
1 0 0 1	0 1 0 1	0 0 1 1	0 0 1 2
2 0 1 2	0 2 1 2	0 1 2 2	0 1 2 3

18. $q = 1 - p$라고 하자. 반전의 인스턴스 α들 전부를 구간으로 하는 합 $\sum \Pr(\alpha)$을 k에 대한 합산을 통해서 평가할 수도 있다. 여기서 $0 \le k < n$는 $i < j$에 대한 한 반전 $X_i \oplus i > X_j \oplus j$안에 i와 j 사이의 상등뿐만 아니라 X_i와 X_j 사이의 상등도 존재함을 만족하는 제일

왼쪽 비트 위치들의 정확한 개수이다. 그러면 공식 $\sum_{0\le k<n} 2^k(p^2+q^2)^k(p^2 2^{n-k-1}2^{n-k-1}+2pq2^{n-k-1}(2^{n-k-1}-1))$을 얻게 된다. 이를 합산하고 정리하면 $2^{n-1}(p(2-p)(2^n-(p^2+q^2)^n)/(2-p^2-q^2)+(p^2+q^2)^n-1)$이 나온다.

19. 반전 개수는 $\sum_{0<i<j<n}(\lfloor mj/n\rfloor-\lfloor mi/n\rfloor-\lfloor m(j-i)/n\rfloor)=\sum_{0<i<j<n}[mj \bmod n < mi \bmod n]=\sum_{0<r<n}\lfloor mr/n\rfloor(r-(n-r)-(n-r-1))$로, 이는 $\frac{1}{4}(n-1)(n-2)-\frac{1}{4}n\sigma(m,n,0)$으로 정리할 수 있다. 〔*Crelle* 198 (1957), 162-166.〕

20. J. J. Sylvester, *Amer. J. Math.* 5 (1882), 251-330, 6 (1883), 334-336, §57-§68; E. M. Wright, *J. London Math. Soc.* 40 (1965), 55-57; J. Zolnowsky, *Discrete Math.* 9 (1974), 293-298을 볼 것.

야코비의 항등식은 다음과 같이 빠르게 증명할 수 있다.

$$\prod_{k=1}^{n}(1-u^k v^{k-1})=(-1)^n u^{\binom{n+1}{2}} v^{\binom{n}{2}}\prod_{k=1}^{n}(1-u^{-k}v^{1-k})$$

이므로, 연습문제 1.2.6-58의 q항 정리에서 $q=uv$로 두어서

$$\begin{aligned}\prod_{k=1}^{n}(1-u^k v^{k-1})(1-u^{k-1}v^k)&=(-1)^n u^{\binom{n+1}{2}} v^{\binom{n}{2}}\prod_{k=-n+1}^{n}(1-u^{k-1}v^k)\\&=(-1)^n u^{\binom{n+1}{2}} v^{\binom{n}{2}}\sum_j\binom{2n}{j}_{uv}(uv)^{\binom{j}{2}}(-u^{-n}v^{1-n})^j\\&=\sum_j\binom{2n}{n+j}_{uv}(-1)^j u^{\binom{j}{2}} v^{\binom{j+1}{2}}\end{aligned}$$

를 이끌어낼 수 있다. 양변에 $\prod_{k=1}^{n}(1-u^k v^k)=\prod_{k=1}^{n}(1-q^k)$을 곱해보자. 그러면 고정된 j에 대해 $\binom{2n}{n+j}_q\prod_{k=1}^{n}(1-q^k)=1+O(q^{n+1-|j|})$이 성립한다. $n\to\infty$로 두면 야코비의 항등식이 입증된다.

21. C_j를 j번째 출력 이후의 스택의 원소 개수로 해석할 것. (스택 순열들의 b와 B의 표들의 특성화에 대해서는 연습문제 2.3.3-19를 보라.)

22. (a) 수 $\{1,2,\ldots,n\}$을 시계판 숫자들처럼 원형으로 배치하고 1을 가리키게 한다. 그런 다음 $j=n, n-1, \ldots, 1$에 대해(이 순서대로) 포인터를 반시계방향으로 b_j+1단계 움직이고, 그것이 가리키는 수를 원에서 제거하고, 그 수를 a_j로 둔다.

(b) 각 i를 수열 $a_i a_{i+1}\ldots a_n$이 순환 회전하는 만큼 센다. 이 개수는 $j\ge i$에 대해 $a_j>a_{j+1}$인 횟수이다. 따라서 $a_j>a_{j+1}$인 각 j는 한 번씩 세어지는 색인 $1,\ldots,j$에 대응한다. 〔Guo-Niu Han, *Advances in Math.* 105 (1994), 28-29; 이와 동치인 결과를 롤링스Rawlings가 다음 연습문제의 맥락 하에서 얻은 바 있다.〕

23. 예를 들어 $n = 5$이고 $a_1 a_2 a_3 a_4 a_5 = 3\ 1\ 4\ 2\ 5$라고 가정하자. 그러면 각 사망 이전의 빗나간 발포 횟수는 음이 아닌 어떤 정수 k_j들에 대해 반드시 $2 + 5k_1$, $2 + 4k_2$, $1 + 3k_3$, $1 + 2k_2$, k_5이다. 쌍대 순열 1 4 2 5 3이 이전 연습문제의 표기법 하에서 h표 0 1 1 2 2을 가짐을 주목할 것. 일반화하자면, $a_1 a_2 \ldots a_n$을 얻을 확률은

$$\sum_{k_1, \ldots, k_n \geq 0} (q_1^{h_n + nk_1} p_1)(q_2^{h_{n-1} + (n-1)k_2} p_2) \ldots (q_n^{h_1 + k_n} p_n)$$

$$= \frac{1 - q_1}{1 - q_1^n} \frac{1 - q_2}{1 - q_2^{n-1}} \cdots \frac{1 - q_n}{1 - q_n^1} q_1^{h_n} q_2^{h_{n-1}} \ldots q_n^{h_1}$$

이 되는데, 여기서 $p_j = 1 - q_j$는 $j - 1$회의 사망들 이후의 사망 확률이고 $h_1 h_2 \ldots h_n$은 $a_1 a_2 \ldots a_n$의 쌍대에 대응한다. 특히 $p_1 = \cdots = p_n = p = 1 - q$일 때 그 확률은 $q^{h_1 + \cdots + h_n} / G_n(q)$이다. 따라서 가장 확률이 낮은 순서는 $n \ldots 2\ 1$이다. [J. Treadway, D. Rawlings, *Math. Mag.* 67 (1994), 345-354; 롤링스는 *Int. J. Math. & Math. Sci.* 15 (1992), 291-312에서 이 공정을 중복집합 순열에 대한 공정으로 일반화했다.]

24. $a_0 = 0$이라고 하자. 그리고 만일 $a_j > t(a_{j+1})$이면 $j < n$에서 일반화된 내림(generalized descent)이 발생한다고 말하기로 하자. n을 a_{j-1}와 a_j 사이에 삽입할 때, 오직 $a_{j-1} \leq t(a_j) < n$일 때에만 새로운 일반화된 내림이 발생한다. j 값들이 $j_1 > j_2 > \cdots > j_k > 0$일 때 이러한 일이 생긴다고 가정하자. j의 다른 값들은 $j_n > j_{n-1} > \cdots > j_{k+1}$이라고 하자. 그러면 $j_n = n$이며, n이 a_{j_k} 바로 앞에 삽입되었을 때 일반화된 지표가 $n - k$만큼 증가함을 보이는 것이 가능하다. [어떤 $d \geq 0$에 대해 $t(j) = j + d$인 특수한 경우는 D. Rawlings, *J. Combinatorial Theory* A31 (1981), 175-183에서 기인한다. 그는 *Linear and Multilinear Algebra* 10 (1981), 253-260에서 이 특수한 경우를 중복집합 순열의 경우로 일반화했다.]

이 연습문제는 순열들에 대한 $n!$가지의 서로 다른 통계치들을 정의하는데, 각 통계치는 (7)과 (8)에 나오는 생성함수 $G_n(z)$을 가진다. 러시안 룰렛을 다음과 같이 일반화함으로써 그런 통계치들을 더욱 많이 정의할 수 있다: $j - 1$명이 죽은 후 이후에 다음 번 발포 라운드를 시작하는 사람은 $f_j(a_1, \ldots, a_{j-1})$이다. 여기서 f_j는 $\{1, \ldots, n\} \setminus \{a_1, \ldots, a_{j-1}\}$의 값들을 정의역으로 하는 임의의 함수이다. [Guo-Niu Han, *Calcul Denertien* (Thesis, Univ. Strasbourg, 1992), Part 1.3, §7 참고.]

25. (a) 만일 $a_1 < a_n$이면 $h(\alpha)$의 반전 개수는 α의 반전 개수와 정확히 같다. α_j의 원소들이 a_n 대신 x_j를 반전시키기 때문이다. 그러나 만일 $a_1 > a_n$이면 $h(\alpha)$의 반전 개수는 α의 것보다 $n - 1$개 적다. x_j가 자신의 a_n의 반전과 α_j의 각 원소를 잃기 때문이다. 따라서 만일 $x_n = a_n$으로 두고 재귀적으로 $x_1 \ldots x_{n-1} = f(h(\alpha))$라고 둔다면 순열 $f(\alpha) = x_1 \ldots x_n$은 요구된 성질들을 가진다. $f(1\,9\,8\,2\,6\,3\,7\,4\,5) = 9\,1\,2\,6\,3\,8\,7\,4\,5$이고 $f^{[-1]}(1\,9\,8\,2\,6\,3\,7\,4\,5) = 1\,9\,2\,6\,8\,7\,3\,4\,5$이다.

(b) 핵심은 α^-가 α의 역일 때 $\operatorname{inv}(\alpha)=\operatorname{inv}(\alpha^-)$이고 $\operatorname{ind}(\alpha^-)=\operatorname{ind}(f(\alpha)^-)$라는 것이다. 따라서 만일 $\alpha_1=\alpha^-$, $\alpha_2=f(\alpha_1)$, $\alpha_3=\alpha_2^-$, $\alpha_4=f^{[-1]}(\alpha_3)$, $\alpha_5=\alpha_4^-$이면 다음이 성립한다.

$$\operatorname{inv}(\alpha_5)=\operatorname{inv}(\alpha_4)=\operatorname{ind}(\alpha_3)=\operatorname{ind}(\alpha_2^-)=\operatorname{ind}(\alpha_1^-)=\operatorname{ind}(\alpha);$$
$$\operatorname{ind}(\alpha_5)=\operatorname{ind}(\alpha_4^-)=\operatorname{ind}(\alpha_3^-)=\operatorname{ind}(\alpha_2)=\operatorname{inv}(\alpha_1)=\operatorname{inv}(\alpha).$$

〔*Math. Nachrichten* 83 (1978), 143-159.〕

26. (차일베르거Doron Zeilberger의 답.) $\operatorname{inv}(\alpha)\operatorname{ind}(\alpha)$의 평균은

$$\frac{1}{n!}\sum_{\alpha}\sum_{1\le j<k\le n}\sum_{1\le l<n}[a_j>a_k]\;l\;[a_l>a_{l+1}]$$

이다. 이는 치수가 ≤ 4인 n의 다항식이다. 이 함을 $1\le n\le 5$에 대해 평가하면 각각 0, $\frac{1}{2}$, $\frac{6}{2}$, $\frac{21}{2}$, $\frac{55}{2}$가 나온다. 따라서 그 다항식은 반드시 $\frac{1}{8}n(n-1)+\frac{1}{16}n^2(n-1)^2$이다. 여기서 $\operatorname{mean}(g_n)^2$을 빼고 $\operatorname{var}(g_n)$으로 나누면(식 (12)와 (13)을 이용) $n\ge 2$에 대한 답 $9/(2n+5)$가 나온다.

27. $q_n\ldots q_2q_1$을 중복집합의 한 순열로 간주할 때(5.1.2절 참고) $\operatorname{inv}(a_1a_2\ldots a_n)=\operatorname{inv}(q_n\ldots q_2q_1)$이다. 이로부터

$$\begin{aligned}\frac{H_n(w,z)}{(1-z)\ldots(1-z^n)}&=\sum_{a_1\ldots a_n}w^{\operatorname{inv}(a_1\ldots a_n)}z^{\operatorname{ind}(a_1\ldots a_n)}\sum_{p_1\ge\cdots\ge p_n\ge 0}z^{p_1+\cdots+p_n}\\&=\sum_{q_1,q_2,\ldots,q_n\ge 0}w^{\operatorname{inv}(q_n\ldots q_2q_1)}z^{q_1+q_2+\cdots+q_n}\\&=\sum_{k_0+k_1+k_2+\cdots=n}\binom{n}{k_0,k_1,k_2,\ldots}_w z^{k_1+2k_2+\cdots}\\&=n!_w\,[u^n]\sum_{k_0,k_1,k_2,\ldots}\prod_{j=0}^{\infty}\frac{(z^ju)^{k_j}}{k_j!_w}\\&=n!_w\,[u^n]\prod_{j=0}^{\infty}\exp_w(z^ju)\\&=n!_w\,[u^n]\prod_{j=0}^{\infty}\prod_{k=0}^{\infty}\frac{1}{1-z^jw^ku(1-w)}\end{aligned}$$

을 이끌어낼 수 있다. 해답 16의 표기법과 연습문제 5.1.2-16의 결과를 이용한 것이다. 이제 다음과 같은 우아한 항등식이 성립한다.

$$\prod_{j,k\ge 0}\frac{1}{1-w^jz^ku}=\sum_{n\ge 0}\frac{H_n(w,z)u^n}{(1-w)(1-w^2)\ldots(1-w^n)(1-z)(1-z^2)\ldots(1-z^n)}.$$

이 항등식은 로젤D. P. Roselle이 *Proc. Amer. Math. Soc.* 45 (1974), 144-150에서 생성함수 $H_n(w,z)=\sum_\alpha w^{\operatorname{ind}(\alpha^-)}z^{\operatorname{ind}(\alpha)}$에 대해 입증한 바 있다. 연습문제 25는 같은 2변수 생성함수가 색

인들과 반전들의 개수를 제공한다는 점을 보여준다. 위의 증명은 가르시아Garsia와 게셀Gessel [*Advances in Math.* 31 (1979), 288-305]에서 기인한 것으로, 그들은 훨씬 더 일반적인 결과들도 얻었다.

연습문제 4.7-27에서 $m = \infty$로 두면 다음과 같은 점화식이 나온다.

$$H_n(w, z) = \sum_{k=1}^{n} \binom{n}{k}_w z^{n-k} \left(\prod_{j=1}^{k-1} (1 - z^{n-j}) \right) H_{n-k}(w, z).$$

28. 인접한 두 원소를 맞바꾸면 전변위는 0 또는 ± 2만큼 변한다. 따라서 $\mathrm{td}(a_1 a_2 \ldots a_n) \le 2\,\mathrm{inv}(a_1 a_2 \ldots a_n)$이다.

또한 $\mathrm{td}(a_1 a_2 \ldots a_n) \ge \mathrm{inv}(a_1 a_2 \ldots a_n)$를 증명하는 것도 가능하다. j가 제자리에서 벗어난 가장 작은 원소라고 하자. 그리고 $a_k = j$라고 하자. l이 $l < k$이고 $a_l \ge k$인 최대값이라고 하자. a_l를 a_k와 맞바꾸면 반전들이 $2(k-l)-1$개 줄어들며, 전변위는 $2(k-l)$만큼 줄어든다. 따라서 주어진 한 순열 $a_1 a_2 \ldots a_n$을 정렬하기 위해 이 알고리즘을 m회 반복해야 한다면 $\mathrm{td}(a_1 a_2 \ldots a_n) = \mathrm{inv}(a_1 a_2 \ldots a_n) + m$이 성립한다.

한 무작위 순열의 평균 전변위는 $(n^2-1)/3$이다. 연습문제 5.2.1-7을 볼 것. 전변위에 대한 생성함수가 간단한 형식을 가지지는 않는 것으로 보인다. 참고문헌: C. Spearman, *British J. Psychology* 2 (1906), 89-108; P. Diaconis, R. L. Graham, *J. Royal Stat. Soc.* B39 (1977), 262-268.

29. $\mathrm{inv}(\pi)$개의 전치 연산 τ_j들의 한 부산물로 π를 얻을 수 있다. 여기서 τ_j는 j와 $j+1$을 맞바꾸는 것이다. 예를 들어 그림 1의 경로 $1234 \to 1324 \to 1342 \to 3142$는 τ_2, τ_3, τ_1을 차례로 적용하는 것에 해당한다. 따라서 $3\,1\,4\,2 = \tau_1 \tau_3 \tau_2$이다. 그러므로 $\pi\pi'$는 각각 반전 개수를 ± 1만큼 변경하는 $\mathrm{inv}(\pi)$개의 전치들을 π'에 적용해서 얻을 수 있다. 이로부터 $\mathrm{inv}(\pi\pi') \le \mathrm{inv}(\pi) + \mathrm{inv}(\pi')$가 나온다. 만일 등호가 성립한다면 각 전치는 새로운 반전을 하나 추가하며, 따라서 $E(\pi\pi') \subseteq E(\pi')$이다.

반대로, 만일 $E(\pi\pi') \subseteq E(\pi')$이면 $|E(\pi\pi')| - |E(\pi')| = \mathrm{inv}(\pi\pi') - \mathrm{inv}(\pi')$개의 전치들의 어떤 순차열이 π'을 $\pi\pi'$으로 변환함을 보여야 한다. 그러한 전치들은 π를 정의하며, 따라서 이는 $\mathrm{inv}(\pi) \le \mathrm{inv}(\pi\pi') - \mathrm{inv}(\pi')$을 증명한다. 그러므로 등호는 반드시 성립한다. 예를 들어 $\pi' = 3\,1\,4\,5\,9\,2\,6\,8\,7$이고 $E(\pi\pi') \subseteq E(\pi')$이라고 가정하자. 만일 $E(\pi\pi')$에 $(4,1)$이나 $(5,4)$나 $(9,5)$나 $(6,2)$나 $(8,6)$이 없다면 $\pi\pi'$은 반드시 π'과 같아야 한다. 그렇지 않다면 $E(\pi\pi')$은 그 반전들 중 하나, 이를테면 $(9,5)$를 포함한다. 그러면 $E(\pi\pi')$은 $E(\tau_4\pi') = E(3\,1\,4\,9\,5\,2\,6\,8\,7)$을 포함한다. 이런 식으로 나아가서 $|E(\pi\pi')| - |E(\pi')|$에 대한 귀납법으로 결과를 증명할 수 있다.

5.1.2절

1. 어떤 상당히 중요한 전문적 사항 때문에 거짓이다. 만일 독자가 "참"이라고 답했다면 아마 4.6.3절

에 나온 $M_1 \cup M_2$의 정의를 간과했기 때문일 것이다. 그 정의는 M_1과 M_2가 집합이면 항상 $M_1 \cup M_2$도 집합이라는 성질을 가진다. 실제로 $\alpha \top \beta$는 $M_1 \uplus M_2$의 한 순열이다.

2. $b\ c\ a\ d\ d\ a\ d\ a\ d\ b$.

3. 성립하지 않음이 확실하다. $\alpha = \beta$일 수도 있기 때문이다. (그렇긴 하지만, 유일 인수분해 정리에 의하면 그런 경우들이 아주 많지는 않다.)

4. $(d) \top (bcd) \top (bbcad) \top (babcd) \top (d)$.

5. 쌍 $\ldots xx \ldots$의 출연 횟수는 $\substack{x \\ x}$ 열들의 개수에서 0 또는 1을 뺀 것과 같다. x가 최소 원소일 때 출현 횟수는 오직 x가 그 순열의 첫 원소가 아닐 때에만 그런 개수와 같다.

6. 연관된 2행 배열들의 개수는 쉽게 셀 수 있다: $\binom{m}{k}\binom{n}{k}$이다.

7. 정리 B의 (a)를 이용해서, (20)을 유도했던 것과 비슷한 방식으로

$$\binom{A-1}{A-k-m-1}\binom{B}{m}\binom{C}{k}\binom{B+k}{B-l}\binom{C-k}{l};$$

$$\binom{A-1}{A-k-m}\binom{B}{m}\binom{C}{k}\binom{B+k-1}{B-l-1}\binom{C-k}{l};$$

$$\binom{A-1}{A-k-m}\binom{B}{m}\binom{C}{k}\binom{B+k-1}{B-l}\binom{C-k}{l}$$

을 유도할 수 있다.

8. 완전 소인수분해는 $(d) \top (bcd) \top (b) \top (adbc) \top (ab) \top (bcd) \top (d)$로, 가환적인 인접쌍들이 없으므로 이는 유일하다. 따라서 여덟 개의 해 $\alpha = \epsilon, (d), (d) \top (bcd), \ldots$가 존재한다.

10. 거짓이다. 그러나 참이 되는 흥미로운 경우들이 있다. 소수들의 임의의 선형 순서가 주어졌을 때, 언급된 형태의 인수분해가 적어도 하나 존재한다. 주어진 조건이 위반될 때마다, 그 인수분해의 "반전"들의 개수를 줄이는 어떤 맞바꿈을 수행할 수 있기 때문이다. 따라서 그 조건은 어떤 순열들이 그러한 인수분해를 둘 이상 가진다는 이유에서만 실패한다.

$\rho \sim \sigma$가 ρ와 σ가 가환적이라는 뜻이라고 하자. 다음 조건은 언급된 인수분해가 유일하기 위한 필요충분조건이다.

$$\rho \sim \sigma \sim \tau \quad \text{그리고} \quad \rho < \sigma < \tau\text{가} \quad \rho \sim \tau\text{를 함의한다.}$$

증명. 만일 $\rho \sim \sigma \sim \tau$이고 $\rho < \sigma < \tau$이고 $\rho \nsim \tau$이면 두 인수분해 $\sigma \top \tau \top \rho = \tau \top \rho \top \sigma$가 가능하다. 따라서 위의 조건은 필요조건이다. 반대로 위의 조건이 유일성에 대한 충분조건임을 보여 보자. 우선 $\rho_1 \top \cdots \top \rho_n = \sigma_1 \top \cdots \top \sigma_n$이 조건을 만족하는 서로 다른 두 인수분해라고 하자. $\sigma_1 < \rho_1$이라고 가정할 수 있으며, 그러면 $\sigma_1 = \rho_k$를 만족하는 어떤 $k > 1$가 존재한다. 더 나아가서 $1 \le j < k$에 대해 $\sigma_1 \sim \rho_j$이다. $\rho_{k-1} \sim \sigma_1 = \rho_k$이므로 $\rho_{k-1} < \sigma_1$이 성립한다. 따라서 $k > 2$이다. j가 $j < i < k$에 대해 $\sigma_1 < \rho_j$와 $\rho_i < \sigma_1$을 만족한다고 하자. 그러면 $\rho_{j+1} \sim \sigma_1 \sim \rho_j$ 그리고 $\rho_{j+1} < \sigma_1 < \rho_j$는 $\rho_{j+1} \sim \rho_j$를 함의한다. 따라서 $\rho_j < \rho_{j+1}$인데, 이는 모순이다.

그러므로 소수 집합 S에 대해 위의 조건을 만족하는 어떤 순서 관계가 주어졌을 때, 그리고 한 순열 π의 모든 소인수가 S에 속함을 안다고 할 때, π가 언급된 형태의 유일한 인수분해를 가진다는 결론을 내릴 수 있다. 그러한 조건은 예를 들어 S가 (29)의 순환마디들의 집합일 때 성립한다.

그런데 모든 소수의 집합에 순서 관계를 부여할 수는 없다. 예를 들어 $(ab) < (de)$라고 하면

$$(a\,b) < (d\,e) > (b\,c) < (e\,a) > (c\,d) < (a\,b) > (d\,e)$$

라고 정의할 수밖에 없는데, 이는 모순이다. (다음 연습문제도 볼 것.)

11. 만일 $p(1) \ldots p(t)$가 $\{1, \ldots, t\}$의 한 순열이면, 오직 $\sigma_{p(1)} \top \cdots \top \sigma_{p(t)} = \sigma_1 \top \cdots \top \sigma_t$이고 $i < j$에 대해 $\sigma_{p(i)} = \sigma_{p(j)}$이면 항상 $p(i) < p(j)$일 때에만 순열 $x_{p(1)} \ldots x_{p(t)}$가 위상정렬됨을 보여야 한다. 또한 $x_{p(1)} \ldots x_{p(t)}$와 $x_{q(1)} \ldots x_{q(t)}$가 서로 다른 위상정렬들일 때 어떤 j에 대해 $\sigma_{p(j)} \neq \sigma_{q(j)}$가 성립함을 보여야 한다. 첫 번째 성질은 오직 $\sigma_{p(1)}$가 $\sigma_{p(1)-1}, \ldots, \sigma_1$과 가환적일(그러면서도 그것과는 다를) 때에만 $x_{p(1)}$이 한 위상정렬의 첫 번째 항목일 수 있다는 점에서 비롯된다. 그리고 이 조건은 $\sigma_{p(2)} \top \cdots \top \sigma_{p(t)} = \sigma_1 \top \cdots \top \sigma_{p(1)-1} \top \sigma_{p(1)+1} \top \cdots \top \sigma_t$를 함의하므로, 귀납법을 사용할 수 있다. 두 번째 성질은 j가 $p(j) \neq q(j)$를 만족하는 최소값일 때, 위상정렬의 정의에 의해 이를테면 $p(j) < q(j)$이고 $x_{p(j)} \not< x_{q(j)}$라는 사실로부터 비롯된다. 따라서 $\sigma_{p(j)}$에는 $\sigma_{q(j)}$와 같은 글자들이 전혀 없다.

임의의 부분순서는 이렇게 얻을 수 있다. 순환마디 σ_k가 $x_i < x_j$이고 $i = k$ 또는 $j = k$인 모든 순서쌍 (i, j)들로 구성된다고 하자. 이 순서쌍들은 순환마디의 개별 원소들로써 어떤 임의의 순서로 나타나게 된다. 따라서 부분순서 $x_1 < x_2$, $x_3 < x_4$, $x_1 < x_4$에 대한 순환마디들은 $\sigma_1 = ((1,2)(1,4))$, $\sigma_2 = ((1,2))$, $\sigma_3 = ((3,4))$, $\sigma_4 = ((1,4)(3,4))$가 된다.

12. 그 외의 순환마디들은 만들어질 수 없다. 왜냐하면, 예를 들어 원래의 순열은 $\genfrac{}{}{0pt}{}{a}{c}$ 열들을 담지 않기 때문이다. $\genfrac{}{}{0pt}{}{a}{b}$들이 $A - r$개 존재하며 그런 열들에는 오직 두 종류의 순환마디들만 기여하므로, 만일 $(a\,b\,c\,d)$가 s번 나타난다면 $(a\,b)$는 반드시 $A - r - s$번 나타난다.

13. 두 줄 표기에서 우선 $\genfrac{}{}{0pt}{}{d}{a}$ 형태의 열 $A - t$개를 배치하고, 나머지 t개의 a들을 두 번째 줄에 넣고, b들을 넣고, 마지막으로 나머지 글자들을 넣는다.

14. π^-에 대한 두 줄 표기에서 임의의 주어진 글자 아래의 원소들은 비감소 순서이므로, 항상 $(\pi^-)^- = \pi$가 성립하지는 않는다. 그러나 $((\pi^-)^-)^- = \pi^-$라는 것은 참이다. 실제로 항등식

$$(\alpha \top \beta)^- = ((\alpha^- \top \beta^-)^-)^-$$

는 모든 α와 β에 대해 성립한다. (연습문제 5-2 참고.)

서로 다른 글자들이 $x_1 < \cdots < x_m$인 한 중복집합이 주어졌을 때, 그 중복집합의 자기 역원(self-inverse) 순열들을, 그들 각각이 $\beta_1 \top \cdots \top \beta_m$ 형태의 유일 소인수분해를 가진다는 점을 통해서 특징지을 수 있다. 여기서 β_j는 0 또는 그 이상의 소인수들 $(x_j) \top \cdots \top (x_j) \top (x_j x_{k_1}) \top \cdots \top (x_j x_{k_t})$, $j < k_1 \leq \ldots \leq k_t$이다. 예를 들어 $(a) \top (a\,b) \top (a\,b) \top (b\,c) \top (c)$는 자기 역원 순열이다. 따라서

$\{m \cdot a,\ n \cdot b\}$의 자기 역원 순열들은 $\min(m, n) + 1$개이다. 그리고 $\{l \cdot a,\ m \cdot b,\ n \cdot c\}$의 자기 역원 순열 개수는 음이 아닌 정수 x, y, z의 연립부등식 $x + y \le l,\ x + z \le m,\ y + z \le n$의 해들의 수이다. 한 집합의 자기 역원 순열 개수는 5.1.4절에서 논의한다.

$\{n_1 \cdot x_1, \ldots, n_m \cdot x_m\}$의 순열들 중 그 두 줄 표기에 $\genfrac{}{}{0pt}{}{x_i}{x_j}$가 n_{ij}번 나오는 것들의 개수는 $\prod_i n_i! / \prod_{i,j} n_{ij}!$이며, 두 줄 표기에서 $\genfrac{}{}{0pt}{}{x_j}{x_i}$가 n_{ij}번 나오는 것들의 개수도 그와 같다. 따라서 한 중복집합 순열의 역을 정의하는 더 나은 방법이 반드시 존재한다. 예를 들어 만일 정리 C에서처럼 π의 소인수분해가 $\sigma_1 \top \sigma_2 \top \cdots \top \sigma_t$이면, $(x_1 \ldots x_n)^- = (x_n \ldots x_1)$이라고 할 때 $\pi^- = \sigma_t^- \top \cdots \top \sigma_2^- \top \sigma_1^-$이라고 정의할 수 있다.

포아타Dominique Foata와 한Guo-Niu Han은 수 n_{ij}들이 주어졌을 때 반전들에 대한 생성함수가 $\prod_i n_i!_z / \prod_{i,j} n_{ij}!_z$라는 이유로, π와 π^-가 같은 수의 반전들을 가지도록 역들을 정의하는 게 더욱 바람직하다고 주장했다. 연습문제 16을 볼 것. 그러나 그러한 성질을 가진 대합(involution)을 정의하는 자연스러운 방법은 없는 것으로 보인다.

15. 정리 2.3.4.2D와 보조 정리 2.3.4.2E를 볼 것. 유향그래프에서 호 하나를 제거하면 반드시 유향 트리가 나와야 한다.

16. 만일 $x_1 < x_2 < \cdots$이면 x_j들에 대한 반전표는 반드시 $b_{j1} \le \cdots \le b_{jn_j}$ 형태이어야 한다. 여기서 b_{jn_j}(제일 오른쪽 x_j의 반전 개수)는 $n_{j+1} + n_{j+2} + \cdots$을 넘지 않는다. 따라서 반전표의 j번째 부분에 대한 생성함수는 어떤 부분도 $n_{j+1} + n_{j+2} + \cdots$을 넘지 않는 최대 n_j개의 부분들로의 분할들에 대한 생성함수이다. 어떤 부분도 n을 넘지 않는 최대 m개의 부분들로의 분할들에 대한 생성함수는 z항 계수 $\binom{m+n}{m}_z$이다. 이는 귀납법으로 어렵지 않게 증명할 수 있으며, 또한 프랭클린F. Franklin (*Amer. J. Math.* 5 (1882), 268–269; 또한 Pólya, Alexanderson, *Elemente der Mathematik* 26 (1971), 102–109도 볼 것)의 독창적인 구축법으로도 증명할 수 있다. $j = 1, 2, \ldots$에 대한 생성함수들을 곱하면 중복집합 순열들이 반전들에 대한 원하는 공식이 나온다. 이 공식은 매크매온MacMahon이 *Proc. London Math. Soc. (2)* 15 (1916), 314–321에 발표한 것이다.

17. $h_n(z) = (n!_z)/n!$라고 하자. 그러면 요구된 확률 생성함수는

$$q(z) = h_n(z)/h_{n_1}(z)h_{n_2}(z)\cdots$$

이다. $h_n(z)$의 평균은 식 5.1.1 (12)에 의해 $\frac{1}{2}\binom{n}{2}$이며, 따라서 q의 평균은

$$\frac{1}{2}\left(\binom{n}{2} - \binom{n_1}{2} - \binom{n_2}{2} - \cdots\right) = \frac{1}{4}(n^2 - n^{2_1} - n_2^2 - \cdots) = \frac{1}{2}\sum_{i<j} n_i n_j$$

이다. 비슷하게, 분산은

$$\frac{1}{72}(n(n-1)(2n+5) - n_1(n_1-1)(2n_1+5) - \cdots)$$
$$= \frac{1}{36}(n^3 - n^{3_1} - n_2^3 - \cdots) + \frac{1}{24}(n^2 - n_1^2 - n_2^2 - \cdots)$$

이다.

18. 성립한다. 연습문제 5.1.1-25의 구축법을 직접적인 방식으로 확장할 수 있다. 아니면 5.1.1-(14) 다음에 나오는 증명을 한편으로는 q_j가 음이 아닌 정수 n_j개를 담은 중복집합이라 할 때 m짝 $(q_1, \ldots, q_m)$ 사이의 일대일 대응관계를 구축함으로써, 또 한편으로는 $a_1 \ldots a_n$이 $\{n_1 \cdot 1, \ldots, n_m \cdot m\}$의 한 순열이고 $p_1 \ge \cdots \ge p_n \ge 0$라고 할 때 n짝들의 순서쌍 $((a_1, \ldots, a_n), (p_1, \ldots, p_n))$ 사이의 일대일 대응관계를 구축함으로써 일반화할 수도 있다. 이러한 대응관계는 q_j의 모든 원소들에 첨자 j를 부여하는 식으로 이전과 같이 정의되며, 다음 조건을 만족한다.

$$\Sigma(q_1) + \cdots + \Sigma(q_m) = \text{ind}(a_1 \ldots a_n) + (p_1 + \cdots + p_n).$$

여기서 $\Sigma(q_j)$는 q_j의 원소들의 합을 나타낸다. [이 증명과 식 5.1.3-(8)의 유도에 쓰인 기법의 추가적인 일반화로는 D. E. Knuth, *Math. Comp.* 24 (1970), 955-961을 볼 것. 또한 *Memoirs Amer. Math. Soc.* 119 (1972)에 나오는 스탠리Richard P. Stanley의 상세한 설명도 참고하라.]

19. (a) $S = \{\sigma \mid \sigma$는 소수, σ는 π의 왼쪽 인수$\}$라고 하자. 만일 S의 원소 개수가 k이면 $\mu(\lambda) \neq 0$를 만족하는 π의 왼쪽 인수 λ들은 S의 부분집합들의 2^k개의 삽입곱들과 정확히 일치한다(정리 C의 증명을 볼 것). 따라서, $\mu(\sigma) = -1$이고 S가 공집합이 아니므로 $\sum \mu(\lambda) = \prod_{\sigma \in S}(1 + \mu(\sigma))$ $= 0$이다. (b) 만일 어떤 $j \neq k$에 대해 $i_j = i_k$이면 $\epsilon(i_1 \ldots i_n) = \mu(\pi) = 0$임은 명백하다. 그렇지 않다면 $i_1 \ldots i_n$에 r개의 반전들이 있다고 할 때 $\epsilon(i_1 \ldots i_n) = (-1)^r$이다. 이 값은 $i_1 \ldots i_n$이 s개의 짝수 순환마디들을 가진다고 할 때 $(-1)^s$이다. 그리고 이는 $i_1 \ldots i_n$이 t개의 순환마디들을 가진다고 할 때 $(-1)^{n+t}$이다.

20. (a) 삽입곱의 정의에 의해 자명하다. (b) 정의에 의해

$$\det(b_{ij}) = \sum_{1 \le i_1, \ldots, i_m \le m} \epsilon(i_1 \ldots i_m) b_{1i_1} \ldots b_{mi_m}$$

이다. $b_{ij} = \delta_{ij} - a_{ij} x_j$로 두고 연습문제 19(b)를 적용하면

$$\sum_{n \ge 0} \sum_{1 \le i_1, \ldots, i_n \le m} x_{i_1} \cdots x_{i_n} \mu(x_{i_1} \cdots x_{i_n}) \nu(x_{i_1} \cdots x_{i_n})$$

이 나온다. $\mu(\pi)$가 보통 0이기 때문이다.

(c) 자연 대수 관례 $(\alpha + \beta) \top \pi = \alpha \top \pi + \beta \top \pi$를 사용해서 x들의 곱들을 비가환 변수들의 순열로 간주한다고 할 때 $D \top G = 1$임을 연습문제 19(a)를 이용해서 보일 것.

이러한 조합적 증명과 다른 여러 중요한 정리들의 비슷한 증명들이 D. Zeilberger, *Discrete Math.* 56 (1985), 61-72에 간명하게 설명되어 있다.

21. $k \le 0$에 대해 $n_k = 0$으로 둔다면

$$\prod_{k=1}^{m} \binom{n_k + \cdots + n_{k-d}}{n_k}$$

이다. m들을 $\{n_1 \cdot 1, \ldots, n_{m-1} \cdot (m-1)\}$의 그러한 한 순열에 삽입하는 방법이 $\binom{n_m + \cdots + n_{m-d}}{n_m}$가지이기 때문이다.

22. (a) $l(\pi)$를 좌우로 뒤집은 것은 어떤 k에 대한 $P_0(0^k 1^{n_1} \ldots t^{n_t})$의 원소이다. 그러나 여기서는 $l(\pi)$를 뒤집는 대신 $l(\pi)$에 두 줄 형식을 부여하기로 한다. 단, 0을 윗줄의 처음이 아니라 마지막에 놓는다. $l(\pi)$와 $r(\pi)$의 0들의 개수 k는 π의 두 줄 형식에서 $j \le t < k$에 대한 열 $\genfrac{}{}{0pt}{}{j}{k}$ 들의 개수이다. 이는 또한 $k \le t < j$인 열들의 개수이기도 하다. $l(\pi)$와 $r(\pi)$의 두 줄 형식들에서 π를 쉽게 재구축할 수 있다. $j, k \le t$인 각 열 $\genfrac{}{}{0pt}{}{j}{k}$는 $l(\pi)$에 나타나고 $t < j, k$인 각 열은 $r(\pi)$에 나타나며 나머지 열들은 $l(\pi)$의 $\genfrac{}{}{0pt}{}{j}{0}$ 또는 $\genfrac{}{}{0pt}{}{0}{k}$를 $r(\pi)$의 $\genfrac{}{}{0pt}{}{0}{k}$ 또는 $\genfrac{}{}{0pt}{}{j}{0}$과 왼쪽에서 오른쪽으로 병합해서 얻을 수 있기 때문이다.

(b) π가 언급된 형태를 가진 한 순열이고 σ가 $P_0(0^{n_0} 1^{n_1} \ldots m^{n_m})$의 임의의 순열이라고 하자. λ를 다음과 같이 구축한다: σ에서 처음 n_0개의 항목들을 삭제한다. 그런 다음 0들을 x들로 대체하되, π의 처음 n_0개의 항목들을 첨자로 사용한다. 나머지 원소들은 y들로 대체하되, π에 남은 0이 아닌 항목들을 첨자로 사용한다. 또한 ρ를 다음과 같이 구축한다: σ의 0들을 삭제하고, n_j개의 j들을 왼쪽에서 오른쪽으로 x_j 또는 y_j로(π의 열 $\genfrac{}{}{0pt}{}{j}{k}$들이 $k=0$이냐 $k \ne 0$이냐에 따라) 대체한다. 예를 들어 만일 $\pi = \genfrac{}{}{0pt}{}{000000111112222333333}{231313023101020320 10}$이고 $\sigma = \genfrac{}{}{0pt}{}{000000111112222333333}{323132011032013002 01}$이면 $\lambda = x_2y_2y_3x_3y_1y_1x_1y_2y_3x_3x_1y_2x_3y_1$이고 $\rho = y_3y_2y_3x_1x_3x_2y_1y_1y_3y_2y_1x_3x_2x_1$이다. 반대로, λ와 ρ로부터 π와 σ를 구축하는 것도 가능하다.

(c) (a)의 구축법에서 $w(\pi) = w(l(\pi))\,w(r(\pi))$가 성립한다. 왜냐하면 π의 열 $\genfrac{}{}{0pt}{}{j}{k}$는 $l(\pi)$ 또는 $r(\pi)$에서 가중치가 w_j/w_k인 $\genfrac{}{}{0pt}{}{j}{k}$가 되거나, 가중치가 z_j/z_0과 z_0/z_k인 열 $\genfrac{}{}{0pt}{}{j}{0}$과 $\genfrac{}{}{0pt}{}{0}{k}$로 인수분해되기 때문이다. 만일 $l(\pi)$에 $\genfrac{}{}{0pt}{}{0}{j}$ 열이 p_j개, $\genfrac{}{}{0pt}{}{j}{0}$ 열이 q_j개 있다면 그 가중치는 $\prod_{j=1}^{t} (z_j^{q_j} w_j^{n_j - q_j} / z_j^{p_j} w_j^{n_j - p_j}) = \prod_{j=1}^{t} (w_j/z_j)^{p_j - q_j}$이다. 이제 $\prod_{j=1}^{t} (w_j/z_j)^{-q_j}$은 $\prod_{j=1}^{t} (w_j/z_j)^{q_j}$의 복소켤레이다. 따라서 $P_0(0^k 1^{n_1} \ldots t^{n_t})$의 모든 원소들에 대한 가중치들의 합은 다음으로 단순화된다.

$$\frac{k!(n_1 + \cdots + n_t - k)!}{n_1! \ldots n_t!} \left| \sum_{p_1 + \cdots + p_t = k} \binom{n_1}{p_1} \cdots \binom{n_t}{p_t} \left(\frac{w_1}{z_1}\right)^{p_1} \cdots \left(\frac{w_t}{z_t}\right)^{p_t} \right|^2.$$

비슷한 논증이 $r(\pi)$에도 적용된다. $k = 0$에 대한 항이 0이 아니므로, 언급된 합은 양수이다.

23. 원래의 가닥이 정렬되어 있다고 가정할 수 있다. 연습문제 22의 부문제 (c)에서 $t = 2$, $m = 4$, $w_1 = w_3 = z_1 = z_2 = +1$, $w_2 = w_4 = z_3 = z_4 = -1$이라고 하자. 그러면 $j \ne k$인 열 $\genfrac{}{}{0pt}{}{j}{k}$들의 개수가 d라고 할 때 $w(\pi) = (-1)^d$이다. [Gillis, Zeilberger, *European J. Comb.* 4 (1983), 221-223을 볼 것. 이 결과는 Askey, Ismail, Koornwinder, *J. Comb. Theory* A25 (1978), 277-287에서 처음으로, 그러나 완전히 다른 방식으로 증명되었다. 그들은 중복집합 순열들과 라귀에르Laguerre 다항식 $L_n^{\alpha}(x) = \sum_{k=0}^{n} \binom{n+\alpha}{n-k} (-x)^k / k!$들의 곱들의 적분들 사이의 흥미로운 연관관계들을 발견했다.] 다섯 글자 알파벳에 대한 비슷한 결과는 거짓이다. $\{1, 2, 3, 4, 5\}$의 5!개의 순열들에는 차이가 짝수인 $1 + 10 + 45$와 차이가 홀수인 $0 + 20 + 44$가 존재하기 때문이다.

24. (a) $\begin{smallmatrix} w & x \\ y & z \end{smallmatrix}$를 두 번 전치하면 $\begin{smallmatrix} w & x \\ y & z \end{smallmatrix}$가 복원된다. $\mathrm{sort}\begin{pmatrix} x_1 & \ldots & x_n \\ y_1 & \ldots & y_n \end{pmatrix} = \begin{pmatrix} x_1'' & \ldots & x_n'' \\ y_1'' & \ldots & y_n'' \end{pmatrix}$이 주어졌을 때, 윗줄에서 제일 왼쪽의 x를 찾고 그것을 왼쪽으로 전치해서 역정렬(unsort)한다. 그러면 적절한 y가 나온다. $\mathrm{sort}\begin{pmatrix} x_2' & \ldots & x_n' \\ y_2' & \ldots & y_n' \end{pmatrix}$의 값 역시 유일하게 결정된다.)

(b) 본질적으로는 π의 두 줄 표기를

$$\pi = \mathrm{sort}\begin{pmatrix} y_1 & \ldots & x_{1n_1} & y_2 & \ldots & x_{2n_2} & \ldots & y_t & \ldots & x_{tn_t} \\ x_{11} & \cdots & y_1 & x_{21} & \cdots & y_2 & \cdots & x_{t1} & \cdots & y_t \end{pmatrix}$$

의 형태로 표현하는 것이다. 그렇게 표현하는 데 딱 필요한 수단은 부문제 (a)에서 얻을 수 있다. 〔R이 두 줄 표기의 특정한 통계치들을 유지한다면, 이러한 구축법은 흥미로운 정리들에 대한 조합적 증명들을 제공하게 된다. Guo-Niu Han, *Advances in Math.* 105 (1994), 26–41를 볼 것.〕

5.1.3절

1. $k \ge 1$일 때 이 값이 $x = k$에 대해 (11)을 유효하게 만든다는 것만 보여야 한다. (7)을 적용하면 그 공식은

$$k^n = \sum_{r=0}^{k} \left\langle {n \atop r-1} \right\rangle \binom{k+n-r}{n} = \sum_{0 \le j \le r \le k} (-1)^j (r-j)^n \binom{n+1}{j} \binom{n+k-r}{n}$$
$$= \sum_{s=0}^{k} s^n \sum_{j=0}^{k-s} (-1)^j \binom{n+1}{j} \binom{n+k-s-j}{n}$$

이 된다. $s < k$에 대해 j에 대한 합을 범위 $0 \le j \le n+1$로 확장할 수 있으며, 그 합은 0(j의 n차 다항식의 $(n+1)$번째 차)이다.

2. (a) $(1, 2, \ldots, q)$의 원소들 각각을 적어도 한 번 포함하는 수열 $a_1 a_2 \ldots a_n$들의 개수는 연습문제 1.2.6–64에 의해 $\left\{ {n \atop q} \right\} q!$이다. 그러한 수열들 중 $m = q$에 대해 (10)에 비견되는 조건을 만족하는 것들의 개수는 $\binom{n-k}{n-q}$이다. 가능한 = 기호들 중 $n-q$개를 선택해야 하기 때문이다. (b) 부문제 (a)의 결과를 $q = n-m$과 $q = n-m+1$에 대해 더해 볼 것.

3. (20)에 의해 $\sum_n \frac{x^n}{n!} \sum_k \left\langle {n \atop k} \right\rangle (-1)^k = \frac{2}{e^{-2x}+1} = \frac{1}{x}\left(\frac{(-4x)}{e^{-4x}-1} - \frac{(-2x)}{e^{-2x}-1} \right)$이며, 따라서 결과는 $(-1)^{n+1} B_{n+1} 2^{n+1} (2^{n+1}-1)/(n+1)$이다. 아니면, 항등식 $2/(e^{-2x}+1) = 1 + \tanh x$를 이용해서 n이 홀수일 때 답을 $(-1)^{(n-1)/2} T_n$으로 표현할 수도 있다. 여기서 T_n은 공식

$$\tan z = T_1 z + T_3 z^3/3! + T_5 z^5/5! + \cdots$$

으로 정의되는 탄젠트 수이다. $n > 0$이 짝수일 때에는 (7) 때문에 합은 명백히 0이 된다. 첨언하자면, 이제 (18)은 신기한 스털링 수 항등식 $\sum_k \left\{ {n \atop k} \right\} k!/(-2)^k = 2B_{n+1}(1-2^{n+1})/(n+1)$이 된다.

4. $(-1)^{n+m} \left\langle {n \atop m} \right\rangle$. ($z^{m+1}$의 계수를 고려할 것.)

5. 공식 (13)과 연습문제 1.2.6-10, 정리 1.2.4F에 의해, $0 \le k < p$에 대해 $\left\langle {p \atop k} \right\rangle \equiv (k+1)^p - k^p$ $\equiv (k+1) - k \equiv 1$ (modulo p)이다.

6. k에 대해 먼저 합산을 할 수는 없다. 임의로 큰 j와 k에 대해 항들이 0이 아니며 절대값들의 합은 무한대이기 때문이다.

좀 더 간단한 오류의 예로, $a_{jk} = (k-j)[|j-k|=1]$이라고 하자. 그러면

$$\sum_{j\ge 0}\Bigl(\sum_{k\ge 0} a_{jk}\Bigr) = \sum_{j\ge 0}(\delta_{j0}) = +1 \text{인 반면} \qquad \sum_{k\ge 0}\Bigl(\sum_{j\ge 0} a_{jk}\Bigr) = \sum_{k\ge 0}(-\delta_{k0}) = -1$$

이다.

7. 그렇다. [F. N. David, D. E. Barton, *Combinatorial Chance* (1962), 150–154; 또한 연습문제 25의 답도 볼 것.]

8. [*Combinatory Analysis* 1 (1915), 190.] 포함 및 배제 원칙을 적용하면 된다. 예를 들어 $1/(l_1+l_2)!\,l_3!\,(l_4+l_5+l_6)!$은 $x_1 < \cdots < x_{l_1+l_2}$, $x_{l_1+l_2+1} < \cdots < x_{l_1+l_2+l_3}$, $x_{l_1+l_2+l_3+1} < \cdots < x_{l_1+l_2+l_3+l_4+l_5+l_6}$일 확률이다.

해당 연속열 길이가 $(l_1, \ldots, l_k)$인 $\{1, \ldots, n\}$의 순열들을 세는 $O(n^2)$ 알고리즘이 N. G. de Bruijn, *Nieuw Archief voor Wiskunde* (3) 18 (1970), 61–65에 나온다.

9. (23)에서 $p_{km} = q_{km} - q_{k(m+1)}$이다. $\sum_{k,m} q_{km} z^m x^k = \frac{x}{1-x} g(x,z)$이고 $g(x,0)=1$이므로 다음이 성립한다.

$$h(z,x) = \sum h_k(z)x^k = \frac{x}{1-x}g(x,z)(1-z^{-1}) + \frac{x}{1-x}z^{-1} = \frac{(1-z^{-1})x}{e^{(x-1)z}-x} + \frac{z^{-1}x}{1-x}.$$

따라서 $h_1(z) = e^z - (e^z-1)/z$, $h_2(z) = (e^{2z} - ze^z) + e^z - (e^{2z}-1)/z$이다.

10. 평균이 $M_n = L_1 + \cdots + L_n$이라고 하자. 그러면 $\sum M_n x^n = h'(1,x)$인데, 여기서 도함수는 z에 대해 취한 것이다. 그리고 이는 이를테면 $x/(e^{x-1}-x) - x/(1-x) = M(x)$이다. $|z_1| < r < |z_2|$인 r을 반지름으로 하는 원을 따라 적분한다고 할 때, 나머지 정리에 의해

$$\frac{1}{2\pi i}\oint M(z)z^{-n-1}\,dz = M_n - 2\Bigl(n+\frac{1}{3}\Bigr) + 1 + \frac{z_1^{-n}}{z_1 - 1} + \frac{\bar{z}_1^{-n}}{\bar{z}_1 - 1}$$

이다. ($z=1$에서의 이중극(double pole)을 주목할 것.) 게다가 이 적분의 절대값은

$$\oint |M(z)|\; r^{-n-1}\,dz = O(r^{-n})$$

보다 작다. 점점 더 큰 원에 대해 적분을 해 나가면 수렴급수 $M_n = 2n - \frac{1}{3} + \sum_{k\ge 1} 2\Re(1/z_k^n(1-z_k))$가 나온다.

분산을 구해보자. 우선 $h''(1,x) = -2h'(1,x) - 2x(x-1)e^{x-1}/(e^{x-1}-x)^2$이다. 평균에 사용했던 것과 비슷한 논증을 이번에는 삼중극을 가지고 적용해 보면 $h''(1,x)$의 계수들이 점근적으

로 $4n^2+\frac{4}{3}n-2M_n$ 더하기 더 작은 항들임을 알 수 있다. 이로부터 분산에 대한 점근 공식 $\frac{2}{3}n+\frac{2}{9}$ (더하기 지수적으로 더 작은 항들)이 나온다.

11. $P_{kn}=\sum_{t_1\ge 1,\ldots,t_{k-1}\ge 1}D(t_1,\ldots,t_{k-1},n,1)$, 여기서 $D(l_1,l_2,\ldots,l_k)$는 연습문제 8의 맥마흔 행렬식이다. 이 행렬식을 그 첫 번째 행으로 평가하면 $P_{kn}=c_0P_{(k-1)n}+c_1P_{(k-2)n}+\cdots+c_{k-2}P_{1n}-E_k(n)$이 나오는데, 여기서 c_j와 E_k는 다음과 같이 정의된다:

$$c_j=(-1)^j\sum_{t_1,\ldots,t_{j+1}\ge 1}\frac{1}{(t_1+\cdots+t_{j+1})!}=(-1)^j\sum_{m\ge 0}\binom{m}{j}\frac{1}{(m+1)!}$$

$$=(-1)^j\sum_{r,m\ge 0}\binom{-1}{j-r}\binom{m+1}{r}\frac{1}{(m+1)!}=-1+e\left(\frac{1}{0!}-\frac{1}{1!}+\cdots+(-1)^j\frac{1}{j!}\right);$$

$$E_1(n)=1/(n+1)!-1/n!;\qquad E_2(n)=[n>0]/(n+1)!;$$

$$E_k(n)=(-1)^k\sum_{m\ge 0}\binom{m}{k-3}\frac{[n>0]}{(n+2+m)!},\qquad k\ge 3.$$

$P_{0n}=0$, $C(z)=\sum c_jz^j=(e^{1-z}-1)/(1-z)$이라고 하자. 그리고

$$E(z,x)=\sum_{n,k}E_{k+1}(n)z^nx^k=1-e^z+\frac{(e^{1-x}-1)x^2}{(1-x)^2}-\frac{x^2(e^{1-x}-e^z)}{(1-x)(1-x-z)}+\frac{e^z-1-z}{z(1-x)}$$

이라고 하자. 우리가 유도한 점화식은 공식 $C(x)H(z,x)=H(z,x)/x+E(z,x)$와 동치이다. 따라서 $H(z,x)=E(z,x)x(1-x)/(xe^{1-x}-1)$이다. 이 멱급수를 전개하면 $H_1(z)=h_1(z)$(연습문제 9 참고); $H_2(z)=eh_1(z)+1-e^z$이 나온다.

〔참고: 처음 세 연속열들에 대한 생성함수들은 Knuth, *CACM* 6 (1963), 685–688에서 유도했다. Barton, Mallows, *Ann. Math. Statistics* 36 (1965), 249에는 $n\ge 1$에 대한 공식 $1-H_{n+1}(z)=(1-H_n(z))/(1-z)-L_nh_1(z)$이 나온다. 이 문제의 또 다른 공략법을 연습문제 23에서 논의한다. 인접한 연속열들이 독립적이지 않기 때문에, 여기서 푼 문제와 연습문제 9의 더 단순한(그리고 아마도 더 유용한) 결과 사이에는 어떠한 단순한 관계도 존재하지 않는다.

12. 〔*Combinatory Analysis* 1 (1915), 209–211.〕 중복집합을 t개의 구별 가능한 상자들에 넣는 방법의 수는

$$N_t=\binom{t+n_1-1}{n_1}\binom{t+n_2-1}{n_2}\cdots\binom{t+n_m-1}{n_m}$$

이다. 1들을 넣는 방법이 $\binom{t+n_1-1}{n_1}$가지, 등등이기 때문이다. 만일 빈 상자가 없어야 한다는 제약을 둔다면, 그러한 방법의 수는 포함 및 배제 방법에 의해

$$M_t=N_t-\binom{t}{1}N_{t-1}+\binom{t}{2}N_{t-2}-\cdots$$

이 된다. P_k가 연속열이 k개인 순열 개수라고 하자. 만일 연속열들 사이에 $k-1$개의 수직선들을 긋고 나머지 $n-k$개의 자리들에 임의로 $t-k$개의 추가적인 수직선들을 넣는다면 중복집합을 t개의 비지 않은 서로 다른 부분들로 분할하는 M_t가지 방법들 중 하나를 얻게 된다. 따라서

$$M_t = P_t + \binom{n-t+1}{1} P_{t-1} + \binom{n-t+2}{2} P_{t-2} + \cdots$$

이다. M_t의 두 값을 등호로 연결하면 $P_1, P_2, \ldots$을 차례로, $N_1, N_2, \ldots$을 항으로 해서 구할 수 있다. (이보다 더 직접적인 증명이 바람직할 것이다.)

13. $1 + \frac{1}{2} 13 \times 3 = 20.5$.

14. 포아타의 대응관계에 의해, 주어진 순열은 다음에 대응한다.

$$(3\,1) \top (1) \top \cdots \top (4) = \begin{pmatrix} 1&1&1&1&2&2&2&2&3&3&3&3&4&4&4&4 \\ 3&1&1&2&3&4&3&2&1&1&3&4&2&2&4&4 \end{pmatrix}.$$

그리고 이것은 (33)에 의해

$$\begin{pmatrix} 1&1&1&1&2&2&2&2&3&3&3&3&4&4&4&4 \\ 2&4&4&3&3&3&1&1&4&4&2&1&2&1&2&3 \end{pmatrix}$$

에 대응하며, 이것은 연속열이 9개인 2 3 4 2 3 4 1 4 2 1 4 3 2 1 3 1에 대응한다.

15. 교대 연속열 개수는 1 더하기 $1 < j < n$를 만족하는 j들의 개수이며, $a_{j-1} < a_j > a_{j+1}$("마루") 아니면 $a_{j-1} > a_j < a_{j+1}$("골짜기")가 성립한다. 고정된 j에 대해 그 확률은 $\frac{2}{3}$이다. 따라서 평균 개수는 $n \geq 2$에 대해 그냥 $1 + \frac{2}{3}(n-2)$이다.

16. 각각 k개의 교대 연속열들을 가지는 $\{1, 2, \ldots, n-1\}$의 순열들 각각에 대해 n을 모든 가능한 자리에 삽입함으로써 k개의 연속열들을 가지는 순열 k개, $k+1$개를 가지는 것 2개, $k+2$개를 가지는 것 $n-k-2$개가 만들어진다. 따라서

$$\Big\langle\!\!\Big\langle {n \atop k} \Big\rangle\!\!\Big\rangle = k \Big\langle\!\!\Big\langle {n-1 \atop k} \Big\rangle\!\!\Big\rangle + 2 \Big\langle\!\!\Big\langle {n-1 \atop k-1} \Big\rangle\!\!\Big\rangle + (n-k) \Big\langle\!\!\Big\langle {n-1 \atop k-2} \Big\rangle\!\!\Big\rangle$$

이다. 편의상 $\Big\langle\!\!\Big\langle {1 \atop k} \Big\rangle\!\!\Big\rangle = \delta_{k0}$, $G_1(z) = 1$로 두자. 그러면

$$G_n(z) = \frac{z}{n}\big((1-z^2)\,G'_{n-1}(z) + (2+(n-2)z)\,G_{n-1}(z)\big)$$

이다. 미분하면 $x_n = G'_n(1)$에 대한 점화식

$$x_n = \frac{1}{n}((n-2)x_{n-1} + 2n - 2)$$

가 나오는데, 이것은 $n \geq 2$에 대한 $x_n = \frac{2}{3}n - \frac{1}{3}$의 해이다. 한 번 더 미분하면 $y_n = G''_n(1)$에 대한 점화식

$$y_n = \frac{1}{n}\Big((n-4)y_{n-1} + \frac{8}{3}n^2 - \frac{26}{3}n + 6\Big)$$

이 나온다. $y_n = \alpha n^2 + \beta n + \gamma$로 두고 α, β, γ에 대해 풀면 $n \ge 4$에 대한 $y_n = \frac{4}{9}n^2 - \frac{14}{15}n + \frac{11}{90}$이 나온다. 따라서 $\mathrm{var}(g_n) = \frac{1}{90}(16n - 29)$, $n \ge 4$이다.

평균과 분산에 대한 이 공식들은 비에네메J. Bienaymé에서 기인한 것으로, 그는 이들을 증명 없이 제시했다 〔*Bull. Soc. Math. de France* 2 (1874), 153–154; *Comptes Rendus Acad. Sci.* 81 (Paris, 1875), 417–423. 또한 p.458의 베르트랑Bertrand의 논평도 볼 것.〕 $\left\langle\!\left\langle {n \atop k} \right\rangle\!\right\rangle$에 대한 점화식은 앙드레D. André에서 기인한 것이다 〔*Comptes Rendus Acad. Sci.* 97 (Paris, 1883), 1356–1358; *Annales Scientifiques de l'École Normale Supérieure* (3) 1 (1884), {121–134}〕. 앙드레는 $n \ge 4$에 대해 $G_n(-1) = 0$임을 지적했다. 즉, 교대 연속열이 짝수 개인 순열들의 개수는 $n!/2$이다. 그는 또한 평균 공식을 증명했으며 교대 연속열 개수가 최대인 순열들의 개수도 구했다(연습문제 5.1.4-23 참고). 다음을 보이는 것이 가능하다.

$$G_n(z) = \left(\frac{1+z}{2}\right)^{n-1}(1+w)^{n+1}g_n\left(\frac{1-w}{1+w}\right), \qquad w = \sqrt{\frac{1-z}{1+z}}, \qquad n \ge 2.$$

여기서 $g_n(z)$은 오름 연속열들에 대한 생성함수 (18)이다. 〔David, Barton, *Combinatorial Chance* (London: Griffin, 1962), 157–162 참고.〕

17. $\binom{n+1}{2k-1}$; $\binom{n}{2k-2}$개는 0으로 끝나고 $\binom{n}{2k-1}$개는 1로 끝난다.

18. (a) 주어진 수열이 5.1.1절에서와 같은 하나의 반전표라고 하자. 만일 거기에 k개의 내림들이 존재한다면, 해당 순열의 역은 k개의 내림들을 가진다(5.1.1-8(e)의 해답 참고). 따라서 답은 $\left\langle {n \atop k} \right\rangle$이다. (b) 이 수량은 $f(n,k) = kf(n-1,k) + (n-k+1)f(n-1,k-1)$을 만족하므로 반드시 $\left\langle {n \atop k-1} \right\rangle$이어야 한다. 〔D. Dumont, *Duke Math. J.* 41 (1974), 313–315 참고.〕

19. (a) 정리 5.1.2B의 대응관계에 의해 $\left\langle {n \atop k} \right\rangle$가지이다. (b) 체스판 전체에 비공격 루크들 $n-k$개를 더 추가하는 방법은 $(n-k)!$가지이다. 따라서 답은 $1/(n-k)!$ 곱하기 $\sum_{j \ge 0} a_{nj}\binom{j}{k}$이다. 여기서 $a_{nj} = \left\langle {n \atop j} \right\rangle$이다(부문제 (a)에 의해). 이 수량은 연습문제 2에 의해 $\left\{ {n \atop n-k} \right\}$가 된다.

$\{1, 2, \ldots, n\}$을 k개의 비지 않은 서로 다른 부분집합들로 분할하고 그 분할들 각각을 $n-k$개의 루크들의 배치들 각각과 연관시켜서 이 결과를 직접적으로 증명할 수도 있다(벤더E. A. Bender에서 기인함): 그러한 분할이 $\{1, 2, \ldots, n\} = \{a_{11}, a_{12}, \ldots, a_{1n_1}\} \cup \cdots \cup \{a_{k1}, \ldots, a_{kn_k}\}$라고 하자. 여기서 $1 \le j < n_i$, $1 \le i \le k$에 대해 $a_{ij} < a_{i(j+1)}$이다. 이 분할에 대응하는 배치는 루크들을 $1 \le j \le n_i$, $1 \le i \le k$에 대해 $a_{i(j+1)}$ 행 a_{ij} 열에 넣는 것이다. 예를 들어 그림 4의 구성은 분할 $\{1,3,8\} \cup \{2\} \cup \{4,6\} \cup \{5\} \cup \{7\}$에 대응된다. 〔*Duke Math. J.* 13 (1946), 259–268. Sections 2.3 and 2.4 of Richard Stanley's *Enumerative Combinatorics* 1 (1986) discuss rook placement in general.〕

20. 읽기 횟수는 역순열의 연속열 개수이다. 첫 연속열은 첫 읽기에, 두 번째 연속열은 두 번째 읽기에, 등등으로 대응한다.

21. 연속열 개수는 $n+1-k$개이고 읽기 횟수는 $n+1-j$이다.

22. [*J. Combinatorial Theory* 1 (1966), 350-374.] 만일 $rs < n$이면 어떤 읽기는 $t > r$개의 원소들, 즉 $a_{i_1} = j+1, \ldots, a_{i_t} = j+t$를 취한다. 여기서 $i_1 < \cdots < i_t$이다. 범위 $i_k \le m < i_{k+1}$의 모든 m에 대해 $a_m > a_{m+1}$일 수는 없다. 따라서 순열에는 $a_m < a_{m+1}$인 자리들이 적어도 $t-1$개 존재한다. 따라서 연속열 개수는 많아야 $n-t+1$이다.

한편, 블록 α_j에 $\equiv j$ (modulo r)인 수들이 감소 순서로 들어 있는 순열 $\alpha_r \ldots \alpha_2 \alpha_1$을 생각해 보자. 예를 들어 $n=9$이고 $r=4$일 때 이 순열은 8 4 7 3 6 2 9 5 1이다. 만일 $n \ge 2r-1$이면 이 순열은 $r-1$개의 오름들을 가지며, 따라서 연속열은 $n+1-r$개이다. 더 나아가서 만일 $r>1$이면 필요한 읽기 횟수는 정확히 $n+1-\lceil n/r \rceil$이다. $\{kr+1, \ldots, kr+r\}$의 원소들을 연속열 개수의 변화 없이 임의로 재배치할 수 있으며, 그럼으로써 읽기 횟수를 $\ge \lceil n/r \rceil$인 임의의 값으로 줄일 수 있다.

$rs \ge n$이고 $r+s \le n+1$이며 $r, s \ge 1$라고 하자. 연습문제 20과 21에 의해 $r \le s$라고 가정할 수 있다. 연속열이 $n+1-r$개, 읽기 횟수가 s인 한 순열의 역을 뒤집은 순열의 연속열은 $n+1-s$개, 읽기는 r회이기 때문이다. 그러면 이전 문단의 구축법은 $s > n+1-\lceil n/r \rceil$이고 $r \ge 2$인 경우들을 제외한 모든 경우들을 처리한다. 이제 다음과 같은 형태의 순열을 사용해서 증명을 완성할 수 있다.

$$2k+1\ \ 2k-1\ \ \ldots\ \ 1\ \ n+2-r\ \ n+1-r\ \ \ldots\ \ 2k+2\ \ 2k\ \ \ldots\ \ 2\ \ n+3-r\ \ \ldots\ \ n-1\ \ n.$$

$0 \le k \le \frac{1}{2}(n-r)$에 대해 이 순열의 연속열 개수는 $n+1-r$, 읽기 횟수는 $n+1-r-k$회이다.

23. [*SIAM Review* 3 (1967), 121-122.] 그 무한 순열이 균등분포로부터 취한 독립적인 표본들로 구성된다고 가정한다. k번째 긴 연속열이 x로 시작할 확률을 $f_k(x)\,dx$라고 하자. 그리고 한 긴 연속열이 x로 시작하고 그 이전의 긴 연속열이 u로 시작할 확률을 $g(u,x)\,dx$라고 하자. 그러면 $f_1(x) = 1$, $f_{k+1}(x) = \int_0^1 f_k(u) g(u,x)\,du$이다.

$$\begin{aligned} g_m(u,x) &= \Pr(u < X_1 < \cdots < X_m > x \text{ 또는 } u > X_1 > \cdots > X_m < x) \\ &= \Pr(u < X_1 < \cdots < X_m) + \Pr(u > X_1 > \cdots > X_m) \\ &\qquad - \Pr(u < X_1 < \cdots < X_m < x) - \Pr(u > X_1 > \cdots > X_m > x) \\ &= (u^m + (1-u)^m - |u-x|^m)/m! \end{aligned}$$

이라고 할 때 $g(u,x) = \sum_{m \ge 1} g_m(u,x)$가 성립한다. 따라서 $g(u,x) = e^u + e^{1-u} - 1 - e^{|u-x|}$이며, 이로부터 $f_2(x) = 2e - 1 - e^x - e^{1-x}$을 얻을 수 있다. $f_k(x)$가 극한값 $(2\cos(x-\frac{1}{2}) - \sin\frac{1}{2} - \cos\frac{1}{2})/(3\sin\frac{1}{2} - \cos\frac{1}{2})$에 접근함을 보이는 것이 가능하다. x로 시작하는 한 연속열의 평균 길이는 $e^{x+e^{1-x}} - 1$이다. 따라서 k번째 긴 연속열의 길이 $\mathcal{L}_k$는 $\int_0^1 f_k(x)(e^x + e^{1-x} - 1)\,dx$; $\mathcal{L}_1 = 2e - 3 \approx 2.43656$; $\mathcal{L}_2 = 3e^2 - 8e + 2 \approx 2.42091$이다. 5.4.1절에 비슷한 결과들이 나온다.

24. 이전과 같은 논증을 적용해 보면

$$1+\sum_{0\le k<n} 2^k(p^2+q^2)^k(p^2+2pq(2^{n-k-1}-1+q^2((2pq)^{n-k-1}-1)/(2pq-1)))$$

이라는 결과를 얻을 수 있다. 합을 구하고 정리하면 다음이 나온다.

$$2^n(p^2+q^2)^n(p(p-q)/(p^2+q^2-pq)-\tfrac{1}{2})+(2pq)^n pq^3/(p^2+q^2)(p^2+q^2-pq)$$
$$+q^2/(p^2+q^2)+2^{n-1}.$$

25. $V_j=(U_1+\cdots+U_j) \bmod 1$이라고 하자. 그러면 $V_1, \ldots, V_n$은 $[0..1)$ 범위의 독립 균등 난수들이다. 이들은 오직 $\lfloor U_1+\cdots+U_n\rfloor=k$일 때에만 k개의 내림들을 가지는 하나의 순열을 형성한다. 따라서 답은 $\left\langle {n \atop k} \right\rangle\Big/ n!$로, 이 성질은 태니S. Tanny가 처음 지적한 것이다 〔*Duke Math. J.* 40 (1973), 717–722〕. 또한 W. Meyer, R. von Randow, *Math. Annalen* 193 (1971), 315–321도 볼 것.

26. 예를 들어 $\vartheta^5(1-z)^{-1}=(z+26z^2+66z^3+26z^4+z^5)/(1-z)^6$이다.

27. 다음 규칙은 k개의 내림들을 가진 하나의 순열 $a_1a_2\ldots a_n$과 노드가 n개이고 잎이 $k+1$개인 증가 숲 사이의 일대일 대응관계를 정의한다: 첫 루트는 a_1이고 그 후손들은 $a_2\ldots a_k$에 대응하는 숲이다. 여기서 k는 $a_{k+1}<a_1$ 또는 $k=n$을 만족하는 최소값이다. 〔R. P. Stanley, *Enumerative Combinatorics* 1 (Wadsworth, 1986), Proposition 1.3.16.〕

28. $L(z)$의 극들은 $T(1/e)$의 값들로, 여기서 $T(z)$은 $T(z)=ze^{T(z)}$으로 정의되는 (다중값) 트리 함수이다. 즉, $m>0$에 대해 다음과 같은 수렴급수가 성립한다.

$$z_m=-\sigma_m+\sum_{n\ge 0}\frac{1}{\sigma_m^n}\sum_k(-1)^k\left[{n \atop k}\right]\frac{(\ln\sigma_m)^{n+1-k}}{(n+1-k)!},\qquad \sigma_m=-1-(2m+1)\pi i$$

〔Corless, Gonnet, Hare, Jeffrey, Knuth, *Advances in Computational Mathematics* 5 (1996), 329–359, 공식 (4.18)〕. 특히 $z_m=(2m+\frac{1}{2})\pi i+\ln(2\pi em)+(\frac{1}{4}-\frac{i}{2\pi}\ln(2\pi em))/m+O((\log m)^2/m^2)$이다.

$P(z)=\sum_{m=0}^{\infty}(z/(z-z_m)+z/(z-\bar{z}_m))$이라고 하자. 이로부터, $x>1$에 대해

$$P(x)-P(-x)=\textstyle\sum_{m=0}^{\infty}4\Re(xz_m/(x^2-z_m^2))=\sum_{m=1}^{\infty}O((x\log m)/(x^2+m^2))$$
$$=\textstyle\sum_{m=1}^{x}O((x\log x)/x^2)+\sum_{m=x+1}^{\infty}O((x\log m)/m^2)=O(\log x)$$

를 이끌어낼 수 있다. 그런데 우리는 $L(x)+P(x)=cx$인 어떤 c가 존재함을 알고 있다. 따라서 $2cx=L(x)-L(-x)+O(\log x)$이며, (25)에서 $x\to\infty$로 두면 $c=-1/2$가 나온다. 그러므로 $L_1=\sum_{m=0}^{\infty}2r_m^{-1}\cos\theta_m-1/2$이다. (이 결과는 얀손Svante Janson에서 기인한다.)

29. (a) 만일 $a_1\ldots a_n$이 $2k$개의 교대 연속열들과 k개의 마루들을 가진다면 $(n+1-a_1)\ldots$

$(n+1-a_n)$은 $k-1$개의 마루들을 가진다. (b. c) L. W. Shapiro, W. J. Woan, S. Getu, *SIAM J. Algebraic and Discrete Methods* 4 (1983), 459-466을 볼 것.

5.1.4절

1. $\begin{array}{|c|c|c|c|}\hline 1&2&3&8\\\hline 4&5&7\\\cline{1-3} 6&9\\\cline{1-2}\end{array}$ $\quad\begin{array}{|c|c|c|c|}\hline 1&3&5&8\\\hline 2&4&9\\\cline{1-3} 6&7\\\cline{1-2}\end{array}$; $\quad\begin{pmatrix}1&3&4&5&7&8&9\\5&9&2&4&8&1&7\end{pmatrix}$.

2. p_i를 열 t에 삽입할 때의 열 $t-1$의 원소를 p_j라고 하자. 그러면 (q_j, p_j)는 부류 $t-1$에 속하며 $q_j < q_i$이고 $p_j < p_i$이다. 따라서, 귀납법에 의해, 그러한 성질을 가진 색인 $i_1, \ldots, i_t$가 존재한다. 반대로 만일 $q_j < q_i$이고 $p_j < p_i$이며 (q_j, p_j)가 부류 $t-1$에 속한다면, p_i를 삽입할 때 열 $t-1$에는 $< p_i$인 원소가 존재한다. 따라서 (q_i, p_i)는 부류 $\geq t$에 속한다.

3. p_i가 삽입될 때 그 열들은 (9)와 같은 밀어내기들이다. 줄 1과 2는 행 1에 대한 연산들을 반영한다. (14)를 볼 것. 만일 줄 2에 ∞ 항목들이 있는 열들을 제거한다면 줄 0과 2는 (15)처럼 밀려난 배열을 구성한다. 문제에 언급된, 줄 k에서 $k+1$로 가는 방법은 본문의 부류 결정 알고리즘과 같다.

4. (a) 사례 분석을 이용해서, 타블로의 크기에 대한 귀납법에 의거하여, 행 1에 대한 영향을 먼저 살펴보고 그런 다음 행 1에 의해 밀려난 원소들의 수열에 대한 영향을 고찰할 것. (b) 알고리즘 적용 이전과 이후의 표준 순열로 표현된 타블로를 이용해서, 허용가능 맞바꿈들로 알고리즘 I의 연산들을 흉내낼 수 있다. 예를 들어 허용가능 맞바꿈들의 순차열을 이용해서

17 11 4 13 14 2 6 10 15 1 3 5 9 12 16 8을 17 11 13 4 10 14 2 6 9 15 1 3 5 8 12 16

으로 변환할 수 있다((4)와 (5) 참고).

5. 허용가능 맞바꿈들은 좌우 대칭이며, P에 대한 표준 순열은 삽입 순서가 반대일 때 명백히 P^T가 된다.

6. 부류들이 총 t개라고 하자. 그 중 정확히 k개는 원소 개수가 홀수이다. 왜냐하면 한 클래스의 원소들은 다음과 같은 형태이기 때문이다.

$$(p_{i_k}, p_{i_1}), \qquad (p_{i_{k-1}}, p_{i_2}), \qquad \ldots, \qquad (p_{i_1}, p_{i_k}).$$

((18)과 (22)를 볼 것.) 밀려난 두 줄 배열은 그것이 구축되는 방식 때문에 정확히 $t-k$개의 고정점들을 가진다. 따라서 귀납법에 의해 타블로에서 그 첫 행을 뺀 것은 길이가 홀수일 열들이 $t-k$개이다. 그러므로 첫 행의 t개의 원소들은 타블로 전체에서 k개의 홀수 길이 열들로 이어진다.

7. 열들의 개수, 즉 행 1의 길이는 부류들의 개수이다(연습문제 2). 행들의 개수는 P^T의 열들의 개수이다. 따라서 연습문제 5(또는 정리 D)에 의해 증명이 완성된다.

8. 원소들이 n^2개를 넘는다고 할 때, 해당 P 타블로는 n개보다 많은 열들을 가지거나 n개보다 많은 행들을 가져야 한다. 그런데 타블로 개수는 $n \times n$개이다. 〔이 결과는 원래 *Compositio Math.* 2 (1935), 463-470에서 증명되었다.〕

9. 그러한 순열들은 모양이 $(n, n, \ldots, n)$인 타블로 쌍들과 1대1로 대응된다. 따라서 (34)에 의해 답은

$$\left(\frac{n^2!\,\Delta(2n-1, 2n-2, \ldots, n)}{(2n-1)!\,(2n-2)!\ldots n!}\right)^2 = \left(\frac{n^2!}{(2n-1)(2n-2)^2\ldots n^n\,(n-1)^{n-1}\ldots 1^1}\right)^2$$

이다. 이 문제에 이처럼 단순한 공식이 존재한다는 것은 정말로 놀라운 일이다. 또한 $\{1, 2, \ldots, mn\}$의 순열들 중 길이가 m을 넘는 증가 부분수열이 존재하지 않는 것들과 길이가 n을 넘는 감소 부분수열이 존재하지 않는 것들의 개수를 셀 수도 있다.

10. 단계 S3에서 $P_{(r-1)s}$와 $P_{r(s-1)}$이 둘 다 $P_{(r+1)s}$와 $P_{r(s+1)}$보다 작음을 귀납적으로 증명하면 된다.

11. 물론 원래 P_{11}이었던 원소도 알아야 한다. 그것을 안다면 알고리즘 S와 아주 비슷한 알고리즘을 이용해서 P를 복원할 수 있다.

12. 수행 횟수는 $\binom{n_1+1}{2} + \binom{n_2+2}{2} + \cdots + \binom{n_m+m}{2} - \binom{m+1}{3}$으로, 이는 총 운행 거리이다. 최소값은 연습문제 1.2.4-41의 수열 $1, 2, 2, 3, 3, 3, 4, 4, 4, 4 \ldots$의 처음 n개의 항들의 합이다. 이 합은 근사적으로 $\sqrt{8/9}\, n^{3/2}$이다. (연습문제 29에 따르면, n개의 원소들에 대한 타블로들은 거의 모두 이 하계에 상당히 근접한다. 따라서 평균 횟수는 $\Theta(n^{3/2})$이다.)

13. $a_i = 1$이 되도록, 순열치환된 원소들이 $\{1, 2, \ldots, n\}$이라고 가정하자. 그리고 $a_j = 2$라고 가정하자. 경우 *1*, $j < i$. 그러면 1은 2를 밀어내므로, $a_1 \ldots a_{i-1} a_{i+1} \cdots a_n$에 대응하는 타블로의 행 1은 P^S의 행 1이다. 그리고 밀려난 순열은 이전에 밀려난 순열에서 가장 작은 원소 2를 제외한 것이다. 따라서 n에 대한 귀납법으로 나머지 증명을 완성할 수 있다. 경우 *2*, $j > i$. 경우 1을 P^T에 적용하되, 연습문제 5와 $(P^T)^S = (P^S)^T$이라는 사실을 이용할 것.

15. (37)에서처럼, 예제 순열은 타블로

1	2	5	9	11
3	6	7		
4	8	10		

에 대응한다. 따라서 그러한 순열의 개수는 $f(l, m, n) = (l+m+n)!\,(l-m+1)(l-n+2)(m-n+1)/(l+2)!\,(m+1)!\,(n)!$이다. 물론 $l \geq m \geq n$라는 가정 하에서이다.

16. 정리 H에 의해 80080이다.

17. g는 x들에서 비대칭이므로 $x_i = x_j$일 때 0이다. 따라서 모든 $i < j$에 대해 $x_i - x_j$로 나누어

떨어진다. 그러므로 $g(x_1, ..., x_n; y) = h(x_1, ..., x_n; y)\Delta(x_1, ..., x_n)$이다. 여기서 h는 반드시 x_1, ..., x_n, y에서 동차(homogeneous)이고 총 차수는 1이어야 하며 $x_1, ..., x_n$에서 대칭이어야 한다. 즉, 오직 n에만 의존하는 어떤 a, b에 대해 $h(x_1, ..., x_n; y) = a(x_1 + \cdots + x_n) + by$이다. a는 $y = 0$으로 두어서 평가할 수 있다. b는 y에 대한 편미분을 취하고 $y = 0$으로 두어서 평가할 수 있다. 이제

$$\frac{\partial}{\partial y}\Delta(x_1, ..., x_i + y, ..., x_n)|_{y=0} = \frac{\partial}{\partial x_i}\Delta(x_1, ..., x_n) = \Delta(x_1, ..., x_n)\sum_{j \neq i}\frac{1}{x_i - x_j}$$

이며, 결론적으로 $\sum_i \sum_{j \neq i}(x_i/(x_i - x_j)) = \sum_i \sum_{j<i}(x_i/(x_i - x_j) + x_j/(x_j - x_i)) = \binom{n}{2}$이다.

18. 그 값은 반드시 $\Delta(x_1, ..., x_n) \cdot (b_0 + b_1 y + \cdots + b_m y^m)$이다. 여기서 각 b_k는 차수가 $m - k$인 x들의 동차 대칭 다항식이다. 다음과 같은 공식이 성립한다.

$$\frac{\partial^k}{k!\,\partial y^k}\Delta(x_1, ..., x_i + y, ..., x_n)|_{y=0} = \Delta(x_1, ..., x_n)\sum\Bigl(1\Big/\prod_{l=1}^{k}(x_i - x_{j_l})\Bigr)$$

우변의 합의 구간은 $\binom{n-1}{k}$개의, 서로 다른 색인 $j_1, ..., j_k \neq i$의 선택들 전부이다. 이제 수식 $b_k = \sum x_i^m \big/ \prod_{l=1}^{k}(x_i - x_{j_l})$에서 $\{i, j_1, ..., j_k\}$를 가지는 $k+1$개의 항들을 묶을 수 있다. 예를 들어 $k = 2$일 때에는 $a^m/(a-b)(a-c) + b^m/(b-a)(b-c) + c^m/(c-a)(c-b)$ 형태의 세 항들의 집합들을 묶을 수 있다. 그러한 모든 그룹의 합은 $[z^{m-k}]\,1/(1 - x_i z)(1 - x_{j_1} z)\ldots(1 - x_{j_k} z)$이다 (연습문제 1.2.3-33). 그러므로

$$b_k = \sum_j \binom{n-j}{k+1-j}\sum s(p_1, ..., p_j)$$

인데, 여기서 $s(p_1, ..., p_j)$는 서로 다른 색인 $i_1, ..., i_j \in \{1, ..., n\}$에 대해 형태가 $x_{i_1}^{p_1} \cdots x_{i_j}^{p_j}$인 서로 다른 항들 모두로 구성된 단항(monomial) 대칭함수이다. 그리고 안쪽 합의 구간은 $m - k$를 정확히 j개의 부분들로 나눈 분할들, 구체적으로 말하면 $p_1 \geq \cdots \geq p_j \geq 1$, $p_1 + \cdots + p_j = m - k$를 만족하는 분할들 전체이다. (이 결과는 필자가 1969년에 벤더E. A. Bender와 함께 얻은 것이다.)

$m = 2$일 때 답은 $(s(2) + (n-1)s(1)y + \binom{n}{3}y^2)\Delta(x_1, ..., x_n)$, $m = 3$의 경우에는 $(s(3) + ((n-1)s(2) + s(1,1))y + \binom{n-1}{2}s(1)y^2 + \binom{n}{4}y^3)\Delta(x_1, ..., x_n)$, 등등이다.

b_k가 z^m의 계수인 또 다른 수식도 있다:

$$\left(\binom{n}{k+1}z^k - \binom{n-1}{k+1}e_1 z^{k+1} + \binom{n-2}{k+1}e_2 z^{k+2} - \cdots\right)\Big/(1 - e_1 z + e_2 z^2 - \cdots).$$

여기서 $e_l = \sum_{1 \leq i_1 < \cdots < i_l \leq n} x_{i_1} \cdots x_{i_l}$은 기본대칭함수이다. y^k을 곱하고 k에 대해 합산하면 z^m의 계수

$$\frac{1}{yz}\left(\frac{(1 + z(y - x_1))\ldots(1 + z(y - x_n))}{(1 - zx_1)\ldots(1 - zx_n)} - 1\right)\Delta(x_1, ..., x_n)$$

가 나온다. 이것이 답이다.

19. 전치된 타블로의 모양이 $(n_1', n_2', \ldots, n_r')$라고 하자. 답은

$$\frac{1}{2} f(n_1, n_2, \ldots, n_m)\left(\frac{(\sum n_i^2 - \sum n_j'^2)}{n(n-1)} + 1\right)$$

이다. 여기서 $n = \sum n_i = \sum n_j'$이다. ($\sum i n_i = \frac{1}{2}(n + \sum n_j'^2)$이라는 관계식을 이용하면 이 공식을 덜 대칭적인 형태로 표현할 수 있다.)

참고: 파이트W. Feit [*Proc. Amer. Math. Soc.* 4 (1953), 740-744]는 $0 \le l_j \le n_j$이고 $n = \sum(n_j - l_j)$라고 할 때 정수 $\{1, 2, \ldots, n\}$을 두 타블로 모양의 "차집합" $(n_1, \ldots, n_m) \setminus (l_1, \ldots, l_m)$인 한 배열에 집어넣는 방법의 수가 $n! \det(1/((n_j - j) - (l_i - i))!)$임을 보였다.

20. 정리 H 다음의 논의에 나오는 잘못된 논증이 이 경우(해당 확률들이 독립적임)에는 실제로 유효하다

참고: 만일 노드들에 번호를 붙이는 $n!$가지 방법들 모두를 생각한다면, 여기서 고려하는 번호 붙이기들은 "반전"들이 없는 것들이다. 트리가 그냥 하나의 경로인 특별한 경우에서, 순열의 반전들은 트리 노드 번호 붙이기의 반전들과 같다. A. Björner, M. L. Wachs, *J. Combinatorial Theory* A52 (1989), 165-187를 볼 것.

21. [*Michigan Math. J.* 1 (1952), 81-88.] $g(n_1, \ldots, n_m) = (n_1 + \cdots + n_m)!\,\Delta(n_1, \ldots, n_m)/n_1! \ldots n_m!\,\sigma(n_1, \ldots, n_m)$이라고 하자. 여기서 $\sigma(x_1, \ldots, x_m) = \prod_{1 \le i < j \le m}(x_i + x_j)$이다. $g(n_1, \ldots, n_m)$이 자리이동된 타블로를 채우는 방법의 수임을 증명하기 위해서는 $g(n_1, \ldots, n_m) = g(n_1 - 1, \ldots, n_m) + \cdots + g(n_1, \ldots, n_m - 1)$을 증명해야 한다. 연습문제 17에 해당하는 항등식은 y와는 독립적으로 $x_1\Delta(x_1 + y, \ldots, x_n)/\sigma(x_1 + y, \ldots, x_n) + \cdots + x_n\Delta(x_1, \ldots, x_n + y)/\sigma(x_1, \ldots, x_n + y) = (x_1 + \cdots + x_n)\Delta(x_1, \ldots, x_n)/\sigma(x_1, \ldots, x_n)$이라는 것이다. 만일 연습문제 17에서처럼 미분을 계산한다면 $2x_i x_j/(x_j^2 - x_i^2) + 2x_j x_i/(x_i^2 - x_j^2) = 0$임을 알 수 있다.

22. 필요하다면 모양에 0들을 추가함으로써 $m = N$이 된다고 하자. 만일 $m > N$이고 $n_m > 0$이면 요구된 방법의 수는 명백히 0이다. $m = N$일 때의 답은

$$\det\begin{pmatrix} \binom{n_1+m-1}{m-1} & \binom{n_2+m-2}{m-1} & \cdots & \binom{n_m}{m-1} \\ \vdots & & & \vdots \\ \binom{n_1+m-1}{0} & \binom{n_2+m-2}{0} & \cdots & \binom{n_m}{0} \end{pmatrix}$$

이다.

증명. $n_m = 0$이라고 가정할 수 있다. 만일 $n_m > 0$이면 배열의 처음 n_m개의 열들은 행 i에서 i로 채워질 것이기 때문이다. 그 나머지 모양 $(n_1 - n_m, \ldots, n_m - n_m)$을 고찰할 때, 요구된 방법의 수는 m에 대한 귀납법에 의해

$$\sum_{\substack{n_2 \le k_1 \le n_1 \\ \vdots \\ n_m \le k_{m-1} \le n_{m-1}}} \det \begin{pmatrix} \binom{k_1+m-2}{m-2} & \binom{k_2+m-3}{m-2} & \ldots & \binom{k_{m-1}}{m-2} \\ \vdots & \vdots & & \vdots \\ \binom{k_1+m-2}{0} & \binom{k_2+m-3}{0} & \ldots & \binom{k_{m-1}}{0} \end{pmatrix}$$

이다. 여기서 $n_j - k_j$는 행 j에 있는 m들의 개수이다. 각 k_j에 대한 합들은 독립적으로 계산할 수 있으며, 그러면

$$\det \begin{pmatrix} \binom{n_1+m-1}{m-1} - \binom{n_2+m-2}{m-1} & \binom{n_2+m-2}{m-1} - \binom{n_3+m-3}{m-1} & \ldots & \binom{n_{m-1}+1}{m-1} - \binom{n_m}{m-1} \\ \vdots & \vdots & & \vdots \\ \binom{n_1+m-1}{1} - \binom{n_2+m-2}{1} & \binom{n_2+m-2}{1} - \binom{n_3+m-3}{1} & \ldots & \binom{n_{m-1}+1}{1} - \binom{n_m}{1} \end{pmatrix}$$

이 나온다. 그런데 $n_m = 0$이므로 이것이 원했던 답이다. 이 답을 행 연산들을 적용해서 하나의 방데르몽데Vandermonde 행렬식으로 변환할 수 있으며, 그러면 $\Delta(n_1+m-1, n_2+m-2, \ldots, n_m) / (m-1)!\,(m-2)! \ldots 0!$이 된다. 〔이 연습문제에 대한 답이 군론의 동치인 어떤 문제와 연관되어서 리틀우드D. E. Littlewood의 *Theory of Group Characters* (Oxford, 1940), 189에 나온다.〕

23. 〔*Journal de Math.* (3) 7 (1881), 167-184.〕 (이것은 연습문제 5.1.3-8의 한 특별한 경우로, 마지막 연속열의 길이가 1일 수도 있다는 점만 빼고는 모든 연속열의 길이가 2인 특별한 경우이다.) $n \ge 2$일 때 n은 반드시 한 행의 제일 오른쪽 위치들 중 하나에 나타난다. 그것을 밑에서 k번째 행의 제일 오른쪽 상자에 넣고 나면, 나머지 수들을 모두 채워 넣는 방법은 $\binom{n-1}{2k-1} E_{2k-1} E_{n-2k}$가지가 된다.

$$h(z) = \sum_{n \ge 1} E_{2n-1} z^{2n-1}/(2n-1)! = \frac{1}{2}(g(z) - g(-z))$$

라고 두면

$$h(z)g(z) = \sum_{k,n \ge 1} \binom{n}{2k-1} E_{2k-1} E_{n-2k+1} z^n/n! = \Bigl(\sum_{n \ge 0} E_{n+1} z^n/n!\Bigr) - 1 = g'(z) - 1$$

이다. z를 $-z$로 대체하고 더해서 $h(z)^2 = h'(z) - 1$을 얻는다. 그러면 $h(z) = \tan z$이다. $k(z) = g(z) - h(z)$로 두면 $h(z)k(z) = k'(z)$가 된다. 따라서 $k(z) = \sec z$이고 $g(z) = \sec z + \tan z = \tan(\frac{1}{2}z + \frac{1}{4}\pi)$이다. 계수 E_n을 오일러 수(Euler numbers)라고 부른다. 색인이 홀수인 오일러 수, 즉 E_{2n-1}은 탄젠트 수 $T_{2n-1} = (-1)^{n-1} 4^n (4^n - 1) B_{2n} / (2n)$이다. 이 수들을 나열한 표들이 *Math. Comp.* 21 (1967), 663-688에 나온다. 이 수열은 $(E_0, E_1, E_2, \ldots) = (1, 1, 1, 2, 5, 16, 61, 272, 1385, 7936, \ldots)$로 시작한다. 오일러 수들을 계산하는 가장 간단한 방법은 아마도, 부분합들이 번갈아 좌→우와 우→좌로 형성되는 다음과 같은 삼각 배열을 구성하는 방법일 것이다 〔L. Seidel, *Sitzungsberichte math.-phys. Classe Akademie Wissen. München* 7 (1877), 157-187〕.

$$\begin{array}{ccccccccccccc} &&&&&& 1 \\ &&&&& 0 && 1 \\ &&&& 1 && 1 && 0 \\ &&& 0 && 1 && 2 && 2 \\ && 5 && 5 && 4 && 2 && 0 \\ & 0 && 5 && 10 && 14 && 16 && 16 \\ 61 && 61 && 56 && 46 && 32 && 16 && 0 \end{array}$$

25. 일반적으로, u_{nk}가 $\{1, 2, \ldots, n\}$의 순열들 중 길이가 $> k$인 순환마디가 없는 것들의 개수라고 하면 $\sum u_{nk} z^n/n! = \exp(z + z^2/2 + \cdots + z^k/k)$이다. 이는 $\exp(z) \times \cdots \times \exp(z^k/k)$를 곱해서

$$\sum_n z^n \Bigl(\sum_{j_1 + 2j_2 + \cdots + kj_k = n} 1/1^{j_1} j_1! \, 2^{j_2} j_2! \ldots \Bigr)$$

을 얻음으로써 증명할 수 있다. 또한 연습문제 1.3.3-21도 볼 것. 비슷하게, $\exp(\sum_{s \in S} z^s/s)$는 순환마디 길이들이 모두 주어진 집합 S의 원소들인 순열들의 해당 생성함수이다.

26. 감마함수 적분(연습문제 1.2.5-20, $t = 2x^2/\sqrt{n}$)에 의해, 0에서 ∞로의 적분은 $n^{(t+1)/4}\Gamma((t+1)/2)/2^{(t+3)/2}$이다. 따라서 $-\infty$에서 ∞로 간다고 할 때, t가 홀수일 때에는 0, 그 외에는 $n^{(t+1)/4}\sqrt{\pi}\, t!/2^{(3t+1)/2}(t/2)!$을 얻게 된다.

27. (a) 만일 $r_i < r_{i+1}$이고 $c_i < c_{i+1}$이면 $i < Q_{r_i c_{i+1}} < i+1$라는 조건은 불가능하다. 만일 $r_i \ge r_{i+1}$이고 $c_i \ge c_{i+1}$이면 $i+1 \le Q_{r_i c_{i+1}} \le i$일 수 없음도 명백하다. (b) $a_1 \ldots a_i$에 대한 타블로의 행들의 개수에 대한 귀납법을 이용해서 $a_i < a_{i+1}$가 $c_i < c_{i+1}$를 함의하며 $a_i > a_{i+1}$가 $c_i \ge c_{i+1}$를 함의함을 증명하면 된다. (행 1과 "밀려난" 수열들을 고려할 것.) (c)이는 정리 D(c)에서 비롯된다.

28. 이 결과는 A. M. Vershik, S. V. Kerov, *Dokl. Akad. Nauk SSSR* 233 (1977), 1024-1028에서 기인한다. 또한 B. F. Logan, L. A. Shepp, *Advances in Math.* 26 (1977), 206-222도 볼 것. [J. Baik, P. Deift, and K. Johansson, *J. Amer. Math. Soc.* 12 (1999), 1119-1178에는 표준편차가 $\Theta(n^{1/6})$임이 나와 있다. 그리고 길이가 $2\sqrt{n} + tn^{1/6}$보다 작을 확률은 $\exp(-\int_t^\infty (x-t)u^2(x)\,dx)$에 접근한다. 여기서 $u''(x) = 2u^3(x) + xu(x)$와 $u(x)$는 $x \to \infty$에 따라 에어리Airy 함수 $\mathrm{Ai}(x)$와 점근적으로 같아진다.]

29. $\binom{n}{l}\big/ l!$은 길이가 l인 증가 부분수열들의 평균 개수이다. (연습문제 8과 29에 의해, 가장 큰 증가 수열의 길이가 $\ge e\sqrt{n}$ 또는 $\le \sqrt{n}/e$일 확률은 $O(1/\sqrt{n})$이다.) [J. D. Dixon, *Discrete Math.* 12 (1975), 139-142.]

30. [*Discrete Math.* 2 (1972), 73-94를 볼 것. 단순화된 증명이 Marc van Leeuwen, *Electronic J. Combinatorics* 3, (1996), 논문 #R15에 나온다.]

31. $x_n = a_{\lfloor n/2 \rfloor}$, 여기서 $a_0 = 1$, $a_1 = 2$, $a_n = 2a_{n-1} + (2n-2)a_{n-2}$; $\sum a_n z^n/n! = \exp(2z$

$+ z^2) = (\sum t_n z^n / n!)^2$; 짝수 n에 대해 $x_n \approx \exp(\frac{1}{4} n \ln n - \frac{1}{4} n + \sqrt{n} - \frac{1}{2} - \frac{1}{2} \ln 2)$. 〔E. Lucas, *Théorie des Nombres* (1891), 217-223 참고.〕

32. $m_n = \int_{-\infty}^{\infty} t^n e^{-(t-1)^2/2} dt \,/\, \sqrt{2\pi}$ 라고 하자. 그러면 $m_0 = m_1 = 1$이며, 부분적분하면 $m_{n+1} - m_n = n m_{n-1}$이다. 따라서 (40)에 의해 $m_n = t_n$이다.

33. 참이다. 언급된 수량은 $\det_{i,j=1}^{m} \binom{a_i}{j-1}$이다. 〔미첼Mitchell은 *Amer. J. Math.* 4 (1881), 341-344에서 그 수량이 지금은 슈어Schur 함수라고 불리는 어떤 대칭 함수의 전개의 항들의 개수임을 보였다. 실제로 $0 < a_1 < \cdots < a_m$일 때 그것은 $n_1 = a_m - m$, $n_2 = a_{m-1} - (m-1)$, ..., $n_m = a_1 - 1$인 $S_{n_1 n_2 \ldots n_m}(x_1, x_2, \ldots, x_m)$의 항들의 개수이다. 이 슈어 함수는 원소들이 $\{1, \ldots, m\}$이고 모양이 $(n_1, \ldots, n_m)$인 일반화된 타블로들 전부를 합의 구간으로 하는, 타블로의 보는 j에 대한 x_j들의 곱들의 합이다. 여기서 일반화된 타블로란 보통의 타블로와는 달리 한 행에 동일한 원소들이 존재할 수 있는 타블로를 말한다. 이러한 정의에서는 매개변수 n_k들이 0일 수 있다. 예를 들어 일반화된 타블로 $\begin{smallmatrix}11\\2\end{smallmatrix}$, $\begin{smallmatrix}11\\3\end{smallmatrix}$, $\begin{smallmatrix}12\\2\end{smallmatrix}$, $\begin{smallmatrix}12\\3\end{smallmatrix}$, $\begin{smallmatrix}13\\2\end{smallmatrix}$, $\begin{smallmatrix}13\\3\end{smallmatrix}$, $\begin{smallmatrix}22\\3\end{smallmatrix}$, $\begin{smallmatrix}23\\3\end{smallmatrix}$에 의해 $S_{210}(x_1, x_2, x_3) = x_1^2 x_2 + x_1^2 x_3 + x_1 x_2^2 + x_1 x_2 x_3 + x_1 x_2 x_3 + x_1 x_3^2 + x_2^2 x_3 + x_2 x_3^2$이다. 그러한 타블로의 개수는 $\Delta(1,3,5)/\Delta(1,2,3) = 8$이다. 알고리즘 I와 D를 일반화된 타블로로 확장하면 〔*Pacific J. Math.* 34 (1970), 709-727〕 다음과 같은 주목할 만한 항등식들의 조합적 증명을 얻을 수 있다.

$$\sum_\lambda S_\lambda(x_1, \ldots, x_m) S_\lambda(y_1, \ldots, y_n) = \prod_{i=1}^{m} \prod_{j=1}^{n} \frac{1}{1 - x_i y_j},$$

$$\sum_\lambda S_\lambda(x_1, \ldots, x_m) S_{\lambda^T}(y_1, \ldots, y_n) = \prod_{i=1}^{m} \prod_{j=1}^{n} (1 + x_i y_j).$$

여기서 합의 구간은 가능한 모양 λ 전체이고 λ^T는 전치된 모양을 뜻한다. 이 항등식들은 D. E. Littlewood, *Proc. London Math. Soc.* (2) 40 (1936), 40-70, 정리 V에서 처음 발견된 것이다.〕

참고. 이로부터, 예를 들면 임의의 연속된 이항계수들의 곱 $\binom{a}{k}\binom{a+1}{k} \quad \binom{a+l}{k}$이 $\binom{k}{k}\binom{k+1}{k} \ldots \binom{k+l}{k}$로 나누어진다는 사실이 비롯된다. 그 비율이 $\Delta(a+l, \ldots, a+1, a, k-1, \ldots, 1, 0)/\Delta(k+l, \ldots, 1, 0)$이기 때문이다. $\Delta(k, \ldots, 1, 0) = k! \ldots 2!\, 1!$의 값을 종종 "초계승(superfactorial)"이라고 부른다.

34. 한 갈고리의 길이는 갈고리의 제일 아래 왼쪽 칸 (x, y)에서 제일 위 오른쪽 칸 (x', y')로 가는 임의의 지그재그 경로의 길이이기도 하다. 여기서는 "만일 길이가 $a+b$인 갈고리가 존재하면 길이가 a인 갈고리 또는 b인 갈고리가 하나 존재한다"는 더 강한 결과를 증명한다. 그 모양의 제일 아래를 감싸는 칸 $(x, y) = (x_1, y_1), (x_2, y_2), \ldots, (x_{a+b}, y_{a+b}) = (x', y')$을 생각해 보자. 만일 $y_{a+1} = y_a$이면 칸 (x_a, y_1)은 길이가 a인 갈고리를 가진다. 그렇지 않다면 (x_{a+b}, y_{a+1})은 길이가 b인 갈고리를 가진다. 〔참고문헌: *Japanese J. Math.* 17 (1940), 165-184, 411-423. 나카야마Nakayama는 순열 군의 연구에서 갈고리를 고려한 최초의 인물로, 그는 정리 H의 발견에 가까이까지 접근했다.〕

35. 알고리즘이 $p_{n'_j j}$에서 p_{in_i}로의 지그재그 경로를 따르므로, q_{ij}가 삽입될 때 단계 G3-G5의 수행에 의해 p 배열의 원소들 중 정확히 h_{ij}개가 1 감소한다. 그 단계들의 다음 번 수행은 더 큰 j 값으로 시작하거나 이전 지그재그 선의 위 또는 같은 선에 머무른다. 따라서 q 배열은 왼쪽에서 오른쪽으로, 아래에서 위로 채워진다. 공정을 뒤집으려면 오른쪽에서 왼쪽으로, 위에서 아래로 진행해야 한다:

- **H1.** 〔초기화.〕 $1 \le j \le n_i$와 $1 \le i \le n'_1$에 대해 $p_{ij} \leftarrow 0$으로 설정한다. 그런 다음 $i \leftarrow 1$, $j \leftarrow n_1$로 설정한다.
- **H2.** 〔0이 아닌 칸을 찾는다.〕 만일 $q_{ij} > 0$이면 단계 H3으로 간다. 그렇지 않고 만일 $i < n_j$이면 i를 1 증가하고 이 단계를 반복한다. 그렇지 않고 만일 $j > 1$이면 j를 1 감소하고 $i \leftarrow 1$로 설정하고 이 단계를 반복한다. 그렇지 않으면 멈춘다(q 배열은 이제 0이다).
- **H3.** 〔q를 감소, 지그재그를 준비.〕 q_{ik}를 1 감소하고 $l \leftarrow i$, $k \leftarrow n_i$로 설정한다.
- **H4.** 〔p를 증가.〕 p_{lk}를 1 증가한다.
- **H5.** 〔아래 또는 왼쪽으로 이동.〕 만일 $l < n'_k$이고 $p_{lk} > p_{(l+1)k}$이면 l을 1 증가하고 H4로 돌아간다. 그렇지 않고 만일 $k > j$이면 k를 1 감소하고 H4로 돌아간다. 그렇지 않으면 H2로 돌아간다. ▮

주어진 열 j에 대한 첫 번째 지그재그 경로는 $p_{n'_j j}$를 증가하는 것으로 끝난다. $p_{1j} \le \cdots \le p_{n'_j j}$가 $p_{n'_j j} > 0$을 함의하기 때문이다. j에 대한 이후의 각 경로는 이전 경로의 위 또는 같은 경로에 머무르므로, 그 경로 역시 $p_{n'_j j}$에서 끝난다. 도중에 만나게 되는 부등식들은 이 알고리즘이 원래의 알고리즘의 역임을 보여준다. 〔*J. Combinatorial Theory* A21 (1976), 216-221.〕

36. (a) 언급된 z^m의 계수는 $m = \sum h_{ij} q_{ij}$의 해들의 개수이므로 연습문제 35의 결과를 적용할 수 있다. (b) $a_1, \ldots, a_k$가 임의의 양의 정수라고 할 때 다음을 k에 대한 귀납법으로 증명할 수 있다.

$$[z^m]\,1/(1-z)(1-z^{a_1})\ldots(1-z^{a_k}) = \binom{m}{k}\Big/a_1\ldots a_k + O(m^{k-1}).$$

따라서 m을 최대 n개의 부분들로 분할하는 수는 고정된 n에 대해 $\binom{m}{n-1}\big/ n! + O(m^{n-2})$이다(연습문제 5.1.1-15에 의해). 이는 또한 서로 다른 부분들이 $p_1 > \cdots > p_n > 0$인 점근적 분할 개수 $m = p_1 + \cdots + p_n$이다(연습문제 5.1.1-16 참고). 따라서, 주어진 n칸 모양의 타블로들이 N개 존재한다고 할 때 역 평면 분할 개수는 점근적으로 $N\binom{m}{n-1}\big/ n! + O(m^{n-2})$이다. 부문제 (b)에 의해, 이는 $\binom{m}{n-1}\big/\prod h_{ij} + O(m^{n-2})$이기도 하다. 〔*Studies in Applied Math.* 50 (1971), 167-188, 259-279.〕

37. 직사각형 안에서의 평면 분할들은 역 평면 분할들과 동치이므로, 갈고리 길이들에 의해 $r \times c$ 직사각형에서의 생성함수 $1/\prod_{i=1}^{r}\prod_{j=1}^{c}(1-z^{i+j-1})$을 이끌어낼 수 있다. $r, c \to \infty$로 두면 우아한 답 $1/(1-z)(1-z^2)^2(1-z^3)^3\ldots$이 나온다. 〔*Philosophical Transactions* A211 (1912), 75-110, 345-373에 나오는 매크매온MacMahon의 원래의 유도는 극도로 복잡했다. 꽤 간단한 증명이

처음으로 발표된 것은 Leonard Carlitz, *Acta Arithmetica* 13 (1967), 29-47에서이다.]

38. (a) 그 확률은 $k=l=1$일 때 $1/n$이고 그렇지 않을 때에는 $k+l$에 대한 귀납법에 의해

$$\frac{nP(I\setminus\{i_0\},\ J)+nP(I,\ J\setminus\{j_0\})}{n\,d_{i_0j_0}}=\frac{(d_{i_0b}+d_{aj_0})/(n\ d_{i_0b}\ldots d_{i_{k-1}b}d_{aj_0}\ldots d_{aj_{l-1}})}{d_{i_0b}+d_{aj_0}}$$

이다.

(b) 모든 I와 J에 대해 합산하면

$$n^{-1}(1+d_{1b}^{-1})\ldots(1+d_{(a-1)b}^{-1})(1+d_{a1}^{-1})\ldots(1+d_{a(b-1)}^{-1})$$

이 나오는데, 이것이 $f(T\setminus\{(a,b)\})/f(T)$와 상등임은 쉽게 입증할 수 있다.

(c) 모든 경로는 모서리에서 끝나므로, 모든 모서리에 대해 합하면 1이 나온다. 따라서 $\sum f(T\setminus\{(a,b)\})=f(T)$이며, 이를 이용해서 n에 대한 귀납법으로 정리 H를 증명할 수 있다. 더 나아가서, 만일 n을 무작위 경로의 끝에 있는 모서리 칸에 넣고 나머지 $n-1$개의 칸들에 대해 그러한 공정을 반복하면 $1/f(T)$의 확률로 각 타블로를 얻게 된다. [*Advances in Math.* 31 (1979), 104-109.]

39. (a) $Q_{11}\ldots Q_{1n}$은 $b_1\ldots b_n$, 즉 원래의 순열 $P_{11}\ldots P_{1n}$의 반전표가 된다. (5.1.1절 참고.)

(b) $Q_{11}\ldots Q_{n1}$은 연습문제 5.1.1-7에 나온 반전표의 부정인 $(-C_1)\ldots(-C_n)$이다.

(c) 이 조건이 단계 P3에서 유지됨은 명백하다.

(d) $\begin{pmatrix}1&4\\2&3\end{pmatrix}\to\left(\begin{pmatrix}1&3\\2&4\end{pmatrix},\begin{pmatrix}0&-1\\0&0\end{pmatrix}\right)$; $\begin{pmatrix}4&3\\1&2\end{pmatrix}\to\left(\begin{pmatrix}1&2\\3&4\end{pmatrix},\begin{pmatrix}0&-1\\0&0\end{pmatrix}\right)$. 이 예는 배열 P를 보지 않고는 단계 P3을 거꾸로 수행할 수 없음을 보여준다.

(e)

12	10	8	14	15	11
9	13	7	1		
6	4	5			
16	3				
2					

(f) 다음 알고리즘은 정확하다(그 점이 명백하게 보이지는 않겠지만).

Q1. [(i,j)에 대한 반복.] 단계 Q2와 Q3을 배열의 칸 (i,j)들 모두에 대해 사전 순서로(즉 위에서 아래로, 그리고 각 행에서는 왼쪽에서 오른쪽으로) 수행한다. 그런 다음 알고리즘을 끝낸다.

Q2. [Q를 조정.] 아래의 규칙에 따라 "첫 후보" (r,s)를 찾는다. 그런 다음 $j\le k<s$에 대해 $Q_{i(k+1)}\leftarrow Q_{ik}-1$로 설정한다.

Q3. [(i,j)에서 P를 떼어 낸다.] $K\leftarrow P_{rs}$로 설정한다. 그런 후 다음 연산들을 $(r,s)=(i,j)$가 될 때까지 반복한다: 만일 $P_{(r-1)s}>P_{r(s-1)}$이면 $P_{rs}\leftarrow P_{(r-1)s}$, $r\leftarrow r-1$로 설정한다. 그렇지 않으면 $P_{rs}\leftarrow P_{r(s-1)}$, $s\leftarrow s-1$로 설정한다. 마지막으로 $P_{ij}\leftarrow K$로 설정한다. ▮

단계 Q2에서 말한 규칙은 이렇다. 칸 (r, s)는 $s \geq j$이고 $Q_{is} \leq 0$이고 $r = i - Q_{is}$일 때 후보(candidate)가 된다. T가 힌트에서 말한 유향 트리라고 하자. 알고리즘 Q의 기본 불변식들 중 하나는, 단계 Q2에서 (r, s)가 후보일 때마다 T에는 (r, s)에서 (i, j)로 가는 경로가 존재한다는 것이다. 그 경로의 역은 글자 D, Q, R들의 기호열로 부호화할 수 있다. (i, j)에서 시작해서 아래로(down) 가는 것이 D, 오른쪽(right)으로 가는 것이 R, 끝내는(quit) 것이 Q이다. 첫 후보(first candidate)는 해당 부호가 알파벳 순서에서 사전순으로 처음인 후보를 말한다. 직관적으로, 첫 후보는 "제일 왼쪽, 제일 아래" 경로에 해당하는 것이다.

예를 들어 부문제 (e)의 예에서 $(i, j) = (1, 1)$일 때 후보들은 $(3, 1), (4, 2), (2, 3), (2, 4), (1, 6)$이다. 해당 부호들은 각각 DDQ, DDDRQ, RDRQ, RDRRQ, RRRRRQ이며, 따라서 첫 후보는 $(4, 2)$이다.

알고리즘 P는 *Funkts. Analiz i Ego Priloz.* 26, (1992), 80–82에 증명 없이 언급된 한 구축법을 약간 단순화한 버전이다. 정확성의 증명은 자명하지 않다. 증명 하나가 J. C. Novelli, I. Pak, A. V. Stoyanovskii, *Disc. Math. and Theoretical Comp. Sci.* 1 (1997), 53–67에 나온다.

40. 그와 동치인 한 공정이 H. Rost, *Zeitschrift für Wahrscheinlichkeitstheorie und verwandte Gebiete* 58 (1981), 41–53에 분석되어 있다.

41. (플로이드R. W. Floyd의 답.) 삭제·삽입 연산은 본질적으로 a_i만 이동한다. 그러한 일련의 연산들에서 이동되지 않은 원소들은 자신들의 상대 순서를 유지한다. 그러므로 만일 π를 k회의 삭제·삽입들로 정렬할 수 있다면, π에는 길이가 $n - k$인 증가 부분수열이 존재하는 것이며, 그 역도 마찬가지이다. 따라서 $\mathrm{dis}(\pi) = n -$ (π의 가장 긴 증가 부분수열의 길이) $= n -$ (정리 A의 행 1의 길이)이다.

프레드먼M. L. Fredman은 이 길이를 계산하는 데 필요한 최소 비교 횟수가 $n \lg n - n \lg\lg n + O(n)$임을 증명했다 [*Discrete Math.* 11 (1975), 29–35].

42. 정점들이 $\{0_R, 1_L, 1_R, \ldots, n_L, n_R, (n+1)_L\}$이고 변들이 $0 \leq k \leq n$에 대해 $k_R — (k+1)_L$인 다중그래프를 구축한다. 그리고 거기에 로벨리아 페르벤스 DNA의 "결합(bond)"들을 정의하는 변 $0_R — 7_R$, $7_L — 1_L$, $1_R — 2_L$, $2_R — 4_L$, $4_R — 5_L$, $5_R — 3_L$, $3_R — 6_R$, $6_L — 8_L$도 포함시킨다. 각 정점에 닿는 변은 정확히 두 개이므로 연결된 구성요소들은 순환마디들인 $(0_R\, 1_L\, 7_L\, 6_R\, 3_R\, 4_L\, 2_R\, 3_L\, 5_R\, 6_L\, 8_L\, 7_R)(1_R\, 2_L)(4_R\, 5_L)$이다. 임의의 뒤집기 연산은 순환마디 개수를 -1 또는 0 또는 $+1$만큼 변경한다. 따라서 여덟 개의 순환마디 $(0_R\, 1_L)(1_R\, 2_L) \ldots (7_R\, 8_L)$이 만들어지려면 뒤집기가 적어도 다섯 번 필요하다. [J. Kececioglu, D. Sankoff, *Algorithmica* 13 (1995), 180–210.]

다섯 번의 뒤집기에 의해 반드시 결합 $6_L — 8_L$이 끊어진다. 선형 배치에서 동일한 좌에서 우로 방향을 가지는 두 결합을 끊을 때 새로운 순환마디가 생기지는 않기 때문이다. 한 뒤집기 이후에는 다섯 가지 가능성들, 즉 $g_7^R g_6 g_3^R g_5^R g_4^R g_2^R g_1^R$, $g_7^R g_1 g_2 g_4 g_5 g_3 g_6$, $g_7^R g_1 g_2 g_6 g_3^R g_5^R g_4^R$,

$g_7^R g_1 g_2 g_4 g_5 g_6 g_3^R$, $g_6 g_3^R g_5^R g_4^R g_2^R g_1^R g_7$이 남는다. 이들 중 두 번째 것을 뺀 나머지 모두를 정렬하는 데에는 추가적인 뒤집기 네 번으로 충분하다.

첨언하자면, $g_1 \ldots g_7$의 서로 다른 배치들은 $2^7 \cdot 7! = 645120$가지가 가능하며, 그것들 중 179904개는 담배의 순서로부터 ≤ 5의 거리에 있다.

〔임의의 부호 있는 순열을 뒤집기를 통해서 정렬하는 최고의 방법을 찾는 효율적인 알고리즘은 하넨할리S. Hannenhalli와 페브즈너P. Pevzner가 *JACM* 46 (1999), 1-27에서 개발했다. 이후 그 문제를 $O(n^{1.5}\sqrt{\log n}\,)$으로 풀 수있는 개선안이 발견되었는데, H. Kaplan, E. Verbin, *J. Comp. Syst. Sci.* 70 (2005), 321-341과 E. Tannier, M.-F. Sagot, *Lecture Notes in Comp. Sci.* 3109 (2004), 1-13을 볼 것.〕

43. $g_7^R g_1 g_2 g_4 g_5 g_3 g_6^R$ 같은 배치를 부호 있는 순열 $\bar{7}12453\bar{6}$로 표기하자. 만일 부정된(부호가 바뀐) 원소가 있다면, 이를테면 $\bar{k}$가 존재하나 $\overline{k-1}$은 존재하지 않는다면, 한 번의 뒤집기로 2순환마디 $((k-1)_R\, k_L)$을 만든다. 비슷하게, 만일 $\bar{k}$가 존재하나 $\overline{k+1}$은 존재하지 않는다면 한 번의 뒤집기로 $(k_R(k+1)_L)$을 만든다. 그리고 그런 특별한 종류의 뒤집기들 모두에 의해 모든 부정된 원소가 제거되었다면 한 번의 뒤집기로 두 개의 2순환마디들을 만든다. 부정된 원소가 더 이상 없고 순열이 정렬되지 않았다면 일부 뒤집기들은 순환마디 개수를 변경하지 않을 것이다. 따라서 만일 주어진 순열에 부정된 원소가 하나 있다면 $\le n$회의 뒤집기로, 그렇지 않다면 $\le n+1$회의 뒤집기로 정렬할 수 있다.

n이 짝수일 때 순열 $n\ (n-1)\ \ldots\ 1$에는 $n+1$번의 뒤집기가 필요하다. 첫 뒤집기 이후에 순열이 하나의 순환마디를 가지기 때문이다. 마찬가지 논증에 의해, $n > 3$이 홀수일 때 순열 $2\ 1\ 3\ n\ (n-1)\ \ldots\ 4$에는 $n+1$번이 필요하다.

44. 해답 43의 다중그래프에서 길이가 $2k$인 순환마디들의 개수를 c_k라고 하자. c_k의 평균값에 대한 상계는 다음과 같이 구할 수 있다: 잠재적인 $2k$순환마디들 전체 개수는 $2^k(n+1)^{\underline{k}}/(2k)$이다. $\{0_R — 1_L, \ldots, n_R — (n+1)_L\}$로부터 k개의 서로 다른 변들의 순차열을 택하는 방법은 $(n+1)^{\underline{k}}$가지이고 그 변들의 방향을 정하는 방법은 2^k가지이기 때문이다. 이는 $(1_R\, 2_L\, 2_R\, 3_L)$ 또는 $(1_R\, 2_L\, 3_L\, 2_R\, 3_R\, 4_L)$ 또는 $(1_R\, 2_L\, 6_R\, 7_L\, 4_L\, 3_R\, 2_R\, 3_L\, 6_L\, 5_R)$ 같은 불가능한 경우들까지 포함해서 각 순환마디를 $2k$번 세는 것에 해당한다. $k \le n$일 때 모든 가능한 $2k$순환마디는 정확히 $2^{n-k}(n-k)!$개의 부호 있는 순열들에 나타난다. 예를 들어 $k = 5$, $n = 9$인 경우에서 순환마디 $(0_R\, 1_L\, 9_L\, 8_R\, 7_R\, 8_L\, 1_R\, 2_L\, 5_L\, 4_R)$을 생각해 보자. 이 순환마디는 오직 부호 있는 순열이 $\bar{4}$로 시작하며 거기에 부분문자열 $\bar{9}18\bar{7}$과 $\bar{2}5$ 또는 그것을 뒤집은 것들이 들어 있을 때에만 다중그래프 안에 나타난다. $\{1, 2, 3, 6\}$의 모든 부호 있는 순열을 찾고 1을 $\bar{9}18\bar{7}$로, 2를 $\bar{2}5$로 대체하면 모든 답이 나온다. 따라서 $\mathrm{E}\, c_k \le 1/(2k)2^k(n+1)^{\underline{k}}2^{n-k}(n-k)!/2^n n! = \frac{1}{2}(1/k + 1/(n+1-k))$이다. 이로부터 $\mathrm{E}\, c = \sum_{k=1}^{n} \mathrm{E}\, c_k + \mathrm{E}\, c_{n+1} < H_n + 1$이 나온다. $n+1-c$가 뒤집기 횟수의 하계이므로, 필요한 뒤집기 횟수는 $\ge n+1-\mathrm{E}\, c > n - H_n$이다.

〔이 증명은 바프나V. Bafna와 페브즈너P. Pevzner의 *SICOMP* 25 (1996), 272-289에 나온 착안들을 사용한다. 그들은 부호 없는 순열들을 뒤집기를 통해 정렬하는 좀 더 어려운 문제를 연구했다. 그 문제에서, 서로 소가 아닌 순환마다 $(1\ 2\ 3)(3\ 4\ 5)(5\ 6\ 7)\ldots$들의 곱으로 표현할 수 있는, n이 짝수냐 홀수냐에 따라 $(n-1\ n)$ 또는 $(n-2\ n-1\ n)$로 끝나는 한 흥미로운 순열이 정렬하기가 가장 어려운 것으로 판명된다.〕

5.2절

1. 작동한다. i와 j가 값 $1 \le j < i \le N$의 집합을 임의의 순서로 거쳐갈 수 있다. i와 j가 병렬적으로 거쳐갈 수도 있고, 그 순서가 레코드들이 읽히는 순서와 같을 수도 있다(그리고 두 가지 다일 수도 있다).

2. 그 정렬은 이번 장 시작 부분에서 정의한 의미에서 안정적이다. 왜냐하면 본질적으로 그 알고리즘은 서로 다른 키쌍 $(K_1, 1), (K_2, 2), \ldots, (K_N, N)$에 대한 사전순서로 정렬을 수행하는 것이기 때문이다. (만일 각 키가 파일에서 자신의 위치의 오른쪽으로 확장된다고 생각한다면, 같은 키들은 존재하지 않으며 정렬은 안정적이 된다.)

3. 정렬은 하겠지만 안정적인 정렬은 아니다. 만일 $K_j = K_i$이고 $j < i$이면 R_j은 최종 순서에서 R_i 다음에 오게 된다. 언급된 변경은 또한 프로그램 C를 좀 더 느리게 실행하게 만든다.

4.
```
ENT1 N         1        STA  OUTPUT+1,2   N
LD2  COUNT,1   N        DEC1 1            N
LDA  INPUT,1   N        J1P  *-4          N  ▌
```

5. 실행 시간은 $A+1-N-B$단위만큼 감소한다. 이는 거의 항상 개선이다.

6. $u=0$, $v=9$.

```
D1 이후, COUNT  = 0  0  0  0  0  0  0  0  0  0
D2 이후, COUNT  = 2  2  1  0  1  3  3  2  1  1
D4 이후, COUNT  = 2  4  5  5  6  9 12 14 15 16
D5 도중, COUNT  = 2  3  5  5  5  8  9 12 15 16          j = 8
         OUTPUT = -- -- -- 1G -- 4A -- -- 5L 6A 6T 6I 7O 7N -- --
D5 이후, OUTPUT = 0C 0O 1N 1G 2R 4A 5T 5U 5L 6A 6T 6I 7O 7N 8S  9.
```

7. 그렇다. COUNT$[K_j]$가 단계 D6에서 감소하고, j가 감소함을 주목할 것.

8. 정렬은 하겠지만 안정적인 정렬은 아니다(연습문제 7 참고).

9. $M = v - u$라고 하자. $|u|$와 $|v|$가 두 바이트에 들어맞는 크기라고 가정하자. LOC$(R_j) \equiv$ INPUT $+ j$; LOC(COUNT$[j]$) $\equiv$ COUNT$+ j$; LOC$(S_j) \equiv$ OUTPUT$+ j$; $\mathrm{rI1} \equiv i$; $\mathrm{rI2} \equiv j$; $\mathrm{rI3} \equiv i - v$ 또는 $\mathrm{rI3} \equiv K_j$.

```
M     EQU   V-U
KEY   EQU   0:2                           (부수 정보는 바이트 3:5에 있음)
1H    ENN3  M                 1           D1. COUNT들을 비운다.
      STZ   COUNT+V,3         M+1         COUNT[v−k] ← 0.
      INC3  1                 M+1
      J3NP  *-2               M+1         u ≤ i ≤ v.
2H    ENT2  N                 1           D2. j에 대한 반복.
3H    LD3   INPUT,2(KEY)      N           D3. COUNT[K_j]를 증가.
      LDA   COUNT,3           N
      INCA  1                 N
      STA   COUNT,3           N
      DEC2  1                 N
      J2P   3B                N           N ≥ j > 0.
      ENN3  M-1               1           D4. 누적.
      LDA   COUNT+U           1           rA ← COUNT[i−1].
4H    ADD   COUNT+V,3         M           COUNT[i−1]+COUNT[i]
      STA   COUNT+V,3         M              → COUNT[i].
      INC3  1                 M
      J3NP  4B                M           u ≤ i ≤ v.
5H    ENT2  N                 1           D5. j에 대한 반복.
6H    LD3   INPUT,2(KEY)      N           D6. R_j를 출력.
      LD1   COUNT,3           N           i ← COUNT[K_j].
      LDA   INPUT,2           N           rA ← R_j.
      STA   OUTPUT,1          N           S_i ← rA.
      DEC1  1                 N
      ST1   COUNT,3           N           COUNT[K_j] ← i−1.
      DEC2  1                 N
      J2P   6B                N           N ≥ j > 0. ▮
```

실행 시간은 $(10M + 22N + 10)u$이다.

10. 다음은 N개의 여분의 "꼬리표" 비트들 [1.3.3절과 *Cybernetics* 1 (1965), 95를 볼 것]을 사용하지 않으면서도 실행 시간이 본질적으로 N에 비례하는 한 알고리즘으로, 순열의 순환마디 구조에 기초한 것이다.

P1. [i에 대한 반복.] 단계 P2를 $1 \le i \le N$에 대해 수행한다. 그런 다음 알고리즘을 끝낸다.

P2. [$p(i) = i$인가?] 만일 $p(i) \ne i$이면 단계 P3에서 P5까지 수행한다.

P3. [순환마디를 시작.] $t \leftarrow R_i$, $j \leftarrow i$로 설정한다.

P4. [R_j을 고정.] $k \leftarrow p(j)$, $R_j \leftarrow R_k$, $p(j) \leftarrow j$, $j \leftarrow k$로 설정한다. 만일 $p(j) \ne i$이면 이 단계를 반복한다.

P5. [순환마디를 끝낸다.] $R_j \leftarrow t$, $p(j) \leftarrow j$로 설정한다. ▮

이 알고리즘은 $p(i)$를 변경하는데, 정렬 응용프로그램에서는 $p(i)$가 메모리에 저장되어 있다고 가정해도 되므로 그렇게 한 것이다. 한편, 행렬 전치 계산처럼 $p(i)$가 i의 함수이되 메모리 절약을 위해 실제 계산으로(표 조회가 아니라) 값을 구해야 하는 경우도 있다. 그런 경우에서는 다음의 단계 B1에서 $1 \le i \le N$에 대해 B3을 수행하면 될 것이다.

B1. $k \leftarrow p(i)$로 설정한다.

B2. 만일 $k > i$이면 $k \leftarrow p(k)$로 설정하고 이 단계를 반복한다.

B3. 만일 $k < i$이면 아무 일도 하지 않는다. 만일 $k = i$이면(이는 i가 그 순환마디에서 가장 작은 값이라는 뜻이다) i를 담은 순환마디를 다음과 같이 치환한다: $t \leftarrow R_i$로 설정한다. 그런 다음 $p(k) \ne i$인 동안 $R_k \leftarrow R_{p(k)}$, $k \leftarrow p(k)$를 반복한다. 마지막으로 $R_k \leftarrow t$로 설정한다. ▌

이 알고리즘은 부스로이드J. Boothroyd의 절차 [*Comp. J.* 10 (1967), 310]와 비슷하나, 자료 이동이 더 적다. 몇 가지 개선안들을 매클라우드I. D. G. MacLeod가 제안했다 [*Australian Comp. J.* 2 (1970), 16-19]. 무작위 순열들의 경우 연습문제 1.3.3-14의 분석에 의하면 단계 B2는 평균 $(N+1)H_N - N$단계로 수행된다. 또한 연습문제 1.3.3-12의 해답의 참고문헌들도 볼 것. $(R_{p(1)}, \ldots, R_{p(N)})$을 $(R_1, \ldots, R_N)$으로 대체하는 비슷한 알고리즘도 고안할 수 있을 것이다. 예를 들어 연습문제 4의 재배치를 OUTPUT = INPUT으로 두고 수행하는 등.

11. $\mathrm{rI1} \equiv i$; $\mathrm{rI2} \equiv j$; $\mathrm{rI3} \equiv k$; $\mathrm{rX} \equiv t$로 둔다.

```
1H  ENT1  N          1     P1. i에 대한 루프.
2H  CMP1  P,1        N     P2. p(i) = i인가?
    JE    8F         N     만일 p(i) = i이면 점프.
3H  LDX   INPUT,1    A-B   P3. 순환마디를 시작. t ← R_i.
    ENT2  0,1        A-B   j ← i.
4H  LD3   P,2        N-A   P4. R_j를 고정. k ← p(j).
    LDA   INPUT,3    N-A
    STA   INPUT,2    N-A   R_j ← R_k.
    ST2   P,2        N-A   p(j) ← j.
    ENT2  0,3        N-A   j ← k.
    CMP1  P,2        N-A
    JNE   4B         N-A   만일 p(j) ≠ i이면 반복.
5H  STX   INPUT,2    A-B   P5. 순환마디를 끝낸다. R_j ← t.
    ST2   P,2        A-B   p(j) ← j.
8H  DEC1  1          N
    J1P   2B         N     N ≥ i ≥ 1. ▌
```

실행 시간은 $(17N - 5A - 7B + 1)u$로, 여기서 A는 순열 $p(1)\ldots p(N)$의 순환마디 개수이고 B는 고정점(1순환마디)들의 개수이다. 식 1.3.3-(21)과 1.3.3-(28)에 의해, $N \ge 2$에 대해

$A = (\min 1, \text{ave } H_N, \max N, \text{dev } \sqrt{H_N - H_N^{(2)}})$이고 $B = (\min 0, \text{ave } 1, \max N, \text{dev } 1)$이다.

12. 명백한 방법은 목록을 훑으면서 k번째 요소의 링크를 번호 k로 대체하고, 두 번째 패스에서 요소들을 재배치하는 것이다. 레코드들이 아주 길지 않다면 더 짧고 빠르며 좀 더 직접적인 방법이 있다. 매클래런M. D. MacLaren에서 기인한 다음과 같은 방법이다. (편의상 $1 \le$ P $\le N$에 대해 $0 \le$ LINK(P) $\le N$라고 가정한다. $\Lambda \equiv 0$이다.)

M1. [초기화.] P $\leftarrow$ HEAD, $k \leftarrow 1$로 설정한다.

M2. [끝인가?] 만일 P $= \Lambda$ 이면(또는, "만일 $k = N + 1$이면"도 동치이다) 알고리즘을 끝낸다.

M3. [P $\ge k$가 되게 한다.] 만일 P $< k$이면 P $\leftarrow$ LINK(P)로 설정하고 이 단계를 반복한다.

M4. [교환.] R_k와 R[P]를 맞바꾼다. (이 과정에서 LINK(k)와 LINK(P)도 맞바뀐다고 가정한다.) 그런 다음 Q $\leftarrow$ LINK(k), LINK(k) $\leftarrow$ P, P $\leftarrow$ Q, $k \leftarrow k + 1$로 설정하고 단계 M2로 돌아간다. ▮

이 매클래런 방법의 유효성은 단계 M2에서 성립하는 다음과 같은 성질을 귀납적으로 입증해서 증명할 수 있다: 순차열 P, LINK(P), LINK(LINK(P)), ..., Λ 에서 $\ge k$인 항목들은 $a_1, a_2, \ldots, a_{N+1-k}$이다. 이 때 $R_1 \le \cdots \le R_{k-1} \le R_{a_1} \le \cdots \le R_{a_{N+1-k}}$가 레코드들의 원했던 최종 순서이다. 더 나아가서 $1 \le j < k$에 대해 LINK(j) $\ge j$이며, 따라서 LINK(j) $= \Lambda$는 $j \ge k$를 함의한다.

매클래런 알고리즘의 분석은 상당히 흥미롭다. 이 알고리즘의 주목할만한 성질 하나는, 알고리즘을 거꾸로 실행함으로써 LINK(1) ... LINK(N)의 최종 값들로부터 원래의 링크 집합을 재구축할 수 있다는 것이다. $j \le$ LINK(j) $\le N$인 $N!$가지의 가능한 출력 구성들 각각은 $N!$가지의 가능한 입력 구성들 각각과 정확히 대응된다. A가 단계 M3에서 P $\leftarrow$ LINK(P)인 횟수라고 할 때 $N - A$은 알고리즘 끝에서 LINK(j) $= j$를 만족하는 j들의 개수이다. 이러한 경우는 오직 j가 해당 순환마다에서 가장 큰 수일 때에만 발생한다. 따라서 $N - A$은 순열의 순환마다 개수이고 $A = (\min 0, \text{ave } N - H_N, \max N - 1)$이다.

참고문헌: M. D. MacLaren, *JACM* 13 (1966), 404-411; D. Gries, J. F. Prins, *Science of Computer Programming* 8 (1987), 139-145.

13. D5′. $r \leftarrow N$으로 설정한다.

D6′. 만일 $r = 0$이면 멈춘다. 그렇지 않고 만일 COUNT[K_r] $< r$이면 $r \leftarrow r - 1$로 설정하고 이 단계를 반복한다. 만일 COUNT[K_r] $= r$이면 COUNT[K_r]과 r을 모두 1 감소하고 이 단계를 반복한다. 그렇지 않으면 $R \leftarrow R_r$, $j \leftarrow$ COUNT[K_r], COUNT[K_r] $\leftarrow j - 1$로 설정한다.

D7′. $S \leftarrow R_j$, $k \leftarrow$ COUNT[K_j], COUNT[K_j] $\leftarrow k - 1$, $R_j \leftarrow R$, $R \leftarrow S$, $j \leftarrow k$로 설정한다. 그런 다음 만일 $j \ne r$이면 이 단계를 반복한다. 만일 $j = r$이면 $R_j \leftarrow R$, $r \leftarrow r - 1$로 설정하고 D6′으로 돌아간다. ▮

이 절차가 유효함을 증명하기 위해서는 단계 D6′의 시작에서, 자신의 종착지에 안착하지 않은 $j > r$인 모든 레코드 R_j가 반드시 왼쪽으로 이동해야 한다는 점을 주목해야 한다. $r = 0$일 때에는 그런 레코드가 존재할 수 없다. 누군가는 반드시 오른쪽으로 이동해야 하기 때문이다. 이 알고리즘은 우아하긴 하지만 동일 키들에 대해 안정적이지는 않다. 이 알고리즘은 정리 5.1.2B에 나오는 포아타Foata의 구축법과 밀접하게 연관된다.

5.2.1절

1. 그렇다. 같은 원소들이 서로를 지나쳐서 이동하는 일은 결코 없다.

2. 그렇다. 그러나 같은 원소들이 존재할 때에는 실행 시간이 더 느려질 것이며, 정렬은 안정적의 반대 의미에 해당하게 될 것이다.

3. 다음의 여덟 줄 코드가 가장 짧은 MIX 정렬 루틴이라고 추측할 수 있다. 그러나 속도 측면에서는 권장하지 않겠다. 수들이 장소 1, ..., N에 나타난다고 가정한다(즉 `INPUT EQU 0`). 이렇게 가정하지 않는다면 코드 한 줄이 더 필요하다.

```
2H      LDA   0,1     B
        CMPA  1,1     B
        JLE   1F      B
        MOVE  1,1     A
        STA   0,1     A
START   ENT1  N       A+1
1H      DEC1  1       B+1
        J1P   2B      B+1   ▮
```

참고: 이 프로그램의 실행 시간을 추정할 때에는 A가 반전들의 개수임을 주목할 것. 수량 B는 반전표의 비교적 간단한 함수이며, (입력들이 서로 다르고 무작위 순서라고 가정할 때) 그 생성함수는

$$z^{N-1}(1+z)(1+z^2+z^{2+1})$$
$$\times(1+z^3+z^{3+2}+z^{3+2+1})\ldots(1+z^{N-1}+z^{2N-3}+\cdots+z^{N(N-1)/2})/N!$$

이다. B의 평균값은 $N-1+\sum_{k=1}^{N}(k-1)(2k-1)/6=(N-1)(4N^2+N+36)/36$이다. 따라서 이 프로그램의 평균 실행 시간은 대략 $\frac{7}{9}N^3u$이다.

4. 주어진 입력 순열의 반전표(연습문제 5.1.1-7의 의미에서) $B_1 \ldots B_N$를 생각해 보자. 그러면 A는 $j-1$과 같은 B_j들의 개수보다 하나 적음을 알 수 있다. 그리고 B는 B_j들의 합이다. 따라서 $B-A$와 B 모두 입력 순열이 $N \ldots 2\,1$일 때 최대가 된다. 그리고 둘 다 입력이 $1\,2 \ldots N$일 때 최소가 된다. 그러므로 달성 가능한 최소 시간은 $A=0$이고 $B=0$일 때의 $(10N-9)u$이다. 최대 시간은 $A=N-1$이고 $B=\binom{N}{2}$일 때의 $(4.5N^2+2.5N-6)u$이다.

5. 그 생성함수는 z^{10N-9}에 $9B-3A$의 생성함수를 곱한 것이다. 연습문제 4에서처럼 반전표를

고찰하되 반전표의 개별 항목들이 서로 독립적임을 생각한다면, 요구된 생성함수가

$$z^{10N-9}\prod_{1<j\le N}((1+z^9+\cdots+z^{9j-18}+z^{9j-12})/j)$$

임을 이끌어 낼 수 있다. 분산은 $2.25N^3+3.375N^2-32.625N+36H_N-9H_N^{(2)}$이다.

6. 입력 영역을 위치 N이 위치 1과 인접한 하나의 순환 목록으로 취급하자. 삽입할 새 원소 하나를 정렬되지 않은 원소들의 구간의 왼쪽 또는 오른쪽에서 취하되, 이전에 삽입된 원소가 정렬된 원소들의 중앙의 오른쪽에 들어갔다면 왼쪽에서, 왼쪽에 들어갔다면 오른쪽에서 취한다. 그런 후에는 대체로, 어떤 고정된 k에 대해 각 레코드를 원을 따라 k자리만큼 옮기는 식으로 그 영역을 "회전"시켜야 할 것이다. 연습문제 1.3.3-34에서 보았듯이 이러한 회전은 효율적으로 수행할 수 있다.

7. $|a_j-j|$의 평균값은

$$\frac{1}{n}(|1-j|+|2-j|+\cdots+|n-j|)=\frac{1}{n}\left(\binom{j}{2}+\binom{n-j+1}{2}\right)$$

이다. j에 대해 합산하면 $\frac{1}{n}\left(\binom{n+1}{3}+\binom{n+1}{3}\right)=\frac{1}{3}(n^2-1)$이 나온다. 첨언하자면, 언급된 합의 분산이 $[n>1](2n^2+7)(n+1)/45$와 같음을 증명할 수 있다.

8. 아니다. 예를 들어 키 2 1 1 1 1 1 1 1 1 1 1을 생각해 볼 것.

9. 표 3의 경우 $A=3+0+2+1=6$, $B=3+1+4+21=29$이다. 표 4에서는 $A=4+2+2+0=8$, $B=4+3+8+10=25$이다. 따라서 프로그램 D의 실행 시간은 각각 $786u$와 $734u$가 된다. 이동 횟수가 41에서 25로 줄어들긴 했지만 프로그램 S와 경쟁할만한 수준의 실행 시간은 아니다. 왜냐하면 $N=16$일 때 네 패스에 대한 관리 시간이 소비되기 때문이다. 16개의 항목들을 정렬할 때에는 단 두 패스만 사용하는 것이 낫다. 2패스 프로그램 D과 프로그램 S를 비교한다면, 한동안은 둘이 비슷하긴 하지만(그리고 그런 작은 N에 대해서는 프로그램의 길이가 아마도 중요할 것이다), 약 $N=13$에서부터는 프로그램 D가 프로그램 S를 능가하기 시작한다.

10. 줄 07과 08 사이에 "INC1 INPUT; ST1 0F(0:2)"를 삽입하고 줄 10-17을 다음으로 바꾼다:

```
0H CMPA INPUT+N-H,1    NT − S
   JGE  7F             NT − S
3H ENT2 N-H,1          NT − S − C
4H LDX  INPUT,2        B
5H STX  INPUT+H,2      B
   DEC2 0,4            B
   J2NP 6F             B
   CMPA INPUT,2        B − A
   JL   4B             B − A
6H STA  INPUT+H,2      NT − S − C   ▮
```

전체적으로 명령이 네 개 추가되었지만, 시간은 $3(C-T)$단위만큼 줄어든다. 여기서 C는 $K_j\ge$

K_{j-h}인 횟수이다. 표 3과 4의 경우 시간 절감은 근사적으로 각각 87과 88이다. 실험에 의하면 $C/(NT-S)$의 값은 $h_{s+1}/h_s \approx 2$일 때 약 0.4, $h_{s+1}/h_s \approx 3$일 때 약 0.3이다. 따라서 이러한 개선은 시도할만한 가치가 있다. (반면 프로그램 S를 이런 식으로 변경하는 것은 바람직하지 않다. 그 경우 절감량은 입력이 상당히 잘 정렬되어 있음을 아는 경우가 아니라면 오직 $\log N$에 비례할 뿐이기 때문이다.)

11. 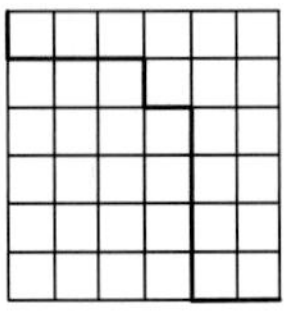

12. 에서 로의 변경은 항상 반전 개수를 ± 1만큼 바꾼다. 변화량의 부호는 그 변경이 대각선 위이냐 아래이냐에 따라 결정된다.

13. 가중치 $|i-j|$을 $(i, j-1)$에서 (i, j)로의 선분에 부여한다.

14. (a) A_{2n}에 대한 합에서 i와 j를 맞바꾸고 두 합들을 더한다. (b) 이 결과의 절반을 취하면

$$A_{2n} = \sum_{0 \le i \le j} (j-i)\binom{i+j}{i}\binom{2n-i-j}{n-j} = \sum_{i,k \ge 0} k \binom{2i+k}{i}\binom{2n-2i-k}{n-i-k}$$

임을 알 수 있다. 따라서 $\alpha = (1-\sqrt{1-4z})/2z$라 할 때 $\sum A_{2n}z^n = \sum_{k \ge 0} k z^k \alpha^{2k}/(1-4z) = z/(1-4z)^2$이다.

위의 증명은 칼리츠Leonard Carlitz가 필자에게 제안한 것이다. 수직 가중치들과 수평 가중치들 사이의 상호작용에 기초한 또 다른 증명도 가능하며(연습문제 13 참고), 연습문제 5.2.2-16의 항등식에서 $f(k) = k$로 두어서 증명하는 방법도 있다. 그러나 공식 $A_n = \lfloor n/2 \rfloor 2^{n-2}$의 간단한 조합적 유도로 확실한 것은 없다.

15. $n > 0$에 대해

$$\hat{g}_n(z) = z^n g_{n-1}(z); \qquad \hat{h}_n(z) = \hat{g}_n(z) + z^{-n}\hat{g}_n(z);$$

$$g_n(z) = \sum_{k=1}^{n} \hat{g}_k(z) g_{n-k}(z); \qquad h_n(z) = \sum_{k=1}^{n} \hat{h}_k(z) h_{n-k}(z)$$

이다. $G(w, z) = \sum_n g_n(z) w^n$로 두면 $wzG(w, z)G(wz, z) = G(w, z) - 1$이 나온다. 이 식으로부터, $t = \sqrt{1-4w} = 1-2w-2w^2-4w^3-\cdots$라고 할 때 $G(w, 1) = (1-t)/(2w)$; $G_{\prime}(w, 1) = 1/(wt) - (1-t)/(2w^2)$; $G'(w, 1) = 1/(2t^2) - 1/(2t)$; $G_{\prime\prime}(w, 1) = 2/(wt^3) - 2/(w^2 t) + (1-t)/w^3$; $G'_{\prime}(w, 1) = 2/t^4 - 1/t^3$; $G''(w, 1) = 1/t^3 - (1-2w)/t^4 + 10w^2/t^5$을 이끌어 낼 수 있다. 여기서 아래 프라임 기호는 첫 매개변수에 대한 미분, 위 프라임 기호는 두 번째 매개변수에 대한 미분을 의미한다. 비슷하게, 공식

$$w(zG(wz, z) + G(w, z))H(w, z) = H(w, z) - 1$$

로부터 다음을 유도할 수 있다.

$$H'(w,1) = w/t^4, \qquad H''(w,1) = -w/t^3 - w/t^4 + 2w/t^5 + (2w^2 + 20w^3)/t^7.$$

이상에서의 공식 조작은 원래 손으로 한 것이지만, 요즘은 컴퓨터로 쉽게 할 수 있다. 원칙적으로 분포의 모든 적률(moment)을 이러한 방식으로 구할 수 있다.

생성함수 $g_n(z)$은 또한 노드가 $n+1$인 모든 트리에 대한 $\sum z^{\text{내부 경로 길이}}$을 나타낸다. 흥미롭게도 $G(w,z)$는 $F(z,q) = \sum_{n\ge 0} z^n q^{n^2} / \prod_{k=1}^{n} (1-q^k)$이라 할 때 $F(-wz, z)/F(-w, z)$와 같다. $F(z,q)$에서 $q^m z^n$의 계수는 $1 \le j < n$에 대해 $p_j \ge p_{j+1} + 2$이고 $p_n > 0$인 분할 $m = p_1 + \cdots + p_n$들의 개수이다(연습문제 5.1.1-16 참고).

16. $h = 2$일 때 최대 개수는 격자 도표의 오른쪽 위 모서리를 거쳐 가는 경로에서 발생한다. 구체적으로 그 개수는

$$\binom{\lfloor n/2 \rfloor + 1}{2}$$

이다. 일반적인 h의 경우에는

$$\hat{f}(n,h) = \binom{h}{2}\binom{q+1}{2} + \binom{r}{2}(q+1)$$

로, 여기서 q와 r는 정리 H에서 정의된 것들이다.

$$1 \le i \le h\text{과 } j \ge 0\text{에 대해} \qquad a_{i+jh} = 1 + q(h-i) + (r-i)[i \le r]$$

를 만족하는 순열은 정렬된 부분수열들의 $\binom{h}{2}$개의 쌍들 각각 사이에 있는 반전들의 개수를 최대화한다. (6)에서 f를 $\hat{f}$로 바꾸면 최대 이동 횟수가 나온다.

17. $\{1, 2, \ldots, 2n\}$의 순열들 중 반전 개수가 $\binom{n+1}{2}$인 2순서 순열은 $n+1\ 1\ n+2\ 2\ \ldots\ 2n\ n$ 밖에 없다. 이 착상을 재귀적으로 사용하면 수열 $(2^t - 1)^R \ldots 1^R 0^R$의 각 원소에 단위원을 더하는 것으로 정의되는 순열을 얻을 수 있다. 여기서 R은 하나의 정수를 t비트 이진수로 표기하고 그 비트들의 좌에서 우로의 순서를 뒤집은 것을 가리킨다(!).

18. 공통 인수를 취하고 $h_t = 4N/\pi$으로 둔다. $h_0 = 1$일 때 합 $\sum_{s=1}^{t} h_s^{1/2}/h_{s-1}$을 최소화하고자 한다. 미분을 해보면 $h_s^3 = 4h_{s-1}^2 h_{s+1}$이 나오며, 이로부터 $(2^t - 1)\lg h_1 = 2^{t+1} - 2(t+1) + \lg h_t$를 알 수 있다. 언급된 추정치의 최소값은 $(1-2^{-t})\pi^{(2^{t-1}-1)/(2^t-1)} N^{1+2^{t-1}/(2^t-1)} / 2^{1+(t-1)/(2^t-1)}$이 되는데, 이는 $t \to \infty$에 따라 극한값 $N\sqrt{\pi N}/2$으로 빠르게 수렴한다.

다음은 $N = 1000$일 때의(표 6도 볼 것) "최적"의 h들의 예들이다:

$$h_2 \approx 57.64, \qquad h_1 \approx 6.13, \qquad h_0 = 1;$$

$$h_3 \approx 135.30, \qquad h_2 \approx 22.05, \qquad h_1 \approx 4.45, \qquad h_0 = 1;$$

$$h_4 \approx 284.46, \qquad h_3 \approx 67.23, \qquad h_2 \approx 16.34, \qquad h_1 \approx 4.03, \qquad h_0 = 1;$$

$$h_9 \approx 9164.74, \quad h_8 \approx 12294.05, \quad h_7 \approx 7119.55, \quad h_6 \approx 2708.95, \quad h_5 \approx 835.50,$$
$$h_4 \approx 232.00, \quad h_3 \approx 61.13, \quad h_2 \approx 15.69, \quad h_1 \approx 3.97, \quad h_0 = 1.$$

19. $g(n,h) = H_r - 1 + \sum_{r<j\le h} q/(qj+r)$로 둔다. 여기서 q와 r은 정리 H의 정의를 따른다. 그런 다음 (6)에서 f를 g로 대체한다.

20. (이 문제는 설명하는 게 이해하는 것보다 훨씬 어렵다.) k순서 파일 $R_1, \ldots, R_N$이 h정렬되었다고 가정하자. 그리고 $1 \le i \le N-k$라고 하자. $K_i \le K_{i+k}$임을 보이고자 한다. $i \equiv u$이고 $i+k \equiv v$ (modulo h), $1 \le u, v \le h$인 u, v를 찾는다. 그리고 $x_j = K_{v+(j-1)h}$, $y_j = K_{u+(j-1)h}$로 두고 보조정리 L을 적용한다. 그러면, $u+k+(r-1)h \le N$를 만족하는 가장 큰 정수를 r이라고 할 때, y들 중 처음 r개의 원소 $K_u, K_{u+h}, \ldots, K_{u+(r-1)h}$는 각각 x의 마지막 r개의 원소 K_{u+k}, $K_{u+k+h}, \ldots, K_{u+k+(r-1)h}$보다 작거나 같다.

21. 만일 $xh+yk = x'h+y'k$이면 $(x-x')h = (y'-y)k$이다. 따라서 어떤 정수 t에 대해 $x' = x+tk$이고 $y' = y-th$이다. $h'h+k'k = 1$이라고 하자. 그러면 $n = (nh')h+(nk')k$이며, 따라서 모든 정수 n은 $n = xh+yk$ 형태의 고유한 표현을 가진다(여기서 $0 \le x < k$). 그리고 n은 오직 $y \ge 0$일 때에만 생성가능하다. 비슷하게 $hk-h-k-n = x'h+y'k$이면 $(x+x')h+(y+y')k = hk-h-k$이다. 따라서 $x+x' \equiv k-1$ (modulo k)이고 반드시 $x+x' = k-1$이다. 따라서 $y+y' = -1$이고 오직 $y' < 0$일 때에만 $y \ge 0$이다.

이 결과의 대칭성은 언급된 형태로 표현할 수 없는 양의 정수들이 정확히 $\frac{1}{2}(h-1)(k-1)$개임을 말해준다. 이 결과는 원래 실베스터Sylvester에서 기인한 것이다 〔*Mathematical Questions, with their Solutions, from the 'Educational Times'* 41 (1884), 21〕.

22. 번거로운 표기를 피하기 위해, 일반적인 경우를 대표하는 $s = 4$를 고찰하기로 한다. n_k가 15를 법으로 하여 k와 합동이며 $15a_0 + 31a_1 + \cdots$ 형태로 표현할 수 있는 가장 작은 수라고 하자. 그러면 다음이 성립함을 쉽게 확인할 수 있다.

$k=$	0	1	2	3	4	5	6	7	8	9	10	11	12	13	14
$n_k=$	0	31	62	63	94	125	126	127	158	189	190	221	252	253	254.

따라서 $239 = 2^4(2^4-1)-1$은 표현할 수 없는 가장 큰 수이고 표현할 수 없는 수들의 전체 개수는

$$\begin{aligned} x_4 &= (n_1 - 1 + n_2 - 2 + \cdots + n_{14} - 14)/15 \\ &= (2+4+4+6+8+8)+8+(10+12+12+14+16+16)+16 \\ &= 2x_3 + 8\cdot 9 \end{aligned}$$

이다. 일반화한다면, $x_s = 2x_{s-1} + 2^{s-1}(2^{s-1}+1)$이다.

다른 문제에 대한 답들은 각각 $2^{2s}+2^s+2$와 $2^{s-1}(2^s+s-1)+2$이다.

23. N개의 수들 각각은 그 부분파일에서 많아야 $\lceil (h_{s+2}-1)(h_{s+1}-1)/h_s \rceil$개의 반전들을 가진다.

24. (프랫V. Pratt과 함께 구한 답.) $\{1, 2, \ldots, N\}$의 "h상습위반 순열(h-recidivous permutation)을 다음과 같이 구축한다. $a_1 \ldots a_N$ 빈칸으로 시작해서, $j = 2, 3, 4, \ldots$에 대해 단계 j를 수행한다: 빈 위치 a_i들 모두를 왼쪽에서 오른쪽으로 훑으면서, $(2^h - 1)j - i$가 연습문제 22의 의미에서 표현가능한 양의 정수이면 순열에 아직 나타나지 않은 가장 작은 수로 a_i를 채운다. 이를 모든 위치가 채워질 때까지 반복한다. 이러면 $N = 20$에 대한 2상습위반 순열은

$$6\ 2\ 1\ 9\ 4\ 3\ 12\ 7\ 5\ 15\ 10\ 8\ 17\ 13\ 11\ 19\ 16\ 14\ 20\ 18$$

이 된다. h상습위반 순열은 모든 $k \ge h$에 대해 $(2^k - 1)$순서이다. $2^h < j \le N/(2^h - 1)$일 때 단계 j에서 정확히 $2^h - 1$개의 위치들이 채워진다. 그것들 중 $(k+1)$번째 것은 순열을 $(2^{h-1} - 1)$ 정렬하는 데 필요한 이동 횟수에 적어도 $2^{h-1} - 2k$를 추가한다. 따라서 h상습위반 순열을 증분 $h_s = 2^s - 1$들로 정렬하는 데 필요한 이동 횟수는 $N = 2^{h+1}(2^h - 1)$일 때 $> 2^{3h-4} > \frac{1}{64}N^{3/2}$이다. 프랫은 그의 Ph.D. 논문(Stanford University, 1972)에서 이 구축법을 (12)를 포함하는 비슷한 수열들의 더 큰 모임으로 일반화했다. 더 많은 이동들을 요구하는 순열을 찾는 발견적 방법은 H. Erkiö, *BIT* 20 (1980), 130–136이 논의한다. 또한 프랫의 구축법의 개선안들에 대해서는 Weiss, Sedgewick, *J. Algorithms* 11 (1990), 242–251을 보라.

25. F_{N+1}이다 〔이 결과는 H. B. Mann, *Econometrica* 13 (1945), 256에서 기인한 것임〕. 순열은 반드시 1 또는 2 1로 시작해야 하기 때문이다. 그러한 반전들은 많아야 $\lfloor N/2 \rfloor$개이다. 그리고 반전들 전체의 개수는

$$\frac{N-1}{5}F_N + \frac{2N}{5}F_{N-1}$$

이다. (연습문제 1.2.8–12 참고.) F_{N+1}개의 순열들을 마침표와 대시(-)로 된 "모스 부호" 순차열로 간편하게 표현할 수 있음을 주목하자. 이 때 대시가 반전에 해당한다. 연습문제 4.5.3–32를 볼 것. 따라서 우리는 길이가 N인 모든 모스 부호 순차열의 전체 대시 개수를 구한 것이기도 하다.

이러한 유도는 무작위 3순서 또는 2순서 순열이 대략 $\frac{1}{5}(\phi^{-1} + 2\phi^{-2})N = \phi^{-1}N/\sqrt{5} \approx .276N$개의 반전들을 가짐을 보여준다. 그런데 무작위 순열을 3정렬한 다음 2정렬한다면, 그것의 반전 개수는 연습문제 42에 의해 $\approx N/4$이다. 만일 2정렬을 먼저 한 다음 3정렬을 한다면, 개수는 $\approx N/3$이다.

26. 클 수 있다. 그러한 가장 짧은 예는 반전 아홉 개를 가지는 4 1 3 7 2 6 8 5이다. 일반화해서, $-1 \le s \le 1$에 대한 구성 $a_{3k+s} = 3k + 4s$는 근사적으로 $\frac{4}{3}N$개의 반전들을 가지는 3순서, 5순서, 7순서 파일들을 만들어 낸다. $N \bmod 3 = 2$일 때에는 이 구성이 가능한 최고의 구성이다.

27. (a) *J. Algorithms* 15 (1993), 101–124를 볼 것. c가 $< \frac{1}{2}$인 임의의 상수일 수 있음을 보여주는 더 간단한 증명을 독립적으로 플랙스턴C. G. Plaxton과 수얼T. Suel이 *J. Algorithms* 23 (1997), 221–240에서 밝혔다. (b) 만일 $m > \frac{1}{4}c^2(\ln N/\ln\ln N)^2$이면 이는 자명하다. 그렇지 않다면 $N^{1+c/\sqrt{m}} \ge N(\ln N)^2$이다. 사이퍼R. E. Cypher는 증분들이 모든 s에 대해 h_{s+1}

$> h_s$ 를 만족하며 정렬 회로망을 연습문제 5.3.4-2에서처럼 구축했을 때의 약간 더 강한 한계 $\Omega(N(\log N)^2/\log\log N)$을 증명했다. 점근적인 평균 실행 시간에 대한 자명하지 않은 하계들은 아직 알려진 바가 없다.

28. 209 109 41 19 5 1, (11)로부터. 그러나 더 나은 수열도 가능하다. 연습문제 29를 볼 것.

29. 트리볼레C. Tribolet가 1971년에 수행한 실험들의 결과는 증분 373 137 53 19 7 3 1($B_{\rm ave} \approx$ 7210)과 증분 317 101 31 11 3 1 ($B_{\rm ave} \approx 8170$)이었다. 〔전자에 의한 정렬 시간은 $\approx 127720u$로, 같은 자료를 (11)의 증분들로 정렬할 때의 시간 $\approx 128593u$과 비교된다.〕 일반적으로 트리볼레는 h_s를 $N^{s/t}$에 가장 가까운 소수로 둘 것을 제안한다. 1972년에 지겔Shelby Siegel이 수행한 실험들에 따르면, 그런 방법에서 $N \le 10000$에 대한 최선의 증분 개수는 $t \approx \frac{4}{3}\ln(N/5.75)$이다. 반면 치우라Marcin Ciura의 실험들 〔*Lect. Notes Comp. Sci.* 2138 (2001), 106–117〕은 증분 229 96 41 19 10 4 1로 최소 7패스 $B_{\rm ave}$ (≈ 6879)를 얻을 수 있으며 수열 737 176 69 27 10 4 1로 최소 총 정렬 시간($\approx 125077u$)을 얻을 수 있다는 결과를 냈다.

매크너미M. McNamee의 방대한 검점에 따르면, 최선의 3증분 수열은 45 7 1 ($B_{\rm ave} \approx 18240$)인 것으로 보인다. 4증분의 경우에는 그의 검정들에서 91 23 7 1이 최고($B_{\rm ave} \approx 11865$)였다. 그러나 훨씬 더 넓은 범위의 증분들은 대체로 동등한 성능을 냈다.

30. 삼각형 영역

$$\{x \ln 2 + y \ln 3 < \ln N,\ x \ge 0,\ y \ge 0\}$$

의 정수점들의 개수는

$$\frac{1}{2}(\log_2 N)(\log_3 N) + O(\log N)$$

이다. 이 문제는 h정렬을 수행하는 것이지만, 정리 K에 의해 파일은 이미 $2h$순서이자 $3h$순서이다. 따라서 연습문제 25가 적용된다.

31.

```
START ENT3  T                 1
1H    LD4   H,3               T
      ENN2  -INPUT-N,4        T
      ST2   6F(0:2)           T
      ST2   7F(0:2)           T
      ST2   4F(0:2)           T
      ENT2  0,4               T
      JMP   9F                T
2H    LDA   INPUT+N,1         NT-S-B+A
4H    CMPA  INPUT+N-H,1       NT-S-B+A
      JGE   8F                NT-S-B+A
6H    LDX   INPUT+N-H,1       B
      STX   INPUT+N,1         B
7H    STA   INPUT+N-H,1       B
```

```
        INC1  0,4          B
8H      INC1  0,4          NT − B + A
        J1NP  2B           NT − B + A
        DEC2  1            S
9H      ENT1  -N,2         T + S
        J2P   8B           T + S
        DEC3  1            T
        J3P   1B           T          ▮
```

여기서 A는 프로그램 D에서 A가 좌에서 우로 극소값과 연관되는 것과 동일한 방식으로 우에서 좌로 극대값과 연관된다. 두 수량 모두 동일한 통계적 습성을 가진다. 내부 루프를 단순화함으로써 실행 시간이 $7NT+7A-2S+1+15T$ 단위로 줄어들었는데, 이상하게도 B와는 독립적이다.

$N=8$일 때 증분들은 6, 4, 3, 2, 1이며 $A_{\text{ave}}=3.892$, $B_{\text{ave}}=6.762$이다. 평균 총 실행 시간은 $276.24u$이다. (표 5와 비교해 볼 것.) A와 B 모두 순열 7 3 8 4 5 1 6 2에서 최대가 된다. $N=1000$일 때 증분들은 40개로, 972, 864, 768, 729, ..., 8, 6, 4, 3, 2, 1이다. 표 6과 비슷한 실험적 검정들을 수행해 보면 $A\approx 875$, $B\approx 4250$이 나오며 총 시간은 약 $268000u$가 나온다(연습문제 28의 증분들로 프로그램 D를 돌렸을 때의 두 배 이상이다).

증분들을 보조표에 저장하는 대신, 간편하게 다음과 같이 생성할 수도 있다(이진 컴퓨터에서).

P1. $m\leftarrow 2^{\lceil \lg N\rceil -1}$, 즉 N보다 작은 가장 큰 2의 거듭제곱으로 설정한다.

P2. $h\leftarrow m$으로 설정한다.

P3. h를 한 정렬 패스의 증분으로 사용한다.

P4. 만일 h가 짝수이면 $h\leftarrow h+h/2$로 설정한다. 그런 다음 만일 $h<N$이면 P3으로 돌아간다.

P5. $m\leftarrow\lfloor m/2\rfloor$으로 설정하고, 만일 $m>1$이면 P2로 돌아간다. ▮

증분들이 내림차순으로 생성되지는 않지만, 여기에서 지정된 순서도 정렬 알고리즘을 유효하게 만들기에 충분하다.

32. 4 12 11 13 2 0 8 5 10 14 1 6 3 9 16 7 15.

33. 두 가지 종류의 개선이 가능하다. 첫 번째로, 인위적인 키 K_0이 ∞라고 가정할 때, $p>0$ 여부의 판정은 생략할 수 있다. (이 착안은 이를테면 알고리즘 2.2.4A에 쓰였다). 두 번째로, 다음과 같은 표준적인 최적화 기법이 있다: 내부 루프의 복사본을 하나 더 만들되 p와 q에 대한 레지스터 배정들을 반대로 한다. 이러면 배정 $q\leftarrow p$를 생략할 수 있다. (이 착안은 연습문제 1.1–3에서 쓰였다.)

결론적으로, 장소 INPUT의 $(0:3)$ 필드에 가능한 가장 큰 값이 들어 있다는 가정 하에서 프로그램 L의 줄 07 이하를 다음과 같이 바꾼다.

```
8H  LD3   INPUT,2(LINK)  B'   p ← L_q. (여기서 p ≡ rI3, q ≡ rI2이다.)
    CMPA  INPUT,3(KEY)   B'
    JG    4F             B'   만일 K > K_p이면 q ↔ p로 해서 L4로 간다.
7H  ST1   INPUT,2(LINK)  N'   L_q ← j.
    ST3   INPUT,1(LINK)  N'   L_j ← p.
    JMP   6F             N'   j를 감소하는 곳으로 간다.
4H  LD2   INPUT,3(LINK)  B''  p ← L_q. (여기서 p ≡ rI2, q ≡ rI3이다.)
    CMPA  INPUT,2(KEY)   B''
    JG    8B             B''  만일 K > K_p이면 q ↔ p로 해서 L4로 간다.
5H  ST1   INPUT,3(LINK)  N''  L_q ← j.
    ST2   INPUT,1(LINK)  N''  L_j ← p.
6H  DEC1  1              N    j ← j − 1.
    ENT3  0              N    q ← 0.
    LDA   INPUT,1        N    K ← K_j.
    J1P   4B             N    N > j ≥ 1. ▮
```

여기서 $B' + B'' = B + N - 1$, $N' + N'' = N - 1$이며, 따라서 총 실행 시간은 $5B + 14N + N' - 3$단위이다. N'은 자신의 오른쪽에 자신보다 작은 원소들이 홀수개 있는 원소들의 개수이므로, 다음과 같은 통계치들을 가진다.

$$(\min 0,\ \text{ave}\ \frac{1}{2}N + \frac{1}{4}H_{\lfloor N/2 \rfloor} - \frac{1}{2}H_N,\ \max N - 1).$$

∞ 요령을 적용해서 프로그램 S의 속도를 높이는 것도 가능하다. 핼퍼린J. H. Halperin이 제시한 다음 코드는 장소 INPUT+N+1에 이미 가능한 가장 큰 1워드 값이 들어 있다는 가정 하에서 이 착안과 MOVE 명령을 이용해 실행 시간을 $(6B + 11N - 10)u$로 줄인다.

```
START  ENT2  N-1        1
2H     LDA   INPUT,2    N−1
       ENT1  INPUT,2    N−1
       JMP   3F         N−1
4H     MOVE  1,1(1)     B
3H     CMPA  1,1        B+N−1
       JG    4B         B+N−1
5H     STA   0,1        N−1
       DEC2  1          N−1
       J2P   2B         N−1    ▮
```

내부 루프를 두 개로 만들면 추가적으로 $B/2$단위 정도의 시간이 줄어든다.

34. N개의 선택들의 순열들은 $\binom{N}{n}$가지이며, 그 중에서 주어진 목록은 n번 선택된다. 주어진 목록이 선택될 확률이 $1/M$이므로, 그러한 모든 순열 각각은 발생 확률이 $(1/M)^n(1 - 1/M)^{N-n}$이다.

35.

```
24      ENT1  0                 1        29      ENT1  0,3               N
25      ENT2  1-M               1        30      LD3   INPUT,1(LINK)     N
26  7H  LD3   HEAD+M,2          M        31      J3P   *-2               N
27      J3Z   8F                M        32  8H  INC2  1                 M
28      ST3   INPUT,1(LINK)   M-E        33      J2NP  7B                M  ▮
```

참고: 만일 프로그램 M의 줄 19와 20 사이에 "ST1 END,4"를 삽입해서 프로그램이 각 목록의 현재 끝을 유지하도록 수정한다면, 목록들을 알고리즘 5.2.5H에서처럼 엮음으로써 시간을 절약할 수 있다.

36. 프로그램 L: $A = 3, B = 41, N = 16$, 시간 $= 496u$. 프로그램 M: $A = 2+1+1+3 = 7$, $B = 2+0+3+3 = 8, N = 16$, 시간 $= 549u$. (엄밀하게 공정한 비교를 위해서는 연습문제 35에서 요구하는 시간 $94u$도 더해야 한다. 곱셈은 느리다! 또한 연습문제 33에서처럼 개선된 프로그램 L은 단 $358u$만 소비한다는 점도 주목할 것.)

37. 주어진 항등식은 다음과 동치이다.

$$g_{NM}(z) = M^{-N} \sum_{n_1+\cdots+n_M=N} \left(\frac{N!}{n_1! \ldots n_M!} \right) g_{n_1}(z) \ldots g_{n_M}(z).$$

이 항등식은 연습문제 34에서처럼 증명할 수 있다. M의 증가에 따른 경향을 파악할 수 있도록 이 생성함수들의 표를 만들어보는 것도 재미있을 것이다:

$$\begin{aligned}
g_{41}(z) &= \ \ (216 + \ 648z + 1080z^2 + 1296z^3 + 1080z^4 + \ 648z^5 + \ 216z^6)/5184,\\
g_{42}(z) &= \ \ (945 + 1917z + 1485z^2 + \ 594z^3 + \ 135z^4 + \ \ 81z^5 + \ \ 27z^6)/5184,\\
g_{43}(z) &= (1704 + 2264z + \ 840z^2 + \ 304z^3 + \ \ 40z^4 + \ \ 24z^5 + \ \ \ 8z^6)/5184.
\end{aligned}$$

$G_M(w, z)$가 언급된 이중 생성함수라고 할 때, z로 미분하면

$$G'_M(w,z) = M\left(\sum_{n \ge 0} g_n(z) \frac{w^n}{n!} \right)^{M-1} \sum_{n \ge 0} g'_n(z) \frac{w^n}{n!}$$

이 된다. 따라서

$$\sum_{N \ge 0} g'_{NM}(1) \frac{M^N w^N}{N!} = Me^{(M-1)w} \left(\frac{w^2}{4} e^w \right) = \frac{M}{4} w^2 e^{Mw}$$

이다. 비슷하게, 공식 $g''_n(1) = \frac{3}{2}\binom{n}{4} + \frac{5}{3}\binom{n}{3}$으로부터

$$\sum_{N \ge 0} g''_{NM}(1) \frac{M^N w^N}{N!} = M(M-1)e^{(M-2)w} \left(\frac{w^2}{4} e^w \right)^2 + Me^{(M-1)w} \left(\frac{w^4}{16} + \frac{5w^3}{18} \right) e^w$$

을 얻을 수 있다. w^N의 계수들을 등식으로 두면 $g'_{NM}(1) = \frac{1}{2}\binom{N}{2} M^{-1}$, $g''_{NM}(1) = \left(\frac{3}{2}\binom{N}{4} + \frac{5}{3}\binom{N}{3}\right) M^{-2}$이 나온다. 그리고 분산은 $\left(\frac{1}{6}\binom{N}{3} + \frac{2M-1}{4}\binom{N}{2}\right) M^{-2}$이다.

38. $\sum_{j,n}\binom{N}{n}p_j^n(1-p_j)^{N-n}\binom{n}{2}=\binom{N}{2}\sum_j p_j^2$이다. $p_j=F(j/M)-F((j-1)/M)$, $F'(x)=f(x)$로 두면, F가 비교적 좋은 습성을 가질 때 이 합은 점근적으로 $\binom{N}{2}\big/M$ 곱하기 $\int_0^1 f(x)^2\,dx$이다. [그러나 $\int_0^1 f(x)^2\,dx$가 상당히 클 수 있다. 모든 유계 적분가능 밀도에 적용할 수 있는 개선안에 대해서는 정리 5.2.5T를 볼 것.]

39. $AC/M+BM$를 최소화하려면 $M=\sqrt{AC/B}$이어야 한다. 그러면 M은 이 수량 바로 위나 바로 아래의 정수들 중 하나이다. (프로그램 M의 경우에는 M을 N에 비례하는 값으로 잡으면 될 것이다.)

40. 합

$$\sum_{n>N} n^{-1}(1-\alpha/N)^{n-N} = -N^{-1}+\sum_{k\ge 0}(N+k)^{-1}(1-\alpha/N)^k$$

에 대한 점근 급수는 k를 $O(N^{1+\epsilon})$으로 제한하고, $(1-\alpha/N)^k$을 $e^{-\alpha k/N}$ 곱하기 $(1-k\alpha^2/2N^2+\cdots)$로 전개하고, 오일러의 합 공식을 적용해서 구할 수 있다. 그 급수는 항 $e^\alpha E_1(\alpha)(1+\alpha^2/2N)-(1+\alpha)/2N+O(N^{-2})$들로 시작한다. 따라서 (15)의 점근값은 $N(\ln\alpha+\gamma+E_1(\alpha))/\alpha+(1-e^{-\alpha}(1+\alpha))/2\alpha+O(N^{-1})$이다. [$N$의 계수는 $\alpha=1, 2, 10$에 대해 각각 ≈ 0.7966, 0.6596, 0.2880이다.] 연습문제 5.2.2-43에 의해 $\ln\alpha+\gamma+E_1(\alpha)=\int_0^\alpha(1-e^{-t})t^{-1}\,dt$가 성립함을 주목할 것.

41. (a) 소수 정리에 의해 ρ^k과 ρ^{k+1} 사이에 있는 소수들의 개수가 $(\rho^{k+1}/(k+1)-\rho^k/k)/\ln\rho+O(\rho^k/k^2)$이므로, $a_k=O(\rho^k)$이다. 이 값은 충분히 큰 모든 k에 대해 양수이다. 그러므로 (10)의 원소들 중 처음 $\binom{k}{2}$개의 합은 $\sum_{1\le i<j\le k}b(a_i,a_j)=\sum_{1\le i<j\le k}O(\rho^{i+j})$이다. 그리고

$$\sum_{1\le i<j\le k}\rho^{i+j}=\frac{\rho^3(\rho^k-1)(\rho^{k-1}-1)}{(\rho^2-1)(\rho-1)}$$

이다.

(b) 만일 $\binom{k-1}{2}<\log_\rho N\le\binom{k}{2}$이면 $(k-2)^2<2\log_\rho N$가 성립한다. 따라서 $\rho^{2k}=O(\exp c\sqrt{\ln N})$이다.

$\rho\to 1$에 따라 수열 $a_1, a_2, \ldots$은 소수들의 수열과 같아지며, 정리 I의 한계는

$$O(N(\log N)^4(\log\log N)^{-2})$$

으로 줄어든다는 것을 주목할 것.

42. (a) [야오A. C. Yao, *J. Algorithms* 1 (1980), 14-50.] $\binom{h}{2}$개의 목록쌍들 각각이 각 부분파일 $(K_a, K_{a+g}, K_{a+2g}, \ldots)$, $1\le a\le g$에 $\frac{\sqrt{\pi}}{4}g^{-2}h^{-3/2}N^{3/2}+O(N/gh)$개의 반전들을 기여함을 보일 수 있다. 예를 들어 $h=12$, $g=5$, $a=1$이라고 하자. 그리고 목록 $K_3<K_{15}<K_{27}<\cdots$과 $K_7<K_{19}<K_{31}<\cdots$이 부분파일 $(K_1, K_6, K_{11}, \ldots)$과 교차한다고 하자. 첫 번째 패스 이후 $(K_3, K_7, K_{15}, K_{19}, K_{27}, K_{31}, \ldots)$은 무작위 2순서 순열이다. 우리의 관심사인 원소 K_j들은 $j\equiv 1$ (modulo 5)와 $j\equiv 3$ 또는 7 (modulo 12)를 만족한다. 따라서 $j\equiv 51$ 또는 31 (modulo 60)이

다. 이제

$$g(x,y)=\sum_{j<k}([K_{x+ghj}>K_{y+ghk}]+[K_{y+ghj}>K_{x+ghk}])+r(x,y),$$

$$r(x,y)=\sum_{j}[K_{\min(x,y)+ghj}>K_{\max(x,y)+ghj}]<N/gh+1$$

라고 할 때 $g(51,31)$의 평균값을 구해야 한다. 만일 $|p|\le g$이고 $|q|\le g$이면

$$[K_{j+ph-gh}>K_{k+qh+gh}]\le[K_j>K_k]\le[K_{j+ph+gh}>K_{k+qh-gh}]$$

가 성립한다. 따라서

$$[K_{x+ghj}>K_{y+ghk}]+[K_{y+ghj}>K_{x+ghk}]$$
$$\le[K_{x+ph+gh(j+1)}>K_{y+qh+gh(k-1)}]+[K_{y+qh+gh(j+1)}>K_{x+ph+qh(k-1)}]$$

이고, 이로부터 $g(x,y)\le g(x+ph,y+qh)+8N/gh$가 나온다. 비슷한 과정으로 $g(x,y)\ge g(x+ph,y+qh)-8N/gh$임을 알 수 있다. 그런데 임의의 주어진 $b\ne c$에 대해 $x \bmod h=b$이고 $y \bmod h=c$인 (x,y)쌍 g^2개 전부에 대한 $g(x,y)$의 합은 원소가 $2N/h$개인 무작위 2 순서 순열의 전체 반전 개수이다. 그러므로 연습문제 14에 의해 $g(x,y)$의 평균값은 $g^{-2}\sqrt{\pi/128}\,(2N/h)^{3/2}+O(N/gh)$이다.

(b) S. Janson, D. E. Knuth, *Random Structures and Algs.* 10 (1997), 125–142를 볼 것. h와 g가 클 때 $\psi(h,g)=\sqrt{\pi h/128}\,g+O(g^{-1/2}h^{1/2})+O(gh^{-1/2})$이 성립한다.

43. 만일 단계 D3 이후에 $K<K_l$이면 $(K_l,\ldots,K_{j-h},K_j)\leftarrow(K,K_l,\ldots,K_{j-h})$로 설정한다. 그렇지 않으면 $K\ge K_i$가 될 때까지 단계 D4와 D5를 수행한다. 여기서 $j=h+1$일 때 $l=1$이고 j가 1 증가할 때에는 $l\leftarrow l+1-h[l=h]$이다. [H. W. Thimbleby, *Software Practice & Exper.* 19 (1989), 303–307 참고.] 그러나 증분 수열이 좋을 때에는 이러한 변경이 이득이 될 정도로 내부 루프가 많이 수행되지는 않는다.

프로그램의 속도를 높이는 또 다른 착상은, $h>1$일 때 K_j를 위치 $j-h$의 왼쪽으로 더 전파하려고 시도하지 말고 부분적으로만 정렬한다는 것이다 [W. Dobosiewicz, *Inf. Proc. Letters* 11 (1980), 5–6 참고]. 그러나 그런 접근방식에는 더 많은 증분들이 요구되는 것으로 보인다.

44. (a) 그렇다 π'이 π의 한 단계 위일 때에는 명백하다. 그리고 연습문제 5.1.1–29는 π에서 그 위의 임의의 순열로의 인접 전치들의 경로가 존재함을 보여준다.

(b) 그렇다. 비슷하게, 만일 π가 π'의 위라면 π^R은 π'^R의 아래이다.

(c) 아니다. 2 1 3은 3 1 2의 위도 아니고 아래도 아니다. 그러나 $2\,1\,3\le 3\,1\,2$이다.

[부분순서 $\pi\le\pi'$는 C. Ehresmann, *Annals of Math.* (2) 35 (1934), 396–443, §20에서, 대수 위상기하학의 맥락에서 처음 논의되었다. 많은 수학자들은 이 부분순서를 순열의 "브뤼아 순서(Bruhat order)"라고 부르며, 위에 있음 관계(aboveness)는 "약한 브뤼아 순서"라고 부른다. 그러나 사실 위에 있음 관계는 덜 자주 성립한다는 점에서 더 강한 조건이다. 오직 약한 순서만이 하나의 격자를 정의한다.]

5.2.2절

1. 없다. 그 순열은 $2m+1$개 적은 반전들을 가진다. 여기서 $m \ge 0$은 $i < k < j$이고 $a_i > a_k > a_j$인 원소 a_k들의 개수이다. (따라서 모든 교환 정렬 방법들은 결국에는 하나의 정렬된 순열로 수렴한다.)

2. (a) 6. (b) [A. Cayley, *Philosophical Mag.* *(3)* 34 (1849), 527–529.] π의 순환마디 표현을 생각해 보자. 같은 순환마디에서 원소들을 맞바꿀 때마다 순환마디 개수는 1 증가한다. 서로 다른 순환마디들에서 원소들을 맞바꿀 때마다 순환마디 개수는 1 감소한다. (이는 본질적으로 연습문제 2.2.4-3의 내용이다.) 완전히 정렬된 한 순열은 n개의 순환마디들을 가지는 것으로 특징지어진다. 따라서 $\mathrm{xch}(\pi)$는 n에서 π의 순환마디 개수를 뺀 것이다. (알고리즘 5.2.3S는 정확히 $\mathrm{xch}(\pi)$회의 교환을 수행한다. 연습문제 5.2.3-4를 볼 것.)

3. 그렇다. 같은 원소들이 서로를 넘어서 이동하는 일이 결코 없다.

4. 그 확률은 반전표에서 $b_1 > \max(b_2, \ldots, b_n)$일 확률이다. 구체적으로 말하면:

$$\Bigl(\sum_{1 \le k < n} k!\,k^{n-k-1}\Bigr)\Big/ n! = \sqrt{\pi/2n} + O(n^{-1}) = \text{무시할 수 있음.}$$

5. $r > 0$라고 가정해도 된다. $b_i' = (b_i - r + 1)[b_i \ge r]$이 $r-1$회의 패스들 이후의 반전표라고 하자. 만일 $b_i' > 0$이면 원소 i는 b_i'개의 더 큰 원소들보다 앞에 오고, 그것들 중 가장 큰 것은 적어도 위치 $b_i' + i$로 떠오른다. $\le i$인 원소들이 i개이기 때문이다. 게다가 만일 r번째 패스 이후에 원소 j가 교환될 제일 오른쪽 원소라면 $b_j' > 0$과 $\mathrm{BOUND} = b_j' + j - 1$이 성립한다.

6. 답 *1*: 자신의 최종 위치로부터 오른쪽으로 제일 멀리 떨어져 있는 한 원소는 마지막 패스를 제외한 각 패스에서 왼쪽으로 한 단계씩 이동한다. 답 *2* (더 높은 수준): 연습문제 5.1.1-8 해답 (f)에 의해, $1 \le i \le n$에 대해 $a_i' - i = b_i - c_i$이다. 여기서 $c_1 c_2 \ldots c_n$은 쌍대 반전표이다. 만일 $b_j = \max(b_1, \ldots, b_n)$이면 $c_j = 0$이다.

7. $(2(n+1)(1+P(n)-P(n+1)) - P(n) - P(n)^2)^{1/2} = \sqrt{(2-\pi/2)n} + O(1)$.

8. $i < k+2$에 대해 b_i를 선택하는 수는 $j+k-i+1$가지이다. $k+2 \le i < n-j+2$에 대해서는 $j-1$가지이고 $i \ge n-j+2$에 대해서는 $n-i+1$가지이다.

10. (a) 만일 $i = 2k-1$이면 $(k-1, a_i - k)$에서 $(k, a_i - k)$까지이다. 만일 $i = 2k$이면 $(a_i - k, k-1)$에서 $(a_i - k, k)$까지이다. (b) 단계 a_{2k-1}이 대각선의 위 $\Leftrightarrow k \le a_{2k-1} - k \Leftrightarrow a_{2k-1} \ge 2k \Leftrightarrow a_{2k-1} > a_{2k} \Leftrightarrow a_{2k} \le 2k-1 \Leftrightarrow a_{2k} - k \le k-1 \Leftrightarrow$ 단계 a_{2k}가 대각선의 위. 이들을 교환하면 수평 단계와 수직 단계가 맞바뀐다. (c) 단계 a_{2k+d}가 대각선에서 적어도 m만큼 아래 $\Leftrightarrow k+m-1 \ge a_{2k+d} - (k+m) + m \Leftrightarrow a_{2k+d} < 2k+m \Leftrightarrow a_{2k} \ge 2k+m \Leftrightarrow a_{2k} - k \ge k+m \Leftrightarrow$ 단계 a_{2k}가 대각선에서 적어도 m만큼 아래. (만일 $a_{2k+d} < 2k+m$이고 $a_{2k} < 2k+m$이면 $2k+m$보다 작은 원소들이 적어도 $(k+m)+k$개 존재한다. 그런데 그것은 불가능하다. 만일

$a_{2k+d} \geq 2k+m$이고 $a_{2k} \geq 2k+m$이면 $\geq$들 중 하나는 반드시 $>$이다. 그러나 $\leq 2k+m$인 원소들 모두를 $(k+m)+k$개 미만의 위치들에 일치시킬 수는 없다. 따라서 $a_{2k+2m-1} < a_{2k}$와 $a_{2k+2m-1} < 2k+m$와 $2k+m \leq a_{2k}$는 모두 동치인 조건들이다. 다소 예기치 못한 결과이다!

11. 격자 도표를 고찰해 보았을 때 16 10 13 5 14 6 9 2 15 8 11 3 12 4 7 1이다(교환 61회). N이 더 크면 상황이 좀 더 복잡해진다. 일반화하자면, 집합 $\{K_2, K_4, \ldots\}$은 $\lfloor N/2 \rfloor$개의 원소들에 대한 교환 개수가 최대가 되도록 순열치환된 $\{1, 2, \ldots, M-1, M, M+2, M+4, \ldots, 2\lfloor N/2 \rfloor - M\}$이어야 한다. 여기서 $M = \lceil 2^k/3 \rceil$이고 k는 $k\lfloor N/2 \rfloor - \frac{1}{9}((3k-2)2^{k-1} + (-1)^k)$가 최대가 되는 값이다. 총 교환 횟수의 최대값은 $1 - 2\lg\lg N/\lg N + O(1/\log N)$ 곱하기 비교 횟수이다. [R. Sedgewick, *SICOMP* 7 (1978), 239–272].

12. 패니W. Panny의 다음 프로그램은 단계 M4가 $i = r + 2kp + s$, $k \geq 0$, $0 \leq s < p$에 대해 수행된다는 점을 이용해서 AND 명령을 피한다. 여기서 $\mathrm{TT} \equiv 2^{t-1}$, $p \equiv \mathrm{rI1}$, $r \equiv \mathrm{rI2}$, $i \equiv \mathrm{rI3}$, $i+d-N \equiv \mathrm{rI4}$, $p-1-s \equiv \mathrm{rI5}$이다. $N \geq 2$라고 가정한다.

START	ENT1	TT	1	<u>M1. p를 초기화.</u> $p \leftarrow 2^{t-1}$.
2H	ENT2	TT	T	<u>M2. q, r, d를 초기화.</u>
	ST2	Q(1:2)	T	$q \leftarrow 2^{t-1}$.
	ENT2	0	T	$r \leftarrow 0$.
	ENT4	0,1	T	$\mathrm{rI4} \leftarrow d$.
3H	ENT3	0,2	A	<u>M3. i에 대한 루프.</u> $i \leftarrow r$.
	INC4	-N,3	A	$\mathrm{rI4} \leftarrow i+d-N$.
8H	ENT5	-1,1	$D+E$	$s \leftarrow 0$.
4H	LDA	INPUT+1,3	C	<u>M4. $R_{i+1} : R_{i+d+1}$를 비교, 교환.</u>
	CMPA	INPUT+N+1,4	C	
	JLE	*+4	C	만일 $K_{i+1} \leq K_{i+d+1}$이면 점프.
	LDX	INPUT+N+1,4	B	
	STX	INPUT+1,3	B	$R_{i+1} \leftrightarrow R_{i+d+1}$.
	STA	INPUT+N+1,4	B	
	J5Z	7F	C	만일 $s = p-1$이면 점프.
	DEC5	1	$C-D$	$s \leftarrow s+1$.
	INC3	1	$C-D$	$i \leftarrow i+1$.
	INC4	1	$C-D$	
	J4N	4B	$C-D$	만일 $i+d < N$이면 루프를 반복.
	JMP	5F	E	그렇지 않으면 M5로.
7H	INC3	1,1	D	$i \leftarrow i+p+1$.
	INC4	1,1	D	
	J4N	4B	D	만일 $i+d < N$이면 루프를 반복.
5H	ENT2	0,1	A	<u>M5. q에 대한 루프.</u> $r \leftarrow p$.
Q	ENT4	*	A	$\mathrm{rI4} \leftarrow q$.
	ENTA	0,4	A	

```
        SRB   1          A
        STA   Q(1:2)     A     q ← q/2.
        DEC4  0,1        A     rI4 ← d.
        J4P   3B         A     만일 d ≠ 0이면 M3으로.
   6H   ENTA  0,1        T     M6. p에 대한 루프.
        SRB   1          T
        STA   *+1(1:2)   T
        ENT1  *          T     p ← ⌊p/2⌋.
        J1NZ  2B         T     만일 p ≠ 0이면 M2로. ▌
```

실행 시간은 다음 여섯 개의 수량들에 의존하는데, 이들 중 입력 자료에 의존적인 것은 단 하나이다(나머지 다섯 개는 N에만 의존한다): $T = t$, "주 주기" 횟수; $A = t(t+1)/2$, 패스 또는 "부 순환주기" 횟수; $B =$ (변수) 교환 횟수; $C =$ 비교 횟수; $D =$ 연속된 비교 블록들의 개수; $E =$ 불완전 블록들의 개수. $N = 2^t$일 때에는 $D = (t-2)N + t + 2$이고 $E = 0$임을 증명하는 것이 어렵지 않다. 표 1의 경우 $T = 4$, $A = 10$, $B = 3+0+1+4+0+0+8+0+4+5 = 25$, $C = 63$, $D = 38$, $E = 0$이며 따라서 총 실행 시간은 $11A + 6B + 10C + 2E + 12T + 1 = 939u$이다.

일반화하자면, $N = 2^{e_1} + \cdots + 2^{e_r}$일 때 패니는 $D = e_1(N+1) - 2(2^{e_1} - 1)$, $E = \binom{e_1 - e_r}{2} + (e_1 + e_2 + \cdots + e_{r-1}) - (e_1 - 1)(r-1)$임을 보였다.

13. 아니다. 그리고 알고리즘 Q와 R도 안정적이 아니다.

14. (a) $p = 1$일 때에는 최종 병합에서 $(2^{t-1} - 0) + (2^{t-1} - 1) + (2^{t-1} - 2) + (2^{t-1} - 4) + \cdots + (2^{t-1} - 2^{t-2}) = (t-1)2^{t-1} + 1$회의 비교들을 수행한다. (b) $x_t = x_{t-1} + \frac{1}{2}(t-1) + 2^{-t} = \cdots = x_0 + \sum_{0 \le k < t}(\frac{1}{2}k + 2^{-k-1}) = \frac{1}{2}\binom{t}{2} + 1 - 2^{-t}$. 따라서 $c(2^t) = 2^{t-2}(t^2 - t + 4) - 1$.

15. (a) $i + d = N$인 비교들의 횟수를 고찰하고, r에 대한 귀납법을 사용할 것. (b) 만일 $b(n) = c(n+1)$이면 $b(2n) = a(1) + \cdots + a(2n) = a(0) + a(1) + a(1) + \cdots + a(n-1) + a(n) + x(1) + x(2) + \cdots + x(2n) = 2b(n) + y(2n) - a(n)$이다. 비슷하게, $b(2n+1) = 2b(n) + y(2n+1)$이다. (c) 연습문제 1.2.4-42를 볼 것. (d) 좀 힘들겠지만, $(z(N) + 2z(\lfloor N/2 \rfloor) + \cdots) - a(N)$을

$$\sum_{k=0}^{n} 2^k(n-k) = 2^{n+1} - n - 2, \qquad \sum_{k=0}^{n} 2^k\binom{n-k}{2} = 2^{n+1} - \binom{n+2}{2} - 1$$

같은 공식을 이용해서 계산해 보면 다음과 같은 결과를 얻을 수 있다.

$$c(N) = N\left(\frac{1}{2}\binom{e_1}{2} + 2e_1 - 1\right) - 2^{e_1}(e_1 - 1) - 1 + \sum_{j=1}^{r} 2^{e_j}\left(e_1 + \cdots + e_{j-1} - j(e_1 - 1) + \frac{1}{2}\binom{e_1 - e_j}{2}\right).$$

16. 그림 11과 18에서처럼 $(0, 0)$에서 (n, n)으로의 $\binom{2n}{n}$가지 격자 경로들을 고찰한다. 그리고 만일 $i \geq j$이면 $f(i-j)$를, 만일 $i < j$이면 $f(j-i-1)+1$을 (i, j)에서 $(i+1, j)$로의 선에 가중치로 부여한다. 여기서 $f(k)$는 이진 전개 $k = (\ldots b_2 b_1 b_0)_2$에 있는 비트 변이(variation) $b_r \neq b_{r+1}$들의 개수이다. 그러면 마지막 병합의 총 교환 횟수는 $N = 2n$일 때

$$\sum\nolimits_{0 \leq j \leq i < n} (2f(j) + 1)\binom{2i-j}{i-j}\binom{2n-2i+j-1}{n-i-1}$$

이다. 세지윅R. Sedgewick은 이 합이 일반적인 f에 대해 $\frac{n}{2}\binom{2n}{n} + 2\sum_{k \geq 1}\binom{2n}{n-k}\sum_{0 \leq j < k} f(j)$로 단순화됨을 보였다. 그리고 그는 감마함수 방법을 이용해서 점근 공식

$$\binom{2n}{n}\left(\frac{1}{4} n \lg n + \left(\lg \frac{\Gamma(1/4)^2}{2\pi} + \frac{1}{4} + \frac{\gamma+2}{4 \ln 2} + \delta(n)\right) n + O(\sqrt{n}\ \log n)\right)$$

을 얻었는데, 여기서 $\delta(n)$는 $\lg n$의 주기 함수로 크기가 .0005 이내이다. 따라서 $n \to \infty$에 따라 비교들 중 평균적으로 약 1/4이 교환으로 이어진다. 〔*SICOMP* 7 (1978), 239–272; 또한 Flajolet, Odlyzko, *SIAM J. Discrete Math.* 3 (1990), 238–239도 보라.〕

17. $r = N$이고 가장 큰 키가 K_l인 부분파일을 정렬할 때 K_{N+1}이 조사된다. K_0은 단계 Q9에서 만일 좌에서 우로 극소값들이 위치 R_1에 안착하면 조사된다.

18. 단계 Q3과 Q4는 Q5로 나가기 전에 i와 j를 한 번만 변경한다. $R_l \ldots R_r$에 대한 분할 공정은 단계 Q7에서 $j = \lceil (l+r)/2 \rceil$인 상태로 끝나며, 이에 의해 부분파일이 최대한 완전하게 이분할된다. 수량적으로 말하자면, (17)이 $A = 1$, $B = \lfloor (N-1)/2 \rfloor$, $C = N + (N \bmod 2)$로 대체된다. 이는 $B \approx \frac{1}{2}C$라는 점만 빼면 본질적으로 알고리즘의 최선의 경우에 해당한다(연습문제 27). 만일 단계 Q3과 Q4에서 "$<$" 기호를 "$\leq$"로 바꾼다면 알고리즘은 정렬을 수행하지 못하게 된다. (13)의 부등호들이 모두 "$<$"라고 가정한다고 해도 알고리즘은 R_0과 R_1을 맞바꾸며, 그러면 세 번째 분할 페이즈에서 원래의 R_0이 위치 R_2 등으로 이동되이서 모든 것이 엉망이 된다.

19. 그렇다. 다른 부분파일들은 임의의 순서로 처리될 수 있다. 그러나 각 분할 단계에서 파일을 균등하게 분할할 때 대기열은 $\Omega(N/\sqrt{\log N})$개의 항목들을 담게 되며, 반면 스택은 이보다 훨씬 작은 크기를 유지함이 보장된다(다음 연습문제를 볼 것).

20. $\max(0, \lfloor \lg (N+2)/(M+2) \rfloor)$. (최악의 경우는 $N = 2^k(M+2) - 1$이고 모든 부분파일이 분할 시 완전하게 이분할될 때 일어난다.)

21. 단계 Q6에서 정확히 t개의 레코드가 영역 $R_{s+1} \ldots R_N$으로 이동하므로 $B = t$이다. 분할 페이즈는 $j = s$로 끝나므로, $C - C' = N + 1 - s$는 j가 감소되는 횟수이다. 또한 키들이 서로 다를 때 단계 Q7에서 반드시 $i = s+1$이다. $i = j$는 $K_j = K$를 함의하기 때문이다. 따라서 $C' = s$이다.

22. $A_N(z)$에 대한 언급된 관계들은 $A_{s-1}(z)A_{N-s}(z)$가 크기가 $s-1$과 $N-s$인 독립 무작위

순서의 파일들을 독립적으로 정렬한 후의 A의 값에 대한 생성함수이기 때문에 성립한다. 비슷하게, 다음 관계들도 얻게 된다: $N > M$에 대해

$$B_N(z) = \sum_{s=1}^{N} \sum_{t=0}^{s} b_{st\,N} z^t B_{s-1}(z) B_{N-s}(z),$$

$$C_N(z) = \frac{1}{N} \sum_{s=1}^{N} z^{N+1} C_{s-1}(z) C_{N-s}(z),$$

$$D_N(z) = \frac{1}{N} \sum_{s=1}^{N} D_{s-1}(z) D_{N-s}(z),$$

$$E_N(z) = \frac{1}{N} \sum_{s=1}^{N} E_{s-1}(z) E_{N-s}(z),$$

$$S_N(z) = \frac{1}{N} \sum_{s=1}^{N} z^{[M+1<s<N-M]} S_{s-1}(z) S_{N-s}(z).$$

여기서 $b_{st\,N}$은 s와 t가 길이 N의 한 파일에서 주어진 값들을 가질 확률, 즉

$$\binom{s-1}{t}\binom{N-s}{t}\bigg/N\binom{N-1}{s-1}$$

이다. 이는 $(1/N!)$ 곱하기 $\{1, \ldots, s-1\}$의 순열 개수 $(s-1)!$ 곱하기 $\{s+1, \ldots, N\}$의 순열 개수 $(N-s)!$ 곱하기 양 쪽에 제 위치가 아닌 원소들이 t개 있는 패턴들의 개수 $\binom{s-1}{t}\binom{N-s}{t}$이다. $0 \le N \le M$에 대해 $B_N(z) = C_N(z) = S_N(z) = 1$, $D_N(z) = \prod_{k=1}^{N}((1+(k-1)z)/k)$, $E_N(z) = \prod_{k=1}^{N}((1+z+\cdots+z^{k-1})/k)$이다.

[N이 클 때의 이 생성함수들의 습성을 고찰해 보아도 재미있을 것이다. $C_N(z)$과 비슷하되 z^{N+1}이 z^{N-1}로 대체된 수열은 어떤 비정규 확률분포로 수렴함이 알려져 있으나, 그 확률분포는 아직 완전히 분석되지 않았다. P. Hennequin, M. Regnier, U. Rösler, *RAIRO Theoretical Informatics and Applications* 23 (1989), 317–333; 23 (1989), 335–343; 25 (1991), 85–100을 볼 것.]

23. $N > M$일 때 $A_N = 1 + (2/N)\sum_{0 \le k < N} A_k$; $B_N = \sum_{0 \le t < s \le N} b_{stN}(t + B_{s-1} + B_{N-s}) = (1/N)\sum_{s=1}^{N}((s-1)(N-s)/(N-1) + B_{s-1} + B_{N-s}) = (N-2)/6 + (2/N)\sum_{0 \le k < N} B_k$ [연습문제 22]; $D_N = (2/N)\sum_{0 \le k < N} D_k$이고 E_N도 비슷하다. $N > 2M+1$일 때 $S_N = (2/N)\sum_{0 \le k < N} S_k + (N-2M-2)/N$이다. 이 점화식들 각각은 어떤 함수 f_n에 대한 (19)의 형태를 가진다.

24. $N > M$에 대한 점화식 $C_N = N - 1 + (2/N)\sum_{0 \le k < N} C_k$의 해들은 $N > M$에 대한

$$(N+1)(2H_{N+1} - 2H_{M+2} + 1 - 4/(M+2) + 2/(N+1))$$

이다. (따라서 약 $4N/M$회의 비교를 절감할 수 있다. 그러나 i 대 j 비교 판정이 후에 수행되는 각 비교는 더 많은 시간을 소비하며, 따라서 키 비교의 비용이 $\frac{1}{2}M \ln N$ 곱하기 레지스터 비교

비용을 넘지 않는 한 이는 손해이다. 정렬에 대한 많은 교재들은 그러한 "개선"이 빠른정렬을 훨씬 덜 빠르게(!) 만든다는 점을 제대로 지적하지 못한다.]

25. ($s = 1$로 두고 (17)을 반복해서 사용한다.) $A = N - M$, $B = 0$, $C = \binom{N+2}{2} - \binom{M+2}{2}$, $D = E = S = 0$.

26. 사실 다음보다 더 나쁜 경우는 없다.

$$1\ 2\ 3\ \ldots\ N-M\ N\ N-1\ \ldots\ N-M+1.$$

좀 더 미묘한 답 $N\ M-1\ M-2\ \ldots\ 1\ M\ M+1\ \ldots\ N-1$도 위의 것만큼이나 나쁘다. 이 경우 $D = M-1$, $E = \binom{M}{2}$이 되므로, 연습문제 25보다 아주 약간만 더 나쁠 뿐이다.

27. 12 2 3 1 8 6 7 5 9 10 11 4 16 14 15 13 20 18 19 17 21 22 23으로, 정렬 시간은 $546u$이다. $N = 3(M+1)2^k - 1$에 대한 최상의 경우가, 각 분할에 의해 부분파일들이 크기가 $3M+2$가 될 때까지 이분할되고, 그런 후 스택 넣기 부담을 피하기 위해 3분할이 수행되는 경우에 발생함을 보이는 것이 가능하다. $A = 3 \cdot 2^k - 1$, $C = (k + \frac{5}{3})(N+1)$, $S = 2^k - 1$, $B = D = E = 0$이다. (일반적인 M과 N에 대한 최상의 경우의 습성은 흥미로우나 복잡한 패턴을 만든다.)

28. 점화식

$$C_n = n + 1 + \frac{2}{\binom{n}{3}} \sum_{k=1}^{n} (k-1)(n-k) C_{k-1}$$

을 다음으로 변환할 수 있다.

$$\binom{n}{3} C_n - 2\binom{n-1}{3} C_{n-1} + \binom{n-2}{3} C_{n-2} = 2(n-1)(n-2) + 2(n-2)C_{n-2}.$$

29. 일반화하자면, 점화식

$$C_n = n + 1 + \frac{2}{\binom{n}{2t+1}} \sum_{k=1}^{n} \binom{k-1}{t}\binom{n-k}{t} C_{k-1}$$

을 고찰한다. 이것은 $2t+1$개의 원소들의 중앙값이 분할을 관장할 때 나오는 것이다. $C(z) = \sum_n C_n z^n$으로 두면 이 점화식은 $(1-z)^{t+1}C^{(2t+1)}(z)/(2t+2)! = 1/(1-z)^{t+2} + C^{(t)}(z)/(t+1)!$으로 변환할 수 있다. $f(x) = C^{(t)}(1-x)$로 두면 $p_t(\vartheta)f(x) = (2t+2)!/x^{t+2}$이 되는데, 여기서 ϑ는 연산자 $x(d/dx)$를 나타내며 $p_t(x) = (t-x)^{\underline{t+1}} - (2t+2)^{\underline{t+1}}$이다. $(\vartheta - \alpha)g(x) = x^\beta$의 일반해는 $\alpha \neq \beta$에 대해 $g(x) = x^\beta/(\beta - \alpha) + Cx^\alpha$이고 $\alpha = \beta$에 대해 $g(x) = x^\beta(\ln x + C)$이다. $p_t(-t-2) = 0$이 성립한다. 따라서 우리의 미분방정식의 일반해는, $\alpha_0, \ldots, \alpha_t$가 $p_t(x) = 0$의 근들이라 할 때

$$C^{(t)}(z) = (2t+2)!\ln(1-z)/p_t'(-t-2)(1-z)^{t+2} + \sum_{j=0}^{t} c_j (1-z)^{\alpha_j}$$

이다. 여기서 상수 c_i들은 초기값 C_t, ..., C_{2t}에 의존한다. 이제 간편한 항등식

$$\frac{1}{(1-z)^{m+1}}\ln\left(\frac{1}{1-z}\right)=\sum_{n\geq 0}(H_{n+m}-H_m)\binom{n+m}{m}z^n, \qquad m\geq 0$$

을 이용해서 놀랄만큼 간단한 닫힌 형식의 해

$$C_n=\frac{H_{n+1}-H_{t+1}}{H_{2t+2}-H_{t+1}}(n+1)+\frac{1}{n!}\sum_{j=0}^{t}c_j(-\alpha_j)^{\overline{n-t}}$$

를 얻을 수 있으며, 이로부터 점근 공식을 쉽게 이끌어 낼 수 있다. (선행 항 $n\ln n/(H_{2t+2}-H_{t+1})$은 판엠던M. H. van Emden이 정보이론적 접근방식을 이용해서 밝혀낸 것이다 [*CACM* 13 (1970), 563-567]. $0\leq x\leq 1$에 대해, 남아 있는 부분파일이 최대 xN개의 원소들을 담을 점근 확률이 $N\to\infty$에 따라 $\int_0^x f(x)\,dx$인 임의의 분할 공정을 분석한다고 하자. 판엠던은 그러한 파일을 완전히 정렬하는 데 필요한 평균 비교 횟수가 점근적으로 $\alpha^{-1}n\ln n$임을 증명했다. 여기서 $\alpha=-1/\int_0^1(f(x)+f(1-x))x\ln x\,dx$이다. 이 공식은 빠른정렬과 다른 여러 방법들은 물론 기수 교환에도 적용된다. 또한 H. Hurwitz, *CACM* 14 (1971), 99-102도 볼 것.)

30. (역사적인 의미를 가진) 답 *1*: l과 r이 (현재로서의)경계들이고 k가 부분파일 전반에서 같은 것으로 알려진 키 워드들의 개수를 가리키며 X가 키의 $(k+1)$번째 워드에 대한 하계라고 할 때, 각 부분파일을 네 수량 (l,r,k,X)으로 식별할 수있다. 키들이 음이 아니라고 가정할 때, 초기에는 $(l,r,k,X)=(1,N,0,0)$이다. 하나의 파일을 분할 할 때, 판정용 키 K_q의 $(k+1)$번째 워드를 K라고 하자. 만일 $K>X$이면 분할은 왼쪽의 모든 키가 $\geq K$이고 오른쪽의 모든 키가 $<K$인 지점에서 분할이 일어난다(각각에서 키의 $(k+1)$번째 워드만 조사한다). 분할된 부분파일들의 식별자는 각각 $(l,j-1,k,X)$와 (j,r,k,K)가 된다. 그러나 만일 $K=X$이면 분할은 오른쪽의 모든 키가 $>K$이고 왼쪽의 모든 키가 $\leq K$인[실제로는 $=K$]인 곳에서 일어난다. 분할된 부분파일들의 식별자는 각각 $(l,j,k+1,0)$과 $(j+1,r,k,K)$이다. 두 경우 모두에서 R_j이 자신의 최종 위치에 있는지는 $(k+2)$번째 단어들을 아직 살펴보지 않았으므로 확신할 수 없다. 경계 조건들을 제대로 처리하기 위해서는 추가적인 변경들이 필요함이 명백하다. 식별자에 다섯 번째 "상계" 성분을 추가한다면 이 방법을 좌우가 대칭이 되게 만들 수 있을 것이다.

벤틀리와 세지윅의 답 *2* [*SODA* 8 (1997), 360-369]: (l,r,k)로 식별되는 한 부분파일에서, 답 1에서처럼 K_q의 $k+1$번째 워드를 K라고 하되, 연습문제 41의 알고리즘을 이용해서 부분파일을 $<K$, $=K$, $>K$인 경우들에 대해 $(l,i-1,k)$, $(i,j,k+1)$, $(j+1,r,k)$로 3분할한다. 저자들이 다중키 빠른정렬(multikey quicksort)이라고 부른 이러한 접근방식이 답 1보다 훨씬 나으며, 문자열 정렬에 대해 가장 빠르다고 알려진 방법들과도 경쟁할 수 있을 정도이다.

31. 통상의 분할 공정에 의해 R_1이 최종적으로 위치 R_s로 간다고 하자. 만일 $s=m$이면 멈춘다. 만일 $s<m$이면 같은 기법을 이용해서 오른쪽 부분파일에서 $(m-s)$번째로 작은 원소를 찾는다. 만일 $s>m$이면 왼쪽 부분파일에서 m번째로 작은 원소를 찾는다. [*CACM* 4 (1961), 321-322;

14 (1971), 39-45.]

드로미R. G. Dromey는 각 분할 단계를 i나 j가 위치 m에 도달하자마자 멈춘다면 비교와 교환을 더 줄일 수 있다고 말했다 [*Software Practice & Experience* 16 (1986), 981-986].

32. 점화식은 $C_{11}=0$, $n>1$에 대해 $C_{nm}=n+1+(A_{nm}+B_{nm})/n$이다. 여기서 $1\le m\le n$에 대해

$$A_{nm}=\sum_{1\le s<m} C_{(n-s)(m-s)} \text{이고} \qquad B_{nm}=\sum_{m<s\le n} C_{(s-1)m}$$

이다. $A_{(n+1)(m+1)}=A_{nm}+C_{nm}$이고 $B_{(n+1)m}=B_{nm}+C_{nm}$이므로, 우선 수량 $D_n=(n+1)C_{(n+1)(m+1)}-nC_{nm}$에 대한 공식을 구하고 그것을 합산해서 답 $2((n+1)H_n-(n+2-m)H_{n+1-m}-(m+1)H_m+n+\frac{5}{3})-\frac{1}{3}\delta_{mn}-\frac{1}{3}\delta_{m1}-\frac{2}{3}\delta_{mn}\delta_{m1}$을 얻을 수 있다. $n=2m-1$일 때에 답은 $4m(H_{2m-1}-H_m)+4m-4H_m+\frac{4}{3}(1-\delta_{m1})=(4+4\ln 2)m-4\ln m-4\gamma-\frac{5}{3}+O(m^{-1})\approx 3.39n$이 된다. [D. E. Knuth, *Proc. IFIP Congress* (1971), 19-27 참고.]

6.2.2절의 이론에서 비롯된 또 다른 답이 있다: 키들이 $\{1,2,\ldots,n\}$이고, 빠른정렬에 해당하는 이진 검색 트리에서 노드 j와 k의 공통 조상들의 개수가 X_{jk}라고 하자. 그러면 연습문제 31의 알고리즘이 수행하는 비교 횟수가 $\sum_{j=1}^{n}X_{jm}+X_{mm}-2$[노드 m이 잎 노드]임을 보일 수 있다. 무작위 이진 검색 트리에서 노드 i가 노드 j와 k의 공통 조상일 확률은 $1/(\max(i,j,k)-\min(i,j,k)+1)$이다. 평균 비교 횟수는 $1\le j\le k$에 대해 $\mathrm{E}X_{jk}=H_k+H_{n+1-j}+1-2H_{k-j+1}$이고 $\Pr$(노드 m이 잎 노드)$=\Pr$(무작위 순열에서 m 다음에 $m\pm1$이 오지 않음)$=\frac{1}{3}+\frac{1}{6}\delta_{m1}+\frac{1}{6}\delta_{mn}+\frac{1}{3}\delta_{m1}\delta_{mn}$이라는 사실로부터 이끌어 낼 수 있다. [R. Raman, *SIGACT News* 25, (June 1994), 86-89 참고.]

3중앙 분할을 이용하는 이와 비슷한 한 선택 알고리즘의 분석이 Kirschenhofer, Prodinger, Martínez, *Random Structures and Algorithms* 10 (1997), 143-156에 나온다. 연습문제 5.3.3-24에서는 점근적으로 더 빠른 방법들을 논의한다.

33. 기수 교환의 첫 번째 시기에서와 같이 진행하되, 비드 1 대신 부호를 사용한다.

34. $i\le j$인지의 여부를 판정하지 않아도 된다. 각 시기에서 0인 비트를 적어도 하나, 1인 비트를 적어도 하나 발견한 후에는, 즉 각 시기에서 첫 교환을 수행한 후에는 $i\le j$의 여부를 판정할 필요가 없다. 이렇게 하면 프로그램 R의 실행 시간이 근사적으로 $2C$단위 정도 절감된다.

35. $A=N-1$, $B=(\min 0, \text{ave } \frac{1}{4}N\lg N, \max \frac{1}{2}N\lg N)$, $C=N\lg N$, $G=\frac{1}{2}N$, $K=L=R=0$, $S=\frac{1}{2}N-1$, $X=(\min 0, \text{ave } \frac{1}{2}(N-1), \max N-1)$. 일반적으로 수량 A, C, G, K, L, R, S는 오직 파일에 있는 키들의 집합에만 의존하며 키들의 초기 순서에는 의존하지지 않는다. 키들의 초기 순서에 영향을 받는 것은 B와 X 뿐이다.

36. (a) $\sum\binom{n}{k}\binom{k}{j}(-1)^{k+j}a_j=\sum\binom{n}{j}\binom{n-j}{k-j}(-1)^{k-j}a_j=\sum\binom{n}{j}\delta_{nj}a_j=a_n$. (b) $\langle\delta_{n0}\rangle$; $\langle-\delta_{n1}\rangle$; $\langle(-1)^m\delta_{nm}\rangle$; $\langle(1-a)^n\rangle$; $\langle\binom{n}{m}(-a)^m(1-a)^{n-m}\rangle$. (c) 증명할 관계식들을 $x_n=y_n=a_n+$

z_n로 표현하면, 부문제 (a)에 의해 $y_n = a_n + z_n$이 된다. 또한 $2^{1-n}\sum_{k\ge 2}\binom{n}{k}y_k = z_n$이므로 y_n은 x_n과 동일한 점화식을 만족한다. 〔연습문제 53과 6.3-17에는 이 결과의 일부 일반화들이 나온다. $\hat{x}_n = \hat{a}_n 2^{n-1}/(2^{n-1}-1)$를 직접 증명하는 것은 쉽지 않은 것으로 보인다.〕

37. 임의의 상수 수열 $c_0, c_1, c_2, \ldots$에 대해 $\langle \sum_m c_m \binom{m}{2m} 2^{-n} \rangle$이다. 〔이 답은 정확하긴 하지만, $\langle 1/(n+1) \rangle$과 $\langle n - \delta_{n1} \rangle$이 바로 그러한 수열들이라는 점을 즉시 드러내주지는 않는다! $\langle a_n + \hat{a}_n \rangle$ 형태의 수열들은 항상 자기쌍대(self-dual)이다. 생성함수 $A(z) = \sum a_n z^n/n!$로 표현한다면 $\hat{A}(z) = e^z A(-z)$임을 주목할 것. 따라서 $A = \hat{A}$는 $A(z)e^{-z/2}$가 하나의 짝함수라는 것과 동치이다.〕

38. 크기가 s인 왼쪽 부분파일과 크기가 $N-s$인 오른쪽 부분파일을 만들어 내는 분할 시기에 의해, 총 실행 시간에는 다음과 같은 수량들이 기여하게 된다.

$$A = 1, \quad B = t, \quad C = N, \quad K = \delta_{s1}, \quad L = \delta_{s0}, \quad R = \delta_{sN}, \quad X = h.$$

여기서 t는 키 $K_1, \ldots, K_s$ 중 비트 b가 1인 것들의 개수이고 h는 K_{s+1}의 비트 b이다. 만일 $s = N$이면 $h = 0$이다. (식 (17)을 볼 것.) 이로부터 다음과 같은 점화식들이 나온다.

$$N \ge 2\text{에 대해} \qquad B_N = 2^{-N} \sum_{0 \le t \le s \le N} \binom{s}{t}\binom{N-s}{t}(t + B_s + B_{N-s})$$
$$= \frac{1}{4}(N-1) + 2^{1-N}\sum_{s\ge 2}\binom{N}{s}B_s; \qquad B_0 = B_1 = 0.$$

(연습문제 23 참고.) 이 점화식들을 연습문제 36의 방법으로 풀면 공식 $A_N = V_N - U_N + 1$, $B_N = \frac{1}{4}(U_N + N - 1)$, $C_N = V_N + N$, $K_N = N/2$, $L_N = R_N = \frac{1}{2}(V_N - U_N - N) + 1$, $X_N = \frac{1}{2}A_N$이 나온다. 명백히 $G_N = 0$이다.

39. 빠른정렬의 각 시기는 적어도 하나의 원소를 그것의 최종 위치로 옮기지만, 기수 교환에서는 반드시 그러리라는 보장이 없다(표 3 참고).

40. 단계 R2에서 $r - l < M$이면 항상 직접 삽입으로 전환한다면, 같은 원소들이 M개보다 많지 않은 한 문제가 생기지 않는다. 그런 일이 많이 생길 것 같다면 단계 R8에서 $j < l$ 또는 $j = r$이면 항상 $K_l = \cdots = K_r$인지의 여부를 판정하는 방법이 있다.

41. 베그너Lutz M. Wegner는 *IEEE Trans.* C-34 (1985), 362-367에서 여러 가지 접근방식들을 논의했는데, 그것들 중 다음이 실용적인 관점에서 최적일 것이다(벤틀리Bently와 매킬로이McIlroy가 *Software Practice & Exp.* 23 (1993), 1256-1258에서 단순화시킨 형태임): 기본적인 착상은 다섯 부분 배열

$=K$	$<K$	?	$>K$	$=K$

$l \qquad a \qquad b \qquad c \qquad d \qquad r$

을 중간 부분이 빌 때까지 조작하고, 그런 다음 중간에서 양 끝을 교환한다는 것이다.

D1. 〔초기화.〕 $a \leftarrow b \leftarrow l$, $c \leftarrow d \leftarrow r$로 설정한다.

D2. 〔$K_b > K$가 될 때까지 b를 증가.〕 만일 $b \le c$이고 $K_b < K$이면 b를 1 증가하고 이 단계를 반복한다. 만일 $b \le c$이고 $K_b = K$이면 $R_a \leftrightarrow R_b$로 교환하고, a와 b를 1 증가하고, 이 단계를 반복한다.

D3. 〔$K_c < K$가 될 때까지 c를 감소.〕 만일 $b \le c$이고 $K_c > K$이면 c를 1 감소하고 이 단계를 반복한다. 만일 $b \le c$이고 $K_c = K$이면 $R_c \leftrightarrow R_d$로 교환하고, c와 d를 1 감소하고, 이 단계를 반복한다.

D4. 〔교환.〕 만일 $b < c$이면 $R_b \leftrightarrow R_c$로 교환하고, b를 1 증가하고, c를 1 감소하고, D2로 돌아간다.

D5. 〔마무리.〕 $0 \le k < \min(a-l, b-a)$에 대해 $R_{l+k} \leftrightarrow R_{c-k}$로 교환한다. 또한 $0 \le k < \min(d-c, r-d)$에 대해 $R_{b+k} \leftrightarrow R_{r-k}$로 교환한다. 마지막으로 $i \leftarrow l+b-a$, $j \leftarrow r-d+c$로 설정한다. ▮

단계 D1을 간단하게 수정함으로써 퇴화되는 경우들을 효율적으로 처리하고 D2에 도달하기 전에 $a < b$, $c < d$가 되게 보장할 수 있다. 그러면 D2와 D3의 판정 "$b \le c$"는 필요가 없어진다. 연습문제 24를 볼 것. 더 나아가서, 이러한 수정은 그러한 단계들이 레코드들을 자기 자신과 쓸데없이 교환하는 일도 방지한다.

정렬의 주된 응용들 중 하나는 같은 키를 가진 레코드들을 한 데 모으는 것이다. 따라서 이러한 3분할 방안이 알고리즘 Q의 이분할보다 더 바람직한 경우가 많다. 단계 D5의 교환은 키가 K와 같은 모든 레코드가 이제는 자신의 최종 자리에 있다는 점 때문에 효율적이다.

이 연습문제는 원래 페이옌W. H. J. Feijen이 "네덜란드 국기 문제"라고 부른 다음과 같은 문제에서 기인한 것이다: 적, 백, 청 토큰들이 각 열에 무작위로 배치되어 있을 때, 적색 토큰들이 모두 최상위에 가고 청색 토큰들이 모두 최하위로 가도록 토큰들을 교환하려면 어떻게 해야 할까? 단, 각 토큰은 단 한 번씩만 조사해야 하며 공정을 제어하는 데 약간의 보조 변수들만 사용해야 한다. 〔E. W. Dijkstra, *A Discipline of Programming* (Prentice-Hall, 1976), 제14장 참고.〕

42. 이것은 카프R. M. Karp에서 기인한 일반적 정리의 한 특수한 경우이다. *JACM* 41 (1994), 1136-1150, §2.8을 볼 것. 빠른정렬 분포의 꼬리들에 대한 훨씬 더 엄격한 점근 한계가 McDiarmid and Hayward, *J. Algorithms* 21 (1996), 476-507에 제시된 바 있다.

43. 연습문제 1.2.7-24에 의해, $a \to 0+$에 따라 $\int_0^1 y^{a-1}(e^{-y}-1)\,dy + \int_1^\infty y^{a-1}e^{-y}\,dy = \Gamma(a) - 1/a = (\Gamma(a+1) - \Gamma(1))/a \to \Gamma'(1) = -\gamma$이다.

44. $k \ge 0$에 대해 $r_k(m) \sim \frac{1}{2}(2m)^{(k+1)/2}\Gamma((k+1)/2) - \delta_{k0} - \sum_{j\ge 0}(-1)^j B_{k+2j+1}/((k+2j+1)j!(2m)^j)$이 성립한다. $k = -1$일 때 $f_k^{(j-1)}(m)$의 기여들에 의해 H_{m-1}의 전개의

비슷한 항들이 소거된다. 그리고 $r_{-1}(m) = H_{m-1} + (1/\sqrt{2m})\sum_{t\ge 0} f_{-1}(t) \sim \frac{1}{2}(\ln(2m) + \gamma) - \sum_{j\ge 1}(-1)^j B_{2j}/(2j)j!(2m)^j$이 성립한다. 따라서 W_{m-1}에 대한 (33)의 항 N^t/t의 기여는 합 $m\sum_{t\ge 1} t^{-1}\exp(-t^2/2m)(1-t^3/3m^2+t^6/18m^4)(1-t^4/4m^3)(1-t/2m-t^2/8m^2) + O(m^{-1/2}) = \frac{1}{2}m\ln m + \frac{1}{2}(\ln 2+\gamma)m - \frac{5}{12}\sqrt{2\pi m} + \frac{4}{9} + O(m^{-1/2})$로부터 구할 수 있다. $-\frac{1}{2}N^{t-1}$는 $-\frac{1}{2}\sum_{t\ge 1}\exp(-t^2/2m)(1-t^3/3m^2)(1-t/2m)(1+t/m) + O(m^{-1/2}) = -\frac{1}{4}\sqrt{2\pi m} + \frac{1}{3}$를 기여한다. 항 $\frac{1}{2}\delta_{t1}$은 $\frac{1}{2}$이 된다. 마지막으로 항 $\frac{1}{2}(t-1)B_2N^{t-2}$은 $\frac{1}{12}m^{-1}\sum_{t\ge 1} t\exp(-t^2/2m) + O(m^{-1/2}) = \frac{1}{12} + O(m^{-1/2})$을 기여한다.

45. (42)를 유도하는 데 쓰인 논증이 (43)에도 유효하다. 단 $z=-1$과 $z=0$에서의 잉여들을 무시한다는 점이 다르다.

46. (45)에서와 같이 진행하면 $(s-1)!/\ln 2 + \delta_s(n)$를 얻게 된다. 여기서

$$\delta_s(n) = \frac{2}{\ln 2}\sum_{k\ge 1}\Re(\Gamma(s-2\pi ik/\ln 2)\exp(2\pi ik\lg n))$$

이다. 〔정수 $s\ge 0$에 대해 $|\Gamma(s+it)|^2 = (\prod_{0\le k<s}(k^2+t^2))\pi/(t\sinh\pi t)$이므로 $\delta_s(n)$의 한계를 둘 수 있음을 주목할 것.〕

47. 실제로 $\sum_{j\ge 1} e^{-n/2^j}(n/2^j)^s$은 모든 $s>0$에 대해 연습문제 46의 적분과 같다.

48. 중간 항등식

$$1-e^{-x} = \frac{-1}{2\pi i}\int_{-1/2-i\infty}^{-1/2+i\infty}\Gamma(z)x^{-z}\,dz,$$

을 이용해서 본문에 나온 것처럼 진행하되, $1-e^{-x}$가 $e^{-x}-1+x$의 역할을 하게 한다. $V_{n+1}/(n+1) = (-1/2\pi i)\int_{-1/2-i\infty}^{-1/2+i\infty}\Gamma(z)n^{-z}\,dz/(2^{-z}-1) + O(n^{-1})$이며 적분은 연습문제 46의 표기법 하에서 $\lg n + \gamma/\ln 2 - \frac{1}{2} - \delta_0(n) + O(n^{-100})$과 같다. 〔따라서 연습문제 38의 수량 A_N은 $N(1/\ln 2 - \delta_0(N-1) - \delta_{-1}(N)) + O(1)$이다.〕

49. 식 (40)의 우변을 추정치 $e^{-x}(1-\frac{1}{2}x^2/n + O((x^3+x^4)n^{-2}))$으로 개선할 수 있다. 결과적으로는 (50)의 $O(1)$을 $2-\frac{1}{2}(1/\ln 2 + \delta_1(n)) + O(n^{-1})$로("2"는 (46)의 "$2/n$"에서 비롯된 것이다) 대체함으로써 연습문제 47의 합의 절반을 빼는 효과가 된다.

50. $U_{mn} = n\log_m n + n((\gamma-1)/\ln m - \frac{1}{2} + \delta_{-1}(n)) + m/(m-1) - 1/(2\ln m) - \frac{1}{2}\delta_1(n) + O(n^{-1})$이다. 여기서 $\delta_s(n)$는 연습문제 46 해답의 해당 수식에서 $\ln 2$를 $\ln m$으로, lg를 $\log_m$으로 대체한 것이다. 〔참고: m = 2, 3, 4, 5, 10, 100, 1000, 10^6에 대해 각각 $\delta_{-1}(n) <$ .000041227, .000041227, .0002963, .0008501433, .0062704, .06797, .1525, .348이다.〕

51. $N=2m$라고 하자. $a>(k+1)/2$라고 할 때, 합 (35)가

$$\sum_{t\geq 1}\frac{1}{2\pi i}\int_{a-i\infty}^{a+i\infty}\Gamma(z)(t^2/N)^{-z}t^k\,dz=\frac{1}{2\pi i}\int_{a-i\infty}^{a+i\infty}\Gamma(z)N^z\zeta(2z-k)\,dz$$

와 같을 때에는 그것을 $t\geq 1$에 대한 합으로 확장할 수 있다. 따라서 제타 함수의 성질들을 알아야 한다. $\Re(w)\geq -q$일 때에는 $|w|\to\infty$에 따라 $\zeta(w)=O(|w|^{q+1})$이다. 따라서 잉여들만 고려하면 적분의 선을 얼마든지 왼쪽으로 옮길 수 있다. 인수 $\Gamma(z)$는 $0,-1,-2,\ldots$에서 극들을 가지며, $\zeta(2z-k)$는 오직 $z=(k+1)/2$에서만 하나의 극을 가진다. $z=-j$에서의 잉여는 $N^{-j}(-1)^j\zeta(-2j-k)/j!$이며, $\zeta(-n)=(-1)^nB_{n+1}/(n+1)$이다. $z=(k+1)/2$에서의 잉여는 $\frac{1}{2}\Gamma((k+1)/2)N^{(k+1)/2}$이다. 그런데 $k=-1$일 때에는 $z=0$에 이중극이 존재한다. 그리고 $\zeta(z)=1/(z-1)+\gamma+O(|z-1|)$이다. 따라서 이 경우 0에서의 잉여는 $\gamma+\frac{1}{2}\ln N-\frac{1}{2}\gamma$이다. 그러므로 연습문제 44의 답에서 언급한 점근 급수를 얻게 된다.

52. $x=t/n$으로 두면

$$\binom{2n}{n+t}\Big/\binom{2n}{n}=\exp(-2n(x^2/1\cdot 2+x^4/3\cdot 4+\cdots)+(x^2/2+x^4/4+\cdots)$$
$$-(1/6n)(x^2-x^4+\cdots)+\cdots)$$

이다. 이제 요구된 합을 여러 k에 대해 $\sum_{t\geq 1}t^kd(t)e^{-t^2/n}$으로 표현할 수 있다. 연습문제 51에서처럼 진행하되, $\zeta(z)^2=\sum_{t\geq 1}d(t)t^{-z}$이므로 $k\geq 0$일 때 $\Gamma(z)n^z\zeta(2z-k)^2$의 잉여를 평가해야 한다. $z=-j$에서 잉여는

$$n^{-j}(-1)^j(B_{2j+k+1}/(2j+k+1))^2/j!$$

이고 $z=(k+1)/2$에서는 $n^{(k+1)/2}\,\Gamma((k+1)/2)(\gamma+\frac{1}{4}\psi((k+1)/2))$이다. 여기서 $\psi(z)=\Gamma'(z)/\Gamma(z)-H_{z-1}-\gamma$이다. 즉, 예를 들어 $k=0$일 때 모든 M에 대해 $\sum_{t\geq 1}e^{-t^2/n}d(t)=\frac{1}{4}\sqrt{\pi n}\ln n+(\frac{3}{4}\gamma-\frac{1}{2}\ln 2)\sqrt{\pi n}+\frac{1}{4}+O(n^{-M})$이다. $S_n\Big/\binom{2n}{n}$에 대해 이 수량에 $(\frac{1}{32}\ln n+\frac{3}{32}\gamma+\frac{1}{24}-\frac{1}{16}\ln 2)\sqrt{\pi/n}+O(n^{-1})$를 더해 볼 것. (연습문제 1.2.7-23과 1.2.9-19 참고.)

53. $q=1-p$라고 하자. 연습문제 36(c)를 일반화해서, 만일

$$x_n=a_n+\sum_{k\geq 2}\binom{n}{k}(p^kq^{n-k}+q^kp^{n-k})x_k$$

이면

$$x_n=a_n+\sum_{k\geq 2}\binom{n}{k}(-1)^k\hat{a}_k(p^k+q^k)/(1-p^k-q^k)$$

이다. 따라서 이전과 마찬가지 방식으로 B_N과 C_N을 구할 수 있다. B_N의 인수 $\frac{1}{4}$는 pq로 대체해야 한다. U_N의 점근적 조사 횟수는 본문에서와 본질적으로 동일한 방식으로 구할 수 있다. 단

$$T_n = \sum_{r \geq 1,\ s \geq 0} \binom{r}{s} (e^{-np^s q^{r-s}} - 1 + np^s q^{r-s})$$

$$= \frac{1}{2\pi i} \int_{-3/2 - i\infty}^{-3/2 + i\infty} \Gamma(z) n^{-z} (p^{-z} + q^{-z})\ dz / (1 - p^{-z} - q^{-z})$$

$$= (n/h_p)(\ln n + \gamma - 1 + h_p^{(2)}/2h_p - h_p + \delta(n)) + O(1)$$

로 두어야 하는데, 여기서 $h_p = -(p \ln p + q \ln q)$, $h_p^{(2)} = p(\ln p)^2 + q(\ln q)^2$이고 $\delta(n) = \sum \Gamma(z) n^{-1-z}/h_p$는 $p^{-z} + q^{-z} = 1$을 만족하는 모든 복소수 $z \neq 1$에 대한 합이다. 후자의 점들의 집합은 일반적으로 분석하는 게 어려워 보인다. 그러나 $p = \phi^{-1}$, $q = \phi^{-2}$일 때 해들은 $z = (-1)^{k+1} + k\pi i/\ln \phi$이다. 우세항 $(n \ln n)/h_p$은 연습문제 29의 답에서 인용한 판엠던의 일반 공식으로부터 구할 수 있다. $p = \phi^{-1}$에 대해 $1/h_p \approx 1.503718$이다. $1/h_{1/2} \approx 1.442695$와 비견된다.

54. C가 반지름이 $(M + \frac{1}{2})b$인 원이라고 하자. 그러면 $M \to \infty$에 따라 적분은 C에 대해 0이 된다. (이제는 U_n의 점근 형식을 새로운 방식으로, $\Gamma(n+1)/\Gamma(n+ibm)$을 전개함으로써 유도할 수 있다. 이 연습문제의 방법은

$$\sum_k \binom{n}{k} (-1)^{n-k} f(k) = \frac{-1}{2\pi i} \oint B(n+1, -z) f(z)\, dz$$

형태의 모든 합에 적용된다. 여기서 f는 적절히 좋은 습성을 가진 함수이다. 후자의 공식은 N. E. Nörlund의 *Vorlesungen über Differenzenrechnung* (Berlin: Springer, 1924), §103에 나온다.)

55. 프로그램 Q의 줄 04-06을 다음으로 대체한다.

```
2H ENTA 0,2
   INCA 0,3
   SRB  1
   STA  *+1(0:2)
   ENT4 *
   LDA  INPUT,2    rA ← a
   LDX  INPUT,3    rX ← c
   CMPA INPUT,3
   JL   1F
   CMPA INPUT,4    rA: b
   JLE  3F
   CMPX INPUT,4    rX: b
   JG   4F
   STA  INPUT,3    c ≤ b < a
   STX  INPUT,2
5H LDA  INPUT,4    rA ← b
   JMP  6F
4H LDA  INPUT,3    b < c ≤ a
   LDX  INPUT,2
   STX  INPUT,3
   JMP  5F
3H STX  INPUT,2    c ≤ a ≤ b
   LDX  INPUT,4
   STX  INPUT,3
   JMP  6F
1H CMPA INPUT,4
   JGE  5F
   CMPX INPUT,4    a < b, c
   JGE  B
   LDA  INPUT,3    a < c < b
   LDX  INPUT,4
   STX  INPUT,3
   JMP  6F
5H LDX  INPUT,4    b ≤ a < c
   STX  INPUT,2
6H LDX  INPUT+1,2
   STX  INPUT,4
   ENT4 2,2
   ENT5 0,3
   STA  INPUT+1,2
```

(마지막 STA 명령의 의미는 식 (27) 다음의 해설을 볼 것.) 그리고 줄 22의 명령을 'STX INPUT+1,2'

로 대체한다. 만일 이진 자리이동을 사용할 수 없는 경우라면 이 명령들 중 처음 세 개를 'ENTX 0,2; INCX 0,3; ENTA 0; DIV =2='로 대체해야 한다.

이 프로그램은 본질적으로 R_{l+1}을 $R_{\lfloor(l+r)/2\rfloor}$로 교환하고 세 레코드 R_l, R_{l+1}, R_r을 정렬한 후 $R_{l+1}\ldots R_{r-1}$에 통상의 분할을 적용한다. 코드 몇 줄을 절약하기 위해 그냥 중앙값 원소를 rA에 넣고 R_l을 그 중앙값이 있던 자리에 옮긴 다음 프로그램 Q를 원래 형태 그대로 사용하고 싶기도 할 것이다. 그러나 그런 접근방식은 나쁜 결과를 낸다. 왜냐하면 파일 $N\ N-1\ \ldots\ 1$을 정렬하는 데 N^2 규모의 단계들이 필요하기 때문이다. (콜드릭D. B. Coldrick이 처음 발견한 이러한 놀라운 결과는 믿을 수 밖에 없는 것으로 보인다. 직접 시도해 볼 것.) 위에서 제시한 기법은 세지윅R. Sedgewick에서 기인한 것으로, 그처럼 간단한 최악의 경우의 비정상 행동들을 일으키지 않으며 실행도 더 빠른 것으로 보인다.

이러한 3중앙 분할 방안을 사용하는 경우 알고리즘은 K_{N+1}을 조사하지 않으나, 단계 9에서는 여전히 K_0을 조사할 수 있다.

56. $y_n = nx_n$, $u_n = ny_{n+1} - (n+2)y_n$, $v_n = \nu_{n+1} - (n-5)u_n$으로 두면 $n > m$에 대해 점화식 $\binom{n}{3}x_n = b_n + 2\sum_{k=1}^{n}(k-1)(n-k)x_{k-1}$을 풀 수 있다. 이로부터 $n > m$에 대해 $v_n = 6(b_{n+2} - 2b_{n+1} + b_n)$이라는 결과가 나온다. 예: $n \le m$에 대해 $x_n = \delta_{n1}$이라고 하자. 그리고 $b_n \equiv 0$이라고 하자. 그러면 모든 $n > m$에 대해 $v_n = 0$이며, 따라서 $n^{\underline{5}}u_{n+1} = m^{\underline{5}}u_{m+1}$이다. $y_{m+1} = 12/m$이고 $y_{m+2} = 12/(m+1)$이므로 결국은 $n > m$에 대해 $x_n = \frac{48}{7}(n+1)/m(m+1)(m+2) + \frac{36}{7}(m-1)^{\underline{4}}/n^{\underline{6}}$임을 구할 수 있다. 일반화하자면, $f_n = (12/(n-1)(n-2))\sum_{k=1}^{n}(k-1)(n-k)x_{k-1}$이라고 두었을 때, b_n이 항상 0이면 $n > m$에 대한 해는

$$x_n = (n+1)\frac{(m+1)f_{m+2} - (m-4)f_{m+1}}{7(m+1)(m+2)} - \frac{((m+1)f_{m+2} - (m+3)f_{m+1})m^{\underline{5}}}{7n^{\underline{6}}}$$

이다. $b_n = \binom{n}{3}\Big/n^{\underline{p}}$이고 $n \le m$에 대해 $x_n = 0$일 때의 해는 $n > m$에 대해

$$\frac{x_n}{n+1} = \frac{(p-3)(p-2)}{(p-6)(p+1)(n+1)^{\underline{p+1}}} + \frac{12}{7}\frac{1}{(p+1)(m+2)^{\underline{p+1}}} - \frac{12}{7}\frac{(m+1-p)^{\underline{6-p}}}{(p-6)(n+1)^{\underline{7}}}$$

이다. $p = -1$일 때를 제외하면 $x_n/(n+1) = \frac{12}{7}(H_{n+1} - H_{m+2}) + \frac{37}{49} + \frac{12}{49}(m+2)^{\underline{7}}/(n+1)^{\underline{7}}$이고, $p=6$일 때 $x_n/(n+1) = -\frac{12}{7}(H_{n-6} - H_{m-5})/(n+1)^{\underline{7}} + \frac{12}{49}/(m+2)^{\underline{7}} + \frac{37}{49}/(n+1)^{\underline{7}}$이다.

연습문제 21-23에서와 비슷한 논증에 의해, 첫 분할 페이즈가 이제는 A에 1을, B에 t를, C에 $N-1$을 기여함을 알 수 있다. 여기서 t는 연습문제 55의 재배치가 일어난 후라는 점만 빼고는 이전과 동일하게 정의된다. 이러한 새로운 가정 하에서 $b_{stN} = 6\binom{s-2}{t}\binom{N-s-1}{t}\Big/N\binom{N-1}{s-1}$이다. 따라서 위에 언급된 점화식은 다음과 같은 방식들로 발생한다:

	$N \le M$에 대한 값	$N > M$에 대한 $b_N / \binom{N}{3}$	$N > M$에 대한 해
A_N	0	1	$(N+1)(\frac{12}{7}/(M+2)) - 1 + O(N-6)$
B_N	0	$(N-4)/5$	$(C_N - 3A_N)/5$
C_N	0	$N-1$	$(N+1)(\frac{12}{7}(H_{N+1} - H_{M+2}) + \frac{37}{49} - \frac{24}{7}/(M+2)) + 2 + O(N-6)$
D_N	$N - H_N$	0	$(N+1)(1 - \frac{12}{7}H_{M+1}/(M+2) - \frac{4}{7}/(M+2)) + O(N-6)$
E_N	$N(N-1)/4$	0	$(N+1)(\frac{6}{35}M - \frac{17}{35} + \frac{6}{7}/(M+2)) + O(N-6)$

비슷하게, $S_N = \frac{3}{7}(N+1)(5M+3)/(2M+3)(2M+1) - 1 + O(N^{-6})$이다. 연습문제 55의 프로그램의 총 평균 실행 시간은 $53\frac{1}{2}A_N + 11B_N + 4C_N + 3D_N + 8E_N + 9S_N + 7N$이다. $M = 9$로 두는 것이 $M = 10$일 때보다 아주 약간 낫다. 그런 경우 평균 시간은 근사적으로 $10\frac{22}{35}N \ln N + 2.116N$이다 〔*Acta Inf.* 7 (1977), 336-341〕. SRB 대신 DIV를 사용하는 경우에는 평균 실행 시간에 $11A_N$을 더하고, $M = 10$로 둘 것.

5.2.3절

1. 아니다. $K_1 > K_2 = \cdots = K_N$인 경우를 생각해 볼 것. 그러나 ∞를 사용하는 방법(알고리즘 S 바로 전에 설명한)은 안정적이다.

2. 목록을 큰 색인에서 작은 색인으로 훑을 때에는, 메모리에 순차적으로 저장되어 있는 선형 목록을 운행하는 게 약간 빠른 경우가 많다. 일반적으로 컴퓨터에게는 색인이 0인지를 판정하는 것이 색인이 N을 넘는지를 판정하는 것보다 더 쉽기 때문이다. (단계 S2에서 검색을 j에서 1로 내려가면서 진행하는 것도 그런 이유 때문이다. 그러나 연습문제 8도 볼 것!)

3. (a) 순열 $a_1 \ldots a_{N-1}N$은 다음과 같은 입력들에서 나온다.

$$N\,a_2 \ldots a_{N-1}\,a_1,\quad a_1\,N\,a_3 \ldots a_{N-1}\,a_2,\quad \ldots,\quad a_1\,a_2 \ldots a_{N-2}\,N\,a_{N-1},\quad a_1 \ldots a_{N-1}\,N.$$

(b) 1.2.10절에서 보았듯이, 단계 S2의 첫 반복에서 최대값이 바뀌는 평균 횟수는 $H_N - 1$이다. 〔따라서 B_N를 식 1.2.7-(8)에서 구할 수 있다.〕

4. 만일 입력이 $\{1, 2, \ldots, N\}$의 한 순열이면 단계 S3에서 $i = j$인 횟수는 순열의 순환마디 개수에서 1을 뺀 것과 정확히 같다. (실제로, 단계 S2와 S3이 그냥 원소 j를 해당 순환마디에서 제거하는 것뿐임을 보이는 게 어렵지 않다. 따라서 S3은 j가 해당 순환마디에서 가장 작은 원소였을 때에만 비활성화된다.) 식 1.3.3-(21)에 의해, 단계 S3의 $N - 1$번의 실행들 중 평균 $H_N - 1$번을 절약할 수 있다.

따라서 단계 S3 앞에 추가적인 판정 "$i = j$?"을 삽입하는 것은 비효율적이다. 그러나 i와 j를 비교하는 대신, 초기의 추측값 K_j가 최대값 검색 도중 변하지 않는다면 S3이 결코 수행되지 않도록 코드의 일부를 중복함으로써 S2에 대한 프로그램을 조금 늘리는 방법이 있다. 그러면 프로그램 S가 아주 조금 빨라진다.

5. $(N-1)+(N-3)+\cdots=\lfloor N^2/4\rfloor$.

6. (a) 만일 단계 S3에서 $i\neq j$이면 그 단계는 반전 개수를 $2m-1$만큼 줄인다. 여기서 m은 K_i와 K_j 사이에 있는 $K_{i+1}\ldots K_{j-1}$의 키들의 개수보다 하나 많은 값이다. m이 이전 단계 S2에서의 B에 대한 기여보다 작음은 명백하다. 이제 연습문제 4의 관찰을 적용해서, 순환마디들을 조건 $i=j$에 연결해 볼 것. (b) $N\ldots 2\,1$에서 순서가 맞지 않는 인접 원소들을 계속 교환함으로써 모든 순열을 얻을 수 있다. (순열을 감소 순서로 정렬하는 교환들을 역순으로 적용할 것.) 그러한 모든 연산은 I를 1 감소하며 C를 ± 1로 변경한다. 따라서 $I-C$의 값이 $N\ldots 2\,1$에 대한 해당 값을 넘는 순열은 없다. [연습문제 5에 의해, 부등식 $B\leq\lfloor N^2/4\rfloor$이 가능한 최상의 결과이다.]

7. 야오A. C. Yao는 "On straight selection sort," Computer Science Technical Report 185 (Princeton University, 1988)에서 분산이 $\alpha N^{1.5}+O(N^{1.495}\log N)$임을 보였다. 여기서 $\alpha=\frac{4}{3}\sqrt{\pi}\ln\frac{4}{e}\approx 0.9129$이다. 그는 또한 실제 오차항이 훨씬 작다고 추측했다.

8. $\max(K_1,\ldots,K_{i-1})$을 기억해 두었다면 단계 S2의 다음 반복을 위치 K_i에서 시작할 수 있다. 이러한 모든 보조 정보를 유지하는 한 가지 방법은, K_k가 굵은 글씨일 때는 항상 K_{L_k}가 이전의 굵은 글씨 원소임을 만족하며 $L_1=0$인 하나의 링크표 $L_1\ldots L_N$을 사용하는 것이다. [비교들을 일부 중복하는 대신 더 적은 보조 저장소를 사용하는 것도 가능하다.]

다음의 MIX 프로그램은 내부 루프를 더 빠르게 하기 위해 주소 수정을 사용한다. $\mathrm{rI1}\equiv j$, $\mathrm{rI2}\equiv k-j$, $\mathrm{rI3}\equiv i$, $\mathrm{rA}\equiv K_i$.

```
START ENT1 N              1          j ← N.
      STZ  LINK+1         1
      JMP  0F             1
1H    ST1  6F(0:2)        N − D      루프의 주소들을 수정.
      ENT4 INPUT,1        N − D
      ST4  7F(0:2)        N − D
      ENT4 LINK,1         N − D
      ST4  8F(0:2)        N − D
7H    CMPA INPUT+J,2      A                                   [주소 수정됨]
      JGE  *+4            A          만일 K_i ≥ K_k이면 점프.
8H    ST3  LINK+J,2       N + 1 − C  그렇지 않으면 L_k ← i,   [주소 수정됨]
6H    ENT3 J,2            N + 1 − C  i ← k.                   [주소 수정됨]
      LDA  INPUT,3        N + 1 − C
      INC2 1              A          k ← k + 1.
      J2NP 7B             A          만일 k ≤ j이면 점프.
4H    LDX  INPUT,1        N
```

```
          STX   INPUT,3     N       Ri ← Rj.
          STA   INPUT,1     N       Rj ← 이전의 Ri.
          DEC1  1           N       j ← j − 1.
          ENT2  0,3         N       rI2 ← i.
          LD3   LINK,3      N       i ← Li.
          J3NZ  5F          N       만일 i > 0이면 k는 i에서 시작.
     9H   ENT3  1           C       그렇지 않으면 i ← 1.
          ENT2  2           C       k는 2에서 시작.
     5H   DEC2  0,1         N+1
          LDA   INPUT,3     N+1     rA ← Ki.
          J2NP  1B          N+1     만일 k ≤ j이면 점프.
          J1P   4B          D+1     만일 j > 0이면 점프.  ▮
```

9. $N-1+\sum_{N\ge k\ge 2}((k-1)/2-1/k)=\frac{1}{2}\binom{N}{2}+N-H_N$. 〔$C$와 D의 평균값은 각각 H_N+1과 $H_N-\frac{1}{2}$이다. 따라서 프로그램의 평균 실행 시간은 $(1.25N^2+31.75N-15H_N+14.5)u$이다.〕 프로그램 H는 훨씬 낫다.

10.

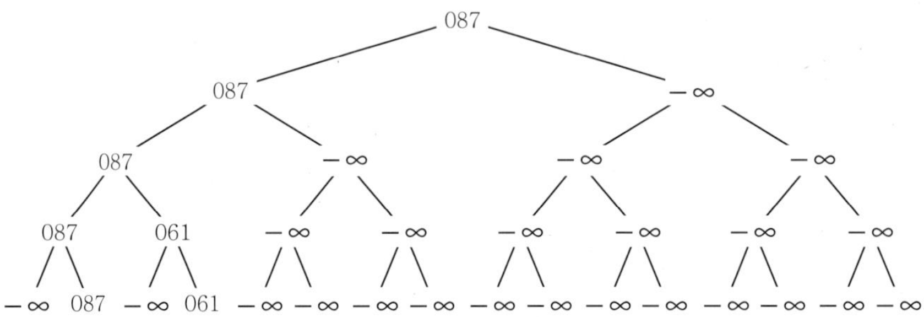

11.

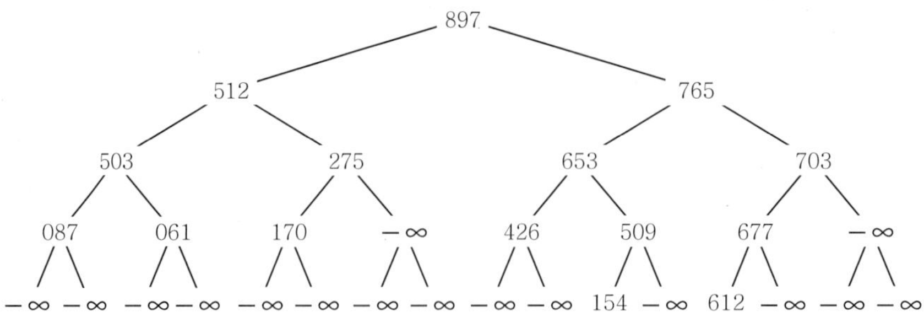

12. 한 가지 노드의 각 $-\infty$마다 한 번씩, 총 2^n-1번이다.

13. $K\ge K_{r+1}$인 경우, 만일 $j=r$이면 단계 H4에서 H5로 가게 된다. (단계 H5는 $K_r<K_{r+1}$가 아닌 한 비활성화되나, 그런 경우 어차피 단계 H6은 H8로 가게 된다.) 알고리즘 전반에서 $K\ge K_{r+1}$를 보장하기 위해서는 다음과 같이 하면 된다: $K_{N+1}\le\min(K_1,\ldots,K_N)$로 시작한다. 단계 H2에서 $R_r\leftarrow R_1$로 설정하는 대신 $R_{r+1}\leftarrow R_{N+1}$, $R_{N+1}\leftarrow R_1$로 설정한다. 또한 $r=1$ 이후에 $R_2\leftarrow$

R_{N+1}로 설정한다. (이 요령에 의해 알고리즘이 더 빨라지지는 않으며, 프로그램 H가 더 짧아지지도 않는다.)

14. 원소 하나를 삽입할 때 그 원소에 이전에 부여된 모든 키보다 작은(또는 스택의 경우 큰) 키를 부여하면 단순 대기열(또는 스택)의 효과가 난다.

15. 약간 까다롭긴 하나, 다음의 답은 효율성을 위해 모든 3의 배수들을 피한다 [*CACM* 10 (1967), 570].

P1. [초기화.] $p[1] \leftarrow 2$, $p[2] \leftarrow 3$, $k \leftarrow 2$, $n \leftarrow 5$, $d \leftarrow 2$, $r \leftarrow 1$, $t \leftarrow 25$로 설정하고 $(25, 10, 30)$을 우선순위 대기열에 넣는다. (이 알고리즘에서 $p[i] = i$번째 소수, $k =$ 지금까지 발견한 소수들의 개수, $n =$ 소수 후보, $d =$ 다음 후보까지의 거리, $r =$ 대기열에 있는 원소들의 개수, $t = p[r+2]^2 = r$을 증가해야 할 다음 번 n이다. 대기열에는 $(u, v, 6p)$ 형태의 항목들이 들어가는데 여기서 p는 u의 소인수이고 $v = 2p$ 또는 $4p$이며 $u+v$는 3의 배수가 아니다.)

P2. [q를 전진.] 첫 성분이 가장 작은 대기열 원소를 (q, q', q'')이라고 하자. 대기열에서 그것을 $(q+q', q''-q', q'')$으로 대체한다. (이는 반드시 제외시켜야 할 다음 번 $q''/6$의 배수를 의미한다.) 만일 $n > q$이면 이 단계를 $n \le q$가 될 때까지 반복한다.

P3. [n이 소수인지 점검.] 만일 $n > N$이면 알고리즘을 끝낸다. 그렇지 않으면, 만일 $n < q$이면 $k \leftarrow k+1$, $p[k] \leftarrow n$, $n \leftarrow n+d$, $d \leftarrow 6-d$로 설정하고 이 단계를 반복한다.

P4. [$\sqrt{n}$이 소수인지 점검.] (이제 $n = q$은 소수가 아니다.) 만일 $n = t$이면 $r \leftarrow r+1$, $u \leftarrow p[r+2]$, $t \leftarrow u^2$으로 설정하고 $u \bmod 3 = 2$이냐 $u \bmod 3 = 1$이냐에 따라 $(t, 2u, 6u)$ 또는 $(t, 4u, 6u)$를 대기열에 넣는다.

P5. [n을 전진.] $n \leftarrow n+d$, $d \leftarrow 6-d$로 설정하고 P2로 돌아간다. ▮

계산의 시작 부분은 다음과 같다.

대기열 내용	발견한 소수들
(25, 10, 30)	5, 7, 11, 13, 17, 19, 23
(35, 20, 30)(49, 28, 42)	29, 31
(49, 28, 42)(55, 10, 30)	37, 41, 43, 47
(55, 10, 30)(77, 14, 42)(121, 22, 66)	53

만일 대기열을 힙 형태로 관리한다면 $\le N$인 모든 소수를 $O(N \log N \log\log N)$단계로 찾을 수 있다. 힙의 길이는 소수 개수 $\le \sqrt{N}$를 넘지 않으며, p에 대한 항목은 $O(N/p)$번 갱신된다. 연습문제 4.5.4-8에서 구현한 에라토스테네스Eratosthenes의 체는 훨씬 더 많은 저장소 임의 접근을 요구하는 $O(N \log\log N)$ 방법이다. 좀 더 효율적인 구현을 7.1.3절에서 논의한다.

16. I1. 〔새 말단 노드 j를 생성.〕 $K \leftarrow$ 삽입할 키, $j \leftarrow n+1$로 설정한다.

I2. 〔j의 부모를 찾는다.〕 $i \leftarrow \lfloor j/2 \rfloor$으로 설정한다.

I3. 〔끝인가?〕 만일 $i=0$ 또는 $K_i \geq K$이면 $K_j \leftarrow K$로 설정하고 알고리즘을 끝낸다.

I4. 〔j를 가려내서 위로 이동한다.〕 $K_j \leftarrow K_i$, $j \leftarrow i$로 설정하고 I2로 돌아간다. ▮

〔포터T. Porter와 사이먼I. Simon은 *IEEE Trans.* SE-1 (1975), 292-298에서, 균등 난수들의 무작위 힙이 주어졌을 때 A_{n+1}이 단계 4의 평균 수행 횟수라고 하면 $n>1$에 대해 $A_n = \lfloor \lg n \rfloor + (1-n^{-1})A_{n'}$임을 보였다. 여기서 $n=(1b_{l-1}b_{l-2}\ldots b_0)_2$는 $n'=(1b_{l-2}\ldots b_0)_2$를 함의한다. 만일 $l=\lfloor \lg n \rfloor$이면 이 값은 항상 $\geq A_{2^{l+1}-1} = (2^{l+1}-2)/(2^{l+1}-1)$이며, α가 (19)의 상수라고 할 때 항상 $\leq A_{2^l} < \alpha$이다.〕

17. 파일 1 2 3은 알고리즘 H의 경우에는 힙 3 2 1로 가나 연습문제 16의 경우에는 3 1 2로 간다. 〔참고: 후자의 힙 생성 방법은 최악의 경우 규모가 $N \log N$이다. 그러나 실험적 검정들에 따르면 힙 생성 도중의 단계 2의 평균 반복 횟수는 무작위 입력에 대해 약 $2.28N$보다 작다. 헤이워드R. Hayward와 맥더미드C. McDiarmid는 비례 상수가 2.2778과 2.2994 사이임을 엄밀하게 증명했다 〔*J. Algorithms* 12 (1991), 126-153〕.〕

18. 단계 H6을 삭제하고, 단계 H8을 다음으로 대체한다.

H8′. 〔다시 위로 이동.〕 $j \leftarrow i$, $i \leftarrow \lfloor j/2 \rfloor$으로 설정한다.

H9′. 〔K가 적합한가?〕 만일 $K \leq K_i$ 또는 $j=l$이면 $R_j \leftarrow R$로 설정하고 H2로 돌아간다. 그렇지 않으면 $R_j \leftarrow R_i$로 설정하고 H8′으로 돌아간다. ▮

이 방법은 본질적으로 연습문제 16과 동일하나, 힙의 출발 장소가 다르다. 파일의 전체 변화는 알고리즘 H에서와 같다. 이 방법에 대한 실험적 검정들에 따르면 선택 페이즈 도중 한 번의 뽑아올리기에서 $R_j \leftarrow R_i$인 경우가 $(0, 1, 2)$번일 확률은 각각 $(.837, .135, .016)$이다. 이 방법은 프로그램 H를 조금 길게 만들지만 점근 속도를 $(13N \lg N + O(N))u$로 개선한다. 색인 레지스터의 값을 절반으로 만드는 어떤 `MIX` 명령이 있다면 좋을 것이다.

맥더미드C. J. H. McDiarmid와 리드B. A. Reed는 이러한 수정에 의해 힙 생성 페이즈 도중의 비교들도 평균 $(3\beta-8)N \approx 0.232N$번 줄어든다는 점을 증명했다 〔*J. Algorithms* 10 (1989), 352-365〕. 여기서 β는 연습문제 27의 정의를 따른다. 플로이드의 개선안에 대한 추가적인 분석에 대해서는 I. Wegener, *Theoretical Comp. Sci.* 118 (1993), 81-98을 볼 것.

우J. Wu와 주H. Zhu는 이진 검색도 사용할 수 있으며 그런 경우 선택 페이즈의 각 뽑아올리기에 많아야 $\lg N + \lg\lg N$회의 비교와 $\lg N$회의 이동에 관여함을 지적했다 〔*J. Comp. Sci. and Tech.* 9 (1994), 261-266〕.

19. 연습문제 18의 개정된 뽑아올리기 알고리즘에서처럼 진행하되 $K=K_N$, $l=1$, $r=N-1$로 두고 단계 H3에서 주어진 j의 값으로 시작한다.

20. $0 \le k \le n$에 대해, 이진 표현이 어떤 $q \ge 0$에 대해 $(b_n \ldots b_k a_1 \ldots a_q)_2$ 형태인 N 이하의 양의 정수들은 명백히 $(b_{k-1} \ldots b_0)_2 + 1 + \sum_{0 \le q < k} 2^q = (1b_{k-1} \ldots b_0)_2$개이다.

21. $j = (c_r \ldots c_0)_2$가 범위 $\lfloor N/2^{k+1} \rfloor = (b_n \ldots b_{k+1})_2 < j < (b_n \ldots b_k)_2 = \lfloor N/2^k \rfloor$ 안에 있다고 하자. 그러면 s_j는 이진 표현이 어떤 $q \ge 0$에 대해 $(c_r \ldots c_0 a_1 \ldots a_q)_2$ 형태인 N 이하의 양의 정수들의 개수, 즉 $\sum_{0 \le q \le k} 2^q = 2^{k+1} - 1$이다. 따라서 크기가 $2^{k+1} - 1$인 비특수 하위트리 개수는

$$\lfloor N/2^k \rfloor - \lfloor N/2^{k+1} \rfloor - 1 = \lfloor (N - 2^k)/2^{k+1} \rfloor$$

이다. [후자의 항등식을 증명하려면, 연습문제 1.2.4-38의 복제 법칙을 $n = 2$, $x = N/2^{k+1}$으로 두어서 적용해 볼 것.]

22. $l = 1$ 이전에서 가능한 다섯 가지는 5 3 4 1 2, 3 5 4 1 2, 4 3 5 1 2, 1 5 4 3 2, 2 5 4 1 3이다. 이러한 순열 $a_1 a_2 a_3 a_4 a_5$ 각각은 $l = 2$ 이선에 세 가지 가능한 순열 $a_1 a_2 a_3 a_4 a_5$, $a_1 a_4 a_3 a_2 a_5$, $a_1 a_5 a_3 a_4 a_2$로 이어진다.

23. (a) B회의 반복 이후에 $j \ge 2^B l$이다. 따라서 $2^B l \le r$이다. (b) $\sum_{l=1}^{n} \lfloor \log_2 (N/l) \rfloor = (\lfloor N/2 \rfloor - \lfloor N/4 \rfloor) + 2(\lfloor N/4 \rfloor - \lfloor N/8 \rfloor) + 3(\lfloor N/8 \rfloor - \lfloor N/16 \rfloor) + \cdots = \lfloor N/2 \rfloor + \lfloor N/4 \rfloor + \lfloor N/8 \rfloor + \cdots = N - \nu(N)$이 성립한다. 여기서 $\nu(N)$은 N의 이진 표현 중 1들의 개수이다. 또한 연습문제 1.2.4-42에 의해 $\sum_{r=1}^{N-1} \lfloor \lg r \rfloor = N \lfloor \lg N \rfloor - 2^{\lfloor \lg N \rfloor + 1} + 2$이다. 정리 H에 따르면 힙 생성 페이즈 도중 B에 대한 상계로는 이것이 가능한 최고의 값이다. 더 나아가서, 키 $\{1, 2, \ldots, N\}$을 담는 힙들 중 알고리즘 H의 선택 페이즈 전반에서 K가 항상 1과 같게 되는 것이 유일하게 하나 존재함을 주목할 필요가 있을 것이다. (예를 들어 $N = 7$일 때 그러한 힙은 7 5 6 2 4 3 1이다. N에서 $N+1$로 넘어가는 게 어렵지는 않다.) 힙 정렬의 선택 페이즈에서 B는 이러한 힙에서 최대가 된다(또한 D의 최대값 $\lceil N/2 \rceil - 1$도 이 힙에서 나온다). 따라서 정렬 전체에서 B에 대한 최고의 상계는 $N - \nu(N) + N \lfloor \lg N \rfloor - 2^{\lfloor \lg N \rfloor + 1} + 2$이다.

24. $\sum_{k=1}^{N} \lfloor \lg k \rfloor^2 = (N + 1 - 2^n) n^2 + \sum_{0 < k < n} k^2 2^k = (N+1) n^2 - (2n-3) 2^{n+1} - 6$, 여기서 $n = \lfloor \lg N \rfloor$ (연습문제 4.5.2-22 참고). 따라서 마지막 뽑아올리기의 분산은 $\beta_N = ((N+1)n^2 - (2n-3)2^{n+1} - 6)/N - ((N+1)n + 2 - 2^{n+1})^2/N^2 = O(1)$이다. B'_N의 표준편차는 $(\sum \{\beta_s \mid s \in M_N\})^{1/2} = O(\sqrt{N})$이다.

25. 뽑아올리기는 "균등"하며, 각 비교 $K_j : K_{j+1}$이 $<$일 확률은 $\frac{1}{2}$이다. 이 경우 C로의 평균 기여는 A와 B로의 평균 기여들의 합의 단 2분의 1, 즉 $((2n-1)2^{n-1} + \frac{1}{2})/(2^{n+1} - 1)$이다.

26. (a) $(\frac{10}{25} + \frac{1}{2} + 1\frac{3}{9} + \frac{1}{2} + 1\frac{1}{2} + 1\frac{2}{5} + 2\frac{1}{2} + \frac{1}{2} + 1\frac{1}{2} + 1\frac{1}{2} + 2\frac{1}{2} + 1\frac{1}{2} + 2 + 2 + 3 + 0 + 1 + 1 + 2 + 1 + 2 + 2 + 3 + 1 + 2 + 2)/26 = 1189/780 \approx 1.524$.

(b) $(\sum_{k=1}^{N} \nu(k) - N + \frac{1}{2} \lfloor N/2 \rfloor - \frac{1}{2} n + \sum_{k=1}^{n-1} \min(\alpha_{k-1}, \alpha_k - \alpha_{k-1} - 1)/(\alpha_k - 1))/N$,

여기서 $\nu(k)$는 k의 이진 표현의 1들의 개수, 그리고 $\alpha_k = (1b_k \ldots b_0)_2$. $e_1 > e_2 > \cdots > e_t \geq 0$이라 할 때 만일 $N = 2^{e_1} + 2^{e_2} + \cdots + 2^{e_t}$이면 $\sum_{k=0}^{N} \nu(k) = \frac{1}{2}((e_1+2)2^{e_1} + (e_2+4)2^{e_2} + \cdots + (e_t+2t)2^{e_t}) + t - N$임을 보이는 것이 가능하다. 〔그러한 합들의 점근 성질들은 멜린Mellin 변환을 이용해서 명쾌하게 분석할 수 있다. Flajolet, Grabner, Kirschenhofer, Prodinger, Tichy, *Theoretical Comp. Sci.* 123 (1994), 291-314를 볼 것.〕

27. 렌치J. W. Wrench, Jr.는 일반 람베르트 급수(general Lambert series) $\sum_{n \geq 1} a_n x^n / (1 - x^n)$을 $\sum_{N \geq 1} (\sum_{d \backslash N} a_d) x^N = \sum_{m \geq 1} (a_m + \sum_{k \geq 1} (a_m + a_{m+k}) x^{km}) x^{m^2}$으로 전개할 수 있음을 언급했다.

〔$a_n = 1$인 경우와 $a_n = n$인 경우는 람베르트가 그의 *Anlage zur Architectonic* 2 (Riga: 1771), §875에서 소개했다. 클라우센Clausen은 $a_n = 1$인 경우에 대한 자신의 공식을 *Crelle* 3 (1828), 95에 발표했으며, 셰르크H. F. Scherk는 한 증명을 *Crelle* 9 (1832), 162-163에서 제시했다. $a_n = n$이고 $x = \frac{1}{2}$일 때 다음과 같은 수식이 나온다.

$$\beta = \sum_{n \geq 1} \frac{n}{2^n - 1} = \sum_{m \geq 1} \left(m \left(\frac{2^m + 1}{2^m - 1} \right) + \frac{2^m}{(2^m - 1)^2} \right) 2^{-m^2}$$
$$= 2.74403\ 38887\ 59488\ 36048\ 02148\ 91492\ 27216\ 43114+.$$

이 상수는 (20)에서 나타나는데, 거기서 $B'_N \sim (\beta - 2)N$과 $C'_N \sim (\frac{1}{2}\beta - \frac{1}{4}\alpha - \frac{1}{2})N$이 성립한다.〕

첨언하자면, 만일 연습문제 5.1.1-16의 첫 항등식에서 $q = x$, $z = xy$로 두고 $y = 1$에서 $\frac{\partial}{\partial y}$를 평가하면 다음과 같은 흥미로운 항등식이 나온다.

$$\sum_{n \geq 1} \frac{x^n}{1 - x^n} = \sum_{k \geq 1} k x^k (1 - x^{k+1})(1 - x^{k+2}) \ldots .$$

28. 노드 k의 자식 노드들은 $3k - 1$, $3k$, $3k + 1$이다. 부모는 $\lfloor (k+1)/3 \rfloor$이다. 이에 대한 프로그램 H와 비슷한 MIX 프로그램은 점근적으로 $21\frac{2}{3} N \log N \approx 13.7 N \lg N$단위의 시간을 소비한다. 연습문제 18의 착안을 적용하면 이는 $18\frac{2}{3} N \log_3 N \approx 11.8 N \lg N$으로 줄어드나, 3으로 나누기는 커다란 $\Theta(N)$ 항을 하나 추가한다.

t진 힙에 대한 추가적인 정보로는 S. Okoma, *Lecture Notes in Comp. Sci.* 88 (1980), 439-451을 볼 것.

30. $n = 2^t - 1 + r$이라고 하자. 여기서 $t = \lfloor \lg n \rfloor$이고 $1 \leq r \leq 2^t$이다. 그러면 $h_{2m} = [m = 0]$이고

$$n \geq 2\text{에 대해} \qquad h_{(n+1)m} \leq \sum_{j=0}^{t-2} (2^j - 1) h_{n(m-j)} + 2^{t-1} h_{n(m-t+1)} + r h_{n(m-t)}$$

이다. 수준 j의 원소들 중 뽑아올려진 후에 K_1 대신 K_{n+1}의 최종 안착 장소가 될 수 있는 원소들의 개수를 고려하면 이해가 될 것이다. 그러므로 만일 $g_{nm} = h_{nm}/2^m$이면

$$g_{(n+1)m} \le \sum_{j=0}^{t-2} \frac{2^j-1}{2^j} g_{n(m-j)} + g_{n(m-t+1)} + \frac{r}{2^t} g_{n(m-t)} \le (\lg(n+1)) \max_{m \ge 0} g_{nm}$$

이 성립하며, 이로부터 귀납법에 의해 $g_{nm} \le L_n = \prod_{k=2}^{n} \lg k$이다.

선택 페이즈 도중의 총 승격 횟수의 평균은 $B''_N = h_N^{-1} \sum_{m \ge 0} m h_{Nm}$이다. 여기서 $h_N = \sum_{m \ge 0} h_{Nm}$은 가능한 힙들의 전체 개수이다(정리 H). $B''_N \le N \lceil \lg N \rceil$임은 알고 있다. 한편 모든 m에 대해

$$B''_N \ge m - h_N^{-1} \sum_{k=1}^{m} (m-k) h_{Nk} \ge m - h_N^{-1} L_N \sum_{k=1}^{m} (m-k) 2^k > m - 2^{m+1} h_N^{-1} L_N$$

이 성립한다. $m = \lg(h_N / L_N) + O(1)$로 두면 $B''_N \ge \lg(h_N/L_N) + O(1)$이 나온다.

힙을 생성하는 데 필요한 비교 횟수는 연습문제 23(b)에 의해 $2N$을 넘지 않는다. 따라서 $h_N \ge N!/2^{2N}$이다. $L_N \le (\lg N)^N$임은 명백하므로 $\lg(h_N/L_N) \ge N \lg N - N \lg\lg N + O(N)$이다. 〔*J. Algorithms* 15 (1993), 76-100.〕

31. (에디그호퍼J. Edighoffer의 답, 1981.) A가 $2n$개의 원소들로 된 배열이고 $1 < i \le n$에 대해 $A[2\lfloor i/2 \rfloor] \le A[2i]$와 $A[2\lfloor i/2 \rfloor - 1] \ge A[2i-1]$를 만족한다고 하자. 더 나아가서 $1 \le i \le n$에 대해 $A[2i-1] \ge A[2i]$이어야 한다고 하자. (힙 구조 때문에, 후자의 조건은 오직 그것이 $n/2 < i \le n$에 대해 성립할 때에만 모든 i에 대해 성립한다.) 이 "쌍둥이 힙"은 $2n$개의 원소들을 담는다. 홀수 개수의 원소들을 처리하기 위해서는 원소 하나를 가장자리로 떼어 놓으면 된다. 이번 절의 다른 알고리즘들도 쌍둥이 힙에 맞게 적절히 수정할 수 있다. 직접 해 보면 재미있을 것이다. 이 착안은 레이우언J. van Leeuwen과 우드D. Wood가 독립적으로 발견하고 더욱 전개했다 〔*Comp. J.* 36 (1993), 209-216〕. 그들은 이러한 자료구조를 "구간 힙(interval heap)"이라고 불렀다.

32. N개의 서로 다른 원소들로 된 임의의 힙에서 가장 큰 $m = \lceil N/2 \rceil$개의 원소들로 하나의 하위트리를 형성한다. 그 원소들 중 적어도 $\lfloor m/2 \rfloor$개는 그 하위트리의 비말단이다. 왜냐하면 k개의 잎들로 된 이진트리는 많아야 $k-1$개의 잎이 아닌 노드들을 가지기 때문이다. 따라서 적어도 가장 큰 m개의 원소들 중 적어도 $\lfloor m/2 \rfloor$개가 힙의 처음 $\lfloor N/2 \rfloor$개의 위치들에 나타나게 된다. 그런 원소들은 자신의 최종 목적지에 안착하기 전에 반드시 루트 위치를 거친다. 따라서 그 원소들의 이동은 적어도 $\sum_{k=1}^{\lfloor m/2 \rfloor} \lfloor \lg k \rfloor = \frac{1}{2} m \lg m + O(m)$을 B에 기여한다(연습문제 1.2.4-42). 즉 $B_{\min}(N) \ge \frac{1}{4} N \lg N + O(N) + B_{\min}(\lfloor N/2 \rfloor)$이며, 언급된 결과는 N에 대한 귀납법으로 증명이 된다. 〔I. Wegener, *Theoretical Comp. Sci.* 118 (1993), 81-98, 정리 5.1. 셰이퍼Schaffer와 세지윅Sedgewick은, 그리고 그와 독립적으로 볼로바시Bollobás, 페너Fenner, 프리즈Frieze는 많아야 $\frac{1}{2} N \lg N + O(N \log\log N)$회의 승격을 필요로 하는 순열들을 구축한 바 있다. *J. Algorithms* 15 (1993), 76-100; 20 (1996), 205-217을 볼 것. 연습문제 30의 결과에 따르면 그런 순열들은 상당히 드물다.〕

33. P와 Q가 주어진 우선순위 대기열을 가리킨다고 하자. 다음 알고리즘은 본문에서처럼 DIST(Λ) = 0이라는 관례를 따르나, Λ가 실제로 하나의 노드인 것은 아니다.

M1. 〔초기화.〕 R ← Λ 로 설정한다.

M2. 〔목록 병합.〕 만일 Q = Λ 이면 D ← DIST(P)로 설정하고 M3으로 간다. 만일 P = Λ 이면 P ← Q, D ← DIST(P)로 설정하고 M3으로 간다. 그렇지 않고 만일 KEY(P) ≥ KEY(Q)이면 T ← RIGHT(P), RIGHT(P) ← R, R ← P, P ← T로 설정하고 단계 M2를 반복한다. 만일 KEY(P) < KEY(Q)이면 T ← RIGHT(Q), RIGHT(Q) ← R, R ← Q, Q ← T로 설정하고 단계 M2를 반복한다. (이 단계는 본질적으로 주어진 트리들의 두 "오른쪽 목록들"을 병합하는 것으로, 그것을 위해 임시로 위쪽 포인터들을 RIGHT 필드들에 삽입한다.)

M3. 〔끝인가?〕 만일 R = Λ 이면 알고리즘을 끝낸다. P가 답을 가리킨다.

M4. 〔DIST들을 결정.〕 Q ← RIGHT(R)로 설정한다. 만일 DIST(LEFT(R)) < D이면 D ← DIST(LEFT(R)) + 1, RIGHT(R) ← LEFT(R), LEFT(R) ← P로 설정한다. 그렇지 않으면 D ← D + 1, RIGHT(R) ← P로 설정한다. 마지막으로 DIST(R) ← D, P ← R, R ← Q로 설정하고 M3으로 돌아간다. ▌

34. 켐프Rainer Kemp는 전체 생성함수 $L(z) = \sum_{n \ge 0} l_n z^n = \sum_{m \ge 1} L_m(z)$의 부분들에 대한 점화식

$$L_1(z) = z, \qquad L_{m+1}(z) = L_m(z)\left(L(z) - \sum_{k=1}^{m-1} L_k(z)\right)$$

(여기서 $L_m(z) = z^{2^{m-1}} + \cdots$은 루트에서 Λ로의 최단 경로 길이가 m인 왼손잡이 트리들을 생성한다)로 시작해서, $L(z) = z + \frac{1}{2}L(z)^2 + \frac{1}{2}\sum_{m \ge 1} L_m(z)^2$임을, 그리고 $a \approx 0.25036$이고 $b \approx 2.7494879$임을 증명했다 〔*Inf. Proc. Letters* 25 (1987), 227-232; *Random Graphs* '87 (1990), 103-130〕. 1978년에 파르도Luis Trabb Pardo는 생성함수 $G(z) = zL(z)$가 우아한 관계식 $G(z) = z + G(zG(z))$를 만족함을 지적했다.

35. 삭제된 노드의 DIST 필드가 d_0이라고 하자. 그리고 병합된 트리의 DIST 필드가 d_1이라고 하자. 만일 $d_0 = d_1$이면 위로 올라갈 필요가 전혀 없다. 만일 $d_0 > d_1$이면 $d_1 = d_0 - 1$이다. 그리고 만일 n수준 위로 올라가면, P의 조상들의 새 DIST 필드들은 각각 $d_1 + 1, d_1 + 2, \ldots, d_1 + n$이다. 만일 $d_0 < d_1$이면 위쪽 경로는 반드시 왼쪽으로만 간다.

36. 일반적인 우선순위 대기열 대신 이중 연결 목록을 사용하는 게 제일 간단하다. 노드가 쓰일 때마다 그것을 목록의 한 쪽 끝으로 옮기고, 다른 쪽 끝에서는 삭제한다. 〔6.1절의 자기조직화 파일에 대한 논의를 볼 것.〕

37. 무한 힙에서 k번째로 큰 원소는 자신의 더 큰 조상들의 하위힙의 왼쪽 또는 오른쪽에 나타날 가능성이 크다. 따라서 숫자별 검색 트리의 이론을 이용해서 식 6.3-(13)의 표기법 하에서의 $e(k) = \overline{C}_k - \overline{C}_{k-1}$을 얻을 수 있다. 연습문제 6.3-28에 의해 $e(k) = \lg k + \gamma/(\ln 2) + \frac{1}{2} - \alpha + \delta_0(k) + O(k^{-1}) \approx \lg k - .274$가 성립한다. 여기서 α는 (19)에서 정의되며 $\delta_0(k)$는 $\lg k$의 주기함수이다. 〔P. V. Poblete, *BIT* 33 (1993), 411-412.〕

38. $M_0 = \emptyset; M_1 = \{1\}$; $N > 1$에 대해 $M_N = \{N\} \uplus M_{2^k-1} \uplus M_{N-2^k}$, 여기서 $k = \lfloor \lg(2N/3) \rfloor$.

5.2.4절

1. $i_1 = \cdots = i_k = 1$, $j = 1$로 시작한다. 반복해서 $\min(x_{1i_1}, \ldots, x_{ki_k}) = x_{ri_r}$을 찾고, $z_j = x_{ri_r}$, $j \leftarrow j+1$, $i_r \leftarrow i_r + 1$로 설정한다. (이 경우 $x_{i(m_i+1)} = \infty$로 두는 것이 편의상 꼭 필요하다.)

k가 적당히 클 때에는 5.2.3절에서 논의했듯이 키 $x_{1i_1}, \ldots, x_{ki_k}$를 반복된 선택에 적합한 트리 구조에 담는 것이 바람직하다. 그러면 최초의 극소값 이후 각각의 새 극소값을 찾는 데에는 단 $\lfloor \lg k \rfloor$회의 비교만 필요하다. 사실 이는 우선순위 대기열의 "최소입선출" 원리의 전형적인 응용이다. 키들을 힙으로 관리할 수 있으며, 그러면 ∞를 사용할 필요가 완전히 사라진다. 추가적인 논의는 5.4.1절을 볼 것.

2. C가 비교 횟수라고 하자. S가 단계 M4 또는 M6에서 방출된 원소들의 개수라고 할 때 $C = m+n-S$가 성립한다. $S \geq s$일 확률이 $1 \leq s \leq m+n$에 대해

$$q_s = \left(\binom{m+n-s}{m} + \binom{m+n-s}{n}\right) \Big/ \binom{m+n}{m}$$

이고 $s > m+n$에 대해 $q_s = 0$임을 쉽게 확인할 수 있다. 따라서 S의 평균은 $\mu_{mn} = q_1 + q_2 + \cdots = m/(n+1) + n/(m+1)$이다 〔연습문제 3.4.2-5, 6 참고〕. 그리고 분산은 $\sigma_{mn}^2 = (q_1 + 3q_2 + 5q_3 + \cdots) - \mu_{mn}^2 = m(2m+n)/(n+1)(n+2) + (m+2n)n/(m+1)(m+2) - \mu_{mn}^2$이다. 즉

$$C = (\min \min(m,n), \quad \text{ave } m+n-\mu_{mn}, \quad \max m+n-1, \quad \text{dev } \sigma_{mn})$$

이다. $m = n$일 때의 평균은 H. Nagler, *CACM* 3 (1960), 618-620에서 처음 계산되었다. 평균은 점근적으로 $2n - 2 + O(n^{-1})$이고 표준편차는 $\sqrt{2} + O(n^{-1})$이다. 따라서 C는 자신의 최대값 가까이에서 맴돈다.

3. **M2′.** 만일 $K_i < K_j'$이면 M3′으로 간다. 만일 $K_i = K_j'$이면 M7′으로 간다. 만일 $K_i > K_j'$이면 M5′으로 간다.

M7′. $K_k'' \leftarrow K_j'$, $k \leftarrow k+1$, $i \leftarrow i+1$, $j \leftarrow j+1$로 설정한다. 만일 $i > M$이면 M4′으로 간다. 그렇지 않고 만일 $j > N$이면 M6′으로 간다. 그렇지 않으면 M2′으로 돌아간다. ▮

(알고리즘 M의 다른 단계들도 적절히 수정한다. 이번에도, 파일들의 끝에 인위적인 키 $K_{M+1} = K'_{N+1} = \infty$들을 삽입하면 많은 특수 경우들이 사라진다.)

4. 시간이 지남에 따라 선택 트리의 한 고정된 내부 노드에 나타나는 원소들의 수열은 그 노드의 자식들에 나타나는 원소들의 수열들을 병합함으로써 얻어진다. (5.2.3절의 논의는 가장 큰 원소의 선택에 기초한 것이나, 그 반대 순서인 경우에도 잘 작동한다.) 따라서 트리 선택에 관련한 연산들은 본질적으로 병합에 관련한 연산들과 동일하다. 단, 다른 수열에서 다른 자료구조들을 이용해서 수행된다.

병합과 트리 선택의 또 다른 관계가 연습문제 1에 나온다. 1원소 파일들의 N중 병합이 하나의 선택 정렬임을 주목할 것. 또한 (A, B, C, D)의 4중 병합을 $(A, B), (C, D)$의 2중 병합 이후 (AB, CD)와 2중 병합하는 것과도 비교해 보라.

5. 단계 N6에서 $K_i < K_{i-1} \leq K_j$이, N10에서 $K_j < K_{j+1} < K_i$이 항상 성립한다.

6. 예를 들면 2 6 4 10 8 14 12 16 15 11 13 7 9 3 5 1이다. 한 패스 이후 예측된 단계감소들이 사라진다. 그러면 1 2 5 6 7 8 13 14 16 15 12 11 10 9 4 3이다. 이러한 가능성은 벨D. A. Bell이 *Comp. J.* 1 (1958), 74에서 처음 지적했다. 이런 기현상 때문에 알고리즘 N의 정밀한 분석을 수행할 수 있을 희망은 거의 없다.

7. 만일 $N > 1$이면 $\lceil \lg N \rceil$이다. (p가 $\geq N$이 되기까지 몇 번이나 배증되는지를 생각해 볼 것.)

8. 만일 N이 $2p$의 배수가 아니면 패스에 하나의 짧은 연속열이 존재하며, 그것은 항상 중앙 근처에 있다. 그 길이를 t라고 할 때 $0 \leq t < p$가 성립한다. 단계 S12는 짧은 연속열이 어떤 빈 연속열과 "병합"되는 경우들, 또는 $t = 0$인 경우들을 처리한다. 그렇지 않은 경우에는 본질적으로 $x_1 \leq x_2 \leq \cdots \leq x_p \mid y_t \geq \cdots \geq y_1$이다. 만일 $x_p \leq y_t$이면 왼쪽이 먼저 소진되며, 단계 S6에서 x_p가 방출된 후에 S13으로 가게 된다. 반면 만일 $x_p > y_t$이면 오른쪽이 인위적으로 소진되나, 단계 S3에서 $K_j = x_p$가 $< K_i$가 되는 일은 결코 없다! 따라서 결국 모든 경우에서 S6에서 S13으로 가게 된다.

10. 예를 들어 알고리즘 M은 만일 $j \geq n$이면 원소 $x_{j+1} \ldots x_{j+m}$과 $x_{j+m+1} \ldots x_{j+m+n}$을 배열의 위치 $x_1 \ldots x_{m+n}$에 충돌 없이 병합할 수 있다. 이 착안을 세심하게 활용한다면 전체 정렬에 필요한 장소 개수를 $N + 2^{\lfloor \lg N \rfloor - 1}$으로 만들 수 있다. 그러나 그러면 프로그램이 알고리즘 S에 비해 다소 복잡해 보일 것이다. [*Comp. J.* 1 (1958), 75; 또한 L. S. Lozinskii, *Kibernetika* 1, (1965), 58-62도 볼 것.]

11. 그렇다. 예를 들어 연습문제 4에 언급된 트리 선택과의 관계를 생각해 보면 확인할 수 있을 것이다. 그러나 알고리즘 N과 S는 안정적이 아님이 명백하다.

12. $L_0 \leftarrow 1$, $t \leftarrow N+1$로 설정하고 $p = 1, 2, \ldots, N-1$에 대해 다음을 수행한다:

만일 $K_p \leq K_{p+1}$이면 $L_p \leftarrow p+1$로 설정하고, 그렇지 않으면 $L_t \leftarrow -(p+1)$, $t \leftarrow p$로 설정한다.

마지막으로 $L_t \leftarrow 0$, $L_N \leftarrow 0$, $L_{N+1} \leftarrow |L_{N+1}|$로 설정한다.

(안정성은 유지된다. 패스 횟수는 $\lceil \lg r \rceil$으로, 여기서 r은 입력의 오름 연속열 개수이다. r의 정확한 분포는 5.1.3절에서 분석한다. 연결된 할당을 사용할 때에는 자연 병합이 직접 병합보다 더 낫지만 순차 할당일 경우에는 더 나쁘다는 결론을 내릴 수 있다.)

13. $N \geq 3$에 대한 실행 시간은 $(11A + 6B + 3B' + 9C + 2C'' + 4D + 5N + 9)u$로, 여기서 A는 패스 횟수이고 $B = B' + B''$은 수행된 부분파일 병합 연산횟수, B'은 p개의 부분파일이 먼저

소진되는 그런 병합들의 개수, $C = C' + C''$은 수행된 비교 횟수, C'은 $K_p \le K_q$인 그런 비교들의 횟수, $D = D' + D''$은 다른 부분파일이 소진되었을 때의 부분파일들에 남아 있는 원소들의 개수, D'은 q 부분파일에 속하는 그런 원소들의 개수이다. 표 3의 경우에는 $A = 4, B' = 6, B'' = 9, C' = 22, C'' = 22, D' = 10, D'' = 10$으로, 총 시간은 $761u$이다. (이와 비견할 수 있는 프로그램 5.2.1L은 연습문제 5.2.1-33의 제안으로 개선했을 경우 단 $433u$만 소비한다. 따라서 N이 작을 때에는 병합이 특별히 효율적이지는 않음을 알 수 있다.)

알고리즘 L은 부분파일들에 대해 일련의 병합들을 수행하는데, 부분파일들의 크기 (m, n)들은 다음과 같이 결정할 수 있다: $N - 1 = (b_k \ldots b_1 b_0)_2$가 이진 표기라고 하자. $0 \le j < k$에 대해 $(m, n) = (2^j, 2^j)$인 "보통의" 병합들은 $(b_k \ldots b_{j+1})_2$개가 존재한다. 그리고 $0 \le j \le k$에 대해 $b_j = 1$이면 항상 $(m, n) = (2^j, 1 + (b_{j-1} \ldots b_0)_2)$인 "특별한" 병합들이 있다. 예를 들어 $N = 14$일 때에는 보통의 $(1, 1)$ 병합들이 여섯 개, 보통의 $(2, 2)$ 병합들이 세 개, 보통의 $(4, 4)$ 병합은 하나 존재하며, 크기가 $(1, 1), (4, 2), (8, 6)$인 부분파일들을 다루는 특수 병합들이 있다. 병합 크기 (m, n)들의 중복집합 M_N을 다음과 같은 점화식으로 서술하는 것도 가능하다.

$$M_1 = \emptyset; \qquad 0 < r \le 2^k \text{에 대해} \quad M_{2^k + r} = \{(2^k, r)\} \uplus M_{2^k} \uplus M_r.$$

이로부터, 입력의 분포와는 무관하게, $A = \lceil \lg N \rceil$, $B = N - 1$, $C' + D'' = \sum_{j=0}^{k} b_j 2^j (1 + \frac{1}{2} j)$, $C'' + D' = \sum_{j=0}^{k} b_j (1 + 2^j (\frac{1}{2} j + b_{j+1} + \cdots + b_k))$가 성립한다. 따라서 B', C', D'만 더 분석하면 된다.

만일 알고리즘 L의 입력이 무작위라면 병합 연산들은 연습문제 2의 조건들을 만족하며, 각 병합 연산의 습성은 다른 병합 연산과 독립적이다. 따라서 B', C', D'의 분포는 각 부분파일 병합에 대한 자신의 개별 분포들의 합성곱이다. 그러한 한 병합에 대한 평균값들은 $B' = n/(m+n)$, $C' = mn/(n+1)$, $D' = n/(m+1)$이다. 관련된 모든 (m, n)에 대해 이들을 합하면 정확한 평균값들이 나온다.

$N = 2^k$일 때에는 물론 가장 간단한 상황인 $B'_{\text{ave}} = \frac{1}{2} B$, $C'_{\text{ave}} = \frac{1}{2} C_{\text{ave}}$, $C + D = kN$, $D_{\text{ave}} = \sum_{j=1}^{k} (2^{k-j} 2^j / (2^{j-1} + 1)) = \alpha' N + O(1)$이 되는데, 여기서

$$\alpha' = \sum_{n \ge 0} \frac{1}{2^n + 1} = \alpha + \frac{1}{2} - 2 \sum_{n \ge 1} \frac{1}{4^n - 1}$$
$$= 1.26449\ 97803\ 48444\ 20919\ 13197\ 47255\ 49848\ 25577 -$$

이며 이는 연습문제 5.2.3-27에서처럼 고정밀도로 평가할 수 있다. 이 특별한 경우는 글리슨Gleason [미출판, 1956]과 네이글러H. Nagler [*CACM* 3 (1960), 618-620]가 처음으로 분석했다.

14. 연습문제 13에서 $D = B$로 두어서 C를 최대화할 것. [알고리즘 L의 상세한 분석은 W. Panny, H. Prodinger, *Algorithmica* 14 (1995), 340-354에 나온다.]

15. L_s가 p 또는 q와 같음이 알려진 경우들을 위한 단계 L3, L4, L6의 복제본들을 만든다. [더 개선하는 것도 가능하다. 그냥 레지스터 이름을 바꿈으로써 내부 루프에서 배정 $s \leftarrow p$(또는 $s \leftarrow q$)

를 제거할 수 있다! 예를 들어 줄 20과 21을 'LD3, INPUT,1(L)'로 바꾸고, p가 rI3에, s가 rI1에, 그리고 L_s가 p와 같음을 알고 있는 상태에서 계속 진행하면 된다. (rI1, rI2, rI3)에 대한 (p, q, s)의 서로 다른 순열들에 따라, 그리고 L_s에 대한 정보에 따라 내부 루프의 복사본을 총 여덟 개 만든다면 평균 실행 시간을 $(8N \lg N + O(N))u$으로 줄일 수 있다.]

16. (그러한 병합 알고리즘은 알고리즘 L보다 약간 더 빠를 것이다. 연습문제 5.2.3-28을 볼 것.)

17. 새 레코드를 길이가 1인 하나의 부분파일로 간주한다. 가장 작은 두 부분파일이 길이가 같다면 그것들을 병합하는 과정을 반복한다. (이러한 정렬 알고리즘은 본질적으로 알고리즘 L과 동일하되, 부분파일들을 알고리즘 L과는 다른 상대적 시간들에서 병합된다.)

18. 가능하다. 그러나 간단한 일은 아니다. 첫 번째 해답은 다음과 같은 독창적인 구축법을 사용하는 것이다 〔*Doklady Akad. Nauk SSSR* 186 (1969), 1256–1258〕: n이 $\approx \sqrt{N}$이라고 하자. 파일을 $m+2$개의 "지역(zone)" $Z_1 \ldots Z_m\ Z_{m+1}\ Z_{m+2}$로 나눈다. 여기서 Z_{m+2}는 $N \bmod n$개의 레코드를 담는 반면 다른 지역들은 정확히 n개의 레코드를 담는다. Z_{m+1}의 레코드들을 R_M을 담은 지역과 맞바꾼다. 그러면 파일은 $Z_1 \ldots Z_m\ A$ 형태가 되는데, 여기서 $Z_1 \ldots Z_m$의 각 지역은 정확히 n개의 정렬된 레코드들을 담으며, A는 범위 $n \le s < 2n$의 어떤 s에 대해 s개의 레코드들을 담는 보조 영역이다.

선행 원소가 가장 작은 지역을 찾고, 그 지역 전체를 Z_1과 맞바꾼다. 만일 선행 원소가 가장 작은 지역이 여러 개이면 그 지역들 중 후행 원소가 가장 작은 것을 택한다. (이를 위해서는 $O(m+n)$회의 연산이 필요하다.) 그런 후에는 그 다음으로 작은 선행 및 후행 원소를 가진 지역을 찾아서 Z_2와 맞바꾼다. 그러한 과정을 계속 반복하면 결국에는 선행 원소들이 순서대로 정렬된다. 더 나아가서, 파일에 대한 원래의 가정 때문에, $Z_1 \ldots Z_m$의 각 키는 n개 미만의 반전들을 가지게 된다.

Z_1와 Z_2는 다음과 같은 요령을 사용해서 병합하면 된다: Z_1을 A의 처음 n개의 원소들 A'과 교환한다. 그런 다음 Z_2와 A'을 보통의 방법으로 병합하되, 원소들이 출력될 때 그것들을 $Z_1 Z_2$의 원소들과 맞바꾼다. 예를 들어 $n=3$이고 $x_1 < y_1 < x_2 < y_2 < x_3 < y_3$이라고 하면 다음과 같이 진행된다.

	지역 1			지역 2			보조 영역		
초기 내용:	x_1	x_2	x_3	y_1	y_2	y_3	a_1	a_2	a_3
Z_1을 교환:	a_1	a_2	a_3	y_1	y_2	y_3	x_1	x_2	x_3
x_1을 교환:	x_1	a_2	a_3	y_1	y_2	y_3	a_1	x_2	x_3
y_1을 교환:	x_1	y_1	a_3	a_2	y_2	y_3	a_1	x_2	x_3
x_2를 교환:	x_1	y_1	x_2	a_2	y_2	y_3	a_1	a_3	x_3
y_2를 교환:	x_1	y_1	x_2	y_2	a_2	y_3	a_1	a_3	x_3
x_3을 교환:	x_1	y_1	x_2	y_2	x_3	y_3	a_1	a_3	a_2

(병합은 항상 보조 영역의 n번째 원소가 교환될 때 끝난다. 이 방법은 일반적으로 보조 레코드들을 순열치환한다.) 위의 요령으로 Z_1과 Z_2를, 그런 다음 Z_2와 Z_3을, …, Z_{m-1}과 Z_m을 병합하는 데에는 총 $O(mn) = O(N)$회의 연산들이 필요하다. 반전 개수가 n을 넘는 원소는 없으므로 파일의

$Z_1 \dots Z_m$ 부분이 완전히 정렬된다.

최종적인 "마무리" 단계에서는 삽입 정렬을 이용해서 $R_{N+1-2s} \dots R_N$을 $O(s^2) = O(N)$단계로 정렬한다. 이러면 s개의 가장 큰 원소들이 영역 A로 들어간다. 그런 다음에는 위의 요령과 보조 저장 영역 A를 이용해서 $R_1 \dots R_{N-2s}$와 $R_{N+1-2s} \dots R_{N-s}$를 병합한다(단, 전반적으로 오른쪽과 왼쪽, 미만과 초과의 역할을 맞바꾸어서 진행한다). 마지막으로 $R_{N+1-s} \dots R_N$을 삽입 정렬로 정렬한다.

추가적인 개선안들을 카타야이넨J. Katajainen, 파사넨T. Pasanen, 테우홀라J. Teuhola가 *Nordic J. Computing* 3 (1996), 27-40에서 논의했다. 제 자리에서의 안정적 병합의 문제에 대해서는 해답 5.5-3을 볼 것.

19. 입력 차량들에, 최종 순열에서 번호들이 정렬된 순서 1 2 ... 2^n이 되도록 번호를 붙일 수 있다. 그러면 이것은 본질적으로 하나의 정렬 문제이다. 우선 처음 2^{n-1}개의 차량들을 $n-1$개의 스택들을 거쳐서 이동해서 그것들을 감소 순서가 되게 한다. 그런 다음 그것들을 n번째 스택으로 옮겨서 가장 작은 것이 최상위가 되게 한다. 이제 나머지 2^{n-1}개의 차량들을 $n-1$개의 스택들을 거쳐서 옮겨서 증가 순서가 되게 하고, n번째 스택 직전에 위치하도록 남겨둔다. 마지막으로 두 수열들을 자명한 방식으로 병합한다.

20. 추가적인 정보로는 R. E. Tarjan, *JACM* 19 (1972), 341-346을 볼 것.

22. *Information Processing Letters* 2 (1973), 127-128을 보라.

23. 그러한 병합들을 외부 노드가 모두 수준 $\lfloor \lg N \rfloor$과 수준 $\lceil \lg N \rceil$에 있는 이진트리로 표현할 수 있다. 그러므로 최대 비교 횟수는 N개의 외부 노드들을 가진 이진트리의 최소 외부 경로 길이, 식 5.3.1-(34) 빼기 $N-1$이다. $f(m,n) = m+n-1$일 때 최대값이 나오고 되고 병합들이 $N-1$개이기 때문이다. (식 5.4.9-(1)도 볼 것.)

그러한 점화식의 점근 성질을 멜린 변환의 도움으로 연구하는 일반적 기법들을 플라졸레P. Flajolet와 골린M. Golin이 *Acta Informatica* 31 (1994), 673-696에서 제시했다. 특히 그들은 평균 비교 횟수가 $N \lg N \quad \theta N + \delta(\lg N)N + O(1)$, 분산이 $\sim .345N$임을 보였는데, 여기서 δ는 주기가 1, 평균값이 0인 연속함수이고

$$\theta = \frac{1}{\ln 2} - \frac{1}{2} + \frac{1}{\ln 2} \sum_{m=1}^{\infty} \frac{2}{(m+1)(m+2)} \ln \frac{2m+1}{2m}$$

$$= 1.24815\ 20420\ 99653\ 84890\ 29565\ 64329\ 53240\ 16127+$$

이다. 총 비교 횟수는 $N \to \infty$에 따른 정규분포로 잘 근사된다. *Random Structures and Algorithms* 8 (1996), 319-336; 11 (1997), 81-96에 나오는 황H. K. Hwang과 크레이머M. Cramer의 보충 분석들도 볼 것.

5.2.5절

1. 없다. 기수 정렬은 첫 패스 이후의 배분 정렬이 안정적일 때에만 작동하기 때문이다. (그러나

제시된 배분 정렬을 본문의 마지막 문단에 제시된, 기수 정렬을 일반화하는 최상위숫자우선 기수 정렬 방법에 사용하는 것은 가능하다.)

2. 알고리즘 R은 안정적의 반대인 "반안정적(anti-stable)"이다. 즉, 키가 같은 원소들이 역순으로 나타난다. 이는 첫 번째 패스에서 레코드들을 R_N에서 R_1로 훑기 때문이다. (Λ와 0을 같게 두는 프로그램 R의 줄 28와 20 때문에 이러한 성질은 편리하다. 그러나 첫 번째 패스가 반드시 역순으로 가야 하는 것은 물론 아니다.)

3. 만일 더미 0이 비지 않았다면 BOTM[0]은 이미 첫 원소를 가리킨다. 만일 비었다면 P ← LOC(BOTM[0])으로 설정하고, 이후에 LINK(P)가 최초의 비지 않은 더미의 최하위를 가리키게 한다.

4. 남은 패스 횟수가 짝수라면 더미 0을 먼저 취하고(위에 아래로) 그런 다음 더미 1, ..., $(M-1)$을 취한다. 그 결과는 지금까지 조사한 숫자들에 대해 정렬된 순서이다. 남은 패스가 홀수이면 더미 $(M-1)$을 먼저 취하고 $(M-2)$, ..., 0으로 나아간다. 그 결과는 지금까지 조사한 숫자들에 대한 역순이다. (이 규칙은 명백히 프렌드E. H. Friend가 처음 발표했다 〔*JACM* 3 (1956), 156, 165-166〕.)

5. 줄 04를 'ENT3 7'로 바꾸고, R3SW 표와 R5SW 표를 다음과 같이 바꾼다:

```
R3SW   LD2    KEY,1(1:1)
       LD2    KEY,1(2:2)
       LD2    KEY,1(3:3)
       LD2    KEY,1(4:4)
       LD2    KEY,1(5:5)
       LD2    INPUT,1(1:1)
       LD2    INPUT,1(2:2)
       LD2    INPUT,1(3:3)
R5SW   LD1    INPUT,1(LINK)
        ⋮     (앞의 줄을 여섯 번 반복)
       DEC1   1              ▮
```

새 실행 시간은 모든 곳에서 "3"을 "8"로 바꾼 것이다. $p=8$인 경우 $(11p-1)N+16pM+12p-4E+2$이다.

6. (a) $(N+1)$번째 원소를 넣는다고 하자. 점화식

$$p_{M(N+1)k}=\frac{k+1}{M}p_{MN(k+1)}+\frac{M-k}{M}p_{MNk}$$

는 언급된 공식과 동치이다. (b) n에 대한 귀납법에 의해, n차 도함수는 $g^{(n)}_{M(N+1)}(z)=(1-n/M)g^{(n)}_{MN}(z)+((1-z)/M)g^{(n+1)}_{MN}(z)$를 만족한다. $z=1$로 두면 $g^{(n)}_{MN}(1)=(1-n/M)^N M^{\underline{n}}$임을 알 수 있다. $g_{M0}(z)=z^M$이기 때문이다. 따라서 $\mathrm{mean}(g_{MN})=(1-1/M)^N M$, $\mathrm{var}(g_{MN})$

$=(1-2/M)^N M(M-1)+(1-1/M)^N M-(1-1/M)^{2N}M^2$이다. (프로그램 R의 E에 대한 생성함수가 $g_{MN}(z)^p$임을 주목할 것.)

7. R = 기수 정렬, RX = 기수 교환이라고 하자. 중요한 유사성 및 차이들 몇 가지를 들자면: RX는 최상위숫자에서 최하위숫자로 가는 반면 R은 그 반대로 간다. 둘 다 키 비교 없이 숫자 조사를 통해서 정렬을 수행한다. RX에서는 항상 $M=2$이다(그러나 연습문제 1을 볼 것). R의 실행 시간은 거의 변하지 않으나, RX의 실행 시간은 숫자들의 분포에 민감하다. 두 경우 모두 실행 시간은 $O(N\log K)$로, 여기서 K는 키들의 범위이다. 그러나 비례 상수는 RX에서 더 크다. 한편 키들의 선행 숫자들이 균등분포일 때 RX의 평균 실행 시간은 K의 크기와 무관하게 $O(N\log N)$이다. R에는 링크 필드들이 필요하지만 RX는 최소의 공간으로 실행된다. R의 내부 루프가 병렬 컴퓨터에 좀 더 적합하다.

8. 마지막 패스에서 더미들을 다른 순서로 엮어야 한다. 예를 들어 만일 $M=256$이면 더미 $(10000000)_2$가 제일 먼저 오고 그런 다음 더미 $(10000001)_2$, ..., 더미 $(11111111)_2$, 더미 $(00000000)_2$, 더미 $(00000001)_2$, ..., 더미 $(01111111)_2$ 순이어야 한다. 엮는 순서를 이렇게 변경하는 것은 쉬운 일이다. 알고리즘 H를 수정해도 되고, 또는 (표 1의 경우) 마지막 패스에서 저장소 할당 전략을 변경해도 된다.

9. 연습문제 5.2.2-33에서처럼 음의 키들과 양의 키들을 분리하면 된다. 아니면 첫 패스에서 키들을 해당 보수 표현으로 바꾸어도 된다. 또 다른 방법은, 마지막 패스 이후 양의 키들과 음의 키들을 분리하고 후자의 순서를 뒤집을 수도 있다. 그러나 그렇게 하면 연습문제 5.2.2-33의 방법은 더 이상 적용되지 않는다.

11. 첫 번째 패스가 없어도 그 방법은 여전히 완벽하게 정렬을 수행한다. (우연에 의해) 503이 이미 509보다 앞서기 때문이다. 처음 두 패스가 없다면 반전들은 $1+1+0+0+0+1+1+1+0+0=5$개가 된다.

12. 단계 M4에서 R_k와 $R[\mathrm{P}]$를 교환한 후(연습문제 5.2-12) K_k와 K_{k-1}을 비교해 본다. 만일 K_k가 더 작으면 $K_k \geq K_j$가 나올 때까지 $K_{k-2}, K_{k-3}, \ldots$과 비교한다. 그런 다음에는 $(R_{j+1}, \ldots, R_{k-1}, R_k) \leftarrow (R_k, R_{j+1}, \ldots, R_{k-1})$로 설정하되 LINK 필드들은 변경하지 않는다. 다른 모든 키보다 작거나 같은 인위적 키 K_0을 파일 왼쪽에 배치하면 편할 것이다.

14. 만일 카드들의 원래의 순열에 k번의 읽기가 필요하다면(연습문제 5.1.3-20의 의미에서), 그리고 패스 당 m개의 더미들을 사용한다면, 적어도 $\lceil\log_m k\rceil$번의 패스를 수행해야 한다. (정렬된 카드들로부터 원래의 카드들로 돌아간다고 생각해 보자. 그러면 읽기 횟수는 각 패스에서 많아야 m배만큼 증가한다.) 주어진 순열에는 4회의 오름 읽기, 10회의 내림 읽기가 필요하다. 따라서 감소 순서를 위해서는 더미가 두 개일 경우 패스 4회, 더미가 세 개일 경우 패스 3회가 필요하다.

반대로, 이 최적의 패스 횟수는 카드의 읽기가 어디에 속하냐에 따라 카드들에 0에서 $k-1$까지의 번호들을 부여하고 기수 정렬(기수 m에서 최하위숫자를 우선으로 하는)을 사용함으로써 달성할 수있다. 〔*Martin Gardner's Sixth Book of Mathematical Games* (San Francisco: W. H. Freeman, 1971), 111-112 참고.〕

15. 읽기가 k회, 더미가 m개라고 하자. 순서는 각 패스에서 뒤집힌다. 만일 한 순서에서 읽기가 k회이면 그 반대 순서의 읽기는 $n+1-k$회이다. 최소 패스 횟수는 $\log_m k$보다 크거나 같은 가장 작은 짝수이거나 $\log_m(n+1-k)$보다 크거나 같은 가장 작은 홀수이다. (뒤로 갈 때 한 패스 이후에는 감소 읽기들이 최대 m회, 두 패스 이후에는 증가 읽기들이 최대 m^2회, 등등이다.) 문제에 주어진 예는 단 두 개의 더미만 사용해서 $\min(2,5)=2$회의 패스로 증가 순서로, $\min(3,4)=3$회의 패스로 감소 순서로 정렬할 수 있다.

16. 각 문자열 뒤에 알파벳의 그 어떤 글자보다도 작은 특별한 공(null) 문자가 온다고 가정한다. 우선 하나의 자료 블록으로 연결된 모든 문자열을 좌에서 우로 기수 정렬을 수행하는 것으로 시작한다. 그런 다음 $k=1,2,\ldots$에 대해, 서로 다른 문자열이 둘 이상인 모든 블록을 각 문자열의 k번째 글자에 기반한 부분블록들로 분할함으로써 정렬하되, 블록들이 이미 조사된 접두어들에 따라 정렬 순서를 유지하게 한다. 한 블록이 단 하나의 항목만 담고 있거나 k번째 문자들이 모두 공 문자일 때에는(즉 해당 키들이 동일하면) 그것을 다시 조사할 필요가 없도록 배치할 수 있다. 〔R. Paige, R. E. Tarjan, *SICOMP* 16 (1987), 973-989, §2.〕 이러한 공정은 본질적으로 6.3절의 트라이 구축과 동일하다. 이 문제에 대한, 우에서 좌로 기수 정렬에 기초한 더 간단하나 약간 덜 효율적인 알고리즘이 Aho, Hopcroft, Ullman, *The Design and Analysis of Computer Algorithms* (Addison-Wesley, 1974), 79-84에 나온다. 실제 응용에서는 본문에서 언급한 매킬로이McIlroy, 보스틱Bostic, 매킬로이McIlroy의 방법들이 더 빠르다.

17. 매클래런MacLaren의 방법은 두 번째 수준의 속도를 높여주나, 수 N_k들을 계산하지 않기 때문에 최상위 수준에서는 사용할 수 없다.

18. 우선 힌트부터 증명하자: 통들이 CN개라고 할 때, 하나의 키가 통 k에 들어갈 확률을 $p_k=\int_{k/CN}^{(k+1)/CN} f(x)\,dx$라고 하자. 레코드들을 배분하는 데 필요한 시간은 $O(N)$이며, $p_k \le B/CN$이므로, 배분 이후 남은 반전들의 평균 개수는

$$\frac{1}{2}\sum_{k=0}^{CN-1}\sum_j \binom{N}{j} p_k^j (1-p_k)^{N-j}\binom{j}{2} = \frac{1}{2}\sum_{k=0}^{CN-1}\binom{N}{2}p_k^2 \le \frac{N-1}{4}\sum_{k=0}^{CN-1} p_k B/C$$

이다.

이제 최상위 수준 통들이 cN개이고 $b_k=\sup\{f(x)\mid k/cN\le x<(k+1)/cN\}$인 상황에서 배분의 두 수준을 생각해 보자. 그런 상황에서 평균 총 실행 시간은 $O(N)$ 더하기 $\sum_{k=0}^{cN-1}T_k$로, 여기서 T_k는 밀도 함수가 $f_k(x)=f((k+x)/cN)/cNp_k$인 N_k개의 키들을 매클래런의 방법으로 정렬하는 데 필요한 평균 시간이다. 힌트에 의해 $T_k=\mathrm{E}\,O(b_kN_k/cNp_k)$가 성립한다. $f_k(x)$가 b_k/cNp_k를 넘지 못하기 때문이다. 그런데 $\mathrm{E}N_k=Np_k$이므로 $T_k=O(b_k/c)$이다. 그리고 리만 적분가능성(Riemann integrability)의 정의에 의해, $N\to\infty$에 따라 $\sum_{k=0}^{cN-1}b_k\to N\int_0^1 f(x)dx=N$이 성립한다.

5.3.1절

1. (a) 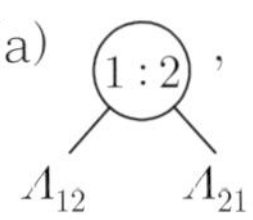, 여기서 A_{ij}는 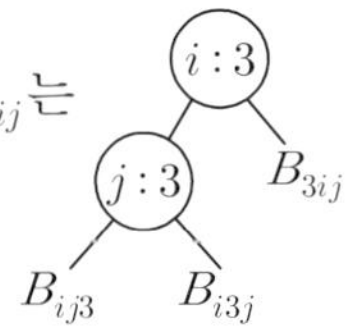 또는 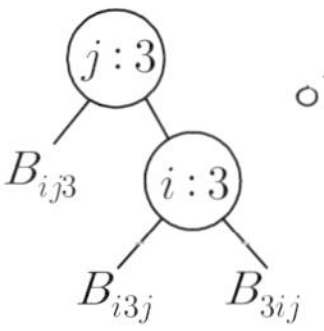 이고

B_{ijk}는 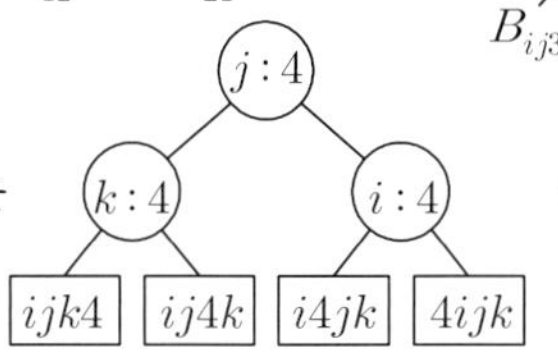 이다. 외부 경로 길이는 112이다(최적임).

(b) 이 경우는 $A_{ij}=$ 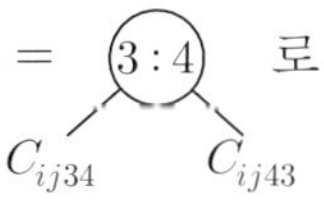 로, 여기서 $C_{ijkl}=$ 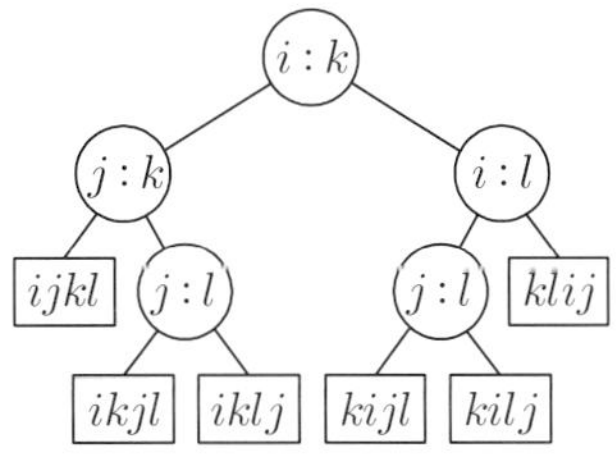 이다.

외부 경로 길이는 이번에도 112이다(최적임).

2. 연습문제 5.2.4-14의 표기법 하에서

$$\begin{aligned} L(n)-B(n) &= \sum_{k=1}^{t}((e_k+k-1)2^{e_k}-(e_1+1)2^{e_k})+2^{e_1+1}-2^{e_t} \\ &= 2^{e_1}-2^{e_t}-\sum_{k=2}^{t}(e_1-e_k+2-k)2^{e_k} \\ &\geq 2^{e_1}-(2^{e_1-1}+\cdots+2^{e_1-t+1}+2^{e_t})\geq 0 \end{aligned}$$

이다. 등호는 오직 어떤 $k>j\geq 0$에 대해 $n=2^k-2^j$일 때에만 성립한다. 〔병합을 연습문제 5.2.4-32에서처럼 "하향식"으로 수행한다면 최대 비교 횟수는 $B(n)$이다.〕

3. $n>0$일 때, 가장 작은 키가 정확히 k번 나타나는 결과들의 개수는 $\binom{n}{k}P_{n-k}$이다. 따라서 $n>0$에 대해 $2P_n=\sum_k\binom{n}{k}P_{n-k}$이며, 식 1.2.9-(10)에 의해 $2P(z)=e^zP(z)+1$이 성립한다.

$P_n=\sum_{k\geq 0}\left\{ {n \atop k} \right\}k!$이라는 사실로부터 또 다른 증명을 이끌어 낼 수 있다. $\left\{ {n \atop k} \right\}$가 n개의 원소들을 k개의 비지 않은 부분들로 분할하는 방법의 수이고, 그 부분들을 $k!$가지 방식으로 순열치환할 수 있다는 점을 주목할 것. 즉, 식 1.2.9-(23)에 의해 $\sum_{n\geq 0}P_nz^n/n!=\sum_{k\geq 0}(e^z-1)^k=1/(2-e^z)$이다.

이외에도 증명 방법이 더 있다. 아마도 가장 흥미로운 방법일 텐데, 수열의 원소들을 K_i가 오직 $K_i<K_j$ 또는 ($K_i=K_j$ 그리고 $i<j$)일 때에만 K_j보다 앞서도록 안정적 방식으로 배치한다는 것이 핵심이다. 순열 $a_1\ldots a_n$이 k개의 오름들을 담고 있다고 할 때, P_n개의 결과들 모두에서 주어진 한 배치 $K_{a_1}\ldots K_{a_n}$은 이제 정확히 2^k번 발생한다. 따라서 P_n을 오일러의 수들로 표현할 수 있다: $P_n=\sum_k\left\langle {n \atop k} \right\rangle 2^k$. 이제 식 5.1.3-(20)에서 $z=2$로 두면 요구된 명제가 입증된다.

이 생성함수는 케일리A. Cayley가 불명확하게 정의된 부류의 트리들을 열거하는 문제와 관련해서

얻은 것이다 〔*Phil. Mag. (4)* 18 (1859), 374-378〕. 또한 P. A. MacMahon, *Proc. London Math. Soc.* 22 (1891), 341-344; J. Touchard, *Ann. Soc. Sci. Bruxelles* 53 (1933), 21-31; O. A. Gross, *AMM* 69 (1962), 4-8을 볼 것. 그로스Gross는 $P_n = \sum_{k \ge 1} k^n/2^{1+k}$, $n \ge 1$이라는 흥미로운 공식을 제시했다.

4. 식

$$2P(z) = \frac{1}{2}\left(1 - i\cot\frac{i(z-\ln 2)}{2}\right) = \frac{1}{2} - \frac{1}{z-\ln 2} - \sum_{k\ge 1}\left(\frac{1}{z-\ln 2-2\pi ik} + \frac{1}{z-\ln 2+2\pi ik}\right)$$

로부터 수렴 급수 $P_n/n! = \frac{1}{2}(\ln 2)^{-n-1} + \sum_{k\ge 1}\Re((\ln 2+2\pi ik)^{-n-1})$이 나온다.

5.

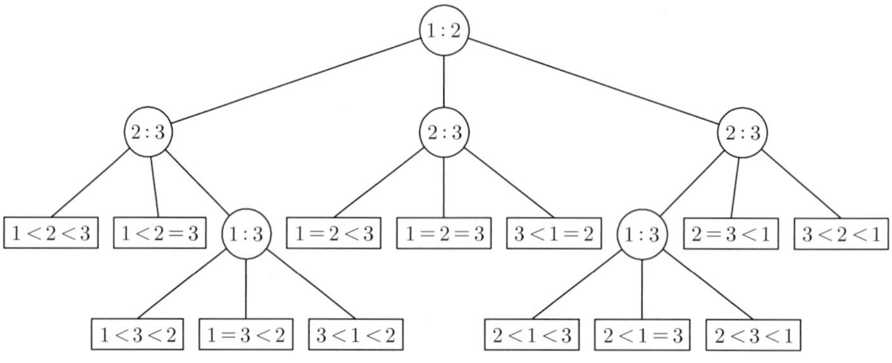

6. 키들이 모두 서로 다를 수 있으므로 일단 $S'(n) \ge S(n)$이다. 따라서 $S'(n) \le S(n)$임을 보여야 한다. 서로 다른 키들을 $S(n)$단계로 정렬하는 정렬 알고리즘이 주어졌다고 할 때, = 가지를 < 가지와 동일하게 정의하고 중복들을 제거함으로써 일반적인 경우에 대한 정렬 알고리즘을 구축할 수 있다. 한 외부 노드가 나타났을 때 모든 상등 관계들을 알 수 있다. $K_{a_1} \le K_{a_2} \le \cdots \le K_{a_n}$이고 명시적 비교 $K_{a_i} : K_{a_{i+1}}$가 $1 \le i < n$에 대해 수행되기 때문이다.

패터슨M. Paterson은 만일 키들의 중복도가 $(n_1, \ldots, n_m)$이면 비교 횟수가 $n \lg n - \sum n_j \lg n_j + O(n)$으로 줄어들 수 있음을 말했다. *SICOMP* 5 (1976), 2를 볼 것. 먼로Munro와 라만이 *Lecture Notes in Comp. Sci.* 519 (1991), 473-480에서 제안했듯이, 동일한 키들에 힙정렬을 적용한다면 보조 메모리를 많이 사용하지 않고도 이 하계에 거의 도달할 수 있다.

7. 그림 A-1을 볼 것. 평균 비교 횟수는 $(2+3+3+2+3+3+3+2\cdot 3+3+3+3+2+3+3+2)/16 = 2\frac{3}{4}$이다.

8. 그림 A-2를 볼 것. 평균 비교 횟수는 $3\frac{56}{81}$이다.

9. 동일한 키들이 존재하는 경우 그것들을 모두 발견하기 위해서는 적어도 $n-1$회의 비교가 필요하다. 한편, 동일한 키들을 모두 발견하기에 충분한 횟수는 $n-1$이다. K_1를 다른 모든 키와 비교한 후에는 항상 최종 순서를 유도할 수 있기 때문이다.

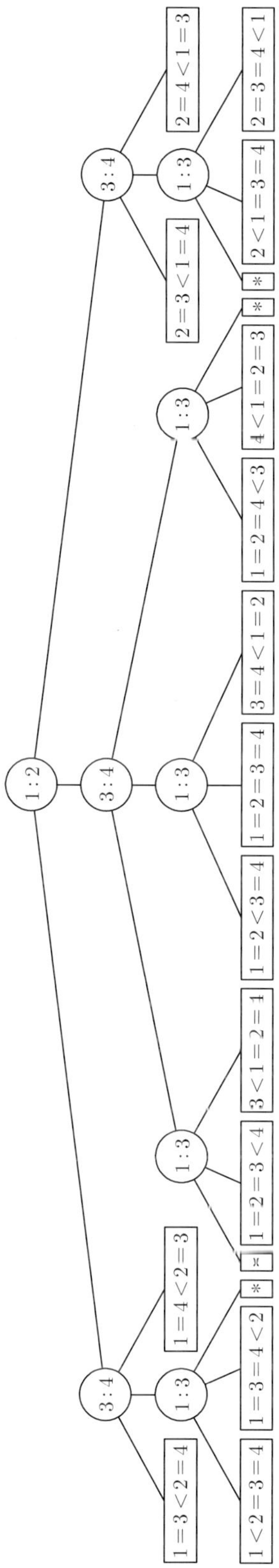

그림 A-1. 연습문제 7의 답. ("*"는 불가능한 경우를 나타낸다.)

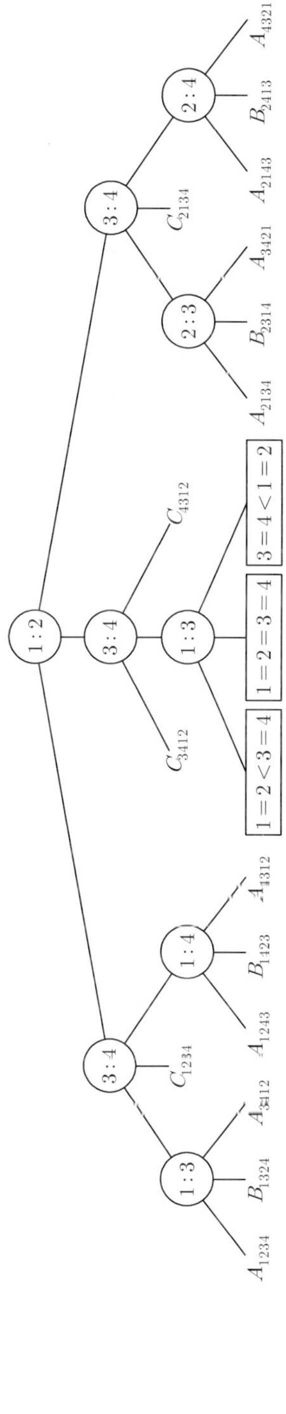

여기서

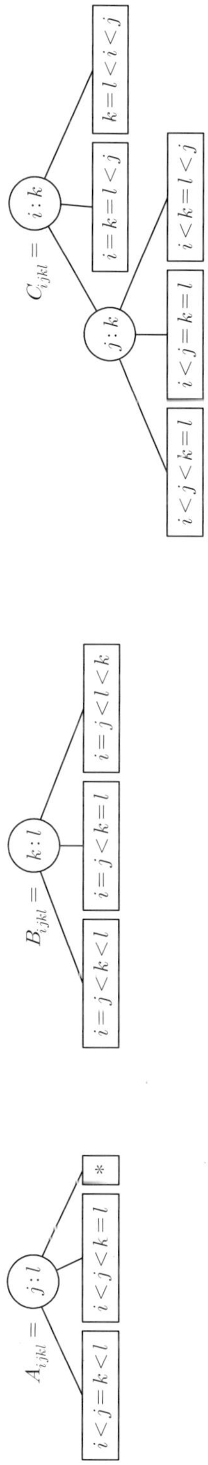

그림 A-2. 연습문제 8의 답.

10. 요구된 함수가 $f(n)$이라고 하자. 그리고 $k>0$이고 값(0 또는 1)이 알려진 원소가 정확히 k개일 때 $n+k$개의 원소들을 정렬하는 데 필요한 최소 평균 비교 횟수를 $g(n)$이라고 하자. 그러면 $f(0)=f(1)=g(0)=0$, $g(1)=1$; $n\ge 2$에 대해 $f(n)=1+\frac{1}{2}f(n-1)+\frac{1}{2}g(n-2)$, $g(n)=1+\min(g(n-1),\ \frac{1}{2}g(n-1)+\frac{1}{2}g(n-2))=1+\frac{1}{2}g(n-1)+\frac{1}{2}g(n-2)$이다. (즉, 최고의 전략은 가능하면 항상 알려지지 않은 두 원소를 비교하는 것이다.) 이로부터 $n\ge 2$에 대해 $f(n)-g(n)=\frac{1}{2}(f(n-1)-g(n-1))$이고 $n\ge 0$에 대해 $g(n)=\frac{2}{3}(n+\frac{1}{3}(1-(-\frac{1}{2})^n))$임이 나온다. 따라서 답은

$$n\ge 1\text{에 대해}\qquad \frac{2}{3}n+\frac{2}{9}-\frac{2}{9}(-\frac{1}{2})^n-(\frac{1}{2})^{n-1}$$

이다. (이 정확한 공식을 정보이론적 하계 $\log_3(2^n-1)\approx 0.6309n$과 비교해 볼 것.)

11. 이진 삽입은 $n\ge m$에 대해 $S_m(n)\le B(m)+(n-m)\lceil\lg(m+1)\rceil$임을 증명한다. 한편 $S_m(n)\ge\lceil\lg\sum_{k=1}^{m}\left\{{n \atop k}\right\}k!\rceil$이며, 이는 점근적으로 $n\lg m+O(((m-1)/m)^n)$이다. 식 1.2.6-(53)을 보라.

12. (a) 만일 중복된 비교들이 전혀 없다면 실제로는 동일한 키들이 처음 비교될 때 그것들에 하나의 순서를 임의로 부여할 수 있다. 이전에 수행된 비교로부터 어떠한 순서도 이끌어 낼 수 없기 때문이다. (b) 그 트리가 0들과 1들의 모든 수열을 정렬한다고 가정하자. 그 트리가 $\{1,2,\dots,n\}$의 모든 순열을 강하게 정렬함을 증명하고자 한다. 그렇지 않다고 가정해 보자. 그러면 $K_{a_1}\le K_{a_2}\le\cdots\le K_{a_n}$인 반면 어떤 i에 대해서는 실제로 $K_{a_i}>K_{a_{i+1}}$인 어떤 순열이 존재할 것이다. $<K_{a_i}$인 모든 원소를 0으로 대체하고 $\ge K_{a_i}$인 모든 원소를 1로 대체한다. 가정에 의해, 그 방법은 이제 $K_{a_1}\le K_{a_2}\le\cdots\le K_{a_n}$으로 가는 경로를 취했을 때 정렬을 수행하게 되는데, 이는 모순이다.

13. 만일 n이 짝수이면 $F(n)-F(n-1)=1+F(\lfloor n/2\rfloor)-F(\lfloor n/2\rfloor-1)$이다. 따라서 $w_{k-1}<\lfloor n/2\rfloor\le w_k$를 증명해야 한다. 그런데 $w_{k-1}=\lfloor w_k/2\rfloor$이므로 이는 자명하다. 만일 n이 홀수이면 $F(n)-F(n-1)=G(\lceil n/2\rceil)-G(\lfloor n/2\rfloor)$이므로 $t_{k-1}<\lceil n/2\rceil\le t_k$를 증명해야한다. 그런데 $t_{k-1}=\lceil w_k/2\rceil$이므로 이는 자명하다.

14. 연습문제 1.2.4-42에 의해, 그 합은 $n\lceil\lg\frac{3}{4}n\rceil-(w_1+\cdots+w_j)$이다. 여기서 $w_j<n\le w_{j+1}$이며, 이들의 합은 $w_{j+1}-\lfloor j/2\rfloor-1$이다. 따라서 $F(n)$을 $n\lceil\lg\frac{3}{4}n\rceil-\lfloor 2^{\lfloor\lg(6n)\rfloor}/3\rfloor+\lfloor\frac{1}{2}\lg(6n)\rfloor$의 형태로(그리고 다른 여러 방식으로) 표현할 수 있다.

15. 만일 $\lceil\lg\frac{3}{4}n\rceil=\lg(\frac{3}{4}n)+\theta$이면 $F(n)=n\lg n-(3-\lg 3)n+n(\theta+1-2^\theta)+O(\log n)$이다. 만일 $\lceil\lg n\rceil=\lg n+\theta$이면 $B(n)=n\lg n-n+n(\theta+1-2^\theta)+O(\log n)$이다. [$\lg n!=n\lg n-n/(\ln 2)+O(\log n)$; $1/(\ln 2)\approx 1.443$; $3-\lg 3\approx 1.415$임을 주목할 것.]

17. $b_k<a_p<b_{k+1}$인 경우들의 수는

$$\binom{m-p+n-k}{m-p}\binom{p-1+k}{p-1}$$

이며, $a_j < b_q < a_{j+1}$인 경우는

$$\binom{n-q+m-j}{n-q}\binom{q-1+j}{q-1}$$

이다.

18. 아니다. 단지 각 비교 하에서 트리의 덜 효율적인 가지만 고려하기 때문이다. 더 효율적인 가지들 중 하나가 더 다루기 힘든 것으로 판명될 수도 있다.

20. L이 외부 노드가 하나 나타나는 최대 수준이라고 하자. 그리고 l이 그러한 최소 수준이라고 하자. 만일 $L \geq l+2$이면 수준 L에서 노드 두 개를 제거해서 그것들을 수준 l의 한 노드 아래에 넣을 수 있다. 그러면 외부 경로 길이는 $l+2L-(L-1+2(l+1)) = L-l-1 \geq 1$만큼 줄어든다. 반대로 $L \leq l+1$인 경우를 보자. 외부 노드들이 수준 l에는 k개, 수준 $l+1$에는 $N-k$개 있으며 $0 < k \leq N$이라고 하자. 연습문제 2.3.4.5-3에 의해 $k2^{-l}+(N-k)2^{-l-1} = 1$이다. 따라서 $N+k = 2^{l+1}$이다. 이제 부등식 $2^l \leq N < 2^{l+1}$에 의해 $l = \lfloor \lg N \rfloor$이다. 이에 의해 k가 정의되며, 또한 외부 경로 길이 (34)도 구할 수 있게 된다.

21. $r(x)$가 x의 오른쪽 하위트리의 루트라고 하자. 모든 하위트리는 오직 모든 x에 대해 $\lceil \lg t(l(x)) \rceil \leq \lceil \lg t(x) \rceil - 1$이고 $\lceil \lg t(r(x)) \rceil \leq \lceil \lg t(x) \rceil - 1$일 때에만 최소의 높이를 가진다. 첫째 조건은 $2t(l(x)) - t(x) \leq 2^{\lceil \lg t(x) \rceil} - t(x)$와 동치이고 둘째 조건은 $t(x) - 2t(l(x)) \leq 2^{\lceil \lg t(x) \rceil} - t(x)$와 동치이다.

22. 연습문제 20에 의해, 네 조건 $\lfloor \lg t(l(x)) \rfloor$, $\lfloor \lg t(r(x)) \rfloor \geq \lfloor \lg t(x) \rfloor - 1$ 및 $\lceil \lg t(l(x)) \rceil$, $\lceil \lg t(r(x)) \rceil \leq \lceil \lg t(x) \rceil - 1$이 필요조건이자 충분조건이다. 연습문제 21에서와 같은 논증을 통해서, 이들이 언급된 조건들과 동치임을 증명할 수 있다. 〔Martin Sandelius, *AMM* 68 (1961), 133-134.〕 연습문제 33에는 이것의 한 일반화가 나온다.

23. 다중 목록 삽입은 키들이 알려진 범위 안에서 균등하게 분포한다고 가정한다. 따라서 그 방법은 이번 절에서 고려한 제약들을 만족하는 "순수한 비교" 방법이 아니다.

24. 우선 원소 다섯 개를 정렬하듯이 진행하되, 다섯 번의 비교 후에 (6)의 구성들 중 하나에 도달하면 멈춘다. 그 구성이 처음 세 구성들 중 하나이면 비교를 두 번 더 수행해서 5원소 정렬을 완료하고 여섯 번째 원소 f를 삽입한다. 나머지 구성들 중 하나이면 우선 $f : b$를 비교하고, f를 주 사슬에 삽입하고 c를 삽입한다. 〔Picard, *Théorie des Questionnaires*, 116쪽.〕

25. $N = 7! = 5040$이고 $q = 13$이므로 수준 12에는 외부 노드가 $8192 - 5040 = 3152$개, 수준 13에는 $5040 - 3152 = 1888$개이다.

26. 콜라르$\check{L}$. Kollár 〔*Lecture Notes in Comp. Sci.* 233 (1986), 449-457〕는 최적의 방법의 외부 경로 길이가 62416임을 입증하는 한 가지 훌륭한 방법을 제시했다.

27. 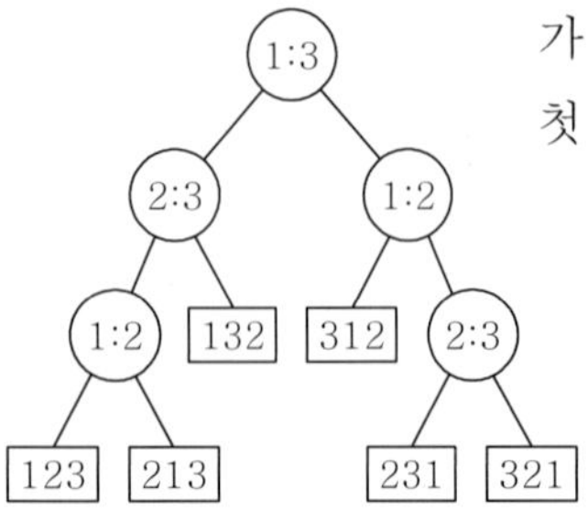

가 가장 빈번한 두 순열을 두 번의 비교로 식별하는 유일한 방법이다. 첫 비교에서 .27/.73 분할을 만들어 내는 데에도 그렇다!

28. 콴Lun Kwan은 평균 실행 시간이 38.925u인 873줄 짜리 프로그램을 작성했다. 그 프로그램의 최대 실행 시간은 43u이다. 후자는 비교 7회, 판정 7회, 적재 6회, 저장 5회에 대한 시간이라는 점에서 최적인 것으로 보인다.

29. 비교를 적어도 $S(n)$번은 수행해야 한다. 왜냐하면 하나의 순열이 짝인지 홀인지를 알려면 그것을 유일하게 결정하기에 충분한 횟수의 비교를 수행해야 하기 때문이다. 어떤 i와 j에 대해 a_i가 a_j보다 작은지의 여부에 따른 두 가능성이 남을 정도로 충분히 비교를 수행했다고 하자. 두 가능성 중 하나는 짝수이고 다른 것은 홀수이다. [한편 이 문제에 대한 $O(n)$ 알고리즘이 실제로 존재한다. 그 알고리즘은 그냥 순환마다 개수만 셀 뿐 비교는 전혀 수행하지 않는다. 연습문제 5.2.2-2를 볼 것.]

30. 높이가 $S(n)$인 한 최적 비교 트리로 시작한다. 번호가 $i:j$인 노드의 오른쪽 부분트리에서 교환 $i \leftrightarrow j$를 위에서 아래로 반복한다. 그렇게 얻은 결과를, 각 말단 노드가 $n-1$번의 추가적인 비교·교환을 통해서 정렬할 수 있는(연습문제 5.5.2-2에 의해) 하나의 유일한 순열을 정의하는 하나의 비교·교환 트리로 해석한다. [비교·교환 트리 개념은 히버드T. N. Hibbard에서 기인한 것이다.]

31. 적어도 8이 필요하다. 높이가 7인 모든 트리는 네 단계 이후 어떤 가지에서 $a \neq 1$인 오른쪽 그림과 같은 구성(또는 그 쌍대)을 만들어 내기 때문이다. 이 구성을 비교·교환 연산을 3회 더 수행해서 정렬할 수는 없다. 반면 다음 트리는 요구된 한계를 달성한다(또한 최소의 평균 비교·교환 횟수를 달성할 수도 있다):

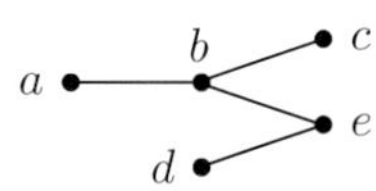

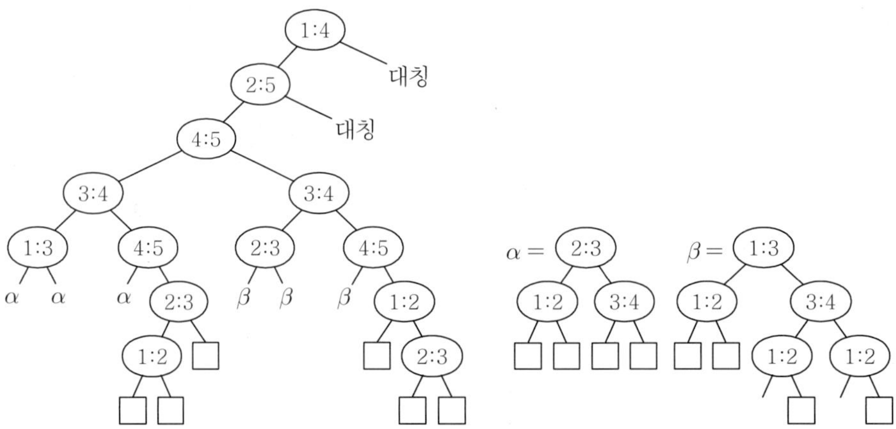

33. 차수가 x이고 분해도가 1인 임의의 트리에 적용되는 단순 연산들을 이용해서, 가중 경로 길이가 원래 트리보다 더 크지 않고 모든 외부 노드가 어떤 k에 대해 수준 k와 수준 $k-1$에 놓이며 많아야 하나의 외부 노드가 정수가 아닌 또 다른 트리를 만들어 낼 수 있다. 더 나아가서, 비정수 외부 노드가 존재한다면 그 노드는 수준 k에 놓인다. 그러한 임의의 트리의 가중 경로 길이는 문세에 언급된 값을 가지므로 그것은 반드시 최소이어야 한다. 반대로, 만일 (iv)와 (v)가 임의의 실수값 검색 트리에서 성립한다면, 그 가중 경로 길이가 언급된 값을 가짐을 귀납법으로 증명하는 것이 가능하다. 트리의 가중 경로 길이를 루트의 두 하위트리의 가중 경로 길이들로 표현하는 단순한 공식이 존재하기 때문이다.

36. 〔*Mat.* 4 (1968), 511–518.〕 S. Felsner, W. T. Trotter, *Combinatorics, Paul Erdős is Eighty* 1 (1993), 145–157에 이 문제의 진척상황이 요약되어 있으며, 또한 항상

$$1 \le T(G_1)/T(G_2) \le \rho$$

(여기서 상수 ρ는 8/3보다 약간 작다)를 달성할 수 있다는 사실에 대한 증명도 있다.

5.3.2절

1. $S(m+n) \le S(m) + S(n) + M(m, n)$.

2. 대칭 순서로 k번째인 내부 노드는 비교 $A_1 : B_k$에 대응한다.

3. 전략 $\mathrm{B}(1, l)$이 전략 $\mathrm{A}(1, l+1)$보다 낫지 않으며 전략 $\mathrm{B}'(1, l)$이 $\mathrm{A}'(1, l-1)$보다 낫지 않다. 따라서 반드시 다음 점화식을 풀어야 한다.

$$.M.(1,n) = \min_{1 \le j \le n} \max\big(\max_{1 \le l \le j}(1 + .M.(1, l-1)),\ \max_{j \le l \le n}(1 + .M.(1, n-l))\big), \quad n \ge 1;$$

$$.M.(1, 0) = 0.$$

$\lceil \lg(n+1) \rceil$이 이 점화식을 만족함은 어렵지 않게 확인할 수 있다.

4. 아니다. 〔C. Christen, *FOCS* 19 (1978), 259–266.〕

6. $j = i+1$이되 $i \le 2$이 아닌 경우에는 전략 $\mathrm{A}'(i, i+1)$을 사용하고, $j \ge i+2$일 때에는 전략 $\mathrm{A}(i, i+2)$를 사용하면 된다.

7. $k+m$개의 원소들을 다른 n개들에 삽입하기 위해, k개의 원소들과 m개의 원소들을 독립적으로 삽입한다. (k와 m이 클 때에는 개선된 절차가 가능하다. 연습문제 19를 볼것.)

8, 9. 다음 도표에서 $i : j$는 비교 $A_i : B_j$를 나타내며, M_{ij}는 $M(i, j)$단계들로 i개의 원소들을 j와 병합하는 것을 뜻한다. 그리고 A는 패턴  또는 를 세 단계로 정렬하는 것을 뜻한다.

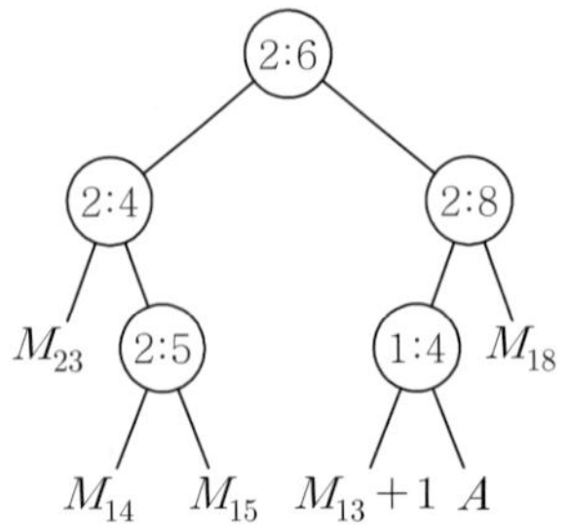

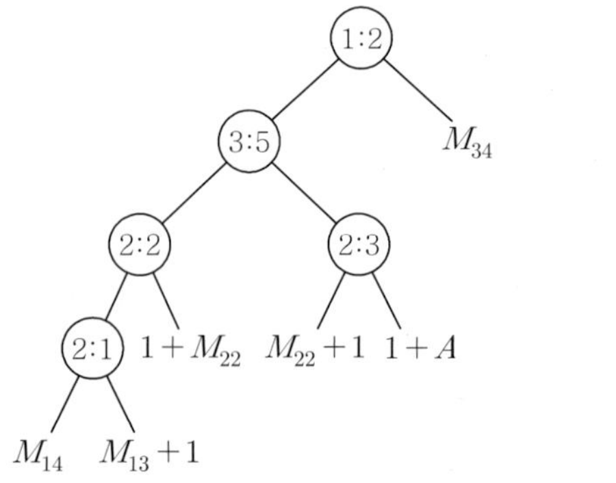

10.

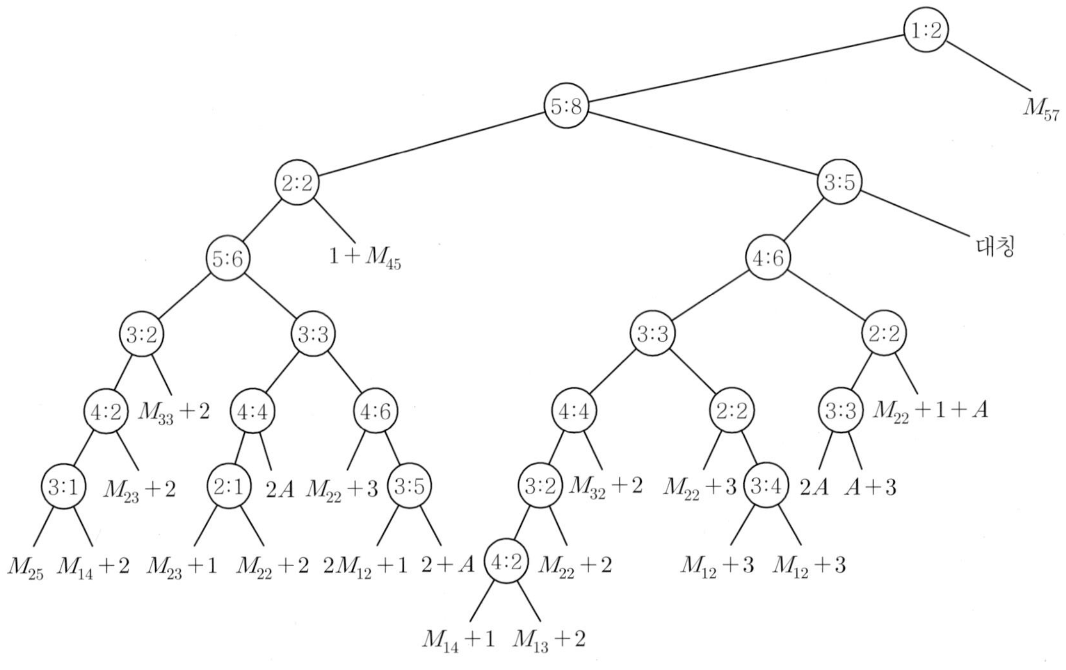

11. 힌트에서처럼 $n = g_t$라고 하자. $t \geq 6$이라고 가정할 수 있다. 그리고 첫 번째 비교가 $A_2 : B_j$라고 가정해도 일반성은 훼손되지 않는다. 만일 $j > g_{t-1}$이면 결과 $A_2 < B_j$는 $\geq t$회의 단계들을 더 요구하게 된다. 만일 $j \leq g_{t-1}$이면 결과 $A_2 < B_j$는 문제가 되지 않으므로 $A_2 > B_j$인 경우만 살펴보면 된다. 그리고 $j = g_{t-1}$일 때에는 최대의 정보를 얻게 된다. 만일 $t = 2k+1$이면 A_2를 $> B_{g_{t-1}}$인 $g_t - g_{t-1} = 2^{k-1}$개의 원소들, 그리고 A_1을 나머지 g_{t-1}개의 원소들과 병합해야 할 수도 있는데, 이를 위해서는 $k + (k+1) = t$회의 단계가 더 필요하다. 반면 만일 $n = g_t - 1$이면 $(k-1) + (k+1)$회의 추가적인 단계들로 A_2를 $2^{k-1} - 1$개의 원소들과 병합하고 A_1을 n개의 원소들과 병합할 수 있다. 따라서 $M(2, g_t - 1) \leq t$이다.

$t = 2k$인 경우는 훨씬 더 어렵다. $g_t - g_{t-1} \geq 2^{k-2}$임을 주목할 것. $A_2 > B_{g_{t-1}}$ 이후에 $A_1 : B_j$를 비교한다고 가정하자. 만일 $j > 2^{k-1}$이면 결과 $A_1 < B_j$은 $k + (k-1)$회의 추가적인

비교들을 요구한다(너무 많다). 만일 $j \le 2^{k-1}$이면 이전과 같은 논증에 의해 $j = 2^{k-1}$에서 대부분의 정보를 얻게 된다. $A_1 > B_{2^{k-1}}$ 이후, A_1와의 다음 번 비교는 $B_{2^{k-1}+2^{k-2}}$와의 비교와, 그런 다음 $B_{2^{k-1}+2^{k-2}+2^{k-3}}$와의 비교와 같은 수준이다. $2^{k-1}+2^{k-2}+2^{k-3} > g_{t-1}$이므로 남은 문제는 $\{A_1, A_2\}$를 $n-(2^{k-1}+2^{k-2}+2^{k-3})$개의 원소들과 비교하는 것이다. 물론 즉시 A_1과 비교할 필요는 없다. 대신 $A_2 : B_{n+1-j}$를 비교하면 된다. 만일 $j \le 2^{k-3}$이면 $A_2 < B_{n+1-j}$인 경우를 살펴보고, 반면 $j > 2^{k-3}$이면 $A_2 > B_{n+1-j}$를 살펴본다. 후자의 경우는 적어도 $(k-2)+(k+1)$회의 단계들이 더 필요하다. 이런 식으로 나아가다 보면 잠재적으로 이득이 될만한 경로는 $A_2 > B_{g_{t-1}}$, $A_2 < B_{n+1-2^{k-3}}$, $A_1 > B_{2^{k-1}}$, $A_1 > B_{2^{k-1}+2^{k-2}}$, $A_1 > B_{2^{k-1}+2^{k-2}+2^{k-3}}$ 뿐임을 알 수 있다. 그러나 그러면 정확히 g_{t-5}개의 원소들이 남는다! 반대로 만일 $n = g_t - 1$이면 이 경로가 유효하다. [*Acta Informatica* 1 (1971), 145-158.]

12. 첫 비교는 반드시 $1 \le k \le i$에 대한 $\alpha : X_k$이거나 (그와 대칭적으로) $1 \le k \le j$에 대한 $\beta : X_{n-k}$이어야 한다. 진자의 경우에서 결과가 $\alpha < X_k$라면 비교를 $R_n(k-1, j)$번 더 수행해야 하며, $\alpha > X_k$라면 $Y_r = X_{r-k}$라고 할 때 $\alpha < \beta$, $Y_1 < \cdots < Y_{n-k}$, $\alpha < Y_{i-k+1}$, $\beta > Y_{n-k-j}$를 정렬해야 한다.

13. [*Computers in Number Theory* (New York: Academic Press, 1971), 263-269.]

14. [*SICOMP* 9 (1980), 298-320. 얼마 후에 *Theor. Comp. Sci.* 14 (1981), 19-37에서 슐테 뮌팅J. Schulte Mönting이 완전한 해를 구했으며, 또한 $M(5, n)$에 대한 추측된 해도 제시했다.]

15. m이 n을 넘을 때까지 m을 배증한다. 이를 위해서는 $\lfloor \lg(n/m) \rfloor + 1$회의 배증이 필요하다.

16. $(m, n) = (2, 8), (3, 6), (3, 8), (3, 10), (4, 8), (4, 10), (5, 9), (5, 10)$를 제외한 모든 쌍(단, $m > 1$).

17. $m \le n$이라고 가정하자. 그리고 $t = \lg(n/m) - \theta$라고 하자. 그러면 $\lg\binom{m+n}{m} > \lg n^m - \lg m! \ge m \lg n - (m \lg m - m + 1) - m(t+\theta) + m - 1 = H(m, n) + \theta m - \lfloor 2^\theta m \rfloor \ge H(m, n) + \theta m - 2^\theta m \ge H(m, n) - m$이다. (부등식 $m! < m^m 2^{1-m}$은 $1 \le k < m$에 대해 $k(m-k) \le (m/2)^2$이라는 사실에서 비롯된 것이다.)

19. 먼저 $\{A_1, \ldots, A_m\}$을 $\{B_2, B_4, \ldots, B_{2\lfloor n/2 \rfloor}\}$와 병합한다. 그런 다음, $a_1 + a_2 + \cdots + a_{\lfloor n/2 \rfloor} \le m$이라 할 때 $1 \le i \le \lceil n/2 \rceil$에 대해 홀수 개의 원소 B_{2i-1}들을 A의 a_i들 사이에 삽입해야 한다. 후자의 연산에는 각 i마다 최대 a_i회의 연산이 필요하다. 따라서 전체적으로는 많아야 m회의 비교들이 더 필요하다.

20. (12)를 적용할 것.

22. 태너R. Michael Tanner는 "분수 삽입(fractile insertion)" 알고리즘이 평균적으로 많아야 $1.06 \lg\binom{m+n}{m}$회의 비교를 수행함을 보였다 [*SICOMP* 7 (1978), 18-38]. 콜라르 Ľ. Kollár는 알고리즘 H의 평균 습성을 연구했다 [*Computers and Artificial Int.* 5 (1986), 335-344].

23. 방해자는 성분 x_{ij}들이 초기에 모두 1인 $n\times n$ 행렬 X를 유지한다. 알고리즘이 $A_i = B_j$의 여부를 물을 때 방해자는 x_{ij}을 0으로 설정한다. 그 답은 X의 영구식(permanent)이 방금 0이 된 것이 아닌 이상 "아니오"이다. 영구식이 방금 0이 된 경우의 방해자의 답은 "예"이다. (반드시 그렇게 답해야 한다. 그렇지 않으면 알고리즘이 즉시 끝나버린다!) 그리고 방해자는 X의 행 i와 열 j를 삭제한다. 그러면 0이 아닌 영구식을 가진 $(n-1)\times(n-1)$ 행렬이 남게 된다. 방해자는 0×0 행렬만 남을 때까지 이런 식으로 행렬을 줄여나간다.

만일 영구식이 0이 되는 경우에는, $i=j=1$이 되도록, 그리고 행렬의 대각성분들을 모두 1로 만들되 $x_{11}\leftarrow 1$일 때 영구식이 0이 되도록 행들과 열들을 재배치할 수 있다. 그러면 반드시 모든 $k>1$에 대해 $x_{1k}x_{k1}=0$이 된다. 이로부터, 방해자가 처음으로 "예"라고 답했을 때 적어도 n개의 0들이 삭제되며 두 번째의 경우에는 $n-1$개가 삭제되는 등등으로 이어짐을 알 수 있다. 알고리즘은 중복되지 않은 질문들에 대해 n번의 "예"를 받은 후에만, 그리고 적어도 $n+(n-1)+\cdots+1$번의 질문을 던진 후에만 종료된다 [*JACM* 19 (1972), 649-659]. $|A|=m\le n=|B|$일 때 $A\subseteq B$를 결정하기 위해서는 $n+(n-1)+\cdots+(n-m+1)$번의 질문이 필요함도 비슷한 논증으로 입증할 수 있다.

24. 성긴 사전 병합에는 최대 $m+q-1$번의 비교가 필요하며, 이후의 삽입들에는 각각 많아야 t번이 필요하다. 이러한 상계들을 더 줄일 수는 없다. 따라서 최대 횟수는 알고리즘 H의 경우((19)를 볼 것)에서와 같다.

25. 일반적 문제는 각 x_{ij}가 0 또는 1이고 $x=\frac{1}{2}$인 특수한 경우만큼이나 어렵다. 그러면 각 비교는 비트 x_{ij}를 조사하는 것과 동치이며, 우리가 하고자 하는 것은 최소의 비트들만 조사해서 전체 행렬을 구하는 것이다. $x_{ij}=[A_i>B_{n+1-j}]$로 둔다면 그 어떤 병합 문제 (1)도 그러한 0-1 행렬에 대응된다. (리니얼N. Linial과 색스M. Saks는 *J. Algorithms* 6 (1985), 86-103는 이러한 관측이 시어러 J. Shearer에서 기인한다고 언급했다. 검색과 임의의 부분순서에 의한 정렬을 연결하는 비슷한 결과도 존재한다.)

5.3.3절

1. 선수 *11*은 *05*한테 졌다. 따라서 *13*이 *05*, *11*, *12*보다 못하다는 결과를 얻게 된다.

2. x가 t번째로 큰 원소라고 하자. 그리고 S가 $x<y$인지 $y<x$인지를 증명하기에는 부족한 비교들이 수행된 원소 y들 전부의 집합이라고 하자. 수행된 모든 비교와 일치하며, S의 모든 원소가 x보다 작음을 만족하는 순열들이 존재한다. S의 모든 원소가 x보다 작도록 만들고 그러한 결과로 나온 부분순서를 하나의 선형 순서에 내장할 수 있기 때문이다. 비슷하게, 비교들과 일치하며 S의 모든 원소가 x보다 큼을 만족하는 순열들도 존재한다. 따라서 S가 공집합이 아닌 이상 x의 순위는 알 수 없다.

3. 첫 비교의 패자를 모든 선수 중 가장 열등한 선수로 간주하는 방해자가 존재한다.

4. 가장 큰 $t-1$개의 원소들이 $\{a_1, \ldots, a_{t-1}\}$이라고 하자. 비교 트리에서 가장 큰 t개의 원소들을 결정하며 이러한 가정와 일치하는 임의의 경로는 나머지 $n-t+1$개의 원소들 중 가장 큰 것을 결정하기 위한 적어도 $n-t$개의 비교들을 반드시 포함한다. 그러한 경로는 적어도 $n-t$개의 이진 선택 지점들을 가지며, 따라서 그러한 경로는 적어도 2^{n-t}개 존재한다. 즉, 가장 큰 $t-1$개의 원소들을 결정하기 위한 $n^{\underline{t-1}}$가지 선택들 각각은 트리의 적어도 2^{n-t}개의 잎들에 나타나야 한다.

5. 실제로, 연습문제 2에 의해 $W_t(n) \le V_t(n) + S(t-1)$이다.

6. $g(l_1, l_2, \ldots, l_m) = m - 2 + \lceil \lg(2^{l_1} + 2^{l_2} + \cdots + 2^{l_m}) \rceil$이라고 하자. 그리고 $l_1 + l_2 + \cdots + l_m + 2m < N$이면 항상 $f = g$라고 가정하자. $l_1 + l_2 + \cdots + l_m + 2m = N$일 때 $f = g$임을 증명하고자 한다. $l_1 \ge l_2 \ge \cdots \ge l_m$이라고 가정할 수 있다. 첫 번째 비교를 수행하는 방법은 다음 몇 가지밖에 없다:

$j < k$에 대한 전략 $\mathrm{A}(j,k)$. 그룹 j의 가장 큰 원소를 그룹 k의 가장 큰 원소와 비교한다. 그러면 다음과 같은 관계가 나온다.

$$\begin{aligned} f(l_1, \ldots, l_m) &\le 1 + g(l_1, \ldots, l_{j-1}, l_j + 1, l_{j+1}, \ldots, l_{k-1}, l_{k+1}, \ldots, l_m) \\ &= g(l_1, \ldots, l_{j-1}, l_j, l_{j+1}, \ldots, l_{k-1}, l_j, l_{k+1}, \ldots, l_m) \ge g(l_1, \ldots, l_m). \end{aligned}$$

$l_k > 0$에 대한 전략 $\mathrm{B}(j,k)$. 그룹 j의 가장 큰 원소를 그룹 k의 작은 원소들 중 하나와 비교한다. 그러면 다음과 같은 관계가 나온다.

$$f(l_1, \ldots, l_m) \le 1 + \max(\alpha, \beta) = 1 + \beta,$$

여기서

$$\begin{aligned} \alpha &= g(l_1, \ldots, l_{j-1}, l_{j+1}, \ldots, l_m) \le g(l_1, \ldots, l_m) - 1, \\ \beta &= g(l_1, \ldots, l_{k-1}, l_k - 1, l_{k+1}, \ldots, l_m) \ge g(l_1, \ldots, l_m) - 1. \end{aligned}$$

$j < k$, $l_j > 0$, $l_k > 0$에 대한 전략 $\mathrm{C}(j,k)$. 그룹 j의 한 작은 원소를 그룹 k의 한 작은 원소와 비교한다. 이에 해당하는 관계는 다음과 같다.

$$f(l_1, \ldots, l_m) \le 1 + g(l_1, \ldots, l_{k-1}, l_k - 1, l_{k+1}, \ldots, l_m) \ge g(l_1, \ldots, l_m).$$

$f(l_1, \ldots, l_m)$의 값은 이 전략들 모두에서의 최소의 우변을 취해서 얻을 수 있다. 따라서 $f(l_1, \ldots, l_m) \ge g(l_1, \ldots, l_m)$이다. $m > 1$일 때에는 전략 $\mathrm{A}(m-1, m)$에 의해 $f(l_1, \ldots, l_m) \le g(l_1, \ldots, l_m)$이 확인된다. $l_1 \ge \cdots \ge l_m$일 때 $g(l_1, \ldots, l_{m-1}, l_m) = g(l_1, \ldots, l_{m-1}, l_{m-1})$이기 때문이다. (증명: M이 2^b의 양의 배수일 때 $0 \le a \le b$에 대해 $\lceil \lg(M + 2^a) \rceil = \lceil \lg(M + 2^b) \rceil$.) $m = 1$일 때에는 전략 $\mathrm{C}(1,1)$를 사용한다.

[키슬리친S. S. Kislitsyn의 논문은 최적의 전략 $\mathrm{A}(m-1, m)$을 구하고 $f(l, l, \ldots, l)$를 닫힌 형식으로 평가했다. f에 대한 일반 공식과 이 단순화된 증명은 1970년에 플로이드Floyd가 밝혔다.]

7. $j > 1$에 대해, 만일 $j+1$이 α'에 속하면 c_j는 1 더하기 α'의 다음 번 가장 큰 원소를 선택하는

데 필요한 비교 횟수이다. $j+1$이 α''에 속할 때에도 비슷한 유도가 적용된다. 그리고 항상 트리는 결국 같은 모습이 되므로, c_1은 항상 0이다.

8. 다른 말로 하면 n개의 외부 노드들을 가진 확장 이진트리들 중 루트에서 가장 먼 $t-1$개의 내부 노드들로의 거리들의 합이 완전 이진트리의 해당 합보다 작은 확장 이진트리가 존재하는가라는 문제이다. 답은 아니오이다. $\mu(\alpha)$의 k번째로 큰 원소가 모든 α에 대해 적어도 $\lfloor \lg(n-k) \rfloor$임을 어렵지 않게 보일 수 있기 때문이다.

9. (모든 경로는 여섯 번의 비교를 사용하나, 해당 절차가 $\overline{V}_3(5)$에 대해 최적은 아니다.)

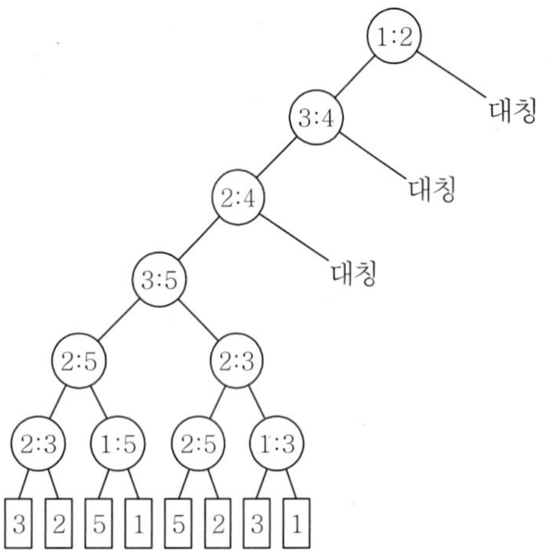

10. (시행착오를 거쳐서 손으로 직접 구한 것임. 단, 가망 있는 경로를 찾는 데 연습문제 6의 도움을 받았다.)

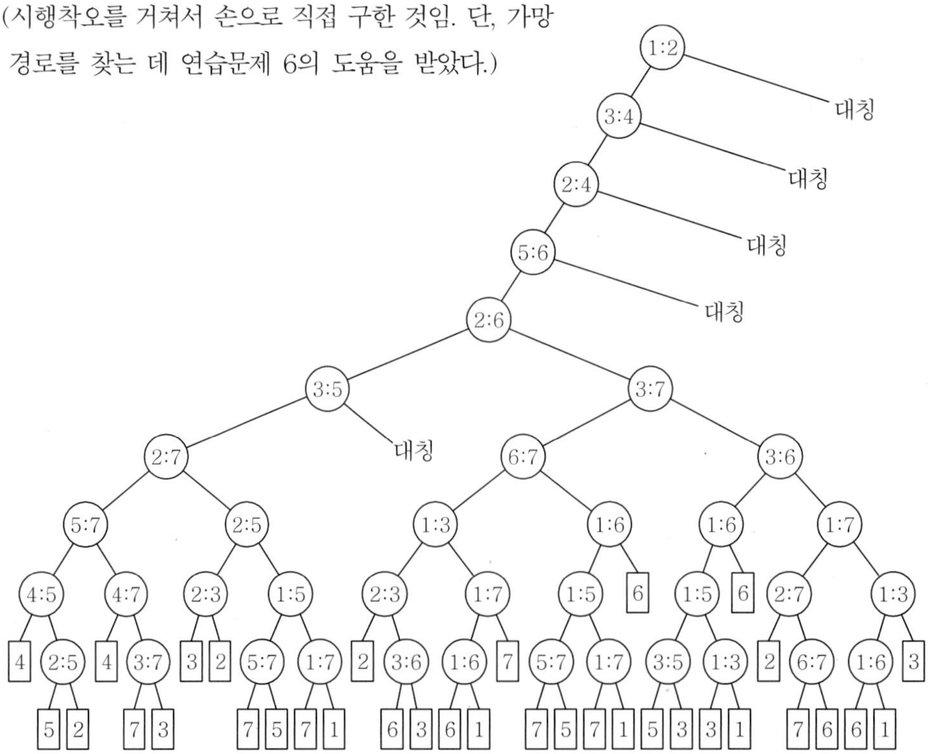

11. *Information Processing Letters* 3 (1974), 8-12를 볼 것.

12. $\{X_1, X_2, X_3, X_4\}$의 가장 작은 원소를 폐기한 후에는 •→• 더하기 $n-3$개의 고립된 원소들이 있는 구성이 만들어진다. 그것들 중 세 번째로 큰 원소를 $V_3(n-1)-1$회의 추가적인 단계들로 찾을 수 있다.

13. 처음 $f(n)$개의 원소들 중 중앙값을 찾은 후 그것(X_j라고 하자)을 다른 원소들과 각각 비교해서 원소들을 분류한다. 이러면 원소들은 어떤 k에 대해 X_j보다 작은 것 약 $n/2-k$개와 X_j보다 큰 것 약 $n/2+k$개로 나뉜다. 이제 더 큰 집합에서 $|k|$번째로 큰 또는 작은 원소를 찾으면 되는데, 이 작업에는 $n/2+O(|k|\log n)$회의 비교가 더 필요하다. $|k|$의 평균값은 (점들이 $[0..1]$에 균등하게 분포되어 있음을 고려할 때) $O(1/\sqrt{n})+O(n/\sqrt{f(n)})$이다. $T(n)$이 $f(n)=n^{2/3}$일 때의 평균 비교 횟수라고 하자. 그러면 $T(n)-n=T(n^{2/3})-n^{2/3}+n/2+O(n^{2/3})$이고, 이로부터 요구된 결과가 나온다.

$n=5$일 때 이 방법이 평균적으로 단 $5\frac{13}{15}$회의 비교만 요구함을 주목할 것. 이는 연습문제 9의 트리보다 약간 낫다.

14. 일반적으로, 가장 큰 t개의 원소들은 $U_t(n) \le V_t(n-1)+1$회의 비교로 찾을 수 있다. $\{X_1, \ldots, X_{n-1}\}$에서 t번째로 큰 것을 찾고 그것을 X_n과 비교하면 된다. 근거는 연습문제 2에 나온다. (커크패트릭은 실제로 (12)가 $U_t(n+1)-1$에 대한 한 하계임을 증명했다. 더 큰 t에 대해서는, $U_t(n)$에 대한 개선된 한계를 J. W. John이 발견했다 〔*SICOMP* 17 (1988), 640-647〕.)

15. $\min(t, n+1-t)$이다. $t \le n+1-t$라는 가정 하에서, 처음 t개의 워드들을 처음 읽어들일 때 그것들 각각을 저장하지 않는다면 t번째로 큰 것을 놓칠 수도 있다(이후의 값들이 여전히 미지수인지의 여부에 따라). 한편 충분한 장소 개수는 t이다. 새로 입력된 항목을 이전의 t번째로 큰 것과 비교하고 오직 그것이 클 때에만 레지스터에 저장하면 되기 때문이다.

16. 알고리즘은 $(a,b,c,d)=(n,0,0,0)$으로 시작해서 $(0,1,1,n-2)$로 끝난다. 만일 방해자가 "놀라운" 결과들을 내지 않는다면, 각 비교 이후에서 가능한 전이들은 (a,b,c,d)에서 자신으로 또는

만일 $a \ge 2$이면 $(a-2,\ b+1,\ c+1,\ d)$로;
만일 $a \ge 1$이면 $(a-1,\ b,\ c+1,\ d)$ 또는 $(a-1,\ b+1,\ c,\ d)$로;
만일 $b \ge 2$이면 $(a,\ b-1,\ c,\ d+1)$로;
만일 $c \ge 2$이면 $(a,\ b,\ c-1,\ d+1)$로

의 전이들 뿐이다. 따라서 (a,b,c,d)에서 $(0,1,1,a+b+c+d-2)$로 가는 데에는 $\lceil\frac{3}{2}a\rceil+b+c-2$회의 비교가 필요하다. 〔참고문헌: *CACM* 15 (1972), 462-464. In *FOCS* 16 (1975), 71-74. 폴Pohl은 이 알고리즘이 평균 비교 횟수도 최소화함을 증명했다.〕

17. (6)을 우선 가장 큰 것에 대해 사용하고, 그런 다음 가장 작은 것에 대해 사용하되, 두 경우 모두에서 $\lfloor n/2\rfloor$회의 비교가 필요함을 고려할 것.

18. 충분히 큰 모든 n에 대해 $V_t(n) \le 18n - 151$이다.

21. 단계 0. 크기가 2^k과 2^{k-t+1}인 두 탈락 트리를 구축한다.

단계 j, $1 \le j \le t$. (이 시점에서 가장 큰 $j-1$개의 원소들을 출력한 상태이다. 이제 트리 A와 B에는 그 나머지 원소들과 각각 $-\infty$와 같은 모조 자리표 원소들의 집합이 존재한다. 여기서 A는 2^k개의 잎들을 가지며 B는 2^{k-t+j}개를 가진다.) a가 A의 우승자라고 하자. 그리고 a가 $a_0, a_1, \ldots, a_{k-1}$을 이겼으며 a_l이 2^l개의 원소들의 우승자라고 가정하자. 비슷하게 b가 B의 우승자이고 $b_0, b_1, \ldots, b_{k-t+j-1}$이 그 하위우승자들이라고 하자. 만일 $j=t$이면 $\max(a,b)$를 출력하고 끝낸다. 그렇지 않으면 B의 선수들에게 첫 시합에서 진 2^{k-t+j}개의 모조 원소들을 도입해서 B의 최하위에서 새로운 수준을 "키운다". (우리의 전략은 가능하다면 B를 $a_0, a_1, \ldots, a_{k-t+j}$를 담은 A의 하위트리 A'과 교환함으로써 B와 A를 병합한다는 것이다. 새롭게 성장한 B처럼 A'도 $2^{k-t+j+1}$개의 말단들을 가진 하나의 탈락 트리임을 주목할 것.) b를 $a_{k-t+j+1}$과 비교하고, 그런 다음 그 승자를 $a_{k-t+j+2}$와 비교하는 등의 과정을 $c = \max(b, a_{k-t+j-1}, \ldots, a_{k-1})$이 나올 때까지 진행한다. 경우 1, $b<c$: a를 출력하고 B를 A'과 맞바꾼다. 경우 2, $b=c$이고 $b<a$: a를 출력하고 B를 A'과 맞바꾼다. 경우 3, $b=c$이고 $b>a$: b를 출력한다. 이 세 경우들을 처리하고 나면 B의 우승자가 방금 출력된 (새로운 트리들일 수도 있는)탈락 트리 A와 B가 남게 된다. B에서 그 원소를 제거하고 그것을 $-\infty$로 대체하되, 필요하다면 탈락식 토너먼트 구조를 복원하기 위한 비교들을 수행한다. 여기까지가 단계 j이다.

단계 0은 $2^k - 1 + 2^{k+1-t} - 1$회의 비교를 수행하고 단계 t는 1회를 수행한다. 단계 1, 2, ..., $t-1$ 각각에서 비교 횟수는 많아야 $k-1$번인데, 단 경우 2에서는 k번일 수 있다. 그러나 경우 2가 발생할 때마다 그 다음 번의 경우 1 또는 경우 2에서 비교를 한 번 절약하게 된다. 그 때는 a_0이 $-\infty$가 되기 때문이다. 따라서 처음 $t-1$회의 단계들의 총 비교 횟수는 $(t-1)(k-1)+1$을 넘지 않는다.

연습문제 3에 의해, $k \ge t \ge 2$일 때 $n \le 2^k + 2^{k+1-t}$에 대해 $W_t(n) \le n + (t-1)(k-1)$이 성립한다. 만일 $n \ge 2^k + t - 2$이면 연습문제 4에 의해 $W_t(n) \ge n - t + \lceil \lg (2^k + t - 2)^{\underline{t-1}} \rceil$인데, 만일 $t \ge 3$이면 이는 $n - t + (t-1)k + 1$이다. 따라서 이 방법은 $k \ge t \ge 3$일 때 $2^k + t - 2 \le n \le 2^k + 2^{k+1-t}$에 대해 최적이다. (또한, t가 크다면 n의 더 작은 여러 값들에 대해서도 최적이다.)

단계 1, ..., $t-2$의 끝에서 B를 재구축할 때((11)의 증명을 볼 것) $-\infty$ 대신 다른 어떤 예약된 원소를 사용하는 비슷한 방법으로 $n \le 2^k + 2^{k+1-t} + t - 2$이고 $k \ge t \ge 3$일 때 $V_t(n) \le n + (t-1)(k-1)$임을 증명할 수 있다. 〔*J. Algorithms* 5 (1984), 557-578 참고.〕

22. 일반적으로 $2^r \cdot 2^k < n + 2 - t \le (2^r + 1) \cdot 2^k$이고 $t < 2^r \le 2t$일 때, 2^k 크기의 탈락 트리 $t+1$개를 가지고 절차를 시작하면 (11)보다 비교 횟수가 $\lfloor (t-1)/2 \rfloor$회 더 적어진다. (ii)에서 최소값을 찾는 데 쓰인 그만큼의 비교들을 (iii)에서 "재활용"할 수 있기 때문이다.

23. (15)에 의하면 수량 $V_{\lceil n/2 \rceil}(n)/n$은 $n \to \infty$에 따라 2 미만으로 한정된다. 그러나 도어D. Dor와 츠비크U. Zwick는 실제의 하한이 2보다 엄밀하게 크지만 상한은 2.942보다 작음을 보인 바 있다 [*SICOMP* 28 (1999), 1722-1758; 14 (2001), 312-325]. 그들은 또한 점근적 상계

$$V_{\alpha n}(n) \le \left(1+\alpha \lg \frac{1}{\alpha} + O\left(\alpha \log\log \frac{1}{\alpha}\right)\right) n$$

도 증명했는데, α가 작을 때에는 이것이 (15)와 아주 동떨어진 것은 아니다 [*Combinatorica* 16 (1996), 41-58].

24. 식 (6)에 의해 $W_t(n) = n + O(t \log n)$이므로, 힌트의 명제는 $t \le \sqrt{n/\ln n}$일 때 확실히 참이다. 그 명제가 n에 대해 성립한다고 가정하자. 그리고 $2n$개의 무작위 순서 원소들 중 처음 n개에서 u와 v의 순위가 각각 $t_- = \lfloor t - \sqrt{t \ln n} \rfloor$과 $t_+ = \lceil t + \sqrt{t \ln n} \rceil$이라고 하자. (가장 작은 원소의 순위는 1이다.) 다른 n개의 원소들을 v와 비교하고, v보다 작은 것들을 u와 비교한다. 처음 n개의 원소들에서 순위가 t인 한 원소 x의 전체적인 순위가 s일 확률 p_s는 $\binom{s-1}{t-1}\binom{2n-s}{n-t} \big/ \binom{2n}{n}$이다. s의 평균값은 $\sum sp_s = \frac{2n+1}{n+1} t$이다. 이는 $< x$인 원소들의 평균 개수이며, 따라서 u와의 평균 비교 횟수는 $\binom{n}{n+1} t_+ = t + O(n \log n)^{1/2}$이다. $2n$개의 원소들 전체에서 u와 v의 순위가 각각 s_-와 s_+라고 하자. 그리고 $T_- = \lfloor 2t - \sqrt{2t \ln 2n} \rfloor$, $T_+ = \lceil 2t + \sqrt{2t \ln 2n} \rceil$이라고 하자. 만일 $s_- \le T_-$이고 $s_+ \ge T_+$이면 u와 v 사이에서 $s_+ - s_- + 1$개의 원소들을 선택함으로써 순위가 T_-, T_+인 원소들을 찾을 수 있다. $s_- > T_-$ 또는 $s_- < T_- - 2\sqrt{n \ln n}$ 또는 $s_+ < T_+$ 또는 $s_+ > T_+ + 2\sqrt{n \ln n}$일 가능성이 아주 낮음을 증명하고자 한다. 그것이 참이라면 거의 항상 $O(n \log n)^{1/2}$회의 추가적인 비교로 충분하다. 만일 "가능성이 아주 낮음"이 "충분히 큰 모든 n에 대해 확률이 $O(n^{-1-\epsilon})$임"을 의미한다는 것을 보일 수 있다면, n에 대한 귀납법으로 힌트의 명제를 입증할 수 있다.

s가 t에서 $n+t$로 증가함에 따라 $p_{s+1}/p_s = s(n-s+t)/(s+1-t)(2n-s)$가 감소하며, 그것은 오직 $s \ge 2n(t-1)/(n-1)$일 때에만 ≤ 1이고 $s = \bar{s}(c) = 2t + ct(n-t)/n^{3/2}$일 때에는 $\le 1 - \frac{1}{2}cn^{-1/2} + O(n^{-1})$임을 주목하자. 따라서 $s > \bar{s}(c)$일 확률은 $\le 2c^{-1}n^{1/2}p_{\bar{s}(c)}(1 + O(n^{-1/2}))$이다. 비슷하게, $s = \underline{s}(c) = 2t - 1 - c(t-1)(n+1-t)/n^{3/2}$일 때 $p_{s-1}/p_s < 1 - \frac{1}{2}cn^{-1/2} - O(n^{-1})$이므로 $s \le \underline{s}(c)$일 확률은 $\le 2c^{-1}n^{1/2}p_{\underline{s}(c)}(1 + O(n^{-1/2}))$이다. 우리에게 필요한 경우들에서 c로 가능한 값들은 모든 큰 n에 대해 $\ge .55n^{3/2}(\ln n)^{1/2}t^{-1/2}(n-t)^{-1}$이며, 스털링의 근사에 의해 $p_{\bar{s}(c)}$와 $p_{\underline{s}(c)}$ 모두

$$O(n^{1/2}s^{-1/2}(2n-s)^{-1/2})\exp(-2sc^2(n-t)^2/n^3 - 2(2n-s)c^2t^2/n^3)$$
$$\le O(t^{-1/2}\exp(-4t(n-t)c^2/n^2)) \le O(t^{-1/2}n^{-1.2}).$$

이다. 즉, $O(n^{-1.2}(\log n)^{1/2})$이라는 확률은 실제로 아주 가능성이 낮은 것이다. [비슷한 구성이 *CACM* 18 (1975), 165-172에도 나왔지만, 그 분석은 부정확했다.]

25. 하나의 선택 알고리즘과 $\{1, \ldots, n\}$의 한 순열 π가 주어졌다고 할 때, 만일 $|\pi_i - t| > |\pi_j - t|$

이면 비교 $\pi_i : \pi_j$를 π_i에 부과하고, 만일 $|\pi_i - t| = |\pi_j - t|$이면 $\frac{1}{2}$을 각각에 부과한다고 하자. π_i로의 부과를 가리켜서 만일 $\pi_i < \pi_j \le t$ 또는 $\pi_i > \pi_j \ge t$이면 유용하다고 칭하고 그렇지 않으면 쓸모없다고 칭한다. x_k가 k로의 총 부과라고 하자. 그러면 총 비교 횟수는 $x_1 + \cdots + x_n$이다. $x_t = 0$임은 명백하다. 그러나, t를 제외한 모든 원소는 유용한 부과를 가지므로, 모든 $k \ne t$에 대해 $x_k \ge 1$이다. 이제 $0 < k < t$에 대해 $\mathrm{E}x_{t+k} + \mathrm{E}x_{t-k} \ge 3$을 증명하고자 한다.

$A_k(\pi) = [t+k$로의 최초의 부과가 쓸모 없음$]$이라고 하자. 그러면 π'이 π와 비슷하되 원소 $(t-k, \ldots, t+k-1, t+k)$가 각각 $(t-k+1, \ldots, t+k, t-k)$로 대체된 것이라고 할 때 $A_k(\pi) = 1 - A_{-k}(\pi')$이다. 그러므로 $\mathrm{E}A_k + \mathrm{E}A_{-k} = 1$이다.

$B_k(\pi) = [t+k$와 $t-k$ 모두 첫 부과가 $\frac{1}{2}$였음, 그리고 $t-k$가 두 번째 부과를 받기 전에 $t+k$가 자신의 두 번째 부과를 받았음$]$이라고 하자. 또한 $C_k(\pi) = [x_{t+k} \ge 2 + A_k]$라고 하자. 그러면 π'이 π와 비슷하되 원소 $(t-k, t-k+1, \ldots, t+k-1)$가 $(t+k-1, t-k, \ldots, t+k-2)$로 대체된 것이라고 할 때 $B_k(\pi) \le C_k(\pi')$이다. 비슷하게, π''이 π에서 $(t-k+1, \ldots, t+k-1, t+k)$를 $(t-k+2, \ldots, t+k, t-k+1)$로 바꾸어서 얻은 것이라고 할 때 $B_{-k}(\pi) \le C_{-k}(\pi'')$이다. 이로부터 $\mathrm{E}B_k \le \mathrm{E}C_k$이고 $\mathrm{E}B_{-k} \le \mathrm{E}C_{-k}$임이 나온다.

이제 $x_{t-k} + x_{t+k} \ge 2 + A_k + A_{-k} - B_k - B_{-k} + C_k + C_{-k}$라는 사실로 증명을 완성할 수 있다. 〔추가적인 결과들은 *JACM* 36 (1989), 270-279을 볼 것.〕

(17)의 상계에 대응하는 하계가 존재한다: 앤드류 야오Andrew Yao와 프랜시스 야오Frances Yao는 $t > 1$과 $n \ge (8t)^{18t}$에 대해 $\overline{V}_t(n) \ge n + \frac{1}{2}t(\ln\ln n - \ln t - 9)$임을 *SICOMP* 11 (1982), 428-447에서 증명했다.

26. (a) 두 종류의 구성요소들의 정점들이 a; $b < c$로 지정된다고 하자. 방해자는 비중복 비교들에 대해 다음과 같이 행동한다: 경우 1, $a : a'$, 임의의 결정을 내림. 경우 2, $x : b$, $x > b$라고 대답하며, 이후 이 특정한 b와의 비교 $y : b$들은 모두 $y > b$라는 결과가 됨. 그렇지 않으면 비교들은 $U_t(n-1)$에 대한 한 방해자가 결정하며, 전체적으로 $\ge 2 + U_t(n-1)$회의 비교들이 수행됨. 이러한 행동을 "$b = \min$으로 둠; $2 + U_t(n-1)$"이라고 줄여서 표기하기로 하자. 경우 3, $x : c$, $c = \max$로 둠; $2 + U_{t-1}(n-1)$.

(b) 새로운 종류의 정점들이 $d_1, d_2 < e$; $f < g < h > i$로 지정된다고 하자. 경우 1, $a : a'$ 또는 $c : c'$, 임의의 결정. 경우 2, $a : c$, $a < c$라고 말함. 경우 3, $x : b$, $b = \min$으로 둠; $2 + U_t(n-1)$. 경우 4, $x : d$, $d = \min$으로 둠; $2 + U_t(n-1)$. 경우 5, $x : e$, $e = \max$로 둠; $3 + U_{t-1}(n-1)$. 경우 6, $x : f$, $f = \min$으로 둠; $2 + U_t(n-1)$. 경우 7, $x : g$, f 및 $g = \min$으로 둠; $3 + U_t(n-2)$. 경우 8, $x : h$, $h = \max$로 둠; $3 + U_{t-1}(n-1)$. 경우 9, $x : i$, $i = \min$으로 둠; $2 + U_t(n-1)$.

(c) $t = 1$에 대해 $U_t(n) = n-1$이므로 부등식이 성립한다. $1 < t \le n/2 - 1$에 대해서는 귀납법과 (b)를 사용할 것. $t = (n-1)/2$에 대해서는 귀납법과 (a)를 사용한다. $t = n/2$에 대해서는 $U_t(n-1) = U_{t-1}(n-1)$이다. 귀납법과 (a)를 사용할 것.

27. (a) 높이 h는 $2^h \ge \sum_l 1 \ge \sum_l \Pr(l)/p = 1/p$를 만족한다.

(b) 만일 $r \le t$이면 적어도 $n - |S_0| - |T_0| = n - |S_0| - r$회의 던지기 이후에 A3에 도달한다. t번째로 큰 원소는 Q의 최소 원소 아니면 최대 원소이며 Q의 원소들은 아직 서로 비교되지 않았으므로 적어도 $|Q| - 1$회의 던지기들이 더 필요하다. 만일 $|S_0| < q$이면 $|Q| = r$이며 그렇지 않으면 아직 $|Q| \ge |S_0| - |C(y_0)| + 1 \ge |S_0| - (q - r) + 1$이다. 따라서 두 경우 모두 적어도 $n - q$회의 던지기들이 이루어진다. 주어진 한 잎에 의해 결정된 가장 큰 $t - 1$개의 원소들을 담은 집합 T는 $n + 1 - t$개가 존재하며, 그러한 모든 T에 대해 그 잎에 도달할 확률은 0 아니면 $2^{-f}/\binom{n}{t}$이다. 여기서 $f \ge n - q$는 T에 대응하는 던지기 횟수이다. 〔이 방해자는 벤트Bent와 존John의 논문 *STOC* 17 (1985), 213-216에 암시적으로 나타나 있다.〕

(c) 만일 $t < r$이면 t를 $n + 1 - t$로 바꾼다. 이러면 r이 $O(\sqrt{n})$이 될 것이므로, r이 우변을 최대화할 때 $t \ge r$이 된다. 만일 모든 $y \in T_0$에 대해 $|C(y)| > q - r$인 상태로 A3에 도달하는 게 가능하다면 알고리즘은 t번째로 큰 원소와 나머지 모든 것들에 대한 $n - 1$회의 비교를 수행할 것이며, 그와 더불어 S와 $T \setminus \{y_0\}$ 사이의 비교를 적어도 $(r - 1)(q - r + 1)$번 수행하게 된다.

(d) $r = \lceil \sqrt{m} \rceil$, $q = 2r - 2$로 둔다. (이는 $q = r + \lfloor \sqrt{m} + \frac{1}{2} \rfloor - 2$로 두는 것보다 약간 낫다. 이렇게 선택하면 (c)에서 유도한 하계가 최대화된다.)

5.3.4절

1. ($m = 2k - 1$이 홀수일 때에는 도표에서 v_k 다음에 $w_{k+1}, v_{k+1}, w_{k+2}, \ldots$이 아니라 $v_{k+1}, w_{k+1}, v_{k+2}, \ldots$으로 두는 것이 최선이다. 그렇게 바꾸는 것이 유효한 이유는 교환된 선들이 각각 서로 비교되기 때문이다.)

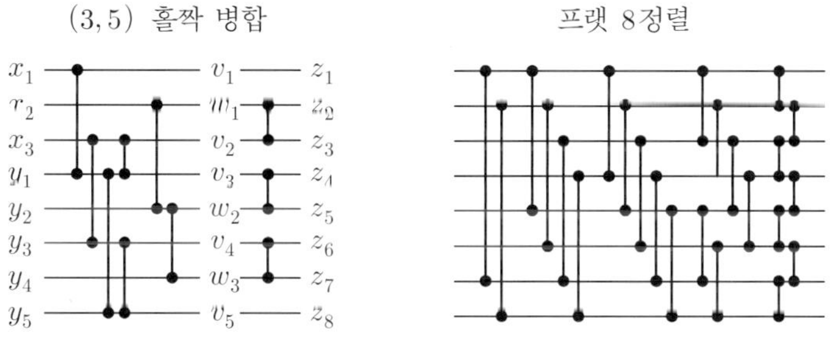

2. 증분 h에는 $2 - [2h \ge n]$개의 수준들이 필요하다. 위의 그림의 $n = 8$에 대한 버선을 생삭해 볼 것.

3. $m \ge 1$에 대해 $C(m, m-1) = C(m, m) - 1$.

4. 만일 $\hat{T}(6) = 4$이면, $\hat{S}(6) = 12$이므로 각 시점에서 세 개의 비교자들이 작용할 것이다. 그러나 제일 아래 선과 그에 해당하는 네 비교자들을 제거하면 $\hat{S}(5) \le 8$이 되는데, 이는 모순이다. 〔같은 논증으로 $\hat{T}(7) = \hat{T}(8) = 6$도 보일 수 있다. 파베리Ian Parberry는 방대한 컴퓨터 검색을 통해서 $\hat{T}(9) = \hat{T}(10) = 7$을 밝혔다. *Math. Systems Theory* 24 (1991), 101-116을 볼 것.〕

5. $n \geq 2$일 때 $f(n) = f(\lceil n/2 \rceil) + 1 + \lceil \lg \lceil n/2 \rceil \rceil$라고 하자. 그러면 n에 대한 귀납법에 의해 $f(n) = (1 + \lceil \lg n \rceil) \lceil \lg n \rceil / 2$이다.

6. 각 시기가 $\lfloor n/2 \rfloor$번의 비교를 수행한다고 가정할 수 있다(그 이상의 비교들도 해가 되지는 않는다). $\hat{T}(6) = 5$이므로 $T(5) = 5$임을 보이면 충분하다. 두 시기 이후 $n = 5$일 때에는 부분순서 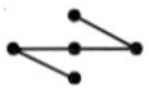 또는 을 피할 수 없으며, 이들을 두 번의 추가적인 시기로 저장할 수는 없다.

7. 입력 키들이 $\{1, 2, \ldots, 10\}$이라고 가정하자. 핵심은, 처음 16개의 비교자들 이후 선 2, 3, 4, 6이 8이나 9를 포함할 수 없으며, 6과 7 모두를 포함할 수도 없다는 것이다. (수정된 회로망의 지연이 8임을 주목할 것.)

8. 주어진 명제는 정리 F의 직접적인 일반화이다.

9. $\hat{M}(3,3) \geq \hat{S}(6) - 2\hat{S}(3)$; $\hat{M}(4,4) \geq \hat{S}(8) - 2\hat{S}(4)$; 연습문제 8에 의해 $\hat{M}(5,5) \geq 2\hat{M}(2,3) + 3$; $\hat{M}(2,3) \geq \hat{S}(5) - \hat{S}(2) - \hat{S}(3)$. 비슷하게 $\hat{M}(3,4) = 8$이다. 그러나 $\hat{M}(3,5)$와 $\hat{M}(4,5)$는 얼마일까?

10. 힌트는 정리 Z의 증명 방법에서 비롯된다. 따라서 짝 수열의 0들의 개수에서 홀 수열의 0들의 개수를 뺀 것은 ± 1 또는 0이다.

11. (그린M. W. Green의 답.) 그 회로망은 z_i가 z_j와 비교될 때마다 그에 해당하는 $z_{2^t-1-j} : z_{2^t-1-i}$ 비교가 존재한다는 의미에서 대칭적이다. 수열 $\langle z_0, \ldots, z_{2^t-1} \rangle$을 정렬할 수 있는 임의의 대칭 회로망은 $\langle -z_{2^t-1}, \ldots, -z_0 \rangle$도 정렬할 수 있다.

배처Batcher는 그 회로망이 이조 수열을 임의로 순환 자리이동한 $\langle z_j, z_{j+1}, \ldots, z_{2^t-1}, z_0, \ldots, z_{j-1} \rangle$을 실제로 정렬한다고 말했다. 이는 0-1 원리의 한 결과이다. [차수가 2의 거듭제곱이 아닐 때에는 이 결과들이 이조 정렬기들에 성립하지 않는다. 예를 들어 그림 52는 $\langle 0,0,0,0,0,1,0 \rangle$을 정렬하지 않는다. 이조 수열에 대한 배처의 원래의 정의는 여기서 사용한 정의보다 훨씬 복잡하고 덜 유용한 것이었다.]

12. $x \vee y$의 경우에는 참이지만(0-1 수열들을 생각해 볼 것) $x \wedge y$은 아니다($\langle 3,1,4,5 \rangle \wedge \langle 6,7,8,2 \rangle$를 생각해 볼 것).

13. 완전 뒤섞기는 z_i를 z_j로 대체하는 효과를 낸다. 여기서 j의 이진 표현은 i를 오른쪽으로 한 자리 순환 자리이동한 것이다(연습문제 3.4.2-13 참고). 선들이 아니라 비교자들을 뒤섞는다고 하자. 그러면 비교자들의 첫 번째 열은 쌍 $z[i]$와 $z[i \oplus 2^{r-1}]$에 대해 작용하며, 그 다음 열은 $z[i]$와 $z[i \oplus 2^{r-2}]$에, …, t번째 열은 $z[i]$와 $z[i \oplus 1]$에, $(t+1)$번째 열은 다시 $z[i]$와 $z[i \oplus 2^{r-1}]$에 작용한다(여기서 $\oplus$는 이진 표현에 대한 배타적 논리합을 뜻한다). 따라서 그림 57은 그림 56과 동치이다. s시기들 이후에는 교대로 정렬, 역정렬된 원소 2^s개 짜리 그룹들이 생긴다.

플랙스턴C. G. Plaxton과 수얼T. Suel은 그러한 임의의 회로망이 적어도 $\Omega((\log n)^2/\log\log n)$ 수준의 지연을 필요로 함을 보인 바 있다 [*Math. Systems Theory* 27 (1994), 491–508].

14. (a) $i_s \neq k \neq j_s$에 대해 $y_{i_s} = x_{j_s}$, $y_{j_s} = x_{i_s}$, $y_k = x_k$라고 하자. 그러면 $y\alpha^s = x\alpha$이다. (b) 이는 집합 $\{i_s, j_s, i_t, j_t\}$가 오직 세 개의 서로 다른 원소들만 담는 경우가 아니면 자명하다. $i_s = i_t$라고 가정하자. 그러면, 만일 $s < t$이면 처음 $s-1$개의 비교자들은 $(\alpha^s)^t$와 $(\alpha^t)^s$ 모두에서 (i_s, j_s, j_t)를 각각 (j_s, j_t, i_s)로 대체한 것이다. (c) $(\alpha^s)^s = \alpha$이고 $\alpha^1 = \alpha$이므로 $s_1 > s_2 > \cdots > s_k > 1$이라고 가정할 수 있다. (d) $\beta = \alpha[i:j]$라고 하자. 그러면 $g_\beta(x_1, \ldots, x_n) = (\bar{x}_i \vee x_j) \wedge (g_\alpha(x_1, \ldots, x_i, \ldots, x_j, \ldots, x_n) \vee g_\alpha(x_1, \ldots, x_j, \ldots, x_i, \ldots, x_n))$이다. 이 항등식을 반복하면 주어진 결과가 나온다. (e) $x_i > x_j$라고 할 때 오직 G_α에 i에서 j로 가는 경로가 없을 때에만 $f_\alpha(x) = 1$이다. 만일 α가 하나의 정렬 회로망이면 α의 켤레 역시 정렬 회로망이다. 그리고 $x_i > x_{i+1}$인 모든 x에 대해 $f_\alpha(x) = 0$이다. $x = e^{(i)}$로 두고 어떤 $k_1 \neq i$에 대해 i에서 k_1로 가는 호가 G에 존재함을 입증할 수 있다. 만일 $k_1 \neq i+1$이면, $x = e^{(i)} \vee e^{(k_1)}$로 두어서 어떤 $k_2 \notin \{i, k_1\}$에 대해 i 또는 k_1에서 k_2로 가는 호가 G에 존재함을 입증할 수 있다. 만일 $k_2 \neq i+1$이면, G에 i에서 $i+1$로의 호가 존재함을 같은 방식으로 보일 수 있다. 반대로 α가 정렬 회로망이 아닌 경우에는, x가 $x_i > x_{i+1}$인 벡터이고 $g_\alpha(x) = 1$이라고 하자. α'의 어떤 켤레는 $f_{\alpha'}(x) = 1$을 만족하므로 $G_{\alpha'}$에는 i에서 $i+1$로의 경로가 존재할 수 없다. [일반화하자면, 오직 α의 모든 켤레 α'에 대해 $G_{\alpha'}$에 i에서 j로의 경로가 존재할 때에만 모든 x에 대해 $(x\alpha)_i \leq (x\alpha)_j$이다.]

15. $[1:4][3:2][1:3][2:4][2:3]$.

16. 그 공정이 종료됨은 명백하다. 단계 T2의 각 수행마다 i_q번째 출력과 j_q번째 출력이 교환되므로 알고리즘의 결과는 출력선들을 어떠한 방식으로 순열치환한 것이다. 그렇게 만들어진 (표준) 회로망은 입력 $\langle 1, 2, \ldots, n \rangle$을 전혀 변경하지 않으므로 출력선들은 반드시 자신의 원래 위치로 되돌아오게 된다.

17. 연습문제 16의 알고리즘을 이용해서 회로망을 표준 회로망으로 만든다. 그런 다음 입력 수열 $\langle 1, 2, \ldots, n \rangle$에 대해 표준 선택 회로망이 t개의 가장 큰 원소들을 번호가 가장 높은 t개의 선들에 넣는다는 점과 $\hat{V}_t(n)$ 회로망이 t번째로 큰 것을 선 $n+1-t$에 넣는다는 점에 주목할 것. 이제 0-1 원리를 적용해 본다.

18. 정리 A의 증명에 의해 $\hat{V}_t(n) \geq (n-t)\lceil \lg(t+1) \rceil + \lceil \lg t \rceil$이다.

19. 회로망 $[1:n][2:n]\ldots[1:3][2:3]$은 가장 작은 두 원소를 $2n-4$개의 비교자들로 선택한다. $\hat{V}_2(n)$에 $[1:2]$를 추가할 것. 하계들은 정리 A의 증명으로부터 이끌어 낼 수 있다(해답 18을 볼 것).

20. (a) 우선 $n \geq 4$일 때 $\hat{V}_3(n) \geq \hat{V}_3(n-1) + 2$에 주목한다: 대칭성에 의해 첫 비교자가 $[1:n]$이라고 가정할 수 있다. 이 다음에는 반드시 $\langle x_2, x_3, \ldots, x_n \rangle$의 세 번째로 큰 원소를 택하는 한 회로망과 선 1에 닿는 또 다른 비교자가 오게 된다. 반면, $\hat{V}_3(5) \leq 7$이다. 네 비교자들이 $\{x_1, x_2, x_3, x_4\}$의 최대, 최소를 발견하며, 그런 다음 우리가 나머지 세 개를 정렬하기 때문이다.

(b) $n = 11$에 대해 제시된 그린M. W. Green의 한 교묘한 구성으로 증명된다. (그 부등식의 등호가 성립할 수도 있다.)

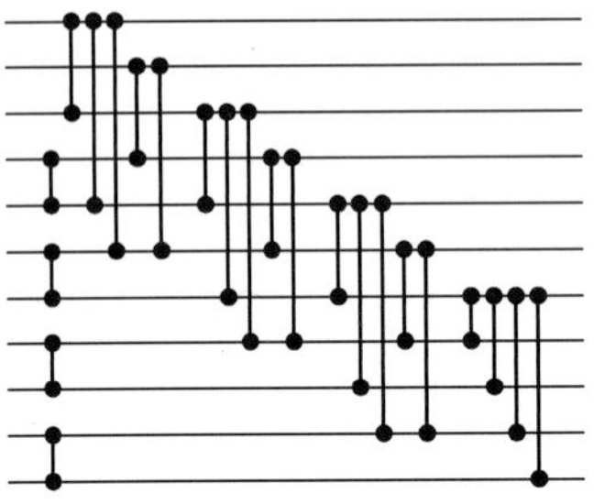

21. 거짓이다. 예를 들어 두 회로망

$$[1:2][3:4][2:3][1:4][1:2][3:4] \text{와 } [1:2][3:4][2:3][3:4][1:4][1:2][3:4]$$

를 생각해 볼 것. (그러나 더브라윈N. G. Bruijn은 *Discrete Math.* 9 (1974), 337에서 새 비교자들이 연습문제 36의 의미에서 원시 회로망인 정렬 회로망들을 망치지 않음을 증명했다.)

22. (a) $x_i \le y_i$와 $x_j \le y_j$가 $x_i \wedge x_j \le y_i \wedge y_j$와 $x_i \vee x_j \le y_i \vee y_j$를 함의하므로, α의 길이에 대한 귀납법으로 증명이 된다. (b) $(x_i \wedge x_j)(y_i \wedge y_j) + (x_i \vee x_j)(y_i \vee y_j) \ge x_i y_i + x_j y_j$이므로, α의 길이에 대한 귀납법으로 증명이 된다. [이것의 한 결과로 $\nu(x \wedge y) \le \nu(x\alpha \wedge y\alpha)$이다. 이는 쇼클리W. Shocley에서 기인한다.]

23. 오직 $p_k \ge j$일 때에만 $x_k = 1$이고 오직 $p_k > j$일 때에만 $y_k = 1$이라고 하자. 그러면 오직 $(p\alpha)_k \ge j$일 때에만 $(x\alpha)_k = 1$ 등등이다.

24. l_i'에 대한 공식은 자명하다. l_j'에 대해 힌트에서처럼 $z = x \wedge y$로 두고, 연습문제 21에 의해 $(z\alpha)_i = (z\alpha)_j = 0$임을 주목하자. z에 추가적인 1들을 추가해 보면, $(p\alpha')_j \le \zeta(z)$인 한 순열 p가 존재함을 알 수 있다(연습문제 23에 의해). 순서를 뒤집으면 u_i'와 u_j'에 대한 관계식들이 나온다.

25. (샤피로H. Shapiro의 답.) p와 q가 $(p\alpha)_k = l_k$이고 $(q\alpha)_k = u_k$인 순열들이라고 하자. 인접한 정수쌍 $(i, i+1)$들을 반복해서 교환함으로써 p를 q로 변환할 수 있다. 입력에서 그러한 한 번의 교환은 k번째 출력에 최대 ± 1의 영향을 미친다.

26. $P_n\alpha$의 원소 $\langle p_1, \ldots, p_n \rangle$을 "포괄 순차열" $x^{(0)}$ 포괄 $x^{(1)}$ … 포괄 $x^{(n)}$ † 으로 대응시키는 일대일 대응관계가 존재한다. 여기서 $x^{(i)}$는 $D_n\alpha$의 원소이다. 이러한 대응관계에서 오직 $p_j = i$일 때에만 $x^{(i-1)} = x^{(i)} \vee e^{(j)}$이다. 예를 들어 $\langle 3, 1, 4, 2 \rangle$는 순차열 $\langle 1, 1, 1, 1 \rangle$ 포괄 $\langle 1, 0, 1, 1 \rangle$ 포괄 $\langle 1, 0, 1, 0 \rangle$ 포괄 $\langle 0, 0, 1, 0 \rangle$ 포괄 $\langle 0, 0, 0, 0 \rangle$에 대응한다. [따라서 정렬 회로망을 적절히 선택된 $\binom{n}{\lfloor n/2r \rfloor} - 1$개의 순열들에만 시험해도 충분함을 야오Andrew Yao가 지적했다. 예를 들어 $\langle 4, 1, 2, 3 \rangle$,

† [옮긴이 주] $x^{(0)}$은 $x^{(1)}$을 포괄하고(cover), $x^{(1)}$은 $x^{(2)}$를 포괄하고, … 등으로 이어지는 관계를 나타내는 순차열이다.

$\langle 3, 1, 4, 2 \rangle$, $\langle 3, 4, 1, 2 \rangle$, $\langle 2, 4, 1, 3 \rangle$, $\langle 2, 3, 4, 1 \rangle$을 정렬하는 임의의 4회로망은 모든 것을 정렬한다. 연습문제 6.5-1을 볼 것. 또한 연습문제 56도 보라.]

27. 그 원리는 $(x\alpha)_i$가 x에서 i번째로 작은 원소이기 때문에 성립한다. x와 y가 행들이 정렬된 어떤 행렬의 서로 다른 두 열이고 모든 i에 대해 $x_i \le y_i$일 때, 그리고 $x\alpha$와 $y\alpha$가 열들을 정렬한 결과를 나타낸다고 할 때, 언급된 원리에 의해 모든 i에 대해 $(x\alpha)_i \le (y\alpha)_i$이다. y의 임의의 i개의 열들이 주어졌을 때 같은 행들에서 x의 i개의 원소들을 선택할 수 있기 때문이다. [이 원리를 셸 정렬의 불변식 성질, 즉 정리 5.2.1K를 증명하는 데 사용했었다. 게일David Gale과 카프R. M. Karp의 흥미로운 논문 *J. Computer and System Sciences* 6 (1972), 103–115에 이 착안의 추가적인 활용들이 나온다. 열 정렬이 정렬된 행들을 망가뜨리지 않는다는 사실은 타블로 조작과 관련해서 처음 관측된 것임이 명백하다. Hermann Boerner, *Darstellung von Gruppen* (Springer, 1955), V장, §5를 볼 것.]

28. 만일 $\{x_{i_1}, \dots, x_{i_t}\}$이 가장 큰 t개의 원소들이면 $x_{i_1} \wedge \dots \wedge x_{i_t}$는 t번째로 큰 원소이다. 만일 $\{x_{i_1}, \dots, x_{i_t}\}$가 가장 큰 t개의 원소들이 아니면 $x_{i_1} \wedge \dots \wedge x_{i_t}$는 t번째로 큰 원소보다 작다.

29. $\langle x_1 \wedge y_1, (x_2 \wedge y_1) \vee (x_1 \wedge y_2), (x_3 \wedge y_1) \vee (x_2 \wedge y_2) \vee (x_1 \wedge y_3),\ y_1 \vee (x_3 \wedge y_2) \vee (x_2 \wedge y_3) \vee (x_1 \wedge y_4),\ y_2 \vee (x_3 \wedge y_3) \vee (x_2 \wedge y_4) \vee (x_1 \wedge y_5),\ y_3 \vee (x_3 \wedge y_4) \vee (x_2 \wedge y_5) \vee x_1,\ y_4 \vee (x_3 \wedge y_5) \vee x_2,\ y_5 \vee x_3 \rangle$.

30. 배분법칙과 결합법칙을 적용하면 임의의 공식을 $\wedge$ 들의 $\vee$ 들로 줄일 수 있다. 그런 다음 교환법칙, 멱등법칙, 흡수법칙을 적용해서 표준 형식을 얻을 수 있다. S_i들은 자신의 임의의 진부분집합 S'에 대해 $x_j = [j \in S]$일 때 그 공식이 1이고 $x_j = [j \in S']$일 때에는 그 공식이 0임을 만족하는 집합 S들과 정확히 일치한다.

31. $\delta_4 = 166$. 처치R. Church [*Duke Math. J.* 6 (1940), 732–734]는 $\delta_5 = 7579$를 구했으며 워드M. Ward [*Bull. Amer. Math. Soc.* 52 (1946), 423]는 $\delta_6 = 7828352$를 구했다. 그 다음 값들은 $\delta_7 = 2414682040996$, $\delta_8 = 56130437228687557907786$이다 [R. Church, *Notices Amer. Math. Soc.* 12 (1965), 724; J. Berman, P. Köhler, *Mitteilungen Math. Seminar Gießen* 121 (1976), 103–124; D. Wiedemann, *Order* 8 (1991), 5–6]. 점근 공식 $\delta_{2m} = \exp\left(\binom{2m-1}{m} \ln 2 + \binom{2m}{m+1} \Big/ 2^{m+1} + \frac{1}{16}(m-1)\sqrt{m/\pi} + O(m^{-1/2})\right)$는 코르슈노프A. D. Korshunov와 사포젠코A. A. Sapozhenko가 입증했는데, 그들은 δ_{2m+1}에 대한 비슷한 공식도 구했다. *Russian Math. Surveys* 58 (2003), 929–1001, 정리 1.8을 볼 것.

32. 0들과 1들의 벡터 θ와 ψ가 G_t의 원소이고 $\theta \subseteq \psi$를 만족한다고 할때, G_{t+1}은 $\theta\psi$ 형태의 모든 문자열의 집합이기도 하다. 이로부터 G_t가, i의 이진 표현이 j의 이진 표현의 "$\subseteq$"일 때(0–1 벡터의 의미에서) 항상 $z_i \le z_j$라는 성질을 가진 0들과 1들의 문자열 $z_0 \dots z_{2^t-1}$ 전체의 집합임을 알 수 있다. G_t의 원소들 중 $00\dots0$과 $11\dots1$을 제외한 원소 $z_0 \dots z_{2^t-1}$들 각각은, $f(x_1, \dots, x_t) = z_{(x_1 \dots x_t)_2}$라는 대응관계 하에서 D_{2^t}에서 $\{0, 1\}$로의 한 $\wedge$–$\vee$ 함수 $f(x_1, \dots, x_t)$를 나타낸다.

33. 만일 그런 회로망이 존재한다면 어떤 함수 f에 대해 $(x_1 \wedge x_2) \vee (x_2 \wedge x_3) \vee (x_3 \wedge x_4) = f(x_1 \wedge x_2,\ x_1 \vee x_2,\ x_3,\ x_4)$ 또는 $f(x_1 \wedge x_3,\ x_2,\ x_1 \vee x_3,\ x_4)$ 또는 ... 또는 $f(x_1, x_2, x_3 \wedge x_4, x_3 \vee x_4)$가 성립할 것이다. $\langle x_1, x_2, x_3, x_4 \rangle = \langle x, \bar{x}, 1, 0 \rangle$, $\langle x, 0, \bar{x}, 1 \rangle$, $\langle x, 1, 0, \bar{x} \rangle$, $\langle 1, x, \bar{x}$ $0 \rangle$, $\langle 1, x, 0, \bar{x} \rangle$, $\langle 0, 1, x, \bar{x} \rangle$라는 선택들은 그러한 f가 존재하지 않음을 보여준다.

34. 그렇다. 독자가 이를 증명하고 나면(그냥 정리 Z를 이용해서 주먹구구식으로 2^n개의 비트 벡터들 전부를 점검해서 증명한 것이 아니라면) 그림 49의 $n = 16$에 대한 회로망도 공략할 수 있을 것이다.

35. 그렇지 않다면, i와 $i+1$만 제자리가 아닌 순열은 결코 정렬되지 못할 것이다. D_k가 표준 정렬 회로망의 비교자 $[i:i+k]$들의 개수라고 하자. 그러면 $D_1 + 2D_2 + D_3 \geq 2(n-2)$이다. $[1:2]$와 $[n-1:n]$ 외에도 $1 \leq i \leq n-3$에 대해 $\{i, i+1\}$에서 $\{i+2, i+3\}$으로의 두 비교자가 존재할 것이기 때문이다. 비슷하게 $D_1 + 2D_2 + \cdots + kD_k + (k-1)D_{k+1} + \cdots + D_{2k-1} \geq k(n-k)$이다. 이 공식은 폴러드J. M. Pollard가 제시했다. 또한 $2D_1 + D_2 \geq 3n-4$도 증명할 수 있다: 만일 모든 j에 대해 $[j:j+1]$ 형태의 비교자들의 첫 번째 것들을 제거한다면, $1 \leq i \leq n-2$에 대해 $\{i, i+1, i+2\}$ 안에는 비교자가 적어도 하나 더 존재한다. 비슷하게 $kD_1 + (k-1)D_2 + \cdots + D_k \geq S(k+1)(n-k) + k(k-1)$이다.

36. (a) 각각의 인접한 비교자는 반전 개수를 0 또는 1 감소하며, $\langle n, n-1, \ldots, 1 \rangle$에는 $\binom{n}{2}$개의 반전들이 있다. (b) $\alpha = \beta[p:p+1]$로 두고 α의 길이에 대한 귀납법을 적용한다. 만일 $p = i$이면 $j > p+1$이며 $(x\beta)_p > (x\beta)_j$, $(x\beta)_{p+1} > (x\beta)_j$이다. 따라서 $(y\beta)_p > (y\beta)_j$이고 $(y\beta)_{p+1} > (y\beta)_j$이다. 만일 $p = i-1$이면 $(x\beta)_p$ 또는 $(x\beta)_{p+1}$이 $> (x\beta)_j$이다. 따라서 $(y\beta)_p$ 또는 $(y\beta)_{p+1}$가 $> (y\beta)_j$이다. $p = j-1$ 또는 j일 때에도 비슷한 논증이 적용된다. 그 외의 p에 대해서는 자명하다.

참고: 만일 α가 원시 정렬 회로망이면 α^R도 원시 정렬 회로망이다(비교자들이 역순으로 된). (c)의 일반화들 및 다른 증명으로는 N. G. de Bruijn, *Discrete Mathematics* 9 (1974), 333–339; *Indagationes Math.* 45 (1983), 125–132를 볼 것. 후자의 논문에서 더브라윈은 한 원시 회로망이 중복집합 $\{n_1 \cdot 1, \ldots, n_m \cdot m\}$의 모든 순열을 정렬한다는 것이 그 회로망이 하나의 순열 $m^{c_m} \ldots 1^{c_1}$을 정렬한다는 것과 동치임을 증명했다. 순열 x와 y에 대해 $x = y\alpha$인 표준 회로망 α가 존재함을 나타내는 관계 $x \leq y$를 브뤼아 순서(Bruhat order)라고 부른다. 이와 비슷하되 원시 α에 한정된 관계를 약한 브뤼아 순서라고 부른다(연습문제 5.2.1-44의 해답을 볼 것).

37. 만일 각 비교자를 교환 연산으로 대체한다면 $\langle x_1, \ldots, x_n \rangle$을 $\langle x_n, \ldots, x_1 \rangle$로 변환하는 "반사 회로망(reflection network)"이 나온다는 것만 보이면 충분하다. 그런데 이러한 해석 하에서 x_k의 경로를 짚어 나가는 것이 어렵지 않다. 순열 $\pi = (1\ 2)(3\ 4) \ldots (2n-1\ 2n)(2\ 3)(4\ 5) \ldots (2n-2\ 2n-1) = (1\ 3\ 5\ \ldots\ 2n-1\ 2n\ 2n-2\ \ldots\ 2)$가 $\pi^n = (1\ 2n)(2\ 2n-1) \ldots (n-1\ n)$을 만족함을 주목할 것. 홀짝 전치 정렬은 1954년에 시워드H. Seward가 간략히 언급했고 그라셀리A. Grasselli

〔*IRE Trans.* EC-11 (1962), 483〕와 코츠Kautz, 레비트Levitt, 웍스먼Waksman 〔*IEEE Trans.* C-17 (1968), 443-451〕이 논의한 바 있다. 이 회로망의 반사 성질은 그보다 훨씬 전에 듀드니 H. E. Dudeney가 그의 "개구리 퍼즐"들 중 하나에서 소개했다 〔*Strand* 46 (1913), 352, 472; *Amusements in Mathematics* (1917), 193〕.

38. 원소 $i_1, \ldots, i_N$을 원래 비어 있던 타블로에 알고리즘 5.1.4I를 이용해서 삽입하되, 알고리즘을 단계 I3에서 오직 $x_i \neq P_{i(j-1)}$일 때에만 $P_{ij} \leftarrow x_i$로 설정하도록 수정해서 사용한다. 입력 $i_1 \ldots i_N$이 하나의 정렬 회로망을 정의한다고 할 때, 그 단계에서 x_i는 $x_i + 1 = P_{ij}$일 때에만 $P_{i(j-1)}$과 같아짐을 증명할 수 있다 (알고리즘 서술에서 괄호 안의 단언들을 적절히 수정할 필요가 있다.) i_j를 P에 삽입한 후에 정리 5.1.4A에서처럼 $Q_{st} \leftarrow j$로 성절한다. N단계 이후 타블로 P는 행 r에 $(r, r+1, \ldots, n-1)$을 담게 되며, Q는 거꾸로 진행해서 수열 $i_1 \ldots i_N$을 재구축할 수 있는 형태의 타블로가 된다.

예를 들어 $n = 6$일 때 수열 $i_1 \ldots i_N = 4\,1\,3\,2\,4\,3\,5\,4\,3\,1\,2\,3\,5\,1\,4$는

$$P = \begin{array}{|c|c|c|c|c|}\hline 1&2&3&4&5\\\hline 2&3&4&5\\\cline{1-4} 3&4&5\\\cline{1-3} 4&5\\\cline{1-2} 5\\\cline{1-1}\end{array}\,, \qquad Q = \begin{array}{|c|c|c|c|c|}\hline 1&4&5&8&13\\\hline 2&6&7&15\\\cline{1-4} 3&9&12\\\cline{1-3} 10&11\\\cline{1-2} 14\\\cline{1-1}\end{array}$$

에 대응한다. Q의 전치는 보수 회로망 $[n-i_1 : n-i_1+1] \ldots [n-i_N : n-i_N+1]$에 대응한다.

참고문헌: A. Lascoux, M. P. Schützenberger, *Comptes Rendus Acad. Sci. (I)* 295 (Paris, 1982), 629-633; R. P. Stanley, *Eur. J. Combinatorics* 5 (1984), 359-372; P. H. Edelman, C. Greene, *Advances in Math.* 63 (1987), 42-99. 원시 정렬 회로망의 도식들은 유사선(pseudoline)들의 배치들과 대응하며 2차원 볼록성실(convexity)의 다른 추상들과도 대응한다. 추가적인 정보로는 D. E. Knuth, *Lecture Notes in Comp. Sci.* 606 (1992)을 볼 것.

39. 예를 들어 $n = 8$일 때 그러한 회로망은 반드시 옆에 표시된 비교자들을 포함한다. 다른 모든 비교자는 10101010에 대해 효과가 없다. 그러면 선 $\lceil n/3 \rceil \mathinner{..} \lceil 2n/3 \rceil = 3 \mathinner{..} 6$들은 연습문제 37에서처럼 네 개의 원소들을 정렬한다. (이 연습문제는 윌슨Davdid B. Wilson이 착안에 기반을 둔 것이다.)

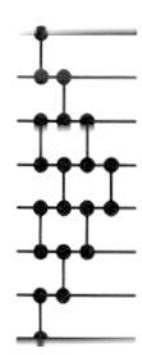

참고: 주어진 한 비트열을 정렬하는 최소 길이 원시 회로망들과, 그 모양이 그 비트열에 의해 정의되는 지그재그 경로로 한정되는 영Young 타블로들 사이에 일대일 대응관계가 존재한다. 즉, 연습문제 38은 $(10)^{n/2}$을 정렬하는 비교자 $\binom{n/2+1}{2}$개 짜리 원시 회로망들과 $n/2+1$개의 임의의 수들을 정렬하는 비교자 $\binom{n/2+1}{2}$개 짜리 원시 회로망들 사이의 일대일 대응관계를 만들어 낸다. 만일 어떤 한 원시 회로망이 비트열 $1^{n/2}0^{n/2}$을 정렬한다면, 다음과 같은 좀 더 강한 명제가 성립한다: $1 \le k \le n/2$에 대해, 그 회로망의 k에서 $k+n/2$까지의 선들에 대한 부분회로망들로 구

성된 "절반"들 모두는 정렬 회로망이다. (연습문제 36의 해답에서 인용한 더브라윈의 정리도 볼 것.)

40. 꼬리 부등식들을 로스트H. Rost의 논문 *Zeitschrift für Wahrscheinlichkeitstheorie und verwandte Gebiete* 58 (1981), 41-53에 나오는 흥미로운 구성에 대해 $b=\frac{1}{2}$, $a=\frac{1}{4}$, $t=4n+\sqrt{n}\ln n$으로 두고 적용해서 증명할 수 있다.

실험에 의하면 임의의 원시 정렬 회로망(반드시 거품 정렬일 필요는 없음)에 도달하는 기대 시간이 $2n^2$에 매우 가깝다. 이상하게도, 비교자 $[i_k : i_k+1]$들을 $i_k = j$가 $j/\binom{n}{2}$의 확률로 발생하는 방식으로 비균등하게 선택한 경우 그에 해당하는 기대 시간은 정확히 $\binom{n}{2}H_{\binom{n}{2}}$가 된다. 이는 스탠리R. P. Stanley와 포민S. V. Fomin이 증명했다.

42. 어떤 입력에서 가장 큰 출력으로의, 길이가 $\lceil \lg n \rceil$ 이상인 한 경로가 반드시 존재해야 한다(정리 A의 m_n을 고찰해 볼 것). 그러한 입력이 ∞로 설정될 때 이 경로의 비교자들은 미리 결정된 습성을 보이며, 남은 회로망은 반드시 하나의 $(n-1)$정렬기이다. [*IEEE Trans.* C-21 (1972), 612-613.]

45. l수준들 이후 입력 x_1은 최대 2^l개의 서로 다른 장소들에 나타날 수 있다. 병합이 완료된 후에는 x_1이 $n+1$개의 서로 다른 장소들에 나타날 수 있다.

46. [*J. Algorithms* 3 (1982), 79-88; 다음의 대안적인 증명은 그린버그V. S. Grinberg에서 기인한 것이다.] $1 \le m \le n$이고 모든 시기가 m번의 비교를 수행한다고 가정할 수 있다. $l = \lceil (n-m)/2 \rceil$이고 $x_1 \le \cdots \le x_m$을 $y_1 \le \cdots \le y_n$과 병합한다고 가정하자. 하나의 방해자를 통해서 $\lceil \lg(m+n) \rceil$개의 시기들을 다음과 같이 강제할 수 있다: 첫 시기에서 어떤 x_j가 한 요소 y_k와 비교된다. 여기서 $k \le l$ 또는 $k \ge l+m$이다. 방해자는 $x_{j-1} < y_1$이고 $x_{j+1} > y_n$이라고 결정한다. 또한 만일 $k \le l$이면 $x_j > y_k$, 만일 $k \ge l+m$이면 $x_j < y_k$라고 결정한다. 이제 남은 과제는 본질적으로 x_j를 $y_{k+1} \le \cdots \le y_n$ 및 $k \le l$ 또는 $y_1 \le \cdots \le y_{k-1}$ 및 $k \ge l+m$과 병합하는 것이다. 그러면 적어도 $\min(n-l+1, l+m) = \lceil (m+n)/2 \rceil$개의 결과들이 남는다. 따라서 이후 적어도 $\lceil \lg \lceil (m+n)/2 \rceil \rceil = \lceil \lg(m+n) \rceil - 1$개의 시기들이 필요하다.

48. u가 $(x\alpha)_j$의 최소 원소이고, $y^{(0)}$은 $(y^{(0)})_k = 0$이면 $(x\alpha)_k$가 $\le u$인 한 원소를 담고 $(y^{(0)})_k = 1$이면 $(x\alpha)_k$가 $> u$인 한 원소를 담는다는 것을 함의함을 만족하는 D_n의 임의의 벡터라고 하자. $\alpha = \beta[p:q]$이면 앞에서와 같되 α가 β로 대체된 조건을 만족하며 $y^{(1)}[p:q] = y^{(0)}$을 만족하는 하나의 벡터 $y^{(1)}$을 찾는 것이 가능하다. $(y^{(0)})_i = 1$, $(y^{(0)})_j = 0$으로 시작해서 나아가면 결국은 그러한 조건을 만족하는 $y = y^{(r)}$에 도달하게 된다.

보데G. Baudet와 스티븐슨D. Stevenson은 연습문제 37과 48을 결합했을 때 k개의 프로세서들에서 $(n \ln n)/k + O(n)$개의 비교 주기들을 가지는 다음과 같은 간단한 정렬 방법이 나옴을 밝혔다: 우선 크기가 $\le \lceil n/k \rceil$인 k개의 부분파일들을 정렬하고, 그런 다음 그것들을 차수가 k인 "홀짝 전치 병합"을 이용해서 k패스로 병합한다. [*IEEE Trans.* C-27 (1978), 84-87.]

49. $(x \Cup y) \Cup z$와 $x \Cup (y \Cup z)$ 모두 중복집합 $x \uplus y \uplus z$의 가장 큰 m개의 원소들을 나타낸다. $(x \Cap y) \Cap z$와 $x \Cap (y \Cap z)$는 가장 작은 m개를 나타낸다. 만일 $x = y = z = \{0, 1\}$이면 $(x \Cap z) \Cup (y \Cap z) = (x \Cap y) \Cup (x \Cap z) \Cup (y \Cap z) = \{0, 0\}$이나, $\{0, 0, 0, 1, 1, 1\}$의 중앙 원소들은 $\{0, 1\}$이다. 세 원소들에 대한 정렬 회로망들과 연습문제 48의 결과에 의해, $x \uplus y \uplus z$의 중앙 원소들을 $((x \Cup y) \Cap z) \Cup (x \Cap y)$ 또는 $((x \Cap y) \Cup z) \Cap (x \Cup y)$로 표현할 수 있으며, 또한 그런 표현들에서 x, y, z를 순열치환해서 얻은 임의의 다른 공식들로 표현할 수 있다. (중앙 원소들에 대해서는 대칭 공식이 존재하지 않는 것으로 보인다.)

50. 정리 Z에 의해 동치인 문제로 변환한다. 범위 $[0..1]$의 유리수 x, y에 관한 연산

$$x \Cup y = \min(x + y, 1), \qquad x \Cap y = \max(0, x + y - 1)$$

에 의해 만족되는 모든 항등식을 찾아야 한다. 〔폴러드J. M. Pollard가 지적했듯이, 이 연산은 x만큼 찬 컵의 액체를 y만큼 찬 또 다른 컵에 최대한 많이 붓는 연산이다.〕 그러한 모든 항등식은 우카시에비치Łukasiewicz에서 기인한, 공리 네 개와 다가 논리의 추론에 관한 한 규칙으로 이루어진 체계로부터 얻을 수 있다. Rose, Rosser, *Trans. Amer. Math. Soc.* 87 (1958), 1-53을 볼 것.

51. $\alpha' = \alpha[i:j]$라고 하자. 그리고 k가 색인 $\neq i, j$라고 하자. 만일 모든 x에 대해 $(x\alpha)_i \le (x\alpha)_k$이면 $(x\alpha')_i \le (x\alpha')_k$이다. 만일 모든 x에대해 $(x\alpha)_k \le (x\alpha)_i$이고 $(x\alpha)_k \le (x\alpha)_j$이면 α를 α'으로 대체했을 때 같은 조건이 성립한다. 만일 모든 x에 대해 $(x\alpha)_k \le (x\alpha)_i$이면 $(x\alpha')_k \le (x\alpha')_j$이다. 이런 식으로 진행하면 α'이 가지는 알려진 관계들의 개수는 적어도 α의 해당 개수에 만일 $[i:j]$가 중복이 아니면 1을 더한 것과 같음을 알 수있다. 〔*Bell System Tech. J.* 49 (1970), 1627-1644.〕

52. (a) 0들과 1들을 정렬한다고 하자. $w = x_0 + x_1 + \cdots + x_N$이라고 하자. 회로망은 N정렬을 완성하기 전에 오직 $w \le t$이고 $x_0 - 1$일 때에만 실패한다. 만일 그 시점에서 $x_0 - 1$이면 그것은 원래 1이었으며, $1 \le j \le n$에 대해 원래 $0 \le k \le m$에 대해 $x_{2j-1+2nk} = 1$이었거나 $0 \le k \le m$에 대해 $x_{2j+2nk} = 1$이었어야 한다. 따라서 $w \ge 1 + (m+1)n = t$이다. 즉 회로망이 실패한다는 것은 $w = t$이고 $1 \le k \le m$에 대해 $= x_{j+2nk}$이며 $1 \le j \le n$에 대해 $x_{2j} = \bar{x}_{2j-1}$임을 함의한다. 더 나아가서 특별한 부분회로망은 반드시 그런 입력들을 $1 \le j \le m$에 대해 $x_{2m+2n+j} = 1$이 되도록 변환해야 한다.

(b) 예를 들어 $(y_1 \vee y_2 \vee \bar{y}_3) \wedge (\bar{y}_2 \vee y_3 \vee \bar{y}_4) \wedge \ldots$에 대한 특별한 부분회로망이

$$[1+2n:2mn+2n+1][3+2n:2mn+2n+1][6+2n:2mn+2n+1]$$
$$[4+4n:2mn+2n+2][5+4n:2mn+2n+2][8+4n:2mn+2n+2]\ldots$$

일 수 있다. k번째 절(clause)에서 y_j와 $\bar{y}_j$를 $x_{2j-1+2kn}$과 x_{2j+2kn}으로 표현하고 그 절 자체는 $x_{2m+2n+k}$로 표현한 것이다.

53. 다음 규칙에 따라 선들에 빨간 색 또는 파란 색을 칠한다:

만일 $i \bmod 4$이면	경우 (a)의 선 i는	경우 (b)의 선 i는
0	빨강	빨강
1	파랑	빨강
2	파랑	파랑
3	빨강	파랑

이제 회로망의 처음 $t-1$수준들이 두 개의 분리된 회로망들로 구성됨을 주목하자. 하나는 2^{t-1}개의 빨간 선들로 된 것이고 또 하나는 2^{t-1}개의 파란 선들로 된 것이다. t번째 수준의 비교자들은 이조 또는 홀짝 병합에서처럼 하나의 병렬 회로망을 완성한다. 이에 의해, 요구된 결과가 $k=1$에 대해 증명된다.

적-청 분해는 $k=2$인 경우도 입증한다. 만일 입력이 4순서라면 빨간 선들은 2순서인 2^{t-1}개의 수들을 담으며 파란 선들도 마찬가지이다. 따라서 $t-1$수준들 이후

$$x_0 y_0 y_1 x_1 x_2 y_2 y_3 x_3 \ldots \text{ (경우 }(a)) \qquad \text{또는} \qquad x_0 x_1 y_0 y_1 x_2 x_3 y_2 y_3 \ldots \text{ (경우 }(b))$$

이 남으며, 최종 결과

$$(x_0 \wedge y_0)(x_0 \vee y_0)(y_1 \wedge x_1)(y_1 \vee x_1)\ldots \qquad \text{또는} \qquad x_0(x_1 \wedge y_0)(x_1 \vee y_0)(y_1 \wedge x_2)(y_1 \vee x_2)\ldots$$

은 명백히 2순서이다.

이제 $k \ge 2$에 대해 $k \le t$라고 가정할 수 있다. 처음 $t-k+2$개의 수준들은 크기가 2^{t-k+2}인 2^{k-2}개의 개별 회로망들로 분할되는데, 각 회로망은 $k=2$의 경우 2순서이다. 따라서 $t-k+2$수준들 이후 선들은 2^{k-1}순서이다. 이후의 수준들은 2^{k-2}차의 "수직" 주기성을 가지므로 그 수준들에서 2^{k-1}순서가 유지됨은 명백하다. (선 $-1, -2, \ldots$에서 $-\infty$이고 선 $2^t, 2^t+1, \ldots$에서 $+\infty$이라고 상상하면 될 것이다.)

참고문헌: 회로망 (a)는 M. Dowd, Y. Perl, L. Rudolph, M. Saks, *JACM* 36 (1989), 738–757에서 소개되었다. 회로망 (b)는 E. R. Canfield, S. G. Williamson, *Linear and Multilinear Algebra* 29 (1991), 43–51에서 소개되었다. 경우 (a)에서 $D_n\alpha = G_t$이 성립함을 주목할 것. G_t는 연습문제 32에서 정의된 것이다 〔Dowd 외, 정리 17〕. 따라서 D_n의 상(image) 자체만으로는 주기적 회로망의 습성을 특징지을 수 없다.

54. 아즈타이Ajtai, 콤로시Komlós, 세메레디Szemerédi 〔*FOCS* 33 (1992), 686–692〕의 다음과 같은 구축법은 m^3개의 원소들을 m^2정렬기의 네 수준들로 정렬하는 방법을 보여준다: 정렬할 원소들이 0들과 1들이라고 가정할 수 있다. 선들에 $0 \le a, b, c < m$에 대한 번호 $(a,b,c) = am^2 + bm + c$들이 부여된다고 하자. 첫 수준은 $0 \le k < m$에 대한 선 $\{(a, b, (b+k) \bmod m) \mid 0 \le a, b < m\}$들을 정렬한다. m^2개의 선들의 k번째 그룹의 1들의 개수가 a_k라고 하자. 두 번째 수준은 $0 \le k < m$에 대한 $\{(a, b, k) \mid 0 \le a, b < m\}$들을 정렬한다. 그러면 k번째 그룹의 1들의 개수는

$$b_k = \sum_{j=0}^{m^2-1} \left\lfloor \frac{a_{(k-j) \bmod m} + j}{m^2} \right\rfloor$$

이며, 이로부터 $b_0 \le b_1 + 1$, $b_1 \le b_2 + 1$, ..., $b_{m-1} \le b_0 + 1$임을 알 수 있다. 셋째 수준에서는 $0 \le k < m$에 대한 $\{(k, a, b) \mid 0 \le a, b < m\}$들이 정렬된다. k번째 그룹의 1들의 개수는

$$c_k = \sum_{i=0}^{m-1} \sum_{j=0}^{m-1} \left\lfloor \frac{b_i + km + j}{m^2} \right\rfloor$$

이다. 만일 $0 < c_{k+1} < m^2$이면 $j < k$에 대해 $c_k \le \binom{m-1}{2}$이고 $c_j = 0$이다. 비슷하게, 만일 $0 < c_k < m^2$이면 $j > k+1$에 대해 $c_{k+1} \ge m^2 - \binom{m-1}{2}$이고 $c_j = 0$이다. 따라서 네 번째 수준에서 $0 < k < m$에 대해 선 $m^2k - \binom{m-1}{2}$.. $m^2k + \binom{m-1}{2} - 1$들을 정렬함으로써 정렬이 완료된다.

이로부터, m정렬기의 네 수준들이 $f(m) = \lfloor \sqrt{m} \rfloor^3$개의 원소들을 정렬하며 16수준들은 $f(f(m))$개의 원소들을 정렬함이 입증된다. 그런데 $m > 24$일 때 $f(f(m)) > m^2$이므로, 이에 의해 언급된 결과가 증명된다. (이 구축법이 "딱 맞지는(tight)" 않으므로, 16수준보다 훨신 적은 수준들로도 원하는 일을 할 수 있을 것이다.)

55. 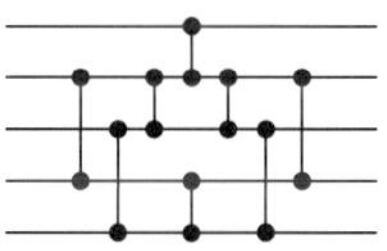 〔한 치환 회로망에 필요한 스위치들의 최소 개수를 $P(n)$이라고 표기할 때, $P(n) \ge \lceil \lg n! \rceil$임은 명백하다. L. J. Goldstein, S. W. Leibholz, *IEEE Trans.* EC-16 (1967), 637-641에서 기인한 약간 확장된 구축법을 통해서 $P(n) \le P(\lfloor n/2 \rfloor) + P(\lceil n/2 \rceil) + n - 1$임을 증명하는 것이 가능하다. 그러면 $B(n)$이 식 5.3.1-(3)의 이진 삽입 함수라고 할 때 모든 n에 대해 $P(n) \le B(n)$이다. 그린M. W. Green은 $P(5) = 8$을 증명했다(미출판).〕

56. 실제로, x가 k개의 0들을 가진다고 할 때 $x\alpha_x = 0^{k-1}101^{n-k-1}$을 만족하는 α_x를 귀납적으로 구축할 수 있다. 기본 경우인 α_{10}은 빈 회로망이다. 그 외의 회로망들에는 다음 네 경우 중 적어도 하나가 적용되는데, 여기서 y는 정렬되지 않은 비트 벡터이다: (1) $x = y0$, $\alpha_x = \alpha_y[n-1:n][n-2:n-1]\ldots[1:2]$. (2) $x = y1$, $\alpha_x = \alpha_y[1:n][2:n]\ldots[n-1:n]$. (3) $x -$ $0y$, $\alpha_x = \alpha_y^+[1:n][1:n-1]\ldots[1:2]$. (4) $x = 1y$, $\alpha_x = \alpha_y^+[1:2][2:3]\ldots[n-1:n]$. 회로망 α^+는 α의 각 비교자 $[i:j]$들 $[i+1:j+1]$로 바꾸어서 얻은 것이다. 〔정문정M. J. Chung, 라비쿠마르B. Ravikumar, *Discrete Math.* 81 (1990), 1-9.〕 이 구성은 $\binom{n}{2} - 1$개의 비교자들을 사용한다. 이보다 훨씬 더 적은 비교자들로도 그러한 정렬이 가능할까?

57. 〔H. Zhu, R. Sedgewick, *STOC* 14 (1982), 296-302 참고.〕 언급된 지연 시간은 귀납법으로 쉽게 입증할 수 있다. 그러나 $A(0, n) = A(m, 0) = 0$일 때 점화식

$$A(m, n) = A(\lfloor m/2 \rfloor, \lceil n/2 \rceil) + A(\lceil m/2 \rceil, \lfloor n/2 \rfloor) + \lceil m/2 \rceil + \lceil n/2 \rceil - 1$$

을 분석하는 문제는 훨씬 더 어렵다.

이조 병합은 $B(m,n) = C'(m+n)$회의 비교를 수행한다. (15)를 볼 것. 따라서 $\{\lfloor m/2\rfloor + \lceil n/2\rceil, \lceil m/2\rceil + \lfloor n/2\rfloor\} = \{\lfloor (m+n)/2\rfloor, \lceil (m+n)/2\rceil\}$이라는 사실을 이용해서 $B(m,n) = B(\lfloor m/2\rfloor, \lceil n/2\rceil) + B(\lceil m/2\rceil, \lfloor n/2\rfloor) + \lfloor (m+n)/2\rfloor$을 보일 수 있다. 그러면 귀납법에 의해 $A(m,n) \le B(m,n)$이다.

$D(m,n) = C(m+1,n+1) + C(m,n) - C(m+1,n) - C(m,n+1)$이라고 하자. $D(0,n) = D(m,0) = 1$이며, $m+n$이 홀수일 때에는 $D(m,n) = 1$이 성립한다. 그렇지 않으면 $m+n$이 짝수이고 $mn \ge 1$이며, 그러면 $D(m,n) = D(\lfloor m/2\rfloor, \lfloor n/2\rfloor) - 1$이 성립한다. 따라서 모든 $m, n \ge 0$에 대해 $D(m,n) \le 1$이다.

A에 대한 점화식은 m과 n 둘 다 홀수라는 점만 제외하고는 C의 점화식과 동치이다. 그리고 그런 경우 귀납법에 의해 $A(m,n) \ge C(\lfloor m/2\rfloor, \lceil n/2\rceil) + C(\lceil m/2\rceil, \lfloor n/2\rfloor) + \lceil m/2\rceil + \lceil n/2\rceil - 1 = C(m,n) + 1 - D(\lfloor m/2\rfloor, \lfloor n/2\rfloor) \ge C(m,n)$이 성립한다.

$l = \lceil \lg \min(m,n)\rceil$이라고 하자. $0 \le k < l$에 대해, 짝홀 재귀의 수준 k에서 각각 크기가 $0 \le j < 2^k$에 대해 $(m_{jk}, n_{jk}) = (\lfloor (m+j)/2^k\rfloor, \lfloor (n+2^k-1-j)/2^k\rfloor)$인 2^k개의 병합들을 수행한다. 재귀의 비용 $\sum_j (\lceil m_{jk}/2\rceil + \lceil n_{jk}/2\rceil - 1)$은 $f_k(m) + f_k(n) - 2^k$이다. $n'_k = 2^k\lfloor n/2^{k+1} + 1/2\rfloor$이 $n/2$에 가장 가까운 2^k의 배수라고할 때 $f_k(n) = \max(n'_k, n - n'_k)$라고 쓸 수 있다. $0 \le f_k(n) - n/2 \le 2^{k-1}$이므로 0에서 $l-1$까지의 수준들에 대한 총 재귀 비용은 $\frac{1}{2}(m+n)l - 2^l$과 $\frac{1}{2}(m+n)l$ 사이이다.

마지막으로 만일 $m \le n$이면 수준 l에 대한 2^l개의 병합 (m_{jl}, n_{jl})들은 $0 \le j < 2^l - m$에 대해 $m_{jl} = 0$이고 나머지 m개의 j들에 대해 $m_{jl} = 1$이다. $A(1,n) = n$이므로 수준 l의 총 비용은 $\sum_{k=n}^{m+n-1} \lfloor k/2^l\rfloor \le \sum_{k=n}^{m+n-1} k/m = \frac{m-1}{2} + n$이다.

따라서 이조 병합과는 달리 짝홀 병합의 비교 횟수와 최적의 비교 횟수 $\widehat{M}(m,n)$의 차이는 $O(m+n)$ 이내이다. 위의 유도는 실제로 $A(m,n) = \sum_{k=0}^{l-1} (f_k(m) + f_k(n) - 2^k) + g_l(m+n) - g_l(\max(m,n))$임을 보여준다. 여기서 $g_l(n)$은 $\sum_{k=0}^{n-1} \lfloor k/2^l\rfloor = \lfloor n/2^l\rfloor (n - 2^{l-1}(\lfloor n/2^l\rfloor + 1))$의 형태로 표현할 수 있다.

58. 만일 $h[k+1] = h[k] + 1$이고 파일이 정렬된 순서가 아니면 다음 패스에서 파일에 어떤 일이 생기게 된다. 그러면 연습문제 5.2.2-1에 의해 반전 개수가 감소하며, 따라서 파일은 결국 정렬이 된다. 그런데 만일 $1 \le k < m$에 대해 $h[k+1] \ge h[k] + 2$이면 가장 작은 키는 애초에 R_2에 있었던 것이 아닌 한 결코 제자리로 가지 못한다.

59. 힌트를 사용하며, 또한 $K_{N+1} = K_{N+2} = \cdots = 1$이라고 간주하겠다. 만일 단계 j에서 $K_{h[1]+j} = \cdots = K_{h[m]+j} = 1$이면, 그리고 어떤 $i > h[1] + j$에 대해 $K_i = 0$이면, 1들이 n개 미만이므로 반드시 $i < h[m] + j$이다. k와 i가 $h[k] + j < i < h[k+1] + j$와 $K_i = 0$을 만족하는 최소의 색인들이라고 가정하자. $s = h[k+1] + j - i$라고 하면 $s < h[k+1] - h[k] \le k$이다. 단계 $j - s$에서 $K_i = K_{h[k+1]+j-s}$가 0으로 설정되므로, 그 단계에서 헤드 아래에는 적어도 $k+1$개의 0들이 존재

해야 한다. 그러면 s개의 단계들 이후 $K_{h[1]+j}$에서 K_i까지에 적어도 $k+1-s \geq 2$개의 0들이 남게 되는데, 이는 i가 최소라는 가정과 모순이다.

두 번째 패스에서는 그 다음 $n-1$개의 원소들이 제자리를 찾게 되며, 그 이후 패스들에서도 마찬가지이다. 만일 순열 $N\ N-1\ \ldots\ 2$로 시작한다면 첫 패스는 그 순열을

$$N+1-n\ N-n\ \ldots\ 1\ N+2-n\ \ldots\ N-1\ N$$

으로 바꾼다. $1 \leq h[1]+j$이고 $h[m]+j \leq N$이면 항상 $K_{h[1]+j} > K_{h[m]+j}$이기 때문이다. 따라서 그 한계가 가능한 최선의 한계이다.

60. $h[k+1]-s > h[k]$이고 $h[k] \leq s$라고 가정하자. 가장 작은 키가 처음에 위치 R_{n-s}였다면 최종적으로는 $i > 1$에 대한 위치 R_i로 가게 된다. 따라서 $h[k+1] \leq 2h[k]$가 필요조건이다. 다음 정리의 $t=0$인 특수 경우에 의해, 이는 충분조건이기도 하다:

정리. *$n=N$이고 $K_1 \ldots K_N$이 $\{1,2,\ldots,n\}$의 한 순열이라고 할 때, 만일 $1 \leq k < m$과 $0 \leq i \leq t$에 대해 $h[k+1] \leq h[k]+h[k-i]+i$이면 하나의 정렬 패스는 $1 \leq i \leq t+1$에 대해 $K_i = i$로 설정한다.* (관례상 $k \leq 0$일 때에는 $h[k]=k$로 둔다.)

증명. t에 대한 귀납법으로 증명한다. 만일 t가 헤드들 아래에서 키 $t+1$을 찾지 못한다면 그 키는 어떤 $s>0$에 대한 위치 $R_{h[k+1]+t-s}$에 나타난다고 가정할 수 있다. 여기서 $h[k+1]-s < h[k]$이다. 따라서 $h[k-t]+t-s > 0$이다. 그러나 단계 $t-s$를 생각해 보면 이는 불가능하다. 그 단계에서는 원소 $t+1$을 위치 $R_{h[k+1]+t-s}$에 넣어야 할 것이나, 더 낮은 활성 헤드들이 적어도 $t+1$개 존재하기 때문이다. ∎

(그 조건은 $t=0,1$에 대해서는 필요조건이지만 $t=2$에 대해서는 아니다.)

61. 만일 수 $\{1,\ldots,23\}$을 정렬한다면, 연습문제 60의 정리에 의해 $\{1,2,3,4\}$는 자신의 진짜 목적지에 도달하게 된다. 0들과 1들을 정렬할 때, 단계 $-2,-1,0$에서 모든 헤드가 0을 읽는 반면 헤드들 아래에 있지 않은 모든 위치가 1들을 담고 있는 상황은 불가능함을 증명할 수 있다. 따라서 연습문제 60의 증명을 $\{5,6,7\}$도 자신의 진짜 목적지에 도달하게 됨을 보이는 것으로 확장할 수 있다. 마지막으로, 연습문제 59의 논증에 의해, $\{8,\ldots,23\}$도 반드시 정렬된다.

63. $r \leq m-2$일 때 헤드들은 비트열

$$0^p1^101^301^70\ldots01^{2^r-1}01^q\text{을}\qquad 0^{p+1}1^101^301^70\ldots01^{2^{r-1}-1}01^{2^r-1+q}$$

으로 바꾼다. 따라서 $m-2$회의 패스가 필요하다. [프랫은 헤드들이 위치 $1,2,3,5,\ldots,1+2^{m-2}$에 있을 때 비슷한 결과를 얻었다: 비트열 $0^p1^a01^{2^b-1}01^{2^{b+1}-1}0\ldots01^{2^r-1}01^q$, $1 \leq a \leq 2^{b-1}$은 $0^{p+1}1^{a-1}01^{2^b-1}01^{2^{b+1}-1}0\ldots01^{2^{r-1}-1}01^{2^r+q}$으로 가므로 이 헤드열에 대한 최악의 경우에서 적어도 $m-\lceil\log_2 m\rceil-1$회의 패스가 필요하다. 후자의 헤드열은 암스트롱P. N. Armstrong이 고안한 아주 독창적인 정렬 장치의 기초로 쓰였다는 점에서 특히나 흥미롭다 [*U.S. Patent 3399383* (1965) 참고]. 프랫은 이 입력열들이 모든 입력 중에서 진정으로 최악인 경우를 만들어 낸다고 추측했다.]

64. 빠른정렬 도중에 각 키 $K_2, \ldots, K_N$은 K_1과 비교된다. $A = \{i \mid K_i < K_1\}, B = \{j \mid K_j > K_1\}$이라고 하자. 이후의 연산들은 A와 B를 독립적으로 정렬한다(빠른정렬로). 빠른정렬과 제한된 균등 알고리즘 모두, A의 i와 B의 j에 대한 비교 $K_i : K_j$들 전부를 억제한다. 반면 제한 없는 균등 알고리즘은 그 외의 다른 비교들을 전혀 억제하지 않는다.

이 경우에는 비교들이 명시적으로 일어날 때에만 G에 호들이 추가되도록 경우 1과 2를 생략하되 중복성을 판정할 때에는 길이가 2인 경로들만 고려하는 식으로 알고리즘을 더욱 제한할 수 있다. 6.2.2절의 이와 동치인 트리 삽입 알고리즘을 통해서 이 문제를 다른 방식으로 풀 수도 있다. 그 알고리즘은 균등 알고리즘과 정확히 동일한 비교들을 같은 순서로 수행한다.

65. (a) K_{a_i}가 K_{b_i}와 비교될 확률은 c_i개의 다른 지정된 키들이 K_{a_i}와 K_{b_i} 사이에 있지 않을 확률이다. 그리고 이는 $\{1, 2, \ldots, c_i + 2\}$에서 무작위로 선택한 두 수가 연속된 수들일 확률인 $2/(c_i + 2)$이다.

(b) c_i의 처음 $n-1$개의 값들은 0이며, 그 뒤에는 $(n-2)$개의 1들, $(n-3)$개의 2들, ... 등이 온다. 따라서 평균은 $2\sum_{k=1}^{n}(n-k)/(k+1) = 2\sum_{k=1}^{n}((n+1)/(k+1)-1) = 2(n+1)(H_{n+1}-1)-2n$이다.

(c) 병합의 "두 갈래" 성질 때문에, 이 수열에 대한 제한된 균등 알고리즘은 균등 알고리즘과 같다. 정점 N이 관여하는 쌍들의 c들은 각각 $0, 1, \ldots, N-2$와 같다. 따라서 평균 비교 횟수는 빠른정렬에서와 정확히 같다.

66. 아니다. $N = 5$일 때 $(1,2)(2,3)(3,4)(4,5)(1,5)$로 시작하는 모든 쌍 수열은 이후의 비교 횟수가 적어도 1 적다. [흥미로운 연구 문제 하나: 모든 N에 대해, 최악의 경우가 최대한 좋은 (제한된) 균등 정렬 방법을 찾아라.]

67. i의 정확히 t_j개의 값들에 대해 $c_i = j$라고 가정하자. 제한된 균등 알고리즘의 경우 $\sum_j t_j/(2+j)$가 $(t_0, t_1, \ldots, t_{N-2}) = (N-1, \ldots, 2, 1)$일 때 최소가 됨을 증명해야 한다. 칼라이Gil Kalai는 달성 가능한 벡터 $(t_0, t_1, \ldots, t_{N-2})$들이 항상 사전순으로 $\geq (N-1, \ldots, 2, 1)$임을 보인 바 있다. *Graphs and Combinatorics* 1 (1985), 65-79을 볼 것.

68. 한 항목이 패스 당 많아야 하나의 반전을 잃을 수 있으므로 최소 패스 횟수는 입력 순열의 임의의 항목의 최대 반전 개수보다 작지 않다. 거품 정렬 전략이 이러한 한계를 달성한다. 각 패스마다 모든 반전된 항목의 반전 개수가 1 감소하기 때문이다(연습문제 5.2.2-1 참고). 정렬이 완료되었는지의 여부를 판정하기 위해 추가적인 패스가 하나 더 필요할 수도 있으나, 이 연습문제의 설정 하에서는 그러한 고려사항을 무시해도 된다.

자동장치를 통한 계산 복잡도 연구의 첫 번째 정리로 확인된 정렬 방법의 "최적성"이 프로그래밍의 관점에서는 아주 나쁘다는 점은 아마도 안타까운 일일 것이다. 이 상황은 난수 발생의 역사와도 비슷하다. 그 역사에서는 어떤 특정한 하나의 관점에서만 "최적인" 발생기들이 일반적인 용도로 추천되면서 퇴보가 일어났다. (식 3.3.3-(39) 다음의 논평을 볼 것.) 우리가 유념해야 할 교훈은, 최적성 결과들이 추상적 모형에 크게 의존하는 경우가 많다는 것이다. 그 결과들이 상당히 흥미롭긴 하지만 실제 응용에서는 현명하게 적용해야 한다.

〔더 나아가서 디머스는 레지스터가 r개인 컴퓨터로의 일반화(r의 비율로 절감하는)를 고찰했으며, 튜링 기계와 비슷하되 탐색 방향을 좌-우 및 우-좌 사이에서 뜻대로 전환할 수 있는 기계로의 일반화도 고찰했다. 그는 후자의 종류의 기계가 직접 삽입과 칵테일 셰이커 정렬을 수행할 수 있으나, 그러한 임의의 1레지스터 컴퓨터는 평균적으로 적어도 $\frac{1}{4}(N^2-N)$단계를 거쳐야 한다고 말했다. 이는 각 단계가 반전 개수를 많아야 하나 줄이기 때문이다. 마지막으로 그는 r레지스터 임의 접근 컴퓨터와 최소 비교 정렬의 문제를 고찰했다. 그의 학위논문에서 이상을 다룬 부분이 *IEEE Transactions* C-34 (1985), 296-310로 재출판되었다.〕

5.4절

1. 내부 정렬 페이즈는 생략할 수 있으나, 그러면 자료 조각을 외부 기억장치에서 읽거나 쓰는 횟수가 늘어나서 훨씬 느려진다.

2. 연속열들은 (1)에서처럼 배분되며, 그러면 테이프 3은 $R_1 \ldots R_{2000000}$; $R_{2000001} \ldots$; $R_{4000000}$; $R_{4000001} \ldots R_{5000000}$로 설정된다. 모든 테이프를 되감은 후에는 "1중 병합"에 의해 T_1과 T_2와 각각 (2)의 T_3과 T_4의 내용으로 설정된다. 그런 다음 T_1과 T_2와 T_3과 병합되며, 총 다섯 패스로 정보가 다시 한 번 복사, 병합된다. 일반적으로 이 공정은 4테이프 균형 병합과 비슷하나 각 병합 패스 사이에 복사 패스가 존재한다. 따라서 수행되는 패스 횟수는 4테이프 균형 병합의 두 배보다 하나 적다.

3. (a) $\lceil \log_P S \rceil$. (b) $\log_B S$, 여기서 $B=\sqrt{P(T-P)}$는 "병합의 효능(effective power)"이다. $T=2P$일 때 효능은 P이다. $T=2P-1$일 때 효능은 $\sqrt{P(P-1)}=P-\frac{1}{2}-\frac{1}{8}P^{-1}+O(P^{-2})$으로, $\frac{1}{2}T$보다 약간 작다.

4. $\frac{1}{2}T$. 만일 T가 홀수이고 P가 반드시 정수라면 $\lceil T/2 \rceil$과 $\lfloor T/2 \rfloor$ 모두 동일한 최대값을 낸다. 연습문제 3에 의하면 $P \geq T-P$로 두는 게 가장 좋다. 따라서 균형 병합에 대해서는 $P=\lceil T/2 \rceil$으로 두어야 한다.

5.4.1절

1. $$087\ 154\ 170\ 426 \begin{cases} 503 \begin{cases} 503\ \infty \\ 908\ \infty \end{cases} \\ 426 \begin{cases} 426\ 653\ \infty \\ 612\ \infty \end{cases} \end{cases}$$

2. 경로 [061]—(512)—(087)—(154)—(061)가 [612]—(612)—(512)—(154)—(087)로 바뀌게 된다. (본질적으로는 경로를 따라 "거품 정렬"을 수행하는 것이다!)

3. and fourscore our seven years/ ago brought fathers forth on this/
a conceived continent in liberty nation new the to/ and dedicated men
proposition that/ all are created equal.

4. (문제가 약간 애매하다. 이 답은 보관소가 넘치게 되기 전까지는 내부 메모리를 비우지 않는다는 것으로 해석한 것이다.)

and fourscore on our seven this years/ ago brought continent fathers
forth in liberty nation new to/ a and conceived dedicated men
proposition that the/ all are created equal

5. 거짓이다. P개의 외부 노드들을 가진 완전 이진트리가 모든 $P \geq 1$에 대해 정의된다.

6. 단계 R6의 시작에 "만일 T=LOC($X[0]$)이면 R2로 가고, 그렇지 않으면"을 삽입하고 단계 R7에서 비슷한 구절을 삭제한다.

7. 출력은 없으며 RMAX는 0을 유지한다.

8. 만일 처음 P개의 실제 키들이 ∞였다면 그들의 레코드들이 소실될 것이다. ∞를 피하기 위해서는 프로그램의 거의 동일한 복사본을 두 개 만들면 된다. 첫 복사본은 단계 R4에서 LASTKEY에 관련된 판정을 방출하고, 단계 R3에서 처음으로 RQ $\neq 0$일 때 두 번째 복사본으로 점프한다. 두 번째 복사본에는 단계 R1이 필요가 없으며, 단계 R3에서 RQ를 판정할 필요가 전혀 없다.

9. 예를 들어 현재 연속열이 오름차순이고 그 다음 것은 반드시 내림차순이어야 한다고 가정하자. 그러면, 알고리즘 R의 단계 R6을 만일 RN(T) = RQ > RC이면 KEY(LOSER(T)) 대 KEY(Q)의 판정을 뒤집는다고 바꾸기만 하면 알고리즘이 제대로 작동한다.

RC가 변할 때에는 단계 R4와 R6의 키 판정들도 적절히 수정해야 한다.

10. $\cdot j \equiv$ LOC($X[j]$)라고 하자. 알고리즘 R의 메커니즘에 의해, 처음에 LOSER($\cdot 0$) $\leftarrow$ Q, RN($\cdot 0$) $\leftarrow$ RQ라고 설정했을 때, 단계 R3에 도달할 때마다 다음과 같은 조건들이 참이 된다: LOSER($\cdot 0$) ..., LOSER($\cdot (P-1)$)의 값들은 $\{\cdot 0, \cdot 1, \ldots, \cdot (P-1)\}$의 한 순열이다. 그리고 실제 토너먼트와 대응되는 포인터들의 순열 {LOSER($\cdot j$) | RN($\cdot j$) $= 0$}이 존재한다. 다른 말로 하면, RN($\cdot j$)가 0일 때 KEY(LOSER($\cdot j$))의 값은 무관하다. 그러한 "패자"들을 그들 사이에서 순열치환할 수 있다. P단계 이후 모든 RN($\cdot j$)는 0이 되며, 따라서 전체 트리가 일관성을 유지한다. (힌트에 대한 답은 "예"이다.)

순수주의자라면 알고리즘이 아직 초기화되지 않은 KEY 값들을 비교한다는 점이 불만일 것이다. 그런 방식을 참을 수 없다면, 이를테면 단계 R1에서 모든 KEY를 0으로 설정하면 될 것이다.

11. 참이다. (두 키 모두 정리 K의 증명의 같은 부분수열로부터 비롯된 것이다.)

13. 첫 연속열이 끝났을 때 메모리에 남아 있는 키들은 평균보다 더 작은 경향을 가진다. 첫 연속열에 들어가지 못한 키들이기 때문이다. 따라서 두 번째 연속열은 더 작은 키들을 더 많이 출력할 수 있다.

14. 제설차가 안정 상태에 도달해서 어떤 무작위 지점 u, $0 \le u < 1$에 있을 때 눈이 갑자기 멈춘다고 가정하자. 그러면 마지막 직전의 연속열은 $(1+2u-u^2)P$개의 레코드들을 담으며, 마지막 연속열은 u^2P개를 담는다. 이것 곱하기 du를 적분하면 마지막 직전 연속열의 $(2-\frac{1}{3})P$개의 레코드들의 평균 시간과 마지막 연속열의 $\frac{1}{3}P$개의 레코드들의 평균 시간이 나온다.

15. 거짓이다. 마지막 연속열은 얼마든지 길 수 있으나, 입력이 소진되었을 때 메모리의 모든 레코드가 같은 연속열에 속하게 되는 일은 비교적 드문 상황들에서만 일어난다.

16. 필요충분조건은 각 원소가 P개 미만의 반전들을 가진다는 것이다. (5.1.1절과 5.4.8절 참고.) 반전표들을 고려할 때 그 확률은 $N \le P$일 때 1, $N \ge P$일 때 $P^{N-P}P!/N!$이다. (그러나 실제 응용에서는 1패스 정렬이 아주 드물지는 않다. 사람들은 이미 정렬되어 있을 것이 뻔한 파일도 예방을 위해 정렬하는 경향이 있기 때문이다.)

17. 정확히 $\lceil N/P \rceil$개의 연속열들로, 마지막 연속열을 제외한 나머지 모두는 길이가 P이다. ("최악의 경우"임.)

18. 두 번째 패스에서는 아무 것도 변하지 않는다. $1 \le k \le P$에 대해 한 연속열의 k번째 레코드가 이전 연속열의 적어도 $P+1-k$개의 레코드들보다 작기 때문이다(증명 가능함). (그러나 $P' > P$일 때 P중 치환 선택 다음에 P'중 치환 선택을 수행한 결과를 특징짓는 간단한 방식은 없는 것으로 보인다.)

19. (2)의 유도에서와 같은 논증에 의해 $h(x,t)\,dx = KL\,dt$이다. 단 이번에는 모든 x에 대해 $h(x,t) = I + Kt$이며 $P = LI$이다. 이는 $x(t) = L\ln((I+Kt)/I)$를 함의하며, 따라서 $x(T) = L$일 때 $KT = (e-1)I$가 성립한다. 그러므로 $t=0$ 이후의 강설량은 $(e-1)LI = (e-1)P$이다.

20. 연습문제 19에서처럼 $(I+Kt)\,dx = K(L-x)\,dt$이다. 따라서 $x(t) = LKt/(I+Kt)$이다. 보관소의 눈은 $LI = P = P' = \int_0^T x(t)K\,dt = L(KT - I\ln((I+KT)/I))$이며, 따라서 $KT = \alpha I$이다. 여기서 $\alpha \approx 2.14619$는 $1+\alpha = e^{\alpha-1}$의 근이다. 연속열 길이는 $0 \le t \le T$ 동안의 총 강설량으로, 구체적으로 말하면 $LKT = \alpha P$이다.

21. 본문에서와 동일하게 진행하되, 각 연속열 이후 $P-P'$개의 눈송이들이 떨어질 때까지 기다렸다가 다시 제설을 시작한다. 이는 $h(x(t),t)$가 이제는 KT가 아니라 KT_1임을 뜻한다. 여기서 $T_1 - T$는 추가적인 강설에 걸리는 시간이다. 연속열 길이는 LKT_1이고 $x(t) = L(1-e^{-t/T_1})$, $P = LKT_1e^{-T/T_1}$, $P' = \int_0^T x(t)K\,dt = P + LK(T-T_1)$이다. 다른 말로 하면, 길이가 $e^\theta P$인 연속열은 $0 \le \theta \le 1$에 대해 $P' = (1-(1-\theta)e^\theta)P$일 때 나온다.

22. $0 \le t \le (\kappa-1)T$에 대해 $dx \cdot h = K\,dt\,(x(t+T) - x(t))$이고 $(\kappa-1)T \le t \le T$에 대해 $dx \cdot h = K\,dt\,(L - x(t))$이다. 여기서 h은 제설차들의 위치에서 항상 KT와 같은 것으로 보인다. 이로부터 $0 \le j \le k$, $0 \le u \le 1$, $t = (\kappa - j - u)T$에 대해 $x(t) = L(1 - e^{u-\theta}F_j(u)/F(\kappa))$이 성립하게 된다. 연속열 길이는 LKT로, 이는 제설차들이 안정 상태에서 지점 0을 떠나는 시간들

사이의 강설량이다. P는 각 제설차가 마지막으로 속력을 내는 동안 치워진 눈의 양, 즉 $KT(L-x(\kappa T))=LKTe^{-\theta}/F(\kappa)$이다. 그리고 $P'=\int_0^{\kappa T}x(t)K\,dt$는 언급된 형태를 가짐을 보일 수 있다.

참고: 알고 보면 언급된 공식들이 $k=0$에 대해서도 유효하다. $k\ge 1$일 때 보관소에 두 번 들어간 연속열 당 원소 개수는 $P''=\int_0^{(\kappa-1)T}x(t)K\,dt$이다. 그리고 (연속열 길이) $-P'+P''=(e-1)P$임은 쉽게 확인할 수 있다. 이런 현상은 프레이저Frazer와 웡Wong이 지적했다. $F_k(\theta)$에 대한 생성함수가 연습문제 5.1.3-11의 생성함수와 이토록 비슷한 것은 우연일까?

23. $P=pP'$, $q=1-p$라고 하자. 처음 T_1 단위 시간동안 내리는 눈송이들은 초기에 처음 pP'개가 무작위 순서로 제거된 후 보관소에 남아 있는 qP'개의 원소들에서 비롯된다. 그리고 이전 보관소가 비었을 때 균등한 눈이 다시 내리기 시작한다. $LKT_1=qP'$이 되도록 T_1을 선택한다. $0\le t\le T_1$에 대해 $h(x,t)=(p+qt/T_1)g(x)$인데, 여기서 $g(x)$는 위치 x로부터 보관소에 들어간 눈의 높이이다. $T_1\le t\le T$에 대해 $h(x,t)=g(x)+(t-T_1)K$이다. $0\le t\le T_1$에 대해 $g(x(t))$는 $(q(T_1-t)/T_1)g(x(t))+(T-T_1)K$이다. 그리고 $T_1\le t\le T$에 대해 $g(x(t))=(T-t)K$이다. 따라서 $0\le t\le T$에 대해 $h(x(t),t)=(T-T_1)K$이고 $x(t)=L(1-\exp(-t/(T-T_1)))$이다. 총 연속열 길이는 $LK(T-T_1)$, 보관소로부터 다시 "재활용된"(연습문제 22 참고) 총 양은 LKT_1이다. 그리고 시간 T 이후 치워진 총 양은 $P=KT(L-x(T))$이다.

따라서 보관소 크기가 $(1+(s-1)e^s/s)P$일 때 연속열 길이는 이 연습문제의 가정들 하에서 $(e^s/s)P$가 된다. 이는 연습문제 22의 결과들보다 훨씬 나쁘다. 연습문제 22의 경우에는 보관소 내용이 훨씬 이득이 되는 순서로 활용된다.

(이런 문제들 중 많은 것들에서 $h(x(t),t)$가 상수라는 사실이 놀라운 것은 아니다. 왜냐하면 그것은 시스템이 안정 상태에 있는 동안에 얻어지는 각 연속열의 원소들이 균등 분포라는 것과 동치이기 때문이다.)

24. (a) 본질적으로는 같은 증명이 적용된다. 부분수열들 각각은 출력 연속열들과 같은 방향의 연속열들을 가진다. (b) 언급된 확률은 연속열의 길이가 $n+1$이고 그것 다음에 y가 올 확률이며, 이는 $x>y$일 때 $(1-x)^n/n!$과 같고 $x\le y$일 때 $(1-x)^n/n!-(y-x)^n/n!$과 같다. (c) 귀납법으로 증명된다. 예를 들어 만일 n번째 연속열이 오름차순이면, $(n-1)$번째가 내림차순일 확률은 p이다. 따라서 첫 번째 적분이 적용된다. (d) $f'(x)=f(x)-c-pf(1-x)-qf(x)$를 구할 수 있으며, 그로부터 $f''(x)=-2pc$를 구할 수 있다. 결국은 $f(x)=c(1-qx-px^2)$, $c=6/(3+p)$가 나온다. (e) 만일 $p>eq$이면 pe^x+qe^{1-x}은 $0\le x\le 1$에 대해 단조 증가이고 $\int_0^1|pe^x+qe^{1-x}-e^{1/2}|\,dx=(p-q)(e^{1/2}-1)^2<0.43$이다. 만일 $q\le p<eq$이면 pe^x+qe^{1-x}은 $2\sqrt{pqe}$와 $p+qe$ 사이에 놓이며 따라서 $\int_0^1|pe^x+qe^{1-x}-\frac{1}{2}(p+qe+2\sqrt{pqe})|\,dx\le\frac{1}{2}(\sqrt{p}-\sqrt{qe})^2<0.4$이다. 그리고 $p<q$에 대해서는 대칭적인 논증을 적용하면 된다. 따라서 모든 p와 q에 대해 $\int_0^1|pe^x+qe^{1-x}-C|\,dx<0.43$를 만족하는 상수 C가 존재한다. $\delta_n(x)=f_n(x)-f(x)$라고 하

자. 그러면 $\delta_{n+1}(y)=(1-e^{y-1})\int_0^1(pe^x+qe^{1-x}-C)\delta_n(x)dx+p\int_0^{1-y}e^{y-1+x}\delta_n(x)dx$ $+q\int_y^1 e^{y-x}\delta_n(x)dx$ 이다. 따라서 만일 $\delta_n(y)\le\alpha_n$이면 $|\delta_{n+1}(y)|\le(1-e^{y-1})\cdot 1.43\alpha_n<$ $0.91\alpha_n$ 이다. (f) 모든 $n\ge 0$에 대해 $(1-x)^n/n!$은 연속열 길이가 n을 넘을 확률이다. (g) $\int_0^1(pe^x$ $+qe^{1-x})f(x)dx=6/(3+p)$.

26. (a) 원소들이 $n+r+1$개이고 좌에서 우로 극소값들이 n개이며 제일 오른쪽 원소가 가장 작은 원소가 아닌 순열들의 개수를 고찰할 것. (b) 부록 B의 스털링 수들의 정의에 의해

$$\sum_{1\le k<n}\left[{k \atop k-r}\right]k=\left[{n \atop n-r-1}\right]$$

이라는 사실을 활용할 것. (c) $\sum_{n\ge 0}\left[{n+r \atop n}\right](n+r)/(n+r+1)!=1$이라는 사실을 이용해서 $r+$ 1을 평균에 더해서 $\sum_{n\ge 0}\left[{n+r \atop n}\right]/(n+r-1)!$을 얻는다.

(b)의 공식은 P. Appell, *Archiv der Math. und Physik* 65 (1880), 171-175에서 기인한 것이다. 첨언하자면, $f(z)=z/2+z^2/3+\cdots=-z^{-1}\ln(1-z)-1$이라고 할 때 $\left[\left[{r \atop k}\right]\right]=(r+$ $k)![x^kz^r]e^{xf(z)}$이 성립한다. 따라서 $c_r=[z^r](r+1+f(z))e^{f(z)}$이다. k개의 순환마디들을 가지는 n개의 객체들의 역배치(derangement)들의 개수(이를 종종 $\left[{n \atop k}\right]_{\ge 2}$로 표기한다)는 $\left[\left[{n-k \atop k}\right]\right]$이다. J. Riordan, *An Introduction to Combinatorial Analysis* (Wiley, 1958), §4.4를 볼 것.

27. $0\le\theta\le 1$에 대해 $P'/P=2(e^{-\theta}-1+\theta)/(1-2\theta+\theta^2+2\theta e^{-\theta})$일 때 안정 상태 평균 연속열 길이는 $2P/(1-2\theta+\theta^2+2\theta e^{-\theta})$이 된다. [*Information Processing Letters* 21 (1985), 239-243 참고.]

도보시에비치Dobosiewicz는 또한 치환 선택 메커니즘을 더욱 길게 진행할 수 있다고 말했다. 이는 입력은 보관소 대기열의 앞에서 가져오는 반면 출력은 그 끝으로 가기 때문이다. 예를 들어 만일 $P'=.5P$이고 치환 선택을 현재 연속열이 $.209P$개의 레코드들을 남을 때까지 계속 한다면, 이러한 수정 하에서 평균 연속열 길이는 약 $2.55P$에서 약 $2.61P$로 증가한다. 만일 $P'=P$이고 치환 선택을 현재 연속열에 단 $.314P$개의 레코드들만 남을 때까지 계속한다면 평균 연속열 길이는 eP에서 약 $3.034P$로 늘어난다. [*Comp. J.* 27 (1984), 334-339를 볼 것. 거기에는 이보다도 더 효율적인 "병합 치환"이라는 방법도 나온다.]

28. 다중 병합의 경우에는 비교적 문제가 적다. P가 상수를 유지하며 레코드들이 각 파일에서 순차적으로 처리되기 때문이다. 그러나 초기 연속열들을 형성할 때, 연속열의 길이에 따라 메모리 안의 레코드 개수를 가변적으로 결정하고 싶을 수도 있다. 그런 경우에는 2.5절에서 설명한 동적 저장소 할당을 이용해서, 메모리에 넣을 수 있는 최대한의 레코드들을 하나의 힙에 저장하면 될 것이다. 괴츠M. A. Goetz는 각 레코드를 함께 연결된 고정된 크기의 여러 부분들로 분할하는 또 다른 접근방식을 제안했다 [*Proc. AFIPS Joint Computer Conf.* 25 (1964), 602-604]. 그 부분들은 트리의 잎들에서 공간을 점유하나, 토너먼트에는 선행 부분만 관여한다.

29. 최상위 2^k개의 패자 노드들이 해당 호스트 위치들로 가게 한다. 나머지 패자 노드들은 노드가 각각 2^n-1개인 2^k개의 하위트리들을 형성한다. 이들은 대칭 순서로 호스트 노드들과 연관된다. 즉, 제일 왼쪽 하위트리가 제일 왼쪽 호스트 노드와 연관되는 식이다. 〔K. Efe, N. Eleser, *Acta Informatica* 34 (1997), 429–447 참고.〕

30. t개의 호스트 노드들이 완전 2^{n+k}노드 패자 트리의 한 연결된 2^n노드 하위그래프를 담는다고 가정하자. 그 트리에서 수준 0에는 노드 하나, $1 \le l \le n+k$에 대한 수준 l에는 노드 2^{l-1}개가 있다. 수준 $l \ge 1$에 루트가 있는 하위 트리는 $2^{n+k+1-l}-1$개의 노드들을 가진다. 따라서 t개의 서로 다른 2^n노드 하위트리들의 루트들은 모두 $\le k$인 수준들에 있어야 한다. 이 하위트리들 각각은 수준 k에 적어도 하나의 노드를 담는다. $<k$인 수준들에 단 $2^{k-1} < 2^n$개의 노드들만 있기 때문이다. 이로부터 $t \le 2^{k-1}$이 된다. 그런데 호스트 그래프의 변들의 개수는 (ii)과 (iii)에 의해 적어도 $t+2(2^k-t)-1$이다. 부모가 호스트에서 다른 상(image)을 가지는 패자 노드들의 개수도 적어도 그만큼은 되기 때문이다.

〔$n \ge k$라는 가정은 필수적이다: $n=k-1$일 때 변들이 $2^k+2^{k-1}-2$개인 적당한 호스트 그래프가 존재한다.〕

5.4.2절

1.

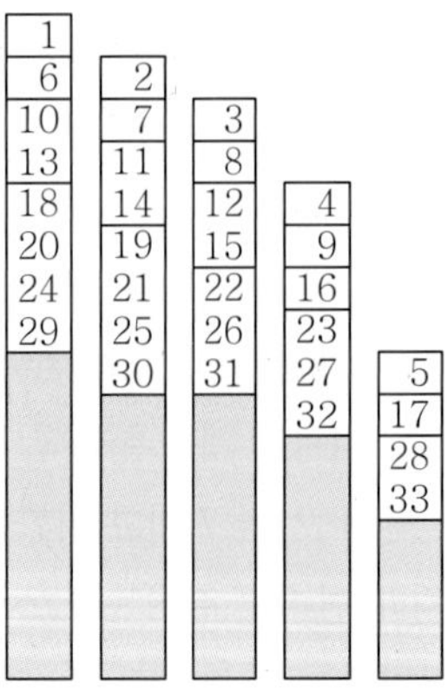

2. 첫 병합 페이즈 이후 남은 모든 모조들은 테이프 T에 있으며, 그 개수는 $a_n - a_{n-1} \le a_{n-1}$을 넘지 않는다. 따라서 그것들은 모두 두 번째 병합 페이즈에서 사라진다.

3. $(\texttt{D[1]}, \texttt{D[2]}, \ldots, \texttt{D[}T\texttt{]}) = (a_n - a_{n-P}, a_n - a_{n-P+1}, \ldots, a_n - a_n)$이 성립하므로, a들이 비감소라는 사실에 의해 그 조건이 성립한다. 그 조건은 알고리즘의 유효성에 중요하다. 단계 D2와 D3에서 $\texttt{D[}j+1\texttt{]}$이 감소되는 횟수가 $\texttt{D[}j\texttt{]}$가 감소되는 횟수보다 결코 많지 않기 때문이다.

4. (3) 때문에 $(1-z-\cdots-z^5)a(z)=1$이다. 그리고 $t(z)=\sum_{n\ge 1}(a_n+b_n+c_n+d_n+e_n)z^n = (z+\cdots+z^5)a(z)+(z+\cdots+z^4)a(z)+\cdots+za(z) = (5z+4z^2+3z^3+2z^4+z^5)a(z)$이다.

5. $g_p(z) = (z-1)f_p(z) = z^{p+1} - 2z^p + 1$이고 $h_p(z) = z^{p+1} - 2z^p$이라고 하자. 루셰Rouché의 정리 〔*J. École Polytechnique* 21, (1858), 1-34〕에 의해, $h_p(z)$와 $g_p(z)$는 원 $|z| = 1+\epsilon$ 안에서 같은 수의 근들을 가진다. 단, 이는 그 원에 대해 $|h_p(z)| > |h_p(z) - g_p(z)| = 1$이라고 할 때이다. 만일 $\phi^{-1} > \epsilon > 0$이면 $|h_p(z)| \ge (1+\epsilon)^p(1-\epsilon) > (1+\phi^{-1})^2(1-\phi^{-1}) = 1$이다. 따라서 g_p는 크기가 ≤ 1인 p개의 근들을 가진다. $\gcd(g_p'(z), g_p(z)) = \gcd(g_p(z), (p+1)z - 2p) = 1$이므로 그 근들은 서로 다르다. 〔*AMM* 67 (1960), 745-752.〕

6. $c_0 = -\alpha p(\alpha^{-1})/q'(\alpha^{-1})$이라고 하자. 그러면 $p(z)/q(z) - c_0/(1-\alpha z)$는 어떤 $R > |\alpha|^{-1}$에 대해 $|z| \le R$ 안에서 해석적이다. 따라서 $[z^n]\,p(z)/q(z) = c_0\alpha^n + O(R^{-n})$이다. 즉 $\ln S = n\ln\alpha + \ln c_0 + O((\alpha R)^{-n})$이며, $n = (\ln S/\ln\alpha) + O(1)$은 $O((\alpha R)^{-n}) = O(S^{-\epsilon})$을 함의한다. 비슷하게 $c_1 = \alpha^2 p(\alpha^{-1})/q'(\alpha^{-1})^2$이고 $c_2 = -\alpha p'(\alpha^{-1})/q'(\alpha^{-1})^2 + \alpha p(\alpha^{-1})q''(\alpha^{-1})/q'(\alpha^{-1})^3$이라고 두고 $p(z)/q(z)^2 - c_1/(1-\alpha z)^2 - c_2/(1-\alpha z)$를 고찰해 볼 것.

7. $\alpha_p = 2x$이고 $z = -1/2^{p+1}$이라고 하자. 그러면 $x^{p+1} = x^p + z$이므로 식 1.2.6-(25)에 의해 수렴 급수 $\alpha_p = 2\sum_{k\ge 0}\binom{1-kp}{k}z^k/(1-kp) = 2 - 2^{-p} - p2^{-2p-1} + O(p^2 2^{-3p})$을 얻게 된다.

참고: 이로부터, 연습문제 6의 수량 ρ가 p가 증가함에 따라 근사적으로 $\log_4 S$라는 결과가 나온다. 비슷하게, 테이프들이 많다고 할 때 표 5와 6 모두에 대해 계수 c는 $1/((\phi+2)\ln\phi)$에 접근한다.

8. $N_0^{(p)} = 1$이고 $m < 0$에 대해 $N_m^{(p)} = 0$임은 명백하다. 그리고 첫 피가수의 여러 경우들을 고려할 때, $m > 0$일 때 $N_m^{(p)} = N_{m-1}^{(p)} + \cdots + N_{m-p}^{(p)}$임을 알 수 있다. 따라서 $N_m^{(p)} = F_{m+p-1}^{(p)}$이다. 〔*Lehrbuch der Combinatorik* (Leipzig: Teubner, 1901), {136-137}.〕

9. 제일 왼쪽 0(그런 것이 있다면)의 위치를 생각해 보면 $K_m^{(p)} = F_{m+p}^{(p)}$임을 알 수있다. 참고: 그러한 0들과 1들의 수열들과 연습문제 8에서 고찰한 $m+1$의 표현들 사이에는 단순한 일대일 대응관계가 존재한다: 수열의 오른쪽 끝에 0을 넣고, 모든 0들의 위치를 살펴볼 것.

10. 보조정리: 만일 $n = F_{j_1}^{(p)} + \cdots + F_{j_m}^{(p)}$이 그런 표현이고 $j_1 > \cdots > j_m \ge p$라면 $n < F_{j_1+1}^{(p)}$이 성립한다. 증명: $m < p$일 때에는 그러한 결과가 자명하다. 그렇지 않은 경우에는, k가 $j_k > j_{k+1} + 1$인 최소값이라고 하자. 그러면 $k < p$이며, 귀납법에 의해 $F_{j_{k+1}}^{(p)} + \cdots + F_{j_m}^{(p)} < F_{j_k-1}^{(p)}$이다. 따라서 $n < F_{j_1}^{(p)} + \cdots + F_{j_1-k-1}^{(p)} \le F_{j_1+1}^{(p)}$이다.

이제 보조정리의 결과를 n에 대한 귀납법으로 증명할 수 있다. $n > 0$이라 할 때 j가 $F_j^{(p)} \le n$인 최대값이라고 하자. 보조정리는 n의 각 표현이 반드시 $F_j^{(p)}$ 더하기 $n - F_j^{(p)}$의 한 표현으로 구성됨을 보여준다. 귀납법에 의해, $n - F_j^{(p)}$는 요구된 형태의 유일한 표현을 가지나, j가 최대이므로 그 표현에 수 $F_{j-1}^{(p)}, \ldots, F_{j-p+1}^{(p)}$ 모두가 포함되지는 않는다.

참고: 체켄도르프E. Zeckendorf 〔*Simon Stevin* 29 (1952), {190-195}〕에서 기인한 $p = 2$인

경우를 연습문제 1.2.8-34에서 고찰했다. $n = \sum c_j F_{j+p}^{(p)}$ 를 만족하는 0들과 1들의 수열 $c_j \cdots c_1 c_0$ 을 조작함으로써 n의 표현으로부터 $n+1$의 표현을 얻는 간단한 알고리즘이 존재한다: 예를 들어 만일 $p=3$이면 제일 오른쪽 숫자들을 조사하면서 ... 0을 ... 1로, ... 01을 ... 10으로, ... 011을 ... 100으로 바꾼다. 그런 다음 필요하다면 ... 0111 ...을 ... 1000 ...으로 바꾸는 식으로 왼쪽으로의 "자리올림"을 수행한다. (연습문제 9의 0들과 1들의 수열을 나열된 순서로 살펴볼 것.) 비슷한 수체계를 린치W. C. Lynch가 연구했는데 〔*Fibonacci Quarterly* 8 (1970), 6–22〕, 그는 다중페이즈 정렬의 배분 페이즈와 병합 페이즈 모두를 관장하는 아주 흥미로운 방법을 발견했다.

12. k차 거듭제곱의 연속된 행들에 $k-4$에서 k까지의 수준들에 대한 완전 배분들이 포함된다. 가장 큰 원소가 오른쪽에 놓인다.

13. 수준에 대한 귀납법으로 증명할 수 있다.

14. (a) $n(1)=1$이므로 $k>1$이라고 가정한다. $T_{nk} = T_{(n-1)(k-1)} + \cdots + T_{(n-P)(k-1)}$이라는 법칙에 의해, 오직 $T_{(n-P)(k-1)} \le T_{n(k-1)}$일 때에만 $T_{nk} \le T_{(n+1)k}$이다. r이 임의의 양의 정수이고 n'이 $T_{(n'-r)(k-1)} > T_{n'(k-1)}$을 만족하는 최소값이라고 하자. 그러면 모든 $n \ge n'$에 대해 $T_{(n-r)(k-1)} \ge T_{n(k-1)}$이다. 이 관계식은 $n \ge n(k-1)+r$에 대해서는 자명하고, 그 외의 경우에도 $T_{(n-r)(k-1)} \ge T_{(n'-r)(k-1)} \ge T_{n'(k-1)} \ge T_{n(k-1)}$이므로 성립한다. (b) 같은 논증을 $r=n-n'$에 적용하면, 모든 $j \ge 0$에 대해 $T_{n'k'} < T_{nk'}$이 $T_{(n'-j)k'} \le T_{(n-j)k'}$을 함의함이 증명된다. 따라서 그 점화식은 모든 $j \ge 0$과 $k \ge k'$에 대해 $T_{(n'-j)k} \le T_{(n-j)k}$를 함의한다. (c) $\Sigma_n(S)$가 자신의 최소값으로 평가되게 하는 최소의 n을 $\ell(S)$라고 하자. 요구된 수열 M_n은 오직 모든 S에 대해 $\ell(S) \le \ell(S+1)$일 때에만 존재한다. $n=\ell(S) > \ell(S+1) = n'$이라고 하자. 그러면 $\Sigma a_n(S) < \Sigma_{n'}(S)$이고 $\Sigma_n(S+1) \ge \Sigma_{n'}(S+1)$이다. $\Sigma_n(S') < \Sigma_{n'}(S')$을 만족하는 어떤 최소의 S'이 존재하며, $m = \Sigma_n(S') - \Sigma_n(S'-1) < \Sigma_{n'}(S') - \Sigma_{n'}(S'-1) = m'$이 성립한다. 그러면 $\sum_{k=1}^{m} T_{n'k} < S' \le \sum_{k=1}^{m} T_{nk}$이다. 따라서 $T_{n'k'} < T_{nk'}$을 만족하는 어떤 $k' \le m$이 존재한다. 비슷하게 $l = \Sigma_n(S+1) - \Sigma_n(S) > \Sigma_{n'}(S+1) - \Sigma_{n'}(S) = l'$이다. 따라서 $\sum_{k=1}^{l'} T_{n'k} \ge S+1 > \sum_{k=1}^{l'} T_{nk}$이다. $l' \ge m' > m$이므로 $T_{n'k} > T_{nk}$를 만족하는 어떤 $k > m$이 존재한다. 그러나 이는 부문제 (b)와 모순이다.

15. 이 정리는 제이브D. A. Zave가 증명했다. 해당 논문을 본문에서 언급했다.

16. 제이브D. A. Zave는 입력된(그리고 출력되는) 레코드 개수가 $S \log_{T-1} S + \frac{1}{2} S \log_{T-1} \log_{T-1} S + O(S)$임을 보였다.

17. $T=3$으로 두면 $A_{11}(x) = 6x^6 + 35x^7 + 56x^8 + \cdots$, $B_{11}(x) = x^6 + 15x^7 + 35x^8 + \cdots$, $T_{11}(x) = 7x^6 + 50x^7 + 91x^8 + 64x^9 + 19x^{10} + 2x^{11}$이다. $S=144$에 대한 최적 배분은 T2에 55개의 연속열들을 요구하며, 이 때문에 $S=145$에 대해서는 비최적 배분이 될 수밖에 없다. 제이브는 이런 종류의 최적에 가까운 절차들을 연구한 바 있다.

18. $S=9$, $T=3$으로 두고 다음 두 패턴을 고찰해 볼 것.

최적 다중페이즈:

T1	T2	T3	비용
$0^2 1^6$	$0^2 1^3$	—	
1^3	—	$0^2 2^3$	6
—	$1^2 3^1$	2^2	5
3^2	3^1	—	6
3^1	—	6^1	6
—	9^1	—	9
			32

대안:

T1	T2	T3	비용
$0^1 1^6$	$0^1 1^3$	—	
1^3	—	$0^1 2^3$	6
—	$1^1 3^2$	2^1	7
3^1	3^2	—	3
—	3^1	6^1	6
9^1	—	—	9
			31

("최적" 다중페이즈를 개선하는 또 다른 방법으로, 모든 병합 페이즈에서 출력 테이프에 모조 연속열들이 나타나는 지점을 재고찰할 수도 있다. 예를 들어 $0^2 1^3$을 $0^2 1^3$과 병합한 결과를 $0^2 2^3$이 아니라 $2^1 0^1 2^1 0^1 2^1$으로 간주할 수도 있는 것이다. 이처럼, 최적성에 대해서는 아직도 해결되지 않은 질문들이 많이 남아 있다.)

19.

수준	T1	T2	T3	T4	전체	다음 테이프에 대한 최종 출력
0	1	0	0	0	1	T1
1	0	1	1	1	3	T6
2	1	1	1	0	3	T5
3	1	2	1	1	5	T4
4	2	2	2	1	7	T3
5	2	4	3	2	11	T2
6	4	5	4	2	15	T1
7	5	8	6	4	23	T6
. . .	. . .	. . .	. . .	. . .	. . .	. . .
n	a_n	b_n	c_n	d_n	t_n	$\mathrm{T}(k)$
$n+1$	b_n	c_n+a_n	d_n+a_n	a_n	t_n+2a_n	$\mathrm{T}(k-1)$

20. $a(z)=1/(1-z^2-z^3-z^4)$, $t(z)=(3z+3z^2+2z^3+z^4)/(1-z^2-z^3-z^4)$, $\sum_{n\ge 1} T_n(x)z^n = x(3z+3z^2+2z^3+z^4)/(1-x(z^2+z^3+z^4))$. $D_n=A_{n-1}+1$, $C_n=A_{n-1}A_{n-2}+1$, $B_n=A_{n-1}A_{n-2}A_{n-3}+1$, $A_n=A_{n-2}A_{n-3}A_{n-4}+1$.

21. 333343333332322 3333433333323 33334333333 3333433 333323 T5

22. $t_n-t_{n-1}-t_{n-2}=-1+3[n \bmod 3=1]$. (이 피보나치 비슷한 관계는 $\omega^3=1$라고 할 때 $1-z^2-2z^3-z^4=(1-\phi z)(1-\hat{\phi}z)(1-\omega z)(1-\overline{\omega}z)$라는 사실로부터 비롯된 것이다.)

23. (25)의 경우, n번째 병합 페이즈의 처음 절반 동안의 연속열 길이들은 s_n이고, 두 번째 절반에서는 t_n이다. 여기서

$$s_n = t_{n-2} + t_{n-3} + s_{n-3} + s_{n-4}, \qquad t_n = t_{n-2} + s_{n-2} + s_{n-3} + s_{n-4}$$

이다. 이는 $n \le 0$에 대해 $s_n = t_n = 1$이라고 간주한 것이다. [일반적으로, 만일 v_{n+1}이 $u_{n-1} + \cdots + v_{n-P}$의 처음 $2r$개의 항들의 합이라면, $s_n = t_n = t_{n-2} + \cdots + t_{n-r} + 2t_{n-r-1} + t_{n-r-2} + \cdots + t_{n-P}$가 성립한다. 만일 v_{n+1}이 처음 $2r-1$개의 합이라면 $s_n = t_{n-2} + \cdots + t_{n-r-1} + s_{n-r-1} + \cdots + s_{n-P}$, $t_n = t_{n-2} + \cdots + t_{n-r} + s_{n-r} + \cdots + s_{n-P}$가 성립한다.]

(27)과 (28)의 경우 $A_n = (U_{n-1}V_{n-1}U_{n-2}V_{n-2}U_{n-3}V_{n-3}U_{n-4}V_{n-4}) + 1$, ..., $D_n = (U_{n-1}V_{n-1}) + 1$, $E_n = (U_{n-2}V_{n-2}U_{n-3}) + 1$, $V_{n+1} = (U_{n-1}V_{n-1}U_{n-2}) + 1$, $U_n = (V_{n-2}U_{n-3}V_{n-3}U_{n-4}V_{n-4}) + 1$이다.

25.

1^{16}	1^8	—	1^8
1^{12}	1^4	R	$1^8 2^4$
1^8	—	2^4	R
. . . .	. . . .	. . . .	. . . .
R	$8^1 16^1$	8^1	8^0
16^0	R	8^1	—
16^1	16^1	8^0	R
R	16^1	—	24^0
16^1	16^1	R	$24^0 32^0$
16^0	16^0	32^1	(R)

26. 2^n을 정렬할 때 $n \cdot 2^n$개의 초기 연속열들은 병합 도중에 처리된다. 각 절반 페이즈는(약간의 예외가 있지만) 2^{n-2}을 병합하며 2^{n-1}을 되감는다. $2^n + 2^{n-1}$을 정렬할 때에는 $n \cdot 2^n + (n-1) \cdot 2^{n-1}$개의 초기 연속열들이 병합 도중 처리된다. 각 절반 페이즈는(약간의 예외가 있지만) 2^{n-2} 또는 2^{n-1}을 정렬하고 $2^{n-1} + 2^{n-2}$을 되감는다.

27. 그 전략은 오직 배분 개수들의 gcd가 1일 때에만 유효하다. 예를 들어 테이프가 여섯 개라고 하자. 만일 $a \ge b \ge c \ge d \ge e > 0$인 (a, b, c, d, e)를 T1에서 T5까지로 배분한다면, 첫 페이즈는 배분 $(a-e, b-e, c-e, d-e, e)$를 남기며, $\gcd(a-e, b-e, c-e, d-e, e) = \gcd(a, b, c, d, e)$이다. 수들의 한 집합의 임의의 공약수는 다른 것들도 나누기 때문이다. 이러한 공정은 $\gcd(a, b, c, d, e)$개의 연속열들이 하나의 테이프에 남게 되기 까지는 각 페이즈에서 연속열 개수를 줄인다.

[연습문제 18에서도 보았듯이, 특정한 모조 연속열 구성에서는 비다중페이즈 배분들이 다중페이즈보다 더 우월한 것으로 판명되기도 한다. 이런 현상은 1963년에 색먼B. Sackman이 처음 주목했다.]

28. 그러한 임의의 (a, b, c, d, e)를 $(1, 0, 0, 0, 0)$으로 시작해서 다음 연산을 정확히 n번 수행해

서 얻을 수 있다: $\{a, b, c, d, e\}$에서 x를 선택하고 x를 (a, b, c, d, e)의 다른 네 원소들에 각각 더한다.

$a+b+c+d+e \le t_n$을 보이기 위해서는, 만일 수준 n에서 $a \ge b \ge c \ge d \ge e$이면 항상 $a \le a_n$, $b \le b_n$, $c \le c_n$, $d \le d_n$, $e \le e_n$임을 증명해야 한다. 수준 $n+1$ 배분들이 $(b+a, c+a, d+a, e+a, a)$, $(a+b, c+b, d+b, e+b, b)$, $(a+c, b+c, d+c, e+c, c)$, $(a+d, b+d, c+d, e+d, d)$, $(a+e, b+e, c+e, d+e, e)$이므로 귀납법으로 증명하면 된다.

30. 다음 표는 모틴슨J. A. Mortenson이 계산한 것이다.

수준	$T=5$	$T=6$	$T=7$	$T=8$	$T=9$	$T=10$	
1	2	2	2	2	2	2	M_1
2	4	5	6	7	8	9	M_2
3	4	5	6	7	8	9	M_3
4	8	8	10	12	14	16	M_4
5	10	14	18	17	20	23	M_5
6	18	20	26	27	32	31	M_6
7	26	32	46	47	56	42	M_7
8	44	53	74	82	92	92	M_8
9	68	83	122	111	138	139	M_9
10	112	134	206	140	177	196	M_{10}
11	178	197	317	324	208	241	M_{11}
12	290	350	401	488	595	288	M_{12}
13	466	566	933	640	838	860	M_{13}
14	756	917	1371	769	1064	1177	M_{14}
15	1220	1481	1762	2078	1258	1520	M_{15}
16	1976	2313	4060	2907	3839	1821	M_{16}

31. [*Random Structures & Algorithms* 5 (1994), 102–104.] $K_d(n) = F^{(d)}_{n-2} = N^{(d)}_{n-d-1}$이다. 만일 트리의 잎들이 $r+1$개이고 $(k+1)$번째 잎이 처음 k개의 잎들의 조상들과는 다른 $a_k - 1$개의 조상들을 가진다면 $n-d-1 = a_1 + \cdots + a_r$이 성립한다. (일곱 예제 트리들은 각각 $1+1+1+1$, $1+1+2$, $1+2+1$, $1+3$, $2+1+1$, $2+2$, $3+1$에 대응한다.)

5.4.3절

1. 테이프가 6 또는 7, 8개일 때 테이프 분할 다중페이즈가 각 레코드의 평균 처리 횟수의 측면에서 우월하다.

2. 초기 연속열들의 개수가 하나의 피보나치 수이면 그 방법들은 본질적으로 동일하다. 그러나 그 외의 경우에서는 다중페이즈의 모조 연속열 배분 방식이 더 낫다. 중첩 알고리즘은 1을 T1에, 그런 다음 1을 T2에, 1을 T1에, 2를 T2에, 3을 T1에, 5를 T2에 등으로 넣으며, 단계 C8은

$p=2$일 때 $D[p-1]=M[p-1]$을 결코 찾지 못한다. 결국 모든 모조 연속열이 하나의 테이프에 들어가며, 이는 알고리즘 5.4.2D의 방법보다 덜 효율적이다.

3. (배분은 단계 $(3,3)$에서 T3에 12개의 연속열들을 넣은 후에 멈춘다.)

T1	T2	T3	T4	T5	T6
1^{26}	1^{21}	1^{24}	1^{14}	1^{15}	—
1^{5}	—	1^{12}	$1^{2}2^{7}$	1^{15}	$2^{2}4^{12}$
8^{4}	$6^{2}9^{3}$	5^{2}	6^{3}	1^{1}	—
—	9^{1}	23^{1}	17^{1}	25^{1}	26^{1}
100^{1}	—	—	—	—	—

4. 귀납법. (연습문제 5.4.2-28을 볼 것.)

5. 초기 연속열이 a_n개일 때 k번째 패스는 길이가 a_k인 연속열 a_{n-k}개를 출력하고, 그런 다음 길이가 b_k인 연속열 b_{n-k}개를 출력하는 등으로 이어진다.

6.
$$\begin{pmatrix}1&1&1&1&1\\1&1&1&1&0\\1&1&1&0&0\\1&1&0&0&0\\1&0&0&0&0\end{pmatrix}.$$

7. $e_2e_{n-2}+e_3e_{n-3}+\cdots+e_ne_0$개의 초기 연속열 길이들이 절약된다(연습문제 5 참고). 이를 $a_1a_{n-3}+a_2a_{n-4}+\cdots+a_{n-2}a_0$으로 쓸수도 있으며, 이는 $[z^{n-2}]\,(A(z)^2-A(z))$이다.

8. $A(z)$의 분모는 서로 다른 근들을 가지며 차수가 분자보다 크다. 따라서 $A(z)=\sum q_3(\rho)/(1-\rho z)\rho(1-q_4'(\rho))$이다. 여기서 합의 구간은 $q_4(\rho)=\rho$의 모든 근 ρ이다. $q_3(\rho)$와 $q_4'(\rho)$를 평가할 때 그런 특별한 형태의 ρ가 유용하다.

9. $q_m(2\sin\theta_k)$의 값에 비추어 볼 때, (8)과 (12)에 의해 그 공식들은 모든 큰 n에 대해 성립한다. 모든 n에 대해 성립함을 보이려면 $0\le m<r$에 대해 $q_{r-1}(z)q_m(z)$를 $q_r(z)-z$로 나눈 몫이 $q_{m-1}(z)$임을 밝혀야 한다. 이는 (10)을 이용해서, 그리고 소거들에 의해 다항식 $q_{r-1}(z)q_m(z)-q_r(z)q_{m-1}(z)$의 차수가 감소한다는 점에 주목해서 증명할 수도 있고, 아니면 $z\to\infty$에 따라 $A(z)^2+B(z)^2+\cdots+E(z)^2\to 0$이라는 점(연습문제 5)을 통해서 증명할 수도 있다. 또는 $B(z)$, $C(z)$ 등의 분자들에 대한 명시적 공식을 찾아서 증명할 수도 있다.

10. $E(z)=r_1(z)A(z)$; $D(z)=r_2(z)A(z)-r_1(z)$; $C(z)=r_3(z)A(z)-r_2(z)$; $B(z)=r_4(z)A(z)-r_3(z)$; $A(z)=r_5(z)A(z)+1-r_4(z)$. 즉 $A(z)=(1-r_4(z))/(1-r_5(z))$이다. [$r_m(2\sin\theta)=\sin(2m\theta)/\cos\theta$임을 주목할 것. 따라서 $r_m(z)$는 체비셰프 다항식 $(-1)^{m+1}U_{2m-1}(z/2)$이다.]

11. $f_m(z)=q_{\lfloor m/2\rfloor}(z)-r_{\lceil m/2\rceil}(z)$임과 $f_m(z)f_{m-1}(z)=1-r_m(z)$임을 증명할 것. 그런 다음

에는 연습문제 10의 결과를 사용하라. (분모의 이러한 명시적 형식은 퍼거슨David E. Ferguson이 처음 발견했다.)

13. 연습문제 5.4.6-6을 볼 것.

5.4.4절

1. 오름 연속열을 기록할 때 $-\infty$를 담은 경계 레코드 하나를 먼저 기록한 후에 연속열을 출력한다. (그리고, 만일 마지막 패스에서 하듯이 출력을 전방으로 읽을 일이 있다면, 연속열 끝에서 $+\infty$ 경계 레코드를 하나 기록해야 한다.) 내림 연속열의 경우에는 $-\infty$와 $+\infty$의 역할을 바꾸어서 적용할 것.

2. 수준 $n+1$에서 가상 삭은 수는 수순 n의 가장 큰 수와 같다. 따라서 열들은 임의의 특정한 행에서 수들을 순열치환하는 방법과는 상관없이 비감소 순서이다.

3. 실제로, 병합 공정 도중 T2-T6의 첫 연속열은 항상 내림차순이며 T1의 첫 연속열은 항상 오름차순이다. (귀납법에 의해.)

4. 두 번째 페이즈와 세 번째 페이즈에서 여러 번의 "복사" 연산들이 필요하다. 근사적인 추가 비용은 $(\log 2)/(\log \rho)$패스로, 여기서 ρ는 표 5.4.2-1의 "증가율"이다.

5. α가 하나의 기호열이고 α^R이 그것을 좌우로 뒤집은 것이라고 하자.

수준	T1	T2	T3	T4	T5
0	0	—	—	—	—
1	1	1	1	1	1
2	12	12	12	12	2
3	1232	1232	1232	232	32
4	12323432	12323432	2323432	323432	3432
⋯	⋯	⋯	⋯	⋯	⋯
n	A_n	B_n	C_n	D_n	E_n
$n+1$	$B_n(A_n^R+1)$	$C_n(A_n^R+1)$	$D_n(A_n^R+1)$	$E_n(A_n^R+1)$	A_n^R+1

2				
3	2			
4	3	2		
3	4	3		
4	3	4	2	
5	4	3	3	
4	5	4	4	
3	4	5	3	
2	3	4	4	2
3	2	3	5	3
4	3	2	4	4
3	4	3	3	3
2	3	4	2	4
3	2	3	3	5
2	3	2	4	4
1	2	3	3	3

다음이 성립한다.

$$\begin{aligned} E_n &= A_{n-1}^R + 1, \\ D_n &= A_{n-2}^R A_{n-1}^R + 1, \\ C_n &= A_{n-3}^R A_{n-2}^R A_{n-1}^R + 1, \\ B_n &= A_{n-4}^R A_{n-3}^R A_{n-2}^R A_{n-1}^R + 1, \\ A_n &= A_{n-5}^R A_{n-4}^R A_{n-3}^R A_{n-2}^R A_{n-1}^R + 1 \\ &= n - Q_n. \end{aligned}$$

여기서

$$Q_n^R = Q_{n-1}(Q_{n-2}+1)(Q_{n-3}+2)(Q_{n-4}+3)(Q_{n-5}+4), \qquad n \geq 1,$$

$Q_0 = 0$, $n < 0$에 대해 $Q_n = \epsilon$이다.

이 기호열 $A_n, B_n, \ldots$은 5.4.2절의 해당 기호열들과 같은 항목들을 담되, 그 순서는 다르다. 인접한 병합 수들의 차이가 항상 1임을 주목할 것. 초기 연속열은 오직 그 병합 횟수가 짝수일 때에만 반드시 A이고, 오직 홀수일 때에만 반드시 D이다. 알고리즘 5.4.2D 같은 단순한 배분 방안들이 높은 병합 수 위치들에 모조 연속열들을 배치하는 것만큼 효과적이지는 않다. 따라서 페이즈 1과 2 사이에서 Q_n들을 계산해서 모조 연속열 배치를 돕는 것이 이득이 될 것이다.

6. $y^{(4)} = (+1, +1, -1, +1)$
$y^{(3)} = (+1, \ \ 0, -1, \ \ 0)$
$y^{(2)} = (+1, -1, +1, +1)$
$y^{(1)} = (-1, +1, +1, +1)$
$y^{(0)} = (\ \ 1, \ \ 0, \ \ 0, \ \ 0)$

7. (연습문제 15 참고.)

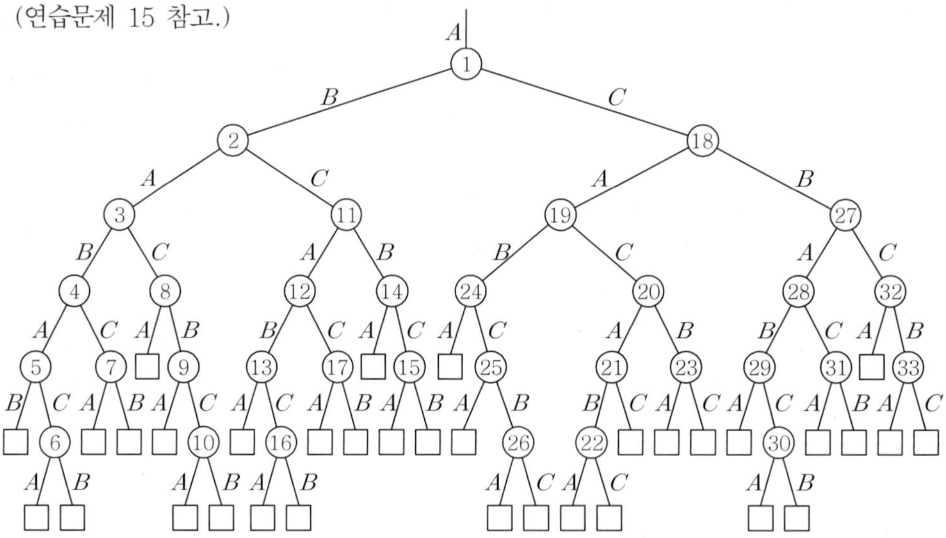

첨언하자면, 34가 피보나치 수 F_n들 중 다중페이즈가 세 테이프 상의 F_n개의 초기 연속열들에 대한 최적의 후방 읽기 병합을 산출하지 않는 가장 작은 수임은 명백하다. 이 트리의 외부 경로 길이는 다중 페이즈의 176을 능가하는 178이다.

8. $T=4$에 대해, 외부 경로 길이가 13인 트리는 T후입선출이 아니다. 그리고 외부 경로 길이가 14인 모든 트리는 하나의 1중 병합을 포함한다.

9. 연습문제 2.3.4.5-6의 결과에 의해, 완전 $(T-1)$진 트리를 고찰해서 증명할 수 있다. "마지막" 내부 노드의 차수는 2와 $T-1$ 사이이다. 외부 노드들이 $(T-1)^q - m$개일 때 그것들 중

$\lfloor m/(T-2) \rfloor$개는 수준 $q-1$에, 나머지 것들은 수준 q에 있다.

11. 참이다. 초기 연속열 개수에 대한 귀납법으로 증명할 수 있다. 만일 연속열들이 S개이고 인접한 두 연속열이 같은 방향임을 만족하는 유효한 배분이 존재한다면, 연속열들이 S개보다 적은 그러한 유효한 배분이 존재한다. 그러나 $S=1$일 때에는 존재하지 않는다.

12. 조건 (a)와 (b)는 자명하다. 만일 어떤 테이프 이름 A와 어떤 $i<j<k$에 대해 (4)의 구성들 중 하나가 존재한다면, 노드 j는 반드시 노드 i 아래이자 노드 k의 왼쪽에 있는 한 하위트리 안에 있어야 한다(전위순서의 정의에 의해). 따라서 "j — l"인 경우는 존재할 수 없으며, A는 외부 가지에 나타나므로 반드시 "특별한" 이름이어야 한다. 그러나 이는 특별한 이름이 노드 i의 제일 왼쪽 가지에 있어야 한다는 사실과 모순된다.

13. 이제 번호가 4, 7, 11, 13이 된 노드들은 1중 병합이 아니라 외부 노드들일 수 있다. (이에 의해, 외부 경로 길이는 다중페이즈 트리의 것보다 하나 커진다.)

15. 테이프 이름들이 A, B, C라고 하자. 그 뿌리(루트 노드)와 잎(외부 노드) 구조에 의해 식물학적으로 식별되는 여러 종의 나무(트리)들을 구축해 보자:

종류 $r(A)$	뿌리
종류 $s(A,C)$	뿌리 A, C 잎 없음
종류 $t(A)$	뿌리 A, A 잎 없음
종류 $u(A,C)$	뿌리 A, C 잎 없음, 복합 B 잎 없음
종류 $v(A,C)$	뿌리 A, C 잎 없음, 복합 A 잎 없음
종류 $w(A,C)$	뿌리 A, A 잎 없음, 복합 C 잎 없음

"복합 잎(compound leaf)"은 자신의 동기 노드가 잎이 아닌 잎을 말한다. 먼저 왼쪽 하위트리를 종류 $s(B,C)$로 성장시키고, 그런 다음 오른쪽 하위트리를 종류 $r(C)$로 성장시키면 3후입선출 종류 $r(A)$ 트리가 나온다. 비슷하게, 종류 $s(B,C)$를 키우고 $t(C)$를 키우면 종류 $s(A,C)$가, $v(B,C)$를 키우고 $w(C,B)$를 키우면 $u(A,C)$가, $u(B,C)$를 키우고 $w(C,A)$를 키우면 $v(A,C)$가 나온다. 왼쪽 하위트리가 종류 $u(B,A)$이고 오른쪽 하위트리가 종류 $s(C,A)$인 3후입선출 종류 $t(A)$ 트리는 이렇게 키울 수 있다: 우선 왼쪽 하위트리를 키우되 그것의 (복합이 아닌) C 잎들과 그 오른쪽 하위트리는 자라게 하지 않는다. 그 시점에서 왼쪽 하위트리는 A 잎들과 B 잎들만 가지므로, 전체 트리의 오른쪽 하위트리를 키우고, 그런 다음 왼쪽의 왼쪽 하위트리의 A 잎들이 돋아나게 하고, 마지막으로 왼쪽의 오른쪽 하위트리를 키우면 된다. 비슷하게, 종류 $w(A,C)$ 트리를 $u(B,A)$와 $v(C,A)$로부터 키울 수 있다. [연습문제 7의 트리는 이런 식으로 구축한 $r(A)$ 트리이다.]

$r(n), \ldots, w(n)$이 위와 같은 방식으로 구축한, 잎이 n개인 해당 종류의 모든 트리에 대한 최소 외부 경로 길이라고 하자. 그러면 $r(1)=s(1)=u(1)=0$, $r(2)=t(2)=w(2)=2$, $t(1)=v(1)=w(1)=s(2)=u(2)=v(2)=\infty$이다. 그리고 $n\ge 3$에 대해

$$r(n) = n + \min_k(s(k) + r(n-k)), \qquad u(n) = n + \min_k(v(k) + w(n-k)),$$
$$s(n) = n + \min_k(s(k) + t(n-k)), \qquad v(n) = n + \min_k(u(k) + w(n-k)),$$
$$t(n) = n + \min_k(u(k) + s(n-k)), \qquad w(n) = n + \min_k(u(k) + v(n-k))$$

이다. 이로부터 모든 n에 대해 $r(n) \le s(n) \le u(n)$, $s(n) \le v(n)$, $r(n) \le t(n) \le w(n)$임이 비롯된다. 더 나아가서 $s(2n) = t(2n+1) = \infty$이다. (후자는 선험적으로(a priori, 또는 연역적으로) 명백하다.)

$A(n)$이 $A(1) = 0$, $A(2n) = 2n + 2A(n)$, $A(2n+1) = 2n+1 + A(n) + A(n+1)$로 정의되는 함수라고 하자. 그러면 모든 $n \ge 2$에 대해 $A(2n) = 2n + A(n-1) + A(n+1) - (0$ 또는 $1)$이다. C가 $4 \le n \le 8$에 대해 다음 조건들을 만족하는 상수라고 하자.

i) n이 짝수라는 것은 $w(n) \le A(n) + Cn - 1$을 함의한다.
ii) n이 홀수라는 것은 $u(n)$과 $v(n)$이 $\le A(n) + Cn - 1$임을 함의한다.

(실제로 모든 $C \ge \frac{5}{6}$에 대해 이들이 성립한다.) 그러면 k를 적절히 $\lfloor n/2 \rfloor \pm 1$로 두었을 때 이 관계들이 모든 $n \ge 4$에 대해 성립함을 귀납적인 논증으로 보일 수 있다. 그런데 $A(n)$은 $T=3$일 때 (9)의 하계이며 $r(n) \le \min(u(n), v(n), w(n))$이므로, 결국 $A(n) \le \hat{K}_3(n) \le r(n) \le A(n) + \frac{5}{6}n - 1$이 증명된다. [상수 $\frac{5}{6}$는 더 개선할 수 있다.]

17. [다음 방법은 UNIVAC III 정렬 프로그램에 쓰였으며 1962년도 ACM Sort Symposium에 발표되었다.]

수준	T1	T2	T3	T4	T5
0	1	0	0	0	0
1	5	4	3	2	1
2	55	50	41	29	15
. . .	. . .	. . .	. . .	. . .	. . .
n	a_n	b_n	c_n	d_n	e_n
$n+1$	$5a_n + 4b_n + 3c_n + 2d_n + e_n$	$4a_n + 4b_n + 3c_n + 2d_n + e_n$	$3a_n + 3b_n + 3c_n + 2d_n + e_n$	$2a_n + 2b_n + 2c_n + 2d_n + e_n$	$a_n + b_n + c_n + d_n + e_n$

초기 배분에서 수준 n에서 수준 $n+1$로 가기 위해, 연속열 $(4, 4, 3, 2, 1)$이 각각 테이프 (T1, T2, ..., T5)에 추가된 k_1개의 "하위수준"들과 연속열 $(4, 3, 3, 2, 1)$이 추가된 k_2개의 "하위수준"들, $(3, 3, 2, 2, 1)$이 추가된 k_3개, $(2, 2, 2, 1, 1)$이 추가된 k_4개, $(1, 1, 1, 1, 0)$이 추가된 k_5개를 삽입한다. 여기서 $k_1 \le a_n$, $k_2 \le b_n$, $k_3 \le c_n$, $k_4 \le d_n$, $k_5 \le e_n$이다. [만일 $(k_1, \ldots, k_5) = (a_n, \ldots, e_n)$이면 수준 $n+1$에 도달한 것이다.] 그런 다음 (T1, ..., T5)에서 $k_1 + k_2 + k_3 + k_4 + k_5$개의 연속열들을 T6으로 병합하고, (T1, ..., T4)에서 $k_1 + \cdots + k_4$개를 T5로 병합하고, ..., T1에서 k_1개를 T2로 병합한다. 그리고 (T2, ..., T6)에서 k_1개를 T1로, (T3, ..., T6)에서 k_2개를 T2로, T6에서 k_5개를 T5로 병합한다.

18. (패터슨M. S. Paterson의 답.) 레코드 j가 τ_j번 테이프의 수열에 기록된다고 하자. 한 주어진 수열 τ을 가질 수 있는 레코드들은 최대 $C|\tau|$개이다. 여기서 C는 내부 메모리 크기에 의존한다(5.4.8절 참고). 따라서 $|\tau_1| + \cdots + |\tau_N| = \Omega(N \log_T N)$이다.

19.

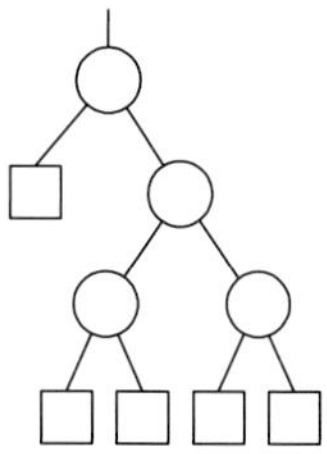

20. 강하게 T선입선출인 트리는 어떤 테이프 이름 A와 어떤 $i < j < k < l < s$에 대해 형태가

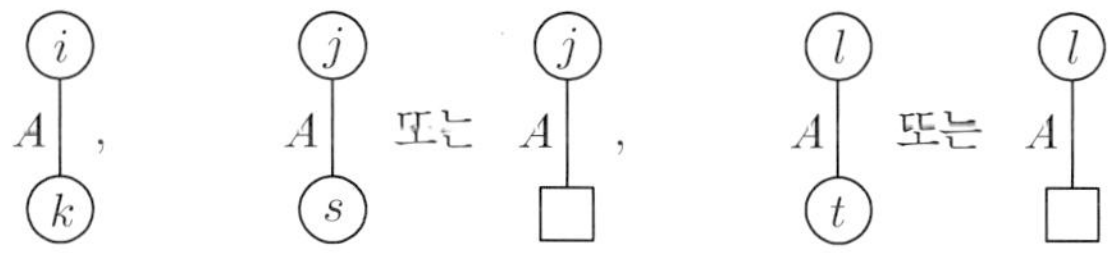

인 세 개의 가지들이 없는 T선입선출 이름표 구성을 가진다. 말로 설명하자면, 하나의 A를 키울 때에는 새 A들을 만들기 전에 반드시 다른 모든 A를 키워야 한다.

21. 아주 약하게 선입선출인 트리이다:

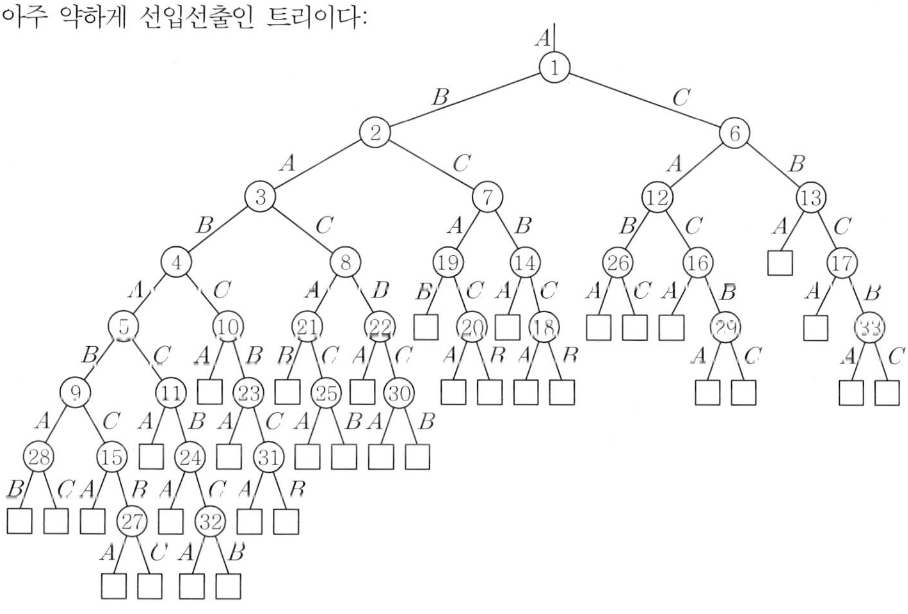

22. 이는 어떤 고정된 테이프 이름 A, B, C, D에 대해 이를테면 모든

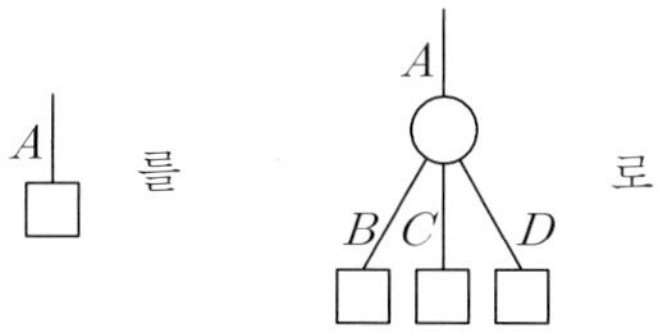

반복적으로 대체해서 형성한 임의의 트리에서 발생한다. 그런 모든 구성이 동일한 패턴으로 치환되므로 순서가 선입선출이든 후입선출이든 트리 구조는 전혀 달라지지 않는다.

그 조건을 벡터 모형으로 표현한다면 다음과 같다: $(y^{(k+1)} \neq y^{(k)}$ 또는 $k=m)$ 그리고 $y_j^{(k)} = -1$이면 항상 $y_j^{(k)} + \cdots + y_j^{(1)} + y_j^{(0)} = 0$이다.

23. (a) $v_1 \le v_2 \le \cdots \le v_T$라고 가정하자. "중첩" 시기

$$(1, \ldots, 1, -1)^{v_T}(1, \ldots, 1, -1, 0)^{v_{T-1}} \ldots (1, -1, 0, \ldots, 0)^{v_2}$$

에 의해 $C(v)$에서 v로 가게 된다. (b) 모든 k에 대해 $C(v)_k \le C(w)_k$이므로 자명하다. (c) q시기들에서 v가 나왔다면 어떤 단위벡터 u와 다른 어떤 벡터 $u^{(1)}, \ldots, u^{(q-1)}$에 대해 $u \to u^{(1)} \to \cdots \to u^{(q)} = v$ 이다. 따라서 $u^{(1)} \le C(u)$, $u^{(2)} \le C(C(u))$, ..., $v \le C^{[q]}(u)$이다. 그러므로 $v_1 + \cdots + v_T$는 $C^{[q]}(u)$의 원소들의 합과 같거나 작다. 그리고 후자는 중첩 병합에서 얻어진다. [이 정리는 연습문제 5.4.3-4의 결과를 일반화한다. 안타깝게도 여기서 정의한 "시기"의 개념이 실용적으로는 전혀 중요하지 않은 것으로 보인다.]

24. $y^{(m)} \ldots y^{(l+1)}$이 w를 v로 줄이는 시기라고 하자. 만일 어떤 $k < i-1$에 대해 $y_j^{(i)} = -1$, $y_j^{(i-1)} = 0, \ldots, y_j^{(k+1)} = 0$, $y_j^{(k)} = -1$이면 $y^{(i)}$와 $y^{(i-1)}$ 사이에 $y^{(k)}$을 삽입할 수 있다. 이러한 연산을 각 열의 모든 (-1)이 인접하게 될 때까지 반복한다. 그런 후 만일 $y_j^{(i)} = 0$이고 $y_j^{(i-1)} \neq 0$이면 $y_j^{(i)} \leftarrow 1$로 설정할 수 있다. 이렇게 진행하다 보면 언젠가는 각 열이 $+1$들 다음에 -1들 다음에 0들이 오는 형태가 된다. 그러면 어떤 $w' \ge w$에 대해 w'을 v로 줄이는 하나의 시기가 완성된 것이다. 열들을 순열치환함으로써, 이 시기는 $(1, \ldots, 1, -1)^{a_T} \ldots (1, -1, 0, \ldots, 0)^{a_2}(-1, 0, \ldots, 0)^{a_1}$의 형태를 취한다. 이제 $T-1$개의 관계들의 순차열

$$\begin{aligned}(x_1, \ldots, x_T) &\le (x_1 + x_T, \ldots, x_{T-1} + x_T, 0)\\ &\le (x_1 + x_{T-1} + x_T, \ldots, x_{T-2} + x_{T-1} + x_T, x_T, 0)\\ &\le (x_1 + x_{T-2} + x_{T-1} + x_T, \ldots, x_{T-3} + x_{T-2} + x_{T-1} + x_T, x_{T-1} + x_T, x_T, 0)\\ &\le \cdots\\ &\le (x_1 + x_2 + x_3 + \cdots + x_T, x_3 + \cdots + x_T, \ldots, x_{T-1} + x_T, x_T, 0)\end{aligned}$$

에 의해, a의 최선의 선택이 $a_T = v_T, a_{T-1} = v_{T-1}, \ldots, a_2 = v_2, a_1 = 0$임이 증명된다. 그리고 만일 $v_1 \le \cdots \le v_T$가 되도록 열들을 순열치환한다면 이 결과가 최선의 결과이다.

25. (a) $v_{T-k+1} \ge \cdots \ge v_T \ge v_1 \ge \cdots \ge v_{T-k}$라고 가정하고

$$(1, \ldots, 1, -1, 0, \ldots, 0)^{v_{T-k+1}} \ldots (1, \ldots, 1, 0, \ldots, 0, -1)^{v_T}$$

을 사용할 것.

(b) $D_k(v)$의 가장 큰 l개의 원소들의 합은 $1 \le l \le T-k$에 대해 $(l-1)s_k + s_{k+l}$이다. (c) 만일 k개의 출력 테이프를 사용하는 한 페이즈에서 $v \Rightarrow w$라면, 그 페이즈의 형태가 $(1, \ldots, 1, -1, 0,$

$\ldots, 0)^{a_1} \ldots (1, \ldots, 1, 0, \ldots, 0, -1)^{a_k}$이고 나머지 $T-k$개의 테이프들 각각이 각 연산에서 입력으로 쓰인다고 가정할 수 있음이 명백하다. $a_1 = v_{T-k+1}, \ldots, a_k = v_T$로 두는 것이 최선이다. (d) 연습문제 22(c)를 볼 것. 항상 $k_1 = 1$이 성립한다. 그리고 v의 성분들 중 적어도 하나는 0이라는 가정 때문에 $k = T-2$는 항상 $k = T-1$보다 낫다. 따라서 $T=3$에 대해 $k_1 \ldots k_q = 1^q$이며 초기 배분은 $(F_{q+1}, F_q, 0)$이다. $T=4$의 경우 우세하지 않은 전략들과 해당 배분들은 다음과 같다.

$q=2$ 12 $(3, 2, 0, 0)$
$q=3$ 121 $(5, 3, 3, 0)$; 122 $(5, 5, 0, 0)$
$q=4$ 1211 $(8, 8, 5, 0)$; 1222 $(10, 10, 0, 0)$; 1212 $(11, 8, 0, 0)$
$q=5$ 12121 $(19, 11, 11, 0)$; 12222 $(20, 20, 0, 0)$; 12112 $(21, 16, 0, 0)$
$q=6$ 122222 $(40, 40, 0, 0)$; 121212 $(41, 30, 0, 0)$
$q \ge 7$ 12^{q-1} $(5 \cdot 2^{q-3}, 5 \cdot 2^{q-3}, 0, 0)$

따라서 $T=4$와 $q \ge 6$에 대해 최소 페이즈 병합은 균형 병합과 비슷하되 제일 끝이 조금 다른 형태이다($(3, 2, 0, 0)$에서 $(0, 0, 2, 1)$이 아니라 $(1, 0, 1, 1)$로 간다).

$T=5$일 때 우세하지 않은 전략들은 $q = 2n \ge 2$에 대해 $1(32)^{n-1}2$, $1(32)^{n-1}3$; $q = 2n+1 \ge 3$에 대해 $1(32)^{n-1}32$, $1(32)^{n-1}22$, $1(32)^{n-1}23$이다. (첫 전략은 배분의 연속열 수가 가장 많은 전략이다.) 테이프가 여섯 개일 때에는 13 또는 14, 142 또는 132 또는 133, 1333 또는 1423, 그리고 $q \ge 5$에 대해 13^{q-1}이다.

5.4.5절

1. 다음 알고리즘은 표 A[$L-1$] ... A[1]A[0]에 의해 제어되는데, 그 표는 본질적으로 기수 P 표기법 하의 한 수를 나타낸다. 이 수에 단위원을 계속 반복해서 더하다가 자리올림이 발생하면 병합을 수행한다. 테이프들에는 0에서 P까지의 번호가 붙는다.

O1. [초기화.] (A[$L-1$], ..., A[0]) $\leftarrow (0, \ldots, 0)$, $q \leftarrow 0$으로 설정한다. (이 알고리즘 전반에서 q는 (A[$L-1$] + ⋯ + A[0]) mod T와 같게 유지된다.)

O2. [배분.] 초기 연속열 하나를 테이프 q에 오름차순으로 기록한다. $l \leftarrow 0$으로 설정한다.

O3. [1을 더한다.] 만일 $l = L$이면 멈춘다. 출력은 $(-L) \bmod T$번 테이프에 있는데, 그 순서는 오직 L이 짝수일 때에만 오름차순이다. $l = L$이 아니면 A[l] $\leftarrow$ A[l] + 1, $q \leftarrow (q+1) \bmod T$로 설정한다.

O4. [자리올림?] 만일 A[l] $< P$이면 O2로 돌아간다. 그렇지 않으면 $(q-l) \bmod T$번 테이프로 병합하고, A[l] $\leftarrow 0$ 및 $q \leftarrow (q+1) \bmod T$로 설정하고, l을 1 증가하고, O3으로 돌아간다. ▮

2. 각 테이프의 연속열 개수를 센다. 입력이 소진되었을 때 필요하다면 모조 연속열들을 추가하고 각 테이프에 많아야 하나의 연속열이 남아 있으며 적어도 하나의 테이프가 빈 상황에 도달할 때까지

병합을 계속한다. 그런 다음에는 병합을 한 번 더 수행해서 정렬을 완성하되, 필요하다면 일부 테이프들을 먼저 되감는다. (A 표로부터 연속열들의 방향을 유추하는 것도 가능하다.)

3.

연산	T0	T1	T2	연산	T0	T1	T2
배분	—	A_1	A_1A_1	배분	D_2A_1	A_1	A_4
병합	D_2	—	A_1	병합	D_2	—	A_4D_2
배분	D_2A_1	—	A_1	병합	—	A_4	A_4
병합	D_2	D_2	—	배분	—	A_4	A_4A_1
배분	D_2	D_2A_1	A_1	복사	—	A_4D_1	A_4
병합	D_2D_2	D_2	—	복사	—	A_4	A_4A_1
병합	D_2	—	A_4	병합	D_5	—	A_4

이 시점에서 T2가 되감길 수도 있다. 마지막 병합 한번으로 정렬이 완성된다.

그냥 연속열들을 앞, 뒤로 옮기기만 하는 쓸모없는 복사를 피하기 위해서는, B3의 끝에 "만일 입력이 소진되었으면 B7로 간다"를 추가하고, 다음과 같은 새로운 단계 B7을 추가하면 된다.

B7. 〔마무리.〕 $s \leftarrow -1$로 설정하고, $l = 0$이 될 때까지 다음 연산을 반복한 후 B2로 간다: $s' \leftarrow \mathtt{A}[l-1, q]$로 설정하고, q'과 r'을 $\mathtt{A}[l-1, q'] = -1$이고 $\mathtt{A}[l-1, r'] = -2$인 색인들로 설정한다. ($q' = r$이 성립하며 $j \neq q', j \neq r'$에 대해 $s' \leq \mathtt{A}[l-1, j] \leq s'+1$ 이 성립한다.) 만일 $s'-s$가 홀수이면 수준 l을 승격시키고 그렇지 않으면 강등시킨다(아래 설명 참고). 그런 다음 뒤로 읽으면서 r번 테이프로 병합한다. $l \leftarrow l-1$, $\mathtt{A}[l, q] \leftarrow -1$, $\mathtt{A}[l, r] \leftarrow s'+1$, $r \leftarrow r'$으로 설정하고, 다시 반복한다.

여기서 "승격"은 $(q+(-1)^s) \bmod T = r$이 될 때까지 다음 연산을 반복한다는 뜻이다: $p \leftarrow (q+(-1)^s) \bmod T$로 설정하고 테이프 p에서 테이프 q로 연속열 하나를 복사한다. 그런 다음 $\mathtt{A}[l, q] \leftarrow s+1$, $\mathtt{A}[l, p] \leftarrow -1$, $q \leftarrow p$로 설정한다. "강등"은 $(q-(-1)^s) \bmod T = r$이 될 때까지 다음 연산을 반복하는 것이다: $p \leftarrow (q-(-1)^s) \bmod T$로 설정하고 테이프 p에서 테이프 q로 연속열 하나를 복사한다. 그런 다음 $\mathtt{A}[l, q] \leftarrow s$, $\mathtt{A}[l, p] \leftarrow -1$, $q \leftarrow p$로 설정한다. 복사 연산은 p번 테이프를 거꾸로 읽으며, 따라서 복사되는 연속열의 방향이 뒤집힌다. p에서 q로 복사할 때 만일 $\mathtt{D}[p] > 0$이면 복사를 실제로 수행하는 대신 그냥 $\mathtt{D}[p]$를 감소하고 $\mathtt{D}[q]$를 증가하면 된다.

〔기본적인 착안은, 일단 입력이 소진되고 나면 각 테이프에서 최대 하나의 연속열을 줄이자는 것이다. 각각의 음이 아닌 항목 $\mathtt{A}[l, j]$이 짝이냐 홀이냐를 보면 한 연속열이 오름차순인지 내림차순인지 알 수 있다. 이러한 변경에 의해 차이가 생기는 가장 작은 S는 P^3+1이다. P가 클 때에는 이렇게 변경해도 거의 아무런 차이도 생기지 않지만, 그래도 어떤 상황에서는 컴퓨터가 너무 멍청해 보이는 일이 없어진다. 또한, $S = 1$인 경우를 좀 더 효율적으로 처리하도록 알고리즘을 수정할 필요가 있다.〕

4. 실제로, 단계 B1에서 설정 $\mathtt{A}[0, 0]$을, 단계 B3과 B5에서 $\mathtt{A}[l, q]$를 제거할 수 있다. 〔그러나

단계 B3에서 `A[l, r]`은 반드시 설정해야 한다.] 해답 3의 새로운 단계 B7은 `A[l, q]`의 값을 필요로 하지 않는다(거기에서 언급한 것처럼 $q' = r$이라는 사실을 명시적으로 사용하지 않는 한).

5. 어떤 $k > 0$에 대해 $P^{2k} - (P-1)P^{2k-2} < S \le P^{2k}$이다.

5.4.6절

1. $\lfloor 23000480/(n+480) \rfloor n$.

2. 제시된 특정한 경우에서는 그 버퍼에 있는 모든 레코드가 출력으로 옮겨진 후이다. 단계 F2에서는 병합 도중에 "출력 버퍼가 꽉 찼는가"의 판정이 "입력 버퍼가 비었는가"보다 먼저 수행되어야 한다. 그렇지 않다면 문제가 생긴다(연습문제 4의 변경을 가하지 않는 한).

3. 아니다. 예를 들어 파일 i에 $1 \le i \le P$에 대한 키 $i, i+P, i+2P, \ldots$이 들어 있다면 P개의 버퍼들이 $1/P$만큼 차고 $P-1$개의 버퍼들이 꽉 찬 상태에 도달할 수도 있다. 이 예는 동시적 읽기가 허용된다고 해도 부분적인 버퍼들을 위해 메모리를 재할당하지 않는 한 연속적인 출력을 위해서는 $2P$개의 입력 버퍼들이 필요함을 보여준다. [다만 블록들이 $P-1$개 미만의 레코드들을 담는다면 $2P$개의 버퍼 모두가 실제로 필요하지는 않다. 그러나 그런 조건이 성립하는 경우는 드물다.]

4. `S`를 더 일찍(단계 F3이 아니라 단계 F1과 F4에서) 설정한다.

5. 예를 들어 모든 파일의 모든 키가 같다면 예측 도중에 그냥 임의로 결정을 내릴 수는 없었을 것이다. 예측은 병합 공정에서 내려진 결정들과 반드시 일치해야 한다. 한 가지 안전한 방법은 단계 F1과 F4에서 가능한 최소의 m을 찾는 것이다. 즉, $i < j$이면 항상 파일 `C[j]`들에서 같은 키를 가진 모든 레코드보다 작은 파일 `C[i]`의 한 레코드를 고려한다. (본질적으로 파일 번호는 키에 부가된다.)

6. 단계 C1에 `TAPE[`$T+1$`]` $\leftarrow T+1$ 설정을 추가한다. 단계 C8에서 `TAPE[`$p+1$`]`이 아니라 `TAPE[`$p+2$`]`로 병합한다. 단계 C9에서 (`TAPE[1]`, ..., `TAPE[`$T+1$`]`) $\leftarrow$ (`TAPE[`$T+1$`]`, ..., `TAPE[1]`)로 설정한다.

7. 노표 A에 쓰인 방법은 $(A_1D_1)^4A_0D_0(A_1D_1)^2A_0D_0(A_1D_1)^3A_0$, $D_1(A_1D_1)^4A_0D_0(A_1D_1)^3A_0D_0\alpha A_0D_0A_0$, $D_1A_0D_0(A_1D_1)^3A_0D_0\alpha A_1D_1A_0$, $D_1A_1D_1\alpha A_1D_1A_0$으로, 여기서 $\alpha = (A_0D_0)^2A_1D_1A_0D_0(A_1D_1)^2(A_0D_0)^7A_1D_1(A_0D_0)^3A_1D_1A_0D_0$이다. 첫 병합 페이즈는 $D_0A_3D_3A_1D_1A_4D_4A_0D_0A_1D_1A_1D_1A_4D_4A_0D_0A_1D_1A_0D_0(A_1D_1)^4$을 테이프 5에 기록하고, 그 다음 페이즈는 $A_4D_4A_4D_4A_1D_1A_4D_4A_0D_0A_1D_1A_1D_1A_7$을 테이프 1에, 그 다음은 $D_{13}A_4D_4A_0D_0A_{10}$을 테이프 4에 기록한다. 마지막 페이즈들은

$A_4D_4A_4$	—	$D_{19}A_3D_3A_{12}$	$D_{13}A_4D_4A_4$	D_0A_3
A_4	$D_{23}A_{11}$	$D_{19}A_3$	$D_{13}A_4$	—
—	D_{23}	D_{19}	D_{13}	D_{22}
A_{77}	—	—	—	—

이다.

8. 아니다. 많아야 S개의 정지/시작들이 절약되며, 어차피 초기 배분 시간은 입력 테이프(출력 테이프가 아니라)의 속도에 크게 의존하는 경향이 있기 때문이다. 도표 A에 쓰인 배분 방안의 다른 장점들이 이런 사소한 단점을 능가한다.

9. $P=5$, $B=8300$, $B'=734$, $S=\lceil(3+1/P)N/(6P')\rceil+1=74$, $\omega\approx 1.094$, $\alpha\approx 0.795$, $\beta\approx -1.136$, $\alpha'=\beta'=0$이다. 식 (9) ≈ 855초로, 여기에 초기 되감기 시간을 더하면 총 958초가 된다. 병합 시간이 약 1분 줄어든다는 것이 초기 되감기 및 테이프 교체에 따른 시간 손실을 상쇄하지는 않는다(다중프로그래밍 환경이라면 상황이 달라질 수도 있을 것이다).

10. 표준 다중페이즈 병합 도중의 되감기들은 파일의 약 54퍼센트(표 5.4.2-1의 "패스/페이즈" 열)에 관여한다. 그리고 표준 중첩 병합 도중의 가장 긴 되감기들은 연습문제 5.4.3-5와 식 5.4.3-(13)에 의해 근사적으로 파일의 $a_k a_{n-k}/a_n \approx (4/(2T-1))\cos^2(\pi/(4T-2)) < \frac{4}{11}$에 관여한다.

11. 최초의 되감기와 마지막 되감기만 고속 기능을 사용하게 된다. 예제 파일 전체를 담아도 릴이 10/23보다 약간 더 찰 뿐이기 때문이다. 예 8에서 $\pi=\lceil .946\ln S-1.204\rceil$, $\pi'=1/8$을 사용하면 예 1-9에 대해 각각 다음과 같은 총 시간 추정치들을 얻게 된다.

$$1115,\ 1296,\ 1241,\ 1008,\ 1014,\ 967,\ 891,\ 969,\ 856.$$

12. (a) 버퍼를 $4P+4$개 두고 그냥 테이프 쌍들에서 동시에 읽기와 쓰기를 수행하는 방법이 명백하겠으나, 출력 버퍼 세 개만으로 충분한 방법이 있다: 주어진 한 순간에서 한 쓰기 작업의 두 번째 절반을 한 버퍼에서, 처음 절반을 다른 버퍼에서, 그리고 출력은 세 번째 버퍼로 수행할 수 있다. 그리고 입력 버퍼 상황에서도 이런 접근방식을 적용할 수 있다. 약간 약화된 예측 기법을 이용하면 $3P$개의 입력 버퍼와 세 개의 출력 버퍼가 필요하며, 그것들로 충분하다. 더 간단하고 우월한 접근방식으로는 각 블록에 이후 블록의 최종 키를 지정하는 "예견 키(lookahead key)"를 두는 방법이 있는데, 이는 수J. Sue가 제안했다. 수의 방법에는 $2P+1$개의 입력 버퍼들과 네 개의 출력 버퍼들이 필요하다. 그의 방법은 알고리즘 F를 간단히 수정한 것이다. (5.4.9절도 볼 것.)

(b) 이 경우 α의 값이 크다는 것은 자료 전체에 대한 필요 패스 횟수가 5와 6 사이임을 의미한다. 그러면 이중 빠른 병합의 장점이 사라진다. 제시된 착안은 테이프가 여덟 개 또는 아홉 개일 때 훨씬 더 나은 결과를 낸다.

13. 없다. 예를 들어 $A_{16}A_{16}A_{16}A_{16}$ 직전의 상황을 생각해 볼 것. 그러나 두 개의 꽉찬 릴들을 처리하는 것은 가능하다.

14. $$\det\begin{pmatrix}0 & -p_0z & 0 & z-1\\ 0 & 1-p_1z & -p_0z & z-1\\ 1 & 0 & 0 & 0\\ 0 & 0 & 0 & 1\end{pmatrix}\Bigg/\det\begin{pmatrix}1-p_{\ge 1}z & -p_0z & 0 & z-1\\ -p_{\ge 2}z & 1-p_1z & -p_0z & z-1\\ 0 & -1 & 1 & 0\\ 0 & 0 & 0 & 1\end{pmatrix}.$$

15. A 행렬은 다음과 같은 형태이다.

$$A = \begin{pmatrix} B_{10}z & B_{11}z & \dots & B_{1n}z & 1-z \\ \vdots & & & & \vdots \\ B_{n0}z & B_{n1}z & \dots & B_{nn}z & 1-z \\ 0 \;\dots\; 0 & 1 & 0 & 0 & 0 \\ 0 \;\dots\; 0 & 0 & 0 & 0 & 0 \end{pmatrix}, \qquad \begin{matrix} B_{10}+B_{11}+\cdots+B_{1n}=1, \\ \vdots \\ B_{n0}+B_{n1}+\cdots+B_{nn}=1. \end{matrix} \tag{11}$$

따라서

$$\det(I-A) = \det\begin{pmatrix} 1-B_{10}z & -B_{11}z & \dots & -B_{1(n-1)}z & -B_{1n}z \\ \vdots & & & & \vdots \\ -B_{n0}z & -B_{n1}z & \dots & 1-B_{n(n-1)}z & -B_{nn}z \\ 0 & 0 & & -1 & 1 \end{pmatrix}$$

이다. 이제 모든 열들을 첫 열에 더하고 $(1-z)$를 빼낼 수 있다. 이에 의해 $g_Q(z)$은 $h_Q(z)/(1-z)$의 형태를 가지며, $h_Q(1) \neq 0$이고 $|z| < 1$에 대해 $\det(I-A) \neq 0$이므로 $\alpha^{(Q)} = h_Q(1)$이다.

5.4.7절

1. 기수들이 번갈아 P 또는 $T-P$인 수체계 하에서 최하위숫자에서 최상위숫자 순으로 정렬한다. (만일 숫자들을 쌍으로 묶는다면 본질적으로 순수한 기수 $P\cdot(T-P)$ 체계가 된다. 즉, 만일 $P=2$이고 $T=7$이면 그 수체계는 십진 표기와 간단한 방식으로 연관되는 "2-5진법(biquinary)"이다.)

2. K가 0과 F_n-1 사이의 한 키라고 할 때, F_n-1-K의 피보나치 표현이 $a_{n-2}F_{n-1}+\cdots+a_1F_2$라고 하자. 여기서 a_j는 0 또는 1이며, 1이 연달아 두 번 나오는 경우는 없다. 페이즈 j 이후 테이프 $(j+1) \bmod 3$은 $a_j=0$인 키들을 담으며, 테이프 $(j-1) \bmod 3$은 $a_j=1$인 키들을 담는다. 키들의 순서는 $a_{j-1}\cdots a_1$의 감소 순서이다.

[주머니가 두 개, 즉 "0"과 "1"인 카드 정렬기가 있다고 상상하고, 키 $a_{n-2}\cdots a_1$이 $n-2$개의 열들에 천공되어 있는 F_n개의 카드들을 정렬하는 공정을 생각해 보자. 이들을 최하위숫자가 먼저 나오는 감소 순서로 정렬하는 통상의 정렬 절차를, 한 패스의 끝에서 "1" 주머니에 있는 모든 것은 그 다음 패스에서 "0" 주머니로 간다는 점을 이용해서 단순화하는 것이 가능하다.]

4. 만일 수준 2에 하나의 외부 노드가 있다면 그렇게 좋은 트리를 구축할 수 없었을 것이다. 그렇지 않다면, 각 외부 노드가 같은 테이프 상에 나타날 것이므로, 수준 3에는 많아야 세 개의, 수준 4에는 네 개의 외부 노드들이 존재한다.

5.

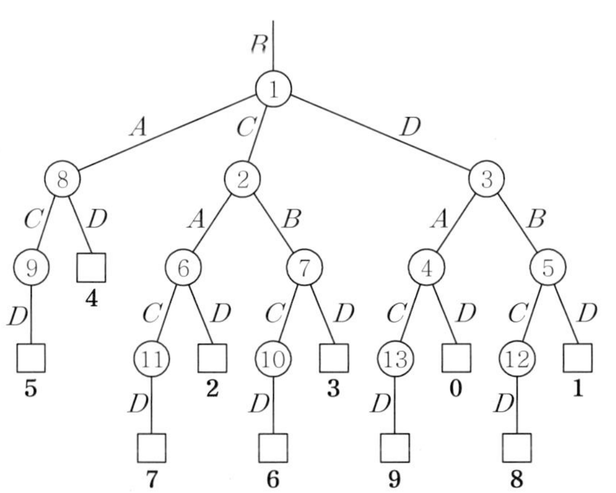

6. 09, 08, ..., 00, 19, ..., 10, 29, ..., 20, 39, ..., 30, 40, 41, ..., 49, 59, ..., 50, 60, 61, ..., 99.

7. 된다. 먼저 개별적으로 정렬할 수 있는 1릴 파일들이 나올 때까지 레코드들을 점점 더 작은 부분파일들로 배분한 다음 정렬한다. 이는 1릴 파일들을 정렬한 후 그것들을 점점 더 큰 다중릴 파일들로 병합하는 공정과 쌍대이다.

5.4.8절

1. 있다. 선택 트리에서 오름차순과 내림차순을 번갈아 사용한다면 결국 P차 칵테일 셰이커 정렬을 수행하는 것이 된다. (연습문제 9 참고.)

2. $Z_N = Y_N - X_N$으로 두고,

$$(N+1)NZ_{N+1} = N(N-1)Z_N + N^2 + N$$

이라는 점에 주목해서 점화식을 Z_N에 대해 푼다. 그러면

$$N > M\text{에 대해} \qquad Z_N = \frac{1}{3}(N+1) + \binom{M+2}{3}\Big/ N(N-1)$$

이 나온다. 이제 Y_N을 제거해서

$$\frac{X_N}{N+1} = \frac{20}{3}(H_{N+1} - H_{M+2}) + 2\left(\frac{1}{N+1} - \frac{1}{M+2}\right)$$
$$- \frac{2}{3}\binom{M+2}{3}\left(\frac{1}{(N+1)N(N-1)} - \frac{1}{(M+2)(M+1)M}\right) + \frac{3M+4}{M+2}, \qquad N > M$$

을 얻는다.

3. 존재한다. 정리 5.3.3L의 것과 비슷한 구축법을 이용해서 중앙 원소를 $O(N)$단계로 찾고, 그것을 이용해서 파일을 분할한다. 플로이드R. W. Floyd와 스미스A. J. Smith에서 기인한 또 다른 흥미로운 접근방식으로, 항목들을 테이프들에 배분하되 항목들 사이에 빈칸을 두어서 배분하고, 각 빈칸에 그 빈칸 직전 항목의 최종 위치를 가리키는 수를 채워 넣음으로써 N개의 항목들로 된 연속열 두 개를 다음과 같이 $O(N)$단위시간으로 병합하는 방법이 있다.

4. 층 $\{1, ..., p+1\}$에 대한 일정을 층 $\{q, ..., n\}$에 대한 일정과 연계하는 것이 가능하다: 전자의 일정이 처음으로 $p+1$ 층에 도달했을 때, q 층으로 올라가서 후자의 일정을 수행한다(현재의 승강기 탑승자들을 마치 정리 K의 알고리즘의 "추가인원"들인 것처럼 사용해서). 그 일정을 마친 이후에는 $p+1$ 층으로 돌아와서 이전 일정을 재개한다.

5. $b = 2, m = 4$라 할 때 오른쪽과 같은 알고리즘의 습성을 고찰한다:

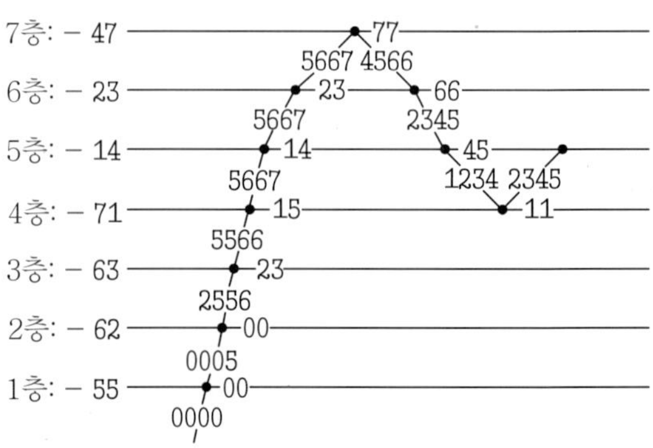

이제 2 (승강기 안에 있음)는 3 (3 층에 있음)보다 작다.

〔독자가 이런 예를 직접 구축해 보면 정리 K의 증명에 필요한 더 약한 성질을 증명하는 방법을 알 수 있을 것이다.〕

6. i와 j가 $b_i < b'_i$이고 $b_j > b'_j$인 최소값이라고 하자. i에서 j로 가려고 하는 새 승객을 도입한다. 그래도 임의의 k에 대한 $\max(u_k, d_{k+1}, 1)$이나 $\max(b_k, b'_k)$은 증가하지 않는다. 이를 모든 j에 대해 $b_j = b'_j$가 될 때까지 반복한다. 이제 본문의 알고리즘의 단계 K1과 K3에서 b를 b_k로 대체해도 알고리즘이 작동함을 주목할 것.

8. 그 개수를 P_n이라고 하자. 그리고 $1 \le k < n$에 대해 $u_k = 1$인 순열들의 개수를 Q_n이라고 하자. 그러면 $P_n = Q_1P_{n-1} + Q_2P_{n-2} + \cdots + Q_nP_0$, $P_0 = 1$이다. $n \ge 2$에 대해 $Q_n = 3^{n-2}$임을 증명할 수 있으며(아래 참고), 따라서 생성함수 논증을 통해서

$$\sum P_n z^n = (1-3z)/(1-4z+2z^2) = 1 + z + 2z^2 + 6z^3 + 20z^4 + 68z^5 + \cdots;$$
$$2P_n = (2+\sqrt{2})^{n-1} + (2-\sqrt{2})^{n-1}$$

을 얻을 수 있다.

$Q_n = 3^{n-2}$의 증명을 위해서는, $x_1 = 2$, $x_n = 0$이고 $1 < k < n$에 대해 $0 \le x_k \le 2$인 3진 수열 $x_1 x_2 \ldots x_n$을 고찰할 것. 다음의 규칙은 그러한 수열들과 요구된 순열 $a_1 a_2 \ldots a_n$들 사이의 일대일 대응관계를 정의한다:

$$a_k = \begin{cases} \max\{j \mid (j < k \text{ 그리고 } x_j = 0) \text{ 또는 } j = 1\}, & \text{만일 } x_k = 0\text{이면;} \\ k, & \text{만일 } x_k = 1\text{이면;} \\ \min\{j \mid (j > k \text{ 그리고 } x_j = 2) \text{ 또는 } j = n\}, & \text{만일 } x_k = 2\text{이면.} \end{cases}$$

(이 대응관계는 필자가 벤더E. A. Bender와 함께 구한 것이다.)

9. 칵테일 셰이커 정렬의 패스 횟수는 $2\max(u_1, \ldots, u_n) - (0$ 또는 $1)$이다. 각 패스 쌍 (좌 우 좌)이 0이 아닌 u들 각각을 하나 줄이기 때문이다.

10. 하나의 배분 방법(빠른정렬 또는 기수 교환)으로 시작해서 1릴 파일들이 나올 때까지 진행할 것. 참을성이 필요하다.

5.4.9절

1. $\frac{1}{4} - \left(x \bmod \frac{1}{2}\right)^2$ 회전.

2. 고정된 k, q, r과 $i \ne i'$에 대해 $k = a_{iq}$이고 $k+1 = a_{i'r}$일 확률은 $f(q,r,k)L!L!(PL-2L)!/(PL)!$이다. 여기서

$$f(q,r,k) = \binom{k-1}{q-1}\binom{k-q}{r-1}\binom{PL-k-1}{L-q}\binom{PL-k-1-L+q}{L-r}$$
$$= \binom{k-1}{q+r-2}\binom{q+r-2}{q-1}\binom{PL-k-1}{2L-q-r}\binom{2L-q-r}{L-q}$$

이고

$$\sum_{\substack{1 \le k < PL \\ 1 \le q,r \le L}} |q-r| f(q,r,k) = \sum_{\le q,r \le L} |q-r| \binom{PL-1}{2L-1} \binom{q+r-2}{q-1} \binom{2L-q-r}{L-q}$$
$$= \binom{PL-1}{2L-1} A_{2L-1}$$

이다. 고정된 k, q, i에 대해 $k = a_{iq}$이고 $k+1 = a_{i(q+1)}$일 확률은

$$g(k,q) \Big/ \binom{PL}{L}$$

이다. 여기서

$$g(k,q) = \binom{k-1}{q-1} \binom{PL-k-1}{L-q-1}$$

이고

$$\sum_{\substack{1 \le k < PL \\ 1 \le q < L}} g(k,q) = \sum_{1 \le q < L} \binom{PL-1}{L-1} = (L-1) \binom{PL-1}{L-1}$$

이다. 〔*SICOMP* 1 (1972), 161–166.〕

3. (5)에서 범위 $2 \le m \le \min(9,n)$에 대한 최소값을 취할 것.

4. (a) $(0.000725(\sqrt{P}+1)^2 + 0.014)L$. (b) 공식 (5)의 "$\alpha mn + \beta n$"을 "$(0.000725(\sqrt{m}+1)^2 + 0.014)n$"으로 바꾼다. 〔컴퓨터 실험들에 따르면, 이러한 새 점화식으로 정의된 최적 트리들은 정리 K의 정의에서 $\alpha = 0.00145$, $\beta = 0.01545$로 둔 것과 아주 비슷하다. 사실, $30 \le n \le 100$일 때에는 두 점화식 모두에 대해 최적인 트리들이 존재한다. 이 연습문제가 제시한 변경을 가하면, 본문의 예에서처럼 $n = 64$ 또는 100일 때 병합 시간이 약 10퍼센트 줄어든다. 이런 스타일의 버퍼 할당은 1954년에 시워드H. Seward가 이미 고찰했는데, 그는 탐색 시간을 최소화하는 4중 병합을 발견했다.〕

5. n개의 잎들이 모두 (홀, 짝) 수준들에 있는 m개의 트리들의 최적 집합들의 비용을 각각 $A_m(n)$과 $B_m(n)$이라고 하자. 그러면 $A_1(1) = 0$, $B_1(1) = \alpha + \beta$이고 $m \ge 2$일 때 $A_m(n)$과 $B_m(n)$은 (4)에서처럼 정의된다. 그리고

$$A_1(n) = \min_{1 \le m \le n}(\alpha mn + \beta n + B_m(n)), \quad B_1(n) = \min_{1 \le m \le n}(\alpha mn + \beta n + A_m(n))$$

이다. $A_1(n)$과 $B_1(n)$이 서로를 항으로 해서 정의되지만, 그래도 후자의 등식들은 유효한 정의를 가진다!

6.

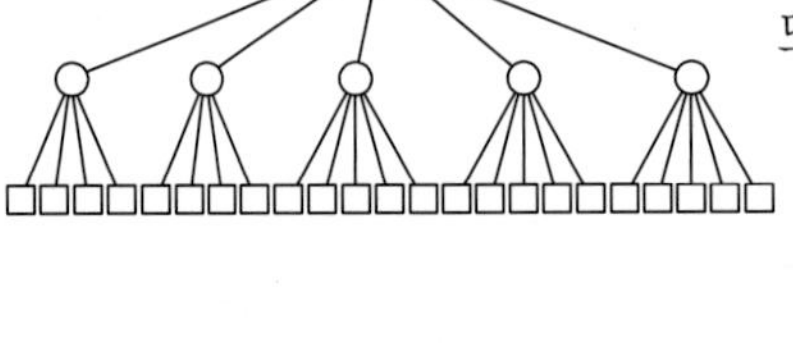

또는

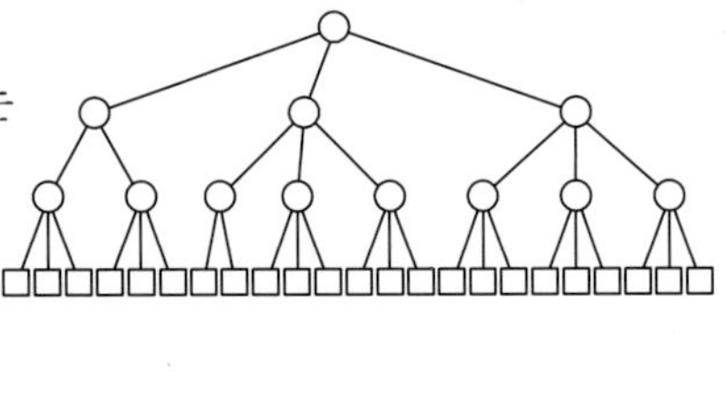

$A_1(23) = B_1(23) = 268$. [이상하게도, 기우성이 제한되지 않는 경우에서 $n \le 50$일 때 n개의 잎들을 가진 동일 기우성(equal-parity) 트리들 중 최적인 것이 존재하지 않음을 만족하는 n의 값은 23뿐이다. 아마도 $\alpha = \beta$일 때에는 그 값이 유일할 것이다.]

7. 임의의 트리에서, d_j가 차수 합이고 e_j가 j번째 말단에 대한 경로 길이라고 할 때, 수량 $\alpha d_1 + \beta e_1, \ldots, \alpha d_n + \beta e_n$을 고려할 것. 가중치 $w_1 \le \cdots \le w_n$에 대한 최적 트리에서는 $\alpha d_1 + \beta e_1 \ge \cdots \ge \alpha d_n + \beta e_n$이 성립한다. 처음 k개의 잎들을 병합할 때 $\alpha d_1 + \beta e_1 = \cdots = \alpha d_k + \beta e_k$가 되도록 색인들을 재배열하는 것은 항상 가능하다.

9. d가 $(\alpha m + \beta)/\ln m$을 최소화한다고 하자. 볼록성질을 이용한 간단한 귀납법을 통해서, $A_1(n) \ge (\alpha d + \beta) n \log_d n$이고 등호는 $n = d^t$일 때 성립함을 보일 수 있다. $n = d^t + (d-1)r$, $0 \le r \le d^t$에 대해 $D(\mathcal{T}) = dE(\mathcal{T})$, $E(\mathcal{T}) = tn + dr$이므로, 완전 d진 트리들로부터 적절한 상계를 구할 수 있다.

10. *STOC* 6 (1974), 216-229를 볼 것.

11. 연습문제 1.2.4-38를 이용해서, $2 \cdot 3^{q-1} \le n/m \le 3^q$일 때 $f_m(n) = 3qn + 2(n - 3^q m)$을, $3^q \le n/m \le 2 \cdot 3^q$일 때 $f_m(n) = 3qn + 4(n - 3^q m)$을 얻는다. $f_2(n) + 2n \ge f(n)$이며, 등호는 오직 $4 \cdot 3^{q-1} \le n \le 2 \cdot 3^q$일 때에만 성립한다. $f_3(n) + 3n = f(n)$이다. 그리고 $f_4(n) + 4n \ge f(n)$이고 등호는 오직 $n = 4 \cdot 3^q$일 때에만 성립한다. 마지막으로 모든 $m \ge 5$에 대해 $f_m(n) + mn > f(n)$이다.

12. 명세 $-, 1:1, 1:1:1, 1:1:1:1$ 또는 $2:2, 2:3, 2:2:2, \ldots, \lfloor n/3 \rfloor : \lfloor (n+1)/3 \rfloor : \lfloor (n+2)/3 \rfloor, \ldots$을 사용한다. 그러면 모든 잎들이 $4 \cdot 3^q \le n \le 4 \cdot 3^{q+1}$에 대한 수준 $q+2$에 존재하는 트리들이 나온다. ($n = 4 \cdot 3^q$일 때에는 그런 트리들이 두 개 만들어진다.)

14. 다음은 $n = 1, 2, 3$에 대해 n의 모든 분할들을 상세히 조사해서 구한 트리 명세들이다: $-, 1:1, 1:1:1, 1:1:1:1, 1:1:1:1:1, 1:1:1:1:1:1, 1:1:1:1:3, 1:1:3:3, 3:3:3, 1:3:3:3, 3:4:4, 3:3:3:3, 3:3:3:4, 3:3:4:4, 3:4:4:4, 4:4:4:4, \ldots, 5:6:6:6:12, 6:6:6:6:12, 6:6:6:6:13, \ldots$. (차수들이 항상 ≤ 6인 것 같지만, 그러한 결과를 실제로 증명하는 것은 상당히 어려운 것으로 보인다.)

15. 만일 초기에 a명의 사람들이 승강기에 탔다면 첫 정지에서 동일성 등급은 많아야 $a + b$만큼 증가한다. 승강기가 다음 번에 초기 층에서 멈춘다면 등급은 많아야 $b + m - a$만큼 증가한다. 따라서 k번 정지 이후에 등급은 많아야 $kb + (k-1)m$만큼 증가한다.

16. 11회의 정지로 가능하다: 123456를 2 층에, 334466을 3 층에, 444666를 4 층에, 256666을 5 층에, 466666을 6 층에, 123445를 4 층에, 112335를 5 층에, 222333을 3 층에, 122225를 2 층에, 111555를 5 층에, 111111를 1 층에 내리게 한다. [이것이 최소의 해이다. 임의의 승강기 용량에 대한 10회 정지 해법이라면 순서대로 2, 3, 4, 5, 6, p_2, p_3, p_4, p_5, 1 층에(여기서 $p_2p_3p_4p_5$는 $\{2, 3, 4, 5\}$의 한 순열) 멈추는 것이 될텐데, 그런 일정은 오직 $b \ge 8$일 때에만 가능하기 때문이다. Martin Gardner, *Knotted Doughnuts* (New York: Freeman, 1986), 제10장을 볼 것.]

17. 적어도 $(bn)!/b!^n$ 개의 구성들이 존재한다. 그리고 주어진 한 구성으로부터 s회의 정지들 이후에 얻을 수 있는 횟수는 많아야 $((n-1)\binom{b+m}{b})^{s-1}$ 으로, 이는 연습문제 1.2.6-67에 의해 $(n((b+m)e/b)^b)^s$ 보다 작다. 따라서, 연습문제 1.2.5-24에 의해, 일부 구성들은 반드시

$$s(\ln n + b(1+\ln(1+m/b))) > \ln(bn)! - n\ln b! > bn\ln bn - bn - n((b+1)\ln b - b + 1)$$

이어야 한다.

참고: x와 y가 양수일 때 $1/(x+y) \geq \frac{1}{2}\min(1/x, 1/y)$라는 사실을 이용하면 이 하계를 편리한 형태인

$$\Omega\left(\min\left(nb, \frac{n\log(1+n)}{\log(1+m/b)}\right)\right)$$

으로 표현할 수 있다. 아가월A. Aggarwal과 비터J. S. Vitter는 이와 관련된 결과들을 구했다 〔*CACM* 31 (1988), 1116-1127〕. 그들은 또한 이에 대응하는 상계

$$O\left(\min\left(nb, \frac{n\log(1+n)}{\log(1+m/b)}\right)\right)$$

도 입증했다. 여러 개의 디스크들로의 확장에 대해서는 M. H. Nodine, J. S. Vitter, *ACM Symposium on Parallel Algorithms and Architectures* 5 (1993), 120-129를 볼 것.

18. 평균 정지 횟수는 $\sum_{s\geq 1} p_s$이다. 여기서 p_s는 적어도 s회의 정지가 필요할 확률이다. 많아야 s회의 정지가 필요할 확률을 $q_s = 1 - p_{s+1}$이라고 하자. 그러면 연습문제 17에 의해, $f(s) = b!^n\alpha^s/(bn)!$이고 $\alpha = n((b+m)e/b)^b$이라고 할 때 $q_s \leq f(s-1+[s=0])$이다. 만일 $f(t-1) < 1 \leq f(t)$이면 $\sum_{s\geq 1} p_s \geq p_1 + \cdots + p_t = t - (q_0 + \cdots + q_{t-1}) \geq t - (f(0) + f(0) + \cdots + f(t-2)) \geq t - (\alpha^{1-t} + \alpha^{1-t} + \cdots + \alpha^{-1}) \geq t - 1 \geq L - 1$이다.

19. 단계 (vii)를 역방향으로 수행한다고 생각해보자. 즉 레코드들을 통 1에 배분한 후에 통 2에 배분한다고 하자. 이러한 연산은 단계 (iv)를 키 파일에 대해 모의실행하는 것과 정확히 동일하다. 〔*Princeton Conference on Information Sciences and Systems* 6 (1972), 140-144.〕

20. 내부 정렬은 페이징을 염두에 두고 신중하게 선택해야 한다. 셸 정렬이나 주소 계산, 힙 정렬, 목록 정렬 같은 방법들은 실제 내부 메모리가 작다면 아주 나쁜 결과를 낼 수 있다. 그런 방법들은 페이지들의 커다란 "작업용 집합"을 요구하기 때문이다. 페이징 환경에서는 빠른정렬, 기수 교환, 순차적으로 할당된 병합, 기수 정렬 등이 훨씬 낫다.

기수 정렬의 설계자가 할만한 일들 중 자동적으로 페이징되는 방법에 포함시키는 것이 거의 불가능한 것들을 들자면: (i) 다음 번에 읽을 입력 파일을 예측함으로써 자료가 요구될 때 그 자료를 즉시 사용할 수 있게 한다. (ii) 버퍼 크기들과 병합의 차수를 하드웨어와 자료의 특성에 맞게 선택한다.

한편, 프로그래밍하기에는 가상 기계가 훨씬 더 쉬우며, 신중하고 바탕에 깔린 실제 컴퓨터의 속성들을 잘 아는 프로그래머가 프로그래밍한다면 그 결과도 그리 나쁘지 않다. 이러한 문제를 처음으

로 상세히 연구한 이는 브론Brawn, 거스터브슨Gustavson, 맨킨Mankin이다 〔*CACM* 13 (1970), 483-494〕.

21. $\lceil (L-j)/D \rceil$. *CMath*, 식 (3.24)를 볼 것.

22. a_j를 담은 D블록 그룹 하나를 읽은 후에, 다음 D블록 그룹을 읽기 전에 α_{j+D-1}인지를 알아야 할 수 있다. 그리고 α_{j+D-1}을 a_j와 함께 저장한다면, 공정을 시작하기 위해서는 일종의 파일 헤더 안의 $\alpha_0, \ldots, \alpha_{D-2}$ 값들도 필요하다.

그런데 이런 방안에서는 $a_D \ldots a_{2D-2}$를 계산하고 나서야 블록 $a_0 \ldots a_{D-1}$을 기록할 수 있으므로, 쓰기가 멈추지 않게 하려면 $2D$개가 아니라 $3D-1$개의 출력 버퍼들이 필요하다. 따라서 α들을 개별적인 (짧은)파일에 넣는 것이 더 낫다. 〔무작위화된 띠분할에도 같은 분석이 적용된다.〕

23. (a) 알고리즘 5.4.6F에는 각 초블록 크기가 DB인 네 개의 입력 버퍼들이 필요하다. (만일 출력 버퍼들도 센다면, 메모리 안의 버퍼 레코드 전체 개수는 알고리즘 5.4.6F의 경우 $6DB$개, 동기정렬의 경우 $5DB$개이다.〕

(b) D블록 그룹을 읽을 때에는 이전의 D개의 블록들과 하나의 완료되지 않은 블록을 위한, 총 $(2D+1)B$개의 레코드들을 위한 버퍼 공간이 필요하다. (출력에는 추가로 $2DB$개가 필요하나, 입력에 대해 2중 병합을 사용하는 자료 처리 연산들은 비교적 적은 출력을 만들어 내는 경우가 많다.)

24. 시간순으로 l번째 블록이 연속열 k_l의 블록 j_l이라고 하자. 특히 $j_l = 0$이고 $1 \le l \le P$에 대해 $k_l = l$이다. 그 블록을 시간 $t_l = \sum_{k=1}^{P} t_{lkd}$에서 읽어들이는데, 여기서

$$t_{lkd} = |\{r \mid 1 \le r \le l \text{ 그리고 } k_r = k \text{ 그리고 } (x_k + j_r) \bmod D = d\}|$$

는 디스크 d의 연속열 k의 블록들 중 시간순으로 $\le l$인 블록들의 개수이고 $d = (x_{k_l} + j_l) \bmod D$이다. $u_{lk} = |\{r \mid 1 \le r \le l \text{ 그리고 } k_r = k\}|$이라고 하자. 그러면

$$t_{lkd} = \left\lceil \frac{u_{lk} - (d - x_k) \bmod D}{D} \right\rceil$$

이다. 이는 j_r개의 연속열들이 $1 \le r \le l$이고 $k_r = k$일 때 값 $0, 1, \ldots, u_{lk} - 1$을 거치기 때문이다. (19), (20), (21)의 예에 대한 순차열 t_l은

$$11111\ 22223\ 43456\ 34567\ 82345\ 67893\ \ldots$$

이다.

만일 $l > P$이면 시간 순으로 l번째 블록으로부터의 병합을 시작하는 데 필요한 버퍼 블록 개수는 $I_l + D + P$이다. 여기서 I_l은 t_l의 "상등을 포함한 반전"들의 개수로, 구체적으로는 $|\{r \mid r > l$ 그리고 $t_r \le t_l\}|$이다. 이는 읽어들이긴 했지만 아직 사용할 준비가 되지는 않은 꽉 찬 버퍼들의 개수이다. D는 다음 입력이 들어갈 버퍼들을 나타내며, P는 현재 병합을 수행 중인 부분적으로 찬 버퍼들을 나타낸다. (특별한 주의를 기울여서 동기정렬에서처럼 링크들을 사용한다면 후자의 요구량을 P에서 $P-1$로 줄일 수 있으나, 프로그램이 더 복잡해지는 데 비해 얻는 이득이 그리 크지

않을 수 있다.)

따라서 문제는 I_l에 대한 상계를 얻는 것으로 줄어든다. 입력 연속열들이 무한히 길다고 가정해도 된다. 원소 $\{t_1, ..., t_l\}$ 중 s개가 t_l보다 크다고 가정하자. 그러면 t_l의 상등을 포함한 반전들은 t_lD-l+s개이다. $\le t_l$인 원소들이 정확히 t_lD개이기 때문이다. 이로부터, 최대값 I_l이 $s=0$이고 t_l이 좌에서 우로 극대일 때 발생함을 알 수있다. 이제 $\sum_{k=1}^{P} u_{lk} = l$이 성립한다. 따라서 위의 t_l에 대한 공식에 의해

$$\begin{aligned} I_l \le \max_{l>P}(t_lD-l) &\le \sum_{k=1}^{P}(u_{lk}-(d-x_k) \bmod D + D - 1 - u_{lk}) \\ &= P(D-1) - \sum_{k=1}^{P}(d-x_k) \bmod D \\ &\le P(D-1) - \min_{0\le d<D}\sum_{k=1}^{P}(d-x_k) \bmod D \end{aligned}$$

이며, 이러한 상계를 달성하는 시간 순서들이 존재한다.

x_k들 중 r_t개가 t와 같다고 가정하자. $s_d = \sum_{k=1}^{P}(d-x_k) \bmod D = \sum_{t=0}^{D-1}((d-t) \bmod D)r_t$라고 할 때 $\min_{0\le d<D} s_d$가 최대화되는 x_k를 선택하고자 한다. 최소값이 $d=0$에서 발생한다고 가정할 수 있다. 그러면 $s_1 = s_0 + P - r_1D$, $s_2 = s_1 + P - r_2D$, ...이므로 $r_1 \le \lfloor P/D \rfloor$, $r_1 + r_2 \le \lfloor 2P/D \rfloor$, ...이 성립한다. 이로부터 최소값이

$$\begin{aligned} s_0 = (D-1)r_1 + (D-2)r_2 + \cdots + r_{D-1} &\le \sum_{k=1}^{D-1}\lfloor kP/D \rfloor \\ &= \frac{1}{2}((P-1)(D-1) + \gcd(P, D) - 1) \end{aligned}$$

임을 연습문제 1.2.4-37에 의해 확인할 수 있다. 이 한계는 $1 \le j \le P$에 대해 $x_j = \lceil jD/P \rceil - 1$일에 때 달성된다.

그러한 x_j를 선택했다면, 각각 B개의 레코드들을 담은 $I_{\max} + D + P = \frac{1}{2}PD + \frac{3}{2}D + \frac{1}{2}P + \frac{1}{2}\gcd(P, D) - 1$개의 입력 버퍼들이 있을 때 모든 시간순 수열을 최대 속도로 처리할 수 있다. (이는 $D=2$ 또는 3일 때 상당히 좋다.)

25. 시간 4에서, 디스크 0의 f_1을 읽으러 돌아가게 됨을 주목할 것:

	활성 읽기	활성 병합	작업용	대기
시간 1	$e0\,b0\,g0\,a0\,c0$	$-\,-\,-\,-\,-\,-\,-\,-\,-$	$(-\,-\,-\,-\,-\,-\,-\,-)$	$a0$
시간 2	$f1\,d0\,d1\,d2\,f0$	$a0\,-\,-\,-\,-\,-\,-\,-\,-$	$b0\;c0\,(e0\,g0\,-\,-\,-)$	$d0$
시간 3	$a2\,h0\,e2\,g1\,d3$	$a0\,b0\;c0\;d0\,-\,-\,-\,-$	$e0\;f0\,g0\;(d1\,d2\,f1\,-)$	$h0$
시간 4	$f1\,e1\,b1\,g1\,a1$	$a0\;b0\,c0\,d0\,e0\,f0\,g0\,h0$	$d1\,(d2\,e2\,d3\,f1\,g1\,a2)$	$e1$
시간 5	$a2\,f2\,h1\,e3\,g2$	$a0\;b0\,c0\,d1\,e1\,f0\,g0\,h0$	$d2\;e2\,d3\,a1\,f1\,b1\,g1\,()$	$a2$
시간 6	$d4\,a3\,f3\,b2\,e4$	$a2\;b1\,c0\,d3\,e2\,f1\,g1\,h0$	$f2\,e3\,(h1\,g2\,-\,-\,-)$	$d4$
시간 7	$c1\;a3\;f3\;?\;e4$	$a2\;b1\,c0\,d4\,e3\,f2\,g1\,h0$	$(h1\;b2\,g2\,a3\,f3\;e4\,-)$	$c1$
시간 8	$?\;d5\;d6\;?\;?$	$a2\;b1\,c1\,d4\,e3\,f2\,g1\,h0$	$h1\;b2\,g2\,a3\,f3\,e4\,(\,?\,)$	$d5$

26. D개의 블록들을 읽으면서 D개의 블록들을 쓰는 동안, (24)의 가정 하에서, 병합 절차는 출력에서 최대 $P+Q-1$개의 블록들을 생성할 수 있다. ($P+Q$개가 아니다. 오직 하나의 병합 버퍼만 완전히 비게 되기 때문이다.) 읽기는 쓰기만큼 빠르므로, 출력이 멈추지 않게 하는 데에는 $D+P+Q-1$개의 출력 버퍼들이 필요하고 충분하다.

그러나 블록이 D개 입력될 때마다 평균적으로 최대 D개의 블록들이 출력되므로, 실제 응용에서는 약 $3D$개의 출력 버퍼들이 적당할 것이다.

27. (a) q_t가 어떤 항아리에 적어도 t개의 공들이 있을 확률이라 할 때 $E_n(m_1, \ldots, m_p) = \sum_{t=1}^{m} q_t$이다. 명백히 $q_t \le 1$이며

$$q_t \le \sum_{k=0}^{n-1} \Pr(\text{항아리 } k\text{에 적어도 } t\text{개의 공들이 있음}) = n\Pr(S_n(m_1, \ldots, m_p) \ge t)$$

이다.

(b) $S_n(m_1, \ldots, m_p)$의 확률 생성함수는

$$p(z) = \prod_{k=1}^{p} z^{q_k}(1+(z-1)r_k/n)$$

으로, 여기서 $q_k = \lfloor m_k/n \rfloor$이고 $r_k = m_k \bmod n$이다. 이제 $\alpha \ge 0$일 때 $1+\alpha \le (1+\alpha/n)^n$이고 $1+\alpha r/n \le (1+\alpha/n)^r$이다. 따라서 $\Pr(S_n(m_1, \ldots, m_p) \ge t) \le (1+\alpha)^{-t} p(1+\alpha) \le (1+\alpha)^{-t} \prod_{k=1}^{p} (1+\alpha/n)^{m_k} = (1+\alpha)^{-t}(1+\alpha/n)^m$이 성립한다.

만일 $t \le m/n$이면 언급된 최소값에서 "1" 항을 사용한다. 만일 $t > m/n$이면 수량 $(1+\alpha)^{-t}(1+\alpha/n)^m$은 $\alpha = (nt-m)/(m-t)$일 때 그 최소값 $(n-1)^{m-t} m^m / (n^m t^t (m-t)^{m-t})$이 된다.

28. 이러한 당연한 추측을 지지하는 듯한 수치적 증거가 있다. 예를 들면:

$$\begin{aligned}
&E_{10}(1,1,1,1,1,1,1,1) = 2.3993180, && E_{10}(2,2,2,2) = 2.178, && E_{10}(4,3,1) = 2.00,\\
&E_{10}(2,1,1,1,1,1,1) = 2.364540, && E_{10}(3,2,2,1) = 2.166, && E_{10}(5,2,1) = 1.98,\\
&E_{10}(2,2,1,1,1,1) = 2.32076, && E_{10}(3,3,1,1) = 2.152, && E_{10}(6,1,1) = 1.94,\\
&E_{10}(3,1,1,1,1,1) = 2.29958, && E_{10}(4,2,1,1) = 2.138, && E_{10}(4,4) = 1.7,\\
&E_{10}(2,2,2,1,1) = 2.2628, && E_{10}(5,1,1,1) = 2.090, && E_{10}(5,3) = 1.7,\\
&E_{10}(3,2,1,1,1) = 2.2460, && E_{10}(3,3,2) = 2.02, && E_{10}(6,2) = 1.7,\\
&E_{10}(4,1,1,1,1) = 2.2076, && E_{10}(4,2,2) = 2.01, && E_{10}(7,1) = 1.7.
\end{aligned}$$

29. (a) 시간 t에서 모든 디스크는 시간 t에서 표시된 블록보다 더 일찍 발생하지 않은 블록들을 읽고 있는 중이다. 그 다음 Q개의 블록들은 일단 읽힌 후에는 작업용 버퍼에서 결코 제거되지 않는다. 따라서 디스크 j 상의 관련 블록들은 모두 시간 $\le t+N_j$에서 읽힌다. 그 블록들은 모두 시간 $t+\max(N_0, \ldots, N_{D-1})$에서 병합에 참여한다.

(b) 만일 한 표시된 블록 이후의 $(Q+1)$번째 블록이 제거되지 않는다면 같은 논증이 적용된다.

그렇지 않다면 이전의 Q개가 표시되지 않은 것이며, $Q+2$개의 블록들 모두가 서로 다른 디스크에 있을 수는 없다.

(c) 시간순으로 된 블록들을 크기가 $Q+2$인 그룹들로 분할하고, 임의의 특정한 그룹을 고찰해 볼 것. 만일 연속열 k로부터 M_k개의 블록들이 존재한다면 수 N_j들은 $n=D$이고 $m=Q+2$인 순환 점유 문제에서 j번째 항아리의 공들의 개수와 동치이다. 따라서 임의의 그룹에서 표시된 칸들의 개수의 평균값은 연습문제 27(b)의 상계를 넘지 않는다. 그 상계를 $e_n(m)$이라고 할 때 $r(d,m)=(d/m)e_d(m)$으로 둘 수 있다.

[실제로 이 함수 $r(2,m)$은 m이 작을 때 m에 대해 단조가 아니다. 그러므로 표 2에서 $r(2,4)$와 $r(2,12)$에 대한 항목들은 실제로는 $r(2,3)$과 $r(2,11)$의 값들이다. 버퍼를 추가한다고 해도 표시된 블록 개수가 늘어나지는 않는다.]

30. $l=\lceil (s+\sqrt{2s})\ln d\rceil$, $\alpha=\sqrt{2/s}$ 라고 하자. 그러면

$$\begin{aligned} e_d(sd\ \ln\ d) &< l+\sum_{t>l} d(1+\alpha/d)^{sd\ \ln\ d}/(1+\alpha)^t \\ &= l+d(1+\alpha/d)^{sd\ \ln\ d}/\alpha(1+\alpha)^l \\ &\le l+\alpha^{-1}\exp((\ln d)(1+s\alpha-(s+\sqrt{2s})\ln(1+\alpha))) \end{aligned}$$

이고 $(s+\sqrt{2s})\ln(1+\alpha)>s\alpha+1-\alpha/3$이다. 그러므로 $s/(\log d)^2\to\infty$에 따라

$$1\le r(d,sd\ln d)=\frac{e_d(sd\ln d)}{s\ln d}<1+\frac{\sqrt{2}}{s}+\frac{1}{\sqrt{2s}\ \ln d}\left(1+\frac{\sqrt{2}}{9s}\ \ln d+O(s^{-1}(\log d)^2)\right)$$

이 된다. 이 점근 습성의 수렴은 상당히 느리다(표 2를 볼 것).

31. ($Q=0$일 때 첫 블록을 표시하고, 이전에 표시된 블록으로 시작하는 그룹의 블록들 중 하나와 디스크를 공유하는 다음 블록을 표시하는 일을 반복한다. 예를 들어 디스크 접근의 시간 순서가 112020121210122라면 표시는 $\bar{1}\bar{1}20\bar{2}01\bar{2}1\bar{2}10\bar{1}2\bar{2}$가 될 것이다. 따라서 $P\to\infty$에 따라 평균 $Q(D)n$개의 블록들을 n단위시간동안 읽게 된다. 여기서 Q는 식 1.2.11.3-(2)에 정의된 라마누잔 Ramanujan의 함수이다. 반면 $r(d,2)=(d+1)/2$에서는 훨씬 더 비관적인 추정치가 나온다.)

5.5절

1. *주어진 특정한 상황에서 어떤 정렬 알고리즘이 최선인지를 결정하는 것은 어려운 일이다.* ▮

2. 작은 N에 대해서는 목록 삽입, 중간의 N에 대해서는, 이를테면 $N=64$일 때에는 목록 정렬, 큰 N에 대해서는 기수 목록 정렬.

3. (프랫V. Pratt의 답.) 병합할 두 비감소 연속열 α와 β가 주어졌을 때, α_2와 β_2가 파일 전체의 중앙값을 가진 α와 β의 키들을 정확히 담고 있다는 조건을 만족하는 부분연속열 $\alpha_1\alpha_2\alpha_3\beta_1\beta_2\beta_3$들을 직접적인 방식으로 구한다. 일련의 "뒤집기"들을 통해 우선 $\alpha_1\alpha_2\beta_1^R\alpha_3^R\beta_2\beta_3$을 형성하고 그런

다음 $\alpha_1\beta_1\alpha_2^R\beta_2^R\alpha_3\beta_3$을, 그런 다음 $\alpha_1\beta_1\alpha_2\beta_2\alpha_3\beta_3$을 형성함으로써 문제를 길이가 $\le N/2$인 부분파일 $\alpha_1\beta_1$과 $\alpha_3\beta_3$을 병합하는 문제로 줄일 수 있다.

이 문제에 대한 최상의 점근적 답은 파르도L. Trabb Pardo에서 기인한 훨씬 더 복잡한 알고리즘으로 얻을 수 있다: 고정된 개수의 색인 변수들에 대해, 단 $O(\log N)$비트의 보조 메모리만 사용하며 정렬되는 레코드들을 어떤 방식으로든 변환하지 않고서도, 안정적 병합을 $O(N)$의 시간으로, 그리고 안정적 정렬을 $O(N \log N)$의 시간으로 수행할 수 있다 [*SICOMP* 6 (1977), 351-372]. 그리고 동일한 시간 및 공간 한계들을 훨씬 더 작은 상수 인수들로 달성하는 것이 가능하다. B. C. Huang, M. A. Langston, *Comp. J.* 35 (1992), 643-650을 볼 것. 또한 M이 N보다 훨씬 작다고 할 때 M개의 항목들을 N개의 항목들과 안정적으로 병합하는 방법에 대해서는 A. Symvonis, *Comp. J.* 38 (1995), 681-690을 볼 것.

4. 직접 삽입, 목록 삽입, 목록 병합 뿐이다. 빠른정렬의 변형들도 인색하게 만들 수 있지만 내부 루프에서 추가적인 작업이 필요하다(연습문제 5.2.2-24 참고).

인색한 방법들은 비교 결과를 100퍼센트 신뢰할 수 없는 상황에서 아주 유용하다. D. E. Knuth, *Lecture Notes in Comp. Sci.* 606 (1992), 61-67을 볼 것.

6.1절

1. $\sqrt{(N^2-1)/12}$. 식 1.2.10-(22)를 볼 것.

2. **S1′.** [초기화.] P ← FIRST로 설정한다.

S2′. [비교.] 만일 K = KEY(P)이면 검색 성공을 결과로 해서 알고리즘을 끝낸다.

S3′. [전진.] P ← LINK(P)로 설정한다.

S4′. [파일이 끝?] 만일 P ≠ Λ 이면 S2′으로 돌아간다. 그렇지 않으면 검색 실패를 결과로 해서 알고리즘을 끝낸다. ▌

3.

```
KEY      EQU   3:5
LINK     EQU   1:2
START    LDA   K             1
         LD1   FIRST         1
2H       CMPA  0,1(KEY)      C
         JE    SUCCESS       C
         LD1   0,1(LINK)     C-S
         J1NZ  2B            C-S
FAILURE  EQU   *             1-S   ▌
```

실행 시간은 $(6C-3S+4)u$이다.

4. 있다. 단, "KEY(Λ)"를 K와 같게 설정할 수 있다면. [그러나 그런 경우 프로그램 Q′에 쓰인 루프 복제 기법은 효과가 없다.

5. 아니다. 프로그램 Q는 항상 적어도 프로그램 Q′만큼의 연산들을 수행한다.

6. 줄 08을 `JE *+4; CMPA KEY+N+2,1; JNE 3B; INC1 1`로 변경한다. 그리고 줄 03-04를 `ENT1 -2-N; 3H INC1 3`으로 변경한다.

7. $\overline{C}_N = \frac{1}{2}\,\overline{C}_{N-1} + 1$임을 주목할 것.

8. 오일러의 합 공식에 의해

$$H_n^{(x)} = \zeta(x) + \frac{n^{1-x}}{(1-x)} + \frac{1}{2}n^{-x} - \frac{B_2 x}{2!}n^{-1-x} + \frac{B_3 x(x+1)}{3!}n^{-2-x} - O(n^{-3-x})$$

이 나온다. [복소변수 이론에 의하면

$$\zeta(x) = 2^x \pi^{x-1} \sin(\tfrac{1}{2}\pi x)\Gamma(1-x)\zeta(1-x)$$

이다. 이 공식은 $x < 0$일 때 특히 유용하다.]

9. (a) 같다. $\overline{C}_N = N - N^{-\theta}H_{N-1}^{(-\theta)} = N + 1 - N^{-\theta}H_N^{(-\theta)} = \frac{\theta}{1+\theta}N + \frac{1}{2} + O(N^{-\theta})$.
(b) $\overline{C}_N = \frac{\theta}{1+\theta}\left(1 - N\Big/\left(1 - \binom{N-\theta}{N}\right)\right) = \frac{\theta}{1+\theta}(N + N^{1-\theta}/\Gamma(1-\theta) + 1) + O(N^{1-2\theta})$.
(c) $\theta < 0$일 때 (11)은 확률분포가 아니다. (16)은 추정치 $\overline{C}_N = -\frac{\theta}{1+\theta}\Gamma(1-\theta)N^{1+\theta} + O(N^{1+2\theta}) + O(1)$을(식 (15)가 아니라) 낸다.

10. $p_1 \le \cdots \le p_N$; (maximum $\overline{C}_N$) $= (N+1) -$ (minimum $\overline{C}_N$). [비슷하게, 길이가 다른 경우에서 최대 평균 검색 시간은 $L_1(1+p_1) + \cdots + L_N(1+p_N)$에서 최소 평균 검색 시간을 뺀 것이다.]

11. (a) $f_{m-1}(x_{i_1}, \ldots, x_{i_{m-1}})p_i$의 항들은 그 전에 발생했었을 가능한 요청열들의 확률(위치 m에 R_i를 남겨 놓은)들일 뿐이다. (b) 두 번째 항등식은 첫 항등의 $\binom{n}{m}$가지 경우들을 X의 서로 다른 m부분집합들에 대해 합하되 각 P_{nk}의 발생 횟수에 주목해서 얻은 것이다. 세 번째 항등식은 두 번째 항등식의 한 결과이다(반전에 의해). [아니면 포함 및 배제 원리를 사용해도 될 것이다.] (c) $\sum_{m \ge 0} mP_{nm} = nQ_{nn} - Q_{n(n-1)}$이다. 따라서

$$d_i = 1 + (N-1) - p_i \sum_{j \ne i} \frac{1}{p_i + p_j};$$

$$\sum_i p_i d_i = N - \sum_{i<j} \frac{p_i^2 + p_j^2}{p_i + p_j} = N - \sum_{i<j}\left(p_i + p_j - \frac{2p_i p_j}{p_i + p_j}\right) = \text{식 (17)}$$

이다.

참고: 헨드릭스W. J. Hendricks는 레코드들의 각 순열의 안정 상태 확률에 대한 간단한 공식을 발견했다 [*J. Applied Probability* 9 (1972), 231-233]. 예를 들어 $N = 4$일 때 수열은 $R_3\,R_1\,R_4\,R_2$이며 그 극한 확률은

$$\frac{p_3}{p_3+p_1+p_4+p_2}\ \frac{p_1}{p_1+p_4+p_2}\ \frac{p_4}{p_4+p_2}\ \frac{p_2}{p_2}$$

이다. 비트너James Bitner는 만일 그 목록이 원래 무작위 순서였다면 t회의 무작위 요청 이후의 평균 검색 시간이 $\widetilde{C}_N$을 $\frac{1}{4}\sum_{i,j}(p_i-p_j)^2(1-p_i-p_j)^t/(p_i+p_j)$만큼 초과함을 증명했다 〔*SICOMP* 8 (1979), 82-85〕. 즉, t회의 검색에 평균적으로 총 $t\widetilde{C}_N+\frac{1}{4}\sum_{i,j}(p_i-p_j)^2/(p_i+p_j)^2<t\widetilde{C}_N+\frac{1}{2}\binom{N}{2}$회 미만의 비교가 필요한 것이다. P. Plajolet, D. Gardy, L. Thimonier, *Discrete Applied Math.* 39 (1992), 207-229, §6에 생성함수를 통한 배울 점이 많은 증명들이 나온다.

12. $\widetilde{C}_N=2^{1-N}+2\sum_{n=0}^{N-2}1/(2^n+1)$이다. 이는 $2\alpha'\approx 2.5290$으로 빠르게 수렴한다. 연습문제 5.2.4-13에서는 소수점 40자리까지의 α'의 값이 나온다.

13. 다소 장황한 합

$$\sum_{k=1}^{n}k^2H_{n+k}=\frac{n(n+1)(2n+1)}{6}(2H_{2n}-H_n)-\frac{n(n+1)(10n-1)}{36}$$

을 평가하고 나면 다음과 같은 답을 얻을 수 있다.

$$\widetilde{C}_N=\frac{4}{3}N-\frac{2}{3}(2N+1)(H_{2n}-H_n)+\frac{5}{6}-\frac{1}{3}(N+1)^{-1}\approx .409N.$$

14. $x_1\le x_2\le\cdots\le x_n$이라고 가정할 수 있다. 그러면 최대값이 $y_{a_1}\le y_{a_2}\le\cdots\le y_{a_n}$일 때 발생하고 최소값이 $y_{a_1}\ge\cdots\ge y_{a_n}$일 때 발생함을 정리 S에서와 비슷한 논증을 통해서 밝힐 수 있다.

15. 정리 S에서와 비슷한 논증을 통해서, 배치 $R_1R_2\ldots R_N$은 오직

$$P_1/L_1(1-P_1)\ge\cdots\ge P_N/L_N(1-P_N)$$

일 때에만 최적이다.

16. 기대 시간 $T_1+p_1T_2+p_1p_2T_3+\cdots+p_1p_2\cdots p_{N-1}T_N$은 오직 $T_1/(1-p_1)\le\cdots\le T_N/(1-p_N)$일 때에만 최소화된다. 〔*BIT* 3 (1963), 255-256; 몇 가지 흥미로운 확장들을 James R. Slagle, *JACM* 11 (1964), 253-264가 얻었다.〕

17. 해당 시간 T_i들과는 무관하게(!), 마감 시간 증가 순서로 작업들을 수행한다. 〔Management Science Research Report 43, UCLA (1955). 물론 실제 상황에서는 다른 작업들보다 더 중요한 작업들이 있기 마련이며, 최대 가중 지각 시간을 최소화하고 싶을 수도 있다. 아니면 합 $\sum_{i=1}^{n}\max(T_{a_1}+\cdots+T_{a_i}-D_{a_i},0)$을 최소화하는 게 바람직할 수도 있다. 이 두 문제 모두, 단순한 해답이 존재하는 것 같지는 않다.〕

18. $h=[$현재 s가 있음$]$이라고 하자. $A=\{j\mid q_j<r_j\}$, $B=\{j\mid q_j=r_j\}$, $C=\{j\mid q_j>r_j\}$, $D=\{j\mid t_j>0\}$라고 하자. 그러면 (q,r) 배치에 대한 합 $\sum_{i,j}p_ip_jd_{|i-j|}$에서 (q',r') 배치에 대한 해당 합을 뺀 것은 다음과 같다.

$$2\sum_{i\in A,j\in C}(q_i-r_i)(q_j-r_j)(d_{|i-j|}-d_{h+1+2k-i-j})$$
$$+2\sum_{i\in C,j\in D}(q_i-r_i)t_j(d_{h+2k-i+j}-d_{i-1+j}).$$

$C=\emptyset$ 또는 $A\cup D=\emptyset$이 아닌 한 이 수량은 양이다. 오르간 파이프 배치들은 $m=0$, 1일 때 이러한 구성과 이것의 좌우 쌍대로도 개선되지 않는 유일한 순열들이므로, 이로부터 요구된 결과가 성립한다.

〔이 결과는 본질적으로 G. H. Hardy, J. E. Littlewood, G. Pólya, *Proc. London Math. Soc.* (2), 25 (1926), 265-282에서 기인한 것으로, 사실 그들은 p들과 q들이 하나의 일관된 오르간 파이프 순서일 때 p들과 q들의 모든 독립적인 배치 하에서 $\sum_{i,j}p_iq_jd_{|i-j|}$의 최소값이 달성됨을 보였다. 추가적인 해설 및 일반화로는 그들의 책 *Inequalities* (Cambridge University Press, 1934), 제10장을 볼 것.〕

19. 모든 배치는 동일하게 좋다. $d(j,j)=0$이라고 가정하면

$$\sum_{i,j}p_ip_j\,d(i,j)=\frac{1}{2}\sum_{i,j}p_ip_j(d(i,j)+d(j,i))=\frac{1}{2}c$$

이다. $i\neq j$에 대해 $d(i,j)=1+(j-i)\bmod N$인 특별한 경우는 K. E. Iverson, *A Programming Language* (New York: Wiley, 1962), 138에서 기인한 것이다. R. L. Baber, *JACM* 10 (1963), 478-486은 테이프를 전방으로 읽거나, 되감거나, 읽기 없이 k블록만큼 뒤로 돌릴 수 있을 때의 테이프 검색에 관련된 다른 몇 가지 문제들도 연구했다. 프레이저W. D. Frazer는 파일의 정보 일부를 복제한다면 검색 시간을 상당히 줄일 수 있다고 말했다. 비슷한 문제에 대한 실험적 해로는 E. B. Eichelberger, W. C. Rodgers, E. W. Stacy, *IBM J. Research & Development* 12 (1968), 130-139를 볼 것.〕

20. $m=0$ 또는 $m=h=1$로 두고 연습문제 18에서처럼 (q,r)에서 (q',r')으로 가면 다음과 같은 총 변화량을 얻게 된다.

$$\sum_{i\in A,j\in C}(q_i-r_i)(q_j-r_j)(d_{|i-j|}-\min(d_{h+1+2k-i-j},d_{i+j-1})).$$

A나 C가 $\emptyset$이 아닌 한 이것은 양수이다. 순환 대칭에 의해, 유일한 최적 배치들이 오르간 파이프 구성들의 순환 자리이동들임이 입증된다. 〔같은 답을 가지는 다른 부류의 문제들에 대해서는 T. S. Motzkin, E. G. Straus, *Proc. Amer. Math. Soc.* 7 (1956), 1014-1021을 볼 것.〕

21. 이 문제는 본질적으로 하퍼L. H. Harper가 *SIAM J. Appl. Math.* 12 (1964), 131-135에서 처음 푼 것이다. 일반화 및 다른 성과들에 대한 참고문헌들로는 *J. Applied Probability* 4 (1967), 397-401을 볼 것.

22. 크기가 1000인 우선순위 대기열(이를테면 힙으로 표현된, 5.2.3절을 볼 것.) 처음 1000개의 레코드들을 이 대기열에 넣되 $d(K_j,K)$가 가장 큰 원소를 대기열 앞에 둔다. $d(K_j,K)<d($대기열

앞단 원소, K)인 이후의 각 K_j에 대해, 앞단 원소를 R_j로 대체하고 대기열을 재조정한다.

6.2.1절

1. 단계 B2에 도달할 때마다 $K_{l-1} < K < K_{u+1}$임을 귀납적으로 증명하고, 단계 B3에 도달할 때마다 $l \le i \le u$임을 귀납적으로 증명할 것.

2. (a, c) 아니다. 만일 $l = u - 1$이고 $K > K_u$이면 무한루프가 된다. (b) 작동한다. 그러나 K가 존재하지 않을 때에는 $l = u$이고 $K < K_u$일 때 종종 무한루프가 된다.

3. 알고리즘 6.1T에서 $N = 3$인 경우이다. 성공적인 검색에서 그 알고리즘은 평균 $(N+1)/2$회의 비교를 수행한다. 실패하는 검색에서는 $N/2 + 1 - 1/(N+1)$회이다.

4. 그러한 검색은 반드시 $N = 127$인 실패하는 검색이다. 따라서 정리 B에 의해 답은 $138u$이다.

5. 프로그램 6.1Q′의 평균 실행 시간은 $1.75N + 8.5 - (N \bmod 2)/4N$이다. 이는 오직 $N \le 44$일 때에만 프로그램 B를 능가한다. [프로그램 C는 오직 $N \le 11$에 대해서만 능가한다.]

7. (a) 확실히 아니다. (b) 알고리즘 U의 괄호 안의 단언들이 참이 되므로 작동하긴 하나, N이 홀수일 때에는 $K_0 = -\infty$와 $K_{N+1} = +\infty$ 모두가 존재할 때에만 작동한다.

8. (a) N이다. N을 $N+1$로 대체한다면 δ들 중 정확히 하나만 증가함에 주목해서 이를 귀납적으로 증명해보는 것도 재미있을 것이다. [*AMM* 77 (1970), 884에 하나의 일반화가 나온다.] (b) 최대 $= \sum_j \delta_j = N$; 최소 $= 2\delta_1 - \sum_j \delta_j = N \bmod 2$.

9. 오직 $N = 2^k - 1$일 때에만 존재한다.

10. DELTA들을 포함시켜서 "매크로 확장" 프로그램을 사용하면 된다. 즉, $N = 10$에 대해:

```
START ENT1  5
      LDA   K
      CMPA  KEY,1
      JL    C3A
C4A   JE    SUCCESS            C3A   EQU   *
      INC1  3                        DEC1  3
      CMPA  KEY,1                    CMPA  KEY,1
      JL    C3B                      JGE   C4B
C4B   JE    SUCCESS            C3B   EQU   *
      INC1  1                        DEC1  1
      CMPA  KEY,1                    CMPA  KEY,1
      JL    C3C                      JGE   C4C
C4C   JE    SUCCESS            C3C   EQU   *
      INC1  1                        DEC1  1
      CMPA  KEY,1                    CMPA  KEY,1
      JE    SUCCESS                  JE    SUCCESS
      JMP   FAILURE                  JMP   FAILURE  ▮
```

[연습문제 23은 "JE" 명령들 대부분을 제거해서, 단 $4 \lg N$의 단위시간만을 사용하는 약 $6 \lg N$줄짜리 프로그램을 만들 수 있음을 보여준다. 그러나 그런 프로그램은 $N \geq 1000$ (근사적으로)에 대해서만 더 빠르다.]

11. 그에 해당하는, 그림 6과 같은 트리를 고찰해 보자: N이 홀수일 때 루트의 왼쪽 하위트리는 오른쪽 하위트리의 거울상이며, 따라서 $K < K_i$인 경우는 $K > K_i$인 경우만큼 발생한다. 평균적으로는 $C1 = \frac{1}{2}(C+S)$이고 $C2 = \frac{1}{2}(C-S)$, $A = \frac{1}{2}(1-S)$이다. N이 짝수일 때 그 트리는 ⓪이 중복된다는 점만 제외하면 $N+1$에 대한 트리에서 모든 번호들을 1 감소한 것과 같다. 평균적으로, $k = \lfloor \lg N \rfloor$이라고 두었을 때 다음이 성립한다.

$$C1 = \frac{C+1}{2} - \frac{k}{2N}, \qquad C2 = \frac{C-1}{2} + \frac{k}{2N}, \qquad A = 0, \qquad \text{만일 } S = 1\text{이면;}$$

$$C1 = \frac{(k+1)N}{2(N+1)}, \qquad C2 = \frac{(k+1)(N+2)}{2(N+1)}, \qquad A = \frac{N}{2(N+1)}, \qquad \text{만일 } S = 0\text{이면.}$$

(C의 평균값은 본문에 나온다.)

12.

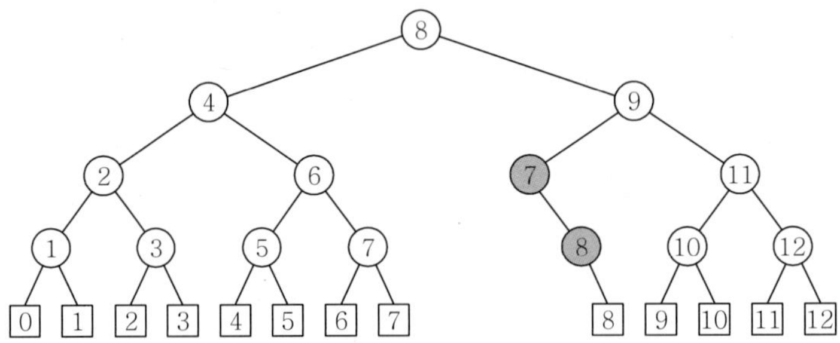

13.

$N =$	1	2	3	4	5	6	7	8	9	10	11	12	13	14	15	16
$C_N =$	1	$1\frac{1}{2}$	$1\frac{2}{3}$	$2\frac{1}{4}$	$2\frac{1}{5}$	$2\frac{2}{6}$	$2\frac{3}{7}$	$3\frac{1}{8}$	3	3	3	$3\frac{2}{12}$	$3\frac{3}{13}$	$3\frac{3}{14}$	$3\frac{4}{15}$	$4\frac{1}{16}$
$C_N =$	1	$1\frac{2}{3}$	2	$2\frac{3}{5}$	$2\frac{4}{6}$	3	3	$3\frac{6}{9}$	$3\frac{6}{10}$	$3\frac{8}{11}$	$3\frac{8}{12}$	4	4	4	4	$4\frac{13}{17}$

14. 한 가지 착안은, $N+M$이 $F_{k+1}-1$의 형태가 되는 최소의 $M \geq 0$을 찾고, 그런 다음 단계 F1에서 $i \leftarrow F_k - M$으로 시작하고, F2의 시작에 "만일 $i \leq 0$이면 F4로 간다"를 삽입하는 것이다. 또는, 피보나치식 검색에 대한 샤Shar의 착안을 적용하는 게 더 나은 해법일 수도 있다: 만일 제일 첫 비교의 결과가 $K > K_{F_k}$라면 $i \leftarrow i - M$으로 설정하고 F4로 간다(그 이후에는 보통의 방식으로 진행한다). 이러면 내부 루프에서의 추가 시간을 피할 수 있다.

15. 외부 노드들은 $\lfloor k/2 \rfloor$에서 $k-1$까지의 수준들에 나타난다. 이 수준들 사이의 차이는 $k = 0$, 1, 2, 3, 4의 경우를 제외할 때 단위원보다 크다.

16. 좌우가 뒤집힌 k차 피보나치 트리는 2.3.2절의 "자연대응" 하에서 k개월까지의 직계도에 대응하는 이진트리이다(단, 그 직계도의 최상위 노드를 제거한다고 할 때).

17. 경로 길이가 $k - A(n)$이라고 하자. 그러면 $A(F_j) = j$이고 $0 < m < F_{j-1}$일 때 $A(F_j + m) = 1 + A(m)$이다.

18. 성공적인 검색일 때: $A_k = 0$, $C_k = (3kF_{k+1} + (k-4)F_k)/5(F_{k+1} - 1) - 1$, $C1_k = C_{k-1}(F_k - 1)/(F_{k+1} - 1)$. 실패하는 검색일 때: $A'_k = F_k/F_{k+1}$, $C'_k = (3kF_{k+1} + (k-4)F_k)/5F_{k+1}$, $C1'_k = C'_{k-1}F_k/F_{k+1} + F_{k-1}/F_{k+1}$, $C2 = C - C1$. (관련된 점화식들에 대한 해는 연습문제 1.2.8-12를 볼 것.)

20. (a) $b = p^{-p}q^{-q}$. (b) 오류가 적어도 두 개 있다. 첫 번째 실수는, 나눗셈이 선형 함수가 아니므로 단순하게 "평균을 낼" 수는 없다는 것이다. 사실 pN개의 원소들이 남을 확률은 p이고 qN개가 남을 확률은 q이므로, 평균적으로 $(p^2 + q^2)N$개를 얻게 된다. 따라서 평균 감소율은 사실 $1/(p^2 + q^2)$이다. 이제 k회 반복 이후의 감소율은 $1/(p^2 + q^2)^k$이나, 바로 $b = 1/(p^2 + q^2)$이라고 결론지을 수는 없다. 일부 항목들은 그것을 찾는 데 필요한 반복 횟수가 다른 항목들에 비해 훨씬 크기 때문이다. 이것이 두 번째 오류이다. [확률에 대해 그럴 듯 하나 잘못된 논증을 만들기란 아주 쉬운 일이며, 따라서 항상 그런 함정들을 조심해야 한다.]

21. 그 방법은 키 값들에 의존하므로 불가능하다.

22. *FOCS* 17 (1976), 173–177. 또한 Y. Perl, A. Itai, H. Avni, *CACM* 21 (1978), 550–554; G. H. Gonnet, L. D. Rogers, J. A. George, *Acta Informatica* 13 (1980), 39–52; G. Louchard, *RAIRO Inform. Théor.* 17 (1983), 365–385; *Computing* 46 (1991), 193–222도 볼 것. 분산은 $O(\log\log N)$이다. 마사글리아G. Marsaglia와 나라시만B. Narasimhan이 수행한 상세한 실험들에 따르면 [*Computers and Math.* 26, (1993), 31–42] 평균 표 접근 횟수는 $\lg\lg N$에 매우 가까우며, 실패하는 검색의 경우에는 거기에 약 0.7이 더해진다. 예를 들어 $N = 2^{20}$일 때 무작위 표에 대한 한 무작위 성공 검색의 접근 횟수는 약 4.29이고 무작위 실패 검색은 약 5.05이다

23. $\geq$이면 오른쪽으로, $<$일 때에는 왼쪽으로 간다. 노드 $\boxed{i}$에 도달했을 때 (1)에 의해 $K_i \leq K < K_{i+1}$이 되며, 따라서 최종 상등 판정에 의해 성공과 실패를 구분할 수 있다. (키 $K_0 = -\infty$은 항상 존재해야한다.)

알고리즘 C는 다음과 같이 수정하면 된다: 단계 C2에서 만일 $K = K_i$이면 C4로 간다. C3에서는 만일 DELTA$[j] = 0$이면 $i \leftarrow i - 1$로 설정하고 C5로 간다. C4에서는 만일 DELTA$[j] = 0$이면 바로 C5로 간다. 그리고 새로운 단계 C5, "만일 $K = K_i$이면 검색 성공을 결과로 해서 알고리즘을 끝내고, 그렇지 않으면 검색 실패를 결과로 해서 알고리즘을 끝낸다"를 추가한다. [이렇게 해도 $N > 2^{26}$이 아닌 한 프로그램 C가 빨라지지는 않는다. 평균 성공 검색 시간은 $(8.5\lg N - 6)u$에서 $(8\lg N + 7)u$로 변한다.]

24. 우선 $i \leftarrow 1$로 설정하고 그런 다음 $K < K_i$이냐 $K > K_i$이냐에 따라 $i \leftarrow 2i$ 또는 $2i + 1$로 설정하도록 키들을 배치할 수 있다. $i > N$이면 검색이 실패한다. 예를 들어 $N = 12$일 때 그러한 키 배치는

$$K_8 < K_4 < K_9 < K_2 < K_{10} < K_5 < K_{11} < K_1 < K_{12} < K_6 < K_3 < K_7$$

이다. 이 방법을 MIX에서 프로그래밍하는 경우 프로그램은 약 $6 \lg N$단위의 시간만을 소비하므로 프로그램 C보다 빠르다. 유일한 단점은 애초에 표를 설정하는 게 약간 까다롭다는 것이다.

25. (a) $a_0 = 1 - b_0$, $a_1 = 2a_0 - b_1$, $a_2 = 2a_1 - b_2$ 등이므로 $A(z) + B(z) = 1 + 2zA(z)$이다. $A(1), B(1), B\left(\frac{1}{2}\right), A'(1), B'(1)$을 고찰해보면, 2.3.4.5절에서 유도한 여러 공식들을 이 관계로부터 즉시 이끌어 낼 수 있다. 만일 한 경로의 왼쪽 단계들과 오른쪽 단계들을 구별하기 위해 두 개의 변수를 사용한다면 좀 더 일반적인 결과인 $A(x, y) + B(x, y) = 1 + (x + y)A(x, y)$를 얻을 수 있는데, 이는 t진 트리에서 성립하는 어떤 공식의 한 특수한 경우이다 〔R. M. Karp, *IRE Transactions* IT-7 (1961), 27-38을 볼 것〕.

(b) $\operatorname{var}(g) = ((N+1)/N)\operatorname{var}(h) - ((N+1)/N^2)\operatorname{mean}(h)^2 + 2$.

26. 3테이프 다중페이즈 병합을 위한, 완전한 수준 k 배분을 가지는 병합 트리는 $k+1$차 피보나치 트리의 왼쪽과 오른쪽을 적절히 치환한 것과 같다. (5.4.4절의 그림 76에 나온 다중페이즈 트리에서 A와 C의 왼쪽, 오른쪽 하위트리들을 뒤집으면 그림 8이 나온다.)

27. 2^k개의 결과들 중 많아야 $k+1$개가 발생한다. 색인들을 $K_{i_1} < K_{i_2} < \cdots < K_{i_k}$ 등의 순서로 배열할 수 있기 때문이다. 즉, 각 노드에서 많아야 $(k+1)$개의 가지들로 분기되는 하나의 트리로 검색을 서술할 수 있다. m번째 단계에서 찾을 수 있는 항목들의 개수는 $k(k+1)^{m-1}$을 넘지 않는다. 따라서 평균 비교 횟수는 적어도 N^{-1} 곱하기 중복집합 $\{k\cdot 1, k(k+1)\cdot 2, k(k+1)^2\cdot 3, \ldots\}$의 가장 작은 N개의 원소들의 합이다. $N \ge (k+1)^n - 1$일 때 평균 비교 횟수는 $\ge ((k+1)^n - 1)^{-1}\sum_{m=1}^{n} k(k+1)^{m-1}m > n - 1/k$이다.

28. 〔*Skrifter udgivne af Videnskabs-Selskabet i Christiania*, Mathematisk-Naturvidenskabelig Klasse (1910), No. 8; 투에Thue의 *Selected Mathematical Papers* (Oslo: Universitetsforlaget, 1977), 273-310에 재인쇄됨.〕 (a) T_n의 잎들의 개수는 $F_{n+1} + F_{n-1} = F_{2n}/F_n$이다. (이를 소위 뤼카 수(Lucas number) $L_n = \phi^n + \hat{\phi}^n$이라고 부른다.) (b) 그 공리에 의해 $T_0(T_2(x)) = T_1(x)$이며, $m = 1$ 또는 $n = 1$일 때 명백히 $T_m(T_n(x)) = T_{m+n-1}(x)$이다. n에 대한 귀납법에 의해, 그 결과는 $m = 0$일 때 성립한다. 예를 들어 $T_0(T_3(x)) = T_0(T_2(x) * T_1(x)) = T_0(T_1(T_2(x)) * T_0(T_2(x))) = T_0(T_2(T_2(x))) = T_2(x)$이다. 마지막으로 m에 대한 귀납법으로 증명을 완성할 수 있다.

29. $K_0 = -\infty$이고 $K_{N+1} = K_{N+2} = \infty$라고 가정하자. 우선 $K_2 < K_4 < \cdots$에 대해 이진 검색을 수행한다. 이를 위해서는 많아야 $\lfloor \lg N \rfloor$회의 비교가 필요하다. 만일 검색이 실패했다면 $K_{2j-2} < K < K_{2j}$인 한 구간이 결정된 것이다. 그리고 만일 $2j = N+2$이면 K는 존재하지 않는 것이다. 그렇지 않다면 K_{2j-1}에 대한 이진 검색을 통해서 $K_{2i-2} < K_{2j-1} < K_{2i}$인 i를 결정할 수 있다. 그러면 $K = K_{2i-1}$ 또는 K가 존재하지 않는 것이다. 〔*Theor. Comp. Sci.* 58 (1988), 67 참고.〕

30. $n = \lfloor N/4 \rfloor$이라고 하자. $K_1 < K_2 < \cdots < K_N$으로 시작해서, $K_1, K_3, \ldots, K_{2n-1}$을 $K_{2n+1}, K_{2n+3}, \ldots, K_{4n-1}$의 한 순열과 교환함으로써 임의의 원하는 순서로 만든다. 이러한 배치는 연습문제 29의 조건들을 만족한다. 이제 $K_1 < K_3 < \cdots < K_{2^{t+1}-3}$이 모든 가능한 t비트 수들 사이의 경계들을 나타낸다고 간주하고 $K_{2^{t+1}-1}, K_{2^{t+1}+1}, \ldots, K_{2^{t+1}+2m-3}$을 $x_1, x_2, \ldots, x_m$의 값들에 따라 이 "울타리 말뚝"들 사이에 삽입한다. 예를 들어 $m=4, t=3, x_1=(001)_2, x_2=(111)_2,\ x_3=x_4=(100)_2$라고 하면 요구된 순서는

$$K_1 < K_{15} < K_3 < K_5 < K_7 < K_{19} < K_{21} < K_9 < K_{11} < K_{13} < K_{17}$$

이다. (또한 K_{21}이 K_{19}보다 앞서게 할 수도 있다.) 이제 부분배열 $K_1 < K_3 < \cdots < K_{2^{t+1}-3}$의 $K_{2^{t+1}+2j-3}$에 대해 이진 검색을 수행하면 x_j의 비트들을 왼쪽에서 오른쪽으로 찾을 수 있다. [Fiat, Munro, Naor, Schäffer, Schmidt, Siegel, *J. Comp. Syst. Sci.* 43 (1991), 406-424 참고.]

6.2.2절

1. 이를테면 ROOT ≡ RLINK(HEAD)로 두고 헤더 노드를 사용한다. 단계 T4에서 P ← HEAD로 알고리즘을 시작한다. 단계 T5는 마치 $K >$ KEY(HEAD)인 것처럼 작용해야 한다. [즉, 프로그램 T의 줄 04와 05를 "ENT1 ROOT; CMPA K"로 바꿀 것.]

2. 단계 T5에서 RTAG(Q) ← 1로 설정한다. 또한 왼쪽으로 삽입할 때 RLINK(Q) ← P로, 오른쪽으로 삽입할 때에는 RLINK(Q) ← RLINK(P), RTAG(P) ← 0으로 설정한다. 단계 T4에서 판정 "RLINK(P) ≠ Λ"를 "RTAG(P) = 0"으로 바꾼다. [만일 노드들이 일련의 증가하는 장소 Q들에 삽입된다면, 그리고 모든 삭제가 후입선출 방식으로 이루어진다면, RTAG 필드들을 제거할 수 있다. RTAG(P)는 오직 RLINK(P) < P일 때에만 1이 되기 때문이다. 동시적인 왼쪽, 오른쪽 스레드 방식에 대해서도 같은 설명이 적용된다.]

3. Λ를 하나의 유효한 주소로 대체하고 알고리즘의 시작에서 KEY(Λ) ← K로 설정할 수도 있다. 그러면 내부 루프에서 LLINK 또는 RLINK = Λ에 대한 판정들을 제거할 수 있다. 그러나 적절한 삽입을 위해서는 P를 가리키는 또 다른 포인터 변수를 도입할 필요가 있다. 프로그램 6.2.1F에서처럼 코드를 중복한다면 언급된 속도 이득을 잃지 않고도 그렇게 할 수 있으며, 그러면 MIX 시간이 약 $5.5C$단위 감소하게 된다.

4. $N \geq 2^n - 1$에 대해 $C_N = 1 + (0\cdot 1 + 1\cdot 2 + \cdots + (n-1)2^{n-1} + C'_{2^n-1} + \cdots + C'_{N-1})/N = (1 + 1/N)C'_N - 1$. 이 방정식들에 대한 해는 $N \geq 2^n - 1$에 대해 $C'_N = 2(H_{N+1} - H_{2^n}) + n$으로, 비교 횟수가 $2H_{2^n} - n - 2 \approx n(\ln 4 - 1)$만큼 절약된 것이다. $n = 1, 2, 3, 4$에 대한 실제 개선은 각각 $0,\ \frac{1}{6},\ \frac{61}{140},\ \frac{274399}{360360}$이다. 따라서 작은 고정된 n에 대해서는 이득이 비교적 작다. [이와 동치인 한 정렬 문제와 관련된 좀 더 상세한 유도가 Frazer, McKellar, *JACM* 17 (1970), 502에 나온다.]

5. (a) 첫 원소는 반드시 CAPRICORN이다. 그런 다음에는 왼쪽 하위트리를 만드는 방법의 수를 오른쪽 하위트리를 만드는 방법의 수와 곱하고 거기에 두 수열들을 한 데 섞는 방법의 수 $\binom{10}{3}$를 곱한다. 즉, 답은

$$\binom{10}{3}\binom{2}{0}\binom{1}{0}\binom{0}{0}\binom{6}{3}\binom{2}{0}\binom{1}{0}\binom{0}{0}\binom{2}{1}\binom{0}{0}\binom{0}{0}=4800$$

이 된다. [일반화하자면, 이 답은 l과 r이 각각 노드의 왼쪽, 오른쪽 하위트리 크기라고 할 때 모든 노드에 대해 $\binom{l+r}{r}$들을 곱한 것이다. 이는 $N!$을 하위트리 크기들의 곱으로 나눈 것과 같다. 또한 이는 연습문제 5.1.4-20에서와 같은 공식이다. 사실, 검색 트리의 a_k를 k로 대체한다면(연습문제 6의 표기법 하에서), 하나의 특정한 검색 트리를 만들어내는 순열들과 그 연습문제에서 센 "위상적" 순열들 사이에는 명백한 일대일 대응관계가 존재한다.] (b) $2^{N-1}=1024$. 마지막을 제외한 각 단계에서 남아 있는 가장 큰 또는 가장 작은 키를 삽입한다.

6. (a) 비용이 k인 P_{nk}개의 순열 $a_1 \ldots a_{n-1} a_n$들 각각에 대해 $n+1$개의 순열 $a'_1 \ldots a'_{n-1}\, m\, a'_n$들을 구축한다. 여기서 $a_j < m$이냐 $a_j \ge m$에 따라 $a'_j = a_j$ 또는 $a_j + 1$이다. [1.2.5절의 방법 2를 볼 것.] 만일 $m = a_n$ 또는 $a_n + 1$이면 이 순열의 비용은 $k+1$이고 그렇지 않으면 비용은 k이다. (b) $G_n(z) = (2z+n-2)(2z+n-3)\ldots(2z)$. 따라서

$$P_{nk} = \left[{n-1 \atop k}\right] 2^k$$

이다. 이 생성함수는 본질적으로 W. C. Lynch, *Comp. J.* 7 (1965), 299-302가 구한 것이다. (c) 확률들에 대한 생성함수는 $g_n(z) = G_n(z)/n!$이다. 이는 단순 확률 생성함수들의 곱이므로, C'_{n-1}의 분산은

$$\operatorname{var}(g_n) = \sum_{k=0}^{n-2} \operatorname{var}\left(\frac{2z+k}{2+k}\right) = \sum_{k=0}^{n-2}\left(\frac{2}{k+2} - \frac{4}{(k+2)^2}\right) = 2H_n - 4H_n^{(2)} + 2$$

이다. [연습문제 6.2.1-25(b)에 의해, C'_n의 평균과 분산을 이용해서 C_n의 분산을 계산할 수 있다. 구체적으로는 $(2+10/n)H_n - 4(1+1/n)(H_n^{(2)} + H_n^2/n) + 4$이다. 이 공식은 노트G. D. Knott에서 기인한다.]

7. k번째로 큰 원소와의 비교는 오직 그 원소가 m번째 원소 이전에, 그리고 k번째와 m번째 사이의 모든 원소 이전에 나타날 때에만 이루어진다. 이러한 비교가 일어날 확률은 $1/(|m-k|+1)$이다. k에 대해 합산하면 답 $H_m + H_{n+1-m} - 1$이 나온다. [*CACM* 12 (1969), 77-80; 또한 L. Guibas, *Acta Informatica* 4 (1975), 293-298도 볼 것.]

8. (a) $g_n(z) = z^{n-1}\sum_{k=1}^{n} g_{k-1}(z) g_{n-k}(z)/n$, $g_0(z) = 1$.

(b) $7n^2 - 4(n+1)^2 H_n^{(2)} - 2(n+1)H_n + 13n$. [P. F. Windley, *Comp. J.* 3 (1960), 86에는 이 분산을 수치적으로 계산할 수 있는 점화식들이 나오나, 윈들리가 그 해를 구하지는 않았다. 이 결과가 연습문제 6의 답에 언급된 C_n의 분산과 단순한 방식으로 연관되지는 않음을 주의할 것.]

10. m이 컴퓨터 워드 크기이고 a가 m과 서로 소인 임의의 곱수라고 할 때, 예를 들어 키의 각 워드 x를 $ax \bmod m$으로 대체할 수 있다. $(\phi-1)m$에 가까운 값을 추천한다(6.4절 참고). 유연한 저장소 할당을 사용한다면 트리 방법이 해시 부호화 방안보다 좀 더 매력적인 것이 될 것이다.

11. $N-2$. 그러나 이는 $1/(N\ N!)$의 확률로, 오직

$$\textcircled{1}\ N\ N-1\ \ldots\ 2$$

의 삭제에서만 일어난다.

12. 정리 H의 증명의 삭제들 중 $\frac{1}{2}(n+1)(n+2)$만이 경우 1에 속하므로, 답은 $(N+1)/2N$이다.

13. 그렇다. 사실 정리 H의 증명은 임의의 고정된 k에 대해 만일 k번째로 삽입된 원소를 삭제한다면 그 결과가 무작위 트리임을 보여준다. (노트 G. D. Knott [Ph.D. 학위논문, Stanford, 1975]는 임의의 고정된 수열 $k_1, \ldots, k_d$에 대해, 임의의 무작위 삽입들 이후에 $(k_1, \ldots, k_d)$번째로 삽입된 원소를 연달아 삭제한 결과가 무작위함을 보였다.)

14. NODE(T)가 수준 k에 있으며 LLINK(T) $= \Lambda$, RLINK(T) $=$ R_1, LLINK(R_1) $=$ R_2, ..., LLINK(R_d) $= \Lambda$라고 하자. 여기서 $R_d \neq \Lambda$이고 $d \geq 1$이다. $1 \leq i \leq d$에 대해, NODE(R_i)의 오른쪽 하위트리에 내부 노드가 n_i개 있다고 하자. 단계 D1$\frac{1}{2}$에 의해 내부 경로 길이는 $k+d+n_1+\cdots+n_d$만큼 줄어든다. 그 단계가 없다면 $k+d+n_d$만큼 감소한다.

15. 11, 13, 25, 11, 12. [만일 a_j가 $\{a_1, a_2, a_3\}$의 (최소, 중간, 최대)이면 삭제 이후 트리  이 $(4, 2, 3) \times 4$번 나오게 된다.]

16. 그렇다. 정리 H의 증명에 정의된, 순열들에 대한 삭제 연산까지도 가환적이다(번호 재부여 측면을 무시한다면). 만일 X와 Y 사이에 원소가 하나 있다면, 삭제는 명백히 가환적이다. 그 연산은 오직 X와 Y 및 그 후행자들의 상대적 위치에만 영향을 받으며, X의 삭제와 Y의 삭제 사이에는 상호작용이 없기 때문이다. 반면 만일 Y가 X의 후행자이고 Y가 가장 큰 원소이면 두 삭제 순서 모두 그냥 X와 Y를 제거하는 효과를 낸다. 만일 Y가 X의 후행자이고 Z가 Y의 후행자이면, 두 삭제 순서 모두 순열 안에서 X, Y, Z의 첫 출현을 Z로 대체하고 두 번째, 세 번째 출현들을 삭제하는 효과를 낸다.

18. 연습문제 1.2.7-14를 적용할 것.

19. $2H_N - 1 - 2\sum_{k=1}^{N}(k-1)^\theta/kN^\theta = 2H_N - 1 - 2/\theta + O(N^{-\theta})$. [파레토 배분 6.1-(13) 역시 $O(n^{-\theta}\log n)$ 이내에서 동일한 점근 결과를 낸다.]

20. 실제로 그렇다. 알고리즘 T로 구축한 트리가 퇴화하도록 $K_1 < \cdots < K_N$이라고 가정하자. 만일, 이를테면 $p_k = (1+((N+1)/2-k)\epsilon)/N$이면, 평균 비교 횟수는 $(N+1)/2-(N^2-1)\epsilon/12$이다. 그러나 최적 트리에는 $\lceil \lg N \rceil$회 미만의 비교들이 필요하다.

21. $\frac{1}{8}$, $\frac{3}{20}$, $\frac{9}{20}$, $\frac{3}{20}$, $\frac{1}{8}$. (각도들 대부분은 $30°$ 또는 $60°$, $90°$이다.)

22. $d=2$일 때에는 명백하다. $d>2$일 때에는 $r[i,j-1] \le r[i+1,j-1] \le r[i+1,j]$가 성립했음을 주목할 것.

23.

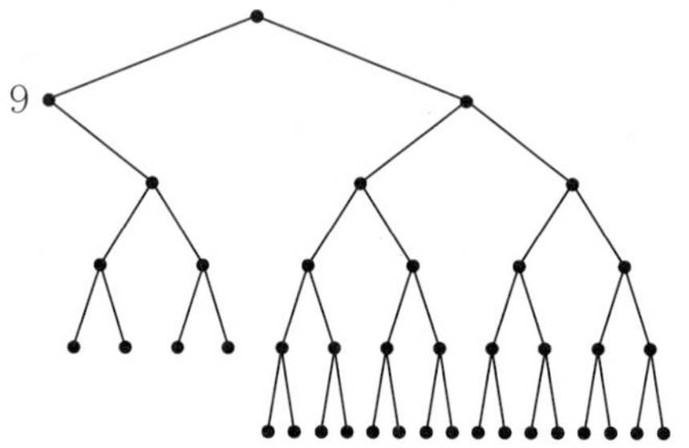

〔첫 노드의 가중치가 증가되면 그 노드는 결국 루트 위치로 올라간다. 이는 완전 최적 트리를 동적으로 유지하기가 어려움을 시사한다.〕

24. c가 한 최적 트리에서 n번째 노드를 삭제해서 얻은 트리의 비용이라고 하자. 그러면 $c(0,n-1) \le c \le c(0,n)-q_{n-1}$이다. 삭제 연산이 항상 $\boxed{n-1}$을 한 수준 위로 올리기 때문이다. 또한 $c(0,n) \le c(0,n-1)+q_{n-1}$이다. 언급된 치환은 후자의 비용을 가지는 트리를 만들어 내기 때문이다. 이로부터 $c(0,n-1)=c=c(0,n)-q_{n-1}$이 확인된다.

25. (a) $A \le B$이고 $B \le C$라고 가정한다. $a\in A, b\in B, c\in C$, $c<a$라고 하자. 만일 $c \le b$이면 $c\in B$이다. 따라서 $c\in A$이고 $a\in B$이다. 그러므로 $a\in C$이다. 만일 $c>b$이면 $a\in B$이다. 따라서 $a\in C$이고 $c\in B$이다. 그러므로 $c\in A$이다. (b) 어렵지 않게 증명할 수 있다.

26. 모든 트리의 비용은 어떤 실수 $y \ge 0$와 정수 $l>0$에 대해 $y+lx$의 형태이다. 유한한 개수의 그러한 함수들의 최소값(모든 트리에 대한)은 항상 서술된 형태를 가진다.

27. (a) 연습문제 24의 답(특히 $c=c(0,n-1)$이라는 사실)은 $R(0,n-1)=R(0,n)\setminus\{n\}$을 함의한다.

(b) 만일 $l=l'$이면 힌트의 결과는 자명하다. 그렇지 않다면, $\boxed{n}$으로의 경로들이

$$ⓡ_0,\ ⓡ_1,\ \ldots,\ \boxed{r_l} \text{ 과 } ⓢ_0,\ ⓢ_1,\ \ldots,\ \boxed{s_{l'}}$$

라고 하자. $r=r_0>s_0=s$이고 $r_{l'}<s_{l'}=n$이므로 $r_k>s_k$이고 $r_{k+1}\le s_{k+1}$인 수준 $k\ge 0$을 찾을 수 있다. $r_{k+1}\in R(r_k,n)$, $s_{k+1}\in R(s_k,n)$이고 귀납법에 의해 $R(s_k,n)\le R(r_k,n)$이므로 $r_{k+1}\in R(s_k,n)$이고 $s_{k+1}\in R(r_k,n)$이다. 이에 의해 힌트의 결과가 입증된다.

$R'_h \le R_h$를 증명하기 위해서는, $r\in R'_h$, $s\in R_h$, $s<r$라고 두고 $x=x_h$일 때의 힌트의 최적 트리를 고찰할 것. 그러면 반드시 $l\ge l_h$가 성립하며, $l'=l_h$라고 가정할 수 있다. $R_h \le R'_{h+1}$을 증명하기 위해서는 $r\in R_h$, $s\in R'_{h+1}$, $s<r$라고 두고 $x=x_{h+1}$일 때의 해당 최적 트리를 고찰할 것. 반드시 $l'\le l_h$이다. 그리고 $l=l_h$라고 가정할 수 있다.

29. YOU가 최상위에, THE가 최하위에 있으며 평균 19.158회의 비교를 필요로 하는 하나의 퇴화된 트리이다(연습문제 5 참고).

해밀턴Douglas A. Hamilton은 일부 퇴화된 트리가 항상 최악임을 증명했다. 따라서 최악의 이진 검색 트리들을 찾는 $O(n^2)$ 알고리즘이 존재한다.

30. R. L. Wessner, *Information Processing Letters* 4 (1976), 90–94; F. F. Yao, *SIAM J. Algebraic and Discrete Methods* 3 (1982), 532–540을 볼 것.

31. *Acta Informatica* 1 (1972), 307–310을 볼 것.

32. M이 충분히 클 때 최적 트리는 반드시 언급된 형태를 가지며 최소 비용은 반드시 M 곱하기 최소 외부 경로 길이 더하기 언급된 문제의 답이다.

[참고: 해답 30에서 인용한 웨스너Wessner의 논문은 높이가 $\le L$인 최적 이진 검색 트리를 찾는 방법을 설명한다. $p_1 = \cdots = p_n = 0$인 특별한 경우에서 언급된 결과는 T. C. Hu, K. C. Tan, MRC Report 1111 (Univ. of Wisconsin, 1970)에서 기인한 것이다. 가르시아A. M. Garsia와 웍스M. L. Wachs는 이 경우 만일 $\min_{k=1}^{n}(q_{k-1}+q_k) \ge \max_{k=0}^{n} q_k$이면 모든 외부 노드가 많아야 두 수준에 나타나며, 그 노드들이 최적 2수준 트리를 찾는 데 단 $O(n)$단계만을 요구하는 알고리즘을 나타냄을 증명했다.

33. 언급된 문제에 대해서는 A. Itai, *SICOMP* 5 (1976), 9–18을 볼 것. 다른 방법들로는 D. Spuler, *Acta Informatica* 31 (1994), 729–740을 볼 것.

34. 만일 $p_1 \ldots p_n \ne 0$이면 스털링의 근사에 의해 그 점근값은

$$2^{H(p_1,\ldots,p_n)N}(2\pi N)^{(1-n)/2}(p_1\ldots p_n)^{-1/2}(1+O(1/N))$$

과 같다.

35. 우변은 $2x - (1-p)/p$일 때 최소값이 되며, 그 최소값은 $1-p+H(p,1-p)$와 같다. 그러나 $k=2$로 두었을 때의 (20)에 의해 $H(p,q,r) \le 1-p+H(p,1-p)$이다.

36. 우선 힌트를 증명하자. 그 힌트는 옌센에서 기인한 것이다 [*Acta Math.* 30 (1906), 175–193]. 만일 f가 오목함수이면 함수 $g(p) = f(px+(1-p)y) - pf(x) - (1-p)f(y)$는 오목이고 $g(0) = g(1) = 0$을 만족한다. 만일 $g(p) < 0$이고 $0 < p < 1$이면 평균값 정리에 의해 $g'(p_0) < 0$인 하나의 값 $p_0 < p$와 $g'(p_1) > 0$인 하나의 값 $p_1 > p$가 존재한다. 그러나 이는 오목성과 모순이다. 따라서 $0 \le p \le 1$에 대해 $f(px+(1-p)y) \ge pf(x)+(1-p)f(y)$인데, 이 사실은 기하학적으로도 자명하다. 이제 $f(p_1x_1+\cdots+p_nx_n) \ge p_1f(x_1)+\cdots+p_nf(x_n)$을 귀납법으로 증명할 수 있다. $n>2$이면 $f(p_1x_1+\ldots+p_nx_n) \ge p_1f(x_1)+\ldots+p_{n-2}f(x_{n-2})+(p_{n-1}+p_n)f((p_{n-1}x_{n-1}+p_nx_n)/(p_{n-1}+p_n))$이기 때문이다.

보조정리 E에 의해 다음이 성립한다.

$$H(XY) = H(X) + \sum_{i=1}^{m} p_i H(r_{i1}/p_i, \ldots, r_{in}/p_i).$$

후자의 합은 $\sum_{j=1}^{n}\sum_{i=1}^{m} p_i f(r_{ij}/p_i) \le \sum_{j=1}^{n} f(\sum_{i=1}^{m} r_{ij}) = H(Y)$인데, 여기서 $f(x) = x \lg(1/x)$는 오목함수이다.

37. 연습문제 3.2.2-26의 부문제 (a)에 의해 $\Pr(P_1 \ge s) = (1-s)^{n-1}$이다. 그러므로 $\mathrm{E}\, H(P_1, \ldots, P_n) = n \mathrm{E}\, P_1 \lg(1/P_1) = n\int_0^1 (1-s)^{n-1} d(s \lg(1/s)) = -(A+B)/\ln 2$이다. 여기서 연습문제 1.2.7-13에 의해 $A = n\int_0^1 (1-s)^{n-1} ds = 1$이고

$$B = n\int_0^1 (1-s)^{n-1} \ln s\, ds = \sum_{k=1}^{n}\binom{n}{k}(-1)^k s^k\left(\frac{1}{k} - \ln s\right)\Bigg|_0^1 = -H_n$$

이다. 즉, 답은 $(H_n - 1)/\ln 2$이다. (이는 $\lg n + (\gamma-1)/\ln 2 + O(n^{-1})$으로, 최대 엔트로피 $H(\frac{1}{n}, \ldots, \frac{1}{n}) = \lg n$과 매우 가깝다. 그러므로 $H(p_1, \ldots, p_n)$은 높은 확률로 $\Omega(\log n)$이다.)

38. 만일 $s_{k-1} = s_k$이면 $q_{k-1} = p_k = q_k = 0$이다. (26)을 볼 것. $n-1$개의 확률 $(p_1, \ldots, p_{k-1}, p_{k+1}, \ldots, p_n; q_0, \ldots, q_{k-1}, q_{k+1}, \ldots, q_n)$에 대한 트리를 구축하고 잎 $\boxed{k-1}$을 2잎 하위트리로 대체할 것.

39. 만일 $0 < w_1 \le w_2 \le \cdots \le w_n$이고 $s_k = w_1 + \cdots + w_k$이면 정리 M의 논증을 적용할 수 있다. 왜냐하면 $w_k \ge 2^{-t}$은 가중치들이 정렬되어 있을 때 $s_{k-1} + 2^{-t} \le s_k \le s_{k+1} - 2^{-t}$을 함의하기 때문이다. 따라서 $|\sigma_k| < 1 + \lg(1/w_k)$이다. [이 결과와 이에 해당하는 하계 $H(w_1, \ldots, w_n)$가 1948년의 섀넌Shannon의 원 논문의 정리 9였다.]

40. 만일 $k = s+3$이면 언급된 재배치에 의해 비용이 $q_{k-1}l + q_k l + q_{k-2}l_{k-2}$에서 $q_{k-2}l + q_{k-1}l + q_k l_{k-2}$로 변한다. 따라서 총 변화량은 $(q_{k-2} - q_k)(l - l_{k-2})$이다. $q_{k-2} > q_k$이므로, 만일 $l < l_{k-2}$이면 이는 음수이다.

비슷하게, 만일 $k \ge s+4$이면 그 재배치에 의해 비용이

$$\delta = q_{s+1}(l - l_{s+1}) + q_{s+2}(l - l_{s+2}) + q_{s+3}(l_{s+1} - l_{s+3}) + \cdots + q_{k-2}(l_{k-4} - l_{k-2})$$
$$+ q_{k-1}(l_{k-3} - l) + q_k(l_{k-2} - l)$$

만큼 변한다. $q_{s+1} > q_{s+3}, q_{s+2} > q_{s+4}, \ldots, q_{k-2} > q_k$이며, 따라서

$$\delta \le (q_{k-2} - q_k)(l - l_{k-2}) + (q_{k-3} - q_{k-1})(l - l_{k-3}) \le 0$$

임을 알 수 있다. 예를 들어 $k-s$가 짝수일 때

$$\delta \le q_{k-3}(l - l_{s+1}) + q_{k-2}(l - l_{s+2}) + q_{k-3}(l_{s+1} - l_{s+3}) + \cdots + q_{k-2}(l_{k-4} - l_{k-2})$$
$$+ q_{k-1}(l_{k-3} - l) + q_k(l_{k-2} - l)$$

이다. 그리고 $k-s$가 홀수일 때에도 비슷한 유도가 가능하다. 이로부터 $l_{k-2} = l$인 경우를 제외할 때 δ가 음수임이 입증된다.

41. E F G H T U X Y Z V W B C D A P Q R J K L M I N O S ␣.

42. $q_j = \mathrm{WT}(\mathrm{P}_j)$라고 하자. $q_{k-1}+q_k$를 q_{j-1}과 q_j 사이의 위치로 옮기는 단계 C1-C4는 지점 $i=j-1$에서만 (31)을 위반한다.

43. 재귀적인 절차 $mark(\mathrm{P}, l)$이 다음과 같이 정의된다고 할 때, $mark(\mathrm{P}_1, 0)$을 호출한다.

LEVEL(P) $\leftarrow l$;
만일 LLINK(P) $\neq \Lambda$이면 $mark(\mathrm{LLINK(P)}, l+1)$;
만일 RLINK(P) $\neq \Lambda$이면 $mark(\mathrm{RLINK(P)}, l+1)$.

44. 전역 변수 m과 t를 $t \leftarrow 0$, $m \leftarrow 2n$으로 설정하고, 재귀적 서브루틴 $build(1)$을 호출한다. 여기서 $build(l)$은 다음과 같이 정의된다:

$j \leftarrow m$으로 설정;
만일 LEVEL(X_t)$=l$이면 LLINK(X_j) $\leftarrow \mathrm{X}_t$, $t \leftarrow t+1$로 설정,
그렇지 않으면 $m \leftarrow m-1$, LLINK(X_j) $\leftarrow \mathrm{X}_m$으로 설정하고 $build(l+1)$을 호출;
만일 LEVEL(X_t)$=l$이면 RLINK(X_j) $\leftarrow \mathrm{X}_t$, $t \leftarrow t+1$로 설정,
그렇지 않으면 $m \leftarrow m-1$, RLINK(X_j) $\leftarrow \mathrm{X}_m$으로 설정하고 $build(l+1)$을 호출.

변수 j는 *build* 루틴의 지역 변수이다. [이 우아한 해법은 R. E. Tarjan, *SICOMP* 6 (1977), 639에 기인한다.] 주의: 만일 수 l_0, ..., l_n이 어떠한 이진트리에도 대응하지 않으면 이 알고리즘은 무한루프에 빠진다.

45. 작업용 배열 P_0, ..., P_t를 균형 트리(6.2.3절)의 링크들도 가지고 있는 하나의 이중 연결 목록 형태로 둔다. 만일 2내림차순 가중치들이 q_0, ..., q_t이고 트리의 루트의 가중치가 q_h이라면, 트리에서 왼쪽으로 진행할지 아니면 오른쪽으로 진행할지는 q_h와 q_{h+1}의 값을 가지고 결정할 수 있으며, 이중 연결 목록 덕분에 q_{h+1}에 직접 접근할 수 있다. (RANK 필드들은 전혀 필요하지 않다. 회전은 대칭 순서를 유지하므로, 이중 링크들은 전혀 수정하지 않아도 된다.)

문제를 $O(n)$시간으로 풀 수 있는 가중치들의 여러 부류들이 Hu, Morgenthaler, *Lecture Notes in Comp. Sci.* 1120 (1996), 234-243에 나온다. 일반적으로도 $O(n)$단계로 충분한지의 여부는 알려져 있지 않다.

46. *IEEE Trans.* C-23 (1974), 268-271을 보라. 또한 연습문제 6.2.3-21도 볼 것.

47. Altenkamp, Mehlhorn, *JACM* 27 (1980), 412-427을 볼 것.

48. $N=3$인 경우 [Jonassen and Knuth, *J. Comp. Syst. Sci.* 16 (1978), 301-322] 또는 $N=4$인 경우 [Baeza-Yates, *BIT* 29 (1989), 378-394]의 분석은 놀랄 만큼 복잡하지만, 겁먹지 말고 크게 생각할 것! 일부 진척 상황이 Louchard, Randrianarimanana, Schott, *Theor. Comp. Sci.* 93 (1992), 201-225에 보고된 바 있다.

49. 이 질문에 대해서 처음 조사한 사람은 J. M. Robson [*Australian Comp. J.* 11 (1979), 151-153], B. Pittel [*J. Math. Anal. Applic.* 103 (1984), 461-480], Luc Devroye [*JACM* 33

(1986), 489-498; *Acta Inf.* 24 (1987), 277-298〕이다. 그들은 $n \to \infty$에 따라 확률 $\to 1$이 성립하는 극한 공식들을 얻었다. H. M. Mahmoud, *Evolution of Random Search Trees* (Wiley, 1992), 제2장의 설명을 볼 것. 이후 더 엄밀한 결과들을 리드Bruce Reed 〔*JACM* 50 (2003), 332〕와 드르모타Michael Drmota 〔*JACM* 50 (2003), 333-374〕가 발견했는데, 그는 평균 높이가 $\alpha \ln n - (3\alpha \ln\ln n)/(2\alpha-2)+O(1)$이고 분산이 $O(1)$임을 증명했다. 여기서

$$\alpha = 1/T(\frac{1}{2e}) \approx 4.31107\ 04070\ 01005\ 03504\ 70760\ 96446\ 89027\ 83916-$$

이고 $T(z)=\sum_{n=1}^{\infty} n^{n-1}z^n/n!$은 트리 함수이다.

6.2.3절

1. 변환이 노드들의 대칭 순서를 반드시 보존해야 한다. 그렇지 않으면 이진 검색 트리가 되지 않는다.

2. S가 트리의 루트를 가리킬 때에만(S는 단계 A3이나 A4에서 결코 변한 적이 없다), 그리고 S로부터의 삽입 지점으로의 모든 노드가 균형이 잡혔을 때에만 B(S) = 0이 될 수 있다

3. ρ_h가 높이 h의 균형 트리에서 불균형 노드들의 가장 큰 비율이라고 하자. 즉 $\rho_1 = 0$, $\rho_2 = \frac{1}{2}$, $\rho_3 = \frac{1}{2}$이다. $\rho_h = (F_{h+1}-1)/(F_{h+2}-1)$을 증명하고자 한다. T_h가 ρ_h를 최대화하는 트리라고 하자. 그러면 그 트리의 왼쪽 하위트리의 높이는 $h-1$이고 오른쪽 하위트리의 높이는 $h-2$라고 가정할 수 있다. 두 하위트리 모두 높이가 $h-1$이라면 비율이 ρ_{h-1}보다 작을 것이기 때문이다. 따라서 T_h에 대한 비율은 $(\rho_{h-1}N_l + \rho_{h-2}N_r + 1)/(N_l + N_r + 1)$을 넘지 않는다. 여기서 (왼쪽, 오른쪽) 하위트리에는 (N_l, N_r)개의 노드들이 존재한다. 이 공식의 최대값은 (N_l, N_r)이 최소가 될 때 나온다. 따라서 T_h가 하나의 피보나치 트리라고 가정할 수 있다. 그리고 연습문제 1.2.8-28에 의해 $\rho_h < \phi - 1$이다.

4. $h = 7$일 때

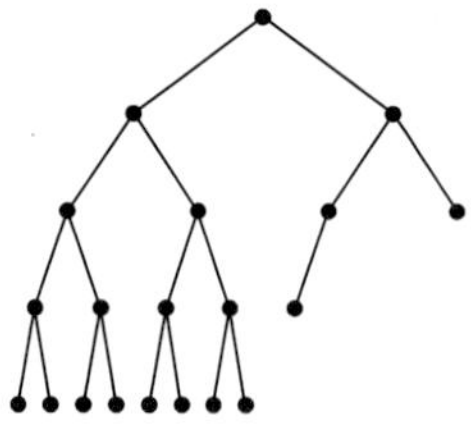

의 경로 길이가 더 길다. 〔참고: C. C. Foster, *Proc. ACM Nat. Conf.* 20 (1965), 197-198에는 최대 경로 길이를 가지는 N노드 균형 트리를 구축하는 부정확한 절차가 나온다. 로그Edward Logg는 포스터의 그림 3이 24단계 이후에 비최적 결과를 내게 됨을 지적했다(노드 25 덕분에 노드 22를 삭제할 수 있다).〕

그러나 h차 피보나치 트리는 a가 음이 아닌 임의의 상수일 때 높이가 $h-1$인 모든 균형 트리 T에 대해 $(h+a)N-$(외부 경로 길이(T))의 값을 최소화한다. 이는 h에 대한 귀납법으로 쉽게 증명된다. 그러한 트리의 외부 경로 길이는 $\frac{3}{5}hF_{h-1} + \frac{4}{5}(h-1)F_h = (\phi/\sqrt{5})hF_{h+1} +$

$O(F_{h+1}) = \Theta(h\phi^h)$이다. 따라서 임의의 N노드 균형 트리의 경로 길이는

$$\min_h (hN - \Theta(h\phi^h) + O(N)) \le N \log_\phi N - N \log_\phi \log_\phi N + O(N)$$

을 넘지 않는다. 더 나아가서 만일 N이 크고 $k = \lceil \lg N \rceil$, $h = \lfloor k/\lg\phi - \log_\phi k \rfloor = \log_\phi N - \log_\phi \log_\phi N + O(1)$이면, 경로 길이가 $hN + O(N)$인 균형 트리를 다음과 같이 구축할 수 있다: $N+1 = F_h + F_{h-1} + \cdots + F_{k+1} + N' = F_{h+2} - F_{k+2} + N'$이라고 두고 N'개의 노드들로 된 완전 이진트리를 구축한다. 그런 다음 그것을 차수가 $k, k+1, \ldots, h-1$인 피보나치 트리들과 연이어 결합한다. [R. Klein, D. Wood, *Theoretical Comp. Sci.* 72 (1990), 251-264를 볼 것.]

5. 이는 귀납법으로 증명할 수 있다. 구축된 트리를 T_N이라고 표기할 때 다음이 성립한다.

$T_N =$

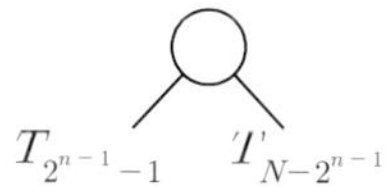

, 만일 $2^n \le N < 2^n + 2^{n-1}$이면;

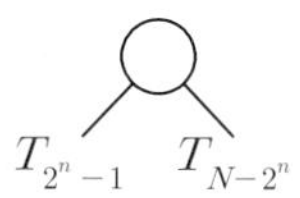

, 만일 $2^n + 2^{n-1} \le N < 2^{n+1}$이면.

6. $zB_j(z)B_k(z)$에서 z^n의 계수는 왼쪽 하위트리가 높이가 j인 균형 이진트리이고 오른쪽 하위트리가 높이가 k인 균형 이진트리인 n노드 이진트리들의 개수이다.

7. $C_{n+1} = C_n^2 + 2B_{n-1}B_{n-2}$; 따라서 만일 $\alpha_0 = \ln 2$, $\alpha_1 = 0$, $\alpha_{n+2} = \ln(1 + 2B_{n+1}B_n / C_{n+2}^2) = O(1/B_n C_{n+2})$, $\theta = \exp(\alpha_0/2 + \alpha_1/4 + \alpha_2/8 + \cdots)$으로 둔다면 $0 \le \theta^{2^n} - C_n = C_n(\exp(\alpha_n/2 + \alpha_{n+1}/4 + \cdots) - 1) < 1$임을 알 수 있다. 그러므로 $C_n = \lfloor \theta^{2^n} \rfloor$이다. 이중지수 수열들에 대한 일반적 결과들로는 *Fibonacci Quarterly* 11 (1973), 429-437을 볼 것. θ에 대한 수식은 다음 값으로 빠르게 수렴한다.

$$\theta = 1.43687\,28483\,94461\,87580\,04279\,84335\,54862\,92481+$$

8. $b_h = B_h'(1)/B_h(1) + 1$이고 $\epsilon_h = 2B_hB_{h-1}(b_h - b_{h-1})/B_{h+1}$이라고 하자. 그러면 $b_1 = 2$, $b_{h+1} = 2b_h - \epsilon_h$, $\epsilon_h = O(b_h/B_{h-1})$이다. 따라서 $b_h = 2^h\beta + r_h$이다. 여기서

$$\beta = 1 - \frac{1}{4}\epsilon_1 - \frac{1}{8}\epsilon_2 - \cdots = 0.70117\,98151\,02026\,33972\,44868\,92779\,46053\,74616+$$

이며 $r_h = \epsilon_h/2 + \epsilon_{h+1}/4 + \cdots$은 큰 h에 대해 극도로 작다. [*Zhurnal Vychisl. Matem. i Matem. Fiziki* 6, (1966), 389-394. 2-3 트리들에 대한 비슷한 결과들은 E. M. Reingold, *Fib. Quart.* 17 (1979), 151-157이 밝혔다.]

9. 오들리츠코Andrew Odlyzko는 균형 트리 개수가 점근적으로

$$c^n f(\log_{(\sqrt{10}+2)/3} n)/n$$

임을 보였다. 여기서 $c \approx 1.916067$이고 $f(x) = f(x+1)$이다. 그의 기법들로 평균 높이도 얻을

수 있다. [*Congressus Numerantium* 42 (1984), 27-52를 볼 것. 이 논문에서 그는 2-3트리의 열거도 논의한다.]

10. [*Inf. Proc. Letters* 17 (1983), 17-20.] 노드 $\mathtt{X}_1$, ..., $\mathtt{X}_N$에 균형 인수 $\mathtt{B(X}_k\mathtt{)}$들이 주어졌다고 하자. 트리를 구축하기 위해서는 $k \leftarrow 0$으로 설정하고 $\mathtt{TREE}(\infty)$를 계산한다. 여기서 $\mathtt{TREE}(hmax)$는 지역 변수 h, h', Q를 사용하는 다음과 같은 재귀적 절차이다: $h \leftarrow 0$, $\mathtt{Q} \leftarrow \Lambda$로 설정한다. 그런 다음 $h < hmax$이고 $k < N$인 동안 $k \leftarrow k+1$, $h' \leftarrow h + \mathtt{B(X}_k\mathtt{)}$, $\mathtt{LEFT(X}_k\mathtt{)} \leftarrow \mathtt{Q}$, $\mathtt{RIGHT(X}_k\mathtt{)} \leftarrow \mathtt{TREE}(h')$, $h \leftarrow \max(h, h') + 1$, $\mathtt{Q} \leftarrow \mathtt{X}_k$로 설정한다. Q를 돌려준다. (트리 Q는 높이가 h이고 절차에 진입한 이후 읽은 균형 인수들에 대응된다.) 이 알고리즘은 $|\mathtt{B(X}_k\mathtt{)}| > 1$인 경우에도 작동한다.

11. $n \geq 2$일 때 +A들의 개수가 --B들과 +-B들의 개수와 같음은 확실하며, +와 - 사이에는 대칭성이 존재한다. 종류가 +A 또는 -A인 노드들이 M개라고 할 때, $n \geq 1$일 때의 모든 가능한 경우를 고찰해 보면 다음 번 무작위 삽입에 의해 그런 노드들이 $M-1$개가 될 확률은 $3M/(n+1)$이고, 그 외의 경우에는 그런 노드들이 $M+1$개가 됨을 알 수 있다. 이에 의해 주어진 결과가 증명된다. [*SICOMP* 8 (1979), 33-41; 멜호른Kurt Mehlhorn은 *SICOMP* 11 (1982), 748-780에서 이를 삭제에 대한 분석으로 확장했다. 흔히 연습문제 6.2.4-8에 나온 방법들을 사용하는 "가장자리 분석(fringe analysis)" 같은 이후의 발전들이 R. A. Baeza-Yates, *Computing Surveys* 27 (1995), 109-119에 개괄되어 있다.]

12. 최대값은 (12)의 두 번째 외부 노드로 삽입할 때 발생한다. $C=4$, $C1=3$, $D=3$, $A=C2=F=G1=H1=U1=1$이고 총 시간은 $132u$이다. 최소값은 (13)의 끝에서 세 번째 외부 노드에 삽입할 때 발생한다. $C=2$, $C1=C2=1$, $D=2$이고 총 시간은 $61u$이다. [프로그램 6.2.2T의 해당 수치들은 $74u$와 $26u$이다.]

13. 트리가 변할 때 단 $O(\log N)$개의 RANK 값들만을 갱신하면 된다. "단순한" 시스템이라면 아주 방대한 변경들이 필요할 것이다.

14. 있다. (그러나 목록들에 대한 전형적인 연산들은 퇴화된 트리가 나올 수 있을 정도로 충분히 비무작위적이다.)

15. 알고리즘 6.2.2T를 사용하되 단계 T1에서 m을 0으로 설정하고 단계 T2에서 $K \geq \mathtt{KEY(P)}$이면 항상 $m \leftarrow m + \mathtt{RANK(P)}$로 설정한다.

16. E를 삭제한다. D에서 경우 3의 재균형화를 수행한다. G를 삭제한다. F를 G로 대체한다. H에서 경우 2 재균형화를 수행한다. K에서 균형 인수를 조정한다.

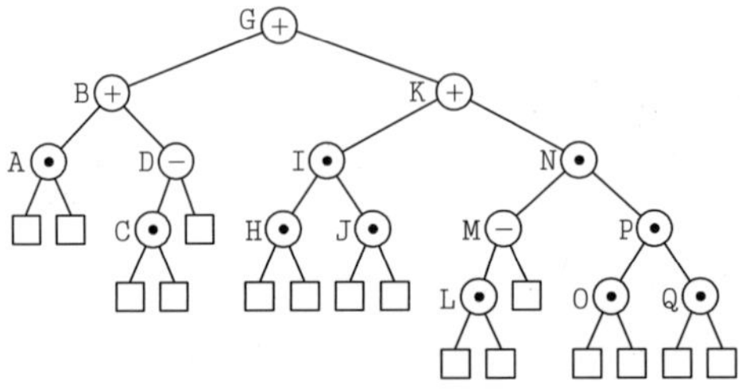

17. (a)

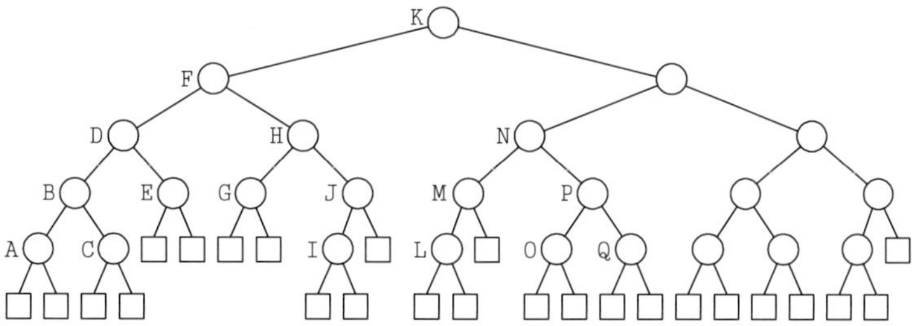

(b)

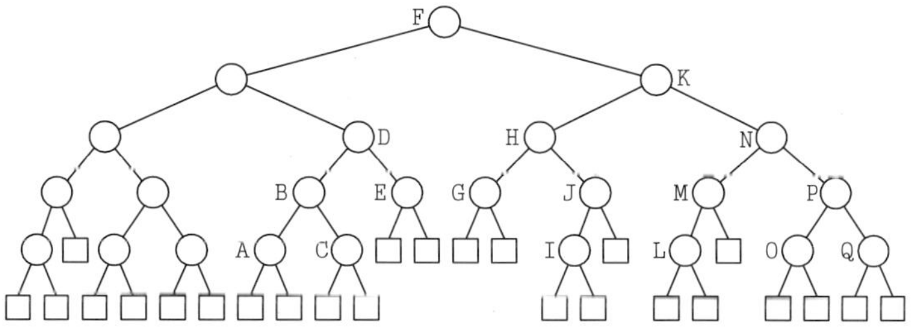

18.

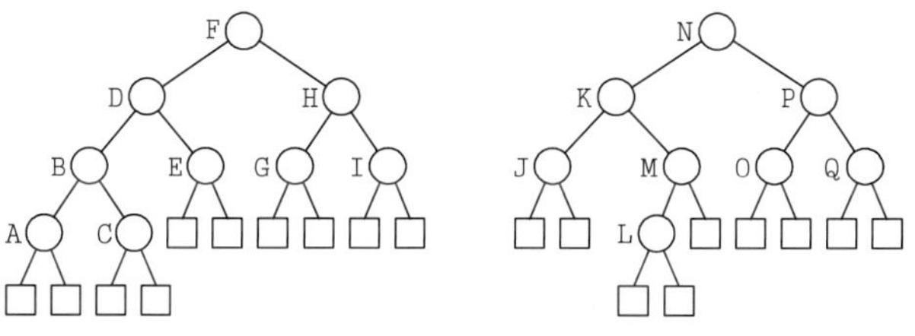

19. (크레인Clark Crane의 답.) 루트에서의 단일 또는 이중 회전으로는 처리할 수 없는 경우가 하나 있다. 바로

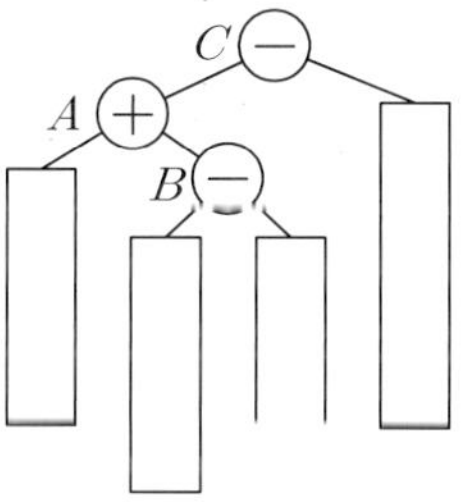

이다, 이를

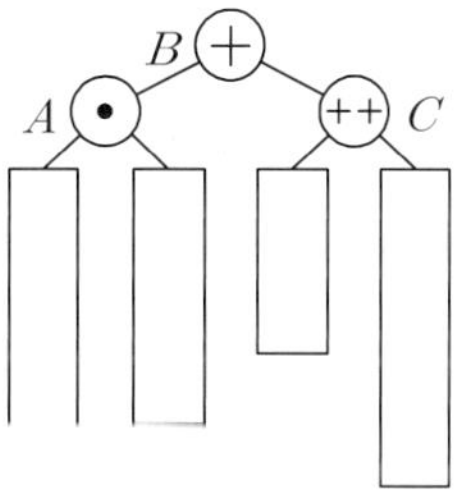

으로 바꾸고 C에서 단일 또는 이중 회전을 적용해서 불균형을 해소한다.

20. 트리

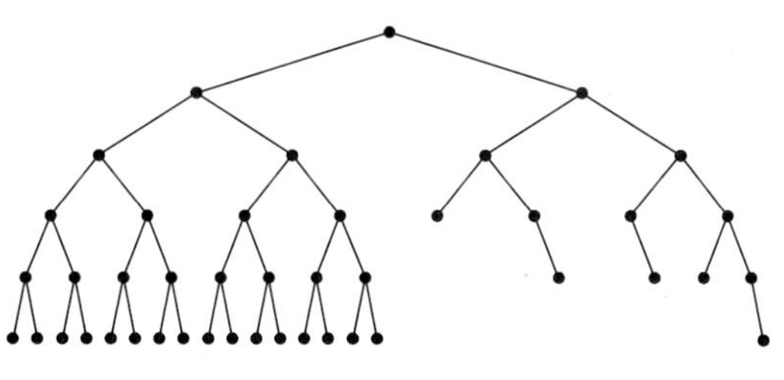

의 제일 왼쪽에 새 노드를 삽입하는 것은 어렵지만, 래이해K. J. Räihä와 츠베벤S. H. Zweben이 $O(\log N)$단계를 취하는 일반적 삽입 알고리즘을 고안한 바 있다. [*CACM* 22 (1979), 508–512.]

21. 알고리즘 A는 $N \log N$ 규모의 단계들로 그러한 일을 수행한다(연습문제 5 참고). 다음 알고리즘은 같은 트리를 $O(N)$단계로 구축하는데, 재귀적 방법을 반복적 방법으로 재해석해서 사용한다는 점을 주목할 만하다. 이 알고리즘은 다음과 같은 세 개의 보조 목록들을 사용한다.

$D_1, \ldots, D_l$ (본질적으로 재귀를 제어하는 이진 카운터);

$J_1, \ldots, J_l$ (접합 노드들로의 포인터들의 목록);

$T_1, \ldots, T_l$ (트리로의 포인터들의 목록).

여기서 $l = \lceil \lg(N+1) \rceil$이다. 편의상 알고리즘은 $D_0 \leftarrow 1$, $J_0 \leftarrow J_{l+1} \leftarrow \Lambda$로도 설정한다.

G1. [초기화.] $l \leftarrow 0$, $J_0 \leftarrow J_1 \leftarrow \Lambda$, $D_0 \leftarrow 1$로 설정한다.

G2. [다음 항목을 얻는다.] P가 다음 입력 노드를 가리킨다고 하자. (P를 얻기 위해 또 다른 코루틴을 호출할 수도 있다.) 만일 입력이 더 이상 없으면 G5로 간다. 그렇지 않으면 $k \leftarrow 1$, $Q \leftarrow \Lambda$로 설정하고 $P \leftrightarrow J_1$로 맞바꾼다.

G3. [자리올림.] 만일 $k > l$이면("만일 $P = \Lambda$이면"도 이와 동치이다) $l \leftarrow l+1$, $D_k \leftarrow 1$, $T_k \leftarrow Q$, $J_{k+1} \leftarrow \Lambda$로 설정하고 G2로 돌아간다. 그렇지 않으면 $D_k \leftarrow 1 - D_k$로 설정하고 $Q \leftrightarrow T_k$, $P \leftrightarrow J_{k+1}$로 맞바꾸고 k를 1 증가한다. 이제 만일 $D_{k-1} = 0$이면 이 단계를 반복한다.

G4. [결합.] $\mathrm{LLINK(P)} \leftarrow T_k$, $\mathrm{RLINK(P)} \leftarrow Q$, $\mathrm{B(P)} \leftarrow 0$, $T_k \leftarrow P$로 설정하고 G2로 돌아간다.

G5. [마무리.] $1 \le k \le l$에 대해 $\mathrm{LLINK}(J_k) \leftarrow T_k$, $\mathrm{RLINK}(J_k) \leftarrow J_{k-1}$, $\mathrm{B}(J_k) \leftarrow 1 - D_{k-1}$로 설정한다. 그런 다음 알고리즘을 끝낸다. J_l이 요구된 트리의 루트를 가리킨다. ▮

단계 G3은 $2N - \nu(N)$번 수행된다. 여기서 $\nu(N)$은 N의 이진 표현에서 1들의 개수이다.

22. 내부 노드가 N개인 가중치 균형 트리의 높이는 항상 $\lg(N+1)$과 $2\lg(N+1)$ 사이이다. 이 상계는 루트의 더 무거운 하위트리의 외부 노드 개수가 $(N+1)/\sqrt{2}$를 넘지 않음에 주목해서 얻을 수 있다.

23. (a) 오른쪽 하위트리가 $2^n - 1$개의 노드들로 된 완전 이진트리이고 왼쪽 하위트리가 $F_{n+1} - 1$개의 노드들로 된 피보나치 트리인 트리를 구축할 것. (b) 오른쪽 하위트리의 높이가 약 $2 \lg N$수준이고 왼쪽 하위트리의 높이가 약 $\lg N$수준인 가중치 균형 트리를 구축할 것(연습문제 22 참고).

24. 주어진 조건을 만족하되 완전 균형은 아닌 가장 작은 트리를 고찰해 보자. 그러한 트리의 왼쪽, 오른쪽 하위트리들은 완전 균형이므로, $l \ne r$일 때 그들의 외부 노드 개수는 각각 2^l, 2^r개이다. 그러나 이는 주어진 조건과 모순이다.

25. 트리 최하위에 노드 하나를 삽입한 후, 거기서 위로 올라가면서 검색 경로 상의 각 노드에서 가중치 균형을 점검한다. (1)에서 노드 B와 그 하위트리들이 가중치 균형이라고 할 때, 오른쪽 하위트리에 새 노드를 삽입했더니 노드 A에서 불균형이 발생했다고 하자. 그러면 $|x|$가 트리 x의 외부 노드 개수라고 할 때 $(|\alpha| + |\beta|)/|\gamma| > \sqrt{2} + 1$이 아닌 한, 단일 회전으로 균형이 복구된다. 그러나

이 경우에는 한 번의 이중 회전으로 충분함을 보일 수 있다. [*SICOMP* 2 (1973), 33-43; N. Blum, K. Mehlhorn, *Theorical Comp. Sci.* 11 (1980), 303-320 참고.]

27. 두 개의 키를 담은 노드들에서 두 번의 비교를 수행해야 하는 경우가 있다. 최악의 경우는 다음과 같은 트리에서 발생하는데, 이 트리의 경우 종종 $2\lg(N+2)-2$회의 비교가 필요하다:

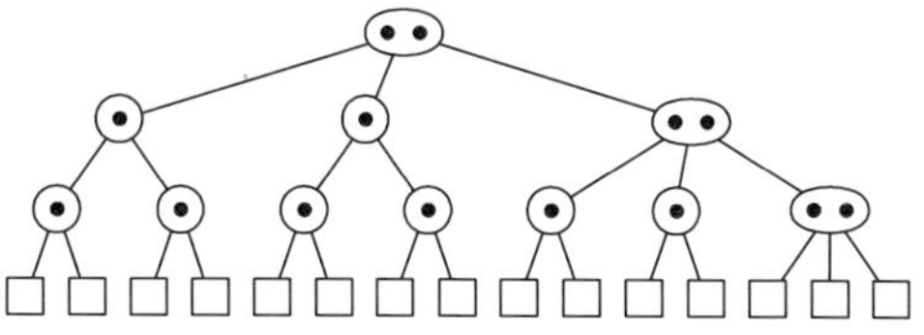

29. 야오A. Yao의 부분적인 답: 키가 $N \geq 6$개라고 할 때 최하위 수준은 평균 $\frac{2}{7}(N+1)$개의 1키 노드들과 $\frac{1}{7}(N+1)$개의 2키 노드들을 담을 것이다. 총 노드 개수의 평균은 큰 N에 대해 $0.70N$과 $0.79N$ 사이이다. [*Acta Informatica* 9 (1978), 159-170.]

30. (a) 최적적합의 경우에는 레코드들을 크기 순으로 배치하되 상등인 레코드들은 임의의 규칙을 적용해서 순서를 결정한다. (연습문제 2.5-9 참고). (b) 최초적합의 경우에는 레코드들을 위치 순서로 배열하되 그 노드를 루트로 하는 하위트리에서 가장 큰 영역의 크기를 말해주는 추가적인 필드를 각 노드에 둔다. 이 추가 필드는 입력과 삽입 하에서 유지할 수 있다. (이 방법의 실행 시간이 $O(\log n)$이긴 하지만 실제 응용에서 연습문제 2.5-6의 "ROVER" 방법보다 우월하지는 않을 것이다. 그러나 메모리 분포는 ROVER가 없을 때 더 나을 것이다. 일반적으로 위급한 경우를 위한 꽤 커다란 빈 영역이 존재할 것이기 때문이다.)

개선된 방법 하나를 브렌트R. P. Brent가 고안한 바 있다 [*ACM Trans. Prog. Languages and Systems* 11 (1989), 388-403].

31. 거의 균형잡힌 트리를 사용하되, 제일 왼쪽에 추가적인 윗방향 링크들을 두고, 또한 이 경로를 따라 조정해야 할 균형 인수들에 대한 정보를 담은 스택을 둔다. (각 삽입에서 필요한 그러한 조정들의 횟수는 유한하다.)

이 문제는 임의의 주어진 "손가락"으로부터 m단계 떨어진 항목들을 찾거나 삽입하거나 삭제하는 데 $O(\log m)$단계가 필요하다는 결과로 일반화할 수 있다. 이 때 일단 찾아낸 임의의 키는 이후 연산들의 손가락 역할을 할 수 있다. [S. Huddleston, K. Mehlhorn, *Acta Inf.* 17 (1982), 157-184 참고.]

32. 각 오른쪽 회전은 r들 중 하나만 증가하고 나머지 것들은 건드리지 않는다. 따라서 $r_k \leq r_k'$은 필요조건이다. 이것이 충분조건임을 보이면 증명이 완료된다. $1 \leq j < k$에 대해 $r_j = r_j'$이지만 $r_k < r_k'$이라고 하자. 그러면 r_k를 $\leq r_k'$인 값으로 증가하는 오른쪽 회전이 존재한다. 수 $r_1 r_2 \ldots r_n$이 연습문제 2.3.3-19(a)를 만족하기 때문이다.

참고: 타마리D. Tamari가 1951년에 처음 소개한 이 부분순서에는 흥미로운 성질들이 많다. 임의의 두 트리는 오른쪽 하위트리 크기 $\min(r_1, r_1')\min(r_2, r_2')\ldots\min(r_n, r_n')$으로 결정되는 가장 큰

하계 $T \wedge T'$을 가지며, 또한 왼쪽 하위트리 크기 $\min(l_1, l'_1)\min(l_2, l'_2)\ldots\min(l_n, l'_n)$으로 결정되는 가장 작은 상계 $T \vee T'$을 가진다. 왼쪽 하위트리 크기들은 물론 알고리즘 B와 C의 RANK 필드들보다 1 작다. 추가적인 정보로는 H. Friedman, D. Tamari, *J. Combinatorial Theory* 2 (1967), 215-242, 4 (1968), 201; C. Greene, *Europ. J. Combinatorics* 9 (1988), 225-240; D. D. Sleator, R. E. Tarjan, W. P. Thurston, *J. Amer. Math. Soc.* 1 (1988), 647-681; J. M. Pallo, *Theoretical Informatics and Applic.* 27 (1993), 341-348; M. K. Bennett, G. Birkhoff, *Algebra Universalis* 32 (1994), 115-144; P. H. Edelman and V. Reiner, *Mathematika* 43 (1996), 127-154를 볼 것.

33. 우선, LLINK(P)와 RLINK(P) 둘 다 공링크가 아닐 때에는 항상 B(P) = A(RLINK(P)) − A(LLINK(P))가 되게 함으로써 각 노드에서 저장소를 1비트의 A(P)로 줄일 수 있다. 그렇지 않은 경우에는 B(P)가 이미 알려져 있는 것이다. 더 나아가서, LLINK(P)와 RLINK(P)가 둘 다 공링크일 때에는 A(P) = 0이라고 가정할 수 있다. 이제 A(P) = 1이면 항상 LLINK(P)와 RLINK(P)를 교환함으로써 나머지 모든 노드에서 A(P)를 제거할 수 있다. A(P)의 값은 KEY(P)를 KEY(LLINK(P)) 또는 KEY(RLINK(P))와 비교해서 결정하면 된다.

물론 포인터들이 항상 짝수인 컴퓨터에서는 이미 각 노드에 두 개의 쓰이지 않는 비트들이 존재한다. 연습문제 2.3.1-37에서처럼 더 절약하는 것도 가능하다.

6.2.4절

1. 두 노드가 분할된다:

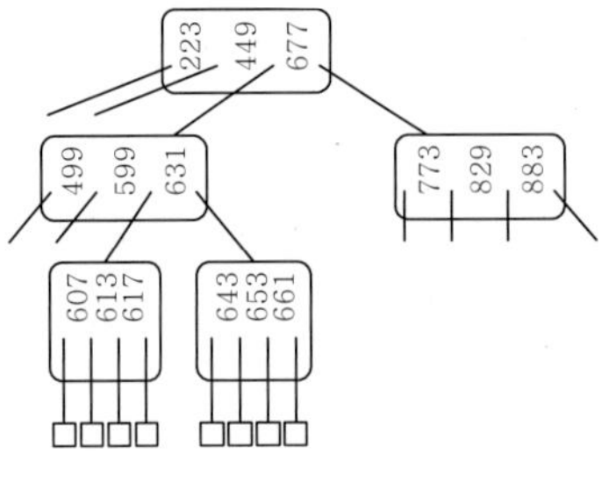

2. 변경된 노드들은 다음과 같다:

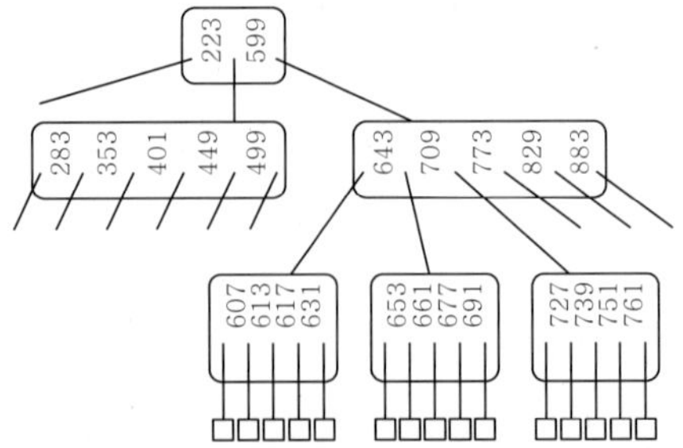

(물론 하나의 B^*트리에 루트가 아닌 3키 노드는 존재하지 않으나, 그림 30에서는 존재한다.)

3. (a) $1 + 2 \cdot 50 + 2 \cdot 51 \cdot 50 + 2 \cdot 51 \cdot 51 \cdot 50 = 2 \cdot 51^3 - 1 = 265301$.

(b) $1+2\cdot 50+(2\cdot 51\cdot 100-100)+((2\cdot 51\cdot 101-100)\cdot 100-100)=101^3=1030301.$

(c) $1+2\cdot 66+(2\cdot 67\cdot 66+2)+(2\cdot 67\cdot 67\cdot 66+2\cdot 67)=601661.$ ((b)보다 작다!)

4. 비루트 노드를 분할하기 전에 그 노드가 두 개의 꽉 찬 동기들을 가지도록 하고, 그런 다음 그 세 노드를 네 개로 분할한다. 루트는 키가 $3\lfloor(3m-3)/4\rfloor$개를 넘을 때에만 분할해야 한다.

5. 해석 1, 언급된 최소값을 최대화하려는 경우: 450. (최악의 경우는 문자들이 1005개이고 부모로 전달된 키가 50자 길이일 때 발생한다: 445자 + 포인터 + 50자 키 + 포인터 + 50자 키 + 포인터 + 445자.)

해석 2, 분기 인수들을 높게 유지하기 위해 분할 이후의 키 개수를 같게 하려는 경우: 155 (15개의 짧은 키들 다음에 16개의 긴 키들이 오는 것).

추가적인 설명은 E. M. McCreight, *CACM* 20 (1977), 670-674를 볼 것.

6. 만일 삭제할 키가 수준 $l-1$에 있지 않다면 그것을 그 후행자로 대체하고 선행자를 삭제한다. 키가 수준 $l-1$에 있다면 그냥 그 키를 삭제하면 된다. 만일 그래서 노드가 너무 비게 되면 그 오른쪽(또는 왼쪽) 동기를 보고 그것을 "아래넘침"시킨다. 즉, 키들을 동기로부터 이동해서 두 노드 모두 대략 같은 양의 자료를 가지게 한다. 이러한 아래넘침 연산은 동기가 최소한으로 차있는 경우에만 실패하나, 그런 경우에는 두 노드를 합칠 수 있다(그 부모의 한 키를 가진 한 노드로). 그러한 축약에 의해 부모를 아래넘침시켜야 할 수도 있는데, 역시 같은 방식으로 진행하면 된다. 연습문제 5처럼 키들의 길이가 가변적인 경우에는 부모 노드의 키들 중 하나가 길어지면 부모 노드를 분할해야 할 수도 있다.

8. N개의 내부 노드들을 가진 트리 $\mathcal{T}$가 주어졌을 때, k회의 접근이 필요하며 그 부모가 j개의 키를 담은 페이지에 속하는 외부 노드가 $a_k^{(j)}$개라고 하자. 그리고 그에 해당하는 생성함수가 $A^{(j)}(z)$라고 하자. 즉 $A^{(1)}(1)+\cdots+A^{(M)}(1)=N+1$이다. ($a_k^{(j)}$가 $1\le j<M$에 대해 $j+1$의 배수임을 주목할 것.) 그 다음 무작위 삽입에 의해 $N+1$개의 동일확률 트리들이 나온다. 그 트리들의 생성함수들은 일부 계수 $a_k^{(j)}$를 $j+1$로 대체하고 $j+2$를 $a_k^{(j+1)}$에 더해서 얻을 수 있다. 또는 (만일 $j=M$이면) 일부 $a_k^{(M)}$를 1 감소하고 2를 $a_{k+1}^{(1)}$에 더해서 얻을 수 있다. 이제 $B_N^{(j)}(z)$는 $(N+1)^{-1}$ 곱하기 $\mathcal{T}$에 대한 생성함수 $A^{(j)}(z)$들의 합(모든 트리 $\mathcal{T}$에 대해 취한) 곱하기 $\mathcal{T}$가 발생할 확률이다. 이에 의해 언급된 점화식이 입증된다.

그 점화식은 다음과 같은 형태이다.

$$(B_N^{(1)}(z),\ldots,B_N^{(M)}(z))^T=(I+(N+1)^{-1}W(z))(B_{N-1}^{(1)}(z),\ldots,B_{N-1}^{(M)}(z))^T$$
$$=\cdots=g_N(W(z))(0,\ldots,0,1)^T.$$

여기서

$$g_n(x)=\left(1+\frac{x}{n+1}\right)\cdots\left(1+\frac{x}{2}\right)=\frac{1}{x+1}\binom{x+n+1}{n+1}$$

이다. 이로부터 $C_N'=(1,\ldots,1)(B_N^{(1)\prime}(1),\ldots,B_N^{(M)\prime}(1))^T=2B_{N-1}^{(M)}(1)/(N+1)+C_{N-1}'=$

$2f_N(W)_{MM}$이 비롯된다. 여기서 $f_n(x) = g_{n-1}(x)/(n+1) + \cdots + g_0(x)/2 = (g_n(x)-1)/x$이고 $W = W(1)$이다. (첨자 MM은 행렬의 제일 오른쪽 하단 모서리 성분을 나타낸다.) 이제 어떤 행렬 S에 대해 $W = S^{-1}\,\mathrm{diag}(\lambda_1, \ldots, \lambda_M)S$이다. 여기서 $\mathrm{diag}(\lambda_1, \ldots, \lambda_M)$은 성분들이 $\chi(\lambda) = (\lambda+2)\ldots(\lambda+M+1) - (M+1)!$의 근들인 대각행렬을 뜻한다. (그 근들은 서로 다르다. $\chi(\lambda) = \chi'(\lambda) = 0$이 $1/(\lambda+2) + \cdots + 1/(\lambda+M+1) = 0$을 함의하기 때문이다. 후자는 λ가 실수일 때에만 성립한다. 그리고 $-M-1 < \lambda < -2$인데, 이는 $|\lambda+2|\ldots|\lambda+M+1| < (M+1)!$을 함의한다. 그런데 이는 모순이다.) $p(x)$가 임의의 다항식이라 할 때 $p(W) = p(S^{-1}\,\mathrm{diag}(\lambda_1, \ldots, \lambda_M)S) = S^{-1}\,\mathrm{diag}(p(\lambda_1), \ldots, p(\lambda_M))S$이다. 따라서 $p(W)$의 우측 하단 모서리 성분은 p와 독립적인 어떤 상수 $c_1, \ldots, c_M$에 대해 $c_1p(\lambda_1) + \cdots + c_Mp(\lambda_M)$의 형태를 가진다. 이 상수들은 $p(\lambda) = \chi(\lambda)/(\lambda-\lambda_j)$로 두어서 평가할 수 있다. $0 \le k \le M-1$에 대해 $(W^k)_{MM} = (-2)^k$이므로 $p(W)_{MM} = p(-2) = (M+1)!/(\lambda_j+2) = c_jp(\lambda_j) = c_j\chi'(\lambda_j) = c_j(M+1)!(1/(\lambda_j+2) + \cdots + 1/(\lambda_j+M+1))$이 성립한다. 따라서 $c_j = (\lambda_j+2)^{-1}(1/(\lambda_j+2) + \cdots + 1/(\lambda_j+M+1))^{-1}$이다. 이에 의해 "명시적" 공식 $C'_N = \sum_{j=1}^{M} 2c_jf_N(\lambda_j)$가 나오는데, 근 λ_j들은 더 연구해야 한다. 모든 j에 대해 $|\lambda_j+M+1| \le M+1$임을 주목할 것. 그렇지 않다면 $|\lambda_j+2|\ldots|\lambda_j+M+1| > (M+1)!$이 되었을 것이다. $\lambda_1 = 0$으로 두면 이는 $2 \le j \le M$에 대해 $\Re(\lambda_j) < 0$임을 함의한다. 식 1.2.5-(15)에 의해, $n \to \infty$에 따라 $g_n(x) \sim (n+1)^x/\Gamma(x+2)$이다. 따라서 $2 \le j \le M$에 대해 $g_n(\lambda_j) \to 0$이다. 이로부터 $C'_N = 2c_1f_N(0) + O(1) = H_N/(H_{M+1}-1) + O(1)$이 나온다.

참고: 위의 분석은 또한 5.2.2절에서 간략히 논의한 "표본 정렬" 알고리즘과도 관련이 있다. 이 계산들을 간단히 확장함으로써 $1 \le j < M$에 대해 $B_N^{(j)}(1) \sim (H_{M+1}-1)^{-1}/(j+2)$이고 $B_N^{(M)}(1) \sim (H_{M+1}-1)^{-1}/2$임을 증명하는 것도 가능하다. 따라서 채워지지 않은 페이지들에 있는 내부 노드 전체의 개수는 근사적으로

$$\left(\frac{1}{3\times 2} + \frac{2}{4\times 3} + \cdots + \frac{M-1}{(M+1)\times M}\right)\frac{N}{H_{M+1}-1} = \left(1 - \frac{M}{(M+1)(H_{M+1}-1)}\right)N$$

이며 사용된 페이지 전체 개수는 근사적으로

$$\left(\frac{1}{3\times 2} + \frac{1}{4\times 3} + \cdots + \frac{1}{(M+1)\times M} + \frac{1}{M+1}\right)\frac{N}{H_{M+1}-1} = \frac{N}{2(H_{M+1}-1)}$$

이다. 이로부터 점근적 저장소 사용률 $2(H_{M+1}-1)/M$이 나온다.

이 분석을 마흐무드Mahmoud와 피텔Pittel이 확장한 바 있다 〔*J. Algorithms* 10 (1989), 52–75〕. 그들은 저장소 사용률의 분산이 놀라운 상전이(相轉移, phase transition)를 거침을 발견했다: $M \le 25$일 때 분산은 $\Theta(N)$이다. 그러나 $M \ge 26$일 때에는 점근적으로 $f(N)N^{1+2\alpha}$인데, 여기서 $-\frac{1}{2}+\alpha+\beta i$와 $-\frac{1}{2}+\alpha-\beta i$가 실수부가 가장 큰 0이 아닌 근 λ_j들이라고 할 때 $f(e^{\pi/\beta}N) = f(N)$이다.

그러한 트리들의 높이를 드브로이L. Devroye가 분석한 바 있다 〔*Random Structures and Algorithms* 1 (1990), 191-203〕. 또한 B. Pittel, *Random Structures and Algorithms* 5 (1994), 337-347도 볼 것.

9. 있다. 예를 들어 (1)에서 각 K_i를 i 더하기 하위트리 P_0, ..., $P_{z_{i-1}}$의 키들의 개수로 대체하면 된다. 검색, 삽입, 삭제 알고리즘들도 적절히 수정할 수 있다.

10. 간략하게 개괄하자면: 한 번에 한 사용자만 버퍼에 독점적으로 접근하도록 페이징 방안을 확장한다. 이 때 그러한 독점 접근이 꼭 필요할 때에만 제한된 시간으로 허용되도록, 그리고 교착(膠着, deadlock)이 발생하는 일이 결코 없도록 검색, 삽입, 삭제 알고리즘들을 세심하게 수정해야 한다. 자세한 사항은 B. Samadi, *Inf. Proc. Letters* 5 (1976), 107-112; R. Bayer, M. Schkolnick, *Acta Inf.* 9 (1977), 1-21; Y. Sagiv, *J. Comp. Syst. Sci.* 33 (1986), 275-296을 볼 것.

6.3절

1. 리프(lief†. 복수형은 lieves).

2. 새 키를 인수로 사용해서 알고리즘 T를 수행한다. 그러면 알고리즘은 단계 T3이나 T4에서 검색 실패를 결과로 해서 종료된다. 만일 T3에서 끝났다면 그냥 NODE(P)의 표 항목 k를 K로 설정하고 삽입 알고리즘을 끝낸다. 그렇지 않다면 그 표 항목을 공링크들만 담고 있는 새 노드 Q ⇐ AVAIL의 주소로 설정한 후 P ← Q로 설정한다. 이제 k와 k'을 각각 K와 X의 다음 문자로 설정한다. 만일 $k \neq k'$이면 K를 NODE(P)의 위치 k에 저장하고 X를 위치 k'에 저장하고, 만일 $k = k'$이면 또 다시 k 위치가 새 노드 Q ⇐ AVAIL를 가리키게 하고 P ← Q로 설정한다. 그리고 $k \neq k'$이 될 때까지 이러한 공정을 반복한다. (어떠한 키도 다른 키의 접두어가 아니라고 가정해야 한다.)

3. 키가 나타난 노드에서 그 키를 공링크로 대체한다. 만일 그 노드의 항목들 중 키 X인 항목을 제외한 모든 항목이 공링크가 되어서 그 노드가 쓸모없게 되었으면 그 노드를 삭제하고 그 부모의 해당 포인터를 X로 대체한다. 만일 그래서 부모도 쓸모없게 되었으면 마찬가지 방식으로 부모를 삭제한다.

4. 압축된 표에서 성공적인 검색들은 꽉 찬 표에서와 정확히 동일하게 이루어지나, 실패하는 검색들은 여러 추가적인 반복들을 거칠 수 있다. 예를 들어 TRASH 같은 입력 인수가 주어지면 프로그램 T는 여섯 번(다섯 번보다 많다!)의 반복을 수행한다. 이것이 최악의 경우이나, 빈 수열에 대해 무한루프가 생길 여지는 없는지 확인할 필요가 있다. (이 놀라운 49자리 압축 방법은 피시번J. Scot Fishburn에서 기인한 것으로, 그는 48자리가 충분하지 않음도 보였다.)

---

† 〔옮긴이 주〕 lief는 단어 자체의 의미와는 무관하게 그냥 leaf에서 글자들을 적당히 바꾼 것으로 보인다(또는 자주 언급된 Gilstad의 중간 이름인 Leif와도 관련이 있을 것이다). 어쨌든 단어의 의미를 가지고 번역어를 만들기는 어렵고, 그렇다고 예를 들어 "잎"(잎의 모음을 변경)이라고 한다면 너무 억지스러울 것이다. 가장 무난한 용어라면 아마도 "트라이 잎" 또는 "트라이 말단"일 텐데, 어쩌면 심각하게 받아들일만한 용어가 아닐 수도 있다.

이보다 느리지만 좀 더 융통성 있는 트라이 저장소 절약 방법이 Kurt Maly, *CACM* 19 (1976), 409-415에 제안되어 있다.

각각 $x_1, \ldots, x_n$개의 0이 아닌 항목들을 담은 n개의 희소 표들을 압축하는 문제로 일반화하자면, j번째 표를 이전에 배치한 표들과 충돌하지 않도록 최소 r_j만큼 떼어놓는 최초적합 방법의 경우 $r_j \le (x_1 + \cdots + x_{j-1})x_j$이다. 이전의 0이 아닌 항목들 각각은 많아야 x_j개의 오프셋들을 가로막기 때문이다. 표 1의 자료에 대한 이 최악의 경우 추정치는 $r_j \le 93$으로, 각각 10, 5, 4, 3, 3, 3, 3, 3, 2, 2, 2, 2개의 0이 아닌 항목들을 담은 임의의 길이 30 표 열두 개를 0이 아닌 항목들의 패턴과는 무관하게 $93 + 30$개의 연속된 장소들로 압축할 수 있다. 타잔R. E. Tarjan과 야오A. C. Yao는 *CACM* 22 (1979), 606-611에서 이 방법을 좀 더 개선시켰다. TEX 조판 시스템은 하이픈 넣기 표들에 량F. M. Liang에서 기인한 압축된 트라이의 동적 구현을 사용한다. D. E. Knuth, *CACM* 29 (1986), 471-478; *Literate Programming* (1992), 206-233을 볼 것.

5. 각 모임에서, 가장 가능성 있는 결과를 먼저 판정하기 위해 글자들을 왼쪽에서 오른쪽으로 확률이 감소하는 순서로 배치한다. 이 배치의 최적성은 정리 6.1S에서처럼 증명할 수 있다. [*CACM* 12 (1969), 72-76 참고.]

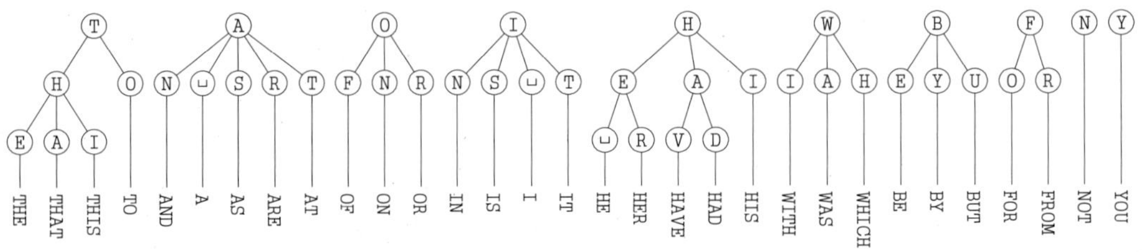

6.

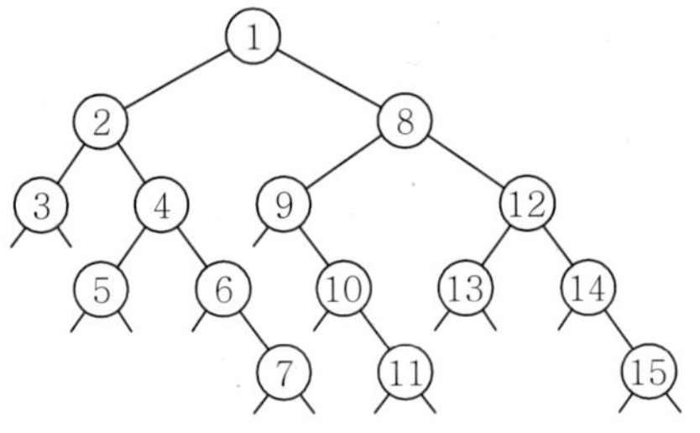

7. 예를 들면 8, 4, 1, 2, 3, 5, 6, 7, 12, 9, 10, 11, 13, 14, 15이다. (어떤 순열을 사용하든, 왼쪽 하위트리의 수준 4에는 많아야 두 개까지의 노드만을 담을 수 있다. 오른쪽 하위트리도 마찬가지이다.) 이러한 "최악의" 트리조차도 가능한 최고의 트리와의 차이가 4 이내이다. 따라서 숫자별 검색 트리가 삽입 순서에 아주 민감하지는 않다고 할 수 있다.

8. 그렇다. KEY 필드들은 이제 잘려진 키만 담는다. 노드 위치에 의해 암시된 선행 비트들은 잘려나간다. (알고리즘 T도 비슷하게 수정할 수 있다.)

9.
```
START LDX  K      1   D1. 초기화. (rX ≡ K)
      LD1  ROOT   1   P ← ROOT.   (rI1 ≡ P)
```

```
         JMP   2F             1
4H       LD2   0,1(RLINK)     C2      D4. 오른쪽으로 이동. Q ← RLINK(P).
         J2Z   5F             C2      만일 Q = Λ 면 D5로.
1H       ENT1  0,2            C−1     P ← Q.
2H       CMPX  1,1            C       D2. 비교.
         JE    SUCCESS        C       만일 K = KEY(P)이면 종료.
         SLB   1              C−S     K를 왼쪽으로 1비트 자리이동.
         JAO   4B             C−S     만일 떼어낸 비트가 1이었으면 D4로.
         LD2   0,1(LLINK)     C1      D3. 왼쪽으로 이동. Q ← LLINK(P).
         J2NZ  1B             C1      만일 Q ≠ Λ 이면 P ← Q 설정과 함께 D2로.
5H       프로그램 6.2.2T처럼 진행하되 rA와 rX의 역할을 바꾼다. ▌
```

이 프로그램의 검색 페이즈의 실행 시간은 $(10C-3S+4)u$이다. 여기서 $C-S$는 비트 조사 횟수이다. 따라서, 무작위 자료에 대한 근사적 실행 시간은 다음과 같다:

	성공	실패
프로그램 6.2.2T	$15\ \ln N - 12.34$	$15\ \ln N - 2.34$
이 프로그램	$14.4\ln N - \ 6.17$	$14.4\ln N + 1.26$

10. $\oplus$가 n비트 수들에 대한 배타적 논리합 연산을 나타낸다고 하자. 그리고 $f(x) = n - \lceil \lg(x+1) \rceil$이 x의 선행 0 비트들의 개수라고 하자. 한 가지 해법은: (b) 만일 알고리즘 T로 검색을 수행했을 때 단계 T3에서 실패로 끝났다면 K는 지금까지 조사한 비트 개수보다 1 작은 것이다. 그렇지 않고 단계 T4에서 검색이 끝났다면 $k = f(K \oplus X)$이다. (a, c) 보통의 검색을 수행하되, 검색 도중 K와 비교된 모든 KEY(P)에 대한 $K \oplus$ KEY(P)의 최소값 x를 유지한다. 검색의 끝난 후 $k = f(x)$이다. (K와 비교되지 않은 키들 중 K와 비교된 키들보다 더 많은 비트들이 K와 공통인 키는 없음을 증명할 것. (a)의 경우 k의 최대값은 가장 큰 키 $\le K$ 또는 가장 작은 키 $> K$에서 발생한다.)

11. 없다. 빈 하위트리가 하나뿐인 노드를 제거하면 비지 않은 하위트리의 키들에서 비트 하나를 "망각"하게 된다. 노드 하나를 삭제하기 위해서는 그것을 자신의 말단 후손들 중 하나로 대체(예를 들어 가능하면 항상 오른쪽으로 검색해서)해야 한다.

12. 0과 1 사이의 세 난수 α, β, γ를 원래 비어 있던 트리에 삽입한다. 그런 다음 α를 p의 확률로, β를 q의 확률로, γ를 r의 확률로 삭제한다(연습문제 11에서 제시한 알고리즘을 이용해서). 그러면 트리

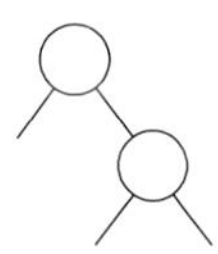

가 얻어질 확률은 $\frac{1}{4}p + \frac{1}{2}q + \frac{1}{2}r$인데, 이는 $p=0$일 때에만 $\frac{1}{2}$이다.

13. 각 노드마다 KEY 필드를 하나 추가하고, 단계 T2에서 벡터 성분을 살펴보기 전에 K를 이 키와 비교한다. 표 1은 다음과 같이 변한다: 노드 (1), ..., (12)는 각각 키 THE, AND, BE, FOR, HIS, IN, OF, TO, WITH, HAVE, HE, THAT을 담는다(이들을 빈도 감소 순서로 삽입했다고 할 때). 그리고 이 키들은 이전 위치들에서 삭제된다. [이 경우 해당 프로그램은 프로그램 T보다 더 느리고 복잡할 것이다. 알고리즘 D의 좀 더 직접적인 M진 일반화라면 노드가 N개이고 노드 당 하나의 키와 M개의 링크들을 가진 트리를 만들어낼 것이다.]

14. 만일 $j \le n$이면 그런 장소는 단 하나, 즉 KEY(P)이다. 그러나 $j > n$이면 노드 P의 하위트리를 운행함으로써 모든 출현의 집합을 찾을 수 있다: 만일 K가 r번 나타난다면 이 하위트리는 $r-1$개의 노드들을 담는다(노드 P도 포함). 따라서 TAG $= 1$인 링크 필드들은 r개이다. 이 링크 필드들은 K와 부합하는 TEXT 위치들을 참조하는 모든 노드를 가리킨다. (TEXT를 다시 점검할 필요는 전혀 없다.)

15. 우선 KEY(HEAD)를 첫 번째 TEXT 참조로 설정하고 LLINK(HEAD) $\leftarrow$ HEAD, LTAG(HEAD) $\leftarrow 1$로 설정해서 트리를 초기화한다. 다음 아래의 삽입 알고리즘을 이용해서 추가적인 TEXT 참조들을 트리에 삽입한다:

K를 삽입할 새 키로 설정한다. (삽입 알고리즘은 여기서 최초로 TEXT 배열을 참조한다.) 알고리즘 P를 수행한다. 어떤 키도 다른 키의 접두어가 될 수 없으므로, 그 검색은 실패로 끝난다. (단계 P6에서 TEXT를 두 번째로 참조한다. 더 이상의 참조는 필요하지 않다!) 이제 단계 P6에서 찾은 키와 인수 K가 처음 l개의 비트들에서는 일치하나 위치 $l+1$부터는 다르다고 가정하자. 여기서 K는 숫자 b를 가지며 키는 $1-b$를 가진다. (알고리즘 P의 검색에 의해 j가 l보다 훨씬 커졌다고 해도, 여기서 서술하는 절차가 K와 임의의 기존 키 사이의 가장 긴 부합을 찾아낼 것임을 증명하는 것이 가능하다. 즉, K의 처음 l비트들로 시작하는 텍스트의 모든 키는 자신의 $(l+1)$번째 비트가 $1-b$이다.) 이제 K를 이 선행 l비트들로 대체해서(즉, $n \leftarrow l$) 알고리즘 P를 반복한다. 이번에는 검색이 성공하며, 따라서 단계 P6은 수행할 필요가 없다. 이제 R $\Leftarrow$ AVAIL로 설정하고, KEY(R)은 TEXT 안의 새 키의 위치로 설정한다. 만일 LLINK(Q) = P이면 LLINK(Q) $\leftarrow$ R, $t \leftarrow$ LTAG(Q), LTAG(Q) $\leftarrow 0$으로 설정하고, 그렇지 않으면 RLINK(Q) $\leftarrow$ R, $t \leftarrow$ RTAG(Q), RTAG(Q) $\leftarrow 0$으로 설정한다. 만일 $b = 0$이면 LTAG(R) $\leftarrow 1$, LLINK(R) $\leftarrow$ R, RTAG(R) $\leftarrow t$, RLINK(R) $\leftarrow$ P로 설정하고, 그렇지 않으면 RTAG(R) $\leftarrow 1$, RLINK(R) $\leftarrow$ R, LTAG(R) $\leftarrow t$, LLINK(R) $\leftarrow$ P로 설정한다. 만일 $t = 1$이면 SKIP(R) $\leftarrow 1 + l - j$로 설정하고, 그렇지 않으면 SKIP(R) $\leftarrow 1 + l - j +$ SKIP(P), SKIP(P) $\leftarrow j - l - 1$로 설정한다.

16. 트리 설정에는 한 노드에서 그 노드 아래로의 점선 링크가 정확히 하나 필요하다. 그 링크는 트리에서 이 키가 다른 모든 키와 처음으로 달라지는 부분으로부터 시작한다. 만일 트리에 그런 부분이 트리에 존재하지 않는다면 알고리즘들이 망가진다. 그냥 다른 키들의 접두어인 키들을 제거할 수도 있겠지만, 그러면 연습문제 14의 알고리즘은 인수의 모든 출현을 찾는 데 충분한 정보를 가지지 못한다.

17. 만일 $a_0 = a_1 = 0$이라고 정의한다면

$$x_n = a_n + \sum_{k \geq 2} \binom{n}{k} (-1)^k \hat{a}_k / (m^{k-1} - 1) = \sum_{k \geq 2} \binom{n}{k} (-1)^k \hat{a}_k m^{k-1} / (m^{k-1} - 1)$$

이다.

18. (4)를 풀기 위해서는 $a_n = [n > 1]$의 변환, 즉 $\hat{a}_n = [n = 0] - 1 + n$이 필요하다. 따라서 $N \geq 2$에 대해 $A_N = 1 - U_N + V_N$을 얻게 된다. 여기서 $U_N = K(N, 0, M)$과 $V_N = K(N, 1, M)$은 연습문제 19의 표기법을 따른다. 비슷하게, (5)는 $a_n = n - [n = 1] = \hat{a}_n$으로 두고 $N \geq 2$에 대해 $C_N = N + V_N$을 구해서 풀면 된다.

19. $s = 1$에 대해 $V_n = K(n, 1, m) = n((\ln n + \gamma)/\ln m - \frac{1}{2} - \delta_0(n-1)) + O(1)$이고 $s \geq 2$에 대해서는 $K(n, s, m) = (-1)^s n(1/\ln m + \delta_{s-1}(n-s))/s(s-1) + O(1)$이다. 여기서

$$\delta_s(n) = \frac{2}{\ln m} \sum_{k \geq 1} \Re(\Gamma(s - 2\pi ik/\ln m) \exp(2\pi ik \log_m n))$$

은 $\log n$의 주기함수이다. [이 유도에서

$$K(n+s, s, m)/(-1)^s \binom{n+s}{s} = \frac{n^{-s+1}}{2\pi i} \int_{1/2 - i\infty}^{1/2 + i\infty} \frac{\Gamma(z) n^{s-1-z} dz}{m^{s-1-z} - 1} + O(n^{-s})$$

이 성립한다. 작은 m과 s에 대해 δ들은 무시할 수 있을 정도로 작아진다. 연습문제 5.2.2-46을 보라. 고정된 a에 대해 $\delta_s(n-a) = \delta_s(n) + O(n^{-1})$임을 주목할 것.]

20. (a)에 대해서는 $a_n = [n > s] = 1 - \sum_{k=0}^{s} [n = k]$로, (b)에 대해서는 $a_n = n - \sum_{k=0}^{s} k[n = k]$로 둘 것. 그리고 (c)에 대해서는 다음 점화식을 풀어야 한다.

$$y_n = \begin{cases} m^{1-n} \sum_k \binom{n}{k} (m-1)^{n-k} y_k & n > s\text{에 대해,} \\ \binom{n+1}{2} & n \leq s\text{에 대해.} \end{cases}$$

$x_n = y_n - n$으로 두면 연습문제 17과 같은 형태이되

$$a_n = (1 - M^{-1}) \sum_{k=0}^{s} \binom{k}{2} [n = k]$$

인 점화식이 나온다. 그러므로 연습문제 19의 표기법 하에서 답은 (a) $1 - K(N, 0, M) + K(N, 1, M) - \cdots + (-1)^{s-1} K(N, s, M) = N/(s \ln M) - N(\delta_{-1}(N) + \delta_0(N-1) + \delta_1(N-2)/2 \cdot 1 + \cdots + \delta_{s-1}(N-s)/s(s-1)) + O(1)$; (b) $N^{-1}(N + K(N, 1, M) - 2K(N, 2, M) + \cdots + (-1)^{s-1} sK(N, s, M)) = (\ln N + \gamma - H_{s-1})/\ln M + 1/2 - (\delta_0(N-1) + \delta_1(N-2)/1 + \cdots + \delta_{s-1}(N-s)/(s-1)) + O(N^{-1})$; (c) $N^{-1}(N + (1 - M^{-1}) \sum_{k=2}^{s} (-1)^k \binom{k}{2} K(N, k, M)) = 1 + \frac{1}{2}(1 - M^{-1})((s-1)/\ln M + \delta_1(N-2) + \cdots + \delta_{s-1}(N-s)) + O(N^{-1})$이다.

21. 노드들이 모두 A_N개라고 하자. 공 포인터가 아닌 노드들의 개수는 $A_N - 1$이고 포인터가 아

닌 노드들은 N개이다. 따라서 공 포인터 전체 개수는 $MA_N - A_N + 1 - N$이다. 임의의 고정된 위치에서의 공 포인터 평균 개수는 이를 M으로 나눈 것이다. 〔A_N의 평균값은 연습문제 20(a)에 나온다.〕

22. 적어도 두 개의 키가 공유하는 선행 비트들의 패턴 M^l개 각각에 대해 하나의 노드가 존재한다. 특정한 하나의 비트 패턴을 가진 키들이 정확히 k개일 확률은

$$\binom{N}{k} M^{-lk}(1-M^{-l})^{N-k}$$

이다. 따라서 수준 l의 트라이 노드 평균 개수는 $M^l(1-(1-M^{-l})^N) - N(1-M^{-l})^{N-1}$이다.

23. 좀더 일반화해서, 연습문제 20에서 임의의 s의 경우를 고찰해 보자. 수준 l에 노드들이 a_l개 있다고 할 때, 그 노드들은 a_{l+1}개의 링크들과 검색이 실패할 수도 있는 $Ma_l - a_{l+1}$개의 장소들을 담는다. 그러므로 평균 숫자 조사 횟수는 $\sum_{l\ge 0}(l+1)M^{-l-1}(Ma_l - a_{l+1}) = \sum_{l\ge 0} M^{-l}a_l$이 된다. 무작위 트라이의 a_l에 대한 공식을 사용하면, 이 횟수가

$$1+\frac{K(N+1,1,M)-2K(N+1,2,M)+\cdots+(-1)^s(s+1)K(N+1,s+1,M)}{N+1}$$
$$=\frac{\ln N+\gamma-H_s}{\ln M}+\frac{1}{2}-\delta_0(N)-\frac{\delta_1(N-1)}{1}-\cdots-\frac{\delta_s(N-s)}{s}+O(N^{-1})$$

과 같음을 알 수 있다.

24. $x_0 = x_1 = y_0 = y_1 = 0$이고 $n \ge 2$에 대해

$$x_n = m^{-n}\sum_{n_1+\cdots+n_m=n}\binom{n}{n_1,\ldots,n_m}\Bigl(x_{n_1}+\cdots+x_{n_m}+\sum_{1\le j\le m}[n_j\ne 0]\Bigr)$$
$$= a_n + m^{1-n}\sum_k\binom{n}{k}x_k,$$
$$y_n = m^{-n}\sum_{n_1+\cdots+n_m=n}\binom{n}{n_1,\ldots,n_m}\Bigl(y_{n_1}+\cdots+y_{n_m}+\sum_{1\le i<j\le m}[n_i\ne 0]n_j\Bigr)$$
$$= b_n + m^{1-n}\sum_k\binom{n}{k}y_k$$

라는 점화식들을 풀어야 한다. 여기서 $a_n = m(1-(1-1/m)^n)$이고 $b_n = \frac{1}{2}(m-1)n(1-(1-1/m)^{n-1})$이다. 연습문제 17과 18에 의해, 답은 (a) $x_N = N + V_N - U_N - [N=1] = A_N + N - 1$ (이 답은 숲의 노드 개수가 항상 그에 대응하는 트라이의 노드 개수 더하기 $N-1$이라는 점을 이용해서 직접 구할 수도 있다); (b) $y_N/N = \frac{1}{2}(M-1)V_N/N = \frac{1}{2}(M-1)((\ln N+\gamma)/\ln M - \frac{1}{2} - \delta_0(N-1)) + O(N^{-1})$이다.

25. (a) $A_N = M(N-1)/(M-1) - E_N$이라고 하자. 그러면 $N\ge 2$에 대해 $(1-M^{1-N})E_N = M-1-M(1-1/M)^{N-1} + M^{1-N}\sum_{0<k<N}\binom{N}{k}(M-1)^{N-k}E_k$가 성립한다. $M-1 \ge M(1-1/M)^{N-1}$이므로, 귀납법에 의해 $E_N \ge 0$이다. (b) $x = 1/(M-1)$, $n = N-1$로 두어서 정리

1.2.7A를 적용하면 $D_N = a_N + M^{1-N}\sum_k \binom{N}{k}(M-1)^{N-k}D_k$임을 알 수 있다. 여기서 $a_1 = 0$이고 $N \ge 2$에 대해 $0 < a_N < M(1-1/M)^N/\ln M \le (M-1)^2/M \ln M$이다. 따라서 $0 \le D_N \le (M-1)^2 A_N / M \ln M \le (M-1)(N-1)/\ln M$이다.

26. 연습문제 5.1.1-16의 두 번째 항등식에서 $q = \frac{1}{2}$, $z = -\frac{1}{2}$로 두면 $1/3 - 1/(3\cdot 7) + 1/(3\cdot 7\cdot 15) - \cdots = 0.28879$가 나온다. $z = -\frac{1}{4}$로 두고 결과의 절반을 취하는 게 약간 더 빠르다. 아니면 연습문제 5.1.1-14의 오일러 공식을 사용할 수도 있는데, 그런 방법에는 오직 2의 음의 거듭제곱들만 관여한다. (렌치John Wrench는 그 값을 소수점 40자리까지 계산했다. 0.28878 80950 86602 42127 88997 21929 23078 00889 + 이다.)

27. (다음의 유도는 재미 삼아 $O(N^{-1})$까지 진행한 것이다.) 연습문제 5.2.2-38과 5.2.2-48의 표기법에서 다음이 성립한다.

$$\overline{C}_N = U_N + N - 1 + \frac{V_{N+1}}{N+1} - \alpha N - \beta + \sum_{n\ge 2}(-1)^n 2^{-n(n+1)/2}\frac{\sum_{m\ge 0}(2^{1-n})^m(1-2^{-m})^N}{\prod_{r=1}^{n}(1-2^{-r})}.$$

여기서

$$\alpha = 2/(1\cdot 1) - 4/(3\cdot 3\cdot 1) + 8/(7\cdot 7\cdot 3\cdot 1) - 16/(15\cdot 15\cdot 7\cdot 3\cdot 1) + \cdots \approx 1.60670;$$

$$\beta = 2/(1\cdot 3\cdot 1) - 4/(3\cdot 7\cdot 3\cdot 1) + 8/(7\cdot 15\cdot 7\cdot 3\cdot 1) - \cdots \approx 0.60670$$

이다. 이러한 수치적 평가는 $\alpha = \beta + 1$임을 제시하는데, 이를 증명하기는 어렵지 않다. 그리고 α는 5.2.3-(19)에서 상당히 다르게 정의된 상수와 동일한 것으로 판명된다. Karl Dilcher, *Discrete Math.* 145 (1995), 83-93을 볼 것. $V_{N+1}/(N+1) = U_{N+1} - U_N$이 성립하며, $\sum_{m\ge 0}(2^{1-n})^m(1-2^{-m})^N$의 값은 연습문제 5.2.2-46에 의해 $O(N^{1-n})$이다. 따라서 연습문제 5.2.2-50에 의해 $\overline{C}_N = U_{N+1} - (\alpha-1)N - \alpha + O(N^{-1}) = (N+1)\lg(N+1) + N((\gamma-1)/\ln 2 + \frac{1}{2} - \alpha + \delta_{-1}(N)) + \frac{1}{2} - 1/\ln 4 - \alpha - \frac{1}{2}\delta_1(N) + O(N^{-1})$이다.

한 숫자별 검색 트리의 내부 경로 길이의 분산은 Kirschenhofer, Prodinger, Szpankowski, *SICOMP* 23 (1994), 598-616이 계산한 바 있다.

28. 본문과 연습문제 27의 유도들은, 명백한 장소들에서 2를 M으로 대체한다면, 일반적인 $M \ge 2$에도 적용된다. 따라서 한 무작위 성공 검색의 평균 숫자 조사 횟수는 $C_N/N = U_{N+1} - \alpha_M + 1 + O(N^{-1}) = \log_M N + (\gamma-1)/\ln M + \frac{1}{2} - \alpha_M + \delta_{-1}(N) + (\log_M N)/N + O(N^{-1})$이다. 그리고 실패하는 경우에는 $\overline{C}_{N+1} - \overline{C}_N = V_{N+2}/(N+2) - \alpha_M + 1 + O(N^{-1}) = \log_M N + \gamma/\ln M + \frac{1}{2} - \alpha_M - \delta_0(N+1) + O(N^{-1})$이다. 여기서 $\delta_s(n)$은 연습문제 19에서 정의된 것이며

$$\alpha_M = \sum_{j\ge 0}(-1)^j M^{j+1}/(M^{j+1}-1)^2(M^j-1)\ldots(M-1)$$

이다.

29. 플라졸레Flajolet와 세지윅Sedgewick은 그러한 노드들이 $M = 2$일 때 근사적으로 평균 $.372N$개이고 $M = 16$일 때에는 $.689N$개임을 보였다 〔*SICOMP* 15 (1986), 748–767〕. Flajolet, Richmond, *Random Structures and Algorithms* 3 (1992), 305–320의 일반화도 볼 것.

30. 그 점화식을 반복해보면, $h_n(z)$가 다음과 같은 형태의 모든 가능한 항의 합임을 알 수 있다.

$$\binom{n}{p_1}\frac{z}{2^{p_1}-1}\binom{p_1}{p_2}\frac{z}{2^{p_2}-1}\cdots\frac{z}{2^{p_m}-1}\binom{p_m}{1}, \qquad n > p_1 > \cdots > p_m > 1\text{에 대해.}$$

31. $h_n'(1) = V_n$이다. 연습문제 5.2.2-36(b)를 볼 것. 〔패트리샤 트리의 M진 일반화의 분산 및 극한 분포들에 대해서는 P. Kirschenhofer, H. Prodinger, *Lecture Notes in Comp. Sci.* 226 (1986), 177–185; W. Szpankowski, *JACM* 37 (1990), 691–711; B. Rais, P. Jacquet, W. Szpankowski, *SIAM J. Discrete Math.* 6 (1993), 197–213을 보라.〕

32. SKIP 필드들의 합은 해당 이진 트라이의 노드 개수이다. 따라서 답은 A_N이다(연습문제 20 참고).

33. (18)은 다음과 같이 이끌어낸 것이다: $A(2z) - 2A(z) = e^{2z} - 2e^z + 1 + A(z)(e^z - 1)$을 $A(2z)/(e^{2z} - 1) = (e^z - 1)/(e^z + 1) + A(z)/(e^z - 1)$로 변환할 수 있다. 따라서 $A(z) = (e^z - 1)\sum_{j\ge1}(e^{z/2^j} - 1)/(e^{z/2^j} + 1)$이다. 이제 만일 $f(z) = \sum c_n z^n$이면 $\sum_{j\ge1} f(z/2^j) = \sum c_n z^n/(2^n - 1)$이다. 이 경우 $f(z) = (e^z - 1)/(e^z + 1) = \tanh(z/2)$로, 이는 $1 - 2z^{-1}(z/(e^z - 1) - 2z/(e^{2z} - 1)) = \sum_{n\ge1} B_{n+1} z^n (2^{n+1} - 1)/(n+1)!$과 같다. 이 공식으로부터의 나머지 유도 과정은 자명하다.

34. (a) $\sum_{j\ge1}\sum_{k=2}^{n-1}\binom{n}{k}B_k/2^{j(k-1)}$을 고찰한다. 연습문제 1.2.11.2-4에 의해 $1^{n-1} + \cdots + (m-1)^{n-1} = (B_n(m) - B_n)/n$이다. (b) $S_n(m) = \sum_{k=1}^{m-1}(1 - k/m)^n$이고 $T_n(m) = 1/(e^{n/m} - 1)$이라고 하자. 만일 $k \le m/2$이면 $e^{-kn/m} > \exp(n\ln(1 - k/m)) > \exp(-kn/m - k^2n/m^2) > e^{-kn/m}(1 - k^2/m^2)$이 성립한다. 따라서 $(1 - k/m)^n = e^{-kn/m} + O(e^{-kn/m}k^2n/m^2)$이다. $S_n(m) = \sum_{k=1}^{m/2}(1 - k/m)^n + O(2^{-n})$이고 $T_n(m) = \sum_{k=1}^{m/2} e^{-kn/m} + O(e^{-n/2})$이므로 $S_n(m) = T_n(m) + O(e^{-n/m}n/m^2)$이다. $O(\exp(-n/2^j)n/2^{2j})$의 합은 $O(n^{-1})$이다. $j \le \lg n$에 대한 합이 $n^{-1}(1 + 2/e + (2/e)^2 + \cdots)$의 규모이고 $j \ge \lg n$에 대한 합이 $n^{-1}(1 + 1/4 + (1/4)^2 + \cdots)$의 규모이기 때문이다. (c) $|x| < 2\pi$일 때 5.2.2절에서처럼 논증하고, 해석적 접속(analytic continuation)을 사용한다. (d) $\frac{1}{2}\lg(n/\pi) + \gamma/(2\ln 2) - \frac{3}{4} + \delta(n) + 2/n$이다. 여기서

$$\delta(n) = (2/\ln 2)\sum_{k\ge1}\Re(\zeta(-2\pi ik/\ln 2)\Gamma(-2\pi ik/\ln 2)\exp(2\pi ik\lg n))$$

$$= (1/\ln 2)\sum_{k\ge1}\Re(\zeta(1 + 2\pi ik/\ln 2)\exp(2\pi ik\lg(n/\pi)))/\cosh(\pi^2k/\ln 2)$$

이다. 분산과 더 높은 적률(moment)들을 W. Szpankowski, *JACM* 37 (1990), 691–711이 계산한 바 있다.

35. 그 키들은 반드시 $\{\alpha 0\,\beta 0\,\omega_1, \alpha 0\,\beta 1\,\omega_2, \alpha 1\,\gamma 0\,\omega_3, \alpha 1\,\gamma 1\,\delta 0\,\omega_4, \alpha 1\,\gamma 1\,\delta 1\,\omega_5\}$이어야 한다. 여기서 $\alpha, \beta, \ldots$은 $|\alpha| = a-1, |\beta| = b-1$ 등을 만족하는 0들과 1들의 기호열들이다. 다섯 개의 무작위 키들이 이러한 형태일 확률은 $5!\,2^{a-1+b-1+c-1+d-1}/2^{a+b+a+b+a+c+a+c+d+a+c+d} = 5!/2^{4a+b+2c+d+4}$이다.

36. 내부 노드가 n개라고 하자. (a) I가 트리의 내부 경로 길이라고 할 때 $(n!/2^I)\prod(1/s(x)) = n!\prod(1/2^{s(x)-1}s(x))$. (b) $((n+1)!/2^n)\prod(1/(2^{s(x)}-1))$. (연습문제 35의 답을 모든 $a, b, c, d \ge 1$에 대해 합한다고 생각해 볼 것.)

37. 수정된 가장 작은 외부 경로 길이는 실제로 $2 - 1/2^{N-2}$이며, 이는 퇴화된 트리(외부 경로 길이가 최대인)에서만 발생한다. [수정된 가장 큰 외부 경로 길이가, 외부 노드들이 많아야 두 개의 인접 수준들에 나타날 때에만 발생함도 증명할 수 있다! 그러나 외부 경로 길이가 다른 트리보다 작은 한 트리가 더 큰 수정된 외부 경로 길이를 가진다는 것이 항상 참은 아니다.]

38. 매개변수 (α, β), $(\alpha, \frac{1}{2}\beta)$, ..., $(\alpha, 2^{k-n}\beta)$를 가지고 k노드 트리들을 찾는 부분문제들을 고찰할 것.

39. Miyakawa, Yuba, Sugito, Hoshi, *SICOMP* 6 (1977), 201-234를 볼 것.

40. N/r이 수열의 진짜 주기 길이라고 하자. TEXT가 $a_0 a_1 \ldots$이고 N/r개의 키들이 위치 0, 1, ..., $N/r-1$에서 시작하는 패트리샤 비슷한 트리를 형성한다. (r의 선택 때문에, 어떠한 키도 다른 것의 접두어가 아니다.) 또한 각 노드에 그 노드 아래의 하위트리의 꼬리표 붙은 링크 필드들의 개수를 담는 SIZE 필드를 포함한다. 이제 주어진 연산을 알고리즘 P를 이용해서 수행한다. 만일 검색이 실패이면 답은 0이다. 검색이 성공이고 $j \le n$이면 답은 r이다. 성공이되 $j > n$이라면 답은 $r \cdot$ SIZE(P)이다.

43. 기대 높이는 점근적으로 $(1+1/s)\log_M N$이며, 분산은 $O(1)$이다. H. Mendelson, *IEEE Transactions* SE-8 (1982), 611-619; P. Flajolet, *Acta Informatica* 20 (1983), 345-369; L. Devroye, *Acta Informatica* 21 (1984), 229-237; B. Pittel, *Advances in Applied Probability* 18 (1986), 139-155; W. Szpankowski, *Algorithmica* 6 (1991), 256-277 참고.

$M = 2$인 무작위 숫자별 검색 트리의 평균 높이는 점근적으로 $\lg n + \sqrt{2\lg n}$이다 [Aldous, Shields, *Probability Theory and Related Fields* 79 (1988), 509-542]. 무작위 패트리샤 트리에서도 마찬가지이다 [Pittel, Rubin, *Journal of Combinatorial Theory* A55 (1990), 292-312].

44. *SODA* 8 (1997), 360-369를 볼 것. 이 검색 구조는 연습문제 5.2.2-30의 답에서 논의한 다중키 빠른정렬 알고리즘과 밀접하게 관련되어 있다. 클레망J. Clément, 플라졸레P. Flajolet, 발레B. Vallée는 3진 표현을 사용할 때 트라이 검색이 (2)의 이진 표현보다 약 세 배 정도 빨라짐을(노드 접근 횟수를 기준으로 할 때) 보였다 [*SODA* 9 (1998), 531-539 참고].

45. {THAT, THE, THIS}가 {BUILT, HOUSE, IS, JACK} 앞, {HOUSE, IS, JACK}이 {BUILT} 앞, {HOUSE, IS}가 {JACK} 앞, {IS}가 {HOUSE} 앞, {THIS}가 {THAT, THE} 앞, {THE}가 {THAT} 앞일 확률은 $\frac{3}{7}\cdot\frac{3}{4}\cdot\frac{2}{3}\cdot\frac{1}{2}\cdot\frac{1}{3}\cdot\frac{1}{2}=\frac{1}{56}$이다.

6.4절

1. $-37 \le$ rI1 ≤ 46. 그러므로 TABLE 이전과 이후의 장소들에 임의의 주어진 인수와 부합하는 자료가 절대로 없음을 보장할 필요가 있다. 예를 들어 그들의 첫 바이트가 0일 수 있다. 이 범위에 K를 담는 것은 확실히 바람직하지 못한 생각이다. [따라서 연습문제 6.3-4의 방법이 공간을 덜 사용한다고 할 수 있다. 표의 경계들을 결코 넘지 않기 때문이다.]

2. TOW. [-10과 30 사이의 남은 틈을 모두 채우는 적어도 다섯 글자 짜리 일상 영단어들을 찾아볼 것.]

3. 알파벳 부호들은 A + T = I + N과 B − E = O − R을 만족하므로 f(AT) = f(IN) 아니면 f(BE) = f(OR)이다. 표 1의 명령 4와 5가 rI1이 너무 넓은 범위를 가지지 않도록 하면서도 이 딜레마를 꽤 잘 해결함을 주목할 것.

4. k개의 쌍들이 있는 경우를 생각해 보자.

$$m = 365\text{에 대해} \qquad m^{-n}n!\sum_k\binom{m}{n-k}\binom{n-k}{k}2^{-k} < \frac{1}{2}$$

을 만족하는 최소의 n은 88이다. 만일 독자가 88명(독자 자신도 포함해서)을 초대한다면 생일이 같은 세 명이 존재할 확률은 .511065이나, 87명만 초대한다면 그 확률은 .499455로 줄어든다. C. F. Pinzka, *AMM* 67 (1960), 830을 볼 것.

5. 그 해시 함수는 많아야 26개의 서로 다른 값들을 가지며 또 그것들 중 일부가 다른 것들보다 더 자주 나오게 된다는 점에서 나쁘다. 이중 해싱($h_2(K) = 1$ 더하기 K의 두 번째 바이트로 두고 이를테면 $M = 101$로 두어서)을 사용한다고 해도 검색 속도의 저하가 빠른 해싱에 의한 시간 절약을 능가할 것이다. 또한 $M = 100$은 너무 작다. FORTRAN 프로그램에 쓰이는 서로 다른 변수의 수는 종종 100개를 넘기 때문이다.

6. MIX에 대해서는 현명하지 않다. 산술 위넘침이 거의 항상 발생할 것이기 때문이다(피제수가 너무 크다). [컴퓨터에 $(wK) \bmod M$을 계산하는 기능이 있다면 좋을 것이다. 특히 $c = 1$로 두고 선형 탐검을 수행하는 경우에 그렇다. 그러나 안타깝게도 대부분의 컴퓨터는 몫의 위넘침 때문에 이런 기능을 허용하지 않는다.]

7. 만일 $R(x)$가 $P(x)$의 배수이면 GF(2^k)에서 모든 $j \in S$에 대해 $R(\alpha^j) = 0$이다. $a_1 > \cdots > a_s \ge 0$이고 $s \le t$라고 할 때 $R(x) = x^{a_1} + \cdots + x^{a_s}$이라고 하자. 그리고 $a_1, \ldots, a_t$가 n보다 작은 서로 다른 정수임을 만족하는 값 $a_{s+1}, \ldots, a_t$들을 $t-s$개 더 선택한다. 이제 방데르몽드 행렬

$$\begin{pmatrix} \alpha^{a_1} & \cdots & \alpha^{a_t} \\ \alpha^{2a_1} & \cdots & \alpha^{2a_t} \\ \vdots & & \vdots \\ \alpha^{ta_1} & \cdots & \alpha^{ta_t} \end{pmatrix}$$

은 처음 s개의 열들의 합이 0이기 때문에 특이 행렬이다. 그런데 이는 $\alpha^{a_1}, \ldots, \alpha^{a_t}$이 GF($2^k$)의 서로 다른 원소들이라는 사실과 모순이다. (연습문제 1.2.3-37 참고).

〔다항식 해싱의 개념은 헤이넌M. Hanan, 무로가S. Muroga, 팔레르모F. P. Palermo, 레이버N. Raver, 샤이G. Schay에서 비롯된 것이다. *IBM J. Research & Development* 7 (1963), 121-129; *U.S. Patent 3311888* (1967)을 볼 것.〕

8. 귀납법으로 증명이 된다. $0 \le r \le a_k$에 대해 $\{(-1)^k(rq_k + q_{k-1})\theta\} - (-1)^k(r(q_k\theta - p_k) + (q_{k-1}\theta - p_{k-1}))$이라는 사실로 강한 귀납(strong induction)의 가설들을 보충할 수 있다. $\{n\theta\}$의 "사상최저(record low)" 값들은 $n = q_1,\ q_2 + q_1,\ 2q_2 + q_1,\ \ldots,\ a_2q_2 + q_1 = 0q_4 + q_3,\ q_4 + q_3,\ \ldots,\ a_4q_4 + q_3 = 0q_6 + q_5$에 대해 발생한다. "사상최고(record high)" 값들은 $n = q_0,\ q_1 + q_0,\ \ldots,\ a_1q_1 + q_0 = 0q_3 + q_2, \ldots$에 대해 발생한다. 이들은 새로운 길이의 구간 번호 0이 형성되는 단계들이다. 〔연습문제 1.2.8-34의 피보나치 수체계를 일반화해서 더 많은 구조들을 유도할 수 있다. L. H. Ramshaw, *J. Number Theory* 13 (1981), 138-175를 볼 것.〕

9. $\phi^{-1} = /\!/1, 1, 1, \ldots/\!/$이고 $\phi^{-2} = /\!/2, 1, 1, \ldots/\!/$이다. $\theta = /\!/a_1, a_2, \ldots/\!/$이고 $\theta_k = /\!/\ a_{k+1}, a_{k+2}, \ldots/\!/$이라고 하자. 그리고 연습문제 8의 표기법 하에서 $Q_k = q_k + q_{k-1}\theta_{k-2}$라고 하자. 만일 $a_1 > 2$이면 제일 첫 분할은 나쁜 분할이다. 연습문제 8에 나온 세 가지 크기의 구간들은 각각 $(1 - r\theta_{k-1})/Q_k,\ \theta_{k-1}/Q_k,\ (1 - (r-1)\theta_{k-1})/Q_k$이다. 따라서 첫 길이 대 두 번째 길이의 비율은 $(a_k - r) + \theta_k$이다. 이는 $r = a_k$이고 $a_{k+1} \ge 2$일 때 $\frac{1}{2}$보다 작다. 따라서 나쁜 분할들이 전혀 없다면 $\{a_2, a_3, \ldots\}$은 모두 반드시 1과 같다. 〔관련된 정리들 L. Graham, J. H. van Lint, *Canadian J. Math.* 20 (1968), 1020-1024와 거기서 인용한 참고문헌들에 나온다.〕

10. *Discrete Math.* 28 (1979), 325-326에 나온 량F. M. Liang의 우아한 증명을 볼 것.

11. 만일 $K = 0$이면 문제가 생길 수 있다. 프로그램 L에서처럼 만일 키들이 0이 아니어야 한다면 이러한 변경이 가치가 있을 것이며, 또한 빈 위치들을 0으로 표현할 수도 있게 된다

12. 줄 14-19를 다음과 같이 변경한다면 K를 KEY[0]에 저장할 수 있다.

```
    STA   TABLE(KEY)        A-S1
    CMPA  TABLE,2(KEY)      A-S1
    JE    3F                A-S1
2H  ENT1  0,2               C-1-S2
    LD2   TABLE,1(LINK)     C-1-S2
    CMPA  TABLE,2(KEY)      C-1-S2
    JNE   2B                C-1-S2
3H  J2Z   5F                A-S1
    ENT1  0,2               S2
    JMP   SUCCESS           S2   ▮
```

"절약된" 시간은 $C - 1 - 5A + S + 4S1$단위로, 이는 사실 총 손실이다. C가 5보다 큰 경우가 드물기 때문이다. (내부 루프를 항상 최적화해야 하는 것은 아니다!)

13. 표 항목들이 알고리즘 C에서처럼 두 종류로 나뉜다고 하자. 그리고 각 항목에 1비트 TAG[i] 필드가 추가된다고 하자. 이 해답은 뉴얼Allen Newell의 제안에 따라 순환 목록을 사용하며, 각 목록의 첫 워드에서 TAG[i] $=1$이다.

A1. 〔초기화.〕 $i \leftarrow j \leftarrow h(K)+1$, $Q \leftarrow q(K)$로 설정한다.

A2. 〔목록이 존재하는가?〕 만일 TABLE[i]가 비었으면 TAG[i] $\leftarrow 1$로 설정하고 A8로 간다. 그렇지 않고 만일 TAG[i] $=0$이면 A7로 간다.

A3. 〔비교.〕 만일 $Q=$ KEY[i]이면 성공을 결과로 해서 알고리즘을 끝낸다.

A4. 〔다음으로 전진.〕 만일 LINK[i] $\neq j$이면 $i \leftarrow$ LINK[i]로 설정하고 A3으로 돌아간다.

A5. 〔빈 노드를 찾는다.〕 TABLE[R]이 비었음을 만족하는 R 값을 찾을 때까지 R을 한 번 이상 감소한다. 만일 $R=0$이 되면 위넘침을 결과로 해서 알고리즘을 끝낸다. 그렇지 않으면 LINK[i] $\leftarrow R$로 설정한다.

A6. 〔삽입 준비.〕 $i \leftarrow R$, TAG[R] $\leftarrow 0$으로 설정하고 A8로 간다.

A7. 〔레코드를 이동.〕 LINK[i] $=j$가 될 때까지 $i \leftarrow$ LINK[i] 설정을 한 번 이상 반복한다. 그런 다음 단계 A5를 수행한다. 그런 다음 TABLE[R] $\leftarrow$ TABLE[i], $i \leftarrow j$, TAG[j] $\leftarrow 1$로 설정한다.

A8. 〔새 키를 삽입.〕 KEY[i] $\leftarrow Q$, LINK[i] $\leftarrow j$로 설정해서 TABLE[i]를 점유된 노드로 표시한다. ▌

(만일 TABLE[i]가 점유이면, 해당 전체 키 K를 i의 값만으로 결정하는 것이 가능하다. $q(K)=$ KEY[i]이며, 만일 $i \leftarrow$ LINK[i] 설정을 TAG[i] $=1$이 될 때까지 한 번 이상 수행한다면 $h(K)=i-1$이 성립한다.)

14. 주어진 관례를 따를 때, 2.2.3-(6)의 표기 "X $\Leftarrow$ AVAIL"은 이제 다음과 같은 연산을 의미하게 된다: "X $\leftarrow$ AVAIL로 설정한다. 그런 다음 X $\leftarrow$ LINK(X) 설정을 X $=\Lambda$가 될 때까지(OVERFLOW 오류) 또는 TAG(X) $=0$이 될 때까지 0번 이상 반복한다. 마지막으로 AVAIL $\leftarrow$ LINK(X)로 설정한다."

새 키 K를 삽입하는 방법은: Q $\Leftarrow$ AVAIL, TAG(Q) $\leftarrow 1$로 설정하고 이 워드에 K를 저장한다. 〔아니면, 모든 키가 짧다면, 이를 생략하고 다음에서 K를 Q로 대체해도 된다.〕 그런 다음 R $\Leftarrow$ AVAIL, TAG(R) $\leftarrow 1$, AUX(R) $\leftarrow$ Q, LINK(R) $\leftarrow \Lambda$로 설정한다. P $\leftarrow h(K)$로 설정하고

만일 TAG(P) $=0$이면 TAG(P) $\leftarrow 2$, AUX(P) $\leftarrow$ R로 설정한다;

만일 TAG(P) $=1$이면 S $\Leftarrow$ AVAIL, CONTENTS(S) $\leftarrow$ CONTENTS(P), TAG(P) $\leftarrow 2$, AUX(P) $\leftarrow$ R, LINK(P) $\leftarrow$ S로 설정한다;

만일 TAG(P) $=2$이면 LINK(R) $\leftarrow$ AUX(P), AUX(P) $\leftarrow$ R로 설정한다.

키 K를 조회하는 방법은: P $\leftarrow h(K)$로 설정하고

만일 TAG(P) $\neq$ 2이면 K는 존재하지 않는다;

만일 TAG(P) = 2이면 P $\leftarrow$ AUX(P)로 설정한다; 그런 다음 P $\leftarrow$ LINK(P) 설정을 P = Λ 또는 TAG(P) = 1 그리고 AUX(P) = K (모든 키가 짧다면) 또는 AUX(P)가 K를 담은 워드를 가리킬(TAG = 2인 워드들을 통해 간접적으로 가리킬 수도 있나) 때까지 0번 이상 반복한다.

사실 일콕Elcock의 원래 방안 [*Comp. J.* 8 (1965), 242-243]은 길이가 1인 목록들(이 경우 공간을 1워드 절약할 수 있다)과 더 긴 목록들을 구분하기 위해 TAG = 2와 TAG = 3을 사용했다. 거의 모든 목록의 길이가 1이 될 정도로 커다란 해시 표도 얼마든지 가능하므로, 이는 시도해 볼만한 개선안이다.

해시 표를 분리 연쇄 대신 복목 합체를 이용해서 커다란 연결된 메모리 "위에 얹는" 또 다른 방법을 비터J. S. Vitter가 제안한 바 있다 [*Inf. Proc. Letters* 13 (1981), 77-79].

15. 항상 하나의 빈 노드가 존재한다는 사실 덕분에 내부 검색 루프가 빨라진다. 단계 L2가 몇 번 수행되었는지를 알아내기 위한 카운터를 유지할 필요가 없기 때문이다. 칸 하나가 낭비되긴 하지만, 프로그램이 더 짧아져서 생기는 장점으로 충분히 보상된다. [한편, 알고리즘 L에서 변수 N을 필요로 하지 않으며 표가 완전히 찰 수 있게 하는, 그러면서도 표가 실제로 위넘침을 일으킬 때를 제외하면 속도를 늦추지 않는 깔끔한 방법이 있다: 그냥 $i < 0$이 두 번 발생하는지를 점검하면 된다! 이 요령은 알고리즘 D에는 적용되지 않는다.]

16. 아니다. 0은 그것이 삽입되었는지의 여부와는 무관하게 항상 SUCCESS로 이어진다. 그리고 SUCCESS는 서로 다른 시간에서, i의 서로 다른 값들에서 발생한다.

17. 그러면 두 번째 탐검은 항상 위치 0으로 간다.

18. (31)의 코드는 (30)보다 약 $3(A - S1)$단위를 더 소비한다. 그리고 $4u$ 곱하기 (26), (27)과 (28), (29)의 차이만큼 시간을 절약한다. 성공하는 검색의 경우 (31)은 표가 94퍼센트 넘게 찼을 때에만 이득이 되며, 절약되는 시간은 결코 $\frac{1}{2}u$를 넘지 않는다. 실패하는 검색의 경우 (31)은 표가 71퍼센트 넘게 찼을 때 이득이 된다.

20. $$\binom{j}{2} \equiv \binom{k}{2} \pmod{2^m} \qquad \text{그리고} \qquad 1 \le j \le k \le 2^m$$

가 $j = k$를 함의함을 증명하고자 한다. 합동식 $j(j-1) \equiv k(k-1) \pmod{2^{m+1}}$이 $(k-j)(k+j-1) \equiv 0$를 함의함을 주목할 것. 만일 $k-j$가 홀수이면 $k+j-1$은 반드시 2^{m+1}의 배수이나, $2 \le k+j-1 \le 2^{m+1}-2$이므로 이는 불가능하다. 따라서 $k-j$는 짝수이다. 그러면 $k+j-1$은 홀수이며, $k-j$는 2^{m+1}의 배수이다. 그러므로 $k = j$이다. [반대로 만일 M이 2의 거듭제곱이 아니라면 이 탐검열은 작동하지 않는다.]

그 탐검열은 2차 뭉침을 가지며, 프로그램 D((30)에서처럼 수정한)의 실행 시간을 약 $\frac{1}{2}(C-1)-(A-S1)$단위만큼 증가시킨다. 이제는 $B \approx \binom{C+1}{3}\Big/M$이 무시할 수 있는 수준이기 때문이다. 이는 표의 약 60퍼센트가 채워질 때까지는 작은 개선이 된다.

21. N이 감소하면 알고리즘 D가 실패할 수 있다. 빈 공간이 없는 상태에 도달해서 무한 루프에 빠질 수 있기 때문이다. 반면 N이 감소하지 않는다면 알고리즘 D는 공간이 아직 남아 있는데도 위넘침을 보고할 수 있다. 후자의 대안이 그나마 낫다. 삭제된 칸들을 재해싱으로 제거할 수 있기 때문이다. (후자의 경우 알고리즘 D는 반드시 이전에 비어 있던 위치에 한 항목을 삽입할 때에만 N을 증가하고 위넘침을 점검해야 한다. N이 비지 않은 위치들을 나타나기 때문이다.) 또한 카운터 두 개를 사용하는 방법도 있다.

22. M을 법으로 하여 위치 $j-1, j-2, \ldots, j-k$가 점유되고 $j-k-1$이 비었다고 하자. 위치 j를 탐검하고 그것이 점유되었음을 자신이 삽입되기 전에 발견하는 키들은 바로, $j-1$에서 $j-k$까지의 위치들에 있으며 그 해시 주소가 $j-1$와 $j-k$ 사이가 아닌 키들이다. 그런 "문제 있는" 키들은 삽입 순서로 나타난다. 알고리즘 R은 그러한 최초의 키를 위치 j로 이동하는 공정을 문제 있는 키들이 남지 않을 때까지 더 작은 범위의 문제 있는 위치들에 대해 반복한다.

23. 비터J. S. Vitter가 고안한 합체 연쇄를 위한 삭제 방안 〔*J. Algorithms* 3 (1982), 261-275〕은 검색 시간들의 분포를 보존한다.

24. $P(P-1)(P-2)P(P-1)P(P-1)/(MP(MP-1)\ldots(MP-6)) = M^{-7}(1-(5-21/M)P^{-1}+O(P^{-2}))$이다. 일반적으로, 한 해시열 $a_1\ldots a_N$의 확률은 $(\prod_{j=0}^{M-1} P^{\underline{b_j}})/(MP)^{\underline{N}} = M^{-N}+O(P^{-1})$이다. 여기서 b_j는 j와 같은 a_i들의 개수이다.

25. $(N+1)$번째 키가 장소 a로 해싱된다고 하자. P_k는, k개의 장소 $a, a-1, \ldots, a-k+1$ (modulo M)은 점유되고 $a-k$는 비게 하는 해시열들의 개수와 M^{-N}을 곱한 것이다. $a+1, \ldots, a+t$는 점유되고 $a+t+1$은 비게 하는 그와 같은 해시열들의 개수는 알고리즘의 순환 대칭성에 의해 $g(M, N, t+k)$이다.

26. $\dfrac{9!}{2!\,2!\,4!\,1!} f(3,2)f(3,2)f(5,4)f(2,1) = 2^2 3^5 5^4 7 = 4252500.$

27. 힌트에 따라

$$s(n,x,y) = \sum_k \binom{n}{k} x(x+k)^k (y-k)^{n-k-1}(y-n) + n\sum_k \binom{n-1}{k-1}(x+k)^k(y-k)^{n-k-1}(y-n)$$

을 유도한다. 첫 합에서는 k를 $n-k$로 대체하고 아벨의 공식을 적용한다. 두 번째 합에서는 k를 $k+1$로 대체한다. 이제

$$g(M,N,k) = \binom{N}{k}(k+1)^{k-1}(M-k-1)^{N-k-1}(M-N-1)$$

이다. $k=N=M-1$일 때에는 $0/0=1$이 된다. 그리고

$$M^N \sum (k+1)P_k = \sum_{k\ge 0}\binom{k+2}{2} g(M,N,k)$$

$$= \frac{1}{2}\Big(\sum_{k\ge 0}(k+1)g(M,N,k) + \sum_{k\ge 0}(k+1)^2 g(M,N,k)\Big)$$

이다. 첫 번째 합은 $M^N \sum P_k = M^N$이고 두 번째 합은 $s(N,1,M-1) = M^N + 2NM^{N-1} + 3N(N-1)M^{N-2} + \cdots = M^N Q_1(M,N)$이다. [$s(n,x,y)$ 같은 합들에 대한 추가적인 연구로는 J. Riordan, *Combinatorial Identities* (New York: Wiley, 1968), 18-23을 볼 것.]

28. $t(n,x,y) = \sum_{k\ge 0}\binom{n}{k}(x+k)^{k+2}(y-k)^{n-k-1}(y-n)$으로 둔다. 그런 다음 연습문제 27에서처럼 $t(n,x,y) = xs(n,x,y) + nt(n-1,x+1,y-1)$, $t(N,1,M-1) = M^N(3Q_3(M,N) - 2Q_2(M,N))$을 얻는다. 그러면 $\sum(k+1)^2 P_k = M^{-N}\sum(\frac{1}{3}(k+1)^3 + \frac{1}{2}(k+1)^2 + \frac{1}{6}(k+1))g(M,N,k) = Q_3(M,N) - \frac{2}{3}Q_2(M,N) + \frac{1}{2}Q_1(M,N) + \frac{1}{6}$이다. $(C_N')^2$을 빼면 분산이 나오는데, 그것은 근사적으로 $\frac{3}{4}(1-\alpha)^{-4} - \frac{2}{3}(1-\alpha)^{-3} - \frac{1}{12}$이다. 표준편차는 평균보다 더 큰 경우가 많다. 예를 들어 $\alpha = .9$일 때 평균은 50.5이고 표준편차는 $\frac{1}{2}\sqrt{27333} \approx 82.7$이다.

29. $M = m+1$, $N = n$이라고 하자. 안전한 주차 순차열은 알고리즘 L을 해시열 $(M-a_1)\ldots(M-a_n)$에 적용했을 때 장소 0이 비게 되는 순차열들이다. 따라서 답은 $f(m+1,n) = (m+1)^n - n(m+1)^{n-1}$이다. [이 문제는 A. G. Konheim, B. Weiss, *SIAM J. Applied Math.* 14 (1966), 1266-1274에서 기원한다. 또한 R. Pyke, *Annals of Math. Stat.* 30 (1959), 568-576, 보조정리 1도 볼 것.]

30. 차들이 주차된다면, 그 차들이 그러한 순열을 정의함은 명백하다. 반대로, 만일 $p_1 p_2 \ldots p_n$이 존재한다면, $q_1 q_2 \ldots q_n$이 그 역순열(오직 $p_j = i$일 때에만 $q_i = j$)이라고 하자. 그리고 b_i가 i와 같은 a_j들의 개수라고 하자. 만일 $b_n \le 1$, $b_{n-1} + b_n \le 2$, 등등을 증명할 수 있다면 모든 차가 주차될 것이다. 그리고 그 조건은 $b_1 \ge 1$, $b_1 + b_2 \ge 2$ 등과 동치이다. 그런데 k개의 원소 $a_{q_1}, \ldots, a_{q_k}$가 모두 $\le k$이므로 이는 자명하다.

[r_j가 q_j의 "왼쪽 영향력"이라고 하자. 즉, 오직 $q_{j-1} < q_j, \ldots, q_{j-k+1} < q_j$이고 $j-k$ 또는 $q_{j-k} > q_j$일 때에만 $r_j = k$라고 하자. "즉시 주차" 알고리즘은 주어진 깨어남 순차열 $a_1 \ldots a_n$을 지배하는 순열 $p_1 \ldots p_n$들 전부에서 가장 작은 것(사전 순서로)을 찾는다. 콘하임Konheim과 웨이스Weiss는 주어진 한 순열 $p_1 \ldots p_n$으로 이어지는 깨어남 순차열들의 개수가 $\prod_{j=1}^{n} r_j$이라고 말했다. 이는 모든 순열 $q_1 \ldots q_n$에 대해 취한 그 곱들의 합이 $(n+1)^{n-1}$이라는 점에서 놀라운 결과이다.]

31. 여러 흥미로운 연관 관계들이 가능한데, 필자가 좋아하는 것은 다음 세 가지이다 [또한 Foata and Riordan, *Æquat. Math.* 10 (1974), 10-22도 볼 것]:

a) 해답 30의 표기법 하에서 횟수 $b_1, b_2, \ldots, b_n$은 오직 $(b_1, b_2, \ldots, b_n, 0)$이 전위순서 트리 노드들의 차수들의 유효한 수열일 때에만 전체 주차 순차열에 대응한다. (이를 후위순서에 대한 2.3.3-(9)와 비교해 볼 것.) 그러한 모든 트리는 $n!/b_1! \ldots b_n!$개의 서로 다른 번호들이 붙은 $\{0, \ldots, n\}$에 대한 자유트리들에 대응한다. 루트의 번호를 0으로 두고 $k = 1, 2, \ldots, n$에 대해 전위순서로 k번째인 노드

의 자식들에 아직 사용되지 않은 번호들을 선택하는 방법이 $(b_k + \cdots + b_n)!/b_k!(b_{k+1} + \cdots + b_n)!$ 가지이기 때문이다(번호들을 왼쪽에서 오른쪽으로 증가 순서로 부여한다고 할 때). 그리고 그러한 모든 횟수 순차열은 $n!/b_1! \ldots b_n!$가지의 깨어남 순차열들에 대응한다.

b) 포아타Dominique Foata는 다음과 같은 깔끔한 일대일 대응관계를 제시했다: $a_1 \ldots a_n$이 차 q_j를 공간 j에 주차시키는 안전한 주차 순차열이라고 하자. $1 \le j \le n$에 대해 $a_j = 1$일 때에는 j에서 0으로 선을 긋고 그렇지 않으면 j에서 $q_{a_j - 1}$로 선을 그으면 $\{0, 1, \ldots, n\}$에 대한 번호 붙은 자유트리가 만들어진다. (트리 노드들이 차들이라고 생각할 것. 차 j는 부인 j가 깨어난 지점 바로 전에 주차되는 차와 연결된다.) 예를 들어 깨어나는 시간들이 3 1 4 1 5 9 2 6 5이면 포아타의 규칙에 의해 다음과 같은 자유트리가 만들어진다.

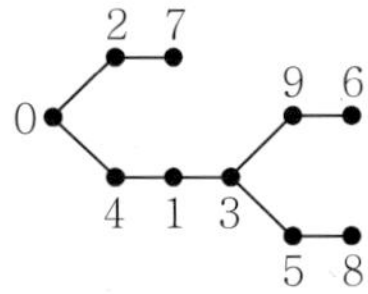

반대로, 주차된 차들의 순차열은 그러한 트리를 위상정렬해서 얻을 수 있다(화살표들이 루트 0에서부터 나온다고 가정하고 각 단계에서 가장 작은 "출발점(source)"을 선택함으로써). 그리고 그러한 순차열로부터 $a_1 \ldots a_n$을 재구축할 수 있다.

c) 우선 $> k$이고 순열 $q_1 \ldots q_n$에서 k 다음인 첫 원소를 노드 k의 부모로 두어서 보조 트리를 구축한다. 그런 원소가 없다면 부모가 0이라고 둔다. 그런 다음 보조 트리의 복사본을 만들고, 새 트리에서 0이 아닌 노드들을 전위순서로 다음과 같이 처리해서 번호들을 다시 부여한다: 만일 현재 노드의 번호가 보조 트리에서 k였다면 현재 번호를 그 하위트리에서 현재 $(1 + p_k - a_k)$번째 노드의 번호와 맞바꾼다. 예를 들면

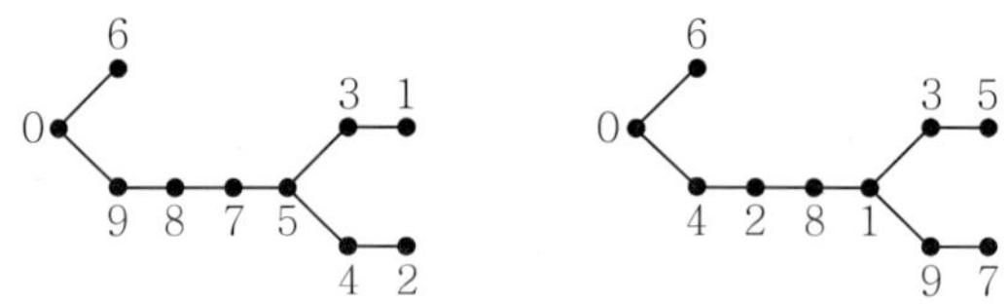

이러한 절차를 거꾸로 수행하려면, 트리를 전위순서로 처리하면서 각 노드의 번호를 그 하위트리에서 현재 가장 큰 번호와 맞바꾸어서 보조 트리를 재구축하면 된다.

구축법 (a)와 (b)는 밀접하게 연관되어 있지만, (c)는 상당히 다른 구축법이다. (c)에서는 차들의 위치와 선호하는 위치 사이의 변위들의 합이 트리의 반전들의 개수, 즉 a가 b의 조상이긴 하지만 그 번호들은 $a > b$인 쌍들의 개수와 같다는 흥미로운 성질을 볼 수 있다. 주차 순차열과 트리 반전들 사이의 이러한 관계는 크르베라G. Kreweras가 처음 발견한 것이다 〔*Periodica Math. Hung.* 11 (1980), 309–320〕. 트리 반전들이 연결된 그래프와 밀접하게 연관된다는 사실 〔Mallows, Riordan, *Bull. Amer. Math. Soc.* 74 (1968), 92–94〕 덕분에, 이제는 $D(p) = (p_1 - a_1) + \cdots + (p_n - a_n)$이라고 할 때 모든 주차 순차열에 대해 취한 $\binom{D(p)}{k}$의 합이 번호 붙은 정점 $\{0, 1, \ldots, n\}$에 대한

변들의 개수가 $n+k$개인 연결된 그래프들의 전체 개수와 같음을 이끌어낼 수 있다. [얀손Janson, 우착Łuczak, 커누스Knuth, 피텔Pittel의 논문 *Random Struct. & Alg.* 4 (1993), 233-358의 식 (2.11), (3.5), (8.13)을 볼 것.]

32. $s_j = \sum_{k=0}^{j} (b_{k \bmod M} - 1)$

이라고 하자. 그러면 얀손Svante Janson이 관찰했듯이 $c_j = \max_{k \ge j}(s_k - s_j)$이다. 이 수량은 $\lim_{k\to\infty} s_k = -\infty$인 덕분에 잘 정의된다.

해는 $c_0 = 0$이라는 가정 하에서 $c_{M-1}, c_{M-2}, \ldots$을 정의해서 구할 수 있다. 그런 후 만일 c_0이 0보다 큰 것으로 판명된다면 더 이상의 변경이 필요하지 않을 때까지 $c_{M-1}, c_{M-2}, \ldots$을 재정의하는 것으로 충분하다.

33. 개별 확률들은 독립적이지 않다. 조건 $b_0 + b_1 + \cdots + b_{M-1} = N$을 고려하지 않았기 때문이다. 그 유도에서는 합 $\sum b_j$가 임의의 수어진 음이 아닌 값일 확률이 0이 아니어도 된다. (46)의 방정식들이 엄밀하게 정확한 것은 아니어서, 그것들은 이를테면 모든 k에 대해 q_k가 양임을 함의하는데, 이는 c_j가 $N-1$을 결코 넘지 않는다는 사실과 모순된다.

고네Gaston Gonnet와 먼로Ian Munro [*J. Algorithms* 5 (1984), 451-470]는 수열 $\langle A_{mn} \rangle$의 푸아송 변환(Poisson transform)이라고 하는 유용한 연산을 도입해서, (51)을 이끌어낸 논증으로부터 정확한 결과를 유도하는 흥미로운 방법을 발견했다: 오직 $A_{mn} = \sum_k a_k n^{\underline{k}}/m^k$일 때에만 $e^{-mz}\sum_n A_{mn}(mz)^n/n! = \sum_k a_k z^k$이 성립한다.

34. (a) a_j가 하나의 특정한 값을 가지는 j들의 집합을 선택하는 방법은 $\binom{N}{k}$가지이고, 다른 a들에 값들을 배정하는 방법은 $(M-1)^{N-k}$가지이다. 따라서

$$P_{Nk} = \binom{N}{k}(M-1)^{N-k}/M^N$$

이다. (b) (50)에서 $P_N(z) = B(z)$이다. (c) 모든 키를 찾는 데 필요한 총 탐건 횟수를 고찰할 것. 단, 그림 38 같은 목록 머리 표를 사용하는 경우 그 표의 포인터를 가져오는 횟수는 세지 않는다. 길이가 k인 하나의 목록은 총 횟수에 $\binom{k+1}{2}$을 기여한다. 따라서

$$C_N = M\sum\binom{k+1}{2}P_{Nk}/N = (M/N)(\tfrac{1}{2}P_N''(1) + P_N'(1))$$

이다. (d) 경우 (i)에서 길이가 k인 목록은 k회(목록 머리 가져오기는 세지 않음)의 탐검을 요구한다. 반면, 경우 (ii)에서 그러한 목록은 $k+\delta_{k0}$회를 요구한다. 따라서 경우 (iii)에서는 $C_N' = \sum(k+\delta_{k0})P_{Nk} = P_N'(1) + P_N(0) = N/M + (1-1/M)^N \approx \alpha + e^{-\alpha}$이 되나, 경우 (i)에서는 그냥 $C_N' = N/M = \alpha$이다. 공식 $MC_N' = M - N + NC_N$은 경우 (iii)에 적용된다. $M-N$개의 해시 주소들은 빈 표 위치를 발견하는 반면, N개는 어떤 목록 안의 한 지점에서 시작해서 그 목록의 끝까지 가야 하는 검색을 야기하기 때문이다. 이로부터 (18)이 나온다.

35. (i) $\sum(1+\frac{1}{2}k-(k+1)^{-1})P_{Nk}=1+N/(2M)-M(1-(1-1/M)^{N+1})/(N+1)\approx 1+\frac{1}{2}\alpha-(1-e^{-\alpha})/\alpha$. (ii) $\sum\delta_{k0}P_{Nk}=(1-1/M)^N\approx e^{-\alpha}$을 (i)의 결과에 더한다. (iii) 실패하는 검색이 길이가 k인 목록의 j번째 원소에서 시작할 때, 주어진 키가 다른 k개의 원소들을 기준으로 해서 무작위 순서라고 가정하자. 그러면 검색의 기대 길이는 $(j\cdot 1+2+\cdots+(k+1-j)+(k+1-j))/(k+1)$이다. j에 대해 합하면 $MC'_N=M-N+M\sum(k^3+9k^2+2k)P_{Nk}/(6k+6)=M-N+M(\frac{1}{6}N(N-1)/M^2+\frac{3}{2}N/M-1+(M/(N+1))(1-(1-1/M)^{N+1}))$이 나온다. 따라서 $C_N\approx\frac{1}{2}\alpha+\frac{1}{6}\alpha^2+(1-e^{-\alpha})/\alpha$이다.

36. (i) $N/M-N/M^2$. (ii) $\sum(\delta_{k0}+k)^2P_{Nk}=\sum(\delta_{k0}+k^2)P_{Nk}=P_N(0)+P''_N(1)+P'_N(1)$. 여기서 $(C'_N)^2$을 빼면 답 $(M-1)N/M^2+(1-1/M)^N(1-2N/M-(1-1/M)^N)\approx\alpha+e^{-\alpha}(1-2\alpha-e^{-\alpha})\le 1-e^{-1}-e^{-2}=0.4968$이 나온다. [자료구조 (iii)에 대해서는 연습문제 37에서와 같은 좀 더 복잡한 분석이 필요할 것이다.]

37. $M^N N$가지의 해시열들 모두를 고려하고 키들이 동일확률이라고 가정한 $(C-1)^2$의 평균값을 S_N이라고 하자. 그러면

$$\begin{aligned}M^N NS_N&=\frac{1}{3}\sum\binom{N}{k_1,\ldots,k_M}(k_1(k_1-\frac{1}{2})(k_1-1)+\cdots+k_M(k_M-\frac{1}{2})(k_M-1))\\&=\frac{1}{3}M\sum_k\binom{N}{k}(M-1)^{N-k}k(k-\frac{1}{2})(k-1)\\&=\frac{1}{3}MN(N-1)(N-2)\sum_k\binom{N-3}{k-3}(M-1)^{N-k}\\&\quad+\frac{1}{2}MN(N-1)\sum_k\binom{N-2}{k-2}(M-1)^{N-k}\\&=\frac{1}{3}MN(N-1)(N-2)M^{N-3}+\frac{1}{2}MN(N-1)M^{N-2}\end{aligned}$$

이다. 분산은 $S_N-((N-1)/2M)^2=(N-1)(N+6M-5)/12M^2\approx\frac{1}{2}\alpha+\frac{1}{12}\alpha^2$이다.

여기서 계산한 총분산(total variance)과 다른 두 가지 분산 개념들, 즉 탐검 횟수의 평균(존재하는 모든 항목에 대한)의 분산(무작위 해시 표들에 대한) 및 탐검 횟수의 분산(존재하는 모든 항목에 대한)의 평균(무작위 해시 표들에 대한) 사이의 흥미로운 연관 관계가 *CMath* §8.5에 나온다. 총 분산은 항상 다른 두 수량의 합이다. 그리고 이 경우 탐검 횟수 평균의 분산은 $(M-1)(N-1)/(2M^2N)$이다.

38. 평균 탐검 횟수는 식 6.2.2-(5)와 식 6.2.2-(6)에 의해 실패의 경우 $\sum P_{Nk}(2H_{k+1}-2+\delta_{k0})$, 성공의 경우 $(M/N)\sum P_{Nk}k(2(1+1/k)H_k-3)$이다. 이 합들은 각각 $2f(N)+2M(1-(1-1/M)^{N+1})/(N+1)+(1-1/M)^N-2$과 $2(M/N)f(N)+2f(N-1)+2M(1-(1-1/M)^N)/N-3$인데, 여기서 $f(N)=\sum P_{Nk}H_k$이다. 연습문제 5.2.1-40에 의하면 $N=\alpha M$, M

$\to \infty$일 때 $f(N) = \ln\alpha + \gamma + E_1(\alpha) + O(M^{-1})$이다.

〔트리 해싱은 P. F. Windley, *Comp. J.* 3 (1960), 84-88에서 처음 제안되었다. 앞 문단의 분석은 추가적인 링크 필드들을 생각할 때 트리 해싱이 단순한 연쇄보다 충분히 더 좋지는 않음을 보여준다. 게다가 M이 작을 때 트리 해싱이 순수한 트리 검색보다 충분히(해싱 시간을 상쇄할만큼) 더 좋지는 않다.〕

39. (알고리즘 C의 분석에 관한 이와 같은 접근방식은 비터J. S. Vitter가 제안한 것이다.) $k \geq 2$에 대해 $c_{N+1}(k) = (M-k)c_N(k) + (k-1)c_N(k-1)$이 성립하며, 게다가 $\sum kc_N(k) = NM^N$이다. 따라서

$$S_{N+1} = \sum_{k\geq 2}\binom{k}{2}c_{N+1}(k) = \sum_{k\geq 2}\binom{k}{2}((M-k)c_N(k) + (k-1)c_N(k-1))$$
$$= \sum_{k\geq 1}\left((M+2)\binom{k}{2} + k\right)c_N(k) = (M+2)S_N + NM^N$$

이다. 이에 의해 $S_N = (N-1)M^{N-1} + (N-2)M^{N-2}(M+2) + \cdots + M(M+2)^{N-2} = \frac{1}{4}(M(M+2)^N - M^{N+1} - 2NM^N)$이다.

실패하는 검색의 총 탐검 횟수($h(K)$의 M가지 값들 전부에 대해 합한)를 생각해 보자. 길이가 k인 각 목록은 총 횟수에 $k + \delta_{k0} + \binom{k}{2}$를 기여하며, 따라서 $M^{N+1}C'_N = M^{N+1} + S_N$이다.

40. U_N을 연습문제 39의 S_N처럼 정의하되, $\binom{k}{2}$를 $\binom{k+1}{3}$으로 대체한다. 그러면 $U_{N+1} = (M+3)U_N + S_N + NM^N$임을 알 수 있으며, 따라서

$$U_N = \frac{1}{36}(M^N(M-6N) - 9M(M+2)^N + 8M(M+3)^N)$$

이다. 분산은 $2U_N/M^{N+1} + C'_N - (C'_N)^2$이며 이것은 $N = \alpha M$에 대해 $M \to \infty$에 따라

$$\frac{35}{144} - \frac{1}{12}\alpha - \frac{1}{4}\alpha^2 + (\frac{1}{4}\alpha - \frac{5}{8})e^{2\alpha} + \frac{4}{9}e^{3\alpha} - \frac{1}{16}e^{4\alpha}$$

으로 접근한다. $\alpha = 1$일 때 이 값은 약 2.65이므로, 표준편차의 한계는 1.63이다. 〔얀손Svante Janson은 검색이 성공인 경우를 포함해서 보는 자수의 점근 적률들을 구했다(출판 준비중).〕

41. V_N이 표의 "높은" 쪽에 있는 점유 칸들의 블록의 평균 길이라고 하자. 이 블록의 길이가 k일 확률은 $A_{Nk}(M-1-k)^{\underline{N-k}}/M^N$로, 여기서 A_{Nk}는 알고리즘 C에 의해 처음 $N-k$개와 마지막 k개의 칸들이 점유되는, 그리고 부분순차열 1 2 … $N-k$가 증가 순서로 나타나는 해시열 (35)들의 개수이다. 그러므로

$$M^N V_N = \sum_k kA_{Nk}(M-1-k)^{\underline{N-k}} = M^{N+1} - \sum_k (M-k)A_{Nk}(M-1-k)^{\underline{N-k}}$$
$$= M^{N+1} - (M-N)\sum_k A_{Nk}(M-k)^{\underline{N-k}} = M^{N+1} - (M-N)(M+1)^N$$

이다. 이제 $T_N = (N/M)(1 + V_N - T_0 - \cdots - T_{N-1})$이다. $T_0 + \cdots + T_{N-1}$이 이전에 R이 감소된 평균 횟수이고 N/M은 그것이 현재 단계에서 감소할 확률이기 때문이다. 이 점화식의 해는 $T_N = (N/M)(1+1/M)^N$이다. (이처럼 간단한 공식의 증명은 이보다 더 간단해야 할 것이다!)

42. $S1_N$은 $A = 0$인 상태로 삽입된 항목들의 개수를 N으로 나눈 것이다.

43. $N = \alpha M'$이고 $M = \beta M'$이며 $e^{-\lambda} + \lambda = 1/\beta$, $\rho = \alpha/\beta$라고 하자. 그러면 만일 $\rho \le \lambda$이면 $C_N \approx 1 + \frac{1}{2}\rho$이고 $C'_N \approx \rho + e^{-\rho}$; 만일 $\rho \ge \lambda$이면 $C_N \approx \frac{1}{8\rho}(e^{2\rho-2\lambda} - 1 - 2\rho + 2\lambda)(3 - 2/\beta + 2\lambda) + \frac{1}{4}(\rho + 2\lambda - \lambda^2/\rho)$이고 $C'_N \approx 1/\beta + \frac{1}{4}(e^{2\rho-2\lambda} - 1)(3 - 2/\beta + 2\lambda) - \frac{1}{2}(\rho - \lambda)$이다. $\alpha = 1$에 대해 $\beta \approx .853$일 때 가장 작은 $C_N \approx 1.69$가 나오며, $\beta \approx .782$일 때 가장 작은 $C'_N \approx 1.79$가 나온다. $\beta = .86$으로 두면 넓은 범위의 α에 대해 최적에 가까운 검색 성능을 얻게 된다. 따라서, 더 작은 범위의 해시 주소들이 더 많은 충돌을 일으킨다고 해도, 첫 충돌들을 해시 주소들과 충돌하지 않는 한 영역에 넣는 게 이득이 된다. 이 결과들은 Jeffrey S. Vitter, *JACM* 30 (1983), 231-258에서 기인한다.

44. (다음의 주먹구구식 접근방식은 1972년에 필자가 발견한 답이다. 패터슨M. S. Paterson의 훨씬 더 우아한 답이 Greene, Knuth, *Mathematics for the Analysis of Algorithms* (Birkhäuser Boston, 1980), §3.4에 나온다. 패터슨은 이번 절의 다른 여러 분석들을 단순화해주는 의미있는 방법들도 발견했다.)

배열의 위치들에 1에서 m까지의 번호를 왼쪽에서 오른쪽으로 붙인다. k개의 "p 단계들"과 $n-k$개의 "q 단계들"이 동일확률인 연산들의 순차열 $\binom{n}{k}$개 전부의 집합을 고려한다. $g(m, n+1, k, r)$이 처음 $r-1$개의 위치들이 점유되고 r개의 나머지 위치들이 빌 확률 곱하기 $\binom{n}{k}$이라고 하자. 그러면 $g(m, l, k, r)$은, a_j번째 연산이 p단계 연산이고 나머지 $l-1-k$개의 연산들은 각각 위치 $c_1, \ldots, c_{l-1-k}$를 선택하는 것으로 시작하는 q단계 연산들일 때, 첫 빈 위치가 r일 확률들의 모든 구성

$$1 \le a_1 < \cdots < a_k < l, \qquad (c_1, \ldots, c_{l-1-k}), \qquad 2 \le c_i \le m$$

에 대한 합에 $(m-1)^{-(l-1-k)}$을 곱한 것이다. $1 \le b_1 < \cdots < b_k < r$가 주어졌을 때 a_j번째 연산이 위치 b_j를 점유한다는 추가적인 조건을 만족하는 모든 구성에 대한 합을 계산해 보면 다음 점화식이 나온다.

$$g(m, l, k+1, r) = \sum_{\substack{a<l \\ b<r \\ 1 \le b \le a}} \frac{(l-b-1)!}{(l-r)!} \frac{(m-r)!}{(m-b)!}(m-l+1)g(m, a, k, b);$$

$$g(m, l, 0, r) = \frac{(l-1)!}{(l-r)!} \frac{(m-r)!}{m!}(m-l+1)\left(P_l + [r \ne 1]\frac{m}{l-1}(1-P_l)\right).$$

여기서 $P_l = (m/(m-1))^{l-1}$이다. $G(m, l, k) = \sum_{r=1}^{l}(m+1-r)g(m, l, k, r)$로 두면

$$G(m, l, k+1) = \frac{m-l+1}{m-l+2}\sum_{a=1}^{l-1} G(m, a, k); \qquad G(m, l, 0) = \frac{m-l+1}{m-l+2}(m + P_l)$$

을 이끌어낼 수 있다. 제시된 문제의 답은 $m-\sum_{k=0}^{n} p^k q^{n-k} G(m, n+1, k)$로, 이는 (수식을 좀 더 조작하고 나면) $m-((m-n)/(m-n+1))(Q_n+mR+pSR)$과 같다. 여기서

$$Q_j = P_{j+1}q^j,$$

$$R = \left(1-\frac{p}{m+1}\right)\left(1-\frac{p}{m}\right)\dots\left(1-\frac{p}{m-n+2}\right) = \prod_{j=0}^{n-1}\left(1-\frac{p}{m+1-j}\right),$$

$$S = \frac{\left(1-\dfrac{1}{m+1}\right)Q_0}{\left(1-\dfrac{p}{m+1}\right)} + \frac{\left(1-\dfrac{1}{m}\right)Q_1}{\left(1-\dfrac{p}{m+1}\right)\left(1-\dfrac{p}{m}\right)} + \cdots + \frac{1-\left(\dfrac{1}{m-n+2}\right)Q_{n-1}}{R}$$

$$= \sum_{k=0}^{n-1} \frac{(1-1/(m+1-k))Q_k}{\prod_{j=0}^{k}(1-p/(m+1-j))}$$

이다. $p = 1/m$일 때 모든 j에 대해 $Q_j = 1$이다. $w = m+1$, $n = \alpha w$, $w \to \infty$로 두면 $\ln R = -(H_w - H_{w(1-\alpha)})p + O(p^2)$임을 알 수 있다. 따라서 $R = 1 + w^{-1}\ln(1-\alpha) + O(w^{-2})$이다. 비슷하게 $S = \alpha w + O(1)$이다. 이제 답은 $(1-\alpha)^{-1} - 1 - \alpha - \ln(1-\alpha) + O(w^{-1})$이다.

참고: "제일 왼쪽이 p의 확률로 점유되고 그 외의 경우에는 임의의 무작위로 선택된 위치가 점유된다"라는 조건이 가해진 더 간단한 문제는 위의 공식들에서 $P_j = 1$로 두어서 풀 수 있다. 그 답은 $m-(m+1)(m-n)R/(m-n+1)$이다. 2차 뭉침을 수반한 무작위 탐검에 대한 C_N'은 위의 답에서 $n = N$, $m = M$으로 두고 1을 더해서 구하면 된다.

45. 그렇다. L. Guibas, *JACM* 25 (1978), 544-555를 볼 것.

46. $k \ge 0$에 대한 수 $\left[\!\left[n \atop k \right]\!\right]$들을 다음과 같은 규칙으로 정의한다: 모든 x와 음이 아닌 모든 정수 n에 대해

$$\sum_k \binom{x+k}{k}\left[\!\left[n \atop k \right]\!\right] = (x+n+1)^n.$$

이제 $x = -1, -2, \dots, -n-1$로 두는 것은

$$0 \le k \le n\text{에 대해} \qquad \left[\!\left[n \atop k \right]\!\right] = \sum_j \binom{k}{j}(-1)^j(n-j)^n$$

을 의미하며, $x = 0$으로 두는 것은 모든 $k > n$에 대해 $\left[\!\left[n \atop k \right]\!\right] = 0$으로 둘 수 있음을 의미한다. 따라서 정의식의 양변은 $n+1$개의 점들에서 일치하는, x의 n차 다항식들이다. 이로부터 수 $\left[\!\left[n \atop k \right]\!\right]$가 주어진 성질을 만족함이 증명된다.

$f(N, r)$이 처음 r개의 장소들이 점유되고 그 다음 것이 비게 되는 해시열 $a_1 \dots a_N$들의 개수라고 하자. 점유된 칸들의 가능한 패턴은 $\binom{M-r-1}{N-r}$가지이며, 각 패턴의 발생 횟수는 수 $r+1, r+2, \dots, N$ 각각을 적어도 한 번 담는, $1 \le a_i' \le N$인 수열 $a_1' \dots a_N'$의 개수와 같다. 포함 및 배제 원리에 의해, 그런 수열들은 $\left[\!\left[N \atop N-r \right]\!\right]$개가 존재한다. 따라서

$$f(N,r)=\binom{M-r-1}{N-r}\left[\!\left[{N \atop N-r} \right]\!\right]$$

이다.

이제

$$C_N = 1 + M^{-N-1}\sum_{r=0}^{N} f(N,r)\left(\sum_{a=0}^{r-1} r + \sum_{a=r+1}^{M-1} \frac{N-r}{M-r-1}(r+1)\right)$$
$$= 1 + M^{-N-1}\sum_{r=0}^{N} f(N,r)(N+(N-1)r)$$

이다. $S_n(x)=\sum_k k\binom{x+k}{k}\left[\!\left[{n \atop k} \right]\!\right]$라고 하자. 그러면

$$(x+1)^{-1}S_n(x)+\sum_k \binom{x+k}{k}\left[\!\left[{n \atop k} \right]\!\right]=\sum_k \binom{x+1+k}{k}\left[\!\left[{n \atop k} \right]\!\right]$$

가 성립한다. 따라서 $S_n(x)=(x+1)((x+n+2)^n-(x+n+1)^n)$이다. 이로부터 $C_N'=N(1+1/M)-(N-1)(1-N/M)(1+1/M)^N \approx N(1-(1-\alpha)e^{\alpha})$이 나온다. 그리고 $C_N=(N-1)((1+1/M)/2+(1+1/M)^N)+(3M^2+6M+2)((1+1/M)^N-1)/N-(3M+2)(1+1/M)^N$인데, 이는 $N=M-1$일 때 $(e-2.5)M+O(1)$이다.

수 $\left[\!\left[{n \atop k} \right]\!\right]$의 추가적인 성질들로는 John Riordan, *Combinatorial Identities* (New York: Wiley, 1968), 228-229를 볼 것.

47. 알고리즘 L의 분석을 거의 글자 그대로 적용할 수 있다! 순환 대칭성을 가지며 이전에 조사한 위치와 인접한 위치만을 탐검하는 임의의 탐검열은 그와 동일한 습성을 가진다.

48. 한 무작위 장소가 채워질 확률이 $p=N/M$이라고 할 때 $C_N'=1+p+p^2+\cdots$이다. 따라서 $C_N'=M/(M-N)$이고 $C_N=N^{-1}\sum_{k=0}^{N-1}C_k'=N^{-1}M(H_M-H_{M-N})$이다. 이 값들은 균등 탐검의 해당 수치들과 점근적으로 같으나, 같은 장소를 반복해서 탐검할 가능성 때문에 그보다 조금 높다. 실제로 $4=N<M\le 16$에 대해서는 선형 탐검이 더 낫다!

실제 응용이라면 무한히 많은 해시 함수들을 사용하지는 않을 것이고, 따라서 궁극적으로는 선형 탐검 같은 다른 방법들을 최후의 수단으로 사용하게 될 것이다. 이 방법은 본문에서 설명한 다른 방법들에 비해 열등하지만, 알고리즘 D의 기반이 된 모리스Morris의 방법을 암시한다는 점에서 역사적인 중요성을 지닌다. *CACM* 6 (1963), 101을 볼 것. 거기서 매킬로이M. D. McIlroy는 이 착안을 비소츠키V. A. Vyssotsky의 공으로 돌리고 있다. 같은 기법을 1956년에 홀트A. W. Holt가 이미 발견한 바 있다. 그는 UNIVAC을 위한 GPX 시스템에서 이 착안을 성공적으로 사용했다.

49. $C_N'-1=\sum_{k>b}(k-b)P_{Nk}\approx\sum_{k>b}(k-b)e^{-\alpha b}(\alpha b)^k/k\ne \alpha b t_b(\alpha)$. 〔참고: $P(z)=P_0+P_1z+\cdots$이 임의의 확률 생성함수라고 할 때, 일반적으로

$$\sum_{b\ge 0}\left(\sum_{k>b}(k-b)P_k\right)z^b=\frac{P'(1)}{1-z}+\frac{z(P(z)-1)}{(1-z)^2}$$

이 성립한다.〕 그리고

$$C_N - 1 = \frac{M}{N}\sum_{k>b}\binom{k-b+1}{2}P_{Nk}$$
$$= \frac{M}{2N}\sum_{k>b}(k(k-1) - 2k(b-1) + b(b-1))P_{Nk}$$
$$= \frac{1}{2}e^{-b\alpha}(b\alpha)^b b!^{-1}(b + b\alpha - 2b + 2 + (b\alpha^2 - 2\alpha(b-1) + b - 1)R(\alpha, b))$$

이다.

〔연쇄를 사용하는 성공적인 검색의 분석은 1957년에 헤이싱W. P. Heising이 처음으로 수행했다. (57)과 (58)의 단순 공식들은 1971년에 폴J. A. van der Pool이 발견한 것이다. 그는 저장 공간과 접근 횟수의 결합 비용을 나타내는 한 함수를 최소화하는 방법도 고찰했다. C'_N과 통 당 위넘침 횟수의 분산은 $\sum_{k>b}(k-b)^2P_{Nk} = (2N/M)(C_N - 1) - (C'_N - 1)$을 이용해서 구할 수 있다. 총 위넘침 횟수의 분산은 M 곱하기 단일한 하나의 통의 분산으로 근사할 수 있겠으나, 고려하는 레코드 전체 개수가 N이므로 그 근사치는 실제보다 너무 크다. 정확한 분산은 연습문제 37에서처럼 구할 수 있다. 또한 3.3.1C절의 카이제곱 검정의 유도도 참고할 것.〕

50. 그리고 다음으로는 $Q_0(M, N-1) = (M/N)(Q_0(M, N) - 1)$을 증명할 것. 일반화하자면 $rQ_r(M, N) = MQ_{r-2}(M, N) - (M - N - r)Q_{r-1}(M, N) = M(Q_{r-1}(M, N+1) - Q_{r-1}(M, N))$; $Q_r(M, N-1) = (M/N)(Q_r(M, N) - Q_{r-1}(M, N))$이다.

51. $R(\alpha, n) = \alpha^{-1}(n!\,e^{\alpha n}(\alpha n)^{-n} - Q_0(\alpha n, n))$.

52. 식 1.2.11.3-(9)와 연습문제 3.1-14를 볼 것.

53. 식 1.2.11.3-(8)에 의해 $\alpha(\alpha n)^n R(\alpha, n) = e^{\alpha n}\gamma(n+1, \alpha n)$이다. 따라서 연습문제 1.2.11.3-9의 결과에 의해서 $R(\alpha, n) = (1-\alpha)^{-1} - (1-\alpha)^{-3}n^{-1} + O(n^{-2})$이다. 〔이 점근 공식을, $R(\alpha, n)$의 α^k의 계수가

$$1 - \binom{k+2}{2}n^{-1} + O(k^4n^{-2})$$

임을 주목해서 (43)의 방법을 통해 좀 더 직접적으로 구할 수도 있다. 실제로 α^k의 계수는 식 1.2.9-(28)에 의해

$$\sum_{r\ge 0}(-1)^r n^{-r}\left\{{r+k+1 \atop k+1}\right\}$$

이다.〕

54. 힌트와 식 1.2.6-(53), 1.2.6-(49)를 이용해서

$$\sum_{b\ge 1}t_b(\alpha) = \sum_{m\ge 1}\frac{\alpha^m}{(m+1)(m)m!}\sum_k\binom{m}{k}(-1)^{m-k}k^{m+1} = \sum_{m\ge 1}\alpha^m/2$$

을 이끌어낼 수 있다. 힌트는 쿠머Kummer의 잘 알려진 초기하 항등식 $e^{-z}F(a;b;z) = F(b-a;$

$b; -z)$로부터 입증할 수 있다. $(n+1)!\,t_n(\alpha) = e^{-n\alpha}(\alpha n)^n F(2; n+2; \alpha n)$이기 때문이다. *Crelle* 15 (1836), 39–83, 127–172, 식 26.4를 볼 것.

55. 만일 $B(z)C(z) = \sum s_i z^i$이면 $c_0 = s_0 + \cdots + s_b$, $c_1 = s_{b+1}$, $c_2 = s_{b+2}$, …이 된다. 따라서 $B(z)C(z) = z^b C(z) + Q(z)$이다. 이제 $P(z) = z^b$의 $|q_j| < 1$인 근 q_j들은 $b-1$개이다. 이 근들은 $e^{\alpha(q_j-1)} = \omega^{-j} q_j$, $\omega = e^{2\pi i/b}$에 대한 해들과 같은 방식으로 구한다. $e^{\alpha(q-1)} = \omega^{-1} q$를 풀기 위해, $t = ze^t$이 되도록 $t = \alpha q$, $z = \alpha\omega e^{-\alpha}$으로 둔다. 라그랑주의 공식에 의해

$$\frac{1}{1-q} = 1 + \sum_{r\ge 0} r \sum_{n\ge r} \frac{n^{n-r-1}\omega^n \alpha^{n-r} e^{-n\alpha}}{(n-r)!}$$

$$= 1 + \sum_{r\ge 1} r \sum_{m\ge 0} \frac{\alpha^m}{m!}(-1)^m \sum_{n\ge r} \binom{m}{n-r} (-1)^{n-r} \omega^n n^{m-1}$$

을 얻는다. 아벨의 극한 정리에 의해, 단위 원 내부로부터 $|\omega| \to 1$로 두어서 위의 수식을 다음과 같이 정리할 수 있다.

$$\frac{1-\alpha\omega}{1-\omega} + \sum_{m\ge 2} \frac{\alpha^m}{m!}(-1)^m \sum_{n\ge 0} \binom{m-2}{n} (-1)^n \omega^{n+1} (n+1)^{m-1}.$$

이제 ω를 ω^j으로 바꾸고 $1 \le j < b$에 대해 합산하면

$$\frac{b-1}{2} + \alpha\frac{b-1}{2} + \sum_{m\ge 2} \alpha^m \left(-\frac{1}{2} + \frac{(-1)^m}{m!} b \sum_{n\ge 1} \binom{m-2}{nb-1} (-1)^{nb-1} (nb)^{m-1} \right)$$

이 나온다. 연습문제 54의 힌트를 이용해서 수식을 좀 더 조작하면 원하는 결과를 얻을 수 있다.

다양한 문제들에 적용되는 이 분석은 N. T. J. Bailey, *J. Roy. Stat. Soc.* B16 (1954), 80–87; M. Tainiter, *JACM* 10 (1963), 307–315; A. G. Konheim, B. Meister, *JACM* 19 (1972), 92–108에서 시작되었다.

56. Blake, Konheim, *JACM* 24 (1977), 591–606을 볼 것. 비올라Alfredo Viola와 포블레테Patricio Poblete [*Algorithmica* 21 (1998), 37–71]는 다음을 증명했다.

$$C_{Mb} = 1 + \frac{M-1}{2Mb} + \frac{1}{b} \sum_{j\ge 2} \binom{bm-1}{j} m^{-j} \sum_{k\ge 1} \binom{j-2}{bk-1} (-1)^{j+bk-1} k^{j-1}$$

$$= \frac{\sqrt{\pi M}}{8b} + \frac{1}{3b} + \frac{1}{b} \sum_{j=1}^{b-1} \frac{1}{(1 - T(e^{2\pi i j/b - 1}))} + \frac{1}{24}\sqrt{\frac{\pi}{2b^3 M}} + O(b^{-2} M^{-1}).$$

여기서 T는 식 2.3.4.4–(30)의 트리 함수이다.

58. 0 1 2 3 4와 0 2 4 1 3, 그리고 1 1 1 1 1 mod 5의 가산적 자리이동들(각각 확률은 $\frac{1}{10}$). 비슷하게 $M = 6$에 대해서는 30개의 순열들이 필요하며, 다음으로 시작하는 하나의 해가 존재한다.

$\frac{1}{20} \times 0\,1\,2\,3\,4\,5$, $\frac{1}{60} \times 0\,1\,3\,2\,5\,4$, $\frac{1}{60} \times 0\,2\,4\,3\,1\,5$, $\frac{1}{20} \times 0\,2\,3\,4\,5\,1$, $\frac{1}{30} \times 0\,3\,4\,1\,2\,5$.

$M=7$에 대해서는 49개의 순열들이 필요하며, 다음으로부터 하나의 해가 만들어진다.

$$\frac{1}{35}\times 0\,1\,2\,3\,4\,5\,6,\quad \frac{2}{105}\times 0\,1\,5\,3\,2\,4\,6,\quad \frac{1}{35}\times 0\,2\,4\,3\,5\,1\,6,\quad \frac{2}{105}\times 0\,2\,6\,3\,1\,4\,5,$$
$$\frac{1}{35}\times 0\,3\,6\,1\,4\,2\,5,\quad \frac{1}{105}\times 0\,3\,2\,6\,4\,1\,5,\quad \frac{1}{105}\times 0\,3\,1\,5\,4\,2\,6.$$

59. 확률이 $1/\binom{M}{\lfloor M/2\rfloor}$보다 큰 순열은 존재하지 않으므로, 확률이 0이 아닌 순열들이 적어도 $\binom{M}{\lfloor M/2\rfloor}=\exp(M\ln 2+O(\log M))$개는 존재해야 한다.

60. 예비적인 결과들을 아즈타이Ajtai, 콤로시Komlós, 세메레디Szemerédi가 구한 바 있다. *Information Processing Letters* 7 (1978), 270-273을 볼 것.

62. *AMM* 81 (1974), 323-343의 논의를 볼 것. 거기에 $M\le 9$에 대한 최고의 순환 해싱 순차열들이 나온다.

63. 연습문제 3.3.2-8에 의해 MH_M. 표준편차는 $\approx \pi M/\sqrt{6}$이다.

64. 평균 이동 횟수는 $\frac{1}{2}(N-1)/M+\frac{2}{3}(N-1)(N-2)/M^2+\frac{3}{4}(N-1)(N-2)(N-3)/M^3+\cdots\approx\frac{1}{1-\alpha}-\frac{1}{\alpha}\ln\frac{1}{1-\alpha}$과 같다. [이와 동치인 문제의 해답이 *Comp. J.* 17 (1974), 139-140에 나온다.]

65. 키들을 개별적인 한 표에 순차 할당으로 저장한다(삭제가 발생한다면 LIFO 방식으로 이루어진다고 가정함). 해시 표 항목들이 이 "이름들의 표"를 가리키게 한다. 예를 들어 `TABLE[`i`]`가

			L_i	`KEY[`i`]`

의 형태가 되게 하면 될 것이다. 여기서 L_i는 장소 `KEY[`i`]`, `KEY[`i`]`$+1,\ldots$에 저장된 키의 단어 개수이다.

해시 표 항목의 나머지 필드들은 여러 가지 목적으로 사용할 수 있다. 몇 가지를 들자면: (i) 알고리즘 C를 위한 링크로 사용한다; (ii) 키에 연관된 정보의 일부를 담는다; (iii) "2차 해시 코드"로 사용한다. 후자의 착안은 모리스Robert Morris가 제안한 것으로, 종종 검색을 더 빠르게 만들기도 한다 [`KEY[`i`]`의 키는 $h_2(K)$가 어떤 함수라고 할 때 그것이 자신의 2차 해시 코드와 부합할 때만 자세히 살펴보면 된다.]

66. 가능하다. 그리고 그러한 레코드들의 배치는 유일하다. 실패하는 검색 당 평균 탐검 횟수는 C_{N-1}로 줄어드나, N번째 항이 삽입될 때에는 여전히 C'_N이다. 이 중요한 기법을 순서 해싱(ordered hashing)이라고 부른다. *Comp. J.* 17 (1974), 135-142; D. E. Knuth, *Literate Programming* (1992), 144-149, 216-217을 볼 것.

67. (a) 만일 (44)에서 $c_j=0$이면 최적 배치는 $j-1>\cdots>0>M-1>\cdots>j$라는 가정 하에 a들을 비감소 "순환 순서"로 정렬해서 얻을 수 있다. (b) 단계 L2와 L3 사이에서, 만일 `TABLE[`i`]` 항목이 현재의 레코드보다 해당 종착 주소와 더 가깝다면 현재 레코드와 그 항목을 맞바꾼다. [Celis,

Larson, Munro, *FOCS* 26 (1985), 281-288에서 기인한 "로빈훗 해싱(Robin Hood hashing)"이라고 불리는 알고리즘은 순서 해싱의 한 변형과 동치이다.] (c) $h(m,n,d)$가 $c_0 \le d$가 되게 하는 해시열들의 개수라고 하자.

$(h(m,n,d)-h(m,n,d-1))M$이 M^N개의 해시열 모두에서 변위 $d>0$의 출현들 전체 개수임을 보이는 것이 가능하며 [*Comp. J.* 17 (1974), 141], $a(m,n,d)=\sum_{k=0}^{d}\binom{n}{k}(m+d-k)^{n-k}(k-d)^k$이라고 할 때 $h(M,N,d)=a(M,N,d+1)-Na(M,N-1,d+1)$이라고 쓸 수 있다. 연습문제 28과 50의 방법들을 이용해서 공들여 계산해보면, $N=\alpha M$일 때 $\sum d_j^2$의 평균값이

$$\begin{aligned}M^{1-N}&\sum_{d=1}^{N} d^2(h(M,N,d)-h(M,N,d-1))\\ &=\frac{M^2}{2}+\frac{2M}{3}+\frac{N}{6}+\frac{N^2}{6M}-\frac{N}{6M}-M\Bigl(\frac{M}{2}-\frac{N}{2}+\frac{2}{3}\Bigr)Q_0(M,N)\\ &=M\Bigl(\frac{1}{2(1-\alpha)^2}-\frac{7}{6(1-\alpha)}+\frac{2}{3}+\frac{\alpha}{6}+\frac{\alpha^2}{6}\Bigr)+O(1)\end{aligned}$$

임을 알 수 있다. 알고리즘 L을 수정하지 않았을 때(연습문제 28 참고) $\mathrm{E}\sum d_j^2$은

$$\begin{aligned}\frac{M}{3}&(Q_2(M,N)-Q_1(M,N))-\frac{M}{2}(Q_0(M,N)-1)+\frac{N}{6}\\ &=M\Bigl(\frac{1}{3(1-\alpha)^3}-\frac{1}{3(1-\alpha)^2}-\frac{1}{2(1-\alpha)}+\frac{1}{2}+\frac{\alpha}{6}\Bigr)+O(1)\end{aligned}$$

이 된다.

만일 레코드들이 모두 근사적으로 같은 변위 d를 가진다면, 그리고 성공하는 검색이 실패하는 검색보다 훨씬 자주 일어난다면, 먼저 위치 $h'=h(K)+d$에서 시작한 후에 $h'-1$, $h'+1$, $h'-2$ 등을 탐검하는 것이 이득이 된다. 포블레테P. V. Poblete, 비올라A. Viola, 먼로J. I. Munro는 소위 "후착선처(last-come-first-served, 나중에 온 것이 먼저 처리됨)" 해싱이라는 훨씬 더 간단한 접근방식을 이용해서 $\sum d_j^2$을 로빈훗 방법만큼이나 작게 만들 수 있음을 보였다 [*Random Structures and Algorithms* 10 (1997), 221-255]. 이 접근방식에서는 새로 삽입된 모든 키가 자신의 종착 위치에 들어가고, 다른 모든 키는 빈 슬롯이 발견될 때까지는 그보다 한 단계 먼 곳으로 옮겨진다. 로빈훗 방법과 후착선처 기법은 선형 탐검뿐만 아니라 이중 해싱에도 적용되나, 표가 극도로 차지 않은 한 탐검 횟수의 감소가 이중 해싱에 의한 탐검 당 시간 증가를 상쇄하지는 않는다. (Poblete, Munro, *J. Algorithms* 10 (1989), 228-248 참고.)

68. $(d_1+\cdots+d_N)^2$의 평균값은

$$\begin{aligned}\frac{N}{12}&((M-N)^3+(N+3)(M-N)^2+(8N+1)(M-N)+5N^2+4N-1\\ &\qquad-((M-N)^3+4(M-N)^2+(6N+3)(M-N)+8N)Q_0(M,N-1))\end{aligned}$$

과 같다. 이는 주차 문제와 연습문제 31의 답에 나오는 연결된 그래프 사이의 연관 관계를 이

용해서 증명할 수 있다. 성공하는 검색에서의 평균 탐검 횟수의 분산은 이를 N^2으로 나누고 $\frac{1}{4}(Q_0(M, N-1)-1)^2$을 빼서 구하면 된다. 이 분산은 점근적으로 $\frac{1}{12}((1+2\alpha)/(1-\alpha)^4-1)/N+O(N^{-2})$이다. (P. Flajolet, P. V. Poblete, A. Viola, *Algorithmica* 22 (1998), 490-515; D. E. Knuth, *Algorithmica* 22 (1998), 561-568을 볼 것. 여기서 계산한 분산은 총분산과는 다른 것이다. 총분산은 $\mathrm{E}\sum d_j^2/N-\frac{1}{4}(Q_0(M, N-1)-1)^2$이다. 연습문제 37과 67의 답을 볼 것.)

69. $q_k=p_k+p_{k+1}+\cdots$이라고 하자. 그러면 부등식 $q_k \geq \max(0, 1-(k-1)(M-n)/M)$에 의해 $C'_N=\sum_{k\geq 1} q_k$의 하계가 나온다.

70. 뤼커Lueker와 몰로도비치Molodowitch는 문제에 주어진 결과와 비슷하되 O 한계에 추가적인 인수 $(\log M)^2$이 있는 결과를 놀랄 만큼 간단하게 증명해냈다〔*Combinatorica* 13 (1993), 83-96〕. 주어진 결과도 그와 비슷한 방법으로, 더 엄격한 확률 추정치들을 이용해서 증명할 수 있다. 실제로, 지겔A. Siegel과 슈미트J. P. Schmidt는 이중 해싱의 탐검 횟수 기대값이 고정된 $\alpha=N/M$에 대해 $1/(1-\alpha)+O(1/M)$임을 보였다.〔Computer Science Tech. Report 687 (New York: Courant Institute, 1995).〕

72.〔*J. Comp. Syst. Sci.* 18 (1979), 143-154.〕(a) 키 $K_1, \ldots, K_N$과 K가 주어졌을 때, 만일 $K \neq K_j$이면 K_j가 K와 같은 목록에 있을 확률은 $\leq 1/M$이다. 따라서 목록 크기의 기대값은 $\leq 1+(N-1)/M$이다.

(b) 가능한 글자들이 Q개라고 하자. 그러면 각 h_j에 대해 가능한 선택들은 M^Q가지이다. 각 h_j를 무작위로 선택하는 것은 M^{Ql}개의 행들과 Q^l개의 열들로 구성되며 열 $x_1 \ldots x_l$의 성분들이 $h(x_1 \ldots x_l)=(h_1(x_1)+\cdots+h_l(x_l)) \bmod M$인 행렬 H에서 무작위로 하나의 행을 선택하는 것과 동치이다. 어떤 j에 대해 $x_j \neq x'_j$인 열 $K=x_1 \ldots x_l$과 $K'=x'_1 \ldots x'_l$에서 $h(K)=(s+h_j(x_j)) \bmod M$과 $h(K')=(s'+h_j(x'_j)) \bmod M$이 성립한다. 여기서 $s=\sum_{i\neq j} h_i(x_i)$와 $s'=\sum_{i\neq j} h_i(x'_i)$는 h_j와 독립적이다. $h_j(x_j)-h_j(x'_j)$의 값은 M을 법으로 하여 균등 분포이다. 따라서 $h(K)=h(K')$일 확률은 s, s'의 값들과는 무관하게 $1/M$이다.

(c) 그렇다. 임의의 상수를 $h_j(x_j)$에 더하면 $h(x)$가 M을 법으로 하여 하나의 상수만큼 변하게 된다.

73. (i) 각 키를 문자들이 아니라 비트들의 열로 간주한다면, 이는 연습문제 72(2)의 한 특수한 경우이다.〔이것은 이미 1970년에 조브리스트Alfred L. Zobrist가 고안한 것으로, 그의 원래의 기술보고서가 *ICCA Journal* 13 (1990), 69-73에 재출판되었다.〕(ii) 연습문제 72(b)의 증명에 의해, $x_j \neq x'_j$일 때 $h_j(x_j)-h_j(x'_j)$이 M을 법으로 하여 균등하다는 것을 보이는 것으로 충분하다. 그리고 실제로, 임의의 주어진 y와 y'에 대해 $h_j(x_j)=y$이고 $h_j(x'_j)=y'$일 확률은 $1/M^2$이다. 왜냐하면 합동식 $a_j x_j+b_j \equiv y$와 $a_j x'_j+b_j \equiv y'$은 임의의 주어진 (y, y')에 대해 소수 M을 법으로 하여 유일한 해 (a_j, b_j)를 가지기 때문이다.

M이 소수가 아니고 p가 $> M$인 소수일 때에는, a_j와 b_j가 무작위로 선택된 수들을 p로 나눈 나머지들이라고 할 때, $h_j(x_j) = ((a_j x_j + b_j) \bmod p) \bmod M$이라고 둔다면 비슷한 결과가 성립한다. 이 경우 그 모임이 아주 보편적이지는 않으나, 실용적인 목적으로는 충분한 수준이다: 서로 다른 키들이 충돌할 확률은 $1/M + r(M-r)/Mp^2 \le 1/M + M/4p^2$을 넘지 않는다. 여기서 $r = p \bmod M$이다.

74. 그 명제는 일반적으로 거짓이다. 예를 들어 $M = N = n^2$이라고 가정하고, n개의 0들을 서로 다른 열들에 넣는 각 방법마다 행 하나씩 총 $\binom{N}{n}$개의 행들로 된, 그리고 각 행의 0이 아닌 성분들이 왼쪽에서 오른쪽으로 1, 2, ..., $N-n$인 행렬 H를 생각해보자. 이 행렬의 열들의 쌍 각각에서 $\binom{N-2}{n-2} = \binom{N}{n}\frac{n}{N}\frac{n-1}{N-1} < \binom{N}{n}\left(\frac{n}{N}\right)^2 = R/M$개의 부합들이 존재하므로, 이 행렬은 보편적이다. 그러나 모든 행에서 0들의 개수는 $\sqrt{N} \ne O(1) + O(N/M)$이다.

참고: 이 연습문제는 기대 목록 크기가 새 키가 삽입될 때의 기대 충돌 횟수와 상당히 다름을 지적한다. h_1이 무작위로 선택된다고 할 때 $h(x_1 \ldots x_l) = h_1(x_1)$로 둔다고 하자. 이런 해시 함수 모임은 모든 목록의 기대 크기를 N/M으로 만든다. 그러면서도 보편적이지는 않음이 확실하다. 첫 문자 x_1이 같은 N개의 키들의 집합에 의해서 목록 하나는 크기가 N이고 나머지 목록은 모두 비게 되기 때문이다. 기대 충돌 횟수는 $N(N-1)/2$이 되나, 보편적 해시 모임의 경우 이 횟수는 키들의 집합과는 무관하게 많아야 $N(N-1)/2M$이다.

한편 보편 모임에서 모든 목록의 기대 크기가 $O(1) + O(N/\sqrt{M})$임을 보이는 것은 가능하다. 행 h에 0들이 z_h개 있다고 하자. 그러면 그 행에는 동일한 원소들의 쌍들이 적어도 $\binom{z_h}{2}$개 존재한다. $\sum_{h=1}^{R} x_h$의 최대값은 각 z_h가 z와 같을 때 $\sum_{h=1}^{R}\binom{z_h}{2} \le \binom{N}{2}/M$이 된다. 여기서 $\binom{z}{2} = \binom{N}{2}/M$, 즉

$$z = \frac{1}{2} + \sqrt{\frac{1}{4} + \frac{N(N-1)}{M}} < 1 + \frac{\sqrt{N(N-1)}}{M}$$

이다.

75. (a) 명백히 참이다. $h_2, \ldots, h_l$이 항상 0이라고 해도 참이다. (b) 연습문제 72(b)의 답에 의해 참이다. (c) 참이다. 그 결과는 만일 K, K', K''이 모두 어떤 문자 위치에서 다르다면 명백하다. 그 외의 경우에는 $x_j = x'_j \ne x''_j$, $x_k \ne x'_k = x''_k$이라고 하자. 그러면 수량 $h_j(x_j) + h_k(x_k)$, $h_j(x_j) + h_k(x'_k)$, $h_j(x''_j) + h_k(x'_k)$은 서로 독립적이며, 균등하게 분포되며, 키의 나머지 $l-2$개의 문자들과 독립적이다. (d) 거짓이다. 예를 들어 1비트 문자들과 $M = l = 2$인 경우를 생각해 볼 것. 그러면 네 키들은 모두 1/4의 확률로 같은 장소로 해싱된다.

76. 각 h_j는 연습문제 73에서처럼 선택된다는 가정 하에서 $h(K) = (h_0(l) + h_1(x_1) + \cdots + h_l(x_l)) \bmod M$을 사용할 것. 길이가 $\ge j$인 키가 처음 나타날 때 h_j에 대한 무작위 계수들을 생성한다(그리고 필요하다면 그 값들의 배열을 미리 계산한다). l은 한계가 없으므로 행렬 H는 무한하다. 그러나 프로그램의 임의의 특정한 실행에는 오직 유한한 부분만이 관련된다.

77. 두 32비트 키들이 H 하에서 같은 이미지를 가질 확률을 $p \le 2^{-16}$으로 둘 것. 최악의 경우는 주어진 두 키가 각자의 여덟 개의 32비트 하위키들 중 일곱 개에서 일치할 때 발생한다. 그러면 충돌 확률은 $1-(1-p)^4 < 4p$이다. 〔Wegman, Carter, *J. Comp. Syst. Sci.* 22 (1981), 265-279 참고.〕

6.5절

1. 힌트에서 서술한 경로는 $(i-1, j)$에서 "새 사상최저" 값 $(i, j-1)$로 가는 각각의 아랫쪽 단계를 윗쪽 단계로 바꾸어서 변환할 수 있다. 만일 그런 변경이 c번 일어난다면 그 경로는 $(m, n-2t+2c)$에서 끝난다. 여기서 $c \ge 0$이고 $c \ge 2t-n$이다. 따라서 $n-2t+2c \ge n-2k$이다. 변경된 경로에 대응하는 순열에서, 목록 B의 가장 작은 c개의 원소들은 변경된 아래쪽 단계들에 대응하며, 목록 A는 변경되지 않은 아래쪽 단계들에 해당하는 $t-c$개의 원소들을 담는다.

$t=k$일 때 이 구축법이 가역적임을 파악하는 것은 어렵지 않다. 따라서 정확히 $\binom{n}{k}$개의 순열들이 만들어진다. 첨언하자면, 이 증명에 따르면 목록 A와 C의 내용은 임의의 순서로 나타날 수 있다.

참고: 연습문제 2.2.1-4에서는 이 경로들을 다른 방식으로 세었다. $k=\lfloor n/2 \rfloor$일 때 이 구축법은 슈페르너의 정리(Sperner's Theorem)를 증명한다. 그 정리는 $\{1, 2, ..., n\}$의 부분집합들 중 자신을 포함하는 다른 부분집합이 존재하지 않는 것들의 개수가 $\binom{n}{\lfloor n/2 \rfloor}$을 넘지는 못한다는 것이다. 〔Emanuel Sperner, *Math. Zeitschrift* 27 (1928), 544-548.〕 그런 부분집합들의 모음이 있다고 할 때 $\binom{n}{k}$개의 순열들 각각은 초기 위치들에서 많아야 하나의 부분집합을 가지나, 그래도 각 부분집합은 어떤 순열 안에 나타나기 때문이다. 여기서 사용한 구축법은 더브라윈N. G. de Bruijn, 에벤호르스트 텡베르헌C. van Ebbenhorst Tengbergen, 크라위스베이크D. Kruyswijk가 스페르너의 정리의 다음과 같은 중복집합 일반화를 증명하는 데 사용한 〔*Nieuw Archief voor Wiskunde* (2) 23 (1951), 191-193〕 좀 더 일반적인 구축법의 일종이다: "M이 원소 n개(중복 원소들도 세어서)를 담은 다중집합이라고 하자. M의 모든 $\lfloor n/2 \rfloor$원소 부분중복집합들의 모음(collection)은 그 어떤 부분다중집합도 다른 부분중복집합에 포함되지 않음을 만족하는 가능한 가장 큰 모음이다." 예를 들어 $M=\{a, a, b, b, c, c\}$일 때의 그러한 가장 큰 모음은 일곱 개의 부분중복집합 $\{a, a, b\}$, $\{a, a, c\}$, $\{a, b, b\}$, $\{a, b, c\}$, $\{a, c, c\}$, $\{b, b, c\}$, $\{b, c, c\}$로 구성된다. 이들은 A_i가 관여하는 모는 질의가 B_i에도 관여함을 만족하는 여섯 특성 $A_1, B_1, A_2, B_2, A_3, B_3$의 일곱 순열들에 대응한다. 추가적인 해설이 그린C. Green과 클라이트만D. J. Kleitman의 논문 *J. Combinatorial Theory* A20 (1976), 80-88에 나온다.

2. a_{ijk}가 세 특성들의 값이 (i, j, k)인 레코드들로의 참조들 전부의 목록이라고 하자. 그리고 a_{011}이 세 목록 $a_{011}, a_{101}, a_{110}$ 중 가장 짧은 것이라고 가정하자. 그러면 최소 길이 목록은 $a_{001}a_{011}a_{111}a_{101}a_{100}a_{110}a_{111}a_{011}a_{010}$이다. 그러나 만일 a_{011}이 비었고 $a_{001}, a_{010}, a_{100}$ 중 하나도 비었다면, a_{111}의 두 출현들 중 하나를 삭제함으로서 길이를 더 줄일 수 있다 〔*CACM* 15 (1972), 802-808〕.

3. (a) 아니스 열매 그리고/또는 꿀. 이(들)에 육두구 그리고/또는 바닐라 진액을 조합한 질의도 가능하다. (b) 없다.

4. 질의가 정확히 t개의 비트 위치들에 관여할 확률을 p_t라고 하자. 그리고 한 무작위 레코드에서 주어진 t개의 위치들이 모두 1일 확률을 P_t라고 하자. 그러면 답은 $\sum_t p_t P_t$ 빼기 특정한 한 레코드가 "진짜 떨어짐"일 확률이다. 그 확률은 $N=\binom{n}{k}$라고 할 때 $\binom{N-q}{r-q}\big/\binom{N}{r}$이다. 포함 및 배제 원리에 의해

$$P_t = \sum_{j\ge 0}(-1)^j\binom{t}{j}f(n-j,k,r)/f(n,k,r)$$

인데, 여기서 $f(n,k,r)$은 n비트 필드에서 r개의 서로 다른 k비트 특성 부호들을 선택하는 방법의 수, 즉

$$f(n,k,r)=\binom{\binom{n}{k}}{r}$$

이다. 그리고 만일 $q=r$이면 연습문제 1.3.3-26에 의해 다음이 성립한다.

$$p_t=\sum_{l\ge 0}(-1)^l\binom{t+l}{t}\binom{n}{t+l}P_{t+l}=\binom{n}{t}\sum_{j\ge 0}(-1)^j\binom{t}{j}f(t-j,k,q)/f(n,k,q).$$

참고: 위의 계산은 오로스G. Orosz와 터카치L. Takács가 *J. of Documentation* 12 (1956), 231-234에서 최초로, 그리고 좀 더 일반적인 형태로 수행했다. 평균 $\sum t p_t$가 $n(1-f(n-1,k,q)/f(n,k,q))$임은 쉽게 확인할 수 있다. 해리슨Harrison과 블룸Bloom의 기법들에서처럼 레코드들과 질의들의 무작위 특성 부호들이 반드시 달라야 하는 것은 아니라는 또 다른 가정도 $f(n,k,r)=\binom{n}{k}^r$으로 두고 같은 방법으로 분석할 수 있다. 매개변수들이 적절한 범위들이라고 할 때, $P_t\approx(1-e^{-kr/n})^t$이고 $\sum p_t P_t\approx P_{n(1-\exp(-kq/n))}$이다.

6. $L(t)=\sum_j\binom{m_1}{j}\binom{m_2}{t-j}L_1(j)L_2(t-j)\big/\binom{m_1+m_2}{t}$. [따라서 만일 $L_1(t)\approx N_1\alpha^{-t}$이고 $L_2(t)\approx N_2\alpha^{-t}$이면 $L(t)\approx N_1N_2\alpha^{-t}$이다.]

7. (a) $L(1)=3$, $L(2)=1\frac{3}{4}$. (b) $L(1)=3\frac{3}{4}$, $L(2)=2\frac{1}{3}$, $L(3)=1\frac{9}{16}$. [참고: $0\,0**\to 0$, $0\,1**\to 1$, $1\,0**\to 2$, $1\,1**\to 3$ 같은 자명한 투영 사상은 최악의 경우의 습성이 더 나쁘다. 그러나 평균 경우의 습성은 다음 연습문제 때문에 더 낫다: $L(1)=3$, $L(2)=2\frac{1}{6}$, $L(3)=1\frac{1}{2}$.]

8. (a) $S=S_0 0\cup S_1 1$일 때 $f_t(S)=f_t(S_0\cup S_1)+f_{t-1}(S_0)+f_{t-1}(S_1)$이다. 그러므로 $f_t(s,m)$은 $2^{m-1}\ge s_0\ge s_1\ge 0$이고 $s_0+s_1=s$인 모든 s_0과 s_1에 대한 $f_t(s_0,m-1)+f_{t-1}(s_0,m-1)+f_{t-1}(s_1,m-1)$의 최소값이다. 최소값이 $s_0=\lceil s/2\rceil$이고 $s_1=\lfloor s/2\rfloor$일 때 발생함은 m에 대한 귀납법을 사용해서 증명할 수 있다. $m=1$일 때에는 자명하다. $m\ge 2$일 때에는, $g_t(s)=f_t(s,m-1)$이고 $h_t(s)=f_t(s,m-2)$라고 하자. 그러면 귀납법에 의해 $g_t(s_0)+g_{t-1}(s_0)+g_{t-1}(s_1)=h_t(\lceil s_0/2\rceil)+h_{t-1}(\lceil s_0/2\rceil)+h_{t-1}(\lfloor s_0/2\rfloor)+h_{t-1}(\lceil s_0/2\rceil)+h_{t-2}(\lceil s_0/2\rceil)+h_{t-2}(\lfloor s_0/2\rfloor)+h_{t-1}(\lceil s_1/2\rceil)+h_{t-2}(\lceil s_1/2\rceil)+h_{t-2}(\lfloor s_1/2\rfloor)$인데, 이는 $\ge g_t(\lceil s_0/2\rceil+$

$\lceil s_1/2\rceil) + g_{t-1}(\lceil s_0/2\rceil + \lceil s_1/2\rceil) + g_{t-1}(\lfloor s_0/2\rfloor + \lfloor s_1/2\rfloor)$이다. 그리고 만일 $s_0 > s_1 + 1$이면 $s_0 = 2k+1$이고 $s_1 = 2k-1$인 경우를 제외할 때 $\lceil s_0/2\rceil + \lceil s_1/2\rceil < s_0$이다. $s_0 = 2k+1$이고 $s_1 = 2k-1$인 경우에는 $g_t(s_0) + g_{t-1}(s_0) + g_{t-1}(s_1) \geq h_t(2k+1) + 2h_{t-1}(2k) \geq h_t(2k) + 2h_{t-1}(2k)$이다.

(b) 이진 표기법의 수 $0, 1, \ldots, s-1$을 담은 집합 S가 $S_0 \cup S_1 = S_0$이고 S_0이 $\lceil s_0/2\rceil$개의 원소를 담는다는 성질을 만족한다는 점에 주목할 것. 첨언하자면, 이로부터 $f_t(2^{m-n}, m) = [z^t](1+z)^n(1+2z)^{m-n}$이 비롯된다.

10. (a) 세짝들은 반드시 $\frac{1}{6}v(v-1)$개이며, x_v는 반드시 그들 중 $\frac{1}{2}v$개에서 나타난다. (b) v가 홀수이므로 각 i마다 유일한 세짝 $\{x_i, y_j, z\}$가 존재한다. 따라서 S'이 슈타이너 세짝 체계임은 쉽게 증명할 수 있다. K'에 없는 쌍들은 $\{z, x_2\}, \{x_2, y_2\}, \{y_2, x_3\}, \{x_3, y_3\}, \ldots, \{x_{v-1}, y_{v-1}\}, \{y_{v-1}, x_v\}, \{x_v, z\}$이다. (d) $v = 1$인 경우로 시작해서 연산 $v \to 2v-2$, $v \to 2v+1$을 적용하면 $3k+2$의 형대가 아닌 모든 음이 아닌 수들이 나온다. $6k+(0, 1, 3, 4)$인 경우들이 각각 더 작은 경우 $3k+(1, 0, 1, 3)$들로부터 비롯되기 때문이다.

첨언하자면, "슈타이너 세짝 체계"라는 용어가 문헌들에서 정착되어 있긴 하지만, 그런 체계에 슈타이너라는 이름을 붙이지는 말았어야 했다. 슈타이너의 문헌 〔*Crelle* 45 (1853), 181-182〕은 커크먼Kirkman의 것보다 몇 년 늦게 나왔고, 클라인Felix Klein은 슈타이너가 말년에 영국 저자들의 성과를 해당 이름들을 언급하지 않고 인용했다고 지적한 바 있다 〔*Vorlesungen über die Entwicklung der Math. im 19. Jahrhundert* 1 (Springer, 1926), 128〕. 게다가 그 개념은 플뤼커 J. Plücker의 유명한 두 책에 이미 나온 것이었다 〔*System der analytischen Geometrie* (1835), 283-284; *Theorie der algebraischen Curven* (1839), 245-247〕. 커크먼은 울하우스W. S. B. Woolhouse가 제안한 훨씬 더 일반적인 문제에 대한 응답으로서 자신의 논문을 작성했다. 그 문제는 q원소 부분집합이 많아야 한 번만 나타나는 $\{1, \ldots, n\}$의 t원소 부분집합들의 최대 개수를 구하는 것인데, 아직 풀리지 않았다 〔*Lady's and Gentleman's Diary* (1844), 84; (1845), 63-64; (1846), 76, 78; (1847), 62-67 참고.〕

11. $2v+1$개의 객체들에 대한 슈타이너 세짝 체계를 취하고, 객체들 중 하나에는 z라는 이름을 붙이고 나머지 것들은 z를 담은 세짝들이 $\{z, x_i, \bar{x}_i\}$가 되도록 이름을 붙인다. 그리고 그 세짝들을 삭제한다.

12. $0 \leq k < 14$에 대해 $\{k, (k+1) \bmod 14, (k+4) \bmod 14, (k+6) \bmod 14\}$이다. 여기서 $(k+7) \bmod 14$는 k의 보수이다. 〔보수 체계는 그룹 분할 블록 설계(group divisible block designs)의 한 특수한 경우이다. Bose, Shrikhande, Bhattacharya, *Ann. Math. Statistics* 24 (1953), 167-195를 볼 것.〕

14. 삭제는 k-d 트리에서 가장 쉽다(루트의 대체물을 약 $O(N^{1-1/k})$단계로 찾을 수 있다). 사분트리에서의 삭제에서는 삭제될 노드를 루트로 하는 하위트리 전체를 재구축해야 하는 것으로 보인다(그러

나 그 하위트리는 평균적으로 약 $\log N$개의 노드들만 담는다). 우체국 트리의 경우에는 삭제가 거의 희망이 없다.

16. 각 부호단어는 정확히 세 개의 1 비트들을 가지며, 그 비트들이 해당 세짝의 원소들을 식별하는 식으로 각 세짝이 하나의 부호단어에 대응한다고 하자. u, v, w가 서로 다른 부호단어들이라고 할 때, v와 w를 겹친 것과 u의 공통의 1 비트들은 많아야 두 개이다. v나 w 하나와는 많아야 하나의 1 비트가 공통이기 때문이다. [비슷하게, v차 네짝 체계에서는 한 부호단어가 다른 세 개의 겹침에 포함되는 일이 전혀 없는 $v(v-1)/12$개의 부호단어들을 만들 수 있다. 그 이상의 짝들에서도 마찬가지이다.]

17. (a) $c_0 = b_0$이고 $1 \le k \le n$에 대해 $c_k =$ (만일 $b_{k-1} = 0$이면 $*$, 그렇지 않으면 b_k), $c_{-k} =$ (만일 $b_{k-1} = 1$이면 $*$, 그렇지 않으면 b_k)라고 하자. 그러면 기본 질의 $c_{-n} \ldots c_0 \ldots c_n$은 통 $b_0 \ldots b_n$의 내용을 서술한다. [따라서 이 방안은 조합 해싱의 한 특수한 경우이며, 평균 질의 시간은 연습문제 8(b)의 하계와 일치한다.]

(b) $-n \le k \le n$에 대해 $d_k =$ [비트 k가 지정됨]이라고 하자. $1 \le k \le n$에 대해 $d_{-k} \le d_k$라고 가정할 수 있다. 그러면 조사된 통들의 개수는 지정된 비트들이 모두 0일 때 최대가 되며, 그 최대값은 다음과 같이 계산할 수 있다: $x \leftarrow y \leftarrow 1$로 설정한다. 그런 다음 $k = n, n-1, \ldots, 0$에 대해 $(x, y) \leftarrow (x, y)M_{d_{-k}+d_k}$로 설정한다. 여기서

$$M_0 = \begin{pmatrix}1\,1\\1\,1\end{pmatrix}, \qquad M_1 = \begin{pmatrix}1\,1\\1\,0\end{pmatrix}, \qquad M_2 = \begin{pmatrix}1\,1\\0\,0\end{pmatrix}$$

이다. 마지막으로 x를 출력한다($k = 0$ 이후에는 y와 같은 값이다).

만일 $x \ge x'$이고 $x + y \ge x' + y'$이면 $(x, y) \succeq (x', y')$이라고 표기하기로 하자. 그러면, 만일 $(x, y) \succeq (x', y')$이면 $d = 0, 1, 2$에 대해 $(x, y)M_d \succeq (x', y')M_d$이다. 이제

$$(x, y)M_2\, M_1^j\, M_0 = (F_{j+3}x, F_{j+3}x),$$
$$(x, y)M_1\, M_1^j\, M_1 = (F_{j+3}x + F_{j+2}y, F_{j+2}x + F_{j+1}y),$$
$$(x, y)M_0\, M_1^j\, M_2 = (F_{j+2}x + F_{j+2}y, F_{j+2}x + F_{j+2}y)$$

이며, $2y \ge x$이므로 $(x, y)M_1\, M_1^j\, M_1 \succeq (x, y)M_2\, M_1^j\, M_0$이 성립한다. 비슷하게, $x \ge y$이므로 $(x, y)M_1\, M_1^j\, M_1 \succeq (x, y)M_0\, M_1^j\, M_2$이다. 이로부터 최악의 경우가 $1 \le k \le n$에 대해 $d_{-k} + d_k \le 1$이거나 $1 \le k \le n$에 대해 $d_{-k} + d_k \ge 1$일 때 발생함이 증명된다. 또한

$$(x, y)M_0\, M_1^j = (F_{j+2}x + F_{j+2}y, F_{j+1}x + F_{j+1}y),$$
$$(x, y)M_1^j\, M_0 = (F_{j+2}x + F_{j+1}y, F_{j+2}x + F_{j+1}y);$$

$$(x, y)M_2\, M_1^j = (F_{j+2}x, F_{j+1}x),$$
$$(x, y)M_1^j\, M_2 = (F_{j+1}x + F_j y, F_{j+1}x + F_j y)$$

가 성립한다. 따라서 최악의 경우에 필요한 통들의 개수 다음과 같다.

$$\begin{array}{lll} 2^{n-t}F_{t+3}, & \text{만일 } 0 \le t \le n\text{이면} & [M_1^t M_0^{n+1-t}\text{으로부터}]; \\ 2^{t-n}F_{3n-2t+3}, & \text{만일 } n \le t \le \lceil 3n/2 \rceil\text{이면} & [M_1^{3n-2t}(M_1M_2)^{t-n}M_0\text{으로부터}]; \\ 2^{2n+1-t}, & \text{만일 } \lceil 3n/2 \rceil \le t \le 2n\text{이면} & [M_2^{2t-3n}(M_1M_2)^{2n-t}M_0\text{으로부터}]. \end{array}$$

〔이 결과들은 본질적으로 W. A. Burkhard, *BIT* 16 (1976), 13-31에서 기인하며, *J. Comp. Syst. Sci.* 15 (1977), 280-299에서 일반화되었다. 여기에 나온 것은 $a_0 \ldots a_{2n}$에서 $b_0 \ldots b_n$으로의 부르크하르트Burkhard의 좀 더 복잡한 사상을 P. Dubost, J. M. Trousse, Report STAN-CS-75-511 (Stanford Univ., 1975)의 제안에 따라 단순화한 것이다.〕

18. (a) *들은 동들어서 $2^n(m-n)$개이다. 따라서 숫자들은 각 열마다 $2^n n/m$개씩 총 $2^n n$개이다. 각 열에서 그 숫자들 중 절반은 반드시 0이다. 따라서 $2^{n-1}n/m$은 정수이며 각 열은 $(2^{n-1}n/m)^2$개의 불일치들을 담는다. 행들의 쌍 각각은 적어도 하나의 불일치를 가지므로, 반드시 $2^n(2^n-1)/2 \le (2^{n-1}n/m)^2 m$이다.

(b) $m-n$개의 지정된 열들이 0인 2^n개의 m비트 수들을 생각해 보자. 그 수들 중 절반은 홀수 기우성을 가진다. 지정되지 않은 임의의 열이 *인 행은 홀수들만큼이나 많은 짝수들을 포괄한다.

(c) * 0 0 0, * 1 1 1, 0 * 1 0, 1 * 1 0, 0 0 * 1, 1 0 * 1, 0 1 0 *, 1 1 0 *. 이것이 (13)만큼 균등하지는 않다. `*01*` 같은 질의는 네 개의 행들에 적중하는 반면 `*10*`는 단 두 행에만 적중하기 때문이다. (13)이 순환 대칭성을 가짐을 주목할 것.

(d) (13)의 각 행마다 각 *를 * * * *로, 각 0을 처음 네 행의 임의의 것으로, 그리고 각 1을 마지막 네 행의 임의의 것으로 대체해서 4^3개의 행들을 생성할 것. (비슷한 구축법으로 임의의 $\mathrm{ABD}(m,n)$과 $\mathrm{ABD}(m',n')$으로부터 $\mathrm{ABD}(mm',nn')$을 만들 수 있다.)

(e) 하나의 $\mathrm{ABD}(16,9)$가 주어졌을 때, 각 행에서 하나의 *에 동그라미를 치되 각 열의 동그라미 개수가 모두 같도록 한다. 그런 다음 동그라미 원소를 0과 1로 대체해서 각 행을 두 행으로 분할한다. 그러한 동그라미 치기가 가능함을 보이기 위해서는 각 행의 별표들을 각각 7개씩의 32개의 그룹들로 임의로 분할할 수 있음을 주목할 것. 그러면 512개의 행들 각각은 일곱 개의 서로 다른 별표 그룹들을 담게 되며, $32 \times 16 = 512$개의 그룹들 각각은 일곱 개의 서로 다른 행들에 나타난다. 이제 정리 7.5.1E("결혼 정리")에 의해, 각 행과 각 그룹에서 정확히 하나의 동그라미 원소를 가진 한 완전 부합이 존재함이 보장된다.

참고문헌: R. L. Rivest, *SICOMP* 5 (1976), 19-50; A. E. Brouwer, *Combinatorics*, Hajnal 및 Sós 엮음, *Colloq. Math. Soc. János Bolyai* 18 (1978), 173-184. 브라우버르Brouwer는 모든 $n \ge 32$에 대해 $\mathrm{ABD}(2n,n)$이 존재한다는 것까지도 증명했다. (13)을 (15)와 결합한다면 부문제 (d)의 방법은 $\mathrm{ABD}(32,15)$도 만들어낸다.

19. 연습문제 8에 의해, 지정된 비트들이 $8-k$개인 장소들은 평균 $2^{k-3}f_{8-k}(8,8)/\binom{8}{k}$ 개이다. $8 \ge k \ge 0$에 대한 이 값들은 각각 $(32, 22, \frac{104}{7}, \frac{69}{7}, \frac{45}{7}, \frac{33}{8}, \frac{73}{28}, \frac{13}{8}, 1) \approx (32, 22, 14.9, 9.9, 6.4, 4.1, 2.6, 1.6, 1)$이다. 이들은 $32^{k/8} \approx (32, 20.7, 13.5, 8.7, 5.7, 3.7, 2.4, 1.5, 1)$의 값들보다 약간만 클 뿐이다. 최악의 경우의 수들은 $(32, 22, 18, 15, 11, 8, 4, 2, 1)$이다.

20. 라푸트레J. A. La Poutré는 $m > \binom{n}{2}$이고 $n > 3$일 때에는 $\mathrm{ABD}(m, n)$이 존재할 수 없음을 보였다 〔*Disc. Math.* 58 (1986), 205-208〕. 따라서 $\mathrm{ABD}(16, 6)$은 존재하지 않는다. 라푸트레와 린트van Lint는 $\mathrm{ABD}(10, 5)$가 존재하지 않음을 증명했다 〔*Util. Math.* 31 (1987), 219-225〕. 연습문제 18의 방법들을 이용하면 $\mathrm{ABD}(8, 5)$나 $\mathrm{ABD}(4, 3)$에서 $\mathrm{ABD}(8, 6)$을 얻을 수 있다. 이는 여러 개의 비동형 해들을 만들어 내며, $\mathrm{ABD}(8, 6)$의 추가적인 예들도 존재할 수 있다. 남은 유일한 가능성은(자명한 $\mathrm{ABD}(5, 5)$와 $\mathrm{ABD}(6, 6)$을 제외할 때) (15)와는 다른 $\mathrm{ABD}(8, 5)$와 어쩌면 하나 이상의 $\mathrm{ABD}(12, 6)$들이다.

맞아, 난 탐정과 같은 방법으로 그걸 알아낸 게 여간 기쁘지 않아.
다른 방법은 딱 질색이야.†

— 톰 소여TOM SAWYER (1884)

† 〔옮긴이 주〕 *허클베리 핀의 모험*(김욱동 옮김, 민음사, 2003년)에서 인용했음.

부록 A

수량표

표 1

표준 서브루틴들과 컴퓨터 프로그램 분석에 자주 쓰이는 수량들(십진 소수점 이하 40자리)

$$
\begin{aligned}
\sqrt{2} &= 1.41421\ 35623\ 73095\ 04880\ 16887\ 24209\ 69807\ 85697- \\
\sqrt{3} &= 1.73205\ 08075\ 68877\ 29352\ 74463\ 41505\ 87236\ 69428+ \\
\sqrt{5} &= 2.23606\ 79774\ 99789\ 69640\ 91736\ 68731\ 27623\ 54406+ \\
\sqrt{10} &= 3.16227\ 76601\ 68379\ 33199\ 88935\ 44432\ 71853\ 37196- \\
\sqrt[3]{2} &= 1.25992\ 10498\ 94873\ 16476\ 72106\ 07278\ 22835\ 05703- \\
\sqrt[3]{3} &= 1.44224\ 95703\ 07408\ 38232\ 16383\ 10780\ 10958\ 83919- \\
\sqrt[4]{2} &= 1.18920\ 71150\ 02721\ 06671\ 74999\ 70560\ 47591\ 52930- \\
\ln 2 &= 0.69314\ 71805\ 59945\ 30941\ 72321\ 21458\ 17656\ 80755+ \\
\ln 3 &= 1.09861\ 22886\ 68109\ 69139\ 52452\ 36922\ 52570\ 46475- \\
\ln 10 &= 2.30258\ 50929\ 94045\ 68401\ 79914\ 54684\ 36420\ 76011+ \\
1/\ln 2 &= 1.44269\ 50408\ 88963\ 40735\ 99246\ 81001\ 89213\ 74266+ \\
1/\ln 10 &= 0.43429\ 44819\ 03251\ 82765\ 11289\ 18916\ 60508\ 22944- \\
\pi &= 3.14159\ 26535\ 89793\ 23846\ 26433\ 83279\ 50288\ 41972- \\
1^\circ = \pi/180 &= 0.01745\ 32925\ 19943\ 29576\ 92369\ 07684\ 88612\ 71344+ \\
1/\pi &= 0.31830\ 98861\ 83790\ 67153\ 77675\ 26745\ 02872\ 40689+ \\
\pi^2 &= 9.86960\ 44010\ 89358\ 61883\ 44909\ 99876\ 15113\ 53137- \\
\sqrt{\pi} = \Gamma(1/2) &= 1.77245\ 38509\ 05516\ 02729\ 81674\ 83341\ 14518\ 27975+ \\
\Gamma(1/3) &= 2.67893\ 85347\ 07747\ 63365\ 56929\ 40974\ 67764\ 41287- \\
\Gamma(2/3) &= 1.35411\ 79394\ 26400\ 41694\ 52880\ 28154\ 51378\ 55193+ \\
e &= 2.71828\ 18284\ 59045\ 23536\ 02874\ 71352\ 66249\ 77572+ \\
1/e &= 0.36787\ 94411\ 71442\ 32159\ 55237\ 70161\ 46086\ 74458+ \\
e^2 &= 7.38905\ 60989\ 30650\ 22723\ 04274\ 60575\ 00781\ 31803+ \\
\gamma &= 0.57721\ 56649\ 01532\ 86060\ 65120\ 90082\ 40243\ 10422- \\
\ln \pi &= 1.14472\ 98858\ 49400\ 17414\ 34273\ 51353\ 05871\ 16473- \\
\phi &= 1.61803\ 39887\ 49894\ 84820\ 45868\ 34365\ 63811\ 77203+ \\
e^\gamma &= 1.78107\ 24179\ 90197\ 98523\ 65041\ 03107\ 17954\ 91696+ \\
e^{\pi/4} &= 2.19328\ 00507\ 38015\ 45655\ 97696\ 59278\ 73822\ 34616+ \\
\sin 1 &= 0.84147\ 09848\ 07896\ 50665\ 25023\ 21630\ 29899\ 96226- \\
\cos 1 &= 0.54030\ 23058\ 68139\ 71740\ 09366\ 07442\ 97660\ 37323+ \\
-\zeta'(2) &= 0.93754\ 82543\ 15843\ 75370\ 25740\ 94567\ 86497\ 78979- \\
\zeta(3) &= 1.20205\ 69031\ 59594\ 28539\ 97381\ 61511\ 44999\ 07650- \\
\ln \phi &= 0.48121\ 18250\ 59603\ 44749\ 77589\ 13424\ 36842\ 31352- \\
1/\ln \phi &= 2.07808\ 69212\ 35027\ 53760\ 13226\ 06117\ 79576\ 77422- \\
-\ln\ln 2 &= 0.36651\ 29205\ 81664\ 32701\ 24391\ 58232\ 66946\ 94543-
\end{aligned}
$$

표 2

표준 서브루틴들과 컴퓨터 프로그램 분석에 자주 쓰이는 수량들(8진 소수점 이하 45자리)

"=" 좌변에 있는 이름들은 십진 표기법으로 주어진 것이다.

0.1	=	0.06314 63146 31463 14631 46314 63146 31463 14631 46315−
0.01	=	0.00507 53412 17270 24365 60507 53412 17270 24365 60510−
0.001	=	0.00040 61115 64570 65176 76355 44264 16254 02030 44672+
0.0001	=	0.00003 21556 13530 70414 54512 75170 33021 15002 35223−
0.00001	=	0.00000 24761 32610 70664 36041 06077 17401 56063 34417−
0.000001	=	0.00000 02061 57364 05536 66151 55323 07746 44470 26033+
0.0000001	=	0.00000 00153 27745 15274 53644 12741 72312 20354 02151+
0.00000001	=	0.00000 00012 57143 56106 04303 47374 77341 01512 63327+
0.000000001	=	0.00000 00001 04560 27640 46655 12262 71426 40124 21742+
0.0000000001	=	0.00000 00000 06676 33766 35367 55653 37265 34642 01627−
$\sqrt{2}$	=	1.32404 74631 77167 46220 42627 66115 46725 12575 17435+
$\sqrt{3}$	=	1.56663 65641 30231 25163 54453 50265 60361 34073 42223−
$\sqrt{5}$	=	2.17067 36334 57722 47602 57471 63003 00563 55620 32021−
$\sqrt{10}$	=	3.12305 40726 64555 22444 02242 57101 41466 33775 22532+
$\sqrt[3]{2}$	=	1.20505 05746 15345 05342 10756 65334 25574 22415 03024+
$\sqrt[3]{3}$	=	1.34233 50444 22175 73134 67363 76133 05334 31147 60121−
$\sqrt[4]{2}$	=	1.14067 74050 61556 12455 72152 64430 60271 02755 73136+
$\ln 2$	=	0.54271 02775 75071 73632 57117 07316 30007 71366 53640+
$\ln 3$	=	1.06237 24752 55006 05227 32440 63065 25012 35574 55337+
$\ln 10$	=	2.23273 06735 52524 25405 56512 66542 56026 46050 50705+
$1/\ln 2$	=	1.34252 16624 53405 77027 35750 37766 40644 35175 04353+
$1/\ln 10$	=	0.33626 75425 11562 41614 52325 33525 27655 14756 06220−
π	=	3.11037 55242 10264 30215 14230 63050 56006 70163 21122+
$1^\circ = \pi/180$	=	0.01073 72152 11224 72344 25603 54276 63351 22056 11544+
$1/\pi$	=	0.24276 30155 62344 20251 23760 47257 50765 15156 70067−
π^2	=	11.67517 14467 62135 71322 25561 15466 30021 40654 34103−
$\sqrt{\pi} = \Gamma(1/2)$	=	1.61337 61106 64736 65247 47035 40510 15273 34470 17762−
$\Gamma(1/3)$	=	2.53347 35234 51013 61316 73106 47644 54653 00106 66046−
$\Gamma(2/3)$	=	1.26523 57112 14154 74312 54572 37655 60126 23231 02452+
e	=	2.55760 52130 50535 51246 52773 42542 00471 72363 61661+
$1/e$	=	0.27426 53066 13167 46761 52726 75436 02440 52371 03355+
e^2	=	7.30714 45615 23355 33460 63507 35040 32664 25356 50217+
γ	=	0.44742 14770 67666 06172 23215 74376 01002 51313 25521−
$\ln \pi$	=	1.11206 40443 47503 36413 65374 52661 52410 37511 46057+
ϕ	=	1.47433 57156 27751 23701 27634 71401 40271 66710 15010+
e^γ	=	1.61772 13452 61152 65761 22477 36553 53327 17554 21260+
$e^{\pi/4}$	=	2.14275 31512 16162 52370 35530 11342 53525 44307 02171−
$\sin 1$	=	0.65665 24436 04414 73402 03067 23644 11612 07474 14505−
$\cos 1$	=	0.42450 50037 32406 42711 07022 14666 27320 70675 12321+
$-\zeta'(2)$	=	0.74001 45144 53253 42362 42107 23350 50074 46100 27706+
$\zeta(3)$	=	1.14735 00023 60014 20470 15613 42561 31715 10177 06614+
$\ln \phi$	=	0.36630 26256 61213 01145 13700 41004 52264 30700 40646+
$1/\ln \phi$	=	2.04776 60111 17144 41512 11436 16575 00355 43630 40651+
$-\ln \ln 2$	=	0.27351 71233 67265 63650 17401 56637 26334 31455 57005−

정렬과 검색 알고리즘들에 관련해서 통상적인 이름이 없는 흥미로운 상수들이 여럿 나타난다. 이 상수들은 식 5.2.3-(19)와 6.5-(6), 그리고 연습문제 5.2.3-27, 5.2.4-13, 5.2.4-23, 6.2.2-49, 6.2.3-7, 6.2.3-8, 6.3-26의 해답에서 십진 소수점 이하 40자리까지 평가했다.

표 3

작은 n값들에 대한 조화수, 베르누이수, 피보나치수 값들

n	H_n	B_n	F_n	n
0	0	1	0	0
1	1	−1/2	1	1
2	3/2	1/6	1	2
3	11/6	0	2	3
4	25/12	−1/30	3	4
5	137/60	0	5	5
6	49/20	1/42	8	6
7	363/140	0	13	7
8	761/280	−1/30	21	8
9	7129/2520	0	34	9
10	7381/2520	5/66	55	10
11	83711/27720	0	89	11
12	86021/27720	−691/2730	144	12
13	1145993/360360	0	233	13
14	1171733/360360	7/6	377	14
15	1195757/360360	0	610	15
16	2436559/720720	−3617/510	987	16
17	42142223/12252240	0	1597	17
18	14274301/4084080	43867/798	2584	18
19	275295799/77597520	0	4181	19
20	55835135/15519504	−174611/330	6765	20
21	18858053/5173168	0	10946	21
22	19093197/5173168	854513/138	17711	22
23	444316699/118982864	0	28657	23
24	1347822955/356948592	−236364091/2730	46368	24
25	34052522467/8923714800	0	75025	25
26	34395742267/8923714800	8553103/6	121393	26
27	312536252003/80313433200	0	196418	27
28	315404588903/80313433200	−23749461029/870	317811	28
29	9227046511387/2329089562800	0	514229	29
30	9304682830147/2329089562800	8615841276005/14322	832040	30

임의의 x에 대해 $H_x = \sum_{n \geq 1}\left(\frac{1}{n} - \frac{1}{n+x}\right)$이라고 하자. 그러면

$$H_{1/2} = 2 - 2\ln 2,$$

$$H_{1/3} = 3 - \frac{1}{2}\pi/\sqrt{3} - \frac{3}{2}\ln 3,$$

$$H_{2/3} = \frac{3}{2} + \frac{1}{2}\pi/\sqrt{3} - \frac{3}{2}\ln 3,$$

$$H_{1/4} = 4 - \frac{1}{2}\pi - 3\ln 2,$$

$$H_{3/4} = \frac{4}{3} + \frac{1}{2}\pi - 3\ln 2,$$

$$H_{1/5} = 5 - \frac{1}{2}\pi\phi^{3/2}5^{-1/4} - \frac{5}{4}\ln 5 - \frac{1}{2}\sqrt{5}\ln\phi,$$

$$H_{2/5} = \frac{5}{2} - \frac{1}{2}\pi\phi^{-3/2}5^{-1/4} - \frac{5}{4}\ln 5 + \frac{1}{2}\sqrt{5}\ln\phi,$$

$$H_{3/5} = \frac{5}{3} + \frac{1}{2}\pi\phi^{-3/2}5^{-1/4} - \frac{5}{4}\ln 5 + \frac{1}{2}\sqrt{5}\ln\phi,$$

$$H_{4/5} = \frac{5}{4} + \frac{1}{2}\pi\phi^{3/2}5^{-1/4} - \frac{5}{4}\ln 5 - \frac{1}{2}\sqrt{5}\ln\phi,$$

$$H_{1/6} = 6 - \frac{1}{2}\pi\sqrt{3} - 2\ln 2 - \frac{3}{2}\ln 3,$$

$$H_{5/6} = \frac{6}{5} + \frac{1}{2}\pi\sqrt{3} - 2\ln 2 - \frac{3}{2}\ln 3$$

이며, 일반적으로는 $0 < p < q$일 때(연습문제 1.2.9–19 참고)

$$H_{p/q} = \frac{q}{p} - \frac{\pi}{2}\cot\frac{p}{q}\pi - \ln 2q + 2\sum_{1 \leq n < q/2}\cos\frac{2pn}{q}\pi \cdot \ln\sin\frac{n}{q}\pi$$

이다.

부록 B

표기법 일람

다음 공식들에서, 구체적으로 명시되지 않은 영문자들의 의미는 다음과 같다.

j, k	정수 값으로 평가되는 산술 표현식.
m, n	음이 아닌 정수 값으로 평가되는 산술 표현식.
x, y	실수 값으로 평가되는 산술 표현식.
z	복소수 값으로 평가되는 산술 표현식.
f	실수 또는 복소수 값으로 평가되는 함수.
P	포인터 값으로 평가되는 수식(Λ 또는 컴퓨터 주소).
S, T	집합 또는 중복집합.
α, β	기호열들.

공식 기호	의미	정의된 곳
$V \leftarrow E$	수식 E의 값을 변수 V에 배정	1.1
$U \leftrightarrow V$	변수 U와 V의 값을 맞바꿈	1.1
A_n 또는 $A[n]$	선형 배열 A의 n번째 원소	1.1
A_{mn} 또는 $A[m, n]$	직사각 배열 A의 m행 n열의 원소	1.1
NODE(P)	주소가 P인 노드(그 필드 이름들로 개별적으로 식별할 수 있는 변수들의 묶음); P $\neq \Lambda$라고 가정	2.1
F(P)	NODE(P)에 있는, 필드 이름이 F인 변수	2.1
CONTENTS(P)	주소가 P인 컴퓨터 워드의 내용	2.1
LOC(V)	컴퓨터 안의 변수 V의 주소	2.1
P $\Leftarrow$ AVAIL	포인터 변수 P의 값을 새 노드의 주소로 설정	2.2.3
AVAIL $\Leftarrow$ P	NODE(P)를 자유 저장소로 반환; 노드의 모든 필드들은 자신의 신원을 잃음	2.2.3
top(S)	비지 않은 스택 S의 최상위에 있는 노드	2.2.1
$X \Leftarrow$ S	스택 S에서 X 뽑기: $X \leftarrow$ top(S)로 설정; 그런 다음, S가 비지 않았다면 S에서 top(S)를 제거	2.2.1

공식 기호	의미	정의된 곳
$\mathsf{S} \Leftarrow X$	스택 S에 X 넣기: 값 X를 스택 S의 최상위에 새 요소로 삽입	2.2.1
$(B \Rightarrow E;\, E')$	조건식: 만일 B가 참이면 E, 만일 B가 거짓이면 E'	
$[B]$	조건 B의 특성 함수: $(B \Rightarrow 1;\, 0)$	1.2.3
δ_{kj}	크로네커 델타: $[j=k]$	1.2.3
$[z^n]\,g(z)$	멱급수 $g(z)$의 z^n의 계수	1.2.9
$\sum_{R(k)} f(k)$	변수 k가 정수이며 관계 $R(k)$가 참인 모든 $f(k)$의 합	1.2.3
$\prod_{R(k)} f(k)$	변수 k가 정수이며 관계 $R(k)$가 참인 모든 $f(k)$의 곱	1.2.3
$\min_{R(k)} f(k)$	변수 k가 정수이며 관계 $R(k)$가 참인 모든 $f(k)$의 최소값	1.2.3
$\max_{R(k)} f(k)$	변수 k가 정수이며 관계 $R(k)$가 참인 모든 $f(k)$의 최대값	1.2.3
$j \backslash k$	j가 k를 나눔: $k \bmod j = 0$이고 $j > 0$	1.2.4
$S \setminus T$	차집합: $\{a \mid a$는 S의 원소, a는 T의 원소가 아님$\}$	
$\gcd(j,\, k)$	j와 k의 최대공약수: $\left(j = k = 0 \Rightarrow 0;\ \max_{d\backslash j,\, d\backslash k} d\right)$	1.1
$j \perp k$	j와 k가 서로 소: $\gcd(j, k) = 1$	1.2.4
A^T	직사각 배열 A의 전치: $A^T[j,k] = A[k,j]$	
α^R	α의 좌우 반전	
x^y	x의 y제곱(x가 양수일 때)	1.2.2
x^k	x의 k제곱: $\left(k \ge 0 \Rightarrow \prod_{0 \le j < k} x;\ \ 1/x^{-k}\right)$	1.2.2
$x^{\overline{k}}$	x의 k올림제곱: $\Gamma(x+k)/\Gamma(x) = \left(k \ge 0 \Rightarrow \prod_{0 \le j < k} (x+j);\ \ 1/(x+k)^{\overline{-k}}\right)$	1.2.5
$x^{\underline{k}}$	x의 k내림제곱: $x!/(x-k)! = \left(k \ge 0 \Rightarrow \prod_{0 \le j < k} (x-j);\ \ 1/(x-k)^{\underline{-k}}\right)$	1.2.5
$n!$	n의 계승: $\Gamma(n+1) = n^{\underline{n}}$	1.2.5
$\binom{x}{k}$	이항계수: $(k < 0 \Rightarrow 0;\ x^{\underline{k}}/k!)$	1.2.6

공식 기호	의미	정의된 곳
$\binom{n}{n_1, n_2, \ldots, n_m}$	다항계수($n = n_1 + n_2 + \cdots + n_m$ 일 때에만 정의됨)	1.2.6
$\left[{n \atop m}\right]$	제1종 스털링 수: $\sum_{0 < k_1 < k_2 < \cdots < k_{n-m} < n} k_1 k_2 \ldots k_{n-m}$	1.2.6
$\left\{{n \atop m}\right\}$	제2종 스털링 수: $\sum_{1 \le k_1 \le k_2 \le \cdots \le k_{n-m} \le m} k_1 k_2 \ldots k_{n-m}$	1.2.6
$\{a \mid R(a)\}$	관계 $R(a)$가 참인 모든 a들의 집합	
$\{a_1, \ldots, a_n\}$	집합 또는 중복집합 $\{a_k \mid 1 \le k \le n\}$	
$\{x\}$	분수부(집합이 아니라 실수 값을 함의하는 문맥에서 쓰임): $x - \lfloor x \rfloor$	1.2.11.2
$[a\,..\,b]$	닫힌 구간: $\{x \mid a \le x \le b\}$	1.2.2
$(a\,..\,b)$	열린 구간: $\{x \mid a < x < b\}$	1.2.2
$[a\,..\,b)$	반개(반만 열린) 구간: $\{x \mid a \le x < b\}$	1.2.2
$(a\,..\,b]$	반폐(반만 닫힌) 구간: $\{x \mid a < x \le b\}$	1.2.2
$\lvert S\rvert$	기수: 집합 S의 크기, 즉 원소들의 개수	
$\lvert x\rvert$	x의 절대값: $(x \ge 0 \Rightarrow x;\ -x)$	
$\lvert\alpha\rvert$	α의 길이	
$\lfloor x \rfloor$	x의 내림, 즉 최대 정수 함수: $\max_{k \le x} k$	1.2.4
$\lceil x \rceil$	x의 올림, 즉 최소 정수 함수: $\min_{k \ge x} k$	1.2.4
$x \bmod y$	나머지 함수: $(y = 0 \Rightarrow x;\ x - y\lfloor x/y \rfloor)$	1.2.4
$x \equiv x' \pmod{y}$	합동 관계: $x \bmod y = x' \bmod y$	1.2.4
$O(f(n))$	변수 $n \to \infty$에 따른, $f(n)$의 대문자 O	1.2.11.1
$O(f(z))$	변수 $z \to 0$에 따른, $f(z)$의 대문자 O	1.2.11.1
$\Omega(f(n))$	변수 $n \to \infty$에 따른, $f(n)$의 대문자 오메가	1.2.11.1
$\Theta(f(n))$	변수 $n \to \infty$에 따른, $f(n)$의 대문자 세타	1.2.11.1
$\log_b x$	x의 기수 b 로그($x > 0$일 때 $b > 0$이고 $b \ne 1$): $x = b^y$인 y	1.2.2

공식 기호	의미	정의된 곳
$\ln x$	자연로그: $\log_e x$	1.2.2
$\lg x$	이진로그: $\log_2 x$	1.2.2
$\exp x$	x의 지수함수: e^x	1.2.9
$\langle X_n \rangle$	무한 수열 $X_0, X_1, X_2, \ldots$(여기서 n은 표기법의 일부임)	1.2.9
$f'(x)$	x에서의 f의 도함수	1.2.9
$f''(x)$	x에서의 f의 2차 도함수	1.2.10
$f^{(n)}(x)$	n차 도함수:	
	$(n=0 \Rightarrow f(x);\ g'(x))$, 여기서 $g(x)=f^{(n-1)}(x)$	1.2.11.2
$H_n^{(r)}$	x차 조화수: $\sum_{1 \le k \le n} 1/k^r$	1.2.7
H_n	조화수: $H_n^{(1)}$	1.2.7
F_n	피보나치 수: $(n \le 1 \Rightarrow n;\ F_{n-1}+F_{n-2})$	1.2.8
B_n	베르누이 수: $n![z^n]\,z/(e^z-1)$	1.2.11.2
$\det(A)$	정방행렬 A의 행렬식	1.2.3
$\mathrm{sign}(x)$	x의 부호: $[x>0]-[x<0]$	
$\zeta(x)$	제타 함수: $\lim_{n\to\infty} \mathrm{H}_\mathrm{n}^{(\mathrm{x})}$ ($x>1$일 때)	1.2.7
$\Gamma(x)$	감마 함수: $(x-1)! = \gamma(x,\infty)$	1.2.5
$\gamma(x,y)$	불완전 감마 함수: $\int_0^y e^{-t}t^{x-1}dt$	1.2.11.3
γ	오일러 상수: $\lim_{n\to\infty}(H_n - \ln n)$	1.2.7
e	자연로그의 기수(밑): $\sum_{n \ge 0} 1/n!$	1.2.2
π	원주율: $4\sum_{n \ge 0}(-1)^n/(2n+1)$	1.2.2
∞	무한대: 그 어떤 수보다 큼	
Λ	공링크(어떤 주소도 가리키지 않는 포인터)	2.1
ϵ	빈 문자열(길이가 0인 문자열)	
$\emptyset$	공집합(원소가 없는 집합)	
ϕ	황금비: $\frac{1}{2}(1+\sqrt{5})$	1.2.8
$\varphi(n)$	오일러의 토티언트 함수: $\sum_{0 \le k < n}[k \perp n]$	1.2.4
$x \approx y$	x가 근사적으로 y와 같음	1.2.5,
$\Pr(S(X))$	X의 무작위 값에 대해 명제 $S(X)$가 참일 확률	1.2.10

공식 기호	의미	정의된 곳
$\mathrm{E}\,X$	X의 기대값: $\sum_x x\Pr(X=x)$	1.2.10
$\mathrm{mean}(g)$	생성함수 g로 표현되는 확률분포의 평균값: $g'(1)$	1.2.10
$\mathrm{var}(g)$	생성함수 g로 표현되는 확률분포의 분산: $g''(1)+g'(1)-g'(1)^2$	1.2.10
($\min x_1$, ave x_2, $\max x_3$, dev x_4)	최소값이 x_1, 평균값(기대값)이 x_2, 최대값이 x_3, 표준편차가 x_4인 확률변수	1.2.10
$\Re z$	z의 실수부	1.2.2
$\Im z$	z의 허수부	1.2.2
$\bar{z}$	켤레복소수: $\Re z - i\Im z$	1.2.2
$(\ldots a_1 a_0 . a_{-1} \ldots)_b$	기수 b 위치적 표기: $\sum_k a_k b^k$	4.1
$/\!/ x_1, x_2, \ldots, x_n /\!/$	연분수: $1/(x_1+1/(x_2+1/(\cdots+1/(x_n)\ldots)))$	4.5.3
$\alpha \top \beta$	삽입곱	5.1.2
$S \uplus T$	중복집합의 합집합: 예를 들어 $\{a,b\} \uplus \{a,c\} = \{a,a,b,c\}$	4.6.3
$f(x)\vert_a^b$	함수의 증가: $f(b)-f(a)$	
▮	알고리즘, 프로그램, 증명의 끝	1.1
␣	하나의 빈칸	1.3.1
rA	MIX의 레지스터 A(누산기, accumulator)	1.3.1
rX	MIX의 레지스터 X(확장, extension)	1.3.1
rI1, …, rI6	MIX의 색인(index) 레지스터 I1, …, I6	1.3.1
rJ	MIX의 점프(jump) 레지스터 J	1.3.1
(L:R)	한 MIX 워드의 부분 필드, $0 \le \mathrm{L} \le \mathrm{R} \le 5$	1.3.1
OP ADDRESS,I(F)	MIX 명령 표기	1.3.1, 1.3.2
u	MIX의 시간 단위	1.3.1
*	MIXAL의 "자기 자신" 참조	1.3.2
0F, 1F, 2F, …, 9F	MIXAL의 "전방(forward)" 지역 기호 참조	1.3.2
0B, 1B, 2B, …, 9B	MIXAL의 "후방(backward)" 지역 기호 참조	1.3.2
0H, 1H, 2H, …, 9H	MIXAL의 "여기(here)" 지역 기호 참조	1.3.2

찾아보기 및 용어집

찾아보기에서 찾지 못했다면
카탈로그 전체를 아주 세심하게 찾아보세요.

— SEARS, ROEBUCK AND CO., *Consumers Guide* (1897)

찾아보기 항목이 해당 연습문제가 있는 쪽번호를 가리키는 경우에는 그 연습문제의 해답에서도 추가적인 정보를 찾아볼 것. 연습문제의 문장에 포함되지 않은 주제를 해답에서 언급하는 경우가 아닌 한, 해답의 쪽번호는 이 찾아보기에 포함시키지 않았다.

한국어판 찾아보기에 대해:

영문 항목에 나오는 【한】은 그 항목에 해당하는, 그리고 구체적인 정보가 있는 한글 항목을 가리키는 기호이다. 원서의 항목들을 최대한 보존하되 불필요한 정보의 중복을 피하기 위해, 또한 독자가 주로 한글 용어로 이 찾아보기를 사용하길 바라는 마음에서, 영문 항목에서는 구체적인 찾아보기 정보를 생략하고 해당 한글 항목만 표시했다.

이러한 지시 표기는 영-한 용어 대조의 역할도 한다. 한-영 용어 대조를 위해서 한글 항목에 괄호로 영문을 병기했다. 전체적으로 분량이 많아지고 좀 장황해지긴 했지만, 제목에도 있듯이 여기에 나온 것이 단순한 찾아보기가 아니라 용어집의 역할도 하는 것임을 고려한 조치였다.

그밖의 【참고】는 주로 같은 뜻의 또는 밀접한 관련이 있는 항목을 가리키며, 【또한】은 주로 대조해서 참고할만한 항목을 가리킨다. 원서에서는 각각 see, also로 나온 것들이다.

마지막으로, 2, 3, 4 등의 숫자로 시작하는 항목들은 될 수 있으면 아라비아 숫자 대신 한자어 수사를 기준으로 정렬해 두었다(본문에는 아라비아 숫자로 되어 있다고 하더라도). 예를 들어 2로 시작하는 항목들에서 2진트리를 찾을 수 없다면 '이진트리'를 찾아보면 된다.

— 옮긴이

여러분이
예술가나 계산가, 분석가로
인정받는다고 해도,
과학자로 간주되리라는 보장은 없다.

— 버클리GEORGE BERKELEY, *The Analyst* (1734)

문자 코드:

00	01	02	03	04	05	06	07	08	09	10	11	12	13	14	15	16	17	18	19	20	21	22	23	24
␣	A	B	C	D	E	F	G	H	I	Δ	J	K	L	M	N	O	P	Q	R	Σ	Π	S	T	U

00 *1* 연산 없음 NOP(0)	**01** *2* rA ← rA + V ADD(0:5) FADD(6)	**02** *2* rA ← rA − V SUB(0:5) FSUB(6)	**03** *10* rAX ← rA × V MUL(0:5) FMUL(6)
08 *2* rA ← V LDA(0:5)	**09** *2* rI1 ← V LD1(0:5)	**10** *2* rI2 ← V LD2(0:5)	**11** *2* rI3 ← V LD3(0:5)
16 *2* rA ← −V LDAN(0:5)	**17** *2* rI1 ← −V LD1N(0:5)	**18** *2* rI2 ← −V LD2N(0:5)	**19** *2* rI3 ← −V LD3N(0:5)
24 *2* M(F) ← rA STA(0:5)	**25** *2* M(F) ← rI1 ST1(0:5)	**26** *2* M(F) ← rI2 ST2(0:5)	**27** *2* M(F) ← rI3 ST3(0:5)
32 *2* M(F) ← rJ STJ(0:2)	**33** *2* M(F) ← 0 STZ(0:5)	**34** *1* 유닛 F 사용중? JBUS(0)	**35** *1 + T* 유닛 F 제어 IOC(0)
40 *1* rA : 0, 점프 JA[+]	**41** *1* rI1 : 0, 점프 J1[+]	**42** *1* rI2 : 0, 점프 J2[+]	**43** *1* rI3 : 0, 점프 J3[+]
48 *1* rA ← [rA]? ± M INCA(0) DECA(1) ENTA(2) ENNA(3)	**49** *1* rI1 ← [rI1]? ± M INC1(0) DEC1(1) ENT1(2) ENN1(3)	**50** *1* rI2 ← [rI2]? ± M INC2(0) DEC2(1) ENT2(2) ENN2(3)	**51** *1* rI3 ← [rI3]? ± M INC3(0) DEC3(1) ENT3(2) ENN3(3)
56 *2* CI ← rA(F) : V CMPA(0:5) FCMP(6)	**57** *2* CI ← rI1(F) : V CMP1(0:5)	**58** *2* CI ← rI2(F) : V CMP2(0:5)	**59** *2* CI ← rI3(F) : V CMP3(0:5)

일반적 형태:

C	*t*
설명 OP(F)	

C = 연산 코드, 명령의 (5:5) 필드
F = 연산 변종, 명령의 (4:4) 필드
M = 색인 적용 후의 명령 주소
V = M(F) = 장소 M의 필드 F의 내용
OP = 연산의 기호 이름
(F) = 정규 F 설정
t = 수행 시간, T = 대기 시간

25	26	27	28	29	30	31	32	33	34	35	36	37	38	39	40	41	42	43	44	45	46	47	48	49	50	51	52	53	54	55
V	W	X	Y	Z	0	1	2	3	4	5	6	7	8	9	.	,	(	)	+	-	*	/	=	$	<	>	@	;	:	'

04	*12*	05	*10*	06	*2*	07	*1 + 2F*
rA ← rAX/V rA ← 나머지 DIV(0:5) FDIV(6)		특수 NUM(0) CHAR(1) HLT(2)		M 바이트 자리이동 SLA(0) SRA(1) SLAX(2) SRAX(3) SLC(4) SRC(5)		M에서 F개 워드를 rI1로 이동 MOVE(1)	
12	*2*	13	*2*	14	*2*	15	*2*
rI4 ← V LD4(0:5)		rI5 ← V LD5(0:5)		rI6 ← V LD6(0:5)		rX ← V LDX(0:5)	
20	*2*	21	*2*	22	*2*	23	*2*
rI4 ← −V LD4N(0:5)		rI5 ← −V LD5N(0:5)		rI6 ← −V LD6N(0:5)		rX ← −V LDXN(0:5)	
28	*2*	29	*2*	30	*2*	31	*2*
M(F) ← rI4 ST4(0:5)		M(F) ← rI5 ST5(0:5)		M(F) ← rI6 ST6(0:5)		M(F) ← rX STX(0:5)	
36	*1 + T*	37	*1 + T*	38	*1*	39	*1*
유닛 F 입력 IN(0)		유닛 F 출력 OUT(0)		유닛 F 준비됨? JRED(0)		점프 JMP(0) JSJ(1) JOV(2) JNOV(3) 아래 [*]도 해당	
44	*1*	45	*1*	46	*1*	47	*1*
rI4 : 0, 점프 J4[+]		rI5 : 0, 점프 J5[+]		rI6 : 0, 점프 J6[+]		rX : 0, 점프 JX[+]	
52	*1*	53	*1*	54	*1*	55	*1*
rI4 ← [rI4]? ± M INC4(0) DEC4(1) ENT4(2) ENN4(3)		rI5 ← [rI5]? ± M INC5(0) DEC5(1) ENT5(2) ENN5(3)		rI6 ← [rI6]? ± M INC6(0) DEC6(1) ENT6(2) ENN6(3)		rX ← [rX]? ± M INCX(0) DECX(1) ENTX(2) ENNX(3)	
60	*2*	61	*2*	62	*2*	63	*2*
CI ← rI4(F) : V CMP4(0:5)		CI ← rI5(F) : V CMP5(0:5)		CI ← rI6(F) : V CMP6(0:5)		CI ← rX(F) : V CMPX(0:5)	

rA = 레지스터 A
rX = 레지스터 X
rAX = 레지스터 A와 레지스터 X로 된 하나의 단위
rIi = 색인 레지스터 i, $1 \le i \le 6$
rJ = 레지스터 J
CI = 비교 지시자

[*]:		[+]:
JL(4)	<	N(0)
JE(5)	=	Z(1)
JG(6)	>	P(2)
JGE(7)	≥	NN(3)
JNE(8)	≠	NZ(4)
JLE(9)	≤	NP(5)